Estude *online* com conteúdos complementares ao livro e que ampliam a sua compreensão dos temas abordados nesta obra.

Tudo isso com a **qualidade Saraiva Educação** que você já conhece!

Acesso ao
MATERIAL SUPLEMENTAR

Disponibilização das leis alteradoras do Código Civil ao longo do ano de 2024 (entre 1º-7-2024 e 31-12-2024).

Veja como acessar

No seu computador

Acesse o *site*

www.grupogen.com.br

No seu celular ou *tablet*

Abra a câmera do seu celular ou aplicativo específico e aponte para o *QR Code* acima.

1. Se você já tem cadastro, entre com seu *login* e senha. Caso não tenha, deverá fazê-lo neste momento.
2. Após realizar seu *login*, clique em "Ambiente de aprendizagem", disponível na parte superior. Você será direcionado para a plataforma.
3. Clique na aba "Meus Materiais Suplementares" e, em seguida, clique em "Adicionar novo material suplementar".
4. Em seguida, pesquise pelo título do livro e clique em "adicionar".

Pronto!

Seu material estará disponível para acesso na área "Meus Conteúdos".*

CB043649

Em caso de dúvidas, entre em contato pela página **www.editoradodireito.com.br/contato.**

* O acesso a este material será disponibilizado somente durante a vigência da respectiva edição. Não obstante, a editora poderá franquear o acesso por mais uma edição.

Maria Helena Diniz

Mestre e Doutora em Teoria Geral do Direito e Filosofia do Direito pela PUCSP. Livre-docente e Titular de Direito Civil da PUCSP por concurso de títulos e provas. Professora de Direito Civil no curso de graduação da PUCSP. Professora de Filosofia do Direito, de Teoria Geral do Direito e de Direito Civil Comparado nos cursos de pós-graduação (mestrado e doutorado) em Direito da PUCSP. Coordenadora do Núcleo de Pesquisa em Direito Civil Comparado nos cursos de pós-graduação em Direito da PUCSP. Professora Emérita da Faculdade de Direito de Itu. Membro benemérito do Instituto Silvio Meira. Sócia honorária do IBDFAM. Membro da Academia Paulista de Direito (cadeira 62 – patrono Oswaldo Aranha Bandeira de Mello), da Academia Notarial Brasileira (cadeira 16 – patrono Francisco Cavalcanti Pontes de Miranda), do Instituto dos Advogados de São Paulo e do Instituto de Direito Comparado Luso-Brasileiro. Membro honorário da internacional Federação dos Advogados de Língua Portuguesa (FALP). Presidente do Instituto Internacional de Direito.

Código Civil Anotado

19ª edição
revista e atualizada

2024

saraiva jur

saraiva EDUCAÇÃO | saraiva jur

Uma editora do GEN | Grupo Editorial Nacional

Travessa do Ouvidor, 11 – Térreo e 6º andar
Rio de Janeiro – RJ – 20040-040

Atendimento ao cliente:
https://www.editoradodireito.com.br/contato

DADOS INTERNACIONAIS DE CATALOGAÇÃO NA PUBLICAÇÃO (CIP)
ODILIO HILARIO MOREIRA JUNIOR – CRB-8/9949

D585c Diniz, Maria Helena

Código Civil Anotado / Maria Helena Diniz. – 19. ed. – São Paulo : SaraivaJur, 2024.

1.472 p.

ISBN: 978-85-5362-224-5 (impresso)

1. Direito. 2. Código Civil. I. Título.

2023-3073 CDD 347
CDU 347

Índices para catálogo sistemático:

1. Direito civil 347
2. Direito civil 347

Diretoria editorial Ana Paula Santos Matos
Gerência de produção e projetos Fernando Penteado
Gerência de conteúdo e aquisições Thais Cassoli Reato Cézar
Gerência editorial Livia Céspedes

Novos projetos Aline Darcy Flôr de Souza

Edição Deborah Caetano de Freitas Viadana

Design e produção Jeferson Costa da Silva (coord.)
Rosana Peroni Fazolari
Alanne Maria
Lais Soriano
Tiago Dela Rosa
Verônica Pivisan

Diagramação Fabio Kato
Revisão Carolina Mihoko Massanhi
Capa Lais Soriano

Data de fechamento da edição: 1º-7-2024

Ao inesquecível
Prof. Dr. WASHINGTON DE BARROS MONTEIRO,
expressão da cultura jurídica e insuperável mestre,
cujas aulas de ontem permanecem intactas até hoje
em nosso espírito, com a especial homenagem,
que merece, e a nossa eterna saudade.

"Actus debet semper interpretari, ut aliquid operetur, non ut sit inanis et inutilis"

(Aph. Jur., in ***Phrases e curiosidades latinas***, colacionadas por Arthur Rezende, Rio de Janeiro, 1952, p. 9, n. 80).

Nota da Autora

Com a *intentio* de apresentar ao leitor uma substância assimilável da Lei de Introdução às Normas do Direito Brasileiro, facilitando o entendimento do que se encerra em seu texto, resolvemos abranger, nesta obra, didaticamente, os seus pontos principais, salientando sua importância para o mundo jurídico, por ser um direito sobre direito, que rege a atuação do ordenamento jurídico, por conter em sua base a problemática da vigência e da eficácia legal, da hermenêutica, dos conflitos de leis no tempo e no espaço.

Procuramos, ainda, examinar, nestas breves anotações, artigo por artigo do atual Código Civil, distinguindo o que ainda está em vigor do já revogado explícita ou implicitamente, com o intuito de sermos úteis não só a leigos, estudantes, advogados, promotores em seus estudos e indagações, mas também a juízes na busca da solução do caso que devem apreciar.

Para tanto, ante a necessidade de tomar contato com a realidade social e com os valores objetivos nela vigentes, buscamos analisar as normas em sua estrutura lógica, sem olvidar o dinamismo jurídico, abrangendo, sempre que possível, de modo direto, a riqueza e o imprevisto da vida cotidiana, evitando controvérsias, procurando apontar, ao lado dos aspectos teóricos, as questões práticas e soluções jurisprudenciais. Este trabalho de elaboração teórico-prática envolve, portanto, um processo de reflexão, que teve por escopo vencer os desafios da inflexibilidade dogmática, interpretando as normas do Código Civil, mediante uma operação lógico-valorativa, em razão da constante luta entre a realidade a conformar e a lei. Tivemos presentes em nosso estudo as seguintes palavras de José de Alencar (*Relatório do Ministério da Justiça,* 1869): "um Código Civil não é a obra da sciencia e do talento unicamente; é, sobretudo, a obra dos costumes, das tradições, em uma palavra, da civilização, brilhante ou modesta, de um povo".

Diante da diversidade dos temas tratados nesta obra, nela não apresentamos meras pesquisas, oriundas de aulas ou de consultas, pois procuramos selecionar nestas páginas o que julgamos mais pertinente e atual para a exata compreensão do Código Civil vigente e para a solução das questões controvertidas por ele engendradas.

Com isso pretendemos fornecer ao público uma obra assimilável, explicando simples e brevemente o que em nosso Código Civil e em nossa Lei de Introdução às Normas do Direito Brasileiro se contém, facilitando o conhecimento do que se encerra em seu texto.

Maria Helena Diniz

Lei de Introdução às Normas do Direito Brasileiro

DECRETO-LEI N. 4.657, DE 4-9-1942, COM AS ALTERAÇÕES DAS LEIS N. 12.376/2010 E 13.655/2018 E DO DECRETO N. 9.830/2019

Código Civil

LEI N. 10.406, DE 10-1-2002,

COM AS ALTERAÇÕES DAS LEIS N. 13.874/2019, 14.382/2022, 14.690/2023, 14.711/2023, 14.713/2023 E 14.754/2023

Índice Sistemático do Código Civil

Parte Geral

Livro I
Das Pessoas

Título I
Das Pessoas Naturais

Capítulo I – Da personalidade e da capacidade – arts. 1º a 10 39
Capítulo II – Dos direitos da personalidade – arts. 11 a 21 72
Capítulo III – Da ausência – arts. 22 a 39 89
Seção I – Da curadoria dos bens do ausente – arts. 22 a 25 89
Seção II – Da sucessão provisória – arts. 26 a 36 92
Seção III – Da sucessão definitiva – arts. 37 a 39 98

Título II
Das Pessoas Jurídicas

Capítulo I – Disposições gerais – arts. 40 a 52 100
Capítulo II – Das associações – arts. 53 a 61 127
Capítulo III – Das fundações – arts. 62 a 69 133

TÍTULO III

DO DOMICÍLIO

Arts. 70 a 78 141

LIVRO II

DOS BENS

TÍTULO ÚNICO

DAS DIFERENTES CLASSES DE BENS

Capítulo I – Dos bens considerados em si mesmos – arts. 79 a 91 148

Seção I – Dos bens imóveis – arts. 79 a 81 148

Seção II – Dos bens móveis – arts. 82 a 84 153

Seção III – Dos bens fungíveis e consumíveis – arts. 85 e 86 155

Seção IV – Dos bens divisíveis – arts. 87 e 88 156

Seção V – Dos bens singulares e coletivos – arts. 89 a 91 157

Capítulo II – Dos bens reciprocamente considerados – arts. 92 a 97 159

Capítulo III – Dos bens públicos – arts. 98 a 103 163

LIVRO III

DOS FATOS JURÍDICOS

TÍTULO I

DO NEGÓCIO JURÍDICO

Capítulo I – Disposições gerais – arts. 104 a 114 169

Capítulo II – Da representação – arts. 115 a 120 177

Capítulo III – Da condição, do termo e do encargo – arts. 121 a 137 180

Capítulo IV – Dos defeitos do negócio jurídico – arts. 138 a 165 190

Seção I – Do erro ou ignorância – arts. 138 a 144 190

Seção II – Do dolo – arts. 145 a 150 196

Seção III – Da coação – arts. 151 a 155 199

Seção IV – Do estado de perigo – art. 156 202

Seção V – Da lesão – art. 157 203

Seção VI – Da fraude contra credores – arts. 158 a 165 205

Capítulo V – Da invalidade do negócio jurídico – arts. 166 a 184 211

TÍTULO II

DOS ATOS JURÍDICOS LÍCITOS

Art. 185 223

TÍTULO III

DOS ATOS ILÍCITOS

Arts. 186 a 188 224

Título IV

Da Prescrição e da Decadência

Capítulo I – Da prescrição – arts. 189 a 206 230
Seção I – Disposições gerais – arts. 189 a 196........ 230
Seção II – Das causas que impedem ou suspendem a prescrição – arts. 197 a 201 236
Seção III – Das causas que interrompem a prescrição – arts. 202 a 204 239
Seção IV – Dos prazos da prescrição – arts. 205 e 206 242
Capítulo II – Da decadência – arts. 207 a 211........ 248

Título V

Da Prova

Arts. 212 a 232........ 252

Parte Especial

Livro I

Do Direito das Obrigações

Título I

Das Modalidades das Obrigações

Capítulo I – Das obrigações de dar – arts. 233 a 246........ 272
Seção I – Das obrigações de dar coisa certa – arts. 233 a 242 272
Seção II – Das obrigações de dar coisa incerta – arts. 243 a 246 277
Capítulo II – Das obrigações de fazer – arts. 247 a 249 280
Capítulo III – Das obrigações de não fazer – arts. 250 e 251 282
Capítulo IV – Das obrigações alternativas – arts. 252 a 256 284
Capítulo V – Das obrigações divisíveis e indivisíveis – arts. 257 a 263 287
Capítulo VI – Das obrigações solidárias – arts. 264 a 285 290
Seção I – Disposições gerais – arts. 264 a 266 290
Seção II – Da solidariedade ativa – arts. 267 a 274........ 292
Seção III – Da solidariedade passiva – arts. 275 a 285........ 295

Título II

Da Transmissão das Obrigações

Capítulo I – Da cessão de crédito – arts. 286 a 298........ 301
Capítulo II – Da assunção de dívida – arts. 299 a 303 306

Título III

Do Adimplemento e Extinção das Obrigações

Capítulo I – Do pagamento – arts. 304 a 333 309
Seção I – De quem deve pagar – arts. 304 a 307 309
Seção II – Daqueles a quem se deve pagar – arts. 308 a 312 312

Seção III – Do objeto do pagamento e sua prova – arts. 313 a 326 314
Seção IV – Do lugar do pagamento – arts. 327 a 330 322
Seção V – Do tempo do pagamento – arts. 331 a 333 324
Capítulo II – Do pagamento em consignação – arts. 334 a 345 326
Capítulo III – Do pagamento com sub-rogação – arts. 346 a 351 332
Capítulo IV – Da imputação do pagamento – arts. 352 a 355 336
Capítulo V – Da dação em pagamento – arts. 356 a 359 337
Capítulo VI – Da novação – arts. 360 a 367 339
Capítulo VII – Da compensação – arts. 368 a 380 343
Capítulo VIII – Da confusão – arts. 381 a 384 349
Capítulo IX – Da remissão das dívidas – arts. 385 a 388 350

TÍTULO IV
DO INADIMPLEMENTO DAS OBRIGAÇÕES

Capítulo I – Disposições gerais – arts. 389 a 393 352
Capítulo II – Da mora – arts. 394 a 401 355
Capítulo III – Das perdas e danos – arts. 402 a 405 360
Capítulo IV – Dos juros legais – arts. 406 e 407 363
Capítulo V – Da cláusula penal – arts. 408 a 416 368
Capítulo VI – Das arras ou sinal – arts. 417 a 420 374

TÍTULO V
DOS CONTRATOS EM GERAL

Capítulo I – Disposições gerais – arts. 421 a 471 376
Seção I – Preliminares – arts. 421 a 426 377
Seção II – Da formação dos contratos – arts. 427 a 435 383
Seção III – Da estipulação em favor de terceiro – arts. 436 a 438 389
Seção IV – Da promessa de fato de terceiro – arts. 439 e 440 390
Seção V – Dos vícios redibitórios – arts. 441 a 446 391
Seção VI – Da evicção – arts. 447 a 457 394
Seção VII – Dos contratos aleatórios – arts. 458 a 461 400
Seção VIII – Do contrato preliminar – arts. 462 a 466 401
Seção IX – Do contrato com pessoa a declarar – arts. 467 a 471 404
Capítulo II – Da extinção do contrato – arts. 472 a 480 406
Seção I – Do distrato – arts. 472 e 473 406
Seção II – Da cláusula resolutiva – arts. 474 e 475 408
Seção III – Da exceção de contrato não cumprido – arts. 476 e 477 409
Seção IV – Da resolução por onerosidade excessiva – arts. 478 a 480 411

TÍTULO VI
DAS VÁRIAS ESPÉCIES DE CONTRATO

Capítulo I – Da compra e venda – arts. 481 a 532 414
Seção I – Disposições gerais – arts. 481 a 504 414

Seção II – Das cláusulas especiais à compra e venda – arts. 505 a 532 428
Subseção I – Da retrovenda – arts. 505 a 508 428
Subseção II – Da venda a contento e da sujeita a prova – arts. 509 a 512 430
Subseção III – Da preempção ou preferência – arts. 513 a 520 432
Subseção IV – Da venda com reserva de domínio – arts. 521 a 528 435
Subseção V – Da venda sobre documentos – arts. 529 a 532 437
Capítulo II – Da troca ou permuta – art. 533 439
Capítulo III – Do contrato estimatório – arts. 534 a 537 440
Capítulo IV – Da doação – arts. 538 a 564 442
Seção I – Disposições gerais – arts. 538 a 554 442
Seção II – Da revogação da doação – arts. 555 a 564 449
Capítulo V – Da locação de coisas – arts. 565 a 578 453
Capítulo VI – Do empréstimo – arts. 579 a 592 461
Seção I – Do comodato – arts. 579 a 585 461
Seção II – Do mútuo – arts. 586 a 592 464
Capítulo VII – Da prestação de serviço – arts. 593 a 609 468
Capítulo VIII – Da empreitada – arts. 610 a 626 476
Capítulo IX – Do depósito – arts. 627 a 652 483
Seção I – Do depósito voluntário – arts. 627 a 646 483
Seção II – Do depósito necessário – arts. 647 a 652 490
Capítulo X – Do mandato – arts. 653 a 692 494
Seção I – Disposições gerais – arts. 653 a 666 494
Seção II – Das obrigações do mandatário – arts. 667 a 674 501
Seção III – Das obrigações do mandante – arts. 675 a 681 504
Seção IV – Da extinção do mandato – arts. 682 a 691 506
Seção V – Do mandato judicial – art. 692 510
Capítulo XI – Da comissão – arts. 693 a 709 511
Capítulo XII – Da agência e distribuição – arts. 710 a 721 517
Capítulo XIII – Da corretagem – arts. 722 a 729 522
Capítulo XIV – Do transporte – arts. 730 a 756 526
Seção I – Disposições gerais – arts. 730 a 733 526
Seção II – Do transporte de pessoas – arts. 734 a 742 530
Seção III – Do transporte de coisas – arts. 743 a 756 534
Capítulo XV – Do seguro – arts. 757 a 802 540
Seção I – Disposições gerais – arts. 757 a 777 543
Seção II – Do seguro de dano – arts. 778 a 788 554
Seção III – Do seguro de pessoa – arts. 789 a 802 560
Capítulo XVI – Da constituição de renda – arts. 803 a 813 566
Capítulo XVII – Do jogo e da aposta – arts. 814 a 817 570
Capítulo XVIII – Da fiança – arts. 818 a 839 574
Seção I – Disposições gerais – arts. 818 a 826 574
Seção II – Dos efeitos da fiança – arts. 827 a 836 577
Seção III – Da extinção da fiança – arts. 837 a 839 581
Capítulo XIX – Da transação – arts. 840 a 850 582
Capítulo XX – Do compromisso – arts. 851 a 853 587
Capítulo XXI – Do contrato de administração fiduciária de garantias – art. 853-A . . 592

ÍNDICE SISTEMÁTICO

TÍTULO VII
DOS ATOS UNILATERAIS

Capítulo I – Da promessa de recompensa – arts. 854 a 860 593
Capítulo II – Da gestão de negócios – arts. 861 a 875 596
Capítulo III – Do pagamento indevido – arts. 876 a 883 602
Capítulo IV – Do enriquecimento sem causa – arts. 884 a 886 605

TÍTULO VIII
DOS TÍTULOS DE CRÉDITO

Capítulo I – Disposições gerais – arts. 887 a 903 607
Capítulo II – Do título ao portador – arts. 904 a 909 617
Capítulo III – Do título à ordem – arts. 910 a 920 621
Capítulo IV – Do título nominativo – arts. 921 a 926 626

TÍTULO IX
DA RESPONSABILIDADE CIVIL

Capítulo I – Da obrigação de indenizar – arts. 927 a 943 628
Capítulo II – Da indenização – arts. 944 a 954 644

TÍTULO X
DAS PREFERÊNCIAS E PRIVILÉGIOS CREDITÓRIOS

Arts. 955 a 965 656

LIVRO II
DO DIREITO DE EMPRESA

TÍTULO I
DO EMPRESÁRIO

Capítulo I – Da caracterização e da inscrição – arts. 966 a 971 662
Capítulo II – Da capacidade – arts. 972 a 980 672

TÍTULO I-A (ORA REVOGADO PELA LEI N. 14.382/2022)
(*DA EMPRESA INDIVIDUAL DE RESPONSABILIDADE LIMITADA*)

Art. 980-A 678

TÍTULO II
DA SOCIEDADE

Capítulo Único – Disposições gerais – arts. 981 a 985 680

Subtítulo I
Da Sociedade não Personificada

Capítulo I – Da sociedade em comum – arts. 986 a 990 687
Capítulo II – Da sociedade em conta de participação – arts. 991 a 996.......... 691

Subtítulo II
Da Sociedade Personificada

Capítulo I – Da sociedade simples – arts. 997 a 1.038 695
Seção I – Do contrato social – arts. 997 a 1.000.......... 695
Seção II – Dos direitos e obrigações dos sócios – arts. 1.001 a 1.009.......... 699
Seção III – Da administração – arts. 1.010 a 1.021.......... 704
Seção IV – Das relações com terceiros – arts. 1.022 a 1.027.......... 712
Seção V – Da resolução da sociedade em relação a um sócio – arts. 1.028 a 1.032 716
Seção VI – Da dissolução – arts. 1.033 a 1.038 720
Capítulo II – Da sociedade em nome coletivo – arts. 1.039 a 1.044.......... 725
Capítulo III – Da sociedade em comandita simples – arts. 1.045 a 1.051 727
Capítulo IV – Da sociedade limitada – arts. 1.052 a 1.087.......... 730
Seção I – Disposições preliminares – arts. 1.052 a 1.054.......... 730
Seção II – Das quotas – arts. 1.055 a 1.059 734
Seção III – Da administração – arts. 1.060 a 1.065.......... 738
Seção IV – Do conselho fiscal – arts. 1.066 a 1.070.......... 741
Seção V – Das deliberações dos sócios – arts. 1.071 a 1.080 744
Seção VI – Do aumento e da redução do capital – arts. 1.081 a 1.084.......... 752
Seção VII – Da resolução da sociedade em relação a sócios minoritários – arts. 1.085 e 1.086.......... 754
Seção VIII – Da dissolução – art. 1.087 756
Capítulo V – Da sociedade anônima – arts. 1.088 e 1.089.......... 756
Seção única – Da caracterização – arts. 1.088 e 1.089 757
Capítulo VI – Da sociedade em comandita por ações – arts. 1.090 a 1.092.......... 759
Capítulo VII – Da sociedade cooperativa – arts. 1.093 a 1.096 760
Capítulo VIII – Das sociedades coligadas – arts. 1.097 a 1.101 764
Capítulo IX – Da liquidação da sociedade – arts. 1.102 a 1.112.......... 767
Capítulo X – Da transformação, da incorporação, da fusão e da cisão das sociedades – arts. 1.113 a 1.122 773
Capítulo XI – Da sociedade dependente de autorização – arts. 1.123 a 1.141 778
Seção I – Disposições gerais – arts. 1.123 a 1.125.......... 778
Seção II – Da sociedade nacional – arts. 1.126 a 1.133.......... 780
Seção III – Da sociedade estrangeira – arts. 1.134 a 1.141 784

Título III
Do Estabelecimento

Capítulo Único – Disposições gerais – arts. 1.142 a 1.149.......... 789

Título IV

Dos Institutos Complementares

Capítulo I – Do registro – arts. 1.150 a 1.154 795
Capítulo II – Do nome empresarial – arts. 1.155 a 1.168 798
Capítulo III – Dos prepostos – arts. 1.169 a 1.178 806
Seção I – Disposições gerais – arts. 1.169 a 1.171 806
Seção II – Do gerente – arts. 1.172 a 1.176 807
Seção III – Do contabilista e outros auxiliares – arts. 1.177 e 1.178 810
Capítulo IV – Da escrituração – arts. 1.179 a 1.195 811

Livro III

Do Direito das Coisas

Título I

Da Posse

Capítulo I – Da posse e sua classificação – arts. 1.196 a 1.203 822
Capítulo II – Da aquisição da posse – arts. 1.204 a 1.209 828
Capítulo III – Dos efeitos da posse – arts. 1.210 a 1.222 831
Capítulo IV – Da perda da posse – arts. 1.223 e 1.224 842

Título II

Dos Direitos Reais

Capítulo Único – Disposições gerais – arts. 1.225 a 1.227 843

Título III

Da Propriedade

Capítulo I – Da propriedade em geral – arts. 1.228 a 1.237 849
Seção I – Disposições preliminares – arts. 1.228 a 1.232 849
Seção II – Da descoberta – arts. 1.233 a 1.237 862
Capítulo II – Da aquisição da propriedade imóvel – arts. 1.238 a 1.259 864
Seção I – Da usucapião – arts. 1.238 a 1.244 865
Seção II – Da aquisição pelo registro do título – arts. 1.245 a 1.247 873
Seção III – Da aquisição por acessão – arts. 1.248 a 1.259 879
Subseção I – Das ilhas – art. 1.249 880
Subseção II – Da aluvião – art. 1.250 881
Subseção III – Da avulsão – art. 1.251 882
Subseção IV – Do álveo abandonado – art. 1.252 883
Subseção V – Das construções e plantações – arts. 1.253 a 1.259 884
Capítulo III – Da aquisição da propriedade móvel – arts. 1.260 a 1.274 888
Seção I – Da usucapião – arts. 1.260 a 1.262 888
Seção II – Da ocupação – art. 1.263 889
Seção III – Do achado do tesouro – arts. 1.264 a 1.266 891

Seção IV – Da tradição – arts. 1.267 e 1.268 892
Seção V – Da especificação – arts. 1.269 a 1.271 894
Seção VI – Da confusão, da comissão e da adjunção – arts. 1.272 a 1.274 895
Capítulo IV – Da perda da propriedade – arts. 1.275 e 1.276 896
Capítulo V – Dos direitos de vizinhança – arts. 1.277 a 1.313 899
Seção I – Do uso anormal da propriedade – arts. 1.277 a 1.281 899
Seção II – Das árvores limítrofes – arts. 1.282 a 1.284 902
Seção III – Da passagem forçada – art. 1.285 903
Seção IV – Da passagem de cabos e tubulações – arts. 1.286 e 1.287 905
Seção V – Das águas – arts. 1.288 a 1.296 906
Seção VI – Dos limites entre prédios e do direito de tapagem – arts. 1.297 e 1.298 911
Seção VII – Do direito de construir – arts. 1.299 a 1.313 913
Capítulo VI – Do condomínio geral – arts. 1.314 a 1.330 920
Seção I – Do condomínio voluntário – arts. 1.314 a 1.326 921
Subseção I – Dos direitos e deveres dos condôminos – arts. 1.314 a 1.322 921
Subseção II – Da administração do condomínio – arts. 1.323 a 1.326 928
Seção II – Do condomínio necessário – arts. 1.327 a 1.330 930
Capítulo VII – Do condomínio edilício – arts. 1.331 a 1.358 931
Seção I – Disposições gerais – arts. 1.331 a 1.346 932
Seção II – Da administração do condomínio – arts. 1.347 a 1.356 943
Seção III – Da extinção do condomínio – arts. 1.357 e 1.358 949
Seção IV – Do condomínio de lotes – art. 1358-A 949
Capítulo VII-A – Do condomínio em multipropriedade – arts. 1358-B a 1358-U .. 950
Seção I – Disposições gerais – arts. 1.358-B a 1.358-E 950
Seção II – Da instituição da multipropriedade – arts. 1.358-F a 1.358-H 952
Seção III – Dos direitos e das obrigações do multiproprietário – arts. 1.358-I a 1.358-K 954
Seção IV – Da transferência da multipropriedade – art. 1.358-L 956
Seção V – Da administração da multipropriedade – arts. 1.358-M e 1.358-N . 957
Seção VI – Disposições específicas relativas às unidades autônomas de condomínios edilícios – arts. 1.358-O a 1.358-U 958
Capítulo VIII – Da propriedade resolúvel – arts. 1.359 e 1.360 963
Capítulo IX – Da propriedade fiduciária – arts. 1.361 a 1.368-B 964
Capítulo X – Do fundo de investimento – arts. 1.368-C a 1.368-F 970

Título IV
Da Superfície

Arts. 1.369 a 1.377 971

Título V
Das Servidões

Capítulo I – Da constituição das servidões – arts. 1.378 e 1.379 975
Capítulo II – Do exercício das servidões – arts. 1.380 a 1.386 978
Capítulo III – Da extinção das servidões – arts. 1.387 a 1.389 982

Título VI
Do Usufruto

Capítulo I – Disposições gerais – arts. 1.390 a 1.393 985
Capítulo II – Dos direitos do usufrutuário – arts. 1.394 a 1.399 989
Capítulo III – Dos deveres do usufrutuário – arts. 1.400 a 1.409 992
Capítulo IV – Da extinção do usufruto – arts. 1.410 e 1.411 996

Título VII
Do Uso

Arts. 1.412 e 1.413 998

Título VIII
Da Habitação

Arts. 1.414 a 1.416 1000

Título IX
Do Direito do Promitente Comprador

Arts. 1.417 e 1.418 1001

Título X
Do Penhor, da Hipoteca e da Anticrese

Capítulo I – Disposições gerais – arts. 1.419 a 1.430 1003
Capítulo II – Do penhor – arts. 1.431 a 1.472 1012
Seção I – Da constituição do penhor – arts. 1.431 e 1.432 1012
Seção II – Dos direitos do credor pignoratício – arts. 1.433 e 1.434 1014
Seção III – Das obrigações do credor pignoratício – art. 1.435 1016
Seção IV – Da extinção do penhor – arts. 1.436 e 1.437 1017
Seção V – Do penhor rural – arts. 1.438 a 1.446 1019
Subseção I – Disposições gerais – arts. 1.438 a 1.441 1019
Subseção II – Do penhor agrícola – arts. 1.442 e 1.443 1022
Subseção III – Do penhor pecuário – arts. 1.444 a 1.446 1023
Seção VI – Do penhor industrial e mercantil – arts. 1.447 a 1.450 1025
Seção VII – Do penhor de direitos e títulos de crédito – arts. 1.451 a 1.460 1027
Seção VIII – Do penhor de veículos – arts. 1.461 a 1.466 1032
Seção IX – Do penhor legal – arts. 1.467 a 1.472 1034
Capítulo III – Da hipoteca – arts. 1.473 a 1.505 1037
Seção I – Disposições gerais – arts. 1.473 a 1.488 1037
Seção II – Da hipoteca legal – arts. 1.489 a 1.491 1050
Seção III – Do registro da hipoteca – arts. 1.492 a 1.498 1052
Seção IV – Da extinção da hipoteca – arts. 1.499 a 1.501 1057
Seção V – Da hipoteca de vias férreas – arts. 1.502 a 1.505 1059
Capítulo IV – Da anticrese – arts. 1.506 a 1.510 1061

Título XI

Da Laje

Arts. 1.510-A a 1.510-E 1064

Livro IV

Do Direito de Família

Título I

Do Direito Pessoal

Subtítulo I

Do Casamento

Capítulo I – Disposições gerais – arts. 1.511 a 1.516 1066
Capítulo II – Da capacidade para o casamento – arts. 1.517 a 1.520.............. 1071
Capítulo III – Dos impedimentos – arts. 1.521 e 1.522.......................... 1075
Capítulo IV – Das causas suspensivas – arts. 1.523 e 1.524 1078
Capítulo V – Do processo de habilitação para o casamento – arts. 1.525 a 1.532.... 1080
Capítulo VI – Da celebração do casamento – arts. 1.533 a 1.542 1085
Capítulo VII – Das provas do casamento – arts. 1.543 a 1.547.................. 1093
Capítulo VIII – Da invalidade do casamento – arts. 1.548 a 1.564................ 1096
Capítulo IX – Da eficácia do casamento – arts. 1.565 a 1.570 1109
Capítulo X – Da dissolução da sociedade e do vínculo conjugal – arts. 1.571 a 1.582 1116
Capítulo XI – Da proteção da pessoa dos filhos – arts. 1.583 a 1.590............ 1134

Subtítulo II

Das Relações de Parentesco

Capítulo I – Disposições gerais – arts. 1.591 a 1.595 1143
Capítulo II – Da filiação – arts. 1.596 a 1.606................................. 1147
Capítulo III – Do reconhecimento dos filhos – arts. 1.607 a 1.617 1157
Capítulo IV – Da adoção – arts. 1.618 a 1.629 1167
Capítulo V – Do poder familiar – arts. 1.630 a 1.638 1179
Seção I – Disposições gerais – arts. 1.630 a 1.633............................... 1179
Seção II – Do exercício do poder familiar – art. 1.634............................ 1182
Seção III – Da suspensão e extinção do poder familiar – arts. 1.635 a 1.638 1184

Título II

Do Direito Patrimonial

Subtítulo I

Do Regime de Bens entre os Cônjuges

Capítulo I – Disposições gerais – arts. 1.639 a 1.652 1188
Capítulo II – Do pacto antenupcial – arts. 1.653 a 1.657.......................... 1201
Capítulo III – Do regime de comunhão parcial – arts. 1.658 a 1.666 1203

Capítulo IV – Do regime de comunhão universal – arts. 1.667 a 1.671 1207
Capítulo V – Do regime de participação final nos aquestos – arts. 1.672 a 1.686. . . . 1210
Capítulo VI – Do regime de separação de bens – arts. 1.687 e 1.688 1215

SUBTÍTULO II
DO USUFRUTO E DA ADMINISTRAÇÃO DOS BENS DE FILHOS MENORES

Arts. 1.689 a 1.693 1217

SUBTÍTULO III
DOS ALIMENTOS

Arts. 1.694 a 1.710 1220

SUBTÍTULO IV
DO BEM DE FAMÍLIA

Arts. 1.711 a 1.722 1235

TÍTULO III
DA UNIÃO ESTÁVEL

Arts. 1.723 a 1.727 1243

TÍTULO IV
DA TUTELA, DA CURATELA E DA TOMADA DE DECISÃO APOIADA

Capítulo I – Da tutela – arts. 1.728 a 1.766 1249
Seção I – Dos tutores – arts. 1.728 a 1.734 1249
Seção II – Dos incapazes de exercer a tutela – art. 1.735 1254
Seção III – Da escusa dos tutores – arts. 1.736 a 1.739. 1255
Seção IV – Do exercício da tutela – arts. 1.740 a 1.752 1257
Seção V – Dos bens do tutelado – arts. 1.753 e 1.754 1265
Seção VI – Da prestação de contas – arts. 1.755 a 1.762. 1267
Seção VII – Da cessação da tutela – arts. 1.763 a 1.766 1270
Capítulo II – Da curatela – arts. 1.767 a 1.783 1272
Seção I – Dos interditos – arts. 1.767 a 1.778 1272
Seção II – Da curatela do nascituro e do enfermo ou portador de deficiência física – arts. 1.779 e 1.780 1284
Seção III – Do exercício da curatela – arts. 1.781 a 1.783. 1285
Capítulo III – Da tomada de decisão apoiada – art. 1.783-A 1286

LIVRO V
DO DIREITO DAS SUCESSÕES

TÍTULO I
DA SUCESSÃO EM GERAL

Capítulo I – Disposições gerais – arts. 1.784 a 1.790. 1288
Capítulo II – Da herança e de sua administração – arts. 1.791 a 1.797 1295

ÍNDICE SISTEMÁTICO

Capítulo III – Da vocação hereditária – arts. 1.798 a 1.803 1300
Capítulo IV – Da aceitação e renúncia da herança – arts. 1.804 a 1.813 1305
Capítulo V – Dos excluídos da sucessão – arts. 1.814 a 1.818 1310
Capítulo VI – Da herança jacente – arts. 1.819 a 1.823 1313
Capítulo VII – Da petição de herança – arts. 1.824 a 1.828 1316

Título II

Da Sucessão Legítima

Capítulo I – Da ordem da vocação hereditária – arts. 1.829 a 1.844 1319
Capítulo II – Dos herdeiros necessários – arts. 1.845 a 1.850 1330
Capítulo III – Do direito de representação – arts. 1.851 a 1.856 1333

Título III

Da Sucessão Testamentária

Capítulo I – Do testamento em geral – arts. 1.857 a 1.859 1335
Capítulo II – Da capacidade de testar – arts. 1.860 e 1.861 1338
Capítulo III – Das formas ordinárias do testamento – arts. 1.862 a 1.880 1339
Seção I – Disposições gerais – arts. 1.862 e 1.863. 1339
Seção II – Do testamento público – arts. 1.864 a 1.867 1340
Seção III – Do testamento cerrado – arts. 1.868 a 1.875. 1342
Seção IV – Do testamento particular – arts. 1.876 a 1.880 1345
Capítulo IV – Dos codicilos – arts. 1.881 a 1.885 1347
Capítulo V – Dos testamentos especiais – arts. 1.886 a 1.896. 1349
Seção I – Disposições gerais – arts. 1.886 e 1.887. 1349
Seção II – Do testamento marítimo e do testamento aeronáutico – arts. 1.888 a 1.892 1349
Seção III – Do testamento militar – arts. 1.893 a 1.896 1451
Capítulo VI – Das disposições testamentárias – arts. 1.897 a 1.911 1353
Capítulo VII – Dos legados – arts. 1.912 a 1.940 1360
Seção I – Disposições gerais – arts. 1.912 a 1.922. 1360
Seção II – Dos efeitos do legado e do seu pagamento – arts. 1.923 a 1.938 1365
Seção III – Da caducidade dos legados – arts. 1.939 e 1.940. 1370
Capítulo VIII – Do direito de acrescer entre herdeiros e legatários – arts. 1.941 a 1.946 1372
Capítulo IX – Das substituições – arts. 1.947 a 1.960 1374
Seção I – Da substituição vulgar e da recíproca – arts. 1.947 a 1.950. 1375
Seção II – Da substituição fideicomissária – arts. 1.951 a 1.960. 1377
Capítulo X – Da deserdação – arts. 1.961 a 1.965. 1380
Capítulo XI – Da redução das disposições testamentárias – arts. 1.966 a 1.968 1383
Capítulo XII – Da revogação do testamento – arts. 1.969 a 1.972 1385
Capítulo XIII – Do rompimento do testamento – arts. 1.973 a 1.975 1386
Capítulo XIV – Do testamenteiro – arts. 1.976 a 1.990. 1387

Título IV

Do Inventário e da Partilha

Capítulo I – Do inventário – art. 1.991 1392

Capítulo II – Dos sonegados – arts. 1.992 a 1.996. 1393
Capítulo III – Do pagamento das dívidas – arts. 1.997 a 2.001. 1395
Capítulo IV – Da colação – arts. 2.002 a 2.012. 1398
Capítulo V – Da partilha – arts. 2.013 a 2.022 1403
Capítulo VI – Da garantia dos quinhões hereditários – arts. 2.023 a 2.026 1408
Capítulo VII – Da anulação da partilha – art. 2.027 1409

Livro Complementar

Das Disposições Finais e Transitórias

Arts. 2.028 a 2.046 1410

Decreto-Lei n. 4.657,

DE 4 DE SETEMBRO DE 1942*, COM AS ALTERAÇÕES DAS LEIS N. 12.376/2010 E 13.655/2018 E DO DECRETO N. 9.830/2019

Lei de Introdução às Normas do Direito Brasileiro.

O Presidente da República, usando da atribuição que lhe confere o art. 180 da Constituição, decreta:

Art. 1º Salvo disposição contrária, a lei começa a vigorar em todo o País 45 (quarenta e cinco) dias depois de oficialmente publicada.

- *Com relação aos atos administrativos, admite-se a obrigatoriedade a partir da publicação, de acordo com o art. 5º do Decreto n. 572, de 12 de julho de 1890, que, nesta parte, não se pode considerar revogado pelo Código Civil (conforme Vicente Ráo, O direito e a vida dos direitos, p. 378, nota).*
- *Sobre vigência de leis tributárias, dos atos administrativos, decisões normativas de órgãos administrativos, convênios tributários,* vide *Lei n. 5.172, de 25 de outubro de 1966 (Código Tributário Nacional), arts. 101 a 104.*
- Vide *Constituição Federal, arts. 59 a 61, 62, §§ 3º, 4º, 6º e 7º (com a redação da Emenda Constitucional n. 32/2001), e 63 a 69; Lei Complementar n. 95/98, art. 8º, §§ 1º e 2º, e Decreto n. 4.176/2002, arts. 19 e 20.*

§ 1º Nos Estados estrangeiros, a obrigatoriedade da lei brasileira, quando admitida, se inicia 3 (três) meses depois de oficialmente publicada.

§ 2º (*A vigência das leis, que os governos estaduais elaborem, por autorização do Governo Federal, depende da aprovação deste e começará no prazo que a legislação estadual fixar*).

- *Esta norma, elaborada sob o regime constitucional de 1937, já não tem aplicação desde a Constituição de 1946 e foi revogada pela Lei n. 12.036/2009.*
-

§ 3º Se, antes de entrar a lei em vigor, ocorrer nova publicação de seu texto, destinada a correção, o prazo deste artigo e dos parágrafos anteriores começará a correr da nova publicação.

§ 4º As correções a textos de lei já em vigor consideram-se lei nova.

- *Lei Complementar n. 95/98, art. 18, e Decreto n. 4.176/2002, que estabelece regras para a redação, a alteração, a consolidação e o encaminhamento ao Presidente da República de projetos de atos normativos de competência dos órgãos do Poder Executivo Federal.*

Princípio da vigência sincrônica e "vacatio legis". Vigência é a existência específica da norma em determinada época. Seria, como diz Arnaldo Vasconcelos, um prazo com o qual se demarcaria o tempo de validade da norma. O vigor decorre da vigência, uma vez que a obrigato-

* Publicado no *Diário Oficial da União* de 9 de setembro de 1942.

riedade da norma só surge com seu nascimento, perdurando enquanto ela tiver existência específica. Vigor normativo é qualidade da norma relativa à força vinculante, pois não haverá como subtrair-se ao seu comando. Nem sempre a data da publicação da lei é coincidente com a do início de uma vigência, que pode ser postergada para data posterior. A obrigatoriedade da norma não se inicia no dia de sua publicação, salvo se ela assim o determinar, pois poderá estipular sua *imediata* entrada em vigor (Lei Complementar n. 95/98, art. 8º; Decreto n. 4.176/2002, art. 19, § 1º). O intervalo entre a data de sua publicação oficial e sua entrada em vigor chama-se *vacatio legis*. Antes do decurso da *vacatio,* a lei nova não terá obrigatoriedade nem autoridade imperativa, por ainda estar em vigor a lei antiga. A duração da *vacatio legis*, se, porventura, não houver estipulação de data para sua entrada em vigor, sujeita-se ao critério do prazo único ou isócrono, por ter a Lei de Introdução (norma especial, aplicada supletivamente) adotado o *princípio da vigência sincrônica*, ou seja, simultânea, em todo o território nacional. Pelo prazo único a obrigatoriedade da lei é simultânea, porque a norma, salvo disposição contrária, entrará em vigor a um só tempo em todo o País, quarenta e cinco dias após sua publicação (LINDB, art. 1º, *caput*).

Prazo para entrada em vigor da lei brasileira no exterior. No que concerne à obrigatoriedade da norma brasileira no estrangeiro, não havendo o prazo para sua entrada em vigor, o prazo é de três meses depois de oficialmente publicada (LINDB, art. 1º, § 1º). A lei antiga, portanto, subsistirá no exterior até três meses depois da publicação da lei nova no Brasil.

Inaplicabilidade do art. 1º, § 2º. O § 2º do art. 1º da Lei de Introdução, ora revogado pela Lei n. 12.036/2009, não mais se aplica no direito brasileiro desde o advento da CF de 1946. Esse dispositivo era alusivo à Constituição de 1937, que vigorava por ocasião da promulgação de Lei de Introdução às Normas do Direito Brasileiro e dispunha, no seu art. 17, que a lei poderia delegar aos Estados a permissão de legislar nas matérias de exclusiva competência da União, fosse para regularizá-las, fosse para suprir lacunas, havendo interesse do Estado. Tais normas entrariam em vigor apenas se houvesse aprovação do governo federal. As leis estaduais elaboradas dentro da competência assegurada constitucionalmente se subordinavam, então, pela não incidência do § 2º ao prazo da *vacatio* estabelecido no *caput* do art. 1º, salvo se houvesse disposição legal em contrário.

Errata. Se, durante a *vacatio legis*, vier a norma a ser corrigida em seu texto, que contém erros substanciais, suscetíveis de modificar parcial ou totalmente o seu sentido, ensejando nova publicação, o prazo nela mencionado para sua entrada em vigor (Decreto n. 4.176/2002, art. 19, § 2º, II) ou, não o havendo, os prazos de 45 dias e 3 meses (LINDB, art. 1º, § 1º) começam a correr da nova publicação (LINDB, art. 1º, § 3º), portanto nova *vacatio* iniciar-se-á a partir da data da correção, anulando-se o tempo decorrido. As emendas ou correção da lei que já tenha entrado em vigor são consideradas lei nova (LINDB, art. 1º, § 4º), a cujo começo de obrigatoriedade se aplica o princípio geral da *vacatio legis*, pois só produzirão efeitos a partir do decurso do prazo legal ou, não o havendo, do de 45 dias ou 3 meses após a publicação, uma vez que derrogaram ou ab-rogaram a lei anterior, cuja obrigatoriedade e efeitos se reconhecerão. Se os erros forem evidentes, como os de ortografia ou se se apresentarem erros materiais (incorreções tipográficas), o próprio magistrado poderá saná-los *ex auctoritate*.

BIBLIOGRAFIA: Espínola e Espínola Filho, *A Lei de Introdução ao Código Civil brasileiro comentado*, Rio de Janeiro, Freitas Bastos, 1943, v. 1, p. 42-8, 55-6, 59-61; Tercio Sampaio Ferraz Jr., *Introdução ao estudo do direito*, São Paulo, Atlas, 1988, p. 181; M. Helena Diniz, *Lei de Introdução ao Código Civil brasileiro interpretada*, São Paulo, Saraiva, 2006, p. 43-66; Hugo R. Subiabre, *La promulgación y la publicación de la ley*, 1941; Wilson de S. Campos Batalha, *Lei de Introdução ao Código Civil*, São Paulo, Max Limonad, 1959, v. 1, p. 425-7; Oscar Tenório, *Lei de Introdução ao Código Civil brasileiro*, 1955, p. 36; R. Limongi França, *A irretroatividade das leis e o direito adquirido*, São Paulo, Revista dos Tribunais, 1982; Luís Paulo Cotrim Guimarães, *Direito civil*, Rio de Janeiro, Elvesier, 2007, p. 1-5.

Art. 2º Não se destinando à vigência temporária, a lei terá vigor até que outra a modifique ou revogue.

§ 1º A lei posterior revoga a anterior quando expressamente o declare, quando seja com ela incompatível ou quando regule inteiramente a matéria de que tratava a lei anterior.

- *Lei Complementar n. 95/98, art. 9º, com a redação da Lei Complementar n. 107/2001.*
- *Decreto n. 4.176/2002, art. 21.*
- *Código Civil, art. 2.045.*

§ 2º A lei nova, que estabeleça disposições gerais ou especiais a par das já existentes, não revoga nem modifica a lei anterior.

§ 3º Salvo disposição em contrário, a lei revogada não se restaura por ter a lei revogadora perdido a vigência.

Cessação da vigência normativa. O art. 2º da Lei de Introdução trata da vigência temporal da norma, salientando que, não sendo temporária a vigência, a norma poderá produzir efeitos, tendo força vinculante (vigor) até sua revogação por outra. Acatado está, portanto, o *princípio da continuidade da lei*. A norma poder ter: vigência temporária, pelo simples fato de já ter fixado o tempo de sua duração, contendo um limite para a sua eficácia; e vigência permanente, ou seja, para o futuro sem prazo determinado, durando até que seja modificada ou revogada por outra da mesma hierarquia ou de hierarquia superior (LINDB, art. 2º, *caput*). A cessação da vigência da norma pode se dar por decurso do tempo para o qual foi promulgada ou por revogação.

Revogação. Revogar é tornar sem efeito uma norma, retirando sua obrigatoriedade no todo, caso em que se tem a ab-rogação, ou em parte, hipótese em que se configura a derrogação. A lei nova começa a vigorar não no dia de sua promulgação ou publicação, mas a partir do dia em que a lei revogada vier a perder sua força. A norma revogada, para os casos ocorridos durante sua vigência, terá obrigatoriedade, em razão da ultratividade ou da eficácia residual, garantindo direito adquirido e ato jurídico perfeito.

Revogação expressa. Ocorre se a norma revogadora declarar que a lei está extinta em todos os seus dispositivos ou apontar os artigos que pretende revogar (Lei Complementar n. 95/98, art. 9º, com a redação da Lei Complementar n. 107/2001; Decreto n. 4.176/2002, art. 21; LINDB, art. 1º, § 1º, 1ª parte).

Revogação tácita. Dá-se quando houver incompatibilidade entre a lei nova e a antiga (LINDB, art. 1º, § 1º, 2ª parte), pelo fato de que a nova passa a regular parcial ou inteiramente a matéria tratada pela anterior, mesmo que nela não conste a expressão "revogam-se as disposições em contrário", por ser supérflua e por estar proibida legalmente, nem se mencione expressamente a norma revogada. Diante do art. 9º da Lei Complementar n. 95/98 e art. 21 do Decreto n. 4.176/2002, melhor será afastá-la, para evitar antinomia e obscuridades, e inserir na lei nova a cláusula de revogação enumerando expressamente as normas revogadas.

Possibilidade de existência de antinomias aparentes e reais. Podem ocorrer conflitos normativos. Se forem aparentes, os *critérios* normativos para solucioná-los são: o *hierárquico*, pelo qual norma superior revoga a inferior, se as normas conflitantes forem de diferentes níveis; o *cronológico*, que remonta ao tempo em que as normas começaram a ter vigência, restringindo-se somente ao conflito de normas pertencentes ao mesmo escalão. Assim sendo, norma posterior revoga a anterior; o da *especialidade*, que visa a consideração da matéria normada, logo, como o tipo geral está contido no especial, a norma especial prevalecerá sobre a geral. Assim sendo, poder-se-á, seguindo a esteira de R. Limongi França, ao analisar a Lei de Introdução (art. 2º, §§ 1º e 2º), concluir que: a) a coexistência da lei nova geral com a lei antiga especial e vice-versa será possível; b) a possibilidade de coexistência subordina-se ao fato de haver, ou não, alguma incompatibilidade; c) a existência de incompatibilidade conduz à possível revogação da lei geral pela especial, ou da lei especial pela geral. Todavia, poderá não haver incompatibilidade, por exemplo, entre disposições especiais e gerais já existentes, caso em que a lei especial não revogará a geral, mas harmonizar-se-á com ela. Daí o interessante exemplo de Luís Paulo Cotrim Guimarães: o Estatuto do Idoso alterou o Código Penal, acrescentando ao § 4º do art. 121 que a pena sofrerá aumento de 1/3 se o crime for praticado contra pessoa maior de sessenta anos. Em tal hipótese, ter-se-á uma harmonização legal. Quando a antinomia for real, por haver, como ensina Tercio Sampaio Ferraz Jr., oposição total ou parcial entre duas ou mais normas contraditórias, emanadas de autoridades competentes num mesmo âmbito normativo, que colocam o sujeito numa posição insustentável pela ausência ou inconsistência de critérios aptos a permitir-lhes uma saída nos quadros de um dado ordenamento, os critérios (hierárquico, cronológico e de especialidade) existentes não a resolverão, ficando o aplicador sem meios para solucioná-la. Ou, então, apresentar-se-á uma inconsistência de critérios existentes, como é o caso da metarregra *lex posterior generalis non derogat priori speciali*, que é parcialmente inefetiva, e do conflito entre o critério hierárquico e o da especialidade. O reconhecimento da antinomia real não exclui a possibilidade de uma solução efetiva, pela edição de nova norma que escolha uma das normas conflitantes ou pelo emprego, pelo órgão judicante, tendo em vista o critério do *justum*, da interpretação equitativa ou corretiva, ou seja, dos mecanismos de preenchimento de lacuna, por ser tal antinomia real uma *lacuna de conflito* ou de colisão (LINDB, arts. 4º e 5º).

Repristinação. Pelo art. 2º, § 3º, ora comentado, a lei revogadora de outra lei revogadora não terá efeito repristinatório sobre a velha norma abolida, a não ser que haja pronunciamento expresso da lei a esse respeito. Esse dispositivo legal contém duas normas: a) proibição da repristinação, significando que a antiga lei não se revalidará pelo aniquilamento da lei revogadora, uma vez que não restitui a vigência da que ela revogou; b) restauração *ex nunc* da antiga lei, quando a norma revogadora tiver perdido a vigência, desde que haja disposição expressa nesse sentido.

Jurisprudência: *RJTJSP*, *29*:303; *RT*, *720*:289; *204*:513; *RSTJ*, *78*:240 e *83*:175; *RTJPR*, *257*:601.

BIBLIOGRAFIA: M. Helena Diniz, *Conflito de normas*, São Paulo, Saraiva, 2006; *Lei de Introdução*, cit., p. 66-88; Espínola e Espínola Filho, *A Lei de Introdução*, cit., v. 1, p. 69-92; Wilson de S. Campos Batalha, *Lei de Introdução*, cit., v. 1, p. 67, 81-2, 118-9, 120-8; R. Limongi França, Aplicação da lei no tempo, in *Enciclopédia Saraiva do Direito*, p. 175 e 180; Tercio Sampaio Ferraz Jr., *Introdução*, cit., p. 182-4; Antinomia, in *Enciclopédia Saraiva do Direito*, v. 7, p. 14-8; Oscar Tenório, *Lei de Introdução ao Código Civil brasileiro*, Rio de Janeiro, Borsoi, 1955, p. 71; Luiz M. Díez-Picazo, *La derogación de las leyes*, 1990; Bobbio, Des critères pour rèsoudre les antinomies, in *Les antinomies en droit*, Perelman (publ.), Bruxelles, Bruylant, 1965, p. 239, 244-58; Gavazzi, *Delle antinomie*, Torino, Giappichelli, 1959, p. 66-73, 80, 83, 87; Luís Paulo Cotrim Guimarães, *Direito civil*, cit., p. 5-7.

Art. 3º Ninguém se escusa de cumprir a lei, alegando que não a conhece.

- *Código Civil, art. 139, III.*
- *Lei Complementar n. 95/98, art. 18.*

Obrigatoriedade da norma. A lei depois de publicada, decorrido, se houver, o prazo da *vacatio legis*, tornar-se-á obrigatória para todos, sendo inescusáveis o erro e a ignorância. O art. 3º, ora analisado, contém o rigoroso princípio *ignorantia juris neminem excusat*, requerendo que as leis sejam conhecidas, pelo menos potencialmente.

"Exceptio ignorantiae juris". O princípio da irrelevância do desconhecimento da lei repele a *exceptio ignorantiae juris*, indicando que a lei *ritae promulgata* exige obediência, porque, se o direito é uma das condições de existência da sociedade, há necessidade social de tornar as normas jurídicas obrigatórias com sua publicação oficial. Não há nenhuma presunção de que a lei é conhecida, mas uma conveniência de que ela seja conhecida. O sentido do art. 3º seria afirmar a segurança jurídica: a ignorância do direito, ou ausência de conhecimento da lei ou o erro no seu conhecimento, ou seja, falsa interpretação não impedirá os efeitos da norma, nem livrará da responsabilidade o seu infrator.

"Possibilidade de escusabilidade do "error juris". O princípio absoluto consagrado no adágio francês *nul n'est censé ignorer la loi* não impedirá que o erro de direito sobre o motivo do negócio possa escusar a quem o alega para não cumpri-lo, pois aqui não se está eximindo do cumprimento da lei, mas do ato negocial, pleiteando sua anulação (CC, art. 139, III, c/c o art. 140).

Jurisprudência: *RTJ*, *99*:860 e *104*:816.

BIBLIOGRAFIA: Dereux, Étude critique de l'adage — nul n'est censé ignorer la loi, *Revue Trimestrielle de Droit Civil*, *6*:513-54; Costa y Martinez, *El problema de la ignorancia del derecho*, Madrid, 1901; M. Helena Diniz, *Lei de Introdução*, cit., p. 88-96; Espínola e Espínola Filho, *A Lei de Introdução*, cit., v. 1, p. 96; Amílcar de Castro, *Direito internacional privado*, Rio de Janeiro, Forense, 1968, v. 1, p. 31; Wilson de S. Campos Batalha, *Lei de Introdução*, cit., v. 1, p. 128-62; Fubini, *La dottrina del errore*, 1902, n. 25 a 31; Roger Decottignies, L'erreur de droit, *Rev. Trim. Jur.*, 1951, p. 309; Guillermo Borda, *Error de hecho y de derecho*, 1950.

Art. 4º Quando a lei for omissa, o juiz decidirá o caso de acordo com a analogia, os costumes e os princípios gerais de direito.

- *Código de Processo Civil, arts. 140 e parágrafo único, 375, 1.035, §§ 1º a 11, 1.036, §§ 1º a 6º.*
- *Consolidação das Leis do Trabalho, art. 8º.*
- *Lei n. 5.172/66 (CTN), arts. 100 e 108.*
- *Lei n. 9.307/96, arts. 2º, §§ 1º e 2º, e 11, II.*
- *Constituição Federal, arts. 5º, XXXV e LIV, 59 a 69.*
- *Lei n. 11.417/2006.*
- *Lei n. 9.784/99, arts. 56, § 3º, 64-A e 64-B.*

Integração e o problema das lacunas no direito. Quando, ao solucionar um caso, o magistrado não encontra norma que lhe seja aplicável, não podendo subsumir o fato a nenhum preceito, porque há falta de conhecimento sobre um *status* jurídico de certo comportamento, devido a um defeito do sistema que pode consistir numa ausência de norma, na presença de disposição legal injusta ou ineficaz socialmente, estamos diante do problema da lacuna, que pode ser, respectivamente, normativa, axiológica ou ontológica. Imprescindível será um desenvolvimento aberto do direito dirigido metodicamente. Essa permissão de desenvolver o direito compete aos aplicadores sempre que se apresentar uma lacuna, pois devem integrá-la, criando uma norma individual, dentro dos limites estabelecidos pelo direito (LINDB, arts. 4º e 5º). Os meios de preenchimento da lacuna são os indicados pela própria lei *sub examine*; assim, para a integração jurídica, o juiz poderá fazer uso da analogia, do costume e dos princípios gerais de direito.

Analogia. Para integrar a lacuna, o órgão judicante recorre, preliminarmente, à analogia, que consiste em aplicar, a um caso não contemplado de modo direto ou específico por uma norma jurídica, uma lei que prevê uma hipótese distinta, mas semelhante ao fato não previsto. A analogia é tão somente um processo revelador de normas implícitas. Seu fundamento encontra-se na igualdade jurídica e na similitude de fatos. É necessário, portanto, que além da semelhança entre o caso previsto e o não regulado haja a mesma razão, para que o caso não contemplado seja decidido de igual modo.

Costume. O costume jurídico é formado por dois elementos necessários: o uso e a convicção jurídica, sendo portanto a norma jurídica que deriva da longa prática uniforme, constante, pública e geral de determinado ato com a convicção de sua necessidade jurídica. O costume, previsto na LINDB, art. 4º, é o *praeter legem*, por revestir-se de caráter supletivo, suprindo a lei nos casos omissos. O costume *contra legem* forma-se em sentido contrário ao da lei, ou se manifesta pelo não uso formal da lei, reduzindo-a ao esquecimento. Poder-se-á admitir a eficácia do costume *contra legem* em certos casos excepcionais de lacuna (ontológica ou axiológica), mediante a aplicação do art. 5º da Lei de Introdução, mas não sua força ab-rogatória, revogando uma lei (LINDB, art. 2º). O costume *secundum legem* é o previsto em lei (CC, arts. 1.297, § 1º, 569, II, 596, 597, 615, 965, I etc.), que reconhece sua eficácia obrigatória.

Princípios gerais de direito. Quando a analogia e o costume falham no preenchimento de lacuna, o magistrado supre a deficiência da ordem jurídica, adotando *princípios gerais de direito*, que são cânones que foram ditados pelo elaborador da norma explícita ou implicitamente, sendo que, nesta última hipótese, estão contidos de forma imanente no ordenamento jurídico. São normas jurídicas de valor genérico que orientam a compreensão do ordenamento jurídico, em sua aplicação e integração, estejam ou não positivadas.

Jurisprudência: *AJ, 30*:156, *51*:87, *53*:156; *RF, 128*:998; *RT, 131*:569, *132*:660 e 662, *209*:262, *433*:178, *446*:154, *588*:210, *635*:263; *RTJ, 54*:63; *RSTJ, 19*:461.

BIBLIOGRAFIA: M. Helena Diniz, *As lacunas no direito*, São Paulo, Saraiva, 2006; *Lei de Introdução*, cit., p. 96-143; Larenz, *Metodologia de la ciencia del derecho*, Barcelona, Ariel, 1966, cap. IV; Charles Huberlant, Les mécanismes institués pour combler les lacunes de la loi, *Le problème des lacunes en droit*, Bruxelles, Perelman (publ.), Émile Bruylant, 1968, p. 32-3; Villela, O problema das lacunas do ordenamento jurídico e os métodos para resolvê-las, *Revista da Faculdade de Direito da Universidade de Minas Gerais*, out. 1961, p. 223-4; Amedeo Conte, *Saggio sulla completezza degli ordinamenti giuridici*, Torino, 1962; Tercio Sampaio Ferraz Jr., *Teoria da norma jurídica*, Rio de Janeiro, Forense, 1978, p. 28, 29 e 65; Canaris, De la manière de constater et de combler les lacunes de la loi en droit alleman, *Le problème des lacunes en droit*, Bruxelas, Perelman (*apud*), Émile Bruylant, 1968; Moor, La questione delle lacune del diritto, *RIFD*, 1941; Norberto Bobbio, Completezza dell'ordinamento giuridico e interpretazione, *FIFD*, fasc. 4 e 5, 1940; Alípio Silveira, A analogia, os costumes e os princípios gerais de direito na integração das lacunas da lei, *RF*, fasc. 521, p. 261, 1946; R. Limongi França, *Formas e aplicação do direito positivo*, 1969; *Princípios gerais de direito*, São Paulo, Revista dos Tribunais, 1971; Del Vecchio, *Los principios generales del derecho*, Barcelona, 1971; Luís Paulo Cotrim Guimarães, *Direito civil*, cit., p. 8-10; Plínio Cabral, *Usos e costumes no Código Civil de 2002 — razões de uma revolução*, São Paulo, Rideel, 2009.

Art. 5º Na aplicação da lei, o juiz atenderá aos fins sociais a que ela se dirige e às exigências do bem comum.

- *Lei n. 5.172/66, arts. 107 a 111.*
- *Lei n. 8.069/90, art. 6º.*
- *Lei n. 9.099/95, art. 6º.*
- *Código de Processo Civil, art. 8º.*

Utilidade prática do art. 5º. A ciência do direito, articulada no modelo teórico hermenêutico, assume uma atividade interpretativa, tendo, dentre outras, a tarefa de: a) interpretar normas; b) verificar a existência de lacuna, constatando-a e indicando os instrumentos integradores, conducentes a uma decisão possível mais favorável, argumentada no direito vigente; e c) afastar contradições normativas, indicando critérios para solucioná-las. O jurista, para cumprir tais tarefas, baseado no art. 5º da Lei de Introdução, que contém um parâmetro à atividade jurisdicional, fornecerá os vários caminhos possíveis para uma decisão, que, ao aplicar a norma ao caso concreto, atenda à sua finalidade social e ao bem comum, procurando resguardar e promover a dignidade da pessoa humana e, ainda, observando a proporcionalidade, a razoabilidade, a legalidade, a publicidade e a eficiência (CPC, art. 8º, 2ª parte).

Técnica interpretativa teleológica e integração das lacunas ontológica e axiológica. O art. 5º, *sub examine*, indica ao magistrado o critério do fim social e o do bem comum como idôneos à adaptação da lei às novas exigências sociais e aos valores nela positivados, tanto na interpretação como na integração da lacuna ontológica ou axiológica. O bem comum e a finalidade social são fórmulas gerais ou valorativas que uniformizam a interpretação, constituindo pontos referenciais para que se aprecie a lei a aplicar sob o prisma do momento de sua aplicação. O art. 5º está a consagrar a equidade como elemento de adaptação e integração da norma ao caso concreto.

Fim social. O intérprete-aplicador, em cada caso *sub judice*, deverá averiguar se a norma a aplicar atende à finalidade social, que é variável no tempo e no espaço, aplicando o critério teleológico na interpretação da lei, sem desprezar os demais processos interpretativos. O fim social é o objetivo de uma sociedade; é o bem social, que pode abranger o útil, a necessidade social e o equilíbrio de interesses etc. O fim social da norma consiste em produzir na realidade social determinados efeitos que são desejados por serem valiosos, justos, convenientes, adequados à subsistência de uma sociedade, oportunos etc.

Bem comum. O intérprete-aplicador deve dar sentido à norma sem lhe conferir um valor, por ser ela um veículo de realização de determinado valor objetivo. O bem comum consiste na preservação dos valores positivos vigentes na sociedade, que dão sustento a certa ordem jurídica. Nessa hipótese poder-se-ia afirmar que a norma significa, na sua aplicação, sob o ângulo interpretativo, uma axiologização da realidade social concreta.

Jurisprudência: *RT*, *142*:620, *144*:691, *194*:709; *RSTJ*, *129*:364.

BIBLIOGRAFIA: M. Helena Diniz, *Lei de Introdução*, cit., p. 143-82; Tercio Sampaio Ferraz, *Função social da dogmática jurídica*, São Paulo, Revista dos Tribunais, 1978, p. 7-10, 82-90, 108-119-25, 152-4 e 160-76; Wilson de S. Campos Batalha, *Lei de Introdução*, cit., v. 1, p. 522, 545-7, 550-1; Manuel A. Domingues de Andrade, *Ensaio sobre a teoria da interpretação das leis*, Coimbra, A. Amado, 1987; Degni, *L'interpretazione della legge*, Napoli, 1909, p. 287 e s., Carlos Maximiliano, *Hermenêutica e aplicação do direito*, Rio de Janeiro, Freitas Bastos, 1965, n. 13, 14, 22 a 26.

Art. 6º A Lei em vigor terá efeito imediato e geral, respeitados o ato jurídico perfeito, o direito adquirido e a coisa julgada.

• *Constituição Federal, art. 5º, XXXVI.*

§ 1º Reputa-se ato jurídico perfeito o já consumado segundo a lei vigente ao tempo em que se efetuou.

• *Súmula vinculante 1 do Supremo Tribunal Federal.*

§ 2º Consideram-se adquiridos assim os direitos que o seu titular, ou alguém por ele, possa exercer, como aqueles cujo começo do exercício tenha termo pré-fixo, ou condição preestabelecida inalterável, a arbítrio de outrem.

• *Código Civil, arts. 121, 126, 130, 131 e 135.*

§ 3º Chama-se coisa julgada ou caso julgado a decisão judicial de que já não caiba recurso.

- *§ 3º com redação determinada pela Lei n. 3.238/57.*
- *Lei n. 5.172/66 (CTN), arts. 105 e 106.*
- *Lei n. 11.417/2006.*
- *Código de Processo Penal, arts. 301, IV e § 1º, 466-A, 467 a 475, 475, L, § 1º, 543-A e 543-B (acrescentados pela Lei n. 11.418/2006), 741, parágrafo único, com a redação da Lei n. 11.232/2005.*
- *Código de Processo Civil, arts. 80, 485, V, 502 a 506 e 966.*
- *Súmulas 344 e 487 do Superior Tribunal de Justiça.*
- *Súmula 654 do Supremo Tribunal Federal.*

Irretroatividade e retroatividade das leis. O art. 6º, ora comentado, trata da obrigatoriedade da lei no tempo e da limitação da eficácia da nova norma em conflito com a anterior, não aceitando a retroatividade e a irretroatividade como princípios absolutos, ao prescrever que a novel lei em vigor tem efeito imediato e geral, respeitando sempre o ato jurídico perfeito, o direito adquirido e a coisa julgada.

Ato jurídico perfeito. O ato jurídico perfeito é o já consumado, segundo a norma vigente, ao tempo em que se efetuou, produzindo seus efeitos jurídicos, uma vez que o direito gerado foi exercido. Se a norma constitucional e o art. 6º da Lei de Introdução não resguardassem o ato jurídico perfeito, haveria destruição de direitos subjetivos, formados sob o império da antiga norma, prejudicando interesses legítimos de seus titulares, causando a desordem social.

Súmula vinculante n. 1: Ofende a garantia constitucional do ato jurídico perfeito a decisão que, sem ponderar as circunstâncias do caso concreto, desconsidera a validez e a eficácia de acordo constante de termo de adesão instituído pela Lei Complementar n. 110/2001. *Precedentes*: RE 418.918, rel. Min. Ellen Gracie, *DJ*, 1º-7-2005; RE 427.801-AgR-ED, rel. Min. Sepúlveda Pertence, *DJ*, 2-12-2005; RE 431.363-AgR, rel. Min. Gilmar Mendes, *DJ*, 16-12-2005. *Legislação*: CF, art. 5º, XXXVI; Lei Complementar n. 110/2001.

Direito adquirido. O direito adquirido é o que já se incorporou definitivamente ao patrimônio e à personalidade de seu titular, de modo que nem lei nem fato posterior possa alterar tal situação jurídica, pois há direito concreto, ou seja, direito subjetivo e não direito potencial ou abstrato.

Coisa julgada. A coisa julgada é uma qualidade da sentença (declaratória ou constitutiva) e dos efeitos do julgamento. É o fenômeno processual consistente na imutabilidade e indiscutibilidade da sentença, posta ao abrigo dos recursos, então, definitivamente preclusos, e dos efeitos por ela produzidos porque os consolida, privilegiando a segurança jurídica dos litigantes. A *res judicata* é um princípio jurídico-positivo que demonstra o fato de ser a decisão final uma norma individual, cuja validade não poderá ser abolida por uma norma derrogante nem por outra sentença judicial (CPC, art. 505), podendo ser apenas desconstituída mediante ação rescisória interposta dentro do biênio decadencial, desde que configurada uma das causas legais arroladas taxativamente no Código de Processo Civil, art. 966. A *auctoritas rei judicatae* justifica-se no atendimento do interesse público de estabilidade jurídico-social, trazendo a presunção *jure et de jure* de que o direito foi aplicado corretamente ao caso *sub judice*, prestigiando o órgão judicante que a prolatou, garantindo a impossibilidade de sua reforma e sua executoriedade (CPC, art. 969), pois terá força vinculante para as partes.

Pelos Enunciados do Fórum Permanente de Processualistas Civis:

a) n. 137 — "Contra sentença transitada em julgado que resolve partilha, ainda que homologatória, cabe ação rescisória".

b) n. 338 — "Cabe ação rescisória para desconstituir a coisa julgada sobre resolução expressa da questão prejudicial incidental".

Jurisprudência: *AJ, 116*:289, *112*:124, *103*:143; *RTJ, 143*:724; *BAASP, 1922*:103; *RT, 778*:204, *708*:42-54, *168*:544; *TJBA, Ciência Jurídica, 45*:144, *31*:77; *EJSTJ, 12*:64; *JSTJ, 12*:247; *RJTJSP, 116*:8; *RSTJ, 82*:209.

BIBLIOGRAFIA: Patrice Level, *Essai sur les conflits des lois dans le temps*, Paris, LGDJ, 1959; M. Helena Diniz, *Comentários ao Código Civil*, São Paulo, Saraiva 2003, v. 22, p. 163-84; *Lei de Introdução*, cit., p. 184-210; Wilson de S. Campos Batalha, *Lei de Introdução*, cit., v. 2, p. 15; R. Limongi França, *Direito intertemporal brasileiro*, São Paulo, Revista dos Tribunais, 1968; Paul Roubier, *Le droit transitoire*, Paris, 1960; *Les conflits des lois dans le temps*, Paris, Sirey, 1929, v. 1 e 2; José E. M. Cardozo, *Da retroatividade da lei*, São Paulo, Revista dos Tribunais, 1995; Nelson Borges, *Direito adquirido, ato jurídico perfeito e coisa julgada*, 2000; Carlos Maximiliano, *Direito intertemporal ou teoria da retroatividade das leis*, 1955, p. 44 e s.; Erik F. Gramstrup, Do direito adquirido, *Revista da Associação dos Juízes Federais do Brasil, 45*:58-9; Elival da S. Ramos, *A proteção dos direitos adquiridos no direito constitucional brasileiro*, São Paulo, Saraiva, 2003; Calmon de Passos, Ação rescisória, *Rev. da Faculdade de Direito da Universidade da Bahia, 34*:237 e s.; Coqueijo Costa, *Ação rescisória*, São Paulo, 1981; Ângelo M. S. Vargas, Coisa julgada inconstitucional e a aplicabilidade da ação rescisória, *Revista de Direito Constitucional e Internacional, 52*:197-224; Vicente Greco Filho, *Direito processual civil brasileiro*, São Paulo, Saraiva, 1992, v. 2, p. 389; Nelson Nery Jr., Eficácia preclusiva da coisa julgada: questão prejudicial, *RP, 51*:164; Carlos Alberto Álvaro de Oliveira (coord.), *Eficácia e coisa julgada*, Rio de Janeiro, Forense, 2005; E. Talamini, *Coisa julgada e sua revisão*, São Paulo, Revista dos Tribunais, 2005; Egas D. Moniz de Aragão, *Sentença e coisa julgada*, 1992.

Art. 7º A lei do país em que for domiciliada a pessoa determina as regras sobre o começo e o fim da personalidade, o nome, a capacidade e os direitos de família.

- *Decretos n. 5.647/29, que aprova a Convenção de Direito Internacional Privado, de Havana, e 18.871/29, que a promulga.*
- *Lei n. 6.815/80, sobre o nome de estrangeiro (arts. 31 e 42 e s.).*
- *Decreto n. 66.605/70, que promulga a Convenção sobre consentimento para casamento.*
- *Lei n. 7.565/86, arts. 3º a 10.*
- *Lei n. 6.015/73, arts. 55 a 58.*
- *Lei n. 11.961/2009 (regulamentada pelo Decreto n. 6.893/2009) dispõe sobre residência provisória para o estrangeiro em situação irregular no território nacional.*
- *Decreto n. 86.715/81, alterado pelo Decreto n. 8.757/2016, sobre situação jurídica do estrangeiro no Brasil.*
- *Decreto n. 1.979/96, relativo à Convenção Interamericana sobre Normas Gerais de Direito Internacional Privado, concluída em Montevidéu, em 8 de maio de 1979.*
- *Código Civil, arts. 1º a 8º, 11 a 21, 22 a 39, 70 a 78 e 1.511 a 1.783.*
- *Lei n. 12.010/2009, que altera a Lei n. 8.069/90, sobre adoção internacional: arts. 46, § 3º, 50, § 10, 51 a 52-D.*
- *Despacho do Presidente do Conselho Nacional de Imigração, de 17-2-2014, dispõe sobre concessão de visto temporário ou permanente e permanência definitiva a título de reunião familiar.*

§ 1º Realizando-se o casamento no Brasil, será aplicada a lei brasileira quanto aos impedimentos dirimentes e às formalidades da celebração.

- *Código Civil, arts. 1.517, 1.521, I a VII, 1.523 e 1.533 a 1.542.*
- *Lei n. 1.110/50, arts. 8º e 9º.*

§ 2º O casamento de estrangeiros poderá celebrar-se perante autoridades diplomáticas ou consulares do país de ambos os nubentes.

- *§ 2º com a redação da Lei n. 3.238, de 1º de agosto de 1957.*
- *Decreto n. 64.216/69, que promulga a Convenção sobre nacionalidade da mulher casada.*
- *Código Civil, art. 1.544.*

§ 3º Tendo os nubentes domicílio diverso, regerá os casos de invalidade do matrimônio a lei do primeiro domicílio conjugal.

- *Código Civil, arts. 1.548 a 1.564.*

§ 4º O regime de bens, legal ou convencional, obedece à lei do país em que tiverem os nubentes domicílios, e, se este for diverso, à do primeiro domicílio conjugal.

- *De acordo com a retificação feita no* Diário Oficial da União, *de 17 de junho de 1943.*
- *Código Civil, arts. 1.639, 1.640, parágrafo único, 1.641 e 1.653.*

§ 5º O estrangeiro casado, que se naturalizar brasileiro, pode, mediante expressa anuência de seu cônjuge, requerer ao juiz, no ato de entrega do decreto de naturalização, se apostile ao mesmo a adoção do regime de comunhão parcial de bens, respeitados os direitos de terceiros e dada esta adoção ao competente registro.

- *§ 5º com redação determinada pela Lei n. 6.515/77.*
- *Código Civil, arts. 1.639, § 2º, 1.658 e 1.666.*
- *Constituição Federal, art. 12, com alteração da Emenda Constitucional n. 54/2007.*

§ 6º O divórcio realizado no estrangeiro, se um ou ambos os cônjuges forem brasileiros, só será reconhecido no Brasil depois de 1 (um) ano da data da sentença, salvo se houver sido antecedida de separação judicial por igual prazo, caso em que a homologação produzirá efeito imediato, obedecidas as condições estabelecidas para a eficácia das sentenças estrangeiras no País. O Superior Tribunal de Justiça, na forma de seu regimento interno, poderá reexaminar, a requerimento do interessado, decisões já proferidas em pedidos de homologação de sentenças estrangeiras de divórcio de brasileiros, a fim de que passem a produzir todos os efeitos legais.

- *Redação dada pela Lei n. 12.036/2009.*
- *Artigo revogado parcialmente pela Constituição Federal, art. 226, § 6º, com a redação da Emenda Constitucional n. 66/2010.*
- *Pela Emenda Constitucional n. 45/2004 a competência homologatória é do STJ (CF, art. 105, I, i).*
- *Código de Processo Civil, arts. 53, I, a, b, e c, 960, §§ 1º a 3º e 961, §§ 1º a 6º.*
- *Lei n. 8.408/92, que alterou a Lei n. 6.515/77.*
- *Código Civil, arts. 1.571 e s.*

§ 7º Salvo o caso de abandono, o domicílio do chefe da família estende-se ao outro cônjuge e aos filhos não emancipados, e o do tutor ou curador aos incapazes sob a sua guarda.

- *Código Civil, arts. 76 e parágrafo único e 1.569.*
- *Constituição Federal, arts. 226, § 5º, e 227, § 6º.*
- *Lei n. 10.216/2001.*

§ 8º Quando a pessoa não tiver domicílio, considerar-se-á domiciliada no lugar de sua residência ou naquele em que se encontre.

- Vide *Código Civil, arts. 70 e 73.*
- *Código de Processo Civil, art. 46, § 3º.*
- *Portaria n. 1.315/2016 do Ministério da Justiça e Cidadania, sobre Plano Nacional de Políticas para os Povos Ciganos.*

Doutrina da extraterritorialidade e estatuto pessoal. Pela *extraterritorialidade* será possível a aplicação da lei em território de outro Estado, protegendo a pessoa no exterior, desde que não haja atentado contra a soberania nacional, a ordem pública e os bons costumes. O *estatuto pessoal* (situação jurídica que rege o estrangeiro pela lei de seu país de origem) baseia-se na lei da nacionalidade ou na *lex domicilii*, que são elementos de conexão indicativos da lei competente para reger conflitos de leis no espaço.

"Lex domicilii". Atualmente, no Brasil, em razão do disposto no artigo *sub examine*, funda-se o estatuto pessoal na lei do domicílio ou na sede jurídica da pessoa, ou seja, na lei do país onde estiver domiciliada. A qualificação do domicílio será dada pela *lex fori*; logo, o magistrado terá de saber, conforme o Código civil (art. 70), qual o lugar onde a pessoa estabelecia sua residência com ânimo definitivo. Existindo o dado *domicilii*, operar-se-á a conexão para efeito da aplicabilidade da norma do país em que a pessoa tiver domicílio. Regem-se pela *lex domicilii* o começo e fim da personalidade, o nome civil, a capacidade (de direito e de fato) e as questões pertinentes ao direito de família, que constituem o estado civil, que é um conjunto de qualidades constitutivas da individualidade jurídica de uma pessoa, fazendo-a pertencer a certa categoria no Estado, na família ou como indivíduo.

"Lex loci celebrationis" e casamento. O casamento celebrar-se-á de conformidade com as solenidades impostas pela *lex loci celebrationis*, mesmo quando for diferente a forma ordenada pela lei pessoal dos nubentes. Realizando-se as núpcias no Brasil, a habilitação matrimonial e as formalidades do casamento reger-se-ão pelos arts. 1.525 a 1.542 do nosso Código Civil, mesmo que os nubentes sejam estrangeiros. Os impedimentos matrimoniais (CC, art. 1.521, I a VII), cuja infração conduz à nulidade do matrimônio, deverão ser respeitados; o mesmo se diga das causas suspensivas da celebração nupcial (CC, art. 1.523, I a IV) e dos casos de anulabilidade do casamento (CC, art. 1.550), ainda que conflitem com a lei pessoal dos nubentes. O critério *ius loci celebrationis* permite conferir efeitos ao casamento realizado no exterior. Se o ato for válido segundo a lei de Estado onde se celebrou, válido será em qualquer país. O casamento realizado no exterior prova-se de acordo com a lei do país em que foi celebrado (LINDB, art. 9º), em aplicação do princípio de direito internacional privado *locus regit actum*.

Casamento de estrangeiro perante autoridade diplomática ou consular. Consagrando-se o critério da nacionalidade, permitido estará que nubentes conacionais, casando-se fora de sua pátria, recorram ao agente consular ou diplomático do seu Estado, para, perante ele, unindo-se matrimonialmente segundo a forma da lei pessoal, se subtraírem à ação da autoridade local e às exigências legais do país em que se encontram. Se os noivos não tiverem a mesma nacionalidade, o casamento deverá ser feito pela autoridade local segundo a *lex loci celebrationis*. Casamento contraído perante agente consular será provado por certidão do assento no registro do consulado (*RT*, *207*:386). E se, nesse caso, um ou ambos os cônjuges vierem para o Brasil, o assento de casamento, para produzir efeitos entre nós, deverá ser trasladado dentro de 180 dias, contados da volta ao nosso país, no cartório do respectivo domicílio ou, na sua falta, no 1º Ofício da Capital do Estado em que passarem a residir (CC, art. 1.544).

Invalidade de casamento de pessoas com domicílio comum ou com domicílios diferentes. A regra é a aplicação da *lex domicilii* dos nubentes, se o tiverem em comum. Não o tendo, a invalidade matrimonial, quanto à substância, reger-se-á pela lei do primeiro domicílio conjugal, ou seja, o estabelecido logo após o casamento. Se os nubentes tiverem domicílio internacional diverso, prevalecerá para os requisitos intrínsecos ou substanciais do ato nupcial e para as causas de sua nulidade absoluta ou relativa, inclusive no que atina aos vícios de consentimento, a lei do primeiro domicílio conjugal estabelecido depois das núpcias. Quanto às formalidades extrínsecas, a questão da validade ou invalidade do casamento reger-se-á, indubitavelmente, pela *lex loci celebrationis* (LINDB, art. 7º, § 1º), ressalvados os casos de matrimônio levado a efeito por autoridade consular (LINDB, art. 7º, § 2º).

Lei disciplinadora das relações patrimoniais entre cônjuges. O art. 7º, § 4º, *sub examine*, impõe, para o regime matrimonial de bens (legal ou convencional), como elemento de conexão a *lex domicilii* dos nubentes à época do ato nupcial, ou a do primeiro domicílio conjugal, que decorre do casamento, cuja fixação dependerá do casal (CC, art. 1.569), se os noivos não tiverem, por ocasião do matrimônio, o mesmo domicílio internacional. Observa, ainda, Oscar Tenório que o princípio do art. 7º, § 4º, somente vigorará quando não surgir a questão da situação de bens em diversos países, pois, nesta hipótese, prevalecerá a *lex rei sitae*.

Regime matrimonial de bens de brasileiro naturalizado. No âmbito do direito internacional privado é inoperante qualquer alteração posterior do domicílio, para modificar, arbitrariamente, o regime matrimonial segundo a lei do domicílio comum a que o casal se submeteu, ante o princípio da mutabilidade justificada do regime de bens. Assim sendo, estrangeiro naturalizado brasileiro poderá adotar, com expressa anuência de seu cônjuge, a comunhão parcial de bens, resguardando os direitos de terceiros anteriores à concessão da naturalização, efetuando-se o competente registro.

Divórcio realizado no estrangeiro e seu reconhecimento no Brasil. O divórcio de cônjuges estrangeiros, domiciliados no Brasil, é reconhecido no nosso país, e se se tratar de divórcio o efetivado no estrangeiro, sendo um ou ambos os cônjuges brasileiros, será admitido, no Brasil, mesmo sem o decurso do prazo de um ano (CF, art. 226, § 6º; com a redação da EC n. 66/2010) da data da sentença, e sem ter sido antecedido de separação judicial por igual prazo, caso em que a homologação terá efeito imediato, desde que se obedeçam às condições estabelecidas para a eficácia das sentenças estrangeiras no país. Tal se dá porque a EC n. 66/2010 suprimiu a separação judicial e o prazo de carência de um ano como requisitos para pleitear o divórcio — alterando substancialmente a redação do art. 226, § 6º, da Carta Magna, e, por consequência, revogado está, parcialmente, o art. 7º, § 6º, ora comentado. Atualmente homologa-se sentença de divórcio obtida no exterior por brasileiro ou brasileiros, seja ou não meramente declaratória de estado, e por estrangeiro, desde que tenha efeito patrimonial (LINDB, art. 15). Com a homologação, pelo STJ, do divórcio obtido no exterior, permitido estará o novo casamento no Brasil.

A Comissão de Relações Exteriores e de Defesa Nacional aprovou o Projeto de Lei n. 791/2007, que permite que autoridades consulares brasileiras realizem, desde que não haja filho menor ou incapaz, separação e divórcio consensuais de brasileiros domiciliados no exterior, por via administrativa e escritura pública, desde que esta contenha a descrição quanto à partilha dos bens comuns, à pensão alimentícia e à retomada pelo cônjuge de seu nome de solteiro ou à manutenção do nome adotado após o matrimônio, conforme disposto na Lei n. 11.441/2007.

Pelo CPC/2015, art. 23, III, compete à autoridade judiciária brasileira processar e julgar as ações em divórcio, separação judicial ou dissolução de união estável, proceder à partilha de bens situados no Brasil, ainda que o titular seja de nacionalidade estrangeira ou tenha domicílio fora do território nacional.

Domicílio internacional legal dos incapazes e exceção à unidade do domicílio conjugal. O art. 7º, § 7º, rege um caso de domicílio internacional legal ao dispor que, exceto a hipótese de abandono, o domicílio familiar, eleito pelo casal (CC, art. 1.569) ou pelo marido, em alguns países, estende-se ao outro cônjuge, quando for o caso, e aos filhos menores não emancipados, e o do tutor, ou curador, aos incapazes sob sua guarda. O § 7º do art. 7º tem por escopo a manutenção da unidade domiciliar, ante a diversidade de domicílio de seus membros. Pelo Enunciado do CJF n. 408, aprovado na *V Jornada de Direito Civil*: "Para efeitos de interpretação da expressão 'domicílio' do art. 7º da Lei de Introdução às Normas do Direito Brasileiro, deve ser considerada, nas hipóteses de litígio internacional relativo a criança ou adolescente, a residência habitual destes, pois se trata de situação fática internacionalmente aceita e conhecida". Sem embargo desta sua finalidade abre exceção à unidade do domicílio conjugal ao permitir à mulher casada alegar o seu domicílio na hipótese de abandono pelo marido. A mulher casada e os filhos menores não emancipados deixarão, então, de ter o mesmo domicílio do marido e pai, que veio a abandoná-los.

Adômide e concurso sucessivo de elementos de conexão. Se a pessoa não tiver domicílio conhecido será considerada adômide, e a lei, para solucionar suas pendências, adotou o critério da residência acidental ou o do local em que se encontrar. Temos o concurso sucessivo de elementos de conexão, pois, faltando o critério de conexão principal, que é o domicílio, a lei indica dois critérios de conexão subsidiários: o do lugar de residência ou o daquele em que a pessoa se achar.

Jurisprudência: *AJ, 80*:166, *48*:21, *45*:23; *RT, 730*:719, *778*:361, *588*:175, *576*:110; *207*:386, *567*:247, *534*:243, *356*:149; *RF, 296*:527, *294*:528, *116*:496, *99*:671, *98*:614, *62*:48, *46*:218; *RTJ, 106*:479, *105*:31, *99*:216, *98*:42, *97*:533; *85*:836, *47*:830.

BIBLIOGRAFIA: Haroldo Valladão, *Direito internacional privado*, Rio de Janeiro, Freitas Bastos, 1970, p. 61 e 251 e s.; Oscar Tenório, *Direito internacional privado*, Rio de Janeiro, Freitas Bastos, 1967, v. 1, p. 89-94, 107-8, 145 e s., 161, 301 e s., 392 e 417 e s.; v. 2, p. 50 e s., 73; Serpa Lopes, *Comentários à Lei de Introdução do Código Civil*, 1944, v. 2, p. 62, 89-94 e 223, Rodrigo Octávio, Casamento consular, *Dicionário de direito internacional privado*, 1933, n. 185, p. 38; Espínola e Espínola Filho, *A Lei de Introdução ao Código Civil brasileiro comentada*, Rio de Janeiro, Freitas Bastos, 1943, v. 2, p. 285, 293, 381-9; Amílcar de Castro, *Direito internacional privado*, Rio de Janeiro, Forense, 1968, v. 2, p. 77-8, 82-3; M. Helena Diniz, *Lei de Introdução ao Código Civil brasileiro interpretada*, São Paulo, Saraiva, 2006, p. 210 a 287; Tedeschi, *Domicilio nel diritto internazionale privato*, 1933; Zumbach, *Le domicile en droit civil comparé*, 1927; Georges Levasseur, *Le domicile et sa détermination en droit international privé*, 1931; Nicolau Nazo, *A determinação do domicílio no direito internacional privado*, São Paulo, 1952; Oscar Martins Gomes, *O domicílio e a nacionalidade no direito internacional privado como princípios determinantes da lei pessoal nos conflitos de leis*, Curitiba, 1951; Manoel Adolfo Vieira, *El domicilio en el derecho privado internacional*, Montevideo, 1958; Georges Brosset, *Les conflits de lois et le domicile des persones physiques*, genève, 1947; Emílio L. Gonzalez, *El divorcio ante el derecho internacional privado*, Buenos Aires, 1923; Roberto Socini, *La filiazione nel diritto internazionale privato*, Milano, 1958; Ubertazzi, *I rapporti patrimoniali tra coniugi nel diritto internazionale privato*, Milano, Giuffrè, 1951; Piotti, *El régimen matrimonial de bienes en el derecho internacional privado*, Córdoba, 1948; Valladão e Batiffol, *Les conséquences de la différence de nationalité des époux sur les effets da mariage et les conditions du divorce*, Genève, 1952; Georgete N. Nazo, Regime de bens de brasileiros casados no estrangeiro, *Revista de Direito Civil Imobiliário, Agrário e Empresarial*, *61*:149-53, 1992; Agenor P. de Andrade, *O divórcio no plano internacional e a eficácia no Brasil das sentenças estrangeiras de divórcio*, 1958; Loreto, *Sentencia extranjera de divorcio y solicitud de "exequatur"*, Caracas, 1944; Loiseau, *Traité de la tutelle des mineurs en droit international*, Paris, 1887.

Art. 8º Para qualificar os bens e regular as relações a eles concernentes, aplicar-se-á a lei do país em que estiverem situados.

• *Limites do mar territorial do Brasil: Lei n. 8.617/93.*

§ 1º Aplicar-se-á a lei do país em que foi domiciliado o proprietário, quanto aos bens móveis que ele trouxer ou se destinarem a transporte para outros lugares.

§ 2º O penhor regula-se pela lei do domicílio que tiver a pessoa, em cuja posse se encontre a coisa apenhada.

• *Código Civil, arts. 1.431 a 1.472.*

Qualificação de bens e doutrina da territorialidade e da extraterritorialidade. Pelo art. 8º, *caput*, ora comentado, a qualificação dos bens imóveis é territorial, visto que se lhes aplicam

LEI DE INTRODUÇÃO

as leis do país onde estiverem situados (CPC, art. 47). Logo, o juiz deverá aplicar a lei estrangeira se o bem estiver localizado no exterior, uma vez que se sujeita à *lex rei sitae*. Será a lei extraterritorial, se o juiz puder aplicar outra lei, que não é a sua, a fatos ocorridos no seu território ou no estrangeiro, como os contemplados nos §§ 1º e 2º do art. 8º da Lei de Introdução às Normas do Direito Brasileiro, aos quais se aplica a *lex domicilii*.

"Lex rei sitae" e "ius in re". A *lex rei sitae* regerá coisa imóvel, considerada *uti singuli*, e coisa móvel em situação permanente, pertencente a nacional ou estrangeiro, domiciliado ou não no Brasil. A tudo que disser respeito aos direitos reais (*ius in re*), ou seja, ao regime da posse, da propriedade e dos direitos reais sobre coisa alheia, nenhuma lei poderá ter competência maior do que a do território onde se encontrarem os bens, que constituem seu objeto.

Princípio "mobilia sequuntur personam". Esse princípio somente será aplicável aos bens móveis *in transitu* ou em estado de mobilidade, caso em que dever-se-á aplicar o *ius domicilii* de seu proprietário (réu — CPC, art. 46), afastando-se a lei da sua situação e a do pavilhão do navio ou aeronave que os transporta.

Penhor e "ius domicilii". Relativamente ao penhor prevalecerá a lei do domicílio que tiver a pessoa, em cuja posse direta se encontrar o bem empenhado, no momento da constituição da garantia real. Pouco importará a localização do bem dado em penhor, pois pela lei considerar-se-á situado no domicílio do possuidor (*fictio iuris*) no instante de ser constituído o ônus real, resguardando assim a segurança negocial, garantindo direitos de terceiros.

BIBLIOGRAFIA: Oscar Tenório, *Direito internacional*, cit., v. 1, p. 409; v. 2, p. 168-9; Espínola e Espínola Filho, *A Lei*, cit., v. 2, p. 451-512; Amílcar de Castro, *Direito internacional privado*, cit., v. 2, p. 124-5; Wilson de S. Campos Batalha, *Lei de Introdução ao Código Civil*, São Paulo, Max Limonad, 1959, v. 2, t. 2, p. 562-72; M. Helena Diniz, *Lei de Introdução*, cit., p. 287-93; Diena, *Conflitti di legge in materia di diritto reali*, Milano, 1921; Lorber, *Les valeurs mobilières envisagées au point de vue des conflits de lois*, Paris, 1912; Niboyet, *Des conflits des lois relatifs à l'acquisition de la propriété et des droits sur les meubles corporels à titre particulier*, 1912; Jan F. Hostie, Le transport des marchandises en droit international privé, in *Recueil des Cours*, 1951, v. 78.

Art. 9º Para qualificar e reger as obrigações, aplicar-se-á a lei do país em que se constituírem.

§ 1º Destinando-se a obrigação a ser executada no Brasil e dependendo de forma essencial, será esta observada, admitidas as peculiaridades da lei estrangeira quanto aos requisitos extrínsecos do ato.

- *Decreto-Lei n. 857/69 e Decreto n. 24.038/34.*
- *Lei n. 7.064/82, art. 1º, com a redação da Lei n. 11.962/2009.*

§ 2º A obrigação resultante do contrato reputa-se constituída no lugar em que residir o proponente.

- *Código Civil, art. 435.*
- *Instrução Normativa RFB n. 1.277/2012, com alteração da Instrução Normativa n. 1.707/2017, sobre obrigação de prestar informações relativas às transações sobre residentes ou domiciliados no exterior que compreendam serviços intangíveis e domiciliado no exterior que compreenda serviços, intangíveis e outras operações que produzam variações no patrimônio das pessoas físicas, das pessoas jurídicas ou dos entes despersonalizados.*

"Locus regit actum" e "ius ad rem". As obrigações convencionais e as decorrentes de atos unilaterais, desde que entre presentes, reger-se-ão quanto à forma *ad probationem tantum* e *ad* *solemnitatem*, pela lei do local e do tempo onde se constituírem. Essa norma apenas vigorará no *forum* que aceitar que o ato seja realizado no exterior, pela forma extrínseca estabelecida pelo *ius loci actus*. Aplica-se, portanto, a lei do país de constituição da obrigação, que confere *ius ad rem*, ou seja, direito pessoal, sempre, no que for atinente à questão da forma extrínseca. Consequentemente, a forma intrínseca, referente ao seu conteúdo, à sua substância, às suas condições de fundo relativas à validade do consentimento, à legitimidade de seu objeto e das modalidades acessórias, e à prescrição extintiva, regular-se-á por outras normas. A capacidade das partes disciplinar-se-á pela lei pessoal (LINDB, art. 7º), que é a domiciliar, com a ressalva de ordem pública (LINDB, art. 17). Há uma presunção *juris tantum* de validade e legalidade de ato praticado no exterior por estar revestido de todas as formalidades legais.

Exequibilidade da obrigação no território brasileiro e "lex loci executionis". A obrigação executada no Brasil, dependendo da forma essencial, será observada segundo a lei brasileira, admitindo-se as peculiaridades da lei estrangeira quanto à forma extrínseca. De um lado o art. 9º, § 1º, impõe a aplicação da *locus regit actum* ao admitir as peculiaridades da lei do local da constituição da obrigação e, de outro, determina o respeito à lei brasileira relativamente à forma essencial consagrada pela nossa legislação, se tiver a referida obrigação de ser executada em nosso Estado, sem que com isso venha a desprestigiar a *locus regit actum*. É preciso não olvidar que aos contratos não exequíveis no Brasil, mas aqui acionáveis, não se aplicará o art. 9º, § 1º, devendo-se seguir a *locus regit actum*.

Obrigação contratual "inter absentes" e residência do proponente. A obrigação convencional entre ausentes reger-se-á pela lei do país onde residir o proponente, pouco importando o momento e o local da celebração contratual. Logo, se o ofertante residir no Brasil e o aceitante na Suíça, o negócio reger-se-á pela lei brasileira, que disciplinará seus efeitos. Há uma presunção *juris et de jure* de considerar os negócios *inter absentes* constituídos no lugar em que o proponente tiver sua residência, ainda que acidental, pouco importando a *lex loci actum* e a lei domiciliar ou nacional do proponente ou do oblato.

Jurisprudência: *RF*, *138*:269, *156*:468; *RTJ*, *10*:401, *34*:404, *35*:155; *RT*, *781*:293, *182*:810, *316*:562; *RJTJSP*, 7:45.

BIBLIOGRAFIA: Georgette Nacarato Nazo, A lei aplicável ao contrato internacional e a ordem pública, *Revista de Direito Civil Imobiliário, Agrário e Empresarial*, *35*:145-53, 1986; A temática das obrigações internacionais *ex contractus* — as garantias dos créditos na execução — problemas de jurisdição, *Revista da Academia Paulista de Direito*, *5*:13, 1989; Espínola e Espínola Filho, *A Lei*, cit., v. 2, p. 525-628; Oscar Tenório, *Direito internacional*, cit., v. 2, p. 39, 40, 43, 44, 179, 181 e 182; Serpa Lopes, *Comentários à Lei de Introdução*, cit., v. 2, p. 229; M. Helena Diniz, *Lei de Introdução*, cit., p. 293-307; Jitta, *La substance des obligations dans le droit international privé*, 1906, v. 1, p. 42; v. 2, p. 505-9; Dreyfus, *L'acte juridique en droit privé international*, 1904, p. 357 e s.; Marcel Vauthier, *Sens et applications de la règle "locus regit actum"*, Bruxelles, 1926; Buzzati, *L'autorità delle leggi stranieri relative alle forme degli atti civile*; Torino, 1894.

Art. 10. A sucessão por morte ou por ausência obedece à lei do país em que era domiciliado o defunto ou o desaparecido, qualquer que seja a natureza e a situação dos bens.

- *Código Civil, arts. 6º e 7º, 26 a 39, 1.784 a 1.990.*

§ 1º A sucessão de bens de estrangeiros, situados no país, será regulada pela lei brasileira em benefício do cônjuge ou dos filhos brasileiros, ou de quem os represente, sempre que não lhes seja mais favorável a lei pessoal do *de cujus*.

- *Parágrafo com redação dada pela Lei n. 9.047/95.*
- *Constituição Federal, art. 5º, XXXI.*

- *Decreto-Lei n. 3.200/41, arts. 17 e 18.*
- *Código Civil, arts. 1.829, I e II, 1.830 a 1.832, 1.837, 1.838, 1.851 a 1.856.*

§ 2º A lei do domicílio do herdeiro ou legatário regula a capacidade para suceder.

- Vide *Código Civil, arts. 1.787 e 1.798 a 1.803.*
- *Código de Processo Civil, arts. 23, 48 e parágrafo único, 610 e § 1º.*
- *Constituição Federal, art. 5º, XXX e XXXI.*

Lei do domicílio do "de cujus" na sucessão "causa mortis". O princípio geral que rege a sucessão *causa mortis*, legítima ou testamentária, na sua universalidade, nos conflitos interespaciais de leis, é a lei do domicílio do *de cujus*, que determinará: a) a instituição e substituição da pessoa sucessível; b) a ordem de vocação hereditária, se se tratar de sucessão legítima; c) a medida dos direitos sucessórios dos herdeiros ou legatários, sejam eles nacionais ou estrangeiros; d) os limites da liberdade de testar; e) a proporção da legítima do herdeiro necessário; f) a causa da deserdação; g) a colação; h) a redução das disposições testamentárias; i) a partilha dos bens do acervo hereditário; j) o pagamento das dívidas do espólio. O domicílio é fator importante para indicar a jurisdição e a lei competente para reger a sucessão, pouco importando a natureza e a situação dos bens do espólio (LINDB, art. 10, *caput*). É a *lex domicilii* do *de cujus* (CPC, art. 48) que disciplina, portanto, a capacidade para ter direito sucessório (*Erbfähigkeit*).

Pelo CPC, art. 23, II, compete à autoridade judiciária brasileira, com exclusão de qualquer outra, em matéria de sucessão hereditária, proceder à confirmação de testamento particular e ao inventário e à partilha de bens situados no Brasil, ainda que o autor da herança seja de nacionalidade estrangeira ou tenha domicílio fora do território nacional. O foro do domicílio do autor da herança é o competente para o inventário, partilha, arrecadação, cumprimento de testamento, impugnação ou anulação de partilha extrajudicial e para todas as ações em que o espólio for réu, ainda que o óbito tenha ocorrido no estrangeiro (CPC/2015, art. 48). Se o autor da herança não possuía domicílio certo, é competente o foro de situação dos bens imóveis; havendo bens imóveis em foros diferentes, qualquer destes e não havendo imóveis, o foro do local de qualquer dos bens do espólio (CPC, art. 48, parágrafo único).

Morte presumida e sucessão. Havendo morte presumida, com (CC, arts. 22 a 25) ou sem declaração de ausência (CC, art. 7º), aplicar-se-á à sucessão do ausente a sua lei domiciliar, pouco importando sua lei nacional ou o local da situação dos seus bens.

Lei disciplinadora da capacidade para suceder do herdeiro e do legatário. A *legitimação* ou capacidade para suceder, para aceitar ou exercer os direitos de suceder (*Erbrechtliche Handlyngsfähigkeit*), que é a aptidão para herdar os bens deixados pelo *de cujus*, rege-se pela *lei do domicílio do herdeiro* ou *legatário* (LINDB, art. 10, § 2º; *RSTJ, 102*:292). O art. 10, § 2º, disciplina a qualidade para herdar do sucessível e não as condições de que depende a situação de herdeiro relativamente à herança do *de cujus*, tampouco a extensão dos direitos sucessórios, pois a capacidade para ter direito de sucessor rege-se pela *lex domicilii* do falecido.

Variação da ordem de vocação hereditária em benefício de cônjuge ou filhos brasileiros. Há caso, admitido normativamente (CF, art. 5º, XXXI; LINDB, art. 10, § 1º), em que não se aplica o princípio de que a existência de herdeiro de uma classe exclui da sucessão os herdeiros da classe subsequente da ordem de vocação hereditária. Assim, a ordem de vocação hereditária, estabelecida no art. 1.829 do Código Civil, pode ser alterada, tratando-se de bens existentes no Brasil, pertencentes a estrangeiro falecido, casado com brasileira ou com filhos brasileiros ou havendo quem os represente, se a lei nacional do *de cujus* for mais vantajosa àquelas pessoas do que o seria a brasileira.

Jurisprudência: *RF*, *256*:171, *112*:91, *222*:128, *90*:792, *101*:515; *RTJ*, *84*:495, *53*:593, *68*:27; *RT*, *424*:239, *405*:169, *568*:53, *656*:82, *211*:433, *277*:499, *186*:845, *275*:445; *RSTJ*, *102*:292; *JSTJ*, *101*:120; *EJSTJ*, *19*:69-70.

BIBLIOGRAFIA: Espínola e Espínola Filho, *A Lei de Introdução*, cit., v. 3, p. 99-101, 136; Amílcar de Castro, *Direito internacional*, cit., v. 2, p. 142-56; Oscar Tenório, Sucessão — universalidade — domicílio do defunto, *RF*, *256*:171; Pillet, *Principes de droit international privé*, 1903, §§ 174 a 178; M. Helena Diniz, *Lei de Introdução*, cit., p. 302-32; Sucessão por morte ou por ausência — questão da aplicabilidade do art. 10 da Lei de Introdução ao Código Civil, *Ciência Jurídica*, *47*:11-23; Contuzzi, *Il diritto ereditario internazionale*, Milano, 1908, n. 256, p. 567-8; André Tiran, *Les successions testamentaires en droit international privé*, Paris, 1932; Diena, Sulla legge regolatrice della capacità de succedere e in specie se un medico francese possa succedere per testamento ad un cittadino italiano da lui curato, *Archivio Giuridico*, *58*:403-4, 1897: José Alberto dos Reis; *Das sucessões no direito internacional privado*, Coimbra, 1899; Migliazza, La divisione ereditaria nel diritto internazionale privato, *Comunicazioni e studi*, 1952, p. 159-229; Luiz Viana Filho, *A Lei reguladora da sucessão "ab intestato" no direito internacional privado*, Bahia, 1930; Lewald, Questions de droit international des successions, *Recueil des Cours*, t. 9, p. 64 e s.

Art. 11. As organizações destinadas a fins de interesse coletivo, como as sociedades e as fundações, obedecem à lei do Estado em que se constituírem.

- *Código Civil, arts. 44, II e III, 62 a 69, 981 a 1.141.*
- *Presume-se autorizado o gerente da filial ou agência de pessoa jurídica estrangeira, a receber citação inicial em processo civil — Código de Processo Civil, art. 75, § 3º.*
- *Decreto Legislativo n. 102/95, que aprova o texto da Convenção Interamericana sobre Personalidade e Capacidade das Pessoas Jurídicas no Direito Internacional Privado, concluída em La Paz, em 24 de maio de 1984, e o Decreto n. 2.427, de 17 de dezembro de 1997, que o promulga.*
- *Resolução BACEN n. 2.743/2000 (ora revogada), que alterou procedimentos para a participação societária, direta ou indireta, no país e no exterior, por parte de instituições financeiras e demais instituições autorizadas a funcionar pelo Banco Central do Brasil.*

§ 1º Não poderão, entretanto, ter no Brasil filiais, agências ou estabelecimentos antes de serem os atos constitutivos aprovados pelo Governo brasileiro, ficando sujeitas à lei brasileira.

- Vide *art. 4º-X, da Lei n. 8.934/94, com redação da Lei n. 14.195/2021.*
- Vide *art. 4º do Decreto n. 14.728, de 16 de março de 1921, e arts. 18 a 39 da Lei n. 4.595, de 31 de dezembro de 1964, sobre bancos e casas bancárias.*
- Vide *art. 1º do revogado Decreto n. 22.456, de 10 de fevereiro de 1933, arts. 4º e 6º do Decreto-Lei n. 261, de 28 de fevereiro de 1967, arts. 5º, 32, 74 e 143 do Decreto-Lei n. 73, de 21 de novembro de 1966, sobre companhias de capitalização e autorização para funcionamento de sociedades seguradoras.*
- Vide *Decreto n. 24.575, de 4 de julho de 1934, sobre estabelecimentos de crédito industrial.*
- Vide *art. 74 do Decreto-Lei n. 73, de 21 de novembro de 1966, sobre sociedades seguradoras.*
- Vide *Decreto-Lei n. 227, de 28 de fevereiro de 1967 — Código de Mineração.*
- Vide *Decreto n. 24.503, de 29 de junho de 1934, sobre sociedades de economia coletiva.*
- Vide *Decreto-Lei n. 2.784, de 20 de novembro de 1940, sobre navegação de cabotagem.*
- Vide *Decreto n. 24.643, de 10 de julho de 1934, sobre aproveitamentos de quedas-d'água e energia elétrica.*

- Vide *Decreto-Lei n. 3.492, de 12 de agosto de 1941, sobre construção e exploração de pontes entre os Estados.*
- Vide *Decreto-Lei n. 2.980, de 24 de janeiro de 1941; Decreto-Lei n. 6.259/44, arts. 33 a 39; Lei n. 9.615/98, arts. 6º, 8º, 9º e 56, sobre loterias.*
- *Registro de sociedades: Código Civil, arts. 1.150 a 1.154.*
- *Sociedades estrangeiras — Delegação de competência: Decreto n. 69.827, de 22 de dezembro de 1971, ora revogado pelo Decreto de 5 de setembro de 1991 — Delega competência ao Ministro da Indústria e do Comércio para aprovar alterações nos atos que regem o funcionamento das sociedades estrangeiras. Texto: Decreto-Lei n. 200, de 25 de fevereiro de 1967, art. 12; Decreto de 26-4-2000 (art. 1º), sobre delegação de competência ao Ministro da Justiça para autorizar funcionamento no Brasil de organizações estrangeiras, que era do ministro do Desenvolvimento, Indústria e Comércio, por força dos Decretos n. 3.444/2000 (ora revogado) e 5.664/2006. Hoje, pelo Decreto n. 9.787/2019, o Ministro de Estado da Economia é competente para autorizar funcionamento de pessoa jurídica estrangeira no Brasil. Código Civil, arts. 1.134 a 1.141 e 1.195.*
- *Sobre atos abusivos ao registro público de empresas mercantis estrangeiras autorizadas a funcionar no Brasil: Lei n. 8.934/94, art. 32, II,* e.
- Vide *Código de Processo Civil, art. 21, parágrafo único e 53, III,* a, b, e e.
- *Instrução Normativa n. 7/2013 da DREI sobre pedidos de autorização para nacionalização ou instalação de filial, agência, sucursal ou estabelecimento no País por sociedade empresária estrangeira.*
- *Sobre aquisição e arrendamento de imóvel rural por estrangeiro no Brasil: Lei n. 5.709/71; Decreto n. 74.965/74 e Instrução Normativa do INCRA n. 76/2013.*
- *Constituição Federal, art. 170, parágrafo único.*
- *Instrução Normativa do DREI n. 34/2017 sobre arquivamento de atos de empresas, sociedades ou cooperativas de que participem estrangeiros residentes e domiciliados no Brasil, pessoas físicas, brasileiras ou estrangeiras, residentes e domiciliadas no exterior e pessoas jurídicas com sede no exterior.*
- *Ato Declaratório Executivo n. 3/2017 sobre relatório digital para apresentação de informações pelos interessados em solicitar alteração cadastral e baixa no CNPJ a ser utilizado por empresas domiciliadas no exterior e nacionais.*
- *Resolução da Secretaria de Assuntos Internacionais n. 1/2016 sobre atuação do Ponto de Contato Nacional (PCN) que receberá alegações de Inobservância das Diretrizes relativas a empresas multinacionais estabelecidas no território nacional ou empresas multinacionais de capital majoritário brasileiro estabelecidas em país que não tenha aderido às Diretrizes.*

§ 2º Os governos estrangeiros, bem como as organizações de qualquer natureza, que eles tenham constituído, dirijam ou hajam investido de funções públicas, não poderão adquirir no Brasil bens imóveis ou suscetíveis de desapropriação.

§ 3º Os governos estrangeiros podem adquirir a propriedade dos prédios necessários à sede dos representantes diplomáticos ou dos agentes consulares.

- *Leis n. 4.331/64, 5.791/72 e 6.235/75.*
- *Código de Processo Civil, arts. 21, parágrafo único, e 75, § 3º; Lei n. 8.934/94, art. 4º, com a redação da Lei n. 14.195/2021.*

Lei do lugar da constituição da sociedade ou fundação. O art. 11 ordena que se aplique o direito vigente no local da constituição da sociedade ou fundação particular, pouco importando a lei do lugar onde se dá o exercício de sua atividade. A pessoa jurídica de direito privado submeter-se-á à lei do Estado em que se constituir, que irá determinar a sua nacionalidade, as condições de sua existência ou do reconhecimento de sua personalidade jurídica. Aplicar-se-á, portanto, o princípio *locus regit actum* no que atina à constituição da pessoa jurídica. A pessoa jurídica estrangeira constituída de conformidade com a lei do lugar onde nasceu (*lex loci actus*) é tida como válida em outros Estados que as reconhecerem. A sociedade estrangeira necessita, em nosso país, de prévia autorização do poder executivo federal para registrar seus atos constitutivos (CC, art. 1.134) e funcionar em território brasileiro, sendo-lhe permitido requerer sua nacionalização, transferindo sua sede para o Brasil (CC, art. 1.141). Para tanto recorrer-se-á à lei do país em que se constituiu. A pessoa jurídica estrangeira será reconhecida e admitida como sujeito de direito, de conformidade com a lei do Estado onde se constituiu.

Condição para abertura de filiais, agências ou estabelecimentos de pessoa jurídica estrangeira. Se a pessoa jurídica deslocar sua sede para o Brasil, exercendo aqui suas atividades, ou se conservar sua sede no estrangeiro, abrindo aqui filial, sucursal, agência ou estabelecimento, deverá, para evitar fraude à lei, obter a aprovação de seu estatuto social ou ato constitutivo pelo governo federal brasileiro (Decreto n. 9.787/2019), sujeitando-se, então, à lei brasileira, uma vez que adquirirá domicílio no Brasil (CC, arts. 1.134 a 1.141). A lei brasileira, então, reger-lhes-á as relações jurídicas, a capacidade de gozo ou de exercício de direitos etc. Com isso não se nacionaliza a pessoa jurídica estrangeira; apenas determina-se-lhe o exercício de seus direitos, com as restrições estabelecidas pela ordem pública e pelos bons costumes.

Restrições à aquisição, ao gozo e exercício de direito real no território nacional pelas pessoas jurídicas de direito público. Para evitar danos à segurança, à soberania nacional ou à integridade do solo pátrio, o art. 11, § 2º, da Lei de Introdução às Normas do Direito Brasileiro restringe a capacidade aquisitiva da pessoa jurídica de direito público externo (nação estrangeira, organismo internacional (ONU, OEA etc.), a Santa Sé etc.) e de organização de qualquer natureza investida de função pública e constituída por governo estrangeiro, como Estado-Membro da federação, município, autarquia, fundação pública etc. Tais pessoas, por lei, serão incapazes para adquirir, a qualquer título, posse ou propriedade de imóvel situado no Brasil ou de bens suscetíveis de desapropriação, como direitos autorais, patentes de invenção, direitos reais sobre coisa alheia de fruição, ações de sociedade anônima etc. Isto é assim porque esses bens sujeitam-se à *lex rei sitae*, o que confere legitimidade àquelas limitações.

Exceção à incapacidade aquisitiva de imóveis por governos estrangeiros. O § 3º do art. 11, *sub examine*, abre exceção à aquisição de imóveis situados no Brasil por pessoas jurídicas de direito público estrangeiras ao permitir que adquiram prédios para sede de representantes diplomáticos ou agentes consulares, atendendo-se à ficção da extraterritorialidade dos edifícios das embaixadas e legações e ao privilégio necessário para assegurar o livre exercício das funções diplomáticas e de atividades consulares.

Jurisprudência: *RT*, *345*:266.

BIBLIOGRAFIA: M. Helena Diniz, *Lei de Introdução*, cit., p. 332-46; Abrams, *Les sociétés en droit international privé*, 1957; Amílcar de Castro, *Direito internacional*, cit., v. 2, p. 39-54; Oscar Tenório, *Direito internacional*, cit., v. 2, p. 6 e s. e 19-32; Espínola e Espínola Filho, *A Lei de Introdução*, cit., v. 3, p. 174-240; Wilson de S. Campos Batalha, *Tratado*, cit., v. 2, p. 16-7 e 30-4; Pillet, *Les personnes morales en droit international privé*, 1941; Barbosa Lima Sobrinho, *A nacionalidade da pessoa jurídica*, Belo Horizonte, 1963; Ivon Loussouarn, *Les conflites de lois en matière de sociétés*, Paris, 1949.

Art. 12. É competente a autoridade judiciária brasileira, quando for o réu domiciliado no Brasil ou aqui tiver de ser cumprida a obrigação.

• *Código de Processo Civil, arts. 21, I a III e parágrafo único, 22, 23, I e II, e 24.*

§ 1º Só à autoridade judiciária brasileira compete conhecer das ações relativas a imóveis situados no Brasil.

- *Código de Processo Civil, art. 23, I.*

§ 2º A autoridade judiciária brasileira cumprirá, concedido o *exequatur* e segundo a forma estabelecida pela lei brasileira, as diligências deprecadas por autoridade estrangeira competente, observando a lei desta, quanto ao objeto das diligências.

- *Constituição Federal, art. 105, I, i, c/c o art. 109, X.*
- *Código de Processo Civil, arts. 21, 22, 23, 28, 30, 36, §§ 1º e 2º, 40, 46, § 3º, 47, 263, 268, 256, § 1º, e 377.*
- *Lei de Introdução às Normas do Direito Brasileiro, art. 15.*
- *Regimento Interno do STF, arts. 225 a 229 c/c os arts. 6º, I, l, 13, IX, e 52, III.*
- *Lei n. 11.419/2006, art. 7º.*

Critério da determinação da competência internacional. A competência internacional determina o poder do tribunal de um país para conhecer o litígio que se lhe submete e para prolatar sentença em condições de receber o *exequatur* em outro Estado. A lei de cada país determinará as formas processuais. As formas obrigatórias (*ordinatoriae litis*), que são formalidades propriamente ditas do procedimento, prescritas com a finalidade de garantir a marcha correta do processo, não influindo no conteúdo da sentença, submeter-se-ão à *lex fori*, por dependerem da organização judiciária do Estado. As formas decisórias (*decisoriae litis*), que fixam a relação jurídica existente entre as partes, obedecerão à lei que rege a relação, objeto do litígio.

Direito do estrangeiro ao acesso aos tribunais brasileiros. Pelo CPC, art. 26, II, há igualdade de tratamento entre nacionais e estrangeiros residentes ou não no Brasil, em relação ao acesso à justiça e à tramitação dos processos, assegurando-se assistência judiciária aos necessitados. O estrangeiro, domiciliado ou não em nosso País, poderá comparecer como autor ou réu, perante tribunal brasileiro, onde haja alguma controvérsia de seu interesse, mas sua capacidade para estar em juízo, ativa ou passivamente, obedecerá à *lex domicilii*, com a ressalva da *lex fori* no que for relativo a preceito de ordem pública (LINDB, art. 7º). Nenhum tribunal do Estado poderá recusar-se a aplicar o direito a estrangeiro, por força de princípios de direito internacional, pelo simples fato de ser ele sujeito de direito e de ter capacidade de ser sujeito processual. A denegação de justiça constituirá uma violação do direito internacional, reclamando intervenção diplomática.

Competência estrangeira eventual e "forum prorrogatae jurisdictionis". Pelo art. 12 (*caput*, 1ª parte) da Lei de Introdução, o réu domiciliado no Brasil, seja brasileiro, seja estrangeiro, sujeitar-se-á à competência da autoridade judiciária brasileira, perante a qual, conforme os moldes legais atinentes à forma processual e os meios de defesa, será intentada qualquer ação que lhe diga respeito (*actio sequitur forum rei*). Se, estando ou não o réu domiciliado no Brasil, a obrigação tiver de ser aqui cumprida, a autoridade brasileira será competente para decidir o litígio (LINDB, art. 12, *caput*, 2ª parte; CPC, art. 21, I, II e III), pois nos contratos escritos poderão as partes especificar onde se cumprirão os direitos e deveres deles resultantes (CC, art. 78; STF, Súmula 335), surgindo o *forum contractus* (CPC, arts. 25, §§ 1º e 2º e 63, §§ 1º a 4º). O art. 22, III, reconheceu a jurisdição da autoridade brasileira se as partes, expressa ou tacitamente, se submeterem a jurisdição nacional. Trata-se da cláusula de eleição de foro com opção pela justiça brasileira.

Pelo art. 25 do CPC "não compete à autoridade judiciária brasileira o processamento e o julgamento da ação quando houver cláusula de eleição de foro exclusivo estrangeiro em contrato internacional, arguida pelo réu na contestação". Mas, se a jurisdição brasileira for exclusiva, afasta-se a possibilidade da eleição de foro no estrangeiro (CPC, art. 25, § 1º). Há quem entenda que a competência da justiça brasileira é, nesse caso, obrigatória, mas para alguns juristas tal obrigatoriedade só diz respeito às ações relativas a imóveis aqui situados (art. 12, § 1º, da LINDB; art. 23, I, do CPC). Assim sendo, possível será a renúncia do foro de domicílio, exceto o caso do art. 12, § 1º. Nada obsta a renúncia ao foro assegurado para eleger outro, esteja o réu domiciliado no Brasil ou deva a obrigação ser aqui cumprida, respeitadas determinadas condições especiais, como a da situação dos bens e desde que tal eleição não implique fraude à lei nem afronte a ordem pública nacional. Trata-se do critério do *forum prorrogatae jurisdictionis*, pelo qual a competência estrangeira é eventual por submissão voluntária das partes, desde que uma seja domiciliada no país onde a ação foi proposta, salvo na hipótese do *forum rei sitae* relativa a imóvel situado no Brasil, caso em que a competência jurisdicional sempre será da autoridade judiciária brasileira.

"Exequatur" de cartas rogatórias e cumprimento de diligências deprecadas por autoridade competente. As formalidades da carta rogatória seguem a *locus regit actum*, disciplinando-se conforme as leis do país rogado, isto porque os atos processuais sujeitam-se à *lex fori* e dependem de *exequatur* do STJ (CF, art. 105, I, *i;* CPC, art. 961, *in fine*), que será concedido se o cumprimento da carta rogatória não for ofensivo à ordem pública e aos bons costumes (LINDB, art. 17). Com a concessão do *exequatur* (CPC, arts. 963, parágrafo único e 962, § 2º), a rogatória será enviada, para cumprimento da diligência, ao juiz da comarca onde deva ser cumprida, segundo as normas gerais de competência, observando o direito estrangeiro quanto ao seu objeto.

Pelo CPC/2015, art. 377, parágrafo único, "a carta precatória e a carta rogatória não devolvidas no prazo ou concedidas sem efeito suspensivo poderão ser juntadas aos autos a qualquer momento". Não se terá concessão do *exequatur* à carta rogatória na hipótese de competência exclusiva da autoridade judiciária brasileira (CPC, art. 964, parágrafo único). E, pelo CPC, art. 28, deve ser dado *auxílio direto*, forma de cooperação internacional que dispensa a expedição de carta rogatória para viabilizar, como diz Cassio Scarpinella Bueno, não só a comunicação, mas também a tomada de providências solicitadas entre Estados. O pedido é feito diretamente à autoridade nacional encarregada de recebê-lo e tomar as devidas providências, evitando procedimentos intermediários, tendo-se, então, uma prestação jurisdicional mais célere na órbita internacional, visto que tanto a carta rogatória como a homologação de sentença estrangeira teriam trâmites mais demorados, observam Nelson Nery Jr. e Rosa Mª de A. Nery. Tal auxílio é cabível "quando a medida não decorrer, diretamente, de decisão de autoridade jurisdicional estrangeira a ser submetida a juízo de delibação no Brasil" (CPC, art. 28).

Exclui-se, portanto, para os casos de auxílio direto, o exercício do juízo de delibação, reservado para as rogatórias (CPC, arts. 36 e 963). O STJ já assim entendia, na Resolução n. 9/2005, art. 7º, que assim reza: "Os pedidos de cooperação jurídica internacional que tiverem por objeto atos que não ensejem juízo de delibação pelo STJ, ainda que denominados como carta rogatória, serão encaminhados ou devolvidos ao Ministério da Justiça para as providências necessárias ao cumprimento por auxílio direto".

O auxílio direto (CPC, art. 28) pode ser utilizado para obtenção de informações sobre o ordenamento jurídico e sobre processos administrativos ou jurisdicionais findos ou em curso; colheita de provas, medida judicial ou extrajudicial não vedada pela lei brasileira (CPC, art. 30, I a III).

Jurisprudência: *RTJ, 45*:317, *78*:48, *98*:47, *110*:55, *103*:536, *114*:500; *RT, 577*:152, *152*:158, *334*:438, *511*:146, *345*:266; *RF, 206*:1510, *101*:311, *105*:69, *94*:482; *RJTJSP, 119*:422, *105*:62, *91*:66, *75*:53; *BAASP, 1917*:303, *1826*:544.

BIBLIOGRAFIA: Barbosa Magalhães, *Da competência internacional*, Coimbra, 1947; Dias da Silva, *Direito processual internacional*, Rio de Janeiro, 1971; M. Helena Diniz, *Lei de Introdução*, cit., p. 346-64; José Ignácio Botelho de Mesquita, Da competência internacional e dos princípios que a informam, *RP, 50*:51; José Carlos de Magalhães, Competência internacional do juiz brasileiro e denegação de justiça, *RT, 630*:52; Espínola e Espínola Filho, *A Lei de Introdução*, cit., v. 3, p. 248-348; Georges A. Mandy,

Les étrangers devant la justice en droit international privé (la "cautio judicatum solvi"), Paris, 1897; Wilson de S. Campos Batalha, *Tratado*, cit., p. 369-70, 400-2; Amílcar de Castro, *Direito internacional*, cit., v. 2, p. 226, 265-302; Oscar Tenório, *Direito internacional*, cit., v. 2, p. 356, 368-72; Fedozzi. Introduzione al diritto internazionale — parte generale do v. 1 do *Trattato di diritto internazionale*, 1933, p. 344; De Paepe, *Études sur la compétence civile a l'égard des étrangers*, t. 1 e 2, Bruxelles, 1900; Arthur Briggs, *Cartas rogatórias internacionais*, Rio de Janeiro, 1913; Armando Álvares Garcia Júnior, Cartas rogatórias, *Coleção Saber Jurídico*, São Paulo, Juarez de Oliveira, 1999; Nelson Nery Jr. e Rosa Mª de A. Nery. *Comentários ao Código de Processo Civil*, São Paulo, RT, 2015, p. 288 e 289; Cassio Scarpinella Bueno, *Novo Código de Processo Civil Anotado*, São Paulo, Saraiva, 2015, p. 63 e 64.

Art. 13. A prova dos fatos ocorridos em país estrangeiro rege-se pela lei que nele vigorar, quanto ao ônus e aos meios de produzir-se, não admitindo os tribunais brasileiros provas que a lei brasileira desconheça.

- *Código Civil, arts. 108, 109, 212 a 232.*
- *Código de Processo Civil, arts. 369, 373 e 374.*
- *Código de Processo Penal, arts. 155 a 250.*
- *Lei n. 6.015/73, art. 32.*
- *Lei de Introdução às Normas do Direito Brasileiro, arts. 18 e 19.*

Princípio da territorialidade e prova dos fatos ocorridos no exterior. Para que se possam admitir efeitos a fato ou ato ocorrido em território estrangeiro, será imprescindível sua prova.

Meios de prova e modos de produção da prova. O *onus probandi* disciplinar-se-á pela lei do lugar onde o ato foi celebrado ou onde ocorreu o fato que se quer demonstrar. A prova dos fatos ou atos será feita pelos meios apontados pela lei do lugar em que se deram (*lex loci*), mas, quanto ao modo de produzi-la em juízo, submeter-se-á à *lex fori*, pois, no curso da ação, não serão admitidas quaisquer provas não autorizadas pela lei do juiz, sob pena de ferir o sistema da territorialidade da disciplina do processo. Daí se proscrever prova de fato passado no exterior, produzida por meio desconhecido no direito pátrio. Será preciso, portanto, que a prova do fato ocorrido no estrangeiro seja produzida por meio conhecido do direito pátrio, pois, se assim não for, será inaplicável pelo juiz local.

Jurisprudência: *RT*, *170*:583 e *172*:673; *Revista de Direito*, *35*:639.

BIBLIOGRAFIA: Diena, *Il diritto internazionale*, cit., p. 399; Wilson de S. Campos Batalha, *Tratado de direito internacional privado*, São Paulo, Revista dos Tribunais, 1977, p. 413-23; Luigi Ferrari Bravo, *La prova nel processo internazionale*, Napoli, Jovene, 1958; Espínola e Espínola Filho, *A Lei de Introdução*, cit., v. 3, p. 349-61; M. Helena Diniz, *Lei de Introdução*, cit., p. 364-8; Amílcar de Castro, *Direito internacional*, cit., v. 2, p. 197-8.

Art. 14. Não conhecendo a lei estrangeira, poderá o juiz exigir de quem a invoca prova do texto e da vigência.

- Vide *Código de Processo Civil, art. 376.*
- *Regimento Interno do STF, art. 116 c/c o art. 115, I.*

Princípio "iura novit curia". Pelo princípio *iura novit curia*, o órgão judicante deverá ter, pela sua função de aplicar a lei, conhecimento preciso do direito nacional, e saber encontrar a norma aplicável ao caso *sub judice*. Consequentemente, o direito nacional não precisará ser alegado nem provado pelos interessados, que apenas deverão provar os fatos. A norma vigorante do *ius communis* de que "é dever profissional do juiz conhecer o direito" (*iura novit curia*) sofrerá uma limitação aparente no que atina ao direito estrangeiro, pois poderá invocar em seu auxílio a cooperação das partes, impondo-lhes o *onus probandi*.

Meios de prova do direito estrangeiro aplicável. O magistrado poderá aplicar, de ofício, lei estrangeira sempre que o direito internacional privado (*lex fori*) julgar competente aquela lei, tendo dela conhecimento, e se ele não a conhecer poderá exigir prova da parte que a invocou ou a quem aproveita (CPC, art. 376) ou poderá, de ofício, investigar a norma. Isto é assim, porque a norma estrangeira é um fato. Os meios de prova do direito estrangeiro serão indicados pelo *ius fori*, por exemplo: a) apresentação do jornal oficial que publicou a lei; b) certidão autenticada por autoridade diplomática ou consular; c) declaração de dois advogados em exercício no país a que o direito que se pretende aplicar pertence, declarando a vigência da norma, e se dúvida houver pode-se pedir ao tribunal, Procuradoria-Geral, secretaria ou Ministério da Justiça, desse país, informação sobre o conteúdo e existência daquela lei; d) pedido por carta rogatória de informação sobre o texto legal, sentido e vigência da norma; e) referências a obras doutrinárias alienígenas; f) pareceres de juristas de nomeada do Estado, cuja norma se pretende provar; g) expedição de um atestado (*parère*), fornecido pelas câmaras de comércio ou pelos sindicatos profissionais, para prova de costume ou uso comercial. Logo, não terão, segundo alguns autores ou tribunais, valor probante as simples presunções e o depoimento testemunhal produzido em juízo, para o fim de caracterizar a vigência da lei alienígena (*RF*, *39*:455).

BIBLIOGRAFIA: Espínola e Espínola Filho, *A Lei de Introdução*, cit., v. 3, p. 363-90; Pedro Sampaio, Prova do direito estrangeiro, *Ciência Jurídica*, *17*:7; Pacchioni, *Diritto internazionale privato*, 1935, p. 140-1; Amílcar de Castro, *Direito internacional*, cit., v. 1, p. 251-4; Cyrille David, *La loi étrangère devant le juge de fond*, 1965; Oscar Tenório, *Direito internacional*, cit., v. 1, p. 154-5, 147, 146 e 107-8; M. Helena Diniz, *Lei de Introdução*, cit., p. 368-374; Antônio Carlos de Araújo Cintra, Prova do direito estrangeiro, *RT*, *485*:16; Wilson de S. Campos Batalha, *Tratado de direito internacional privado*, São Paulo, Revista dos Tribunais, 1977, v. 1, p. 125-8; Nicolau Nazo, *Da aplicação e da prova do direito estrangeiro*, São Paulo, 1941; Alcides Darras, De la connaissance, de l'application et de la preuve de la loi étrangère, *Clunet*, 1901, p. 204-31 e 442-56; Palewski, Certificat de coutume, in *Répertoire de droit international*, Paris, 1929, v. 5, p. 333; Lewald, Le contrôle des cours suprêmes sur l'application des lois étrangères, in *Recueil des Cours*, t. 57, 1936, p. 279.

Art. 15. Será executada no Brasil a sentença proferida no estrangeiro, que reúna os seguintes requisitos:

***a*) haver sido proferida por juiz competente;**

***b*) terem sido as partes citadas ou haver-se legalmente verificado a revelia;**

***c*) ter passado em julgado e estar revestida das formalidades necessárias para a execução no lugar em que foi proferida;**

***d*) estar traduzida por intérprete autorizado;**

- *Código Civil, art. 215, §§ 3º e 4º; Código de Processo Civil, art. 192 e parágrafo único; Lei de Registros Públicos, arts. 129, n. 6, e 130,* caput.

e) ter sido homologada pelo Supremo Tribunal Federal.

- *Pela Constituição Federal, art. 105, I, i, e Emenda Constitucional n. 45/2004 a competência homologatória passou a ser do STJ.*
- *Lei n. 9.307/96, arts. 35 e 39, com a redação da Lei. n. 13.129/2015.*
- *Ementas Regimentais do STJ n. 17 e 18/2014.*

Parágrafo único. (*Não dependem de homologação as sentenças meramente declaratórias do estado das pessoas.*)

- *Revogado pela Lei n. 12.036/2009.*
- *Código Penal, art. 9º.*
- *Código de Processo Civil, arts. 24, parágrafo único, 268, 961, 963, I a VI, 965.*
- *Código de Processo Penal, art. 787 a 790.*
- *Lei de Introdução às Normas do Direito Brasileiro, arts. 12, § 2º, e 7º, § 6º.*
- *Súmulas 381 e 420 do Supremo Tribunal Federal.*
- *Constituição Federal, art. 105, I, i, e Emenda Constitucional n. 45/2004.*
- *Lei n. 9.307/96, arts. 34 a 40, sendo que os arts. 35 e 39 foram alterados pela Lei n. 13.129/2015.*
- *Resolução n. 14/2013 do STJ sobre obrigatoriedade do peticionamento eletrônico naquela corte relativamente à sentença estrangeira.*
- *Lei n. 6.015/73, art. 94-A, § 2º, acrescentado pela Lei n. 14.382/2022.*

Eficácia da decisão judicial limitada à jurisdição de sua prolação. A sentença prolatada em um país somente terá valor onde tal fato se deu; para que possa produzir efeito em outro Estado deverá ser aprovada pelo seu órgão judiciário, mediante juízo de delibação, modalidade de processo de *exequatur.* A jurisdição local aceitará a sentença estrangeira como produto de um tribunal, mas a submeterá a exame preliminar, em processo homologatório, que indicará se ela poderá, ou não, ser executada.

Requisitos para execução de sentença estrangeira no Brasil. O art. 15 submete a executoriedade de sentença estrangeira a determinados requisitos: haver sido prolatada por juiz competente; terem sido as partes citadas ou verificada sua revelia de conformidade com a lei onde foi proferida a decisão; ter transitado em julgado; ter obedecido às formalidades necessárias para sua execução segundo a lei do Estado em que foi prolatada, por darem a garantia de sua autenticidade; estar traduzida, em língua portuguesa, por intérprete autorizado ou juramentado, salvo disposição que a dispense prevista em tratado, ter sido previamente homologada pelo Superior Tribunal de Justiça, com ouvida das partes e do Procurador-Geral da República. E, ainda, não poderá ofender a coisa julgada brasileira e a ordem pública (CPC, arts. 163, VI, 963, I a VII; LINDB, art. 17). A homologação é o ato que dará força executória à sentença estrangeira, inclusive a arbitral (Lei n. 13.129/2015, art. 35) desde que obedecidas as condições gerais.

Exigência da homologação de sentença estrangeira meramente declaratória do estado de pessoa. Se a delibação pelo revogado art. 15, parágrafo único, fosse um juízo preliminar da instância da execução, não era exigida para sentenças meramente declaratórias do estado de pessoas que independessem de execução. Logo, tais decisões não precisavam ser homologadas ante a desnecessidade de se lhes conferir no *forum* força executória, visto terem por único fim a produção do efeito de tornar certo o estado ou a capacidade da pessoa, apresentando-se como documentos idôneos para determinar uma qualidade ou um fato, podendo ser utilizados como prova indiscutível da existência da relação jurídica neles declarada perante a autoridade brasileira. Mas se tivesse de produzir efeito patrimonial ou fosse passível de execução no território brasileiro seria necessário requerer o juízo de delibação e homologação do STJ.

Com a revogação do parágrafo único do art. 15 pela Lei n. 12.036/2009, atualmente, torna-se indispensável a homologação pelo STJ de qualquer sentença estrangeira, pouco importando se seu efeito é pessoal ou não (CPC, arts. 960 a 965).

Convém não olvidar que pelo art. 961, § 5º, do CPC/2015 a sentença estrangeira de divórcio consensual produzirá efeitos no Brasil independentemente de homologação pelo STJ.

Hipótese em que, contudo, competirá a qualquer juiz examinar a validade da decisão, em caráter incidental ou principal, quando essa questão for suscitada em processo de sua competência (CPC/2015, art. 961, § 6º).

Pelo CPC, art. 24, parágrafo único, "a pendência de causa perante jurisdição brasileira não impede a homologação de sentença judicial estrangeira quando exigida para produzir efeitos no Brasil". E "não será homologada a decisão estrangeira na hipótese de competência exclusiva da autoridade judiciária brasileira" (CPC, art. 964).

Jurisprudência: *RF*, *74*:41, *80*:80, *138*:401, *99*:670, *171*:246, *204*:171; *RT*, *588*:84 e 216, *579*:221, *769*:137 e 138, *716*:324; *JSTF*, *69*:56; *RTJ*, *54*:704 e 714, *60*:28, *78*:49, *91*:48, *92*:1077, *97*:64 e 537, *107*:563, *111*:157, *119*:597, *126*:926, *135*:949, *138*:466 e 471, *109*:38; *JB*, *164*:222, *130*:47.

Enunciados do Fórum Permanente de Processualistas Civis:

a) n. 85 — "Deve prevalecer a regra de direito mais favorável na homologação da sentença arbitrária estrangeira em razão de princípio da máxima eficácia (art. 7º da Convenção de Nova York — Decreto n. 4.311/2002).

b) n. 86 — "O art. 976 não se aplica à homologação da sentença arbitral estrangeira, que se sujeita aos tratados em vigor no país e à legislação aplicável, na forma do § 3º do art. 972 (arts. 964 e 960, § 3º, do novo CPC, respectivamente)".

BIBLIOGRAFIA: Santiago Sentís Melendo, *La sentencia extranjera (exequatur)*, Buenos Aires, 1958; Osiris Rocha, Homologação de sentença estrangeira, in *Enciclopédia Saraiva do Direito*, v. 41, p. 437; Henry de Cock, Effets et exécution des jugements étrangers, in *Recueil des Cours*, v. 10, p. 442 e s.; Mauro Cappelletti, *Las sentencias y las normas extranjeras en el proceso civil*, EJEA, 1968, Diena, La sentenza straniera e il giudizio di delibazione, *Rivista di Diritto Internazionale*, 1908, p. 73; Haroldo Valladão, Force exécutoire des jugements étrangers au Brésil, *Clunet*, 1931, p. 532; Carta de homologação de sentença estrangeira, in *Enciclopédia Saraiva do Direito*, v. 13, p. 272-3; Amílcar de Castro, *Direito internacional*, cit., v. 2, p. 234-53 e 288-91; Wilson de S. Campos Batalha, *Tratado*, cit., p. 435-56; Oscar Tenório, *Direito internacional*, cit., p. 378-80; Riccardo Monaco, *Il giudizio de delibazione*, Padova, 1940; Hermes M. Huck, *Sentença estrangeira* e "*lex mercatoria*", São Paulo, Saraiva, 1994; M. Helena Diniz, *Lei de Introdução*, cit., p. 374 a 411; Espínola e Espínola Filho, *A Lei de Introdução*, cit., v. 3, p. 394 a 455; La Loggia, *La esecuzione delle sentenze straniere*, Torino, 1902, p. 147; Vicente Greco Filho, *Homologação de sentença estrangeira*, São Paulo, Saraiva, 1978; Cansacchi, *La funzione del riconoscimento di sentenze straniere*, Milano, Giuffrè, 1976; Cavaglieri, *La cosa giudicata e le questioni di stato nel diritto internazionale privato*, 1909, p. 135; Luís Paulo Cotrim Guimarães, *Direito civil*, cit., p. 16.

Art. 16. Quando, nos termos dos artigos precedentes, se houver de aplicar a lei estrangeira, ter-se-á em vista a disposição desta, sem considerar-se qualquer remissão por ela feita a outra lei.

Teoria da referência do direito material estrangeiro e proibição do retorno. O artigo, ora comentado, contém proibição expressa ao retorno, para a solução de conflitos entre normas de direito internacional privado. O retorno (reenvio ou devolução) é o modo de interpretar a norma de direito internacional privado, mediante substituição da lei nacional pela estrangeira, desprezando o elemento de conexão apontado pela ordenação nacional, para dar preferência à indicada pelo ordenamento jurídico alienígena. O art. 16, ao repelir o reenvio, deverá ser encarado como sendo norma interpretativa em que se adotou a teoria da referência ao direito material estrangeiro, pela qual as normas do direito internacional privado se referem ao direito material, ao direito positivo interno alienígena, e não às suas normas de direito internacional privado. O juiz deverá atender tão somente às normas de direito internacional privado do país a que pertencer, aplicando o direito substancial estrangeiro, sem se incomodar com as normas de direito internacional privado adotadas em outro Estado. A remissão feita a outra lei, ainda que seja a *lex fori* brasileira, contrariará o preceito legal contido no art. 16, *sub examine*. Assim quando, por exemplo, um juiz brasileiro tiver de apreciar a capacidade de brasileiro domiciliado em Portugal, aplicar-lhe-á a lei domiciliar, que é a portuguesa, por força do art. 7º da Lei de Introdução às Normas do Direito Brasileiro (*lex fori*), pouco importando que a lei de direito internacional privado de Portugal venha a submeter, em retorno, à lei brasileira, como lei nacional, a decisão do caso em tela.

Jurisprudência: *RF*, *113*:382.

BIBLIOGRAFIA: Haroldo Valladão, *A devolução nos conflitos sobre lei pessoal*, 1929; M. Helena Diniz, *Lei de Introdução*, cit., p. 412-20; Anzilotti, La questione del rinvio, *Scritti di diritto internazionale privato*, Padova, 1960, v. 3, p. 268-374; Espínola e Espínola Filho, *A Lei de Introdução*, cit., v. 3, p. 460-9, 477-81, 494 e 495; Amílcar de Castro, *Direito internacional*, cit., v. 1, p. 225-8 e 238; Oscar Tenório, *Direito internacional privado*, cit., v. 1, p. 60, 350-1 e 362; Lainé, La théorie du renvoi en droit international privé, *Revue de Droit International Privé*, *196*:605-43; Irineu Strenger, *Curso de direito internacional privado*, Rio de Janeiro, Forense, 1978, p. 534; Franco da Fonseca, *Contra a renúncia e a devolução*, São Paulo, 1967; J. Perroud, Encore la question du renvoi, *Journal du Droit International de Clunet*, mai/juin, 1937, *64*:429-95; John D. Falconbridge, Le renvoi et la loi du domicile, *Revue Critique*, 1947, p. 45-71; M. Philonenko, *La théorie du renvoi in droit comparé*, 1935; Vignano, *Note critiche su alcuni recenti saggi in tema di rinvio*, Milano, Giuffrè, 1960.

Art. 17. As leis, atos e sentenças de outro país, bem como quaisquer declarações de vontade, não terão eficácia no Brasil, quando ofenderem a soberania nacional, a ordem pública e os bons costumes.

- *Código de Processo Penal, art. 781.*
- *Constituição Federal, art. 4º, I a X.*

Limites à extraterritorialidade da lei. Determinada a aplicação de uma lei estrangeira no Brasil, num dado caso concreto, por força de imposição de norma de direito internacional privado, o órgão judicante deverá averiguar se sua aplicabilidade não ofenderá os princípios de nossa organização política, jurídica e social, ou seja, a soberania nacional, a ordem pública ou os bons costumes. O magistrado está, ainda, obrigado a aplicar norma de direito internacional privado, não podendo deixar de curvar-se ante o ato jurídico perfeito, o direito adquirido e a coisa julgada. Logo, leis, atos e sentenças de outro Estado, que não ofenderem a soberania nacional, a ordem pública e os bons costumes, terão eficácia no Brasil. Haverá, portanto, uma submissão dos atos alienígenas aos princípios da soberania nacional, da ordem pública e dos bons costumes, que constituem limites que visam assegurar a ordem social.

Soberania nacional. Segundo Carré de Malberg, a soberania é uma qualidade do poder do Estado, não podendo ser limitado por nenhum outro poder, devendo ser entendida como um atributo do poder de auto-organização nacional e de autodeterminação, resultante da institucionalização no órgão estatal. Para Giannini, indicaria ela a autoridade do Estado, ou seja, o fato de que as normas que edita alcançarão a todos os que estiverem em seu território e, ainda, corresponderia à não sujeição a determinações de outros centros normativos.

Ordem pública. Conjunto de normas essenciais à convivência nacional.

Bons costumes. Segundo Clóvis Beviláqua, *bons costumes* são os que estabelecem as normas de proceder nas relações domésticas e sociais em harmonia com os elevados fins da vida humana, cuja ofensa mais direta e profunda fere os sentimentos de honestidade e estima recíproca. Para

Oscar Tenório, os bons costumes abrangem os valores morais tutelados direta ou indiretamente pelo direito e não todos os que modelam os caracteres morais de determinado povo, porque se assim fosse ter-se-ia a anulação da aplicação da norma estrangeira.

Jurisprudência: *RTJ*, *63*:138, *43*:505; *RF*, *113*:385, *192*:151, *89*:154, *41*:299; *RT*, *122*:629, *148*:771; *EJSTJ*, *12*:63.

BIBLIOGRAFIA: M. Helena Diniz, *Lei de Introdução*, cit., p. 420-34; Jacques Maury, *Derecho internacional privado*, 1949, p. 46 e 292; Amílcar de Castro, *Direito internacional*, cit., v. 1, p. 268-77; Roy Reis Friede, Limites da soberania nacional no cenário internacional, *Estudos Jurídicos*, *6*:319-39; Espínola e Espínola Filho, *A Lei de Introdução*, cit., v. 3, p. 500 a 534; Paul Lagarde, *Recherches sur l'ordre public en droit international privé*, Paris, 1959; Luiz Antonio da Gama e Silva, *A ordem pública em direito internacional privado*, São Paulo, 1944; Oscar Tenório, *Direito internacional*, cit., v. 1, p. 337; Clóvis Beviláqua, *Código Civil dos Estados Unidos do Brasil comentado*, Rio de Janeiro, 1956, v. 1, p. 153-4; Carré de Malberg, *Théorie générale de l'État*, v. 1; Bertrand de Jouvenel, *De la souveraineté à la recherche du bien politique*, Paris, 1955, p. 216 e s.; Pinto Ferreira, Soberania — I, in *Enciclopédia Saraiva do Direito*, v. 69, p. 366-87; Giorgio Badiali, *Ordine pubblico e diritto straniero*, Milano, Giuffrè, 1963; Malaurie, *L'ordre public et le contrat*, Reims, 1953; Pillet, *De l'ordre public en droit international privé*, Grenoble, 1890; Sílvio de Macedo, Bons costumes, in *Enciclopédia Saraiva do Direito*, v. 12, p. 129-31.

Art. 18. Tratando-se de brasileiros, são competentes as autoridades consulares brasileiras para lhes celebrar o casamento e os mais atos de Registro Civil e de tabelionato, inclusive o registro de nascimento e de óbito dos filhos de brasileiro ou brasileira nascidos no país da sede do Consulado.

- *Artigo com redação da Lei n. 3.238/57.*
- *Constituição Federal, art. 12, I,* a, b e c; *ADCT, art. 95, acrescido pela Emenda Constitucional n. 54/2007.*
- *Lei n. 6.015/73, art. 32.*
- *Decreto n. 24.113/34.*
- *Decreto n. 360/35, sobre funções consulares.*
- *Decreto n. 23.102/47, art. 15, VII.*
- *Lei de Introdução às Normas do Direito Brasileiro, art. 19.*
- *Decreto n. 84.451/80, que simplifica a legalização de certidões de atos consulares.*
- *Lei n. 8.829/93, com as alterações da Lei n. 12.629/2010, sobre carreiras de oficial de chancelaria e de assistente de chancelaria, regulamentada pelo Decreto n. 1.565/95 e alterada pela Lei n. 11.440/2006 (modificada pela Lei n. 11.907/2009, arts. 1º a 19 e pela Lei n. 12.702/2012, arts. 43, §§ 2º e 5º, 44, § 5º, 45, § 3º, I a IV, 46, § 4º, 47 e 48), que institui o Regime jurídico dos servidores do Serviço Exterior Brasileiro.*
- *Decreto n. 1.018/93, sobre repartições consulares de carreira.*
- *Código de Processo Civil, arts. 610, §§ 1º e 2º, e 733, §§ 1º e 2º.*
- *Portaria n. 434/2010 do Ministério de Relações Exteriores que aprova Regulamento para Cobrança dos Emolumentos Consulares.*
- *Portaria n. 657/2010 do Ministério das Relações Exteriores, que aprova Regimento do Conselho de Representantes de Brasileiros no Exterior (CRBE).*
- *Portaria n. 656/2013 do Ministério das Relações Exteriores sobre atividade de legalização de atos notariais e documentos brasileiros, destinados a produzir efeitos no exterior, para tramitação junto a Embaixadas e Repartições Consulares estrangeiras no Brasil.*

LEI DE INTRODUÇÃO

- *Decreto n. 8.742/2016 sobre atos notariais e de registro civil do serviço consular brasileiro e da dispensa de legalização no Brasil de assinaturas e atos emanados das autoridades consulares brasileiras.*

§ 1º As autoridades consulares brasileiras também poderão celebrar a separação consensual e o divórcio consensual de brasileiros, não havendo filhos menores ou incapazes do casal e observados os requisitos legais quanto aos prazos, devendo constar da respectiva escritura pública as disposições relativas à descrição e à partilha dos bens comuns e à pensão alimentícia e, ainda, ao acordo quanto à retomada pelo cônjuge de seu nome de solteiro ou à manutenção do nome adotado quando se deu o casamento.

- *Parágrafo acrescentado pela Lei n. 12.874/2013.*

§ 2º É indispensável a assistência de advogado, devidamente constituído, que se dará mediante a subscrição de petição, juntamente com ambas as partes, ou com apenas uma delas, caso a outra constitua advogado próprio, não se fazendo necessário que a assinatura do advogado conste da escritura pública.

- *Parágrafo acrescentado pela Lei n. 12.874/2013.*

Competência do cônsul e lei reguladora dos atos por ele praticados. Em atenção aos brasileiros, domiciliados ou não no Brasil, que estejam no exterior, dá-se competência às autoridades consulares brasileiras para lhes celebrar matrimônio, para exercer funções de tabelião e de oficial de registro civil em atos a eles alusivos, levados a efeito no estrangeiro. Poderá o cônsul, no exercício dessas funções, efetuar assento de nascimento e de óbito (inclusive de filhos de brasileiro nascidos no país da sede do consulado); celebrar casamento de nacionais de seu país; efetuar separação e divórcio consensuais de brasileiros domiciliados no exterior por via administrativa, desde que preenchidos os requisitos do CPC, art. 733, §§ 1º e 2º, ou seja, não pode haver nascituro ou filhos menores ou incapazes do casal, observados os requisitos legais quanto aos prazos, com exceção do pré-requisito de separação e dos prazos de carência por força do § 6º do art. 226 da CF, com a redação da EC n. 66/2010; além disso, em escritura pública deverão constar disposições relativas à descrição e à partilha dos bens comuns, à pensão alimentícia e ao acordo quanto à retomada do ex-cônjuge de seu nome de solteiro ou à manutenção do sobrenome adotado por ocasião das núpcias (LINDB, art. 18, § 1º, acrescentado pela Lei n. 12.874/2013), e, ainda, será indispensável a assistência de advogado, que subscreverá a petição, juntamente com ambas as partes ou uma delas, se a outra constituir advogado próprio, não sendo necessário que a assinatura do advogado conste da escritura pública (art. 18, § 2º, LINDB, acrescentado pela Lei n. 12.874/2013); receber protesto de letras de câmbio; registrar hipotecas etc., obedecendo às formalidades exigidas pela sua lei, sem considerar as requeridas pelas leis e usos locais; aplicar o art. 610, §§ 1º e 2º, do CPC a brasileiros no exterior, promovendo inventário e partilha por meio de escritura pública se convocados a receber herança de bens situados no Brasil, desde que atendidos os requisitos legais. Tem-se justificado a exceção à *locus regit actum* por meio de recurso à ficção jurídica da extraterritorialidade, mas, na verdade, ela decorre da própria função concedida ao cônsul pelo direito local para atender aos interesses dos Estados.

Jurisprudência: *RF, 99*:461, *87*:703; *RT, 144*:740; *JB, 130*:108; *Ciência Jurídica, 59*:129.

BIBLIOGRAFIA: Amílcar de Castro, *Direito internacional privado*, cit., v. 2, p. 45-6 e 79; M. Helena Diniz, *Lei de Introdução*, cit., p. 435-40; Espínola e Espínola Filho, *A Lei de Introdução*, cit., v. 3, p. 541-58; Diena, *Il diritto internazionale privato*, 1917, p. 244-6; Oscar Tenório, *Direito internacional privado*, cit., v. 2, p. 45-6.

Art. 19. Reputam-se válidos todos os atos indicados no artigo anterior e celebrados pelos cônsules brasileiros na vigência do Decreto-lei n. 4.657, de 4 de setembro de 1942, desde que satisfaçam todos os requisitos legais.

• *Artigo acrescentado pela Lei n. 3.238/57.*

Parágrafo único. No caso em que a celebração desses atos tiver sido recusada pelas autoridades consulares, com fundamento no art. 18 do mesmo Decreto-lei, ao interessado é facultado renovar o pedido dentre em 90 (noventa) dias contados da data da publicação desta Lei.

• *Parágrafo acrescentado pela Lei n. 3.238/57.*

Validade de casamento consular de brasileiros não domiciliados no Brasil. O art. 19, *sub examine*, tem por escopo considerar como válido matrimônio, porventura, celebrado por cônsul brasileiro no exterior, com inobservância do art. 18, não sendo os nubentes domiciliados no Brasil, embora ambos sejam brasileiros.

Renovação de pedido para celebração de casamento consular de nacionais domiciliados no exterior. Se, havendo recusa pelo cônsul para efetivar núpcias de brasileiros domiciliados no estrangeiro, o pedido para sua celebração não for renovado dentro do prazo legal de 90 dias (contado da data da publicação desta lei), a autoridade não poderá celebrar aquele ato. A Lei n. 3.238/57 alterou os arts. 7º, § 2º, e 18 da Lei de Introdução às Normas do Direito Brasileiro, eliminando a exigência do domicílio, ficando apenas com o elemento de conexão "nacionalidade". Logo, brasileiros, domiciliados ou não no Brasil, poderão, no exterior, convolar casamento perante autoridade consular brasileira.

BIBLIOGRAFIA: Oscar Tenório, *Direito internacional*, cit., v. 2, p. 69 e 70; M. Helena Diniz, *Lei de Introdução*, cit., p. 440-41.

Art. 20. Nas esferas administrativas, controladora e judicial, não se decidirá com base em valores jurídicos abstratos sem que sejam consideradas as consequências práticas da decisão.

Parágrafo único. A motivação demonstrará a necessidade e a adequação da medida imposta ou da invalidação de ato, contrato, ajuste, processo ou norma administrativa, inclusive em face das possíveis alternativas.

• *Acrescentado pela Lei n. 13.656/2018 e regulamentada pelo Decreto n. 9.830/2019.*
• Vide *arts. 21 e 22 da Lei de Introdução às Normas do Direito Brasileiro.*
• *Lei n. 9.784/99, art. 2º e parágrafo único.*
• *Código de Processo Civil, arts. 11, 489, §§ 1º a 3º, e 926, § 2º.*
• *Decreto n. 9.830/2019, arts. 2º, §§ 1º a 3º, 3º, §§ 1º a 3º.*
• *Enunciados n. 1, 2, 3, 4, 5 e 6 do Seminário de Direito Administrativo.*

Vedação de motivação decisória principiológica. O artigo *sub examine* visa estabelecer que as esferas administrativa (órgãos de administração direta), controladora (tribunais de conta) e judicial (judiciário) não decidam tendo por suporte valores jurídicos abstratos, previstos em normas jurídicas com alto grau de indeterminação e abstração (p. ex., princípios, conceitos jurídicos indeterminados, valores éticos, sociais ou morais, presunções etc.), sem antes considerar as possíveis consequências práticas da decisão que, no exercício diligente de sua atuação, as consiga vislumbrar diante dos fatos e dos fundamentos jurídicos (p. ex., efeitos econômicos, socioeconômicos etc.).

Justificação da decisão. O tomador de decisão, na motivação, deverá expor, clara e objetivamente, os fundamentos de fato e de direito e efetuar sua avaliação, tendo por baliza os elementos idôneos (fáticos ou jurídicos), coligidos no processo, demonstrando a necessidade e a adequação da medida imposta ou da invalidação de ato, contrato, ajuste, processo ou norma administrativa, inclusive em face das possíveis alternativas, observados os critérios de adequação, proporcionalidade e razoabilidade. O art. 20 impõe o ônus de motivar qualificadamente a decisão, tendo por base a contextualização dos fatos e a indicação dos fundamentos de mérito e jurídicos. Logo, o julgador, antes de decidir, deverá averiguar fatos, impactos e possíveis alternativas. Com isso, reforçar-se-á a responsabilidade decisória da autoridade, que deverá motivar sua deliberação, consagrando-se o princípio da motivação concreta e a responsabilidade pelas consequências da decisão. A motivação deverá, portanto, indicar as normas, a interpretação jurídica, a jurisprudência e textos doutrinários que a embasaram. E tal motivação poderá ser constituída por declaração de concordância com o conteúdo de notas técnicas, pareceres, informações, decisões ou propostas que precederam decisão.

A autoridade não deverá prolatar decisões fundadas em princípios, cláusulas gerais, conceitos jurídicos indeterminados etc., sem antes considerar suas consequências práticas e apontar a necessidade ou a adequação da medida tomada.

BIBLIOGRAFIA: Sancionada, LINDB ainda divide opiniões, *Jornal do Advogado*, n. 438 (2018); Processo TCU/Conjur: TC-012.028/2018-5, p. 13 a 17; https://direitoadm.com.br/proposta-de-alteracao-da-lindb-projeto-349-2015/.

Art. 21. A decisão que, nas esferas administrativa, controladora ou judicial, decretar a invalidação de ato, contrato, ajuste, processo ou norma administrativa deverá indicar de modo expresso suas consequências jurídicas e administrativas.

Parágrafo único. A decisão a que refere o caput deste artigo deverá, quando for o caso, indicar as condições para que a regularização ocorra de modo proporcional e equânime e sem prejuízo aos interesses gerais, não se podendo impor aos sujeitos atingidos ônus ou perdas que, em função das peculiaridades do caso, sejam anormais ou excessivos.

- *Acrescentado pela Lei n. 13.655/2018 e regulamentado pelo Decreto n. 9.830/2019.*
- Vide *arts. 20 e 22 da Lei de Introdução às Normas do Direito Brasileiro.*
- *Código de Processo Civil, art. 6º.*
- *Decreto n. 9.830/2019, art. 4º, §§ 1º a 5º.*
- *Enunciados n. 7 a 10 do Seminário de Direito Administrativo.*

Decisão de invalidação e o problema de seus efeitos jurídicos. A decisão que, na seara administrativa, controladora ou judicial, vier a invalidar ato, contrato, ou ajuste, processo ou norma administrativa deverá indicar com prudência objetiva ou bom senso, expressamente, fundamentos fáticos e jurídicos que a embasaram e também suas consequências jurídicas e administrativas, pois pode envolver, além dos interessados, terceiros de boa-fé, causando-lhes algum dano; prejudicar a administração pública; atingir direitos coletivos etc. Logo, o tomador deverá verificar se haverá, por exemplo, custos, prejuízos aos envolvidos etc. Na declaração de invalidade de atos, contratos, ajustes, processos ou normas administrativas, o decisor poderá, considerando as consequências jurídicas e administrativas da decisão para a administração pública e para o administrado: a) restringir os efeitos da declaração; ou b) decidir que sua eficácia se iniciará em momento posteriormente definido. A modulação dos efeitos da decisão buscará a mitigação dos ônus ou das perdas dos administrados ou de administração pública que sejam anormais ou excessivos em função das peculiaridades do caso. É necessário disciplinar, em prol dos critérios do *justum*, da proporcionalidade e da razoabilidade, os efeitos da invalidação do ato.

Condições para a regularização do ato. A decisão de invalidação, quando for o caso, deverá apontar as condições para que a regularização da situação se dê de forma proporcional, equânime e sem prejuízo aos interesses gerais, visto que não se poderá, conforme as peculiaridades do caso, impor aos atingidos pela desconstituição do ato perdas ou ônus anormais ou excessivos. Nada obsta, por exemplo, que se aponte uma solução consensual, por meio de cooperação entre as partes, que possibilitaria dimensionar impactos provocados pela decisão a ser cumprida.

BIBLIOGRAFIA: Egon B. Moreira, Comentário ao art. 26 do PL 349/2015, In: *Segurança jurídica e qualidade das decisões públicas*, coord. Flavio H. U. Pereira, Brasília, 2015, p. 33 a 35.

Art. 22. Na interpretação de normas sobre gestão pública, serão considerados os obstáculos e as dificuldades reais do gestor e as exigências das políticas públicas a seu cargo, sem prejuízo dos direitos dos administrados.

§ 1º Em decisão sobre regularidade de conduta ou validade de ato, contrato, ajuste, processo ou norma administrativa, serão consideradas as circunstâncias práticas que houverem imposto, limitado ou condicionado a ação do agente.

§ 2º Na aplicação de sanções, serão consideradas a natureza e a gravidade da infração cometida, os danos que dela provierem para a administração pública, as circunstâncias agravantes ou atenuantes e os antecedentes do agente.

§ 3º As sanções aplicadas ao agente serão levadas em conta na dosimetria das demais sanções de mesma natureza e relativas ao mesmo fato.

- *Incluído pela Lei n. 13.655/2018, regulamentada pelo Decreto n. 9.830/2019.*
- Vide *arts. 5º, 20 e 21 da Lei de Introdução às Normas do Direito Brasileiro.*
- *Leis n. 8.666/93, 8.112/90, art. 128, e 14.133/2021.*
- *Lei Complementar n. 101/2000.*
- *Código de Processo Civil, art. 8º.*
- *Decreto n. 9.830/2019, arts. 8º, §§ 1º e 2º, 11, § 1º a 3º, e 16.*
- *Enunciados n. 11 a 16 do Seminário de Direito Administrativo.*

Parâmetros decisórios interpretativos de normas sobre gestão pública. Apresenta o artigo ora comentado alguns parâmetros para a interpretação e a aplicação de normas de gestão pública (p. ex., as alusivas à estrutura da atividade administrativa, à licitação etc.), aperfeiçoando a transparência de órgãos públicos, trazendo a ideia de equidade, uma vez que o operador deverá considerar: o comando legal; os obstáculos e as dificuldades reais do gestor; as exigências para uma eficiente política pública a seu cargo; a ausência de prejuízo dos direitos dos administrados; as finalidades sociais, ou seja, as circunstâncias práticas, atendendo aos interesses da população e do erário, as peculiaridades do caso concreto etc. A aplicação do direito público deverá atrelar-se à realidade, considerando o bem-estar social.

É preciso lembrar que poderá ser celebrado por meio de decisão motivada termo de ajustamento de gestão entre os agentes públicos e os órgãos de controle interno da administração pública com a finalidade de corrigir falhas apontadas em ações de controle, aprimorar procedimentos, assegurar a continuidade da execução do objeto, sempre que possível, a garantir o atendimento do interesse geral. Não será celebrado termo de ajustamento de gestão na hipótese de ocorrência de dano ao erário praticado por agentes públicos que agirem com dolo ou erro grosseiro. A assinatura de termo de ajustamento de gestão será comunicada ao órgão central do sistema de controle interno (art. 11 do Decreto n. 9.830/2019).

Balizas para a aplicação das sanções. Para aplicar sanções, dever-se-á, em decisão motivada, ter por critério: a natureza e a gravidade da infração cometida; os prejuízos que dela resultarem para a administração pública; as circunstâncias agravantes ou atenuantes; os antecedentes do agente; o nexo de causalidade; a dosimetria das demais sanções de igual natureza e atinentes ao mesmo fato e a culpabilidade do agente. Urge não olvidar que não se afasta a possibilidade de aplicação de sanções previstas em normas disciplinares, inclusive nos casos de ação ou de omissão culposas de natureza leve.

BIBLIOGRAFIA: Alexandre Santos de Aragão, Comentário ao art. 21 do PL 349/2015, In: *Segurança jurídica e qualidade das decisões públicas*, coord. Flavio H. U. Pereira, Brasília, 2015, p. 20 a 22.

Art. 23. A decisão administrativa, controladora ou judicial que estabelecer interpretação ou orientação nova sobre norma de conteúdo indeterminado, impondo novo dever ou novo condicionamento de direito, deverá prever regime de transição quando indispensável para que o novo dever ou condicionamento de direito seja cumprido de modo proporcional, equânime e eficiente e sem prejuízos aos interesses gerais.

Parágrafo único. (VETADO).

- *Acrescentado pela Lei n. 13.655/2018 e regulamentado pelo Decreto n. 9.830/2019.*
- Vide *art. 24 da Lei de Introdução às Normas do Direito Brasileiro.*
- *Constituição Federal, art. 71, IX.*
- *Decreto n. 9.830/2019, arts. 6º, §§ 1º a 3º, e 7º, I a III.*
- *Enunciado n. 17 do Seminário de Direito Administrativo.*

Regime jurídico de transição. Se a decisão administrativa, controladora ou judicial, vier a estabelecer nova interpretação ou orientação, alterando entendimento anterior consolidado, sobre norma de conteúdo indeterminado, impondo novel obrigação, ou novo condicionamento do direito, gerará instabilidade, e, por isso, deverá, em nome do bom senso, prever regime jurídico administrativo de transição, se for indispensável para que o novo dever ou condicionamento de direito possa ser cumprido, no caso concreto, de modo proporcional, equânime, eficiente e sem dano aos interesses gerais, podendo, por exemplo, haver concessão, para tanto, de um prazo, para que os envolvidos possam adequar-se à situação. A previsão do regime de transição asseguraria o direito a uma solução não abrupta àqueles que sofreram a alteração, possibilitando-lhes a identificação de alternativas disponíveis e da extensão dos efeitos da nova orientação, pois o regime de transição conceder-lhes-ia tempo e meios para sua adaptação à atual situação. Procura-se proteger relação jurídica já constituída e a boa-fé existente entre poder público e administrados. Esse regime de transição impediria a imprevisibilidade de decisões e modulações de seus efeitos. Daí a exigência de que a instituição do regime de transição seja motivada. A motivação deverá considerar as condições e o tempo necessário para o cumprimento proporcional, equânime e eficiente do novo dever ou do novo condicionamento de direito e os eventuais prejuízos aos interesses gerais. Assim sendo, quando cabível, o regime de transição deverá prever: os órgãos e as entidades da administração pública e os terceiros destinatários; as medidas administrativas a serem adotadas para adequação à interpretação ou à nova orientação sobre norma de conteúdo indeterminado e o prazo e o modo para que o novo dever ou novel condicionamento de direito seja cumprido.

BIBLIOGRAFIA: Leonardo S. D. Peixoto, Lei que alterou a LINDB criou balizas para a segurança jurídica de atos e decisões, *Revista Consultor Jurídico*, 3-5-2018; Marilda de P. Silveira, Comentário ao art. 22 do PL 349/2015, In: *Segurança jurídica e qualidade das decisões públicas*, coord. Flavio H. U. Pereira, Brasília, 2015, p. 23 a 25; Processo TCU/Conjur: TC 012.028/2018-5, p. 33 a 37.

Art. 24. A revisão, nas esferas administrativa, controladora ou judicial, quanto à validade de ato, contrato, ajuste, processo ou norma administrativa cuja produção já se houver completado levará em conta as orientações gerais da época, sendo vedado que, com base em mudança posterior de orientação geral, se declarem inválidas situações plenamente constituídas.

Parágrafo único. Consideram-se orientações gerais as interpretações e especificações contidas em atos públicos de caráter geral ou em jurisprudência judicial ou administrativa majoritária, e ainda as adotadas por prática administrativa reiterada e de amplo conhecimento público.

- *Acrescentado pela Lei n. 13.655/2021, regulamentada pelo Decreto n. 9.830/2019.*
- *Lei n. 9.784/99, art. 2º, parágrafo único, XIII.*
- *Lei de Introdução às Normas do Direito Brasileiro, art. 23.*
- *Súmulas 346 e 473 do Supremo Tribunal Federal.*
- *Constituição Federal, art. 5º, XXXVI.*
- *Decreto n. 9.830/2019, art. 5º, §§ 1º a 3º.*

Revisão administrativa. Se houver revisão, no âmbito administrativo, controlador ou judicial, relativa à validade de ato, contrato, ajuste, processo ou norma administrativa, cuja produção esteja em curso ou já se completou, dever-se-á considerar as *orientações gerais da época*, que são interpretações contidas em atos públicos de caráter geral ou em jurisprudência judicial ou administrativa majoritária ou as adotadas por prática administrativa reiterada e de amplo conhecimento público, abrangendo leis, precedentes, atos administrativos etc.

Repúdio à aplicação retroativa. Na análise do caso concreto, conforme a norma de direito intertemporal *tempus regit actum*, há o dever de se considerar as orientações gerais vigentes à época de sua ocorrência, para preservar relação jurídica existente, antes da mudança da norma ou da nova interpretação normativa. Logo, é vedado declarar inválida situação plenamente constituída devido a mudança posterior de orientação geral, ou seja, proibida está a aplicação retroativa de novel interpretação da validade de ato, contrato, ajuste, processo ou norma jurídica, pois acarreta instabilidade em relação jurídica de boa-fé já consolidada, que deve ser preservada.

Convém não olvidar que o parecer do Advogado-Geral da União aprovado pelo Presidente da República e publicado no *Diário Oficial da União* juntamente com o despacho presidencial vincula os órgãos e as entidades da administração pública federal, que ficam obrigados a lhe dar fiel cumprimento. O parecer do Advogado-Geral da União aprovado pelo Presidente da República, mas não publicado, obriga apenas as repartições interessadas, a partir do momento em que dele tenham ciência. Tais os pareces têm prevalência sobre outros mecanismos de uniformização de entendimento. Os pareceres das consultorias jurídicas e dos órgãos de assessoramento jurídico, de que trata o art. 42 da Lei Complementar n. 73/93, aprovados pelo respectivo Ministro de Estado, vinculam o órgão e as respectivas entidades vinculadas.

A autoridade que representa órgão central de sistema poderá editar orientações normativas ou enunciados que vincularão os órgãos setoriais e seccionais. As controvérsias jurídicas sobre a interpretação de norma, instrução ou orientação de órgão central de sistema poderão ser submetidas à Advocacia-Geral da União. Tal submissão será instruída com a posição do órgão jurídico do órgão central de sistema, do órgão jurídico que divergiu e dos outros órgãos que se pronunciaram sobre o caso.

A autoridade máxima de órgão ou da entidade da administração pública poderá editar enunciados que vinculem o próprio órgão ou a entidade e os seus órgãos subordinados.

Compete aos órgãos e às entidades da administração pública manter atualizados, em seus sítios eletrônicos, as normas complementares, as orientações normativas, as súmulas e os enunciados a que se referem os arts. 19 a 23 (Decreto n. 9.830/2019, arts. 20 a 24).

BIBLIOGRAFIA: Adilson de A. Dallari, Comentário ao art. 25 do PL 349/2015, In: *Segurança jurídica e qualidade das decisões públicas*, coord. Flavio H. U. Pereira, Brasília, 2015, p. 31 a 32.

Art. 25. (VETADO).

Art. 26. Para eliminar irregularidade, incerteza jurídica ou situação contenciosa na aplicação do direito público, inclusive no caso de expedição de licença, a autoridade administrativa poderá, após oitiva do órgão jurídico e, quando for o caso, após realização de consulta pública, e presentes razões de relevante interesse geral, celebrar compromisso com os interessados, observada a legislação aplicável, o qual só produzirá efeitos a partir de sua publicação oficial.

§ 1º O compromisso referido no caput deste artigo:

I – buscará solução jurídica proporcional, equânime, eficiente e compatível com os interesses gerais;

II – (VETADO);

III – não poderá conferir desoneração permanente de dever ou condicionamento de direito reconhecidos por orientação geral;

IV – deverá prever com clareza as obrigações das partes, o prazo para seu cumprimento e as sanções aplicáveis em caso de descumprimento.

§ 2º (VETADO).

- *Incluído pela Lei n. 13.655/2018, regulamentada pelo Decreto n. 9.830/2019.*
- *Lei de Introdução às Normas do Direito Brasileiro, art. 30.*
- *Decreto n. 8.243/2014 sobre política e sistema nacional de participação social.*
- *Lei n. 7.347/85, art. 5º, § 6º.*
- *Decreto n. 9.830/2019, arts. 10, §§ 1º a 6º, e 18.*
- *Enunciado n. 21 do Seminário de Direito Administrativo.*

Importância da oitiva de órgão jurídico ou de consulta pública. Na hipótese de a autoridade entender conveniente para eliminar irregularidade, incerteza jurídica ou situações contenciosas na aplicação do direito público, poderá, motivadamente, celebrar *compromisso* com os interessados, observada a legislação aplicável e as seguintes condições: após oitiva do órgão jurídico; depois da realização de consulta pública, caso seja cabível; e presença de razões de relevante interesse geral (Decreto n. 9.830/2019, art. 10).

Assim, para sanar eventual irregularidade, incerteza jurídica ou situação litigiosa na aplicação do direito público, mesmo na hipótese da expedição de licença, o poder público e interessados, após a oitiva do órgão jurídico (AGU, PGM, PGE) ou a obtenção de resposta à consulta pública, havendo razão de relevante interesse geral, para que haja maior transparência, representatividade e segurança, terão possibilidade de celebrar acordo administrativo, para negociar sobre o conteúdo da decisão, que conduziria à efetivação de um *compromisso*, que produziria efeitos após sua publicação oficial.

Tal possibilidade de oitiva de órgão jurídico ou de consulta pública é uma mera permissão legal e não uma obrigação imposta por lei.

Compromisso administrativo e seus requisitos. O compromisso buscará solução proporcional, equânime, eficiente e compatível com os interesses gerais; não poderá conferir desoneração permanente de dever ou condicionamento de direito reconhecido por orientação geral e preverá: a) as obrigações das partes; b) o prazo e o modo para seu cumprimento; c) a forma de fiscalização quanto a sua observância; d) os fundamentos de fato e de direito; e) a sua eficácia de título executivo extrajudicial; e f) as sanções aplicáveis em caso de descumprimento. O compromisso firmado somente produzirá efeitos a partir de sua publicação. O processo que subsidiar a decisão de celebrar o compromisso será instruído com: o parecer técnico conclusivo do órgão competente sobre a viabilidade técnica, operacional e, quando for o caso, sobre as obrigações orçamentário-financeiras a serem assumidas; o parecer técnico conclusivo do órgão jurídico sobre a viabilidade jurídica do compromisso, que conterá a análise da minuta proposta; a minuta do compromisso, que abrangerá as alterações decorrentes das análises técnica e jurídica; e a cópia de outros documentos que possam auxiliar na decisão de celebrar o compromisso. Na hipótese de o compromisso depender de autorização do Advogado-Geral da União e de Ministro de Estado, nos termos do disposto no § 4º do art. 1º ou no art. 4º-A da Lei n. 9.469, de 10 de julho de 1997, ou ser firmado pela Advocacia-Geral da União, o processo de que trata o § 3º será acompanhado de manifestação de interesse da autoridade máxima do órgão ou da entidade da administração pública na celebração do compromisso. Nessa hipótese, a decisão final quanto à celebração do compromisso será do Advogado-Geral da União, nos termos do disposto no parágrafo único do art. 4º-A da Lei n. 9.469/97 (Decreto n. 9.830/2019, art. 10, I, II e III, §§ 1º a 6º).

Esse compromisso é uma modalidade de acordo administrativo, que tem por escopo substituir o processo, devendo, para tanto, preencher alguns requisitos: a) observância da lei aplicável; b) obtenção de uma solução jurídica, proporcional, equânime, eficiente e compatível com os interesses gerais, considerando-se o benefício à coletividade, o valor envolvido etc.; c) impossibilidade de conferir desoneração permanente de dever ou condicionamento de direito reconhecidos por orientação geral; e d) previsão clara das obrigações das partes, do prazo para seu adimplemento e das sanções cabíveis na hipótese de descumprimento.

BIBLIOGRAFIA: Juliana B. de Palma, Comentário ao art. 23 do PL 349/2015, In: *Segurança jurídica e qualidade das decisões públicas*, coord. Flavio H. U. Pereira, Brasília, 2015, p. 26 a 28; Leonardo S. D. Peixoto, Lei que alterou a LINDB criou balizas para a segurança jurídica de atos ou decisões, *Revista Consultor Jurídico*, 3-5-2018.

Art. 27. A decisão do processo, nas esferas administrativa, controladora ou judicial, poderá impor compensação por benefícios indevidos ou prejuízos anormais ou injustos resultantes do processo ou da conduta dos envolvidos.

§ 1º A decisão sobre a compensação será motivada, ouvidas previamente as partes sobre seu cabimento, sua forma e, se for o caso, seu valor.

§ 2º Para prevenir ou regular a compensação, poderá ser celebrado compromisso processual entre os envolvidos.

- *Acrescentado pela Lei n. 13.655/2018 (regulamentada pelo Decreto n. 9.830/2019).*
- *Lei n. 7.345/85, art. 5º, § 6º.*
- *Código de Processo Civil, art. 190.*
- *Decreto n. 9.830/2019, art. 9º, §§ 1º a 3º.*
- *Lei n. 14.133/2021.*
- *Enunciado n. 21 do Seminário de Direito Administrativo.*

Acordo substitutivo. O artigo, ora comentado, consagra a consensualidade administrativa, ao admitir a celebração de acordo substitutivo, fundado em razão de relevante interesse geral, ao prescrever que a decisão do processo, nas esferas administrativa, controladora ou judicial, poderá, diretamente, exigir *compensação* por benefícios indevidos ou prejuízos anormais ou injustos oriundos do processo ou da conduta dos envolvidos, solucionando no andamento do processo, qualquer pendência, ou corrigindo situação em que o erro seria irreversível, pois a compensação seria um modo de se alcançar o interesse geral. O acordo substitutivo não é uma transação privada (CC, art. 840), nem um contrato administrativo, mas um negócio jurídico processual (CPC, art. 190), que visa compor os interesses das partes, estipulado por meio da vontade dos interessados, evitando procedimentos contenciosos de ressarcimento de danos.

Motivação da decisão sobre a compensação. Tendo sido realizado o acordo substitutivo, o julgador deverá motivar sua decisão sobre a compensação por benefícios indevidos ou por danos injustos advindos do processo ou do comportamento dos envolvidos, ouvindo, previamente, as partes sobre seu cabimento, sua forma e, se for o caso, sobre seu valor, para, então, compor seus interesses.

BIBLIOGRAFIA: Fernando M. de Almeida, Comentário ao art. 29 do PL 349/2015, In: *Segurança jurídica e qualidade das decisões públicas*, coord. Flavio H. U. Pereira, Brasília, 2015, p. 43 a 45; Leonardo S. D. Peixoto, Lei que alterou a LINDB criou balizas para a segurança jurídica de atos e decisões, *Revista Consultor Jurídico* 3-5-2018.

Art. 28. O agente público responderá pessoalmente por suas decisões ou opiniões técnicas em caso de dolo ou erro grosseiro.

§ 1º (VETADO).

§ 2º (VETADO).

§ 3º (VETADO).

- *Acrescentado pela Lei n. 13.655/2018 (regulamentada pelo Decreto n. 9.830/2019).*
- *Constituição Federal, arts. 37, § 6º, 131 e 133.*
- *Lei n. 8.666/93, art. 38, parágrafo único.*
- *Estatuto da Ordem dos Advogados do Brasil, art. 1º, II.*
- *Decreto n. 9.830/2019, arts. 12, §§ 1º a 8º, 13 a 17.*
- *Enunciado n. 18, 19 e 20 do Seminário de Direito Administrativo.*

Responsabilidade subjetiva do agente público. O agente público deverá responder pessoalmente por suas decisões ou opiniões técnicas (p. ex., pareceres) se agir ou se omitir com dolo (direto ou eventual) ou se cometer erro grosseiro (culpa grave) no desempenho de suas funções que tragam sérias consequências para a sociedade. Considera-se erro grosseiro aquele manifesto, evidente e inescusável praticado com culpa grave, caracterizado por ação ou omissão com elevado grau de negligência, imprudência ou imperícia. Não será configurado dolo ou erro grosseiro do agente público se não restar comprovada, nos autos do processo de responsabilização, situação ou circunstância fática capaz de caracterizar o dolo ou o erro grosseiro. O mero nexo de causalidade entre a conduta e o resultado danoso não implica responsabilização, exceto se comprovado o dolo ou o erro grosseiro do agente público. A complexibilidade da matéria e das atribuições exercidas pelo agente público serão consideradas em eventual responsabilização do agente público. O montante do dano ao erário, ainda que expressivo, não poderá, por si só, ser elemento para caracterizar o erro grosseiro ou o dolo. A responsabilização pela opinião técnica não se estende de forma automática ao decisor que a adotou como fundamento de decidir e somente se configurará se estiverem presentes elementos suficientes para o decisor aferir o dolo ou o erro grosseiro da opinião técnica ou se houver conluio entre os agentes. No exercício do poder hierárquico, só responderá por culpa *in vigilando* aquele cuja omissão caracterizar o erro grosseiro ou dolo. Logo, não se está a eximir o agente público de atuar de forma diligente e eficiente no cumprimento dos seus deveres constitucionais e legais (Decreto n. 9.830/2019, art. 12, §§ 1º a 8º).

A análise da regularidade da decisão não poderá substituir a atribuição do agente público, dos órgãos ou das entidades da administração pública no exercício de suas atribuições e compe-

LEI DE INTRODUÇÃO

tências, inclusive quanto à definição de políticas públicas. A atuação de órgãos de controle privilegiará ações de prevenção antes de processos sancionadores. A eventual estimativa de prejuízo causado ao erário não poderá ser considerada isolada e exclusivamente como motivação para se concluir pela irregularidade de atos, contratos, ajustes, processos ou normas administrativas (Decreto n. 9.830/2019, arts. 13, §§ 1º e 2º).

Com isso, o órgão judicante passa a ter o ônus de analisar a responsabilidade do gestor público na execução de sua atividade, averiguando se houve má-fé (dolo ou erro grosseiro), abrindo caminho à impunidade e à redução da responsabilidade do administrador público, inclusive por ato de improbidade, pois nesse caso bastaria a comprovação da culpa simples (STJ, AgRg no AREsp 654.406/SE, rel. Min. Herman Benjamin, 2ª T., j. 17-11-2015).

O art. 28 pretende dar uma segurança para que o agente público preste seu serviço ou manifeste opinião, respondendo, subjetivamente, apenas na hipótese de dolo ou erro grosseiro (imprudência, negligência ou imperícia graves), mas, apesar disso, não exclui a responsabilidade objetiva do Estado, que deverá indenizar o lesado, e terá ação regressiva contra o servidor, causador do dano, para dele cobrar o *quantum* pago à vítima (CF, art. 37, § 6º), a fim de ressarcir os cofres públicos. Segundo os arts. 14 e 15 do Decreto n. 9.830/2019: "No âmbito do Poder Executivo federal, o direito regresso previsto no § 6º do art. 37 da Constituição somente será exercido na hipótese de o agente público ter agido com dolo ou erro grosseiro em suas decisões ou opiniões técnicas, nos termos do disposto no art. 28 do Decreto-Lei n. 4.657, de 1942, e com observância aos princípios constitucionais da proporcionalidade e da razoabilidade. O agente público federal que tiver que se defender, judicial ou extrajudicialmente, por ato ou conduta praticada no exercício regular de suas atribuições institucionais, poderá solicitar à Advocacia-Geral da União que avalie a verossimilhança de suas alegações e a consequente possibilidade de realizar sua defesa, nos termos do disposto no art. 22 da Lei n. 9.028, de 12 de abril de 1995, e nas demais normas de regência".

O art. 28 tutela gestor público honesto, que age de boa-fé, pois, em caso de culpa comum ou simples, não será responsabilizado pessoalmente, embora seu ato possa ser corrigido, permitindo que atue conforme sua avaliação técnica, mesmo que inove ou contrarie alguma *opinio* de órgão controlador, desde que fundamente a decisão tomada.

BIBLIOGRAFIA: Alcir Moreno da Cruz e Mauro Borges, O art. 28 da LINDB e a questão de erro grosseiro, https://www.conjur.com.br/2018-mai-14/opiniao-artigo-28-lindb-questao-erro-grosseiro/; Rafael V. de Freitas. O art. 28 do PL 7.448/2017 e a responsabilidade administrativa, https://www.conjur.com.br/2018-abr-18/rafael-freitas-pl-74482017-responsabilidade-administrativa/; Maria Sylvia Z. Di Pietro, Comentário ao art. 27 do PL 349/2015, In: *Segurança jurídica e qualidade das decisões públicas*, coord. Flavio H. U. Pereira, Brasília, 2015, p. 36-39; Luciano Ferraz, Alteração da LINDB revoga parcialmente Lei da Improbidade administrativa, *Revista Consultor Jurídico*, 10-5-2018; Rafael H. Issa, Aprovação do PL 7.448/17 representará uma importante melhora institucional, https://www.conjur.com.br/2018-abr-16/rafael-issa-pl-744817-representa-melhora-institucional/.

Art. 29. Em qualquer órgão ou Poder, a edição de atos normativos por autoridade administrativa, salvo os de mera organização interna, poderá ser precedida de consulta pública para manifestação de interessados, preferencialmente por meio eletrônico, a qual será considerada na decisão.

§ 1º A convocação conterá a minuta do ato normativo e fixará o prazo e demais condições da consulta pública, observadas as normas legais e regulamentares específicas, se houver.

§ 2º (VETADO).

• *Acrescentado pela Lei n. 13.655/2018, regulamentada pelo Decreto n. 9.830/2019.*

- *Leis n. 9.472/97, art. 42; 11.079/2004, art. 10, VI; e 11.445/2007, art. 51.*
- *Constituição Federal, art. 174.*
- *Emenda Constitucional n. 19/98.*
- *Decreto n. 9.830/2019, art. 18, §§ 1º a 5º.*

Edição de atos administrativos normativos. É função da administração pública editar atos normativos sobre condutas gerais e abstratas para atender às exigências da sociedade e às limitações do Legislativo, tanto nas esferas federais como nas estaduais e nas municipais.

Possibilidade de prévia consulta pública para manifestação de interessados. Na edição daqueles atos normativos, salvo dos de mera organização interna, poderá haver participação de interessados, pois há permissão legal de prévia consulta pública para manifestação dos envolvidos, preferencialmente, por meio eletrônico. Tal consulta pública deverá ser considerada na decisão motivada, pois poderá conter sugestões para que Administração Pública aperfeiçoe seu ato decisório. Assim sendo, consagrada está a governança participativa, pois a consulta pública permitirá a oitiva de especialistas e dos administrados pelo administrador, trazendo, com as contrições dadas, transparência e previsibilidade à atividade estatal normativa.

Convocação para a consulta pública. A convocação para a consulta pública deverá conter minuta do ato normativo a ser editado, disponibilizar a motivação do ato e fixar, com base no princípio da razoabilidade, o prazo variável conforme a complexidade da matéria e as condições para sua realização, observadas as normas legais e regulamentares específicas.

"A autoridade decisora não será obrigada a comentar ou considerar individualmente as manifestações apresentadas e poderá agrupar manifestações por conexão e eliminar aquelas repetitivas ou de conteúdos não conexo ou irrelevante para a matéria em apreciação. As propostas de consulta pública que envolverem atos normativos sujeitos a despacho presidencial serão formuladas nos termos do disposto no Decreto n. 9.191, de 1º de novembro de 2017" (Decreto n. 9.830/2019, art. 18, §§ 3º e 4º).

BIBLIOGRAFIA: Marcos Augusto Perez, Comentário ao art. 28 do PL 349/2015, In: *Segurança jurídica e qualidade das decisões públicas*, coord. Flavio H. U. Pereira, Brasília, 2015, p. 40 a 42.

Art. 30. A autoridades públicas devem atuar para aumentar a segurança jurídica na aplicação das normas, inclusive por meio regulamentos, súmulas administrativas e respostas a consultas.

Parágrafo único. Os instrumentos previstos no caput deste artigo terão caráter vinculante em relação ao órgão ou entidade a que se destinam, até ulterior revisão.

- *Incluído pela Lei n. 13.655/2018 (regulamentada pelo Decreto n. 9.830/2019).*
- *Lei de Introdução às Normas do Direito Brasileiro, art. 26.*
- *Decreto n. 9.830/2019, arts. 19 a 22.*
- *Lei Complementar n. 73/93, arts. 40 e 41.*

Força vinculante de interpretações administrativas e controladoras. É obrigação das autoridades públicas atuar para aumentar a segurança jurídica na aplicação de normas, por meio de regulamentos, súmulas administrativas e respostas a consultas que terão caráter vinculante em relação ao órgão ou entidade da administração pública a que se destinam, até que haja uma revisão posterior, visto que uniformizam o entendimento no âmbito dos órgãos administrativos.

Rio de Janeiro, 4 de setembro de 1942; 121º da Independência e 54º da República.

Getúlio Vargas

Lei n. 10.406,

DE 10 DE JANEIRO DE 2002*, COM AS ALTERAÇÕES DAS LEIS N. 13.874/2019, 14.382/2022, 14.690/2023, 14.711/2023, 14.713/2023 E 14.754/2023

Institui o Código Civil.

PARTE GERAL

LIVRO I
DAS PESSOAS

TÍTULO I
DAS PESSOAS NATURAIS

CAPÍTULO I
DA PERSONALIDADE E DA CAPACIDADE

Art. 1º Toda pessoa é capaz de direitos e deveres na ordem civil.

- Vide *arts. 2º a 5º e 11 a 21 do Código Civil.*
- Vide *arts. 4º a 8º e 88 a 91 da Lei n. 13.146/2015.*
- *Lei n. 13.444/2017 sobre identificação civil nacional (ICN).*
- Vide *art. 7º*, caput, *do Decreto-Lei n. 4.657, de 4 de setembro de 1942 (Lei de Introdução às Normas do Direito Brasileiro).*
- *Sobre o Conselho de Defesa dos Direitos da Pessoa Humana,* vide *Lei n. 4.319, de 16 de março de 1964, e Decreto n. 63.681, de 22 de novembro de 1968.*
- *Constituição Federal, arts. 1º, III, 3º, III e IV, 5º, I, VI, XLI e XLII, e 19, I.*
- *Leis n. 10.741/2003, 9.029/95 (arts. 1º e 3º alterados pela Lei n. 13.146/2015), 8.069/90, 7.437/85, com alterações da Lei n. 12.966/2014, 7.716/89, com alteração da Lei n. 9.459/97, e Decreto de 8 de setembro de 2000.*
- *Nacionalidade: arts. 12 e 13 da Constituição Federal; ADCT, art. 95, e Emendas Constitucionais n. 3/93 e n. 54/2007.*

---

* Publicada no *Diário Oficial da União* de 11 de janeiro de 2002.

- *Exceções às normas referentes à igualdade de direitos civis entre brasileiros e estrangeiros: Lei n. 5.250, de 9 de fevereiro de 1967 (Lei de Imprensa), arts. 3º, § 2º, e 4º* (ADPF n. 130/2009 — STF — entende que não foi recepcionada pela CF). Vide *Constituição Federal, arts. 5º, XXXI, 190 e 227, § 5º.*
- *Lei n. 10.835/2004, que institui a renda básica de cidadania.*
- *Sobre trabalho, sindicatos, justiça trabalhista,* vide *Consolidação das Leis do Trabalho, arts. 223-A a 223-G, 394-A (acrescentados pela Lei n. 13.467/2017), 318 a 371, 654, § 3º, 661 e 725, § 2º; Lei n. 8.630, de 25 de fevereiro de 1993, e Constituição Federal, art. 8º, I; Lei n. 13.146/2015, arts. 34 a 38; Lei n. 9.029/95, arts. 1º e 3º, com a redação da Lei n. 13.146/2015.*
- *Sobre o benefício da justiça gratuita,* vide *Código de Processo Civil, art. 82.*
- *Sobre entrada e saída do País,* vide *Lei n. 13.445/2017, arts. 38 a 43 e s.*
- *Sobre expulsão de estrangeiros,* vide *Lei n. 13.445/2017, arts. 34 a 55 e s.*
- *Sobre extradição,* vide *Lei n. 13.445/2017, arts. 81 a 99 .*
- *Sobre restrições aos direitos civis de estrangeiros,* vide *Lei n. 10.610, de 20 de dezembro de 2002, sobre participação de capital estrangeiro nas empresas jornalísticas e de radiodifusão sonora e de sons e imagens.* Consulte: Lei n. 13.445/2017 (Lei de Migração), regulamentada pelo Decreto n. 9.199/2017.
- *Sobre propriedade imobiliária, comércio e indústria nas faixas de fronteira,* vide *Ato Complementar n. 45, de 30 de janeiro de 1969, e Leis n. 5.709, de 7 de outubro de 1971, e 6.634, de 2 de maio de 1979, regulamentada pelo Decreto n. 85.064/80.*
- *Sobre exploração de petróleo,* vide *Decretos-Leis n. 395, de 29 de abril de 1938, 961, de 17 de dezembro de 1938, e 3.236, de 7 de maio de 1941, e Lei n. 9.478, de 16 de agosto de 1997.*
- *Sobre exploração de minas,* vide *Decreto-Lei n. 227, de 28 de fevereiro de 1967, arts. 16, 17 e 80, § 2º (Código de Mineração), com as alterações da Lei n. 9.314/96.*
- *Sobre o aproveitamento de energia hidráulica,* vide *Decreto n. 24.643, de 10 de julho de 1934 (Código de Águas), art. 195, modificado pelo Decreto-Lei n. 852, de 11 de novembro de 1938, art. 6º.*
- *Sobre caça e pesca,* vide *Decreto-Lei n. 221, de 28 de fevereiro de 1967, art. 6º.*
- *Sobre caça,* vide *Portaria do CoLog n. 1/2015 sobre regulamentação das atividades de colecionamento, tiro desportivo e caça.*
- *Sobre a profissão de motorista,* vide *Lei n. 9.503, de 23 de setembro de 1997.*
- *Sobre as profissões de artistas e de técnicos em espetáculos de diversões,* vide *Lei n. 6.533, de 24 de maio de 1978, e Decreto n. 82.385, de 5 de outubro de 1978.*
- *Sobre exploração de loterias,* vide *Decreto-Lei n. 6.259, de 10 de fevereiro de 1944, arts. 33 a 39, e Lei n. 9.615/98, arts. 6º, 8º, 9º e 56.*
- *Sobre loteria esportiva,* vide *Decreto-Lei n. 594/69, Leis n. 9.092/95 e 9.615/98.*
- *Sobre despachantes aduaneiros,* vide *Decreto-Lei n. 4.014, de 13 de janeiro de 1942, art. 19, e Lei n. 5.425, de 29 de abril de 1968.*
- *Sobre condições para apresentação de documentos, por estrangeiros, ao Registro de Comércio,* vide *Decreto-Lei n. 341, de 17 de março de 1938.*
- *Sobre deportação,* vide *Lei n.13.445/2017, regulamentada pelo Decreto n. 9.199/2017.*
- *Sobre o ofício de tradutor público e intérprete comercial,* vide *Decreto n. 13.609, de 21 de outubro de 1943, art. 3º.*

- *Sobre radiodifusão,* vide *arts. 4º e 6º do Decreto-Lei n. 236, de 28 de fevereiro de 1967.*
- *Sobre o ofício de leiloeiro matriculado,* vide *Decretos n. 21.981/32, art. 36, b (que apesar de ter sido revogado pelo Decreto s/n de 25 de abril de 1991, parece-nos que ainda está em vigor) e 22.427, de 1º de fevereiro de 1933 (revogado pelo Decreto de 25 de abril de 1991); Portaria n. 1.125/2008 da Procuradoria-Geral Federal; IN n. 83/99 e 110/2009 do DNRC, n. 17/2013 do DREI; Provimento CSMSP n. 2.152/2014; e de leiloeiro rural: Lei n. 4.021, de 20 de dezembro de 1961.*
- *Sobre o ofício de corretor,* vide *Código Civil, arts. 722 a 729, Lei n. 6.530, de 12 de maio de 1978, e Decreto n. 81.871, de 29 de junho de 1978.*
- *A Lei n. 3.696, de 18 de dezembro de 1959, dispõe sobre a naturalização de estrangeira casada com brasileiro, que exerça função permanente no Exterior.*
- *Sobre opção de nacionalidade e naturalização,* vide *Lei n. 13.445/2017, arts. 63 a 76.*
- *A Lei n. 5.145, de 20 de outubro de 1966, dispõe sobre a naturalização dos filhos menores, nascidos antes da naturalização dos pais, modifica artigos da Lei n. 818, de 18 de setembro de 1949, e revoga a Lei n. 4.404, de 14 de setembro de 1964.*
- *A aquisição e arrendamento de propriedade rural somente pode ser feita por estrangeiro residente no País e pessoa jurídica estrangeira autorizada a funcionar no Brasil —* Vide *Lei n. 5.709, de 7 de outubro de 1971, Decreto n. 74.965, de 26 de novembro de 1974, Decreto n. 5.011/2004 (ora revogado pelo Decreto n. 5.735/2006), art. 15, II,* in fine *e IN do INCRA n. 76/2013.*
- *Portugueses — Igualdade de direitos e deveres entre brasileiros e portugueses: Decreto Legislativo n. 82, de 24 de novembro de 1971, Decretos n. 37.681, de 1º de agosto de 1955 (ora revogado pelo Decreto de 25 de abril de 1991), 70.391, de 12 de abril de 1972, 70.436, de 18 de abril de 1972, e 740, de 3 de fevereiro de 1993.*
- *Os estrangeiros domiciliados no Exterior gozarão da proteção assegurada nos acordos, convenções e de tratados ratificados pelo Brasil, em matéria de direitos autorais —* Vide *art. 2º da Lei n. 9.610, de 19 de fevereiro de 1998.*
- *Sobre expulsão de estrangeiro condenado por tráfico de entorpecentes e drogas afins,* vide *Decreto n. 98.961, de 15 de fevereiro de 1990.*
- *Sobre visto permanente a estrangeiro,* vide *Resolução n. 23, de 18 de março de 1992, do Conselho Nacional de Imigração.*
- *Decreto n. 4.400, de 1º de outubro de 2002, que altera a redação do art. 8º do Decreto n. 2.771/98, que regulamenta a Lei n. 9.675/98 sobre registro provisório para estrangeiro em situação ilegal no Brasil.*
- *Decreto n. 4.246/2002, que promulga a Convenção sobre o Estatuto dos Apátridas.*
- *Sobre apatridia,* vide *Lei n. 13.445/2017, art. 26.*
- *Sobre segurança do tráfego aquaviário em águas sob jurisdição nacional,* vide *Lei n. 9.537, de 11 de dezembro de 1997, e Decreto n. 2.596, de 18 de maio de 1998.*
- *Portaria n. 18/2002 do Conselho Federal de Psicologia, que estabelece normas de atuação para os psicólogos em relação a preconceito e discriminação racial.*
- *Lei n. 10.558/2002, que cria o Programa Diversidade na Universidade.*
- *Lei n. 10.639/2003, que inclui a obrigatoriedade da temática "História e Cultura Afro-Brasileira e Indígena" no currículo Oficial da Rede de Ensino, que altera a Lei n. 9.394/96.*
- *Lei n. 11.465, de 10 de março de 2008, que altera a Lei n. 9.394/96, modificada pela Lei n. 10.639/2003.*

- *Lei n. 10.678/2003, que cria a Secretaria Especial de Políticas de Promoção da Igualdade Racial.*
- *Decreto n. 4.886/2003, que institui a Política Nacional de Promoção da Igualdade Racial (PNPIR).*
- *Decreto n. 4.885/2003, com a alteração do Decreto n. 5.265/2004, que dispõe sobre composição, estruturação, competências e funcionamento do Conselho Nacional de Promoção da Igualdade Racial (CNPIR).*
- *Decreto n. 6.872, de 4 de junho de 2009, aprova o Plano Nacional de Promoção da Igualdade Racial (PLANAPIR), e Decreto n. 7.261/2010, que aprova a Estrutura Regimental e o Quadro Demonstrativo dos Cargos em Comissão da Secretaria de Políticas de Promoção da Igualdade Racial da Presidência da República.*
- *Portaria SEPPIR/PR n. 8/2014, com alteração da Portaria n. 123/2017 do Ministério dos Direitos Humanos sobre adesão do Sistema Nacional de Promoção da Igualdade Racial.*
- *Lei n. 12.288/2010, que institui o Estatuto da Igualdade Racial.*
- *Portaria n. 992, de 13 de maio de 2009, do Ministério da Saúde, que institui a Política Nacional de Saúde Integral da População Negra.*
- *Lei n. 12.289/2010 sobre criação da Universidade da Integração Internacional da Lusofonia Afro-Brasileira — UNILAB.*
- *Portaria n. 566, de 21 de julho de 2010, da Procuradoria Geral Federal, atribui à Adjuntoria de Contencioso da Procuradoria-Geral Federal e às Procuradorias Regionais Federais nos Estados, Procuradorias Seccionais Federais e respectivos Escritórios de Representação a representação judicial da Universidade da Integração Internacional da Lusofonia Afro-Brasileira — UNILAB.*
- Vide *STF – ADC n. 41/2018, que fixou a seguinte tese de julgamento: "É constitucional a reserva de 20% das vagas oferecidas nos concursos públicos para provimento de cargos efetivos e empregos públicos no âmbito da administração pública direta ou indireta. É legítima a utilização, além da autodeclaração, de critérios subsidiários de heteroidentificação, desde que respeitada a dignidade da pessoa humana e garantidos o contraditório e a ampla defesa".*
- *Decreto n. 9.427/2018 reserva aos negros 30% das vagas oferecidas em estágio no âmbito da administração pública federal, direta, autárquica e fundacional.*
- *Portaria do Ministério da Saúde n. 3.300/2010, que altera a Portaria n. 2.632/2004, que aprovou o Regimento Interno do Comitê Técnico de Saúde da População Negra.*
- *Decreto n. 4.316/2002, que promulga o Protocolo Facultativo à Convenção sobre eliminação de todas as formas de discriminação contra a mulher.*
- *Decreto n. 4.227/2002, que cria o Conselho Nacional do Idoso.*
- *Lei n. 10.048/2000, art. 1º, com a redação da Lei n. 13.143/2015 sobre atendimento prioritário; Lei n. 10.741/2003 (com alteração das Leis n. 13.466/2017, 13.535/2017, 14.181/2021, 14.423/2023 e Decreto n. 7.928/2023), que cria o Estatuto da Pessoa Idosa; Decreto n. 9.921/2019 consolida atos normativos editados pelo Poder Executivo Federal sobre temática da pessoa idosa; Lei n. 11.765/2008, que acrescenta inciso IX ao parágrafo único do art. 3º da Lei n. 10.741/2003 para dar prioridade ao idoso no recebimento do Imposto de Renda, e Portaria n. 2.528, de 19 de outubro de 2006, do Ministério da Saúde, que aprova a Política Nacional de Saúde da Pessoa Idosa; Lei n. 11.737/2008, que altera a redação do art. 13 da Lei n. 10.741/2003, determinando que: "As transações relativas a alimentos poderão ser celebradas perante o Promotor de Justiça ou Defensor Público, que as referendará, e passarão a ter efeito de título executivo extrajudicial nos termos da lei processual civil"; Lei n.*

12.418/2011, que modifica o inciso I do caput do art. 38 da Lei n. 10.741/2003 (Estatuto da Pessoa Idosa); Lei n. 12.419/2011, que altera o art. 38 da Lei n. 10.741/2003 para dar prioridade aos idosos na aquisição de unidades residenciais térreas nos programas mencionados; Lei n. 12.461/2011, que modifica o Estatuto da Pessoa Idosa, para estabelecer notificação compulsória dos atos de violência praticados contra idoso atendido em serviço de saúde; Lei n. 11.433, de 28 de dezembro de 2006, que dispõe sobre o dia nacional do idoso, que é dia 1º de outubro de cada ano; Resolução do CNDI n. 15/2008, que aprova o Regimento Interno do Conselho Nacional dos Direitos do Idoso, e Lei n. 11.551, de 19 de novembro de 2007, que institui o Programa Disque Idoso; Lei n. 12.213/2010 (cujo art. 1º contém proposta de alteração da Resolução n. 27/2010 do CNAS e modificada pela Lei n. 13.797/2019), que institui o Fundo Nacional do Idoso e autoriza deduzir do Imposto de Renda devido por pessoa física ou jurídica doações efetuadas aos Fundos Municipais, Estaduais e Nacional do Idoso; Resoluções do CNDI: n. 6/2010, sobre reserva de 3% de unidades residenciais em programas habitacionais públicos para atendimento aos idosos; n. 8/2010, relativa às ações básicas e elaboração de diretrizes para aprimorar processo de comunicação social do Conselho Nacional dos Direitos do Idoso; n. 14/2011, sobre criação de Grupo de Trabalho para elaboração de critérios para uso do Fundo Nacional do Idoso; n. 19/2012, que estabelece critérios para uso dos recursos do Fundo Nacional do Idoso; n. 18/2011, que aprova o Regimento Interno do Conselho Nacional dos Direitos do Idoso; n. 13.143/2015. A Lei paulistana n. 16.517/2016 e o Decreto n. 57.366/2016 dispõem sobre reserva de assentos privativos para idosos em terminais de ônibus integrantes do sistema de transporte coletivo urbano. Resolução n. 33/2017 do CNDI, sobre diretrizes para regulamentação do art. 35 da Lei n. 10.741/2003, relativa à prestação de serviços a entidades de longa permanência, ou casa-lar com pessoa idosa abrigada. Pessoas acima dos 80 anos passaram a ter prioridade sobre os sexagenários e septuagenários, com a entrada em vigor da Lei n. 13.466/2017. Decreto. n. 9.328/2018 institui a Estratégia Brasil Amigo da Pessoa Idosa. Pela Lei n. 13.796/2019, art. 4º-A: "As disposições dos arts. 260-C a 260-L do ECA aplicam-se aos Conselhos Municipais, Estaduais e Nacional do Idoso, no que couber.

- *Decreto n. 6.214, de 26 de setembro de 2007, que regulamenta o benefício de prestação continuada da assistência social devido à pessoa com deficiência e ao idoso de que trata a Lei n. 8.742, de 7 de dezembro de 1993 (com alteração da Lei 14.176/2021), e a Lei n. 10.741, de 1º de outubro de 2003, acresce parágrafo ao art. 162 do Decreto n. 3.048, de 6 de maio de 1999. A Lei n. 13.146/2015, arts. 39 e 40, trata do direito à assistência social da pessoa portadora de deficiência.*
- *Lei n. 12.033/2009, art. 1o, e Código Penal, art. 145, parágrafo único, com a redação da Lei n. 12.033/2009.*
- *Sobre identificação criminal do civilmente identificado: Lei n. 12.037/2009.*
- *Resolução n. 2/2011 do Ministério da Justiça sobre especificações técnicas básicas do documento de Registro de Identidade Civil.*
- *Resolução n. 1, de 9 de julho de 2015, do Comitê Gestor do Sistema Nacional de Informações de Registro Civil; dispõe sobre a padronização dos procedimentos para envio de dados pelas serventias de registro civil de pessoas naturais ao Sistema Nacional de Informações de Registro Civil — Sirc.*
- *IN da SRFB n. 1.548/2015, que dispõe sobre Cadastro de Pessoas Físicas (CPF).*
- *Lei n. 12.061/2009, que altera os arts. 4o, II, e 10, VI, da Lei n. 9.394/96, para assegurar o acesso de todos ao ensino médio público.*
- *Lei n. 12.188/2010, art. 5º, I e II, sobre beneficiários da Política Nacional de Assistência Técnica e Extensão Rural para Agricultura Familiar e Reforma Agrária (PNATER), como os povos indígenas e remanescentes de quilombos.*

- *Resolução n. 13/2015 do CNCD/LGBT, que aprova o Regimento Interno do Conselho Nacional de Combate à Discriminação e Promoção dos Direitos de Lésbicas, Gays, Bissexuais, Travestis e Transexuais; Resolução n. 6/2012 do CNCD/LGBT, que estabelece normas para processo seletivo eleitoral das entidades da sociedade civil, para composição do Conselho Nacional de Combate à Discriminação e Promoção dos Direitos de Lésbicas, Gays, Bissexuais, Travestis e Transexuais — CNCD/LGBT. A Organização Mundial da Saúde (OMS) removeu da sua classificação oficial de doenças a CID-11, o chamado "transtorno de identidade de gênero", o retirando do rol dos doentes mentais e o colocando no de incongruência de gênero.*
- *Portaria do Ministério da Saúde n. 2.836/2011 sobre Política Nacional de Saúde Integral de Lésbicas, Gays, Bissexuais, Travestis, Transexuais.*
- *Portaria do Ministério da Cultura n. 94/2015 (alterada pela Portaria 54/2017) cria Comitê Técnico de Cultura para Lésbicas, Gays, Bissexuais, Travestis e Transexuais (LGBT); OMS – CID-11 (2022).*
- *Lei n. 12.605, de 3 de abril de 2012, determina o emprego obrigatório da flexão de gênero para nomear profissão ou grau em diplomas.*
- *Resolução CNJ n. 175/2013 sobre casamento entre pessoas do mesmo sexo.*
- *Portaria n. 766/2013 da Secretaria de Direitos Humanos institui o Sistema Nacional de Promoção de Direitos e Enfrentamento à violência contra LGBT.*
- *Portaria Interministerial de 6-2-2015 institui Comissão Interministerial de Enfrentamento a Violência contra Lésbicas, Gays, Bissexuais, Travestis e Transexuais (CIEV — LGBT).*
- *Resolução n. 12/2015 do Conselho Nacional de Combate à Discriminação e Promoção dos Direitos de LGBT e I, da Secretaria de Direitos Humanos, garante uso não só de banheiro vestiário nas instituições de ensino de acordo com a identidade de gênero de cada um, mas também o de uniforme conforme a identidade de gênero, e prescreve ainda que a escola deve reconhecer o nome social do aluno no tratamento oral, sendo o nome civil utilizado na emissão de documento oficial.*
- *Resolução n. 11/2015 do Conselho Nacional de Combate à Discriminação e Promoção dos Direitos de LGBT e I estabelece parâmetros para inclusão dos itens "orientação sexual", "identidade de gênero" e "nome social" nos boletins de ocorrência emitidos pelas autoridades policiais.*
- *Lei Geral de Proteção de Dados Pessoais (Lei n. 13.709/2018).*

Personalidade e capacidade jurídica. Liga-se à pessoa a ideia de personalidade, que exprime a aptidão genérica para adquirir direitos e contrair deveres. O Código Civil vigente preferiu empregar o termo *deveres*, alerta Fiuza, no relatório geral, por existirem deveres jurídicos diferentes da obrigação, como a sujeição nos direitos de vizinhança, o dever genérico de abstenção, os poderes-deveres e os deveres do direito de família.

Sendo a pessoa natural (ser humano) sujeito das relações jurídicas e a personalidade a possibilidade de ser sujeito, ou seja, uma aptidão a ele reconhecida, toda pessoa é dotada de personalidade. A personalidade é o conceito básico da ordem jurídica, que a estende a todos os homens, consagrando-a na legislação civil e nos direitos constitucionais de vida, liberdade e igualdade.

A personalidade tem sua medida na capacidade, que é reconhecida, num sentido de universalidade, no art. 1º do Código Civil, que, ao prescrever "toda pessoa é capaz de direitos e deveres", emprega o termo *pessoa* na acepção de todo ser humano, sem qualquer distinção de sexo (Lei n. 9.029/95), idade (Leis n. 8.069/90 e 10.741/2003, com as alterações das Leis n. 11.765/2008, 11.737/2008, 12.419/2011 e 12.461/2011), credo, raça (Leis n. 7.437/85, com a alteração da Lei n. 12.966/2014, 7.716/89, com alteração da Lei n. 9.459/97, e Decreto de 8-9-2000); CF/88, arts. 1º, III, 3º, IV, 5º, I, VI, XLI, XLII, e 19, I). Proclamado está, em consonância com a Constituição Federal, o princípio da igualdade civil, pelo qual não há distinção entre nacionais e estrangeiros na aquisição e gozo dos direitos civis, ou seja, o de contratar, de suceder, de casar etc. Não se nega aos estrangeiros aqui domiciliados os direitos privados essenciais assegurados aos brasileiros. Há um mesmo tratamento legal para brasileiros e estrangeiros residentes no Brasil. Todavia, a legislação brasileira, por razões de ordem pública e de interesse nacional, sem contudo criar distinções entre brasileiros e estrangeiros, admite restrições e condições (Decreto n. 2.771/98, alterado pelo Decreto n. 4.400/2002) ao exercício por estes de certos direitos (*RF*, *271*:369, *276*:385; *RDA*, *147*:345), vedando-lhes, em certos casos, p. ex., a exploração de minas e quedas-d'água (CF, art. 176, § 1º, com alteração da EC n. 6/95), a função de corretor da Bolsa e leiloeiro público (CPC, art. 883), a propriedade de empresas jornalísticas de radiodifusão sonora e de sons e imagens (CF, art. 222, §§ 1º a 5º, com redação da EC n. 36/2002; Lei n. 10.610/2002) e de embarcações (CF, art. 178, parágrafo único, com alteração da EC n. 7/95) etc., e, no campo político, reservando o direito de voto aos brasileiros natos e naturalizados (CF, arts. 12, I e II, 14; §§ 2º e 3º, I). Contudo, tais restrições não implicam desigualdade jurídica entre nacional e estrangeiro. Daí a expressiva afirmação de Unger de que "a personalidade é o pressuposto de todo direito; o elemento que atravessa todos os direitos privados e que em cada um deles se contém; não é mais do que a capacidade jurídica, a possibilidade de ter direitos". Toda pessoa, por necessidade de sua própria natureza, é o centro do direito e, assim, tem personalidade, sendo capaz de direitos e deveres.

BIBLIOGRAFIA: Clóvis Beviláqua, *Teoria geral do direito civil*, 4. ed., p. 67; Larenz, *Derecho civil*, parte general, p. 104; M. Helena Diniz, *Curso de direito civil brasileiro*, São Paulo, Saraiva, 1991, v. 1, p. 82 e 87; Haroldo Valladão, Capacidade de direito, in *Enciclopédia Saraiva do Direito*, v. 13, p. 34; Virgílio de Sá Pereira, *Direito de família*, Rio de Janeiro, Freitas Bastos, 1959; Orlando Gomes, *Introdução ao direito civil*, Rio de Janeiro, Forense, 1971, p. 149; Espínola, *Direito civil brasileiro*, v. 1, p. 239; Filomusi Guelfi, *Enciclopedia giuridica*, p. 178; Caio M. S. Pereira, *Instituições de direito civil*, Rio de Janeiro, Forense, 1967, v. 1, p. 198; Luiz Roldão de Freitas Gomes, Noção de pessoa no direito brasileiro, *Revista de Direito Civil Imobiliário, Agrário e Empresarial*, *61*:15-34; Roberto Senise Lisboa, *Manual elementar de direito civil*, São Paulo, Juarez de Oliveira, 1999, v. 1, p. 92-105; Christian Larroumet, *Droit civil*, Paris, Economica, 1998, t. 1, p. 195-220; Sebastião José Roque, *Teoria geral do direito civil*, São Paulo, Ícone, 1994, p. 25-42; Levenhagen, *Código Civil: comentários didáticos*, São Paulo, Atlas, 1991, v. 1, p. 24; Renan Lotufo, *Código Civil comentado*, São Paulo, Saraiva, 2003, v. 1, p. 6-112; Rafael G. Rodrigues, A pessoa e o ser humano no novo Código Civil, in *A parte geral do novo Código Civil* (coord. Gustavo Tepedino), Rio de Janeiro, Renovar, 2002, p. 1-34; Carlos Roberto Gonçalves, *Direito civil brasileiro*, São Paulo, Saraiva, 2003, v. 1, p. 69-113; Hédio Silva Jr., *Antirracismo*, São Paulo, Juarez de Oliveira, 1998; *Direito de igualdade racial*, São Paulo, Juarez de Oliveira, 2002; Roger Raupp Rios, *O princípio da igualdade e discriminação por orientação sexual*, São Paulo, Revista dos Tribunais, 2003; Jones Figueirêdo Alves e Mário Luiz Delgado, *Código Civil anotado*, São Paulo, Método, 2005, p. 1 e 2; José de Oliveira Ascensão, *Direito civil*, São Paulo, Saraiva, 2010, v. 1, p. 35, 36, 111, 139 a 158.

Capacidade de direito e capacidade de exercício. Da análise do art. 1º deste Código surge a noção de *capacidade*, que é a maior ou menor extensão dos direitos de uma pessoa. De modo que a essa aptidão, oriunda da personalidade para adquirir direitos e assumir deveres na vida civil, dá-se o nome de *capacidade de gozo ou de direito*. A capacidade de direito não pode ser recusada ao indivíduo, sob pena de se negar sua qualidade de pessoa, despindo-o dos atributos da personalidade. Assim sendo, uma criança de dois anos pode ser proprietária de um apartamento, por exemplo. Entretanto, tal capacidade pode sofrer restrições legais quanto ao seu exercício pela intercorrência de um fator genérico, como tempo (maioridade ou menoridade), de uma insuficiência somática, que lhe retire, transitória ou permanentemente, o poder de exprimir sua vontade (p. ex.: perda de memória, paralisia mental) de uso de entorpecente etc. Aos que assim são tratados por lei, o direito denomina *incapazes*. Logo, a *capacidade de fato ou de exercício* é a aptidão de exercer por si os atos da vida civil, dependendo, portanto, de prudência, juízo, tino, inteligência, e, sob o prisma jurídico, da aptidão que tem a pessoa de distinguir o lícito do ilícito, o conveniente do prejudicial. Rossel e Mentha concluem que "*jouir des droits civils, c'est être apte à les avoir; les exercer, c'est être apte à en user*". Quando o Código enuncia, no seu art. 1º, que toda pessoa é capaz de direitos e deveres na ordem civil, não dá a entender que possua concomitantemente o gozo e o exercício desses direitos, pois nas disposições subsequentes faz referência àqueles que tendo o gozo dos direitos civis não podem exercê-los.

BIBLIOGRAFIA: Orgaz, *Personas individuales*, Buenos Aires, 1961; M. Helena Diniz, *Curso*, cit., v. 1, p. 87; Caio M. S. Pereira, *Instituições*, cit., v. 1, p. 224; Antônio Chaves, Capacidade civil, in *Enciclopédia Saraiva do Direito*, v. 3, p. 2; Rossel e Mentha, *Manuel de droit civil suisse*, v. 1, p. 77; Marcos Bernardes de Mello, Achegas para uma teoria das capacidades em direito, *Revista de Direito Privado*, *3*:9-34.

Capacidade jurídica limitada. A capacidade jurídica da pessoa natural é limitada, pois uma pessoa pode ter o gozo de um direito sem ter o seu exercício por ser incapaz, logo seu representante legal é que o exerce em seu nome. A capacidade de exercício pressupõe a de gozo, mas esta pode subsistir sem a de fato ou de exercício.

BIBLIOGRAFIA: Antônio Chaves, Capacidade civil, cit., in *Enciclopédia Saraiva do Direito*, v. 13, p. 7; W. Barros Monteiro, *Curso de direito civil*, São Paulo, Saraiva, v. 1, p. 63; M. Helena Diniz, *Curso*, cit., v. 1, p. 88; Marco Aurélio S. Viana, *Da pessoa natural*, São Paulo, 1988.

Art. 2º A personalidade civil da pessoa começa do nascimento com vida; mas a lei põe a salvo, desde a concepção, os direitos do nascituro.

- Vide *Código Civil, arts. 5º, 76, 115 a 120, 166, I, 198, 471, 542, 543, 1.596, 1.597, I a V, 1.609, parágrafo único, 1.634, 1.690, 1.728 e s., 1.779, 1.798, 1.799, I, 1.800, §§ 1º a 4º, e 1.952.*
- Vide *Código Penal, arts. 124 a 128.*
- Vide *Estatuto da Criança e do Adolescente, arts. 7º a 14, 208, VI, 228 e parágrafo único, e 229 e parágrafo único.*
- Vide *Lei de Introdução às Normas do Direito Brasileiro, art. 7º.*
- Vide *Código de Processo Civil, arts. 50, 71, 178, II, 896.*
- Vide *Lei n. 11.105, de 24 de março de 2005, regulamentada pelo Decreto n. 5.591, de 22 de novembro de 2005.*
- Vide *Lei n. 9.053/95, que altera o art. 50 da Lei n. 6.015/73.*
- Vide *Lei n. 11.804/2008, sobre direito a alimentos gravídicos.*
- *Lei n. 12.662/2012 relativa à Declaração do Nascido Vivo alterou os arts. 49 e 54, item 10, §§ 1º a 3º, da Lei n. 6.015/73 e a Lei n. 13.112/2015 modificou os itens 1º e 2º do art. 52 da Lei n. 6.015/73, para permitir à mulher, em igualdade de condições, proceder ao registro de nascimento do filho.*
- *Resolução CFM n. 2.320/2022, Seção IV, n. 3, 4 e 9, e Seções V e VI.*
- ***Projeto de Lei n. 699/2011**: "Art. 2º A personalidade civil da pessoa começa do nascimento com vida; mas a lei põe a salvo, desde a concepção, os direitos do embrião e os do nascituro".*

PESSOAS

Começo da personalidade natural. O Código Civil, no artigo *sub examine*, não contemplou os requisitos da viabilidade (*habilis vitae*), ou seja, permanência da vida no recém-nascido, e forma humana para o início da personalidade natural, afirmando que a personalidade jurídica começa com o nascimento com vida, ainda que o recém-nascido venha a falecer instantes depois. Basta a vitalidade, pois "o nascimento com vida torna, na mesma ocasião, o ente humano sujeito de direito e, em consequência, transforma em direitos subjetivos as expectativas de direito que lhe tinham sido atribuídas na fase da concepção" (*RT*, *182*:438). Para que um ente seja pessoa e adquira personalidade jurídica, será suficiente que tenha vivido por um segundo. Pela Resolução n. 1/88 do Conselho Nacional de Saúde, o nascimento com vida é "a expulsão ou extração completa do produto da concepção, quando, após a separação, respire e tenha batimentos cardíacos, tendo sido ou não cortado o cordão, esteja ou não desprendida a placenta". Para que se possa constatar o nascimento com vida utiliza-se da docimasia respiratória, colocando-se os pulmões do recém-nascido em água à temperatura de quinze a vinte graus centígrados para averiguar se eles flutuam, comprovando-se respiração, ou da docimasia gastrointestinal, verificando se o estômago e o intestino sobrenadam na água, indicando que houve respiração.

BIBLIOGRAFIA: Levenhagen, *Código Civil*, cit., v. 1, p. 25; Darcy Arruda Miranda, *Anotações ao Código Civil brasileiro*, São Paulo, Saraiva, 1981, v. 1, p. 7; Baudry-Lacantinerie e Houques-Fourcade, *Delle persone*, v. 1, p. 272; Aubry e Rau, *Droit civil*, v. 1, p. 179; Curti-Ferrer, *Commentaire du Code Civil suisse*, p. 36; Calogero Gangi, *Persone fisiche e persone giuridiche*, 1948.

Direitos do nascituro. Desde Justiniano considera-se o nascituro como se pode perceber no brocardo latino "*infans conceptus pro jam nato habetur quoties de ejus commodis agitur*". Conquanto comece do nascimento com vida (*RJ*, *172*:99) a personalidade civil do homem, a lei põe a salvo, desde a concepção, os direitos do nascituro (CC, arts. 2º, 1.609, 1.779 e parágrafo único, e 1.798), como o direito à vida (CF, art. 5º); à filiação (CC, arts. 1.596 e 1.597); à adoção (ECA, art. 2º); à integridade física; a alimentos (Lei n. 11.804/2008; *RT*, *650*:220; *RJTJSP*, *150*:906); a uma adequada assistência pré-natal (ECA, art. 8º); a um curador que zele pelos seus interesses em caso de incapacidade de seus genitores (CC, arts. 1.630, 1.633, 1.779); de receber herança (CC, arts. 1.784, 1.798, 1.799, I, e 1.800, § 3º; CPC, art. 650); de ser contemplado por doação (CC, art. 542); de ser reconhecido como filho, sendo parte, na investigatória, representado pela mãe (CC, art. 1.609, parágrafo único, ECA, art. 26; *RJTJRS*, *4*:418; *RT*, *625*:172-8); aos danos morais pela morte do pai, sendo que o fato de não tê-lo conhecido influenciará na fixação do *quantum* (STJ, 4ª T., REsp 399.028-SP, rel. Min. Sálvio de Figueiredo, j. 26-2-2002; *RT 803*:193; *RSTJ*, *161*:395) etc. Poder-se-ia até mesmo afirmar que, na vida *intrauterina*, tem o nascituro, e, na vida *extrauterina*, tem o embrião *personalidade jurídica formal*, no que atina aos direitos da personalidade, visto ter a pessoa carga genética diferenciada desde a concepção, seja ela *in vivo* ou *in vitro* (Recomendação n. 1.046/89, n. 7, do Conselho da Europa; Pacto de São José da Costa Rica, art. 4º, I; Portaria n. 2.526/2005 do Ministério da Saúde), passando a ter a *personalidade jurídica material*, alcançando os direitos patrimoniais (*RT*, *593*:258) e obrigacionais, que permaneciam em estado potencial, somente com o nascimento com vida (CC, art. 1.800, § 3º). Já se decidiu que "o nascituro goza de personalidade jurídica desde a concepção. O nascimento com vida diz respeito à capacidade de exercício de alguns direitos patrimoniais" (*RJTJRS*, *217*:214). Se nascer com vida, adquire personalidade jurídica material, mas, se tal não ocorrer, nenhum direito patrimonial e obrigacional terá. Se alguém nascer morto, não terá personalidade jurídica material, mas a formal merece proteção jurídica no que diz respeito aos seus direitos da personalidade, como nome, imagem, sepultura, registro em livro próprio (LRP, art. 53) etc.

Vide Lei n. 8.069/90, arts. 7º a 10, 208, VI, 228 e parágrafo único, 229 e parágrafo único; CP, arts. 124 a 127, 128, I e II, e Lei n. 11.105/2005, arts. 6º, III, e 25. A lei não confere personalidade jurídica material ao nascituro, obedecendo às lições advindas do direito romano: "*Non est pupillus qui in utero est*" (fr. 161-*De verb. sig*, 50-16), podendo-se nomear-lhe curador: "*Ventri tutor a magistratibus populi Romani dari non potest, curador potest: nam de curatore constituendo edicto comprehensum est*" (fr. 20-*De tut. et de curat.*, 26, 5). Urge lembrar que: *a*) "a proteção que o Código defere ao nascituro alcança o natimorto no que concerne aos direitos da personalidade, tais como nome, imagem e sepultura"; e *b*) "sem prejuízo dos direitos da personalidade, nele assegurados, o art. 2º do Código Civil não é sede adequada para questões emergentes da reprogenética humana, que deve ser objeto de um estatuto próprio" (Enunciados n. 1 e 2, aprovados na *Jornada de Direito Civil*, promovida, em setembro de 2002, pelo Centro de Estudos Judiciários do Conselho da Justiça Federal).

BIBLIOGRAFIA: Torrente, *Manuale di diritto privato*, p. 51, nota 2; Planiol, *Traité élémentaire de droit civil*, v. 1, p. 150; Porchat, *Da pessoa phisica em direito romano*, p. 33; Antônio Chaves, *Tratado de direito civil*, São Paulo, Revista dos Tribunais, 1982, v. 1, t. 1, p. 316; M. Helena Diniz, *Curso*, cit., v. 1, p. 100 e 101; *O estado atual do biodireito*, São Paulo, Saraiva, 2001, p. 21-127, 405-16, 452-500; Mercedes Gayosso y Navarrete, "Cura Ventris", *Revista Brasileira de Direito Comparado, 13*:200-37, 1992; Traverso, *La tutela costituzionale della persona umana prima della nascita*, Milano, Giuffrè, 1977; Francisco Amaral, O nascituro no direito civil brasileiro. Contribuição do direito civil português, *Revista Brasileira de Direito Comparado, 8*:75-89; Benedita Inêz Lopes Chaves, *A tutela jurídica do nascituro*, São Paulo, LTr, 2000; Silmara J. A. Chinelato e Almeida, *A tutela civil do nascituro*, São Paulo, Saraiva, 2000; C. Callejo Rodríguez, *Aspectos civiles de la protección del concebido no nacido*, Barcelona, Bosch, 1997; Louis Sébag, *La condition juridique des personnes physiques et des personnes morales avant leur naissance*, 1938.

Momento da consideração jurídica do nascituro. Ante as novas técnicas de fertilização *in vitro* e do congelamento de embriões humanos (Res. CFM, 2.320/2022), houve quem levantasse o problema relativo ao momento em que se deve considerar juridicamente o *nascituro*, entendendo-se que a vida tem início, naturalmente, com a concepção no *ventre materno*. Assim sendo, na fecundação na proveta, embora seja a fecundação do óvulo, pelo espermatozoide, que inicia a vida, é a *nidação* do zigoto ou ovo que a garantirá; logo, para alguns autores, o nascituro só será "pessoa" quando o ovo fecundado for implantado no útero materno, sob a condição do nascimento com vida. O embrião humano congelado não poderia ser tido como nascituro, apesar de dever ter proteção jurídica como pessoa virtual, com uma carga genética própria. Embora a vida se inicie com a fecundação, e a vida viável com a gravidez, que se dá com a nidação, entendemos que na verdade o início legal da consideração jurídica da personalidade é o momento da penetração do espermatozoide no óvulo, mesmo fora do corpo da mulher. Por isso, a Lei n. 8.974/95, ora revogada, nos arts. 8º, II, III e IV, e 13, veio a reforçar, em boa hora, essa ideia não só ao vedar: *a*) manipulação genética de células germinais humanas; *b*) intervenção em material genético humano *in vivo*, salvo para o tratamento de defeitos genéticos; *c*) *produção, armazenamento* ou *manipulação* de *embriões humanos* destinados a servir como material biológico disponível, como também ao considerar tais atos como crimes, punindo-os severamente. Com sua revogação pela Lei n. 11.105/2005, passou a ser permitida, para fins de pesquisa e terapia, a utilização de células-tronco embrionárias obtidas de embriões humanos produzidos por fertilização *in vitro*, desde que sejam inviáveis ou estejam congelados há três anos ou mais, havendo consentimento dos seus genitores (art. 5º, I, II, e § 1º) e aprovação do projeto, para tal fim, pelo Comitê de Ética em Pesquisa (art. 5º, § 2º), sob pena de detenção de um a três anos e multa (art. 24). Tal permissão, no nosso entender, apesar da decisão do STF (ADIn n. 3.510) nesse sentido, viola o direito à vida, o direito à imagem científica (DNA), e o princípio do respeito à dignidade da pessoa humana, consagrados constitucionalmente. Pela novel Lei de Biossegurança, proibida está a engenharia genética em embrião humano (art. 6º, III, *in fine*), sob pena de reclusão de um a quatro anos e multa (art. 25). Com isso, parece-nos que a razão está com a *teoria concepcionista*, uma vez que o Código Civil resguarda desde a *concepção* os direitos do nascituro, e, além disso, no art. 1.597, IV, presume concebido na constância do casamento o filho havido, a qualquer tempo, quando se tratar de embrião excedente, decorrente de concepção artificial homóloga. Com isso, protegidos estão os direitos da personalidade do embrião, fertilizado *in vitro*, e do nascituro.

BIBLIOGRAFIA: Silmara J. A. Chinelato e Almeida, O nascituro no Código Civil e no nosso direito constituendo, in *O direito de família e a Constituição Federal de 1988*, coord. Bittar, São Paulo, Saraiva, 1989, p. 39-52; Direitos da personalidade do nascituro, *Revista do Advogado*, *38*:25-6; e Evolução exige norma jurídica, *Tribuna do Direito*, n. 33, 1996, p. 16; Eduardo de Oliveira Leite, *Procriações artificiais e o direito*, São Paulo, Revista dos Tribunais, 1995; O direito do embrião humano: mito ou realidade? *RDC*, *78*:22; Didier David, *L'insemination artificielle humaine, un nouveau mode de filiation*, Paris, 1984; Michaud, *La personne humaine face au dévelopement des sciences bio médicales*, Paris, 1990; Francisco L. Yagur, *Fecundación artificial y derecho*, Madrid, Technos, 1988; Monica Sartori Scarparo, *Fertilização assistida — questão aberta — aspectos científicos e legais*, Rio de Janeiro, Forense Universitária, 1991; Armando Dias de Azevedo, A inseminação artificial em face da moral e do direito, *RF*, *149*:497 e s.; Douglas C. Cusine, *New reproductive techniques — a legal perspective*, Vermont Gaver Publishing, 1988; Thereza Christina Bastos Menezes, Novas técnicas de reprodução humana, *RT*, *660*:253; Guilhermo F. Ray, *La fecundación artificial en seres humanos ante la moral y el derecho*, Buenos Aires, 1951; Lauro Rutkowski, O aluguel de útero continua fora da lei, *Zero Hora*, 12 set. 1990, p. 40; Paula M. da Silva, *A procriação artificial: aspectos jurídicos*, Lisboa, 1986; Carlos Alberto Bittar, *Teoria geral do direito civil*, cit., p. 117-8; Santosuosso, *La fecondazione artificiale umana*, Milano, Giuffrè, 1984; Zannoni, *Inseminación artificial y fecundación extrauterina*, Buenos Aires, 1978; Eugênio Carlos Callioli, Aspectos da fecundação artificial *in vitro*, *Revista de Direito Civil*, *44*:71; M. Helena Diniz, Reflexões sobre a problemática das novas técnicas científicas de reprodução humana assistida e a questão da responsabilidade civil por dano ao embrião e ao nascituro, *Livro de Estudos Jurídicos*, *8*:94; A ectogênese e seus problemas jurídicos, *Direito — Revista do Programa de Pós-Graduação em Direito*, PUCSP, *1*:89-100, 1995; A responsabilidade civil por dano moral, *Revista Literária do Direito*, n. 9, 1996, p. 7-14; Sérgio Ferraz, *Manipulações biológicas e princípios constitucionais: uma introdução*, Sérgio A. Fabris, Editor, 1991; Euclides Benedito de Oliveira, Indenização por danos morais ao nascituro, in *O direito civil no século XXI* (coord. M. Helena Diniz e Roberto Senise Lisboa), São Paulo, Saraiva, 2003, p. 145-167; Cláudia Regina M. Loureiro, *Introdução ao biodireito*, São Paulo, Saraiva, 2009.

Art. 3º São absolutamente incapazes de exercer pessoalmente os atos da vida civil os menores de 16 (dezesseis) anos;

- Caput *com a redação da Lei n. 13.146/2015.*

I — (os menores de dezesseis anos;)

- *Revogado pela Lei n. 13.146/2015.*
- *Código Civil, art. 198, I.*
- *Código Civil, art. 228, I.*

II — (os que, por enfermidade ou deficiência mental, não tiverem o necessário discernimento para a prática desses atos;)

- *Revogado pela Lei n. 13.146/2015.*
- *Código Civil, arts. 228, II, 1.767, I, com a redação da Lei n. 13.146/2015.*
- *Lei n. 10.216/2001 sobre proteção e direitos dos portadores de transtorno mental.*
- *Constituição Federal, art. 227, § 1º, II, com a redação da Emenda Constitucional n. 65/2010.*
- *Súmula 45/2009 da Advocacia Geral da União.*

III — (os que, mesmo por causa transitória, não puderem exprimir sua vontade.)

- *Revogado pela Lei n. 13.146/2015.*
- *Sobre a representação dos incapazes,* vide *Código Civil, arts. 22, 115 a 120, 932, I, 933, 974, 975, 1.634, II e V, 1.690 e parágrafo único, 1.747, I, 1.767, I, e 1.774, e Código de Processo Civil, arts. 70, 71 e 76.*
- *Sobre nulidade dos atos por eles praticados,* vide *Código Civil, art. 166, I.*
- *Consolidação das Leis do Trabalho: arts. 402 a 441.*
- *Estatuto da Criança e do Adolescente (Lei n. 8.069/90), arts. 2º, parágrafo único, e 60 a 69.*
- *Constituição Federal, arts. 7º, XXXIII, 227, § 3º, 229 e 230, §§ 1º e 2º, e Lei n. 8.842, de 4 de janeiro de 1994.*
- *Lei n. 12.764/2012 institui a Política Nacional de Proteção dos Direitos da Pessoa com Transtorno do Espectro Autista.*
- *Lei Complementar n. 142/2013 concede aposentadoria especial para pessoas com deficiência.*
- *Súmula 45/2009 da Advocacia Geral da União: "Os benefícios inerentes à Política Nacional para a Integração da Pessoa Portadora de Deficiência devem ser estendidos ao portador de visão monocular, que possui direito de concorrer, em concurso público, à vaga reservada aos deficientes".*
- *Portaria do Ministério da Saúde n. 2.776/2014 aprova diretrizes gerais, amplia e incorpora procedimentos para atenção especializada às pessoas com deficiência auditiva no SUS.*

Noção de incapacidade. A incapacidade é a restrição legal ao exercício dos atos da vida civil, devendo ser encarada restritamente, considerando-se o princípio de que "a capacidade é a regra e a incapacidade a exceção" (*RTJ, 95*:1349).

Incapacidade absoluta. A incapacidade será absoluta quando houver proibição total do exercício do direito pelo incapaz, acarretando, em caso de violação do preceito, a nulidade absoluta do ato (CC, art. 166, I; *RT, 625*:166). Logo, os absolutamente incapazes têm direitos, porém não poderão exercê-los direta ou pessoalmente, devendo ser representados por pai, mãe ou tutor.

Menoridade de dezesseis anos. Apenas os *menores de dezesseis anos* são tidos como *absolutamente incapazes* para exercer atos na vida civil, porque devido à idade não atingiram o discernimento para distinguir o que podem ou não fazer, o que lhes é conveniente ou prejudicial. Por isso, para a validade dos seus atos, será preciso que estejam representados por seu pai, por sua mãe ou por tutor (CC, arts. 1.634, V, 1.690 e 1.747, I; CPC, art. 1.048, II; *RT, 503*:90, *613*:95). Mas, pelo Enunciado n. 138 do Conselho de Justiça Federal, aprovado na *III Jornada de Direito Civil*: "A vontade dos absolutamente incapazes, na hipótese do inc. I do art. 3º, é juridicamente relevante na concretização de situações existenciais a eles concernentes, desde que demonstrem discernimento bastante para tanto".

Não há mais, no Brasil, por força da Lei n. 13.146/2015, pessoa portadora de deficiência que seja tida como absolutamente incapaz, em respeito à sua dignidade e à sua autonomia da vontade, deixando-se em segundo plano a questão de sua vulnerabilidade.

O Estatuto da Pessoa com Deficiência procura retirar o deficiente da categoria de incapaz, ampliando a ideia da capacidade civil. Surge uma tormentosa questão: aqueles portadores de deficiência mental que se encontrarem, ao entrar em vigor a Lei n. 13.146/2015, sob interdição por incapacidade absoluta passarão a ser automaticamente capazes? Será que a novel Lei poderia desconstituir *ipso iure* coisa julgada? Esse impasse se levanta porque é princípio fundamental de direito que as leis sejam aplicáveis a fatos anteriores à sua promulgação desde que não tenham sido objeto de demandas, que não estejam sob o domínio da coisa julgada nem configurem ato jurídico perfeito ou direito adquirido, e, além disso, há um critério norteador da questão da aplicabilidade dos princípios da retroatividade e da irretroatividade, desde que não haja norma de direito intertemporal em sentido contrário, que poderá ser aplicado em conflito de leis no tempo: *as normas sobre estado e capacidade das pessoas aplicam-se às que estiverem nas condições* a que se referem. Assim, a lei nova concernente ao estado e capacidade da pessoa não poderá atuar sobre casos julgados já existentes. Será que a retirada do deficiente mental do rol dos absolutamente incapazes, declarado como tal em sentença de interdição, antes do advento da Lei n. 13.146/2015, o atingiria ou não? Será que essa novel norma retroagiria, automaticamente, nessa hipótese? Poder-se-ia falar em relativização da coisa julgada, para que a nova lei abarque os deficientes mentais considerados, por sentença prolatada antes de sua vigência, como absolutamente incapazes, tornando-os plenamente capazes? Será que as pessoas, que hoje se encontram sob interdição por incapacidade absoluta, automaticamente, com a entrada em vigor da Lei n. 13.146/2015, passarão a ser tidas como capazes, ante a eficácia imediata dessa lei, por não se justificar a sua permanência num regime jurídico restritivo, que não mais existe no ordenamento jurídico? Parece-nos que não, diante da circunstância de a sentença de interdição ser constitutiva com eficácia declaratória, que produz efeito *ex tunc*. Assim, mais viável seria que o interessado ou o Ministério Público promovesse em juízo uma *revisão* da situação do interditado para passá-lo para a categoria dos relativamente incapazes, continuando sob curatela ou se o "incapaz" o quiser sob o regime de tomada de decisão apoiada ou, ainda, para considerá-lo plenamente capaz (CPC, art. 505, I).

É preciso lembrar que o portador de doença grave, deficiência física ou mental terá prioridade nos procedimentos judiciais (CPC, arts. 1.048, I e II, §§ 1º a 4º, e Lei n. 13.146/2015, art. 9º, VII) e nos procedimentos administrativos (Lei n. 9.784/99, art. 69-A, acrescido pela Lei n. 12.008/2009). Há, ainda, a possibilidade de tomada de decisão apoiada (modelo alternativo de curatela), pela qual o portador de deficiência (apoiado) nomeia pelo menos duas pessoas idôneas de sua confiança (apoiadores) para apoiá-lo nos atos da vida civil, prestando informações para que possa exercer sua capacidade (CC, art. 1.783-A; Lei n. 13.146/2015, arts. 115 e 116).

Convém ressaltar que a curatela e a tomada de decisão apoiadas são medidas protetivas excepcionais que se dão quando forem necessárias para que o deficiente possa exercer sua capacidade. O Estatuto do Deficiente procurou valorizar a dignidade e autonomia da vontade do portador de deficiência. A senilidade, por si só, não é causa de restrição da capacidade de fato (*RT, 427*:92, *275*:391, *305*:265 e *441*:105; *RF, 214*:155), porque não pode ser considerada equivalente a um estado psicopático, salvo se originar um estado patológico, como a arteriosclerose, que afete a faculdade mental, tornando impossível a manifestação do pensamento, e, consequentemente, a regência negocial por si próprio e a administração de bens (*RT, 224*:189 e *325*:165).

BIBLIOGRAFIA: Planiol, Ripert e Boulanger, *Traité élémentaire de droit civil*, v. 1, n. 2.156; Colin e Capitant, *Cours élémentaire de droit civil*, v. 1, n. 71; Caio M. S. Pereira, *Instituições*, cit., v. 1, p. 229-40; M. Helena Diniz, *Curso*, cit., v. 1, p. 88-93; Influência da Lei n. 13.146/2015 na teoria das incapacidades do direito civil brasileiro, *Revista Jurídica Luso-Brasileira*, n. 5, 2016, p. 981-1014; A nova teoria das incapacidades, *Revista Thesis Juris*, v. 5, n. 2, 2016, p. 263-288; Antônio Chaves, Capacidade civil, cit., in *Enciclopédia Saraiva do Direito*, v. 13, p. 9; Silvio Rodrigues, *Direito civil*, São Paulo, Max Limonad, 1967, v. 1, p. 72; Sá Freire, *Manual do Código Civil brasileiro*, v. 12, p. 49; Levenhagen, *Código Civil*, cit., v. 1, p. 28; Eduardo Sócrates Castanheira Sarmento, *A interdição no direito brasileiro*, Forense, 1981; Francesco Vallardi, *Diritto civile*, v. 2, p. 236; Demolombe, *Pandectes françaises*, v. 1, p. 136; Gustavo Tepedino, Heloísa Helena Barboza e Maria Celina Bodin de Moraes, *Código Civil interpretado*, Rio de Janeiro, Renovar, 2004, v. 1, p. 12-3; Álvaro Villaça Azevedo e Gustavo R. Nicolau, *Código Civil comentado* (coord. Álvaro Villaça Azevedo), São Paulo, Atlas, 2007, p. 27-30; Daisy Ehrhardt, Limites da representação legal da pessoa natural no novo Código Civil, *Revista de Direito Notarial, 3*: 201-34; Adolfo M. Nishiyama e Roberta C. P. Toledo, O Estatuto da Pessoa com Deficiência: reflexões sobre a capacidade civil, *RT, 974*:35-62; Silvia P. R. Martins, O Estatuto de Pessoa com Deficiência e as alterações jurídicas relevantes no âmbito de capacidade civil, RT, 974:225-246.

Art. 4º São incapazes, relativamente a certos atos ou à maneira de os exercer:

I — os maiores de dezesseis e menores de dezoito anos;

- *Código Civil, arts. 180, 228, I, 666, 1.634, V, 1.747, I e 1.860, parágrafo único.*
- *Estatuto da Criança e do Adolescente, art. 142.*
- *Consolidação das Leis do Trabalho, art. 793.*
- *Medida Provisória n. 905/2019 sobre contrato verde e amarelo (ora revogada).*
- *Lei n. 4.375/64, art. 73.*

II — os ébrios habituais e os viciados em tóxico;

- *Redação dada pela Lei n. 13.146/2015.*
- *Código Civil, art. 1.767, III.*
- *Código de Processo Civil, art. 1.185.*
- *Lei n. 10.216/2001 (Proteção das pessoas portadoras de transtornos mentais).*
- *Decreto-lei n. 891/38 (aprova Lei de Fiscalização de Entorpecentes), art. 30, § 5º e Lei n. 11.343/2006 (Lei Antidrogas).*
- *Decreto n. 7.637/2011 altera o Decreto n. 7.179/2010, que institui o Plano Integrado de Enfrentamento ao crack e outras drogas.*
- *Constituição Federal, art. 227, § 3º, VII, com a redação da Emenda Constitucional n. 65/2010.*
- *Lei n. 8.213/91, arts. 16, I, III, 77, § 2º, II e III e § 4º, com a redação da Lei n. 12.470/2011.*
- *Lei n. 13.840/2019.*

III — aqueles que, por causa transitória ou permanente, não puderem exprimir sua vontade;

- *Redação dada pela Lei n. 13.146/2015.*
- *Código Civil, art. 1.767, I.*
- *Código de Processo Civil, art. 748.*
- *Constituição Federal, art. 227, § 1º, II, com a redação da Emenda Constitucional n. 65/2010.*
- ***PL n. 757/2015** dispõe sobre igualdade civil e apoio às pessoas que não puderem exprimir a vontade.*

IV — os pródigos.

- *Código Civil, arts. 1.767, V, e 1.782.*

Parágrafo único. A capacidade dos indígenas será regulada por legislação especial.

- *Redação dada pela Lei n. 13.146/2015.*
- *Lei n. 13.146/2015, arts. 6º, I a VI e 8º.*
- *A Lei n. 11.343/2006 institui o Sistema Nacional de Políticas Públicas sobre Drogas; prescreve medidas para prevenção do uso indevido, atenção e reinserção social de usuários e dependentes de drogas; estabelece normas de repressão à produção não autorizada e ao tráfico ilícito de drogas, define crimes e revoga as Leis n. 6.368/76 e 10.409/2002.*
- *Sobre incapacidade relativa dos toxicômanos,* vide *Decreto-Lei n. 891, de 25 de novembro de 1938, Lei n. 6.368, de 21 de outubro de 1976 (ora revogada), e Lei n. 10.409, de 11 de janeiro de 2002 (ora revogada), sobre prevenção, tratamento, fiscalização, controle e repressão à produção, ao uso e ao tráfico ilícitos de produtos, substâncias ou drogas ilícitas, que causem dependência física ou psíquica, assim elencados pelo Ministério da Saúde.*
- Vide *Lei n. 10.357, de 27 de dezembro de 2001, regulamentada pelo Decreto n. 4.262/2002, que estabelece normas de controle e fiscalização sobre produtos químicos que direta ou indireta-*

mente possam ser destinados à elaboração ilícita de substâncias entorpecentes, psicotrópicas ou que determinem dependência física ou psíquica, e dá outras providências.

- *Sobre assistência, em juízo, aos relativamente incapazes,* vide *Código de Processo Civil, arts. 72, I e 76.*
- *Capacidade para requerer o registro de seu nascimento* — Vide *Lei n. 6.015, de 31 de dezembro de 1973, art. 50, § 3º (Lei n. 9.053, de 25 de maio de 1995).*
- *Capacidade para pleitear na Justiça do Trabalho, sem assistência do pai ou tutor* — Vide *Consolidação das Leis do Trabalho, art. 792.*
- *Exercício de queixa criminal e de perdão* — Vide *Código de Processo Penal, arts. 34, 50, parágrafo único, e 52.*
- *Sobre exercício do comércio, ou melhor, da atividade empresarial,* vide *Código Civil, art. 5º, parágrafo único, V, e nova Lei de Falências, art. 1º.*
- *Sobre contrato de trabalho,* vide *Consolidação das Leis do Trabalho, arts. 402 a 441 e 792, Lei n. 8.069/90, arts. 60 a 69, Lei n. 9.029/95, arts. 1º e 3º, com a redação da Lei n. 13.146/2015; Lei n. 8.036/90, art. 20, XVIII, acrescentado pela Lei n. 13.146/2015 e Lei n. 9.799/99, que insere na Consolidação das Leis do Trabalho normas sobre o acesso da mulher ao mercado de trabalho (arts. 373-A, I a VI, e parágrafo único, 390-B, 390-C, 390-E e 392, § 4º, I e II).*
- *Decreto n. 6.481, de 12 de junho de 2008, que regulamenta os arts. 3º,* d, *e 4º da Convenção n. 182 da Organização Internacional do Trabalho (OIT) que trata da proibição das piores formas de trabalho infantil e ação imediata para sua eliminação, aprovada pelo Decreto Legislativo n. 178, de 14 de dezembro de 1999, e promulgada pelo Decreto n. 3.597, de 12 de setembro de 2000.*
- *Sobre contrato de aprendizagem,* vide *Consolidação das Leis do Trabalho, arts. 428 e §§ 6º e 8º, 429 e 433, I (com alteração da Lei n. 13.146/2015); Decreto n. 5.598, de 1º de dezembro de 2005 (com alteração do Decreto n. 8.740/2016); Instrução normativa n. 75/2009 da Secretaria de Inspeção do Trabalho; Instrução Normativa n. 77/2009 da Secretaria de Inspeção do Trabalho, sobre a atuação da inspeção do trabalho no combate ao trabalho infantil e proteção ao trabalhador adolescente; Portaria n. 1.288/2015 do MTE, sobre instruções para cumprimento da cota de aprendizagem (Lei n. 10.097/2000, com redação do Decreto n. 11.479/2023) nas empresas e a IN da Secretaria de Inspeção do Trabalho n. 118/2015 trata da fiscalização de aprendizagem nas Microempresas e Empresas de Pequeno Porte.*
- *Provimento GP/CR da CR do TRT-2ª, n. 12/2013, estabelece parâmetros instruindo o processo judicial para a concessão de autorização do trabalho do menor, sendo que os pedidos para tal autorização deverão ser remetidos para manifestação dentro do prazo legal.*
- *Decreto n. 4.134, de 15 de fevereiro de 2002, que promulga a Convenção n. 138 e a Recomendação n. 146 da OIT, sobre idade mínima de admissão ao emprego.*
- *Sobre ingresso e operações em cooperativas de trabalho, de consumo e de crédito,* vide *Decreto n. 22.239, de 19 de dezembro de 1932 (revogado pelo Decreto-Lei n. 59, de 21 de novembro de 1966, que sofreu revogação pela Lei n. 5.764/71), e art. 35, III, da Lei n. 5.764, de 16 de dezembro de 1971.*
- *Sobre movimentação de depósitos nas Caixas Econômicas,* vide *Decreto n. 24.427, de 19 de junho de 1934, art. 53, e Decreto n. 2.943/99.*
- *Sobre atendimento prioritário: art. 1º da Lei n. 10.048/2000, com a redação da Lei n. 13.146/2015.*

- *Sobre o serviço militar, a Lei n. 4.375, de 17 de agosto de 1964, no art. 73, declara que, para esse efeito, cessará a incapacidade do menor na data em que completar dezessete anos de idade,* vide *Lei n. 8.239/91; Decretos n. 1.294/94 e 1.295/94 e Portaria n. 3.656/94 do* COSEMI.
- *Sobre votação: Lei n. 4.737/65, art. 135, § 6º-A, com a redação da Lei n. 13.146/2015.*
- *Sobre loteria federal: art. 56, VI e § 1º, com a redação da Lei n. 13.146/2015.*
- Vide *Lei n. 7.853/89, arts. 3º, 8º, I a VI, §§ 1º a 4º, com a redação da Lei n. 13.146/2015.*
- Vide *Lei n. 8.078/90, arts. 6º, parágrafo único, e 43, § 6º, com a redação da Lei n. 13.146/2015.*
- *Lei n. 8.666/93, arts. 3º, § 2º, V, § 5º, I e II, e 66-A, com redação da Lei n. 13.146/2015.*
- *Consulte: Lei n. 8.213/91, arts. 16, I, III, 77, § 2º, II, 93, §§ 1º a 3º, e 110-A, com a alteração da Lei n. 13.146/2015; Lei n. 8.313/91, art. 2º, § 3º, acrescentado pela Lei n. 13.146/2015; Lei n. 8.429/92, art. 11, IX, acrescido pela Lei n. 13.146/2015; Lei n. 8.742/93, art. 20, §§ 2º, 9º e 11, alterados pela Lei n. 13.146/2015; Lei n. 9.250/95, § 5º, do art. 35, acrescentado pela Lei n. 13.146/2015; Lei n. 9.503/97, arts. 2º, parágrafo único, 86-A, 147-A, §§ 1º e 2º, e 181, XVII, alterados pela Lei n. 13.146/2015; Lei n. 10.098/2000, arts. 2º, 3º, 9º, 10-A, 12-A, com redação da Lei n. 13.146/2015; Lei n. 10.257/2001, arts. 3º, III, IV, 41, § 3º, alterados pela Lei n. 13.146/2015; Lei n. 11.904/2009, o inciso IV do art. 46 passa a vigorar acrescido pela Lei n. 13.146/2015, da alínea* k; *Lei n. 12.587/2012, acrescida do art. 12-B pela Lei n. 13.146/2015.*
- *Sobre pessoas com deficiência,* vide *Leis n. 9.867/99, 7.853/89, com alteração da Lei n. 8.028/90 e com regulamentação do Decreto n. 3.298/99, 8.069/90, arts. 11, § 1º, 66, 112, § 3º, e 208, II, 8.686/93, 8.989/95, com alteração da Lei n. 9.317/96 e 8.742/93, Portaria n. 1.679/99 do Ministério da Educação, Lei n. 10.050/2000, que acrescentou o § 3º ao art. 1.611 do Código Civil de 1916; Lei n. 10.098/2000, regulamentada pelo Decreto n. 5.296/2004, alterada pelo Decreto n. 10.014/2019 e Lei n. 9.867/99, sobre criação de cooperativas sociais para integração social de pessoas deficientes; Decreto n. 3.956/2001, que promulga a Convenção Interamericana para Eliminação de todas as formas de Discriminação contra Pessoas Portadoras de Deficiência; Decreto n. 6.949/2009, que promulga a Convenção Internacional dos Direitos da Pessoa com Deficiência (CDPD); Decreto n. 4.360/2002, que altera o art. 36 do Decreto n. 1.744/95, que regulamenta o benefício de prestação continuada devido a pessoa portadora de deficiência; Lei n. 8.989/95 (com as alterações do art. 29 da Lei n. 9.317/96 e das Leis n. 10.182/2001, 10.754/2003 e 12.113/2009); Instrução Normativa da SRF n. 988/2009 e Lei n. 10.754/2003, sobre aquisição de automóveis com isenção do Imposto sobre Produto Industrializado (IPI) por pessoa portadora de deficiência física visual, mental severa ou profunda, ou autistas; Lei n. 10.216/2001, que dispõe sobre a proteção e os direitos das pessoas portadoras de transtornos mentais e redireciona o modelo assistencial em saúde mental; Lei n. 10.708, de 31 de julho de 2003, que institui o auxílio-reabilitação psicossocial para pacientes acometidos de transtornos mentais egressos de internações; Portaria n. 146/2003, sobre lotação de portador de deficiência no âmbito da Procuradoria-Geral Federal; Portaria n. 3.284/2003 do MEC, sobre requisitos de acessibilidade de pessoas portadoras de deficiência, para instruir os processos de autorização e de reconhecimento de cursos e de credenciamento de instituições; Lei n. 10.845/2004, que institui Programa de Complementação a Atendimento Educacional Especializado às Pessoas Portadoras de Deficiência; Lei n. 7.070/82, com alteração da Lei n. 10.877/2004, sobre pensão especial para deficientes físicos; Lei n. 10.436/2002, regulamentada pelo Decreto n. 5.626/2005, sobre Língua Brasileira de Sinais (Libras) utilizada por deficiente auditivo; Lei n. 12.319/2010, que regulamenta a profissão de tradutor e intérprete da Língua Brasileira de Sinais (Libras); Decreto n. 6.039/2007, que*

aprova Plano de Metas para a Universalização do Serviço Telefônico Fixo Comutado em Instituições de Assistência às pessoas com deficiência auditiva; Lei n. 12.033/2009 torna pública condicionada a ação penal em razão de injúria consistente no uso de elementos referentes à condição de pessoa portadora de deficiência; Lei n. 8.213/91, arts. 16, I, III, 77, § 2º, II e III e § 4º, com a redação da Lei n. 12.470/2011; Lei n. 8.742/93, arts. 20, §§ 2º, 6º e 9º, 21, § 4º e 21-A, §§ 1º e 2º com a redação da Lei n. 12.470/2011. Vide *Lei n. 13.146/2015 (Lei Brasileira de Inclusão da Pessoa com Deficiência — Estatuto da Pessoa com Deficiência), cujos arts. 51 e 52 foram regulamentados pelo Decreto n. 9.762/2019 e art. 58 pelo Decreto n. 9.451/2018, sendo que o art. 125 foi alterado pela Lei n. 14.009/2020.*

- *Decreto n. 5.296, de 2 de dezembro de 2004, com alteração do Decreto n. 5.642/2005, que regulamenta as Leis n. 10.048/2000 (sobre prioridade de atendimento às pessoas que especifica), 10.098/2000 e 13.146/2015 (arts. 53 a 76) (relativa a critérios básicos para promoção e acessibilidade das pessoas portadoras de deficiência).*
- *Lei n. 11.126/2005, regulamentada pelo Decreto n. 5.904, de 21 de setembro de 2006, e alterada no seu art. 1º e § 2º pela Lei n. 13.146/2015, sobre direito do portador de deficiência visual de ingressar e permanecer em ambientes de uso coletivo acompanhado de cão-guia.*
- *Lei n. 11.129/2005, art. 2º, § 2º, que assegura ao jovem portador de deficiência a participação no Programa Nacional de Inclusão de Jovens (Projovem) e o atendimento de sua necessidade especial.*
- *Resolução n. 2/2005 da Presidência do STJ: portadores de deficiência têm prioridade no julgamento dos processos desde que a causa se vincule com a própria deficiência. E toda pessoa que se encaixar no perfil e estiver interessada em ter prioridade no julgamento deverá provar a condição mediante atestado médico e requerer o benefício no gabinete do ministro-relator da causa; Código de Processo Civil, arts. 1.048, I e II, §§ 1º a 4º; com a redação da Lei n. 12.008/2009 e Lei n. 13.146/2015, arts. 9º, VII, 79 a 83, dá prioridade a portador de deficiência em procedimentos judiciais e administrativos em que for parte interessada em todos os atos e diligências; Lei n. 9.784/99, art. 69-A, acrescentado pela Lei n. 12.008/2009, lhe dá prioridade nos procedimentos administrativos.*
- *Decreto n. 6.215, de 26 de setembro de 2007, que estabelece o Compromisso pela Inclusão das Pessoas com Deficiência, com vistas à implementação de ações de inclusão das pessoas com deficiência, por parte da União Federal, em regime de cooperação com Municípios, Estados e Distrito Federal, institui o Comitê Gestor de Políticas de Inclusão das Pessoas com Deficiência — CGPD.*
- *Lei n. 10.098/2000, art. 4º, parágrafo único, acrescentado pela Lei n. 11.982/2009, determina adaptação de parte dos brinquedos e equipamentos dos parques de diversões às necessidades de pessoas com deficiência ou mobilidade reduzida.*
- *Resolução n. 3.871/2012, da ANTT, que estabeleceu procedimentos a empresas transportadoras para assegurar condições de acessibilidade às pessoas com deficiência ou com mobilidade reduzida.*
- *Lei n. 12.190/2010 concede indenização por dano moral às pessoas com deficiência física decorrente do uso de talidomida e está regulamentada pelo Decreto n. 7.235/2010.*
- *Decreto n. 8.954/2017 sobre Cadastro Nacional de Inclusão da Pessoa com Deficiência e da Avaliação Unificada da Deficiência.*
- *Resolução do CONTRAN n. 704, de 10 de outubro de 2017, estabelece padrões e critérios para sinalização semafórica com sinal sonoro para travessia de pedestres com deficiência visual.*
- *Lei n. 13.836/2019 acrescenta dispositivo ao art. 12 da Lei n. 11.340/2006 para tornar obrigatória a informação sobre a condição de pessoa com deficiência da mulher vítima de agressão doméstica ou familiar.*

- *Lei n. 13.370, de 12 de dezembro de 2016, altera o § 3º do art. 98 da Lei n. 8.112/90 para estender o direito a horário especial ao servidor público federal que tenha cônjuge, filho ou dependente com deficiência e para revogar a exigência de compensação de horário.*
- *Sobre os índios:* vide *Lei n. 6.001, de 19 de dezembro de 1973; Decretos n. 88.118, de 23 de fevereiro de 1983, 522, de 18 de maio de 1992, 564, de 8 de junho de 1992, 608, de 20 de julho de 1992 (ora revogado pelo Decreto n. 1.775/96), 1.141/94 e 3.156/99; Instruções Normativas n. 1 e 2/94 da FUNAI, sobre ingresso na área indígena e preservação da cultura dos índios; Portaria n. 666/2017 da FUNAI, que aprovou o atual Regimento Interno da FUNAI; Decreto n. 9.010/2017, Estatuto da FUNAI; Portaria n. 928/95 da FUNAI, sobre Projeto Integrado de Proteção às Terras e Populações Indígenas da Amazônia Legal; Decreto n. 1.775, de 8 de janeiro de 1996, sobre procedimento administrativo de demarcação de terras indígenas; Portaria Interministerial n. 1, de 3 de maio de 2016, do Ministério da Justiça, que regulamenta o procedimento de transferência onerosa de imóveis rurais perdidos em favor do Fundo Nacional Antidrogas — FUNAD, para o Programa Nacional de Reforma Agrária e para a Fundação Nacional do Índio — FUNAI; Portaria n. 14, de 9 de janeiro de 1996, do Ministério da Justiça e Resolução n. 3/99 do Conselho Nacional de Educação, que fixa diretrizes para o funcionamento de escolas indígenas; Portaria n. 391, de 10 de maio de 2016, do MEC, que estabelece orientações e diretrizes aos órgãos normativos dos sistemas de ensino para o processo de fechamento de escolas do campo, indígenas e quilombolas; Portaria n. 1.098/2002 do Ministério da Justiça, que aprova o Regimento Interno do Conselho Indigenista da FUNAI; Portaria n. 69/2004 do Ministério da Saúde, que cria o Comitê Consultivo da Política de Atenção à Saúde dos Povos Indígenas, vinculado à FUNASA; Portaria n. 70/2004 do Ministério da Saúde, que aprova as Diretrizes da Gestão da Política Nacional de Atenção à Saúde Indígena; Portaria n. 15/2014 da Secretaria Especial de Saúde Indígena regulamenta procedimentos de acompanhamento e monitoramento da execução de ações complementares na atenção à saúde dos povos indígenas por meio de convênios no âmbito da SESAI/MS; Portaria n. 1.059, de 23 de julho de 2015, do Ministério da Saúde aprova o Elenco Nacional de Medicamentos da Saúde Indígena destinado aos atendimentos de saúde da atenção básica voltados para a população indígena; Portaria n. 1.800, de 9 de novembro de 2015, do Ministério da Saúde aprova as Diretrizes da Assistência Farmacêutica no Subsistema de Atenção à Saúde Indígena (SASISUS); Decreto n. 4.906/2003, que dispõe sobre remanejamento de Funções Comissionadas Técnicas (FCT) para a FUNAI (Fundação Nacional do Índio); Lei n. 11.907/2009, arts. 109 a 116, sobre quadro de pessoal da FUNAI; Constituição Federal, arts. 231 e 232; Decreto n. 5.051/2004, que promulga a Convenção n. 169 da OIT sobre povos indígenas e tribais; Portaria n. 52/2007 do Ministério da Cultura sobre criação do Programa de Fomento e Valorização das Expressões Culturais e de Identidade dos Povos Indígenas; Portaria n. 2.656/2007 do Ministério da Saúde sobre responsabilidades na prestação da atenção à saúde dos povos indígenas e incentivos de atenção básica e especializada aos povos indígenas; Portaria n. 2.759/2007 do Ministério da Saúde, que estabelece diretrizes para a Política de Atenção Integral à Saúde Mental das Populações Indígenas, Portaria n. 3.841/2010 do Ministério da Saúde autorizando Superintendentes Estaduais da Fundação Nacional de Saúde e os Chefes dos Distritos Especiais de Saúde Indígena; perante as Superintendências Estaduais daquela Fundação a praticar atos referentes à saúde indígena; Decreto n. 7.461/2011 sobre prorrogação de prazo de efetivação da transição da gestão do subsistema de Atenção à Saúde Indígena da Fundação Nacional de Saúde para o Ministério da Saúde; Decreto de 5/6/2012 institui o Comitê de Gestão Integrada das Ações de Atenção à Saúde e de Segurança Alimentar para a População Indígena; Decreto n. 6.513, de 22 de julho de 2008, que altera o Decreto n. 4.412/2002, sobre atuação das Forças Armadas e da Polícia Federal nas terras indígenas; Lei n. 11.696/2008, que institui o Dia Nacional de Luta dos Povos Indígenas,*

que será celebrado no dia 7 de fevereiro; Decreto n. 6.861, de 27 de maio de 2009, sobre educação escolar indígena; Portaria n. 90/2009 da CAPES sobre o observatório da Educação Escolar Indígena; Decreto n. 8.593/2015 e Portaria n. 549/2016 do Ministério da Justiça sobre criação do Conselho Nacional de Política Indigenista — CNPI.

- *PL n. 5.855/2013 assegurará o direito de registrar filho com nomes tradicionais indígenas.*
- *Sobre colocação de criança ou adolescente indígena em família substituta: Lei n. 8.069/90 (com alteração da Lei n. 12.010/2009), art. 28, § 6º, I a III. Relativamente ao poder familiar de pais oriundos de comunidade indígena: Lei n. 8.069/90, art. 161, § 2º.*
- *Instrução Normativa n. 1, de 13 de maio de 2016, da FUNAI, que estabelece normas e diretrizes para a atuação da FUNAI visando à promoção e proteção dos direitos das crianças e jovens indígenas e a efetivação do direito à convivência familiar e comunitária.*
- Vide *Código de Processo Civil, arts. 70, 71, 447, § 1º e 747 a 758.*
- *Código Civil, art. 171, I.*
- *Lei n. 11.102, de 8 de março de 2005, que autoriza a Caixa Econômica Federal, em caráter excepcional e por tempo determinado, a arrecadar e alienar os diamantes brutos em poder dos indígenas Cintas-largas habitantes das Terras Indígenas Roosevelt, Parque Indígena Aripuanã, Serra Morena e Aripuanã.*
- *Resolução n. 12, de 5 de maio de 2005, do Conselho Deliberativo do Fundo Nacional de Desenvolvimento da Educação, que estabelece as orientações e diretrizes para assistência financeira suplementar, aos projetos educacionais, no âmbito da educação escolar indígena.*
- *Portaria da FUNAI n. 1.682/2011, sobre critérios a serem seguidos na concepção e execução das ações de proteção territorial e etnoambiental em terras indígenas.*
- *Decreto n. 7.747, de 5 de junho de 2012, institui a Política Nacional de Gestão Territorial e Ambiental de Terras Indígenas — PNGATI.*

Incapacidade relativa. A incapacidade relativa diz respeito àqueles que podem praticar por si os atos da vida civil, desde que assistidos por quem o direito encarrega desse ofício (curador ou apoiadores), em razão de parentesco, de relação de ordem civil ou de designação judicial, sob pena de anulabilidade daquele ato (CC, art. 171, I), dependente da iniciativa do lesado, havendo até hipóteses em que tal ato poderá ser confirmado ou ratificado (CPC, art. 757; Lei n. 13.146/2015, art. 85). Há atos que o relativamente incapaz pode praticar, livremente, sem autorização.

Maiores de dezesseis e menores de dezoito anos. Os maiores de dezesseis e menores de dezoito anos, pois sua pouca experiência e insuficiente desenvolvimento intelectual não possibilitam sua plena participação na vida civil, de modo que os atos jurídicos que praticarem só serão reputados válidos se assistidos pelo seu representante. Caso contrário, serão anuláveis.

Casos há em que o menor relativamente incapaz pode agir independentemente da presença de um assistente (p. ex., aceitar mandato — CC, art. 666; fazer testamento — CC, art. 1.860, parágrafo único; ser testemunha em atos jurídicos — CC, art. 228, I; exercer empregos públicos para os quais não for exigida a maioridade). Mediante autorização, pode o menor relativamente incapaz ser empresário (CC, arts. 5º, parágrafo único, V, 972 e 976); casar-se com dezesseis anos (CC, art. 1.517). Se tiver mais de dezesseis anos, poderá celebrar contrato de trabalho (Lei n. 8.069/90, arts. 60 a 69, 54, VI, e 208, VIII; CF, art. 227, § 3º, III, com a redação da EC n. 65/2010), salvo na condição de aprendiz, hipótese em que deverá ser maior de quatorze anos (Decreto n. 5.598/2005, art. 2º; CLT, art. 428; Decreto n. 6.481/2008, art. 3º; Lei n. 10.097/2000, com alteração do Decreto n. 11.479/2023; Instrução Normativa n. 75/2009 da Secretaria de Inspeção do Trabalho); ser eleitor (CF/88, art. 14, § 1º, I, que acrescenta no inc. II, *c*, que será esse direito facultativo para os maiores de dezesseis e menores de dezoito anos); mas apenas se tiver dezoito anos poderá: requerer registro de seu nascimento (Lei n. 6.015/73, art. 50, § 3º, com renumeração da Lei n. 9.053/95); pleitear perante a justiça trabalhista (CLT, art. 792); participar de cooperativas de trabalho, consumo ou crédito (Decreto n. 22.239/32 e Decreto-lei n. 581/38); exercer na justiça criminal o direito de queixa, renúncia e perdão (CPP, arts. 34, 50, parágrafo único, e 52); firmar recibos relativos a salários e férias, se for trabalhador (CLT, art. 439; Lei n. 4.214/63, art. 58, revogada pelo art. 21 da Lei n. 5.889/73); firmar recibo de pagamento de INSS (Lei n. 8.213/91, art. 111, e Decreto n. 3.048/99) e recibos previdenciários (Decreto n. 35.448/54).

Ébrios habituais e viciados em tóxicos. Alcoólatras, ou dipsômanos, toxicômanos são tidos como relativamente incapazes (CC, art. 1.767, I; CPC, art. 1.048, I e II, §§ 1º a 4º; Lei n. 9.784/99, art. 69-A, II e IV), desde que interditos, mas terão prioridade de tramitação nos procedimentos judiciais. Poderão ser tidos como relativamente incapazes os toxicômanos, ou melhor, os toxicodependentes (opiômanos, usuários de psicotrópicos, *crack* (Decreto n. 7.139/2010, com alteração do Decreto n. 7.637/2011), heroína e maconha, cocainômanos, morfinômanos), após processo de interdição (CPC, arts. 747 a 758) ou instituição da curatela, pois os entorpecentes podem levar os viciados à ruína econômica pela alteração de sua saúde mental, impedindo-os de exprimir sua vontade, pela ausência de discernimento. Os toxicômanos, pela Lei n. 4.294/21, foram equiparados aos psicopatas, criando o Decreto-Lei n. 891/38, no art. 30, § 5º (norma especial), duas espécies de interdição, conforme o grau de intoxicação: a *limitada*, que é similar à interdição dos relativamente incapazes, e a *plena*, "semelhante à dos absolutamente incapazes". Caracterizando-se incapacidade de maior ou menor extensão, dá-se, hoje, ao toxicômano, ao se assinalar na interdição os limites da curatela, curador com poderes mais ou menos extensos (Lei n. 11.343/2006; CPC, art. 755, I e II).

Impossibilidade permanente ou transitória para exprimir a vontade. Inseriam-se aqui, como absolutamente incapazes, os que, por causa de ordem patológica ou acidental, congênita (p. ex., Síndrome de Down) ou adquirida, não tinham condições de reger sua pessoa ou administrar seus bens, devendo ser representados, havendo interdição, por um curador, tais como: a) portadores de enfermidades físico-psíquicas (demência afásica; psicastenia; psicose tóxica; psicose autotóxica; psicose infectuosa; paranoia; demência arteriosclerótica; demência sifilítica; mal de Parkinson senil ou de Alzheimer, doença neurológica degenerativa progressiva etc.), b) deficiência mental ou anomalia psíquica, congênita (Síndrome de Down) ou adquirida, incluindo psicopatas, maníacos, imbecis e loucos furiosos ou não (*RJTJSP*, *82*:51, *25*:78; *JSTJ*, *75*:185; *RT*, *625*:166 e *468*:112). Hoje, pelo CC, arts. 4º, III, 1.767, I — com a redação do art. 114 da Lei n. 13.146/2015 —, c/c CPC, art. 748, poderão estar sob curatela ante o fato de a expressão "os que, por causa transitória ou permanente, não puderem exprimir sua vontade" ser muito abrangente, pois, com base na lógica do razoável e em posição fundada em subsídios recentes da ciência médico-psiquiátrica, alarga casos de incapacidade relativa, se aquelas pessoas acima mencionadas, por causa transitória ou permanente, não puderem exprimir sua vontade. Todavia, é preciso esclarecer que imprescindível será que se tenha um estado (permanente ou transitório) que justifique a interdição, a instituição da curatela, ainda que seja interrompido por intervalos de lucidez (*RT*, *775*:234, *415*:358, *436*:74, *447*:63, *455*:68, *465*:100, *467*:163, *485*:70, *503*:93 e *506*:75; *Ciência Jurídica*, 7:145 e *43*:118). Os arts. 4º, III, 1.767, I, do CC e o art. 748 do CPC os incluem, de uma forma genérica, como passíveis de interdição para fins de curatela, para que seus direitos de natureza negocial e patrimonial fiquem sob a regência de um curador (Lei n. 13.146/2015, art. 85, § 1º), pois sua deficiência não atinge a sua capacidade civil para: casar-se e constituir união estável; exercer direitos sexuais e reprodutivos; conservar fertilidade; decidir números de filhos e ter acesso a informação sobre reprodução e planejamento familiar; exercer guarda, tutela, curatela; adotar e ser adotado etc. (art. 6º, I a VI, da Lei n. 13.146/2015). E, pelo art. 84 da Lei n. 13.146/2015, "a pessoa com deficiência tem assegurado o direito ao exercício de sua capacidade legal em igualdade de condições com as demais pessoas". Todas as pessoas que, por doença que acarrete deficiência física, elevação excessiva de pressão arterial, paralisia mental, perda de memória, fraqueza mental, estado de coma, surdo-mudez; por hipnose; por contusão cerebral etc., não puderem, por razão transitória ou permanente, manifestar sua vontade para a prática dos atos da vida civil deverão estar representadas por um curador ou apoiadas por apoiadores, apesar de não se decretar sua interdição (CC, art. 1.783-A). Se assim é, por exemplo, os surdos-mudos que não possam manifestar sua vontade, por não terem recebido educação adequada, ou por sofrerem lesão no sistema nervoso central, que lhes retire o discernimento, são relativamente incapazes. Se puderem exprimir sua vontade, passam a ser capazes. Portadores de deficiência mental adquirida, em razão de, p. ex., moléstia superveniente (como psicose, mal de Alzheimer), que sofram redução na sua capacidade de volição, apesar de retirados do rol dos relativamente incapazes, se não puderem manifestar sua vontade, não poderão praticar atos na vida civil sem assistência de curador, cujos poderes serão maiores ou menores conforme a capacidade apurada no processo de interdição, ou de apoiadores.

Nada obsta a que se inclua, entendemos, o portador de deficiência no rol dos relativamente incapazes, porque isso em nada afetaria sua dignidade como ser humano. Dignidade não é sinônimo de capacidade. O seu *status personae* e o seu viver com dignidade no seio da comunidade familiar ou social não se relaciona com sua capacidade intelectiva para exercer direitos, nem com a transferência de suas decisões, havendo interdição, para um curador, que o assistirá nos atos da vida civil, se não puder, por causa transitória ou permanente, manifestar sua vontade. Além disso, o art. 84, §§ 1º e 3º, do EPD prescreve que, quando for necessário, a pessoa com deficiência deverá ser submetida à curatela, atendendo-se as necessidades e circunstâncias de cada caso, durante o menor tempo possível — e o Ministério Público tem legitimidade ativa para promover interdição nos casos de doença mental grave (CPC, art. 748).

Em respeito à sua dignidade humana, dever-se-á, isto sim: a) facilitar sua inclusão social e cidadania e seu tratamento terapêutico; b) preservar suas faculdades residuais; c) acatar suas preferências, escolhas, afetividade e crenças; d) eliminar barreiras e preconceitos; e) possibilitar sua realização pessoal e vocacional; f) aprimorar sua educação etc.

Pródigos. São considerados relativamente incapazes os pródigos, ou seja, aqueles que, comprovada, habitual e desordenadamente, dilapidam seu patrimônio, fazendo gastos excessivos (*Ciência Jurídica*, *17*:80, *20*:97; *RT*, *291*:332, *477*:149; *BAASP*, *1.882*:8; *JTJ*, *200*:110). Com a interdição do pródigo, privado estará ele dos atos que possam comprometer seus bens, não podendo, sem a assistência de seu curador (CC, art. 1.767, V), alienar, emprestar, dar quitação, transigir, hipotecar, agir em juízo e praticar, em geral, atos que não sejam de mera administração (CC, art. 1.782). Todos os demais atos da vida civil poderão por ele ser validamente praticados, como o casamento; a fixação do domicílio do casal; a autorização para que seus filhos menores contraiam matrimônio.

Indígenas e sua submissão a regime tutelar. Os índios, devido a sua educação ser lenta e difícil, são colocados pelo novo Código Civil sob a proteção de lei especial, que regerá a questão de sua capacidade. O Código Civil sujeita-os ao regime tutelar, estabelecido em leis e regulamentos especiais (Lei n. 6.001/73, arts. 6º a 9º; CF/88, arts. 22, XIV, 49, XVI, 129, V, 210, § 2º, 215, § 1º, 232, 109, XI, 231, 176, § 1º, e art. 67 das Disposições Transitórias; Decreto n. 88.118/83; Constituição do Estado de São Paulo de 1989, arts. 282, §§ 1º a 3º, e 283; Lei n. 6.015/73, arts. 50, § 2º, e 246, com a redação da Lei n. 10.267/2001; Decreto n. 1.775/96; *RF*, *245*:457; *RDA*, *116*:575; *RT*, *775*:489 e *458*:488).

BIBLIOGRAFIA: Caio M. S. Pereira, *Instituições*, cit., v. 1, p. 240-2; Antônio Chaves, Capacidade civil, cit., in *Enciclopédia Saraiva do Direito*, v. 13, p. 9; A condição jurídica do índio, *RDC*, *9*:27; M. Helena

PESSOAS

Diniz, *Curso*, cit., v. 1, p. 93-7; A nova teoria das incapacidades, Revista Thesis Juris, n. 5, n. 2, 2016, p. 263-288; Silvio Rodrigues, *Dos defeitos dos atos jurídicos*, São Paulo, 1959, n. 100 e s. e n. 131, e *Direito civil*, cit., v. 1, p. 82; W. Barros Monteiro, *Curso*, cit., v. 1, p. 66-7; José de Farias Tavares, *O Código Civil e a nova Constituição*, Rio de Janeiro, Forense, 1991, p. 17-8; Hugo Nigro Mazzilli, *Regime Jurídico do Ministério Público*, São Paulo, Saraiva, 1995, p. 226; Marcelo Dolzany da Costa, Anotações sobre direitos indígenas, in *I Encontro de Juízes Federais da Região Amazônica*, 1995, p. 133; A. Gursen de Miranda, *O direito e o índio*, Belém, Cejup, 1994; Ismal M. Falcão, Regime tutelar indígena, *RDC, 33*:58; Clóvis F. S. Becalho e Osmar B. Corrêa Lima, Loucura e prodigalidade à luz do direito e da psicanálise, *RIL, 118*:363; Gervásio Leite, A emancipação do índio, *Revista de Informação Legislativa do Senado Federal, 60*:159; Juliana Santilli, *Os direitos indígenas e a Constituição*, Porto Alegre, Sérgio A. Fabris, 1993; Roberto Lemos dos Santos Filho, Índios, convenção 169 da OIT e meio ambiente, *Revista do Tribunal Regional Federal-3ª Região, 78*:87 a 102; Luiz Alberto David Araujo, *A proteção constitucional das pessoas portadoras de deficiência*, 1994; Antonio Rulli Neto, *Direito do portador de necessidades especiais*, São Paulo, Fiuza, 2002; Reparação do dano moral sofrido pelo incapaz, in *Estudos em homenagem ao acadêmico Min. Sydney Sanches*, São Paulo, Fiuza, APM, 2003, p. 85-94; Jones F. Alves e Mário Luiz Delgado, *Código*, cit., p. 9; Helder Girão Barreto, *Direitos indígenas*, Curitiba, Juruá, 2005; Adolfo M. Nishiyama e Roberta C. P. Toledo, O Estatuto da Pessoa com Deficiência: reflexões sobre a capacidade civil, RT, 974:35 a 62.

Art. 5º A menoridade cessa aos dezoito anos completos, quando a pessoa fica habilitada à prática de todos os atos da vida civil.

- Vide *Código Civil, arts. 1.635, II, 1.763, I, e 666.*
- *Código Penal, arts. 27, 65 e 115.*
- *Código de Processo Penal, arts. 15, 34, 50, 52, 194, 262, 449 e 564.*
- *Lei n. 9.307/97, arts. 1º e 13.*
- *Estatuto da Criança e do Adolescente, art. 148, parágrafo único.*
- *Lei n. 6.001/73, art. 9º, I, estabelece que a capacidade civil do índio é de 21 anos.*

Parágrafo único. Cessará, para os menores, a incapacidade:

I — pela concessão dos pais, ou de um deles na falta do outro, mediante instrumento público, independentemente de homologação judicial, ou por sentença do juiz, ouvido o tutor, se o menor tiver dezesseis anos completos;

- Vide *Constituição Federal, art. 226, § 5º, e Lei n. 8.069/90, arts. 21 e 148, parágrafo único, e.*
- *Código Civil, arts. 9º, II, 1.517, 1.519, 1.635, II, 1.638, parágrafo único e 1.763, I, e Lei n. 6.015/73, arts. 89 e s.*
- *Código de Processo Civil, art. 725, I, sobre emancipação de menor sob tutela.*
- *Lei n. 6.015/73, arts. 89 e s.*

II — pelo casamento;

- Vide *Constituição Federal, art. 226 e Emenda Constitucional n. 66/2010, que altera o art. 226, § 6º da Carta Magna.*

III — pelo exercício de emprego público efetivo;

- *A posse no cargo público: art. 5º, V, da Lei n. 8.112, de 11 de dezembro de 1990 (Regime Jurídico dos Servidores Públicos Civis da União, das Autarquias e das Fundações Públicas Federais).*

IV — pela colação de grau em curso de ensino superior;

V — pelo estabelecimento civil ou comercial, ou pela existência de relação de emprego, desde que, em função deles, o menor com dezesseis anos completos tenha economia própria.

- *Constituição Federal, art. 7º, XXXIII.*
- *Sobre empresário,* vide *Código Civil, arts. 966 e 972.*
- *Sobre estabelecimento comercial,* vide *Código Civil, arts. 1.142 a 1.149; Lei de Falências (Lei n. 11.101, de 9-2-2005), art. 1º.*
- *Consolidação das Leis do Trabalho, arts. 3º e 402.*
- *A Lei n. 4.375, de 17 de agosto de 1964, em seu art. 73, dispõe: "Para efeito do serviço militar cessará a incapacidade civil do menor, na data em que completar 17 (dezessete) anos". Idêntica disposição no art. 239 do Decreto n. 57.654, de 20 de janeiro de 1966.* Vide *Lei n. 12.336/2010, que altera os arts. 17, 29, 30 e 75 da Lei n. 4.375/64; Lei n. 8.239/91; Decretos n. 1.294/94 e 1.295/94 e Portaria n. 3.656/94 do COSEMI.*
- *Decreto n. 2.057, de 4 de novembro de 1996, que altera o art. 27, § 3º, do Decreto n. 63.704/68, relativo à prestação de serviço militar por estudantes e profissionais de medicina, farmácia, odontologia e veterinária.*
- *Decreto n. 9.455/2018, que regulamenta os §§ 1º e 2º do art. 10 da Lei n. 6.880/80 sobre convocação e incorporação de brasileiros com competência técnico-profissional ou com notória cultura científica no serviço ativo do Exército, em caráter voluntário e temporário.*
- *Sobre a inscrição da emancipação,* vide *Código Civil, art. 9º, II, Lei n. 6.015, de 31 de dezembro de 1973, arts. 89 e s. (Registros Públicos) e Decreto-Lei n. 5.606, de 22 de junho de 1943, art. 2º, parágrafo único.*
- *Regulamento da Previdência Social, arts. 17, III,* e, *e 108, com a redação do Decreto n. 6.939/2009.*
- *Lei n. 8.213/91, art. 77, § 2º, II, com a redação da Lei n. 12.470/2011.*

Maioridade. Em relação à menoridade, a incapacidade cessará quando o menor completar *dezoito anos*, segundo nossa legislação civil. Ao atingir dezoito anos a pessoa tornar-se-á maior, adquirindo a capacidade de fato, podendo, então, exercer pessoalmente os atos da vida civil, ante a presunção de que, pelas condições do mundo moderno e pelos avanços tecnológicos dos meios de comunicação, já tem experiência, em razão da aquisição de uma formação cultural, responsável pela precocidade de seu desenvolvimento físico-mental e do discernimento necessário para a efetivação de atos negociais. "A redução do limite etário para definição da capacidade civil aos 18 anos não altera o disposto no art. 16, inc. I, da Lei n. 8.213/91, que regula específica situação de dependência econômica para fins previdenciários e outras situações similares de proteção, previstas em legislação especial" (Enunciado n. 3, aprovado na *Jornada de Direito Civil*, promovida, em setembro de 2002, pelo Centro de Estudos Judiciários do Conselho da Justiça Federal). Os alimentos (CC, art. 1.696) serão devidos entre parentes, comprovada a necessidade do alimentando, sem qualquer limite de idade, ante os princípios da dignidade da pessoa humana e da solidariedade familiar (*RJTJSP*, *21*:198). Até os 21 anos os filhos podem ser considerados, para fins tributários, dependentes de seus genitores (Instrução Normativa SRF n. 15, de 6-2-2001, art. 38, I, III, IV e V). O art. 5º do Código Civil não altera o art. 27 do Código Penal, alusivo ao benefício da atenuação da pena de que gozam os condenados menores de 21 e maiores de 70 anos. Assim, pessoa maior de 18 anos que vier a cometer crime poderá, sendo menor de 21, ser apenada com a atenuante do art. 65, I, do Código Penal.

Emancipação voluntária ou judicial. Antes da maioridade legal, tendo o menor atingido dezesseis anos, poderá haver a outorga de capacidade civil por concessão dos pais (CC, art. 1.631

e parágrafo único; *RSTJ, 115*:275), ou de um deles na falta do outro (óbito, suspensão ou destituição do poder familiar), no exercício do poder familiar, mediante escritura pública inscrita no Registro Civil competente (Lei n. 6.015/73, arts. 29, IV, 89 e 90; CC, arts. 9º, II, e 166, IV), independentemente de homologação judicial. Se a concessão paterno-maternal se impossibilitar por falta de acordo dos genitores, a emancipação poderá dar-se com o suprimento judicial (CC, arts. 1.638, parágrafo único, 1.517 e 1.519). Além dessa *emancipação voluntária* ou *direta* por ato conjunto dos pais, ter-se-á a *emancipação por sentença judicial*, se o menor com dezesseis anos estiver sob tutela (CPC, arts. 719 a 725, I; CC, art. 1.763, I; Lei n. 8.069/90, art. 148, VII, parágrafo único, *e*; *RF, 197*:247), ouvido o tutor.

O tutor deverá requerer sua emancipação ao magistrado, que a concederá mediante sentença, hipótese em que se terá a *emancipação judicial*. Também nesse caso, pela Lei n. 6.015/73, art. 91 e parágrafo único, o juiz (ECA, art. 148, parágrafo único, *e*), ao conceder a emancipação, deverá comunicá-la de ofício ao oficial do Registro Civil, se não constar dos autos haver sido efetuado o registro dentro de oito dias, pois cabe ao interessado promovê-lo, já que antes dele a emancipação não produzirá efeito.

Pelo Enunciado n. 397 do CJF, aprovado na *V Jornada de Direito Civil*: "A emancipação por concessão dos pais ou por sentença do juiz está sujeita a desconstituição por vício de vontade". E pelo Enunciado n. 530 do CJF (aprovado na *VI Jornada de Direito Civil*): "A emancipação, por si só, não elide a incidência do Estatuto da Criança e do Adolescente".

Sobre os casos de denegação da emancipação: *RT, 197*:247, *134*:138, *179*:791, *287*:289 e *298*:171; *RF, 195*:243. A emancipação expressa dar-se-á por outorga paterna ou por sentença (*RT, 723*:323).

Emancipação tácita ou legal. A *emancipação legal* decorre dos seguintes casos: *a*) *casamento*, pois não é plausível que fique sob a autoridade de outrem quem tem condições de casar e constituir família (*RT, 182*:743); assim, mesmo que haja anulação do matrimônio, viuvez, separação (judicial ou extrajudicial) ou divórcio, o emancipado por essa forma não retorna à incapacidade; *b*) *exercício de emprego público efetivo*, por funcionário nomeado em caráter efetivo (não abrangendo a função pública interina, extranumerária ou em comissão), com exceção de funcionário de autarquia ou entidade paraestatal, que não é alcançado pela emancipação. Mas há quem ache que servidor de autarquia, fundação pública e paraestatal tem cessada a incapacidade. Quem exercer função pública em cargo de confiança, em comissão, ou interinamente, ou, ainda, em razão de contrato temporário (CF, art. 37, IX; Lei n. 8.112/90, arts. 3º e 9º) não adquirirá capacidade. Diarista e contratado não serão emancipados por força de lei (*RF, 161*:713; *RT, 98*:523; Súmula 14 do STF e Lei n. 1.711/52, art. 22, II; Lei n. 8.112/90, art. 5º, V). O exercício de emprego público efetivo gera presunção de um grau de amadurecimento incompatível com a manutenção da incapacidade; *c*) *colação de grau em curso de ensino superior*, embora, nos dias atuais, dificilmente alguém se emancipe por esse motivo, dada a extensão do ensino fundamental e médio e superior (*RF, 161*:173), mas, se ocorrer tal fato, o menor automaticamente emancipar-se-á; *d*) *estabelecimento civil ou comercial ou pela existência de relação de emprego, desde que, em função deles, o menor com dezesseis anos completos tenha economia própria*, conseguindo manter-se com os rendimentos auferidos, porque é sinal de que a pessoa tem amadurecimento e experiência, podendo reger sua própria pessoa e patrimônio, sendo ilógico que para cada ato seu houvesse uma autorização paterna ou materna (*RT, 788*:308, *723*:323, *117*:565) — p. ex., menor que seja praticante de desporto profissional, que atua como artista em emissoras de televisão ou rádio ou que venha a exercer atividade laborativa ou empresarial. Dever-se-á assentar a prova do estabelecimento com economia própria no Registro Público de Empresas Mercantis ou no Registro Civil das Pessoas Jurídicas (CC, art. 976); *e*) *serviço militar*, que fará com que cesse para o menor de dezessete anos a incapacidade civil (art. 73 da Lei n. 4.375/64, reproduzido pelo Decreto n. 57.654/66, art. 239

e parágrafo único; Lei n. 12.336/2010, que altera os arts. 17, 29, 30 e 75 da Lei n. 4.375/64, e Lei n. 8.239/91; *RT, 350*:622; *RF, 208*:420).

BIBLIOGRAFIA: Caio M. S. Pereira, *Instituições*, cit., v. 1, p. 250; Levenhagen, *Código Civil*, cit., v. 1, p. 37 e 38; Darcy Arruda Miranda, *Anotações*, cit., v. 1, p. 13; W. Barros Monteiro, *Curso*, cit., v. 1, p. 71 e 72; Silvio Rodrigues, *Direito civil*, cit., v. 1, p. 89; M. Helena Diniz, *Curso*, cit., v. 1, p. 98-100; José de Farias Tavares, *O Código Civil e a nova Constituição*, cit., p. 19 e 20; Fabrício Z. Matiello, *Código Civil comentado*, São Paulo, LTr, 2003, p. 26; Jones F. Alves e Mário Luiz Delgado, *Código*, cit., p. 13-14; Carlos Alberto Bittar Filho e Marcia S. Bittar, *Novo Código Civil*, São Paulo, IOB, 2005, p. 14; Raphael de Barros Monteiro e outros, *Comentários ao novo Código Civil* (arts. 1º a 5º), Rio de Janeiro, Forense, v. 1, 2010, p. 3 a 89.

Importância da maioridade e da capacidade de fato para a prática de atos processuais. Para o exercício da ação será preciso a existência de: *a) direito*, uma vez que a ação visa garanti-lo; *b) capacidade de fato*, isto é, aptidão para exercer o direito de ação, ou melhor, a *legitimatio ad processum*; *c) qualidade*, ou seja, permissão para atuar em juízo (p. ex., com o vencimento da dívida, o credor passa a ter qualidade para reclamar judicialmente o que lhe é devido); e *d) interesse* de agir ou *legitimatio ad causam*, pois para propor ou contestar uma ação será preciso ter legítimo interesse econômico ou moral (CPC, art. 17; STF, Súmula 409; CF, art. 5º, XXXV; CC, art. 189). Urge não confundir, portanto, a *legitimatio ad processum* com a *legitimatio ad causam*, pois nada obsta a que alguém tenha a capacidade para exercer o direito de ação, por ser plenamente capaz e não ter nenhum interesse para ser parte na ação, sendo que também pode suceder que uma pessoa tenha *legitimatio ad causam* apesar de não ter a *ad processum*, por não poder ingressar em juízo por si, devendo, então, ser representada ou assistida por seu representante legal.

Quem propõe uma ação deve ter interesse no objeto dela. O interesse de agir, na concepção de Mortara, seria a utilidade que presumivelmente se obterá do fato de propor ou de contestar uma ação, para assegurar uma relação jurídica por meio dos órgãos jurisdicionais do Estado. Surge tal interesse de agir quando houver lesão ou violação a um direito ou interesse tutelado pela norma. A ação judicial é um direito que todos têm de movimentar a máquina judiciária para pedir proteção, fazendo cessar a violação de um direito subjetivo, desde que tenham interesse econômico ou moral.

Art. 6º A existência da pessoa natural termina com a morte; presume-se esta, quanto aos ausentes, nos casos em que a lei autoriza a abertura de sucessão definitiva.

- *Efeitos da morte no direito penal — arts. 107, I, do Código Penal e 62 do Código de Processo Penal.*
- *Decreto-Lei n. 4.819, de 8 de outubro de 1942, sobre morte presumida de militar.*
- *Decreto-Lei n. 5.782, de 30 de agosto de 1943, sobre morte presumida de servidor público.*
- *Decreto-Lei n. 6.239, de 3 de fevereiro de 1944, sobre morte presumida de militar da aeronáutica.*
- *Lei n. 12.842/2013, art. 4º, XIV, sobre atestado de óbito.*
- *Lei n. 6.015, de 31 de dezembro de 1973, art. 88 e parágrafo único (Registros Públicos), sobre justificação para assento de óbito de pessoas desaparecidas em naufrágio, incêndio, inundação, terremoto ou qualquer outra catástrofe.*
- Vide *Súmula 331 do Supremo Tribunal Federal.*
- *Código de Processo Civil, arts. 104 a 107, 744 e 745, §§ 1º a 4º.*
- Vide *Lei n. 9.140, de 4 de dezembro de 1995, com alteração das Leis n. 10.536/2002 e 10.875/2004, que reconhece como mortos os desaparecidos em razão de participação em ativi-*

dades políticas no período de 2 de setembro de 1971 a 5 de outubro de 1988 e, ainda, Decreto de 16-12-2004, que concede indenização às suas famílias.

- *Lei n. 9.434/97, art. 3º.*
- *Portarias n. 474/2000 e 475/2000, que regulamentam a coleta de dados, fluxo e periodicidade de envio das informações sobre óbitos para o Sistema de Informações sobre Mortalidade (SIM) e sobre nascidos vivos para o Sistema de Informações sobre Nascidos Vivos (SINASC).*
- *Código Civil, art. 1.571, I, § 1º.*
- *Lei n. 11.976/2009 sobre Declaração de Óbito.*
- *Lei n. 13.114/2015 dispõe sobre a obrigatoriedade de os serviços de registros civis de pessoas naturais comunicarem à Receita Federal e à Secretaria de Segurança Pública os óbitos registrados, acrescentando parágrafo único ao art. 80 da Lei n. 6.015/73.*

Morte real. Com a morte real ou física, cessa a personalidade jurídica da pessoa natural, que deixa de ser sujeito de direitos e obrigações, acarretando: *a*) dissolução do vínculo conjugal e do regime matrimonial (Lei n. 6.515/77 e CC, art. 1.571, I); *b*) extinção do poder familiar (CC, art. 1.635, I); dos contratos personalíssimos, como prestação de serviço (CC, art. 607) e mandato (CC, art. 682, II; STF, Súmula 25); *c*) cessação da obrigação de alimentos com o falecimento do credor (*RJTJSP, 82*:38; *RT, 574*:68; CC, art. 1.700); do pacto de preempção (CC, art. 520); da obrigação oriunda de ingratidão de donatário (CC, art. 560); *d*) extinção de usufruto (CC, art. 1.410; CPC, art. 725, VI); da doação em forma de subvenção periódica (CC, art. 545); do encargo da testamentaria (CC, art. 1.985); *e*) perda da capacidade de ser parte em processo judicial (TJRS, Ap. Cível 70.017.278.250, rel. Des. Arno Werlang, j. 28-2-2007).

Morte presumida com declaração judicial de ausência. A *morte presumida* pela lei se dá pela *decretação judicial da ausência* de uma pessoa nos casos dos arts. 22 a 39 do Código Civil e dos arts. 49, 744 e 745, §§ 1º a 4º, do Código de Processo Civil. Se uma pessoa desaparecer sem deixar notícias, qualquer interessado na sua sucessão, findo o prazo previsto no edital (CPC, art. 745, §§ 1º e 2º), poderá requerer ao juiz a declaração de sua ausência, a nomeação de curador e a abertura da sucessão provisória. Pelo art. 745 do Código de Processo Civil, feita a arrecadação, o Juiz mandará publicar editais na rede mundial de computadores, no sítio do Tribunal a que estiver vinculado e na plataforma de editais do Conselho Nacional de Justiça, onde permanecerá por um ano, ou, não havendo sítio, no órgão oficial e na imprensa da comarca, durante um ano, reproduzida de 2 em 2 meses, anunciando a arrecadação e chamando o ausente a entrar na posse dos bens. Pelo art. 26 do Código Civil, passado um ano da arrecadação dos bens do ausente ou, se deixou algum representante, ou procurador, em se passando três anos sem que dê sinal de vida, poderá ser requerida sua sucessão provisória e o início do processo de inventário e partilha de seus bens, ocasião em que a ausência do desaparecido passa a ser considerada presumida. Feita a partilha, seus herdeiros deverão administrar os bens, prestando caução real, garantindo a restituição no caso de o ausente aparecer. Após dez anos do trânsito em julgado da sentença da abertura da sucessão provisória (CC, art. 37) sem que o ausente apareça, ou cinco anos depois das últimas notícias do desaparecido que conta oitenta anos de idade (CC, art. 38), será declarada a sua *morte presumida* a requerimento de qualquer interessado, convertendo-se a sucessão provisória em definitiva (CPC, art. 745, § 3º). Se o ausente retornar, ou algum de seus descendentes ou ascendentes, em até dez anos após a abertura da sucessão definitiva, serão citados para contestar o pedido os sucessores provisórios ou definitivos, o Ministério Público e o representante da Fazenda Pública, seguindo-se o procedimento comum. O ausente, seu descendente ou ascendente, terá direito aos bens no estado em que se encontrarem e direito ao preço que os herdeiros houverem recebido com sua venda. Porém, se regressar após esses dez anos, não terá direito a nada (CPC, art. 745, § 4º, e CC, art. 39; *BAASP, 1.939*:15).

Bens de ausente é procedimento especial que visa reconhecer a ausência de uma pessoa, a arrecadação e a destinação devida a seu patrimônio. E pelo art. 744 do CPC está relacionado com a herança jacente.

Jurisprudência: *RJTJSP*, *360*:363, *221*:181, *119*:311, *35*:63, *90*:350, *116*:49 e *136*:297; *RT*, *794*:382 e *535*:241; *JTJ*, *170*:186.

BIBLIOGRAFIA: Caio M. S. Pereira, *Instituições*, cit., v. 1, p. 210; M. Helena Diniz, *Curso*, cit., v. 1, p. 110-1; Bassil Dower, *Curso moderno de direito civil*, São Paulo, Ed. Nelpa, 1976, v. 1, p. 65-6; W. Barros Monteiro, *Curso*, cit., v. 1, p. 74; Savigny, *Traité de droit romain*, v. 2, p. 165; José Roberto dos Santos Bedaque, A curadoria de incapazes, *Justitia*, *148*:17-24; Hugo Nigro Mazzilli, *Curadoria de ausentes e incapazes*, São Paulo, 1988; Sebastião Luiz Amorim, Processamento da sucessão do ausente — presunção e declaração de morte. In: *O direito civil no século XXI*. Coord. M. Helena Diniz e Roberto Senise Lisboa. São Paulo, Saraiva, 2003, p. 521-32.

Art. 7º Pode ser declarada a morte presumida, sem decretação de ausência:

I — se for extremamente provável a morte de quem estava em perigo de vida;

II — se alguém, desaparecido em campanha ou feito prisioneiro, não for encontrado até dois anos após o término da guerra.

- *Lei n. 6.880/80, arts. 89, 91 e 92.*
- *Lei n. 9.140/95, com a redação da Lei n. 10.536/2002.*

Parágrafo único. A declaração da morte presumida, nesses casos, somente poderá ser requerida depois de esgotadas as buscas e averiguações, devendo a sentença fixar a data provável do falecimento.

- *Lei de Registros Públicos, arts. 85 e 88, parágrafo único.*
- *Código de Processo Civil, art. 719.*
- *Sobre presunção de morte para fins previdenciários: Leis n. 3.807/60 (art. 42), 8.213/91 (arts. 74 e 78) e Decreto n. 3.048/99 (art. 112).*
- *Código Civil, art. 2.041.*

Morte presumida sem decretação de ausência. Bastante elucidativas são as seguintes palavras de Serpa Lopes: "Na ausência, o desaparecimento da pessoa não induz uma certeza da morte. Ao contrário, o seu ponto nodal é precisamente a incerteza. No caso de desaparecimento das pessoas de que agora se cogita não há uma ausência, um desaparecimento gerando uma dúvida, mas um desaparecimento cercado de circunstâncias tais que indiretamente podem dar a certeza da morte". Admite-se *declaração judicial de morte presumida sem decretação de ausência* (*RSTJ*, *120*:229), em casos excepcionais, para viabilizar o registro do óbito, resolver problemas jurídicos gerados com o desaparecimento e regular a sucessão *causa mortis*, apenas depois de esgotadas todas as buscas e averiguações, devendo a sentença fixar a data provável do óbito, tais como: *a*) probabilidade da ocorrência da morte de quem se encontrava em perigo de vida, pois as circunstâncias em que ocorreu o acidente (naufrágio, incêndio, desastre, sequestro, inundação) dão certeza de que o desaparecido veio a falecer (*RT*, *781*:228); e *b*) desaparecimento em razão de participação em atividades políticas (Lei n. 9.140/95, com a redação da Lei n. 10.536/2002) ou em campanha (ação militar) ou prisão de pessoa participante das operações bélicas, não sendo ela encontrada até dois anos após o término da guerra. O óbito deverá ser justificado judicialmente, diante da presunção legal da ocorrência do evento morte. E a data provável do óbito (p. ex., a do seu desaparecimento; a do término das buscas etc.), fixada em sentença, demarcará o *dies a quo* em que a declaração judicial da morte presumida irradiará efeitos jurídicos e determinará a lei que irá reger sua sucessão (CC, art. 2.041). Portanto, a declaração de morte presumida é judicial e o procedimento a ser seguido é o da justificação (Lei n. 6.015/73, art. 88). Trata-se de procedimento de jurisdição voluntária (CPC, art. 719). Tal sentença, na lição de Mário Luiz Delgado, apesar de produzir efeitos *erga omnes*, não faz *coisa julgada material*, podendo ser revista, a qualquer tempo, desde que surjam novas provas, se tenha notícia da localização do desaparecido ou se dê o seu retorno. O declarado morto, com o seu regresso, volta ao *status quo ante* e a sentença declaratória judicial do seu falecimento deixará de ter existência *ex tunc*.

BIBLIOGRAFIA: Mário Luiz Delgado, *Problemas de direito intertemporal no Novo Código Civil*, São Paulo, Saraiva, 2004, p. 138; Serpa Lopes, *Tratado de Registros Públicos*, 1995, v. 1, p. 333; Nestor Duarte, *Código Civil comentado* (coord. Peluso), Barueri, Manole, 2008, p. 22; Sílvio de Salvo Venosa, A morte presumida no novo Código Civil, *Revista IOB de Direito de Família, 60*:12-15; Ana C. F. Köhler, A declaração judicial de morte presumida sem decretação de ausência decorrente de catástrofes, *Revista IOB de Direito de Família, 60*:16-25; Agnaldo R. Pires, Da ausência e da morte presumida, *Revista IOB de Direito de Família, 60*:26-29; Ruy Carlos de Barros Monteiro e outros, *Comentários*, cit., p. 90 a 105; José de Oliveira Ascensão, *Direito civil*, cit., v. 1, p. 132-38.

Art. 8º Se dois ou mais indivíduos falecerem na mesma ocasião, não se podendo averiguar se algum dos comorientes precedeu aos outros, presumir-se-ão simultaneamente mortos.

Comoriência ou morte simultânea. Pelo Enunciado n. 645 da *IX Jornada de Direito Civil*: "A comoriência pode ocorrer em quaisquer das espécies de morte prevista no direito civil brasileiro". A comoriência é a morte de duas ou mais pessoas na mesma ocasião e, em regra, em razão do mesmo acontecimento. Embora o problema da comoriência alcance casos de morte conjunta ocorrida no mesmo acontecimento, ele se coloca, com igual relevância, no que atina a efeitos dependentes de sobrevivência, à hipótese de pessoas falecidas em locais e acontecimentos distintos, mas em datas e horas simultâneas ou muito próximas. A expressão "na mesma ocasião" não requer que o evento morte se tenha dado na mesma localidade, basta que seja inviável a exata apuração da ordem cronológica dos óbitos (*RT*, *520*:273, *422*:175, *552*:227, *587*:121, *639*:62 e 63, *659*:146 e *665*:93; *JTA*, Ed. Lex, *143*:168; *RJ*, *144*:39; *RJM*, *179*:159).

Efeito da morte simultânea no direito sucessório. A comoriência terá grande repercussão na transmissão de direitos sucessórios, pois, se os comorientes são herdeiros uns dos outros, não há transferência de direitos; um não sucederá ao outro, sendo chamados à sucessão os seus herdeiros ante a presunção *juris tantum* de que faleceram ao mesmo tempo. Trata-se de presunção legal do momento da morte, que admite prova contrária da premoriência, sendo o *onus probandi* do interessado que pretende provar, com auxílio de perícia, testemunhas, registros de bordo etc., que a morte não foi simultânea. Se dúvida houver no sentido de se saber quem faleceu primeiro, o magistrado aplicará o art. 8º do Código Civil, caso em que, então, não haverá transmissão de direitos entre as pessoas que morreram na mesma ocasião (*JB*, *158*:269; *RT*, *100*:550, *490*:102, *452*:213, *524*:115, *552*:227, *587*:121, *639*:62, *659*:146 e *665*:93).

BIBLIOGRAFIA: Caio M. S. Pereira, *Instituições*, cit., v. 1, p. 211 e 213; Bassil Dower, *Curso*, cit., v. 1, p. 66-7; M. Helena Diniz, *Curso*, cit., v. 1, p. 111-2; *Lei de Introdução ao Código Civil brasileiro interpretada*, São Paulo, Saraiva, 2001, p. 275-6; Rubens Limongi França, Fim da personalidade natural. Comoriência e vocação hereditária, *Revista Brasileira de Direito Comparado, 13*:96-107, 1992; Clóvis Beviláqua, *Código Civil comentado*, 1944, v. 1, p. 217 e s.; Raoul de la Grasserie, *Code Civil alemand*, Paris, 1897, p. 5; Diego Espín Cánovas, *Derecho civil español*, Madrid, 1951, v. 1, p. 125; Rotondi, *Istituzioni di diritto* *privato*, Milano, 1965, p. 175-7; Matiello, *Código Civil*, cit., p. 29; Álvaro Villaça Azevedo e Gustavo R. Nicolau, *Código Civil*, cit., p. 41.

Art. 9º Serão registrados em registro público:

- *Lei n. 6.015/73 (com as alterações das Leis n. 12.662/2012, 13.112/2015, 13.484/2017 e 13.874/2019), arts. 1º, § 3º, 29 a 32, 49 e 54, 50 a 66, 70 e 77 a 88, 97 e 110; (com as modificações da Lei n. 13.484/2017) arts. 19, § 4º, 54, n. 9º, 10, 11 e §§ 4º e 5º, 70, n. 1.*
- *Lei de Introdução às Normas do Direito Brasileiro, arts. 18 e 19.*
- *Lei n. 3.764/60.*
- *Lei n. 6.815/80 (Estatuto do Estrangeiro).*

I — os nascimentos, casamentos e óbitos;

- Vide *Decreto n. 6.828/2009 (arts. 1º a 3º), que regulamenta o art. 29 da Lei n. 6.015/73.*
- Vide *Lei n. 9.053/95, que altera o art. 50 da Lei n. 6.015/73.*
- Vide *Lei n. 10.215/2001, que altera o art. 46 da Lei n. 6.015/73.*
- Vide *Lei n. 9.465, de 7 de julho de 1997, sobre fornecimento gratuito de registro extemporâneo de nascimento.*
- *Sobre o estado que resulta do registro de nascimento,* vide *art. 1.604 do Código Civil.*
- *Sobre o registro de nascimento de menores abandonados,* vide *Lei n. 6.015, de 31 de dezembro de 1973, art. 62.*
- Vide *Decreto-Lei n. 7.845, de 9 de agosto de 1945, sobre providências que facilitam o registro de nascimento, para fins eleitorais.*
- *Sobre registro de nascimento inexistente, parto alheio como próprio, ocultação ou substituição de recém-nascido e sonegação do estado de filiação,* vide *Código Penal, arts. 241 a 243.*
- *Sobre expulsão de estrangeiro que faz falsa declaração perante o Registro Civil, a fim de atribuir-se ou a seus filhos a nacionalidade brasileira,* vide *Decreto-Lei n. 5.860, de 30 de setembro de 1943, arts. 2º e 3º.*
- *Resoluções n. 1/2010 e 2/2010 da Secretaria Executiva do Ministério da Justiça, sobre Regimento Interno do Comitê Gestor do Sistema Nacional de Registro de Identificação Civil e sobre especificações técnicas básicas do documento de Registro de Identidade Civil.*
- *Código Civil, arts. 1.512, parágrafo único, 1.516, §§ 1º a 3º, 1.545, 1.546 e 1.604 (registro de casamento).*
- *Sobre óbitos ocorridos na Força Aérea,* vide *Decreto-Lei n. 8.573, de 8 de janeiro de 1946.*
- *Lei n. 6.015/73, arts. 29 a 32, 50 a 88, 107, § 2º, 29, I, II e III, regulamentada pelo Decreto n. 6.828/2009 e alterada pela Lei n. 13.484/2017.*
- *Lei n. 13.112/2015, que altera os itens 1º e 2º do art. 52 da Lei n. 6.015/73, para permitir à mulher, em igualdade de condições, proceder ao registro de nascimento do filho.*
- *Provimento da CNJ n. 46/2015 sobre Central de Informações de Registro Civil das Pessoas Naturais.*
- *Provimento da CNJ n. 52/2016 sobre registro de nascimento e emissão de certidão de bebês gerados por técnicas de reprodução assistida.*
- *Lei n. 11.789, de 2 de outubro de 2008, proíbe a inserção nas certidões de nascimento e de óbito de expressões que indiquem condição de pobreza ou semelhantes, acrescentando § 4º ao art. 30 da Lei n. 6.015/73.*

- *Lei n. 11.790/2008, que altera o art. 46 da Lei n. 6.015/73.*
- *Lei n. 8.935/94, art. 45, §§ 1º e 2º, com a redação da Lei n. 11.789/2008.*
- *Lei n. 12.662/2012 sobre Declaração de Nascido Vivo.*
- *Provimento da CNJ n. 73/2018 sobre averbação de alteração do prenome e do gênero nos assentos de nascimento e casamento de pessoa transgênero no Registro Civil de Pessoas Naturais.*

II — a emancipação por outorga dos pais ou por sentença do juiz;

- Vide *Constituição Federal, art. 226, § 5º.*
- *Código Civil, art. 5º, parágrafo único, I.*
- *Lei n. 6.015/73, arts. 13, § 2º, 29, IV, e 89 a 91.*

III — a interdição por incapacidade absoluta ou relativa;

- *Lei n. 6.015/73, arts. 29, V, 33, parágrafo único, 89 a 93, 104 e 107.*
- *CPC, arts. 747 a 757.*
- *Revogado, tácita e parcialmente, pela Lei n. 13.146/2015, que, ao alterar o art. 3º do CC, passou a admitir curatela apenas às pessoas arroladas no art. 4º do CC (com nova redação) como relativamente incapazes.*

IV — a sentença declaratória de ausência e de morte presumida.

- *Código Civil, arts. 22 e 7º, e Lei n. 6.015/73, arts. 89 e s.*
- *Registros Públicos: Leis n. 6.015, de 31 de dezembro de 1973, arts. 29, I a VI, § 1º,* a, *30 a 32, 50 a 66, 70, 77 a 94, 9.053/95, 9.534/97 e 9.812/99.* Vide *Lei n. 818, de 18 de setembro de 1949.*
- *Registro Civil dos índios: Lei n. 6.001, de 19 de dezembro de 1973 (Estatuto do Índio), e art. 50, § 2º, da Lei n. 6.015, de 31 de dezembro de 1973.*
- *Relativamente ao nome: Leis n. 6.015/73, arts. 54 (com redação da Lei n. 9.997/2000) a 58, 9.708/98, 9.807/99, art. 9º, §§ 1º a 5º, 8.408/92, 6.515/77, arts. 17, 18, 25 e parágrafo único, 50 e 57, §§ 2º e 3º; e 14.382/2022.*
- *Sobre o nome de estrangeiros e brasileiros naturalizados,* vide *Lei n. 6.815, de 19 de agosto de 1980 (Estatuto do Estrangeiro). Consulte, ainda, a Lei n. 9.076/95, que altera artigos da Lei n. 6.815/80.*
- *O Decreto-Lei n. 6.707, de 18 de julho de 1944, determina a aceitação da carteira profissional para prova do registro civil, nos institutos de previdência social.*
- *A Lei n. 3.764, de 25 de abril de 1960, estabeleceu rito sumaríssimo (hoje sumário por força de alteração feita pela Lei n. 9.245/95) para retificação no registro civil.*
- Vide *art. 242 e parágrafo único do Código Penal, com redação determinada pela Lei n. 6.898, de 30 de março de 1981, que estatui sobre o registro de filho de outrem como próprio.*
- *Lei de Introdução às Normas do Direito Brasileiro, arts. 18 e 19.*
- Vide *Lei n. 9.049, de 18 de maio de 1995, que permite o registro, nos documentos pessoais, de identificação das informações que especifica.*
- *Decreto n. 2.170/97, que dá nova redação ao art. 2º do Decreto n. 89.250/93, sobre carteira de identidade.*
- *Lei n. 14.534/2023 sobre CPF como único documento de identificação pessoal do cidadão brasileiro.*
- *Lei n. 9.453/97, que acrescenta parágrafo ao art. 2º da Lei n. 5.553/68, sobre apresentação e uso de documentos de identificação pessoal.*

- *Lei n. 9.454/97, que instituiu o número único de registro de identidade civil.*
- Vide *Lei n. 8.935, de 18 de novembro de 1994, art. 4º, § 1º.*
- Vide *Lei estadual paulista n. 9.335/95, que cria Cartórios de Registro Civil das Pessoas Naturais, e CSMSP, Provimento n. 539/95.*
- *Provimentos n. 494/93, arts. 8º a 12, e 7/96, do CGJ.*
- *CGJ, Provimento n. 28/2012 trata do novo procedimento para efetuar registro público de emancipações, interdições, ausência, morte presumida, tutela, adoção, investigação e negatória de paternidade, substituição ou destituição de poder familiar e guarda e para sua retificação (item 131 do Cap. XVII) de ofício na unidade extrajudicial onde se encontrar o assentamento, havendo necessidade de maior indagação ou de informações complementares, após manifestação do MP, que poderá requerer ao juiz a distribuição dos autos a um dos cartórios da circunscrição, caso em que se processará a retificação, com assistência de um advogado, observando-se sempre o rito sumaríssimo. Ao ser deferido o pedido, o oficial averbará a retificação à margem do registro, mencionando o número do protocolo e a data da sentença e seu trânsito em julgado, quando for o caso.*
- *Decreto n. 9.929/2019 sobre Sistema Nacional de Informações de Registro Civil (SIRC).*

Publicidade do estado das pessoas. Com o escopo de assegurar direitos de terceiros, o legislador, a fim de obter a publicidade do estado das pessoas, exige inscrição em registro público de determinados atos, e a certidão extraída dos livros cartorários fará prova plena e segura do estado das pessoas físicas.

Registro de nascimento. Todo nascimento deve ser registrado (*JB*, *130*:74 e 80 e *166*:250; Lei n. 6.015/73, arts. 29, I, regulamentado pelo Decreto N. 7.231/2010, 46, com alteração da Lei n. 10.215/2001; 50 — alterado pela Lei n. 9.053/95 — e 53; CC, art. 9º, I; Leis n. 9.534/97 e 11.789/2008, que alteraram o art. 45 da Lei n. 8.935/94; CF/88, art. 5º, LXXVI, *a*), mesmo que a criança tenha nascido morta ou morrido durante o parto (LPR, art. 53, § 2º). Se for natimorta o assento será feito no livro "C Auxiliar" (Lei n. 6.015/73, art. 33, V), contendo os elementos arrolados no art. 54 da referida lei. Se morreu por ocasião do parto, tendo respirado, serão feitos dois registros: o de nascimento e o de óbito (Lei n. 6.015, art. 53, §§ 1º e 2º).

O registro de nascimento deve ser feito pelo pai ou pela mãe, isoladamente ou em conjunto, nos primeiros 15 dias de vida. Se um dos dois não cumprir a exigência dentro do período, o outro terá 45 dias para realizar a declaração (art. 52 da Lei n. 6.015/73, com a redação da Lei n. 13.112/2015).

Havendo impedimento de ambos, caberá ao parente mais próximo; na falta deste, os administradores de hospitais, médicos, parteiras que tiverem assistido o parto ou pessoa idônea da casa em que ocorrer e, finalmente, pessoas encarregadas da guarda do menor. Essas pessoas terão o prazo de declaração prorrogado por 45 dias, contando do momento que souberam do impedimento. Até que seja lavrado o assento do registro de nascimento, deverá ser emitida a *Declaração de Nascido Vivo* (DNV), que será válida exclusivamente para fins de elaboração de políticas públicas e lavratura do registro de nascimento (Lei n. 6.015/73, art. 54, §§ 3º e 10, com redação da Lei n. 13.484/2017; Lei n. 12.662/2012, arts. 3º, § 2º, e 4º, § 4º).

Pelo Enunciado n. 608 aprovado na *VII Jornada de Direito Civil*: "É possível o registro de nascimento dos filhos de pessoas do mesmo sexo originários de reprodução assistida, diretamente no Cartório do Registro Civil, sendo dispensável a propositura de ação judicial, nos termos da regulamentação da Corregedoria local".

Registro de casamento. Para completar as formalidades do casamento, que se iniciam com a habilitação e prosseguem com a cerimônia solene, dever-se-á lavrar no livro de registro para perpetuar o ato e servir de prova o assento do matrimônio, assinado pelo presidente do ato, cônjuges, testemunhas e oficial, contendo os requisitos exigidos pelo art. 70 da Lei n. 6.015/73 (CC, arts. 1.512, parágrafo único, 1.516, §§ 1º a 3º, 1.545 e 1.546; Lei n. 6.015/73, art. 29, II, regulamentado pelo Decreto n. 6.828/2009). A falta de lavratura do assento não macula a validade do casamento nem pesa como falha na celebração, mesmo quando houver dolo ou culpa do oficial, caso em que se provará o matrimônio por outros meios. Todavia, na prática, muito dificilmente haverá tal omissão porque o assento é lavrado imediatamente após a cerimônia nupcial, para a assinatura do juiz, cônjuges e testemunhas, e porque, em regra, o oficial o prepara antes da celebração do casamento para facilitá-la.

Registro de óbito. Será imprescindível o registro de óbito, pois se prova a morte pela certidão extraída do assento de óbito (Lei n. 6.015/73, arts. 29, III, regulamentado pelo Decreto N. 6.828/2009, 77 a 88 e 107; Leis n. 9.534/97 e 11.789/2008, que deram nova redação ao art. 45 da Lei n. 8.935/94). A certidão de óbito, condição para o sepultamento ou cremação, só poderá ser lavrada mediante a apresentação de atestado de médico inscrito no CRM ou de declaração de duas pessoas qualificadas que assistiram a morte (LRP, art. 77, c/c o art. 80, 8º).

Registro de emancipação voluntária ou judicial. Imprescindível será o registro de emancipação de menor de dezoito anos completos que se dê em razão de outorga paterno-maternal ou, excepcionalmente, paterna ou materna ou por sentença judicial (Lei n. 6.015/73, arts. 79 a 81, 83, 88, parágrafo único, 89 a 91 e 107, § 1º). A emancipação terá eficácia somente depois do registro.

Registro de interdição por incapacidade relativa. O decreto judicial de interdição deverá ser assentado (Lei n. 6.015/73, art. 92) no Registro das Pessoas Naturais e publicado, imediatamente, na rede mundial de computadores, no sítio do tribunal a que estiver vinculado o juízo e na plataforma de editais do Conselho Nacional de Justiça, onde permanecerá por 6 meses, na imprensa local, uma vez, e no órgão oficial, três vezes, com intervalo de dez dias, constando do edital os nomes do interdito e do curador que o representará nos atos da vida civil, a causa da interdição, os limites da curatela e, não sendo total a interdição, os atos que o interdito poderá praticar autonomamente (CPC, art. 755, § 3º). O assento no Registro de Pessoas Naturais e a publicação editalícia são indispensáveis para assegurar eficácia *erga omnes* à sentença. A assinatura do Termo pelo curador dar-se-á depois do registro da sentença (Lei n. 6.015/73, art. 93, parágrafo único).

Registro de sentença declaratória de ausência e de morte presumida. Será preciso que se faça o assento da sentença declaratória de ausência (CC, art. 7º) que nomear curador no cartório do domicílio anterior do ausente (Lei n. 6.015/73, art. 94). A sentença da abertura da sucessão provisória será averbada, no assento de ausência, após o trânsito em julgado (Lei n. 6.015/73, arts. 104, parágrafo único, e 107, § 1º).

E a declaração judicial da morte presumida deverá, convertendo-se a sucessão provisória em definitiva, também ser levada a assento.

BIBLIOGRAFIA: Orlando Gomes, *Direito de família*, Rio de Janeiro, Forense, 1978, p. 120; Cândido de Oliveira, *Manual do Código Civil brasileiro*, de Paulo Lacerda, Rio de Janeiro, 1918, v. 5, § 68, p. 143; Caio Mário da S. Pereira, *Instituições*, cit., v. 5, p. 84; W. Barros Monteiro, *Curso*, cit., v. 2, p. 57; M. Helena Diniz, *Curso*, cit., v. 5, p. 80-1; Pontes de Miranda, *Comentários ao Código de Processo Civil*, v. 16, p. 391-3; Regnoberto M. de Melo Jr., *Lei de Registros Públicos*, Rio de Janeiro, Freitas Bastos, 2003.

Art. 10. Far-se-á averbação em registro público:

I — das sentenças que decretarem a nulidade ou anulação do casamento, o divórcio, a separação judicial e o restabelecimento da sociedade conjugal;

- *Código Civil, arts. 1.571 a 1.582.*
- *Constituição Federal, art. 226, § 6º.*

PESSOAS

- *Lei n. 6.015/73, arts. 29, § 1º, a, 100 e 101.*
- *Código de Processo Civil, art. 733, § 1º.*
- *Inciso que poderá perder, parcialmente, sua eficácia social pela Constituição Federal, art. 226, § 6º, com a redação da Emenda Constitucional n. 66/2010.*

II — dos atos judiciais ou extrajudiciais que declararem ou reconhecerem a filiação;

- *Lei n. 8.069/90, arts. 26 e 27.*
- *Lei n. 8.560/92.*
- *Código Civil, arts. 1.609, I, 1.607 a 1.617.*
- *Provimento n. 494/93 do CSM.*
- *Lei n. 6.015/73, arts. 29, § 1º, e 100.*

III — (dos atos judiciais ou extrajudiciais de adoção.)

- *Revogado pela Lei n. 12.010/2009, art. 8º.*
- *Lei n. 6.015/73, arts. 29, VIII e § 1º, 97 a 105.*
- *Código Civil, arts. 1.618 e 1.619.*
- *Lei n. 8.069/90, com as alterações da Lei n. 12.010/2009, arts. 28, § 4º, 39 a 52, 52-A a 52-D, 197-A a 199-E.*
- *Constituição Federal, art. 227, §§ 5º e 6º.*

Importância da averbação. Surge, ao lado do registro, um ato específico, a averbação, ante a necessidade de se fazer exarar todos os fatos que venham atingir o estado da pessoa e, consequentemente, o seu registro civil, alterando-o, por modificarem ou extinguirem os dados dele constantes. A averbação será feita pelo oficial do cartório em que constar o assento à vista da carta de sentença, de mandado ou de petição acompanhada de certidão ou documento legal e autêntico, com audiência do Ministério Público (Lei n. 6.015/73, art. 97). Tal averbação será feita à margem do assento e, quando não houver espaço, no livro corrente, com as notas e remissões recíprocas, que facilitem a busca (Lei n. 6.015/73, art. 98).

Averbação da sentença de nulidade ou anulação do casamento, da separação judicial e do divórcio. Transitada em julgado a sentença declaratória de nulidade absoluta ou relativa do casamento, a decisão homologatória da separação judicial consensual ou a que conceder a separação judicial litigiosa deverá ser averbada no livro de casamento do Registro Civil competente (Lei n. 6.015/73, art. 100), e se a partilha abranger bens imóveis deverá ser também transcrita no Registro Imobiliário e, caso qualquer dos cônjuges seja empresário, no Registro Público de Empresas Mercantis (Lei n. 6.015/73, arts. 29, § 1º, *a*, 100, §§ 1º a 5º, e 167, II, 14; CPC, art. 734, § 3º). Além de averbável, é suscetível de registro, por ocorrer alteração do patrimônio dos ex-cônjuges, indicando a qual deles pertencerá o imóvel matriculado. Readquirindo os ex-cônjuges a propriedade exclusiva dos bens, desaparecem as restrições atinentes ao poder de disposição, principalmente no que concerne aos bens imóveis, e, para que terceiros tenham ciência do fato, a sentença, além de averbada no Livro de Registro de Casamento, deverá sê-lo no de imóveis. E a sentença de divórcio só produzirá seus efeitos depois de averbada no Registro Público competente, ou seja, onde foi lavrado o assento do casamento (art. 32 da Lei n. 6.515). Antes da averbação aquelas sentenças não produzirão efeitos contra terceiros (Lei n. 6.015/73, art. 100, § 1º).

Haverá necessidade, além do registro, da averbação de escritura pública de separação e de divórcio consensuais extrajudiciais, devidamente registrada na circunscrição imobiliária (CPC, art. 733, § 1º), se houver partilha de bens comuns, individuando, assim, os imóveis pertencentes a cada ex-cônjuge.

Com a possível perda parcial da eficácia social do art. 10, I, poderá não haver mais averbação de separação judicial ou extrajudicial, pois estes institutos, por não serem pré-requisitos para pleitear divórcio, poderão desaparecer do cenário jurídico. Contudo, válidas continuam sendo as averbações feitas anteriormente à reforma constitucional, até que os ex-cônjuges venham a pleitear o divórcio.

Averbação do restabelecimento da sociedade conjugal. Havendo ato de restabelecimento da sociedade conjugal mediante reconciliação, se separados, ou novo casamento, se divorciados (Lei n. 6.515/77, art. 46), deverá ele ser averbado (Lei n. 6.015/73, art. 101) no livro de casamento, e, havendo bens imóveis no patrimônio conjugal, a averbação do fato deverá ser feita em relação a cada um dos imóveis pertencentes ao casal, exista ou não pacto antenupcial (Lei n. 6.015/73, art. 167, II, n. 10), no Registro Imobiliário da situação dos imóveis.

Averbação de atos judiciais ou extrajudiciais que declararem ou reconhecerem a filiação. No livro de nascimento deverão ser averbados tanto atos judiciais que declarem ou reconheçam a filiação (Lei n. 6.015/73, art. 102) como os extrajudiciais, porque o reconhecimento voluntário de filho (CC, art. 1.609, I a IV; Lei n. 8.069/90, art. 26; Lei n. 8.560/92, art. 1º, I a IV) é ato solene. Deve, por exemplo, a escritura pública ou particular arquivada em cartório, em que se reconheça filiação, ser averbada no livro de nascimento.

Averbação dos atos judiciais de adoção. A sentença constitutiva de adoção, que confere à pessoa a qualidade de filho adotivo, desligando-a dos vínculos com os parentes consanguíneos, estabelecendo a relação de parentesco civil, após o trânsito em julgado deverá ser averbada no livro de nascimento. Deveras, a adoção só se consuma com o assento daquela decisão, que se perfaz com sua averbação à margem do registro de nascimento do adotado, efetuada à vista de petição acompanhada da decisão judicial (Lei n. 8.069/90 (com alteração da Lei n. 12.010/2009), arts. 47, 197-A, 197-B, 197-C, 197-D, 197-E, 198, 199, 199-A, 199-B, 199-C, 199-D e 199-E; CC, arts. 1.618 e 1.619, com a redação da Lei n. 12.010/2009). Pelo Enunciado n. 273 (*IV Jornada de Direito Civil* do CJF): "Tanto na adoção bilateral quanto na unilateral, quando não se preserva o vínculo com qualquer dos genitores originários, deverá ser averbado o cancelamento do registro originário de nascimento do adotado, lavrando-se novo registro. Sendo unilateral a adoção, e sempre que se preserve o vínculo originário com um dos genitores, deverá ser averbada a substituição do nome do pai ou da mãe natural pelo nome do pai ou da mãe adotivos".

Como desapareceu a dicotomia entre adoção simples e plena, o ato da adoção, além de ser irrevogável, não dispensa a intervenção judicial na sua criação, pois somente se aperfeiçoa perante juiz, em processo judicial, com a intervenção do Ministério Público, inclusive em caso de adoção de maiores de dezoito anos (CC, art. 1.623 e parágrafo único). Esse é também o entendimento do Enunciado n. 272 (*IV Jornada de Direito Civil* do CJF): "Não é admitida em nosso ordenamento jurídico a adoção por ato extrajudicial, sendo indispensável a atuação jurisdicional, inclusive para a adoção de maiores de dezoito anos". Consequentemente, se não se pode adotar por meio de escritura pública, não há que se falar em averbação de ato extrajudicial de adoção e do ato que a dissolver, pois não mais será possível revogá-la, nem poderá o adotado desligar-se unilateralmente da adoção. Apenas, para fins de rompimento do efeito sucessório da adoção, a norma jurídica confere ao adotante e ao adotado o uso da deserdação ou da indignidade, desde que surjam os casos dos arts. 1.814, 1.962 e 1.963.

Capítulo II

Dos Direitos da Personalidade

- Vide *Leis n. 13.146/2015, arts. 8º a 10 e n. 13.185/2015.*

Art. 11. Com exceção dos casos previstos em lei, os direitos da personalidade são intransmissíveis e irrenunciáveis, não podendo o seu exercício sofrer limitação voluntária.

- *Constituição Federal, arts. 1º, III, 3º, IV, e 5º.*
- *Lei n. 12.965/2014 estabelece princípios, garantias, direitos e deveres para uso de Internet no Brasil para proteger direitos da personalidade.*
- ***Projeto de Lei n. 699/2011**: "Art. 11. O direito à vida, à integridade físico-psíquica, à identidade, à honra, à imagem, à liberdade, à privacidade, à opção sexual e outros reconhecidos à pessoa são natos, absolutos, intransmissíveis, indisponíveis, irrenunciáveis, ilimitados, imprescritíveis, impenhoráveis e inexpropriáveis.*

  Parágrafo único. Com exceção dos casos previstos em lei, não pode o exercício dos direitos da personalidade sofrer limitação voluntária".

Personalidade. Segundo Goffredo Telles Jr., a personalidade consiste no conjunto de caracteres próprios da pessoa. É objeto de direito por ser alusivo a tudo que se referir à natureza do ser humano. É o primeiro bem da pessoa, que lhe pertence como primeira utilidade, para que ela possa ser o que é, para sobreviver e se adaptar às condições do ambiente em que se encontra, servindo-lhe de critério para aferir, adquirir e ordenar outros bens. A personalidade é o objeto de direito; o sujeito de direito é a pessoa. Como os objetos estão na natureza humana, muitos autores, como Rosa Nery, propõem a substituição da denominação *direitos da personalidade* para *direitos de humanidade*, tendo por base o art. 1º, III, da Carta Magna.

Direitos da personalidade. Para Goffredo Telles Jr., os direitos da personalidade são os direitos subjetivos da pessoa de defender o que lhe é próprio, ou seja, a vida, a integridade, a liberdade, a sociabilidade, a reputação ou honra, a imagem, a privacidade, a autoria etc. São *direitos subjetivos 'excludendi alios'*, ou seja, direitos de exigir um comportamento negativo dos outros, protegendo bens inatos, valendo-se de ação judicial. Apesar da grande importância dos direitos da personalidade, o atual Código Civil, no capítulo a eles dedicado, pouco desenvolveu a temática, mesmo tendo por objetivo primordial a preservação do respeito à dignidade da pessoa humana e aos direitos protegidos constitucionalmente, como se pode ver nos arts. 948 e 951, relativos ao direito à vida, nos arts. 949 a 951, concernentes à integridade física e psíquica, no art. 953, alusivo ao direito à honra, e no art. 954, sobre a liberdade pessoal. Não quis assumir o risco de uma enumeração taxativa, prevendo em poucas normas a proteção de certos direitos inerentes ao ser humano, talvez para que haja, posteriormente, diante de seu caráter ilimitado, desenvolvimento jurisprudencial e doutrinário e regulamentação por normas especiais. Pelo Enunciado n. 274 (*IV Jornada de Direito Civil* do CJF): "Os direitos da personalidade, regulados de maneira não exaustiva pelo Código Civil, são expressões da cláusula geral de tutela da pessoa humana, contida no art. 1º, III, da Constituição (princípio da dignidade da pessoa humana). Em caso de colisão entre eles, como nenhum pode sobrelevar os demais, deve-se aplicar a técnica da ponderação". E entendeu o CJF no Enunciado n. 531 (aprovado na *VI Jornada de Direito Civil*) que: "A tutela da dignidade da pessoa humana na sociedade da informação inclui o direito ao esquecimento".

Caracteres dos direitos da personalidade. São inatos, absolutos, intransmissíveis, indisponíveis, irrenunciáveis, ilimitados, imprescritíveis (apesar da omissão legal, assim tem entendido a doutrina), impenhoráveis e inexpropriáveis, apesar de o atual Código Civil ter feito referência apenas a três características: intransmissibilidade, irrenunciabilidade e indisponibilidade. O direito da personalidade é o direito da pessoa de defender o que lhe é próprio como a vida, a identidade, a liberdade, a imagem, a privacidade, a honra etc. É o direito subjetivo de exigir um comportamento negativo de todos, protegendo um bem próprio, valendo-se de ação judicial. Como todos os direitos da personalidade são tutelados em cláusula pétrea constitucional, não se extinguem pelo seu não uso, nem seria possível impor prazos para sua aquisição ou defesa. Logo, se a pretensão for indenização civil por dano moral direto em razão de lesão a direito da personalidade

(p. ex., integridade física ou psíquica, liberdade de pensamento etc.), ter-se-á, na nossa opinião, a imprescritibilidade. Mas se a pretensão for a obtenção de uma reparação civil por dano patrimonial ou dano moral indireto, o prazo prescricional será de 3 anos (CC, art. 206, § 3º, V). Isto porque a prescrição alcança *efeitos patrimoniais* de ações imprescritíveis, como as alusivas às pretensões oriundas de direito da personalidade. Para evitar dúvidas seria bom que se alterasse o disposto no art. 11.

Disponibilidade relativa dos direitos da personalidade. Os direitos da personalidade são, em regra, indisponíveis, mas há temperamentos legais quanto a isso, visto que se admite sua disponibilidade relativa, por exemplo, quanto: *a*) ao direito da imagem (*RT*, *790*:252 e 384), pois em prol do interesse social ninguém poderá recusar que sua foto fique estampada em documento de identidade, e pessoa famosa pode explorar sua efígie na promoção de venda de produtos, mediante pagamento de remuneração convencionada; *b*) ao direito autoral, com o escopo de divulgar obra ou de comercializar criação intelectual (Lei n. 9.610/98); *c*) ao direito à integridade física, pois, em relação ao corpo, alguém, para atender a uma situação altruística e terapêutica, poderá ceder, gratuitamente, órgão ou tecido (Lei n. 9.434/97, com alteração da Lei n. 10.211/2001, e Decreto N. 2.268/97). Deveras, pelo Enunciado n. 532 do CJF (aprovado na *VI Jornada de Direito Civil*): "É permitida a disposição gratuita do próprio corpo com objetivos exclusivamente científicos, nos termos dos arts. 11 e 13 do Código Civil". Logo, o exercício dos direitos da personalidade, com exceção das hipóteses previstas em lei, não poderá sofrer limitação voluntária. Sem embargo disso, há quem entenda que: "o exercício dos direitos da personalidade pode sofrer limitação voluntária, desde que não seja permanente nem geral" (Enunciado n. 4, aprovado na *Jornada de Direito Civil*, promovida, em setembro de 2002, pelo Centro de Estudos Judiciários do Conselho da Justiça Federal); "os direitos da personalidade podem sofrer limitações, ainda que não especificamente previstas em lei, não podendo ser exercidos com abuso de direito de seu titular, contrariamente à boa-fé objetiva e aos bons costumes" (Enunciado n. 139 do Conselho de Justiça Federal, aprovado na *III Jornada de Direito Civil* de 2004).

BIBLIOGRAFIA: Goffredo Telles Jr., Direito subjetivo-I, in *Enciclopédia Saraiva do Direito*, v. 28, p. 315-6; *Iniciação na ciência do direito*, São Paulo, Saraiva, 2001, p. 297 a 304; M. Helena Diniz, *Curso de direito civil*, cit., v. 1, p. 99 e s.; R. Limongi França, *Manual de direito civil*, São Paulo, Revista dos Tribunais, 1975, v. 1, p. 403; Simón Carrejo, *Derecho Civil*, Bogotá, Themis, 1972, t. 1, p. 299 e 1300; Orlando Gomes, Os direitos da personalidade — coordenadas fundamentais, *Revista do Advogado*, São Paulo, *AASP*, *38*:5-13; Adriano De Cupis, *Os direitos da personalidade*, Lisboa, Livr. Morais, 1961, p. 44 e s.; Diogo Leite de Campos, *Lições de direitos da personalidade*, 1995; Capelo de Sousa, *O direito geral da personalidade*, 1995; Elimar Szaniawski, *Direitos da personalidade e sua tutela*, 1993; Antonio Cezar Lima da Fonseca, Anotações aos direitos da personalidade, *RT*, *715*:36; Carlos Alberto Bittar Filho, Os direitos da personalidade na Constituição de 1988, *RT*, *733*:83; Fábio Maria de Mattia, Direitos da personalidade: aspectos gerais, *RDC*, *3*:35; José Lamartine Corrêa de Oliveira e Francisco José Ferreira Muniz, O estado de direito e os direitos da personalidade, *RT*, *532*:11; Ives Gandra da Silva Martins, Os direitos da personalidade, in *O novo Código Civil — estudos em homenagem a Miguel Reale*, São Paulo, LTr, 2003, p. 54-69; Carlos Roberto Gonçalves, *Direito*, cit., v. 1, p. 153-73; Ana Paula de Fátima Coelho, Direitos da personalidade na confirmação do novo direito privado social, *Anais do 1º Fórum Jurídico-social de 27 a 29 de março de 2003, FADIPA/FASESP, UEMG*, p. 31-44; Guilherme Linhares V. da Silva, Breves apontamentos acerca dos direitos da personalidade e novas formas de tutela jurisdicional, *Impactos processuais do direito civil* (coord. Cassio Scarpinella Bueno), São Paulo, Saraiva, 2008, p. 62-78; Silvio R. Beltrão. *Direitos da personalidade*, São Paulo, Atlas, 2005; Fernando Gaburri, Direitos da personalidade e sua proteção legal, *Novos direitos após seis anos de vigência do Código Civil de 2002* (coord. Inacio de Carvalho Neto), Curitiba, Juruá, 2009, p. 41-66; Raphael de Barros Monteiro Filho e Ronaldo de Barros Monteiro, *Comentários*, cit., p. 124 a 187; José de Oliveira Ascensão, *Direito civil*, cit., v. 1, p. 58 a 106; Antonio C. Morato, Quadro Geral dos direitos da personalidade, RIASP, 31:49-98; Maria

Helena Diniz, Direito à integridade físico-psíquica da pessoa humana: novos desafios, São Paulo, Expressa, 2023, *e-book*.

Art. 12. Pode-se exigir que cesse a ameaça, ou a lesão, a direito da personalidade, e reclamar perdas e danos, sem prejuízo de outras sanções previstas em lei.

- *Constituição Federal, art. 5º, X e XXXV.*

Parágrafo único. Em se tratando de morto, terá legitimação para requerer a medida prevista neste artigo o cônjuge sobrevivente, ou qualquer parente em linha reta, ou colateral até o quarto grau.

- Vide *Constituição Federal, arts. 1º, III, 5º,* caput, *III, IV, V, VI, VIII, IX, X, XI, XII, XIII, XIV, XV, XVI, XVII, XX, XXII, XXVII, XXVIII, XXIX, XXXIII, XXXIV, XXXV, XXXVI, XLI, XLIX, L, LIV, LX, LXI, LXIII, LXV, LXVI, LXVIII, LXIX, LXXI* e *LXXII, 6º a 11, 7º, 8º, 14, 15, 17, § 4º, 21, XXIV, 37, VI, 42, § 1º, 53, § 6º, 58, § 3º, 60, § 4º, IV, 102, § 1º, 109, X, 136, §§ 1º e 3º, 139, I, III, IV e V, 142, IV, 143, §§ 1º e 2º, 170, parágrafo único, 193, 194, 203, III, 204, 214, IV, 210, § 1º, 217, 220, §§ 1º e 3º, I e II, 221, 225, 227, § 3º, I.*
- *Mandado de segurança: Lei n. 12.016, de 7-8-2009.*
- Habeas data: *Lei n. 9.507/97.*
- *Declaração dos Direitos Humanos de 1948.*
- *Convenção Americana de Direitos Humanos — Pacto de São José da Costa Rica, de 1969.*
- Vide *arts. 20, parágrafo único, 186, 402 a 405, 927, 935, 942 a 954, 1.591 e 1.592 do Código Civil.*
- *Leis n. 4.898/65, art. 4º, b; 5.250/67 (ADPF n. 130/2009 — STF — entende que não foi recepcionada pela CF); 6.815/80, regulamentada pelo Decreto n. 86.715/81, com alteração da Lei n. 9.076/95; 7.210/84; 9.279/96; 9.296/96; 9.609/98; 9.610/98; 9.455/97 e 9.456/97.*
- *Estatuto da Criança e do Adolescente, art. 16, III.*
- *Código de Processo Civil, arts. 189, 294, 296, 297, 298, 300, § 3º, 305 e 311, 368, 497, 499, 500, 519, 536, 537.*
- *Código de Processo Penal, arts. 20, 282, 301 a 310, 408, 647 a 667.*
- *Código Penal, arts. 138, § 2º, 150, 151, 152, 154 e 208.*
- *Súmula 37 do Superior Tribunal de Justiça.*
- *Súmula 642 do Superior Tribunal de Justiça.*
- *Lei n. 11.111, de 5 de maio de 2005, art. 7º, parágrafo único.*
- *Lei n. 13.146/2015, arts. 8º a 10.*
- ***Projeto de Lei n. 699/2011***: *"Art. 12. O ofendido pode exigir que cesse a ameaça, ou a lesão, a direito da personalidade, e reclamar indenização, em ressarcimento de dano patrimonial e moral, sem prejuízo de outras sanções previstas em lei.*

  Parágrafo único. Em se tratando de morto ou ausente, terá legitimação para requerer as medidas previstas neste artigo o cônjuge ou companheiro, ou, ainda, qualquer parente em linha reta, ou colateral até o quarto grau".

Sanções suscitadas pelo ofendido em razão de ameaça ou lesão a direito da personalidade. Os direitos da personalidade destinam-se a resguardar a dignidade humana, median-

PESSOAS

te sanções, que devem ser suscitadas pelo ofendido (lesado direto). Essa sanção deve ser imposta por meio de pedido de tutela provisória de urgência antecipada (CPC, arts. 294, parágrafo único, e 300) ou de medidas cautelares (CPC, arts. 294 a 311) que suspendam os atos que ameacem ou desrespeitem a integridade físico-psíquica, intelectual e moral, movendo-se, em seguida, uma ação que irá declarar ou negar a existência da lesão, que poderá ser cumulada com ação ordinária de perdas e danos a fim de ressarcir danos morais e patrimoniais (CPC, arts. 497 e 536; *RT*, *782*:291, *784*:448, *792*:395, *802*:145, *774*:268, *772*:260, *771*:259, *770*:281, *844*:384; *RJM*, *182*:194). Pelo Enunciado n. 140 do Conselho de Justiça Federal, aprovado na *III Jornada de Direito Civil*, em 2004: "A primeira parte do art. 12 do Código Civil refere-se às técnicas de tutela específica, aplicáveis de ofício, enunciadas no art. 461 — hoje arts. 497 e 536 — do Código de Processo Civil, devendo ser interpretada com resultado extensivo".

Lesado indireto. Se se tratar de lesão a interesses econômicos, o lesado indireto será aquele que sofre um prejuízo em interesse patrimonial próprio, resultante de dano causado a um bem jurídico alheio, podendo a vítima estar falecida ou declarada ausente. Por exemplo, a indenização por morte de outrem é reclamada *jure proprio*, pois ainda que o dano, que recai sobre a mulher e os filhos menores do finado, seja resultante de homicídio ou acidente, quando eles agem contra o responsável, procedem em nome próprio, reclamando contra prejuízo que sofreram e não contra o que foi irrogado ao marido e pai. P. ex.: a viúva e os filhos menores da pessoa assassinada são lesados indiretos, pois obtinham da vítima do homicídio o necessário para sua subsistência. A privação de alimentos é uma consequência do dano. O homicídio afeta-os indiretamente, observa Zannoni, uma vez que o dano sofrido está relacionado com uma situação jurídica objetiva (o fato de essas pessoas serem alimentandos e o morto alimentante) que liga o evento danoso ao prejuízo (perda do necessário para a subsistência).

No caso do dano moral, pontifica Zannoni, os lesados indiretos seriam aquelas pessoas que poderiam alegar um interesse vinculado a bens jurídicos extrapatrimoniais próprios, que se satisfaziam mediante a incolumidade do bem jurídico moral da vítima direta do fato lesivo. Ensina-nos De Cupis que os lesados indiretos são aqueles que têm um interesse moral relacionado com um valor de afeição que lhes representa o bem jurídico da vítima do evento danoso. P. ex.: o marido ou os pais poderiam pleitear indenização por ofensas à imagem (*RT, 789*:201) ou injúrias feitas à mulher ou aos filhos, visto que estas afetariam também pessoalmente o esposo ou os pais, em razão da posição que eles ocupam dentro da unidade familiar. Haveria um dano próprio pela violação da honra da esposa ou dos filhos. Ter-se-á sempre uma presunção *juris tantum* de dano moral (*RJTAMG, 79*:158; *RSTJ, 151*:157; *RT, 832*:242; STJ, Resp 521.697/RJ, rel. Min. César Asfor Rocha, j. 20-3-2006; STF, Súmula 642), em favor dos ascendentes, descendentes, cônjuges, irmãos, tios, sobrinhos, primos, em caso de ofensa a pessoas da família, mortas ou ausentes. Essas pessoas não precisariam provar o dano extrapatrimonial, ressalvando-se a terceiros o direito de elidirem aquela presunção. O convivente (Enunciado n. 275 do Conselho da Justiça Federal, aprovado na *IV Jornada de Direito Civil*), ou concubino, noivo, amigos, poderiam pleitear indenização por dano moral, mas terão maior ônus de prova, uma vez que deverão comprovar, convincentemente, o prejuízo e demonstrar que se ligavam à vítima por vínculos estreitos de amizade ou de insuspeita afeição. O CJF, na *V Jornada de Direito Civil*, aprovou os seguintes Enunciados: *a*) n. 398 — "As medidas previstas no art. 12, parágrafo único, do Código Civil podem ser invocadas por qualquer uma das pessoas ali mencionadas de forma concorrente e autônoma"; *b*) n. 399 — "Os poderes conferidos aos legitimados para a tutela *post mortem* dos direitos da personalidade, nos termos dos arts. 12, parágrafo único, e 20, parágrafo único, do CC, não compreendem a faculdade de limitação voluntária"; *c*) n. 400 — "Os parágrafos únicos dos arts. 12 e 20 asseguram legitimidade, por direito próprio, aos parentes, cônjuge ou companheiro para a tutela contra a lesão perpetrada *post mortem*".

Pelo STJ, Súmula 642: "O direito à indenização por danos morais transmite com o falecimento do titular, possuindo os herdeiros da vítima legitimidade ativa para ajuizar ou prosseguir ação indenizatória".

BIBLIOGRAFIA: Consultar sobre o sujeito ativo da ação de reparação do dano: Zannoni, p. 360-73; Wilson Melo da Silva, *O dano moral e sua reparação*, Rio de Janeiro, Forense, 1966, p. 501-9, 520-7; *El daño en la responsabilidad civil*, Buenos Aires, Ed. Astrea, 1982, p. 242-4; Aguiar Dias, *Da responsabilidade civil*, Rio de Janeiro, Forense, 1979, v. 2, p. 399-507; Orgaz, *El daño*, cit., p. 81, 241 e s.; Fuzier-Herman, *Code Civil annoté*, Paris, v. 4, n. 473; De Cupis, Risarcibilità del danno morale, *Rivista Critica di Infortunistica*, Milano, 1933; M. H. Diniz, *Curso de Direito Civil brasileiro*, São Paulo, Saraiva, 2001, v. 7, p. 142-4; Gardenat e Salmon-Ricci, *De la responsabilité civile*, 1927, p. 34, n. 119; Josserand, *Les transports*, Paris, 1910, p. 849; Capelo de Sousa, *O direito geral da personalidade*, Coimbra, 1995; Tobeñas, *Los derechos de la personalidad*, Madrid, 1952; Beignier, *Le droit de la personnalité*, Paris, PUF, 1992; Carlos Alberto Bittar, *Os direitos da personalidade*, Rio de Janeiro, Forense, 1995; Rui Stoco, Tutela antecipada nas ações de reparação de danos, *Informativo Jurídico Incijur*, p. 24 e 25; José Rogério C. e Tucci, Tutela jurisdicional da personalidade 'post mortem', in *RT*, *845*:11; Flávio Luiz Yarshell, Dano moral: tutela preventiva (ou inibitória), sancionatória e específica, *Revista do Advogado*, *49*:62; Álvaro Villaça Azevedo e Gustavo R. Nicolau, *Código Civil*, cit. P. 50-52; Savatier (*Le droit, l'amour et la liberté*, Paris, 1937, p. 114), que escreve: "*Par le seul fait qu'elle vit en concubinage, une femme acquiert, aux yeux de certains magistrats — non de tous, hâtons-nous de le dire — un droit à se voir dédommagée du don qu'elle a fait d'elle même. Ainsi prévaut dans leur jugement l'idée de réparation, singulièrement fertile, puisque, non seulement elle prive irrémédiablement l'homme de ce dont il s'est déjà dépouillé, mais qu'elle le condamne encore à fournir ce qu'il a paru s'engager, même, vaguement, à donner*". E acrescenta: "*... c'est déjà une solution tendencieuse. Mais elle devient indéfendable quand le concubinage se double d'adultère*"; Adrien Peytel, *L'union libre devant la loi*, Paris, 1905, p. 6 e 193; Odete N. C. Queiroz e André S. Casagrande, A função social como condição de possibilidade de aplicação da tutela da honra do falecido pelos familiares supérstites, *Revista Nacional de Direito de Família e Sucessões*, n. 12, 2016. Pelo Enunciado n. 5 (aprovado na *I Jornada de Direito Civil*, promovida, em setembro de 2002, pelo Centro de Estudos Judiciários do Conselho da Justiça Federal), primeira parte: "as disposições do art. 12 têm caráter geral e aplicam-se inclusive às situações previstas no art. 20, excepcionados os casos expressos de legitimidade para requerer as medidas nele estabelecidas".

Art. 13. Salvo por exigência médica, é defeso o ato de disposição do próprio corpo, quando importar diminuição permanente da integridade física, ou contrariar os bons costumes.

Parágrafo único. O ato previsto neste artigo será admitido para fins de transplante, na forma estabelecida em lei especial.

- *Constituição Federal, art. 199, § 4º.*
- *Sobre transplante de tecidos, órgãos e partes do cadáver,* vide *Lei n. 9.434, de 4 de fevereiro de 1997, com alteração da Lei n. 10.211/2001, e Decreto n. 9.175/2017, que a regulamenta.*
- *Conselho Federal de Medicina: Resoluções n. 1.482/97, 1.931/2009 (Código de Ética Médica — arts. 15, 43, 44, 45 e 46) e 1.955/2010.*
- *Organização Mundial de Saúde – CID n. 11 (2022).*
- *Portarias do Ministério da Saúde n. 1.262/2006 e 2.600/2009.*
- *Portaria n. 201/2012 do Ministério da Saúde dispõe sobre remoção de órgãos, tecidos e partes do corpo humano vivo para fins de transplantes no território nacional, envolvendo estrangeiros não residentes no país.*
- *Lei n. 13.146/2015, arts. 11 a 13.*

PESSOAS

- *Lei 14.722/2023 sobre Política Nacional de Conscientização a Incentivo à Doação de Órgãos e Tecidos.*

Disposição de partes separadas do próprio corpo, em vida, para fins terapêuticos. O direito ao próprio corpo é indisponível se conducente à diminuição permanente da integridade física, a não ser que a extração de órgãos, tecidos ou membros seja necessária por exigência médica, para resguardar a vida ou a saúde (p. ex., amputação de perna gangrenada). Há proibição legal de disposição onerosa do corpo humano, que provoque diminuição permanente da integridade física ou que contrarie os bons costumes (p. ex., magia negra, prostituição, mercantilização de órgãos e tecidos, prática sadomasoquista etc.). É possível doação voluntária, feita por escrito e na presença de testemunhas, por pessoa capaz, de tecidos, órgão e parte do próprio corpo vivo para efetivação de transplante ou tratamento, comprovada a necessidade terapêutica do receptor, desde que não contrarie os bons costumes, não traga risco para a integridade física do doador nem comprometa suas aptidões vitais e sua saúde mental, nem lhe provoque deformação ou mutilação, pois não se pode exigir que alguém se sacrifique em benefício de terceiro (Lei n. 9.434/97, art. 9º, §§ 3º a 7º). "Não contraria os bons costumes a cessão gratuita de direitos de uso de material biológico para fins de pesquisa científica, desde que a manifestação de vontade tenha sido livre e esclarecida e puder ser revogada a qualquer tempo, conforme as normas éticas que regem a pesquisa científica e o respeito aos direitos fundamentais" (Enunciado n. 401 do CJF, aprovado na *V Jornada de Direito Civil*). Cirurgia plástica, corretiva ou estética, é permitida legalmente, por não causar gravame à integridade do paciente. Se dano advier, haverá responsabilidade civil subjetiva médica, na corretiva, visto gerar obrigação de meio, e objetiva, na estética, por ser esta uma obrigação de resultado. As operações de mudança de sexo em transexual, em princípio, eram tidas como proibidas, por acarretarem mutilação, esterilidade e perda de função sexual orgânica. Mas lícitas são as intervenções cirúrgicas para corrigir anomalias nas genitálias de intersexuais, bem como a retirada de órgãos e amputação de membros para salvar a vida do próprio paciente e para recuperar saúde sexual. O Conselho Federal de Medicina (Res. n. 1.482/97; *BAASP, 2.359*:3.005; OMS – CID 11/2022) considera que a cirurgia de transformação plástico-reconstrutiva da genitália externa e interna e de caracteres secundários não constitui crime de mutilação previsto no art. 129 do Código Penal, por ter a finalidade de adequar a genitália ao sexo psíquico do transexual, recuperando sua saúde sexual por ser portador da incongruência de gênero. Deveras, ante a falta de regulamentação para o direito à busca do equilíbrio mente-corpo, alguns doutrinadores e magistrados entendem que poder-se-ia fazer valer o direito à saúde previsto no art. 196 da Constituição Federal, desde que o médico só faça a intervenção que provoca a ablação dos genitais funcionais de seu paciente para fins de transexualização, mediante comprovação da necessidade desse ato para sua saúde sexual . Se se entender que a cirurgia de conversão sexual, adaptando o sexo físico ao psicológico, tem por escopo beneficiar a saúde sexual do transexual e sua sociabilidade, ela só pode dar-se com o consenso prévio e esclarecido do paciente maior e capaz; nem mesmo o representante legal, no caso de incapaz, poderá suprir sua vontade, salvo na hipótese de hermafroditismo, porque nesta a operação será curadora, visando corrigir uma anomalia física. Pelo Enunciado n. 276 do CJF (aprovado na *IV Jornada de Direito Civil*): "O art. 13 do Código Civil, ao permitir a disposição do próprio corpo por exigência médica, autoriza as cirurgias de transgenitalização, em conformidade com os procedimentos estabelecidos pelo Conselho Federal de Medicina, e a consequente alteração do prenome e do sexo no Registro Civil". Só por exigência médica será possível a supressão de partes do corpo humano para preservação da vida ou da saúde sexual do paciente. Pelo Enunciado n. 6 (aprovado na *Jornada de Direito Civil*, promovida, em 2002, pelo Centro de Estudos Judiciários do Conselho da Justiça Federal) a locução "exigência médica" refere-se tanto ao bem-estar físico quanto ao bem-estar psíquico do disponente. Segundo o Enunciado n. 646 da

IX Jornada de Direito Civil: "A exigência de autorização de cônjuges ou companheiros, para utilização de métodos contraceptivos invasivos, viola o direito à disposição do próprio corpo". O novel Código Civil e a Lei n. 9.434/97, com as alterações da Lei n. 10.211/2001, fundam-se no princípio do respeito à dignidade da pessoa humana, resguardando a integridade físico-psíquica do doador e no da solidariedade social, possibilitando salvar vidas e recobrar a saúde mental e sexual das pessoas.

BIBLIOGRAFIA: Antonio Borrel Macia, *La persona humana: derechos sobre su propio cuerpo vivo y muerto*, 1954; M. Helena Diniz, *O estado atual do biodireito*, São Paulo, Saraiva, 2002, p. 205 a 224 e 229 a 316; Fabrício Z. Matiello, *Código Civil*, cit., p. 32-3; Gustavo Tepedino e outros, *Código*, cit., p. 37-8; Jones F. Alves e Mário Luiz Delgado, *Código*, cit., p. 27.

Art. 14. É válida, com objetivo científico, ou altruístico, a disposição gratuita do próprio corpo, no todo ou em parte, para depois da morte.

Parágrafo único. O ato de disposição pode ser livremente revogado a qualquer tempo.

- Vide *Lei n. 9.434/97 (arts. 3º e s.), com alteração da Lei n. 10.211/2001, e Decreto n. 9.175/2017, que a regulamenta.*
- *Lei n. 8.501/92 sobre utilização de cadáver não reclamado para fins de estudo e pesquisa científica.*
- *PL n. 3.343/2008 (Consolidação da Legislação Federal em Saúde — ora apensado ao PL n. 4.247/2008), nos arts. 519 a 531 e 625 a 634, contém normas sobre transplante de órgãos, tecidos e partes do corpo humano.*
- *Resolução RDC n. 67, de 30 de setembro de 2008, da ANVISA sobre Regulamento Técnico para Funcionamento de Bancos de Tecidos Oculares de origem humana.*
- *Lei Paulista n. 16.790/2018 institui o Sistema Paulista de Cadastro e Doação de Medula Óssea.*

Disposição gratuita do próprio corpo, no todo ou em parte, para depois da morte. Admitido está o ato de disposição gratuita de órgãos, tecidos e partes do corpo humano *post mortem* para fins científicos ou de transplante em paciente com doença progressiva ou incapacitante irreversível por outras técnicas terapêuticas (Lei n. 9.434/97, art. 1º, e Decreto n. 9.175/2017, arts. 17 a 19).

Princípio do consenso afirmativo. Consagra o princípio do consenso afirmativo, pelo qual a pessoa capaz deve manifestar sua vontade de dispor gratuitamente do próprio corpo, no todo ou em parte, para depois de sua morte, com objetivo científico (p. ex., estudo de anatomia humana em universidade; Lei n. 8.501/92, art. 2º) ou terapêutico (p. ex., transplante de órgãos e tecidos). Se, porventura, os parentes do doador falecido vierem a se opor à retirada de órgãos e tecidos, o beneficiado poderá fazer uso das tutelas judiciais de urgência. Se nada dispôs sobre isso, a retirada *post mortem* de tecidos, órgãos e partes de seu corpo dependerá de prova incontestável da morte e de autorização de parente maior, da linha reta ou colateral até o 2º grau, ou do cônjuge, firmada em documento subscrito por duas testemunhas (Lei n. 9.434/97, art. 4º). Esse é também o entendimento do Conselho da Justiça Federal exarado no Enunciado n. 277: "O art. 14 do Código Civil, ao afirmar a validade da disposição gratuita do próprio corpo, com objetivo científico ou altruístico, para depois da morte, determinou que a manifestação expressa do doador de órgãos em vida prevalece sobre a vontade dos familiares, portanto, a aplicação do art. 4º da Lei n. 9.434/97 ficou restrita à hipótese de silêncio do potencial doador" (aprovado na *IV Jornada de Direito Civil*).

Pelo Enunciado n. 402 do CJF (aprovado na *V Jornada de Direito Civil*): "O art. 14, parágrafo único, do Código Civil, fundado no consentimento informado, não dispensa o consentimento dos adolescentes para a doação de medula óssea prevista no art. 9º, § 6º, da Lei n. 9.434/1997 por aplicação analógica dos arts. 28, § 2º (alterado pela Lei n. 12.010/2009), e 45, § 2º, do ECA".

Revogação "sine die". Quem vier a dispor, em escritura pública ou em testamento, para depois de sua morte do próprio corpo, no todo ou em parte, tem o direito de, a qualquer tempo, revogar livremente essa doação *post mortem*.

BIBLIOGRAFIA: João Gualberto de Oliveira, *O transplante dos órgãos humanos à luz do direito*, São Paulo, 1970; Javier Lozano y Romen, *Autonomía del transplante humano*, México, 1969; M. Helena Diniz, *O estado atual do biodireito*, cit., p. 242-97; Ricardo A. Parilli, *El derecho, los transplantes y las transfusiones*, 1988; Antônio Chaves, *Direito à vida e ao próprio corpo*, São Paulo, Revista dos Tribunais, 1994, p. 170-214; Retirada de órgãos ou partes do corpo humano para transplantes, *RDC*, *26*:7; Carranza, *Los transplantes de órganos frente al derecho civil*, La Plata, Platense, 1972; Jones F. Alves e Mário Luiz Delgado, *Código*, cit., p. 28.

Art. 15. Ninguém pode ser constrangido a submeter-se, com risco de vida, a tratamento médico ou a intervenção cirúrgica.

- *Código de Defesa do Consumidor, arts. 4º, 6º, III, e 31.*
- *Código Penal, art. 146, § 3º, I.*
- *Código Penal Militar, art. 222, § 3º, I.*
- *Lei n. 13.146/2015, art. 11, parágrafo único.*

Princípio da autonomia. O profissional da saúde deve, sempre que possível, respeitar a vontade do paciente, ou de seu representante, se incapaz. Daí a exigência do consentimento livre e informado. Imprescindível será a informação (em linguagem adequada) detalhada sobre seu estado de saúde e o tratamento a ser seguido, para que tome decisão sobre a terapia a ser empregada. Pelo Enunciado n. 533 do CJF (aprovado na *VI Jornada de Direito Civil*): "O paciente plenamente capaz poderá deliberar sobre todos os aspectos concernentes a tratamento médico que possa lhe causar risco de vida, seja imediato ou mediato, salvo as situações de emergência ou no curso de procedimentos médicos cirúrgicos que não possam ser interrompidos". Mas, se houver conflito entre o direito à vida e o direito à liberdade, dever-se-á procurar salvar a vida, por dever legal, efetuando práticas médicas ou intervenção cirúrgica imediata (CEM, art. 56).

Princípio da beneficência. A prática médica deve buscar o bem-estar do paciente, evitando, na medida do possível, quaisquer danos e risco de vida. Só se pode usar tratamento ou cirurgia para o bem do enfermo.

Princípio da não maleficência. Há obrigação de não acarretar dano ao paciente, e havendo, p. ex., recusa, em razão de religião, à transfusão de sangue, o médico deverá tentar tratamento alternativo. Se entre os direitos à vida e à liberdade de religião apresentar-se uma situação que venha a colocá-los em xeque, de tal sorte que apenas um deles possa ser atendido, ter-se-á a incidência absoluta do princípio do primado do direito mais relevante, que é, indubitavelmente, o à vida. Por essa razão qualquer ofensa ao direito constitucional da liberdade religiosa, ainda que sem o consenso do paciente ou de seus familiares, não entra na categoria dos atos ilícitos. A extração de sangue feita sem a anuência da pessoa é tida como lesão, e a própria transfusão de sangue só é permitida com o consenso do paciente, desde que não haja perigo de vida. Deveras, como a vida é o bem mais precioso, que se sobrepõe a todos, entre ela e a liberdade religiosa do paciente, deverá ser a escolhida, por ser anterior a qualquer consentimento do doente ou de seus familiares. O sacrifício de consciência é um bem menor do que o sacrifício eventual de uma vida. Os valores considerados socialmente importantes e os essenciais à comunidade nacional e internacional são diretrizes ou limites à manifestação da objeção de consciência. Ilegítima é a objeção de consciência sempre que estiverem em jogo a vida de uma pessoa e a saúde pública.

Todavia, a esse respeito, o CJF no Enunciado n. 403 (aprovado na *V Jornada de Direito Civil*) entendeu que: "O direito à inviolabilidade de consciência e de crença, previsto no art. 5º, VI, da Constituição Federal, aplica-se também à pessoa que se nega a tratamento médico, inclusive transfusão de sangue, com ou sem risco de morte, em razão do tratamento ou da falta dele, desde que observados os seguintes critérios: a) capacidade civil plena, excluído o suprimento pelo representante ou assistente; b) manifestação de vontade livre, consciente e informada; e c) oposição que diga respeito exclusivamente à própria pessoa do declarante".

Direito de recusa a algum tratamento arriscado. É direito básico do paciente o de não ser constrangido a submeter-se, com risco de vida, a terapia ou cirurgia e, ainda, o de não aceitar a continuidade terapêutica. Não se poderá impor, p. ex., ao trabalhador a realização de uma arriscada cirurgia da coluna para aumentar sua capacidade laborativa (*JTA-Lex, 144*:511), nem será possível compelir segurado a submeter-se a tratamento ou a cirurgia de risco, buscando sua cura, para livrar a companhia seguradora do pagamento da indenização devida, por ter assumido o risco da ocorrência de sua morte. A lei, portanto, privilegia o direito à vida, que deve nortear a ação do profissional da saúde.

BIBLIOGRAFIA: J. Padrel, *La condition civile du malade*, Paris, LGDJ, 1963; Alfredo Kraut, *Los derechos de los pacientes*; Genival Veloso de França, *Direito médico*, São Paulo, 1996, p. 26-37; M. Helena Diniz, *O estado atual do biodireito*, cit., p. 558-61; M. Helena Diniz, Direito à integridade fisica-psíquica, cit.; Pontes de Miranda, *Tratado*, cit., t. 7, p. 23 e 25; Antonio Damasceno de Souza, *O direito à objeção de consciência*, cit., p. 22; M. Helena Diniz, *Norma constitucional e seus efeitos*, São Paulo, Saraiva, 2001, p. 109 e s., e *Conflito de normas*, São Paulo, Saraiva, 2001, p. 53 e s.; Vitorino Angelo Filipin, Transfusão de sangue não consentida, *Atualidades Jurídicas*, *2*:491-6; Frederico A. d'Avila Riani, O direito à vida e a negativa de transfusão de sangue baseada na liberdade de crença, *Revista Imes*, *1*:8-14; João Baptista Villela, O novo Código Civil brasileiro e o direito à recusa de tratamento médico, *Estratto da Roma e America, Diritto Romano Comune*, v. 16, 2003; Nestor Duarte, *Código Civil*, cit., p. 29.

Art. 16. Toda pessoa tem direito ao nome, nele compreendidos o prenome e o sobrenome.

- *Lei n. 6.015/73, com as alterações da Lei n. 14.382/2022 e da Lei n. 12.100/2009, arts. 40, 55, parágrafo único, 57, 59, 60 e 110, c/c a Constituição Federal, art. 227, § 6º.*
- *Lei n. 6.015/73, art. 57, § 8º, acrescido pela Lei n. 11.924/2009.*
- *Código Civil, arts. 1.565, § 1º, 1.571, § 2º, 1.578, 1.596 e 1.616.*
- *Lei n. 8.069/90, com a alteração da Lei n. 12.010/2009, art. 47, §§ 5º e 6º.*
- *Resolução n. 615/2011 do Conselho Federal do Serviço Social dispõe sobre inclusão e uso do nome social de assistente social travesti e transexual nos documentos de identidade profissional.*
- *Decreto n. 8.727/2016 dispõe sobre o uso do nome social de travestis e transexuais no âmbito da administração pública federal.*
- *Resolução COFEN n. 537/2017 sobre o uso do nome social pelos profissionais de enfermagem travestis e transexuais.*
- *Resolução n. 1/2018 do Conselho Nacional de Educação define o uso do nome social de travestis e transexuais nos registros escolares.*

- *Lei n. 8.069/90, art. 102, §§ 5º e 6º, acrescentados pela Lei n. 13.257/2016, sobre isenção de multa, custas e emolumentos de registro de inclusão do nome do pai no assento do nascimento.*
- *Vedação de nome ridículo: Lei n. 12.662/2012, art. 4º, § 1º.*
- *Lei n. 13.444/2017 sobre Identificação Civil Nacional (ICN).*
- *Decreto n. 10.153/2019, proteção à identidade de denunciante de ilícito.*
- *Provimentos da CNJ n. 73/2018 dispõe sobre a averbação da alteração do prenome e do gênero nos assentos de nascimento e casamento de pessoas transgênero no Registro Civil de Pessoas Naturais; e 82/2019 sobre procedimento de averbação no Registro de nascimento e no de casamento dos filhos da alteração do nome do genitor.*

Nome civil da pessoa natural. O nome integra a personalidade por ser o sinal exterior pelo qual se designa, se individualiza e se reconhece a pessoa no seio da família e da sociedade.

Elementos constitutivos do nome. Dois, em regra, são os elementos constitutivos do nome: o *prenome*, próprio da pessoa, que pode ser livremente escolhido, desde que não exponha o portador ao ridículo, e o *sobrenome*, ou o *patronímico*, o sinal que identifica a procedência da pessoa, indicando sua filiação ou estirpe, podendo advir do apelido de família paterno, materno ou de ambos. A aquisição do sobrenome pode decorrer não só do nascimento, por ocasião de sua inscrição no Registro competente, reconhecendo sua filiação, mas também da adoção, do casamento, da união estável ou do ato de interessado, mediante requerimento ao magistrado. Em caso de adoção, a sentença conferirá ao adotado o sobrenome do adotante e, a pedido de qualquer deles, poderá determinar a modificação do prenome. Se tal alteração se der por requerimento do adotante, será obrigatória a oitiva do adotando (art. 47, §§ 5º e 6º, da Lei n. 8.069/90). Pode também advir de parentesco por afinidade em linha reta, pois o § 8º do art. 57 da Lei n. 6.015/73, acrescentado pela Lei n. 11.924/2009 e alterado pela Lei n. 14.382/2022, permite que enteado ou enteada, havendo motivo justificável , requeira ao oficial, de registro de nascimento ou casamento que seja averbado o nome de família de seu padrasto ou de sua madrasta, desde que haja expressa concordância destes, sem prejuízo de seus apelidos de família.

Pelo Enunciado n. 40 da *I Jornada de Direito da Saúde* do CNJ, de 2014: "é admissível, no registro de indivíduo gerado por reprodução assistida a inclusão do nome de duas pessoas do mesmo sexo como pais".

Pelo Enunciado n. 677 da *IX Jornada de Direito Civil*: "A identidade pessoal também encontra proteção no ambiente digital".

Pelos §§ 1º a 4º do art. 56 da Lei n. 6.015/73, com a alteração da Lei n. 14.382/2022, a pessoa, após a maioridade, pode requerer alteração do nome independentemente de decisão judicial e imotivadamente, mesmo sendo portador de incongruência de gênero.

Jurisprudência relativa ao nome: *RT*, *426*:240, *433*:76, *301*:475, *547*:64, *593*:122, *328*:187, *543*:192, *455*:77, *581*:190, *531*:234, *429*:123, *492*:86, *562*:73, *662*:72, *537*:75, *623*:40, *609*:67, *672*:108, *767*:311, 777:377, *791*:218, *781*:341, *712*:235, *662*:149, *781*:341, *795*:212, *801*:195; *AJ*, *79*:90; *JB*, *130*:93 e 110; *RF*, *99*:462; *RJTJSP*, *134*:206; TJSC, Ap. Cível n. 2008.035688-4 da capital/Distrital do norte da Ilha, rel. Des. Subst. Joel Dias Figueira Jr., j. 29-7-2008; TJRJ, Ap. Cível n. 2009.001.11137, publ. em 6-4-2009.

BIBLIOGRAFIA: R. Limongi França, *Do nome civil das pessoas naturais*, São Paulo, Revista dos Tribunais, 1975; W. Barros Monteiro, *Curso de direito civil*, cit., v. 1, p. 92; M. Helena Diniz, *Curso*, cit., v. 1, p. 124-7; Silmara J. Chinelatto Almeida, *O nome da mulher casada*, 2001; José Roberto Neves Amorim, *Direito ao nome da pessoa física*, São Paulo, Saraiva, 2003; Marcelo Guimarães Rodrigues, Do nome civil, *RT, 765*:756; Adriana Caldas do Rego F. Dabus Maluf, Direito da personalidade no novo Código

Civil e os elementos genéticos para a identidade da pessoa humana, in *Novo Código Civil: questões controvertidas*, coord. Mário Luiz Delgado e Jones Figueirêdo Alves, São Paulo, Método, 2003, p. 50-81; Maria Celina B. de Moraes, Sobre o nome da pessoa humana, *Revista do IBDFAM*, 7:338-59 e Tutela do nome da pessoa humana, *RF*, *364*:217; Tânia de S. Pereira e Antônio C. M. Coltro, A socioafetividade e o cuidado: o direito de acrescer o sobrenome do padrasto. *Direito das famílias — homenagem a Rodrigo C. Pereira*, São Paulo, Revista dos Tribunais, 2009, p. 343-58, Euclides de Oliveira, Com afim e com afeto, fiz meu nome predileto. Parentesco por afinidade gera afeto e o direito ao nome do padrasto ou da madrasta, *Direito das famílias*, cit., p. 359-78.

Art. 17. O nome da pessoa não pode ser empregado por outrem em publicações ou representações que a exponham ao desprezo público, ainda quando não haja intenção difamatória.

- *Súmula 221 do Superior Tribunal de Justiça.*
- *Constituição Federal, art. 5º, IV, V e X.*

Direito à honra objetiva como direito conexo ao direito ao nome. A pessoa tem autorização de usar seu nome e de defendê-lo de abuso cometido por terceiro que, em publicação ou representação, venha a expô-la ao desprezo público mediante o uso indevido de seu nome, mesmo que não haja intenção de difamar, por atingir sua boa reputação, moral e profissional, no seio da coletividade (honra objetiva). Em regra, a reparação pelo dano moral e patrimonial, causado por essa ofensa, é pecuniária, mas há casos em que é possível a restauração *in natura*, publicando-se desagravo (*RT*, *741*:357, *778*:225, *779*:249; Súmula STJ, n. 221).

Art. 18. Sem autorização, não se pode usar o nome alheio em propaganda comercial.

Uso de nome alheio em propaganda comercial. É vedada a utilização não autorizada de nome alheio em propaganda comercial por gerar enriquecimento indevido e por ser o direito ao nome indisponível, admitindo-se, porém, sua relativa disponibilidade, mediante consentimento de seu titular, em prol de algum interesse social ou de promoção de venda de algum produto ou serviço, mediante pagamento de remuneração convencionada. Pelo Enunciado n. 278 do Conselho da Justiça Federal (aprovado na *IV Jornada de Direito Civil*): "A publicidade que venha a divulgar, sem autorização, qualidades inerentes a determinada pessoa, ainda que sem mencionar seu nome, mas sendo capaz de identificá-la, constitui violação a direito da personalidade".

Art. 19. O pseudônimo adotado para atividades lícitas goza da proteção que se dá ao nome.

- *Lei n. 6.015/73, art. 58.*
- *Lei n. 9.610/98, arts. 5º, VIII,* c, *12, 24, II, 80, II e 108, V.*

Proteção ao pseudônimo. Protege-se juridicamente o pseudônimo (nome fictício) adotado, comumente, para atividades lícitas por literatos e artistas, dada a importância de que goza, por identificá-los no mundo das letras e das artes, mesmo que não tenham alcançado a notoriedade. Não pode ser usado sem autorização de seu titular, sob pena de perdas e danos (*RJTJSP*, *98*:232, *232*:234; *RT*, *823*:190, *440*:67). Por exemplo, George Sand (Amandine Aurore Lucile Dudevant); Gabriela Mistral (Lucila Godoy Alacayaga); Anatole France (Jacques Anatole François Thibault); Cora Coralina (Ana Lins dos Guimarães Peixoto Bretas); Cantinflas (Mário Moreno); Molière (Jean-Baptiste Poquelin); Stendhal (Henry Beyle) e Di Cavalcanti (Emiliano de Albuquerque Melo). O art. 19 também alcança a heteronímia, na lição de Gustavo Tepedino, Heloísa Helena Barboza e Maria Celina Bodin de Moraes, quando se usam, para fins lícitos, alternada-

PESSOAS

mente, nome e pseudônimo, como fazia Fernando Pessoa, que assinava seus poemas não só em seu nome, mas também por meio de heterônimos, como Álvaro de Campos, Alberto Caeiro, Ricardo Reis etc.

BIBLIOGRAFIA: Juan M. Semon, *El derecho al seudónimo*, p. 87; Orlando Gomes, *Introdução ao direito civil*, Rio de Janeiro, Forense, 1971, p. 165; Oertmann, *Introducción al derecho civil*, p. 73; M. Helena Diniz, *Curso*, cit., v. 1, p. 125; Euclides de Oliveira, Direito ao nome, *Revista IASP*, *11*:199; Gustavo Tepedino e outros, *Código*, cit., v. 1, p. 49; Raphael de Barros Monteiro Filho e Ronaldo de Barros Monteiro, *Comentários*, cit., p. 227-29.

Art. 20. Salvo se autorizadas, ou se necessárias à administração da justiça ou à manutenção da ordem pública, a divulgação de escritos, a transmissão da palavra, ou a publicação, a exposição ou a utilização da imagem de uma pessoa poderão ser proibidas, a seu requerimento e sem prejuízo da indenização que couber, se lhe atingirem a honra, a boa fama ou a respeitabilidade, ou se se destinarem a fins comerciais.

- *Código Civil, arts. 12, parágrafo único, 186 a 188, 943 e 953.*
- *Constituição Federal, arts. 1º, III, e 5º, V, IX, X e XXVIII.*
- *Lei n. 8.906/94, art. 18 alterado pela Resolução n. 2018 do Conselho Federal da OAB sobre pedido de desagravo por ofensa relacionada ao exercício da profissão.*
- *Lei n. 5.250/67, entendida pelo STF (ADPF n. 130/2009) como não recepcionada pela Constituição Federal.*
- *Lei n. 9.610/98, com as alterações da Lei n. 12.853/2013, arts. 5º, 7º, VII, 29, VII,* a e b*, 46, VI, 68 a 76, 79, 89, 97, 98, 98-A, 98-B, 98-C, 99, 99-A, 99-B, 100, 100-A, 100-B* e *109-A.*
- *Lei n. 9.615/98, arts. 28, § 7º e 42.*
- *Lei n. 8.069/90, arts. 143, 240, 241, 241-A, 241-B, 241-C, 241-D, 241-E, com a redação da Lei n. 11.829/2008, e 247.*
- *Súmulas 403, 221 e 37 do Superior Tribunal de Justiça.*
- *Código de Processo Civil, arts. 485, VI, 294, 297 e 300.*
- *Código de Processo Penal, art. 201, § 6º, com a redação da Lei n. 11.690/2008.*
- *Lei n. 10.359/2001, sobre a obrigatoriedade de os novos aparelhos de televisão conterem dispositivo que possibilite o bloqueio temporário da recepção de programação inadequada.*
- *Lei n. 11.111/2005, art. 7º.*
- *Lei n. 13.188/2015 sobre direito de resposta ou retificação do ofendido em matéria divulgada, publicada ou transmitida por veículo de comunicação social.*
- *Lei n. 13.185/2015 sobre Programa de Combate à Intimidação Sistemática (Bullying).*
- *Lei n. 13.642/2018, que altera a Lei n. 10.446/2002, para atribuir à Polícia Federal no que concerne à investigação de crimes praticados por meio de rede mundial de computadores que difundam conteúdo misógino, definidos como aqueles que propagam o ódio ou aversão às mulheres.*

Parágrafo único. Em se tratando de morto ou de ausente, são partes legítimas para requerer essa proteção o cônjuge, os ascendentes ou os descendentes.

- Vide *Súmula 221 do Superior Tribunal de Justiça.*
- *Código Civil, arts. 12, parágrafo único, 22 a 39, 6º, 7º, 12, parágrafo único, 943 e 1.845.*
- *Lei n. 11.111/2005, art. 7º, parágrafo único.*

PESSOAS

- *O STF (2016), ao julgar a ADIn n. 4.815, entendeu não ser necessário o consenso de biografado ou de coadjuvantes ou, ainda, de familiares na hipótese de falecidos, no que atina a obras biográficas ou audiovisuais.*
- *O PL n. 393/2011 e a ADIN n. 4.815 visam inserir parágrafo ao art. 20 do Código Civil para dispensar consenso de pessoas notórias quanto a direitos da personalidade, relativamente às suas biografias, tendo o seguinte teor:*

  "A mera ausência de autorização não impede a divulgação de imagens, escritos e informações com finalidade biográfica de pessoa cuja trajetória pessoal, artística ou profissional tenha dimensão pública ou esteja inserida em acontecimentos de interesse da coletividade".

Tutela do direito à imagem e dos direitos a ela conexos. O direito à imagem é o de não ver sua efígie exposta em público ou mercantilizada sem seu consenso e o de não ter sua personalidade alterada material ou intelectualmente, causando dano a sua reputação (*RT*, *464*:226, *497*:88, *512*:262, *518*:210, *519*:83, *521*:112, *531*:230, *550*:190, *536*:98, *576*:249, *600*:69, *623*:21, *624*:65, *629*:106, *634*:221, *715*:248, *790*:384, *789*:201, *782*:236, *747*:408, *760*:211 e 212, *836*:301, *822*:236, *861*:181, *331*:226; *RSTJ*, *142*:378, *104*:326 e *68*:358; *RJM*, *180*:135). Daí termos: *a*) a *imagem-retrato*, que é a representação física da pessoa como um todo ou em partes separadas do corpo, desde que identificáveis, implicando o reconhecimento de seu titular por meio de fotografia, escultura, desenho, pintura, interpretação dramática, cinematografia, televisão, *sites* etc., que requer autorização do retratado (CF, art. 5º, X); e *b*) a *imagem-atributo*, que é o conjunto de caracteres ou qualidades cultivadas pela pessoa reconhecidos socialmente (CF, art. 5º, V), como habilidade, competência, lealdade, pontualidade etc. Abrange o direito: à própria imagem, ao uso ou à difusão da imagem; à imagem das coisas próprias e à imagem em coisas, palavras ou escritos ou em publicações; de obter imagem ou de consentir em sua captação por qualquer meio tecnológico. O direito à imagem é autônomo, não precisando estar em conjunto com a intimidade, a identidade, a honra etc., embora possam estar, em certos casos, tais bens a ele conexos, mas isso não faz com que sejam partes integrantes um do outro. Não se pode negar que o direito à privacidade ou à intimidade é um dos fundamentos basilares do direito à imagem, visto que seu titular pode escolher como, onde e quando pretende que sua representação externa (imagem-retrato) ou sua imagem-atributo seja difundida. Essa é a razão pela qual se requer autorização não só para divulgar escrito ou transmitir opinião alheia, pois tais atos poderão atingir a imagem-atributo, a privacidade pode vir à tona e gerar sentimento de antipatia, influindo na consideração pessoal da pessoa, causando gravame à sua reputação ou à sua honra-objetiva, mas também para expor ou utilizar a imagem-retrato de alguém para fins comerciais, visto que a adaptação dessa imagem ao serviço de especulação comercial ou de propaganda, direta ou indireta, pode causar redução da estima ou do prestígio de que goza a pessoa. A proteção constitucional aos direitos da personalidade, ante o art. 1º, III, da Constituição Federal, sobrepõe-se aos direitos: de imprensa; de informar e de ser informado; de liberdade de expressão. Pelo Enunciado n. 279 do CJF (aprovado na *IV Jornada de Direito Civil*): "A proteção à imagem deve ser ponderada com outros interesses constitucionalmente tutelados, especialmente em face do direito de amplo acesso à informação e da liberdade de imprensa. Em caso de colisão, levar-se-á em conta a notoriedade do retratado e dos fatos abordados, bem como a veracidade destes e, ainda, as características de sua utilização (comercial, informativa, biográfica), privilegiando-se medidas que não restrinjam a divulgação de informações".

Pelo Enunciado n. 691 da *IX Jornada de Direito Civil*: "A possibilidade de divulgação de dados e imagens de crianças e adolescentes na internet deve atender ao seu melhor interesse e ao respeito aos seus direitos fundamentais, observados os riscos associados à superexposição".

Direito de interpretação, direito à imagem e direito autoral. O artigo *sub examine* protege a transmissão da palavra e a divulgação de escritos e fatos, ante a liberdade de informação (*RT, 783*:421; *BAASP, 2654*:1761-02), mas tal "liberdade de expressão não goza de posição preferencial em relação aos direitos da personalidade no ordenamento jurídico brasileiro" (Enunciado n. 613 da *VIII Jornada de Direito Civil*) e, ainda, tutela a voz humana. O direito de interpretação, ou seja, o do ator numa representação de certo personagem, pode estar conexo ao direito à voz, à imagem e ao direito autoral (*RT, 596*:260). O autor de obra intelectual pode divulgá-la por apresentação pública, quando a obra é representada dramaticamente, executada, exibida, projetada em fita cinematográfica, transmitida por radiodifusão etc., e é neste terreno que se situa o contrato de representação e execução, de conteúdo complexo por se referir não só ao desempenho pessoal, mas também à atuação por meios mecânicos e eletrônicos dos diferentes gêneros de produção intelectual, suscetíveis de comunicação audiovisual e regulados pelos arts. 29, VIII, *a* e *b*, 46, VI, 68 a 76 da Lei n. 9.610/98. Na representação pública há imagens transmitidas para difundir obra literária, musical ou artística, que deverão ser tuteladas juridicamente juntamente com os direitos do autor (*RT, 550*:190, *596*:260). Os direitos dos artistas, intérpretes e executantes são conexos aos dos escritores, pintores, compositores, escultores etc. (Lei n. 9.610/98, art. 89), logo podem impedir a utilização indevida de suas interpretações, bem como de suas imagens.

Proteção da imagem como direito autoral. A imagem é protegida, pelo art. 5º, XXVIII, *a*, da CF, como direito autoral desde que ligada à criação intelectual de obra fotográfica, cinematográfica, publicitária etc. Fotógrafo tem resguardado seu direito autoral sobre obra que reproduz uma imagem, representando pessoa ou registrando tragédias, fatos históricos, sociais ou políticos. O fotorrepórter é porta-estandarte da notícia visual, acompanhada ou não de palavras, podendo, portanto, usar da imagem como meio de expressão de suas aspirações artísticas ou pessoais ou como instrumento político, suscetível até mesmo de distorcer fatos por meio da imprensa. Se, nas obras de criação intelectual, houver a intenção de colocar pessoa em situação ridícula ou constrangedora, ou de adaptar imagem ao serviço de especulação comercial ou de propaganda, alteração ou usurpação de fisionomia ou sendo sua divulgação indevida, ter-se-á lesão ao direito à imagem, por atingir a imagem-atributo, além da imagem-retrato, porque pode transmitir mensagem que provoca associação psíquica em quem a receber.

Não se pode apresentar texto não declarado pela pessoa ou divulgar escritos ou declarações verbais sem autorização de seu autor.

Limitações ao direito à imagem. Todavia, há certas limitações do direito à imagem, com dispensa da anuência para sua divulgação, quando: *a*) se tratar de pessoa notória, mas isso não constitui uma permissão para devassar sua privacidade, pois sua vida íntima deve ser preservada. A pessoa que se torna de interesse público pela fama ou significação intelectual, moral, artística ou política não poderá alegar ofensa a seu direito à imagem se sua divulgação estiver ligada à ciência, às letras, à moral, à arte e à política. Isto é assim porque a difusão de sua imagem sem seu consenso deve estar relacionada com sua atividade ou com o direito à informação; *b*) se se referir a exercício de cargo público, pois quem tiver função pública de destaque não pode impedir, que, no exercício de sua atividade, seja filmada ou fotografada, salvo na intimidade; *c*) se procura atender à administração ou serviço da justiça ou de polícia, desde que a pessoa não sofra dano a sua privacidade; *d*) se tiver de garantir a segurança pública, em que prevalece o interesse social sobre o particular, requerendo a divulgação da imagem, por exemplo, de um procurado pela polícia ou a manipulação de arquivos fotográficos de departamentos policiais para identificação de delinquente. Urge não olvidar que o civilmente identificado não pode ser submetido a identificação criminal, salvo nos casos autorizados legalmente (CF, art. 5º, LVIII); *e*) se busca atender ao interesse público, aos fins culturais, científicos e didáticos. Quem foi atingido por uma doença rara não pode impedir, para esclarecimento de cientistas, a divulgação de sua imagem em cirurgia, desde que se preserve seu anonimato, evitando focalizar sua fisionomia; *f*) houver necessidade de resguardar a saúde pública. Assim portador de moléstia grave e contagiosa não pode evitar que se noticie o fato; *g*) se obtiver imagem em que a figura é tão somente parte do cenário (congresso, enchente, praia, tumulto, *show*, desfile, festa carnavalesca (*RT*, *556*:178, *292*:257 — em contrário *RJ*, *10*:89), restaurante etc., sem que se a destaque, pois se pretende divulgar o acontecimento e não a pessoa que integra a cena; *h*) se tratar de identificação compulsória ou imprescindível a algum ato de direito público ou privado; deveras, ninguém pode se opor a que se coloque sua fotografia em carteira de identidade ou em outro documento de identificação, nem que a polícia tire sua foto para serviço de identificação.

Reparação do dano à imagem ou à honra. O lesado pode pleitear a reparação de cunho indenizatório pelo dano moral e patrimonial (Súmula 37 do STJ; *RT*, *531*:230, *624*:64, *782*:238, *778*:225) provocado por violação à sua honra, imagem-retrato ou imagem-atributo e pela divulgação não autorizada de escritos ou de declarações feitas, salvo se se tratar de interesse coletivo, tratando-se, p. ex., de sindicância em processo judicial (*RT*, *778*:249). Garantida está, ainda, para proteger escrita, palavra e imagem, não só a proibição de sua divulgação ou utilização, mas também o direito de resposta. Se a vítima vier a falecer ou for declarada ausente, são partes legítimas para requerer a tutela ao direito à imagem, na qualidade de *lesados indiretos*, seu cônjuge, ascendentes ou descendentes, e também, em nosso entender, o companheiro (Enunciado n. 275 do Conselho da Justiça Federal, aprovado na *IV Jornada de Direito Civil*) e o parente colateral, visto ter interesse próprio, vinculado a dano patrimonial ou moral causado a bem jurídico alheio.

Segundo o Enunciado n. 587, aprovado na *VII Jornada de Direito Civil*: "O dano à imagem restará configurado quando presente a utilização indevida desse bem jurídico, independentemente da concomitante lesão a outro direito da personalidade, sendo dispensável a prova do prejuízo do lesado ou do lucro do ofensor para a caracterização do referido dano, por se tratar da modalidade de dano *in re ipsa*.

BIBLIOGRAFIA: Luiz Alberto David Araujo, *A proteção constitucional da própria imagem*, Belo Horizonte, Del Rey, 1996; Álvaro Antônio de C. N. Barbosa, *Direito à própria imagem — aspectos fundamentais*, São Paulo, Saraiva, 1989; Regina Sahm, *Direito à imagem no direito civil contemporâneo*, São Paulo, Atlas, 2002; M. H. Diniz, Direito à imagem e sua tutela, in *Estudos de direito do autor, direito da personalidade, direito do consumidor e danos morais*, coord. Eduardo C. B. Bittar e Silmara Juny Chinelatto, Rio de Janeiro, Forense Universitária, 2002, p. 79 a 106; Carlos A. Bittar, *Os direitos da personalidade*, cit., p. 87 e s.; Hermano Duval, *Direito à imagem*, São Paulo, Saraiva, 1988; Ravanas, *La protection des personnes contre la realization et la publication de leur image*, Paris, LGDJ, 1978; Alcides Leopoldo e Silva Jr., *A pessoa pública e o seu direito de imagem*, São Paulo, Ed. Juarez de Oliveira, 2002; Jacqueline S. Dias, *O direito à imagem*, Belo Horizonte, Del Rey, 2000; Oduvaldo Donnini e Rogério F. Donnini, *Imprensa livre, dano moral, dano à imagem e sua quantificação à luz do novo Código Civil*, São Paulo, Método, 2002; Claudio Luiz Bueno de Godoy, *Liberdade de imprensa e os direitos da personalidade*, São Paulo, Atlas, 2001; Sidney Cesar S. Guerra, *A liberdade de imprensa e o direito à imagem*, Rio de Janeiro, Renovar, 2004; Gilberto Haddad Jabur, Limitações ao direito à própria imagem no novo Código Civil, in *Novo Código Civil: questões controvertidas*, coord. Mário Luiz Delgado e Jones Figueirêdo Alves, São Paulo, Método, 2003, p. 11 a 44; Louise Putvin, *Le personne et la protection de son image*, Quebec, Yvon Blais, 1991; Jones F. Alves e Mário Luiz Delgado, *Código*, cit., p. 33; Cláudia Rodrigues, Direito autoral e direito de imagem, *RT*, *827*:59; Raphael de Barros Monteiro Filho e Ronaldo de Barros Monteiro, *Comentários*, cit., p. 230-58. O Enunciado n. 5 (aprovado na *Jornada de Direito Civil*, promovida, em setembro de 2002, pelo Centro de Estudos Judiciários do Conselho da Justiça Federal), na segunda parte, dispõe: "as disposições do art. 20 do novo Código Civil têm a finalidade específica de regrar a projeção dos bens personalíssimos nas situações nele enumeradas. Com exceção dos casos expressos de legitimação que se conformem com a tipificação preconizada nessa norma, a ela podem ser aplicadas subsidiariamente as regras instituídas no art. 12".

Art. 21. A vida privada da pessoa natural é inviolável, e o juiz, a requerimento do interessado, adotará as providências necessárias para impedir ou fazer cessar ato contrário a esta norma.

- *Constituição Federal, art. 5º, X, XI e XIV.*
- *Lei n. 5.250/67 (entendida pelo STF — ADPF n. 130/2009 — como não recepcionada pela Constituição Federal) sobre liberdade de manifestação do pensamento e de informação.*
- *Código de Processo Civil, arts. 485, VI, 294, 297, 300, 497 e 536.*
- *Lei n. 11.111, de 5 de maio de 2005, art. 7º.*
- *Código de Processo Penal, art. 201, § 6º, com redação da Lei n. 11.690/2008.*
- *Lei n. 8.906/94, art. 7º, com a redação da Lei n. 11.767/2008.*
- *Proteção à privacidade na Internet: Lei n. 12.965/2014, arts. 3º, II, 7º (com alteração da Lei n. 13.709/2018) e 8º.*
- *Lei n. 13.709/2018 sobre proteção de dados pessoais com a alteração da Lei n. 13.853/2019.*

Inviolabilidade da vida privada. A privacidade não se confunde com a intimidade, mas esta pode incluir-se naquela, por integrarem ambas o direito à vida privada. Por isso, as tratamos de modo diverso, apesar de a *privacidade* voltar-se a aspectos externos da existência humana, como sigilo bancário, recolhimento em sua residência, sem ser molestado, escolha do modo de viver, hábitos, comunicação via epistolar ou telefônica etc.; e a *intimidade* dizer respeito a aspectos internos do viver da pessoa, como segredo pessoal, relacionamento amoroso, situação de pudor, diário íntimo, respeito à enfermidade ou à dor pela perda de pessoa querida. Convém lembrar que o artigo *sub examine* alcança o direito a ser esquecido não para impor um dever de esquecer uma informação, mas para impedir que se a recorde, injustificadamente, mediante uma nova divulgação, que pode causar dano a um projeto de vida da pessoa e ao livre desenvolvimento de sua personalidade. O direito a ser esquecido é o de não ser lembrado pela mídia por fatos depreciativos ocorridos no passado ante a falta de utilidade social da informação e a ausência de atualidade do fato e de interesse público, para que possa refazer, retamente, sua vida e atingir o direito à felicidade, preservando sua privacidade. Pelo Enunciado n. 576, aprovado na *VII Jornada de Direito Civil*: "O direito ao esquecimento pode ser assegurado por tutela judicial inibitória". O direito à vida privada da pessoa contém interesses jurídicos, por isso seu titular pode impedir ou fazer cessar invasão em sua esfera íntima, usando para sua defesa: mandado de injunção, *habeas data, habeas corpus*, mandado de segurança, cautelares inominadas e ação de responsabilidade civil por dano moral e/ou patrimonial (*RJTJSP*, *155*:240; *RT*, *623*:61, *785*:222; TJSP, Ag. Inst. n. 415.792-4/9 — Santos, 2ª Câm. D. Priv., rel. José R. Bedran, j. 22-11-2005). E, ainda, para tutela da honra e privacidade, observa Newton De Lucca, é urgente uma Emenda Constitucional contra atos lesivos de jornalistas, instituindo o *habeas midia* no Brasil. Pelos Enunciados do CJF, aprovados na *V Jornada de Direito Civil*: *a*) n. 404: "A tutela da privacidade da pessoa humana compreende os controles espacial, contextual e temporal dos próprios dados, sendo necessário seu expresso consentimento para tratamento de informações que versem especialmente o estado de saúde, a condição sexual, a origem racial ou étnica, as convicções religiosas, filosóficas e políticas"; *b*) n. 405: "As informações genéticas são parte da vida privada e não podem ser utilizadas para fins diversos daqueles que motivaram seu armazenamento, registro ou uso, salvo com autorização do titular".

BIBLIOGRAFIA: René Ariel Dotti, *Proteção da vida privada e liberdade de informação*, São Paulo, Revista dos Tribunais, 1980; Pierre Kayser, *La protection de la vie privée*, Paris, Dalloz, 1974; Gilberto Haddad Jabur, *Liberdade de pensamento e direito à vida privada*, São Paulo, Revista dos Tribunais, 2000; Silvio H. Vieira Barbosa, Informação x privacidade — o dano moral resultante do abuso da liberdade de imprensa, *RDC*, *73*:70; Claudio Luiz Bueno de Godoy, *Liberdade de imprensa e os direitos da personalidade*, São Paulo, Atlas, 2001; Oduvaldo Donnini e Rogério Ferraz Donnini, *Imprensa livre, dano moral, dano à imagem e sua quantificação à luz do novo Código Civil*, São Paulo, Método, 2002; Carla Bianca Bittar, A honra e a intimidade em face do direito, in *Estudos do direito de autor*, cit., p. 121 a 134; Jayme Weingartner Neto, *Honra, privacidade e liberdade de imprensa*, Porto Alegre, Livraria do Advogado, 2002; José de Oliveira Ascensão, A reserva da intimidade da vida privada e familiar, in *O direito civil no século XXI*, São Paulo, Saraiva, 2003, p. 317-30; Célia Rosenthal Zisman, *A liberdade de expressão na Constituição Federal e suas limitações*, São Paulo, Livraria Paulista, 2003; Warren & Brandeis, *El derecho a la intimidad*, Madrid, Civitas, 1995; Sônia A. do Amaral Vieira, *Inviolabilidade da vida privada e da intimidade pelos meios eletrônicos*, São Paulo, Juarez de Oliveira, 2002; Elimar Szaniawski, Considerações sobre o direito à intimidade das pessoas jurídicas, *RT*, *657*:25-31; José Adércio L. Sampaio, *Direito à intimidade e à vida privada: uma visão jurídica da sexualidade, da família, da comunicação e informações pessoais da vida e da morte*, Belo Horizonte, Del Rey, 1998; Eládio T. Rocha, Ética, liberdade de informação, direito à privacidade e reparação civil pelos ilícitos de imprensa, *RT*, *793*:77-88; Bruno Franceschelli, *Il diritto alla riservatezza*, Napoli, Jovene, 1960; Pedro F. Caldas, *Vida privada, liberdade de imprensa e dano moral*, São Paulo, Saraiva, 1997; Mônica Neves Aguiar da Silva Castro, *Honra, imagem, vida privada e intimidade, em colisão com outros direitos*, Rio de Janeiro, Renovar, 2002; Paulo José da Costa Jr., *Agressões à intimidade. O episódio Lady Di*, São Paulo, Malheiros, 1997; Artur Oscar de O. Deda, A intimidade como direito subjetivo privado, *Revista de Direito Civil, Imobiliário, Agrário e Empresarial*, *36*:21-32; Othon Sidou, Direito à intimidade, *RT*, *421*:9-13; Matiello, *Código Civil*, cit., p. 38-9; Carlos Roberto F. Mateucci, Privacidade e internet, *RDPr*, *19*:46; Raphael de Barros Monteiro Filho e Ronaldo de Barros Monteiro, *Comentários*, cit., p. 259-69; Newton De Lucca, Habeas mídia, *Atualidades jurídicas*, vol. 6, p. 179-86; Irma P. Maceira, *A proteção do direito à privacidade familiar na internet*, Rio de Janeiro: Lumen Juris, 2015; M. Helena Diniz, Efetividade do direito a ser esquecido, Revista Argumentum, v. 18, n. 1, 2017, p. 17 a 41.

Capítulo III
Da Ausência

- *Código Civil, arts. 6º, 9º, IV, 20, parágrafo único, 198, II, 335, III, 428, II e III, 434, 1.571, § 1º, 1.728, I, e 1.759.*
- *Código de Processo Civil, arts. 49, 71, 72 e parágrafo único, 76, 178, II, 242, § 1º, 548, 626 e 671.*
- *Lei n. 6.015/73, arts. 29, VI, 94, 104, parágrafo único, e 107, § 1º.*
- *Lei n. 11.101/2005, art. 94, III,* f.
- *Súmula 331 do Supremo Tribunal Federal.*

Seção I
Da curadoria dos bens do ausente

Art. 22. Desaparecendo uma pessoa do seu domicílio sem dela haver notícia, se não houver deixado representante ou procurador a quem caiba administrar-lhe os bens, o juiz, a requerimento de qualquer interessado ou do Ministério Público, declarará a ausência, e nomear-lhe-á curador.

PESSOAS

- *Sobre a arrecadação de bens de ausentes,* vide *arts. 548, 744 e 745 do Código de Processo Civil.*
- *Representação dos ausentes em juízo e intervenção obrigatória do Ministério Público nos processos em que forem interessados* — Vide *arts. 71 e 76 do Código de Processo Civil.*
- *Citação dos ausentes em processos de inventários* — Vide *art. 626 do Código de Processo Civil.*
- *Registro da sentença declaratória de ausência* — Vide *a Lei n. 6.015, de 31 de dezembro de 1973, arts. 29, VI, e 94.*
- *Decreta-se a falência do devedor que se ausenta sem deixar representante habilitado e com recursos suficientes para pagar os credores (art. 94, III,* f, *1ª parte, da Lei de Falências).*
- Vide *Leis n. 6.683/79 e 9.140/95.*

Curatela do ausente. Verificado o desaparecimento de uma pessoa do seu domicílio, sem dar qualquer notícia de seu paradeiro e sem deixar procurador, ou representante, para administrar seus bens, o juiz, a requerimento de qualquer interessado, seja ou não parente, bastando que tenha interesse pecuniário, ou do Ministério Público, declarará a ausência e, em seguida, nomeará um curador para administrar seu patrimônio, resguardandoo. Não havendo bens, não se terá nomeação de curador. A ausência tem por escopo a proteção dos bens de pessoa desaparecida. Em caso de ausência, a curadoria é dos bens do ausente e não da pessoa do ausente. Não há, portanto, incapacidade por ausência, mas tão somente a necessidade de proteger o desaparecido com relação a sua impossibilidade material de cuidar de seus bens móveis ou imóveis e interesses e à impraticabilidade jurídica de se conciliar o abandono domiciliar com a conservação dos direitos. Há quem ache, acertadamente, não se tratar de ausência o desaparecimento de alguém num acidente aéreo, rodoviário, ferroviário etc. em que, pelos indícios, a sua morte parece óbvia, apesar de não ter sido encontrado seu cadáver, já que não há incerteza de seu paradeiro, por isso o Código Civil no art. 7º tratou da morte presumida sem decretação de ausência.

BIBLIOGRAFIA: W. Barros Monteiro, *Curso,* cit., v. 2, p. 334; M. Helena Diniz, *Curso,* cit., v. 5, p. 365; Levenhagen, *Código Civil,* cit., v. 2, p. 310; Paulo de Lacerda, *Manual,* cit., v. 6, p. 543-4; Coviello, *Manuale,* cit., § 56; Estevam de Almeida, in Paulo de Lacerda, *Manual,* cit., v. 6, p. 542; José de Farias Tavares, *O Código Civil e a nova Constituição,* cit., p. 69-70; Digesto, 10, 23, 2; Hugo Nigro Mazzilli, *Curadoria de ausentes e incapazes,* São Paulo, 1988; Roberto Senise Lisboa, *Manual,* cit., v. 5, p. 139-46; Sebastião José Roque, *Direito de família,* cit., p. 207-14; Barbara A. de Araújo, A ausência: análise do instituto sob a perspectiva civil — constitucional, in *A parte geral do novo Código Civil* (coord. Gustavo Tepedino), Rio de Janeiro, Renovar, 2002, p. 59-82; José Antonio de Paula Santos Neto, *Da ausência,* São Paulo, Juarez de Oliveira, 2001; Guilherme Calmon N. Gama, Da ausência, *RT, 822*:28; Tarcisa A. Marques Porto, *A ausência no novo Código Civil,* São Paulo, RRS, 2008; Ralpho Waldo de Barros Monteiro, *Comentários,* cit., p. 270-90.

Art. 23. Também se declarará a ausência, e se nomeará curador, quando o ausente deixar mandatário que não queira ou não possa exercer ou continuar o mandato, ou se os seus poderes forem insuficientes.

- *Código de Processo Civil, arts. 744 e 745.*
- *Código Civil, arts. 26, 2ª parte, 115, 2ª parte, 653, 682, I a IV.*

Curadoria dos bens do ausente com procurador. A declaração de ausência e a nomeação de curador a bens de um ausente dar-se-á mesmo que ele tenha deixado procurador (CC, arts. 115, 2ª parte, e 653) que se recuse a administrar seu patrimônio (CC, art. 682, I) ou que não possa exercer ou continuar o mandato (CC, art. 682, II e III), seja por não possuir poderes suficientes para

PESSOAS

gerir todos os negócios do desaparecido, seja por ter ocorrido o término da representação a termo (CC, art. 682, IV), seja por sua renúncia, não aceitando *a fortiori* o mandato, seja por sua morte ou incapacidade. O mesmo se diga se os poderes outorgados ao procurador forem insuficientes para a gestão dos bens do ausente. Com isso, o ausente ficará sem representante que venha a gerir seu patrimônio, urgindo, pois, que se nomeie curador para administrar seus interesses.

BIBLIOGRAFIA: Caio M. S. Pereira, *Instituições,* cit., v. 5, p. 314; Silvio Rodrigues, *Direito civil,* cit., v. 6, p. 417; Levenhagen, *Código Civil,* cit., v. 2, p. 310; Paulo de Lacerda, *Manual,* cit., v. 6, p. 545.

Art. 24. O juiz, que nomear o curador, fixar-lhe-á os poderes e obrigações, conforme as circunstâncias, observando, no que for aplicável, o disposto a respeito dos tutores e curadores.

- *Código Civil, arts. 1.728 a 1.783.*
- *Código de Processo Civil, arts. 739, 744, 759 a 763.*

Fixação judicial dos poderes e deveres do curador dos bens do ausente. O curador dos bens do ausente, uma vez nomeado judicialmente, terá seus deveres e poderes estabelecidos pelo magistrado, de conformidade com as circunstâncias do caso. Logo, o magistrado, conforme o caso, no ato da nomeação determinará pormenorizadamente as providências a serem tomadas e as atividades a serem realizadas, observando os dispositivos legais, sempre no que forem aplicáveis, reguladores da situação similar dos tutores e curadores (CC, arts. 1.728 a 1.783), para que a atuação do curador dos bens do ausente seja realmente eficiente e responsável. É, portanto, o órgão judicante que, baseado nos fatos, ditará as normas, segundo as quais o curador, por ele nomeado, deverá desempenhar suas funções administrativas relativamente aos bens do ausente. Consequentemente, na averiguação da legitimidade dos atos praticados pelo curador, dever-se-á buscar fundamento no ato judicial de sua nomeação e de estipulação de seus poderes e deveres.

BIBLIOGRAFIA: M. Helena Diniz, *Curso*, cit., v. 5, p. 366; Levenhagen, *Código Civil,* cit., v. 2, p. 310-1; Paulo de Lacerda, *Manual,* cit., v. 6, p. 545-6; Clóvis Beviláqua, *Código Civil comentado,* cit., obs. ao art. 465, v. 2; Carlos Alberto Bittar Filho e Márcia S. Bittar, *Novo Código*, cit., p. 21; Ralpho Waldo de Barros Monteiro, *Comentários*, cit., p. 298 a 312.

Art. 25. O cônjuge do ausente, sempre que não esteja separado judicialmente, ou de fato por mais de dois anos antes da declaração da ausência, será o seu legítimo curador.

- Vide *Código Civil, arts. 1.570, 1.651 e 1.775.*
- Caput, *que poderá perder, parcialmente, sua eficácia social, diante da alteração do art. 226, § 6º da Constituição Federal pela Emenda Constitucional n. 66/2010.*

§ 1º Em falta do cônjuge, a curadoria dos bens do ausente incumbe aos pais ou aos descendentes, nesta ordem, não havendo impedimento que os iniba de exercer o cargo.

§ 2º Entre os descendentes, os mais próximos precedem os mais remotos.

§ 3º Na falta das pessoas mencionadas, compete ao juiz a escolha do curador.

- *Código de Processo Civil, arts. 744 e 723.*

Cônjuge do ausente como curador legítimo. A curadoria dos bens do ausente deverá ser deferida, se casado for, não estando separado judicialmente ou de fato por mais de dois anos antes da declaração da ausência, ao seu cônjuge, ou companheiro (CC, art. 1.775; Enunciado n. 97, aprovado na *Jornada de Direito Civil*, promovida, em setembro de 2002, pelo Centro de Estudos

Judiciários do Conselho da Justiça Federal), para que seu patrimônio não se perca ou deteriore, assumindo sua administração. Ante o interesse na conservação dos bens do ausente, qualquer que seja o regime matrimonial de bens, seu curador legítimo será seu cônjuge.

BIBLIOGRAFIA: W. Barros Monteiro, *Curso*, cit., v. 2, p. 334; M. Helena Diniz, *Curso*, cit., v. 5, p. 365; Paulo de Lacerda, *Manual*, cit., v. 6, p. 546-7; Caio M. S. Pereira, *Instituições*, cit., v. 5, p. 315.

Nomeação de curador dos bens do ausente na falta do cônjuge. Se o ausente que deixou bens não tiver consorte, nomear-se-á os pais do desaparecido como curador, e, na falta destes, os descendentes, desde que tenham idoneidade para exercer o cargo, por não haver impedimento que os iniba de exercer o cargo.

Ordem de nomeação entre os descendentes. Na curadoria dos bens do ausente cabível a descendente seguir-se-á o princípio de que os mais próximos excluem os mais remotos; logo, a nomeação recairá primeiro sobre os filhos e depois sobre os netos.

Escolha de curador dos bens de ausente pelo órgão judicante. Na falta de cônjuge, ascendente ou descendente (curadores legítimos) do ausente, competirá ao juiz a escolha do curador dativo, desde que idôneo a exercer o cargo.

BIBLIOGRAFIA: M. Helena Diniz, *Curso*, cit., v. 5, p. 365-6; Carvalho Santos, *Código Civil brasileiro interpretado*, cit., obs. ao art. 467, v. 4; Clóvis Beviláqua, *Código Civil comentado*, cit., obs. ao art. 467, v. 2; Ralpho Waldo de Barros Monteiro, *Comentários*, cit., p. 314-40.

SEÇÃO II

DA SUCESSÃO PROVISÓRIA

Art. 26. Decorrido um ano da arrecadação dos bens do ausente, ou, se ele deixou representante ou procurador, em se passando três anos, poderão os interessados requerer que se declare a ausência e se abra provisoriamente a sucessão.

- Vide *Código de Processo Civil, arts. 744 e 745 e parágrafos.*
- *Sobre morte presumida de tripulantes de navios e de aeronaves,* vide *Decreto-Lei n. 3.577, de 1º de setembro de 1941, cujo art. 1º dispõe: "Para os efeitos do presente Decreto-Lei, considera-se morte presumida de tripulante o seu desaparecimento, por prazo superior a 120 (cento e vinte) dias, em virtude de naufrágio, acidente ocorrido a bordo ou falta de notícia da embarcação. § 1º O prazo de 120 (cento e vinte) dias é contado a partir da data da ocorrência do naufrágio ou acidente, ou da data da última notícia direta da embarcação".*

O art. 12 manda aplicar as disposições dos arts. 1º e 3º aos tripulantes de aeronaves associados da Caixa de Aposentadoria e Pensões dos Aeroviários.

- *Sobre a morte presumida de militares, servidores públicos e militares de aeronáutica, dispõem os Decretos-Leis n. 4.819, de 8 de outubro de 1942, 5.782, de 30 de agosto de 1943, e 6.239, de 3 de fevereiro de 1944, estabelecendo o prazo de 4 (quatro) meses, a contar da publicação do desaparecimento em Boletim. Relativamente aos servidores o prazo é de 3 (três) meses.*
- Vide *Súmula 53 do extinto Tribunal Federal de Recursos.*
- *Lei n. 6.015/73, art. 104 e parágrafo único.*
- Vide *Lei n. 9.140, de 4 de dezembro de 1995 (com a redação da Lei n. 10.536, de 14-8-2002), que reconhece como mortos os desaparecidos em razão de participação em atividades políticas no período de 2 de setembro de 1961 a 5 de outubro de 1988, e Decreto n. 2.255/97, que concede indenização às suas famílias.*

PESSOAS

- *Constituição Federal, art. 5º, XXXI, sobre sucessão de bens de estrangeiros situados no País.*
- *Código Civil, art. 28, § 1º.*
- *Súmula 331 do Supremo Tribunal Federal.*

Duração da curatela dos bens do ausente. Após a arrecadação dos bens do ausente, o magistrado ordenará a publicação dos editais na rede mundial de computadores, no sítio do tribunal a que estiver vinculado e na plataforma de editais do Conselho Nacional de Justiça, onde permanecerá por um ano, ou, não havendo tal sítio, no órgão oficial e na imprensa da comarca, durante um ano, reproduzida de dois em dois meses, anunciando a arrecadação e chamando o ausente a entrar na posse de seus bens. Portanto, a curadoria dos bens do ausente perdura por um ano, durante o qual o juiz ordenará a publicação de editais, de dois em dois meses, convocando o ausente a reaparecer para retomar seus haveres (CPC, art. 745).

Abertura da sucessão provisória. Passado o prazo previsto no edital ou um ano da arrecadação dos bens do ausente sem que se saiba do seu paradeiro, ou se ele deixou algum representante seu, em se passando três anos, poderão os interessados requerer que se abra, provisoriamente, a sucessão, cessando a curatela (CPC, art. 745, § 1º). A previsão legal dos referidos prazos justifica-se por haver possibilidade de o desaparecido voltar e reassumir seus negócios; logo a abertura de sucessão provisória evitaria uma precoce declaração de sua ausência e uma precipitada sucessão definitiva.

BIBLIOGRAFIA: M. Helena Diniz, *Curso*, cit., v. 5, p. 366; Levenhagen, *Código Civil*, cit., v. 2, p. 314; Clóvis Beviláqua, *Código Civil comentado*, cit., obs. ao art. 469, v. 2; Carvalho Santos, *Código Civil brasileiro interpretado*, cit., obs. ao art. 469, v. 4; Sebastião Luiz Amorim, Processamento da sucessão do ausente — presunção e declaração de morte, in *O direito civil no século XXI*, São Paulo, Saraiva, 2003, p. 521-32; Carlos Alberto Bittar Filho e Márcia S. Bittar, *Novo Código*, cit., p. 22; Ralpho Waldo de Barros Monteiro, *Comentários*, cit., p. 341-65.

Art. 27. Para o efeito previsto no artigo anterior, somente se consideram interessados:
I — o cônjuge não separado judicialmente;

- *Inciso, cuja eficácia social poderá ser alterada ante o disposto no art. 226, § 6º, da Constituição Federal, com a redação da Emenda Constitucional n. 66/2010.*

II — os herdeiros presumidos, legítimos ou testamentários;

- *Código Civil, arts. 1.829 e 1.799.*

III — os que tiverem sobre os bens do ausente direito dependente de sua morte;

- Vide *Código Civil, arts. 131, 132, 135, 547, 1.923 e 1.951.*

IV — os credores de obrigações vencidas e não pagas.

- *Não havendo interessados, pode o Ministério Público requerer a abertura da sucessão, nos termos do § 1º do art. 28 do Código Civil.*

Legitimidade para promover a sucessão provisória. A sucessão provisória poderá ser requerida por qualquer interessado: *a*) cônjuge não separado judicialmente; *b*) herdeiros presumidos, legítimos ou testamentários (CC, arts. 1.829 e 1.799); *c*) pessoas que tiverem sobre os bens do ausente direito dependente de sua morte (evento futuro e certo), ou seja, se houver, p. ex., usufruto vitalício, condicionado à morte de usufrutuário (ausente), para que o nu-proprietário livre o bem onerado do ônus real; cláusula estatutária que preveja repasse de quotas do sócio falecido aos sobreviventes, fideicomisso (CC, art. 1.951), legado (CC, art. 1.923), apólice de seguro de vida, doação com cláusula de reversão (CC, art. 547); *d*) credores de obrigações vencidas e não pagas.

O interessado, ao requerer a abertura da sucessão provisória, pedirá a citação pessoal dos herdeiros presentes e do curador e, por editais, a dos ausentes para requererem habilitação, na forma dos arts. 689 a 692 do CPC (CPC, art. 745, § 2º).

BIBLIOGRAFIA: M. Helena Diniz, *Curso*, cit., v. 5, p. 366; Levenhagen, *Código Civil*, cit., v. 2, p. 314-5; Clóvis Beviláqua, *Código Civil comentado*, cit., obs. ao art. 470, v. 2; Ralpho Waldo de Barros Monteiro, *Comentários*, cit., p. 366-92.

Art. 28. A sentença que determinar a abertura da sucessão provisória só produzirá efeito cento e oitenta dias depois de publicada pela imprensa; mas, logo que passe em julgado, proceder-se-á à abertura do testamento, se houver, e ao inventário e partilha dos bens, como se o ausente fosse falecido.

§ 1º Findo o prazo a que se refere o art. 26, e não havendo interessados na sucessão provisória, cumpre ao Ministério Público requerê-la ao juízo competente.

§ 2º Não comparecendo herdeiro ou interessado para requerer o inventário até trinta dias depois de passar em julgado a sentença que mandar abrir a sucessão provisória, proceder-se-á à arrecadação dos bens do ausente pela forma estabelecida nos arts. 1.819 a 1.823.

- *Lei n. 6.015/73, art. 104, parágrafo único.*
- *Súmula 331 do Supremo Tribunal Federal.*

Abertura da sucessão provisória pelo Ministério Público. Se, findo o prazo legal, previsto no edital, de um ano, os legitimados (art. 27) deixarem transcorrê-lo *in albis*, ou não houver interessado na sucessão provisória, ou se entre os herdeiros houver interdito ou menor, competirá ao Ministério Público requerer a abertura da sucessão provisória. A legitimidade do Ministério Público é, portanto, subsidiária.

Efeitos da sentença declaratória da abertura da sucessão provisória. A sentença que determinar a abertura da sucessão provisória produzirá efeitos somente 180 dias depois de sua publicação pela imprensa. Assim que transitar em julgado, ter-se-á a abertura do testamento, se houver, e proceder-se-á ao inventário e partilha dos bens como se fosse o ausente falecido.

Ausência de herdeiro. Se, dentro de trinta dias do trânsito em julgado da sentença que manda abrir a sucessão provisória, não aparecer nenhum interessado, ou herdeiro, que requeira o inventário, sendo a sucessão requerida pelo Ministério Público, ordenar-se-á a arrecadação dos bens e a herança será considerada jacente (CPC, arts. 738 a 745; CC, arts. 1.819 a 1.823).

Jurisprudência sobre declaração de ausência: *RJTJSP*, *360*:363, *221*:181, *136*:297, *116*:49, *90*:350 e *35*:63; *RT*, *794*:382 e *535*:241. "Desde o termo inicial do desaparecimento, declarado em sentença, não corre a prescrição contra ausente" (Enunciado n. 156 do Conselho da Justiça Federal, aprovado na *III Jornada de Direito Civil*).

BIBLIOGRAFIA: M. Helena Diniz, *Curso*, cit., v. 1, p. 89, 103 e 104, e v. 5, p. 366-7; W. Barros Monteiro, *Curso*, cit., v. 2, p. 335-6; Caio M. S. Pereira, *Instituições*, cit., v. 5, p. 315; Silvio Rodrigues, *Direito civil*, cit., v. 6, p. 419; Darcy Arruda Miranda, *Anotações*, cit., v. 1, p. 428-9; Fabrício Z. Matiello, *Código Civil*, cit., p. 43; Ralpho Waldo de Barros Monteiro, *Comentários*, cit., p. 393-412.

Art. 29. Antes da partilha, o juiz, quando julgar conveniente, ordenará a conversão dos bens móveis, sujeitos a deterioração ou a extravio, em imóveis ou em títulos garantidos pela União.

- *Observe-se o que dispõe o Código de Processo Civil para as vendas judiciais, no art. 730.*

Conversão de bens. Para garantir ao ausente a devolução de seus bens, por ocasião de sua volta, o juiz, antes da partilha, valendo-se, se for necessário, de laudo pericial, deverá, se julgar conveniente, ordenar a conversão, por meio de hasta pública, dos bens móveis, sujeitos a deterioração ou a extravio, em imóveis ou em títulos, públicos ou privados, garantidos pela União, adquiridos com o produto obtido. A conversão dos bens suscetíveis de deterioração não mais será obrigatória, sendo mera permissão ao órgão judicante.

BIBLIOGRAFIA: W. Barros Monteiro, *Curso*, cit., v. 2, p. 337; Caio M. S. Pereira, *Instituições*, cit., v. 6, p. 315; Levenhagen, *Código Civil*, cit., v. 2, p. 316; M. Helena Diniz, *Curso*, cit., v. 5, p. 367; Matiello, *Código Civil*, cit., p. 43; Jones F. Alves e Mário L. Delgado, *Código*, cit., p. 38.

Art. 30. Os herdeiros, para se imitirem na posse dos bens do ausente, darão garantias da restituição deles, mediante penhores ou hipotecas equivalentes aos quinhões respectivos.

• *Código Civil, arts. 1.431 a 1.472 e 1.473 a 1.505.*

§ 1º Aquele que tiver direito à posse provisória, mas não puder prestar a garantia exigida neste artigo, será excluído, mantendo-se os bens que lhe deviam caber sob a administração do curador, ou de outro herdeiro designado pelo juiz, e que preste essa garantia.

• *Código Civil, art. 34.*

§ 2º Os ascendentes, os descendentes e o cônjuge, uma vez provada a sua qualidade de herdeiros, poderão, independentemente de garantia, entrar na posse dos bens do ausente.

Imissão na posse dos bens do ausente. Os herdeiros que forem imitidos na posse dos bens do ausente deverão, ante a precariedade de seu direito, dar garantias de sua devolução mediante, p. ex., penhor ou hipoteca proporcionais ao quinhão respectivo, exceto se ascendentes, descendentes e o cônjuge, desde que comprovada a sua qualidade de herdeiros necessários, pois há presunção legal de que zelarão pelos quinhões recebidos a título provisório.

Falta de condição para prestar garantia. Se o herdeiro que tiver direito à posse provisória não puder prestar as garantias reais exigidas no *caput* deste artigo, não poderá entrar na posse dos bens, que ficarão sob a administração de um curador, ou de outro herdeiro designado pelo magistrado, que se prontifique a prestar a referida garantia. Mas o excluído, pelo art. 34, justificando a falta de meios, poderá requerer a metade dos rendimentos dos bens (móveis ou imóveis) que lhe tocaria.

BIBLIOGRAFIA: M. Helena Diniz, *Curso*, cit., v. 5, p. 367; Paulo de Lacerda, *Manual*, cit., v. 6, p. 561-3; Clóvis Beviláqua, *Código Civil comentado*, cit., obs. ao art. 473, v. 2; Carvalho Santos, *Código Civil brasileiro interpretado*, cit., obs. ao art. 473, v. 4; Ronaldo de Barros Monteiro, *Comentários*, cit., p. 415-20.

Art. 31. Os imóveis do ausente só se poderão alienar, não sendo por desapropriação, ou hipotecar, quando o ordene o juiz, para lhes evitar a ruína.

Alienação de imóveis do ausente. Os imóveis do ausente, não só os arrecadados, mas também os convertidos por venda dos móveis (CC, art. 29), não poderão ser alienados, salvo em caso de desapropriação, ou hipotecados, por ordem judicial, para lhes evitar a ruína, preservando o patrimônio do ausente, ante a possibilidade de seu retorno.

BIBLIOGRAFIA: Paulo de Lacerda, *Manual,* cit., v. 6, p. 563-4; M. Helena Diniz, *Curso,* cit., v. 5, p. 367; Levenhagen, *Código Civil,* cit., v. 2, p. 317-8.

Art. 32. Empossados nos bens, os sucessores provisórios ficarão representando ativa e passivamente o ausente, de modo que contra eles correrão as ações pendentes e as que de futuro àquele forem movidas.

- *Código Civil, art. 1.792.*
- *Código de Processo Civil, art. 49.*

Representação ativa e passiva do ausente. Os sucessores provisórios, uma vez empossados nos bens, ficarão representando ativa e passivamente o ausente; logo, contra eles correrão as ações pendentes e as que de futuro, após a abertura da sucessão provisória, àquele forem movidas, aplicando-se-lhes a norma do art. 1.792 do Código Civil; portanto não responderão por encargos superiores às forças da herança recebida provisoriamente. Consequentemente, o curador dos bens do ausente não mais será o representante legal e processual, pois, uma vez que os herdeiros, em caráter provisório, entraram na posse da herança, justificativa alguma há para que o curador continue na representação daqueles bens, quer ativa, quer passivamente, ou seja, como réu ou como autor.

BIBLIOGRAFIA: Levenhagen, *Código Civil,* cit., v. 2, p. 318; M. Helena Diniz, *Curso,* cit., v. 5, p. 367; Paulo de Lacerda, *Manual,* cit., v. 6, p. 564-5.

Art. 33. O descendente, ascendente ou cônjuge que for sucessor provisório do ausente, fará seus todos os frutos e rendimentos dos bens que a este couberem; os outros sucessores, porém, deverão capitalizar metade desses frutos e rendimentos, segundo o disposto no art. 29, de acordo com o representante do Ministério Público, e prestar anualmente contas ao juiz competente.

- *Código Civil, arts. 29, 1.829, I a III, e 1.845.*

Parágrafo único. Se o ausente aparecer, e ficar provado que a ausência foi voluntária e injustificada, perderá ele, em favor do sucessor, sua parte nos frutos e rendimentos.

Direito aos frutos e rendimentos dos bens do ausente. Se o sucessor provisório do ausente for seu descendente, ascendente ou cônjuge, terá a propriedade de todos os frutos e rendimentos dos bens que a este couberem, podendo deles dispor como quiser, visto serem herdeiros necessários do desaparecido (CC, arts. 1.829, I a III, e 1.845). Se se tratar de outros sucessores que não aqueles acima enumerados, sendo, p. ex., parentes colaterais, deverão capitalizar metade (50%) dos frutos e rendimentos produzidos pelo quinhão recebido, ou seja, converter a metade desses rendimentos e frutos, se sujeitos a deterioração ou extravio, em imóveis ou títulos garantidos pela União (CC, art. 29), a fim de garantir sua ulterior e possível restituição ao ausente. Tal capitalização por metade deverá ser feita de acordo com o Ministério Público, que, além de determinar qual o melhor emprego da metade daqueles rendimentos, deverá fiscalizá-lo.

Prestação de contas do sucessor provisório. Os sucessores provisórios, que sejam parentes colaterais do ausente, deverão prestar contas, anualmente, ao juiz, do emprego da metade dos frutos e rendimentos.

Efeito da prova de ausência voluntária e injustificada. Se o ausente aparecer e ficar comprovado que sua ausência foi voluntária e injustificada (p. ex., inexistência de perigo de vida ou de qualquer motivo plausível), ele perderá, em favor dos sucessores provisórios, a parte que lhe caberia nos frutos e rendimentos, compensando-os pela administração feita. Ser-lhe-á devolvido, como sanção, apenas o patrimônio original. Os herdeiros, portanto, ficarão com a totalidade dos frutos e rendimentos, incluindo-se a metade capitalizada. Portanto o ausente, com seu regresso, deverá demonstrar que sua ausência se deu involuntária e justificadamente sob pena de perder para os sucessores provisórios os frutos e rendas produzidos pelos seus bens móveis ou imóveis.

BIBLIOGRAFIA: M. Helena Diniz, *Curso*, cit., v. 5, p. 367; Levenhagen, *Código Civil*, cit., v. 2, p. 318; Carvalho Santos, *Código Civil brasileiro interpretado*, cit., obs. ao art. 477, v. 4; Clóvis Beviláqua, *Código Civil comentado*, cit., obs. ao art. 477, v. 2.

Art. 34. O excluído, segundo o art. 30, da posse provisória poderá, justificando falta de meios, requerer lhe seja entregue metade dos rendimentos do quinhão que lhe tocaria.

- *Código Civil, art. 30.*

Direito do excluído da posse provisória. O sucessor provisório que não pôde entrar na posse de seu quinhão, por não ter oferecido a garantia legal (CC, art. 30, *caput*), poderá justificar-se provando a falta de recursos, requerendo, judicialmente, que lhe seja entregue metade dos frutos e rendimentos produzidos pela parte que lhe caberia, e que foi retida, para poder fazer frente à sua subsistência. Interessante é a seguinte observação de Gustavo Tepedino, Heloísa Helena Barboza e Maria Celina Bodin de Moraes: "Se o herdeiro excluído da posse recebe metade dos rendimentos do quinhão que lhe tocaria, resta a indagação sobre o destino da outra metade: será ela capitalizada para o ausente ou será atribuída ao herdeiro que ficou imitido na posse de tais bens? Não parece razoável que ao herdeiro excluído sejam atribuídos rendimentos, enquanto aquele que o substituiu na gestão dos bens nada recebe. Parece mais coerente sustentar que é o ausente quem deixa de receber rendimentos por aquele quinhão, uma vez que, fosse um curador gerindo os bens, seria ele a arcar com a remuneração".

BIBLIOGRAFIA: Levenhagen, *Código Civil*, cit., v. 2, p. 319; M. Helena Diniz, *Curso*, cit., v. 5, p. 367; Clóvis Beviláqua, *Código Civil comentado*, cit., obs. ao art. 478, v. 2; Gustavo Tepedino e outros, *Código*, cit., v. 1, p. 93.

Art. 35. Se durante a posse provisória se provar a época exata do falecimento do ausente, considerar-se-á, nessa data, aberta a sucessão em favor dos herdeiros, que o eram àquele tempo.

- Vide *Código Civil, art. 1.784.*
- *Código de Processo Civil, art. 745, § 3º.*

Prova da data certa da morte do ausente. Se se provar cabalmente durante a sucessão provisória a data certa da morte do ausente, o direito à herança retroagirá àquela época; logo, considerar-se-á, a partir de então, aberta a sucessão em prol dos herdeiros (CC, art. 1.784) que legal e comprovadamente o eram àquele tempo. Com isso, a sucessão provisória converter-se-á em definitiva (CPC, art. 745, § 3º), regida pelo Livro V do Código Civil e não pelos arts. 37 a 39.

BIBLIOGRAFIA: M. Helena Diniz, *Curso*, cit., v. 5, p. 367; Levenhagen, *Código Civil*, cit., v. 2, p. 319-20; Carvalho Santos, *Código Civil brasileiro interpretado*, cit., obs. ao art. 479, v. 4.

Art. 36. Se o ausente aparecer, ou se lhe provar a existência, depois de estabelecida a posse provisória, cessarão para logo as vantagens dos sucessores nela imitidos, ficando, todavia, obrigados a tomar as medidas assecuratórias precisas, até a entrega dos bens a seu dono.

- *Código de Processo Civil, art. 745.*

Retorno do ausente. Retornando o ausente ou enviando notícias suas, ou, ainda, comprovando-se judicialmente sua existência, por estar vivo, cessarão para os sucessores provisórios todas as vantagens, ficando obrigados a tomar medidas assecuratórias até a devolução dos bens a seu dono, conservando-os e preservando-os, sob pena de perdas e danos.

Sucessores provisórios como herdeiros presuntivos. Os sucessores provisórios são herdeiros presuntivos, uma vez que administram patrimônio supostamente seu; o real proprietário é o ausente, cabendo-lhe, também, a posse dos bens, bem como os seus frutos e rendimentos, ou seja, o produto da capitalização ordenada pelo art. 33 do Código Civil. O sucessor provisório, com o retorno do ausente, deverá prestar contas dos bens e de seus acrescidos, devolvendo-os, assim como, se for o caso, os sub-rogados, se não mais existirem.

BIBLIOGRAFIA: Caio M. S. Pereira, *Instituições*, cit., v. 5, p. 316; M. Helena Diniz, *Curso*, cit., v. 5, p. 367; Paulo de Lacerda, *Manual*, cit., v. 6, p. 566-8; Levenhagen, *Código Civil*, cit., v. 2, p. 320-1.

SEÇÃO III
DA SUCESSÃO DEFINITIVA

Art. 37. Dez anos depois de passada em julgado a sentença que concede a abertura da sucessão provisória, poderão os interessados requerer a sucessão definitiva e o levantamento das cauções prestadas.

- Vide *Código de Processo Civil, art. 745, §§ 3º e 4º.*
- Vide *Código Civil, arts. 6º, 27 e 1.571, § 1º.*
- Vide *Súmulas 331 e 445 do Supremo Tribunal Federal.*

Sucessão definitiva. A sucessão definitiva poderá ser requerida pelos interessados (CC, art. 27) dez anos depois de passada em julgado a sentença que concedeu abertura de sucessão provisória (CPC, art. 745, § 3º). Tal sentença, portanto, faz coisa julgada formal e não material, visto que a lei prevê a possibilidade do retorno do ausente.

Efeitos da abertura da sucessão definitiva. Com a sucessão definitiva, os sucessores: *a*) passarão a ter a propriedade resolúvel dos bens recebidos; *b*) perceberão os frutos e rendimentos desses bens, podendo utilizá-los como quiser; *c*) poderão alienar onerosa ou gratuitamente tais bens; e *d*) poderão requerer o levantamento das cauções (garantias hipotecárias ou pignoratícias) prestadas.

BIBLIOGRAFIA: M. Helena Diniz, *Curso*, cit., v. 5, p. 368; Levenhagen, *Código Civil*, cit., v. 2, p. 321; Paulo de Lacerda, *Manual*, cit., v. 6, p. 568-70; Clóvis Beviláqua, *Código Civil comentado*, cit., obs. ao art. 481 do Código Civil de 1916, que corresponde ao art. 37 do atual Código, v. 2; Ronaldo de Barros Monteiro, *Comentários*, cit., p. 436-40.

Art. 38. Pode-se requerer a sucessão definitiva, também, provando-se que o ausente conta oitenta anos de idade, e que de cinco datam as últimas notícias dele.

- Vide *Código Civil, art. 6º.*

Abertura de sucessão definitiva de ausente com oitenta anos. Se se provar que o ausente conta oitenta anos de idade e que de cinco datam as últimas notícias suas (*RT*, *572*:98), poder-se-á ter a abertura da sucessão definitiva, considerando-se a média de vida da pessoa, mesmo que não tenha havido anteriormente sucessão provisória.

PESSOAS

BIBLIOGRAFIA: Paulo de Lacerda, *Manual*, cit., v. 6, p. 570-1; M. Helena Diniz, *Curso*, cit., v. 5, p. 367; Levenhagen, *Código Civil*, cit., v. 2, p. 322; Carvalho Santos, *Código Civil brasileiro interpretado*, cit., obs. ao art. 482, v. 4; Clóvis Beviláqua, *Código Civil comentado*, cit., obs. ao art. 482, v. 4.

Art. 39. Regressando o ausente nos dez anos seguintes à abertura da sucessão definitiva, ou algum de seus descendentes ou ascendentes, aquele ou estes haverão só os bens existentes no estado em que se acharem, os sub-rogados em seu lugar, ou o preço que os herdeiros e demais interessados houverem recebido pelos bens alienados depois daquele tempo.

- Vide *Código de Processo Civil, art. 745, § 4º.*

Parágrafo único. Se, nos dez anos a que se refere este artigo, o ausente não regressar, e nenhum interessado promover a sucessão definitiva, os bens arrecadados passarão ao domínio do Município ou do Distrito Federal, se localizados nas respectivas circunscrições, incorporando-se ao domínio da União, quando situados em território federal.

- Vide *Código Civil, arts. 28, § 2º, 1.822, 1.814 a 1.818, 1.829 a 1.844.*
- *"Adquirindo o domínio dos bens arrecadados, a União, o Estado ou o Distrito Federal ficam obrigados a aplicá-los em fundações destinadas ao desenvolvimento do ensino universitário e o Ministério Público respectivo velará por essa aplicação" (art. 3º do Decreto-Lei n. 8.207, de 22-11-1945). "Observar-se-á o disposto no art. 25 do Código Civil/16, quando os bens forem insuficientes para a criação de institutos universitários" (parágrafo único do artigo citado).*

Regresso do ausente ou de seu herdeiro necessário. "Regressando o ausente ou algum de seus descendentes ou ascendentes para requerer ao juiz a entrega de bens, serão citados para contestar o pedido os sucessores provisórios ou definitivos, o Ministério Público e o representante da Fazenda Pública, seguindo-se o procedimento comum" (CPC, art. 745, § 4º). Assim, se o ausente, ou algum de seus descendentes ou ascendentes, regressar nos dez anos seguintes à abertura da sucessão definitiva, apenas poderá requerer ao magistrado a devolução dos bens existentes no estado em que se encontrarem, os sub-rogados em seu lugar ou o preço que os herdeiros ou interessados receberam pelos alienados depois daquele tempo (CPC, art. 745, § 4º), respeitando-se, assim, os direitos de terceiro. Pelo Enunciado n. 614 da *VIII Jornada de Direito Civil*: "Os efeitos patrimoniais da presunção de morte posterior à declaração da ausência são aplicáveis aos casos do art. 7º, de modo que, se o presumivelmente morto reaparecer nos dez anos seguintes à abertura da sucessão, receberá igualmente os bens existentes no estado em que acharem". Como a sucessão definitiva apenas se efetiva depois de dez anos após sua abertura, ensina-nos Clóvis Beviláqua: "ainda que o herdeiro tenha a livre disposição dos bens, responde, nesse período, pelo preço das alienações feitas".

Declaração da vacância dos bens do ausente. Se, nos dez anos a que se refere o *caput* do artigo ora examinado, o ausente não retornar, e nenhum interessado requerer a sucessão definitiva, os bens serão arrecadados como vagos, passando sua propriedade plena ao Município, ao Distrito Federal, se situados nas respectivas circunscrições, ou à União, se localizados em território federal. A União, o Município e o Distrito Federal que deverão utilizá-los no que entenderem mais pertinente ao interesse público.

BIBLIOGRAFIA: Caio M. S. Pereira, *Instituições*, cit., v. 5, p. 317; Silvio Rodrigues, *Direito civil*, cit., v. 6, p. 422; M. Helena Diniz, *Curso*, cit., v. 1, p. 103, e v. 5, p. 368; Pontes de Miranda, *Tratado de direito de família*, cit., § 220; Sebastião L. Amorim, Considerações práticas sobre o processo com relação aos bens do ausente, *RT*, *535*:241; Augusto Mário Morello, *Declaración de ausencia y fallecimiento presunto*,

Buenos Aires, Abeledo-Perrot, 1962; Clóvis Beviláqua, *Código Civil comentado*, Rio de Janeiro, Francisco Alves, 1956, v. II, p. 374; Ronaldo de Barros Monteiro, *Comentários*, cit., p. 447-51.

TÍTULO II

DAS PESSOAS JURÍDICAS

CAPÍTULO I

DISPOSIÇÕES GERAIS

Art. 40. As pessoas jurídicas são de direito público, interno ou externo, e de direito privado.

- Vide *Código Civil, arts. 41, 42 e 44.*
- *Sobre pessoas jurídicas estrangeiras,* vide *art. 11 da Lei de Introdução às Normas do Direito Brasileiro, Decreto-Lei n. 383, de 18 de abril de 1938, arts. 3º e 6º.*
- *Sobre bancos e casas bancárias,* vide *Decreto-Lei n. 3.182, de 9 de abril de 1941.*
- *Sobre sociedades de seguros privados,* vide *Decreto-Lei n. 73, de 21 de novembro de 1966.*
- *Sobre agências reguladoras: Leis n. 9.986/2000 e 9.649/98.*
- *Sobre associações públicas: Lei n. 11.107/2005.*

Conceito de pessoa jurídica. A *pessoa jurídica* é a unidade de pessoas naturais ou de patrimônios que visa à obtenção de certas finalidades, reconhecida pela ordem jurídica como sujeito de direitos e obrigações.

BIBLIOGRAFIA: M. Helena Diniz, *Curso,* cit., v. 1, p. 117; Binder, *Das Problem der juristischen Persönlichkeit,* Leipzig, 1907; René Clémens, *Personnalité morale et personnalité juridique,* Paris, 1935; Scalfi, *L'idea di persona giuridica e le formazioni sociali titolari di rapporti nel diritto privato,* Milano, Giuffrè, 1968; Cunha Gonçalves, *Tratado de direito civil,* p. 917; Helita Barreira Custódio, *Associações e fundações de utilidade pública,* São Paulo, Revista dos Tribunais, 1979; Silvio Rodrigues, *Direito civil,* cit., v. 1, p. 92; Carlos Alberto Bittar, *Teoria geral do direito civil,* cit., p. 125-49; Saleilles, *Personnes juridiques,* p. 94-125; Hedemann, *Fortschritte des Zivilrechts,* v. 1, p. 50-2; Roberto Senise Lisboa, *Manual,* cit., v. 1, p. 106-30; Christian Larroumet, *Droit civil,* cit., t. 1, p. 221-58; Sebastião José Roque, *Teoria geral,* cit., p. 43-66; TJSP, Enunciados 31, 47, 49 e 51; Federico Castro y Bravo, *La persona jurídica,* 1981; Pierangelo Catalano, As raízes do problema da pessoa jurídica, *RDC,* 73:38; Norberto J. García Tejera, *Persona jurídica: tratamiento en los tipos civil y comercial,* 1998; Francesco Ferrara, *Le persone giuridiche,* 1958; Renan Lotufo, *Código Civil,* cit., v. 1, p. 112-96; Pablo Stolze Gagliano e Rodolfo Pamplona Filho, *Novo curso de direito civil,* São Paulo, Saraiva, 2003, v. 1, p. 189-240; Ralpho Waldo de Barros Monteiro e outros, *Comentários,* cit., p. 453 a 485.

Natureza jurídica da pessoa jurídica. Pela *teoria da realidade das instituições jurídicas* de Hauriou, a pessoa jurídica é uma instituição jurídica. A personalidade jurídica é um atributo que a ordem jurídica estatal outorga a entes que o merecerem.

BIBLIOGRAFIA: Hauriou, *Précis de droit constitutionnel,* 1929; Silvio Rodrigues, *Direito civil,* cit., v. 1, p. 93-6; W. Barros Monteiro, *Curso,* cit., v. 1, p. 104-5; Torrente, *Manuale de diritto privato,* cit., p. 70; Cánovas, *Manual de derecho civil español,* cit., v. 1, p. 181; Caio M. S. Pereira, *Instituições,* cit., v. 1, p. 258-67; Serpa Lopes, *Curso,* cit., v. 1, p. 332-8; M. Helena Diniz, *Curso,* cit., v. 1, p. 118; Calogero

Gangi, *Persone fisiche e persone giuridiche*, 1948; Teresa Cristina G. Pantoja, Anotações sobre as pessoas jurídicas, in *A parte geral do novo Código Civil*, (coord. Gustavo Tepedino), Rio de Janeiro, Renovar, 2002, p. 83-121; Fábio Maria De Mattia, Das pessoas jurídicas, in *O novo Código Civil — estudos em homenagem a Miguel Reale*, São Paulo, LTr, 2003, p. 70-84; Vareilles-Sommières, *Les personnes morales*, Paris, 1902, p. 147 e 428.

Classificação da pessoa jurídica quanto à sua função e capacidade. Quanto às funções e capacidade, as pessoas jurídicas são de direito público e de direito privado.

As *pessoas jurídicas de direito público* podem ser:

a) de *direito público externo* (CC, art. 42), regulamentadas pelo direito internacional público, abrangendo: nações estrangeiras, uniões aduaneiras (União Europeia, MERCOSUL etc.), Santa Sé e organismos internacionais (ONU, OEA, UNESCO, OIT, UNICEF, FAO (Decreto n. 7.752/2012) etc.);

b) de *direito público interno de administração direta* (CC, art. 41, I a III): União, Estados, Distrito Federal, Territórios e Municípios legalmente constituídos; e *de administração indireta* (CC, art. 41, IV e V): órgãos descentralizados, criados por lei, com personalidade jurídica própria para o exercício de atividades de interesse público, como as *autarquias*, dentre elas: INSS, INCRA, USP, Embratur, SUFRAMA (Superintendência da Zona Franca de Manaus), CADE (Lei n. 8.884/94) etc., as *associações públicas* (p. ex., consórcios públicos — Lei n. 11.107/2005, art. 6º, I, e § 1º), as *fundações públicas* (p. ex., FAPESP — Fundação Centro Brasileiro para a Infância e a Adolescência; FUNASA — Fundação Nacional da Saúde), que surgem quando a lei individualiza um patrimônio a partir de bens pertencentes a uma pessoa jurídica de direito público, afetando-o à realização de um fim administrativo e dotando-o de organização adequada (*RJTJSP, 68*:193; *RF, 205*:417), e as *agências executivas* ou *reguladoras* (p. ex., ANP, ANATEL), dotadas de poder regulador e de dever, atribuídos institucionalmente pelo sistema legal, para atuarem administrativamente dentro dos estritos limites autorizados por lei (Leis n. 9.986/2000 e 9.649/98, art. 51), criando regulação com parceria com os agentes regulados para consecução de uma relação entre usuários, agentes econômicos e agências para que a sociedade possa atingir os objetivos fundamentais do Estado brasileiro. Tais agências reguladoras são autarquias com regime especial e órgãos democráticos, que realizam obrigatoriamente consultas e audiências públicas.

As *pessoas jurídicas de direito privado*, instituídas por iniciativa de particulares, conforme o art. 44, I a VI, dividem-se em: associações, inclusive as organizações religiosas, sociedades simples e empresárias, fundações particulares, partidos políticos (Lei n. 9.096/95, art. 1º; CF/88, art. 17, § 2º) e ainda empresas individuais de responsabilidade limitada (art. 980-A do Código Civil, ora revogado pela Lei n. 14.382/2022).

BIBLIOGRAFIA: J. Guimarães Menegale, Capacidade das pessoas de direito público externo, *Revista Forense, 129*:339; W. Barros Monteiro, *Curso*, cit., v. 1, p. 109; A. Franco Montoro, *Introdução à ciência do direito*, 2. ed., São Paulo, Ed. Martins, v. 2, p. 320; José Cretella Neto, *Teoria geral das organizações internacionais*, São Paulo, Saraiva, 2007; Celso Antônio Bandeira de Mello, *Natureza e regime jurídico das autarquias*, São Paulo, 1967; Fundações públicas, *RT, 338*:62; Homero Senna e Zobaran Monteiro, *Fundações no direito e na administração*, Rio de Janeiro, 1970; Marcelo Caetano, *Princípios fundamentais do direito administrativo*, Rio de Janeiro, Forense, 1977, p. 74; Luiz Fernando Coelho, *Fundações públicas*, Rio de Janeiro, Forense, 1978; M. Helena Diniz, *Curso*, cit., v. 1, p. 117; Geraldo Ataliba, Fundação pública, *RT, 478*:43; e Autarquias, *RT, 376*:81; Ricardo A. Gregório, Considerações a respeito das fundações, *Revista do Curso de Direito da UNIFMU, 22*:95-110; Gustavo Saad Diniz, *Direito das fundações privadas*, Porto Alegre, Síntese, 2000; Sérgio Varella Bruno, *Agências reguladoras — poder normativo — consulta pública — revisão judicial*, São Paulo; Maria D'Assunção Costa Menezello, *Agências reguladoras e o* *direito brasileiro*, São Paulo, Atlas, 2002; Agências reguladoras, *Editorial Atlas*, *20*:3; Dinorá A. Musetti Grotti, As agências reguladoras, in *Estudos em homenagem ao acadêmico Moreira Alves*, São Paulo, Fiuza, APM, 2003, p. 137-72; R.A.L. Camargo, *Agências de regulação no ordenamento jurídico brasileiro*, Porto Alegre, Sérgio A. Fabris, 2000; Edgard Silveira Bueno Filho, Agências reguladoras e concorrências e o controle jurisdicional dos atos, *Revista do IASP*, *12*:272 a 281; Ana Renata G. Schimmelpfeng, agências reguladoras: uma trajetória de sucesso?, *Revista do Tribunal Regional do Trabalho da 13ª Região*, v. 14, n. 1, p. 226 e s.; Luiz Paulo V. de Carvalho. *Direito civil*, Niterói, Impetus, 2009, p. 87 a 110; José de Oliveira Ascensão, *Direito civil*, cit., v. 1, p. 174 a 276.

Art. 41. São pessoas jurídicas de direito público interno:

I — a União;

- *Sobre bens imóveis da União: Lei n. 11.314/2006, que altera o Decreto-Lei n. 9.760/46 e a Lei n. 9.636/98.*

II — os Estados, o Distrito Federal e os Territórios;

III — os Municípios;

IV — as autarquias, inclusive as associações públicas;

- *Inciso IV com redação dada pela Lei n. 11.107/2005, art. 16.*
- *O Decreto-Lei n. 6.016, de 22 de novembro de 1943, dispôs sobre a imunidade dos bens, rendas e serviços das autarquias e, no art. 2º, declara: "Considera-se autarquia, para efeito deste Decreto-Lei, o serviço estatal descentralizado, com personalidade de direito público, explícita ou implicitamente reconhecida por lei".*
- *A Lei n. 4.717, de 29 de junho de 1965, que regulou a ação popular, em seu art. 20, declara as entidades que considera autarquias.*
- *Súmulas 33, 73, 74, 79, 501, 583 e 620 do Supremo Tribunal Federal.*
- *Súmula 4 do Tribunal Regional Federal da 3ª Região.*
- *Súmula 497 do Superior Tribunal de Justiça.*
- *O art. 5º, I, do Decreto-Lei n. 200, de 25 de fevereiro de 1967, com a redação determinada pelo Decreto-Lei n. 900, de 29 de setembro de 1969, conceitua: "Autarquia — o serviço autônomo, criado por lei, com personalidade jurídica, patrimônio e receita próprios, para executar atividades típicas da Administração Pública, que requeiram, para seu melhor funcionamento, gestão administrativa e financeira descentralizadas".*
- *Constituição Federal, arts. 23, parágrafo único, 25, § 2º, 30, V a VII, e 37, XIX.*
- *Lei n. 12.527/2011, art. 1º, parágrafo único, inciso II.*
- *Lei n. 8.212/91, art. 32-B, acrescido pela Lei n. 12.810/2013.*
- *Decreto n. 9.507/2018 modificado pelo Decreto n. 10.183/2019.*
- *Decreto n. 9.492/2018 com alterações do Decreto n. 10.228/2020.*

V — as demais entidades de caráter público criadas por lei.

Parágrafo único. Salvo disposição em contrário, as pessoas jurídicas de direito público, a que se tenha dado estrutura de direito privado, regem-se, no que couber, quanto ao seu funcionamento, pelas normas deste Código.

- *Sobre a representação judicial das pessoas jurídicas de direito público, vide Código de Processo Civil, art. 75, I, II e III, e Lei n. 10.259/2001, regulamentada pelo Decreto n. 4.250, de 27 de maio de 2002.*
- *Partidos políticos: pessoas jurídicas de direito privado — Lei n. 9.096, de 19 de setembro de 1995, art. 1º; Código Civil, art. 44, V e § 3º.*

- *Sobre atribuição de personalidade jurídica de direito público à campanha de saúde pública,* vide *Lei n. 5.026, de 14 de junho de 1966, e art. 21 do Decreto n. 59.153, de 31 de agosto de 1966. "Para os efeitos da legislação trabalhista, a Campanha de Erradicação da Varíola gozará de personalidade própria, competindo ao superintendente sua representação em juízo. § 1º Somente para os efeitos deste artigo e nos seus termos, a C.E.V. constituirá uma pessoa jurídica de direito público, integrando, para os demais efeitos, o Ministério da Saúde" (ora revogado pelo Decreto de 5-9-1991).*
- *Lei n. 8.448, de 21 de julho de 1992, que regulamenta os arts. 37, XI, e 39, § 1º, da Constituição Federal, sobre remuneração de servidor público.*
- Vide *as leis estaduais (SP): Leis n. 7.835 e 7.836, de 8 de maio de 1992.*
- Vide *Decreto n. 1.590, de 10 de agosto de 1995, sobre jornada de trabalho de servidores de Administração Pública Federal direta, das autarquias e das fundações públicas federais.*
- Vide *Lei n. 9.081, de 19 de julho de 1995, que altera o art. 4º da Lei n. 8.197, de 27 de junho de 1991. Ambas as Leis encontram-se revogadas pela Lei n. 9.469/97.*
- Vide *Lei n. 9.051, de 18 de maio de 1995, art. 1º.*
- *Súmula 150 do Superior Tribunal de Justiça.*
- *Lei Complementar n. 73/93, art. 4º, VI.*
- *Decreto n. 2.271, de 7 de julho de 1997, sobre contratação de serviços pela Administração Pública Federal direta, autárquica e fundacional.*
- *Lei n. 9.962, de 22 de fevereiro de 2000, que disciplina o regime de emprego público do pessoal da Administração Federal direta, autárquica e fundacional.*
- *Decreto n. 4.566/2003 sobre vinculação de entidades integrantes da Administração Pública Federal indireta.*
- *Leis n. 10.233/2001, 10.871/2004, alterada pela Lei n. 11.907/2009 e Lei n. 11.182/2005, sobre agências reguladoras.*
- *Sobre agências executivas: Lei n. 9.649/98; Decretos n. 2.487/98 e 2.488/98.*
- *Lei Complementar n. 108/2001, sobre relação entre a União, os Estados, o Distrito Federal e os Municípios, suas autarquias, fundações, sociedades de economia mista e outras entidades públicas e suas respectivas entidades fechadas de previdência complementar.*
- *Constituição Federal, art. 173, §§ 1º a 3º.*
- *Decreto n. 3.735/2001, sobre diretrizes aplicáveis a empresas estatais federais.*
- *Decreto n. 4.950/2004, sobre arrecadação das receitas de órgãos, fundos, autarquias, fundações e demais entidades integrantes dos orçamentos fiscal e da seguridade social.*
- *Lei n. 11.107/2005, sobre normas gerais de contratação de consórcios públicos, com a regulamentação do Decreto n. 6.017/2007.*
- *Lei n. 8.666/93, arts. 23, § 8º, 24, XXVI, e parágrafo único, 26 e 112, §§ 1º e 2º.*
- *Lei n. 8.429/92, art. 10, XIV e XV.*
- *Lei n. 11.101/2005, art. 195.*
- *Decreto n. 6.922/2009 que regulamenta parcelamento de débitos dos municípios e de suas autarquias e fundações junto à SRF e à Procuradoria-Geral da Fazenda.*
- *Lei n. 12.007/2009 sobre emissão de declaração de quitação anual de débitos pelas pessoas jurídicas prestadoras de serviços públicos ou privados.*
- *Decreto n. 6.944/2009 sobre medidas organizacionais para o aprimoramento da administração pública federal direta, autárquica e fundacional.*

- *Lei n. 12.873/2013, art. 45, § 1º, sobre pessoa jurídica de direito público de administração indireta federal.*
- *Decreto n. 9.287/2018 dispõe sobre a utilização de veículos oficiais pela administração pública federal direta, autárquica e fundacional.*
- *Decreto n. 9.373/2018 dispõe sobre a alienação, a cessão a transferência, a destinação e a disposição final ambientalmente adequadas de bens móveis no âmbito da administração pública federal direta, autárquica e fundacional.*
- *Resolução n. 587/2019 do Conselho da Justiça Federal sobre reparação de danos a pessoas jurídicas de direito público.*

Pessoas jurídicas de direito público interno. São pessoas jurídicas de direito público interno: *a*) a *União,* que designa a nação brasileira, nas suas relações com os Estados federados que a compõem e com os cidadãos que se encontram em seu território; logo, indica a organização política dos poderes nacionais considerada em seu conjunto. Assim, o Estado Federal (União) seria ao mesmo tempo Estado e Federação (*Bemdestaat*). Daí as certeiras palavras de Michel Temer de que a "União é pessoa jurídica de capacidade política e só cogitável em Estado do tipo federal. É fruto da união de Estados. Da aliança destes, sob o império de uma única Constituição, nasce a União"; *b*) os *Estados federados,* que se regem pela Constituição e pelas leis que adotarem. Cada Estado federado possui autonomia administrativa, competência e autoridade na seara legislativa, executiva e judiciária, decidindo sobre negócios locais. A personalidade jurídica do Estado federado surge da Carta Magna, que enumera suas atribuições, reconhecendo seus direitos e prerrogativas; *c*) o *Distrito Federal,* que é a capital da União. É um município equiparado ao Estado federado por ser a sede da União, tendo administração, autoridades próprias e leis atinentes aos serviços locais. Possui personalidade jurídica por ser um organismo político-administrativo, constituído para a consecução de fins comuns; *d)* os *Territórios*, autarquias territoriais (Hely Lopes Meirelles), ou melhor, pessoas jurídicas de direito público interno, com capacidade administrativa e de nível constitucional, ligadas à União, vendo nesta a fonte de seu regime jurídico infraconstitucional (Michel Temer) e criadas mediante lei complementar; *e*) os *Municípios* legalmente constituídos, por terem interesses peculiares e economia própria. A Constituição Federal assegura sua autonomia política, ou seja, a capacidade para legislar relativamente a seus negócios e por meio de suas próprias autoridades. Já os distritos que compõem os municípios não são tidos como pessoa jurídica por não terem autonomia administrativa e política.

Ampliação legal do rol das pessoas jurídicas de direito público interno. Além das pessoas enumeradas pelo artigo *sub examine*, a lei estendeu a personalidade de direito público, como já tivemos oportunidade de dizer ao comentarmos o art. 40, às *autarquias*, dentre elas: INSS, IBAMA CADE, IPHAN, USP e INCRA (Decreto-Lei n. 6.016/43, art. 2º; Leis n. 8.443/92, arts. 1º, I, e 5º, I, e 4.717/65, art. 20; Decreto-Lei n. 200/67, art. 5º, com a redação dada pelo Decreto-Lei n. 900/69; Súmulas 33, 73, 74, 79, 501, 583 e 620 do STF e 4 do TRF, 3ª Região; *RT*, *732*:186), às *associações públicas* (Lei n. 11.107/2005, regulamentada pelo Decreto n. 6.017/2007, arts. 1º, §§ 1º a 3º; 2º a 6º, I, e § 1º), que são consórcios públicos com personalidade jurídica de direito público, por conjugarem esforços de entidades públicas, que firmam acordos para a execução de um objeto de finalidade pública (p. ex., o consórcio COPATI, formado por municípios cortados pelo rio Tibagi, no Estado do Paraná, com o escopo de preservar esse rio), celebrados com a ratificação, mediante lei, do protocolo de intenções (Lei n. 11.107/2005, regulamentada pelo Decreto n. 6.017/2007, arts. 4º, § 5º; 5º e 6º, I), às *fundações públicas* (CC, art. 41, V e parágrafo único; CF, arts. 37, XI e § 9º, 38 e Ato de Disposições Constitucionais Transitórias, art. 19; TRF, 4ª R., AI n. 2005.040.1006.4835/RS, rel. Dirceu de A. Soares, j. 8-6-2005; *RTJ*, *113*:314; *RT*, *743*:413), como a FUNARTE, FUNASA (Decreto-Lei n. 900/69, art. 2º;

Lei n. 8.029/90; e Decreto n. 8.867/2016), Fundação da Biblioteca Nacional — BN (Lei n. 8.029/90), Fundação Cultural Palmares — FCP (Lei n. 7.668/88; Instituto de Pesquisa Econômica Aplicada — IPEA (Decreto-Lei n. 200/67, art. 190 e Decreto n. 7.142/2010); às *agências executivas* (*executive agency* ou *administrative agency*), autarquias ou fundações públicas dotadas de regime especial (Lei n. 9.649/98, arts. 51 e 52 e Decretos n. 2.487/98 e 2.488/98); que celebram contratos de gestão com o Ministério Público e que têm um plano estratégico de reestruturação e desenvolvimento institucional e às *agências reguladoras* (*independent regulatory commissions*), autarquias de regime especial que têm por escopo fiscalizar a execução de serviços públicos por agentes econômicos públicos e privados (Leis n. 9.427/96, 9.472/97, 9.478/97, 9.782/99, 9.961/2000, 9.986/2000, 9.649/98, art. 51, 10.233/2001, 10.871/2004, cujos arts. 15 a 20, 20-B e 33 foram alterados pela Lei n. 11.907/2009, e Lei n. 11.182/2005; CC, art. 41, V), p. ex., ANEEL (Agência Nacional de Energia Elétrica); ANP (Agência Nacional do Petróleo); ANATEL (Agência Nacional de Telecomunicações); ANVISA (Agência Nacional de Vigilância Sanitária); ANS (Agência Nacional de Saúde Suplementar); ANA (Agência Nacional de Águas); ANTAQ (Agência Nacional de Transportes Aquaviários); ANTT (Agência Nacional de Transportes Terrestres) e ANCINE (Agência Nacional de Cinema). Têm maior autonomia de gestão do que as autarquias e fundações públicas comuns. Ampla é sua autonomia gerencial, orçamentária e financeira e devem firmar contrato de gestão com a administração central, comprometendo-se a efetuar as metas de desempenho que lhes foram atribuídas (CF/88, art. 37, § 8º; Lei n. 9.649/98, art. 51).

Quanto aos *partidos políticos* (Lei n. 9.096, de 19-9-1995, art. 1º; CF, arts. 17, I a IV, §§ 1º a 4º, 22, XXVII, 37, XVII, XIX, XX, 71, II, III, IV, 150, § 2º, 169, parágrafo único, II, 163, II; ADCT, arts. 38, 8º, § 5º, 18 e 19), urge ressalvar que, atualmente, ante o disposto nos arts. 44, V e § 3º, e 17, § 2º, da nova Carta, têm a natureza de *associação civil,* sendo, portanto, *pessoas jurídicas de direito privado,* devendo seus estatutos ser registrados mediante requerimento ao cartório competente do Registro Civil das Pessoas Jurídicas da Capital Federal, no Tribunal Superior Eleitoral (arts. 7º, §§ 1º a 3º, 8º a 11 da Lei n. 9.096/95). Cunha Gonçalves e Darcy Arruda Miranda observam que a Igreja é pessoa jurídica de direito público, quer se a considere em sua universalidade, quer nas suas grandes subdivisões, porquanto a lei que a rege é a canônica, que, como estatuto supremo da Igreja, não pode deixar de ser reconhecida (*RT*, *5*:329, *107*:109, *114*:661). Contudo, as organizações religiosas (CC, art. 44, IV e § 1º) são pessoas jurídicas de direito privado.

As entidades que prestam serviço público (CF, art. 173, §§ 1º a 3º), contando com participação total ou parcial de entes estatais e dependendo de lei específica (CF, art. 37, XIX), como as *empresas públicas* e *sociedades de economia mista* (Lei n. 13.303/2016, regulamentada pelo Decreto n. 8.945/2016; *RT*, *535*:199, *510*:126; *RTJ*, *74*:557), apesar de dotadas de personalidade jurídica de direito privado, regem-se por normas trabalhistas, tributárias e administrativas e, no que couber, quanto ao seu funcionamento, pelas normas do Código Civil, sejam de cunho empresarial ou cível, salvo disposição legal em contrário (CC, art. 41, parágrafo único). Ter-se-á, então, uma aplicação subsidiária do Código Civil, mas há quem ache que empresas públicas e sociedades de economia mista não se enquadrariam no art. 41, parágrafo único, por não serem pessoas jurídicas de direito público, apesar de consideradas como integrantes da Administração Indireta. O mesmo se diga do *consórcio público* constituído como pessoa jurídica de direito privado, mediante atendimento de requisitos da legislação civil (Lei n. 11.107/2005, arts. 1º e § 1º, e 6º, II), que observará as normas de direito público no que concerne à realização de licitação, celebração de contratos, prestação de contas e admissão de pessoal, que reger-se-á pela CLT (art. 6º, § 2º). Sem embargo desta nossa interpretação direcionada a causar a menor perturbação social possível, Fernando Antônio Dusi Rocha, diante deste polêmico artigo que requer a aplicação subsidiária do Código Civil, no que couber, quanto ao funcionamento das pessoas jurídicas de direito público, a que se tenha dado estrutura de direito privado, levanta as seguintes questões: a lei pretendeu privatizar as estruturas das pessoas jurídicas de direito privado, conferindo-lhes uma flexibilidade própria do regime de direito privado? Se esta foi a sua *intentio*, como se pode dar estrutura de direito privado ou permitir que uma pessoa jurídica de direito público funcione com moldes privados? Se adotado for tal modelo, em que medida o Código seria aplicável? Tudo parece ser conducente à flexibilização dos modelos rígidos do regime publicista. Assim, poderia ser criada uma autarquia ou fundação pública com a roupagem pública, mas com funcionamento segundo as normas comuns às fundações, sociedades e associações do Código Civil. Logicamente, a forma associativa das sociedades e associações não é condizente com a natureza jurídica de uma autarquia, criada por lei. A estruturação da pessoa jurídica de direito público em moldes privados tornaria possível, p. ex., que ela adotasse, em sua administração, um órgão social, como o conselho fiscal. A vagueza do dispositivo *sub examine* abriria, segundo Dusi, as portas para uma maior interpenetração entre o regime público e o privado. Por isso, o Enunciado n. 141 do Conselho de Justiça Federal, aprovado nas *Jornadas de Direito Civil* de 2004, entende que: "A remissão do art. 41, parágrafo único, do CC às 'pessoas jurídicas de direito público, a que se tenha dado estrutura de direito privado', diz respeito às fundações públicas e aos entes de fiscalização do exercício profissional". Isto porque ao lado da corrente doutrinária que vê a fundação pública como autarquia, ou pessoa jurídica de capacidade administrativa, apenas designada "fundação" pela sua estrutura, temos a que entende que o poder público pode criar fundação com personalidade pública ou privada, destinada por lei, para desempenhar atividade estatal na ordem social, com capacidade administrativa e mediante controle da administração pública, como nos ensina Maria Sylvia Zanella Di Pietro.

Os serviços sociais autônomos, apesar de serem entes de cooperação do Estado, têm personalidade jurídica de direito privado. Por exemplo: SESC (Serviço Social de Comércio), SESI (Serviço Social de Indústria) etc.

BIBLIOGRAFIA: Cunha Gonçalves, *Tratado de direito civil*, São Paulo, Max Limonad, 1956, v. 1, t. 2, p. 927; Darcy Arruda Miranda, *Anotações ao Código Civil*, cit., v. 1, p. 19; Clóvis Beviláqua, *Código Civil comentado*, cit., v. 1, p. 207; Michel Temer, *Elementos de direito constitucional*, São Paulo, Revista dos Tribunais, 1982, p. 67, 77, 110 e s.; *Território Federal nas Constituições brasileiras*, São Paulo, Revista dos Tribunais, 1975; Levenhagen, *Código Civil*, cit., v. 1, p. 46; Celso Antônio Bandeira de Mello, Fundações públicas, *RDA*, *338*:62; José Cretella Jr., *Fundações de direito público*, 1976; Marcello Caetano, *Das fundações*, 1962; Manoel de Oliveira Franco Sobrinho, *Fundações e empresas públicas*, 1972; Luiz Fernando Coelho, *Fundações públicas*, 1978; Pablo S. Gagliano e Rodolfo Pamplona Filho, *Novo curso de direito civil*, São Paulo, Saraiva, 2002, v. 1, p. 211; Sérgio Varella Bruna, *Agências reguladoras — poder normativo — consulta pública — revisão judicial*, São Paulo, Revista dos Tribunais, 2003; Fernando Antônio Dusi Rocha, Novo Código Civil e administração pública; *Consulex*, *169*:59; Marcelo Figueiredo, *Agências reguladoras*, São Paulo, Malheiros, 2005; O princípio da segurança jurídica e as agências reguladoras. *Direito Constitucional* — Estudos interdisciplinares sobre federalismo, democracia e administração pública, Belo Horizonte, Forum, 2012, p. 85-96; Sílvio Luís Ferreira da Rocha, Repercussões do Código Civil de 2002 no direito administrativo, *Estudos de direito público em homenagem a Celso Antônio Bandeira de Mello*, coord. Marcelo Figueiredo e Valmir Pontes Filho, São Paulo, Malheiros, 2006, p. 808-11; Eliana O. Costa Tafuri, Agências reguladoras, *De Jure, Revista do Ministério Público de Minas Gerais*, *9*:92-101; Ricardo Almagro, Agências reguladoras independentes e legitimidade democrática, *De Jure*, *9*:67 e 84; Ralpho Waldo de Barros Monteiro, *Comentários*, cit., p. 486 a 511.

Art. 42. São pessoas jurídicas de direito público externo os Estados estrangeiros e todas as pessoas que forem regidas pelo direito internacional público.

- *Constituição Federal, arts. 4º, 102, I,* e, *105, II,* c, *e 109, II.*
- *Lei de Introdução às Normas do Direito Brasileiro, art. 11, §§ 1º a 3º.*

PESSOAS

Pessoas jurídicas quanto à nacionalidade. A pessoa jurídica, quanto à nacionalidade, pode ser nacional ou estrangeira, tendo em vista sua articulação, subordinação à ordem jurídica que lhe conferiu personalidade, sem se ater, em regra, à nacionalidade dos membros que a compõem e à origem do controle financeiro (LINDB, art. 11; CF, arts. 176, § 1º, e 222; Lei n. 10.149/2000, art. 1º, que altera o art. 2º, §§ 1º e 2º, da Lei n. 8.884/94; CC, arts. 1.126 a 1.411).

Pessoas jurídicas de direito público externo. São as regulamentadas, como já afirmamos alhures, pelo direito internacional público abrangendo: nações estrangeiras, união aduaneira (MERCOSUL, União Europeia etc.), Santa Sé e organismos internacionais (ONU, OPEP (Organização dos Países Exportadores de Petróleo); OMC (Organização Mundial do Comércio), OUA (Organização da Unidade Africana), OEA, UNESCO, FAO, FMI, OIT, INTERPOL etc.). Esclarece-nos, com propriedade, Nestor Duarte que "a atuação das pessoas jurídicas de direito público externo dentro do território nacional é limitada (art. 11, §§ 1º a 3º, da LINDB). A competência para dirimir litígios com a União, o Estado, o Distrito Federal ou o Território é originária do STF (art. 102, I, *e*, da CF) e, quando contenderem com o Município ou pessoa domiciliada ou residente no País, é da justiça federal (art. 109, II, da CF) com recurso ordinário para o STJ (art. 105, II, *c*, da CF)".

BIBLIOGRAFIA: Nestor Duarte, *Código Civil*, cit., p. 50.

Art. 43. As pessoas jurídicas de direito público interno são civilmente responsáveis por atos dos seus agentes que nessa qualidade causem danos a terceiros, ressalvado direito regressivo contra os causadores do dano, se houver, por parte destes, culpa ou dolo.

- *Lei n. 4.619/65, sobre ação regressiva da União contra seus agentes.*
- *Responsabilidade civil, em caso de abuso de autoridade* — Vide *art. 6º, § 2º, da Lei n. 4.898, de 9 de dezembro de 1965.*
- Vide *Decreto n. 83.540, de 4 de junho de 1979, que regulamenta a aplicação da Convenção Internacional sobre responsabilidade civil em danos causados por poluição de óleo, estabelecendo a responsabilidade civil do proprietário do navio e a legitimidade do Ministério Público federal para a ação de ressarcimento.*
- Vide *Decreto-Lei n. 3.340, de 8 de maio de 1941, que sujeita a sequestro os bens de pessoas indiciadas por crime de que resulta prejuízo para a Fazenda Pública.* Vide também o *Decreto-Lei n. 3.415, de 10 de julho de 1941, a Lei n. 3.502, de 21 de dezembro de 1958 (ora revogada pelo art. 25 da Lei n. 8.429, de 2 de junho de 1992), e o art. 127 da Lei n. 3.807, de 26 de agosto de 1960* (vide *Leis n. 8.212 e 8.213/91 e Decreto n. 3.048/99).*
- *Lei n. 6.453, de 17 de outubro de 1977, sobre responsabilidade civil por danos nucleares.*
- *Lei n. 10.308/2001, sobre responsabilidade civil por danos radiológicos.*
- *Lei n. 8.112, de 11 de dezembro de 1990, arts. 121 a 126, sobre responsabilidade de funcionários federais, e 230 (com a redação dos Decretos n. 4.978/2004 e 5.010/2004), sobre assistência à saúde do servidor.*
- *Lei n. 11.314/2006, que acresce Subseção VIII ao Capítulo II do Título III da Lei n. 8.112/90.*
- *Leis n. 10.309/2001 e 10.605/2002, sobre responsabilidade civil da União por atentados terroristas contra aeronaves brasileiras.*
- *Lei n. 10.744/2003 (regulamentada pelo Decreto n. 5.035/2004), sobre a assunção, pela União, de responsabilidade civil perante terceiro no caso de atentados terroristas, atos de guerra ou eventos correlatos, contra aeronaves de matrícula brasileira operadas por empresas brasileiras de transporte aéreo público.*

- *Lei n. 12.846/2013 (regulamentada pelo Decreto n. 8.420/2015), sobre responsabilização administrativa e civil de pessoas jurídicas pela prática de atos contra a Administração Pública, nacional ou estrangeira.*
- *Lei n. 8.429/92, sobre sanções aplicáveis a agentes públicos em caso de enriquecimento ilícito.*
- *Constituição Federal, art. 37, § 6º.*
- *Código de Processo Civil, art. 125, II.*
- ***Projeto de Lei n. 699/2011**: "Art. 43. As pessoas jurídicas de direito público e as de direito privado prestadoras de serviços públicos responderão pelos danos que seus agentes, nessa qualidade, causarem a terceiros, inclusive aqueles decorrentes da intervenção estatal no domínio econômico, assegurado o direito de regresso contra o responsável nos casos de dolo ou culpa".*

Teoria do risco e responsabilidade objetiva. Por essa teoria cabe indenização estatal de todos os danos causados, por *comportamentos* dos funcionários, a direitos de particulares. Trata-se da responsabilidade objetiva do Estado, bastando a comprovação da existência do prejuízo (*RT, 151*:650, *156*:688, *199*:311, *222*:273, *229*:130, *234*:158, *238*:162 e 245, *251*:522, *133*:532, *229*:491, *231*:203, *130*:617, *177*:123, *224*:598, *255*:328, *247*:490, *263*:239, *135*:160, *150*:363, *189*:242, *258*:127, *193*:870, *209*:482, *499*:98, *549*:107, *455*:81, *574*:129, *567*:106, *573*:253, *553*:89, *577*:144, *578*:233, *579*:164, *678*:76, *671*:158, *745*:278, *782*:235, *759*:417, *765*:88, *778*:243, *779*:328, *780*:348; *796*:231, *803*:341, *804*:251, *805*:173; *JB, 158*:258 e 280; *Ciência Jurídica, 42*:115 e 126; *RF, 146*:320, *147*:105, *169*:137, *156*:257, *177*:283, *180*:129, *189*:152, *94*:53, *152*:43 e *211*:406; *RDA, 81*:519). Deveras, o art. 37, § 6º, da Constituição Federal, que assim preceitua: "As pessoas jurídicas de direito público e as de direito privado prestadoras de serviços públicos responderão pelos danos que seus agentes, nessa qualidade, causarem a terceiros, assegurado o direito de regresso contra o responsável nos casos de culpa ou dolo" (*RT, 525*:164, *537*:163, *539*:196). Com essa afirmação a Carta Magna vem a consagrar a ideia de que as pessoas de direito público e as de direito privado prestadoras de serviços públicos respondem pelos danos que seus funcionários causem a terceiro, sem distinção da categoria do ato, pouco importando se comissivo ou omissivo (*RT, 804*:166, *806*:203 e 361); mas tem ação regressiva contra o agente, quando tiver havido culpa deste, de forma a não ser o patrimônio público desfalcado pela sua conduta ilícita. Logo, na relação entre o Poder Público e o seu agente que, culposamente, provocou o dano ao administrado, a responsabilidade civil é subjetiva. Verifica-se que o texto constitucional adota a *responsabilidade objetiva* sob a modalidade do *risco administrativo* (Hely Lopes Meirelles e Diogenes Gasparini). Mas há quem entenda que a norma constitucional acolhe a teoria do risco integral, segundo a qual basta, para que o Estado responda civilmente, que haja dano, nexo causal com o ato comissivo do funcionário e que este se ache em serviço no momento do evento prejudicial a direito de particular. Não requer dolo ou culpa do agente público, sendo suficiente que tenha causado dano a terceiro.

Há ainda quem admita, como nós, seguindo esteira de Celso Antônio Bandeira de Mello e de Oswaldo Aranha Bandeira de Mello, que pode haver *responsabilidade subjetiva* do Estado por dano causado por *atos omissivos do agente*, interpretando a palavra *atos* do art. 43, *sub examine*, no sentido de um agir resultante de ação (ato comissivo) e não no de omissão (ato omissivo). Logo, em relação às intercorrências omissivas, o lesado deverá provar a alegada falta diante de um dever jurídico de atuar, o que caracteriza comportamento culposo da Administração, gerando a aplicação da teoria subjetiva da responsabilidade. É o que se conhece por *faute de service* (*RT, 836*:151, *837*:350, *842*:151, *851*:198; *866*:186; *RJM, 174*:132).

Convém lembrar, ainda, que há responsabilidade civil objetiva administrativa e civil da pessoa física e jurídica de direito privado pela prática de atos contra a administração pública nacional ou estrangeira (Lei n. 12.846/2013, regulamentada pelo Decreto n. 8.420/2015).

BIBLIOGRAFIA: W. Barros Monteiro, *Curso,* cit., v. 1, p. 110 e 115; Celso Antônio Bandeira de Mello, *Elementos de direito administrativo,* São Paulo, Revista dos Tribunais, 1979, cap. IX; Responsabilidade extracontratual do Estado por comportamentos administrativos, *Revista da Procuradoria-Geral do Estado de Mato Grosso do Sul, 1*:11-25; Oswaldo Aranha Bandeira de Mello, *Princípios gerais de direito administrativo,* Rio de Janeiro, Forense, 1978, v. 2, p. 487; Carlos M. Silva Velloso, Responsabilidade civil do Estado, *Ciência Jurídica, 42*:9; Yussef S. Cahali, *Responsabilidade civil do Estado,* São Paulo, 1982; Paul Duez, *La responsabilité de la puissance publique,* Paris, 1927; José de Aguiar Dias, *Responsabilidade civil,* Rio de Janeiro, Forense, 1979, t. V; Caio M. S. Pereira, *Instituições,* cit., v. 1, p. 279; M. Helena Diniz, *Curso,* cit., v. 1, p. 129, e v. 7, p. 419-30; José J. Gomes Canotilho, *O problema da responsabilidade do Estado por atos lícitos,* 1974; Elcio Trujillo, *Responsabilidade do Estado por ato lícito,* 1996; Ralpho Waldo de Barros Monteiro, *Comentários,* cit., p. 519 a 546; Paulo Bonavides, As bases principiológicas da responsabilidade do Estado. *Filosofia e teoria geral do direito* (coord. João M. Adeodato e Eduardo C. B. Bittar), São Paulo, Quartier Latin, 2011, p. 991-98.

Exclusão da responsabilidade estatal por ato legislativo e judicial. O art. 43 não alcança a responsabilidade da pessoa jurídica de direito público por ato legislativo e judicial lesivo a outrem. O Estado que paga indenização a quem foi prejudicado por ato legislativo lesivo não terá ação regressiva contra o legislador faltoso ante o disposto no art. 53 da Constituição Federal de 1988 e ante o fato de ser a lei um ato jurídico complexo, em que, nas palavras de Oswaldo Aranha Bandeira de Mello, "ocorre fusão de vontades ideais de vários órgãos, que funcionam, destarte, como vontade única para formação de um ato jurídico" (*RDA, 8*:133, *20*:42, *56*:243 e *144*:162; *RT, 431*:141; *RJTJSP, 122*:52, *131*:124). Ter-se-á responsabilidade estatal por atos legislativos lesivos se houver: *a*) indenização fixada na própria lei causadora do gravame; *b*) violação ao princípio da isonomia em circunstância de a lei ter lesado diretamente o patrimônio de um cidadão ou de um grupo de pessoas; *c*) dano causado a terceiro por ilegalidade ou inconstitucionalidade do ato legislativo; *d*) omissão legislativa, p. ex., se o Poder Legislativo não emitiu normas destinadas a dar operatividade prática a direitos garantidos constitucionalmente.

O Estado responderá por ato judicial previsto em lei. O Código de Processo Penal, art. 630, e a CF, art. 5º, LXXV, 1ª parte, p. ex., reconhecem a responsabilidade estatal por erro judiciário, por prisão preventiva injusta ou por prisão além do tempo fixado na sentença (CF, art. 5º, LXXV, segunda parte); por sentença de mérito, transitada em julgado, rescindida por estar eivada de vício previsto no Código de Processo Civil (art. 966, I, II, IV, V, VI, VII e VIII). A responsabilidade pessoal do magistrado prevista no Código de Processo Civil (art. 143) não exclui a do Estado. As decisões e despachos judiciais sem caráter de *res judicata,* decidindo ou não o mérito da causa, tais como as interlocutórias, as decisões prolatadas em processo de jurisdição graciosa (*RT, 135*:680), os atos de execução da sentença e os atos administrativos em geral do Poder Judiciário, poderão acarretar responsabilidade estatal.

Em relação ao juiz singular, o Estado que pagou indenização terá ação regressiva contra ele, se este agiu com culpa ou dolo; mas, quanto aos atos jurisdicionais lesivos do tribunal, descaberá tal ação, por serem atos de órgão colegiado (*RTJ, 105*:225, *59*:782, *61*:587 e *64*:589; *RT, 511*:88, *329*:744, *446*:86, *261*:88, *304*:464, *351*:49 e *464*:101; *RJTJSP, 5*:97, *8*:63, *19*:547, *24*:511, *48*:95, *137*:238; *RF, 220*:105; *JTJ*, Ed. Lex, *237*:55, *226*:119, *238*:59).

BIBLIOGRAFIA: Maria Emília Mendes Alcântara, *Responsabilidade do Estado por atos legislativos e jurisdicionais,* São Paulo, Revista dos Tribunais, 1988; Alcino de Paula Salazar, *Responsabilidade do poder público por atos judiciais,* 1941, p. 77; Oswaldo Aranha Bandeira de Mello, *Princípios,* cit., v. 1, p. 474-7; Mosset Iturraspe e outros, *Responsabilidad de los jueces y del Estado por la actividad judicial,* Argentina, 1988; M. Helena Diniz, *Curso,* cit., v. 7, p. 438-48; Fabiano A. de Souza Mendonça, Responsabilidade do Estado por ato judicial inconstitucional, *RT, 738*:11; Jacira Nunes Mourão, Responsabilidade civil do Estado por atos jurisdicionais, *RDC, 3*:65; L. A. Soares Hentz, Responsabilidade civil do Estado por prisão indevida, *RT, 730*:68.

Art. 44. São pessoas jurídicas de direito privado:

I — as associações;

II — as sociedades;

III — as fundações;

IV — as organizações religiosas;

- *Inciso acrescentado pela Lei n. 10.825/2003.*
- *Decreto n. 7.107/2010 (arts. 3º e 5º) reconhece a personalidade jurídica da Igreja Católica e das instituições eclesiásticas.*

V — os partidos políticos;

- *Inciso acrescentado pela Lei n. 10.825/2003.*

VI — *(as empresas individuais de responsabilidade limitada.)*

- *Inciso acrescentado pela Lei n. 12.441/2011 e ora revogado pela Lei n. 14.382/2022.*
- *O art. 2º da Lei n. 12.441/2011 foi revogado pela Lei n. 14.382/2022.*
- Vide *arts. 980-A, §§ 1º a 6º, ora revogados pela Lei n. 14.382/2022, e 1.033, parágrafo único, ora revogado pela Lei n. 14.195/2021.*
- *Instrução Normativa do DREI n. 15/2013 sobre formação do nome empresarial e sua proteção.*
- *Instrução Normativa do DREI n. 10/2013 aprova Manual de Registro da EIRELI.*

§ 1º São livres a criação, a organização, a estruturação interna e o funcionamento das organizações religiosas, sendo vedado ao poder público negar-lhes reconhecimento ou registro dos atos constitutivos e necessários ao seu funcionamento.

- *Lei n. 11.481/2007, art. 24 e parágrafo único.*

§ 2º As disposições concernentes às associações aplicam-se subsidiariamente às sociedades que são objeto do Livro II da Parte Especial deste Código.

§ 3º Os partidos políticos serão organizados e funcionarão conforme o disposto em lei específica.

- *A redação do art. 44 foi alterada pela Lei n. 10.825/2003.*
- Vide *arts. 53 a 69, 966 e s., 981 a 1.141, 2.031 (com a redação da Lei n. 11.127/2005), 2.032, 2.033, 2.034 e 2.037 do Código Civil.*
- *Decreto n. 752/93, sobre concessão de certificado de entidades de fins filantrópicos, a que se refere o art. 55, II, da Lei n. 8.212/91. Tal Decreto se encontra revogado pelo Decreto n. 2.536/98.*
- *Lei n. 8.212/91, art. 12, § 11, I,* d, *e § 14 (com a redação da Lei n. 12.873/2013).*
- *Lei n. 8.213/91, art. 11, § 12 (com a redação da Lei n. 12.873/2013).*
- *Leis n. 8.909/94 e 8.928/94, art. 26, sobre associação.*
- *Lei n. 9.430/96, art. 56-A, acrescentado pela Lei n. 12.873/2013 e Lei n. 12.873/2013, arts. 23 a 39 e 56, sobre entidades sem fins lucrativos.*
- *Decreto n. 6.308, de 14 de dezembro de 2007, que dispõe sobre as entidades e organizações de assistência social de que trata o art. 3º da Lei n. 8.742, de 7 de dezembro de 1993.*
- *Lei n. 12.101/2009 dispõe sobre a certificação das entidades beneficentes de assistência social e regula procedimento de isenção de contribuições para a seguridade social.*

- *Lei n. 9.637/98, sobre qualificação de entidades sem fins lucrativos como organizações sociais.*
- *Portaria n. 1.695/94 do Ministério da Saúde, sobre participação de entidades filantrópicas no Sistema Único de Saúde.*
- *Portaria n. 834/2016 do Ministério da Saúde redefine procedimentos relativos à certificação de entidades beneficentes de assistência social na área de saúde.*
- *Lei n. 9.790/99, regulamentada pelo Decreto n. 3.100/99, sobre qualificação de pessoas jurídicas de direito privado sem fins lucrativos como organizações de sociedade civil de interesse público.*
- Vide, *sobre partidos políticos, Leis n. 4.737/65, com a redação da Lei n. 12.891/2013, 9.096/95, com a alteração das Leis n. 9.259/96, 2.875/2013 e 13.107/2015; 6.015/73, arts. 114, III, e 120, parágrafo único, com a redação dada pelo art. 60 da Lei n. 9.096/95, com a alteração das Leis n. 9.259/96, 9.504/97, com alteração das Leis n. 12.875/2013, 9.693/98, 11.459/2007, 11.694/2008, 12.034/2009, 12.891/2013 e 13.107/2015. A Lei n. 11.459/2007, que altera a Lei n. 9.096/95, no que atina ao estabelecimento do critério de distribuição do Fundo Partidário. A Lei n. 11.694/2008, que acresce o art. 15-A à Lei n. 9.096/95.* Vide *o inciso XI ao art. 833 do Código de Processo Civil, e o § 9º do art. 854 do Código de Processo Civil, para dispor sobre a responsabilidade civil e a execução de dívidas dos partidos políticos. Consulte: Lei n. 12.034/2009. Lei n. 13.165/2015 altera Leis n. 9.504/97, 9.096/95 e 4.737/65 — Código Eleitoral — para reduzir os custos das campanhas eleitorais, simplificar a administração dos Partidos Políticos e incentivar a participação feminina.*
- *Aquisição de personalidade jurídica pelos partidos políticos (art. 17, § 2º, da CF) e pelos sindicatos (art. 8º da CF).*
- *As entidades de previdência privada serão organizadas como: I) sociedades anônimas, quando tiverem fins lucrativos; II) sociedades civis (hoje simples) ou fundações, quando sem fins lucrativos (Lei n. 6.435, de 15-7-1977, art. 5º).*
- *Sobre sociedades por ações,* vide *Lei n. 6.404, de 15 de dezembro de 1976 (com alteração das Leis n. 9.457/97, 10.303/2001 e 11.638/2007), e, a respeito de sociedades por quotas de responsabilidade limitada,* vide *o ora revogado Decreto n. 3.708, de 10 de janeiro de 1919, que, com o atual Código Civil, passaram a ser denominadas sociedades limitadas (arts. 1.052 a 1.087).*
- *Lei n. 8.906/94, arts. 15 a 17, sobre sociedade de advogados.*
- *Sobre sindicatos,* vide *Consolidação das Leis do Trabalho, arts. 511 e s. e Lei n. 11.648, de 31 de março de 2008.*
- *A Lei n. 91, de 28 de agosto de 1935, que determina as condições para a declaração de utilidade pública das sociedades civis, associações e fundações, foi regulamentada pelo Decreto n. 50.571, de 2 de maio de 1961, alterado pelo Decreto n. 60.931, de 4 de julho de 1967.*
- *Sobre associações de poupança e empréstimos,* vide *Decreto-Lei n. 70, de 21 de novembro de 1966.*
- *Lei de Introdução às Normas do Direito Brasileiro, art. 11 e § 1º.*
- *Lei n. 8.934/94.*
- *Lei n. 8.920/94.*
- *Lei Complementar n. 123/2006, com alterações das LC n. 127/2007 e n. 128/2008, que institui o Estatuto da microempresa e da empresa de pequeno porte, dispondo sobre o tratamento jurídico diferenciado, simplificado e favorecido previsto nos arts. 170 e 177 da Constituição Federal.*
- *Decreto n. 3.048/99, arts. 206 a 210, sobre isenção de contribuições previdenciárias de pessoa jurídica de direito privado beneficente de assistência social.*

- *Portaria n. 3.355/2010 do Ministério da Saúde — Processo de Certificação das Entidades Beneficentes de Assistência Social (CEBAS — na área da Saúde).*
- *Lei estadual paulista n. 10.086/98, sobre o regime tributário simplificado da microempresa e da empresa de pequeno porte do Estado de São Paulo.*
- *Empresa pública — a entidade dotada de personalidade jurídica de direito privado, com patrimônio próprio e capital exclusivo da União, criada por lei para a exploração de atividade econômica que o governo seja levado a exercer por força de contingência ou de conveniência administrativa, podendo revestir-se de qualquer das formas admitidas em direito (Decreto-Lei n. 200, de 25-2-1967, art. 5º, II, com redação determinada pelo Decreto-Lei n. 900, de 29-9-1969, LC n. 123/2006, art. 77, § 2º e Lei n. 12.873/2013, art. 45, §§ 1º e 2º).*
- *O Decreto n. 3.735/2001 traça diretrizes aplicáveis às empresas estatais federais.*
- *Sociedade de economia mista — a entidade dotada de personalidade jurídica de direito privado, criada por lei para a exploração de atividade econômica, sob a forma de sociedade anônima, cujas ações com direito a voto pertençam em sua maioria à União ou à entidade da Administração Indireta (art. 5º, III, do Decreto-Lei n. 200, de 25-2-1967, com a redação determinada pelo Decreto-Lei n. 900, de 29-9-1969, LC n. 123/2006, art. 77, § 2º e Lei n. 12.873/2013, art. 45, §§ 1º e 2º); Superior Tribunal de Justiça, Súmulas 42 e 39; Supremo Tribunal Federal, Súmulas 517 e 556. Consulte: Lei n. 13.303/2016, regulamentada pelo Decreto n. 8.945/2016, e Lei n. 9.636/98, art. 31, IV com a redação da Lei n. 13.813/2019.*
- Vide *Decreto n. 682, de 13 de novembro de 1992, sobre publicação de balancete patrimonial pela sociedade de economia mista, empresa pública e sociedades comerciais sob controle direto ou indireto da União.*
- *Decreto n. 93.872/86, com alteração do Decreto n. 7.058/2009, art. 96, §§ 1º e 2º, I a IV, e Lei n. 13.303/2016 sobre empresa pública e sociedade de economia mista.*
- *Lei n. 13.267/2016 regulamenta empresas juniores, surgidas nas universidades com fins educacionais, servindo de incentivo aos estudantes que tiverem espírito empreendedor.*
- *Constituição Federal, arts. 5º, XVII, XVIII, XIX e XX, 173, §§ 1º a 3º.*
- *Empresa individual — para efeitos tributários,* vide *Decreto-Lei n. 1.381, de 23 de dezembro de 1974; Decreto-Lei n. 1.510, de 27 de dezembro de 1976; Decreto-Lei n. 1.641, de 7 de dezembro de 1978; Decreto-Lei n. 2.072, de 20 de dezembro de 1983, que dispõe sobre o Imposto de Renda; e Decreto n. 3.000/99, sobre cobrança e fiscalização do Imposto de Renda.*
- *Instrução Normativa n. 65/97 do Departamento Nacional de Registro de Comércio, sobre autenticação de instrumentos de escrituração das empresas mercantis e dos agentes auxiliares de comércio.*
- *Instrução Normativa n. 85/2000 do Departamento Nacional de Registro do Comércio (DNRC) sobre interposição de recursos administrativos no âmbito do Registro Público de Empresas Mercantis e Atividades Afins.*
- *Responsabilidade administrativa, civil e penal da pessoa jurídica por dano ao meio ambiente: Lei n. 9.605/98, art. 3º.*
- *Lei n. 12.846/2013 sobre responsabilização civil e administrativa das empresas pela prática de atos lesivos à administração pública, nacional ou estrangeira.*
- *Dissolução e liquidação de pessoa jurídica: Código Civil, arts. 2.034 e 1.102 a 1.112; CPC, arts. 599 a 609 (se parcial a dissolução) e arts. 318 e s. (se for total a dissolução).*
- *Cooperativas: Constituição Federal, arts. 174, § 2º, 187, VI, 192, com alteração da Emenda Constitucional n. 40/2003; Leis n. 5.764/71 (alterada pela Lei n. 7.231/84), 10.666/2003 e 10.676/2003.*

- *Consórcio público: Lei n. 11.107/2005, arts. 1º, § 1º; 6º, II, e § 2º.*
- *Circular BACEN n. 3.196, de 17 de julho de 2003.*
- *Código de Processo Civil, arts. 764 e 765.*
- *Sobre Cadastro Nacional da Pessoa Jurídica (CNPJ): Instrução Normativa da SRFB n. 1.634/2016 com alteração da Instrução Normativa n. 1.634/2016; Lei n. 8.934/94, art. 35-A; Lei n. 9.430/96, arts. 80, 81, 81-A e 82 com a redação da Lei n. 14.195/2021.*
- Vide *sobre sociedade unipessoal de advocacia: arts. 15, 16 e 17 da Lei n. 8.906/94, com as alterações da Lei n. 13.247/2016; Provimento n. 170/2016 da OAB.*
- *Súmula 481 do Superior Tribunal de Justiça.*
- *Sobre reparação de dano a pessoa jurídica de direito privado: Resolução do CJF n. 587/2019.*

Classificação das pessoas jurídicas de direito privado. As pessoas jurídicas de direito privado, instituídas por iniciativa de particulares (*RT*, *477*:154 e *461*:128), dividem-se, segundo o artigo focado, em: *a*) *fundações particulares*, que são universalidades de bens, personalizadas pela ordem pública, em consideração a um fim estipulado pelo fundador, sendo esse objetivo imutável e seus órgãos servientes, pois todas as resoluções estão delimitadas pelo instituidor (*RT*, *252*:661, *242*:232, *172*:525; *422*:162 e *610*:104; *RF*, *165*:265; CC, arts. 66 e 69; Lei n. 6.435/77, art. 82; CPC, arts. 764 e 765). Deve ser constituída por escrito e lançada no registro geral; *b*) *associações civis, religiosas* (CC, art. 44, IV; Decreto n. 7.107/2010 e Lei n. 9.636/98, art. 31, VI, acrescentado pela Lei n. 13.813/2019), *pias, morais, científicas ou literárias e as associações de utilidade pública*, que abrangem um conjunto de pessoas, que almejam fins ou interesses dos sócios, que podem ser alterados, pois os sócios deliberam livremente, já que seus órgãos são dirigentes. Na associação (CF, art. 5º, XVII a XXI) não há fim lucrativo, embora tenha patrimônio formado com a contribuição de seus membros para a obtenção de fins culturais, educacionais, esportivos, religiosos (*RSTJ*, *141*:305), recreativos (*RT*, *628*:246), morais etc. (*RJTJSP*, *88*:43, *142*:368, *140*:536; *RT*, *515*:223, *785*:183, *786*:163). Regem-se não só pelos arts. 53 a 61 do atual Código — aplicáveis, subsidiariamente, às sociedades, regulamentadas no Livro II da Parte Especial, na ausência de norma específica que as disciplinem (§ 2º do art. 44) —, como também pelas suas normas estatutárias. Pelo Enunciado n. 280 do CJF: "Por força do art. 44, § 2º, consideram-se aplicáveis às sociedades reguladas pelo Livro II da Parte Especial, exceto às limitadas, os arts. 57 e 60 nos seguintes termos: a) Em havendo previsão contratual, é possível aos sócios deliberar a exclusão de sócios por justa causa, pela via extrajudicial, cabendo ao contrato disciplinar o procedimento de exclusão, assegurado o direito de defesa, por aplicação analógica do art. 1.085; b) As deliberações sociais poderão ser convocadas pela iniciativa de sócios que representem 1/5 (um quinto) do capital social, na omissão do contrato. A mesma regra aplica-se na hipótese de criação, pelo contrato, de outros órgãos de deliberação colegiada" (aprovado na *IV Jornada de Direito Civil*). E pelo § 1º do art. 44 há liberdade na criação, na organização, na estruturação interna e no funcionamento das organizações religiosas; logo o poder público não poderá negar seu reconhecimento, nem o registro de seus atos constitutivos, imprescindível para que possam exercer suas funções. Com isso, garantida está a liberdade e autonomia dos cultos religiosos. Esclarece o Enunciado n. 143 do Conselho da Justiça Federal, aprovado na *Jornada de Direito Civil* de 2004: "A liberdade de funcionamento das organizações religiosas não afasta o controle de legalidade e legitimidade constitucional de seu registro, nem a possibilidade de reexame pelo Judiciário da compatibilidade de seus atos com a lei e com seus estatutos"; *c*) *sociedades simples*, que visam fim econômico ou lucrativo, pois o lucro obtido deve ser repartido entre os sócios, sendo alcançado pelo exercício de certas profissões ou pela prestação de serviços técnicos (CC, arts. 997 a 1.038; *RT*, *462*:81, *39*:216, *395*:205) (p. ex., uma sociedade imobiliária, uma sociedade de advogados (Lei n.

8.906/94 (com alterações da Lei n. 13.247/2016), arts. 15 a 17; Provimento n. 112/2006 do Conselho Federal da OAB), uma sociedade que presta serviços de pintura (*RT*, *39*:216) ou de terraplanagem (*RT*, *395*:205) ou uma sociedade cooperativa — CC, arts. 982, parágrafo único, 1.093 a 1.096; STJ, Súmula 262). As sociedades simples devem constituir-se por escrito, lançar-se no Registro Civil das Pessoas Jurídicas (CC, arts. 998, §§ 1º e 2º, e 1.000 e parágrafo único); *d*) *sociedades empresárias*, que visam o lucro, mediante exercício de atividade empresarial ou comercial (*RT*, *468*:207; STJ, Súmula 157), assumindo as formas de: sociedade em nome coletivo; sociedade em comandita simples; sociedade em comandita por ações; sociedade limitada; sociedade anônima ou por ações (CC, arts. 1.039 a 1.092); *startup* (LC n. 182/2021). Assim, para saber se dada sociedade é simples ou empresária, basta considerar a natureza das operações habituais; se estas tiverem por objeto o exercício de atividades econômicas organizadas para a produção ou circulação de bens ou de serviços, próprias de empresário, sujeito a registro (CC, arts. 982 e 967), a sociedade será empresária; caso contrário, simples, mesmo que adote quaisquer das formas empresariais, como permite o art. 983 do Código Civil, exceto se for anônima ou em comandita por ações, que, por força de lei, serão sempre empresárias (*RT*, *434*:122). Tais sociedades deverão ter assento no Registro Público de Empresas Mercantis (CC, arts. 1.150 a 1.154); *e*) *partidos políticos*, que são associações civis assecuratórias, no interesse do regime democrático, da autenticidade do sistema representativo e defensoras dos direitos fundamentais definidos na Constituição Federal. Tais partidos políticos deverão ser organizados e funcionarão conforme o disposto em lei específica (CF, arts. 17, I a IV, §§ 1º a 4º, 22, XXVII, 37, XVII, XIX, XX, 71, II a IV, 150, § 2º, 169, § 1º, 163, II; EC n. 97/2017; CC, art. 44, V e § 3º; Lei n. 4.737/65, modificada pela Lei n. 12.891/2013; Leis n. 9.096/95, com alteração das Leis n. 9.259/96, 9.504/97 (alterada pelas Leis n. 12.891/2013,13.107/2015, 13.487/2017, 13.488/2017, 13.831/2019 e 13.878/2019), 9.693/98, 11.459/2007, 11.694/2008, 12.016/2009, art. 21, 12.034/2009, 12.875/2013, 12.891/2013 e 13.107/2015 e 13.487/2017); *f*) *sociedades limitadas unipessoais*, antigas EIRELIS, apesar da revogação do art. 44, IV, pela Lei n. 14.382/2022, e do art. 1.033, IV, do Código Civil pela Lei n. 14.195/2021, sempre se poderá transformar a *empresa individual de responsabilidade limitada* (EIRELI) em *sociedade limitada unipessoal*, independentemente de qualquer alteração em seu ato constitutivo, pois a DREI disciplinará tal transformação (CC, arts. 1.052, §§ 1º e 2º, 1.113 a 1.115; Lei n. 14.195/2021, art. 41, parágrafo único).

Pelo Enunciado n. 142 do Conselho da Justiça Federal, aprovado na *Jornada de Direito Civil* de 2004: "Os partidos políticos, os sindicatos e as associações religiosas possuem natureza associativa, aplicando-se-lhes o Código Civil". Mas, para Jones Figueirêdo Alves e Mário Luiz Delgado, são um *tertius genus* de pessoa jurídica de direito privado, não sujeitos às normas do Código Civil (arts. 53 a 61), que poderiam, como o art. 59, parágrafo único, coibir-lhes o funcionamento, afrontando a Carta Magna, em seu art. 19, I.

O Enunciado n. 144 do Conselho de Justiça Federal, aprovado na *Jornada de Direito Civil* de 2004, concluiu que: "A relação das pessoas jurídicas de direito privado, constante do art. 44, incs. I a VI, do Código Civil, não é exaustiva".

Pelos Enunciados: a) n. 3 (aprovado na *1ª Jornada de Direito Comercial*): "A Empresa Individual de Responsabilidade Limitada — EIRELI não é sociedade unipessoal, mas um novo ente, distinto da pessoa do empresário e da sociedade empresária"; b) n. 4 (aprovado na *1ª Jornada de Direito Comercial*): "Uma vez subscrito e efetivamente integralizado, o capital da empresa individual de responsabilidade limitada não sofrerá nenhuma influência decorrente de ulteriores alterações no salário mínimo".

Pelo Enunciado n. 3 da *Jornada Paulista de Direito Comercial*: "A Empresa Individual de Responsabilidade Limitada pode ser constituída por pessoa jurídica".

Enunciado n. 693 da *IX Jornada de Direito Civil*: "A proteção conferida pela LGPD não se estende às pessoas jurídicas, tendo em vista sua finalidade de proteger a pessoa natural".

BIBLIOGRAFIA: Rossel e Mentha, *Manuel de droit civil suisse*, v. 1, n. 258; W. Barros Monteiro, *Curso*, cit., v. 1, p. 119 e 129; Antônio Chaves, Associação civil, in *Enciclopédia Saraiva do Direito*, v. 8, p. 278 e s.; Juan L. Paez, *Derecho de las asociaciones*, Buenos Aires, Kraft, 1940; Bassil Dower, *Curso*, cit., v. 1, p. 113 e 114; Caio Mário da Silva Pereira, *Instituições*, cit., v. 1, p. 294; Orlando Gomes, *Introdução ao direito civil*, cit., p. 181; Celso Neves, Notas a propósito das fundações, *Estudos em homenagem a Silvio Rodrigues*, São Paulo, Saraiva, 1989, p. 71-88; Lacerda de Almeida, *Das pessoas jurídicas*, Rio de Janeiro, 1905; Ferrara, *Le persone giuridiche*, Torino, UTET, 1958; Maria Helena Diniz, *Direito fundacional*, São Paulo, Oliveira Mendes, 1998, e Sociedade e associações, in *Contratos nominados* (coord. Cahali), São Paulo, Saraiva, 1995, p. 347-400; Edson José Rafael, *Fundações e direito*, São Paulo, Melhoramentos, 1997; Airton Grazzioli e Edson José Rafael, *Fundações privadas*, São Paulo, Atlas, 2009; Sérgio Ferraz (coord.), *Sociedade de advogados*, São Paulo, Malheiros, 2002; Ascarelli, *Studi in tema di società*, 1952; Modesto Carvalhosa, *Comentários ao Código Civil*, São Paulo, Saraiva, 2003, v. 13, p. 1-391; Wilson Alves Polonio, *Manual das sociedades cooperativas*, São Paulo, Atlas, 2001; Francisco Assis Alves, *Associações, sociedades e fundações no Código Civil de 2002 — perfil e adaptações*, São Paulo, Juarez de Oliveira, 2004; Jones F. Alves e Mário Luiz Delgado, *Código*, cit., p. 46; Mauro Caramico, As sociedades simples, *Boletim CDT*, *38*:156-7; José Eduardo Sabo Paes, *Fundações, associações e entidades de interesse social*, Brasília, Brasília Jurídica, 2006.

Empresa pública, sociedade de economia mista e consórcio público como entidades dotadas de personalidade jurídica de direito privado. A *empresa pública* é pessoa jurídica de direito privado, com patrimônio próprio e capital exclusivo da União, criada por lei para a exploração de atividade econômica que o governo seja levado a exercer por força de contingência ou conveniência administrativa, podendo revestir-se de qualquer das formas admitidas em direito (Decreto-Lei n. 200/67, art. 5º, II, com a redação dada pelo Decreto-Lei n. 900/69; Súmula 501 do STF). A *sociedade de economia mista* também é dotada de personalidade jurídica de direito privado (Lei n. 13.303/2016 regulamentada pelo Decreto n. 8.945/2016; *RT, 373*:160, *510*:126, *526*:275, *535*:199, *605*:143 e *698*:96; *JB, 152*:234; *RTJ, 74*:557), criada por lei (CF, art. 37, XIX e XX) para a exploração de atividade econômica sob a forma de sociedade anônima, cujas ações com direito a voto pertençam em sua maioria à União ou a entidade de Administração Indireta, p. ex., o Dersa etc. (Decreto-Lei n. 200/67, art. 5º, III, com redação do Decreto-Lei n. 900/69; Lei n. 7.773/89, art. 15; Súmulas 8, 76, 501, 517 e 556 do STF e 42 e 39 do STJ; *JB, 156*:157). A empresa pública e a sociedade de economia mista são sociedades que se regem pelo direito privado, ou seja, por normas voltadas ao direito empresarial e trabalhista (CF, art. 173, § 1º, I a V, com a redação da EC n. 19/98; CC, art. 41, parágrafo único; Decs. n. 682/92 e 3.735/2001; Lei n. 8.920/94; *BAASP, 1.867*:117, *1.804*:294-9), mas com a cautela do direito público, ante o fato de estarem sujeitas a certos princípios juspublicistas, p. ex., a licitação, porque lidam com recursos ou capitais públicos. Na hipótese de o *consórcio público* revestir-se de personalidade jurídica de direito privado, deverá observar as normas de direito público relativas à licitação, celebração de contratos, prestação de contas e admissão de pessoal, que será regido pela CLT (Lei n. 11.107/2005, arts. 1º, § 1º, *in fine*; 6º, II, e § 2º).

As Leis n. 7.347/85 e 8.078/90 vieram a conferir às associações, fundações, autarquias, empresas públicas e sociedades de economia mista legitimidade para proporem ação de responsabilidade por danos causados ao patrimônio artístico e cultural, ao meio ambiente e ao consumidor.

BIBLIOGRAFIA: M. Helena Diniz, *Curso*, cit., v. 1, p. 121 e 122; Bassil Dower, *Curso*, cit., v. 1, p. 99; Ralpho Waldo de Barros Monteiro, *Comentários*, cit., p. 548 a 584.

Art. 45. Começa a existência legal das pessoas jurídicas de direito privado com a inscrição do ato constitutivo no respectivo registro, precedida, quando necessário, de

autorização ou aprovação do Poder Executivo, averbando-se no registro todas as alterações por que passar o ato constitutivo.

Parágrafo único. Decai em três anos o direito de anular a constituição das pessoas jurídicas de direito privado, por defeito do ato respectivo, contado o prazo da publicação de sua inscrição no registro.

- *As sociedades de advogados adquirem a personalidade jurídica com o registro de seu estatuto no Conselho Seccional da Ordem dos Advogados do Brasil em cuja base territorial tiver sede (Lei n. 8.906, de 4-7-1994 — com alterações da Lei n. 13.247/2016 —, arts. 1º, § 2º, 15, § 1º).*
- *Utilidade pública: regras que devem ser observadas para que as sociedades sejam declaradas de utilidade pública — Leis n. 91, de 28 de agosto de 1935, e 6.639, de 8 de maio de 1979.*
- *Registro civil das pessoas jurídicas: Lei n. 6.015, de 31 de dezembro de 1973, arts. 114 a 121; Código Civil, arts. 985, 998 e 1.000; e Ato n. 21/94 do CREA.*
- Vide *Lei n. 9.042, de 9 de maio de 1995, que dispensa a publicação de atos constitutivos de pessoa jurídica para efeito de registro público.*
- *Registro de Comércio —* Vide *Lei n. 8.934/94 e Decreto n. 1.800/96. Pela Lei n. 8.934, de 18 de novembro de 1994, regulamentada pelo Decreto n. 1.800, de 30 de janeiro de 1996, tal registro passa a ter a denominação de Registro Público de Empresas Mercantis e Atividades Afins. O Código Civil, nos arts. 1.150 a 1.154, refere ao Registro Público das Empresas Mercantis.*
- *Instrução Normativa n. 71/98 do Departamento Nacional de Registro do Comércio, sobre a desconcentração dos serviços de registro público de empresas mercantis e atividades afins.*
- *Instrução Normativa n. 79/99 do Departamento Nacional de Registro do Comércio, sobre especificações de atos integrantes da Tabela de Preços dos Serviços prestados pelos órgãos do Sistema Nacional de Registro de Empresas Mercantis (SINREM).*
- *Lei n. 9.829/99, que altera a redação do art. 12, III, da Lei n. 8.934/94.*
- *Instrução Normativa n. 46/96 do Departamento Nacional de Registro do Comércio, sobre fiscalização de órgãos incumbidos do registro público de empresas mercantis e atividades afins.*
- *Decreto n. 6.884, de 25 de junho de 2009, sobre Comitê para Gestão da Rede Nacional para Simplificação do Registro e da Legalização de Empresas e Negócios (CGSIM).*
- *Ato n. 21/94 do CREA sobre registro de pessoa jurídica.*
- *Registro de nome comercial e de empresa: Lei n. 9.279/96.*
- *A Lei n. 4.503, de 30 de novembro de 1964, institui no Ministério da Fazenda o cadastro geral de pessoas jurídicas.*
- *Decreto n. 3.000/99, art. 214, §§ 1º a 3º, sobre Cadastro Nacional de Pessoas Jurídicas.*
- *Não será registrada pessoa jurídica destinada a armação de embarcação, quando nela faça parte pessoa física que já teve cancelado registro pelo Tribunal Marítimo — Lei n. 5.056, de 29 de junho de 1966.*
- *Para efeitos trabalhistas, atribui-se personalidade jurídica às campanhas de saúde pública — art. 18 da Lei n. 5.026, de 14 de junho de 1966.*
- *"Os atos constitutivos e os estatutos das sociedades civis e comerciais só serão admitidos a registro e arquivamento nas repartições competentes quando visados por advogado" (§ 2º do art. 1º da Lei n. 8.906, de 4-7-1994, Estatuto da Advocacia e a Ordem dos Advogados do Brasil).*
- *Partidos políticos: Lei n. 9.096/95, com as alterações das Leis n. 9.504/97, 9.693/98, 11.459/2007, 11.694/2008, 12.034/2009, 12.875/2013, 12.891/2013 e 13.107/2015.*

- Vide *arts. 499, parágrafo único, 985, 998, §§ 1º e 2º, 1.000 e parágrafo único, e 1.002 (Registro Civil das Pessoas Jurídicas), 1.150 a 1.154 (Registro Público das Empresas Mercantis) do Código Civil.*
- *Lei n. 11.598/2007 estabelece diretrizes e procedimentos para a simplificação e integração do processo de registro e legalização de empresários e de pessoas jurídicas e cria a Rede Nacional para a Simplificação do Registro e da Legalização de Empresas e Negócios — REDESIM.*
- *CNPJ: IN da SRBF n. 1.634/2016.*

Início da existência legal da pessoa jurídica. O fato que dá origem à pessoa jurídica de direito privado é a vontade humana, sem necessidade de qualquer ato administrativo de concessão ou autorização, salvo os casos especiais do Código Civil (arts. 1.123 a 1.125, 1.128, 1.130, 1.131, 1.132, 1.133, 1.134, § 1º, 1.135 a 1.138, 1.140 e 1.141), porém a sua personalidade jurídica permanece em estado potencial, adquirindo *status* jurídico quando preencher as formalidades ou exigências legais.

Fases do processo genético da pessoa jurídica de direito privado. Na criação da pessoa jurídica de direito privado há duas fases: *a*) a do *ato constitutivo,* que deve ser escrito, podendo revestir-se de forma pública ou particular (CC, art. 997), com exceção da fundação, que requer instrumento público ou testamento (CC, art. 62). Além desses requisitos, há certas sociedades que para adquirir personalidade jurídica dependem de prévia autorização ou aprovação do Poder Executivo Federal (CC, arts. 45, 2ª parte, 1.123 a 1.125, Decreto n. 9.787/2019), por exemplo, as sociedades estrangeiras (LINDB, art. 11, § 1º; CC, arts. 1.134 e 1.135); *b*) a do *registro público* (CC, arts. 45, 984, 985, 998 e 1.150 a 1.154), pois para que a pessoa jurídica de direito privado exista legalmente é necessário inscrever os contratos ou estatutos no seu registro peculiar (CC, art. 1.150); o mesmo deve fazer quando conseguir a imprescindível autorização ou aprovação do Poder Executivo Federal (CC, arts. 45, 46, 1.123 a 1.125 e 1.134; Lei n. 6.015/73, arts. 114 a 121, com alteração da Lei n. 9.042/95).

Apenas com o assento adquirirá personalidade jurídica, podendo, então, exercer todos os direitos, e, além disso, quaisquer alterações supervenientes havidas em seus atos constitutivos deverão ser averbadas no registro. Como se vê, esse sistema do registro sob o regime da liberdade contratual, regulado por norma especial, ou com autorização legal, é de grande utilidade em razão da publicidade que determinará os direitos de terceiros. O registro do ato constitutivo é uma exigência de ordem pública no que atina à prova e à aquisição da personalidade jurídica das entidades coletivas.

BIBLIOGRAFIA: Perrone, *La garanzia dei terzi in materia commerciale,* p. 101 e 126; Levenhagen, *Código Civil,* cit., v. 1, p. 53; M. Helena Diniz, *Curso,* cit., v. 1, p. 122-4; Caio M. S. Pereira, *Instituições,* cit., v. 1, p. 290 e 291; W. Barros Monteiro, *Curso,* cit., v. 1, p. 127; Bassil Dower, *Curso,* cit., v. 1, p. 83 e 102; Ralpho Waldo de Barros Monteiro, *Comentários,* cit., p. 585 a 632.

Prazo decadencial para anular constituição de pessoa jurídica de direito privado. Havendo defeito no ato constitutivo de pessoa jurídica de direito privado, pode desconstituí-la dentro do prazo decadencial de três anos, contado da publicação de sua inscrição no registro ou a partir do registro, nas hipóteses em que a publicação não for exigida. Se o lapso trienal escoar *in albis*, os defeitos relativos à sua constituição convalescer-se-ão. Ocorrida a decadência, não mais se poderá alegar qualquer irregularidade, consequentemente, a pessoa jurídica, com seu reconhecimento, poderá exercer, sem quaisquer riscos, suas atividades.

Art. 46. O registro declarará:

I — a denominação, os fins, a sede, o tempo de duração e o fundo social, quando houver;

II — o nome e a individualização dos fundadores ou instituidores, e dos diretores;

III — o modo por que se administra e representa, ativa e passivamente, judicial e extrajudicialmente;

IV — se o ato constitutivo é reformável no tocante à administração, e de que modo;

V — se os membros respondem, ou não, subsidiariamente, pelas obrigações sociais;

VI — as condições de extinção da pessoa jurídica e o destino do seu patrimônio, nesse caso.

- Vide *Lei n. 6.015, de 31 de dezembro de 1973, arts. 115, 120 e 121, com alteração da Lei n. 9.042, de 9 de maio de 1995; Código Civil, arts. 985, 998, §§ 1º e 2º, 1.000 e parágrafo único, 1.150 a 1.154.*
- Vide *Lei n. 8.934, de 18 de novembro de 1994, regulamentada pelo Decreto n. 1.800, de 30 de janeiro de 1996.*
- Vide *IN da SRFB n. 1.634/2016 (CNPJ).*

Registro Civil da Pessoa Jurídica. Somente com o registro ter-se-á a aquisição da personalidade jurídica. Tal registro de atos constitutivos de sociedades simples dar-se-á no Registro Civil das Pessoas Jurídicas (CC, arts. 998, 1.000 e 1.150, 2ª parte), devendo as sociedades empresárias ser registradas no Registro Público de Empresas Mercantis (CC, art. 1.150, 1ª parte); são competentes para a prática de tais atos as Juntas Comerciais, e seguem o disposto nas normas dos arts. 1.150 e 1.154 do Código Civil. O registro da pessoa jurídica civil, ou da sociedade simples, competirá ao oficial do Registro Público, que seguirá o comando contido nos arts. 114 a 121 (com alteração da Lei n. 9.042/95) da Lei n. 6.015/73. O partido político para ser registrado deverá cumprir os requisitos da Lei n. 9.096/95 (Lei n. 6.015/73, art. 120, parágrafo único).

Requisitos para o registro da pessoa jurídica de direito privado. O artigo *sub examine* aponta os requisitos do assento, pois este declarará: *a*) a denominação, os fins, a sede, o tempo de duração e o fundo ou capital social, quando houver; *b*) o nome (*RT*, *670*:151) e a individualização dos fundadores ou instituidores e dos diretores; *c*) a forma de administração e a representação (*RT*, *719*:186) ativa e passiva, judicial e extrajudicial; *d*) a possibilidade e o modo de reforma do estatuto social (p. ex., por maioria simples ou absoluta, por unanimidade) no que atina à administração da pessoa jurídica; *e*) a existência, ou não, de responsabilidade subsidiária dos sócios pelas obrigações sociais; e *f*) as condições de extinção da pessoa jurídica e o destino do seu patrimônio nesse caso.

Art. 47. Obrigam a pessoa jurídica os atos dos administradores, exercidos nos limites de seus poderes definidos no ato constitutivo.

- *Representação das pessoas jurídicas no foro cível* — Vide *Código de Processo Civil, art. 75, I a III, VIII a X, §§ 2º e 3º, e LC n. 123/2006, art. 54.*
- *Sobre o exercício de ação penal*, vide *Código de Processo Penal, art. 37.*
- *Representação dos sindicatos* — Vide *Consolidação das Leis do Trabalho, art. 522, § 3º, modificado pelo Decreto-Lei n. 9.502, de 23 de julho de 1946, e prejudicado pelo art. 8º, I, da Constituição Federal.*
- *Constituição Federal, art. 5º, XXI.*
- *Código Civil, arts. 43, 46, III, 50, 989 e 990, 997, VI, 1.010 a 1.021, 1.169 a 1.171.*

Capacidade da pessoa jurídica. A capacidade da pessoa jurídica decorre da personalidade que a ordem jurídica lhe reconhece por ocasião de seu registro. Pode exercer todos os

PESSOAS

direitos subjetivos, não se limitando à esfera patrimonial. Consequentemente tem direito à personalidade (como o direito à identificação, à liberdade, à própria existência, à boa reputação); direitos reais (ser proprietária, usufrutuária etc.); direitos industriais (CF, art. 5º, XXIX); direitos obrigacionais (de contratar, comprar, vender, alugar etc.); e direitos à sucessão, pois pode adquirir bens *causa mortis*.

Limitação decorrente da natureza da pessoa jurídica. Por ser uma instituição jurídica, necessita ela de uma pessoa natural para representá-la ativa e passivamente, exteriorizando sua vontade, nos atos judiciais ou extrajudiciais, que, em regra, é indicada nos estatutos e, na sua omissão, será representada pelos seus diretores. O Código de Processo Civil (art. 75, I a III) prescreve a representação das pessoas jurídicas de direito público interno ao dizer que a União, os Estados, o Distrito Federal e os Territórios serão representados em juízo, ativa e passivamente, por seus procuradores, e os Municípios, por seu prefeito ou procurador (STF, Súmula 365; *RT*, *719*:186, *497*:160).

Órgão. Há uma tendência para substituir o termo "representante" pelo vocábulo "órgão", atendendo a que a pessoa natural não é simples intermediária da vontade da pessoa jurídica, o que dá a entender que há duas vontades, a do mandante e a do mandatário, quando, na verdade, há uma só, que é a da entidade, manifestada, dentro das limitações legais, pelo seu elemento vivo de contato com o mundo jurídico.

Vinculação da pessoa jurídica aos atos praticados pelos administradores. Se seus administradores a representam ativa e passivamente, em juízo ou fora dele, todos os atos negociais exercidos por eles dentro dos limites de seus poderes estabelecidos no estatuto social (CC, art. 46, III) obrigarão a pessoa jurídica, que deverá cumpri-los. Pelo art. 1.012, os administradores responderão pessoal e solidariamente com a sociedade pela prática de atos de gestão que se derem antes da averbação de sua nomeação à margem da inscrição da sociedade. Se tais administradores praticarem desvio ou excesso de poderes, deverão responder, pessoalmente e com seu patrimônio, pelos atos lesivos causados às pessoas com quem efetivaram negócios. A pessoa jurídica terá responsabilidade limitada aos poderes que concedeu aos seus administradores, consignados no ato constitutivo registrado, salvo se houver configuração da hipótese do art. 50 do Código Civil.

Entendeu, ainda, o Enunciado n. 147 do Conselho da Justiça Federal, aprovado na *Jornada de Direito Civil* de 2004, que "o art. 47 não afasta a aplicação da teoria da aparência".

BIBLIOGRAFIA: Caio M. S. Pereira, *Instituições*, cit., v. 1, p. 268, 270-1; Fábio Maria de Mattia, *Aparência de representação*, 1984, p. 52-3 e 174; Serpa Lopes, *Curso*, cit., v. 1, p. 347; Amaro Cavalcanti, *Responsabilidade civil do Estado*, p. 80 e 86; M. Helena Diniz, *Curso*, cit., v. 1, p. 125-6; Cunha Gonçalves, *Tratado de direito civil*, v. 1, t. 2, n. 122 e 124; Fernando da Costa Tourinho Filho, Responsabilidade das pessoas jurídicas, *Boletim Informativo*, Saraiva, ano 7, n. 2, 1998, p. 12; Matiello, *Código Civil*, cit., p. 53; Ralpho Waldo de Barros Monteiro, *Comentários*, cit., p. 639 a 747.

Art. 48. Se a pessoa jurídica tiver administração coletiva, as decisões se tomarão pela maioria de votos dos presentes, salvo se o ato constitutivo dispuser de modo diverso.

Parágrafo único. Decai em três anos o direito de anular as decisões a que se refere este artigo, quando violarem a lei ou estatuto, ou forem eivadas de erro, dolo, simulação ou fraude.

- *Código Civil, arts. 138 a 150, 151, 158 a 165, 167, 171, II, 178, I, 1.010, §§ 1º a 3º, 1.014 e 1.072, §§ 1º a 6º.*
- ***Projeto de Lei n. 4.861/2012:*** *"Parágrafo único. Decai em três anos o direito de anular as decisões a que se refere este artigo, quando violarem a lei ou estatuto, ou forem eivadas de erro, dolo, simulação ou fraude, contado o prazo da data das decisões".*

Administração coletiva. Se por lei ou pelo contrato social vários forem os administradores (gerência colegiada), as deliberações deverão ser tomadas por maioria de votos dos presentes (metade mais um), exceto se ato constitutivo dispuser de modo contrário, contados, em regra, segundo o valor das quotas de cada um. Para a formação dessa maioria simples, serão necessários votos correspondentes a mais de metade do capital, ou metade mais um dos presentes à reunião, atingindo-se a presença mínima para a abertura da assembleia, requerida pelo estatuto.

Anulação de decisão contrária à lei e ao estatuto ou eivada de vício de consentimento ou social. O direito de anular deliberação de administradores, que violar norma legal ou estatutária, relativa ao *quorum* deliberativo, ou for eivada de erro, dolo, simulação ou fraude, poderá ser exercido dentro do prazo decadencial de três anos, contado do registro da publicação ou notificação aos interessados da decisão ou deliberação viciada, como ensinam Jones F. Alves e Mário Luiz Delgado. Se alguma deliberação foi tomada pela administração coletiva, sem que se tenha atingido o número de votos requerido para sua validade, por infringência normativa ou por vício de consentimento ou social, havendo inércia dos que teriam legitimidade para impugná-la, deixando escoar aquele prazo decadencial, ter-se-á o convalescimento da decisão viciada.

Art. 48-A. As pessoas jurídicas de direito privado, sem prejuízo do previsto em legislação especial e em seus atos constitutivos, poderão realizar suas assembleias gerais por meio eletrônicos, inclusive para os fins do disposto no art. 59 deste Código, respeitados os direitos previstos de participação e de manifestação.

- *Acrescentado pela Lei n. 14.195/2021 e confirmado pela Lei n. 14.382/2022.*
- *Código Civil, art. 59.*
- *Lei n. 14.010/2020.*

Assembleia geral online. Há permissão legal para assembleia geral de pessoas jurídicas de direito privado por meios eletrônicos não só em casos de isolamento social em razão da ocorrência da pandemia, mesmo que não haja previsão estatutária, mas também para destituir os administradores e alterar estatuto. Tal *live* poderá dar-se por qualquer meio eletrônico indicado pelo administrador desde que se identifique o participante e haja segurança de voto, produzindo o efeito legal de uma assinatura presencial.

Art. 49. Se a administração da pessoa jurídica vier a faltar, o juiz, a requerimento de qualquer interessado, nomear-lhe-á administrador provisório.

- *Código de Processo Civil, arts. 614 e 719.*

Nomeação de administrador provisório. Como a pessoa jurídica precisa ser representada, ativa ou passivamente, em juízo ou fora dele, deverá ser administrada por quem o estatuto indicar ou por quem seus membros elegerem. Por isso, se a administração da pessoa jurídica vier a faltar (vacância gerencial) por ato voluntário ou involuntário do administrador, o magistrado, mediante requerimento de qualquer interessado (sócio, credor etc.), deverá nomear, a seu critério, um administrador provisório (um dos sócios idôneos, ou, se todos forem inaptos, pessoa estranha), que a representará enquanto não se nomear seu representante legal, que exteriorizará sua vontade, no exercício dos poderes que lhe forem conferidos pelo contrato social (CC, art. 47).

Art. 49-A. A pessoa jurídica não se confunde com seus sócios, associados, instituidores ou administradores.

Parágrafo único. A autonomia patrimonial das pessoas jurídicas é um instrumento lícito de alocação e segregação de riscos, estabelecido pela lei com a finalidade de es-

timular empreendimentos, para a geração de empregos, tributo, renda e inovação em benefício de todos.

- *Acrescentado pela Lei n. 13.874/2019.*
- Vide *Código Civil, art. 980-A, § 7º, ora revogado pela Lei n. 14.382/2022.*

Pessoa física e pessoa jurídica: realidades distintas. A pessoa jurídica não se confunde com a pessoa de seus sócios, associados instituidores e administradores, que são pessoas físicas, que têm deveres, direitos e funções a realizar como integrantes de uma sociedade ou associação.

Autonomia patrimonial da pessoa jurídica. O patrimônio da pessoa jurídica também não se confunde com o de seus membros. A pessoa jurídica é a titular lícita de seu patrimônio para que possa alocar e segregar riscos oriundos de lei, com o escopo de efetuar empreendimentos, gerar empregos, tributos e rendas e inovar benefícios.

Art. 50. Em caso de abuso da personalidade jurídica, caracterizado pelo desvio de finalidade, ou pela confusão patrimonial, pode o juiz, a requerimento da parte, ou do Ministério Público quando lhe couber intervir no processo, desconsiderá-la para que os efeitos de certas e determinadas relações de obrigações sejam estendidos aos bens particulares de administradores ou de sócios da pessoa jurídica beneficiados direta ou indiretamente pelo abuso.

§ 1º Para fins do disposto neste artigo, desvio de finalidade é a utilização da pessoa jurídica com o propósito de lesar credores e para a prática de atos ilícitos de qualquer natureza.

§ 2º Entende-se por confusão patrimonial a ausência de separação de fato entre os patrimônios, caracterizada por:

I — cumprimento repetitivo pela sociedade de obrigações do sócio ou do administrador ou vice-versa;

II — transferência de ativos ou de passivos sem efetivas contraprestações, exceto os de valor proporcionalmente insignificante; e

III — outros atos de descumprimento da autonomia patrimonial.

§ 3º O disposto no *caput* e nos §§ 1º e 2º deste artigo também se aplica à extensão das obrigações de sócios ou de administradores à pessoa jurídica.

§ 4º A mera existência de grupo econômico sem a presença dos requisitos de que trata o *caput* não autoriza a desconsideração da personalidade da pessoa jurídica.

§ 5º Não constitui desvio de finalidade a mera expansão ou a alteração da finalidade original da atividade econômica específica da pessoa jurídica.

- *Acrescentados pela Lei n. 13.874/2019.*
- *Lei n. 6.404/76, arts. 116.*
- *Lei n. 11.101/2005, arts. 82 e 82-A e parágrafo único.*
- Vide *Lei n. 8.078/90, art. 28, §§ 2º a 5º.*
- Vide *Lei n. 9.605/98, arts. 4º e 24.*
- *Consolidação das Leis do Trabalho, arts. 2º, § 2º, e 855-A (acrescentado pela Lei n. 13.467/2017).*
- *Código de Processo Civil, arts. 133, 134 e §§ 1º a 3º, 135, 137, 795, § 1º, 1.015, IV e 1.062.*
- *Código Civil, art. 49-A, parágrafo único.*
- *Código Tributário Nacional, arts. 134,* caput *e VII, e 135, III.*

PESSOAS

- *Comunicado CG n. 564/2016 sobre normas para identificação de pedidos incidentais de desconsideração.*
- *Provimento CGJT n. 1/2019.*

Desconsideração da pessoa jurídica. A pessoa jurídica é uma realidade autônoma, capaz de direitos e obrigações, independentemente de seus membros, pois efetua negócios sem qualquer ligação com a vontade deles, e, além disso, se a pessoa jurídica não se confunde com as pessoas naturais que a compõem (CC, art. 49-A), se o patrimônio da sociedade não se identifica com o dos sócios, fácil será lesar credores, mediante abuso de direito, caracterizado por desvio de finalidade social (*BAASP, 2690*:5665), tendo-se em vista que os bens particulares dos sócios não podem ser executados antes dos bens sociais, havendo dívida da sociedade. Por isso o Código Civil pretende que, quando a pessoa jurídica se desviar dos fins determinantes de sua constituição, com o propósito de lesar credores e praticar ato ilícito ou quando houver confusão patrimonial (ou seja, cumprimento repetitivo pela sociedade de obrigações do sócio ou administrador; transferência de ativo ou passivo sem contraprestação; ato de descumprimento da autonomia patrimonial), em razão de abuso da personalidade jurídica, o órgão judicante, a requerimento da parte ou do Ministério Público, quando lhe couber intervir no processo (CPC, art. 133), está autorizado, com base na prova material do dano, a desconsiderar, episodicamente, a personalidade jurídica, para coibir fraudes de sócios que dela se valeram como escudo, sem importar essa medida numa dissolução da pessoa jurídica. Com isso subsiste o princípio da autonomia subjetiva da pessoa coletiva, distinta da pessoa de seus sócios, mas tal distinção é afastada, provisoriamente, para dado caso concreto, estendendo a responsabilidade negocial aos bens particulares dos administradores ou sócios da pessoa jurídica (*RT, 825*:273, *819*:214, *799*:274, *796*:284, *791*:257, *792*:318, *771*:258, *790*:269, *784*:282, *785*:373, *763*:277, *749*:422, *773*:263, *786*:163, *778*:211, *728*:292, *719*:103 e 104, *708*:116, *711*:117, *614*:109, *657*:120, *659*:154, *457*:141, *342*:181, *387*:138, *418*:213, *484*:149, *580*:84, *492*:216, *511*:199, *673*:160, *713*:138; *JB, 147*:286, *152*:247, *164*:294; *Ciência Jurídica, 63*:107; *RJ, 324*:133; *RSTJ, 160*:253, *73*:261; *JTJRGS, 118*:258). Convém ressaltar que: a) não haverá desvio de finalidade em ato alusivo a expansão ou alteração do objetivo original da atividade econômica específica de pessoa jurídica; b) mera existência de grupo econômico sem a presença dos requisitos exigidos pelo *caput* do art. 50 não autoriza a desconsideração da personalidade da pessoa jurídica.

O CPC, art. 133, §§ 1º e 2º, trata da forma de requerimento da desconsideração da personalidade jurídica, adotando, para tanto, o pedido incidental feito pela parte ou pelo Ministério Público, quando lhe couber intervir, pois o órgão judicante não poderá desconsiderar *ex officio*. A formulação de pedido incidente é cabível em qualquer fase do processo de conhecimento, no cumprimento de sentença e na execução fundada em título executivo extrajudicial (CPC, art. 134). E aplica-se também, pelo CPC, o art. 1.062 ao processo de competência dos juizados especiais se o valor da causa for pequeno. Mas, se requerida for a desconsideração na petição inicial, dispensada estará a instauração do incidente, sendo, então, citado o sócio ou a pessoa jurídica para se defender em contestação. Esse incidente provoca a citação de sócio, para defender-se da acusação de má utilização da pessoa jurídica, podendo vir a responder em nome próprio pelas obrigações da sociedade, ré originária do processo. Mas o art. 133, § 2º, admite a *desconsideração inversa*, que consiste em se responsabilizar a pessoa jurídica por obrigações de seu sócio, que, por exemplo, desvia seus bens particulares para o patrimônio social mediante fraude, para não dividir com ex-cônjuge os bens do casal, passando-os para o nome da empresa. Se tal ocorrer, os demais sócios deverão ser citados e poderão dissolver a sociedade ou optar pela expulsão do sócio de má-fé. Instaurando o incidente, o sócio ou a pessoa jurídica será citado para manifestar-se e requerer as provas cabíveis no prazo de 15 dias (CPC, art. 135). Concluída a instrução, o incidente será decidido por meio de decisão interlocutória, pode ser discutida em segunda instância em via agravo de instrumento. Mas o recurso cabível será o agravo interno se a decisão for proferida pelo relator (CPC, art. 136 e parágrafo único). Ter-se-á a ineficácia temporária da personalidade jurídica para determinados efeitos, afastando a fraude perpetrada contra terceiro mediante a utilização da autonomia patrimonial da pessoa jurídica, prosseguindo incólume para atender suas finalidades sociais. Portanto, "só se aplica a desconsideração da personalidade jurídica quando houver a prática de ato irregular, e limitadamente, aos administradores ou sócios que nela hajam incorrido" (Enunciado n. 7, aprovado na *Jornada de Direito Civil*, promovida em 2002 pelo Centro de Estudos Judiciários do Conselho da Justiça Federal). E, pelo seu Enunciado n. 51, a *disregard doctrine* fica positivada no novel Código, e os parâmetros existentes nos microssistemas legais e na construção doutrinária serão mantidos. Pelo seu Enunciado n. 146 (aprovado na *Jornada de Direito Civil* de 2004): "Nas relações civis, interpretam-se restritivamente os parâmetros de desconsideração da personalidade jurídica previstos no art. 50 (desvio de finalidade social ou confusão patrimonial)". Tal Enunciado em nada prejudica o seu Enunciado n. 7 acima mencionado. O Conselho de Justiça Federal, na *IV Jornada de Direito Civil*, aprovou, ainda, os seguintes enunciados: a) n. 281: "A aplicação da teoria da desconsideração, descrita do art. 50 do Código Civil, prescinde da demonstração de insolvência da pessoa jurídica"; b) n. 282: "O encerramento irregular das atividades da pessoa jurídica, por si só, não basta para caracterizar abuso de personalidade jurídica"; c) n. 283: "É cabível a desconsideração da personalidade jurídica denominada 'inversa' para alcançar bens de sócio que se valeu da pessoa jurídica para ocultar ou desviar bens sociais, com prejuízo a terceiros"; d) n. 284: "As pessoas jurídicas de direito privado sem fins lucrativos ou de fins não econômicos estão abrangidas no conceito de abuso da personalidade jurídica"; e e) n. 285: "A teoria da desconsideração, prevista no art. 50 do Código Civil, pode ser invocada pela pessoa jurídica em seu favor". E na *V Jornada de Direito Civil*, promovida pelo CJF, ficou aprovado o Enunciado n. 406 que assim dispõe: "A desconsideração da personalidade jurídica alcança os grupos de sociedade quando presentes os pressupostos do art. 50 do Código Civil e houver prejuízo para os credores até o limite transferido entre as sociedades".

Pelos Enunciados: a) n. 9 (aprovado na *1ª Jornada de Direito Comercial*): "Quando aplicado às relações jurídicas empresariais, o art. 50 do Código Civil não pode ser interpretado analogamente ao art. 28, § 5º, do CDC ou ao art. 2º, § 2º, da CLT"; b) n. 12 (aprovado na *1ª Jornada de Direito Comercial*): "A regra contida no art. 1.055, § 1º, do Código Civil deve ser aplicada na hipótese de inexatidão da avaliação de bens conferidos ao capital social; a responsabilidade nela prevista não afasta a desconsideração da personalidade jurídica quando presentes seus requisitos legais"; c) n. 48 (aprovado na *1ª Jornada de Direito Comercial*): "A apuração da responsabilidade pessoal dos sócios, controladores e administradores feita independentemente da realização do ativo e da prova da sua insuficiência para cobrir o passivo, prevista no art. 82 da Lei n. 11.101/2005, não se refere aos casos de desconsideração da personalidade jurídica".

E, conforme o Enunciado n. 17 da *Jornada Paulista de Direito Comercial*: "Na falência é admissível a responsabilidade patrimonial do sócio da falida nos casos de confusão patrimonial que justifiquem a desconsideração da personalidade jurídica, observado o contraditório prévio e o devido processo legal".

Pelo Enunciado ENFAM n. 53: "O redirecionamento da execução fiscal para o sócio-gerente prescinde do incidente de desconsideração da personalidade jurídica previsto no art. 133 do CPC/2015".

Segundo Enunciados do Fórum Permanente de Processualistas Civis:

a) 123: "É desnecessária a intervenção do Ministério Público como fiscal de ordem jurídica no incidente de desconsideração da personalidade jurídica, salvo nos casos em que deixa intervir obrigatoriamente, previstos no art. 179 (art. 178 do novo CPC)".

b) 125: "Há litisconsórcio passivo facultativo quando requerida a desconsideração da personalidade jurídica, juntamente com outro pedido formulado na petição inicial ou incidentalmente no processo em curso".

c) 248: "Quando a desconsideração da personalidade jurídica for requerida na petição inicial, incumbe ao sócio ou a pessoa jurídica, na contestação, impugnar não somente a própria desconsideração, mas também os demais pontos da causa".

Pelos Enunciados da *II Jornada de Direito Processual Civil*: n. 110: "A instauração do incidente de desconsideração da personalidade jurídica não suspenderá a tramitação do processo de execução e do cumprimento de sentença em face dos executados originários; n. 111: "O incidente de desconsideração de personalidade jurídica pode ser aplicado ao processo falimentar".

Pelo Enunciado n. 91, aprovado na *III Jornada de Direito Comercial*: "A desconsideração da personalidade jurídica de sociedades integrantes de mesmo grupo societário (de fato ou de direito) exige a comprovação dos requisitos do art. 50 do Código Civil por meio do incidente de desconsideração da personalidade jurídica ou na forma do art. 134, § 2º, do Código de Processo Civil".

Pelo Enunciado n. 101, aprovado na *III Jornada de Direito Civil*: "O incidente de desconsideração da personalidade jurídica deve ser observado no processo falimentar, sem a suspensão do processo".

BIBLIOGRAFIA: Fábio Ulhoa Coelho, *Desconsideração da personalidade jurídica*, 1989; *Curso de direito comercial*, São Paulo, Saraiva, 2002, p. 44; Suzi Elisabeth C. Koury, *A desconsideração da personalidade jurídica*, Rio de Janeiro, Forense, 1997; Rubens Requião, Abuso de direito e fraude através da personalidade jurídica, *RT, 410*:17; Rachel Sztajn, Sobre a desconsideração da personalidade jurídica, *RT, 762*:81; Alexandre Couto Silva, Desconsideração da personalidade jurídica: limites para sua aplicação, *RT, 780*:47; Giareta, Teoria da despersonalização da pessoa jurídica: "disregard doctrine", *RDC, 48*:7; Luiz Roldão de Freitas Gomes, Desconsideração da personalidade jurídica, *RDC, 46*:27; Jorge Luiz Braga, Da teoria da despersonalização da pessoa jurídica e a "disregard doctrine", *Ciência Jurídica, 62*:379; Antonio Menezes Cordeiro, *O levantamento da personalidade colectiva no direito civil e comercial*, 2000; L. G. Marinoni e M. A. Lima Jr., Fraude — configuração — prova — desconsideração da personalidade jurídica, *RT, 783*:137; Mario D. Correa Bittencourt, Fraude através da pessoa jurídica, *JB, 160*:50; Ana Caroline Santos Ceolin, *Abusos na aplicação da teoria da desconsideração da pessoa jurídica*, Belo Horizonte, Del Rey, 2002; Elizabeth Cristina C. Martins de Freitas, *Desconsideração da personalidade jurídica*, São Paulo, Atlas, 2003; Flávia L. Guimarães, *Desconsideração da personalidade jurídica no Código do Consumidor — aspectos processuais*, São Paulo, Max Limonad, 1998; Anderson Antônio Fernandes, A desconsideração da personalidade jurídica e o novo Código Civil, *CDT Boletim, 15*:65-6; Adalberto Simão Filho, A superação da personalidade jurídica no processo falimentar, in *Direito empresarial contemporâneo*, coord. Adalberto Simão Filho e Newton De Lucca, São Paulo, Juarez de Oliveira, 2000, p. 12, 26 e 27; Eduardo Viana Pinto, *Desconsideração da personalidade jurídica no novo Código Civil*, Porto Alegre, Síntese, 2003; Leandro Martins Zanitelli, Abuso da pessoa jurídica e desconsideração, in *A reconstrução do direito privado*, coord. Judith Martins-Costa, São Paulo, Revista dos Tribunais, 2002, p. 715-29; Ada Pellegrini Grinover, Da desconsideração da pessoa jurídica: aspectos de direito material e processual, *De Jure*. Revista do Ministério Público do Estado de Minas Gerais, *6*:53-68; M. Helena Diniz, *Curso*, cit., v. 8, p. 534-46; J. Hamilton Bueno, Desconsideração da personalidade jurídica. Doutrina e jurisprudência. Aspectos materiais e processuais, *Impactos processuais*, cit., p. 79-125; Gustavo Tepedino, Notas sobre desconsideração da personalidade jurídica, *RTDC, 30*:53; Ralpho Waldo de Barros Monteiro, *Comentários*, cit., p. 781-93; Nelson Nery Jr. e Rosa Mª de A. Nery, *Comentários ao Código de Processo Civil*, São Paulo, RT, 2015. Com. aos arts. 133 a 137; Cassio Scarpinella Bueno, *Novo Código de Processo Civil anotado*, São Paulo, Saraiva, 2015, p. 132 a 134; M. Helena Diniz, A oportuna processualização da desconsideração da personalidade jurídica, *Revista Thesis Juris*, vol. 5, p. 193-217; M. Helena Diniz e Mariana R. Santiago, Reflexões sobre algumas peculiaridades legais e jurisprudenciais da desconsideração da personalidade jurídica, Desconsideração da personalidade jurídica: aspectos à materiais e processuais, coord. Rodrigues et al., 2023, p. 717 a 740.

Art. 51. Nos casos de dissolução da pessoa jurídica ou cassada a autorização para seu funcionamento, ela subsistirá para os fins de liquidação, até que esta se conclua.

§ 1º Far-se-á, no registro onde a pessoa jurídica estiver inscrita, a averbação de sua dissolução.

§ 2º As disposições para a liquidação das sociedades aplicam-se, no que couber, às demais pessoas jurídicas de direito privado.

§ 3º Encerrada a liquidação, promover-se-á o cancelamento da inscrição da pessoa jurídica.

- Vide *arts. 54, VII, 61, 69, 1.028, II, 1.033, I, II, III, IV, com a redação da LC n. 128/2008 e Lei n. 12.441/2011, e V, 1.034, I e II, 1.035, 1.036 a 1.038, 1.125 e 2.034 do Código Civil.*
- *Lei n. 11.101/2005, arts. 116, 123 e 125.*
- *Lei n. 7.170/83, arts. 16 e 25.*
- *Liquidação extrajudicial de entidades previdenciárias* — Vide *Lei n. 6.435, de 15 de julho de 1977.*
- *Sobre suspensão e dissolução de sociedades de fins contrários, perigosos ou nocivos ao bem público, à segurança do Estado e da coletividade, à ordem pública, à moral e aos bons costumes,* vide *Lei n. 7.170, de 14 de dezembro de 1983 — Segurança Nacional.*
- *Sobre a dissolução parcial de sociedade,* vide *Código de Processo Civil, arts. 599 a 609. Sobre dissolução total: CPC, arts. 318 e s.*
- *Dissolução de sociedades de fins assistenciais mantidas por contribuições populares, que não desempenhem as atividades a que se destinam* — Vide *Decreto-Lei n. 41, de 18 de novembro de 1966.*
- *Sobre a intervenção e a liquidação extrajudicial de instituições financeiras,* vide *Lei n. 6.024, de 13 de março de 1974.*
- *Liquidação de sociedades seguradoras* — Vide *arts. 94 e s. do Decreto-Lei n. 73, de 21 de novembro de 1966.*
- *Lei n. 9.279/96, art. 128.*
- *Constituição Federal, art. 5º, XIX.*

Fim da pessoa jurídica de direito privado. Termina a pessoa jurídica pelo *decurso do prazo de sua duração* (CC, arts. 69, 1ª parte, e 1.033, I); pelo *distrato* ou dissolução deliberada, unanimemente, por seus membros (CC, art. 1.033, II); por *deliberação de sócios*, por maioria absoluta, na sociedade de prazo indeterminado (CC, art. 1.033, III); pela *falta de pluralidade de sócios*, se a sociedade simples não for reconstituída no prazo de 180 dias, salvo se o sócio remanescente vier a requerer a transformação do registro da sociedade para empresário individual ou para empresa individual de responsabilidade limitada (CC, art. 1.033, IV e parágrafo único, ora revogados pela Lei n. 14.195/2021); por *determinação legal*, quando se der qualquer das causas extintivas previstas normativamente (CC, art. 1.033). E também por implemento da condição ou termo a que foi subordinada a sua duração (CC, arts. 127, 128 e 135) ou por *outras causas previstas no contrato social* (CC, art. 1.035), por exemplo: extinção do capital social ou seu desfalque, que impossibilite a continuação da sociedade, com exceção das associações. Pela Lei n. 11.101/2005, art.

123, extinguem-se pela falência com insolvência, hipótese inaplicável às associações. E, além disso, o Decreto-Lei n. 9.085/46 dispõe sobre a extinção de sociedade perniciosa, e a Lei n. 7.170, de 14 de dezembro de 1983, reprime certos tipos de pessoa jurídica com finalidade combativa e a constituição de associação nociva à segurança do Estado e da coletividade, à ordem pública, à moral e aos bons costumes (arts. 16 e 25); por *ato governamental* (CC, arts. 1.125 e 1.033, V) que lhes casse a autorização de funcionamento, por motivos de desobediência à ordem pública, por ser inconveniente ao interesse geral, dada a sua incompatibilidade com o bem-estar social, pela sua ilicitude, pela prática de atos contrários a seus fins ou nocivos ao bem público (Lei n. 7.170/83) e pela impossibilidade ou inutilidade de sua finalidade (CC, art. 69, 1ª parte); pela *dissolução judicial* a requerimento de qualquer dos sócios, quando anulada sua constituição ou exaurido o fim social, ou verificada sua inexequibilidade (CC, art. 1.034, I e II). Ou ainda haverá o fim da pessoa jurídica por ato judicial: *a*) no caso de figurar qualquer causa de extinção prevista em norma jurídica ou nos estatutos e, apesar disso, a sociedade continuar funcionando. O juiz, por iniciativa de qualquer dos sócios, decreta seu fim; *b*) quando a sentença concluir pela impossibilidade da sobrevivência da pessoa jurídica, estabelecendo seu término em razão de suas atividades nocivas, ilícitas ou imorais, mediante denúncia popular ou do órgão do Ministério Público. O art. 5º, XIX, da Constituição de 1988 prescreve que as associações só poderão ser compulsoriamente dissolvidas ou ter suas atividades suspensas por decisão judicial, exigindo-se no primeiro caso trânsito em julgado (*RT*, *420*:194 e *426*:235); e por *morte de sócio*, se os remanescentes optarem pela dissolução da sociedade (CC, art. 1.028, II; *RT*, *792*:277, *771*:216, *RSTJ*, *135*:434).

BIBLIOGRAFIA: M. Helena Diniz, *Curso*, cit., v. 1, p. 132-4; Caio M. S. Pereira, *Instituições*, cit., v. 1, p. 300-2; Orlando Gomes, *Introdução ao direito civil*, cit., p. 184; Bassil Dower, *Curso*, cit., p. 105-8.

Liquidação da sociedade. Percebe-se que a extinção da pessoa jurídica não se opera instantaneamente, pois, se houver bens de seu patrimônio e dívidas a resgatar, ela continuará em fase de liquidação, durante a qual subsiste para a realização do ativo e pagamento de débitos, cessando, de uma só vez, quando se der ao acervo econômico o destino próprio (CC, arts. 1.036 a 1.038). Tais normas aplicar-se-ão supletivamente, não havendo normas específicas, às associações e fundações.

BIBLIOGRAFIA: De Page, *Traité élémentaire de droit civil belge*, v. 1, p. 511; Ruggiero e Maroi, *Istituzioni di diritto privato*, Milano, 1955, v. 1, § 44; Caio M. S. Pereira, *Instituições*, cit., v. 1, p. 303; M. Helena Diniz, *Curso*, cit., v. 1, p. 134; Ralpho Waldo de Barros Monteiro, *Comentários*, cit., p. 794 a 814.

PESSOAS

Averbação da dissolução da sociedade. Havendo dissolução da pessoa jurídica ou cassada sua autorização para funcionamento, ela subsistirá para fins de liquidação, mas aquela dissolução ou cassação deverá ser averbada no registro onde ela estiver inscrita, para que se dê publicidade ao fato, resguardando-se interesses da entidade e de terceiros.

Cancelamento da inscrição da pessoa jurídica. Encerrada a liquidação, promover-se-á o cancelamento da inscrição da pessoa jurídica. A extinção da pessoa jurídica, com tal cancelamento, produzirá efeitos *ex nunc*, mantendo-se os atos negociais por ela praticados até o instante de seu desaparecimento, respeitando-se direitos de terceiro.

Pelo Enunciado n. 663 da *IX Jornada de Direito Civil*: "Para evitar a extinção do registro marcário, os sócios de sociedade liquidada poderão requerer ao Instituto Nacional da Propriedade Industrial – INPI a transferência da titularidade da marca".

Art. 52. Aplica-se às pessoas jurídicas, no que couber, a proteção dos direitos da personalidade.

- *Código Civil, arts. 11 a 21, 980-A, § 5º, ora revogado pela Lei n. 14.382/2022, 1.155, 1.163, 1.164.*
- *Leis n. 9.279/86, art. 124, V, 8.934/94, arts. 33 e 34.*
- Vide *Súmula 227 do Supremo Tribunal Federal: "A pessoa jurídica pode sofrer dano moral".*
- *Portaria n. 629/2011 da Procuradoria Geral Federal constitui Grupo de Trabalho para definição de estratégia de proteção do nome e imagem das autarquias e fundações públicas federais.*

Direitos da personalidade das pessoas jurídicas. Na *IV Jornada de Direito Civil*, o Conselho da Justiça Federal aprovou o Enunciado n. 286: "Os direitos da personalidade são direitos inerentes e essenciais à pessoa humana, decorrentes de sua dignidade, não sendo as pessoas jurídicas titulares de tais direitos". Mas, no nosso entender, as pessoas jurídicas têm direitos da personalidade, como o direito ao nome (Instrução Normativa do DNRC n. 116/2011), à marca, à honra objetiva (*RT*, *776*:195, *747*:221), à imagem, ao segredo, à boa reputação (*RT*, *733*:297) etc., por serem entes dotados de personalidade pelo ordenamento jurídico-positivo, e podem sofrer dano moral (STF, Súmula 227). Havendo violação desses direitos, as pessoas jurídicas lesadas em sua credibilidade social, idoneidade empresarial, potencialidade econômica, capacidade de produção de lucros, qualidade do fundo de comércio, clientela etc. poderão pleitear, em juízo, a reparação pelos danos, sejam eles patrimoniais, sejam morais (*RT*, *776*:195, *734*:507, *733*:297 e 589, *727*:123, *725*:336, *716*:273, *680*:85, *627*:28; *RJTAMG*, *531*:160). E, até mesmo, para a cessação da lesão ou da ameaça, poderá ajuizar medidas cautelares, mandado de segurança, ação ordinária com pedido de tutela antecipada etc. Tais direitos lhes são reconhecidos no mesmo instante da sua inscrição no registro competente, subsistindo enquanto atuarem e terminando com o cancelamento da inscrição das pessoas jurídicas. Para acarretar responsabilidade civil por dano moral à pessoa jurídica, o fato lesivo e o dano eventual deverão ser comprovados (Enunciado n. 189 do Conselho da Justiça Federal, aprovado na *III Jornada de Direito Civil*).

BIBLIOGRAFIA: Carlos Alberto Bittar, *Os direitos da personalidade*, cit., p. 13; Alexandre Ferreira de Assumpção Alves, *A pessoa jurídica e os direitos da personalidade*, 1998; Alex Sandro Ribeiro, *Ofensa à honra da pessoa jurídica*, São Paulo, Leud, 2004; Matiello, *Código Civil*, cit., p. 57; Arianna Fusaro, *I diritti della personalità dei soggetti colletivi*, Padova, Cedam, 2002; Mirna Cianci e Rita de C. R. C. Quartieri, Dano moral à pessoa jurídica de direito público e respectiva tutela inibitória, *Ensaios*, cit., p. 295-313; Jorge S. Fujita, Pessoa jurídica e o dano moral, *Revista do IASP*, *22*:92-114; Pablo M. da Cunha Frota, *Danos morais e a pessoa jurídica*, São Paulo, Método, 2008; Déborah R. L. Ferreira da Costa, *Dano à imagem das pessoas jurídicas de direito público*, São Paulo: Saraiva, 2015; Ralpho Waldo de Barros Monteiro, *Comentários*, cit., p. 815-871.

CAPÍTULO II
DAS ASSOCIAÇÕES

- *Código Civil, arts. 2.031 (com a redação das Leis n. 10.825/2003 e 10.838/2004) a 2.034, 40, 44, I, IV e V, §§ 1º a 3º (este último artigo com a redação da Lei n. 10.825/2003).*
- *Constituição Federal, arts. 5º, XVII a XXI, 8º e 17.*
- *Lei de Introdução às Normas do Direito Brasileiro, art. 11.*
- *Consolidação das Leis do Trabalho, arts. 511 a 514.*
- *Lei n. 91/35, regulamentada pelo Decreto n. 50.517/61 (declaração de utilidade pública).*
- *Decreto-Lei n. 4.684/42 (associações para a defesa nacional).*

- *Decreto-Lei n. 70/66 (associação de poupança).*
- *Decreto-Lei n. 205/67 (aeroclube).*
- *Lei n. 6.015/73, arts. 114, I, e 120.*
- *Lei n. 8.909/94 (associações).*
- *Decreto n. 2.536/98 (concessão de certificado de entidade de fins filantrópicos).*
- *Lei n. 12.101/2009, regulamentada pelo Decreto n. 7.237/2010 (nova Lei da Filantropia).*
- *Lei n. 12.873/2013, arts. 29 a 39, institui Programa de Fortalecimento das Entidades Privadas Filantrópicas e das Entidades sem Fins Lucrativos que atuam na área de saúde e do SUS.*
- *Lei n. 8.742/93 sobre organização de assistência social, alterada pela Lei n. 12.435/2011.*
- *Lei n. 9.790/99, regulamentada pelo Decreto n. 3.100/99, sobre organização de sociedade civil de interesse público.*
- *Lei Complementar n. 109/2001 (Regime de Previdência Complementar).*
- *Lei n. 14.030/2020, art. 7º.*

Art. 53. Constituem-se as associações pela união de pessoas que se organizem para fins não econômicos.

Parágrafo único. Não há, entre os associados, direitos e obrigações recíprocos.

- *Constituição Federal, art. 5º, XVII a XXI.*
- *Código Civil, arts. 40, 44, I, IV e V, §§ 1º a 3º, 45 a 52, 75, 2.031 e 2.033 (com redação da Lei n. 10.825/2003).*
- *Lei n. 9.790/99, regulamentada pelo Decreto n. 3.100/99.*
- *Consolidação das Leis do Trabalho, arts. 511 a 514.*

Conceito de associação. É uma pessoa jurídica de direito privado voltada à realização de finalidades não lucrativas, ou seja, culturais, educacionais, esportivas, sociais, pias, religiosas, recreativas etc., cuja existência legal surge com a inscrição do estatuto social, que a disciplina, no registro competente. Por exemplo: APAE, UNE, Associação de Pais e Mestres, Associação dos Advogados de São Paulo (*RSTJ*, *141*:305, *140*:536, *142*:368; *RT*, *786*:163, *686*:115, *582*:255, *515*:223; *RJTJSP*, *108*:60, *105*:93, *88*:43; *JB*, *100*:258; *Ciência Jurídica*, 7:130; TRF, 4ª R., Ap. 2003.710.200.915.45/RS, rel. Baltazar Junior, j. 17-5-2006). Esclarece o Enunciado n. 534 do CJF (aprovado na *VI Jornada de Direito Civil*): "As associações podem desenvolver atividade econômica, desde que não haja finalidade lucrativa". Pelo Enunciado n. 615 da *VIII Jornada de Direito Civil*: "As associações civis podem sofrer transformação, fusão, incorporação ou cisão".

Inexistência de reciprocidade de direitos e obrigações entre os associados. Com a personificação da associação, para os efeitos jurídicos, ela passará a ter aptidão para ser sujeito de direitos e obrigações. Cada um dos associados constituirá uma individualidade, e a associação uma outra (CC, art. 50, 2ª parte), tendo cada um seus direitos, deveres e bens, não havendo, porém, entre os associados direitos e deveres recíprocos. Nas relações entre associação e associados há deveres e direitos, oriundos do estatuto social, cuja natureza é a de ato coletivo. Há liame obrigacional entre associação e terceiro em razão de atos negociais, como locação de prédio para sua sede, aquisição de materiais etc. Mas nas relações entre associados não há direitos e obrigações pessoais recíprocos. Não existem quaisquer deveres pessoais e prerrogativas entre os associados, nem há a intenção de dividir os resultados. E, além disso, as associações não advêm de contrato sinalagmático entre os associados, ou, como diz Renan Lotufo, "tal contrato é plurissubjetivo unidirecional, porque são vários os que declaram suas vontades, mas todos no mesmo sentido, vontade comum, pelo que muitos denominam acordo. Não se põe o *do ut des*".

BIBLIOGRAFIA: M. Helena Diniz, Sociedade e associação, in *Contratos nominados*, São Paulo, Saraiva, 1995, p. 347-88; Antônio Chaves, Associação civil, in *Enciclopédia Saraiva do Direito*, v. 8, p. 274 e 284-5; J. Lamartine Corrêa de Oliveira, *A dupla crise da pessoa jurídica*, São Paulo, Saraiva, 1979, p. 44-7, 55, 60-1, 96-7, 101-20, 144, 149, 162-7, 171, 241, 260 e 553; Rubino, *Le associazioni non riconosciute*, Milano, 1952, p. 158; Ferrara, *Le persone giuridiche*, Torino, UTET, 1958; Juan L. Paez, *Derecho de las asociaciones*, Buenos Aires, Kraft, 1940; F. López-Nieto y Mallo, *La ordenación legal de las asociaciones*, Barcelona, Bosch, 2000; G. Fabra Valle, *Manual práctico de asociaciones*, Barcelona, Bosch, 2000; Giorgio Marasa, *Le società senza scopo di lucro*, 1984; José Frederico Marques, Associação civil, *RT*, *445*:51; Mario Cárdenas Bustamante, *Teoría de la asociación*, 1972; Orlando Gomes, Associação civil, *RT*, *445*:37; Pontes de Miranda, Associação civil, *RT*, *445*:44; Renan Lotufo, *Código Civil*, cit., v. 1, p. 158 e 160; Antônio S. R. dos Santos, O papel das associações de bairro, *Tribuna do Direito*, fev. 2003, p. 16; Fabrício Z. Matiello, *Código Civil*, cit., p. 58 e 60; Francisco Amaral, *Direito civil*, Rio de Janeiro, Renovar, 2003, p. 290; Schreiber e Tepedino, O regime jurídico das associações no Código Civil de 2002, *Opinião Doutrinária*, Rio de Janeiro, 2003; Rachel Sztajn, Associações e sociedades: semelhanças e distinções à luz da noção de contrato plurilateral, *RDPr*, *21*:223; Ralpho Waldo de Barros Monteiro, *Comentários*, cit., p. 872 a 888.

Art. 54. Sob pena de nulidade, o estatuto das associações conterá:

I — a denominação, os fins e a sede da associação;

II — os requisitos para a admissão, demissão e exclusão dos associados;

III — os direitos e deveres dos associados;

IV — as fontes de recursos para sua manutenção;

V — o modo de constituição e de funcionamento dos órgãos deliberativos;

• *Inciso V com redação dada pela Lei n. 11.127/2005.*

VI — as condições para a alteração das disposições estatutárias e para a dissolução;

VII — a forma de gestão administrativa e de aprovação das respectivas contas.

• *Inciso VII acrescentado pela Lei n. 11.127/2005.*

• *Lei n. 6.015/73, art. 121.*

Conteúdo do estatuto da associação. A associação é constituída por escrito, e o estatuto social, que a regerá, sob pena de nulidade, pode revestir-se de forma pública ou particular, devendo conter: a denominação, a finalidade e a sede da associação; requisitos para admissão, demissão e exclusão de associados; direitos e deveres dos associados; fontes de recursos para sua manutenção; modo de constituição e funcionamento dos órgãos deliberativos; condições para alteração de disposições estatutárias e para dissolução da associação e forma de gestão administrativa e de aprovação das respectivas contas. Observa Nestor Duarte que: "A Lei n. 11.127/2005 alterou a redação deste artigo para destacar o requisito pelo qual, também, deve o estatuto conter a disciplina da gestão administrativa e da aprovação das contas respectivas, de modo que tanto os órgãos deliberativos como os de mera gestão devem ter, no âmbito de suas atribuições, a atuação delimitada claramente no estatuto. A falta de alguma dessas disposições invalida o estatuto". Isto é assim porque toda a estruturação do grupo social baseia-se nessas normas estatutárias.

BIBLIOGRAFIA: Nestor Duarte, *Código Civil*, cit., p. 60; Ralpho Waldo de Barros Monteiro, *Comentários*, cit., p. 889 a 940.

Art. 55. Os associados devem ter iguais direitos, mas o estatuto poderá instituir categorias com vantagens especiais.

PESSOAS

Regulamentação isonômica dos direitos dos associados. Exige-se uma regulamentação bastante uniforme e severa, no estatuto, dos direitos e deveres dos associados, que deverão ter tratamento igual. O artigo *sub examine* acata o princípio da isonomia associativa. Mas, como pondera Renan Lotufo: "a exceção à igualdade de direitos dos sócios deve decorrer de exceção expressa, que confirme o princípio da igualdade na sua operacionalidade, isto é, desigualdade decorrente das condições participativas dos associados, quer pelas contribuições, quer pela intensidade de labor".

Posições privilegiadas e outorga de direitos especiais. O ato constitutivo poderá, portanto, apesar de os associados deverem ter direitos iguais, criar posições privilegiadas ou conferir direitos preferenciais para certas categorias de membros, por exemplo, a dos fundadores, que não poderão ser alterados sem o seu consenso, mesmo que haja decisão assemblear aprovando tal alteração; a de honorários; a de beneméritos, que ficam dispensados do pagamento das contribuições mensais; a de sócios remidos de determinado clube, que pagam certa importância em dinheiro para ter o direito de pertencer vitaliciamente à associação, sem mais dispêndios, não podendo, assim, a assembleia deles exigir pagamento de contribuição social de anuidade, salvo se houver seu expresso consentimento ou deliberação emanada da vontade majoritária da assembleia ou se for tal exigência imprescindível para obter meios necessários à sobrevivência da associação (*RT, 363*:515). A dispensa do pagamento daquela contribuição social não inclui a taxa de obra ou de serviço e a de locação, logo não há por que recusar a sua cobrança de sócio remido (*RT, 686*:115), visto terem destinação específica e duração transitória.

Art. 56. A qualidade de associado é intransmissível, se o estatuto não dispuser o contrário.

Parágrafo único. Se o associado for titular de quota ou fração ideal do patrimônio da associação, a transferência daquela não importará, *de per si*, na atribuição da qualidade de associado ao adquirente ou ao herdeiro, salvo disposição diversa do estatuto.

Intransmissibilidade da qualidade de associado a terceiro. A qualidade de associado somente poderá ser transferida, onerosa ou gratuitamente, por ato *inter vivos* ou *causa mortis* a terceiro com o consenso da associação ou com permissão estatutária. (*RT, 657*:91) Logo, *de per si*, o associado não poderá transferir sua qualidade de filiado a terceiro (TRF, 3ª R., Ap. 90.030.345.406-SP, rel. Vesna Kolmar, j. 22-5-2007), nem por ato *inter vivos*, nem por ato *causa mortis*. Se vier a perdê-la por morte, retirada voluntária ou exclusão, ninguém a assumirá por indicação sua, salvo se o estatuto admitir a transmissibilidade daquela qualidade, a quem melhor lhe aprouver. Procura-se, com isso, evitar o ingresso de pessoas alheias ao interesse da associação, que requer a busca do fim almejado pelos associados.

Transferência de quota ideal do patrimônio da associação. Se, por exemplo, por morte, falência, interdição ou retirada de associado que tenha uma fração ideal do patrimônio da associação, houver transferência de sua quota, tal fato não importará, obrigatoriamente, a atribuição da qualidade de membro da associação ao seu sucessor (adquirente ou herdeiro), a não ser que haja, no estatuto, convenção nesse sentido. Desse modo, preservar-se-á o quadro associativo do ingresso de pessoas que não atendam às condições impostas estatutariamente.

Art. 57. A exclusão do associado só é admissível havendo justa causa, assim reconhecida em procedimento que assegure direito de defesa e de recurso, nos termos previstos no estatuto.

- Caput *com redação dada pela Lei n. 11.127/2005.*
- *Código Civil, art. 54, II.*

Parágrafo único. (*Da decisão do órgão que, de conformidade com o estatuto, decretar a exclusão, caberá sempre recurso à assembleia geral.*)

PESSOAS

• *Parágrafo único revogado pela Lei n. 11.127/2005.*

Exclusão de associado. Há imposição de sanções disciplinares ao associado que infringir as normas estatutárias ou que praticar ato prejudicial ao grupo, que poderão, ante a gravidade do motivo, chegar até mesmo à expulsão, desde que haja justa causa, reconhecida em procedimento que lhe assegurou o amplo direito de defesa ou de recurso, nos termos previstos estatutariamente.

Injustiça ou arbitrariedade na exclusão de associado. O estatuto poderá indicar, exemplificativa ou taxativamente, as causas graves (p. ex., locupletamento ilícito; conduta imoral; atitude preconceituosa contra outro associado; prática de ato contrário aos interesses da entidade etc.) determinantes da exclusão do membro associado, sendo que, se aquele for omisso, a exclusão poderá dar-se se houver motivo grave, contrário ao interesse da entidade, reconhecido em procedimento assecuratório do direito de defesa. E se a apreciação da sua conduta, naquele procedimento, for considerada injusta ou arbitrária, o lesado poderá, da decisão do órgão (devidamente fundamentada em ata) que decretou sua expulsão, interpor recurso via administrativa se houver previsão estatutária nesse sentido e, ainda, defender seu direito de associado por via jurisdicional, embora a jurisprudência tenha negado provimento à ação judicial para indenização de danos, em razão do afastamento ilícito do associado, devido à natureza do vínculo contratual que o une à associação, sujeitando-o aos termos estatutários e às decisões dos órgãos da associação. Se houver permissão estatutária da exclusão de filiado sem comprovação de justa causa, poder-se-á admitir, como diz Matiello, medida cautelar ou tutela antecipada para preservar o direito do associado de permanecer no quadro da associação. Glauber M. Talavera observa que se o estatuto nada prescrever sobre casos de exclusão de associado, esta poderá dar-se por decisão fundamentada de órgão deliberativo convocado para tal fim, havendo maioria simples de votos. E se o sócio for excluído por deliberação que não seja de assembleia geral expõe-se a recurso para este órgão (STJ, REsp 758.621/RJ, rel. Min. Humberto Gomes de Barros, 3ª T., j. 9-8-2005, *DJ*, 12-9-2005, p. 331).

Art. 58. Nenhum associado poderá ser impedido de exercer direito ou função que lhe tenha sido legitimamente conferido, a não ser nos casos e pela forma previstos na lei ou no estatuto.

• *Constituição Federal, art. 5º, II.*

Invulnerabilidade de direitos individuais especiais. Nenhum associado poderá ser impedido de exercer direito ou função que lhe foi conferido pelo pacto social, a não ser nos casos e no modo previstos legal ou estatutariamente. São invulneráveis direitos individuais especiais, p. ex., o direito à presidência, ao voto reforçado, às atribuições específicas etc. Apesar de seus vastos poderes, a assembleia não poderá efetivar todas as deliberações da maioria, uma vez que há certos direitos essenciais dos associados, oriundos de lei ou do pacto social, insuscetíveis de violação. Com isso, impede-se que órgão deliberativo venha, arbitrariamente, a cercear direitos próprios dos associados, decorrentes do estatuto social, ou de lei, em caso de omissão daquele.

Art. 59. Compete privativamente à assembleia geral:

I — destituir os administradores;

II — alterar o estatuto.

Parágrafo único. Para as deliberações a que se referem os incisos I e II deste artigo é exigido deliberação da assembleia especialmente convocada para esse fim, cujo *quorum* será o estabelecido no estatuto, bem como os critérios de eleição dos administradores.

• Caput, *incisos e parágrafo único com redação dada pela Lei n. 11.127/2005.*

• *Código Civil, art. 48-A.*

- *Constituição Federal, art. 5º, XVII.*
- *Lei n. 14.010/2020, art. 5º, parágrafo único (assembleia por meio eletrônico durante a época da Covid-19).*
- *Lei n. 14.030/2020, art. 7º.*

Deliberações assembleares. Compete à assembleia geral a deliberação sobre: destituição de administradores e alteração do estatuto social.

Pelo Enunciado n. 577, aprovado na *VII Jornada de Direito Civil*: "A possibilidade de instituição de categoria de associados com vantagens especiais admite a atribuição de pesos diferenciados ao direito de voto, desde que isso não acarrete a sua supressão em relação a matérias prevista no art. 59 do CC".

Princípio da maioria. Consagrava-se o princípio da maioria simples nas deliberações assembleares, exigindo-se, porém, para destituição de diretoria e alteração estatutária, o voto concorde de dois terços dos presentes (*quorum* qualificado) à assembleia especialmente convocada para esse fim, não podendo ela deliberar, em primeira convocação, sem a maioria absoluta (metade e mais um) dos associados, ou com menos de um terço nas convocações seguintes. Se nessas convocações não houvesse presença suficiente dos associados, a assembleia não poderia decidir a questão, devendo, então, designar outra data para a deliberação. Com a Lei n. 11.127/2005, tal *quorum* será o estabelecido em cláusula estatutária, que também deverá arrolar os critérios para a eleição dos administradores pela assembleia geral. Percebe-se, como diz Nestor Duarte, que houve redução da competência privativa da assembleia, de maneira que, salvo nos casos arrolados no art. 59, I e II, todas as demais matérias alusivas à associação poderão ser decididas pela assembleia geral ou por outros órgãos indicados pelo estatuto.

BIBLIOGRAFIA: Nestor Duarte, *Código Civil*, cit., p. 63; Ralpho Waldo de Barros Monteiro, *Comentários*, cit., p. 971 a 986.

Art. 60. A convocação dos órgãos deliberativos far-se-á na forma do estatuto, garantido a 1/5 (um quinto) dos associados o direito de promovê-la.

- *Redação dada pela Lei n. 11.127/2005.*
- *Lei n. 5.764/71, art. 43-A, parágrafo único, acrescentado pela Lei n. 14.630/2020.*

Convocação dos órgãos deliberativos. Todos os associados têm direito de participação na assembleia geral e de nela votar; logo, a assembleia geral e os órgãos deliberativos serão convocados, na forma do estatuto, garantindo-se a um quinto dos associados o direito de promover sua convocação, apresentando à diretoria da associação requerimento por eles subscrito, para que esta providencie tal convocação.

Art. 61. Dissolvida a associação, o remanescente do seu patrimônio líquido, depois de deduzidas, se for o caso, as quotas ou frações ideais referidas no parágrafo único do art. 56, será destinado à entidade de fins não econômicos designada no estatuto, ou, omisso este, por deliberação dos associados, à instituição municipal, estadual ou federal, de fins idênticos ou semelhantes.

- *Constituição Federal, art. 5º, XIX.*

§ 1º Por cláusula do estatuto ou, no seu silêncio, por deliberação dos associados, podem estes, antes da destinação do remanescente referida neste artigo, receber em restituição, atualizado o respectivo valor, as contribuições que tiverem prestado ao patrimônio da associação.

PESSOAS

§ 2º Não existindo no Município, no Estado, no Distrito Federal ou no Território, em que a associação tiver sede, instituição nas condições indicadas neste artigo, o que remanescer do seu patrimônio se devolverá à Fazenda do Estado, do Distrito Federal ou da União.

- Vide *Decreto-Lei n. 41, de 18 de novembro de 1966.*
- *Código Civil, art. 2.034.*

Destinação de bens de associação dissolvida. Sendo extinta uma associação, o remanescente do seu patrimônio líquido depois de deduzidas, quando for o caso, as quotas ou frações ideais do patrimônio, em razão de transferência a adquirente ou a herdeiro de associado, será destinado à entidade de fins não econômicos indicada pelo estatuto (*RT, 607*:228). Ante a omissão estatutária, por deliberação dos associados os seus bens remanescentes deverão ser transferidos para um estabelecimento municipal, estadual ou federal que tenha finalidade similar ou idêntica à sua, dando continuidade à sua destinação altruística ou filantrópica. Esclarece o Enunciado n. 407 do CJF, aprovado na *V Jornada de Direito Civil*, que: "A obrigatoriedade de destinação do patrimônio líquido remanescente da associação a instituição municipal, estadual ou federal de fins idênticos ou semelhantes, em face da omissão do estatuto, possui caráter subsidiário, devendo prevalecer a vontade dos associados, desde que seja contemplada entidade que persiga fins não econômicos". E, se porventura não houver, no Município, no Estado, no Distrito Federal ou no Território, em que a extinta associação está sediada, estabelecimento, ou instituição, nas condições indicadas, seus bens remanescentes irão para os cofres do Estado, do Distrito Federal ou da União.

Possibilidade de restituição da contribuição social aos associados. Os associados poderão receber em restituição, com a devida atualização, as contribuições que prestaram à formação do patrimônio social, antes da destinação do remanescente se cláusula estatutária permitir ou se houver deliberação dos associados nesse sentido.

Capítulo III
Das Fundações

- *Código Civil, arts. 40, 44, III, 75, 215, 2.031 a 2.034.*
- *Constituição Federal, art. 37, XIX.*
- *Lei n. 91/38, art. 1º, c, com redação da Lei n. 13.151/2015.*
- *Lei n. 9.532/97, art. 12, § 2º, com a redação da Lei n. 13.151/2015.*
- *Lei n. 14.030/2020, art. 7º.*

Art. 62. Para criar uma fundação, o seu instituidor fará, por escritura pública ou testamento, dotação especial de bens livres, especificando o fim a que se destina, e declarando, se quiser, a maneira de administrá-la.

Parágrafo único. A fundação somente poderá constituir-se para fins de:

I — assistência social;

II — cultura, defesa e conservação do patrimônio histórico e artístico;

III — educação;

IV — saúde;

V — segurança alimentar e nutricional;

VI — defesa, preservação e conservação do meio ambiente e promoção do desenvolvimento sustentável;

VII — pesquisa científica, desenvolvimento de tecnologias alternativas, modernização de sistemas de gestão, produção e divulgação de informações e conhecimentos técnicos e científicos;

PESSOAS

VIII — promoção da ética, da cidadania, da democracia e dos direitos humanos;
IX — atividades religiosas e
X — (VETADO).

- *Redação dada pela Lei n. 13.151/2015.*
- *"Não serão instituídas pelo Poder Público novas fundações que não satisfaçam cumulativamente os seguintes requisitos: a) dotação específica de patrimônio, gerido pelos órgãos de direção de fundação, segundo os objetivos estabelecidos na respectiva lei de criação; b) participação de recursos privados no patrimônio e nos dispêndios correntes da fundação, equivalentes a, no mínimo, um terço do total; c) objetivos não lucrativos e que, por sua natureza, não possam ser satisfatoriamente executados por órgãos da Administração Federal, direta ou indireta; d) demais requisitos estabelecidos na legislação pertinente a fundações (arts. 24 e segs. do Código Civil de 1916)"* — Vide *art. 2º do Decreto-Lei n. 900, de 29 de setembro de 1969.*
- *Sobre organização e fiscalização das fundações,* vide *arts. 764 e 765 do Código de Processo Civil.*
- Vide *arts. 119 e parágrafo único e 120 da Lei n. 6.015, de 31 de dezembro de 1973 (Registros Públicos).*
- *Lei de Introdução às Normas do Direito Brasileiro, art. 11.*
- *Código Civil, arts. 2.032 e 1.799, III.*
- *Lei n. 8.958/94 (relações entre as instituições federais de ensino superior e de pesquisa e as fundações de apoio).*

Noção de fundação. O termo "fundação" é originário do latim *fundatio,* ação ou efeito de fundar. É um complexo de bens livres de ônus ou encargos e legalmente disponíveis (*universitatis bonorum*) colocado por uma pessoa física ou jurídica a serviço de um fim lícito e especial com alcance social pretendido pelo seu instituidor, em atenção ao disposto em seu estatuto (*RT, 689*:157, *442*:162, *256*:661, *242*:232, *172*:525; *RF, 161*:265).

BIBLIOGRAFIA: M. Helena Diniz, *Curso,* cit., v. 1, p. 119-20; *Direito fundacional,* São Paulo, ed. Juarez de Oliveira, 2007; Rossel e Mentha, *Manuel,* cit., n. 258; Darcy Arruda Miranda, *Anotações ao Código Civil,* cit., v. 1, p. 32; W. Barros Monteiro, *Curso,* cit., v. 1, p. 119 e 129; Celso Neves, Notas a propósito das fundações, *Estudos em homenagem a Silvio Rodrigues,* São Paulo, Saraiva, 1989, p. 71 a 88; Hedemann, *Fortschritte des Zivilrechts,* v. 1, p. 50-2; Lepeltier e Streiff, *Associations, fondations, congrégations,* 1994; Edson José Rafael, *Fundações e direito,* 1997; José Celso de Mello Filho, Notas sobre as fundações, *RT, 537*:29; Tomás de Aquino Resende, *Novo Manual de fundações,* 1997; Ramón D. Rivacoba, *El negocio jurídico fundacional,* 1996; Jorge A. Carranza, *Las fundaciones en el derecho privado,* 1977; Rafael de Lorenzo Garcia e Miguel A. Cabra de Luna, *Las fundaciones y la sociedad civil,* 1992; Ramón Badenes Gasset, *El ordenamiento legal de las fundaciones,* 1996; Lincoln Antônio de Castro, *O Ministério Público e as fundações de direito privado,* 1995; Maurice Hauriou, *Teoria dell'istituzione e delle fondazione,* 1967; Pinto Ferreira, *Do sujeito de direito nas fundações privadas,* 1937; Maria Teresa C. Herrero, *La constitución de fundaciones,* 1997; Gustavo Saad Diniz, *Direito das fundações privadas,* Porto Alegre, Síntese, 2000; Matiello, *Código Civil,* cit., p. 65; Antonio Cláudio da Costa Machado, *Código Civil de 2002 comparado e anotado,* São Paulo, Juarez de Oliveira, 2003, p. 151; Rafael M. Garcia e Bruno de C. Chaves, *Manual de fundações,* Impetus, 2005; Francisco de Assis Alves, *Associações, sociedades e fundações no Código Civil de 2002,* São Paulo, Juarez de Oliveira, 2005; *As fundações de apoio e a remuneração de seus dirigentes,* Brasília, Rossetto, 2006; José Eduardo Sabo Paes, *Fundações, associações e entidades de interesse social,* Brasília, Brasília Jurídica, 2006.

Forma de sua constituição. Constituir-se-á a fundação mediante escritura pública ou testamento, contendo ato de dotação que compreende a reserva de bens livres (propriedades, créditos ou dinheiro) legalmente disponíveis, indicação do fim lícito colimado e o modo de administração. O próprio instituidor poderá providenciar a elaboração das normas estatutárias e o registro da fundação (forma direta) ou encarregar outrem para este fim (forma fiduciária). Se, porventura, na dotação de bens o instituidor vier a lesar a legítima de seus herdeiros necessários, estes poderão pleitear o respeito ao *quantum* legitimário. Dever-se-á proceder ao registro, mediante intervenção do Ministério Público, por meio da Promotoria de Justiça das Fundações ou da Curadoria das Fundações, em alguns Estados-Membros da Federação (CPC, arts. 764 e 765), que deverá analisar o estatuto elaborado pelo fundador, verificando se houve observância das bases da fundação (CC, arts. 62 a 69), se os bens são suficientes aos fins colimados (CC, art. 63), se há licitude de seu objeto e se sua manutenção é possível (CPC, art. 765, I e II) e se o prazo de sua existência não está vencido (CPC, art. 765, III). Estando tudo em perfeita ordem, o Ministério Público aprovará o estatuto. Competirá ao magistrado decidir sobre a aprovação do estatuto da fundação e de suas alterações sempre que o requeira o interessado quando: a) ela for previamente negada pelo Ministério Público ou por este forem exigidas modificações com as quais o interessado não concorde; ou b) o interessado discordar do estatuto elaborado pelo Ministério Público (CPC, art. 764, I e II). Se, porventura, o fundador não elaborar o estatuto nem ordenar alguém para fazê-lo, ou se o estatuto não for elaborado no prazo assinado pelo instituidor, ou, não havendo prazo, em 180 dias, o Ministério Público poderá tomar a iniciativa (CC, art. 65, parágrafo único). Portanto, para que a fundação tenha personalidade jurídica será preciso: dotação, elaboração e aprovação dos estatutos e registro.

BIBLIOGRAFIA: Walter Ceneviva, *Lei dos Registros Públicos comentada*, São Paulo, Saraiva, 1979, p. 247; José M. Siviero, *Títulos e documentos e pessoa jurídica: seus registros na prática*, 1983; M. Helena Diniz, *Curso*, cit., v. 1, p. 123-4; Bassil Dower, *Curso*, cit., v. 1, p. 115; Levenhagen, *Código Civil*, cit., v. 1, p. 59-60.

Finalidade da fundação. A fundação apenas poderá ser constituída para a consecução de objetivos voltados à: assistência social; cultura, defesa e conservação do patrimônio histórico e artístico; educação; saúde; a segurança alimentar e nutricional; defesa, preservação e conservação do meio ambiente e promoção do desenvolvimento sustentável; pesquisa científica, desenvolvimento de tecnologias alternativas, modernização de sistema de gestão, produção e divulgação de informações e conhecimentos técnicos e científicos; promoção da ética, da cidadania, da democracia e dos direitos humanos; atividades religiosas. Como se vê, hodiernamente, não se constitui tão somente para obtenção de fins morais, religiosos, culturais ou assistenciais como outrora. Por tal razão chegou-se a ressaltar que: *a*) "a constituição de fundação para fins científicos, educacionais ou de promoção do meio ambiente está compreendida no CC, art. 62, parágrafo único"; e *b*) "o art. 62, parágrafo único, deve ser interpretado de modo a excluir apenas as fundações de fins lucrativos" (Enunciados n. 8 e 9, aprovados na *Jornada de direito civil*, promovida, em setembro de 2002, pelo Centro de Estudos Judiciários do Conselho da Justiça Federal).

BIBLIOGRAFIA: Leonardo Pantaleão (org.), *Fundações educacionais*, São Paulo, Atlas, 2003; Alberto de Lima Vieira, As fundações educacionais e o novo Código Civil, *RT*, *819*:89.

Art. 63. Quando insuficientes para constituir a fundação, os bens a ela destinados serão, se de outro modo não dispuser o instituidor, incorporados em outra fundação que se proponha a fim igual ou semelhante.

Insuficiência de bens. A lei prevê a possibilidade de se ter bens insuficientes para a constituição da fundação, doados por escritura pública ou deixados por via testamentária, ordenando, então, que sejam incorporados em outra fundação que vise igual ou semelhante objetivo, exceto se outra coisa não houver disposto o instituidor.

Art. 64. Constituída a fundação por negócio jurídico entre vivos, o instituidor é obrigado a transferir-lhe a propriedade, ou outro direito real, sobre os bens dotados, e, se não o fizer, serão registrados, em nome dela, por mandado judicial.

Transferência da propriedade dos bens dotados à fundação constituída por negócio jurídico "inter vivos". Consagrou o artigo *sub examine* o princípio da irrevogabilidade da declaração de vontade do instituidor, a ponto de prever, como assevera Antônio Cláudio da Costa Machado, "a adjudicação compulsória da propriedade dos bens destinados à fundação". Se a fundação for constituída por meio de escritura pública, o instituidor tem a obrigação de transferir a propriedade, ou outro direito real (p. ex., o usufruto), dos bens livres colocados a serviço de um fim lícito e especial por ele pretendido, sob pena de, não o fazendo, serem registrados em nome dela, por mandado judicial, dado em razão de pleito movido pela fundação por meio de seu representante ou por iniciativa do órgão do Ministério Público. Se a constituição da fundação se der por ato *causa mortis* não haverá essa compulsoriedade de registro.

Art. 65. Aqueles a quem o instituidor cometer a aplicação do patrimônio, em tendo ciência do encargo, formularão logo, de acordo com as suas bases (art. 62), o estatuto da fundação projetada, submetendo-o, em seguida, à aprovação da autoridade competente, com recurso ao juiz.

Parágrafo único. Se o estatuto não for elaborado no prazo assinado pelo instituidor, ou, não havendo prazo, em cento e oitenta dias, a incumbência caberá ao Ministério Público.

- Vide *nota ao art. 66 do Código Civil.*
- Vide *Código de Processo Civil, arts. 719 a 725, 764, § 2º, 765.*

Elaboração dos estatutos da fundação. Se o instituidor não elaborou os estatutos da fundação, estes deverão ser organizados e formulados por aqueles a quem foi incumbida a aplicação do patrimônio, de conformidade com a finalidade específica e com as restrições impostas pelo fundador, de maneira a não ser violada a *voluntas* do instituidor. E, se os estatutos não forem elaborados dentro do prazo imposto pelo instituidor, ou, não havendo prazo, em 180 dias, caberá ao Ministério Público tal incumbência, que é, portanto, subsidiária.

Aprovação dos estatutos. Uma vez elaborados os estatutos com base nos objetivos que se pretende alcançar, deverão ser eles submetidos à aprovação do órgão local do Ministério Público, que é o órgão fiscalizador da fundação em virtude de lei. Se, porventura, este vier a recusar tal aprovação, o elaborador das normas estatutárias poderá requerer, em petição motivada, aquela aprovação denegada, mediante recurso ao juiz que poderá supri-la se houver interesse. E, se for o caso, antes de suprir tal aprovação, poderá efetuar modificações nos estatutos sociais, adaptando-os à finalidade do instituidor (CPC, art. 764, § 2º).

BIBLIOGRAFIA: Levenhagen, *Código Civil*, cit., v. 1, p. 62; Clóvis Beviláqua, *Código Civil comentado*, cit., obs. ao art. 27, v. 1; Matiello, *Código Civil*, cit., p. 66.

Art. 66. Velará pelas fundações o Ministério Público do Estado onde situadas.

- *A Lei n. 6.435, de 15 de julho de 1977, que dispõe sobre as entidades de previdência privada, diz em seu art. 86: "Compete exclusivamente ao Ministério da Previdência e Assistência Social velar pelas fundações que se enquadrem no conceito de entidade fechada de previdência privada,*

PESSOAS

como definido nos arts. 1º e 4º desta Lei, derrogado, a partir de sua vigência, no que com esta conflitar, o disposto nos arts. 26 a 30 do Código Civil e 1.200 a 1.204 do Código de Processo Civil [de 73] e demais disposições em contrário". Essa lei sofreu alterações pela Lei n. 6.462, de 9 de novembro de 1977, e pelos Decretos-Leis n. 2.064, de 19 de outubro de 1983, e 2.065, de 26 de outubro de 1983. Foi regulamentada pelos Decretos n. 81.240, de 20 de janeiro de 1978, e 81.402, de 23 de fevereiro de 1978, que, por sua vez, sofreram alterações dos Decretos n. 82.325, de 27 de setembro de 1978, 85.237, de 7 de outubro de 1980, 87.091, de 12 de abril de 1982, 93.239, de 8 de setembro de 1986, e 87.532, de 30 de agosto de 1982. E o Decreto n. 87.478/82 veio a suspender a criação de entidades fechadas de previdência privada no âmbito da Administração Federal e respectivas fundações. Urge lembrar, ainda, que o Decreto de 10 de maio de 1991 revogou expressamente os Decretos n. 85.237/80, 87.478/82 e 87.532/82.

- *A Lei Complementar n. 109/2001, regulamentada pelo Decreto n. 4.206/2002, dispõe sobre o Regime de Previdência Complementar, prescrevendo em seu art. 72: "Compete privativamente ao órgão regulador e fiscalizador das entidades fechadas zelar pelas sociedades civis e fundações, como definido no art. 31 desta Lei Complementar, não se aplicando a estas o disposto nos arts. 26 e 30 do Código Civil e 764 e 765 do Código de Processo Civil e demais disposições em contrário".*
- *Sobre o Ministério Público: Lei Complementar n. 75/93; Lei n. 8.625/93, art. 25; Lei Complementar estadual n. 734/93.*

§ 1º Se funcionarem no Distrito Federal, ou em Território, caberá o encargo ao Ministério Público do Distrito Federal e Territórios.

- *Redação dada pela Lei n. 13.151/2015.*
- *Ação Direta de Inconstitucionalidade n. 2.794-8 (DOU de 1º-2-2007).*
- *Lei Complementar federal n. 75/93, arts. 70 e 178.*
- *Constituição Federal, art. 128, I,* d.
- ***Projeto de Lei n. 699/2011**: "§ 1º Se funcionarem em Território, caberá o encargo ao Ministério Público Federal".*

§ 2º Se estenderem a atividade por mais de um Estado, caberá o encargo, em cada um deles, ao respectivo Ministério Público.

- ***Projeto de Lei n. 699/2011**: "§ 2º Se estenderem a atividade por mais de um Estado, ou se funcionarem no Distrito Federal, caberá o encargo, em cada um deles, ao respectivo Ministério Público".*

Fiscalização da fundação. O órgão legítimo para velar pela fundação, impedindo que se desvirtue a finalidade específica a que se destina, é o Ministério Público do Estado em que estiver situada por meio da Promotoria da Justiça das Fundações ou da Curadoria de Fundações, em alguns Estados-Membros da federação (Lei n. 6.435/77, art. 86). Tem ele competência para analisar e aprovar o estatuto; para confeccioná-lo, se o responsável não o fizer tempestivamente; para examinar e aprovar eventuais modificações estatutárias; para averiguar o cumprimento das leis e do estatuto. Consequentemente, o órgão do Ministério Público de cada Estado ou o Ministério Público do Distrito Federal ou do Território, terá o encargo de fiscalizar as fundações que estiverem localizadas em sua circunscrição, aprovar seus estatutos e as suas eventuais alterações ou reformas, zelando pela boa administração da entidade jurídica e de seus bens (*RF, 259*:373, *279*:428 e *295*:547; *RT*, *288*:218, *299*:735, *422*:162, *689*:157 e 159, *856*:310; *JTJ*, *238*:22; *RDA*, *129*:374 e *131*:359; Lei Complementar federal n. 75/93, arts. 70 e 178; Enunciado n. 10,

PESSOAS

aprovado na *I Jornada de Direito Civil*, promovida, em 2002, pelo Centro de Estudos Judiciários do Conselho da Justiça Federal).

Por unanimidade, o Plenário do Supremo Tribunal Federal (STF) declarou a inconstitucionalidade do art. 66, § 1º, em sua antiga redação, do Código Civil (Lei n. 10.406/2002), que determinava aos integrantes do Ministério Público Federal a função de zelar pelo funcionamento correto das fundações existentes no Distrito Federal ou nos Territórios que venham a ser criados. A decisão foi tomada no julgamento da Ação Direta de Inconstitucionalidade (ADIn) 2.794-8, ajuizada pela Associação Nacional dos Membros do Ministério Público (Conamp). Os ministros acompanharam o voto do ministro Sepúlveda Pertence e determinaram a suspensão do § 1º do art. 66 do novo Código Civil, que assim dispõe: "Velará pelas fundações o Ministério Público do Estado onde situadas. Se funcionarem no Distrito Federal, ou em Território, caberá o encargo ao Ministério Público Federal". Para a Conamp, a função de zelar pelas fundações "já é exercida pelo Ministério Público do Distrito Federal e Territórios e, segundo mandamento constitucional, deve continuar sendo por ele exercida". Questionando aquela norma, a Conamp ajuizou a ação pedindo que fosse declarada a sua inconstitucionalidade. Em seu voto, o ministro Sepúlveda Pertence avaliou que as atribuições do Ministério Público não poderiam ser alteradas por meio de Lei Ordinária, no caso a Lei 10.406/2002, que instituiu o novo Código Civil, e sustentou que essas atribuições só poderiam ser modificadas por meio de Lei Complementar, conforme prevê o § 5º do art. 128 da Constituição Federal. Considerando tais motivos, o ministro votou: "julgo procedente a ação direta e declaro a inconstitucionalidade do parágrafo primeiro do art. 66 do Código Civil, sem prejuízo, é claro, da atribuição do Ministério Público Federal da veladura pelas fundações federais do direito público, funcionem, ou não, no Distrito Federal ou nos eventuais Territórios". Os demais ministros da Corte acompanharam esse entendimento.

Por tal razão, o novel CPC fez bem em se omitir relativamente à competência do Ministério Público, conforme a localização da fundação. E a Lei n. 13.151/2015, ao dar nova redação ao § 1º do art. 66 do Código Civil, veio a sanar dúvidas.

Já, convém não olvidar, as fundações de natureza previdenciárias não se sujeitam à fiscalização do Ministério Público (LC n. 109/2001) e as fundações criadas pelo Poder Público se submetem ao controle do Tribunal de Contas (CF, art. 71, II).

Realização da atividade da fundação em mais de um Estado. A ação da fundação poderá circunscrever-se a um só Estado ou a mais de um. Se sua atividade estender-se a vários Estados, o Ministério Público de cada um terá o ônus de fiscalizá-la, verificando se atende à consecução do seu objetivo específico. Ter-se-á, então, uma multiplicidade de fiscalização, embora dentro dos limites de cada Estado. Pelo Enunciado n. 147 do Centro de Estudos Jurídicos do Conselho da Justiça Federal, aprovado na *Jornada de Direito Civil* de 2004: "A expressão 'por mais de um Estado', contida no § 2º do art. 66, não exclui o Distrito Federal e os Territórios. A atribuição de velar pelas fundações, prevista no art. 66 e seus parágrafos, ao MP local — isto é, dos Estados, DF e Territórios onde situadas — não exclui a necessidade de fiscalização de tais pessoas jurídicas pelo MPF, quando se tratar de fundações instituídas ou mantidas pela União, autarquia ou empresa pública federal, ou que destas recebam verbas, nos termos da Constituição, da LC n. 75/93 e da Lei de Improbidade".

BIBLIOGRAFIA: Sá Freire, *Manual,* cit., v. 2, p. 316; Darcy Arruda Miranda, *Anotações,* cit., v. 1, p. 32; Clóvis Beviláqua, *Código Civil comentado,* cit., obs. ao art. 26, v. 1; Hugo Nigro Mazzilli, *Regime jurídico do Ministério Público,* cit., 1995; Nestor Duarte, *Código Civil,* cit., p. 68.

Art. 67. Para que se possa alterar o estatuto da fundação é mister que a reforma:

I — seja deliberada por dois terços dos competentes para gerir e representar a fundação;

II — não contrarie ou desvirtue o fim desta;

III — seja aprovada pelo órgão do Ministério Público no prazo máximo de 45 (quarenta e cinco) dias, findo o qual ou no caso de o Ministério Público a denegar, poderá o juiz supri-la, a requerimento do interessado.

- *Redação dada pela Lei n. 13.151/2015.*
- Vide *notas aos arts. 65 e 66 do Código Civil.*
- *Código de Processo Civil, arts. 764, I e II, §§ 1º e 2º.*

Alteração das normas estatutárias da fundação. A alteração dos estatutos apenas será admitida nos casos em que houver necessidade de sua reforma. A fundação, como qualquer pessoa jurídica, devido aos progressos sociais, precisará amoldar-se às novas necessidades, adaptando seus estatutos à nova realidade jurídico-social.

Condições legais da reforma estatutária. A lei impõe para que haja a alteração dos estatutos da fundação que: *a*) a reforma seja deliberada por 2/3 dos membros da administração. Ante a presunção de que a maioria resolve mais acertadamente, o legislador veio a exigir a deliberação da alteração nos estatutos por pelo menos 2/3 dos dirigentes, ou seja, dos competentes para gerir e representar a fundação. Requer, portanto, *quorum* qualificado (*RT*, *193*:820); *b*) a reforma não venha a contrariar o fim específico da fundação, isto é, não se poderá contrariar a finalidade da instituição; e *c*) a reforma seja submetida à aprovação do Ministério Público, que deverá manifestar-se no prazo máximo de 45 dias, e, se esta for negada, ou não havendo manifestação dentro do prazo legal, poderá qualquer interessado, mediante requerimento, pedir o suprimento judicial (CC, art. 65). O juiz deverá decidir sobre a aprovação do estatuto das fundações e de suas alterações sempre que o interessado requeira quando: a) ela for negada, previamente pelo Ministério Público ou por este forem exigidas modificações com as quais o interessado não concorde; b) o interessado discordar do estatuto elaborado pelo Ministério Público. O juiz poderá, antes de suprir a aprovação, mandar fazer no estatuto modificações para adaptá-lo ao fim almejado pelo instituidor (CPC, art. 764, I e II, §§ 1º e 2º). As normas processuais que regem tanto a aprovação como a reforma estatutária são, portanto, as contidas no art. 764, I e II, §§ 1º e 2º, do Código de Processo Civil.

BIBLIOGRAFIA: Sá Freire, *Manual,* cit., v. 2, p. 326; Levenhagen, *Código Civil,* cit., v. 1, p. 63; Clóvis Beviláqua, *Código Civil comentado,* cit., obs. ao art. 28, v. 1.

Art. 68. Quando a alteração não houver sido aprovada por votação unânime, os administradores da fundação, ao submeterem o estatuto ao órgão do Ministério Público, requererão que se dê ciência à minoria vencida para impugná-la, se quiser, em dez dias.

- Vide *nota ao art. 66 do Código Civil.*

Minoria vencida. Se na reforma estatutária houver minoria vencida, por não ter sido aprovada por votação unânime, os administradores da fundação, ao submeterem o estatuto ao órgão do Ministério Público, requererão que se cientifique o fato àquela minoria, que poderá, se quiser, estando inconformada, impugnar aquela alteração, recorrendo ao Judiciário, dentro do prazo decadencial de dez dias, pleiteando a invalidação das modificações estatutárias feitas pela maioria absoluta dos membros da Administração da fundação e aprovadas pelo órgão local do Ministério Público. Isto é assim porque a lei apenas conferiu ao Ministério Público o dever de fiscalizar e não o direito de decidir, uma vez que o controle da legalidade compete ao Judiciário. O magistrado terá, então, a competência para decidir e conhecer das nulidades que, porventura, apareçam no processo de alteração do estatuto da fundação, mediante recurso interposto pela minoria vencida dos membros de sua Administração, cuja decadência se opera em dez dias.

Fundamento da impugnação de reforma estatutária. A minoria vencida, dentro do lapso decadencial de dez dias, poderá impugnar a reforma dos estatutos da fundação alegando desnecessidade de sua modificação ou gravame à entidade ou, ainda, adulteração à finalidade específica imposta pelo instituidor. Transcorrido esse prazo, com ou sem impugnação da minoria vencida, o Ministério Público aprovará o estatuto social, podendo apontar as modificações necessárias, ou, então, denegará aquela aprovação.

Resguardo aos direitos de terceiro. Não se pode prejudicar direitos adquiridos por terceiro em razão da alteração do estatuto da fundação. Logo, por exemplo, se se obtiver a declaração judicial da nulidade da reforma estatutária, tendo sido julgada procedente a impugnação da minoria vencida, o terceiro lesado poderá, apesar da omissão do Código de 2002, exigir que se mantenham os direitos que havia adquirido com as modificações ulteriormente anuladas pelo órgão judicante (LINDB, arts. 4º, 5º e 6º; CC, arts. 421 e 422).

BIBLIOGRAFIA: Sá Freire, *Manual*, cit., v. 2, p. 328 e 329; Levenhagen, *Código Civil*, cit., v. 1, p. 63-4; Clóvis Beviláqua, *Código Civil comentado*, cit., obs. ao art. 29, v. 1.

Art. 69. Tornando-se ilícita, impossível ou inútil a finalidade a que visa a fundação, ou vencido o prazo de sua existência, o órgão do Ministério Público, ou qualquer interessado, lhe promoverá a extinção, incorporando-se o seu patrimônio, salvo disposição em contrário no ato constitutivo, ou no estatuto, em outra fundação, designada pelo juiz, que se proponha a fim igual ou semelhante.

- Vide *nota ao art. 66 do Código Civil.*
- Vide *Código de Processo Civil, art. 765, I a III.*

Extinção da fundação por ilicitude de seu funcionamento, pela impossibilidade ou inutilidade de sua finalidade. Constatado ser ilícito, impossível a sua manutenção ou inútil o objetivo da fundação, o órgão do Ministério Público ou, ainda, qualquer interessado (CPC, art. 765, I a III) poderá requerer em juízo a extinção da instituição.

Término da fundação pela decorrência do prazo de sua duração. Terminará a existência da fundação com o vencimento do prazo de sua duração, estipulado no seu ato institutivo pelo seu instituidor. Para tanto, o Ministério Público, ou qualquer interessado, deverá, mediante requerimento, promover a extinção da fundação.

Destinação dos bens da fundação extinta. Com a decretação judicial da extinção da fundação pelos motivos acima arrolados, seus bens serão, salvo disposição em contrário no seu ato constitutivo ou no seu estatuto, depois de liquidado o passivo com o ativo existente, incorporados em outra fundação, designada pelo juiz, que almeje a consecução de fins idênticos ou similares aos seus. O Poder Público dará destino ao seu patrimônio, entregando-o a uma fundação que persiga o mesmo objetivo, exceto se o instituidor dispôs de forma diversa, hipótese em que se respeitará sua vontade e a do estatuto. Se, como observa Clóvis Beviláqua, inexistir no Estado outra fundação com os mesmos propósitos, seus bens deverão ser declarados vagos e devolvidos ao Estado. Todavia, há quem ache que nesta hipótese não se deverá declarar a vacância dos bens da fundação extinta, mas sim aplicar por analogia (LINDB, art. 4º) o art. 61, § 2º, adotando-se o princípio contido no art. 63 do Código Civil.

Pelo Enunciado do Fórum Permanente de Processualistas Civis, n. 189: "O art. 781 deve ser interpretado em consonância com o art. 69 do Código Civil, para admitir a extinção da fundação quando inútil a finalidade a que visa (art. 765 do CPC)".

BIBLIOGRAFIA: Sá Freire, *Manual*, cit., v. 2, p. 334; Levenhagen, *Código Civil*, cit., v. 1, p. 64; Darcy Arruda Miranda, *Anotações*, cit., v. 1, p. 33; Clóvis Beviláqua, *Código Civil comentado*, cit., obs. ao art.

30, v. 1; Gagliano e Pamplona Filho, *Novo curso*, cit., v. 1, p. 229; Ronaldo de Barros Monteiro e outros, *Comentários ao novo Código Civil* (arts. 62 a 69), Rio de Janeiro, Forense, v. 1, 2010.

TÍTULO III

DO DOMICÍLIO

Art. 70. O domicílio da pessoa natural é o lugar onde ela estabelece a sua residência com ânimo definitivo.

- *Consultem-se os arts. 46 a 50, 53, II, do Código de Processo Civil, 327 do Código Civil e 4º da Lei n. 9.099/95.*
- *Sobre domicílio fiscal,* vide *arts. 127 e 159 da Lei n. 5.172, de 25 de outubro de 1966 (Código Tributário Nacional); art. 29 do Decreto n. 1.041/94 e Decreto n. 3.000/99, arts. 28 a 32.*
- *Sobre a residência dos diretores de sindicatos ou entidades sindicais de grau superior,* vide *Decreto-Lei n. 9.675, de 29 de agosto de 1946, art. 3º.*
- *Domicílio de estrangeiro: para o efeito de aquisição de propriedade rural no território nacional, considera-se residente no País o estrangeiro que nele possua permanência definitiva, e é necessário constar da escritura prova de residência no território nacional —* Vide *art. 2º do Ato Complementar n. 45, de 30 de janeiro de 1969, e art. 9º da Lei n. 5.709/71.*
- *Inviolabilidade de domicílio: Constituição Federal, art. 5º, XI.*
- *Lei de Introdução às Normas do Direito Brasileiro, arts. 7º, 10 e 12.*
- *Domicílio conjugal: Código Civil, arts. 1.566, II, 1.569 e 1.657.*
- *Domicílio do devedor: Código Civil, art. 327.*
- *Abertura da sucessão e domicílio do de cujus: Código Civil, arts. 1.784 e 1.785.*
- *Súmula 23 da Advocacia Geral da União.*

Domicílio, residência e habitação. Domicílio é a sede jurídica da pessoa, onde ela se presume presente para efeitos de direito e onde exerce ou pratica, habitualmente, seus atos e negócios jurídicos. A residência é o lugar em que habita, com intenção de permanecer, mesmo que dele se ausente temporariamente. Na habitação ou moradia tem-se uma mera relação de fato, ou seja, é o local em que a pessoa permanece, acidentalmente, sem o ânimo de ficar (p. ex., quando alguém aluga uma casa de praia, para passar o verão). O domicílio é um conceito jurídico, por ser o local onde a pessoa responde, permanentemente, por seus negócios e atos jurídicos, sendo importantíssimo para a determinação do lugar onde se devem celebrar tais atos, exercer direitos, propor ação judicial, responder pelas obrigações (CC, arts. 327 e 1.785; *RTJ*, *89*:231; *RJM*, *65*:37; *RF*, *269*:256, *254*:330; *JB*, *158*:257).

BIBLIOGRAFIA: Serpa Lopes, *Curso*, cit., v. 1, p. 271 e 273; Aubry e Rau, *Cours de droit civil*, cit., t. 1, § 141; W. Barros Monteiro, *Curso*, cit., v. 1, p. 132; Caio M. S. Pereira, *Instituições*, cit., v. 1, p. 315; Orlando Gomes, *Introdução ao direito civil*, cit., p. 166; Rossel e Mentha, *Manuel de droit civil suisse*, cit., v. 1, n. 123, p. 97; M. Helena Diniz, *Curso*, cit., v. 1, p. 108; Zeno Veloso, O domicílio, *RDC*, *75*:23; José Bonifácio B. de Andrada e Erika Moura Freire, Domicílio no novo Código Civil, in *O novo Código Civil — estudos em homenagem a Miguel Reale*, São Paulo, LTr, 2003, p. 85 a 100; Ruy Carlos de Barros Monteiro, *Comentários ao novo Código Civil*, cit. (arts. 70 a 78), p. 1067 a 1112.

Conceito legal de domicílio da pessoa natural. Pelo art. 70 do Código Civil, o domicílio é o lugar onde a pessoa estabelece sua residência com ânimo definitivo, tendo, portanto, por critério a residência. Nessa conceituação legal há dois elementos: o *objetivo*, que é a fixação da pessoa em dado lugar, e o *subjetivo*, que é a intenção de ali permanecer com ânimo definitivo. Importa em fixação espacial permanente da pessoa natural.

Art. 71. Se, porém, a pessoa natural tiver diversas residências, onde, alternadamente, viva, considerar-se-á domicílio seu qualquer delas.

- Vide *Código de Processo Civil, art. 46, § 1º*.
- Vide *Súmula 483 do Supremo Tribunal Federal.*
- *Constituição Federal, art. 6º*.

Pluralidade domiciliar. A nossa legislação admite a pluralidade de domicílio se a pessoa natural tiver mais de uma residência, pois considerar-se-á domicílio seu qualquer delas.

Foro competente. O Código de Processo Civil, no § 1º do art. 46, dispõe que se o réu tiver vários domicílios poderá ser acionado em qualquer deles. Se alguém, p. ex., morar com sua família em um bairro da capital paulista, tendo escritório na cidade de Ribeirão Preto, onde também reside e comparece em dias alternados, poderá ser acionado em qualquer desses lugares, sendo lícito ao autor escolher um deles (CC, art. 72; *RT*, *420*:307, *464*:189, *229*:283 e *214*:314; STF, Súmula 483). Porém, se a pluralidade for de réus (CPC, art. 46, § 4º), com diferentes domicílios, serão demandados no foro de qualquer deles, à escolha do autor (*AJ*, *89*:452).

BIBLIOGRAFIA: W. Barros Monteiro, *Curso*, cit., v. 1, p. 135; M. Helena Diniz, *Curso*, cit., v. 1, p. 108 e 109.

Art. 72. É também domicílio da pessoa natural, quanto às relações concernentes à profissão, o lugar onde esta é exercida.

Parágrafo único. Se a pessoa exercitar profissão em lugares diversos, cada um deles constituirá domicílio para as relações que lhe corresponderem.

- *Lei n. 8.906/94, art. 10, § 1º*.

Centro de ocupação habitual como domicílio. O local onde a pessoa natural exerce sua profissão também é considerado como domicílio civil.

Exercício da profissão em lugares diversos gera pluralidade domiciliar. Há possibilidade de pluralidade de domicílios para o exercício de atividade profissional. Se alguém, por exemplo, tiver firmas ou escritórios em Piracicaba, Americana e Campinas, onde, em razão do ofício, comparece em dias alternados da semana, considerar-se-ão seus domicílios quaisquer daqueles centros de ocupações habituais para as relações jurídicas que lhes corresponderem. P. ex., "A" é dono de uma fábrica de azulejos em Piracicaba; de uma construtora em Americana e de uma loja especializada em materiais de construção em Campinas; logo seu domicílio referente à venda de materiais de construção é em Campinas; o alusivo à obrigação de construir prédios, em Americana, e o atinente à produção de azulejos, em Piracicaba. Com isso admite o atual Código Civil o *domicílio profissional* (centro habitual de ocupação) e quebra o princípio da unidade domiciliar. Tanto o local de residência como o do exercício da profissão são considerados domicílios, por ser comum, hodiernamente, nos grandes centros urbanos, que as pessoas residam numa localidade e trabalhem em outra.

Art. 73. Ter-se-á por domicílio da pessoa natural, que não tenha residência habitual, o lugar onde for encontrada.

- Vide *Código de Processo Civil, art. 46, § 2º*.
- Vide *Lei de Introdução às Normas do Direito Brasileiro, art. 7º, § 8º*.

Falta de domicílio certo. O nosso Código Civil, no artigo ora focado, admite que, excepcionalmente, pode haver casos em que uma pessoa natural não tenha domicílio certo ou fixo, ao estabelecer que aquele que não tiver residência habitual, por exemplo, o cigano, ou empregue a vida em viagens, sem ponto central de negócio, como o caixeiro-viajante ou o circense, terá por domicílio o lugar onde for encontrado. Tal lugar não é propriamente o domicílio, mas valerá como domicílio, como diz Zeno Veloso. Trata-se do *domicílio ocasional* ou *aparente*, a que se refere Henri de Page, visto que cria a aparência de um domicílio num local, que pode ser considerado por terceiro como sendo o seu domicílio.

Foro competente na hipótese de domicílio incerto. O Código de Processo Civil estabelece, no art. 46, § 2º, que, sendo incerto ou desconhecido o domicílio do réu, será ele acionado onde for encontrado ou no foro do domicílio do autor.

Art. 74. Muda-se o domicílio, transferindo a residência, com a intenção manifesta de o mudar.

Parágrafo único. A prova da intenção resultará do que declarar a pessoa às municipalidades dos lugares, que deixa, e para onde vai, ou, se tais declarações não fizer, da própria mudança, com as circunstâncias que a acompanharem.

- *Súmula 483 do Supremo Tribunal Federal.*
- *Súmula 58 do Superior Tribunal de Justiça.*
- *Súmula 3 do Tribunal Regional Federal da 1ª Região.*
- *Código de Processo Civil, art. 43.*

Condições para a mudança de domicílio. Duas serão as condições previstas em lei para que se opere a *mudança voluntária* de domicílio da pessoa natural: *a*) transferência da residência para local diverso; e *b*) ânimo definitivo de fixar a residência, constituindo novo domicílio (*RF*, *91*:406). Casos existem em que se terá *mudança domiciliar compulsória*, imposta por lei; assim, se alguém for aprovado em concurso, passando a ser servidor público, perderá o domicílio anterior e passará a ter por domicílio o lugar onde exercer permanentemente suas funções (CC, art. 76).

Mas, ante o art. 71, parece-nos que o primeiro domicílio não deverá ser desconsiderado, visto que pelo atual Código Civil admitida está a pluralidade domiciliar. Nada obsta que aquele servidor tenha o domicílio legal e mantenha o voluntário; a interpretação sistemática permite concluir pela permanência de domicílio plúrimo e pelo caráter não exclusivo do domicílio necessário.

Perda do domicílio pela mudança. Perder-se-á o domicílio pela mudança, porque este passará a ser o mais recente. Ter-se-á, como vimos, a mudança quando houver transferência de residência, com a intenção de deixar a anterior para estabelecê-la em outra parte (*RF*, *91*:406).

Prova da intenção manifesta de mudar o domicílio. A mudança de domicílio corresponderá à intenção de não permanecer mais no local em que se encontra. O modo exigido por lei para que se dê a exteriorização da referida *intentio* será a simples comunicação feita pela pessoa que se mudou à municipalidade do lugar que deixa e do local para onde vai, fazendo, p. ex., alteração no cadastro das companhias de telefone, luz e água ou no da prefeitura municipal, atualizando dados alusivos ao pagamento de impostos e taxas. Como, em regra, a pessoa natural que se muda não faz tal declaração, seu ânimo de fixar domicílio em outro local resultará da própria mudança, com as circunstâncias que a acompanharem. Como, às vezes, é muito difícil a caracterização da manifesta intenção de mudar, em razão da subjetividade que a reveste, o órgão judicante deverá, em cada caso que se submeter à sua apreciação, averiguar as circunstâncias ocorrentes, certificando-se de que houve fixação de novo domicílio. Consequentemente, não poderá considerar mudança de domicílio o fato de ter a pessoa natural passado a residir, transitoriamente, por motivo de serviço ou de férias em determinado local, tendo-se em vista que o domicílio requer permanência.

BIBLIOGRAFIA: Levenhagen, *Código Civil,* cit., v. 1, p. 68; M. Helena Diniz, *Curso,* cit., v. 1, p. 110; Clóvis Beviláqua, *Código Civil comentado,* cit., obs. ao art. 34, v. 1; Caio Mário da Silva Pereira, *Instituições,* cit., v. 1, p. 239; Carlos Alberto Bittar Filho e Márcia S. Bittar, *Novo Código,* cit., p. 44; José de Oliveira Ascensão, *Direito civil,* cit., p. 127 a 131.

Art. 75. Quanto às pessoas jurídicas, o domicílio é:

I — da União, o Distrito Federal;

II — dos Estados e Territórios, as respectivas capitais;

III — do Município, o lugar onde funcione a administração municipal;

IV — das demais pessoas jurídicas, o lugar onde funcionarem as respectivas diretorias e administrações, ou onde elegerem domicílio especial no seu estatuto ou atos constitutivos.

• Vide *Código de Processo Civil, arts. 51 e parágrafo único, 52 e parágrafo único e 53, IV,* a; *Constituição Federal, art. 109, §§ 1º a 5º.*

• *Sobre domicílio fiscal,* vide *notas ao art. 70 do Código Civil.*

• *Súmulas 363 e 518 do Supremo Tribunal Federal.*

§ 1º Tendo a pessoa jurídica diversos estabelecimentos em lugares diferentes, cada um deles será considerado domicílio para os atos nele praticados.

• *Código Civil, arts. 1.142 a 1.149.*

• Vide *Súmula 363 do Supremo Tribunal Federal (aplicável também às empresas públicas: RSTJ, 90:41), e Código de Processo Civil, art. 100, IV,* b.

§ 2º Se a administração, ou diretoria, tiver a sede no estrangeiro, haver-se-á por domicílio da pessoa jurídica, no tocante às obrigações contraídas por cada uma das suas agências, o lugar do estabelecimento, sito no Brasil, a que ela corresponder.

• *Código de Processo Civil, art. 21, parágrafo único.*

Domicílio da pessoa jurídica. As pessoas jurídicas têm seu domicílio, que é sua sede jurídica, onde os credores podem demandar o cumprimento das obrigações. Como não têm residência, é o local de suas atividades habituais, de seu governo, administração ou direção, ou, ainda, o determinado no ato constitutivo.

Domicílio das pessoas jurídicas de direito público. As pessoas jurídicas de direito público interno têm por domicílio a sede de seu governo (CC, art. 75, I, II e III; *RT*, *736*:189; *RJTJSP*, *96*:276, *108*:407; *RSTJ*, *92*:81). De maneira que a União aforará as causas na capital do Estado ou Território em que tiver domicílio a outra parte, pois é competente o foro do domicílio do réu para as causas em que seja autora a União (CPC, art. 51) e será demandada, à escolha do autor, no Distrito Federal ou na capital do Estado em que se deu o ato que deu origem à demanda, ou em que se situe o bem (CF/88, art. 109, §§ 1º a 5º; STF, Súmula 518; TFR, Súmulas 14 e 61; *RTJ*, *99*:1328 e *95*:347). Os Estados e Territórios têm por sede jurídica as suas capitais, e os Municípios, o lugar da Administração municipal. Às autarquias, como são entes descentralizados criados por lei, aplicam-se as normas sobre o domicílio da pessoa jurídica de direito público interno de que são desmembramento.

Pela CF, art. 109, §§ 1º e 2º, e pelo CPC, arts. 51, parágrafo único, e 52, parágrafo único, é competente o foro do domicílio do réu para as causas em que seja autoria a União, Estado e Distrito Federal. Se a União, Estado ou Distrito Federal for o demandado a ação poderá ser proposta no foro do domicílio do autor, no de ocorrência do ato ou fato que originou a demanda no da situação da coisa ou no Distrito Federal ou na capital do respectivo ente federado.

Domicílio das pessoas jurídicas de direito privado. As pessoas jurídicas de direito privado têm por domicílio o lugar onde funcionarem sua diretoria e administração ou onde elegerem domicílio especial nos seus estatutos ou atos constitutivos (CC, art. 75, IV; CPC, art. 53, III, *a* e *b*), devidamente registrados. A Súmula 363 do Supremo Tribunal Federal estabelece que "a pessoa jurídica de direito privado pode ser demandada no domicílio da agência ou estabelecimento em que se praticou o ato".

Pluralidade do domicílio da pessoa jurídica de direito privado. O art. 75, § 1º, admite a pluralidade domiciliar da pessoa jurídica de direito privado desde que tenham diversos estabelecimentos (p. ex., agências, escritórios de representação, departamentos, sucursais, filiais), situados em comarcas diferentes, caso em que poderão ser demandadas no foro em que tiverem praticado o ato (*RT*, *727*:177, *442*:210 e *411*:176). De forma que o local de cada estabelecimento dotado de autonomia (*RT*, *154*:142, 654:194; *RF*, *101*:529 e *35*:356); TRF, 4ª R., AI n. 2007.040.001.30686/RS, rel. Otávio R. Pamplona, j. 3-7-2007) será considerado domicílio para os atos ou negócios nele efetivados, com o intuito de beneficiar os indivíduos que contratarem com a pessoa jurídica. Mas a opção por um dos domicílios ficará condicionada a ter aí sido praticado o ato que deu origem à demanda, desde que não haja foro de eleição. Assim sendo, se no contrato ficou estabelecido o foro competente para a apreciação de litígios que porventura se formarem, este resolverá a demanda mesmo que a pessoa jurídica tenha vários estabelecimentos situados em locais diversos.

Domicílio da pessoa jurídica de direito privado estrangeira. Se a sede da Administração, ou diretoria, da pessoa jurídica se acha no exterior, os estabelecimentos, agências, filiais ou sucursais situados no Brasil terão por domicílio o local onde as obrigações foram contraídas pelos respectivos agentes (CC, art. 75, § 2º, e CPC, art. 21, parágrafo único). Portanto, as pessoas jurídicas estrangeiras têm por domicílio, no que concerne às obrigações contraídas por suas filiais, o lugar em que estiverem, protegendo assim as pessoas que com elas contratarem, evitando que tenham de acioná-las no estrangeiro, onde se encontra sua Administração.

BIBLIOGRAFIA: R. Limongi França, *Manual de direito civil,* São Paulo, Revista dos Tribunais, 1975, v. 1; Silvio Rodrigues, *Direito civil,* cit., v. 1, p. 119; Caio M. S. Pereira, *Instituições,* cit., v. 1, p. 331-3; M. Helena Diniz, *Curso,* cit., v. 1, p. 131-2; Orlando Gomes, *Introdução,* cit., p. 183; Clóvis Beviláqua, *Teoria geral do direito civil,* cit., p. 165; Levenhagen, *Código Civil,* cit., v. 1, p. 71-2; José de Farias Tavares, *O Código Civil e a nova Constituição,* Rio de Janeiro, Forense, 1991, p. 21; Carlos Roberto Gonçalves, *Direito,* cit., v. 1, p. 141-50; Bruno Lewicki, O domicílio no Código Civil de 2002, in *A parte geral,* cit., p. 143.

Art. 76. Têm domicílio necessário o incapaz, o servidor público, o militar, o marítimo e o preso.

- *Código Civil, arts. 71 e 1.569.*

Parágrafo único. O domicílio do incapaz é o do seu representante ou assistente; o do servidor público, o lugar em que exercer permanentemente suas funções; o do militar, onde servir, e, sendo da Marinha ou da Aeronáutica, a sede do comando a que se encontrar imediatamente subordinado; o do marítimo, onde o navio estiver matriculado; e o do preso, o lugar em que cumprir a sentença.

- *Lei de Introdução às Normas do Direito Brasileiro, art. 7º, § 7º.*
- *Regime Jurídico dos Servidores Públicos Civis da União, das Autarquias e das Fundações Públicas Federais: Lei n. 8.112, de 11 de dezembro de 1990, cujo art. 230 foi regulamentado pelo Decreto n. 4.977/2004; Decreto n. 4.961/2004* e *Emenda Constitucional n. 41/2003.*

- *Lei das Contravenções Penais (Decreto-Lei n. 3.688/41), art. 13.*
- *Código de Processo Civil, arts. 72, II e 50.*

Domicílio necessário ou legal. Ter-se-á o domicílio necessário ou legal (*ex lege*) quando for determinado por lei, em razão da condição ou situação de certas pessoas. O domicílio necessário, contudo, não excluirá, conforme o art. 71 do Código Civil, o voluntário.

Domicílio dos incapazes. O domicílio do incapaz é legal, pois sua fixação operar-se-á por determinação de lei e não por volição. O recém-nascido adquire o domicílio de seus pais, que será o seu enquanto for menor e adolescente, desde que atendido o princípio de seu superior interesse, para que haja pleno desenvolvimento de sua personalidade. Os absoluta ou relativamente incapazes (CC, arts. 3º e 4º) terão por domicílio o de seus representantes legais (pais, tutores ou curadores) (Súmula 383 do STJ; *RJM*, *65*:37; *RT*, *713*:224, *679*:81, *619*:155; *RJTJSP*, *128*:102; *RJ*, *181*:96).

Domicílio necessário do servidor público. Deriva o domicílio legal ou necessário do servidor público de lei, pois o artigo *sub examine* entende por domiciliado o funcionário público no local onde exerce suas funções por investidura efetiva. Logo tem por domicílio o lugar onde exerce sua função permanente. Se sua função for temporária, periódica ou de simples comissão, não implicará mudança domiciliar, permanecendo naquele que tinha antes de assumir o cargo, hipótese em que seu domicílio será voluntário e não legal. Se o servidor já exercia função efetiva e em razão de um comissionamento é transferido temporariamente, mudança de domicílio não haverá, pois continuará tendo por domicílio aquele onde exerce suas funções em caráter efetivo (*vide* ADIn 3.324-7, *DJU*, 24-8-2005).

Domicílio de servidor público licenciado. Há autores que afirmam o desaparecimento da obrigatoriedade de ter o servidor público licenciado por domicílio o lugar de suas funções, uma vez que a lei se refere a efetivo exercício do cargo. Mas julgado já houve, inclusive do Supremo Tribunal Federal, entendendo que a concessão de licença ao servidor público não atingirá seu domicílio legal. Todavia, se certo servidor público resolve pedir afastamento prolongado para tratar de interesses pessoais, mudando de residência para outro local, com intenção de transferir-se definitivamente para tal lugar, não haverá como prendê-lo ao domicílio funcional, ante a configuração do domicílio voluntário.

Domicílio do militar. O domicílio do militar do Exército é o lugar onde servir, e o da Marinha ou da Aeronáutica em serviço ativo é a sede do comando a que se encontra imediatamente subordinado. O mesmo se diga do das polícias estaduais. O militar reformado não terá domicílio legal, uma vez que o art. 76 apenas faz menção ao que se encontra em serviço ativo. Se o militar na ativa estiver exercendo suas funções fora do local de seu domicílio, desempenhando diligências em outros pontos, este será o da sede de sua guarnição ou quartel, pois ficará vinculado ao corpo de que faz parte e de que só se afastara temporariamente.

Domicílio do marítimo. Marinha mercante é a encarregada de transportar mercadorias e passageiros. Os oficiais e tripulantes (marítimos) da marinha mercante têm por domicílio necessário o lugar onde estiver matriculado o navio, embora passem a vida em viagens.

Navio nacional. O navio nacional é o registrado na capitania do porto do domicílio de seu proprietário, ou onde lhe for mais conveniente, se ele tiver residência no exterior. O registro far-se-á na delegacia onde não houver capitania, na alfândega ou em outro posto fiscal.

Domicílio do preso. O preso terá por domicílio o lugar onde cumpre a sentença. Tratando-se de preso internado em manicômio judiciário, é competente o juízo local para julgar pedido de sua interdição, nos termos do art. 76 do Código Civil (*RT*, *463*:107). Se se tratar de preso ainda não condenado, seu domicílio será o voluntário.

BIBLIOGRAFIA: M. Helena Diniz, *Curso*, cit., v. 1, p. 109; Clóvis Beviláqua, *Código Civil comentado*, obs. aos arts. 36 a 40 do Código Civil de 1916; João Luís Alves, *Código Civil anotado*, obs. aos arts. 36 a 40 do CC de 1916, v. 1; Levenhagen, *Código Civil*, cit., v. 1, p. 74-6; Sá Freire, *Manual*, cit., v. 2, p. 370-4; Jones F. Alves e Mário Luiz Delgado, *Código*, cit., p. 68.

Art. 77. O agente diplomático do Brasil, que, citado no estrangeiro, alegar extraterritorialidade sem designar onde tem, no país, o seu domicílio, poderá ser demandado no Distrito Federal ou no último ponto do território brasileiro onde o teve.

Isenção da jurisdição civil do país onde agente diplomático do Brasil esteja acreditado. Para manter a independência do agente diplomático no desempenho de sua função de representar o seu país no exterior, o direito internacional público inclui no seu sistema de garantias a isenção da jurisdição civil do Estado estrangeiro onde exerce sua alta missão. Deveras, o agente diplomático, por representar seu país, não poderá sujeitar-se à jurisdição estrangeira. O respeito mútuo que deve existir entre os Estados soberanos exige que o enviado diplomático fique, ao desempenhar suas funções, sob a jurisdição de seu país. O termo "extraterritorialidade" indica, no art. 77, tão somente o privilégio, inerente ao agente diplomático, de não se submeter a outra jurisdição que não seja a do Estado que representa. Os agentes diplomáticos brasileiros têm por domicílio o país que representam, devendo ser acionados perante a Justiça do Brasil.

Citação de agente diplomático no estrangeiro. Se o agente diplomático brasileiro for citado no exterior e alegar a imunidade sem designar o local onde tem, no país, o seu domicílio, deverá responder perante a Justiça do Distrito Federal ou do último ponto do território brasileiro onde o teve.

Exceções à imunidade diplomática. Será perante a Justiça do país que representa que o diplomata deverá ser acionado, exceto se: *a*) houver renúncia à extraterritorialidade, mediante prévia autorização de seu governo; *b*) revelar, por atos praticados, o firme propósito de renunciar àquele privilégio, envolvendo-se, p. ex., em operações mercantis ou aceitando o encargo de ser tutor de menor, solucionando demandas oriundas desses atos, comparecendo perante tribunal estrangeiro; *c*) tratar de ação relativa a imóvel de sua propriedade situado em território alienígena, desde que tal prédio não seja a sua residência, a sede da legação ou consulado.

BIBLIOGRAFIA: Sá Freire, *Manual*, cit., v. 2, p. 381-3, George Bry, *Direito internacional público*, p. 357, 361 e 362; Clóvis Beviláqua, *Código Civil comentado*, cit., obs. ao art. 41, v. 1; Hall, *International law*, p. 173 e s.; Mérignac, *Droit public international*, v. 2, p. 278-90.

Art. 78. Nos contratos escritos, poderão os contratantes especificar domicílio onde se exercitem e cumpram os direitos e obrigações deles resultantes.

- *Código Civil, art. 327.*
- Vide *Código de Processo Civil, arts. 47, 62 e 63 e §§ 1º e 2º.*
- Vide *Decreto-Lei n. 4.597, de 19 de agosto de 1942, art. 1º.*
- Vide *Súmula 335 do Supremo Tribunal Federal.*

Domicílio voluntário. Ter-se-á *domicílio voluntário* quando escolhido livremente, podendo ser "*geral*", se fixado pela própria vontade do indivíduo quando capaz, e "*especial*", se estabelecido conforme os interesses das partes em um contrato (CC, art. 78; CPC, arts. 47, § 1º, 62 e 63; STF, Súmula 335), a fim de fixar a sede jurídica onde as obrigações contratuais deverão ser cumpridas ou exigidas (*RT*, *718*:165, *182*:456).

Foro de eleição. Domicílio contratual ou de eleição é o estabelecido contratualmente pelas partes em contrato escrito, que especificam onde se cumprirão os direitos e os deveres oriundos da avença feita (*RT*, *665*:134, *694*:175, *718*:165, *725*:361, *780*:380, *784*:284, *787*:276 e 315, *791*:364, *794*:331; *RSTJ*, *140*:330, *129*:212; *BAASP*, *2.365*:861; *JTA*, *92*:365). O domicílio de eleição dependerá de manifestação expressa dos contraentes, da qual surge a competência especial (*ratione loci*), determinada pelo contrato, do foro que irá apreciar os possíveis litígios decorrentes do negócio jurídico contratual. O local indicado no contrato para o adimplemento obrigacional será também aquele onde o inadimplente irá ser demandado ou acionado.

Prorrogação de jurisdição. Se os contratantes fizerem uso da permissão legal do art. 78, escolhendo o domicílio contratual, poder-se-á operar a dilatação da jurisdição de um juiz. Ter-se-á, então, a prorrogação de jurisdição, que tem como pressuposto a capacidade ou poder jurisdicional do juiz. Logo, para sua admissibilidade, será preciso que o magistrado tenha legítima jurisdição, pois se não o tiver não haverá prorrogação possível. Deveras, "prorrogar" significa distender a existente, fazer com que abranja um *plus,* e não algo que não poderia compreender. Consequentemente, a competência privativa da Justiça federal e a *ratione materiae* da Justiça local não poderão ser afastadas contratualmente. Não será admissível a prorrogação da jurisdição do juízo comum para as causas que a lei sujeita a juízos especiais. O foro de eleição apenas será admitido quando a competência se determinar em virtude do valor e do território. A lei processual (CPC, art. 47, § 1º, *in fine*) permite a eleição de foro nas ações fundadas em direito real imobiliário desde que a controvérsia não atinja direito de propriedade ou de vizinhança, posse, servidão, nunciação de obra nova, divisão e demarcação de terras.

Sujeição dos sucessores ao foro de eleição. Os contratantes, ao elegerem o domicílio contratual, deverão estabelecer que a ele se submeterão seus herdeiros ou sucessores.

BIBLIOGRAFIA: R. Limongi França, Domicílio, in *Manual de direito civil,* São Paulo, Revista dos Tribunais, 1975, v. 1; Caio M. S. Pereira, *Instituições,* cit., v. 1, p. 328 e 329; W. Barros Monteiro, *Curso,* cit., v. 1, p. 140; M. Helena Diniz, *Curso,* cit., v. 1, p. 109 e 110; Clóvis Beviláqua, *Comentários ao Código Civil,* v. 1, p. 269; Sá Freire, *Manual,* cit., v. 2, p. 385-6; A. Gusmão, *Processo civil,* p. 161 e 172-4; Levenhagen, *Código Civil,* cit., v. 1, p. 77.

Livro II
Dos Bens

Título Único
Das Diferentes Classes de Bens

Capítulo I
Dos Bens Considerados em Si Mesmos

Seção I
Dos bens imóveis

Art. 79. São bens imóveis o solo e tudo quanto se lhe incorporar natural ou artificialmente.

- *Sobre o regime jurídico das jazidas, consultem-se o Código de Mineração, aprovado pelo Decreto-Lei n. 227, de 28 de fevereiro de 1967, com as modificações introduzidas pelos Decretos--Leis n. 318, de 14 de março de 1967, e 330, de 13 de setembro de 1967, Lei n. 7.085, de 21 de dezembro de 1982, Lei n. 7.805, de 18 de julho de 1989, regulamentada pelo Decreto n. 98.812, de 9 de janeiro de 1990, e o Regulamento baixado pelo Decreto n. 62.934, de 2 de julho de 1968, alterado pelo Decreto n. 66.404, de 1º de abril de 1970, pelo Decreto n. 88.814, de 4 de outubro de 1983, pelo Decreto n. 95.002, de 5 de outubro de 1987, e pelas Leis n. 8.901/94 (regime jurídico das jazidas), 9.314/96, 9.478/97 e 9.827/99.*
- *Lei n. 12.276/2010 que autoriza a cessão onerosa pela União à Petrobras do exercício de atividades de pesquisa e lavra de petróleo, gás natural e outros hidrocarbonetos fluidos.*
- *O art. 6º da Lei n. 7.990/89 trata da compensação financeira pela exploração de recursos minerais. A Lei n. 8.001/90 e o Decreto n. 1/91 definem os percentuais da distribuição da compensação financeira.*
- *Portaria n. 237/2001 do Departamento Nacional de Produção Mineral, sobre normas reguladoras de mineração.*
- *Constituição Federal, arts. 20, VIII, X, 174, §§ 3º e 4º, e 176, §§ 1º a 4º; Emenda Constitucional n. 6/95.*
- *A Portaria do Departamento Nacional de Produção Mineral n. 269/2008 regulamenta o contrato de arrendamento total e parcial de concessão de lavra e de manifesto de mina e as obrigações dos contratantes.*
- *Código de Águas (Decreto n. 24.643/34), art. 145.*
- *Lei n. 9.433/97, que instituiu a Política Nacional de Recursos Hídricos.*
- *Súmulas 238 do Superior Tribunal de Justiça e 329 do Supremo Tribunal Federal.*
- *Código Civil, arts. 92, 93, 95, 1.229 e 1.230.*
- *Sobre apartamentos em edifícios de dois ou mais pavimentos, vide, a título ilustrativo, Lei n. 4.591, de 16 de dezembro de 1964 (com as alterações da Lei n. 10.931/2004), comparando-a com os arts. 1.331 a 1.358 do Código Civil.*
- *Código de Processo Civil, arts. 835, IV, 842, 844, 847, § 1º, I, § 3º, 895, 901, § 1º.*

Conceito de bens. Bens, segundo Agostinho Alvim, são as coisas materiais ou imateriais que têm valor econômico e que podem servir de objeto a uma relação jurídica.

BIBLIOGRAFIA: Agostinho Alvim, *Curso de direito civil*, apostila PUCSP, v. 1, p. 13; Baudry-Lacantinerie e Albert Wahl, *Trattato di diritto civile*; dei beni, p. 11; Colin e Capitant, *Cours élémentaire de droit civil français*, v. 1, p. 662; Roberto Senise Lisboa, *Manual*, cit., v. 1, p. 136-52; Christian Larroumet, *Droit civil*, cit., t. 1, p. 273-332; Sebastião José Roque, *Teoria geral*, cit., p. 81-112; Albertino Daniel de Melo, Teoria geral dos bens — um ensaio jurídico, *RDC*, *25*:75; Carlos Roberto Gonçalves, *Direito civil brasileiro*, São Paulo, Saraiva, 2003, v. 1, p. 233-70; Renan Lotufo, *Código Civil*, cit., v. 1, p. 196-260; Marcelo Junqueira Calixto, Dos bens, in *A Parte Geral do novo Código Civil*, coord. G. Tepedino, Rio de Janeiro, Renovar, 2002, p. 149-75; Amauri Mascaro Nascimento, Os bens, in *O novo Código Civil — estudos em homenagem a Miguel Reale*, São Paulo, LTr, 2003, p. 101-15; Luiz Paulo V. de Carvalho, *Direito civil*, cit., p. 39-86; José de Oliveira Ascensão, *Direito civil*, cit., v. 1, p. 277 a 318.

Bens imóveis. Os bens imóveis são aqueles que não se podem transportar, sem destruição, de um lugar para outro, ou seja, são os que não podem ser removidos sem alteração de sua substância.

Convém lembrar que a divisão dos bens imóveis e móveis atualmente estendeu-se aos direitos, que podem ser divididos em imobiliários e mobiliários, conforme a natureza da coisa, objeto do direito, ou o critério do legislador. Por exemplo, são direitos imobiliários porque só podem recair sobre imóveis: os direitos reais de servidão, uso, habitação e enfiteuse; o usufruto será mobiliário ou imobiliário segundo a natureza dos bens gravados.

Classificação dos bens imóveis. Os bens imóveis podem ser classificados em: *a) imóveis por sua natureza* (CC, art. 79, 1ª parte), abrangendo o solo, pois sua conversão em bem móvel só seria possível com modificação de sua substância. Entretanto, a lei ampliou esse conceito, incluindo os acessórios e adjacências naturais, as árvores, os frutos pendentes (*RT*, *699*:96, *572*:219), o espaço aéreo e o subsolo. A propriedade do solo abrange a do espaço aéreo e a do subsolo, embora sofra limitações legais impostas pelo Código Civil, art. 1.229; pelo Decreto n. 24.643/34, alterado pelo Decreto-Lei n. 852/38, art. 145; pelo Decreto-Lei n. 7.841/45; pelo Decreto-Lei n. 227/67, art. 85, com as alterações da Lei n. 9.314/96; pelas Leis n. 8.901/94 e 9.314/96 e pela Constituição Federal de 1988, art. 176, §§ 1º a 4º (*RTJ*, 7:586; *RT*, *671*:92; STF, Súmula 446). Os arts. 79, 1ª parte, e 1.229 do Código Civil devem ser interpretados em conformidade com a Constituição Federal de 1988, que tão somente instituiu um *regime jurídico especial* no que atina a jazidas, recursos minerais e hidráulicos. Pelo art. 176 da Constituição, os recursos minerais e potenciais da energia hidráulica constituirão propriedade distinta da do solo para *efeito de exploração ou aproveitamento*, ficando sob o domínio da União. A pesquisa e a lavra de recursos minerais e o aproveitamento dos potenciais somente poderão ser efetuados, mediante autorização ou concessão da União, no interesse nacional, por brasileiros ou empresa constituída sob as leis brasileiras e que tenha sua sede e administração no País, na forma da lei, que estabelecerá as condições específicas quando essas atividades se desenvolverem em faixa de fronteira ou terras indígenas (art. 176, § 1º, da CF com a redação da EC n. 6/95). Todavia, garantida estará ao dono do solo a participação nos resultados da lavra (CF de 1988, art. 176, § 2º). Pela Súmula do STJ, n. 238, "a avaliação da indenização devida ao proprietário do solo, em razão de alvará de pesquisa mineral, é processada no juízo estadual da situação de imóvel". Consequentemente, quanto às demais hipóteses, p. ex., construções de passagens ou de garagens subterrâneas, adegas, porões etc., o dono do solo também será o do subsolo, conforme prevê o art. 1.229 do Código Civil. A propriedade do solo abrange a do espaço aéreo e a do subsolo, exceto em casos excepcionais previstos em norma, tendo-se em vista que norma especial prevalecerá sobre a geral apenas no que concerne às situações por ela normadas, não alcançando as demais que por ela não forem abrangidas, que serão disciplinadas, então, pela norma geral. Os arts. 79 e 1.229 foram recepcionados pela Carta Magna no que concerne às hipóteses por ela não previstas; *b) imóveis por acessão física artificial* (CC, art. 79, 2ª parte), que inclui tudo aquilo que o homem incorporar permanentemente ao solo, como a semente lançada à terra, os edifícios e construções (pontes, viadutos etc.), de modo que se não possa retirar sem destruição, modificação, fratura ou dano (*RT*, *783*:298, *770*:395, *753*:383). "Acessão" designa aumento, justaposição, acréscimo ou aderência de uma coisa a outra. Abrangem os bens móveis que, incorporados ao solo, pela aderência física, passam a ser tidos como imóveis, como ocorre com os tijolos, canos, portas, madeiras, concreto armado etc., que não poderão ser retirados sem causar dano às construções em que se acham; *c) imóveis por acessão intelectual* (CC, art. 93 c/c por analogia o art. 79, 2ª parte; *RT*, *175*:340, *96*:188) ou por destinação do proprietário, que são todas as coisas móveis que o proprietário mantiver, intencionalmente, empregadas em sua exploração industrial, aformoseamento ou comodidade. O Código Civil de 1916 classificava expressamente, no rol dos imóveis, o bem imóvel por acessão intelectual, porque as pertenças nele não encontravam tratamento. O atual Código Civil, no art. 93, seguindo os passos de teorias mais modernas, a elas faz menção, por isso não arrolou no art. 79 aquela categoria de bens imóveis. São qualificados como "pertenças" (CC, art. 93): máquinas agrícolas (*RT*, *133*:520), ornamentos, instalações, animais ou materiais empregados no cultivo da terra, geradores, escadas de emergência justapostas nos edifícios, equipamentos de indústria ou de incêndio, aparelhos de ar-condicionado etc. São tidos como imóveis por acessão intelectual, ante o fato de seu proprietário destinar coisas móveis a serviço do imóvel. Essa imobilização do bem móvel por acessão intelectual é uma ficção legal, para evitar que certos bens móveis, acessórios do imóvel, sejam para fins tributários separados deste, havendo, então, uma afetação do móvel ao imóvel. Para que se tenha acessão intelectual será necessário que se trate de coisa móvel pertencente ao dono do imóvel; se destine à finalidade econômica da coisa principal ou ao seu serviço e não aos interesses pessoais do proprietário; haja possibilidade dessa destinação atuar mediante relação local da coisa com o imóvel. A imobilização da coisa móvel por acessão intelectual não é definitiva, já que pode ser a qualquer tempo mobilizada, por mera declaração de vontade, retornando a sua anterior condição de coisa móvel (CC, art. 94). Assim sendo, as máquinas de uma indústria, se destacadas do solo, voltarão a ser móveis. A mobilização operar-se-á por vontade do proprietário e não bastará para tanto que a remoção das máquinas seja feita momentaneamente para seu ulterior reaproveitamento no mesmo solo, dado que os imóveis por acessão intelectual não se mobilizam se ocorrer separação temporária do imóvel principal (CC, art. 81, II). Todavia, há quem entenda que "não persiste no novo sistema legislativo a categoria dos bens imóveis por acessão intelectual, não obstante a expressão 'tudo quanto se lhe incorporar natural ou artificialmente', constante da parte final do art. 79 do CC" (Enunciado n. 11, aprovado na *I Jornada de Direito Civil*, promovida, em setembro de 2002, pelo Centro de Estudos Judiciários do Conselho da Justiça Federal).

BIBLIOGRAFIA: Serpa Lopes, *Curso,* cit., v. 1, p. 359-62; Silvio Rodrigues, *Direito civil,* cit., v. 1, p. 130-2; Caio M. S. Pereira, *Instituições,* cit., v. 1, p. 359-61; W. Barros Monteiro, *Curso,* cit., v. 1, p. 148; M. Helena Diniz, *Curso,* cit., v. 1, p. 157-61, e v. 4, p. 174-5; e *Sistemas de registros de imóveis,* São Paulo, Saraiva, 1992, p. 206-8; José de Farias Tavares, *O Código Civil e a nova Constituição,* cit., p. 26-8; Orlando Gomes, *Introdução,* cit., p. 202; Clóvis Beviláqua, *Comentários ao Código Civil,* obs. aos arts. 43 e 45 do CC de 1916, p. 267; Aubry e Rau, *Cours de droit civil français,* 1936, t. 1, § 163; Lucy R. dos Santos, Bens imóveis, in *Enciclopédia Saraiva do Direito,* v. 11, p. 224 e 225; Planiol e Ripert, *Traité pratique de droit civil français,* Paris, 1952, t. 3, p. 74; Levenhagen, *Código Civil,* cit., v. 1, p. 84; Darcy Arruda Miranda, *Anotações,* cit., v. 1, p. 42; Serpa Lopes, *Curso,* cit., v. 1, p. 361-2; João Luís Alves, *Código Civil anotado,* cit., obs. ao art. 45 do CC de 1916, v. 1; Rogério Fialho Moreira, A supressão da categoria dos bens imóveis por acessão intelectual pelo Código Civil de 2002, *Revista Intelligentia Juridica* — www.intelligentiajuridica.com.br.

Art. 80. Consideram-se imóveis para os efeitos legais:
I — os direitos reais sobre imóveis e as ações que os asseguram;

- Vide *Decreto n. 24.778, de 14 de julho de 1934, que dispunha sobre a caução de hipoteca e penhor, ora revogado pelo Decreto de 25 de abril de 1991.*
- *Código Civil, arts. 1.225 e 1.227.*
- Vide *Súmula 329 do Supremo Tribunal Federal.*

II — o direito à sucessão aberta.

- *Código Civil, art. 1.784.*

Imóveis por determinação legal. Com o escopo de garantir a segurança das relações jurídicas, o art. 80 considera como imóvel o direito real sobre imóveis e as ações que o asseguram e o direito à sucessão aberta. Tais bens incorpóreos são considerados pela lei como imóveis para que possam receber proteção jurídica.

Direitos reais sobre imóveis e as ações que os asseguram. São, em razão do disposto no art. 80, I, bens imobiliários não só os direitos reais sobre imóveis, como propriedade, usufruto, uso, habitação, enfiteuse (CC, art. 2.038), superfície, anticrese, hipoteca, servidão predial, mas também as ações que os asseguram, como as reivindicatórias, as hipotecárias, as negatórias de servidão, as de nulidade ou de rescisão de contratos translativos de propriedade etc.

Direito à sucessão aberta. Para os casos de alienação e pleitos judiciais a legislação considera o direito à sucessão aberta como bem imóvel, ainda que a herança só seja formada por bens móveis ou abranja apenas direitos pessoais. Ter-se-á a abertura da sucessão no instante da morte do *de cujus;* daí, então, seus herdeiros poderão ceder seus direitos hereditários, que são tidos como imóveis. Logo, para aquela cessão, será imprescindível a escritura pública (*RT*, *370*:166, *672*:103; *796*:267; *JTJ*, Ed. *Lex*, *195*:48, *507*:111; *RJTJSP*, *131*:315; *RJM*, *41*:77).

BIBLIOGRAFIA: Darcy Arruda Miranda, *Anotações*, cit., p. 42; Orlando Gomes, *Introdução*, cit., v. 1, p. 203; W. Barros Monteiro, *Curso*, cit., v. 1, p. 148; M. Helena Diniz, *Curso*, cit., v. 1, p. 161; Caio M. S. Pereira, *Instituições*, cit., v. 1, p. 362; Levenhagen, *Código Civil*, cit., v. 1, p. 83.

Art. 81. Não perdem o caráter de imóveis:

I — as edificações que, separadas do solo, mas conservando a sua unidade, forem removidas para outro local;

II — os materiais provisoriamente separados de um prédio, para nele se reempregarem.

• *Código Civil, art. 84.*

Imobilização de edificação para fins de remoção. Edificação que, apesar de separada do solo, conservar sua unidade e for removida para outro local não perderá seu caráter de bem imóvel (p. ex., casa de madeira que pode ser retirada de seus alicerces), pois no deslocamento não há qualquer *intentio* de desfazê-la, uma vez que tal remoção apenas pretende fixá-la em local diverso do original. Há mera alteração de sua localização.

Imobilização de materiais provisoriamente separados de um prédio. Considerar-se-á imóvel qualquer material retirado provisoriamente de uma construção, como tijolo, telha, madeirame, calhas etc., para ser nela reempregado após o conserto ou reparo. Assim, o que se tira de um prédio para novamente nele incorporar pertencerá ao imóvel e será imóvel (Ulpiano, Digesto, Liv. XIX e XXXII *ad edictum*). Se empregado for em outro prédio, perderá temporariamente sua imobilidade enquanto não for utilizado na nova construção.

Mobilização do material por demolição do prédio. Se o prédio for demolido, o material de construção será tido como móvel, se não for mais empregado em reconstrução, pois, pelo art. 81, II, "não perdem o caráter de imóveis os materiais provisoriamente separados de um prédio, para nele se reempregarem". Os materiais, enquanto não forem empregados em alguma construção, conservarão a sua qualidade de móveis (CC, art. 84), readquirindo essa qualidade os provenientes de demolição de algum prédio (CC, art. 81, II), se não forem reempregados (*RSTJ*, *151*:166).

BIBLIOGRAFIA: Darcy Arruda Miranda, *Anotações*, cit., v. 1, p. 43; Levenhagen, *Código Civil*, cit., v. 1, p. 84; Clóvis Beviláqua, *Código Civil comentado*, cit., obs. ao art. 46, v. 1; Jones F. Alves e Mário Luiz Delgado, *Código*, cit., p. 71.

BENS

SEÇÃO II

DOS BENS MÓVEIS

Art. 82. São móveis os bens suscetíveis de movimento próprio, ou de remoção por força alheia, sem alteração da substância ou da destinação econômico-social.

- *Código de Processo Civil, arts. 833, II, 835, VI e 847, § 1º, III.*
- *Bens móveis sujeitos à hipoteca: Código Civil, art. 1.473, § 1º; Lei n. 7.652/88, art. 13; Lei n. 7.565/86, art. 138.*

Noção de bens móveis. Os bens móveis são os que, sem deterioração na substância ou na forma, podem ser transportados de um lugar para outro, por força própria (animais) ou estranha (coisas inanimadas).

Semoventes. São os animais considerados como móveis por terem movimento próprio, daí serem semoventes (*JB, 147*:30 e 121).

Bens móveis propriamente ditos. As coisas inanimadas suscetíveis de remoção por força alheia, sem que haja alteração de sua substância ou destinação econômico-social, constituem os bens móveis propriamente ditos, p. ex., mercadorias, moedas, objetos de uso, títulos de dívida pública, ações de companhia etc.

BIBLIOGRAFIA: Caio M. S. Pereira, *Instituições*, cit., v. 1, p. 364; Orlando Gomes, *Introdução*, cit., p. 205; Clóvis Beviláqua, *Teoria geral do direito civil*, cit., § 34, p. 190, e *Código Civil comentado*, cit., obs. ao art. 47, v. 1; João Luís Alves, *Código Civil anotado*, cit.

Art. 83. Consideram-se móveis para os efeitos legais:

I — as energias que tenham valor econômico;

- *Lei n. 10.848/2004, arts. 2º, §§ 7º, 7º-A, 16, com a redação da Lei n. 11.943, de 28 de maio de 2009, e 21-C, regulamentado pelo Decreto n. 7.523/2011.*
- *Decreto n. 5.163/2004, com nova redação do Decreto n. 9.143/2017, do Decreto n. 7.129/2010, do Decreto n. 7.317/2010, do Decreto n. 8.828/2016 e do Decreto n. 9.143/2017, relativo à comercialização de energia elétrica.*
- *Lei n. 12.111/2009, regulamentada pelo Decreto n. 7.246/2010, alterado pelo Decreto n. 7.355/2010.*
- *Código Penal, art. 155, § 3º: "Equipara-se à coisa móvel a energia elétrica ou qualquer outra que tenha valor econômico".*
- *Lei n. 12.212/2010, sobre Tarifa Social de Energia Elétrica.*
- *Resolução ANEEL n. 610/2014 regulamenta as modalidades de pré-pagamento e pós-pagamento eletrônico de energia elétrica.*

II — os direitos reais sobre objetos móveis e as ações correspondentes;

III — os direitos pessoais de caráter patrimonial e respectivas ações.

- Vide *Decreto n. 24.778, de 14 de julho de 1934, que dispunha sobre a caução de hipoteca e penhor, ora revogado pelo Decreto de 25 de abril de 1991.*
- Vide *art. 3º da Lei n. 9.610, de 19 de fevereiro de 1998, que regula os direitos autorais, e art. 5º da Lei n. 9.279/96.*
- *Código Civil, arts. 233 a 251, 313 a 965, 1.225 e 1.226.*

BENS

Classificação dos bens móveis. Três são as categorias dos bens móveis: os móveis por natureza, os móveis por antecipação e os móveis por determinação legal.

Móveis por natureza. Os móveis por natureza são as coisas corpóreas que se podem remover sem dano, por força própria (*RT, 688*:101) ou alheia, com exceção das que acedem aos imóveis; logo, os materiais de construção, enquanto não forem nela empregados, são móveis.

Móveis por antecipação. Ter-se-á móvel por antecipação (*RT, 394*:305) quando a vontade humana mobiliza bens imóveis, em função da finalidade econômica. Por exemplo, árvores, frutos, pedras e metais, aderentes ao imóvel, são imóveis; separados, para fins humanos, tornam-se móveis (*RT, 110*:665, *227*:231, *209*:476 e *707*:169); assim, se forem alienados, bastará o instrumento particular, que não precisará ser levado a assento no Registro Imobiliário nem estará sujeito ao pagamento de imposto de transmissão de propriedade *inter vivos* ou "sisa", nem mesmo o vendedor necessitará obter outorga uxória, se for casado sob regime diverso do da separação absoluta de bens (CC, art. 1.647).

BIBLIOGRAFIA: M. Helena Diniz, *Curso,* cit., v. 1, p. 159 e 162; Caio M. S. Pereira, *Instituições,* cit., v. 1, p. 365; W. Barros Monteiro, *Curso,* cit., v. 1, p. 149; Fréjaville, *Les meubles par antecipation,* Paris, 1929.

Móveis por determinação de lei. Pelo art. 83, I a III, serão móveis por determinação legal: as energias que tenham valor econômico, p. ex., a eólia, a nuclear, a radiante, a térmica, a fonética, a elétrica (*RT, 597*:72), a solar; os direitos reais sobre objetos móveis (penhor, alienação fiduciária em garantia) e as ações correspondentes; os direitos pessoais de caráter patrimonial ou os de obrigação ou de crédito e as ações respectivas e os direitos de autor (Lei n. 9.610/98, art. 3º). Assim, p. ex., um escritor poderá ceder seus direitos autorais sem outorga uxória (CC, art. 1.647). A propriedade industrial, segundo o art. 5º da Lei n. 9.279/96, também é coisa móvel (*RT, 727*:661; *RF, 334*:545), abrangendo os direitos oriundos do poder de criação e invenção do indivíduo, assegurando a lei ao seu tutor as garantias expressas nas patentes de invenção, na exclusiva utilização das marcas de indústria e comércio e nome comercial, protegendo esses direitos contra utilização alheia e concorrência desleal.

BIBLIOGRAFIA: Bassil Dower, *Curso,* cit., v. 1, p. 143; Caio M. S. Pereira, *Instituições,* cit., v. 1, p. 367; De Page, *Traité élémentaire de droit civil belge,* cit., v. 5, n. 712 e s.; M. Helena Diniz, *Curso,* cit., v. 1, p. 161-2.

Art. 84. Os materiais destinados a alguma construção, enquanto não forem empregados, conservam sua qualidade de móveis; readquirem essa qualidade os provenientes da demolição de algum prédio.

- Vide *Código Civil, art. 81, II.*

Materiais de construção como móveis por natureza. Os materiais empregados numa construção, como madeiras, telhas, esquadrias, pedras, azulejos, tijolos, enquanto não aderirem ao prédio, constituindo parte integrante do imóvel, conservarão a natureza de bens móveis por natureza. Se alguma edificação for demolida, os materiais de construção readquirirão a qualidade de móveis, porque não mais participarão da natureza do principal.

Separação provisória do material de construção. Se o material de construção separar-se temporariamente do prédio que está sendo reformado, p. ex., continuará sendo bem imóvel, uma vez que sua destinação é continuar a fazer parte do mesmo edifício (CC, art. 81, II). Já os romanos assim o entendiam: "*Ea, quae ex oedificio detracta sunt, ut reponantur oedificii sunt: at quoe parata sunt, ut imponantur, non sunt oedifici*" (Digesto, LXIX, T. 1º, fr. 17, § 10).

BIBLIOGRAFIA: Sá Freire, *Manual,* cit., v. 2, p. 439; Levenhagen, *Código Civil,* cit., v. 1, p. 86; Clóvis Beviláqua, *Código Civil comentado,* cit., obs. ao art. 49, v. 1.

SEÇÃO III

DOS BENS FUNGÍVEIS E CONSUMÍVEIS

Art. 85. São fungíveis os móveis que podem substituir-se por outros da mesma espécie, qualidade e quantidade.

• Vide *Código Civil, arts. 247,* in fine*, 369, 579, 586, 645 e 1.915.*

Fungibilidade. A fungibilidade é própria dos bens móveis. Os bens fungíveis são os que podem ser substituídos por outros da mesma espécie, qualidade e quantidade (p. ex., dinheiro, café, lenha etc.). Todavia, será preciso esclarecer que a coisa fungível por vontade das partes poderá tornar-se infungível. Por exemplo, quando se empresta *ad pompam vel ostentationem* a alguém moeda para ser utilizada numa exposição com a obrigação de ser restituída, sem que possa ser substituída por outra da mesma espécie. Entretanto, observa Caio Mário da Silva Pereira, casos existem de imóveis fungíveis, p. ex., se "vários proprietários comuns de um loteamento ajustarem partilhar entre si os lotes ao desfazerem a sociedade: um que se retire receberá *certa quantidade de lotes,* que são havidos como coisas fungíveis, até o momento da lavratura do instrumento, pois que o credor não o é do corpo certo, mas de coisas determinadas tão somente pelo gênero, pela qualidade e pela quantidade".

Infungibilidade. Os bens infungíveis são os que, pela sua qualidade individual (*RT, 806*:116), têm um valor especial, não podendo, por este motivo, ser substituídos sem que isso acarrete a alteração de seu conteúdo, como um quadro de Renoir. A infungibilidade pode apresentar-se em bens imóveis e móveis.

Fungibilidade e infungibilidade na obrigação de fazer. Será fungível a prestação de fazer se puder ser realizada por outra pessoa que não seja o devedor, por consistir num ato que não requer técnica ou especialização, p. ex., a de engraxate. Será infungível quando a obrigação de fazer requerer uma atuação personalíssima do devedor, que, devido a suas qualidades pessoais ou habilidade técnica, é insubstituível (CC, art. 247, *in fine*); p. ex., é o que ocorre na hipótese de se contratar um pintor famoso para fazer um retrato.

BIBLIOGRAFIA: Silvio Rodrigues, *Direito civil,* cit., v. 1, p. 138; Bassil Dower, *Curso,* cit., v. 1, p. 144; Crome, *Diritto privato francese moderno,* 1906, p. 208-9; Darcy Arruda Miranda, *Anotações,* cit., v. 1, p. 45; Clóvis Beviláqua, *Teoria geral do direito civil,* cit., p. 191; Serpa Lopes, *Curso,* cit., v. 1, p. 364-6; Baudry--Lacantinerie e Chaveau, *Trattato di diritto civile,* cit., n. 18, p. 17; Ferrara, *Trattato di diritto civile,* cit., v. 1, p. 830-1; Orlando Gomes, *Introdução,* cit., p. 207; W. Barros Monteiro, *Curso,* cit., v. 1, p. 152; M. Helena Diniz, *Curso,* cit., v. 1, p. 162-3; Caio Mário da Silva Pereira, *Instituições,* cit., v. 1, p. 427.

Art. 86. São consumíveis os bens móveis cujo uso importa destruição imediata da própria substância, sendo também considerados tais os destinados à alienação.

• *Código Civil, art. 1.392, § 1º.*

Bens consumíveis. Os bens consumíveis são os que terminam logo com o primeiro uso, havendo imediata destruição de sua substância (p. ex., os alimentos, o dinheiro etc.).

Bens inconsumíveis. Os bens inconsumíveis são os que podem ser usados continuadamente, possibilitando que se retirem todas as suas utilidades sem atingir sua integridade. Coisas

BENS

inconsumíveis podem tornar-se consumíveis se destinadas à alienação. Nesta hipótese ter-se-á a *consuntibilidade jurídica*. Coisa consumível também poderá tornar-se inconsumível, como se dá quando alguém empresta (*ad pompam vel ostentationis causam*) frutas para uma exibição, devendo estas ser devolvidas, permanecendo, então, não consumíveis até sua devolução. A consuntibilidade ou a inconsuntibilidade decorrem da destinação econômico-jurídica do bem e não da natureza da coisa.

Fungibilidade e consuntibilidade. Não há como confundir a fungibilidade com a consuntibilidade, uma vez que pode haver bem consumível que seja infungível (p. ex., manuscritos de obra de um autor célebre colocados à venda). Um utensílio doméstico é inconsumível mas é fungível, porque poderá ser substituído por outro da mesma marca.

BIBLIOGRAFIA: W. Barros Monteiro, *Curso,* cit., v. 1, p. 153; Clóvis Beviláqua, *Teoria,* cit., p. 191-2; Venezian, *Dell'usufruto,* v. 2, n. 265, p. 280; Caio M. S. Pereira, *Instituições,* cit., v. 1, p. 371; Planiol, Ripert e Boulanger, *Traité élémentaire du droit civil,* cit., v. 1, n. 2.593; M. Helena Diniz, *Curso,* cit., v. 1, p. 164-5.

SEÇÃO IV
DOS BENS DIVISÍVEIS

Art. 87. Bens divisíveis são os que se podem fracionar sem alteração na sua substância, diminuição considerável de valor, ou prejuízo do uso a que se destinam.

- *Código Civil, arts. 258, 504 e parágrafo único.*

Divisibilidade. São divisíveis os bens que puderem ser fracionados em partes homogêneas e distintas, sem alteração das qualidades essenciais do todo, sem desvalorização ou diminuição considerável de valor e sem prejuízo ao uso a que se destinam. Por exemplo, se repartirmos uma saca de açúcar, cada metade conservará as qualidades do produto, podendo ter a mesma utilização do todo, pois nenhuma alteração de sua substância houve. Apenas se transformou em duas porções reais e distintas de açúcar em menor proporção, ou quantidade, mantendo cada qual a mesma qualidade do todo. Interessante e elucidativo é o exemplo apresentado por Moreira Alves: se dez herdeiros receberem um brilhante de 50 quilates, qualquer deles, ao exigir sua divisão, poderá prejudicar os demais, visto que haverá uma considerável diminuição de seu valor, pois dez brilhantes de 5 quilates valem menos do que um de 50.

Divisibilidade material ou intelectual. Ter-se-á a divisibilidade material ou física quando a coisa puder ser dividida objetiva e concretamente, como a divisão de uma área de terra em lotes. A divisibilidade intelectual dar-se-á quando o bem, embora não possa ser dividido na realidade, poderá sê-lo em partes ideais, como ocorre, p. ex., com uma casa em que cada um dos três condôminos terá a parte ideal dela, ou seja, um terço (*RJTJSP, 158*:209).

BIBLIOGRAFIA: Levenhagen, *Código Civil,* cit., v. 1, p. 88; M. Helena Diniz, *Curso,* cit., v. 1, p. 165; Clóvis Beviláqua, *Código Civil comentado,* cit., obs. ao art. 52, v. 1; Jones F. Alves e Mário Luiz Delgado, *Código,* cit., p. 72.

Art. 88. Os bens naturalmente divisíveis podem tornar-se indivisíveis por determinação da lei ou por vontade das partes.

- *Código Civil, arts. 263, 504, 844, 1.320, §§ 1º e 2º, 1.386 e 1.421.*
- *Lei n. 4.504/64, art. 65.*
- *Código do Processo Civil, arts. 843, 872, § 1º, parágrafo único.*

Bens indivisíveis. Serão indivisíveis as coisas que não puderem ser fracionadas sem alteração de sua substância, pois se o forem ter-se-á dano, uma vez que perderão sua identidade e seu valor econômico. Por exemplo, uma máquina de escrever etc.

Classificação das coisas indivisíveis. Os bens serão indivisíveis: *a) por natureza*, se não puderem ser partidos sem alteração na sua substância ou no seu valor (p. ex., uma pedra preciosa, se fracionada for, perderá, como vimos no comentário ao art. 87, seu valor; um cavalo vivo dividido ao meio deixa de ser semovente — *RT*, *227*:603 e *185*:993); *b) por determinação legal*, se a lei estabelecer sua indivisibilidade. É o que ocorre, p. ex., com o art. 1.386 do Código Civil, que estabelece que as servidões prediais são indivisíveis em relação ao prédio serviente; com o art. 4º, II, da Lei n. 6.766/79, que inviabiliza a divisão de terreno loteado; com o art. 65 da Lei n. 4.504/64, que proíbe divisão de imóvel rural abaixo do módulo; com o art. 1.421 do Código Civil, que prescreve a indivisibilidade da hipoteca, mesmo depois de pagas várias prestações do débito por ela garantido, assim sendo, o bem hipotecado ficará integralmente gravado até que o saldo devedor seja totalmente pago; *c) por vontade das partes*, pois uma coisa divisível poderá transformar-se em indivisível se assim acordarem as partes, mas a qualquer tempo poderá voltar a ser divisível. Por exemplo, na obrigação indivisível (CC, art. 314), havendo pluralidade de sujeitos torna-se indivisível bem divisível, ajustando conservar a sua indivisibilidade por tempo determinado ou não, ou, então, acordando em dividir em partes ideais coisa indivisível, como sucede no condomínio. Na hipótese de condomínio, a indivisão não poderá, se estabelecida pelos condôminos, doador ou testador, exceder de 5 anos (CC, art. 1.320, §§ 1º e 2º).

BIBLIOGRAFIA: Caio M. S. Pereira, *Instituições*, cit., v. 1, p. 372-4; Silvio Rodrigues, *Direito civil*, cit., v. 1, p. 139-42; Orlando Gomes, *Introdução*, cit., p. 210-1; Serpa Lopes, *Curso*, cit., v. 1, p. 367; Clóvis Beviláqua, *Teoria*, cit., p. 193; W. Barros Monteiro, *Curso*, cit., v. 1, p. 153-5; Bassil Dower, *Curso*, cit., v. 1, p. 145; M. Helena Diniz, *Curso*, cit., v. 1, p. 165-6; Sílvio Venosa, *Direito civil*, cit., v. 1, p. 319; Nestor Duarte, *Código Civil*, cit., p. 81.

Seção V

Dos bens singulares e coletivos

Art. 89. São singulares os bens que, embora reunidos, se consideram *de per si*, independentemente dos demais.

• *Código Civil, arts. 89 e 90.*

Bens singulares. As coisas singulares são as que, embora reunidas, se consideram *de per si*, independentemente das demais (CC, art. 89). As coisas singulares poderão ser didaticamente classificadas em simples ou compostas, apesar de o atual Código Civil não mais apresentar tal distinção. Serão *simples* se formarem um todo homogêneo, cujas partes componentes estão unidas em virtude da própria natureza ou da ação humana, sem reclamar quaisquer regulamentações especiais por norma jurídica. Podem ser materiais (pedra, caneta-tinteiro, folha de papel, cavalo) ou imateriais (crédito). As coisas *compostas* são aquelas cujas partes heterogêneas são ligadas pelo engenho humano, hipótese em que se têm objetos independentes que se unem num só todo sem que desapareça a condição jurídica de cada parte. Por exemplo, materiais de construção que estão ligados à edificação de uma casa.

Art. 90. Constitui universalidade de fato a pluralidade de bens singulares que, pertinentes à mesma pessoa, tenham destinação unitária.

Parágrafo único. Os bens que formam essa universalidade podem ser objeto de relações jurídicas próprias.

BENS

- *Lei n. 7.565/86, arts. 36, § 5º, e 38.*
- *Código Civil, art. 1.143.*

Coisas coletivas ou universais. As coisas coletivas são as constituídas por várias coisas singulares, consideradas em conjunto, formando um todo único, que passa a ter individualidade própria, distinta da dos seus objetos componentes, que conservam sua autonomia funcional. E podem apresentar-se como *universalidade de fato* (CC, art. 90) ou *de direito* (CC, art. 91). Pelo Conselho da Justiça Federal, Enunciado n. 288 (aprovado na *IV Jornada de Direito Civil*): "A pertinência subjetiva não constitui requisito imprescindível para a configuração das universalidades de fato e de direito".

Universalidade de fato. É um conjunto de bens singulares, corpóreos e homogêneos, ligados entre si pela vontade humana para a consecução de um fim (p. ex., uma biblioteca, um rebanho, uma galeria de quadros — *RT, 390*:226 e *462*:76). Em relação à mesma pessoa natural ou jurídica têm destinação unitária, pois esta terá a titularidade dos bens. Se tal titularidade não pertencer à mesma pessoa (natural ou jurídica), não se terá a universalidade de fato, porque a aglutinação daqueles bens foi ocasional e não tem a característica de um todo homogêneo, podendo ser os bens singulares, componentes da universalidade de fato, objeto de relações jurídicas próprias (art. 90, parágrafo único) e independentes. O parágrafo único do art. 90, portanto, possibilita que os bens, apesar de estarem integrados numa universalidade de fato, conservem sua individualidade. Deveras, é o que ocorre com livros de uma biblioteca, visto que, em torno de cada exemplar ou da universalidade de fato, podem surgir atos negociais ou demandas judiciais.

BIBLIOGRAFIA: Fabrício Z. Matiello, *Código Civil*, cit., p. 80; Inocêncio Galvão Telles, *Das universalidades: estudo de direito privado*, Lisboa, Minerva, 1940.

Art. 91. Constitui universalidade de direito o complexo de relações jurídicas, de uma pessoa, dotadas de valor econômico.

- *Código Civil, art. 1.791.*

Universalidade de direito. É a constituída por bens singulares corpóreos heterogêneos ou incorpóreos (complexo de relações jurídicas), a que a norma jurídica, com o intuito de produzir certos efeitos, dá unidade, por serem dotados de valor econômico, p. ex., o patrimônio, a massa falida, o FGTS (agregação de saldos em contas vinculadas — STJ, 1ª Seção, Eresp 286020, rel. Gomes de Barros, j. 9-5-2002), o fundo de negócio, o estabelecimento empresarial, a herança ou o espólio etc. O patrimônio e a herança (espólio) são considerados como um conjunto, ou seja, como uma universalidade. Embora se constituam ou não de bens materiais e de créditos, esses bens se unificam numa expressão econômica, que é o valor. O patrimônio é o complexo de relações jurídicas de uma pessoa, apreciáveis economicamente. Incluem-se no patrimônio: a posse, os direitos reais, as obrigações e as ações correspondentes a tais direitos. O patrimônio abrange direitos e deveres redutíveis a dinheiro, consequentemente nele não estão incluídos os direitos de personalidade, os direitos pessoais entre cônjuges, os direitos oriundos do poder familiar, os direitos políticos. Sem embargo dessa nossa opinião, há quem ache que o patrimônio não constitui uma universalidade de direito, mas de fato, por enquadrar-se no art. 90, enquanto somente a herança enquadrar-se-ia no art. 91. Os bens do espólio ou herança formam um todo ideal, uma universalidade, mesmo que não constem de objetos materiais, contendo apenas direitos e obrigações (coisas incorpóreas). Assim sendo, a herança, objeto da sucessão *causa mortis*, é o patrimônio do falecido, ou seja, o conjunto de direitos e deveres que se transmite aos herdeiros legítimos e testamentários.

BIBLIOGRAFIA: M. Helena Diniz, *Curso*, cit., v. 1, p. 167, e v. 6, p. 32; W. Barros Monteiro, *Curso*, cit., v. 1, p. 155-6; Orlando Gomes, *Introdução*, cit., p. 211-3; Caio M. S. Pereira, *Curso*, cit., v. 1, p. 341 e 374-6; Clóvis Beviláqua, *Teoria*, cit., p. 194-7; Serpa Lopes, *Curso*, cit., v. 1, p. 368-70; Silvio Rodrigues, *Direito civil*, cit., v. 1, p. 142-5; Cunha Gonçalves, *Princípios de direito civil*, v. 1, n. 79-A; Sá Freire, *Manual*, cit., v. 2, p. 475-6; Levenhagen, *Código Civil*, cit., v. 1, p. 91; Paulo A. V. Cunha, *Do patrimônio*, Lisboa, 1934, v. 1; Pontes de Miranda, *Tratado de direito privado*, v. 5, p. 365-410; Clóvis Beviláqua, *Comentários*, cit., v. 1, p. 301; Matiello, *Código Civil*, cit., p. 80; Jones F. Alves e Mário Luiz Delgado, *Código*, cit., p. 74.

Capítulo II

Dos Bens Reciprocamente Considerados

Art. 92. Principal é o bem que existe sobre si, abstrata ou concretamente; acessório, aquele cuja existência supõe a do principal.

• Vide *Código Civil, arts. 94, 184, 233, 287, 364, 1.204, 1.209 e 1.255.*

Coisa principal. Coisa principal é a que existe por si, exercendo sua função e finalidade, independentemente de outra (p. ex., o solo).

Coisa acessória. A coisa acessória é a que supõe, para existir juridicamente, uma principal. Nos imóveis, o solo é o principal, sendo acessório tudo aquilo o que nele se incorporar permanentemente (p. ex., uma árvore plantada ou uma construção, já que é impossível separar a ideia de árvore e de construção da ideia do solo). Nos móveis, principal é aquela para a qual as outras se destinam, para fins de uso, enfeite ou complemento (p. ex., numa joia, a pedra é acessório do colar). Não só os bens corpóreos comportam tal distinção; os incorpóreos também, pois um crédito é coisa principal, uma vez que tem autonomia e individualidade próprias, o mesmo não se dando com a cláusula penal, que se subordina a uma obrigação principal.

Importância da distinção entre bem principal e acessório. Importantíssima é a distinção entre a coisa principal e acessória, pois: *a*) a coisa acessória segue lógica e obviamente a principal (*RT*, *177*:151); apesar de inexistir disposição expressa em lei a respeito, esse princípio infere-se da análise do ordenamento jurídico. Logo, a natureza do acessório será a mesma do principal; se este for bem móvel, aquele também o será. Se a obrigação principal for nula, nula será a cláusula penal, que é acessória; *b*) a coisa acessória pertence ao titular da principal, salvo exceção legal ou convencional. Obviamente, a lei ou a convenção prévia poderá reger o gozo e exercício de direitos, modificando-os ou alterando-os. Prevalecerá a regra "o acessório segue o principal" ante o *princípio da gravitação jurídica*. No silêncio das partes ou da lei, a natureza do principal predominará sobre a do acessório (CC, arts. 94, 233, 287, 364, 1.209 e 1.255).

BIBLIOGRAFIA: Levenhagen, *Código Civil*, cit., v. 1, p. 94; Francisco dos Santos Amaral Neto, Bens acessórios, in *Enciclopédia Saraiva do Direito*, v. 11, p. 137-45; R. Limongi França, *Manual de direito civil*, São Paulo, Revista dos Tribunais, 1971, v. 1, p. 202; Lacerda de Almeida, *Direito das cousas*, Rio de Janeiro, 1908, v. 1, p. 143; San Thiago Dantas, *Programa de direito civil*, Rio de Janeiro, 1977, p. 236; Colin e Capitant, *Cours élémentaire de droit civil français*, 11. ed., Paris, Dalloz, 1947, v. 1, p. 747; Pontes de Miranda, *Tratado de direito privado*, Rio de Janeiro, Borsoi, 1969, v. 2, p. 72; Mazeaud e Mazeaud, *Leçons de droit civil*, Paris, Montchréstien, 1970, v. 1, p. 211; Windscheid, *Diritto delle pandette*, Torino, 1902, § 143; Enneccerus-Nipperdey, *Tratado de derecho civil*, Barcelona, Bosch, 1953, v. 1, p. 568; Ferrara, *Trattato di diritto civile italiano*, Roma, 1921, p. 796; Sá Freire, *Manual*, cit., v. 2, p. 482; M. Helena Diniz, *Curso*, cit., v. 1, p. 168-9.

BENS

Art. 93. São pertenças os bens que, não constituindo partes integrantes, se destinam, de modo duradouro, ao uso, ao serviço ou ao aformoseamento de outro.

• *Código Civil, arts. 79 e 92.*

Pertenças. As pertenças são bens que se acrescem, como acessórios à coisa principal, daí serem consideradas como *res annexa* (coisa anexada). Portanto, são bens acessórios *sui generis* destinados, de modo duradouro, a conservar ou facilitar o uso ou prestar serviço ou, ainda, a servir de adorno do bem principal sem ser parte integrante, "não se exigindo elemento subjetivo como requisito para o ato de destinação" (Enunciado n. 535 do CJF, aprovado na *VI Jornada de Direito Civil*). Logo, não integram física ou substancialmente outro bem; apenas melhoram seu aproveitamento, utilidade ou aparência. Apesar de acessórios, conservam sua individualidade e autonomia, tendo apenas com o principal uma subordinação econômico-jurídica, pois, sem haver qualquer incorporação, vinculam-se ao principal para que este atinja suas finalidades. São pertenças todos os bens móveis que o proprietário intencionalmente empregar na exploração industrial de um imóvel, no seu aformoseamento ou na sua comodidade, p. ex., moldura de um quadro que ornamenta o *hall* de entrada de uma casa de eventos; piano num conservatório; aparelho colocado num automóvel para economizar combustível; acessórios de automóvel expostos numa concessionária; aparelho de ar-condicionado colocado numa sala de aula; para-raios de uma casa; órgão de uma igreja, máquinas de uma fábrica, ou de uma propriedade agrícola. *São imóveis por acessão intelectual.* Esta nossa conclusão baseia-se nas teorias de Kohler, Funke e Umrath, em que pese opinião em contrário, para a qual a acessão segue a sorte do principal, por ser insuscetível de domínio separado e a pertença é suscetível de domínio autônomo, por não estar intimamente ligada à destinação jurídica do bem principal e conforme tese apresentada por Rogério Meneses Fialho Moreira e Enunciado n. 11 aprovado na *I Jornada de Direito Civil*, realizada pelo STJ e Conselho da Justiça Federal de que "não persiste no novo sistema legislativo a categoria dos bens imóveis por acessão intelectual, não obstante a expressão tudo quanto se lhe *incorporar* natural ou artificialmente, constante da parte final do art. 79 do Código Civil de 2002". As pertenças constituem bens acessórios *sui generis*, por serem, em regra, coisas *móveis* ajudantes, mesmo que não sejam propriedade do dono do imóvel, destinam-se a servir ao fim econômico ou técnico do bem principal, a que se liga, compreendidas estão, portanto, na sorte do imóvel, sendo, nesse sentido, *imóveis por acessão intelectual*. Porém, excepcionalmente, nada obsta a que se ligue, pertinencialmente, um *imóvel* a outro, p. ex., o pavilhão de doentes portadores de moléstia contagiosa, separado, espacialmente, de um hospital, desde que se faça registro e averbação na circunscrição imobiliária competente. Hipótese em que o *imóvel-pertença* entra no rol dos *bens imóveis* por *acessão física artificial*, mas poder-se-á ter imóvel-pertença, que seja *imóvel por natureza*, p. ex., a floresta nativa, que serve de ponto turístico ao hotel, o qual registrou termo de responsabilidade pela sua preservação. Isto é assim porque a pertença, móvel ou imóvel, apesar de manter sua independência individual como coisa, *ajuda*, ou serve, a coisa principal, entrando, de algum modo, no lugar que esta ocupa no espaço geográfico-econômico.

Já se decidiu que se insere no conceito de pertença equipamento de conversão de veículo para combustível de gás natural, admitindo-se *coisa móvel* ajudante de *móvel* (2º TACSP, 10ª Câm., AI 824.4440/0, rel. Juiz Nestor Duarte, j. 5-2-2004).

Partes integrantes. São acessórios que, unidos ao principal, formam com ele um todo, sendo desprovidos de existência material própria, embora mantenham sua identidade. P. ex., as lâmpadas de um lustre; frutos e produtos enquanto não separados da coisa principal; rodas e motor de um automóvel; tubulação de água de rega; elevador de prédio. São, na lição de Francisco Amaral, acessórios que, ao se incorporarem a uma coisa composta, a completam, formando um todo e possibilitando sua utilização. Têm caráter permanente relativamente ao bem principal e se dele forem retirados, comprometer-se-á o todo.

BIBLIOGRAFIA: Francisco Amaral, *Direito civil — introdução*, Rio de Janeiro, Renovar, 1998, p. 315; Matiello, *Código Civil*, cit., p. 81-2; Nestor Duarte, *Código Civil*, cit., p. 84; José de Oliveira Ascensão, *Direito civil*, cit., v. 1, p. 310; Álvaro Villaça Azevedo e Gustavo R. Nicolau, *Código Civil*, cit., p. 207.

Art. 94. Os negócios jurídicos que dizem respeito ao bem principal não abrangem as pertenças, salvo se o contrário resultar da lei, da manifestação de vontade, ou das circunstâncias do caso.

Inexistência de pertenças de direitos. Como as pertenças não são partes integrantes do bem principal, os negócios jurídicos alusivos a ele não as alcançarão, exceto se o contrário advier de disposição normativa, de vontade das partes ou da circunstância do caso. Admite, portanto, o artigo *sub examine* a inversão da regra segundo a qual o acessório segue o principal, salvo disposição legal ou negocial em contrário. A pertinencialidade surge de um negócio jurídico que submete a coisa ao serviço de outra. A relação de pertinencialidade somente se estabelece se a coisa economicamente se anexa à outra. A relação de pertinencialidade só existe entre coisas e não entre direitos. Não há pertença de direitos, mas, em regra, apenas de coisas móveis ou imóveis, porque a relação de pertinencialidade é econômica. O direito apenas a encontra no plano dos negócios jurídicos (CC, art. 94), por não ser o das relações entre o titular e a coisa, mas entre credor e devedor. Para Kohler a pertinencialização (*Pertinenzirung*) é negócio jurídico, por exigir um ato de determinação pelo dono, ou possuidor, do bem principal e a submissão da coisa-pertença, que presta serviço à outra, que é um bem de raiz. A pertinencialidade surge de um ato negocial que submete a coisa ao serviço de outra. O aplicador deverá averiguar se a finalidade da pertença é similar à destinação da coisa principal. Se o negócio for alusivo apenas ao bem principal não alcançará as pertenças, a não ser que o contrário resulte de lei, de manifestação de vontade ou das circunstâncias do caso, visto que a finalidade econômica ou social delas possa auxiliar o principal. O piano não é pertença do imóvel onde reside o pianista, mas, como já dissemos, o será de um conservatório musical, ante as circunstâncias do caso, uma vez que é imprescindível para que este possa atingir sua finalidade. Para que um campo de tênis, separado de um hotel, a ele pertença, será preciso que se o assente e averbe no Registro Imobiliário. Logo, entre direitos e bens móveis ou imóveis pode haver uma relação de pertinencialidade e entre direitos não há pertinencialidade, mas relação de parapertinencialidade, p. ex., na ligação econômica de direitos de patentes ou de direitos a prêmios. As pertenças só podem, excepcionalmente, ser imóveis, porque um dos pressupostos da pertinencialidade é a existência da coisa principal (imóvel); logo, se forem *móveis* ajudantes de imóvel, constituem *imóveis por acessão intelectual*, se forem *imóveis-pertenças* que servem a um imóvel, entram na categoria de *imóveis por natureza* ou na de *imóveis por acessão física artificial*. Se a utilização para o fim da coisa principal é elemento necessário da relação de pertinencialidade, outra não poderia ser, em que pesem as opiniões em contrário, a conclusão. Aquele que alegar a relação de pertinencialidade deverá provar que a coisa (móvel-pertença ou imóvel-pertença) se destina a servir aos fins da coisa principal. Nada obsta, portanto, que se venda o hotel sem aquele campo de tênis, p. ex., ou que se venda uma loja sem o ar-condicionado.

BIBLIOGRAFIA: Funke, *Die Lehre von der Pertinenzen*, v. 2, p. 47; Pontes de Miranda, *Tratado de direito privado*, São Paulo, Revista dos Tribunais, 1983, v. 2, p. 113-27; Kohler, Zur Lehre von der *Pertinenzen, Jahrbucher fur die Dogmatik*, p. 23, 36, 30 e 74; Andreoli, *Le Pertinenze*, p. 162 e 217; Umrath, *Der Begriff des wesentlichen Bestandteils*, p. 74 e s.

Art. 95. Apesar de ainda não separados do bem principal, os frutos e produtos podem ser objeto de negócio jurídico.

- *Código Civil, arts. 237, 1.232, 1.214, 1.215 e 1.216.*

BENS

Conceito de frutos. No dizer de Clóvis Beviláqua, frutos são utilidades que a coisa produz periodicamente, cuja percepção mantém intacta a substância do bem que as gera (*fructus est quidquid ex re renasci solet*). São, como assevera Lafayette, os produtos que periodicamente nascem e renascem da coisa, sem acarretar-lhe a destruição no todo ou em parte, como o algodão, a lã, o leite etc.

Classificação dos frutos. Quanto à sua origem os frutos podem ser: *naturais*, quando se renovam periodicamente pela própria força orgânica da coisa, sem contudo perder essa característica se o homem concorrer com processos técnicos para melhorar sua qualidade ou aumentar sua produção, p. ex., cria dos animais, ovos, frutos de uma árvore; *industriais*, quando devidos ao engenho humano, como a produção de uma fábrica; e *civis*, se se tratar de rendimentos oriundos da utilização de coisa frutífera por outrem que não o proprietário, como as rendas, aluguéis, juros, dividendos e foros. Quanto ao seu estado distinguem-se em: *pendentes*, se ligados à coisa que os produziu (CC, art. 1.214, parágrafo único); *percebidos*, se já separados (CC, art. 1.214); *estantes*, armazenados em depósito para expedição ou venda; *percipiendos*, os que deviam ser mas não foram percebidos; e *consumidos*, os que não mais existem, por já terem sido utilizados.

Rendimentos. Os rendimentos são os frutos civis (CC, arts. 1.215 e 206, § 3º, III; *RJTJSP*, *126*:186), ou prestações periódicas, em dinheiro, decorrentes da concessão do uso e gozo de um bem que uma pessoa concede a outra.

Produtos. Os produtos são utilidades que se pode retirar da coisa, alterando sua substância, com a diminuição da quantidade até o esgotamento, porque não se reproduzem periodicamente (p. ex., pedras de uma pedreira, petróleo de um poço).

Frutos e produtos como objeto de negócio jurídico. Os frutos e produtos, mesmo não separados do bem principal, podem ser objeto de negócio jurídico. P. ex.: a) pelo art. 237 do Código Civil, quanto aos frutos de coisa certa, os percebidos até a tradição serão do devedor e os pendentes ao tempo da tradição, do credor, uma vez que são suscetíveis de negociação; b) metais preciosos, como o ouro, podem ser comercializados antes de sua extração da mina; c) safra de café poderá ser negociada antes da colheita.

BIBLIOGRAFIA: Levenhagen, *Código Civil*, cit., v. 1, p. 94; Darcy Arruda Miranda, *Anotações*, cit., v. 1, p. 50; Sá Freire, *Manual do Código Civil brasileiro*, cit., v. 2, p. 483-7; Clóvis Beviláqua, *Comentários*, cit., v. 1, p. 305 e s.; Lafayette, *Direito das cousas*, p. 228 e 229; M. Helena Diniz, *Curso*, cit., v. 1, p. 169 e 170; Caio M. S. Pereira, *Instituições*, cit., v. 1, p. 377 e s.; Silvio Rodrigues, *Direito civil*, cit., v. 1, p. 148 e s.; Serpa Lopes, *Curso*, cit., v. 1, p. 371 e s.; W. Barros Monteiro, *Curso*, cit., v. 1, p. 156 e s.; Orlando Gomes, *Introdução*, cit., p. 215 e s.; Fabrício Z. Matiello, *Código Civil*, cit., p. 83.

Art. 96. As benfeitorias podem ser voluptuárias, úteis ou necessárias.

§ 1º São voluptuárias as de mero deleite ou recreio, que não aumentam o uso habitual do bem, ainda que o tornem mais agradável ou sejam de elevado valor.

§ 2º São úteis as que aumentam ou facilitam o uso do bem.

§ 3º São necessárias as que têm por fim conservar o bem ou evitar que se deteriore.

- Vide *Código Civil, arts. 1.922, parágrafo único, 1.248 a 1.259, 1.219 a 1.222.*
- Vide *o art. 24 do Decreto n. 59.566, de 14 de novembro de 1966, que regulamentou, em parte, a Lei n. 4.504, de 30 de novembro de 1964 (Estatuto da Terra).*
- *Código de Processo Civil, art. 917, IV e § 5º.*
- *Lei n. 8.245/91, art. 35.*
- *Súmula 538 do Supremo Tribunal Federal.*

Conceito de benfeitorias. As benfeitorias são obras e despesas que se fazem em bem móvel ou imóvel para conservá-lo, melhorá-lo ou embelezá-lo (*RJTJSP*, *32*:35, *49*:69, *37*:59 e

64:100; *Ciência Jurídica*, *71*:98; *RT*, *682*:142, *352*:158, *511*:102, *614*:94, *659*:159, *627*:88, *722*:205, *726*:325; *JTACSP*, *119*:383; *RJ*, *147*:90 e *112*:191).

Benfeitorias voluptuárias. As benfeitorias voluptuárias (*impensae voluptuariae*), de mero deleite ou recreio, têm por escopo tão somente dar comodidade àquele que as fez, não tendo qualquer utilidade por serem obras para embelezar a coisa (p. ex., construção de piscina numa casa particular, revestimento em mármore de um piso de cerâmica em bom estado, decoração luxuosa de um aposento etc.).

Benfeitorias úteis. As benfeitorias úteis (*impensae utiles*) são as que visam aumentar ou facilitar o uso do bem, apesar de não serem necessárias (*RT*, *516*:157) (p. ex., instalação de aparelhos sanitários modernos, construção de uma garagem).

Benfeitorias necessárias. As benfeitorias necessárias ou *impensae necesariae* (*RT*, *682*:142) são obras indispensáveis à conservação do bem, para impedir a sua deterioração (p. ex., serviços realizados num alicerce da casa que cedeu, troca de encanamento enferrujado ou de fiação elétrica que pode provocar curto-circuito, reconstrução de um assoalho que apodreceu, colocação de cerca de arame farpado para proteger a agricultura).

BIBLIOGRAFIA: R. Limongi França, Benfeitoria, in *Enciclopédia Saraiva do Direito*, v. 11, p. 122 e 123; Altino Portugal, Benfeitorias, in *Enciclopédia Saraiva do Direito*, v. 11, p. 123-7; M. Helena Diniz, *Curso*, cit., v. 1, p. 170 e 171; Levenhagen, *Código Civil*, cit., v. 1, p. 97; Sá Freire, *Manual*, cit., v. 2, p. 502-6; José Guilherme Braga Teixeira, A indenização das benfeitorias e acessões industriais ao possuidor de boa-fé e o direito de retenção, *RDC*, *60*:165.

Art. 97. Não se consideram benfeitorias os melhoramentos ou acréscimos sobrevindos ao bem sem a intervenção do proprietário, possuidor ou detentor.

- *Código Civil, arts. 96, 1.248 a 1.259.*

Benfeitoria e acessão natural. Se benfeitorias são obras e despesas feitas pelo homem no bem, com o intuito de conservá-lo, melhorá-lo ou embelezá-lo, claro está que não abrangem os melhoramentos ou acréscimos (acessões naturais) sobrevindos àquele bem sem a intervenção do proprietário, possuidor ou detentor por ocorrerem de um fato natural (p. ex., o aumento de uma área de terra em razão de desvio natural de um rio).

Melhoramentos que constituem acessão natural. A acessão natural é o aumento do volume ou do valor do bem devido a forças eventuais. Assim sendo não é indenizável, pois para sua realização o possuidor ou detentor não concorreu com seu esforço, nem com seu patrimônio. Por ser coisa acessória segue o destino da principal. O Código Civil no seu art. 1.248, I a IV, contempla as seguintes formas de acessão natural, no que concerne à propriedade imóvel: formação de ilhas, aluvião, avulsão e abandono de álveo. A acessão altera a substância do bem, e a benfeitoria apenas objetiva a sua conservação ou valorização ou o seu maior deleite (*RT*, *374*:170).

BIBLIOGRAFIA: M. Helena Diniz, *Curso*, cit., v. 1, p. 172; Clóvis Beviláqua, *Código Civil comentado*, cit., obs. ao art. 64, v. 1; Orlando Gomes, *Introdução*, cit., p. 215-20; Levenhagen, *Código Civil*, cit., v. 1, p. 97; Darcy Arruda Miranda, *Anotações*, cit., v. 1, p. 51.

Capítulo III

Dos Bens Públicos

Art. 98. São públicos os bens do domínio nacional pertencentes às pessoas jurídicas de direito público interno; todos os outros são particulares, seja qual for a pessoa a que pertencerem.

- *Sobre o patrimônio público,* vide *o art. 1º da Lei n. 4.717, de 29 de junho de 1965, que regula a ação popular.*
- *Constituição Federal, arts. 5º, LXXIII, 20 (sendo que o inciso IV sofreu nova redação pela Emenda Constitucional n. 46/2005), 26, 176 e 183, § 3º e ADCT, art. 16, § 3º.*
- Vide *Decreto-Lei n. 9.760, de 5 de setembro de 1946, que dispõe sobre imóveis da União, alterado pelas Leis n. 225, de 3 de fevereiro de 1948, 7.450, de 23 de dezembro de 1985, pelo Decreto-Lei n. 2.398, de 21 de dezembro de 1987, e pela Lei n. 11.314, de 3 de julho de 2006. Os arts. 19 a 31, 127 a 133, 139, 140 e 159 a 174 não se aplicam aos imóveis rurais (Lei n. 6.383, de 7 de dezembro de 1976, art. 32). O Decreto-Lei n. 852, de 11 de novembro de 1938, art. 2º, enumera as águas pertencentes à União.*
- *Decretos n. 24.643/34, 28.840/50, 85.064/80 e 99.165/90.*
- *Decreto-Lei n. 3.236/41.*
- *Leis n. 6.634/79, 7.565/86, art. 10, e 8.617/93.*
- *Código Civil, arts. 41, I a V, e 102.*
- *Súmula 650 do Supremo Tribunal Federal.*

Classificação dos bens quanto aos sujeitos a que pertencem. *Bens públicos* são os que pertencem ao domínio nacional, ou seja, à União (*RDA*, *5*:158, *6*:361, *170*:261, *127*:643 e *162*:337; *RT*, *164*:793, *174*:338 e *117*:724; *RF*, *292*:569 e *108*:604), aos Estados ou aos Municípios e às demais pessoas jurídicas de direito público interno (CC, art. 41, I a V). De modo que, conforme a pessoa jurídica de direito público interno (CC, art. 41, I a V) a que pertencerem, os bens públicos serão federais, estaduais ou municipais. Esclarece o CJF, no Enunciado n. 287, que: "O critério da classificação de bens indicado no art. 98 do Código Civil não exaure a enumeração dos bens públicos, podendo ainda ser classificado como tal o bem pertencente a pessoa jurídica de direito privado que esteja afetado à prestação de serviços públicos" (aprovado na *IV Jornada de Direito Civil*). Os *bens particulares* são os que tiverem como titular de seu domínio pessoa natural ou jurídica de direito privado.

"Res nullius". Há coisas que não são públicas nem particulares, por não pertencerem a ninguém, p. ex., os animais selvagens em liberdade, as conchas numa praia, as pérolas de ostras que estão no fundo do mar, as águas pluviais não captadas, as coisas abandonadas. Todavia essa observação não se aplica a imóveis, que nunca serão *res nullius*, pois pelo art. 1.276 do Código Civil o imóvel abandonado será arrecadado como bem vago e passará ao domínio do Município ou do Distrito Federal, se se achar nas respectivas circunscrições, três anos depois se se tratar de imóvel localizado em zona urbana, e à propriedade da União, três anos depois, se situado em zona rural, onde quer que ele se localize.

BIBLIOGRAFIA: M. Helena Diniz, *Curso*, cit., v. 1, p. 173; W. Barros Monteiro, *Curso*, cit., v. 1, p. 161 e s.; Levenhagen, *Código Civil*, cit., v. 1, p. 99; Clóvis Beviláqua, *Código Civil comentado*, cit., obs. ao art. 65, v. 1.

Art. 99. São bens públicos:

I — os de uso comum do povo, tais como rios, mares, estradas, ruas e praças;

- Vide *Decreto n. 24.643, de 10 de julho de 1934, e Decreto-Lei n. 852, de 11 de novembro de 1938, art. 3º. Pela Lei n. 7.661, de 16 de maio de 1988, arts. 9º e 10, as praias são bens públicos de uso comum do povo.*
- *Lei n. 9.636/98, art. 42, § 1º, com redação da Lei n. 13.813/2019.*

II — os de uso especial, tais como edifícios ou terrenos destinados a serviço ou estabelecimento da administração federal, estadual, territorial ou municipal, inclusive os de suas autarquias;

III — os dominicais, que constituem o patrimônio das pessoas jurídicas de direito público, como objeto de direito pessoal, ou real, de cada uma dessas entidades.

- *Súmula 340 do Supremo Tribunal Federal.*

Parágrafo único. Não dispondo a lei em contrário, consideram-se dominicais os bens pertencentes às pessoas jurídicas de direito público a que se tenha dado estrutura de direito privado.

- *Sobre águas do domínio da União,* vide *também o Decreto-Lei n. 852, de 11 de novembro de 1938, que faz alterações no Código de Águas.*
- *Sobre a plataforma submarina,* vide *Decreto n. 28.840, de 8 de novembro de 1950.*
- *Plano Nacional de Gerenciamento Costeiro: Lei n. 7.661/88, art. 10.*
- *Sobre o mar territorial,* vide *Lei n. 8.617, de 4 de janeiro de 1993.*
- *Sobre o patrimônio histórico e artístico,* vide *Decreto-Lei n. 25, de 30 de novembro de 1937.*
- *Sobre concessão de uso especial de áreas da União para fins de moradia de população carente: Leis n. 9.636/98, 8.666/93 e Decreto-Lei n. 9.760/46, todos com as alterações da Lei n. 11.481/2007.*
- *Sobre os bens imóveis da União, inclusive terrenos de marinha e terras devolutas,* vide *o Decreto-Lei n. 9.760, de 5 de setembro de 1946, com alteração da Lei n. 11.314, de 3 de julho de 2006, e da Lei n. 11.481/2007.*
- *Decreto Legislativo n. 45, de 15 de outubro de 1968, que autoriza adesão às Convenções sobre Direito do Mar, concluídas em Genebra a 29 de abril de 1958.*
- *Sobre terrenos de marinha e marginais a rios navegáveis devem ser consultados: Lei n. 1.507, de 26 de setembro de 1867; Decretos n. 21.235, de 2 de abril de 1932, e 22.658, de 20 de abril de 1933, sendo que ambos os decretos foram revogados pelo Decreto n. 99.999, de 11 de janeiro de 1991. Decretos-Leis n. 710, de 17 de setembro de 1938; 2.289, de 7 de junho de 1940; 2.415, de 16 de julho de 1940; 3.050, de 13 de fevereiro de 1941; 3.205, de 22 de abril de 1941; 3.437 e 3.438, de 17 de julho de 1941; 3.721, de 16 de outubro de 1941; 3.964, de 20 de dezembro de 1941; 4.034, de 19 de janeiro de 1942; 4.120, de 21 de fevereiro de 1942; 7.226, de 4 de janeiro de 1945; 7.278, de 29 de janeiro de 1945; 7.916, de 30 de agosto de 1945; 7.937, de 5 de setembro de 1945; 9.063, de 15 de março de 1946; e 9.760, de 5 de setembro de 1946, com alteração da Lei n. 11.481/2007.*
- *Sobre terras devolutas e terrenos aforados, consultem-se: Lei n. 601, de 18 de setembro de 1850; Decretos n. 10.105, de 5 de março de 1913, 19.924, de 27 de abril de 1931, 22.658, de 20 de abril de 1933 (ora revogado pelo Decreto n. 99.999, de 11 de janeiro de 1991); Decretos-Leis n. 710, de 17 de setembro de 1938, 2.490, de 16 de agosto de 1940, 7.916, de 30 de agosto de 1945, e 9.760, de 5 de setembro de 1946, com alterações da Lei n. 11.481/2007; Lei n. 6.383, de 7 de dezembro de 1976 e Decreto n. 87.620/82.*
- *Sobre concessão e alienação de terras devolutas na faixa de fronteira: art. 5º, § 1º, da Lei n. 4.947/66; Decreto-Lei n. 1.414/75, regulamentado pelo Decreto n. 76.694/75, com alterações da Lei n. 6.925/81; Lei n. 9.871, de 23-11-1999, e Instrução Normativa n. 33/99 do Instituto Nacional de Colonização e Reforma Agrária.*
- *Sobre concessão de uso de terrenos públicos: Decreto-Lei n. 271/67, art. 7º, com a redação da Lei n. 11.481/2007.*
- *Sobre concessão de uso de imóveis de pessoa jurídica de direito público da administração federal indireta: Lei n. 12.873/2013, art. 45, § 1º.*

BENS

- *Lei n. 9.871/99, que estabelece prazo para as ratificações de concessões e alienações de terras feitas pelos Estados na faixa de fronteira.*
- Vide *Lei n. 6.634, de 2 de maio de 1979, que dispõe sobre a faixa de fronteira, e Decreto n. 85.064, de 26 de agosto de 1980.*
- *Sobre dispensa do pagamento de laudêmio: Decretos-Leis n. 1.850/81 e 1.876/81, regulamentado pelo Decreto n. 1.466/95 e alterado pela Lei n. 11.481/2007.*
- *Sobre jazidas de petróleo e gases raros,* vide *Decreto-Lei n. 3.236, de 7 de maio de 1941.*
- *Sobre imóveis destinados à defesa nacional,* vide *Decreto-Lei n. 7.315-A, de 10 de fevereiro de 1945.*
- *Sobre instrumentos e produtos de crime,* vide *Código Penal, art. 91, II; Código de Processo Penal, art. 119; e Decreto-Lei n. 9.760, de 5 de setembro de 1946.*
- *Os bens públicos não são passíveis de usucapião: Constituição Federal de 1988, art. 191 e parágrafo único.*
- *Constituição Federal, arts. 20 e 176.*
- *Emenda Constitucional n. 46/2005, que altera a redação do art. 20, IV, da Constituição Federal.*
- *Delimitação de área remanescente dos quilombos (Lei n. 10.683/2003; Decretos n. 4.883/2003 e 5.011/2004, art. 8º, IV).*
- *Lei n. 11.107/2005, que dispõe sobre normas gerais de contratação de consórcios públicos.*
- *Súmulas 329 e 496 do Superior Tribunal de Justiça.*

Bens públicos de uso comum do povo. Os bens de uso comum do povo, embora pertencentes a pessoa jurídica de direito público interno, podem ser utilizados, sem restrição e gratuita ou onerosamente, por todos, sem necessidade de qualquer permissão especial, desde que cumpridas as condições impostas por regulamentos administrativos (p. ex., praças, jardins, ruas, estradas, mares, praias — Lei n. 7.661/88, art. 9º; rios, enseadas, baías, golfos — CC, art. 99, I etc.; *RJTACSP*, *112*:92; *RT*, *653*:100 e *688*:98; *RJ*, *165*:80 e *141*:85). Nada obsta a que o Poder Público venha a suspender seu uso por razões de segurança nacional ou do próprio povo usuário. Por exemplo, interdição do porto, barragem do rio etc.

Bens públicos de uso especial. Os bens públicos de uso especial (CC, art. 99, II; *JM*, *101*:103) são os utilizados pelo próprio Poder Público, constituindo-se por imóveis aplicados ao serviço ou estabelecimento da administração federal, estadual, territorial ou municipal, inclusive o de suas autarquias, como prédios onde funcionam tribunais, creches ou escolas públicas, teatros públicos, parlamentos, repartições, secretarias, ministérios, quartéis, cemitérios públicos etc. São os que têm destinação especial.

Bens dominicais. Os bens dominicais são os que compõem o patrimônio da União (CF, arts. 20, I a XI, e 176), dos Estados (CF, art. 26, I a IV) ou dos Municípios, como objeto do direito pessoal ou real dessas pessoas de direito público interno (CC, art. 99, III). O mesmo se diga do patrimônio de autarquia e fundação pública. São da propriedade de entes públicos como de particulares fossem. Se assim é, nada obsta a sua utilização por entidades controladas pelo Poder Público, visto que, como tem observado Odete Medauar, há tendência, no ordenamento jurídico, à publicização do regime de bens pertencentes, p. ex., a fundações públicas, a consórcios públicos (Lei n. 11.107/2005, arts. 1º, § 1º, e 6º, II), a empresas públicas e a sociedades de economia mista, apesar de terem a estrutura da pessoa jurídica de direito privado. Por isso, se a lei não dispuser o contrário, são dominicais os que pertencerem a pessoa jurídica de direito público a que se tenha dado estrutura de direito privado (CC, art. 99, parágrafo único). Abrangem bens móveis ou imóveis, como títulos de dívida pública; estradas de ferro, telégrafos, oficinas e fazendas do Estado; ilhas formadas em mares territoriais ou rios navegáveis; terras devolutas (CF, arts. 225, § 5º, 188, §§ 1º e 2º; Decreto-Lei n. 1.414/75; Leis n. 6.383/76 e 6.925/81; Decreto n. 87.040/82, revogado pelo Decreto n. 11/91, que também já perdeu sua vigência; *RTJ*, *32*:73; *RJTJSP*, *26*:246, *12*:68 e *23*:260; *Ciência Jurídica*, *71*:116; *RT*, *339*:448, *799*:342; *RJ*, *172*:104; STF, Súmula 477); terrenos da marinha e acrescidos; mar territorial, terras ocupadas pelos índios, sítios arqueológicos e pré-históricos; bens vagos, bens perdidos pelos criminosos condenados por sentença proferida em processo judiciário federal; quedas-d'água, jazidas e minérios, arsenais com todo o material da marinha, exército e aviação; bens que foram do domínio da Coroa (Decs.-Leis n. 9.760/46, arts. 64 e s., com as alterações da Lei n. 11.481/2007, 227/67, 318/67, 3.236/41 e Lei n. 2.004/53, ora revogada pela Lei n. 9.478/97). Abrangem, ainda, os títulos de crédito e dinheiro arrecadado pelos tributos (Lei n. 4.320/64, arts. 6º, § 1º, 39, 105 e 112). Os bens públicos dominicais podem, por determinação legal, ser convertidos em bens de uso comum ou especial. *Vide*, sobre terras públicas: Decreto-Lei n. 2.375/87, que revogou o Decreto-Lei n. 1.164/71, e Constituição do Estado de São Paulo, 1989, art. 187, I a IV.

BIBLIOGRAFIA: M. Helena Diniz, *Curso,* cit., v. 1, p. 173-4; Silvio Rodrigues, *Direito civil*, cit., v. 1, p. 157-60; Serpa Lopes, *Curso*, cit., v. 1, p. 375-80; W. Barros Monteiro, *Curso*, cit., v. 1, p. 161-4; Orlando Gomes, *Introdução*, cit., p. 221-4; Caio M. S. Pereira, *Instituições*, cit., v. 1, p. 381-9; Hauriou, *Précis de droit administratif*, p. 530 e s.; Hely Lopes Meirelles, *Direito administrativo brasileiro*, p. 444, e *Direito municipal brasileiro*, v. 1, p. 97; Mário Mazagão, *Direito administrativo*, v. 1, n. 283; Álvaro Villaça Azevedo, Bens impenhoráveis, in *Enciclopédia Saraiva do Direito*, v. 11, p. 229; José Cretella Jr., *Dos bens públicos*, São Paulo, Saraiva, 1969, p. 262, 264, 321 e 322; Celso Antônio Bandeira de Mello, *Curso de direito administrativo*, São Paulo, Malheiros, 1993, p. 391-407; Diogo Freitas do Amaral, *A utilização do domínio público pelos particulares*, 1972; Maria Sylvia Zanella di Pietro, *Uso privativo de bem público por particular*, 1983; Lesley Gasparini, Bens públicos: sua utilização por terceiros, *RDP*, *97*:275. Odete Medauar, *Direito administrativo moderno*, São Paulo, Revista dos Tribunais, 1999, p. 266; Pablo S. Gagliano e Rodolfo Pamplona Filho, *Novo curso*, cit., v. 1, p. 282.

Art. 100. Os bens públicos de uso comum do povo e os de uso especial são inalienáveis, enquanto conservarem a sua qualificação, na forma que a lei determinar.

- Vide *os arts. 12 do Decreto-Lei n. 710, de 17 de setembro de 1938, e 200 do Decreto-Lei n. 9.760, de 5 de dezembro de 1946.*
- *"A alienação de bens imóveis da União dependerá de autorização em decreto e será sempre precedida de parecer do órgão próprio responsável pelo patrimônio da União, quanto à sua oportunidade e conveniência"* — Vide *art. 195 do Decreto-Lei n. 200, de 25 de fevereiro de 1967, com a redação determinada pelo Decreto-Lei n. 900, de 29 de setembro de 1969 (ora revogado).*
- Vide *Súmula 340 do Supremo Tribunal Federal.*
- *Constituição Federal, arts. 183, § 3º, e 191, parágrafo único.*
- *Lei n. 9.636/98 (art. 23), regulamentada pelo Decreto n. 3.725/2001, sobre regularização, administração, aforamento e alienação de bens imóveis da União.*

Inalienabilidade dos bens públicos. Os bens públicos de uso comum do povo e os de uso especial são indisponíveis ou inalienáveis, logo não podem ser vendidos, doados ou trocados. Tal inalienabilidade poderá ser revogada desde que: *a*) o seja mediante lei especial; *b*) tenham tais bens perdido sua utilidade ou necessidade, não mais conservando sua qualificação; assim, ocorrida a desafetação (mudança da destinação) de um bem público, este perderá a inalienabilidade se incluído no rol dos bens dominicais (art. 101) para tornar possível sua alienação (*RT*, *711*:93,

621:189); e *c*) a entidade pública os aliene em hasta pública ou por meio de concorrência administrativa (*RF, 83*:275; *EJSTJ, 12*:15).

Art. 101. Os bens públicos dominicais podem ser alienados, observadas as exigências da lei.

- *Lei n. 8.666/93, art. 17, I, f, com alteração da Lei n. 11.481/2007.*
- *Lei n. 9.636/98, arts. 6º, § 1º, 22-A (com a redação da Lei n. 11.481/2007) e 23.*
- *Código Civil, arts. 99 e 100.*

Alienabilidade dos bens públicos dominicais. Qualquer bem público dominical, por ser do domínio privado do Poder Público, pode ser alienado (mediante compra e venda, legitimação de posse, arrendamento, concessão de uso especial para fins de moradia de população de baixa renda, comodato etc.) como se fosse bem particular (Decreto n. 15.783/22, art. 807), desde que sejam observadas as exigências impostas por lei (p. ex., licitação, autorização legal e avaliação prévia), uma vez que não há qualquer afetação a uma finalidade pública específica.

BIBLIOGRAFIA: Jones F. Alves e Mário Luiz Delgado, *Código*, cit., p. 77.

Art. 102. Os bens públicos não estão sujeitos a usucapião.

- *Constituição Federal, arts. 183, § 3º, e 191, parágrafo único.*
- *Súmula 340 do Supremo Tribunal Federal.*
- *Decreto-Lei n. 9.760/46, art. 200.*

Inalienabilidade dos bens públicos e a questão do usucapião. Os bens públicos, por serem inalienáveis (CC, art. 100), não podem ser usucapidos. O mesmo se diga dos dominicais, apesar de serem alienáveis (CC, art. 101), observadas as exigências legais (Súmula 340 do STF).

Imprescritibilidade e impenhorabilidade dos bens públicos como caracteres decorrentes da sua inalienabilidade. Os bens públicos são imprescritíveis, *não podendo ser adquiridos por usucapião* (CF/88, art. 191, parágrafo único; *RT, 729*:161, *606*:53, *463*:66). Mas há alguns juristas, como Silvio Rodrigues, que, ante o disposto na Constituição Federal, art. 188, admitem o usucapião de terras devolutas. São impenhoráveis, porque inalienáveis, sendo, portanto, insuscetíveis de serem dados em garantia. A impenhorabilidade impede que o bem passe do patrimônio do devedor ao do credor, ou de outrem, por força de execução judicial (adjudicação ou arrematação).

BIBLIOGRAFIA: Hely Lopes Meirelles, *Direito administrativo*, v. 1, p. 444 e s.; Levenhagen, *Código Civil*, cit., v. 1, p. 100 e 101; M. Helena Diniz, *Curso*, cit., v. 1, p. 174; Clóvis Beviláqua, *Código Civil comentado*, cit., obs. ao art. 67, v. 1.

Art. 103. O uso comum dos bens públicos pode ser gratuito ou retribuído, conforme for estabelecido legalmente pela entidade a cuja administração pertencerem.

- *Constituição Federal, art. 150, V.*
- *Código Civil, art. 98.*

Uso gratuito ou oneroso dos bens públicos. Os bens podem ser utilizados gratuita ou onerosamente (*RJTJSP, 40*:124), conforme for estabelecido legalmente pela entidade a cuja administração pertencerem. A regra geral é o seu uso gratuito, dado que são destinados ao serviço do povo ou da comunidade, que para tanto paga impostos. Todavia, não perderão a natureza de bens públicos se leis ou regulamentos administrativos condicionarem ou restringirem o seu uso a certos requisitos ou mesmo se instituírem pagamento de retribuição. Por exemplo, taxa de ancoragem, pedágio nas estradas, venda de ingresso em museus, para contribuir para sua conservação ou custeio.

Justificação da onerosidade do uso de bens públicos. Há certas razões excepcionais que requerem o uso oneroso de determinados bens públicos, como a sua conservação ou a realização de melhoramentos, pois o Estado, para fazer frente às despesas prementes e vultosas, precisará recorrer à contribuição popular. Em tais casos é evidente a legitimidade da cobrança.

BIBLIOGRAFIA: Sá Freire, *Manual,* cit., v. 2, p. 570-87; M. Helena Diniz, *Curso,* cit., v. 1, p. 173; Clóvis Beviláqua, *Código Civil comentado,* cit., obs. ao art. 68, v. 1; João Luís Alves, *Código Civil anotado,* cit., obs. ao art. 68, v. 1; Tepedino e outros, *Código*, cit., v. 1, p. 205.

Livro III

Dos Fatos Jurídicos

Título I

Do Negócio Jurídico

Capítulo I

Disposições Gerais

Art. 104. A validade do negócio jurídico requer:

I — agente capaz;

II — objeto lícito, possível, determinado ou determinável;

III — forma prescrita ou não defesa em lei.

- Vide *Lei n. 8.078/90, arts. 6º, V, e 51, §§ 1º, III, 2º.*
- Vide *Código Civil, arts. 3º, 4º, 5º, parágrafo único, I, 105 a 112, 166, 167, 171, 183, 184, 1.640 e 2.035.*

Elementos essenciais do ato negocial. Os *elementos essenciais* são imprescindíveis à existência e validade do ato negocial, pois formam sua substância; podem ser *gerais,* se comuns à generalidade dos negócios jurídicos, dizendo respeito à capacidade do agente, ao objeto lícito, possível, determinado ou determinável e ao consentimento dos interessados; e *particulares,* peculiares a determinadas espécies por serem concernentes à sua forma e prova.

Capacidade do agente. Como todo ato negocial pressupõe uma declaração de vontade, a capacidade do agente é indispensável à sua participação válida na seara jurídica. Tal *capacidade* poderá ser: *a*) *geral,* ou seja, a de exercer direitos (*Geschäftsfähigkeit*) por si, logo o ato praticado pelo absolutamente incapaz sem a devida representação será nulo (CC, art. 166, I; *RT*, *626*:143) e o realizado pelo relativamente incapaz sem assistência será anulável (CC, art. 171, I); *b*) *especial,* ou legitimação, requerida para a validade de certos negócios em dadas circunstâncias (p. ex., pessoa casada é plenamente capaz, embora não tenha capacidade para vender imóvel sem autorização do outro consorte ou suprimento judicial desta (CC, arts. 1.647, 1.649 e 1.650), exceto se o regime matrimonial de bens for o de separação absoluta.

Objeto lícito, possível, determinado ou determinável. O negócio jurídico válido deverá ter, como diz Crome, em todas as partes que o constituírem, um conteúdo legalmente permitido (*in allen ihren Bestandteilen einen rechtlich zulässigen Inhalt*). Deverá ser lícito, ou seja, conforme a lei, não sendo contrário aos bons costumes, à ordem pública e à moral. Se tiver objeto ilícito será nulo (CC, art. 166; *RT, 395*:165). É o que ocorrerá, p. ex., com a compra e venda de coisa roubada. Deverá ter ainda objeto possível, física ou juridicamente. Se o ato negocial contiver prestação impossível, como a de dar volta ao mundo em uma hora ou de vender herança de pessoa viva (CC, art. 426), deverá ser declarado nulo (CC, arts. 104, II, e 166, II). Deverá ter objeto determinado ou, pelo menos, suscetível de determinação, pelo gênero e quantidade, sob pena de nulidade absoluta em caso de venda de coisa incerta, que será determinada pela escolha; e, na hipótese de venda alternativa, a indeterminação cessará com o ato de concentração (CC, arts. 166, II, 243 e 252).

Consentimento dos interessados. As partes deverão anuir, expressa ou tacitamente, para a formação de uma relação jurídica sobre determinado objeto, sem que se apresentem quaisquer vícios de consentimento, como erro, dolo, coação, estado de perigo e lesão ou vícios sociais, como simulação e fraude contra credores.

Forma prescrita ou não defesa em lei. Às vezes será imprescindível seguir determinada forma de manifestação de vontade ao se praticar ato negocial dirigido à aquisição, ao resguardo, à modificação ou extinção de relações jurídicas. O princípio geral é que a declaração de vontade independe de forma especial (CC, art. 107), sendo suficiente que se manifeste de modo a tornar conhecida a *intentio* do declarante, dentro dos limites em que seus direitos podem ser exercidos. Apenas, excepcionalmente, a lei vem a exigir determinada forma, cuja inobservância invalidará o negócio.

BIBLIOGRAFIA: W. Barros Monteiro, *Curso*, cit., v. 1, p. 184-7; Levenhagen, *Código Civil*, cit., v. 1, p. 115-6; Hermann Isay, *Zur Lehre von Willenserklärungen nach dem BGB*, 1902, p. 43; M. Helena Diniz, *Curso*, cit., v. 1, p. 233, 235, 236 e 256; Clóvis Beviláqua, *Teoria geral do direito civil*, p. 228 e 257; Vicente Ráo, *Ato jurídico*, 1961, p. 118; Saiget, *Le contrat immoral*, p. 66; R. Limongi França, Ato jurídico, cit., in *Enciclopédia Saraiva do Direito*, v. 9, p. 26; Forma do ato jurídico, cit., in *Enciclopédia Saraiva do Direito*, v. 38, p. 192; Paulo de Lacerda, *Manual*, cit., v. 3, p. 152-63; Unger, *System des oesterreichischen allgemeinem Privatrechts*, cit., p. 43; Crome, *System des deutschen Burgerlichen Rechts*, 1900, v. 1, p. 362-3 e 373; Brugi, *Istituzioni di diritto civile italiano*, cit., p. 153; Sílvio de Salvo Venosa, *Direito civil*, cit., v. 1, p. 294-5; Orlando Gomes, *Introdução*, cit., p. 350; Inocêncio Galvão Telles, *Dos contratos em geral*, Coimbra, 1947, p. 246; Norberto de Almeida Carride, *Vícios do negócio jurídico*, São Paulo, Saraiva, 1997; Sebastião José Roque, *Teoria geral*, cit., p. 113-20; Armando Roberto Holanda Leite, *Dos fatos e atos jurídicos*, 1980; Zeno Veloso, Fato jurídico, ato jurídico e negócio jurídico, *RDC*, *74*:84; Humberto Theodoro Jr., Negócio jurídico: existência, validade, eficácia, vícios, fraude e lesão, *RT*, *780*:11; Wilson Aquino, Negócio jurídico, *RDC*, *19*:103; Sílvio Macedo, Uma avaliação da teoria do negócio jurídico, *RDC*, *29*:440; Carlos M. de Motes, *Derecho de la persona y negocio jurídico*, 1993; Custodio da P. Ubaldino Miranda, *Teoria geral do negócio jurídico*, 1991; Roger Dorat des Monts, *La cause immorale*, 1956; Giuseppe Stolfi, *Teoria del negozio giuridico*, Padova, CEDAM, 1947; Matteo Ferrante, *Negozio giuridico: concetto*, Milano, Giuffrè, 1950; Alfredo Orgaz, *Hechos y actos o negocios jurídicos*, Buenos Aires, 1963; Francesco Calasso, *Il negozio giuridico*, Milano, Giuffrè, 1967; Manoel Albaladejo, *El negocio jurídico*, Barcelona, Bosch, 1958; Álvaro Villaça Azevedo, *Código Civil comentado*, São Paulo, Atlas, 2003, v. 2; José Carlos Moreira Alves, O novo Código Civil brasileiro e o direito romano — seu exame quanto às principais inovações no tocante ao negócio jurídico, in *O novo Código Civil — estudos em homenagem a Miguel Reale*, São Paulo, LTr, 2003, p. 116-28; Carlos Roberto Gonçalves, *Direito*, cit., v. 1, p. 271 e s.; Marcos Bernardes de Mello, *Teoria do fato jurídico*, São Paulo, Saraiva, 1993; Lizardo T. Córdova, La tipicidad en la teoría general del negocio jurídico, *RDC*, 72:93; Bonifacio Rios Avalos, *Introducción al* *estudio de los hechos y actos jurídicos*, Asunción, 1996; Alfonso Tesauro, *Atti e negozio giuridici*, Padova, CEDAM, 1933; Antônio Junqueira de Azevedo, *Negócio jurídico e declaração negocial*, São Paulo, Saraiva, 1986; *Negócio jurídico: existência, validade e eficácia*, São Paulo, Saraiva, 1986.

Art. 105. A incapacidade relativa de uma das partes não pode ser invocada pela outra em benefício próprio, nem aproveita aos cointeressados capazes, salvo se, neste caso, for indivisível o objeto do direito ou da obrigação comum.

- Vide *Código Civil, arts. 4º, 87, 88, 180, 257 a 263 e 314.*

Incapacidade relativa como exceção pessoal. Por ser a incapacidade relativa uma exceção pessoal, ela somente poderá ser formulada pelo próprio incapaz ou pelo seu representante. Como a anulabilidade do ato negocial praticado por relativamente incapaz é um benefício legal para a defesa de seu patrimônio contra abusos de outrem, apenas o próprio incapaz ou seu representante legal o deverá invocar. Assim, se num negócio um dos contratantes for capaz e o outro incapaz, aquele não poderá alegar a incapacidade deste em seu próprio proveito, porque devia ter procurado saber com quem contratava e porque se trata de proteção legal oferecida ao relativamente incapaz. Se o contratante for absolutamente incapaz, o ato por ele praticado será nulo (CC, art. 166, I), pouco importando que a incapacidade tenha sido invocada pelo capaz ou pelo incapaz, tendo em vista que o Código Civil, pelo art. 168, parágrafo único, não possibilita ao magistrado suprir essa nulidade, nem mesmo se os contratantes o solicitarem, impondo-se-lhe até mesmo o dever de declará-la de ofício.

Invocação da incapacidade de uma das partes ante a indivisibilidade do objeto do direito ou da obrigação comum. Se o objeto do direito ou da obrigação comum for indivisível, ante a impossibilidade de se separar o interesse dos contratantes, a incapacidade de um deles poderá tornar anulável o ato negocial praticado, mesmo que invocada pelo capaz, aproveitando aos cointeressados capazes que, porventura, houverem. Logo, nesta hipótese, o capaz que veio a contratar com relativamente incapaz estará autorizado legalmente a invocar em seu favor a incapacidade relativa deste, desde que indivisível a prestação, objeto do direito ou da obrigação comum.

BIBLIOGRAFIA: Paulo de Lacerda, *Manual*, cit., v. 3, p. 163-9; Levenhagen, *Código Civil*, cit., v. 1, p. 117; M. Helena Diniz, *Curso*, cit., v. 1, p. 234; Darcy Arruda Miranda, *Anotações ao Código Civil*, cit., v. 1, p. 61; Clóvis Beviláqua, *Código Civil comentado*, cit., obs. ao art. 83, v. 1; Scognamiglio, *Contributo alla teoria del negozio giuridico*, Napoli, 1950; Luiz Edson Fachin, *Novo conceito de ato e negócio jurídico*, Curitiba, Scientia e Labor, 1988.

Art. 106. A impossibilidade inicial do objeto não invalida o negócio jurídico se for relativa, ou se cessar antes de realizada a condição a que ele estiver subordinado.

- *Código Civil, arts. 104, 121, 123 a 125, 234 a 236, 238 a 240, 246, 248 a 250.*

Impossibilidade relativa do objeto. Se a impossibilidade inicial do objeto for relativa, isto é, se a prestação puder ser realizada por outrem, embora não o seja pelo devedor, não invalidará o negócio jurídico. Se a impossibilidade absoluta do objeto for aferida imediatamente à conclusão negocial, nulo será o negócio (CC, art. 166, II), visto que ninguém poderá realizá-lo. P. ex., entrega da coisa vendida no Brasil ao credor, domiciliado em Londres, em 30 minutos.

Cessação da impossibilidade do objeto negocial antes do implemento da condição. Se o negócio jurídico, contendo objeto impossível, tiver sua eficácia subordinada a um evento futuro e incerto e aquela impossibilidade cessar antes de realizada aquela condição, válida será a avença. Ter-se-á impossibilidade absoluta superveniente se não cessar antes da condição; logo, nulo será o negócio.

BIBLIOGRAFIA: Margarita C. Barea, *La imposibilidad de cumplir los contratos*, 2001.

Art. 107. A validade da declaração de vontade não dependerá de forma especial, senão quando a lei expressamente a exigir.

- Vide *Código Civil, arts. 104, III, 108, 109, 183, 184, 541, 654, 655, 657, 819, 842, 887, 1.369, 1.378, 1.417, 1.438, 1.653, 1.862* e *1.886.*
- *Código de Processo Civil, art. 369.*

Forma. A forma é o meio pelo qual se externa a manifestação da vontade nos negócios jurídicos, para que possam produzir efeitos jurídicos.

Forma livre. Nosso Código Civil inspira-se no princípio da forma livre ou do consensualismo, o que quer dizer que a validade da declaração da vontade só dependerá de forma determinada quando a norma jurídica explicitamente o exigir. A forma livre é qualquer meio de exteriorização da vontade nos negócios jurídicos, desde que não previsto em norma jurídica como obrigatório: palavra escrita ou falada, mímica, gestos, e até mesmo o silêncio. Por exemplo, a doação de bens móveis de pequeno valor (CC, art. 541, parágrafo único).

BIBLIOGRAFIA: Paulo de Lacerda, *Manual,* cit., v. 3, Parte 3, p. 7 a 88; M. Helena Diniz, *Curso*, cit., v. 1, p. 265-6; Giorgi, *Teoria delle obbligazioni,* 1902, v. 3, p. 171; Pacifici-Mazzoni, *Istituzioni di diritto civile italiano,* 1908, v. 4, p. 184; Moneclaey, *De la renaissance du formalisme dans les contrats,* 1914; Venzi, *Manuale de diritto civile italiano,* 1922, p. 136; Demogue, *Les notions fondamentales du droit privé,* 1911, p. 111; Clóvis Beviláqua, *Teoria geral do direito civil,* 1972, p. 257; R. Limongi França, Forma do ato jurídico, cit., in *Enciclopédia Saraiva do Direito,* v. 38, p. 192; Marcelo Cintra Zarif, Forma dos atos jurídicos, *Ciência Jurídica, 11*:20; Jorge L. Kielmanovich, *Medios de prueba*, Buenos Aires, Abeledo-Perrot, 1993; Sebastião José Roque, *Teoria geral,* cit., p. 139.

Forma especial. A forma especial ou solene é o conjunto de solenidades que a lei estabelece como requisito para a validade de determinados negócios jurídicos; tem por escopo garantir a autenticidade dos negócios, facilitar sua prova e assegurar a livre manifestação da vontade das partes. A forma especial contém três subdivisões: a *forma única* (CC, arts. 108, 215, 1.653, 1.227 e 1.245); a *forma plural* (CC, arts. 1.609, 62, 842, 2.015, 1.805, 1.806, 1.417, 1.438) e a *forma genérica* (CC, arts. 619 e 578; Lei n. 8.245/91, art. 35).

Preterição da solenidade e nulidade do negócio. O ato negocial que deixar de revestir a forma especial, determinada por lei, será nulo (CC, art. 104, III), exceto se a lei impuser outra sanção.

BIBLIOGRAFIA: Paulo de Lacerda, *Manual,* cit., v. 3, Parte 3, p. 88-105; M. Helena Diniz, *Curso,* cit., v. 1, p. 265-6; R. Limongi França, Forma do ato jurídico, cit., in *Enciclopédia Saraiva do Direito,* v. 38, p. 193; Colin e Capitant, *Cours élémentaire de droit civil français,* Paris, 1939, t. 1, n. 64; Silvio Rodrigues, *Direito civil,* cit., v. 1, p. 297-8; W. Barros Monteiro, *Curso,* cit., v. 1, p. 255; Serpa Lopes, *Curso,* cit., v. 1, p. 420; José de Oliveira Ascensão, *Direito civil,* cit., v. 1, p. 51 a 65.

Art. 108. Não dispondo a lei em contrário, a escritura pública é essencial à validade dos negócios jurídicos que visem à constituição, transferência, modificação ou renúncia

de direitos reais sobre imóveis de valor superior a trinta vezes o maior salário mínimo vigente no País.

- *Código Civil, arts. 107, 212 a 215, 1.225, VII, 1.227, 1.245, 1.640, parágrafo único, 1.653 e 1.711.*
- *Decreto-Lei n. 9.760/46, arts. 17, § 4º, e 74.*
- *Constituição Federal, art. 7º, IV.*
- *Lei n. 4.380/64, art. 61, § 5º.*
- *Lei n. 5.709/71, art. 8º.*
- *Lei n. 6.015/73, art. 221.*
- *Lei n. 6.766/79, art. 26.*
- *Decreto-Lei n. 2.375/87, art. 7º.*
- *Lei n. 7.652/88, art. 33.*
- *Lei n. 9.514/97, art. 38.*
- *Lei n. 10.188/2001, art. 8º.*
- *Lei n. 10.257/2001, arts. 10, 35 e 48.*
- *Provimento CGT-SP n. 8/2015.*

Forma única. É aquela que, por lei, não pode ser preterida por outra. Assim, para um negócio jurídico que vise constituir, transferir, modificar ou renunciar direitos reais (p. ex.: propriedade, servidão, superfície, usufruto, uso, habitação, hipoteca, anticrese) sobre imóveis de valor superior a trinta vezes o maior salário mínimo vigente no País, exige-se que ele se efetive mediante escritura pública, sob pena de invalidade, desde que assentada em registro competente, para dar-lhe publicidade e oponibilidade contra terceiro (*RT, 731*:225, *461*:107, *505*:66, *507*:111; *JTJ, 176*:185; *EJSTJ, 24*:162; *JSTJ, 5*:284). Mas ter-se-á validade se a lei vier a dispor em contrário, p. ex., a relativa a financiamento do Sistema Financeiro de Habitação, por admitir que, em certas hipóteses, será admissível o instrumento particular. Pelo Enunciado n. 289 do Conselho da Justiça Federal (aprovado na *IV Jornada de Direito Civil*): "O valor de 30 salários mínimos constante no art. 108 do Código Civil brasileiro, em referência à forma pública ou particular dos negócios jurídicos que envolvam bens imóveis, é o atribuído pelas partes contratantes e não qualquer outro valor arbitrado pela Administração Pública com finalidade tributária".

Há quem entenda que este artigo é inconstitucional porque o art. 7º, IV, da Carta Magna dispõe sobre a unificação nacional do salário mínimo e veda sua vinculação a qualquer finalidade.

BIBLIOGRAFIA: Jones F. Alves e Mário Luiz Delgado, *Código*, cit., p. 81.

Art. 109. No negócio jurídico celebrado com a cláusula de não valer sem instrumento público, este é da substância do ato.

- *Código Civil, art. 107.*
- *Código de Processo Civil, art. 406.*

Previsão contratual de forma especial. A emissão da vontade é dotada de poder criador; assim sendo, se houver cláusula negocial estipulando a invalidade do negócio jurídico, se ele não se fizer por meio de escritura pública, esta passará a ser de sua substância. Logo, tal declaração de vontade somente terá eficácia jurídica se o ato negocial revestir a forma prescrita contratualmente, por ser permitido às partes, não havendo imposição legal quanto à forma contratual, convencionar a forma pela qual preferem realizar o negócio (*RT, 783*:255).

FATOS JURÍDICOS

Art. 110. A manifestação de vontade subsiste ainda que o seu autor haja feito a reserva mental de não querer o que manifestou, salvo se dela o destinatário tinha conhecimento.

• *Código Civil, arts. 422, 167 e 104.*

Reserva mental lícita. A reserva mental, na lição de Nelson Nery Jr., é a emissão de uma intencional declaração não querida em seu conteúdo, tampouco em seu resultado, pois o declarante tem por único objetivo enganar o declaratário. Na celebração negocial há declaração de vontade que não é a real, o verdadeiro objetivo do declarante é ignorado pelo declaratário. Logo, se conhecida da outra parte, não torna nula a declaração da vontade, visto que esta inexiste, e, consequentemente, não se forma qualquer ato negocial, uma vez que não havia *intentio* de criar direito, mas apenas de iludir o declaratário. Se for desconhecida pelo destinatário subsistirá o ato, protegendo-se, assim, o contratante de boa-fé (CC, art. 422), cumprindo-se a obrigação assumida como se tivesse havido intenção por parte do declarante de vincular-se, visto que ninguém poderá tirar proveito de sua própria malícia.

Reserva mental ilícita conhecida do declaratário. Na reserva mental não há coincidência entre a declaração externa e a vontade interna do agente, em relação a um ato e, só o macula, impedindo seus efeitos, se o destinatário tinha ciência daquela divergência entre o elemento interno e a declaração feita, lesiva material ou moralmente ao declaratário (comprador, vendedor etc.), aproveitando-se da situação. Se, além de enganar, houver intenção de prejudicar, ter-se-á vício social similar à simulação, ensejando nulidade do ato negocial. É preciso esclarecer que o conhecimento da reserva mental que acarreta a invalidade do negócio somente pode ser admissível até o momento da consumação do ato negocial, pois, se o declaratário comunicar ao reservante, antes da efetivação do negócio, que conhece a reserva, não haverá esta figura, que tem por escopo enganar o declaratário. Reserva mental desconhecida pelo declaratário não terá relevância jurídica.

Contudo, há quem ache, como Moreira Alves, que, quando a parte contrária toma conhecimento da reserva, o negócio jurídico celebrado tornar-se-á inexistente.

A esse respeito Nelson Nery Jr. e Rosa Maria de Andrade Nery afirmam que "a norma comentada diz que não subsiste manifestação de vontade se feita com reserva mental conhecida do declaratário. Portanto, é causa de inexistência do negócio jurídico — por falta de manifestação da vontade — essa reserva mental conhecida do declaratário, conhecimento esse que deve existir até o momento da consumação do ato (o conhecimento tem de ser *prévio*). Como é causa de *inexistência*, recebe tratamento jurídico assemelhado ao da nulidade, constituindo-se, portanto, em matéria de ordem pública que prescinde de ação judicial para ser reconhecida, podendo ser alegada como objeção de direito material (defesa). O juiz deve pronunciá-la de ofício (CC 168 par. ún.)".

BIBLIOGRAFIA: Nelson Nery Jr., *Vícios do ato jurídico e reserva mental*, São Paulo, Revista dos Tribunais, 1983; Nelson Nery Jr. e Rosa Mª de A. Nery, *Código Civil comentado e legislação extravagante*, São Paulo, RT, 2005, p. 230; Scuto, Riserva mentale, in *Novissimo digesto italiano*, Torino, UTET, 1969, v. 16, p. 111; Moacyr de Oliveira, Reserva mental, in *Enciclopédia Saraiva do Direito*, v. 65, p. 266 e s.; M. Helena Diniz, *Curso*, cit., v. 1, p. 307-8; Rui de Alarcão, Reserva mental e declarações não sérias, *BMJ, 86*:255; Vogel, *Mentalreservation und Simulation*, 1900; Matiello, *Código Civil*, cit., p. 94; Mário Benhame, *Comentários ao Código Civil* (coord. Camillo, Talavera, Fujita e Scavone Jr.), São Paulo, Revista dos Tribunais, 2006, p. 222; José de Oliveira Ascensão, *Direito civil*, cit., v. 1, p. 184 e 185; Ralpho Waldo de Barros Monteiro Filho, *Negócios jurídicos e vícios sociais*, Curitiba, Juruá, 2007, p. 147-90.

Art. 111. O silêncio importa anuência, quando as circunstâncias ou os usos o autorizarem, e não for necessária a declaração de vontade expressa.

- Vide *Código Civil, arts. 112, 147, 326, 432, 539, 658, 659 e 1.807.*
- *Código de Processo Civil, art. 344.*
- *Código de Defesa do Consumidor, art. 39, III.*
- *Lei n. 8.245/91, arts. 46, § 1º, 50 e 56, parágrafo único.*

Silêncio como fato gerador de negócio jurídico. O silêncio pode, excepcionalmente, dar origem a um negócio jurídico, visto que indica consentimento, sendo hábil para produzir efeitos jurídicos, quando certas circunstâncias ou os usos o autorizarem, não sendo necessária a manifestação expressa da vontade. Caso contrário, o silêncio não terá força de declaração volitiva. Se assim é, o órgão judicante deverá averiguar se o silêncio traduz, ou não, vontade. Logo, a parêmia "quem cala consente" não tem juridicidade. O puro silêncio apenas terá valor jurídico se a lei o determinar, ou se acompanhado de certas circunstâncias ou de usos e costumes do lugar, indicativos de possibilidade de manifestação da vontade e desde que não seja imprescindível a forma expressa para a efetivação negocial. O art. 539, p. ex., do Código Civil, que confere efeitos jurídicos do silêncio do donatário, quando este não manifestar sua vontade dentro do prazo fixado; concluindo pela aceitação de doação pura.

BIBLIOGRAFIA: Philomeno J. da Costa, O silêncio nos negócios jurídicos, in *Coleção Doutrinas Essenciais (100 anos de RT)*: Direito Civil — parte geral, vol. 4, p. 483-510; Serpa Lopes, *O silêncio como manifestação da vontade*, Rio de Janeiro, W. Rolter Ed., 1961; Baptista de Mello, O silêncio do direito, *RT*, *751*:731; Sílvio de Macedo, Das formas do silêncio jurídico, *RDC*, *19*:76.

Art. 112. Nas declarações de vontade se atenderá mais à intenção nelas consubstanciada do que ao sentido literal da linguagem.

- Vide *Código Civil, arts. 114, 133, 134, 819 e 1.899.*
- *Lei n. 8.078, de 11 de setembro de 1990, art. 47.*
- *Lei n. 9.610/98, art. 4º.*

Necessidade de interpretação do negócio jurídico. Como todo ato negocial decorre de ato volitivo, que almeja a consecução de certo objetivo, criando, baseado em lei, direitos e impondo deveres, essa declaração de vontade requer uma interpretação, ante o fato de haver possibilidade de o negócio conter cláusula duvidosa ou qualquer ponto controvertido.

Modalidades de interpretação do ato negocial. A *interpretação* do negócio jurídico poderá ser: *a) declaratória*, se tiver por finalidade expressar a intenção dos interessados; *b) integrativa*, se pretender preencher lacunas contidas no ato negocial, por meio de normas supletivas, costumes etc.; e *c) construtiva*, se objetivar reconstruir o negócio com o intuito de salvá-lo.

Interpretação declaratória do negócio jurídico. A interpretação do ato negocial situa-se na seara do conteúdo da declaração volitiva, pois o intérprete do sentido negocial não deve ater-se, unicamente, à exegese do negócio jurídico, ou seja, ao exame gramatical de seus termos, mas sim em fixar a vontade, procurando suas consequências jurídicas, indagando sua intenção, sem se vincular, estritamente, ao teor linguístico do ato negocial. Caberá, então, ao intérprete investigar qual a real intenção dos contratantes, pois sua declaração apenas terá significação quando lhes traduzir a vontade realmente existente. O que importa é a vontade real e não a declarada; daí a importância de se desvendar a intenção consubstanciada na declaração (*RT*, *781*:179, *776*:267, *704*:171, *686*:136, *665*:129, *182*:708, *518*:229, *476*:157, *145*:652, *180*:663, *158*:194, *159*:173, *142*:620 e *194*:709; *RSTJ*, *140*:257; *AJ*, *105*:327), atendendo-se ao princípio da conservação do negócio jurídico.

BIBLIOGRAFIA: Paulo de Lacerda, *Manual,* cit., v. 3, p. 176-200; Meynial, La déclaration de volonté, *Rev. Trim.*, 1902, p. 545 e s.; M. Helena Diniz, *Curso,* cit., v. 1, p. 229-31; e *Tratado,* cit., v. 1, p. 81-4; Carlos A. da Mota Pinto, Forma, interpretação e integração negocial, *Revista de Direito Comparado Luso-Brasileiro, 1*:60-76; W. Barros Monteiro, *Curso,* cit., v. 1, p. 189-91; Orlando Gomes, *Introdução,* cit., p. 364-8; Caio M. S. Pereira, *Instituições,* cit., v. 1, p. 429-32; Betti, *Interpretazione della legge e degli atti giuridici,* §§ 69 e s.; Von Tuhr, *Derecho civil,* v. 2, Parte 2, § 64.

Art. 113. Os negócios jurídicos devem ser interpretados conforme a boa-fé e os usos do lugar de sua celebração.

§ 1º A interpretação do negócio jurídico deve lhe atribuir o sentido que:

I — for confirmado pelo comportamento das partes posterior à celebração do negócio;

II — corresponder aos usos, costumes e práticas do mercado relativas ao tipo de negócio;

III — corresponder à boa-fé;

IV — for mais benéfico à parte que não redigiu o dispositivo, se identificável; e

V — corresponder a qual seria a razoável negociação das partes sobre a questão discutida, inferida das demais disposições do negócio e da racionalidade econômica das partes, consideradas as informações disponíveis no momento de sua celebração.

§ 2º As partes poderão livremente pactuar regras de interpretação, de preenchimento de lacunas e de integração de negócios jurídicos diversas daquelas previstas em lei.

- *Acrescentados pela Lei n. 13.874/2019.*
- Vide *Lei de Introdução às Normas do Direito Brasileiro, arts. 4º e 5º.*
- Vide *Código Civil, arts. 164, 422, 423, 435, 1.201 e 1.202.*
- *Código de Defesa do Consumidor, arts. 4º, III, e 51, IV.*

Interpretação baseada na boa-fé e nos usos do local de sua celebração. O princípio da boa-fé objetiva está intimamente ligado não só à interpretação do negócio jurídico, pois, segundo ele, o sentido literal da linguagem não deverá prevalecer sobre a intenção inferida da declaração de vontade das partes, mas também ao interesse social da segurança das relações jurídicas, uma vez que as partes devem agir com lealdade, retidão e probidade, durante as negociações preliminares, a formação, execução e extinção do ato negocial, e também de conformidade com os usos do local (p. ex., no que atina à medida conhecida por alqueire, que varia com a localidade) em que o ato negocial foi por elas celebrado.

Parâmetros interpretativos. Na interpretação do negócio dever-se-á considerar: o sentido confirmado pela conduta das partes após a celebração do negócio; os usos, os costumes e as práticas do mercado atinentes ao tipo negocial; a boa-fé; a vantagem relativa à parte que não o redigiu; a razoável negociação das partes referida à questão discutida, tendo por base as disposições negociais, a racionalidade econômica das partes e as informações disponíveis no momento da celebração do negócio; e as normas interpretativas e integrativas de lacunas do negócio estabelecidas pelas partes de forma diversa dos critérios legais. Pelos Enunciados: *a*) n. 409 do CJF, aprovado na *V Jornada de Direito Civil*: "Os negócios jurídicos devem ser interpretados não só conforme a boa-fé e os usos do lugar de sua celebração, mas também de acordo com as práticas habitualmente adotadas entre as partes"; e *b*) n. 420 do CJF, aprovado na *V Jornada de Direito Civil*: "Os contratos coligados devem ser interpretados segundo os critérios hermenêuticos do Código Civil, em especial os dos arts. 112 e 113, considerada a sua conexão funcional".

BIBLIOGRAFIA: Rodolfo Sacco, *La buona fede nella teoria dei fatti giuridici di diritto privato,* 1949; Alípio Silveira, *A boa-fé no Código Civil,* 1973, 2 v.; Delia M. F. Rubio, *La buena fé (El principio general en el* *derecho civil)*, 1984; Wieacker, *El principio general de la buena fé*, 1982; Antonio M. Rocha e Menezes Cordeiro, *Da boa-fé no direito civil*, 1984, 2 v.; Judith Martins-Costa, *A boa-fé no direito privado*, 1999; Gustavo Tepedino e Anderson Schreiber, A boa fé objetiva no Código de Defesa do Consumidor e no Código Civil, *Revista da EMERJ, 23*:139 e s.

Art. 114. Os negócios jurídicos benéficos e a renúncia interpretam-se estritamente.

• Vide *Código Civil, arts. 108, 112, 191, 209, 211, 275, parágrafo único, 330, 375, 385 a 387, 424, 538 a 564, 682, I, 688, 819, 843, 1.063, § 3º, 1.275, II, 1.316, § 1º, 1.410, I, 1.425, III, 1.436, III, 1.499, IV, 1.806, 1.971 e 819.*

Interpretação restritiva de negócio jurídico benéfico e de renúncia. A interpretação negocial situa-se no âmbito do conteúdo da declaração volitiva, fixando-se em normas empíricas, mais de lógica prática do que de normação legal. Os negócios jurídicos benéficos ou gratuitos (*RT, 706*:116), que contêm obrigação para uma das partes (p. ex., doações puras e simples), e a renúncia (manifestação volitiva de não aceitação ou de desfazimento de um direito) deverão ser interpretados restritivamente (*RT, 774*:376 a 379), isto é, o juiz não poderá dar a esses atos negociais interpretação ampliativa, devendo limitar-se, unicamente, aos contornos traçados pelos contraentes, vedada a interpretação com dados alheios ao seu texto.

Jurisprudência atinente à interpretação contratual. Consulte: *RT, 791*:402, *706*:116, *636*:149, *518*:229, *510*:133, *115*:717, *125*:573, *146*:703, *476*:157, *145*:652, *180*:663, *144*:691, *158*:194, *159*:173, *142*:620, *194*:709, *147*:194, *237*:654, *546*:106, *200*:306, *204*:173, *178*:277, *182*:283, *185*:839, *194*:709, *214*:436, *166*:815 e *494*:143; *RF, 71*:113, *86*:113, *90*:681, *139*:170, *147*:262, *141*:184 e *82*:138; *AJ, 105*:327, *61*:253, *88*:291 e 455, *110*:157 e *120*:337; Súmula 454 do STF; Súmula 5 do STJ; *RTJ, 95*:1390 e *87*:703; *RJTJSP, 91*:87; *RSTJ, 94*:27.

BIBLIOGRAFIA: M. Helena Diniz, *Tratado teórico e prático dos contratos*, São Paulo, Saraiva, 1993, v. 1, p. 81-5; e *Curso*, cit., v. 1, p. 214-6, e v. 3, p. 56-8; Serpa Lopes, *Curso*, cit., v. 3, p. 24-31; Cunha Gonçalves, *Tratado de direito civil*, v. 4, p. 494, n. 542; Betti, *Interpretazione della legge e degli atti giuridici*, Milano, 1949, §§ 69 e s.; Oppo, *Profili dell'interpretazione oggettiva del negozio giuridico*, Bologna, 1943; Caio M. S. Pereira, *Instituições*, cit., v. 3, p. 44-9, e v. 1, p. 429-32; W. Barros Monteiro, *Curso*, cit., v. 1, p. 189-91, e v. 5, p. 34-7; Meymal, La déclaration de volonté, *Revue Trimestrielle de Droit Civil*, p. 550-73, 1902; Danz, *A interpretação dos negócios jurídicos*, 1942, p. 189; Wilson Melo da Silva, Considerações em torno das declarações de vontade, *Revista da Faculdade de Direito de Belo Horizonte*, p. 158, 1951; Édouard de Callatay, *Études sur l'interprétation des conventions*, n. 79; Inocêncio Galvão Telles, *Manual dos contratos em geral*, Lisboa, 1965, p. 354; Silvio Rodrigues, *Direito civil*, cit., v. 3, p. 59-65; Sebastião José Roque, *Direito contratual*, cit., p. 33-40; Filipo Ranieri, *Renuncia tácita e Verwirkung*, 1971.

CAPÍTULO II
DA REPRESENTAÇÃO

Art. 115. Os poderes de representação conferem-se por lei ou pelo interessado.

• Vide *Código Civil, arts. 46, III, 120, 2ª parte, 653 a 692, 710, 722, 1.324, 1.348, II, 1.542, § 2º, 1.634, V, 1.690, 1.747, I, 1.774, I, 1.775-A, 1.781 e 1.783-A.*

Conceito de representação. A representação é a relação jurídica pela qual certa pessoa se obriga diretamente perante terceiro, através de ato praticado em seu nome por um representante, cujos poderes são conferidos por lei ou por negócio jurídico, p. ex., mandato. Caio Mário da Silva

Pereira admite a representação mista, que se dá quando a nomeação do representante é feita pelos interessados, mas os poderes do nomeado advêm de disposição legal, como ocorre, p. ex., na representação do síndico e na comissão de representantes do condomínio.

Representante legal. O representante legal é aquele a quem a norma jurídica confere poderes para administrar bens alheios, como o pai, ou mãe, em relação a filho menor (CC, arts. 115, 1ª parte, 1.634, V, e 1.690), tutor, quanto ao pupilo (CC, art. 1.747, I), e curador, no que concerne ao curatelado (CC, arts. 1.774 e 1.781 c/c o art. 1.747; CPC, arts. 755 e 757; Lei n. 13.146/2015, art. 85, § 1º). A representação legal serve aos interesses do incapaz. Francisco Amaral inclui, na representação legal, a oriunda de decisão judicial (representação judicial), visto que se funda em lei, p. ex., nomeação de advogado dativo. Mas, pela Lei n. 13.146/2015, há possibilidade, para a proteção do portador de deficiência, de se usar a tomada de decisão apoiada (CC, art. 1.783-A), que é um novo regime alternativo à curatela, pelo qual, por iniciativa da pessoa com deficiência, nomeiam-se pelo menos duas pessoas idôneas de sua confiança para prestar-lhe apoio na tomada de decisão sobre atos da vida civil, fornecendo-lhe elementos e informações necessários para que possa exercer sua capacidade.

Representante convencional ou voluntário. O representante convencional é, p. ex., o: munido de mandato expresso ou tácito, verbal ou escrito, do representado, como o procurador, no contrato de mandato (CC, arts. 115, 2ª parte, 653 a 692 e 120, 2ª parte), que é representante direto do mandante; agente ou representante comercial, que se obriga, mediante retribuição, a agenciar propostas ou pedidos, em zona determinada, com caráter de habitualidade, em favor e por conta de outrem (representado indireto), sem subordinação hierárquica (CC, art. 710). Trata-se de caso de representação indireta. Outra hipótese em que se tem representação sem mandato (representação indireta ou imperfeita) é a comissão (CC, arts. 693 a 709), que é o contrato pelo qual uma pessoa (comissário) adquire ou vende bens, em seu próprio nome e responsabilidade, mas por ordem e por conta de outrem (comitente), em troca de certa remuneração, obrigando-se para com terceiros com quem contrata. O comissário não é representante direto do comitente. A comissão produz efeitos análogos aos do mandato, distinguindo-se dele pela maneira de agir do representante. No mandato, o representante age em nome do representado, ao passo que, na comissão, age em nome próprio, apresentando, por isso, essa figura contratual as vantagens de: dispensar a exibição de documento formal que habilite o representante perante as pessoas com quem tratar; afastar o risco do excesso de poderes do representante; permitir o segredo das operações do representado, para evitar que os concorrentes conheçam a marcha de seus negócios; utilizar o crédito do comissário na praça onde se estabelece, facilitar as informações das remessas e da guarda das mercadorias em praças distantes. Todavia, a comissão poderá converter-se, na lição de Orlando Gomes, em mandato pela ratificação do comitente, que assume o contrato realizado pelo comissário, passando a ter ação direta contra o terceiro que contratou com o comissário.

BIBLIOGRAFIA: W. Barros Monteiro, *Curso*, cit., v. 1, p. 185, 188 e 189; Almeida Costa, *Vontade e estados subjetivos da representação jurídica*, Rio de Janeiro, 1976; Caio Mário da Silva Pereira, *Instituições*, cit., v. 1, p. 421, 533-44 e 621; M. Helena Diniz, *Curso*, cit., v. 1, p. 287, v. 3, p. 358; Vittorio Neppi, *La rappresentanza: saggio di una ricostruzione critica*, 1961; Angelo Nattini, *La dottrina generale della procura: la rappresentanza*, 1910; Fabio M. de Mattia, *Aparência de representação*, 1999; Salvatore Pugliatti, *Studi sulla rappresentanza*, 1965; Francesco Saggese, *La rappresentanza nella teoria e nella pratica del diritto privato italiano*, 1933; Michel Storck, *Le mécanisme de la représentation dans les actes juridiques*, 1982; José Paulo Cavalcanti, *Sobre o ato ou negócio jurídico de procuração*, 1992; Mairan G. Maia Jr., *A representação no negócio jurídico*, 2001; Luigi Mosco, *La rappresentanza nel diritto privato*, 1961; Francisco Amaral, *Direito civil*, cit., p. 426; Tepedino e outros, *Código*, cit., v. 1, p. 231-40; Fran Martins, *Contratos e obrigações comerciais*, Rio de Janeiro, Forense, 1977, p. 353-6; Orlando Gomes, *Contratos*, Rio de Janeiro, Forense, 1979, p. 437-

41; Waldirio Bulgarelli, Comissão Mercantil, in *Enciclopédia Saraiva do Direito*, v. 16, p. 208-21; Luiz Edson Fachin, O contrato de comissão: breve exame de aspectos relevantes, *O novo Código Civil — estudos em homenagem a Miguel Reale*, São Paulo, LTr, 2003, p. 641 e s.

Art. 116. A manifestação de vontade pelo representante, nos limites de seus poderes, produz efeitos em relação ao representado.

Efeitos da representação. A manifestação da vontade pelo representante, ao efetivar um negócio, em nome do representado, nos limites dos poderes que lhe foram conferidos por lei (representação legal) ou pelo mandante (representação convencional), produz efeitos jurídicos relativamente ao representado, que adquirirá os direitos dele decorrentes ou assumirá as obrigações que dele advierem. Logo, uma vez realizado o negócio pelo representante, os direitos serão adquiridos pelo representado, incorporando-se em seu patrimônio; igualmente os deveres contraídos em nome do representado, inclusive o de reparar prejuízos causados, devem ser por ele cumpridos, e por eles responde o seu acervo patrimonial.

Art. 117. Salvo se o permitir a lei ou o representado, é anulável o negócio jurídico que o representante, no seu interesse ou por conta de outrem, celebrar consigo mesmo.

- *Código Civil, arts. 119, 138 e s., 171, 179, 189, 207 a 210.*

Parágrafo único. Para esse efeito, tem-se como celebrado pelo representante o negócio realizado por aquele em quem os poderes houverem sido substabelecidos.

- *Súmula 60 do Superior Tribunal de Justiça.*
- *Código Civil, art. 667.*

Anulabilidade de negócio jurídico celebrado consigo mesmo. Se o representante vier a efetivar negócio jurídico consigo mesmo no seu interesse ou por conta de outrem, anulável será tal ato, dentro do prazo decadencial de dois anos (CC, arts. 179, 189 e 207), exceto se houver permissão legal (CC, art. 685) ou autorização expressa do representado. Caso em que se terá o autocontrato (TJRJ, Ap. n. 2006.001.65267, rel. Maldonado de Carvalho, j. 6-3-2007).

Consequência jurídica do substabelecimento. No substabelecimento há transferência ao substabelecido de poder recebido do mandante, a não ser que este, expressamente, o proíba. Se, em caso de representação voluntária, houve substabelecimento ou transferência de poderes (CC, art. 667), o ato praticado pelo substabelecido reputar-se-á como se tivesse sido celebrado pelo substabelecente (representante), pois não houve transmissão do poder, mas mera outorga do poder de representação. Logo, se o substabelecido vier a efetivar negócio consigo mesmo, fazendo uso do poder que lhe foi transferido, tal ato negocial será tido como celebrado pelo representante (substabelecente). Ter-se-á, indiretamente, contrato consigo mesmo se, ensina Renan Lotufo, "o representante atuar sozinho declarando duas vontades, mas, por meio de terceira pessoa, substabelecendo-a (ato pelo qual o representante transfere a outrem os poderes concedidos pelo representado a terceira pessoa) para futuramente celebrar negócio com o antigo representante. Ocorrendo esse fenômeno, tem-se como celebrado pelo representante o negócio realizado por aquele em que os poderes houverem sido substabelecidos". É preciso esclarecer que o poder de representação legal é insuscetível de substabelecimento. Os pais, os tutores ou os curadores não podem substabelecer os poderes que têm em virtude de lei.

BIBLIOGRAFIA: Carmine Donisi, *Il contratto con se stesso*, 1982; Nelson Pinheiro de Andrade, Autocontrato, *REDB*, *5*:117; José Paulo Cavalcanti, *O contrato consigo mesmo*, 1956; Renan Lotufo, *Código Civil*, cit., v. 2, p. 331; José Carlos Moreira Alves, Considerações sobre a disciplina do negócio jurídico consigo mesmo no novo Código Civil brasileiro, *Rev. AASP*, *98*:7.

Art. 118. O representante é obrigado a provar às pessoas, com quem tratar em nome do representado, a sua qualidade e a extensão de seus poderes, sob pena de, não o fazendo, responder pelos atos que a estes excederem.

- *Código Civil, arts. 149, 653, 665, 673, 679 e 700.*

Necessidade de comprovação da qualidade de representante e da extensão dos poderes outorgados. Como os negócios jurídicos realizados pelo representante são assumidos pelo representado, aquele terá o dever de provar àqueles com quem vier a tratar em nome do representado não só a sua qualidade, mas também a extensão dos poderes (*RT, 449*:252) que lhe foram conferidos, sob pena de, não o fazendo, ser responsabilizado, civilmente, pelos atos que excederem àqueles poderes.

Art. 119. É anulável o negócio concluído pelo representante em conflito de interesses com o representado, se tal fato era ou devia ser do conhecimento de quem com aquele tratou.

- *Código Civil, arts. 117, 138 e s., 171, 662 e 1.692.*

Parágrafo único. É de cento e oitenta dias, a contar da conclusão do negócio ou da cessação da incapacidade, o prazo de decadência para pleitear-se a anulação prevista neste artigo.

Conflito de interesses existente entre representante e representado. Se, porventura, o representante concluir negócio jurídico, havendo conflito de interesses (p. ex., oriundo de abuso ou de falta de poder) com o representado, com pessoa que devia ter conhecimento desse fato, aquele ato negocial deverá ser declarado anulável. Tal se dá porque deve haver fidelidade do representante aos interesses do representado.

Prazo decadencial para anulação de ato efetuado por representante em conflito de interesses com o representado. Pode-se pleitear anulação do negócio celebrado com terceiro pelo representante em conflito de interesses com o representado, dentro de cento e oitenta dias, contados da conclusão do negócio jurídico ou da cessação da incapacidade do representado.

Papel do curador especial. Havendo conflito de interesses entre representado e representante, os atos negociais deverão, para ser válidos, ser celebrados por curador especial (CC, art. 1.692).

Art. 120. Os requisitos e os efeitos da representação legal são os estabelecidos nas normas respectivas; os da representação voluntária são os da Parte Especial deste Código.

- *Código Civil, arts. 653 a 729, 1.634, V, 1.690, 1.747, I, e 1.774.*

Normas disciplinadoras dos efeitos e dos requisitos da representação. Os requisitos e os efeitos da representação legal regem-se pelos arts. 1.634, V, 1.690, 1.747, I, e 1.774 do Código Civil, e os da representação voluntária pelos arts. 653 a 729 do mesmo Código, alusivos aos contratos de mandato, agência, comissão etc.

CAPÍTULO III

DA CONDIÇÃO, DO TERMO E DO ENCARGO

Art. 121. Considera-se condição a cláusula que, derivando exclusivamente da vontade das partes, subordina o efeito do negócio jurídico a evento futuro e incerto.

- Vide *Código Civil, arts. 125, 127, 128, 135 e 136.*

Conceito de condição. Condição é a cláusula que subordina o efeito do negócio jurídico, oneroso ou gratuito, a evento futuro e incerto (*RT, 688*:80 e 81, *484*:56).

Requisitos. Para a configuração da condição será preciso a ocorrência dos seguintes requisitos: *a) aceitação voluntária,* por ser declaração acessória da vontade incorporada a outra, que é a principal por se referir ao negócio a que a cláusula condicional se adere com o objetivo de modificar uma ou algumas de suas consequências naturais; *b) futuridade do evento,* visto que exigirá sempre um fato futuro, do qual o efeito do negócio dependerá; e *c) incerteza do acontecimento,* pois a condição relaciona-se com um acontecimento incerto, que poderá ocorrer ou não.

BIBLIOGRAFIA: Hasenöhrl, *Öesterreichischer Obligationenrecht,* 1892, v. 1, p. 485; Planiol, *Traité élémentaire de droit civil,* 1904, v. 1, p. 119, n. 309; Paulo de Lacerda, *Manual,* cit., v. 3, Parte 2, p. 6-70; Spencer Vampré, *Manual do Código Civil brasileiro,* v. 1, p. 96; R. Limongi França, Condição, in *Enciclopédia Saraiva do Direito,* v. 17, p. 371; W. Barros Monteiro, *Curso,* cit., v. 1, p. 235-6; Von Tuhr, *Derecho civil,* v. 3, Parte 1, § 80; Caio M. S. Pereira, *Instituições,* cit., v. 1, p. 480; Angelo Falzea, *La condizione e gli elementi dell'atto giuridico,* Milano, 1941; Kuhlenbeck, *Von den Pandekten zum Burgerlichen Gesetzbuch,* 1898, v. 1, p. 361; M. Helena Diniz, *Curso,* cit., v. 1, p. 274-5; Zeno Veloso, *Condição, termo e encargo,* São Paulo, Malheiros, 1997; Carlos Alberto Dabus Maluf, *As condições no direito civil,* São Paulo, 1991; Bartin, *Théorie des conditions,* 1887; Olivier Milhac, *La notion de condition dans les contrats a titre onéreux,* 2001; Álvaro Villaça Azevedo, *Código Civil comentado,* São Paulo, Atlas, 2003, p. 113-75; Renan Lotufo, *Código Civil comentado,* cit., v. 1, p. 340-79; Luiz Paulo V. de Carvalho, *Direito civil,* Niterói, Impetus, 2009, p. 5-27; José de Oliveira Ascensão, *Direito civil,* cit., v. 2, p. 290-99.

Art. 122. São lícitas, em geral, todas as condições não contrárias à lei, à ordem pública ou aos bons costumes; entre as condições defesas se incluem as que privarem de todo efeito o negócio jurídico, ou o sujeitarem ao puro arbítrio de uma das partes.

- *O Decreto-Lei n. 1.850, de 15 de janeiro de 1981, isenta de laudêmio as transferências do domínio útil de terrenos de marinha, destinados à construção de conjuntos habitacionais de interesse social. Aprovado pelo Decreto Legislativo n. 35, de 12 de agosto de 1981.*
- *Súmula 60 do Superior Tribunal de Justiça.*
- *Código Civil, arts. 489, 1.613 e 1.808.*
- *Lei n. 8.078/90, art. 51, parágrafo único, IX, X, XI e XIII.*
- *Portarias n. 4/98, 3/99, 3/2001 e 5/2002 aditam o elenco de cláusulas abusivas constantes do art. 51, IX, X, XI e XIII, da Lei n. 8.078/90.*

Condição lícita. Lícita será a condição quando o evento que a constitui não for contrário à lei, à ordem pública ou aos bons costumes.

Condições proibidas. Estão defesas, além das *ilícitas* (art. 123, II), as condições: *a) perplexas,* se privarem o ato negocial de todo o efeito, como a venda de um prédio sob a condição de não ser ocupado pelo comprador; e *b) puramente potestativas,* se advindas de mero arbítrio de um dos sujeitos (*RT, 658*:119, *678*:94, *680*:115 e *691*:206). P. ex., constituição de uma renda em seu favor se você vestir tal roupa amanhã ou se ficar de pé durante 24 horas; aposição de cláusula que, em contrato de mútuo, dê ao credor poder unilateral de provocar o vencimento antecipado da dívida, diante de simples circunstância de romper-se o vínculo empregatício entre as partes (*RT, 568*:180). Urge lembrar que a condição resolutiva puramente potestativa é admitida juridicamente, pois não subordina o efeito do negócio jurídico ao arbítrio de uma das partes, mas sim sua ineficácia. Sendo tal condição resolutiva, nulidade não há porque existe um vínculo jurídico válido consistente na vontade atual de se obrigar, de cumprir a obrigação assumida, de sorte que, como observa Vicente Ráo, o ato jurídico chega a produzir os seus efeitos, só se resolvendo se a condição, positiva ou negativa, se realizar e quando se realizar. O art. 122 veda a condição suspensiva puramente potestativa. Logo, são admitidas as *simplesmente potestativas*, por dependerem da prática de um ato e não de um mero ou puro arbítrio. Além do arbítrio requer uma atuação especial do sujeito. P. ex., doação de uma casa a um jogador de tênis, se ele tiver bom desempenho no torneio de Wimbledon.

BIBLIOGRAFIA: M. Helena Diniz, *Curso,* cit., v. 1, p. 275-6; Paulo de Lacerda, *Manual,* cit., v. 3, Parte 2, p. 71-84; Pollock, *Principles of contracts,* 1911, p. 289; Levenhagen, *Código Civil,* cit., v. 1, p. 148; Vicente Ráo, *Ato jurídico,* São Paulo, Revista dos Tribunais, 1997, p. 278-9.

Art. 123. Invalidam os negócios jurídicos que lhes são subordinados:

• *Código Civil, art. 137.*

I — as condições física ou juridicamente impossíveis, quando suspensivas;

• *Código Civil, arts. 106 e 166.*

II — as condições ilícitas, ou de fazer coisa ilícita;

• Vide *Código Civil, art. 122.*

III — as condições incompreensíveis ou contraditórias.

Condições suspensivas física ou juridicamente impossíveis. As condições fisicamente impossíveis são as que não podem efetivar-se por serem contrárias à natureza. Por exemplo, a doação de uma casa a quem trouxer o mar até a Praça da República da cidade de São Paulo será inválida, visto que a condição suspensiva que subordina a eficácia negocial a evento futuro e incerto é impossível fisicamente.

As condições juridicamente impossíveis são as que invalidam os atos negociais a elas subordinados, por serem contrárias à ordem legal, p. ex., a outorga de uma vantagem pecuniária sob condição de haver renúncia ao trabalho, o que fere os arts. 193, 6º, 5º, XIII, e 170, parágrafo único, da Constituição Federal de 1988, que considera o trabalho uma obrigação social ou de realizar venda que tenha por objeto herança de pessoa viva (CC, art. 426).

BIBLIOGRAFIA: Paulo de Lacerda, *Manual,* cit., v. 3, Parte 2, p. 184-248; M. Helena Diniz, *Curso,* cit., v. 1, p. 275; W. Barros Monteiro, *Curso,* cit., v. 1, p. 236 e s.; Silvio Rodrigues, *Direito civil,* cit., v. 1, p. 269 e s.; R. Limongi França, Condição, cit., in *Enciclopédia Saraiva do Direito,* v. 17, p. 371 e s.; Caio M. S. Pereira, *Instituições,* cit., v. 1, p. 482 e s.; Orlando Gomes, *Introdução,* cit., p. 373-5; Consentini, *Condictio impossibilis;* 1952; P. Gaudet de Lestard, *Conditions impossibles, illicites ou contraires aux moéurs,* 1903; Carlos Roberto Gonçalves, *Direito civil brasileiro,* cit., v. 1, p. 344; Gagliano e Pamplona Filho, *Novo curso,* cit., v. 1, p. 417-34.

Condições ilícitas ou de fazer coisa ilícita. As condições ilícitas ou as de fazer coisa ilícita são condenadas pela norma jurídica, pela moral e pelos bons costumes e, por isso, invalidam os negócios a que forem apostas. Por exemplo, prometer uma recompensa sob a condição de alguém viver em concubinato impuro (*RT, 122*:606); dispensar, se casado, os deveres de coabitação e fidelidade mútua; entregar-se à prostituição; furtar certo bem; mudar de religião, ou, ainda, não se casar.

Condições perplexas, incompreensíveis ou contraditórias. Se os negócios contiverem claúsulas que subordinam seus efeitos a evento futuro e incerto, mas eivadas de perplexidades, obscuridades ou incongruências, possibilitando várias interpretações pelas dúvidas que levantam, ou pela incoerência de seus termos, tais atos negociais invalidar-se-ão. P. ex., constituirei Mário meu herdeiro universal, por ato de última vontade, se Ricardo for meu herdeiro universal. Inválida será tal cláusula contraditória, visto que a condição não poderá realizar-se.

Art. 124. Têm-se por inexistentes as condições impossíveis, quando resolutivas, e as de não fazer coisa impossível.

Condição resolutiva impossível. Se for aposta num negócio condição resolutiva impossível (física ou juridicamente) ou de não fazer coisa impossível, será tida como não escrita; logo, o negócio valerá como ato incondicionado, sendo puro e simples, como se condição alguma se houvesse estabelecido, por ser considerada inexistente.

Art. 125. Subordinando-se a eficácia do negócio jurídico à condição suspensiva, enquanto esta se não verificar, não se terá adquirido o direito, a que ele visa.

• Vide *Código Civil, arts. 135 e 332.*

Condição suspensiva. Será suspensiva a condição se as partes protelarem, temporariamente, a eficácia do negócio até a realização do acontecimento futuro e incerto (*RT, 706*:151; *JTACSP, 108*:156 e *138*:93). P. ex., adquirirei seu quadro "x" se ele for aceito numa exposição internacional.

Efeito da condição suspensiva pendente. Pendente a condição suspensiva não se terá direito adquirido, mas expectativa de direito ou direito eventual. Só se adquire o direito após o implemento da condição. A eficácia do ato negocial ficará suspensa até que se realize o evento futuro e incerto. A condição se diz realizada quando o acontecimento previsto se verificar. Ter-se-á, então, o aperfeiçoamento do ato negocial, operando-se *ex tunc,* ou seja, desde o dia de sua celebração, se *inter vivos,* e à data da abertura da sucessão, se *causa mortis,* daí ser retroativo.

BIBLIOGRAFIA: Von Tuhr, *Der allgemeine Teil des Deutschen Burgerlichen Rechts,* 1918, v. 2, p. 291; Lécoutre, Étude sur la rétroactivité de la condition, in *Revue Trimestrielle de Droit Civil,* 1907, p. 753-74; Paulo de Lacerda, *Manual,* cit., v. 3, Parte 2, p. 276-397; Coviello, *Manuale di diritto civile italiano,* parte generale, 1915, p. 436-7; M. Helena Diniz, *Curso,* cit., v. 1, p. 276; Francisco dos Santos Amaral Neto, A irretroatividade da condição suspensiva, *RDC, 28*:17.

Art. 126. Se alguém dispuser de uma coisa sob condição suspensiva, e, pendente esta, fizer quanto àquela novas disposições, estas não terão valor, realizada a condição, se com ela forem incompatíveis.

• *Código Civil, art. 1.359.*

Irretroatividade da condição suspensiva nos contratos reais. A retroatividade da condição suspensiva não é aplicável aos contratos reais, uma vez que só há transferência de propriedade após a entrega do objeto sobre que versam ou da escritura pública devidamente transcrita. Esclarece Clóvis Beviláqua que o implemento da condição suspensiva não terá efeito retroativo sobre bens fungíveis, móveis adquiridos de boa-fé e imóveis, se não constar do registro hipotecário a inscrição, ou melhor, o assento do título, onde se acha consignada a condição.

Inserção posterior de novas disposições. A norma não veda a possibilidade de, na pendência de uma condição suspensiva, fazer-se novas disposições, que, todavia, não terão validade se, realizada a condição, forem com ela incompatíveis. A esse respeito bastante esclarecedores são os seguintes exemplos de R. Limongi França: A doa a B um objeto, sob condição suspensiva, mas, enquanto esta pende, vende ou empenha o mesmo objeto a C; nula será a venda ou a garantia real (penhor). A doa a B o usufruto de um objeto, sob condição suspensiva, mas, enquanto esta pende, aliena a C a nua propriedade do mesmo objeto; válida será a alienação, porque não há incompatibilidade entre a nova disposição e a anterior.

BIBLIOGRAFIA: R. Limongi França, Condição, cit., in *Enciclopédia Saraiva do Direito,* v. 17, p. 374; M. Helena Diniz, *Curso,* cit., v. 1, p. 277; Paulo de Lacerda, *Manual,* cit., v. 3, Parte 2, p. 504-9.

Art. 127. Se for resolutiva a condição, enquanto esta se não realizar, vigorará o negócio jurídico, podendo exercer-se desde a conclusão deste o direito por ele estabelecido.

- Vide *Decreto-Lei n. 58, de 10 de dezembro de 1937, art. 12.*
- *Em certas hipóteses a lei afasta a incidência da condição resolutiva expressa contratualmente em caso de mora e admite a* emendatio morae *ou exige a prévia interpelação para que ela se dê* (vide *notas dos arts. 397 e 401 do CC).*
- *Código Civil, arts. 474, 1.359* e *1.360, sobre propriedade resolúvel.*

Condição resolutiva. A condição resolutiva subordina a ineficácia do negócio a um evento futuro e incerto. Enquanto a condição não se realizar, o negócio jurídico vigorará, podendo exercer-se desde a celebração deste o direito por ele estabelecido, mas, verificada a condição, para todos os efeitos extingue-se o direito a que ela se opõe. Por exemplo, constituo uma renda em seu favor, enquanto você estudar (*RT, 433*:176, *434*:146, *449*:170, *462*:192, *510*:225 e *651*:80; *RJ, 173*:69; *JTJ, 165*:43; *EJSTJ, 23*:129).

Art. 128. Sobrevindo a condição resolutiva, extingue-se, para todos os efeitos, o direito a que ela se opõe; mas, se aposta a um negócio de execução continuada ou periódica, a sua realização, salvo disposição em contrário, não tem eficácia quanto aos atos já praticados, desde que compatíveis com a natureza da condição pendente e conforme aos ditames de boa-fé.

- *Código Civil, arts. 127, 422, 474, 1.359* e *1.360.*

Implemento de condição resolutiva. Se uma condição resolutiva for aposta em um ato negocial (*RT, 672*:143), enquanto ela não se der, vigorará o negócio jurídico, mas, ocorrida a condição, operar-se-á a extinção do direito a que ela se opõe, retornando-se ao *status quo ante.* Mas, se tal negócio for de execução continuada ou periódica (p. ex., uma locação), a efetivação da condição, exceto se houver disposição em contrário, não atingirá os atos já praticados (como pagamento de aluguéis ou de encargos locativos) desde que conformes com a natureza da condição pendente e aos ditames da boa-fé (CC, art. 422). Acatado está o princípio da irretroatividade da condição resolutiva, quanto às prestações executadas, pois implemento da condição resolutiva terá eficácia *ex nunc,* preservando os efeitos negociais já produzidos.

BIBLIOGRAFIA: Paulo de Lacerda, *Manual,* cit., v. 3, Parte 2, p. 397-478; M. Helena Diniz, *Curso,* cit., v. 1, p. 277; Levenhagen, *Código Civil,* cit., v. 1, p. 152; Darcy Arruda Miranda, *Anotações,* cit., v. 1, p. 80-1; Sílvio de Salvo Venosa, *Direito civil,* cit., v. 1, p. 384; Antonio Celso P. Franco e José Roberto P. Franco, Cláusula resolutiva expressa: o exato sentido do art. 119 do CC/1916 e dos arts. 128 e 474 do Diploma Substantivo Civil de 2002, *Revista do IASP, 25*:77-82.

Art. 129. Reputa-se verificada, quanto aos efeitos jurídicos, a condição cujo implemento for maliciosamente obstado pela parte a quem desfavorecer, considerando-se, ao contrário, não verificada a condição maliciosamente levada a efeito por aquele a quem aproveita o seu implemento.

Implemento fictício da condição. A condição suspensiva ou resolutiva valerá como realizada se seu implemento for intencionalmente impedido por quem tirar vantagem com sua não realização.

Realização de condição tida como não verificada. Se a parte beneficiada com o implemento da condição forçar maliciosamente sua realização, esta será tida aos olhos da lei como não verificada para todos os efeitos; p. ex., se alguém contempla certa pessoa com um legado sob condição de prestar serviços a outrem, e o legatário maliciosamente cria uma situação que venha forçá-lo a ser despedido sem justa causa, para receber o legado sem ter de prestar serviços. Provada a má-fé do legatário, não se lhe entregará o legado. Se, ao contrário, se forçar uma justa causa para despedir o legatário, com o intuito de privá-lo de receber o legado, provada a má-fé, o legado ser-lhe-á entregue, mesmo que não continue a prestação de serviços.

BIBLIOGRAFIA: Savigny, *Sistema del diritto romano attuale,* 1900, v. 3, p. 180-1; Von Tuhr, *Der allgemeine Teil des Deutschen Burgerlichen Rechts,* cit., p. 317-8; Levenhagen, *Código Civil,* cit., v. 1, p. 153; Paulo de Lacerda, *Manual,* cit., v. 3, Parte 2, p. 480-93; *RT, 414*:203.

Art. 130. Ao titular do direito eventual, nos casos de condição suspensiva ou resolutiva, é permitido praticar os atos destinados a conservá-lo.

• Vide *Lei de Introdução às Normas do Direito Brasileiro, art. 6º, § 2º.*

Permissão de atos conservatórios na pendência de condição suspensiva ou resolutiva. Como o titular de direito eventual em caso de negócio condicional, suspensivo ou resolutivo, não tem, ainda, direito adquirido, a lei reconhece-lhe a possibilidade de praticar atos conservatórios para resguardar seu direito futuro, impedindo, assim, que sofra qualquer prejuízo. Assim sendo, a condição suspensiva ou resolutiva não obsta o exercício dos atos destinados a conservar o direito a ela subordinado. Logo, se, por exemplo, alguém prometer uma casa a outrem, para quando se casar, este poderá reformá-la, se necessário for, e rechaçar atos de esbulho ou turbação.

Efeitos "ex nunc" e "ex tunc" da condição. Quanto aos atos de administração praticados na pendência da condição, ela não terá efeito retroativo, salvo se a lei expressamente o determinar, de maneira que tais atos serão intocáveis, e os frutos colhidos não precisarão ser restituídos. Porém, a norma jurídica estabelece que a condição terá efeito retroativo quanto aos atos de disposição, que, com sua ocorrência, serão tidos como nulos.

BIBLIOGRAFIA: M. Helena Diniz, *Curso,* cit., v. 1, p. 277; Paulo de Lacerda, *Manual,* cit., v. 3, Parte 2, p. 493-504; Darcy Arruda Miranda, *Anotações,* cit., v. 1, p. 81; Levenhagen, *Código Civil,* cit., v. 1, p. 154; Clóvis Beviláqua, *Código Civil comentado,* Cit., obs. ao art. 121, v. 1.

Art. 131. O termo inicial suspende o exercício, mas não a aquisição do direito.

• Vide *Código Civil, arts. 125, 135 e 1.924.*

• *Lei de Introdução às Normas do Direito Brasileiro, art. 6º, § 2º.*

• *Constituição Federal, art. 5º, XXXVI.*

Acepção técnica de "termo". Termo é a cláusula que subordina os efeitos do ato negocial a um acontecimento futuro e certo.

Termo inicial. O termo inicial (*dies a quo, ex die*), dilatório ou suspensivo é o que fixa o momento em que a eficácia do negócio deve ter início, retardando o exercício do direito. Assim sendo, o direito a termo será tido como adquirido.

Efeitos antes do vencimento do termo inicial. O termo inicial não suspende a aquisição do direito, que surge imediatamente, mas só se torna exercitável com a superveniência do termo. O exercício do direito fica suspenso até o instante em que o acontecimento futuro e certo, previsto, ocorrer. A existência do direito real ou obrigacional não fica em suspenso *in medio tempore*, pois desde logo o titular a termo o adquire.

BIBLIOGRAFIA: Ramponi, *La determinazione del tempo nei contratti*, 1890, p. 18; Paulo de Lacerda, *Manual*, cit., v. 3, Parte 2, p. 509-56; Planiol e Ripert, *Traité élémentaire de droit civil*, cit., n. 310; M. Helena Diniz, *Curso*, cit., v. 1, p. 278; Serpa Lopes, *Curso*, cit., v. 1, p. 499 e s.; W. Barros Monteiro, *Instituições*, cit., v. 1, p. 246; Orlando Gomes, *Introdução*, cit., p. 383-6; Sílvio de Salvo Venosa, *Direito civil*, cit., v. 1, p. 387-8; José de Oliveira Ascenção, *Direito civil*, cit., v. 2, p. 299 a 300.

Art. 132. Salvo disposição legal ou convencional em contrário, computam-se os prazos, excluído o dia do começo, e incluído o do vencimento.

§ 1º Se o dia do vencimento cair em feriado, considerar-se-á prorrogado o prazo até o seguinte dia útil.

§ 2º Meado considera-se, em qualquer mês, o seu décimo quinto dia.

§ 3º Os prazos de meses e anos expiram no dia de igual número do de início, ou no imediato, se faltar exata correspondência.

§ 4º Os prazos fixados por hora contar-se-ão de minuto a minuto.

- Vide *Código de Processo Civil, arts. 214, 216, 218, 219 e 224.*
- Vide *Consolidação das Leis do Trabalho, art. 775.*
- Vide *Código de Processo Penal, art. 798.*
- Vide *Decreto-Lei n. 3.602, de 9 de setembro de 1941, que regula a contagem dos prazos nos processos administrativos e fiscais.*
- *Em matéria tributária, vide arts. 120, 150, 168 e 173 da Lei n. 5.172, de 25 de outubro de 1966 (Código Tributário Nacional); cf. também art. 92 da Lei n. 4.481, de 14 de novembro de 1964, art. 12 da Lei n. 4.388, de 28 de agosto de 1964 (com redação da Lei n. 4.481/64), Decreto n. 85.450, de 4 de dezembro de 1980 (revogado pelo art. 3º do Decreto n. 3.000/99), e art. 993, §§ 1º a 3º, do Decreto n. 3.000/99.*
- Vide *Leis n. 662, de 6 de abril de 1949, 1.266, de 8 de dezembro de 1950 (ora revogada pela Lei n. 10.607/2002), 605, de 5 de janeiro de 1949, 6.802, de 30 de junho de 1980, 9.093/95 (arts. 1º e 2º), que declaram os dias feriados; Decreto-Lei n. 86, de 27 de dezembro de 1966.*
- *Alterado o art. 11 da Lei n. 605, de 5 de janeiro de 1949, pelo Decreto-Lei n. 86, de 27 de dezembro de 1966, declarando-se: "São feriados civis os declarados em lei federal. São feriados religiosos os dias de guarda, declarados em lei municipal, de acordo com a tradição local e em número não superior a 4 (quatro), neste incluída a Sexta-Feira da Paixão".*
- Vide *Lei n. 810, de 6 de setembro de 1949, que define o ano civil.*
- Vide *Decreto-Lei n. 8.292, de 5 de dezembro de 1945, que dispõe sobre o Dia da Justiça.*
- Vide *Lei n. 2.784, de 18 de junho de 1919, e Decreto n. 10.546, de 5 de novembro de 1913, que dispõem sobre os fusos horários.*

• Vide *Lei n. 1.408, de 9 de setembro de 1951, alterada pela Lei n. 4.674, de 15 de junho de 1965, que dispõe sobre a prorrogação de prazos judiciais.*

• *Em direito penal, o dia do começo inclui-se no cômputo do prazo. Contam-se os dias, os meses e os anos pelo calendário comum —* Vide *art. 10 do Código Penal.*

• *A Lei n. 4.178, de 11 de dezembro de 1962, suprimiu o trabalho nos estabelecimentos de crédito aos sábados. Em seu art. 2º dispõe: "As obrigações em cobrança cujos vencimentos estiverem marcados para um sábado serão pagáveis no primeiro dia útil imediato".*

• *A Lei n. 7.089, de 23 de março de 1983, veda a cobrança de juros de mora sobre título cujo vencimento se dê em feriado, sábado ou domingo.*

• *A Lei n. 7.320, de 11 de junho de 1985, que dispunha sobre a comemoração antecipada dos feriados, alterada pela Lei n. 7.765, de 11 de maio de 1989, foi revogada pela Lei n. 8.087, de 29 de outubro de 1990.*

• *Lei n. 9.099/95 com alteração da Lei n. 13.728/2018.*

• *Código Civil, arts. 189 e s., e 2.208.*

• *Consolidação das Leis do Trabalho, art. 775.*

• *Lei Complementar n. 107/2001, art. 1º.*

• *Lei n. 11.419/2006, art. 4º, §§ 3º e 4º.*

Termo e prazo. Não há que se confundir o termo com o prazo, que é o lapso de tempo compreendido entre a declaração de vontade e a superveniência do termo em que começa o exercício do direito ou extingue o direito até então vigente.

Contagem dos prazos. O prazo é contado por unidade de tempo (hora, dia, mês e ano), excluindo-se o dia do começo (*dies a quo*) e incluindo-se o do vencimento (*dies ad quem*), salvo disposição, legal ou convencional, em contrário (*RF, 127*:624, *128*:324; *RT, 182*:482). Esse critério justificado está por dois fundamentos, como aponta Nestor Duarte: "a) o aritmético, porque a soma do dia inicial com o prazo resulta nessa conclusão (p. ex., o prazo de 5 dias, desde o dia 1º, vencerá no dia 6); b) o do aproveitamento, pois, se se incluísse o dia do início na contagem, parte dele já haveria transcorrido e o beneficiário do prazo teria prejuízo". Se se assumir uma obrigação dia 15 de maio, com prazo de 10 dias, não se computará o dia 15; iniciando-se a contagem no dia 16, somam-se 10 unidades, e a obrigação vencer-se-á dia 25 de maio.

Para resolver questões alusivas a prazo, o Código Civil apresenta os seguintes princípios: *a*) se o vencimento do ato negocial cair em feriado ou domingo, será prorrogado até o primeiro dia útil subsequente (*RT, 179*:1001 e 432, *190*:516, *194*:510, *377*:415, *664*:154; *Lex*, 1949, p. 74, 1950, p. 361, 1965, p. 981, 1966, p. 2023, 1980, p. 283, 1990, p. 1193; *RF, 133*:621, *137*:615, *217*:458). Logo, como sábado não é feriado, não há qualquer prorrogação, a não ser que o pagamento tenha de ser efetuado em Banco que não tiver expediente aos sábados (Leis n. 662/49, 1.266/50, 605/49, cujo art. 11 foi revogado pela Lei n. 9.093/95, 1.408/51 e 6.802/80). Pelo Enunciado n. 268 do Fórum Permanente de Processualistas Civis: "A regra de contagem de prazos em dias úteis só se aplica aos prazos iniciados após a vigência do novo Código" (CPC, art. 219); *b*) se o termo vencer em meados de qualquer mês, o vencimento dar-se-á no décimo quinto dia, qualquer que seja o número de dias que o acompanham; assim sendo, pouco importará que o mês tenha 28, 29 (ano bissexto), 30 ou 31 dias; *c*) se o prazo estipulado for estabelecido por mês, este será contado do dia do início ao dia correspondente do mês seguinte. Se no mês do vencimento não houver o dia correspondente, o prazo findar-se-á no primeiro dia subsequente (Lei n. 810/49, arts. 2º e 3º). Os prazos de meses e anos expiram no dia de igual número do de início, ou no imediato, se faltar exata correspondência, como se dá em ano bissexto. P. ex., se o prazo é de um mês, o termo inicial seria o dia 29 de janeiro e o final, o dia 29 de fevereiro, ou, não sendo ano bissexto, o dia 1º de março, se o prazo contratual for por um ano, tendo início no dia 15 de janeiro de 2005, findar-se-á no dia 15 de janeiro de 2006; *d*) se o prazo for fixado por horas, a contagem far-se-á de minuto a minuto (*RT*, *641*:216, *695*:240).

BIBLIOGRAFIA: M. Helena Diniz, *Curso*, cit., v. 1, p. 279; Levenhagen, *Código Civil*, cit., v. 1, p. 157-8; Paulo de Lacerda, *Manual*, cit., v. 3, Parte 2, p. 564-85; Sílvio de Salvo Venosa, *Direito civil*, cit., v. 1, p. 390-1; Nestor Duarte, *Código Civil*, cit., p. 109; Luiz Paulo V. de Carvalho, *Direito civil*, cit., p. 28-33.

Art. 133. Nos testamentos, presume-se o prazo em favor do herdeiro, e, nos contratos, em proveito do devedor, salvo, quanto a esses, se do teor do instrumento, ou das circunstâncias, resultar que se estabeleceu a benefício do credor, ou de ambos os contratantes.

- *Código Civil, arts. 1.857 e s., 1.897 e 1.898.*

Presunção de prazo em favor de herdeiro. Nos testamentos presume-se que o prazo é estabelecido em favor de herdeiro. Se, porventura, houver prazo para a entrega de um legado, haverá presunção de que tal prazo foi fixado em favor do herdeiro obrigado a pagá-lo e não do legatário. O mesmo se diga relativamente aos prazos para a satisfação de encargo. Logo, nada obsta a que o herdeiro pague o legado ou cumpra o encargo antes do vencimento do prazo.

Presunção "juris tantum" de prazo em favor do devedor. Nos contratos tem-se entendido que os prazos são estipulados em favor do devedor, exceto se do seu conteúdo ou das circunstâncias ficar evidenciado que foram estabelecidos em proveito do credor ou de ambos os contratantes. Se o prazo é estabelecido a favor do devedor, este poderá pagar o débito antes do vencimento, mesmo contra a vontade do credor, mas este não poderá exigi-lo antes do vencimento. Se foi avençado em proveito do credor, o devedor poderá ser forçado a pagar, mesmo antes de vencido o prazo. Se em prol de ambos os contratantes, apenas por mútuo acordo ter-se-á vencimento antecipado.

BIBLIOGRAFIA: Espínola, *Sistema de direito civil brasileiro*, v. 2, p. 335; Paulo de Lacerda, *Manual*, cit., v. 3, Parte 2, p. 585-606; Levenhagen, *Código Civil*, cit., v. 1, p. 158.

Art. 134. Os negócios jurídicos entre vivos, sem prazo, são exequíveis desde logo, salvo se a execução tiver de ser feita em lugar diverso ou depender de tempo.

- *Código Civil, arts. 127, 326, 331 e 592.*

Vencimento imediato. Os atos negociais *inter vivos* sem prazo serão exequíveis imediatamente, abrangendo tanto a execução promovida pelo credor como o cumprimento pelo devedor. Todavia, como nos ensina João Franzen de Lima, "não se deve entender ao pé da letra, como sinônimo de imediatamente, a expressão desde logo, contida na regra deste dispositivo. Entendida ao pé da letra poderia frustrar o benefício, poderia anular o negócio. Deve haver o tempo bastante para que se realize o fim visado, ou se empreguem meios para realizá-lo". Casos haverá em que impossível será o adimplemento imediato.

Prazo tácito. Para evitar hipóteses em que o adimplemento do contrato não pode se dar de imediato, esclarece o artigo *sub examine* que, se a execução tiver de ser feita em local diverso ou depender de tempo, não poderá, obviamente, prevalecer o imediatismo da execução. O prazo tácito decorrerá, portanto, da natureza do negócio ou das circunstâncias. Por exemplo, no transporte de uma mercadoria de São Paulo a Manaus, mesmo que não haja prazo, mister será um espaço de tempo para que seja possível a efetivação da referida entrega no local designado; na compra de uma safra de laranja, o prazo será a época da colheita, mesmo que não tenha sido estipulado.

BIBLIOGRAFIA: W. Barros Monteiro, *Curso,* cit., v. 1, p. 246-50; Bassil Dower, *Curso moderno de direito civil,* São Paulo, Ed. Nelpa, 1976, v. 1, p. 226-7; Silvio Rodrigues, *Direito civil,* cit., v. 1, p. 287-90; Caio M. S. Pereira, *Instituições,* cit., v. 1, p. 500-2; M. Helena Diniz, *Curso,* cit., v. 1, p. 280; Paulo de Lacerda, *Manual,* cit., v. 3, Parte 2, p. 606-10; João Franzen, *Curso de direito civil brasileiro,* v. 1, p. 344.

Art. 135. Ao termo inicial e final aplicam-se, no que couber, as disposições relativas à condição suspensiva e resolutiva.

- Vide *Código Civil, arts. 123, I, 124 a 131, 474 e 1.359.*

Efeitos da pendência do termo inicial. O titular de um direito adquirido, cujo exercício esteja na dependência de um termo inicial, poderá exercer todos os atos conservatórios que forem necessários para assegurar seu direito, não podendo, ainda, ser lesado por qualquer ato de disposição efetivado pelo devedor ou alienante antes do advento do termo suspensivo. Ao termo inicial (*dies a quo, ex die*) aplicam-se, no que couber, as normas do Código Civil referentes à condição suspensiva, visto que há suspensão do exercício do direito.

Termo final. O termo final (*dies ad quem, ad diem*), peremptório ou resolutivo ocorre quando se determinar a data da cessação dos efeitos do ato negocial, extinguindo-se as obrigações dele oriundas. Por exemplo, a locação dever-se-á findar dentro de dois anos. Antes de chegar o dia estipulado para seu vencimento, o negócio jurídico subordinado a um termo final vigorará plenamente; logo, seu titular poderá exercer todos os direitos dele oriundos. Como a situação é similar àquela oriunda de condição resolutiva, as disposições concernentes a esta aplicar-se-ão ao termo final na medida do possível.

BIBLIOGRAFIA: Levenhagen, *Código Civil,* cit., v. 1, p. 156; M. Helena Diniz, *Curso,* cit., v. 1, p. 279; Paulo de Lacerda, *Manual,* cit., v. 3, Parte 2, p. 556-64; Clóvis Beviláqua, *Código Civil comentado,* Cit., obs. ao art. 124, v. 1; Zeno Veloso, *Condição, termo e encargo,* São Paulo, Malheiros, 1997.

Art. 136. O encargo não suspende a aquisição nem o exercício do direito, salvo quando expressamente imposto no negócio jurídico, pelo disponente, como condição suspensiva.

Modo ou encargo. Modo ou encargo é a cláusula acessória aderente a atos de liberalidade *inter vivos* (doação) ou *causa mortis* (testamento ou legado), embora possa aparecer em promessas de recompensa ou em outras declarações unilaterais de vontade, que impõem um ônus ou uma obrigação à pessoa natural ou jurídica contemplada pelos referidos atos (*RJ, 178*:39). Por exemplo, doação de um prédio para que nele se instale um hospital; legado com o encargo de construir uma escola. Importam uma obrigação de fazer.

Efeitos produzidos pelo encargo. O encargo não suspende a aquisição nem o exercício do direito, exceto quando expressamente imposto no ato pelo disponente como condição suspensiva.

BIBLIOGRAFIA: Paulo de Lacerda, *Manual,* cit., v. 3, Parte 2, p. 610-39; Savigny, *Sistema del diritto romano attuale,* v. 3, § 128; M. Helena Diniz, *Curso,* cit., v. 1, p. 280; Serpa Lopes, *Curso,* cit., v. 1, p. 500; W. Barros Monteiro, *Curso,* cit., v. 1, p. 250-1; Caio M. S. Pereira, *Instituições,* cit., v. 1, p. 504-5;

Silvio Rodrigues, *Direito civil,* cit., v. 1, p. 290-1; Capitant, *La cause dans les libéralités*, 1924, p. 469; Zeno Veloso, *Condição, termo e encargo*, cit.; Luiz Paulo V. de Carvalho, *Direito civil*, cit., p. 33-38.

Art. 137. Considera-se não escrito o encargo ilícito ou impossível, salvo se constituir o motivo determinante da liberalidade, caso em que se invalida o negócio jurídico.

- *Código Civil, arts. 104, II, 123, I e II, 140, 166, III, e 1.897.*

Iliceidade ou impossibilidade física ou jurídica do encargo. A ilicitude ou impossibilidade física ou jurídica do encargo leva a considerá-lo como não escrito, libertando o negócio jurídico de qualquer restrição, a não ser que se apure ter sido o *modus* ou o motivo determinante da liberalidade *inter vivos* (doação) ou *mortis causa* (testamento), caso em que se terá a invalidação do ato negocial; porém, fora disso, aproveitar-se-á o negócio entabulado como puro e simples.

CAPÍTULO IV
DOS DEFEITOS DO NEGÓCIO JURÍDICO

SEÇÃO I
DO ERRO OU IGNORÂNCIA

Art. 138. São anuláveis os negócios jurídicos, quando as declarações de vontade emanarem de erro substancial que poderia ser percebido por pessoa de diligência normal, em face das circunstâncias do negócio.

- *Sobre a prova do erro,* vide *art. 446, II, do Código de Processo Civil.*
- Vide *Código Civil, arts. 48, 171, II, 177, 178, II, 441, 849, 877, 1.559, 1.812, 1.909 e 2.027.*
- *Código de Processo Civil, arts. 393, 446, II, e 966, VIII.*

Anulabilidade por defeito do ato jurídico. O ato negocial apenas produzirá efeitos jurídicos se a declaração de vontade das partes houver funcionado normalmente. Se inexistir correspondência entre a vontade declarada e a que o agente quer exteriorizar, o negócio jurídico será viciado ou deturpado, tornando-se anulável se no prazo decadencial de quatro anos for movida ação de anulação (CC, arts. 178, II, e 171, II; *RT*, *555*:86, *390*:371 e *397*:318). Trata-se de hipótese em que se apresentam os *vícios de consentimento,* como o erro, o dolo, a lesão, o estado de perigo e a coação, que se fundam no desequilíbrio da atuação volitiva relativamente a sua declaração. Casos há, ainda, em que se tem uma vontade funcionando normalmente, havendo até mesmo correspondência entre a vontade interna e sua manifestação; entretanto, ela se desvia da lei, ou da boa-fé, violando direito e prejudicando terceiros, sendo o negócio, por isso, suscetível de invalidação (CC, art. 171, II). Trata-se dos *vícios sociais,* como a simulação, que o tornará nulo, e a fraude, que o anulará, visto que contaminam a vontade manifestada contra as exigências da ordem legal.

BIBLIOGRAFIA: Clóvis Beviláqua, *Teoria geral do direito civil,* cit., § 50; Wilson de Souza Campos Batalha, *Dos defeitos dos negócios jurídicos,* Rio de Janeiro, Forense, 1988; Orlando Gomes, *Introdução*, cit., p. 412-4; W. Barros Monteiro, *Curso*, cit., v. 1, p. 192-3; Serpa Lopes, *Curso,* cit., v. 1, p. 425-6; M. Helena Diniz, *Curso,* cit., v. 1, p. 237; Caio M. S. Pereira, *Instituições*, cit., v. 1, p. 440-3; Carlos Alberto Bittar, *Teoria geral,* cit., p. 217-45; Capitant, *Introduction à l'étude du droit civil,* Paris, Pedone, 4. ed., p. 295; Silvio Rodrigues, *Direito civil,* cit., v. 1, p. 203-5; *Dos vícios de consentimento,* 1982; Paulo Roberto Tavares Paes,

Defeito do ato jurídico, *RDC, 35*:211; Schkaff, *Influence de l'erreur, du dol et de la violence sur l'acte juridique,* Lausanne, 1920; Fubini, *La dottrina del errore,* 1902; Sebastião José Roque, *Teoria geral,* cit., p. 121-32; René Rodière, *Les vices du consentement dans de contrat,* Paris, Pedone, 1977; Álvaro Villaça Azevedo, *Código Civil comentado,* cit., v. 7, p. 182-278; Humberto Theodoro Jr., Dos defeitos do negócio jurídico no novo Código Civil: fraude, estado de perigo e lesão, *RF, 364*:163-79; Alberto G. Jorge Junior, Considerações em torno do art. 138 do Código Civil, *RT, 843*:85; Mário de Salles Penteado. Os vícios do consentimento e a regra *utile per inutile non vitiatur, Doutrinas essenciais — obrigações e contratos* (Coord. G. Tepedino e Luiz E. Fachin), São Paulo, Revista dos Tribunais, v. II, 2011, p. 711-14.

Erro e ignorância. Embora a ignorância seja a ausência completa de conhecimento sobre algo e o erro, a falsa noção sobre algum objeto, o legislador os equiparou nos seus efeitos jurídicos. Assim sendo, desde que o ato negocial seja viciado por erro ou ignorância, será passível de anulação por existir deturpação da manifestação de vontade das partes.

Erro substancial. O erro é uma noção inexata sobre um objeto, que influencia a formação da vontade do declarante, que a emitirá de maneira diversa da que a manifestaria se dele tivesse conhecimento exato (*RT, 526*:128, *554*:80, *338*:502, *280*:360, *292*:614 e *545*:192). Para viciar a vontade e anular o ato negocial, este deverá ser substancial, escusável e real. *Escusável,* no sentido de que há de ter por fundamento uma razão plausível ou ser de tal monta que qualquer pessoa de atenção ordinária ou de diligência normal (*hominus medius*) seja capaz de cometê-lo, em face das circunstâncias do negócio (*RT, 138*:126, *116*:268, *119*:829, *90*:438, *241*:138 e *181*:307; *RF, 101*:321; TJSP, Ap. c/ Rev. 1722274100, rel. Jesus Lofrano, j. 10-2-2009; TJSC, Ap. Cív. 2003.005350-6, Criciúma, rel. Maria do Rocio L. Santa Ritta, j. 31-5-2006). Há quem ache, contudo, que "na sistemática do art. 138 é irrelevante ser ou não escusável o erro, porque o dispositivo adota o princípio da confiança" (Enunciado n. 12, aprovado na *I Jornada de Direito Civil,* promovida, em setembro de 2002, pelo Centro de Estudos Judiciários do Conselho da Justiça Federal). A escusabilidade de erro, para essa corrente, como requisito para anulação seria secundária, passando para primeiro plano a cognoscibilidade (ou recognoscibilidade). O negócio só será anulado se presumível ou possível o reconhecimento do erro pelo outro contratante. *Real,* por importar efetivo dano para o interessado. O erro *substancial* é erro de fato por recair sobre circunstância de fato, ou seja, sobre as qualidades essenciais da pessoa ou da coisa, e além disso, é *reconhecível* pelo destinatário da declaração da vontade, passando, na opinião de alguns autores, então, a escusabilidade para segundo plano. Poderá abranger o erro de direito (CC, art. 139, III), relativo à existência de uma norma jurídica dispositiva, desde que afete a manifestação da vontade, caso em que viciará o consentimento.

BIBLIOGRAFIA: Lino de Moraes Leme, *Do erro de direito em matéria civil,* São Paulo, Revista dos Tribunais, 1936, p. 65; Stolfi, *Teoria del negozio giuridico,* p. 171; Orlando Gomes, *Introdução,* cit., p. 416; M. Helena Diniz, *Curso,* cit., v. 1, p. 238, 240 e 241; Fubini, *La dottrina dell'errore,* Torino, 1902, n. 4; W. Barros Monteiro, *Curso,* cit., v. 1, p. 196-7; Larombière, *Théorie et pratique des obligations,* 1885, v. 1, p. 45 e 64; Álvaro Villaça Azevedo, Erro-III, in *Enciclopédia Saraiva do Direito,* v. 32, p. 481-9; Carvalho Santos, *Código Civil brasileiro interpretado,* cit., v. 2, p. 300-25; Jorge F. Scartezzini, *Do erro no direito civil,* São Paulo, Resenha Universitária, 1976; Silvio Rodrigues, *Dos vícios do consentimento,* São Paulo, Saraiva, 1979; Roger Decottignies, L'erreur de droit, *Rev. Trim. Jur.,* 1951, p. 309; Guillermo Borda, *Error de hecho y de derecho,* 1950; Antônio Junqueira de Azevedo, *Negócio jurídico e declaração negocial,* cit., p. 169-81; João Casillo, *O erro como vício da vontade,* São Paulo, Revista dos Tribunais, 1982; Raymond Celice, *El error en los contratos,* Madrid, Gongora, s.d.; Jacques Ghestin, *La notion d'erreur dans le droit positif actuel,* Paris, LGDJ, 1977; Gilberto Ferreira, O erro de direito como causa de anulabilidade dos negócios jurídicos, *JB, 159*:28 e s.; Washington Luiz da Trindade, Contratos e doutrina do erro, *Consulex,* n. 27, p. 42 e 43; Pietro Barcellona, *Profili della teoria dell' errore nel negozio giuridico,* 1962; Vittorino Pietrobon, *Errore, volontà e affidamento nel negozio giuridico*, 1990; Adriano de Cupis, *La scusabilità dell'errore nei negozi giuridici*, 1939; Giorgio Amorth, *Errore e inademplemento nel contratto*, 1967; Durval Ferreira, *Erro negocial (objeto, motivos, base negocial) e alteração de circunstâncias*, 1995; Humberto Theodoro Jr., *Comentários ao novo Código Civil*, Rio de Janeiro, Forense, 2003, n. 3, t. 1, p. 41 e s.; Luiz Paulo V. de Carvalho, *Direito civil*, cit., p. 111-18; José de Oliveira Ascensão, *Direito Civil*, cit., v. 1, p. 117-27.

Art. 139. O erro é substancial quando:

I — interessa à natureza do negócio, ao objeto principal da declaração, ou a alguma das qualidades a ele essenciais;

II — concerne à identidade ou à qualidade essencial da pessoa a quem se refira a declaração de vontade, desde que tenha influído nesta de modo relevante;

- *Código Civil, arts. 1.556, 1.557, 1.559, 1.560, III, e 1.903.*

III — sendo de direito e não implicando recusa à aplicação da lei, for o motivo único ou principal do negócio jurídico.

- Vide *Lei de Introdução às Normas do Direito Brasileiro, art. 3º.*

Casos de erro substancial. Há quatro hipóteses de erro substancial: *a*) erro sobre a natureza do ato negocial; *b*) erro sobre o objeto principal da declaração; *c*) erro sobre alguma das qualidades essenciais do objeto e da pessoa; e d) erro de direito.

Erro sobre a natureza do ato negocial. Haverá erro substancial quando recair sobre a natureza do ato, p. ex., se uma pessoa pensa que está vendendo uma casa e a outra a recebe a título de doação. Não se terá real acordo volitivo, pois um dos contratantes supõe realizar um negócio e o consentimento do outro se dirige a contrato diverso, manifestando-se um *error in ipso negotio*, suscetível de anulação do negócio.

Erro sobre o objeto principal da declaração. Ter-se-á erro substancial quando atingir o objeto principal da declaração em sua identidade (*error in ipso corpore rei*), isto é, o objeto não é o pretendido pelo agente (p. ex., se um contratante supõe estar adquirindo um lote de terreno de excelente localização, quando na verdade está comprando um situado em péssimo local — *RT*, *233*:153).

Erro sobre a qualidade essencial do objeto. Apresentar-se-á o erro substancial quando recair sobre a qualidade essencial do objeto (*error in substantia*), p. ex., se a pessoa pensa adquirir um relógio de prata que, na realidade, é de aço, ou um quadro de um pintor famoso, que, na verdade, era falso (*RT*, *735*:377).

BIBLIOGRAFIA: Fubini, Contribution à l'étude de l'erreur sur la substance et les qualités substantielles, *Rev. Trimestrielle de Droit Civil*, *1*:327, 1902, Vareilles Sommières, *Étude sur l'erreur*, p. 141; Darcy Arruda Miranda, *Anotações*, cit., v. 1, p. 63-4; M. Helena Diniz, *Curso*, cit., v. 1, p. 238-9; Paulo de Lacerda, *Manual*, cit., v. 3, p. 216-52; Clóvis Beviláqua, *Código Civil Comentado*, cit., obs. ao art. 87, v. 1; Durval Ferreira, *Erro negocial*, Coimbra, Almedina, 1995.

Erro substancial sobre a qualidade da pessoa no direito obrigacional. O erro sobre as qualidades essenciais da pessoa, atingindo sua identidade física ou moral, poderá tornar o ato anulável, desde que a consideração pessoal era condição primordial para a efetivação daquele ato. O erro sobre identidade ou qualidade essencial da pessoa a quem se refira a declaração da vontade só anulará o negócio se influiu, de modo relevante, naquela manifestação volitiva. Logo, em negócio em que a prestação possa ser executada por qualquer pessoa, mesmo que o contratante tenha errado na designação desta, não será tal erro causa determinante da anulação do ato nego-

FATOS JURÍDICOS

cial. Assim, se alguém num contrato de sociedade pensar que se está associando a uma pessoa de reconhecida idoneidade moral, mas vem a contratar com outra que, tendo o mesmo nome, é inidônea ou desonesta, anulável será o ato.

Erro substancial sobre a pessoa no direito de família e no direito sucessório. Para a anulação de casamento bastante relevante será o erro sobre a pessoa do cônjuge (CC, arts. 1.556, 1.557, 1.559 e 1.560, III), ou seja, sobre sua identidade física ou moral (p. ex., se uma moça de boa formação moral casar-se com homem, vindo a saber depois que se tratava de um desclassificado ou homossexual — *RT, 390*:371, *464*:77, *450*:252, *482*:90, *470*:91, *434*:72, *526*:128, *454*:74, *397*:318, *429*:102, *447*:92, *480*:65, *779*:330; *JB, 162*:270). No direito das sucessões ter-se-á anulabilidade de testamento ou de legado se houver erro sobre a qualidade essencial do herdeiro ou legatário (CC, art. 1.903), exceto se, pelo texto do ato de última vontade, por outros documentos ou por fatos inequívocos, se puder fazer a identificação da pessoa a que o testador se refere. Por exemplo, se alguém fizer testamento contemplando sua mulher, mas, por ocasião do cumprimento do testamento, o órgão judicante vem a verificar que a herdeira instituída não é mulher do testador, por ser casada com outro, decretando, então, a anulabilidade porque o testador incorreu em erro quanto à qualidade essencial da beneficiária (*RT, 434*:72).

BIBLIOGRAFIA: Giorgi, *Teoria delle obbligazioni,* 1904, v. 4, p. 82; Paulo de Lacerda, *Manual,* cit., v. 3, p. 252-66; M. Helena Diniz, *Curso,* cit., v. 1, p. 239; Levenhagen, *Código Civil,* cit., v. 1, p. 122-3.

Erro de direito. O *error juris* não consiste apenas na ignorância da norma jurídica, mas também em seu falso conhecimento e na sua interpretação errônea, podendo ainda abranger a ideia errônea sobre as consequências jurídicas do ato negocial, por tal razão o art. 139, III, não colide com o art. 3º da Lei de Introdução às Normas do Direito Brasileiro. Se o erro de direito afetar a manifestação volitiva, tendo sido o principal ou o único motivo da realização do ato negocial, sem contudo importar em recusa à aplicação da lei (*RTJ, 99*:860, *104*:816), vicia o consentimento. Por exemplo: "A" efetiva compra e venda internacional da mercadoria "x" sem saber que sua exportação foi proibida legalmente; "A" adquire de "B", o lote "y", ignorando que lei municipal vedara loteamento naquela localidade. Como o erro de direito foi o motivo determinante do ato negocial, pode-se pleitear a anulação do negócio, sem que, com isso, se pretenda descumprir a norma jurídica. Para anular o negócio não poderá contudo recair sobre norma cogente, mas tão somente sobre normas dispositivas, sujeitas ao livre acordo das partes.

BIBLIOGRAFIA: Guilhermo A. Borda, *Error de hecho y de derecho,* 1950; Tepedino e outros, *Código,* cit., v. 1, p. 273.

Art. 140. O falso motivo só vicia a declaração de vontade quando expresso como razão determinante.

• Vide *Código Civil, art. 1.897.*

Erro quanto ao fim colimado. O erro relativamente ao motivo do negócio (razão subjetiva da efetivação do ato negocial), seja ele de fato ou de direito, não é considerado essencial, logo não poderá acarretar a anulação do ato negocial. Deveras, o *motivo* do negócio jurídico é base negocial subjetiva, por ser o impulso psíquico que leva alguém a efetivá-lo (obtenção de um prazer ou satisfação pessoal; atendimento de pedido feito por um ente querido; intenção de recompensar alguém por um favor prestado etc.). Já a *causa* é a razão objetiva do negócio (p. ex., realização de investimento; necessidade de alienação; aquisição de moradia). O motivo não declarado como sua razão determinante ou condição de que dependa não afetará o ato negocial se houver erro.

Arguição de nulidade relativa do ato por falso motivo. O erro quanto ao fim colimado (falso motivo), em regra, não vicia o negócio jurídico, a não ser quando nele figurar expressamente, integrando-o, como sua razão determinante ou essencial (*RT, 231*:189). Por exemplo, se alguém vier a doar ou legar um prédio a outrem, declarando que o faz porque o donatário ou legatário lhe salvou a vida, se isso não corresponder à realidade, provando-se que o donatário nem mesmo havia participado do referido salvamento, o negócio estará viciado, sendo, portanto, anulável. O mesmo se diga da venda de imóvel em razão de falsa notícia de que seria desapropriado. Isto é assim porque o motivo é uma razão de ser intrínseca da doação ou da venda. Se o declarante expressamente fizer entender que só constituirá a relação jurídica por determinada razão ou se se verificar certo acontecimento a que ela se refere, havendo erro ter-se-á a anulação do negócio efetivado, por ser manifesto que a parte fez depender do motivo a realização do ato.

BIBLIOGRAFIA: Paulo de Lacerda, *Manual,* cit., v. 3, p. 270-90; M. Helena Diniz, *Curso,* cit., v. 1, p. 241; Darcy Arruda Miranda, *Anotações,* cit., v. 1, p. 64; P. S. Gagliano e R. Pamplona Filho, *Novo curso de direito civil,* São Paulo, Saraiva, 2002, v. 1, p. 336; Jones F. Alves e Mário Luiz Delgado, *Código,* cit., p. 95; Carlos Henrique Barroso, O falso motivo como vício do negócio jurídico no novo Código Civil, *RT, 804*:72.

Art. 141. A transmissão errônea da vontade por meios interpostos é anulável nos mesmos casos em que o é a declaração direta.

Erro na transmissão da vontade por meios interpostos. Se alguém recorrer a rádio, televisão, telefone, CD-Rom, telex, cabograma, anúncio, internet, fac-símile, e-mail, mensageiro ou telégrafo para transmitir uma declaração de vontade, e o veículo utilizado, por ter havido interrupção ou deturpação sonora, o fizer com incorreções, acarretando desconformidade entre a vontade declarada e a interna, poder-se-á alegar erro nas mesmas condições em que a manifestação volitiva se realiza *inter praesentes.* Interessante é o seguinte exemplo, apontado por San Tiago Dantas, ocorrido na Alemanha: alguém, por meio de telegrama, resolve vender ações da bolsa, por ter tido notícia de que sofreriam desvalorização. O telégrafo, equivocadamente, transmitiu a mensagem usando o termo *Kaufen* (compra) e não *Verkaufen* (venda), com isso causou enorme prejuízo, por ter produzido efeito não desejado. Trata-se, portanto, do erro de transmissão, por defeito de intermediação mecânica ou pessoal, que altera a vontade declarada na efetivação negocial, gerando a anulação deste.

Possibilidade de se anular ato negocial por transmissão errônea da vontade. Se uma declaração de vontade com certo conteúdo for transmitida com conteúdo diverso, o negócio poderá ser passível de nulidade relativa, porque a manifestação de vontade do emitente não chegou corretamente à outra parte. Se, contudo, a alteração não vier a prejudicar o real sentido da declaração expedida, o erro será insignificante e o negócio efetivado prevalecerá.

BIBLIOGRAFIA: Hölder, *Kommentar zum allgemeinem Teil des BGB,* 1900, p. 266-7; M. Helena Diniz, *Curso,* cit., v. 1, p. 241; Paulo de Lacerda, *Manual,* cit., v. 3, p. 266-70; Clóvis Beviláqua, *Código Civil Comentado,* cit., obs. ao art. 89, v. 1; Tepedino e outros, *Código,* cit., v. 1, p. 275.

Art. 142. O erro de indicação da pessoa ou da coisa, a que se referir a declaração de vontade, não viciará o negócio quando, por seu contexto e pelas circunstâncias, se puder identificar a coisa ou pessoa cogitada.

- Vide *Código Civil, arts. 112 e 1.903.*

Erro acidental. O erro acidental diz respeito às qualidades secundárias ou acessórias da pessoa, ou do objeto. Não terá qualquer influência na perfeição do negócio jurídico (*RT, 181*:200, *109*:145, *339*:170 e *596*:89; *RJTJSP, 133*:52).

Impossibilidade de anulação do negócio por erro acidental. O erro acidental não induz anulação do ato negocial por não incidir sobre a declaração da vontade, se se puder, por seu contexto e pelas circunstâncias, identificar a pessoa ou a coisa. Assim, o erro sobre a qualidade da pessoa, de ser ela casada ou solteira, não terá o condão de anular um legado que lhe for feito, se se puder identificar a pessoa visada pelo testador, apesar de ter sido erroneamente indicada. O mesmo se diga, se alguém adquire lote n. 27 e recebe o n. 72, por erro de digitação ou compra o cavalo árabe "Pinus", por ter sido o vencedor da exposição "Mundo Rural-2007", quando, na verdade, o campeão foi "Platanus", da mesma raça e de propriedade do vendedor. A compra e venda do lote e a do semovente não serão anuladas, visto que houve mero equívoco e há possibilidade de identificação da coisa que constitui o objeto do negócio.

BIBLIOGRAFIA: M. Helena Diniz, *Curso*, cit., v. 1, p. 239; Paulo de Lacerda, *Manual*, cit., v. 3, p. 290-305; Clóvis Beviláqua, *Código Civil Comentado*, cit., obs. ao art. 91, v. 1; João Luís Alves, *Código Civil anotado*, cit., obs. ao art. 91, v. 1; Sílvio de Salvo Venosa, *Direito civil*, cit., v. 1, p. 312; Matiello, *Código Civil*, cit., p. 118; Tepedino e outros, *Código*, cit., v. 1, p. 276.

Art. 143. O erro de cálculo apenas autoriza a retificação da declaração de vontade.

Erro de cálculo e sua retificação. O *error in quantitate* diz respeito a engano sobre peso, medida ou quantidade do bem; o *erro de cálculo* é, na lição de Massimo Bianca, o erro na elaboração aritmética dos dados (peso, medida ou quantidade) do objeto do negócio. P. ex., fixação do preço da venda, baseada na quantia unitária, computando-se de modo inexato o preço global. É a contagem inexata de dados do objeto negocial ou dos elementos componentes do preço ou, ainda, erro no registro de parcelas de uma conta ou no seu saldo, troca de parcelas, inversão de algarismo, engano nas operações, de forma a apresentar resultado inverídico. Logo, é erro acidental, não induzindo anulação do negócio, por não incidir sobre a declaração da vontade. Se assim é, o erro de cálculo, ou erro aritmético, não anula o negócio, nem vicia o consentimento, autorizando tão somente a retificação da declaração volitiva, se as duas partes tiverem ciência do exato valor do negócio por elas efetivado.

BIBLIOGRAFIA: Massimo Bianca, *Diritto civile: il contratto*, p. 618; Mário Benhame, *Comentários*, cit., p. 238.

Art. 144. O erro não prejudica a validade do negócio jurídico quando a pessoa, a quem a manifestação de vontade se dirige, se oferecer para executá-la na conformidade da vontade real do manifestante.

Execução do negócio conforme a vontade real do manifestante. Se "A" pensar que comprou o lote n. 4 da quadra *x*, quando, na verdade, adquiriu o lote n. 4 da *y*, ter-se-á erro substancial, que não invalidará o ato negocial se o vendedor vier a entregar-lhe o lote n. 4 da quadra *x*, visto que não houve qualquer prejuízo a "A", diante da execução do negócio em conformidade com a sua vontade real, que foi atendida. O vendedor, a quem a declaração de vontade do comprador se dirigiu, ofereceu-se para executar o negócio, conforme o seu real querer, por isso, apesar de anulável o contrato por erro, fica sanada a anulabilidade. Convalesce-se o erro, ante o princípio da conservação do negócio jurídico, pois este só deve ser anulado se causar dano, e no caso o resultado, a que se chegou, coincidiu com o pretendido.

SEÇÃO II
DO DOLO

Art. 145. São os negócios jurídicos anuláveis por dolo, quando este for a sua causa.

- *Consulte: Código de Processo Civil, arts. 393, 466, II (sobre prova do dolo), 966, III.*
- *Código Civil, arts. 171, II, 178, II, 180 e 2.027.*

Conceito de dolo. Dolo, segundo Clóvis Beviláqua, é o emprego de um artifício astucioso para induzir alguém à prática de um ato negocial que o prejudica e aproveita ao autor do dolo ou a terceiro (*RT*, *161*:276, *187*:60, *444*:112, *245*:547, *522*:232 e *602*:58; *RJTJSP*, *137*:39; *RSTJ*, *137*:39 e *163*:337). O *dolus malus*, de que cuida o art. 145, é defeito do negócio jurídico, idôneo a provocar sua anulabilidade, dado que tal artifício consegue ludibriar pessoas sensatas e atentas.

"Dolus causam dans" ou dolo principal. O dolo principal ou essencial é aquele que dá causa ao negócio jurídico, sem o qual ele não se teria concluído, acarretando a anulação daquele ato negocial (*RT*, *226*:395 e *254*:547).

Requisitos para a configuração do dolo principal. Para que o dolo principal se configure e torne passível de anulação o ato negocial, será preciso que: *a*) haja intenção de induzir o declarante a praticar o negócio lesivo à vítima; *b*) os artifícios maliciosos sejam graves, aproveitando a quem os alega, por indicar fatos falsos, por suprimir ou alterar os verdadeiros ou por silenciar algum fato que se devesse revelar ao outro contratante; *c*) seja a causa determinante da declaração de vontade (*dolus causam dans*), cujo efeito será a anulabilidade do ato, por consistir num vício de consentimento; e *d*) proceda do outro contratante, ou seja, deste conhecido, se procedente de terceiro.

BIBLIOGRAFIA: Silvio Rodrigues, *Direito civil*, cit., v. 1, p. 217-8; Antônio Chaves, Dolo, in *Enciclopédia Saraiva do Direito*, v. 29, p. 274 e s.; W. Barros Monteiro, *Curso*, cit., v. 1, p. 205-6; M. Helena Diniz, *Curso*, cit., v. 1, p. 242-3; O *dolus causam dans* invalidante e a questão da concorrência de anulabilidades na renúncia do mandato *ad judicia* e na rescisão amigável de contrato de prestação de serviços advocatícios e de honorários, *Atualidades Jurídicas*, *4*:251-66; Serpa Lopes, *Curso*, cit., v. 1, p. 339; Paulo de Lacerda, *Manual*, cit., v. 3, p. 305-26; Coviello, *Manuale di diritto civile italiano*, 1915, v. 1, p. 394; Clóvis Beviláqua, *Comentários*, cit., v. 1, p. 363-4; Rotondi, *Il Codice Civile annotato*, v. 3, p. 35; Valverde y Valverde, *Tratado de derecho civil español*, 1909, v. 1, p. 494; Sprenger, Ueber "dolus causam dans et incidens", *Archiv. F. die Civ. Praxis*, *88*:361, 1898; Antônio Junqueira de Azevedo, *Negócio jurídico e declaração negocial*, cit., p. 182-91; Carranza, *El dolo en el derecho civil y comercial*, Buenos Aires, Astrea, 1973; A. Cossio y Corral, *El dolo en el derecho civil*, Madrid, 1955; Alberto Trabucchi, *Il dolo nella teoria dei vizi del volere*, Padova, CEDAM, 1973; José de Oliveira Ascensão, *Direito civil*, cit., v. 1, p. 133-39.

Art. 146. O dolo acidental só obriga à satisfação das perdas e danos, e é acidental quando, a seu despeito, o negócio seria realizado, embora por outro modo.

- *Código Civil, arts. 402 a 405.*

"Dolus incidens". O dolo acidental ou *dolus incidens* (dolo incidente) é o que leva a vítima a realizar o negócio, porém em condições mais onerosas ou menos vantajosas, não afetando sua declaração de vontade, embora venha a provocar desvios, não se constituindo vício de consentimento, por não influir diretamente na realização do ato negocial que se teria praticado independentemente do emprego das manobras astuciosas (*RT*, *785*:243, *469*:131 e *148*:379; *JTJ*, *185*:23).

Consequências jurídicas oriundas do dolo acidental. O dolo acidental, por não ser vício de consentimento nem causa do contrato, não acarretará a anulação do negócio, obrigando apenas à satisfação de perdas e danos ou a uma redução da prestação convencionada. Daí escreverem Aubry e Rau que "*le dol simplement incident (*dolus incidens*) c'est-à-dire, celui qui, pratiqué dans le cours d'une négociation déjà entamée, n'a pas fait naître chez l'une des parties l'intention de contracter, et n'a eu pour résultat que de l'amener à accepter des conditions plus desavantageuses, n'est pas en général, une cause de nullité de la convention. Mais il donne ouverture à une action en dommages-intérêts contre l'auteur ou le complice du dol*". Assim sendo, havendo dolo acidental, cabível será a ação de perdas e danos contra o autor ou cúmplice do dolo e a favor do contratante prejudicado.

BIBLIOGRAFIA: De Page, *Traité élémentaire de droit civil belge,* v. 1, n. 51; Serpa Lopes, *Curso,* cit., v. 1, p. 440; Orlando Gomes, *Introdução,* cit., p. 420; M. Helena Diniz, *Curso,* cit., v. 1, p. 243-4; W. Barros Monteiro, *Curso,* cit., v. 1, p. 204; Paulo de Lacerda, *Manual,* cit., v. 3, p. 327-31; Silvio Rodrigues, *Direito civil,* cit., v. 1, p. 218; Aubry e Rau, *Cours de droit civil français,* 1902, v. 4, p. 504; Humberto Theodoro Jr., *Comentários,* cit., p. 136 e 138.

Art. 147. Nos negócios jurídicos bilaterais, o silêncio intencional de uma das partes a respeito de fato ou qualidade que a outra parte haja ignorado, constitui omissão dolosa, provando-se que sem ela o negócio não se teria celebrado.

- Vide *Código Civil, arts. 180, 422, 441 a 446, 766 e 773.*
- *Código Comercial, art. 678, n. 2.*

Dolo positivo e dolo negativo. O *dolo positivo* é o artifício astucioso decorrente de ato comissivo em que a outra parte é levada a contratar por força de afirmações falsas sobre a qualidade da coisa. O *dolo negativo,* previsto no art. 147, vem a ser a manobra astuciosa que constitui uma omissão dolosa ou reticente para induzir um dos contratantes a realizar o negócio. Ocorrerá quando uma das partes vier a ocultar algo que a outra deveria saber e se sabedora não teria efetivado o ato negocial (*RT, 773*:344, *642*:144, *640*:186, *634*:130, *545*:198, *187*:314, *168*:165, *61*:276 e *187*:314). Por exemplo, se alguém fizer seguro de vida, omitindo moléstia grave, e vier a falecer poucos meses depois, tratar-se-á de manobra maliciosa por omissão, em que houve intenção de lesar a seguradora e de beneficiar os sucessores (CC, arts. 766 e 773). O dolo negativo acarretará anulação do ato se for dolo principal, acatando-se o princípio da boa-fé objetiva (CC, art. 422).

Requisitos do dolo negativo. Para o dolo negativo deverá haver: *a*) um contrato bilateral; *b*) intenção de induzir o outro contratante a praticar o negócio jurídico; *c*) silêncio sobre uma circunstância ignorada pela outra parte; *d*) relação de causalidade entre omissão intencional e a declaração volitiva; *e*) ato omissivo do outro contratante e não de terceiro; e *f*) prova da não realização do negócio se o fato omitido fosse conhecido da outra parte contratante.

BIBLIOGRAFIA: Paulo de Lacerda, *Manual*, cit., v. 3, p. 331-8; Darcy Arruda Miranda, *Anotações*, cit., v. 1, p. 66; M. Helena Diniz, *Curso*, cit., v. 1, p. 244; Levenhagen, *Código Civil*, cit., v. 1, p. 127-8; W. Barros Monteiro, *Curso*, cit., v. 1, p. 204; Silvio Rodrigues, *Direito civil*, cit., v. 1, p. 221-2; Serpa Lopes, *Curso*, cit., v. 1, p. 340.

Art. 148. Pode também ser anulado o negócio jurídico por dolo de terceiro, se a parte a quem aproveite dele tivesse ou devesse ter conhecimento; em caso contrário, ainda que subsista o negócio jurídico, o terceiro responderá por todas as perdas e danos da parte a quem ludibriou.

- *Código Civil, arts. 402 a 405.*

Noção de dolo de terceiro. Se o dolo for provocado por terceira pessoa (não integrante do negócio) a mando de um dos contratantes ou com o concurso direto deste, o terceiro e o contratante serão tidos como autores do dolo. Poder-se-á apresentar três hipóteses: *a*) o dolo poderá ser praticado por terceiro com a cumplicidade de um dos contratantes; *b*) o artifício doloso advém de terceiro, mas a parte a quem aproveita o conhece ou o devia conhecer; e *c*) o dolo é obra de terceiro, sem que dele tenha ciência o contratante favorecido.

Efeitos do dolo de terceiro. Se o dolo de terceiro apresentar-se por cumplicidade de um dos contratantes ou se este dele tiver conhecimento, o ato negocial anular-se-á, por vício de consentimento, e se terá indenização de perdas e danos a que será obrigado o autor do dolo, mesmo que o negócio jurídico subsista. Para tal anulabilidade não basta que um dos contratantes saiba do dolo de terceiro; é preciso que tenha tirado proveito do dolo. Se o contratante favorecido não tiver conhecimento do dolo de terceiro, o negócio efetivado continuará válido, mas o terceiro deverá responder pelas perdas e danos que causar a quem ludibriou. Logo, se houver dolo principal (*dolus causam dans*) de terceiro, e uma das partes tiver ciência dele, não advertindo o outro contratante da manobra, tornar-se-á corresponsável pelo engano a que a outra parte foi induzida, que terá, por isso, o direito de anular o ato, desde que prove que o outro contratante sabia da dolosa participação do terceiro, ludibriando a vítima, induzindo-a a contratar (dolo conjunto). Assim, se não se provar, no negócio, que uma das partes conhecia o dolo de terceiro, e mesmo que haja presunção desse conhecimento, não poderá o ato ser anulado, mas o terceiro responderá pelas perdas e danos causados à vítima. Se "A" (comprador) adquire uma joia, por influência de "C" (terceiro) que o convence de sua raridade, sem que "B" (vendedor), ouvindo tal disparate, alerte o comprador ("A"), o negócio será suscetível de anulação.

BIBLIOGRAFIA: Serpa Lopes, *Curso*, cit., v. 1, p. 441; M. Helena Diniz, *Curso*, cit., v. 1, p. 245; Paulo de Lacerda, *Manual*, cit., v. 3, p. 338-46; Clóvis Beviláqua, *Código Civil comentado*, cit., obs. ao art. 95, v. 1; Humberto Theodoro Jr., *Comentários*, cit., v. 3, t. 1, p. 148.

Art. 149. O dolo do representante legal de uma das partes só obriga o representado a responder civilmente até a importância do proveito que teve; se, porém, o dolo for do representante convencional, o representado responderá solidariamente com ele por perdas e danos.

- *Código Civil, arts. 120, 275 a 285, 653 a 692, 1.634, V, 1.690, 1.747, I, e 1.774.*
- *Código Comercial, art. 678.*

Dolo de representante legal ou convencional. O dolo de representante legal ou convencional de uma das partes não pode ser considerado de terceiro, pois, nessa qualidade, age como se fosse o próprio representado. Em caso de dolo de representante legal, o representado sujeita-se à responsabilidade civil até a importância do proveito que tirou do ato negocial. O representado deverá restituir o lucro ou vantagem oriunda do ato doloso de seu representante ante o princípio que veda o enriquecimento sem causa, tendo, porém, uma *actio de in rem verso* ou ação regressiva contra o representante. E, se o representante for convencional, o representado responderá, com ele, por tê-lo nomeado em mandato, solidariamente por perdas e danos, com ação regressiva contra o representante pela quantia que tiver desembolsado para ressarcir o dano causado, salvo se com este estava mancomunado. Tal ocorre porque, como já dissemos, a representação convencional adveio de ato volitivo do representado, que celebrou contrato de mandato com o representante e por isso este, agindo em nome daquele, efetua negócio, que obrigará o representado como se tivesse sido por ele praticado. Se pai, tutor ou curador, representante imposto por lei, agir de má-fé, justo não seria que o representado arcasse com as consequências para as quais não concorreu, daí ter, tão somente, como acima afirmado, a responsabilidade na proporção do benefício obtido, repondo os lucros, para evitar enriquecimento indevido. Logo, não deverá reparar prejuízo daquele que foi enganado pelo representante legal.

Anulabilidade de negócio praticado dolosamente por representante. Se o dolo do representante de um dos contratantes for a causa determinante do ato negocial (*dolus causam dans* ou dolo principal), este será passível de anulação pela outra parte, que também poderá exigir o ressarcimento dos danos sofridos. Não tendo sido o dolo do representante a causa determinante do negócio jurídico, caracterizando-se como dolo acidental, não se terá anulabilidade do ato, pois o contratante enganado apenas poderá mover ação de indenização das perdas e danos, e o representado será responsável somente pelos limites do proveito que obteve, embora tenha ação regressiva por esta importância contra seu representante.

BIBLIOGRAFIA: Aubry e Rau, *Cours de droit civil français*, cit., p. 560, nota 28; Chironi, *Colpa contrattuale*, 1897, p. 403; M. Helena Diniz, *Curso*, cit., v. 1, p. 245-6; Caio M. S. Pereira, *Instituições*, cit., v. 1, p. 454; Paulo de Lacerda, *Manual*, cit., v. 3, p. 346-50; W. Barros Monteiro, *Curso*, cit., v. 1, p. 207; Silvio Rodrigues, *Dos defeitos dos atos jurídicos*, cit., p. 233.

Art. 150. Se ambas as partes procederem com dolo, nenhuma pode alegá-lo para anular o negócio, ou reclamar indenização.

Dolo de ambas as partes ou dolo recíproco. Pode haver dolo de ambas as partes que agem dolosamente, praticando ato comissivo ou omissivo, configurando-se torpeza bilateral (*RT, 534*:73).

Validade de ato negocial praticado em razão de dolo recíproco. Se o ato negocial foi realizado em virtude de dolo principal ou acidental de ambos os contratantes, não poderá ser anulado, nem se poderá pleitear indenização; ter-se-á uma neutralização do delito porque há compensação entre dois ilícitos (*dolus cum dolo compensatur*); a ninguém caberá se aproveitar do próprio dolo ou da própria torpeza. Se ambas as partes contratantes se enganaram reciprocamente, uma não poderá invocar contra a outra o dolo, que ficará paralisado pelo dolo próprio (*dolus inter utramque partem compensatur*).

BIBLIOGRAFIA: Pacifici-Mazzoni, *Istituzioni di diritto civile italiano*, 1904, v. 2, p. 345; Caio M. S. Pereira, *Instituições*, cit., v. 1, p. 453-5; W. Barros Monteiro, *Curso*, cit., v. 1, p. 207; Paulo de Lacerda, *Manual*, cit., v. 3, p. 351-65; M. Helena Diniz, *Curso*, cit., v. 1, p. 246.

Seção III

Da coação

Art. 151. A coação, para viciar a declaração da vontade, há de ser tal que incuta ao paciente fundado temor de dano iminente e considerável à sua pessoa, à sua família, ou aos seus bens.

Parágrafo único. Se disser respeito a pessoa não pertencente à família do paciente, o juiz, com base nas circunstâncias, decidirá se houve coação.

- *Sobre o crime de constrangimento ilegal,* vide *Código Penal, art. 146.*
- *Sobre a prova de coação,* vide *art. 446, II, do Código de Processo Civil.*
- Vide *Código Civil, arts. 171, II, 177, 178, I, 183, 849, 1.558, 1.559, 1.909* e *2.027.*
- *Código de Processo Civil, arts. 393* e *966, VIII.*

- ***Projeto de Lei n. 699/2011***: *"Art. 151. A coação, para viciar a declaração da vontade, há de ser tal que incuta à vítima fundado temor de dano iminente e considerável à sua pessoa, à sua família, ou aos seus bens.*

  Parágrafo único. Se disser respeito a pessoa não pertencente à família da vítima, o juiz, com base nas circunstâncias, decidirá se houve coação".

Conceituação de coação. A coação seria qualquer pressão física ou moral exercida sobre a pessoa, os bens ou a honra de um contratante para obrigá-lo a efetivar certo ato negocial (*RT*, *818*:213, *804*:226, *760*:392, *779*:372, *705*:97, *619*:74 e 75, *622*:74, *634*:107, *559*:132, *557*:128; *JTACSP*, *129*:92; *JM*, *111*:179).

Espécies de coação. A coação poderá ser: a) *física* ou "*vis absoluta*", se houver constrangimento corporal que venha a retirar toda a capacidade de querer de uma das partes, implicando ausência total de consentimento, o que acarretará a nulidade absoluta do negócio, não se tratando, como se vê, de vício de vontade; e b) *moral* ou "*vis compulsiva*", se atuar sobre a vontade da vítima, sem aniquilar-lhe o consentimento, pois conserva ela relativa liberdade (*RT*, *80*:87; *JB*, *150*:343), podendo optar entre a realização do negócio que lhe é exigido e o dano com que é ameaçada. Trata-se de modalidade de vício de consentimento, permitindo que o coacto emita uma declaração volitiva, embora maculada, acarretando a anulabilidade do negócio (CC, art. 171, II) por ele realizado.

"Vis compulsiva" e seus requisitos. Para que haja coação moral, suscetível de anular ato negocial, será preciso que: *a*) *seja a causa determinante do negócio jurídico*, pois deverá haver um nexo causal entre o meio intimidativo e o ato realizado pela vítima; *b*) *incuta à vítima um temor justificado*, por submetê-la a um processo que lhe produza ou venha a produzir dor (morte, cárcere privado, desonra, mutilação, escândalo etc.), fazendo-a recear a continuação ou o agravamento do mal se não manifestar sua vontade no sentido que se lhe exige; *c*) *o temor diga respeito a um dano iminente*, suscetível de atingir a pessoa da vítima, sua família ou seus bens (*RT*, *464*:245). E, se o ato coativo disser respeito a pessoa não pertencente à família da vítima (p. ex., amigo), o órgão judicante, analisando caso a caso as relações de afetividade, com equidade e com base nas circunstâncias do fato, decidirá se houve, ou não, coação; *d*) *o dano seja considerável ou grave*, podendo ser moral, se a ameaça se dirigir contra a vida, liberdade, honra da vítima ou de pessoa de sua família, ou patrimonial, se a coação disser respeito aos seus bens. O dano ameaçado deverá ser efetivo ou potencial a um bem pessoal ou patrimonial (*RT*, *440*:73 e *524*:65; *AJ*, *94*:408). É necessário, portanto, que a ameaça se refira a prejuízo que influencie a vontade do coacto a ponto de alterar suas determinações, embora não possa, no momento, verificar, com justeza, se será inferior ou superior ao resultante do ato extorquido.

BIBLIOGRAFIA: Pollock, *Principles of contracts*, 1911, p. 636; Orozimbo Nonato, *Da coação como defeito do ato jurídico*, Rio de Janeiro, Forense, 1957; Antônio Chaves, Coação, in *Enciclopédia Saraiva do Direito*, v. 15, p. 228-34; W. Barros Monteiro, *Curso*, cit., v. 1, p. 209-13; Capitant, *Introduction à l'étude du droit civil*, Paris, 1911, p. 270; M. Helena Diniz, *Curso*, cit., v. 1, p. 246-8; Savigny, *Traité de droit romain*, v. 3, p. 106; Paulo de Lacerda, *Manual*, cit., v. 3, p. 366-427; Aubry e Rau, *Cours de droit civil français*, cit., p. 498-500; Gluck, *Commentario alle Pandette*, trad. De Marinis, Liv. 2, p. 615; Rossel, *Manuel de droit civil suisse*, v. 3, p. 60; Caio M. S. Pereira, *Instituições*, cit., v. 1, p. 455; Silvio Rodrigues, *Direito civil*, cit., v. 1, p. 224-36; Serpa Lopes, *Curso*, cit., v. 1, p. 443-4; Antônio Junqueira de Azevedo, *Negócio jurídico e declaração negocial*, cit., p. 192-9; Agnes Cretella, A ameaça, *RT*, *470*:299-304, 1974; Nelson de F. Cerqueira, Apontamentos sobre coação, *RT*, *594*:9-15; Humberto Theodoro Jr., *Comentários*, cit., v. 3, t. 1, p. 177-9; José de Oliveira Ascensão, *Direito civil*, cit., v. 1, p. 104-10.

Art. 152. No apreciar a coação, ter-se-ão em conta o sexo, a idade, a condição, a saúde, o temperamento do paciente e todas as demais circunstâncias que possam influir na gravidade dela.

Critério para a caracterização da coação. O artigo *sub examine* adotou, quanto à caracterização da coação moral, um critério subjetivo, exigindo que o órgão judicante, ao declarar a anulabilidade do ato jurídico viciado, se atenha à análise de condições personalíssimas do coacto, da ocasião e do modo pelo qual foi levado a realizar o negócio.

Abandono do critério abstrato de "person of ordinary firmness" como "legal standard of resistance". Ao apreciar a gravidade da *vis compulsiva*, o magistrado deverá, em cada caso concreto ater-se aos meios empregados pelo coator, verificando se produzem constrangimento moral, sem olvidar o sexo, a idade, a condição social, a saúde e o temperamento da vítima. Deverá, portanto, averiguar quaisquer circunstâncias, sejam elas pessoais ou sociais, que concorram ou influam sobre o estado moral do coacto, levando-o a executar ato negocial que se lhe é exigido. Isto é assim porque a lei, ao pressupor que todos somos dotados de certa energia ou grau de resistência, não desconhece que sexo, idade, saúde, condição social e temperamento podem tornar decisiva a coação, que, exercida em certas circunstâncias, pode pressionar e influir mais poderosamente (*RT*, *136*:241, *117*:298 e *106*:591; TJRJ, Ap. 2005.001.38477, rel. Odete K. de Souza, j. 26-1-2006).

BIBLIOGRAFIA: Paulo de Lacerda, *Manual*, cit., v. 3, p. 428-35; M. Helena Diniz, *Curso*, cit., v. 1, p. 247; Levenhagen, *Código Civil*, cit., v. 1, p. 131; Clóvis Beviláqua, *Código Civil comentado*, cit., obs. ao art. 99, v. 1; Sílvio de Salvo Venosa, *Direito civil*, cit., v. 1, p. 333.

Art. 153. Não se considera coação a ameaça do exercício normal de um direito, nem o simples temor reverencial.

Excludentes da coação. Não se considerará coação, portanto, vício de consentimento suscetível de anular negócio, a ameaça do exercício normal ou regular de um direito e o simples temor reverencial. Assim, se algum negócio for levado a efeito por um dos contratantes nas circunstâncias acima enumeradas, não se justificará a anulabilidade do ato, que permanecerá válido, uma vez que não se trata de coação.

Ameaça do exercício normal de um direito. A ameaça do exercício normal ou regular de um direito exclui a coação, porque se exige que a violência seja injusta (*RT*, *779*:372, *760*:392, *153*:601, *107*:513, *413*:369 e 371 e *390*:211; *JTACSP*, *129*:30). Desse modo, se um credor de dívida vencida e não paga ameaçar o devedor de protestar o título e requerer falência, não se configurará a coação por ser ameaça justa que se prende ao exercício normal de um direito; logo, o devedor não poderá reclamar a anulação do protesto (*RT*, *296*:310).

Simples temor reverencial. O simples temor reverencial vem a ser o receio de desgostar ascendente ou pessoa a quem se deve obediência e respeito, que não poderá anular o negócio, desde que não esteja acompanhado de ameaças ou violências irresistíveis (*RT*, *60*:339, *182*:950, *274*:333, *476*:258 e *778*:335).

BIBLIOGRAFIA: Paulo de Lacerda, *Manual*, cit., v. 3, p. 435-52; M. Helena Diniz, *Curso*, cit., v. 1, p. 248-9; W. Barros Monteiro, *Curso*, cit., v. 1, p. 214-5; Serpa Lopes, *Curso*, cit., v. 1, p. 444-5; Clóvis Beviláqua, *Código Civil comentado*, cit., obs. ao art. 100, v. 1; Charmont, *Les transformations du droit civil*, 1912, p. 236-8.

Art. 154. Vicia o negócio jurídico a coação exercida por terceiro, se dela tivesse ou devesse ter conhecimento a parte a que aproveite, e esta responderá solidariamente com aquele por perdas e danos.

- Vide *Código Civil, arts. 275 a 285 e 402 a 405.*

Coação exercida por terceiro. A coação exercida por terceiro vicia o negócio jurídico, causando sua anulabilidade, se dela tivesse ou devesse ter conhecimento o contratante que dela se aproveitar.

Responsabilidade pela coação exercida por terceiro. Havendo coação exercida por terceiro, urge averiguar, para apurar a responsabilidade civil, se a parte a quem aproveite dela teve ou devesse ter conhecimento, pois esta responderá solidariamente com o coator por todas as perdas e danos causados ao coacto. Logo, além da anulação do ato negocial pelo vício de consentimento, a vítima terá o direito de ser indenizada pelos prejuízos sofridos, ficando solidariamente obrigados a isso o autor da *vis compulsiva* e o outro contraente que dela auferiu vantagens e dela teve ou devesse ter ciência. Logo, dever-se-á averiguar se, pela circunstância do negócio, aquele que tirou proveito da coação teria, ou não, possibilidade de saber que a vontade da outra parte era viciada.

BIBLIOGRAFIA: W. Barros Monteiro, *Curso*, cit., v. 1, p. 215; Serpa Lopes, *Curso*, cit., v. 1, p. 445; M. Helena Diniz, *Curso*, cit., v. 1, p. 249; Paulo de Lacerda, *Manual*, cit., v. 3, p. 452-60; Sílvio de Salvo Venosa, *Direito civil*, cit., v. 1, p. 335.

Art. 155. Subsistirá o negócio jurídico, se a coação decorrer de terceiro, sem que a parte a que aproveite dela tivesse ou devesse ter conhecimento; mas o autor da coação responderá por todas as perdas e danos que houver causado ao coacto.

- *Código Civil, arts. 402 a 405.*

Desconhecimento da coação exercida por terceiro. O negócio jurídico terá eficácia e validade se a coação for decorrente de terceiro (estranho ao ato negocial efetivado), sem que o contratante com ela beneficiado tivesse ou devesse dela ter conhecimento, mas o autor da coação terá responsabilidade pelas perdas e danos sofridos pelo coacto que foi levado a efetivar negócio prejudicial ou desvantajoso. Observa José Carlos Moreira Alves que o novel Código Civil "inova, em matéria de coação de terceiro, protegendo a boa-fé do contratante não coacto, e dando ao coagido, ao invés da ação para anular o negócio jurídico, perdas e danos contra o coator". Subsiste o negócio em atenção à boa-fé do beneficiado, que desconhecia a coação de terceiro, obrigando o outro contratante a realizá-lo.

BIBLIOGRAFIA: José Carlos Moreira Alves, *A Parte Geral do Projeto de Código Civil brasileiro*, São Paulo, Saraiva, 1986, p. 56.

FATOS JURÍDICOS

SEÇÃO IV
DO ESTADO DE PERIGO

Art. 156. Configura-se o estado de perigo quando alguém, premido da necessidade de salvar-se, ou a pessoa de sua família, de grave dano conhecido pela outra parte, assume obrigação excessivamente onerosa.

Parágrafo único. Tratando-se de pessoa não pertencente à família do declarante, o juiz decidirá segundo as circunstâncias.

- *Código Civil, arts. 157, § 2º, 171, II, e 178, II.*

• *O art. 135-A do Código Penal tipifica o crime de condicionar atendimento médico-hospitalar emergencial a qualquer garantia.*

Estado de perigo. No estado de perigo (*RT*, *832*:226) há temor de grave dano moral (direto ou indireto) ou material indireto à própria pessoa ou a parente seu, que compele o declarante a concluir contrato, mediante prestação exorbitante (TJMG — Proc. 10024.05.646017-3/003, rel. Márcia Balbino, *DOU*, 14-4-2007). O lesado é levado a efetivar negócio, bilateral ou unilateral, excessivamente oneroso em razão de um risco pessoal (perigo de vida, lesão à saúde, à integridade física ou psíquica de uma pessoa: o próprio contratante ou alguém a ele ligado) que diminui sua capacidade de dispor livre e conscientemente. A pessoa natural, premida pela necessidade de salvar-se, a si própria ou a um familiar seu de algum mal conhecido pelo outro contratante, vem a assumir obrigação demasiadamente onerosa. Por exemplo, venda de casa a preço fora do valor mercadológico para pagar um débito assumido em razão de urgente intervenção cirúrgica, por encontrar-se o paciente em perigo de vida; assinatura de contrato de internação em UTI (*RJM*, *181*:186) por pessoa abalada emocionalmente ou de cheque-caução a hospital para internar parente em estado grave (CP, art. 135-A, acrescentado pela Lei n. 12.653/2012); realização de péssimo negócio para obter quantia do resgate pedido para libertação de filho sequestrado; promessa de recompensa ou doação de quantia vultosa feita, por um acidentado, a alguém, para que o salve. Diante da anulabilidade negocial, o adquirente, que conhecia a situação de perigo do alienante, deverá complementar o preço ou restituir o bem adquirido. E, além disso, segundo o Enunciado n. 148 do Conselho da Justiça Federal, aprovado na *III Jornada de Direito Civil*: "Ao 'estado de perigo' (art. 156) aplica-se, por analogia, o disposto no § 2º do art. 157".

Estado de perigo em caso de prejuízo a pessoa não pertencente à família do declarante. Em se tratando de pessoa não pertencente à família do declarante, o juiz decidirá pela ocorrência, ou não, do estado de perigo, segundo as circunstâncias em que se deu a pressão, guiando-se pelo bom senso (LINDB, art. 5º; TJSP, Ap. c/ Rev. n. 917.759-0/0, 28ª Câm. de Dir. Priv., rel. Des. Carlos Nunes, j. 15-9-2009).

BIBLIOGRAFIA: Teresa Ancona Lopez, O negócio jurídico concluído em estado de perigo, in *Estudos em homenagem ao Prof. Silvio Rodrigues*, São Paulo, Saraiva, 1989; Moacyr de Oliveira, Estado de perigo, in *Enciclopédia Saraiva do Direito*, 1979, v. 33, p. 504 e s.; M. Helena Diniz, *Tratado teórico e prático dos contratos*, São Paulo, Saraiva, 1999, v. 1, p. 26-27; Fernando R. Martins, *Estado de perigo no Código Civil*, São Paulo, Saraiva, 2007; Mariana R. Santiago, *Vício de consentimento — estado de perigo nos contratos*, Curitiba, Juruá, 2012.

Seção V
Da lesão

Art. 157. Ocorre a lesão quando uma pessoa, sob premente necessidade, ou por inexperiência, se obriga a prestação manifestamente desproporcional ao valor da prestação oposta.

§ 1º Aprecia-se a desproporção das prestações segundo os valores vigentes ao tempo em que foi celebrado o negócio jurídico.

§ 2º Não se decretará a anulação do negócio, se for oferecido suplemento suficiente, ou se a parte favorecida concordar com a redução do proveito.

• Vide *Código Civil, arts. 171, II, 177, 178, II, 317 e 478 a 480.*

• *Lei n. 8.078/90, arts. 6º, V, 39, V, e 51, IV.*

• *Lei n. 1.521/51, art. 4º*, b.

Lesão. É um vício de consentimento decorrente do abuso praticado em situação de desigualdade de um dos contratantes, por estar sob premente necessidade, ou por inexperiência, visando protegê-lo, ante o prejuízo sofrido na conclusão do contrato comutativo, devido à desproporção existente entre as prestações das duas partes, dispensando-se a verificação do dolo, ou má-fé, da parte que se aproveitou (TJRJ, Ap. Cív. 2007.001.05782, rel. M. Melo Alves, j. 2-5-2007). Deverá, portanto, ocorrer aproveitamento, mas não o dolo de aproveitamento. Realmente, pelo Enunciado n. 150 do Conselho da Justiça Federal, aprovado na *III Jornada de Direito Civil*: "A lesão de que trata o art. 157 do Código Civil não exige dolo de aproveitamento". Por exemplo, se alguém, prestes a ser despejado, procura imóvel para abrigar sua família e exercer seu negócio profissional, e o proprietário, mesmo não tendo conhecimento do fato, eleva o preço do aluguel. O mesmo se diga da pessoa que, para evitar falência, vende imóvel seu a preço inferior ao do mercado, em razão de falta de disponibilidade líquida para pagar seus débitos. Trata-se da lesão especial, que é objetiva, por ocorrer independentemente da culpabilidade do beneficiado. Não se exige que este tenha prévio conhecimento da necessidade por que passa o outro contratante ou mesmo de sua inexperiência (falta de vivência negocial). O lesado deverá tão somente provar que o ato se deu em caso de premência de necessidade ou por inexperiência. Deveras, pelo Enunciado n. 290 do Conselho da Justiça Federal (aprovado na *IV Jornada de Direito Civil*): "A lesão acarretará a anulação de negócio jurídico quando verificada, na formação deste, a desproporção manifesta entre as prestações assumidas pelas partes, não se presumindo a premente necessidade ou a inexperiência do lesado". "A inexperiência a que se refere o art. 157 não deve necessariamente significar imaturidade ou desconhecimento em relação à prática de negócios jurídicos em geral, podendo ocorrer também quando o lesado, ainda que estipule contratos costumeiramente, não tenha conhecimento específico sobre o negócio em causa" (Enunciado n. 410 do CJF, aprovado na *V Jornada de Direito Civil*). E, pelo Enunciado n. 28 (aprovado na *1ª Jornada de Direito Comercial*): "Em razão do profissionalismo com que os empresários devem exercer sua atividade, os contratos empresariais não podem ser anulados pelo vício da lesão fundada na inexperiência". Na base da lesão há um risco patrimonial, decorrente da iminência de sofrer algum dano material.

Apreciação da desproporção das prestações. A desproporção das prestações, ocorrendo lesão, deverá ser apreciada segundo os valores vigentes ao tempo da celebração do negócio jurídico pela técnica pericial e avaliada pelo magistrado (*JTJSP, 243*:30). Se a desproporcionalidade for superveniente à formação do negócio, será juridicamente irrelevante.

Lesão e anulação do negócio. A lesão inclui-se entre os vícios de consentimento e acarretará a anulabilidade do negócio, permitindo-se, porém, para evitá-la, a oferta de suplemento suficiente (aumento da prestação) em favor do lesado, inclusive em juízo, para equilibrar as prestações, evitando enriquecimento sem causa (CC, art. 884), ou se o favorecido concordar com a redução da vantagem auferida (p. ex., abatimento no preço; supressão de pagamento de algumas parcelas vincendas), aproveitando, assim, o negócio. Acatados estão os princípios da conservação, da equivalência material dos contratos e da boa-fé objetiva, evitando o retorno ao *statu quo ante*, fazendo com que o contrato seja cumprido, de modo equânime, e não anulado.

E pelo Enunciado n. 149 do Conselho da Justiça Federal, aprovado na *III Jornada de Direito Civil*: "Em atenção ao princípio da conservação dos contratos, a verificação da lesão deverá conduzir, sempre que possível, à revisão judicial do negócio jurídico e não à sua anulação, sendo dever do magistrado incitar os contratantes a seguir as regras do art. 157, § 2º, do Código Civil de 2002". E o Enunciado n. 291 do Conselho da Justiça Federal (aprovado na *IV Jornada de Direito Civil*) reforça essa ideia ao prescrever: "Nas hipóteses de lesão prevista no art. 157 do Código Civil, pode o lesionado optar por não pleitear a anulação do negócio jurídico, deduzindo, desde logo, pretensão com vista a revisão judicial do negócio por meio da redução do proveito do lesionador ou do complemento do preço".

BIBLIOGRAFIA: Deprez, La lésion dans les contrats aléatories, *Revue Trimestrielle de Droit Civil*, 1955; M. Helena Diniz, *Tratado teórico e prático dos contratos*, São Paulo, Saraiva, 1999, v. 1, p. 25-7; Arnaldo Rizzardo, *Da ineficácia dos atos jurídicos e da lesão no direito*, Rio de Janeiro, Forense, 1983; Caio M. S. Pereira, *Lesão nos contratos*, Rio de Janeiro, Forense, 1997; Hélio Borghi, *A lesão no direito civil*, 1988; A. Becker, *Teoria geral da lesão nos contratos*, 2000; Gérard Trudel, *Lésion et contrat*, 1965; Luis Moisset de Espanes, *La lesión en los actos jurídicos*, 1965; Wilson de A. Brandão, *Lesão e contrato no direito brasileiro*, 1991; René Dekkers, *La lésion enorme*, 1937; Matiello, *Código Civil*, cit., p. 128; Pierre Louis-Lucas, *Lésion et contrat*, Paris, 1926; Marcelo G. Martins, *Lesão contratual no direito brasileiro*, 2000; Carlos Alberto Bittar Filho, *Da lesão no direito brasileiro atual*, Rio de Janeiro, Renovar, 2002; Humberto Theodoro Jr., Lesão e fraude contra credores no Projeto do novo Código Civil brasileiro, *Revista Jurídica*, *260*:133-61; Wladimir A. M. F. Cunha, A equivalência material dos contratos e a revisão contratual fundada na lesão no Código Civil de 2002, *Introdução crítica ao Código Civil*, Lucas A. Barroso (org.), Rio de Janeiro, Forense, 2006, p. 46 a 49; Sérgio Iglesias Nunes de Souza, *Lesão nos contratos eletrônicos na sociedade da informação*, São Paulo, Saraiva, 2008; Marcelo G. Martins, *Lesão contratual no direito brasileiro*, Rio de Janeiro, Renovar, 2008; Danilo B. Mendonça, *Lesão. Doutrinas essenciais — obrigações e contratos* (coord. G. Tepedino e Luiz E. Fachin), São Paulo, Revista dos Tribunais, 2011, v. II, p. 481-522; José de Oliveira Ascensão, *Direito civil*, cit., v. 1, p. 133.

SEÇÃO VI

DA FRAUDE CONTRA CREDORES

Art. 158. Os negócios de transmissão gratuita de bens ou remissão de dívida, se os praticar o devedor já insolvente, ou por eles reduzido à insolvência, ainda quando o ignore, poderão ser anulados pelos credores quirografários, como lesivos dos seus direitos.

- *Código Civil, arts. 171, II, e 178, II.*

§ 1º Igual direito assiste aos credores cuja garantia se tornar insuficiente.

§ 2º Só os credores que já o eram ao tempo daqueles atos podem pleitear a anulação deles.

- Vide *Código de Processo Civil, arts. 789, 792, 774, I, 856, § 3º, e 679.*
- Vide *art. 179 do Código Penal sobre crime de fraude à execução.*
- *Pela Lei n. 5.172, de 25 de outubro de 1966 (Código Tributário Nacional), em seu art. 185, com a redação da LC n. 118/2005: "Presume-se fraudulenta a alienação ou oneração de bens ou rendas ou seu começo, por sujeito passivo em débito para com a Fazenda Pública por crédito tributário regularmente inscrito como dívida ativa". E, no parágrafo único: "O disposto neste artigo não se aplica na hipótese de terem sido reservados pelo devedor bens ou rendas suficientes ao total pagamento da dívida inscrita".*
- *Lei n. 6.015, de 31 de dezembro de 1973, art. 216.*
- *Súmula 195 do Superior Tribunal de Justiça.*
- *Código Civil, arts. 161, 171, II, 177, 178, II, e 2.027.*
- *Lei n. 11.101/2005, arts. 129, 130, 168 a 178.*

Fraude contra credores e seus elementos. A fraude contra credores constitui a prática maliciosa, pelo devedor, de atos que desfalcam seu patrimônio, com o fim de colocá-lo a salvo de uma execução por dívidas em detrimento dos direitos creditórios alheios. Dois são seus elementos: o *objetivo* (*eventus damni*), que é todo ato prejudicial ao credor, por tornar o devedor insolvente ou por ter sido realizado em estado de insolvência, ainda quando o ignore, ou ante o fato de a garantia tornar-se insuficiente depois de executada; e o *subjetivo* (*consilium fraudis*), que é a má-fé, a intenção de prejudicar do devedor ou do devedor aliado a terceiro, ilidindo os efeitos da cobrança (*JTJRS*, *181*:244; *RT*, *794*:249, *765*:316, *755*:242, *748*:226, *713*:186, *716*:276, *698*:180, *645*:107, *644*:71, *637*:154, *620*:135, *616*:243, *549*:105, *605*:173, *611*:56, *600*:258, *619*:126, *620*:135, *456*:195, *553*:248, *541*:156, *540*:124 e *527*:266; *RF*, *251*:242; *RTJ*, *96*:683, *95*:842 e *80*:305; *Adcoas*, 1982, n. 83.720, e 1983, n. 90.307; *RJE*, *4*:23; *JB*, *57*:333; *JSTJ*, *2*:300, *4*:228; *RJTJSP*, *57*:172, *87*:328 e *99*:250; *JTJ*, *152*:11; STJ, Súmula 195). Contudo, não mais se exige a *scientia fraudis* para anular o negócio gratuito celebrado com fraude contra credores; mesmo que o devedor, ou o beneficiário do contrato benéfico transmitindo algo ou perdoando débito, ignore que tal ato reduzirá a garantia ou provocará a insolvência do devedor, esse ato será suscetível de nulidade relativa. A causa da anulação é *objetiva*, por ser suficiente que haja a redução do devedor ao estado de insolvência.

Estado de insolvência. Ter-se-á insolvência (CPC, arts. 680, I, 792, IV e 1.052)sempre que os débitos forem superiores à importância dos bens do devedor. A prova da insolvência far-se-á, em regra, com a execução da dívida (*RT*, *470*:100, *480*:67 e *461*:137).

Atos fraudulentos. Serão suscetíveis de fraude os atos jurídicos a título gratuito (doação) ou remissão de dívida (CC, art. 386), quando os pratique, independentemente de má-fé, o devedor já insolvente, ou por eles reduzido à insolvência (*RT*, *568*:43, *555*:172, *434*:143 e *526*:172).

Ação pauliana. A fraude contra credores, que vicia o negócio de simples anulabilidade, somente é atacável por ação pauliana ou revocatória (*RT*, *663*:78, *602*:243, *698*:180 e 181, *672*:178, *611*:56, *591*:233, *591*:142, *603*:102, *609*:216, *615*:58, *555*:172, *616*:243, *573*:254, *569*:94, *461*:195, *566*:107, *456*:195, *583*:116, *472*:213, *553*:248, *599*:261 e *608*:96; *RJTJSP*, *120*:17, *95*:32, *85*:268 e *50*:69; *JB*, *151*:315; *RTJ*, *87*:297, *110*:674 e *111*:449; *RSTJ*, *109*:215, *103*:137 e 227; *101*:341; *JSTJ*, *4*:228; *JTJ*, *160*:82; *Ciência Jurídica*, *32*:96; *EJSTJ*, *14*:53, *11*:113, 114 e 156, e *5*:53 e 66) movida pelos credores quirografários (sem garantia), ou, ainda, avalistas que pagaram a dívida, sub-rogando-se nos direitos do credor originário (*RT*, *553*:248; CC, art. 349) que já o eram ao tempo da prática desse ato fraudulento que se pretende invalidar (*EJSTJ*, *2*:50). Requer, portanto, anterioridade do crédito, pois deverá ter sido constituído antes do negócio fraudulento. Assim, sendo, "para os efeitos do art. 158, § 2º, a anterioridade do crédito é determinada pela causa que lhe dá origem, independentemente de seu reconhecimento por decisão judicial" (Enunciado n. 292 do Conselho da Justiça Federal, aprovado na *IV Jornada de Direito Civil*). O credor com garantia real (penhor, hipoteca ou anticrese) não poderá reclamar a anulação, por ter no ônus real a segurança de seu reembolso, salvo se, executada a sua garantia, o bem onerado não for suficiente para satisfazer seus direitos creditícios. Quanto a esse saldo quirografário, poderá fazer uso da ação pauliana. Deveras, pelo Enunciado n. 151 do Conselho da Justiça Federal, aprovado na *III Jornada de Direito Civil*: "O ajuizamento da ação pauliana pelo credor com garantia real (art. 158, § 1º) prescinde de prévio reconhecimento judicial da insuficiência da garantia".

Fraude contra credores e fraude de execução. Ter-se-á fraude contra credores quando a alienação de bens os lesar. Caracterizar-se-á a fraude de execução quando se der a alienação de bens do devedor, já comprometidos por obrigação sua, desde que esteja em curso alguma ação movida contra ele e desde que a execução recaia futuramente sobre esses bens. Os atos praticados em fraude contra credores, por serem anuláveis, requerem uma ação para o seu reconhecimento. Antes dela não poderão os bens ser objeto de penhora, pois enquanto não for anulado o ato fraudulento prevalecerá a alienação. Entretanto, há possibilidade de se alegar a fraude contra credores como defesa do exequente nos embargos de terceiro (CPC, art. 679), desde que da relação processual nessa via incidental tenha também participado o executado, haja vista que não se pode anular um ato jurídico bilateral sem que estejam presentes todas as partes nele envolvidas (TAMG,

Adcoas, n. 82.903, 1982). Na fraude de execução (CPC, art. 790, V; *RT*, *567*:102, *577*:220, *601*:222, *609*:216, *611*:220, *620*:193, *672*:178, *698*:227 e *613*:117; *RTJ*, *94*:918, *111*:449 e *119*:897; *JB*, *164*:223 e 248, *59*:291 e *147*:240; Ciência Jurídica, *13*:56, *16*:57 e *45*:81; *RJTJSP*, *125*:132, *93*:256 e *69*:194) causa-se dano ao credor e atenta-se contra o poder jurisdicional, por subtraírem da penhora bens que garantem as obrigações. Por tal razão o ato praticado será tido como ineficaz, não produzindo qualquer efeito relativamente ao credor; logo, o bem alienado sujeitar-se-á à execução.

BIBLIOGRAFIA: Serpa Lopes, *Curso*, cit., v. 1, p. 457; Silvio Rodrigues, *Direito civil*, cit., v. 1, p. 253; W. Barros Monteiro, *Curso*, cit., v. 1, p. 226; Caio M. S. Pereira, *Instituições*, cit., v. 1, p. 466; Paulo de Lacerda, *Manual do Código Civil*, cit., v. 3, Parte 1, p. 575-643; Sebastião Lintz, Da fraude contra credores, *Revista do Curso de Direito da Universidade Federal de Uberlândia*, *14*:45-8; Larombière, *Théorie et pratique des obligations*, 1885, v. 2, p. 221-2; Levenhagen, *Código Civil*, cit., v. 1, p. 138-41; Nelson Nery Jr., Fraude contra credores e os embargos de terceiro, *Revista Brasileira de Direito Processual*, Rio de Janeiro, Forense, 1981, p. 30 e 55-70; Nelson Hanada, *Da insolvência e sua prova na ação pauliana*, São Paulo, 1982, p. 101 e s.; Angelo Maierini, *Della revoca degli atti fraudolenti*, 1912; Naquet, *Étude sur l'action paulienne en droit romain et en droit français*, 1869; Schönemann, *Die paulianische Klage*, 1873; Giuseppe Satta, Atti fraudulenti, in *Enciclopedia giuridica italiana*, 1904, v. 1, p. 395-6; M. Helena Diniz, *Curso*, cit., v. 1, p. 256-7; Ronaldo Brêtas, *A repressão da fraude*, Leud, 1989; Haroldo C. Figueiredo, Fraude e execução, *JB*, *104*:13; Cândido Rangel Dinamarco, Fraude contra credores alegada nos embargos de terceiros, *RJTJSP*, *97*:8-31; Alvino Lima, *A fraude no direito civil*, São Paulo, 1965; Antonio Butera, *Dell'azione pauliana o revocatoria*, Torino, UTET, 1934; Décio A. Erpen, A fraude à execução e a nova Lei das Escrituras Públicas, *Ajuris*, *40*:26; Monroy Cabra, *La acción pauliana*, Bogotá, 1964; Sálvio de Figueiredo Teixeira, Fraude de execução, *Amagis*, v. 8, 1991; Jorge Americano, *Da ação pauliana*, São Paulo, Saraiva, 1932, p. 74; Paulo Roberto Tavares Paes, *Fraude contra credores*, São Paulo, Revista dos Tribunais, 1979; Zurcher, *Die "actio pauliana"*, Zurich, 1872; José Luis Bayeux Filho, Fraude contra credores e fraude de execução, *Revista de Processo*, *61*:250; Sérgio Monteiro de Andrade, Fraude contra credores, *RJTAMG*, *33*:39; Yussef S. Cahali, *Fraude contra credores*, São Paulo, Revista dos Tribunais, 1999; Mauro Grinberg, Fraude contra credores, *Justitia*, *81*:173; Iara de Toledo Fernandes, Fraude contra credores, *RPGESP*, *29*:213; Ralpho Waldo de Barros Monteiro Filho, *Negócio jurídico e vícios sociais*, Curitiba, Juruá, 2007, p. 63 a 114.

Art. 159. Serão igualmente anuláveis os contratos onerosos do devedor insolvente, quando a insolvência for notória, ou houver motivo para ser conhecida do outro contratante.

- Vide *Lei n. 6.015, de 31 de dezembro de 1973, art. 216.*
- *Súmula 195 do Superior Tribunal de Justiça.*
- *Código Civil, arts. 471 e 161.*

Contrato oneroso fraudulento. Será suscetível de fraude o negócio jurídico a título oneroso se praticado por devedor insolvente ou quando a insolvência for notória ou se houver motivo para ser conhecida do outro contratante, podendo ser anulado pelo credor. Por exemplo, quando se vender imóvel em data próxima ao vencimento das obrigações, inexistindo outros bens para saldar a dívida (*RT*, *426*:191, *466*:144 e *471*:131).

Insolvência notória. Será notória a insolvência de certo devedor se for tal estado do conhecimento geral. Todavia, dessa notoriedade não se poderá dispensar prova; logo, todos os meios probatórios serão admitidos. Por exemplo, será notória a insolvência se o devedor tiver seus títulos protestados ou ações judiciais que impliquem a vinculação de seus bens (*RT*, *482*:88, *477*:144, *528*:180, *531*:181, *593*:194 e *613*:170; *RTJ*, *68*:409 e *124*:280; *RJTJRS*, *90*:258; *RJTJSP*, *28*:59, *74*:45, *84*:28 e *113*:39).

Insolvência presumida. Será presumida a insolvência quando as circunstâncias indicarem tal estado, que já devia ser do conhecimento do outro contraente, que tinha motivos para saber da situação financeira precária do alienante. Por exemplo, preço vil, parentesco próximo, alienação de todos os bens, relações de amizade, de negócios mútuos etc. (*RT*, *174*:683 e *136*:777).

BIBLIOGRAFIA: W. Barros Monteiro, *Curso*, cit., v. 1, p. 229; Silvio Rodrigues, *Direito civil*, cit., v. 1, p. 259; M. Helena Diniz, *Curso*, cit., v. 1, p. 257; Paulo de Lacerda, *Manual do Código Civil*, cit., v. 3, p. 644-51; Clóvis Beviláqua, *Código Civil comentado*, cit., obs. ao art. 107, v. 1; Nelson Hanada, *Da insolvência e sua prova na ação pauliana*, cit.

Art. 160. Se o adquirente dos bens do devedor insolvente ainda não tiver pago o preço e este for, aproximadamente, o corrente, desobrigar-se-á depositando-o em juízo, com a citação de todos os interessados.

- *Código Civil, arts. 335 e 955.*
- Vide *Código de Processo Civil, arts. 539 a 549.*

Parágrafo único. Se inferior, o adquirente, para conservar os bens, poderá depositar o preço que lhes corresponda ao valor real.

- *Código Civil, art. 335, V.*

Perda da legitimação ativa para mover ação pauliana. Perderão os credores a legitimação ativa para mover a ação revocatória, se o adquirente dos bens do devedor insolvente que ainda não pagou o preço, que é o corrente, depositá-lo em juízo, com citação de todos os interessados, ou, ainda, se o adquirente, sendo o preço inferior ao valor mercadológico atual, para conservar os bens, depositar quantia correspondente ao valor real. A lei concede uma chance para sanar o defeito original, possibilitando uma regularização da situação, efetuando-se o depósito até mesmo depois de julgada procedente a ação pauliana, como assevera Yussef Said Cahali. Com isso, não se ultima a fraude contra credores, pois não houve diminuição patrimonial.

Exclusão da anulação de negócio jurídico oneroso fraudulento. Para que não haja nulidade relativa do negócio jurídico lesivo a credor, será mister que o adquirente: *a*) ainda não tenha pago o preço real, justo ou correspondente ao do mercado; *b*) promova o depósito judicial desse preço; e *c*) requeira a citação de todos os interessados, para que tomem ciência do depósito. Com isso estará assegurando a satisfação dos credores, não se justificando a rescisão contratual, pois ela não trará qualquer vantagem aos credores defraudados, que, no processo de consignação em pagamento, poderão, se for o caso, contestar o preço alegado, hipótese em que o magistrado deverá determinar a perícia avaliatória.

BIBLIOGRAFIA: Clóvis Beviláqua, *Código Civil comentado*, cit., v. 1, p. 389; Paulo de Lacerda, *Manual*, cit., v. 3, p. 651-7; M. Helena Diniz, *Curso*, cit., v. 1, p. 257-8; Levenhagen, *Código Civil*, cit., v. 1, p. 143; Orosimbo Nonato, *Fraude contra credores: da ação pauliana*, 1969; Yussef Said Cahali, *Fraudes contra credores*, cit., p. 89, 306-8.

Art. 161. A ação, nos casos dos arts. 158 e 159, poderá ser intentada contra o devedor insolvente, a pessoa que com ele celebrou a estipulação considerada fraudulenta, ou terceiros adquirentes que hajam procedido de má-fé.

- Vide *Código Civil, arts. 158, 159, 178, II.*

Ação pauliana contra o devedor insolvente. Em regra a revocatória deverá ser intentada contra o devedor insolvente, seja em caso de transmissão gratuita de bens, seja na hipótese de alienação onerosa, tendo-se em vista que tal ação visa tão somente anular um negócio celebrado em prejuízo do credor. Mas nada obsta a que seja movida contra a pessoa que com ele veio a efetivar o ato fraudulento ou contra terceiro adquirente de má-fé. Logo, poderá ser proposta contra os que intervieram na fraude contra credores, citando-se todos que nela tiverem tomado parte (*RT, 106*:214). "O litisconsórcio, na ação pauliana, é obrigatório. Não podem as partes dispensá-lo" (*RT, 447*:147). Ter-se-á litisconsórcio passivo necessário entre o devedor insolvente e a pessoa que com ele celebrou estipulação tida como fraudulenta (CPC, art. 114; TJRS, Ap. 70.009.853.615, rel. Planella Villarinho, j. 21-12-2006).

Revocatória contra a pessoa que celebrou o ato fraudatório com o devedor insolvente. Poderão ser acionados por terem celebrado estipulação fraudulenta com o devedor insolvente: *a*) herdeiros do adquirente, com a restrição do art. 1.792 do Código Civil; *b*) contratante ou adquirente de boa-fé, sendo o ato a título gratuito, embora não tenha o dever de restituir os frutos percebidos (CC, art. 1.214) nem o de responder pela perda ou deterioração da coisa, a que não deu causa (CC, art. 1.217), tendo, ainda, o direito de ser indenizado pelas benfeitorias úteis e necessárias que fez (CC, art. 1.219); *c*) adquirente de boa-fé, sendo o negócio oneroso, hipótese em que, com a revogação do ato lesivo e restituição do bem ao patrimônio do devedor, se entregará ao contratante acionado a contraprestação que forneceu, em espécie ou no equivalente. Quem receber bem do devedor insolvente, por ato oneroso ou gratuito, conhecendo seu estado de insolvência, será obrigado a devolvê-lo, com os frutos percebidos e percipiendos (CC, art. 1.216), tendo, ainda, de indenizar os danos sofridos pela perda ou deterioração da coisa, exceto se demonstrar que eles sobreviriam se ela estivesse em poder do devedor (CC, art. 1.218). Todavia, resguardado estará seu direito à indenização das benfeitorias necessárias que, porventura, tiver feito no bem (CC, art. 1.220).

Ação pauliana contra terceiro adquirente de má-fé. O terceiro será aquele que veio a adquirir o bem daquele que o obteve diretamente do alienante insolvente, ou melhor, é o segundo adquirente ou subadquirente, que, estando de má-fé, deverá ser acionado e restituir o bem.

BIBLIOGRAFIA: Paulo de Lacerda, *Manual*, cit., v. 3, p. 657-75; Levenhagen, *Código Civil*, cit., v. 1, p. 143; Maierini, *Della revoca*, cit., p. 350; Jorge Americano, *Da ação pauliana*, cit.; Duflos, *De la révocation des actes faits par le débiteur en fraude des créanciers*, Paris, 1875; Lauro Laertes de Oliveira, *Da ação pauliana*, 1989, p. 85; Humberto Theodoro Jr., Lesão e fraude contra credores no Projeto do novo Código Civil brasileiro, *RT, 771*:11; Nestor Duarte, *Código Civil*, cit., p. 127.

Art. 162. O credor quirografário, que receber do devedor insolvente o pagamento da dívida ainda não vencida, ficará obrigado a repor, em proveito do acervo sobre que se tenha de efetuar o concurso de credores, aquilo que recebeu.

Pagamento de dívida não vencida feito por devedor insolvente. O pagamento antecipado do débito a um dos credores quirografários frustra a igualdade que deve existir entre os demais, os quais, por tal razão, poderão propor ação pauliana para invalidá-lo, determinando que o beneficiado reponha o que recebeu em proveito do acervo.

Efeitos de pagamento indevido a credor quirografário. O credor quirografário que vier a receber pagamento de dívida ainda não vencida será obrigado a devolver o que recebeu, mas essa devolução não apenas aproveitará aos que o acionaram, pois reverterá em benefício do acervo do devedor, que deverá ser partilhado entre todos os credores que legalmente estiverem habilitados no concurso creditório.

BIBLIOGRAFIA: Paulo de Lacerda, *Manual*, cit., v. 3, p. 675-80; W. Barros Monteiro, *Curso*, cit., v. 1, p. 230; M. Helena Diniz, *Curso*, cit., v. 1, p. 257; Clóvis Beviláqua, *Código Civil comentado*, cit., obs. ao art. 110, v. 1.

Art. 163. Presumem-se fraudatórias dos direitos dos outros credores as garantias de dívidas que o devedor insolvente tiver dado a algum credor.

• Vide *Código Civil, arts. 165 e 1.419.*

Outorga de garantias reais. Será fraudatória a outorga de garantias reais (CC, art. 1.419) pelo devedor insolvente a um dos credores quirografários, lesando os direitos dos demais credores, o que acarretará a sua anulabilidade (*RT, 114*:721). Há presunção legal de fraude *juris et de jure*.

Ação pauliana para anular garantia de dívida. Se, estando caracterizada a insolvência, o devedor der garantia real de dívida, vencida ou não, a um dos credores quirografários, este ficará em posição privilegiada em relação aos demais, que, então, poderão mover contra o devedor ação pauliana para declará-la anulada, por estar configurada a fraude contra credores. Se tal garantia for dada antes da insolvência do devedor, não haverá que se falar em fraude contra credores.

BIBLIOGRAFIA: Levenhagen, *Código Civil*, cit., p. 144-5; M. Helena Diniz, *Curso*, cit., v. 1, p. 257; Paulo de Lacerda, *Manual*, cit., v. 3, p. 681-6.

Art. 164. Presumem-se, porém, de boa-fé e valem os negócios ordinários indispensáveis à manutenção de estabelecimento mercantil, rural, ou industrial, ou à subsistência do devedor e de sua família.

• Vide *Decreto-Lei n. 1.003, de 29 de dezembro de 1938, art. 2º.*

• *Código Civil, arts. 113, 1.142 a 1.149.*

Preservação do patrimônio do devedor insolvente. Se o devedor insolvente vier a contrair novo débito, visando beneficiar os próprios credores, por ter o escopo de adquirir objetos imprescindíveis não só ao funcionamento do seu estabelecimento mercantil, rural ou industrial, evitando a paralisação de suas atividades e consequentemente a piora de seu estado de insolvência e o aumento do prejuízo aos seus credores, mas também à sua subsistência e à de sua família, o negócio por ele contraído será válido, ante a presunção *juris tantum* em favor da boa-fé.

Consequências da presunção da boa-fé. Todos os novos compromissos indispensáveis à conservação e administração do patrimônio do devedor insolvente, mesmo que o novo credor saiba de sua insolvência, serão tidos como válidos, e o novel credor equiparar-se-á aos credores anteriores. A dívida contraída pelo insolvente com tal finalidade não constituirá fraude contra credores, sendo incabível a ação pauliana.

BIBLIOGRAFIA: Levenhagen, *Código Civil*, cit., v. 1, p. 145; Paulo de Lacerda, *Manual*, cit., v. 3, p. 687-90; Clóvis Beviláqua, *Código Civil comentado*, cit., obs. ao art. 112, v. 1; João Luís Alves, *Código Civil anotado*, cit., obs. ao art. 112, v. 1.

Art. 165. Anulados os negócios fraudulentos, a vantagem resultante reverterá em proveito do acervo sobre que se tenha de efetuar o concurso de credores.

Parágrafo único. Se esses negócios tinham por único objeto atribuir direitos preferenciais, mediante hipoteca, penhor ou anticrese, sua invalidade importará somente na anulação da preferência ajustada.

• Vide *Código Civil, arts. 1.419 a 1.510 e 184, primeira parte.*

Principal efeito da ação pauliana. A ação pauliana tem por primordial efeito a revogação do negócio lesivo aos interesses dos credores quirografários, repondo o bem no patrimônio do devedor, cancelando a garantia real concedida em proveito do acervo sobre que se tenha de efetuar o concurso de credores, possibilitando a efetivação do rateio, aproveitando a todos os credores e não apenas ao que a intentou (*EJSTJ*, *11*:60).

Anulação de garantia real. Se, porventura, o ato invalidado tinha por único escopo conferir garantias reais, como penhor, hipoteca e anticrese, sua invalidade alcançará tão somente a da preferência estabelecida pela referida garantia; logo, a obrigação principal (débito) continuará tendo validade. Com a anulação da garantia, o credor não irá perder seu crédito, pois figurará, perdendo a preferência, como quirografário, entrando no rateio final do concurso creditório.

BIBLIOGRAFIA: Paulo de Lacerda, *Manual*, cit., v. 3, p. 690-5; Levenhagen, *Código Civil*, cit., v. 1, p. 146; Darcy Arruda Miranda, *Anotações*, cit., v. 1, p. 75; Serpa Lopes, *Curso*, cit., v. 1, p. 459; M. Helena Diniz, *Curso*, cit., v. 1, p. 258; Caio M. S. Pereira, *Instituições*, cit., v. 1, p. 469.

CAPÍTULO V
DA INVALIDADE DO NEGÓCIO JURÍDICO

Art. 166. É nulo o negócio jurídico quando:

I — celebrado por pessoa absolutamente incapaz;

II — for ilícito, impossível ou indeterminável o seu objeto;

III — o motivo determinante, comum a ambas as partes, for ilícito;

IV — não revestir a forma prescrita em lei;

V — for preterida alguma solenidade que a lei considere essencial para a sua validade;

VI — tiver por objetivo fraudar lei imperativa;

• *Código Civil, art. 187.*

VII — a lei taxativamente o declarar nulo, ou proibir-lhe a prática, sem cominar sanção.

• Vide *Código Civil, arts. 3º (com a redação da Lei n. 13.146/2015), 104, I a III, 106, 123, 124, 167 e 2.035.*

• *Lei de Introdução às Normas do Direito Brasileiro, art. 17.*

• *Numerosos são os casos de nulidade expressamente declarados na lei; exemplificativamente, fazemos remissões aos arts. 209, 489, 548, 549, 762, 795, 907, 912, parágrafo único, 1.428, 1.516, § 3º, 1.548, I e II, 1.653, 1.860, 1.900, I a V, 1.912 e 1.959 do Código Civil.*

• Vide *Decreto n. 22.626, de 7 de abril de 1933, art. 11, que dispõe sobre os juros dos contratos e dá outras providências.*

• Vide *Decreto n. 23.501, de 27 de novembro de 1933, que declara nula qualquer estipulação de pagamento em ouro, ou em determinada espécie de moeda ou por qualquer meio tendente a recusar ou restringir, nos seus efeitos, o curso forçado de mil-réis papel (modificado pela Lei n. 28, de 15-2-1936, e revogado pelo art. 4º do Decreto-Lei n. 857/69).* Vide *Decreto-Lei n. 857/69, art. 1º, que ora rege a matéria.*

• Vide *Decreto-Lei n. 857, de 11 de setembro de 1969, que revogou, no seu art. 4º, o Decreto-Lei n. 6.650, de 29 de junho de 1944 (sobre as obrigações em moedas estrangeiras), e regulamenta a moeda estrangeira para efeito de obrigações exequíveis no Brasil.*

FATOS JURÍDICOS

- Vide *Lei n. 492, de 30 de agosto de 1937, que regula o penhor rural.*
- Vide *Consolidação das Leis do Trabalho, art. 9º.*
- *Pelo § 1º do art. 15 do Decreto-Lei n. 240, de 28 de fevereiro de 1967, "quaisquer contratos ou documentos que mencionem grandezas expressas em unidades não legais de medir serão considerados nulos se, no prazo de 120 (cento e vinte) dias da data da denúncia dessa irregularidade, não forem retificados, retroagindo a retificação à data do ato".*
- *Nulidade de ato relativo a transmissão de imóvel rural, com infração do art. 65 da Lei n. 4.504, de 30 de novembro de 1964 (Estatuto da Terra)* — Vide *art. 11, § 1º (ora revogado) do Decreto-Lei n. 57, de 18 de novembro de 1966.*
- *Sobre a nulidade de atos lesivos ao patrimônio público,* vide *Lei n. 4.717, de 29 de junho de 1965, que regula a ação popular.*
- *Sobre venda de terreno,* vide *arts. 37 a 39 da Lei n. 6.766, de 19 de dezembro de 1979.*
- *Súmula 346 do Supremo Tribunal Federal.*
- *Sobre nulidade de disposições contratuais: MP 2.172-32/2001.*

Conceito de nulidade. Nulidade é a sanção, imposta pela norma jurídica, que determina a privação dos efeitos jurídicos do ato negocial praticado em desobediência ao que prescreve.

Efeitos da nulidade absoluta. Com a declaração da nulidade absoluta do negócio jurídico, este não produzirá qualquer efeito por ofender princípios de ordem pública, por estar inquinado por vícios essenciais. Por exemplo, se for praticado por pessoa absolutamente incapaz (CC, art. 3º) sem a devida representação; se tiver objeto ilícito (*RT*, *705*:184, *708*:171), impossível (física ou juridicamente) ou indeterminável; se o motivo determinante, comum a ambas as partes, for ilícito; se não revestir a forma prescrita em lei ou preterir alguma solenidade imprescindível para sua validade (*RT*, *707*:143, *781*:195); se tiver por objetivo fraudar lei imperativa (CC, art. 187) e quando a lei taxativamente o declarar nulo ou proibir-lhe a prática, sem cominar sanção de outra natureza, tendo-se nesta última hipótese a nulidade virtual (CC, arts. 1.548, I e II, 1.428, 497, parágrafo único, 548, 549, 762, 1.860 e 1.900, I a V; Lei n. 11.101/2005, art. 129; Lei n. 10.192/2001, art. 2º, § 1º). De modo que um negócio nulo é como se nunca tivesse existido desde sua formação, pois a declaração de sua invalidade produz efeito *ex tunc* (Súmula 346 do STF; *RT*, *436*:75, *461*:74, *466*:93, *433*:93, *431*:149, *447*:223, *446*:265, *475*:175, *434*:222, *467*:130, *472*:117, *451*:225, *479*:204, *456*:68, *478*:172, *492*:141, *494*:135, *505*:66, *508*:193, *717*:189, *707*:143, *781*:179 e 197, *659*:147, *639*:169, *638*:93, *776*:284, *803*:326; *RJM*, *39*:129; *RJ*, *210*:116, *189*:82 e *133*:54). Convém não olvidar que pelo, Enunciado n. 616 da *VIII Jornada de Direito Civil*: "Os requisitos de validade previstos no Código Civil são aplicáveis aos negócios jurídicos processuais, observadas as regras processuais pertinentes".

BIBLIOGRAFIA: M. Helena Diniz, *Curso*, cit., v. 1, p. 284; Orlando Gomes, *Introdução*, cit., p. 430; Caio M. S. Pereira, *Instituições*, cit., v. 1, p. 549; Serpa Lopes, *Curso*, cit., v. 1, p. 504; Clóvis Beviláqua, *Código Civil*, cit., v. 1, p. 331; Raquel C. Shmiedel, *Negócio jurídico: nulidades e medidas sanatórias*, São Paulo, 1985; Amézage, *De las nulidades*, Montevideo, 1909; Sebastião José Roque, *Teoria geral*, cit., p. 145-52; Régis V. Fichtner Pereira, Da regra jurídica sobre fraude à lei, *RDC*, *50*:41; Luiz Roldão de Freitas Gomes, Invalidade dos atos jurídicos, *Ciência Jurídica*, *11*:20, Invalidade dos atos jurídicos — nulidades — anulabilidades — conversão, *Revista de Direito Civil*, *53*:10 e s.; José Joaquim Calmon de Passos, Esboço de uma teoria das nulidades, *RP*, *56*:7; Zeno Veloso, Negócios nulos e anuláveis — efeitos da sentença, *RDC*, *72*:110; *Invalidade do negócio jurídico*, Belo Horizonte, Del Rey, 2002; José Antonio Navarro Fernandez, *El fraude de ley: su tratamiento jurisprudencial*, 1988; Martinho Garcez, *Das nulidades dos atos jurídicos*, Rio de Janeiro, Renovar, 1997; Hugo Nigro Mazzilli e Wander Garcia, *Ano-*

tações ao Código Civil, São Paulo, Saraiva, 2005, p. 59; José Carlos Barbosa Moreira, Invalidade e ineficácia do negócio jurídico, *Doutrinas essenciais — obrigações e contratos* (coord. G. Tepedino e Luiz E. Fachin), São Paulo, Revista dos Tribunais, 2011, v. II, p. 639-54; José de V. Ferreira, Subsídios para o estudo das nulidades, *Doutrinas essenciais*, cit., p. 655-62; Luiz Roldão de F. Gomes, Invalidade dos atos jurídicos — nulidades — anulabilidades — conversão, *Doutrinas essenciais*, cit., p. 669-682; Maria Luiza T. C. Galli, Do ato anulável, *Doutrinas essenciais*, cit., p. 683-96; Zeno Veloso, Negócios nulos e anuláveis, *Doutrinas essenciais*, cit., p. 753-64; José de Oliveira Ascensão, *Direito civil*, cit., v. 2, p. 318-321.

Art. 167. É nulo o negócio jurídico simulado, mas subsistirá o que se dissimulou, se válido for na substância e na forma.

- *Código Civil, art. 169.*

§ 1º Haverá simulação nos negócios jurídicos quando:

I — aparentarem conferir ou transmitir direitos a pessoas diversas daquelas às quais realmente se conferem, ou transmitem;

II — contiverem declaração, confissão, condição ou cláusula não verdadeira;

- Vide *Código Civil, art. 121.*

III — os instrumentos particulares forem antedatados, ou pós-datados.

- *Código de Processo Civil, art. 409.*

§ 2º Ressalvam-se os direitos de terceiros de boa-fé em face dos contraentes do negócio jurídico simulado.

- Vide *Código Civil, art. 2.035.*
- *Código Tributário Nacional, art. 116, parágrafo único.*
- *Código de Processo Civil, art. 142.*

Simulação como vício social. Consiste num desacordo intencional entre a vontade interna e a declarada para criar, aparentemente, um ato negocial que inexiste, ou para ocultar, sob determinada aparência, o negócio querido, enganando terceiro, acarretando a nulidade do negócio e sua imprescritibilidade (TJSP, Ap. Cível — c/ rev. n. 439.196-4/4-00/SP, 3ª Câm. de Direito Privado — rel. Caetano Lagrasta, j. 7-11-2006). Os contratantes conscientemente realizam negócio para prejudicar interesses de terceiro, por eles enganado (*RT*, *829*:367, *796*:388, *779*:372, *777*:408, *720*:135, *703*:149, *697*:93, *677*:233, *508*:65, *629*:195, *608*:72, *531*:266, *592*:191; *RJTJSP*, *124*:321, *134*:60, *131*:65; *JB*, *167*:305; *Ciência Jurídica*, 7:77, *47*:153). Pelo Enunciado n. 294 do Conselho da Justiça Federal (aprovado na *IV Jornada do Direito Civil*): "Sendo a simulação uma causa de nulidade do negócio jurídico, pode ser alegada por uma das partes contra a outra". Pelo Enunciado n. 152 do Conselho da Justiça Federal, aprovado na *III Jornada de Direito Civil*: "Toda simulação, inclusive a inocente, é invalidante". Sem embargo, parece-nos que a *simulação inocente*, por não existir intenção de violar a lei ou de lesar outrem, deve ser tolerada (*RT*, *527*:71, *381*:86). P. ex., a situação em que o *de cujus* antes de falecer, sem herdeiros necessários, simula venda aparente a terceira pessoa a quem pretende deixar um legado. O mesmo ocorre com o chamado "Fica", documento de largo uso no Mato Grosso do Sul, em que uma das partes recebe dinheiro e declara ter recebido gado, que se obriga a devolver (*RT*, *235*:556). Dela tratava o art. 103 do Código Civil de 1916, produzindo efeitos *ex tunc*.

Mas entendemos que, tecnicamente, mais apropriado seria admitir sua anulabilidade, por uma questão de coerência lógica com o disposto no *caput* do art. 167, em que se admite, ante o princípio da conservação do negócio jurídico, a subsistência do ato dissimulado se válido for na forma e na substância e diante, por exemplo, como veremos logo mais, do prescrito no art. 496 do Código Civil.

Simulação absoluta. Ter-se-á simulação absoluta quando a declaração enganosa da vontade exprime um negócio jurídico bilateral ou unilateral, não havendo intenção de realizar ato negocial algum (*RT*, *117*:101, *177*:250 e *439*:92; *RF*, *40*:546). Por exemplo, é o caso da emissão de títulos de crédito em favor de amigo e posterior dação em pagamento de bens, solvendo aqueles títulos, que não representam qualquer negócio, feita pelo marido antes da separação extrajudicial ou judicial ou do divórcio para lesar a mulher na partilha de bens (*RT*, *255*:451, *307*:376, *441*:276, *317*:155 e *179*:844). Tal negócio é nulo e insuscetível de convalidação (CC, art. 169), produzindo efeitos *ex tunc*. Pelo Enunciado n. 578, aprovado na *VII Jornada de Direito Civil*: "Sendo a simulação causa de nulidade do negócio jurídico, sua alegação prescinde de ação própria".

Simulação relativa. A simulação relativa ou dissimulação é a que resulta no intencional desacordo entre a vontade interna e a declarada. Ocorrerá sempre que alguém, sob a aparência de um negócio fictício, realizar outro que é o verdadeiro, diverso, no todo ou em parte, do primeiro, com o escopo de prejudicar terceiro (*RT*, *231*:196). Apresentam-se dois contratos: um real (dissimulado) e outro aparente (simulado). Os contratantes visam ocultar de terceiros o contrato real, que é o querido por eles. O Enunciado n. 153 do Conselho da Justiça Federal, aprovado na *III Jornada de Direito Civil*, assim reza: "Na simulação relativa, o negócio simulado (aparente) é nulo, mas o dissimulado será válido se não ofender a lei nem causar prejuízos a terceiros". E, pelo Enunciado n. 293 do Conselho da Justiça Federal, aprovado na *IV Jornada de Direito Civil*, "na simulação relativa, o aproveitamento do negócio jurídico dissimulado não decorre tão somente do afastamento do negócio jurídico simulado, mas do necessário preenchimento de todos os requisitos substanciais e formais de validade daquele".

Modalidades de simulação relativa. A simulação relativa poderá ser: *a*) *subjetiva*, ou *ad personam*, se a parte contratante não tira proveito do negócio, por ser o sujeito aparente. O negócio não é efetuado pelas próprias partes, mas por pessoa interposta ficticiamente (CC, art. 167, § 1º, I). Por exemplo, é o que sucede na venda realizada a um terceiro para que ele transmita a coisa a um descendente do alienante, a quem se tem a intenção de transferi-la desde o início, burlando-se o disposto no art. 496 do Código Civil; mas tal simulação só se efetivará quando se completar com a transmissão dos bens ao real adquirente (*RT*, *156*:733, *387*:302, *382*:124, *443*:320, *608*:72, *446*:98, *414*:138 e *443*:221; STF, Súmula 494); *b*) *objetiva*, se respeitar à natureza do negócio pretendido, ao objeto ou a um de seus elementos contratuais; se o negócio contiver declaração, confissão, condição ou cláusula não verdadeira (CC, art. 167, § 1º, II) — é o que se dá, p. ex., com a hipótese em que as partes na escritura de compra e venda declaram preço inferior ao convencionado com a intenção de burlar o Fisco, pagando menos imposto (*RT*, *170*:226); se os contratantes fizerem mútuo, aparentando ser compra e venda (*RJTJSP*, *106*:82); se as partes colocarem, no instrumento particular, a antedata ou a pós-data, constante no documento, não aquela em que o mesmo foi assinado, pois a falsa data indica intenção discordante da verdade (CC, art. 167, § 1º, III).

BIBLIOGRAFIA: Francesco Ferrara, *Della simulazione dei negozi giuridici*, Roma, 5. ed., 1992; José Belleza dos Santos, *A simulação em direito civil*, Coimbra, 1955; Caio M. S. Pereira, *Instituições*, cit., v. 1, p. 461; Paulo de Lacerda, *Manual*, cit., v. 3, p. 460-501; Serpa Lopes, *Curso*, cit., v. 1, p. 448; Butera, *Della simulazione nei negozi giuridici*, Torino, 1936; Hector Camara, *Simulación en los actos jurídicos*, Buenos Aires, 1944; M. Helena Diniz, *Curso*, cit., v. 1, p. 249-55; Simulação absoluta, in *Enciclopédia Saraiva do Direito*, v. 69, p. 106 e s.; e Simulação relativa, in *Enciclopédia Saraiva do Direito*, v. 69, p. 113 e s.; Pontes de Miranda, *Tratado de direito privado*, cit., 1954, v. 1, n. 8; Messineo, *Dottrina generale del contratto*, p. 303; Orlando Gomes, *Introdução*, cit., p. 424; W. Barros Monteiro, *Curso*, cit., v. 1, p. 217-21; Clóvis Beviláqua, *Código Civil comentado*, cit., v. 1, p. 380, e *Teoria geral do direito civil*, cit., p. 239; Sílvio de Salvo Venosa, *Direito civil*, cit., v. 1, p. 342-3; Custódio da P. U. Miranda, *A simulação no direito civil* *brasileiro*, São Paulo, Saraiva, 1980; Michel Dagot, *La simulation en droit privé*, Paris, LGDJ, 1965 e 1967; Salvatore Romano, *Contributo esegetico allo studio della simulazione*, 1955; Maria Carcaba Fernandez, *La simulación en los negocios jurídicos*, 1986; Aurelio Gentili, *Il contrato simulato: teoria della simulazione e analisi del linguaggio*, 1982; Luis Muñoz Sabaté, *La prueba de la simulación*, 1980; Jorge Mosset Iturraspe, *Negocios simulados, fraudulentos y fiduciarios*, 1975, v. 1 e 2; César Coronel Jones, *La simulación de los actos jurídicos*, 1989; Heleno Tôrres, *Direito tributário e direito privado*, São Paulo, Revista dos Tribunais, 2003, p. 281-474; Giovanni Furginele, *Della simulazione di efetti negoziali*, 1992; Francesco Marani, *La simulazione negli atti unilaterali*, 1971; Raymond Garnier, *De l'interposition de personnes dans les libéralités*, 1902; Nicola Distaso, *La simulazione dei negozi giuridici*, 1960; Alberto Auricchio, *A simulação no negócio jurídico*, 1964; Humberto Theodoro Jr., *Comentários*, cit., v. 3, t. 1, p. 481-2; Carlos Roberto Gonçalves, *Direito*, cit., v. 1, p. 436-42; Alberto J. Veloso, *Simulação*, Curitiba, Juruá, 2005; Itamar Gaino, *a simulação dos negócios jurídicos*, São Paulo, Saraiva, 2007; Heleno T. Torres, Teoria da simulação de atos e negócios jurídicos, *Doutrinas essenciais — obrigações e contratos* (coord. G. Tepedino e Luiz E. Fachin), São Paulo, Revista dos Tribunais, 2011, v. II, p. 547-610; Lino de Morais Leme, Negócio simulado, *Doutrinas essenciais*, cit., p. 663-668; Ralpho Waldo de Barros Monteiro Filho, *Negócio jurídico e vícios sociais*, Curitiba, Juruá, 2007, p. 115-46; José de Oliveira Ascensão, *Direito civil*, cit., v. 1, p. 186-97.

Direitos de terceiros de boa-fé. Havendo decretação da invalidação do negócio jurídico simulado, os direitos de terceiros de boa-fé em face dos contratantes deverão ser respeitados, visto não ter contribuído na celebração do ato simulado. Terceiros de boa-fé poderão conservar efeito daquele negócio, que lhes for proveitoso, mesmo que prejudicial aos contratantes simuladores, que, então, deverão arcar com o risco de sofrer dano advindo de seu ato de má-fé, nocivo àqueles terceiros. Somente terceiros de boa-fé poderão, então, pleitear a nulidade do ato simulado, se isso lhes for conveniente.

Dissimulação e simulação. Não há que confundir a simulação (disfarce) com a dissimulação (ocultação). A simulação absoluta provoca falsa crença num estado não real, quer enganar sobre a existência de uma situação não verdadeira, tornando nulo o negócio. A dissimulação (simulação relativa) oculta ao conhecimento de outrem uma situação existente, pretendendo, portanto, incutir no espírito de alguém a inexistência de uma situação real, e no negócio jurídico subsistirá o que se dissimulou, se válido for na substância e na forma (CC, art. 167, 2ª parte). Por exemplo: se A vender a B um imóvel por 200 mil, declarando na escritura pública que o fizeram por 150 mil, apesar de a falsidade dessa declaração lesar o Fisco, que vem a conseguir a decretação judicial da nulidade, a compra e venda entre A e B subsistirá por ser válida na substância (ambos os contratantes podiam efetuar ato negocial, que servirá como título para a transferência da propriedade imobiliária se levado a registro) e na forma (por ter sido atendido o requisito formal de sua efetivação por escritura pública). Na escritura pública lavrada por valor inferior ao real, anula-se o valor aparente, subsistindo o real.

Art. 168. As nulidades dos artigos antecedentes podem ser alegadas por qualquer interessado, ou pelo Ministério Público, quando lhe couber intervir.

- *Código Civil, arts. 166, 167 e 1.549.*

Parágrafo único. As nulidades devem ser pronunciadas pelo juiz, quando conhecer do negócio jurídico ou dos seus efeitos e as encontrar provadas, não lhe sendo permitido supri-las, ainda que a requerimento das partes.

- *Lei n. 6.015/73, art. 214.*
- *Código de Processo Civil, art. 282.*
- *Súmula 346 do Supremo Tribunal Federal.*

Arguição da nulidade absoluta. A nulidade absoluta (CC, arts. 166 e 167) poderá ser arguida por qualquer interessado, pelo Ministério Público, quando lhe caiba intervir, e pelo órgão judicante de ofício independentemente de alegação da parte, quando conhecer do ato ou de seus efeitos e a encontrar provada (*RT*, *466*:73 e *505*:66).

Proibição de suprimento judicial. A nulidade absoluta opera *ex tunc* e, por ser de ordem pública, não poderá ser suprida pelo juiz, ainda que a requerimento dos interessados, sendo também insuscetível de confirmação, ou convalidação (CC, art. 169), nem se sujeita à preclusão, podendo ser alegada a qualquer tempo em grau ordinário de jurisdição.

BIBLIOGRAFIA: M. Helena Diniz, *Curso*, cit., v. 1, p. 287; W. Barros Monteiro, *Curso*, cit., v. 1, p. 277 e s.; Serpa Lopes, *Curso*, cit., v. 1, p. 508 e s.; Caio M. S. Pereira, *Instituições*, cit., v. 1, p. 549 e s.; Nelson Nery Jr. e Rosa M. A. Nery, *Novo Código Civil e legislação extravagante anotados*, São Paulo, Revista dos Tribunais, 2002, p. 83; Martinho Garcez, *Das nulidades dos atos jurídicos*, Rio de Janeiro, Renovar, 1997; Zeno Veloso, *Invalidade do negócio jurídico*, Belo Horizonte, Del Rey, 2002.

Art. 169. O negócio jurídico nulo não é suscetível de confirmação, nem convalesce pelo decurso do tempo.

- *Código Civil, arts. 367 e 1.859.*
- *Lei n. 9.784/99, art. 54.*

Efeitos da nulidade negocial. O negócio jurídico nulo não poderá ser confirmado, nem se convalescerá pelo decurso do tempo (*RSTJ*, *136*:233), com exceção do caso do art. 1.859, pelo qual o testamento nulo se convalidará se não se pleitear sua invalidação dentro do prazo decadencial de cinco anos, computado do seu registro. A declaração da nulidade absoluta tem eficácia *ex tunc*.

Pelos Enunciados do CJF (aprovados na *VI Jornada de Direito Civil*): a) n. 536. "Resultando do negócio jurídico nulo consequências patrimoniais capazes de ensejar pretensões, é possível, quanto a estas, a incidência da prescrição"; e b) n. 537. "A previsão contida no art. 169 não impossibilita que, excepcionalmente, negócios jurídicos nulos produzam efeitos a serem preservados quando justificados por interesses merecedores de tutela".

Art. 170. Se, porém, o negócio jurídico nulo contiver os requisitos de outro, subsistirá este quando o fim a que visavam as partes permitir supor que o teriam querido, se houvessem previsto a nulidade.

- *Código Civil, art. 431.*

Conversão do ato negocial nulo. A conversão, atendendo ao princípio da conservação do negócio jurídico, acarreta uma nova qualificação do negócio jurídico. Refere-se à hipótese em que o negócio nulo não pode prevalecer na forma pretendida pelas partes, mas, como seus elementos são idôneos para caracterizar outro, pode ser transformado em outro, de natureza diversa, desde que isso não seja proibido, taxativamente, como sucede nos casos de testamento. Assim sendo, ter-se-á *conversão própria* apenas se se verificar que os contratantes teriam pretendido a celebração de outro contrato se tivessem ciência da nulidade do que realizaram. Por exemplo, poder-se-á ter a transformação de um contrato de compra e venda, nulo por defeito de forma, num compromisso de compra e venda ou a de uma doação de coisa inalienável em constituição de usufruto ou fazer com que a venda de um bem inalienável, que, tendo os requisitos de comodato, passasse a ter a validade deste. Pelo Enunciado n. 13 (aprovado na *I Jornada de direito civil*, promovida, em setembro de 2002, pelo Centro de Estudos Judiciários do Conselho da Justiça

Federal): "o aspecto objetivo da conversão requer a existência do suporte fático no negócio a converter-se". A conversão subordinar-se-á à intenção das partes de dar vida a um contrato diverso (aspecto subjetivo), na hipótese de nulidade do contrato, que foi por elas estipulado, mas também à forma, por ser imprescindível que, no contrato nulo, tenha havido observância dos requisitos de substância e de forma do contrato em que poderá ser transformado, para produzir efeitos. Alertam Jones Figueirêdo Alves e Mário Luiz Delgado que "a conversão pode ser postulada tanto pelas partes do negócio como por terceiro afetado pelos efeitos do negócio jurídico, descabendo a sua decretação *ex officio* pelo juiz". A conversão do ato negocial nulo está relacionada aos princípios da conservação dos negócios jurídicos e da boa-fé objetiva e ao princípio *utile per inutile non vitiatur*. Daí a afirmação de Voss: "o nulo é como a criança que nasce viva sem poder, em situação normal, viver; não é como a criança que veio à luz já morta. Por isso mesmo, é possível pensar-se em que viva, em outra situação, artificial ou excepcional".

BIBLIOGRAFIA: Cian e Trabucchi, *Commentario breve al Codice Civile*, Padova, CEDAM, 1989, p. 1192-3; Orlando Gomes, *Contratos*, cit., p. 233-5; Los Mozos, *La conversión del negocio jurídico*, Barcelona, Bosch, 1959; Mosco, *La conversione del negozio giuridico*, Napoli, Jovene, 1947; M. Helena Diniz, *Tratado teórico e prático dos contratos*, São Paulo, Saraiva, 1999, v. 1, p. 165-6; Antônio Junqueira de Azevedo, Conversão dos negócios jurídicos, *RT*, n. *468*; João Alberto Schutzer Del Nero, *Conversão substancial do negócio jurídico*, 2001; Teresa Luso Soares, *A conversão do negócio jurídico*, 1986; Giuseppe Gandolfi, *La conversione dell'atto invalido*, 1988, v. 1 e 2; Raquel C. Schmiedel, *Negócio jurídico: nulidades e medidas sanatórias*, São Paulo, Saraiva, 1986, p. 75; Giuseppe Satta, *La converzione nei negozi giuridici*, Milano, 1903; Humberto Theodoro Jr., *Comentários*, cit., v. 3, t. 1, p. 544-6; Anselmo Vaz, A conversão e a redução dos negócios jurídicos, *Revista da Ordem dos Advogados*, ano 5, n. 1-2, p. 1014 e s., 1945; Luiz Roldão de Freitas Gomes, Invalidade dos atos jurídicos — nulidades — anulabilidades — conversão, *Revista de Direito Civil*, *53*:10 e s.; Jones F. Alves e Mário L. Delgado, *Código*, cit., p. 110; Caramuru A. Francisco, *Código Civil de 2002 — O que há de novo?*, São Paulo, ed. Juarez de Oliveira, 2002, p. 76-7; Hugo N. Mazzilli e Wander Garcia, *Anotações*, cit., p. 61; José de Oliveira Ascensão, *Direito civil*, cit., v. 2, p. 355-60.

Art. 171. Além dos casos expressamente declarados na lei, é anulável o negócio jurídico:

- *Código Civil, arts. 177, 182 a 184.*

I — por incapacidade relativa do agente;

- *Código Civil, arts. 4º, 105, 180 e 181.*

II — por vício resultante de erro, dolo, coação, estado de perigo, lesão ou fraude contra credores.

- Vide *Súmula 195 do Superior Tribunal de Justiça.*
- *Código Civil, arts. 138 a 165.*

Nulidade relativa. A nulidade relativa ou anulabilidade refere-se, na lição de Clóvis Beviláqua, "a negócios que se acham inquinados de vício capaz de lhes determinar a ineficácia, mas que poderá ser eliminado, restabelecendo-se a sua normalidade" (*RT*, *622*:202; *RJ*, *189*:82, *187*:60 e *159*:61). A nulidade relativa tem eficácia *ex nunc*, atingindo os efeitos do negócio anulado apenas a partir do instante da declaração judicial de sua anulabilidade.

Atos negociais anuláveis. Serão anuláveis os negócios se: *a*) praticados por pessoa relativamente incapaz (CC, art. 4º; *RT*, *622*:202), sem a devida assistência de seus legítimos representantes legais (CC, art. 1.634, V); *b*) viciados por erro (*RT*, *804*:214), dolo, coação, estado de perigo, lesão ou fraude contra credores (*RT*, *802*:336, *466*:95 e *464*:97; CC, arts. 138 a 165); e *c*) a lei assim o declarar, tendo em vista a situação particular em que se encontra determinada pessoa (CC, arts. 45, parágrafo único, 48, parágrafo único, 117, 119, 461, 496, 533, II, 550, 1.122, 1.167, 1.247, 1.550, 1.649, 1.650 e 1.903).

BIBLIOGRAFIA: Orlando Gomes, *Introdução*, cit., v. 1, p. 434; M. Helena Diniz, *Curso*, cit., v. 1, p. 284-5; Levenhagen, *Código Civil*, cit., v. 1, p. 198-9; Clóvis Beviláqua, *Teoria geral do direito civil*, cit., p. 281; Débora Gozzo, Nulidade relativa: um outro tipo de invalidade? — alguns apontamentos, *O direito civil no século XXI*, São Paulo, Saraiva, 2003, p. 129-44; José de Oliveira Ascensão, *Direito civil*, cit., v. 2, p. 316, 342-49.

Art. 172. O negócio anulável pode ser confirmado pelas partes, salvo direito de terceiro.

- *Sobre a confirmação do ato anulável, pela novação,* vide *arts. 175 e 367 do Código Civil.*
- Vide *Súmula 346 do Supremo Tribunal Federal.*

Confirmação. A nulidade relativa pode convalescer, sendo confirmada, expressa ou tacitamente, pelas partes, salvo direito de terceiro. A confirmação é, portanto, segundo Serpa Lopes, o ato jurídico pelo qual uma pessoa faz desaparecer os vícios dos quais se encontra inquinada uma obrigação contra a qual era possível prover-se por via de nulidade ou de rescisão. O ato nulo, por sua vez, será insuscetível de confirmação, por prevalecer o interesse público.

Efeito "ex tunc" da confirmação. A confirmação retroage à data do ato; logo, seu efeito é *ex tunc*, tornando válido o negócio desde sua formação, resguardados os direitos, já constituídos, de terceiros. Para tanto será necessário que o confirmante conceda a confirmação no momento em que haja cessado o vício que maculava o negócio e que o ato confirmativo não incorra em vício de nulidade.

BIBLIOGRAFIA: Serpa Lopes, *Curso*, cit., v. 1, p. 508, 509, 518 e 519; M. Helena Diniz, *Curso*, cit., v. 1, p. 287; Levenhagen, *Código Civil*, cit., v. 1, p. 199 e 200; Darcy Arruda Miranda, *Anotações*, cit., v. 1, p. 100; W. Barros Monteiro, *Curso*, cit., v. 1, p. 268 e 277 e s.; Manoel Augusto Vieira Neto, *Ineficácia e convalidação do ato jurídico*, São Paulo, Max Limonad, s. d.; Raquel C. Schmiedel, *Negócio jurídico: nulidades e medidas sanatórias*, São Paulo, Saraiva, 1981.

Art. 173. O ato de confirmação deve conter a substância do negócio celebrado e a vontade expressa de mantê-lo.

Confirmação expressa. O ato de confirmação deverá conter a substância do negócio celebrado e a vontade expressa de mantê-lo. Logo, preciso será que se deixe patente a livre *intentio* de confirmar ato negocial que se sabe anulável, devendo-se, para tanto, conter, por extenso, o contrato primitivo que se pretende confirmar, indicando-o de modo que não haja dúvida alguma. Não se poderá fazer uso de frases vagas ou imprecisas, pois a vontade de confirmar deverá constar de declarações explícitas e claras.

Forma da confirmação. O ato de confirmação deverá observar a mesma forma prescrita para o contrato que se quer confirmar. Assim, se se for confirmar uma doação de imóvel, o ato de confirmação deverá constar de escritura pública, por ser esta da substância do ato.

BIBLIOGRAFIA: Humberto C. Gosálbez, *La confirmación del contrato anulable*, 1977; Ludovico Barassi, *Teoria della ratifica del contratto annullabile*, 1898; Levenhagen, *Código Civil*, cit., v. 1, p. 200-1; M. Helena Diniz, *Curso*, cit., v. 1, p. 287; Clóvis Beviláqua, *Código Civil comentado*, cit., obs. ao art. 149, v. 1; Sílvio de Salvo Venosa, *Direito civil*, cit., v. 1, p. 420-1; Roberto João Elias, Confirmação dos atos anuláveis, *RDC, 37*:47; Ana Maria C. Escandón, *La ratificación*, 2000, p. 175 e s.; Rui de Alarcão, *A confirmação dos negócios anuláveis*, 1971.

Art. 174. É escusada a confirmação expressa, quando o negócio já foi cumprido em parte pelo devedor, ciente do vício que o inquinava.

Confirmação tácita. A confirmação tácita dar-se-á quando a obrigação negocial já tiver sido parcialmente cumprida pelo devedor conhecedor do vício que a maculava, tornando-a anulável. A vontade de confirmar está ínsita, pois, mesmo sabendo do vício, o confirmador não se importou com ele, e teve a intenção de confirmá-lo e de reparar a mácula.

Requisitos. Para que se configure a confirmação tácita será mister que haja: *a*) voluntária execução parcial do negócio; *b*) conhecimento do vício que o torna anulável; e *c*) intenção de confirmá-lo.

Prova. A prova da confirmação tácita competirá a quem a arguir.

BIBLIOGRAFIA: Levenhagen, *Código Civil*, cit., v. 1, p. 201; Darcy Arruda Miranda, *Anotações*, cit., v. 1, p. 101; M. Helena Diniz, *Curso*, cit., v. 1, p. 287.

Art. 175. A confirmação expressa, ou a execução voluntária de negócio anulável, nos termos dos arts. 172 a 174, importa a extinção de todas as ações, ou exceções, de que contra ele dispusesse o devedor.

- *Código Civil, arts. 172 a 174.*

Consequência da confirmação expressa ou tácita. A confirmação expressa, ou a execução voluntária do negócio anulável, nos termos dos arts. 172 a 174, conduzirá ao entendimento de que houve extinção de todas as ações, ou exceções, que o devedor dispusesse contra o ato. Deveras, se o ato negocial é passível de anulação, o lesado poderá lançar mão de uma ação, mas se houve confirmação expressa ou tácita, subentende-se que houve extinção de qualquer providência que possa obter a decretação judicial da nulidade relativa. Isto porque a confirmação dará origem à desistência ou renúncia ao direito de anular negócio viciado.

Irrevogabilidade da confirmação. Com a confirmação não mais será possível anular o ato negocial viciado, pois a nulidade deixou de existir, ante a irrevogabilidade do ato confirmatório, que validou a obrigação em definitivo.

BIBLIOGRAFIA: Levenhagen, *Código Civil*, cit., v. 1, p. 201-2; João Luís Alves, *Código Civil anotado*, cit., obs. ao art. 151, v. 1; Clóvis Beviláqua, *Código Civil comentado*, cit., obs. ao art. 151, v. 1.

Art. 176. Quando a anulabilidade do ato resultar da falta de autorização de terceiro, será validado se este a der posteriormente.

- *Código Civil, arts. 496, 1.647 e 1.649.*

Convalidação posterior de negócio anulável. Se a nulidade relativa do ato negocial se der por falta de autorização de terceiro (representante legal, cônjuge, p. ex.), o negócio passará a ter validade, convalidando-se, se, posteriormente, tal anuência se der.

Art. 177. A anulabilidade não tem efeito antes de julgada por sentença, nem se pronuncia de ofício; só os interessados a podem alegar, e aproveita exclusivamente aos que a alegarem, salvo o caso de solidariedade ou indivisibilidade.

- *Código Civil, arts. 87, 88, 171, 264 a 285.*

Efeito "ex nunc" da declaração judicial de nulidade relativa. A declaração judicial de ineficácia do ato negocial opera *ex nunc*, de modo que o negócio produz efeitos até esse momento, respeitando-se as consequências geradas anteriormente. Tal ocorre porque a anulabilidade prende-se a uma desconformidade que a norma considera menos grave, uma vez que o negócio anulável viola preceito concernente a interesses meramente individuais, acarretando uma reação menos extrema (*RT*, *416*:203, *455*:220, *464*:141, *466*:194, *495*:59, *507*:115, *518*:96 e *519*:257).

Arguição da nulidade relativa. A anulabilidade só pode ser alegada pelos prejudicados com o negócio ou por seus representantes legítimos, não podendo ser decretada *ex officio* pelo juiz.

Efeitos da anulabilidade. A anulabilidade de certo negócio só aproveitará à parte que a alegou, com exceção de indivisibilidade ou solidariedade (CC, arts. 257 a 285), pois se a obrigação for indivisível ou solidária, ante a pluralidade de credores ou devedores, a anulação negocial pleiteada por um deles atingirá a todos.

BIBLIOGRAFIA: Levenhagen, *Código Civil*, cit., v. 1, p. 203; R. Limongi França, *Manual de direito civil*, v. 1, p. 273; M. Helena Diniz, *Curso*, cit., v. 1, p. 284, 286 e 287; Caio M. S. Pereira, *Instituições*, cit., v. 1, p. 547-8 e 552; Orlando Gomes, *Introdução*, cit., p. 433; W. Barros Monteiro, *Curso*, cit., v. 1, p. 277; Andréa Torrente, *Manuale di diritto privato*, p. 212; Trabucchi, *Istituzione di diritto civile*, p. 170; De Page, *Traité élémentaire de droit civil belge*, v. 1, t. 2, Parte 1, n. 98; Darcy Arruda Miranda, *Anotações*, cit., v. 1, p. 101.

Art. 178. É de quatro anos o prazo de decadência para pleitear-se a anulação do negócio jurídico, contado:

- *Código Civil, arts. 205 a 211.*

I — no caso de coação, do dia em que ela cessar;

- *Código Civil, arts. 151 a 155.*

II — no de erro, dolo, fraude contra credores, estado de perigo ou lesão, do dia em que se realizou o negócio jurídico;

- *Código Civil, arts. 138 a 144, 145 a 150, 156, 157 e 158 a 165.*

III — no de atos de incapazes, do dia em que cessar a incapacidade.

- Vide *Código Civil, arts. 3º a 5º, 207 a 211.*

Prazo decadencial para pleitear nulidade relativa. O prazo de decadência (*RSTJ*, *142*:225) para pleitear, judicialmente, a anulação do negócio jurídico é de quatro anos, contado, havendo: *a*) coação, do dia em que ela cessar; *b*) erro, dolo, fraude contra credores, estado de perigo ou lesão, do dia da celebração do ato negocial; e *c*) ato de incapaz, do dia em que cessar a incapacidade.

Art. 179. Quando a lei dispuser que determinado ato é anulável, sem estabelecer prazo para pleitear-se a anulação, será este de dois anos, a contar da data da conclusão do ato.

- *Código Civil, arts. 178, 207 a 211.*

Decadência nos casos de nulidade relativa determinada por lei, com omissão do lapso temporal. Se a lei prescrever anulabilidade de negócio, sem estabelecer prazo para pleiteá-la (p. ex., arts. 117, 496, 533, II, 1.247 e 1.903), este será de dois anos, contado da data da conclusão do ato negocial. E segundo o Enunciado n. 538 do CJF (aprovado na *VI Jornada de Direito Civil*): "No que diz respeito a terceiros eventualmente prejudicados, o prazo decadencial de que trata o art. 179 do Código Civil não se conta da celebração do negócio jurídico, mas da ciência que dele tiverem".

Art. 180. O menor, entre dezesseis e dezoito anos, não pode, para eximir-se de uma obrigação, invocar a sua idade se dolosamente a ocultou quando inquirido pela outra parte, ou se, no ato de obrigar-se, declarou-se maior.

• *Código Civil, arts. 4º, I, 105, e 147.*

Proibição de alegação da menoridade para eximir-se de obrigação assumida. O menor, entre dezesseis e dezoito anos, não poderá invocar a proteção legal em favor de sua incapacidade para eximir-se da obrigação ou para anular um ato negocial que tenha praticado, sem a devida assistência, se agiu dolosamente, escondendo sua idade, quando inquirido pela outra parte, ou se, espontaneamente, no ato de obrigar-se, declarou-se maior. O menor não poderá, portanto, em tais circunstâncias, alegar sua menoridade para escapar à obrigação contraída. Válido será o negócio efetivado pelo relativamente incapaz, visto que *malitia suplit aetatem* (*RT*, *661*:145; *JTACSP*, *113*:337).

Inadmissibilidade de prevalência da malícia. Não será juridicamente admissível que alguém se prevaleça de sua própria malícia para tirar proveito de um ato ilícito, causando dano ao outro contratante de boa-fé, protegendo-se, assim, o interesse público. Isto é assim porque ninguém poderá tirar proveito de sua própria torpeza ante o princípio *nemo auditur propriam turpitudinem suam allegans*.

BIBLIOGRAFIA: Levenhagen, *Código Civil*, cit., v. 1, p. 206; Silvio Rodrigues, *Dos defeitos dos atos jurídicos*, São Paulo, 1959, n. 100 e s. e 131; M. Helena Diniz, *Curso*, cit., v. 1, p. 93.

Art. 181. Ninguém pode reclamar o que, por uma obrigação anulada, pagou a um incapaz, se não provar que reverteu em proveito dele a importância paga.

• *Código Civil, art. 310.*

Invalidação de ato negocial feito por incapaz. Se não houve malícia por parte do incapaz, ter-se-á a invalidação de seu ato, que será, então, nulo, se sua incapacidade for absoluta, ou anulável, se relativa for, sendo que, neste último caso, competirá ao incapaz, e não àquele que com ele contratou, pleitear a anulabilidade do negócio efetivado. Se a incapacidade for absoluta, qualquer interessado poderá pedir a nulidade do ato negocial, e até mesmo o magistrado poderá pronunciá-la de ofício.

Impossibilidade de reclamar a devolução da importância paga a incapaz. O absoluta ou relativamente incapaz não terá o dever de restituir o que recebeu em razão do ato negocial contraído e declarado inválido, a não ser que o outro contratante prove que o pagamento feito reverteu em proveito do incapaz. A parte contrária, para obter a devolução do *quantum* pago ao menor, deverá demonstrar que o incapaz veio a enriquecer com o pagamento que lhe foi feito em virtude do ato negocial invalidado.

BIBLIOGRAFIA: Darcy Arruda Miranda, *Anotações*, cit., v. 1, p. 101; M. Helena Diniz, *Curso*, cit., v. 1, p. 93; Levenhagen, *Código Civil*, cit., v. 1, p. 207.

Art. 182. Anulado o negócio jurídico, restituir-se-ão as partes ao estado em que antes dele se achavam, e, não sendo possível restituí-las, serão indenizadas com o equivalente.

• Vide *RSTJ, 78:263 e RT, 574:87.*

• *Código Civil, art. 177.*

"Statu quo ante". Tanto a nulidade como a anulabilidade objetivam tornar inoperante o negócio jurídico que contém defeito nulificador. O decreto judicial da nulidade produz efeitos *ex tunc*, alcançando a declaração de vontade no momento da emissão, salvo no caso de casamento putativo, em atenção à boa-fé de uma ou ambas as partes. E a sentença que pronuncia a anulabilidade de um ato negocial produz efeitos *ex nunc*, respeitando as consequências geradas anteriormente. Com a invalidação do ato negocial ter-se-á, quanto ao objeto, a restituição das partes contratantes ao *statu quo ante*, ou seja, ao estado em que se encontravam antes da efetivação do negócio. Como se vê, o pronunciamento da nulidade absoluta ou relativa requer, ainda, que as partes, *no que atina à prestação de ressarcimento do indenizado*, retornem ao estado anterior, como se o ato nunca tivesse ocorrido, visto que com a sua invalidação, desaparece do mundo jurídico, não mais podendo produzir efeitos. Por exemplo, com a nulidade de uma escritura de compra e venda, o comprador devolve o imóvel, e o vendedor, o preço.

Indenização com o equivalente. Se for impossível que os contratantes voltem ao estado em que se achavam antes da efetivação negocial, por não mais existir a coisa (prestação de dar) ou por ser inviável a reconstituição da situação jurídica (prestação de fazer ou não fazer), o lesado será indenizado com o equivalente.

Exceções. A norma do art. 182, ora comentado, comporta as seguintes exceções: *a*) impossibilidade de reclamação do que se pagou a incapaz, se não se provar que reverteu em proveito dele a importância paga (CC, art. 181); e *b*) o possuidor de boa-fé poderá fruir das vantagens que lhe são inerentes, como no caso dos frutos percebidos e das benfeitorias que fizer (CC, arts. 1.214 e 1.219).

BIBLIOGRAFIA: Caio M. S. Pereira, *Instituições*, cit., v. 1, p. 554-6; Serpa Lopes, *Curso*, cit., v. 1, p. 514; M. Helena Diniz, *Curso*, cit., v. 1, p. 286; Darcy Arruda Miranda, *Anotações*, cit., v. 1, p. 101; Levenhagen, *Código Civil*, cit., v. 1, p. 208.

Art. 183. A invalidade do instrumento não induz a do negócio jurídico sempre que este puder provar-se por outro meio.

- *Código Civil, arts. 104, III, 108 e 166, IV.*
- *Código de Processo Civil, art. 406.*

Invalidade instrumental. Na nulidade, a inoperância do instrumento não implicará a do ato negocial; se este se puder provar por outros modos (depoimento testemunhal, p. ex.), o negócio continuará eficaz. A invalidade do instrumento de mútuo de diminuto valor não tornará nulo o contrato, porque este poderá ser provado por meio de testemunhas. Portanto, a lei procura a preservação do negócio. Se, porém, o instrumento for essencial à constituição e à prova do ato negocial, com a sua nulidade ter-se-á a do negócio. Por exemplo, se inválido for o instrumento que constituir uma hipoteca, inválida será esta, uma vez que não poderá subsistir sem o referido instrumento, nem por outra maneira ser provada.

Art. 184. Respeitada a intenção das partes, a invalidade parcial de um negócio jurídico não o prejudicará na parte válida, se esta for separável; a invalidade da obrigação principal implica a das obrigações acessórias, mas a destas não induz a da obrigação principal.

- *Código Civil, arts. 92 e 165, parágrafo único.*
- *Lei n. 8.078, de 11 de setembro de 1990, art. 51, § 2º.*

Invalidade parcial de um negócio. A invalidade parcial ou redução de um ato negocial, respeitada a intenção das partes ou a finalidade por elas pretendida, não o atingirá na parte válida, se esta puder subsistir autonomamente (*RT*, *528*:110; *EJSTJ*, *1*:39), devido ao princípio *utile per inutile non vitiatur* ou ao da conservação do negócio jurídico. Pondera Fábio Ulhoa Coelho que, se o negócio jurídico for apenas parcialmente nulo ou anulável, mas puder ser desmembrado em parte válida e parte não válida, esta não comprometerá aquela, a menos que contrária tenha sido a intenção das partes. Por exemplo, se um pródigo ceder quotas de uma sociedade empresária, sem estar devidamente representado pelo curador, e se obrigar, nesse ato negocial, a prestar serviços de assessoria ao adquirente ter-se-á cessão de quotas anulável e prestação de serviço válida (CC, art. 1.782). Anular-se-á tão somente a cessão da participação societária. Mas, se os negócios forem insuscetíveis de desmembramento, a invalidade parcial comprometê-los-á por inteiro. O art. 184 contempla a *redução do negócio jurídico*, que, como observam Gustavo Tepedino, Heloísa Helena Barboza e Maria Celina Bodin de Moraes, constitui uma limitação interpretativa, não se confundindo com a conversão (CC, art. 170), visto não ocorrer mutação de qualificação do ato negocial. Ter-se-á redução, na lição de Clóvis Beviláqua, se a parte do ato não for seu elemento substancial, podendo ser afastada, sem que se prejudique ou se altere o todo.

Invalidade da obrigação principal. A invalidade da obrigação principal implicará a da acessória, p. ex., a nulidade de um contrato de locação acarretará a da fiança, devido ao princípio de que o *accessorium sequitur suum principale*.

Invalidade da obrigação acessória. A invalidade da obrigação acessória não atingirá a obrigação principal, que permanecerá válida (*RT*, *468*:179) e eficaz. Se numa locação for anulada a fiança, o pacto locatício subsistirá. Trata-se do princípio da incolumidade do separável.

BIBLIOGRAFIA: Levenhagen, *Código Civil*, cit., v. 1, p. 204; M. Helena Diniz, *Curso*, cit., v. 1, p. 286; Philippe Simler, *La nullité partielle des actes juridiques*, Paris, LGDJ, 1969; Mário de Salles Penteado, Os vícios do consentimento e a regra "utile per inutile non vitiatur": considerações sobre o art. 153 do Código Civil, *Revista de Direito Civil Imobiliário, Agrário e Empresarial*, 14:77-9; Criscuoli, *La nullità parziale del negozio giuridico*, Milano, 1959; Fábio Ulhoa Coelho, *Curso de direito civil*, São Paulo, Saraiva, 2003, v. 1, p. 348; Tepedino e outros, *Código*, cit., v. 1, p. 329; Clóvis Beviláqua, *Código Civil*, cit., p. 338; Hugo N. Mazzilli e Wander Garcia, *Anotações*, cit., p. 63.

TÍTULO II
DOS ATOS JURÍDICOS LÍCITOS

Art. 185. Aos atos jurídicos lícitos, que não sejam negócios jurídicos, aplicam-se, no que couber, as disposições do Título anterior.

- *Código Civil, arts. 104 a 184, 421, 422, e 2.035 e parágrafo único.*

Ato jurídico em sentido amplo. O ato jurídico em sentido amplo abrange o ato jurídico em sentido estrito e o negócio jurídico.

Atos jurídicos em sentido estrito. Os atos jurídicos em sentido estrito geram consequências jurídicas previstas em lei e não pelas partes interessadas, não havendo, como ocorre nos negócios jurídicos, regulamentação da autonomia privada, que cria norma para regular interesses das partes (p. ex.: contratos, adoção, testamento etc.). Podem ser: *a*) *atos materiais*, consistentes numa atuação da vontade que lhes dá existência imediata, visto não se destinarem ao conhecimento de determinada pessoa, não tendo, portanto, destinatário. Por exemplo: a ocupação, a derrelição, a fixação e transferência de domicílio, o achado de tesouro, a comistão, a confusão, a adjunção, a especificação, a acessão, o pagamento indevido etc.; *b*) *participações*, que são declarações para ciência ou comunicação de intenções ou de fatos, tendo, portanto, por escopo produzir *in mente alterius* um evento psíquico. Têm destinatário, pois a pessoa pratica o ato para dar conhecimento a outrem de que tem certo propósito ou que ocorreu determinado fato. Por exemplo: intimação, interpelação, notificação, oposição, aviso, confissão etc.

Disciplina jurídica dos atos jurídicos em sentido estrito. Seguindo a esteira do direito alemão, nosso Código preferiu a distinção entre ato jurídico em sentido estrito e negócio jurídico, dicotomia esta incluída como espécie de um gênero: ato jurídico em sentido amplo. E, assim sendo, aos atos jurídicos lícitos, que não sejam negócios jurídicos, aplicam-se no que couber as disposições (CC, arts. 104 a 184) atinentes aos negócios jurídicos (CC, art. 185).

BIBLIOGRAFIA: Fábio M. de Mattia, Ato jurídico em sentido estrito e negócio jurídico, *Revista da Universidade Católica de São Paulo, 32*:29-79; Alfonso Tesauro, *Atti e negozi giuridici*, Padova, CEDAM, 1933; Mirabeli, *L'atto non negoziale nel diritto privato italiano*, Napoli, 1955; Orlando Gomes, *Introdução ao direito civil*, cit., p. 226-7 e 241-5; M. Helena Diniz, *Curso*, cit., v. 1, p. 272-6; Biagio Brugi, *Istituzioni di diritto civile italiano*, 1907, p. 143; Álvaro Villaça Azevedo, Fato (Direito civil), in *Enciclopédia Saraiva do Direito*, v. 36, p. 304-5; Trabucchi, *Istituzioni di diritto civile*, cit., p. 112; Unger, *System des oesterreichischen allgemeinem Privatrechts*, 1892, p. 1; De Plácido e Silva, *Vocabulário jurídico*, v. 2, p. 678; R. Limongi França, Fato jurídico, in *Enciclopédia Saraiva do Direito*, v. 36, p. 347-8; Marcos Bernardes de Mello, *Teoria do fato jurídico*, São Paulo, Saraiva, 1993; W. Barros Monteiro, *Curso*, cit., v. 1, p. 172; Caio M. S. Pereira, *Instituições*, cit., p. 396-7; M. Helena Diniz, *Curso*, cit., p. 188-9; Zeno Veloso, Fato jurídico, ato jurídico e negócio jurídico, *Revista de Informação Legislativa, 125*:87-95; Patrício R. Benegas, *Hechos y actos jurídicos, actos ilícitos*, Buenos Aires, Abeledo-Perrot, 1992; José Abreu Filho, *O negócio jurídico e sua teoria geral*, São Paulo, Saraiva, 1995; Bonifácio Rios Avalos, *Introducción al estudio de los hechos y actos jurídicos*, Asunción, 1996; Roberto Senise Lisboa, *Manual*, cit., v. 1, p. 153-218; Christian Larroumet, *Droit civil*, cit., t. 1, p. 333-8; Henri Capitant, *L'illicite: l'impérativ juridique*, 1929.

Título III
Dos Atos Ilícitos

Art. 186. Aquele que, por ação ou omissão voluntária, negligência ou imprudência, violar direito e causar dano a outrem, ainda que exclusivamente moral, comete ato ilícito.

- Vide *Código Civil, arts. 12, 43, 476, 477, 927 a 954.*
- Vide *Código de Processo Civil, arts. 81, 143, 161, 521, I, 302.*
- *Sobre a responsabilidade das empresas de aviação,* vide *arts. 246 a 287 da Lei n. 7.565/86.*
- *Código de Defesa do Consumidor, arts. 6º, VI, 8º, 12, 14* e *18.*
- *Lei n. 4.737/65, art. 243, IX* e *§§ 1º a 3º.*
- *Reparação de dano moral decorrente e calúnia, difamação ou injúria,* vide *art. 243 da Lei n. 4.737, de 15 de julho de 1965.* Vide *também os arts. 81 a 88 da Lei n. 4.117, de 27 de agosto de 1962 (Código Brasileiro de Telecomunicações), sem contudo olvidar as modificações do Decreto-Lei n. 236, de 28 de fevereiro de 1967, e as revogações da Lei n. 9.472/97, salvo quanto às disposições penais e às relativas à radiodifusão.*
- *Reparação civil de danos morais e materiais, culposos ou dolosos, por meio de imprensa ou telecomunicação* — vide *Lei n. 5.250 (ADPF n. 130/2009 — STF — entende que não foi recepcionada pela CF), de 9 de fevereiro de 1967, arts. 49* e *s.*
- *Lei n. 9.263/96, art. 21.*

- Vide *Súmulas 28, 491, 492 e 562 do Supremo Tribunal Federal, e 37, 43, 130, 186, 221, 227, 246, 281, 362 e 403 do Superior Tribunal de Justiça.*
- *Constituição Federal, art. 5º, V e X.*

Ato ilícito. O ato ilícito é praticado em desacordo com a ordem jurídica, violando direito subjetivo individual. Causa dano patrimonial e/ou moral (CF, art. 5º, V e X) a outrem, criando o dever de repará-lo (CC, art. 927). "O dano moral, assim compreendido todo o dano extrapatrimonial, não se caracteriza quando há mero aborrecimento inerente a prejuízo material" (Enunciado n. 159 do Conselho da Justiça Federal, aprovado na *III Jornada de Direito Civil*). "O descumprimento de contrato pode gerar dano moral quando envolver valor fundamental protegido pela Constituição Federal de 1988" (Enunciado n. 411 do CJF aprovado na *V Jornada de Direito Civil*). Logo, o ilícito produz efeito jurídico, só que este não é desejado pelo agente, mas imposto pela lei (*RT*, *780*:268, *721*:106, *720*:268, *718*:209, *706*:99, *697*:169, *667*:199, *661*:96, *654*:171, *644*:102, *639*:58, *456*:208, *464*:262, *468*:198, *482*:190, *487*:187, *494*:225, *506*:256 e *508*:193; *BAASP*, *1.910*:88; *JB*, *170*:315, *161*:356, *134*:72 e *104*:282; *EJSTJ*, *14*:77, *24*:121; *JTJ*, *177*:97; *RSTJ*, *104*:326, *106*:246, *124*:396; *RJTJSP*, *134*:137 e *277*; *JSTJ*, *6*:455, *29*:190).

Elementos essenciais. Para que se configure o ato ilícito, será imprescindível que haja: *a*) fato lesivo voluntário, causado pelo agente, por ação ou omissão voluntária, negligência ou imprudência (*RT*, *443*:143, *450*:65, *494*:35, *372*:323, *440*:74, *438*:109, *440*:95, *477*:111 e *470*:241); *b*) ocorrência de um dano patrimonial e/ou moral (*RT*, *772*:157, *782*:242, *784*:410, *805*:246; *RF*, *358*:237; *RSTJ*, *106*:227; *Lex*, *JSTJ*, *29*:190; TJRJ, Ap. 2009.001.18492, pub. 16-4-2009; Ap. 2009.001.29455, pub. 24-6-2009), sendo que pela Súmula 37 do Superior Tribunal de Justiça serão cumuláveis as indenizações por dano material e moral decorrentes do mesmo fato (*RT*, *786*:387, *436*:97, *433*:88, *368*:181, *458*:20, *434*:101, *477*:247, *490*:94, *507*:95 e 201, *509*:69, *481*:82 e 88, *478*:92, *470*:241, *469*:236, *477*:79 e *457*:189; *RTJ*, *39*:38 e *41*:844). Pelo art. 944 do Código Civil a indenização se mede pela extensão do dano. Todavia já se decidiu que: "A indenização não surge somente nos casos de prejuízo, mas também pela violação de um direito" (*RSTJ*, *23*:157); e *c*) nexo de causalidade entre o dano e o comportamento do agente (*RT*, *477*:247, *463*:244, *480*:88, *481*:211, *479*:73 e *469*:84).

Consequência do ato ilícito. A obrigação de indenizar é a consequência jurídica do ato ilícito (CC, arts. 927 a 954), sendo que a atualização monetária incidirá sobre essa dívida a partir da data do ilícito (Súmula 43 do STJ).

BIBLIOGRAFIA: Orlando Gomes, *Introdução*, cit., p. 443-4; Silvio Rodrigues, *Direito civil*, cit., v. 1, p. 341-5; Yussef S. Cahali, Culpa (Direito civil), in *Enciclopédia Saraiva do Direito*, v. 22, p. 24 e s.; W. Barros Monteiro, *Curso*, cit., v. 1, p. 287-92; Lomonaco, *Istituzioni di diritto civile italiano*, v. 5, p. 179; Agostinho Alvim, *Da inexecução das obrigações e suas consequências*, São Paulo, 1965, n. 152; Caio M. S. Pereira, *Instituições*, cit., v. 1, p. 569-80; Wilson Melo da Silva, *O dano moral e sua reparação*, Rio de Janeiro, Forense, 1966; Alcino de Paula Salazar, *Reparação do dano moral*, Rio de Janeiro, 1943; Artur Oscar Oliveira Deda, Dano moral, in *Enciclopédia Saraiva do Direito*, v. 22, p. 279-92; M. Helena Diniz, *Curso*, cit., v. 1, p. 290-3, e v. 7, p. 102 e s.; O problema da liquidação do dano moral e o dos critérios para fixação do *quantum* indenizatório, *Atualidades Jurídicas*, *2*:237; Ives Gandra da Silva Martins, Quantificação nos arbitramentos das ações por danos morais, *RDC*, *69*:138; Henri Capitant, *L'illicite: l'impérativ juridique*, 1929; Mário Moacyr Porto, Algumas notas sobre dano moral, *RDC*, *37*:9; Carlos Alberto Bittar Filho, A coletivização do dano moral no Brasil, in *Estudos de direito de autor, direito da personalidade, direito do consumidor e danos morais*, Rio de Janeiro, Forense Universitária, 2002, p. 178-84; Santoro-Passarelli, *Dottrina generale del diritto civile*, p. 186; Marcos Bernardes de Mello, *Teoria do fato jurídico*, cit., p. 179-200; Antônio Chaves, *Responsabilidade civil*, São Paulo, Bushatsky, 1972; Zannoni,

El daño en la responsabilidad civil, Buenos Aires, 1982; Tessana, *Le limitazioni di responsabilità*, 1909; Enric Jardi, *La responsabilidad civil derivada de acto ilícito*, Barcelona, Bosch, 1958; José de Aguiar Dias, *Da responsabilidade civil*, Rio de Janeiro, Forense, 1979; Deliyannis, *La notion d'acte illicite*, Paris, 1952; Henri Lalou, *Traité pratique de la responsabilité civile*, Paris, 1955; Carlos Alberto Bittar, *Reparação civil por danos morais*, 1992; Pinto Coelho, *A responsabilidade civil*, 1906; Teisserie, *Le fondement de la responsabilité*, 1901; Sebastião José Roque, *Teoria geral*, cit., p. 167-71; Ghersi, *Teoría general de la reparación de daños*, Buenos Aires, Ed. Astrea, 1997; Ronaldo Alves de Andrade, *Dano moral à pessoa e sua valoração*, São Paulo, Juarez de Oliveira, 2000; Francisco Amaral, Os atos ilícitos, in *O novo Código Civil — estudos em homenagem a Miguel Reale*, São Paulo, LTr, 2003, p. 147-63; Carlos Young Tolomei, A noção de ato ilícito e a teoria do risco na perspectiva do novo Código Civil, in *A Parte Geral*, cit., p. 345-65; Gagliano e Pamplona Fº, *Novo curso*, cit., v. 1, p. 461-72; Felipe Peixoto Braga Neto, *Teoria dos ilícitos civis*, Belo Horizonte, Del Rey, 2003.

Art. 187. Também comete ato ilícito o titular de um direito que, ao exercê-lo, excede manifestamente os limites impostos pelo seu fim econômico ou social, pela boa-fé ou pelos bons costumes.

- Vide *Código Civil, arts. 50, 421, 422, 927 a 954, 1.228, § 2º, 1.277 e 2.035, parágrafo único.*
- *Lei n. 8.245/91, art. 44, II, e parágrafo único, c/c o art. 47, III.*
- *Código de Processo Civil, arts. 80, 294 e 300.*

Abuso de direito ou exercício irregular do direito. O uso de um direito, poder ou coisa além do permitido ou extrapolando as limitações jurídicas, lesando alguém, traz como efeito o dever de indenizar. Realmente, sob a aparência de um ato legal ou lícito, esconde-se a ilicitude (ou melhor, antijuridicidade *sui generis*) no resultado, por atentado ao princípio da boa-fé e aos bons costumes ou por desvio da finalidade socioeconômica para a qual o direito foi estabelecido. No ato abusivo há violação da finalidade econômica ou social. Pelo Enunciado n. 617 da *VIII Jornada de Direito Civil*: "O abuso do direito impede a produção de efeitos do ato abusivo de exercício, na extensão necessária a evitar sua manifesta contrariedade à boa-fé, aos bons costumes, à função econômica ou social do direito exercido". Para R. Limongi França: "O abuso de direito consiste em um ato jurídico de objeto lícito, mas cujo exercício, levado a efeito sem a devida regularidade, acarreta um resultado que se considera ilícito". O abuso é manifesto, ou seja, o direito é exercido de forma ostensivamente ofensiva à justiça. A "ilicitude" do ato praticado com abuso de direito possui, segundo alguns autores e dados jurisprudenciais, natureza objetiva, aferível, independentemente de culpa e dolo (*RJTJRS*, *28*:373, *43*:374, *47*:345, *29*:298; *RT*, *587*:137; *RSTJ*, *120*:370, *140*:396, *145*:446; *RF*, *379*:329; Súmula 409 do STF). Também entende o Enunciado n. 37 (aprovado na *I Jornada de Direito Civil*, promovida, em setembro de 2002, pelo Centro de Estudos Judiciários do Conselho da Justiça Federal) que: "a responsabilidade civil decorrente do abuso do direito independe de culpa, e fundamenta-se somente no critério objetivo-finalístico". Trata-se de uma categoria *sui generis* e autônoma de antijuridicidade. O ato abusivo é uma conduta lícita, mas desconforme, ora à finalidade socioeconômica pretendida pela norma ao prescrever uma situação ou um direito, ora ao princípio da boa-fé objetiva, como diz Ripert. O abuso de direito para sua configuração requer uma valoração axiológica do exercício de um direito subjetivo (LINDB, art. 5º), tendo por base os valores contidos na Constituição Federal. Isto é assim, por constituir uma limitação ao exercício daquele direito, e não uma forma de ato ilícito. O art. 187, ao definir o abuso de direito como ato ilícito, deve ser, como dizem Gustavo Tepedino, Heloísa Helena Barboza e Maria Celina Bodin de Moraes, "interpretado como uma referência a uma ilicitude *lato sensu*, no sentido de contrariedade ao direito como um todo, e não como uma identificação entre a etiologia do ato ilícito e a do ato abusivo, que são claramente diversas".

"A cláusula geral do art. 187 do Código Civil tem fundamento constitucional nos princípios da solidariedade, devido processo legal e proteção da confiança e aplica-se a todos os ramos do direito" (Enunciado n. 414 do CJF, aprovado na *V Jornada de Direito Civil*).

Pelo Enunciado n. 539 do CJF (aprovado na *VI Jornada de Direito Civil*): "O abuso de direito é uma categoria jurídica autônoma em relação à responsabilidade civil. Por isso, o exercício abusivo de posições jurídicas desafia controle independentemente de dano".

Na verdade, parece-nos que caem na órbita do *abuso de direito*, ensejando, obviamente, a responsabilidade civil:

a) Os *atos emulativos ou "ad emulationem"*, que são os praticados dolosamente pelo agente, no exercício normal de um direito, em regra, o de propriedade, isto é, com a firme intenção de causar dano a outrem e não de satisfazer uma necessidade ou interesse do seu titular (CC, art. 1.228, § 2º). P. ex.: se um proprietário constrói em sua casa uma chaminé falsa com o único objetivo de retirar luz do seu vizinho. Embora o nosso Código Civil, no art. 1.299, permita ao proprietário levantar em seu terreno todas as obras que quiser e a construção da falsa chaminé não se enquadre nas restrições às relações de vizinhança dos arts. 1.301 e s., não há dúvida que o direito brasileiro não aprova os atos emulativos, visto que no art. 1.277 o Código Civil reprime o uso nocivo ou abusivo da propriedade ao proibir os atos do proprietário do imóvel que prejudiquem a segurança, o sossego ou a saúde do vizinho, ainda que esses atos venham atender algum interesse de quem os pratica. Esse artigo do Código Civil consigna um exemplo de abuso de direito, pois permite ao proprietário ou inquilino impedir a utilização do direito de propriedade pelo seu vizinho que lhe prejudique a segurança, o sossego ou a saúde. Assim, se alguém em sua propriedade produzir ruído que exceda a normalidade, ter-se-á abuso de direito, que será reduzido às devidas proporções, por meio de ação judicial apropriada. Além disso, observa Antunes Varela que nosso Código Civil, no art. 1.229, ao definir os limites materiais da propriedade imóvel, colocando o critério da utilidade real acima do princípio do poder ilimitado ou arbitrário, nega ao proprietário o direito de se opor a trabalhos que, pela altura ou profundidade a que são efetuados, ele não tenha interesse em impedir, contanto que, como é óbvio, tais trabalhos correspondam a um legítimo interesse de terceiro. Os atos praticados pelo proprietário, sem qualquer utilidade relevante para ele, com o escopo de danificar prédio contíguo, constituem indubitavelmente um exercício irregular do direito de propriedade. b) *Os atos ofensivos aos bons costumes ou contrários à boa-fé*, apesar de praticados no exercício normal de um direito, constituem abuso de direito (CC, art. 187). "Os bons costumes previstos no art. 187 do CC possuem natureza subjetiva, destinada ao controle da moralidade social de determinada época, e objetiva, para permitir a sindicância da violação dos negócios jurídicos em questões não abrangidas pela função social e pela boa-fé objetiva" (Enunciado n. 413 do CJF, aprovado na *V Jornada de Direito Civil*). "As diversas hipóteses de exercício inadmissível de uma situação jurídica subjetiva, tais como *supressio, tu quoque, surrectio* e *venire contra factum proprium*, são concreções da boa-fé objetiva" (Enunciado n. 412 do CJF, aprovado na *V Jornada de Direito Civil*). P. ex.: se o credor, após haver cedido seu crédito, tendo ciência de que o cessionário não notificou o devedor do fato, interpela este e obtém o pagamento do débito. Ora, o Código Civil, no art. 290, considera a cessão de crédito ineficaz em relação ao devedor enquanto a este não for notificada, logo, será requisito para a cessão a realização da notificação do devedor com o intuito de lhe dar conhecimento da cessão, evitando que pague ao credor primitivo. Assim sendo, o devedor não notificado, ao pagar a prestação devida ao cedente, cumpriu seu dever, exonerando-se da obrigação. O cedente, por sua vez, exerceu formalmente o seu direito de crédito perante o devedor, interpelando-o para cumprir, mas deverá restituir ao cessionário aquilo com o que injustamente se locupletou à custa dele, pois, se não o fizer por estar de má-fé, o cessionário poderá mover ação contra ele e não contra o devedor não notificado (CC, art. 884). Se o litigante ou exequente (CPC, art. 771, parágrafo único), em processo de conhecimento ou de execução, formular pretensões, oferecer defesas ciente de que são destituídas de fundamento, praticar atos probatórios desnecessários à defesa do direito, alterar intencionalmente a verdade dos fatos, omitir fatos essenciais ao julgamento da causa, enfim, se se apresentarem todas as situações caracterizadoras da má-fé arroladas no Código de Processo Civil, art. 80, estará agindo abusivamente e deverá responder por perdas e danos, indenizando a parte contrária dos prejuízos advindos do processo e de sua conduta dolosa. Se o réu lançar mão de recursos procrastinadores e de expedientes censuráveis, está abusando de seu direito de defesa (*RT, 138*:727), causando dano que deverá reparar. Suponha-se, ainda, que o vendedor de jogo de loteria venda um bilhete a um cliente após o sorteio. O cliente não ignora a realização do sorteio, mas não sabe o seu resultado, porém o alienante já tinha conhecimento de que o bilhete estava branco, agindo, portanto, de má-fé. O vendedor, ao alienar bilhete que lhe pertencia, exerceu seu direito de propriedade; o comprador, por sua vez, sabendo que o sorteio tinha-se efetuado, correu o risco de adquirir um bilhete em branco, logo não houve erro substancial de sua parte sobre as qualidades essenciais do objeto. Entretanto, o silêncio do alienante, dissimulando um fato essencial à declaração da contraparte, indicou, sem dúvida, sua má-fé na celebração contratual, exercendo abusivamente seu direito. c) *Os atos praticados em desacordo com o fim social ou econômico do direito subjetivo.* Como o direito deve ser usado de forma que atenda ao interesse coletivo, logo haverá ato abusivo, revestido de iliceidade, de seu titular se ele o utilizar em desacordo com sua finalidade social. Assim, se alguém exercer direito, praticando-o com uma finalidade contrária a seu objetivo econômico ou social, estará agindo abusivamente. Josserand explica-nos que o abuso pode ser constituído pelo caráter antieconômico do ato praticado. O juiz deverá pesquisar a *intentio* visada pelo agente, ou seja, a razão (motivo) que o impulsionou, a direção em que encaminhou seu direito e o uso que dele fez. Se essa direção e esse uso forem incompatíveis com a instituição, o ato será abusivo, tornando-se, então, produto de responsabilidade. Haverá, portanto, abuso de direito se o agente, ao agir dentro dos limites legais, deixar de levar em conta a finalidade social e econômica do direito subjetivo e, ao usá-lo desconsideradamente, prejudicar alguém. Não há violação dos limites objetivos da norma, mas tão somente um desvio aos fins socioeconômicos a que ela visa atingir. P. ex.: se A, credor de B, encontrando-se este doente e endividado, ameaça a filha do devedor com o requerimento judicial de falência do pai, se ela não se casar com ele, está exercendo anormalmente seu direito, pois a cominação do requerimento da falência não visa obter o pagamento do débito, mas sim extorquir da filha do devedor o consentimento de casar, o que o art. 153 do Código Civil considera como coação sobre o declarante.

BIBLIOGRAFIA: Sílvio de S. Venosa, *Direito civil*, cit., v. 1, p. 492-9; Caio M. da Silva Pereira, *Instituições*, cit., v. 1, p. 580-4; W. Barros Monteiro, *Curso*, cit., v. 1, p. 296; Giulio Levi, *L'abuso del diritto*, 1993; Jorge Manuel Coutinho de Abreu, *Do abuso de direito*, 1999; Pedro Baptista Martins, *O abuso do direito e o ato ilícito*, 1997; Campion, *L' théorie de l'abus des droits*, 1925; Luis Alberto Warat, *Abuso del derecho y lagunas de la ley*, 1969; Sessarego, *Abuso del derecho*, 1992; Everardo da Cunha Luna, *Abuso de direito*, 1988; Nelson Nery Jr. e Rosa Maria A. Nery, *Novo Código Civil*, cit., p. 110; Jose Calvo Sotelo, *La doctrina del abuso del derecho como limitación del derecho subjetivo*, Madrid, 1917; Virgilio Giorgianni, *L'abuso del diritto nella teoria della norma giuridica*, Milano, 1963; Heloísa Carpena, *Abuso do direito nos contratos de consumo*, Rio de Janeiro, Renovar, 2001; Fernando Cunha de Sá, *Abuso do direito*, Coimbra, Almedina, 1997; R. Limongi França, *Instituições de direito civil*, São Paulo, Saraiva, 1991, p. 889; M. Helena Diniz, *Curso*, cit., v. 7, p. 558, 562-3; Jorge Americano, *Do abuso do direito no exercício da demanda*, São Paulo, 1932; Ricardo Luis Lorenzetti, Nuevas fronteras del abuso de derecho, *RT, 723*:53; Josserand, *De l'abus des droit*, Paris, 1939, p. 373 a 394; Antunes Varela, O abuso do direito no sistema jurídico brasileiro, *Revista de Direito Comparado Luso-brasileiro*, 1982, p. 37 a 48; Gustavo Tepedino e outros, *Código*, cit., v. 1, p. 342; Calmon de Passos, Responsabilidade do exequente no novo CPC, *RF*, *246*:167 e s.; Mario Rotondi, *L'abuso di diritto*, 1979; Ricardo L. Torres, O abuso do direito no Código Tributário Nacional e no novo Código Civil, *Direito tributário e o novo Código Civil*, Betina T. Grupenmacher (coord.), São Paulo, Quartier Latin, 2004, p. 41258; Octavio Campos Fischer, Abuso do direito: o ilícito atípico no direito tributário, in *Direito tributário*, cit., p. 441-59; Daniel M. Boulos, *Abuso do direito do novo Código Civil*, São Paulo, Método, 2006; Renato Duarte Franco de Moraes, A responsabilidade pelo abuso de direito — o exercício abusivo de posições jurídicas, a boa-fé objetiva e o Código Civil de 2002, *Introdução crítica do Código Civil* (org. Lucas A. Barroso), Rio de Janeiro, Forense, 2006, p. 75-98; Keila P. Ferreira, *Abuso do direito nas relações obrigacionais*, Belo Horizonte, Del Rey, 2007; Milton Flávio de A. C. Lautenschläger, *Abuso do direito*, São Paulo, Atlas, 2007; Ana Paula Costa Guerzoni, Responsabilidade objetiva por abuso de direito, *Ensaios sobre responsabilidade civil na pós-modernidade* — coord. Giselda M. F. N. Hironaka e M. Clara O. D. Falavigna, Porto Alegre, Magister, 2007, p. 33-52; Inacio de Carvalho Neto, Responsabilidade civil decorrente do abuso do direito, *Ensaios*, cit., p. 175-220; Roberto Rosas, Do abuso do direito ao abuso do poder, *Revista do IASP*, *22*:256-61; Teresa Ancona Lopez, Exercício do direito e suas limitações: abuso do direito. In: *Responsabilidade civil — estudos em homenagem a Rui Geraldo Camargo Viana*, São Paulo, Revista dos Tribunais, 2009, p. 540-57; Bruno Miragem, Abuso do direito: ilicitude objetiva no direito privado brasileiro, *Doutrinas essenciais — obrigações e contratos* (coord. G. Tepedino e Luiz E. Fachin), São Paulo, Revista dos Tribunais, 2011, v. II, p. 433-80; Rubens Requião, Abuso de direito e fraude através da personalidade jurídica, *Doutrinas essenciais*, cit., p. 733-52; Everaldo A. Cambler, Fundamentos da responsabilidade civil e o abuso do direito, *Fundamentos do direito civil brasileiro* (org. Everaldo A. Cambler), Campinas, Millennium, 2012, p. 105-118; André Ricardo B. F. Pinto, Abuso de direito: autonomia dogmática. *Revista Síntese de Direito Civil e Processual Civil*, *87*: 97-113; Milton de A. C. Lautenschläger, Responsabilidade civil por abuso de direito, RT, 997:331-362.

Art. 188. Não constituem atos ilícitos:

I — os praticados em legítima defesa ou no exercício regular de um direito reconhecido;

II — a deterioração ou destruição da coisa alheia, ou a lesão a pessoa, a fim de remover perigo iminente.

Parágrafo único. No caso do inciso II, o ato será legítimo somente quando as circunstâncias o tornarem absolutamente necessário, não excedendo os limites do indispensável para a remoção do perigo.

- Vide *Código Civil, arts. 929 e 930 e parágrafo único.*
- Vide *Código Penal, arts. 23 a 25 e 345.*

Atos lesivos que não são ilícitos. Há hipóteses excepcionais que não constituem atos ilícitos apesar de causarem danos aos direitos de outrem, isto porque o procedimento lesivo do agente, por motivo legítimo estabelecido em lei, não acarreta o dever de indenizar, porque a própria norma jurídica lhe retira a qualificação de ilícito. Assim, ante o artigo *sub examine* não são ilícitos: a legítima defesa, o exercício regular de um direito e o estado de necessidade.

Legítima defesa. A legítima defesa exclui a responsabilidade pelo prejuízo causado se, com uso moderado de meios necessários, alguém repelir injusta agressão, atual ou iminente, a direito seu ou de outrem (*RT*, *701*:126, *780*:372).

Exercício regular de um direito reconhecido. Se alguém, no uso normal de um direito, lesar outrem, não terá qualquer responsabilidade pelo dano, por não ser um procedimento ilícito (*RT*, *563*:230). Quem usa de um direito seu não causa dano a ninguém (*qui iure suo utitur neminem laedit*). Só haverá ilicitude se houver abuso do direito ou seu exercício irregular ou anormal (*RT*, *838*:373, *701*:178, *563*:230, *434*:239, *445*:229, *403*:218 e *494*:225; TJSC, *Adcoas*, n. 84.906, 1982; TJRS, Ap. 70.021.062.443, rel. Pedro Celso Dal Pra, j. 13-9-2007).

Estado de necessidade. O estado de necessidade consiste na ofensa do direito alheio (deterioração, destruição de coisa alheia ou lesão à pessoa de terceiro) para remover perigo iminente, quando as circunstâncias o tornarem absolutamente necessário e quando não exceder os limites do indispensável para a remoção do perigo (*RT*, *782*:211, *723*:369, *395*:289, *393*:354, *180*:226, *163*:642 e *509*:69). Por exemplo, sacrifício de um automóvel alheio para salvar vida humana, evitando atropelamento (*RT*, *782*:211). É permitido prejudicar uma pessoa para evitar dano a bem extrapatrimonial de igual valor (p. ex., motorista, percebendo que um ônibus sem freio vem em sua direção, desvia seu carro para salvar sua vida e a de seu filho, e acaba matando transeunte). Se alguém praticar ato em estado de necessidade excedendo aos limites necessários à remoção do perigo, deverá responder civilmente pelo referido excesso.

BIBLIOGRAFIA: Caio M. S. Pereira, *Instituições*, cit., v. 1, p. 579-84; Matilde M. Zavala de Gonzalez, *Responsabilidade por el daño necesario*, Buenos Aires, Ed. Astrea, 1985; W. Barros Monteiro, *Curso*, cit., v. 1, p. 293-6; Orlando Gomes, *Introdução*, cit., p. 448; Silvio Rodrigues, *Direito civil*, cit., p. 353-4; M. Helena Diniz, *Curso*, cit., v. 1, p. 294-5; Alberto R. R. Rodrigues de Souza, *Estado de necessidade: um conceito novo e aplicações mais amplas*, Rio de Janeiro, Forense, 1979; Briguglio, *Lo stato di necessità nel diritto civile*, Padova, 1963; Pallard, *L'exception de nécessité en droit civil*, Paris, 1939; Bardesco, *L'abus du droit*, Paris, 1913; Josserand, *De l'abus du droit*, Paris, 1903; Cardini, *El estado de necesidad*, Buenos Aires, Abeledo-Perrot, 1967; Aparecida Amarante, *Excludentes de ilicitude civil (legítima defesa, exercício regular de um direito reconhecido, estado de necessidade)*, 1999; Gabriel C. Z. de Inellas, *Da exclusão da ilicitude*, São Paulo, Ed. Juarez de Oliveira, 2001.

Título IV
Da Prescrição e da Decadência

- Vide *Código Civil, art. 2.028.*
- Vide *Súmula vinculante 8 do Supremo Tribunal Federal.*

Capítulo I
Da Prescrição

Seção I
Disposições gerais

Art. 189. Violado o direito, nasce para o titular a pretensão, a qual se extingue, pela prescrição, nos prazos a que aludem os arts. 205 e 206.

- *Súmulas 150 e 443 do Supremo Tribunal Federal e Súmula 85 do Superior Tribunal de Justiça.*
- *Código Civil, arts. 205, 206, 882 e 2.028.*
- *Lei n. 11.101/2005, art. 96, II.*
- *Código de Processo Civil, art. 535, VI.*
- *Súmula 59 da Advocacia Geral da União: "O prazo prescricional para propositura da ação executiva contra a Fazenda Pública é o mesmo da ação de conhecimento".*

Defesa do direito. Para resguardar seus direitos, o titular deve praticar atos conservatórios como: protesto; retenção (CC, art. 1.219); arresto; sequestro; caução fidejussória ou real; interpelações judiciais para constituir devedor em mora. E, quando sofrer ameaça ou violação, o direito subjetivo é protegido por meio de ação judicial. Nasce, então, para o titular a pretensão, que se extinguirá nos prazos prescricionais arrolados nos arts. 205 e 206. A prescrição é fator de extinção da pretensão, ou seja, do poder de exigir uma prestação devida em razão de inércia, deixando escoar o prazo legal, pois *dormientibus non succurrit jus*. Pelo Enunciado n. 14 (aprovado na *I Jornada de Direito Civil*, promovida, em setembro de 2002, pelo Centro de Estudos Judiciários do Conselho da Justiça Federal): a) "o início do prazo prescricional ocorre com o surgimento da pretensão, que decorre da exigibilidade do direito subjetivo"; b) "o art. 189 diz respeito a casos em que a pretensão nasce imediatamente após a violação do direito absoluto ou de obrigação de não fazer". Pelo Enunciado n. 579, aprovado na *VII Jornada de Direito Civil*: "Nas pretensões decorrentes de doenças profissionais ou de caráter progressivo, o cômputo da prescrição iniciar-se-á somente a partir da ciência inequívoca da incapacidade do indivíduo, da origem e da natureza dos danos causados".

A violação do direito subjetivo cria para o seu titular a pretensão, ou seja, o poder de fazer valer em juízo, por meio de uma ação (em sentido material), a prestação (positiva ou negativa) devida, o cumprimento da norma legal ou contratual infringida ou a reparação do mal causado, dentro de um prazo legal (CC, arts. 205 e 206). O titular da pretensão jurídica terá prazo para propor ação, que se inicia (*dies a quo*) no momento em que se der a violação do seu direito subjetivo. Se o titular deixar escoar tal lapso temporal, sua inércia dará origem a uma *sanção adveniente*, que é a prescrição. A prescrição é uma pena ao negligente. É perda da ação, em sentido material, porque a violação do direito é condição de tal ação (a tutela jurisdicional). A prescrição atinge a ação em sentido material, e não o direito subjetivo; não extingue o direito, gera a *exceção*, técnica de defesa que alguém tem contra quem não exerceu, dentro do prazo estabelecido em lei, sua pretensão, Se não for oposta pelo demandado, a prescrição não produzirá quaisquer efeitos sobre a ação, em sentido processual, pois o órgão judicante não poderá conhecê-la de ofício (CC, art. 194), salvo se vier a favorecer absolutamente incapaz. Se assim é, claro está que o titular da pretensão prescrita não perde o direito processual da ação (em sentido adjetivo), pois se houver rejeição de sua demanda em razão de ter sido acolhida a exceção da prescrição, importará uma sentença de mérito (CPC, art. 487, II), que fará coisa julgada material (CPC, arts. 502 e 503), apesar de, ao acatar aquela exceção, deixar de examinar a existência ou não do material subjetivo em litígio. É a prescrição uma preliminar de mérito. A *pretensão* é, portanto, o direito de exigir em juízo a prestação do inadimplente a que faz jus o titular do direito violado ou ameaçado (CF, art. 5º, XXXV). A *exceção* é meio de defesa indireta para resistir ao exercício daquela pretensão do autor, contrapondo um benefício ao réu (p. ex., exceção do contrato não cumprido, retenção por benfeitoria, prescrição), logo não nega direito material do autor, visa a sua neutralização.

De forma lapidar, Nestor Duarte ensina: "Para que se configure a prescrição são necessários: a) a existência de um direito exercitável; b) a violação desse direito (*actio nata*); c) a ciência da violação do direito; d) a inércia do titular do direito; e) o decurso do prazo previsto em lei; e f) a ausência de causa interruptiva, impeditiva ou suspensiva do prazo".

BIBLIOGRAFIA: Camara Leal, *Da prescrição e decadência*, Rio de Janeiro, Forense, 1978, p. 12; Barassi, *Istituzioni di diritto civile*, § 48; Espínola, *Breves anotações ao Código Civil*, v. 1, nota 227; Carpenter, *Da prescrição*, n. 16; Clóvis Beviláqua, *Comentário ao Código Civil*, obs. ao art. 161; Pontes de Miranda, *Tratado de direito privado, parte geral*, v. 6, p. 100; Leon Gomes, *Prescripciones y términos legales*, 2. ed., p. 93-4; Sebastião José Roque, *Teoria geral*, cit., p. 153-66; Carlos da Rocha Guimarães, *Prescrição e decadência*, 1984; Milton dos Santos Martins, Prescrição e decadência no projeto de Código Civil, *RDC*, *17*:22;

Aida Glanz, A prescrição e a decadência no direito privado brasileiro e no direito comparado, *RT*, *672*:65; Renan Lotufo, *Código Civil*, cit., v. 1, p. 517-60; Giuseppe Panza, *Contributo allo studio dalla prescrizione*, Napoli, Jovene, 1984; Carlos Roberto Gonçalves, Prescrição: questões relevantes e polêmicas, *Novo Código Civil: questões controvertidas* (coord. Mário Luiz Delgado e Jones Figueirêdo Alves), São Paulo, Método, 2003, p. 97 a 102; Humberto Theodoro Jr., *Comentários ao novo Código Civil* (coord. Sálvio de F. Teixeira), Rio de Janeiro, Forense, 2003, v. 3, p. 146 e s.; Alan Martins e A. B. Figueiredo, *Prescrição e decadência no direito civil*, Porto Alegre, Síntese, 2004; Nestor Duarte, *Código Civil*, cit., p. 140; José de Oliveira Ascensão, *Direito civil*, cit., v. 3, p. 278; Flávio Tartuce, *O novo CPC e o direito civil*, São Paulo, Método, 2015, p. 133-170.

Art. 190. A exceção prescreve no mesmo prazo em que a pretensão.

• *Código Civil, arts. 368 e s., 476 e 477.*

Prescrição da exceção. A exceção, ou defesa, prescreve no mesmo prazo previsto para a pretensão. Se, porventura, essa pretensão estiver prescrita, toda a defesa de direito material contra ela também o estará. Se a pretensão puder ser fulminada, p. ex., pelo decurso do lapso prescricional de três anos, em igual prazo desaparecerá a permissão para opor uma defesa para elidi-la. Se a pretensão persistir, a exceção cabível contra ela será viável, isto porque é uma técnica de defesa que só poderá ser apresentada em juízo, depois que a pretensão foi alegada judicialmente para fazer valer um direito violado. Enquanto ficar intacta a *actio* (em sentido material), inalterável ficará a exceção (defesa cabível contra aquela pretensão). A exceção é, como vimos, técnica de defesa que só se viabiliza quando a pretensão for deduzida. Por isso, ambas as partes envolvidas têm igual lapso temporal para o ataque e para a defesa. Mas isto apenas se dá se a exceção for dependente (não autônoma). P. ex., se a defesa se fundar na compensação de um crédito do réu contra o autor, prescrito este, não haverá como excepcioná-lo. Deveras, se prescrita estiver a pretensão, nada poderá ser excepcionado. Se assim é, se a exceção for independente (autônoma), não haverá prescrição, p. ex., exceção de coisa julgada ou de pagamento. Como ensinam Humberto Theodoro Jr. e Hélio Tornaghi, o art. 190 somente se aplicará aos casos em que, pela via de exceção, o demandado opuser ao demandante o mesmo direito que antes poderia ter pleiteado, como pretensão, em via de ação.

"O art. 190 do Código Civil refere-se apenas às exceções impróprias (dependentes/não autônomas). As exceções propriamente ditas (independentes/autônomas) são imprescritíveis" (Enunciado n. 415 do CJF, aprovado na *V Jornada de Direito Civil*).

BIBLIOGRAFIA: Fabrício Z. Matiello, *Código Civil*, cit., p. 153; Humberto Theodoro Jr., *Comentários*, cit., v. III, t. II, anotações ao art. 190.

Art. 191. A renúncia da prescrição pode ser expressa ou tácita, e só valerá, sendo feita, sem prejuízo de terceiro, depois que a prescrição se consumar; tácita é a renúncia quando se presume de fatos do interessado, incompatíveis com a prescrição.

• Vide *Código Civil, arts. 114, 158 e s., 194 e 882.*

Prescrição. Poder-se-á conceituar a prescrição, como Câmara Leal, como a "extinção de uma ação (em sentido material) ajuizável, em virtude da inércia de seu titular durante um certo lapso de tempo, na ausência de causas preclusivas de seu curso" (*RT*, *447*:142 e 209 e *426*:77).

Renúncia da prescrição. Somente depois de consumada a prescrição, desde que não haja prejuízo de terceiro, é que poderá haver renúncia (ato unilateral de disposição de um direito subjetivo de deduzir a pretensão em juízo) expressa, ou tácita, por parte do interessado. Como se vê, não se permite a renúncia prévia, ou antecipada, à prescrição, a fim de não destruir sua eficácia prática; caso contrário, todos os credores poderiam impô-la aos devedores; portanto, somente o titular poderá renunciar à prescrição após a consumação do lapso previsto em lei. Na renúncia expressa, o prescribente abre mão da prescrição de modo explícito, declarando que não a quer utilizar, e na tácita, pratica atos incompatíveis com a prescrição, p. ex., se pagar dívida prescrita; se efetivar transação extrajudicial; se constituir garantia após o prazo prescricional. Com a renúncia, o devedor abre mão da exceção (defesa) oriunda da prescrição de seu débito. Tal renúncia será possível com a revogação do art. 194 do Código Civil, que determina ao juiz o reconhecimento de ofício da prescrição (Enunciado n. 295 do CJF, aprovado na *IV Jornada de Direito Civil*). Pelo Enunciado n. 581, aprovado na *VII Jornada de Direito Civil*: "Em complemento ao Enunciado 295, a decretação *ex officio* da prescrição ou da decadência deve ser precedida de oitiva das partes".

BIBLIOGRAFIA: W. Barros Monteiro, *Curso*, cit., v. 1, p. 304; Bassil Dower, *Curso moderno*, cit., v. 1, p. 288-9; M. Helena Diniz, *Curso*, cit., v. 1, p. 206; Levenhagen, *Código Civil*, cit., v. 1, p. 217-20; Darcy Arruda Miranda, *Anotações*, cit., v. 1, p. 110; Valter Soares, Considerações sobre prescrição e decadência, *Estudos Jurídicos*, 5:380-95; Baudry-Lacantinerie e Tissier, *De la prescription*, 3. ed., n. 34-40, 53-92; Leon Gomes, *Prescripciones y términos legales*, 2. ed., p. 93-4; Camara Leal, *Da prescrição*, cit., p. 12.

Art. 192. Os prazos de prescrição não podem ser alterados por acordo das partes.

- *Código Civil, arts. 205 e 206.*

Condição de prescribente. Qualquer pessoa pode ter a condição de prescribente; a ninguém se concede o privilégio de estar imune aos efeitos da prescrição, e seus prazos, fixados por lei (norma de ordem pública), não podem ser alterados por acordo das partes. Ser-lhes-á impossível, portanto, aumentar ou reduzir prazo prescricional e até mesmo estabelecer motivos, diversos dos legais, para interromper, impedir ou suspender o curso do lapso prescricional.

Sujeição aos efeitos da prescrição. Tanto as pessoas naturais como as jurídicas sujeitam-se aos efeitos da prescrição ativa ou passivamente, ou seja, podem invocá-la em seu proveito ou sofrer suas consequências quando alegada *ex adverso*.

BIBLIOGRAFIA: Caio M. S. Pereira, *Instituições*, cit., v. 1, p. 593; Orlando Gomes, *Introdução*, cit., p. 453; M. Helena Diniz, *Curso*, cit., v. 1, p. 207; Nestor Duarte, *Código Civil*, cit., p. 142.

Art. 193. A prescrição pode ser alegada em qualquer grau de jurisdição, pela parte a quem aproveita.

- Vide *Código de Processo Civil, arts. 240, §§ 1º a 4º, 336, 342, III e 535, VI.*
- *Na execução só é alegável a prescrição superveniente à sentença (art. 535, V, do Código de Processo Civil).*
- *A prescrição pode ser alegada em processo cautelar e seu acolhimento influi no julgamento da ação principal* — Vide *arts. 302, IV e 310, do Código de Processo Civil.*
- *Súmulas 150, 282 e 356 do Supremo Tribunal Federal.*

Alegação da prescrição em qualquer grau de jurisdição. A prescrição poderá ser arguida na primeira instância, que está sob a direção de um juiz singular, e na segunda instância, que se encontra em mãos de um colegiado de juízes superiores. Pode ser invocada em qualquer fase processual (*RT*, *766*:236): na contestação na audiência de instrução e julgamento, nos debates, em apelação (*JTJ*, *179*:219), em embargos infringentes, sendo que no processo em fase de execução não é cabível a arguição da prescrição, exceto se superveniente à sentença transitada em julgado. Os arts. 193 do CC e 342, III, do CPC são exceções à regra geral do art. 336 do CPC de que toda a matéria de defesa do réu deverá concentrar-se na contestação. Isto é assim porque o art. 193 do CC é norma especial, prevalecendo sobre o art. 336 do CPC, que é norma geral. Logo, a prescrição é matéria que pode ser alegada em qualquer instância, ou melhor, em qualquer grau de jurisdição (*RT*, *710*:172, *547*:251, *766*:236; *RJTJSP*, *151*:73; *RSTJ*, *28*:380; CPC, art. 342, III), mesmo depois da contestação e até, pela primeira vez, no recurso da apelação (CPC, art. 535, VI; *RT*, *475*:162, *478*:137, *464*:172, *495*:144, *670*:134; *RTJ*, *75*:596; *RTFR*, *136*:71; *RSTJ*, *28*:38, *85*:85; *AJ*, *93*:468). Porém não será possível alegar prescrição em sede de recurso especial e extraordinário, visto que ao STJ e STF apenas será cabível o reexame de questão já decidida pelos tribunais, havendo violação de lei federal ou da Constituição Federal.

Invocação pela parte a quem aproveita. A prescrição somente poderá ser invocada por quem ela aproveite (*RT*, *451*:143 e 157), direta ou indiretamente, seja pessoa natural ou jurídica, p. ex., o herdeiro, o credor do prescribente, o fiador, o codevedor em obrigação solidária, o coobrigado em obrigação indivisível, desde que se beneficiem com a decretação da prescrição.

BIBLIOGRAFIA: Levenhagen, *Código Civil*, cit., v. 1, p. 220-1; W. Barros Monteiro, *Curso*, cit., v. 1, p. 305; M. Helena Diniz, *Curso*, cit., v. 1, p. 206-7; Tepedino e outros, *Código*, cit., v. 1, p. 362; Luiz Manoel Gomes Junior, Prescrição — invocação a qualquer tempo — art. 193 do Código Civil e preclusão processual, *Revista Síntese de Direito Civil e Processual Civil*, *31*:37.

Art. 194. (*O juiz não pode suprir, de ofício, a alegação de prescrição, salvo se favorecer a absolutamente incapaz.*)

- *Revogado pelo art. 11 da Lei n. 11.280/2006.*
- Vide *Código Civil, art. 3º.*
- *Constituição Federal, art. 127.*
- *Código de Processo Civil, arts. 178, I, 141,* in fine, *e 487, II.*

Proibição de decretação de ofício da prescrição. O juiz não podia conhecer da prescrição da pretensão relativa a, p. ex., direitos patrimoniais, reais ou pessoais e extrapatrimoniais, se não fosse invocada pelos interessados, não podendo, portanto, decretá-la *ex officio* (*RT*, *796*:262, *711*:232, *426*:216 e *482*:88), por ser a prescrição um meio de defesa ou exceção peremptória.

Pronunciamento judicial de ofício da alegação de prescrição. O juiz, somente para beneficiar absolutamente incapaz (CC, art. 3º), podia suprir *ex officio* a alegação da prescrição. Pelo Enunciado n. 154 do Conselho da Justiça Federal, aprovado na *III Jornada de Direito Civil*: "O juiz deve suprir de ofício a alegação de prescrição em favor do absolutamente incapaz". Tal se dava ante o fato de a tutela jurídica do absolutamente incapaz ser considerada de interesse social. Logo, "o art. 194 do Código Civil de 2002, ao permitir a declaração *ex officio* da prescrição de direitos patrimoniais em favor do absolutamente incapaz, derrogou o disposto no § 5º do art. 219 — hoje art. 487, II — do CPC" (Enunciado n. 155 do Conselho da Justiça Federal, aprovado na *III Jornada de Direito Civil*). Com a revogação do art. 194 do Código Civil pelo art. 11 da Lei n. 11.280/2006, o juiz poderá pronunciar de ofício a prescrição (CPC, art. 487, II). Sendo a prescrição matéria de ordem pública e de interesse social, o órgão judicante poderá reconhecer prescrição, pronunciando, sem requerimento da parte interessada nesse sentido, a extinção do feito, formalmente com resolução do mérito (CPC, art. 487, II). Esclarece o Enunciado n. 295 do CJF, aprovado na *IV Jornada de Direito Civil*, que: "A revogação do art. 194 do Código Civil pela Lei n. 11.280/2006, que determina ao juiz o reconhecimento de ofício da prescrição, não retira do devedor a possibilidade de renúncia admitida no art. 191 do texto codificado".

BIBLIOGRAFIA: Levenhagen, *Código Civil*, cit., v. 1, p. 223; João Luís Alves, *Código Civil anotado*, com. ao art. 166; Bassil Dower, *Curso moderno*, cit., v. 1, p. 292; M. Helena Diniz, *Curso*, cit., v. 1, p. 207; Clóvis Beviláqua, *Código Civil comentado*, cit., obs. ao art. 166, v. 1; Roberto Senise Lisboa, *Comentários ao Código Civil* (coord. Camillo, Talavera, Fujita, Scavone Jr.), São Paulo, Revista dos Tribunais, 2006, p. 283.

Art. 195. Os relativamente incapazes e as pessoas jurídicas têm ação contra os seus assistentes ou representantes legais, que derem causa à prescrição, ou não a alegarem oportunamente.

• Vide *Código Civil, arts. 208, 198, I, 197, III, 43 e 4º.*

Pessoas privadas da administração de seus bens. "As pessoas a que se refere este artigo são as pessoas jurídicas e os relativamente incapazes, visto que o curso da prescrição não flui para os absolutamente incapazes" (*RT, 470*:237).

Ação regressiva. As pessoas, que a lei priva de administrar os próprios bens, têm ação regressiva contra os seus representantes legais quando estes derem causa à prescrição ou não a alegarem em tempo hábil. Assegura-se, assim, a incolumidade patrimonial dos incapazes, que têm, ainda, mesmo que não houvesse essa disposição, o direito ao ressarcimento dos danos que sofrerem, em razão do disposto nos arts. 186 e 927 do Código Civil, de que o artigo ora comentado é aplicação. Com isso, dá-se proteção legal aos incapazes. Contudo, o representante legal do relativamente incapaz que, ao assisti-lo, por falta de experiência negocial ou por desconhecimento jurídico, deixar de alegar a prescrição que tanta vantagem traria ao representado, não poderia ser responsabilizado civilmente por não ter agido culposamente. Já o representante legal da pessoa jurídica, ante o fato de sua atividade requerer desenvoltura negocial, não alegando, oportunamente, a prescrição que favorecia a representada, deverá ser responsabilizado, visto que assume os riscos do exercício de sua função profissional.

BIBLIOGRAFIA: W. Barros Monteiro, *Curso*, cit., v. 1, p. 306; Levenhagen, *Código Civil*, cit., v. 1, p. 222; Darcy Arruda Miranda, *Anotações*, cit., v. 1, p. 111; M. Helena Diniz, *Curso*, cit., v. 1, p. 207; Tepedino e outros, *Código*, cit., v. 1, p. 366.

Art. 196. A prescrição iniciada contra uma pessoa continua a correr contra o seu sucessor.

• *Código Civil, art. 198, I.*

Prescrição iniciada contra o "de cujus". A prescrição iniciada contra uma pessoa continua a correr contra o seu sucessor a título universal (herdeiro) ou singular (cessionário ou legatário), salvo se for absolutamente incapaz (CC, art. 198, I). A prescrição iniciada, p. ex., contra o *de cujus* continuará a correr contra seus sucessores, sem distinção entre singulares e universais; logo, continuará a correr contra o herdeiro, o cessionário ou o legatário. Com isso, acatado está o princípio da *acessio temporis*.

Continuidade da prescrição. A prescrição iniciada contra o *auctor successionis* continuará, e não recomeçará a correr contra seu sucessor. Logo, o herdeiro contará somente com o prazo, iniciado com o autor da herança, que faltar para exercer sua pretensão. Por exemplo, uma obrigação vencida a 8 de novembro de 2003 poderá ser cobrada judicialmente até 8 de novembro de 2013 (art. 205). Se o credor vier a finar em 2005, a prescrição iniciada em 9 de novembro de 2003 prosseguirá contra o herdeiro do credor, consumando-se em 8 de novembro de 2013, tal como se não houvesse havido o óbito do credor.

BIBLIOGRAFIA: Darcy Arruda Miranda, *Anotações*, cit., v. 1, p. 111; Levenhagen, *Código Civil*, cit., v. 1, p. 222; M. Helena Diniz, *Curso*, cit., v. 1, p. 207.

SEÇÃO II

DAS CAUSAS QUE IMPEDEM OU SUSPENDEM A PRESCRIÇÃO

- *Lei n. 14.010/2020, art. 3º, §§ 1º e 2º.*

Art. 197. Não corre a prescrição:

- Vide *Decreto n. 20.910/32, art. 4º*; *Lei n. 11.101/2005, art. 6º*.

I — entre os cônjuges, na constância da sociedade conjugal;

- *Código Civil, arts. 1.571 a 1.582.*
- *Constituição Federal, art. 226, § 6º, com a redação da Emenda Constitucional n. 66/2010.*

II — entre ascendentes e descendentes, durante o poder familiar;

- *Código Civil, arts. 1.630 a 1.638.*

III — entre tutelados ou curatelados e seus tutores ou curadores, durante a tutela ou curatela.

- *Código Civil, arts. 1.728 a 1.783.*

Causas impeditivas da prescrição. As causas impeditivas da prescrição são as circunstâncias que impedem que seu curso inicie, por estarem fundadas no *status* da pessoa individual ou familiar, atendendo razões de confiança, parentesco, amizade e motivos de ordem moral.

Casos em que a prescrição não se inicia. Não corre a prescrição: entre cônjuges, na constância da sociedade conjugal (*RT, 526*:193) ou entre companheiros, durante a união estável, segundo alguns autores, por força do art. 1.723 do Código Civil e do Enunciado n. 296 do Conselho da Justiça Federal, aprovado na *IV Jornada de Direito Civil*; entre ascendentes e descendentes, durante o poder familiar; entre tutelados ou curatelados e seus tutores ou curadores, durante a tutela ou curatela. Nestas hipóteses, a prescrição ficará impedida de fluir no tempo.

BIBLIOGRAFIA: W. Barros Monteiro, *Curso*, cit., v. 1, p. 310; Orlando Gomes, *Introdução*, cit., p. 456; M. Helena Diniz, *Curso*, cit., v. 1, p. 204-5; Darcy Arruda Miranda, *Anotações*, cit., v. 1, p. 114; Jones F. Alves e Mário Luiz Delgado, *Código*, cit., p. 126.

Art. 198. Também não corre a prescrição:

I — contra os incapazes de que trata o art. 3º;

- *Código Civil, art. 208.*
- *Enunciado proposto na VIII Jornada de Direito Civil, art. 198: contra os incapazes de que trata o art. 3º e contra aqueles que não possam por causa transitória ou permanente, exprimir sua vontade.*

II — contra os ausentes do País em serviço público da União, dos Estados ou dos Municípios;

III — contra os que se acharem servindo nas Forças Armadas, em tempo de guerra.

- *Dispõe o art. 440 da Consolidação das Leis do Trabalho: "Contra os menores de 18 (dezoito) anos não corre nenhum prazo de prescrição".*
- *Decreto n. 20.910/32, art. 4º.*
- Vide *Lei n. 19, de 10 de fevereiro de 1947 — Releva de prescrição as ações que deveriam ter sido propostas durante a guerra por brasileiros nela empenhados. A Lei n. 1.025, de 30 de dezembro de 1949, dispõe que a suspensão de prescrição de que tratam o art. 198, III, do Código Civil, o art. 452 do Código Comercial e a Lei n. 19, de 10 de fevereiro de 1947, deve ser contada segundo o prazo do art. 452, para os militares e civis que serviram na Força Expedicionária Brasileira e na Força Aérea Brasileira, ou em Forças das Nações Aliadas, na II Guerra Mundial.*
- *Lei n. 11.101/2005, arts. 6º, 71, parágrafo único, 82, § 1º, 96, II, 99, V, 157* e *182, parágrafo único.*
- *Não corre a prescrição quinquenal do Imposto de Renda enquanto o processo de cobrança estiver pendente de decisão* — Vide *Decreto n. 3.000/99, art. 903.*
- *"Desde o termo inicial do desaparecimento, declarado em sentença, não corre a prescrição contra o ausente" (Enunciado n. 156 do Conselho da Justiça Federal, aprovado na III Jornada de Direito Civil).*
- *Súmula 229 do Superior Tribunal de Justiça.*

Incapacidade absoluta impede prescrição. O art. 198, I, contém *causa impeditiva da prescrição*; logo, esta não correrá contra os absolutamente incapazes (CC, art. 3º; *RT*, *505*:253; *JTJ*, *152*:109; *RJTJSP*, *135*:262), ou seja, contra os menores de 16 anos, logo a prescrição correrá contra pessoa portadora de deficiência que esteja sob curatela, por ser relativamente incapaz. Por exemplo, suponha-se que, após o vencimento da dívida, venha a falecer o credor, deixando herdeiro de oito anos de idade; contra ele não correrá a prescrição até que atinja dezesseis anos, ocasião em que terá início o curso prescricional, tendo-se aqui uma exceção ao art. 196 do Código Civil, segundo o qual a prescrição iniciada contra uma pessoa continua a correr contra seu herdeiro (*RT*, *260*:332).

Causas suspensivas da prescrição. As *causas suspensivas da prescrição* são as que, temporariamente, paralisam o seu curso; superado o fato suspensivo, a prescrição continua a correr, computado o tempo decorrido antes dele. Tais causas estão arroladas no art. 198, II e III, ante a situação especial em que se encontram o titular e o sujeito passivo. De forma que suspensa estará a prescrição contra os ausentes do País em serviço público da União, dos Estados e dos Municípios (p. ex., comissionados pelo governo federal, estadual ou municipal, para estudos técnicos, no exterior; representantes diplomáticos do Brasil junto a países estrangeiros; agentes consulares brasileiros no estrangeiro; adidos militares brasileiros junto a unidades militares estrangeiras etc.) e os que se acharem servindo nas Forças Armadas em tempo de guerra (p. ex., militares, integrantes da Cruz Vermelha, correspondentes de guerra, engenheiros, médicos, capelães etc.). Essas duas causas poderão transformar-se em impeditivas se a ação surgir durante a ausência ou serviço militar temporário. Pela Súmula 229 do STJ, "o pedido do pagamento de indenização à seguradora suspende o prazo de prescrição até que o segurado tenha ciência da decisão".

Pelo Enunciado n. 206 do Fórum Permanente de Processualistas Civis: "A prescrição ficará suspensa até o trânsito em julgado do incidente de resolução de demandas repetitivas".

BIBLIOGRAFIA: Orlando Gomes, *Introdução*, cit., p. 456; M. Helena Diniz, *Curso*, cit., v. 1, p. 205; Levenhagen, *Código Civil*, cit., v. 1, p. 227-8; Clóvis Beviláqua, *Código Civil comentado*, cit., obs. ao art.

169, v. 1; Humberto Theodoro Jr., *Comentários ao novo Código Civil*, Rio de Janeiro, Forense, v. 3, 2003, p. 246 e s.; Camara Leal, *Da prescrição*, cit., p. 174 a 177; Mirna Cianci, Da prescrição contra o incapaz de que trata o art. 3º, inciso I, do Código Civil, in *Prescrição no novo Código Civil: uma análise interdisciplinar*, Mirna Cianci (coord.), São Paulo, Saraiva, 2005, p. 275-86.

Art. 199. Não corre igualmente a prescrição:

I — pendendo condição suspensiva;

- Vide *Código Civil, arts. 125 e 126.*

II — não estando vencido o prazo;

- Vide *Código Civil, art. 131.*

III — pendendo ação de evicção.

- Vide *Código Civil, arts. 447 a 457.*
- *Súmula 229 do Superior Tribunal de Justiça.*

Condição suspensiva e termo não vencido impedem a prescrição. São *causas impeditivas da prescrição* a condição suspensiva e o não vencimento do prazo. Não corre a prescrição, pendendo condição suspensiva (*RT, 648*:114). Não realizada tal condição, o titular não adquire direito; logo, não tem ação; assim, enquanto não nascer a ação, não pode ela prescrever. Igualmente impedida estará a prescrição não estando vencido o prazo, pois o titular da relação jurídica submetida a termo não vencido não poderá acionar ninguém para efetivar seu direito.

Pendência de ação de evicção como causa suspensiva da prescrição. Se pender ação de evicção, suspende-se a prescrição em andamento; somente depois de ela ter sido definitivamente decidida, resolvendo-se o destino da coisa evicta, o prazo prescritivo volta a correr.

BIBLIOGRAFIA: W. Barros Monteiro, *Curso*, cit., v. 1, p. 310-1; M. Helena Diniz, *Curso*, cit., v. 1, p. 205; João Luís Alves, *Código Civil anotado*, cit., obs. ao art. 170, v. 1; Clóvis Beviláqua, *Código Civil comentado*, cit., obs. ao art. 170, v. 1.

Art. 200. Quando a ação se originar de fato que deva ser apurado no juízo criminal, não correrá a prescrição antes da respectiva sentença definitiva.

- *Código Civil, art. 935.*
- *Código de Processo Civil, art. 515, VI.*
- *Código de Processo Penal, arts. 63 a 67.*
- *Código Penal, art. 91, I.*

Apuração de questão prejudicial. Havendo um dano oriundo de crime, a decisão penal condenatória servirá de título executivo (CPP, art. 63; CPC, art. 515, VI), no cível. Pelo Código Penal (art. 91, I) um dos efeitos da sentença condenatória é tornar certo o dever de indenizar o prejuízo causado pelo ato criminoso à vítima. Só depois de verificada a certeza da autoria do crime haverá pretensão indenizatória, no cível, pelo lesado. Com a caracterização da culpabilidade penal, fixar-se-á o *an debeatur*, apurando-se na seara cível apenas o *quantum debeatur*. Por tal razão, apenas depois do trânsito em julgado daquela sentença penal, o prazo prescricional iniciar-se-á correndo por inteiro. "O art. 200 do CC/2002 assegura que o prazo prescricional não comece a fluir antes do trânsito em julgado da sentença penal, independentemente do resultado da ação na esfera criminal" (Informativo n. 732 do STJ, REsp 1.987.108-MG, rel. Min. Nancy Andrighi, 3ª T., por unanimidade, j. 29-3-2022, *DJe* 1º-4-2022). "A fluência da prescrição da pretensão indenizatória fundada na imputação de crimes dos quais se venha a ser posteriormente absolvido tem início com o trânsito em julgado da sentença na ação penal" (Informativo n. 767 do STJ, AREsp 1.192.906-SP, rel. Min. Raul Araújo, 4ª T., por maioria, j. 14-3-2023). A questão prejudicial (conceito de direito material) reclama decisão anterior à do mérito, requerendo verificação de um fato cuja apreciação é condição indispensável àquele julgamento, por isso deve ser discutida numa ação independente. Por isso, se a conduta originar-se de fato a ser verificado no juízo criminal, ter-se-á causa impeditiva do curso da prescrição no cível, que só começará a correr após a data do trânsito em julgado da sentença definitiva, à qual se confere executoriedade. Trata-se da prescrição da execução da sentença penal (pretensão executiva).

BIBLIOGRAFIA: Maria Luciana de Oliveira Facchina Podval e Carlos José T. de Toledo, O impedimento da prescrição no aguardo da decisão do juízo criminal, in *Prescrição no novo Código Civil*, cit., p. 112-37; Edésio do N. Pitombeira Filho, Da inteligência do art. 200 do Código Civil — Causa impeditiva da prescrição, *Revista Síntese — Direito Civil* e *Processual Civil*, *91*: 31-34.

Art. 201. Suspensa a prescrição em favor de um dos credores solidários, só aproveitam os outros se a obrigação for indivisível.

- *Código Civil, arts. 314, 257 a 263, 267 a 274.*

Efeitos da suspensão da prescrição na solidariedade ativa. Se a obrigação for indivisível e solidários forem os credores, suspensa a prescrição em favor de um dos credores, tal suspensão aproveitará aos demais (*RT*, *469*:60, *455*:171 e *480*:220).

Prescrição e obrigação divisível. Se a obrigação for divisível, a prescrição não se suspenderá para todos os coobrigados, ante o fato de ser um benefício personalíssimo. Se vários forem os cointeressados, ainda que solidários, ocorrendo em relação a um deles uma causa suspensiva de prescrição, esta aproveitará apenas a ele, não alcançando os outros, para os quais correrá a prescrição sem qualquer solução de continuidade.

BIBLIOGRAFIA: Levenhagen, *Código Civil*, cit., v. 1, p. 229-30; Clóvis Beviláqua, *Código Civil comentado*, cit., obs. ao art. 171, v. 1; João Luís Alves, *Código Civil anotado*, cit., obs. ao art. 171, v. 1.

Seção III

Das causas que interrompem a prescrição

Art. 202. A interrupção da prescrição, que somente poderá ocorrer uma vez, dar-se-á:

- *Código Civil, art. 203.*
- *Decreto n. 20.910/32.*
- *Decreto-Lei n. 4.597/42.*
- *Lei n. 11.101/2005, arts. 6º, 82, § 1º, 96, II, 99, V, e 157.*
- *Decreto n. 3.000/99, art. 901.*
- *Súmula 248 do Tribunal Federal de Recursos.*

I — por despacho do juiz, mesmo incompetente, que ordenar a citação, se o interessado a promover no prazo e na forma da lei processual;

- *Interrompe-se a prescrição relativa às obrigações de entidade previdenciária em liquidação extrajudicial* — Vide *art. 49, V, da Lei Complementar n. 109/2001, regulamentada pelo Decreto n. 4.206/2002.*

- *Sobre a interrupção da prescrição pela citação arts. 240, § 1º, e 802 do Código de Processo Civil.*
- *Interrupção de prescrição da ação fiscal* — Vide *art. 174 da Lei n. 5.172, de 25 de outubro de 1966, cujo parágrafo único dispõe: "A prescrição se interrompe: I — pela citação pessoal feita ao devedor; II — pelo protesto judicial; III — por qualquer ato judicial que constitua em mora o devedor; IV — por qualquer ato inequívoco ainda que extrajudicial que importe em reconhecimento do débito pelo devedor".*
- *Interrupção de prescrição de cobrança de prêmio de loteria* — Vide *art. 17, parágrafo único, do Decreto-Lei n. 204, de 27 de fevereiro de 1967 (RF, 219:427).*
- *Interrupção de prescrição pela instituição da arbitragem: art. 19, § 2º da Lei n. 9.307/96, com a redação da Lei n. 13.129/2015.*
- *Súmula 78 do Tribunal Federal de Recursos.*

II — por protesto, nas condições do inciso antecedente;

- *Código de Processo Civil, arts. 726 e 729.*

III — por protesto cambial;

- *Decreto n. 2.044/1908.*
- Vide *Súmula 153 do Supremo Tribunal Federal.*

IV — pela apresentação do título de crédito em juízo de inventário ou em concurso de credores;

- Vide *Código de Processo Civil, arts. 908, §§ 1º e 2º, 909* e *Código Civil, arts. 955 a 965.*

V — por qualquer ato judicial que constitua em mora o devedor;

- *Código Civil, art. 397, parágrafo único.*

VI — por qualquer ato inequívoco, ainda que extrajudicial, que importe reconhecimento do direito pelo devedor.

- *O Decreto n. 21.638, de 18 de julho de 1932 (revogado pelo Decreto n. 11/91, que também perdeu sua vigência), mandava aplicar às obrigações comerciais o disposto no art. 172, V, do Código Civil (correspondente ao atual art. 202, V).*
- *Relativamente à Fazenda Pública* — Vide *Lei n. 5.761, de 25 de junho de 1930; Decreto n. 20.910, de 6 de janeiro de 1932, art. 1º; Decreto-Lei n. 4.597, de 19 de agosto de 1942, art. 3º; e art. 1º da Lei n. 2.211, de 31 de maio de 1954.*
- Vide *Súmula 154 do Supremo Tribunal Federal.*

Parágrafo único. A prescrição interrompida recomeça a correr da data do ato que a interrompeu, ou do último ato do processo para a interromper.

- *Código de Processo Civil, art. 802.*
- *Decreto-Lei n. 4.597/42, art. 3º.*
- *Súmula 383 do Supremo Tribunal Federal.*
- *Súmula 625 do Superior Tribunal de Justiça.*

Causas interruptivas da prescrição. As *causas interruptivas da prescrição* são as que inutilizam a prescrição iniciada, de modo que o seu prazo recomeça a correr da data do ato que a interrompeu (p. ex., reconhecimento extrajudicial do pagamento parcial do débito) ou do último ato do processo para a interromper, p. ex., trânsito em julgado da sentença (CC, art. 202, parágrafo único; *RT*, *459*:85 e 121; *EJSTJ*, *5*:65). Nesta última hipótese temos, segundo alguns autores, a aceitação ínsita da *prescrição intercorrente*, que se dá quando o autor (credor), por desídia, não dá sequência ao processo, voltando, então, a fluir o prazo prescricional, como sanção à inércia processual do último ato do processo que o interrompeu, por culpa do autor e não depois do encerramento do processo. Com isso a norma do art. 202, parágrafo único, *in fine*, não será aplicável, pois por ela somente depois do último ato do processo é que o prazo voltará a correr. Logo, se a imobilização do processo se deu por fato alheio ao autor, por culpa do réu ou por deficiência do serviço forense, não haverá prescrição intercorrente, que é sanção à inércia do autor. A interrupção da prescrição somente poderá ocorrer uma vez, a partir da vigência do novo Código Civil; com isso, não mais haverá protelações abusivas, evitando que se provoque a interrupção toda vez que se der a proximidade do prazo para consumar a prescrição, fazendo com que fique *ad infinitum* o poder de exigir a pretensão, dando permanência ao estado de espera do adversário. Assim, ensina-nos Matiello, qualquer que tenha sido a causa originária da primeira interrupção, dever-se-á desconsiderar as posteriores, pois, após o seu reinício, o prazo prescricional não mais poderá ser interrompido. Mas nada impede que seja suspenso, se ocorrerem quaisquer causas suspensivas, refreando temporariamente aquela contagem.

Casos de interrupção da prescrição. Interrompem a prescrição atos do titular reclamando seu direito, tais como: despacho de juiz, mesmo incompetente, ordenando citação, se o interessado a promover no prazo e na forma da lei processual, logo, na verdade, o efeito interruptivo decorrerá da citação válida (*RSTJ, 93*:156), que retroagirá à data da propositura da ação (CPC, art. 240, § 1º); segundo o Enunciado n. 416 do CJF, aprovado na *V Jornada de Direito Civil*: "O art. 202, I, do CC deve ser interpretado sistematicamente com o art. 219, § 1º, do CPC, de modo a se entender que o efeito interruptivo da prescrição produzido pelo despacho que ordena a citação é retroativo até a data da propositura da demanda"; protesto judicial e cambial, que tem também o efeito de constituir o devedor em mora; apresentação do título de crédito em juízo de inventário, ou em concurso de credores, o mesmo sucedendo com o processo de falência e de liquidação extrajudicial de bancos, bem como das companhias de seguro, a favor ou contra a massa; atos judiciais que constituam em mora o devedor, incluindo as interpelações, notificações judiciais e atos praticados na execução da parte líquida do julgado, com relação à parte ilíquida; e atos inequívocos, ainda que extrajudiciais, que importem reconhecimento do direito do devedor, como: pagamento parcial por parte do devedor; pedido deste ao credor, solicitando mais prazo; transferência do saldo de certa conta, de um ano para outro (*RT*, *256*:616, *440*:220, *447*:136, *459*:121, *460*:321, *476*:70 e 75 e *530*:138; *RF*, *249*:223; *Adcoas*, n. 90.433, 1983; Súmula 154 do STF).

BIBLIOGRAFIA: W. Barros Monteiro, *Curso*, cit., v. 1, p. 313-7; Bassil Dower, *Curso moderno*, cit., v. 1, p. 302-6; Serpa Lopes, *Curso*, cit., v. 1, p. 607-10; Silvio Rodrigues, *Direito civil*, cit., v. 1, p. 375-80; M. Helena Diniz, *Curso*, cit., v. 1, p. 203-4; Levenhagen, *Código Civil*, cit., v. 1, p. 230-5; Carlos Alberto Bittar, *Teoria geral do direito civil*, Rio de Janeiro, Forense Universitária, 1991, p. 288-9; Flávio Luiz Yarshell, A interrupção da prescrição pela citação: confronto entre o novo Código Civil e o Código de Processo Civil, *Jornal Síntese*, 75:13-4; Humberto Theodoro Jr., *Comentário*, cit., obs. ao art. 202; Matiello, *Código Civil*, cit., p. 162; Antonio Carlos Marcato, Interrupção da prescrição: o inciso I do art. 202 do novo Código Civil, in *Prescrição no novo Código Civil*, cit., p. 14-25.

Art. 203. A prescrição pode ser interrompida por qualquer interessado.

- *Código Civil, arts. 193, 202, II, e 1.748.*
- *Código de Processo Civil, arts. 726 e 729.*

Legitimidade para promover a interrupção da prescrição. Podem promover a interrupção do lapso prescricional quaisquer interessados, tais como: o titular do direito em via de prescrição; seu representante legal, salvo o dos incapazes do art. 3º do Código Civil, ou convencional, com poderes para administrar os seus negócios; seu credor, seu fiador e terceiro com legítimo interesse econômico (como o credor do credor ou o fiador do credor) ou moral (como o cônjuge, o companheiro, o ascendente do titular da pretensão etc.).

BIBLIOGRAFIA: M. Helena Diniz, *Curso*, cit., v. 1, p. 204; Levenhagen, *Código Civil*, cit., v. 1, p. 236-7; W. Barros Monteiro, *Curso*, cit., v. 1, p. 302; Darcy Arruda Miranda, *Anotações*, cit., v. 1, p. 117.

Art. 204. A interrupção da prescrição por um credor não aproveita aos outros; semelhantemente, a interrupção operada contra o codevedor, ou seu herdeiro, não prejudica aos demais coobrigados.

§ 1º A interrupção por um dos credores solidários aproveita aos outros; assim como a interrupção efetuada contra o devedor solidário envolve os demais e seus herdeiros.

• *Código Civil, arts. 264 a 285.*

§ 2º A interrupção operada contra um dos herdeiros do devedor solidário não prejudica os outros herdeiros ou devedores, senão quando se trate de obrigações e direitos indivisíveis.

• *Código Civil, arts. 314, 257 a 263, 276, 87 e 88.*

§ 3º A interrupção produzida contra o principal devedor prejudica o fiador.

• *Código Civil, art. 837.*

Efeitos da interrupção da prescrição. Quanto aos efeitos da interrupção da prescrição, o princípio é de que ela aproveita tão somente a quem a promove, prejudicando aquele contra quem se processa. Contudo, a interrupção da prescrição por um credor não aproveita aos outros, como, semelhantemente, operada contra o codevedor, ou seu herdeiro, não prejudicará aos demais coobrigados.

Exceções à regra "personam ad personam non fit interruptio civilis nec active nec passive". Se se tratar de obrigação solidária passiva ou ativa, a interrupção efetuada contra o devedor solidário envolverá os demais, e a interrupção aberta por um dos credores solidários aproveitará aos outros, em razão de consequência da solidariedade prevista nos arts. 264 a 285 do Código Civil, pela qual os vários credores solidários são considerados como um só credor, da mesma forma que os vários devedores solidários são tidos como um só devedor. Além disso, a interrupção operada contra um dos herdeiros do devedor solidário não lesará os outros herdeiros ou devedores, senão quando se tratar de obrigação ou de direito indivisível. Isto é assim porque a solidariedade ativa ou passiva não passa aos herdeiros (CC, arts. 270 e 276); logo, apenas serão atingidos os demais coerdeiros pela interrupção se houver indivisibilidade da obrigação (*JSTJ*, *42*:122). E, finalmente, a interrupção produzida pelo credor contra o principal devedor prejudicará o fiador, independentemente de notificação especial (*RT*, *157*:643), pelo simples fato de ser a fiança uma obrigação acessória. Desaparecendo a responsabilidade do afiançado, não mais a terá o fiador; igualmente, se o credor interrompe a prescrição contra o devedor, esta interromper-se-á também relativamente ao fiador.

BIBLIOGRAFIA: Serpa Lopes, *Curso*, cit., v. 1, p. 611; M. Helena Diniz, *Curso*, cit., v. 1, p. 205; Levenhagen, *Código Civil*, cit., v. 1, p. 239-40; Clóvis Beviláqua, *Código Civil comentado*, cit., obs. ao art. 176, v. 1.

FATOS JURÍDICOS

SEÇÃO IV
DOS PRAZOS DA PRESCRIÇÃO

• Vide *art. 2.028 do Código Civil.*

Art. 205. A prescrição ocorre em dez anos, quando a lei não lhe haja fixado prazo menor.

- *Prescrição na Previdência Social: arts. 103 e 104 da Lei n. 8.213, de 24 de julho de 1991, regulamentada pelo Decreto n. 3.048/99.*
- *Prescrição da ação de responsabilidade por dano nuclear: Lei n. 6.453, de 17 de outubro de 1977, art. 12.*
- *Súmulas do antigo Tribunal Federal de Recursos, 107, 108, 124, 219 e 248.*
- Vide *Súmulas 39, 85, 106, 119, 142, 143, 194 e 371 do Superior Tribunal de Justiça.*
- Vide *Súmulas 149 a 154, 383, 443, 445 e 494 do Supremo Tribunal Federal e 22 do extinto 1º Tribunal de Alçada Civil de São Paulo.*
- *Sobre prescrição em matéria de trabalho: Consolidação das Leis do Trabalho, arts. 11, 119, 149, 440 e 916.*
- *Lei n. 8.078/90, art. 26.*
- *Lei n. 11.101/2005, art. 96, II.*

Prazo da prescrição. O prazo prescricional é o espaço de tempo que decorre entre seu termo inicial e final (*RT*, *516*:317, *508*:93, *504*:139, *490*:94, *456*:147, *419*:204 e *412*:186; Súmulas 415 e 494 do STF; *Adcoas*, n. 70.288, 1980, STF; *EJSTJ*, *15*:76 e 77, *11*:68, *14*:66; *RSTJ*, *102*:284, *101*:305, 77:222).

Prescrição ordinária ou comum. Se a lei não fixar prazo menor para a pretensão ou exceção, este será de dez anos. Trata-se, portanto, de um prazo subsidiário (CC, arts. 1.824, 1.992 e 1.996) para as ações (em sentido material) pessoais ou reais.

Art. 206. Prescreve:

§ 1º Em um ano:

- *Decreto-Lei n. 797/69, art. 4º.*
- *Lei n. 5.764/71, art. 36, parágrafo único.*
- *Súmula 151 do Supremo Tribunal Federal.*
- *Súmula 101 do Superior Tribunal de Justiça.*

I — a pretensão dos hospedeiros ou fornecedores de víveres destinados a consumo no próprio estabelecimento, para o pagamento da hospedagem ou dos alimentos;

II — a pretensão do segurado contra o segurador, ou a deste contra aquele, contado o prazo:

***a*) para o segurado, no caso de seguro de responsabilidade civil, da data em que é citado para responder à ação de indenização proposta pelo terceiro prejudicado, ou da data que a este indeniza, com a anuência do segurador;**

***b*) quanto aos demais seguros, da ciência do fato gerador da pretensão;**

- *Súmulas 101, 229 e 278 do Superior Tribunal de Justiça.*
- *Código Civil, arts. 757 a 802.*

III — a pretensão dos tabeliães, auxiliares da justiça, serventuários judiciais, árbitros e peritos, pela percepção de emolumentos, custas e honorários;

IV — a pretensão contra os peritos, pela avaliação dos bens que entraram para a formação do capital de sociedade anônima, contado da publicação da ata da assembleia que aprovar o laudo;

- *Lei n. 6.404/76, arts. 8º e 287, I,* a.

V — a pretensão dos credores não pagos contra os sócios ou acionistas e os liquidantes, contado o prazo da publicação da ata de encerramento da liquidação da sociedade.

• *Lei n. 6.404/76, art. 287, I,* b.

§ 2º Em dois anos, a pretensão para haver prestações alimentares, a partir da data em que se vencerem.

• *Código Civil, arts. 197, II, 198, I, 948, II, 1.635, II e III e 1.694 e s.*

• *Lei n. 5.478/68, art. 23 (Lei de Alimentos).*

• *Código de Processo Civil, art. 975.*

• *Consolidação das Leis do Trabalho, art. 119.*

• *Código Tributário Nacional, art. 169.*

• *Lei de Falências, art. 82, § 1º.*

§ 3º Em três anos:

• *Súmula n. 405 do Superior Tribunal de Justiça.*

I — a pretensão relativa a aluguéis de prédios urbanos ou rústicos;

• *Lei n. 8.245/91.*

II — a pretensão para receber prestações vencidas de rendas temporárias ou vitalícias;

• *Código Civil, arts. 803 a 813.*

III — a pretensão para haver juros, dividendos ou quaisquer prestações acessórias, pagáveis, em períodos não maiores de um ano, com capitalização ou sem ela;

IV — a pretensão de ressarcimento de enriquecimento sem causa;

• *Código Civil, arts. 884 a 886.*

V — a pretensão de reparação civil;

• *Código Civil, arts. 186, 187, 402 a 405 e 927 a 943.*

• *Leis n. 9.279/96 e 6.453/77, art. 12.*

VI — a pretensão de restituição dos lucros ou dividendos recebidos de má-fé, correndo o prazo da data em que foi deliberada a distribuição;

• *Lei n. 6.404/76, arts. 191, 201, § 2º, e 287, II,* c.

VII — a pretensão contra as pessoas em seguida indicadas por violação da lei ou do estatuto, contado o prazo:

***a*) para os fundadores, da publicação dos atos constitutivos da sociedade anônima;**

***b*) para os administradores, ou fiscais, da apresentação, aos sócios, do balanço referente ao exercício em que a violação tenha sido praticada, ou da reunião ou assembleia geral que dela deva tomar conhecimento;**

***c*) para os liquidantes, da primeira assembleia semestral posterior à violação;**

• *Lei n. 6.404/76, arts. 92, 158, 159, 217, 287, II,* b, *1, 2 e 3.*

VIII — a pretensão para haver o pagamento de título de crédito, a contar do vencimento, ressalvadas as disposições de lei especial;

• *Decreto n. 57.663/63, art. 70.*

• *Leis n. 5.474/68, art. 18, I e II, e 7.357/85, arts. 59 e 61.*

• *Código de Processo Civil, arts. 700, I e II e 784, I.*

IX — a pretensão do beneficiário contra o segurador, e a do terceiro prejudicado, no caso de seguro de responsabilidade civil obrigatório.

• *Código Civil, arts. 757 e s.*

• *Súmula 125 do extinto Tribunal Federal de Recursos.*

• *Súmula 405 do Superior Tribunal de Justiça.*

§ 4º Em quatro anos, a pretensão relativa à tutela, a contar da data da aprovação das contas.

- *Lei n. 5.764/71, art. 43, e Código Civil, arts. 1.775 e s.*

§ 5º Em cinco anos:

- *Constituição Federal, art. 5º, XXIX.*
- *Lei n. 8.078/90, art. 27.*
- *Código Tributário Nacional, art. 168.*
- *Consolidação das Leis do Trabalho, art. 11.*
- *Lei n. 6.838/80, art. 1º.*
- *Lei n. 1.060/50, art. 12.*
- *Lei n. 7.542/86, art. 6º.*
- *Lei n. 9.873/99, que estabelece prazo de prescrição para o exercício de ação punitiva pela Administração Pública Federal.*
- *Lei n. 8.213/91, arts. 103 e 104.*
- *Súmula 264 do Supremo Tribunal Federal.*
- *Súmulas 291, 427, 503 e 547 do Superior Tribunal de Justiça.*

I — a pretensão de cobrança de dívidas líquidas constantes de instrumento público ou particular;

- *Súmula 18 do Tribunal de Justiça do Estado de São Paulo.*

II — a pretensão dos profissionais liberais em geral, procuradores judiciais, curadores e professores pelos seus honorários, contado o prazo da conclusão dos serviços, da cessação dos respectivos contratos ou mandato;

- *Lei n. 8.906/94, art. 25.*

III — a pretensão do vencedor para haver do vencido o que despendeu em juízo.

- *Código de Processo Civil, arts. 82, § 2º e 85.*

Prazos de prescrição especial. Há casos de prescrição especial para os quais a norma jurídica estatui prazos mais exíguos, pela conveniência de reduzir o prazo geral para possibilitar o exercício de certos direitos ou pretensões. Tal prazo pode ser ânuo, bienal, trienal, quatrienal e quinquenal.

Prescrevem em *1 ano*:

1) "A pretensão dos hospedeiros ou fornecedores de víveres destinados ao consumo no próprio estabelecimento, para o pagamento da hospedagem ou dos alimentos fornecidos" (CC, art. 206, § 1º, I).

2) As pretensões decorrentes do contrato de seguro (CC, art. 206, § 1º, II, *a* e *b*; *RT*, *465*:104, *488*:182, *477*:84, *482*:202, *524*:273), sejam elas do segurado contra o segurador ou as deste contra aquele, contado o prazo: *a*) para o segurado, no caso de seguro de responsabilidade civil, da data em que é citado para responder à ação de indenização proposta pelo terceiro prejudicado, ou da data que a este indeniza, com a anuência do segurador; *b*) quanto aos demais seguros, da ciência do fato gerador da pretensão. P. ex.: no seguro-saúde, o cômputo do prazo prescricional iniciar-se-á a partir do momento em que o segurado tiver ciência da moléstia, ou conforme alguns julgados da data da concessão da aposentadoria (STJ, 4ª T., REsp 167.335, rel. Min. Sálvio de Figueiredo Teixeira, j. 21.5.98); no seguro contra incêndio, do dia em que souber da decisão judicial sobre o inquérito policial que apurou as causas do sinistro (STJ, 3ª T., REsp 56.915, rel. Min. Nilson Naves, j. 8.4.97).

FATOS JURÍDICOS

3) A pretensão de cobrança de emolumentos, custas ou honorários dos atos praticados por tabeliães, auxiliares da justiça, serventuários judiciais, árbitros e peritos (CC, art. 206, § 1º, III).

4) A pretensão contra peritos, pela avaliação dos bens que entraram para a formação do capital de sociedade anônima, contado o prazo da publicação da ata da assembleia que aprovar o laudo (CC, art. 206, § 1º, IV).

5) A pretensão dos credores não pagos contra os sócios ou acionistas e os liquidantes, contado o prazo da publicação da ata de encerramento da liquidação da sociedade (CC, art. 206, § 1º, V).

Prescreve em *2 anos* a pretensão para haver prestações alimentares, a partir da data em que se vencerem (CC, art. 206, § 2º). Essa prescrição só alcança as prestações alimentares e não o direito a alimentos, que, embora irrenunciável, seu exercício pode ser provisoriamente dispensado.

Prescrevem em *3 anos* as pretensões relativas: a aluguéis de prédios urbanos ou rústicos. "O prazo prescricional de três anos para a pretensão relativa a aluguéis aplica-se aos contratos de locação de imóveis celebrados com a administração pública" (Enunciado n. 417 do CJF, aprovado na *V Jornada de Direito Civil*); às prestações vencidas de rendas temporárias ou vitalícias; à percepção de juros, dividendos ou prestações acessórias, pagáveis, em períodos não maiores de um ano, com capitalização ou sem ela; ao ressarcimento de enriquecimento sem causa; à reparação civil de dano moral e/ou material (*RT*, *824*:286). "O prazo prescricional de três anos para pretensão de reparação civil aplica-se tanto à responsabilidade contratual quanto à responsabilidade extracontratual" (Enunciado n. 418 do CJF, aprovado na *V Jornada de Direito Civil*). "Não se aplica o art. 206, § 3º, V, do Código Civil às pretensões indenizatórias decorrentes de acidente de trabalho, após a vigência da Emenda Constitucional n. 45, incidindo a regra do art. 7º, XXIX, da Constituição da República" (Enunciado n. 419 do CJF, aprovado na *V Jornada de Direito Civil*); "É de três anos, pelo art. 206, § 3º, V, do CC, o prazo prescricional para a pretensão indenizatória da seguradora contra o causador de dano ao segurado, pois a seguradora sub-roga-se em seus direitos" (Enunciado n. 580, aprovado na *VII Jornada de Direito Civil*); à restituição dos lucros ou dividendos recebidos de má-fé, correndo o prazo da data em que foi deliberada a distribuição; aos fundadores, aos administradores, aos sócios e aos liquidantes por violação legal ou estatutária; ao pagamento de título de crédito a contar do vencimento e à pretensão do beneficiário, p. ex., de seguro de vida, contra o segurador (TJMG, Ap. Cível 10.10505.153297-3/001(1), rel. Martins Costa, j. 19-2-2008) e a do terceiro prejudicado, no caso de seguro de responsabilidade civil obrigatório p. ex., DPVAT (TJMG, AC 10024.06.988421-1/001, rel. Baeta Nunes, 18ª Câm. Cível, j. 13-2-2007; Súmula 405 do STJ). Se, porém, como vimos, a vítima for o proprietário do veículo que provocou o acidente, sua pretensão contra a seguradora prescreverá no prazo de *1 ano* (CC, art. 206, § 1º, II e *b*).

Prescrevem em *4 anos* as pretensões atinentes à tutela, contados da data de aprovação das contas.

Prescrevem em *5 anos*:

1) A pretensão de cobrança de dívidas líquidas (certas em relação ao *quantum debeatur*) constantes de instrumento público ou particular (CC, art. 206, § 5º).

2) A pretensão dos advogados, para pagamento de seus honorários, contado o prazo do vencimento do contrato, da decisão final do processo ou da revogação do mandato (art. 25 da Lei n. 8.906/94). E também a dos profissionais liberais em geral (médicos, engenheiros, arquitetos, dentistas etc.), procuradores judiciais, curadores e professores pelos seus honorários, contado o prazo da conclusão dos serviços, da cessação dos respectivos contratos ou mandatos (CC, art. 206, § 5º, II).

3) A pretensão do vencedor para haver do vencido o que despendeu em juízo (CC, art. 206, § 5º, III).

4) A ação para reparação pelos danos causados por fato do produto ou do serviço, contado o prazo da data do conhecimento do prejuízo e de sua autoria (Lei n. 8.078/90, arts. 27, 12 a 17).

A pretensão civil por ofensa a direito moral do autor em *dez anos* (CC, art. 205), contado o prazo da data da contrafação, porque a Lei n. 9.610/98 nada dispõe, ante o veto do art. 111 que previa prazo de 5 anos. Mas há julgado entendendo que o prazo é de 5 anos a fato ocorrido antes daquele veto presidencial (*TJSP*, Ap. Cível n. 267.148-1/8, 7ª Câm. de Direito Privado). E há dúvida se o art. 206, § 3º, V, que prevê 3 anos para reparação da ofensa a direito patrimonial do autor pode ser aplicado.

Pelo Enunciado n. 40 (aprovado na *1ª Jornada de Direito Comercial*): "O prazo prescricional de 6 (seis) meses para o exercício da pretensão à execução do cheque pelo respectivo portador é contado do encerramento do prazo de apresentação, tenha ou não sido apresentado ao sacado dentro do referido prazo. No caso de cheque pós-datado apresentado antes da data de emissão ao sacado ou da data pactuada com o emitente, o termo inicial é contado da data da primeira apresentação".

Segundo o Enunciado n. 25 da *Jornada Paulista de Direito Comercial*: "Prescreve em 10 anos a pretensão à apuração de haveres de sócio falecido".

Pelos Enunciados do Fórum Permanente de Processualistas Civis:

a) n. 194 — "A prescrição intercorrente pode ser reconhecida no procedimento de cumprimento de sentença".

b) n. 195 — "O prazo de prescrição intercorrente previsto no art. 937, § 4º, tem início automaticamente um ano após a intimação da decisão de suspensão de que trata o seu § 1º (art. 92, § 4º do novo CPC)".

c) n. 196 — "O prazo de prescrição intercorrente é o mesmo da ação".

BIBLIOGRAFIA: Alberto Camelier, Prescrição das ações de direito autoral à luz do atual Código Civil e a repercussão na jurisprudência, *Revista de Direito Autoral, 2*:101-6.

Art. 206-A. A prescrição intercorrente observará o mesmo prazo da prescrição da pretensão, observadas as causas de impedimento, de suspensão e de interrupção da prescrição previstas neste Código e observado o disposto no art. 921 da Lei n. 13.105, de 16 de março de 2015 (Código de Processo Civil).

- *Artigo acrescentado pela Lei n. 14.195/2021 e confirmado pela Lei n. 14.382/2022.*
- *Súmula 150 do Supremo Tribunal Federal.*
- *Código Civil, arts. 197 a 204.*
- *Código de Processo Civil, art. 921.*

Prescrição intercorrente. É a que se consuma no curso de um processo. É a que se dá quando o credor exercitou sua pretensão executiva após a citação do réu e paralisa o processo de execução pela sua inércia. Modalidade de prescrição que se aplica na fase executiva da ação por inércia do exequente, observadas causas impeditivas, suspensivas e interruptivas da prescrição previstas no Código Civil. A prescrição intercorrente causa suspensão (CPC, art. 921) e extinção da execução (CPC, art. 924) e pelo artigo sub examine deverá observar o mesmo prazo da pretensão, ou seja, o mesmo prazo que o titular do direito teria para exercê-lo na justiça, repetindo a Súmula 150 do STF, utilizada para interpretar a prescrição intercorrente como modo prescricional que ocorre no curso do processo sempre que o credor não efetivar atos de sua responsabilidade por prazo igual ao da prescrição de sua pretensão original, exercida por meio da propositura da demanda, desde que inexista original, exercida por meio da propositura da demanda, desde que inexista fato impeditivo, suspensivo ou interruptivo desse prazo. Mas o art. 206-A não resolveu o caso do titular do direito não ser inerte, porque, às vezes, depende do Judiciário para obter localização de bens penhoráveis do devedor para averiguar se a indisponibilidade era, ou não, temporária.

BIBLIOGRAFIA: Gustavo Milaré Almeida, As mudanças na prescrição intercorrente e os efeitos da MP n. 1.040, Rota Jurídica, 15-4-2021; Pablo Stolze e Salomão Vianna, A prescrição intercorrente e a nova MP n. 1.040/21, Jusbrasil.

Capítulo II
Da Decadência

- *Código Civil, art. 2.028.*
- *Lei n. 10.839/2004, que altera o prazo decadencial da Lei n. 8.213/91, previsto no art. 103, para 10 anos, relativo ao direito do segurado para revisão da concessão do benefício da previdência social.*
- *Súmula 477 do Superior Tribunal de Justiça.*
- *Lei n. 14.010/2020, art. 3º, §§ 1º e 2º.*

Art. 207. Salvo disposição legal em contrário, não se aplicam à decadência as normas que impedem, suspendem ou interrompem a prescrição.

- *Código Civil, arts. 197 a 204.*
- *Súmula 632 do Supremo Tribunal Federal.*

Prescrição e decadência. A decadência não se confunde com a prescrição. A decadência é a extinção do direito potestativo pela falta de exercício dentro do prazo prefixado, atingindo indiretamente a ação, enquanto a prescrição extingue a pretensão, fazendo desaparecer, por via oblíqua, o direito por ela tutelado que não tinha tempo fixado para ser exercido (*JB*, *163*:196). O prazo decadencial pode ser estabelecido pela lei ou pela vontade unilateral ou bilateral (CC, arts. 210 e 211), e o prescricional é fixado por lei para exercício da ação (em sentido material) que protege um direito. Os prazos de decadência estabelecidos por lei não poderão ser aumentados nem diminuídos pelas partes, em razão dos interesses de ordem pública, que os fundamentam (*RTJ*, *85*:1019). A decadência corre contra todos, não admitindo sua suspensão ou interrupção em favor daqueles contra os quais não corre a prescrição, com exceção, por exemplo, do caso do art. 198, I (CC, art. 208), e do art. 26, § 2º, da Lei n. 8.078/90; a prescrição pode ser suspensa, interrompida ou impedida pelas causas legais. A decadência decorrente de prazo legal pode ser considerada e julgada de ofício pelo juiz, independentemente de arguição pelo interessado; a prescrição das ações patrimoniais pode ser, *ex officio*, decretada pelo órgão judicante. A decadência oriunda de prazo prefixado por lei não poderá ser renunciada pelas partes nem antes nem depois de consumada (CC, art. 209); já a prescrição, após sua consumação, poderá ser renunciada pelo prescribente.

BIBLIOGRAFIA: Camara Leal, *Da prescrição e da decadência*, cit., p. 100-5; Carlos da Rocha Guimarães, *Prescrição e decadência*, p. 51; Brugi, *Istituzioni di diritto civile*, cit., § 34, d, p. 306; Yussef Said Cahali, Decadência, in *Enciclopédia Saraiva do Direito*, v. 22, p. 358-67; e *Aspectos processuais da prescrição e da decadência*, São Paulo, Revista dos Tribunais, 1979; W. Barros Monteiro, *Curso*, cit., v. 1, p. 302-3; R. Limongi França, *Manual de direito civil*, v. 1, p. 357; Pereira Braga, *Exegese do Código de Processo Civil*, v. 3, t. 1, p. 165-6; Caio M. S. Pereira, *Instituições*, cit., v. 1, p. 596-7; Orlando Gomes, *Introdução*, cit., p.

457-62; Angelo Amorim Filho, Critério científico para distinguir a prescrição da decadência, *RT*, *300*:8; Chiovenda, *Instituições de direito processual civil*, v. 1, p. 10 e s.; e *Principios de derecho procesal civil*, v. 1, p. 203; Valter Soares, Considerações sobre prescrição e decadência, in *Estudos Jurídicos*, *5*:380-95, 1992; M. Helena Diniz, Advertência sobre a problematicidade do prazo prescricional ou decadencial e exegese do artigo 220 do Código de Processo Civil, *Revista da Associação dos Pós-Graduandos da PUCSP* — 1993, *4*:193-200; Nicolau Nazo, *A decadência no direito civil brasileiro*, 1959; Antônio Chaves, Decadência, *RF*, *297*:95; Paulo Torminn Borges, *Decadência e prescrição*, 1980; Alan Martins e Antônio Borges de Figueiredo, *Prescrição e decadência no direito civil*, Porto Alegre, Síntese, 2002; Gustavo Kloh Muller Neves, Prescrição e decadência no novo Código Civil, in *A Parte Geral do novo Código Civil* (coord. Tepedino), Rio de Janeiro, Renovar, 2002, p. 417-28.

Jurisprudência relativa à prescrição e à decadência. *RT*, *464*:142 e 180, *466*:70 e 148, *468*:120 e 182, *469*:229 e 242, *470*:143 e 235, *479*:65 e 134, *480*:170 e 223, *482*:163 e 237, *483*:201, *484*:62, 79 e 209, *485*:169 e 223, *486*:113 e 144, *487*:128 e 166, *488*:182 e 268, *489*:147 e 168, *490*:133 e 243, *504*:139, *505*:253, *510*:88, *526*:193 e *527*:217 e 244; *RSTJ*, *34*:362; *RTJ*, *127*:1148, *67*:137 e 297, *68*:425 e 658, *69*:165 e 239, *72*:401 e 426; *RJTJSP*, *35*:57 e 116, *37*:38 e 60, *39*:92, *40*:175, *41*:148 e 152 e *85*:1019; Súmulas 149, 150, 151, 153, 154, 360, 383, 443, 445, 494 e 632 do Supremo Tribunal Federal; Súmulas 78, 107, 108, 124, 163 e 219 do extinto Tribunal Federal de Recursos; Súmulas 401 e 633 do Superior Tribunal de Justiça.

Pelo Enunciado n. 161 do Fórum Permanente de Processualistas Civis: "É de mérito a decisão que rejeita a alegação de prescrição ou de decadência".

Inaplicabilidade à decadência das normas contidas nos arts. 197 a 204 do Código Civil. As normas relativas ao impedimento, suspensão e interrupção de prescrição só serão aplicáveis à decadência nos casos admitidos por lei.

Prazos decadenciais. Bem assinalou a respeito Miguel Reale, em sua Exposição de Motivos do Anteprojeto: "Prescrição e decadência não se extremam segundo rigorosos critérios lógico-formais, dependendo sua distinção, não raro de motivos de conveniência e utilidade social, reconhecidos pela política legislativa. Para pôr cobro a uma situação deveras desconcertante, optou a Comissão por uma fórmula que espanca quaisquer dúvidas. Prazos de prescrição, no sistema do Projeto, passam a ser, apenas e exclusivamente, os taxativamente discriminados na Parte Geral". Os prazos prescricionais são os arrolados nos arts. 205 e 206 e §§ 1º a 5º do Código Civil; logo, os demais prazos estabelecidos por esse diploma legal, em cada caso, são decadenciais.

Assim, por exemplo, podem-se considerar como prazos de decadência os seguintes:

1) O de *3 dias*, sendo a coisa móvel, inexistindo prazo estipulado para exercer o direito de preempção após a data em que o comprador tiver notificado o vendedor (CC, art. 516). O de *10 dias* para impugnação pela minoria vencida, de alteração de estatuto de fundação (CC, art. 68).

2) O de *30 dias*, contados da tradição da coisa para o exercício do direito de propor a ação em que o comprador pretende o abatimento do preço da coisa móvel recebida com vício redibitório ou rescindir o contrato e reaver o preço pago, mais perdas e danos (CC, art. 445).

3) O de *60 dias*, para exercer o direito de preempção, inexistindo prazo estipulado, se a coisa for imóvel, subsequentes à data da notificação feita pelo comprador ao vendedor (CC, art. 516, 2ª parte).

4) O de *90 dias*: *a*) para o credor prejudicado promover anulação de atos relativos à incorporação, fusão ou cisão, contados da publicação dos mesmos (CC, art. 1.122); *b*) para o consumidor obter o abatimento do preço do bem imóvel recebido com vício (Lei n. 8.078/90, art. 26).

5) O de *120 dias*: *a*) para exercer o direito de impetrar mandado de segurança (Lei n. 1.533/51, art. 18; Súmula 632 do STF); *b*) para obter o transportador indenização por informação inexata ou falsa descrição no conhecimento de carga, contados daquele ato (CC, art. 745).

6) O de *180 dias: a)* para pleitear anulação de negócio concluído pelo representante em conflito de interesses com o representado, se tal fato era ou devia ser do conhecimento de quem com aquele tratou, contados da conclusão do negócio ou da cessação da incapacidade (CC, art. 119 e parágrafo único); *b)* para obter redibição ou abatimento no preço, se o vício da coisa móvel, por sua natureza, só puder ser conhecido mais tarde (CC, art. 445, § 1º); *c)* para o condômino, a quem não se deu conhecimento da venda, haver para si a parte vendida a estranhos, depositando o valor correspondente ao preço (CC, art. 504, § 1º); *d)* para exercer direito de preferência, se a coisa for móvel, reavendo o vendedor o bem para si (CC, art. 513, parágrafo único); *e)* para o dono da obra obter do empreiteiro a responsabilidade pela solidez e segurança do trabalho, tanto em razão do material como do solo, contados do aparecimento do defeito (CC, art. 618, parágrafo único); *f)* para anular casamento do menor núbil, quando não autorizado por seu representante legal, contados do dia em que cessou a incapacidade, se a iniciativa for do incapaz, a partir do casamento, se a proposta for do representante legal ou da morte do incapaz, se tal atitude for tomada pelos seus herdeiros necessários (CC, art. 1.555 e § 1º); *g)* para anulação de casamento, contados da data da celebração, de incapaz de consentir ou de manifestar o consentimento (CC, art. 1.560, I); *h)* para invalidar casamento de menor de 16 anos, contados para o menor do dia em que perfez essa idade e da data do matrimônio, para seus representantes legais ou ascendentes (CC, art. 1.560, § 1º); *i)* para anular casamento realizado pelo mandatário, sem que ele ou o outro contraente soubesse da revogação do mandato, a partir da data em que o mandante tiver conhecimento da celebração (CC, art. 1.560, § 2º).

7) O de *1 ano: a)* para obter redibição ou abatimento no preço, se for imóvel, contado da entrega efetiva; se já estava na posse, o prazo conta-se da alienação, reduzido à metade (CC, art. 445); *b)* para obter redibição ou abatimento no preço, se se tratar de imóvel e se o vício, por sua natureza, só puder ser conhecido mais tarde (CC, art. 445, § 1º, *in fine*); *c)* para propor complemento de área ou devolução de excesso, se imóvel for vendido como coisa certa e discriminada, contado da transcrição do título (CC, art. 501); *d)* para pleitear revogação da doação, contado da data do conhecimento do doador do fato que a autorizar (CC, art. 559).

8) O de *ano e dia*, para desfazer janela, sacada, terraço ou goteira sobre o seu prédio (CC, art. 1.302).

9) O de *2 anos: a)* para exercer o direito de mover ação rescisória de julgado (CPC, art. 975). Pelo Enunciado do Fórum Permanente de Processualistas Civis: "O prazo para ajuizamento de ação rescisória é estabelecido pela data do trânsito em julgado da decisão rescindida, de modo que não se aplicam as regras dos §§ 2º e 3º do art. 987 do CPC à coisa julgada constituída antes de sua vigência (art. 975, §§ 2º e 3º, do novo CPC"; *b)* para anular negócio jurídico, não havendo prazo para pleitear tal anulação, contados da data da conclusão do ato (CC, art. 179); *c)* para exercer direito de preferência, se a coisa for imóvel (CC, art. 513, parágrafo único); *d)* para anular aprovação, sem reserva, do balanço patrimonial e do de resultado econômico (CC, art. 1.078, § 4º); *e)* para anulação de casamento, contados da data da celebração, se incompetente a autoridade celebrante (CC, art. 1.560, II); *f)* para pleitear anulação de ato praticado pelo consorte sem a outorga do outro, contado do término da sociedade conjugal (CC, art. 1.649 c/c CF, art. 226, § 6º, com a redação da EC n. 66/2010).

10) O de *3 anos: a)* para declaração de ausência e abertura de sucessão (CC, art. 26); *b)* para exercer o direito de anular constituição da pessoa jurídica de direito privado, por defeito do ato respectivo, contado do prazo da publicação, e sua inscrição no registro (CC, art. 45, parágrafo único); *c)* para anulação de decisões tomadas pela maioria de votos dos presentes se violarem lei ou estatuto e forem eivadas de erro, dolo, simulação ou fraude (CC, art. 48, parágrafo único); *d)* para o vendedor de coisa imóvel recobrá-la, se reservou a si tal direito, mediante a devolução do preço e reembolso das despesas do comprador (CC, art. 505); *e)* para exercer o direito de inten-

tar ação de anulação do casamento, contado da data da celebração, em razão de erro essencial sobre a pessoa do outro cônjuge (CC, art. 1.560, III).

11) O de *4 anos: a*) para pleitear anulação de negócio jurídico, contado: no caso de coação, do dia em que ela cessar; no de erro, dolo, fraude contra credores, estado de perigo ou lesão, do dia em que se realizou o negócio jurídico; no de ato de incapazes, no dia em que cessar a incapacidade (CC, art. 178, I, II e III); *b*) para intentar ação de anulação de casamento, contado da data da celebração, por ter havido coação (CC, art. 1.560, IV); *c*) para demandar exclusão do herdeiro ou legatário, contado da abertura da sucessão (CC, art. 1.815, parágrafo único); *d*) para o exercício do direito de anular disposição testamentária inquinada de erro, dolo ou coação, contado da data em que o interessado tiver conhecimento do vício (CC, art. 1.909, parágrafo único).

12) O de *5 anos*, para impugnar a validade do testamento, contado da data do seu registro (CC, art. 1.859).

Art. 208. Aplica-se à decadência o disposto nos arts. 195 e 198, I.

- *Código Civil, arts. 3º, 195 e 198, I.*

Ação regressiva contra representante. As pessoas jurídicas e os relativamente incapazes têm ação regressiva contra representantes legais que derem causa à decadência ou não a alegarem no momento oportuno (CC, art. 195) e direito à reparação dos danos sofridos (CC, arts. 186 e 927).

Incapacidade absoluta como causa impeditiva da decadência. O art. 198, I, contém causa impeditiva da decadência; logo, esta não correrá contra as pessoas arroladas no art. 3º do Código Civil, ou seja, os absolutamente incapazes (menores de 16 anos); apenas depois de cessada tal incapacidade, o prazo decadencial começará a ter fluência.

Art. 209. É nula a renúncia à decadência fixada em lei.

- *Código Civil, arts. 114 e 191.*

Renúncia de decadência prevista em lei. A decadência resultante de prazo legal não pode ser renunciada pelas partes, nem antes nem depois de consumada, sob pena de nulidade. Logo, os prazos decadenciais, decorrentes de convenção das partes, são suscetíveis de renúncia, por dizerem respeito a direitos disponíveis, visto que, se as partes podem estabelecê-los, poderão abrir mão deles.

Art. 210. Deve o juiz, de ofício, conhecer da decadência, quando estabelecida por lei.

- *Código de Processo Civil, arts. 240, § 4º, 302, IV, 310, 354 e 487, II.*

Decretação "ex officio" da decadência. A decadência, decorrente de prazo legal, é matéria de ordem pública e de interesse social; deve ser, uma vez consumado o prazo, considerada e julgada pelo magistrado, de ofício (CPC, art. 487, II), independentemente de arguição do interessado. Se a decadência for convencional, o juiz dela não pode apreciar a não ser que haja provocação do interessado (CC, art. 211).

Art. 211. Se a decadência for convencional, a parte a quem aproveita pode alegá-la em qualquer grau de jurisdição, mas o juiz não pode suprir a alegação.

Arguição de decadência convencional. Se o prazo decadencial for prefixado pelas partes, aquela a quem ele aproveitar poderá alegá-la em qualquer grau de jurisdição, mas o juiz não poderá, de ofício, suprir tal alegação, logo, se não for alegada, pressupor-se-á sua renúncia.

TÍTULO V
DA PROVA

- *Constituição Federal, art. 5º, XII, XXXV, LV e LVI, e Código de Processo Civil, arts. 369 a 380.*
- *Lei n. 9.296/96.*
- *Súmula 7 do Superior Tribunal de Justiça.*
- *Consolidação das Leis do Trabalho, arts. 818 a 830.*

Art. 212. Salvo o negócio a que se impõe forma especial, o fato jurídico pode ser provado mediante:

- *Código Civil, arts. 107, 108, 215.*
- *Código de Processo Civil, art. 369.*

I — confissão;

- *Código Civil, arts. 213 e 214.*
- *Código de Processo Civil, arts. 389 a 395.*

II — documento;

- *Código Civil, arts. 215 a 226 e 107 a 109.*
- *Sobre tradutor: Lei n. 14.145/2021, arts. 22 a 34.*
- *Código de Processo Civil, arts. 188, 205, § 2º, 385, parágrafo único, 405 a 433, 425, IV, V, VI e §§ 1º e 2º, 434 a 441; Lei n. 7.115, de 29 de agosto de 1983, regulamentada pelo Decreto n. 89.250/83, cujo art. 14 e parágrafo único foi alterado pelo Decreto n. 89.721/84; e Lei n. 7.116/83, sobre validade nacional de carteira de identidade com alterações dos Decretos n. 89.721/84 e 2.170/97. Lei n. 9.454/97 (Registro de identidade civil).*
- Vide *Lei n. 8.159/91, regulamentada pelo Decreto n. 4.073/2002.*
- *Decreto n. 2.134, de 24 de janeiro de 1997, que regulamenta o art. 23 da Lei n. 8.159/91, sobre categoria dos documentos públicos sigilosos e o acesso a eles.*
- *Resolução n. 12/99 do Conselho Nacional de Arquivos sobre declaração de interesse público e social de arquivos de pessoas físicas e jurídicas que contenham documentos relevantes para a história, cultura e desenvolvimento nacional.*
- *Sobre a escrituração e os livros mercantis, dispõe o Decreto-Lei n. 496, de 11 de março de 1969.*
- *Lei n. 11.111, de 5 de maio de 2005, sobre documentos públicos.*
- *Decreto n. 5.584, de 18 de novembro de 2005, dispõe sobre o recolhimento ao Arquivo Nacional dos documentos arquivísticos públicos produzidos e recebidos pelos extintos Conselho de Segurança Nacional — CSN, Comissão Geral de Investigações — CGI e Serviço Nacional de Informações — SNI, que estejam sob a custódia da Agência Brasileira de Inteligência — ABIN.*
- *Consolidação das Leis do Trabalho, art. 830 e parágrafo único, com a redação da Lei n. 11.925/2009.*
- *Lei n. 11.977/2009 sobre documento eletrônico.*
- *Portaria n. 527/2010 do Ministério da Fazenda sobre prática de atos e termos processuais em forma eletrônica, bem como a digitalização e armazenamento de documentos digitais no âmbito desse Ministério.*
- *Provimento CGJ-SP n. 8/2015 autoriza a coleta de assinatura de escritura pública, em até 30 dias, em momentos distintos.*

III — testemunha;

- Vide *Código Civil, arts. 227, parágrafo único, a 230* e *Código de Processo Civil, arts. 442 a 463.*
- *Lei n. 9.807/99* e *Lei estadual paulista n. 10.354/99.*
- *Código de Processo Penal, arts. 210, 212 e 217, com redação da Lei n. 11.690/2008, art. 405, § 1º, e 536 com redação da Lei n. 11.719/2008.*
- *Portaria n. 213/2018 do Ministério dos Direitos Humanos sobre Sistema Nacional de Informações de vítimas e testemunhas (SISNAVT).*
- *Lei n. 14.195/2021, arts. 22 a 34.*

IV — presunção;

- *Código de Processo Civil, art. 375.*

V — perícia.

- *Código Civil, arts. 206, § 1º, IV, 231 e 232.*
- *Código de Processo Civil, arts. 81, § 3º, 373, 464 a 484, 509, I, 510, 966, VI, 809, §§ 1º e 2º, e 870 a 875,* e *Lei n. 8.898/94.*
- *Sobre interceptação de comunicação telefônica, de qualquer natureza, para prova em investigação criminal e em instrução processual penal,* vide *Lei n. 9.296/96.*
- *Lei n. 9.800/99, sobre utilização de Sistema de Transmissão de dados para a prática de atos processuais.*
- *Lei n. 11.430, de 26 de dezembro de 2006, que acrescenta art. 21-A (sobre perícia médica) à Lei n. 8.213/91.*
- *Código de Processo Penal, art. 159, com redação da Lei n. 11.690/2008.*
- *Lei n. 12.030/2009* e *Decreto n. 7.003/2009, arts. 2o e 4o, sobre perícias oficiais.*
- *Resolução do CFM n. 2.056/2013, sobre roteiros para perícias médicas.*
- *Sobre produção antecipada de prova: CPC, arts. 381 a 383.*

Enumeração exemplificativa dos meios probatórios. O art. 212 arrola de modo exemplificativo e não taxativo os meios de prova dos atos negociais a que não se impõe a forma especial, que permitirão ao litigante demonstrar em juízo a sua existência, convencendo o órgão judicante dos fatos sobre os quais se referem, o que não significará a possibilidade de o magistrado deixar de decidir por falta de provas, pois o Código de Processo Civil no art. 370 permite que o juiz determine de ofício a realização das provas que entender necessárias e no art. 371 concede ao magistrado o direito de formar livremente sua convicção, baseado nos fatos constantes dos autos, mesmo que não tenham sido alegados pelas partes. Logo, na ausência de provas haverá possibilidade de o juiz não decidir contra aquele que não a produziu.

Confissão. A confissão judicial ou extrajudicial é o ato pelo qual a parte, espontaneamente ou não, admite a verdade de um fato contrário ao seu interesse e favorável ao adversário (CPC, arts. 389 a 395; *JB*, *147*:325 e *158*:181; *Adcoas*, n. 86.349, 1982; *RTJ*, *88*:371). "O termo 'confissão' deve abarcar o conceito lato de depoimento pessoal, tendo em vista que este consiste em meio de prova de maior abrangência, plenamente admissível no ordenamento jurídico brasileiro" (Enunciado n. 157 do Conselho da Justiça Federal, aprovado na *III Jornada de Direito Civil*). O art. 341 do Código de Processo Civil admite como prova a "confissão ficta" decorrente da alegação não contestada pela outra parte, se o contrário não resulta do conjunto das provas. E os arts. 344 e 345 do Código de Processo Civil admitem também a confissão tácita ou ficta. A confissão tem valor probante relativo, não vincula o julgador, nem implica presunção absoluta de veracidade dos fatos (STJ, 4ª T., REsp 54.809, rel. Min. Sálvio de Figueiredo Teixeira, j. 8-5-96).

Documentos públicos ou particulares. Os documentos têm apenas força probatória, representam um fato, destinando-se a conservá-lo para futuramente prová-lo. Serão particulares se feitos mediante atividade privada (*RT, 488*:190), p. ex., cartas, telegramas, fotografias, fonografias, avisos bancários, registros paroquiais. "O documento eletrônico tem valor probante, desde que seja apto a conservar a integridade de seu conteúdo e idôneo a apontar sua autoria, independentemente da tecnologia empregada" (Enunciado n. 297 do CJF, aprovado na *IV Jornada de Direito Civil*). Os documentos públicos são os elaborados por autoridade pública no exercício de suas funções, p. ex., guias de imposto, laudos de repartições públicas, atos notariais e de registro civil do serviço consular brasileiro (Decreto n. 84.451/80), portarias e avisos de ministros (CC, art. 126; Lei n. 5.433/68, regulamentada pelo Decreto n. 64.398/69, sobre microfilmagem de documentos oficiais, e hoje pelo Decreto n. 1.799/96; Lei n. 8.159/91, regulamentada pelo Decreto n. 4.073/2002 e Lei n. 11.111/2005), certidões passadas pelo oficial público e pelo escrivão judicial, atas notariais (CPC, art. 384, parágrafo único) etc. (CPC, arts. 405 a 429; *RF*, *283*:467 e *204*:437; *RT*, *335*:541; *RDA*, *154*:272 e *74*:480; *JB*, *158*:175). As atas notariais materializam a existência de um fato e podem registrar sons e imagens em arquivos eletrônicos, geram presunção de verdade dos fatos narrados ante a fé pública do tabelião.

São títulos executivos extrajudiciais: a escritura pública ou outro documento público assinado pelo devedor e o documento particular assinado por duas testemunhas (CPC, art. 784, II e III).

Pelo Enunciado do Fórum Permanente de Processualistas Civis n. 107: "O juiz pode, de ofício, dilatar o prazo para a parte se manifestar sobre prova documental produzida".

Testemunha. Testemunha é a pessoa que é chamada para depor sobre fato ou para atestar um ato negocial, assegurando, perante outra, sua veracidade. A testemunha judiciária é a pessoa natural ou jurídica representada, estranha à relação processual, que declara em juízo conhecer o fato alegado, por havê-lo presenciado (testemunha ocular) ou por ouvir (testemunha auricular) algo a seu respeito ou, ainda, que pode falar da vida pregressa das partes (testemunha referencial). A testemunha instrumentária é a que se pronuncia sobre o teor de um documento que subscreveu (CPC, arts. 442 a 463 e, em especial, o art. 460, § 2º; CC, art. 228, § 2º; Lei n. 9.807/99; Decreto n. 3.518, de 20 de junho de 2000; *Adcoas*, n. 90.328 e 91.099, 1983; *RT*, *785*:170, *696*:200, *625*:148, *500*:181, *525*:233, *449*:100 e *542*:192; *RTJ*, *79*:640 e *104*:1224; *RF*, *251*:286 e *248*:201; *EJSTJ*, *11*:232, *13*:233; STJ, Súmula 149; *RJTJSP*, *44*:239; *RJE*, *1*:255, 228 e 139; *JB*, *158*:156 e 288 e *150*:352; *BAASP*, *1910*:87; *RJ*, *168*:521, *209*:108).

Presunção. Presunção é a ilação tirada de um fato conhecido para demonstrar outro desconhecido. É a consequência que a lei ou o juiz tiram, tendo como ponto de partida o fato conhecido para chegar ao ignorado. A presunção legal pode ser absoluta (*juris et de jure*), se a norma estabelecer a verdade legal, não admitindo prova em contrário (CC, arts. 163 e 174), ou relativa (*juris tantum*), se a lei estabelecer um fato como verdadeiro até prova em contrário (CC, arts. 8º e 133). A presunção deixada a critério do juiz, que se funda naquilo que ordinariamente acontece (*quod plerumque fit*), denomina-se simples ou *hominis* (CC, art. 230).

Perícias. As perícias são provas decorrentes de análises de especialistas ou peritos. O exame, a vistoria ou a avaliação são as perícias do Código de Processo Civil (arts. 464 a 480), com as alterações das Leis n. 8.455/92 e 8.952/94 (*RT*, *492*:109, *582*:151, *610*:170, *685*:114, *620*:145, *635*:264, *829*:230, *830*:206 e *844*:263; *Ciência Jurídica*, *35*:87, *37*:85 e *39*:96 e 98; *RTJ*, *93*:1363 e *87*:662; *Adcoas*, n. 90.711, 90.712, 90.838, 91.238, 91.239 e 91.363, 1983; *JB*, *166*:299, *158*:162, 186, 205, 288 e 292 e *150*:289; *RJ*, *166*:109, *14*:255 e *8*:193; Enunciado n. 12 do TJSP). Exame é a apreciação de alguma coisa, por meio de peritos, para esclarecimento em juízo. Por exemplo, exame de livro (*RT*, *490*:111); exame de sangue ou de DNA nas ações de investigação de paternidade (*RT*, *473*:90); exame grafotécnico etc. Vistoria é a mesma operação, porém restrita à inspeção ocular, muito empregada nas questões possessórias, nas demarcatórias e nas relativas aos vícios redibitórios (*RT*, *389*:239 e *493*:95; Súmula 154 do STF). O arbitramento, por sua vez, é o exame pericial que tem em vista determinar o valor, em dinheiro, da coisa ou da obrigação a ela ligada, muito comum na desapropriação, nos alimentos, nas indenizações por atos ilícitos (*EJSTJ*, *11*:232 e 233; *RT*, *540*:205) e nas reparações de danos morais.

Pelo Enunciado do Fórum Permanente de Processualistas Civis n. 50: "Os destinatários da prova são aqueles que dela poderão fazer uso, sejam juízes, partes ou demais interessados, não sendo a única função influir eficazmente na convicção do juiz".

BIBLIOGRAFIA: Paulo de Lacerda, *Manual*, cit., v. 3, Parte 3, p. 251-329; Levenhagen, *Código Civil*, cit., v. 1, p. 167-86; M. Helena Diniz, *Curso*, cit., v. 1, p. 268-71; Caio M. S. Pereira, *Instituições*, cit., v. 1, p. 519-30; Silvio Rodrigues, *Direito civil*, cit., v. 1, p. 304-14; Bassil Dower, *Curso moderno*, cit., v. 1, p. 237-42; W. Barros Monteiro, *Curso*, cit., v. 1, p. 262-74; Serpa Lopes, *Curso*, cit., v. 1, p. 421-4; Rogério de M. Fialho Moreira, Prova pericial: inovações da Lei n. 8.455/92, *Estudos Jurídicos*, *6*:169-79; Moacyr Amaral Santos, *Prova judiciária no cível e comercial*, Max Limonad (5 v.); César Antônio da Silva, *Ônus e qualidade da prova cível*, Aide, 1991; Morello, *La prueba: tendencias modernas*, 1991; H. Souza Rego, *Natureza das normas sobre provas*, 1985; Luis A. Thompson Flores Lenz, Os meios moralmente legítimos de prova, *RT*, *621*:273; Samuel Monteiro, *Da prova pericial*, 1985, v. 1 e 2; Humberto Theodoro Jr., Os poderes do juiz em face da prova, *RF*, *263*:39; J. C. Barbosa Moreira, Alguns problemas atuais da prova, *Revista de Processo*, *53*:122; Ivan Lira de Carvalho, A prova pericial e a nova redação do Código de Processo Civil, *Ajuris*, *57*:241; Alexandre R. Atheniense, O uso de informática nos negócios e como meio de prova em juízo, *Rev. Jurídica Mineira*, *78*:233; Edson Prata, Prova judicial via satélite, *RT*, *649*:12; Carlos Alberto Dabus Maluf, As presunções absolutas e relativas na teoria da prova, *RF*, *262*:89; Tereza Ancona Lopez de Magalhães, A presunção no direito, especialmente no direito civil, *RT*, *513*:26; Sérgio Carlos Covello, *A presunção em matéria civil*, São Paulo, Saraiva, 1983; Christian Larroumet, *Droit civil*, cit., t. 1, p. 338-60; Hernando D. Echandia, *Teoría general de la prueba judicial*, 1976; Carlos Lessona, *Teoría general de la prueba en derecho civil*, 1964, 5 t.; M. Taruffo, *La prova dei fatti giuridici*, 1992; Ricardo Raboneze, *Provas obtidas por meios ilícitos*, Síntese, 2001; Vicente Greco Filho, *Interceptação telefônica*, São Paulo, Saraiva, 2006; Gilmar Ferreira Mendes, Da prova dos negócios jurídicos, in *O novo Código Civil — estudos em homenagem a Miguel Reale*, São Paulo, LTr, 2003, p. 164-77; Luiz Francisco T. Avolio, *Provas ilícitas*, São Paulo, Revista dos Tribunais, 2003; Francisco Maia Neto, A prova pericial no processo civil, *Revista Del Rey Jurídica*, *15*:20; Roberto Senise Lisboa, *Comentários*, cit., p. 294-302; Milton Paulo de Carvalho Filho, Alguns aspectos relevantes sobre o sistema probatório. A taxatividade do art. 212 do Código Civil e o art. 332 do Código de Processo Civil. Provas plenas. Os arts. 231 e 232 do Código Civil. *Impactos processuais*, cit., p. 126-45; André A. Garcia, *Prova civil*, São Paulo, Saraiva, 2009; Liza B. Duarte, O *e-mail* como meio de prova, *Ajuris*, *91*:173; Antonio do P. Cabral, A eficácia probatória das mensagens eletrônicas, *RP*, *135*:97; João A. D. Gandini, A validade jurídica dos documentos digitais, *RT*, *805*:83; José de Oliveira Ascensão, *Direito civil*, cit., v. 3, p. 261-67; Ricardo P. Braga, A fragilidade da prova testemunhal, *Informativo IASP*, *98*:50-51; Elias M. Medeiros Neto, O princípio da proibição da prova ilícita e o Projeto de um novo Código de Processo Civil, RIASP, *30*:135-57.

Art. 213. Não tem eficácia a confissão se provém de quem não é capaz de dispor do direito a que se referem os fatos confessados.

Parágrafo único. Se feita a confissão por um representante, somente é eficaz nos limites em que este pode vincular o representado.

- *Código de Processo Civil, arts. 392 e 394.*
- *Código Civil, arts. 116 e 661, § 1º.*

Ineficácia da confissão. A confissão de pessoa sem capacidade para dispor do direito alusivo aos fatos confessados não produzirá efeito jurídico nem terá força probante. P. ex., quem não for o proprietário do imóvel vendido não poderá confessar a irregularidade da sua alienação, mas, se for seu dono, poderá, havendo impugnação, admitir tal fato; quem for absolutamente incapaz não poderá efetuar confissão, por não ter a disposição do direito relativo ao fato confessado. Se for feita pelo representante, apenas terá eficácia dentro dos limites em que puder vincular o representado (*RJTJMS*, *102*:63; *RT*, *679*:147, *624*:142). P. ex., mandatário munido de poderes gerais de administração não poderá confessar fato que exceda a esses poderes; se tiver poder especial para efetuar uma confissão em nome do representado, poderá fazê-la, mas, ante as consequências dela decorrentes, a interpretação dada à extensão dos poderes conferidos pelo mandante será restritiva. Não se confere qualquer eficácia jurídica à confissão feita por representante sem poderes expressos para tanto ou que vier exceder aos poderes recebidos. Observa Roberto Senise Lisboa que "a confissão formulada pelo representante de incapaz ou de alguma pessoa física ou jurídica somente pode ser aceita nos estritos limites dos poderes que a ele foram conferidos por lei ou pela vontade do representado".

BIBLIOGRAFIA: Fabrício Z. Matiello, *Código Civil*, cit., p. 174-5; Roberto Senise Lisboa, *Comentários*, cit., p. 294.

Art. 214. A confissão é irrevogável, mas pode ser anulada se decorreu de erro de fato ou de coação.

- *Código de Processo Civil, art. 393.*
- *Código Civil, arts. 138, 139, I e II, 151 a 155 e 185.*

Irrevogabilidade da confissão. Uma vez feita a confissão, tal ato será insuscetível de retratação, por ser irrevogável. É, como diz Humberto Theodoro Jr., uma prova legal e definitiva e não um ato negocial, por isso quem confessa fato relevante para a solução da demanda não poderá arrepender-se do que declarou, nem reconsiderar a versão contida em sua declaração, nem contestar a própria confissão.

Nulidade relativa da confissão. Se a confissão se deu por erro de fato, desde que substancial (CC, art. 139, I e II), ou em virtude de coação (CC, arts. 151 a 155), ela poderá ser anulada.

BIBLIOGRAFIA: Humberto Theodoro Jr., *Comentários*, cit., p. 426.

Art. 215. A escritura pública, lavrada em notas de tabelião, é documento dotado de fé pública, fazendo prova plena.

§ 1º Salvo quando exigidos por lei outros requisitos, a escritura pública deve conter:

I — data e local de sua realização;

II — reconhecimento da identidade e capacidade das partes e de quantos hajam comparecido ao ato, por si, como representantes, intervenientes ou testemunhas;

III — nome, nacionalidade, estado civil, profissão, domicílio e residência das partes e demais comparecentes, com a indicação, quando necessário, do regime de bens do casamento, nome do outro cônjuge e filiação;

IV — manifestação clara da vontade das partes e dos intervenientes;

V — referência ao cumprimento das exigências legais e fiscais inerentes à legitimidade do ato;

VI — declaração de ter sido lida na presença das partes e demais comparecentes, ou de que todos a leram;

VII — assinatura das partes e dos demais comparecentes, bem como a do tabelião ou seu substituto legal, encerrando o ato.

- *Lei n. 7.433/85.*

§ 2º Se algum comparecente não puder ou não souber escrever, outra pessoa capaz assinará por ele, a seu rogo.

§ 3º A escritura será redigida na língua nacional.

§ 4º Se qualquer dos comparecentes não souber a língua nacional e o tabelião não entender o idioma em que se expressa, deverá comparecer tradutor público para servir de intérprete, ou, não o havendo na localidade, outra pessoa capaz que, a juízo do tabelião, tenha idoneidade e conhecimento bastantes.

§ 5º Se algum dos comparecentes não for conhecido do tabelião, nem puder identificar-se por documento, deverão participar do ato pelo menos duas testemunhas que o conheçam e atestem sua identidade.

- Vide *Lei n. 6.423, de 17 de junho de 1977.*
- *A Lei n. 196, de 18 de janeiro de 1936, em seu art. 59, declara que os termos de entrega, cessão ou doação de terrenos, para abertura ou melhoramento de ruas, quando constem dos livros das repartições municipais do Distrito Federal, têm força de escritura pública e não dependem de transcrição.*
- *Os termos de contratos e obrigações lavrados nos livros das repartições do Distrito Federal, bem como os de entrega ou doação de terrenos para abertura ou reforma de via ou logradouro, terão força de escritura pública* — Vide *art. 36 da Lei n. 3.751, de 13 de abril de 1960.*
- *Dispõe o art. 26 do Decreto-Lei n. 3.438, de 17 de julho de 1941: "A transmissão por ato entre vivos do domínio útil de terrenos aforados ou mesmo da simples ocupação, somente poderá ser feita por escritura pública. Parágrafo único. Considerar-se-á nula de pleno direito a escritura que não contiver a transcrição integral da licença do Domínio da União para a transcrição".*
- Vide *arts. 74 e 138, § 1º, do Decreto-Lei n. 9.760, de 5 de setembro de 1946.*
- *Sobre o penhor rural, dispõe o art. 2º do Decreto-Lei n. 492, de 30 de agosto de 1937: "Contrata-se o penhor rural por escritura pública ou por escritura particular transcritas no registro imobiliário da comarca em que estiverem situados os bens ou animais empenhados, para valimento contra terceiros".*
- Vide *art. 221 da Lei n. 6.015, de 31 de dezembro de 1973 (Registros Públicos).*
- *Lei n. 7.433/85 (requisitos para lavratura de escrituras públicas).*
- *Sobre fundação,* vide *art. 62 do Código Civil.*
- *Sobre bem de família,* vide *arts. 1.711 a 1.722 do Código Civil e 260 a 265 da Lei n. 6.015, de 31 de dezembro de 1973.*
- *Sobre pacto antenupcial:* vide *art. 1.653 do Código Civil.*
- *Sobre alienação de navios,* vide *Código Comercial, art. 468, e Decreto n. 11.505, de 4 de março de 1915, art. 359 (ora revogado pelo Decreto de 10 de maio de 1991).*
- *Atos relativos a cédula hipotecária independem de escritura pública* — Vide *Decreto-Lei n. 70, de 21 de novembro de 1966.*
- *Os contratos com o Banco Nacional da Habitação dispensam escritura pública: Lei n. 4.380/64, art. 61, § 5º, introduzido pela Lei n. 5.049/66.*
- *As confissões de dívidas entre particulares somente darão oportunidade à exceção da dívida que representarem quando feitas por instrumento público* — Vide *art. 1º, § 10, do Decreto-Lei n. 1.042, de 21 de outubro de 1969.*

- *O art. 784, II, III e IV, do Código de Processo Civil admite como título executivo a confissão de dívida exarada em documento particular desde que subscrito por 2 (duas) testemunhas.*
- *Código Civil, arts. 62, 107 a 109, 212, 654, 655, 807, 842, 1.653 e 1.864, e Código de Processo Civil, arts. 406 e 407.*
- Vide *art. 2º A da Lei n. 12.682/2012, acrescentado pela Lei n. 13.874/2019.*

Escritura pública. A escritura pública é um documento dotado de fé pública, lavrado por tabelião em notas, redigido em língua nacional, contendo todos os requisitos subjetivos e objetivos exigidos legalmente, ou seja, a qualificação das partes contratantes, e dos que compareceram ao ato como representantes, intervenientes ou testemunhas, a clara manifestação volitiva das partes e dos intervenientes, data e local de sua efetivação, a referência ao cumprimento das exigências legais e fiscais inerentes à legitimidade do ato, a declaração de ter sido lida na presença das partes e demais comparecentes, ou de que todos a leram, a assinatura dos contratantes, dos demais comparecentes e do tabelião. Se algum comparecente não puder assinar, outra pessoa o fará a rogo. Se algum dos comparecentes não souber a língua nacional, deverá comparecer um tradutor público, ou, não o havendo na localidade, outra pessoa capaz e idônea, para servir de intérprete. Se o tabelião não conhecer ou não puder identificar um dos comparecentes, duas testemunhas deverão conhecê-lo e atestar sua identidade (*RDA*, *6*:361; *RT*, *784*:431, *164*:793, *428*:250; *RF*, *108*:604).

Todos esses requisitos formais deverão estar presentes para assegurar a presunção *juris tantum* da autenticidade do instrumento público, que fará prova plena. "A amplitude da noção de 'prova plena' (isto é, 'completa') importa presunção relativa acerca dos elementos indicados nos incisos do § 1º, devendo ser conjugada com o disposto no parágrafo único do art. 219" (Enunciado n. 158 do Conselho da Justiça Federal, aprovado na *III Jornada de Direito Civil*).

BIBLIOGRAFIA: Sílvio de Salvo Venosa, *Direito civil*, cit., v. 1, p. 396 e s.; Paulo de Lacerda, *Manual*, cit., v. 3, Parte 3, p. 169-213; M. Helena Diniz, *Curso*, cit., v. 1, p. 266 e 269; José Carlos Moreira Alves, Os requisitos da escritura pública, no direito brasileiro, *Ajuris*, *20*:7; Sebastião Luiz Amorim e José Celso de Mello Filho, Aspectos da escritura pública, *RJTJSP*, *45*:13.

Art. 216. Farão a mesma prova que os originais as certidões textuais de qualquer peça judicial, do protocolo das audiências, ou de outro qualquer livro a cargo do escrivão, sendo extraídas por ele, ou sob a sua vigilância, e por ele subscritas, assim como os traslados de autos, quando por outro escrivão consertados*.

* Onde se lê *consertados*, leia-se *concertados*.

- Vide *Consolidação das Leis do Trabalho, arts. 818 a 830, e Código de Processo Civil, arts. 188, 406, 407, 425, 430 e s., 438, §§ 1º e 2º.*
- *Sobre documentos fotostáticos,* vide *arts. 2º do Decreto-Lei n. 2.148, de 25 de abril de 1940, que dispõe sobre certidões de tempo de serviço e dá outras providências, e 109 e 115, § 3º, da revogada Lei n. 5.772, de 21 de dezembro de 1971, Código da Propriedade Industrial, ora revogado pela Lei n. 9.279/96.*
- Vide *o art. 25 da Lei n. 209, de 2 de janeiro de 1948, e Leis n. 9.279/96 e 6.015/73, art. 161, caput.*
- *Sobre a microfilmagem de documentos públicos ou particulares e seu valor probatório,* vide *Lei n. 5.433, de 8 de maio de 1968, regulamentada pelo Decreto n. 1.799/96.*
- Vide *Decreto n. 84.451, de 31 de janeiro de 1980, sobre atos notariais e de registro civil, do serviço consular brasileiro.*

- *Art. 107, § 2º do Código de Processo Civil.*
- *Lei n. 11.971/2009 sobre certidões expedidas pelos Ofícios do Registro de Distribuição e Distribuidores Judiciais.*
- *Portaria n. 998/2012 da Procuradoria Geral Federal sobre procedimentos relativos ao uso de informação protegida por sigilo em processos judiciais.*

Força probante das certidões e dos traslados de autos. As certidões textuais de peça processual, do protocolo das audiências ou, ainda, de qualquer outro livro, feitas pelo escrivão, ou sob suas vistas, e subscritas por ele, terão a mesma força probatória que os originais, sendo que para os traslados de autos será, ainda, preciso que sejam conferidos por outro escrivão (*RF, 223*:450 e *227*:406; *RT, 391*:441). Certidões textuais, na lição de Clóvis Beviláqua, extraídas por escrivão, ou por seu escrevente, sob sua vigilância e por ele subscritas, do livro cartorário, têm por si a fé pública do funcionário e a do livro, onde se encontram os originais, de que são cópias. Se se apresentarem certidões conflitantes entre si, ter-se-á a responsabilidade penal e administrativa do serventuário que as lavrou e prevalecerá a que foi extraída diretamente de peça dos autos ou de outro documento público (*RTJ, 41*:362).

Fazem a mesma prova que os originais as cópias reprográficas de peças do próprio processo judicial declaradas autênticas pelo advogado sob sua responsabilidade pessoal, se não lhes for impugnada a autenticidade (CPC, art. 425, IV).

Certidão. A certidão textual, seja *verbo ad verbum* (de inteiro teor), seja em breve relatório (descrição sintética dos fatos), é a reprodução do conteúdo de ato escrito, registrado em autos ou em livro, feita por pessoa investida de fé pública.

Traslado. O traslado de autos é a cópia reprográfica fiel, passada pelo próprio escrivão e por outro concertada, de documentos constantes do arquivo judiciário. O concerto, portanto, nada mais é do que o ato de conferir a cópia com o original.

BIBLIOGRAFIA: Paulo de Lacerda, *Manual*, cit., v. 3, Parte 3, p. 329-33; Darcy Arruda Miranda, *Anotações*, cit., p. 93; Levenhagen, *Código Civil*, cit., v. 1, p. 186-7; Pedro Luiz Ricardo Gagliardi e W. Lopes de Almeida, *Arquivos Judiciários*, São Paulo, 1985, cap. VI; Clóvis Beviláqua, *Código Civil comentado*, v. 1, p. 137 e 323; W. Barros Monteiro, *Curso*, cit., p. 261; Gustavo Tepedino e outros, *Código*, cit., v. 1, p. 449.

Art. 217. Terão a mesma força probante os traslados e as certidões, extraídos por tabelião ou oficial de registro, de instrumentos ou documentos lançados em suas notas.

- Vide *Código de Processo Civil, arts. 384 e parágrafo único, 425, II e 407 e Lei n. 8.935, de 18 de novembro de 1994.*
- Vide *Lei n. 5.433/68, regulamentada pelos Decretos n. 64.398/69 e 1.799/96, sobre microfilmagem de documentos oficiais.*
- *Consolidação das Leis do Trabalho, art. 830.*
- *Decreto n. 84.451/80 (atos notariais e registro civil do serviço consular).*

Fé pública de documentos públicos originais. Constituem documentos públicos os que constam dos livros e notas oficiais, tendo força probatória.

Força probatória de traslados e certidões de instrumentos ou de documentos notariais. Terão a mesma força probante dos originais as certidões (reproduções do que estiver transcrito em documento ou livro notarial) e os traslados que o tabelião ou oficial de registro extrair dos instrumentos e documentos lançados em suas notas. Traslado de instrumento é a cópia do que estiver escrito no livro de notas ou dos documentos constantes dos arquivos dos cartórios, p. ex., traslado de escritura pública. Tal traslado terá força pública desde que concertado por outro escrivão; já a certidão fará prova sem dependência do referido concerto. Logo, o traslado e a certidão de escritura pública terão a mesma força probatória da própria escritura registrada.

Ata notarial como meio probatório. A ata notarial é também documento público dotado de fé pública, visto que advém de atividade do tabelião ao atestar a existência de um fato ou modo de existir desse fato, servindo como prova de como e quando tal fato se deu. É comum a lavratura, por exemplo, de fatos ocorridos em assembleias empresariais ou de publicações constantes em *sites* que podem ser retirados a qualquer momento do ar. Como a atividade do tabelião, ao atestar fatos, é norteada pelo princípio da fé pública e pelo da notoriedade, há presunção de veracidade dos fatos descritos na ata notarial que, por si só, constitui prova documental dos fatos dela constantes. Assim sendo, "a existência e o modo de existir de algum fato podem ser atestados ou documentados a requerimento do interessado, mediante ata lavrada por tabelião. Dados representados por imagem ou som gravados em arquivos eletrônicos poderão constar da ata notarial" (CPC, art. 384 e parágrafo único).

BIBLIOGRAFIA: Levenhagen, *Código Civil*, cit., v. 1, p. 187; M. Helena Diniz, *Curso*, cit., v. 1, p. 269; Paulo de Lacerda, *Manual*, cit., v. 3, Parte 3, p. 333-42; Clóvis Beviláqua, *Código Civil comentado*, cit., obs. ao art. 138, v. 1; Oliveira Machado, *Novíssimo guia dos tabeliães*, 1904, §§ 186 e s.; Nelson Nery Jr. e Rosa M. de A. Nery, *Comentários...*, cit., p. 1015 a 1016.

Art. 218. Os traslados e as certidões considerar-se-ão instrumentos públicos, se os originais se houverem produzido em juízo como prova de algum ato.

- Vide *Código de Processo Civil, arts. 162, 192, 405, 425, I a III, e 407.*
- Vide *Lei n. 6.015, de 31 de dezembro de 1973, art. 148.*
- *Código Civil, art. 216.*

Força probante de traslado não conferido por outro escrivão. O traslado de auto depende de concerto para fazer a mesma prova que o original, mas será tido como instrumento público, mesmo sem conferência, se extraído de original oferecido em juízo como prova de algum ato (CC, art. 216, c/c o art. 218; CPC, art. 407), ante o *princípio da confiança* depositada no Poder Público.

Certidão de peça de autos como instrumento público. A certidão de peça de autos será considerada documento público se extraída de original apresentado em juízo para produzir prova de algum fato ou ato. Trata-se da prova emprestada que servirá como prova documental para auxiliar o convencimento do órgão judicante, desde que tenha sido produzida em contraditório e em demanda da qual tenham participado os mesmos litigantes (*Julgados do TARS, 26*:255; *RJTJSP, 186*:150). Preenchidos esses requisitos, admitida está a prova emprestada, ou seja, a apresentação, em um processo, de prova (perícia, depoimento testemunhal etc.) produzida em outro, por meio de traslado ou certidão.

BIBLIOGRAFIA: Paulo de Lacerda, *Manual*, cit., v. 3, Parte 3, p. 343-50; M. Helena Diniz, *Curso*, cit., v. 1, p. 269; Clóvis Beviláqua, *Código Civil comentado*, cit., obs. ao art. 139, v. 1; Tepedino e outros, *Código*, cit., v. 1, p. 439 e 450; Silvio Rodrigues, *Direito Civil*, cit., v. 1, p. 273.

Art. 219. As declarações constantes de documentos assinados presumem-se verdadeiras em relação aos signatários.

Parágrafo único. Não tendo relação direta, porém, com as disposições principais ou com a legitimidade das partes, as declarações enunciativas não eximem os interessados em sua veracidade do ônus de prová-las.

- Vide *Lei n. 7.115, de 29 de agosto de 1983, que dispõe sobre prova documental.*
- *Código de Processo Civil, arts. 408 e parágrafo único, 411, I e II, 428, parágrafo único, e 784, II a IV.*
- *Código Civil, art. 423.*
- *Código de Defesa do Consumidor, art. 54.*

Declarações dispositivas. As declarações dispositivas ou disposições principais aludem aos elementos essenciais do ato negocial (p. ex., preço, objeto do contrato prazo, de vencimento etc.) e geram presunção de veracidade de seu conteúdo.

Declarações enunciativas. As declarações relativas a enunciações são as enunciativas, que esclarecem situações ou detalhes, p. ex., descrevendo um imóvel, especificando a quitação de preço em razão de um débito já existente entre comprador e vendedor. As enunciativas poderão ter relação direta com a disposição principal do ato negocial ou com a legitimidade das partes, ou ser-lhe alheias. Apenas as declarações meramente enunciativas que não tiverem quaisquer relações com as disposições principais não liberam os interessados em sua veracidade do dever de prová-las, visto que, tão somente, geram a presunção de autoria e das circunstâncias fáticas (data, local etc.); por isso, seu conteúdo deverá ser provado pelo interessado, através das vias ordinárias, uma vez que, em relação a ele, não há presunção de veracidade. Logo, há presunção de veracidade das declarações enunciativas diretas que tiverem relação com as disposições principais e das declarações enunciativas constantes de documento assinado, relativamente aos signatários. O documento público ou particular assinado estabelece a presunção *juris tantum* de que as declarações dispositivas ou enunciativas diretas nele contidas são verídicas em relação às pessoas que o assinaram (*RSTJ*, 78:269; *RT*, 775:269).

Prova. Para Clóvis Beviláqua, a prova é o conjunto de meios empregados para demonstrar, legalmente, a existência de negócio jurídico, a veracidade de seu conteúdo e das circunstâncias formais emergentes do documento público ou particular, que o instrumentaliza, e a autoria das declarações nele contidas.

BIBLIOGRAFIA: Clóvis Beviláqua, *Teoria*, cit., p. 260; M. Helena Diniz, *Curso*, cit., v. 1, p. 267; Levenhagen, *Código Civil*, cit., v. 1, p. 162-3; Messineo, *Manual de derecho civil y comercial*, Buenos Aires, 1971, v. 2, p. 506-7; Moacyr Amaral Santos, *A prova judiciária no cível e no comercial*, São Paulo, Max Limonad, 1949, p. 3; Darcy Arruda Miranda, *Anotações*, cit., v. 1, p. 88-9; Paulo de Lacerda, *Manual*, cit., v. 3, Parte 3, p. 105-51; Sebastião José Roque, *Teoria geral*, cit., p. 140-4; Tepedino e outros, *Código*, cit., v. 1, p. 454; Arnaldo Rizzardo, *Parte geral do Código Civil*, Rio de Janeiro, Forense, 2003, p. 694; Matiello, *Código Civil*, cit., p. 178.

Art. 220. A anuência ou a autorização de outrem, necessária à validade de um ato, provar-se-á do mesmo modo que este, e constará, sempre que se possa, do próprio instrumento.

- *Código Civil, arts. 176, 496, 1.517 e parágrafo único, 1.553, 1.643, 1.647, 1.648 e 1.649.*
- *Código de Processo Civil, art. 721.*

Prova da anuência ou autorização para a prática de um negócio. Casos há em que a lei requer para a efetivação de um ato negocial válido a anuência ou a autorização de outrem, como ocorre, p. ex., com a venda de imóvel por pessoa casada, não sendo o regime matrimonial o de separação absoluta de bens, em que há necessidade de outorga marital ou uxória (CC, art. 1.647, I). A prova dessa anuência ou autorização indispensável à validade do negócio jurídico far-se-á do mesmo modo que este, devendo sempre que possível constar do próprio instrumento. Para a celebração de uma escritura de compra e venda de um imóvel, a outorga uxória ou marital somente poderá ser dada por meio de instrumento público, devendo sempre que for possível constar daquela mesma escritura, ou seja, devendo ser declarada pelo oficial público incumbido de lavrar o ato a que ela se aplica.

Normas aplicáveis à prova da aquiescência. Para provar a anuência ou autorização exigida por lei para a realização de negócio válido, aplicáveis serão as normas constantes do art. 219 do Código Civil.

BIBLIOGRAFIA: Paulo de Lacerda, *Manual*, cit., v. 3, Parte 3, p. 151-4; Darcy Arruda Miranda, *Anotações*, cit., p. 89; Levenhagen, *Código Civil*, cit., v. 1, p. 164; Clóvis Beviláqua, *Código Civil comentado*, cit., obs. ao art. 132, v. 1.

Art. 221. O instrumento particular, feito e assinado, ou somente assinado por quem esteja na livre disposição e administração de seus bens, prova as obrigações convencionais de qualquer valor; mas os seus efeitos, bem como os da cessão, não se operam, a respeito de terceiros, antes de registrado no registro público.

- Vide *Lei n. 6.015, de 31 de dezembro de 1973, arts. 13, § 1º, 127, 129, n. 9, 156, 161 e 246, parágrafo único.*
- Vide, *a título comparativo, art. 2º, § 1º, da Lei n. 492, de 30 de agosto de 1937, e arts. 1.438 a 1.446 do Código Civil, que dispõem sobre o penhor rural.*
- *Código Civil, arts. 654, § 2º, 288 e 289.*
- *Código de Processo Civil, arts. 412 e 784, II, III e IV.*
- *Sobre a dispensa de reconhecimento de firmas em documentos que transitem pela administração pública,* vide *Decretos n. 63.166, de 26 de agosto de 1968, e 83.936, de 6 de setembro de 1979.*
- *O Decreto n. 52.113, de 17 de junho de 1963, revogado pelo Decreto n. 11, de 18 de janeiro de 1991 (que também perdeu sua vigência), que dispunha sobre as assinaturas, firmas e rubricas em documentos e processos, estabelecia:*

  "Art. 1º As assinaturas, firmas ou rubricas em documentos e processos deverão ser seguidas da repetição completa do nome dos signatários e indicação das respectivas funções, tipograficamente ou manuscritas com letra de imprensa.

  Art. 2º As assinaturas, firmas ou rubricas deverão ser manuscritas a tinta ou lápis-tinta.

  Art. 3º Os chefes das repartições públicas, autarquias e demais estabelecimentos vinculados à União promoverão a imediata observância do presente Decreto, que entrará em vigor na data da sua publicação".
- Vide *art. 31 da Lei n. 6.766, de 19 de dezembro de 1979, sobre trespasse de compromisso de terreno loteado, e arts. 1.417 e 1.418 do Código Civil.*
- *Súmula 489 do Supremo Tribunal Federal e Súmula 132 do Superior Tribunal de Justiça.*

Parágrafo único. A prova do instrumento particular pode suprir-se pelas outras de caráter legal.

- *Código de Processo Civil, arts. 369, 406, 408, 411, I e II e 427.*
- *Código Civil, arts. 183 e 212.*
- *Constituição Federal, art. 5º, LV e LVI.*

FATOS JURÍDICOS

Instrumento particular. O instrumento particular é o realizado somente com a assinatura dos próprios interessados, desde que estejam na livre disposição e administração de seus bens. Não mais se exige que seja subscrito por duas testemunhas para provar o negócio entabulado, mas serão necessárias as assinaturas dos obrigados e de duas testemunhas, para que aquele ato negocial sirva de título executivo extrajudicial (CPC, art. 784, II, III e IV); o conteúdo do documento assinado pelo declarante vale como prova contra o subscritor. Prova a obrigação convencional (contrato ou declaração unilateral de vontade), de qualquer valor, sem ter efeito perante terceiros, antes de assentado no Registro Público (*RT*, *463*:177, *802*:383, *758*:252 e *500*:125). O reconhecimento de firmas representaria tão somente a autenticação do ato realizada por tabelião (Lei n. 6.015/73, art. 221, II; CPC, art. 411, I e II).

Função probatória. O instrumento particular, além de dar existência ao ato negocial, serve-lhe de prova. Possui, portanto, força probante do contrato entre as partes, sendo que, para valer contra terceiro que do ato não participou, deverá ser registrado no Cartório de Títulos e Documentos, que autentica seu conteúdo. Se declarada for a falsidade, ter-se-á a cessação de fé do documento (CPC, art. 427). A prova do instrumento particular poderá ser suprida por todos os meios probatórios admitidos juridicamente (CC, arts. 183 e 212; CPC, art. 369): presunção, perícia etc.

BIBLIOGRAFIA: Darcy Arruda Miranda, *Anotações*, cit., v. 1, p. 90; M. Helena Diniz, *Curso*, cit., v. 1, p. 269; Levenhagen, *Código Civil*, cit., v. 1, p. 166-7; Paulo de Lacerda, *Manual*, cit., v. 3, Parte 3, p. 213-50; Fabrício Z. Matiello, *Código Civil*, cit., p. 179.

Art. 222. O telegrama, quando lhe for contestada a autenticidade, faz prova mediante conferência com o original assinado.

- *Código de Processo Civil, arts. 254, 263 a 266, 413, parágrafo único, 414 e 430 a 433.*
- *Decreto-Lei n. 426/38, art. 20.*
- *Código de Processo Penal, art. 289.*
- *Consolidação das Leis do Trabalho, art. 472.*
- *Lei n. 6.404/76, art. 9º.*
- *Leis n. 1.533/51, art. 4º, e 9.800/99.*

Força probatória do telegrama. O telegrama serve de prova documental, conferindo-se com o original assinado pelo remetente e conservado pelo órgão expedidor, se lhe for contestada a autenticidade, visto que contém presunção de veracidade quanto à sua emissão e forma e ao seu conteúdo, relativamente a quem o expediu, não alcançando, porém, os fatos nele consignados. O telegrama (telegrama fonado, fax e telex, por analogia) tem força probante, e o interessado (solicitante, destinatário ou agência expedidora — EBCT) poderá impugná-lo na contestação ou em ação de falsidade (CPC, arts. 430 a 433). Se, porventura, o original não apresentar aquela assinatura, o interessado deverá suprir tal falta mediante os meios de prova previstos em lei (CC, art. 212).

BIBLIOGRAFIA: Renan Lotufo, *Código Civil comentado*, cit., v. 1, p. 580; Tepedino e outros, *Código*, cit., v. 1, p. 459-60; Matiello, *Código Civil*, cit., p. 180.

Art. 223. A cópia fotográfica de documento, conferida por tabelião de notas, valerá como prova de declaração da vontade, mas, impugnada sua autenticidade, deverá ser exibido o original.

FATOS JURÍDICOS

Parágrafo único. A prova não supre a ausência do título de crédito, ou do original, nos casos em que a lei ou as circunstâncias condicionarem o exercício do direito à sua exibição.

- *Código Civil, arts. 887 a 926.*
- *Código de Processo Civil, arts. 423, 424, 425, III, 798, I,* a, *784, I.*
- *Lei n. 9.800/99.*

Cópia fotográfica de documento. A cópia fotográfica, ou reprográfica, de documento público ou particular, autenticada ou conferida por tabelião de notas, vale como prova de declaração da vontade, e, sendo impugnada sua autenticidade, o original, de onde foi extraída, deverá ser apresentado. A conferência daquela cópia pelo tabelião gera, tão somente, a presunção *juris tantum* de autenticidade documental. Com isso, o Código Civil diferenciou a certidão (prova cabal) da autenticação de cópias (demonstração da declaração volitiva) (*RSTJ, 109*:15; *RT, 710*:108).

Ausência do título de crédito ou do original. Se a lei ou as circunstâncias condicionarem o exercício do direito à exibição de título de crédito ou do original a prova produzida, na falta deles, não suprirá sua não apresentação. P. ex., pelo art. 784, I, do Código de Processo Civil, os originais de cheque, letra de câmbio, duplicata, nota promissória e debênture deverão ser apresentados em juízo, não podendo ser exibida sua cópia, ainda que autenticada.

BIBLIOGRAFIA: Fabrício Z. Matiello, *Código Civil*, cit., p. 179; José Mariano Júnior, Cópia autenticada e o novo Código Civil, *Jornal Síntese*, 76:5; Jones F. Alves e Mário Luiz Delgado, *Código*, cit., p. 145.

Art. 224. Os documentos redigidos em língua estrangeira serão traduzidos para o português para ter efeitos legais no País.

- *Código de Processo Civil, arts. 162, I a 164 e 192.*
- *Decreto n. 13.609/43 (Regulamento sobre ofício de tradutor público e intérprete comercial), com alteração do Decreto n. 20.256/45.*
- *Lei n. 6.015/73, arts. 129, § 6º, e 148.*
- *Decretos n. 84.451/80, art. 3º, e 2.067/96, art. 26.*
- *Lei n. 8.934/94, art. 8º, III.*
- *Constituição Federal, art. 13.*
- ***Projeto de Lei n. 699/2011:*** *"Art. 224. Os documentos redigidos em língua estrangeira serão traduzidos para o vernáculo e registrados em Títulos e Documentos para terem efeitos legais no país".*

Exigência da língua vernácula nos atos negociais. Todos os documentos, instrumentos de contrato, que tiverem de produzir efeitos no Brasil deverão ser escritos em língua portuguesa. Se escritos em língua estrangeira, deverão ser vertidos para o português, por tradutor juramentado, que goza de fé pública (Decretos n. 13.609/43 e 20.256/45), para que todos possam deles ter conhecimento (*RF, 269*:464; STJ, REsp 616.103/SC, rel. Min. Teori A. Zavascki, j. 14-9-2004), pois não se pode exigir que o juiz possa compreender todas as línguas. É conveniente lembrar que, pelo art. 26 do Decreto n. 2.067/96, documentos em língua espanhola terão, entre os países do Mercosul, a mesma força probatória dos escritos em português, dispensando sua tradução (*Revista de Processo, 92*:384).

Registro de documentos estrangeiros. Instrumentos alienígenas poderão ser registrados em nosso país, no original, para fins de sua conservação, mas, para que possam ter eficácia e para

FATOS JURÍDICOS

valerem contra terceiros, deverão ser vertidos para o vernáculo, e essa tradução, por sua vez, deverá ser registrada (Lei n. 6.015/73, art. 148).

BIBLIOGRAFIA: Darcy Arruda Miranda, *Anotações*, cit., v. 1, p. 93; M. Helena Diniz, *Curso*, cit., v. 1, p. 270; Paulo de Lacerda, *Manual*, cit., v. 3, Parte 3, p. 350-5; Mário Antônio Lobato de Paiva, Autenticação de documentos no novo Código Civil, *CDT Boletim*, *18*:78; Tepedino e outros, *Código*, cit., v. 1, p. 464.

Art. 225. As reproduções fotográficas, cinematográficas, os registros fonográficos e, em geral, quaisquer outras reproduções mecânicas ou eletrônicas de fatos ou de coisas fazem prova plena destes, se a parte, contra quem forem exibidos, não lhes impugnar a exatidão.

- *Código de Processo Civil, arts. 260, § 2º, 425, III, V e VI, §§ 1º e 2º, 422 a 424 e 430.*
- *Leis n. 6.015/73 (art. 141), 5.433/68 e 9.800/99.*
- *Decreto n. 1.799/96.*
- *Medida Provisória n. 2.200-2/2001, art. 10, § 1º, sobre a infraestrutura de chaves públicas brasileira e certificação de documento eletrônico.*
- *Lei n. 11.419/2006, art. 11.*
- *Leis n. 12.682/2012 e 12.686/2012 sobre documentos particulares digitais.*

Reproduções fotográficas, cinematográficas, mecânicas ou eletrônicas de fatos ou coisas e registros fonográficos. Registros fonográficos (*RT*, *599*:66; *Lex*, *STJ*, *141*:332) e qualquer tipo de reprodução fotográfica (CPC, arts. 422, § 2º, 423), cinematográfica, mecânica, eletrônica e, inclusive, a feita pela Internet de fatos ou de coisas fazem, por serem dotados de presunção *juris tantum* de autenticidade, prova plena destes, desde que aquele contra quem forem exibidos não impugne sua exatidão na contestação ou em incidente de falsidade (CC, art. 390), demonstrando que não corresponde à verdade ou que, apesar de sua veracidade, é alheio ao fato que se pretende provar. Prestigiado está o princípio da verdade documental, que considera autêntico e verídico um documento até prova em contrário.

Urge lembrar que pelo Enunciado n. 298 do Conselho da Justiça Federal (aprovado na *IV Jornada de Direito Civil*): "Os arquivos eletrônicos incluem-se no conceito de 'reproduções eletrônicas de fatos ou de coisas', do art. 225 do Código Civil, aos quais deve ser aplicado o regime jurídico da prova documental" (art. 212, II, do Código Civil).

BIBLIOGRAFIA: João Abrahão, O valor probatório das reproduções mecânicas, *Revista de Processo Civil*, *20*:126; Tepedino e outros, *Código*, cit., v. 1, p. 464-6; Gandini e Silva Salomão, A validade jurídica dos documentos digitais, *RT*, *805*:83.

Art. 226. Os livros e fichas dos empresários e sociedades provam contra as pessoas a que pertencem, e, em seu favor, quando, escriturados sem vício extrínseco ou intrínseco, forem confirmados por outros subsídios.

Parágrafo único. A prova resultante dos livros e fichas não é bastante nos casos em que a lei exige escritura pública, ou escrito particular revestido de requisitos especiais, e pode ser ilidida pela comprovação da falsidade ou inexatidão dos lançamentos.

- Vide *Código Civil, arts. 212, 215, 1.177, 1.179 a 1.182, 1.190 a 1.194.*
- *Código de Processo Civil, arts. 417 a 421.*
- *Súmulas 260 e 390 do Supremo Tribunal Federal.*

Livros e fichas de empresários e sociedades. Os documentos (livros e fichas) empresariais geram presunção *juris tantum* da veracidade de seu conteúdo e autoria e servem não só de prova documental contra aqueles a quem pertencem como também em seu favor se, escriturados sem quaisquer vícios, extrínsecos ou intrínsecos, puderem ser confirmados por outros meios probatórios (CC, art. 212). Tais livros e fichas não constituirão prova suficiente nos casos em que lei exigir instrumento público ou, até mesmo, particular revestido de requisitos especiais (p. ex., reconhecimento de firma). E, havendo comprovação de falsidade ou inexatidão dos lançamentos pelos meios admitidos por lei (CC, art. 212), principalmente por perícia, sua força probatória poderá ser ilidida.

BIBLIOGRAFIA: Matiello, *Código Civil*, cit., p. 181-2; João Eunápio Borges, *Curso de direito comercial terrestre*, Rio de Janeiro, Forense, 1964, p. 217.

Art. 227. (*Salvo os casos expressos, a prova exclusivamente testemunhal só se admite nos negócios jurídicos cujo valor não ultrapasse o décuplo do maior salário mínimo vigente no País ao tempo em que foram celebrados.*)

- *Revogado pelo CPC/2015, art. 1.072, II.*
- *Lei n. 4.504/64, art. 92, § 8º.*
- *Constituição Federal, art. 7º, IV.*
- *Súmula 149 do Superior Tribunal de Justiça.*

Parágrafo único. Qualquer que seja o valor do negócio jurídico, a prova testemunhal é admissível como subsidiária ou complementar da prova por escrito.

- *Código de Processo Civil, arts. 406, 442, 443, 444 e 445.*
- *Estatuto da Terra (Lei n. 4.504/64), art. 92, § 8º.*
- *Código Civil, arts. 228 e 229.*

Testemunha instrumentária. Testemunha instrumentária é a pessoa que se pronuncia sobre o teor do instrumento público ou particular que subscreve. Tal prova, salvo em caso expresso legalmente, apenas era admitida em ato negocial, cujo valor não ultrapassasse o décuplo do maior salário mínimo vigente no País ao tempo de sua celebração (*RT*, *615*:227, *620*:137). Houve quem achasse inconstitucional o *caput* do artigo 227 (ora revogado), considerando-se que pela Carta Magna (art. 7º, IV) o salário mínimo, fixado em lei, é nacionalmente unificado, e, além disso, vedada está sua vinculação para qualquer fim. Nas obrigações oriundas de atos ilícitos, qualquer que seja seu valor era permitida prova testemunhal (*RT*, *516*:70 e *449*:100). Ante a revogação do art. 227, *caput*, não há mais tal exigência. Deveras estatui o CPC art. 406 que "quando a lei exigir o instrumento público, como da substância do ato, nenhuma outra prova, por mais especial que seja, pode suprir-lhe a falta". Urge não olvidar que o princípio *testis unus, testis nullus* não mais vigora (*RT*, *436*:116), pois é admitida testemunha única se capaz e desimpedida e se seu depoimento for imparcial e coerente, demonstrando conhecimentos sobre o fato que se pretende provar.

Subsidiariedade de prova testemunhal. A prova testemunhal, qualquer que seja o valor do contrato, sempre será admitida em juízo como complemento de prova documental ou se houver começo de prova por escrito (CPC, art. 444; *RT*, *717*:252), desde que o documento seja relativo ao contrato ou à obrigação e esteja assinado pelo devedor. Admitir-se-á também a prova exclusivamente testemunhal, seja qual for o valor contratual, quando o credor não puder, moral ou materialmente, obter a prova escrita da obrigação (*RJTJRGS*, *172*:280), em casos como o de parentesco, depósito necessário ou hospedagem em hotel (CPC, art. 445) ou em razão de práticas comerciais do local onde contraída a obrigação. É também permitida a prova exclusivamente testemunhal, quando não se tiver por fim provar a existência do contrato, mas os efeitos dele oriundos (*RT*, 772:198). Deveras, há uma corrente jurisprudencial entendendo que, quanto aos efeitos pretéritos do contrato, é admissível prova exclusivamente testemunhal, qualquer que seja o seu valor (*RSTJ*, *153*:295; *RT*, *499*:141). A prova testemunhal é admissível em contratos que, em regra, são feitos verbalmente (*RT*, *625*:148, *660*:132, *712*:160, *714*:134, *715*:179; *RSTJ 69*:442), p. ex., prestação de serviço de táxi, corretagem, sociedade em comum, ou seja, a irregular ou a de fato etc.

BIBLIOGRAFIA: M. Helena Diniz, *Curso*, cit., v. 1, p. 270; Darcy Arruda Miranda, *Anotações*, cit., v. 1, p. 93; Levenhagen, *Código Civil*, cit., v. 1, p. 189; Clóvis Beviláqua, *Código Civil comentado*, cit., obs. ao art. 141 do Código de 1916, v. 1; Tepedino e outros, *Código*, cit., v. 1, p. 471-2; Jones F. Alves e Mário L. Delgado, *Código*, cit., p. 147.

Art. 228. Não podem ser admitidos como testemunhas:

I — os menores de dezesseis anos;

II — (aqueles que, por enfermidade ou retardamento mental, não tiverem discernimento para a prática dos atos da vida civil;)

- *Revogado pela Lei n. 13.146/2015.*

III — (os cegos e surdos, quando a ciência do fato que se quer provar dependa dos sentidos que lhes faltam;)

- *Revogado pela Lei n. 13.146/2015.*

IV — o interessado no litígio, o amigo íntimo ou o inimigo capital das partes;

V — os cônjuges, os ascendentes, os descendentes e os colaterais, até o terceiro grau de alguma das partes, por consanguinidade, ou afinidade.

- Vide *Código de Processo Civil, arts. 447, §§ 1º a 4º, 452 e 457.*
- Vide *Consolidação das Leis do Trabalho, art. 829.*
- Vide *Lei n. 6.015, de 31 de dezembro de 1973 (Registros Públicos), art. 42.*
- *Código de Processo Penal, art. 206.*
- *Consolidação das Leis do Trabalho, art. 829.*
- *Código Civil, art. 3º, I e II.*

§ 1º Para a prova de fatos que só elas conheçam, pode o juiz admitir o depoimento das pessoas a que se refere este artigo.

- Vide *Código de Processo Civil, art. 447, §§ 1º a 5º.*

§ 2º A pessoa com deficiência poderá testemunhar em igualdade de condições com as demais pessoas, sendo-lhes assegurados todos os recursos de tecnologia assistiva.

- *Acrescentado pela Lei n. 13.146/2015.*
- Vide *Lei n. 13.146/2015, arts. 3º, III, 74, 75 e 80, parágrafo único.*

Condições de admissibilidade de prova testemunhal. Condições precípuas de admissibilidade de prova testemunhal são a capacidade de testemunhar, a compatibilidade de certas pessoas com a referida função e a idoneidade da testemunha. Pelo CPC/2015, art. 447, § 2º, I a III, são *impedidos* de depor, em juízo, como testemunhas: o cônjuge, o companheiro, o ascendente e o descendente em qualquer grau e o colateral, até o terceiro grau, de algumas das partes, por consanguinidade ou afinidade; o que é parte na causa; o que intervém em nome de uma parte, como o tutor, o representante legal da pessoa jurídica, o juiz, o advogado e outras que assistam ou tenham assistido as partes. São *suspeitos* para testemunhar (CPC, art. 447, § 3º, I a III): o inimigo da parte (*RJTJSP*, *64*:146) ou seu amigo íntimo (*RT*, *523*:189; *RJTJSP*, *64*:146); o que tiver interesse no litígio. Todavia, para provar fatos que só elas conheçam, o órgão judicante pode admitir, se julgar conveniente, o depoimento de pessoas (menores, impedidas ou suspeitas) que não poderiam testemunhar (CPC, art. 447, §§ 4º e 5º; *RJTJSP*, *156*:206); mas, se forem ouvidas, estarão dispensadas do compromisso de dizer a verdade, em razão da situação em que se encontram, de modo que ao magistrado competirá aferir o conteúdo dos depoimentos prestados, considerando o conjunto das demais provas produzidas. Pelo *Código de Processo Civil*, art. 447, § 2º, I, 2ª parte, o cônjuge, companheiro ascendente, descendente em qualquer grau ou colateral até o terceiro grau de alguma das partes, por consanguinidade ou afinidade, não estão impedidos de depor se o interesse público o exigir e se a causa for alusiva ao estado da pessoa, não se podendo obter de outra maneira a prova que o órgão judicante entender necessária para poder julgar o mérito.

Incapacidade para testemunhar. Não podem ser admitidos, no *âmbito processual*, como testemunhas, por serem *incapazes*: o interdito por enfermidade ou deficiência mental; o acometido por enfermidade ou retardamento mental, se, ao tempo em que ocorreram os fatos, não podia discerni-los, ou, ao tempo em que deve depor, não estiver habilitado a transmitir as percepções; os menores de dezesseis anos; o cego e o surdo, quando a ciência do fato depender dos sentidos que lhes faltam (CPC, art. 447, § 1º, I a IV); no *plano negocial* (CC, art. 228, I, IV, e V), não podem ser admitidos como testemunhas: os menores de 16 anos; o interessado no objeto do litígio (fiador de um dos litigantes, ex-advogado da parte, sublocatário na ação de despejo movida contra o inquilino); o ascendente e o descendente sem limitação de grau, e o colateral, até o terceiro grau (irmão, sobrinho, tio, sogro (*RJTJSP*, *162*:287) e cunhado (*JTJ*, *162*:287) de alguma das partes (*RT*, *481*:189 e *494*:137; *Ciência Jurídica*, *80*:59), e em ambas as hipóteses o parentesco pode ser por consanguinidade ou afinidade (*RSTJ*, *105*:265; *RT*, *651*:121); os cônjuges e, também, os companheiros (STJ, 3ª T., REsp 81.551, rel. Min. Waldemar Zveiter, j. 23-9-1997). Todavia, pelo § 1º do art. 228, admissível será o depoimento dessas pessoas para demonstrar fatos de que só elas tenham conhecimento.

Testemunho de pessoa portadora de deficiência. Pessoas doentes (p. ex., com mobilidade reduzida) ou retardados mentais — apesar de lhes faltar discernimento —, ante a revogação do art. 228, I e III, pelo Estatuto do Deficiente, cegos e surdos poderão testemunhar em igualdade de condições com as demais pessoas, sendo-lhes assegurados, para tanto, todos os recursos de tecnologia assistiva (CC, art. 228, § 2º) ou ajuda técnica, ou seja, produtos, equipamentos dispositivos, recursos, metodologias, estratégias, práticas e serviços que objetivem promover a funcionalidade relacionada à atividade que devem desempenhar e à sua participação, visando à sua autonomia, independência, qualidade de vida e inclusão social (Lei n. 13.146/2015, art. 3º, III). Mas, pelo CPC/2015, que entrou em vigor depois do Estatuto do Deficiente, art. 447, § 1º, I, II e IV, são incapazes para depor como testemunhas: o interdito por enfermidade ou deficiência mental; o que, acometido por enfermidade ou retardamento mental ao tempo em que ocorreram os fatos, não podia discerni-los, ou, ao tempo em que deve depor, não está habilitado a transmitir as percepções; o cego e o surdo, quando a ciência do fato depender dos sentidos que lhes faltam. Surge aqui uma antinomia aparente, cuja solução remete o julgador à aplicação do art. 5º da LINDB, e talvez requeira, ainda, a edição de norma que esclareça a questão. Parece-nos que se poderá, até mesmo, ante esse impasse, admitir que o portador de deficiência mental possa testemunhar no plano negocial (CC, art. 228), mas não no processual (CPC, art. 447, § 1º, I, II e IV).

BIBLIOGRAFIA: Stein, *Die zivilprozessordnung fur das Deutsche Reich*, 1911, v. 1, p. 935-6; Lessona, *Trattato delle prove — prova testimoniale*, 1908, v. 4, n. 173; M. Helena Diniz, *Curso*, cit., v. 1, p. 270; Levenhagen, *Código Civil*, cit., v. 1, p. 190-2; Gluck, *Commentario alle pandette*, trad. ital., Livro 22, tít. 5,

§ 1.176; Bonnier, *Traité des preuves en droit civil et en droit criminel*, p. 250; Fabrício Z. Matiello, *Código Civil*, cit., p. 184.

Art. 229. *(Ninguém pode ser obrigado a depor sobre fato:)*

- *Código Penal, art. 153.*
- *Lei n. 4.717/65, art. 1º, §§ 6º e 7º.*
- *Decreto n. 3.000/99, arts. 998 a 1.000.*
- *Lei n. 1.079/50, art. 5º, n. 4.*

I — (a cujo respeito, por estado ou profissão, deva guardar segredo;)

- *Constituição Federal, art. 5º, XIV.*
- Vide *Código de Processo Civil, arts. 388, II, 404, IV, 448, e 406.*
- *Consulte-se o Código de Processo Penal, art. 207.*
- *Sobre o segredo profissional revelado sem justa causa,* vide *Código Penal, art. 154.*
- *O advogado tem o direito e o dever de guardar sigilo profissional, nos termos da Lei n. 8.906, de 4 de julho de 1994 — Estatuto da Advocacia e Ordem dos Advogados do Brasil, arts. 7º, XIX, 34, VII, e 36, I.*
- *Sobre funcionários públicos,* vide *Lei n. 8.112, de 11 de dezembro de 1990, arts. 116, V,* a, *e VIII, e 132, IX.*
- *Sobre os servidores dos órgãos da Presidência da República,* vide *Decreto n. 23.822, de 10 de outubro de 1947, art. 66.*
- *Sobre corretores: Código Civil, art. 723.*
- *Sigilo das operações de instituições financeiras* — Vide *arts. 38 da Lei n. 4.595, de 31 de dezembro de 1964, e 8º da Lei n. 8.021, de 12 de abril de 1990; LC n. 105/2001, art. 6º, regulamentado pelo Decreto n. 3.724/2001.*
- *Negativa de certidão ou informação pela autoridade pública* — Vide *art. 1º, §§ 6º e 7º, da Lei n. 4.717, de 29 de junho de 1965, que regula a ação popular.*
- *O Decreto n. 60.417, de 11 de março de 1967, aprovou o regulamento para a salvaguarda de assuntos sigilosos, relativos à segurança nacional.*
- *Lei n. 8.159/91, art. 24.*
- *Lei n. 11.111/2005, arts. 2º e 7º.*
- *Sigilo fiscal* — Vide *Decreto n. 3.000/99.*
- *Sigilo profissional, em favor do jornalista, acerca das fontes de informações* — Vide *art. 71 da Lei n. 5.250 (ADPF n. 130/2009 — STF — entende que não foi recepcionada pela CF), de 9 de fevereiro de 1967.*
- *Sobre militar,* vide *Decreto-Lei n. 1.029, de 21 de outubro de 1969, art. 34,* j, *e Lei n. 1.079, de 10 de abril de 1950, art. 5º, n. 4.*

II — (a que não possa responder sem desonra própria, de seu cônjuge, parente em grau sucessível, ou amigo íntimo;)

- *Código de Processo Civil, arts. 388, I, 404, III e 448, I.*

III — (que o exponha, ou às pessoas referidas no inciso antecedente, a perigo de vida, de demanda, ou de dano patrimonial imediato.)

- *Código de Processo Civil, art. 404, III.*
- *Revogado pelo CPC/2015 que rege o assunto no art. 448, I e II.*

Segredo profissional. A todas as pessoas — como advogado (*RSTJ*, *83*:258), médico (*RJTJRGS*, *161*:237; *RTJ*, *101*:676; *RT*, *760*:295), padre confessor, funcionário público (*RDA*, *181*:493), bancário (*RT*, *353*:541; *RDA*, *179*:348), jornalista (*RT*, *379*:429; *RF*, *218*:448), militar (*RF*, *130*:591; *RT*, *185*:1029) — que, por estado ou profissão, tiverem a obrigação de guardar segredo de fatos que lhes foram confiados, dispensa-se o dever de prestar depoimentos (CPC, art. 448, II).

Justificação da dispensa. Desobriga-se de depor, em juízo, sobre fatos a cujo respeito uma pessoa, por estado ou profissão, deve guardar sigilo, isto porque a não revelação de segredo profissional é um dever imposto constitucional e legalmente, ante o princípio da ordem pública, sendo que constitui crime revelar a alguém o sigilo de que tiver notícia ou conhecimento, em razão de ofício, emprego ou profissão (CP, art. 154; CF, art. 52, XIV; CPC, art. 448, II; *RF*, *333*:329; *Jurisprudência Mineira*, *124*:66).

Dispensa do dever de prestar depoimento. Também há, com o intuito de preservar a família, dispensa para depor sobre fatos: *a*) a que não se possa responder sem desonrar a si próprio, cônjuge ou companheiro, parente consanguíneo ou afim em linha reta ou colateral até o 3º grau) ou, por interpretação extensiva, amigo íntimo; *b*) que possam expor o depoente ou, ainda, seu consorte (ou companheiro) ou parentes a grave dano moral e/ou patrimonial (CPC, art. 448, I).

BIBLIOGRAFIA: Levenhagen, *Código Civil*, cit., v. 1, p. 192; M. Helena Diniz, *Curso*, cit., v. 1, p. 270; Paulo de Lacerda, *Manual*, cit., v. 3, Parte 3, p. 460-535; Francisco Brant, O sigilo profissional, *RF*, 17:357; Labori, Secret professionnel, in *Répertoire encyclopédique de droit français*, 1895, v. 11, n. 4; Lessona, *Trattato delle prove*, 1908, v. 4, n. 165; Alberici, *Dei segreti privati*, n. 38.

Art. 230. (*As presunções, que não as legais, não se admitem nos casos em que a lei exclui a prova testemunhal.*)

- *Revogado pelo CPC/2015.*
- Vide *Código de Processo Civil, arts. 140, 374, IV, 375.*
- *Código Civil, art. 212, IV.*

Presunções "hominis" ou simples. São as deixadas ao critério e prudência do magistrado, que se funda no que ordinariamente acontece, ou nos atos habituais do cotidiano, e só podem ser acatadas em casos graves, precisos e concordantes, não sendo admitidas se a lei excluir, na hipótese *sub examine*, a prova testemunhal (CPC, arts. 375 e 443, I e II). Mas as presunções legais *juris et de jure* e *juris tantum* serão sempre acatadas, inclusive nos fatos em que a lei não admitir depoimento de testemunhas.

Art. 231. Aquele que se nega a submeter-se a exame médico necessário não poderá aproveitar-se de sua recusa.

- *Código de Processo Civil, arts. 464 a 480.*

Exame médico necessário. Ninguém poderá, ante o direito à privacidade tutelado constitucionalmente, ser constrangido a fazer exames médicos, produzindo prova contra si mesmo, envolvendo, p. ex., coletas de sangue ou retirada de amostras de tecidos. Sua recusa gerará, por outro lado, a impossibilidade da alegação, em seu proveito, de que a falta do referido exame seria decisiva à solução da demanda em seu favor (*RTJ*, *134*:202). Assim sendo, quem se negar a fazer exame médico necessário não poderá arguir sua imprescindibilidade para a solução do litígio. Com isso, o órgão judicante poderá acatar outros meios probatórios, que poderão ser conducentes a uma decisão desfavorável. Quem vier a negar-se a efetuar exame médico, p. ex., DNA, que seja necessário para a comprovação de um fato, não poderá aproveitar-se de sua recusa, alegando, p. ex., insuficiência de prova. Assim, se alegar violação à sua privacidade e não se submeter àquele exame, ter-se-á presunção ficta da paternidade, pois, em razão do progresso científico, a perícia poderá indicar ou excluir, com segurança, a questionada ascendência (*RT, 791*:344). Deveras, pelo STJ, "Em ação investigatória, a recusa do suposto pai a submeter-se ao exame de DNA induz presunção *juris tantum* de paternidade" (Súmula 301). Isto é assim, por ser tal exame imprescindível para a descoberta da verdadeira filiação, tendo em vista o superior interesse do menor e seu direito à identidade genética, ou seja, o de conhecer a história da saúde de seus parentes consanguíneos para fins de prevenção de moléstia física ou psíquica ou para evitar incesto.

Art. 232. A recusa à perícia médica ordenada pelo juiz poderá suprir a prova que se pretendia obter com o exame.

- *Código de Processo Civil, arts. 369, 370, 378, 464 a 480, 420 a 443.*
- *Súmula 301 do Superior Tribunal de Justiça.*
- *Lei n. 8.560/92, arts. 2º, §§ 5º e 6º, com a redação da Lei n. 12.010/2009, e 2º-A e parágrafo único, acrescentado pela Lei n. 12.004/2009.*

Recusa à perícia médica. O juiz está autorizado a determinar, para atingir a verdade do fato *sub judice*, a realização das provas que forem convenientes para instruir o processo, ordenando até mesmo perícia médica para apurar maternidade, paternidade, sequelas de uma lesão corporal ou necessidade de interdição por insanidade mental. Se alguém se recusar a efetuar perícia médica ordenada pelo magistrado (CPC, art. 370), sua recusa poderá suprir a prova pretendida com aquele, fazendo com que se conclua pela procedência da ação, tendo por base a presunção advinda da não colaboração na produção da prova exigida. Assim sendo, p. ex., como acima dissemos, a recusa ao exame de DNA poderá valer como prova da maternidade ou da paternidade, pois o magistrado basear-se-á em presunção da paternidade ou maternidade (*RTDCiv, 2*:189; *RT, 720*:220, *750*:336, *778*:266, *830*:357; *JSTJ, 10*:222; *JTJ, 201*:128, *210*:202 e *260*:369; *RSTJ, 135*:315; *RF, 352*:280; TJRS, Ap. 70.020.922.878, rel. Rui Portanova, j. 13-9-2007). Deveras, pela Súmula 301 do STJ, "em ação investigatória, a recusa do suposto pai a submeter-se ao exame de DNA induz presunção *juris tantum* de paternidade". Essa súmula também se aplica em sentido inverso, pois já se decidiu que a recusa do filho a realizar o exame de DNA gera presunção em favor da paternidade alegada pelo suposto pai (*RT, 839*:219; *JTJ, 293*:208). Por outro lado, a recusa da mãe em submeter filho a exame de DNA gera a presunção de que o suposto pai não é o genitor da criança (STJ, 4ª Turma). O art. 232 admite a possibilidade de se ter suprimento probatório e autoriza o uso do fato de ter a parte se recusado ao exame pericial médico como uma presunção, cuja valoração, no dizer de Humberto Theodoro Jr., deve dar-se em cotejo com o quadro geral dos elementos de convicção disponíveis no processo. Consequentemente, a ausência de conclusão sobre filiação ante a negativa do suposto pai à submissão ao exame médico ordenado pelo órgão judicante atingirá a pretensão alegada, pois o ônus da prova incumbe ao autor quanto ao fato constitutivo do seu direito (CPC, art. 373, I). Com isso, a prova por ele produzida ou aquela presunção lhe será favorável. A Lei n. 12.004/2009 vem, em definitivo, consolidar essa ideia ao acrescentar o art. 2º-A e parágrafo único à Lei n. 8.560/92, que, assim, prescreve: "Na ação de investigação de paternidade, todos os meios legais, bem como os moralmente legítimos, serão hábeis para provar a verdade dos fatos. A recusa do réu em se submeter ao exame de código genético — DNA gerará a presunção da paternidade, a ser apreciada em conjunto com o contexto probatório".

Já houve decisão (*JSTJ, 129*:143) também de que a recusa do autor, em caso de acidente de trabalho, em submeter-se à perícia ordenada pelo juiz faz persistir a dúvida sobre a existência do fato, pois a leucopenia é reversível, levando ao juízo de improcedência da ação.

BIBLIOGRAFIA: Matiello, *Código Civil*, cit., p. 186-7; Adolfo M. Nishiyama, A recusa à perícia médica ordenada pelo juiz e a presunção de paternidade, *Revista de Direito Privado*, *20*:33; Nilvio de Oliveira Batista, Investigação de paternidade e recusa ao DNA, *Revista Jurídica Del Rey*, *14*:38-9; Fernando Simas Filho, *A prova na investigação de paternidade*, Curitiba, Juruá, 2005; Alberto Chamelete Neto, *Investigação de paternidade & DNA*, Curitiba, Juruá, 2005; Humberto Theodoro Jr., Prova indiciária no novo Código Civil e a recusa ao exame de DNA, *Revista Síntese de Direito Civil e Processual Civil*, *33*:29-42; Hugo N. Mazzilli e Wander Garcia, *Anotações*, cit., p. 80; Thomaz H. J. de A. Pereira, A recusa a se submeter ao exame de DNA (Ensaio sobre o art. 232 do Código Civil e a Súmula 301 do STJ). *Impactos processuais*, cit., p. 170-82; Rodrigo Mazzei, Algumas notas sobre o (dispensável) art. 232 do Código Civil, *MPMG Jurídico*, *19*:45-9.

Parte Especial

Livro I

Do Direito das Obrigações

Título I

Das Modalidades das Obrigações

Capítulo I

Das Obrigações de Dar

Seção I

Das obrigações de dar coisa certa

Art. 233. A obrigação de dar coisa certa abrange os acessórios dela embora não mencionados, salvo se o contrário resultar do título ou das circunstâncias do caso.

- Vide *Código Civil, arts. 92 a 95.*
- *Código de Processo Civil, arts. 498, 513, 523 e 538.*
- *Código de Defesa do Consumidor, art. 35.*
- *Súmula 500 do Supremo Tribunal Federal.*

Noção de obrigação de dar. Na obrigação de dar, a prestação do obrigado é essencial à constituição ou transferência do direito real sobre a coisa (*RT*, *486*:206, *377*:146, *479*:76, *398*:340, *456*:209, *431*:66, *714*:220, 777:408; *RJTJSP*, *135*:324; *RJ*, *134*:109; *JTACSP*, *140*:83; *JTA*, *185*:349).

Pelo Enunciado n. 160 do Conselho da Justiça Federal, aprovado na *III Jornada de Direito Civil*: "A obrigação de creditar dinheiro em conta vinculada de FGTS é obrigação de dar, obrigação pecuniária, não afetando a natureza da obrigação a circunstância de a disponibilidade do dinheiro depender da ocorrência de uma das hipóteses previstas no art. 20 da Lei n. 8.036/90".

Obrigação de dar coisa certa. Ter-se-á obrigação de dar coisa certa quando seu objeto for constituído por um corpo certo e determinado, estabelecendo entre as partes da relação obrigacional um vínculo em que o devedor deverá entregar ao credor uma coisa individuada, p. ex., o iate "Netuno" (*RT*, *533*:124 e *564*:224).

BIBLIOGRAFIA: Pothier, Traité des obligations, in *Oeuvres*, Paris, 1835, v. 1, p. 71; M. Helena Diniz, *Curso*, cit., v. 2, p. 70, 73-4; Tito Fulgêncio, *Manual*, cit., v. 10, p. 1-41; Levenhagen, *Código Civil*, cit., 1985, v. 4, p. 17-8; Darcy Arruda Miranda, *Anotações*, cit., v. 2, p. 255; Jorge Luiz Ieski Calmon de Passos, Execução para a entrega de coisa certa: exegese do art. 621 do Código de Processo Civil, *Revista Jurídica*, 5:53-69; Álvaro Villaça Azevedo, *Teoria geral das obrigações*, São Paulo, Revista dos Tribunais, 1990, p. 55-65; Ramón Silva Alonso, *Derecho de las obligaciones*, Asunción, Intercontinental, 1996, p. 245 e s.; Fernando Noronha, *Direito das obrigações*, São Paulo, Saraiva, 2003, v. 1; Fábio H. Podestá, *Direito das obrigações*, São Paulo, Atlas, 1997, p. 40-3; Roberto Senise Lisboa, *Manual elementar*, cit., v. 2, p. 29-31; Paulo Luiz Netto Lôbo, *Direito das obrigações*, cit., p. 21-4; Christian Larroumet, *Droit civil*, Paris, Economica, 1998, t. 3, p. 47-55; Luiz A. Scavone Jr., *Obrigações*, São Paulo, Juarez de Oliveira, 2000; Sebastião José Roque, *Direito das obrigações*, cit., p. 31-6; Hector Lafaille, *Tratado de las obligaciones*, Buenos Aires, Ediar, vol. 1, 1947; Dieter Medicus, *Tratado de las relaciones obligacionales*, Barcelona, Bosch, 1955, v. 1; João de Matos Antunes Varela, *Das obrigações em geral*, Coimbra, Almedina, 1973, v. 1; Raphael de Barros Monteiro Filho, Ralpho Waldo de Barros Monteiro e Ralpho Waldo de Barros Monteiro Filho, Obrigação de dar, in *O novo Código Civil e estudos em homenagem a Miguel Reale*, São Paulo, LTr, 2003, p. 178-203; Renan Lotufo, *Código Civil*, cit., v. 2, p. 13-45; Vicente de Paulo Saraiva, *Modalidades das obrigações*, Brasília, Ed. Brasília Jurídica, 2004; Fernando Gaburri, *Direito das obrigações*, Curitiba, Juruá, 2012.

Aplicação do princípio "accessorium sequitur principale". A obrigação de dar coisa certa abrange os acessórios, exceto se o contrário resultar do título ou das circunstâncias do caso, devido ao princípio de que o acessório segue o principal. Na coisa certa, a cuja entrega está obrigado o devedor, compreendemse os acessórios, ou seja, as pertenças, partes integrantes, frutos, produtos, rendimentos, benfeitorias. Por exemplo, se houver obrigação de dar a chácara "São Geraldo", nela se incluirão as benfeitorias, as pertenças, os frutos etc., a não ser que haja estipulação contratual liberando o devedor da entrega dos acessórios. Igualmente, não há dever de entregar acessório se o contrário resultar das circunstâncias do caso; logo, num contrato de locação de prédio, o inquilino, no vencimento contratual, não tem a obrigação de entregar o imóvel com os móveis que nele colocou após a celebração do negócio *ex-locato*.

BIBLIOGRAFIA: Tito Fulgêncio, *Manual*, cit., v. 10, p. 41-51; Levenhagen, *Código Civil*, cit., v. 4, p. 18-9; M. Helena Diniz, Obrigação de dar, in *Enciclopédia Saraiva do Direito*, v. 55, p. 328-9; e *Curso*, cit., v. 1, p. 172; v. 2, p. 74; Francisco dos Santos Amaral Neto, Bens acessórios, in *Enciclopédia Saraiva do Direito*, v. 11, p. 137-45; Colin e Capitant, *Cours élémentaire de droit civil français*, 11. ed., Paris, Dalloz, 1947, v. 1, p. 747; Pontes de Miranda, *Tratado de direito privado*, Rio de Janeiro, Borsoi, 1969, v. 2, p. 72; Mazeaud e Mazeaud, *Leçons de droit civil*, Paris, Montchréstien, 1970, v. 1, p. 211; Windscheid, *Diritto delle pandette*, Torino, 1902, § 143; Luigi Ferrara, *Diritto privato attuale*, p. 128 e 730; Silvio Rodrigues, *Direito civil*, cit., v. 2, p. 29-31; Clóvis Beviláqua, *Código Civil comentado*, cit., v. 4, p. 129; W. Barros Monteiro, *Curso*, cit., v. 4, p. 58-60; Ricardo Algarve Gregório, *Comentários ao Código Civil* (coord. Camillo, Talavera, Fujita e Scavone Jr.), São Paulo, Revista dos Tribunais, 2006, p. 304-5.

Art. 234. Se, no caso do artigo antecedente, a coisa se perder, sem culpa do devedor, antes da tradição, ou pendente a condição suspensiva, fica resolvida a obrigação para ambas as partes; se a perda resultar de culpa do devedor, responderá este pelo equivalente e mais perdas e danos.

- Vide *Código Civil, arts. 125, 238, 239, 240, 248, 250, 256, 389, 402 a 405, 444, 458, 492, 509, 611 e 1.267, parágrafo único.*

Perda da coisa certa sem culpa do devedor. Não havendo culpa do devedor e perdida a coisa por caso fortuito ou força maior antes de efetuada a tradição ou pendente a condição suspensiva, resolver-se-á a obrigação para ambos os contratantes (*RT*, *288*:696), sendo que o devedor deverá restituir ao credor o *quantum* recebido pelo preço ajustado, na obrigação de dar coisa certa.

Perecimento da coisa certa por culpa do devedor. Se a coisa vier a perecer por culpa do devedor, ele deverá responder pelo equivalente, ou seja, pelo valor que a coisa tinha no instante de seu perecimento e mais perdas e danos, que compreendem o prejuízo efetivamente sofrido pelo credor (dano emergente) e o lucro que deixou de auferir (lucro cessante). Assim, ter-se-á o ressarcimento do gravame causado ao credor, uma vez que o devedor é obrigado a conservar a coisa até que ela seja entregue ao credor (*RT*, *288*:696).

BIBLIOGRAFIA: Levenhagen, *Código Civil*, cit., v. 4, p. 19-21; Tito Fulgêncio, *Manual*, cit., v. 10, p. 51-76; M. Helena Diniz, *Obrigação de dar*, cit., in *Enciclopédia Saraiva do Direito*, p. 329; Mazeaud e Mazeaud, *Leçons*, cit., v. 2, p. 15; Darcy Arruda Miranda, *Anotações*, cit., v. 2, p. 256-7; W. Barros Monteiro, *Curso*, cit., v. 4, p. 62-3; Silvio Rodrigues, *Direito civil*, cit., v. 2, p. 33-4; Karl Larenz, *Derecho de obligaciones*, Madrid, 1958, v. 1; Jorge Giorgi, *Teoría de las obligaciones*, Madrid, Reus, 1928, v. 2; Renan Lotufo, *Código Civil*, cit., v. 2, p. 23 e s.

Art. 235. Deteriorada a coisa, não sendo o devedor culpado, poderá o credor resolver a obrigação, ou aceitar a coisa, abatido de seu preço o valor que perdeu.

- Vide *Código Civil, arts. 240 e 313.*

Consequência da deterioração da coisa certa sem culpa do devedor. Se a coisa certa, sem culpa do devedor, em razão de força maior ou caso fortuito, se deteriorar, havendo diminuição de suas qualidades ou de seu valor econômico, caberá, neste caso, ao credor optar se considera extinta a relação obrigacional, voltando as partes ao *statu quo ante*, ou se aceita o bem no estado em que se encontra, abatido de seu preço o valor do estrago, ou seja, o valor correspondente à depreciação havida com a deterioração. Assim, p. ex., se "A" vier a comprar de "B" um boi reprodutor, e este vem a contrair doença que o deixa estéril, "A" poderá optar entre a resolução da obrigação assumida ou o recebimento do animal, abatendo-se proporcionalmente o preço, considerando-se, não mais o valor para reprodução, mas aquele para serviços rurais ou para o corte.

BIBLIOGRAFIA: Tito Fulgêncio, *Manual*, cit., v. 10, p. 77-80; Levenhagen, *Código Civil*, cit., v. 4, p. 22; M. Helena Diniz, *Curso*, cit., v. 2, p. 74; Darcy Arruda Miranda, *Anotações*, cit., v. 2, p. 257; Sílvio Venosa, *Direito civil*, cit., v. 2, p. 85.

Art. 236. Sendo culpado o devedor, poderá o credor exigir o equivalente, ou aceitar a coisa no estado em que se acha, com direito a reclamar, em um ou em outro caso, indenização das perdas e danos.

- Vide *Código Civil, arts. 239, 389 e 402 a 405.*
- *Código de Defesa do Consumidor, art. 18.*

Deterioração da coisa certa por culpa do devedor. Ocorrendo deterioração do objeto, em obrigação de dar coisa certa, por culpa do devedor, poderá o credor exigir o equivalente (valor da coisa em dinheiro) mais perdas e danos, ou aceitar a coisa no estado em que se acha, podendo também neste caso reclamar a indenização das perdas e danos, uma vez que a recebe deteriorada, comprovando o prejuízo sofrido.

Pelo Enunciado n. 15 da *I Jornada de Direito Civil*: "As disposições do art. 236 do novo CC também são aplicáveis à hipótese do art. 240, *in fine*".

BIBLIOGRAFIA: Mazeaud e Mazeaud, *Leçons*, cit., v. 2, p. 15 e s.; M. Helena Diniz, *Curso*, cit., v. 2, p. 74; e Obrigação de dar, cit., in *Enciclopédia Saraiva do Direito*, p. 329 e s.; Tito Fulgêncio, *Manual*, cit., v. 10, p. 80-2; Levenhagen, *Código Civil*, cit., v. 4, p. 23-4; Darcy Arruda Miranda, *Anotações*, cit., v. 2, p. 257.

Art. 237. Até a tradição pertence ao devedor a coisa, com os seus melhoramentos e acrescidos, pelos quais poderá exigir aumento no preço; se o credor não anuir, poderá o devedor resolver a obrigação.

• Vide *Código Civil, art. 1.267.*

Parágrafo único. Os frutos percebidos são do devedor, cabendo ao credor os pendentes.

• *Código Civil, arts. 95, 493, 1.214 a 1.216 e 1.267, parágrafo único.*

Cômodos na obrigação de dar coisa certa. Cômodos são as vantagens produzidas pela coisa, ou seja, seus melhoramentos e acrescidos (quantitativos ou qualitativos), que, na obrigação de dar coisa certa, pertencem ao devedor, que poderá por eles exigir aumento no preço ou a resolução da obrigação, se o credor não concordar em pagar o *quantum* apurado em razão da valorização oriunda dos acréscimos (benfeitorias, acessões, aquisições) ocorridos. Se assim não fosse o credor estaria locupletando-se indevidamente, visto que recebe coisa mais valiosa do que a quantia paga por ele.

Propriedade dos frutos. No que atina aos frutos da coisa certa, os percebidos até a tradição serão do devedor, pois a condição de proprietário, que até então conserva, lhe dá esse direito de fruição, e os pendentes ao tempo da tradição, do credor, aplicando-se o princípio de que o acessório segue o principal. Realmente, se, com a tradição da coisa, o credor passa a ser o titular do domínio, os frutos pendentes (não colhidos) serão seus, por serem acessórios do bem principal, cuja propriedade lhe foi transferida.

BIBLIOGRAFIA: Serpa Lopes, *Curso*, cit., v. 2, p. 63-4; M. Helena Diniz, Obrigação de dar, cit., in *Enciclopédia Saraiva do Direito*, p. 329-30; e *Curso*, cit., v. 2, p. 75; Darcy Arruda Miranda, *Anotações*, cit., v. 2, p. 257-8; Levenhagen, *Código Civil*, cit., v. 4, p. 24-6; Tito Fulgêncio, *Manual*, cit., v. 10, p. 82-5; Orozimbo Nonato, *Curso de obrigações — generalidades*, Rio de Janeiro, Forense, 1959, v. 1; Fabrício Z. Matiello, *Código Civil*, cit., p. 190.

Art. 238. Se a obrigação for de restituir coisa certa, e esta, sem culpa do devedor, se perder antes da tradição, sofrerá o credor a perda, e a obrigação se resolverá, ressalvados os seus direitos até o dia da perda.

• Vide *Código Civil, arts. 1.217, 1.267, 502, 239* e *241.*

Obrigação de restituir. A obrigação de restituir não tem por escopo a transferência de propriedade, destinando-se apenas a proporcionar, temporariamente, o uso, fruição ou posse direta da coisa. Incidem nesta obrigação o locatário, o mutuário, o depositário, o comodatário, o mandatário, pois, findo o contrato, deverão devolver a coisa ao credor, que é o seu proprietário, sob pena de cometerem esbulho, competindo ao titular da posse, em caso de não devolução do bem, a ação de reintegração de posse (*RT*, *389*:132, *457*:255 e *458*:231; *RF*, *146*:357). Pela Lei do Inquilinato (Lei n. 8.245/91, arts. 59 a 66) o proprietário pode valer-se da ação de despejo para obter a desocupação do imóvel.

Perda da coisa a ser restituída sem culpa do devedor. Se houver perda (destruição total) da coisa a ser restituída sem que tenha havido culpa do devedor, o credor, por ser o proprietário, arcará com todos os prejuízos *res perit creditori*, extinguindo-se a obrigação, sem que tenha direito a qualquer ressarcimento, embora possa fazer valer os já adquiridos até o dia da perda do bem, ou seja, se se tratava de coisa alugada, terá direito ao pagamento do aluguel vencido até o dia do sinistro, pois a resolução não se operará com efeito retroativo.

BIBLIOGRAFIA: Antunes Varela, *Direito das obrigações*, Rio de Janeiro, Forense, 1977, p. 74; Silvio Rodrigues, *Direito civil*, cit., v. 2, p. 29; Trabucchi, *Istituzioni di diritto civile*, Padova, 1966, p. 441; Tito Fulgêncio, *Das modalidades das obrigações*, 2. ed., p. 90; e *Manual*, cit., v. 10, p. 85-8; Levenhagen, *Código Civil*, cit., v. 4, p. 26-7; M. Helena Diniz, *Curso*, cit., v. 2, p. 71-2; Darcy Arruda Miranda, *Anotações*, cit., v. 2, p. 258-9; Sylvio Capanema de Souza, O pagamento por consignação nas obrigações de restituir, *Livro de Estudos Jurídicos*, *8*:431-3, 1994.

Art. 239. Se a coisa se perder por culpa do devedor, responderá este pelo equivalente, mais perdas e danos.

- *Código Civil, arts. 234, 2ª parte, 394 e s., 402 a 405 e 1.218.*

Perecimento da coisa a ser restituída por culpa do devedor. Se, na obrigação de restituir, se tiver perda do bem em razão de ato culposo do devedor, este deverá responder pelo equivalente em dinheiro, acrescido das perdas e danos (CC, arts. 402 a 404). Ante o dever de conservar a coisa que está, temporariamente, em seu poder, o devedor deverá responder pelos prejuízos que culposamente vier a causar ao seu credor pela perda da coisa a ser restituída.

BIBLIOGRAFIA: Tito Fulgêncio, *Manual*, cit., v. 10, n. 86-7; Levenhagen, *Código Civil*, cit., v. 4, p. 27; M. Helena Diniz, *Curso*, cit., v. 2, p. 72; Sílvio de Salvo Venosa, *Direito civil*, São Paulo, Atlas, 1988, v. 2, p. 80; Clóvis V. do Couto Silva, *A obrigação como processo*, São Paulo, Bushatsky, 1976.

Art. 240. Se a coisa restituível se deteriorar sem culpa do devedor, recebê-la-á o credor, tal qual se ache, sem direito a indenização; se por culpa do devedor, observar-se-á o disposto no art. 239.

- *Código Civil, arts. 402 a 405, 236, 239 e 235.*

Deterioração da coisa a ser restituída sem culpa do devedor. Se o bem restituível vier a deteriorar-se sem culpa do devedor, o credor deverá recebê-lo no estado em que se encontra, *res perit creditori*, sem poder pleitear qualquer indenização, pois se culpa não houve não haverá o que responder, uma vez que a força maior e o caso fortuito constituem excludentes de responsabilidade.

Deterioração do bem restituível por culpa do devedor. Se a coisa, na obrigação de restituir, se deteriorar por culpa do devedor, o credor poderá exigir o equivalente em dinheiro mais as perdas e danos devidamente comprovados (CC, art. 239), podendo, se quiser, optar pelo recebimento do bem no estado em que se achar, acrescido das perdas e danos (CC, arts. 402 a 404 c/c o art. 236). "As disposições do art. 236 também são aplicáveis à hipótese do art. 240, *in fine*" (Enunciado n. 15 do Conselho da Justiça Federal, aprovado na *I Jornada de Direito Civil*, de 2002).

BIBLIOGRAFIA: Tito Fulgêncio, *Manual*, cit., v. 10, n. 89-90; M. Helena Diniz, *Curso*, cit., v. 2, p. 72; Levenhagen, *Código Civil*, cit., v. 4, p. 27; W. Barros Monteiro, *Curso*, cit., v. 4, p. 70; R. Limongi França, *Instituições de direito civil*, São Paulo, Saraiva, 1988, p. 598.

Art. 241. Se, no caso do art. 238, sobrevier melhoramento ou acréscimo à coisa, sem despesa ou trabalho do devedor, lucrará o credor, desobrigado de indenização.

• *Código Civil, arts. 238 e 97.*

Melhoramentos na coisa restituível por acessão natural. Se o bem restituível se valorizar em razão de melhoramentos (benfeitorias) e acréscimos (p. ex., avulsão) que se derem sem despesa ou trabalho do devedor, lucrará o credor com o fato sem pagar qualquer indenização, pelo simples fato de ser o proprietário da coisa (*RT*, *225*:456), uma vez que o acessório segue o principal. Se o melhoramento ou acréscimo advier de despesas feitas ou trabalho exercido pelo devedor para conservar a coisa, para evitar enriquecimento indevido do credor, este deverá pagar os dispêndios e o valor da mão de obra (CC, art. 242).

BIBLIOGRAFIA: Matiello, *Código Civil*, cit., p. 192.

Art. 242. Se para o melhoramento, ou aumento, empregou o devedor trabalho ou dispêndio, o caso se regulará pelas normas deste Código atinentes às benfeitorias realizadas pelo possuidor de boa-fé ou de má-fé.

• Vide *Código Civil, art. 96.*

Parágrafo único. Quanto aos frutos percebidos, observar-se-á, do mesmo modo, o disposto neste Código, acerca do possuidor de boa-fé ou de má-fé.

• Vide *Código Civil, arts. 95, 1.201, 1.219 a 1.222, 1.214 a 1.217 e 1.218 a 1.222.*

Direito às benfeitorias na coisa a ser restituída e aos seus frutos. Se o bem restituível teve melhoramentos, ou acréscimos, em razão de dispêndio ou trabalho do devedor, o credor deverá pagá-los ao devedor, exceto se for ele comodatário (CC, art. 584; *AJ*, *108*:607). Se o devedor estiver de boa-fé, terá direito aos frutos percebidos (CC, arts. 1.201, 1.214, 1.217 e 1.219) e à indenização pelas benfeitorias úteis e necessárias, podendo, sem detrimento da coisa, levantar as voluptuárias e, se não for indenizado, exercer, ainda, o direito de retenção (*RT*, *273*:293, *288*:626, *431*:66 e *281*:409) para ser reembolsado do valor dos melhoramentos úteis e necessários que fez. Terá direito aos frutos percebidos e os frutos pendentes, ao tempo em que cessar a boa-fé, deverão ser restituídos, depois de deduzidas as despesas de produção, manutenção e custeio. Terá direito aos frutos colhidos na época própria, porém deverá devolver os percebidos com antecipação, mas o *quantum* despendido com tais frutos será apurado para efeito de ressarcimento ao possuidor de boa-fé (CC, art. 1.214, parágrafo único). Se, todavia, estiver de má-fé (CC, arts. 1.216, 1.218 e 1.220), somente terá direito à indenização das necessárias, sem ter direito de retê-las e de levantar as voluptuárias (*RT*, *458*:231, *399*:229 e *479*:161; *RTJ*, *60*:719), devendo, ainda, responder pelos frutos percebidos, repassando-os ao credor ou dando-lhe o equivalente mais perdas e danos, e pelos que, culposamente, deixou de perceber, tendo, porém, direito às despesas de produção e custeio (*AJ*, *101*:96 e CC, art. 1.216), ou seja, de tudo o que gastou, para que não haja enriquecimento indevido.

BIBLIOGRAFIA: W. Barros Monteiro, *Curso*, cit., v. 4, p. 65-8; M. Helena Diniz, Obrigação de dar, cit., in *Enciclopédia Saraiva do Direito,* p. 330; e *Curso*, cit., v. 2, p. 72; Darcy Arruda Miranda, *Anotações*, cit., v. 2, p. 259; Levenhagen, *Código Civil*, cit., v. 4, p. 28-9; Tito Fulgêncio, *Manual*, cit., v. 10, n. 94-5.

SEÇÃO II
DAS OBRIGAÇÕES DE DAR COISA INCERTA

Art. 243. A coisa incerta será indicada, ao menos, pelo gênero e pela quantidade.

- *Código de Processo Civil, arts. 498 e parágrafo único, 811 a 813.*
- *Código Civil, arts. 85, 104, II, e 166, II.*
- *"A obrigação de creditar dinheiro em conta vinculada de FGTS é obrigação de dar, obrigação pecuniária, não afetando a natureza da obrigação a circunstância de a disponibilidade do dinheiro depender da ocorrência de uma das hipóteses previstas no art. 20 da Lei n. 8.036/90" (Enunciado n. 160 do Conselho da Justiça Federal, aprovado na III Jornada de Direito Civil).*
- ***Projeto de Lei n. 699/2011**: "Art. 243. A coisa incerta será indicada, ao menos, pela espécie e pela quantidade".*

Conceituação de obrigação de dar coisa incerta. A obrigação de dar coisa incerta, ou obrigação genérica, como prefere Larenz, consiste na relação obrigacional em que o objeto, indicado de forma genérica no início da relação, vem a ser determinado mediante um ato de escolha, por ocasião de seu adimplemento.

Determinação genérica e numérica da coisa. Na obrigação de dar coisa incerta, esta será indicada ao menos pelo gênero (pertinência a uma categoria de bens, como diz Massimo Bianca) e pela quantidade, sem que nenhuma individuação seja feita. Por exemplo, cem sacas de café, dez automóveis, quinze caminhões etc.

BIBLIOGRAFIA: Lafaille, *Derecho civil: tratado de las obligaciones*, v. 2, p. 134; M. Helena Diniz, *Curso*, cit., v. 2, p. 75-6; e Obrigação de dar, cit., in *Enciclopédia Saraiva do Direito*, p. 330-1; Tito Fulgêncio, *Manual*, cit., v. 10, n. 96-8; Pothier, *Tratado das obrigações pessoais*, trad. Corrêa Telles, Rio-Paris, Liv. Garnier, 1906, t. 1, n. 131; Álvaro Villaça Azevedo, *Teoria geral das obrigações*, cit., p. 66-8; Fábio H. Podestá, *Direito das obrigações*, cit., p. 46-50; Carlos Alberto Dabus Maluf, Das obrigações de dar coisa incerta no direito civil, *RF*, *296*:55; C. Massimo Bianca, *Diritto Civile: l'obbligazione*, Milano, Giuffrè, 1990, p. 110-12; Vicente de Paulo Saraiva, *Modalidades das obrigações*, Brasília, Brasília Jurídica, 2003.

Art. 244. Nas coisas determinadas pelo gênero e pela quantidade, a escolha pertence ao devedor, se o contrário não resultar do título da obrigação; mas não poderá dar a coisa pior, nem será obrigado a prestar a melhor.

- *Código Civil, arts. 1.929, 1.931, 342 e 252.*
- ***Projeto de Lei n. 699/2011**: "Art. 244. Nas coisas determinadas pela espécie e pela quantidade, a escolha pertence ao devedor, se o contrário não resultar do título da obrigação; mas não poderá dar a coisa pior, nem será obrigado a prestar a melhor".*

Concentração. Para que a obrigação de dar coisa incerta seja suscetível de cumprimento, será preciso que a coisa seja determinada por meio de um ato de escolha ou concentração, que é a sua individuação, manifestada no instante do cumprimento de tal obrigação, mediante atos apropriados, como a separação (que compreende a pesagem, a medição e a contagem) e a expedição.

Direito de escolha e seus limites. Competirá a escolha a quem os contratantes a confiaram no título constitutivo da obrigação de dar coisa incerta; tal escolha poderá ser do credor, do devedor ou até mesmo de terceiro. Se os contratantes a confiaram a um deles ou a terceiro, respeitar-se-á a indicação feita contratualmente. Se nada a respeito houver sido convencionado, a concentração caberá ao devedor que, por sua vez, não poderá, entre as coisas do mesmo gênero, escolher a pior, nem estará obrigado a prestar a melhor, devendo guardar o meiotermo (*RT*, *504*:80 e *291*:289), ou seja, entregar a coisa de qualidade média (*mediae aestimationis*). Se houver obrigação de dar 200 litros de leite (gênero), a escolha deverá recair sobre o do tipo B (qualidade média) entre as espécies A (melhor qualidade) e C (pior qualidade), exemplifica Ricardo Algarve Gregório. Estabelecido está, portanto, um critério de eleição, que sujeita a escolha, no dizer de Dieter Medicus, a uma qualidade *standard*.

BIBLIOGRAFIA: Antunes Varela, *Direito das obrigações*, cit., p. 325-6; W. Barros Monteiro, *Curso*, cit., v. 4, p. 80; Levenhagen, *Código Civil*, cit., v. 4, p. 30-1; M. Helena Diniz, *Curso*, cit., v. 2, p. 76; Tito Fulgêncio, *Manual*, cit., v. 10, n. 99-105; Hector Lafaille, *Tratado de las obligaciones*, Buenos Aires, Ediar, v. 1, 1947; Von Tuhr, *Tratado de las obligaciones*, Madrid, Reus, 1999, v. 1; Trabucchi, *Istituzioni di diritto civile*, Padova, CEDAM, 2001, p. 551; Dieter Medicus, *Tratado de las relaciones obligacionales*, Barcelona, Bosch, 1995, p. 98; Ricardo A. Gregorio, *Comentários*, cit., p. 311.

Art. 245. Cientificado da escolha o credor, vigorará o disposto na Seção antecedente.

- *Código Civil, arts. 313, 233 a 242 e 246.*
- *Código de Processo Civil, art. 813.*

Efeito da concentração. Após a escolha pelo devedor, cientificado extrajudicialmente (por meio de carta, *e-mail*, telegrama, fac-símile etc.) desta o credor, a obrigação de dar coisa incerta passará a ser de dar coisa certa, por estar individualizada, regendo-se pelas normas contidas nos arts. 233 a 242 (TJSC, AI 2003.016258-5, rel. Des. José V. de Souza, j. 10-11-2003). Consequentemente, o credor poderá exigir o bem escolhido, não podendo o devedor entregar outro, ainda que mais valioso.

Art. 246. Antes da escolha, não poderá o devedor alegar perda ou deterioração da coisa, ainda que por força maior ou caso fortuito.

- *Código de Processo Civil, arts. 811 a 813.*
- *Código Civil, art. 393 e parágrafo único.*
- ***Projeto de Lei n. 699/2011**: "Art. 246. Antes de cientificado da escolha o credor, não poderá o devedor alegar perda ou deterioração da coisa, ainda que por força maior ou caso fortuito, salvo se se tratar de dívida genérica limitada e se extinguir toda a espécie dentro da qual a prestação está compreendida".*

"Genus nunquam perit". Antes da concentração, sendo a obrigação de dar coisa incerta, a coisa permanece indeterminada. Logo, se houver perda ou deterioração da coisa, não poderá o devedor falar em culpa, em força maior ou em caso fortuito (*AJ*, *74*:170). Isto é assim porque *genus nunquam perit* (gênero não perece), ou seja, se alguém vier a prometer cinquenta sacos de laranja, ainda que se percam em sua fazenda todas as existentes, nem por isso eximir-se-á da obrigação, uma vez que poderá obter laranjas em outro local.

BIBLIOGRAFIA: Tito Fulgêncio, *Manual*, cit., v. 10, n. 108 a 110; Arnoldo Wald, *Curso de direito civil brasileiro*, 1962, v. 4, p. 29; W. Barros Monteiro, *Curso*, cit., v. 4, p. 80-3; Antunes Varela, *Direito das obrigações*, cit., p. 326 e 330; M. Helena Diniz, Obrigação de dar, cit., in *Enciclopédia Saraiva do Direito*, p. 332; *Curso*, cit., v. 2, p. 76-7; Ferrara, *Diritto privato attuale*, p. 145; Von Tuhr, *Tratado de las obligaciones*, v. 1, p. 43; Clóvis Beviláqua, *Direito das obrigações*, 9. ed., § 15; Silvio Rodrigues, *Direito civil*, cit., v. 2, p. 40-1; Cunha Gonçalves, *Tratado de direito civil*, v. 8, p. 283; Meulenaere, *Code Civil allemand*, p. 68; Enneccerus, Kipp e Wolff, *Tratado de derecho civil*, Barcelona, Bosch, 1933, v. 1, p. 438, nota 14.

CAPÍTULO II
DAS OBRIGAÇÕES DE FAZER

- Vide *Código de Processo Civil, arts. 497, 536 e § 1º, 499, 537 e § 1º, 500, 515, I e 814 e parágrafo único.*
- Vide *Lei n. 8.069/90, arts. 213, §§ 2º e 3º, e 214 e §§ 1º e 2º.*
- Vide *Lei n. 9.099/95, art. 52, V e VI.*
- Vide *Enunciado n. 24 do TJSP.*

Art. 247. Incorre na obrigação de indenizar perdas e danos o devedor que recusar a prestação a ele só imposta, ou só por ele exequível.

- Vide *Código Civil, arts. 85, 402 a 405.*
- *Código de Processo Civil, arts. 497, 536, 814 e parágrafo único, 815 a 821.*
- *CDC, art. 84.*

Obrigação de fazer. A obrigação de fazer é a que vincula o devedor à prestação de um serviço ou ato positivo, material ou imaterial, seu ou de terceiro, em benefício do credor ou de terceira pessoa (*AJ*, *64*:63; *Ciência Jurídica*, *65*:285; *RF*, *112*:379; *BAASP*, *2226*:205; *EJSTJ*, 7:89; *RT*, *781*:225, *788*:256, *716*:165; *RJTJSP*, *131*:54; *RSTJ*, *111*:197). Por exemplo, a de construir um edifício, a de escrever um poema etc.

BIBLIOGRAFIA: R. Limongi França, *Instituições*, cit., p. 599; e Obrigação de fazer, in *Enciclopédia Saraiva do Direito*, v. 55, p. 332-3; Silvio Rodrigues, *Direito civil*, cit., v. 2, p. 43; Hamilton de Moraes Barros, A proteção jurisdicional do credor das obrigações de fazer e não fazer, *Revista de Direito Comparado Luso-Brasileiro*, *2*:86-104, 1983; M. Helena Diniz, *Curso*, cit., v. 2, p. 85; W. Barros Monteiro, *Curso*, cit., v. 4, p. 86; Serpa Lopes, *Curso*, cit., v. 2, p. 65-6; Miguel Kfouri Neto, Execução das obrigações de fazer e não fazer e outros meios de coerção, *JB*, *161*:52 e s.; Pothier, *Tratado*, cit., t. 1, n. 178, p. 123; Carlos Alberto Bittar, *Direito das obrigações*, Rio de Janeiro, Forense Universitária, 1990, p. 55-60; Orlando Gomes, *Obrigações*, Rio de Janeiro, Forense, 1976, p. 51-2; Larombière, *Théorie et pratique des obligations*, v. 1, p. 387; Jorge Giorgi, *Teoría de las obligaciones*, Madrid, Reus, 1928, v. 1, n. 230; Álvaro Villaça Azevedo, *Teoria geral das obrigações*, cit., p. 69-74; Roberto Senise Lisboa, *Manual*, cit., v. 2, p. 32; Christian Larroumet, *Droit civil*, cit., t. 3, p. 56-9; Otávio Brito Lopes, As obrigações de fazer e de não fazer, in *O novo Código Civil — estudos*, cit., p. 214-8; Eduardo Talamini, *Tutela relativa aos deveres de fazer e não fazer*, São Paulo, Revista dos Tribunais, 2003; Pedro F. de Queiroz Jr., Inserção e perspectivas da tutela específica das obrigações de fazer e não fazer no ordenamento jurídico pátrio, *Revista Direito e Liberdade* — ed. esp. da ESMARN, n. *3*:497-506.

Obrigação de fazer de natureza infungível. Ter-se-á obrigação de fazer infungível se consistir seu objeto num *facere* que só poderá, ante a natureza da prestação ou por disposição contratual, ser executado pelo próprio devedor, sendo, portanto, personalíssima ou *intuitu personae*, uma vez que se levam em conta as qualidades pessoais do obrigado. Consequentemente, o credor poderá exigir que a prestação avençada seja fornecida pelo próprio devedor, devido a sua habilidade técnica, cultura, reputação, idoneidade etc., não estando, por isso, obrigado a aceitar substituto. É o que ocorrerá, p. ex., quando alguém confiar o patrocínio de uma causa a um ilustre advogado, sem permitir substabelecimento (*RT*, *262*:505; *Adcoas*, n. 76.743, 1981; STJ, REsp 6.314, rel. Waldemar Zveiter, j. 25-5-1991).

BIBLIOGRAFIA: Serpa Lopes, *Curso*, cit., v. 2, p. 66; Caio M. S. Pereira, *Instituições*, cit., v. 2, p. 58; Silvio Rodrigues, *Direito civil*, cit., v. 2, p. 46-7; Clóvis Beviláqua, *Direito das obrigações*, cit., § 16; W.

Barros Monteiro, *Curso*, cit., v. 4, p. 90; M. Helena Diniz, *Curso*, cit., v. 2, p. 87-8; Antunes Varela, *Direito das obrigações*, cit., p. 88-9; Levenhagen, *Código Civil*, cit., v. 4, p. 35-7; Tito Fulgêncio, *Manual*, cit., v. 10, n. 111-5.

Consequência do inadimplemento voluntário de obrigação de fazer infungível. Se a prestação não cumprida pelo devedor for infungível, por ser *intuitu personae*, o credor não poderá de modo algum obter sua execução direta, ante o princípio de que *nemo potest precise cogi ad factum*, ou melhor, de que ninguém pode ser diretamente coagido a praticar o ato a que se obrigara. A liberdade do devedor será respeitada; logo, quem se recusar à prestação a ele só imposta, incorrerá no dever de indenizar perdas e danos. É o caso de um poeta que se nega a compor poema a que se obrigara (*RT*, *716*:165, *454*:65, *387*:120 e *251*:302; *Revista Jurídica*, *62*:327; TJRS, AgI 70019106103, 12ª Câm., rel. Orlando Hermann Junior, j. 20-4-2007).

BIBLIOGRAFIA: Alves Moreira, *Direito civil português*, p. 16; Silvio Rodrigues, *Direito civil*, cit., v. 2, p. 49; Clóvis Beviláqua, *Código Civil comentado*, v. 4, p. 24; W. Barros Monteiro, *Curso*, cit., v. 4, p. 94; Orozimbo Nonato, *Curso de obrigações*, v. 1, p. 299; M. Helena Diniz, *Curso*, cit., v. 2, p. 89; Tito Fulgêncio, *Manual*, cit., v. 10, n. 124-5.

Art. 248. Se a prestação do fato tornar-se impossível sem culpa do devedor, resolver-se-á a obrigação; se por culpa dele, responderá por perdas e danos.

- *Código Civil, arts. 402 a 405 e 881.*

Impossibilidade da prestação na "obligatio faciendi". Se a prestação se impossibilitar sem culpa do devedor, pela ocorrência de força maior ou de caso fortuito, resolver-se-á a obrigação, reconduzindo-se as partes ao *statu quo ante*, havendo devolução do que, porventura, tenham recebido (*AJ*, *108*:277), prevalecendo assim o princípio de que *ad impossibilia nemo tenetur*, ou seja, de que ninguém é obrigado a efetivar coisas impossíveis. Por exemplo, extinguir-se-á a obrigação de um cantor, que vem a perder a voz em razão de grave doença, de se apresentar em dado teatro. Mas, se a prestação de fazer tornar-se impossível por culpa do devedor, responderá este por perdas e danos (*JB*, *158*:198; *RJTJRS*, *90*:421; *JTACSP*, *119*:168; *Revista Jurídica*, *32*:189 e *47*:219; *RT*, *334*:103, *326*:167, *299*:269, *378*:267, *272*:300, *251*:302, *273*:307, *258*:536 e *251*:573; *Adcoas*, n. 68.148, 1980; TJRS, AgI 70019106103, 12ª Câm. Cív., rel. Hermann Junior, j. 20-4-2007). Por exemplo, se uma firma deixar de construir prédio em certo terreno para vendê-lo, deverá pagar perdas e danos, pois por culpa sua não cumpriu a obrigação assumida, convertendo-se a obrigação de fazer em obrigação de dar.

BIBLIOGRAFIA: Darcy Arruda Miranda, *Anotações*, cit., v. 2, p. 267-8; M. Helena Diniz, *Curso*, cit., v. 2, p. 87-9; W. Barros Monteiro, *Curso*, cit., v. 4, p. 91-3; Silvio Rodrigues, *Direito civil*, cit., v. 2, p. 48; Caio M. S. Pereira, *Instituições*, cit., v. 4, p. 60; Tito Fulgêncio, *Manual*, cit., v. 10, n. 116-123; Chironi, *La colpa nel diritto civile odierno*, n. 316; R. Limongi França, Obrigação de fazer e indenização por danos, *RT*, *590*:47.

Art. 249. Se o fato puder ser executado por terceiro, será livre ao credor mandá-lo executar à custa do devedor, havendo recusa ou mora deste, sem prejuízo da indenização cabível.

Parágrafo único. Em caso de urgência, pode o credor, independentemente de autorização judicial, executar ou mandar executar o fato, sendo depois ressarcido.

- Vide *Código Civil, arts. 389, 394 e 402 a 405.*
- *Sobre a execução das obrigações de fazer,* vide *arts. 497, 536, 537 e 815 a 821 do Código de Processo Civil.*
- *Código de Defesa do Consumidor, art. 20, § 1º.*

DIREITO DAS OBRIGAÇÕES

Obrigação de fazer fungível: conceito e efeito de seu inadimplemento voluntário. Será fungível a obrigação de fazer se a prestação do ato puder ser realizada indiferentemente tanto pelo devedor como por terceiro, hipótese em que o credor poderá mandar executá-lo à custa do devedor, havendo recusa ou mora deste, e pedir, se for cabível, indenização por perdas e danos. Por exemplo, o empreiteiro que se obriga a construir uma casa dentro de um ano está assumindo a obrigação de fazer fungível. Se for inadimplente, o credor poderá mandar operários executar o serviço a expensas do empreiteiro e, havendo prejuízo oriundo da recusa ou atraso naquela execução, pleitear o pagamento das perdas e danos, comprovando a recusa ou a mora do devedor faltoso (*RT*, *306*:212; *EJSTJ*, *14*:77; *RSTJ*, *25*:389; STJ, REsp 441.466/RS, rel. Luiz Fux, j. 22-4-2003).

Execução da obrigação de fazer em caso de urgência. Em casos de urgência nada obsta a que o credor, independentemente de prévia autorização judicial, execute ou mande executar, de imediato, o serviço, pleiteando depois, contra o devedor inadimplente, o ressarcimento das despesas feitas. Há permissão legal para que o credor providencie a tutela específica da obrigação sem autorização do juiz. P. ex., se "A" é contratado por "B" para combater ratos que infestam tulha onde serão armazenadas, no dia seguinte, sacas de café, ante o descumprimento da obrigação de "A", "B" poderá ordenar, imediatamente, a execução daquela tarefa, pois ante a urgência da situação, não haverá tempo hábil para requerer a medida junto ao Poder Judiciário. Com isso, havendo urgência, está admitida juridicamente a possibilidade de procedimento de justiça de mão própria, permitindo ao credor a defesa de seus interesses e o ressarcimento do *quantum* despendido. Logo, inexistindo urgência necessária será a autorização judicial.

BIBLIOGRAFIA: Serpa Lopes, *Curso*, cit., v. 2, p. 67; Caio M. S. Pereira, *Instituições*, cit., v. 2, p. 59; Silvio Rodrigues, *Direito civil*, cit., v. 2, p. 47; Clóvis Beviláqua, *Direito das obrigações*, cit., § 16; W. Barros Monteiro, *Curso*, cit., v. 4, p. 91; Bassil Dower, *Curso moderno de direito civil*, São Paulo, Nelpa, v. 2, p. 55-7; Antunes Varela, *Direito das obrigações*, cit., p. 89; Tito Fulgêncio, *Manual*, cit., v. 10, n. 126-8; M. Helena Diniz, *Curso*, cit., v. 2, p. 88 e 90; Betti, *Teoria generale delle obbligazioni*, v. 1, p. 37; Vallimaresco, *La justice privée en droit moderne*, p. 452; Athos Gusmão Carneiro, Das astreintes nas obrigações de fazer fungíveis, *Ajuris*, *14*:125; Carlyle Popp, *Execução de obrigação de fazer*, Curitiba, Juruá, 1995; Renan Lotufo, *Código Civil*, cit., v. 2, p. 51; Matiello, *Código Civil*, cit., p. 197; Jones F. Alves e Mário Luiz Delgado, *Código*, cit., p. 161; Carlos Alberto Bittar Filho e Márcia S. Bittar, *Novo Código Civil*, São Paulo, IOB, 2005, p. 144.

CAPÍTULO III

DAS OBRIGAÇÕES DE NÃO FAZER

- Vide *Código de Processo Civil, arts. 497, 499, 500, 536 e § 1º, 537 e § 1º.*
- Vide *Lei n. 9.099/95, art. 52, V.*
- Vide *Enunciado n. 24 do TJSP.*

Art. 250. Extingue-se a obrigação de não fazer, desde que, sem culpa do devedor, se lhe torne impossível abster-se do ato, que se obrigou a não praticar.

- Vide *Código de Processo Civil, arts. 497, 536, 822 e 823.*
- *Código Civil, art. 390.*
- *Código de Defesa do Consumidor, art. 84.*

Obrigação de não fazer. A obrigação de não fazer é aquela em que o devedor assume o compromisso de se abster de algum ato que poderia praticar livremente se não se tivesse obrigado para atender interesse jurídico do credor ou de terceiro (*RF*, *132*:148; *RT*, *720*:88, *94*:513 e *163*:284; TJRS, Ap. 7001.6392.862, 21ª Câm. Cív., rel. Marco Aurélio Heinz, j. 13-12-2006). Por exemplo, a de não vender uma casa a não ser ao credor.

Descumprimento da "obligatio ad non faciendum" pela impossibilidade da abstenção do fato. Se a obrigação de não fazer se impossibilitar, sem culpa do devedor, que não poderá abster-se do ato, em razão de força maior ou de caso fortuito, resolver-se-á exonerando-se o devedor. Por exemplo, se alguém se obriga a não impedir passagem de pessoas vizinhas em certo local de sua propriedade e vem a receber ordem do Poder Público para fechá-la.

BIBLIOGRAFIA: R. Limongi França, *Instituições*, cit., p. 601; e Obrigação de não fazer, in *Enciclopédia Saraiva do Direito*, v. 55, p. 343-4; W. Barros Monteiro, *Curso*, cit., v. 4, p. 100-4; Silvio Rodrigues, *Direito civil*, cit., v. 2, p. 53-6; Caio M. S. Pereira, *Instituições*, cit., p. 62-3; M. Helena Diniz, *Curso*, cit., v. 2, p. 90-1; Von Tuhr, *Tratado de las obligaciones*, cit., v. 1, p. 37; Orlando Gomes, *Obrigações*, cit., p. 55; Trabucchi, *Istituzioni di diritto civile*, Padova, 1966, p. 442 e 490; Clóvis Beviláqua, *Direito das obrigações*, § 17; Serpa Lopes, *Curso*, cit., v. 2, p. 68; Bassil Dower, *Curso moderno*, cit., v. 2, p. 68-9; Tito Fulgêncio, *Manual*, cit., v. 10, n. 130 e 131; Álvaro Villaça Azevedo, *Teoria geral das obrigações*, cit., p. 75-7; Roberto Senise Lisboa, *Manual*, cit., v. 2, p. 33; Christian Larroumet, *Droit civil*, cit., t. 3, p. 60-4; Eduardo Talamini, *Tutela relativa aos deveres de fazer e não fazer*, 2001; Giuseppe Borre, *Esecuzione forzata degli obblighi di fare e non fare*, 1966.

Art. 251. Praticado pelo devedor o ato, a cuja abstenção se obrigara, o credor pode exigir dele que o desfaça, sob pena de se desfazer à sua custa, ressarcindo o culpado perdas e danos.

• Vide *Código Civil, arts. 389, 390, 394, 402 a 405 e 881.*

• *Código de Processo Civil, arts. 537, 822 e 823.*

Parágrafo único. Em caso de urgência, poderá o credor desfazer ou mandar desfazer, independentemente de autorização judicial, sem prejuízo do ressarcimento devido.

Inadimplemento de obrigação de não fazer por inexecução culposa do devedor. Se o devedor vier a realizar, por negligência ou interesse, ato que não podia, o credor poderá exigir, mediante requerimento ao Poder Judiciário, que o desfaça (*RT*, *163*:284), sob pena de se desfazer à sua custa e de ele, o credor, obter o ressarcimento do *quantum* despendido e das perdas e danos (*RT*, *139*:208), exceto se a reposição ao estado anterior o satisfizer plenamente. Se houver urgência em desfazer ato praticado, o credor poderá desfazê-lo pessoalmente ou mandar que alguém o desfaça, sem prévia autorização judicial e sem prejuízo do ressarcimento que lhe for devido em razão dos danos e gastos suportados com o inadimplemento culposo de obrigação de não fazer. Matiello exemplifica: se "A" se compromete a não impedir o curso de águas pelo terreno de "B" e constrói uma barreira em dia de fortes chuvas, alagando o prédio de "B", este poderá, independentemente de autorização judicial, ante a urgência da situação, desfazê-la e exigir indenização das perdas e danos. Contudo, alerta-nos Mário Luiz Delgado que a tutela excepcional prevista no parágrafo único do artigo *sub examine* não poderá atingir fatos já consolidados; assim sendo, o credor de uma obrigação de não construir edifício, se este estiver pronto, não poderá promover diretamente sua demolição. Esclarecem Jones Figueirêdo Alves e Mário Luiz Delgado que "pela própria dicção do dispositivo (*em caso de urgência*) se conclui que a sua aplicação está restrita a situações iniciais, como no caso de alguém iniciar a construção de uma parede impeditiva de visão do prédio vizinho, ato a que se havia obrigado contratualmente a não fazer. Nessa hipótese, não só pode, como deve o credor promover a demolição da construção, antes de sua conclusão".

Pelo Enunciado n. 647 da *IX Jornada de Direito Civil*: "A obrigação de não fazer é compatível com o inadimplemento relativo (mora), desde que implique o cumprimento de prestação de execução continuada ou permanente e ainda útil ao credor".

BIBLIOGRAFIA: Tito Fulgêncio, *Manual*, cit., v. 10, n. 132 e 136; Levenhagen, *Código Civil*, cit., v. 4, p. 412; M. Helena Diniz, *Curso*, cit., v. 2, p. 91-2; R. Limongi França, *Instituições*, cit., p. 602; José Carlos Barbosa Moreira, A tutela específica do credor nas obrigações negativas, *RBDP*, *20*:61; Renan Lotufo, *Código Civil*, cit., v. 2, p. 551; Mário Luiz Delgado, *Novo Código Civil*, cit., p. 242; Matiello, *Código Civil*, cit., p. 198; Jones F. Alves e Mário Luiz Delgado, *Código*, cit., p. 162.

CAPÍTULO IV

DAS OBRIGAÇÕES ALTERNATIVAS

Art. 252. Nas obrigações alternativas, a escolha cabe ao devedor, se outra coisa não se estipulou.

- Vide *Código Civil, arts. 342, 1.701, 1.932, 1.933, 1.934, parágrafo único, e 1.940.*
- Vide *Código de Processo Civil, arts. 325 e parágrafo único, 326, 543 e 800.*

§ 1º Não pode o devedor obrigar o credor a receber parte em uma prestação e parte em outra.

- Vide *Código Civil, art. 314.*

§ 2º Quando a obrigação for de prestações periódicas, a faculdade de opção poderá ser exercida em cada período.

§ 3º No caso de pluralidade de optantes, não havendo acordo unânime entre eles, decidirá o juiz, findo o prazo por este assinado para a deliberação.

§ 4º Se o título deferir a opção a terceiro, e este não quiser, ou não puder exercê-la, caberá ao juiz a escolha se não houver acordo entre as partes.

- *Código Civil, art. 1.930.*

Obrigação alternativa. A obrigação alternativa é a que contém duas ou mais prestações com objetos distintos, da qual o devedor se libera com o cumprimento de uma só delas, mediante escolha sua ou do credor (*JB*, *161*:304; *RF*, *107*:350; *RT*, *400*:182; TJSP, Ap. Cível 595.905-5/4 — Ribeirão Preto, 1ª Câm. D. Púb., rel. Franklin Nogueira, j. 14-8-2007; TJRS, Ap. Cível 7.001.6471.898, 9ª Câm. Civ., rel. M. Bonzanini Bernardi, j. 20-12-2006). Por exemplo, o dever de construir uma casa ou de pagar uma quantia equivalente ao seu valor.

Concentração da prestação na obrigação alternativa. Há liberdade contratual para estipular a quem caberá o direito de escolha do débito na obrigação alternativa, de modo que, se nada se estipular, a escolha será direito do devedor (*RT*, *393*:394 e *164*:278).

Indivisibilidade da escolha. Feita a escolha, o devedor deverá pagar a prestação por inteiro, não podendo obrigar o credor a receber parte de uma prestação e parte de outra (*RT*, *138*:238).

"Jus variandi" na escolha de prestação sucessiva. Se se tratar de prestações periódicas ou reiteradas, a escolha efetuada em determinado tempo não privará o titular do direito da possibilidade de optar por prestação diversa no período seguinte. A lei reconhece o *jus variandi*. Por exemplo, se o devedor, a quem compete a escolha, se obriga a pagar ao credor, semestralmente, dez valiosas obras de arte ou dois milhões de reais, a cada semestre que passa poderá optar ora pela entrega das obras de arte, ora pelo pagamento daquela quantia, pois a escolha que fez num período semestral não o obriga a mantê-la no seguinte. Diante disso, poder-se-á ter tantas obrigações alternativas quantos forem os períodos de vigência contratual.

Nada obstará, ainda, que haja vinculação das partes, estipulada no contrato, à escolha feita por um mínimo de três prestações consecutivas. É a lição de Gustavo Tepedino, Heloísa Helena Barboza e Maria Celina Bodin de Moraes, pois nela não vislumbram nenhuma ilegalidade, visto que pelo art. 252, § 2º, a *variatio* "*poderá ser exercida*", ou não.

Pluralidade de optantes. Em sendo alternativa a obrigação, cabendo a escolha a vários optantes, deverão fazer um acordo relativamente à concentração; não havendo unanimidade entre eles, o órgão judicante decidirá, findo o prazo por este fixado para a deliberação, indicando qual das prestações deverá ser cumprida para que haja liberação do débito.

Opção a terceiro. Se o título admitir que terceiro opte pela prestação, e se ele não puder (em razão de incapacidade ou óbito) ou não quiser fazer a escolha, esta caberá ao magistrado, não havendo acordo entre as partes. Na verdade, esse terceiro encarregado daquela escolha figura na obrigação como mandatário, logo sua opção é equivalente à feita pelo devedor ou pelo credor, das quais é representante, sendo por isso obrigatória.

BIBLIOGRAFIA: Antunes Varela, *Direito das obrigações*, cit., p. 333-6; Larenz, *Derecho de obligaciones*, Madrid, 1959, v. 1, p. 167; W. Barros Monteiro, *Curso*, cit., v. 4, p. 108-16; Planiol, *Traité élémentaire de droit civil*, Paris, 1912, v. 2, n. 708; Giorgi, *Teoria delle obbligazioni*, v. 4, n. 420 e 426; Barassi, *Teoria delle obbligazioni*, v. 1, p. 206; Allara, *Nozioni fondamentali di diritto civile*, p. 488; Serpa Lopes, *Curso*, cit., v. 2, p. 84-94; Caio M. S. Pereira, *Instituições*, cit., v. 2, p. 98-100; Silvio Rodrigues, *Direito civil*, cit., v. 2, p. 59 e 60; De Page, *Traité élémentaire de droit civil belge*, v. 3, n. 277; Carvalho de Mendonça, *Doutrina e prática das obrigações*, 1956, v. 1, n. 141; Orlando Gomes, *Obrigações*, cit., p. 90; Carvalho Santos, *Código de Processo Civil interpretado*, 1974, v. 4, p. 314-5; Tito Fulgêncio, *Manual*, cit., v. 10, n. 137-155; Dernburg, *Diritto delle obbligazioni*, Torino, 1903, p. 110; Pothier, *Tratado*, cit., t. 1, n. 246; Ruggiero e Maroi, *Istituzioni di diritto privato*, 8. ed., v. 2, p. 22, nota 1; Von Tuhr, *Tratado*, cit., v. 1, p. 54; Scuto, *Teoria generale delle obbligazioni con riguardo al nuovo Codice Civile*, p. 261; M. Helena Diniz, *Curso*, cit., v. 2, p. 100-4; Álvaro Villaça Azevedo, *Teoria geral das obrigações*, cit., p. 78-87; Roberto Senise Lisboa, *Manual*, cit., v. 2, p. 36 e 37; Paulo Luiz Netto Lôbo, *Direito das obrigações*, cit., p. 26-8; Sebastião José Roque, *Direito das obrigações*, cit., p. 41-4; Raffaello Cecchetti, *Le obbligazione alternative, Padova*, CEDAM, 1997; Nestor Duarte, Obrigações alternativas, divisíveis e indivisíveis, in *O novo Código Civil*, cit., p. 220 a 229; Matiello, *Código Civil*, cit., p. 200; Gustavo Tepedino e outros, *Código*, cit., v. 1, p. 530.

Art. 253. Se uma das duas prestações não puder ser objeto de obrigação ou se tornada inexequível, subsistirá o débito quanto à outra.

• *Código Civil, art. 104, II.*

Impossibilidade de uma das prestações. Se uma das duas prestações se tornar inexequível ou se impossibilitar física ou juridicamente, não haverá escolha alguma a fazer. A obrigação subsistirá quanto à prestação remanescente, que deverá ser cumprida. P. ex., se "A" se obriga a demolir uma casa em ruínas ou a fazer melhoramentos nesse prédio e não consegue licença da autoridade competente para a realização da reforma, o débito recairá sobre a prestação supérstite. Operar-se-á, portanto, uma concentração automática ou *ex re ipsa* (*RF*, *84*:110). Apesar de o artigo *sub examine* aludir a "uma das duas prestações", com muita propriedade, observa Mário Luiz Delgado que "a alternatividade pode se referir a mais de duas prestações, como na hipótese em que, ao devedor 'A' é atribuída a alternativa de escolher pagar a dívida que tem para com o credor 'B' de três formas diversas: em pecúnia, mediante a dação em pagamento de um bem ou mediante a prestação de um serviço. É a chamada *obrigação alternativa múltipla*".

BIBLIOGRAFIA: Mário Luiz Delgado, *Código Civil comentado* (coord. Regina B. Tavares da Silva), São Paulo, Saraiva, 2008, p. 231-32.

Art. 254. Se, por culpa do devedor, não se puder cumprir nenhuma das prestações, não competindo ao credor a escolha, ficará aquele obrigado a pagar o valor da que por último se impossibilitou, mais as perdas e danos que o caso determinar.

• Vide *Código Civil, arts. 389 e 402 a 405.*

Inexequibilidade por culpa do devedor a quem cabe a escolha. Se a escolha competir ao devedor, que, culposamente, torna inexequível o cumprimento das prestações alternativas, ficará ele obrigado a pagar o valor da que se impossibilitou por último, porque nesta se concentrou a obrigação, acrescido da indenização das perdas e danos que o caso determinar, mediante comprovação dos prejuízos. "Se a impossibilidade de ambas for concomitante", observa Renan Lotufo, "dever-se-á entender que competirá ao credor a escolha de qual delas servirá para apuração do valor".

BIBLIOGRAFIA: Renan Lotufo, *Código Civil*, cit., v. 2, p. 61.

Art. 255. Quando a escolha couber ao credor e uma das prestações tornar-se impossível por culpa do devedor, o credor terá direito de exigir a prestação subsistente ou o valor da outra, com perdas e danos; se, por culpa do devedor, ambas as prestações se tornarem inexequíveis, poderá o credor reclamar o valor de qualquer das duas, além da indenização por perdas e danos.

• Vide *Código Civil, arts. 342, 389 e 402 a 405.*

Impossibilidade por culpa do devedor, cabendo a escolha ao credor. Sendo a concentração um direito do credor, impossibilitando-se uma das prestações por culpa do devedor, aquele poderá exigir ou a prestação subsistente ou o valor da outra, com perdas e danos, porque lhe cabia optar por uma das prestações. Se a escolha couber ao credor e ambas as prestações se tornarem inexequíveis por ato culposo do devedor, ele poderá, então, reclamar o valor de qualquer delas, além da indenização por perdas e danos.

BIBLIOGRAFIA: Llewellyn Medina, Execução de obrigação alternativa quando a escolha pertence ao credor, *RBDP, 40*:97; Giselda S. da Cruz, Obrigações alternativas e com faculdade alternativa. Obrigações de meio e de resultado. *Obrigações: estudos na perspectiva civil — constitucional* (coord. G. Tepedino), Rio de Janeiro, Renovar, 2005, p. 165.

Art. 256. Se todas as prestações se tornarem impossíveis sem culpa do devedor, extinguir-se-á a obrigação.

• Vide *Código Civil, arts. 233, 234, 248, 393 e 399.*

Impossibilidade das prestações em razão de força maior ou de caso fortuito. Se todas as prestações perecerem sem culpa do devedor, pela ocorrência de caso fortuito ou de força maior, extinguir-se-á, automaticamente, a obrigação, por falta de objeto, liberando-se as partes. P. ex., suponha-se que "A" deva a "B" o quadro "A catedral de Rouen em pleno sol" de Claude Monet ou a escultura "Vênus vitoriosa" de Renoir, que se perderam num incêndio sofrido pela Galeria de Arte, onde estavam expostos, provocado por um relâmpago, numa noite de tempestade. "A" liberar-se-á da obrigação e deverá restituir a "B" apenas alguma importância, que, a título de sinal, ele tenha pago, para que não haja enriquecimento indevido.

BIBLIOGRAFIA: Caio M. S. Pereira, *Instituições*, cit., v. 2, p. 102-3; Carvalho Santos, *Código Civil brasileiro interpretado*, cit., v. 11, p. 127; Tito Fulgêncio, *Manual*, cit., v. 10, n. 156-180; M. Helena Diniz, *Curso*, cit., v. 2, p. 104-6; W. Barros Monteiro, *Curso*, cit., v. 4, p. 116-20; Antunes Varela, *Direito das obrigações*, cit., p. 337-8; Silvio Rodrigues, *Direito civil*, cit., v. 2, p. 62-4; Alfredo Colmo, *De las obligaciones en general*, p. 267; Giorgi, *Teoria delle obbligazioni*, cit., v. 4, n. 440; Orlando Gomes, *Obrigações*, cit., p. 91; Ruggiero e Maroi, *Istituzioni*, cit., v. 2, p. 126; Scuto, *Teoria generale*, cit., p. 274; Serpa Lopes, *Curso*, cit., v. 2, p. 96-7; Paulo Merêa, *Código Civil brasileiro*, p. 305; Planiol, *Traité*, cit., v. 2, n. 710.

CAPÍTULO V

DAS OBRIGAÇÕES DIVISÍVEIS E INDIVISÍVEIS

Art. 257. Havendo mais de um devedor ou mais de um credor em obrigação divisível, esta presume-se dividida em tantas obrigações, iguais e distintas, quantos os credores ou devedores.

- Vide *Código Civil, arts. 87, 88, 105 e 265.*

Obrigação divisível. A obrigação divisível é aquela cuja prestação é suscetível de cumprimento parcial, sem prejuízo de sua substância e de seu valor (*Adcoas*, n. 78.506, 1981).

BIBLIOGRAFIA: Serpa Lopes, *Curso*, cit., v. 2, p. 111; Caio M. S. Pereira, *Instituições*, cit., v. 2, p. 66 e 70; R. Limongi França, Obrigação divisível e indivisível, in *Enciclopédia Saraiva do Direito*, v. 55, p. 344; M. Helena Diniz, *Curso*, cit., v. 2, p. 122-3; Levenhagen, *Código Civil*, cit., v. 4, p. 50-1; W. Barros Monteiro, *Curso*, cit., v. 4, p. 130-4; Antunes Varela, *Direito das obrigações*, cit., p. 340-2; Clóvis Beviláqua, *Direito das obrigações*, 9. ed., p. 68; Scuto, *Istituzioni*, cit., n. 53, p. 73; Cicala, *Concetto di divisibilità e di indivisibilità dell'obbligazione*, Napoli, 1953, p. 35; Planiol e Ripert, *Traité*, cit., v. 7, n. 405-6; Cassatti e Russo, *Manuale di diritto civile italiano*, p. 412; Tito Fulgêncio, *Manual*, cit., v. 10, n. 181-94; Carvalho de Mendonça, *Doutrina*, cit., v. 1, n. 137; Carlos Alberto Bittar, *Direito das obrigações*, cit., p. 72-5; Sílvio de Salvo Venosa, *Direito civil*, cit., v. 2, p. 109-14; Álvaro Villaça Azevedo, *Teoria geral das obrigações*, cit., p. 88-97; Roberto Senise Lisboa, *Manual*, cit., v. 2, p. 39; Paulo Luiz Netto Lôbo, *Direito das obrigações*, cit., p. 29-31; Sebastião José Roque, *Direito das obrigações*, cit., p. 45-8; Nestor Duarte, *Obrigações*, cit., p. 229-37; Bercovits e Rodriguez Cano, *Las obligaciones divisibles e indivisibles*, Madrid, 1973.

Presunção legal e a figura jurídica do "concursu partes fiunt". Se houver multiplicidade de devedores ou de credores em obrigação divisível, haverá presunção legal, *juris tantum*, de que a obrigação está dividida em tantas obrigações, iguais e distintas, quantos forem os credores (*Adcoas*, n. 78.506, 1981, e 70.282, 1980) ou devedores. Dessa presunção legal decorre o princípio do *concursu partes fiunt*, ou seja, havendo concurso de mais participantes numa mesma obrigação, nenhum credor poderá pedir senão a sua parte, nenhum devedor está obrigado senão pela sua parte material, ou intelectual, conforme o caso.

BIBLIOGRAFIA: Tito Fulgêncio, *Manual*, cit., v. 10, n. 195-202; W. Barros Monteiro, *Curso*, cit., v. 4, p. 130; Darcy Arruda Miranda, *Anotações*, cit., v. 2, p. 292; M. Helena Diniz, *Curso*, cit., v. 2, p. 123 e 125-6; Levenhagen, *Código Civil*, cit., v. 4, p. 51-2; Clóvis Beviláqua, *Código Civil*, cit., v. 4, p. 36; R.

Limongi França, Obrigação divisível e indivisível, cit., in *Enciclopédia Saraiva do Direito*, p. 344-5; Barassi, *Teoria*, cit., v. 1, n. 53, p. 161.

Art. 258. A obrigação é indivisível quando a prestação tem por objeto uma coisa ou um fato não suscetíveis de divisão, por sua natureza, por motivo de ordem econômica, ou dada a razão determinante do negócio jurídico.

- *Código Civil, art. 87.*

Obrigação indivisível. A obrigação indivisível é aquela cuja prestação, tendo por objeto coisa ou fato não suscetível de divisão, só pode ser cumprida por inteiro por sua natureza (p. ex., entrega de animal), por motivo de ordem econômica (p. ex., dar pedra preciosa) ou dada a razão determinante do negócio jurídico (p. ex., reforma de prédio por vários empreiteiros, em que o dono da obra convenciona sua exigência por inteiro de qualquer deles), não comportando sua cisão em várias obrigações parceladas distintas, pois, uma vez cumprida parcialmente a prestação, o credor não obtém nenhuma utilidade ou obtém a que não representa a parte exata da que resultaria do adimplemento integral (*Adcoas*, n. 90.323, 1983). Tal indivisibilidade da obrigação poderá ser: física (*RT, 494*:149); legal (*RT, 478*:162 e *443*:261); convencional (*RT, 469*:162); ou judicial (*RT, 175*:738, *157*:279, *184*:800, *173*:944, *488*:220 e *190*:942).

BIBLIOGRAFIA: Ricardo A. Gregorio, *Comentários*, cit., p. 320.

Art. 259. Se, havendo dois ou mais devedores, a prestação não for divisível, cada um será obrigado pela dívida toda.

Parágrafo único. O devedor, que paga a dívida, sub-roga-se no direito do credor em relação aos outros coobrigados.

- Vide *Código Civil, arts. 264 e 346, III.*

Obrigação indivisível e pluralidade de devedores. Se houver vários devedores, sendo a obrigação indivisível, cada um deles será obrigado pelo débito todo, nenhum deles poderá solvê-la *pro parte*. Se A, B e C se obrigam a entregar a D uma escultura, tal entrega terá de ser feita por qualquer deles, podendo o credor reclamá-la tanto de um como de outro. O devedor que pagar a dívida sub-rogar-se-á no direito do credor em relação aos demais coobrigados, podendo cobrar de cada um deles as quotas-partes correspondentes e as garantias reais ou fidejussórias relativas à obrigação principal, uma vez que passará a ser o novo credor dos codevedores.

BIBLIOGRAFIA: Brugi, *Instituciones*, cit., p. 283; Silvio Rodrigues, *Direito civil*, cit., v. 2, p. 70-4; W. Barros Monteiro, *Curso*, cit., v. 4, p. 138-43; M. Helena Diniz, *Curso*, cit., v. 2, p. 126-7; Tito Fulgêncio, *Manual*, cit., v. 10, n. 204-211.

Art. 260. Se a pluralidade for dos credores, poderá cada um destes exigir a dívida inteira; mas o devedor ou devedores se desobrigarão, pagando:

- *Código Civil, art. 267.*

I — a todos conjuntamente;

II — a um, dando este caução de ratificação dos outros credores.

Multiplicidade de credores e indivisibilidade da obrigação. Se se tiver obrigação indivisível com pluralidade de credores (*RT, 449*:151), cada um deles apenas poderá exigir, judicial ou extrajudicialmente, o débito inteiro, mas o devedor só se desobrigará pagando a todos conjuntamente ou a um deles, dando este caução de ratificação dos outros credores. Não havendo essa garantia, o devedor deverá, após constituí-los em mora, promover o depósito judicial da coisa devida. A caução de ratificação é uma garantia, como diz Mário Luiz Delgado Régis, oferecida pelo cocredor que recebe o pagamento de que os demais cocredores o reputam válido e não cobrarão, posteriormente, do devedor as suas quotas no crédito. Outra não poderia ser a solução legal, porque a obrigação indivisível não é solidária; logo, o pagamento feito a um credor não exonerará o devedor da obrigação perante os demais credores.

BIBLIOGRAFIA: Barassi, *Teoria*, cit., v. 1, n. 53, p. 161; R. Limongi França, Obrigação divisível e indivisível, cit., in *Enciclopédia Saraiva do Direito*, p. 345-6; Enneccerus, Kipp e Wolff, *Tratado de derecho civil*, Barcelona, Bosch, 1933, § 96; Caio M. S. Pereira, *Instituições*, cit., v. 2, p. 71-3; De Page, *Traité*, cit., n. 306; Serpa Lopes, *Curso*, cit., v. 2, p. 115-6; Hudelot e Metmann, *Obligations*, n. 362; M. Helena Diniz, *Curso*, cit., v. 2, p. 124 e 127; Darcy Arruda Miranda, *Anotações*, cit., v. 2, p. 293-4; Tito Fulgêncio, *Manual*, cit., v. 10, n. 212-14; *Do direito das obrigações*, Rio de Janeiro, Forense, 1952, p. 218-9; Renan Lotufo, *Código Civil*, cit., v. 2, p. 77; Mário Luiz Delgado Régis, *Novo Código Civil*, cit., p. 250.

Art. 261. Se um só dos credores receber a prestação por inteiro, a cada um dos outros assistirá o direito de exigir dele em dinheiro a parte que lhe caiba no total.

Direito dos cocredores de receber a parte cabível. Cada cocredor, sendo indivisível a obrigação, terá direito de exigir em dinheiro, daquele que receber a prestação por inteiro, a parte que lhe caiba no total. O cocredor que vier a receber o quadro X de Portinari, insuscetível de fracionamento, deverá, feita sua avaliação, pagar aos demais cocredores, em dinheiro, a parte cabível ao crédito de cada um, restabelecendo-se a igualdade entre eles. Esclarecendo a questão poder-se-á apresentar um outro exemplo: Se "A" deve a "B", "C" e "D" um cavalo árabe no valor de R$ 600.000,00 e o entrega a "B", "B" deve dar caução para a garantia de "C" e "D", tornando-se devedor junto a "C" de R$ 200.000,00 e a "D", de R$ 200.000,00.

BIBLIOGRAFIA: Tito Fulgêncio, *Manual*, cit., v. 10, n. 215-6; Darcy Arruda Miranda, *Anotações*, cit., v. 2, p. 294; M. Helena Diniz, *Curso*, cit., v. 2, p. 127; Levenhagen, *Código Civil*, cit., v. 4, p. 54-5.

Art. 262. Se um dos credores remitir a dívida, a obrigação não ficará extinta para com os outros; mas estes só a poderão exigir, descontada a quota do credor remitente.

- ***Projeto de Lei n. 699/2011**: "Art. 262. Se um dos credores remitir a dívida, a obrigação não ficará extinta para com os outros; mas estes só a poderão exigir, reembolsando o devedor pela quota do credor remitente".*

Parágrafo único. O mesmo critério se observará no caso de transação, novação, compensação ou confusão.

- *Código Civil, arts. 360 a 367, 368 a 380, 381 a 384 e 840 a 850.*

Remissão da dívida por um dos credores. A remissão do débito por parte de um dos credores não atingirá o direito dos demais, pois a dívida não se extinguirá em relação aos outros; apenas o vínculo obrigacional sofrerá uma diminuição em sua extensão, uma vez que se desconta em dinheiro a quota do remitente. P. ex., se "A" deve entregar uma joia de R$ 90.000,00 a "B", "C" e "D", tendo "B" remitido o débito, "C" e "D" exigirão a joia, mas deverão indenizar

DIREITO DAS OBRIGAÇÕES

"A", em dinheiro (R$ 30.000,00), da parte que "B" o perdoou. Como se vê, o perdão da dívida é pessoal; abrange apenas o que a perdoou; logo, os demais cocredores deverão indenizar o devedor em dinheiro da parte que foi perdoada.

Inalterabilidade do direito dos cocredores em caso de transação, novação, compensação ou confusão. A transação, a novação, a compensação e a confusão em relação a um dos credores não operam a extinção do débito para com os outros cocredores, que só a poderão exigir descontada a quota daquele.

BIBLIOGRAFIA: M. Helena Diniz, *Curso*, cit., v. 2, p. 127; Caio M. S. Pereira, *Instituições*, cit., v. 2, p. 73; Silvio Rodrigues, *Direito civil*, cit., v. 2, p. 74; W. Barros Monteiro, *Curso*, cit., v. 4, p. 143; Levenhagen, *Código Civil*, cit., v. 4, p. 55-7; Tito Fulgêncio, *Manual*, cit., v. 10, n. 217-20; João Luís Alves, *Código Civil anotado*, Rio de Janeiro, 1917, p. 611.

Art. 263. Perde a qualidade de indivisível a obrigação que se resolver em perdas e danos.

- *Código Civil, art. 271.*

§ 1º Se, para efeito do disposto neste artigo, houver culpa de todos os devedores, responderão todos por partes iguais.

§ 2º Se for de um só a culpa, ficarão exonerados os outros, respondendo só esse pelas perdas e danos.

- *Código Civil, arts. 402 a 405.*

Cessação da indivisibilidade. Os devedores de uma prestação indivisível convertida no seu equivalente pecuniário passarão a dever, cada um deles, a sua quota-parte, pois a obrigação torna-se divisível ao se resolver em perdas e danos (*JTJ*, *180*:211). O inadimplemento da obrigação converte-a em perdas e danos, dando lugar à indenização, em dinheiro, dos prejuízos causados ao credor. Se apenas um dos devedores foi culpado pela inadimplência, só ele responderá pelas perdas e danos, exonerando-se os demais, que apenas pagarão o equivalente em dinheiro da prestação devida. Pelo Enunciado n. 540 do CJF (aprovado na *VI Jornada de Direito Civil*): "Havendo perecimento do objeto da prestação indivisível por culpa de apenas um dos devedores, todos respondem, de maneira divisível, pelo equivalente e só o culpado, pelas perdas e danos". Mas, se a culpa for de todos, todos responderão, perante o credor comum, por partes iguais, *pro rata*, cessando, assim, a indivisibilidade. Aplica-se à indivisibilidade o princípio *cessante causa, cessat effectus*.

BIBLIOGRAFIA: Tito Fulgêncio, *Manual*, cit., v. 10, n. 226-32; Caio M. S. Pereira, *Instituições*, cit., v. 2, p. 73-4; Serpa Lopes, *Curso*, cit., v. 2, p. 116-7; W. Barros Monteiro, *Curso*, cit., v. 4, p. 142-3; M. Helena Diniz, *Curso*, cit., v. 2, p. 127-8; Darcy Arruda Miranda, *Anotações*, cit., v. 2, p. 295.

Capítulo VI

Das Obrigações Solidárias

Seção I

Disposições gerais

Art. 264. Há solidariedade, quando na mesma obrigação concorre mais de um credor, ou mais de um devedor, cada um com direito, ou obrigado, à dívida toda.

- *Sobre a solidariedade em matéria fiscal,* vide *arts. 124 e 125 da Lei n. 5.172, de 25 de outubro de 1966 (Código Tributário Nacional).*
- Vide *Lei n. 8.078/90, arts. 7º, parágrafo único, 18, 19, 25, §§ 1º e 2º, 28, § 3º, e 34.*
- *Código de Processo Civil, arts. 130, III, 1.005 e parágrafo único.*
- *Código Civil, arts. 149, 154, 204, 257, 258, 271, 383, 388, 518, 585, 680, 698, 756, 829, 914, § 1º, 942 e parágrafo único, 1.012, 1.016, 1.052 a 1.056, § 2º, 1.091, § 1º, 1.146, 1.173, parágrafo único, 1.177, parágrafo único, 1.460, 1.644, 1.752, § 2º, e 1.986.*
- *Súmula 26 do Superior Tribunal de Justiça.*

Conceito de obrigação solidária. A obrigação solidária é aquela em que, havendo multiplicidade de credores ou de devedores, ou de uns e outros, cada credor terá direito à totalidade da prestação, como se fosse o único credor, ou cada devedor estará obrigado pelo débito todo, como se fosse o único devedor (*RT, 703*:205, *719*:143, *670*:117, *668*:107, *720*:180, *745*:312, *794*:375; *RJTJSP, 162*:66, *152*:134; *JTACSP, 142*:38; *RJ, 135*:138, *142*:96, *159*:81, *163*:94, *178*:100; *RSTJ, 201*:319). O pagamento do débito a um dos credores exonera o devedor da cobrança dos demais. Se um dos devedores pagar a dívida ao credor, ter-se-á a quitação dos outros. O credor, que vier a receber, deverá entregar a parte cabível aos cocredores, e o devedor, que solver o débito, deverá exigir dos outros as suas partes. Há, portanto, uma unidade da prestação e pluralidade de sujeitos, ou, como preferem Carlos Alberto Bittar Filho e Márcia S. Bittar, uma "multiplicidade unificada".

Art. 265. A solidariedade não se presume; resulta da lei ou da vontade das partes.

- Vide *Código Civil, arts. 257 e 942.*
- *Código Tributário Nacional, arts. 124 e 125.*
- *Lei n. 8.078/90, arts. 7º, parágrafo único, 18, 19, 25, §§ 1º e 2º, 28, § 3º, e 34.*
- Vide *Súmula 26 do Superior Tribunal de Justiça.*

Princípio da não presunção da solidariedade. Em nosso direito será inadmissível a solidariedade presumida, resultando ela de lei (Lei n. 8.245/91, art. 2º; CC, arts. 154, 518, 829, 756, 1.052, 1.056, 1.177, 1.643, 1.644, 942, 585, 680, 867, 1.393) ou de vontade das partes (*RT, 719*:143, *641*:221, *217*:275, *485*:94, *486*:77, *184*:104, *397*:150, *396*:252, *443*:136, *355*:174, *457*:146, *456*:132, *459*:162, *487*:163, *155*:706 e *181*:198; *Revista Jurídica, 46*:108; *RF, 97*:121, *187*:249 e *67*:532; *JTA, 178*:267), por importar um agravamento da responsabilidade dos devedores, que passarão a ser obrigados pelo pagamento total da prestação. Os vários credores ou vários devedores acham-se unidos ou por força de lei ou por ato de vontade para a consecução de um objetivo comum. A solidariedade ativa é sempre convencional, sendo oriunda de contrato ou de testamento, logo não pode ser instituída por lei. Se a lei não a impuser ou o contrato não a estipular, não se terá a solidariedade (*RT, 155*:706; *RF, 109*:465).

Pelo Enunciado n. 22 do CJF (aprovado na *1ª Jornada de Direito Comercial*): "Não se presume solidariedade passiva (art. 265 do Código Civil) pelo simples fato de duas ou mais pessoas jurídicas integrarem o mesmo grupo econômico".

BIBLIOGRAFIA: Regina Gondim, *Natureza jurídica da solidariedade*, Rio de Janeiro, 1958; Caio M. S. Pereira, *Instituições*, cit., v. 2, p. 75-7; W. Barros Monteiro, *Curso*, cit., v. 4, p. 145, 158 e 162-3; Tito Fulgêncio, *Manual*, cit., v. 10, n. 233-45; Romolo Tosetto, Solidarietà, in *Nuovo Digesto Italiano*, v. 12, 1a parte; M. Jean Vincent, L'extension en jurisprudence de la notion de solidarité passive, *Revue Trimestrielle de Droit Civil*, p. 601 e s., 1939; Pezzella, *L'obbligazione in solido nei riguardi del creditore*, Milano,

DIREITO DAS OBRIGAÇÕES

1934; R. Limongi França, Obrigação solidária, in *Enciclopédia Saraiva do Direito*, v. 55, p. 374-6; Bonfante, Il concetto unitario della solidarietà, *Rivista di Diritto Commerciale*, 1a parte, p. 685-705, 1916; Crome, *Teorie fondamentali delle obbligazione nel diritto francese*, trad. Ascoli e Cameo, § 19; Ibarguren, *Las obligaciones y el contrato*, p. 63; Pacchioni, *Obbligazioni e contratti*, p. 46 e s.; Enneccerus, Kipp e Wolff, *Tratado*, cit., v. 1, § 90, p. 437, nota 10; M. Helena Diniz, *Curso*, cit., v. 2, p. 128 e 131-4; Sílvio de Salvo Venosa, *Direito civil*, cit., v. 2, p. 115-29; Álvaro Villaça Azevedo, *Teoria geral das obrigações*, cit., p. 98-106; Fábio H. Podestá, *Direito das obrigações*, cit., p. 66-74; Roberto Senise Lisboa, *Manual*, cit., v. 2, p. 41-7; Paulo Luiz Netto Lôbo, *Direito das obrigações*, cit., p. 32; Décio Ferraz Alvim, Obrigações solidárias, *RT*, *248*:18; Planiol e Ripert, *Traité pratique du droit civil français*, 1954, t. VII, n. 1.060, p. 415; Marco Ticozzi, *Le obbligazioni solidali*, Padova, CEDAM, 2001; José Maria da Costa, As obrigações solidárias, in *O novo Código Civil*, cit., p. 238-312; Pablo S. Gagliano e Rodolfo Pamplona Filho, *Novo Curso*, cit., v. 2, p. 81 e s.

Art. 266. A obrigação solidária pode ser pura e simples para um dos cocredores ou codevedores, e condicional, ou a prazo, ou pagável em lugar diferente, para o outro.

• *Código Civil, arts. 121 a 130, 278, e 327 a 330.*

Princípio da variabilidade do modo de ser da obrigação na solidariedade. Será princípio comum à obrigação solidária o da variabilidade do modo de ser da obrigação, visto que não é incompatível com sua natureza jurídica a possibilidade de estipulá-la como condicional, ou a prazo, para um dos cocredores ou codevedores, e pura e simples para outro, ou, ainda, pagável em local diverso para outro, desde que estabelecido no título originário. Isto é assim porque a solidariedade diz respeito à prestação e não à maneira pela qual ela é devida. E, pelo Enunciado n. 347 do Conselho da Justiça Federal, aprovado na *IV Jornada de Direito Civil*: "A solidariedade admite outras disposições de conteúdo particular além do rol previsto no art. 266 do Código Civil".

BIBLIOGRAFIA: Carvalho de Mendonça, *Doutrina e prática das obrigações*, 1956, v. 1, n. 153, p. 308; M. Helena Diniz, *Curso*, cit., v. 2, p. 131; Serpa Lopes, *Curso*, cit., v. 2, p. 133-7; R. Limongi França, Obrigação solidária, cit., in *Enciclopédia Saraiva do Direito*, p. 375-6; W. Barros Monteiro, *Curso*, cit., v. 4, p. 158; Tito Fulgêncio, *Manual*, cit., v. 10, n. 216-57.

Seção II

Da solidariedade ativa

Art. 267. Cada um dos credores solidários tem direito a exigir do devedor o cumprimento da prestação por inteiro.

• *Código Civil, arts. 260, 261 e 275.*

Solidariedade ativa. A solidariedade ativa é a relação jurídica entre vários credores de uma obrigação, em que cada credor tem o direito de exigir do devedor a realização da prestação por inteiro, e o devedor se exonera do vínculo obrigacional pagando o débito a qualquer um dos cocredores (*RT*, *694*:119, *185*:345 e *154*:792; *RF*, *117*:69; *AJ*, *103*:397; STJ, AgRg no REsp 850.437/PR, rel. Min. Humberto Martins, 2ª T., *DJe*, 3-2-2009).

BIBLIOGRAFIA: Antunes Varela, *Direito das obrigações*, cit., p. 314; Carvalho de Mendonça, *Tratado*, cit., v. 1, n. 154; Silvio Rodrigues, *Direito civil*, cit., v. 2, p. 85-6; Tito Fulgêncio, *Manual*, cit., v. 10, n. 255-8; M. Helena Diniz, *Curso*, cit., v. 2, p. 136; W. Barros Monteiro, *Curso*, cit., v. 4, p. 165-6; Mazeaud e Mazeaud, *Leçons*, cit., v. 2, p. 864; Andrea Torrente, *Manuale di diritto privato*, Milano, Giuffrè, 1975, p. 465; Mario de Simone, *Il nuovo Codice Civile commentato*, Liv. IV, p. 343; Castãn de Tobeñas, *Derecho civil español, comun y foral*, Madrid, Reus, 1969, t. 3, p. 125.

Art. 268. Enquanto alguns dos credores solidários não demandarem o devedor comum, a qualquer daqueles poderá este pagar.

Prevenção judicial. Enquanto alguns dos cocredores solidários não demandarem o devedor, a qualquer deles poderá este pagar, sem que o credor escolhido possa recusar-se a receber o pagamento da prestação, sob o pretexto de que ela não lhe pertence por inteiro. Como qualquer credor solidário pode demandar, ou seja, acionar o devedor pela totalidade do débito, uma vez iniciada a demanda, ter-se-á a prevenção judicial; o devedor, então, apenas se liberará pagando a dívida por inteiro ao credor que o acionou, não lhe sendo mais lícito escolher o credor solidário para a realização da prestação.

BIBLIOGRAFIA: M. Helena Diniz, *Curso*, cit., v. 2, p. 137; Levenhagen, *Código Civil*, cit., v. 4, p. 61-2; Tito Fulgêncio, *Manual*, cit., v. 10, n. 25965; Serpa Lopes, *Curso*, cit., v. 2, p. 140 e s.; R. Limongi França, Obrigação solidária, cit., in *Enciclopédia Saraiva do Direito*, p. 376; W. Barros Monteiro, *Curso*, cit., v. 4, p. 167 e s.; Darcy Arruda Miranda, *Anotações*, cit., v. 2, p. 300.

Art. 269. O pagamento feito a um dos credores solidários extingue a dívida até o montante do que foi pago.

Efeito do pagamento direto ou indireto feito a um dos credores solidários. O pagamento feito a um dos credores solidários, pelo devedor ou por terceiro, extinguirá inteiramente o débito, se for suficiente para tanto, ou até o montante do que foi pago. O pagamento direto ou indireto produzirá o efeito de liberação total ou parcial da dívida, pois se o credor tem o direito de liberar o devedor ao receber-lhe o pagamento, passando a devida quitação, tê-lo-á da mesma forma, no nosso entendimento, quando perdoar, inovar ou compensar o débito. Este artigo se coaduna perfeitamente com a solidariedade: *una obligatio, plures personae*. A quitação do *solvens* o liberará em face dos demais cocredores. E se o devedor pagou apenas uma parcela do débito a um dos cocredores, a solidariedade permanecerá e qualquer um dos credores poderá exigir dele o restante da dívida, deduzindo, obviamente, a parcela já paga.

BIBLIOGRAFIA: Tito Fulgêncio, *Manual*, cit., v. 10, n. 266-81; Levenhagen, *Código Civil*, cit., v. 4, p. 62; Darcy Arruda Miranda, *Anotações*, cit., v. 2, p. 300; M. Helena Diniz, *Curso*, cit., v. 2, p. 300; Jorge Giorgi, *Teoría de las obligaciones en el derecho moderno*, Madrid, Reus, 1969, v. 1, p. 98.

Art. 270. Se um dos credores solidários falecer deixando herdeiros, cada um destes só terá direito a exigir e receber a quota do crédito que corresponder ao seu quinhão hereditário, salvo se a obrigação for indivisível.

• *Código Civil, arts. 257 a 263.*

Refração do crédito. Os herdeiros do cocredor falecido só poderão reclamar o respectivo quinhão hereditário, ou seja, a parte no crédito solidário cabível ao *de cujus*, e não a totalidade do crédito (*RT, 759*:270). P. ex.: "A", "B" e "C" são credores solidários de "D", que lhes deve R$ 60.000,00. Com o óbito de "A", seus herdeiros "E" e "F" apenas poderão reclamar da quota do crédito do *de cujus* (R$ 20.000,00) a metade relativa ao quinhão hereditário de cada um, ou seja, R$ 10.000,00. Mas a prestação poderá ser exigida por inteiro se o falecido deixou um único herdeiro ou se todos os herdeiros agirem em conjunto e se a prestação for indivisível.

BIBLIOGRAFIA: Levenhagen, *Código Civil*, cit., v. 4, p. 63; Tito Fulgêncio, *Manual*, cit., v. 10, n. 282-5; Larenz, *Derecho de obligaciones*, cit., v. 1, § 32; Von Tuhr, *Tratado*, cit., v. 2, p. 279; Antunes Varela, *Direito das obrigações*, cit., p. 314-6; M. Helena Diniz, *Curso*, cit., v. 2, p. 138; Jorge Giorgi, *Teoría de las obligaciones*, cit., v. 1, p. 93 e 94.

Art. 271. Convertendo-se a prestação em perdas e danos, subsiste, para todos os efeitos, a solidariedade.

- *Código Civil, arts. 389, 402 a 405 e 407.*

Conversão da prestação em perdas e danos. A conversão da prestação em perdas e danos (CC, arts. 402 a 404), em razão do inadimplemento da obrigação, não alterará a solidariedade que subsistirá para todos os efeitos até mesmo no que concerne aos juros e às demais obrigações acessórias que, porventura, houver. Qualquer um dos credores estará autorizado a exigir do devedor o pagamento integral da indenização das perdas e danos (CC, arts. 402 a 404) e dos juros de mora (CC, arts. 405 e 407).

Art. 272. O credor que tiver remitido a dívida ou recebido o pagamento responderá aos outros pela parte que lhes caiba.

- *Código Civil, arts. 277 e 385 a 388.*

Efeito jurídico da solidariedade ativa nas relações internas. A solidariedade ativa acarreta consequências jurídicas nas relações internas, isto é, entre cocredores solidários, já que o credor que tiver perdoado a dívida ou recebido o pagamento responderá aos outros pela parte que lhes caiba, ante o princípio da comunidade de interesses. Extinta a obrigação por pagamento, novação, remissão, compensação ou transação, o cocredor favorecido será responsável pelas quotas-partes dos demais, que terão, por sua vez, direito de regresso, isto é, de exigir do credor que recebeu a prestação a entrega do que lhes competir (*Adcoas*, n. 82.765, 1982). P. ex.: se "A", "B" e "C" forem credores solidários de "D" da quantia de R$ 600.000,00, sendo que "B" vem a perdoá-lo da dívida. "A" e "C" poderão, então, exigir de "B", que concedeu a "D" a remissão total do débito, as quotas a que fariam jus. Assim, "B" deverá pagar a "A" R$ 200.000,00 e a "C", R$ 200.000,00. A ação reversiva visa, portanto, garantir aos demais credores a percepção de suas quotas.

BIBLIOGRAFIA: Tito Fulgêncio, *Manual*, cit., v. 10, n. 294-306; Romolo Tosetto, Solidarietà, in *Nuovo Digesto Italiano*, v. 12, n. 18 e 19; Serpa Lopes, *Curso*, cit., v. 2, p. 144; M. Helena Diniz, *Curso*, cit., v. 2, p. 138; Antunes Varela, *Direito das obrigações*, cit., p. 317-8; Cunha Gonçalves, *Tratado de direito civil*, v. 4, p. 636; Caio M. S. Pereira, *Instituições*, cit., v. 2, p. 86; W. Barros Monteiro, *Curso*, cit., v. 4, p. 171-2; Orozimbo Nonato, *Curso de obrigações*, cit., v. 2, p. 157.

Art. 273. A um dos credores solidários não pode o devedor opor as exceções pessoais oponíveis aos outros.

- ***Projeto de Lei n. 699/2011**: "Art. 273. A um dos credores solidários não pode o devedor opor as defesas pessoais oponíveis aos outros".*

Oposição de exceções pessoais. O devedor poderá opor exceção comum a todos (p. ex., nulidade negocial; extinção da obrigação; impossibilidade da prestação etc.) visto que poderá ser alegada a qualquer dos credores solidários. Todavia, o devedor não poderá alegar contra um dos credores solidários exceções ou defesas pessoais (incapacidade, vício de consentimento etc.) que sejam oponíveis aos demais. Isto é assim ante o fato de a exceção pessoal ser suscetível de ser contraposta somente a um dos credores solidários. A defesa apresentada contra um cocredor, que agiu, p. ex., com dolo, não poderá prejudicar os outros, nem alterar o vínculo devedor com os demais credores solidários, visto ser alusiva apenas àquele credor solidário. Assim, se *A* (cocredor) usar de artifícios maliciosos na celebração do contrato, enganando *D* (devedor), estando *B* e *C* (cocredores) de boa-fé, a alegação daquele dolo pelo devedor (*D*) não poderá ser oposta contra eles (*B* e *C*). Logo, tal alegação não prejudicará aqueles cocredores (*B* e *C*) de boa-fé, alheios ao dolo de *A* (cocredor).

BIBLIOGRAFIA: Pablo S. Gagliano e Rodolfo Pamplona Filho, *Novo curso de direito civil*, São Paulo, Saraiva, 2003, v. 2, p. 81.

Art. 274. O julgamento contrário a um dos credores solidários não atinge os demais, mas o julgamento favorável aproveita-lhes, sem prejuízo de exceção pessoal que o devedor tenha direito de invocar em relação a qualquer deles.

- *Redação dada pela Lei n. 13.105/2015 (CPC).*
- *Código Civil, art. 273.*

Efeitos do julgamento em caso de solidariedade ativa. Havendo decisão contrária a um dos credores solidários, qualquer que seja o motivo (acolhimento de exceção pessoal ou comum) esta não irá atingir os demais, cujos direitos ficarão incólumes. E sendo aquele julgamento favorável, proposta a ação por um dos cocredores ou pelo devedor comum, aproveitará a todos, os cocredores, sem prejuízo de exceção pessoal que o devedor tenha direito de invocar, em relação a qualquer cocredor. Logo, se o devedor comum somente opôs ao credor solidário — réu (vencedor da demanda e único beneficiário) a exceção que lhe era pessoal, nada obsta a que, em momento oportuno, venha a opor, em relação aos demais cocredores não participantes da demanda, as respectivas exceções pessoais, pois, em relação àquele que atuou na demanda, o devedor nada mais poderá opor (CPC, art. 508). Por força do art. 273, a exceção pessoal não se estende aos demais cocredores, que, por isso, não poderão tirar proveito daquela decisão. O art. 274 justifica-se porque se, em razão da solidariedade, qualquer um dos cocredores poderá demandar o devedor, pleiteando a totalidade do débito, dispensando-se o litisconsórcio ativo facultativo, ou seja, a atuação conjunta em juízo dos credores solidários, é necessário admitir a eficácia subjetiva da coisa julgada material (CPC, art. 506) *secundum eventum litis*, alcançando os interessados não integrantes da relação processual, somente para conceder-lhes benefícios, sem prejuízo de exceção pessoal que o devedor tenha direito de invocar em relação a qualquer deles. Pelo Enunciado n. 234 do Fórum Permanente de Processualistas Civis: "A decisão de improcedência na ação proposta pelo credor beneficia todos os devedores solidários, mesmo os que não foram partes do processo, exceto se fundada em defesa pessoal".

BIBLIOGRAFIA: Gustavo Tepedino e outros, *Código*, cit., p. 552; Fredie Didier, *Regras processuais no novo Código Civil*, São Paulo, Saraiva, 2004, p. 76.

SEÇÃO III

DA SOLIDARIEDADE PASSIVA

- *Código de Processo Civil, art. 1.005, parágrafo único.*
- *Lei n. 9.503/97, art. 134.*

DIREITO DAS OBRIGAÇÕES

Art. 275. O credor tem direito a exigir e receber de um ou de alguns dos devedores, parcial ou totalmente, a dívida comum; se o pagamento tiver sido parcial, todos os demais devedores continuam obrigados solidariamente pelo resto.

- Vide *Código Civil, art. 333, parágrafo único.*
- Vide *Súmula 26 do Superior Tribunal de Justiça.*
- Vide *Código de Processo Civil, arts. 130, III, 1.005 e parágrafo único.*

Parágrafo único. Não importará renúncia da solidariedade a propositura de ação pelo credor contra um ou alguns dos devedores.

- *Código Civil, art. 114.*
- *Código de Processo Civil, art. 130, III.*

Solidariedade passiva. A obrigação solidária passiva é a relação obrigacional, decorrente de lei ou da vontade das partes, com multiplicidade de devedores, sendo que cada um responderá *in totum et totaliter* pelo cumprimento da prestação, como se fosse o único devedor (*RTJ, 98*:449; *RT, 670*:117; TJSC, AgI 1.998.003499-0, rel. Carlos Prudêncio, DJSC, n. 11.843, 13-2-2006, p. 20; TJSP, Ap. 16.584.646-00, rel. Dimas Carneiro, j. 1º-2-2006).

Direitos do credor. O credor terá, sendo a obrigação solidária passiva, o direito de: *a*) escolher, para pagar o débito, o codevedor que lhe aprouver, e, se este não saldar a dívida, poderá voltar contra os demais, conjunta ou isoladamente; *b*) exigir total ou parcialmente a dívida, embora ao devedor não seja lícito realizar a prestação em parte. Se reclamar de um deles parte da prestação, não se extinguirá a solidariedade, uma vez que os demais codevedores continuarão obrigados solidariamente pelo restante do débito (*RF, 144*:717 e *109*:448; *RT, 333*:524, *280*:300, *268*:603 e *506*:137; *RTJ, 98*:449). "O pagamento parcial não implica, por si só, renúncia à solidariedade, a qual deve derivar dos termos expressos da quitação ou, inequivocadamente, das circunstâncias do recebimento da prestação pelo credor" (Enunciado n. 348 do Conselho da Justiça Federal, aprovado na *IV Jornada de Direito Civil*).

Direito do credor de acionar qualquer codevedor solidário. O credor, na obrigação solidária passiva, está autorizado a acionar qualquer um dos codevedores, à sua escolha (*AJ, 101*:103; *JTA, 193*:400), sem que com isso fique impedido de acionar os outros, caso o demandado, p. ex., não apresente condições econômicas para saldar o débito, seja incapaz ou não seja encontrado (*RT, 104*:251). Logo, se na solidariedade passiva o credor pode exigir judicialmente o pagamento da dívida de um dos devedores, ou de todos eles conjuntamente, claro está que o fato de ter movido ação contra um ou alguns deles não indica renúncia da solidariedade quanto aos demais, nem do direito de, posteriormente, demandar contra os que não foram por ele acionados. A cobrança de um dos codevedores pelo credor não atingirá o direito deste de acionar os demais. Se o credor escolher um codevedor para solver o débito, e este não efetuar o pagamento, poderá agir contra os demais, conjunta ou individualmente.

BIBLIOGRAFIA: Carvalho Santos, *Código Civil*, cit., v. 11, p. 225; Darcy Arruda Miranda, *Anotações*, cit., v. 2, p. 305-6; M. Helena Diniz, *Curso*, cit., v. 2, p. 139; Hudelot e Metmann, *Obligations*, n. 334; Orozimbo Nonato, *Curso de obrigações*, cit., v. 2, p. 168; Antunes Varela, *Noções fundamentais de direito civil*, Coimbra, 1945, v. 1, p. 224-8; Ruggiero e Maroi, *Istituzioni*, cit., p. 50; Serpa Lopes, *Curso*, cit., v. 2, p. 144-5; Tito Fulgêncio, *Manual*, cit., v. 10, n. 310-6; Silvio Rodrigues, *Direito civil*, cit., v. 2, p. 87; Messineo, *Istituzioni di diritto privato*, p. 427; Carlos Alberto Bittar, *Direito das obrigações*, cit., p. 79-81; Jorge C. Laporta, *La solidaridad de deudores*, 1980; Guilherme Alves Moreira, *Instituições de direito civil português*, Coimbra, 1925, v. 2, p. 43; Carvalho Santos, *Código Civil brasileiro interpretado*, cit., p. 250; Renan Lotufo, *Código Civil*, cit., v. 2, p. 111; Fabrício Z. Matiello, *Código Civil*, cit., p. 211; Eduardo M. G. de Lyra Junior, notas sobre a solidariedade passiva no novo Código Civil, *RDPr, 13*:29.

Art. 276. Se um dos devedores solidários falecer deixando herdeiros, nenhum destes será obrigado a pagar senão a quota que corresponder ao seu quinhão hereditário, salvo se a obrigação for indivisível; mas todos reunidos serão considerados como um devedor solidário em relação aos demais devedores.

- Vide *Código Civil, arts. 87, 88, 314, 257 a 263, 314, 1.792, 1.821 e 1.997.*

Morte de um dos devedores solidários. O falecimento de um dos devedores solidários não rompe a solidariedade, que continuará a onerar os demais codevedores, pois os herdeiros responderão pelos débitos do falecido, desde que não ultrapassem as forças da herança (CC, art. 1.792). Com o óbito do devedor solidário, dividir-se-á a dívida, se divisível, apenas em relação a cada um de seus herdeiros, pois cada qual só responderá pela quota respectiva, correspondente ao seu quinhão hereditário, salvo se a obrigação for indivisível, hipótese em que, se o credor demandar, os herdeiros serão considerados, por ficção legal, como um só devedor solidário relativamente aos outros codevedores solidários. Por exemplo, A, B e C são devedores solidários de R$ 600.000,00 de D. Morre C, deixando herdeiros E e F, sendo que cada um só será obrigado a pagar a D a quantia de R$ 100.000,00 (metade da quota de C — R$ 200.000,00). Mas se a dívida for a entrega de uma casa, o credor poderá, ante sua indivisibilidade, exigir a prestação por inteiro, mas a responsabilidade dos herdeiros reunidos não poderá ser superior às forças do acervo hereditário.

BIBLIOGRAFIA: Tito Fulgêncio, *Manual*, cit., v. 10, n. 317-22; M. Helena Diniz, *Curso*, cit., v. 2, p. 140-1; Darcy Arruda Miranda, *Anotações*, cit., v. 2, p. 306; Sílvio de Salvo Venosa, *Direito civil*, cit., v. 2, p. 124.

Art. 277. O pagamento parcial feito por um dos devedores e a remissão por ele obtida não aproveitam aos outros devedores, senão até à concorrência da quantia paga ou relevada.

- *Efeitos da solidariedade em matéria fiscal* — Vide *art. 125 da Lei n. 5.172, de 25 de outubro de 1966 (Código Tributário Nacional).*
- *Código Civil, arts. 272 e 385 a 388.*

Efeito do pagamento parcial efetivado por devedor solidário. Se um dos devedores efetuar o pagamento parcial do débito, este não aproveitará aos demais, senão até a concorrência da quantia paga. O credor de uma dívida de trinta mil reais, tendo recebido apenas de um dos devedores solidários a quantia de dez mil reais, só poderá reclamar dos demais vinte mil reais, descontando os dez mil reais já recebidos (*RSTJ, 128*:355).

Remissão da dívida obtida por um dos devedores solidários. O perdão dado pelo credor a um dos devedores solidários não terá o poder de apagar os efeitos da solidariedade relativamente aos demais codevedores, que permanecerão vinculados, tendo-se apenas a redução da dívida proporcionalmente à concorrência da importância relevada.

Art. 278. Qualquer cláusula, condição ou obrigação adicional, estipulada entre um dos devedores solidários e o credor, não poderá agravar a posição dos outros sem consentimento destes.

- *Código Civil, arts. 107, 109, 121 a 137, 212, 215 a 221, 224, 227 a 229 e 266.*

Estipulação de condição ou de obrigação adicional. A cláusula, condição ou obrigação adicional avençada entre credor e um dos devedores solidários, não poderá agravar a posição dos demais, sem anuência destes. Nenhum codevedor poderá onerar a posição dos demais, sem contar com o consentimento deles. Cláusula, condição ou obrigação adicional assumida por um codevedor não atingirá os demais, se estabelecida à revelia destes. Como esses atos alteram a relação obrigacional, prejudicando os codevedores, apenas poderão obrigar aquele que os estipulou sem a aquiescência dos demais.

Art. 279. Impossibilitandose a prestação por culpa de um dos devedores solidários, subsiste para todos o encargo de pagar o equivalente; mas pelas perdas e danos só responde o culpado.

- *Código Civil, arts. 402 a 405.*

Impossibilidade da prestação por culpa de um dos codevedores solidários. Se, por ato culposo de um dos devedores solidários, a prestação tornar-se inexequível, a solidariedade não se extinguirá, visto que o credor poderá reclamar de qualquer dos devedores, ou de todos conjuntamente, o equivalente em dinheiro, embora só possa exigir do culpado as perdas e danos que sofreu com a impossibilidade da prestação (*RT*, *670*:117). A e B são devedores solidários de C, a quem deverão entregar um lote de vasos chineses, que, por negligência de A, vem a se perder. A e B continuam solidários no pagamento do equivalente daquelas peças ornamentais, mas somente A deverá pagar pelas perdas e danos sofridos por C.

Art. 280. Todos os devedores respondem pelos juros da mora, ainda que a ação tenha sido proposta somente contra um; mas o culpado responde aos outros pela obrigação acrescida.

- *Código Civil, arts. 394 a 401 e 406 e 407.*

Responsabilidade pelos juros moratórios. Como os juros de mora constituem acessórios da obrigação principal, todos os codevedores deverão responder por eles, mesmo que a ação tenha sido movida somente contra um, em razão de atraso no pagamento da prestação devida. Se a mora se deu por culpa de um dos codevedores, o culpado deverá, perante os demais, responder pela majoração da obrigação. Logo, estes poderão cobrar do culpado, pelo atraso no pagamento, o *quantum* correspondente aos juros moratórios, acrescido à dívida. Aplica-se, portanto, o princípio da responsabilidade pessoal e exclusiva por ato culposo.

Art. 281. O devedor demandado pode opor ao credor as exceções que lhe forem pessoais e as comuns a todos; não lhe aproveitando as exceções pessoais a outro codevedor.

- Vide *Código Civil, arts. 171 a 177 e 273.*
- ***Projeto de Lei n. 699/2011***: *"Art. 281. O devedor demandado pode opor ao credor as defesas que lhe forem pessoais e as comuns a todos; não lhe aproveitando as defesas pessoais a outro codevedor".*

Oposição de exceções. O devedor solidário que for demandado poderá opor ao credor as exceções (defesas) pessoais e as comuns a todos, não lhe aproveitando, porém, as pessoais a outro codevedor. As exceções pessoais (vícios de consentimento, crédito de um dos codevedores contra o credor, compensação, confusão, novação, incapacidade jurídica, inadimplemento de condição que lhe seja exclusiva), peculiares a cada codevedor, isoladamente considerado, só poderão, portanto, ser deduzidas pelo próprio interessado. As exceções comuns ou objetivas (relativas à ilicitude do objeto, à impossibilidade física ou jurídica da prestação, à exceção do contrato não cumprido pelo credor, à falta de causa, ao falso motivo (CC, art. 140), ao pagamento do débito, à extinção ou nulidade da obrigação etc.) aproveitam a todos os codevedores.

BIBLIOGRAFIA: Antunes Varela, *Direito das obrigações*, cit., p. 303; W. Barros Monteiro, *Curso*, cit., v. 2, p. 187; M. Helena Diniz, *Curso*, cit., v. 2, p. 143; Sílvio de Salvo Venosa, *Direito civil*, cit., v. 2, p. 125; Jorge Giorgi, *Teoría de las obligaciones*, cit., p. 144-5; Matiello, *Código Civil*, cit., p. 211.

Art. 282. O credor pode renunciar à solidariedade em favor de um, de alguns ou de todos os devedores.

• *Código Civil, arts. 114, 277, 284 e 385 a 388.*

Parágrafo único. Se o credor exonerar da solidariedade um ou mais devedores, subsistirá a dos demais.

Renúncia da solidariedade: parcial ou total. O credor poderá renunciar à solidariedade em favor de um, de alguns ou de todos os devedores. Deveras, já se decidiu que "nos termos do art. 282 do CC de 2002, havendo solidariedade entre três devedores e renunciando o credor em relação a dois deles pelo pagamento parcial, só pode executar o saldo devedor remanescente correspondente a 1/3 da condenação" (TJSP, AI 1082.864-0/6, rel. Des. Norival Oliva, j. 14-5-2007). A renúncia não requer forma especial, devendo seguir a adotada para a constituição da obrigação solidária. Se a solidariedade for legal, a renúncia poderá dar-se verbalmente ou por escrito ou, ainda, pela prática de atos reveladores da *intentio* de abrir mão do benefício, hipótese em que se terá a renúncia tácita. Se for convencional a solidariedade, a renúncia deverá ter a forma do ato constitutivo da obrigação. Se a renúncia for parcial ou relativa, o devedor beneficiado ficará obrigado perante o credor apenas por sua parte no débito, respondendo, em relação aos outros codevedores, somente pela sua parte, apesar de ser obrigado a contribuir com a quota insolvável. A solidariedade prosseguirá relativamente aos demais codevedores. Ao credor, para que possa demandar os codevedores solidários remanescentes, cumprirá abater no débito o *quantum* alusivo à parte devida pelo que foi liberado da solidariedade. "A renúncia à solidariedade em favor de determinado devedor afasta a hipótese de seu chamamento ao processo" (Enunciado n. 351 do Conselho da Justiça Federal, aprovado na *IV Jornada de Direito Civil*). Logo, convém repetir, "com a renúncia da solidariedade quanto a apenas um dos devedores solidários, o credor só poderá cobrar do beneficiado a sua quota na dívida; permanecendo a solidariedade quanto aos demais devedores, abatida do débito a parte correspondente aos beneficiados pela renúncia" (Enunciado n. 349 do Conselho da Justiça Federal, aprovado na *IV Jornada de Direito Civil*). P. ex.: *A*, *B* e *C* são devedores solidários de *D* pela quantia de R$ 30.000,00. *D* renuncia a solidariedade em favor de *A*, perdendo, então, o direito de exigir dele uma prestação acima de sua parte no débito, isto é, R$ 10.000,00; *B* e *C* responderão solidariamente por R$ 20.000,00, abatendo da dívida inicial de R$ 30.000,00 a quota de *A* (R$ 10.000,00). Assim, os R$ 10.000,00 restantes só poderão ser reclamados daquele que se beneficiou com a renúncia da solidariedade. Ter-se-á uma dupla obrigação: a simples, em que o devedor beneficiado passará a ser o sujeito passivo, e a solidária, atinente aos demais codevedores. Tal ocorre porque a exoneração não foi da dívida mas da solidariedade. Sem embargo dessa opinião, há quem ache que o parágrafo único permite, mesmo exonerando da solidariedade um dos devedores, que o credor acione os demais pela integralidade do débito, sem fazer abatimento, restando ao que pagar a dívida por inteiro cobrar a quota do que foi exonerado. Se a renúncia for total ou absoluta extinguir-se-á a obrigação solidária passiva, surgindo, em seu lugar, uma obrigação conjunta, em que cada devedor responderá tão somente por sua parte, sob o império da regra *concursu partes fiunt*, pois o débito será rateado entre os codevedores, visto que a obrigação torna-se *pro rata* em relação a todos.

BIBLIOGRAFIA: Jorge Giorgi, *Teoría de las obligaciones*, cit., p. 188-9; Matiello, *Código Civil*, cit., p. 213-4; Jones F. Alves e Mário Luiz Delgado, *Código*, cit., p. 170-1.

Art. 283. O devedor que satisfez a dívida por inteiro tem direito a exigir de cada um dos codevedores a sua quota, dividindo-se igualmente por todos a do insolvente, se o houver, presumindo-se iguais, no débito, as partes de todos os codevedores.

- Vide *Código Civil, arts. 284, 346, III, e 680.*
- ***Projeto de Lei n. 699/2011***: *"Art. 283. O devedor que satisfez a dívida tem direito a exigir de cada um dos codevedores a sua quota, dividindo-se igualmente por todos a do insolvente, se o houver, presumindo-se iguais, no débito, as partes de todos os codevedores".*

Direito de regresso. O codevedor que, espontânea ou compulsoriamente, saldou a dívida por inteiro terá o direito de reclamar, mediante ação regressiva, de cada um dos coobrigados a sua quota, dividindo-se igualmente por todos a parte do insolvente (devedor com patrimônio insuficiente para saldar suas dívidas), se houver (*RT*, *248*:220, *81*:146, *282*:379 e *305*:614 e *532*; *RJTJSP*, *131*:237; *RF*, *200*:156 e *148*:108; *AJ*, *100*:134).

Presunção "juris tantum" da igualdade das partes dos codevedores. Presumir-se-á que são iguais, na dívida, as partes de todos os codevedores. Porém, tal presunção é *juris tantum*; as partes dos codevedores poderão ser desiguais. Assim, o devedor que pretender receber mais terá o *onus probandi* da desigualdade nas quotas, e, se o codevedor demandado pretender pagar menos, suportará o encargo de provar o fato (CPC, art. 373, II; *RT*, *278*:841).

Art. 284. No caso de rateio entre os codevedores, contribuirão também os exonerados da solidariedade pelo credor, pela parte que na obrigação incumbia ao insolvente.

- *Código Civil, art. 282.*

Rateio da parte do insolvente. Havendo insolvente na obrigação solidária passiva, sua parte deverá ser paga pelos demais codevedores, incluindo-se no rateio inclusive os exonerados da solidariedade pelo credor, pois a este será lícito extinguir a solidariedade em relação ao seu crédito, não podendo liberar o devedor da obrigação que o une aos demais codevedores. Assim, é direito dos codevedores repartir, entre todos, a quota do insolvente, incluindo o devedor liberado pela renúncia do credor à solidariedade. Nesta última hipótese, o devedor desonerado tem responsabilidade, visto que o credor o exonerou da solidariedade e não do pagamento do débito. P. ex.: *A*, *B*, *C* e *D* eram devedores solidários de *E* pela quantia de R$ 360.000,00. *E* renuncia a solidariedade em prol de *A*, que lhe pagou sua parte (R$ 90.000,00) na dívida comum. Posteriormente *C* pagou a *E* os R$ 270.000,00 restantes, enquanto *B* caiu em estado de insolvência, não podendo pagar nada. *C*, que pagara a prestação por inteiro, passa a ser o titular do direito de regresso, podendo reclamar: de *D* a quantia de R$ 90.000,00 de sua quota, mais R$ 30.000,00, como participação na quota do insolvente; de *A* o valor de R$ 30.000,00, como participação na quota do insolvente, enquanto ele, *C*, ficará também desfalcado em R$ 120.000,00, equivalentes a R$ 90.000,00 de sua quota, mais R$ 30.000,00 da parte do insolvente.

Portanto, "a renúncia à solidariedade diferencia-se da remissão, em que o devedor fica inteiramente liberado do vínculo obrigacional, inclusive no que tange ao rateio da quota do eventual codevedor insolvente, nos termos do art. 284" (Enunciado n. 350 do Conselho da Justiça Federal, aprovado na *IV Jornada de Direito Civil*).

Art. 285. Se a dívida solidária interessar exclusivamente a um dos devedores, responderá este por toda ela para com aquele que pagar.

- *Código Civil, art. 333, parágrafo único.*

Impossibilidade de direito de regresso. O codevedor a quem a dívida solidária interessar exclusivamente responderá sozinho por toda ela para com aquele que a solveu. Por exemplo, se houver fiança, o credor poderá acionar qualquer dos fiadores; mas, uma vez pago o débito, o *solvens* terá o direito de reembolsar-se integralmente do afiançado. Um dos devedores poderá ser compelido a satisfazer todo o débito sem ter o direito de regresso contra os demais (*RT*, *138*:207; *RF*, *90*:761).

BIBLIOGRAFIA: Pothier, *Tratado*, cit., t. 1, n. 275; Tito Fulgêncio, *Manual*, cit., v. 10, n. 323-88; Giorgi, *Teoría*, cit., t. 1, n. 210; Caio M. S. Pereira, *Instituições*, cit., v. 2, p. 88-92; Serpa Lopes, *Curso*, cit., v. 2, p. 145-58; Levenhagen, *Código Civil*, cit., v. 4, p. 66-73; Orozimbo Nonato, *Curso de obrigações*, cit., v. 2, p. 213; Darcy Arruda Miranda, *Anotações*, cit., v. 2, p. 307-13; M. Helena Diniz, *Curso*, cit., v. 2, p. 139-45; Silvio Rodrigues, *Direito civil*, cit., v. 2, p. 88-95; Carvalho Santos, *Código Civil*, cit., v. 11, p. 238; W. Barros Monteiro, *Curso*, cit., v. 4, p. 178-88, 193-5; Antunes Varela, *Direito das obrigações*, cit., p. 302-14; Barassi, *Teoria*, cit., v. 1, p. 183; R. Limongi França, Obrigação solidária, cit., in *Enciclopédia Saraiva do Direito*, p. 376-9; Aubry e Rau, *Cours*, cit., v. 4, p. 43; Carvalho de Mendonça, *Tratado*, cit., v. 1, n. 180; Hélio Tornaghi, *Comentários*, cit., v. 1, p. 271; Luis Antônio de Andrade, *Aspectos e inovações do Código de Processo Civil*, Rio de Janeiro, 1974, p. 40; Betti, *Diritto processuale civile*, cit., p. 621; Sérgio Bermudes, *Comentários ao Código de Processo Civil*, São Paulo, Revista dos Tribunais, 1975, v. 7, p. 104; Cunha Gonçalves, *Tratado*, cit., v. 4, p. 750.

Título II

Da Transmissão das Obrigações

Capítulo I

Da Cessão de Crédito

Art. 286. O credor pode ceder o seu crédito, se a isso não se opuser a natureza da obrigação, a lei, ou a convenção com o devedor; a cláusula proibitiva da cessão não poderá ser oposta ao cessionário de boa-fé, se não constar do instrumento da obrigação.

- Vide *Código Civil, arts. 1.749, III, 347, 348, 358, 377, 497, parágrafo único, 498 e 507.*
- *Cessão de crédito hipotecário* — Vide *art. 16 do Decreto-Lei n. 70, de 21 de novembro de 1966.*
- Vide *Resolução n. 1.962/92.*
- *Lei n. 9.514/97, arts. 3º, 18, 28, 31, parágrafo único, 33-A a 33-F, acrescentados pela Lei n. 12.810/2013, 35 e 38.*
- *Lei n. 4.591/64, art. 31-A, § 4º, acrescentado pela Lei n. 10.931/2004, art. 53.*
- *Lei n. 10.931/2004, arts. 22, §§ 1º e 2º, e 53.*

Cessão de crédito. A cessão de crédito é um negócio jurídico bilateral, gratuito ou oneroso, pelo qual o credor de uma obrigação (cedente) transfere, no todo ou em parte, a terceiro (cessionário), independentemente do consenso do devedor (cedido), sua posição na relação obrigacional, com todos os acessórios e garantias, salvo disposição em contrário, sem que se opere a extinção do vínculo obrigacional (Resolução n. 1.962/92; *RT*, *430*:156, *644*:154, *720*:137, *726*:327, *749*:365, *755*:277; *JTACSP*, *119*:45; *RJ*, *180*:58, *177*:53, *173*:78, *165*:82, *139*:116; *JTJ*, *207*:151). Esclarece Luiz Manuel Telles de Menezes Leitão que para haver a cessão de crédito será necessário o cumprimento dos seguintes requisitos: a) existência de negócio jurídico estabelecendo a transmissão total ou parcial do crédito; b) inexistência de impedimentos legais ou contratuais a essa transferência e c) não ligação do crédito à pessoa do credor como decorrência da própria natureza da prestação.

DIREITO DAS OBRIGAÇÕES

BIBLIOGRAFIA: Serpa Lopes, *Curso*, cit., v. 2, p. 450-61; Barbero, *Sistema istituzionale del diritto privato italiano*, t. 2, p. 198; Orlando Gomes, *Obrigações*, cit., p. 238-55; Sérgio Stogia, Cessione, in *Nuovo Digesto Italiano*, n. 1; Silvio Rodrigues, *Direito civil*, cit., v. 2, p. 345-54; Caio M. S. Pereira, *Instituições*, cit., v. 2, p. 309-14; Antunes Varela, Cessão de direitos e de créditos, in *Enciclopédia Saraiva do Direito*, v. 14, p. 195; W. Barros Monteiro, *Curso*, cit., v. 4, p. 343-8; Sílvio de Salvo Venosa, *Direito civil*, cit., v. 2, p. 294-301; Larenz, *Derecho de obligaciones*, cit., v. 1, p. 444; Vaz Serra, Cessão de créditos ou de outros direitos, Lisboa, 1955, p. 107, nota 221; Clóvis Beviláqua, *Código Civil*, cit., v. 4, p. 229; Carvalho Santos, *Código Civil brasileiro interpretado*, cit., v. 14, p. 352; Alfredo Colmo, *De las obligaciones en general*, n. 1.027; Yvon Hannequart, Transmission des obligations, in *Droit civil*, Bruxelles, 1958, v. 2, t. 4, n. 30; M. Helena Diniz, *Curso*, cit., v. 2, p. 343-8; Sebastião José Roque, *Direito das obrigações*, cit., p. 163-74; Renan Lotufo, *Código Civil*, cit., v. 2, p. 141; Munir Karam, A transmissão das obrigações, in *O novo Código Civil*, cit., p. 313-30; Pablo S. Gagliano e Rodolfo Pamplona Filho, *Novo curso*, cit., v. 2, p. 269 e s.; Mário Luiz Delgado, *Novo Código Civil*, cit., p. 269; Matiello, *Código Civil*, cit., p. 219; Tepedino e outros, *Código*, cit., v. 1, p. 577 e 582; Hamid C. Bdine Jr., *Cessão da posição contratual*, São Paulo, Saraiva, 2007; Hugo N. Mazzilli e Wander Garcia, *Anotações*, cit., p. 90; Luiz Manuel Telles de M. Leitão, *Direito das obrigações*, Coimbra, Almedina, v. II, p. 14; *Cessão de créditos*, Coimbra, Almedina, 2005.

Objeto da cessão de crédito. Qualquer crédito poderá ser cedido, conste ou não de um título, esteja vencido ou por vencer, se a isso não se opuser: *a*) a natureza da obrigação, pois é óbvio que serão incedíveis os créditos oriundos dos direitos personalíssimos; *b*) a lei, visto que não serão cedíveis, p. ex., o direito de preferência (CC, art. 520), o crédito já penhorado (CC, art. 298) etc.; *c*) a convenção com o devedor, pois não poderão ser cedidos os créditos quando as partes ajustaram a sua intransmissibilidade (*pacto de non cedendo*). Até mesmo o crédito tributário poderá ser cedido, desde que presentes os requisitos exigidos por lei. Ensina Mário Luiz Delgado que a Fazenda Pública não pode impedir a cessão de crédito fiscal pelo contribuinte, mesmo que tal crédito conste do precatório judicial. Nada obsta que, pela natureza da dívida ou por convenção das partes, se estabeleça *cláusula proibitiva da cessão*, que tornará personalíssima a obrigação. Tal cláusula não poderá ser oposta ao cessionário de boa-fé, se não estiver prevista no contrato. Sobre o objeto da cessão, consulte: *RF*, *66*:548, *73*:107 e *104*:292; *RT*, *198*:155 e *158*:143.

Art. 287. Salvo disposição em contrário, na cessão de um crédito abrangem-se todos os seus acessórios.

- Vide *Código Civil, arts. 92, 348 e 364.*

Extensão do objeto da cessão. Se não houver estipulação em contrário, além do direito à prestação principal, transmitir-se-ão, ante o princípio *acessorium sequitur principale*, ao cessionário todos os acessórios do crédito, ou seja, os direitos pessoais e os reais de garantia, os direitos de preferência, a cláusula penal etc. (*RF*, *110*:148).

Art. 288. É ineficaz, em relação a terceiros, a transmissão de um crédito, se não celebrar-se mediante instrumento público, ou instrumento particular revestido das solenidades do § 1º do art. 654.

- Vide *Lei n. 6.015, de 31 de dezembro de 1973, arts. 127, I, e 129, n. 9º.*
- *Código Civil, arts. 221, 347 e 348.*

Forma da cessão. Não se exige forma específica para que se efetue a cessão de crédito; logo esta se configura como um negócio não solene ou consensual, por independer de forma determinada, bastando a simples declaração de vontade do cedente e do cessionário.

Eficácia "erga omnes". Para que a cessão de crédito possa ter eficácia perante terceiros deverá ser celebrada mediante instrumento público ou particular, revestido das solenidades do art. 654, § 1º, do Código Civil.

Segundo o Enunciado n. 618 da *VIII Jornada de Direito Civil*: "O devedor não é o terceiro para fins de aplicação do art. 288 do Código Civil, bastando a notificação prevista no art. 290 para que a cessão de crédito seja eficaz perante ele".

Art. 289. O cessionário de crédito hipotecário tem o direito de fazer averbar a cessão no registro do imóvel.

- *Decreto-Lei n. 70/66, art. 16.*
- Vide *Código Civil, art. 346, II.*
- *Lei n. 6.015/73, arts. 127, I, 129 e 246, II.*

Cessionário de crédito hipotecário. O cessionário de crédito hipotecário terá o direito de fazer averbar a cessão à margem do registro do imóvel gravado, para assegurar os direitos transferidos pela cessão, garantindo sua eficácia *erga omnes*.

Art. 290. A cessão do crédito não tem eficácia em relação ao devedor, senão quando a este notificada; mas por notificado se tem o devedor que, em escrito público ou particular, se declarou ciente da cessão feita.

- *Código Civil, arts. 312, 346, II, 347, 348 e 377.*
- *Lei n. 9.514/97, art. 35.*

Notificação do devedor. A formalidade do registro de instrumento particular será desnecessária em relação ao devedor-cedido, embora relativamente a ele a lei exija, para que a cessão do crédito seja eficaz, a realização da notificação judicial ou extrajudicial com o intuito de lhe dar ciência da referida cessão, evitando que pague ao credor primitivo. Deverá o devedor notificado da cessão pagar ao cessionário, sob pena de arcar com as consequências oriundas do pagamento feito indevidamente (*RSTJ, 154*:132; *JSTJ, 132*:66; *BAASP, 2672*:5521). Urge lembrar que se o devedor veio a declarar, em escrito público ou particular, seu conhecimento da cessão feita pelo credor, será considerado notificado, e a cessão de crédito terá eficácia em relação a ele (devedor-cedido), consequentemente, dispensada estará aquela notificação.

Art. 291. Ocorrendo várias cessões do mesmo crédito, prevalece a que se completar com a tradição do título do crédito cedido.

- *Código Civil, arts. 347, 384, 904, 910, § 2º, e 1.267.*
- *Decreto-Lei n. 70/66, art. 16.*

Pluralidade de cessões do mesmo crédito. Se o cedente, maliciosamente, fizer cessão do mesmo crédito a vários cessionários, prevalecerá a cessão que tiver sido completada com a entrega do título referente ao crédito cedido. O cessionário que tiver a posse do título é o legítimo; os demais somente poderão pleitear perdas e danos. O devedor, não notificado das várias cessões do mesmo crédito, desobrigar-se-á pagando àquele cessionário que lhe mostrar, com o instrumento da cessão, o título da obrigação transmitida.

Art. 292. Fica desobrigado o devedor que, antes de ter conhecimento da cessão, paga ao credor primitivo, ou que, no caso de mais de uma cessão notificada, paga ao cessionário que lhe apresenta, com o título de cessão, o da obrigação cedida; quando o crédito constar de escritura pública, prevalecerá a prioridade da notificação.

- *Código Civil, arts. 215, 291, 347 e 348.*

Prazo para a notificação da cessão de crédito. Como não há prazo previsto em lei para a notificação da cessão ao devedor, deverá ser feita antes do pagamento do débito sob pena de ver o devedor exonerado da obrigação ao pagar ao credor primitivo, de modo que o cessionário nenhuma ação terá contra o devedor não notificado, mas sim contra o cedente. Se o devedor for notificado a tempo, vinculado estará ao cessionário, devendo pagar a dívida a ele, e, se porventura mais de uma cessão for notificada, deverá pagar ao cessionário que lhe apresentar, com o título de cessão, o da obrigação cedida. E quando o crédito constar de escritura pública, prevalecerá a prioridade de notificação, por indicar a quem o devedor deve pagar. Assim, se forem feitas várias cessões de crédito, mediante instrumento público, receberá a prestação o cessionário cujo negócio foi o primeiro a ser notificado ao devedor; para tanto será preciso conferir a data e a hora da referida notificação.

Art. 293. Independentemente do conhecimento da cessão pelo devedor, pode o cessionário exercer os atos conservatórios do direito cedido.

Atos conservatórios do direito cedido. O cessionário pode, independentemente do conhecimento da cessão pelo devedor, exercer todos os atos legalmente admitidos para conservar o direito cedido (p. ex., notificação; averbação de crédito hipotecário; interrupção de prazo prescricional; providências processuais, como ação pauliana, arrolamento de bens pertencentes ao devedor cedido ou arresto etc.). Tal ocorre porque a cessão produz efeitos *inter partes* desde a celebração e o cessionário tem os mesmos direitos do credor a quem substituiu na obrigação, com todos os seus acessórios, vantagens e ônus. A cientificação do cedido apenas produz efeitos em relação a ele.

Art. 294. O devedor pode opor ao cessionário as exceções que lhe competirem, bem como as que, no momento em que veio a ter conhecimento da cessão, tinha contra o cedente.

- *Código Civil, arts. 347 e 348.*
- *Decreto-Lei n. 70/66, art. 16.*
- ***Projeto de Lei n. 699/2011**: "Art. 294. O devedor pode opor ao cessionário as defesas que lhe competirem, bem como as que, no momento em que veio a ter conhecimento da cessão, tinha contra o cedente".*

Direito de opor exceções. O devedor cedido não perderá, com a cessão do crédito, o direito de opor ao cessionário as exceções (defesas) que lhe competirem e as que tinha contra o cedente no instante da notificação da cessão. Pode opô-las tanto ao cessionário como ao cedente. Com a ciência da cessão, o devedor-cedido não perde o direito de oferecer oposição ao cedente, pelo contrário, como diz Renan Lotufo, "abre-se o prazo para excepcionar a relação creditícia" relativamente a ele. Assim sendo, as defesas contra o cedente, que teria o devedor até o momento em que veio a ter ciência da cessão, jamais as ulteriores à notificação, poderão ser opostas ao credor primitivo e ao cessionário. Isto porque, no instante da cientificação feita ao cedido da ocorrência da cessão, o cedente não mais se vincula à relação obrigacional, visto que há inserção de um novo titular do crédito. E as suas exceções pessoais contra o cessionário poderão ser, a qualquer tempo, alegadas, após a notícia da cessão.

Art. 295. Na cessão por título oneroso, o cedente, ainda que não se responsabilize, fica responsável ao cessionário pela existência do crédito ao tempo em que lhe cedeu;

a mesma responsabilidade lhe cabe nas cessões por título gratuito, se tiver procedido de má-fé.

- *Código Civil, arts. 347 e 348.*

Responsabilidade do cedente pela existência do crédito. A cessão produz efeitos entre as partes, ou seja, entre cedente e cessionário. O cedente, independentemente de declaração expressa, assumirá a responsabilidade perante o cessionário pela existência do crédito (*nomem verum*) ao tempo em que lhe cedeu, se se tratar de cessão por título oneroso, ou de cessão por título gratuito, se procedeu de má-fé. Tal se dá porque a cessão gratuita equivale à doação, logo, pelo art. 295, *in fine*, o cedente apenas responderá se agir dolosamente ao transferir crédito a cessionário mesmo sabendo que ele inexiste. O cessionário, então, terá direito a uma indenização pelos danos sofridos na cessão, por título gratuito, feita de má-fé. Se o cedente cedeu onerosa ou gratuitamente, de má-fé, um título nulo ou inexistente, deverá ressarcir todos os prejuízos causados (*RT*, *463*:131, *427*:205, *222*:210, *218*:216 e *107*:144, TJSP, Ap. Cív. 7.148.001-0/SP, 13ª Câm. D. Priv., rel. Luiz Sabbato, j. 1º-8-2007), por ter agido de má-fé ao sacar, por exemplo, duplicata "fria" ou simulada.

Art. 296. Salvo estipulação em contrário, o cedente não responde pela solvência do devedor.

- *Código Civil, arts. 347 e 348.*

Cessão "pro solvendo". O cedente não responderá pela solvência do devedor (*nomem bonum*), salvo estipulação em contrário, pois o cedente, em regra, apenas assume uma obrigação de garantia de existência do crédito, nada tendo a ver com as possibilidades econômicas do devedor. Na cessão *pro solvendo*, não se extingue imediatamente o débito, mas apenas se e na medida em que o crédito cedido for efetivamente cobrado. Logo, tal cessão se dá tão somente para facilitar a realização do crédito por parte do cessionário; o cedente correrá o risco da insolvência do devedor cedido, mesmo existindo crédito que lhe seja pertencente no momento da cessão. Já na cessão *pro soluto* haverá plena quitação do débito do cedente para com o cessionário, operando-se a transferência do crédito, que inclui a exoneração do cedente.

BIBLIOGRAFIA: Antunes Varela, Cessão "pro solvendo", in *Enciclopédia Saraiva do Direito*, v. 14, p. 195-201; M. Helena Diniz, *Curso*, cit., v. 2, p. 344-5.

Art. 297. O cedente, responsável ao cessionário pela solvência do devedor, não responde por mais do que daquele recebeu, com os respectivos juros; mas tem de ressarcir-lhe as despesas da cessão e as que o cessionário houver feito com a cobrança.

- *Código Civil, arts. 347 e 348.*
- *Lei n. 6.015/73, art. 240.*

Responsabilidade pela solvência do devedor na cessão "pro solvendo". A responsabilidade do cedente pela solvência do devedor, na cessão *pro solvendo*, não poderá ir além do montante que o cessionário recebeu ao tempo da cessão, com os respectivos juros, acrescidos das despesas da cessão e das que houverem sido feitas com a cobrança promovida contra o devedor insolvente. O cessionário não poderá pleitear qualquer indenização a título de perdas e danos pelo fato de ser o devedor cedido insolvente, pois o cedente não agiu culposamente. Exemplificativamente: "A" é credor de "B" de R$ 60.000,00 e cede a "C", R$ 55.000,00. O cessionário ("C"), que adquiriu o crédito por um valor menor, buscando vantagem econômica, veio a assumir um risco negocial. Se assim é, o cessionário ("C") apenas fará jus ao *quantum* que lhe foi cedido por "A" (cedente), acrescido de juros e das despesas que, por ocasião da cessão, veio a fazer para receber o crédito e das que teve de efetuar, ocorrida a inadimplência, para cobrá-lo de "B" (devedor-cedido). Com isso, evitar-se-á o enriquecimento indevido do cessionário e a usura do cedente ou do devedor.

Art. 298. O crédito, uma vez penhorado, não pode mais ser transferido pelo credor que tiver conhecimento da penhora; mas o devedor que o pagar, não tendo notificação dela, fica exonerado, subsistindo somente contra o credor os direitos de terceiro.

- *Código Civil, arts. 312, 347 e 348.*
- *Lei n. 6.015/73, art. 240.*

Penhora e cessão de crédito. A penhora vincula o crédito ao pagamento do débito do exequente; logo, o crédito, objeto da penhora, não mais fará parte do patrimônio do executado, que, por isso, não mais poderá ser cedido, sob pena de fraude à execução. O credor fica ciente da penhora de seu crédito sob pena de fraude à execução. O credor ciente da penhora de seu crédito, por meio de notificação judicial, estará impedido de transferi-lo a outrem. Se o devedor, por não ter sido notificado da penhora, vier a pagar a dívida ao credor primitivo, liberar-se-á do vínculo obrigacional, subsistindo somente contra o credor os direitos de terceiro. Se o devedor receber notificação da penhora do crédito e fizer o pagamento ao cessionário ou ao cedente, deverá pagar novamente, resguardando direito de terceiro, mas poderá pedir devolução a quem, indevidamente, pagou, por força dos arts. 876 e 884 que vedam enriquecimento sem causa.

CAPÍTULO II

DA ASSUNÇÃO DE DÍVIDA

Art. 299. É facultado a terceiro assumir a obrigação do devedor, com o consentimento expresso do credor, ficando exonerado o devedor primitivo, salvo se aquele, ao tempo da assunção, era insolvente e o credor o ignorava.

Parágrafo único. Qualquer das partes pode assinar prazo ao credor para que consinta na assunção da dívida, interpretando-se o seu silêncio como recusa.

- ***Projeto de Lei n. 699/2011****: "Art. 299. É facultado a terceiro assumir a obrigação do devedor, podendo a assunção verificar-se:*

  I — por contrato com o credor, independentemente do assentimento do devedor;

  II — por contrato com o devedor, com o consentimento expresso do credor.

  § 1º Em qualquer das hipóteses referidas neste artigo, a assunção só exonera o devedor primitivo se houver declaração expressa do credor. Do contrário, o novo devedor responderá solidariamente com o antigo.

  § 2º Mesmo havendo declaração expressa do credor, tem-se como insubsistente a exoneração do primitivo devedor sempre que o novo devedor, ao tempo da assunção, era insolvente e o credor o ignorava, salvo previsão em contrário no instrumento contratual.

  § 3º Qualquer das partes pode assinar prazo ao credor para que consinta na assunção da dívida, interpretando-se o seu silêncio como recusa.

  § 4º Enquanto não for ratificado pelo credor, podem as partes livremente distratar o contrato a que se refere o inciso II deste artigo".

Cessão de débito ou assunção de dívida. A cessão de débito ou assunção de dívida (*Die Schuldübernahme*) é um negócio jurídico bilateral, pelo qual o devedor (cedente), com anuência expressa do credor, transfere a um terceiro (assuntor ou cessionário) os encargos obrigacionais, de modo que este assume sua posição na relação obrigacional, substituindo-o, responsabilizando-se pela dívida, que subsiste com todos os seus acessórios. Ter-se-á a *assunção de cumprimento*, que libera totalmente o devedor primitivo, passando a responsabilidade pela dívida a terceiro. O débito originário permanece, portanto, inalterado.

"O art. 299 do Código Civil não exclui a possibilidade da assunção cumulativa da dívida, quando dois ou mais devedores se tornam responsáveis pelo débito com a concordância do credor" (Enunciado n. 16, aprovado na *Jornada de Direito Civil*, promovida, em setembro de 2002, pelo Centro de Estudos Judiciários do Conselho da Justiça Federal).

Pelo Enunciado n. 648 da *IX Jornada de Direito Civil*: "Aplica-se à cessão da posição contratual, no que couber, a disciplina da transmissão das obrigações prevista no CC, em particular a expressa anuência do cedido, *ex vi* do art. 299 do CC".

BIBLIOGRAFIA: Silvio Rodrigues, Cessão de débito, in *Enciclopédia Saraiva do Direito*, v. 14, p. 191; Caio Mário da Silva Pereira, *Instituições*, cit., v. 2, p. 327; M. Helena Diniz, *Curso*, cit., v. 2, p. 421-5; Luiz Roldão de Freitas Gomes, *Da assunção de dívida e sua estrutura negocial*, Rio de Janeiro, Lumen Juris, 1998; Mário Luiz Delgado Régis, *Novo Código Civil*, cit., p. 279 a 286; Fabrício Z. Matiello, *Código Civil*, cit., p. 221-4; Fábio Ulhoa Coelho, *Curso de direito civil*, São Paulo, Saraiva, 2004, v. 2, p. 103.

Concordância expressa do credor. A cessão de débito requer consentimento expresso e inequívoco do credor, uma vez que a pessoa do devedor é importante, visto que o valor do crédito dependerá da sua solvência ou idoneidade patrimonial, de forma que não seria conveniente ao credor de pessoa solvente vê-la substituída por outra com menos possibilidade de resgatar a dívida (TJMG, Ap. 1.0105.06.184701-5/001(1), rel. Luciano Pinto, j. 19-4-2007). Exonerado ficará, então, o devedor primitivo, exceto se o novo devedor, ao tempo da assunção, era insolvente e o credor o ignorava. A ocultação desse estado de insolvência importa em má-fé, logo o devedor original continuará obrigado pelo cumprimento do débito, conjuntamente, com quem veio a assumi-lo, dando origem à *assunção cumulativa* ou *de reforço*, que permite ao credor voltar-se contra o antigo devedor ou contra o novo para obter a prestação que lhe é devida.

Prazo para o consentimento. Pode-se estipular, judicial ou extrajudicialmente, prazo ao credor para que anua na cessão do débito, interpretando seu silêncio, durante tal lapso temporal (na praxe — 15 a 30 dias), como recusa na substituição do antigo devedor pelo terceiro.

Art. 300. Salvo assentimento expresso do devedor primitivo, consideram-se extintas, a partir da assunção da dívida, as garantias especiais por ele originariamente dadas ao credor.

- ***Projeto de Lei n. 699/2011:*** *"Art. 300. Com a assunção da dívida transmitem-se ao novo devedor, todas as garantias e acessórios do débito, com exceção das garantias especiais originariamente dadas ao credor pelo primitivo devedor e inseparáveis da pessoa deste.*

  Parágrafo único. As garantias do crédito que tiverem sido prestadas por terceiro só subsistirão com o assentimento deste".

Extinção de garantias. A partir da cessão do débito somente, salvo se houver anuência expressa do devedor originário, ter-se-á a extinção das garantias especiais (prestadas por terceiro em atenção à pessoa do devedor, como aval, caução de duplicata, emissão de nota promissória, assegurando cumprimento de dívida, fiança, hipoteca de terceiro etc.) por ele dadas ao credor. Como diz Renan Lotufo, as garantias especiais são as que não eram inerentes ao nascimento do débito, pois se não existissem, não obstariam a efetivação negocial. O devedor as oferece, continua o autor, "como um *plus* de sua parte, além do que pelo negócio ficará obrigado". Já as garantias reais (penhor, hipoteca), que foram prestadas pelo devedor primitivo, continuarão válidas e sobreviverão à cessão de débito, a não ser que o credor, de modo expresso, as renuncie.

Pelo Enunciado n. 352 do Conselho da Justiça Federal, aprovado na *IV Jornada de Direito Civil*: "Salvo expressa concordância dos terceiros, as garantias por eles prestadas se extinguem com a assunção de dívida, já as garantias prestadas pelo devedor primitivo somente são mantidas no caso em que este concorde com a assunção". Pelo Enunciado n. 421 do CJF, aprovado na *V Jornada de Direito Civil*: "A expressão 'garantias especiais' constante do art. 300 do CC/2002 refere-se a todas as garantias, quaisquer delas, reais ou fidejussórias, que tenham sido prestadas voluntária e originariamente pelo devedor primitivo ou por terceiro, vale dizer, aquelas que dependeram da vontade do garantidor, devedor ou terceiro para se constituírem".

BIBLIOGRAFIA: Renan Lotufo, *Código Civil comentado*, São Paulo, Saraiva, 2003, p. 175.

Art. 301. Se a substituição do devedor vier a ser anulada, restaura-se o débito, com todas as suas garantias, salvo as garantias prestadas por terceiros, exceto se este conhecia o vício que inquinava a obrigação.

- *Código Civil, arts. 300, 171 e 166.*

Efeito da anulação da substituição do devedor. Se anulada for a substituição do devedor, ter-se-á a restauração da dívida ou o retorno das partes ao *statu quo ante*, com todas as suas garantias, exceto as prestadas por terceiro, que haviam sido extintas pela cessão (CC, art. 300), a não ser que ele tivesse conhecimento do vício que maculava a obrigação, pondo fim à assunção. P. ex.: "A" deve a "B", sendo "C" e "D" seus fiadores. "A" e "C" forçam "E" a assumir o débito. "B" e "D" desconhecem a coação sofrida por "E". "B" aceita a cessão de débito feita a "E", com isso "A", "C" e "D" liberar-se-ão. "E" consegue anular a assunção de dívida, alegando vício de consentimento. Com isso, revigorar-se-á o débito de "A" e todas as garantias, menos a fiança dada por "D", já que não tinha ciência daquela coação.

Esclarece, ainda, o Enunciado n. 423 do CJF, aprovado na *V Jornada de Direito Civil*, que: "O art. 301 do CC deve ser interpretado de forma a também abranger os negócios jurídicos nulos e a significar a continuidade da relação obrigacional originária em vez de 'restauração', porque, envolvendo hipótese de transmissão, aquela relação nunca deixou de existir".

Art. 302. O novo devedor não pode opor ao credor as exceções pessoais que competiam ao devedor primitivo.

- ***Projeto de Lei n. 699/2011***: *"Art. 302. O novo devedor não pode opor ao credor as defesas pessoais que competiam ao devedor primitivo".*

Exceções pessoais. O novo devedor não poderá opor ao credor as defesas pessoais (incapacidade, vício de consentimento etc.) que eram cabíveis ao devedor primitivo. Se assim é, somente poderá opor as exceções preexistentes à cessão do débito (pagamento, extinção ou nulidade da obrigação, p. ex.) ou as exceções pessoais que lhe disserem respeito, ou decorrentes da própria relação jurídica (p. ex., compensação, novação).

Art. 303. O adquirente de imóvel hipotecado pode tomar a seu cargo o pagamento do crédito garantido; se o credor, notificado, não impugnar em trinta dias a transferência do débito, entender-se-á dado o assentimento.

- Vide *Código Civil, arts. 1.479 e 1.481.*

Adquirente de imóvel hipotecado e cessão de débito. Quem vier a adquirir imóvel hipotecado pode assumir o pagamento do crédito garantido.

Falta de impugnação da transferência do débito. Se o credor notificado da assunção da dívida pelo adquirente do imóvel gravado não vier a impugná-la dentro de trinta dias, sua inércia, no escoamento desse prazo, deverá ser entendida como se aquele assentimento tivesse sido dado. Trata-se da presunção *juris tantum* de aceitação tácita do credor hipotecário. Se, contudo, o credor demonstrar que não foi notificado da cessão do débito, esta ser-lhe-á ineficaz. Mas se a impugnação da transferência do débito se der, o credor deverá manifestá-la de forma expressa (p. ex., por meio de instrumento particular ou público); consequentemente o devedor primitivo continuará a ele vinculado, em nada alterando a aquisição do imóvel hipotecado por terceiro, que apenas será atingido se a obrigação garantida pela hipoteca não for paga, em razão de excussão judicial do imóvel gravado. Esclarece e Enunciado n. 353 do Conselho da Justiça Federal, aprovado na *IV Jornada de Direito Civil*, que aquela "recusa do credor, quando notificado pelo adquirente de imóvel hipotecado, comunicando-lhe o interesse em assumir a obrigação, deve ser justificada". E dispõe, ainda, o Enunciado n. 424 do CJF, aprovado na *V Jornada de Direito Civil*: "A comprovada ciência de que o reiterado pagamento é feito por terceiro no interesse próprio produz efeitos equivalentes aos da notificação de que trata o art. 303, segunda parte".

Título III

Do Adimplemento e Extinção das Obrigações

Capítulo I

Do Pagamento

Seção I

De quem deve pagar

Art. 304. Qualquer interessado na extinção da dívida pode pagá-la, usando, se o credor se opuser, dos meios conducentes à exoneração do devedor.

- Vide *Código Civil, arts. 831, 394, 346, III, e 334 e Lei n. 5.869/73, art. 285-B, § 2º, acrescentado pela Lei n. 12.873/2013.*
- *Código de Processo Civil, art. 535, VI.*
- *Lei n. 12.865/2013 inclui pagamento eletrônico — seja pelo celular ou pela internet — no SPB (Sistema de Pagamentos Brasileiro).*

Parágrafo único. Igual direito cabe ao terceiro não interessado, se o fizer em nome e à conta do devedor, salvo oposição deste.

Pagamento. Pagamento é a execução voluntária e exata, por parte do devedor, da prestação devida ao credor, no tempo, forma e lugar previstos no título constitutivo.

"Solvens". Se a obrigação não for *intuitu personae*, será indiferente ao credor a pessoa que solver a prestação — o próprio devedor ou outra por ele —, pois o que lhe importa é o pagamento, já que a obrigação se extinguirá com ele. A pessoa que deve pagar será qualquer interessado, juridicamente, no cumprimento da obrigação, como o próprio devedor, o fiador, o avalista, o coobrigado, o sublocatário, o herdeiro, outro credor do devedor, o adquirente do imóvel hipotecado e, enfim, todos os que, indiretamente, fazem parte do vínculo obrigacional, hipótese em que, se pagarem o débito, sub-rogar-se-ão em todos os direitos creditórios (*RT*, *751:434*, *718*:146, *647*:149, *457*:76, *455*:188 e *466*:157; *RSTJ*, *118*:227; *JTA*, *178*:251, *BAASP*, *2396*:960). Até mesmo terceiro não interessado poderá pagar o débito (*RT*, *471*:163, *786*:461; *RSTJ*, *92*:151), em nome e à conta do devedor (*RT*, *466*:92) salvo oposição deste, alegando inconveniência, p. ex., desde que anterior ao pagamento e provada por qualquer meio lícito. P. ex., o administrador do imóvel locado que pagar aluguéis pelo locatário (*RT*, *613*:156). Terceiro não interessado juridicamente é aquele que não está vinculado à relação obrigacional existente entre credor e devedor, embora possa ter interesse de ordem moral, como é o caso do pai que paga dívida do filho, do homem que resgata dívida de sua amante, da pessoa que cumpre a obrigação de um amigo etc.

BIBLIOGRAFIA: Orlando Gomes, *Obrigações*, cit., p. 108-10 e 119; W. Barros Monteiro, *Curso*, cit., v. 4, p. 247-9; Trabucchi, *Istituzioni*, cit., n. 203; Ruggiero e Maroi, *Istituzioni*, cit., v. 2, § 130; M. Helena Diniz, *Curso*, cit., v. 2, p. 179, 181, 184-5; Caio M. S. Pereira, *Instituições*, cit., v. 2, p. 144-5; José Beltran Heredia y Castaño, *El cumplimiento de las obligaciones*, Madrid, 1956; Carvalho de Mendonça, *Doutrina e prática das obrigações*, Rio de Janeiro, 1956, v. 1, n. 223; R. Limongi França, Pagamento, in *Enciclopédia Saraiva do Direito*, v. 56, p. 446; Larenz, *Derecho de obligaciones*, cit., v. 1, § 26; Baudry-Lacantinerie e Barde, *Traité*, cit., v. 2, n. 1.389 e 1.411; Hector Lafaille, *Derecho civil*; tratado de las obligaciones, v. 1, n. 339; Hudelot e Metmann, *Des obligations*, cit., n. 507; Sílvio de Salvo Venosa, *Direito civil*, cit., v. 2, p. 155-70; Carlos Alberto Bittar, *Direito das obrigações*, cit., p. 98-109; José Eduardo Ribeiro de Assis, Natureza jurídica do pagamento, *Livro de Estudos Jurídicos*, *8*:444-9; Roberto Senise Lisboa, *Manual*, cit., v. 2, p. 49-59; Paulo Luiz Netto Lôbo, *Direito das obrigações*, cit., p. 45-58; Sebastião José Roque, *Direito das obrigações*, cit., p. 67-152; Pietro Perlingieri, *Il fenomeno dell'estinzione nelle obbligazione*, Napoli, Jovene, 1972; Eduardo A. Puga, *De la extinción de las obligaciones*: el pago, Barcelona, Nereo, s.d.; Judith Martins-Costa, O adimplemento e o inadimplemento das obrigações no novo Código Civil e seu sentido ético e solidarista, in *O Novo Código Civil*, cit., p. 331-59; *Comentários ao novo Código Civil*, Rio de Janeiro, Forense, 2003, n. 5, t. 1, p. 98-340.

Art. 305. O terceiro não interessado, que paga a dívida em seu próprio nome, tem direito a reembolsar-se do que pagar; mas não se sub-roga nos direitos do credor.

• Vide *Código Civil, arts. 346, III, 347, I, 871, 872 e 880.*

Parágrafo único. Se pagar antes de vencida a dívida, só terá direito ao reembolso no vencimento.

Ação de "in rem verso". Como é proibido por lei o locupletamento à custa alheia, a lei permitirá ao terceiro não interessado (p. ex., administrador de imóvel locado — *RT*, *613*:156) que pagar o débito alheio em seu próprio nome reembolsar-se do que realmente pagou, por meio da ação de *in rem verso*, pleiteando tão somente o *quantum* realmente despendido, não podendo reclamar juros, perdas e danos etc.

Não sub-rogação do terceiro nos direitos creditórios. Se terceiro não interessado vier a saldar dívida em seu próprio nome, não se sub-rogará nos direitos do credor, porque esse pagamento não só poderá ser um meio de vexar o devedor, como também poderá possibilitar que o terceiro maldoso formule contra o devedor exigências mais rigorosas que as do primitivo credor. Todavia, essa regra da não sub-rogação ao terceiro não interessado admite exceções, como nos casos de sub-rogação legal e convencional.

Pagamento antes do vencimento do débito. Se terceiro não interessado vier a efetuar o pagamento antes de vencida a dívida, somente terá direito ao reembolso no vencimento dela; logo, terá de aguardar o vencimento fixado para reclamar do devedor a quantia que despendeu.

BIBLIOGRAFIA: Levenhagen, *Código Civil*, cit., v. 4, p. 93; M. Helena Diniz, *Curso*, cit., v. 2, p. 185; R. Limongi França, *Instituições*, cit., p. 630-1; Sílvio de Salvo Venosa, *Direito civil*, cit., v. 2, p. 159.

Art. 306. O pagamento feito por terceiro, com desconhecimento ou oposição do devedor, não obriga a reembolsar aquele que pagou, se o devedor tinha meios para ilidir a ação.

- ***Projeto de Lei n. 699/2011**: "Art. 306. O pagamento feito por terceiro, com desconhecimento ou oposição do devedor, não obriga a reembolsar aquele que pagou, se o devedor tinha meios para ilidir a ação do credor na cobrança do débito".*

Oposição do devedor ao pagamento por parte de terceiro. Se houver pagamento por terceiro interessado, ao devedor somente será permitido opor ao sub-rogado as exceções que o crédito comportar, impugnando-o por compensação, nulidade ou prescrição ou por qualquer outro motivo excludente da obrigação.

Efeito do pagamento "invito debitore". Se terceiro, interessado ou não, efetuou o pagamento com o desconhecimento ou contra a vontade do devedor, que se opôs, deverá suportar os gastos, pois não poderá obter o reembolso se o devedor possuía meios para ilidir a ação do credor na cobrança da dívida, ou seja, possuía instrumentos para evitar a cobrança da dívida pelo credor, mediante, p. ex., oposição ao credor primitivo das exceções pessoais que lhe competirem, dentre elas a possibilidade de *exceptio non adimpleti contractus*, compensação, prescrição da pretensão de cobrança do débito, quitação, nulidade do título etc. Terceiro recuperará, portanto, o *quantum* despendido com o pagamento de dívida alheia, se o fez com a ciência e aprovação do devedor primitivo.

BIBLIOGRAFIA: R. Limongi França, *Instituições*, cit., p. 631; Serpa Lopes, *Curso*, cit., v. 2, p. 190; M. Helena Diniz, *Curso*, cit., v. 2, p. 184-5; Levenhagen, *Código Civil*, cit., v. 4, p. 94; Matiello, *Código Civil*, cit., p. 226-7.

Art. 307. Só terá eficácia o pagamento que importar transmissão da propriedade, quando feito por quem possa alienar o objeto em que ele consistiu.

- Vide *Código Civil, arts. 1.268, 356 a 359.*

Parágrafo único. Se se der em pagamento coisa fungível, não se poderá mais reclamar do credor que, de boa-fé, a recebeu e consumiu, ainda que o solvente não tivesse o direito de aliená-la.

- *Código Civil, art. 85.*

Legitimidade do "solvens" para dispor do objeto da prestação. Só terá eficácia o pagamento que importar transmissão de propriedade de bem móvel ou imóvel se o *solvens* for o titular do direito real, podendo alienar o objeto da prestação.

Validade e eficácia de pagamento de coisa fungível por quem não é dono. O credor ficará isento da obrigação de restituir pagamento de coisa fungível, feito a *non domino*, se estiver de boa-fé e se já a consumiu, hipótese em que se terá pagamento válido e eficaz mesmo que o *solvens* não tivesse legitimidade para efetuá-lo, nem direito de aliená-la, porque o verdadeiro proprietário poderá mover ação contra o devedor que pagou com o que não era seu. Se, todavia, a coisa não chegou a ser consumida, o seu dono poderá reivindicá-la do *accipiens*.

BIBLIOGRAFIA: Agostinho Alvim, Do enriquecimento sem causa, *RT*, *259*:3-36; M. Helena Diniz, *Curso*, cit., v. 2, p. 185-6; R. Limongi França, *Instituições*, cit., p. 631; Levenhagen, *Código Civil*, cit., v.

4, p. 95; Orozimbo Nonato, *Curso de obrigações*, cit., 2ª parte, v. 1, p. 127 e s.; Piero Schlessinger, *El pago al tercero*, Madrid, 1971.

SEÇÃO II
DAQUELES A QUEM SE DEVE PAGAR

• Vide *Código de Processo Civil, arts. 904 a 909, 867 a 869.*

Art. 308. O pagamento deve ser feito ao credor ou a quem de direito o represente, sob pena de só valer depois de por ele ratificado, ou tanto quanto reverter em seu proveito.

• Vide *Código Civil, arts. 171 a 179, 310, 312, 662, 673, 873 e 905.*

"Accipiens". O pagamento deverá ser feito ao credor, ao cocredor ou a quem o represente legal, judicial ou convencionalmente, podendo também ser feito aos seus sucessores *causa mortis* (herdeiro ou legatário) ou *inter vivos* (cessionário do crédito, sub-rogado no direito creditório), que são os credores derivados (*RT*, *486*:104 e *443*:286; *RF*, *115*:105).

Segundo o Enunciado n. 424 do CJF, aprovado na *V Jornada de Direito Civil*: "O pagamento repercute no plano da eficácia, e não no plano da validade, como preveem os arts. 308, 309 e 310 do código Civil".

Pagamento feito a terceiro desqualificado. Se o pagamento não for feito ao credor ou a seu legítimo representante, será inválido e não terá força liberatória, exceto se: *a*) o credor ratificar tal pagamento; *b*) o pagamento aproveitar ao credor (*RT*, *136*:196).

BIBLIOGRAFIA: M. Helena Diniz, *Curso*, cit., v. 2, p. 186-8; W. Barros Monteiro, *Curso*, cit., v. 4, p. 251; R. Limongi França, *Instituições*, cit., p. 631-2; Levenhagen, *Código Civil*, cit., v. 4, p. 95-6; Sílvio de Salvo Venosa, *Direito civil*, cit., v. 2, p. 160-2.

Art. 309. O pagamento feito de boa-fé ao credor putativo é válido, ainda provado depois que não era credor.

• *Projeto de Lei n. 699/2011: "Art. 309. O pagamento feito de boa-fé ao credor putativo é eficaz, ainda provado depois que não era credor".*

Pagamento efetuado de boa-fé a credor putativo. Como o credor putativo ou aparente é aquele que, ante uma circunstância, se apresenta aos olhos de todos como o verdadeiro credor, embora não o seja, apesar de estar na posse do título obrigacional (herdeiro ou legatário, que perdem essa qualidade em razão de anulação do testamento), para que o pagamento a ele efetuado tenha validade, apesar da prova de não ser o verdadeiro *accipiens*, será preciso que haja: *a*) boa-fé do *solvens*; e *b*) escusabilidade, ou, como preferem alguns autores, reconhecibilidade de seu erro, uma vez que agiu cautelosamente (*RT*, *720*:136, *686*:190, *610*:214, *143*:669, *123*:186, *126*:188 e *232*:526; *AJ*, *78*:110; *RF*, *95*:375, *104*:493 e *146*:197; TJMG, Ap. 10016.03.030729-8/001(1), rel. Marcelo Rodrigues, j. 11-4-2007; TJSP, Ap. 969.041-0/7, rel. Francisco Thomaz, j. 14-11-2007).

BIBLIOGRAFIA: M. Helena Diniz, *Curso*, cit., v. 2, p. 188; Levenhagen, *Código Civil*, cit., v. 4, p. 97; R. Limongi França, *Instituições*, cit., p. 632; Clóvis Beviláqua, *Código Civil*, cit., obs. ao art. 935, v. 4; Sílvio de Salvo Venosa, *Direito civil*, cit., v. 2, p. 162; Jorge Giorgi, *Teoría*, cit., n. 7, p. 119 e 120.

Art. 310. Não vale o pagamento cientemente feito ao credor incapaz de quitar, se o devedor não provar que em benefício dele efetivamente reverteu.

• Vide *Código Civil, arts. 3º, 4º e 181.*

Pagamento feito a credor incapaz de quitar. Se o *solvens*, cientemente, pagar a credor incapaz de quitar, sem estar devidamente representado ou assistido, tal pagamento será nulo ou anulável, conforme seja a pessoa que recebeu o pagamento absoluta ou relativamente incapaz. Mas, se se provar que o referido pagamento reverteu em benefício do credor (p. ex., trazendo vantagem econômica, auxiliando-o na aquisição de bens, aumentando seu patrimônio etc.), válido será o pagamento.

Art. 311. Considera-se autorizado a receber o pagamento o portador da quitação, salvo se as circunstâncias contrariarem a presunção daí resultante.

• Vide *Código Civil, arts. 319 e 320.*

Mandato tácito para receber pagamento. Se alguém se apresentar perante o devedor com o título que lhe deve ser entregue como quitação, há presunção *juris tantum* de que está munido de mandato tácito, ou seja, de que está autorizado pelo credor a receber a prestação devida, por ser, p. ex., seu empregado, encarregado da cobrança (*RT*, *153*:630, *154*:258 e *221*:165; *RF*, *200*:143). O devedor poderá recusar o pagamento ao terceiro mesmo que tenha em mãos a quitação, exigindo prova de autenticidade do mandato tácito ou provando sua falsidade, uma vez que, se pagar mal, será obrigado a pagar novamente.

Art. 312. Se o devedor pagar ao credor, apesar de intimado da penhora feita sobre o crédito, ou da impugnação a ele oposta por terceiros, o pagamento não valerá contra estes, que poderão constranger o devedor a pagar de novo, ficando-lhe ressalvado o regresso contra o credor.

• Vide *Código Civil, arts. 1.460, parágrafo único, 876, 290 e 298.*

• Vide *Código de Processo Civil, arts. 855, 856 e 874.*

Pagamento feito a credor impedido legalmente de receber. Se o devedor pagar a credor impedido legalmente de receber, por estar seu crédito penhorado ou impugnado por terceiros, pagará mal, estando sujeito a pagar novamente. Se for efetuada a penhora no crédito, este passará a constituir ativo da liquidação do executado, sendo uma garantia do credor exequente e dos demais credores. Se o devedor pagar a um dos credores, prejudicará os demais, que poderão exigir que pague novamente. Se, havendo impugnação do crédito e consequente notificação judicial ao devedor, este efetuar o pagamento, estará sujeito a pagar outra vez.

Direito regressivo do devedor. O devedor que pagou a credor impedido legalmente de receber, sendo, por isso, obrigado a pagar novamente, terá direito regressivo contra seu credor a quem pagou indevidamente, exigindo a restituição do *quantum* pago. P. ex., suponha-se que "A" seja devedor de "B", e este tenha seu crédito penhorado em benefício de "C" e "D", que o executam. "A" paga a "B", mesmo recebendo intimação da penhora, logo, "C" e "D" poderão exigir que "A" pague novamente. "A", porém, poderá reclamar de "B" o reembolso do que foi obrigado a pagar.

BIBLIOGRAFIA: Levenhagen, *Código Civil*, cit., v. 4, p. 98-9; M. Helena Diniz, *Curso*, cit., v. 2, p. 186-7; Clóvis Beviláqua, *Código Civil*, cit., v. 4, obs. ao art. 938; R. Limongi França, *Instituições*, cit., p. 632; Enneccerus, Kipp e Wolff, *Tratado*, cit., v. 1, § 61.

DIREITO DAS OBRIGAÇÕES

SEÇÃO III

DO OBJETO DO PAGAMENTO E SUA PROVA

Art. 313. O credor não é obrigado a receber prestação diversa da que lhe é devida, ainda que mais valiosa.

- *Código Civil, art. 356.*
- *Lei n. 8.078/90, art. 35, I.*
- *Código de Processo Civil, arts. 806 a 813.*

Proibição do "solvere aliud pro alio". A obrigação rege-se pelo princípio fundamental de que o credor não poderá ser obrigado a receber prestação diversa da que lhe é devida, ainda que mais valiosa; logo o devedor, para exonerar-se da obrigação, está adstrito a entregar exatamente o objeto ou a realizar a prestação determinada na convenção. Mas se o credor aceitar *aliud pro alio*, ou seja, uma coisa por outra, ter-se-á a dação em pagamento (CC, arts. 356 a 359).

BIBLIOGRAFIA: M. Helena Diniz, *Curso*, cit., v. 2, p. 70 e 73-4; Levenhagen, *Código Civil*, cit., v. 4, p. 17-8; Darcy Arruda Miranda, *Anotações*, cit., v. 2, p. 255; Álvaro Villaça Azevedo, *Teoria geral das obrigações*, cit., p. 55-65.

Art. 314. Ainda que a obrigação tenha por objeto prestação divisível, não pode o credor ser obrigado a receber, nem o devedor a pagar, por partes, se assim não se ajustou.

- Vide *Código Civil, arts. 87, 88, 257, 258, 414 e 415.*
- Vide *Decreto n. 2.044, de 31 de dezembro de 1908, art. 22, parágrafo único.*
- *Código de Processo Civil, art. 916.*

Impossibilidade de divisão da prestação. Se houver unicidade de sujeito, isto é, um só credor e um só devedor, irrelevante será averiguar se a prestação é ou não divisível, pois, pelo art. 314 do Código Civil, divisível ou não, o credor não poderá ser obrigado a receber nem o devedor a pagar por partes, se assim não se convencionou (*RT, 814*:293). O devedor de seiscentos mil reais poderá pagar parceladamente a prestação, desde que o contrato admita a possibilidade de pagamento parcelado.

BIBLIOGRAFIA: Serpa Lopes, *Curso*, cit., v. 2, p. 111; Caio M. S. Pereira, *Instituições*, cit., v. 2, p. 66 e 70; R. Limongi França, Obrigação divisível e indivisível, in *Enciclopédia Saraiva do Direito*, v. 55, p. 344; M. Helena Diniz, *Curso*, cit., v. 2, p. 122-3; Levenhagen, *Código Civil*, cit., v. 4, p. 50-1; W. Barros Monteiro, *Curso*, cit., v. 4, p. 130-4; Antunes Varela, *Direito das obrigações*, cit., p. 340-2; Clóvis Beviláqua, *Direito das obrigações*, 9. ed., p. 68; Scuto, *Istituzioni*, cit., n. 53, p. 73; Cicala, *Concetto di divisibilità e di indivisibilità dell'obbligazione*, Napoli, 1953, p. 35; Planiol e Ripert, *Traité*, cit., v. 7, n. 405-6; Cassatti e Russo, *Manuale di diritto civile italiano*, p. 412; Tito Fulgêncio, *Manual*, cit., v. 10, n. 181-94; Carvalho de Mendonça, *Doutrina*, cit., v. 1, n. 137; Carlos Alberto Bittar, *Direito das obrigações*, cit., p. 72-5; Sílvio de Salvo Venosa, *Direito civil*, cit., v. 2, p. 109-14; Álvaro Villaça Azevedo, *Teoria geral das obrigações*, cit., p. 88-97; Roberto Senise Lisboa, *Manual*, cit., v. 2, p. 39; Paulo Luiz Netto Lôbo, *Direito das obrigações*, cit., p. 29-31; Sebastião José Roque, *Direito das obrigações*, cit., p. 45-8; Mário Luiz Delgado, *Código Civil*, cit., p. 284; Mariana Ribeiro Santiago, Da necessidade de concordância do credor para o parcelamento judicial do crédito exequendo, *RF, 402*:629-44.

Art. 315. As dívidas em dinheiro deverão ser pagas no vencimento, em moeda corrente e pelo valor nominal, salvo o disposto nos artigos subsequentes.

- Vide *Código Civil, arts. 318, 327, 328 e 393.*
- *Lei de Introdução às Normas do Direito Brasileiro, art. 9º.*
- *Sobre a moeda nacional,* vide *o Decreto-Lei n. 4.791, de 5 de outubro de 1942, que institui o cruzeiro como unidade monetária brasileira. O Decreto-Lei n. 1, de 13 de novembro de 1965, que instituiu o cruzeiro novo, foi regulamentado pelo Decreto n. 60.190, de 8 de fevereiro de 1967.*
- *Por força da Resolução n. 144, de 31 de março de 1970, do Conselho Monetário Nacional, ficou abolida a expressão* novo *e restabelecida a designação* cruzeiro *como unidade-padrão do sistema monetário a partir de 15 de maio de 1970.*
- *Passou a denominar-se cruzado a unidade do sistema monetário brasileiro, restabelecido o centavo para designar-se a centésima parte da nova moeda: Decreto-Lei n. 2.284, de 10 de março de 1986, art. 1º.*
- *A Lei n. 7.730, de 31 de janeiro de 1989, institui o cruzado novo, em substituição ao cruzado, mantendo o centavo.*
- *Por determinação da Lei n. 8.024, de 12 de abril de 1990, a moeda nacional passou a denominar-se cruzeiro, sem outra modificação, mantido o centavo e correspondendo o cruzeiro a um cruzado novo. Mas a Lei n. 8.697/93 alterou a moeda nacional, estabelecendo a denominação* cruzeiro real *para a unidade do sistema monetário brasileiro. Atualmente nossa unidade monetária é o* real *(Lei n. 9.069, de 29-6-1995).*
- *O Decreto-Lei n. 857, de 11 de setembro de 1969, consolidou e alterou a legislação sobre moeda de pagamento de obrigações exequíveis no Brasil. Foram expressamente revogados o Decreto n. 23.501, de 27 de novembro de 1933, a Lei n. 28, de 15 de fevereiro de 1935, os Decretos-Leis n. 236, de 2 de fevereiro de 1938, 1.079, de 27 de janeiro de 1939, 6.650, de 29 de junho de 1944, 316, de 13 de março de 1967, mantendo-se a suspensão do § 1º do art. 947 do Código Civil de 1916.*
- *A Lei n. 4.511, de 1º de dezembro de 1964, dispõe sobre o meio circulante e dá outras providências, inclusive suprimindo a fração centavo.*
- *Sobre os modos de pagamento dos tributos,* vide *art. 162 da Lei n. 5.172, de 25 de outubro de 1966 (Código Tributário Nacional).*
- *O registro na Superintendência da Moeda e do Crédito dos contratos que envolvam transferências a título de royalties, ou de assistência técnica, científica, administrativa ou semelhante, será feito na moeda do país de domicílio ou sede dos beneficiários das remessas.* Vide *art. 17 do Decreto n. 55.762, de 17 de fevereiro de 1965. A Superintendência da Moeda e do Crédito foi transformada em autarquia federal, com a denominação de Banco Central do Brasil (Lei n. 4.595, de 31-12-1964, art. 8º).*
- *Código de Defesa do Consumidor, art. 52.*
- *Lei n. 10.192/2001 (medidas complementares ao Plano Real).*
- *Lei n. 11.101/2005, arts. 50, § 2º, e 163, §§ 3º, I, e 5º.*

Obrigações pecuniárias. As obrigações que têm por objeto uma prestação de dinheiro são denominadas pecuniárias, por visarem proporcionar ao credor o valor nominal que as respectivas espécies possuam como tais.

Pagamento da obrigação pecuniária. O pagamento em dinheiro far-se-á no vencimento em moeda corrente no lugar do cumprimento da obrigação, ou seja, em real, pelo valor nominal nela consignado atribuído pelo Estado por ocasião da sua emissão, salvo o disposto nos artigos subsequentes. No Brasil comina-se pena de nulidade às convenções que repudiarem nossa unidade monetária, como se pode ver no art. 1º do Decreto-Lei n. 857/69 (*RT*, *402*:174 e *88*:473; *RTJ*, *61*:104; *RF*, *61*:474 e *62*:99). O pagamento mediante cheque deverá ser recebido *pro solvendo* e não *pro soluto*, pois, se não houver fundo, tal pagamento não terá eficácia (*RT*, *490*:220, *493*:87, *494*:58, *471*:163, *486*:104 e *436*:154; Decreto-Lei n. 857/69, arts. 2º e 3º; Lei n. 8.880/94, art. 6º, *in fine*, e Lei n. 10.192/2001).

BIBLIOGRAFIA: Savatier, *Théorie des obligations*, cit., n. 71; Larenz, *Derecho de obligaciones*, cit., t. 2, p. 179; Hedemann, Derecho de obligaciones, cit., p. 92; Orlando Gomes, *Obrigações*, cit., p. 59; Antunes Varela, *Direito das obrigações*, cit., p. 347-9; Gianturco, *Diritto delle obbligazioni*, p. 82; Manuel A. Domingues de Andrade, *Teoria geral das obrigações*, Coimbra, Almedina, 1966, p. 226 e s.; Caio M. S. Pereira, *Instituições*, cit., v. 2, p. 118-9; Paulo Barbosa de Campos Filho, *Obrigações de pagamento em dinheiro*, Rio de Janeiro, 1971; Judith Martins-Costa, *Comentários ao novo Código Civil*, Rio de Janeiro, Forense, 2003, v. 5, t. 1, p. 217-8.

Art. 316. É lícito convencionar o aumento progressivo de prestações sucessivas.

- *Lei n. 9.069/95, art. 28.*
- Vide *Lei n. 10.192/2001, arts. 1º, II e III, e 2º, §§ 1º a 6º.*
- *Lei n. 10.464/2002, art. 1º.*

Cláusula de atualização de valores monetários. A obrigação pecuniária, que envolver pagamento de prestações sucessivas, poderá conter cláusula convencionando o seu aumento progressivo, desde que dentro da periodicidade superior a um ano (Lei n. 10.192/2001, art. 2º). A cláusula de atualização de valores monetários consiste em revisão estipulada pela parte, que tem como ponto de referência a desvalorização da moeda, tendo-se em vista a data em que se deu o vínculo obrigacional e a execução da prestação, principalmente se se tratar de contrato de prestações continuadas. Tal cláusula, prevendo o aumento progressivo de prestações sucessivas, deverá ter por base índices oficiais regularmente estabelecidos (*RT*, *595*:141, *620*:197; *RSTJ*, *102*:368; *RJTJSP*, *154*:227; Lei n. 10.192/2001). Há quem ache que o artigo *sub examine* alcança a cláusula de escala móvel, revisão de obrigação pecuniária feita por convenção das partes, em função de índices escolhidos pelas partes baseados em valor expresso em moeda corrente de certos bens (p. ex., petróleo) ou serviços ou de uma generalidade de bens ou serviços (índices gerais de preços — p. ex., IGPM — FGV, INPC etc.). Já se decidiu que: "A correção monetária é sempre devida em qualquer decisão judicial, posto que tal reajuste da moeda não é um *plus*, mas mera atualização desta, sendo certo ainda que pactuado um determinado indexador oficial este não pode ser substituído" (STJ, 3ª T., REsp 46.723, rel. Min. Waldemar Zveiter, j. 23.8.94). A revisão judicial, contudo, apenas poderá dar-se ante a ausência de estipulação contratual para atualizar monetariamente a prestação. A cláusula de correção monetária recomporá a equivalência material das prestações, sem que haja necessidade de se comprovar a imprevisibilidade, visto tratar-se, tão somente, de atualização do valor nominal da moeda.

BIBLIOGRAFIA: Tepedino e outros, *Código*, cit., v. 1, p. 613; Jones F. Alves e Mário Luiz Delgado, *Código*, cit., p. 181.

Art. 317. Quando, por motivos imprevisíveis, sobrevier desproporção manifesta entre o valor da prestação devida e o do momento de sua execução, poderá o juiz

corrigi-lo, a pedido da parte, de modo que assegure, quanto possível, o valor real da prestação.

- *Código Civil, arts. 478, 479 e 480.*
- *Código de Defesa do Consumidor, arts. 6º, V, e 51, IV.*
- *Código de Processo Civil, art. 330, §§ 2º e 3º.*
- *Lei n. 14.010/2020, art. 7º.*

Correção judicial do contrato. A correção judicial do contrato em razão de desproporção, provocada por motivo superveniente imprevisível (motivo de desproporção não previsível ou previsível, mas de resultado imprevisível — Enunciado n. 17, aprovado na *I Jornada de Direito Civil*, promovida, em setembro de 2002, pelo Centro de Estudos Judiciários do Conselho da Justiça Federal), manifesta, ou evidente, entre o valor da prestação devida e o do momento de sua execução só pode dar-se, mediante requerimento da parte interessada, em caso de contrato de execução continuada, sendo inadmissível nos contratos de execução imediata. O magistrado poderá, mediante requerimento da parte interessada, atualizar monetariamente o valor da prestação contratual, se motivo imprevisível e superveniente o tornar desproporcional, em relação com o estipulado ao tempo da efetivação negocial. O órgão judicante deverá, na medida do possível, corrigir o valor da prestação, atendendo ao seu valor real. Com isso, acatado estará o princípio da equivalência das prestações. Aceita estará a "teoria" da imprevisão (CC, art. 317 c/c os arts. 478 a 480), por isso melhor seria dizer que se terá, na verdade, revisão por imprevisibilidade.

Urge não olvidar que pelos enunciados aprovados na *I Jornada de Direito Comercial*: a) n. 25: "A revisão do contrato por onerosidade excessiva fundada no Código Civil deve levar em conta a natureza do objeto do contrato. Nas relações empresariais, deve-se presumir a sofisticação dos contratantes e observar a alocação dos riscos por eles acordada" e b) n. 35: "Não haverá revisão ou resolução dos contratos de derivativos por imprevisibilidade e onerosidade excessiva (arts. 317 e 478 a 480 do Código Civil)".

BIBILIOGRAFIA: Rogério F. Donnini, *A revisão dos contratos no Código Civil e no Código de Defesa do Consumidor*, São Paulo, Saraiva, 1999; Marcio Klang, *A teoria da imprevisão e a revisão dos contratos*, São Paulo, Revista dos Tribunais, 1983; J. M. Othon Sidou, *A revisão judicial dos contratos e outras figuras jurídicas*, Rio de Janeiro, Forense, 1984; Otávio S. Rodrigues Jr., *Revisão judicial dos contratos: autonomia de vontade e teoria da imprevisão*, São Paulo, Atlas, 2002; Flávio Tartuce, A revisão do contrato pelo novo Código Civil. Crítica e proposta de alteração do art. 317 da Lei n. 10.406/02, in *Novo Código Civil: questões — controvertidas* (coord. Mário L. Delgado e Jones Figueirêdo Alves), São Paulo, Método, 2003, p. 125-48; Paulo R. Roque A. Khouri, *A revisão judicial dos contratos no novo Código Civil, Código do Consumidor e Lei n. 8.666/93*, São Paulo, Atlas, 2006; Wladimir A. M. Falcão Cunha, *Revisão judicial dos contratos do Código de Defesa do Consumidor ao Código Civil de 2002*, São Paulo, Método, 2007.

Art. 318. São nulas as convenções de pagamento em ouro ou em moeda estrangeira, bem como para compensar a diferença entre o valor desta e o da moeda nacional, excetuados os casos previstos na legislação especial.

- Vide *Decreto-Lei n. 857/69, arts. 1º e 2º, I a V e parágrafo único.*
- *Código de Defesa do Consumidor, art. 52.*
- *Circulares do Banco Central n. 2.170/92, 2.271/92, 2.272/92 e, ainda, 2.971/2000, que regulamenta as Resoluções n. 2.644/99, 2.694/2000 e 2.695/2000 e divulga o regulamento sobre contas em moedas estrangeiras no País.*

- *Leis n. 8.880/94, art. 6º*, in fine, *9.069/95 e 10.192/2001, art. 1º, parágrafo único, I e II.*
- *Código Civil, art. 315.*
- *Lei n. 11.101/2005, arts. 50, § 2º, 163, §§ 3º, I, e 5º.*

Pagamento em ouro ou em moeda estrangeira. Nulas serão quaisquer cláusulas estipulando pagamento em ouro ou em moeda estrangeira, bem como para compensar a diferença entre o valor desta e o da moeda nacional, excetuados os casos previstos em lei especial. Condena-se, assim, tanto a fixação de preço em moeda estrangeira como indexador ou elemento referencial em moeda estrangeira, salvo as hipóteses estabelecidas em legislação especial. Deveras, o art. 2º do Decreto-Lei n. 857/69 apresenta exceções em que é permitido pagamento em moeda estrangeira: contrato de exportação e importação de mercadorias; contrato de financiamento ou de prestação de garantias relativos às operações de exportação de bens de produção nacional, vendidos a crédito para o exterior; contrato de compra e venda de câmbio; empréstimo e obrigação, cujo devedor ou credor seja domiciliado no exterior, excetuado o contrato de locação de imóvel situado no Brasil; contrato que tenha por objeto cessão, transferência, delegação, assunção ou modificação das obrigações acima mencionadas, ainda que ambas as partes contratantes sejam pessoas residentes ou domiciliadas no país. E acrescenta no parágrafo único desse mesmo artigo que: "Os contratos de locação de bens móveis que estipulem pagamento em moeda estrangeira ficam sujeitos, para sua validade, a registro prévio no Banco Central do Brasil" (*RT*, *402*:174; *RTJ*, *61*:104). Ante a inflação que assolava nosso país, houve a estratégia de se usar a moeda de conta e a moeda de pagamento. A moeda de conta diz respeito ao indexador escolhido para aquele contrato. O pagamento era feito em cruzeiro real, mas a conta para a atualização do valor em cruzeiro real se fazia em moeda estrangeira (*RT*, *685*:18; *BAASP*, 1.795), exceto na locação. Permitida era a cláusula de indexação em moeda estrangeira (STJ, REsp 239.238/RS, rel. Ari Pargendler, 3ª T., publ. *DJU*, 1º-8-2000), que servia apenas como parâmetro, porque as dívidas eram pagas em cruzeiro real. Tivemos o indexador URV (Resolução n. 2.053/94 do Banco Central e Lei n. 8.880/94), mas, atualmente, dever-se-á seguir as normas alusivas ao Plano Real. Com o Plano Real os valores contratuais ficaram congelados, mas deve haver cláusula de escala-móvel, entendemos, para evitar, na eventualidade de qualquer inflação, perda patrimonial e enriquecimento ilícito, já que a TR só poderia ser utilizada nas operações realizadas nos mercados financeiros de valores mobiliários, de seguros, de previdência privada e de futuros (Resolução n. 2.097/94 do Banco Central; Lei n. 10.192/2001). Os contratos que tiverem de ser executados no Brasil e estipularem pagamento em moeda estrangeira, esta, no vencimento, deverá ser convertida em real (CC, art. 315).

BIBLIOGRAFIA: Hubrecht, *Stabilisation du franc et valorisation des créances*, p. 15; Luiz Olavo Baptista, A cláusula ouro e a cláusula de moeda estrangeira nos contratos de direito brasileiro, *RF*, *303*:45-9; Carvalho de Mendonça, *Doutrina e prática das obrigações*, cit., v. 1, n. 240; M. Helena Diniz, *Curso*, cit., v. 2, p. 78-9 e 183; Frederico H. Viegas de Lima, Contrato com equivalência em moeda estrangeira, *3º RTD*, *81*:324; Mário Luiz Delgado Régis, *Novo Código Civil*, cit., p. 299 e 300; Clito Fornaciari Junior, Indexação de contrato à variação do dólar, *Tribuna do Direito*, maio 2005, n. 121.

Art. 319. O devedor que paga tem direito a quitação regular, e pode reter o pagamento, enquanto não lhe seja dada.

- Vide *Código Civil, arts. 320, 335, I, e 396.*
- *Prova de quitação fiscal mediante certidão negativa* — Vide *art. 205 da Lei n. 5.172, de 25 de outubro de 1966 (Código Tributário Nacional).*

• *Código de Processo Civil, art. 19, I.*
• *Lei n. 8.245/91, art. 44, I.*

Prova do pagamento. Paga a dívida, o devedor terá o direito de receber do credor um elemento que prove o que pagou, que é a quitação regular, podendo reter o pagamento, enquanto ela não lhe seja dada (*Adcoas*, n. 85.445, 1982; *JB, 158*:252; *RJM, 25*:120; *RJ, 162*:81, *168*:89; *JTACSP, 112*:135). O recibo é o instrumento comprobatório da quitação.

Quitação. Quitação é o documento em que o credor ou seu representante, reconhecendo ter recebido o pagamento de seu crédito, exonera o devedor da obrigação (*RF, 240*:240; *RT, 372*:70, *389*:234, *415*:204, *422*:231, *465*:235, *479*:210 e *664*:105).

Tal *quitação regular* "engloba a quitação dada por meios eletrônicos ou por quaisquer formas de 'comunicação a distância', assim entendida aquela que permite ajustar negócios jurídicos e praticar atos jurídicos sem a presença corpórea simultânea das partes ou de seus representantes" (Enunciado n. 18, aprovado na *I Jornada de Direito Civil*, promovida, em setembro de 2002, pelo Centro de Estudos Judiciários do Conselho da Justiça Federal).

Art. 320. A quitação, que sempre poderá ser dada por instrumento particular, designará o valor e a espécie da dívida quitada, o nome do devedor, ou quem por este pagou, o tempo e o lugar do pagamento, com a assinatura do credor, ou do seu representante.

Parágrafo único. Ainda sem os requisitos estabelecidos neste artigo valerá a quitação, se de seus termos ou das circunstâncias resultar haver sido paga a dívida.

• Vide *Código Civil, arts. 311, 319, 321 a 325, 377 e 662.*
• *Sobre quitação em rescisão do contrato de trabalho,* vide *art. 477, §§ 1º e 2º, da Consolidação das Leis do Trabalho, modificado pela Lei n. 5.562, de 12 de dezembro de 1968.*
• *Lei n. 6.015/73, arts. 129, n. 7º, e 251, I.*
• *Sobre cancelamento da hipoteca,* vide *art. 251 da Lei n. 6.015, de 31 de dezembro de 1973.*
• *Lei n. 8.245/91, arts. 22, VI, e 44, I.*
• *Código de Processo Civil, art. 416.*

Requisito formal da quitação. A quitação deverá ser feita por escrito, podendo dar-se por instrumento público ou particular. Mesmo que a obrigação, p. ex., por envolver imóvel, tenha sido efetivada, obrigatoriamente, por escritura pública, a sua quitação não precisará ser dada necessariamente por esta via (*RT, 816*:237). A quitação sempre poderá ser dada por instrumento particular, que contenha os seguintes elementos: a designação do valor e da espécie da dívida quitada; o nome do devedor ou de quem por este pagou; o tempo e o lugar do pagamento, com a assinatura do credor ou de seu representante. E, para valer perante terceiros, deverá ser registrada no Registro de Títulos e Documentos (Lei n. 6.015/73, art. 129, n. 7º).

Ausência de requisitos formais. Mesmo que a quitação não contenha os requisitos exigidos pelo *caput* do art. 320, terá validade se de seus termos ou das circunstâncias se puder inferir que o débito foi pago e o devedor exonerado. Em caso de dúvida, o julgador poderá admitir o pagamento de dívida, como exemplifica Ricardo A. Gregorio, mediante depósito bancário feito pelo devedor em conta corrente do credor, no qual, em regra, não há menção do débito pago.

BIBLIOGRAFIA: Ricardo A. Gregorio, *Comentários*, cit., p. 352.

Art. 321. Nos débitos, cuja quitação consista na devolução do título, perdido este, poderá o devedor exigir, retendo o pagamento, declaração do credor que inutilize o título desaparecido.

- *Código Civil, art. 324.*
- *Código de Processo Civil, arts. 19, I, 539 a 560.*

Perda de título particular. Com o pagamento, o credor deverá devolver o título ao devedor, quitando, assim, a dívida. Todavia, poderá ocorrer que ao credor seja impossível a devolução do título particular em razão de sua perda ou extravio. Deverá, então, fornecer ao devedor uma declaração circunstanciada do título extraviado, contendo quitação cabal do débito, inutilizandose o título não restituído. E, se porventura o credor se recusar a fazer tal declaração para invalidar o título que se perdeu, o devedor poderá reter o pagamento até receber esse documento. P. ex.: se "A" emitiu em favor de "B" uma nota promissória e "B" a perde, "A", então, não deverá efetivar o pagamento, sem antes reclamar de "B" uma declaração de invalidade, por extravio do título. Se, porventura, se tratar de perda de título ao portador, o credor poderá obter novo título em juízo e deverá notificar judicialmente o fato ao devedor para impedir que este pague ao detentor do título a importância nele consignada. Mas se o pagamento foi feito antes dessa providência, exonerado está o devedor, exceto se se provar que ele tinha conhecimento do fato (CC, art. 909, parágrafo único).

Art. 322. Quando o pagamento for em quotas periódicas, a quitação da última estabelece, até prova em contrário, a presunção de estarem solvidas as anteriores.

Pagamento em quotas periódicas. Nas obrigações de prestação sucessiva e no pagamento em quotas periódicas, o cumprimento de qualquer uma faz supor que o das anteriores também se deu e o da última cria a presunção *juris tantum*, até prova em contrário, de que houve extinção da relação obrigacional, uma vez que não é comum o credor receber sem que as prestações anteriores tenham sido pagas (*RT*, *174*:676, *782*:204; *RF*, *195*:122; *JTACSP*, *152*:73; *RSTJ*, *169*:361, *136*:377). Já houve decisão do STJ entendendo: "pode o credor recusar a última prestação periódica, estando em débito parcelas anteriores, uma vez que, ao aceitar, estaria assumindo o ônus de desfazer a presunção *juris tantum* prevista no art. 943 (hoje 322) do Código Civil, atraindo para si o ônus da prova. Em outras palavras, a imputação do pagamento, pelo devedor, na última parcela, antes oferecidas as anteriores, devidas e vencidas, prejudica o interesse do credor, tornando-se legítima a recusa no recebimento da prestação" (4ª T., REsp 225.435, rel. Min. Sálvio de Figueiredo, j. 22-2-2000).

BIBLIOGRAFIA: Clóvis Beviláqua, *Código Civil*, cit., obs. ao art. 943, v. 4; M. Helena Diniz, *Curso*, cit., v. 2, p. 193; Levenhagen, *Código Civil*, cit., v. 4, p. 102; Sílvio de Salvo Venosa, *Direito civil*, cit., v. 2, p. 166.

Art. 323. Sendo a quitação do capital sem reserva dos juros, estes presumemse pagos.

- *Código Civil, art. 354.*

Quitação do capital sem reserva dos juros. Se o credor der quitação do capital sem reserva dos juros, não ressalvando no recibo que os juros continuam em aberto, haverá presunção *juris tantum* de que houve pagamento destes, por serem acessórios do capital. Presumir-se-á que a quitação abrange também os juros, até que haja prova em contrário. Sem embargo desta nossa opinião há quem ache, como Levenhagen, que a presunção é *juris et de jure* (*EJSTJ*, *13*:67; *JTJ*, *114*:57; *RSTJ*, *39*:355).

BIBLIOGRAFIA: Levenhagen, *Código Civil*, cit., v. 4, p. 103; Sílvio de Salvo Venosa, *Direito civil*, cit., v. 2, p. 167; Carlos Alberto Bittar, *Direito das obrigações*, cit., p. 106; Carlos Alberto Bittar Filho e Márcia S. Bittar, *Novo Código*, cit., p. 168.

Art. 324. A entrega do título ao devedor firma a presunção do pagamento.

- *Código Civil, arts. 386, 901, 902, §§ 1º e 2º, e 1.421.*

Parágrafo único. Ficará sem efeito a quitação assim operada se o credor provar, em sessenta dias, a falta do pagamento.

- *Código Civil, art. 321.*

Entrega do título como quitação. A quitação poderá ser dada pela devolução do título, se se tratar de débitos certificados por um título de crédito (nota promissória, letra de câmbio, título ao portador etc.), pois, se o devedor o tiver em suas mãos, o credor não poderá cobrá-lo, salvo se provar que o devedor o conseguiu ilicitamente.

Presunção "juris tantum" de pagamento. Se o devedor, na obrigação cambiária, tem o título em seu poder, há presunção do pagamento, uma vez que se supõe que o credor não o entregaria se não recebesse o que lhe era devido. Todavia, essa presunção é *juris tantum*, já que, se o credor conseguir provar, dentro do prazo decadencial de sessenta dias (contado do dia imediatamente posterior ao do vencimento), que não houve pagamento, ficará sem efeito a quitação (*RT*, *176*:564, *184*:646, *188*:96, *696*:190; *JTACSP*, *127*:61). O credor tem, portanto, o direito de demonstrar, dentro daquele prazo legal a inexistência de pagamento ou que não entregou voluntariamente o título do devedor, que dele se apossou por meio ilícito (apropriação indébita, furto etc.), se assim é, não houve pagamento da prestação devida. Trata-se de aplicação da exceção *non numeratae pecuniae*.

BIBLIOGRAFIA: M. Helena Diniz, *Curso*, cit., v. 2, p. 192-3; Levenhagen, *Código Civil*, cit., v. 4, p. 103-4; W. Barros Monteiro, *Curso*, cit., v. 4, p. 256; Clóvis Beviláqua, *Código Civil*, cit., v. 4, obs. ao art. 945; Carlos Alberto Bittar, *Direito das obrigações*, cit., p. 107; Ricardo A. Gregorio, *Comentários*, cit., p. 354.

Art. 325. Presumemse a cargo do devedor as despesas com o pagamento e a quitação; se ocorrer aumento por fato do credor, suportará este a despesa acrescida.

Despesas com o pagamento e quitação. O credor tem direito de receber a prestação livre de qualquer encargo ou dispêndio. As despesas com o pagamento e a quitação, salvo estipulação em contrário, presumir-se-ão a cargo do devedor (STJ, REsp 842.092, rel. Cesar Asfor Rocha, j. 27-3-2007). Se, porém, o credor provocar o aumento daquelas despesas, vindo, p. ex., a exigir escritura pública da quitação, quando o devedor a aceita por instrumento particular, ou ao mudar de domicílio arcará, pessoalmente, com a despesa extrajudicial acrescida com transporte, taxa de expediente, taxa bancária etc. As despesas judiciais, por sua vez, imputar-se-ão de acordo com a sucumbência (CPC, arts. 82, § 2º, 84 e 85 e parágrafos).

BIBLIOGRAFIA: Caio M. S. Pereira, *Instituições*, cit., v. 2, p. 165-9; Larenz, *Derecho de obligaciones*, cit., v. 1, p. 416; W. Barros Monteiro, *Curso*, cit., v. 4, p. 254-7; Laurent, *Principes de droit civil*, cit., t. 17;

Orozimbo Nonato, *Curso de obrigações*, cit., 2ª parte, v. 1, n. 568, p. 206, 211 e 229; Serpa Lopes, *Curso*, cit., v. 2, p. 202-7; Orlando Gomes, *Obrigações*, cit., p. 131-9; Von Tuhr, *Tratado*, cit., t. 2, p. 30; R. Limongi França, Pagamento, cit., in *Enciclopédia Saraiva do Direito*, p. 452-3; Silvio Rodrigues, *Direito civil*, cit., v. 2, p. 168-75; Pontes de Miranda, *Comentários ao Código de Processo Civil*, Rio de Janeiro, Forense, t. 4, p. 394-5; M. Helena Diniz, *Curso*, cit., v. 2, p. 191-4; Fabrício Z. Matiello, *Código Civil*, cit., p. 238; Tepedino e outros, *Código*, cit., v. 1, p. 619-20.

Art. 326. Se o pagamento se houver de fazer por medida, ou peso, entender-se-á, no silêncio das partes, que aceitaram os do lugar da execução.

- Vide *Código Civil, arts. 327 a 333 e 134.*

Pagamento da prestação por peso ou medida. Se, porventura, a prestação a cumprir for objeto que se paga por peso ou medida, e o título constitutivo do negócio for omisso a respeito, presumir-se-á que as partes pretenderam adotar a medida do lugar da execução do contrato, isto porque há medidas de superfície (alqueire de terra) e pesos que variam de local para local. Por exemplo, a arroba (unidade de peso) em determinados lugares corresponde a doze quilos; em outros, a quinze, e o alqueire (medida de superfície), em São Paulo, equivale a 24.200 m^2 e em Minas Gerais, 48.400 m^2.

BIBLIOGRAFIA: Levenhagen, *Código Civil*, cit., v. 4, p. 107; M. Helena Diniz, *Curso*, cit., v. 2, p. 183; Clóvis Beviláqua, *Código Civil*, cit., v. 4, obs. ao art. 649; Sílvio de Salvo Venosa, *Direito civil*, cit., v. 2, p. 165; Tepedino e outros, *Código*, cit., v. 1, p. 620.

SEÇÃO IV

DO LUGAR DO PAGAMENTO

Art. 327. Efetuar-se-á o pagamento no domicílio do devedor, salvo se as partes convencionarem diversamente, ou se o contrário resultar da lei, da natureza da obrigação ou das circunstâncias.

- Vide *Código Civil, arts. 70, 78, 530, 631, 889, § 2º.*
- *Sobre o local do pagamento dos tributos,* vide *art. 159 da Lei n. 5.172, de 25 de outubro de 1966 (Código Tributário Nacional).*

Parágrafo único. Designados dois ou mais lugares, cabe ao credor escolher entre eles.

Lugar do pagamento. O lugar do pagamento é o do cumprimento da obrigação, que está, em regra, indicado no título constitutivo do negócio, ante o princípio da liberdade de eleição (CC, art. 78).

Dívida quesível. Se as partes nada convencionarem no contrato a respeito do lugar onde o pagamento deverá ser feito, este deverá ser efetuado no domicílio do devedor no tempo do pagamento, pois a lei, tendo em vista o interesse do devedor, pretendeu favorecê-lo, evitando-lhe maiores despesas para com sua liberação. Haverá, então, presunção legal de que o pagamento é quesível (*quérable*), uma vez que deverá ser procurado pelo credor no domicílio do devedor (*EJSTJ, 13*:53; STJ, REsp 363.614/SC, rel. Nancy Andrighi, *DJ*, 9-10-2006, p. 299).

Dívida portável. Se houver estipulação de que competirá ao devedor oferecer o pagamento no domicílio do credor, ter-se-á dívida portável (*portable*).

Circunstâncias especiais. Se certas circunstâncias especiais exigirem outro local para pagamento, não prevalecerá a presunção de que o pagamento deverá ser feito no domicílio do devedor. Por exemplo, o empregador deverá remunerar empregado no local do trabalho.

Natureza da obrigação. O princípio *in domo debitoris* não poderá prevalecer conforme a natureza da obrigação, que, por si só, mostra o local do pagamento. Por exemplo, quando se despachar mercadoria por via férrea, com frete a pagar, solver-se-á a obrigação no instante em que o destinatário retirar o despachado.

Disposição legal. Casos existem em que a lei estipula o lugar do pagamento. Por exemplo, é a lei que determina onde deverão ser pagas as letras de câmbio (*RT, 470*:153).

Local alternativo. Se se designarem dois ou mais lugares de pagamento, o credor deverá eleger o que lhe for mais favorável para receber o débito. O devedor deverá acatar a escolha feita pelo credor, mesmo que esta venha a obrigá-lo a efetuar despesas, p. ex., com transporte, não tendo direito ao reembolso.

BIBLIOGRAFIA: Baudry-Lacantinerie e Barde, *Traité*, cit., v. 2, n. 1.507; Orlando Gomes, *Obrigações*, cit., p. 127; Álvaro Villaça Azevedo, *Teoria geral das obrigações*, cit., p. 121 e 122; e Lugar do pagamento, in *Enciclopédia Saraiva do Direito*, v. 50, p. 564-5; Laurent, *Principes*, cit., t. 17, n. 592; Aubry e Rau, *Cours*, cit., v. 4, p. 267, nota 15; Orozimbo Nonato, *Curso das obrigações*, cit., 2ª parte, v. 1, p. 236 e 239; Carvalho de Mendonça, *Doutrina e prática das obrigações*, cit., v. 1, p. 430; W. Barros Monteiro, *Curso*, cit., v. 4, p. 257-8; Silvio Rodrigues, *Direito civil*, cit., v. 2, p. 176; Carvalho Santos, *Código Civil brasileiro interpretado*, 1974, v. 12, p. 259; Serpa Lopes, *Direito civil*, cit., v. 2, p. 208-10; Caio M. S. Pereira, *Instituições*, cit., v. 2, p. 160-1; Lacerda de Almeida, *Obrigações*, 2. ed., p. 127; João Franzen de Lima, *Curso de direito civil*; teoria geral do direito das obrigações, Rio de Janeiro, Forense, 1961, p. 166; M. Helena Diniz, *Curso*, cit., v. 2, p. 190-1; Pontes de Miranda, *Tratado de direito privado*, Rio de Janeiro, Borsoi, 1958, t. 23, § 2.769, p. 20; Judith Martins-Costa, *Comentários ao Código Civil*, cit., n. 5, t. 1, p. 302.

Jurisprudência relativa ao local do pagamento. Consulte: *RT*, *492*:166, *105*:205, *145*:252, *156*:312, *470*:246, *458*:84, *437*:156, *390*:289 e *425*:199; *AJ*, *59*:199; *RF*, *2*:585 e *48*:118.

Art. 328. Se o pagamento consistir na tradição de um imóvel, ou em prestações relativas a imóvel, far-se-á no lugar onde situado o bem.

- Vide *Código Civil, art. 341.*
- *Lei n. 9.514/97, art. 7º.*
- *Lei n. 8.245/91, art. 58.*
- ***Projeto de Lei n. 699/2011***: *"Art. 328. Se o pagamento consistir na tradição de um imóvel, far-se-á no lugar onde situado o bem. Se consistir em prestação decorrente de serviços realizados no imóvel, no local do serviço, salvo convenção em contrário das partes".*

Pagamento consistente em tradição de imóvel ou em prestação a ele relativa. Se o pagamento consistir na tradição ou entrega de um imóvel ou de seus acessórios, ou em prestações de fazer concernentes a imóvel, como a relacionada ao negócio jurídico que serve de título para a aquisição e transferência da propriedade imobiliária, a de construí-lo ou a de repará-lo, óbvio estará que o cumprimento da prestação operar-se-á no próprio local da situação do imóvel.

Art. 329. Ocorrendo motivo grave para que se não efetue o pagamento no lugar determinado, poderá o devedor fazê-lo em outro, sem prejuízo para o credor.

Pagamento efetuado em lugar diverso do convencionado. Se ocorrer qualquer motivo grave (doença, calamidade pública, inundação, greve, queda de ponte, falta de energia elétrica etc.) para que o pagamento não se realize no local estipulado no ato negocial, o devedor poderá, evitando a mora, efetuá-lo em outro, desde que não prejudique o credor, arcando com todas as despesas. P. ex., se a dívida for portável, ocorrendo, no dia do pagamento, greve bancária ou calamidade pública que impeça o cumprimento da prestação no domicílio do credor, o devedor deverá depositar em juízo ou remeter o pagamento pelo correio, para não sofrer as consequências da mora, nem causar dano ao credor. O devedor, ante os riscos que assume enquanto não solver o débito, terá, portanto, o direito de consignar em pagamento, ante a eventual recusa injustificada do credor em dar a quitação, citando este para esse fim, de forma que o devedor ficará quitado pela sentença que vier a condenar o credor, uma vez que a recusa deste caracteriza *mora creditoris* (CC, art. 335, I).

Art. 330. O pagamento reiteradamente feito em outro local faz presumir renúncia do credor relativamente ao previsto no contrato.

Presunção de renúncia do credor ao local de pagamento. Se o devedor efetuar, reiteradamente, o pagamento da prestação em lugar diverso do estipulado no negócio jurídico, há presunção *juris tantum* de que o credor a ele, tacitamente, renunciou, baseada no princípio da boa-fé objetiva e subjetiva e na ideia de *supressio* e de *surrectio*. A esse respeito, observa Álvaro Villaça Azevedo, que, na verdade, dever-se-ia entender que há, no artigo *sub examine*, uma *alteração tácita do local* estipulado no contrato, visto que a renúncia deve ser sempre expressa. Para o credor há perda do direito do local do pagamento, em razão do fato de, sendo o seu titular, não o exercer durante certo tempo, logo não mais poderá exercê-lo sem contrariar a boa-fé (*supressio*), pois de sua inércia surgiu o direito subjetivo do devedor de efetuar o pagamento em lugar diferente do avençado (*surrectio*). A *surrectio*, para Menezes Cordeiro, é o instituto que faz surgir um direito que não existe juridicamente, mas que tem existência na efetividade social.

BIBLIOGRAFIA: Judith Martins-Costa, *Comentários*, cit., n. 5, t. 1, p. 316; Menezes Cordeiro, *Da boa-fé no direito civil,* Coimbra, Almedina, 1984, t. 2, p. 797-836; Álvaro Villaça Azevedo, *Teoria geral das obrigações*, cit., p. 140.

Seção V

Do tempo do pagamento

Art. 331. Salvo disposição legal em contrário, não tendo sido ajustada época para o pagamento, pode o credor exigi-lo imediatamente.

- Vide *arts. 134, 333, 394, 397, 592, 889, § 1º, e 939 do Código Civil.*
- *Sobre o tempo de pagamento dos débitos fiscais,* vide *art. 160 da Lei n. 5.172, de 25 de outubro de 1966 (Código Tributário Nacional).*
- *Lei n. 8.078/90, art. 52, § 2º.*

Vencimento da dívida. O momento em que se pode reclamar o débito é o do seu vencimento (*RT*, *490*:119 e 132, *434*:163, *470*:246, *445*:73, *436*:146 e *471*:136; *RF*, *246*:464; *JTJ*, *246*:234).

Omissão do vencimento. Se as partes contratantes não vierem a ajustar a data para o pagamento da dívida, não havendo disposição legal em contrário, o credor poderá exigi-la de imediato, vigorando, então, o *princípio da satisfação imediata*, que poderá ser afastado pela própria natureza da prestação, pois ninguém poderá exigir, imediatamente, a obrigação de encontrar uma mercadoria que se encontra em Paris, ou a de restituir objeto alugado para certa finalidade antes que esta seja alcançada. Casos existem em que se terá de aguardar um *prazo moral*, mesmo não havendo previsão contratual ou legal da data para o cumprimento da prestação.

Art. 332. As obrigações condicionais cumpremse na data do implemento da condição, cabendo ao credor a prova de que deste teve ciência o devedor.

- *Código Civil, arts. 121, 122, 125, 127 e 128.*

Vencimento de obrigação condicional. Só se pode reclamar obrigação condicional depois da ocorrência do evento futuro e incerto a que se subordina. P. ex., se alguém se comprometer a adquirir uma fábrica pelo preço "x", se seu faturamento for "y" dentro de três meses. A obrigação condicional se cumpre no dia do implemento da condição suspensiva (faturamento "y"), competindo ao credor a prova de que deste houve ciência por parte do devedor. Verificada a condição apenas depois do instante em que o devedor teve conhecimento de seu implemento, o credor poderá exigir o seu cumprimento.

BIBLIOGRAFIA: Serpa Lopes, *Curso*, cit., v. 2, p. 211-5; Bassil Dower, *Curso moderno*, cit., v. 2, p. 159-63; W. Barros Monteiro, *Curso*, cit., v. 4, p. 259-60; R. Limongi França, Pagamento, cit., in *Enciclopédia Saraiva do Direito*, p. 451; Laurent, *Principes*, cit., t. 17, n. 181; Silvio Rodrigues, *Direito civil*, cit., v. 2, p. 178-85; Ruggiero e Maroi, *Istituzioni*, cit., v. 2, § 130; Caio M. S. Pereira, *Instituições*, cit., v. 2, p. 162-5; Coelho da Rocha, *Instituições de direito civil português*, Rio de Janeiro, 1973, t. 1, § 147; Orozimbo Nonato, *Curso de obrigações*, cit., 2ª parte, v. 1, p. 261; Orlando Gomes, *Obrigações*, cit., p. 121-5; M. Helena Diniz, *Curso*, cit., v. 2, p. 188-9; Álvaro Villaça Azevedo, *Teoria geral das obrigações*, cit., p. 123; Ricardo A. Gregorio, *Comentários*, cit., p. 357.

Art. 333. Ao credor assistirá o direito de cobrar a dívida antes de vencido o prazo estipulado no contrato ou marcado neste Código:

- Vide *Código Civil, arts. 475, 476, 477, 590, 826, 939, 941, 1.245, 1.425 e 1.465.*

I — no caso de falência do devedor, ou de concurso de credores;

- *Lei n. 11.101/2005, art. 77.*
- *Código Civil, art. 955.*

II — se os bens, hipotecados ou empenhados, forem penhorados em execução por outro credor;

- Vide *Código Civil, arts. 1.425, § 2º, e 1.465.*
- *Consignação de dívida penhorada* — Vide *art. 856, § 2º, do Código de Processo Civil.*

III — se cessarem, ou se se tornarem insuficientes, as garantias do débito, fidejussórias, ou reais, e o devedor, intimado, se negar a reforçá-las.

- *Código Civil, art. 826.*
- *A liquidação extrajudicial das entidades previdenciárias particulares antecipa o vencimento das obrigações* — Vide *Lei Complementar n. 109/2001, art. 49, II.*

Parágrafo único. Nos casos deste artigo, se houver, no débito, solidariedade passiva, não se reputará vencido quanto aos outros devedores solventes.

- Vide *Lei n. 11.101, de 9 de fevereiro de 2005 (Lei de Falências), art. 77.*
- Vide *Código de Processo Civil, arts. 908, §§ 1º e 2º, e 909.*
- Vide *Lei n. 8.078/90, art. 52, § 2º.*
- *Código Civil, arts. 275 a 285.*
- *Leis n. 6.024/74, art. 18, e 6.435/77, art. 66.*

Vencimento antecipado da dívida. O credor não está autorizado a reclamar o cumprimento da dívida antes do prazo de seu vencimento, exceto se: *a*) declarada a falência do devedor ou executado o devedor, abrir concurso creditório; *b*) os bens do devedor, hipotecados (*RT, 662*:102) ou empenhados, forem penhorados em execução por outro credor; *c*) as garantias reais ou fidejussórias dadas pelo devedor cessarem ou forem insuficientes e se o devedor, intimado, se negar a reforçá-las.

Solidariedade passiva. Se houver, na dívida, solidariedade passiva, seu vencimento antecipado, nos casos acima arrolados, relativo a um dos codevedores, não atingirá aos demais, que poderão ser demandados após o vencimento do débito.

CAPÍTULO II
DO PAGAMENTO EM CONSIGNAÇÃO

- *A ação de consignação vem regulada nos arts. 539 a 549 do Código de Processo Civil.*
- *Sobre recolhimento da importância consignada judicialmente,* vide *Lei n. 1.869, de 27 de maio de 1953.*
- *Caso especial de consignação é o previsto no art. 33 do Decreto-Lei n. 3.365, de 21 de junho de 1941, que dispõe sobre desapropriações.*
- *Consignação judicial de débitos tributários* — Vide *art. 164 da Lei n. 5.172, de 25 de outubro de 1966 (Código Tributário Nacional).*

Art. 334. Considera-se pagamento, e extingue a obrigação, o depósito judicial ou em estabelecimento bancário da coisa devida, nos casos e forma legais.

- *Código de Processo Civil, arts. 539, §§ 1º a 4º a 549.*
- *Código Civil, arts. 304 e 634 a 636.*

Pagamento em consignação. O pagamento em consignação é o meio indireto de o devedor, em caso de mora do credor, exonerar-se do liame obrigacional, consistente no depósito judicial (*consignação judicial*), ou em estabelecimento bancário (*consignação extrajudicial*), da coisa devida, nos casos e forma legais (*RF*, *132*:433, *274*:207, *229*:219 e *254*:283; *JB*, *159*:297, *158*:201 e *167*:204; *RTJ*, *92*:214; *RJTJSP*, *119*:69, *128*:81, *136*:320, *111*:31, *89*:234 e 72:213; *RT*, *207*:152, *292*:491, *319*:390, *327*:480, *390*:267, *391*:367, *455*:166, *480*:126, *546*:147, *492*:164, *495*:206 e *209*, *560*:142, *563*:149, *613*:119, *548*:161, *597*:155, *605*:139, *636*:140, *671*:105, *678*:138, *693*:187, *718*:146, 722:303, *726*:355, *780*:236; *Adcoas*, n. 90.023, 91.069, 91.070 e 91.071, 1983; *Ciência Jurídica*, *64*:84 e 122, *62*:190 e *35*:95; *RTJE*, *67*:90; *JTACSP*, *128*:331; *RJ*, *112*:277, *128*:50 e *130*:83; *JTA*, *161*:573, *183*:513; *STJ-Lex*, *44*:127). O devedor poderá, portanto, segundo o novo codex, fazer a consignação bancária em conta especial, que apenas poderá ser levantada, mediante ordem judicial, pelo credor litigante, notificado do depósito. O depósito judicial é relativo a quantias ou coisas certas ou incertas devidas, e o feito em estabelecimento bancário é atinente a quantias pecuniárias, sendo uma etapa prévia à consignatória.

BIBLIOGRAFIA: Domingos Sávio B. Lima, Consignação em pagamento (Origens romanas), in *Enciclopédia Saraiva do Direito*, v. 18, p. 263-4; Foignet e Dupont, *Le droit romain des obligations*, Paris, 1945, p. 160, § 2º; Jörs e Kunkel, *Derecho privado romano*, Barcelona, 1965, p. 266, nota 7; Orlando Gomes, *Obrigações*, cit., p. 140; Caio M. S. Pereira, *Instituições*, cit., v. 2, p. 172-3; Clóvis Beviláqua, *Código Civil*, cit., v. 4, obs. ao art. 972; Giorgi, *Teoria*, cit., v. 7; Coelho da Rocha, *Instituições*, cit., v. 1, § 150; Álvaro Villaça Azevedo, *Teoria geral das obrigações*, cit., p. 151-8; e Consignação em pagamento, cit., in *Enciclopédia Saraiva do Direito*, v. 18, p. 270 e s.; Alfredo Colmo, *De las obligaciones en general*, cit., n. 632; Larombière, *Théorie*, cit., v. 3, com. ao art. 1.204, n. 6; Serpa Lopes, *Curso*, cit., v. 2, p. 216-20; W. Barros Monteiro, *Curso*, cit., v. 4, p. 273; R. Limongi França, Pagamento por consignação, in *Enciclopédia Saraiva do Direito*, v. 56, p. 488 e s.; De Page, *Traité*, cit., v. 3, 2ª parte, n. 496; Pinto Ferreira, Da ação de consignação em pagamento, in *Coleção Saraiva de Prática do Direito*, n. 31, 1988; M. Helena Diniz, *Curso*, cit., v. 2, p. 203-11; Carlos Alberto Bittar, *Direito das obrigações*, cit., p. 113-6; Sílvio de Salvo Venosa, *Direito civil*, cit., v. 2, p. 230-9; Roberto Senise Lisboa, *Manual*, cit., v. 2, p. 77-9; Paulo Luiz Netto Lôbo, *Direito das obrigações*, cit., p. 59-62; Antônio Carlos Marcato, *Ação de consignação em pagamento*, São Paulo, Malheiros, 2001; Judith Martins-Costa, *Comentários*, cit., v. 5, t. 1, p. 353-424; Odyr José Pinto Porto e Waldemar Mariz de Oliveira Jr., *Ação de consignação em pagamento*, São Paulo, Revista dos Tribunais, 1986; Carlos Alberto Bittar Filho e Márcia S. Bittar, *Novo Código*, cit., p. 171; Hugo Nigro Mazzilli e Wander Garcia, *Anotações*, cit., p. 100.

Art. 335. A consignação tem lugar:

• Vide *arts. 635 e 641 do Código Civil.*

I — se o credor não puder, ou, sem justa causa, recusar receber o pagamento, ou dar quitação na devida forma;

• Vide *Código Civil, arts. 304, 319, 320 a 325, 506, 635 e 641.*

II — se o credor não for, nem mandar receber a coisa no lugar, tempo e condição devidos;

• Vide *Código Civil, arts. 327 a 333, 341 e 635.*

III — se o credor for incapaz de receber, for desconhecido, declarado ausente, ou residir em lugar incerto ou de acesso perigoso ou difícil;

• Vide *Código Civil, arts. 3º, 4º, 22, 160 e 955.*

IV — se ocorrer dúvida sobre quem deva legitimamente receber o objeto do pagamento;

• Vide *Código Civil, arts. 755, 344 e 345.*

• *Código de Processo Civil, arts. 547 e 548, I a III.*

V — se pender litígio sobre o objeto do pagamento.

• *Código de Processo Civil, arts. 539 a 549.*

• *Código Civil, arts. 344 e 345.*

Casos legais de consignação. Poder-se-á propor ação de consignação se: *a*) houver *mora accipiendi* (*RT*, *782*:380, *574*:626, *463*:218, *420*:200, *489*:221, *461*:191, *446*:261, *492*:164, *305*:637, *495*:223, *151*:217, *163*:262, *168*:719 e *175*:656; *RF*, *229*:184 e *107*:64), seja a dívida portável ou quesível, oriunda de impossibilidade e recusa infundada de receber ou de dar quitação e do fato de o credor não ir nem mandar receber a prestação no local, tempo e condições

DIREITO DAS OBRIGAÇÕES

devidos; *b*) o credor for incapaz de receber, por estar, por exemplo, acometido de uma doença mental e não ter havido nomeação de curador, for desconhecido (p. ex., em virtude de sucessão *causa mortis* do credor originário), estiver declarado ausente (CC, art. 22), ou residir em local incerto (p. ex., se se mudou para outra cidade sem deixar endereço), ou de acesso perigoso (p. ex., por estar dizimado por uma peste) ou difícil (p. ex., se houver barreiras intransponíveis pelos meios de transporte), pois nessas hipóteses o devedor, sendo a dívida *portable*, apenas poderá liberar-se da obrigação e receber a quitação por meio da consignação em pagamento; *c*) ocorrer dúvida sobre quem seja o legítimo credor (*RT*, *736*:280, *734*:384, *656*:106, *519*:152, *444*:184, *436*:158, *413*:131, *161*:699, *153*:615; *JTA*, *161*:573). O Fórum Permanente de Processualistas Civis entendeu no Enunciado n. 62 que: "A regra prevista no art. 562, segunda parte, que dispõe que, em ação de consignação em pagamento, o juiz declarará efetuado o depósito, extinguindo a obrigação em relação ao devedor, prosseguindo o processo unicamente entre os presuntivos credores, só se aplicará se o valor do depósito não for convertido, ou seja, não terá aplicação caso o montante depositado seja impugnado por qualquer dos presuntivos credores (art. 548, III, do novo CPC)"; e *d*) pender litígio sobre o objeto do pagamento entre credor e terceiro (*RT*, *169*:231). Hugo Nigro Mazzilli e Wander Garcia entendem que, na guia de depósito, o devedor deverá indicar o motivo do depósito, que somente poderá dar-se nos casos arrolados no artigo *sub examine*.

BIBLIOGRAFIA: Serpa Lopes, *Curso*, cit., v. 2, p. 216-8; Caio M. S. Pereira, *Instituições*, cit., v. 2, p. 174; M. Helena Diniz, *Curso*, cit., v. 2, p. 205-8; Álvaro Villaça Azevedo, Consignação em pagamento, cit., in *Enciclopédia Saraiva do Direito*, p. 270-2; W. Barros Monteiro, *Curso*, cit., v. 4, p. 274-6; Silvio Rodrigues, *Direito civil*, cit., v. 2, p. 210-5; R. Limongi França, Pagamento por consignação, cit., in *Enciclopédia Saraiva do Direito*, p. 488-9; Clóvis Beviláqua, *Código Civil*, cit., v. 4, p. 134; Natoli e Geri, *Mora accipiendi e mora debendi*, Milano, Giuffrè, 1975; Matiello, *Código Civil*, cit., p. 240-4; Hugo Nigro Mazzilli e Wander Garcia, *Anotações*, cit., p. 100.

Art. 336. Para que a consignação tenha força de pagamento, será mister concorram, em relação às pessoas, ao objeto, modo e tempo, todos os requisitos sem os quais não é válido o pagamento.

- *Código Civil, arts. 304 a 333.*
- *Súmula 449 do Supremo Tribunal Federal.*

Requisitos da consignação como forma de pagamento indireto. Será imprescindível para que a consignação tenha força de pagamento que se apresentem as condições subjetivas, arroladas nos arts. 304 a 312 do Código Civil, e as objetivas, constantes dos arts. 233, 244, 313, 314, 315, 318, 319 e 320 deste mesmo Código (*RT*, *158*:738, *187*:756, *378*:275, *421*:144, *462*:179, *480*:217, *396*:232, *462*:179, *432*:112, *390*:267, *394*:220, *443*:221, *186*:824, *478*:195, *434*:246, *449*: 259, *739*:221; *Adcoas*, n. 86.225, 1983). A consignação deverá ser: *livre*, não estando sujeita a condição que continha restrição injusta ao direito do credor; *completa*, abrangendo a prestação devida, juros, frutos e despesas; e *real*, ou seja, efetiva, mediante exibição da coisa móvel ou imóvel (mediante entrega das chaves), que é objeto da prestação.

Pelo Enunciado n. 60 do Fórum Permanente de Processualistas Civis: "Na ação de consignação em pagamento que tratar de prestações sucessivas, consignada uma delas, pode o devedor continuar a consignar sem mais formalidades as que se forem vencendo, enquanto estiver pendente o processo".

Modo. Será preciso a observância de todas as cláusulas estipuladas no ato negocial para que o depósito judicial seja considerado pagamento indireto.

Tempo. O devedor poderá consignar assim que a dívida estiver vencida, ou seja, quando expirar o termo convencionado contratualmente em favor do credor e, em qualquer tempo, se tal prazo se convencionou a seu favor, ou quando se verificar a condição a que o débito estava subordinado (*RT*, *470*:246).

BIBLIOGRAFIA: Serpa Lopes, *Curso*, cit., v. 2, p. 218; João Luís Alves, *Código Civil anotado*, 1917, p. 659; Silvio Rodrigues, *Direito civil*, cit., v. 2, p. 215-6; Caio M. S. Pereira, *Instituições*, cit., v. 2, p. 175-6; Stolfi, *Diritto civile*, cit., v. 3, n. 991; Carvalho de Mendonça, *Doutrina e prática*, cit., n. 299 e 302; Clóvis Beviláqua, *Código Civil*, cit., v. 4, p. 113; M. Helena Diniz, *Curso*, cit., v. 2, p. 208-9.

Art. 337. O depósito requerer-se-á no lugar do pagamento, cessando, tanto que se efetue, para o depositante, os juros da dívida e os riscos, salvo se for julgado improcedente.

- *Código Civil, arts. 327 a 330.*
- *Código de Processo Civil, arts. 539 e 540.*

Local do depósito judicial. A oferta do depósito deverá proceder-se no foro do local convencionado para o pagamento (*Adcoas*, n. 91.066, 1983) e, ante a omissão legal, por analogia (LINDB, art. 4º) poder-se-á aplicar o art. 337, na hipótese de consignação em estabelecimento bancário, requerendo-a na praça do lugar do pagamento.

Efeito da consignação. Feito o depósito, liberado estará o devedor, cessando, com o desaparecimento do débito, os juros, que correm sobre a dívida pecuniária, e os riscos, exceto se for a ação de consignação julgada improcedente, porque, nessa hipótese, pagamento não houve. Se julgado improcedente o depósito, a *cessação* dos juros do débito e dos riscos será *pendente*, visto que aquele depósito não terá, como diz Judith Martins-Costa, força de pagamento e, por essa razão, os juros e riscos da dívida restabelecer-se-ão com eficácia *ex tunc*, declarando a decisão que o depósito não fora benfeito e com isso caracterizar-se-á a mora do devedor.

BIBLIOGRAFIA: Judith Martins-Costa, *Comentários*, cit., v. 5, t. 1, p. 394-5; Hugo Nigro Mazzilli e Wander Garcia, *Anotações*, cit., p. 101.

Art. 338. Enquanto o credor não declarar que aceita o depósito, ou não o impugnar, poderá o devedor requerer o levantamento, pagando as respectivas despesas, e subsistindo a obrigação para todas as consequências de direito.

- *Código de Processo Civil, arts. 539, §§ 1º, 3º e 4º, e 545, § 1º.*
- ***Projeto de Lei n. 699/2011:*** *"Art. 338. Enquanto o credor não declarar que aceita o depósito, ou não o contestar, poderá o devedor requerer o levantamento, pagando as respectivas despesas, e subsistindo a obrigação para todas as consequências de direito".*

Levantamento do depósito. Se a consignação for extrajudicial, o credor será notificado do depósito bancário para, dentro de dez dias, impugná-la, sob pena de o devedor ficar exonerado. Se a aceitar tácita ou expressamente, a quantia não poderá mais ser levantada pelo devedor. O devedor só poderá levantar o depósito se houver recusa expressa do credor. Se o depósito for judicial, o depositante, no curso da ação consignatória, poderá requerer o levantamento da coisa depositada, antes da aceitação ou impugnação do depósito, desde que pague as despesas processuais decorrentes daquela ação. Com o levantamento do *quantum* depositado, extrajudicial ou judicialmente, a dívida subsistirá com todos os seus efeitos, ou seja, juros, multa, cobrança judicial etc. Com a retirada da coisa do depósito pelo próprio devedor-depositante, a consignação será tida como não efetivada (eficácia *ex tunc*), ressurgindo a obrigação. O direito de levantamento do depósito poderá ser exercido não só pelo devedor, mas também, como observam Gustavo Tepedino, Heloísa Helena Barboza e Maria Celina Bodin de Moraes, por terceiro nas hipóteses em que estiver legitimado a consignar, somente até que o credor aceite ou impugne o depósito.

Pelo Enunciado n. 61 do Fórum Permanente de Processualistas Civis: "É permitido ao réu da ação de consignação em pagamento, levantar 'desde logo' a quantia ou coisa depositada em outras hipóteses, além da prevista no § 1º do art. 559 (insuficiência do depósito), desde que tal postura não seja contraditória com fundamento da defesa (art. 545, § 1º, do CPC/2015)".

BIBLIOGRAFIA: Fabrício Z. Matiello, *Código*, cit., p. 242; Tepedino e outros, *Código*, cit., v. 1, p. 631.

Art. 339. Julgado procedente o depósito, o devedor já não poderá levantá-lo, embora o credor consinta, senão de acordo com os outros devedores e fiadores.

Proibição de levantamento do depósito e sua exceção. Se o depósito judicial for julgado procedente, o devedor não mais poderá levantá-lo, mesmo que haja consentimento do seu credor, exceto se houver acordo com outros devedores, sendo obrigação solidária ou indivisível, e fiadores para resguardarem seus direitos. O credor só poderá consentir no levantamento do depósito pelo devedor-autor, vencedor da demanda, se houver anuência dos coobrigados e fiadores, acatando o restabelecimento do débito. Hipótese em que se terá o retorno ao *statu quo ante*, atendendo-se ao princípio da autonomia da vontade. Mas, se mesmo havendo oposição dos codevedores e fiadores, ocorrer o levantamento do depósito, ter-se-á uma nova dívida entre credor e devedor, "sem o caráter de novação, porque não há o que extinguir", como pondera Judith Martins-Costa, desonerando-se aqueles codevedores e fiadores da nova obrigação.

BIBLIOGRAFIA: Judith Martins-Costa, *Comentários*, cit., p. 406.

Art. 340. O credor que, depois de contestar a lide ou aceitar o depósito, aquiescer no levantamento, perderá a preferência e a garantia que lhe competiam com respeito à coisa consignada, ficando para logo desobrigados os codevedores e fiadores que não tenham anuído.

Renúncia do credor ao depósito. O depositante levantará o depósito, no curso da consignatória, depois da aceitação do depósito ou da contestação da lide pelo credor, desde que com anuência deste, que, então, perderá a preferência e garantia que tiver relativamente ao bem consignado, ficando logo desobrigados os codevedores e fiadores que não concordaram com o levantamento, tendo-se em vista que a renúncia do credor não poderá lesá-los. As partes (credor, que anuiu no levantamento, e devedor, que o fez) substituem o débito primitivo por um novo, fato este que deverá ser homologado judicialmente, produzindo a consequente extinção do processo com julgamento do mérito (CPC, art. 269, III).

BIBLIOGRAFIA: R. Limongi França, Pagamento por consignação, cit., in *Enciclopédia Saraiva do Direito*, p. 489; Álvaro Villaça Azevedo, Consignação em pagamento, cit., in *Enciclopédia Saraiva do Direito*, p. 273; Bassil Dower, *Curso*, cit., p. 208-9; M. Helena Diniz, *Curso*, cit., v. 2, p. 209-10; Von Tuhr, *Tratado*, cit., t. 2, p. 69; Levenhagen, *Código Civil*, cit., v. 4, p. 132-4; Paulo Nader, *Curso de direito civil*, Rio de Janeiro, Forense, 2003, v. II, p. 366.

Art. 341. Se a coisa devida for imóvel ou corpo certo que deva ser entregue no mesmo lugar onde está, poderá o devedor citar o credor para vir ou mandar recebê-la, sob pena de ser depositada.

• Vide *Código Civil, arts. 328 e 335, II.*

Citação do credor para receber imóvel ou coisa certa no local de sua situação. Se a coisa devida for imóvel ou coisa certa que deva ser entregue no mesmo local onde está situada (p. ex., uma casa, um gado, um barco ancorado no porto), o devedor poderá citar o credor para vir ou mandar recebê-la, sob pena de ser depositada, isentando-se de qualquer responsabilidade. Se o credor, ou seu representante, não comparecer, o devedor deverá providenciar a consignação da prestação devida no foro em que se encontra, depositando as chaves do imóvel, para exonerar-se da obrigação.

Pelo Enunciado n. 59 do Fórum Permanente dos Processualistas Civis: "Em ação de consignação em pagamento, quando a coisa devida for corpo que deva ser entregue no lugar em que está, poderá o devedor requerer a consignação no foro em que ela se encontra. A supressão do parágrafo único do art. 891 do CPC/73 é inócua, tendo em vista o art. 341 do Código Civil". O CPC não contém artigo similar ao art. 891, parágrafo único.

Art. 342. Se a escolha da coisa indeterminada competir ao credor, será ele citado para esse fim, sob cominação de perder o direito e de ser depositada a coisa que o devedor escolher; feita a escolha pelo devedor, proceder-se-á como no artigo antecedente.

• Vide *Código Civil, arts. 244, 245, 252, 255 e 256.*

• Vide *Código de Processo Civil, art. 543.*

Pagamento de coisa indeterminada. Se o objeto do pagamento consistir na entrega de coisa indeterminada (p. ex., 150 sacas de arroz), competindo a escolha ao credor, deverá este ser citado para fazê-la, sob pena de perder o direito de escolha e de ver depositada coisa escolhida pelo devedor. Se o credor não atender à citação, o devedor fará, ante a *mora creditoris*, a escolha, e uma vez feita tal escolha, a obrigação passará a ser de dar coisa certa (CC, art. 244), que deverá ser entregue no mesmo local onde estiver, citando-se, novamente, o credor para vir ou mandar recebê-la, sob pena de ser depositada.

Art. 343. As despesas com o depósito, quando julgado procedente, correrão à conta do credor, e, no caso contrário, à conta do devedor.

• *Código Civil, arts. 627 a 652.*

• Vide *Código de Processo Civil, art. 546 e parágrafo único.*

Despesas com o depósito judicial. As despesas com o depósito judicial (guarda, conservação, honorários advocatícios etc.), quando julgado procedente, correrão por conta do credor em mora, e se improcedente, por conta do devedor, visto que configurada estará sua mora (*RT*, *240*:461, *242*:430, *270*:569, *446*:156 e *473*:156).

Art. 344. O devedor de obrigação litigiosa exonerar-se-á mediante consignação, mas, se pagar a qualquer dos pretendidos credores, tendo conhecimento do litígio, assumirá o risco do pagamento.

• Vide *Código de Processo Civil, art. 856, § 2º, sobre consignação de crédito penhorado.*

• *Código Civil, art. 335, V.*

Consignação e obrigação litigiosa. Havendo litígio sobre o objeto do pagamento entre credor e terceiro, se o devedor ciente da litigiosidade efetuar o pagamento ao credor, em lugar de efetivar a consignação, assumirá o risco daquele pagamento, pois a validade desse seu ato dependerá do êxito da demanda, ficando sem efeito se o terceiro for o vencedor, hipótese em que o devedor ficará obrigado a pagar ao verdadeiro credor que venceu a demanda, tendo, todavia, o direito de pedir a devolução do que pagou, antes da decisão da ação, ao litigante vencido. Se devedor, ignorando tal litígio, vier a pagar ao credor, ficará exonerado da obrigação; logo, se terceiro for o vencedor da demanda, caber-lhe-á pleitear do credor aquilo a que faz jus, não podendo responsabilizar o devedor que cumpriu a prestação, desconhecendo a controvérsia existente.

Art. 345. Se a dívida se vencer, pendendo litígio entre credores que se pretendem mutuamente excluir, poderá qualquer deles requerer a consignação.

Possibilidade de o credor ajuizar a consignatória. A ação de consignação é privativa do devedor para liberar-se do débito, mas se a dívida se vencer não tendo havido o depósito pelo devedor, pendendo litígio entre credores que se pretendem mutuamente excluir, qualquer deles estará autorizado a requerer a consignação, garantindo, assim, o direito de receber a satisfação do crédito, exonerando-se o devedor, pouco importando qual dos credores seja reconhecido como o detentor legítimo do direito creditório, que irá levantar a prestação depositada.

CAPÍTULO III

DO PAGAMENTO COM SUB-ROGAÇÃO

Art. 346. A sub-rogação opera-se, de pleno direito, em favor:

- Vide *Código Civil, arts. 259, parágrafo único, 289, 350, 786, 800, 831, 1.478 e 1.481.*
- Vide *Lei n. 8.078, de 11 de setembro de 1990, art. 13, parágrafo único.*

I — do credor que paga a dívida do devedor comum;

- Vide *Código Civil, arts. 1.478 e 304.*

II — do adquirente do imóvel hipotecado, que paga a credor hipotecário, bem como do terceiro que efetiva o pagamento para não ser privado de direito sobre imóvel;

- Vide *Código Civil, arts. 1.479 e 1.481, § 4º.*

III — do terceiro interessado, que paga a dívida pela qual era ou podia ser obrigado, no todo ou em parte.

- Vide *Código Civil, arts. 259, parágrafo único, 283, 304, 305 e 831.*
- Vide *Código Comercial, art. 728.*
- Vide *Súmula 94 do extinto Tribunal Federal de Recursos e Súmula 188 do Supremo Tribunal Federal.*
- *Lei cambial, art. 40, parágrafo único.*
- *Lei n. 6.015/73, art. 167, II, n. 30 (com a redação da Lei n. 12.810/2013).*
- *Enunciado n. 8 da I Jornada de Direito Comercial: "A sub-rogação do adquirente nos contratos de exploração atinentes ao estabelecimento adquirido, desde que não possuam caráter pessoal, é a regra geral, incluindo o contrato de locação".*

Conceito de sub-rogação pessoal. A sub-rogação pessoal vem a ser a substituição nos direitos creditórios daquele que solveu obrigação alheia ou emprestou a quantia necessária para o pagamento que satisfez o credor (*RT*, *188*:666, *436*:238, *455*:188, *598*:185, *630*:233, *647*:149, *668*:107, *671*:114, *685*:153, *719*:157).

BIBLIOGRAFIA: Demolombe, *Cours de Code Napoléon*, v. 27, n. 301; Antunes Varela, *Noções fundamentais de direito civil*, Coimbra, 1945, p. 386; Caio M. S. Pereira, *Instituições*, cit., v. 2, p. 179-82; Serpa Lopes, *Curso*, cit., v. 2, p. 226; W. Barros Monteiro, *Curso*, cit., v. 4, p. 279-80; Barassi, *Teoria*, v. 1, n. 93; Crome, *Teoria fondamentale delle obbligazioni*, p. 282-94; Clóvis Beviláqua, *Código Civil*, cit., v. 4, p. 116; José Lopes de Oliveira, *Curso de direito civil*; obrigações, 1982, v. 2, p. 127; Scuto, *Istituzioni*, cit., v. 2, 1ª parte, p. 92; M. Helena Diniz, *Curso*, cit., v. 2, p. 211-6; Silvio Rodrigues, *Direito civil*, cit., v. 2, p. 221-4; Orlando Gomes, *Obrigações*, cit., p. 142; Nicolò, *L'adempimento dell'obbligo altrui*, p. 100; Carlos Alberto Bittar, *Direito das obrigações*, cit., p. 117-20; Álvaro Villaça Azevedo, *Teoria geral das obrigações*, cit., p. 159-65; Roberto Senise Lisboa, *Manual*, cit., v. 2, p. 74-6; Paulo Luiz Netto Lôbo, *Direito das obrigações*, cit., p. 63-5; A. Cañizares Laso, *El pago con sub-rogación*, Barcelona, Bosch, 1996; Judith Martins-Costa, *Comentários*, cit., n. 5, t. 1, p. 424-67; Márcio Klang, O instituto da sub-rogação, *RT*, *661*:22.

Sub-rogação legal: conceito. A sub-rogação legal é a imposta por lei, que contempla casos em que terceiros solvem débito alheio, conferindo-lhes a titularidade dos direitos do credor ao incorporar, em seu patrimônio, o crédito por eles resgatado.

BIBLIOGRAFIA: Silvio Rodrigues, *Direito civil*, cit., v. 2, p. 225; A. Henri, *De la sub-rogation réelle, conventionelle et légale*, Paris, 1913, p. 24; De Page, *Traité*, cit., v. 3, 2ª parte, n. 535, p. 487-8; Serpa Lopes, *Curso*, cit., v. 2, p. 288; Sílvio de Salvo Venosa, *Direito civil*, cit., v. 2, p. 242; Ana Cañizares Laso, *El pago con sub-rogación*, Barcelona, Bosch, 1996.

Casos de sub-rogação legal. Dar-se-á a sub-rogação legal em favor de: *a*) credor que paga dívida do devedor comum, para a defesa de seus próprios interesses, pois, por possuir, p. ex., um crédito sem garantia, ou com uma garantia mais fraca em relação ao do outro credor, pretende, com essa atitude, evitar que haja perda significativa de seu direito creditório. Por exemplo, credor que ante o fato de outro credor do seu devedor já ter, como ensina Renan Lotufo, ajuizado execução, mas "seu crédito, embora pequeno, onera o imóvel que pode efetivamente garantir seu crédito, então, atua pagando àquele credor e se resguardando quanto à exequibilidade de seu crédito". Percebe-se que o *solvens* e o *accipiens* são credores da mesma pessoa, sendo óbvio que o crédito do *accipiens*, por possuir uma garantia ou privilégio, pode ter preferência (CC, art. 1.478) sobre o do *solvens*. Por isso a lei, para beneficiar o *solvens*, que pretende evitar uma eventual perda de seu crédito, concede-lhe a sub-rogação, se pagar o crédito do primeiro; *b*) adquirente do imóvel hipotecado (CC, art. 1.481), que paga a credor hipotecário, para evitar a excussão do imóvel ou terceiro que efetua pagamento da dívida para não perder seu direito sobre o bem de raiz do devedor, adquirido em razão de contrato ou de execução judicial. Assim, pela segunda parte do art. 346, II, será possível a sub-rogação legal em benefício de terceiro que, tendo algum direito sobre o imóvel gravado, por ser, p. ex., promitente-comprador, resolve solver débito do proprietário (promitente-vendedor), impedindo a excussão judicial daquele bem de raiz, passando a ter o direito de crédito. Com isso não será privado daquele seu direito sobre o imóvel e terá preferência para receber o produto da alienação judicial, que, porventura, vier a ser realizada pelo não pagamento da dívida; *c*) terceiro interessado, que paga dívida pela qual era ou podia ser obrigado, no todo ou em parte (*RT*, *845*:242, *668*:107, *647*:149, *475*:165, *450*:270, *149*:184 e *247*:428). Por exemplo, o fiador, o codevedor solidário, devedor de obrigação indivisível, herdeiro ou sucessor que resgatar penhor ou hipoteca etc. Consulte, ainda, sobre sub-rogação legal: *RT*, *440*:207, *466*:84, *470*:251, *446*:87, *424*:210, *443*:360, *492*:181 e *494*:93; *RTJ*, *41*:782 e *35*:140.

BIBLIOGRAFIA: Serpa Lopes, *Curso*, cit., v. 2, p. 228-33; W. Barros Monteiro, *Curso*, cit., v. 4, p. 281-2; De Page, *Traité*, cit., n. 541; Colmo, *De las obligaciones en general*, cit., n. 663; Silvio Rodrigues, *Direito civil*, cit., v. 2, p. 227-9; Demolombe, *Cours*, cit., v. 27, n. 460, 497 e 536; Planiol, *Traité*, cit., v. 2, n. 476 e 496-7; Caio M. S. Pereira, *Instituições*, cit., v. 2, p. 183-5; Orlando Gomes, *Obrigações*, cit., p. 143; R. Limongi França, Pagamento por sub-rogação, in *Enciclopédia Saraiva do Direito*, v. 56, p. 494; Giorgi, *Teoria delle obbligazioni*, cit., v. 7, n. 194-5; M. Helena Diniz, *Curso*, cit., v. 2, p. 217-8; Renan Lotufo, *Código Civil*, cit., n. 2, p. 301.

Art. 347. A sub-rogação é convencional:

• *Lei n. 6.015/73, arts. 129, n. 9, 167, II, n. 30, (com a redação da Lei n. 12.810/2013).*

I — quando o credor recebe o pagamento de terceiro e expressamente lhe transfere todos os seus direitos;

• Vide *Código Civil, arts. 305, 348 e 831.*

II — quando terceira pessoa empresta ao devedor a quantia precisa para solver a dívida, sob a condição expressa de ficar o mutuante sub-rogado nos direitos do credor satisfeito.

Noção de sub-rogação convencional. A sub-rogação convencional pessoal advém de acordo de vontade entre credor e terceiro ou entre devedor e terceiro, desde que a convenção seja contemporânea ao pagamento (*RF*, 77:517) e expressamente declarada em instrumento público ou particular.

Hipóteses de sub-rogação convencional. Ter-se-á sub-rogação convencional quando: *a*) o credor receber o pagamento de terceiro, transferindo expressamente (p. ex., por meio de instrumento particular ou público) todos os seus direitos creditórios, extinguindo o crédito primitivo; *b*) terceira pessoa (mutuante) emprestar ao devedor (mutuário), independentemente do consenso do credor, o *quantum* para pagar o débito, sob a condição expressa de ficar o mutuante sub-rogado nos direitos do credor satisfeito (*RT*, *188*:666), exercendo-os contra o devedor, que, apenas, ficou liberado na sua relação obrigacional com o primitivo credor.

BIBLIOGRAFIA: W. Barros Monteiro, *Curso*, cit., v. 4, p. 2834; Silvio Rodrigues, *Direito civil*, cit., v. 2, p. 280; Levenhagen, *Código Civil*, cit., v. 4, p. 139-40; Serpa Lopes, *Curso*, cit., v. 2, p. 235; Orlando Gomes, *Obrigações*, cit., p. 143; Carvalho de Mendonça, *Doutrina e prática*, cit., v. 1, n. 322; M. Helena Diniz, *Curso*, cit., v. 2, p. 218-9; Sílvio de Salvo Venosa, *Direito civil*, cit., v. 2, p. 243; Matiello, *Código Civil*, cit., p. 246.

Art. 348. Na hipótese do inciso I do artigo antecedente, vigorará o disposto quanto à cessão do crédito.

• Vide *Lei n. 6.015, de 31 de dezembro de 1973 (Registros Públicos), art. 129, n. 9º.*

• Vide *Código Civil, arts. 286 a 298 e 347, I.*

Sub-rogação convencional e cessão de crédito. A sub-rogação convencional por vontade do credor é similar à cessão de crédito, mas com ela não se confunde, apesar de regerse pelas mesmas normas e princípios constantes dos arts. 286 a 298 do Código Civil (*RT*, *791*:270).

Art. 349. A sub-rogação transfere ao novo credor todos os direitos, ações, privilégios e garantias do primitivo, em relação à dívida, contra o devedor principal e os fiadores.

- Vide *Súmulas 188 e 257 do Supremo Tribunal Federal.*
- *Código Comercial, art. 728.*
- *Código Civil, arts. 786 e 800.*

Efeitos da sub-rogação pessoal. A sub-rogação legal ou convencional produz dois efeitos: *a*) o liberatório, por exonerar o devedor ante o credor primitivo, e o não liberatório, por vinculá-lo ao novo credor; e *b*) o translativo, por transmitir a terceiro, que pagou a dívida, os direitos de crédito, ações, privilégios e garantias do credor originário, em relação ao débito, contra o devedor principal e os fiadores (*RT*, *432*:170, *475*:165, *488*:235, *642*:197, *671*:115, *685*:153, *789*:205). Todavia, na lição de Matiello, na sub-rogação convencional há possibilidade de as partes impedirem, se quiserem, que alguns privilégios, garantias ou ações sejam transmitidos, mediante acordo expresso, ao novo credor, que, então, não ficará investido de todos os direitos ou atributos do antigo credor.

BIBLIOGRAFIA: Matiello, *Código Civil*, cit., p. 247.

Art. 350. Na sub-rogação legal o sub-rogado não poderá exercer os direitos e as ações do credor, senão até à soma que tiver desembolsado para desobrigar o devedor.

- *Código Civil, art. 346.*
- *Súmulas 188 e 257 do Supremo Tribunal Federal.*

Efeito da sub-rogação legal. Na sub-rogação legal o sub-rogado não poderá exercer direitos e ações do antigo credor, senão até a soma que realmente desembolsou para liberar o devedor (*RT*, *418*:149, *729*:126). Se a dívida era de cem mil reais e pagou apenas cinquenta mil, sub-rogar-se-á, tão somente, nos direitos creditórios alusivos a esses cinquenta mil reais, não ficando sub-rogado nos direitos do credor relativos ao débito todo. Logo, na sub-rogação convencional predomina a autonomia da vontade, de modo que nada impede que as partes estipulem o que lhes aprouver a respeito. A limitação do artigo *sub examine*, portanto, é alusiva à sub-rogação legal.

Art. 351. O credor originário, só em parte reembolsado, terá preferência ao sub-rogado, na cobrança da dívida restante, se os bens do devedor não chegarem para saldar inteiramente o que a um e outro dever.

Sub-rogação parcial. Se a sub-rogação for parcial, o credor primitivo, reembolsado em parte, terá preferência ao sub-rogado, na cobrança do débito que falta, se os bens do devedor forem insuficientes para pagar tudo o que deve ao novo e ao antigo credor. O crédito dividir-se-á, portanto, entre o antigo credor e o sub-rogado, mas a preferência concedida ao primeiro se baseia no fato de que não poderá ser prejudicado por ter concordado com o parcelamento do débito. Isto porque o pagamento parcial depende de consentimento do credor originário, ante a regra geral de não ser o credor obrigado a receber em partes, se assim não se ajustou. P. ex.: se a dívida de A era de R$ 300.000,00 e terceiro (C) paga ao credor (B), com anuência deste, R$ 150.000,00, sub-roga-se nos direitos do credor (B) apenas no que concerne a essa importância. Se a execução dos bens do devedor (A) render apenas R$ 200.000,00, o sub-rogante B (credor original) receberá R$ 150.000,00, quantia essa que faltava para completar o pagamento, e o sub-rogado embolsará o restante, deduzidas as custas e outras despesas.

BIBLIOGRAFIA: Barassi, *Teoria*, cit., v. 1, n. 94; Clóvis Beviláqua, *Código Civil*, cit., v. 4, p. 118; Silvio Rodrigues, *Direito civil*, cit., v. 2, p. 232-3; Levenhagen, *Código Civil*, cit., v. 4, p. 141-2; R. Limongi França, Pagamento por sub-rogação, cit., in *Enciclopédia Saraiva do Direito*, p. 494; W. Barros Monteiro, *Curso*, cit., v. 4, p. 284-5; Serpa Lopes, *Curso*, cit., v. 2, p. 237-9; Orlando Gomes, *Obrigações*, cit., p. 1434; Carvalho Santos, *Código Civil*, cit., v. 13, n. 106-7; Caio M. S. Pereira, *Instituições*, cit., v. 2, p. 187; M. Helena Diniz, *Curso*, cit., v. 2, p. 220; De Page, *Traité*, cit., n. 551.

CAPÍTULO IV
DA IMPUTAÇÃO DO PAGAMENTO

Art. 352. A pessoa obrigada por dois ou mais débitos da mesma natureza, a um só credor, tem o direito de indicar a qual deles oferece pagamento, se todos forem líquidos e vencidos.

- *Código Civil, arts. 134, 355, 331 a 333 e 379.*
- *Imputação em pagamento de débitos fiscais* — Vide *art. 163 da Lei n. 5.172, de 25 de outubro de 1966 (Código Tributário Nacional).*

Definição de imputação do pagamento. A imputação do pagamento consiste na operação pela qual o devedor de dois ou mais débitos da mesma natureza a um só credor, o próprio credor em seu lugar ou a lei indicam qual deles o pagamento extinguirá, por ser este insuficiente para solver a todos.

BIBLIOGRAFIA: Álvaro Villaça Azevedo, *Teoria geral das obrigações*, cit., p. 166-8; e Imputação de pagamento, in *Enciclopédia Saraiva do Direito*, v. 43, p. 30-2; W. Barros Monteiro, *Curso*, cit., v. 4, p. 286-9; Carvalho de Mendonça, *Doutrina e prática*, cit., v. 1, n. 326, 328 e 331; Clóvis Beviláqua, *Código Civil*, cit., v. 4, p. 121; M. Helena Diniz, *Curso*, cit., v. 2, p. 221-5; Silvio Rodrigues, *Direito civil*, cit., v. 2, p. 236-42; Bassil Dower, *Curso*, cit., v. 2, p. 227-9; Dernburg, *Das Buergerlich Recht*, v. 2, 1ª parte, § 117, n. 1; J. Martin de la Moutte, *L'acte juridique unilateral*, Paris, 1951, n. 51, p. 56-7; Andrioli, *Contributo alla teoria dell'adempimento*, Padova, 1937, n. 34; Serpa Lopes, *Curso*, cit., v. 2, p. 241-4; Hudelot e Metmann, *Des obligations*, cit., n. 535 e 537; Giorgi, *Teoria*, cit., v. 7, n. 136; Levenhagen, *Código Civil*, cit., v. 4, p. 142-5; R. Limongi França, Pagamento por imputação, cit., in *Enciclopédia Saraiva do Direito*, v. 56, p. 492; Laurent, *Principes*, cit., v. 17, p. 602-5; Roberto Senise Lisboa, *Manual*, cit., v. 2, p. 80-2; Judith Martins-Costa, *Comentários*, cit., v. 5, t. 1, p. 468.

Requisitos. A imputação do pagamento supõe os seguintes requisitos: *a*) existência de duas ou mais dívidas; *b*) identidade de credor e de devedor; *c*) igual natureza dos débitos; *d*) dívidas líquidas (certas quanto à existência e determinadas quanto ao objeto) e vencidas (exigíveis); *e*) suficiência do pagamento para resgatar qualquer dos débitos.

Imputação do pagamento em dívida ilíquida ou não vencida. O pagamento deverá realizarse quanto às dívidas já vencidas, uma vez que o credor não poderá reclamar a não vencida. A lei permitia expressamente (CC/1916, art. 991, 2ª parte) a imputação de dívida ilíquida e não vencida desde que o credor o consentisse. O devedor não terá, portanto, direito algum de fazer a imputação do pagamento em débito ilíquido e não vencido, pois o atual Código Civil não contém disposição de que somente poderá fazê-lo se houver anuência de seu credor.

Art. 353. Não tendo o devedor declarado em qual das dívidas líquidas e vencidas quer imputar o pagamento, se aceitar a quitação de uma delas, não terá direito a re-

clamar contra a imputação feita pelo credor, salvo provando haver ele cometido violência ou dolo.

- *Código Civil, arts. 145 a 150 e 379.*

Imputação do pagamento pelo credor. Ter-se-á a imputação do pagamento pelo credor quando o devedor não utilizar seu direito de indicar o débito, que será resgatado com o pagamento, aceitando a quitação de um deles, feita no instante do pagamento, desde que não haja coação ou dolo por parte do credor. P. ex., *A* deve a *B* a quantia de R$ 20.000,00 a título de empréstimo, R$ 10.000,00 por locação predial e R$ 10.000,00 em razão de compra de relógio, e somente efetua um pagamento no valor de R$ 20.000,00 sem indicar quais os débitos que pretende quitar; *B* imputa o valor pago por *A* no débito advindo do mútuo e não nos alusivos à locação e à compra, como pretendia *A*, embora não tivesse manifestado, oportunamente, tal vontade. O devedor somente poderá impugnar judicialmente a quitação dada se provar a violência ou dolo do credor, que, se prevalecendo do direito de imputação do pagamento, o tenha feito por meios escusos.

Art. 354. Havendo capital e juros, o pagamento imputar-se-á primeiro nos juros vencidos, e depois no capital, salvo estipulação em contrário, ou se o credor passar a quitação por conta do capital.

- *Código Civil, arts. 379, 406 e 407.*
- *Súmula 464 do Superior Tribunal de Justiça.*

Imputação do pagamento em uma única dívida. A imputação do pagamento requer vários débitos, mas, excepcionalmente, a lei a admite havendo um único débito se este vencer em juros. Assim sendo, havendo capital e juros (compensatórios ou moratórios), o pagamento imputar-se-á primeiro nos juros vencidos e, depois, no capital, salvo convenção em sentido contrário ou se o credor vier a passar quitação por conta do capital, permanecendo subsistentes os juros (STJ, REsp 665.871/SC, rel. João Otávio de Noronha, *DJ*, 19-12-2005, p. 338; *JTA, 186*:442).

Art. 355. Se o devedor não fizer a indicação do art. 352, e a quitação for omissa quanto à imputação, esta se fará nas dívidas líquidas e vencidas em primeiro lugar. Se as dívidas forem todas líquidas e vencidas ao mesmo tempo, a imputação far-se-á na mais onerosa.

- *Código Civil, arts. 352 e 379.*

Imputação do pagamento feita pela lei. Se houver omissão quanto ao débito solvido, quer no pagamento, quer na quitação, a lei prescreve que: *a*) a imputação se fará nas dívidas líquidas e vencidas em primeiro lugar; *b*) a imputação se fará na mais onerosa (a que contém juros, cláusula penal, garantia real ou pessoal etc.), se as dívidas forem todas líquidas e vencidas ao mesmo tempo (*RT, 115*:594).

Capítulo V
Da Dação em Pagamento

Art. 356. O credor pode consentir em receber prestação diversa da que lhe é devida.

- *Código Civil, arts. 313 e 838, III.*
- *Lei n. 11.101/2005, art. 50, IX.*

Dação em pagamento. A dação em pagamento (*datio in solutum ou pro soluto*) é o acordo liberatório, feito entre credor e devedor, em que o credor consente em receber uma coisa ou prestação de dar, fazer ou não fazer diversa da avençada (*Ciência Jurídica, 62*:171; *EJSTJ, 16*:165; TJMG, Agr. 10024.03.968346-1/001(1), rel. Castilho Duarte, j. 6-3-2007; TJDF, Ap. Cível 2004.02.002577-3/DF, rel. Des. Iran de Lima, j. 13-11-2006; STJ, REsp 323.411, rel. Nancy Andrighi, j. 19-6-2001). Consequentemente, o devedor, com anuência do credor, poderá dar uma coisa por outra; coisa por fato; fato por coisa; fato por fato etc. Há entrega de uma prestação por outra (*aliud pro alio*) para solver a dívida vencida, sem que haja substituição da obrigação por uma nova.

BIBLIOGRAFIA: Álvaro Villaça Azevedo, *Teoria geral das obrigações*, cit., p. 172-4; e Dação em pagamento, in *Enciclopédia Saraiva do Direito*, v. 22, p. 185-7; Orlando Gomes, *Obrigações*, cit., p. 1457; Serpa Lopes, *Curso*, cit., v. 2, p. 246-50; Caio M. S. Pereira, *Instituições*, cit., v. 2, p. 191-3; Carvalho de Mendonça, *Doutrina e prática*, cit., v. 1, n. 333-4; R. Limongi França, Pagamento por dação, in *Enciclopédia Saraiva do Direito*, v. 56, p. 491; e *Manual de direito civil*, São Paulo, Revista dos Tribunais, 1969, v. 4, t. 1, p. 126; Dernburg, *Diritto delle obbligazioni*, Torino, 1903, § 58; Larenz, *Derecho de obligaciones*, cit., § 27; Von Tuhr, *Tratado*, cit., t. 2, p. 13; Enneccerus, Kipp e Wolff, *Tratado*, cit., § 65; W. Barros Monteiro, *Curso*, cit., v. 4, p. 290-2; Colmo, *De las obligaciones en general*, cit., n. 681 e 682; Trabucchi, *Istituzioni*, cit., n. 229; Planiol, *Traité*, cit., v. 2, n. 523; BaudryLacantinerie e Barde, *Traité*, cit., v. 2, n. 1.685; Aubry e Rau, *Cours*, cit., v. 3, § 292, nota 4; v. 4, § 318, nota 1, § 324, nota 48; Pothier, Traité des obligations, cit., in *Oeuvres*, v. 1, n. 530; PacificiMazzoni, *Trattato di diritto civile*, v. 12, n. 151; De Page, *Traité*, cit., v. 3, n. 506, 510 e 511; M. Helena Diniz, *Curso*, cit., v. 2, p. 226-31; Antunes Varela, *Noções fundamentais de direito civil*, Coimbra, 1945, v. 1, p. 407-12; Roberto Senise Lisboa, *Manual*, cit., v. 2, p. 83-4; Paulo Luiz Netto Lôbo, *Direito das obrigações*, cit., p. 67; Judith Martins-Costa, *Comentários*, cit., v. 5, t. 1, p. 484-502; Fabrício Z. Matiello, *Código Civil*, cit., p. 249-51; Sílvio Venosa, *Direito civil*, cit., v. II, p. 289; Inacio de Carvalho Neto e Érika H. Fugie, *Novo Código Civil comparado e comentado*, Curitiba, Ed. Juruá, 2003, v. II, p. 118; Pontes de Miranda, Dação em pagamento, *RT, 238*:63.

Art. 357. Determinado o preço da coisa dada em pagamento, as relações entre as partes regular-se-ão pelas normas do contrato de compra e venda.

• Vide *Código Civil, arts. 481 a 532.*

Dação em pagamento e compra e venda. A dação em pagamento tem por objeto prestação de qualquer natureza, não sendo dinheiro de contado; logo, se se taxar o preço da coisa dada em pagamento, regular-se-á pelas normas que regem a compra e venda, por haver equivalência entre os bens (*RT, 238*:137; *RF, 134*:436; CC, arts. 481 a 532). Lembra-nos Judith Martins-Costa: "O fato de o Código determinar a incidência das regras relativas à compra e venda, não transformam a dação em compra e venda [...] são distintas as figuras por pelo menos três ordens de razões: a) na compra e venda não cabe, em linha de princípio, a repetição do indébito, cabível na dação em pagamento quando ausente a *causa debendi*; b) o próprio objetivo, ou finalidade da dação em soluto é a solução da dívida, o desate da relação; e, por fim, c) a dação exige, como pressuposto, a *entrega*, constituindo negócio jurídico real". Quando a coisa for dada em pagamento de débito, sem que se lhe especifique o valor, ter-se-á incidência das normas relativas à dação. Se assim é, nesta hipótese, poder-se-á dar uma coisa por dinheiro, um fato por dinheiro, dinheiro por coisa ou por fato.

BIBLIOGRAFIA: Judith Martins-Costa, *Comentários*, cit., p. 494.

Art. 358. Se for título de crédito a coisa dada em pagamento, a transferência importará em cessão.

• Vide *Código Civil, arts. 286 a 298 e 887 a 926.*

Dação em pagamento e cessão. Se a coisa dada em dação em pagamento for título de crédito, a transferência importará em cessão, devendo ser, então, notificada ao cedido (devedor), responsabilizando-se o cedente pela existência do crédito transmitido ao tempo da cessão e não pela solvência do devedor daquele título que o cessionário aceitou.

Já se decidiu que, "salvo convenção expressa em contrário, a dação de título é feita *pro solvendo* e não *pro soluto*, não extinguindo só por si a relação fundamental, ou subjacente, que deu causa ao negócio de emissão ou transmissão do título" (*RF, 240*:240).

Art. 359. Se o credor for evicto da coisa recebida em pagamento, restabelecer-se-á a obrigação primitiva, ficando sem efeito a quitação dada, ressalvados os direitos de terceiros.

• Vide *Código Civil, arts. 447 a 457 e 838, III.*

Dação em pagamento e evicção. Se o credor receber como dação em pagamento coisa não pertencente ao *solvens*, com a reivindicação dela pelo legítimo dono, ter-se-á evicção, ou seja, a perda da coisa em razão de sentença judicial, que confere o domínio a terceira pessoa. Consequentemente, restabelecer-se-á a antiga obrigação, ficando sem efeito a quitação dada, voltando tudo ao *statu quo ante*, ressalvando-se, porém, os direitos de terceiros (*RSTJ, 130*:245). P. ex., se o devedor oferece ao credor, com o consenso deste, um terreno em substituição da dívida de R$ 5.000.000.00, a título de dação em pagamento, sem que seja proprietário do imóvel, a quitação dada pelo *accipiens* (evicto), que perderá o bem em favor de seu legítimo dono, quando acionado, ficará sem efeito, restabelecendo-se a obrigação. Mas os direitos de terceiro de boa-fé não poderão ser atingidos, assim, p. ex., se a evicção se der, o adquirente (terceiro) do imóvel hipotecado, já liberado, no registro imobiliário, do ônus pela dação, terá seu direito tutelado. Esclarece Judith Martins-Costa: "A proteção jurídica assenta em quatro pressupostos, a saber: a) uma *situação de confiança*, conforme com o sentido geral do sistema (isto é, com a diretriz da eticidade) e traduzida na *boa-fé subjetiva* e *ética*, própria da pessoa que, sem violar os deveres de cuidado que, no caso, caibam, ignore estar a lesar direitos ou posições alheias; b) uma *justificação para esta confiança*, expressa na presença de elementos objetivos capazes de, em abstrato, provocar uma crença plausível; c) um *investimento de confiança*, consistente em, da parte do sujeito, ter havido um efetivo assentamento de atividades jurídicas sobre a crença consubstanciada; d) uma *imputação da situação de confiança*, criada à pessoa que vai ser atingida pela proteção dada a quem confiou; a pessoa que será atingida pela proteção dada ao terceiro, deu ensejo, por ação ou omissão, à entrega do terceiro que confiou, ou ao fator objetivo que, para tanto, conduziu. Esses quatro pressupostos adjetivam a confiança — que então será *legítima* ou *justa* — do terceiro que confiou na solução da dívida, conduzindo a soluções parelhas às que são dadas ao terceiro de boa-fé, nos casos, por exemplo, de impugnação pauliana (art. 312) ou de aquisição *a non domino* (art. 1.268)".

BIBLIOGRAFIA: Judith Martins-Costa, *Comentários*, cit., p. 501.

Capítulo VI
Da Novação

Art. 360. Dá-se a novação:

I — quando o devedor contrai com o credor nova dívida para extinguir e substituir a anterior;

II — quando novo devedor sucede ao antigo, ficando este quite com o credor;

III — quando, em virtude de obrigação nova, outro credor é substituído ao antigo, ficando o devedor quite com este.

- Vide *Lei n. 11.101/2005, arts. 50, IX e 59.*
- *Código Civil, arts. 361 e 362.*
- *Código de Processo Civil, art. 535, VI.*

Conceito de novação. A novação vem a ser o ato que cria uma nova obrigação (*RF, 111*:*410*; *RT, 445*:177, *787*:296, *792*:349, *796*:272, *803*:337, *844*:188, *859*:372, *860*:409; *JTACSP, 145*:135, *157*:126), destinada a extinguir a precedente, substituindo-a (*JB, 117*:254 e *170*:340; *Adcoas*, n. 89.799, 1983; *RJE, 3*:17; *EJSTJ, 3*:69; *RJ, 133*:79).

BIBLIOGRAFIA: M. Helena Diniz, Novação, *Revista de Direito Civil, Imobiliário, Agrário e Empresarial, 5*:33, 1978; e *Curso*, cit., v. 2, p. 233-46; José Soriano de Souza Neto, *Novação*, 1937; Colin e Capitant, *Cours élémentaire de droit civil*, cit., p. 104; Theophilo B. de Souza Carvalho, *A novação em direito romano e em direito civil*, São Paulo, Duprat, 1914; Antônio Chaves, Novação, in *Enciclopédia Saraiva do Direito*, v. 55, p. 67 e s.; Rui G. Camargo Viana, *A novação, São Paulo*, Revista dos Tribunais, 1979; Giordina, *Studi sulla novazione nella dottrina del diritto intermedio*, Milano, 1937; Silvio Rodrigues, *Direito civil*, cit., v. 2, p. 251; W. Barros Monteiro, *Curso*, cit., v. 4, p. 294-5; Lomonaco, *Istituzioni di diritto civile italiano*, cit., v. 5, p. 285; Orlando Gomes, *Obrigações*, cit., p. 169; Ruggiero e Maroi, *Istituzioni*, cit., § 136; Serpa Lopes, *Curso*, cit., v. 2, p. 257-8; Giorgi, *Teoria delle obbligazione*, cit., v. 2, n. 376; Carlos Alberto Bittar, *Direito das obrigações*, cit., p. 127-30; Álvaro Villaça Azevedo, *Teoria geral das obrigações*, cit., p. 175-80; Roberto Senise Lisboa, *Manual*, cit., v. 2, p. 71-3; Paulo Luiz Netto Lôbo, *Direito das obrigações*, cit., p. 68-9; Ruy Cirne Lima, Novação e pendência: obrigações da sociedade e dos sócios, *RDP, 67*:267; Renan Lotufo, *Código Civil*, cit., v. 2, p. 365; Judith Martins-Costa, *Comentários*, cit., v. 5, t. 1, p. 503-63; Giannico e Chiovitti, A novação e o Código Civil de 2002, *RIDCPC, 54*:7.

Novação objetiva ou real. Ter-se-á novação objetiva quando se alterar o objeto da relação obrigacional, mantendo-se as mesmas partes (*RT, 664*:146).

Novação subjetiva ou pessoal. Na novação subjetiva, o elemento novo (*aliquid novi*) diz respeito aos sujeitos da obrigação, alterando ora o sujeito passivo, ora o ativo. Ter-se-á, então: *a*) *novação subjetiva passiva*, quando se tiver a intervenção de um novo devedor, pela delegação ou expromissão. Pela *delegação*, a substituição do devedor será feita com a anuência do devedor primitivo, que indicará uma terceira pessoa para resgatar o seu débito, com o que concorda o credor. Pela *expromissão*, a mudança se dá sem o consenso do devedor; *b*) *novação subjetiva ativa*, quando o credor originário, por meio de uma nova obrigação, deixa a relação obrigacional e um outro o substitui, ficando o devedor quite para com o antigo credor.

BIBLIOGRAFIA: Caio M. S. Pereira, *Instituições*, cit., v. 2, p. 203-5; M. Helena Diniz, Novação objetiva ou real, Novação subjetiva ou pessoal, in *Enciclopédia Saraiva do Direito*, v. 55, p. 94-8; W. Barros Monteiro, *Curso*, cit., v. 4, p. 295; Soriano de Souza Neto, *Novação*, cit., p. 165; Lozano Berruezo, *La extinción de las obligaciones por novación*, Barcelona, s.d., p. 60-1.

Art. 361. Não havendo ânimo de novar, expresso ou tácito mas inequívoco, a segunda obrigação confirma simplesmente a primeira.

"Animus novandi". O *animus novandi* não se presume. Para que se tenha novação será necessário que as partes queiram expressa ou tacitamente, de forma inequívoca, a criação da nova obrigação, extinguindo o antigo liame obrigacional. Se não houver intenção de novar, a segunda obrigação apenas confirmará a primeira (*RT*, *866*:261, *844*:188, *817*:295, *793*:287, *759*:327, *748*:220, *649*:117, *636*:106, *591*:149, *578*:205, *468*:165, *331*:403, *433*:135, *445*:177, *456*:192, *466*:142, *479*:47, *436*:121, *382*:174, *394*:311, *496*:168, *487*:214, *143*:645, *485*:51, *109*:142, *154*:752, *441*:196, *459*:199, *443*:216, *114*:656 e *262*:190; *RF*, *93*:239, *160*:163, *222*:163, *60*:141; *Adcoas*, n. 91.094, 1983, e 86.378, 1982; *JTACSP*, *170*:183, *189*:471; *RSTJ*, *17*:491; *103*:223).

BIBLIOGRAFIA: W. Barros Monteiro, *Curso*, cit., v. 4, p. 297; Carvalho de Mendonça, *Doutrina e prática*, cit., n. 346, p. 595; Silvio Rodrigues, *Direito civil*, cit., v. 2, p. 258; Caio M. S. Pereira, *Instituições*, cit., v. 2, p. 202; Serpa Lopes, *Curso*, cit., v. 2, p. 264; Brugi, *Instituciones de derecho civil*, cit., p. 398; Pontes de Miranda, *Tratado de direito privado*, cit., v. 44, p. 219.

Art. 362. A novação por substituição do devedor pode ser efetuada independentemente de consentimento deste.

Novação subjetiva passiva por expromissão. Configurar-se-á a novação subjetiva passiva por expromissão se um terceiro assumir a dívida do devedor primitivo, substituindoo sem o assentimento deste, desde que o credor anua com tal mudança. Nela há apenas duas partes: o credor e o novo devedor, por ser dispensável o consentimento do devedor originário (*RT*, *442*:192, *699*:165). P. ex., "A" deve a "B" a quantia de R$ 50.000,00. "C", que é amigo de "A", sabendo do débito, pede ao credor que libere "A", pois ficará como devedor, obrigando-se por aquele *quantum*.

Art. 363. Se o novo devedor for insolvente, não tem o credor, que o aceitou, ação regressiva contra o primeiro, salvo se este obteve por má-fé a substituição.

- *Código Civil, art. 955.*

Insolvência. Situação em que se encontra o devedor obrigado ao pagamento de um débito superior ao valor de seu patrimônio.

Novação subjetiva passiva e insolvência do novo devedor. A insolvência do novo devedor correrá por conta e risco do credor, pois anuiu na substituição do antigo devedor, não podendo, por isso, mover ação regressiva contra o devedor originário, exceto se provar que este obteve por má-fé a sua substituição, hipótese em que reviverá a antiga obrigação, como se nula fosse a novação.

Art. 364. A novação extingue os acessórios e garantias da dívida, sempre que não houver estipulação em contrário. Não aproveitará, contudo, ao credor ressalvar o penhor, a hipoteca ou a anticrese, se os bens dados em garantia pertencerem a terceiro que não foi parte na novação.

- Vide *Código Civil, arts. 92, 233, 287 e 822.*

Extinção dos acessórios e das garantias da dívida. Com a extinção da obrigação anterior, ante o princípio de que o acessório segue o principal, desaparecerão, automaticamente, todas as garantias e acessórios, sempre que não houver estipulação em contrário. Com a novação os juros deixarão de correr, cessarão os efeitos da mora, mas, se houver convenção em sentido contrário, subsistirão os acessórios da dívida extinta, por vontade das partes (*RT*, *679*:133).

Acordo sobre subsistência de garantias e acessórios não vincula a terceiro. Se as partes interessadas na novação acordarem relativamente à subsistência dos acessórios e garantias da dívida extinta, estes continuarão na nova obrigação, como garantias e acessórios, sendo produto da nova manifestação de vontade. Todavia, tal acordo volitivo não poderá alcançar terceiro, dono da coisa dada em garantia que não consentiu, nem foi parte na novação. As garantias reais (penhor, hipoteca ou anticrese) constituídas por terceiros apenas vincularão o novo crédito se aqueles terceiros proprietários do bem onerado derem, expressamente, sua aquiescência, no instrumento da novação.

BIBLIOGRAFIA: Silvio Rodrigues, *Direito civil*, cit., v. 2, p. 259-60; Carvalho Santos, *Código Civil brasileiro interpretado*, cit., v. 13, p. 202; Caio M. S. Pereira, *Instituições*, cit., v. 2, p. 206; Sílvio de Salvo Venosa, *Direito civil*, cit., v. 2, p. 258; Mário Luiz Delgado Régis, *Novo Código Civil*, cit., p. 331.

Art. 365. Operada a novação entre o credor e um dos devedores solidários, somente sobre os bens do que contrair a nova obrigação subsistem as preferências e garantias do crédito novado. Os outros devedores solidários ficam por esse fato exonerados.

- *Código Civil, arts. 275 a 285.*

Novação entre codevedor solidário e credor. Ter-se-á subsistência de preferências e garantias do crédito novado somente sobre os bens do codevedor que contrair a nova obrigação, se a novação operar-se entre credor e um dos codevedores solidários. Os demais devedores solidários ficarão por esse fato exonerados. A novação, ao extinguir a dívida, libera os codevedores do vínculo obrigacional, que não ficarão vinculados à nova obrigação, que passará para a responsabilidade daquele codevedor que a assumiu; as garantias e preferências que recaiam sobre seus bens desaparecerão e somente poderão ressurgir se eles concordarem com isso.

Art. 366. Importa exoneração do fiador a novação feita sem seu consenso com o devedor principal.

- Vide *Código Civil, arts. 837 e 838, I.*

Desaparecimento da fiança. Com a extinção da obrigação originária, mediante novação, desaparecerá a fiança que a garantia, uma vez que, sendo acessória, se extingue com a extinção da obrigação principal (*RT*, *779*:283). Mesmo que o credor e devedor queiram mantê-la, tal acordo (*RT*, *664*:151). O fiador deverá exprimir seu consentimento para que a fiança incida sobre a nova obrigação, garantindo seu cumprimento. Se, como bem observa Renan Lotufo, pelo art. 838, I, a concessão de moratória exonera o fiador, a novação levada a efeito sem sua anuência também o liberará.

Art. 367. Salvo as obrigações simplesmente anuláveis, não podem ser objeto de novação obrigações nulas ou extintas.

- Vide *Código Civil, arts. 166 a 184.*
- *Súmula 286 do Superior Tribunal de Justiça.*

Impossibilidade de novar obrigação nula ou extinta. Serão insuscetíveis de novação as obrigações nulas, porque não geram qualquer efeito jurídico e não comportam confirmação, e as extintas, porque nada haverá para se extinguir. Não se poderá novar o que inexiste (*RT*, *461*:209).

Novação de obrigação anulável. As obrigações simplesmente anuláveis poderão ser confirmadas pela novação. Uma vez que a anulabilidade não afeta a ordem pública, poderá ser suscetível de confirmação. Enquanto não for declarada anulável por sentença judicial, a obrigação permanecerá válida; logo, o devedor, ao promover a novação, estará renunciando ao seu direito de arguir o vício concordando em mantê-la válida, confirmando-a mediante novação. A novação passará, então, a atuar com os efeitos de uma confirmação, dando lugar a uma nova obrigação, que gerará todas as consequências jurídicas dela esperadas, visto que é válida e eficaz.

BIBLIOGRAFIA: R. Limongi França, Novação-II, in *Enciclopédia Saraiva do Direito*, v. 55, p. 78; Caio M. S. Pereira, *Instituições*, cit., v. 2, p. 200; M. Helena Diniz, *Curso*, cit., v. 2, p. 238; De Page, *Traité*, cit., t. 3, parte 2, n. 568, p. 519; Serpa Lopes, *Curso*, cit., v. 2, p. 261.

CAPÍTULO VII
DA COMPENSAÇÃO

Art. 368. Se duas pessoas forem ao mesmo tempo credor e devedor uma da outra, as duas obrigações extinguem-se, até onde se compensarem.

- Vide *Código Civil, arts. 1.707 e 1.919.*
- *Lei n. 11.101/2005, arts. 119, VIII, 122 e parágrafo único.*
- *Código de Processo Civil, art. 535, VI.*

Compensação. A compensação é um modo de extinção de obrigação, até onde se equivalerem, entre pessoas que são, ao mesmo tempo, devedora e credora uma da outra. Assim, se dois indivíduos se devem mutuamente, serão, recíproca e concomitantemente, credor e devedor um do outro, e solver-se-á a relação obrigacional até a concorrência dos valores das prestações devidas, de modo que, se um tiver de receber mais do que o outro, continuará credor de um saldo favorável e decorrente do balanço. Suponha-se, p. ex., que *A* deva a *B* R$ 120.000,00 e *B* deva a *A* a soma de R$ 100.000,00. *A* e *B* são reciprocamente credor e devedor um do outro. A extinção da obrigação operar-se-á até a concorrência dos valores devidos, de forma que restará a *B* um saldo favorável no valor de R$ 20.000,00. Os débitos extinguir-se-ão até onde se compensarem. Desse modo, o devedor de R$ 120.000,00 somente deverá pagar os R$ 20.000,00 restantes. Até R$ 100.000,00 haverá compensação, hipótese em que ela será *parcial*. Seria ela *total* se os débitos fossem de igual valor, isto é, ambos de R$ 120.000,00, caso em que não se teria pagamento algum.

BIBLIOGRAFIA: José de Moura Rocha, Compensação, in *Enciclopédia Saraiva do Direito*, v. 16, p. 304-6; Caio M. S. Pereira, *Instituições*, cit., v. 2, p. 207-8; Álvaro Villaça Azevedo, *Teoria geral das obrigações*, cit., p. 181-9; Compensação, in *Enciclopédia Saraiva do Direito*, v. 16, p. 323; Milton Sanseverino, A compensação e sua regulamentação legal, *Revista de Direito Imobiliário, Agrário e Empresarial*, *5*:163 e s., 1978; Laurentino Azevedo, *Da compensação*, São Paulo, 1920; Carbonnier, *Droit civil: les obligations*, Paris, PUF, 1969, v. 4, p. 482, n. 132; Clóvis Beviláqua, *Código Civil*, cit., v. 4, p. 162; Windscheid, *Diritto delle pandette*, v. 2, § 348; Serpa Lopes, *Curso*, cit., v. 2, p. 271; Planiol e Ripert, *Traité pratique de droit civil*, cit., v. 7, n. 1.280; Carlo T. di Castellazzo, Compensazione, in *Nuovo Digesto Italiano*, n. 4, p. 432-3; R. Limongi França, Compensação, in *Enciclopédia Saraiva do Direito*, v. 16, p. 329-30; Aubry e Rau, *Cours*, cit., v. 4, § 326; Sílvio de Salvo Venosa, *Direito civil*, cit., v. 2, p. 260-8; Antunes Varela, *Noções*, cit., v. 1, p. 395-9; M. Helena Diniz, *Curso*, cit., v. 2, p. 249-59; Roberto Senise Lisboa, *Manual*, cit., v. 2, p.

85-9; Paulo Luiz Netto Lôbo, *Direito das obrigações*, cit., p. 70-2; José Mauro da Rocha, Da compensação, *RDC, 1*:37; Arnoldo Wald, Da compensação legal nos negócios jurídicos bilaterais e da exceção do contrato não cumprido, *RDC, 67*:85; Judith Martins-Costa, *Comentários*, cit., n. 5, t. 1, p. 564-638; Euclides de Mesquita, *A compensação no direito civil brasileiro*, São Paulo, LEUD, 1975; Matiello, *Código Civil*, cit., p. 255 a 261; Carlos Alberto Bittar Filho e Márcia S. Bittar, *Novo Código*, cit., p. 182 a 184.

Compensação legal. A compensação legal é a decorrente de lei, independendo de convenção das partes e operando *pleno iure* mesmo que uma delas se oponha, desde que o interessado a alegue, como matéria de defesa, no prazo para contestar ou para embargar, extinguindo as obrigações recíprocas, liberando os devedores e retroagindo à data em que a situação fática se configurou (*RT, 745*:403, *739*:411, *682*:114, *607*:199, *278*:428, *453*:111, *202*:657, *247*:521, *677*:163 e *181*:375; *RF, 90*:189; *RJTJSP, 137*:69, *128*:45, *134*:59; *JB, 158*:126 e 252; *JTACSP, 131*:89, *124*:155; *RJ, 189*:84, *188*:96, *180*:97, *177*:92, *174*:148 e *128*:26). Apesar de operar *pleno iure*, o órgão judicante não poderá declará-la *ex officio*, pois, presentes os pressupostos legais, caberá sua arguição pelo interessado.

Reciprocidade de débitos. A compensação legal requer reciprocidade de dívidas, pois será preciso que duas pessoas sejam, concomitantemente, credora e devedora uma da outra.

Art. 369. A compensação efetuase entre dívidas líquidas, vencidas e de coisas fungíveis.

• Vide *Código Civil, arts. 85, 331 a 333, 370 e 372.*

Liquidez das dívidas. A compensação legal só se operará se houver liquidez das dívidas (*RT, 804*:246, *738*:368, *682*:114, *629*:152, *545*:216, *488*:224 e *418*:208), ou seja, certas quanto à existência e determinadas quanto ao objeto, pois não se poderá conceber compensação *ipso iure* sem que haja certeza quanto ao montante de um dos débitos. Se um dos débitos for ilíquido, somente será possível a compensação judicial, pois apenas o juiz terá poder para determinar sua liquidação (*RT, 686*:179, *677*:163, *492*:140 e *487*:137).

Exigibilidade atual das prestações. Para haver compensação legal necessário será, ainda, que as dívidas estejam vencidas (CC, arts. 331 a 333); caso contrário, privar-se-á o devedor do benefício do termo e ter-se-á injustificável antecipação do pagamento (*RT, 489*:157, *561*:163, *738*:368).

Fungibilidade dos débitos. Requer a compensação legal que as prestações sejam fungíveis (CC, art. 85; *RT, 631*:191), homogêneas entre si e da mesma natureza. Assim, dívidas de café, p. ex., só se compensarão com dívidas de café. Se alguém deve café a quem lhe deve dinheiro, as dívidas não se compensarão (*RT, 487*:137). Observa Caio Mário da Silva Pereira que há controvérsia relativamente às *obrigações de fazer* fungíveis, pois as infungíveis são reputadas, pela unanimidade da doutrina, incompensáveis. A posição majoritária, contudo, é no sentido de não admitir a compensação legal de obrigações de fazer, já que o dispositivo se refere à compensação de "coisas", o que excluiria outros gêneros de prestação.

Art. 370. Embora sejam do mesmo gênero as coisas fungíveis, objeto das duas prestações, não se compensarão, verificando-se que diferem na qualidade, quando especificada no contrato.

• *Código Civil, art. 85.*

Identidade de qualidade das dívidas. A compensação requer identidade de qualidade dos débitos, quando especificada em contrato, pois, se os objetos, embora da mesma espécie, forem de qualidade diversa, não se poderá compensar. Assim, não se poderá compensar o débito de vinho Bordéus do produtor X de tal data com uma dívida do mesmo vinho do produtor Y de outra data. Se a qualidade das prestações devidas não estiver consignada na avença, nenhum dos contratantes poderá impedir a compensação, sob a alegação de diversidade de qualidade.

Art. 371. O devedor somente pode compensar com o credor o que este lhe dever; mas o fiador pode compensar sua dívida com a de seu credor ao afiançado.

• Vide *Código Civil, arts. 376, 818 e s., 828, II, e 837.*

Exceção à exigência da reciprocidade de dívidas. O devedor somente poderá compensar com o credor o que este lhe dever, mas o fiador poderá compensar seu débito com o de seu credor ao afiançado. A lei possibilita tal compensação, sem o requisito da reciprocidade de dívidas, para evitar pagamentos simultâneos, considerando que o fiador é terceiro interessado. Se o fiador compensar seu débito com o que lhe deve o credor de seu afiançado, poderá exercer contra este o direito de regresso, cobrando-lhe o que por ele tiver pago (*RT, 607*:199, *622*:150).

Art. 372. Os prazos de favor, embora consagrados pelo uso geral, não obstam a compensação.

Prazos de favor e compensação. Os prazos de favor, concedidos obsequiosamente pelo credor, não poderão ser alegados pelo beneficiado para impedir a compensação de sua dívida com a de seu devedor; os prazos de favor não obstam a compensação. P. ex., se *A* concede a *B* uma prorrogação de prazo, seria injusto que este impedisse a compensação, exigindo o débito de *A* e utilizando-se desse prazo de favor para pagar depois a sua dívida. Assim sendo, se *A* tem um débito já vencido com *B*, e este lhe conceder um prazo maior para solvê-lo, nada impede que *B* possa compensar esse seu crédito com outra dívida vencida, que tem relativamente a *A*.

Art. 373. A diferença de causa nas dívidas não impede a compensação, exceto:

I — se provier de esbulho, furto ou roubo;

• *Código Penal, arts. 155 a 157, §§ 1º a 3º, e 161, § 1º, II.*

• *Código Civil, art. 1.210.*

II — se uma se originar de comodato, depósito ou alimentos;

• Vide *Código Civil, arts. 1.694 a 1.710, 579 a 585 e 627 a 652.*

III — se uma for de coisa não suscetível de penhora.

• *Código de Processo Civil, arts. 212, § 2º, 214, I, 528, § 8º, 535, IV, 646, 674, 794, 797 e parágrafo único, 799, I, 824 a 875, 913, 914, § 2º e 915.*

• *Código Civil, arts. 1.481, § 4º, 312 e 839.*

Diversidade de causa. Para a compensação não se exige a identidade de *causa debendi*. A diversidade ou diferença de causa não obsta a que se verifique a compensação, salvo se proveniente de esbulho, furto ou roubo, por serem condutas ilícitas; de comodato e depósito, por terem por fundamento a confiança existente entre os envolvidos e por base a posse precária, extinguindo-se com a devolução da coisa a quem de direito; de alimentos (*RT, 416*:167; *RJTJSP, 116*:326 e *123*:237), pois, se são imprescindíveis à subsistência do alimentando, a compensação dele retiraria os meios para a sobrevivência com dignidade; de coisa impenhorável, por ser inexigível. Possível será a compensação entre dívidas decorrentes de causa diversa. Por exemplo, poderá ocorrer que *A* deva a *B* quinhentos mil reais em razão de aquisição de obra de arte, e que *B* deva a *A* oitocentos mil reais em virtude de um empréstimo que este lhe fizera. Tais débitos poderão ser compensáveis (*EJSTJ*, 7:67).

Art. 374. (*A matéria da compensação, no que concerne às dívidas fiscais e parafiscais, é regida pelo disposto neste capítulo.*)

- *Revogado pela Lei n. 10.677, de 22 de maio de 2003.*
- *Súmulas 212, 213, 460 e 461 do Superior Tribunal de Justiça.*
- *Decreto n. 2.138/97 (compensação de créditos tributários).*
- *Código Tributário Nacional, arts. 156, II, 170 e 170-A (introduzido pela Lei Complementar n. 104/2001).*
- *Ato Declaratório Executivo 45/2008 sobre Taxa Selic de 1,07% aplicável em compensação de tributos federais.*

Compensação de débitos fiscais e parafiscais. À compensação de dívidas fiscais e parafiscais dever-se-iam, pelo revogado art. 374 (há quem ache que não o foi, visto que a Lei n. 10.677/2003 é inconstitucional, por não observância dos arts. 62, § 10, e 64, § 4º, da CF/88), aplicar os arts. 368 a 376 do Código Civil, e não mais o art. 170 da Lei n. 5.172, de 25 de outubro de 1966 (Código Tributário Nacional), que só a permitia em hipótese especial. Não mais se negava compensação se um débito fosse de natureza fiscal, quer da União, quer dos Estados, quer dos Municípios, se a lei a admitisse (*RT*, *779*:361). Outrora, desde as Ordenações Filipinas (Ord. Liv. IV, Tít. 78, § 5º) havia proibição dessa compensação porque a arrecadação fiscal se destina a custear serviços públicos, e ao particular não podia assistir o direito de lesar interesse público, invocando a compensação (*RT*, *431*:219 e *726*:232). Permitida está a compensação tributária convencional (Lei n. 9.430/96 e Decreto n. 2.138/97), decorrente de acordo entre contribuinte e Fazenda. A compensação tributária visa proporcionar o ressarcimento imediato do *quantum* que foi indevidamente pago ao cofre público, sem que o contribuinte tenha de fazer uso de ação de repetição do indébito. Pelo Enunciado n. 19 (aprovado na *Jornada de Direito Civil*, promovida, em setembro de 2002, pelo Centro de Estudos Judiciários do Conselho da Justiça Federal): "A matéria da compensação, no que concerne às dívidas fiscais e parafiscais de Estados, Distrito Federal e Municípios, não é regida pelo art. 374 do Código Civil". Além disso, em razão da Lei n. 10.677/2003, que revogou, no art. 1º, o art. 374 do Código Civil, não se aplicarão os arts. 368 a 376 desse diploma legal à compensação de dívidas fiscais e parafiscais. O direito à compensação tributária está, entendemos, regido pelo Código Tributário Nacional, arts. 156, II, 170 e 170-A, pelas Leis n. 8.383/91, art. 66, 9.250/95 e 9.430/96, e pelo Decreto n. 2.138/97 e pelas Instruções Normativas da SRF 210/2002 e 323/2003, quanto às peculiaridades da matéria fiscal, porém, no restante, disciplinar-se-á pelas normas do Código Civil (arts. 368 a 380), cuja incidência não poderá ser vedada, mesmo com a "revogação" do art. 374. A esse respeito observa, por sua vez, Mário Luiz Delgado que, como a compensação é uma só, não há necessidade de remeter a dos débitos fiscais para a lei especial, quando a Fazenda Pública for devedora, visto ser corolário do direito de propriedade. Por isso, a administração fazendária, continua ele, não poderá negar ao contribuinte-credor o seu direito à compensação do indébito tributário. Mário Luiz Delgado, ainda sustenta que, "mesmo após a revogação do art. 374, a compensação legal de tributos obedeceria e seria regida pelo Código Civil, uma vez que a simples revogação do dispositivo não implicaria a repristinação do art. 1.017 do Código Civil de 1916, definitivamente extirpado do nosso ordenamento jurídico. E por haver desaparecido a proibição constante do Código anterior, a outra conclusão não se há de chegar, senão a de que as normas gerais sobre a compensação, constantes da lei posterior (atual Código Civil), lei essa que regula completamente a matéria, revogando, pois, as anteriores no que com ela conflitarem, aplicar-se-ão, igualmente, às dívidas fiscais e parafiscais".

BIBLIOGRAFIA: Mário Luiz Delgado, Compensação de débitos tributários: regência pelo Código Civil mesmo depois da edição da MP n. 104/03, *Revista Jurídica Consulex*, n. 146; *Novo Código Civil*, cit., p. 339; Nelson Nery Junior, Compensação tributária e o Código Civil, in *Direito tributário e o novo Código Civil*, Betina T. Grupenmacher (coord.), São Paulo, Quartier Latin, 2004, p. 17 a 37; Daniel Peracchi, *A compensação no direito civil e tributário em Portugal e no Brasil*, Coimbra, Almedina, 2007.

Art. 375. Não haverá compensação quando as partes, por mútuo acordo, a excluírem, ou no caso de renúncia prévia de uma delas.

• Vide *Código Civil, arts. 385 a 388.*

Acordo entre as partes excluindo a compensação. Não haverá compensação legal se existir entre as partes convenção excluindo a possibilidade de compensação de seus débitos.

Renúncia prévia de uma das partes. Não haverá compensação se houver renúncia prévia ou antecipada de um dos devedores, seja ela tácita ou expressa. Essa *renúncia* antecipada será *tácita*, quando o devedor, apesar de ser credor de seu credor, solver espontaneamente o seu débito e *expressa*, quando houver uma declaração afastando a possibilidade de compensação.

Art. 376. Obrigando-se por terceiro uma pessoa, não pode compensar essa dívida com a que o credor dele lhe dever.

• Vide *Código Civil, arts. 436 a 439 e 371.*

Impossibilidade de compensação para a pessoa que se obriga por terceiro. Não haverá compensação legal em favor de pessoa (representante convencional ou mandatário) que se obriga por terceiro, que não poderá compensar essa dívida com a que o credor lhe dever, por não haver reciprocidade de obrigação, pois o mandante deve ao credor e o credor ao mandatário. P. ex.: *A*, procurador de *B*, cumprindo o mandato, compra de *C* uma casa para *B*, por R$ 500.000,00. Essa dívida é de *B* para com *C*. Mas, *A* e *C* efetivaram, entre si, um contrato de mútuo, pelo qual *A* passa a ser credor de *C*, por ter emprestado a ele a quantia de R$ 300.000,00. A dívida de *B* para com *C* e a de *C* para com *A* são insuscetíveis de compensação. Igualmente não se compensa a dívida do tutor ou do curador (representante legal) para com terceiro com a dívida deste em relação ao tutelado ou ao curatelado.

Observam Carlos Alberto Bittar Filho e Márcia S. Bittar que vedada está a compensação em estipulação em favor de terceiro.

Art. 377. O devedor que, notificado, nada opõe à cessão que o credor faz a terceiros dos seus direitos, não pode opor ao cessionário a compensação, que antes da cessão teria podido opor ao cedente. Se, porém, a cessão lhe não tiver sido notificada, poderá opor ao cessionário compensação do crédito que antes tinha contra o cedente.

• Vide *Código Civil, arts. 286 a 298.*

Compensação e cessão de crédito. O credor, ao ceder seu crédito, deverá notificar o devedor do fato. Se o devedor, notificado, não se opuser à cessão de crédito, não poderá levantar contra o cessionário a compensação que teria podido articular contra o cedente, porque não haverá prestações recíprocas. P. ex.: se *A* deve a *B* e *B* a *A*, as dívidas se compensarão. Se *A* ceder seu crédito a *C*, *B* deve se opor, cientificando *C* da exceção que iria opor ao cedente. Se silenciar, entender-se-á que renunciou à compensação. Desse modo, passará a ser devedor de *C*, apesar de continuar credor de *A*, porém, como seu crédito e débito não mais são recíprocos, não se operará a compensação. Se o devedor não for notificado da cessão de crédito, poderá opor ao cessionário a compensação do crédito que antes tinha contra o cedente. P. ex.: *A* deve a *B* e *B* é devedor de *A*. *A* é credor de *B*, e cede seu crédito a *C*. *B*, quando for demandado por *C*, por não ter sido notificado daquela cessão, que em relação a ele é *res inter alios*, poderá invocar a compensação do crédito cedido com o que tinha contra *A*, liberando-se da obrigação.

Art. 378. Quando as duas dívidas não são pagáveis no mesmo lugar, não se podem compensar sem dedução das despesas necessárias à operação.

• Vide *Código Civil, arts. 325 e 327 a 330.*

Dedução das despesas necessárias. Para haver compensação legal imprescindível será a dedução das despesas necessárias com o pagamento se as dívidas compensadas não forem pagáveis no mesmo lugar. Se um dos devedores tiver de fazer despesas para efetuar o pagamento do débito, com a remessa de dinheiro ou com o transporte de mercadoria, a compensação somente poderá ocorrer se essas despesas forem deduzidas. Tal se dá porque a compensação é relativa apenas aos débitos, devendo haver, para que ela ocorra, a dedução dos dispêndios feitos, necessariamente, para a efetivação de pagamento das obrigações em locais diversos. O desconto dessas despesas manterá a equivalência ou o equilíbrio entre as partes.

Art. 379. Sendo a mesma pessoa obrigada por várias dívidas compensáveis, serão observadas, no compensá-las, as regras estabelecidas quanto à imputação do pagamento.

• Vide *Código Civil, arts. 352 a 355.*

Compensação e normas sobre imputação do pagamento. Dever-se-á observar as normas sobre imputação do pagamento, havendo vários débitos compensáveis, indicando o devedor qual a dívida que pretende compensar. Se não fizer isso, a escolha caberá ao credor, constando na quitação o débito compensado.

Art. 380. Não se admite a compensação em prejuízo de direito de terceiro. O devedor que se torne credor do seu credor, depois de penhorado o crédito deste, não pode opor ao exequente a compensação, de que contra o próprio credor disporia.

• *Código de Processo Civil, arts. 855 e s.*

Ausência de prejuízo a terceiro. A compensação legal não poderá lesar direito ou interesse de terceiro.

Compensação e penhora. Não há permissão legal para compensação desde que tenha sido penhorado o crédito que o devedor adquirira contra seu credor, uma vez que após a penhora o devedor não poderá efetuar o pagamento ao credor, nem opor a compensação ao exequente, pois, como veio a adquirir, pela penhora, direito sobre os bens do devedor, se viesse a suportar a compensação, sofreria um prejuízo em seu direito. P. ex.: se *A* deve a *B* certa quantia e *A* vem, posteriormente, a adquirir um crédito de igual valor, figurando *B* como devedor, haverá compensação legal e extinção dos dois débitos. Mas se a dívida estiver penhorada a *C* (outro credor de *B*), a cessão obtida por *A* não terá o poder de provocar a compensação, protegendo *C*. O impedido de fazer a compensação terá direito de concorrer com o exequente na hipótese de vir a ser instaurado o concurso de credores.

CAPÍTULO VIII
DA CONFUSÃO

Art. 381. Extingue-se a obrigação, desde que na mesma pessoa se confundam as qualidades de credor e devedor.

• Vide *Código Civil, arts. 264 a 285 (sobre obrigação solidária) e 1.436, IV.*

• *Súmula 381 do Superior Tribunal de Justiça.*

Confusão. No direito obrigacional, é a aglutinação, em uma única pessoa e relativamente à mesma relação jurídica, das qualidades de credor e devedor, por ato *inter vivos* ou *causa mortis*, operando a extinção do crédito (*RT*, *883*:185, *660*:165, *183*:335, *104*:547; *RJ*, *169*:101 e *144*:72; TJRS, 7ª Câm. Cív., Ap. 70.018.205.542, rel. Luiz F. Brasil Santos; j. 11-4-2007; *JTA, 211*:205).

Pelo Enunciado n. 160 do Fórum Permanente dos Processualistas Civis: "A sentença que reconhece a extinção da obrigação pela confusão é de mérito".

BIBLIOGRAFIA: Solazzi, *L'estinzione della obbligazione*, Napoli, 1931, p. 258 e s.; Caio M. S. Pereira, *Instituições*, cit., v. 2, p. 231-4; Silvio Rodrigues, *Direito civil*, cit., v. 2, p. 305-8; Serpa Lopes, *Curso*, cit., v. 2, p. 336-42; De Page, *Traité*, cit., v. 3, Parte 2, n. 694; Colin e Capitant, *Cours élémentaire de droit civil*, cit., v. 2, n. 123; Baudry-Lacantinerie e Barde, *Traité théorique et pratique*, cit., v. 13, n. 1.897; Giorgi, *Teoria delle obbligazioni*, cit., v. 8, n. 105; Aubry e Rau, *Cours*, cit., v. 4, § 330; Colmo, *De las obligaciones en general*, cit., n. 851; Larenz, *Derecho de obligaciones*, cit., v. 1, p. 322; Trabucchi, *Istituzioni*, cit., n. 246; Clóvis Beviláqua, *Código Civil*, cit., obs. aos arts. 1.049 a 1.052, v. 4; Álvaro Villaça Azevedo, Confusão, in *Enciclopédia Saraiva do Direito*, v. 18, p. 156-8; *Teoria geral das obrigações*, cit., p. 206-11; Antunes Varela, *Noções fundamentais de direito civil*, Coimbra, 1945, v. 1, p. 4101; Pothier, Traité des obligations, in *Oeuvres*, cit., v. 2, n. 641; R. Limongi França, Manual, cit., v. 3, p. 156; Orlando Gomes, *Obrigações*, cit., p. 155-6; Weill, *Droit civil: les obligations*, Paris, Dalloz, 1971, p. 971; W. Barros Monteiro, *Curso*, cit., v. 4, p. 323-5; Hudelot e Metmann, *Des obligations*, cit., n. 600; M. Helena Diniz, *Curso*, cit., v. 2, p. 277-81; Roberto Senise Lisboa, *Manual*, cit., v. 2, p. 102-3; Paulo Luiz Netto Lôbo, *Direito das obrigações*, cit., p. 73; Judith Martins-Costa, *Comentários*, cit., v. 5, t. 1, p. 639-48; Pontes de Miranda, *Tratado de direito privado*, cit., v. 25, § 3.009, p. 44.

Art. 382. A confusão pode verificarse a respeito de toda a dívida, ou só de parte dela.

• *Código Civil, art. 1.436, § 2º.*

Confusão total ou própria. Ter-se-á confusão total se se realizar com relação a toda a dívida ou crédito.

Confusão parcial ou imprópria. A confusão será parcial se se efetivar apenas em relação a uma parte do débito ou crédito. P. ex.: se o credor não receber a totalidade da dívida, por não ser o único herdeiro do devedor ou por não lhe ter sido transferido integralmente o débito, ou se o devedor não for o único herdeiro do credor. No caso, p. ex., de *A* ser credor de seu filho *B* da soma de R$ 200.000,00 e ter outro filho, *C*, com a sua morte, ter-se-á confusão parcial, pois *B* teria de pagar à massa hereditária R$ 100.000,00, para que tal importância reverta em proveito de seu irmão *C*, a título de pagamento de sua quota na herança.

Art. 383. A confusão operada na pessoa do credor ou devedor solidário só extingue a obrigação até a concorrência da respectiva parte no crédito, ou na dívida, subsistindo quanto ao mais a solidariedade.

• *Código Civil, arts. 264 a 285.*

Confusão e solidariedade. A confusão operar-se-á parcialmente na pessoa do credor ou devedor solidário, pois só extinguirá a obrigação até a concorrência da respectiva quota no crédito ou na dívida. Com isso a solidariedade subsistirá quanto ao remanescente, de forma que os demais cocredores ou codevedores continuarão vinculados, deduzindo-se, obviamente, a parte alusiva ao cocredor ou codevedor na qual se operou a confusão. P. ex.: se "A", "B" e "C" são codevedores solidários de "D" pela quantia de R$ 900.000,00 e "B" falece, nomeando "D" seu único herdeiro, "A" e "C", então, terão responsabilidade solidária perante "D" pelo *quantum* de R$ 600.000,00.

Art. 384. Cessando a confusão, para logo se restabelece, com todos os seus acessórios, a obrigação anterior.

- *Código Civil, art. 92.*

Efeito da extinção da confusão. Com a cessação da confusão, por ser a situação transitória ou a relação jurídica ineficaz, ter-se-á a consequente restauração *in totum* da obrigação, ou seja, na íntegra e com todos os seus acessórios. P. ex.: se o devedor for instituído herdeiro testamentário de seu credor, ter-se-á confusão e extinção da obrigação, mas se posteriormente se der a declaração de nulidade do testamento, cessará a confusão, porque a união adveio de ato ineficaz, restaurando-se, então, a relação obrigacional retroativamente, com todos os seus acessórios, como se nunca tivesse havido confusão. Desse modo, devedor (ex-herdeiro) continuará a ser devedor do espólio com todos os seus acessórios (juros, garantias reais ou pessoais).

Com argúcia pondera Pontes de Miranda que, na verdade, não há "ressurreição de crédito", mas uma "pós-ineficacização da confusão".

Capítulo IX
Da Remissão das Dívidas

Art. 385. A remissão da dívida, aceita pelo devedor, extingue a obrigação, mas sem prejuízo de terceiro.

- *Código Civil, arts. 158 e 1.436, V.*
- *Código Tributário Nacional, art. 172.*

Conceito de remissão de dívidas. É o perdão da dívida pelo credor (remitente), dispondo do seu crédito, não mais podendo exigir o cumprimento da obrigação. A remissão de dívidas é, portanto, a liberação graciosa do devedor pelo credor, que voluntariamente abre mão de seus direitos de crédito, perdoando-os, com o objetivo de extinguir a relação obrigacional, mediante o consenso inequívoco, expresso ou tácito, do devedor, mas sem que haja qualquer dano a direitos de terceiro. Logo, o credor que deu em penhor seu crédito não poderá perdoá-lo se prejudicar o credor pignoratício (*RT*, *863*:76; TJRS, Ap. Cível 70.014.094-320, 20ª Câm. Cív., rel. Carlos C. Marchionatti, j. 26-1-2006; *RSTJ*, *83*:258).

BIBLIOGRAFIA: Serpa Lopes, *Curso*, cit., v. 2, p. 346-56; W. Barros Monteiro, *Curso*, cit., v. 4, p. 326-7; Orlando Gomes, *Obrigações*, cit., p. 152-4; Arlindo Bernart, Remissão da dívida-II, in *Enciclopédia Saraiva do Direito*, v. 64, p. 490-2; Clóvis Beviláqua, *Código Civil*, cit., obs. aos arts. 1.053 a 1.055, v. 4; Windscheid, *Diritto delle pandette*, cit., v. 2, § 357; Carlo T. di Castelazzo, Rimessione del debito, in *Nuovo Digesto Italiano*; Antunes Varela, *Noções fundamentais*, cit., v. 1, p. 412-4; Giorgi, *Teoria delle obbligazioni*, cit., v. 7, n. 310; Caio M. S. Pereira, *Instituições*, cit., v. 2, p. 246; R. Limongi

França, Pagamento por remissão, in *Enciclopédia Saraiva do Direito*, v. 56, p. 493; Trabucchi, *Istituzioni*, cit., n. 244; Larenz, *Derecho de obligaciones*, cit., p. 439; De Page, *Traité*, cit., n. 674; Von Tuhr, *Tratado de las obligaciones*, cit., p. 145; Orlando de Souza, Remissão de dívida-I, in *Enciclopédia Saraiva do Direito*, v. 64, p. 490; Hudelot e Metmann, *Des obligations*, cit., n. 568; Aubry e Rau, *Cours*, cit., v. 4, §§ 232 e 340; Giorgi, *Teoria delle obbligazioni*, cit., v. 7, n. 325 e 326; Carvalho Santos, *Código Civil brasileiro interpretado*, cit., v. 14, p. 167; Colin e Capitant, *Cours élémentaire*, cit., v. 2, n. 355; Carvalho de Mendonça, *Doutrina e prática*, cit., n. 411 e 416; M. Helena Diniz, *Curso*, cit., v. 2, p. 281-6; Antunes Varela, *Noções*, cit., v. 1, p. 412-4; Roberto Senise Lisboa, *Manual*, cit., v. 2, p. 104-5; Paulo Luiz Netto Lôbo, *Direito das obrigações*, cit., p. 74-6; Judith Martins-Costa, *Comentários*, cit., v. 5, t. 1, p. 649-65.

Art. 386. A devolução voluntária do título da obrigação, quando por escrito particular, prova desoneração do devedor e seus coobrigados, se o credor for capaz de alienar, e o devedor capaz de adquirir.

- *Código Civil, art. 324.*
- *Lei n. 5.172/66 (CTN), art. 172.*

Capacidade das partes. Ante a natureza contratual da remissão, a lei requer capacidade do remitente para alienar e do remido para consentir e adquirir.

Remissão tácita. A remissão será tácita se decorrer de caso previsto em lei, como o do artigo *sub examine*, pois se presume a vontade do credor de liberar o devedor. Deveras, quando houver devolução voluntária do instrumento particular pelo próprio credor ou seu representante, revelará a intenção de perdoar, o que provará a extinção da obrigação, equivalendo ao pagamento e à quitação do débito, por exonerar o devedor e seus coobrigados.

Art. 387. A restituição voluntária do objeto empenhado prova a renúncia do credor à garantia real, não a extinção da dívida.

- Vide *Código Civil, arts. 1.431, 1.435, IV, e 1.436, III e § 1º.*

Restituição voluntária do objeto empenhado. A restituição voluntária do objeto empenhado indica que houve renúncia à garantia real (penhor), mas não perdão da dívida. A remissão da obrigação principal atingirá a acessória, mas a da acessória não terá eficácia relativamente à principal. Logo a remissão do penhor, pela entrega espontânea do bem empenhado, não atingirá o débito, que de pignoratício passará a ser quirografário.

Art. 388. A remissão concedida a um dos codevedores extingue a dívida na parte a ele correspondente; de modo que, ainda reservando o credor a solidariedade contra os outros, já lhes não pode cobrar o débito sem dedução da parte remitida.

- Vide *Código Civil, arts. 277 e 282.*

Efeito de remissão concedida em benefício de codevedor solidário. Se vários forem os coobrigados solidários, a remissão concedida em benefício de um deles extinguirá o débito na quota a ele correspondente, conservando-se a solidariedade contra os demais, deduzida, porém, da parte perdoada. Trata-se da remissão *in personam*. A, B e C são devedores solidários de D de R$ 60.000,00. D perdoa o débito de A. Os demais codevedores B e C continuarão solidários pela quantia de R$ 40.000,00, abatendo-se a quota-parte de D (R$ 20.000,00), em razão do perdão recebido.

Título IV

Do Inadimplemento das Obrigações

Capítulo I

Disposições Gerais

Art. 389. Não cumprida a obrigação, responde o devedor por perdas e danos, mais juros, atualização monetária e honorários de advogado.

- *Redação dada pela Lei n. 14.905/2024.*

Parágrafo único. Na hipótese de o índice de atualização monetária não ter sido convencionado ou não estar previsto em lei específica, será aplicada a variação do Índice Nacional de Preços ao Consumidor Amplo (IPCA), apurado e divulgado pela Fundação Instituto Brasileiro de Geografia e Estatística (IBGE), ou do índice que vier a substituí-lo.

- *Acrescentado pela Lei n. 14.905/2024.*
- Vide *Código Civil, arts. 233, 234, 236, 255, 257, 316, 394, 395, 402 a 405, 408, 409, 419 e 475 a 477.*
- *O inadimplemento de obrigação relativa a ajuste salarial foi erigido em crime equiparado à sonegação fiscal pelo art. 10 do Decreto-Lei n. 15, de 29 de julho de 1966.*
- Vide *Súmulas 125 e 136 do Superior Tribunal de Justiça.*
- *Código de Processo Civil, arts. 82, § 2º, 84, 85, § 2º, I a III, §§ 8º e 9º e 86.*
- *Lei n. 9.099/95, art. 52, V.*
- *Lei n. 8.078/90, art. 84.*
- *Lei n. 8.906/94, arts. 22 a 26.*
- *Súmula 472 do Superior Tribunal de Justiça.*

Conceito de inadimplemento da obrigação. O inadimplemento da obrigação consiste na falta da prestação devida ou no descumprimento, voluntário ou involuntário, do dever jurídico por parte do devedor.

Inexecução voluntária. Ter-se-á inexecução voluntária quando o obrigado deixar de cumprir, dolosa ou culposamente, a prestação devida, sem a dirimente do caso fortuito ou força maior, devendo, por isso, responder pelas perdas e danos (*RT*, *802*:209, *712*:169, *695*:122, *493*:210, *435*:72, *451*:190, *491*:77, *443*:163, *444*:99, *458*:414 e *493*:196), mais juros e atualização monetária e honorários advocatícios (CPC, arts. 82, § 2º, 84, 85, § 2º, I a III, §§ 8º e 9º). O índice de atualização pode ser estipulado por convenção ou por lei, se não o for, aplicar-se-á a variação do IPCA, apurado e divulgado pelo IBGE, ou do índice que vier a substituí-lo. Já os honorários advocatícios apenas têm cabimento quando ocorrer a efetiva atuação profissional do advogado (Enunciado n. 161 do Conselho da Justiça Federal, aprovado na *III Jornada de Direito Civil*). Esses honorários não são, obviamente, os de sucumbência, mas os extrajudiciais, a serem pagos por quem contratou advogado para a defesa de seus direitos. Deveras, pelo Enunciado n. 426 do CJF, aprovado na *V Jornada de Direito Civil*: "Os honorários advocatícios previstos no art. 389 do Código Civil não se confundem com as verbas de sucumbência, que, por força do art. 23 da Lei n. 8.906/1994, pertencem ao advogado".

E o Enunciado n. 548 do CJF (aprovado na *VI Jornada de Direito Civil*) entendeu que: "Caracterizada a violação de dever contratual, incumbe ao devedor o ônus de demonstrar que o fato causador do dano não lhe pode ser imputado".

Modos de inadimplemento voluntário. Ter-se-á inadimplemento voluntário *absoluto* se a obrigação não foi cumprida, total ou parcialmente, nem poderá sê-lo, e *relativo* se a obrigação não foi cumprida no tempo, lugar e forma devidos, mas podendo sê-lo com proveito para o credor, hipótese em que se terá a mora (CC, arts. 394 a 401).

BIBLIOGRAFIA: Valverde y Valverde, *Tratado de derecho civil español*, v. 3, p. 83; Agostinho Alvim, *Da inexecução das obrigações e suas consequências*, São Paulo, Saraiva, 1980, p. 5-7; Silvio Rodrigues, *Direito civil*, cit., v. 2, p. 316; Orlando Gomes, *Obrigações*, cit., p. 173-6 e 183-8; Caio M. S. Pereira, *Instituições*, cit., v. 2, p. 281-91; Espínola, *Sistema do direito civil brasileiro*, cit., v. 2, p. 451, nota 255; W. Barros Monteiro, *Curso*, cit., v. 4, p. 329-30; Carvalho de Mendonça, *Doutrina e prática*, cit., n. 475 e 499; De Page, *Traité*, cit., v. 3, n. 93; Larenz, *Derecho de obligaciones*, cit., v. 1, p. 284; Lafaille, *Derecho civil*, cit., v. 1, n. 142; Hedemann, *Tratado de derecho civil*; derecho de obligaciones, p. 157; Giorgi, *Teoria delle obbligazioni*, cit., v. 2, n. 38; Chironi, *Colpa contrattuale*, 2. ed., 1897; Von Tuhr, *Tratado de las obligaciones*, cit., t. 2, p. 88; Serpa Lopes, *Curso*, cit., v. 2, p. 360-79; Esmein, Le fondement de la responsabilité contractuelle rapproché de la responsabilité délictuelle, *Revue Trimestrielle de Droit Civil*, p. 627, 1933; André Brun, *Rapports et domaines des responsabilités contractuelle et délictuelle*, Paris, 1931; Carnelutti, Sulla distinzione tra colpa contrattuale e estracontrattuale, *Rivista di Diritto Commerciale*, 2:743, 1912; De Page, *Traité*, cit., v. 3, p. 105; Baroncea, *Essai sur la faute et le fait du créancier*, Paris, 1930; Aguiar Dias, *Da responsabilidade civil*, Rio de Janeiro, Forense, 1960, v. 1, p. 101; M. Helena Diniz, *Curso*, cit., v. 2, p. 296-9, e v. 7, p. 156 e s.; Paulo Luiz Netto Lôbo, *Direito das obrigações*, cit., p. 77-106; Carlos Alberto Reis de Paula, Do inadimplemento das obrigações, in *O novo Código Civil*, cit., p. 360-78; Matiello, *Código Civil*, cit., p. 266; Jones F. Alves e Mário Luiz Delgado, *Código*, cit., p. 203; Judith Martins-Costa, *Comentários ao novo Código Civil* (Coord. Sálvio de Figueiredo Teixeira), Rio de Janeiro, Forense, 2009, v. V, t. II, p. 216-45.

Art. 390. Nas obrigações negativas o devedor é havido por inadimplente desde o dia em que executou o ato de que se devia abster.

- *Código Civil, arts. 250 e 251.*
- *Código de Processo Civil, arts. 814, 822, 823.*

Inexecução de obrigação de não fazer. Na obrigação negativa (*non faciendi*), o devedor se compromete a não realizar certo ato. O devedor, que se obrigar a não praticar dado ato, será tido como inadimplente a partir da data em que veio a executar, culposamente ato de que devia abster-se, violando o dever de *non facere*. Desse dia surgirão os efeitos (responsabilidade por perdas e danos, mora, desfazimento do ato, resolução contratual etc.) oriundos do descumprimento da obrigação de não fazer.

Art. 391. Pelo inadimplemento das obrigações respondem todos os bens do devedor.

- *Código Civil, arts. 1.707, 1.715, 1.848 e 1.911.*
- *Código de Processo Civil, arts. 789, 832 a 834.*
- *Lei n. 8.009/90.*
- *Decreto-Lei n. 167/67, art. 69.*

Responsabilidade patrimonial. Para Washington de Barros Monteiro, "a obrigação é a relação jurídica, de caráter transitório, estabelecida entre devedor e credor e cujo objeto consiste numa prestação pessoal econômica, positiva ou negativa, devida pelo primeiro ao segundo, garantindo-lhe o adimplemento através de seu patrimônio". O credor tem em razão do princípio da imputação civil dos danos à sua disposição, como garantia do adimplemento, o patrimônio do devedor; assim, embora a obrigação possa objetivar uma prestação pessoal do devedor, a execução por inadimplemento vem a atingir todos os seus bens, com exceção dos impenhoráveis por lei (CC, arts. 794 e 1.715 e CPC, art. 833). A essência da obrigação consiste em poder exigir do devedor a satisfação de um interesse econômico. É o direito de obter uma prestação do devedor inadimplente pela movimentação da máquina judiciária, indo buscar no seu patrimônio o *quantum* necessário à satisfação do crédito e à composição do dano causado.

Daí a grande importância, no direito moderno, desta responsabilidade patrimonial, a ponto de haver quem afirme que a obrigação é uma relação entre dois patrimônios, de forma que o caráter de vínculo entre duas pessoas, sem jamais desaparecer, vem perdendo, paulatinamente, sua importância e seus efeitos. A obrigação funda-se no fato de o devedor comprometer-se, p. ex., num contrato, a realizar uma prestação ao credor; essa autovinculação é expressão da responsabilidade patrimonial do promitente, nela descansando a confiança que o credor lhe tem.

BIBLIOGRAFIA: W. Barros Monteiro, *Curso*, cit., p. 8-11; Ferrara, *Diritto civile*, n. 79, p. 375; Larenz, *Derecho de obligaciones*, t. 1, p. 18; *Metodología de la ciencia del derecho*, Barcelona, Ed. Ariel, 1966, p. 375-6; Serpa Lopes, *Direito civil*, v. 2, p. 11; M. Helena Diniz, *Curso*, cit., v. 2, p. 33; Nelson Nery Jr. e Rosa Maria Andrade Nery, *Código Civil anotado e legislação extravagante*, São Paulo, Revista dos Tribunais, 2003, com. ao art. 391; Hugo Nigro Mazzilli e Wander Garcia, *Anotações*, cit., p. 111; Marcos Jorge Catalan, *Descumprimento contratual: modalidades, consequências e hipóteses de exclusão do dever de indenizar*, Curitiba, Juruá, 2005, p. 165; Judith Martins-Costa, *Comentários*, cit., p. 255-71.

Art. 392. Nos contratos benéficos, responde por simples culpa o contratante, a quem o contrato aproveite, e por dolo aquele a quem não favoreça. Nos contratos onerosos, responde cada uma das partes por culpa, salvo as exceções previstas em lei.

- *Código Civil, arts. 186, 234, 393, 394 a 401, 406, 407, 416, 418, 475, 476, 477, 582, 588, 589 e 667.*
- *Código de Processo Civil, arts. 82, § 2º, 84 a 91.*
- *Súmulas 145 e 163 do Superior Tribunal de Justiça.*

Responsabilidade civil no contrato benéfico. Se o contrato for gratuito ou benéfico (p. ex., comodato; transporte gratuito — *RSTJ*, *80*:344 e 346), responderá pelo inadimplemento culposo o contratante a quem o contrato aproveitar, e pelo doloso aquele a quem não favoreça. Assim sendo, só o dolo, relativamente àquele que não tira nenhum proveito (p. ex., comodante), poderá dar fundamento à responsabilidade pelas perdas e danos. Já o favorecido (p. ex., comodatário) responderá pelo ressarcimento dos danos que culposamente causar. Portanto, o grau do fator de imputação da responsabilidade varia conforme seja benéfico ou oneroso o contrato.

Responsabilidade civil no contrato oneroso. Se o contrato for oneroso (compra e venda, p. ex.), cada um dos contratantes responderá pela inexecução por culpa, a não ser que haja alguma exceção legal (p. ex., CC, arts. 393 (força maior, caso fortuito) e 927, parágrafo único) devendo indenizar o lesado, visto que ambos têm direitos e deveres recíprocos.

Art. 393. O devedor não responde pelos prejuízos resultantes de caso fortuito ou força maior, se expressamente não se houver por eles responsabilizado.

Parágrafo único. O caso fortuito ou de força maior verifica-se no fato necessário, cujos efeitos não era possível evitar ou impedir.

- Vide *Código Civil, arts. 394 a 400, 492, 582, 607, 642, 650 e 667.*
- *Lei n. 14.010/2020, art. 4º.*

Inexecução da obrigação por fato inimputável ao devedor. Está consagrado em nosso direito o princípio da exoneração do devedor pela impossibilidade de cumprir a obrigação sem culpa sua. O credor não terá qualquer direito a indenização pelos prejuízos decorrentes de força maior (*act of God*) ou de caso fortuito (*RT*, *818*:218, *817*:231, *816*:204 e 232, *814*:227, *810*:255, *807*:239, *804*:406, *789*:263, *785*:208, *726*:301, *679*:179, *642*:184, *696*:129, *444*:122, *493*:210, *491*:68 e 62, *448*:111, *451*:97 e *453*:92), por serem inevitáveis e incontroláveis.

Pelo Enunciado n. 443 da *V Jornada de Direito Civil*: "O caso fortuito e a força maior somente serão considerados excludentes da responsabilidade civil quando o fato gerador do dano não for conexo à atividade desenvolvida".

Exceções à irresponsabilidade por dano decorrente de força maior ou de caso fortuito. O credor terá direito de receber uma indenização por inexecução da obrigação por inimputável ao devedor se: *a*) as partes, expressamente, convencionaram a responsabilidade do devedor pelo cumprimento da obrigação, mesmo ocorrendo força maior ou caso fortuito; *b*) o devedor estiver em mora (CC, art. 395), devendo pagar os juros moratórios, respondendo, ainda, pela impossibilidade da prestação resultante de força maior ou caso fortuito ocorridos durante o atraso, salvo se provar que o dano ocorreria mesmo que a obrigação tivesse sido desempenhada oportunamente, ou demonstrar a isenção de culpa (CC, art. 399).

Requisito objetivo e subjetivo da força maior e do caso fortuito. O requisito objetivo da força maior ou do caso fortuito configura-se na inevitabilidade e incontrolabilidade do acontecimento, e o subjetivo, na ausência de culpa na produção do evento.

BIBLIOGRAFIA: André Tunc, Force majeure et absence de faute en matière contractuelle, *Revue Trimestrielle de Droit Civil*, p. 235, 1945; Arnoldo Medeiros da Fonseca, *Caso fortuito e teoria da imprevisão*, Rio de Janeiro, Forense, 1958, n. 68, 81, 89 e s.; Wigny, Responsabilité contractuelle et force majeure, *Revue Trimestrielle de Droit Civil*, p. 35, 1935; Giovanoli, *Force majeure et cas fortuit*, Genève, 1933; M. Helena Diniz, *Curso*, cit., v. 2, p. 288-90; Giovene, *Caso fortuito*, Napoli, 1896; Huc, *Commentaire théorique et pratique du Code Civil*, v. 7, n. 143; Clóvis Beviláqua, *Código Civil*, cit., v. 4, p. 216; Radouant, *Du cas fortuit et de la force majeure*, p. 200; R. Limongi França, Caso fortuito e força maior, in *Enciclopédia Saraiva do Direito*, v. 13, p. 475-9; José Cretella Jr., Caso fortuito, in *Enciclopédia Saraiva do Direito*, v. 13, p. 474-6; Mazeaud e Mazeaud, *Traité théorique et pratique de la responsabilité civile*, 2. ed., v. 2, § 1.540; Antônio Chaves, Caso fortuito e força maior, *Revista da Faculdade de Direito de São Paulo*, *61*(1):60, 1966; Aubry e Rau, *Cours*, cit., v. 4, p. 103; Carvalho de Mendonça, *Doutrina e prática*, cit., n. 462 e 465; Orlando Gomes, *Obrigações*, cit., p. 183-4 e 2256; Judith Martins-Costa, *Comentários*, cit., p. 284 a 322.

CAPÍTULO II
DA MORA

• *Código Civil, arts. 202, V, 249, 280, 304, 320, 327 a 333, 401, 405, 407, 408, 409, 411, 492, § 2º, 562, 582, 611, 613, 706, 763, 833 e 1.925.*

Art. 394. Considera-se em mora o devedor que não efetuar o pagamento e o credor que não quiser recebê-lo no tempo, lugar e forma que a lei ou a convenção estabelecer.

• Vide *Código Civil, arts. 320, 327 a 333, 396, 389 a 393, 396, 397 e 401.*

• Vide *Súmulas 54, 102, 369 e 380 do Superior Tribunal de Justiça.*

"Mora solvendi". Configurar-se-á a mora do devedor (*mora debendi* ou *solvendi*) quando este não cumprir, por culpa sua, a prestação devida na forma, tempo e lugar estipulados (*RT*, *478*:149, *597*:114; *BAASP*, *1.955*:46) em disposição legal ou contratual.

"Mora accipiendi". A *mora accipiendi*, *credendi* ou *creditoris* consistirá na injusta recusa do credor de aceitar o cumprimento da obrigação no tempo, lugar e forma que a lei ou a convenção estabelecer (*RT*, *150*:243, *484*:214, *487*:131, *491*:143 e *495*:48 e 218).

Dados jurisprudenciais alusivos à mora. Consulte: *RT*, *186*:112, *328*:469, *392*:260, *300*:169, *306*:558, *305*:855, *302*:157, *307*:628, *308*:203, *331*:352, *311*:327, *310*:495, *359*:344, *365*:128, *373*:74, *373*:271, *387*:317, *391*:257, *404*:226, *413*:240, *415*:183, *416*:208, *430*:64, *597*:114, *657*:84, *699*:74, *779*:368, *778*:214, *713*:179, *781*:225, *787*:313, *799*:241 e 255, *804*:180, *809*:215; *RJ*, *164*:152; *RJM*, *47*:93; *RTJ*, *94*:295, *100*:412 e *82*:512; *RJTJRS*, *74*:385 e *79*:446; *RJE*, *1*:105; *Ciência Jurídica*, *64*:55 e 84, *63*:77 e *61*:85; *RSTJ*, *101*:91, *102*:107 e 117, *105*:308, *109*:239; *EJSTJ*, *25*:156; *BAASP*, *2226*:207; *RF*, *222*:177, *111*:410.

BIBLIOGRAFIA: Agostinho Alvim, *Da inexecução das obrigações e suas consequências*, São Paulo, Saraiva, 1980, p. 10, 374-9; W. Barros Monteiro, *Curso*, cit., v. 4, p. 263-6; Serpa Lopes, *Curso*, cit., v. 2, p. 384-6; Ricci, *Corso teorico-pratico di diritto civile*, v. 6, n. 205; Carvalho de Mendonça, *Doutrina e prática*, cit., v. 2, p. 72; Giorgi, *Teoria*, cit., v. 2, n. 43 e 45; Lacerda de Almeida, *Obrigações*, cit., § 41; Orlando Gomes, *Obrigações*, cit., p. 202-3; Chironi, *Colpa contrattuale*, Torino, 1897, n. 325; R. Limongi França, Mora, in *Enciclopédia Saraiva do Direito*, v. 53, p. 240; Albert Comment, *De la demeure du débiteur dans les contrats bilatéraux*, Courtelary, 1924; Silvio Rodrigues, *Direito civil*, cit., v. 2, p. 316-9; Josserand, *Cours*, cit., v. 2, n. 621; Von Tuhr, *Tratado*, cit., v. 2, § 72, n. 2; M. Helena Diniz, *Curso*, cit., v. 2, p. 300-11; Marcos Inácio Araújo e Oliveira, Mora, *Ciência Jurídica*, *13*:22; Álvaro Villaça Azevedo, *Teoria geral das obrigações*, cit., p. 214-7; Jorge Joaquim Llambias, *Estudio sobre la mora en las obligaciones*, Buenos Aires, Abeledo-Perrot, 1965; Oswaldo e Silvia Optiz, *Mora no negócio jurídico*, 1984; Gema Díez-Picazo Gimenez, *La mora y la responsabilidad contractual*, 1996; José Ignacio Cano, *La mora*, 1978; Ugo Natoli e Lina B. Geri, *Mora accipiendi e mora debendi, Milano*, Giuffrè, 1975; Judith Martins-Costa, *Comentários*, cit., p. 323-50.

Art. 395. Responde o devedor pelos prejuízos a que sua mora der causa, mais juros, atualização dos valores monetários e honorários de advogado.

- *Alterado pela Lei n. 14.905/2024.*
- Vide *Código Civil, arts. 389 a 393, 402 a 405 e 406.*
- *Código de Processo Civil, arts. 82, § 2º, 84, 85 e parágrafos.*
- *Acréscimo de juros no caso de mora de débito fiscal* — Vide *art. 161 da Lei n. 5.172, de 25 de outubro de 1966 (Código Tributário Nacional).*
- *Lei n. 8.906/94, arts. 22 a 26: honorários advocatícios.*
- *Código de Defesa do Consumidor, art. 52.*

Parágrafo único. Se a prestação, devido à mora, se tornar inútil ao credor, este poderá enjeitá-la, e exigir a satisfação das perdas e danos.

- *Código Civil, arts. 402 a 405.*

Responsabilidade do devedor pelos prejuízos causados pela mora. A mora do devedor acarretará a sua responsabilidade pelos danos causados ao credor, mediante pagamento de juros moratórios legais ou convencionais, indenização do dano emergente e do lucro cessante, reembolso das despesas efetuadas em consequência da mora e satisfação da cláusula penal, havendo, ainda, atualização dos valores monetários segundo índices oficiais, apontados no art. 389, parágrafo único, do Código Civil, resultantes de aferição de fatores geradores da perda do valor da moeda, e pagamento de honorários advocatícios (CPC, arts. 82, § 2º, 84 e 85 e parágrafos). Consagrado está o princípio da *perpetuatio obligationis*.

Exigência da satisfação das perdas e danos. Ocorrendo a *mora solvendi*, o credor poderá exigir a satisfação das perdas e danos, rejeitando a prestação, se devido à mora ela se tornou inútil ou perdeu seu valor. P. ex.: *A* compra de *B* 1.000 sacas de café, para serem entregues em determinado dia, véspera da partida de um navio em que serão embarcadas para a Europa. Esse navio é o único apto a chegar no tempo certo ao porto de destino. Se *B* entregar a mercadoria após a partida do navio, *A* poderá rejeitá-la, porque se tornou inútil, reclamando ressarcimento dos prejuízos. O credor deverá provar a inutilidade da prestação em razão do retardamento de seu cumprimento. "A inutilidade da prestação que autoriza a recusa da prestação por parte do credor deverá ser aferida objetivamente, consoante o princípio da boa-fé e a manutenção do sinalagma, e não de acordo com o mero interesse subjetivo do credor" (Enunciado n. 162 do Conselho da Justiça Federal, aprovado na *III Jornada de Direito Civil*). Se demonstrada, operar-se-á a conversão da coisa devida no seu equivalente pecuniário, hipótese em que a mora se equiparará ao inadimplemento absoluto (*RT, 681*:197).

BIBLIOGRAFIA: Caio M. S. Pereira, *Instituições*, cit., v. 2, p. 269-70; Orlando Gomes, *Obrigações*, cit., p. 208; Carvalho Santos, *Código Civil brasileiro interpretado*, cit., v. 12, p. 323; De Page, *Traité*, cit., v. 3, 2ª parte, n. 83; Enneccerus, Kipp e Wolff, *Tratado*, cit., p. 267; Silvio Rodrigues, *Direito civil*, cit., v. 2, p. 321-2; Serpa Lopes, *Curso*, cit., v. 2, p. 390-1; R. Limongi França, Mora, cit., in *Enciclopédia Saraiva do Direito*, p. 241; Carvalho de Mendonça, *Doutrina e prática*, cit., n. 265; Agostinho Alvim, *Da inexecução*, cit., n. 39-51; Angel C. Montes, *La mora del deudor en los contratos bilaterales*, 1984; Matiello, *Código Civil*, cit., p. 268; Judith Martins-Costa, *Comentários*, cit., p. 350-72.

Art. 396. Não havendo fato ou omissão imputável ao devedor, não incorre este em mora.

- Vide *Código Civil, arts. 394, 203 e 280.*
- *Súmula 369 do Superior Tribunal de Justiça.*

Inexecução total ou parcial da obrigação por culpa do devedor. Para que se tenha a configuração da mora do devedor será preciso que o inadimplemento total ou parcial da obrigação decorra de fato ou de omissão imputável a ele (*RT, 763*:160, *218*:223, *186*:723 e *240*:273; *RJTJSP, 132*:134; *RSTJ, 151*:238). Os efeitos da mora requerem culpabilidade do devedor. Não haverá *mora solvendi* se o descumprimento da obrigação ocorreu em virtude de força maior ou caso fortuito, hipótese em que o credor não poderá reclamar qualquer indenização, embora possa, se quiser, optar pela rescisão contratual ou pelo cumprimento da prestação, se útil, ainda, lhe for. E, além disso, "a cobrança de encargos e parcelas indevidas ou abusivas impede a caracterização da mora do devedor" (Enunciado n. 354, do Conselho da Justiça Federal, aprovado na *IV Jornada de Direito Civil*).

Art. 397. O inadimplemento da obrigação, positiva e líquida, no seu termo, constitui de pleno direito em mora o devedor.

- Vide *Código Civil, arts. 127, 135, 331 a 333, 398, 405, 407, 408 e 1.925.*

Parágrafo único. Não havendo termo, a mora se constitui mediante interpelação judicial ou extrajudicial.

- *Código de Processo Civil, arts. 726 a 729.*
- *Súmula 76 do Superior Tribunal de Justiça.*
- *Código de Defesa do Consumidor, art. 52.*

"Mora ex re". Ter-se-á *mora ex re* ou mora automática se a mora do devedor decorrer de lei, resultando do próprio fato do descumprimento da obrigação, positiva e líquida com data determinada para o adimplemento, independendo de provocação do credor, ante a aplicação da regra *dies interpellat pro homine* (*RT*, *644*:125, *589*:142, *226*:179 e *228*:200; *RSTJ*, *159*:264), ou seja, o dia do vencimento ou o termo interpela em lugar do credor, pois a *lex* ou o *dies* assumirão o papel de intimação. Ter-se-á *mora ex re* nas obrigações positivas e líquidas, não cumpridas no seu termo, constituindo-se o devedor, imediatamente, em mora.

"Mora ex persona". Configurar-se-á a *mora ex persona* ou mora pendente se não houver estipulação de prazo ou termo certo para a execução da obrigação, sendo, então, imprescindível que o credor constitua o devedor em mora, cientificando-o formalmente de sua inadimplência, mediante: interpelação judicial ou extrajudicial (*RF*, *330*:296, *222*:177; *RT*, *699*:74, *463*:209, *483*:139, *467*:171, *471*:137, *491*:143, *433*:177, *438*:245, *483*:133, *613*:138 e *781*:225; *RJTJSP*, *128*:54; CPC, arts. 726 a 729) ou citação (CPC, arts. 59 e 240; *RTJ*, *100*:412; *RT*, *781*:225, *433*:177). Pelo Enunciado n. 427 do CJF, aprovado na *V Jornada de Direito Civil*: "É válida a notificação extrajudicial promovida em serviço de registro de títulos e documentos de circunscrição judiciária diversa da do domicílio do devedor". E pelo Enunciado n. 619 da *VIII Jornada de Direito Civil*: "A interpelação extrajudicial de que trata o parágrafo único do art. 397 do Código Civil admite meios eletrônicos como *e-mail* ou aplicativos de conversa *on-line*, desde que demonstrada a ciência inequívoca do interpelado, salvo disposição em contrário no contrato". A *mora ex persona* requer, portanto, a intervenção do credor na defesa de seu direito creditório, cientificando o devedor. Se o devedor cientificado quedar-se inerte, não cumprindo a prestação devida, os efeitos da mora produzir-se-ão.

BIBLIOGRAFIA: Serpa Lopes, *Curso*, cit., v. 2, p. 386-7; Ruggiero e Maroi, *Istituzioni*, cit., v. 2, § 131; W. Barros Monteiro, *Curso*, cit., v. 4, p. 263-4; Agostinho Alvim, *Da inexecução*, cit., n. 89-118; M. Helena Diniz, *Curso*, cit., v. 2, p. 302; Caio M. S. Pereira, *Instituições*, cit., v. 2, n. 173; Polacco, *Le obbligazioni*, cit., p. 527-8 e 537; Carvalho de Mendonça, *Doutrina e prática*, cit., v. 1, n. 260; Colin e Capitant, *Cours élémentaire*, cit., v. 2, n. 98; Orlando Gomes, *Obrigações*, cit., p. 204-5; Matiello, *Código Civil*, cit., p. 270; Judith Martins-Costa, *Comentários*, cit., p. 399 a 411; Flávio Tartuce, *Direito civil*, Forense, 2016, v. 2, p. 215.

Art. 398. Nas obrigações provenientes de ato ilícito, considera-se o devedor em mora, desde que o praticou.

- Vide *Código Civil, arts. 186 a 188, 395, 402 a 405 e 927.*
- Vide *Súmulas 54 e 186 do Superior Tribunal de Justiça.*

Mora do devedor na obrigação decorrente de ilícito. O devedor ficará em mora (*ex re*), nas obrigações oriundas de ato ilícito extracontratual, no momento em que o praticou, assumindo todos os riscos, independentemente de qualquer interpelação, respondendo pelas perdas e danos, juros moratórios, atualização monetária e honorários advocatícios (*RSTJ*, *104*:357).

Art. 399. O devedor em mora responde pela impossibilidade da prestação, embora essa impossibilidade resulte de caso fortuito ou de força maior, se estes ocorrerem durante o atraso; salvo se provar isenção de culpa, ou que o dano sobreviria ainda quando a obrigação fosse oportunamente desempenhada.

- Vide *Código Civil, arts. 393, 552, 562, 667, § 1º, e 862.*

"Mora solvendi" e impossibilidade da prestação sem culpa do devedor. Haverá responsabilidade do devedor moroso pela impossibilidade da prestação, mesmo decorrente de caso fortuito ou de força maior (*RT, 749*:392), se estes ocorrerem durante o atraso (*obligatio mora perpetuatur*), exceto se provar isenção de culpa ou que o dano sobreviria ainda que a obrigação tivesse sido cumprida oportunamente. P. ex.: se um raio destruir a casa do devedor moroso, onde se encontrava a coisa devida, nada acontecendo à casa do credor; nesse caso, se o objeto da dívida já estivesse em poder do credor, nada lhe teria sucedido. Entretanto, se o raio destruir as duas casas, a do devedor e a do credor, com todo o seu conteúdo, fica patente que o dano teria, de qualquer maneira, sobrevindo à coisa.

BIBLIOGRAFIA: Polacco, *L'obbligazione nel diritto civile italiano*, v. 1, p. 530; W. Barros Monteiro, *Curso*, cit., v. 4, p. 263; Levenhagen, *Código Civil*, cit., v. 4, p. 115; M. Helena Diniz, *Curso*, cit., v. 2, p. 304; Natoli e Geri, *Mora accipiendi e mora debendi*, Milano, Giuffrè, 1975; Judith Martins-Costa, *Comentários*, cit., p. 416-20.

Art. 400. A mora do credor subtrai o devedor isento de dolo à responsabilidade pela conservação da coisa, obriga o credor a ressarcir as despesas empregadas em conservála, e sujeita-o a recebê-la pela estimação mais favorável ao devedor, se o seu valor oscilar entre o dia estabelecido para o pagamento e o da sua efetivação.

• Vide *arts. 492, § 2º, 506, 611, 615, 629 e 753 do Código Civil.*

"Mora accipiendi" e liberação do devedor da responsabilidade pela conservação da coisa. Se, ante a mora do credor, a coisa vier a se deteriorar por negligência, imperícia ou imprudência do devedor, este nada deverá pagar a título de indenização, assumindo o credor todos os riscos.

Ressarcimento das despesas com a conservação da coisa recusada. Se o devedor, em caso de mora do credor, mantiver a coisa em seu poder, conservando-a, terá direito a reembolso das despesas que fez, desde que benfeitorias necessárias, ou seja, destinadas a conservar o bem, evitando sua deterioração (CC, art. 96, § 3º).

Dever de receber a coisa pela sua estimação mais favorável ao devedor. Estando o credor em mora, responsabilizar-se-á pelos prejuízos e terá de receber a coisa pela sua estimação mais favorável ao devedor, se o valor dela oscilar entre o dia estabelecido para o pagamento (vencimento) e o da sua efetivação. Logo, se, no dia da entrega efetiva do bem, o preço se elevar, deverá o credor moroso pagar de conformidade com a cotação mais elevada e não de acordo com o preço anteriormente avençado, mas, se o preço cair após a sua mora, pagará o do dia da mora, que é o convencionado, pois, se assim não fosse, o devedor teria prejuízo injusto e o credor moroso, proveito indevido.

BIBLIOGRAFIA: Sílvio Rodrigues, *Direito civil*, cit., v. 2, p. 323-4; Serpa Lopes, *Curso*, cit., v. 2, p. 391-2; R. Limongi França, Mora, cit., in *Enciclopédia Saraiva do Direito*, p. 242; Larenz, *Derecho de obligaciones*, cit., § 24; Caio M. S. Pereira, *Instituições*, cit., v. 2, p. 272; W. Barros Monteiro, *Curso*, cit., v. 4, p. 265; Windscheid, *Diritto delle Pandette*, v. 2, § 280; Scuto, *La mora del creditore*, cit., p. 163; Agostinho Alvim, *Da inexecução*, cit., n. 80-8; M. Helena Diniz, *Curso*, cit., v. 2, p. 306; Matiello, *Código Civil*, cit., p. 271; Judith Martins-Costa, *Comentários*, cit., p. 420-26.

Art. 401. Purga-se a mora:

• *Súmula 369 do Superior Tribunal de Justiça.*

I — por parte do devedor, oferecendo este a prestação mais a importância dos prejuízos decorrentes do dia da oferta;

- Vide *Código Civil, arts. 394, 396, 404 e 474.*
- *Súmula 122 do Supremo Tribunal Federal.*

II — por parte do credor, oferecendose este a receber o pagamento e sujeitando-se aos efeitos da mora até a mesma data.

- *Purgação de mora em débito hipotecário* — Vide *Decreto-Lei n. 70, de 21 de novembro de 1966, arts. 31, § 1º, 32, 34 e 37, § 3º.*
- *Em compromisso de compra e venda de imóveis, a mora pode ser purgada no prazo da interpelação prevista no Decreto-Lei n. 745, de 7 de agosto de 1969, e, para os terrenos loteados,* vide *arts. 32 e 33 da Lei n. 6.766, de 19 de dezembro de 1979.*
- *Lei n. 8.245, de 18 de outubro de 1991, art. 62, I, II, e parágrafo único.*
- *Lei n. 4.591/64, art. 63.*
- *Lei n. 4.864/65, art. 1º, VI.*
- *Decreto n. 59.666/66, art. 32, parágrafo único.*
- *Decreto-Lei n. 70/66, arts. 31, § 1º, 34 e 37.*
- *Lei n. 5.741/71, art. 8º (SFH).*
- Vide *Decreto-Lei n. 911/69, art. 3º, §§ 1º a 8º, e a Lei n. 9.514/97, art. 26, §§ 1º a 8º, sobre purgação da mora na alienação fiduciária, com a redação da Lei n. 10.931/2004.*
- *Lei n. 9.514/97, art. 26, §§ 6º e 7º.*

Purgação da mora. Purgação da mora (*emendatio morae*) é um ato espontâneo do contratante moroso, que visa remediar a situação a que deu causa, evitando os efeitos dela decorrentes, reconduzindo a obrigação à normalidade (*RT*, *785*:289, *784*:420, *681*:197, *665*:120, *649*:142, *459*:166, *481*:194, *434*:183, *487*:131, *466*:128, *469*:162, *458*:164, *448*:225, *438*:255, *491*:169 e 200 e *435*:223; *RJ*, *153*:72, *172*:102; *Adcoas*, n. 90.042, 1983; *JTJ*, *142*:45).

Purgação da "mora debitoris". Acata-se não só o princípio do *favor debitoris*, como também o da socialidade. Deveras, tendo-se em vista a função social do contrato não se poderia admitir situação que impossibilite ao devedor moroso o exercício do direito de purgar sua mora, afastando suas consequências jurídicas; logo, dever-se-á tolerar que venha a cumprir o pagamento. Ter-se-á emenda da *mora solvendi* quando o devedor oferecer a prestação devida mais a importância dos danos decorrentes do dia da oferta, ou seja, dos juros moratórios (*RT*, *665*:120).

Purgação da mora do credor. Se o credor moroso vier a se oferecer para receber a prestação, sujeitando-se aos efeitos da mora até a mesma data, concordando em pagar as despesas de conservação da *res debita*, ressarcindo o devedor da eventual variação do preço, ter-se-á a emenda da mora.

BIBLIOGRAFIA: Agostinho Alvim, *Da inexecução*, cit., n. 121-3 e 126; Carvalho de Mendonça, *Doutrina e prática*, cit., v. 1, n. 267; Silvio Rodrigues, *Direito civil*, cit., v. 2, p. 326-8; Caio M. S. Pereira, *Instituições*, cit., v. 2, p. 272-5; Serpa Lopes, *Curso*, cit., v. 2, p. 392; M. Helena Diniz, *Curso*, cit., v. 2, p. 310-1; Álvaro Villaça Azevedo, *Teoria geral das obrigações*, cit., p. 218; Judith Martins-Costa, *Comentários*, cit., p. 426-52.

CAPÍTULO III

DAS PERDAS E DANOS

- *Código de Processo Civil, arts. 79, 104, 129, 497, 499, 500, 536, 537, 555, I, 807, 809, 816, 821, parágrafo único e 823.*

- *Lei n. 7.347/85, art. 17; Lei n. 8.069/90, art. 218; Lei n. 8.078/90, arts. 18 a 20, 35, 84 e 87; Lei n. 8.245/91, arts. 33, 64, § 2º; Lei n. 8.630/93, art. 11; Lei Complementar n. 76/93, art. 2º; Lei n. 8.884/94, arts. 29, 54, § 9º, 62 e §§ 1º e 2º; Lei n. 8.955/94, art. 4º; Lei n. 9.099/95, art. 52, V; Lei n. 9.279/96, arts. 204 e 209; Lei n. 9.492/97, art. 15, § 2º; Lei n. 9.609/98, art. 14; Lei n. 9.610/98, arts. 32 e 107; Lei n. 9.611/98, art. 21; Decreto n. 2.740/98, arts. 21 e 23; Decreto n. 3.255/99, art. 4º; Lei n. 9.966/2000, art. 25; Decreto n. 4.136/2002, art. 54; Lei n. 12.529/2011, arts. 47 e 95 e §§ 1º e 2º; Lei n. 12.815/2013, art. 26.*
- *Súmulas 412 e 562 do Supremo Tribunal Federal.*
- *Súmula 143 do Superior Tribunal de Justiça.*

Art. 402. Salvo as exceções expressamente previstas em lei, as perdas e danos devidas ao credor abrangem, além do que ele efetivamente perdeu, o que razoavelmente deixou de lucrar.

- Vide *Código Civil, arts. 186, 234, 236, 247, 251, 255, 389 a 393, 407, 408, 410, 416, 475 e 927.*
- Vide *Súmulas 412 e 562 do Supremo Tribunal Federal.*
- *Código de Processo Civil, arts. 82, § 2º, 84 a 90 e 500.*

Perdas e danos. Seriam as perdas e danos o equivalente do prejuízo patrimonial suportado pelo credor em virtude de o devedor não ter cumprido, total ou parcialmente, absoluta ou relativamente, a obrigação, expressando-se numa soma de dinheiro correspondente ao desequilíbrio sofrido pelo lesado (*RT*, *446*:91, *454*:219, *464*:172 e *174*, *394*:302, *492*:229, *433*:259, *613*:138, *724*:318; *RJTJSP*, *137*:771; *RF*, *224*:124; *RSTJ*, *78*:263; *Ciência Jurídica*, *29*:97, *31*:267, *42*:122; *JTJ*, *268*:160).

Pelo Enunciado n. 658 da *IX Jornada de Direito Civil*: "As perdas e danos indenizáveis, na forma dos arts. 402 e 927, do Código Civil, pressupõem prática de atividade lícita, sendo inviável o ressarcimento pela interrupção de atividade contrária ao Direito".

Dano emergente e lucro cessante. Para conceder a indenização de perdas e danos, o juiz deverá considerar se houve: *dano positivo* ou *emergente*, que consiste num déficit real no patrimônio do credor, e *dano negativo* ou *lucro cessante*, relativo à privação de um ganho pelo credor, ou seja, o lucro que ele, *razoavelmente*, deixou de auferir em razão de descumprimento da obrigação pelo devedor (*RT*, *613*:138, *434*:163 e *494*:133; *BAASP*, *1.856*:85). O art. 402 acata o *princípio da razoabilidade* para quantificar o lucro cessante, visto que, se certeza e atualidade são requisitos para que o dano seja indenizável, apenas se poderá considerar, para fins indenizatórios, o que razoavelmente se deixou de lucrar. Observa Judith Martins-Costa que a lei "ao aludir ao que o lesado 'razoavelmente deixou de lucrar' seria équo considerar — tal qual ocorre no dano pré-contratual — as expectativas ilegitimamente frustradas, tais quais as decorrentes da perda de uma chance". A *perda da chance* é indenizável, ante a *certeza* da existência da *chance* perdida pelo lesado por ato culposo, comissivo ou omissivo, do lesante, impedindo sua verificação.

BIBLIOGRAFIA: Yussef Said Cahali, Dano, in *Enciclopédia Saraiva do Direito*, v. 22, p. 204-10; M. Helena Diniz, *Curso*, cit., v. 7, p. 46-155, e v. 2, p. 316-9; Giorgi, *Teoria delle obbligazioni*, cit., v. 2, p. 137, n. 95; Agostinho Alvim, *Da inexecução*, cit., n. 140 a 154; Chironi, *Colpa contrattuale*, cit., n. 249 e 418; Polacco, *L'obbligazione nel diritto civile italiano*, v. 1, n. 126; Larenz, *Derecho de obligaciones*, cit.,

n. 193; Consolo, *Il risarcimento del danno*, Milano, 1908, n. 1 e 26; Fischer, *Los daños civiles y su reparación*, Madrid, 1928; Giusiana, *Il concetto del danno giuridico*, Milano, 1944, n. 15; Orlando Gomes, *Obrigações*, cit., p. 188-9; Tircier, *Contribution à l'étude du tort moral et de sa réparation en droit civil suisse*, 1971; Von Tuhr, *Tratado de las obligaciones*, cit., t. 2, p. 85; Pereira Coelho, *O nexo de causalidade na responsabilidade civil*, Coimbra, 1950, n. 104; Orgaz, *El daño resarcible*, Buenos Aires, 1952; Álvaro Villaça Azevedo, *Teoria geral das obrigações*, cit., p. 224-30; Mário Luiz Delgado, *Novo Código Civil*, cit., p. 362; Tepedino e outros, *Código*, cit., v. 1, p. 727; Carlos Alberto Bittar Filho e Márcia S. Bittar, *Novo Código*, cit., p. 192; Judith Martins-Costa, *Comentários*, cit., p. 453-96; Rafael Peteffi da Silva, *Responsabilidade civil pela perda de uma chance*, São Paulo, Atlas, 2007; Patrice Jourdain, Perte d'une chance: une nouvelle forme d'abus de l'utilisation de la notion pour réparer un préjudice certain, *Revue Trimestrielle di Droit Civil*, 1994, p. 110.

Art. 403. Ainda que a inexecução resulte de dolo do devedor, as perdas e danos só incluem os prejuízos efetivos e os lucros cessantes por efeito dela direto e imediato, sem prejuízo do disposto na lei processual.

- *Código de Processo Civil, arts. 79 a 81, 497, 520, 536, 555, I, 772, II, 774, 776, 807, 809, 816, 821 e 823.*

Impossibilidade de indenização por dano eventual. A lei só admite indenização de perdas e danos decorrentes da inexecução dolosa da obrigação pelo devedor quando direta e imediata, sem prejuízo do disposto na lei processual. Logo serão insuscetíveis de indenização prejuízo eventual ou potencial (*JTJ, 144*:32). A obrigação indenizatória liga-se, portanto, ao dano efetivo e ao lucro cessante, oriundos, diretamente, do inadimplemento obrigacional. Adotada está a doutrina da causalidade direta e imediata, afastando-se o dano remoto. Há quem ache, como Yussef Cahali, Wilson Melo da Silva e Orlando Gomes, que o artigo *sub examine* também é aplicável à responsabilidade extracontratual, inclusive na objetiva.

Art. 404. As perdas e danos, nas obrigações de pagamento em dinheiro, serão pagas com atualização monetária, juros, custas e honorários de advogado, sem prejuízo da pena convencional.

- *Alterado pela Lei n. 14.905/2024.*

Parágrafo único. Provado que os juros da mora não cobrem o prejuízo, e não havendo pena convencional, pode o juiz conceder ao credor indenização suplementar.

- Vide *arts. 406 a 416, 396 e 389 do Código Civil.*
- *O art. 3º do Decreto n. 22.785, de 31 de maio de 1933, que dispunha sobre os juros de mora devidos pela Fazenda Pública, foi expressamente revogado pela Lei n. 4.414, de 24 de setembro de 1964, determinando que a Fazenda Pública responda pelos juros moratórios na forma do direito civil.*
- Vide *Código de Processo Civil, arts. 82, § 2º, 84, 85 e parágrafos, e 322, § 1º.*
- *Lei n. 8.906/94, arts. 22 a 26.*
- *Lei n. 6.899/81 e Decreto n. 86.649/81.*
- *Lei n. 5.670/71.*

Perdas e danos e obrigação pecuniária. Se a obrigação não cumprida consistir em pagamento de quantia em dinheiro, a estimativa do dano emergente ou positivo, devidamente atualizada, juros moratórios (CC, arts. 405 a 407) e custas processuais (verbas de sucumbência e honorários advocatícios, havendo efetiva atuação profissional do advogado, conforme preceitua o Enunciado n. 161 do Conselho da Justiça Federal, aprovado na *III Jornada de Direito Civil*), sem prejuízo da pena convencional, fixada pelas partes, apesar de ser prefixação das perdas e danos.

Indenização suplementar. Se se comprovar que os juros da mora não cobrem as perdas e danos, não havendo estipulação de cláusula penal, o órgão judicante poderá, mesmo sem pedido na exordinal, conceder, por equidade, ao credor uma indenização suplementar que, tendo natureza reparatória, abranja todo o prejuízo por ele sofrido em razão do inadimplemento da obrigação pecuniária pelo devedor. Para as demais obrigações, cujo objeto não seja dinheiro, aplicar-se-á o art. 416, parágrafo único, do Código Civil.

Art. 405. Contam-se os juros de mora desde a citação inicial.

- Vide *Súmulas 163 e 255 do Supremo Tribunal Federal.*
- *Súmulas 54, 188, 204 e 426 do Superior Tribunal de Justiça.*
- *Código de Processo Civil, arts. 59, 240, 292, 322, 435, 437, § 1º, 831, 836, 837, 844 e 845.*
- *Código Civil, arts. 390, 394 a 398, 406, 407, 670, 677, 1.762.*

Momento da fluência dos juros moratórios. O *dies a quo* para a contagem dos juros é o da citação inicial para a causa (*AJ*, *112*:261, *117*:468; TJSP, Ap. c/ rev. 915.361.000, rel. Norival Oliva, j. 15-10-2007; *JTJ*, *303*:338; STJ, 3ª T., REsp 675. 244-AgRg, rel. Min. Sidnei Beneti, j. 26-8-2008), ainda que ordenada por juiz incompetente, salvo contra a Fazenda Pública (STF, Súmula 163). Isto é assim porque, uma vez citado, haverá conhecimento do devedor da ação proposta pelo credor para receber a prestação devida. Esta norma só será aplicável em caso de *obrigação ilíquida*, cuja liquidação se faz por sentença judicial, de *obrigação sem termo de vencimento*, que requer notificação, interpelação, protesto ou citação do devedor para sua constituição em mora e de *obrigação oriunda de ilícito extracontratual gerador de responsabilidade objetiva* (STJ, 3ª T., REsp 56.731, rel. Min. Carlos Alberto Menezes, j. 3.12.96). Por força de normas específicas, nas obrigações positivas e líquidas, os juros moratórios computar-se-ão a partir do vencimento do termo (CC, art. 397), e nas obrigações decorrentes de ato ilícito, que acarreta responsabilidade extracontratual subjetiva, tais juros deverão ser contados desde o instante em que se praticou aquele ato (CC, art. 398). Há entendimento de que: a) "A regra do art. 405 do novo Código Civil aplica-se somente à responsabilidade contratual, e não aos juros moratórios na responsabilidade extracontratual, em face do disposto no art. 398 do novo CC, não afastando, pois, o disposto na Súmula 54 do STJ" (Enunciado n. 163 do Conselho da Justiça Federal, aprovado na *III Jornada de Direito Civil*). b) "Os juros de mora, nas obrigações negociais, fluem a partir do advento do termo da prestação, estando a incidência do disposto no art. 405 da codificação limitada às hipóteses em que a citação representa o papel de notificação do devedor ou àquelas em que o objeto da prestação não tem liquidez" (Enunciado n. 428 do CJF, aprovado na *V Jornada de Direito Civil*). Se a obrigação for de outra natureza que não dinheiro, os juros moratórios começarão a fluir desde que a sentença judicial, arbitramento ou acordo entre as partes lhes fixe o valor pecuniário. Relativamente à letra de câmbio, os juros serão devidos desde o protesto, ou, na falta deste, desde a propositura da ação (Decreto n. 22.626, art. 1º, § 3º; *RT*, *283*:628; *RF*, *179*:268).

Capítulo IV
Dos Juros Legais

- *Código de Processo Civil, art. 322, § 1º.*
- *Lei n. 8.078/90, arts. 42 e 52; Decreto n. 980/93, art. 14 (esse artigo foi revogado pelo Decreto n. 5.704/2006, que posteriormente sofreu revogação pelo Decreto n. 6.054/2007); Lei n. 9.069/95, arts. 38 e 40; Lei n. 9.317/96 (já revogada pela Lei Complementar n. 123/2006),*

arts. 15 e 19; Lei n. 9.393/96, arts. 7º, 9º e 13; Lei n. 9.430/96, arts. 43 e 61; Decreto n. 2.181/97, art. 13; Lei n. 9.494/97, art. 1º, f; Lei n. 9.514/97, art. 26; Decreto n. 4.544/2002 (ora revogado pelo Decreto n. 7.212/2010), arts. 469, 471 e 472; Decreto n. 2.705/98, art. 30; Lei n. 9.782/99, art. 24; Lei n. 9.781/99, art. 6º; Decreto n. 3.142/99 (ora revogado pelo Decreto n. 6.003/2006), arts. 4º, 15 e 16; Lei n. 9.961/2000, art. 21; Lei n. 9.964/2000, arts. 2º e 7º; Decreto n. 3.431/2000, art. 5º; Decreto n. 3.800/2001, art. 27 (ora revogado pelo Decreto n. 5.906/2006); Decreto n. 3.803/2001, arts. 3º e 7º; Lei n. 12.529/2011, art. 25.

- *Súmulas 8, 12, 14, 36, 54, 67, 70, 102, 131, 148, 188, 204 e 382 do Superior Tribunal de Justiça.*

Art. 406. Quando não forem convencionados, ou quando o forem sem taxa estipulada, ou quando provierem de determinação da lei, os juros serão fixados de acordo com a taxa legal.

- *Redação dada pela Lei n. 14.905/2024.*

§ 1º A taxa legal corresponderá à taxa referencial do Sistema Especial de Liquidação e de Custódia (Selic), deduzido o índice de atualização monetária de que trata o parágrafo único do art. 389 deste Código.

§ 2º A metodologia de cálculo da taxa legal e sua forma de aplicação serão definidas pelo Conselho Monetário Nacional e divulgadas pelo Banco Central do Brasil.

§ 3º Caso a taxa legal apresente resultado negativo, este será considerado igual a 0 (zero) para efeito de cálculo dos juros no período de referência.

- *Acrescentados pela Lei n. 14.905/2024.*
- *Código Civil, art. 389, parágrafo único.*
- Vide *Lei n. 14.905/2024, art. 4º.*
- Vide *art. 192, § 3º, da Constituição Federal de 1988, sobre taxa de juros, e a alteração feita a esse artigo pela Emenda Constitucional n. 40/2003, que revoga o § 3º.*
- *Súmula vinculante 7: "a norma do § 3º do art. 192 da Constituição, revogada pela Emenda Constitucional n. 40/2003, que limitava a taxa de juros reais a 12% ao ano, tinha sua aplicação condicionada à edição de lei complementar".*
- Vide *Decreto n. 22.626, de 7 de janeiro de 1933 (Lei da Usura), que dispõe sobre os juros dos contratos, modificado pelo Decreto-Lei n. 182, de 5 de janeiro de 1938, sendo que seus arts. 1º, 2º, 4º e 5º encontram-se revogados.*
- Vide *Lei n. 1.521, de 26 de dezembro de 1951, art. 4º, sobre crime contra a economia popular.*
- *A Lei n. 4.414, de 24 de setembro de 1964, dispõe que a Fazenda Pública responde por juros moratórios na forma do direito civil.*
- *Taxa de juros moratórios em matéria tributária* — Vide *art. 161, § 1º, da Lei n. 5.172, de 25 de outubro de 1966 (Código Tributário Nacional).*
- *Sobre não incidência de Imposto de Renda sobre os juros de mora: STJ, 2ª T., REsp 1037-452-SC, rel. Eliana Calmon, j. 10-6-2008.*
- *Lei n. 4.591/64, art. 63, § 8º.*
- *Decreto-Lei n. 3.365/41, arts. 15-A e 15-B.*
- *Leis n. 8.981/95, art. 84, I, 9.065/95, art. 13, e 9.250/95, art. 16.*
- *Lei n. 8.078/90, art. 52, § 1º.*
- *Sobre correção monetária,* vide *Decreto-Lei n. 3.365, de 21 de junho de 1941, art. 26; Leis n. 4.380, de 21 de agosto de 1964, art. 5º; 4.591, de 16 de dezembro de 1964, art. 63, § 9º; 5.660, de 2 de julho de 1971; 6.423, de 17 de junho de 1977; 6.649, de 16 de maio de 1979, arts. 15, 19, § 2º, e 30, ora revogada pela Lei n. 8.245/91; 6.899, de 8 de abril*

de 1981; Decreto n. 86.649, de 25 de novembro de 1981; Lei n. 6.969/81, art. 6º, e Lei n. 9.069/95, arts. 19 a 22, 24, 27, 28, 44 e 47.

- Vide *Lei n. 7.089/83, art. 1º (proíbe a cobrança de juros moratórios sobre título vencido em feriado, sábado e domingo).*
- Vide *Súmulas 163, 618 e 648 do Supremo Tribunal Federal.*
- *Superior Tribunal de Justiça, Súmulas 8, 14, 16, 29, 30, 35 a 37, 43, 54, 67, 70, 102, 131, 148, 160, 162, 176, 179, 188, 204, 249, 379 e 382.*
- *Código Civil, arts. 394, 395, 405, 552, 591 e 706.*
- *Circular n. 3.587, de 26 de março de 2012, do BACEN, aprova o novo Regulamento do Sistema Especial de Liquidação e de Custódia (Selic).*
- *Circular n. 3.610, de 26 de setembro de 2012, altera o Regulamento do Sistema Especial de Liquidação e de Custódia (Selic), aprovado pela Circular n. 3.587, de 26 de março de 2012.*
- *"Tendo início a mora do devedor ainda na vigência do Código Civil de 1916, são devidos juros de mora de 6% ao ano, até 10 de janeiro de 2003; a partir de 11 de janeiro de 2003 (data de entrada em vigor do novo Código Civil), passa a incidir o art. 406 do Código Civil de 2002" (Enunciado n. 164 do Conselho da Justiça Federal, aprovado na III Jornada de Direito Civil).*
- *Súmula 14 da Advocacia Geral da União.*
- *Súmula CARF 4: A partir de 1º de abril de 1995, os juros moratórios incidentes sobre débitos tributários administrados pela Secretaria da Receita Federal são devidos, no período de inadimplência, à taxa referencial do Sistema Especial de Liquidação e Custódia — Selic para títulos federais.*
- *Circular n. 3.593/2012 que divulgou o novo Regulamento do COPOM.*

Juros moratórios legais. Se as partes não convencionarem os juros moratórios ou os estipularem sem determinação da taxa, serão eles sempre devidos, na taxa legal, estipulada pelo CMN e divulgada pelo Banco Central. O Banco Central do Brasil disponibilizará aplicação interativa, de acesso público, que permitirá simular o uso da taxa de juros legal estabelecida no art. 406 do Código Civil, em situações do cotidiano financeiro (art. 4º da Lei n. 14.905/2024). Se tal taxa apresentar resultado negativo, este será considerado igual a 0 (zero) para efeitos de cálculo dos juros no período de referência (*RT*, *692*:172, *686*:157, *197*:530, *350*:671, *313*:616, *317*:411, *318*:478, *320*:134 e *323*:129; *RF*, *139*:563 e *281*:531; *RDA*, *79*:547 e *152*:257; *EJSTJ*, *14*:80; *RSTJ*, *96*:223, *95*:317; *RJTJSP*, *73*:76; 2ª TACSP, Ap. c/ Rev. 658.822-00/7, j. 28-5-2003, rel. Juiz Irineu Pedrotti). Essa taxa é a Selic (Sistema Especial de Liquidação e Custódia — Lei n. 14.905/2024), deduzida do índice de atualização monetária de que trata o parágrafo único do art. 389 do Código Civil. Tem entendido o STJ (REsp 464.640/PR, *DJU*, 30-6-2003, p. 201; REsp 297.943/SP, *DJU*, 9-6-2003, p. 209) que "a taxa Selic é composta de taxa de juros e taxa de correção monetária, não podendo ser cumulada com qualquer outro índice de correção". Mário Luiz Delgado defende a aplicação da Selic, visto que "os juros moratórios de 0,5% ao mês sempre foram apontados como causa de morosidade da Justiça, por constituir estímulo decisivo a que as partes, já condenadas ou sem possibilidade de êxito nas respectivas demandas, viessem a adiar o pagamento de seus débitos. Com o aumento dos juros de mora para a taxa Selic, o devedor em mora, certamente, haverá de priorizar o pagamento". Para Fábio Ulhoa Coelho, os juros legais incidentes nas obrigações de direito privado também são os da taxa Selic, desde o mês seguinte ao do vencimento até o anterior ao da execução tardia, acrescidos de 1% referente a este último mês (Lei n. 8.981/95, art. 84, I e §§ 1º e 2º). Esclarece-nos, ainda, que está proibida a capitalização dos juros legais consectários, calculados com base na lei. Enquanto não houver, diz ele, preceito autorizando incidência de juros sobre juros na mora dos impostos federais, os juros legais nas relações privadas também não poderão ser capitalizados. Todavia, pelo Enunciado n. 20 (aprovado na *Jornada de Direito Civil*, promovida, em setembro de 2002, pelo Centro de Estudos Judiciários do

DIREITO DAS OBRIGAÇÕES

Conselho da Justiça Federal): "A taxa de juros moratórios a que se refere o art. 406 é a do art. 161, § 1º, do Código Tributário Nacional, ou seja, 1% (um por cento) ao mês. A utilização da taxa média Selic (TMS) como índice de apuração dos juros legais não é juridicamente segura, porque impede o prévio conhecimento dos juros; não é operacional, porque seu uso será inviável sempre que se calcularem somente juros ou somente correção monetária; é incompatível com a regra do art. 591 do novo Código Civil, que permite apenas a capitalização anual dos juros, e pode ser incompatível com o art. 192, § 3º (ora revogado) da Constituição Federal, se resultarem juros reais superiores a 12% (doze por cento) ao ano" (no mesmo sentido: TJRS, Ag. 70007258098, j. 29-10-2003, rel. Des. Henrique O. P. Roenick; *RT*, *834*:348).

Juros convencionais e juros devidos por força legal. Os juros moratórios convencionais são os estipulados pelas partes, pelo atraso no cumprimento da obrigação, até 12% anuais (Decreto n. 22.626/33; CF, art. 192, § 3º ora revogado). Mas, se as partes os estipularem, sem, contudo, fixar a taxa, serão tais juros conformes a taxa que estiver em vigor para a mora de pagamento de impostos devidos à Fazenda Nacional. O mesmo se diga relativamente aos juros devidos por força de lei. Hodiernamente, essa taxa é a Selic, que tem sido, como bem observa Renan Lotufo, "inquinada, em decisões do STJ, como sendo ora conotação de juros moratórios, ora de remuneratórios bem como de correção monetária" (Leis n. 8.981/95, art. 84, I, 9.065/95, art. 13, e 9.250/95).

Apesar de não haver prejuízo ao conteúdo desta interpretação e ao do Enunciado n. 20 do Conselho de Justiça Federal, será necessário lembrar que o art. 192 da Constituição Federal sofreu alteração pela Emenda Constitucional n. 40/2003, que revogou seus incisos e parágrafos, inclusive o § 3º que limitava os juros em 12% ao ano. O art. 192 da CF/88 passa a ter a seguinte redação: "O sistema financeiro nacional, estruturado de forma a promover o desenvolvimento do País e a servir aos interesses da coletividade, em todas as partes que o compõem, abrangendo as cooperativas de crédito, será regulado por leis complementares que disporão inclusive sobre a participação do capital estrangeiro nas instituições que o integram". Há, por isso, tendência doutrinária, como assevera Leonidas Cabral Albuquerque, em firmar a interpretação do art. 406 do Código Civil "no sentido de que os juros legais moratórios, quando não estiverem pactuados ou quando não houver taxa expressamente estipulada, serão de 1% ao mês; tal taxa também é válida para, nos contratos de mútuo civil, limitar os juros remuneratórios e compensatórios (art. 591 do novo CC) em 12% ao ano. Importante ressaltar, por fim, que: a) os juros moratórios são livremente pactuados, mas limitados a 1% ao mês quando sua incidência for decorrente de lei ou da ausência de previsão ou de definição (taxa) entre os sujeitos contratantes; b) os juros remuneratórios ou compensatórios nos contratos de mútuo civil estão limitados a 12% ao ano, com capitalização anual; c) os juros moratórios previstos na legislação especial não sofrem qualquer alteração em face do novo Código Civil, nem os decorrentes de relações negociais onde vigore o princípio da liberdade contratual; d) como corolário da conclusão acima, o novo Código não revoga, por exemplo, os juros moratórios de 1% ao ano, previstos nos Decretos-Leis n. 167/67 e 413/69 e Lei n. 6.840/80, respectivamente para operações de crédito rural, industrial e comercial; e e) os juros moratórios, remuneratórios ou compensatórios, no seio do Sistema Financeiro Nacional, permanecem submetidos ao regime da Lei n. 4.595, de 1964, com a livre pactuação da taxa de juros moratória e remuneratória ou compensatória nas operações bancárias e financeiras". Mário Luiz Delgado observa que o art. 406 visa "desestimular a rolagem temerária de dívidas, evitando que seja mais vantajoso ao devedor adiar o pagamento de suas dívidas por anos a fio no judiciário, com juros de mora de 0,5% ou 1% ao mês". O percentual que melhor se adapta aos fins da norma é o da taxa Selic, continua esse autor, por submeter credor e devedor a um parâmetro sancionatório próximo ao praticado para remuneração no mercado financeiro. Logo, o percentual de 1% do CTN seria insuficiente, por isso o art. 406 não define o percentual, prescrevendo que a taxa deveria ser a cobrada pela Fazenda Nacional, que não irá exigir juros módicos, estimulando o inadimplemento.

A posição do STJ, a que acatamos, vem sendo mais favorável, não havendo convenção entre as partes, à aplicação do art. 161, § 1º, do CTN, entendendo que a taxa de juros moratórios sobre tributos devidos à Fazenda Nacional é de 1% ao mês e não a taxa Selic (atualizada pelo Copom), que tem natureza híbrida, constituindo ora índice de atualização monetária, ora de juros compensatórios (STJ, 2ª T., REsp 413.799/RS, rel. Min. Franciulli Netto, j. 8-10-2002; REsp 356.147/AL, rel. Min. Franciulli Netto, j. 11-3-2003). Mas o STJ, em decisão recente (REsp 710.385 — RJ — 2004/0176778-9, rel. Denise Arruda, j. 14-12-2006), passou a acatar a aplicação da Selic.

A taxa Selic para títulos federais é estipulada esporadicamente pela Coordenadoria Geral de Arrecadação e Cobrança por meio de Atos Declaratórios Executivos.

A taxa Selic, que era de 12,5%, passou a ser, por decisão do Comitê de Política Monetária (Copom) do BACEN, 12%. E já se noticiou que poderá haver quatro altas de 0,5% cada uma, elevando a taxa Selic para 13,25% (*Safra Report — Boletim, 130*:1). E os efeitos da crise internacional de crédito no Brasil levaram o Copom a manter a taxa básica de juros inalterada em 13,75% ao ano e, em janeiro de 2009, o Copom resolveu baixar tal taxa para 12,75%, e, recentemente, pelo Ato Declaratório Executivo n. 54/2011, "a taxa de juros equivalente à taxa referencial do Sistema Especial de Liquidação e de Custódia (Selic) para títulos federais, relativa ao mês de julho de 2011, aplicável na cobrança, restituição ou compensação de tributos federais, a partir do mês de agosto de 2011, é de 0,97%". Na data do fechamento desta edição, pelo COPOM, a taxa básica de juros, Selic, é de 10,50% a.a.

E, recentemente, pelo STJ, Súmula 382: "A estipulação de juros remuneratórios superiores a 12% ao ano, por si só, não indica abusividade".

Convém lembrar que, pelo Enunciado n. 164 da *III Jornada de Direito Civil*: "Tendo início a mora do devedor ainda na vigência do Código Civil de 1916, são devidos juros de mora de 6% ao ano, até 10 de janeiro de 2003; a partir de 11 de janeiro de 2003 (data da entrada em vigor do novo CC), passa a incidir o art. 406 do CC/2002".

BIBLIOGRAFIA: Clóvis Beviláqua, *Código Civil*, cit., v. 4, p. 219; Álvaro Villaça Azevedo, Juros, in *Enciclopédia Saraiva do Direito*, v. 47, p. 214-5; e *Teoria geral das obrigações*, cit., p. 233-7; Paulo Carneiro Maia, Juros moratórios, in *Enciclopédia Saraiva do Direito*, v. 47, p. 218-24; W. Barros Monteiro, *Curso*, cit., v. 4, p. 339; M. Helena Diniz, *Curso*, cit., v. 2, p. 308-10; Renan Lotufo, *Código Civil*, cit., n. 2, p. 466; Leonidas C. Albuquerque, Considerações sobre os juros legais no novo Código Civil, *Síntese*, 77:8-10, 2003; Luiz Antonio Scavone Jr., *Juros no direito brasileiro*, São Paulo, Revista dos Tribunais, 2003; Rogério de Menezes Fialho Moreira, A nova disciplina dos juros de mora: aspectos polêmicos, in *Novo Código Civil: questões controvertidas* (coord. Mário Luiz Delgado e Jones Figueirêdo Alves), São Paulo, Método, 2003, p. 269-84; José Eduardo Loureiro, Os juros no novo Código Civil, *Revista do Instituto dos Advogados de São Paulo*, *11*:94-105; Mário Luiz Delgado, *Problemas de direito intertemporal no Código Civil*, São Paulo, Saraiva, 2004, p. 114-5; Francisco José G. Costa, A taxa de juros no novo Código Civil, *Jornal Síntese*, n. 88, p. 3-5; Fábio Ulhoa Coelho, *Curso de direito civil*, São Paulo, Saraiva, 2004, v. 2, p. 184; Betina Treiger Grupenmacher, A taxa Selic e os juros de mora no novo Código Civil, in *Direito tributário e o novo Código Civil*, B. T. Grupenmacher (coord.), São Paulo, Quartier Latin, 2004, p. 121-42; Judith Martins-Costa, *Comentários*, cit., p. 566-603; O regime dos juros no novo direito privado brasileiro, *Ajuris 105*:237; André Zanetti Baptista, *Juros, taxas* e *capitalização*, São Paulo, Saraiva, 2008.

Art. 407. Ainda que se não alegue prejuízo, é obrigado o devedor aos juros da mora que se contarão assim às dívidas em dinheiro, como às prestações de outra natureza, uma vez que lhes esteja fixado o valor pecuniário por sentença judicial, arbitramento, ou acordo entre as partes.

• Vide *art. 124 e parágrafo único da Lei de Falências.*

- *Código de Processo Civil, arts. 59 e 240, §§ 1º e 2º.*
- Vide *arts. 206, § 3º, III, 394 a 401, 404, 405, 552, 677, 869 e 1.762 do Código Civil.*
- Vide *Súmulas 54 do Superior Tribunal de Justiça e 163 do Supremo Tribunal Federal.*
- *Não correm juros contra entidade previdenciária em liquidação* — Vide *art. 66, IV, da Lei n. 6.435, de 15 de julho de 1977.*
- Vide *Lei n. 7.089, de 23 de março de 1983, que veda a cobrança de juros de mora sobre título cujo vencimento se dê em feriado, sábado ou domingo.*
- *Lei Complementar n. 109/2001, art. 49, IV.*
- *Lei n. 11.101/2005, art. 124.*

Efeitos dos juros moratórios. Havendo mora, ter-se-ão os seguintes efeitos: *a*) os juros moratórios serão devidos independentemente da alegação de prejuízo, decorrendo da própria mora (*RT*, *784*:305, *283*:628 e *435*:119; *AJ*, *112*:261 e *117*:468; *RF*, *179*:268); *b*) os juros moratórios deverão ser pagos, seja qual for a natureza da prestação, pecuniária ou não. Se o débito não for pagamento em dinheiro, contar-se-ão os juros sobre a estimação atribuída ao objeto da prestação por sentença judicial, arbitramento ou acordo entre as partes.

CAPÍTULO V
DA CLÁUSULA PENAL

- *Lei n. 9.615/98, arts. 28 e 30; Decreto n. 2.574/98, arts. 30 e 45; e Lei n. 10.220/2001, art. 2º (desporto profissional).*
- *Súmula 616 do Supremo Tribunal Federal.*

Art. 408. Incorre de pleno direito o devedor na cláusula penal, desde que, culposamente, deixe de cumprir a obrigação ou se constitua em mora.

- *Decreto n. 22.626/33, art. 9º.*
- *Decreto-Lei n. 58/37, art. 11,* f, *e Decreto n. 3.079/38, art. 11,* f *(compromisso de compra e venda).*
- *Lei n. 4.728/65, art. 66, § 1º,* c, *que foi revogado pela Lei n. 10.931/2004; e Decreto-Lei n. 911/69, art. 2º, § 1º (alienação fiduciária).*
- *Lei n. 6.766/79, art. 26, V (parcelamento do solo urbano).*
- *Lei n. 7.565/86, art. 149, I (alienação fiduciária em garantia de aeronave).*
- *Lei n. 9.615/98, arts. 28, 30, 33 e 57 (sendo que estes últimos foram revogados pela Lei n. 12.395/2011).*
- *Decreto n. 1.110/94, art. 5º (contrato para aquisição de bens e serviços).*
- *Lei n. 8.880/94, art. 15, § 4º (aquisição e produção de bens).*
- Vide *arts. 389, 396, 397, 414 e 415 do Código Civil.*
- *Durante liquidação extrajudicial de entidade previdenciária particular, não há exigência de cláusulas que estabeleçam pena* — Vide *art. 66, III, da Lei n. 6.435, de 15 de julho de 1977.*
- *Lei Complementar n. 109/2001, art. 49, III.*
- *As cláusulas penais dos contratos unilaterais não serão atendidas se as obrigações neles estipuladas se vencerem em virtude de falência* (vide *art. 83, § 3º, da Lei n. 11.101/2005 — Lei de Falências).*
- *Lei n. 9.615/98, art. 28.*

Cláusula penal. A cláusula penal ou pena convencional é um pacto acessório pelo qual as próprias partes contratantes estipulam, de antemão, pena pecuniária ou não contra a parte infringente da obrigação, como consequência de sua inexecução culposa ou de seu retardamento, fixando, assim, o valor das perdas e danos e garantindo o exato cumprimento da obrigação principal (*RT*, *795*:257, *785*:197, *761*:227, *725*:370, *587*:142, *524*:173, *505*:224, *543*:161, *304*:250 e 525, *208*:268, *226*:377, *228*:447, *235*:234, *239*:266 e *172*:138; *RF*, *329*:301, *146*:254 e *120*:18; *AJ*, *10*:1144; *Adcoas*, n. 78.630 e 77.991, 1981; *JB*, *158*:250, *150*:312 e *166*:256; *EJSTJ*, *3*:69; STF, Súmula 616; *RSTJ*, *82*:236; *BAASP*, *2226*:205).

Condicionalidade da cláusula penal. A cláusula penal possui a característica da condicionalidade, já que o dever de pagar a pena convencional está subordinado a um evento futuro e incerto: o inadimplemento culposo, total ou parcial, da prestação ou o cumprimento tardio da obrigação, por força de fato imputável ao devedor (*RT*, *468*:221).

"Dies interpellat pro homine". Vencido o termo estipulado contratualmente para o adimplemento da obrigação, sem que o devedor a cumpra, este incorrerá de *pleno iure* na cláusula penal *dies interpellat pro homine*. Se não houver prazo convencionado, necessário se tornará a interpelação para constituir o obrigado em mora. Mas, se houver cobrança de encargos e parcelas indevidas ou abusivas, não se terá a caracterização da mora do devedor (Enunciado n. 354 do Conselho da Justiça Federal, aprovado na *IV Jornada de Direito Civil*.

BIBLIOGRAFIA: Darcy Arruda Miranda, *Anotações*, cit., v. 2, p. 326; Tito Fulgêncio, *Manual*, cit., v. 10, n. 417-22; Levenhagen, *Código Civil*, cit., v. 4, p. 78; M. Helena Diniz, *Curso*, cit., v. 2, p. 323; Nelson Rosenvald, *Cláusula penal*, Rio de Janeiro, Lumen Juris, 2007; Judith Martins-Costa, *Comentários*, cit., p. 606-35; Chistiano Cassettari, *multa contratual — teoria e prática*, São Paulo, Revista dos Tribunais, 2009.

Art. 409. A cláusula penal estipulada conjuntamente com a obrigação, ou em ato posterior, pode referir-se à inexecução completa da obrigação, à de alguma cláusula especial ou simplesmente à mora.

- *Código Civil, arts. 397, 399, 408, 410, 412, 421 e 422.*

Acessoriedade da cláusula penal. A cláusula penal é contrato acessório, estipulado, em regra, conjuntamente com a obrigação principal, embora nada obste que seja convencionado em apartado, em ato posterior, antes, porém, do inadimplemento da obrigação principal.

Pena convencional compensatória. Ter-se-á a pena convencional compensatória se estipulada para a hipótese de total inadimplemento da obrigação e para garantir a execução de alguma cláusula especial do título obrigacional.

Pena convencional moratória. Será moratória a pena convencional se convencionada para o caso de simples mora.

Jurisprudência atinente às modalidades de cláusula penal. Consulte: *RT*, *257*:91, *206*:217, *203*:221, *106*:76, *255*:316, *316*:506, *142*:624, *149*:681, *432*:196, 777:408, *785*:197, *795*:257, *803*:320; *RF*, *329*:301, *88*:147; *Revista de Direito*, *110*:310.

BIBLIOGRAFIA: Orlando Gomes, *Obrigações*, cit., p. 192; Caio M. S. Pereira, *Instituições*, cit., v. 4, p. 128; Clóvis Beviláqua, *Código Civil*, cit., v. 4, p. 53; W. Barros Monteiro, *Curso*, cit., v. 4, p. 196; R. Limongi França, *Teoria e prática da cláusula penal*, São Paulo, 1988, Cláusula penal, in *Enciclopédia Saraiva do Direito*, v. 15, p. 116, e *Raízes e dogmática da cláusula penal*, São Paulo, 1987; Aída Kemelmajer de Carlucci, *La cláusula penal*, Buenos Aires, Depalma, 1981, p. 17; Jorge Mosset Iturraspe, *Medios com-*

pulsorios en derecho privado, Buenos Aires, Ediar, 1978, p. 73 e s.; Michel Trimarchi, *La clausola penale*, Milano, Giuffrè, 1954; Savigny, *Le droit des obligations*, Paris, 1873, t. 2, p. 79; Lobato, *La cláusula penal en el derecho español*, Pamplona, 1974; Roca Satre e Puig Brutau, La cláusula penal en las obligaciones contractuales, in *Estudios de derecho privado*, Madrid, 1948; Jorge Americano, Cláusula penal, *RT*, *146*:503; Biccocca, *La pena convenzionale*, Milano, 1900; Colombo, Multas civiles y multas penales, *La Ley*, Buenos Aires, t. 14, 1939; Continentino, *Da cláusula penal no direito civil brasileiro*, São Paulo, Saraiva, 1926; Renato A. Gomes de Souza, Multa contratual em empréstimos de dinheiro a juros, *RT*, *610*:46, 1986; Andrea Magazzu, Clausola penale, in *Enciclopedia del Diritto*, Milano, Giuffrè, 1960, t. 7, p. 186 e s., nota 6; Fábio Maria de Mattia, Cláusula penal pura e cláusula penal não pura, *RT*, *383*:35-56; Jorge Peirano Facio, *La cláusula penal*, Montevideo, 1947, n. 74-6; Hugueney, *L'idée de peine privée en droit contemporain*, Paris, 1904; M. Helena Diniz, *Curso*, cit., v. 2, p. 320-7; James Cox, Penal clauses and liquidated damages: a comparative survey, *Tulane Law Review*, 33 (1):190, dez. 1958; Sílvio de Salvo Venosa, *Direito civil*, cit., v. 2, p. 147-54; Carlos Alberto Bittar, *Direito das obrigações*, cit., p. 175-80; Paulo Luiz Netto Lôbo, *Direito das obrigações*, cit., p. 98-101; A. Marini, *La clausola penale*, 1984; Denis Mazeaud, *La notion de clause pénale*, 1997; António Pinto Monteiro, *Cláusula penal e indemnização*, Coimbra, Almedina, 1990; Judith Martins-Costa, *Comentários*, cit., p. 635-55.

Art. 410. Quando se estipular a cláusula penal para o caso de total inadimplemento da obrigação, esta converter-se-á em alternativa a benefício do credor.

• *Código Civil, arts. 389, 394, 402, 408, 411, 412 e 416.*

Efeito da cláusula penal compensatória na hipótese de total descumprimento da obrigação. Se se estipular uma cláusula penal para o caso de total inadimplemento da obrigação, o credor poderá, ao recorrer às vias judiciais, optar livremente entre a exigência da pena convencional e o adimplemento da obrigação, visto que a cláusula penal se converterá em alternativa em seu benefício (*RT*, *310*:160, *304*:311, *278*:270, *239*:440, *154*:772, *803*:320; *Revista de Direito*, *90*:146; *Minas Forense*, *20*:17). Com isso, vedado estará acumular o recebimento da multa e o cumprimento da prestação (*AJ*, *107*:386). E, ainda, se havendo inadimplemento total da obrigação, lhe parecer exígua a multa, nada obsta que dela abra mão e venha a cobrar indenização por perdas e danos (CC, art. 389) como se a cláusula penal inexistisse. Pelo art. 410 pode optar entre pelo que lhe for mais conveniente: a multa ou a indenização pelas perdas e danos.

Art. 411. Quando se estipular a cláusula penal para o caso de mora, ou em segurança especial de outra cláusula determinada, terá o credor o arbítrio de exigir a satisfação da pena cominada, juntamente com o desempenho da obrigação principal.

• Vide *Código Civil, arts. 394 a 401 e 404.*

Consequência da pena convencional compensatória para garantia de cláusula especial. Se a pena convencional visar a garantia da execução de alguma cláusula especial do título obrigacional, possibilitará ao credor o direito de reclamar a satisfação da pena ou multa cominada juntamente com o desempenho da obrigação principal (*RT*, *143*:187).

Efeito da pena convencional moratória. Se convencionada a cláusula penal para o caso de mora, ao credor assistirá o direito de demandar cumulativamente a pena convencional e a prestação principal (*RF*, *111*:375).

Subsídio jurisprudencial. Consulte: *RT*, *376*:269 e *243*:509.

BIBLIOGRAFIA: Atilio A. Alterini, *Mora, enriquecimento sin causa, responsabilidad*, Buenos Aires, Abeledo--Perrot, 1971; Saul Litvinoff, Cláusulas relativas a la exclusión y a la limitación de responsabilidad,

Revista de la Asociación de Derecho Comparado, 1:97, 1977; Judith Martins-Costa, *Comentários*, cit., p. 664-67.

Art. 412. O valor da cominação imposta na cláusula penal não pode exceder o da obrigação principal.

- Vide *Decreto n. 22.626, de 7 de abril de 1933 (Lei de Usura), arts. 9º e 10.*
- *Decreto-Lei n. 58/37, art. 11,* f; *Lei n. 6.766/71, art. 26, V.*
- *Lei n. 4.591/64, art. 12, § 3º.*
- *Decreto-Lei n. 70/66, art. 34, I; Decreto-Lei n. 167/67, art. 71; Decreto-Lei n. 413/69, art. 58.*
- *Lei n. 6.313/75, art. 3º c/c o Decreto-Lei n. 413/69, art. 58.*
- Vide *Código Civil, arts. 409, 413, 421, 422 e 1.040, III.*
- Vide *Consolidação das Leis do Trabalho, art. 624.*
- *Lei n. 8.078/90, art. 52, § 1º.*

Limite máximo do valor da cominação. A cláusula penal representa uma pré-estimativa das perdas e danos que deverão ser pagos pelo devedor no caso de descumprimento do contrato principal. Os contratantes serão livres para estabelecê-la, porém tal autonomia não é ilimitada, pois, legalmente, o valor da cominação imposta na cláusula penal não poderá exceder o da obrigação principal. Este é seu limite máximo. Entretanto, reduz o valor de sua cominação, dentre outros, o Decreto n. 22.626/33, preceituando, no art. 9º, a invalidade de cláusula penal superior à importância de 10% do valor da dívida.

Dados jurisprudenciais. Consulte: *Adcoas*, n. 80.374, 80.404, 81.249, 76.569, 1981, e 91.203, 1983; *RTJ*, *10*:359; *RT*, *785*:197, *725*:370, *23*:33, *58*:385, *295*:244, *302*:186, *323*:320, *316*:506, *387*:170, *420*:220, *428*:256, *433*:236, *435*:162, *441*:226, *460*:228, *571*:139, *507*:93, *564*:172 e *589*:142; *EJSTJ*, *12*:55; *BAASP*, *1.940*:1; *RSTJ*, *106*:260; STJ, REsp 687.285/SP, rel. Min. Nancy Andrighi, 3ª T., j. 25-9-2006; TJSP, Ap. c/ rev. n. 939.893.900, rel. Orlando Pistoresi, j. 25-7-2007; *JSTJ 144*:175.

Art. 413. A penalidade deve ser reduzida equitativamente pelo juiz se a obrigação principal tiver sido cumprida em parte, ou se o montante da penalidade for manifestamente excessivo, tendo-se em vista a natureza e a finalidade do negócio.

- *Lei n. 8.245/91, art. 4º.*
- *Código Civil, arts. 410, 416, parágrafo único, 421, 422 e 572.*
- *Lei n. 8.078/90, arts. 51, IV e 53.*

Imutabilidade relativa da cláusula penal. Apesar de prevalecer em nosso direito o princípio da imutabilidade da cláusula penal, por importar em pré-avaliação das perdas e danos, esta deverá ser alterada, equitativamente, pelo magistrado (*RT*, *420*:220 e *489*:60), no firme propósito de evitar enriquecimento sem causa, quando: *1*) o valor de sua cominação exceder o do contrato principal (CC, art. 412) ou for manifestamente excessivo, tendo em vista a natureza e a finalidade do negócio; e *2*) houver cumprimento parcial da obrigação, hipótese em que se terá redução equitativa da pena estipulada para o caso de mora ou de inadimplemento. Para Judith Martins-Costa a redução da cláusula penal nestes casos é um poder-dever do julgador de revisar o negócio. "Em caso de penalidade, aplica-se a regra do art. 413 ao sinal, sejam as arras confirmatórias ou penitenciais" (Enunciado n. 165 do Conselho da Justiça Federal, aprovado na *III Jornada de Direito Civil*). Pelos Enunciados do Conselho da Justiça Federal (aprovados na *IV Jornada de Direito Civil*): *a*) n. 355 — "Não podem as partes renunciar à possibilidade de redução da cláusula penal se ocorrer qualquer das hipóteses previstas no art. 413 do Código Civil, por se tratar de preceito de ordem pública"; *b*) n. 356 — "Nas hipóteses previstas no art. 413 do Código Civil, o juiz deverá reduzir a cláusula penal de ofício"; *c*) n. 357 — "O art. 413 do Código Civil é o que complementa o art. 4º da Lei n. 8.245/91. Revogado o Enunciado 179 da III Jornada"; *d*) n. 358 — "O caráter manifestamente excessivo do valor da cláusula penal não se confunde com a alteração de circunstâncias, a excessiva onerosidade e a frustração do fim do negócio jurídico, que podem incidir automaticamente e possibilitar sua revisão para mais ou para menos"; e *e*) n. 359 — "A redação do art. 413 do Código Civil não impõe que a redução da penalidade seja proporcionalmente idêntica ao percentual adimplido". E, entendeu, ainda, o CJF, no Enunciado n. 429 (aprovado na *V Jornada de Direito Civil*) que: "As multas previstas nos acordos e convenções coletivas de trabalho, cominadas para impedir o descumprimento das disposições normativas constantes desses instrumentos, em razão da negociação coletiva dos sindicatos e empresas, têm natureza de cláusula penal e, portanto, podem ser reduzidas pelo Juiz do Trabalho quando cumprida parcialmente a cláusula ajustada ou quando se tornarem excessivas para o fim proposto, nos termos do art. 413 do Código Civil.

Jurisprudência alusiva à redução da pena convencional pelo juiz. Consulte: *RF*, *112*:379; *Adcoas*, n. 73.137, 1980, e 81.607, 1982; *RT*, *791*:207, *775*:223, *725*:166, *664*:69, *679*:202, *221*:362 e 376, *258*:438, *262*:12, *266*:225, *273*:301, *277*:665, *297*:492, *289*:319, *321*:118, *323*:114 e 545, *326*:295, *340*:318, *376*:227, *400*:247, *433*:169, *435*:162, *437*:160, *463*:174, *485*:118, *505*:229, *506*:186, *507*:94, *523*:122 e *524*:173; *EJSTJ*, *13*:77, *11*:64, *16*:50 e 51, *23*:127, *24*:124 e 153; *RSTJ*, *106*:334 e 336, *93*:250, *90*:185, *82*:236; *Ciência Jurídica*, *66*:128; STJ, 35ª Câmara de Direito Privado, Ap. Cível n. 882.077-0/4 — Bauru — rel. Melo Bueno, j. 24-4-2006, v.u., voto n. 10.731.

BIBLIOGRAFIA: Rubén Compagnucci de Caso, *Inmutabilidad de la cláusula penal y la incidencia de la desvalorización monetaria*, La Plata, Ed. Lex, 1979, p. 42; C. E. Huberman, *La cláusula penal: su reducción judicial*, 1976; Milton Evaristo dos Santos, Da redução da cláusula penal, *RT*, *262*:12; W. Barros Monteiro, *Curso*, cit., v. 4, p. 212-3; M. Helena Diniz, *Curso*, cit., v. 2, p. 324; Jorge J. Llambias, *Tratado de derecho civil*: *obligaciones*, Buenos Aires, Abeledo-Perrot, t. 1, n. 321; Mosset Iturraspe, *Medios compulsivos*, cit., p. 1228-9; Laurent, *Principes de droit civil français*, Bruxelles, Bruylant, 1893, t. 17, n. 430; Emilio Betti, *Teoría general del negocio jurídico*, Madrid, Ed. Revista de Derecho Privado, 1959, p. 347 e s.; Guillermo Diaz, *La inmutabilidad de la cláusula penal*, Buenos Aires, Ed. Ateneo, p. 89; Maria Dolores M. Badia, *La revisión judiciale de las cláusulas penales*, 1995; Judith Martins-Costa, *Comentários ao novo Código Civil. Do inadimplemento das obrigações*, v. V, t. II, Rio de Janeiro, Forense, 2004, p. 468-69; Judith Martins-Costa, *Comentários*, cit., p. 683 a 717; Antonio B. de Figueiredo, A redução da cláusula penal no novo Código Civil, *RSDCPC*, *23*:152.

Art. 414. Sendo indivisível a obrigação, todos os devedores, caindo em falta um deles, incorrerão na pena; mas esta só se poderá demandar integralmente do culpado, respondendo cada um dos outros somente pela sua quota.

• *Código Civil, arts. 410, 314, 280, 279, 257 a 263 c/c os arts. 87 e 88.*

Parágrafo único. Aos não culpados fica reservada a ação regressiva contra aquele que deu causa à aplicação da pena.

• *Código de Processo Civil, art. 125, II.*

Efeito da obrigação indivisível com cláusula penal. Quanto ao efeito da obrigação com pena convencional, havendo pluralidade de devedores e sendo indivisível a referida obrigação, todos os devedores, caindo em falta um deles, incorrerão na pena; esta, porém, só se poderá demandar integralmente do culpado, de maneira que cada um dos outros apenas responderá, se o credor optou pela cobrança individual de cada devedor, pela sua quota, tendo, contudo, ação regressiva contra o codevedor faltoso que deu causa à aplicação da pena convencional. Sendo indivisível a prestação, todos os codevedores pagarão a multa, considerando-se a quota de cada um, mas o culpado responderá pelo seu pagamento integral. Isto é assim porque a pena convencional representa as perdas e danos. Por conseguinte, com o descumprimento da obrigação indivisível, esta resolver-se-á em perdas e danos, passando a ser divisível, exigindo que cada um dos devedores responda somente por sua quota-parte, sendo que poderão mover ação regressiva contra o culpado, para reaver o *quantum* pago a título de indenização por perdas e danos.

BIBLIOGRAFIA: Levenhagen, *Código Civil*, cit., v. 4, p. 80-1; M. Helena Diniz, *Curso*, cit., v. 2, p. 327; Darcy Arruda Miranda, *Anotações*, cit., v. 2, p. 327-8; Carlos Alberto Bittar, *Direito das obrigações*, cit., p. 180; Judith Martins-Costa, *Comentários*, cit., p. 717-21.

Art. 415. Quando a obrigação for divisível, só incorre na pena o devedor ou o herdeiro do devedor que a infringir, e proporcionalmente à sua parte na obrigação.

- *Código Civil, arts. 87, 88, 257 a 263, 314 e 884.*

Obrigação divisível com pena convencional. Se a obrigação principal for divisível, contendo pluralidade de devedores, ter-se-á personalização da responsabilidade pela infração, logo só incorrerá na pena convencional aquele devedor, ou o herdeiro do devedor, que culposamente a infringir, e proporcionalmente à sua quota na obrigação, porque o credor foi prejudicado em relação a essa parte.

BIBLIOGRAFIA: Clóvis Beviláqua, *Código Civil*, cit., v. 4, p. 61; M. Helena Diniz, *Curso*, cit., v. 2, p. 327; Tito Fulgêncio, *Manual*, cit., v. 10, n. 448-52; R. Limongi França, *Instituições*, cit., p. 624; Levenhagen, *Código Civil*, cit., v. 4, p. 81; Darcy Arruda Miranda, *Anotações*, cit., v. 2, p. 328; Judith Martins-Costa, *Comentários*, cit., p. 721-22.

Art. 416. Para exigir a pena convencional, não é necessário que o credor alegue prejuízo.

Parágrafo único. Ainda que o prejuízo exceda ao previsto na cláusula penal, não pode o credor exigir indenização suplementar se assim não foi convencionado. Se o tiver sido, a pena vale como mínimo da indenização, competindo ao credor provar o prejuízo excedente.

- *Código Civil, arts. 394, 397, 407, 410, 412 e 413.*
- *Lei n. 8.245/91, art. 54-A.*

Exigibilidade "pleno iure" da cláusula penal. O principal efeito da pena convencional é o de sua exigibilidade *pleno iure*, no sentido de que independerá de qualquer alegação de prejuízo por parte do credor, que não terá de provar que foi prejudicado pela inexecução culposa da obrigação ou pela mora. A única coisa que o credor terá de demonstrar será a ocorrência do inadimplemento da obrigação e a constituição do devedor em mora (*Revista Jurídica*, 57:217).

Função ambivalente da cláusula penal. A cláusula penal possui função ambivalente por reunir a compulsória e a indenizatória, sendo, ao mesmo tempo, reforço do vínculo obrigacional, por punir seu inadimplemento, e liquidação antecipada das perdas e danos (*RT*, *208*:268). Oferece ao credor dupla vantagem por aumentar a possibilidade de cumprimento contratual e facilitar o pagamento das perdas e danos, poupando o trabalho de provar judicialmente o prejuízo. E, além disso, o devedor não poderá eximir-se de cumpri-la, a pretexto de ser excessiva, uma vez que ela advém de avença prévia fixada pelas próprias partes para reparar dano eventual. O devedor inadimplente não poderá furtar-se a seus efeitos.

Prejuízo excedente ao valor da cláusula penal. O credor pode optar entre as perdas e danos e a cláusula penal, e, uma vez feita a opção, prevendo, no contrato a cláusula penal, não poderá pedir perdas e danos. Por isso, se o prejuízo causado ao credor for maior do que a pena convencional, impossível será pleitear indenização suplementar (perdas e danos), se assim não estiver convencionado no contrato. Se tal indenização suplementar foi estipulada para a hipótese de a multa avençada ser insuficiente para reparar prejuízo sofrido, a pena imposta valerá como mínimo da indenização, devendo o credor demonstrar que o dano excedeu à cláusula penal para ter direito àquela diferença, visando a complementação dos valores para a obtenção da reparação integral a que faz jus (TJSP, Ap. c/ rev. n. 1024.176-0/9, rel. Artur Marques, j. 26-3-2007). Pelo Enunciado n. 430 do CJF, aprovado na *V Jornada de Direito Civil*: "No contrato de adesão, o prejuízo comprovado do aderente que exceder ao previsto na cláusula penal compensatória poderá ser exigido pelo credor independentemente de convenção".

Pelo Enunciado n. 67, aprovado na *II Jornada de Direito Comercial*: "Na locação *built to suit*, é válida a estipulação contratual que estabeleça cláusula penal compensatória equivalente à totalidade dos alugueres a vencer, sem prejuízo da aplicação do art. 416, parágrafo único, do Código Civil".

BIBLIOGRAFIA: Caio M. S. Pereira, *Instituições*, cit., v. 2, p. 136-7; Larenz, *Derecho de obligaciones*, cit., v. 1, p. 369; M. Helena Diniz, *Curso*, cit., v. 2, p. 321, 323 e 327; Hugueney, *L'idée de peine*, cit.; Silvio Rodrigues, *Direito civil*, cit., v. 2, p. 104-5; R. Limongi França, *Cláusula penal*, cit., p. 117; Salvat, *Tratado de derecho civil argentino*; obligaciones, Buenos Aires, Abeledo-Perrot, 1967, t. 1, n. 182; W. Barros Monteiro, *Curso*, cit., v. 4, p. 197; Barassi, *Teoria*, cit., v. 3, p. 122; António P. Monteiro, *Cláusula penal e indenização*, 1990; Matiello, *Código Civil*, cit., p. 280; Judith Martins-Costa, *Comentários*, cit., p. 723-29.

Capítulo VI

Das Arras ou Sinal

Art. 417. Se, por ocasião da conclusão do contrato, uma parte der à outra, a título de arras, dinheiro ou outro bem móvel, deverão as arras, em caso de execução, ser restituídas ou computadas na prestação devida, se do mesmo gênero da principal.

- *Código Civil, art. 389.*

Conceito de arras. Arras vêm a ser a quantia em dinheiro, ou outro bem móvel, dada por um dos contratantes ao outro, para concluir o contrato e, excepcionalmente, assegurar o pontual cumprimento da obrigação (*Ciência Jurídica*, *44*:161; *RT*, *44*:168, *541*:85, *151*:192, *479*:210, *199*:325, *156*:237, *495*:147, *648*:167, *804*:311; *JTJ*, *171*:41; *RF*, *105*:65 e *130*:112).

BIBLIOGRAFIA: Orlando Gomes, *Contratos*, cit., p. 113-5; W. Barros Monteiro, *Curso*, cit., v. 5, p. 39-44; Carvalho Santos, *Código Civil brasileiro interpretado*, cit., v. 15, p. 266; Silvio Rodrigues, Arras, in *Enciclopédia Saraiva do Direito*, v. 8, p. 19 e s.; e *Das arras*, São Paulo, 1955; Serpa Lopes, *Curso*, cit., v. 3, p. 206-14; M. Helena Diniz, *Tratado*, cit., v. 1, p. 123-6; e *Curso*, cit., v. 3, p. 102-6; Larombière,

Théorie et pratique des obligations, v. 2, n. 20; Caio M. S. Pereira, *Instituições*, cit., v. 3, p. 86-9; e Arras, *RF*, *68*:476; Salvat, *Tratado de derecho civil argentino*, cit., v. 1, n. 281 a 298; Carvalho de Mendonça, *Doutrina e prática das obrigações*, v. 2, n. 661; Alvino Lima, Arras, *RF*, *165*:461-70; Giorgi, *Teoria delle obbligazioni*, v. 2, n. 469; Clóvis Beviláqua, *Código Civil*, cit., v. 4, p. 71; João Luís Alves, *Código Civil anotado*, São Paulo, 1935, obs. aos arts. 1.094 a 1.097; Baudry-Lacantinerie e Saignat, *Traité théorique et pratique de droit civil*, Paris, 1900, n. 81; Ghiron, *Codice Civile*; libro delle obbligazioni, v. 1, p. 544; Paulo Luiz Netto Lôbo, *Direito das obrigações*, cit., p. 102-6; Roberto Senise Lisboa, *Manual*, cit., v. 3, p. 67-8; Matiello, *Código Civil*, cit., p. 280-2; Judith Martins-Costa, *Comentários*, cit., p. 730-74.

Arras confirmatórias. As arras confirmatórias consistem na entrega de uma soma em dinheiro ou outro bem móvel, feita por uma parte a outra, em sinal de firmeza do contrato, tornando-o obrigatório e visando impedir o arrependimento de qualquer das partes (*EJSTJ*, *12*:72 e *23*:152), pois em caso de execução deverão ser restituídas ou computadas na prestação devida, se do mesmo gênero da principal (*RT*, *664*:155, *684*:86, *713*:203; *RJ*, *141*:81, *168*:93; *RJTJRS*, *136*:236, *131*:94; *RJTJSP*, *131*:94; *RSTJ*, *118*:285; STJ, REsp 110.528/MG, 4ª T., rel. Cesar Asfor Rocha, *DJ*, 1º-2-1999, p. 199; *JTJ*, *115*:29).

Adiantamento do preço. O *quantum* entregue como sinal será imputado no preço convencionado, uma vez que será considerado como adiantamento (*JTJ*, *161*:34). P. ex.: *A* compra um terreno de *B* por R$ 150.000,00, dando, a título de arras, R$ 50.000,00, logo exonerar-se-á ao pagar os R$ 100.000,00 que faltam, pois o sinal será abatido na apuração do saldo devedor. O mesmo ocorrerá se o débito consistir na venda de 100 cavalos da raça mangalarga, tendo sido 20 deles já entregues a título de arras. Afora esse caso, por ter sido entregue coisa móvel, deverão as arras ser restituídas, quando o contrato for concluído, ou ficar desfeito (*RT*, *190*:876; *JTJ*, *161*:34). Se, p. ex., a dívida for pecuniária (R$ 100.000,00) e um bem móvel (10 sacas de café) for entregue como arras vinculadas àquele débito, assim que o *quantum* for pago, aquelas sacas serão devolvidas.

Art. 418. Na hipótese de inexecução do contrato, se esta se der:

- *Com a redação da Lei n. 14.905/2024.*

I – por parte de quem deu as arras, poderá a outra parte ter o contrato por desfeito, retendo-as;

II – por parte de quem recebeu as arras, poderá quem as deu haver o contrato por desfeito e exigir a sua devolução mais o equivalente, com atualização monetária, juros e honorários de advogado.

- *Acrescentados pela Lei n. 14.905/2024.*
- *Código Civil, arts. 389 a 393, 405 a 407 e 419.*
- *Lei n. 8.078/90, art. 53.*
- *Lei n. 8.906/94, arts. 22 a 26.*
- *Código de Processo Civil, arts. 82, § 2º, 84, 85 e parágrafos.*

Prévia determinação das perdas e danos. As arras visam determinar, previamente, as perdas e danos pelo não cumprimento da obrigação a que tem direito o contraente que não deu causa ao inadimplemento (*RT*, *516*:228, *671*:203, *680*:166, *776*:299; *RF*, *331*:297; *RJTJSP*, *138*:60; *JTJ*, *156*:30, *155*:25; *EJSTJ*, *2*:44 e *23*:152). Servem, portanto, como um critério de indenização. As arras confirmatórias não são incompatíveis com a indenização de perdas e danos por inadimplemento contratual (*RT*, *516*:228; CC, art. 389). Se quem deu as arras não executar, culposamente, o contrato, o outro contratante poderá, retendo-as, tê-lo por rescindido. Se a inexecução culposa for de quem as recebeu, quem as deu poderá desfazer o negócio, exigindo sua devolução mais o equivalente, com atualização monetária, juros e honorários advocatícios

(CC, art. 389, parágrafo único; CPC, arts. 82, § 2º, 84, 85 e parágrafos). Se a inexecução se der por culpa de ambos os contratantes, ou em razão de caso fortuito ou força maior, ter-se-á, observa Matiello, o retorno ao *statu quo ante* e a devolução do sinal por quem o recebeu, com a atualização monetária para recompor o teor econômico da moeda, mas sem qualquer pagamento de juros e honorários de advogado.

Art. 419. A parte inocente pode pedir indenização suplementar, se provar maior prejuízo, valendo as arras como taxa mínima. Pode, também, a parte inocente, exigir a execução do contrato, com as perdas e danos, valendo as arras como o mínimo da indenização.

- *Código Civil, arts. 389, 391, 402 a 405 e 475.*

Arras confirmatórias e indenização suplementar. A parte inocente, ou seja, a que não deu causa ao inadimplemento da obrigação, poderá: *a*) provando maior prejuízo do que as arras poderiam suportar, pleitear indenização suplementar, isto é, que complemente o dano, valendo o sinal como taxa mínima de reparação; ou *b*) exigir a execução do contrato, com as perdas e danos, valendo as arras como o mínimo da indenização. Com isso percebe-se que as arras confirmatórias não são consideradas como estimativa da totalidade das perdas e danos.

Art. 420. Se no contrato for estipulado o direito de arrependimento para qualquer das partes, as arras ou sinal terão função unicamente indenizatória. Neste caso, quem as deu perdê-las-á em benefício da outra parte; e quem as recebeu devolvê-las-á, mais o equivalente. Em ambos os casos não haverá direito a indenização suplementar.

- *Código Civil, arts. 884 e 885.*
- Vide *Súmula 412 do Supremo Tribunal Federal.*
- *Código de Defesa do Consumidor, art. 53.*

Arras penitenciais e exclusão da indenização suplementar. Ter-se-ão arras penitenciais quando os contraentes, na entrega do sinal, estipulam, expressamente, o direito de desistência do negócio, ou seja, o direito de arrependimento (*RT*, *792*:370, *470*:270 e *493*:149), tornando resolúvel o contrato, atenuando-lhe a força obrigatória (*AJ*, *80*:370), mas à custa da perda do sinal dado em benefício da outra parte se o desistente for quem as deu ou de sua restituição mais o equivalente se aquele que desistiu for quem as recebeu (*RF*, *92*:697 e *99*:91; *RT*, *804*:311, *716*:192, *474*:183, *544*:236, *546*:256, *191*:810 e *156*:633; *RJM*, *48*:118; *RJ*, *128*:87, *154*:89, *161*:77; *Adcoas*, n. 89.896, 1983; *RSTJ*, *110*:281). As arras penitenciais, por serem suficientes, excluem a indenização suplementar. Tais arras constituem predeterminação das perdas e danos sofridos pelo contratante, que não desistiu do negócio. A parte inocente, que não deu origem à resolução contratual, fará jus às arras, mas não à indenização suplementar.

TÍTULO V
DOS CONTRATOS EM GERAL

- *Lei n. 8.078/90, arts. 46 a 54.*

CAPÍTULO I
DISPOSIÇÕES GERAIS

SEÇÃO I
PRELIMINARES

Art. 421. A liberdade contratual será exercida nos limites da função social do contrato.

Parágrafo único. Nas relações contratuais privadas, prevalecerão o princípio da intervenção mínima e a excepcionalidade da revisão contratual

- *Acrescentado pela Lei n. 13.874/2019.*
- *Código Civil, arts. 113 e 2.035, parágrafo único.*
- *"Com o advento do Código Civil de 2002, houve forte aproximação principiológica entre esse Código e o Código de Defesa do Consumidor, no que respeita à regulação contratual, uma vez que ambos são incorporadores de uma nova teoria geral dos contratos" (Enunciado n. 167 do Conselho da Justiça Federal, aprovado na III Jornada de Direito Civil).*
- *Código de Defesa do Consumidor, art. 51.*
- *Constituição Federal, arts. 1º, III, 3º, I, III e IV, e 170 e parágrafo único.*
- ***Projeto de Lei n. 699/2011:** "Art. 421. A liberdade contratual será exercida nos limites da função social do contrato".*

Princípio da autonomia da vontade. A liberdade contratual funda-se na autonomia da vontade, consistindo no poder de estipular livremente, como melhor lhes convier, mediante acordo de vontades, a disciplina de seus interesses, suscitando efeitos tutelados pela ordem jurídica. Desse princípio decorre, como ponderam Hugo Nigro Mazzilli e Wander Garcia, a *pacta sunt servanda*, pela qual a vontade manifestada no contrato faz lei entre as partes contratantes, a relatividade dos contratos em relação a terceiros e o respeito à vontade das partes, que têm liberdade de contratar *se, com quem, o que e como quiserem.*

Princípio da socialidade como limitação à liberdade contratual. A liberdade contratual não é absoluta, pois está limitada não só pela supremacia da ordem pública, que veda convenção que lhe seja contrária e aos bons costumes, de forma que a vontade dos contratantes está subordinada ao interesse coletivo, mas também pela *função social do contrato*, que o condiciona ao atendimento do bem comum e dos fins sociais. Consequentemente, o órgão judicante, ante o caso *sub judice*, para delimitar a função social do contrato, poderá fazer aferições valorativas de ordem social, jurídica, moral ou econômica. Consagrado está o princípio da socialidade. Repelido está o individualismo, e os contratantes deverão sujeitar sua vontade às normas de ordem pública, que fixam os interesses da coletividade e as bases jurídicas fundamentais em que repousam a ordem econômica e moral da sociedade e os bons costumes, relativos à moralidade social. O art. 421 é um princípio geral de direito, ou seja, uma norma que contém uma cláusula geral. A "função social do contrato" prevista no art. 421 do atual Código Civil constitui cláusula geral, que impõe a revisão do princípio da relatividade dos efeitos do contrato em relação a terceiros, implicando a tutela externa do crédito; reforça o princípio de conservação do contrato, assegurando trocas úteis e justas e não elimina o princípio da autonomia contratual, mas atenua ou reduz o alcance desse princípio, quando presentes interesses metaindividuais ou interesse individual relativo à dignidade da pessoa humana (Enunciados n. 21, 22 e 23, aprovados na *I Jornada de Direito Civil*, promovida, em setembro de 2002, pelo Centro de Estudos Judiciários do Conselho da Justiça Federal). "A frustração do fim do contrato, como hipótese que não se confunde com a impossibilidade da prestação ou com a excessiva onerosidade, tem guarida no direito brasileiro pela aplicação do art. 421 do Código Civil" (Enunciado n. 166 do

Conselho da Justiça Federal, aprovado na *III Jornada de Direito Civil*). "O princípio da função social dos contratos também pode ter eficácia interna entre as partes contratantes" (Enunciado n. 360 do Conselho da Justiça Federal, aprovado na *IV Jornada de Direito Civil*). Pelo Enunciado n. 621 da *VIII Jornada de Direito Civil*: "Os contratos coligados devem ser interpretados a partir do exame do conjunto das cláusulas contratuais, de forma a privilegiar a finalidade negocial que lhes é comum". A autonomia privada como autorregulamentação e interesses só se justificaria se o contrato correspondesse a uma função considerada socialmente útil pelo ordenamento. O art. 421 do Código Civil é, portanto, um princípio geral de direito que contém uma cláusula geral. "A violação do art. 421 conduz à invalidade ou à ineficácia do contrato ou de cláusulas contratuais" (Enunciado n. 431 do CJF, aprovado na *V Jornada de Direito Civil*).

Mas é preciso ressaltar que, nas relações contratuais privadas, prevalecerão o princípio da intervenção mínima do Estado, por qualquer dos seus poderes e o da excepcionalidade da revisão contratual.

Pelos Enunciados: a) n. 21 (aprovado na *1ª Jornada de Direito Comercial*): "Nos contratos empresariais, o dirigismo contratual deve ser mitigado, tendo em vista a simetria natural das relações interempresariais"; b) n. 26 (aprovado na *1ª Jornada de Direito Comercial*): "O contrato empresarial cumpre sua função social quando não acarreta prejuízo a direitos ou interesses, difusos ou coletivos, de titularidade de sujeitos não participantes da relação negocial"; e c) n. 29 (aprovado na *1ª Jornada de Direito Comercial*): "Aplicam-se aos negócios jurídicos entre empresários a função social do contrato e a boa-fé objetiva (arts. 421 e 422 do Código Civil), em conformidade com as especificidades dos contratos empresariais".

BIBLIOGRAFIA: Francisco Amaral, O contrato e sua função institucional, *Boletim da Faculdade de Direito da Universidade de Coimbra*, Studia Iuridica, *48*:369 a 383; M. Helena Diniz, *Curso*, cit., v. 3, p. 31-2; Julliot de Morandière, La notion d'ordre public en droit privé, in *Cours de droit civil approfondi*, Paris, 1950, p. 3, 31 e 298; José Lourenço, *Limites à liberdade de contratar*, São Paulo, Juarez de Oliveira, 2001; Joaquim José C. de Sousa Ribeiro, *O problema do contrato — as cláusulas contratuais gerais e o princípio da liberdade contratual*, Coimbra, Almedina, 1999; Rogério Ferraz Donnini, A Constituição Federal e a concepção social do contrato, in *Temas atuais de direito civil na Constituição Federal*, São Paulo, Revista dos Tribunais, 2000, p. 69-81, e *Responsabilidade pós-contratual*, São Paulo, Saraiva, 2004; Serpa Lopes, *Curso*, cit., p. 19-24; Enzo Roppo, *Il contratto*, 1977, p. 12 e s.; Juan Carlos Rezzónico, *Principios fundamentales de los contratos*, 1999; Mário Aguiar Moura, Função social do contrato, *RT*, *630*:247-9; Antonio Jeová Santos, *Função social, lesão e onerosidade excessiva nos contratos*, São Paulo, Método, 2002; Luiz Guilherme Loureiro, *Teoria geral dos contratos no novo Código Civil*, São Paulo, Método, 2002; Mônica Y. Bierwagen, *Princípios e regras de interpretação dos contratos no novo Código Civil*, São Paulo, Saraiva, 2002; Antonio Junqueira de Azevedo, Princípios do novo direito contratual e desregulamentação do mercado. Direito de exclusividade nas relações contratuais de fornecimento. Função social do contrato e responsabilidade aquiliana de terceiro que contribui para o inadimplemento contratual, *RT*, *750*:116 e s.; Gerson L. C. Branco, *Função social dos contratos*, São Paulo, Saraiva, 2009; Rodrigo G. da Fonseca, *A função social do contrato e o alcance do art. 421 do Código Civil*, Rio de Janeiro, Renovar, 2008; Rafael C. Mancebo, *A função social do contrato*, São Paulo, Quartier Latin, 2005; Hugo Nigro Mazzilli e Wander Garcia, *Anotações*, cit., p. 120-1; M. Lígia C. Mathias e M. Helena M. B. Daneluzzi, *Direito civil — contratos*, São Paulo, Campus Jurídico, 2008, p. 11 a 17; Cláudio José Franzolin, A relação jurídica-contratual no Código Civil e no Código de Processo Civil. A função social e o princípio da boa-fé objetiva. O processo na perspectiva do direito material (A tutela dos contratantes e o perfil solidário e dinâmico dos contratos), *Impactos processuais*, cit., p. 254-91; Silvio Luís Ferreira da Rocha, Princípios contratuais, *Temas relevantes de direito civil contemporâneo* (coord. G. E. Nanni), São Paulo, Atlas, 2008, p. 507-21; Mariana R. Santiago, *Princípio da função social do contrato*, Curitiba, Juruá, 2008; Arnoldo Wald,

A dupla função econômica e social do contrato, *Digesto Econômico*, *425*:38-42; Judith Martins-Costa, Reflexões sobre o princípio da função social dos contratos, *Revista Direito GV*, *1*:41-66.

Art. 421-A. Os contratos civis e empresariais presumem-se paritários e simétricos até a presença de elementos concretos que justifiquem o afastamento dessa presunção, ressalvados os regimes jurídicos previstos em leis especiais, garantindo também que:

I — as partes negociantes poderão estabelecer parâmetros objetivos para a interpretação das cláusulas negociais e de seus pressupostos de revisão ou de resolução;

II — a alocação de riscos definida pelas partes deve ser respeitada e observada; e

III — a revisão contratual somente ocorrerá de maneira excepcional e limitada.

- *Acrescentado pela Lei n. 13.874/2019.*
- Vide *art. 413.*

Presunção "juris tantum" de paridade e simetria. Os contratos civis e mercantis serão tidos como paritários e simétricos, salvo se essa ideia for afastada por elementos concretos comprobatórios, ressalvados os regimes previstos em lei especial.

Exigência de observância de certos critérios. Dever-se-á garantir que os negociantes possam estabelecer parâmetros objetivos para interpretação, revisão e resolução das cláusulas negociais. Segundo o Enunciado n. 649 da *IX Jornada de Direito Civil*: "O art. 421-A, inc. I, confere às partes da possibilidade de estabelecerem critérios para a redução da cláusula penal, desde que não seja afastada a incidência do art. 413"; a alocação de riscos definida pelas partes seja respeitada e a revisão do contrato seja feita apenas excepcional e limitadamente.

Art. 422. Os contratantes são obrigados a guardar, assim na conclusão do contrato, como em sua execução, os princípios de probidade e boa-fé.

- Vide *art. 51, I a XVI e § 2º, da Lei n. 8.078/90.*
- *Decreto n. 2.181/97, art. 22, IV.*
- *Código Civil, arts. 113, 186, 187, 606, 723, 765 e 1.741.*
- *Súmula 92 do Superior Tribunal de Justiça.*
- ***Projeto de Lei n. 699/2011***: *"Art. 422. Os contratantes são obrigados a guardar, assim nas negociações preliminares e conclusão do contrato, como em sua execução e fase pós-contratual, os princípios de probidade e boa-fé e tudo mais que resulte da natureza do contrato, da lei, dos usos e das exigências da razão e da equidade".*

Princípio da probidade e da boa-fé. O princípio da probidade e o da boa fé objetiva estão ligados não só à interpretação do contrato, pois, segundo eles, o sentido literal da linguagem não deverá prevalecer sobre a intenção inferida da declaração de vontade das partes, mas também ao interesse social de segurança das relações jurídicas, uma vez que as partes têm o dever de agir com honradez, denodo, lealdade, honestidade e confiança recíprocas, isto é, proceder de boa-fé tanto na tratativa negocial, formação e conclusão do contrato como em sua execução e extinção, impedindo que uma dificulte a ação da outra. A boa-fé subjetiva é atinente ao fato de se desconhecer algum vício do negócio jurídico. E a boa-fé objetiva, prevista no artigo *sub examine*, é alusiva a um padrão comportamental a ser seguido baseado na lealdade e na probidade (integridade de caráter), proibindo comportamento contraditório, impedindo o exercício abusivo de direito por parte dos contratantes, no cumprimento não só da obrigação principal, mas também das acessórias, inclusive do dever de informar, de colaborar e de atuação diligente. "A vedação do comportamento contraditório (*venire contra factum proprium*) funda-se na proteção da confiança, tal como se extrai dos arts. 187 e 422 do Código Civil" (Enunciado n. 362 do Conselho da Justiça Federal, aprovado na *IV Jornada de Direito Civil*). Ressalta-se que, em virtude do princípio da boa-fé, positivado no art. 422 do atual Código Civil, a violação dos deveres anexos constitui espécie de inadimplemento, independentemente de culpa. Esse artigo não inviabiliza a aplicação, pelo julgador, do princípio da boa-fé nas fases pré e pós-contratual. "A boa-fé objetiva deve ser observada pelas partes na fase de negociações preliminares e após a execução do contrato, quando tal exigência decorrer da natureza do contrato" (Enunciado n. 170 do Conselho da Justiça Federal, aprovado na *III Jornada de Direito Civil*). A cláusula geral contida no art. 422 do atual Código Civil impõe ao juiz interpretar e, quando necessário, suprir e corrigir o contrato segundo a boa-fé objetiva, entendida como a exigência de comportamento leal dos contratantes, incompatível com conduta abusiva, tendo por objetivo gerar, na relação obrigacional, a confiança necessária e o equilíbrio das prestações e da distribuição de riscos e encargos, ante a proibição do enriquecimento sem causa. E, na interpretação da cláusula geral da boa-fé, deve-se levar em conta o sistema do Código Civil e as conexões sistemáticas com outros estatutos normativos e fatores metajurídicos (Enunciados n. 24, 25, 26 e 27, aprovados na *I Jornada de Direito Civil*, promovida, em setembro de 2002, pelo Centro de Estudos Judiciários do Conselho da Justiça Federal). Para Miguel Reale a boa-fé é condição essencial à atividade ético-jurídica, caracterizando-se pela probidade dos seus participantes. A boa-fé, continua ele, é forma de conduta e norma de comportamento, sendo ainda, na lição de Judith Martins-Costa, um "cânone hermenêutico integrativo do contrato; como norma de criação de deveres jurídicos e como norma de limitação ao exercício de direitos subjetivos".

"O princípio da boa-fé objetiva importa no reconhecimento de um direito a cumprir em favor do titular passivo da obrigação. O princípio da boa-fé objetiva deve levar o credor a evitar o agravamento do próprio prejuízo" (Enunciados n. 168 e 169 do Conselho da Justiça Federal, aprovado na *III Jornada de Direito Civil*).

Íntima é a relação do princípio da boa-fé objetiva com o da probidade, que requer honestidade no procedimento dos contratantes e no cumprimento das obrigações contratuais.

"Os princípios da probidade e da confiança são de ordem pública, estando a parte lesada somente obrigada a demonstrar a existência da violação" (Enunciado n. 363 do Conselho da Justiça Federal, aprovado na *IV Jornada de Direito Civil*).

"Em contratos de financiamento bancário, são abusivas cláusulas contratuais de repasse de custos administrativos (como análise do crédito, abertura de cadastro, emissão de fichas de compensação bancárias, etc.), seja por estarem intrinsecamente vinculadas ao exercício da atividade econômica, seja por violarem o princípio da boa-fé objetiva" (Enunciado n. 432 do CJF, aprovado na *V Jornada de Direito Civil*).

Pelo Enunciado n. 27 (aprovado na *1ª Jornada de Direito Comercial*): "Não se presume violação à boa-fé objetiva se o empresário, durante as negociações do contrato empresarial, preservar segredo de empresa ou administrar a prestação de informações reservadas, confidenciais ou estratégicas, com o objetivo de não colocar em risco a competitividade de sua atividade".

BIBLIOGRAFIA: Antonio Menezes Cordeiro, *Da boa-fé no direito civil*, Coimbra, Almedina, 1997; Jean-Luc Aubert, *Le contrat*, Paris, 1966, p. 26-7; Mário Júlio de Almeida Costa, Aspectos fulcrais da boa-fé contratual, *Revista Brasileira de Direito Comparado*, *19*:15-27; Judith Martins-Costa, *A boa-fé no direito privado, sistema e tópico no processo obrigacional*, São Paulo, Revista dos Tribunais, 1999; Flávio Alves Martins, *A boa-fé objetiva e sua formalização no direito das obrigações brasileiro*, 2000; Sílvio Luís Ferreira da Rocha, *Curso avançado de direito civil*, São Paulo, Revista dos Tribunais, 2002, v. 3, p. 41-3; José Augusto Delgado, A ética e a boa-fé no novo Código Civil, in *Novo Código Civil*: *questões controvertidas* (coord. Mário Luiz Delgado e Jones Figueirêdo Alves), São Paulo, Método, 2003, p. 169-204; Álvaro Villaça Azevedo, A boa-fé objetiva no novo Código Civil, *Editorial Atlas*, *19*:5; João José Sady, A boa-fé objetiva no novo Código Civil e seus reflexos nas relações jurídicas trabalhistas, *Revista do Advogado*, *70*:43-53; Miguel Reale, *Estudos preliminares do Código Civil*, São Paulo, Revista dos Tribunais, 2003, p. 77-8; Vera Maria J. de Fradera, A boa-fé objetiva, uma noção presente no conceito alemão, brasileiro e japonês do contrato, *Revista Brasileira de Direito Comparado*, *24*:127-58; Jones F. Alves e Mário Luiz Delgado, *Código*, cit., p. 219-21; Fernando H. G. Zimmermann, A introdução da boa-fé objetiva nos contratos sob a égide do novo Código Civil, *Jornal Síntese*, *97*:18 e 19.

Art. 423. Quando houver no contrato de adesão cláusulas ambíguas ou contraditórias, dever-se-á adotar a interpretação mais favorável ao aderente.

- *Lei n. 8.078/90, arts. 47 e 54 e §§ 1º a 4º.*
- *Código Civil, art. 113.*
- *"O contrato de adesão, mencionado nos arts. 423 e 424 do novo Código Civil, não se confunde com o contrato de consumo" (Enunciado n. 171 do Conselho da Justiça Federal, aprovado na III Jornada de Direito Civil de 2004).*
- *STJ, Súmula 5: "A simples interpretação de cláusula contratual não enseja recurso especial".*
- ***Projeto de Lei n. 699/2011**: "Art. 423. Contrato de adesão é aquele cujas cláusulas tenham sido aprovadas pela autoridade competente ou estabelecidas unilateralmente por um dos contratantes, sem que o aderente possa discutir ou modificar substancialmente seu conteúdo.*

  § 1º Os contratos de adesão escritos serão redigidos em termos claros e com caracteres ostensivos e legíveis, de modo a facilitar sua compreensão pelo aderente.

  § 2º As cláusulas contratuais, nos contratos de adesão, serão interpretadas de maneira mais favorável ao aderente".

Contrato por adesão. É aquele em que a manifestação da vontade de uma das partes se reduz a mera anuência a uma proposta da outra, como nos ensina R. Limongi França. Opõe-se à ideia de contrato paritário, por inexistir a liberdade de convenção, visto que exclui qualquer possibilidade de debate e transigência entre as partes, pois um dos contratantes se limita a aceitar as cláusulas e condições previamente redigidas e impressas pelo outro (*RT*, *487*:181, *519*:163, *795*:234; *JB*, *158*:263), aderindo a uma situação contratual já definida em todos os seus termos (*JSTJ*, *7*:378, *6*:199, *2*:249, *12*:121, *1*:229). Por exemplo, contrato de seguro ou de cobertura médico-hospitalar (seguro-saúde).

Esclarece o Enunciado n. 171 da *II Jornada de Direito Civil* que "o contrato de adesão, mencionado nos arts. 423 e 424 do novo CC, não se confunde com o contrato de consumo".

Interpretação mais favorável ao aderente. As cláusulas duvidosas, ambíguas (*RT*, *144*:69) ou contraditórias (*RT*, *242*:155, *142*:620 e *194*:709) inseridas em contrato por adesão deverão ser interpretadas de modo mais favorável ao aderente, resguardando-o, por estar numa situação menos vantajosa do que a do ofertante, visto que, em regra, procura inserir cláusulas voltadas ao seu interesse.

Se o contrato apresentar cláusula duvidosa e não for por adesão, salvo se houver disposição específica em lei, dever-se-á beneficiar aquele que não redigiu (aderente).

BIBLIOGRAFIA: Déreux, Nature juridique du contrat d'adhésion, *Revue Trimestrielle de Droit Civil*, 1910, p. 503; Orlando Gomes, *Contrato de adesão*, São Paulo, Revista dos Tribunais, 1972; Alessandro

Giordano, *I contratti per adesione*, p. 61 e s.; Gert Kummerow, *Algunos problemas fundamentales del contrato por adhésion en el derecho privado*, Universidad Central de Venezuela, Faculdad de Derecho, Sección de Publicaciones, 1956, v. 16; Paulo Salvador Frontini, Contratos de adesão, *Revista do Advogado, 33*:83-7; Serpa Lopes, *Curso*, cit., p. 223-8; Caio M. S. Pereira, *Instituições*, cit., v. 3, p. 65-8; David Campista Filho, Contrato de adesão, *RT, 119*:480-3; Lucy Toledo das D. Niess, Contrato de Adesão, *Enciclopédia Saraiva do Direito*, v. 19, p. 210-9; M. Helena Diniz, Curso, cit., v. 3, p. 81-3; Mônica G. Bierwagen, *Princípios e regras de interpretação dos contratos no novo Código Civil*, São Paulo, Saraiva, 2003; Betti, *Interpretazione della legge e degli atti giuridici*, Milano, 1949; Danz, *A interpretação dos negócios jurídicos*, 1942; Edouard de Callatay, *Études sur l'interprétations des conventions*, n. 79; Oppo, *Profili dell'interpretazione oggettiva del negozio giuridico*, Bologna, 1943; Matiello, *Código Civil*, cit., p. 285.

Art. 424. Nos contratos de adesão, são nulas as cláusulas que estipulem a renúncia antecipada do aderente a direito resultante da natureza do negócio.

- *Código Civil, arts. 166 a 184 e 187.*
- *Lei n. 8.078/90, arts. 25, 51, I e XVI, e 54, §§ 1º a 4º.*

Nulidade de cláusula de renúncia antecipada. As cláusulas contidas em contrato por adesão, que venham a estipular renúncia antecipada do aderente a direito que advenha da própria natureza do negócio (p. ex., o do locatário, de denunciar a locação predial urbana por prazo indeterminado mediante aviso por escrito ao locador, com antecedência mínima de 30 dias, conforme disposto no art. 6º da Lei n. 8.245/91), serão consideradas nulas, pois a liberdade de contratar deverá ser exercida dentro dos princípios da função social do contrato, da probidade e da boa-fé; tais cláusulas, além de serem abusivas ou leoninas (*JB, 70*:247), geram insegurança e quebram o equilíbrio contratual. "As cláusulas abusivas não ocorrem exclusivamente nas relações jurídicas de consumo. Dessa forma, é possível a identificação de cláusulas abusivas em contratos civis comuns, por exemplo, aquela estampada no art. 424 do Código Civil de 2002" (Enunciado n. 172 do Conselho da Justiça Federal, aprovado na *III Jornada de Direito Civil*). Entendeu, ainda, o CJF no Enunciado n. 433 (aprovado na *V Jornada de Direito Civil*) que: "A cláusula de renúncia antecipada ao direito de indenização e retenção por benfeitorias necessárias é nula em contrato de locação de imóvel urbano feito nos moldes do contrato de adesão".

Com muita propriedade, lembra Nelson Rosenvald que nem sempre no contrato por adesão há abusividade de cláusulas, pois "apesar do desequilíbrio de forças entre estipulante e aderente, um contrato de adesão pode ser equânime e não consubstanciar disposições iníquas".

BIBLIOGRAFIA: E. Martinez Coco, Las cláusulas generales exonerativas o limitativas de responsabilidad, *RDC, 70*:80; Matiello, *Código Civil*, cit., p. 284; Nelson Rosenvald, *Código Civil comentado* (coord. Peluso), Barueri, Manole, 2008, p. 414.

Art. 425. É lícito às partes estipular contratos atípicos, observadas as normas gerais fixadas neste Código.

- *Código Civil, arts. 104 e 2.035, parágrafo único.*
- ***Projeto de Lei n. 699/2011**: "Art. 425. É lícito às partes estipular contratos atípicos, resguardados a ordem pública, os bons costumes e os princípios gerais de direito, especialmente o princípio de que suas obrigações são indivisíveis, formando um só todo".*

Contratos atípicos ou inominados. São os não disciplinados expressamente pelo Código Civil ou por lei extravagante, porém admitidos juridicamente, ante o princípio da autonomia da vontade e a doutrina do número *apertus*, em que se desenvolvem as relações contratuais, desde que observem as normas gerais estabelecidas pelo Código Civil e não contrariem a ordem pública, os bons costumes e os princípios gerais de direito, como o da função social do contrato (CC, art. 2.035, parágrafo único). Os particulares, dentro dos limites legais, poderão criar as figuras contratuais de que necessitarem no mundo dos negócios.

Pelo Enunciado n. 582, aprovado na *VII Jornada de Direito Civil*, com suporte na liberdade contratual e, portanto, em concretização da autonomia privada, as partes podem pactuar garantias contratuais atípicas.

BIBLIOGRAFIA: Josserand, *Cours de droit civil positif français*, v. 2, n. 19; Álvaro Villaça Azevedo, Contratos inominados ou atípicos, *Enciclopédia Saraiva do Direito*, v. 20, p. 144-67; M. Helena Diniz, *Curso*, cit., v. 3, p. 85; Angelo Piraino Leto, *Contratti atipici e innominati*, Torino, UTET, 1974, p. 67 e 68; Pedro P. Vasconcelos, *Contratos atípicos*, Coimbra, Almedina, 1995; Mário Figueiredo Barbosa, Contratos atípicos, *Ciência Jurídica*, *44*:43; Silvio Meira, Os contratos inominados e sua proteção judicial, *Revista do Curso de Direito da Universidade Federal de Uberlândia*, *12*:87 e s.; Pedro A. França, *Contratos atípicos*, São Paulo, Revista dos Tribunais, 1985.

Art. 426. Não pode ser objeto de contrato a herança de pessoa viva.

• Vide *Código Civil, arts. 166, II, 1.655 e 2.018.*

Proibição de pacto sucessório. Ter-se-á impossibilidade legal ou jurídica, gerando a ineficácia do contrato, se seu objeto estiver vedado pelo direito, como a estipulação de pacto sucessório (*pacta corvinae* ou pacto de abutres), contrariando a norma de que não pode ser objeto de contrato herança de pessoa viva, devido à presunção de que possa eventualmente haver *votum captandae mortis*, salvo, segundo alguns autores, nos casos de doações antenupciais entre os cônjuges, dispondo a respeito da recíproca e futura sucessão (CC, arts. 1.668, IV, 1.655 e 546), e na hipótese de partilha — doação de bens feita pelo ascendente, por ato *inter vivos*, aos descendentes (CC, art. 2.018; *RF*, *111*:292), que constitui adiantamento da legítima. "Revela-se nula a partilha de bens realizada em processo de separação amigável que atribui ao cônjuge varão promessa de transferência de direitos sucessórios ou doação sobre imóvel pertencente a terceiros, seja por impossível o objeto, seja por vedado contrato sobre herança de pessoas vivas" (STJ, REsp 300.143/SP, rel. Min. Aldir Passarinho Junior, 4ª T., j. 21-11-2006, *DJ*, 12-2-2007, p. 262).

BIBLIOGRAFIA: Serpa Lopes, *Curso*, cit., v. 3, p. 58 e 59; Caio M. S. Pereira, *Instituições*, cit., v. 3, p. 30 e 31; W. Barros Monteiro, *Curso*, cit., v. 5, p. 37 e 38; Silvio Rodrigues, *Direito civil*, cit., v. 3, p. 84 e 85; Messineo, *Doctrina general del contrato*, Buenos Aires, 1952, v. 1, p. 223-45; Planiol, Ripert e Boulanger, *Traité élémentaire de droit civil*, cit., n. 248; Vittorio Scialoja, Contratti in generale, in *Dizionario pratico del diritto privato*, v. 2, p. 437; Orlando Gomes, *Contratos*, cit., p. 51; M. Helena Diniz, *Curso*, cit., v. 2, p. 25, e v. 6, p. 19; Orozimbo Nonato, *Estudos sobre sucessão testamentária*, v. 1, p. 48; Clóvis Beviláqua, *Código Civil*, cit., v. 4, p. 254; Itabaiana de Oliveira, *Tratado de direito das sucessões*, São Paulo, Max Limonad, 1952, v. 1, p. 72; Matiello, *Código Civil*, cit., p. 285.

SEÇÃO II

DA FORMAÇÃO DOS CONTRATOS

Art. 427. A proposta de contrato obriga o proponente, se o contrário não resultar dos termos dela, da natureza do negócio, ou das circunstâncias do caso.

DIREITO DAS OBRIGAÇÕES

- *Lei n. 8.078/90, arts. 18, § 2º, 35, 54 e 84, § 1º.*
- Vide *Código Civil, arts. 107, 138, 139 a 157, 432, 659 e 759.*

Contrato. Contrato é o acordo de duas ou mais vontades, na conformidade da ordem jurídica, destinado a estabelecer uma regulamentação de interesses entre as partes, com o escopo de adquirir, modificar ou extinguir relações jurídicas de natureza patrimonial.

BIBLIOGRAFIA: Antunes Varela, *Direito das obrigações*, Rio de Janeiro, Forense, 1977, p. 118; W. Barros Monteiro, *Curso*, cit., 17. ed., v. 5, p. 5; Caio M. S. Pereira, *Instituições*, cit., v. 3, p. 11; Colin e Capitant, *Cours élémentaire de droit civil français*, cit., p. 257; R. Limongi França, *Contrato*, in *Enciclopédia Saraiva do Direito*, v. 19, p. 139; M. Helena Diniz, *Curso*, cit., v. 3, p. 22; Orlando Gomes, *Contratos*, cit., p. 424; Messineo, *Doctrina general del contrato*, Buenos Aires, 1952, v. 1, cap. 1, n. 1; Vittorio Scialoja, Contratti in generale, in *Dizionario pratico del diritto privato*, v. 2, p. 437; Paulo Luiz Netto Lôbo, *O contrato: exigências e concepções atuais*, São Paulo, Saraiva, 1986; Christian Larroumet, *Droit civil*, cit., t. 3, p. 65-200; Rogério Ferraz Donnini, *A revisão dos contratos no Código Civil e no Código de Defesa do Consumidor*, São Paulo, Saraiva, 1999; Sebastião José Roque, *Direito contratual civil e mercantil*, São Paulo, Ícone, 1994, p. 13-20; Giselda Maria F. Novaes Hironaka, *Direito civil* — estudos, Belo Horizonte, Del Rey, 2000, p. 81-144; Francisco Amaral, O contrato e sua função institucional, *Boletim da Faculdade de Direito da Universidade de Coimbra*, Studia Iuridica, 48, Colloquia *6*, p. 369-83; M. Lígia C. Mathias e M. Helena M. B. Daneluzzi, *Direito civil — contratos*, cit., p. 18-27.

Consentimento. Não havendo forma especial, o contrato poderá ser celebrado por escrito, mediante escritura pública ou instrumento particular, ou, ainda, verbal e até tacitamente, pois a manifestação da vontade poderá ser tácita quando a lei não exigir que seja expressa. Será expressa se dada verbalmente ou por escrito, e tácita se decorrer de fatos que autorizem o seu reconhecimento. Não é mister que o contraente faça declaração formal, por meio da palavra escrita ou falada, pois será suficiente que se possa traduzir o seu querer por uma atitude inequívoca e induvidosa (*RT*, *160*:140; *RF*, *106*:305). Até pelo silêncio poderá ser feita a emissão volitiva, desde que dele se possa extrair a ilação de uma vontade contratual (*RT*, *156*:268; *RF*, *175*:221). Imprescindível será o acordo de vontades, ou consentimento, para que se tenha contrato. O consenso mútuo é elemento formador do contrato.

BIBLIOGRAFIA: Serpa Lopes, *O silêncio como manifestação de vontade nas obrigações*, Rio de Janeiro, 1944; W. Barros Monteiro, *Curso*, cit., v. 5, p. 8; Orlando Gomes, *Contratos*, cit., p. 60; R. Limongi França, Contrato, cit., in *Enciclopédia Saraiva do Direito*, p. 159; Salvat, *Tratado de derecho civil argentino: fuentes de las obligaciones*, Buenos Aires, 1950, p. 140 e s.; M. Helena Diniz, *Curso*, cit., v. 3, p. 26, 34 e 35; Planiol, Ripert e Esmein, *Traité pratique de droit civil français*, 1952, t. 6, n. 126 a 143; Caio M. S. Pereira, *Instituições*, cit., v. 3, p. 33; Silvio Rodrigues, *Direito civil*, cit., v. 3, p. 71; Barassi, *La teoria generali delle obbligazioni*, Milano, 1948, v. 2, § 124; De Page, *Traité élémentaire*, cit., v. 2, Parte 1, n. 546; Cesar Viterbo Matos Santolim, *Formação e eficácia probatória dos contratos por computador*, São Paulo, Saraiva, 1995; Alterini e Lópes Cabana, *La autonomía de la voluntad en el contrato moderno*, Buenos Aires, Abeledo-Perrot, 1989; Roberto Senise Lisboa, *Manual elementar de direito civil*, São Paulo, 1999, v. 3, p. 46-50; Sílvio Luís Ferreira da Rocha, *Curso avançado*, cit., p. 75-83.

Proposta. A proposta, oferta ou policitação é uma declaração receptícia de vontade, dirigida por uma pessoa a outra (com quem pretende celebrar o contrato), por força da qual a primeira manifesta sua intenção de se considerar vinculada se a outra parte aceitar.

BIBLIOGRAFIA: Papazol, *Du rôle de l'offre et de l'acceptation dans la formation des contrats consensuels*, Paris, 1907; Ribeiro da Cunha, *Da formação dos contratos no Código Civil brasileiro*, Fortaleza, 1955; Orlando Gomes, *Contratos*, cit., p. 71; Gaudemet, *Théorie générale des obligations*, p. 34; De Page, *Traité élémentaire*, cit., v. 1, n. 498 e 499; M. Helena Diniz, *Curso*, cit., v. 3, p. 39; Von Tuhr, *Tratado de las obligaciones*, cit., t. 1, § 23; Ernesto A. Sánchez Urite, *La oferta de contrato*, Buenos Aires, Abeledo-Perrot, 1975; Sebastião José Roque, *Direito contratual*, cit., p. 21-32.

Obrigatoriedade da proposta. A proposta reveste-se de força vinculante; o proponente responderá por perdas e danos se injustificadamente retirar a oferta (*RTJ*, *53*:675; *RT*, *104*:608). A obrigatoriedade da proposta consiste no ônus, imposto ao proponente, de não a revogar por certo tempo a partir de sua existência, assegurando-se assim a estabilidade das relações sociais.

BIBLIOGRAFIA: Schneider e Fick, *Commentaire du Code Fédéral des obligations*, Neuchâtel, 1915, v. 1, p. 31; Serpa Lopes, *Curso*, cit., v. 3, p. 86-92; Orlando Gomes, *Contratos*, cit., p. 71 e 72; Planiol, Ripert e Esmein, *Traité pratique*, cit., v. 6, n. 142; W. Barros Monteiro, *Curso*, cit., v. 5, p. 14 e 15; Papazol, *Du rôle*, cit., p. 128; De Page, *Traité élémentaire*, cit., n. 524; Durand, La contrainte légale dans la formation du rapport contractuel, *Revue Trimestrielle de Droit Civil*, (10):79, 1944; Tamburrino, *I vincoli unilaterali nella formazione del contratto*, p. 254; Silvio Rodrigues, *Direito civil*, cit., v. 3, p. 76; M. Helena Diniz, *Curso*, cit., v. 3, p. 40-2.

Relatividade da força vinculante da proposta. A obrigatoriedade da proposta não é absoluta, pois não será obrigatória a oferta: *a*) se contiver cláusula expressa que lhe retire a força vinculante; *b*) se a falta de obrigatoriedade fluir da natureza do negócio; *c*) se as circunstâncias peculiares a cada caso exonerarem o proponente, desobrigando-o.

Art. 428. Deixa de ser obrigatória a proposta:

I — se, feita sem prazo a pessoa presente, não foi imediatamente aceita. Considera-se também presente a pessoa que contrata por telefone ou por meio de comunicação semelhante;

• *Lei n. 8.078/90, art. 49.*

II — se, feita sem prazo a pessoa ausente, tiver decorrido tempo suficiente para chegar a resposta ao conhecimento do proponente;

III — se, feita a pessoa ausente, não tiver sido expedida a resposta dentro do prazo dado;

IV — se, antes dela, ou simultaneamente, chegar ao conhecimento da outra parte a retratação do proponente.

Circunstâncias peculiares à não obrigatoriedade da proposta. Não será obrigatória a proposta: *a*) se, feita sem prazo a uma pessoa presente, não foi imediatamente aceita. Na proposta *inter praesentes*, feita pessoalmente, por telefone, por meio de comunicação, direta e simultânea, similar ou por meio de mandatário, o oblato deverá, se se interessar por ela, aceitá-la imediatamente, sob pena de ficar desligado do ofertante; *b*) se, feita sem prazo a pessoa ausente, por meio de cartas, telegramas etc., já tenha decorrido tempo suficiente para que a resposta chegue ao conhecimento do policitante; *c*) se, feita a pessoa ausente (que não estiver em contato direto com o proponente, por ter sido feita a oferta por telegrama, carta, *e-mail*, fac-símile etc.), estabelecendo-se prazo para a espera da resposta, esta não for expedida dentro do prazo dado; *d*) se, antes dela ou simultaneamente, chegar ao conhecimento do oblato a retratação do proponente, caso em que não se terá qualquer proposta, já que ela nem mesmo chegou a existir juridicamente, uma vez que, ante o arrependimento do ofertante, foi retirada a tempo (*RT*, *413*:332 e *250*:221).

BIBLIOGRAFIA: Caio M. S. Pereira, *Instituições*, cit., v. 3, p. 37 e 38; R. Limongi França, Contrato, cit., in *Enciclopédia Saraiva do Direito*, p. 156; Serpa Lopes, *Curso*, cit., p. 89 e 90; Orlando Gomes, *Contratos*, cit., p. 72-4; M. Helena Diniz, *Curso*, cit., v. 3, p. 43 e 44; Silvio Rodrigues, *Direito civil*, cit., v. 3, p. 77; W. Barros Monteiro, *Curso*, cit., v. 5, p. 15 e 16; Brenno Fischer, *Contratos por correspondência*, Rio de Janeiro, Konfino, 1937, p. 109-14; Clóvis Beviláqua, *Código Civil comentado*, 1946, v. 4, p. 195; Cohen, *Des contrats par correspondance*, 1921, p. 148 e s.; Girault, *Traité des contrats par correspondance*, Paris, 1890, p. 103, 119, 154, 156 e 149; Gabba, *Questioni di diritto civile*, v. 2, p. 154; Jones F. Alves e Mário Luiz Delgado, *Código*, cit., p. 226.

Art. 429. A oferta ao público equivale a proposta quando encerra os requisitos essenciais ao contrato, salvo se o contrário resultar das circunstâncias ou dos usos.

Parágrafo único. Pode revogar-se a oferta pela mesma via de sua divulgação, desde que ressalvada esta faculdade na oferta realizada.

- *Lei n. 8.078/90, arts. 30 a 35.*
- *Projeto de Lei n. 699/2011: "Art. 429. A oferta ao público equivale à proposta obrigando o proponente, quando suficientemente precisa a informação ou a publicidade, salvo se o contrário resultar das circunstâncias ou dos usos".*

Oferta ao público. Na oferta ao público (*ad incertam personam*), como a feita, p. ex., via *on-line* em *sites* ou em anúncio de televisão, rádio ou jornal, o aceitante não é identificado. A oferta ao público é uma verdadeira proposta e não simples convite ou *invitatio ad offerendum*. Em princípio, a proposta ao público é igual a quaisquer outras, delas se distinguindo porque, em regra, comporta reservas (disponibilidade de estoque, ressalva quanto à escolha da outra parte); e, no tocante ao prazo moral da aceitação, em virtude da indeterminação do oblato, que só adquire identificação parcial quando chegar, por exemplo, a uma máquina de vendas, inserindo moeda para obter o produto.

Fácil é perceber que a indeterminação do aceitante é temporária, visto que a oferta *ad incertam personam* não é, na verdade, destinada a uma coletividade, mas a cada pessoa que a compõe, visto que a formação do contrato requer a determinação do oblato, que se opera com sua aceitação aderindo à proposta do anunciante.

Obrigatoriedade da oferta ao público. A oferta ao público vale como proposta obrigatória (*RT*, *801*:183), quando contiver os elementos essenciais do contrato. Há vários contratos que se formam mediante ofertas ao público, p. ex., o contrato por adesão, o realizado por licitação, a oferta de produto veiculada em rádio ou televisão, contendo preço e modos de pagamento, a exposição de objetos em lojas com ficha indicativa de preço, a adoção de aparelhos automáticos, nos quais a mercadoria é exposta e é fixado o preço, formando-se o contrato com a introdução de moeda numa ranhura. O aparelho automático é que representa o proponente, e o público é o oblato. O anonimato do destinatário cessa com sua aceitação. A oferta deve, para ter obrigatoriedade, conter todos os elementos essenciais ditados pela espécie de contrato visado, a fim de possibilitar a aceitação consciente e expressa, sem induzir a erros. Por outras palavras, deve trazer em seu conteúdo elementos tais que à outra parte só reste aceitar ou não, salvo se o contrário resultar das circunstâncias ou dos usos. Se anunciar como oferta imperdível a venda de certo objeto durante uma semana, não indicando o preço, esse anúncio não equivalerá à oferta.

Revogação da proposta ao público. O anunciante apenas poderá revogar a oferta ao público usando o mesmo meio de divulgação, desde que ressalve essa permissão na proposta feita. Se a oferta foi feita por meio de jornal, a revogação deverá dar-se pela mesma forma. Se o ofertante não tiver ressalvado o direito de revogar e houver aceitação por terceiro, deverá cumprir a proposta, sob pena de responder pelo inadimplemento.

BIBLIOGRAFIA: M. Helena Diniz, *Curso*, cit., v. 3, p. 47 e 48; Schneider e Fick, *Commentaire du Code Fédéral des Obligations*, Neuchâtel, 1915, v. 1, p. 31; Silvio Rodrigues, *Direito civil*, cit., p. 76; Serpa Lopes, *Curso*, cit., p. 86, 87, 93 e 94; Caio M. S. Pereira, *Instituições*, cit., v. 3, p. 35 e 36; Orlando Gomes, *Contratos*, cit., p. 71; W. Barros Monteiro, *Curso*, cit., p. 14; Durand, La contrainte légale dans la formation du rapport contractuel, *Revue Trimestrielle de Droit Civil (10)*:79, 1944; Matiello, *Código Civil*, cit., p. 288; Nelson Rosenvald, *Código Civil*, cit., p. 420-22.

Art. 430. Se a aceitação, por circunstância imprevista, chegar tarde ao conhecimento do proponente, este comunicá-lo-á imediatamente ao aceitante, sob pena de responder por perdas e danos.

- *Lei n. 8.078/90, art. 39, III e parágrafo único.*
- *Código Civil, arts. 402 a 405.*

Aceitação. É a manifestação da vontade, expressa ou tácita, da parte do destinatário de uma proposta, feita dentro do prazo, aderindo a esta em todos os seus termos, tornando o contrato definitivamente concluído, desde que chegue, oportunamente, ao conhecimento do ofertante.

BIBLIOGRAFIA: Serpa Lopes, *Curso*, cit., v. 3, p. 97; Silvio Rodrigues, *Direito civil*, cit., v. 3, p. 78; M. Helena Diniz, *Curso*, cit., v. 3, p. 45 e 46.

Aceitação tardia. A aceitação deverá ser oportuna, ou seja, formulada dentro do prazo concedido na policitação, para que tenha força vinculante. A aceitação tardia não produz qualquer efeito jurídico, porque a proposta se extingue com o decurso de certo lapso de tempo. Mas se a aceitação for oportuna e chegar a seu destino fora do prazo, por circunstância imprevista, contra a vontade do emitente, o ofertante deverá comunicar o fato ao aceitante se não pretender levar adiante o negócio, sob pena de responder por perdas e danos.

Art. 431. A aceitação fora do prazo, com adições, restrições, ou modificações, importará nova proposta.

Aceitação modificativa ou contraproposta. A aceitação deve ser oportuna e conter adesão integral à oferta. Se for manifestada extemporaneamente, contendo modificações, restrições ou adições, ter-se-á nova proposta ou contraproposta. Se houver, portanto, aceitação modificativa (aditiva ou restritiva) que introduza alterações na oferta, não se terá a conclusão do contrato, pois a resposta do oblato se transforma em proposta ao primitivo ofertante.

Art. 432. Se o negócio for daqueles em que não seja costume a aceitação expressa, ou o proponente a tiver dispensado, reputar-se-á concluído o contrato, não chegando a tempo a recusa.

- Vide *Lei n. 8.078/90, arts. 39, III e parágrafo único, 4º, III, e 51, IV.*
- *Código Civil, art. 659.*

Aceitação tácita. Ter-se-á aceitação tácita quando: *a*) não for usual aceitação expressa. Por exemplo, quando um industrial costuma todos os anos enviar seus produtos a certa pessoa que os recebe e na época oportuna os paga, e, se num dado momento não mais convier a esta pessoa o recebimento da mercadoria, deverá avisar o industrial, sob pena de continuar vinculada ao negócio (*RT*, *232*:227 e *231*:304; *RF*, *161*:278); *b*) o ofertante dispensar a aceitação. Por exemplo, se alguém reserva acomodação num hotel, dizendo que chegará tal dia, se o hoteleiro não expedir a tempo a negativa, o contrato estará firmado.

BIBLIOGRAFIA: Brenno Fischer, *Contratos por correspondência*, cit., p. 120-2, 137 e 159; Orlando Gomes, *Contratos*, cit., p. 74-6; Cohen, *Des contrats par correspondance*, cit., p. 132; Caio M. S. Pereira, *Instituições*, cit., v. 3, p. 40 e 41; Clóvis Beviláqua, *Código Civil*, cit., v. 4, p. 195 e 246; Silvio Rodrigues, *Direito civil*, cit., v. 3, p. 78; W. Barros Monteiro, *Curso*, cit., v. 5, p. 17-8; Von Tuhr, *Tratado*, cit., p. 140, § 23; Colin e Capitant, *Cours élémentaire*, cit., v. 2, p. 271; Demogue, *Traité des obligations en général*, v. 2, n. 585; Enneccerus, Kipp e Wolff, *Tratado de derecho civil*, cit., p. 163; Serpa Lopes, *Curso*, cit., v. 2, p. 96 e 157; Valéry, *Des contrats par correspondance*, Paris, Thorin et Fils, 1895, p. 90; M. Helena Diniz, *Curso*, cit., v. 3, p. 44-7.

Art. 433. Considera-se inexistente a aceitação, se antes dela ou com ela chegar ao proponente a retratação do aceitante.

Retratação do aceitante. O aceitante poderá arrepender-se, desde que sua retratação chegue ao conhecimento do ofertante antes da aceitação enviada ou juntamente com ela (*RT*, *210*:170), pois, se chegar tardiamente a seu destino, o remetente continuará vinculado ao contrato. A retratação em tempo oportuno desobrigará o aceitante da aceitação efetivada.

BIBLIOGRAFIA: Silvio Rodrigues, *Direito civil*, cit., v. 3, p. 80; Valéry, *Des contrats*, cit., p. 182, n. 189; Caio M. S. Pereira, *Instituições*, cit., v. 3, p. 41; Brenno Fischer, *Contratos*, cit., n. 145; M. Helena Diniz, *Curso*, cit., v. 3, p. 47; W. Barros Monteiro, *Curso*, cit., v. 3, p. 18; R. Limongi França, Contrato, cit., in *Enciclopédia Saraiva do Direito*, p. 158; Orlando Gomes, *Contratos*, cit., p. 76 e 77; Carlos Alberto Bittar Filho e Márcia S. Bittar, *Novo Código Civil*, cit., p. 220.

Art. 434. Os contratos entre ausentes tornam-se perfeitos desde que a aceitação é expedida, exceto:

I — no caso do artigo antecedente;

• Vide *Código Civil, art. 433.*

II — se o proponente se houver comprometido a esperar resposta;

III — se ela não chegar no prazo convencionado.

Teoria da agnição e subteoria da expedição. O contrato *inter absentes* aperfeiçoa-se no instante em que o oblato manifesta sua aquiescência à proposta, enviando-a ao proponente, postando-a ou transmitindo-a.

Teoria da agnição e subteoria da recepção. Admite nossa lei, excepcionalmente, que em certos casos o contrato entre ausentes, p. ex., como o feito por fac-símile, por correspondência epistolar ou telegráfica, apenas se efetiva quando a resposta favorável chegar, materialmente, ao poder do ofertante, mesmo que ele não a leia. É o que ocorre se: *a*) o aceitante revogar a aceitação e sua mensagem não chegar a tempo ao policitante; *b*) o proponente se comprometeu a aguardar a resposta; *c*) a resposta não chegar no prazo estipulado. "A formação dos contratos realizados entre pessoas ausentes, por meio eletrônico, completa-se com a recepção da aceitação pelo proponente" (Enunciado n. 173 do Conselho da Justiça Federal, aprovado na *III Jornada de Direito Civil*).

BIBLIOGRAFIA: Valéry, *Des contrats*, cit., p. 146 e 152; W. Barros Monteiro, *Curso*, cit., v. 3, p. 19 e 20; Orlando Gomes, *Contratos*, cit., p. 78 e 79; Pacifici-Mazzoni, *Istituzioni di diritto civile italiano*, v. 4, p. 159; Silvio Rodrigues, *Direito civil*, cit., v. 3, p. 81-3; Caio M. S. Pereira, *Instituições*, cit., v. 3, p. 41-3; Clóvis Beviláqua, *Código Civil*, cit., v. 4, p. 246; Renato Scognamiglio, Contratti in generale, in *Enciclopedia del diritto*, p. 96, n. 27; Barassi, *La teoria generale delle obbligazioni*, Milano, 1948, v. 2, p. 106 e 107, n. 119 e 120; Serpa Lopes, Curso, cit., v. 3, p. 98-102; R. Limongi França, Contrato, cit., in *Enciclopédia Saraiva do Direito*, p. 158 e 159; Gabba, *Questioni di diritto ereditario e diritto delle obbligazioni*, Fratelli Bocca, 1898, v. 2, p. 156; Wurth, *Des principes de droit qui régissent les lettres missives et les télégrammes*, 1882; M. Helena Diniz, *Curso*, cit., v. 3, p. 48-50.

Art. 435. Reputar-se-á celebrado o contrato no lugar em que foi proposto.

• Vide *Lei de Introdução às Normas do Direito Brasileiro, arts. 9º, § 2º, e 13.*

Local da celebração do contrato. O contrato será tido como celebrado no local em que se deu a oferta. A determinação do local onde se tem por concluído o contrato é de grande importância no campo do direito internacional privado, porque dele dependerá a apuração do foro competente e a determinação da lei a ser aplicada à relação contratual.

BIBLIOGRAFIA: Silvio Rodrigues, *Direito civil*, cit., v. 3, p. 83; Cohen, *Des contrats*, cit., p. 69; Clóvis Beviláqua, *Código Civil*, cit., v. 4, p. 202 e 247; Valéry, *Des contrats*, cit., p. 371; W. Barros Monteiro, *Curso*, cit., v. 3, p. 32 e 33; R. Limongi França, Contrato, cit., in *Enciclopédia Saraiva do Direito*, p. 159; Pillet, *Traité pratique de droit international privé*, v. 7, p. 181; Orlando Gomes, *Contratos*, cit., p. 79; Caio M. S. Pereira, Elcir Castello Branco, Aceitação de proposta de contrato, in *Enciclopédia Saraiva do Direito*, v. 4, p. 46; M. Helena Diniz, *Curso*, cit., v. 4, p. 50 e 51.

SEÇÃO III
DA ESTIPULAÇÃO EM FAVOR DE TERCEIRO

Art. 436. O que estipula em favor de terceiro pode exigir o cumprimento da obrigação.

• Vide *Código Civil, art. 553.*

Parágrafo único. Ao terceiro, em favor de quem se estipulou a obrigação, também é permitido exigi-la, ficando, todavia, sujeito às condições e normas do contrato, se a ele anuir, e o estipulante não o inovar nos termos do art. 438.

Estipulação em favor de terceiro ("pactum in favorem tertii"). A estipulação em favor de terceiro é um contrato estabelecido entre duas pessoas, em que uma (estipulante) convenciona com outra (promitente) certa vantagem patrimonial em proveito de terceiro (beneficiário) alheio à formação do vínculo contratual (*RT*, *159*:202, *443*:292, *92*:103, *86*:93, *444*:170, *204*:156, *207*:106, *143*:633, *326*:733 e *209*:171; *RF*, *110*:134; *AJ*, *110*:286; *RJTJSP*, *130*:316, *154*:105; *RSTJ*, *168*:377).

BIBLIOGRAFIA: Savatier, Le prétendu principe de l'effet relatif des contrats, *Revue Trimestrielle de Droit Civil*, p. 540, 1934; Demogue, *Notions fondamentales de droit privé*, p. 481 e s.; Josserand, *Cours de droit positif français*, v. 2, n. 250; W. Barros Monteiro, *Curso*, cit., v. 5, p. 48-52; Serpa Lopes, *Curso*, cit., v. 3, p. 91-135; Caio M. S. Pereira, *Instituições*, cit., v. 3, p. 91-9; Orlando Gomes, *Contratos*, cit., p. 198-200;

Silvio Rodrigues, *Direito civil*, cit., v. 3, p. 113-21; C. Pérez Conesa, *El contrato a favor de tercero*, Barcelona, Bosch, 1999; Diogo Leite de Campos, Autonomia contratual e contrato a favor de terceiro, *Revista de Direito Comparado Luso-Brasileiro*, *1*:93-106, 1982; Flattet, *Les contrats pour le compte d'autri*, 1950; Colin e Capitant, *Cours élémentaire*, cit., v. 2, p. 320-6; De Page, *Traité élémentaire*, cit., n. 671, 664; Mazeaud e Mazeaud, *Leçons de droit civil*, cit., n. 776; Demolombe, *Cours de droit civil*, v. 24, n. 203; Laurent, *Principes de droit civil*, t. 15, n. 559; Pacchioni, *Contratti a favore di terzi*, 3. ed., Padova; Demogue, *Obligations*, v. 7, n. 802 e 809; M. Helena Diniz, *Tratado*, cit., v. 1, p. 106-10; Christian Larroumet, *Droit civil*, cit., t. 3, p. 893-923; João Cesar G. Papaleo, *Contrato a favor de terceiro*, Rio de Janeiro, Renovar, 2008.

Exigência do adimplemento da obrigação. O promitente se obriga a beneficiar o terceiro, mas nem por isso se desobriga ante o estipulante, visto que este tem o direito de exigir o cumprimento da obrigação. Na fase de execução contratual, o terceiro passa a ser credor, podendo exigir o cumprimento da prestação prometida, desde que se sujeite às condições e normas do contrato por ele aceito, enquanto o estipulante não o inovar nos termos do art. 438. A anuência do terceiro será imprescindível para que o contrato se aperfeiçoe.

Art. 437. Se ao terceiro, em favor de quem se fez o contrato, se deixar o direito de reclamar-lhe a execução, não poderá o estipulante exonerar o devedor.

Exoneração do devedor pelo estipulante. O estipulante poderá exonerar o devedor se o terceiro em favor de quem se fez o contrato não se reservar o direito de reclamar-lhe a execução. Se o estipulante liberar o devedor, a estipulação em favor de terceiro ficará sem efeito. Para evitar isso será necessário que o contrato determine, expressamente, o direito do beneficiário de reclamar a execução do contrato; caso contrário, ficará na dependência da vontade do estipulante extinguir ou não esse vínculo contratual.

Art. 438. O estipulante pode reservar-se o direito de substituir o terceiro designado no contrato, independentemente da sua anuência e da do outro contratante.

• Vide *Código Civil, arts. 436, 791 e 792.*

Parágrafo único. A substituição pode ser feita por ato entre vivos ou por disposição de última vontade.

Direito de substituir o terceiro. Na estipulação em favor de terceiro pode-se convencionar cláusula de substituição do beneficiário. O estipulante poderá reservar-se o direito de substituir o terceiro, independentemente da anuência do beneficiário e da do outro contratante, por ato *inter vivos* ou *causa mortis*; assim sendo, se não se reservou tal direito, não mais poderá fazê-lo posteriormente.

Seção IV
Da promessa de fato de terceiro

Art. 439. Aquele que tiver prometido fato de terceiro responderá por perdas e danos, quando este o não executar.

• Vide *Código Civil, arts. 402 a 405.*

Parágrafo único. Tal responsabilidade não existirá se o terceiro for o cônjuge do promitente, dependendo da sua anuência o ato a ser praticado, e desde que, pelo regime do casamento, a indenização, de algum modo, venha a recair sobre os seus bens.

Promessa de fato de terceiro. Não se pode vincular terceiro a uma obrigação. Só será devedor o que se comprometer a cumprir uma prestação por manifestação de sua própria vontade, por determinação legal ou por decorrência de ilícito por ele mesmo praticado. O promitente deve obter tal anuência, mas como sua obrigação é de resultado, não se exonerará, apesar de ter envidado esforços para conseguir aquele consenso. Logo, se alguém vier a prometer ato de terceiro, esse terceiro não estará obrigado, a menos que consinta nisso. Se o terceiro não executar o ato prometido por outrem, sujeita o que prometeu obter tal ato à indenização de prejuízos (*RF*, *240*:175 e *109*:447; *RT*, *688*:142, *646*:88 e 89, *199*:216 e *216*:157).

BIBLIOGRAFIA: W. Barros Monteiro, *Curso*, cit., v. 4, p. 245 e 246; Silvio Rodrigues, *Direito civil*, cit., v. 2, p. 131-3; Clóvis Beviláqua, *Código Civil*, cit., v. 4, obs. ao art. 929; Planiol e Ripert, *Traité*, cit., t. 7, n. 769; M. Helena Diniz, *Curso*, cit., v. 2, p. 178; v. 3, p. 86; Matiello, *Código Civil*, cit., p. 293; J. Nascimento Franco, Promessa do fato de terceiro, *Tribuna do Direito*, out. 2004, p. 6.

Exclusão da responsabilidade. O promitente não terá responsabilidade de indenizar por perdas e danos o outro contratante, se o terceiro inadimplente for seu cônjuge e se o ato a ser praticado dependia de sua anuência e desde que, pelo regime matrimonial de bens (comunhão parcial ou universal de bens), a indenização recaia, de alguma maneira, sobre seus bens. Com isso, evitar-se-á que o cônjuge que não concedeu a outorga para a realização do ato prometido venha a sofrer os efeitos de uma ação indenizatória, posteriormente, movida contra o consorte-promitente.

Art. 440. Nenhuma obrigação haverá para quem se comprometer por outrem, se este, depois de se ter obrigado, faltar à prestação.

Exoneração do promitente. Se terceiro anuir em executar a prestação e não a cumprir, o promitente, por não ser seu fiador nem codevedor da prestação, estará exonerado de qualquer obrigação de indenizar pelo inadimplemento daquele dever assumido. A reparação dos danos com o inadimplemento recairá sobre o terceiro. Isto é assim porque, com a anuência de terceiro, rompido está o vínculo obrigacional que ligava promitente (devedor primário), visto que aquele veio assumir a obrigação que por este lhe havia sido atribuída.

Seção V

Dos vícios redibitórios

Art. 441. A coisa recebida em virtude de contrato comutativo pode ser enjeitada por vícios ou defeitos ocultos, que a tornem imprópria ao uso a que é destinada, ou lhe diminuam o valor.

- Vide *Lei n. 8.078/90, arts. 18, § 1º, 20, II, 24, 25, 26, 27, 35, III, 41, 51, II.*
- *Código Civil, arts. 138, 139, I, 422, 442, 445, §§ 1º e 2º, 484, 500 e § 3º, 501, 503, 509, 510, 539, 552, 553, 562 e 568.*
- *Código de Processo Civil, arts. 879 a 903.*

Parágrafo único. É aplicável a disposição deste artigo às doações onerosas.

- *Código Civil, arts. 136 e 538 a 564.*

Vícios redibitórios. Os vícios redibitórios são defeitos ocultos existentes na coisa alienada, objeto de contrato comutativo ou de doação onerosa ou com encargo, não comum às congêneres, que a tornam imprópria ao uso a que se destina ou lhe diminuem sensivelmente o valor, de tal modo que o negócio não se realizaria se esses defeitos fossem conhecidos, dando ao adquirente ação para redibir o contrato ou para obter abatimento no preço. Por exemplo, sementes que não alcançam germinação adequada; novilhas escolhidas para reprodução de gado *vacum*, porém estéreis (*RT*, *657*:102, *257*:834, *291*:267, *188*:126, *189*:170 e *167*:717; *RF*, *106*:76, *116*:499 e *177*:255; *RSTJ*, *83*:242 e 243; *RJE*, *4*:5 e *3*:23; TJRS, Ap. Cível 70.004.181.558, 9ª Câm. Civ., rel. Castro Bins, j. 26-6-2002; *JTARS*, *76*:355).

BIBLIOGRAFIA: Fubini, Nature juridique de la responsabilité du vendeur pour les vices cachés, *Revue Trimestrielle de Droit Civil*, p. 179-333, 1930; W. Barros Monteiro, *Curso*, cit., v. 5, p. 53-60; Serpa Lopes, *Curso*, cit., v. 3, p. 150-76; Orlando Gomes, *Contratos*, cit., p. 106-10; M. Helena Diniz, *Tratado*, cit., v. 1, p. 114-9; e *Curso*, cit., v. 3, p. 90-5; Caio M. S. Pereira, *Instituições*, cit., v. 3, p. 103-9; Silvio Rodrigues, *Direito civil*, cit., v. 3, p. 124-32; Otto de Souza Lima, *Teoria dos vícios redibitórios*, São Paulo, 1965; Luiz Roldão de Freitas Gomes, Breves apontamentos sobre vícios redibitórios e sua disciplina no Projeto de Código Civil, *Cadernos de Direito Privado da Universidade Federal Fluminense*, *2*:135 e s., 1979; Mazeaud e Mazeaud, *Leçons*, cit., n. 987 e 992; Colin e Capitant, *Cours élémentaire*, cit., n. 580; De Page, *Traité élémentaire*, cit., v. 4, Parte 1, n. 126, 175, 177 e 189; Giorgi, *Teoria delle obbligazioni*, cit., v. 4, n. 70; Fuzier-Herman, *Code Civil annoté*, v. 5, n. 7 a 9; R. Limongi França, Do vício redibitório, *RT*, *292*:60; Roberto Senise Lisboa, *Manual*, cit., v. 3, p. 69-72; Jones Figueirêdo Alves, *Novo Código Civil*, cit., p. 392 a 398; Jorge S. Fujita, Obrigações e contratos empresariais no novo Código Civil: os vícios redibitórios, *Introdução crítica ao Código Civil* (org. Lucas A. Barroso), Rio de Janeiro, Forense, 2006, p. 153-79.

Jurisprudência relativa aos vícios redibitórios. Consulte: *RT*, *806*:165, *713*:146, *694*:159, *637*:166, *657*:102, *617*:116, *542*:106, *619*:116, *590*:203, *542*:106, *541*:150, *526*:206, *519*:257, *495*:188, *489*:122, *485*:169, *467*:133, *447*:216, *302*:255, *218*:265, *157*:354, *182*:738, *189*:170 e *193*:653; *RF*, *74*:465, *82*:362, *152*:198, *136*:420; *JB*, *158*:288; *RJTJSP*, *163*:20; *RJ*, *170*:77.

Requisitos. Para que se configure vício redibitório será preciso: *a*) coisa adquirida em virtude de contrato comutativo ou de doação onerosa, ou melhor, gravada com encargo, ou remuneratória (CC, arts. 553, 539 e 562); pelo Enunciado n. 583, aprovado na *VII Jornada de Direito Civil*: "O art. 441 do Código Civil deve ser interpretado no sentido de abranger também os contratos aleatórios, desde que não inclua os elementos aleatórios do contrato"; *b*) defeito prejudicial à utilização da coisa ou determinante da diminuição de seu valor (*RT*, *489*:122, *109*:201 e 662, *110*:691, *150*:106, *173*:218, *245*:464, *448*:91, *226*:162, *103*:672, *117*:214, *317*:186 e *519*:257; *RF*, *137*:491; *AJ*, *108*:267); *c*) vício oculto (*RT*, *495*:188, *526*:206, *172*:637, *467*:133, *204*:278 e *169*:265; *RF*, *106*:76).

Art. 442. Em vez de rejeitar a coisa, redibindo o contrato (art. 441), pode o adquirente reclamar abatimento no preço.

- Vide *Código Civil, arts. 445, §§ 1º e 2º, 615 e 616.*
- Vide *Lei n. 8.078, de 11 de setembro de 1990, arts. 18 e §§ 1º a 6º, 19, I, e 20, III.*

Direito do adquirente. O adquirente, ante vício redibitório da coisa, terá duas alternativas à sua escolha: *a*) ou rejeitar a coisa defeituosa, rescindindo o contrato, por meio da ação redibitória, reavendo o preço pago e obtendo o reembolso de suas despesas, além das perdas e danos, se o alienante conhecia o vício; *b*) ou conservar o bem, reclamando abatimento no preço, sem acarretar a redibição do contrato, lançando mão da ação estimatória ou *quanti minoris* (*RT*, *800*:314, *555*:76, *490*:199, *517*:220 e *519*:256; *BAASP*, *1.910*:86; *JB*, *150*:185; *AJ*, *102*:428).

Art. 443. Se o alienante conhecia o vício ou defeito da coisa, restituirá o que recebeu com perdas e danos; se o não conhecia, tão somente restituirá o valor recebido, mais as despesas do contrato.

• *Código Civil, arts. 402 a 405.*

Ignorância do vício pelo alienante. Há presunção legal da responsabilidade do alienante por vício redibitório, mesmo que seja por ele ignorado. Somente haverá exclusão dessa responsabilidade se do contrato constar cláusula expressa prescrevendo a irresponsabilidade do vendedor por defeito oculto por ele desconhecido.

Má-fé do alienante. Se o alienante tinha ciência do vício oculto, deverá restituir o que recebeu, acrescido das perdas e danos (*RT*, *447*:216), devidamente comprovados (*RT*, *447*:216, *495*:188, *189*:170 e *193*:653; *RJ*, *310*:104), pagando os lucros cessantes, juros moratórios, honorários advocatícios e outras despesas (*RT*, *114*:163).

Boa-fé do alienante. Se o alienante estiver de boa-fé, ignorando o vício oculto (p. ex., o vírus causador de anemia infecciosa de que era portador o cavalo de corrida por ele vendido), restituirá apenas o valor recebido e as despesas contratuais (TJRS, Ap. Cível 594.136.525, 6ª Câm. Cív., rel. Andrade Xavier, j. 28-3-1995).

Art. 444. A responsabilidade do alienante subsiste ainda que a coisa pereça em poder do alienatário, se perecer por vício oculto, já existente ao tempo da tradição.

• *Código Civil, arts. 234 e 1.267.*

Perecimento da coisa. Se a coisa, que contém vício oculto, vier a perecer em poder do alienatário (adquirente), em razão do referido defeito, já existente ao tempo da tradição, o alienante deverá restituir o que recebeu, mais as despesas do contrato, embora o alienatário não mais lhe possa devolver o bem.

Art. 445. O adquirente decai do direito de obter a redibição ou abatimento no preço no prazo de trinta dias se a coisa for móvel, e de um ano se for imóvel, contado da entrega efetiva; se já estava na posse, o prazo conta-se da alienação, reduzido à metade.

• *Código Civil, arts. 441 e 442.*

§ 1º Quando o vício, por sua natureza, só puder ser conhecido mais tarde, o prazo contar-se-á do momento em que dele tiver ciência, até o prazo máximo de cento e oitenta dias, em se tratando de bens móveis; e de um ano, para os imóveis.

§ 2º Tratando-se de venda de animais, os prazos de garantia por vícios ocultos serão os estabelecidos em lei especial, ou, na falta desta, pelos usos locais, aplicando-se o disposto no parágrafo antecedente se não houver regras disciplinando a matéria.

• Vide *Lei n. 8.078/90, arts. 26 e 27.*

• *Código Civil, art. 446.*

Decadência e ações edilícias. A ação redibitória e a estimatória devem ser propostas dentro do prazo de trinta dias, contados da tradição da coisa móvel (*RT*, *462*:247, *450*:265, *545*:126), ou de um ano, se se tratar de bem imóvel, computado da data de sua efetiva entrega, mas se já se encontrava na posse do adquirente, tal prazo contar-se-á da alienação, reduzido à metade.

Pelo Enunciado n. 28, aprovado na *Jornada de Direito Civil*, promovida, em setembro de 2002, pelo Centro de Estudos Judiciários do Conselho da Justiça Federal: "O disposto no art. 445, §§ 1º e 2º, do Código Civil reflete a consagração da doutrina e da jurisprudência quanto à natureza decadencial das ações edilícias". "Em se tratando de vício oculto, o adquirente tem os prazos do *caput* do art. 445 para obter redibição ou abatimento de preço, desde que os vícios se revelem nos prazos estabelecidos no parágrafo primeiro, fluindo, entretanto, a partir do conhecimento do defeito" (Enunciado n. 174 do Conselho da Justiça Federal, aprovado na *III Jornada de Direito Civil*).

Prazo decadencial em vício conhecido tardiamente em razão de sua natureza. Se o vício da coisa, por sua natureza, apenas puder ser detectado pelo adquirente mais tarde, p. ex., com o uso prolongado, o prazo decadencial contar-se-á a partir do instante em que dele teve conhecimento, até o prazo máximo de 180 dias em se tratando de bem móvel, e de um ano, se imóvel.

Prazo de garantia por vício oculto em animal. Se se tratar de venda de animal, o prazo de garantia por vício redibitório, que nele se apresentar, é estabelecido por lei especial, ou, na falta desta, pelos usos locais, aplicando-se o art. 445, § 1º, se inexistir normas disciplinadoras da matéria.

Jurisprudência sobre o prazo decadencial para propor ação edilícia. *Vide*: *RT*, *462*:247, *450*:265, *545*:126, *447*:216, *538*:231, *464*:266, *134*:548, *137*:572, *161*:236, *164*:709, *179*:764, *189*:170, *489*:138, *157*:208, *134*:548, *145*:721, *141*:698, *158*:234, *178*:218, *260*:484 e *276*:609; *RF*, *136*:420, *82*:362, *74*:475, *152*:198; *EJSTJ*, *14*:52.

BIBLIOGRAFIA: Carlos Eduardo Thompson Flores Lenz, Considerações acerca do prazo decadencial nas ações edilícias: análise do art. 445, §§ 1º e 2º, do Código Civil de 2002, *RF*, *365*:3.

Art. 446. Não correrão os prazos do artigo antecedente na constância de cláusula de garantia; mas o adquirente deve denunciar o defeito ao alienante nos trinta dias seguintes ao seu descobrimento, sob pena de decadência.

• Vide *Código Civil, arts. 207 a 211 e 445.*

• *Lei n. 8.078/90, arts. 50 e 26, § 2º.*

Prazos decadenciais na vigência de cláusula de garantia contratual. Os prazos do art. 445 do Código Civil (decadência legal) não correrão na constância de cláusula convencional de garantia (dada pelo alienante no sentido de que, por certo tempo, responderá por defeito apresentado pela coisa), por ser causa obstativa de decadência, prevista contratualmente (prazo de garantia — decadência contratual), mas o adquirente deverá, ante o princípio da boa-fé objetiva, denunciar o vício do alienante, dentro de trinta dias seguintes à sua descoberta, sob pena de decadência, abrindo, portanto, uma exceção a benefício do adquirente. Não tem força para operar a exclusão da garantia legal. A decadência da garantia contratual não atingirá a da garantia legal. Com o término do prazo de garantia ou não denunciando o adquirente o vício dentro do prazo de trinta dias, os prazos legais do art. 445 iniciar-se-ão.

SEÇÃO VI
DA EVICÇÃO

• *Código de Processo Civil, arts. 125 a 129.*

Art. 447. Nos contratos onerosos, o alienante responde pela evicção. Subsiste esta garantia ainda que a aquisição se tenha realizado em hasta pública.

• *Código de Processo Civil, arts. 125, I, 572 e §§ 1º e 2º, 730, 879 a 903, 594, § 2º.*

- Vide *Código Civil, arts. 199, III, 295, 359, 552, 568, 845, 1.005, 1.939, III, 2.024 a 2.026.*

Conceito de evicção. Evicção é a perda da coisa, por força de decisão judicial, fundada em motivo jurídico anterior, que a confere a outrem, seu verdadeiro dono, com o reconhecimento em juízo da existência de ônus sobre a mesma coisa, não denunciado oportunamente no contrato.

Mas o Enunciado n. 651 da *IX Jornada de Direito Civil*, veio a entender que: "A evicção pode decorrer tanto de decisão judicial como de outra origem, a exemplo de ato administrativo".

BIBLIOGRAFIA: W. Barros Monteiro, *Curso*, cit., v. 5, p. 61-8; Orlando Gomes, *Contratos*, cit., p. 110-2; Caio M. S. Pereira, *Instituições*, cit., v. 3, p. 112-22; Silvio Rodrigues, *Direito civil*, cit., v. 3, p. 133-44; Baudry-Lacantinerie e Saignat, *Traité théorique et pratique de droit civil*, Paris, 1900, v. 17, n. 350; Gabriel de Rezende Filho, *Curso de direito processual civil*, v. 1, p. 296; Serpa Lopes, *Curso*, cit., v. 3, p. 179-92; Mazeaud e Mazeaud, *Leçons*, cit., v. 3, n. 952 e 968; Moacyr Amaral Santos, *Primeiras linhas de direito processual civil*, v. 2, p. 22; Colin e Capitant, *Cours élémentaire*, cit., v. 2, n. 561; De Page, *Traité élémentaire*, cit., t. 4, Parte 1, n. 138; Clóvis Beviláqua, *Código Civil*, cit., v. 4, p. 281 e s.; Aubry e Rau, *Cours*, cit., v. 4, § 355; M. Helena Diniz, *Curso*, cit., v. 3, p. 96-102; e *Tratado*, cit., v. 1, p. 119-23; Ignácio Botelho Mesquita, Da ação de evicção, *Ajuris*, *22*:81; Roberto Senise Lisboa, *Manual*, cit., v. 3, p. 77-82; Pontes de Miranda, *Tratado de direito privado*, cit., v. 38, p. 181; Carlos Roberto Gonçalves, *Direito civil brasileiro*, São Paulo, Saraiva, 2004, v. III, p. 124; José Eduardo da Costa, *Evicção nos contratos onerosos*, São Paulo, Saraiva, 2004.

Dados jurisprudenciais alusivos à evicção. Consulte: *RT*, *743*:233, *672*:126, *679*:195, *678*:109, *660*:133, *602*:241 e 282, *615*:97, *446*:104, *449*:105 e 197, *451*:104, *111*:597, *441*:94, *538*:269, *521*:110, *444*:80, *517*:68, *496*:57, *479*:60 e *132*:180; *JB*, *162*:257 e *147*:65; *BAASP*, *1973*:83; *RJE*, *1*:147; *RJTJSP*, *131*:121; *JTACSP*, *119*:198, *106*:9; *EJSTJ*, *6*:77, *11*:72, *25*:158; *Ciência Jurídica*, *73*:76 e *74*:158; *RTJE*, *83*:69; *RF*, *117*:177; *RSTJ*, *74*:219 e *130*:233.

Evicção e contrato oneroso. Haverá responsabilidade do alienante, *pleno iure*, pela evicção apenas no contrato oneroso translativo de domínio e posse, visto que, se o evicto for privado de uma coisa adquirida a título gratuito, não sofrerá diminuição em seu patrimônio, pois tão somente deixará de experimentar um lucro.

Aquisição por leilão público não é excludente da garantia da evicção. Haverá responsabilidade por evicção mesmo que a aquisição do bem se tenha efetivado por meio de leilão público. Há, portanto, também nesta hipótese, para o adquirente, a garantia da evicção. Assim, arrematante ou adjudicante que vier a sofrer evicção parcial ou total poderá pleitear o valor proporcional ao desfalque ou o preço da coisa evicta, voltando-se contra credor que tirou proveito com o produto da arrematação ou adjudicação ou contra o proprietário do bem, que recebeu o saldo remanescente.

Art. 448. Podem as partes, por cláusula expressa, reforçar, diminuir ou excluir a responsabilidade pela evicção.

- *Código Civil, art. 449.*
- *Código de Defesa do Consumidor, art. 51, I.*

Reforço, redução e exclusão da responsabilidade pela evicção. A lei confere às partes o direito de modificar a responsabilidade do alienante, excluindo, reforçando ou diminuindo a garantia, desde que o façam expressamente (*RT*, *710*:91). Por exemplo, para reforçar ou diminuir a responsabilidade por evicção, relativa ao direito à indenização assegurada ao evicto, poderão os contratantes convencionar, p. ex., seu pagamento em dobro ou pela metade. Se se estipular no contrato a redução ou o reforço da garantia, cumprir-se-á o pactuado. Não haverá responsabilidade do alienante se no contrato oneroso constar cláusula expressa que a exclua, isentando-o da indenização por evicção. Se o contrato nada dispuser a respeito, subentender-se-á que tal garantia da evicção estará assegurada para o adquirente, respondendo o alienante por ela.

Art. 449. Não obstante a cláusula que exclui a garantia contra a evicção, se esta se der, tem direito o evicto a receber o preço que pagou pela coisa evicta, se não soube do risco da evicção, ou, dele informado, não o assumiu.

- Vide *Código Civil, art. 448.*

Efeito da cláusula de "non praestanda evictione". Se houver cláusula expressa de exclusão da garantia e conhecimento do risco da evicção pelo evicto, ter-se-á total isenção de responsabilidade por parte do alienante; logo, o evicto não terá direito a qualquer indenização, perdendo inclusive o que desembolsou. Se houver cláusula expressa de exclusão da garantia, tendo o adquirente ciência desse risco, o alienante responderá apenas pelo preço pago por aquele pela coisa evicta (*RT*, *132*:180, *EJSTJ*, *6*:77). Se houver cláusula expressa de exclusão da garantia, sem que o adquirente haja assumido o risco da evicção de que foi informado, terá direito de reaver o preço que desembolsou.

BIBLIOGRAFIA: W. Barros Monteiro, *Curso*, cit., v. 3, p. 63 e 64; Serpa Lopes, *Curso*, cit., p. 190 e 191; M. Helena Diniz, *Curso*, cit., v. 3, p. 100; Carlos Alberto Bittar, *Direito dos contratos e dos atos unilaterais*, Rio de Janeiro, Forense Universitária, 1990, p. 120.

Art. 450. Salvo estipulação em contrário, tem direito o evicto, além da restituição integral do preço ou das quantias que pagou:

- *Código Civil, art. 449.*

I — à indenização dos frutos que tiver sido obrigado a restituir;

- *Código Civil, art. 95.*

II — à indenização pelas despesas dos contratos e pelos prejuízos que diretamente resultarem da evicção;

III — às custas judiciais e aos honorários do advogado por ele constituído.

- *Lei n. 8.906/94, arts. 22 a 26.*

Parágrafo único. O preço, seja a evicção total ou parcial, será o do valor da coisa, na época em que se evenceu, e proporcional ao desfalque sofrido, no caso de evicção parcial.

- ***Projeto de Lei n. 699/2011***: *"Parágrafo único. O preço, seja a evicção total ou parcial, será o do valor da coisa, na época em que se evenceu, e proporcional ao desfalque sofrido, no caso de evicção parcial, salvo na hipótese de valor pago a maior ao tempo da alienação ou em valor necessário que propicie ao evicto adquirir outro bem equivalente".*

Direitos do evicto. No caso de evicção total, o evicto poderá reclamar, além da restituição integral do preço, ou das quantias pagas, tendo por base o valor da coisa ao tempo em que se evenceu (*RT*, *445*:106, *202*:247, *473*:177, *207*:132, *293*:656, *303*:449, *343*:165,

496:63, *344*:161, *371*:145, *472*:162, *489*:250, *547*:82 e *521*:110; *EJSTJ*, *4*:57-8, *24*:123 e 124; *RF*, *221*:78), incluídos os juros legais (CC, arts. 404, 406 e 407) e a atualização monetária, salvo estipulação em contrário: *a*) a indenização dos frutos que tiver sido obrigado a restituir ao reivindicante; *b*) o pagamento, a título indenizatório, das despesas contratuais e de todos os prejuízos que diretamente resultarem da evicção; *c*) as custas judiciais por ele desembolsadas em razão do litígio, compreendendo despesas periciais e honorários advocatícios (Lei n. 8.906/94, art. 23).

Avaliação na evicção total ou parcial do preço correspondente ao desfalque sofrido. Na evicção total ou parcial, o cálculo do *quantum* terá por base o valor da coisa ao tempo da evicção, incluídos os juros legais e a atualização monetária, ainda que venha a receber o adquirente menos do que pagou, por haver diminuído o seu valor. A indenização deverá ser proporcional ao desfalque econômico ou à perda sofrida (*RT*, *150*:165; *EJSTJ*, *23*:125), em caso de evicção parcial.

Art. 451. Subsiste para o alienante esta obrigação, ainda que a coisa alienada esteja deteriorada, exceto havendo dolo do adquirente.

• Vide *Código Civil, arts. 145 a 150.*

Deterioração da coisa e garantia da evicção. O alienante responderá pela evicção parcial ou total mesmo que a coisa alienada esteja deteriorada, pois o adquirente, considerando a coisa, não tinha o dever de conservá-la. O alienante, havendo evicção, deverá, portanto, pagar toda a indenização ao evicto, como se nenhuma deterioração tivesse havido, salvo se tiver ocorrido dolo por parte do adquirente, ou seja, se ele intencionalmente veio a deteriorar o bem para lesar o reivindicante ou o alienante. Se assim é ato culposo (negligência, imprudência, imperícia) do adquirente (evicto) na conservação da coisa, causando sua deterioração, não faz com que o alienante venha a escapar da composição do dano, pois apenas o comportamento doloso do evicto seria conducente à dedução correspondente à depreciação sofrida.

Art. 452. Se o adquirente tiver auferido vantagens das deteriorações, e não tiver sido condenado a indenizá-las, o valor das vantagens será deduzido da quantia que lhe houver de dar o alienante.

Direito ao valor das vantagens das deteriorações da coisa. Se o evicto obteve vantagem com a deterioração do bem, p. ex., se vendeu materiais resultantes da demolição do prédio, terá direito ao valor dela, que será deduzido da quantia que lhe houver de dar o alienante, a não ser que tenha sido condenado a indenizar o terceiro, ou seja, o evictor.

Art. 453. As benfeitorias necessárias ou úteis, não abonadas ao que sofreu a evicção, serão pagas pelo alienante.

• Vide *Código Civil, arts. 96, §§ 2º e 3º, 97 e 454.*

Direito do evicto ao valor das benfeitorias necessárias ou úteis. O evicto terá o direito de obter o valor das benfeitorias necessárias ou úteis que não lhe foram abonadas, pois se é possuidor de boa-fé deverá receber do alienante o valor delas, tendo até o direito de reter a coisa até que seja reembolsado das despesas feitas com tais benfeitorias (CC, art. 1.219; *RSTJ*, *116*:225). O alienante não poderá alegar, para não pagar a indenização, que o evicto estava de má-fé quando fez tais benfeitorias, uma vez que a posse da coisa por ele transmitida era legítima.

Art. 454. Se as benfeitorias abonadas ao que sofreu a evicção tiverem sido feitas pelo alienante, o valor delas será levado em conta na restituição devida.

- *Código Civil, art. 453.*

Valor das benfeitorias feitas pelo alienante. Se as benfeitorias abonadas ao evicto foram feitas pelo alienante, o valor delas deverá ser levado em conta na restituição devida. O alienante receberá do reivindicante a devida indenização, e, se o evicto veio a recebê-la, a importância respectiva será deduzida pelo alienante do preço ou da quantia que terá de pagar ao primeiro. Se assim não fosse haveria enriquecimento ilícito do evicto.

Art. 455. Se parcial, mas considerável, for a evicção, poderá o evicto optar entre a rescisão do contrato e a restituição da parte do preço correspondente ao desfalque sofrido. Se não for considerável, caberá somente direito a indenização.

- Vide *Código Civil, art. 442.*

Evicção parcial. Na evicção parcial, por haver perda considerável de uma fração ou de parte material ou ideal do bem, ou de seus acessórios, ou mera limitação do direito de propriedade, o adquirente, por ter sido, p. ex., privado do gozo de uma servidão ativa ou obrigado a suportar o ônus de uma servidão passiva, poderá optar entre a rescisão contratual ou o abatimento no preço proporcionalmente à parte subtraída a seu domínio (*RT*, *465*:212) ou à desvalorização sofrida pela existência de ônus real. Se não for considerável a evicção parcial, caberá ao evicto apenas o direito de pleitear uma indenização, proporcional ao desfalque econômico sofrido, não podendo, portanto, valer-se daquela opção.

Art. 456. ***(Para poder exercitar o direito que da evicção lhe resulta, o adquirente notificará do litígio o alienante imediato, ou qualquer dos anteriores, quando e como lhe determinarem as leis do processo.)***

- *Revogado pelo CPC/2015, art. 1.072, II.*
- Vide *Código de Processo Civil, arts. 125, I, e § 1º, 129, parágrafo único.*
- ***Projeto de Lei n. 699/2011***: *"Art. 456. Para o direito que da evicção lhe resulta, independe o evicto da denunciação da lide ao alienante, podendo fazê-la, se lhe parecer conveniente, pelos princípios da economia e da rapidez processual.*

..."

Parágrafo único. ***(Não atendendo o alienante à denunciação da lide, e sendo manifesta a procedência da evicção, pode o adquirente deixar de oferecer contestação, ou usar de recursos.)***

- *Código de Processo Civil, arts. 125 a 129 e 335 a 343.*
- *Revogado pelo CPC/2015.*

Facultatividade da denunciação da lide. A denunciação da lide é o ato pelo qual o autor ou o réu chamam a juízo terceira pessoa (alienante imediato), que seja garante de seu direito, a fim de resguardá-lo no caso de serem vencidos na demanda em que se encontram (*RJTJSP*, *131*:121 e *94*:112; *RT*, *593*:86, *620*:134 e *672*:126). Admitia-se que havia obrigatoriedade da denunciação da lide e que "a interpretação do art. 456 (ora revogado) do novo Código Civil permitia ao evicto a denunciação direta de qualquer dos responsáveis pelo vício" (Enunciado n. 29 — prejudicado com a revogação do art. 456 do Código Civil —, aprovado na *Jornada de Direito Civil*, promovida, em setembro de 2002, pelo Centro de Estudos Judiciários do Conselho da Justiça Federal). Hodiernamente, pelo CPC/2015, art. 125, I e II, admite-se a denunciação da lide promovida por qualquer das partes ao *alienante imediato*, no processo relativo à coisa, cujo domínio foi transferido ao denunciante, a fim de que possa exercer os direitos que da evicção lhe resultam ou àquele que estiver obrigado, por lei ou pelo contrato, a indenizar, em ação regressiva, o prejuízo de quem foi vencido no processo. Clara está a *facultatividade da denunciação* da lide, com a revogação do art. 456 do Código Civil, assim, se não exercida no processo em que pende a ação principal, o titular da pretensão da garantia ou de regresso poderá exercê-la em ação autônoma (CPC, art. 125, §§ 1º e 2º). Já entendia o STJ que a denunciação era facultativa, sendo possível reaver o preço mediante ação própria, mesmo não havendo intervenção de terceiro, e o CJF no Enunciado n. 433 (aprovado na *V Jornada de Direito Civil*) admitiu que: "A ausência de denunciação da lide ao alienante, na evicção, não impede o exercício de pretensão reparatória por meio de via autônoma".

Outrora, o adquirente, proposta por terceiro ação para evencer bem transmitido, deveria denunciar a lide ao alienante imediato, ou qualquer dos anteriores, para que interviesse no processo, defendendo a coisa que alienou (CPC/73, arts. 70 a 76; *AJ*, *109*:44). Se o adquirente não fizesse isso perderia os direitos oriundos da evicção, não mais dispondo de ação direta para exercitá-los (*RT*, *534*:148, *532*:107, *525*:104, *517*:164, *516*:206, *519*:189, *506*:101, *505*:166, *502*:109, *501*:112, *498*:89, *481*:94, *499*:180, *510*:110, *519*:110 e *511*:206; *RF*, *117*:177 e *104*:282). Na lição de Hugo Nigro Mazzilli e Wander Garcia, o art. 456 (ora revogado) do Código Civil era mais interessante do que o art. 73 do Código de Processo Civil de 1973, por criar a possibilidade da denunciação da lide *per saltum*, abreviando o tempo do processo pois identificado o primeiro alienante a transferir o direito sobre a coisa sem ser o seu titular, este poderia ser denunciado da lide diretamente, evitando-se sucessivas denunciações vindas dos alienantes imediatos até chegar no primeiro alienante *a non domino*. Se o alienante fosse também citado como parte no litígio, seria desnecessária a denunciação da lide (*RT*, *202*:247; *RF*, *152*:260); se ele não atendesse à denunciação da lide, e, sendo manifesta ou evidente a procedência da evicção, o adquirente poderia deixar de oferecer contestação, ou usar de recursos, mas não deveria correr tal risco, pois era o órgão judicante quem fazia a averiguação da procedência, ou não, da evicção. Não mais se admite a denunciação *per saltum*, pois vedada está a de qualquer dos alienantes anteriores que estiverem na cadeia de alienações. Com a retirada da denunciação da lide por saltos, o evicto perdeu uma alternativa de demanda para a tutela efetiva de seu direito. Mas permitida está no art. 125, § 2º, do CPC uma única denunciação da lide sucessiva, promovida pelo denunciado contra seu antecessor imediato na cadeia dominial ou quem seja responsável pela indenização. O denunciado sucessivo não poderá promover nova denunciação, logo seu eventual direito de regresso será exercido mediante ação autônoma. Observava Matiello que a apresentação de defesa poderia ser meramente protelatória, sujeitando o demandado às penas por litigância de má-fé, daí justificar-se o parágrafo único do artigo 456 (ora revogado), pois, ao possibilitar que o adquirente, ante a inércia do alienante, deixasse de apresentar contestação ou de usar de recursos, estava tornando viável a prolação de sentença fundada na revelia ou o trânsito em julgado daquela decisão pela não interposição de recursos. Com isso abreviava-se o litígio e atendia-se à política da celeridade processual, consagrando o princípio da economia processual; por tal razão, o CPC, art. 128, II, assim reza: "Feita a denunciação da lide pelo réu, se o denunciado for revel, o denunciante pode deixar de prosseguir com sua defesa, eventualmente oferecida, e abster-se de recorrer, restringindo sua atuação à ação regressiva". Com isso, acaba confirmando o teor do revogado parágrafo único do art. 456 do CC.

Pelos Enunciados do Fórum Permanente de Processualistas Civis:

a) 120: "A ausência de denunciação da lide gera apenas a preclusão do direito de a parte promovê-la, sendo possível ação autônoma de regresso".

b) 121: "O cumprimento da sentença diretamente contra o denunciado é admissível em qualquer hipótese de denunciação da lide fundada no inciso II do art. 125 do CPC/2015.

c) 122: "Vencido o denunciante na ação principal e não tendo havido resistência à denunciação da lide, não cabe a condenação do denunciado nas verbas de sucumbência".

BIBLIOGRAFIA: Moacyr Amaral Santos, *Primeiras linhas*, cit., p. 22; Paulo Restiffe Neto, Denunciação da lide; evicção à luz do novo Código de Processo Civil, *O Estado de S. Paulo*, 13 jan. 1974; W. Barros Monteiro, *Curso*, cit., v. 5, p. 66-8; M. Helena Diniz, *Curso*, cit., v. 3, p. 99; Alexandre F. Pimentel, Evicção e denunciação da lide no novo Código Civil, in *Novo Código Civil: questões controvertidas* (coord. Mário Luiz Delgado e Jones Figueirêdo Alves), São Paulo, Método, 2003, p. 149-68; Matiello, *Código Civil*, cit., p. 302; Carlos Augusto de Assis e Cláudio M. C. do Amaral Vieira, Denunciação à lide e evicção no direito pátrio, *Revista Síntese de Direito Civil e Processual Civil*, *38*:12-31; Hugo Nigro Mazzilli e Wander Garcia, *Anotações*, cit., p. 139; Flávio Tartuce, *Direito civil*, Forense, Rio de Janeiro, 2015, v. 3, p. 225-36.

Art. 457. Não pode o adquirente demandar pela evicção, se sabia que a coisa era alheia ou litigiosa.

Perda do direito de demandar pela evicção. O evicto não poderá demandar pela evicção, movendo ação contra o transmitente, se sabia que a coisa era alheia, ou litigiosa, pois assumiu o risco do bom ou mau resultado da demanda intentada contra o transmitente, surgindo, então, a presunção de que renunciou à garantia da evicção, tendo somente o direito de reaver o preço que desembolsou, se vier a perder o bem.

SEÇÃO VII
DOS CONTRATOS ALEATÓRIOS

Art. 458. Se o contrato for aleatório, por dizer respeito a coisas ou fatos futuros, cujo risco de não virem a existir um dos contratantes assuma, terá o outro direito de receber integralmente o que lhe foi prometido, desde que de sua parte não tenha havido dolo ou culpa, ainda que nada do avençado venha a existir.

- *Código Civil, arts. 145 a 150, 757 a 777.*

Contrato aleatório. O contrato aleatório é aquele em que a prestação de uma ou de ambas as partes depende de um risco futuro e incerto, não se podendo antecipar seu montante (*RT*, *516*:167, *502*:218, *237*:194, *180*:749 e *118*:596; STJ, 4ª T., REsp 586.458, rel. Min. Barros Monteiro, *DJU*, 20-3-2006). O contrato pode ser aleatório em razão de sua natureza (jogo, aposta, seguro) ou, acidentalmente, em decorrência de ter por objeto coisas de existência ou valor incertos (p. ex., contrato de exploração de petróleo a risco, de garimpo ou de compra de colheita). "Aos contratos aleatórios não é aplicável a teoria da lesão, não estando sujeitos, ademais, aos efeitos de vícios, arras e outros institutos aplicáveis à defesa do equilíbrio contratual", como ensinam Carlos Alberto Bittar Filho e Márcia S. Bittar.

BIBLIOGRAFIA: Messineo, *Doctrina general del contracto*, Buenos Aires, 1952, p. 243; Silvio Rodrigues, *Direito civil*, cit., v. 3, p. 40 e 41, 147 e 148; Boselli, Alea, in *Novissimo Digesto Italiano*, 1957, v. 1, t. 1; Elcir Castello Branco, Contrato aleatório, in *Enciclopédia Saraiva do Direito*, v. 19, p. 193; Serpa Lopes, *Curso*, cit., v. 3, p. 39; Caio M. S. Pereira, *Instituições*, cit., v. 3, p. 60-2; W. Barros Monteiro, *Curso*, cit., v. 5, p. 71-4; Orlando Gomes, *Contratos*, cit., p. 86 e 87; M. Helena Diniz, *Curso*, cit., v. 3, p.

64-9; e *Tratado*, cit., v. 1, p. 335 e 336; Venda aleatória, in *Enciclopédia Saraiva do Direito*, v. 76, p. 480-4; João Luís Alves, Código Civil anotado, cit., v. 2, p. 201; Lino Salis, *La compra-vendita di cosa futura*, Padova, CEDAM, 1935; Piero Perlengieri, *I negozi su beni futuri*, Napoli, Jovene, 1962; Carlos Alberto Bittar Filho e Márcia S. Bittar, *Novo Código Civil*, cit., p. 229.

"Emptio spei". *Emptio spei* é uma modalidade de contrato aleatório em que um dos contratantes, na alienação de coisa futura, toma a si o risco relativo à existência da coisa, ajustando um preço, que será devido integralmente, mesmo que nada se produza, sem que haja dolo ou culpa do alienante. Trata-se de aquisição de um conjunto de coisas futuras por preço global (*per aversionem*).

Art. 459. Se for aleatório, por serem objeto dele coisas futuras, tomando o adquirente a si o risco de virem a existir em qualquer quantidade, terá também direito o alienante a todo o preço, desde que de sua parte não tiver concorrido culpa, ainda que a coisa venha a existir em quantidade inferior à esperada.

Parágrafo único. Mas, se da coisa nada vier a existir, alienação não haverá, e o alienante restituirá o preço recebido.

"Emptio rei speratae". *Emptio rei speratae* é uma espécie de contrato aleatório em que o adquirente, na alienação de coisa futura, assume o risco quanto à maior ou menor quantidade da coisa, sendo devido o preço ao alienante, desde que este não tenha culpa, mesmo que o objeto venha a existir em quantidade mínima ou irrisória. Adquirir-se-á um conjunto de coisas futuras, a um preço "x" por unidade, sendo que a álea diz respeito à quantidade. Se nada existir, nula será a venda por falta de objeto, e o alienante deverá restituir o preço.

Art. 460. Se for aleatório o contrato, por se referir a coisas existentes, mas expostas a risco, assumido pelo adquirente, terá igualmente direito o alienante a todo o preço, posto que a coisa já não existisse, em parte, ou de todo, no dia do contrato.

• *Código Comercial, arts. 666 e 677, n. 9.*

Alienação de coisa existente sujeita a risco. No contrato aleatório relativo a coisa existente sujeita a risco de se perder, deteriorar ou sofrer depreciação, o alienante terá direito a todo o preço, mesmo que a coisa já não existisse, de todo, ou em parte, no dia do contrato, e desde que ignore o sinistro.

Art. 461. A alienação aleatória, a que se refere o artigo antecedente poderá ser anulada como dolosa pelo prejudicado, se provar que o outro contratante não ignorava a consumação do risco, a que no contrato se considerava exposta a coisa.

• *Código Civil, art. 460.*

Invalidação de contrato relativo a coisa existente exposta a risco. Poder-se-á anular venda aleatória de coisa existente sujeita a risco se o adquirente vier a provar que o alienante tinha ciência, quando da efetivação do contrato, de que o bem não mais existia, pois, ante a consumação do risco, veio a perecer, e omitiu dolosamente esse fato.

SEÇÃO VIII

DO CONTRATO PRELIMINAR

• *Lei n. 4.591/64, arts. 34, § 3º, 35, §§ 1º a 4º.*

Art. 462. O contrato preliminar, exceto quanto à forma, deve conter todos os requisitos essenciais ao contrato a ser celebrado.

- *Código Civil, arts. 227, 421 a 426.*
- *Decreto-Lei n. 58/37, art. 11.*
- *Lei n. 6.766/79, art. 26.*
- *Súmula 413 do Supremo Tribunal Federal.*

Contrato preliminar. O contrato preliminar (*pactum de contrahendo*) não é uma simples negociação, por ser um contrato que traça os contornos de um contrato final que se pretende efetivar no momento oportuno, gerando direitos e deveres para as partes que assumem a obrigação de um futuro *contrahere*, isto é, de contrair contrato definitivo. Trata-se de uma promessa de contratar, pela qual uma ou ambas as partes firmatárias se comprometem a concluir, no porvir, um contrato definitivo. Por exemplo, promessa de compra e venda (*RT*, *763*:204, *712*:169; *RJ*, *149*:97; *RTJ*, *92*:250).

Requisitos do "pactum de contrahendo". O contrato preliminar, liberto do requisito formal, tem validade, gerando para o inadimplente o dever de indenizar (CC, art. 465, 2ª parte), desde que contenha todos os requisitos essenciais ao contrato definitivo (*RTJ*, *114*:844 e *117*:384) a ser celebrado futuramente. A forma do contrato preliminar, portanto, não precisará ser a mesma do contrato definitivo.

Lembra o CJF no Enunciado n. 435 (aprovado na *V Jornada de Direito Civil*) que: "O contrato de promessa de permuta de bens imóveis é título passível de registro na matrícula imobiliária".

BIBLIOGRAFIA: Caio M. S. Pereira, *Instituições*, cit., v. 3, p. 70, 72-9; Altino Portugal S. Pereira, *Promessa de compra e venda de imóveis no direito brasileiro*, Curitiba, 1957; Orlando Gomes, *Contratos*, cit., n. 180 e 181; Martinho Garcez Neto, *Obrigações e contratos*, 1969, p. 135; Serpa Lopes, *Curso*, cit., v. 3, p. 229-41; M. Helena Diniz, *Tratado teórico e prático dos contratos*, São Paulo, Saraiva, 1999, v. 1, p. 277 e s.; Carlo A. Nicoletti, *Sul contratto preliminare*, 1974; Mousseron, Guibal e Mainguy, *L'avant — contrat*, 2001; Palermo, *Contratto preliminare*, 1991; Carlyle Popp, *Responsabilidade civil pré-negocial: o rompimento das tratativas*, Curitiba, Juruá, 2002; Sérgio de Godoy Bueno, Contrato preliminar, *Revista de Direito Mercantil*, *37*:74; J. Nascimento Franco, O contrato preliminar no novo Código Civil, *Tribuna do Direito*, mar. 2003, p. 6; Regina G. Dias, *Contrato preliminar*, 1974; Antonio R. Garcia, *El precontrato*, 1982; Jones F. Alves e Mário Luiz Delgado, *Código*, cit., p. 239; Rodolfo Pamplona, A disciplina do contrato preliminar no novo Código Civil brasileiro, in *Questões controvertidas no novo Código Civil*, coord. Delgado e Alves, São Paulo, Método, 2004, v. II, p. 357.

Art. 463. Concluído o contrato preliminar, com observância do disposto no artigo antecedente, e desde que dele não conste cláusula de arrependimento, qualquer das partes terá o direito de exigir a celebração do definitivo, assinando prazo à outra para que o efetive.

- *Código Civil, arts. 420, 1.417 e 1.418.*
- *Decreto-Lei n. 58/37, arts. 15, 16 e 22.*
- *Lei n. 6.766/79, art. 25.*
- *Lei n. 4.380/64, art. 69.*
- *Súmula 166 do Supremo Tribunal Federal.*

Parágrafo único. O contrato preliminar deverá ser levado ao registro competente.

- *Lei n. 6.015/73, arts. 127, parágrafo único, 129, 167, I, 221, II, 223 e 225, § 1º.*
- *Súmulas 166, 167 e 412 do Supremo Tribunal Federal.*
- *Súmulas 76 e 239 do Superior Tribunal de Justiça.*

Exigibilidade e irretratabilidade do "pactum de contrahendo". Efetuado o contrato preliminar sem cláusula de arrependimento (*RT*, *672*:176), observando-se o disposto no art. 462 do Código Civil, e assentado no registro competente (Registro de Títulos e Documentos, se versar sobre coisa móvel, ou Registro de Imóveis, se pertinente a bem de raiz), terá ele validade *erga omnes* (*RT*, *647*:102 — em contrário Súmula 239 do STJ), prevenindo direitos contra terceiros, e será irretratável, consequentemente, qualquer dos contratantes poderá exigir a celebração do contrato definitivo prometido, concedendo, por meio de notificação judicial ou extrajudicial, um prazo ao outro para sua efetivação. Esse registro impedirá a efetivação de ulteriores atos negociais sobre o bem (objeto do contrato preliminar) e, consequentemente, evitará não só prejuízo a quem já o adquiriu, como também a fraude contra credores. "A disposição do parágrafo único do art. 463 do novo Código Civil deve ser interpretada como fator de eficácia perante terceiros" (Enunciado n. 30, aprovado na *I Jornada de Direito Civil*, promovida, em setembro de 2002, pelo Centro de Estudos Judiciários do Conselho da Justiça Federal). Na ausência do registro, havendo venda do bem a terceiro, por haver relação de direito pessoal entre as partes, que elaboraram o contrato preliminar, o promitente vendedor responderá pelas perdas e danos.

BIBLIOGRAFIA: Jones F. Alves e Mário Luiz Delgado, *Código*, cit., p. 240-1.

Art. 464. Esgotado o prazo, poderá o juiz, a pedido do interessado, suprir a vontade da parte inadimplente, conferindo caráter definitivo ao contrato preliminar, salvo se a isto se opuser a natureza da obrigação.

- *Código Civil, arts. 463 e 1.418.*
- *Decreto-Lei n. 58/37, arts. 16 e 22.*
- *Lei n. 4.380/64, art. 69.*
- Vide *Código de Processo Civil, arts. 294, 296, 298, 300 e § 3º, 305, 311, I, 402, 519 e 815.*
- *Súmulas 168 e 413 do Supremo Tribunal Federal.*

Direito à conclusão do contrato. Se o contratante deixar escoar o prazo contratual ou o a que se refere o art. 463 do Código Civil, sem cumprir a obrigação, será lícito ao credor pleitear judicialmente o suprimento da vontade do inadimplente, obtendo uma condenação daquele a emitir a manifestação da vontade a que se obrigou, por meio de uma sentença que, uma vez transitada em julgado, produzirá os efeitos da declaração não emitida, conferindo caráter definitivo ao contrato preliminar, exceto se a isto se opuser a natureza da obrigação, por ser personalíssima (p. ex., promessa de outorgar mandato; promessa de renomado pintor de retratar "x"), hipótese em que o contrato se resolverá em perdas e danos (CC, art. 465).

BIBLIOGRAFIA: Humberto Theodoro Jr., *Comentários ao Código de Processo Civil*, v. 4, p. 322; Alcides de Mendonça Lima, *Comentários ao Código de Processo Civil*, 1974, v. 6, t. 2, p. 757-8; Sydney Sanches, *Execução específica*, 1978, p. 38.

DIREITO DAS OBRIGAÇÕES

Art. 465. Se o estipulante não der execução ao contrato preliminar, poderá a outra parte considerá-lo desfeito, e pedir perdas e danos.

- Vide *Código Civil, arts. 389, 402 a 405.*

Rescisão de contrato preliminar. Se o estipulante não vier a executar o contrato preliminar, seu inadimplemento acarretará, se a outra parte assim quiser, a rescisão contratual e a condenação ao pagamento das perdas e danos, visto que não há impossibilidade de arrependimento (*RT*, *672*:176). Há uma compensação ao que foi prejudicado com o descumprimento contratual.

Art. 466. Se a promessa de contrato for unilateral, o credor, sob pena de ficar a mesma sem efeito, deverá manifestar-se no prazo nela previsto, ou, inexistindo este, no que lhe for razoavelmente assinado pelo devedor.

Opção ou contrato preliminar unilateral. O contrato preliminar será unilateral se ambos os interessados anuíram para a sua realização, porém só gerará deveres para um deles, pois o outro poderá exigir a constituição do contrato definitivo prometido. Trata-se da opção em que se convenciona que um dos interessados terá preferência para a realização do contrato, caso resolva celebrá-lo. Como contrato unilateral criará obrigações a uma das partes, ao passo que a outra terá liberdade de efetuar ou não o contrato conforme suas conveniências. A opção pode ser a prazo certo. Vencido este, o ofertante liberar-se-á, readquirindo a liberdade de contratar com quem quiser. Assim, ter-se-á, p. ex., contrato de promessa preliminar unilateral de compra e venda sempre que o vendedor se obrigar a vender ao titular da opção, que ficará com uma prerrogativa de lhe exigir a obrigação, mediante um termo e com caráter potestativo. Se não houver prazo estipulado no contrato, o promissário-credor deverá manifestar-se no que lhe for razoavelmente assinado pelo promitente-devedor. Não havendo manifestação do promissário--credor, dentro do lapso temporal concedido, contratualmente ou pelo promitente-devedor, a promessa de contrato ficará sem efeito, consequentemente as partes voltam ao estado anterior, sem fazerem jus a qualquer indenização.

Seção IX
Do contrato com pessoa a declarar

Art. 467. No momento da conclusão do contrato, pode uma das partes reservar-se a faculdade de indicar a pessoa que deve adquirir os direitos e assumir as obrigações dele decorrentes.

- *Código Civil, art. 469.*

Contrato com pessoa a declarar. O contrato com pessoa a declarar se relaciona com o mandato e com a gestão de negócios, mas sem se confundir com eles e é similar à cessão de contrato. Nesse contrato insere-se cláusula *electio amici*, *pro amico eligendo* ou *pro amico electo*, permitindo a um dos contratantes (*stipulans*) que, tendo o interesse de fazer-se substituir por outra pessoa, revele seu nome apenas no momento da conclusão do negócio. A pessoa por ele indicada (*electus*) é que assumirá perante o *promittens* os deveres e adquirirá os direitos decorrentes do contrato. O contrato com pessoa a declarar é, como diz Nelson Rosenvald, "incompatível com as relações obrigacionais *intuitu personae* — por sua própria essência ou pela determinação das partes — por ser nestas insubstituível a pessoa de um dos contratantes.

A oposição dessa cláusula é comum, como ensina Sílvio Venosa, em compromisso de compra e venda de imóveis, no qual o compromissário-comprador reserva a si a faculdade de indicar terceiro para figurar na escritura definitiva.

BIBLIOGRAFIA: Luiz Roldão F. Gomes, *Contrato com pessoa a declarar*, 1994; M. H. Diniz, *Tratado teórico e prático dos contratos*, São Paulo, Saraiva, v. 1, 1998, p. 116-117; Enrietti, *Il contratto per persona da nominare*, 1950; Carresi, Funzione e estrutura del contratto per persona da nominare, *Rivista di Diritto Civile*, 1958, I, p. 591 e s.; Sílvio de S. Venosa, *Direito civil — Teoria geral das obrigações e teoria geral dos contratos*, São Paulo, Atlas, 2003, v. 2, p. 493 e s.; Carlos Cadenas Quiros, Contrato por persona a nombrar, *Revista de Direito Civil*, 57:7-13; Nelson Rosenvald, *Código*, cit., p. 457; Edvaldo Brito, O contrato com pessoa a declarar, no Brasil, é um pacto, São Paulo, Noeses, 2023.

Art. 468. Essa indicação deve ser comunicada à outra parte no prazo de cinco dias da conclusão do contrato, se outro não tiver sido estipulado.

Parágrafo único. A aceitação da pessoa nomeada não será eficaz se não se revestir da mesma forma que as partes usaram para o contrato.

- *Código Civil, arts. 104 e 470, I.*

Comunicação da indicação. A indicação da pessoa (*electus*), que irá adquirir os direitos e assumir as obrigações decorrentes do ato negocial feito por um dos contratantes (*stipulans*) no momento de sua conclusão, deverá ser comunicada ao outro (*promittens*) dentro do prazo de cinco dias da conclusão do contrato, a não ser que outro termo tenha sido estipulado contratualmente.

Eficácia da aceitação da pessoa nomeada. A aceitação da pessoa indicada no momento da conclusão negocial só produzirá efeitos se revestida da mesma forma utilizada para a efetivação do contrato. P. ex.: se o contrato se deu por instrumento particular, a aceitação poderá dar-se por essa via.

Art. 469. A pessoa, nomeada de conformidade com os artigos antecedentes, adquire os direitos e assume as obrigações decorrentes do contrato, a partir do momento em que este foi celebrado.

- *Código Civil, arts. 467 e 468.*

Efeito "ex tunc" da aceitação da pessoa nomeada. Com a sua aceitação, revestida da mesma formalidade do ato negocial, a pessoa nomeada passará a ter todos os direitos e deveres oriundos do contrato, a partir do instante de sua celebração, liberando-se, então, o indicante. Tal aceitação produz efeito *ex tunc*, por isso o nomeado é tido como contratante originário, desaparecendo da relação contratual aquele que fez sua indicação.

Art. 470. O contrato será eficaz somente entre os contratantes originários:

I — se não houver indicação de pessoa, ou se o nomeado se recusar a aceitá-la;

- *Código Civil, art. 468, parágrafo único.*

II — se a pessoa nomeada era insolvente, e a outra pessoa o desconhecia no momento da indicação.

Eficácia do contrato entre os contratantes originários. O contrato com pessoa a declarar apenas vinculará os contratantes originários (*stipulans e promittens*) se: *a*) não se indicar a pessoa que irá substituir um dos contratantes; *b*) o nomeado recusar a aceitar sua indicação; *c*) a pessoa indicada (*electus*) era insolvente, fato esse desconhecido no momento de sua nomeação, caso em que o promitente pode opor-se à sua indicação. Nestes casos torna-se ineficaz a cláusula de reserva de nomeação e o contrato originário entre *stipulans* e *promittens* terá eficácia imediata entre eles.

Art. 471. Se a pessoa a nomear era incapaz ou insolvente no momento da nomeação, o contrato produzirá seus efeitos entre os contratantes originários.

- *Código Civil, arts. 3º, 4º, 5º, 104, I, 105, 171, I, 283, 284, 296 a 298 e 955.*
- *Código de Processo Civil, arts. 680, I, 792, IV, 794 e 1.052.*
- *Projeto de Lei n. 699/2011: "Art. 471. Se a pessoa a nomear era incapaz no momento da nomeação, o contrato produzirá seu efeito entre os contratantes originários".*

Incapacidade ou insolvência da pessoa a nomear. O contrato com pessoa a declarar é aleatório, visto que o indicante aceita o risco da insolvência do indicado e, diante do princípio da boa-fé objetiva, a cláusula de responsabilidade pela idoneidade do nomeado está ínsita contratualmente, por isso quem nomear terceiro responderá se este for inidôneo, insolvente (CC, art. 470, II) ou incapaz (CC, art. 104, I), visto que o contrato produzirá efeito entre os contratantes originários.

Capítulo II
Da Extinção do Contrato

- *Projeto de Lei n. 699/2011: Da Revisão e Extinção do Contrato.*

Seção I
Do distrato

- *Projeto de Lei n. 699/2011: Da Revisão.*

Art. 472. O distrato faz-se pela mesma forma exigida para o contrato.

- *Código Civil, art. 320.*
- *Lei do Distrato (Lei n. 13.786/2018).*
- *Sobre cancelamento da hipoteca,* vide *art. 251 da Lei n. 6.015, de 31 de dezembro de 1973.*
- *Código de Defesa do Consumidor, arts. 35, 49, 51 e 53.*
- *Decreto n. 2.181/97, art. 22, XVII.*
- *Lei n. 8.884/94, arts. 54 e 57.*
- *Pelo* ***Projeto de Lei n. 699/2011****, este artigo passará a ser o art. 478,* caput.
- ***Projeto de Lei n. 699/2011****: "Art. 472. Nos contratos de execução sucessiva ou diferida, tornando-se desproporcionais ou excessivamente onerosas suas prestações em decorrência de acontecimento extraordinário e estranho aos contratantes à época da celebração contratual, pode a parte prejudicada demandar a revisão contratual, desde que a desproporção ou a onerosidade exceda os riscos normais do contrato.*

  § 1º Nada impede que a parte deduza, em juízo, pedidos cumulados, na forma alternativa, possibilitando, assim, o exame judicial do que venha a ser mais justo para o caso concreto.

  § 2º Não pode requerer a revisão do contrato quem se encontrar em mora no momento da alteração das circunstâncias.

  § 3º Os efeitos da revisão contratual não se estendem às prestações satisfeitas, mas somente às ainda devidas, resguardados os direitos adquiridos por terceiros".

Distrato. O distrato ou resilição bilateral é um negócio jurídico que rompe o vínculo contratual, mediante a declaração de vontade de ambos os contraentes de pôr fim ao contrato que firmaram (*RT*, *691*:94, *RJM*, *32*:72; *RJ*, *118*:192; *Ciência Jurídica*, *41*:132). Produz efeito *ex nunc*, visto que não atinge consequências pretéritas nem direitos adquiridos por terceiros.

Forma do distrato. O distrato ou resilição bilateral submete-se às formas relativas aos contratos. Assim sendo, se o contrato que se pretende resolver foi constituído por escritura pública por exigência legal, o distrato, para ter validade, deverá respeitar essa forma. Se a lei exigir que certo contrato seja feito por instrumento particular, o distrato não poderá ser verbal, devendo realizar-se por instrumento particular (*RT*, *201*:296). Se a lei não exigir forma especial para o contrato, poderá ser ele distratado por qualquer meio. O contrato consensual, assim como a locação, poderá até ser distratado verbalmente ou pela simples entrega da coisa alugada (*RT*, *180*:297). *Pelo Enunciado n. 584, aprovado na VII Jornada de Direito Civil: "Desde que não haja forma exigida para a substância do contrato, admite-se que o distrato seja pactuado por forma livre.*

Pelo Enunciado n. 23, aprovado na *1ª Jornada de Direito Comercial*: "Em contratos empresariais, é lícito às partes contratantes estabelecer parâmetros objetivos para a interpretação de requisitos de revisão e/ou resolução do pacto contratual".

BIBLIOGRAFIA: Colin e Capitant, *Cours élémentaire*, cit., v. 2, n. 144; Silvio Rodrigues, *Direito civil*, cit., v. 3, p. 99 e 100; M. Helena Diniz, *Curso*, cit., v. 3, p. 123 e 124; De Page, *Traité*, cit., n. 759; Orlando Gomes, *Contratos*, cit., p. 220 e 221; W. Barros Monteiro, *Curso*, cit., v. 5, p. 45; Lacerda de Almeida, *Obrigações*, Rio de Janeiro, 1916, § 91; Serpa Lopes, *Curso*, cit., v. 3, p. 199 e 200; Caio M. S. Pereira, *Instituições*, cit., v. 3, p. 128 e 129.

Art. 473. A resilição unilateral, nos casos em que a lei expressa ou implicitamente o permita, opera mediante denúncia notificada à outra parte.

- *Pelo Projeto de Lei n. 699/2011, esse artigo passará a ser o art. 478, § 1º.*

Parágrafo único. Se, porém, dada a natureza do contrato, uma das partes houver feito investimentos consideráveis para a sua execução, a denúncia unilateral só produzirá efeito depois de transcorrido prazo compatível com a natureza e o vulto dos investimentos.

- Vide *Código Civil, arts. 682, I, 688, 720 e 740.*
- Vide *Código Civil de 1916, art. 693, vigente por força do art. 2.039 do Código Civil de 2002.*
- *Lei n. 8.245/91, art. 6º.*
- *Pelo Projeto de Lei n. 699/2011, esse parágrafo único passará a ser o § 2º do art. 478.*
- ***Projeto de Lei n. 699/2011**: "Art. 473. Nos contratos com obrigações unilaterais aplica-se o disposto no artigo anterior, no que for pertinente, cabendo à parte obrigada pedido de revisão contratual para redução das prestações ou alteração do modo de executá-las, a fim de evitar a onerosidade excessiva".*

Resilição unilateral. Apesar de o princípio da obrigatoriedade da convenção impossibilitar a um dos contratantes romper o laço contratual sem o consenso do outro, há hipóteses excepcionais de resilição unilateral admitidas por lei expressa ou implicitamente. Deveras, há contratos que, por sua natureza, comportam dissolução pela simples declaração de vontade de uma só das partes, como o mandato (CC, arts. 682, I, 686 e 687), o comodato e o depósito, quando não mais interessar, mediante denúncia notificada à outra parte. Produz efeito *ex nunc*, não operando retroativamente, de sorte que não haverá restituição das prestações cumpridas, uma vez que as consequências jurídicas produzidas permanecerão inalteráveis.

Denúncia notificada. A resilição unilateral opera-se mediante denúncia notificada que não precisará ser justificada. Tal denúncia notificada constitui meio lícito de pôr fim a um contrato por tempo indeterminado e é a manifestação da vontade que visa dar ciência da *intentio* de rescindir o negócio; por isso, os contratantes sabem que a qualquer momento ele poderá ser desfeito por mera declaração unilateral de vontade. Se uma das partes fez consideráveis investimentos econômicos para a execução do contrato, a denúncia notificada terá eficácia postergada, pois apenas produzirá efeito depois de transcorrido prazo compatível com a natureza e o vulto dos investimentos.

BIBLIOGRAFIA: Caio M. S. Pereira, *Instituições*, cit., v. 3, p. 127, 129 e 130; Orlando Gomes, *Contratos*, cit., p. 221-5; Serpa Lopes, *Curso*, cit., p. 199; M. Helena Diniz, *Curso*, cit., v. 3, p. 149 e 150; Matiello, *Código Civil*, cit., p. 312; Rodrigo Xavier Leonardo, O poder de desligamento contratual mediante a denúncia e a resilição-propostas hermenêuticas ao art. 473 do Código Civil brasileiro, In: Estudos em homenagem a Carlos Eduardo Hapner, coord. Rodrigo X. Leonardo, Curitiba, IAP, 2019, p. 319-56.

SEÇÃO II
DA CLÁUSULA RESOLUTIVA

- *Projeto de Lei n. 699/2011: Da Resolução.*

Art. 474. A cláusula resolutiva expressa opera de pleno direito; a tácita depende de interpelação judicial.

- Vide *Código Civil, arts. 127, 128, 130, 476 e 477.*
- *Código de Processo Civil, arts. 726 a 729.*
- *Pelo **Projeto de Lei n. 699/2011**, esse artigo passará a ser o art. 479.*
- ***Projeto de Lei n. 699/2011**: "Art. 474. A resolução poderá ser evitada, oferecendo-se o réu a modificar equitativamente as prestações do contrato".*

Cláusula resolutiva expressa. Os contratantes podem ajustar cláusula resolutiva, expressamente, para reforçar o efeito da condição, de tal forma que a inexecução da prestação por qualquer um deles importe na rescisão do contrato de pleno direito, sujeito o faltoso às perdas e danos, sem necessidade de interpelação judicial.

Uma vez convencionada a condição resolutiva expressa, o contrato rescindir-se-á automaticamente, fundando-se no princípio da obrigatoriedade dos contratos, justificando-se quando o devedor estiver em mora.

"A cláusula resolutiva expressa produz efeitos extintivos independentemente de pronunciamento judicial" (Enunciado n. 436 do CJF, aprovado na *V Jornada de Direito Civil*).

BIBLIOGRAFIA: Orlando Gomes, *Contratos*, cit., p. 209 e 210; Silvio Rodrigues, *Direito*, cit., p. 98 e 99; Caio M. S. Pereira, *Instituições*, cit., v. 3, p. 133 e 134.

Cláusula resolutiva tácita. A condição, ou melhor, cláusula resolutiva tácita está subentendida em todos os contratos bilaterais ou sinalagmáticos (CC, art. 476; *RT*, *752*:287). Havendo inadimplemento, o pronunciamento da rescisão da avença deverá ser judicial, portanto o contrato não se rescindirá de pleno direito. Assim sendo, a condição resolutiva tácita, alegada pelo lesado, deverá ser apurada judicialmente, de modo que o magistrado só decretará a rescisão do contrato se provado o seu descumprimento pelo devedor.

Art. 475. A parte lesada pelo inadimplemento pode pedir a resolução do contrato, se não preferir exigir-lhe o cumprimento, cabendo, em qualquer dos casos, indenização por perdas e danos.

- Vide *Código Civil, arts. 186, 389, 402 a 405, 927.*
- *Pelo* ***Projeto de Lei n. 699/2011****, esse artigo passará a ser o art. 480.*
- ***Projeto de Lei n. 699/2011****: "Art. 475. Requerida a revisão do contrato, a outra parte pode opor-se ao pedido, pleiteando a sua resolução em face de graves prejuízos que lhe possa acarretar a modificação das prestações contratuais.*

Parágrafo único. Os efeitos da sentença que decretar a resolução do contrato retroagirão à data da citação".

Consequência de inadimplemento de contrato sob condição resolutiva tácita. Se o contrato estiver sob condição resolutiva e um dos contratantes não cumprir sua obrigação, o lesado pela inexecução está autorizado a pedir a resolução do contrato, se não quiser exigir o seu cumprimento. Todavia, em qualquer opção por ele feita cabível será a indenização por perdas e danos (*RT, 716*:165). Com o pronunciamento judicial do rompimento do liame obrigacional ou da exigência de seu cumprimento, o faltoso deverá reparar todos os prejuízos que causou, compreendendo-se neles o dano emergente e o lucro cessante. "É lícita a compensação das perdas e danos devidas pelo devedor com o valor das prestações do imóvel que pagou à construtora" (TJDF, Ap. Cív. 20020110325547, rel. Sandra de Santis, *DJU*, 10-5-2007, v. u.). "As perdas e danos mencionados no art. 475 do novo Código Civil dependem da imputabilidade da causa da possível resolução" (Enunciado n. 31, aprovado na *I Jornada de Direito Civil*, promovida, em setembro de 2002, pelo Centro de Estudos Judiciários do Conselho da Justiça Federal). "O adimplemento substancial decorre dos princípios gerais contratuais, de modo a fazer preponderar a função social do contrato (CC, art. 421) e o princípio da boa-fé objetiva (CC, art. 422), balizando a aplicação do art. 475" (Enunciado n. 361 do Conselho da Justiça Federal, aprovado na *IV Jornada de Direito Civil*). Pelo Enunciado n. 586, aprovado na *VII Jornada de Direito Civil*: "Para a caracterização do adimplemento substancial (tal qual reconhecido pelo Enunciado 361 da *IV Jornada de Direito Civil – CJF*), levam-se em conta tanto aspectos quantitativos quanto qualitativo". Na *V Jornada de Direito Civil*, o CJF aprovou o Enunciado n. 437 que, assim, dispõe: "A resolução da relação jurídica contratual também pode decorrer do inadimplemento antecipado".

BIBLIOGRAFIA: Silvio Rodrigues, *Direito*, cit., v. 3, p. 97; Orlando Gomes, *Contratos*, cit., p. 206; Caio M. S. Pereira, *Instituições*, cit., v. 3, p. 133; Serpa Lopes, *Curso*, cit., p. 202; M. Helena Diniz, *Curso*, cit., v. 3, p. 141; Ruy Rosado Aguiar Jr., *Extinção dos contratos por incumprimento do devedor*, 1991.

SEÇÃO III

DA EXCEÇÃO DE CONTRATO NÃO CUMPRIDO

Art. 476. Nos contratos bilaterais, nenhum dos contratantes, antes de cumprida a sua obrigação, pode exigir o implemento da do outro.

- *Código Civil, arts. 333, 389, 491 e 495.*

Contrato bilateral. No contrato bilateral cada um dos contratantes é simultânea e reciprocamente credor e devedor do outro, pois produz direitos e obrigações para ambos.

"Exceptio non adimpleti contractus". A *exceptio non adimpleti contractus* é a cláusula resolutiva tácita que se prende ao contrato bilateral. Isto é assim porque o contrato bilateral requer que as duas prestações sejam cumpridas simultaneamente, de forma que nenhum dos contratantes poderá, antes de cumprir sua obrigação, exigir o implemento da do outro (*RT*, *184*:664, *188*:188, *191*:213, *178*:735, *640*:103, *670*:71, *669*:136, *674*:163, *795*:245, *805*:228; *RSTJ*, *96*:328, *110*:298; *JB*, *25*:119, *167*:153; *EJSTJ*, *17*:61, 7:90; STJ, 3ª T., REsp 673.773/RN, rel. Min. Ari Pargendler, *DJU*, 23-4-2007).

Pelo Enunciado n. 24 (aprovado na *1ª Jornada de Direito Comercial*): "Os contratos empresariais coligados, concretamente formados por unidade de interesses econômicos, permitem a arguição da exceção de contrato não cumprido, salvo quando a obrigação inadimplida for de escassa importância". E, segundo o Enunciado n. 652 da *IX Jornada de Direito Civil*: "É possível opor exceção de contrato não cumprido com base na violação de deveres de conduta gerados pela boa-fé objetiva".

Art. 477. Se, depois de concluído o contrato, sobrevier a uma das partes contratantes diminuição em seu patrimônio capaz de comprometer ou tornar duvidosa a prestação pela qual se obrigou, pode a outra recusar-se à prestação que lhe incumbe, até que aquela satisfaça a que lhe compete ou dê garantia bastante de satisfazê-la.

• Vide *Código Civil, arts. 333, 389, 391, 474, 475, 476, 491, 495, 590 e 810.*

Efeitos da "exceptio non adimpleti contractus" e da "exceptio non rite adimpleti contractus". O contratante pontual poderá: *a*) permanecer inativo, alegando a *exceptio non adimpleti contractus*; *b*) pedir a rescisão contratual com perdas e danos (*RT*, *724*:309), se lesado pelo inadimplemento culposo do contrato; ou *c*) exigir o cumprimento contratual (*RT*, *399*:233, *503*:180, *521*:265, *512*:220 e *473*:59). A *exceptio non adimpleti contractus* aplica-se no caso de inadimplemento total da obrigação, incumbindo a prova ao contratante que não a cumpriu; e a *exceptio non rite adimpleti contractus*, por sua vez, é relativa à hipótese de descumprimento parcial da prestação. Assim, quem a invocar deverá prová-la, uma vez que há presunção de ter sido regular o pagamento aceito. Sem embargo desta diferenciação e apesar da diversidade de efeitos, pode-se afirmar que, substancialmente, ambas têm a mesma natureza por suporem o inadimplemento, visto que o cumprimento incompleto, defeituoso ou parcial é equivalente ao descumprimento.

Pelo Enunciado n. 438 do CJF, aprovado na *V Jornada de Direito Civil*: "A exceção de inseguridade, prevista no art. 477, também pode ser oposta à parte cuja conduta põe manifestamente em risco a execução do programa contratual".

Garantia de cumprimento da obrigação. Se um dos contratantes sofrer diminuição em seu patrimônio, que comprometa ou torne duvidosa a prestação a que se obrigou, poderá o outro recusar-se a cumprir a sua até que aquele satisfaça a sua ou dê garantia suficiente de que irá cumpri-la.

BIBLIOGRAFIA: R. Limongi França, Contrato, cit., in *Enciclopédia Saraiva do Direito*, p. 143; Levenhagen, *Código Civil*, cit., v. 4, p. 220-2; Orlando Gomes, *Contratos*, cit., p. 82-4 e 103-6; W. Barros Monteiro, *Curso*, cit., v. 5, p. 23-7; Messineo, *Doctrina general*, cit., v. 1, p. 411-3; Caio M. S. Pereira, *Instituições*, cit., v. 3, p. 59 e 135-7; Darcy Bessone de Oliveira Andrade, *Aspectos da evolução da teoria dos contratos*, São Paulo, 1949, n. 9, p. 27; Álvaro Villaça Azevedo, Contrato bilateral, in *Enciclopédia Saraiva do Direito*, v. 19, p. 201-3; De Page, *Traité élémentaire*, cit., t. 2, p. 411; Silvio Rodrigues, *Direito civil*, cit., v. 3, p. 35 e 36; M. Helena Diniz, *Tratado*, cit., v. 1, p. 113 e 114; e *Curso*, cit., v. 3, p. 61 e 89; Cassin, *Exceptio non adimpleti contractus*, Paris, Sirey, 1914; Serpa Lopes, *Curso*, cit., v. 3, p. 33

e 160-8; *Exceções substanciais — "exceptio non adimpleti contractus"*, Rio de Janeiro, 1969; Senin, La clausola solve et repete nei contratti privati, *Rivista di Diritto Civile*, p. 26, 1936; Constantinesco, *La résolution des contrats synallagmatiques en droit allemand*, Paris, 1940, p. 69; Hector Masnatta, *Excepción de incumplimiento contractual*, 1967; Jean-François Pillebout, *Recherches sur l'exception d'inexécution*, 1971; Biagio Grasso, *Eccezione d'inadempimento e risoluzione del contratto*, 1973; Olímpio Ferraz, *Exceção de contrato não cumprido*, 1957; José João Abrantes, *A excepção de não cumprimento do contrato no direito civil português*, 1986.

Seção IV
Da resolução por onerosidade excessiva

• *Projeto de Lei n. 699/2011: Do Distrato.*

Art. 478. Nos contratos de execução continuada ou diferida, se a prestação de uma das partes se tornar excessivamente onerosa, com extrema vantagem para a outra, em virtude de acontecimentos extraordinários e imprevisíveis, poderá o devedor pedir a resolução do contrato. Os efeitos da sentença que a decretar retroagirão à data da citação.

• *Código de Defesa do Consumidor, arts. 6º, V, e 51, IV e § 1º, III.*

• *Código Civil, arts. 317, 621, 625, 884 a 886.*

• *Lei n. 14.010/2020, art. 7º.*

• ***Projeto de Lei n. 699/2011**: "Art. 478. O distrato faz-se pela mesma forma exigida para o contrato.*

§ 1º A resilição unilateral, nos casos em que a lei expressa ou implicitamente o permita, opera mediante denúncia notificada à outra parte.

§ 2º Se, dada a natureza do contrato, uma das partes houver feito investimentos consideráveis para a sua execução, a denúncia unilateral só produzirá efeito depois de transcorrido prazo compatível com a natureza e o vulto dos investimentos".

Revivescência da cláusula "rebus sic stantibus". A onerosidade excessiva, oriunda de acontecimento extraordinário e imprevisível, que dificulta extremamente o adimplemento da obrigação de uma das partes, é, agora, motivo legal de resolução contratual, por se considerar subentendida a cláusula *rebus sic stantibus*, que corresponde à fórmula de que, nos contratos de trato sucessivo ou a termo, o vínculo obrigatório ficará subordinado, a todo tempo, ao estado de fato vigente à época de sua estipulação. A parte lesada no contrato por aqueles eventos supervenientes, que alteram profundamente a economia contratual, desequilibrando as prestações recíprocas, poderá, para evitar enriquecimento sem causa ou abuso de direito por desvio de finalidade econômico-social, sob a falsa aparência de legalidade, desligar-se de sua obrigação, pedindo a rescisão do contrato, ingressando em juízo no curso da produção dos efeitos do contrato, pois se este já foi executado não haverá intervenção judicial. E, ainda, urge ressaltar que o art. 478 torna, a sua maneira, explícita a cláusula *rebus sic stantibus*, apesar de uma interpretação literal conduzir ao engano de que a onerosidade excessiva gera a rescisão do contrato tão somente, ora se quem, por mais forte razão, pode o mais pode o menos, aplicando-se o argumento *a fortiori a maiori ad minus*, parece-nos que nada obsta a revisão do contrato, seja ele bilateral ou unilateral, ante o disposto no art. 317 do Código Civil, que adota a teoria da imprevisão, ao permitir a correção judicial do valor da prestação, havendo desproporcionalidade entre o que foi ajustado durante a celebração do contrato e o valor da prestação na ocasião da execução contratual, desde que a causa da desproporção seja imprevisível e tenha havido requerimento de uma das partes, pois a revisão judicial *ex officio* está vedada. "Em atenção ao princípio da conservação dos negócios jurídicos, o art. 478 do Código Civil de 2002 deverá conduzir, sempre que possível, à revisão judicial dos contratos e não à resolução contratual" (Enunciado n. 176 do Conselho da Justiça Federal, aprovado na *III Jornada de Direito Civil*). "A extrema vantagem do art. 478 deve ser interpretada como elemento acidental da alteração de circunstâncias, que comporta a incidência da resolução ou revisão do negócio por onerosidade excessiva, independentemente de sua demonstração plena" (Enunciado n. 365 do Conselho da Justiça Federal, aprovado na *IV Jornada de Direito Civil*). "A revisão do contrato por onerosidade excessiva fundada no Código Civil deve levar em conta a natureza do objeto do contrato. Nas relações empresariais, observar-se-á a sofisticação dos contratantes e a alocação de riscos por eles assumidas com o contrato" (Enunciado n. 439 do CJF, aprovado na *V Jornada de Direito Civil*). "É possível a revisão ou resolução por excessiva onerosidade em contratos aleatórios, desde que o evento superveniente, extraordinário e imprevisível não se relacione com a álea assumida no contrato" (Enunciado n. 440 do CJF, aprovado na *V Jornada de Direito Civil*). O Código Civil atual abraçou a teoria da equivalência contratual e a da imprevisão.

Pelos Enunciados: a) n. 25 (aprovado na *1ª Jornada de Direito Comercial*): "A revisão do contrato por onerosidade excessiva fundada no Código Civil deve levar em conta a natureza do objeto do contrato. Nas relações empresariais, deve-se presumir a sofisticação dos contratantes e observar a alocação de riscos por eles acordada"; e b) n. 35 (aprovado na *1ª Jornada de Direito Comercial*): "Não haverá revisão ou resolução dos contratos de derivativos por imprevisibilidade e onerosidade excessiva (arts. 317 e 478 a 480 do Código Civil)".

Para Rodrigo Toscano de Brito "o grande entrave que envolve a questão da revisão ou da resolução do contrato em face do desequilíbrio observado gira em torno de três pontos: 1º) a ausência, no Código Civil, de uma regra semelhante à do art. 6º, V, do Código de Defesa do Consumidor; 2º) a presença, nos arts. 317 e 478, do requisito da imprevisibilidade; 3º) a afirmativa conclusiva do item anterior, que vale repetir; independentemente da existência do fato imprevisível, deve-se prestigiar o equilíbrio objetivo da contratação o sinalagma genético e funcional do contrato, diante da presença, entre nós, do princípio da equivalência material dos contratos".

Resolução do contrato por onerosidade excessiva. O magistrado deverá, para dar ganho de causa ao lesado, apurar rigorosamente a ocorrência dos seguintes requisitos: *a*) vigência de um contrato comutativo de execução continuada; *b*) alteração radical das condições econômicas no momento da execução do contrato, em confronto com as do instante de sua formação; *c*) onerosidade excessiva para um dos contratantes e benefício exagerado para o outro; e *d*) imprevisibilidade e extraordinariedade daquela modificação, pois é necessário que as partes, quando celebraram o contrato, não possam ter previsto esse evento anormal. "O fato extraordinário e imprevisível causador de onerosidade excessiva é aquele que não está coberto objetivamente pelos riscos próprios da contratação" (Enunciado n. 366 do Conselho da Justiça Federal, aprovado na *IV Jornada de Direito Civil*). "A menção à imprevisibilidade e à extraordinariedade, insertas no art. 478 do Código Civil, deve ser interpretada não somente em relação ao fato que gere o desequilíbrio, mas também em relação às consequências que ele produz" (Enunciado n. 175 do Conselho da Justiça Federal, aprovado na *III Jornada de Direito Civil*).

Efeito retroativo da sentença que decretar a resolução. Se o órgão judicante conceder ganho de causa, rescindido está o contrato, e a sentença produzirá entre as partes efeito retroativo desde a data da citação.

Jurisprudência sobre onerosidade excessiva. *RF*, *144*:383, *100*:178, *150*:248, *113*:92, *95*:334, *156*:321, *98*:97, *171*:240, *134*:187, *97*:111, *104*:269, *92*:722; *RT*, *191*:169, *254*:213,

502:113, *516*:150, *271*:280, *286*:767, *288*:299, *303*:694, *305*:847, *387*:177, *631*:137, *707*:102, *785*:335, *788*:270, *792*:316; *RTJ*, *51*:187; *AJ*, *74*:343, *112*:617; *EJSTJ*, *11*:75 e *21*:253.

BIBLIOGRAFIA: Caio M. S. Pereira, *Instituições*, cit., p. 137-44, e Cláusula "rebus sic stantibus", *RF*, *92*:797; Serpa Lopes, *Curso*, cit., p. 111-7; De Page, op. cit., v. 2, parte 1, n. 573, p. 489 e s.; Niboyet, La révision des contrats par le juge, in *Travaux de la Semaine Internationale de Droit*, 1937, v. 2, p. 1 e s.; Julien Bonnecase, *Traité théorique et pratique de droit civil*, Paris, Sirey, 1926, t. 3, n. 302; Noé de Azevedo, A cláusula "rebus sic stantibus", *RF*, *99*:301; Messineo, op. cit., p. 503; Colin e Capitant, op. cit., v. 2, n. 83; Giuseppe Osti, La cosiddetta clausola rebus sic stantibus nel suo sviluppo storico, *Rivista di Diritto Civile*, v. 4, 1922; Virgile Eniámin, *Essais sur les données économiques dans l'obligation civile*, p. 373 e s.; Clóvis Beviláqua, *Soluções práticas do direito*, Rio de Janeiro, Freitas Bastos, 1930, v. 3, p. 183-6; Mazeaud e Mazeaud, op. cit., v. 2, n. 734 e 735; Orlando Gomes, *Contratos*, cit., p. 214-5; J. M. Othon Sidou, *A cláusula "rebus sic stantibus" no direito brasileiro*, Rio de Janeiro, Freitas Bastos, 1962, p. 57 e 58; Jair Lins, A cláusula "rebus sic stantibus", *RF*, *11*:512; Paulo Carneiro Maia, "Rebus sic stantibus", in *Enciclopédia Saraiva do Direito*, v. 63, p. 281-91; Arnoldo Medeiros da Fonseca, *Caso fortuito*, cit., n. 4 e 242; Anísio José de Oliveira, *A cláusula "rebus sic stantibus" através dos tempos*, Belo Horizonte, 1968; Juan Terraza Martorell, *Modificación y resolución de los contratos por excesiva onerosidad o imposibilidad en su ejecución*, Barcelona, Bosch, 1951; Antônio F. Costa, Revisão contratual — cláusula *rebus sic stantibus* — conceito — admissibilidade na relação processual — repercussão de seus efeitos, *Ciência Jurídica*, *54*:19 e s.; Rogério Ferraz Donnini, *A revisão dos contratos no Código Civil e no Código de Defesa do Consumidor*, São Paulo, Saraiva, 1999; Carlos Alberto Bittar Filho, *Teoria da imprevisão dos poderes do juiz*, São Paulo, Revista dos Tribunais, 1994; Gustavo Tepedino, Efeitos da crise econômica na execução dos contratos, *Temas de direito civil*, Rio de Janeiro, Renovar, 1999, p. 73 a 111; Renato José de Moraes, *Cláusula "rebus sic stantibus"*, São Paulo, Saraiva, 2001; Sílvio de Salvo Venosa, *Direito civil*, v. 2, p. 413; Regina Beatriz Tavares da Silva, *Cláusula "rebus sic stantibus" ou teoria da imprevisão — revisão contratual*, Belém, Cejup, 1989; Rodrigo Toscano de Brito, Onerosidade excessiva e a dispensável demonstração de fato imprevisível para a revisão ou resolução dos contratos, *Introdução crítica ao Código Civil* (org. Lucas A. Barroso), Rio de Janeiro, Forense, 2006, p. 133-51; *Equivalência material dos contratos*, São Paulo, Saraiva, 2007, p. 100; Andrea C. Zanetti, *Princípios do equilíbrio contratual*, São Paulo, Saraiva, 2012; Álvaro V. Azevedo, Inaplicabilidade da teoria da imprevisão e onerosidade excessiva na extinção dos contratos. *Fundamentos do direito civil brasileiro* (org. Everaldo A. Cambler), Campinas, Millennium, 2012, p. 25-42.

- *Projeto de Lei n. 699/2011 — Seção V: Da Cláusula Resolutiva.*

Art. 479. A resolução poderá ser evitada, oferecendo-se o réu a modificar equitativamente as condições do contrato.

- *Código de Defesa do Consumidor, arts. 6º, V, 37 e 51.*
- *Lei n. 14.010/2020, art. 7º.*
- ***Projeto de Lei n. 699/2011**: "Art. 479. A cláusula resolutiva expressa opera de pleno direito; a tácita depende de interpelação judicial".*

Modificação equitativa das condições contratuais. A onerosidade excessiva está adstrita à resolução e não à revisão contratual, propriamente dita, mas nada impede que o interessado (réu da ação de resolução do contrato), para evitar a rescisão do contrato, se ofereça, ante o princípio da conservação do negócio periódico, na contestação, ou transação judicial, para modificar, equitativamente ou de modo equânime, as condições do contrato, adequando-as à realidade econômico-social, restabelecendo o equilíbrio contratual. O magistrado, então, verificando a boa-fé dos contratantes, avaliará se a proposta feita é, ou não, equitativa. Assim, "em observância ao princípio da conservação do contrato, nas ações que tenham por objeto a resolução do pacto por excessiva onerosidade, pode o juiz modificá-lo equitativamente, desde que ouvida a parte autora, respeitada a sua vontade e observado o contraditório" (Enunciado n. 367 do Conselho da Justiça Federal, aprovado na *IV Jornada de Direito Civil*).

BIBLIOGRAFIA: Hugo Nigro Mazzilli e Wander Garcia, *Anotações*, cit., p. 146.

Art. 480. Se no contrato as obrigações couberem a apenas uma das partes, poderá ela pleitear que a sua prestação seja reduzida, ou alterado o modo de executá-la, a fim de evitar a onerosidade excessiva.

- *Código Civil, arts. 317, 478, 479, 572, 621, parágrafo único, 625, II, 944, parágrafo único, 1.286 e 1.287, 1.341, § 2º.*
- *Código de Processo Civil, art. 140.*
- *Lei n. 8.137/90, art. 10.*
- *Lei n. 8.884/94, art. 53.*
- *Decreto n. 3.602/2000, art. 25.*
- *Lei n. 12.529/2011, art. 85.*
- *Lei n. 14.010/2020, art. 7º.*
- ***Projeto de Lei n. 699/2011:** "Art. 480. A parte lesada pelo inadimplemento pode pedir a resolução do contrato, se não preferir exigir-lhe o cumprimento, cabendo, em qualquer dos casos, indenização por perdas e danos".*

Redução da prestação. Se, por ser o contrato unilateral, apenas um dos contratantes tiver deveres a cumprir, poderá ele, para evitar onerosidade excessiva, requerer judicialmente que sua prestação seja reduzida ou que se altere a maneira de executá-la.

TÍTULO VI
DAS VÁRIAS ESPÉCIES DE CONTRATO

CAPÍTULO I
DA COMPRA E VENDA

SEÇÃO I
DISPOSIÇÕES GERAIS

Art. 481. Pelo contrato de compra e venda, um dos contratantes se obriga a transferir o domínio de certa coisa, e o outro, a pagar-lhe certo preço em dinheiro.

- *Sobre o compromisso de compra e venda de imóveis, para pagamento em prestações,* vide *Decreto-Lei n. 58, de 10 de dezembro de 1937, Decreto n. 3.079, de 15 de setembro de 1938, Leis n. 649, de 11 de março de 1949, 4.380, de 21 de agosto de 1964, 6.766, de 19 de dezembro de 1979, e 11.101/2005, art. 119, VI, e Código Civil, arts. 1.417 e 1.418.*
- Vide *Lei n. 6.766, de 19 de dezembro de 1979, que dispõe sobre o parcelamento do solo urbano.*

- *Sobre as vendas a crédito com reserva de domínio,* vide *Lei n. 6.015, de 31 de dezembro de 1973, art. 129, 5º, Código de Processo Civil, arts. 730, 879, II a 903, e Código Civil, arts. 521 a 528.*
- Vide *Lei n. 1.521, de 26 de dezembro de 1951, que dispõe sobre crimes contra a economia popular.*
- *O Decreto-Lei n. 3.109, de 12 de março de 1941, dispõe sobre o registro das alienações de estrada de ferro.*
- Vide *Lei n. 8.884, de 11 de junho de 1994, que, ao revogar, expressamente, no seu art. 92, a Lei n. 4.137/62 e, implicitamente, o Decreto n. 93.323/86, que, ao revogar o Decreto n. 52.025/63, a regulamentava, passa a regular a prevenção e repressão às infrações contra a ordem econômica.*
- *Sobre contratos de compra e venda em prestações,* vide *Decreto-Lei n. 869, de 18 de novembro de 1938, cuja matéria passou a ser disciplinada pela Lei n. 1.521, de 26 de dezembro de 1951, art. 2º, X.*
- *Sobre compra e venda, compromisso de compra e venda e outros negócios imobiliários,* vide *Lei n. 4.380, de 21 de agosto de 1964.*
- *Proibição do comércio, para uso civil, de armas, petrechos e munições de uso vedado* — Vide *regulamento aprovado pelo Decreto n. 2.998/99, ora revogado pelo Decreto n. 3.665/2000, que dá nova redação ao Regulamento para Fiscalização de Produtos Controlados (R-105).*
- *Proibição do comércio de lança-perfume* — Vide *Decreto n. 55.786, de 22 de fevereiro de 1965.*
- *Sobre compra e venda de unidades autônomas: Lei n. 4.591/64, art. 32, § 2º (com redação da Lei n. 10.931/2004).*
- *Sobre alienação fiduciária,* vide: *Lei n. 4.728, de 14 de julho de 1965, Decreto-Lei n. 911, de 1º de outubro de 1969, e Lei n. 9.514/97, com alterações introduzidas pela Lei n. 10.931/2004, e arts. 1.361 a 1.368 do Código Civil.*
- *Obrigatoriedade das medidas legais fixadas pelo Instituto Nacional de Pesos e Medidas* — Vide *art. 15 do Decreto-Lei n. 240, de 28 de fevereiro de 1967, que dispõe sobre o sistema nacional de metrologia.* Vide *também o Decreto n. 63.233, de 12 de setembro de 1968, que aprovou o Quadro Geral das Unidades de Medida, hoje revogado pelo Decreto n. 81.621/78.*
- *Sobre amostras ao consumidor,* vide *Lei estadual paulista n. 8.124/92.*
- *Sobre venda de imóveis residenciais da União, situados no Distrito Federal,* vide *Lei n. 8.025/90, Decreto n. 99.266, de 28 de maio de 1990, com as alterações do Decreto n. 647, de 9 de setembro de 1992.*
- *Lei n. 9.636/98, com alteração da Lei n. 11.314/2006, sobre regularização, administração, aforamento e alienação de bens imóveis de domínio da União.*
- *Alienação de bens imóveis do Fundo do Regime Geral de Previdência Social (Lei n. 11.481/2007, arts. 10 e 11) e de imóveis não operacionais da Rede Ferroviária S/A (Lei n. 11.481/2007, arts. 12, 13 e 14).*
- *Venda ou promessa de venda de direitos, de terrenos loteados, mediante consórcio, fundo mútuo* — Vide *Lei n. 5.768, de 20 de dezembro de 1971.*
- *Sobre incorporação imobiliária: Leis n. 4.591/64 e 10.931/2004.*
- *Sobre aquisição de imóvel rural por estrangeiro domiciliado no Brasil: Lei n. 5.709, de 7 de outubro de 1971, regulamentada pelo Decreto n. 74.965, de 26 de novembro de 1974; Instrução Normativa do INCRA n. 94/2018.*

- *Código Civil, arts. 1.361 a 1.368.*
- *Lei n. 8.078/90.*
- *Lei n. 8.069/90, arts. 77, 78, 81, I a V, 242 a 244, 256 e 257.*
- Vide *Lei n. 8.979/95, que altera o art. 1º da Lei n. 6.463/77.*
- *Lei n. 8.981/95, art. 21, I a IV, §§ 3º e 4º, com a redação da Lei n. 13.259/2016.*
- *Lei n. 11.101/2005, art. 119, I a V.*
- *Consulte: Código Penal, art. 293, § 1º, III,* a e b, *e § 5º.*
- Vide *Súmulas 413 e 489 do Supremo Tribunal Federal.*
- Vide *Súmula 49 do Superior Tribunal de Justiça.*
- *Sobre alienação por iniciativa particular: Código de Processo Civil, art. 880, §§ 1º a 3º.*
- *Lei n. 10.188/2001 — arts. 1º, II, 2º, § 7º, I e II, 4º, IV, 8º, §§ 1º a 3º, e 10-A (com as alterações da Lei n. 11.474/2007) —, sobre alienação de imóvel objeto de arrendamento residencial.*
- *Lei n. 13.755/2018 sobre requisitos obrigatórios para comercialização de veículos no Brasil.*
- *Lei n. 10.826/2003, regulamentada pelo Decreto n. 9.785/2019, sobre aquisição e comercialização de armas de fogo e munição.*

Compra e venda. Segundo Caio Mário da Silva Pereira, o contrato de compra e venda é aquele em que uma pessoa (vendedor) se obriga a transferir a outra (comprador) o domínio de uma coisa corpórea ou incorpórea, mediante o pagamento de certo preço em dinheiro (Lei n. 10.192/2001; Decreto n. 857/69, art. 2º) ou valor fiduciário correspondente.

BIBLIOGRAFIA: Caio M. S. Pereira, *Instituições*, cit., v. 3, p. 147; Orlando Gomes, *Contratos*, cit., p. 263-9; Guillouard, *De la vente et l'échéance*, 1902, v. 1; Darcy Bessone de Oliveira Andrade, *Da compra e venda*, Belo Horizonte, 1960; De Francisci, *Il trasferimento della proprietà*, Padova, 1924; Mario Sarfatti, *Considerazioni sulla compra-vendita nel diritto comparato*, Torino, 1936; Ramella, *La vendita nel moderno diritto*, Milano, 1920, 2 v.; Sebastião de Souza, *Da compra e venda*, Rio de Janeiro, Forense, 1956; Cunha Gonçalves, *Compra e venda no direito comercial brasileiro*, 1950; Tartufari-Soprano, *Della vendita e riporto*, Torino, 1936; Degni, *Compra-vendita*, 1930; Aureliano Guimarães, *Compra e venda civil*, São Paulo, 1927; Carvalho de Mendonça, *Contratos no direito civil brasileiro*, Rio de Janeiro, 1911, n. 143; Espínola, *Dos contratos nominados no direito civil brasileiro*, n. 42 e 46; Gasca, *Compra-vendita*, Torino, 1914; Planiol, Ripert, Hamel, Givord e Tunc, *Traité pratique de droit civil*, Paris, 1956, t. 10, p. 66 e s.; Agostinho Alvim, *Da compra e venda e da troca*, Rio de Janeiro, Forense, 1961; M. Helena Diniz, *Curso*, cit., v. 3, p. 129-45; e *Tratado teórico e prático dos contratos*, São Paulo, Saraiva, 1993, cap. IV, v. 1, p. 333524; Serpa Lopes, *Curso*, cit., v. 3, p. 253-325; Silvio Rodrigues, *Direito civil*, cit., v. 3, p. 154-79; W. Barros Monteiro, *Curso*, cit., v. 5, p. 76-98; De Page, *Traité élémentaire*, cit., v. 2, n. 442; Carlos Alberto Bittar, *Contratos civis*, cit., p. 15-26; Torquato Cuturi, *Della vendita, della cessione e della permuta*, Napoli, 1981; Gasca, *La compraventa civil y comercial*, Madrid, 1931; Roberto Senise Lisboa, *Manual*, cit., v. 3, p. 83-96; Sebastião José Roque, *Dos contratos civis mercantis*, cit., p. 123-50; Fábio V. Figueiredo e Roberto Bolonhini Jr., *Direito civil — contratos*, São Paulo, Rideel, 2009, p. 128-133; Sílvio Luís Ferreira da Rocha, *Curso avançado*, cit., p. 125-49; Paulo Luiz Netto Lôbo, *Comentários ao Código Civil*, São Paulo, Saraiva, 2003, n. 6, p. 1 a 225; Bruno Mattos e Silva, *Compra de imóveis*, São Paulo, Atlas, 1999; Fabrício Z. Matiello, *Código Civil*, cit., p. 320 e 339; Raquel Grellet Pereira Bernardi, *Contrato de compra e venda como título para transmissão da propriedade mobiliária*, dissertação apresentada na PUCSP, em 2006; M. Lígia C. Mathias e M. Helena M. B. Daneluzzi, *Direito civil — contratos*, cit., p. 75-92; Otavio Luiz Rodrigues Junior, *Código Civil comentado* (coord. A. Villaça Azevedo), São Paulo, Atlas, 2008, p. 1-474; Tatiana B. Peres (organizadora), Defeitos da compra e venda, Rio de Janeiro: Lumen Juris, 2013.

Jurisprudência atinente à compra e venda. Consulte: *RT*, *489*:93, *540*:200, *484*:176, *527*:62, *113*:731, *341*:172, *481*:182, *538*:135, *597*:171, *614*:164, *625*:107, *536*:207, *545*:131, *640*:172, *610*:187, *634*:157, *600*:154, *712*:240, *713*:101, *716*:246, *720*:137, *800*:377; *RF*, *142*:293; *AJ*, *95*:120; *JB*, *160*:311; *RJE*, *3*:*23*; *EJSTJ*, *10*:67 e 69; *RSTJ*, *78*:263; *BAASP*, *1.941*:74; *Ciência Jurídica*, *62*:97, *65*:139 e 286 e *66*:128.

Translatividade do domínio. O contrato de compra e venda é translativo do domínio não no sentido de operar sua transferência, mas no de servir como *titulus adquirendi*, uma vez que gera entre os contraentes um direito pessoal (*RF*, *111*:469), trazendo para o vendedor apenas uma obrigação de transferir o domínio. Não opera, de per si, a transferência da propriedade, que só se perfaz pela tradição, se a coisa for móvel (*RT*, *398*:339 e *431*:66; STF, Súmula 489), ou pelo assento do título aquisitivo no Registro Imobiliário, se o bem for imóvel (*RT*, *590*:120, *280*:550, *468*:61, *520*:136 e *530*:98; *RJTJSP*, *40*:397, *41*:390 e *11*:32; *JB*, *25*:118 e 144).

Coisa. A compra e venda requer a transferência de coisa, que deverá: *a*) ter existência, ainda que potencial, no momento da realização do contrato, seja ela corpórea (imóvel, móvel e semovente), seja ela incorpórea (valor cotado em Bolsa, direito de invenção, crédito, direito de propriedade literária, científica ou artística); *b*) ser individuada, ou melhor, perfeitamente determinada, ou pelo menos determinável, isto é, suscetível de individuação no momento de sua execução, pois já foi indicada pelo gênero e quantidade; *c*) ser disponível, uma vez que sua inalienabilidade natural, legal ou convencional impossibilitaria a sua transmissão ao comprador; *d*) ter possibilidade de ser transferida ao comprador, isto é, não poderá pertencer ao próprio comprador, nem o vendedor poderá aliená-la se for de propriedade de terceiro, pois ninguém poderá transferir a outrem direito de que não seja titular (*RT*, *534*:194).

Pecuniariedade. O preço deverá ter o caráter da pecuniariedade, por constituir uma soma em dinheiro, que o comprador paga ao vendedor em troca de coisa adquirida, mas nada impede que pague mediante coisa representativa de dinheiro ou a ele redutível (*RT*, *317*:481 e *453*:147), como cheque, duplicata, letra de câmbio, nota promissória (*RT*, *141*:631 e *487*:170), títulos da dívida pública (*RF*, *100*:502).

Art. 482. A compra e venda, quando pura, considerar-se-á obrigatória e perfeita, desde que as partes acordarem no objeto e no preço.

- Vide *Código Civil, arts. 417 a 420, 418, 1ª parte, 485 e 486.*
- Vide *Súmula 413 do Supremo Tribunal Federal.*
- ***Projeto de Lei n. 699/2011***: *"Art. 482. A compra e venda, quando pura, considerar-se-á obrigatória e perfeita, a partir do momento em que as partes contratantes se tenham acordado no objeto e no preço".*

Consentimento dos contratantes. Se a compra e venda for pura e simples, não contendo condição ou termo, será considerada obrigatória e perfeita, passando a produzir seus efeitos a partir do momento em que as partes contratantes concordarem com o objeto e o preço.

Art. 483. A compra e venda pode ter por objeto coisa atual ou futura. Neste caso, ficará sem efeito o contrato se esta não vier a existir, salvo se a intenção das partes era de concluir contrato aleatório.

- Vide *Código Civil, arts. 458 a 461.*

Venda de coisa atual ou futura. A coisa vendida deverá ser existente, sob pena de nulidade da compra e venda. No momento de sua celebração, poderá o objeto alienado ter existência potencial, mas na data avençada para sua entrega precisará integrar o patrimônio do vendedor, para que ele possa dele dispor, transferindo sua propriedade, por meio da tradição (se móvel) ou do registro (se imóvel), ao adquirente. Todavia, nem sempre o contrato terá que incidir sobre objeto já conhecido e perfeitamente caracterizado no momento de sua formação, visto que nosso direito permite que verse sobre coisa futura (corpórea ou incorpórea) (CC, arts. 483, 2ª parte, e 458 a 461), por exemplo, os frutos de uma colheita esperada, ou os produtos a serem fabricados, hipótese em que se configurará o *contrato aleatório*. É preciso, por isso, esclarecer que, no caso de coisa futura, ficará sem efeito o contrato se esta não vier a ter existência, fazendo com que os contratantes voltem ao *statu quo ante*, a não ser que a *intentio* dos contratantes fosse a conclusão de um contrato aleatório, em que o objeto da venda é a *spes* e não a coisa ou sua transferência. Logo, nesta hipótese, será suficiente a existência potencial da coisa, para a perfeição do contrato.

Art. 484. Se a venda se realizar à vista de amostras, protótipos ou modelos, entender-se-á que o vendedor assegura ter a coisa as qualidades que a elas correspondem.

- *Código Civil, arts. 441 a 446.*

Parágrafo único. Prevalece a amostra, o protótipo ou o modelo, se houver contradição ou diferença com a maneira pela qual se descreveu a coisa no contrato.

- *Código de Defesa do Consumidor, arts. 30 e s., 39, III e parágrafo único.*

Direito do comprador de recusar coisa vendida mediante amostra. Se a coisa foi vendida mediante amostra (reprodução integral da coisa com suas qualidades e características), protótipo (primeiro exemplar do objeto criado) ou modelo (desenho, ou imagem, acompanhado de informações), por não ter sido entregue nas condições prometidas, o comprador poderá recusá-la no ato do recebimento, pois se entende que o vendedor garante que possui as qualidades correspondentes ao modelo, amostra ou protótipo apresentado. O adquirente, então, poderá pedir em juízo a competente vistoria *ad perpetuam rei memoriam*, em que se baseará a ação de rescisão do contrato, com indenização das perdas e danos (*RF*, *86*:613, *132*:413; *RT*, *633*:98).

Contradição na descrição da coisa no contrato. Se houver contradição ou diferença com o modo pelo qual se descreveu a coisa no negócio jurídico, a amostra, protótipo ou modelo prevalecerá e o vendedor deverá entregar objeto da mesma qualidade do que originalmente apresentou, sob pena de rescisão contratual e de pagamento das perdas e danos ao adquirente. Fácil é perceber que a amostra, o protótipo ou o modelo apresentado pelo vendedor é parte integrante do contrato.

BIBLIOGRAFIA: W. Barros Monteiro, *Curso*, cit., v. 5, p. 93-4; Waldirio Bulgarelli, Venda à vista de amostras, in *Enciclopédia Saraiva do Direito*, v. 76, p. 491-3; Serpa Lopes, *Curso*, cit., v. 3, p. 343-5; Ramella, *La vendita nel moderno diritto*, cit., v. 2, p. 21; M. Helena Diniz, *Curso*, cit., v. 3, p. 142; e *Tratado*, cit., v. 1, p. 354-5; Augusto Zenun, *Da compra e venda e da troca*, Rio de Janeiro, Forense, 2001, p. 32.

Art. 485. A fixação do preço pode ser deixada ao arbítrio de terceiro, que os contratantes logo designarem ou prometerem designar. Se o terceiro não aceitar a incumbência, ficará sem efeito o contrato, salvo quando acordarem os contratantes designar outra pessoa.

- *Código de Defesa do Consumidor, art. 51, VIII e X.*

Fixação do preço por terceiro. A taxação do preço poderá ser deixada, ante o princípio da autonomia da vontade, a terceiro, que será um mandatário escolhido pelos contratantes, que não quiseram ou não puderam determinar o preço. Se terceiro designado, na celebração do negócio ou em momento ulterior, pelas partes não aceitar tal incumbência, o contrato ficará sem efeito, exceto se os contraentes convencionaram sua substituição por outro.

Art. 486. Também se poderá deixar a fixação do preço à taxa de mercado ou de bolsa, em certo e determinado dia e lugar.

• *Código Civil, arts. 315, 318 e 488, parágrafo único.*

Fixação do preço à taxa de mercado ou de bolsa. O preço será determinável se se deixar a sua fixação à taxa de mercado, ou de bolsa, em tal dia e local. Se, porventura, a taxa de mercado ou de bolsa variar no dia marcado para fixar o preço, este terá por base ou critério equitativo (CC, art. 488, parágrafo único) a média da oscilação naquela data.

Art. 487. É lícito às partes fixar o preço em função de índices ou parâmetros, desde que suscetíveis de objetiva determinação.

Fixação de preço por tarifamento ou em função de índices. O preço pode ser fixado por tarifamento, estabelecido por intervenção da autoridade pública, que impõe o preço do objeto ou estabelece o limite máximo, em função de índices (que indicam o cálculo da variação do preço e do valor de certos conjuntos de bens, feito por entidade pública ou privada) ou parâmetros (indicadores de variação de preço de determinados objetos no mercado, p. ex., petróleo) suscetíveis de uma determinação objetiva, isto é, desde que idôneos a uma efetiva fixação do seu *quantum*.

Art. 488. Convencionada a venda sem fixação de preço ou de critérios para a sua determinação, se não houver tabelamento oficial, entende-se que as partes se sujeitaram ao preço corrente nas vendas habituais do vendedor.

• *Lei n. 8.078/90, art. 41.*

Parágrafo único. Na falta de acordo, por ter havido diversidade de preço, prevalecerá o termo médio.

Venda sem fixação de preço ou de critério para sua determinação. Se se convencionar venda sem fixar o preço do bem a ser alienado ou os critérios para sua determinação, não havendo tabelamento oficial, entender-se-á que os contratantes se submeteram ao preço que é o corrente nas vendas usuais, ou melhor, habituais do vendedor. Se alguém, mensalmente, adquire de outrem certo objeto, na falta de definição do preço ou de critério para sua determinação, inexistindo tabelamento oficial, o negócio não será ineficaz, pois, pelo artigo *sub examine*, os contratantes sujeitar-se-ão ao preço corrente nas vendas habituais do alienante. Não podendo reduzi-lo, nem aumentá-lo, atendendo-se sempre ao princípio da função social, da probidade e da boa-fé objetiva (CC, art. 422), e, ainda, aos preceitos de ordem pública (CC, art. 2.035, parágrafo único). Logo, o preço não poderá ficar ao bel-prazer do vendedor.

Valor médio. Não havendo acordo, diante da diversidade ou oscilação do preço, prevalecerá o termo médio dos valores habitualmente usados pelo vendedor na ocasião da efetivação negocial. Estabelecer-se-á o preço, pela média entre o mais elevado e o mais baixo.

Reforça essa ideia o Enunciado n. 440 do CJF (aprovado na *V Jornada de Direito Civil*) que, assim, reza: "Na falta de acordo sobre o preço, não se presume concluída a compra e venda. O parágrafo único do art. 488 somente se aplica se houverem diversos preços habitualmente praticados pelo vendedor, caso em que prevalecerá o termo médio".

Art. 489. Nulo é o contrato de compra e venda, quando se deixa ao arbítrio exclusivo de uma das partes a fixação do preço.

- Vide *Código Civil, art. 122.*
- *Lei n. 8.078/90, arts. 39, X, e 51, X.*

Fixação do preço por um dos contratantes. O preço, em regra, deverá ser fixado pelos contratantes (*RT*, *443*:200) no ato de contratar, não podendo, portanto, ser estipulado arbitrariamente por um deles, sob pena de nulidade da compra e venda. A fixação unilateral do preço está vedada juridicamente e conduz à nulidade negocial (STJ, REsp n. 474.996/SP, Proc. n. 2002/0133.116-6, 3ª T., rel. Castro Filho, j. 15-4-2003).

Art. 490. Salvo cláusula em contrário, ficarão as despesas de escritura e registro a cargo do comprador, e a cargo do vendedor as da tradição.

- Vide *Código Civil, arts. 494, 533, I.*

Responsabilidade pelas despesas com a transferência do bem. As despesas com a escritura pública e respectivo registro ficarão por conta do comprador que, então, arcará com os emolumentos cartorários, tributos (STJ, REsp n. 211.116-SP, 3ª T., rel. Min. Eduardo Ribeiro, j. 9-5-2000) etc. O vendedor arcará com as despesas da tradição da coisa móvel, como transporte, pesagem, medição, contagem etc. Todavia, nada obsta que no contrato haja estipulação em sentido contrário.

Art. 491. Não sendo a venda a crédito, o vendedor não é obrigado a entregar a coisa antes de receber o preço.

- Vide *Código Civil, arts. 475, 476 e 477, e Código de Defesa do Consumidor, art. 51, VIII e X.*

Venda à vista. Na venda a crédito, em regra, o vendedor, mesmo não tendo recebido todo o preço, entrega a coisa ao comprador, após a concessão do crédito. Se a venda não for a crédito, o vendedor não terá o dever de entregar a coisa antes do pagamento do preço, podendo retê-la, e o comprador, por sua vez, não terá a obrigação de pagar o preço se o vendedor não puder entregar a coisa, hipótese em que será conveniente consignar o preço (*RF*, *145*:173, *93*:523 e *192*:243; *RT*, *178*:223). Na venda à vista só se entrega o objeto vendido mediante o pagamento imediato do preço.

Art. 492. Até o momento da tradição, os riscos da coisa correm por conta do vendedor, e os do preço por conta do comprador.

- Vide *Código Civil, arts. 234, 246, 458, 1.267 e 1.268.*

§ 1º Todavia, os casos fortuitos, ocorrentes no ato de contar, marcar ou assinalar coisas, que comumente se recebem, contando, pesando, medindo ou assinalando, e que já tiverem sido postas à disposição do comprador, correrão por conta deste.

- Vide *Código Civil, art. 393, parágrafo único.*

§ 2º Correrão também por conta do comprador os riscos das referidas coisas, se estiver em mora de as receber, quando postas à sua disposição no tempo, lugar e pelo modo ajustados.

- Vide *Código Civil, art. 400.*

Responsabilidade pelos riscos da coisa antes e depois da tradição. Como sem tradição ou registro da escritura não se tem transferência de propriedade, o vendedor assumirá os riscos (perda, deterioração ou desvalorização, ou qualquer perigo que a coisa possa sofrer desde a conclusão do contrato até a sua entrega) da coisa, visto que seu é o domínio (*casus sentit domino*). Se o bem se perder ou se deteriorar, por caso fortuito ou força maior, até o momento da tradição, o vendedor arcará com as consequências, devendo restituir o preço, se já o recebeu. Se a perda ou deterioração se der após a tradição, o comprador arcará com os riscos, pois houve transferência de propriedade (*RF*, *169*:117).

Responsabilidade pelo preço. Se o preço se perder ou se degradar, antes da tradição, o comprador sofrerá o risco. Se isso se der após a tradição, o vendedor arcará com o prejuízo havido com sua perda ou degradação.

Responsabilidade na compra e venda mediante contagem, pesagem, medição ou assinalação. Considerar-se-á como tradição, tendo o comprador a responsabilidade pelo risco, o fato de a coisa que se recebe contando, medindo, pesando ou assinalando ter sido colocada à sua disposição, mesmo que o caso fortuito ocorra no ato de contar, pesar, marcar ou assinalar. Mas os riscos correrão por conta do vendedor se agiu fraudulenta ou negligentemente (*RF*, *125*:210).

Responsabilidade pelo risco em caso de mora. Se a coisa foi oportunamente oferecida pelo vendedor ao comprador, que não a quis receber, ele suportará os riscos da coisa, por estar em mora.

Art. 493. A tradição da coisa vendida, na falta de estipulação expressa, dar-se-á no lugar onde ela se encontrava, ao tempo da venda.

- *Código Civil, arts. 1.245, 1.267, 1.268, §§ 1º e 2º, e 327 a 330.*

Local da entrega da coisa móvel vendida. Estando adimplente o comprador, é obrigação do vendedor entregar a coisa com todos os seus acessórios, transferindo ao adquirente a sua propriedade, no local convencionado no contrato e, na falta de estipulação expressa, no lugar onde ela se encontrava, por ocasião da venda. O lugar da situação da coisa no momento da conclusão do contrato será o da tradição.

Art. 494. Se a coisa for expedida para lugar diverso, por ordem do comprador, por sua conta correrão os riscos, uma vez entregue a quem haja de transportá-la, salvo se das instruções dele se afastar o vendedor.

- *Código Civil, arts. 327, 490, 492, 493, 749, 750 e 754.*

Responsabilidade por expedição da coisa para local diverso do avençado. Se a coisa for enviada para lugar diferente do convencionado, por ordem do comprador, este assumirá a responsabilidade pelos riscos, uma vez entregue ao transportador, exceto se o vendedor se afastar de suas instruções, fazendo, p. ex., a entrega de forma diferente da convencionada, despachando por via aérea, quando deveria fazê-lo por ferrovia, hipótese em que suportará o risco por ter agido como mandatário infiel, arcando com a responsabilidade pelos danos sofridos pela coisa até sua chegada ao destino.

Art. 495. Não obstante o prazo ajustado para o pagamento, se antes da tradição o comprador cair em insolvência, poderá o vendedor sobrestar na entrega da coisa, até que o comprador lhe dê caução de pagar no tempo ajustado.

- Vide *Código Civil, arts. 476, 477, 955 e 1.267.*
- *Código de Processo Civil, arts. 680, I, 792, IV, 794 e 1.052.*

Insolvência do comprador. Se a venda for a crédito, devendo a coisa ser entregue por ocasião do pagamento da primeira prestação, poderá o vendedor sustar tal entrega (*RT*, *137*:292), se o comprador, antes da tradição, tornar-se insolvente, mesmo que tenha recebido aquela parcela, até que o comprador lhe assegure, por caução, o pagamento integral no tempo avençado. Prestada tal caução (garantia real ou fidejussória), levanta-se a suspensão da execução contratual e o vendedor deverá entregar a coisa, sob pena de responder por perdas e danos.

Art. 496. É anulável a venda de ascendente a descendente, salvo se os outros descendentes e o cônjuge do alienante expressamente houverem consentido.

Parágrafo único. Em ambos os casos, dispensa-se o consentimento do cônjuge se o regime de bens for o da separação obrigatória.

- Vide *Código Civil, arts. 171, 172, 176, 179, 533, II, 544 e 1.641.*
- *Súmula 494 do Supremo Tribunal Federal.*
- *Código de Defesa do Consumidor, art. 51, VIII e X.*
- ***Projeto de Lei n. 699/2011**: "Art. 496. É anulável a venda de ascendente a descendente, salvo se os outros descendentes e o cônjuge do alienante expressamente houverem consentido. É igualmente anulável a venda feita ao cônjuge, sem o consentimento expresso dos descendentes do vendedor.*

  Parágrafo único. Dispensa-se o consentimento do cônjuge se o regime de bens for o da separação obrigatória".

Venda de ascendente a descendente. O ascendente tem direito de, a qualquer tempo, alienar seus bens a quem quiser, mas não pode, sob pena de anulabilidade, vender ao descendente sem que os demais descendentes expressamente consintam por meio de escritura pública ou no mesmo instrumento particular do ato principal (CC, art. 220) e, além disso, o cônjuge do alienante também deverá anuir, salvo se casado sob o regime de separação obrigatória de bens (CC, art. 1.641), porque essa venda de bens móveis ou imóveis poderia acobertar uma doação em prejuízo dos demais herdeiros necessários. "Por erro de tramitação, que retirou a segunda hipótese de anulação de venda entre parentes (venda de descendente para ascendente), deve ser desconsiderada a expressão 'em ambos os casos', no parágrafo único do art. 496" (Enunciado n. 177 do Conselho da Justiça Federal, aprovado na *III Jornada de Direito Civil*). "O prazo para anular venda de ascendente para descendente é decadencial de dois anos (art. 179 do Código Civil)", segundo o Enunciado n. 368 do Conselho da Justiça Federal, aprovado na *IV Jornada de Direito Civil*. Pelo Enunciado n. 545 do CJF (aprovado na *VI Jornada de Direito Civil*): "O prazo para pleitear a anulação de venda de ascendente a descendente sem anuência dos demais descendentes e/ou do cônjuge do alienante é de 2 (dois) anos, contados da ciência do ato, que se presume absolutamente, em se tratando de transferência imobiliária, a partir da data do registro de imóveis". Se ocorrer venda por meio de interposta pessoa, para beneficiar um filho, tal venda simulada, por força do art. 167 do Código Civil, deverá ser invalidada. Por isso, é preciso resguardar a igualdade das legítimas contra defraudações (*Ciência Jurídica*, *83*:49, *66*:43, *39*:164 e *33*:107; *JB*, *59*:349; *RT*, *789*:180, *741*:223, *717*:259, *715*:134, *713*:127, *704*:183, *631*:116, *593*:258, *604*:220, *626*:70 e 71, *613*:188, *600*:213, *607*:166, *592*:219, *585*:177, *519*:92, *520*:273, *444*:103, *543*:246, *489*:71, *526*:182, *514*:242, *539*:52, *518*:182, *509*:90, *524*:163, *492*:222, *482*:152, *460*:129, *474*:221, *193*:270, *606*:231, *262*:510, *522*:105, *513*:107, *470*:94, *585*:177 e 245, *502*:66, *443*:320, *476*:114, *520*:259, *534*:82 e *283*:849; *RF*, *331*:236, *93*:548, *98*:387, *173*:265, *121*:187, *126*:450, *145*:119, *214*:155, *232*:201 e *142*:263; *AJ*, *119*:20; STF, Súmulas 152 e 494; *EJSTJ*, *5*:86, *12*:97, *13*:87 e 89, *21*:164; *23*:151; *RSTJ*, *107*:281, *83*:151, *75*:171; *RJ*, *311*:138, *200*:101; *BAASP*, *1.925*:11,

1.940:1, *1.941*:20, *1.954*:44; *RJTJRS*, *110*:410, *157*:215; *RJTJSP*, *135*:67, *136*:302 e 305, *42*:178; *RSTJ*, *107*:281; *JTJ*, *179*:328, *146*:153).

BIBLIOGRAFIA: Débora Gozzo, Ação de nulidade de venda a descendente, in *Coleção Saraiva de Prática do Direito*, n. 35, 1988; W. Barros Monteiro, *Curso*, cit., v. 3, p. 90; M. Helena Diniz, *Tratado*, cit., v. 1, p. 344-6; e *Curso*, cit., v. 3, p. 135-6; Geraldo Sobral Ferreira, Venda de ascendente a descendente: natureza jurídica da proibição legal, *Ciência Jurídica*, *37*:28 e s.; Adahyl Lourenço Dias, Compra e venda de ascendentes a descendentes, in *Enciclopédia Saraiva do Direito*, v. 16, p. 408-12; Álvaro Villaça Azevedo, Considerações sobre a venda de ascendente para descendente ante as súmulas 152 e 494 do STF, *RDC*, *13*:143; João Batista Amorim de Vilhena, *Venda de ascendente a descendente*, São Paulo, Juarez de Oliveira, 2001.

Art. 497. Sob pena de nulidade, não podem ser comprados, ainda que em hasta pública:

- *Código de Processo Civil, art. 890.*

I — pelos tutores, curadores, testamenteiros e administradores, os bens confiados à sua guarda ou administração;

- Vide *Código Civil, arts. 580, 1.749, I, 1.774, 1.781, 1.977, e Súmula 165* do *Supremo Tribunal Federal.*

II — pelos servidores públicos, em geral, os bens ou direitos da pessoa jurídica a que servirem, ou que estejam sob sua administração direta ou indireta;

- *Decreto-Lei n. 411/69, art. 24, VI.*
- *Lei n. 8.112/90, art. 117, IX.*

III — pelos juízes, secretários de tribunais, arbitradores, peritos e outros serventuários ou auxiliares da justiça, os bens ou direitos sobre que se litigar em tribunal, juízo ou conselho, no lugar onde servirem, ou a que se estender a sua autoridade;

- *Código Civil, art. 498.*

IV — pelos leiloeiros e seus prepostos, os bens de cuja venda estejam encarregados.

- *Decreto n. 21.981/32, art. 36, b.*
- *Lei n. 4.021/61, art. 7º, II.*
- *Código de Processo Civil, arts. 883 e 884.*
- *IN do DREI n. 17/2013* e *Provimento n. 2.152/2014* do *CSMSP.*

Parágrafo único. As proibições deste artigo estendem-se à cessão de crédito.

- Vide *Código Civil, arts. 166 a 170, 286 a 298, 1.749, III, e 1.774.*
- *Os leiloeiros são proibidos sob pena de multa de adquirir para si, ou para pessoa de sua família, coisa de cuja renda tenham sido incumbidos. Regulamento baixado pelo Decreto n. 21.981, de 19 de outubro de 1932, art. 36,* b.
- *A aquisição de propriedade rural no território nacional somente poderá ser feita por brasileiro ou por estrangeiro residente no País* — Vide *Ato Complementar n. 45, de 30 de janeiro de 1969, Lei n. 5.709, de 7 de outubro de 1971, e Decreto n. 74.965, de 26 de novembro de 1974, que regulamenta a aquisição de imóveis rurais por estrangeiros.*
- *O governador e os secretários dos Territórios Federais não podem adquirir bens imóveis no Território e bens de qualquer natureza pertencentes a pessoa jurídica de direito público, autarquia, empresa pública, sociedade de economia mista e empresa concessionária de serviço público.* Vide *art. 24, VI, do Decreto-Lei n. 411, de 8 de janeiro de 1969.*

- Vide *Lei n. 11.101/2005, art. 177.*
- Vide *Código de Processo Civil, arts. 895, I e II, §§ 1º a 9º, e 890, I, II e III.*

Restrição legal à liberdade de contratar em razão da moralidade e estabilidade da ordem pública. Os que têm, por dever de ofício ou por profissão, de zelar pelos bens alheios estão proibidos de adquiri-los, mesmo em hasta pública (leilão público), sob pena de nulidade, por razões de ordem moral, pois, por velarem por interesses do alienante, poderiam influenciá-lo de algum modo. Os tutores, curadores, testamenteiros e administradores não poderão comprar bens confiados à sua guarda e administração (*AJ*, *99*:292, *108*:370 e *89*:426; *RT*, *102*:660, *120*:622, *119*:751, *225*:572, *299*:202, *483*:158, *304*:873, *503*:82, *32*:40 e *489*:76; *RF*, *86*:94, *100*:281, *138*:424, *155*:146, *181*:217 e *109*:97; *EJSTJ*, *4*:74 e *9*:109; STF, Súmula 165). Os servidores públicos não poderão comprar bens ou direitos da pessoa jurídica (p. ex., da União, dos Estados ou dos Municípios) a que servirem ou que estiverem sob sua administração direta ou indireta, visto que poderão influenciar na deliberação da venda ou na fixação do preço (*RF*, *81*:426; *RT*, *118*:181 e *124*:529). Juízes, secretários de tribunais, arbitradores, peritos e outros serventuários ou auxiliares da justiça (oficial de justiça, depositário, contador, escrivão, partidor, distribuidor etc.) não poderão adquirir bens ou direitos em litígio, no local onde servirem ou a que se estender a sua autoridade (*RT*, *706*:134, *553*:258). O mesmo se diga em relação a leiloeiros e seus prepostos, quanto aos bens de cuja venda estejam encarregados, pois são considerados, em razão de seu *munus*, auxiliares da Justiça, como observam Jones Figueirêdo Alves e Mário Luiz Delgado.

As pessoas arroladas neste artigo não poderão figurar, como cessionários, na cessão de crédito relativa aos direitos que devem zelar.

Art. 498. A proibição contida no inciso III do artigo antecedente, não compreende os casos de compra e venda ou cessão entre coerdeiros, ou em pagamento de dívida, ou para garantia de bens já pertencentes a pessoas designadas no referido inciso.

- Vide *Código Civil, arts. 497, III, e 1.749, III.*

Exceções à restrição de liberdade de venda ou de cessão de crédito em razão da moralidade. A lei admite exceções ao art. 497, III, nos casos em que não haverá interesses conflitantes, desaparecendo o perigo de especulação desleal e o antagonismo entre o dever e o interesse próprio (*AJ*, *108*:378), tais como: *a*) venda ou cessão entre coerdeiros, pois o condômino tem interesse de resguardar a propriedade comum; logo, não se poderá privá-lo do direito de concorrer à hasta pública, defendendo seu interesse. Se assim é, as pessoas arroladas no inciso III do art. 497 não estão impedidas de efetuar compra e venda ou cessão entre coerdeiros para garantir os seus pertences; *b*) pagamento de débitos ou garantia de bens já pertencentes a qualquer pessoa arrolada no art. 497, III.

Art. 499. É lícita a compra e venda entre cônjuges, com relação a bens excluídos da comunhão.

- *Código Civil, arts. 1.656, 1.659, 1.673, 1.674, 1.668, 1.667 e 1.639, § 2º.*

Compra e venda entre cônjuges. Os consortes não poderão, em regra, efetivar contrato entre si, pois a compra e venda entre marido e mulher está proibida se o regime matrimonial for o da comunhão universal, visto que se terá uma venda fictícia, pois os bens do casal são comuns e ninguém pode comprar o que já lhe pertence. Todavia mesmo nesse regime ou se outro for o regime matrimonial, como o de comunhão parcial, tal venda, desde que efetiva e real e não lesiva a interesses alheios, será lícita relativamente aos bens excluídos da comunhão (bens particulares — CC, arts. 1.659 e 1.668); e, além disso, foi adotado o princípio da mutabilidade justificada (CC, art. 1.639, § 2º).

Art. 500. Se, na venda de um imóvel, se estipular o preço por medida de extensão, ou se determinar a respectiva área, e esta não corresponder, em qualquer dos casos, às dimensões dadas, o comprador terá o direito de exigir o complemento da área, e, não sendo isso possível, o de reclamar a resolução do contrato ou abatimento proporcional ao preço.

- *Código de Processo Civil, art. 73.*
- *Código de Defesa do Consumidor (Lei n. 8.078/90), arts. 18 e s.*

§ 1º Presume-se que a referência às dimensões foi simplesmente enunciativa, quando a diferença encontrada não exceder de um vigésimo da área total enunciada, ressalvado ao comprador o direito de provar que, em tais circunstâncias, não teria realizado o negócio.

- *Código de Defesa do Consumidor (Lei n. 8.078/90), art. 26.*
- Vide *Código Civil, arts. 441 a 446.*

§ 2º Se em vez de falta houver excesso, e o vendedor provar que tinha motivos para ignorar a medida exata da área vendida, caberá ao comprador, à sua escolha, completar o valor correspondente ao preço ou devolver o excesso.

§ 3º Não haverá complemento de área, nem devolução de excesso, se o imóvel for vendido como coisa certa e discriminada, tendo sido apenas enunciativa a referência às suas dimensões, ainda que não conste, de modo expresso, ter sido a venda *ad corpus*.

Venda "ad mensuram". A venda *ad mensuram* é aquela em que se determina a área do imóvel vendido, estipulando-se preço por medida de extensão. O adquirente poderá exigir o complemento da área, e, se isso for impossível, reclamar a resolução do negócio ou o abatimento no preço, se faltar correspondência entre a área efetivamente encontrada e as dimensões dadas (*RT*, *702*:91, *651*:64, *614*:63, *503*:81, *520*:165, *489*:99, *481*:94, *182*:689 e *185*:708; *EJSTJ*, *24*:151, *16*:57; *RF*, *167*:242, *158*:168, *132*:146 e *222*:193).

Presunção "juris tantum" de menção enunciativa de área. Se na venda *ad mensuram* se encontrar uma diferença inferior a um vinte avos, ter-se-á presunção *juris tantum* de que a menção à área foi meramente enunciativa, ou seja, empregada apenas para dar uma indicação aproximativa do todo que se vende; logo, o comprador não poderá ingressar em juízo para obter a complementação de área (*RF*, *100*:38; *RTJ*, *108*:815; *RT*, *242*:196, *202*:130), a resolução do contrato ou abatimento proporcional ao preço, salvo se provar, por todos os meios admitidos em direito, que, em tais circunstâncias, não teria realizado o negócio.

Excesso de área. Se a área encontrada for maior do que a indicada no título, provando o vendedor que tinha motivos para ignorar a sua medida exata, o comprador poderá optar pela complementação do preço ou devolução do excesso. Inibe-se, portanto, o enriquecimento sem causa do adquirente, desde que comprove sua boa-fé objetiva, demonstrando que só teve ciência da diferença da área depois da conclusão do negócio.

Venda "ad corpus". Na venda *ad corpus* o vendedor aliena o imóvel como corpo certo e determinado (p. ex., Rancho Santa Maria); logo, o comprador não poderá exigir o implemento da área nem devolução do excesso, pois o adquiriu pelo conjunto e não em atenção à área declarada, que assume caráter meramente enunciativo, mesmo que não haja menção expressa de que houve venda *ad corpus*. A expressão *mais ou menos*, empregada na escritura pública, ao fazer menção à extensão da área, indica que tal referência foi apenas enunciativa e que a venda é *ad corpus* (*RT*, *796*:358, *737*:402, *711*:112, *536*:96 e 97, *527*:61, *513*:135, *515*:86, *499*:70, *484*:65, *439*:119, *190*:298, *250*:400, *279*:421, *284*:513, *278*:607, *331*:340 e *523*:192; *RF*, *115*:528, *202*:196, *184*:177 e *240*:195; *AJ*, *108*:284; *EJSTJ*, *1*:52; *RJTJSP*, *131*:363, *125*:70; *RSTJ*, *14*:290).

Adendo jurisprudencial sobre venda "ad corpus" e "ad mensuram". Consulte, ainda: *Ciência Jurídica*, *4*:79, *70*:170; *RT*, *800*:314, *520*:165, *250*:146, *232*:510, *117*:215, *130*:110, *202*:130 e *275*:377; *RF*, *167*:242, *125*:310 e *89*:483; *AJ*, *102*:423; *EJSTJ*, *8*:73; *RF*, *89*:483, *167*:242, *222*:193.

BIBLIOGRAFIA: Justino Adriano F. da Silva, Venda "ad mensuram", in *Enciclopédia Saraiva do Direito*, v. 76, p. 477-8; e Venda "ad corpus", in *Enciclopédia Saraiva do Direito*, v. 76, p. 472-5; Carvalho Santos, *Código Civil brasileiro interpretado*, cit., v. 16, p. 154; M. Helena Diniz, *Tratado*, cit., v. 1, p. 355-7; e *Curso*, cit., v. 3, p. 142-4; Caio M. S. Pereira, *Instituições*, cit., v. 3, p. 166-7; João Luís Alves, *Código Civil anotado*, cit., v. 1, p. 215; Orlando Gomes, *Contratos*, cit., p. 267-8; Pontes de Miranda, *Tratado de direito privado*, Rio de Janeiro, Borsoi, 1955, t. 39, p. 139-40; W. Barros Monteiro, *Curso*, cit., v. 5, p. 94-6; Wagner Barreira, Venda "ad corpus", in *Enciclopédia Saraiva do Direito*, v. 76, p. 475-6; Silvio Rodrigues, *Direito civil*, cit., v. 3, p. 180-5; Fernando Whitaker da Cunha, Vendas "ad mensuram" e "ad corpus", *Ajuris*, *29*:191-5, 1983; Eulâmpio Rodrigues Filho, *Compra e venda de imóveis e ação 'ex empto'*, 2000; Augusto Zenun, *Da compra e venda e da troca*, Rio de Janeiro, Forense, 2001.

Art. 501. Decai do direito de propor as ações previstas no artigo antecedente o vendedor ou o comprador que não o fizer no prazo de um ano, a contar do registro do título.

- *Código Civil, arts. 208 a 211.*

Parágrafo único. Se houver atraso na imissão de posse no imóvel, atribuível ao alienante, a partir dela fluirá o prazo de decadência.

Prazo decadencial do direito de exigir complemento de área, de reclamar resolução do contrato ou abatimento proporcional do preço. A complementação da área (ação *ex empto*) que faltar, a rescisão contratual (ação redibitória) ou o abatimento do preço (ação *quanti minoris*) devem ser pleiteados dentro do prazo decadencial de um ano, contado do registro do título na Circunscrição Imobiliária competente, e se houve atraso, por culpa do alienante, na imissão da posse do adquirente no imóvel, a partir dela computar-se-á aquele prazo. Para proteger o comprador, se o vendedor, culposamente, não entregar a posse do imóvel na data estipulada, o prazo decadencial computar-se-á a partir do instante em que se der a imissão de posse, por ser a ocasião em que o adquirente poderá averiguar a dimensão da área. Antes da imissão da posse inviável será tal aferição e consequentemente o ajuizamento das ações cabíveis. Se tal atraso se der, como lembra Matiello, por culpa do próprio comprador, por força maior ou caso fortuito, nenhuma alteração haverá no marco inicial do decurso do prazo decadencial, que é o do registro do título. Todavia, há quem ache, como Nelson Nery Jr. e Rosa Maria A. Nery, que apenas o prazo de um ano para pleitear resolução do contrato, por meio da ação redibitória, em razão de a pretensão ter natureza constitutiva seria decadencial, pois nas ações *ex empto* e *quanti minoris*, tendo por fim a obtenção de uma sentença condenatória por inadimplemento contratual, tal prazo seria prescricional.

BIBLIOGRAFIA: Nelson Nery Junior e Rosa Maria A. Nery, *Novo Código Civil*, cit., com. ao art. 501; Matiello, *Código Civil*, cit., p. 333.

Art. 502. O vendedor, salvo convenção em contrário, responde por todos os débitos que gravem a coisa até o momento da tradição.

• Vide *Código Civil, arts. 422, 490, 492 e 533, I.*

• *Projeto de Lei n. 699/2011: "Parágrafo único. Na venda de imóveis serão necessariamente transcritas, na escritura, as certidões negativas de débitos para com as Fazendas Federal, Estadual e Municipal e de feitos ajuizados em face do vendedor".*

Responsabilidade pelas dívidas. O vendedor, exceto se houver estipulação em contrário, responderá por todos os débitos (despesas condominiais, seguro contra incêndio, p. ex.), inclusive fiscais (IPTU, ITR, IPVA; taxa de água, luz, lixo, gás; contribuições de melhoria, em razão de obra pública realizada nas proximidades do prédio vendido etc.), que gravarem a coisa alienada até o momento da tradição ou do registro, porque o domínio é seu. Na escritura pública de transferência de imóvel, tendo-se em vista o interesse do Fisco e do adquirente, será transcrita certidão de que não há qualquer débito fiscal com a Fazenda Federal, Estadual e Municipal, exonerando-se assim o imóvel, isentando o adquirente da responsabilidade de pagar qualquer imposto a que o imóvel possa estar sujeito. O comprador só responderá pelas dívidas que recaírem sobre a coisa que adquiriu, desde que posteriores à tradição, salvo cláusula contratual em contrário. Com isso, consagrado está o princípio da boa-fé objetiva (CC, art. 422).

Art. 503. Nas coisas vendidas conjuntamente, o defeito oculto de uma não autoriza a rejeição de todas.

• *Código Civil, arts. 441 a 446.*

• *Código de Defesa do Consumidor (Lei n. 8.078/90), arts. 12, 14, 18 e 26.*

Vício redibitório na venda de coisas conjuntas. O alienante terá responsabilidade por defeito oculto nas vendas de coisas conjuntas. Se o objeto for uma universalidade, responderá pela existência desse complexo, não respondendo individualmente pelos objetos que o compõem. Logo o defeito oculto de um deles, individualmente considerado, não autorizará a rejeição de todos pelo comprador (*RJ, 167*:93; *RT, 189*:170), atendendo, assim, ao princípio da conservação do negócio jurídico.

Art. 504. Não pode um condômino em coisa indivisível vender a sua parte a estranhos, se outro consorte a quiser, tanto por tanto. O condômino, a quem não se der conhecimento da venda, poderá, depositando o preço, haver para si a parte vendida a estranhos, se o requerer no prazo de cento e oitenta dias, sob pena de decadência.

• Vide *Código Civil, arts. 87, 88, 1.314 e s.*

Parágrafo único. Sendo muitos os condôminos, preferirá o que tiver benfeitorias de maior valor e, na falta de benfeitorias, o de quinhão maior. Se as partes forem iguais, haverão a parte vendida os comproprietários, que a quiserem, depositando previamente o preço.

• *Código Civil, arts. 96, 97, 505 a 508, 513 a 520, 1.320 e 1.322.*

• Vide *Lei n. 8.245/91, arts. 27 a 36.*

• *Estatuto da Terra, art. 92, § 3º.*

Venda de coisa comum. O condômino, se a coisa comum for indivisível (p. ex., casa, quadro de Portinari), não poderá vender sua parte ideal a estranho, se o outro consorte a quiser, tanto por tanto (*RT, 478*:62, *545*:131 e *494*:149); logo deverá dar preferência aos demais condôminos (*RT, 640*:172, *544*:128, *545*:131, *517*:160, *634*:157, *594*:265, *320*:530, *726*:188,

185:291, *639*:153; *JTJ*, *143*:39; *EJSTJ*, *23*:152; *RF*, *329*:223; *RJTJSP*, *138*:98, *128*:360); o STJ já decidiu, em relação ao art. 1.139, parágrafo único, do CC de 1916, correspondente ao artigo *sub examine*, sobre sua aplicabilidade à herança no que atina à cessão dos direitos hereditários (REsp 50.226-BA, *DJ* de 19-9-94; 5.430-MG, *DJ* de 4-11-91 e 4.180-SP, *DJ* de 20-5-91 — 4ª Turma do STJ).

Direito de preferência do condômino. O condômino a quem não se der conhecimento da venda da coisa poderá, depositando o preço, anular a venda e haver para si a parte vendida a estranhos, se o requerer no prazo decadencial de cento e oitenta dias (*RT*, *545*:131, *543*:144, *432*:229, *512*:256 e *481*:191; *RJTAMG*, *43*:103; *EJSTJ*, *16*:39), contado da data em que teve ciência da alienação (*RT*, *432*:229 e *543*:144). Se muitos forem os condôminos interessados, preferir-se-á o que tiver benfeitorias de maior valor e, na falta de benfeitorias, o de quinhão maior. Se as partes ou quotas forem iguais, terão a parte vendida os comproprietários que a quiserem, depositando previamente o preço correspondente (*RT*, *333*:339 e *392*:191).

Pelo Enunciado n. 623 da *VIII Jornada de Direito Civil*: "Ainda que sejam muitos aos condôminos, não há direito de preferência na venda da fração de um bem entre dois coproprietários, pois a regra prevista no art. 504, parágrafo único, do Código Civil, visa somente a resolver eventual concorrência entre condôminos na alienação da fração a estranhos ao condomínio.

Seção II
Das cláusulas especiais à compra e venda

Subseção I
Da retrovenda

Art. 505. O vendedor de coisa imóvel pode reservar-se o direito de recobrá-la no prazo máximo de decadência de três anos, restituindo o preço recebido e reembolsando as despesas do comprador, inclusive as que, durante o período de resgate, se efetuaram com a sua autorização escrita, ou para a realização de benfeitorias necessárias.

- *Código Civil, arts. 96, § 3º, 198, I, 208 a 211 e 445 e § 1º.*

"Pactum de retrovendendo". A retrovenda é cláusula inserida na compra e venda, pela qual o vendedor se reserva o direito de reaver, em certo prazo, o imóvel alienado, restituindo ao comprador o preço mais as despesas por ele realizadas, mesmo durante o período de resgate, com sua autorização escrita, inclusive as empregadas em benfeitorias necessárias ou melhoramentos do imóvel (*RT*, *753*:219, *728*:257, *614*:179, *590*:231, *592*:189, *528*:231, *524*:100, *500*:108, *495*:97, *452*:62 e *225*:228; *RSTJ*, *96*:296; *RF*, *67*:99; *279*:248, *RJ*, *177*:98, *178*:100, *189*:89; *253*:97; *JTACSP*, *117*:94; *RJTJSP*, *137*:253). A jurisprudência vem admitindo pacto de retrovenda de bem móvel (*RT*, *741*:210; *JSTJ*, *95*:102; *RSTJ*, *96*:292; RF, *340*:258; STJ, REsp n. 260.923/SP, 4ª T., rel. Fernando Gonçalves, j. 7-10-2003), apesar de o novel Código Civil apenas fazer menção à retrovenda de imóveis.

BIBLIOGRAFIA: José Carlos Moreira Alves, *A retrovenda*, Rio de Janeiro, Borsoi, 1967, p. 9, 161 e 212-4; W. Barros Monteiro, *Curso*, cit., v. 5, p. 99-101; M. Helena Diniz, *Tratado*, cit., v. 1, p. 359-61; e Curso, cit., v. 3, p. 146 e 147; Orlando Gomes, *Contratos*, cit., p. 307-9; Clóvis Beviláqua, *Código Civil*, cit., v. 4, p. 313; Caio M. S. Pereira, *Instituições*, cit., v. 3, p. 180-4; Sebastião de Souza, *Da compra e venda*, cit., n. 148 a 150; De Page, *Traité élémentaire*, cit., n. 312; Silvio Rodrigues, *Direito ci-*

vil, cit., v. 3, p. 198-201; Serpa Lopes, *Curso*, cit., v. 3, p. 346-9; Espínola, *Dos contratos*, cit., n. 78; Levenhagen, *Código Civil*, cit., v. 4, p. 264-6; Carlos Alberto Bittar, *Contratos civis*, cit., p. 28 e 29; Paulo Carneiro Maia, *Da retrovenda*, São Paulo, Saraiva, 1955; Matiello, *Código Civil*, cit., p. 336-7; Hugo Nigro Mazzilli e Wander Garcia, *Anotações*, cit., p. 154-5.

Prazo para resgate do imóvel alienado. O vendedor só poderá resgatar o imóvel alienado dentro do prazo máximo e improrrogável de três anos, ininterruptos, contado do dia em que se concluiu o contrato, sob pena de reputar como não escrito o pacto. Tal prazo é decadencial.

Vencimento do prazo decadencial de três anos. Vencido o prazo decadencial de três anos (*RT*, *143*:205 e *528*:231), sem que o vendedor exerça seu direito de resgate, a venda tornar-se-á irretratável e a propriedade não mais será resolúvel.

Art. 506. Se o comprador se recusar a receber as quantias a que faz jus, o vendedor, para exercer o direito de resgate, as depositará judicialmente.

Parágrafo único. Verificada a insuficiência do depósito judicial, não será o vendedor restituído no domínio da coisa, até e enquanto não for integralmente pago o comprador.

- Vide *Código Civil, arts. 334 a 345.*
- *Código de Processo Civil, arts. 539 a 549.*
- ***Projeto de Lei n. 699/2011***: *"Parágrafo único. Verificada a insuficiência do depósito judicial, a não integralização do valor, no prazo de dez dias, acarreta a improcedência do pedido importando ao vendedor a perda do seu direito de resgate".*

Recusa do exercício do direito de reaver o bem. Se o adquirente se recusar a devolver o prédio, negando-se a receber, dentro do prazo para o resgate do imóvel, que lhe foi alienado, as quantias a que faz jus, arroladas no art. 505 do Código Civil, o vendedor, para exercer seu direito, estipulado no contrato, de readquirir o imóvel por ele vendido, deverá depositá-las em juízo.

Insuficiência do depósito judicial. Se, porventura, o vendedor vier a consignar em juízo *quantum* inferior ao devido, apenas lhe será restituída a propriedade do bem quando, dentro do prazo razoável determinado pelo juiz, pagar integralmente o comprador, complementando o numerário que lhe é devido.

Art. 507. O direito de retrato, que é cessível e transmissível a herdeiros e legatários, poderá ser exercido contra o terceiro adquirente.

- *Código Civil, arts. 286 a 298 e 1.359.*
- *Lei n. 6.015/73, art. 167, I, n. 29.*

Cessão e transmissão "causa mortis" do direito de retrato. O direito de retrato (o de reaver o bem, mediante reembolso do adquirente, nas condições e no prazo estipulado) é intransmissível, não sendo suscetível de cessão por ato *inter vivos*, por ser personalíssimo do vendedor, mas passa a seus herdeiros e legatários, que só poderão exercê-lo dentro do prazo decadencial de três anos, contado da conclusão da compra e venda. Logo, o exercício da retrovenda é cessível e transmissível por ato *causa mortis*. Falecendo o vendedor, seu direito de resgate passará a ser de seus herdeiros legítimos, seguindo-se a ordem da vocação hereditária, ou testamentários ou de seus legatários, se houver testamento que atribua o direito de retrato em forma de legados.

Ação contra terceiro adquirente de coisa retrovendida. Quem adquirir o bem imobiliário tem conhecimento, durante a fluência do prazo decadencial de resgate, de que se trata de venda sob condição resolutiva. Logo, se se vier a vender tal imóvel, na pendência daquele prazo, o novo adquirente recebê-lo-á com o ônus, pois só terá propriedade plena se não houver exercício do direito de resgate. Esse exercício poderá dar-se, portanto, até mesmo contra terceiro, por quem estiver autorizado legalmente a tanto. O vendedor, na retrovenda, conserva sua ação contra terceiro adquirente da coisa retrovendida, mesmo que ele, eventualmente, não conheça a cláusula de retrato, pois o comprador tem a propriedade resolúvel do imóvel. Se o vendedor fizer uso de seu direito de retrato, resolver-se-á a posterior alienação do imóvel feita pelo adquirente a terceiro.

Art. 508. Se a duas ou mais pessoas couber o direito de retrato sobre o mesmo imóvel, e só uma o exercer, poderá o comprador intimar as outras para nele acordarem, prevalecendo o pacto em favor de quem haja efetuado o depósito, contanto que seja integral.

• *Código Civil, art. 505.*

Retrovenda feita por condôminos. Se duas ou mais pessoas tiverem direito de resgate ou retrato sobre o mesmo imóvel, e só uma delas o exercer, o comprador poderá fazer intimar as demais para acordarem no retrato, prevalecendo o pacto em benefício do que fez o depósito da importância integral do *quantum* devido (CC, art. 505). Mesmo que os vendedores originais sejam condôminos de imóvel indivisível, o exercício do direito de retrato por um deles, com o consenso dos demais, fará com que a propriedade do imóvel resgatado pertença, por inteiro, àquele que efetuou o depósito integral do montante devido ao comprador (proprietário resolúvel). Se houver *resgate conjunto* pelos titulares das frações ideais, cada um só poderá readquirir a sua quota alienada. Se o imóvel for divisível, livre será a venda das quotas de cada condômino e, se feita com cláusula de retrato, cada vendedor poderá resgatar o que veio a transferir resoluvelmente.

Subseção II

Da venda a contento e da sujeita a prova

Art. 509. A venda feita a contento do comprador entende-se realizada sob condição suspensiva, ainda que a coisa lhe tenha sido entregue; e não se reputará perfeita, enquanto o adquirente não manifestar seu agrado.

• Vide *Código Civil, arts. 122, 125, 127, 128, 135, 234, 492, § 1º, e 611.*

• *Sobre o Sistema Nacional de Metrologia, Normalização e Qualidade Industrial,* vide *Lei n. 5.966, de 11 de dezembro de 1973,* e *Decretos n. 74.209, de 24 de junho de 1974, e 81.621/78.*

Venda a contento. A venda a contento (*ad gustum* ou *pactum displicentiae*) é, na lição de Clóvis Beviláqua, a cláusula que subordina o contrato à condição de ficar desfeito se o comprador não se agradar da coisa (*RT*, *206*:452, *292*:694, *445*:180). Tal condição suspensiva é simplesmente e não puramente potestativa (CC, art. 122). A compra e venda, qualquer que seja seu objeto, comporta essa cláusula, que, geralmente, se insere no contrato de compra de gêneros que se costumam provar, medir, pesar ou experimentar antes de aceitos. O contrato reputar-se-á perfeito e obrigatório no instante em que o adquirente manifestar seu agrado relativamente ao bem. P. ex., lembram-nos Hugo Nigro Mazzilli e Wander Garcia, a praxe existente em restaurante de oferecer vinho ao freguês, para, havendo sua aprovação, servi-lo durante a refeição.

BIBLIOGRAFIA: Clóvis Beviláqua, *Código Civil*, cit., v. 4, p. 257-316; M. Helena Diniz, *Tratado*, cit., v. 1, p. 361-3; e *Curso*, cit., v. 3, p. 147 e 148; Orlando Gomes, *Contratos*, cit., p. 309-11; W. Barros Monteiro, *Curso*, cit., v. 5, p. 101-3; Caio M. S. Pereira, *Instituições*, cit., v. 3, p. 184-7; Larenz, *Derecho de las obligaciones*, Madrid, 1958, v. 2, § 40; Silvio Rodrigues, *Direito civil*, cit., v. 3, p. 201-3; Serpa Lopes, *Curso*, cit., v. 3, p. 349-54; Enneccerus, Kipp e Wolff, *Tratado de derecho civil*, cit., v. 2, § 115; Waldirio Bulgarelli, Venda a contento, in *Enciclopédia Saraiva do Direito*, v. 76, p. 468-9; Justino Adriano F. da Silva, Venda a contento, in *Enciclopédia Saraiva do Direito*, v. 76, p. 469-71; Pontes de Miranda, *Tratado de direito privado*, cit., t. 39, p. 118 e 119; Carlos Alberto Dabus Maluf, *As condições no direito civil*, São Paulo, Saraiva, 1991, p. 42; Matiello, *Código Civil*, cit., p. 338-9; Hugo Nigro Mazzilli e Wander Garcia, *Anotações*, cit., p. 156.

Venda sob condição suspensiva. A venda a contento reputar-se-á feita sob condição suspensiva (CC, art. 125), mesmo que a coisa lhe tenha sido entregue, não se aperfeiçoando o contrato enquanto o adquirente não se declarar satisfeito. A tradição, portanto, não gerará transferência de propriedade, mas sim a da posse direta.

Art. 510. Também a venda sujeita a prova presume-se feita sob a condição suspensiva de que a coisa tenha as qualidades asseguradas pelo vendedor e seja idônea para o fim a que se destina.

• *Código Civil, arts. 125, 135, 234 e 492.*

Venda sob experimentação ou ensaio. Toda venda que se sujeitar a prova presume-se *juris et de jure* estar sob condição suspensiva, perfazendo-se se, feita a experimentação, a coisa tiver as qualidades asseguradas pelo vendedor e puder ser utilizada para atender o fim a que se destina. Logo, o adquirente não poderá recusá-la, arbitrariamente, por ser a condição puramente potestativa proibida por lei, se for suspensiva. Se, porventura, o comprador não quiser tornar o negócio definitivo, tendo a coisa a qualidade enunciada e a idoneidade para atingir sua finalidade, viabilizará a execução judicial do contrato e responderá pelas perdas e danos.

Art. 511. Em ambos os casos, as obrigações do comprador, que recebeu, sob condição suspensiva, a coisa comprada, são as de mero comodatário, enquanto não manifeste aceitá-la.

• Vide *Código Civil, arts. 511, 579 a 585.*

Efeito da natureza suspensiva do pacto "ad gustum" e da venda sujeita a prova. Se prevalecer a natureza suspensiva da venda a contento e da venda sob experimentação, o comprador assumirá obrigações equivalentes às de mero comodatário (possuidor direto e precário), enquanto não manifestar a intenção de aceitar a coisa comprada, com o dever de devolvê-la e de conservá-la, portando-se como se a coisa lhe tivesse sido emprestada, respondendo por perdas e danos, havendo negligência ou mora, sem ter direito de recobrar as despesas de conservação, salvo as que revestirem caráter extraordinário, e, se a coisa vier a perecer por força maior ou caso fortuito não responderá pelo preço.

Art. 512. Não havendo prazo estipulado para a declaração do comprador, o vendedor terá direito de intimá-lo, judicial ou extrajudicialmente, para que o faça em prazo improrrogável.

Falta de estipulação de prazo para aceitação. Se não houver prazo convencionado para a aceitação da coisa, o vendedor poderá intimar judicial ou extrajudicialmente o comprador para que o faça em prazo improrrogável, sob pena de, na lição de Matiello, a venda ser considerada perfeita apenas se na intimação constar cláusula no sentido de que o silêncio deverá ser interpretado como aceitação presumida (*RT*, *445*:180). Logo, havendo tal cláusula, se o comprador recusar-se a fazer a experimentação da coisa dentro do prazo extrajudicial ou judicial, reputar-se-á aceita a coisa. E, se inexistir aquela cláusula, o silêncio do comprador indicará recusa à efetivação do negócio, gerando-lhe o dever de restituir o bem.

SUBSEÇÃO III
DA PREEMPÇÃO OU PREFERÊNCIA

Art. 513. A preempção, ou preferência, impõe ao comprador a obrigação de oferecer ao vendedor a coisa que aquele vai vender, ou dar em pagamento, para que este use de seu direito de prelação na compra, tanto por tanto.

• Vide *Código Civil, arts. 1.481, § 1º, 1.440, 1.373, 1.359, 504 e 518.*

Parágrafo único. O prazo para exercer o direito de preferência não poderá exceder a cento e oitenta dias, se a coisa for móvel, ou a dois anos, se imóvel.

• *Lei n. 10.257/2001, arts. 25 a 27.*

• *Lei de Locação Predial Urbana, arts. 27 a 34.*

Preempção convencional. A preempção ou preferência (*pactum protimiseos*) é a cláusula pela qual o adquirente de coisa móvel ou imóvel terá o dever de oferecê-la, por meio de notificação judicial ou extrajudicial, a quem lha vendeu, para que este use do seu direito de prelação em igualdade de condições com terceiro, no caso de pretender vendê-la ou dá-la em pagamento (*RT*, *184*:135, *481*:191 e *488*:242).

Prazo para o exercício do direito de preferência. O prazo para exercer esse direito de preferência não poderá exceder a 180 dias, sendo o bem móvel, ou a dois anos, se imóvel, contado da data da tradição ou do registro, ou, segundo alguns autores, como Paulo Luiz Netto Lôbo, da data da ciência, pelo vendedor, da *intentio* do adquirente de alienar a coisa. O transcurso *in albis* desse prazo máximo tornará possível a venda da coisa a outrem, desaparecendo o direito de prelação.

BIBLIOGRAFIA: Caio M. S. Pereira, *Instituições*, cit., v. 3, p. 187-91; Carvalho Santos, *Código Civil brasileiro interpretado*, cit., v. 16, p. 232; W. Barros Monteiro, *Curso*, cit., v. 5, p. 103-7; M. Helena Diniz, *Tratado*, cit., v. 1, p. 363-5; e *Curso*, cit., v. 3, p. 149 e 150; Larenz, *Derecho de las obligaciones*, cit., v. 2, § 40, p. 150; Silvio Rodrigues, *Direito civil*, cit., p. 203-8; Salvat, *Tratado de derecho civil argentino*, cit., v. 1, n. 583 a 593; Serpa Lopes, *Curso*, cit., v. 3, p. 354-60; Visscher, *Le pacte de préférence*, Paris, 1938, p. 55, 56 e 61; Orlando Gomes, *Contratos*, cit., p. 311-4; Celso Antônio Bandeira de Mello, *Elementos de direito administrativo*, São Paulo, Revista dos Tribunais, p. 207-10; Levenhagen, *Código Civil*, cit., v. 4, p. 269-73; Carlos Alberto Bittar, *Contratos civis*, cit., p. 32 e 33; Fabrício Z. Matiello, *Código Civil*, cit., p. 340; Paulo Luiz Netto Lôbo, *Comentários ao Código Civil* (coord. Junqueira de Azevedo), São Paulo, Saraiva, 2003, v. 6, p. 513; Luciano T. Telles, *Comentários ao Código Civil* (coord. Camillo, Talavero, Fujita e Scavone Jr.), São Paulo, *Revista dos Tribunais*, 2006, p. 515.

Art. 514. O vendedor pode também exercer o seu direito de prelação, intimando o comprador, quando lhe constar que este vai vender a coisa.

Exercício do direito de prelação pelo vendedor. O vendedor ou ex-proprietário não será obrigado a esperar que o comprador o notifique da pretensão de alienar o bem. Poderá antecipar-se, intimando, judicial ou extrajudicialmente, o comprador, assim que tiver conhecimento de que este irá vender a coisa, sua intenção de valer-se de seu direito de preferência, ante seu interesse de readquirir a coisa. Trata-se da antecipação da oferta obrigatória por legitimação cruzada, pois a lei permite que o próprio titular do direito de prelação in- time o proprietário da coisa, que, em caso de sua alienação, irá exercer esse direito.

Art. 515. Aquele que exerce a preferência está, sob pena de a perder, obrigado a pagar, em condições iguais, o preço encontrado, ou o ajustado.

- *Código Civil, art. 504.*
- *Lei n. 8.245/91, art. 27.*

Obrigação do preemptor de pagar o preço ajustado em igualdade de condição com o terceiro. O ex-proprietário da coisa (preemptor), com direito de prelação, terá o dever de pagar tanto quanto o terceiro interessado se dispôs e nas mesmas condições de pagamento e de tempo por ele ajustadas com o vendedor (atual proprietário), sob pena de perder a preferência.

Art. 516. Inexistindo prazo estipulado, o direito de preempção caducará, se a coisa for móvel, não se exercendo nos três dias, e, se for imóvel, não se exercendo nos sessenta dias subsequentes à data em que o comprador tiver notificado o vendedor.

- *Lei n. 8.245/91, art. 28.*

Caducidade do direito de prelação. O exercício da preferência, não havendo prazo estipulado no contrato, sob pena de caducidade, deverá subordinar-se a um prazo decadencial que variará conforme o objeto: se este for móvel, será de três dias; se imóvel, de sessenta dias, contados da data em que o comprador tiver notificado, judicial ou extrajudicialmente, o vendedor. Se o direito de preempção não for exercido dentro desse prazo, caducará, visto implicar renúncia tácita àquele direito.

Art. 517. Quando o direito de preempção for estipulado a favor de dois ou mais indivíduos em comum, só pode ser exercido em relação à coisa no seu todo. Se alguma das pessoas, a quem ele toque, perder ou não exercer o seu direito, poderão as demais utilizá-lo na forma sobredita.

Direito de preempção em favor de condôminos. Se se convencionar o direito de prelação conjunta ou uniforme em favor de dois ou mais indivíduos em comum, ele deverá ser exercido, dentro de um prazo certo, em relação à coisa no seu todo, por não comportar fragmentação, uma vez que é um direito indivisível. Cada um dos preemptores deverá exercer o direito de preempção sobre a totalidade do bem (móvel ou imóvel). Se um dos condôminos perder o prazo para exercer a prelação ou não pretender fazer uso desse direito, os demais poderão exercê-lo sobre a totalidade da coisa preempta e nunca na proporção de seu quinhão, pois a preferência não pode incidir sobre a quota ideal. Mas se o adquirente recebeu a coisa mediante compra de cotas ideais de vários condôminos, assegurando a cada um deles a preferência na reaquisição da respectiva cota-parte, a prelação poderá ser exercida *pro parte* (*RSTJ*, *51*:211; *RT*, *235*:247).

Art. 518. Responderá por perdas e danos o comprador, se alienar a coisa sem ter dado ao vendedor ciência do preço e das vantagens que por ela lhe oferecem. Responderá solidariamente o adquirente, se tiver procedido de má-fé.

- Vide *Código Civil, arts. 275 a 285 e 402 a 405.*
- *Lei n. 8.245/91, art. 33.*

Responsabilidade por perdas e danos. O comprador que alienar a coisa, deixando de dar ciência ao vendedor do preço e das vantagens que lhe oferecerem por ela, terá a obrigação de pagar indenização pelas perdas e danos causados pela não notificação prévia. E se o adquirente estiver de má fé, por não ignorar o direito de preempção do ex-proprietário da coisa, deverá responder solidariamente com o vendedor (atual proprietário) pelo inadimplemento da obrigação de dar preferência ao preemptor para readquirir a coisa preempta. Logo o preemptor poderá acionar tanto o terceiro-adquirente como o vendedor, pleiteando a indenização a que tem direito.

Art. 519. Se a coisa expropriada para fins de necessidade ou utilidade pública, ou por interesse social, não tiver o destino para que se desapropriou, ou não for utilizada em obras ou serviços públicos, caberá ao expropriado direito de preferência, pelo preço atual da coisa.

- *Decreto-Lei n. 3.365/41, art. 35.*
- *Código Civil, arts. 1.275, V, e 1.228, § 3º.*
- *Lei n. 8.629/93.*
- *Leis Complementares n. 76/93 e 88/96.*
- *Constituição Federal, arts. 5º, XXIV, e 37.*

Preempção legal. Outrora a preempção legal ou retrocessão (*RT*, *229*:122) consistia no dever, imposto ao poder desapropriante, no caso de pretender vender o imóvel desapropriado, de oferecê-lo ao ex-proprietário pelo mesmo preço por que foi desapropriado, caso não tenha o destino para o que se desapropriou (*RT*, *191*:254; *AJ*, *107*:275, *108*:44 e *114*:446). A jurisprudência via na retrocessão um direito pessoal do ex-proprietário às perdas e danos e não um direito de reaver o bem (*RDA*, *54*:38 e 137, *73*:162; *JSTJ*, *32*:92), baseada no art. 1.156 do Código Civil de 1916 e no art. 35 do Decreto-Lei n. 3.365/41. Pelo Enunciado n. 592, aprovado na *VII Jornada de Direito Civil*: "O art. 519 do Código Civil derroga o art. 35 do Decreto-Lei n. 3.365/1941 naquilo que ele diz respeito a cenários de tredestinação ilícita. Assim, ações de retrocessão baseadas em alegações de tredestinação ilícita não precisam, quando julgadas depois da incorporação do bem desapropriado ao patrimônio da entidade expropriante, resolver-se em perdas e danos". Hoje, pelo atual Código Civil, se o bem expropriado para fins de necessidade ou utilidade pública ou por interesse social não tiver o destino para que se desapropriou ou não for utilizado em obras e serviços públicos, fica restabelecido o antigo sentido da preempção, pois o expropriado terá direito de preferência (direito pessoal), ofertando o preço atual da coisa, para reincorporá-la ao seu patrimônio. Tal direito de preferência vem a proteger a pretensão de retomada do bem em razão do fato de não se atender ao fim expropriatório, visto que não se deu destinação pública ao bem expropriado. O expropriante deverá oferecer o bem ao expropriado, por não ter dado a ele a destinação devida, ou pela sua não utilização em obras ou serviços públicos. Se o expropriado pretender exercer seu direito de preferência, deverá depositar o *quantum* pago pelo expropriante, atualizado monetariamente, conforme índices oficiais.

BIBLIOGRAFIA: Eurico de Andrade Azevedo, Direito de preempção, in *Estatuto da Cidade*, São Paulo, 2001, p. 177-90; Eduardo Della Manna, Reforma urbana. Estatuto da Cidade e direito de preempção, in *Estatuto*, cit., p. 191-203.

Art. 520. O direito de preferência não se pode ceder nem passa aos herdeiros.

Intransmissibilidade do direito de preferência. Sendo a prelação um direito personalíssimo, será insuscetível de transmissibilidade; logo, não poderá ser cedido por ato *inter vivos* nem passar a herdeiros do preemptor por ato *causa mortis*. Há quem ache que o art. 520 do Código Civil não se aplica ao direito de prelação do expropriado, que, então, seria transmissível (*RDA*, *73*:155).

Subseção IV
Da venda com reserva de domínio

Art. 521. Na venda de coisa móvel, pode o vendedor reservar para si a propriedade, até que o preço esteja integralmente pago.

- *Código Civil, art. 523.*
- *Lei n. 7.565/86, art. 111.*
- *Lei n. 11.101/2005, art. 49, § 3º.*

"Pactum reservati dominii". Tem-se a reserva de domínio quando se estipula em contrato de compra e venda, em regra de coisa móvel infungível (CC, art. 523), que o vendedor reserva para si a propriedade e a posse indireta até o momento em que se realize o pagamento integral do preço. A infungibilidade da coisa é meio de garantia do pagamento. É muito comum esse pacto nas vendas a crédito de, p. ex., eletrodomésticos, veículos etc., com investidura do adquirente, desde logo, na posse direta e precária do objeto alienado, subordinando-se a aquisição *pleno iure* do domínio à solução da última prestação. Infere-se daí que essa entrega não é definitiva, e sim condicional. Trata-se de condição suspensiva, em que o evento futuro e incerto é o pagamento integral do preço, pois enquanto ele não se der suspende-se a transmissão da propriedade.

Jurisprudência: *RT*, *755*:359, *774*:362; *JTARS*, 77:305, *76*:299, *86*:329; *RSTJ*, *84*:126.

BIBLIOGRAFIA: Abgar Soriano, *Da compra e venda com reserva de domínio*, Recife, 1934, p. 114 e 115; Fortunato Azulay, *A teoria do contrato de compra e venda com reserva de domínio*, Rio de Janeiro, 1945, p. 135 e 136, 173 e 187-9; Massimo Ferrara, *La vendita con riserva di proprietà*, Napoli, 1934; Waldirio Bulgarelli, Venda com reserva de domínio, in *Enciclopédia Saraiva do Direito*, v. 76, p. 497-9; Ana Maria Peralta, *A posição jurídica do comprador na compra e venda com reserva de propriedade*, 1990; Darcy Bessone de Oliveira Andrade, *Compra e venda com reserva de domínio*, 1955; Matiello, *Código Civil*, cit., p. 343 e s.; Carlos Alberto Bittar Filho e Márcia S. Bittar, *Novo Código Civil*, cit., p. 257.

Art. 522. A cláusula de reserva de domínio será estipulada por escrito e depende de registro no domicílio do comprador para valer contra terceiros.

- *Lei n. 6.015/73, art. 129, n. 5º.*
- *Resolução do CONTRAN n. 320/2009.*

Validade contra terceiros. Para que a cláusula de reserva de domínio tenha validade e seja oponível perante terceiros, deverá ser estipulada por escrito e registrada no Cartório de Títulos e Documentos do domicílio do comprador (Lei n. 6.015/73, art. 129, n. 5º). Será, ante a publicidade e certeza conferidas pelo registro, oponível ao terceiro adquirente, mesmo que o contrato silencie a respeito, competindo ao vendedor a ação de apreensão e reintegração de posse contra ele (*RT*, *153*:656, *170*:279, *204*:259, *294*:309, *435*:133, e *RF*, *94*:510). Sem tal registro, produzirá efeito apenas *inter partes*.

Art. 523. Não pode ser objeto de venda com reserva de domínio a coisa insuscetível de caracterização perfeita, para estremá-la de outras congêneres. Na dúvida, decide-se a favor do terceiro adquirente de boa-fé.

- *Código Civil, arts. 85 e 521.*

Requisito objetivo. Efetuado o pagamento, opera-se, automaticamente, a transferência da propriedade; logo, o objeto da venda sob reserva de domínio deverá ser coisa móvel infungível, ou seja, suscetível de caracterização perfeita, separando-a de outras congêneres. O objeto da venda com reserva de domínio precisará apresentar identificação singular e caracterização bem definida, não só para que se distinga de outro similar, possibilitando, quando for o caso, a busca e apreensão, como também para que não suscite dúvida. E se dúvida houver, p. ex., quanto à perfeita identificação da coisa alienada, decidir-se-á em favor do terceiro adquirente de boa-fé, que não sofrerá qualquer prejuízo.

Art. 524. A transferência de propriedade ao comprador dá-se no momento em que o preço esteja integralmente pago. Todavia, pelos riscos da coisa responde o comprador, a partir de quando lhe foi entregue.

- *Código Civil, arts. 319, 491, 492 e 587.*

Momento da transferência de propriedade. Quando o comprador, sendo a venda com reserva de domínio, efetuar o pagamento integral do preço ajustado, a transferência de propriedade ocorrerá automaticamente. Como se vê, esse pacto dá plena garantia ao vendedor, por permitir que ele retenha a posse indireta e o domínio da coisa alienada até o pagamento total do preço. Logo, o comprador tem posse direta, porém precária, enquanto não quitar, integralmente, as prestações.

Responsabilidade do comprador pelos riscos da coisa. O comprador deverá suportar os riscos da coisa (*res perit emptoris*), pois, embora o vendedor conserve a sua propriedade desde a celebração do contrato, dá-se a tradição ao comprador, que usa e goza dela como mero possuidor direto, podendo não só praticar atos apropriados à conservação de seus direitos, socorrendo-se, quando for necessário, dos interditos possessórios para defender a coisa, mas também tirar dela todas as vantagens que produzir.

Art. 525. O vendedor somente poderá executar a cláusula de reserva de domínio após constituir o comprador em mora, mediante protesto do título ou interpelação judicial.

- *Código Civil, arts. 394 a 401.*
- *Código de Processo Civil, arts. 726 a 729.*
- *Lei n. 9.492/97.*

Execução da cláusula de reserva de domínio. O vendedor apenas poderá executar a reserva de domínio após a constituição do comprador em mora, mediante protesto de título ou interpelação judicial, pois a extrajudicial seria contraproducente, visto que, como observa Matiello, aquelas medidas possibilitarão ao adquirente satisfazer a dívida no prazo legal, subsequente ao protesto, ou no indicado no instrumento da interpelação.

Art. 526. Verificada a mora do comprador, poderá o vendedor mover contra ele a competente ação de cobrança das prestações vencidas e vincendas e o mais que lhe for devido; ou poderá recuperar a posse da coisa vendida.

- *Código Civil, arts. 394 a 401.*

Consequências da mora do comprador. Configurada a mora do adquirente, o vendedor poderá acioná-lo não só para cobrar prestações vencidas e vincendas e, ainda, tudo que lhe for devido (despesas judiciais e contratuais, juros, multa, atualização monetária, honorários advocatícios) como também para obter a recuperação da posse do bem vendido (reintegração na posse), mediante apreensão liminar (CPC, art. 562), sendo incabível ação de depósito (*RT*, *121*:100; *JTARS*, *83*:298).

Art. 527. Na segunda hipótese do artigo antecedente, é facultado ao vendedor reter as prestações pagas até o necessário para cobrir a depreciação da coisa, as despesas feitas e o mais que de direito lhe for devido. O excedente será devolvido ao comprador; e o que faltar lhe será cobrado, tudo na forma da lei processual.

- *Código Civil, art. 526,* in fine.

Opção para recuperação da posse do bem vendido sob reserva de domínio. O vendedor poderá, optando pela recuperação da posse do bem vendido sob reserva de domínio, se quiser, exercer o direito de retenção das prestações pagas até o momento suficiente para cobrir a depreciação (p. ex., desgaste pelo decurso do tempo, deterioração por ato comissivo ou omissivo do comprador ou de terceiro) do valor da coisa, as despesas judiciais ou extrajudiciais feitas e os demais débitos (p. ex., perdas e danos) ou direitos de que é credor. O excedente do apurado deverá ser restituído ao comprador, e o que faltar ser-lhe-á cobrado, de conformidade com a lei processual.

Art. 528. Se o vendedor receber o pagamento à vista, ou, posteriormente, mediante financiamento de instituição do mercado de capitais, a esta caberá exercer os direitos e ações decorrentes do contrato, a benefício de qualquer outro. A operação financeira e a respectiva ciência do comprador constarão do registro do contrato.

Pagamento à vista ou financiamento de instituição do mercado de capitais. Se o pagamento se der à vista ou até mesmo em momento ulterior à celebração contratual, mediante financiamento de instituição do mercado de capitais, a esta competirá o exercício dos direitos e ações oriundos do contrato, a benefício de qualquer outro, devendo a operação financeira e o consentimento do comprador constar do registro do contrato no Cartório de Títulos e Documentos do domicílio do devedor para ter eficácia *erga omnes*. "Na interpretação do art. 528, devem ser levadas em conta, após a expressão 'a benefício de', as palavras 'seu crédito, excluída a concorrência de', que foram omitidas por manifesto erro material" (Enunciado n. 178 do Conselho da Justiça Federal, aprovado na *III Jornada de Direito Civil*). Tal dispositivo legal visa a garantia do agente financiador, investido nos direitos do vendedor. Não havendo tal registro, o acordo será eficaz, tão somente, *inter partes*.

Subseção V
Da venda sobre documentos

Art. 529. Na venda sobre documentos, a tradição da coisa é substituída pela entrega do seu título representativo e dos outros documentos exigidos pelo contrato ou, no silêncio deste, pelos usos.

- *Código Civil, arts. 1.267 e 1.268.*

Parágrafo único. Achando-se a documentação em ordem, não pode o comprador recusar o pagamento, a pretexto de defeito de qualidade ou do estado da coisa vendida, salvo se o defeito já houver sido comprovado.

DIREITO DAS OBRIGAÇÕES

Venda sobre documentos. A venda sobre documentos, decorrente de usos e costumes, é muito utilizada nos negócios de importação e exportação, ou seja, nas vendas internacionais, ligando-se à técnica de pagamento denominada crédito documentado (*trust receipt*) e na venda de mercadoria depositada, representada pelo conhecimento de depósito e pelo *warrant*.

Entrega do título representativo da coisa. Na venda sobre documentos substitui-se a tradição da coisa móvel pela entrega de seu título-representação e de outros documentos exigidos contratualmente (p. ex., duplicata) ou, no silêncio deste, pelos usos. O vendedor liberar-se-á da obrigação com a entrega do documento, podendo exigir o preço, e o adquirente, tendo em seu poder tal documento, poderá reclamar a entrega da mercadoria.

Caso de impossibilidade de recusa de pagamento. O comprador não pode recusar-se a efetuar o pagamento, se toda documentação estiver em ordem, alegando defeito de qualidade ou do estado da coisa vendida, a não ser que tal vício já esteja comprovado, no momento da recusa.

BIBLIOGRAFIA: Waldirio Bulgarelli, Venda contra documentos, in *Enciclopédia Saraiva do Direito*, v. 76, p. 499 e 500; M. Helena Diniz, *Tratado*, cit., São Paulo, Saraiva, 1998, v. 1, p. 419 e 551-4; R. Maia, Da natureza jurídica do crédito documentado confirmado e irrevogável, *Estudos jurídicos*, Unisinos, 1975, v. 5, n. 12, p. 49 e s.; Alejandro Borda, *El crédito documentario*, 1991; Kozolchyck, *El crédito documentario en el derecho americano*, Madrid, 1973; Sílvio S. Venosa, *Direito civil*, cit., v. III, p. 87-91; Munir Karam, O processo de codificação do direito civil — inovações da Parte Geral e do Livro das Obrigações, *RT*, *755*:11; Luciano T. Telles, *Comentários*, cit., p. 522.

Art. 530. Não havendo estipulação em contrário, o pagamento deve ser efetuado na data e no lugar da entrega dos documentos.

• *Lei de Introdução às Normas do Direito Brasileiro, art. 9º.*

Local e tempo do pagamento. O pagamento, salvo convenção em contrário, deverá dar-se na data e no lugar da entrega dos documentos, que substitui a tradição da coisa vendida. O tempo e o local de pagamento serão, então, os previstos em lei. A norma *locus regit actum* indicará a aplicação da lei do local em que a obrigação se constituiu, considerando-se que a venda sobre documentos, em regra, se dá no comércio exterior.

Art. 531. Se entre os documentos entregues ao comprador figurar apólice de seguro que cubra os riscos do transporte, correm estes à conta do comprador, salvo se, ao ser concluído o contrato, tivesse o vendedor ciência da perda ou avaria da coisa.

• *Código Civil, arts. 754, parágrafo único, 757 a 788 e 422.*

Cobertura de riscos de transporte. Se, p. ex., nas operações de venda internacional CIF (custo de produção, seguro e frete) entre os documentos que foram entregues ao adquirente houver apólice de seguro contra riscos do transporte, estes correrão por sua conta, liberando-se o alienante a não ser que, por ocasião da conclusão negocial, o vendedor tivesse conhecimento da perda ou avaria do bem, ocultando dolosamente o fato, hipótese em que, em razão da má-fé, deverá este último assumir aqueles riscos. Com isso, há prevalência do princípio da boa-fé objetiva em favor do adquirente (CC, art. 422).

Art. 532. Estipulado o pagamento por intermédio de estabelecimento bancário, caberá a este efetuá-lo contra a entrega dos documentos, sem obrigação de verificar a coisa vendida, pela qual não responde.

Parágrafo único. Nesse caso, somente após a recusa do estabelecimento bancário a efetuar o pagamento, poderá o vendedor pretendê-lo, diretamente do comprador.

Pagamento por meio de estabelecimento bancário. Se se convencionar que o pagamento deve ser feito por intermédio de banco, este deverá efetuá-lo mediante a entrega da documentação, sem contudo ter o dever de verificar a coisa vendida, visto que por ela não tem qualquer responsabilidade. Isto é assim porque se substitui a tradição da coisa pela entrega do título que a representa, já que a obrigação de pagar nele está fundada. O vendedor apenas poderá reclamar o pagamento diretamente do adquirente se a instituição bancária recusar-se a efetuá-lo. Se, nesta hipótese, o comprador pagar o *quantum* devido, deverá investir contra o banco para obter não só a restituição das importâncias depositadas e não pagas, mas também as perdas e danos advindas da atitude culposa da instituição financeira.

CAPÍTULO II
DA TROCA OU PERMUTA

Art. 533. Aplicam-se à troca as disposições referentes à compra e venda, com as seguintes modificações:

- *Código Civil, arts. 481 a 532.*

I — salvo disposição em contrário, cada um dos contratantes pagará por metade as despesas com o instrumento da troca;

- Vide *Código Civil, art. 490.*

II — é anulável a troca de valores desiguais entre ascendentes e descendentes, sem consentimento dos outros descendentes e do cônjuge do alienante.

- Vide *Código Civil, arts. 481 e 496 e parágrafo único.*
- *Súmula 494 do Supremo Tribunal Federal.*
- ***Projeto de Lei n. 699/2011**: "Parágrafo único. O cônjuge necessitará do consentimento do outro, exceto no regime de separação absoluta, quando a troca envolver bem imóvel".*

Troca. A troca ou permuta é, segundo Clóvis Beviláqua, o contrato pelo qual as partes se obrigam a dar uma coisa por outra (*rem* por *re*) que não seja dinheiro (*RT*, *207*:193, *215*:196, *502*:176, *591*:111, *611*:163, *706*:145; *JB*, *161*:124; *BAASP*, *1.840*:37; *RSTJ 102*:80; *RF*, *309*:196, *289*:322; *RJTJSP*, *149*:87, *136*:305, *125*:53). P. ex., "A" troca sua motocicleta, avaliada em R$ 5.000,00, com "B", por outra, cujo valor é de R$ 6.500,00. "A" deverá pagar a "B" R$ 1.500,00. Como a diferença do valor pago é inferior a 50%, configurada está a troca.

BIBLIOGRAFIA: Clóvis Beviláqua, *Código Civil*, cit., obs. ao art. 1.164, v. 4; Carvalho de Mendonça, *Contratos*, cit., v. 2, p. 6; Caio M. S. Pereira, *Instituições*, cit., v. 3, p. 175-8; Silvio Rodrigues, *Direito civil*, cit., v. 3, p. 212 e 213; Orlando Gomes, *Contratos*, cit., p. 324-6; Antunes Varela, *Noções fundamentais de direito civil*, Coimbra, 1945, p. 487; W. Barros Monteiro, *Curso*, cit., v. 5, p. 114 e 115; Espínola, *Dos contratos*, cit., p. 139; Agostinho Alvim, *Da compra e venda e da troca*, cit.; Serpa Lopes, *Curso*, cit., v. 3, p. 376-8; De Page, *Traité élémentaire*, cit., v. 4, p. 445; Carvalho Santos, *Código Civil brasileiro interpretado*, cit., v. 16, p. 280; M. Helena Diniz, *Curso*, cit., v. 3, p. 156 e 157; e *Tratado*, cit., v. 2, p. 29-37; Sílvio de S. Venosa, *Manual dos contratos e obrigações unilaterais da vontade*, São Paulo, Atlas, 1997, p. 82-4; Roberto Senise Lisboa, *Manual*, cit., v. 3, p. 114; Sílvio Luís Ferreira da Rocha, *Curso avançado*, cit., p. 164-8; Merino Hernándes, *El contrato de permuta*, Madrid, Tecnos, 1978; Paulo Luiz Netto Lôbo, *Comentários*, cit., v. 6, p. 226-42; Ernesto C. Wayar, *Compraventa y permuta*, Buenos

Aires, Astrea, 1984; M. Ligia C. Mathias e M. Helena M. B. Daneluzzi, *Direito civil — contratos*, cit., p. 98; Otavio L. Rodrigues Junior, *Código Civil comentado* (coord. A. Villaça Azevedo), São Paulo, Atlas, 2008, v. VI, t.1, p. 475-542.

Aplicabilidade das normas sobre compra e venda. A troca tem a mesma natureza da compra e venda, mas dela se diferencia porque a prestação das partes é em espécie, permutando-se móvel por móvel, móvel por imóvel, imóvel por imóvel, coisa por direito, direito por direito, ao passo que na compra e venda a prestação de um dos contraentes é consistente em dinheiro. Devido à grande similitude existente entre esses dois institutos, a lei prescreve que à permuta se apliquem as mesmas normas da compra e venda.

Despesas com a troca. Salvo disposição contratual em contrário, cada um dos permutantes pagará por metade as despesas da troca e o imposto sobre o valor do bem adquirido. Haverá rateio das despesas.

Anulabilidade da troca. Anulável será a troca de coisas de valores desiguais entre ascendente e descendente, pertencendo a mais valiosa ao ascendente sem a anuência expressa dos demais descendentes e do cônjuge do alienante, pois este fato poderá vir a lesá-los (*RT*, *139*:221; *JTJ*, *171*:153; CC, art. 496). Claro está que, se os objetos trocados tiverem valores desiguais, sendo o mais valioso pertencente ao descendente, dispensado estará o consenso dos demais descendentes. Se o valor das coisas trocadas for igual, não haverá necessidade de consentimento dos outros descendentes e do cônjuge do alienante (permutante).

Capítulo III

Do Contrato Estimatório

Art. 534. Pelo contrato estimatório, o consignante entrega bens móveis ao consignatário, que fica autorizado a vendê-los, pagando àquele o preço ajustado, salvo se preferir, no prazo estabelecido, restituir-lhe a coisa consignada.

Contrato estimatório ou venda em consignação. O contrato estimatório ou venda em consignação é negócio jurídico em que alguém (consignatário) recebe de outrem (consignante) bens móveis (livros, obras de arte, peças decorativas, joias etc.), ficando autorizado a vendê-los, em nome próprio, a terceiro, obrigando-se a pagar um preço estimado previamente se não restituir as coisas consignadas dentro do prazo ajustado. P. ex., "A", famoso escultor, entrega três esculturas suas para que fiquem expostas, para fins de venda, no saguão do hotel "X" de "B". Se o hóspede "C" se interessar por uma delas, "B" poderá vendê-la pelo preço de R$ 100.000,00, estipulado por "A", e se quiser, para obter lucro, poderá cobrar de "C" R$ 105.000,00, hipótese em que deverá entregar a "A" R$ 100.000,00 e devolver-lhe as outras duas, se não forem vendidas dentro do prazo avençado. Se não houver prazo estabelecido, "A" deverá notificar "B", pleiteando a devolução daquelas duas esculturas, no lapso temporal indicado na notificação. É um contrato real, pois requer a efetiva entrega da coisa móvel ao consignatário, conservando o consignante a propriedade, até que seja vendida a terceiro pelo consignatário. Portanto, "no contrato estimatório, o consignante transfere ao consignatário, temporariamente, o poder de alienação da coisa consignada com opção de pagamento do preço de estima ou sua restituição ao final do prazo ajustado" (Enunciado n. 32, aprovado na *Jornada de Direito Civil*, promovida, em setembro de 2002, pelo Centro de Estudos Judiciários do Conselho da Justiça Federal). O consignatário responderá como depositário do bem dado em consignação.

Jurisprudência: TJRJ, 3ª C. Cível, AC 2006.001.3319-3, rel. Des. Ricardo Couto, j. 23-11-2006; e 20ª C. Cível, AC 2007.001.09319, rel. Des. Marcos A. Torres, j. 25-4-2007; TJPR, 6ª C. Cível, AC 0110390-4, rel. Des. Rosene Pereira, j. 27.2.2002 e AC 2006.001.67426, rel. Des. Nagib Slaibi, j. 25-4-2007; *RSTJ*, *200*:336; TJRS, 1ª T., Recurso Cível, AC, 71001.080308, rel. Juiz Ricardo Hermann, j. 1º-3-2007; TJSP, 35ª C. Direito Privado, AC 1100.817-0/1, rel. Des. Carlos Alberto Garbi, j. 28-5-2007 e 36ª C. Direito Privado, Ac 935.343-0/3, rel. Des. Arantes Theodoro, j. 21-9-2006; TJDFT, 6ª T. Cível, AC 2005.0110268185 APC, rel. Des. Jair Soares, j. 26-7-2006 e 1ª T. Cível, AC 2005.0110553883, rel. Des. Natanael Caetano, j. 17-4-2006.

BIBLIOGRAFIA: Sebastião José Roque, *Dos contratos civis-mercantis*, cit., p. 79-84; Sílvio Venosa, *Direito civil*, cit., v. II, p. 420 e s.; M. Helena Diniz, *Tratado*, cit., v. 2, p. 3-10; Nicolò Visalli, *Il contratto estimatorio nella problematica del negozio fiduciario*, Milano, Giuffrè, 1974; Biscontini e Ruggeri, *Il contratto estimatorio*; J. A. Penalva dos Santos, *Contrato estimatório em doutrina*, Rio de Janeiro, 1996; Giovanni Baldi, *Il contratto estimatorio*, Torino, 1960; Paulo Luiz Netto Lôbo, *Comentários*, cit., v. 6, p. 242-72; Tania da Silva Pereira, Contrato estimatório: autonomia no direito moderno, *Estudos em homenagem a Caio Mário da Silva Pereira*, Rio de Janeiro, Forense, 1984, p. 592 e s.; Matiello, *Código Civil*, cit., p. 351; Nelson Rosenvald, *Código*, cit., p. 517; M. Lígia C. Mathias e M. Helena M. B. Daneluzzi, *Direito Civil — contratos*, cit., p. 100-101; Otavio Luiz Rodrigues Junior, *Código Civil comentado*, cit., p. 543-616.

Art. 535. O consignatário não se exonera da obrigação de pagar o preço, se a restituição da coisa, em sua integridade, se tornar impossível, ainda que por fato a ele não imputável.

Impossibilidade de devolução da coisa. O consignatário não ficará liberado do dever de pagar o preço, se a restituição, em sua integridade (ou seja, no estado em que se encontrava quando o recebeu), do bem consignado, que ficou sob sua posse por determinado prazo, se impossibilitar mesmo por fato alheio à sua vontade (ato de terceiro, fato de coisa ou de animal, caso fortuito ou força maior). Tal ocorre porque a transferência da posse da coisa feita pelo consignante ao consignatário fará com que este arque com os riscos de sua perda e deterioração. Mas, se comprovada a culpa do próprio consignante pela perda ou deterioração da coisa, exonerado estará o consignatário, transferindo-se àquele a obrigação de arcar com o risco e com a indenização por perdas e danos.

Art. 536. A coisa consignada não pode ser objeto de penhora ou sequestro pelos credores do consignatário, enquanto não pago integralmente o preço.

Impenhorabilidade da coisa consignada. A coisa dada em consignação não poderá ser penhorada, nem será suscetível de sequestro pelos credores do consignatário, enquanto não for pago integralmente o seu preço. Isto é assim porque o bem consignado não lhe pertence, seus credores não poderão penhorar os bens, nem prejudicar o consignante alheio aos débitos do consignatário. Assim sendo, esse contrato se diferencia da compra e venda, pois a tradição do bem móvel consignado não transfere propriedade, ao consignatário, visto que o consignante continua sendo o titular do domínio.

Art. 537. O consignante não pode dispor da coisa antes de lhe ser restituída ou de lhe ser comunicada a restituição.

Indisponibilidade da coisa consignada. O consignante, pelo princípio da boa-fé objetiva, não poderá alienar ou dispor do bem dado em consignação antes que este lhe seja devolvido ou antes da comunicação de sua restituição. Isto é assim porque, no período estipulado para que o consignatário exerça sua opção de venda ou restituição, o consignante está proibido legalmente da prática de qualquer ato que envolva disposição do bem consignado.

CAPÍTULO IV
DA DOAÇÃO

SEÇÃO I
DISPOSIÇÕES GERAIS

Art. 538. Considera-se doação o contrato em que uma pessoa, por liberalidade, transfere do seu patrimônio bens ou vantagens para o de outra.

- Vide *Súmula 328 do Supremo Tribunal Federal.*
- *Doação de partes do corpo humano: Lei n. 9.434/97 e Decreto n. 2.268/97 que a regulamenta; RT, 618:66.*
- *Doação de sangue: Portaria n. 1.353/2011 do Ministério da Saúde.*
- *Proibição de doação de imóveis públicos a particulares: Lei n. 8.666/93, art. 17, I,* b.
- *Código Civil, arts. 1.663, § 2º, 1.642, V, 1.647, IV, 539, 547 a 549.*
- *Constituição Federal, art. 155, I (Emenda Constitucional* — vide *n. 3/93, art. 1º).*
- *Decretos estaduais paulistas n. 45.837/2001 e 46.655/2002 e Portaria CAT n. 72/2001.*
- *Lei n. 11.101/2005, art. 129, VII.*
- *Código de Processo Civil, art. 901, § 2º,* in fine.
- *Doação de bens imóveis da União: Lei n. 9.636/98, art. 31.*

Doação. A doação é o contrato em que uma pessoa, por liberalidade, visa transferir do seu patrimônio bens ou vantagens para o de outra, que os aceita (CC, art. 539; *Ciência Jurídica, 32*:112 e *41*:107; *RT, 772*:395, *722*:236, *721*:245; *684*:70, *613*:95, *611*:90, *594*:103, *616*:243, *634*:70, *640*:96, *620*:44, *607*:186, *602*:269, *612*:194, *624*:194 e 251, *599*:127, *505*:124, *544*:236, *547*:129 e *579*:157; *AJ, 75*:266; *RF, 159*:289; *RSTJ, 31*:355). Serve, portanto, de *titulus adquirendi*, pois o domínio só se transmitirá pela tradição se móvel o bem doado, e pelo registro, se imóvel (*RT, 534*:111).

Pelo Enunciado n. 549 do CJF (aprovado na *VI Jornada de Direito Civil*): "A promessa de doação no âmbito da transação constitui obrigação positiva e perde o caráter de liberalidade previsto no art. 538 do Código Civil".

BIBLIOGRAFIA: Demolombe, *Traité des donations entre vifs et des testaments*, Paris, 1873, t. 3, n. 8; Troplong, *Droit civil expliqué: des donations entre vifs et des testaments*, Paris, 1855, v. 2, n. 903; Baudry-Lacantinerie e Colin, *Traité théorique et pratique de droit civil*, v. 9, n. 280; Antunes Varela, Doação, in *Enciclopédia Saraiva do Direito*, v. 29, p. 168-71; Bassil Dower, *Curso moderno de direito civil*, São Paulo, Ed. Nelpa, v. 3, p. 115-9; W. Barros Monteiro, *Curso*, cit., v. 5, p. 116-27; Pires de Lima e Antunes Varela, *Código Civil anotado*, v. 2, p. 181; Espínola, *Dos contratos*, cit., n. 90-6; Clóvis Beviláqua, *Código Civil*, cit., v. 4, p. 333 e 334; Agostinho Alvim, *Da doação*, São Paulo, Saraiva, 1980; Serpa Lopes,

Curso, cit., v. 3, p. 381-7 e 391-406; Silvio Rodrigues, *Direito civil*, cit., v. 3, p. 215-30; Larenz, *Derecho de las obligaciones*, cit., v. 2, § 43; Carvalho de Mendonça, *Contratos*, cit., v. 1, n. 10; Dupeyroux, *Contribution à la théorie générale de l'acte à titre gratuit*, Paris, 1955, p. 321 e 430-5; Caio M. S. Pereira, *Instituições*, cit., v. 3, p. 211-20; M. Helena Diniz, *Curso*, cit., v. 3, p. 158-71; e *Tratado teórico e prático dos contratos*, cit., cap. IX, p. 41-82; Carvalho Santos, *Código Civil brasileiro interpretado*, cit., v. 16, p. 303; Orlando Gomes, *Contratos*, cit., p. 251-5; Venzi, *Manuale di diritto civile italiano*, n. 478; Salvat, *Tratado de derecho civil argentino*, v. 6, p. 118; R. Limongi França, Contrato de doação, in *Enciclopédia Saraiva do Direito*, v. 19, p. 291 e s.; D'Abranches Ferrão, *Das doações segundo o Código Civil português*, Coimbra, 1911, v. 1, n. 7; Tullio Ascarelli, *Contrato misto, negócio indireto, "negotium mixtum cum donatione"*, Lisboa, 1954, p. 23; Arnoldo Wald, *Curso de direito civil brasileiro; obrigações e contratos*, 1972, p. 279; Levenhagen, *Código Civil*, cit., v. 4, p. 279-96; Natal Nader, Questões relativas à doação, *Rev. Curso de Direito da Univ. Fed. de Uberlândia*, *9*:215 e s., 1980; Sílvio de Salvo Venosa, *Manual dos contratos*, cit., p. 85-100; Roberto Senise Lisboa, *Manual*, cit., v. 3, p. 116-20; Alfredo Ascoli, *Trattato delle donazione*, 1935; Andréa Torrente, *La donazione*, 1956; Jacovino Tavassi e Cassandro, *La donazione*, 1996; Juan B. Vallet de Goytisolo, *Estudios sobre donaciones*, 1978; H. Méau-Lautour, *La donation déguisée en droit civil français*, 1985; Sílvio Luís Ferreira da Rocha, *Curso avançado*, cit., p. 169-96; Biondo Biondi, *Le donazione*, Torino, Giuffrè, 1961; Paulo Luiz Netto Lôbo, *Comentários*, cit., p. 272-385; Paulo Geraldo de O. Medina, A doação, in *O novo Código Civil — estudos em homenagem a Miguel Reale*, São Paulo, LTr, 2003, p. 459 e s.; Luciano de Camargo Penteado, *Doação com encargo e causa contratual*, São Paulo, Millennium, 2004; Nelson Rosenvald, *Código Civil*, cit., p. 526; Pablo S. Gagliano, *O contrato de doação*, São Paulo, Saraiva, 2007; Fábio V. Figueiredo e Roberto Bolonhini Jr., *Direito civil*, cit., p. 135-41; Samuel Luiz Araújo, *O princípio da igualdade e sua projeção no contrato de doação*, Porto Alegre, Nuria Fabris ed., 2009.

Art. 539. O doador pode fixar prazo ao donatário, para declarar se aceita ou não a liberalidade. Desde que o donatário, ciente do prazo, não faça, dentro dele, a declaração, entender-se-á que aceitou, se a doação não for sujeita a encargo.

- *Código Civil, arts. 111, 136, 1.748, II, 441, parágrafo único, 540, 553, 562, 564, II, e 1.748, II.*
- *Lei n. 6.015/73, art. 218.*

Aceitação do donatário. A doação não se aperfeiçoará enquanto o beneficiário não manifestar sua intenção de aceitar a doação (*RT*, *118*:642, *175*:247 e *186*:338).

Prazo para aceitação. O doador poderá fixar, na oferta, prazo para o donatário declarar se aceita ou não a liberalidade, pois nem sempre a doação atende aos seus interesses, e em relação a donatário capaz não há presunção *juris tantum* do benefício da doação. Se o donatário, ciente do prazo, não declarar dentro dele que aceita a doação, entender-se-á que a aceitou, se a doação não estiver obviamente sujeita a encargo, caso em que se terá a aceitação tácita (STF, Súmula 328; *RT*, *128*:182). A doação modal requer, por ser onerosa e por envolver um ônus ou o cumprimento de uma obrigação, aceitação expressa.

Art. 540. A doação feita em contemplação do merecimento do donatário não perde o caráter de liberalidade, como não o perde a doação remuneratória, ou a gravada, no excedente ao valor dos serviços remunerados ou ao encargo imposto.

- Vide *Código Civil, arts. 136, 441, parágrafo único, e 564.*

Doação feita em contemplação do merecimento do donatário. A doação contemplativa ou meritória, feita em contemplação do merecimento do donatário, vem a ser uma doação pura e simples, em que o doador manifesta claramente o porquê de sua liberalidade. Por exemplo, doação de um objeto a "A" por ser um grande cientista. Trata-se da doação contemplativa. É uma doação porque o doador não está obrigado a nenhuma retribuição, entregando o bem por mera liberalidade, fazendo uma homenagem ao donatário pelos seus méritos no campo social, científico ou cultural.

Doação remuneratória. A doação remuneratória é aquela em que, sob a aparência de mera liberalidade, há firme propósito do doador de pagar serviços prestados gratuitamente pelo donatário (*JB*, *53*:219). Por exemplo, a doação de uma obra de arte a um médico no valor de R$ 20.000,00, que tratou do doador sem nada cobrar. Essa doação não perderá o caráter de liberalidade no excedente ao valor dos serviços prestados, que seria de R$ 15.000,00; logo, a parte que corresponde à retribuição do serviço é "pagamento" e só será doação quanto à parte que exceder o valor desse serviço, ou seja, R$ 5.000,00.

BIBLIOGRAFIA: Antonino d'Angelo, *La donazione rimuneratoria*, Milano, Giuffrè, 1942; Carlos Alberto Bittar, *Contratos civis*, cit., v. 44.

Doação modal. A doação modal ou com encargo é aquela em que o doador impõe ao donatário uma prestação em seu benefício, em proveito de terceiro ou do interesse geral. Por exemplo, doação de um imóvel para que nele se construa uma escola (*JB*, *79*:307; *RF*, *238*:182; *RT*, *781*:428, *598*:73, *532*:110, *389*:154 e *175*:247; *AJ*, *100*:231; *EJSTJ*, *9*:84). Na parte que exceder o valor do encargo haverá liberalidade, e, se houver equivalência entre o objeto doado e o valor do encargo, o contrato será oneroso.

Art. 541. A doação far-se-á por escritura pública ou instrumento particular.

- *Código Civil, arts. 108 e 125.*
- *Lei n. 6.015/73, arts. 167, I, n. 33, e 218.*

Parágrafo único. A doação verbal será válida, se, versando sobre bens móveis e de pequeno valor, se lhe seguir incontinenti a tradição.

- *Código Civil, arts. 108 e 1.267.*

Requisito formal da doação. A doação é um contrato solene, devendo observar a forma exigida em lei (*RT*, *512*:148) para ter validade. Deverá ser feita: *a*) por escrito particular, se o móvel doado for de valor considerável (*RF*, *90*:146); *b*) por escritura pública, se versar sobre imóvel, que deverá ser registrada na circunscrição imobiliária competente (Lei n. 6.015/73, art. 167, I, n. 33; CC, arts. 108 e 215; *JB*, *25*:146; *RT*, *600*:212); *c*) verbalmente, seguida de tradição, se seu objeto for bem móvel de pequeno valor (*RT*, *148*:236, *544*:236 e *380*:120; *RF*, *129*:212; *AJ*, *108*:120, *80*:75 e *116*:56; *RSTJ*, *141*:319), caso em que se tem a *doação manual*. Pelo Enunciado n. 622 da *VIII Jornada de Direito Civil*: "Para a análise do que seja bem de pequeno valor, nos termos do que consta do art. 541, parágrafo único, do Código Civil, deve-se levar em conta o patrimônio do doador".

Art. 542. A doação feita ao nascituro valerá, sendo aceita pelo seu representante legal.

- Vide *Código Civil, arts. 2º, 1.748, II, c/c o art. 1.774 e 1.779.*

Doação a nascituro. O nascituro (*infans conceptus*) poderá receber doação, mas a aceitação deverá ser manifestada pelo seu representante legal, ou seja, por aquele a quem incumbe cuidar de seus interesses: pai, mãe ou curador. Se nascer morto, embora aceita a liberalidade, esta caducará. Se tiver um instante de vida, receberá o benefício, transmitindo-o a seus sucessores. Já houve decisão admitindo doação à prole eventual (*RF*, *311*:258).

BIBLIOGRAFIA: Silmara J. A. Chinelato e Almeida, *Tutela civil do nascituro*, São Paulo, Saraiva, 2000, p. 337; Sergio A. Semião, *Os direitos do nascituro: aspectos cíveis, criminais e do biodireito*, Del Rey, Belo Horizonte, 2000.

Art. 543. Se o donatário for absolutamente incapaz, dispensa-se a aceitação, desde que se trate de doação pura.

• Vide *Código Civil, arts. 3º, 121 a 130, 136, 137, 1.767, 1.774, 1.781 e 1.748, II.*

Doação a incapazes. O art. 543 do Código Civil conflita, em parte, com o art. 1.748, II. O art. 543 dispensa a aceitação de doação pura e simples ou típica (*vera et absoluta*) se o donatário, que se encontrar sob o poder familiar, for absolutamente incapaz, com o escopo de protegê-lo, possibilitando que receba a liberalidade ao desobrigá-lo da aceitação, que deixa de ser exigida, por haver presunção *juris tantum* de benefício da doação, logo nada obsta a que o representante legal demonstre em juízo a desvantagem da liberalidade para o incapaz. E o art. 1.748, II, combinado com os arts. 1.767, 1.774 e 1.781, exige que o tutor ou curador aceite a doação, ainda que com encargo, pelo tutelado e curatelado, havendo autorização judicial para tanto. Vislumbramos aqui, seguindo a concepção de Alf Ross, no que atina à extensão da contradição, uma antinomia parcial-parcial, pois as duas normas têm um campo de aplicação que em parte um entra em conflito com o de outra e em parte não entra. Se o art. 543 dispensa a aceitação, que no nosso entender seria a expressa, do donatário absolutamente incapaz, que sentido teria o art. 1.748, II, combinado com os arts. 1.767, 1.774 e 1.781, ao prescrever que tutor, ou curador, pouco importando que o tutelado ou curatelado seja absoluta, ou relativamente incapaz, deva aceitar por ele doação, ainda que com encargo? Mesmo as pessoas que não podem contratar poderão aceitar doações puras e simples, sem intervenção de representante legal, exceto na hipótese do art. 1.748, II, combinado com os arts. 1.767, 1.774 e 1.781 do Código Civil (*RF*, *141*:177, *182*:215 e *188*:205; *RT*, *277*:309 e *286*:440), de modo que sua aceitação é tácita. Dispensada está a aceitação expressa se o donatário for absolutamente incapaz, por ser a doação pura e simples um contrato benéfico, não acarretando quaisquer ônus ao favorecido. Daí preferir denominá-la Caio Mário da Silva Pereira aceitação ficta ou legal, uma vez que a doação se torna perfeita e acabada desde que o doador a efetue. Mas, sem embargo desta opinião, há quem ache, como Jones Figueirêdo Alves, que a aceitação, no caso em tela, não é mais ficta, nem presumida, visto que deixa de ser exigida como elemento integrante da formação do contrato. Já para as doações com encargo a sua aceitação será expressa, por meio de representante legal. E, se a doação for de pai a filho menor, de boa cautela será nomear curador especial para aceitá-la em nome do incapaz, principalmente se houver reserva de usufruto ou encargo (CC, art. 1.692).

Art. 544. A doação de ascendentes a descendentes, ou de um cônjuge a outro, importa adiantamento do que lhes cabe por herança.

• Vide *Código Civil, arts. 1.789, 1.829, I, 1.846 e 1.847, 2.002 a 2.006 e 2.012.*

Doação de ascendente a descendente ou de um cônjuge a outro. O pai, p. ex., poderá fazer doação a seus filhos, e um cônjuge a outro, que importará em adiantamento do que lhes cabe por herança, ou melhor, da legítima (*RT*, *188*:710, *279*:244, *870*:306), devendo ser por isso conferida no inventário do doador, por meio da colação (CPC, art. 639; *RT*, *510*:75),

DIREITO DAS OBRIGAÇÕES

embora este possa dispensar a conferência (*RT*, *543*:223), determinando, em tal hipótese, que saia de sua metade disponível, contanto que não a exceda (CC, art. 1.847; *RT*, *587*:105, *480*:108, *493*:61, *539*:66, *599*:127, *512*:116 e 136, *511*:92, *174*:158, *510*:75, *587*:105, *599*:127, *584*:132, *603*:63, *620*:44, *613*:187, *634*:70 e *640*:96; *JB*, *53*:228, 238, 243, 288 e 316; *EJSTJ*, *5*:64; *RSTJ*, *107*:281; *JSTJ*, *35*:224). Se avô doar bem a neto, este apenas deverá colacionar se suceder na herança de seu avô por estirpe, representando seu pai premorto. Mas, se seu genitor sobreviver ao seu avô, nada receberá por herança, consequentemente não terá o dever de colacionar. Em relação aos cônjuges, no regime de separação obrigatória de bens tal doação não se dará, pois o cônjuge não concorre na sucessão com descendentes do *de cujus*, o mesmo se diga no da comunhão universal ou no da comunhão parcial, se não houver bens particulares do *de cujus*. Donde se infere, logicamente, que a doação de um cônjuge a outro, sendo o regime de separação convencional de bens, de comunhão parcial, havendo patrimônio particular, ou de participação final nos aquestos, refere-se a seus bens particulares.

Todavia, o Enunciado n. 654, da *IX Jornada de Direito Civil*, entendeu que: "Em regra, é válida a doação celebrada entre cônjuges que vivem sob o regime da separação obrigatória de bens".

Art. 545. A doação em forma de subvenção periódica ao beneficiado extingue-se morrendo o doador, salvo se este outra coisa dispuser, mas não poderá ultrapassar a vida do donatário.

Doação sob forma de subvenção periódica. A doação poderá apresentar-se sob a forma de subvenção periódica ou sucessiva, extinguindo-se esta com a morte do doador, exceto se o contrário estiver disposto, e, além disso, não pode ultrapassar a vida do donatário. A subvenção constitui um favor pessoal, que termina com o óbito do doador, não se transferindo o dever de prestar periodicamente ao donatário um auxílio monetário para os seus herdeiros. Trata-se, na verdade, de uma constituição de renda vitalícia a título gratuito, que perdura enquanto viver o donatário, por ser liberalidade *intuitu personae*.

Art. 546. A doação feita em contemplação de casamento futuro com certa e determinada pessoa, quer pelos nubentes entre si, quer por terceiro a um deles, a ambos, ou aos filhos que, de futuro, houverem um do outro, não pode ser impugnada por falta de aceitação, e só ficará sem efeito se o casamento não se realizar.

• Vide *Código Civil, arts. 552,* in fine, *564, IV, 1.639 e 1.647, parágrafo único.*

Doação em contemplação de casamento futuro. A doação feita em contemplação de casamento futuro (*propter nuptias*) com certa e determinada pessoa, quer pelos nubentes, quer por terceiro, a um deles, a ambos ou aos filhos que advierem, não poderá ser impugnada por falta de aceitação, e somente ficará sem efeito se o matrimônio não se efetivar. Nesta hipótese será, portanto, dispensável a aceitação, que decorrerá, simplesmente, da celebração do ato nupcial (*RT*, *532*:110; *JB*, *53*:71; *RF*, *311*:258). Trata-se de doação sob condição suspensiva *si nuptiae sequuntur*. A celebração do casamento é *conditio sine qua non* da eficácia da doação.

Art. 547. O doador pode estipular que os bens doados voltem ao seu patrimônio, se sobreviver ao donatário.

• Vide *Código Civil, art. 1.359.*

Parágrafo único. Não prevalece cláusula de reversão em favor de terceiro.

Doação com cláusula de reversão ou doação a retorno. O doador poderá inserir cláusula estipulando que o bem doado retorne ao seu patrimônio se sobreviver ao donatário, hipótese em que se terá doação sob condição resolutiva, de cujo implemento resultará a devolução do bem doado, mas os frutos pertencerão ao donatário (*Ciência Jurídica, 69*:131). Logo, não poderá prevalecer cláusula de reversão em favor de terceiro, mesmo porque em nosso direito não há mais aquele fideicomisso, que podia ser constituído *inter vivos*. Com isso, vedada está a doação sucessiva, reforçando o caráter *intuitu personae* dessa cláusula.

Art. 548. É nula a doação de todos os bens sem reserva de parte, ou renda suficiente para a subsistência do doador.

- *Código Civil, art. 166.*
- *Constituição Federal, art. 1º, III.*

Doação com reserva de usufruto. Não valerá a doação de todos os bens (doação universal) sem reserva de parte do patrimônio ou renda (advinda, p. ex., de aplicação financeira, salário, pensão, aposentadoria (*RT, 511*:212), direito autoral etc.) suficiente para a subsistência do doador, a fim de evitar excessiva liberalidade, que coloque o doador na penúria. Pela teoria do estatuto do patrimônio mínimo, o ordenamento deve garantir ao doador um mínimo de bens para assegurar-lhe uma vida digna.

BIBLIOGRAFIA: Ronaldo Cunha Campos, Considerações sobre a reserva de usufruto em doação universal, *Revista do Curso de Direito da Universidade Federal de Uberlândia, 9*:153-67, 1980; Clóvis Beviláqua, *Código Civil,* cit., obs. ao art. 1.175, v. 4; Levenhagen, *Código Civil*, cit., v. 4, p. 286 e 287; M. Helena Diniz, *Curso*, cit., v. 3, p. 164; Luiz Edson Fachin, *Estatuto jurídico do patrimônio mínimo*, Rio de Janeiro, Renovar, 2006.

Alguns dados jurisprudenciais sobre doação universal com reserva de usufruto. Consulte: *JB, 53*:330, 315 e 231 e *160*:295; *RF, 105*:295, *114*:78 e *89*:484; *AJ, 95*:97; *RT, 305*:258, *452*:70, *456*:201, *325*:529, *511*:212, *515*:87, *461*:89 e 193, *440*:76, *178*:132, *455*:197, *450*:209, *436*:211, *506*:64, *492*:110, *522*:159, *481*:201, *128*:182, *138*:181, *205*:145, *435*:195, *432*:183, *588*:97, *600*:72, *676*:95 e *611*:51; *RJ, 171*:95.

Art. 549. Nula é também a doação quanto à parte que exceder à de que o doador, no momento da liberalidade, poderia dispor em testamento.

- Vide *Código Civil, arts. 1.789, 1.845, 1.846, 1.847, 2.007 e 2.008.*
- ***Projeto de Lei n. 699/2011***: *"Parágrafo único. A ação de nulidade pode ser intentada mesmo em vida o doador".*

Doação inoficiosa. Nula será a doação da parte excedente do que poderia dispor o doador em testamento, no momento em que doa, pois, se houver herdeiro necessário (descendente, ascendente e cônjuge), o testador só poderá dispor da metade da herança, preservando, assim, a legítima daquele herdeiro (*RT, 799*:296, *684*:70, *683*:72, *547*:77, *280*:273, *205*:212, *297*:512, *184*:761, *146*:168, *474*:189, *485*:93, *523*:104 e *525*:72; *RF, 158*:254; *JB, 100*:251; *EJSTJ, 4*:56, *23*:122; *Ciência Jurídica, 62*:143; *RJTJSP, 195*:50, *130*:311, *93*:108). Nula será a doação apenas no que exceder o montante disponível do doador no momento da liberalidade e não no instante da abertura da sucessão, reduzindo-se lhe até o limite permitido por lei. Assim se, exemplificativamente, "A" possuindo, em 2006, R$ 200.000,00, fizer nesse mesmo ano uma doação a "B" de R$ 80.000,00, e, em 2007, a "C" de R$ 20.000,00 e a "D", em 2008, de

R$ 30.000,00, somente esta última será invalidada, permanecendo as anteriores, por estarem dentro do limite legal. O reconhecimento da inoficiosidade pode ser pedido, segundo uns, em vida do doador (*RT*, *547*:77 ou *492*:110); mas se trata de uma questão controvertida, pois há quem ache que só se poderia pleiteá-lo após o óbito do doador, pois de outro modo estar-se-ia litigando sobre herança de pessoa viva (*RT*, *280*:273, *426*:67, *415*:170 e *446*:98).

Art. 550. A doação do cônjuge adúltero ao seu cúmplice pode ser anulada pelo outro cônjuge, ou por seus herdeiros necessários, até dois anos depois de dissolvida a sociedade conjugal.

- Vide *Súmula 382 do Supremo Tribunal Federal.*
- *Código Civil, arts. 1.845 a 1.850, 1.642, V, e 793.*
- *Constituição Federal, art. 226, § 6º, com a redação da Emenda Constitucional n. 66/2010.*

Doação de adúltero a seu cúmplice. O cônjuge adúltero não poderá fazer doação a seu cúmplice, pois tal doação poderá ser anulada pelo outro consorte, na constância do matrimônio, ou por seus herdeiros necessários até dois anos após a dissolução da sociedade conjugal (*JB*, *150*:170, *162*:272, *53*:319, 232, 208, 207, 114, 110; *RF*, *178*:214; *RT*, *172*:248, *200*:656, *269*:219, *304*:284, *466*:95, *490*:197, *509*:76, *590*:92, *599*:185, *607*:161, *623*:170, *624*:251, *719*:258, *725*:271; *RJTAMG*, *74*:175; *RJTJSP*, *128*:91; *Ciência Jurídica*, *38*:140). O art. 550 não alcança a doação a companheiro (*RSTJ*, *62*:193).

Art. 551. Salvo declaração em contrário, a doação em comum a mais de uma pessoa entende-se distribuída entre elas por igual.

Parágrafo único. Se os donatários, em tal caso, forem marido e mulher, subsistirá na totalidade a doação para o cônjuge sobrevivo.

Doação conjuntiva. A doação poderá ser feita em comum a várias pessoas, distribuída por igual entre elas, sendo uma obrigação divisível, exceto disposição em contrário que venha a dispor, p. ex., que a parte do que faltar acresça à do que venha a sobreviver. Se os beneficiados são marido e mulher (casal donatário), a regra é a do direito de acrescer: a doação subsistirá, na totalidade, para o cônjuge sobrevivente (*RJTJSP*, *138*:105; *RT*, *677*:218), não passando a parte do bem doado, cabível ao *de cujus*, ao acervo hereditário, nem aos herdeiros necessários.

Art. 552. O doador não é obrigado a pagar juros moratórios, nem é sujeito às consequências da evicção ou do vício redibitório. Nas doações para casamento com certa e determinada pessoa, o doador ficará sujeito à evicção, salvo convenção em contrário.

- Vide *Código Civil, arts. 406 a 407, 441 a 457, 546, 564, IV, e 1.939, III.*

Exoneração de pagamento de juros moratórios e das consequências da evicção ou do vício redibitório. O doador não será obrigado a pagar juros moratórios, por ser a doação uma liberalidade, nem estará sujeito à evicção ou às consequências do vício redibitório, por não ser justo que de um ato benéfico surjam obrigações ou deveres para quem o pratica.

Casos de responsabilidade por evicção. Nas doações remuneratórias e com encargo haverá responsabilidade por evicção, mora ou vício redibitório no que atina à parte correspondente ao serviço prestado e à incumbência cometida. E, na doação feita em contemplação de casamento a ser realizado com certa e determinada pessoa (*donatio propter nuptias*), o doador responderá por evicção, salvo se houver estipulação contratual exonerando-o dessa responsabilidade.

Art. 553. O donatário é obrigado a cumprir os encargos da doação, caso forem a benefício do doador, de terceiro, ou do interesse geral.

- Vide *Código Civil, arts. 136, 137, 436 a 438, 540, 555, segunda parte, 562 e 1.938.*

Parágrafo único. Se desta última espécie for o encargo, o Ministério Público poderá exigir sua execução, depois da morte do doador, se este não tiver feito.

Obrigatoriedade do cumprimento do encargo. Se a doação for onerosa ou modal (*donatione sub modo*), o encargo estabelecido em favor do próprio doador, de terceiro ou do interesse geral deverá ser cumprido, sob pena de revogação da liberalidade.

Legitimidade do Ministério Público para exigir a execução do modo. Se o encargo ou modo for estabelecido em prol da coletividade ou do interesse geral, p. ex., na doação de um terreno para a construção de um hospital, neste caso, como os herdeiros do doador podem não ter interesse no cumprimento do encargo, a lei reconhece ao Ministério Público legitimidade para exigir sua execução (*RJTJSP, 138*:182), depois do óbito do doador.

Art. 554. A doação a entidade futura caducará se, em dois anos, esta não estiver constituída regularmente.

- *Código Civil, art. 45.*

Caducidade de doação a entidade futura. Pessoa jurídica ou entidade futura pode receber doação, mas esta caducará se a donatária não for constituída regularmente dentro de dois anos, contados da efetivação da doação. A doação a entidade futura sujeitar-se-á, portanto, a essa condição suspensiva. A norma *sub examine* tem por escopo evitar que o bem doado fique vinculado a entidade que nunca venha a constituir-se, com isso tutela o patrimônio do doador e os direitos de seus herdeiros.

BIBLIOGRAFIA: Carlos Alberto Bittar Filho e Márcia S. Bittar, *Novo Código Civil*, cit., p. 269.

SEÇÃO II
DA REVOGAÇÃO DA DOAÇÃO

Art. 555. A doação pode ser revogada por ingratidão do donatário, ou por inexecução do encargo.

- Vide *Código Civil, arts. 390, 397, 557, 559 e 562.*
- Vide *Lei n. 9.099/95, art. 3º, II.*
- *Código de Processo Civil de 2015, art. 1.063; LJE, art. 3º, II.*

Revogação da doação. A doação é um ato de liberalidade; logo, o doador não poderá revogá-la unilateralmente, no todo ou em parte, se já houve aceitação do donatário.

BIBLIOGRAFIA: Serpa Lopes, *Curso*, cit., v. 3, p. 427-34; Bassil Dower, *Curso moderno*, cit., p. 125-8; Clóvis Beviláqua, *Código Civil*, cit., v. 4, p. 285 e 286; Carvalho Santos, *Código Civil brasileiro interpretado*, cit., v. 16, p. 431; Caio M. S. Pereira, *Instituições*, cit., v. 3, p. 231-5; Orlando Gomes, *Contratos*, cit., p. 261 e 262; Salvatore Romano, *La revoca degli atti giuridici privati*, CEDAM, 1936, § 16, p. 198; Savatier, *Cours de droit civil français*, t. 3, n. 824; W. Barros Monteiro, *Curso*, cit., v. 5, p. 129-34; De Page, *Traité élémentaire*, cit., v. 8, n. 751; Agostinho Alvim, *Da doação*, cit., p. 259-333; Espínola, *Dos contratos*, cit.,

n. 100; Chironi, *Istituzioni di diritto civile italiano*, v. 1, § 68; Ricci, *Corso teorico e pratico di diritto civile*, v. 4, n. 363; Carvalho de Mendonça, *Contratos*, cit., v. 1, n. 14; Silvio Rodrigues, *Direito civil*, cit., v. 3, p. 230-6; M. Helena Diniz, *Curso*, cit., v. 3, p. 169-71; Matiello, *Código Civil*, cit., p. 363.

Jurisprudência atinente à revogação da doação. Consulte: *RF*, *167*:273 e *172*:258; *RT*, *598*:73, *593*:86, *544*:106, *539*:172, *537*:106, *532*:191, *524*:65 e 71, *487*:52, *481*:74, *437*:220; *RSTJ*, *119*:377.

Casos excepcionais de revogação unilateral de doação. Mesmo após a aceitação pelo donatário, o doador poderá revogar unilateralmente doação pura e simples (*RT*, *49*:209; *RF*, *135*:434) por: *a*) ingratidão do donatário (*Ciência Jurídica*, *42*:120), por ter este o dever moral de ser grato ao doador, devendo abster-se de atos que constituem prova de ingratidão revelando seu não reconhecimento e sua falta de sensibilidade ao favor recebido; *b*) descumprimento do encargo (CC, art. 562; *EJSTJ*, *16*:108; *RT*, *204*:252). O doador reclamará a devolução da coisa doada, mas o donatário inadimplente, em mora, não responderá pelas perdas e danos (*RT*, *537*:106, *524*:82 e *532*:110).

Art. 556. Não se pode renunciar antecipadamente o direito de revogar a liberalidade por ingratidão do donatário.

Inadmissibilidade de renúncia antecipada do direito de revogar a doação por ingratidão. O direito de revogar a doação por ingratidão é irrenunciável se manifestado antecipadamente. O doador poderá usar ou não desse direito, porém não poderá abrir mão dele, por antecipação, de modo que nula será a cláusula pela qual o doador se obrigue a não o exercer.

Art. 557. Podem ser revogadas por ingratidão as doações:

I — se o donatário atentou contra a vida do doador ou cometeu crime de homicídio doloso contra ele;

- *Código Civil, art. 561.*

II — se cometeu contra ele ofensa física;

III — se o injuriou gravemente ou o caluniou;

- ***Projeto de Lei n. 699/2011**: "III — se o difamou ou o injuriou gravemente ou se o caluniou;*

....".

IV — se, podendo ministrá-los, recusou ao doador os alimentos de que este necessitava.

- Vide *Código Civil, arts. 553, 1.694, 1.814, 1.962 e 1.963.*
- Vide *Lei n. 9.099/95, art. 3º, II.*

Casos de revogação de doação por ingratidão. O doador, sendo a doação pura e simples, poderá revogá-la se o donatário: *a*) atentou dolosamente contra sua vida, desde que esse ato não seja culposo ou decorrente de legítima defesa (*RT*, *437*:220), ou cometeu homicídio doloso contra ele (*RT*, *625*:388, *620*:336, *572*:324); *b*) o ofendeu fisicamente, causando-lhe lesão corporal dolosa, leve ou grave (*RT*, *182*:248, *665*:70); *c*) o injuriou ou o caluniou gravemente (*RT*, *182*:248, *278*:821, *189*:403, *532*:191, *211*:246 e *199*:293); e *d*) lhe negou, tendo meios econômicos, alimentos para sua sobrevivência, por estar ele na penúria e não ter parentes, cônjuge ou companheiro a quem reclamar prestação alimentícia (*JTJ*, *167*:82). "O Código Civil vigente estabeleceu um novo sistema para revogação da doação por ingratidão, pois o rol legal previsto no art. 557 deixou de ser taxativo, admitindo, excepcionalmente, outras hipóteses" (Enunciado n. 33, aprovado na *I Jornada de Direito Civil*, promovida, em setembro de 2002, pelo Centro de Estudos Judiciários do Conselho da Justiça Federal).

Art. 558. Pode ocorrer também a revogação quando o ofendido, nos casos do artigo anterior, for o cônjuge, ascendente, descendente, ainda que adotivo, ou irmão do doador.

• Vide *Código Civil, arts. 557 e 1.596.*

• *Constituição Federal, art. 227, § 6º.*

• ***Projeto de Lei n. 699/2011**: "Art. 558. Pode ocorrer também a revogação quando o ofendido for o cônjuge, companheiro, ascendente, descendente ou irmão do doador.*

Parágrafo único. Os atos praticados pelo cônjuge, companheiro, ascendente, descendente ou irmão do donatário, quando beneficiários diretos ou indiretos da liberalidade, ofensivos ao doador, são suscetíveis, conforme as circunstâncias, de ensejar a revogação".

Extensão dos casos de revogação por ingratidão. Se o donatário vier a praticar quaisquer atos arrolados no art. 557 do Código Civil contra cônjuge, ascendente, descendente, ainda que adotivo, ou irmão do doador, este poderá revogar a doação feita, alegando ingratidão (*RT*, *532*:191), visto que aquelas pessoas lhe são caras, em relação à afetividade que o une a elas.

Art. 559. A revogação por qualquer desses motivos deverá ser pleiteada dentro de um ano, a contar de quando chegue ao conhecimento do doador o fato que a autorizar, e de ter sido o donatário o seu autor.

• *Código Civil, arts. 557 e 558.*

• ***Projeto de Lei n. 699/2011**: "Art. 559. A revogação por qualquer desses motivos deverá ser pleiteada em um ano, a contar de quando chegue ao conhecimento do doador o fato que a autorizar, e de ter sido o donatário, seu cônjuge, companheiro ou descendente, o autor da ofensa".*

Prazo para revogação de doação. A revogação da doação deverá ser pleiteada dentro do prazo decadencial de um ano, contado do conhecimento do fato da ingratidão do donatário pelo próprio doador, mediante ação judicial (*RT*, *544*:106; *RF*, *118*:484; *RJM*, *177*:277).

Art. 560. O direito de revogar a doação não se transmite aos herdeiros do doador, nem prejudica os do donatário. Mas aqueles podem prosseguir na ação iniciada pelo doador, continuando-a contra os herdeiros do donatário, se este falecer depois de ajuizada a lide.

Revogação como direito personalíssimo. O dever de gratidão é pessoal, não podendo o doador exigi-lo dos herdeiros do beneficiado; logo, os herdeiros do doador não poderão revogar a doação por ingratidão do donatário, podendo tão somente prosseguir na ação por ele iniciada, continuando-a contra os herdeiros do donatário, se este vier a falecer após a lide ter sido ajuizada (*RT*, *487*:52 e *524*:65; *RSTJ*, *109*:142; *JTJ*, *179*:39) na qualidade de substitutos processuais.

Art. 561. No caso de homicídio doloso do doador, a ação caberá aos seus herdeiros, exceto se aquele houver perdoado.

• Vide *Código Civil, art. 557, I.*

• *Código Penal, art. 121.*

Legitimidade ativa de herdeiro para revogar doação. A jurisprudência tem admitido, no caso de homicídio doloso do doador, que os seus herdeiros movam ação revocatória contra o donatário assassino (*RT, 524*:65), o que foi consagrado pelo art. 561 do Código Civil. Se o doador foi dolosamente assassinado pelo donatário, seus herdeiros, na ordem de vocação hereditária, excluindo-se os mais remotos pelos mais próximos em grau, poderão revogar a liberalidade feita, exceto se o doador, antes de falecer, tenha perdoado seu algoz. Não se terá aqui substituição processual, visto que haverá, por força de lei, transmissão da titularidade da ação para os herdeiros do doador, cuja vida foi retirada, dolosamente, pelo donatário. O perdão expresso do doador, comprovado pelo donatário, impedirá, portanto, que os herdeiros tenham a iniciativa de revogar a doação.

Art. 562. A doação onerosa pode ser revogada por inexecução do encargo, se o donatário incorrer em mora. Não havendo prazo para o cumprimento, o doador poderá notificar judicialmente o donatário, assinando-lhe prazo razoável para que cumpra a obrigação assumida.

- *Código Civil, arts. 390, 397, 399 e 555,* in fine.
- *Código de Processo Civil, arts. 726 a 729.*

Revogação por descumprimento de encargo. A doação onerosa ou modal pode ser revogada por inexecução do encargo, desde que o donatário incorra em mora, resultante de vencimento de prazo para o cumprimento daquele dever; não havendo tal prazo, o doador poderá notificá-lo judicialmente, dando-lhe prazo razoável para que cumpra o encargo, e havendo escoamento do referido prazo, sem que a obrigação se efetive, o donatário incidirá em mora, dando ensejo ao doador para revogar a liberalidade (*EJSTJ, 16*:108; *RT, 204*:252, *524*:82, *532*:110, *537*:106). Mas, se tal prazo for exíguo, impossibilitando a execução do encargo, o donatário poderá, na contestação, alegar que a ação de revogação proposta contra ele não procede, visto que não incorreu em mora.

Art. 563. A revogação por ingratidão não prejudica os direitos adquiridos por terceiros, nem obriga o donatário a restituir os frutos percebidos antes da citação válida; mas sujeita-o a pagar os posteriores, e, quando não possa restituir em espécie as coisas doadas, a indenizá-la pelo meio termo do seu valor.

- Vide *Código Civil, art. 1.360.*
- *Código de Processo Civil, art. 240.*
- ***Projeto de Lei n. 699/2011***: *"Art. 563. A revogação por ingratidão não prejudica os direitos adquiridos por terceiros, nem obriga o donatário a restituir os frutos percebidos antes da citação válida; mas sujeita-o a pagar os posteriores, e, quando não possa restituir em espécie as coisas doadas, a indenizá-las pelo meio-termo de seu valor".*

Efeito "ex nunc" da revogação da doação por ingratidão. Revogada a doação por ingratidão, o bem doado retornará ao patrimônio do doador (*AJ, 79*:309), respeitados os direitos de terceiros (adquirente, mutuário, comodatário, titular de direito real de fruição ou de garantia em relação ao bem doado), já que os atos anteriores à revogação não serão atingidos.

Direito do donatário aos frutos. O donatário, em caso de revogação da doação por ingratidão, devolverá o bem, mas terá direito aos frutos percebidos antes da citação válida, devendo pagar os percebidos posteriormente. Se não mais puder restituir a coisa doada, por já tê-la vendido, deverá, então, pagar uma indenização ao doador, cujo *quantum* será a média do valor do bem, calculada entre o tempo da doação e a data da revogação da liberalidade. Trata-se do valor médio do mercado, considerando-se a qualidade do bem doado, sua valorização ou desvalorização, desde a doação e o desgaste que veio a sofrer pela ação do tempo. No dizer de Clóvis Beviláqua, o "meio-termo do seu valor" seria "a média do valor que a coisa teve ou podia ter entre a data da tradição ao donatário e a da restituição".

Art. 564. Não se revogam por ingratidão:

I — as doações puramente remuneratórias;

- *Código Civil, art. 540.*

II — as oneradas com encargo já cumprido;

- *Código Civil, arts. 539 e 136.*

III — as que se fizerem em cumprimento de obrigação natural;

- Vide *Código Civil, arts. 882 e 814.*

IV — as feitas para determinado casamento.

- Vide *Código Civil, arts. 546, 1.639 e 1.647, parágrafo único.*

Casos de impossibilidade de revogação de doação por ingratidão. Será inadmissível revogar por ingratidão do donatário: *a*) as doações remuneratórias, exceto na parte que exceder ao valor do serviço prestado pelo donatário ao doador. Se um dentista não vier a cobrar R$ 1.500,00 por um tratamento de canal e seu cliente entregar-lhe um relógio avaliado em R$ 1.800,00, havendo ingratidão do donatário, a doação poderá ser revogada no "quantum" de R$ 300,00; *b*) as doações com encargos, que, por exigirem uma contraprestação do donatário, o desobrigam, se já cumpridos, do dever de gratidão; *c*) as doações feitas em cumprimento de obrigação natural (*RT*, *674*:101, *481*:74), por exemplo, de dívida de jogo, por ser inexigível; *d*) as feitas em contemplação de casamento futuro, pois, se se perfazem com o ato nupcial, sua revogação atingiria o cônjuge inocente e a prole do casal (CC, arts. 546 e 1.639).

Capítulo V

Da Locação de Coisas

- Vide *Código Civil, art. 2.036.*

Art. 565. Na locação de coisas, uma das partes se obriga a ceder à outra, por tempo determinado ou não, o uso e gozo de coisa não fungível, mediante certa retribuição.

- Vide *Lei n. 8.245/91, sobre locação de imóvel urbano, com alteração das Leis n. 9.256, de 9 de janeiro de 1996, 10.931/2004, 11.196/2005, 12.112/2009 e 12.744/2012.*
- *Lei n. 14.010/2020, art. 9º, regime transitório em caso de época de pandemia.*
- Vide *Decreto-Lei n. 9.760/46, sobre locação de imóvel da União, arts. 64, § 1º, 86 a 98; pelo seu art. 96, parágrafo único, com a redação da Lei n. 11.314/2006, está vedado, salvo casos especiais, arrendamento por prazo superior a vinte anos.*
- Vide *Lei n. 8.666/93, arts. 126, 17, I,* f, *e 24, X, com redação da Lei n. 8.883/94.*
- *Lei n. 9.514/97, art. 27, § 7º (com redação da Lei n. 10.931/2004).*
- Vide *Lei n. 8.494/92, sobre a extinção de ISN e reajuste da locação residencial.*
- *Continuam regulados pelo Código Civil e pelas leis especiais:* a) *as locações de móveis; de imóveis da propriedade da União, dos Estados e dos Municípios, de suas autarquias e fundações públicas; de vagas autônomas de garagem ou de espaços para estacionamento de veículos; de espaços destinados à publicidade; em "apart-hotéis", hotéis-residência ou equiparados; e* b) *o arrendamento mercantil, em qualquer de suas modalidades (Lei n. 8.245/91, art. 1º).*

- Vide *Lei n. 9.099/95, art. 3º, III.*
- *Código Civil, arts. 85, 86, 206, § 3º, I, e 2.036.*
- *Lei n. 11.101/2005, arts. 119, VII, e 192, § 5º (redação da Lei n. 11.127/2005, art. 3º).*
- *Código de Processo Civil, art. 784, VIII.*
- *Súmula 492 do Supremo Tribunal Federal.*
- *Súmula vinculante 31 do Supremo Tribunal Federal.*

Locação de coisas. A *locatio conductio rerum* ou locação de coisas é o contrato pelo qual uma das partes (locador) se obriga a ceder à outra (locatário), por tempo determinado ou não, o uso e gozo de coisa infungível, mediante certa remuneração, designada *aluguel*.

BIBLIOGRAFIA: Silvio Rodrigues, Contrato de locação, in *Enciclopédia Saraiva do Direito*, v. 19, p. 395 e s.; Sílvio de Salvo Venosa, *Nova Lei do Inquilinato comentada*, São Paulo, Atlas, 1992; Gilberto Caldas, *Nova Lei do Inquilinato comentada*, São Paulo, Ediprax, 1992; Carlyle Popp, *Comentários à nova Lei do Inquilinato*, Curitiba, Juruá, 1992; Alcides Tomasetti e outros, *Comentários à Lei de Locação de Imóveis Urbanos* (coord. Juarez de Oliveira), São Paulo, Saraiva, 1992; Pinto Ferreira, *Comentários à Lei do Inquilinato*, São Paulo, Saraiva, 1992; Carlos Celso Orcesi da Costa, *Locação de imóvel urbano*, São Paulo, Saraiva, 1992; Aramy Dornelles da Luz, *Prática da locação comercial e ações especiais*, São Paulo, Saraiva, 1992; Serpa Lopes, *Curso*, cit., v. 4, p. 14-42; José da Silva Pacheco, *Comentários à nova Lei do Inquilinato*, São Paulo, Revista dos Tribunais, 1980; Aubry e Rau, *Cours*, cit., v. 5, § 368; Anacleto de Oliveira Faria, Locação, in *Enciclopédia Saraiva do Direito*, v. 50, p. 296 e s.; Andrioli, Locazione di cose, in Scialoja, *Dizionario pratico del diritto privato*, v. 3, 2ª parte; Rogério Lauria Tucci e Álvaro Villaça Azevedo, *Tratado de locação predial urbana*, São Paulo, Saraiva, 1980; Orlando Gomes, *Contratos*, cit., p. 327-44; Pontes de Miranda, *Tratado de direito predial*, Rio de Janeiro, 1956, v. 4; Lomonaco, *Istituzioni di diritto civile italiano*, v. 6, p. 346 e s.; Caio M. S. Pereira, *Instituições*, cit., v. 3, p. 243-60; Fubini, *El contrato de arrendamento de cosas*, n. 149; Sílvio Luís Ferreira da Rocha, *Curso avançado*, cit., p. 197-229, Carvalho de Mendonça, *Contratos*, cit., v. 2, p. 171-3; Nilton da Silva Combre, *Comentários à nova Lei do Inquilinato*, São Paulo, 1979; Sylvio Capanema de Souza, *A nova Lei do Inquilinato*, Rio de Janeiro, Forense, 1979; Ruy Tourinho, Nova lei de locações diante da empresa, in *Ciência Jurídica*, *42*:40; W. Barros Monteiro, *Curso*, cit., v. 5, p. 136-40; Pacifici-Mazzoni, *Il Codice Civile italiano commentato*; trattato delle locazioni, v. 4, p. 74; Sérgio Carlos Covello, Ação de despejo, in *Coleção Saraiva de Prática do Direito*, n. 6, 1985; Fábio Nusdeo, Sublocação, in *Enciclopédia Saraiva do Direito*, v. 71, p. 45; Antônio Chaves, *Lições de direito civil*, São Paulo, 1977, v. 4, p. 35 e s.; M. Helena Diniz, *Curso*, cit., v. 3, p. 174-94; *Tratado teórico e prático dos contratos*, cit., cap. X, p. 85-146, 172-284, 306-332; e *Lei de Locações de Imóveis Urbanos comentada*, São Paulo, Saraiva, 2008; Roberto Senise Lisboa, *Manual*, cit., v. 3, p. 121-4; Gildo dos Santos, *Locação e despejo*, São Paulo, Revista dos Tribunais, 1999; Teresa Ancona Lopez, *Comentários ao Código Civil*, São Paulo, Saraiva, 2003, v. 7, p. 1-79; Paulo Restiffe Neto, A locação; in *O novo Código Civil — estudos em homenagem a Miguel Reale*, São Paulo, LTr, 2003, p. 480 e s.; Roberto C. Miraglia, *Locação residencial*, Porto Alegre, Síntese, 2002.

Dados jurisprudenciais sobre locação de coisa em geral. Consulte: 2º TACSP, Súmulas 8, 9, 13 a 21; *RT*, *778*:307, *771*:267, *745*:193 e 388, *720*:195, *500*:454, *635*:261, *547*:134, *521*:177, *509*:204, *548*:150, *473*:164, *541*:180, *575*:194, *620*:144, *596*:197, *631*:178, *636*:137, *610*:170, *639*:122 e 131, *640*:153, *569*:159, *596*:167, *603*:172, *612*:146, *574*:215, *629*:182 e 190, *636*:143 e 181, *630*:149, *631*:180, *505*:154, *622*:150, *613*:159, *543*:168, *575*:180, *579*:148, *581*:143 e 159, *583*:182, *641*:190, *538*:233, *511*:168, *624*:149, *617*:165, *642*:176, *620*:142, *684*:130, *685*:201, *647*:187 e *692*:116; *Ciência Jurídica*, *52*:113, *55*:327, *56*:146 e 300, *57*:311 e

58:74; *JTA*, *90*:397, *110*:367 e *124*:386; *RF*, *68*:602 e *234*:149; *RTJ*, *69*:113 e *78*:946; *JB*, *150*:301, *164*:180, *134*:288, *170*:341-3 e *147*:278; Enunciados do Centro de Estudos e Debates do 2º TACSP n. 1 a 37; *EJSTJ*, *5*:71-2, *9*:91-3 e *8*:94, 95, 97 e 114; *BAASP*, *1.887*:1.

Art. 566. O locador é obrigado:

I — a entregar ao locatário a coisa alugada, com suas pertenças, em estado de servir ao uso a que se destina, e a mantê-la nesse estado, pelo tempo do contrato, salvo cláusula expressa em contrário;

- *Lei n. 8.245/91, arts. 22, I, e 26.*
- *Súmula 492 do Supremo Tribunal Federal.*

II — a garantir-lhe, durante o tempo do contrato, o uso pacífico da coisa.

- *Vide Código Civil, art. 568.*
- *Lei n. 8.245/91, art. 22, II.*
- ***Projeto de Lei n. 4.457-B/2012, visa acrescentar a este artigo o seguinte parágrafo único**: "O locador, se proceder com dolo ou culpa, responde em solidariedade com o locatário pelos danos por este causados no uso da coisa locada".*

Deveres do locador. O locador terá o dever de: *a*) entregar ao locatário a coisa alugada, com suas pertenças, em estado de servir ao uso a que se destina (Lei n. 8.245/91, art. 22, I; *RT*, *186*:709, *178*:839, *145*:733, *282*:593, *771*:331 e *524*:167; *RF*, *95*:588); *b*) manter o bem nesse estado, durante a vigência contratual, salvo cláusula expressa em contrário (Lei n. 8.245/91, arts. 22 e 26; *RT*, *193*:750, *222*:327); *c*) garantir o uso pacífico da coisa locada, durante o tempo do contrato, abstendo-se, ante o princípio da boa-fé objetiva e o da probidade, de qualquer ato que possa comprometer o uso do bem locado (Lei n. 8.245/91, art. 22, II; *RT*, *778*:307, *164*:323 e *179*:805; *RF*, *95*:369 e *144*:90; *AJ*, *100*:30).

Art. 567. Se, durante a locação, se deteriorar a coisa alugada, sem culpa do locatário, a este caberá pedir redução proporcional do aluguel, ou resolver o contrato, caso já não sirva a coisa para o fim a que se destinava.

- Vide *Lei n. 8.245/91, arts. 26, parágrafo único, 22, X, 23, II, III, V, XII, §§ 1º a 3º.*

Deterioração da coisa alugada sem culpa do locatário. Se, durante a locação, o bem alugado se deteriorar, sem que haja culpa do locatário, a este caberá pedir redução proporcional do aluguel (*RT*, *162*:193 e *161*:167), como compensação do dano sofrido, ou a rescisão contratual (*RF*, 75:342; *RT*, *189*:158), se a coisa se tornar imprestável para o fim a que se destinava.

Art. 568. O locador resguardará o locatário dos embaraços e turbações de terceiros, que tenham ou pretendam ter direitos sobre a coisa alugada, e responderá pelos seus vícios, ou defeitos, anteriores à locação.

- Vide *Código Civil, arts. 441, 447, 457, 566, II, e 569, III.*
- *Lei n. 8.245/91, art. 22, IV.*

Garantia contra turbação de terceiros. O locador deverá assegurar o uso e gozo da coisa locada pelo locatário, garantindo-o de qualquer turbação de terceiros que tenham ou pretendam ter sobre o bem quaisquer direitos.

Responsabilidade por vícios da coisa alugada. O locador terá a obrigação de responder pelos defeitos ocultos ou vícios que a coisa alugada tiver, desde que sejam anteriores ao vínculo locatício (Lei n. 8.245/91, art. 22, IV; *RF*, *75*:134, *578*:166 e *165*:668), mesmo que descobertos posteriormente.

Art. 569. O locatário é obrigado:

I — a servir-se da coisa alugada para os usos convencionados ou presumidos, conforme a natureza dela e as circunstâncias, bem como tratá-la com o mesmo cuidado como se sua fosse;

- Vide *Código Civil, art. 570.*
- *Lei n. 8.245/91, art. 23, II.*

II — a pagar pontualmente o aluguel nos prazos ajustados, e, em falta de ajuste, segundo o costume do lugar;

- *Lei n. 8.245/91, arts. 9º, III, 23, I, e 62.*
- *Código Civil, art. 206, § 3º, I.*

III — a levar ao conhecimento do locador as turbações de terceiros, que se pretendam fundadas em direito;

- *Lei n. 8.245/91, art. 23, IV.*

IV — a restituir a coisa, finda a locação, no estado em que a recebeu, salvas as deteriorações naturais ao uso regular.

- Vide *Código Civil, arts. 575, 1.402 e 1.508.*
- *Lei n. 8.245/91, arts. 22, V, X, 23, I, II, III, IV, V, XII, §§ 1º a 3º.*

Obrigações do locatário. O locatário terá o dever de: *a*) servir-se da coisa locada exclusivamente para os fins convencionados ou presumidos (Lei n. 8.245/91, art. 23, II; *RT*, *506*:184, *605*:141, *622*:148, *200*:500, *144*:688, *161*:719, *272*:492, *258*:414, *206*:474, *212*:554, *217*:449, *273*:528, *183*:704, *225*:403, *182*:236, *172*:632 e *168*:624; *AJ*, *95*:317 e *107*:384; *RF*, *116*:488, *115*:527 e *112*:188); *b*) tratar do bem alugado como se fosse seu, sob pena de rescisão contratual e de indenização de perdas e danos (Lei n. 8.245/91, art. 23, II; *RT*, *526*:225 e *534*:148); *c*) pagar pontualmente o aluguel nos prazos ajustados, e, em falta de estipulação de prazo, segundo o costume local (Lei n. 8.245/91, art. 23, I; *RF*, *186*:751, *187*:756, *258*:580, *579*:178, *503*:182, *518*:224, *548*:168, *589*:170, *543*:168, *538*:156, *581*:159 e *622*:150; *AJ*, *95*:159); *d*) levar ao conhecimento do locador as turbações de terceiros, que se pretendam fundadas em direito (Lei n. 8.245/91, art. 23, IV), o que não impedirá que o locatário possa valer-se dos remédios possessórios quando sua posse for turbada ou esbulhada, podendo ir até contra o locador, se este for o autor da turbação ou do esbulho; *e*) devolver o bem alugado, ao término da locação, no estado em que o recebeu, salvo as deteriorações oriundas do uso normal (Lei n. 8.245/91, art. 23, III; *RT*, *243*:425, *281*:317 e *289*:839; *RF*, *183*:262; *AJ*, *100*:430 e *102*:438).

Art. 570. Se o locatário empregar a coisa em uso diverso do ajustado, ou do a que se destina, ou se ela se danificar por abuso do locatário, poderá o locador, além de rescindir o contrato, exigir perdas e danos.

- Vide *Código Civil, arts. 402 a 405 e 569, I e IV.*
- *Lei n. 8.245/91, arts. 4º, com a redação da Lei n. 12.744/2012, e 9º, II.*

Mudança de destinação da coisa locada. Se o locatário vier a utilizar o bem locado para outra finalidade diversa da avençada, o locador poderá, além da rescisão contratual, pleitear uma indenização por perdas e danos (*RT*, *622*:148, *605*:141 e *506*:184).

Deterioração da coisa locada por culpa do locatário. Se a coisa locada se deteriorar por ato culposo e abusivo do locatário, o locador poderá exigir a rescisão do contrato e a indenização das perdas e danos, como ressarcimento dos prejuízos sofridos.

Art. 571. Havendo prazo estipulado à duração do contrato, antes do vencimento não poderá o locador reaver a coisa alugada, senão ressarcindo ao locatário as perdas e danos resultantes, nem o locatário devolvê-la ao locador, senão pagando, proporcionalmente, a multa prevista no contrato.

- *Lei n. 8.245/91, arts. 4º, com a redação da Lei n. 12.744/2012, 9º, II, 35 e 36.*
- *Código Civil, arts. 413, 402 a 405 e 572.*

Parágrafo único. O locatário gozará do direito de retenção, enquanto não for ressarcido.

- *Código Civil, art. 578.*

Rescisão do contrato antes do vencimento do prazo locatício. O locador, havendo prazo convencionado para a duração da locação, não poderá reaver a coisa locada antes de seu vencimento, a não ser que pague uma indenização ao seu locatário, ressarcindo-o das perdas e danos decorrentes da rescisão antecipada. E o locatário terá direito de reter o bem alugado, até receber o ressarcimento pela ruptura antecipada do contrato a que faz jus. O locatário, por sua vez, só poderá restituir o bem locado, antes do término do prazo da locação, pagando, proporcionalmente, a multa prevista no contrato, considerando-se o período das obrigações *ex locato* já satisfeitas ou cumpridas. Se a locação for de imóvel urbano aplicar-se-á, nesta hipótese, o art. 4º da Lei n. 8.245/91 (com a redação da Lei n. 12.112/2009), que proíbe o locador de reaver o prédio alugado antes do vencimento do prazo locatício e permite ao locatário, com exceção do que estipula o § 2º do art. 54-A (acrescentado pela Lei n. 12.744/2012), sua devolução desde que pague multa estipulada previamente pelas partes, proporcionalmente ao período de cumprimento do contrato, ou na sua falta a fixada em juízo, mediante arbitramento judicial (*RTJ*, *111*:900).

Art. 572. Se a obrigação de pagar o aluguel pelo tempo que faltar constituir indenização excessiva, será facultado ao juiz fixá-la em bases razoáveis.

- *Código Civil, arts. 113, 413, 571, 572, 884 a 886 e 2.035, parágrafo único.*
- *Lei n. 8.245/91 (com a alteração da Lei n. 12.744/2012), art. 4º, segunda parte, não aplicável à hipótese do seu art. 54-A, § 2º.*
- *Lei de Introdução às Normas do Direito Brasileiro, art. 5º.*

Efeito da devolução do bem locado antes do termo contratual. Se o inquilino vier a restituir a coisa locada antes do término do prazo contratual, e a obrigação, convencionada em cláusula contratual (multa compensatória), de pagar o aluguel pelo tempo que falta for excessiva, o órgão judicante poderá fixar o *quantum* indenizatório em bases razoáveis, fundado no valor mercadológico, no tempo de duração da locação e no já cumprido pelo inquilino, tendo sempre em vista a função social do contrato e a vedação do enriquecimento indevido. "A regra do art. 572 do novo CC é aquela que atualmente complementa a norma do art. 4º, 2ª parte, da Lei n. 8.245/91 (Lei de Locações), balizando o controle da multa mediante a denúncia antecipada do contrato de locação pelo locatário durante o prazo ajustado"; assim entendia o Enunciado n. 179 do Conselho da Justiça Federal, aprovado na *III Jornada de Direito Civil*, mas, pelo Enunciado n. 375, aprovado na *IV Jornada de Direito Civil*, revogando o Enunciado n. 179, conclui-se que o art. 413 do Código Civil é que complementa o art. 4º da Lei n. 8.245/91, sendo que este não é aplicável na hipótese do art. 54-A, § 2º, acrescentado pela Lei n. 12.744/2009. Assim, prescreve o art. 4º da Lei n. 8.245/91, com a redação da Lei n. 12.744/2012, que: "Durante o prazo estipulado para a duração do contrato, não poderá o locador reaver o imóvel alugado. Com exceção ao que estipula o § 2º do art. 54-A, o locatário, todavia, poderá devolvê-lo, pagando a multa pactuada, proporcional ao período de cumprimento do contrato, ou, na sua falta, a que for judicialmente estipulada".

Se a locação do imóvel urbano for não residencial (na qual o locador procede à prévia aquisição, construção ou reforma, do imóvel, por si ou por terceiro), em caso de denúncia antecipada do vínculo locatício pelo inquilino, este comprometer-se-á a cumprir multa convencionada, que não poderá ser superior à soma dos valores dos aluguéis a receber até o término da locação (art. 54-A, § 2º, da Lei n. 8.245/91, acrescentado pela Lei n. 12.744/2012). Hipótese em que não se aplica o art. 4º da Lei n. 8.245/91.

Art. 573. A locação por tempo determinado cessa de pleno direito findo o prazo estipulado, independentemente de notificação ou aviso.

- *Lei n. 8.245/91, arts. 3º, 5º, 46 a 48 e 56, e Lei n. 4.504/64, art. 95, I a III.*
- *Código Civil, arts. 569, IV, 571, parágrafo único, e 578.*

Cessação da locação de coisa móvel pelo vencimento do prazo contratual. Com o vencimento do prazo contratual automaticamente cessará a locação de coisa móvel, independentemente de notificação ou de aviso e o locatário tem o dever de restituir a coisa locada (CC, art. 569, IV), salvo para reclamar benfeitorias (CC, art. 578) ou ressarcimento de perdas e danos (CC, art. 571 e parágrafo único). Se o locatário não devolver o bem, o locador poderá requerer a busca e apreensão, comprovando o término do prazo locativo. O mesmo se diga para as locações de prédios rústicos, pois o artigo *sub examine* não é aplicável, por força do art. 2.036, às locações de imóveis urbanos, disciplinadas pela Lei n. 8.245/91.

Art. 574. Se, findo o prazo, o locatário continuar na posse da coisa alugada, sem oposição do locador, presumir-se-á prorrogada a locação pelo mesmo aluguel, mas sem prazo determinado.

- *Lei n. 8.245/91, arts. 46, § 1º, 47, 50 e 56 e parágrafo único.*
- ***Projeto de Lei n. 699/2011**: "Art. 574. Se, findo o prazo, o locatário continuar na posse da coisa alugada, por mais de trinta dias, sem oposição do locador, presumir-se-á prorrogada a locação pelo mesmo aluguel, mas sem prazo determinado.*

Parágrafo único. Não convindo ao locador continuar a locação de tempo indeterminado, este notificará o locatário para entregar a coisa alugada, concedido o prazo de trinta dias".

Presunção de prorrogação da locação. Se, vencido o prazo estipulado para a duração da locação, o locatário permanecer na posse do bem locado, não o restituindo, sem que haja qualquer oposição do locador, ter-se-á a presunção *juris tantum* de que houve prorrogação da locação por tempo indeterminado e mediante pagamento do mesmo aluguel. Isto é assim porque a permanência da coisa em poder do locatário importará em oferta da prorrogação do contrato e a não oposição do locador indica aceitação da prorrogação voluntária tácita ou presumida. Sobre a locação de prédio urbano para fins residenciais, no que atina à sua prorrogação, aplica-se a Lei n. 8.245/91, arts. 46 e 47 (*RT*, *182*:333, *528*:226, *639*:132).

Art. 575. Se, notificado o locatário, não restituir a coisa, pagará, enquanto a tiver em seu poder, o aluguel que o locador arbitrar, e responderá pelo dano que ela venha a sofrer, embora proveniente de caso fortuito.

- *Código Civil, art. 393 e parágrafo único.*
- *Código de Processo Civil, arts. 703 a 706.*

Parágrafo único. Se o aluguel arbitrado for manifestamente excessivo, poderá o juiz reduzi-lo, mas tendo sempre em conta o seu caráter de penalidade.

- *Súmula 25 do 2º Tribunal de Alçada Civil de São Paulo.*
- *Código Civil, arts. 413, 582, 884 a 886.*

Notificação para devolução da coisa locada. O locador, sendo a locação por prazo indeterminado ou findo o prazo locativo, ante a não devolução do bem locado, deverá notificar o locatário para que o restitua, evitando, assim, a prorrogação tácita do contrato. Se o locatário notificado continuar tendo a coisa em seu poder, estará constituído em mora e deverá pagar o aluguel arbitrado pelo locador, dentro do princípio da razoabilidade para que não haja locupletamento injusto e, ante sua má-fé, pagará uma indenização a título de ressarcimento dos danos causados a este ainda que advindos de caso fortuito, salvo se provar que o prejuízo ocorreria mesmo que a coisa estivesse em mãos do locador (CC, arts. 393 e 399). Este artigo não alcança a locação predial urbana (*JTACSP, 116*:282), que se rege pela Lei n. 8.245/91 (*RT, 731*:347, *667*:195, *639*:127).

Excesso do aluguel arbitrado. Se o aluguel, arbitrado pelo locador pela não devolução do bem locado, for muito excessivo (p. ex., se ultrapassar o dobro do seu valor mercadológico), para que não haja enriquecimento sem causa, poderá haver uma equitativa redução judicial, que contudo deverá considerar o seu caráter sancionatório, visto que o inquilino inadimplente deverá ser penalizado. "A regra do parágrafo único do art. 575 do novo CC, que autoriza a limitação pelo juiz do aluguel-pena arbitrado pelo locador, aplica-se também ao aluguel arbitrado pelo comodante, autorizado pelo art. 582, 2ª parte, do novo CC" (Enunciado n. 180 do Conselho da Justiça Federal, aprovado na *III Jornada de Direito Civil*).

Art. 576. Se a coisa for alienada durante a locação, o adquirente não ficará obrigado a respeitar o contrato, se nele não for consignada a cláusula da sua vigência no caso de alienação, e não constar de registro.

- Vide *Lei n. 6.015, de 31 de dezembro de 1973, arts. 127, VI, 129, n. 1º, 167, I, n. 3, e 169, III.*
- Vide *Súmula 442 do Supremo Tribunal Federal.*
- *Lei n. 8.245/91, arts. 8º, 27 a 37, 46, § 2º, 32, parágrafo único (com redação da Lei n. 10.931/2004), e 81.*
- ***Projeto de Lei n. 699/2011**: "Art. 576. Se a coisa for alienada durante a locação, não a preferindo o locatário, no prazo de trinta dias, o adquirente não ficará obrigado a respeitar o contrato, se nele não for consignada a cláusula da sua vigência no caso de alienação, e não constar de registro.*

  ....".

§ 1º O registro a que se refere este artigo será o de Títulos e Documentos do domicílio do locador, quando a coisa for móvel; e será o Registro de Imóveis da respectiva circunscrição, quando imóvel.

- Vide *Portaria n. 12/2001 da Corregedoria Permanente.*

§ 2º Em se tratando de imóvel, e ainda no caso em que o locador não esteja obrigado a respeitar o contrato, não poderá ele despedir o locatário, senão observado o prazo de noventa dias após a notificação.

- *Lei n. 8.245/91, art. 8º.*
- *Código de Processo Civil, arts. 703 a 706.*

Alienação do bem locado. Se a coisa locada for alienada, durante a vigência do contrato locatício, o adquirente não terá obrigação alguma de respeitar a locação, se nela não estiver consignada a cláusula de sua vigência em caso de alienação. Para que o adquirente respeite o contrato de locação será necessário que nele esteja expressamente convencionada tal cláusula, e que esteja devidamente registrado, sendo seu objeto coisa móvel, no Cartório de Títulos e Documentos do domicílio do locador, e, se imóvel, no Livro n. 2 do Cartório da Circunscrição Imobiliária onde o prédio, objeto do contrato, estiver matriculado (Lei n. 6.015/73, arts. 167, I, n. 3, e 169, III; CC, art. 576, § 1º; Lei n. 8.245/91, arts. 8º e 81; STF, Súmula 442; *RT*, *622*:142, *641*:205, *633*:198, *612*:146, *622*:132, *642*:179, *635*:262, *639*:145, *629*:172, *613*:157, *605*:141, *611*:162, *515*:179, *574*:237, *564*:162, *554*:168, *683*:112). Isto é assim porque somente com o registro as cláusulas contratuais terão efeito *erga omnes*.

Prazo para desocupação de imóvel locado. Se o imóvel locado for urbano, sendo alienado durante a locação, o locatário que não exerceu seu direito de preferência no prazo de 30 dias (Lei n. 8.245/91, art. 27) terá de desocupá-lo dentro de noventa dias após a notificação, salvo se a locação for por tempo determinado e o contrato contiver cláusula de vigência e estiver averbado junto à matrícula do imóvel (Lei n. 8.245/91, art. 8º). Se a locação de imóvel urbano por prazo igual ou superior a trinta meses for prorrogada por tempo indeterminado, sendo o inquilino notificado para desocupá-lo, terá um mês para isso (Lei n. 8.245/91, art. 46, § 2º). Se se tratar de imóvel locado, não regido pela Lei n. 8.245/91, não estando o locador obrigado a respeitar o contrato, ocorrida a alienação daquele imóvel, o inquilino só poderá ser obrigado a deixar o imóvel dentro de noventa dias após ter sido dela notificado.

Art. 577. Morrendo o locador ou o locatário, transfere-se aos seus herdeiros a locação por tempo determinado.

- *Lei n. 8.245/91, arts. 10, 11 e 12, § 2º, acrescentado pela Lei n. 12.112/2009.*

Morte de um dos contratantes. Com o falecimento do locador ou do locatário, a locação por tempo determinado transferir-se-á *ope legis* a seus herdeiros. Na locação de prédio urbano, seja ela por tempo determinado ou não, com a morte do locador ter-se-á a transferência dos seus direitos e deveres decorrentes da locação aos seus herdeiros legítimos ou testamentários (Lei n. 8.245/91, art. 10; *RT*, *291*:731, *598*:164, *505*:82, *371*:98, *467*:255, *601*:167 e *613*:153 e 333). Com o óbito do locatário, sendo a locação de prédio urbano ajustada por tempo determinado ou indeterminado, sub-rogar-se-ão nos seus direitos e deveres: *a*) o cônjuge sobrevivente ou companheiro e sucessivamente os seus herdeiros necessários e as pessoas que estavam sob sua dependência econômica, desde que residentes no imóvel locado (*RT*, *409*:352 e *651*:170; *RTJ*, *82*:934; *Boletim AASP*, *1.682*:2; Ap. c/ Rev. 259.748, j. 15-5-1990); *b*) o espólio e, a seguir, se for o caso, seu sucessor na atividade empresarial por ele desempenhada, se se tratar de locação não residencial (Lei n. 8.245/91, art. 11).

Art. 578. Salvo disposição em contrário, o locatário goza do direito de retenção, no caso de benfeitorias necessárias, ou no de benfeitorias úteis, se estas houverem sido feitas com expresso consentimento do locador.

- Vide *Código Civil, arts. 96 e 1.219 e a Súmula 158 do Supremo Tribunal Federal.*
- *Lei n. 8.245/91, arts. 35 e 36.*

Direito de retenção do bem locado. Se o locatário fizer na coisa locada benfeitorias necessárias (*impensae necessariae*) e úteis (*impensae utiles*), desde que autorizadas pelo locador, terá direito, por ser possuidor de boa-fé, de haver uma indenização a elas correspondente, tendo ainda direito de reter o bem locado pelo valor das referidas benfeitorias, salvo disposição em contrário (Lei n. 8.245/91, art. 35; *RT*, *613*:157, *582*:151, *567*:145, *495*:135, *494*:143, *404*:346, *523*:236, *627*:88, *572*:152, *469*:150, *184*:179, *511*:244, *300*:463, *318*:520, *610*:169 e *640*:161; *JTACSP*, *35*:329, *21*:45, *37*:352, *110*:301 e *100*:362; *RTJ*, *67*:598; 2º TACSP, Súmula 15; STF, Súmula 158; *Ciência Jurídica*, *42*:96 e 146) em cláusula contratual, admitindo renúncia ao direito de retenção.

BIBLIOGRAFIA: Carlos Alberto da Costa Dias, Retenção por benfeitorias, *RDC*, *66*:46; Arnoldo Medeiros da Fonseca, *Direito de retenção*, Rio de Janeiro, Forense, 1944, p. 100; Jones F. Alves e Mário L. Delgado, *Código*, cit., p. 283.

Capítulo VI

Do Empréstimo

Seção I

Do comodato

Art. 579. O comodato é o empréstimo gratuito de coisas não fungíveis. Perfaz-se com a tradição do objeto.

- Vide *Código Civil, arts. 85 e 1.267.*
- *Súmula 15 do TJSP.*

Empréstimo. Segundo Coelho da Rocha, empréstimo é o contrato pelo qual uma pessoa entrega a outra, gratuitamente, uma coisa, para que dela se sirva, com a obrigação de restituí-la. Pode ser empréstimo de uso — *prêt à usage* (comodato) ou de consumo — *prêt a consommation* (mútuo).

BIBLIOGRAFIA: Coelho da Rocha, *Instituições*, cit., v. 2, § 769; M. Helena Diniz, *Tratado*, cit., cap. XIX; Carlos Alberto Bittar, *Contratos civis*, cit., p. 90-6; Sebastião José Roque, *Dos contratos civis e mercantis*, cit., p. 157-62; Christine O. Peter da Silva, A disciplina do contrato de empréstimo no novo Código Civil, in *O novo Código Civil — estudos em homenagem a Miguel Reale*, São Paulo, LTr, 2003, p. 513 e s.

Comodato. Na lição de Washington de Barros Monteiro, o comodato (*commodum datum*) é o contrato unilateral, a título, pelo qual alguém entrega a outrem coisa (imóvel ou móvel) infungível, para ser usada temporariamente e depois restituída. Entretanto, o comodato poderá versar sobre bem fungível e consumível, se houver sido contratado *ad pompam vel ostentationem*, p. ex., se se emprestar uma cesta de frutas tropicais exóticas para ornamentação de um salão de festa.

Contrato real. Trata-se de contrato real, pois só se completará com a tradição do objeto, ou seja, com a entrega do bem emprestado ao comodatário, que passará a ter a posse direta (*RT*, *494*:137), ficando a indireta com o comodante (CC, art. 1.197). Contudo, o comodato é direito pessoal, não se confundindo com o direito real de uso.

BIBLIOGRAFIA: W. Barros Monteiro, *Curso*, cit., v. 5, p. 206-14; Orlando Gomes, *Contratos*, cit., p. 381-5; Serpa Lopes, *Curso*, cit., v. 4, p. 323-7; R. Limongi França, Contrato de empréstimo, in *Enciclopédia Saraiva do Direito*, v. 19, p. 320 e s.; Silvio Rodrigues, Contrato de comodato, in *Enciclopédia Saraiva do Direito*, v. 19, p. 237; Paulo Carneiro Maia, Comodato, in *Enciclopédia Saraiva do Direito*, v. 16, p. 275 e s.; Enneccerus, Kipp e Wolff, *Tratado*, cit., v. 2, t. 2, p. 211; Caio M. S. Pereira, *Instituições*, cit., v. 3, p. 298-304; M. Helena Diniz, *Tratado*, cit., p. 128-34, 144-57, 167-8; e *Curso*, cit., v. 3, p. 220-5; Colin e Capitant, *Cours*, cit., v. 2, n. 799; Larenz, *Derecho*, cit., § 46; Aubry e Rau, *Cours*, cit., v. 6, p. 97; Geraldo H. de Menezes, Comodato de prédio. Ações próprias para a retomada do imóvel — possessório e petitório, *Ciência Jurídica*, *23*:25; Ney de Mello Almada, Comodato, in *Contratos nominados* (coord. Cahali), São Paulo, Saraiva, 1995, p. 401-30; C. P. de Ontiveros Baquero, El contrato de comodato, Barcelona, Bosch, 1998; Eduardo Bezerra de Medeiros Pinheiro, O comodato verbal e as ações possessórias, *RT*, *729*:90 a 98; Roberto Senise Lisboa, *Manual*, cit., v. 3, p. 148-50; Arnaldo Marmitt, *Comodato*, Rio de Janeiro, Aide, 1991; Sílvio Luís Ferreira da Rocha, *Curso avançado*, cit., p. 258-67; Teresa Ancona Lopes, *Comentários*, cit., v. 7, p. 82-189; Matiello, *Código Civil*, cit., p. 373-7.

Dados jurisprudenciais alusivos ao comodato. Consulte: *RT*, *830*:345, *779*:264, *735*:322, *727*:233, *756*:357, *760*:202, *729*:29, *717*:193, *718*:202, *664*:120, *719*:176, *648*:127, *653*:149, *668*:125, *660*:183, *616*:134, *107*:696, *180*:340, *260*:504, *494*:137, *132*:173, *236*:418, *488*:116, *157*:709, *461*:200, *457*:255, *478*:200, *181*:387, *198*:136, *487*:75, *745*:349 e 353, *680*:135, *715*:214, *718*:202, *200*:394, *207*:492, *226*:386, *265*:708, *270*:330, *279*:412, *283*:739, *288*:770, *512*:217, *526*:223, *458*:231, *545*:82, *542*:212, *465*:210, *438*:180, *512*:205, *441*:242, *438*:180, *396*:240, *230*:362, *114*:252, *117*:140, *512*:205, *526*:223, *542*:212, *547*:166, *570*:153, *589*:152, *590*:164, *591*:222, *594*:166, *599*:161, *597*:199, *602*:162, *603*:171, *606*:193, *607*:149, *610*:169, *611*:163 e 188 e *620*:137; *RF*, *125*:476, *151*:249, *167*:212 e *158*:299; *AJ*, *99*:308; *JB*, *170*:325, *117*:244 e *161*:176; *Ciência Jurídica*, *52*:68, *73*:81 e *74*:112; *RTJ*, *87*:1057; *BAASP*, *1.914*:2, *1.936*:1, *1.940*:1, *1.952*:1-2, *1.954*:7, *1.964*:1, *1.720*:1, *1.707*:1 e 4, *1.717*:1, *1.678*:1, *1.806*:6, *1.772*:2, *1.805*:1, *1.776*:1, *1.819*:1, *1.877*:145 e *1.922*:2; *JTACSP*, *79*:233, *114*:195, *119*:248, *121*:321, *125*:261, *133*:140, *135*:439, *140*:264, *143*:383; *RJ*, *164*:71, *162*:85, *179*:104, *189*:73; *RJM*, *18*:158; *JTJ*, *145*:99; *RJM*, *174*:193; *BAASP*, *2686*: 5635.

Art. 580. Os tutores, curadores e em geral todos os administradores de bens alheios não poderão dar em comodato, sem autorização especial, os bens confiados à sua guarda.

• Vide *Código Civil, arts. 497, I, 1.749, II, 1.774 e 1.718.*

Incapacidade especial para outorga de comodato. A lei, além de exigir a capacidade genérica para a prática dos atos da vida civil, a fim de preservar os interesses de certas pessoas, estabelece incapacidades especiais para a outorga de comodato. É o que ocorre com os administradores de bens alheios, como tutores, curadores, inventariantes, testamenteiros, depositários, administradores judiciais de massa falida, em relação aos bens confiados à sua guarda. Por não serem proprietários e por não se considerar como ato de administração normal a cessão gratuita de uso, que não traz nenhum proveito ao administrado, não poderão dá-los em comodato, exceto se houver autorização especial do dono, pessoa capaz, ou do magistrado, ouvido o Ministério Público, se incapaz. O artigo *sub examine* tem, portanto, por escopo impedir que administradores de bens alheios venham retirar vantagem pessoal, obtendo, simuladamente, lucro indevido, mediante empréstimo de coisas por eles administradas.

Art. 581. Se o comodato não tiver prazo convencional, presumir-se-lhe-á o necessário para o uso concedido; não podendo o comodante, salvo necessidade imprevista e urgente, reconhecida pelo juiz, suspender o uso e gozo da coisa emprestada, antes de findo o prazo convencional, ou o que se determine pelo uso outorgado.

Temporariedade. O uso da coisa dada em comodato deverá ser temporário, podendo o prazo para sua restituição ser determinado ou indeterminado, caso em que o tempo presumido (*ad usum*) do contrato será o necessário para que o comodatário possa servir-se dela para o fim a que se destina. P. ex.: se *A* empresta a *B* barcos para uma pescaria, apenas poderá pedir sua restituição depois de ultimada aquela atividade.

Devolução da coisa antes do prazo. Durante o prazo convencional (*ad pactum pertinet*) ou durante o tempo suficiente ou adequado ao uso normal, o comodante não poderá exigir a devolução do bem, salvo necessidade imprevista e urgente, reconhecida pelo juiz (*RT*, *462*:219, *547*:166 e *314*:227; *RF*, *200*:146; *RJM*, *31*:78; *EJSTJ*, *11*:124). P. ex.: se *A* emprestar a *B* uma máquina agrícola, por um mês, mas, antes do término do prazo, sua fazenda, em razão de tempestade, vem a sofrer dano, obrigando-o a exigir, judicialmente, a devolução daquele objeto para recuperá-la. O comodatário, por sua vez, poderá a qualquer tempo resilir o negócio porque, se foi contraído em seu interesse, não está obrigado a conservar objeto de cujo uso se desinteressou.

Art. 582. O comodatário é obrigado a conservar, como se sua própria fora, a coisa emprestada, não podendo usá-la senão de acordo com o contrato ou a natureza dela, sob pena de responder por perdas e danos. O comodatário constituído em mora, além de por ela responder, pagará, até restituí-la, o aluguel da coisa que for arbitrado pelo comodante.

- Vide *Código Civil, arts. 187, 397, 399, 402 a 405 e 575, parágrafo único.*

Dever de guardar e conservar a coisa. O comodatário terá a obrigação de guardar e conservar a coisa emprestada como se fosse sua, procurando não a desgastar ou desvalorizar, evitando qualquer procedimento que possa inferir negligência ou desídia, sob pena de pagar indenização ao comodante pelos danos causados, inclusive por terceiro a quem a tenha confiado (*RT*, *717*:193, *664*:120, *432*:206; *AJ*, *112*:630).

Desvio de uso. O comodatário não poderá usar da coisa emprestada, para fins alheios aos estipulados no contrato ou à sua natureza, sob pena de responder por perdas e danos e de rescisão contratual.

Responsabilidade pela mora. O comodatário deverá responder pela mora (*RF*, *155*:276; *RJ*, *179*:104; *RT*, *680*:135, *514*:176, *141*:113), suportando os riscos, arcando com as consequências da deterioração ou perda da coisa emprestada, e pagar o aluguel arbitrado, com base no valor mercadológico, pelo comodante (*AJ*, *90*:466; *RT*, *717*:193), até restituí-la, ou seja, pelo tempo de atraso em devolvê-la, ou, como a jurisprudência tem preferido, correspondente às perdas e danos, calculados em execução e por arbitramento, desde a propositura da ação (*RT*, *166*:662, *288*:770 e *303*:749), incluindo-se, ainda, despesas processuais e os honorários advocatícios (*RT*, *413*:381). A estipulação do *quantum* indenizatório procura evitar que o comodante (autor da demanda) venha a ser prejudicado pela privação do bem, em razão da mora do comodatário. O comodatário não passará a ser locatário, visto que tal aluguel é uma pena pela mora na devolução da coisa e, por tal razão, a lei dá incumbência ao comodante de fixar seu valor.

Art. 583. Se, correndo risco o objeto do comodato juntamente com outros do comodatário, antepuser este a salvação dos seus abandonando o do comodante, responderá pelo dano ocorrido, ainda que se possa atribuir a caso fortuito, ou força maior.

- Vide *Código Civil, arts. 238, 239, 240 e 393, parágrafo único.*

Responsabilidade pelos riscos da coisa. O comodatário responderá pelos riscos (deterioração ou perda) da coisa, advindos por culpa sua. Se o comodante emprestar um quadro de Portinari e a casa que o contiver incendiar-se, o comodatário não terá o dever de arriscar sua vida para salvar tal bem. Ao comodante, por ser o proprietário, caberá o ônus do risco da coisa perecer por força maior ou caso fortuito (*RT, 660*:178, *664*:120; *JTACSP, 155*:279, *159*:396). Mas, se o comodatário tiver a opção de salvar objetos seus e o quadro emprestado, deverá retirar do incêndio primeiramente a coisa emprestada, sob pena de pagar o prejuízo.

Art. 584. O comodatário não poderá jamais recobrar do comodante as despesas feitas com o uso e gozo da coisa emprestada.

- Vide *Código Civil, arts. 241 e 242.*

Pagamento de despesas com o uso do bem. O comodatário pagará as despesas ordinárias (p. ex., taxa de luz, água e lixo, IPTU (*RT, 180*:340, *260*:504, *602*:162), encargos condominiais, abastecimento de veículo, lubrificação de máquinas, conserto de fechadura, troca de vidro trincado) feitas com o uso e gozo do bem dado em comodato, não podendo recobrá-las do comodante (*RT, 481*:177), mas poderá cobrar os dispêndios não relacionados com a fruição daquele bem (p. ex., multa por edificação irregular da casa emprestada) e as despesas extraordinárias e necessárias feitas em caso de urgência, podendo reter a coisa emprestada até receber o pagamento dessas despesas, por ser possuidor de boa-fé (*RF, 158*:299, *38*:340, *112*:285 e *95*:378; *RT, 758*:332, *607*:149, *192*:738 e *198*:130; *AJ, 108*:607; *RJTJSP, 130*:207).

Art. 585. Se duas ou mais pessoas forem simultaneamente comodatárias de uma coisa, ficarão solidariamente responsáveis para com o comodante.

- Vide *Código Civil, arts. 265, 275 e s.*

Responsabilidade solidária. Se houver mais comodatários, devido ao caráter benéfico do comodato, a responsabilidade de cada um será solidária em face do comodante, para melhor assegurar a devolução da coisa, o recebimento do aluguel em caso de mora ou das perdas e danos, havendo perda ou deterioração culposa do bem, ante a gratuidade do contrato. Trata-se da solidariedade passiva *ex lege*. Assim sendo, qualquer deles poderá ser acionado, e o demandado terá ação regressiva contra o que tiver culpa pelo inadimplemento contratual. As relações entre os comodatários, em caso de comodato conjunto, reger-se-ão pelas normas alusivas às obrigações solidárias (CC, arts. 275 e s.).

SEÇÃO II
DO MÚTUO

- Vide *Decreto n. 22.626, de 7 de abril de 1933, que dispõe sobre os juros dos contratos e dá outras providências, e o Decreto-Lei n. 182, de 5 de janeiro de 1938, que revogou os §§ 1º e 2º do art. 1º do Decreto n. 22.626, de 7 de abril de 1933, bem como o parágrafo único do art. 7º da Lei n. 454, de 9 de julho de 1937, e o art. 326 da Lei n. 492, de 30 de agosto de 1937.*
- *O Decreto-Lei n. 1.113, de 22 de fevereiro de 1939, dispõe sobre taxas de juros nos empréstimos sob penhor.*
- *O Decreto-Lei n. 3.200, de 19 de abril de 1941, dispõe sobre mútuos para casamento (arts. 8º a 11) e para pessoas casadas (art. 12).*
- *A Lei n. 1.046, de 2 de janeiro de 1950, dispõe sobre mútuos com a garantia de consignação em folhas de pagamento. Em seu art. 7º faz limitações aos juros.*

- *O Decreto-Lei n. 857, de 11 de setembro de 1969, consolidou e alterou a legislação sobre moeda de pagamento de obrigações exequíveis no Brasil.*
- Vide *Lei n. 1.521, de 26 de dezembro de 1951, sobre os crimes contra a economia popular.*
- *Lei n. 4.380/64, art. 8º, com redação alterada pela Lei n. 8.245/91 e pela Lei n. 11.977/2009.*
- *Lei n. 8.177/91 (acrescida do art. 18-A pela Lei n. 11.434, de 28 de dezembro de 2006).*
- *Lei n. 9.514/97, sobre sistema financeiro imobiliário, arts. 1º a 21, 31, parágrafo único, 33-F (acrescidos pela Lei n. 12.810/2013), 34, 38 (com a redação da Lei n. 10.931/2004) e 39.*
- *Circular n. 100/97 da CEF, sobre condições operacionais do Programa Carta de Crédito Associativo, destinado à produção de unidades habitacionais e execução de lotes urbanizados, através dos sindicatos, cooperativas, associações ou entidades privadas voltadas à produção habitacional.*
- Vide *Súmulas 26, 60, 176 e 473 do Superior Tribunal de Justiça.*
- *Decreto n. 4.156, de 11 de março de 2002, sobre Programa de Subsídio à Habitação de Interesse Social (ora revogado pelo Decreto n. 5.247/2004).*
- *Lei n. 10.820/2003 (com a alteração da Lei n. 10.953/2004) sobre autorização para desconto de prestações alusivas à solução de empréstimo em folha de pagamento.*
- *Lei n. 10.931/2004, art. 63.*
- *Lei n. 8.036/90, art. 9º, com alteração da Lei n. 10.931/2004.*
- *Lei n. 11.124/2005 (com alteração da Lei n. 11.888/2008) sobre Sistema Nacional de Habitação de Interesse Social, Fundo Nacional de Habitação de Interesse Social (FNHIS) e Conselho Gestor do FNHIS.*
- *Súmula 327 do Superior Tribunal de Justiça.*
- *Medida Provisória n. 2.172-32, de 23 de agosto de 2001.*
- *Decreto n. 5.892, de 12 de setembro de 2006, que acresce parágrafo ao art. 4º do Decreto n. 4.840/2003.*
- *Sobre concessão de financiamento habitacional pelo SFH com cobertura securitária: art. 2º da MP n. 2.197-43/2001, com a redação da MP n. 459/2009, hoje convertida na Lei n. 11.977/2009.*
- *Sobre sistema de amortização no SFH: Lei n. 11.977/2009.*
- *Lei n. 11.977/2009, arts. 3º ao 30, sobre subsídios a mutuários do Programa Nacional de Habitação Urbana e do Programa Nacional de Habitação Rural e participação da União no Fundo Garantidor de Habitação Popular para assegurar pagamento de prestação devida a mutuário, em caso de morte, invalidez e desemprego.*

Art. 586. O mútuo é o empréstimo de coisas fungíveis. O mutuário é obrigado a restituir ao mutuante o que dele recebeu em coisa do mesmo gênero, qualidade e quantidade.

- Vide *Código Civil, arts. 85, 185, 591 e 645.*

Mútuo. É o contrato pelo qual um dos contratantes transfere a propriedade do bem fungível ao outro, que se obriga a lhe restituir coisa do mesmo gênero, qualidade e quantidade. Trata-se do empréstimo de consumo.

BIBLIOGRAFIA: W. Barros Monteiro, *Curso*, cit., v. 5, p. 215-21; Caio M. S. Pereira, *Instituições*, cit., v. 3, p. 304-10; Orlando Gomes, *Contratos*, cit., p. 385-91; Serpa Lopes, *Curso*, cit., v. 4, p. 330-42;

Arnoldo Wald, Mútuo e juros mercantis, in *Enciclopédia Saraiva do Direito*, v. 53, p. 487-9; De Page, *Traité*, cit., v. 5, n. 138 e 109; Carvalho de Mendonça, *Contratos*, cit., § 27; R. Limongi França, Contrato de empréstimo, cit., in *Enciclopédia Saraiva do Direito*, p. 322-4; Lomonaco, *Istituzioni*, cit., v. 6, p. 509; Silvio Rodrigues, Contrato de mútuo, cit., in *Enciclopédia Saraiva do Direito*, v. 19, p. 439 e 440; Trabucchi, *Istituzioni*, cit., § 140; Enneccerus, Kipp e Wolff, *Tratado*, cit., p. 140; M. Helena Diniz, *Curso*, cit., v. 3, p. 225-30; e *Tratado*, cit., v. 3, p. 135-43, 158-66, 168 e 169; Roberto Senise Lisboa, *Manual*, cit., v. 3, p. 151-3; Jones Figueirêdo Alves, *Novo Código Civil*, cit., p. 524-30; Sílvio Luís Ferreira da Rocha, *Curso avançado*, cit., p. 269-78; Matiello, *Código Civil*, cit., p. 377 a 381.

Jurisprudência sobre mútuo. *Vide*: STF, Súmula 596; STJ, Súmulas 26 e 60; *RT*, *799*:326, *795*:217, *786*:474, *778*:337, *745*:230, *537*:105, *532*:115, *291*:246, *693*:260, *663*:111, *672*:120, *689*:218, *686*:207, *635*:239, *630*:135, *292*:236, *609*:123, *588*:120, *585*:104, *515*:241, *478*:132, *480*:199, *495*:181, *207*:243 e *481*:117; *RF*, *93*:93; *JB*, *70*:65, 68, 159, 182, *147*:244, *156*:196, *165*:208, *84*:227, *160*:267; *BAASP*, *1.919*:321; *Ciência Jurídica*, *62*:97 e *64*:71; STJ, AEREsp 264.809/MS, rel. Min. Ari Pargendler, *DJ*, 4-6-2001.

Art. 587. Este empréstimo transfere o domínio da coisa emprestada ao mutuário, por cuja conta correm todos os riscos dela desde a tradição.

Translatividade do domínio do bem emprestado. Por ser a coisa emprestada fungível e, em regra, consumível, no mútuo haverá transferência de domínio do bem emprestado (*RT*, *495*:222), mediante simples tradição. Por isso o mutuário poderá usá-lo como quiser, e, se o bem vier a se perder ou a se deteriorar, arcará com todas as consequências, sofrendo a perda ou o prejuízo, mesmo se oriundo de força maior ou caso fortuito. O mutuário, portanto, suportará, ante o princípio *res perit domino*, os riscos desde a tradição. Os riscos anteriores à tradição correrão por conta do mutuante.

Art. 588. O mútuo feito a pessoa menor, sem prévia autorização daquele sob cuja guarda estiver, não pode ser reavido nem do mutuário, nem de seus fiadores.

• Vide *Código Civil, arts. 3º, I, 4º, I, 104, I, 180, 824, parágrafo único, e 837.*

Mútuo feito a menor. O mutuante deverá ter aptidão para dispor da coisa emprestada, e o mutuário deverá estar habilitado a obrigar-se. Logo, no mútuo feito a menor, sem a prévia autorização de seu representante legal, o mutuante não poderá reaver a coisa emprestada nem do mutuário, nem de seus fiadores, por ser inválido esse contrato. Com isso protege-se a inexperiência do menor de exploração especuladora.

Art. 589. Cessa a disposição do artigo antecedente:

I — se a pessoa, de cuja autorização necessitava o mutuário para contrair o empréstimo, o ratificar posteriormente;

• Vide *Código Civil, arts. 172 e 175.*

II — se o menor, estando ausente essa pessoa, se viu obrigado a contrair o empréstimo para os seus alimentos habituais;

III — se o menor tiver bens ganhos com o seu trabalho. Mas, em tal caso, a execução do credor não lhes poderá ultrapassar as forças;

• *Código Civil, art. 1.693, II.*

IV — se o empréstimo reverteu em benefício do menor;

• *Código Civil, arts. 884 a 886.*

V — se o menor obteve o empréstimo maliciosamente.

• *Código Civil, art. 180.*

Direito de reaver o bem emprestado a menor. O mutuante poderá, se emprestou coisa fungível a menor sem autorização de seu representante legal, reaver o bem se: *a*) houver ratificação posterior do representante legal do menor, tornando o ato plenamente eficaz; *b*) houver necessidade efetiva do menor de contrair o empréstimo para seus alimentos habituais, abrangendo despesas com vestuário, estudo, medicamentos etc., estando ausente (em razão de internação hospitalar, viagem etc.) o responsável, por haver justa causa; *c*) o menor tiver adquirido bens com seu trabalho ou atividade profissional (CC, art. 1.693, II), caso em que a execução do credor não poderá ultrapassar as forças do patrimônio do menor; *d*) o empréstimo reverteu em benefício do menor para que não haja enriquecimento indevido (CC, arts. 884 a 886); e *e*) o menor obteve o empréstimo usando de malícia (p. ex., ocultando sua idade), pois, como salienta Sílvio de Salvo Venosa, não se pode beneficiar pessoa cuja malícia indica grau de desenvolvimento capaz de levar a engodo a outra parte.

Art. 590. O mutuante pode exigir garantia da restituição, se antes do vencimento o mutuário sofrer notória mudança em sua situação econômica.

• Vide *Código Civil, arts. 333, 472, 476 e 477.*

Vencimento antecipado da dívida. O mutuante poderá exigir uma garantia real (p. ex., uma hipoteca) ou fidejussória (p. ex., fiança) da devolução de outra coisa da mesma espécie, qualidade e quantidade se, antes do vencimento do prazo, o mutuário vier a sofrer notória mudança na sua situação econômica, que venha a dificultar o recebimento da quantia emprestada. Se o mutuário não cumprir tal exigência do mutuante, ter-se-á o vencimento antecipado da dívida (*RT*, *532*:115), descontando-se, porém, da importância emprestada, os juros cabíveis por lei.

Art. 591. Destinando-se o mútuo a fins econômicos, presumem-se devidos juros.

• *Redação dada pela Lei n. 14.905/2024.*

Parágrafo único. Se a taxa de juros não for pactuada, aplica-se a taxa legal prevista no art. 406 deste Código.

• *Acrescentado pela Lei n. 14.905/2024.*

• *Código Civil, art. 406.*

• *Constituição Federal, art. 192,* caput, *com redação da Emenda Constitucional n. 40/2003, e § 3º.*

• Vide *Decreto n. 22.626/33, arts. 1º e 5º; Decretos-Leis n. 182/38, que revogou os §§ 1º e 2º do art. 1º do Decreto n. 22.626/33, e 1.113/39; Leis n. 1.046/50, art. 7º, e 1.521/51, art. 4º (crime contra a economia popular).*

• *Lei n. 4.380/64, art. 10, § 1º.*

• *Código Civil, arts. 406 e 407.*

• *Lei n. 8.177/91.*

• *Código Tributário Nacional, art. 161, § 1º.*

• *Decreto-Lei n. 3.200/41, arts. 8º e 9º.*

• *Lei n. 9.514/97, arts. 4º e 5º.*

• *Supremo Tribunal Federal, Súmula 596, e Superior Tribunal de Justiça, Súmulas 283, 296, 530, 539 e 541.*

• *Medida Provisória n. 2.170-36/2001, art. 5º.*

Mútuo feneratício. O mútuo feneratício ou oneroso é permitido no nosso direito, uma vez que a lei presume que, havendo empréstimo de dinheiro ou de outras coisas fungíveis, destinado a fins econômicos, os juros são devidos desde que não ultrapassem a taxa Selic que estiver em vigor (CC, art. 406), sob pena de serem reduzidos (Decreto n. 22.626/33, arts. 1º, 2º e 13; Lei n. 1.521/51, art. 2º; Lei n. 7.347/85, arts. 1º, II, e 2º; *RT*, *504*:198, *478*:132, *474*:118, *473*:117 e *197*:530; *RF*, *139*:563). Trata-se, hoje, da taxa Selic. "No novo Código Civil, quaisquer contratos de mútuo destinados a fins econômicos presumem-se onerosos (art. 591), ficando a taxa de juros compensatórios limitada ao disposto no art. 406, com capitalização anual" (Enunciado n. 34, aprovado na *Jornada de direito civil*, promovida, em setembro de 2002, pelo Centro de Estudos Judiciários do Conselho da Justiça Federal). Com isso, permitida, em relação aos juros remuneratórios, está a capitalização anual (Súmulas 121 e 596 do STF; *Lex*, *16*:171; *RT*, *495*:181; *RTJ*, *79*:734, *72*:916 e 920, *77*:966, *79*:620); logo, eivada de nulidade estará a cláusula que vier a estabelecer prazo inferior para tal capitalização. O limite imposto pelo artigo *sub examine* não deveria alcançar o mútuo bancário (STJ, 3ª T., REsp 184.958/RS, rel. Min. Waldemar Zveiter, *DJ*, 1º-2-1999), que, ante sua especialidade, é regido por normas do BACEN e resoluções editadas pelo CMN; mas há quem ache que o referido dispositivo legal tem incidência sobre ele, estendendo-se inclusive aos mútuos destinados a fins econômicos feitos por instituições financeiras por serem onerosos. O mútuo bancário apenas subsidiariamente é disciplinado por normas do Código Civil.

BIBLIOGRAFIA: José Eduardo Loureiro, Os juros no novo Código Civil, *Revista do IASP*, *11*:94-105.

Art. 592. Não se tendo convencionado expressamente, o prazo do mútuo será:

- *Código Civil, art. 331.*

I — até a próxima colheita, se o mútuo for de produtos agrícolas, assim para o consumo, como para a semeadura;

II — de trinta dias, pelo menos, se for de dinheiro;

III — do espaço de tempo que declarar o mutuante, se for de qualquer outra coisa fungível.

Tempo de duração do mútuo. O mútuo é concluído por certo prazo. Se fosse perpétuo, ter-se-ia a doação. Se não se convencionar expressamente o tempo de sua duração, seu prazo será: *a*) até a próxima colheita, se se tratar de empréstimo de produtos agrícolas tanto para o consumo como para a semeadura. Por exemplo, havendo empréstimo de 20 sacas de sementes de abóbora para plantio, apenas na próxima colheita o mutuário deverá restituí-las, mesmo que a safra se frustre, salvo se houver convenção permitindo a prorrogação daquele prazo; *b*) de trinta dias, pelo menos, se de dinheiro; *c*) do espaço de tempo declarado pelo mutuante, se for de qualquer outra coisa fungível, desde que não seja empréstimo de produto agrícola, para consumo ou semeadura, ou de dinheiro. O mutuante, então, fixará o prazo para a restituição do que emprestou, mediante interpelação judicial feita ao mutuário, mas nada obsta a que, como ensina Matiello, o magistrado venha a aumentá-lo se as circunstâncias fáticas demonstrarem a insuficiência do prazo estabelecido pelo mutuante.

Capítulo VII

Da Prestação de Serviço

Art. 593. A prestação de serviço, que não estiver sujeita às leis trabalhistas ou a lei especial, reger-se-á pelas disposições deste Capítulo.

- *Consolidação das Leis do Trabalho, arts. 1º a 3º, parágrafo único, e 5º.*
- *Lei n. 5.889/73, regulamentada pelo Decreto n. 73.626/74, arts. 1º a 4º.*
- *Constituição Federal/88, art. 165, III.*
- *Lei n. 5.859/72 (empregado doméstico).*
- *Lei n. 10.741/2003 (Estatuto a Pessoa Idosa), art. 50.*
- *Lei n. 14.478/2022 sobre prestação de serviços de ativos virtuais.*

Contrato civil de prestação de serviço e contrato de trabalho. O contrato de trabalho, que pressupõe a continuidade, a dependência econômica e a subordinação, não aboliu a prestação civil de serviço. Com o advento da legislação trabalhista temos o contrato individual de trabalho, tanto para o trabalho urbano como para o rural, e o contrato de trabalho avulso. O contrato civil de prestação de serviço sobrevive, não obstante venha sofrendo invasões do direito do trabalho. Somente onde ainda não penetrou a concepção própria do direito trabalhista é que perdura a prestação de serviço. As normas do Código Civil são aplicáveis às relações de trabalho excluídas da seara da legislação trabalhista. Aplicar-se-ão as normas contidas nos arts. 593 a 609 do Código Civil a todos os modos de prestação de serviço que não se ajustem ao conceito legal de trabalho, pela falta de continuidade ou pelo fim da atividade do trabalhador, e não estejam regidos por leis especiais. Por ser imprópria a denominação *locação de serviço*, há quem designe *contrato de prestação de serviço*, como o fez o atual Código Civil nos arts. 593 a 609, que ora passamos a comentar.

Art. 594. Toda a espécie de serviço ou trabalho lícito, material ou imaterial, pode ser contratada mediante retribuição.

- *Consolidação das Leis do Trabalho, arts. 3º, parágrafo único, e 5º.*
- ***Projeto de Lei n. 7.312/2002**: "Art. 594. A prestação de serviço compreende toda atividade lícita de serviço especializado, realizado com liberdade técnica, sem subordinação e mediante certa retribuição".*

Conceito de prestação de serviço. A prestação de serviço é um contrato pelo qual uma das partes (prestador) se obriga para com a outra (tomador) a prestar-lhe, eventualmente, uma atividade lícita, material ou imaterial, mediante remuneração (*RT*, *799*:255 e 266, *781*:338, *780*:257, *642*:189, *622*:138, *618*:96, *490*:181, *594*:104, *590*:143, *635*:294; *JTACSP*, *125*:143; *RJTJSP*, *128*:82; *RJ*, *185*:97; *JB*, *141*:311; *BAASP*, *2208*:379; Súmula 214 do TFR; Súmula 248 do STJ; *RSTJ*, *106*:291). Mas, pelo Enunciado n. 541 do CJF (aprovado na *VI Jornada de Direito Civil*): "O contrato de prestação de serviço pode ser gratuito".

BIBLIOGRAFIA: W. Barros Monteiro, *Curso*, cit., v. 5, p. 180-91; Orlando Gomes, *Contratos*, cit., p. 349-53; Serpa Lopes, *Curso*, cit., v. 4, p. 101-6, 127-36; Caio M. S. Pereira, *Instituições*, cit., v. 3, p. 329-39; Cunha Gonçalves, *Tratado*, cit., v. 7, n. 1.055; Cesarino Jr., Locação de serviço, in *Enciclopédia Saraiva do Direito*, v. 50, p. 355-7; R. Limongi França, Contrato de execução de serviços e de execução de obra, in *Enciclopédia Saraiva do Direito*, v. 19, p. 333-8; Octavio Bueno Magano, Locação de serviço, *Revista de Direito Civil Imobiliário, Agrário e Empresarial*, *1*:191 e s., 1977; Cerruti Aicardi, *Contratos civiles*, n. 261; M. Helena Diniz, Contrato de locação de serviços advocatícios por empreitada, *Atualidades Jurídicas*, *3*:323 a 340; *Curso*, cit., v. 3, p. 194-201; *Tratado*, cit., cap. X, p. 147-57, 284-6; Enneccerus, Kipp e Wolff, *Tratado*, cit., § 145; Larenz, *Derecho*, cit., v. 2, § 48; Carlos Alberto

Bittar, *Contratos civis*, cit., p. 73-82; Sílvio de S. Venosa, *Manual dos contratos*, cit., p. 141-47; Roberto Senise Lisboa, *Manual*, cit., v. 3, p. 125-9; Sebastião José Roque, *Dos contratos civis mercantis*, cit., p. 73-8; Luciano B. Timm, *Da prestação de serviços*, Porto Alegre, Síntese, 1998; Jorge Lages Salomo, *Aspectos dos contratos de prestação de serviços*, São Paulo, Ed. Juarez de Oliveira, 1999; Jones Figueirêdo Alves, *Novo Código Civil*, cit., p. 531-45; Teresa Ancona Lopes, *Comentários*, cit., v. 7, p. 189-242; Maria Cristina I. Peduzzi, A prestação de serviços, in *O Novo Código Civil — estudos em homenagem a Miguel Reale*, São Paulo, LTr, 2003, p. 539 e s.; Jorge Lages Salomo, A nova realidade da prestação de serviço, in *Novo Código Civil*: questões controvertidas (coord. Mário Luiz Delgado e Jones Figueirêdo Alves), São Paulo, Método, 2003, p. 219 a 235; Matiello, *Código Civil*, cit., p. 381 a 390; Carlos Alberto Bittar Filho e Márcia S. Bittar, *Novo Código Civil*, cit., p. 288; Fabio Henrique Podestá, Apontamentos sobre o contrato de prestação de serviços, *Introdução crítica ao Código Civil* (org. Lucas A. Barroso), Rio de Janeiro, Forense, 2006, p. 207-33; Nelson Rosenvald, *Código Civil*, cit., p. 566.

Objeto da prestação de serviço. O objeto da prestação de serviço é uma obrigação de fazer, ou seja, a prestação de uma atividade lícita, não vedada pela lei e pelos bons costumes, oriunda da energia humana aproveitada por outrem, e que pode ser material (limpeza, jardinagem, carpintaria, conserto de TV, digitação etc.) ou imaterial (p. ex., tratamento médico ou odontológico, consultoria jurídica etc.).

Art. 595. No contrato de prestação de serviço, quando qualquer das partes não souber ler, nem escrever, o instrumento poderá ser assinado a rogo e subscrito por duas testemunhas.

- Vide *Consolidação das Leis do Trabalho, art. 456.*
- *Código de Processo Civil, art. 784, II a IV.*

Consensualidade. A prestação de serviço é um contrato consensual, que se aperfeiçoa com o simples acordo de vontade das partes, podendo ser provada por testemunhas, seja qual for o seu valor, independentemente de começo de prova por escrito (*RT*, *176*:705, *189*:273, *192*:673 e *193*:744; *RF*, *98*:382). Se houver contrato escrito e uma das partes não souber ler e escrever, poderá o instrumento ser escrito e assinado a rogo e subscrito por duas testemunhas (*RT*, *111*:550, *124*:175, *287*:480, *216*:290, *241*:291 e *174*:205; *RF*, *85*:122).

Art. 596. Não se tendo estipulado, nem chegado a acordo as partes, fixar-se-á por arbitramento a retribuição, segundo o costume do lugar, o tempo de serviço e sua qualidade.

- Vide *Consolidação das Leis do Trabalho, arts. 460 e 461.*
- *Lei n. 8.178/91, arts. 1º a 5º.*
- ***Projeto de Lei n. 699/2011***: *"Art. 596. As partes devem fixar o preço do serviço e na hipótese de divergência, a retribuição será arbitrada judicialmente, segundo o costume do lugar, o tempo de serviço e sua qualidade"*.

Fixação da remuneração. A remuneração é elemento primordial, pois a gratuidade não se coaduna com a prestação de serviço. O *quantum* a ser pago a título da remuneração do serviço prestado poderá ser livremente estipulado pelas partes contratantes. Se o contrato for omisso a respeito, executado o serviço, ante a sua onerosidade, entender-se-á que os contraentes se sujeitaram, para a fixação da retribuição a ser paga, ao costume local, tendo em vista a natureza ou qualidade do serviço e o tempo de duração. Se houver discordância entre os contratantes, ou ausência de estipulação do *quantum* remuneratório, recorrer-se-á ao arbitramento, para que a fixação do valor do salário seja feita por peritos no curso da ação da cobrança ou diretamente pelo juiz (*RT*, *178*:246, *180*:183 e *136*:762; *AJ*, *113*:575, *88*:235; *RF*, *120*:433), averiguando--se os usos do lugar da celebração do contrato, o tempo e a qualidade do serviço.

Art. 597. A retribuição pagar-se-á depois de prestado o serviço, se, por convenção, ou costume, não houver de ser adiantada, ou paga em prestações.

• Vide *Consolidação das Leis do Trabalho, art. 459.*

Ocasião do pagamento do salário. A remuneração deverá ser paga após a realização do serviço, se, por convenção ou costume, não tiver de ser adiantada ou paga em prestações periódicas, ou seja, semanais ou quinzenais. Nada obsta a que se estipule, contratualmente, pagamento em parcelas sucessivas ou pagamento integral antecipado ou, até mesmo, arras (sinal) conforme as peculiaridades do serviço.

Art. 598. A prestação de serviço não se poderá convencionar por mais de quatro anos, embora o contrato tenha por causa o pagamento de dívida de quem o presta, ou se destine à execução de certa e determinada obra. Neste caso, decorridos quatro anos, dar-se-á por findo o contrato, ainda que não concluída a obra.

• Vide *Código Penal, art. 149.*

• Vide *Consolidação das Leis do Trabalho, art. 445.*

Tempo de duração. A prestação de serviço não poderá ser convencionada por mais de quatro anos (*nemo potest locare opus in perpetuum*) mesmo que o contrato tenha por causa o pagamento de débito de quem o presta ou se destine à execução de determinada obra. Decorrido esse prazo, mesmo que a obra não esteja concluída, extinguir-se-á o contrato. E se o contrato foi celebrado por mais de quatro anos, o juiz poderá reduzi-lo; logo, o excesso de prazo não invalidará a avença (*RT*, *104*:560, *107*:248, *126*:643 e *163*:752).

Pelo Enunciado n. 32 (aprovado na *1ª Jornada de Direito Comercial*): "Nos contratos de prestação de serviços nos quais as partes contratantes são empresários e a função econômica do contrato está relacionada com a exploração de atividade empresarial, as partes podem pactuar prazo superior a quatro anos, dadas as especificidades da natureza do serviço a ser prestado, sem constituir violação do disposto no art. 598 do Código Civil".

Art. 599. Não havendo prazo estipulado, nem se podendo inferir da natureza do contrato, ou do costume do lugar, qualquer das partes, a seu arbítrio, mediante prévio aviso, pode resolver o contrato.

• *Consolidação das Leis do Trabalho, art. 487.*

Parágrafo único. Dar-se-á o aviso:

I — com antecedência de oito dias, se o salário se houver fixado por tempo de um mês, ou mais;

II — com antecipação de quatro dias, se o salário se tiver ajustado por semana, ou quinzena;

III — de véspera, quando se tenha contratado por menos de sete dias.

• ***Projeto de Lei n. 699/2011***: *"Art. 599. Não havendo prazo estipulado, nem se podendo inferir da natureza do contrato, ou do costume do lugar, qualquer das partes, a seu arbítrio, mediante denúncia imotivada, pode resolver o contrato.*

Parágrafo único. Far-se-á a denúncia:

DIREITO DAS OBRIGAÇÕES

I — com antecedência de oito dias, se a retribuição se houver fixado por tempo de um mês, ou mais;

II — com antecipação de quatro dias, se a retribuição se tiver ajustado por semana, ou quinzena;

....".

Resilição da locação de serviço sem prazo de duração. Qualquer um dos contratantes, a seu arbítrio, poderá, não havendo estipulação de prazo de duração da prestação de serviço, nem se podendo inferi-lo de sua natureza ou do costume local, pleitear sua resilição mediante aviso prévio, sob pena de ter de pagar indenização por perdas e danos. Esse aviso prévio, ou melhor, denúncia, é uma espécie de *resilição unilateral* (motivada ou não) e constitui uma garantia para ambas as partes: para o prestador, para que possa conseguir outro serviço, e para o tomador, a fim de arranjar um substituto.

Aviso prévio. O aviso relativo à rescisão contratual deverá ser feito, por meio de notificação judicial ou extrajudicial, com antecedência de: *a*) oito dias, se o salário foi fixado por um mês ou mais; *b*) quatro dias, se a remuneração foi ajustada por uma semana, ou quinzena. Apenas poderá dar tal aviso de véspera se o contrato se fez por menos de sete dias.

Art. 600. Não se conta no prazo do contrato o tempo em que o prestador de serviço, por culpa sua, deixou de servir.

- Vide *Consolidação das Leis do Trabalho, art. 453.*

Cômputo do tempo do contrato. Não se poderá computar no prazo contratual o tempo em que o prestador deixou de servir culposamente, por exemplo, por ter simulado doença; por ter-se ausentado para atender interesse pessoal. Mas será contado no prazo do contrato o tempo que deixou de prestar serviço sem culpa sua, por exemplo, em razão de serviço militar, enfermidade etc.

Art. 601. Não sendo o prestador de serviço contratado para certo e determinado trabalho, entender-se-á que se obrigou a todo e qualquer serviço compatível com as suas forças e condições.

- Vide *Consolidação das Leis do Trabalho, art. 456, parágrafo único.*

Natureza do serviço. O prestador deverá realizar o serviço para o qual foi contratado, p. ex., faxineiro contratado para limpeza da casa não poderá ser obrigado a fazer serviço de pedreiro ou pintor. Se o executor não foi contratado para certo e determinado trabalho, entender-se-á que sua obrigação diz respeito a toda e qualquer atividade compatível com suas forças e condições. Consequentemente, não se poderá exigir do prestador atividades superiores às suas limitações pessoais ou habilidades.

Art. 602. O prestador de serviço contratado por tempo certo, ou por obra determinada, não se pode ausentar, ou despedir, sem justa causa, antes de preenchido o tempo, ou concluída a obra.

Parágrafo único. Se se despedir sem justa causa, terá direito à retribuição vencida, mas responderá por perdas e danos. O mesmo dar-se-á, se despedido por justa causa.

- *Código Civil, arts. 402 a 405.*
- *Considera-se como de prazo determinado o contrato de trabalho cuja vigência dependa de termo prefixado ou da execução de serviços especificados ou ainda da realização de certo acontecimento suscetível de previsão aproximada* — Vide *art. 443, § 1º, da Consolidação das Leis do Trabalho e Lei n. 9.601/98.*

- Vide *arts. 457, § 1º, 478, 480 e parágrafos da Consolidação das Leis do Trabalho.*
- *Lei Complementar n. 150/2015, sobre empregado doméstico.*
- ***Projeto de Lei n. 699/2011**: "Art. 602. O prestador de serviço contratado por tempo certo, ou por obra determinada, não se pode ausentar, ou denunciar imotivadamente, antes de preenchido o tempo, ou concluída a obra.*

  Parágrafo único. Se denunciar imotivadamente, terá direito à retribuição vencida, mas responderá por perdas e danos, ocorrendo o mesmo se denunciado motivadamente o contrato".

Proibição de rescisão unilateral pelo prestador de serviço sem e com justa causa. Se o prestador de serviço foi contratado por tempo determinado (p. ex., por dois meses), ou para executar determinada obra (p. ex., limpeza de piscina), não poderá ausentar-se de seu serviço, nem pedir demissão, *sem justa causa*, antes do vencimento do prazo contratual ou da conclusão da obra, sob pena de responder por perdas e danos, apesar de ter direito à remuneração vencida. O mesmo ocorrendo se for despedido *por justa causa* pelo tomador, em razão da prática dolosa ou culposa de algum ato grave, devidamente comprovado.

Art. 603. Se o prestador de serviço for despedido sem justa causa, a outra parte será obrigada a pagar-lhe por inteiro a retribuição vencida, e por metade a que lhe tocaria de então ao termo legal do contrato.

- Vide *Consolidação das Leis do Trabalho, arts. 477, 478 e 479, parágrafo único.*
- ***Projeto de Lei n. 699/2011**: "Art. 603. Se denunciado imotivadamente o contrato, pelo contratante, este será obrigado a pagar ao prestador do serviço por inteiro a retribuição vencida, e por metade a que lhe tocaria de então ao termo legal do contrato".*

Efeito da despedida do prestador de serviço sem justa causa. Se o locatário, ou melhor, tomador, sem qualquer razão plausível, despedir o prestador de serviço, deverá pagar-lhe integralmente a retribuição vencida e, a título de indenização, a metade a que tocaria de então ao termo legal da avença locatícia, em que contratou aquele serviço (*RT*, *635*:294, *719*:275). Se "A", por um ano de serviço de jardinagem, deve receber R$ 6.000,00, sendo despedido sem justa causa após 6 meses de prestação de serviço, terá direito não só a R$ 3.000,00, como também a R$ 1.500,00 correspondentes à metade do *quantum* alusivo ao tempo restante. Hugo Nigro Mazzilli e Wander Garcia exemplificam: se o prestador concluiu 90% do serviço, deverá receber os 90% mais a metade do saldo, ou seja, 5%. E continuam: se houver dúvida sobre a porcentagem do serviço prestado, aplicar-se-á o disposto no art. 596 do Código Civil, recorrendo-se ao arbitramento. Trata-se de uma prefixação legal das perdas e danos em benefício do prestador injustamente despedido. Assim, se havia assumido alguma obrigação, ou dívida, contando com a quantia a que faz jus em razão do contrato, poderá cumpri-la.

Pelo Enunciado n. 33 (aprovado na *1ª Jornada de Direito Comercial*): "Nos contratos de prestação de serviços nos quais as partes contratantes são empresários e a função econômica do contrato está relacionada com a exploração de atividade empresarial, é lícito às partes contratantes pactuarem, para a hipótese de denúncia imotivada do contrato, multas superiores àquelas previstas no art. 603 do Código Civil".

Art. 604. Findo o contrato, o prestador de serviço tem direito a exigir da outra parte a declaração de que o contrato está findo. Igual direito lhe cabe, se for despedido sem justa causa, ou se tiver havido motivo justo para deixar o serviço.

- ***Projeto de Lei n. 7.312/2002** (ora arquivado): "Art. 604. Findo o contrato, o prestador de serviço tem direito a exigir da outra parte a declaração de que o contrato está findo. Igual direi-*

to lhe cabe, se a outra parte denunciar imotivadamente o contrato, ou se o prestador de serviço tiver motivo justo para deixar o serviço".

Declaração do término do contrato. Após o término do prazo contratual, o prestador de serviço deverá exigir que o outro contratante emita uma declaração de que a prestação de serviço terminou. Trata-se da quitação a ser fornecida pelo solicitante do serviço prestado, liberando o prestador do serviço, tornando impossível qualquer pedido de indenização. O prestador de serviço despedido sem justa causa ou que veio a deixar o serviço em razão de algum motivo justo também fará jus àquela declaração, para provar que está liberado e apto para efetivar outro contrato com quem quer que seja.

Art. 605. Nem aquele a quem os serviços são prestados, poderá transferir a outrem o direito aos serviços ajustados, nem o prestador de serviços, sem aprazimento da outra parte, dar substituto que os preste.

- *Consolidação das Leis do Trabalho, arts. 448 e 468.*

Cessão de direitos ou nomeação de substituto. Sem que haja consenso das partes contratantes, o solicitante não poderá ceder seus direitos aos serviços que convencionou com o prestador, nem este, por sua vez, poderá efetuar o serviço por intermédio de substituto ou mediante terceirização. Tal se dá, ante o caráter pessoal ou *intuitu personae* da prestação de serviço. Se assim é, o recebedor do serviço não poderá ceder a outrem o seu direito ao serviço contratado, nem o prestador poderá cometer a terceiro sua execução. A cessão de direitos e a nomeação de substituto só poderá ocorrer se houver autorização de contratante ou acordo de vontade entre os primitivos contratantes.

Art. 606. Se o serviço for prestado por quem não possua título de habilitação, ou não satisfaça requisitos outros estabelecidos em lei, não poderá quem os prestou cobrar a retribuição normalmente correspondente ao trabalho executado. Mas se deste resultar benefício para a outra parte, o juiz atribuirá a quem o prestou uma compensação razoável, desde que tenha agido com boa-fé.

- *Código Civil, arts. 422 e 884 a 886.*

Parágrafo único. Não se aplica a segunda parte deste artigo, quando a proibição da prestação de serviço resultar de lei de ordem pública.

Inexigibilidade de retribuição por serviços prestados. Se, porventura, o serviço for efetuado por pessoa não portadora de título de habilitação técnica (p. ex., técnico não formado em computação) ou que não preencha certos requisitos legais (p. ex., corretor não credenciado), ela não poderá pleitear remuneração correspondente ao trabalho executado. Mas, se o serviço trouxe vantagem à outra parte (tomador), o órgão judicante, havendo boa-fé do executor (prestador), atribuir-lhe-á, apesar de não ter habilitação técnica para a execução do serviço, uma compensação razoável, ou seja, compatível com o serviço prestado, que apenas lhe será negada se a proibição da prestação de serviço advier de norma de ordem pública (CP, arts. 282, 283 e 284), em razão do fato de certas atividades, por exemplo, as da área médica ou odontológica, requererem conhecimentos específicos por poderem colocar em risco a saúde, a vida e o patrimônio das pessoas. Isto é assim, para que o recebedor do serviço não se locuplete indevidamente do que lhe foi prestado (CC, arts. 884 a 886).

Art. 607. O contrato de prestação de serviço acaba com a morte de qualquer das partes. Termina, ainda, pelo escoamento do prazo, pela conclusão da obra, pela res-

cisão do contrato mediante aviso prévio, por inadimplemento de qualquer das partes ou pela impossibilidade da continuação do contrato, motivada por força maior.

- *Código Civil, arts. 393, parágrafo único, 472 a 480 e 599.*
- ***Projeto de Lei n. 699/2011**: "Art. 607. O contrato de prestação de serviço acaba com a morte de qualquer das partes; termina, também, pelo escoamento do prazo, pela conclusão da obra, pela rescisão do contrato mediante denúncia imotivada, por inadimplemento de qualquer das partes ou pela impossibilidade da continuação do contrato, motivada por força maior".*

Extinção do contrato de prestação de serviço. Esse contrato termina com: *a*) a morte do solicitante ou a do executor; *b*) o escoamento do prazo contratual; *c*) a conclusão da obra; *d*) a rescisão do contrato mediante aviso prévio; *e*) o inadimplemento de qualquer das partes; e *f*) a impossibilidade de cumprir o avençado em razão de força maior e, também, de caso fortuito.

Art. 608. Aquele que aliciar pessoas obrigadas em contrato escrito a prestar serviço a outrem pagará a este a importância que ao prestador de serviço, pelo ajuste desfeito, houvesse de caber durante dois anos.

- *Aliciar trabalhadores, com o fim de levá-los de uma para outra localidade do território nacional, constitui o crime previsto no art. 207 do Código Penal.*
- Vide *Código Penal, arts. 7º e 206.*

Aliciamento de executores. Em caso de aliciamento de executores, isto é, pessoas obrigadas, em contrato escrito, a outrem por prestação de serviços, quem os aliciou pagará ao solicitante a importância que ao locador (prestador), pelo ajuste desfeito, houvesse de caber durante dois anos. Há, portanto, prefixação de indenização na hipótese de terceiro cúmplice em contrato de prestação de serviço, dispensando-se a prova do dano. Exemplifica Matiello: se *A* (tomador) efetivar com *B* (prestador) contrato escrito para a prestação do serviço *x* por quatro anos, pactuando retribuição de cem mil reais pelo tempo de duração do acordo. Se *C* aliciar *B*, deverá indenizar *A*, pagando-lhe cinquenta mil reais (valor correspondente a dois anos de contrato). Se a prestação for acordada por um ano, com retribuição mensal de dez mil, a indenização a ser paga pelo aliciador (*C*) seria duzentos e quarenta mil, ou seja, vinte e quatro vezes a retribuição mensal que seria paga ao prestador. A captação imoral de mão de obra alheia requer que haja induzimento do prestador de serviço à mudança de vínculo contratual. Logo, se ele estiver desempregado ou vier a oferecer o seu serviço, não se poderá presumir que houve aliciamento.

Art. 609. A alienação do prédio agrícola, onde a prestação dos serviços se opera, não importa a rescisão do contrato, salvo ao prestador opção entre continuá-lo com o adquirente da propriedade ou com o primitivo contratante.

- Vide *Código Civil, art. 605.*

Alienação do prédio agrícola. Não terá o condão de operar a rescisão do contrato de prestação de serviço a alienação (gratuita ou onerosa) do prédio agrícola onde se executa a atividade (preparação de terra para a lavoura, plantio de soja etc.), ressalvando-se ao prestador a opção de continuá-lo com o adquirente da propriedade ou com o contratante (tomador) anterior. Assim, o prestador não correrá o risco de haver rescisão unilateral do contrato pelo tomador, ao alienar o imóvel.

DIREITO DAS OBRIGAÇÕES

DIREITO DAS OBRIGAÇÕES

Capítulo VIII
Da Empreitada

- *Lei n. 10.833/2003, art. 10, XX, com a redação da Lei n. 12.375/2010.*
- *Orientação Jurisprudencial n. 191 do TST: "Diante da inexistência de previsão legal específica, o contrato de empreitada de construção civil entre o dono da obra e o empreiteiro não enseja responsabilidade solidária ou subsidiária nas obrigações trabalhistas contraídas pelo empreiteiro, salvo sendo o dono da obra uma empresa construtora ou incorporadora".*

Art. 610. O empreiteiro de uma obra pode contribuir para ela só com seu trabalho ou com ele e os materiais.

- *Código Civil, arts. 611 e 612.*

§ 1º A obrigação de fornecer os materiais não se presume; resulta da lei ou da vontade das partes.

§ 2º O contrato para elaboração de um projeto não implica a obrigação de executá-lo, ou de fiscalizar-lhe a execução.

- *Instrução Normativa n. 18/2000 (ora revogada), sobre procedimentos aplicáveis à obra de construção civil de responsabilidade de pessoa jurídica.*

Conceito de empreitada. A empreitada ou locação de obra é o contrato pelo qual um dos contratantes (empreiteiro) se obriga, sem subordinação, a realizar, pessoalmente ou por meio de terceiro, certa obra (p. ex., construção de uma casa, muro, represa ou ponte; composição de uma música) para o outro (dono da obra), com material próprio ou por este fornecido, mediante remuneração determinada ou proporcional ao trabalho executado.

BIBLIOGRAFIA: Spota, *Tratado de locación de obra*, 2. ed., v. 1; Costa Sena, *Da empreitada no direito civil*, Rio de Janeiro, 1935; Caio M. S. Pereira, *Instituições*, cit., v. 3, p. 282-91; Silvio Rodrigues, *Direito civil*, cit., v. 3, p. 259-67; Orlando Gomes, *Contratos*, cit., p. 359-69; Carvalho de Mendonça, *Contratos*, cit., v. 2, n. 213; W. Barros Monteiro, *Curso*, cit., v. 5, p. 194-204; Larenz, *Derecho*, cit., v. 2, § 49; Ruggiero e Maroi, *Istituzioni di diritto privato*, Milano, 1895, v. 2, § 147; Elcir Castello Branco, Empreitada, in *Enciclopédia Saraiva do Direito*, v. 31, p. 256-71; Betti, *Teoria generale delle obbligazioni*, Milano, 1953, t. 1, p. 1928; Enneccerus, Kipp e Wolff, *Tratado*, cit., v. 2, t. 2, p. 272 e s.; Ulrico Lorizio, *Il contratto di appalto*, CEDAM, 1939, n. 59-64; Miranda Carvalho, *Contrato de empreitada*, São Paulo, Freitas Bastos, 1953; M. R. Brugeilles, Essai sur la nature juridique de l'entreprise, *Revue Trimestrielle de Droit Civil*, 1912, p. 111 e s.; Rubino, *L'appalto*, Torino, 1951; R. Limongi França, Contrato de execução de serviço e de execução de obra, in *Enciclopédia Saraiva do Direito*, v. 19, p. 338 e s.; De Page, *Traité*, cit., n. 865; Carvalho Santos, *Código Civil*, cit., v. 17, p. 349 e s.; Almeida Paiva, *Aspectos do contrato de empreitada*, Rio de Janeiro, Forense, 1955; M. Helena Diniz, *Tratado*, cit., cap. X, p. 158-72, 287-302, 341-3; e *Curso*, cit., v. 3, p. 201-10; Roberto Senise Lisboa, *Manual*, cit., v. 3, p. 130-2; Sílvio Luís Ferreira da Rocha, *Curso avançado*, cit., p. 241-53; Teresa Ancona Lopes, *Comentários*, cit., v. 7, p. 242-340; Matiello, *Código Civil*, cit., p. 390 a 401; Rodolfo de M. Machado Neto, *Comentários ao Código Civil* (coord. Camillo Tavares, Fujita e Scavone Jr.), São Paulo, Revista dos Tribunais, 2006, p. 572.

Jurisprudência relativa à empreitada. Consulte: *RT*, *826*:218, *781*:208 e 215, *779*:231, *536*:144, *670*:139, *676*:195, *752*:220, *731*:391, *449*:177, *542*:106, *630*:95, *597*:114, *509*:151, *515*:124, *520*:266, *492*:124, *320*:222, *206*:182, *211*:195, *283*:180, *207*:113, *391*:279, *281*:409, *273*:293, *431*:66, *535*:199, *248*:159, *240*:626, *541*:296, *553*:238, *563*:228, *581*:221, *586*:69, *600*:207, *584*:92, *611*:48, *620*:88, *614*:89, *606*:57, *621*:76, *577*:85, *576*:66, *555*:202 e *567*:242; *RJTJSP*, 77:199; *JB*, *162*:73, *117*:57 e 202, *150*:366, *164*:255, *126*:241, *79*:302 e *134*:311; *RF*,

100:64, *235*:148, *99*:842, *148*:261, *149*:221, *42*:244, *71*:114, *176*:226, *213*:210, *150*:304, *92*:94 e *89*:503; *Ciência Jurídica*, *52*:83; *RTJ*, *66*:780; *AJ*, *117*:64; Súmula 126 do extinto TFR; *EJSTJ*, *11*:140; STJ, Súmula 194; *JTJ*, *161*:18 e *159*:125; *JB*, *117*:262; *RJ*, *178*:100, *176*:147, *171*:151, *170*:77, *160*:150, *152*:80; *RJTJSP*, *163*:66.

Empreitada de lavor. Ter-se-á empreitada de lavor ou de mão de obra se o empreiteiro apenas assumir a obrigação de prestar o trabalho necessário para a confecção, a produção, a construção ou a execução da obra (*RF*, *172*:161; *RT*, *41*:137 e *426*:234).

Empreitada de materiais ou mista. Configurar-se-á empreitada de materiais ou mista se o empreiteiro, ao se obrigar à realização de uma obra, entrar com o fornecimento dos materiais necessários à sua execução e com a mão de obra, contraindo, concomitantemente, uma obrigação de fazer e de dar (*RF*, *69*:323, *89*:178 e *411*:141).

Não presunção do fornecimento de material. O dever do empreiteiro de fornecer material não se presume, decorre ele de lei ou de convenção entre as partes.

Contrato de elaboração de projeto. Esse contrato requer do empreiteiro tão somente a execução de uma obra intelectual, ou seja, a elaboração de um projeto (p. ex., de construção de um edifício de apartamentos), não requerendo dele a obrigação de executá-lo ou de fiscalizar a sua execução por outrem. A ideia do projetista será levada a efeito por outrem, sem que ele tenha o dever de fiscalizar tal execução.

Art. 611. Quando o empreiteiro fornece os materiais, correm por sua conta os riscos até o momento da entrega da obra, a contento de quem a encomendou, se este não estiver em mora de receber. Mas se estiver, por sua conta correrão os riscos.

• Vide *Código Civil, arts. 234, 394, 400, 509, 511, 512, 615, segunda parte, e 617.*

Responsabilidade do empreiteiro quanto aos riscos da obra. Se o empreiteiro forneceu os materiais, terá, ante o princípio *res perit domino*, responsabilidade quanto aos riscos da obra até o momento de sua entrega, a contento do dono da obra, se este não estiver em mora de receber. Estando, correrão os riscos por sua conta. O empreiteiro arca com tal responsabilidade por ser até a tradição o proprietário do material e porque foi ele quem escolheu o material e preparou a obra encomendada, devendo responder se a obra apresentar prejuízos ou se o material for de má qualidade (*RT*, *515*:124 e *390*:234). Se houver um acidente que venha a destruir a obra antes de sua entrega, o empreiteiro suportará o prejuízo, porque ainda não cumpriu o dever de entregá-la pronta.

Art. 612. Se o empreiteiro só forneceu mão de obra, todos os riscos em que não tiver culpa correrão por conta do dono.

• Vide *Código Civil, art. 613.*

Responsabilidade do comitente quanto aos riscos da obra. Se a empreitada for só de lavor, os riscos da obra, não havendo culpa do empreiteiro, correrão, ante o princípio *res perit domino*, por conta do seu dono, uma vez que os materiais lhe pertencem, e por sua conta e risco correrão a perda e a degradação da coisa. O empreiteiro somente responderá por dano que, culposamente, causar a material, manipulando-o indevidamente ou deixando de guardá-lo em local apropriado etc.

Art. 613. Sendo a empreitada unicamente de lavor (art. 610), se a coisa perecer antes de entregue, sem mora do dono nem culpa do empreiteiro, este perderá a retribuição, se não provar que a perda resultou de defeito dos materiais e que em tempo reclamara contra a sua quantidade ou qualidade.

• Vide *Código Civil, arts. 400 e 610.*

Perecimento da coisa na empreitada de lavor. Na empreitada de lavor, se a coisa encomendada vier a se perder antes da entrega, sem mora do comitente, nem culpa do empreiteiro, este perderá sua remuneração, se não demonstrar que o perecimento se deu em razão de defeito dos materiais, e que, em tempo, havia reclamado contra sua qualidade e quantidade. Portanto, se a perda resultou da má qualidade ou de falta de quantidade do material, evidenciada a culpa do comitente, o empreiteiro fará jus à retribuição avençada até o ponto em que a obra foi executada, quando houve sua perda (*RT*, *254*:486), se provar que avisou tempestivamente o dono da obra da necessidade de substituir o material qualitativa ou quantitativamente.

Art. 614. Se a obra constar de partes distintas, ou for de natureza das que se determinam por medida, o empreiteiro terá direito a que também se verifique por medida, ou segundo as partes em que se dividir, podendo exigir o pagamento na proporção da obra executada.

§ 1º Tudo o que se pagou presume-se verificado.

§ 2º O que se mediu presume-se verificado se, em trinta dias, a contar da medição, não forem denunciados os vícios ou defeitos pelo dono da obra ou por quem estiver incumbido da sua fiscalização.

Empreitada "ad mensuram". Ter-se-á empreitada por medida se na fixação do preço se atender ao fracionamento da obra, considerando-se as partes em que ela se divide ou a medida. É comum, p. ex., na construção de usina termoelétrica, na edificação de um conjunto de casas, na terraplanagem, na preparação de áreas, tendo cada uma a extensão *"x"*, para a lavoura etc. O empreiteiro, por isso, terá direito de requerer a medição das partes já concluídas (*RT*, *103*:520; *RSTJ*, *106*:249). Estipular-se-á o pagamento a tanto por unidade ou por parte concluída, ou seja, na proporção da obra executada. O empreiteiro receberá *quantum* relativo ao que foi feito. Há presunção de que a obra paga está verificada por ser direito do comitente averiguar, antes do pagamento, se o que foi entregue podia ser aceito. Tudo o que se pagar presumir-se-á, até prova em contrário, verificado e o que se mediu também se, em trinta dias, contados da medição, o dono da obra, ou quem tiver a incumbência de fiscalizá-la, não tiver apontado algum vício ou defeito.

Art. 615. Concluída a obra de acordo com o ajuste, ou o costume do lugar, o dono é obrigado a recebê-la. Poderá, porém, rejeitá-la, se o empreiteiro se afastou das instruções recebidas e dos planos dados, ou das regras técnicas em trabalhos de tal natureza.

- *Código Civil, art. 441.*

Obrigação do comitente de receber a obra. O dono da obra (encomendante) terá o dever de receber a obra encomendada se concluída de acordo com os ajustes e o costume local, só podendo rejeitá-la se houver, por parte do empreiteiro, descumprimento do avençado, afastando-se das instruções recebidas e dos planos dados, ou das regras técnicas da arte (*RT*, *553*:238).

Art. 616. No caso da segunda parte do artigo antecedente, pode quem encomendou a obra, em vez de enjeitá-la, recebê-la com abatimento no preço.

- Vide *Código Civil, art. 442.*

Direito do dono da obra de pedir abatimento no preço. Se o empreiteiro não cumprir o ajuste e o costume do lugar ao concluir a obra, o comitente terá permissão legal, em vez de enjeitá-la, para recebê-la pedindo abatimento no preço (*RT*, *806*:281), que consistirá num *quantum* que possibilitará escoimar a obra de seus defeitos (CC, art. 442) e colocá-la de conformidade com o estipulado contratualmente (*AJ*, *90*:151; *RT*, *130*:639), porém só terá cabimento se o comitente ainda não pagou o preço todo dela (*RT*, *166*:741).

Art. 617. O empreiteiro é obrigado a pagar os materiais que recebeu, se por imperícia ou negligência os inutilizar.

- *Código Civil, arts. 186 e 927.*

Direito do comitente de pedir o pagamento do material. Se o dono da obra fornecer o material, e houver perda deste por culpa do empreiteiro, que, por negligência, imperícia ou inabilidade técnica de seus operários, o inutilizou, terá direito de reclamar do empreiteiro o pagamento do valor correspondente, visto que deveria ter zelado por ele, na execução de suas atividades.

Art. 618. Nos contratos de empreitada de edifícios ou outras construções consideráveis, o empreiteiro de materiais e execução responderá, durante o prazo irredutível de cinco anos, pela solidez e segurança do trabalho, assim em razão dos materiais, como do solo.

- *Código Civil, arts. 622, 937 e 1.280.*

Parágrafo único. Decairá do direito assegurado neste artigo o dono da obra que não propuser a ação contra o empreiteiro, nos cento e oitenta dias seguintes ao aparecimento do vício ou defeito.

Responsabilidade do empreiteiro quanto à solidez e segurança do trabalho. O empreiteiro responderá pela solidez e segurança do trabalho na empreitada relativa a edifícios ou a construções de grande envergadura (pontes, viadutos, p. ex.), em razão do material, se o forneceu, e do solo (*RTJ*, *102*:221), independentemente de culpa, durante o prazo de garantia de cinco anos (*RJTJSP*, *79*:77; *RT*, *825*:221, *787*:218, *670*:139, *676*:195, *612*:73, *148*:358, *535*:151, *214*:429, *178*:789, *390*:234 e *532*:80; *Lex*, *JTJ*, *215*:158, *207*:100, *217*:99; *Ciência Jurídica*, *79*:104; *JTJ*, *170*:207; *RF*, *130*:192, *145*:30, *158*:233, *127*:433 e *82*:641; *AJ*, *115*:285; *EJSTJ*, *15*:143, *24*:152, *12*:70, *4*:52 e *2*:49; *RSTJ*, *107*:265, *101*:305, *85*:231 e *88*:117; *JSTJ*, *51*:155; *BAASP*, *1.714*:279 e STJ, Súmulas 83 e 194). Escoado tal prazo, que é irredutível, extinguir-se-á tal obrigação. E o proprietário só poderá demandá-lo pelos prejuízos que lhe foram causados pela falta de solidez da obra em razão do material ou do solo verificada no quinquênio, porém decairá desse direito se não propuser ação contra o empreiteiro, dentro de cento e oitenta dias contados do aparecimento do vício ou defeito. Se uma empresa, p. ex., se compromete a construir casas para funcionários, e contrata, para tanto, um engenheiro (não empresário), esse contrato será regido pelo Código Civil. O construtor responde pelo prazo de garantia de cinco anos e o dono da obra tem o prazo decadencial de cento e oitenta dias para reclamar do problema surgido no prazo de garantia. Se o defeito aparecer quatro anos depois da entrega, o dono da obra terá cento e oitenta dias para reclamar da imperfeição por falta de solidez, inclusive do material, e segurança da obra, visto que o vício se verificou no prazo de garantia de cinco anos contado da entrega da obra. "O prazo referido no art. 618, parágrafo único, do CC refere-se unicamente à garantia prevista no *caput*, sem prejuízo de poder o dono da obra, com base no mau cumprimento do contrato de empreitada, demandar perdas e danos" (Enunciado n. 181 do Conselho da Justiça Federal, aprovado na *III Jornada de Direito Civil*).

O art. 618 só é aplicável a vício decorrente da solidez e segurança do trabalho em edificação de vulto. P. ex., esse artigo não se aplicará se houver defeito relativo a componentes meramente estéticos, mesmo que o empreiteiro, em relação a eles, tenha desobedecido o memorial descritivo e o contrato (*RT*, *787*:219).

Pelo Enunciado n. 34 (aprovado na *1ª Jornada de Direito Comercial*): "Com exceção da garantia contida no art. 618 do Código Civil, os demais artigos referentes, em especial, ao contrato de empreitada (arts. 610 a 626) aplicar-se-ão somente de forma subsidiária às condições contratuais acordadas pelas partes de contratos complexos de engenharia e construção, tais como EPC, EPC-M e Aliança".

Art. 619. Salvo estipulação em contrário, o empreiteiro que se incumbir de executar uma obra, segundo plano aceito por quem a encomendou, não terá direito a exigir acréscimo no preço, ainda que sejam introduzidas modificações no projeto, a não ser que estas resultem de instruções escritas do dono da obra.

- *Código Civil, arts. 317, 478 a 480.*

Parágrafo único. Ainda que não tenha havido autorização escrita, o dono da obra é obrigado a pagar ao empreiteiro os aumentos e acréscimos, segundo o que for arbitrado, se, sempre presente à obra, por continuadas visitas, não podia ignorar o que se estava passando, e nunca protestou.

- Vide *Código de Defesa do Consumidor, arts. 6º e 51, e Código Civil, art. 478.*

Empreitada a preço fixo. Ter-se-á empreitada a preço fixo ou *marché à forfait* se a retribuição for estipulada para a obra inteira, sem considerar o fracionamento da atividade.

Empreitada a preço fixo absoluto. Se não se admitir qualquer alteração na remuneração, seja qual for o custo da mão de obra ou dos materiais, ter-se-á empreitada a preço fixo absoluto (*RTJ*, *60*:774 e *66*:651), e o empreiteiro não poderá pleitear do comitente quantia maior do que a ajustada.

Empreitada a preço fixo relativo. Se se permitir variação em decorrência do preço de algum dos componentes da obra, ou de alterações que já estejam programadas por influência de fatos previsíveis, ainda não constatados, configurar-se-á a empreitada a preço fixo relativo (*RT*, *192*:204 e *211*:195).

Admissibilidade da "rebus sic stantibus". Na execução da empreitada levanta-se a indagação da admissibilidade ou não da aplicação da *rebus sic stantibus*, ante o princípio da imutabilidade do preço da empreitada, consagrado pelo art. 619, ora examinado, ainda que se introduzam modificações no projeto, salvo se elas resultarem de instruções escritas do dono da obra. Mas, se houver estipulação contratual admitindo acréscimo no preço, o empreiteiro poderá exigi-lo. É preciso ressaltar, ainda, que, mesmo que não tenha havido autorização escrita, o dono da obra deverá pagar ao empreiteiro os aumentos e acréscimos, conforme o arbitrado, se, sempre presente à obra, por efetuar visitas constantes, não podia ignorar o que estava ocorrendo e nunca protestou contra a situação. Com isso, configurado está o consenso tácito de obras extras não previstas no contrato. Em boa política legislativa, a Lei n. 8.078/90 (arts. 6º, V, e 51, §§ 1º e 2º) permite revisão contratual por onerosidade excessiva, e o Código Civil, no art. 317, prescreve que, "quando, por motivos imprevisíveis, sobrevier desproporção manifesta entre o valor da prestação devida e o do momento de sua execução, poderá o juiz corrigi-lo, a pedido da parte, de modo que assegure, quanto possível, o valor real da prestação". E, além disso, diante do disposto no art. 478 do Código Civil, admissível será a resolução desse contrato por onerosidade excessiva, com extrema vantagem para um dos contratantes, em virtude de acontecimentos extraordinários e imprevisíveis, que aumentem o custo do material e dos encargos da obra. Logo, a lei admite a revisão ou a resolução contratual para evitar locupletamento com a jactura alheia (*RF*, *569*:93-4).

Jurisprudência atinente à revisão do contrato de empreitada. *Vide*: *RT*, *731*:391, *725*:220, *320*:227, *346*:484, *399*:225, *462*:271, *399*:233 e *395*:337; *JTJ*, *161*:18.

Art. 620. Se ocorrer diminuição no preço do material ou da mão de obra superior a um décimo do preço global convencionado, poderá este ser revisto, a pedido do dono da obra, para que se lhe assegure a diferença apurada.

- *Código Civil, arts. 884 a 886.*

Diminuição do preço do material ou da mão de obra. O comitente, ou dono da obra, ocorrendo diminuição no preço do material ou da mão de obra superior a um décimo do preço global avençado, poderá pedir sua revisão com o escopo de garantir a diferença que for apurada e de promover a sua adequação à realidade econômico-social. Obsta-se, assim, o enriquecimento sem causa, reequilibrando-se, economicamente, o contrato. Com a revisão contratual ter-se-á a correção do preço. Assim sendo, se a diminuição do preço do material ou da mão de obra for igual ou inferior a um décimo do preço global ajustado, as partes não farão jus a qualquer revisão, devendo cumprir o contrato firmado tal como se encontra.

Art. 621. Sem anuência de seu autor, não pode o proprietário da obra introduzir modificações no projeto por ele aprovado, ainda que a execução seja confiada a terceiros, a não ser que, por motivos supervenientes ou razões de ordem técnica, fique comprovada a inconveniência ou a excessiva onerosidade de execução do projeto em sua forma originária.

- *Código Civil, arts. 317, 478 a 480.*
- *Lei n. 9.610/98, arts. 7º, X, 24, IV e V, e 26.*

Parágrafo único. A proibição deste artigo não abrange alterações de pouca monta, ressalvada sempre a unidade estética da obra projetada.

Inalterabilidade de projeto já aprovado. O comitente não poderá alterar projeto da obra por ele já aprovado, sem anuência do autor, mesmo que sua execução esteja a cargo de terceiros, exceto se por motivos supervenientes (p. ex., alteração do solo em razão de abalo sísmico) ou por razões técnicas (p. ex., risco de deterioração da obra pela construção de silo em local arenoso) ficar demonstrada a inconveniência (p. ex., cálculo errôneo, estrutura de sustentação insuficiente) ou a onerosidade excessiva de execução do projeto primitivo (fundação de alto custo). Pelo princípio da boa-fé objetiva (CC, art. 422) o projetista deverá ser cientificado para que altere seu projeto ou autorize sua modificação. A lei procura reconhecer a autoridade técnica do projetista, respeitando sua criação intelectual, ao vedar sua alteração pelo comitente, pois este, não sendo um especialista, poderá colocar em risco ou comprometer, se fizer alguma modificação, a seu talante, a segurança da obra. Tal proibição não atinge pequenas modificações (p. ex., substituição de um piso de mármore por um de granito, da mesma cor) feitas no projeto, que poderão ser levadas a efeito sem autorização do projetista, desde que se mantenha a unidade estética da obra projetada, não atingindo a estrutura do projeto original.

Art. 622. Se a execução da obra for confiada a terceiros, a responsabilidade do autor do projeto respectivo, desde que não assuma a direção ou fiscalização daquela, ficará limitada aos danos resultantes de defeitos previstos no art. 618 e seu parágrafo único.

- *Código Civil, art. 618 e parágrafo único.*

Execução da obra por terceiro. Se a obra for executada por terceiro, o autor do seu projeto, desde que não dirija, nem fiscalize aquela execução, terá responsabilidade, tão somente, quanto à solidez e segurança do trabalho, em razão de material e do solo, durante o prazo de garantia de cinco anos. Observa Rodolfo Moraes Machado Neto que, se o projeto for executado por terceiro, com alteração do material indicado pelo projetista, ou se a execução se der de modo diverso do estipulado pelo autor do projeto, este não poderá ser responsabilizado pelos defeitos da obra. Mas, se o projetista vier a fiscalizar e dirigir a obra, assumirá a responsabilidade por qualquer vício.

Art. 623. Mesmo após iniciada a construção, pode o dono da obra suspendê-la, desde que pague ao empreiteiro as despesas e lucros relativos aos serviços já feitos, mais indenização razoável, calculada em função do que ele teria ganho, se concluída a obra.

• ***Projeto de Lei n. 699/2011***: *"Art. 623. Mesmo após iniciada a construção, pode o dono da obra rescindir unilateralmente o contrato, desde que pague ao empreiteiro as despesas e lucros relativos aos serviços já feitos, mais indenização razoável, calculada em função do que ele teria ganho, se concluída a obra".*

Suspensão da obra. O comitente terá direito, mesmo após o início da construção, de suspender a obra, ou seja, de rescindir unilateralmente o contrato, mediante pagamento ao empreiteiro das despesas e lucros alusivos aos serviços já executados, e, ainda, de uma indenização razoável, calculada em função do que teria ganho, se concluísse a obra. O empreiteiro, frustrada a execução da obra pelo comitente, fará jus às despesas, aos lucros e à remuneração, proporcionalmente aos serviços por ele realizados e, ainda, aos lucros cessantes.

Art. 624. Suspensa a execução da empreitada sem justa causa, responde o empreiteiro por perdas e danos.

• Vide *Código Civil, arts. 402 a 405.*

• ***Projeto de Lei n. 699/2011***: *"Art. 624. A rescisão injustificada do contrato de empreitada, pelo empreiteiro, o obriga a responder por perdas e danos".*

Responsabilidade do empreiteiro por suspensão da empreitada sem justa causa. O empreiteiro que, sem justa causa, vier a rescindir unilateralmente a empreitada, suspendendo a execução da obra, deverá pagar ao comitente uma indenização correspondente ao dano emergente e aos lucros cessantes (*RT*, *575*:133). Porém, para que não haja enriquecimento sem causa do comitente, o empreiteiro terá direito à remuneração correspondente ao trabalho já executado.

Art. 625. Poderá o empreiteiro suspender a obra:

• ***Projeto de Lei n. 699/2011***: *"Art. 625. Poderá o empreiteiro rescindir o contrato, motivadamente.*

.."

I — por culpa do dono, ou por motivo de força maior;

• *Código Civil, arts. 186 e 393, parágrafo único.*

II — quando, no decorrer dos serviços, se manifestarem dificuldades imprevisíveis de execução, resultantes de causas geológicas ou hídricas, ou outras semelhantes, de modo que torne a empreitada excessivamente onerosa, e o dono da obra se opuser ao reajuste do preço inerente ao projeto por ele elaborado, observados os preços;

• *Código Civil, arts. 317, 478 e 479.*

III — se as modificações exigidas pelo dono da obra, por seu vulto e natureza, forem desproporcionais ao projeto aprovado, ainda que o dono se disponha a arcar com o acréscimo de preço.

Direito do empreiteiro de suspender a obra. O empreiteiro terá direito de efetuar a suspensão da obra, rescindindo, unilateralmente, o contrato, se ocorrer justa causa, como: *a*) culpa do dono da obra; *b*) ocorrência de força maior (inundação da área destinada à edificação da obra); *c*) manifestação superveniente à celebração do contrato de fatos imprevisíveis, que dificultem a execução da obra, oriundos de causas geológicas (p. ex., rochas, tipo de solo) ou hídricas (p. ex., lençóis freáticos, poços artesianos), ou outras semelhantes, tornando-a excessivamente onerosa, opondo-se o dono da obra ao reajuste do preço inerente ao projeto elaborado; *d*) modificação imposta pelo comitente que, por seu vulto (construção de uma casa para a de um condomínio fechado com oito moradias) e natureza (empreitada de lavor para mista), seja desproporcional ao projeto aprovado, mesmo que ele se disponha a pagar o preço com acréscimo.

Art. 626. Não se extingue o contrato de empreitada pela morte de qualquer das partes, salvo se ajustado em consideração às qualidades pessoais do empreiteiro.

- *Código Civil, arts. 1.792 e 607.*

Morte dos contratantes. O óbito de qualquer dos contratantes não causa a extinção da empreitada. Apenas cessará o contrato de empreitada se houver morte do empreiteiro, se o ajuste foi celebrado *intuitu personae*, ou seja, em atenção às suas qualidades pessoais; se não o foi, seus sucessores continuarão a sua obra. Com o falecimento do comitente, seus herdeiros assumirão seu lugar, respondendo pelo contrato até as forças da herança (CC, art. 1.792).

CAPÍTULO IX
DO DEPÓSITO

SEÇÃO I
DO DEPÓSITO VOLUNTÁRIO

Art. 627. Pelo contrato de depósito recebe o depositário um objeto móvel, para guardar, até que o depositante o reclame.

- *Súmula vinculante 25.*
- *Súmula 304 do Superior Tribunal de Justiça.*
- Vide *arts. 343, 640, 645, 652* e *751 do Código Civil.*
- *Decreto n. 1.102/1903, sobre armazéns gerais.*
- *Lei n. 9.526/97.*
- *Lei n. 370/37, regulamentada pelo Decreto n. 1.508/37.*
- *Lei n. 2.313/54, regulamentada pelo Decreto n. 40.395/56, sobre prazo do depósito regular.*
- *Lei n. 2.666/55, art. 1º, § 1º.*
- *Lei n. 9.973/2000, sobre armazenagem de produtos agropecuários.*
- *Lei n. 11.076/2005, sobre Certificado de Depósito Agropecuário e* Warrant *Agropecuário.*
- *Código de Processo Civil, arts. 311, III e 840, II, §§ 1º a 3º.*

- *Lei n. 11.429, de 26 de dezembro de 2006, sobre depósito judicial de tributo no âmbito dos Estados e do Distrito Federal.*
- *Decreto n. 6.514/2008, sobre infrações e sanções administrativas ao meio ambiente, dispõe que bens apreendidos deverão ficar sob a guarda de entidade responsável e poderão excepcionalmente ser confiados a depositário até o julgamento do processo administrativo.*

Depósito. O depósito é o contrato pelo qual um dos contratantes (depositário) recebe do outro (depositante) um bem móvel corpóreo, obrigando-se a guardá-lo, temporária e gratuitamente, para restituí-lo quando lhe for exigido.

BIBLIOGRAFIA: W. Barros Monteiro, *Curso*, cit., v. 5, p. 223-43; Orlando Gomes, *Contratos*, cit., p. 412-21; Caio M. S. Pereira, *Instituições*, cit., v. 3, p. 313-27; Silvio Rodrigues, *Direito civil*, cit., v. 3, p. 285-99; Pinto Ferreira, Ação de depósito, in *Coleção Saraiva de Prática do Direito*, n. 33, 1988; Cunha Gonçalves, *Tratado*, cit., v. 8, p. 6; Bassil Dower, *Curso moderno*, cit., v. 2, p. 181-90; Planiol, Ripert e Boulanger, *Traité élémentaire de droit civil*, Paris, LGDJ, 1907, v. 2, n. 2.205; Carvalho de Mendonça, *Contratos*, cit., v. 1, p. 174; De Page, *Traité*, cit., t. 5, n. 183, 184, 193, 194 e 243; M. Helena Diniz, *Curso*, cit., v. 3, p. 230-42; e *Tratado*, cit., cap. XXI, v. 3, p. 193-232; Álvaro Villaça Azevedo, *Prisão civil por dívida*, São Paulo, 1992, p. 69-119; Almachio Diniz, *Do depósito*, 1930; Serpa Lopes, *Curso*, cit., v. 4, p. 217-36; Aubry e Rau, *Cours*, cit., v. 6, § 406; Ruggiero e Maroi, *Istituzioni*, cit., § 166; Enneccerus, Kipp e Wolff, *Tratado*, cit., §§ 167 e 170; Larenz, *Derecho*, cit., v. 2, § 54; Berto Bracco, *I depositi a risparmio*, CEDAM, 1939, n. 69; Lomonaco, *Istituzioni*, cit., v. 5, p. 532; Levenhagen, *Código Civil*, cit., v. 5, p. 57-72; Luciano da Silva Caseiro, A ação de depósito: ação de busca e apreensão, *Vox Legis*, v. 12, n. 140, p. 23-37; Lúcio Vasconcellos de Oliveira, A prisão civil prevista em nossa legislação, *Ciência Jurídica*, *63*:11-52; Roberto Senise Lisboa, *Manual*, cit., v. 3, p. 154-7; Sebastião José Roque, *Dos contratos civis e mercantis*, cit., p. 117-22; Jones Figueirêdo Alves, *Novo Código Civil*, cit., p. 563-89; Sílvio Luís Ferreira da Rocha, *Curso avançado*, cit., p. 280-94; Teresa Ancona Lopes, *Comentários*, cit., v. 7, p. 340-438; Fátima Nancy Andrighi, Do contrato de depósito, in *O novo Código Civil — estudo em homenagem a Miguel Reale*, São Paulo, LTr, 2003, p. 565 e s.; Matiello, *Código Civil*, cit., p. 401-13.

Dados jurisprudenciais concernentes ao depósito. Consulte: *RT*, *800*:407, *790*:365, *785*:418, *643*:158, *630*:106, *616*:56, *622*:102, *682*:186, *579*:245, *542*:229, *179*:857, *143*:226, *148*:234, *432*:103, *532*:123, *608*:127, *622*:102, *572*:177, *630*:106, *631*:191, *616*:56, *588*:150, *623*:65, *641*:167, *618*:188, *495*:182, *536*:124, *541*:260, *124*:546, *179*:174, *502*:91, *211*:512, *330*:726, *317*:304, *210*:225, *271*:301, *391*:373, *385*:125, *355*:373, *531*:185, *529*:119, *534*:122 e *540*:130; *RF*, *116*:456, *180*:227, *82*:653, *84*:105, *101*:462, *157*:339, *137*:170 e *180*:227; *AJ*, *54*:351; *JB*, *84*:198, *151*:150 e 154, *152*:247, *147*:61 e *126*:281; *RJE*, *2*:335 e 286; *BAASP*, *1.832*:6; *EJSTJ*, *13*:69; *RSTJ*, *79*:212 e *82*:165; *Ciência Jurídica*, *61*:61 e 66; Súmula 185 do STJ; STJ, REsp n. 437.649/SP — Proc. n. 2002/0057540-7, 4ª T., rel. Sálvio de F. Teixeira, j. 6-2-2003.

Art. 628. O contrato de depósito é gratuito, exceto se houver convenção em contrário, se resultante de atividade negocial ou se o depositário o praticar por profissão.

- Vide *Código Civil, art. 651.*

Parágrafo único. Se o depósito for oneroso e a retribuição do depositário não constar de lei, nem resultar de ajuste, será determinada pelos usos do lugar, e, na falta destes, por arbitramento.

Gratuidade. O depósito é um contrato gratuito, embora a gratuidade não seja de sua essência, uma vez que há permissão legal para que as partes convencionem sua onerosidade estipulando uma gratificação ao depositário, pela sua atividade negocial (depósito em armazém de cooperativa) ou pelo serviço profissional prestado. Se o depósito for oneroso e se a retribuição paga pelo depositante ao depositário não for imposta por lei, nem estiver convencionada, ela será determinada pelos usos do local e, na falta destes, por meio de arbitramento. Nesta última hipótese o juiz, com o auxílio de perito, estabelecerá o *quantum* remuneratório a ser pago, considerando o tempo de duração do contrato, despesas com conservação da coisa, tipo do bem depositado etc.

Art. 629. O depositário é obrigado a ter na guarda e conservação da coisa depositada o cuidado e diligência que costuma com o que lhe pertence, bem como a restituí-la, com todos os frutos e acrescidos, quando o exija o depositante.

- *Código Civil, arts. 638 e 648.*
- *Súmula 179 do Superior Tribunal de Justiça.*
- *Código de Processo Civil, art. 311, III, aplicar-se-á (tutela da evidência), visto que não há mais o procedimento especial para ação de depósito. Enunciado ENFAM n. 29: "Para a concessão da tutela de evidência prevista no art. 311, III, do CPC/2015, o pedido reipersecutório deve ser fundado em prova documental do contrato de depósito e também da mora".*

Dever de guardar e de conservar a coisa depositada. O depositário terá a obrigação de guardar a coisa sob seu poder, sendo-lhe permitido invocar a ajuda de auxiliares, que ficarão sob sua responsabilidade. Deverá ter na custódia do bem o cuidado e a diligência que costuma ter com o que lhe pertence, respondendo pela perda ou deterioração se culposamente contribuiu para que isso acontecesse (*RT*, *778*:287, *630*:106, *690*:136, *536*:117; *EJSTJ*, *3*:61 e *16*:43).

Obrigação de restituir a coisa. Mesmo que não tenha sido estipulado prazo, o depositário será obrigado a devolver a coisa depositada com os acessórios, frutos (naturais, industriais e civis) e acrescidos, assim que o depositante a exigir (*JB*, *84*:45, 128, 167, 186, 253 e 255; *RT*, *719*:155).

Art. 630. Se o depósito se entregou fechado, colado, selado, ou lacrado, nesse mesmo estado se manterá.

Respeito ao segredo da coisa depositada. O depositário deverá manter a coisa no estado em que lhe foi entregue, respeitando o segredo do bem sob sua guarda. Logo, se a coisa lhe foi entregue fechada, colada, selada, ou lacrada, nesse mesmo estado se manterá até o momento de sua devolução, não podendo, sob pena de perdas e danos, ser devassado o invólucro. Se houver devassa da coisa, configurado está o ilícito contratual, por infração do dever de zelo e de guarda, suscetível de gerar pagamento de indenização pelos prejuízos causados ao depositante, a não ser que se comprove que o lacre se rompeu por força maior ou caso fortuito (CC, art. 642, e CPC, art. 373). Lembra-nos Jones Figueirêdo Alves que, se o depositário, autorizado pelo depositante, vier a abrir o depósito que lhe foi entregue fechado, deverá, mesmo assim, guardar sigilo, salvo se se tratar de objeto ilícito.

Art. 631. Salvo disposição em contrário, a restituição da coisa deve dar-se no lugar em que tiver de ser guardada. As despesas de restituição correm por conta do depositante.

- *Código Civil, arts. 327 a 330.*

Restituição da coisa depositada. O depositário deverá devolver a coisa no lugar estipulado ou, não havendo disposição contratual, no lugar do depósito, e as despesas com essa restituição (p. ex., as de transporte) ficarão a cargo do depositante, uma vez que o negócio foi efetivado no seu interesse.

Art. 632. Se a coisa houver sido depositada no interesse de terceiro, e o depositário tiver sido cientificado deste fato pelo depositante, não poderá ele exonerar-se restituindo a coisa a este, sem consentimento daquele.

Depósito feito em interesse de terceiro. Se o bem foi depositado para atender a interesse de terceiro (seu proprietário ou possuidor), tendo sido o depositário cientificado desse fato pelo depositante, na qualidade de administrador de bens daquele terceiro, não pode liberar-se do contrato, devolvendo a coisa a este sem o consenso daquele, salvo no caso do art. 635.

Art. 633. Ainda que o contrato fixe prazo à restituição, o depositário entregará o depósito logo que se lhe exija, salvo se tiver o direito de retenção a que se refere o art. 644, se o objeto for judicialmente embargado, se sobre ele pender execução, notificada ao depositário, ou se houver motivo razoável de suspeitar que a coisa foi dolosamente obtida.

- Vide *Código Civil, arts. 393, 634, 638 e 644.*
- ***Projeto de Lei n. 699/2011****: "Art. 633. Ainda que o contrato fixe prazo à restituição, o depositário entregará o depósito logo que se lhe exija, salvo se tiver o direito de retenção a que se refere o art. 644, se o objeto for judicialmente embargado, se sobre ele pender execução, notificada ao depositário, se houver motivo razoável de suspeitar que a coisa foi dolosamente obtida, ou se noutro depósito de fundar".*

Exceções à obrigatoriedade de restituição do bem depositado. Mesmo que o depósito seja por tempo determinado, o depositário deverá restituir a coisa assim que o depositante o exigir, exceto se: *a*) tiver direito de reter o depósito até que lhe seja paga a retribuição devida, o valor das despesas e os prejuízos advindos do depósito (CC, arts. 643 e 644); *b*) o bem depositado estiver judicialmente embargado (p. ex., em razão de arresto, sequestro); *c*) pender execução sobre a coisa depositada, tendo sido notificado o depositário, que, então, ficará obrigado a retê-la em nome do juízo até que se resolva seu destino, logo não deverá entregá-la sob pena de ficar responsável perante o autor da execução; *d*) houver motivo razoável de suspeita de que o bem foi dolosamente obtido, em razão de roubo, furto, estelionato etc., praticados pelo depositante ou terceiro.

Art. 634. No caso do artigo antecedente, última parte, o depositário, expondo o fundamento da suspeita, requererá que se recolha o objeto ao Depósito Público.

- *Código Civil, arts. 638, 334 e 335, IV.*
- *Código de Processo Civil, arts. 539 a 549.*

Suspeita de ser o bem depositado produto de obtenção dolosa. Se o depositário tiver motivo plausível para suspeitar de que a coisa depositada foi obtida dolosamente, p. ex., furtada ou roubada, poderá, ou melhor, terá o poder-dever de recusar-se a devolvê-la, quando reclamada pelo depositante, mas, por outro lado, deverá expor fundamentadamente ao juiz as razões de sua suspeita, pedindo o recolhimento da coisa ao Depósito Público, que é o local onde ficam guardadas as coisas entregues a uma autoridade judicial ou administrativa. Tal depósito público liberará o depositário de qualquer sanção pela não devolução do bem e evitará que a coisa volte ao poder de quem não tem titularidade. Mas, se a suspeita for infundada e provada a culpa do depositário, este deverá indenizar o depositante pelo prejuízo causado.

Art. 635. Ao depositário será facultado, outrossim, requerer depósito judicial da coisa, quando, por motivo plausível, não a possa guardar, e o depositante não queira recebê-la.

- Vide *Código Civil, arts. 334 a 345 e 641.*
- *Código de Processo Civil, arts. 539 a 549.*

Direito do depositário de requerer depósito judicial. O depositário, ante o seu dever de zelo, poderá, se quiser, requerer o depósito judicial da coisa quando por razão plausível (p. ex., viagem inadiável, inundação do local destinado ao depósito, doença grave) lhe for impossível guardá-la e o depositante se recusar a recebê-la (*RT*, *207*:272, *240*:186, *286*:734, *823*:156; *RJE*, *3*:18). Com o depósito judicial, liberar-se-á o depositário da responsabilidade pelos riscos de perda ou deterioração do bem e, também, assegurar-se-ão os direitos do depositante, visto que o objeto ficará a salvo em juízo.

Art. 636. O depositário, que por força maior houver perdido a coisa depositada e recebido outra em seu lugar, é obrigado a entregar a segunda ao depositante, e ceder-lhe as ações que no caso tiver contra o terceiro responsável pela restituição da primeira.

- Vide *Código Civil, arts. 286 a 298, 393, parágrafo único, e 642.*

Restituição de coisa sub-rogada. Se a coisa depositada se perdeu por força maior (incêndio provocado por um raio, p. ex.), por caso fortuito ou por fato inimputável ao depositário (CC, art. 642), este, que recebeu outra coisa em seu lugar em razão de indenização ou do seguro, será obrigado a restituir a coisa sub-rogada ao depositante, assim que for reclamada, e ceder-lhe as ações que tiver contra terceiro responsável pela restituição da primeira, para receber o ressarcimento integral do dano sofrido com a perda da coisa depositada (*JTJ*, *140*:216).

Art. 637. O herdeiro do depositário, que de boa-fé vendeu a coisa depositada, é obrigado a assistir o depositante na reivindicação, e a restituir ao comprador o preço recebido.

- Vide *Código Civil, arts. 447 e s., 879, 1.792 e 1.821.*
- ***Projeto de Lei n. 699/2011**: "Art. 637. O herdeiro do depositário, que de boa-fé vendeu a coisa depositada, é obrigado a restituir ao comprador o pagamento recebido, sempre que este sofrer os efeitos da evicção.*

  Parágrafo único. Se tiver agido de má-fé, responderá o herdeiro pelas perdas e danos, tanto do depositante, como do comprador".

Devolução de coisa equivalente pelo herdeiro do depositário. Com o falecimento do depositário, seu herdeiro terá o dever de restituir ao depositante a coisa depositada. Se o herdeiro alienar, onerosamente, de boa-fé a coisa depositada, que julga ser sua, por ignorar a existência do depósito, não ficará sujeito à responsabilidade inerente ao depositário infiel, devendo tão somente, por não ter agido culposamente, assistir o depositante na reivindicatória por ele movida contra o adquirente da coisa alienada, tenha ele adquirido o bem de boa ou de má-fé. E, além disso, o herdeiro do falecido depositário deverá restituir ao adquirente o preço recebido em consequência da venda, a título de compensação, uma vez que está obrigado a restituir o bem ao depositante. Se aquele herdeiro estava de má-fé, além de assistir o depositante naquela ação, deverá devolver o preço ao comprador e responder pelas perdas e danos decorrentes da alienação feita. Mas, se o herdeiro do depositário vier, de boa-fé, a doar a coisa depositada, deverá apenas assistir o depositante na reivindicatória promovida junto ao adquirente.

Art. 638. Salvo os casos previstos nos arts. 633 e 634, não poderá o depositário furtar-se à restituição do depósito, alegando não pertencer a coisa ao depositante, ou opondo compensação, exceto se noutro depósito se fundar.

- Vide *Código Civil, arts. 373, II, 633 e 634.*

Proibição de recusa em devolver o bem depositado. Com exceção das hipóteses previstas nos arts. 633 e 634 do Código Civil, ao depositário estará vedada a não devolução da coisa depositada ao depositante sob a: *a*) alegação de que o bem não pertence ao depositante (*RT*, *207*:272), pois, na qualidade de mero guardião, competir-lhe-á, tão somente, averiguar se a pessoa que reclama o bem foi a que o deu em depósito, ou seu herdeiro; *b*) oposição de compensação por dívida, que o depositante tenha para com ele, exceto se tal débito for originário de outro contrato de depósito firmado entre ambos.

Art. 639. Sendo dois ou mais depositantes, e divisível a coisa, a cada um só entregará o depositário a respectiva parte, salvo se houver entre eles solidariedade.

- Vide *Código Civil, arts. 87, 260 e 267 a 285.*

Pluralidade de depositantes. Se o depositário receber coisa divisível de dois ou mais depositantes, deverá, findo o contrato ou sendo reclamada a coisa, entregar a cada um sua parte, exceto se houver entre eles solidariedade ativa, caso em que o depositário poderá entregar o bem a qualquer um deles que venha a reclamar a devolução.

Art. 640. Sob pena de responder por perdas e danos, não poderá o depositário, sem licença expressa do depositante, servir-se da coisa depositada, nem a dar em depósito a outrem.

- *Código Civil, arts. 402 a 405.*

Parágrafo único. Se o depositário, devidamente autorizado, confiar a coisa em depósito a terceiro, será responsável se agiu com culpa na escolha deste.

Proibição do uso da coisa pelo depositário. Como o depósito visa a custódia da coisa e não seu uso, o depositário não poderá utilizar-se dela, nem a dar em depósito a outrem, sem autorização do depositante, sob pena de pagar uma indenização por perdas e danos. O uso não autorizado da coisa depositada constituirá um *furtum usus*. Se obtiver licença expressa do depositante, poderá fazer uso do bem depositado que está sob sua guarda e confiá-lo em depósito a terceiro, mas terá responsabilidade civil subjetiva se a coisa vier a se perder ou deteriorar por culpa sua e por culpa *in eligendo* e *in vigilando* pelos atos do terceiro a quem confiou a custódia da coisa.

Art. 641. Se o depositário se tornar incapaz, a pessoa que lhe assumir a administração dos bens diligenciará imediatamente restituir a coisa depositada e, não querendo ou não podendo o depositante recebê-la, recolhê-la-á ao Depósito Público ou promoverá nomeação de outro depositário.

- *Código Civil, arts. 3º, II e III, 4º, II e IV, 334, 335, I, e 640, parágrafo único.*
- *Código de Processo Civil, arts. 539 a 549.*

Incapacidade superveniente do depositário. Se, porventura, o depositário se tornar absoluta ou relativamente incapaz, em razão, p. ex., de interdição por doença mental ou falência, na pendência do depósito, não mais tendo condições para responder por suas obrigações contratuais, a pessoa que lhe assumir a administração deverá providenciar a imediata restituição da coisa depositada, uma vez que sendo alheio ao vínculo contratual não poderá substituir o depositário, podendo não merecer a mesma confiança do depositante, e, se o depositante não quiser ou não puder recebê-la, pedir seu recolhimento ao Depósito Público para que a receba em juízo ou, então, promover a nomeação de novo depositário.

Art. 642. O depositário não responde pelos casos de força maior; mas, para que lhe valha a escusa, terá de prová-los.

- Vide *Código Civil, arts. 238, 240 e 393, parágrafo único, 399 e 636.*
- ***Projeto de Lei n. 699/2011***: *"Art. 642. O depositário não responde pelos casos fortuitos, nem de força maior; mas, para que lhe valha a escusa, terá de prová-los".*

Responsabilidade do depositário pelos riscos da coisa. O depositário deverá responder pelos riscos da coisa (*RT*, *154*:3, *706*:215; *JTJ*, *153*:117; *EJSTJ*, *20*:153), mesmo por caso fortuito ou força maior: *a*) se houver convenção nesse sentido (*RT*, *151*:655); *b*) se estiver em mora na devolução do bem (CC, arts. 393 e 399); *c*) se o caso fortuito, ou força maior, sobreveio quando, sem licença do depositante, se utilizava do bem depositado. Em regra, tais riscos serão suportados pelo depositante ante o princípio *res perit domino*, não respondendo o depositário por caso fortuito e força maior (*JB*, *152*:247, *84*:149), mas, para que lhe valha a escusa, deverá prová-los (*RT*, *579*:245, *477*:88, *271*:258 e *135*:139). Logo, o ônus da prova da ocorrência do caso fortuito ou da força maior é do depositário para que se libere da obrigação de reparar.

Art. 643. O depositante é obrigado a pagar ao depositário as despesas feitas com a coisa, e os prejuízos que do depósito provierem.

Pagamento das despesas do depositário. O depositante terá o dever de reembolsar *ex lege* o depositário das despesas necessárias feitas com a conservação do bem, indenizando-o dos prejuízos resultantes do depósito, e pagar *ex contractu* as benfeitorias úteis ou voluptuárias, desde que as tenha permitido.

Art. 644. O depositário poderá reter o depósito até que se lhe pague a retribuição devida, o líquido valor das despesas, ou dos prejuízos a que se refere o artigo anterior, provando imediatamente esses prejuízos ou essas despesas.

Parágrafo único. Se essas dívidas, despesas ou prejuízos não forem provados suficientemente, ou forem ilíquidos, o depositário poderá exigir caução idônea do depositante ou, na falta desta, a remoção da coisa para o Depósito Público, até que se liquidem.

- *Não se aplica o disposto neste artigo em relação às alienações fiduciárias e às cessões fiduciárias de direito sobre coisas móveis* — Vide *art. 66-B, §§ 1º a 6º, da Lei n. 4.728, de 14 de julho de 1965, pois o art. 66, § 6º, da mesma Lei, foi revogado pela Lei n. 10.931/2004.*
- *Código Civil, arts. 628, 643 e 648.*

Direito de retenção. O depositário terá o direito de reter o bem depositado até que se lhe pague a retribuição devida (CC, art. 628), o valor líquido das despesas necessárias e dos prejuízos (CC, art. 643), provando-os, satisfatória e imediatamente, de modo suficiente (p. ex., por meio de notas fiscais, recibos).

Caução idônea do depositante. Se o depositário não conseguir provar suficientemente as dívidas, as despesas e os prejuízos, ou se o valor deles for ilíquido, reclamando a apuração de seu *quantum*, poderá exigir caução (real ou fidejussória) idônea do depositante (*RT*, *430*:64), ou, na falta desta, a remoção da coisa para o Depósito Público, até que se completem as provas, se apure a liquidez do ressarcimento a que tem direito e ocorra a total liquidação dos débitos.

Art. 645. O depósito de coisas fungíveis, em que o depositário se obrigue a restituir objetos do mesmo gênero, qualidade e quantidade, regular-se-á pelo disposto acerca do mútuo.

- *Lei n. 8.866/94, art. 9º, sobre inaplicabilidade deste artigo em se tratando de depósito de valor pertencente à Fazenda Pública.*
- Vide *Código Civil, arts. 85, 586 a 592.*

Depósito irregular. O depósito irregular é o que recai sobre bem fungível e consumível, de modo que o dever de restituir não tem por objeto a mesma coisa depositada, mas outra do mesmo gênero, qualidade e quantidade (*JB*, *159*:248), regendo-se pelas normas atinentes ao mútuo (*RT*, *535*:230 e *556*:76). O depósito regular é o alusivo à coisa individuada, infungível e inconsumível, que deve ser restituída *in natura* (*RT*, *481*:80).

Dados jurisprudenciais relativos ao depósito regular e irregular. Consulte: *RT*, *124*:546, *179*:174, *502*:91, *536*:124, *535*:230, *481*:80, *631*:191, *783*:313, *806*:116 e *823*;156; *AJ*, *54*:351; *RF*, *82*:653, *84*:105, *137*:170 e *101*:462; *JB*, *84*:214; *EJSTJ*, *4*:54 e *11*:147; *RSTJ*, *39*:438; STJ, REsp n. 492.956/MG, Proc. n. 2003/0012673-5, 1ª T., rel. Min. José Delgado, j. 6-3-2003.

Art. 646. O depósito voluntário provar-se-á por escrito.

- Vide *art. 648, parágrafo único, do Código Civil.*
- *Lei n. 6.015/73, art. 129, n. 2.*

Prova do depósito voluntário. Como o depósito voluntário ou convencional advém da livre convenção entre os contraentes, visto que o depositante escolhe espontaneamente o depositário, confiando à sua guarda coisa móvel corpórea para ser restituída quando reclamada, somente poderá ser provado por escrito, ou seja, mediante a apresentação de instrumento particular ou público (*RT*, *488*:73). A lei reclama *ad probationem* o instrumento escrito para o depósito voluntário, porém tal prova poderá ser suprida por outros meios probatórios.

SEÇÃO II
DO DEPÓSITO NECESSÁRIO

Art. 647. É depósito necessário:

I — o que se faz em desempenho de obrigação legal;

- *Código Civil, art. 648.*
- *Lei n. 8.866/94, art. 1º.*

II — o que se efetua por ocasião de alguma calamidade, como o incêndio, a inundação, o naufrágio ou o saque.

- *Código Civil, art. 648, parágrafo único.*

Depósito necessário. O depósito necessário é aquele que independe da vontade das partes, por resultar de fatos imprevistos e irremovíveis, que levam o depositante a efetuá-lo, entregando a guarda de um objeto a pessoa que desconhece, a fim de subtraí-lo de uma ruína imediata.

Depósito legal. O depósito legal é o feito em desempenho de obrigação legal, como sucede nos casos previstos no Código Civil (arts. 1.233, parágrafo único, 345 e 641).

Depósito miserável. Ter-se-á o depósito miserável (*depositum miserabile*) se efetuado por ocasião de alguma calamidade, como incêndio, inundação, naufrágio ou saque, quando o depositante, ante tal situação especial, é obrigado a se socorrer da primeira pessoa que aceitar depositar os bens que conseguiu salvar.

Art. 648. O depósito a que se refere o inciso I do artigo antecedente, reger-se-á pela disposição da respectiva lei, e, no silêncio ou deficiência dela, pelas concernentes ao depósito voluntário.

- *Lei n. 2.313/54.*
- *Lei n. 8.866/94, art. 1º.*

Parágrafo único. As disposições deste artigo aplicam-se aos depósitos previstos no inciso II do artigo antecedente, podendo estes certificarem-se por qualquer meio de prova.

- *Código Civil, arts. 627 a 646.*

Normas disciplinadoras do depósito necessário. O depósito necessário reger-se-á pela disposição que lhe for específica e, na deficiência ou na falta dela, pelas normas disciplinadoras do depósito voluntário.

Forma e prova do depósito necessário. O depósito necessário é contrato consensual, podendo ser provado, principalmente o depósito miserável, por qualquer meio admissível em direito, ainda que seu valor seja superior à taxa legal (CPC, art. 402, II), ante a urgente necessidade de sua efetivação.

Art. 649. Aos depósitos previstos no artigo antecedente é equiparado o das bagagens dos viajantes ou hóspedes nas hospedarias onde estiverem.

Parágrafo único. Os hospedeiros responderão como depositários, assim como pelos furtos e roubos que perpetrarem as pessoas empregadas ou admitidas nos seus estabelecimentos.

- *Código Civil, arts. 650, 651, 932, III, 933, 934, 942 e 1.467, I.*

Depósito do hospedeiro. O depósito do hospedeiro é o da bagagem dos viajantes, hóspedes ou fregueses, nas hospedarias, onde eles estiverem, abrangendo, ainda, internatos, colégios e hospitais (*RT*, *632*:96, *729*:259, *778*:381, *572*:177, *518*:110; *RF*, *128*:117).

Responsabilidade do hospedeiro. O hospedeiro responderá, por força do depósito necessário, pela bagagem não só como depositário (*RF*, *128*:117), mas também pelos furtos (*JTJ*, *159*:105) e roubos praticados por pessoas empregadas ou admitidas no seu estabelecimento, uma vez que assumirá os riscos do negócio (CC, arts. 932, III, 933, 934 e 942), embora não haja tradição real, mas ficta, bastando que a bagagem do hóspede seja introduzida em seu estabelecimento. Essa responsabilidade, contudo, apenas diz respeito aos bens que habitualmente o viajante costuma levar, como roupas e objetos de uso pessoal (*RT*, *572*:177), não alcançando joias ou quantias vultosas, salvo se o hospedeiro proceder culposamente ou se o hóspede fizer depósito voluntário com a administração da hospedaria (*RT*, *778*:381, *518*:110; *RJTJSP*,

114:150). Isto é assim porque o hospedeiro se oferece à confiança do público, que não tem oportunidade para verificar a idoneidade do estabelecimento.

BIBLIOGRAFIA: André Michalon, *La responsabilité des hôteliers*, Paris, 1908; M. Helena Diniz, *Curso*, cit., v. 7, p. 234-6; e *Tratado*, cit., cap. 14; Paul Pont, *Des petits contrats*, 2. ed., v. 1, n. 541; Benoît Rul, *Le contrat d'hotellerie ou rapports juridiques entre l'hôtelier et le voyageur*, Paris, Giard et Brière, 1906.

Art. 650. Cessa, nos casos do artigo antecedente, a responsabilidade dos hospedeiros, se provarem que os fatos prejudiciais aos viajantes ou hóspedes não podiam ter sido evitados.

- *Código Civil, arts. 393, parágrafo único, e 642.*

Exclusão da responsabilidade civil do hospedeiro. O hospedeiro poderá excluir sua responsabilidade relativamente aos bens que os hóspedes habitualmente costumam levar consigo ao viajar se: *a*) celebrar convenção com o hóspede, desde que não seja abusiva, não bastando simples avisos, declarações unilaterais, regulamentos internos baixados por ele nas dependências da hospedaria (*RT*, *215*:462, *263*:176, *267*:707 e *274*:610; *AJ*, *92*:254; *RF*, *176*:214); *b*) provar que o prejuízo do hóspede não poderia ser evitado, por ter ocorrido, p. ex., força maior, ou seja, um incêndio causado por um raio (CC, art. 642) ou caso fortuito (*RT*, *579*:233), como escalada, invasão da casa, roubo à mão armada (*RT*, *604*:84) ou violência similar, praticados por terceiro, isto é, por quem não seja empregado do estabelecimento. Logo, se se tratar de furto simples, com o emprego de chave falsa, terá responsabilidade (*RF*, *112*:452, *128*:117, *136*:93 e *185*:212; *RT*, *152*:566 e *222*:537; *AJ*, *96*:253); *c*) houver culpa exclusiva da vítima, que esqueceu carteira na beira da piscina do hotel, recebeu no hotel pessoa estranha ou um marginal ou deixou a porta do quarto aberta, p. ex. (*RF*, *103*:448; *RT*, *572*:177, *282*:399; *AJ*, *113*:397).

BIBLIOGRAFIA: José de Aguiar Dias, *Cláusula de não indenizar*, Rio de Janeiro, 1955, n. 83; Carlos Alberto Bittar, *Contratos civis*, cit., p. 103; M. Helena Diniz, *Tratado*, cit., v. 3, p. 199 e 200.

Art. 651. O depósito necessário não se presume gratuito. Na hipótese do art. 649, a remuneração pelo depósito está incluída no preço da hospedagem.

- *Código Civil, arts. 649, 627 e 628.*

Onerosidade do depósito necessário. Não presunção de gratuidade do depósito necessário que deve ser remunerado, pois, se o depositário não é livremente escolhido, recebendo uma remuneração, será mais cuidadoso e atento. Se se tratar de depósito de hospedeiro (CC, art. 649), sua remuneração já estará incluída no preço da hospedagem, diante do dever de zelar pela bagagem guardada no estabelecimento e de responder pelos eventuais danos, exceto se inevitáveis.

Art. 652. Seja o depósito voluntário ou necessário, o depositário que não o restituir quando exigido será compelido a fazê-lo mediante prisão não excedente a um ano, e ressarcir os prejuízos.

- *A pena de depositário infiel é aplicada ao devedor ou ao terceiro que der os seus bens em garantia da dívida, em penhor rural (vide art. 35 da Lei n. 492, de 30-8-1937). Sobre penhor rural: Código Civil, arts. 1.438 a 1.446.*
- *Decreto n. 1.102, de 1903, art. 11-1 (armazéns-gerais).*
- *Decreto n. 21.981/32.*

- *Lei n. 11.101/2005, arts. 108 e § 1º, 173, 175, 22, III,* f, l, o, q.
- *Lei n. 4.021/61, art. 17.*
- *Lei n. 4.728/65, art. 66-B, §§ 1º a 6º, pois os arts. 66 e 66-A foram revogados pela Lei n. 10.931/2004, e Decreto-Lei n. 911/69, art. 4º (alienação fiduciária); Código Civil, arts. 1.361 a 1.368 (propriedade fiduciária).*
- *O crime de apropriação indébita tem a pena aumentada, quando o agente recebeu a coisa em depósito necessário* — vide *art. 168, § 1º, I, do Código Penal.*
- Vide *Súmula 619 (ora revogada) do Supremo Tribunal Federal e Súmulas 304, 305 e 419 do Superior Tribunal de Justiça.*
- Vide *Constituição Federal de 1988, art. 5º, LXVII.*
- *Lei n. 8.866/94, sobre depositário infiel de valor pertencente à Fazenda Pública.*
- *Lei n. 8.936/94, sobre multa aplicada a depositário infiel.*
- *Decretos n. 592/92, art. 11; n. 678/92, art. 7º, n. 7.*
- *Súmula vinculante 25 do Supremo Tribunal Federal.*
- *Súmula 19 do TJSP.*

Depositário infiel. No depósito voluntário ou necessário, o depositário terá a obrigação de devolver o bem depositado com seus acessórios assim que for reclamado pelo depositante, sob pena de ser compelido a fazê-lo, mediante prisão (CF, art. 5º, LXVII) não excedente a um ano, decretada no curso da ação de depósito, e pagar os danos decorrentes do seu inadimplemento (CPC, art. 161, parágrafo único; *RT, 801*:147, *795*:149, *784*:287, *780*:184, *778*:287, *772*:176, *721*:139, *488*:73, *443*:258, *445*:189, *582*:196, *618*:188, *641*:152, *519*:164, *520*:165, *482*:511, *524*:198, *510*:156, *505*:205, *504*:456, *542*:87, *649*:115 e *528*:120; *RTJ, 186*:980, *125*:1046, *115*:473 e *101*:185; *BAASP, 1.973*:83; *Ciência Jurídica, 48*:93, *39*:137, *63*:67 e 11, *65*:104, *79*:99, *80*:188, *82*:162; *RF, 252*:275; *JB, 84*:45, 128, 139, 177, 147, 157, 167, 186, 253 e 255, *151*:88 e 96 e *158*:289; *RSTJ, 84*:294; *RJE, 4*:3, *1*:448 e 354; *EJSTJ, 13*:207, *12*:113, *8*:83; *JSTJ, 4*:235, *6*:265, *7*:243, *9*:185, *10*:193 e 251 e *11*:209).

A norma constitucional (art. 5º, LXVII) e o art. 652 do Código Civil não podem sofrer interpretação conducente do reconhecimento de que o Brasil, mediante o Pacto de São José (art. 7º n. 7), teria interditado a prerrogativa de exercer entre brasileiros no plano interno, a competência institucional uma vez que tratados e convenções internacionais só são aplicáveis a fatos interjurisdicionais. A CF deve ser respeitada, pois o art. 5º, LXVII, é cláusula pétrea, não podendo ser equiparada a Emenda Constitucional (CF, art. 5º, § 3º), por força da CF, art. 60, § 4º. Mas já há entendimento de que é lícita a prisão civil do depositário infiel (Súmula Vinculante n. 25 do STF).

BIBLIOGRAFIA: Sebastião de Souza, Prisão civil do depositário infiel no processo de execução, *RF, 290*:486; Álvaro Villaça Azevedo, *Prisão civil por dívida*, São Paulo, 1992, p. 69-119; João José Ramos Schaefer, Prisão civil do depositário infiel, *Ajuris, 24*:68; José Carlos Moreira Alves, A ação de depósito e o pedido de prisão (exegese do § 1º do art. 902 do Código de Processo Civil), *Revista de Processo, 36*:7; Irineu Jorge Fava, Depositário infiel: prisão civil, *RDPriv, 1*:169; José Carlos de Magalhães, A prisão do depositário infiel: um ilícito internacional, *RT, 771*:77; Luiz Alberto David Araujo, A impossibilidade de prisão do depositário infiel, o Pacto de São José da Costa Rica e a decisão do Supremo Tribunal Federal, *RDPriv, 4*:121; Paulo Restiffe Neto e Paulo Sérgio Restiffe, Prisão do depositário infiel em face da derrogação do art. 1.287 do Código Civil pelo Pacto de São José da Costa Rica, *RT, 756*:37; Joaquim Molitor, *Prisão civil do depositário*, São Paulo, Juarez de Oliveira, 2000;

Cláudio José Pereira, Prisão civil — tratados internacionais de direitos humanos e o novo Código Civil, in *Estudos em homenagem a Sydney Sanches*, São Paulo, Fiuza, APM, 2003, p. 111-140; Odete Novais Carneiro Queiroz, *Prisão civil e os direitos humanos*, São Paulo, Revista dos Tribunais, 2004.

Capítulo X
Do Mandato

Seção I
Disposições gerais

Art. 653. Opera-se o mandato quando alguém recebe de outrem poderes para, em seu nome, praticar atos ou administrar interesses. A procuração é o instrumento do mandato.

- Vide *Código Civil, arts. 23, 656, 660, 662, 663, 692, 709, 721 e 1.011, § 2º.*
- Vide *Código de Processo Civil, arts. 890, II, e Lei n. 9.099/95, art. 3º, II.*
- Vide *sobre mandato Código de Processo Civil, arts. 104, 111, 112, 260, II, 287, 744.*
- *Sobre as normas especiais sobre mandatos conferidos para os efeitos do Registro Torrens,* vide *Decreto n. 451-B, de 31 de maio de 1890, arts. 54 e 57.*
- *Os sindicatos têm a prerrogativa de representar seus associados, perante as autoridades administrativas e judiciárias —* Vide *Consolidação das Leis do Trabalho, arts. 513 e 791.*
- *Iguais prerrogativas foram conferidas às associações de classe que congreguem funcionários ou empregados de empresas industriais da União, dos Estados, dos Municípios e de entidades autárquicas, nos termos da Lei n. 1.134, de 14 de junho de 1950.*
- *Aos promotores públicos foi atribuído o encargo de promover e assistir reclamações trabalhistas, onde não houver Juntas de Conciliação e Julgamento ou sindicato da categoria profissional do reclamante (Decreto-Lei n. 7.934, de 4-9-1945).*
- *A Lei n. 8.112, de 11 de dezembro de 1990 (Regime Jurídico dos Servidores Públicos Civis da União, das Autarquias e das Fundações Federais), em seu art. 117, determina que os funcionários federais não podem atuar como procurador ou intermediário, junto a repartições públicas, salvo quando se tratar de benefícios previdenciários ou assistenciais de parentes até o segundo grau, e de cônjuge ou companheiro.*
- *Os deputados e senadores não poderão, desde a posse, patrocinar causa contra pessoa jurídica de direito público (Constituição Federal, art. 54, II,* c*).*
- *Decreto Legislativo n. 4/94, que aprova texto da Convenção Interamericana sobre Regime Legal das Procurações a serem utilizadas no exterior, concluída em 30-1-1975 no Panamá.*
- *Sobre mandato conferido aos advogados,* vide *Lei n. 8.906, de 4 de julho de 1994, que dispõe sobre o Estatuto da Advocacia e a Ordem dos Advogados do Brasil, arts. 5º, 22, § 5º, 25, V, 34, XIX, 40, III, 42, 63, 65 e parágrafo único, 66, parágrafo único, e 82; Resolução n. 2/2015 do Conselho Federal da OAB aprova o Código de Ética e Disciplina da OAB: art. 26 e a Resolução n. 3/2020 dispõe sobre cartão de identidade profissional digital de advogados e estagiários.*
- *A Lei n. 9.615/98, art. 28, § 7º, veda outorga de poderes a mandatário relacionado a vínculo desportivo e uso de imagem de atleta profissional em prazo superior a um ano.*
- *Lei n. 11.101/2005, arts. 37, § 4º, 104, I,* d*, e IV, 120, §§ 1º e 2º.*

Mandato. Mandato é o contrato pelo qual alguém (mandatário) recebe de outrem (mandante) poderes para, em seu nome, praticar atos ou administrar interesses.

BIBLIOGRAFIA: W. Barros Monteiro, *Curso*, cit., v. 5, p. 245-77; Caio M. S. Pereira, *Instituições*, cit., v. 3, p. 351-68; M. Helena Diniz, *Curso*, cit., v. 3, p. 242 e 263, e *Tratado*, cit., cap. XXII, v. 3, p. 239-87; De Page, *Traité élémentaire*, cit., v. 5, n. 358 a 467; Silvio Rodrigues, *Direito civil*, cit., v. 3, p. 305-27; Clóvis Beviláqua, *Código Civil dos Estados Unidos do Brasil comentado*, Rio de Janeiro, 1919, v. 5, p. 67; Sílvio Luís Ferreira da Rocha, *Curso avançado*, cit., p. 295 a 315; Orlando Gomes, *Contratos*, cit., p. 419, 424-31; Larenz, *Derecho*, cit., § 52; Antônio Chaves, Mandato, in *Enciclopédia Saraiva do Direito*, v. 51, p. 189 e s.; Serpa Lopes, *Curso*, cit., v. 4, p. 241-97; Duranton, *Cours de droit civil français*, Bruxelles, 1841, t. 10, n. 187; Madray, *De la représentation*, Paris, 1931; Popesco Ramniceano, *De la représentation dans les actes juridiques en droit comparé*, Paris, 1927; Mário Ferreira, *O mandato em causa própria no direito civil brasileiro*, São Paulo, 1933; Nattini, *La dottrina generale della procura e rappresentanza*, Milano, 1910; Sagesse, *La rappresentanza nella teoria e nella pratica del diritto privato italiano*, Napoli, 1933; Barbosa Lima Sobrinho, Das procurações, *Revista de Direito*, *47*:57; Andrioli, Mandato civile, in *Nuovo Digesto Italiano*, v. 8, p. 61-85; Josserand, *Cours*, cit., v. 2, n. 1.407; Fábio Maria de Mattia, *Aparência de representação*, São Paulo, 1984; David S. Branover, *El mandato civil*, Santiago, 1975; De Plácido e Silva, *Tratado do mandato e prática das procurações*, Rio de Janeiro, Konfino, 1939; Luigi Mosco, *La rappresentanza volontaria nel diritto privato*, Napoli, 1910; Ernesto S. Urite, *Mandato y representación*, Buenos Aires, Abeledo-Perrot, 1986; Clito Fornaciari Jr., Substabelecimento do mandato, in *Enciclopédia Saraiva do Direito*, v. 71, p. 81 e s.; Valleur, *L'intuitu personae dans les contrats*, Paris, 1938; Sergio Solgia, *Apparenza giuridica e dichiarazioni alla generalità*, p. 109; Jacques Léauté, Le mandat apparent dans ses rapports avec la théorie générale de l'apparence, *Revue Trimestrielle de Droit Civil*, p. 288 e s., 1947; Cahali, Honorários advocatícios, São Paulo, *Revista dos Tribunais*, 1978; José de Farias Tavares, *O Código Civil e a nova Constituição*, Rio de Janeiro, Forense, 1991, p. 139-41; Nicolau Balbino Filho e outros, *Doutrina do mandato e prática das procurações*, São Paulo, Atlas, 1994; Sílvio de Salvo Venosa, *Manual dos contratos*, cit., p. 192-212; Roberto Senise Lisboa, *Manual*, cit., v. 3, p. 171-6; Sebastião José Roque, *Dos contratos civis e mercantis*, cit., p. 67-72; Renan Lotufo, *Questões relativas a mandato, representação, procuração*, São Paulo, Saraiva, 2001; José Paulo Cavalcanti, *A representação voluntária no direito civil*, Recife, 1965; Arnaldo Marmitt, *Mandato*, Rio de Janeiro, Aide, 1992; Jonas Figueirêdo Alves, Novo Código Civil, cit., p. 589 a 630; Ovídio R. Barros Sandoval, Do mandato, in *O novo Código Civil — estudos em homenagem a Miguel Reale*, São Paulo, LTr, 2003, p. 580 e s.; Matiello, *Código Civil*, cit., p. 413-37; Fábio V. Figueiredo e Roberto Bolonhini Jr., *Direito civil*, cit., p. 160-66.

Jurisprudência atinente ao mandato. *Vide*: *RT*, *703*:187, *639*:165, *631*:162, *635*:294, *624*:142, *609*:194, *615*:53, *606*:151, *520*:213, *546*:225, *595*:243, *580*:84, *542*:174, *598*:215, *587*:138, *516*:138, *162*:774, *150*:525, *178*:168, *190*:206, *102*:669, *114*:204, *158*:682, *464*:255, *462*:191 e *445*:202; *AJ*, *101*:484; *RF*, *89*:219, *90*:447, *122*:471, *86*:388, *16*:307, *38*:478, *138*:460 e 72:5; *JB*, *147*:299, *156*:96, *158*:246 e *53*:345; TJSP, Ap. Cível n. 1089-531-0/0, 31ª Câm., rel. Adilson de Araújo, j. 22-5-2007.

Mandato como contrato consensual. O mandato é consensual, uma vez que um simples acordo de vontades será suficiente para a sua formação, apesar de determinar a lei que a procuração é o seu instrumento (*JTACSP*, *112*:251). O mandato será escrito quando outorgado mediante instrumento particular ou público, designado *procuração* (*RT*, *640*:50).

Procuração. A procuração consubstancia uma autorização representativa, feita por instrumento particular, exigindo apenas em casos excepcionais o instrumento público, como nos dos relativamente incapazes, dos cegos e do analfabeto (*RT*, *613*:137, *500*:90, *449*:252, *438*:135, *495*:100, *543*:116, *489*:235, *168*:254, *162*:222 e *120*:144; *RF*, *97*:648).

Art. 654. Todas as pessoas capazes são aptas para dar procuração mediante instrumento particular, que valerá desde que tenha a assinatura do outorgante.

- Vide *Código Civil, arts. 5º, 109, 657 e 666.*
- *Casos há em que também os menores, com mais de dezoito anos, podem outorgar procuração. O art. 792 da Consolidação das Leis do Trabalho permite que pleiteiem na justiça trabalhista os maiores de dezoito anos, sem assistência dos pais ou tutores. Também podem dar queixa--crime* — Vide *Código de Processo Penal, arts. 3º e 50, parágrafo único.*
- *A Lei n. 6.015, de 31 de dezembro de 1973, art. 50, § 3º, autoriza os menores de vinte e um e maiores de dezoito anos, pessoalmente e isentos de multa, a requererem o registro de seu nascimento.*
- *Súmula 60 do Superior Tribunal de Justiça.*

§ 1º O instrumento particular deve conter a indicação do lugar onde foi passado, a qualificação do outorgante e do outorgado, a data e o objetivo da outorga com a designação e a extensão dos poderes conferidos.

§ 2º O terceiro com quem o mandatário tratar poderá exigir que a procuração traga a firma reconhecida.

- *Código de Processo Civil, arts. 105 e 411.*
- *Exigência de reconhecimento de firma* — Vide *art. 158 da Lei n. 6.015, de 31 de dezembro de 1973.*
- *Em matéria falimentar* — Vide *arts. 37, § 4º, e 104, IV, da Lei n. 11.101, de 9 de fevereiro de 2005.*

Procuração por instrumento particular. A procuração por instrumento particular poderá ser feita pelas próprias partes, desde que capazes (CC, art. 5º) à época da formação do contrato de mandato, podendo ser manuscrita por elas e por terceiro, datilografada, xerocopiada (*RT, 681*:140), policopiada ou impressa (*RT, 79*:180 e *111*:182; *JTJ, 188*:225), mas deverá ser obrigatoriamente assinada pelo outorgante, para que tenha validade (*RT, 696*:170, *546*:229).

Conteúdo do instrumento particular. O instrumento particular de procuração deverá conter a designação do lugar em que for passado, a data, a qualificação do outorgante (mandante) e do outorgado (mandatário), o objetivo da outorga, a natureza, a designação e a extensão dos poderes conferidos (*RT, 520*:213 e *519*:252; *JB, 147*:299).

Validade "erga omnes" da procuração. Se a procuração for feita por instrumento particular, o reconhecimento de firma por tabelião será condição essencial à sua validade em relação a terceiros (*RT, 791*:185, *640*:50, *492*:153), que poderão exigi-lo para comprovar sua autenticidade. Logo, não haverá necessidade, para tanto, de seu registro no Cartório de Títulos e Documentos.

Art. 655. Ainda quando se outorgue mandato por instrumento público, pode substabelecer-se mediante instrumento particular.

- *Código Civil, arts. 108, 109, 215, 657 e 667.*
- ***Projeto de Lei n. 699/2011**: "Parágrafo único. É da essência do ato a forma pública, quando a procuração visar a constituição, transferência, modificação ou renúncia de direitos reais sobre imóveis".*

Substabelecimento. O substabelecimento é o ato de transferência dos poderes recebidos pelo mandatário a um terceiro de sua confiança para que este o substitua, temporária ou definitivamente, total ou parcialmente, no exercício do mandato que lhe foi outorgado. O mandatário, ao aceitar o encargo, terá o direito de substabelecer os seus poderes representativos (*RF, 111*:421; *RT, 601*:198, *724*:358, *101*:244), pois, apesar do mandato ser *intuitu personae*, competindo sua execução ao mandatário, ser-lhe-á permitido convocar auxiliares na realização de certos atos, fazendo-se substituir por outra pessoa de sua confiança, mesmo que haja proibição nesse sentido, sem poderes expressos e especiais outorgados pelo mandante (*RT*, *517*:126, *488*:224 e *486*:145). Para substabelecer não há qualquer forma rígida (*RT*, *171*:211 e *178*:168; *RF*, *76*:646, *124*:198 e *125*:514); mesmo quem outorgue mandato por instrumento público pode fazê-lo por instrumento particular, embora deva conter todos os elementos necessários para o contrato de mandato; mas, se se tratar de transferência de direito real sobre imóvel, o substabelecimento de procuração em causa própria deverá ser feito por meio de escritura pública (*RT*, *548*:104). "O mandato outorgado por instrumento público previsto no art. 655 do CC somente admite substabelecimento por instrumento particular quando a forma pública for facultativa e não integrar a substância do ato" (Enunciado n. 182 do Conselho da Justiça Federal, aprovado na *III Jornada de Direito Civil*).

Art. 656. O mandato pode ser expresso ou tácito, verbal ou escrito.

• Vide *Código Civil, arts. 657 e 1.324.*

• *Consolidação das Leis do Trabalho, art. 513.*

• *Lei n. 1.134/50 (representação perante autoridade administrativa).*

• *Decreto-Lei n. 7.934/45.*

Requisito formal do mandato. Como o mandato é contrato consensual, não há forma especial para sua validade e prova, podendo efetivar-se sob a forma expressa ou tácita (*RF*, *83*:118, *107*:505 e *131*:146; *AJ*, *91*:242; *RT*, *546*:225, *434*:212 e *542*:174), verbal ou escrita (*RT*, *115*:179 e *126*:108; *RF*, *88*:399 e *87*:728). Será verbal quando o mandante oralmente, sem qualquer instrumento, outorgar poderes ao mandatário. Demonstra-se por qualquer meio probatório admissível juridicamente. Será escrito se o mandante, ao passar a procuração, servir-se de instrumento particular ou público. Sua forma será livre, salvo em hipóteses excepcionais, previstas em lei, para as quais se exige sua manifestação por meio de poderes especiais e expressos, consignados em instrumento público ou particular.

Art. 657. A outorga do mandato está sujeita à forma exigida por lei para o ato a ser praticado. Não se admite mandato verbal quando o ato deva ser celebrado por escrito.

• Vide *Código Civil, arts. 108, 109, 215 e 654.*

Mandato verbal. O mandato será verbal quando alguém constituir mandatário oralmente, provando-se por qualquer meio, ante a ausência de documentação escrita que o comprove.

Casos de sua inadmissibilidade. Será inadmissível o mandato verbal para os atos que exigirem celebração por escrito, por meio de instrumento público ou particular, como: constituir servidão (*RT*, *115*:179); prestar fiança (*RF*, *87*:728) e aceitar títulos cambiários (*RF*, *101*:317; *RT*, *126*:108). A outorga do mandato deverá seguir a forma exigida por lei para o ato que será praticado pelo mandatário em nome do mandante.

Art. 658. O mandato presume-se gratuito quando não houver sido estipulada retribuição, exceto se o seu objeto corresponder ao daqueles que o mandatário trata por ofício ou profissão lucrativa.

Parágrafo único. Se o mandato for oneroso, caberá ao mandatário a retribuição prevista em lei ou no contrato. Sendo estes omissos, será ela determinada pelos usos do lugar, ou, na falta destes, por arbitramento.

• *Código Civil, art. 628.*

Gratuidade e onerosidade do mandato. O mandato é um contrato gratuito ou oneroso, conforme estipule ou não uma remuneração ao representante.

Presunção da gratuidade e da onerosidade. Haverá presunção *juris tantum*, da gratuidade do mandato se nele não houver estipulação de retribuição. Será oneroso se nele se convencionar indenização ao mandatário. Todavia um valor deverá ser pago *ex lege* se o mandatário o é em razão de seu ofício ou profissão lucrativa — advogado (*AJ, 61*:649), despachante, corretor (CC, arts. 722 e s.), empreiteiro (CC, arts. 610 e s.) — por haver presunção da onerosidade do contrato, diante do preceito constitucional de que o trabalho deve ser remunerado.

Onerosidade do mandato. Se o mandato for oneroso, o mandatário fará jus à retribuição avençada no contrato ou imposta legalmente. Se o negócio jurídico ou a lei se omitirem quanto à sua remuneração, esta determinar-se-á de conformidade com os usos do lugar, e não os havendo, por meio de arbitramento, hipótese em que o magistrado deverá estabelecer o *quantum* remuneratório, tendo em vista a duração da tarefa, a vantagem dela advinda ao mandante, a qualidade, a natureza e a complexidade ou grau de dificuldade do serviço prestado pelo mandatário.

Art. 659. A aceitação do mandato pode ser tácita, e resulta do começo de execução.

- *Código Civil, art. 432.*

Aceitação do mandatário. O mandato é um contrato que requer a manifestação de duas vontades, pois, além da outorga de poderes de representação, será preciso que o mandatário aceite o mandato expressamente por meio escrito ou verbal, ou tacitamente, se a sua aceitação resultar do começo da execução, ou até mesmo de prática de atos próprios de quem resolveu providenciar a execução do mandato, embora esta ainda não tenha sido iniciada.

Art. 660. O mandato pode ser especial a um ou mais negócios determinadamente, ou geral a todos os do mandante.

- *Código Civil, art. 661.*

Mandato geral. Será geral o mandato se compreensivo de todos os negócios do mandante.

Mandato especial. O mandato especial é o relativo a um ou mais negócios determinados do mandante, expressamente consignados na procuração (*RT, 624*:142; *JTJSP, 145*:208).

Art. 661. O mandato em termos gerais só confere poderes de administração.

§ 1º Para alienar, hipotecar, transigir, ou praticar outros quaisquer atos que exorbitem da administração ordinária, depende a procuração de poderes especiais e expressos.

- *Código de Processo Civil, art. 105; Código Civil, arts. 201, 660, 840 a 850, 1.473 a 1.505 e 1.542,* caput.

§ 2º O poder de transigir não importa o de firmar compromisso.

- Vide *Código Civil, arts. 840 a 850 e 851 a 853.*
- *Lei n. 9.307/96 sobre arbitragem.*

Mandato em termos gerais. Ter-se-á mandato em termos gerais se só conferir poderes de administração ordinária, como, p. ex., pagar tributos, fazer reparações, contratar e despedir empregado (*RF, 93*:514).

Mandato com poderes especiais. Configurar-se-á mandato com poderes especiais e expressos se envolver atos de alienação ou disposição, exorbitando dos poderes de administração ordinária (*RT*, *624*:142), p. ex., emissão de cheque (*RF*, *92*:121 e *83*:130) ou nota promissória (*RT*, *494*:117, *529*:121); aceitação de doação com encargo (*RT*, *539*:63, *511*:238, *226*:170, *223*:242, *529*:121, *494*:117, *517*:219, *472*:95, *495*:44, *473*:180, *188*:812, *511*:211); imposição de ônus real, como hipoteca (*RT*, *674*:128); transação, remissão de dívida etc. "Para os casos em que o parágrafo primeiro do art. 661 exige poderes especiais, a procuração deve conter a identificação do objeto" (Enunciado n. 183 do Conselho da Justiça Federal, aprovado na *III Jornada de Direito Civil*).

Poder de transigir. O poder de transigir conferido pelo mandato ao mandatário não importa no de firmar compromisso. O mandatário terá poderes para efetivar a transação, extinguindo um litígio por decisão própria, propondo acordos, mas não poderá desse poder optar pelo juízo arbitral, pois, para tanto, será necessário que do mandato conste o poder de transigir e o de compromisso, ou seja, o de submeter o litígio à decisão de árbitros.

Art. 662. Os atos praticados por quem não tenha mandato, ou o tenha sem poderes suficientes, são ineficazes em relação àquele em cujo nome foram praticados, salvo se este os ratificar.

- Vide *Código Civil, arts. 172, 176, 665, 672, 673, 679 e 873.*
- *Código de Processo Civil, art. 104, § 2º.*

Parágrafo único. A ratificação há de ser expressa, ou resultar de ato inequívoco, e retroagirá à data do ato.

- Vide *Código de Processo Civil, art. 105.*
- *Código Civil, arts. 173 a 175.*

Ratificação do negócio pelo mandante. O mandatário só deve atuar dentro dos poderes que lhes foram outorgados pelo mandante, logo, o mandante terá o direito de ratificar ou não o negócio realizado pelo mandatário, que excedeu os poderes outorgados. Ato praticado por quem não tenha mandato, ou o tenha sem poderes suficientes, será ineficaz relativamente àquele em cujo nome foi efetivado, constituindo *res inter alios*, que não o vinculará a não ser que este o ratifique.

Ratificação expressa ou tácita. Será expressa, escrita ou verbal a ratificação se o mandante fizer uma declaração que indique sua intenção de revalidar os atos praticados pelo seu mandatário, para os quais não tinha poderes. Será tácita se resultar de ato inequívoco do mandante, que demonstre aceitação do ato negocial realizado pelo mandatário, embora além dos limites dos poderes que lhe foram conferidos (*RT*, *515*:84, *458*:127).

Efeito "ex tunc" da ratificação. Com a ratificação do negócio pelo mandante, seus efeitos retroagirão à data do ato, como se ele tivesse sido praticado em razão de poderes expressos, pois o excesso de poder desaparecerá, sanando o defeito inicial (*RF*, *143*:175 e *157*:204; *AJ*, *109*:446; *RT*, *458*:127). Com a ratificação, o mandante assumirá todos os efeitos dos atos praticados pelo mandatário, adquirindo vantagens e responsabilizando-se pelos danos e débitos.

Art. 663. Sempre que o mandatário estipular negócios expressamente em nome do mandante, será este o único responsável; ficará, porém, o mandatário pessoalmente obrigado, se agir no seu próprio nome, ainda que o negócio seja de conta do mandante.

Responsabilidade do mandatário. O mandatário responsabilizar-se-á pessoalmente pelos atos negociais feitos em seu próprio nome (*RT*, *758*:192), ainda que por conta do mandante. Mas não terá qualquer responsabilidade em relação aos negócios estipulados de forma expressa em nome do mandante, pois este será o único responsável legal.

Pelo Enunciado n. 65, aprovado na *II Jornada de Direito Comercial*: "O mandatário do sócio residente ou domiciliado no exterior (art. 119 da Lei 6.404/1976) não é responsável pelas obrigações de seu mandante".

Art. 664. O mandatário tem o direito de reter, do objeto da operação que lhe foi cometida, quanto baste para pagamento de tudo que lhe for devido em consequência do mandato.

- *Código Civil, arts. 644, 681, 708 e 742.*

Direito de retenção. O mandatário poderá, até ser pago de tudo que lhe for devido (remuneração, ressarcimento de perdas e danos, despesas para execução dos poderes conferidos etc.) em razão do mandato, reter (*jus retentionis*) o objeto da operação de que foi incumbido de executar. Deveras, da interpretação conjunta dos arts. 664 e 681, "extrai-se que o mandatário tem o direito de reter, do objeto da operação que lhe foi cometida, tudo o que lhe for devido em virtude do mandato, incluindo-se a remuneração ajustada e o reembolso de despesas" (Enunciado n. 184 do Conselho da Justiça Federal, aprovado na *III Jornada de Direito Civil*).

Art. 665. O mandatário que exceder os poderes do mandato, ou proceder contra eles, será considerado mero gestor de negócios, enquanto o mandante não lhe ratificar os atos.

- Vide *Código Civil, arts. 662, 861 a 872 e 873 a 875.*

Representatividade do mandato. A representação estabelece um liame obrigacional entre representado e terceiro, por meio do representante. Os atos do representante só vincularão o representado se praticados em seu nome dentro dos limites do mandato (*RT*, *499*:252 e *495*:232). O ato praticado pelo mandatário, além dos poderes da procuração, só estabelecerá um vínculo contratual em relação ao mandante se ele ratificar (*RT*, *492*:225, *458*:127 e *515*:84).

Consequência da falta de ratificação. O procurador que exceder os limites do mandato ao assumir obrigações com terceiro, sem que haja ratificação do mandante, estará obrigado a responder, a qualquer tempo, perante ele, pelo excesso cometido (*RT*, *445*:178; *RJTJSP*, *135*:99), e será considerado mero gestor de negócios.

Art. 666. O maior de dezesseis e menor de dezoito anos não emancipado pode ser mandatário, mas o mandante não tem ação contra ele senão de conformidade com as regras gerais, aplicáveis às obrigações contraídas por menores.

- Vide *Código Civil, arts. 4º, I, 180, 181, 182 e 654.*
- Vide *notas ao art. 654 do Código Civil.*

Relativamente incapaz como mandatário. Poderá ser constituído mandatário o menor entre dezesseis e dezoito anos não emancipado, mas o mandante não terá ação contra ele senão conforme as normas gerais aplicáveis às obrigações contraídas por menores (CC, arts. 180, 181 e 654); logo, o mandante que fizer má escolha deverá responder pelos atos praticados pelo mandatário, nos limites dos poderes outorgados, mas terceiro que contratou com o representante nada sofrerá pela má escolha do mandante. Deveras, para terceiro pouco importa o fato de ser mandatário, capaz ou não, uma vez que o mandante responderá pela obrigação; cumprir-lhe-á, tão somente, verificar a capacidade do mandante para outorgar mandato, se o ato praticado pelo mandatário não exorbitou dos poderes que lhe foram outorgados pelo mandante.

SEÇÃO II
DAS OBRIGAÇÕES DO MANDATÁRIO

Art. 667. O mandatário é obrigado a aplicar toda sua diligência habitual na execução do mandato, e a indenizar qualquer prejuízo causado por culpa sua ou daquele a quem substabelecer, sem autorização, poderes que devia exercer pessoalmente.

• *Lei n. 8.906/94, art. 26, e Código Civil, arts. 866 e 867.*

§ 1º Se, não obstante proibição do mandante, o mandatário se fizer substituir na execução do mandato, responderá ao seu constituinte pelos prejuízos ocorridos sob a gerência do substituto, embora provenientes de caso fortuito, salvo provando que o caso teria sobrevindo, ainda que não tivesse havido substabelecimento.

• *Código Civil, art. 393, parágrafo único.*

§ 2º Havendo poderes de substabelecer, só serão imputáveis ao mandatário os danos causados pelo substabelecido, se tiver agido com culpa na escolha deste ou nas instruções dadas a ele.

§ 3º Se a proibição de substabelecer constar da procuração, os atos praticados pelo substabelecido não obrigam o mandante, salvo ratificação expressa, que retroagirá à data do ato.

• *Código Civil, art. 662.*

§ 4º Sendo omissa a procuração quanto ao substabelecimento, o procurador será responsável se o substabelecido proceder culposamente.

Diligência habitual na execução do mandato. O mandatário deverá prestar a mesma diligência que empregaria se fosse realizar um negócio que lhe pertencesse (*RT*, *101*:626; *RF*, *87*:693). Deverá, portanto, ao cumprir o mandato, agir com cautela e lisura, observando as instruções do mandante.

Indenização dos prejuízos. O mandatário deverá indenizar qualquer dano causado por comportamento culposo seu ou da pessoa a quem substabelecer, sem autorização do mandante, poderes para ato que devia exercer pessoalmente (*RF*, *94*:81; *RT*, *643*:68; *JTACSP*, *119*:174, *126*:9).

Responsabilidade por ato de substituto. O mandatário responderá, se substabeleceu o mandato apesar da proibição do mandante, pelos prejuízos ocorridos durante a gerência do seu substituto (*RT*, *784*:209), mesmo que decorrente de caso fortuito, a não ser que demonstre que o dano sobreviria ainda que não tivesse havido substabelecimento.

Responsabilidade pela culpa "in eligendo". O mandatário responderá somente por culpa *in eligendo* se fizer substabelecimento com autorização do mandante. Assim, se na procuração houver poderes para substabelecer, só serão imputáveis ao mandatário os danos causados pelo substabelecido se o escolheu mal, por ser, p. ex., notoriamente incapaz, despreparado tecnicamente ou insolvente (*RT*, *211*:196 e *189*:710) ou se ele não possuir qualidades para substituí-lo na execução do mandato. O mandatário (substabelecente) também responderá pelos danos causados ao mandante pelo substabelecido se agiu culposamente, no que atina às instruções dadas a ele, deixando de fornecer-lhe subsídios para o bom desempenho do substabelecimento.

Proibição de substabelecer. Se, na procuração, houver cláusula vedando o substabelecimento, os atos levados a efeito pelo substabelecido serão de sua inteira responsabilidade, pois não obrigam o mandante, a não ser que ele os ratifique expressamente, hipótese em que tal ratificação retroagirá *ex tunc* (*RT*, *784*:209).

Omissão da procuração quanto ao substabelecimento. O procurador será responsável se o substabelecido agir com culpa, mesmo que o mandante não tenha inserido cláusula relativa ao substabelecimento no contrato de mandato.

Art. 668. O mandatário é obrigado a dar contas de sua gerência ao mandante, transferindo-lhe as vantagens provenientes do mandato, por qualquer título que seja.

- *Código Civil, arts. 1.980, 685 e 669.*

Prestação de contas. O mandatário deverá prestar contas de sua gerência ao mandante para demonstrar a fiel execução do mandato, comprovando documental e pormenorizadamente a despesa e a receita, apurando-se a existência ou não de saldo a favor do mandante (*JB*, *147*:123; *RF*, *97*:401; *RT*, *803*:272, *774*:212, *517*:108, *462*:191, *587*:137, *639*:165; *RJ*, *218*:94).

Transferência das vantagens. O mandatário terá a obrigação de transferir ao mandante todas as vantagens decorrentes da execução do mandato, por qualquer título que seja.

Art. 669. O mandatário não pode compensar os prejuízos a que deu causa com os proveitos que, por outro lado, tenha granjeado ao seu constituinte.

Proibição de compensação dos prejuízos. As vantagens obtidas pelo mandatário, na execução do mandato, em favor do mandante, pertencerão a este; logo, o mandatário não poderá pleitear a compensação dos prejuízos que causou com os proveitos que auferiu. Isto é assim porque a compensação requer a existência de dois créditos recíprocos, líquidos e exigíveis, e as vantagens não são créditos em favor do procurador, mas do mandante; consequentemente nada haverá que possa ser compensado.

Art. 670. Pelas somas que devia entregar ao mandante ou recebeu para despesa, mas empregou em proveito seu, pagará o mandatário juros, desde o momento em que abusou.

- *Código Civil, arts. 677 e 405.*

Pagamento de juros. O mandatário terá o dever de enviar ao mandante as somas recebidas em função do mandato ou depositá-las em nome do mandante, de acordo com as instruções dadas; se empregá-las em proveito próprio, inclusive as recebidas para as despesas oriundas do negócio, pagará juros, desde a data em que praticou o abuso (*RT*, *782*:229, *123*:656; *RSTJ*, *139*:385; *AJ*, *73*:462; *RF*, *92*:462 e *102*:278), locupletando-se indevidamente.

Art. 671. Se o mandatário, tendo fundos ou crédito do mandante, comprar, em nome próprio, algo que devera comprar para o mandante, por ter sido expressamente designado no mandato, terá este ação para obrigá-lo à entrega da coisa comprada.

- *Código de Processo Civil, arts. 498, 806 a 810.*
- *Código Civil, art. 422.*

Direito do mandante de acionar o mandatário. Em razão da relação de confiança existente entre mandante e mandatário, este deverá agir com lealdade, não medindo esforços para o bom desempenho de sua função (CC, art. 422), executando com probidade a atribuição cometida. O mandante, por isso, terá ação contra mandatário que, em nome próprio, comprou algo que deveria, em razão de cláusula expressa no mandato, adquirir para o representado (mandante), com fundos e crédito que, para tal finalidade, forneceu-lhe. Protege-se o mandante contra atos de improbidade do mandatário que age de má-fé, obrigando-o a entregar, judicialmente, a coisa adquirida.

Art. 672. Sendo dois ou mais os mandatários nomeados no mesmo instrumento, qualquer deles poderá exercer os poderes outorgados, se não forem expressamente declarados conjuntos, nem especificamente designados para atos diferentes, ou subordinados a atos sucessivos. Se os mandatários forem declarados conjuntos, não terá eficácia o ato praticado sem interferência de todos, salvo havendo ratificação, que retroagirá à data do ato.

• Vide *Código Civil, arts. 264 a 285, 662, 692 e 867.*

Mandato sucessivo ou substitutivo. Se vários forem os procuradores nomeados num mesmo instrumento, presumir-se-á, até prova em contrário, que o mandato é sucessivo, ou que os mandatários deverão agir pela ordem de designação. O comandatário indicado em segundo lugar só agirá, na execução do mandato, se o primeiro não quiser ou não puder assumir o encargo, substituindo-o (*RT*, *80*:373 e *132*:681; *RF*, *82*:651 e *100*:488).

Mandato conjunto. Se os procuradores não puderem agir separadamente, o mandato será conjunto ou simultâneo, caso em que não terá eficácia o ato praticado sem interferência de todos, salvo havendo ratificação, que retroagirá à data do ato.

Mandato solidário. Se, em caso de multiplicidade de mandatários, houver declaração expressa de que poderão agir independentemente da ordem de nomeação, cada um deles poderá executar o mandato como se fosse o único procurador (*RT*, *445*:202), praticando os poderes outorgados, visto que não foram declarados conjuntos, nem houve designação de qualquer deles para a prática de certos atos, nem subordinação a atos sucessivos.

Mandato fracionário. Se houver nomeação de vários procuradores, designando-se, no instrumento, os atos que cada um deverá realizar, ter-se-á tantos mandatos quantos forem os atos negociais a serem executados, estando cada mandatário incumbido de um deles, uma vez que os poderes de cada um estão delineados na procuração. Tal mandato é também designado de *mandato distributivo*.

Art. 673. O terceiro que, depois de conhecer os poderes do mandatário, com ele celebrar negócio jurídico exorbitante do mandato, não tem ação contra o mandatário, salvo se este lhe prometeu ratificação do mandante ou se responsabilizou pessoalmente.

• Vide *Código Civil, arts. 662 e parágrafo único, e 1.205, II.*

Ação de terceiro ciente dos poderes do mandatário. O terceiro, ciente dos poderes do mandatário, que com ele fizer negócio que exorbite daqueles poderes, não terá qualquer ação nem contra o mandatário, a não ser que este lhe tenha prometido ratificação do mandante ou se tenha responsabilizado pessoalmente pelo contrato assumindo os prejuízos, nem contra o mandante, senão quando este ratificar o excesso do procurador (CC, art. 662) e não cumprir o que ratificou (*AJ*, *97*:71; *RT*, *455*:178). Isto é assim porque "a ratificação supre a falta de poderes, vale como mandato *ex post facto*, é uma espécie de mandato retroativo" (*RF*, *143*:175; CC, art. 662 e parágrafo único).

Art. 674. Embora ciente da morte, interdição ou mudança de estado do mandante, deve o mandatário concluir o negócio já começado, se houver perigo na demora.

• Vide *Código Civil, arts. 682, II e III, 689 e 865.*

Sobrevivência do mandato à causa extintiva. O mandatário terá a obrigação de concluir, com lealdade, o negócio já começado, se houver perigo na demora de sua substituição por quem de direito, ou seja, se da sua inação advier grave dano para o mandante ou seus herdeiros, apesar de ter ciência da morte (*RT*, *489*:67, 770:240; *RJTJSP*, *126*:47), interdição ou mudança de estado do mandante, causas de extinção do mandato. A urgência da medida faz o mandato sobreviver à causa extintiva (*AJ*, *97*:71). O procurador que assim não proceder, causando dano com sua omissão ao mandante, poderá ser responsabilizado por isso, devendo pagar perdas e danos, pois tem o dever de ser leal e probo.

SEÇÃO III
DAS OBRIGAÇÕES DO MANDANTE

Art. 675. O mandante é obrigado a satisfazer todas as obrigações contraídas pelo mandatário, na conformidade do mandato conferido, e adiantar a importância das despesas necessárias à execução dele, quando o mandatário lho pedir.

- Vide *arts. 665, 673 e 869 do Código Civil.*

Cumprimento da obrigação contraída pelo mandatário. O mandante deverá honrar os compromissos em seu nome assumidos, satisfazendo todas as obrigações contraídas pelo mandatário na conformidade do mandato conferido, sob pena de sofrer ação promovida por terceiro com quem seu procurador efetivou o ato negocial.

Pagamento adiantado das despesas com a execução do mandato. O mandante deverá adiantar as despesas necessárias à execução do mandato, quando o procurador lho pedir, pois, se vier a recusar tais adiantamentos, o mandatário poderá renunciar ao mandato. E, como bem observa Jones Figueirêdo Alves, o mandatário poderá, se quiser, efetuar os pagamentos por sua conta e solicitar depois o reembolso deles ao mandante, que ficará obrigado a fazer, mesmo que o negócio não produza o resultado esperado (*RF*, *103*:464), já que o mandatário não tem qualquer responsabilidade pelo êxito de sua intervenção.

Art. 676. É obrigado o mandante a pagar ao mandatário a remuneração ajustada e as despesas da execução do mandato, ainda que o negócio não surta o esperado efeito, salvo tendo o mandatário culpa.

- Vide *Código Civil, arts. 656, 658, 677, 678 e 680.*

Remuneração dos serviços do mandatário. O mandante deverá remunerar os serviços de seu procurador e do substabelecido, quando assim ficar convencionado ou quando o objeto do mandato for daqueles que o mandatário trata por ofício ou profissão lucrativa (*RT*, *192*:639, *104*:650 e *164*:628; *RF*, *66*:545 e *103*:464).

Reembolso das despesas de execução do mandato. O mandante terá a obrigação de reembolsar o mandatário das despesas feitas na execução do mandato, mesmo que o ato negocial por ele realizado não tenha êxito. Trata-se, no dizer de Orlando Gomes, da remuneração *a forfait*, pouco importando que o negócio tenha o efeito esperado, pois o mandatário assume, tão somente, obrigação de meio. O procurador apenas não terá direito de ser reembolsado das despesas feitas, se o negócio malograr em razão de culpa sua. Se contrariou as instruções fazendo despesas excessivas, só será reembolsado na proporção do valor médio das coisas, não tendo direito ao reembolso integral (*RF*, *103*:464).

Art. 677. As somas adiantadas pelo mandatário, para a execução do mandato, vencem juros desde a data do desembolso.

- *Código Civil, arts. 406, 407, 591 e 670.*

• *Constituição Federal, art. 192, § 3º, ora revogado pela Emenda Constitucional n. 40/2003.*

Pagamento de juros das somas adiantadas pelo mandatário. O mandante deverá reembolsar o mandatário das quantias que ele porventura tenha adiantado para cumprimento da obrigação, com a complementação dos juros que se vencem desde a data do desembolso, pois o patrimônio do procurador sofreu um desfalque patrimonial em benefício do mandante. Trata-se dos juros compensatórios incidentes sobre o *quantum* adiantado pelo mandatário, computando--se desde o dia em que este o desembolsou. E havendo atraso no pagamento da remuneração ajustada, o procurador fará jus aos juros moratórios.

Taxa dos juros. Não havendo estipulação a respeito dessa taxa, os juros serão os legais (CC, art. 406).

Art. 678. É igualmente obrigado o mandante a ressarcir ao mandatário as perdas que este sofrer com a execução do mandato, sempre que não resultem de culpa sua ou de excesso de poderes.

• *Código Civil, arts. 402 a 405, 665, 673 e 675.*

Ressarcimento dos danos sofridos com o mandato. O mandante deverá garantir a incolumidade patrimonial do mandatário no desempenho do encargo, logo será obrigado a indenizá-lo dos prejuízos sofridos em consequência da execução do mandato, desde que não advenham de ato culposo seu ou excesso de poderes, pois nestas hipóteses o mandatário deverá arcar sozinho com os danos, não tendo o mandante dever algum de ressarci-lo. Isto é assim porque não é justo que o mandatário, para cumprir seu dever, com lealdade, arque com despesas feitas com numerário seu em benefício do mandante. Trata-se das perdas *ab mandatum* a cargo do mandante, excluídas as provenientes de culpa do mandatário ou de excesso de poderes.

Art. 679. Ainda que o mandatário contrarie as instruções do mandante, se não exceder os limites do mandato, ficará o mandante obrigado para com aqueles com quem o seu procurador contratou; mas terá contra este ação pelas perdas e danos resultantes da inobservância das instruções.

• Vide *Código Civil, arts. 402 a 405, 662, 665, 673 e 675.*

Vinculação do mandante a terceiro. O mandante vincular-se-á com quem o seu procurador contratou, mesmo contrariando suas instruções, desde que não tenha excedido os limites do mandato (*RT*, *449*:252).

Outra não poderia ser a solução legal, pois o mandatário age em nome do mandante que, então, assume a responsabilidade pelas obrigações contraídas com terceiro. Isto é assim porque aquelas instruções entre mandante e mandatário são *res inter alios* relativamente ao terceiro que realizou o negócio com o mandatário.

Ação de perdas e danos por inobservância de instruções. O mandante poderá mover contra o mandatário ação pelas perdas e danos resultantes da inobservância de suas recomendações ou instruções (*AJ*, *89*:455) relativas à execução do mandato.

Art. 680. Se o mandato for outorgado por duas ou mais pessoas, e para negócio comum, cada uma ficará solidariamente responsável ao mandatário por todos os compromissos e efeitos do mandato, salvo direito regressivo, pelas quantias que pagar, contra os outros mandantes.

• Vide *Código Civil, arts. 275 a 282 e 283 a 285.*

Responsabilidade solidária do mandante. Sendo o mandato outorgado por dois ou mais mandantes a um procurador e para negócio comum, cada mandante responsabilizar-se-á solidariamente ao mandatário por todos os compromissos e efeitos do mandato. De maneira que o mandatário terá direito de reclamar de qualquer deles o cumprimento dos deveres resultantes do mandato, como pagamento de remuneração, dos adiantamentos, dos juros e dos prejuízos.

Ação regressiva do mandante. Havendo vários mandantes, aquele que vier a pagar as obrigações oriundas do mandato terá ação regressiva contra os demais mandantes, recebendo de cada um a parte que lhes couber, reavendo o que desembolsou.

Art. 681. O mandatário tem sobre a coisa de que tenha a posse em virtude do mandato, direito de retenção, até se reembolsar do que no desempenho do encargo despendeu.

- *Código Civil, art. 664.*

Direito de retenção do mandatário. O mandatário, ao aceitar o encargo, passará a ter o direito de reter o objeto que estiver em seu poder por força do mandato (quantias pecuniárias ou aluguéis recebidos de terceiro, imóvel ou móvel adquirido em nome do mandante etc.) até ser reembolsado, inclusive por via judicial, do que, no desempenho da função, houver despendido (*RT*, *134*:145), p. ex., para execução do mandato, como gasto com viagem, ou conservação da coisa. O *jus retentionis* não se estende, portanto, à remuneração, nem ao pagamento das perdas e danos.

SEÇÃO IV

DA EXTINÇÃO DO MANDATO

Art. 682. Cessa o mandato:

- *Código Civil, art. 689.*

I — pela revogação ou pela renúncia;

- Vide *Código Civil, arts. 684, 686, 687 e 688.*
- *Provimento n. 16/91 da Corregedoria-Geral da Justiça.*
- *Código de Processo Civil, arts. 111 e 112, § 1º.*
- *Lei n. 8.906/94, art. 5º, § 3º.*

II — pela morte ou interdição de uma das partes;

- Vide *Código Civil, arts. 23, 674, 689, 690 e 691.*
- *Código de Processo Civil, arts. 313, I, e 1.004.*

III — pela mudança de estado que inabilite o mandante a conferir os poderes, ou o mandatário para os exercer;

IV — pelo término do prazo ou pela conclusão do negócio.

- *Vide art. 120, §§ 1º e 2º, da Lei de Falências (Lei n. 11.101/2005).*

Causas extintivas do mandato. O mandato cessará pela revogação, renúncia do mandatário, morte ou interdição de uma das partes, mudança de estado, término do prazo de duração e conclusão do negócio.

Revogação "ad nutum" pelo mandante. O mandante poderá revogar total ou parcialmente o mandato, se não mais tiver interesse no negócio ou se cessar a confiança depositada no procurador. Será total se revogar toda a procuração, e parcial se disser respeito a alguns dos poderes outorgados. Tal revogação produzirá efeito *ex nunc*, respeitando-se os atos já praticados (*RT*, *844*:252, *601*:198, *590*:153, *240*:265, *188*:354, *399*:331 e *215*:161; *RF*, *75*:125).

Renúncia expressa do mandatário. A renúncia é uma manifestação da vontade do procurador, abdicando o mandato, mesmo sem qualquer motivo justificado (*RF*, *66*:259), devendo ser comunicada a tempo, para que o mandante possa nomear substituto.

Morte de qualquer dos contratantes. Por ser o mandato *intuitu personae*, cessará com o falecimento de qualquer dos contratantes (*RT*, *613*:142, *502*:66, *239*:237, *502*:66, *225*:338 e *169*:127; *RSTJ*, *143*:309; *RF*, 77:509 e *134*:442; *AJ*, *100*:149, *96*:59 e *97*:71). Se vários forem os mandatários, o óbito de um não extingue o mandato, pois os sobreviventes poderão executá-lo, salvo se todos tiverem de agir em conjunto; se houver multiplicidade de mandantes, o mandato extinguir-se-á apenas relativamente ao falecido.

Interdição de uma das partes por incapacidade superveniente. O mandato cessará no instante em que a sentença declaratória de interdição transitar em julgado, e os atos praticados com terceiro de boa-fé pelo mandatário, após a interdição do mandante, não terão validade (*RT*, *199*:156).

Mudança de estado. Se houver mudança de estado (*RT*, *200*:227, *205*:150) que venha a inabilitar o mandante por ter-se casado, p. ex., a conferir certos poderes, como a alienação de imóveis, ou o mandatário a exercê-los, o mandato extinguir-se-á, mas válidos serão os atos negociais efetivados pelo contraente que ignore a causa extintiva com terceiro de boa-fé (*RF*, *149*:130; *RT*, *541*:73, *305*:974 e *236*:453).

Término do prazo. Ter-se-á a extinção do prazo com o seu término.

Conclusão do negócio. Se procuração foi conferida para a realização de determinado contrato, praticado o ato negocial, exaurir-se-á o mandato (*JTJSP*, *201*:347).

Art. 683. Quando o mandato contiver a cláusula de irrevogabilidade e o mandante o revogar, pagará perdas e danos.

• Vide *Código Civil, arts. 402 a 405.*

Revogação de mandato com cláusula de irrevogabilidade. Se o mandante vier a revogar mandato, que contém cláusula de irrevogabilidade (*RT*, *516*:191, *805*:301), deverá, pelo inadimplemento da obrigação de não fazer, pagar ao mandatário as perdas e danos, além da remuneração que tiver sido ajustada (*RT*, *150*:525 e *178*:168). Isto é assim, porque tal cláusula, principalmente, em mandato oneroso, desperta no mandatário uma expectativa de permanência do mandato até a conclusão do negócio ou até o término do prazo avençado.

Art. 684. Quando a cláusula de irrevogabilidade for condição de um negócio bilateral, ou tiver sido estipulada no exclusivo interesse do mandatário, a revogação do mandato será ineficaz.

• *Código de Defesa do Consumidor, art. 51, VIII.*

Ineficácia da revogação do mandato. Se o mandato contiver cláusula de irrevogabilidade, que constitui condição do negócio bilateral (p. ex., de um contrato preliminar de compra e venda) ou que foi estipulada para atender a benefício ou a interesse exclusivo do mandatário (p. ex., mandato para vender automóvel do mandante, para que este pague sua dívida para com o mandatário; mandato em causa própria) e o mandante mesmo assim vier a revogá-lo, este seu ato não produzirá qualquer efeito (*RT*, *516*:191), permitindo que o mandatário possa prosseguir na execução do ato para o qual foi nomeado. Deveras, ante a prevalência do interesse do mandatário, a revogação do mandato não terá eficácia.

Pelo Enunciado n. 655 da *IX Jornada de Direito Civil*: "Nos casos do art. 684 do Código Civil, ocorrendo a morte do mandante, o mandatário poderá assinar escrituras de transmissão ou aquisição de bens para a conclusão de negócios jurídicos que tiveram a quitação enquanto vivo mandante".

Art. 685. Conferido o mandato com a cláusula "em causa própria", a sua revogação não terá eficácia, nem se extinguirá pela morte de qualquer das partes, ficando o mandatário dispensado de prestar contas, e podendo transferir para si os bens móveis ou imóveis objeto do mandato, obedecidas as formalidades legais.

- *Código Civil, art. 684.*

Mandato com a cláusula "em causa própria". É aquele que, por conter cláusula *in rem propriam* ou *in rem suam*, converte o mandatário em dono do negócio, dando-lhe poderes para administrá-lo como coisa própria, auferindo todas as vantagens ou benefícios dele resultantes, atuando em seu nome e por sua conta; logo, está dispensado da prestação de contas (*RT*, *577*:214). É uma modalidade de cessão indireta de direitos, estipulada no interesse exclusivo do mandatário (CC, art. 684). Esse mandato importa em cessão de direito ou transferência de coisa móvel ou imóvel, objeto do mandato, observando-se as formalidades legais (*RT*, *679*:195, *692*:82; *RJ*, *138*:91).

Efeitos da revogação de mandato com cláusula "in rem propriam" e da morte de qualquer das partes. Se o mandante revogar mandato com cláusula "em causa própria", esse seu ato não produzirá qualquer efeito, uma vez que a procuração foi outorgada no interesse exclusivo do mandatário, que passa a atuar em seu nome e por sua conta. E se alguma das partes vier a falecer, o mandato não se extinguirá (*RT*, *692*:82, *679*:195, *502*:66, *515*:191, *464*:255, *237*:227, *323*:214, *102*:110 e 124; *RF*, *181*:217, *157*:118 e *102*:93; *AJ*, *107*:325 e *109*:449; *RJ*, *189*:84), sendo obrigação transmissível aos herdeiros.

Art. 686. A revogação do mandato, notificada somente ao mandatário, não se pode opor aos terceiros que, ignorando-a, de boa-fé com ele trataram; mas ficam salvas ao constituinte as ações que no caso lhe possam caber contra o procurador.

- *Código de Processo Civil, art. 111.*
- *Código Civil, art. 689.*

Parágrafo único. É irrevogável o mandato que contenha poderes de cumprimento ou confirmação de negócios encetados, aos quais se ache vinculado.

Notificação da revogação. Para revogar o mandato será necessário que o mandante comunique o fato ao procurador e a terceiros (*RT*, *511*:189, *458*:253, *240*:265, *188*:354 e *399*:331; *RJTJSP*, *129*:189; *RJE*, *4*:27; *RF*, *75*:125), para que este não mais proceda em nome do mandante, evitando, assim, a ocorrência de mandato aparente (*RF*, *72*:5). Se terceiro não notificado da revogação vier de boa-fé tratar com o procurador destituído, não será prejudicado por isso (*RT*, *511*:189), mas o mandante a ele vinculado terá ação contra o mandatário destituído que, sabendo da revogação do mandato, agiu culposamente, devendo, então, indenizar os prejuízos causados ao mandante.

Irrevogabilidade do mandato. Não pode ser revogado o mandato que contiver poderes de cumprimento ou confirmação de negócios já efetivados ou iniciados pelo mandatário ou pelo mandante (p. ex., aguardando aceitação ou assinatura), se estiver vinculado a eles, resguardando-se terceiros de boa-fé que confiaram naqueles atos negociais ao encetá-los com o mandatário.

Art. 687. Tanto que for comunicada ao mandatário a nomeação de outro, para o mesmo negócio, considerar-se-á revogado o mandato anterior.

Revogação expressa. Será expressa a revogação se o mandante notificar, judicial ou extrajudicialmente, o mandatário, informando-o de que o mandato foi revogado.

Revogação tácita. Será tácita a revogação se o mandante assumir, pessoalmente, a direção do negócio ou nomear novo procurador para o mesmo ato negocial (*RF*, *146*:343; *RT*, *601*:198, *590*:153; *516*:138). Esclarece-nos Clóvis Beviláqua que a procuração geral para todos os negócios não tem o condão de revogar uma especial, para certo ato, mesmo que anterior a ela, a não ser que, expressamente, lhe faça referência e a especial posterior apenas revogará a geral anterior no que for atinente ao seu objeto peculiar.

Art. 688. A renúncia do mandato será comunicada ao mandante, que, se for prejudicado pela sua inoportunidade, ou pela falta de tempo, a fim de prover à substituição do procurador, será indenizado pelo mandatário, salvo se este provar que não podia continuar no mandato sem prejuízo considerável, e que não lhe era dado substabelecer.

- Vide *Código de Processo Civil, art. 112 e § 1º.*
- *Código Civil, arts. 402 a 405, 682, I, 927 e seguintes.*
- *Lei n. 8.906/94, art. 5º, § 3º.*

Ilicitude de renúncia inoportuna. O procurador terá o direito de liberar-se do mandato pela renúncia, desde que ela não seja inoportuna ou prejudicial ao mandante; logo, não precisará indicar as razões que o levaram a isso. Consequentemente, o mandatário que tenha a intenção de renunciar ao mandato deverá fazê-lo de modo a dar ao mandante tempo suficiente para que possa providenciar sua substituição por outro procurador, sem correr qualquer risco de prejuízo. A renúncia deverá ser comunicada ao mandante, completando-se após sua ciência. A renúncia do mandato é um negócio jurídico unilateral receptício em que sua produção de efeitos se subordina ao prévio conhecimento do mandante. Se ocorrer renúncia inoportuna, o procurador que abandonou o mandato deverá responder pelas perdas e danos que causar com a apresentação tardia da renúncia.

Admissibilidade de renúncia inoportuna. O mandatário terá direito a renúncia inoportuna, se provar que a continuação do mandato lhe acarretaria sérios e consideráveis danos. Como não lhe era dado substabelecer, justo não seria que suportasse prejuízo para praticar atos em benefício de outrem. Se a renúncia causar dano ao outorgante, havendo poderes para substabelecimento, a inércia do procurador na nomeação de substituto configurará culpa, acarretando-lhe o dever de reparar o prejuízo causado por sua negligência.

Art. 689. São válidos, a respeito dos contratantes de boa-fé, os atos com estes ajustados em nome do mandante pelo mandatário, enquanto este ignorar a morte daquele ou a extinção do mandato, por qualquer outra causa.

- Vide *Código Civil, arts. 682, 684 e 686.*

Ciência do procurador da extinção do mandato. Se o mandante falecer, o mandato só cessará quando o procurador tiver ciência do ocorrido, sendo válidos os negócios que praticar com terceiros de boa fé enquanto ignorar o fato. O mesmo se diga se outra for a causa extintiva do mandato (*RT*, *277*:251, *210*:184, *511*:189, *489*:67 e *415*:369; *RF*, *180*:204 e *182*:214), como, p. ex., mudança de estado, superveniência de incapacidade do mandante e a consequente interdição (CC, art. 682). Mas, se, apesar de o mandatário não ter conhecimento da ocorrência de uma das causas extintivas arroladas no art. 682 do Código Civil, terceiros, que com ele estão contratando, sabem da extinção do mandato e, mesmo assim, celebram ato negocial. Tal negócio não vinculará o mandante, nem seus herdeiros, ante a má-fé e a falta de lisura comportamental dos contratantes.

Art. 690. Se falecer o mandatário, pendente o negócio a ele cometido, os herdeiros, tendo ciência do mandato, avisarão o mandante, e providenciarão a bem dele, como as circunstâncias exigirem.

- *Código Civil, art. 691.*

Morte do mandatário na pendência do negócio. Se o mandatário vier a morrer na pendência do negócio a ele cometido, os herdeiros, tendo conhecimento do mandato, deverão avisar o mandante e tomarão providências para resguardar os interesses deste, como as circunstâncias exigirem, evitando prejuízos. Tal ocorrerá porque, sendo o mandato *intuitu personae*, com a morte do procurador, este se extinguirá, e seus herdeiros não o sucederão nos poderes instituídos no mandato (*RF*, *142*:235; *RT*, *770*:240).

Art. 691. Os herdeiros, no caso do artigo antecedente, devem limitar-se às medidas conservatórias, ou continuar os negócios pendentes que se não possam demorar sem perigo, regulando-se os seus serviços dentro desse limite, pelas mesmas normas a que os do mandatário estão sujeitos.

Atos admissíveis aos herdeiros do mandatário. Com a morte do procurador na pendência do negócio que deve praticar para o mandante, seus herdeiros deverão, para resguardar interesses e evitar danos a este, tão somente limitar-se às medidas conservatórias, pois a continuação dos negócios pendentes ficará adstrita apenas aos que não se possam demorar sem perigo econômico, regulando-se os seus serviços dentro dos limites de ação a que o finado mandatário estava submetido. Nada mais, além disso, poderão os herdeiros realizar, tendo por base o mandato conferido pelo mandante do *de cujus*.

Seção V

Do mandato judicial

Art. 692. O mandato judicial fica subordinado às normas que lhe dizem respeito, constantes da legislação processual, e, supletivamente, às estabelecidas neste Código.

- *Sobre o mandato conferido aos advogados,* vide *Lei n. 8.906, de 4 de julho de 1994, que dispõe sobre o Estatuto da Advocacia e a Ordem dos Advogados do Brasil, arts. 4º, 5º, 15, § 3º, 27 a 30 e 42, e Código de Processo Civil, arts. 82 a 97, 104, 105 e § 1º, 111, 112, 260, II, 287 e 833, IV.*
- Vide *Resolução n. 1/2011 do Conselho Federal da OAB, que altera os arts. 31, 83 e 112 do Regulamento Geral da Lei n. 8.906/94.*
- *Sobre cartão de identidade profissional digital de advogados e estagiários: Resolução n. 3/2020 do Conselho Federal da OAB.*
- *Provimento n. 144/2011 do Conselho Federal da OAB sobre Exame de Ordem.*
- Vide *a Lei n. 1.060, de 5 de fevereiro de 1950, que dispõe sobre o benefício da justiça gratuita, art. 16.*
- *Resolução n. 2/2015 do Conselho Federal da OAB, que aprova o Código de Ética e Disciplina da OAB: art. 26.*

- *No processo penal, a constituição de defensor independerá de instrumento de mandato, se o acusado o indicar por ocasião do interrogatório (art. 266 do CPP). Não é mister, também, o instrumento de mandato ao defensor nomeado pelo juiz nos termos do art. 263 e parágrafo único do Código de Processo Penal.*
- *Os sindicatos têm a prerrogativa de representarem, em juízo, os seus associados* — vide *arts. 513 e 791 da Consolidação das Leis do Trabalho. Iguais prerrogativas foram conferidas às associações de funcionários ou empregados de empresas industriais da União, dos Estados, dos Municípios e de entidades autárquicas, nos termos da Lei n. 1.134, de 14 de junho de 1950. Os promotores públicos têm o encargo de promover e assistir reclamações trabalhistas, onde não houver Juntas de Conciliação e Julgamento ou sindicato da categoria profissional do reclamante* — vide *Decreto-Lei n. 7.934, de 4 de setembro de 1945.*
- *Lei n. 9.099/95, arts. 9º, 41, § 2º, e 68.*
- *Consolidação das Leis do Trabalho, arts.791 e 839.*
- *Súmulas 105, 110 e 363 do Superior Tribunal de Justiça.*
- *Súmula 53 da Advocacia Geral da União.*
- *Pelos Enunciados do Fórum Permanente de Processualistas Civis:*

  a) 240 — "São devidos honorários nas execuções fundadas em título executivo extrajudicial contra a Fazenda Pública, a serem arbitrados na forma do § 3º do art. 85 (numeração preservada no novo CPC)".

  b) 241 — "Os honorários de sucumbência recursal serão somados aos honorários pela sucumbência em primeiro grau, observados os limites legais".

  c) 242 — "Os honorários de sucumbência recursal são devidos em decisão unipessoal ou colegiada".

  d) 243 — "No caso de provimento do recurso de apelação, o tribunal redistribuirá os honorários fixados em primeiro grau e arbitrará os honorários de sucumbência recursal".

Mandato "ad judicia". O mandato judicial é o destinado a obrigar o mandatário a agir em juízo em nome do constituinte e se rege por norma processual, por lei especial (Lei n. 8.906/94) e supletivamente pelo Código Civil (*RT*, *781*:355, *763*:353, 777:315, *703*:187, *606*:151, *696*:170, *724*:358, *686*:139, *548*:204, *476*:169; *RJ*, *189*:83).

Forma do mandato judicial. Deverá o mandato *ad judicia* (Lei n. 8.906/94, arts. 3º, 4º e 5º) ser feito por escrito, mediante instrumento público (*RT*, *606*:151) ou particular (*RT*, *686*:139, *704*:154) assinado pela parte, a pessoa que possa procurar em juízo ou tribunal, ou seja, a advogado regularmente inscrito na OAB, sob pena de nulidade (*RT*, *261*:695, *544*:109, *303*:500, *476*:169 e *486*:145; *RF*, *103*:326, *105*:64 e *120*:166; *JB*, *152*:52 e 252 e *147*:41 e 212; *BAASP*, *1.956*:48, *1.961*:59; *Ciência Jurídica*, *34*:84), não sendo mais necessário o reconhecimento da firma do constituinte (CPC, art. 105; *RT*, *769*:239, *791*:185).

Capítulo XI
Da Comissão

Art. 693. O contrato de comissão tem por objeto a compra ou venda de bens ou a realização de mútuo ou outro negócio jurídico de crédito pelo comissário, em seu próprio nome, à conta do comitente.

- *Redação dada pela Lei n. 14.690/2023.*

- *Código Civil, art. 709.*
- *Lei de Falência, art. 120, § 2º.*

Contrato de comissão. A comissão é o contrato pelo qual uma pessoa (comissário) adquire ou vende bens (corpóreos ou incorpóreos), efetua mútuo ou outro negócio jurídico de crédito, em seu próprio nome e responsabilidade, mas por ordem e por conta de outrem (comitente), em troca de certa remuneração, obrigando-se para com terceiros com quem contrata. É uma representação indireta, pois o comissário não é representante direto do comitente (*RT*, *836*:228, *722*:271, *713*:222, *646*:112, *699*:76).

BIBLIOGRAFIA: Fran Martins, *Contratos e obrigações comerciais*, Rio de Janeiro, Forense, 1977, p. 353 e 356; Orlando Gomes, *Contratos*, cit., p. 437-41; Waldirio Bulgarelli, Comissão mercantil, in *Enciclopédia Saraiva do Direito*, v. 16, p. 208-21; Georges Ripert, *Traité élémentaire de droit commercial*, Paris, 1973, n. 2.351; Joaquín Garrigues, *Tratado de derecho mercantil*, Madrid, 1964, v. 1, t. 3, p. 457; Sílvio Venosa, *Direito civil*, cit., v. II, p. 434; M. Helena Diniz, *Curso*, cit., v. 3, p. 446-53; Waldemar Ferreira, Aspectos econômicos e financeiros do contrato de comissão mercantil, *RDM (2)*:287 e s., ano 3, 1953; Van Ryn, *Principes de droit commercial*, v. 3, n. 1.812 e 1.814; Caio M. Silva Pereira, *Instituições*, cit., p. 344 e 345; Jones Figueirêdo Alves, *Novo Código Civil*, cit., p. 630-43; Luiz Edson Fachin, O contrato de comissão: breve exame de aspectos relevantes, in *O novo Código Civil — estudos em homenagem a Miguel Reale*, São Paulo, LTr, 2003, p. 641 e s.; Matiello, *Código Civil*, cit., p. 437-43; Adalberto Simão Filho, *Comentários ao Código Civil* (coord. Camillo, Talavera, Fujita e Scavone Jr.), São Paulo, Revista dos Tribunais, 2006, p. 602-6; Humberto Theodoro Jr., Do contrato de comissão no novo Código Civil, *RT, 814*:26-43.

Art. 694. O comissário fica diretamente obrigado para com as pessoas com quem contratar, sem que estas tenham ação contra o comitente, nem este contra elas, salvo se o comissário ceder seus direitos a qualquer das partes.

- *Código Civil, arts. 286 a 298.*

Efeito da comissão em relação a terceiros. O comissário contratará diretamente com terceiros em seu nome, ou no de sua firma, por isso vincular-se-á obrigacionalmente, respondendo por todas as obrigações assumidas; logo, as pessoas com quem vier a negociar não poderão acionar o comitente, nem este contra elas, a não ser que o comissário tenha feito cessão de seus direitos a qualquer das partes (ao comitente ou àqueles com quem efetivou negócio). Se isso ocorrer o cessionário sub-rogar-se-á nos direitos e deveres do comissário, podendo ser demandado.

Art. 695. O comissário é obrigado a agir de conformidade com as ordens e instruções do comitente, devendo, na falta destas, não podendo pedi-las a tempo, proceder segundo os usos em casos semelhantes.

Parágrafo único. Ter-se-ão por justificados os atos do comissário, se deles houver resultado vantagem para o comitente, e ainda no caso em que, não admitindo demora a realização do negócio, o comissário agiu de acordo com os usos.

Obrigatoriedade das ordens e instruções do comitente. O comissário deverá efetuar negócios segundo as ordens e instruções, verbais ou escritas, do comitente, sob pena de responder por perdas e danos. Tem a obrigação de cumprir as determinações comissionadas, no modo expedido pelo comitente, uma vez aceita a comissão. Apresenta-se, portanto, a comissão sob a feição de mandato sem representação, ou, como preferimos, de representação indireta, pois o comissário deve negociar em seu próprio nome, porém em favor e por conta do comitente, cujas instruções deverá seguir.

Causas justificadoras de atos do comissário praticados segundo os usos. Na falta de instruções do comitente, o comissário, não podendo pedi-las tempestivamente ou sendo inadmissível a demora na realização do negócio, deverá proceder, com zelo, segundo os usos, em casos semelhantes, do local em que a negociação está sendo efetivada. Tais atos negociais assim praticados justificar-se-ão plenamente, inclusive se o afastamento das instruções meramente indicativas dadas pelo comitente lhe trouxe vantagens econômicas ou resultado útil, pois este fato revela que o comissário agiu com bom senso, procurando atender aos interesses do comitente. Se vier a acarretar prejuízo, se a vantagem auferida for inferior à que se obtém em caso similar e se o comissário não atuou com cautela, nem seguiu os usos da localidade, o comitente poderá exigir dele prestação de contas e perdas e danos.

Art. 696. No desempenho das suas incumbências o comissário é obrigado a agir com cuidado e diligência, não só para evitar qualquer prejuízo ao comitente, mas ainda para lhe proporcionar o lucro que razoavelmente se podia esperar do negócio.

Parágrafo único. Responderá o comissário, salvo motivo de força maior, por qualquer prejuízo que, por ação ou omissão, ocasionar ao comitente.

• *Código Civil, art. 393, parágrafo único.*

Responsabilidade pela guarda e conservação dos bens do comitente. O comissário, no exercício de suas tarefas, tem o dever de obrar com cuidado, cautela e diligência necessária para a boa guarda e conservação dos bens do comitente, quer lhe tenham sido consignados, quer os tenha comprado, agindo como se o negócio fosse seu, evitando dano ao comitente e lhe proporcionando os lucros que, razoavelmente, do negócio possam advir, pois terá responsabilidade civil subjetiva por quaisquer danos que, comissiva ou omissivamente, vier a causar ao comitente, a não ser que advenham tais prejuízos de força maior ou caso fortuito. Com isso, garantido estará o bom êxito da comissão.

Art. 697. O comissário não responde pela insolvência das pessoas com quem tratar, exceto em caso de culpa e no do artigo seguinte.

• Vide *Código Civil, arts. 698 e 955.*

• *Código de Processo Civil, arts. 680, I, 792, IV, 794 e 1.052.*

Irresponsabilidade pela insolvência do contratante. O comissário não responderá pela insolvência da pessoa com quem vier a contratar; caberá ao comitente correr esse risco, exceto em caso de ato culposo seu (por ter ciência da insolvência ou do risco de sua ocorrência) ou de comissão *del credere* (CC, art. 698). Não havendo cláusula *del credere*, ter-se-á comissão simples; logo, perante o comitente só responderão as pessoas com quem o comissário contratou, de modo que o comissário apenas responderá diretamente ante o comitente pelos danos que culposamente lhe causou, segundo as normas da culpa contratual (CC, arts. 696, 2ª parte, e 697, 2ª parte).

Art. 698. Se do contrato de comissão constar a cláusula *del credere*, responderá o comissário solidariamente com as pessoas com que houver tratado em nome do comitente, caso em que, salvo estipulação em contrário, o comissário tem direito a remuneração mais elevada, para compensar o ônus assumido.

• *Código Civil, arts. 275 a 285 e 697.*

Parágrafo único. A cláusula del credere de que trata o caput deste artigo poderá ser parcial.

• *Acrescentado pela Lei n. 14.690/2023.*

Comissão "del credere". A comissão com cláusula *del credere*, que poderá ser parcial, é uma modalidade contratual pela qual o comissário assume a responsabilidade pela solvência daquele com quem vier a contratar e por conta do comitente. Esse pacto acessório inserido no contrato é um estímulo à seleção dos negócios, evitando que o comissário efetive atos prejudiciais ao comitente, comprometendo-se pela liquidez da dívida contraída, em caso de venda a prazo.

Solidariedade. A comissão *del credere* constitui o comissário garante solidário ao comitente. Essa cláusula deverá ser feita por escrito para que não haja dúvida da responsabilidade solidária entre terceiro e comissário perante o comitente. Qualquer deles poderá ser acionado pelo comitente prejudicado. Sem esse pacto acessório o comissário apenas responderia por ato culposo seu. Trata-se de garantia solidária oriunda de acordo de vontade e autorizada legalmente. Logo, havendo cláusula *del credere*, o comissário responderá solidariamente com quem houver tratado em nome do comitente, hipótese em que, salvo se o contrário tiver sido convencionado, o comissário fará jus a uma remuneração mais alta, arbitrada, em regra, judicialmente, a título de compensação pelo ônus, ou melhor, pelo risco assumido.

Segundo o Enunciado n. 68, aprovado na *II Jornada de Direito Comercial*, no contrato da comissão com cláusula *del credere*, responderá solidariamente com o terceiro contratante o comissário que tiver cedido seus direitos ao comitente, nos termos da parte final do art. 694 do Código Civil.

Art. 699. Presume-se o comissário autorizado a conceder dilação do prazo para pagamento, na conformidade dos usos do lugar onde se realizar o negócio, se não houver instruções diversas do comitente.

• *Código Civil, art. 695.*

Presunção de concessão de dilação de prazo. O comissário deverá proceder à cobrança do terceiro, na data do seu vencimento, e presumir-se-á autorizado a conceder prorrogação de prazo para pagamento, conforme os usos do local onde o negócio se efetivar, sempre que não tiver instrução ou ordem em contrário do comitente, devendo comunicar-lhe o fato (CC, art. 699). Se recebeu orientação do comitente, deverá segui-la, sob pena de responder pelos prejuízos. Se não a obteve, poderá ampliar prazo para pagamento de acordo com o costume do local da realização do negócio. Assim, se na localidade for usual a concessão de quinze dias para pagamento para aquele tipo de ato negocial, o comissário poderá prorrogar o prazo originalmente acordado, dando quitação a terceiro, transcorrido o prazo quinzenal concedido dilatoriamente.

Art. 700. Se houver instruções do comitente proibindo prorrogação de prazos para pagamento, ou se esta não for conforme os usos locais, poderá o comitente exigir que o comissário pague incontinenti ou responda pelas consequências da dilação concedida, procedendo-se de igual modo se o comissário não der ciência ao comitente dos prazos concedidos e de quem é seu beneficiário.

Proibição expressa de prorrogação de prazo. Havendo instrução do comitente vedando a dilação de prazo para pagamento ou se esta não seguir os usos locais ou a praxe do mercado, o comissário, havendo exigência do comitente, deverá pagar-lhe de imediato o preço ou os valores a que faz jus ou, então, responder pelos prejuízos advindos da prorrogação que concedeu, o mesmo ocorrendo se não notificar o comitente dos prazos concedidos e da identidade de seu beneficiário. O comissário não poderá, portanto: desobedecer à instrução do comitente proibindo prorrogação de prazo para pagamento; conceder dilação temporal, em caso de omissão do comitente, de forma oposta ao costume da localidade (p. ex., praça onde o comissário exerce sua atividade, celebrando contratos com terceiros); deixar de informar o comitente da concessão do aumento do lapso temporal, indicando a pessoa que dela se beneficiou. Se cumprir todos esses deveres nenhuma responsabilidade terá pela dilação de prazo concedida.

Art. 701. Não estipulada a remuneração devida ao comissário, será ela arbitrada segundo os usos correntes no lugar.

Remuneração do comissário. O comitente tem o dever de pagar ao comissário a remuneração a que ele tem direito pelo desempenho dos encargos, que lhe foram cometidos. Essa remuneração é a convencionada pelas partes, em percentual sobre o valor do negócio ou em valor nominal. Se não houver estipulação prévia a respeito, o *quantum* remuneratório será arbitrado, judicialmente, de conformidade com os usos correntes no lugar em que se executar o negócio. Se o costume local inexistir ou não contiver critérios suficientes para a fixação da quantia remuneratória, o magistrado, pelo princípio da razoabilidade, deverá, então, averiguar o tipo do trabalho executado, o valor do contrato, a importância da operação de compra e venda, as dificuldades encontradas, as diligências do comissário no cumprimento das instruções recebidas, o tempo despendido, o resultado útil obtido etc.

Art. 702. No caso de morte do comissário, ou, quando, por motivo de força maior, não puder concluir o negócio, será devida pelo comitente uma remuneração proporcional aos trabalhos realizados.

• *Código Civil, arts. 393, parágrafo único, e 884 a 886.*

Remuneração do comissário em caso de impossibilidade de conclusão do negócio. Se não se puder concluir o negócio em razão de falecimento do comissário ou de força maior, o comitente deverá pagar, conforme o caso, aos seus herdeiros ou a ele remuneração proporcional aos trabalhos que foram realizados, considerando-se sua qualidade e o resultado alcançado. Se assim não fosse ter-se-ia locupletamento indevido do comitente à custa do comissário (CC, arts. 884 a 886).

Art. 703. Ainda que tenha dado motivo à dispensa, terá o comissário direito a ser remunerado pelos serviços úteis prestados ao comitente, ressalvado a este o direito de exigir daquele os prejuízos sofridos.

Remuneração do comissário dispensado por justa causa. Mesmo que o comissário tenha dado motivo (por ação ou omissão) para sua dispensa, terá ele direito à remuneração pelos serviços úteis que prestou ao comitente, trazendo a este vantagens ou cumprindo o acordo feito. Todavia, o comitente, apesar disso, poderá exigir, a título de compensação, o ressarcimento pelos danos emergentes e lucros cessantes que sofreu em razão daquela ação ou omissão de que resultou a dispensa motivada do comissário.

Art. 704. Salvo disposição em contrário, pode o comitente, a qualquer tempo, alterar as instruções dadas ao comissário, entendendo-se por elas regidos também os negócios pendentes.

Alteração de instruções. O comitente terá direito de modificar, salvo disposição em contrário, a qualquer momento, as instruções ou ordens que anteriormente deu ao comissário, entendendo-se por elas regidos também os negócios futuros e os que estejam pendentes, ou melhor, ainda não concluídos. Dessa modificação *a posteriori* das instruções dadas deverá ser devidamente cientificado o comissário, e conveniente será que aquela alteração se dê por escrito para evitar dúvidas e para comprovação de sua existência. O comissário, que age em seu nome, mas no interesse do comitente, deverá acatar a possível mutação do plano negocial na aquisição ou venda de bens que, em regra, é motivada pela dinâmica mercadológica, por ser direito do comitente.

Art. 705. Se o comissário for despedido sem justa causa, terá direito a ser remunerado pelos trabalhos prestados, bem como a ser ressarcido pelas perdas e danos resultantes de sua dispensa.

- Vide *Código Civil, arts. 402 a 405 e 703.*

Dispensa sem justa causa. Se o comissário for despedido sem que haja justa causa, além de ter direito à remuneração pelos trabalhos prestados, fará jus a uma indenização a título de perdas e danos resultantes da dispensa imotivada, abrangendo não só os gastos com a execução do serviço, mas também os lucros cessantes.

Art. 706. O comitente e o comissário são obrigados a pagar juros um ao outro; o primeiro pelo que o comissário houver adiantado para cumprimento de suas ordens; e o segundo pela mora na entrega dos fundos que pertencerem ao comitente.

- *Código Civil, arts. 394 a 401, 406 e 407.*
- *Constituição Federal, art. 192, § 3º, ora revogado pela Emenda Constitucional n. 4/2003.*

Pagamento de juros. O comitente deve pagar juros remuneratórios ao comissário pelo que este houver adiantado para a execução das ordens que lhe foram dadas. Tal se dá porque veio a empregar capital para atender aos interesses do comitente, fazendo jus à recuperação do *quantum* despendido, acrescido de juros. O comissário, por sua vez, também terá a obrigação de pagar juros moratórios ao comitente pela demora ou atraso na entrega dos fundos que lhe pertencem. A taxa de juros é fixada pelas partes ou determinada pelo critério legal previsto no art. 406 do Código Civil.

Art. 707. O crédito do comissário, relativo a comissões e despesas feitas, goza de privilégio geral, no caso de falência ou insolvência do comitente.

- *Código Civil, arts. 955 a 965, 333, I, e 158.*
- *Lei n. 11.101/2005, arts. 83, V, e 149.*

Direito de crédito com privilégio geral. O comissário, havendo concurso creditório, é credor privilegiado, na hipótese de falência ou insolvência do comitente, no que atina às comissões a que tem direito e ao reembolso das despesas feitas com as negociações, desempenhadas no interesse do comitente. Se goza de privilégio geral, terá prioridade em relação aos demais credores do comitente, ressalvados os que, em virtude de lei, tiverem preferência maior. Se houver falência ou insolvência do comissário, ensina-nos Matiello, nenhum privilégio haverá em prol do comitente, que poderá dele exigir não só a devolução de seus bens que, por força da comissão, estiverem em poder daquele, como também o cumprimento das obrigações assumidas pelas pessoas com quem, em seu interesse, o negócio foi efetivado. O comitente, não tendo privilégio geral, apenas poderá valer-se das normas gerais alusivas aos créditos comuns, se vier a exercer seus direitos creditórios contra o comissário falido ou insolvente.

Art. 708. Para reembolso das despesas feitas, bem como para recebimento das comissões devidas, tem o comissário direito de retenção sobre os bens e valores em seu poder em virtude da comissão.

- *Código Civil, art. 644.*

Direito de retenção. O comissário tem direito de reter bens e valores pertencentes ao comitente, que estiverem em seu poder em razão da comissão, não só para reembolsar-se das despesas que fez com os encargos que lhe foram cometidos, quando o comitente não fornecer fundos suficientes para tal, mas também para servir de garantia ao pagamento de sua remuneração. Assim que for pago, o comissário deverá restituir os bens, valores e numerários adquiridos, sob pena de esbulho e de sofrer reintegração de posse, movida pelo comitente.

Art. 709. São aplicáveis à comissão, no que couber, as regras sobre mandato.

• *Código Civil, arts. 653 a 692.*

Comissão e mandato. Como a comissão se apresenta sob a feição de mandato sem representação, ou, como preferimos, de representação indireta, as normas sobre mandato aplicar-se-lhe-ão subsidiariamente, no que couber, e, havendo omissão legal ou contratual, seus efeitos reger-se-ão pelos usos.

Capítulo XII
Da Agência e Distribuição

• Vide *Lei n. 4.886/65, com alteração da Lei n. 8.420/92.*

• Vide *Lei n. 6.729/79, com modificação da Lei n. 8.132/90.*

Art. 710. Pelo contrato de agência, uma pessoa assume, em caráter não eventual e sem vínculos de dependência, a obrigação de promover, à conta de outra, mediante retribuição, a realização de certos negócios, em zona determinada, caracterizando-se a distribuição quando o agente tiver à sua disposição a coisa a ser negociada.

• *Código Civil, arts. 721 e 775.*

• *Lei n. 4.886/65, arts. 27 e 31.*

• *Lei n. 6.729/79.*

Parágrafo único. O proponente pode conferir poderes ao agente para que este o represente na conclusão dos contratos.

Contrato de agência ou representação comercial. O contrato de agência é aquele pelo qual uma pessoa se obriga, mediante retribuição, a realizar certos negócios, em zona determinada, com caráter de habitualidade, em favor e por conta de outrem, sem subordinação hierárquica (*EJSTJ, 8*:130; *JB, 156*:252, *141*:33, 57, 58 e 152; *RT, 800*:289, *770*:253, *743*:303, *747*:291, *759*:250, *273*:526, *628*:116, *520*:160, *642*:126, *629*:134, *582*:174, *481*:207; *RJTJSP, 119*:240, *120*:230; *JTARS, 91*:307; *JTJRS, 166*:265, *170*:232; *RSTJ, 85*:253, *104*:163; STJ, Súmula 184; *Ciência Jurídica, 25*:152; *JTACSP, 191*:225).

A coisa, objeto do negócio, fica em poder do proponente (representado), devendo o agente pleiteá-la assim que o negócio se concretizar. O agente não tem a disponibilidade do bem a ser negociado.

O agente atua livremente ao exercer a atividade para a qual foi contratado dentro de certo limite territorial, sem ter o dever de seguir qualquer diretriz que não tenha sido acordada de modo expresso.

Contrato de distribuição. É o acordo em que fabricante, oferecendo vantagens especiais, compromete-se a vender, continuadamente, seus produtos ao distribuidor, para revenda em zona determinada. O distribuidor tem, portanto, à sua disposição a coisa a ser negociada. Trata-se de um agenciamento em que o bem fica em mãos do distribuidor, para ser entregue àquele com quem efetivar o negócio. Uma pessoa assume a obrigação de revender, com exclusividade e por conta própria, mediante retribuição, mercadorias de certo fabricante, em zona determinada (*EJSTJ*, 7:104; *JB*, *141*:136, *126*:250, *150*:333; *RT*, *833*:234, *830*:333, *786*:263, *640*:159, *600*:71, *641*:194, *587*:166; Súmula 9 do 2º TACSP; *RTJESP*, *118*:100).

Pelo Enunciado n. 31 (aprovado na *1ª Jornada de Direito Comercial*): "O contrato de distribuição previsto no art. 710 do Código Civil é uma modalidade de agência em que o agente atua como mediador ou mandatário do proponente e faz jus à remuneração devida por este, correspondente aos negócios concluídos em sua zona. No contrato de distribuição autêntico, o distribuidor comercializa diretamente o produto recebido do fabricante ou fornecedor, e seu lucro resulta das vendas que faz por sua conta e risco".

Agente ou representante comercial. É o agente a pessoa que se obriga a agenciar propostas ou pedidos em favor do representado.

Representado. É o proponente em prol de quem os negócios são agenciados, visto que confere poderes ao agente para que este o represente na conclusão dos contratos.

Representação na conclusão contratual. O proponente poderá outorgar ao agente ou ao distribuidor poderes de representação similares aos do mandato na conclusão de negócio, oriundo de convenção com terceiros, para que melhor possam conduzir as negociações, ultimando o ato pretendido.

BIBLIOGRAFIA: Sobre *agência*, consulte: W. Bulgarelli, *Contratos mercantis*, São Paulo, 1988, p. 470-5; Luiz Olavo Batista, Contratos de agência e representação na prática internacional, *Revista de Direito Público*, v. 15, n. 62, p. 227-41; Ricardo Nacim Saad, *Representação comercial*, São Paulo, Saraiva, 2008; Rubens Requião, *Do representante comercial*, Rio de Janeiro, Forense, 1993; e Agência, in *Enciclopédia Saraiva do Direito*, v. 5, p. 160-81; Orlando Gomes, *Contratos*, cit., p. 447-58; Caio M. S. Pereira, *Instituições*, cit., v. 3, p. 345 e s.; Baldi, *Il contratto di agenzia*, p. 259; Mariza A. Marques de Sousa, A exclusividade de zona nos contratos de representação comercial, *Tribuna do Direito*, *36*:24; M. Helena Diniz, *Tratado teórico e prático dos contratos*, São Paulo, Saraiva, 1999, v. 3, p. 457-65; Silva Pacheco, *Tratado de direito empresarial — empresário*: pessoa e patrimônio, São Paulo, Saraiva, 1979, v. 1, p. 347; Ripert, *Traité élémentaire de droit commercial*, Paris, 1973, n. 2.339. Sobre *distribuição, vide*: Rubens Requião, O contrato de concessão de venda com exclusividade, *RDM*, 7:23; Claudineu de Melo, *Contrato de distribuição*, São Paulo, Saraiva, 1987; M. Helena Diniz, *Tratado teórico e prático dos contratos*, São Paulo, Saraiva, 1993, v. 3, p. 373 e s.; Cristiano Graeff Jr., O contrato de concessão comercial e a Lei n. 6.729/79, *Ajuris*, n. 20, 1980, p. 80; Teresa Puente Muñoz, *El contrato de concesión mercantil*, Madrid, 1976; Claude Champaud, La concession commerciale, *Revue Trimestrielle de Droit Commercial*, Paris, 1963, t. 16, p. 471; A. Rizzardo, *Contratos*, 1988, v. 3, p. 1329-41; Waldirio Bulgarelli, *Contratos mercantis*, São Paulo, Atlas, 1988, p. 417; Carlos Lacerda Barata, *Anotações ao novo regime do contrato de agência*, 1990; Antonio Pinto Monteiro, *Contrato de agência*, 1993; Paul Crahay, *Les contrats internationaux d'agence et de concession de vente*, 1991; Ricardo Nacim Saad, *Representação comercial*, São Paulo, Saraiva, 2002; Ari Possidonio Beltran, Contratos de agência e de distribuição no novo Código Civil e a representação comercial, *Revista do Advogado*, *70*:11-17; José Augusto Delgado, Do contrato de agência e distribuição no Código Civil de 2002, in *O novo Código Civil — estudos em homenagem a Miguel Reale*, São Paulo, LTr, 2003, p. 657 e s.; Matiello, *Código Civil*, cit., p. 443-49; Adalberto Simão Filho, *Comentários*, cit., p. 606-10; J. Hamilton Bueno e Sandro Gilbert Martins, *Representação comercial e distribuição*, São Paulo, Saraiva, 2006.

Art. 711. Salvo ajuste, o proponente não pode constituir, ao mesmo tempo, mais de um agente, na mesma zona, com idêntica incumbência; nem pode o agente assumir o encargo de nela tratar de negócios do mesmo gênero, à conta de outros proponentes.

• *Lei n. 4.886/65, art. 31.*

Exclusividade recíproca da representação. O proponente não poderá constituir, concomitantemente, exceto convenção expressa em contrário, mais de um agente, na mesma zona territorial, tendo atribuição idêntica, nem poderá o agente nela efetuar negócios do mesmo gênero, à conta de outros proponentes. Logo, um representante não poderá agenciar duas ou mais empresas para um mesmo gênero de negócios, se o contrato não o permitir. Em regra, prevalecerá a seguinte norma: para toda zona e todo ramo de atividade, um só agente; e apenas um proponente para cada agente. A exclusividade territorial tem por escopo a proteção dos interesses do proponente e do agente, evitando-se concorrência desleal. A cláusula de exclusividade não é intrínseca ao contrato, visto que este pode conter estipulação em contrário (*RJTJSP, 118*:110). Estabelecida tal cláusula, o inadimplemento do dever de respeitá-la em favor da outra parte será causa de rescisão contratual e de indenização de perdas e danos.

Art. 712. O agente, no desempenho que lhe foi cometido, deve agir com toda diligência, atendo-se às instruções recebidas do proponente.

• *Lei n. 4.886/65, art. 29.*

Exercício da atividade de agenciamento. O agente, ao desempenhar sua função, deve procurar zelar pelo bom andamento das atividades a que se comprometeu, agir cautelosa e diligentemente e seguir, com fidelidade, as instruções recebidas do representado a respeito, p. ex., das condições de venda, fixação do preço das mercadorias e da forma de pagamento, sob pena, é óbvio, de rescisão contratual com eventuais perdas e danos, visto que tem, apesar da autonomia no exercício de sua atividade, a obrigação de atingir o objetivo do contrato (*JB, 141*:33). Se o agente, porventura, vier a obter resultado não vantajoso, apesar de ter seguido as orientações dadas e de ter agido com lisura e diligência, não terá nenhuma responsabilidade pelo prejuízo advindo de suas negociações. O proponente arcará, então, com os riscos negociais.

Art. 713. Salvo estipulação diversa, todas as despesas com a agência ou distribuição correm a cargo do agente ou distribuidor.

Despesas com a agência ou distribuição. O agente ou o distribuidor arcarão com as despesas decorrentes da execução do contrato de agência ou distribuição feitas, p. ex., com viagem, estada, transporte de mercadorias, encargos fiscais, propaganda do produto, remessa de amostra, a não ser que haja convenção expressa em contrário, permitindo o reembolso (TJRJ, Ap. Cível 2007.001.32449, 14ª Câm., rel. Des. José Carlos Paes, j. 15-8-2007).

Art. 714. Salvo ajuste, o agente ou distribuidor terá direito à remuneração correspondente aos negócios concluídos dentro de sua zona, ainda que sem a sua interferência.

Direito à remuneração. O agente ou distribuidor, salvo estipulação diversa, terá direito de ser remunerado acerca dos serviços prestados e pelos negócios concluídos dentro de sua zona exclusiva de atuação, mesmo sem sua interferência, por terem sido efetivados por outrem. O direito de receber remuneração pelo negócio concluído na zona de exclusividade de um agente ou distribuidor não depende da pessoa que o efetivou. A remuneração será devida se o negócio foi realizado diretamente pelo proponente, pelo próprio agente ou distribuidor, ou por outro, contrariando as instruções recebidas. O agente ou distribuidor, em cuja zona territorial se deu o ato negocial, ainda que sem sua interferência, poderão pleitear a remuneração do proponente, que, por sua vez, poderá exercer direito de regresso contra o agente ou distribuidor que violaram a exclusividade, reavendo o *quantum* desembolsado. Tal se dá em razão do princípio do prestígio à zona de atuação concedida ao agente ou ao distribuidor. É, portanto, oneroso o contrato de agência e distribuição.

Art. 715. O agente ou distribuidor tem direito à indenização se o proponente, sem justa causa, cessar o atendimento das propostas ou reduzi-lo tanto que se torna antieconômica a continuação do contrato.

Inadimplemento injustificado do contrato pelo proponente. O agente ou distribuidor tem direito a ressarcir-se de prejuízos (danos emergentes e lucros cessantes) causados por descumprimento, sem justa causa, do contrato pelo proponente (*JB, 141*:36) se, p. ex., este cessar os fornecimentos, não mais atendendo às propostas, ou vier a reduzi-los de modo a tornar antieconômica a manutenção do negócio. O proponente apenas não terá o dever de reparar tal indenização, se o dano advier de força maior, caso fortuito, superveniência de circunstância que venha a alterar a economia do país ou culpa exclusiva do agente ou distribuidor.

Art. 716. A remuneração será devida ao agente também quando o negócio deixar de ser realizado por fato imputável ao proponente.

- *Lei n. 4.886/65, art. 32.*

Resolução por inexecução culposa do proponente. Se o negócio não for realizado por fato imputável ao proponente, deixando, p. ex., de acatar os pedidos, não efetuando os fornecimentos, o agente terá direito à integral remuneração, pois o ato negocial foi concluído, com seu esforço, em sua zona de atuação, apesar de ter sido, sem culpa sua, prejudicado. Com isso tutelam-se a liberdade do agente e a boa-fé objetiva (CC, art. 422).

Art. 717. Ainda que dispensado por justa causa, terá o agente direito a ser remunerado pelos serviços úteis prestados ao proponente, sem embargo de haver este perdas e danos pelos prejuízos sofridos.

- *Código Civil, arts. 402 a 405, 422 e 884 a 886.*

Dispensa do agente por justa causa. O agente, mesmo se for dispensado por um motivo justo, terá direito de receber a remuneração equivalente aos serviços úteis ou vantajosos que efetivamente prestou ao proponente, dentro dos limites estabelecidos contratualmente, embora este tenha direito de pleitear indenização pelas perdas e danos em função dos prejuízos que veio a sofrer em razão das atividades executadas culposamente por aquele. Veda-se, aqui, diante do princípio da boa-fé objetiva (CC, art. 422), o enriquecimento ilícito ou indevido (CC, arts. 884 a 886). Ensina Matiello que, contudo, poderá haver: a) compensação entre tais créditos e débitos, desde que líquidos e exigíveis; b) obrigação de o proponente suportar os prejuízos advindos de riscos inerentes ao serviço cometido ao agente, sem direito de regresso.

Art. 718. Se a dispensa se der sem culpa do agente, terá ele direito à remuneração até então devida, inclusive sobre os negócios pendentes, além das indenizações previstas em lei especial.

- *Lei n. 4.886/65, art. 27.*

Dispensa do agente sem justa causa. O agente fará jus à indenização prevista em lei especial (Lei n. 4.886/65, art. 34), alusiva ao valor de sua atuação na execução contratual, e a uma remuneração devida até a data da sua dispensa, concernente aos serviços úteis já prestados, abrangendo, inclusive, a relativa a negócios pendentes (entabulados, mas não concluídos), se for despedido sem que tenha cometido qualquer ato culposo. Na lição de Adalberto Simão Filho, o agente também terá direito, em razão da denúncia imotivada do contrato, à concessão de pré-aviso com antecedência mínima de trinta dias ou pagamento de importância igual a um terço das comissões auferidas por ele nos três meses anteriores, caso o contrato tenha sido por prazo indeterminado e desde que tenha vigorado por mais de seis meses, e, ainda, a um montante não inferior a um doze avos do total de retribuição auferida durante o tempo de exercício da agência (art. 27, *j*, c/c art. 34 da Lei n. 4.886/65).

Pelo Enunciado n. 82, aprovado na *III Jornada de Direito Comercial*: "A indenização devida ao Representante, prevista no art. 27, alínea *j*, da Lei n. 4.886/1965, deve ser apurada com base nas comissões recebidas durante todo o período em que exerceu a representação, afastando-se os efeitos de eventual pagamento a menor, decorrente de prática ilegal ou irregular da Representada reconhecida por decisão judicial ou arbitral transitada em julgado".

Art. 719. Se o agente não puder continuar o trabalho por motivo de força maior, terá direito à remuneração correspondente aos serviços realizados, cabendo esse direito aos herdeiros no caso de morte.

- *Código Civil, arts. 393, parágrafo único, e 884 a 886.*

Impossibilidade de dar continuidade ao trabalho, em razão de força maior. Ocorrendo caso fortuito ou força maior que torne impossível ao agente continuar o trabalho de agenciamento, terá ele direito a uma remuneração proporcional aos serviços realizados, pois não pôde dar continuidade a sua tarefa por fato alheio à sua vontade. Se a impossibilidade se deu por morte do agente, seus herdeiros perceberão a referida remuneração, podendo cobrá-la, visto ser crédito do espólio deixado pelo *de cujus*. Com isso, impede-se o enriquecimento indevido de quem receber vantagens pelo serviço útil prestado por outrem (CC, arts. 884 a 886).

Art. 720. Se o contrato for por tempo indeterminado, qualquer das partes poderá resolvê-lo, mediante aviso prévio de noventa dias, desde que transcorrido prazo compatível com a natureza e o vulto do investimento exigido do agente.

- *Lei n. 4.886/65, art. 35.*

Parágrafo único. No caso de divergência entre as partes, o juiz decidirá da razoabilidade do prazo e do valor devido.

Resilição unilateral. As partes poderão fixar o prazo contratual. Se não houver prazo estipulado para a duração do contrato, o agente estará adstrito a respeitar um prazo razoável para que outro contratante tome as devidas providências, seja da parte do agente, quanto à conclusão dos negócios encetados, seja da parte do representado, para a cobertura da zona por outro agente. Tal se dá para evitar os sérios danos decorrentes da resilição brusca.

Aviso prévio. Qualquer contratante, se o contrato for por tempo indeterminado, poderá resolvê-lo, a qualquer tempo, mediante aviso prévio de noventa dias, desde que da celebração do contrato até a data daquele aviso haja transcorrido prazo compatível com a natureza e o vulto do investimento exigido do agente. Com isso respeitar-se-ão o princípio da boa-fé objetiva e o da função social do contrato, evitando o enriquecimento indevido. A resilição unilateral de contrato por tempo indeterminado operar-se-á, se: *a*) houver aviso prévio de noventa dias; *b*) desde a celebração do contrato até o dia em que se deu o aviso prévio, decorreu prazo compatível com a natureza e o vulto do investimento exigido do agente para evitar que alta quantia seja investida, sem que haja tempo suficiente para a obtenção de seu retorno. Se, porventura, as partes divergirem entre si, o órgão judicante deverá decidir sobre a razoabilidade do prazo de contratação transcorrido até o instante em que se deu o aviso prévio e do valor devido pelo proponente ao agente até o momento da ruptura contratual.

- Vide JTJ, 138*:78;* RTJ, 75*:672.*

Art. 721. Aplicam-se ao contrato de agência e distribuição, no que couber, as regras concernentes ao mandato e à comissão e as constantes de lei especial.

- Vide *Código Civil, arts. 653 a 692 (mandato), 693 a 709 (comissão), 710 a 721 (agência e distribuição).*

Normas disciplinadoras da agência e da distribuição. A agência e a distribuição são contratos muito comuns no direito empresarial e se regem, no que for cabível, pelas normas do mandato e da comissão, contidos no novo Código Civil (arts. 710 a 721; *JB, 141*:112-3), e por normas especiais, como as Leis n. 4.886/65, com alteração da Lei n. 8.420/92, e 6.729/79, com modificação da Lei n. 8.132/90. Por constituírem institutos bastante similares, nada obsta que sejam regulados pelos mesmos dispositivos normativos, aplicáveis tanto ao agente simples como ao agente distribuidor (CC, arts. 710, 713, 714, 715 e 721).

Capítulo XIII
Da Corretagem

- *Lei n. 6.530/78, regulamentada pelo Decreto n. 81.871/78 e alterada pelas Leis n. 10.795/2003, sobre corretor de imóveis e n. 13.097/2015.*
- *Lei n. 9.613/98, com alteração da Lei n. 12.683/2012.*
- *Lei n. 4.594/64 e Decreto-Lei n. 73/66, arts. 122 a 128 (corretor de seguros).*
- *Circular SUSEP n. 551/2017 sobre emissão e distribuição de carteiras de identidade profissional de corretores de seguros.*
- *Decreto n. 56.903/65 (corretor de seguro de vida e capitalização).*
- *Lei n. 2.146/53 (corretor oficial de valores).*
- *Sobre corretagem nas Bolsas de Valores e de valores imobiliários fora da Bolsa: Lei n. 6.385/76, art. 16 e parágrafo único.*
- *Instrução da CVM n. 402/2004, que estabelece normas para organização e funcionamento das corretoras de mercadorias.*
- *Decreto n. 81.402/78, arts. 43 a 56 (corretor de planos previdenciários de entidades abertas de previdência privada).*
- *Resolução Cofeci n. 1.256/2012, arts. 2º e 3º, sobre tabela de preço proposta pelo sindicato e pelo Conselho Regional de Corretores.*
- *Resolução do Cofeci n. 1.331/2014, que altera as Resoluções Cofeci n. 1.168/2010, 1.239/2011, 1.256/2012, 1.401/2017 e 1.404/2018.*
- *Enunciado n. 192 do Fórum Permanente de Processualistas Civis: "Alienação por iniciativa particular realizada por corretor ou leiloeiro não credenciado perante o órgão judiciário não invalida o negócio jurídico, salvo se o executado comprovar prejuízo".*

Art. 722. Pelo contrato de corretagem, uma pessoa, não ligada a outra em virtude de mandato, de prestação de serviços ou por qualquer relação de dependência, obriga-se a obter para a segunda um ou mais negócios, conforme as instruções recebidas.

• *Código Civil, arts. 593 a 609, 653 a 692 e 729.*

Contrato de corretagem. É a convenção pela qual uma pessoa, não ligada a outra em virtude de mandato ou de prestação de serviços, sem qualquer relação de dependência, se obriga, mediante remuneração, a obter para outrem um ou mais negócios, conforme instruções recebidas, ou a fornecer-lhe as informações necessárias para a celebração negocial. Contém uma obrigação de resultado e não de meio, pois o corretor deve obter a formação de um negócio, logo não há vínculo entre comitente e corretor, daí diferenciar-se do mandato e da prestação de serviços.

Jurisprudência sobre corretagem. *RT*, *804*:270, *777*:304, *776*:171, *688*:142, *652*:157, *680*:202, *615*:227, *513*:244, *612*:85, *528*:212, *193*:227, *200*:540, *274*:672; *RF*, *105*:332, *101*:326, *98*:382, *96*:367; *RSTJ*, *104*:163.

BIBLIOGRAFIA: Ramella, *Teoria della mediazione in materia civile e commerciale*, Milano, 1904; Dusi, *Istituzioni di diritto civile*, v. 2, p. 126; Giselda M. F. Novaes Hironaka, Contrato de mediação ou corretagem, *Estudos de direito civil*, Belo Horizonte, Del Rey, 2000, p. 145-50; Justino Adriano F. da Silva, Mediação e corretagem, in *Enciclopédia Saraiva do Direito*, v. 52, p. 124-9; M. Helena Diniz, *Curso*, cit., v. 3, p. 466 e s.; Karl Larenz, *Derecho de las obligaciones*, 1959, v. 2, p. 332; Rezzara, *Dei mediatori e del contratto di mediazione*, Padova, CEDAM, 1952; Luigi Carraro, *La mediazione*, Padova, CEDAM, 1952; Pontes de Miranda, *Tratado de direito privado*, São Paulo, Revista dos Tribunais, 1984, t. 43, p. 229-50; Giuseppe Valeri, *Manuale di diritto commerciale*, v. 2, p. 227; Antônio Chaves, Corretagem, in *Enciclopédia Saraiva do Direito*, v. 21, p. 1; Arnoldo Wald, A remuneração do corretor, *Digesto Econômico*, 1981, n. 286; Moacyr de Oliveira, Contrato de corretagem, in *Enciclopédia Saraiva do Direito*, v. 19, p. 271; Antonio Carlos M. Coltro, *Contrato de corretagem imobiliária*, São Paulo, Atlas, 2007; Giovani Cribari, Um ângulo das relações contratuais: a mediação e corretagem, *Revista Trimestral de Jurisprudência dos Estados*, *30*:58; Gustavo Tepedino, Questões controvertidas sobre o contrato de corretagem, *Temas atuais de direito civil*, Rio de Janeiro, Renovar, 1999, p. 113-35; Carvalho de Mendonça, *Tratado de direito comercial*, v. 2, n. 377; Carnelutti, La prestazione del rischio nella mediazione, *Rivista di diritto commerciale*, *1*:19, 1911; Umberto Ferrante, Mediazione, in *Enciclopedia Forense*, Milano, Vallardi, 1959, v. 4, p. 476-83; Umberto Pipia, *Trattato di diritto commerciale*, v. 1, n. 549, p. 447; Cesare Vivante, *Trattato di diritto commerciale*, Milano, Vallardi, 1934, v. 1, n. 230 e 231, p. 244 e 245; Enneccerus, *Tratado de derecho civil — derecho de las obligaciones*, Barcelona, Bosch, 1935, v. 2, t. 3, p. 303; José da Silva Pacheco, Corretagem, *Revista de Direito Civil, Imobiliário, Agrário e Empresarial*, *13*(2), ano 1, São Paulo, 1977; Carvalho Neto, *Contrato de mediação*, São Paulo, Saraiva, 1956; Sebastião de O. Castro Filho, Da corretagem ou mediação, in *O novo Código Civil — estudos em homenagem a Miguel Reale*, São Paulo, LTr, 2003, p. 711 e s.; Fabrício Z. Matiello, *Código Civil*, cit., p. 450-4; Carlos Alberto Bittar Filho e Márcia S. Bittar, *Novo Código Civil*, cit., p. 343; Adalberto Simão Filho, *Comentários*, cit., p. 610-12.

Art. 723. O corretor é obrigado a executar a mediação com diligência e prudência, e a prestar ao cliente, espontaneamente, todas as informações sobre o andamento do negócio.

Parágrafo único. Sob pena de responder por perdas e danos, o corretor prestará ao cliente todos os esclarecimentos acerca da segurança ou do risco do negócio, das alterações de valores e de outros fatores que possam influir nos resultados da incumbência.

• *Redação determinada pela Lei n. 12.236/2010.*

• Vide *Código Civil, arts. 389, 402 a 405 e 422.*

DIREITO DAS OBRIGAÇÕES

Execução da mediação com diligência e prudência. O corretor tem a obrigação de executar a mediação com a diligência e prudência, requeridas pela sua atividade de intermediação negocial. A *subcorretagem* será permitida se não houver proibição nesse sentido prevista no contrato. Caso em que o corretor poderá ser auxiliado por terceiro, assumindo a responsabilidade por seus atos e pela sua remuneração. O subcorretor só poderá exigir a retribuição pelo serviço, que prestou, do corretor que o nomeou, considerando-se que, em relação ao comitente, a subcorretagem é *res inter alios*, não podendo nem mesmo aumentar a remuneração ajustada, que deve ser paga pelo comitente ao corretor.

Informação sobre andamento do negócio. É dever do corretor informar, verbalmente ou por escrito, por *sponte propria*, o cliente sobre o andamento do negócio, esclarecendo não só sobre as condições, a segurança ou o risco do ato negocial (p. ex., informando sobre documentação irregular, estado de insolvência do alienante), mas também a respeito das alterações de valores e de todos os fatores que possam influir nos resultados da incumbência, sob pena de responder por perdas e danos.

Art. 724. A remuneração do corretor, se não estiver fixada em lei, nem ajustada entre as partes, será arbitrada segundo a natureza do negócio e os usos locais.

Remuneração do corretor. O corretor tem direito a uma remuneração, normalmente em dinheiro, designada comissão (*RTJ*, *58*:279, *66*:324, *72*:514-7, *90*:323, 596, 663 e 665; *RT*, *872*:235, *844*:377, *835*:367, *814*:252, *712*:220, *680*:202, *590*:101, *488*:200, *246*:161, *180*:647 e *136*:762; *EJSTJ*, *10*:71; *RJTJSP*, *132*:93; *BAASP*, *2545*:4495, *1864*:109, *1779*:42; *Ciência Jurídica*, *49*:176, *66*:131), estipulada em lei ou convencionada pelas partes. Essa remuneração só lhe será devida, por gerar a corretagem uma obrigação de resultado, se o objetivo pretendido for alcançado. Se tal remuneração não estiver fixada em lei, nem for ajustada entre as partes, será arbitrada judicialmente segundo a natureza do negócio (p. ex., a um percentual conforme o valor do objeto) e os usos locais (CC, art. 724 c/c art. 596 — p. ex., a comissão usual por corretagem imobiliária na praça de São Paulo, salvo convenção em contrário, é de 6% sobre o valor do negócio), considerando-se o tempo despendido, a qualidade do trabalho, o esforço empregado pelo corretor etc. Só terá direito à remuneração, não podendo cobrar despesas efetuadas no desempenho de sua atividade de intermediação. A comissão é o pagamento do resultado obtido com o trabalho do corretor: a aproximação das partes, tornando possível a conclusão do negócio (*RT*, *488*:200).

Pelo Enunciado n. 36 (aprovado na *1ª Jornada de Direito Comercial*): "O pagamento da comissão, no contrato de corretagem celebrado entre empresários, pode ser condicionado à celebração do negócio previsto no contrato ou à mediação útil ao cliente, conforme os entendimentos prévios entre as partes. Na ausência de ajuste ou previsão contratual, o cabimento da comissão deve ser analisado no caso concreto, à luz da boa-fé objetiva e da vedação ao enriquecimento sem causa, sendo devida se o negócio não vier a se concretizar por fato atribuível exclusivamente a uma das partes".

Art. 725. A remuneração é devida ao corretor uma vez que tenha conseguido o resultado previsto no contrato de mediação, ou ainda que este não se efetive em virtude de arrependimento das partes.

- *Código de Defesa do Consumidor (Lei n. 8.078/90), art. 51, IV.*

Comissão e arrependimento das partes. O corretor tem direito à remuneração se aproximou as partes e elas acordaram no negócio, mesmo que, posteriormente, se modifiquem as condições ou o negócio venha a ser rescindido ou desfeito, inclusive por arrependimento de qualquer dos contratantes (*RT*, *288*:799, *261*:265 e 280, *590*:101, *668*:75, *680*:202, *263*:508, *203*:494, *465*:180, *712*:220, *835*:367, *844*:377, *Ciência Jurídica*, *70*:122 e 353, *69*:107; *RSTJ*, *51*:191, *90*:109; *EJSTJ*, *12*:68; *RJTJSP*, *131*:99, *127*:41; TJRJ, Ap. Cív. 2007.001.23395, 14ª Câm., rel. Des. I. Pereira de Castro, j. 27-6-2007). Tal se dá porque o acordo, feito com a intermediação do corretor, já estava efetivado, antes da mencionada desistência. Se assim é, se o negócio não se realizar, p. ex., por falta de alguma documentação, por discordância quanto ao modo de efetuar o pagamento, por desentendimento do comitente com o eventual contratante, o corretor não fará jus à comissão, pois, apesar de ter aproximado as partes, não houve acordo entre elas. O corretor não receberá a remuneração, embora tenha agido com competência e diligência, se não conseguir, por meio de sua intermediação, a conclusão do ato negocial. Adalberto Simão Filho observa, ainda, que, em caso de o arrependimento de uma das partes vir a ocorrer em razão de uma melhor avaliação feita pela outra parte de alguns caracteres do negócio, omitidos pelo corretor, a remuneração poderá não lhe ser paga.

Art. 726. Iniciado e concluído o negócio diretamente entre as partes, nenhuma remuneração será devida ao corretor; mas se, por escrito, for ajustada a corretagem com exclusividade, terá o corretor direito à remuneração integral, ainda que realizado o negócio sem a sua mediação, salvo se comprovada sua inércia ou ociosidade.

Início e conclusão do negócio diretamente entre as partes. Se, mesmo havendo contrato de corretagem, o negócio se iniciar e concluir diretamente entre as partes, o corretor não terá direito a nenhuma comissão, pois não houve qualquer intervenção de sua parte para a aproximação dos possíveis interessados e efetivação negocial.

Opção de venda. Se o comitente autorizar, por escrito, o corretor a vender certo bem, com exclusividade, dentro de certo prazo (*RT*, *182*:180), terá ele direito à remuneração integral (*RT*, *872*:327) mesmo que o negócio venha a efetivar-se sem sua mediação, exceto se se comprovar sua inércia, ociosidade ou ausência de atividade laborativa, por revelar descaso, desinteresse ou omissão culposa no exercício de sua função, e, além disso, justo não seria premiar a desídia ou negligência. Tal cláusula de exclusividade não atinge o negócio efetuado por meio de ato de quem não seja o corretor, visto que constitui, tão somente, uma garantia para que este receba a retribuição ajustada, como se tivesse feito a intermediação.

Art. 727. Se, por não haver prazo determinado, o dono do negócio dispensar o corretor, e o negócio se realizar posteriormente, como fruto da sua mediação, a corretagem lhe será devida; igual solução se adotará se o negócio se realizar após a decorrência do prazo contratual, mas por efeito dos trabalhos do corretor.

• *Código Civil, arts. 884 a 886.*

Dispensa de corretor. Se o dono do negócio, não havendo prazo determinado para a corretagem, vier a dispensar o corretor, e o negócio, posteriormente, realizar-se em razão de sua eficaz atividade de mediação, a comissão ser-lhe-á devida. Deveras, se sua intermediação profícua, devidamente comprovada, foi a causa do ato negocial, não se pode retirar-lhe o direito à remuneração (*BAASP*, *2064*:644).

Conclusão do negócio após o término do prazo contratual. Se o corretor, com sua atividade de intermediação, foi o responsável pelo êxito negocial e pelo resultado útil obtido, que se deu depois da decorrência do prazo contratual, terá ele direito de receber a comissão integral, uma vez que o enriquecimento indevido do comitente está proibido legalmente (CC, arts. 884 a 886).

Art. 728. Se o negócio se concluir com a intermediação de mais de um corretor, a remuneração será paga a todos em partes iguais, salvo ajuste em contrário.

Mediação conjunta. Se a mediação for conjunta, todos os corretores que nela intervierem terão, pelo princípio de colaboração, direito cada um a comissão, que lhes será paga em partes iguais, se, diretamente, entraram em contato com os interessados (*RT*, *561*:223), a não ser que haja estipulação em contrário, estabelecendo percentagens, p. ex., conforme a participação de cada um. Claro está que será preciso que cada um deles tenha servido de intermediário junto aos futuros contratantes. Em caso diverso, ter-se-á mera relação interna entre os corretores, a que se conservaram alheios os contratantes, de maneira que o pagamento da remuneração será feito àquele que diretamente tratou com os interessados na conclusão do ato negocial.

- Vide: *TJSP, Ap. Cível 800.822-0/6, 27ª Câm., rel. Des. Carlos dos Santos, j. 16-1-2007.*

Art. 729. Os preceitos sobre corretagem constantes deste Código não excluem a aplicação de outras normas da legislação especial.

- *Código Civil, art. 721.*
- *Lei n. 6.530/78, regulamentada pelo Decreto n. 81.871/78.*

Aplicação de norma especial. O contrato de corretagem rege-se pelas normas do Código Civil, mas, havendo lei especial, esta prevalecerá sobre aquelas. Assim, p. ex., a Lei n. 6.530/78, regulamentada pelo Decreto n. 81.871/78 e alterada pela Lei n. 10.795/2003, disciplinará a profissão de corretor de imóveis (*RT*, *635*:264; *BAASP*, *2050*:114, *1910*:88), bem como as Resoluções Cofeci.

CAPÍTULO XIV
DO TRANSPORTE

SEÇÃO I
DISPOSIÇÕES GERAIS

- *Constituição Federal, art. 6º com redação da EC n. 90/2015.*
- *Súmula 21 do antigo Tribunal Federal de Recursos.*
- *Súmula 161 do Supremo Tribunal Federal.*
- *Súmula 39 do Tribunal Regional Federal da 1ª Região. Súmula cancelada: MS 002.01.00.007504-5/PA, 3ª S., em 11-12-2002* — DJ *II de 19-2-2003, p. 48.*
- *Código Penal, arts. 261 e 262.*
- *Lei de Introdução às Normas de Direito Brasileiro, art. 8º, § 1º.*
- *Decreto-Lei n. 116/67, regulamentado pelo Decreto n. 64.387/69.*
- *Lei n. 7.029/82 (Transporte dutoviário de álcool).*
- *Lei n. 7.565/86 (Código Brasileiro de Aeronáutica).*
- *Lei n. 9.432/97, art. 17 (com alteração da Lei n. 11.434/2006, arts. 4º, 5º e 6º, §§ 1º e 2º), sobre transporte aquaviário.*
- *Lei n. 9.611/98, regulamentada pelo Decreto n. 3.411/2000 (Transporte multimodal de cargas).*

- *Lei n. 9.966/2000, arts. 10 a 14.*
- *Decretos n. 2.681/12, 1.832/96, 98.443/89, 96.044/88 e 3.892/2001 (revogado pelo Decreto n. 5.355, de 25 de fevereiro de 2005).*
- *Leis n. 7.742/89, 8.632/90, 10.206/2001 (revogada pela Lei n. 10.893/2004), 10.209/2001 e 10.233/2001 (com alteração da Lei n. 11.314/2006).*
- *Lei n. 10.893/2004, arts. 7º, 12 e 35 (todos com a redação da Lei n. 11.434, de 28 de dezembro de 2006).*
- *Lei n. 11.442/2007 (alterada pelas Leis n. 12.249/2010, 12.667/2012, 13.103/2015, 14.206/2021, 14.440/2022 e 14.599/2023), sobre transporte rodoviário de cargas por conta de terceiro e mediante remuneração.*
- *Decreto n. 5.910/2006, que ratificou a Convenção Internacional de Montreal para unificação de certas normas relativas ao transporte aéreo internacional de 1999.*
- *Decreto n. 5.934/2006, que estabelece critérios para o exercício do direito previsto no art. 40 da Lei n. 10.741/2003, no sistema de transporte coletivo interestadual, nos modais rodoviário, ferroviário e aquaviário.*
- *Lei n. 11.909/2009 sobre transporte de gás natural.*
- *Lei n. 12.379/2011 dispõe sobre Sistema Nacional de Viação (SNV).*
- *Código de Processo Civil, arts. 707 a 711 sobre regulação de avaria grossa.*
- *Resolução n. 223/2010 da SUSEP sobre condições de seguro obrigatório de responsabilidade civil de empresas de transporte rodoviário interestadual e internacional de passageiros.*
- *Lei n. 12.667/2012 sobre transporte rodoviário de carga, que ainda revoga a Lei n. 6.813/80 para determinar transporte de produto perigoso.*
- *Lei n. 13.146/2015, arts. 46 a 52.*
- *Resolução ANAC n. 400/2016 sobre condições gerais de transporte aéreo.*
- *Resolução n. 1/2017 da CONAERO que aprova o Programa Nacional de Facilitação de Transporte aéreo.*
- *Resolução do CNJ n. 295/2019 sobre autorização de viagem nacional para crianças e adolescentes.*

Art. 730. Pelo contrato de transporte alguém se obriga, mediante retribuição, a transportar, de um lugar para outro, pessoas ou coisas.

- *Código Civil, art. 927, parágrafo único.*

Contrato de transporte. É aquele em que uma pessoa ou empresa se obriga, mediante retribuição, a transportar, de um local a outro, pessoas ou coisas animadas ou inanimadas, por via terrestre, aquaviária, ferroviária e aérea, assumindo os riscos decorrentes desse empreendimento.

Jurisprudência: STF, Súmulas 151, 161, 187, 314 e 492; STJ, Súmulas 50, 100 e 109; *RT*, *812*:310, *807*:351, *790*:219, *798*:363; *799*:257, *745*:223, *721*:298, *719*:213, *718*:238 e 148, *715*:275 e 167, *712*:295, *711*:226 e 107, *728*:262, *356*:46, *543*:108, *450*:65, *579*:262, *560*:209, *643*:219, *640*:134, *576*:243, *575*:152, *580*:139, *582*:208, *429*:260, *453*:92, *582*:208; *RSTJ*, *158*:310, *153*:223, *152*:400, *52*:208; *RTJ*, *96*:1201; *RJTJSP*, *8*:50; *JB*, *166*:329, *162*:185; *RJSTF*, *97*:229.

BIBLIOGRAFIA: Miguel Pupo Correia, Empresa de Transportes, in *Enciclopédia Saraiva do Direito*, v. 31, p. 345-52; Caio M. S. Pereira, *Instituições*, cit., v. 3, p. 291 e s.; Orlando Gomes, *Contratos*, cit., p. 370

e s.; Adaucto Fernandes, *O contrato no direito brasileiro*, 1945, v. 3, p. 464; Responsabilidade dos transportadores por via aérea, in *Responsabilidade civil — doutrina e jurisprudência*, São Paulo, Saraiva, 1984, p. 1 a 52; M. Helena Diniz, *Tratado*, cit., v. 4, p. 311-77; Artur R. Carbone e Luís Felipe Galante, Delineamentos jurídicos sobre contratos de utilização de embarcações, *Revista de Direito Privado*, *4*:27 a 49; Höffmaster e Neidengard, *El transporte de cargas en recipientes*, Bogotá, 1971, p. 33; Márcio Lucas Graciano, *Transporte, integração e desenvolvimento*, Rio de Janeiro, 1971; Guy de Valon, *Les clauses de non responsabilité dans la navigation maritime et la navigation aérienne*, 1940; Loniewski, *Assurance et responsabilité en matière de transport*, 1926; Adriano Fiorentino, *Il contratto di passagio marittimo*, 1940; Boulos, La responsabilité des transporteurs sucessifs de marchandises, *Rev. Fr. de Droit Aérien*, *1*:33, 1960; J. C. Sampaio de Lacerda, *Curso de direito privado de navegação*, p. 191 e s.; Octanny Silveira da Mota, A cláusula de não indenizar e o contrato de transporte aéreo, *Revista de Direito Civil, Imobiliário, Agrário e Empresarial*, *5*:13 e s., ano 2, 1978; Claude Chaiban, *Causes légales d'exonération du transporteur maritime dans le transport de marchandises*, Paris, LGDJ, 1965; Waldemar Ferreira, *Instituições de direito comercial*, v. 2; Zeno Veloso, *Novo Código Civil*, cit., p. 659-79; Sílvio Luís Ferreira da Rocha, *Curso avançado*, cit., p. 435-48; Rui Celso Reali Fragoso, O contrato de transporte, in *O novo Código Civil — estudos em homenagem a Miguel Reale*, São Paulo, LTr, 2003, p. 720 e s.; Paulo Henrique C. Pacheco e Rubens Walter Machado Filho, Não reconhecimento do roubo de cargas como caso fortuito e causa legal excludente de responsabilidade do transportador rodoviário, *Revista do IASP*, *12*:23-56; Matiello, *Código Civil*, cit., p. 454-71; Carlos Alberto Bittar Filho e Márcia S. Bittar, *O novo Código*, cit., p. 351; Adrianna de A. Setubal Santos, *Comentários ao Código Civil* (coord. Camillo, Talavera, Fujita e Scavone Jr.), São Paulo, Revista dos Tribunais, 2006, p. 612-23; Fábio Ulhoa Coelho, *Curso de direito comercial*, São Paulo, Saraiva, 2002, v. 3, p. 158; Hugo Nigro Mazzilli e Wander Garcia, *Anotações*, cit., p. 213.

Art. 731. O transporte exercido em virtude de autorização, permissão ou concessão, rege-se pelas normas regulamentares e pelo que for estabelecido naqueles atos, sem prejuízo do disposto neste Código.

- *Constituição Federal, arts. 175, 21, XII,* d e e, *25, § 1º, 30, V, 37, § 6º.*
- *Lei n. 9.074/95.*
- *Decreto n. 2.521/98.*

Disciplina jurídica do transporte público. O transporte coletivo, que for exercido por particulares mediante autorização, permissão ou concessão, é regido por tais atos administrativos e normas regulamentares, disciplinadoras de condições, obrigações, direitos, tarifas etc., por ser modalidade de prestação indireta de serviço público por pessoas jurídicas de direito privado, sem que haja prejuízo do disposto nos arts. 730 a 756 do Código Civil. E, havendo dano, aplicar-se-á o art. 37, § 6º, da Constituição Federal. (*Vide*: *RT*, *807*:351, *812*:310, *798*:363.)

Art. 732. Aos contratos de transporte, em geral, são aplicáveis, quando couber, desde que não contrariem as disposições deste Código, os preceitos constantes da legislação especial e de tratados e convenções internacionais.

- *Decreto n. 2.681/12 (Transporte Ferroviário).*
- *Decretos n. 20.704/31 (Convenção de Varsóvia) e 5.910/2006 (Convenção de Montreal).*
- *Decreto-Lei n. 3.326/41 (Transporte de Malas Postais).*
- *Lei n. 7.565/86 (Código Brasileiro de Aeronáutica), art. 256, § 2º,* b.

- *Decreto n. 1.832/96 (Aprova Regulamento dos Transportes Ferroviários).*
- *Lei n. 9.432/97 (Ordenação do Transporte Aquaviário).*
- *Decreto n. 5.910/2006, art. 1º.*

Contrato de transporte e normas que lhe são aplicáveis. Em regra, desde que não se contrariem os arts. 730 a 756 do Código Civil, sempre que possível for, aplicar-se-ão aos contratos de transportes as leis especiais, tratados e convenções internacionais. Porém, é preciso, a esse respeito, que o aplicador aja com cautela e prudência objetiva, pois a legislação especial, as convenções e os tratados internacionais disciplinam minuciosamente certas particularidades alusivas a determinados tipos de transporte, ao passo que o Código Civil apenas traça normas genéricas. E, havendo conflito entre elas, como poderia prevalecer a norma geral posterior (Código Civil) sobre a norma especial anterior (p. ex., Código Brasileiro de Aeronáutica; Regulamento dos Transportes Ferroviários etc.), diante do metacritério de que *lex posterior generalis non derogat priori specialis*? Como poderiam o tratado e a convenção internacional ter caráter subsidiário, se somente são aplicáveis a fatos interjurisdicionais e se no conflito entre norma de direito internacional e a norma de direito interno ter-se-á, em regra, a superioridade do tratado sobre a norma interna, ligando-a a um controle de constitucionalidade, e se, com a ratificação, entra no direito interno como norma especial?

Pelo Enunciado n. 37 (aprovado na *1ª Jornada de Direito Comercial*): "Aos contratos de transporte aéreo internacional celebrados por empresários aplicam-se as disposições da Convenção de Montreal e a regra de indenização tarifada nela prevista (art. 22 do Decreto n. 5.910/2006)".

E, além disso, "diante do preceito constante no art. 732, do Código Civil, teleologicamente e em uma visão constitucional de unidade do sistema, quando o contrato do transporte constitui uma relação de consumo, aplicam-se as normas do Código de Defesa do Consumidor que forem mais benéficas a este" (Enunciado n. 369 do Conselho da Justiça Federal, aprovado na *IV Jornada de Direito Civil*). E pelo Enunciado n. 559 do CJF (aprovado na *VI Jornada de Direito Civil*): "Observado o Enunciado 369 do CJF, no transporte aéreo, nacional e internacional, a responsabilidade do transportador em relação aos passageiros gratuitos, que viajarem por cortesia, é objetiva, devendo atender à integral reparação de danos patrimoniais e extrapatrimoniais".

BIBLIOGRAFIA: Tércio Sampaio Ferraz Jr., Antinomia, in *Enciclopédia Saraiva do Direito*, v. 7, p. 14 e 17; M. Helena Diniz, *Conflito de normas*, São Paulo, Saraiva, 2001, p. 47 e 50; Dehousse, La ratification des traités, in *Essai sur les rapports des traités et du droit interne*, p. 1981; Bobbio, *Teoria dell'ordinamento*, p. 115-9; Gavazzi, *Delle antinomie*, Torino, Giappichelli, 1959, p. 80, 83 e 87.

Art. 733. Nos contratos de transporte cumulativo, cada transportador se obriga a cumprir o contrato relativamente ao respectivo percurso, respondendo pelos danos nele causados a pessoas e coisas.

- *Código Civil, art. 756.*

§ 1º O dano, resultante do atraso ou da interrupção da viagem, será determinado em razão da totalidade do percurso.

- *Código Civil, art. 737.*

§ 2º Se houver substituição de algum dos transportadores no decorrer do percurso, a responsabilidade solidária estender-se-á ao substituto.

- *Código Civil, arts. 264, 265, 275 a 285.*
- *Súmula 161 do Supremo Tribunal Federal.*

DIREITO DAS OBRIGAÇÕES

Contrato de transporte cumulativo. Havendo vários transportadores, cada um deles tem o dever de cumprir o contrato no percurso que lhe coube, respondendo objetivamente pelos prejuízos que, durante ele, causou a pessoas e coisas transportadas. Esse contrato gera responsabilidade solidária por ser difícil determinar, dentre vários transportadores, o faltoso; logo, qualquer deles poderá ser demandado pelo lesado para a reparação do prejuízo causado à incolumidade da carga ou do viajante, apesar de, para fins de execução do contrato, cada um ficar obrigado pela etapa que vier a assumir durante o percurso. Já houve decisão de que "o primeiro transportador se responsabiliza por todo o percurso, ainda que trechos subsequentes estivessem a cargo de outra companhia" (*RT*, *793*:250). O que suportar o encargo indenizatório terá direito ao reembolso junto ao transportador, em cujo percurso ocorreu o dano.

Atraso ou interrupção da viagem. Se algum prejuízo advier em razão de atraso ou interrupção da viagem, será ele determinado considerando-se a totalidade do percurso e não apenas uma ou outra etapa, visto que o contrato de transporte contém uma obrigação de resultado e não de meio.

Responsabilidade solidária. O transporte cumulativo gera responsabilidade civil solidária do substituto, em caso de ter havido substituição de alguns dos transportadores durante o percurso. Como a obrigação de indenizar somente poderá recair sobre os executores do transporte, operar-se-á a exclusão do substituído e a inclusão do substituto na responsabilidade solidária.

SEÇÃO II
DO TRANSPORTE DE PESSOAS

- *Lei n. 8.069/90, arts. 83 a 85.*
- *Lei n. 8.899/94, regulamentada pelo Decreto n. 3.691/2000.*
- *Decreto n. 2.521/98.*

Art. 734. O transportador responde pelos danos causados às pessoas transportadas e suas bagagens, salvo motivo de força maior, sendo nula qualquer cláusula excludente da responsabilidade.

- *Código Civil, arts. 186, 393 e parágrafo único, 927, parágrafo único, 789 a 802, 948 a 951.*
- *Súmulas 161, 186 e 314 do Supremo Tribunal Federal.*
- *Decreto n. 2.681/2012, art. 23.*
- *Código de Defesa do Consumidor, arts. 51, I, e 54.*

Parágrafo único. É lícito ao transportador exigir a declaração do valor da bagagem a fim de fixar o limite da indenização.

- Vide *Código Civil, arts. 750, 944, 948, 949 e 950.*

Contrato de transporte de pessoas. É aquele em que o transportador se obriga a remover uma pessoa e sua bagagem de um local a outro, mediante remuneração (*RT*, *815*:272, *814*:227, *804*:243, *803*:177, *799*:257, *795*:228, 229 e 307, *790*:219, *793*:250, *789*:393, *787*:256, *785*:179, *784*:197, *783*:229, *782*:222 e 375, *780*:265, *774*:275, *773*:182, *771*:259, *758*:197 e 239, *748*:177, *733*:201; *JB*, *141*:182).

Responsabilidade do transportador. O transportador responde objetivamente (*RSTJ*, *150*:262) pelos danos sofridos pelos viajantes e suas bagagens, oriundos de desastres não provocados por força maior (CC, art. 393, parágrafo único; *ADCOAS*, 1981, n. 80.420; *RT*, *784*:337), pagando uma indenização, por dano moral ou patrimonial, variável conforme a natureza ou extensão dos prejuízos, abrangendo tanto danos emergentes (p. ex., despesa médico-

-hospitalar, gasto com estada, alimentação etc.) como os lucros cessantes (p. ex., perda de negócio que não pôde dar-se por atraso no transporte).

Nulidade de cláusula excludente da responsabilidade. O dever do transportador de responder pela incolumidade do viajante e de conduzi-lo são e salvo a seu destino não poderá ser afastado por estipulação que exonere o transportador de sua responsabilidade, que é objetiva, por ter assumido obrigação de resultado, ou seja, de conduzir o passageiro são e salvo ao local do destino (*RT*, *728*:262). Daí considerar-se nula qualquer cláusula excludente de responsabilidade (*RTJ*, *125*:307; Súmula 161 do STF).

Exigência de declaração do valor da bagagem. O transportador poderá, com o escopo de limitar a indenização, exigir que o viajante declare por escrito o valor da bagagem a ser transportada, prevenindo assim eventual controvérsia se houver seu extravio (*RT*, *630*:124) ou perda. Tal avaliação fixará o limite máximo da indenização.

Art. 735. A responsabilidade contratual do transportador por acidente com o passageiro não é elidida por culpa de terceiro, contra o qual tem ação regressiva.

- Vide *Código Civil, arts. 35, 186 a 188, 927, parágrafo único, 930, 932, III, 933, 934 e 942, parágrafo único, e Decreto n. 2.681/12, art. 24.*
- *Súmula 187 do Supremo Tribunal Federal.*
- *Código de Processo Civil, arts. 125, II, 132, 794, § 1º, 795, § 1º.*

Culpa de terceiro não é excludente de responsabilidade. A responsabilidade contratual do transportador pelo acidente sofrido, p. ex., pelo passageiro, não é ilidida por culpa de terceiro, cujo carro veio, por imperícia sua, a colidir com o ônibus que conduzia, mas contra o qual tem ação regressiva (Súmula 187 do STF e CC, art. 735) para reaver o que se desembolsou (*RT*, *774*:276, *799*:246, *806*:209 e *810*:264).

Art. 736. Não se subordina às normas do contrato de transporte o feito gratuitamente, por amizade ou cortesia.

- *Código Civil, arts. 392 e 927.*

Parágrafo único. Não se considera gratuito o transporte quando, embora feito sem remuneração, o transportador auferir vantagens indiretas.

- *Súmula 145 do Superior Tribunal de Justiça.*

Transporte gratuito. É o feito por simples cortesia ou amizade; logo, refoge das normas legais sobre o contrato (CC, art. 736; *RT*, *728*:259, *769*:237; *RF*, *310*:164); e, por isso, não acarreta responsabilidade civil objetiva do transportador. Se o passageiro, conduzido gratuitamente, vier a sofrer alguma lesão, o motorista só terá responsabilidade subjetiva, fundada na culpa (CC, art. 927). Logo, o lesado só poderá acioná-lo provando sua imprudência, negligência ou imperícia, para haver a reparação do dano, moral ou patrimonial, sofrido durante o percurso. No que atina a transporte de idoso, gratuito por força de lei especial, é preciso lembrar que não tipifica transporte por mera cortesia e acarreta responsabilidade contratual objetiva do transportador (*RT, 805*: 262).Pelo Enunciado n. 559 da *VI Jornada de Direito Civil*: "Observado o Enunciado n. 369 do CJF, no transporte aéreo, nacional e internacional, a responsabilidade do transportador em relação aos passageiros gratuitos, que viajarem por cortesia, é objetiva, devendo atender à integral reparação de danos patrimoniais e extrapatrimoniais".

Onerosidade do contrato. A onerosidade, visto que há vantagens para ambos os contratantes, é essencial ao contrato de transporte. E, se o transportador dele receber vantagens indiretas, mesmo que não tenha havido qualquer remuneração, o contrato não será considerado gratuito (*RF*, *101*:318). Assim, havendo interesse, mesmo indireto, por parte do transportador, retira-se o caráter de liberalidade do transporte, p. ex., pelo corretor de imóveis, que leva, gratuitamente, clientes para verem terrenos, casas ou apartamentos; pelo hoteleiro que conduz, a título gratuito, hóspedes seus ao aeroporto ou a locais de turismo; pela agência de turismo, que coloca à disposição de turistas, nos dias de estada numa localidade, gratuitamente, um ônibus para passeio, com o intuito de ampliar seus serviços, angariando mais clientes; pelo partido político que fornece condução de eleitores para assistir a comício (*RJM*, *175*:331).

Art. 737. O transportador está sujeito aos horários e itinerários previstos, sob pena de responder por perdas e danos, salvo motivo de força maior.

• Vide *Código Civil, arts. 393, parágrafo único, 402 a 405.*

• *Decreto n. 2.681/1912, art. 24.*

Responsabilidade pelo horário e itinerário. No contrato de transporte deverá haver respeito aos horários e itinerários estabelecidos, pois o viajante neles se baseia para controlar suas atividades e compromissos assumidos. O transportador responsabiliza-se pelos prejuízos acarretados aos passageiros em virtude de atraso do transporte (*RT*, *780*:265), na saída ou na chegada, bem como pela alteração do itinerário, devendo pagar indenização por perdas e danos, sempre que tais acontecimentos não sejam motivados por força maior (*vis maior*), p. ex., tempestade, forte nevoeiro; ou por caso fortuito, como acidente de trânsito, queda de ponte etc. Adrianna de Alencar Setubal Santos observa que o artigo *sub examine* é inaplicável no voo tipo *charter*, por não haver no bilhete indicação de horário, e, principalmente, porque, nessa modalidade de voo, não se pode, de antemão, estabelecer o itinerário, por falta de informação da ocorrência ou não, no percurso, de escalas.

Art. 738. A pessoa transportada deve sujeitar-se às normas estabelecidas pelo transportador, constantes no bilhete ou afixadas à vista dos usuários, abstendo-se de quaisquer atos que causem incômodo ou prejuízo aos passageiros, danifiquem o veículo, ou dificultem ou impeçam a execução normal do serviço.

Parágrafo único. Se o prejuízo sofrido pela pessoa transportada for atribuível à transgressão de normas e instruções regulamentares, o juiz reduzirá equitativamente a indenização, na medida em que a vítima houver concorrido para a ocorrência do dano.

• *Código Civil, arts. 734, 944 e 945.*

Observância de normas estabelecidas pelo transportador. O viajante tem obrigação de acatar as normas e instruções regulamentares estabelecidas pelo condutor, constantes do bilhete de passagem ou afixadas à vista dos usuários nas estações de embarque, no local da venda do bilhete de passagem, no interior do veículo etc. E se, com seu comportamento antissocial, violar normas e instruções (p. ex., como a de não fumar e a de não ligar celular), deverá, ante o princípio da boa-fé objetiva, arcar com as consequências, apesar de a responsabilidade do transportador ser objetiva. Se a vítima, em caso de transgressão a essas normas, concorreu para a ocorrência do prejuízo, o juiz deverá, equitativamente, reduzir o *quantum* indenizatório.

Abstenção de incômodo. O viajante deve proceder de modo a não causar: perturbação ao motorista e aos demais passageiros, dano ao veículo ou dificuldade na execução normal do serviço.

Art. 739. O transportador não pode recusar passageiros, salvo os casos previstos nos regulamentos, ou se as condições de higiene ou de saúde do interessado o justificarem.

• *Código de Defesa do Consumidor (Lei n. 8.078/90), art. 39, II.*

Impossibilidade de recusa de passageiro. O condutor, exceto em caso previsto no regulamento ou se as condições de higiene e saúde do interessado o permitirem, não poderá recusar o transporte de qualquer pessoa, fazendo seleção ou discriminação. Assim sendo, se o viajante estiver fedendo, ante sua sujeira corporal, ou afetado por moléstia contagiosa ou em estado de enfermidade física ou mental ou, ainda, drogado ou embriagado, que possa causar incômodo ou risco aos demais viajantes, comprometendo suas condições de saúde, o transportador poderá recusá-lo se impossível for conduzi-lo em compartimento separado. Da mesma forma permitida está em transporte interestadual a recusa de viajante incapaz sem estar devidamente autorizado para efetuar a viagem (*RT*, *733*:201).

Art. 740. O passageiro tem direito a rescindir o contrato de transporte antes de iniciada a viagem, sendo-lhe devida a restituição do valor da passagem, desde que feita a comunicação ao transportador em tempo de ser renegociada.

§ 1º Ao passageiro é facultado desistir do transporte, mesmo depois de iniciada a viagem, sendo-lhe devida a restituição do valor correspondente ao trecho não utilizado, desde que provado que outra pessoa haja sido transportada em seu lugar.

§ 2º Não terá direito ao reembolso do valor da passagem o usuário que deixar de embarcar, salvo se provado que outra pessoa foi transportada em seu lugar, caso em que lhe será restituído o valor do bilhete não utilizado.

§ 3º Nas hipóteses previstas neste artigo, o transportador terá direito de reter até cinco por cento da importância a ser restituída ao passageiro, a título de multa compensatória.

• *Código Civil, art. 473.*

Rescisão contratual. O passageiro pode rescindir, unilateralmente, o contrato antes do início da viagem e apenas receberá de volta o valor da passagem se comunicar em tempo o fato ao transportador para que possa renegociá-la. Com isso protege-se o viajante, impedindo que o transportador obtenha vantagem pecuniária sem realizar o percurso programado.

Desistência do transporte. O passageiro poderá desistir do transporte, mesmo depois do início da viagem, hipótese em que terá direito à devolução do valor relativo ao trecho do itinerário, que não foi por ele utilizado, desde que comprove que outra pessoa, ocupando sua vaga, tenha sido transportada em seu lugar, no percurso faltante. Com isso acatar-se-á o princípio do enriquecimento indevido (CC, arts. 884 a 886).

Direito à restituição do valor da passagem. O viajante que deixar de embarcar por desistência, ou atraso para a partida, não terá direito ao reembolso, mas, excepcionalmente, poderá receber a devolução do valor do bilhete não utilizado, provando que outro passageiro foi transportado em seu lugar (p. ex., em razão da prática usual, apesar de proibida por lei, do *overbooking* pelas empresas que vendem mais passagens do que o número de lugares do veículo, para evitar prejuízo causado por desistências de última hora).

Direito de retenção. O transportador poderá reter 5% da importância a ser devolvida a passageiro que não embarcar ou desistir da viagem, a título de multa compensatória, em razão do transtorno causado pela rescisão unilateral.

Art. 741. Interrompendo-se a viagem por qualquer motivo alheio à vontade do transportador, ainda que em consequência de evento imprevisível, fica ele obrigado a concluir o transporte contratado em outro veículo da mesma categoria, ou, com a anuência do passageiro, por modalidade diferente, à sua custa, correndo também por sua conta as despesas de estada e alimentação do usuário, durante a espera de novo transporte.

Efeito da interrupção da viagem em razão de fato imprevisível. O transportador terá a obrigação de concluir o transporte contratado, se a viagem se interromper por motivo alheio à sua vontade (caso fortuito ou força maior, que provoque, p. ex., queda de ponte) ou por fato imprevisível (p. ex., quebra de motor), em outro veículo da mesma categoria (*RT*, *729*:224 e *727*:198) ou, se o passageiro anuir, de outra diversa (uso de ônibus em lugar de trem), à sua custa, correndo também por sua conta as despesas de estada e alimentação do usuário, durante o tempo em que ficar aguardando o novo transporte.

Art. 742. O transportador, uma vez executado o transporte, tem direito de retenção sobre a bagagem de passageiro e outros objetos pessoais deste, para garantir-se do pagamento do valor da passagem que não tiver sido feito no início ou durante o percurso.

• *Código Civil, art. 644.*

Retenção de bagagem. O transportador, efetivado o transporte, terá o direito de reter bagagem e objetos pessoais do viajante, para garantir-se do pagamento do valor da passagem, que não foi paga no início ou durante o percurso; passando a ter, então, o dever de custódia e o de zelar pela sua conservação.

Seção III

Do transporte de coisas

• *Código Comercial, arts. 566, 567, 575 a 577, 587.*

• *Código de Processo Civil, arts. 707 a 711.*

Art. 743. A coisa, entregue ao transportador, deve estar caracterizada pela sua natureza, valor, peso e quantidade, e o mais que for necessário para que não se confunda com outras, devendo o destinatário ser indicado ao menos pelo nome e endereço.

• *Código Comercial, arts. 566 e s.*

Contrato de transporte de coisas. É aquele em que o expedidor ou remetente entrega ao transportador determinado objeto para que, mediante pagamento de frete, seja remetido a outra pessoa (consignatário ou destinatário), em local diverso daquele em que a coisa (móvel ou semovente — IN n. 54/2013 do Ministério da Agricultura, Pecuária e Abastecimento) foi recebida (*RT*, *808*: 257, *796*:276, *812*:365, *793*:255, *790*:271, *780*:248, *785*:259, *774*:259).

Requisitos para a entrega da coisa a ser transportada. O remetente, além de indicar nome e endereço ou outros dados (estado civil, nacionalidade, RG, CPF etc.) do destinatário, deverá descrever a coisa, apontando sua natureza, valor, peso e quantidade ou qualquer outro dado que a identifique, evitando que venha a confundir-se com outra, pois o transportador, ao recebê-la, responsabilizar-se-á pela perda ou avaria que vier a sofrer durante o percurso. Essa providência conferirá segurança ao remetente, relativamente à entrega da coisa e à indenização por sua perda ou extravio.

Art. 744. Ao receber a coisa, o transportador emitirá conhecimento com a menção dos dados que a identifiquem, obedecido o disposto em lei especial.

Parágrafo único. O transportador poderá exigir que o remetente lhe entregue, devidamente assinada, a relação discriminada das coisas a serem transportadas, em duas vias, uma das quais, por ele devidamente autenticada, ficará fazendo parte integrante do conhecimento.

- *Código Comercial, arts. 575 a 589.*
- *Código Civil, arts. 745, 750, 752 e 754.*

Conhecimento de frete. O transportador tem, ao receber a coisa, o dever de expedir o conhecimento de transporte, de frete ou de carga, contendo todos os requisitos que a identifiquem, observando-se o disposto em lei especial (*RT, 811*:313).

Entrega da relação de coisas a serem transportadas. O transportador terá o direito de pleitear que o remetente lhe entregue, devidamente assinado, em duas vias, o rol das coisas a serem transportadas, visto que uma delas, autenticada de forma adequada, fará parte integrante do conhecimento. Essa providência tem por escopo evitar transporte de carga ilícita. Com isso, o remetente não poderá reclamar coisa que não constar daquele rol ou inventário, nem o transportador poderá alegar que não recebeu para expedição bem que estiver naquela lista autenticada.

Art. 745. Em caso de informação inexata ou falsa descrição no documento a que se refere o artigo antecedente, será o transportador indenizado pelo prejuízo que sofrer, devendo a ação respectiva ser ajuizada no prazo de cento e vinte dias, a contar daquele ato, sob pena de decadência.

- *Código Civil, arts. 207 a 211 e 422.*

Indenização por prejuízo decorrente de informação falsa. O transportador tem, ante o princípio da boa-fé objetiva, direito de receber indenização pelo prejuízo que vier a sofrer com informação falsa ou inexata (omissão de que a coisa transportada é altamente inflamável ou corrosiva), contida no conhecimento feito pelo expedidor, que o impediu de tomar medidas necessárias conducentes a evitar o dano (p. ex., uso de *container* especial; reforço na segurança etc.). Para obter a reparação deverá mover ação judicial dentro do prazo decadencial de cento e vinte dias, contado da data em que o ato informativo foi prestado. Entretanto, há quem entenda, como Nelson Nery Jr. e Rosa Maria A. Nery, que se trata de prazo prescricional, em razão de a pretensão indenizatória ser condenatória.

Art. 746. Poderá o transportador recusar a coisa cuja embalagem seja inadequada, bem como a que possa pôr em risco a saúde das pessoas, ou danificar o veículo e outros bens.

- *Código Civil, art. 747.*
- *Decreto n. 1.832/96, art. 31, parágrafo único,* c.
- *Lei n. 9.611/98, art. 16, II.*
- *Decreto n. 96.044/88 (aprova Regulamento para Transporte Rodoviário de Produtos Perigosos).*
- *Código de Defesa do Consumidor (Lei n. 8.078/90), art. 39, VIII.*

Recusa de mercadoria mal-acondicionada ou perigosa. O transportador poderá recusar-se a transportar coisa por defeito de acondicionamento (*RT, 796*:276) ou que possa pôr em risco a saúde das pessoas ou danificar o veículo e outros bens. P. ex.: se houver pretensão de se transportar gás, o transportador deverá constatar se tem condições de ser transportado com segurança; assim, se perceber algum risco de vazamento, poderá negar-se a recebê-lo. A adequação da embalagem é dever do expedidor, reservando-se ao transportador o direito de não efetuar o transporte de mercadoria mal-acondicionada ou perigosa, haja vista que deverá entregar a coisa incólume ao destinatário.

Art. 747. O transportador deverá obrigatoriamente recusar a coisa cujo transporte ou comercialização não sejam permitidos, ou que venha desacompanhada dos documentos exigidos por lei ou regulamento.

- *Código Penal, art. 180.*
- *Código Civil, art. 746.*

Recusa do transporte. O transportador tem o dever legal de recusar coisa cujo transporte ou comercialização não sejam permitidos legalmente (p. ex., maconha, armas de uso exclusivo das forças armadas, animais silvestres ou em extinção etc.) ou por estar deteriorada ou mal-acondicionada, por ser perigosa (CC, art. 746) ou, ainda, por não se encontrar acompanhada da documentação exigida legalmente (como nota fiscal, autorização de autoridade competente etc.). A falta de documentação poderá, lembra Matiello, acarretar consequências de ordem penal, civil, fiscal ou administrativa, daí a obrigação legal de recusa imposta ao transportador.

Art. 748. Até a entrega da coisa, pode o remetente desistir do transporte e pedi-la de volta, ou ordenar seja entregue a outro destinatário, pagando, em ambos os casos, os acréscimos de despesa decorrentes da contraordem, mais as perdas e danos que houver.

- *Código Civil, arts. 402 a 405, 473 e 740.*

Direitos do remetente. O remetente poderá, antes da entrega da mercadoria ao destinatário, desistir do transporte, pedindo a devolução da coisa ou variar a consignação, exigindo sua entrega, em razão de substituição do destinatário, em local diverso do anteriormente combinado, pagando, obviamente, em ambas as hipóteses, o preço ajustado, proporcionalmente à atividade executada, os acréscimos de despesa oriundos da contraordem e a indenização pelas perdas e danos. Com isso, manter-se-á o equilíbrio econômico-financeiro das partes.

Art. 749. O transportador conduzirá a coisa ao seu destino, tomando todas as cautelas necessárias para mantê-la em bom estado e entregá-la no prazo ajustado ou previsto.

- *Código Civil, arts. 494 e 734.*

Transporte da coisa com diligência. O transportador, ante o fato de sua obrigação ser de resultado, deverá, ao conduzir a coisa ao seu destino, tomar todas as providências para que não se deteriore, sob pena de responder pelo dano ou avaria que vier a sofrer enquanto estiver sob seus cuidados (*RT, 652*:93).

Entrega da coisa. O transportador, para evitar a mora, deverá entregar a mercadoria no local e no prazo convencionados ou, ainda, no prazo razoável, quando se estabelecer prazo certo (*RT, 813*:267). Se houver atraso, salvo se provocado por fato alheio à vontade do transportador, este deverá responder pelas perdas e danos. Não havendo prazo estipulado pelos contratantes para a realização do transporte, o transportador deverá efetivar a entrega da carga no tempo em que comumente se faz tal percurso, considerando-se a natureza da mercadoria, a distância a ser percorrida etc.

Art. 750. A responsabilidade do transportador, limitada ao valor constante do conhecimento, começa no momento em que ele, ou seus prepostos, recebem a coisa; termina quando é entregue ao destinatário, ou depositada em juízo, se aquele não for encontrado.

- *Código Civil, arts. 334 a 345, 494, 927, parágrafo único, 778 a 788, 734, parágrafo único, e 944 a 954.*
- *Lei n. 9.611/98, arts. 11 a 23, sobre responsabilidade no transporte multimodal.*

• *Súmula 161 do Supremo Tribunal Federal.*

• *Código de Processo Civil, arts. 539 a 549.*

Limitação da responsabilidade do transportador. A responsabilidade civil objetiva do transportador relativa à integridade da carga limitar-se-á ao *quantum* constante do conhecimento de frete, tendo início a partir do instante em que ele, ou seu preposto, receber a coisa e terminando com sua entrega ao destinatário ou seu depósito em juízo, se aquele não puder ser encontrado, evitando, assim, a mora. O risco com o transporte fica por conta do transportador, exceto se a coisa se perder ou deteriorar por culpa do remetente ou em razão de força maior. Todavia, será preciso esclarecer que o limite da responsabilidade ao valor atribuído pelo contratante só diz respeito à sua avaria ou perda. O transportador responderá pelas perdas e danos que remetente, destinatário ou terceiro vierem a sofrer com o transporte, em razão de atraso, desvio de itinerário etc., sem qualquer limitação ao valor contido no conhecimento de frete.

Pela Súmula 161 no STF é inoperante, em contrato de transporte, a cláusula de não indenizar. E, ainda, se tem decidido que a fixação de seguro irrisório constitui fraude à lei (*RTJ*, *104*:357, 77:202).

Art. 751. A coisa, depositada ou guardada nos armazéns do transportador, em virtude de contrato de transporte, rege-se, no que couber, pelas disposições relativas a depósito.

• Vide *Código Civil, arts. 627 a 652.*

• *Código Penal, art. 168.*

Depósito em armazém do transportador. Se a coisa, em razão do contrato de transporte, ficar guardada no armazém do transportador, a ela aplicar-se-ão os arts. 627 a 652 do Código Civil, relativos ao depósito, que ao caso forem cabíveis. O transportador deverá zelar pela sua conservação, respondendo pelos danos causados a ela e arcando com as obrigações oriundas do depósito. É preciso esclarecer, como o faz Fábio Ulhoa Coelho, que o depósito não se confunde com o contrato de armazenamento, que visa uma atividade econômica de guarda e conservação de mercadorias a serem transportadas. O transportador, durante o tempo em que a coisa ficar armazenada, terá a responsabilidade pela guarda e conservação da coisa similar à do depositário, por isso ser-lhe-ão aplicáveis as normas que regem o depósito.

Art. 752. Desembarcadas as mercadorias, o transportador não é obrigado a dar aviso ao destinatário, se assim não foi convencionado, dependendo também de ajuste a entrega a domicílio, e devem constar do conhecimento de embarque as cláusulas de aviso ou de entrega a domicílio.

Efeitos do desembarque de mercadorias. Chegando a mercadoria ao destino, o transportador deverá avisar o destinatário, se houver convenção a respeito, para que a retire dentro de certo prazo, ou entregá-la em domicílio (*RT*, *747*:394), se constar do conhecimento de embarque cláusula a esse respeito. Logo, o transportador não tem obrigação de avisar o destinatário, nem de entregar a mercadoria em domicílio, se não houver no conhecimento cláusula de aviso ou de entrega domiciliar. A entrega, geralmente, operar-se-á no estabelecimento do transportador (armazém, depósito etc.). Lembra Matiello que, em regra, o destinatário é que tem a obrigação de retirar a mercadoria no local de desembarque, independentemente de aviso de sua chegada, sob pena de pagar o valor do depósito, despesas de conservação e de armazenagem, custos da notificação para a retirada da carga etc.

Art. 753. Se o transporte não puder ser feito ou sofrer longa interrupção, o transportador solicitará, incontinenti, instruções ao remetente, e zelará pela coisa, por cujo perecimento ou deterioração responderá, salvo força maior.

- *Decreto n. 2.681/1912, art. 1º, e Código Civil, art. 393, parágrafo único.*

§ 1º Perdurando o impedimento, sem motivo imputável ao transportador e sem manifestação do remetente, poderá aquele depositar a coisa em juízo, ou vendê-la, obedecidos os preceitos legais e regulamentares, ou os usos locais, depositando o valor.

- *Código Civil, arts. 334 a 345.*
- *Código de Processo Civil, arts. 539 a 549.*

§ 2º Se o impedimento for responsabilidade do transportador, este poderá depositar a coisa, por sua conta e risco, mas só poderá vendê-la se perecível.

- *Código de Processo Civil, arts. 539 a 549.*

§ 3º Em ambos os casos, o transportador deve informar o remetente da efetivação do depósito ou da venda.

§ 4º Se o transportador mantiver a coisa depositada em seus próprios armazéns, continuará a responder pela sua guarda e conservação, sendo-lhe devida, porém, uma remuneração pela custódia, a qual poderá ser contratualmente ajustada ou se conformará aos usos adotados em cada sistema de transporte.

- *Código Civil, arts. 627 a 652.*
- *Decreto n. 1.102/1903 sobre armazéns gerais.*

Impossibilidade ou interrupção do transporte. O transportador, por ter responsabilidade civil objetiva, deverá, incontinenti, solicitar instruções ao remetente se o transporte, em razão de, p. ex., obstrução da estrada causada por acidente, não puder ser feito ou sofrer longa interrupção e zelar pela mercadoria, sob pena de responder pela sua perda ou deterioração, exceto se houver força maior (p. ex., inundação).

Depósito judicial ou venda da coisa. O transportador deverá informar o remetente se vier a depositar a coisa em juízo ou vendê-la, no caso de perdurar, sem culpa sua, o motivo que impossibilite o seu transporte, não recebendo do remetente instruções a respeito, desde que cumpra os preceitos legais e regulamentares ou os usos locais, depositando o valor alcançado em juízo ou em instituição bancária oficial. Mas, se o impedimento perdurar por culpa sua (falta de manutenção do veículo), deverá depositar a coisa, por sua conta e risco, só podendo vendê-la se perecível for, caso em que deverá efetuar o depósito do *quantum* obtido em juízo, ou em instituição bancária oficial, em nome do remetente. Nesta hipótese também deverá informar o remetente da efetivação do depósito e da venda. Só poderá valer-se, portanto, do depósito judicial ou venda da coisa em casos excepcionais.

Responsabilidade pela guarda e conservação da coisa. Se o transportador mantiver a coisa depositada em seu próprio armazém, responderá por sua guarda e conservação, tendo direito a uma remuneração pela custódia e armazenagem, que poderá ser contratualmente ajustada ou se conformará aos usos adotados em cada sistema de transporte (ferroviário, rodoviário, aquaviário ou aéreo).

Art. 754. As mercadorias devem ser entregues ao destinatário, ou a quem apresentar o conhecimento endossado, devendo aquele que as receber conferi-las e apresentar as reclamações que tiver, sob pena de decadência dos direitos.

- *Código Civil, arts. 744 e 494.*
- *Súmula 109 do Superior Tribunal de Justiça.*

Parágrafo único. No caso de perda parcial ou de avaria não perceptível à primeira vista, o destinatário conserva a sua ação contra o transportador, desde que denuncie o dano em dez dias a contar da entrega.

• *Código Civil, arts. 207 a 211.*

Direito à entrega da mercadoria. Terá direito de receber a mercadoria quem entregar ao transportador o conhecimento de carga endossado (CC, art. 744), seja ele destinatário ou não.

Protesto necessário junto ao transportador. O consignatário, ou destinatário, deverá, então, conferi-la, apresentando, sob pena de decadência, tempestivamente, as devidas reclamações. O destinatário tem, portanto, o direito de acionar o transportador, ao receber mercadoria cuja perda parcial ou avaria não pôde ser verificada, em razão de não ser perceptível à primeira vista, contanto que o faça dentro do prazo decadencial de dez dias, contados da data da entrega (*vide*: *RT*, *711*:226; *TJRS*, Ap. Cível 70.019.145.804, 12ª Câm., rel. Des. Cláudio B. Maciel, j. 30-8-2007).

Art. 755. Havendo dúvida acerca de quem seja o destinatário, o transportador deve depositar a mercadoria em juízo, se não lhe for possível obter instruções do remetente; se a demora puder ocasionar a deterioração da coisa, o transportador deverá vendê-la, depositando o saldo em juízo.

• *Código Civil, arts. 334 a 345.*

• *Código de Processo Civil, arts. 539 a 549.*

Dúvida sobre o destinatário. Se o transportador não souber, com certeza, a quem entregar a carga, em razão, p. ex., de homonímia, perda do documento de identificação, extravio do conhecimento de frete, deverá, em certos casos, efetuar seu depósito em juízo, se impossível for obter quaisquer instruções do remetente. E, se a demora puder acarretar deterioração da mercadoria, por ser perecível, deverá providenciar sua venda, depositando o saldo em juízo, deduzidas as despesas de armazenagem e frete. Com isso, evitar-se-á que o transportador tenha o ônus de conservar a coisa, por tempo indeterminado, assumindo risco de perda ou deterioração e arcando com despesas de conservação.

Art. 756. No caso de transporte cumulativo, todos os transportadores respondem solidariamente pelo dano causado perante o remetente, ressalvada a apuração final da responsabilidade entre eles, de modo que o ressarcimento recaia, por inteiro, ou proporcionalmente, naquele ou naqueles em cujo percurso houver ocorrido o dano.

• Vide *arts. 275 a 285 e 733, §§ 1º e 2º, do Código Civil.*

• *Lei n. 9.611/98, regulamentada pelo Decreto n. 3.411/2000.*

Transporte cumulativo de coisa. Ter-se-á transporte cumulativo de coisa quando se recorre, sucessivamente, aos serviços de vários transportadores para fazer com que a mercadoria chegue a seu destino, bastando, para tanto, um único conhecimento de frete.

Responsabilidade solidária dos transportadores. O transporte cumulativo de mercadoria gera responsabilidade civil solidária perante o remetente, pela incolumidade da carga, por ser difícil determinar dentre os vários transportadores o culpado pelo dano causado, embora cada um seja obrigado pelo percurso parcial feito ou pela etapa assumida. O remetente poderá acionar qualquer um deles para obter o *quantum* indenizatório pelo prejuízo sofrido. Todavia ressalva-se a apuração final da responsabilidade entre eles, de sorte que a reparação do prejuízo venha a recair, integral ou proporcionalmente, naquele em cujo percurso houver ocorrido o dano. O que pagar a indenização ao remetente, não sendo o culpado, terá ação regressiva contra o causador do prejuízo (*RT*, *185*:331).

Capítulo XV
Do Seguro

- *As sociedades de seguro dependem de autorização governamental* — Vide *arts. 757, parágrafo único, e 1.123 do Código Civil; Constituição Federal, art. 22, VII.*
- *Decreto-Lei n. 2.063/40, sobre operações de seguros privados.*
- *O Decreto-Lei n. 2.765, de 9 de novembro de 1940, dispõe sobre a quitação de empregadores para com as instituições de seguros sociais.*
- *O Decreto-Lei n. 2.865, de 12 de dezembro de 1940, art. 3º, autoriza o IPASE a operar em seguros privados.*
- *O Decreto-Lei n. 3.908, de 8 de dezembro de 1941, dispõe sobre as sociedades mútuas de seguros.*
- *O Decreto-Lei n. 4.609, de 22 de agosto de 1942, estabelece a garantia subsidiária do Governo Federal às sociedades mútuas de seguros e dá outras providências.*
- *O Decreto-Lei n. 5.384, de 8 de abril de 1943, dispõe sobre os beneficiários do seguro de vida.*
- *O Decreto-Lei n. 6.319, de 6 de março de 1944, dispõe sobre os prazos de depósito e seguro contra riscos de incêndio de mercadorias depositadas em armazéns gerais, e dá outras providências.*
- *O Decreto-Lei n. 6.400, de 3 de abril de 1944, autoriza o Instituto de Resseguros a organizar a Bolsa Brasileira de Seguros.*
- *O Decreto-Lei n. 7.377, de 13 de março de 1945, dispõe sobre o ativo das sociedades mútuas de seguro.*
- Vide *Decreto-Lei n. 7.526, de 17 de maio de 1945 (Lei Orgânica dos Serviços Sociais do Brasil).*
- *Decreto-Lei n. 8.934/46, sobre sociedades mútuas de seguro sobre a vida.*
- *Lei n. 2.168/54, sobre seguro agrário.*
- *Leis n. 6.430/77, 4.518/64, sobre serviço de assistência e seguro social dos economiários, e 6.430/77, que extingue o SASSE e dispõe sobre a transferência dos economiários para o regime da Lei n. 3.807, de 26 de agosto de 1960.*
- *Lei n. 3.275/57, que unifica o período de carência do seguro-morte nos institutos e caixas de aposentadoria e pensões.*
- *Lei n. 3.373/58, sobre plano de assistência ao funcionário e sua família a que se referem os arts. 161 e 256 da Lei n. 1.711/52.*
- *Lei n. 4.403/64, sobre bens e direitos de companhias de seguro alemãs.*
- *A Lei n. 4.594, de 29 de dezembro de 1964, regula a profissão de corretor de seguros.*
- *Seguro agrícola* — Vide *Decreto n. 55.801, de 26 de fevereiro de 1965, ora revogado pelo Decreto de 25 de abril de 1991.*
- Vide *Decreto n. 56.900, de 23 de setembro de 1965, e Portaria n. 136, de 6 de junho de 1966, sobre normas para funcionamento das companhias de seguro.*
- *O Decreto-Lei n. 73, de 21 de novembro de 1966 (com alteração da Lei Complementar n. 126/2007), dispõe sobre o Sistema Nacional de Seguros Privados, regula as operações de seguros e resseguros, e dá outras providências, e no seu art. 26 prescreve que as sociedades seguradoras não estão sujeitas à falência, nem podem impetrar concordata. A Lei n. 9.482, de 13 de agosto de 1997, dispõe sobre a administração do Instituto de Resseguros do Brasil e sobre a transferência e a transformação de suas ações.*

- *O Decreto n. 60.459, de 13 de março de 1967, regulamenta o Decreto-Lei n. 73, de 21 de novembro de 1966 (com alteração do Decreto n. 61.867/67).*
- *O Decreto n. 61.867, de 7 de dezembro de 1967, regulamenta os seguros obrigatórios previstos no art. 20 do Decreto-Lei n. 73, de 21 de novembro de 1966.*
- Vide *o Decreto n. 60.460, de 13 de março de 1967, que aprova os Estatutos do Instituto de Resseguros do Brasil, e os Decretos n. 65.065, de 27 de agosto de 1969, 65.318, de 10 de outubro de 1969, e 84.334, de 21 de dezembro de 1979, que o alteram, e o Decreto de 25 de abril de 1991, que o revoga.*
- *A Lei Complementar n. 126/2007 trata da política de resseguro, retrocessão e sua intermediação, das operações de cosseguro, das contratações de seguro no exterior e das operações em moeda estrangeira do setor securitário e, ainda, altera o Decreto-Lei n. 73/66 e a Lei n. 8.031/90 (ora revogada pela Lei n. 9.491/97).*
- *Seguros de renda temporária em colonização* — Vide *art. 53 do Decreto n. 59.428, de 27 de outubro de 1966.*
- *A Lei n. 5.488, de 27 de agosto de 1968, institui a correção monetária, nos casos de liquidação de sinistros cobertos por contratos de seguros.*
- *A Lei n. 5.627, de 1º de dezembro de 1970, dispõe sobre capitais mínimos para as sociedades seguradoras e dá outras providências.*
- *A Lei n. 5.764, de 16 de dezembro de 1971, define a Política Nacional de Cooperativismo, institui o regime jurídico das sociedades cooperativas, e dá outras providências.*
- *O Decreto n. 75.072, de 9 de dezembro de 1974, altera dispositivos do Regulamento aprovado pelo Decreto n. 60.459, de 13 de março de 1967, relativo ao Decreto-Lei n. 73, de 21 de novembro de 1966, que dispõe sobre o Sistema Nacional de Seguros Privados, e regula as operações de seguros e resseguros.*
- *A Lei n. 6.194, de 19 de dezembro de 1974, com alteração da Lei n. 8.441, de 13 de julho de 1992, dispõe sobre Seguro Obrigatório de Danos Pessoais causados por veículos automotores de via terrestre, ou por carga, a pessoas transportadas ou não.*
- *O Decreto-Lei n. 1.391, de 19 de fevereiro de 1975, dispõe sobre a concessão de estímulos às fusões e às incorporações das sociedades seguradoras.*
- *A Lei n. 6.317, de 22 de dezembro de 1975, dispõe sobre a contratação de seguros sem as exigências e restrições previstas na Lei n. 4.594, de 29 de dezembro de 1964.*
- *Lei n. 6.704, de 26 de outubro de 1979, alterada pelos Decretos n. 2.045/96, 3.937/2001 e 4.041/2001, que dispõe sobre seguro de crédito à exportação.*
- *Decreto n. 3.048/99, sobre o Regulamento do Seguro de Acidentes do Trabalho.*
- *O Decreto n. 85.266, de 20 de outubro de 1980, dispõe sobre a atualização dos valores monetários dos seguros obrigatórios a que se refere o Decreto n. 61.867, de 7 de dezembro de 1967.*
- *Resoluções n. 1/98 (ora revogada), 153/2006, 154/2006 e 192/2008 da SUSEP, sobre Seguro Obrigatório de Danos Pessoais Causados por Veículos Automotores de Via Terrestre (DPVAT).*
- *Decreto-Lei n. 2.420, de 18 de março de 1988.*
- *Lei n. 7.998/90 (alterada pela Lei n. 13.134/2015), sobre programa de seguro-desemprego, abono salarial e FAT.*
- *Lei n. 8.177/91, art. 21.*
- *Lei n. 8.374, de 30 de dezembro de 1991, sobre seguro obrigatório de danos pessoais causados por embarcação ou por sua carga.*

- *Código Comercial, arts. 666 a 730, sobre seguro marítimo.*
- *Resolução n. 6/92 da SUSEP, sobre seguro de assistência médica ou hospitalar.*
- *Circulares n. 5 e 6 de 1992 (revogadas pela Circular n. 321/2006) da SUSEP, sobre seguro de incêndio.*
- *Circular n. 17/92 (revogada pela Circular n. 302/2005) da SUSEP, sobre seguro de vida em grupo.*
- *Circular n. 7/97 da SUSEP (ora revogada), sobre bens garantidores das reservas técnicas, fundos e provisões de sociedades seguradoras.* Vide *Circular SUSEP n. 300/2005.*
- *Resoluções n. 11/94 (ora revogada pela Resolução n. 103/2004) e 59/2001 (já revogada) do CNSP.* Vide *Resolução CNSP n. 126/2006.*
- *Resolução n. 54/2001 (revogada pela Resolução SUSEP n. 90/2002) da SUSEP.*
- *Súmulas 151, 188, 504 e 689 do Supremo Tribunal Federal; Súmulas 101 e 616 do Superior Tribunal de Justiça.*
- *Constituição Federal de 1988, art. 192, II, com redação da Emenda Constitucional n. 13/96, ora revogado pela Emenda Constitucional n. 40/2003.*
- *Súmulas 25, 94 e 124 do extinto Tribunal Federal de Recursos.*
- *Lei n. 8.900/94 (com alterações da Lei n. 13.134/2015), sobre benefício do seguro-desemprego.*
- *Lei n. 9.477/97.*
- *Lei n. 9.514/97, art. 5º, § 3º.*
- *Lei n. 9.656/98, sobre planos e seguros privados de assistência à saúde.*
- *Lei n. 9.932/99 (ora revogada pela LC n. 126/2007), sobre transferência das atribuições da IRB (Brasil Resseguros S.A. para a SUSEP).*
- *Lei n. 10.185/2001, sobre especialização das sociedades seguradoras em planos privados de assistência à saúde.*
- *Resoluções do CONSU (Conselho de Saúde Suplementar n. 3, 8 a 14/98, 15 a 19/99).*
- *Lei n. 10.208/2001, que acresce dispositivos à Lei n. 5.859/72, facilitando ao empregado doméstico o acesso ao FGTS e ao seguro-desemprego.*
- *Lei n. 10.608, de 20 de dezembro de 2002, que altera a Lei n. 7.998/90 para assegurar o pagamento de seguro-desemprego ao trabalhador resgatado da condição análoga à de escravo.*
- *Lei n. 10.779/2003, que dispõe sobre concessão do benefício de seguro-desemprego, durante o período defeso de atividade pesqueira para a preservação da espécie, ao pescador profissional que exerce a pesca de forma artesanal.*
- *Lei n. 10.823/2003 e Decretos n. 5.121/2004 e 5.514/2005 (revogado pela Lei n. 5.782/2006), sobre subvenção econômica ao prêmio do seguro rural.*
- *Circular n. 308/2005 da SUSEP, sobre seguro de penhor rural.*
- *Decreto n. 4.986/2004, sobre Conselho Nacional de Seguros Privados.*
- *Circular n. 90/99 (revogada pela Circular n. 302/2005) da SUSEP, sobre estruturação mínima das condições gerais especiais e particulares ou específicas das notas técnicas atuariais dos contratos de seguro.*
- *Deliberações n. 81/2003 (já revogada), que consolida o Regimento Interno da SUSEP, e 84/2003, ambas da SUSEP. E, ainda, Resolução SUSEP n. 254/2012 que altera a Resolução CNSP n. 229/2010 sobre Regimento Interno da SUSEP, com as alterações da Res.*

CNSP n. 272/2012, modificada pela Res. n. 299/2013 da SUSEP.

- *Circular n. 240/2004 (revogada pela Circular n. 251/2004) da SUSEP, sobre aceitação da proposta e sobre início da vigência da cobertura nos contratos de seguro.*
- *Circular n. 241/2004 (revogada pela Circular n. 269/2004) da SUSEP, sobre estruturação mínima das condições contratuais e das notas técnicas atuariais dos contratos de seguros de automóvel, com inclusão ou não, de forma conjugada, da cobertura de responsabilidade civil facultativa de veículos e/ou acidentes pessoais de passageiros.*
- *Circular n. 336/2007 da SUSEP, sobre operacionalização das apólices de seguro de responsabilidade civil à base de reclamações.*
- *Circular n. 419/2011 da SUSEP, sobre regras e critérios para operação de coberturas oferecidas em plano de seguro de riscos de engenharia.*
- *Resolução n. 103/2004 da SUSEP, sobre normas de atualização e recálculo de valores relativos às operações de seguro, de previdência complementar aberta e de capitalização.*
- *Resolução n. 107/2004 da SUSEP, que altera normas sobre estipulação de seguros, responsabilidades e obrigações de estipulantes e seguradoras.*
- *Resolução n. 108/2004 (revogada pela Resolução n. 186/2008) da SUSEP, que regula o Processo Administrativo Sancionador (PAS) para aplicação de sanções por infração a normas disciplinadoras do mercado de seguros e de corretagem de seguros.*
- *Código Civil, arts. 206, §§ 1º, II,* a e b, *e 3º, IX, e 1.346.*
- *Código de Processo Civil, arts. 318 e s. e 1.063.*
- *LJE, art. 3º, II.*
- *Código Penal, art. 171, § 2º, V.*
- *Circular n. 491/2014 da SUSEP sobre elementos mínimos que devem ser observados pelas sociedades seguradoras na emissão de apólices e certificados de seguro.*
- *Decreto n. 8.722/2016 sobre estrutura regimental e quadro demonstrativo dos cargos em comissão e das funções de confiança da SUSEP.*
- *Lei n. 11.101/2005, art. 2º, II.*
- *Súmulas 188 e 504 do Supremo Tribunal Federal.*
- *Súmula 632 do Superior Tribunal de Justiça.*
- *Súmulas 9, 10 e 11 do Tribunal de Justiça do Estado de São Paulo.*
- *Lei n. 13.169/2015 altera a Lei n. 7.689/88 para elevar alíquota da CSLL em relação às pessoas jurídicas de seguros privados.*
- *Circular SUSEP n. 591/2018 sobre seguro pecuário e seguro de animais.*

Seção I
Disposições gerais

Art. 757. Pelo contrato de seguro, o segurador se obriga, mediante o pagamento do prêmio, a garantir interesse legítimo do segurado, relativo a pessoa ou a coisa, contra riscos predeterminados.

- *Código Civil, arts. 206, §§ 1º, II, e 3º, IX, 458 a 461, 768, 777 e 785.*
- *Decreto n. 59.195/66, art. 4º (cobrança de prêmios de seguros privados).*

Parágrafo único. Somente pode ser parte, no contrato de seguro, como segurador, entidade para tal fim legalmente autorizada.

• Vide *Súmulas 31, 101, 229, 426 e 465 do Superior Tribunal de Justiça.*
• *Súmulas 105, 188, 504 e 529 do Supremo Tribunal Federal.*

Contrato de seguro. O contrato de seguro é a convenção pela qual alguém adquire, mediante pagamento de um prêmio, o direito de exigir da outra parte uma indenização, caso ocorra o risco futuro assumido (*RSTJ, 106*:225). Tem por objeto garantir o interesse (jurídico ou econômico) legítimo do segurado, relativo a pessoa ou coisa, contra riscos predeterminados. "Nos contratos de seguro por adesão, os riscos predeterminados indicados no art. 757, parte final, devem ser interpretados de acordo com os arts. 421, 422, 424, 759 e 799 do Código Civil e 1º, inc. III, da Constituição Federal" (Enunciado n. 370 do Conselho da Justiça Federal, aprovado na *IV Jornada de Direito Civil*).

Pelo Enunciado n. 374 da *IV Jornada de Direito Civil*: "No contrato de seguro, o juiz deve proceder com equidade, atentando às circunstâncias reais, e não a probabilidades infundadas, quanto à agravação dos riscos".

Segurador. É aquele que suporta o risco (*RF, 87*:726), mediante o recebimento do prêmio. Como deve assumir riscos estipulados no contrato, precisa preencher certos requisitos, p. ex.: autorização do Poder Público para funcionamento, capacidade financeira etc. A sua atividade é exercida por companhias especializadas, isto é, por sociedades anônimas, mediante prévia autorização do governo federal (CF/88, art. 192, II, com redação da EC n. 13/96; Lei n. 8.177/91, art. 21; *BAASP, 1.852*:74; CNSP, Resolução n. 14/91), e sujeita à fiscalização da SUSEP (Superintendência de Seguros Privados). "A disciplina dos seguros do Código Civil e as normas da previdência privada que impõem a contratação exclusivamente por meio de entidades legalmente autorizadas não impedem a formação de grupos restritos de ajuda mútua, caracterizados pela autogestão" (Enunciado n. 185 do Conselho da Justiça Federal, aprovado na *III Jornada de Direito Civil*).

Segurado. É o que, tendo capacidade para a prática dos atos jurídicos, adquire, por simples adesão, apólice, pagando prêmio ao segurador, para obter a indenização de certo risco nela predeterminado.

Beneficiário. Pessoa física (capaz ou incapaz) ou jurídica que fará jus à indenização.

BIBLIOGRAFIA: W. Barros Monteiro, *Curso*, cit., v. 5, p. 333-47; Silvio Rodrigues, *Direito civil*, cit., v. 3, p. 382-401; Clóvis Beviláqua, *Código Civil*, cit., v. 5, p. 183 e s.; Orlando Gomes, *Contratos*, cit., p. 501-21; Cesare Vivante, *Del contratto di assicurazione*, 1922; Bassil Dower, *Curso*, cit., p. 261-72; Messineo, *Manuale di diritto civile e commerciale*, v. 3, p. 210; Serpa Lopes, *Curso*, cit., p. 363-401; Ramella, *Trattato dell'assicurazione privata e sociale*, Milano, 1937, 2 v.; Elcir Castello Branco, Contrato de seguro, in *Enciclopédia Saraiva do Direito*, v. 19, p. 483 e s.; Larenz, *Derecho de las obligaciones*, Madrid, 1958, v. 1, p. 80; Nicola Gasperoni, *Le assicurazioni*, 1966; Gobbi, Osservazioni sulla relazione fra caratteri economici e caratteri giuridici dell'assicurazione, *Rivista dell'Assicurazione*, p. 258 e s., 1936; Levenhagen, *Código Civil*, cit., v. 5, p. 179-203; M. Helena Diniz, *Curso*, cit., v. 3, p. 318-34; *Tratado*, cit., cap. XXXVIII, v. 4, p. 319-99; Carvalho de Mendonça, *Contratos*, cit., v. 2, n. 299; João Luís Alves, *Código Civil anotado*, cit., v. 2, obs. aos arts. 1.432 e s.; R. Limongi França, *Manual*, cit., v. 4, t. 2, p. 239 e s.; Picard e Besson, *Traité général des assurances terrestres*, v. 2, n. 47 e s.; Paul Sumien, *Traité théorique et pratique des assurances terrestres et des opérations de capitalization et d'épargne*, Paris, Dalloz, 1934; e *Traité des assurances terrestres*, 7. ed., Paris, 1957, n. 120; Espínola, *Dos contratos nominados*, cit., n. 188; Colin e Capitant, *Cours élémentaire*, cit., v. 2, n. 850; Mário Moacyr Porto, Contrato de seguro, in *Enciclopédia Saraiva do Direito*, v. 19, p. 509-12; Voltaire Marensi, Concubinato — legado e seguro de vida em face da nova ordem constitucional, *Ciência Jurídica, 35*:7; e *O seguro no direito brasileiro*, Porto

Alegre, Síntese, 2000; Carlos Alberto Bittar, *Contratos civis*, cit., p. 150-65; Priscila M. P. C. da Fonseca, Contrato de seguro, in *Contratos nominados* (coord. Cahali), São Paulo, Saraiva, 1995, p. 441-57; Ossa, *Teoría general del seguro*, Bogotá, Temis, 1991; Bernardo Zuleta Torres, *El contrato de seguro*, Bogotá, Temis, 1981; Rubén S. Stiglitz, *El contrato de seguro*, Buenos Aires, Abeledo-Perrot, 1994; *Cláusulas abusivas en el contrato de seguro*, Buenos Aires, Abeledo-Perrot, 1994; e *Seguro contra la responsabilidad civil*, Buenos Aires, 1991; Sílvio de S. Venosa, *Manual dos contratos*, cit., p. 268-89; Roberto Senise Lisboa, *Manual*, cit., v. 3, p. 201-12; Pedro Alvim, *O contrato de seguro*, Rio de Janeiro, Forense, 1999; José Vasques, *Contrato de seguro*, 1999; Ernesto Tzirulnik, *Regulação de sinistro*, 2001; O princípio indenitário no contrato de seguro, *RT*, *759*:96; Jones Figueirêdo Alves, *Novo Código Civil*, cit., p. 680 a 727; Sílvio Luís Ferreira da Rocha, *Curso avançado*, cit., p. 360-82; Ernesto Tzirulnik, Flávio de Queiroz B. Cavalcanti e Ayrton Pimentel, *O contrato de seguro de acordo com o novo Código Civil brasileiro*, São Paulo, Revista dos Tribunais, 2003; João Marcos B. Martins, *O contrato de seguro*, Rio de Janeiro, Forense Universitária, 2003; Eduardo Ribeiro de Oliveira, Contrato de seguro — alguns tópicos, in *O novo Código Civil — estudos em homenagem a Miguel Reale*, São Paulo, LTr, 2003, p. 729 e s.; Helena L. Figueiredo, O contrato de seguro, *Impactos processuais*, cit., p. 322-37; Maria Odete Duque Bertasi, A mora do segurado e a perda do direito indenizatório no contrato de seguro, *Informativo IASP*, *62*:10-11; Fabrício Z. Matiello, *Código Civil*, cit., p. 471 a 503; Adrianna de A. Setubal Santos, *Comentários*, cit., p. 623-42; Cláudio Luiz Bueno de Godoy, *Código Civil comentado* (coord. Peluso), Barueri, Manole, 2008, p. 738-40; Munir Karam, Do contrato de seguro no Código Civil: noções fundamentais, *RT*, *834*:74.

Jurisprudência atinente ao contrato de seguro. Consulte: *RT*, *872*:275, *870*:239, *858*:323, *833*:239, *806*:156, *795*:182, *783*:310, *792*:287, *789*:219, *786*:419, *791*:274, *761*:229, *751*:383, *730*:222, *734*:442, *781*:302, *702*:108, *701*:85, *687*:198, *679*:121 e 179, *660*:209, *670*:195, *657*:99, *645*:179, *621*:136, *603*:94, *600*:50, *586*:176, *590*:186, *634*:20, *615*:159, *603*:94, *610*:80 e 249, *623*:170, *624*:122, *605*:114, *601*:131, *606*:140, *611*:185, *622*:173, *634*:169, *640*:186, *625*:167, *642*:144, *613*:127, *609*:78, *635*:220, *633*:118 e 154, *619*:133, *616*:115, *640*:205, *641*:172, *628*:159, *642*:155, *608*:102, *433*:96, *461*:181, *510*:239, *439*:247, *505*:182, *501*:203, *308*:231, *512*:266, *547*:188, *546*:76, *540*:207, *537*:57, *529*:71, *136*:247, *155*:218, *163*:698, *168*:605 e *481*:236; Súmulas 25, 94, 229, 106 e 124 do TFR; Súmulas 188 e 257 do STF; *RTJ*, *55*:390, *71*:590, *72*:632, *73*:978, *66*:488 e *75*:909; *Ciência Jurídica*, *40*:148, *62*:109 e 80 e *63*:166 e 286; *RF*, *130*:93, *109*:459, *129*:174 e *127*:444; *AJ*, *100*:154; *JB*, *3*:304, *158*:292, *134*:197, *130*:273, *126*:163 e *147*:238; *RJTJSP*, *83*:162, *39*:112, *21*:62, *38*:118, *39*:63, *80*:198 e *41*:180 e 218; *BAASP*, *1.954*:45, *1.953*:43, *1.936*:9, *1.608*:245, *1.852*:24; *RJE*, *4*:26 e *2*:482; Súmulas 101, 229 e 146 do STJ; Súmula 26 do extinto 1º Tribunal de Alçada Civil de São Paulo; *EJSTJ*, *1*:41, *4*:53 e *24*:128; *RJTJRS*, *146*:342, *155*:213, *151*:582, *152*:599 e 638; *RSTJ*, *79*:23, *106*:154 e 225, *105*:320, *107*:247 e *109*:231; *RTDCiv*, *3*:195.

Art. 758. O contrato de seguro prova-se com a exibição da apólice ou do bilhete do seguro, e, na falta deles, por documento comprobatório do pagamento do respectivo prêmio.

- *Fica vedada a inscrição nas apólices de cláusulas que permitam rescisão unilateral dos contratos de seguros, ou, por qualquer modo, subtraiam sua eficácia e validade além das situações previstas em lei* — Vide *art. 4º do Decreto n. 59.195, de 8 de setembro de 1966.*
- *Código Civil, arts. 212 e 227, parágrafo único.*

Seguro como contrato formal. O contrato de seguro é formal, visto ser obrigatória a forma escrita, já que não obriga antes de reduzido a escrito (*RT*, *167*:364, *511*:130, *526*:212 e

493:73), considerando-se perfeito o contrato desde o momento em que o segurador remete a *apólice* ao segurado, ou faz nos livros o lançamento usual da operação (*EJSTJ*, *4*:71). Pode o seguro ser contratado, ainda, por meio de *bilhete de seguro*, que é um instrumento simplificado. A forma escrita é exigida para a substância do contrato, embora alguns autores entendam que é reclamada apenas *ad probationem* não havendo forma escrita específica, sendo, por isso, consensual.

Prova do seguro. Comprova-se o contrato de seguro mediante exibição da apólice ou do bilhete do seguro, e, não os havendo, do documento (p. ex., depósito bancário comprovado; recibo emitido pela seguradora etc.) que consigne o pagamento do prêmio ("preço" do seguro).

Art. 759. A emissão da apólice deverá ser precedida de proposta escrita com a declaração dos elementos essenciais do interesse a ser garantido e do risco.

- *Código Civil, arts. 427 a 435 e 768.*
- *Circular n. 251/2004 da SUSEP, sobre aceitação de proposta e início de vigência da cobertura nos contratos de seguro.*
- *Código Comercial, art. 666,* in fine.

Emissão da apólice. O contrato de seguro requer para sua obrigatoriedade um instrumento escrito, que é a apólice. Antes da sua emissão exige-se proposta escrita com a declaração dos elementos essenciais (p. ex., bens, direitos, deveres, responsabilidades, valor do prêmio e o da indenização) do interesse a ser garantido e do risco futuro assumido, pois o segurador deve informar o segurado do teor do contrato, ressaltando, claramente, as cláusulas limitativas, para que ele tenha compreensão de seu alcance. E, por outro lado, fornece ao segurador dados não só sobre o segurado, como também os relativos às suas necessidades e pretensões. Consagra-se o *princípio da dispersão dos riscos*, que, na lição de Frank L. Shih, caracteriza-se na forma de riscos excluídos na apólice, preconizando a responsabilidade da seguradora, excluídos aqueles eventos isolados que possam inviabilizar a *performance* do segurado contratado. O contrato de seguro é por adesão, logo suas cláusulas são propostas pelo segurador, que as submete à aprovação da SUSEP.

BIBLIOGRAFIA: Frank L. Shih, Princípios de direito securitário, *Revista de Informação Legislativa*, *156*:109-27, 2002.

Art. 760. A apólice ou o bilhete de seguro serão nominativos, à ordem ou ao portador, e mencionarão os riscos assumidos, o início e o fim de sua validade, o limite da garantia e o prêmio devido, e, quando for o caso, o nome do segurado e o do beneficiário.

Parágrafo único. No seguro de pessoas, a apólice ou o bilhete não podem ser ao portador.

- Vide *Código Civil, arts. 785, § 2º, 791 a 793.*
- *Código Comercial, art. 667.*

Apólice. A apólice é o instrumento do contrato de seguro que deverá conter: as condições gerais e as vantagens garantidas pela seguradora, bem como consignar os riscos assumidos; o valor do objeto do seguro; o prêmio devido ou pago pelo segurado; o termo inicial e final de sua validade ou vigência; o começo e o fim dos riscos por ano, mês, dia e hora; a extensão dos riscos, pois, se os limitar ou particularizar, a seguradora não responderá por outros; casos de decadência, caducidade, eliminação ou redução dos direitos do segurado ou do beneficiário; nome do segurado e o do beneficiário; o limite da garantia e o quadro de garantia aprovado pelo Departamento Nacional de Seguros Privados e Capitalização (CC, art. 760; Decreto-Lei n. 2.063/40, arts. 107 a 110).

Bilhete de seguro. Instrumento simplificado pelo qual se pode contratar seguro.

Classificação da apólice e do bilhete de seguro quanto à titularidade. Poderão ser: *a) nominativos*, se mencionarem o nome do segurador, do segurado e do seu representante, se houver, ou do terceiro (beneficiário) em cujo nome se faz o seguro; são transmissíveis por cessão ou alienação; *b) à ordem*, se forem transmissíveis por endosso em preto (CC, art. 785, § 2º); ou *c) ao portador*, se transferíveis por tradição simples, outorgando-se ao detentor da apólice, e inadmissíveis em se tratando de seguro de vida (*RF*, *131*:127) ou de pessoas, por ser importante a identidade da parte envolvida no contrato e do beneficiário da indenização.

Art. 761. Quando o risco for assumido em cosseguro, a apólice indicará o segurador que administrará o contrato e representará os demais, para todos os seus efeitos.

- *Decreto-Lei n. 73/96.*
- *Código Comercial, arts. 667,* in fine, *668 e 687.*

Cosseguro. Contratação plúrima de seguradoras com o escopo de repartir um mesmo risco entre elas, subdividindo-se as obrigações, mediante pagamento de prêmio proporcional ao encargo que foi assumido por cada uma delas. Tal distribuição do risco em parcelas de responsabilidade é uma prática comum no mercado. Trata-se do seguro distribuído entre duas ou mais companhias seguradoras, que assumem cada qual uma parcela do risco, de acordo com as condições estipuladas na apólice emitida pela líder. A seguradora-líder indicada na apólice terá atuação na administração contratual, competindo-lhe receber e partilhar o prêmio, renegociar com o segurado, ordenar o pagamento da indenização etc., e agirá como representante das demais empresas seguradoras. Em cosseguro permite-se emissão de uma só apólice, contendo condições válidas para todas as cosseguradoras.

Ausência de solidariedade. Não há solidariedade (*JTJ, Lex, 219*:234) do cossegurador perante o segurado, visto que a apólice indicará o segurador que administrará o seguro, representando os demais para todos os efeitos. O segurado deverá dirigir-se somente ao segurador encarregado, por indicação, da administração e representação. O cossegurador-administrador somente terá, como observa Matiello, poderes de administração, tais como: encaminhamento administrativo do pagamento da indenização, na ocorrência do sinistro; recebimento e partilha do prêmio pago pelo segurado; renegociação com segurado etc. Logo, não poderá promover defesa judicial em nome dos demais cosseguradores, nem ser acionado individualmente. O cossegurador-administrador apenas poderá ser acionado sozinho se os outros cosseguradores forem solidariamente responsáveis perante o segurado, tendo, é claro, ação regressiva contra os demais.

Art. 762. Nulo será o contrato para garantia de risco proveniente de ato doloso do segurado, do beneficiário, ou de representante de um ou de outro.

- *Código Comercial, arts. 677 e 678.*
- *Código Civil, arts. 145 a 150, 166 e 757.*

Nulidade do seguro por ilicitude de objeto. Extinguir-se-á pela nulidade o contrato para garantia de risco advindo de ato doloso do segurado, do beneficiário ou de seus respectivos representantes. Evitar-se-á assim o emprego de artifícios maliciosos para obtenção de vantagens securitárias, p. ex.: sonegação de dados; destruição intencional da coisa segurada; ocultação de risco já ocorrido no momento da celebração do contrato etc. O contrato de seguro requer liceidade e possibilidade do objeto, que é o risco descrito na apólice, que poderá incidir em todo bem jurídico (CC, art. 757). Se for ilícito, nulo será o contrato (*RSTJ*, *93*:305), como o será o que pretender garantir risco oriundo de má-fé.

Art. 763. Não terá direito a indenização o segurado que estiver em mora no pagamento do prêmio, se ocorrer o sinistro antes de sua purgação.

- Vide *Código Civil, arts. 394 a 401.*
- ***Projeto de Lei n. 7.312/2002*** *(ora arquivado): "Art. 763. Não terá direito a indenização o segurado que estiver em mora no pagamento do prêmio, se ocorrer o sinistro antes de sua purgação, desde que o segurado tenha sido intimado, por escrito, para tanto".*

Direito do segurado à indenização. O segurado tem direito à indenização até o limite da apólice com a verificação do risco assumido pelo segurador. Mas perderá esse direito se estiver em mora no pagamento do prêmio, se o sinistro se der antes que ele tenha purgado sua mora (CC, art. 401, I; *RSTJ*, *154*:346). Logo, temos uma cláusula resolutiva, expressa em lei, do negócio, *sui generis*, que impede ao segurado moroso a percepção da indenização, ainda que venha a purgar a mora *ex re*, se o evento danoso garantido na apólice se deu antes da *emendatio morae*. Opera-se, tão somente, uma suspensão *pleno iure* da cobertura do risco no instante em que se der o inadimplemento da obrigação no termo avençado, independentemente de interpelação do segurado faltoso (mas há entendimento de que: "para efeito de aplicação do art. 763 do Código Civil, a resolução do contrato depende de prévia interpelação" — Enunciado n. 376 do Conselho da Justiça Federal, aprovado na *IV Jornada de Direito Civil*), voltando o contrato à normalidade assim que a situação for regularizada após a purgação da mora. O atraso no pagamento do prêmio não resolve *ipso iure* o contrato de seguro, pois o segurador, havendo purgação da mora, deverá indenizar o sinistro, desde que ocorrido depois dela (*RT*, *773*:254, *488*:119).

"A mora do segurado, sendo de escassa importância, não autoriza a resolução do contrato, por atender ao princípio de boa-fé objetiva" (Enunciado n. 371 do Conselho da Justiça Federal, aprovado na *IV Jornada de Direito Civil*).

Art. 764. Salvo disposição especial, o fato de se não ter verificado o risco, em previsão do qual se faz o seguro, não exime o segurado de pagar o prêmio.

- Vide *Código Comercial, arts. 642 e 684.*
- *Código Civil, art. 773.*

Obrigação do segurado de pagar o prêmio. O segurado tem o dever de pagar o prêmio convencionado, no prazo estipulado, ao segurador, como contraprestação do risco por este assumido.

Aleatoriedade do seguro. O contrato de seguro é aleatório, por não haver equivalência entre as prestações. A vantagem do segurador dependerá de não ocorrer o sinistro, hipótese em que receberá o prêmio sem nada desembolsar. Se advier o sinistro, deverá pagar uma indenização, que poderá ser muito maior do que o valor recebido. Por isso o fato de o risco, previsto no contrato, não se ter verificado não libera o segurado da obrigação de pagar integralmente o prêmio estipulado. Logo, apenas uma lei especial poderia estipular que, em caso de não verificação do sinistro predeterminado na apólice, o segurador perderia o direito à percepção do prêmio. Como já salientava o art. 1.452, *in fine*, do Código Civil de 1916, devem ser observadas, por exemplo, as disposições especiais dos arts. 642 e 684 do Código Comercial alusivos ao direito marítimo sobre estorno.

Art. 765. O segurado e o segurador são obrigados a guardar na conclusão e na execução do contrato, a mais estrita boa-fé e veracidade, tanto a respeito do objeto como das circunstâncias e declarações a ele concernentes.

- *Código Civil, arts. 422, 762, 766, 768, 769, 773 e 781.*
- *Código Comercial, art. 678.*
- *Código Penal, art. 171, § 2º, V.*
- *Súmula 465 do Superior Tribunal de Justiça.*
- ***Projeto de Lei n. 699/2011**: "Art. 765. O segurado e o segurador são obrigados a guardar, assim nas negociações preliminares e conclusão do contrato, como em sua execução e fase pós-contratual, os princípios da probidade e boa-fé, tanto a respeito do objeto como das circunstâncias e declarações a ele concernentes".*

Contrato de boa-fé. O contrato de seguro é um contrato de boa-fé (*bona fidei negotia*), pois, por exigir uma conclusão rápida, requer que o segurado tenha uma conduta sincera em suas declarações a respeito do seu conteúdo, objeto e dos riscos, sob pena de receber sanções se proceder com má-fé (*EJSTJ, 2*:61), e que o segurador tenha conduta leal na conclusão e na execução do contrato. Tanto o segurado como o segurador deverão agir com probidade e lealdade, guardando, no contrato, a mais estrita boa-fé e veracidade. A má-fé de ambos deverá ser comprovada (*RT, 585*:127). Entendeu o Enunciado n. 543 do CJF (aprovado na *VI Jornada de Direito Civil*) que: "Constitui abuso do direito a modificação acentuada das condições do seguro de vida e de saúde pela seguradora quando da renovação do contrato". O princípio da boa-fé objetiva (CC, art. 422) alcança todo o *iter contractus*, dando azo à responsabilidade pré-contratual e à pós-execução negocial. Pelos Enunciados da *IX Jornada de Direito Civil*: *a*) n. 656: "Do princípio da boa-fé objetiva, resulta o direito do segurado, ou do beneficiário, de acesso aos relatórios e laudos técnicos produzidos na regulação do sinistro"; *b*) n. 657: "Diante do princípio da boa-fé objetiva, o regulador do sinistro tem o dever de probidade, imparcialidade e celeridade, o que significa que deve atuar com correção no cumprimento de suas atividades".

Art. 766. Se o segurado, por si ou por seu representante, fizer declarações inexatas ou omitir circunstâncias que possam influir na aceitação da proposta ou na taxa do prêmio, perderá o direito à garantia, além de ficar obrigado ao prêmio vencido.

- *Código Civil, arts. 147, 149, 765 e 778.*

Parágrafo único. Se a inexatidão ou omissão nas declarações não resultar de má-fé do segurado, o segurador terá direito a resolver o contrato, ou a cobrar, mesmo após o sinistro, a diferença do prêmio.

- *Código Comercial, arts. 677 a 679, 1ª parte.*
- *Código Civil, art. 765.*

Consequências da insinceridade do segurado. Se o segurado for desleal, respondendo com insinceridade e com reticências às perguntas necessárias à avaliação do risco e ao cálculo do prêmio, ter-se-á a anulabilidade do contrato, fundada no dolo, a perda do direito à garantia ou do valor do seguro e o dever de pagar o prêmio vencido (*RT, 804*:199, *799*:282, *796*:382, *781*:302, *640*:186, *642*:144, *549*:111, *547*:188; *585*, 127; TJPE, 4ª Câm. Cív., rel. Des. Jones Figueirêdo Alves, Ap. Cív. n. 118.240-1, j. 17-5-2007; *EJSTJ, 2*:61 e *12*:94). "Em caso de negativa de cobertura securitária por doença preexistente, cabe à seguradora comprovar que o segurado tinha conhecimento inequívoco" (Enunciado n. 372 do Conselho da Justiça Federal, aprovado na *IV Jornada de Direito Civil*). Anulado o contrato, se o segurado pagou integralmente o prêmio, não poderá pedir a devolução; se o pagou parcialmente, perderá as prestações pagas e solverá as vencidas até o momento do desfazimento da garantia securitária.

Seguro por procuração. O segurado precisará ter capacidade civil. Qualquer pessoa poderá fazer seguro pessoalmente ou por meio de representante legal. Se o segurado contratar mediante procurador, este também se responsabilizará com o segurado perante o segurador pelas inexatidões, ou omissões, que possam influenciar no contrato, ressalvando-se ao segurado o direito regressivo contra o procurador que proceder culposamente, ressarcindo-se dos danos sofridos pela perda do direito à garantia e pela obrigação de pagar o prêmio vencido.

Inexatidão, ou omissão, não dolosa, em declarações do segurado. Se a declaração errônea, inexata (contendo, p. ex., afirmação de que a cirurgia não é tão arriscada) ou omissa (escondendo, exemplificativamente, que é portador de um mal incurável), feita pelo segurado, não se deu em razão de dolo (CC, art. 147; *RT*, *320*:172) seu ou de má-fé, mas por ignorância ou erro, o segurador poderá rescindir o seguro ou, mesmo depois do sinistro, exigir a diferença do prêmio, ou seja, como ensina Matiello, reclamar o prêmio que foi pago a menos, isto é, a diferença entre o valor acordado na apólice e o que deveria ser pago se as declarações tivessem sido exatas e se inexistentes as omissões. Isto porque há presunção de que, se a verdade fosse conhecida pelo segurador na efetivação do contrato, o prêmio seria maior; logo, se ele optar pela continuidade do contrato, o segurado deverá complementar o *quantum* correspondente ao prêmio. Pelo Enunciado n. 585, aprovado na *VII Jornada de Direito Civil*: "Impõe-se o pagamento de indenização do seguro mesmo diante de condutas, omissões ou declarações ambíguas do segurado que não guardem relação com o sinistro.

Art. 767. No seguro à conta de outrem, o segurador pode opor ao segurado quaisquer defesas que tenha contra o estipulante, por descumprimento das normas de conclusão do contrato, ou de pagamento do prêmio.

Seguro em estipulação a favor de terceiro. No seguro à conta de outrem há contratação de seguro por uma pessoa e por sua própria conta, não para si, mas para terceiro (segurado). Se houver seguro à conta de outrem, a companhia seguradora poderá, para defender-se, opor quaisquer exceções, que tenha contra o estipulante (pessoa natural ou jurídica), ao segurado-beneficiário, havendo inadimplemento das normas relativas à conclusão do contrato ou ao pagamento do prêmio estipulado. O estipulante, observa Adrianna de Alencar Setubal Santos, assume todas as obrigações relativas ao contrato de seguro, equiparando-se ao segurado, podendo também, conforme o tipo de seguro contratado, se obrigatório ou facultativo, ser considerado mandatário do segurado, agindo em nome e por conta deste.

Art. 768. O segurado perderá o direito à garantia se agravar intencionalmente o risco objeto do contrato.

- Vide *Código Civil, arts. 757, 759, 765 e 769.*
- *Código Comercial, arts. 677 e 678.*

Abstenção de atos que aumentem os riscos. O segurado deverá agir sempre com cautela e terá o dever de abster-se de tudo que possa aumentar o risco, objeto do contrato, sob pena de perder o direito à garantia securitária. Por exemplo, haverá exclusão da cobertura securitária se o segurado, após segurar sua casa, nela instala depósito de inflamáveis, ou se, após o contrato, remove mercadorias seguradas para local perigoso (*RF*, *133*:505; *RT*, *647*:119, *691*:91, *681*:90, *471*:189, *769*:188, *780*:189 e 287; *JSTJ*, *2*:327; *EJSTJ*, *4*:72, *23*:160); se, tendo feito seguro de vida, vier a participar de assalto à mão armada, perdendo a vida (*RT*, *647*:119, ou a ingerir grande quantidade de álcool, vindo a falecer (*RT*, *786*:241, *790*:309, *805*:306, *862*:378; *RJM*, *172*:136, *174*:186). Nestas hipóteses, haverá perda do direito ao seguro, pois o segurado contribuiu, intencional e diretamente, para o agravamento do risco.

Art. 769. O segurado é obrigado a comunicar ao segurador, logo que saiba, todo incidente suscetível de agravar consideravelmente o risco coberto, sob pena de perder o direito à garantia, se provar que silenciou de má-fé.

- *Código Civil, arts. 422, 765, 768 e 770.*

§ 1º O segurador, desde que o faça nos quinze dias seguintes ao recebimento do aviso da agravação do risco sem culpa do segurado, poderá dar-lhe ciência, por escrito, de sua decisão de resolver o contrato.

§ 2º A resolução só será eficaz trinta dias após a notificação, devendo ser restituída pelo segurador a diferença do prêmio.

Comunicação de fatos agravantes de risco. É dever do segurado comunicar ao segurador, logo que saiba, todo incidente, isto é, fato imprevisto, alheio à sua vontade (p. ex., instalação de indústria pirotécnica do lado do prédio segurado), que possa agravar consideravelmente o risco coberto, para que ele possa tomar alguma providência como rescindir o contrato, reclamar perante autoridade administrativa etc., sob pena de perder o direito ao seguro (*RT*, *734*:334; *EJSTJ*, *13*:83), se se comprovar que sua omissão se deu dolosamente. "No contrato de seguro, o juiz deve proceder com equidade, atentando às circunstâncias reais, e não a probabilidades infundadas, quanto à agravação dos riscos" (Enunciado n. 374 do Conselho da Justiça Federal, aprovado na *IV Jornada de Direito Civil*).

Prazo para rescisão contratual. O segurador, dentro do prazo de quinze dias contados da recepção da notícia de agravação de risco sem culpa do segurado, poderá notificar a este, por escrito, sua decisão de rescindir o contrato, por lhe ser inconveniente assumir aquele risco agravado.

Eficácia da resolução. A rescisão do seguro apenas produzirá efeito dentro de trinta dias após aquela notificação extrajudicial, devendo, contudo, haver a restituição ao segurado da diferença do prêmio. P. ex.: sendo o valor pago, a título de prêmio, 10 mil reais, faltando, ao tempo da resolução contratual, 10% do prazo contratual, o segurador deverá devolver mil reais ao segurado. Com a devolução proporcional do valor do prêmio pago pelo segurado, evitar-se-á o enriquecimento indevido do segurador, mantendo-se o equilíbrio econômico das partes.

Art. 770. Salvo disposição em contrário, a diminuição do risco no curso do contrato não acarreta a redução do prêmio estipulado; mas, se a redução do risco for considerável, o segurado poderá exigir a revisão do prêmio, ou a resolução do contrato.

- *Código Civil, art. 769.*

Consequência da redução do risco. Se, na pendência do contrato, houver diminuição do risco por ele coberto, tal fato, a não ser que haja convenção em contrário, não reduzirá, ante o princípio da irredutibilidade do *pretium periculi*, o prêmio estipulado. Todavia, se a redução daquele risco for considerável, o segurado terá direito de pleitear a revisão do prêmio a ser pago, adequando-o à nova situação, ou, se preferir, a resolução contratual, hipótese em que, ante a ruptura do vínculo contratual, deixará de pagar os prêmios vincendos, sendo que o segurador, por sua vez, não deverá devolver os vencidos já pagos, pois até o instante do término do contrato faz jus àquelas prestações, visto que estava dando cobertura ao risco garantido. Com isso, procura-se obter o equilíbrio econômico do contrato e coibir o enriquecimento indevido (CC, arts. 884 a 886).

Art. 771. Sob pena de perder o direito à indenização, o segurado participará o sinistro ao segurador, logo que o saiba, e tomará as providências imediatas para minorar-lhe as consequências.

- *Súmula 229 do Superior Tribunal de Justiça.*
- *Código Comercial, art. 719.*

Parágrafo único. Correm à conta do segurador, até o limite fixado no contrato, as despesas de salvamento consequente ao sinistro.

- *Código Civil, arts. 779 e 787, § 1º.*

Comunicação da ocorrência do sinistro. O segurado, sob pena de perder o direito à indenização, terá a obrigação de comunicar ao segurador a ocorrência do sinistro, assim que souber de sua verificação, e tomar as providências imediatas e necessárias (p. ex.: chamar bombeiro, havendo incêndio) para diminuir as consequências (*RT*, *801*:329, *793*:397, *665*:158, *507*:232). Comprovada a omissão do segurado, configurada está sua violação ao princípio da boa-fé objetiva.

Despesas de salvamento. O segurador arcará, até o limite estipulado contratualmente, com as despesas feitas para salvar ou recuperar o bem garantido, do dano que sofreu em razão do sinistro.

Art. 772. A mora do segurador em pagar o sinistro obriga à atualização monetária da indenização devida, sem prejuízo dos juros moratórios.

- *Redação da Lei n. 14.905/2024.*
- *Código Civil, arts. 389, 394 a 401, 406 e 407.*
- *Lei n. 5.488/68 (correção monetária nos contratos de seguros).*
- *Decreto n. 85.266/80 (atualização dos valores monetários dos seguros obrigatórios do Decreto n. 61.867/67).*
- *Súmula 25 do antigo Tribunal Federal de Recursos.*

Atualização monetária da indenização. Havendo mora (*ex persona*) do segurador no pagamento da indenização, em razão da ocorrência do risco por ele coberto, o *quantum* a ser pago, sem prejuízo dos juros moratórios incidentes, deverá ser atualizado. Nossos tribunais vêm condenando as seguradoras a saldar a indenização com atualização monetária, segundo índices oficiais regularmente estabelecidos, se se atrasarem no pagamento dela ou se o recusarem sem razão plausível (*RTJ*, *66*:488, *75*:909; *JTA*, *109*:372; *RT*, *796*:255). Mas pela Lei n. 14.905/2024, que altera o art. 406 do Código Civil, tal taxa, atualmente, é a Selic.

Art. 773. O segurador que, ao tempo do contrato, sabe estar passado o risco de que o segurado se pretende cobrir, e, não obstante, expede a apólice, pagará em dobro o prêmio estipulado.

- *Código Civil, arts. 147, 422, 764 e 765.*
- *Código Comercial, art. 679,* in fine.

Nulidade do seguro por desonestidade do segurador. Se o segurador, ao tempo da celebração contratual, já sabia que o risco tinha passado (p. ex., carga a ser segurada já havia chegado ao porto de destino), e mesmo assim vem a expedir a apólice, pagará, pela sua má-fé, improbidade ou desonestidade, em dobro o prêmio estipulado.

Art. 774. A recondução tácita do contrato pelo mesmo prazo, mediante expressa cláusula contratual, não poderá operar mais de uma vez.

- *Código de Defesa do Consumidor, art. 39.*

Prorrogação tácita do contrato. A protelação ou prorrogação negocial deduzida do comportamento dos contratantes, que continuam o contrato mediante expressa cláusula contratual, após o seu vencimento, pelo mesmo prazo, mantendo as mesmas condições, não poderá dar-se mais de uma vez. A recondução tácita e automática do contrato (*RT, 761*:398 e *766*:251) pelo mesmo prazo de vigência só poderá operar-se uma única vez, sendo vedada a reiterada sucessividade, ante a necessidade de nova avaliação de riscos ou a possibilidade de ter havido, com o passar do tempo, alguma mudança no objeto segurado. Se as partes desejarem efetuar mais de uma renovação, deverão intervir, pessoalmente ou por meio de representante, emitindo, expressamente, suas vontades de prorrogar novamente o contrato. Ocorrida a renovação automática pelo prazo contratual, com o término deste, se as partes quiserem continuar com o seguro, deverão efetivar novo contrato.

Art. 775. Os agentes autorizados do segurador presumem-se seus representantes para todos os atos relativos aos contratos que agenciarem.

- *Código Civil, arts. 710 a 721.*
- *Lei n. 4.594/64 (corretor de seguros).*
- *Decreto n. 56.900/65 (regime de corretagem de seguros).*
- *Decreto n. 56.903/65 (regulamenta profissão de corretor de seguros de vida e capitalização).*

Presunção de representação do segurador. Há presunção legal *juris tantum* de que os agentes autorizados do segurador são seus representantes em todos os atos concernentes aos contratos em que agenciarem, pois atuam em nome e no interesse da empresa securitária. O contrato de seguro vincula segurador e segurado; os agentes são meros representantes daquele, servindo de intermediários. Se se provar que aqueles agentes praticaram atos fora dos limites de suas atribuições, eles responsabilizar-se-ão perante o segurado pelos prejuízos que lhe causaram (*RT, 786*:419, *795*:222 e *807*:394).

Art. 776. O segurador é obrigado a pagar em dinheiro o prejuízo resultante do risco assumido, salvo se convencionada a reposição da coisa.

- Vide *Código Civil, arts. 206, § 1º, II, 765, 778, 781 e 782.*
- *Código de Processo Civil, art. 1.063; Lei n. 9.099/95, art. 3º, II.*
- *Súmula 188 do Supremo Tribunal Federal.*

Indenização dos danos decorrentes do risco. O segurador terá o dever de indenizar, pecuniariamente, o segurado quanto aos prejuízos resultantes do risco assumido, tendo ação regressiva contra o causador do dano (STF, Súmula 188; *RT, 799*:205, *795*:238 e *786*:239, *JSTJ, 8*:374). Logo, não se exonerará se vier a entregar objeto, mesmo que mais valioso do que o sinistrado. Se o seguro for pessoal, não se verificará a proporção do dano sofrido, mas pagar-se-á o valor fixado na apólice. No seguro de danos ou no de coisas, a soma estabelecida na apólice tão somente indicará o limite máximo da responsabilidade do segurador, devendo-se averiguar se não houve causa eliminatória daquela responsabilidade e a extensão do dano sofrido, mediante provas adequadas. Apenas haverá reposição da coisa afetada, substituindo-a por outra equivalente ou repondo-a no estado em que se encontrava antes do sinistro, se isso estiver convencionado.

Art. 777. O disposto no presente Capítulo aplica-se, no que couber, aos seguros regidos por leis próprias.

- *Código Comercial, arts. 666 a 730 (seguro marítimo).*
- *Decreto-Lei n. 2.063/40.*
- *Decreto-Lei n. 5.348/43.*
- *Decreto-Lei n. 73/66, regulamentado pelos Decretos n. 60.459/67 e 61.867/67, modificado pelo Decreto-Lei n. 814/69 e pela Lei n. 10.190/2001.*
- *Decreto n. 59.195/66.*
- *Decreto n. 59.428/66.*
- *Lei n. 6.194/74.*
- *Lei n. 6.704/79.*
- *Lei n. 8.374/91.*
- *Lei n. 9.477/97.*
- *Leis n. 9.514/97, art. 5º, § 3º.*
- *Leis n. 9.656/98 e 10.185/2001, sobre planos e seguros privados de assistência à saúde.*
- *Súmula 402 do Superior Tribunal de Justiça.*

Normas disciplinadoras dos seguros civis. Os seguros civis, disciplinados pelo Código Civil, são atinentes aos seguros de danos e aos de pessoa e regem-se pelas cláusulas de suas apólices que não contrariarem comando legal, ante o princípio da liberdade contratual (*RF*, *216*:483; *Lex*, n. 1.253, 1966). E as normas contidas nos arts. 757 a 776 aplicar-se-ão, subsidiariamente no que for cabível, aos seguros regidos por leis especiais ou próprias (Lei n. 9.656/98; Resoluções do Consu; Lei n. 6.194/74, com alterações da Lei n. 8.441/92; Decreto-Lei n. 73/66, regulamentado pelo Decreto n. 61.867, modificado pelo Decreto-Lei n. 814/69 e pela Lei n. 10.190/2001), que atendem às suas peculiaridades. Relativamente à possibilidade de se aplicar o Código de Defesa do Consumidor ao contrato de seguro: *RT, 816*:369, *809*:357, *808*:424 e *804*:392.

SEÇÃO II
DO SEGURO DE DANO

- *Código de Processo Civil, art. 1.063.*
- *Lei n. 9.099/95, art. 3º, II.*
- *Súmula 257 do Superior Tribunal de Justiça.*

Art. 778. Nos seguros de dano, a garantia prometida não pode ultrapassar o valor do interesse segurado no momento da conclusão do contrato, sob pena do disposto no art. 766, e sem prejuízo da ação penal que no caso couber.

- Vide *Código Civil, arts. 766, 781, 782 e 789.*
- *Código Comercial, art. 677.*

Valor da garantia. O seguro de dano é o que visa garantir ao segurado uma indenização pelo sinistro que vier a lesar o bem indicado no contrato (Cláudio Luiz Bueno de Godoy). O valor do seguro de dano ou de coisas (relativo a bens e valores) não pode ser maior do que o da coisa segurada ou o dos prejuízos efetivamente experimentados pela pessoa. Logo, vedado está o sobresseguro ou seguro maior. Pelo princípio indenitário, a garantia securitária não poderá ultrapassar o valor do interesse segurado. P. ex., em caso de seguro de veículo, o valor do prêmio e o da indenização determinar-se-ão pelo valor do veículo, tendo por base ano de fabricação, estado de conservação, quilometragem e risco a que está exposto etc. Sendo indenizatório o seguro de dano, não pode dar vantagem ao beneficiário, de modo que se locuplete à custa do segurador. Se assim é, o segurado não poderá receber indenização que supere o valor real do interesse ou objeto segurado no momento da conclusão do ato negocial, se vier a prestar informações inverídicas sob pena de perder o direito à garantia, além de ficar obrigado ao prêmio vencido, sem prejuízo da ação penal, que no caso couber (p. ex., falsidade ideológica), com exceção do seguro sobre a vida (CC, art. 789), ao qual, por incidir sobre bem inestimável, se permitirá convencionar livremente a fixação do valor (*RT, 786*:239; *BAASP, 2.139*:1241). Inibe-se a utilização especulativa do seguro e o enriquecimento indevido.

Art. 779. O risco do seguro compreenderá todos os prejuízos resultantes ou consequentes, como sejam os estragos ocasionados para evitar o sinistro, minorar o dano, ou salvar a coisa.

- *Código Civil, art. 771.*
- *Código Comercial, art. 710.*

Abrangência do risco do seguro de dano. O risco coberto pelo seguro de dano abrangerá todos os prejuízos ocasionados para impedir o sinistro, diminuir o dano ou salvar a coisa. O segurador deverá, então, responder por todos os prejuízos oriundos do risco, como os estragos feitos para evitar o sinistro, diminuir o dano ou salvar a coisa. Assim, p. ex., em caso de incêndio, incluir-se-á na indenização a demolição de certas partes do prédio para evitar que o fogo se propague, as deteriorações de móveis do edifício ocasionadas com sua remoção do local do sinistro etc. (*RT, 669*:104). Mas já houve decisão de que o seguro de dano material ocasionado a veículo não abrange lucro cessante (*RT, 750*:317).

Art. 780. A vigência da garantia, no seguro de coisas transportadas, começa no momento em que são pelo transportador recebidas, e cessa com a sua entrega ao destinatário.

- *Código Civil, arts. 750 e 1.425, IV.*
- *Código Comercial, arts. 705 a 707.*

Coisa segurada destinada a transporte. Se o objeto do seguro for coisa que se destine ao transporte de um ponto para outro, o segurador passará a ter responsabilidade desde que seja a coisa segurada recebida pelo transportador, cessando tão somente no momento de sua entrega ao destinatário, mesmo que tenha havido alguma baldeação ou mudança de meio de transporte. Se o sinistro ocorrer durante o transporte da coisa segurada, o segurador, por ter assumido a cobertura desse risco, pagará a indenização ao segurado, mas poderá fazer uso de seu direito de regresso contra o culpado para obter o reembolso do *quantum* despendido. Já houve julgado (*RT, 764*:233) afastando a cobertura se o sinistro se deu quando a coisa segurada estava *in transitu*, mas em prolongamento de percurso não comunicado à companhia seguradora.

Art. 781. A indenização não pode ultrapassar o valor do interesse segurado no momento do sinistro, e, em hipótese alguma, o limite máximo da garantia fixado na apólice, salvo em caso de mora do segurador.

• *Código Civil, arts. 394 a 401, 765, 776, 778, 782 e 783.*

Limite do "quantum" indenizatório. O valor do objeto do seguro deverá ser determinado, constituindo-se a base para calcular a indenização a ser paga, se se concretizar o risco. Proibida está a desproporcionalidade, porque senão ter-se-á uma locupletação ilícita, pois, se o valor do seguro for superior ao da coisa segurada, ter-se-á especulação e não indenização. Ocorrido o sinistro, a indenização a ser paga não poderá ser, portanto, superior ao valor mercadológico do bem ou do interesse segurado no instante do acidente, nem ao limite máximo da garantia estipulado na apólice (*RT*, *730*:222), a não ser que haja mora (*ex persona*) do segurador, caso em que deverá responder pelos juros moratórios, mesmo que superem aquele limite. Se o objeto for segurado por 10 mil reais pelo prazo de um ano e veio a se perder depois de oito meses, o *quantum* indenizatório deverá ser correspondente ao valor mercadológico que ele teria no momento do sinistro. Se sofrer deterioração, pagar-se-á a importância resultante da soma dos danos sofridos, tendo por base o valor da garantia estabelecido na apólice, conforme a Tabela Fipe. Somente será permitida a indenização excedente ao valor da coisa no instante do sinistro ou ao limite máximo fixado na apólice, se o segurador estiver em atraso no pagamento da verba indenizatória.

Art. 782. O segurado que, na vigência do contrato, pretender obter novo seguro sobre o mesmo interesse, e contra o mesmo risco junto a outro segurador, deve previamente comunicar sua intenção por escrito ao primeiro, indicando a soma por que pretende segurar-se, a fim de se comprovar a obediência ao disposto no art. 778.

• Vide *Código Civil, arts. 765, 778, 781 e 789.*
• *Código Comercial, art. 687,* in fine.

Novo seguro sobre o mesmo interesse. Durante a vigência contratual, o segurado poderá fazer um novo seguro sobre o mesmo interesse e contra o mesmo risco com outro segurador (cosseguro), sem prejuízo do antecedente, mediante prévia comunicação escrita ao primeiro, declarando a soma pela qual pretende segurar, comprovando que não se está ultrapassando o valor do interesse segurado no instante da celebração do contrato. Não poderá, p. ex., segurar uma casa que vale R$ 500.000,00 contra incêndio, por esse *quantum*, com a Seguradora A e contratar novo seguro contra o mesmo risco, e por igual valor, com a Seguradora B, pois o primeiro seguro já cobre o valor integral do imóvel. Permitida está a cumulação de seguros ou duplicidade de seguro ou realização de dois seguros em seguradoras diversas, de uma mesma coisa, desde que o valor dos dois seguros não seja superior ao do bem ou interesse segurado. P. ex. "A" pode fazer um seguro contra roubo no valor de R$ 5.000,00 na seguradora "X", outro no valor de R$ 3.000,00, com a seguradora "Y", desde que o bem segurado tenha o valor de R$ 8.000,00. Tal cumulação de seguros visa tornar integral o valor do seguro relativamente ao da coisa segurada e coibir o seguro excessivo e a prática de má-fé.

Art. 783. Salvo disposição em contrário, o seguro de um interesse por menos do que valha acarreta a redução proporcional da indenização, no caso de sinistro parcial.

• *Código Civil, art. 781.*

Redução proporcional da indenização. Se se garantir um interesse por um valor inferior ao que realmente valha (infrasseguro), tendo havido sinistro parcial, reduzir-se-á a indenização proporcionalmente, a não ser que haja convenção em contrário, estabelecendo, p. ex., que aquela indenização será paga conforme os danos havidos, até o limite da apólice, e sem abatimento. Logo, somente havendo silêncio das partes nesse sentido será aplicada a proporcionalidade indenizatória prevista no art. 783, que confrontará o valor pelo qual se segurou a coisa com o que realmente tinha quando se efetivou o contrato. P. ex., se se segurou um automóvel que vale R$ 80.000,00 por R$ 40.000,00, ocorrido o acidente, que lhe causa dano de R$ 1.000,00, o segurador pagará R$ 500,00, pois a proporção entre o valor do veículo e o que lhe foi dado para fins securitários é de 50%, limite da responsabilidade do segurador pela indenização, na hipótese de haver sinistro parcial. Se o sinistro fosse total, a seguradora deveria pagar integralmente o montante indenizatório previsto (R$ 40.000,00), sem que houvesse qualquer desvantagem para o segurado, pois, ao segurar a coisa por valor menor do que o real, sujeitou-se, contratualmente, a receber *quantum* indenizatório insuficiente para a cobertura do prejuízo sofrido.

Art. 784. Não se inclui na garantia o sinistro provocado por vício intrínseco da coisa segurada, não declarado pelo segurado.

- *Código Civil, arts. 441 a 446.*

Parágrafo único. Entende-se por vício intrínseco o defeito próprio da coisa, que se não encontra normalmente em outras da mesma espécie.

Vício intrínseco à coisa segurada. Vício intrínseco é o defeito próprio inerente da coisa, em razão do qual ela pode deteriorar-se. É, portanto, vício que decorre da própria natureza do objeto, que, em regra, não é, normalmente, encontrado em outros da mesma espécie, por apresentar, p. ex., um defeito de fabricação. Haverá, por isso, isenção do pagamento da indenização dos prejuízos advindos de vício intrínseco à coisa segurada não declarado pelo segurado, visto não ser objeto do contrato. Se o dano advier de defeito próprio da coisa segurada, nenhuma responsabilidade haverá para o segurador, que assumiu tão somente os riscos eventuais de uma causa externa (p. ex., acidente de trânsito, naufrágio, inundação, incêndio etc.) à coisa segurada. Se aquele vício intrínseco for declarado pelo segurado, passará a ser causa interna prevista na apólice, e o segurador terá a obrigação de indenizar dano causado por aquele vício.

Art. 785. Salvo disposição em contrário, admite-se a transferência do contrato a terceiro com a alienação ou cessão do interesse segurado.

- *Código Civil, arts. 286 a 303, 760 e 959, I.*
- *Código Comercial, arts. 675 e 676.*
- *Súmula 465 do Superior Tribunal de Justiça.*

§ 1º Se o instrumento contratual é nominativo, a transferência só produz efeitos em relação ao segurador mediante aviso escrito assinado pelo cedente e pelo cessionário.

§ 2º A apólice ou o bilhete à ordem só se transfere por endosso em preto, datado e assinado pelo endossante e pelo endossatário.

- *Código Civil, art. 760.*

Cessão do seguro. Independentemente do consenso da seguradora, salvo se existir cláusula em contrário, poderá haver a alienação, ou cessão, do interesse segurado a terceiro, havendo, então, transferência do contrato de seguro. P. ex., "A", ao vender seu veículo a "B", a ele transfere o contrato de seguro, modificando a titularidade do interesse segurado. A seguradora não poderá opor-se a essa transferência e deverá pagar a terceiro a indenização. Mas tal translatividade não poderá agravar a situação do segurador. Se a apólice for nominativa, a transferência terá eficácia relativamente ao segurador, mediante aviso escrito subscrito pelo cedente e pelo cessionário; sem esse aviso, a transferência do contrato produzirá efeito *inter partes*, não sendo oponível ao segurador, que continuará vinculado ao segurado primitivo. Se for à ordem, transferir-se-á por endosso em preto, datado e assinado pelo endossante (cedente ou vendedor do bem) e pelo endossatário (adquirente), mencionando-se, portanto, o nome da pessoa a quem o título foi transferido.

- *Consulte:* RT, 786: *224, 790:412,* 804:*229 e 249.*

Art. 786. Paga a indenização, o segurador sub-roga-se, nos limites do valor respectivo, nos direitos e ações que competirem ao segurado contra o autor do dano.

- *Código Civil, arts. 346, III, a 351 e 800.*
- *Código de Processo Civil, art. 125, II.*
- *Código Comercial, art. 728.*
- *Súmulas 151, 188 e 257 do Supremo Tribunal Federal.*
- *Súmulas 94 e 124 do antigo Tribunal Federal de Recursos.*

§ 1º Salvo dolo, a sub-rogação não tem lugar se o dano foi causado pelo cônjuge do segurado, seus descendentes ou ascendentes, consanguíneos ou afins.

- *Código Civil, arts. 145 a 150.*

§ 2º É ineficaz qualquer ato do segurado que diminua ou extinga, em prejuízo do segurador, os direitos a que se refere este artigo.

Sub-rogação de direitos e ações. O segurador, ao pagar a indenização ao segurado, sub-rogar-se-á, nos limites do *quantum* ressarcitório, nos direitos e ações que teria o segurado contra o autor do dano, desde que este não seja seu cônjuge, descendente, ascendente, parente consanguíneo ou afim. Mas, se o lesante for qualquer um dos acima indicados, que agiu dolosamente, tal sub-rogação dar-se-á apesar de haver laços familiares e afetivos. Não terá nenhuma eficácia ato do segurado que venha a diminuir ou extinguir, em prejuízo do segurador, os seus direitos de sub-rogação que forem cabíveis contra o lesante; com isso garantida estará a integridade dos efeitos daquela sub-rogação. Se, p. ex., o segurado fizer acordo com o lesante, estipulando que o segurador não se sub-rogará no valor indenizatório que vier a pagar, esse ato negocial não gerará efeito contra o segurador (*RT*, *805*:250, *796*:276, *789*:205, *652*:100; *RTJ*, *41*:782; *RSTJ*, *47*:41, *85*:223; *JSTJ*, *155*:157).

Entendeu o Enunciado n. 552 do CJF (aprovado na *VI Jornada de Direito Civil*) que: "Constituem danos reflexos reparáveis as despesas suportadas pela operadora de plano de saúde decorrentes de complicações de procedimentos por ela não cobertos".

Art. 787. No seguro de responsabilidade civil, o segurador garante o pagamento de perdas e danos devidos pelo segurado a terceiro.

- *Código Civil, arts. 402 a 405.*

§ 1º Tão logo saiba o segurado das consequências de ato seu, suscetível de lhe acarretar a responsabilidade incluída na garantia, comunicará o fato ao segurador.

- *Código Civil, art. 771.*

§ 2º É defeso ao segurado reconhecer sua responsabilidade ou confessar a ação, bem como transigir com o terceiro prejudicado, ou indenizá-lo diretamente, sem anuência expressa do segurador.

- *Código Civil, art. 795.*

§ 3º Intentada a ação contra o segurado, dará este ciência da lide ao segurador.

- *Código de Processo Civil, art. 125, II.*

§ 4º Subsistirá a responsabilidade do segurado perante o terceiro, se o segurador for insolvente.

- *Código Civil, arts. 944 a 955.*
- *Súmula 529 do Supremo Tribunal de Justiça.*

Seguro de responsabilidade civil. O seguro de responsabilidade civil transfere ao segurador a obrigação de arcar com as consequências de danos causados a terceiros, pelos quais o segurado possa responder civilmente (*RT*, *813*:394, *801*:158, *799*:262, *796*:288, *537*:57; *RTJ*, *71*:590, *72*:632, *73*:978).

Pelo Enunciado n. 544 do CJF (aprovado na *VI Jornada de Direito Civil*): "O seguro de responsabilidade civil facultativo garante dois interesses, o do segurado contra os efeitos patrimoniais da imputação de responsabilidade e o da vítima à indenização, ambos destinatários da garantia, com pretensão própria e independente contra a seguradora".

Execução do seguro de responsabilidade civil. O segurado, assim que tiver ciência das perdas e danos (danos emergentes e lucros cessantes) ocasionados por um ato seu, idôneo para gerar-lhe a responsabilidade objeto da garantia, deverá comunicar, imediatamente, o fato ao segurador, para que assuma o pagamento da indenização, mas para tanto não poderá, é óbvio, sem o consenso expresso do segurador, reconhecer sua responsabilidade, confessar, judicial ou extrajudicialmente, sua culpabilidade e muito menos transigir, em juízo ou fora dele, ou entrar em acordo com o lesado, indenizando-o diretamente. A prática de quaisquer desses atos, sem aquiescência do segurador, conduzirá à perda do direito à garantia securitária, fazendo com que pessoalmente fique obrigado perante o terceiro, sem direito ao reembolso do despendido. E se, porventura, o segurado for acionado, poderá comunicar o fato ao segurador, mediante denunciação da lide (CPC, art. 125, II), notificação extrajudicial etc.

"Embora sejam defesos pelo § 2º do art. 787 do Código Civil, o reconhecimento da responsabilidade, a confissão da ação ou a transação não retiram ao segurado o direito à garantia, sendo apenas ineficazes perante a seguradora" (Enunciado n. 373 do Conselho da Justiça Federal, aprovado na *IV Jornada de Direito Civil*).

Pelo Enunciado n. 546 do CJF (aprovado na *VI Jornada de Direito Civil*): "O § 2º do art. 787 do Código Civil deve ser interpretado em consonância com o art. 422 do mesmo diploma legal, não obstando o direito à indenização e ao reembolso".

Insolvência do segurador. Se a companhia seguradora for insolvente, o segurado terá responsabilidade perante o terceiro prejudicado pelo dano que causou. Entende Adrianna de Alencar Setubal Santos que a insolvência prevista no artigo *sub examine* diz respeito à impontualidade no pagamento da indenização e não à insuficiência do ativo da seguradora para pagá-la.

Art. 788. Nos seguros de responsabilidade legalmente obrigatórios, a indenização por sinistro será paga pelo segurador diretamente ao terceiro prejudicado.

- *Decreto-Lei n. 73/66, arts. 16, 17, 20, regulamentado pelo Decreto n. 61.867/67.*
- *Decretos n. 85.266/80; 61.867/67, arts. 12 a 15, 19, 20, 22, 24 e 27; 3.411/2000.*
- *Lei n. 6.194/74.*
- *Lei n. 8.374/91.*
- *Lei n. 9.611/98.*
- *Súmulas 246 e 247 do Superior Tribunal de Justiça.*

Parágrafo único. Demandado em ação direta pela vítima do dano, o segurador não poderá opor a exceção de contrato não cumprido pelo segurado, sem promover a citação deste para integrar o contraditório.

- Vide *Código Civil, arts. 476 e 477.*

- *Código de Processo Civil, art. 125, II.*
- ***Projeto de Lei n. 699/2011**: "Parágrafo único. Demandado em ação direta pela vítima do dano, o segurador não poderá opor a exceção de contrato não cumprido pelo segurado, cabendo a denunciação da lide para o direito de regresso".*

Seguro obrigatório de responsabilidade civil. É o imposto por lei (p. ex., DPVAT — Lei n. 6.194/74, art. 7º, com redação de Lei n. 8.441/92; Circular SUSEP n. 257/2004; Resoluções SUSEP n. 153 e 154/2006; Súmula 257 do STJ) para obter socialização do risco, em caso de responsabilidade civil objetiva por determinadas atividades, para garantia de certos bens. A indenização pelo sinistro será paga pelo segurador, até o limite do valor fixado em lei, diretamente, ao terceiro prejudicado, independentemente da apuração da culpa por ter tal seguro natureza social (*RT*, *813*:280, *810*:248, *805*:254, *795*:303).

Ação direta contra o segurador. A vítima tem opção para acionar, ou não, o segurador. O lesado poderá, mesmo havendo seguro obrigatório, demandar diretamente contra o lesante, pleiteando a totalidade dos prejuízos. Se, havendo seguro obrigatório de responsabilidade civil, o segurador for demandado em ação direta pelo lesado, não poderá ele apresentar a exceção de contrato não cumprido (CC, art. 476; *RT*, *743*:300) pelo segurado (p. ex., falta de pagamento do prêmio, agravação dolosa do risco etc.), sem antes providenciar sua citação (durante o prazo da contestação) para integrar a lide, ou melhor, o contraditório.

BIBLIOGRAFIA: André Gustavo S. Kauffman, O contrato de seguro obrigatório e a "citação" do segurado, *Revista do IASP*, *16*:24-46.

Seção III

Do seguro de pessoa

- *Lei Complementar n. 109/2001, art. 36, parágrafo único.*
- *Código de Processo Civil, arts. 784, VI e 833, IX.*
- *Súmulas 402, 610 e 620 do Superior Tribunal de Justiça.*

Art. 789. Nos seguros de pessoas, o capital segurado é livremente estipulado pelo proponente, que pode contratar mais de um seguro sobre o mesmo interesse, com o mesmo ou diversos seguradores.

- Vide *arts. 778, 782, 794, 798 e 799 do Código Civil.*

Seguro de pessoa. A pessoa humana pode ser objeto de seguro contra riscos de morte, de comprometimento de saúde, incapacidade ou acidentes.

Jurisprudência sobre seguro de pessoa. *JB*, *141*:244; *RJE*, *1*:400; *JSTJ*, *5*:83 e 84, 7:96, *2*:61; *RT*, *869*:244, *796*:382, *795*:255, *790*:309, *781*:302, *621*:136, *642*:155, *679*:121, *442*:163, *575*:150, *524*:200, *520*:253, *464*:83, *435*:143, *587*:121, *660*:209, *603*:114, *600*:200; *RJTJRS*, *146*:346; *BAASP*, *1.608*:245; *AJ*, *107*:51, 77:298; *RF*, *105*:295; *RTJ*, Súmula 61; STF, Súmula 105.

Valor do seguro de pessoa. A vida, ou a pessoa humana, por ser bem inestimável, ao ser segurada, livre será às partes a fixação de seu valor (*RT*, *505*:142 e *504*:237).

Duplicidade de seguro de pessoa. Permitido estará fazer mais de um seguro de pessoa sobre o mesmo interesse (p. ex., vida, integridade física, saúde), com o mesmo ou diversos seguradores, no mesmo valor ou em diversos valores, por haver liberdade de estipulação do capital segurado (CC, art. 789, 1ª parte; *RT*, *504*:237).

BIBLIOGRAFIA: Guilherme C. Nogueira da Gama, O seguro de pessoa no novo Código Civil, *RT*, *826*:11.

Art. 790. No seguro sobre a vida de outros, o proponente é obrigado a declarar, sob pena de falsidade, o seu interesse pela preservação da vida do segurado.

Parágrafo único. Até prova em contrário, presume-se o interesse, quando segurado é cônjuge, ascendente ou descendente do proponente.

- *Código Civil, arts. 760, parágrafo único, e 766.*
- *Decreto-Lei n. 2.063/40, art. 109.*
- *Código de Processo Civil, arts. 784, VI e 833, VI.*
- *Súmula 61 do Superior Tribunal de Justiça.*
- *Súmula 105 do Supremo Tribunal Federal.*
- *As sociedades seguradoras autorizadas a operar no ramo de vida poderão ser também autorizadas a operar planos de previdência privada, obedecidas as condições estipuladas pela Lei n. 6.435, de 15 de julho de 1977, art. 7º, parágrafo único.*
- ***Projeto de Lei n. 699/2011**: "Parágrafo único. Até prova em contrário, presume-se o interesse, quando o segurado é cônjuge, companheiro, ascendente ou descendente do proponente".*

Finalidade do seguro de vida. O seguro de vida terá por escopo a garantia, mediante pagamento de prêmio anual ajustado, de uma indenização a determinada pessoa, em razão de morte do segurado.

Seguro de vida. O seguro de vida visa garantir a pessoa do segurado contra riscos a que estão expostas sua existência, sua integridade física e sua saúde, não havendo reparação de dano ou indenização propriamente dita, pois não se pretende eliminar as consequências patrimoniais de um sinistro, mas sim pagar certa soma ao beneficiário designado pelo segurado (*RT*, *805*:306 e 395, *803*:276, *801*:249, *799*:282, *785*:292 e 400, *786*:327, *783*:323, *788*:304 e 296, *778*:418 e 421, *793*:345, *780*:287, *679*:121, *621*:136, *640*:186, *642*:144 e 155, *595*:160, *634*:169, *624*:122, *601*:131, *611*:185, *605*:217, *613*:127, *546*:175, *548*:202, *487*:181, *507*:231, *512*:215, *495*:221, *461*:180, *440*:152, *486*:71, *529*:71 e *516*:167; *RJE*, *3*:12; *AASP*, *1.608*:245; *RJTJRS*, *146*:346; *EJSTJ*, *5*:84 e 7:96).

Pelo Enunciado n. 542 da *IV Jornada de Direito Civil*: "A recusa de renovação das apólices de seguro de vida pelas seguradoras em razão da idade do segurado é discriminatória e atenta contra a função social do contrato".

Pelo Enunciado n. 84, aprovado na *III Jornada de Direito Comercial*: "O seguro contra risco de morte ou perda de integridade física de pessoas que vise garantir o direito patrimonial de terceiro ou que tenha finalidade indenizatória submete-se às regras do seguro de dano, mas o valor remanescente, quando houver, será destinado ao segurado, ao beneficiário indicado ou aos sucessores".

Seguro sobre a própria vida ou a de outrem. O seguro pode compreender a vida do próprio segurado ou a de terceiro; todavia, nesta última hipótese, dever-se-á justificar o seu interesse jurídico ou econômico (p. ex., gratidão, conveniência profissional, amizade, afetividade) pela preservação da vida que segura, sob pena de falsidade do motivo alegado. Dispensar-se-á tal justificação se o terceiro, cuja vida se pretende segurar, for descendente, ascendente ou cônjuge do proponente, porque a afeição e o vínculo familiar revelam o natural interesse pela vida de qualquer dessas pessoas. "O companheiro deve ser considerado implicitamente incluído no rol das pessoas tratadas no art. 790, parágrafo único, por possuir interesse legítimo no seguro da pessoa do outro companheiro" (Enunciado n. 186 do Conselho da Justiça Federal, aprovado na *III Jornada de Direito Civil*). Todavia, tal presunção é *juris tantum*, prevalecendo até prova em contrário.

BIBLIOGRAFIA: Henri Perret, *Des avants-droits à l'indemnité au cas d'accident mortel*, p. 59 e s.; M. Helena Diniz, *Curso*, cit., v. 3, p. 326-8; Lefort, *Traité du contrat d'assurance sur la vie*, t. 2, n. 430; W. Barros Monteiro, *Curso*, cit., v. 5, p. 346-50; Bassil Dower, *Curso*, cit., p. 272-5; Orlando Gomes, *Contratos*, cit., p. 507-9 e 518-21; Silvio Rodrigues, *Direito civil*, cit., v. 3, p. 398-401; Serpa Lopes, *Curso*, cit., p. 401-11; Sérgio Cavalieri Filho, As declarações do proponente no seguro de vida em grupo, *Estudos Jurídicos*, 6:76-83; Picard e Besson, *Traité général des assurances terrestres*, cit., n. 390 a 393 e 408; Matiello, *Código Civil*, cit., p. 494 a 503.

Art. 791. Se o segurado não renunciar à faculdade, ou se o seguro não tiver como causa declarada a garantia de alguma obrigação, é lícita a substituição do beneficiário, por ato entre vivos ou de última vontade.

Parágrafo único. O segurador, que não for cientificado oportunamente da substituição, desobrigar-se-á pagando o capital segurado ao antigo beneficiário.

- *Código Civil, arts. 438 e 760.*

Beneficiário do seguro de pessoa. O seguro de pessoa poderá ser efetuado livremente e o segurado poderá substituir *ad nutum* por ato *inter vivos* ou *causa mortis* o beneficiário, se não renunciar a tal faculdade, ou se o seguro não tiver por causa a garantia de uma obrigação. Para que haja tal substituição, o segurador precisará ser, em tempo oportuno, dela cientificado. Se não o for, liberar-se-á, pagando o capital segurado ao antigo beneficiário, não podendo, portanto, o novo beneficiário pleitear tal pagamento.

Art. 792. Na falta de indicação da pessoa ou beneficiário, ou se por qualquer motivo não prevalecer a que for feita, o capital segurado será pago por metade ao cônjuge não separado judicialmente, e o restante aos herdeiros do segurado, obedecida a ordem da vocação hereditária.

- *Código Civil, arts. 1.571, III, 1.572 a 1.578 e 1.829.*
- *Artigo que poderá perder, parcialmente, seu suporte eficacial com a redação dada pela EC n. 66/2010 ao art. 226, § 6º, da Constituição Federal.*

Parágrafo único. Na falta das pessoas indicadas neste artigo, serão beneficiários os que provarem que a morte do segurado os privou dos meios necessários à subsistência.

- *O Decreto-Lei n. 5.384, de 8 de abril de 1943, dispunha sobre os beneficiários do seguro de vida.*
- *Código Civil, arts. 438, 760, 1.829, I, 1.798 a 1.803 e 1852.*

Destino do capital segurado na falta de beneficiário indicado. Se o segurado não designar o beneficiário, ou se este não lhe sobreviver, ou, ainda, se não prevalecer a indicação feita, a seguradora pagará metade do capital segurado ao cônjuge não separado judicialmente (beneficiário subsidiário) ou de fato (*RT, 807*:348) e metade aos herdeiros do segurado, obedecendo à ordem legal de vocação hereditária (CC, arts. 1.829 e 1.852), e, na falta dessas pessoas, serão beneficiários subsidiários os que reclamarem o pagamento do seguro e provarem que a morte do segurado os privou de meios necessários para proverem a sua subsistência (p. ex., vítima de acidente provocado pelo segurado que dele recebe pensão); logo, a prova dessa dependência econômica é condição *sine qua non* para que haja direito ao *quantum* indenizatório a ser pago pela seguradora. Não havendo indicação de beneficiário, a jurisprudência (*RT*, *771*:272; *JTJ*, *LEX*, *261*:261) vem admitindo o direito do companheiro de receber a indenização securitária. No mesmo sentido, o art. 793 do novo Código Civil. Afora esses casos será beneficiária a União (Decreto-Lei n. 5.384/43, art. 1º, parágrafo único; *RF*, *105*:295, *94*:619; *RT*, *281*:703, *144*:383).

Art. 793. É válida a instituição do companheiro como beneficiário, se ao tempo do contrato o segurado era separado judicialmente, ou já se encontrava separado de fato.

- Vide *Código Civil, arts. 550, 1.723 a 1.727 e 1.801, III.*
- *Constituição Federal, art. 226, § 3º, com a redação da EC n. 66/2010 poderá fazer com que esse artigo perca, parcialmente, sua eficácia social.*

Instituição de companheiro como beneficiário de seguro. O novo Código Civil no artigo ora comentado veio a consolidar a ideia consagrada pela jurisprudência (*RT*, *792*:214, *771*:272, *586*:176, *419*:205, *467*:135, *486*:98, *551*:113; *JTJ*, *Lex*, *261*:261) da validade da indicação de companheiro como beneficiário de seguro, se ao tempo da celebração do contrato o segurado já era separado judicialmente ou separado de fato. Atentou, assim, à realidade social e ao avanço da legislação previdenciária, admitindo que existem deveres morais cuja reparação não deve ser impedida. Logo, por este artigo não poderá ser beneficiário de seguro quem estiver, por lei, proibido de receber doação do segurado, como ocorre, p. ex., com o cúmplice do cônjuge adúltero não separado de fato (CC, art. 550 c/c o art. 793; *RT*, *610*:249, *586*:176, *422*:335, *467*:135, *486*:98, *551*:113, *494*:97, *442*:161 e *528*:218; *JSTJ*; *142*:105).

Art. 794. No seguro de vida ou de acidentes pessoais para o caso de morte, o capital estipulado não está sujeito às dívidas do segurado, nem se considera herança para todos os efeitos de direito.

- Vide *Código de Processo Civil, arts. 784, VI e 833, VI.*

Isenção do benefício do pagamento de débitos do segurado. O *quantum* estipulado como benefício do seguro de vida ou de acidentes pessoais para o caso de morte não se destinará ao pagamento de obrigações ou de dívidas do segurado, sendo, portanto, impenhorável (CPC, art. 833, VI; *AJ*, 77:298). O capital segurado não está entre os bens do patrimônio do segurado-devedor, que respondem pelo descumprimento de suas obrigações de pagar débitos, nem está sujeito à execução. O benefício só responderá por débitos alusivos aos prêmios atrasados ou empréstimos feitos pelo próprio segurado sobre a apólice (*RT*, *131*:725).

Capital segurado e herança. O capital estipulado no seguro de vida ou de acidentes pessoais para o caso de morte do segurado não é considerado, para todos os efeitos de direito, como herança, visto que reverterá em favor do beneficiário, não se integrando, portanto, no espólio.

Art. 795. É nula, no seguro de pessoa, qualquer transação para pagamento reduzido do capital segurado.

- *Código Civil, arts. 422, 787, § 2º, e 840 a 850.*

Nulidade de transação para redução do capital segurado. No seguro de pessoa qualquer transação feita entre seguradora e beneficiário para que haja pagamento reduzido do capital segurado deverá ser declarada nula, evitando-se que a indenização a que faz jus o beneficiário sofra alteração. Aplicando-se os princípios da boa-fé objetiva e da probidade procura-se tutelar o segurado. Tal ocorre porque não se pode substituir a vontade do segurado falecido.

Art. 796. O prêmio, no seguro de vida, será conveniado por prazo limitado, ou por toda a vida do segurado.

Parágrafo único. Em qualquer hipótese, no seguro individual, o segurador não terá ação para cobrar o prêmio vencido, cuja falta de pagamento, nos prazos previstos, acarretará, conforme se estipular, a resolução do contrato, com a restituição da reserva já formada, ou a redução do capital garantido proporcionalmente ao prêmio pago.

Fixação da taxa do prêmio. Em caso de seguro de vida, o prêmio deve ser pago pelo segurado ao segurador, durante o prazo estipulado no contrato ou enquanto ele viver, como contraprestação do risco assumido. Logo, o prêmio pode ser ajustado por prazo limitado (caso em que se tem o *seguro de vida inteira com prêmio temporário*, em que o segurado só paga o prêmio avençado durante certo número de anos, ficando depois remido, com garantia de cobertura, conforme avençado, enquanto viver) ou por toda a vida do segurado (hipótese em que se configura o *seguro de vida inteira*, pois o segurado se obriga a pagar mensalmente um prêmio fixo, enquanto vivo, para que o segurador pague indenização aos beneficiários, após sua morte).

Urge lembrar que pelo Enunciado n. 542 do CJF (aprovado na *VI Jornada de Direito Civil*): "A recusa de renovação das apólices de seguro de vida pelas seguradoras em razão da idade do segurado é discriminatória e atenta contra a função social do contrato".

Seguro individual. O segurador, no seguro individual, não terá ação para cobrança judicial de prêmio vencido, seja ele conveniado por prazo limitado ou por toda a vida do segurado, pois sua falta de pagamento acarretará, conforme convenção feita, a resolução contratual, devolvendo-se a reserva já formada em razão de prêmio pago ou a redução do capital garantido na proporção do prêmio pago.

Art. 797. No seguro de vida para o caso de morte, é lícito estipular-se um prazo de carência, durante o qual o segurador não responde pela ocorrência do sinistro.

Parágrafo único. No caso deste artigo o segurador é obrigado a devolver ao beneficiário o montante da reserva técnica já formada.

Prazo de carência. É permitida a estipulação, em seguro de vida para o caso de morte (p. ex., por acidente ou doença), de um prazo de carência, durante o qual se isenta o segurador da responsabilidade de indenizar danos advindos do sinistro, cujo risco assumiu para que possa reorganizar suas finanças. Logo, se ele ocorrer, durante o lapso carencial, o segurador deverá restituir ao beneficiário o montante da reserva técnica (parcela do prêmio pago pelo segurado, imobilizado pelo segurador para garantir a obrigação por ele assumida — *RT, 796*:288) que, porventura, estiver formada, evitando, assim, seu enriquecimento indevido. O prazo de carência é, portanto, o lapso temporal, durante o qual o segurado paga o prêmio, mas não faz jus à percepção da indenização. Somente depois do término daquele período, havendo o sinistro, o beneficiário poderá reclamar judicialmente o cumprimento da obrigação de indenizar por parte do segurador.

Art. 798. O beneficiário não tem direito ao capital estipulado quando o segurado se suicida nos primeiros dois anos de vigência inicial do contrato, ou da sua recondução depois de suspenso, observado o disposto no parágrafo único do artigo antecedente.

- Vide *Código Civil, art. 797 e parágrafo único.*

Parágrafo único. Ressalvada a hipótese prevista neste artigo, é nula a cláusula contratual que exclui o pagamento do capital por suicídio do segurado.

• *Súmulas 105 do Supremo Tribunal Federal e 61 do Superior Tribunal de Justiça.*

Risco de morte involuntária. A vida humana poderá ser objeto de seguro contra os riscos de morte involuntária; logo, o beneficiário não poderá reclamar que o segurador pague a quantia avençada se o segurado vier a falecer de morte voluntária (*JB*, *141*:244), nos primeiros dois anos de vigência inicial do contrato ou de sua prorrogação depois de suspenso, embora tenha direito ao montante da reserva técnica já formada (CC, art. 797, parágrafo único).

Casos de morte voluntária. Não haverá pagamento de seguro se o segurado vier a falecer em razão de suicídio premeditado (*AJ*, *107*:51; STF, Súmula 105; *RT*, *442*:163 e *575*:150) dentro do prazo de carência legal estipulado pelo art. 797 do Código Civil. Competirá à seguradora o ônus da prova de que houve premeditação no suicídio (*RT*, *575*:150), durante os primeiros dois anos do contrato. Não se compreendem, nessa hipótese, os casos em que não houver intenção deliberada de se matar, como, p. ex., recusa a uma intervenção cirúrgica, suicídio involuntário ou inconsciente devido a insanidade mental (*RT*, *797*:383, *444*:127, *471*:189, *538*:235, *524*:200, *520*:253, *464*:83 e *435*:143; *RF*, *194*:132, *192*:136, *189*:101 e *177*:217; *RTJ*, *71*:551; *EJSTJ*, *5*:83 e *2*:61; STJ, Súmula 61; STF, Súmula 105; CC, art. 799). "No contrato de seguro de vida, presume-se, de forma relativa, ser premeditado o suicídio cometido nos dois primeiros anos de vigência da cobertura, ressalvado ao beneficiário o ônus de demonstrar a ocorrência do chamado 'suicídio involuntário'" (Enunciado n. 187 do Conselho da Justiça Federal, aprovado na *III Jornada de Direito Civil*). Se o suicídio se der após dois anos da celebração do contrato de seguro, o beneficiário fará jus à indenização, independentemente da prova da premeditação, ou não, do ato suicida.

Nulidade de cláusula excludente de pagamento do capital por suicídio. Salvo a hipótese do art. 798, *caput, sub examine*, eivada de nulidade absoluta está a cláusula que, no contrato de seguro de vida, vier a excluir o pagamento do capital por suicídio do segurado.

BIBLIOGRAFIA: José Carlos Cavalcanti de Araújo, Exclusão do suicídio de cobertura do contrato de seguro de acidentes pessoais, distinção de seguro de vida, *RT*, *585*:11 a 20; Antonio Penteado Mendonça, Acidentes pessoais (artigo 798), *Tribuna do Direito*, set. 2003, p. 10.

Art. 799. O segurador não pode eximir-se ao pagamento do seguro, ainda que da apólice conste a restrição, se a morte ou a incapacidade do segurado provier da utilização de meio de transporte mais arriscado, da prestação de serviço militar, da prática de esporte, ou de atos de humanidade em auxílio de outrem.

Hipóteses de não configuração de morte ou incapacidade voluntárias. Não são considerados casos de morte ou incapacidade voluntárias aqueles em que não houver intenção deliberada de se matar (*RT*, *444*:127, *471*:189, *538*:235), como, p. ex., uso de meio de transporte arriscado, alistamento militar, prática de esporte violento ou perigoso (boxe, judô, corrida de automóvel, alpinismo), ato de heroísmo para salvar alguém, diligência arriscada de policial para prisão de criminoso (*RT*, *818*:249), submissão a uma intervenção cirúrgica ou terapia de alto risco (*RT*, *524*:200, *520*:253, *464*:83, *435*:143; STJ, Súmula 61; STF, Súmula 105). Consequentemente, o segurador não poderá, nessas hipóteses, eximir-se do pagamento do seguro, mesmo que da apólice conste a restrição.

Art. 800. Nos seguros de pessoas, o segurador não pode sub-rogar-se nos direitos e ações do segurado, ou do beneficiário, contra o causador do sinistro.

• *Código Civil, arts. 786 e 346 a 351.*

Proibição de sub-rogação nos direitos e ações do segurado ou do beneficiário. Em caso de seguro de pessoa, por garantir interesses insuscetíveis de quantificação, veda-se a sub-rogação do segurador nos direitos e ações do segurado, ou do beneficiário, contra o causador do sinistro, pois o ofendido (segurado ou seu sucessor, beneficiário ou não) continua legitimado para pleitear, em juízo, o *quantum* indenizatório a que faz jus contra o lesante, causador do acidente que o vitimou, acarretando dano moral ou patrimonial. O segurador liberado estará ao entregar o capital segurado, contratualmente fixado, a quem de direito, visto que tal quantia não tem por escopo a reparação de danos.

Art. 801. O seguro de pessoas pode ser estipulado por pessoa natural ou jurídica em proveito de grupo que a ela, de qualquer modo, se vincule.

- *Súmula 101 do Superior Tribunal de Justiça.*

§ 1º O estipulante não representa o segurador perante o grupo segurado, e é o único responsável, para com o segurador, pelo cumprimento de todas as obrigações contratuais.

§ 2º A modificação da apólice em vigor dependerá da anuência expressa de segurados que representem três quartos do grupo.

Seguro de pessoas em proveito de grupo. O seguro de pessoa pode ser estipulado por pessoa natural ou jurídica em favor do grupo que a ela esteja vinculado, p. ex., por laços de parentesco ou liames empregatícios. Nessa modalidade de seguro ter-se-á: o *estipulante*, a *seguradora* e o *grupo segurado*. O estipulante, que não é representante do segurador perante o grupo segurado, responsabiliza-se pelo adimplemento dos deveres contratuais assumidos pelo grupo, inclusive pela arrecadação do prêmio a ser entregue ao segurador. O grupo segurado deverá, havendo descumprimento contratual, agir diretamente contra o segurador. O estipulante tem a função de firmar o contrato entre o segurador e o grupo, assumindo os deveres contratuais perante o primeiro. Trata-se do contrato de seguro em grupo.

Modificação da apólice. Para se alterar apólice dessa modalidade de seguro será preciso o consenso expresso de segurados que representem 3/4 (75%) do grupo beneficiado pelo contrato, retirando-se, assim, do estipulante o poder de modificá-lo, sem o consenso da maioria dos segurados. E, pelo Enunciado n. 375 do Conselho da Justiça Federal (aprovado na *IV Jornada de Direito Civil*): "No seguro em grupo de pessoas, exige-se o quórum qualificado de 3/4 do grupo, previsto no § 2º do art. 801 do Código Civil, apenas quando as modificações impuserem novos ônus aos participantes ou restringirem seus direitos na apólice em vigor".

Art. 802. Não se compreende nas disposições desta Seção a garantia do reembolso de despesas hospitalares ou de tratamento médico, nem o custeio das despesas de luto e de funeral do segurado.

- *Leis n. 9.656/98 e 10.185/2001.*

Abrangência dos arts. 789 a 801 do Código Civil. Os arts. 789 a 801 do Código Civil sobre seguro de pessoas não são aplicáveis para garantir reembolso de despesas médico-hospitalares, de luto e de funeral do segurado, que poderá ser objeto de seguro de dano. O segurador tem apenas a obrigação de assumir o risco previsto no ajuste, pagando o capital fixado em favor do beneficiário, assim que o sinistro se der.

CAPÍTULO XVI

DA CONSTITUIÇÃO DE RENDA

Art. 803. Pode uma pessoa, pelo contrato de constituição de renda, obrigar-se para com outra a uma prestação periódica, a título gratuito.

- Vide *Código Civil, arts. 804, 809 e 813.*

Constituição de renda. A constituição de renda é o contrato pelo qual uma pessoa (instituidor ou censuísta) entrega certo capital, em dinheiro, bem móvel ou imóvel, a outra (rendeiro ou censuário), que se obriga a pagar-lhe, temporariamente, renda ou prestação periódica (*Adcoas*, n. 87.838, 1982).

BIBLIOGRAFIA: Clóvis Beviláqua, *Código Civil*, cit., t. 5, p. 173-6; e *Manual*, cit., v. 14, cap. XIII, p. 259-319; Levenhagen, *Código Civil*, cit., v. 5, p. 174-8; Orlando Gomes, *Contratos*, cit., p. 495-9; Silvio Rodrigues, *Direito civil*, cit., v. 3, p. 375 e s.; Serpa Lopes, *Curso*, cit., v. 4, p. 343-54; W. Barros Monteiro, *Curso*, cit., v. 5, p. 328 e s.; M. Helena Diniz, *Tratado*, cit., cap. XVIII, v. 3, p. 107-21; Bassil Dower, *Curso moderno de direito civil*, cit., p. 255-9; Caio M. S. Pereira, *Instituições*, cit., v. 3, p. 438-43; Espínola, *Sistema de direito civil brasileiro*, Francisco Alves, 1961, v. 3, n. 193; Colin e Capitant, *Cours élémentaire de droit civil français*, cit., v. 2, n. 917 e 921; De Page, *Traité élémentaire*, cit., v. 5, n. 325; Carvalho de Mendonça, *Contratos*, cit., v. 2, n. 345; Carvalho Santos, *Código Civil brasileiro interpretado*, cit., v. 19, p. 192; Carlos Alberto Bittar, *Contratos civis*, cit., p. 145-9; Sílvio Luís Ferreira da Rocha, *Curso avançado*, cit., p. 352 a 358.

Gratuidade. Será gratuita se se instituir renda por liberalidade, não importando em obrigações correspectivas. O instituidor entrega prestação periódica ao beneficiário, sem nada receber por isso. Nada obsta que seja onerosa (CC, art. 804).

Temporariedade. A constituição de renda deverá ser convencionada por tempo certo ou incerto, isto é, enquanto viver o instituidor ou o beneficiário, caso em que a renda será vitalícia, cessando com o falecimento do credor da renda, não se transmitindo a seus herdeiros.

Renda. A renda consiste numa prestação periódica (quinzenal ou mensal) em dinheiro ou em outros bens móveis ou imóveis que uma pessoa recebe de outra a quem foi entregue certo capital.

Art. 804. O contrato pode ser também a título oneroso, entregando-se bens móveis ou imóveis à pessoa que se obriga a satisfazer as prestações a favor do credor ou de terceiros.

- *Código Civil, art. 809.*

Capital. O capital apenas poderá consistir em dinheiro, móveis e imóveis.

Onerosidade. A constituição de renda será onerosa se gerar benefícios para ambas as partes, caso em que será bilateral, pois haverá uma contraprestação: o instituidor transfere um capital (dinheiro, bens móveis ou imóveis) em troca de uma renda, que deverá ser paga pelo censuário a favor do credor ou de terceiro.

Art. 805. Sendo o contrato a título oneroso, pode o credor, ao contratar, exigir que o rendeiro lhe preste garantia real, ou fidejussória.

- *Código Civil, arts. 810, 818 a 839 e 1.419 a 1.430.*

Exigência de prestação de garantia real ou fidejussória. Se a constituição de renda for onerosa, o credor, ao contratá-la, poderá exigir que o rendeiro lhe preste garantia real (penhor, hipoteca etc.) ou fidejussória (fiança), para assegurar a execução contratual.

Art. 806. O contrato de constituição de renda será feito a prazo certo, ou por vida, podendo ultrapassar a vida do devedor mas não a do credor, seja ele o contratante, seja terceiro.

- *Código Civil, art. 1.792.*

Comutatividade. O contrato de constituição de renda será comutativo se o devedor da renda, ao receber o capital, ficar obrigado a efetuar certo número de prestações por tempo fixo.

Aleatoriedade. Será aleatória a constituição de renda se, sendo onerosa, vier a ultrapassar a vida do devedor (obrigando seus herdeiros até as forças da herança — CC, art. 1.792), mas não a do credor, seja ele contratante, seja terceiro, caso em que poderá ser vantajoso ou não para um e outro contratante, uma vez que, por ser incerta a data da morte do rendeiro, ganhará a parte obrigada a pagar a renda se for curto o período de vida, e perderá se for longo. A aleatoriedade decorre da incerteza em relação à duração da vida do credor da renda. A constituição de renda por prazo incerto, em regra, é vitalícia.

Art. 807. O contrato de constituição de renda requer escritura pública.

- *Código Civil, arts. 108, 109 e 215 a 218.*
- *Lei n. 6.015/73, arts. 129 e 167, I, n. 8.*

Forma especial para celebração de constituição de renda. É um contrato formal por exigir forma especial para sua celebração; se o capital for imóvel, será necessária a escritura pública, e, além disso, pela sua finalidade impõe-se que se perfaça também por instrumento público quando se tratar de entrega de capital em móvel ou dinheiro.

Modos constitutivos. A constituição de renda poderá operar-se por: *a*) ato *inter vivos*, ou seja, por contrato a título oneroso ou gratuito, por meio de escritura pública. Será oneroso se uma das partes der o capital para que a outra lhe pague uma renda, e gratuito se o instituidor celebrar contrato obrigando-se a fornecer prestações periódicas, com o intuito de fazer uma liberalidade em benefício do credor da renda, aproximando-se da doação; *b*) ato *causa mortis*, isto é, por testamento público, em que o testador lega a alguém um bem com o encargo de pagar, temporariamente, determinada renda a certa pessoa.

Art. 808. É nula a constituição de renda em favor de pessoa já falecida, ou que, nos 30 (trinta) dias seguintes, vier a falecer de moléstia que já sofria, quando foi celebrado o contrato.

Nulidade de renda constituída em favor de pessoa falecida. A renda apenas poderá ser instituída e mantida em favor de pessoa viva, sob pena de nulidade. Nula será a constituição de renda em favor de falecido ou de quem venha a falecer nos trinta dias seguintes à celebração contratual, em virtude de doença (tuberculose, aids, câncer, cardiopatia etc.) que já sofria. Assim sendo, se a moléstia for superveniente à efetivação do ato negocial, mesmo que o óbito se dê dentro do período estabelecido pela lei, válido será o contrato. O mesmo se diga de velhice ou de gravidez que resultem em morte nos subsequentes trinta dias, por não serem tidas como doença.

Art. 809. Os bens dados em compensação da renda caem, desde a tradição, no domínio da pessoa que por aquela se obrigou.

- *Código Civil, art. 1.359.*

Contrato real. A constituição de renda é um contrato real, porque, para sua configuração, exige a tradição efetiva do capital, cujo domínio pertencerá ao devedor da renda. O bem que foi entregue ao rendeiro, com a tradição, passará a fazer parte de seu patrimônio.

Art. 810. Se o rendeiro, ou censuário, deixar de cumprir a obrigação estipulada, poderá o credor da renda acioná-lo, tanto para que lhe pague as prestações atrasadas como para que lhe dê garantias das futuras, sob pena de rescisão do contrato.

• Vide *Código Civil, arts. 475, 476 e 477.*

Inadimplemento contratual. Se o rendeiro, ou censuário, não cumprir a obrigação contratual, poderá ser acionado pelo credor da renda, para que lhe pague as prestações atrasadas e lhe dê garantias das futuras, sob pena de rescisão do contrato, voltando as partes ao *statu quo ante*, sem restituição das rendas embolsadas anteriormente pelo credor e dos frutos auferidos pelo devedor. Contém uma condição resolutiva tácita, pois o contrato rescindir-se-á com o não pagamento das prestações periódicas avençadas ou com o não fornecimento de caução para garantir as futuras.

Art. 811. O credor adquire o direito à renda dia a dia, se a prestação não houver de ser paga adiantada, no começo de cada um dos períodos prefixos.

Renda paga em datas prefixadas. A renda poderá ser paga adiantadamente ou em datas prefixadas, seguindo o parcelamento avençado. Sendo parcelado o pagamento da renda, o credor poderá exigir as prestações, tendo direito à renda dia a dia, por tratar-se de fruto civil, desde que não tenham sido pagas adiantadamente, no começo de cada um dos períodos prefixados. Por exemplo, se numa renda anual já houverem decorridos cento e cinquenta dias, para apurar-se tal renda, esta será dividida por trezentos e sessenta e cinco dias, multiplicando-se o resultado por cento e cinquenta.

Art. 812. Quando a renda for constituída em benefício de duas ou mais pessoas, sem determinação da parte de cada uma, entende-se que os seus direitos são iguais; e, salvo estipulação diversa, não adquirirão os sobrevivos direito à parte dos que morrerem.

• *Código Civil, arts. 257, 551, parágrafo único, e 1.942.*

Constituição de renda em benefício de várias pessoas. Sendo a renda constituída em favor de duas ou mais pessoas, não discriminando o contrato a parte cabível a cada uma delas, entender-se-á que: *a*) os seus direitos serão idênticos; *b*) não haverá, entre elas, direito de acrescer; logo, os sobreviventes não terão direito à parte do falecido, exceto se houver convenção em sentido contrário, ou se os beneficiários forem marido e mulher (CC, arts. 551, parágrafo único, e 1.942).

Art. 813. A renda constituída por título gratuito pode, por ato do instituidor, ficar isenta de todas as execuções pendentes e futuras.

Parágrafo único. A isenção prevista neste artigo prevalece de pleno direito em favor dos montepios e pensões alimentícias.

• Vide *Código de Processo Civil, art. 833, I e IV.*

Impenhorabilidade da renda. Se a renda for constituída a título gratuito poderá, por ato do instituidor, ficar isenta de qualquer execução pendente ou futura, porque o instituidor nada tem que ver com os credores do favorecido. Tal impenhorabilidade existirá de pleno direito em favor dos montepios (pensões devidas a familiares de funcionário público falecido ou incapacitado) e pensões alimentícias. Se for instituída a renda a título oneroso, impossível será a isenção de penhora; logo, não terá validade qualquer cláusula contratual que libere a renda de execução por dívida presente ou futura do instituidor.

Capítulo XVII

Do Jogo e da Aposta

- Vide *Decreto-Lei n. 9.215, de 30 de abril de 1946, que proíbe os jogos de azar.* Vide, *ainda, a Lei das Contravenções Penais (Decreto-Lei n. 3.688, de 3-10-1941), arts. 50 a 58.*
- *Decreto-Lei n. 6.259/44, sobre serviço de loterias.*
- *Decreto n. 2.290/97 e Leis n. 11.186/2005 e 11.345/2006, sobre concurso de prognóstico.*
- *Decreto n. 50.776/61, sobre funcionamento de seções de jogos lícitos carteados em sedes de sociedades, clubes, entidades recreativas, sociais, culturais, literárias, beneficentes, esportivas e congêneres.*
- *Lei n. 6.717/79, sobre a loto.*
- *Súmula 362 do Supremo Tribunal Federal.*
- Vide *sobre bingo: Parecer n. 78/94 da JUCESP e* RT, 652:140; *e Decreto n. 2.574/98, arts. 79 a 83, 95 a 108, com alteração do Decreto n. 3.659/2000, estando ora revogado pelo Decreto n. 5.000/2004; Lei n. 9.981/2000, arts. 3º e 4º; Lei n. 10.264/2001, que altera o art. 56 da Lei n. 9.615/98; Resolução n. 5/99 do Conselho de Controle de Atividades Financeiras — CCOAF, sobre procedimentos a serem observados pelas pessoas jurídicas que exploravam bingo; Portarias do INDESP n. 43/99, 45/99, 49/99, 3/2000, 37/2000 e 40/2000. Pela Medida Provisória n. 168/2004 (arquivada pelo Senado) estava proibida a exploração de jogos de bingo e de máquinas eletrônicas caça-níqueis. Há projeto de lei, aprovado pela Comissão da Câmara, propondo liberação de bingos e caça-níqueis. Pela Súmula vinculante n. 2 do STF: "É inconstitucional a lei ou ato normativo estadual ou distrital que disponha sobre sistemas de consórcios e sorteios, inclusive bingos e loterias".*

  Sobre bingo eletrônico: Decreto n. 2.574/98, art. 74, alterado pelo Decreto n. 3.214/99, hoje revogado pelo Decreto n. 5.000/2004, e Portaria n. 104/98 do INDESP.
- *Decreto-Lei n. 594/69, Lei n. 9.092/95, Lei n. 9.615/98, arts. 6º, 8º, 9º e 10 (com alteração da Lei n. 11.118/2005), e Decreto n. 2.574/98 (ora revogado), arts. 9º a 11, sobre loteria esportiva.*
- *Instrução Normativa n. 172/99 (ora revogada) da Secretaria da Receita Federal, sobre apreensão de máquinas eletrônicas programadas para exploração de jogos de azar importadas do exterior.*
- *Circulares n. 342/2005 da Caixa Econômica Federal sobre permissões lotéricas; n. 614/2013 e n. 621/2013 sobre regulamentação de permissões lotéricas; n. 707/2016 sobre regulação da loteria de prognóstico específico sobre o resultado de sorteios de números e de entidades de prática desportiva: Loto XIII — Timemania.*
- *Circular n. 546 da CEF de 2011 — regula loterias de números: Loto III — Quina/Loto V — Mega-Sena/Loto VIII — Loto Mania/Loto IX — Dupla Sena/Loto XII — Loto Fácil.*
- *Sobre loterias: Lei n. 9.615/98, art. 56, VI, § 1º, com a redação da Lei n. 13.146/2013; e Lei n. 12.869/2013, com a alteração da Lei n. 13.177/2015.*

- *Instrução Normativa n. 48/2008 do Ministério da Agricultura, Pecuária e Abastecimento sobre Regulamento do Plano Geral de Apostas em hipódromos.*
- *Lei n. 7.291/84, sobre corridas de cavalo.*
- *Sobre Timemania: Lei n. 11.345/2006, regulamentada pelo Decreto n. 6.187/2007, alterado pelo Decreto n. 6.912/2009.*
- *Lei n. 13.756/2018 sobre destinação do produto da arrecadação das loterias sobre promoção comercial e a modalidade lotérica denominadas apostas de quota fixa.*

Art. 814. As dívidas de jogo ou de aposta não obrigam a pagamento; mas não se pode recobrar a quantia, que voluntariamente se pagou, salvo se foi ganha por dolo, ou se o perdente é menor ou interdito.

- *Código Civil, arts. 145 a 150, 166, II, 816 e 882.*
- *Decreto-Lei n. 3.688/41, arts. 50 a 58.*
- *Decreto-Lei n. 9.215/46.*

§ 1º Estende-se esta disposição a qualquer contrato que encubra ou envolva reconhecimento, novação ou fiança de dívida de jogo; mas a nulidade resultante não pode ser oposta ao terceiro de boa-fé.

- *Código Civil, arts. 360 a 367, 818 a 839 e 882.*

§ 2º O preceito contido neste artigo tem aplicação, ainda que se trate de jogo não proibido, só se excetuando os jogos e apostas legalmente permitidos.

§ 3º Excetuam-se, igualmente, os prêmios oferecidos ou prometidos para o vencedor em competição de natureza esportiva, intelectual ou artística, desde que os interessados se submetam às prescrições legais e regulamentares.

Jogo. Jogo é o contrato em que duas ou mais pessoas prometem, entre si, pagar certa soma àquela que conseguir um resultado favorável de um acontecimento incerto.

Aposta. Aposta é a convenção em que duas ou mais pessoas de opiniões discordantes sobre qualquer assunto prometem, entre si, pagar certa quantia ou entregar determinado bem àquela cuja opinião prevalecer em virtude de um evento incerto.

BIBLIOGRAFIA: Orlando Gomes, *Contratos*, cit., p. 523-31; Serpa Lopes, *Curso*, cit., p. 415-29; De Page, *Traité*, cit., v. 5, p. 272 e 282; M. Helena Diniz, *Curso*, cit., v. 3, p. 334-45; e *Tratado*, cit., cap. XLVIII, v. 5, p. 257-72; Baudry-Lacantinerie e Wahl, *Dei contratti aleatori*, n. 12-171; Carvalho de Mendonça, *Contratos*, cit., v. 2, n. 359; Funaioli, Il giuoco e la scommessa, apud Vassali, *Trattato di diritto civile*, UTET, 1950, v. 9, n. 2; Caio M. S. Pereira, *Instituições*, cit., v. 3, p. 446-53; Troplong, *Des contrats aléatoires*, n. 43; W. Barros Monteiro, *Curso*, cit., v. 5, p. 351-6; Silvio Rodrigues, *Direito civil*, cit., v. 3, p. 404-8; Mazeaud e Mazeaud, *Leçons*, cit., v. 3, n. 1.613; Enneccerus, Kipp e Wolff, *Tratado*, cit., v. 2, t. 2, p. 450-3; Clóvis Beviláqua, *Código Civil*, cit., v. 5, p. 231; Ricci, *Corso tecnico-pratico di diritto civile*, v. 9, n. 170; Giorgi, *Teoria delle obbligazioni*, v. 3, n. 358; Bonfante, Le obbligazioni naturali e il debito di giuoco, in *Scritii varii*, Torino, 1926, v. 3, p. 41-103; Rodrigues A. Bustamante, *Constitución de la obligación natural como dever jurídico*, Lisboa, 1953; e *La obligación natural*, Madrid, Reus, 1953, p. 45; Ruggiero, Pagamento di debito di giuoco e deposito preventivo, *Rivista di Diritto Commerciale*, *15*:524; Márcio Martins Bonilha, Contratos de jogo e aposta, in *Contratos nominados* (coord. Cahali), São Paulo, Saraiva, 1995, p. 309-35; Salvatore Romano, *Note sulle obbligazioni naturali*, Firenze, 1945; J. Ignacio Cano Martínez, *La obligación natural*, Barcelona, Bosch, 1990; Gobert, *Essai sur le rôle de l'obligation naturelle*, Sirey, 1957; Morichecucci, *Appunti sulle obbligazioni naturali*, Genova, 1947; Moscato, *Le obbligazioni naturali*, Torino, 1897; Roberto Senise Lisboa, *Manual*, cit., v. 3, p. 219-21; Sílvio Luís Ferreira da Rocha, *Curso avançado*, cit., p. 385 a 392.

Jurisprudência relativa ao jogo e aposta. Consulte: *RT*, *799*:377, *794*:381, *763*:105, *745*:263, *719*:243, *696*:199, *693*:211, *684*:76, *653*:119, *670*:94, *212*:186, *162*:427, *390*:359, *395*:165, *520*:223, *506*:141, *542*:201, *626*:152, *633*:85, *568:81*, *595*:134, *588*:104, *579*:330 e 394, *518*:202 e 216, *510*:146, *311*:735, *693*:211, *696*:199, *620*:94, *426*:253, *653*:119, *494*:197, *467*:217, *652*:140, *457*:126, *147*:690, *264*:87, *389*:142, *403*:166 e *595*:158; *AJ*, *96*:101; *RJTJSP*, *6*:107 e *127*:120; *RF*, *107*:188, *109*:104 e *195*:487; *Ciência Jurídica*, *61*:92, *56*:70 e *50*:93; *BAASP*, *2.254*:519; STF, Súmula 362; STJ, Súmula 51; STF, Súmula vinculante 2: "É inconstitucional a lei ou ato normativo estadual ou distrital que disponha sobre sistemas de consórcios e sorteios, inclusive bingos ou loterias". Precedentes: ADI 2.847/DF, rel. Min. Carlos Veloso, *DJ*, 26-11-2004; ADI 3.147/PI, rel. Min. Carlos Britto, *DJ*, 22-9-2006; ADI 2.996/SC, rel. Min. Sepúlveda Pertence, *DJ*, 29-9-2006; ADI 2.690/RN, rel. Min. Gilmar Mendes, *DJ*, 20-10-2006; ADI 3.183/MS, rel. Min. Joaquim Barbosa, *DJ*, 20-10-2006; ADI 3.277/PB, rel. Min. Sepúlveda Pertence, *DJ*, 25-5-2007.

Inexigibilidade das dívidas de jogo ou aposta. Todas as espécies de jogos, mesmo os não proibidos, não obrigam a pagamento, de modo que ninguém poderá ser acionado por débito de jogo ou aposta, visto ser inexigível (*RT*, *696*:199, *693*:211, *620*:94, *467*:217, *457*:126, *494*:197, *168*:649, *244*:554, *520*:223, *494*:197, *488*:126, *506*:141 e *540*:134; *RTJ*, *59*:482; *Ciência Jurídica*, *61*:92; *RF*, *109*:74; *AJ*, *96*:101), salvo os jogos e apostas legalmente permitidos, por visarem uma utilidade social, trazendo a quem os pratica incremento da destreza, da força, da coragem, ou da inteligência (como o futebol, o golfe, o tênis, o xadrez, as corridas automobilísticas, de bicicleta ou a pé etc.); estimulando atividades econômicas de interesse geral, como, p. ex., a criação nacional de cavalos de raça, em se tratando de turfe (*RT*, *661*:70; STJ, REsp 819.482/PR, rel. Min. Cesar Asfor Rocha, 4ª T., j. 27-3-2007), ou pelo benefício que deles aufere o Estado, empregando parte de seu resultado em obras sociais, como no caso de loterias federais etc. Quem vencer jogos autorizados por lei ou competição de natureza intelectual ou artística terá ação judicial para receber o crédito, ou seja, o prêmio oferecido, desde que tenha cumprido as prescrições legais e regulamentares.

Impossibilidade de repetição. A eficácia do jogo e da aposta limita-se à impossibilidade de repetição. Assim sendo, se se pagar débito de jogo ou de aposta voluntariamente, não mais se poderá reaver o que pagou (*AJ*, *98*:367).

Direito de repetição. Haverá direito de repetição se a dívida de jogo foi ganha com dolo, castigando-se, desse modo, o desonesto, e se o perdente for menor de idade ou interdito, uma vez que, neste caso, aquele que veio a perder o jogo ou a aposta não tem livre consentimento, por lhe faltar discernimento.

Nulidade. Não se poderá admitir contrato que encubra ou envolva reconhecimento, novação ou fiança de dívida de jogo, sob pena de nulidade (*RT*, *518*:216); daí a inadmissibilidade de sua cobrança judicial. Tal nulidade, por sua vez, não poderá ser oposta ao terceiro de boa-fé, absolutamente alheio ao jogo ou à aposta, desconhecendo até mesmo a origem do débito (*RT*, *134*:151, *187*:673, *169*:694 e *198*:222; *AJ*, *100*:143).

Art. 815. Não se pode exigir reembolso do que se emprestou para jogo ou aposta, no ato de apostar ou jogar.

• *Código Civil, arts. 579, 586 e 816.*

Inexigibilidade de reembolso de quantia emprestada para jogo ou aposta. Não se pode exigir reembolso do que se emprestou para jogo ou aposta, no ato de apostar ou jogar, pois esse mútuo constitui incremento ao vício, podendo até representar a exploração de um estado de superexcitação em que se encontra o jogador (*JB*, *141*:268; *RT*, *147*:690; *RF*, *97*:128). Se o empréstimo foi feito antes do jogo, para obter meios para fazê-lo, ou depois do jogo, para pagar o que nele se perdeu anteriormente, esse débito poderá ser exigido judicialmente (*RT*, *464*:148, *425*:185, *125*:664 e *274*:283; *RF*, *76*:475 e *97*:128).

Art. 816. As disposições dos arts. 814 e 815 não se aplicam aos contratos sobre títulos de bolsa, mercadorias ou valores, em que se estipulem a liquidação exclusivamente pela diferença entre o preço ajustado e a cotação que eles tiverem no vencimento do ajuste.

- *Decreto-Lei n. 2.286/86.*
- *Lei n. 6.385/76.*

Contratos diferenciais. As disposições dos arts. 814 e 815 não se aplicam aos contratos diferenciais por serem negócios fictícios, que não se equiparam ao jogo, sendo lícitos, visto que geram efeitos jurídicos previstos em lei. Os contratos diferenciais, ou seja, os contratos sobre títulos de Bolsa, mercadorias ou valores, são aqueles negócios a termo em que se convenciona a liquidação exclusivamente pela diferença entre o preço ajustado e a cotação que eles tiverem, no vencimento contratual (*RT*, *648*:76, *630*:118, *510*:146 e *130*:130; *RF*, *97*:83). Normas especiais os disciplinam (Decreto-Lei n. 2.286/86; Lei n. 6.385/76; Resoluções BACEN n. 1.190/86 e 1.645/89). Os contratos diferenciais, portanto, liquidam-se pela diferença entre o preço convencionado e a cotação do dia do vencimento. Esses contratos estabelecem o pagamento do produto em determinada data, mas a diferença do valor entre o dia da formalização contratual e o dia do fechamento do preço é tida como uma adequação ou correção do valor em razão da demanda do mercado de consumo, o que, assevera Glauber Moreno Talavera, os retira da regência das normas alusivas ao jogo e à aposta. Por tal razão, Carvalho de Mendonça não considera jogo de azar as operações da Bolsa, que podem realizar-se pela efetiva entrega dos títulos e pagamento do preço ou pela prestação da diferença entre a cotação da data do contrato e a época de liquidação. Ter-se-á um "jogo" de valores, um negócio fictício, por inexistir vontade de alienar ou de adquirir os efeitos, pretendendo-se unicamente ganhar a diferença, de maneira que, se o contratante, em razão da alta ou da baixa no mercado, não obtiver a diferença que ganhou, poderá recorrer aos tribunais para consegui-la, visto ser lícito aquele negócio, pois a praxe bolsista o converte em operação corrente. Há um risco e a possibilidade de sempre haver alguém, de um lado, perdendo, e, de outro, alguém auferindo lucro ou vantagem.

BIBLIOGRAFIA: Caio M. S. Pereira, *Instituições*, cit., v. 3, p. 450; Silvio Rodrigues, *Direito civil*, cit., v. 3, p. 407; W. Barros Monteiro, *Curso*, cit., v. 5, p. 354-5; Orlando Gomes, *Contratos*, cit., p. 531-2; Felice Tedeschi, *Dei contratti di borsa detti differenziali*, p. 6; Rodolfo Araújo, Contrato diferencial, *RF*, *112*:14; Messineo, Gli affari differenziali impropri, *Rivista di Diritto Commerciale*, *2*:677, 1930; M. Helena Diniz, *Tratado*, cit., v. 1, p. 375-81, e v. 5, p. 263-4; Glauber Moreno Talavera, *Comentários ao Código Civil* (coord. Camillo et al.), São Paulo, Revista dos Tribunais, 2006, p. 657; Carvalho de Mendonça, *Contratos no direito brasileiro*, Rio de Janeiro, Forense, 1957, II, p. 401.

Art. 817. O sorteio para dirimir questões ou dividir coisas comuns considera-se sistema de partilha ou processo de transação, conforme o caso.

- *Código Civil, arts. 840 a 850, 858, 859, § 3º, 2.013 a 2.022.*
- *Código de Processo Penal, art. 457.*
- *Código de Processo Civil, art. 930.*

Sorteios. Serão lícitos, por não serem tidos como jogos, os sorteios para dirimir questões, judiciais ou extrajudiciais, ou dividir coisas comuns, por meio de um critério aleatório escolhido; serão considerados como sistema de partilha (p. ex., herdeiros que pretendem o mesmo bem, confiam à sorte a decisão da divergência) ou processo de transação (p. ex., se condôminos recorrem aos sorteios para resolver pendências sobre um terreno), conforme o caso.

Capítulo XVIII
Da Fiança

Seção I
Disposições gerais

Art. 818. Pelo contrato de fiança, uma pessoa garante satisfazer ao credor uma obrigação assumida pelo devedor, caso este não a cumpra.

- Vide *arts. 333, III, 1.425, I, 1.642, IV, 1.647, III, 1.645 e 814, § 1º, do Código Civil.*
- *São nulas as fianças dadas pelos leiloeiros (*vide *Decreto n. 21.981, de 19-10-1932, que regula a profissão de leiloeiro).*
- *Decreto n. 21.981/32, art. 30 (nulidade de fiança dada por leiloeiro).*
- *O Decreto-Lei n. 3.010, de 31 de janeiro de 1941, dispõe sobre a fiança bancária para indenização nos casos de acidente de trabalho.*
- *Código de Processo Civil, art. 848, parágrafo único.*
- *O Decreto n. 91.271, de 29 de maio de 1985, veda a concessão, por entidades estatais, de aval, fiança ou outras garantias.*
- *Código Comercial, arts. 477, 481, 483, 527, 535, 548, n. 4, 580, 595, 604, 609, 612, 784 e 785.*
- *Lei n. 6.015/73, art. 129, n. 3º.*
- *Lei n. 8.245/91, arts. 23, XI, 37, II e III, 40, V, 41 e 71, V e VI.*
- *Súmulas 214, 268 e 656 do Superior Tribunal de Justiça.*
- *Súmulas 7 e 8 do Tribunal de Justiça do Estado de São Paulo.*

Fiança. A fiança, ou caução fidejussória, vem a ser a promessa feita por uma ou mais pessoas de satisfazer a obrigação de um devedor, se este não a cumprir, assegurando ao credor o seu efetivo cumprimento. Trata-se de uma garantia pessoal.

BIBLIOGRAFIA: M. Pothier, Fiança no cível, *JB*, *59*:15 e s.; Antunes Varela, *Noções fundamentais de direito civil*, Coimbra, 1945, v. 1, p. 325-33; M. Helena Diniz, *Curso*, cit., v. 3, p. 345-56; e *Tratado*, cit., cap. XLI, v. 5, p. 3-46; Antônio Chaves, Fiança civil, in *Enciclopédia Saraiva do Direito*, v. 37, p. 78-103; Caio M. S. Pereira, *Instituições*, cit., v. 3, p. 456-67; W. Barros Monteiro, *Curso*, cit., v. 5, p. 357-71; Carvalho de Mendonça, *Contratos*, cit., v. 2, n. 375; Serpa Lopes, *Curso*, cit., v. 4, p. 437; Silvio Rodrigues, Contrato de fiança, in *Enciclopédia Saraiva do Direito*, v. 19, p. 354-60; Espínola, *Dos contratos nominados*, cit., p. 404 e 405; De Page, *Traité*, cit., v. 5, 1ª parte, n. 638, 838, 877 e 880; Enneccerus, Kipp e Wolff, *Tratado*, cit., v. 2, § 188; Giorgio Bo, Fideiussione, in *Nuovo Digesto Italiano*, v. 5, p. 1108 e s.; Baudry-Lacantinerie e Wahl, *Della fideiussione*, n. 912 a 1.198; Carvalho Santos, *Código Civil*, cit., t. 12, p. 305 e 306; Colin e Capitant, *Cours élémentaire*, cit., v. 2, n. 977; Lauro

Laertes de Oliveira, *Da fiança*, São Paulo, 1986; Antônio F. Inocêncio, Da fiança civil e comercial, São Paulo, Edipro, 1995; Sílvio de S. Venosa, *Manual dos contratos*, cit., p. 295 a 308; Sebastião José Roque, *Dos contratos civis-mercantis*, cit., p. 163-6; Arnoldo Wald, Solidariedade e fiança, *RDM*, *76*:5; Jones Figueirêdo Alves, *Novo Código Civil*, cit., p. 739-57; José Fernando L. Coelho, *Contrato de fiança e sua exoneração na locação*, Porto Alegre, Livraria do Advogado, 2002; Luís Camargo Pinto de Carvalho, Da extinção da responsabilidade dos fiadores, em contrato de locação, *Revista do IASP*, *11*:246-54; Matiello, *Código Civil*, cit., p. 515; Heloísa B. Pimenta, Fiança nos contratos de locação e o novo Código Civil, *Jornal do Advogado*, OABSP, agosto 2003, p. 19; Gildo dos Santos, *Fiança*, São Paulo, Revista dos Tribunais, 2006; Cândido Rangel Dinamarco, A fiança e o processo, *Temas relevantes do direito civil contemporâneo* (coord. G. E. Nanni), São Paulo, Atlas, 2008, p. 17-50.

Dados jurisprudenciais. Consulte: *RT*, *835*:257, *816*:278, *804*:265, *799*:271 e 283, *789*:196, *788*:311, 772:181, *786*:329, *743*:222; *705*:164, *635*:268, *620*:195, *622*:151, *593*:178, *613*:158, *610*:170, *603*:168, *592*:155, *594*:167, *615*:121, *606*:128, *612*:147, *522*:133, *564*:147, *562*:57, *561*:164, *565*:157, *573*:248, *588*:152, *500*:125, *190*:901, *145*:286, *449*:238, *291*:735, *273*:522, *258*:421, *84*:468, *207*:191, *286*:590, *533*:163, *502*:153, *532*:161, *527*:229, *530*:133, *461*:148, *521*:184, *479*:204, *485*:135, *473*:129, *524*:241, *460*:165, *449*:263, *451*:168, *452*:113, *545*:163, *434*:274, *487*:226, *474*:119, *535*:188, *505*:221, *492*:142, *510*:222, *530*:229, *544*:165, *546*:220, *548*:168, *303*:668, *540*:204, *500*:125, *546*:143 e *525*:162 e *231*; *RTJ*, *96*:465, 74:387, *56*:743 e *55*:385; *AJ*, *108*:137, *117*:178, *114*:586, *69*:131 e *109*:165; *RF*, *150*:306, *157*:259, *102*:490, *185*:187, *59*:455 e *147*:246; *JB*, *59*:102, 143, 153 e 266, *158*:293, *130*:254 e *167*:188; *JTACSP*, *25*:64 e 92; *RJE*, *1*:518; *BAASP*, *1.833*:8 e *1.846*:7; *RJE*, *1*:518; *EJSTJ*, *1*:42, *6*:78, *9*:85 e *14*:66; Súmulas 214 e 268 do STJ.

Art. 819. A fiança dar-se-á por escrito, e não admite interpretação extensiva.

- Vide *Código Civil, arts. 114, 823 e 830.*
- *Súmula 214 do Superior Tribunal de Justiça.*
- *Lei n. 6.015/73, art. 129, § 3º.*

Requisito formal da fiança. Exige-se que a fiança seja feita por escrito. Impõe-se-lhe a forma escrita *ad solemnitatem*, podendo constar de instrumento público ou particular (*RF*, *90*:785; *RT*, 717:273, *620*:195, *305*:971, *476*:157, *471*:212 e *463*:220; *JTJ*, *292*:233). Inválida será se feita verbalmente (*JTJ*, *316*:219).

Inadmissibilidade de interpretação extensiva. A fiança não admitirá interpretação extensiva (*RT*, *799*:283, *706*:116, *715*:217, *663*:136, *489*:240), de modo que o fiador só responderá pelo que estiver expresso no instrumento da fiança (*RT*, *525*:162, *463*:134 e *530*:157; Súmula 214 do STJ), e, se alguma dúvida houver, será ela solucionada em favor dele (*AJ*, *75*:39).

Art. 819-A. (A fiança na locação de imóvel urbano submete-se à disciplina e extensão temporal da lei específica, somente se aplicando as disposições deste Código naquilo que não for incompatível com a legislação especial.)

- *Artigo vetado e acrescentado pela Lei n. 10.931/2004.*
- *Tentativa de não aplicabilidade do Código Civil à locação predial urbana. Esse artigo vetado seria inócuo perante o disposto no art. 2.036 do Código Civil que requer a incidência de norma especial à locação predial urbana, logo o art. 835 do Código Civil não lhe seria aplicável, para exonerar fiador da fiança sem limitação de tempo, sempre que lhe convier, ficando obrigado*

pelos seus efeitos durante 60 dias após a notificação do credor. Consequentemente aplicável será ao fiador o art. 39 da Lei n. 8.245/91.

Art. 820. Pode-se estipular a fiança, ainda que sem consentimento do devedor ou contra a sua vontade.

Partes da relação jurídica fidejussória. A fiança é um negócio entabulado entre credor e fiador, prescindindo da presença do devedor afiançado e podendo ser levado a efeito sem o seu consenso e até mesmo contra sua vontade, por não ser parte na relação jurídica fidejussória. A fiança, portanto, em relação ao afiançado, é *res inter alios*.

Art. 821. As dívidas futuras podem ser objeto de fiança; mas o fiador, neste caso, não será demandado senão depois que se fizer certa e líquida a obrigação do principal devedor.

Fiança como garantia de obrigação atual ou futura. A fiança poderá assegurar obrigação atual ou futura, mas, quanto a esta última, a fiança somente vigorará como acessória no instante em que ela surgir, ou se firmar, apresentando liquidez e certeza da dívida garantida (*RT*, *453*:232; *AJ*, *98*:97 e *108*:267; *EJSTJ*, *11*:75; *RF*, *67*:722; TJMG, Ap. Cív. 10074.04.018258-1/001, rel. Des. Afrânio Vilela, j. 7-6-2005).

Art. 822. Não sendo limitada, a fiança compreenderá todos os acessórios da dívida principal, inclusive as despesas judiciais, desde a citação do fiador.

• *Código Civil, art. 92.*

Abrangência da fiança. A fiança não limitada em relação à obrigação principal compreenderá todos os acessórios da dívida principal, como, p. ex., cláusula penal, juros moratórios, juros do capital mutuado, acréscimos legais do aluguel mensal (*RT*, *780*:391), inclusive custas e despesas judiciais, honorários advocatícios e periciais etc., a partir da citação do fiador (*RT*, *778*:314, *489*:240, *434*:242, *460*:165, *307*:626, *304*:590, *300*:437, *292*:286 e 564, *294*:395; *AJ*, *100*:233). Se for limitada, não poderá estender-se senão até a concorrência dos limites nela indicados (*RT*, *460*:164 e *240*:386), pois o fiador poderá circunscrever sua responsabilidade, declarando que só responderá até certa quantia ou até certa data.

Art. 823. A fiança pode ser de valor inferior ao da obrigação principal e contraída em condições menos onerosas, e, quando exceder o valor da dívida, ou for mais onerosa que ela, não valerá senão até ao limite da obrigação afiançada.

• Vide *Código Civil, arts. 114 e 830.*

Valor da fiança. A fiança poderá ser de valor inferior (p. ex., assegurando débito de 200 mil até o limite de 80 mil) e mesmo ser contraída em condições menos onerosas (p. ex., pagamento em domicílio do fiador, enquanto o devedor deveria fazê-lo no do credor, em outra cidade) do que a obrigação principal, porém jamais poderá ser de valor superior (p. ex., garantindo o valor de um milhão de reais, sendo o débito de 700 mil) ou mais onerosa (p. ex., se estabelecida, para haver cumulação de prestações alternativas) do que o débito afiançado, porque o acessório não poderá exceder o principal. Se tal ocorrer, não se terá a anulação da fiança, mas reduzir-se-á tão somente o seu montante até o valor da obrigação afiançada.

Art. 824. As obrigações nulas não são suscetíveis de fiança, exceto se a nulidade resultar apenas de incapacidade pessoal do devedor.

• Vide *Código Civil, arts. 814, § 1º, e 837.*

DIREITO DAS OBRIGAÇÕES

Parágrafo único. A exceção estabelecida neste artigo não abrange o caso de mútuo feito a menor.

- Vide *Código Civil, arts. 588 e 589, I a III.*

Validade e exigibilidade da obrigação garantida. A fiança dependerá da validade e da exigibilidade da obrigação principal, visto que, se nula for ou se for obrigação natural, que é inexigível, será insuscetível de fiança.

Nulidade por incapacidade pessoal do devedor. Será suscetível de fiança a obrigação nula se sua nulidade for resultante de incapacidade (relativa ou absoluta) pessoal do devedor, ante a presunção de que foi dada com o intuito de resguardar o credor do risco de não vir a receber do incapaz. Todavia, se a incapacidade pessoal resultar de menoridade, a nulidade do débito determinará a da fiança. O nulo não pode ser garantido; com isso procura-se desestimular o empréstimo de dinheiro a menor, pois, impedindo-se a fiança, o mutuante poderá ser prejudicado. Pelo art. 588 do Código Civil, sendo o mútuo feito a menor, sem autorização de seu representante legal, não poderá ser reavido nem do mutuário, nem de seus fiadores, mas será válida a fiança, se o mútuo feito a menor foi autorizado pelos seus pais ou tutor.

Art. 825. Quando alguém houver de oferecer fiador, o credor não pode ser obrigado a aceitá-lo se não for pessoa idônea, domiciliada no município onde tenha de prestar a fiança, e não possua bens suficientes para cumprir a obrigação.

Recusa do fiador. O credor não admitirá qualquer pessoa como fiador, e terá liberdade de recusá-lo se não for: *a*) pessoa idônea, tanto moral como financeiramente; assim sendo, indivíduo rixoso, demandista habitual, ou que não possui bens suficientes para cumprir a obrigação poderá ser rejeitado; *b*) domiciliado no Município onde tenha de prestar fiança, pois será mais difícil e oneroso avisá-lo do inadimplemento do devedor garantido.

Art. 826. Se o fiador se tornar insolvente ou incapaz, poderá o credor exigir que seja substituído.

- Vide *Código Civil, arts. 333, III, 477 e 955.*
- *Lei n. 8.245/91, art. 40.*
- *Código de Processo Civil, arts. 680, I, 792, IV, 794 e 1.052.*

Substituição do fiador. Se o fiador tornar-se insolvente ou incapaz, o credor terá direito de exigir que seja substituído. Se o contrato de fiança tem por fim a satisfação da obrigação assumida pelo afiançado, este deverá, em caso de insolvência ou incapacidade superveniente do fiador, providenciar sua substituição, restabelecendo a garantia.

SEÇÃO II
DOS EFEITOS DA FIANÇA

Art. 827. O fiador demandado pelo pagamento da dívida tem direito a exigir, até a contestação da lide, que sejam primeiro executados os bens do devedor.

Parágrafo único. O fiador que alegar o benefício de ordem, a que se refere este artigo, deve nomear bens do devedor, sitos no mesmo município, livres e desembargados, quantos bastem para solver o débito.

- *Código Civil, arts. 838 e 839.*
- Vide *Código de Processo Civil, arts. 130, 335, 794, § 1º.*

DIREITO DAS OBRIGAÇÕES

Benefício de ordem. O benefício de ordem, ou benefício de excussão (*beneficium excussionis sive ordinis*), é o direito assegurado ao fiador de exigir do credor que acione, em primeiro lugar, o devedor principal, isto é, que os bens deste sejam executados antes dos seus (*RT, 457*:202 e *538*:232; TJMG, Ap. Cív. 1.0450.07.000005-1/001, rel. Des. Viçoso Rodrigues, j. 31-7-2007).

Indicação dos bens do devedor. A invocação do benefício de ordem (*exceptio excussionis*), que é exceção dilatória, não se opera *pleno jure*, logo deverá ser manifestada expressamente pelo fiador acionado pelo credor, tempestivamente, até a contestação da lide (*RF, 66*:316), exceto se se arguir nulidade ou inexistência de fiança. O fiador deverá nomear bens do devedor, situados no mesmo Município, livres e desembargados, quantos forem necessários para solver a dívida (*RF, 94*:63). Os bens do devedor indicados pelo fiador deverão ser, portanto, livres de ônus (penhor, hipoteca etc.) e litígios, bastantes para cobrir o débito demandado e localizados sob a jurisdição do juiz da causa para facilitar a excussão.

Art. 828. Não aproveita este benefício ao fiador:

• Vide *Código Civil, art. 838.*

I — se ele o renunciou expressamente;

II — se se obrigou como principal pagador, ou devedor solidário;

• Vide *Código Civil, arts. 264 a 285.*

III — se o devedor for insolvente, ou falido.

• *Código Civil, arts. 827, parágrafo único, 839 e 955.*

• *Código de Processo Civil, arts. 680, I, 792, IV, 794 e 1.052.*

Impossibilidade de oposição do benefício de ordem. O fiador não poderá opor ao credor o benefício de ordem se o renunciou expressamente no próprio instrumento da fiança, numa de suas cláusulas, ou em documento separado (*RF, 331*:288; *RT, 765*:274). Pelo Enunciado n. 364 do Conselho da Justiça Federal, aprovado na *IV Jornada de Direito Civil*, "no contrato de fiança é nula a cláusula de renúncia antecipada ao benefício de ordem quando inserida em contrato de adesão" (CC, art. 424); se pactuou fiança com cláusula de solidariedade, gerando responsabilidade comum pelo débito (*RT, 204*:497), e se o devedor for insolvente ou falido (*RT, 760*:300), visto que instaurado o concurso de credores ou decretada a falência, não terá ele bens livres para solver a dívida (CC, art. 827, parágrafo único).

Art. 829. A fiança conjuntamente prestada a um só débito por mais de uma pessoa importa o compromisso de solidariedade entre elas, se declaradamente não se reservarem o benefício de divisão.

• *Código Civil, arts. 275 a 285.*

• Vide *Código de Processo Civil, art. 130.*

Parágrafo único. Estipulado este benefício, cada fiador responde unicamente pela parte que, em proporção, lhe couber no pagamento.

• *Código Civil, arts. 823 e 830.*

Responsabilidade solidária dos cofiadores entre si. Se houver mais de um fiador, não se especificando o *quantum debeatur*, assumido por eles, cada um responderá solidariamente pela dívida do afiançado, se este não tiver meios para solver a prestação a que se obrigara (*RT, 635*:268; TJRS, Ap. Cív. 70.014.415.657, 16ª Câm., rel. Fidélis Faccenda, j. 29-3-2006). Portanto, o credor poderá acionar qualquer um dos fiadores, exigindo a dívida toda.

Benefício da divisão. O benefício da divisão só existirá se houver estipulação. E, uma vez convencionado o benefício da divisão, cada fiador só responderá *pro rata* pela parte que, em proporção, lhe couber no pagamento. P. ex.: se a dívida for de 90 mil reais, sendo dois os fiadores que estipularam o benefício da divisão, o credor só poderá reclamar 45 mil de cada um, havendo inadimplemento do devedor.

Art. 830. Cada fiador pode fixar no contrato a parte da dívida que toma sob sua responsabilidade, caso em que não será por mais obrigado.

- *Código Civil, arts. 114 e 823.*

Limitação da responsabilidade de cada um dos fiadores. Poderá haver limitação da responsabilidade de cada um dos fiadores, em razão do pacto pelo qual tal responsabilidade deixará de ser fixada em proporção aos demais, ficando limitada a certo *quantum*. Cada fiador poderá, portanto, fixar no contrato a parte da dívida que toma sob sua responsabilidade, hipótese em que não será por mais obrigado. P. ex.: se o débito for de 200 mil reais, estipulando-se que os fiadores A, B e C responderão, respectivamente, pelo montante de 100 mil, 50 mil e 50 mil, o credor, não tendo o devedor efetuado o pagamento, só poderá demandar cada um pela sua quota de participação na garantia dada.

Art. 831. O fiador que pagar integralmente a dívida fica sub-rogado nos direitos do credor; mas só poderá demandar a cada um dos outros fiadores pela respectiva quota.

- Vide *Código Civil, arts. 283, 346, III, 829 e 838, II.*
- *Código de Processo Civil, arts. 130 e 794, § 2º.*

Parágrafo único. A parte do fiador insolvente distribuir-se-á pelos outros.

- *Código Civil, art. 284.*

Sub-rogação legal. O fiador, em caso de solidariedade entre cofiadores (CC, art. 829), que vier a solver o débito por inteiro ficará sub-rogado, *pleno iure*, nos direitos do credor, mas apenas poderá demandar a cada um dos outros fiadores pela respectiva quota. Ter-se-á, então, o benefício da sub-rogação, ou melhor, uma sub-rogação legal (*RT*, *131*:253 e *541*:191; *RSTJ*, *109*:132), e o fiador terá direito de reembolsar-se do que despendeu em razão da garantia fidejussória.

Insolvência de um dos cofiadores. A insolvência de um dos cofiadores, na solidariedade entre cofiadores ou no benefício de divisão, fará com que a parte de sua responsabilidade na dívida seja distribuída entre os demais cofiadores solváveis, no momento da exigibilidade da prestação.

Art. 832. O devedor responde também perante o fiador por todas as perdas e danos que este pagar, e pelos que sofrer em razão da fiança.

- *Código Civil, arts. 402 a 405.*

Direito ao reembolso. O fiador terá direito de reembolsar-se, podendo recobrar do devedor afiançado tudo quanto despendeu com capital, juros, cláusula penal, despesas processuais, emolumentos, certidões, transporte, estada, perdas e danos etc., enfim, o que desembolsou para solver o débito, em razão da fiança.

Art. 833. O fiador tem direito aos juros do desembolso pela taxa estipulada na obrigação principal, e, não havendo taxa convencionada, aos juros legais da mora.

- *Código Civil, arts. 406 e 407.*
- *Código Tributário Nacional, art. 161, § 1º.*

Direito aos juros. O fiador terá direito de cobrar do devedor os juros do desembolso pela taxa estipulada na obrigação principal que deveria ser paga ao credor, e, não havendo taxa convencionada, os juros moratórios legais serão fixados segundo a taxa que estiver em vigor para a mora do pagamento de impostos devidos à Fazenda Nacional (CC, art. 406). Tal taxa, atualmente, é a Selic, de acordo com o § 1º do art. 406 do Código Civil, incluído pela Lei n. 14.905/2024.

Art. 834. Quando o credor, sem justa causa, demorar a execução iniciada contra o devedor, poderá o fiador promover-lhe o andamento.

- *Código de Processo Civil, art. 567, III e 778.*

Promoção do andamento da execução iniciada. O fiador tem certos direitos antes do pagamento do débito afiançado, pois poderá, quando o credor, sem justa causa, demorar a execução iniciada contra o devedor, promover-lhe o andamento, para evitar que sua responsabilidade se prolongue e tenha de arcar com as possíveis consequências decorrentes da demora no resultado da demanda.

Art. 835. O fiador poderá exonerar-se da fiança que tiver assinado sem limitação de tempo, sempre que lhe convier, ficando obrigado por todos os efeitos da fiança, durante sessenta dias após a notificação do credor.

- *Lei n. 8.245/91, arts. 37, II, e 39 (com a redação da Lei n. 12.112/2009), e Código Civil, art. 2.036.*
- *Súmula 214 do Supremo Tribunal de Justiça.*

Pedido de exoneração da fiança. O fiador poderá exonerar-se da obrigação a todo tempo se a fiança tiver duração ilimitada, mas ficará obrigado por todos os efeitos dela decorrentes durante sessenta dias após a notificação do credor de sua *intentio* de não mais garantir o débito do afiançado (*RF*, *67*:342; *RT*, *723*:412, *703*:122, *704*:140, *528*:203, *588*:152, *482*:162, *504*:183, *451*:194, *490*:221, *496*:144, *274*:695, *287*:554 e *295*:256). Tal ocorre porque a fiança é ato benéfico; se o fiador livremente o assume por prazo indeterminado, a qualquer momento, poderá manifestar sua vontade de exonerar-se dela, ou até mesmo pleitear isso, em juízo, independentemente da anuência do credor ou do devedor, bastando que notifique, judicial ou extrajudicialmente, o credor e que fique vinculado à fiança, durante 60 dias computados daquela notificação, excluindo-se o *dies a quo* e incluindo-se o *dies ad quem*. Logo, se a fiança for por prazo determinado, não haverá possibilidade de o fiador dela desligar-se antes do vencimento do prazo avençado. Se se tratar de locação de imóvel urbano, a fiança que a garantir reger-se-á, por força do art. 2.036 do Código Civil, pela Lei n. 8.245/91, art. 39 (norma especial), não se lhe aplicando o art. 835 do Código Civil. Portanto, o fiador de inquilino permanecerá responsável pelos aluguéis e acessórios da locação até a efetiva devolução das chaves do imóvel urbano locado (no mesmo sentido, STJ, EREsp 566.633-CE, rel. Min. Paulo Medina, j. 22-11-2006), mesmo que haja prorrogação da locação por prazo indeterminado. Todavia, há quem ache que, se não houver prazo certo para a entrega das chaves, a fiança será por tempo indeterminado; logo, o fiador poderá valer-se do art. 835 do Código Civil, pois o prazo de sessenta dias, após a notificação do locador, obrigando o fiador a todos os efeitos da fiança, é suficiente para que o inquilino atenda à exigência de novo fiador, pedida pelo locador (Lei n. 8.245/91, art. 40, IV), e, além disso, "fiador não responde por obrigações resultantes de aditamento ao qual não anuiu" (Súmula 14 do STJ). Entretanto, convém lembrar que, pelo art. 40, X, da Lei n. 8.245/91, acrescentado pela Lei

n. 12.112/2009, o locador poderá exigir novo fiador, havendo prorrogação da locação por prazo indeterminado, uma vez notificado o locador pelo fiador de sua intenção de desoneração, ficando obrigado por todos os efeitos da fiança, durante 120 dias após aquela notificação.

Esclarece o Enunciado n. 547 do CJF (aprovado na *VI Jornada de Direito Civil*) que: "Na hipótese de alteração da obrigação principal sem o consentimento do fiador, a exoneração deste é automática, não se aplicando o disposto no art. 835 do Código Civil quanto à necessidade de permanecer obrigado pelo prazo de 60 (sessenta) dias após a notificação ao credor, ou de 120 (cento e vinte) dias no caso de fiança locatícia".

BIBLIOGRAFIA: Jones Figueirêdo Alves e Mário Luiz Delgado, *Código*, cit., p. 360-61.

Art. 836. A obrigação do fiador passa aos herdeiros; mas a responsabilidade da fiança se limita ao tempo decorrido até a morte do fiador, e não pode ultrapassar as forças da herança.

• Vide *Código Civil, arts. 1.792, 1.821 e 1.997.*

Morte do fiador e do afiançado. Se o fiador vier a falecer, suas obrigações passarão aos seus herdeiros, mas a responsabilidade da fiança limitar-se-á, tão somente, ao tempo decorrido até o seu óbito, e não poderá ir além das forças da herança (*RT*, *778*:316 e 319, *532*:159, *503*:166, *527*:219, *173*:704 e *463*:138). O artigo *sub examine* acata o princípio dos arts. 1.792 e 1.821 do Código Civil, consagrando a irresponsabilidade dos herdeiros *ultra vires hereditatis*. A morte do afiançado não extinguirá a fiança, pois os herdeiros serão seus continuadores (*RT*, *279*:862, *282*:566, *284*:312, *290*:421, *292*:178 e 564, *298*:493, *299*:766 e *301*:659; *RF*, *90*:427; *JTACSP*, *128*:60), mas cessa a obrigação de fiador, a partir do óbito, logo só responderá pela dívida do falecido afiançado anteriormente assumida (*RSTJ*, *124*:536).

SEÇÃO III
DA EXTINÇÃO DA FIANÇA

Art. 837. O fiador pode opor ao credor as exceções que lhe forem pessoais, e as extintivas da obrigação que competem ao devedor principal, se não provierem simplesmente de incapacidade pessoal, salvo o caso do mútuo feito a pessoa menor.

• Vide *arts. 204, § 3º, 366, 371, 376, 588, 824 e 844, § 1º, do Código Civil.*

Exceções pessoais ou extintivas da obrigação. Ter-se-á a extinção da fiança pela existência de exceções pessoais ou extintivas da obrigação, excludentes da responsabilidade, suscetíveis de ser arguidas pelo fiador, desde que não provenham simplesmente de incapacidade pessoal, exceto no caso de mútuo feito a pessoa menor. São exceções pessoais as dos arts. 204, § 3º, 366, 371, 376, 844, § 1º, e 824 do Código Civil (*AJ*, *108*:615). São exceções extintivas da obrigação: pagamento, prescrição, nulidade da obrigação principal etc.

Art. 838. O fiador, ainda que solidário, ficará desobrigado:

• *Código Civil, arts. 828 e 829.*

I — se, sem consentimento seu, o credor conceder moratória ao devedor;

II — se, por fato do credor, for impossível a sub-rogação nos seus direitos e preferências;

• *Código Civil, arts. 346, III, a 351.*

III — se o credor, em pagamento da dívida, aceitar amigavelmente do devedor objeto diverso do que este era obrigado a lhe dar, ainda que depois venha a perdê-lo por evicção.

• Vide *Código Civil, arts. 356 a 359 e 447 a 457.*

Liberação do fiador. O fiador, mesmo que solidário com o devedor principal, desobrigar-se-á se: *a*) o credor, sem anuência sua, conceder moratória ao devedor, ou seja, novo prazo, após o vencimento da dívida, porque tal concessão poderá diminuir as condições financeiras do devedor, que poderá tornar-se insolvente (*AJ*, *104*:242 e *103*:72; *RF*, *152*:222; *RTJ*, *114*:299; *RT*, *809*:279, *722*:199, *672*:188, *673*:162, *185*:764, *236*:411, *255*:464, *519*:259, *515*:198 e *527*:150); *b*) se tornar impossível a sub-rogação nos seus direitos e preferências, em razão de ato do credor (p. ex.: se o credor, além da fiança, tiver penhor ou hipoteca prestada pelo devedor, e renunciar ao direito real, extinguir-se-á a fiança, porque o fiador não mais poderá contar com a hipoteca ou com o penhor, já que, se ele resgatar o débito, não mais lhe serão transferidos os direitos decorrentes do penhor ou da hipoteca, com os quais podia contar); *c*) houver dação em pagamento, pela qual o credor vem a aceitar, em pagamento do débito, objeto diverso do devido, mesmo que depois venha a perdê-lo por evicção. Com a evicção, a obrigação primitiva ressurgirá, sem que haja, contudo, o reaparecimento da fiança que a garantia.

Art. 839. Se for invocado o benefício da excussão e o devedor, retardando-se a execução, cair em insolvência, ficará exonerado o fiador que o invocou, se provar que os bens por ele indicados eram, ao tempo da penhora, suficientes para a solução da dívida afiançada.

• *Código Civil, arts. 827, parágrafo único, e 955.*

• *Código de Processo Civil, arts. 680, I, 792, IV, 794 e 1.052.*

Retardamento do credor na execução. Se do retardamento do credor na execução resultar a insolvência do devedor, e se for invocado o benefício de excussão, terá o condão de exonerar o fiador que o invocou, demonstrando-se que os bens por ele indicados eram, ao tempo da penhora, suficientes para pagar o débito afiançado. O credor, então, suportará sozinho as consequências de sua negligência, não promovendo oportunamente a penhora dos bens do devedor inadimplente indicados pelo fiador.

Capítulo XIX
Da Transação

Art. 840. É lícito aos interessados prevenirem ou terminarem o litígio mediante concessões mútuas.

• Vide *Código Civil, arts. 661, § 2º, 795, 1.748, III.*

• *Transação em matéria tributária* — Vide *os arts. 156, III, e 171 da Lei n. 5.172, de 25 de outubro de 1966 (Código Tributário Nacional).*

• Vide *Código de Processo Civil, arts. 90, 122, 487, III,* b, *515, II, 535, VI, 619, II e 924.*

• Vide *Lei n. 9.469/97, que dispõe sobre a intervenção da União nas causas em que figurarem, como autores ou réus, entes da administração pública.*

• *Lei n. 11.101/2005, art. 22, § 3º.*

• *Constituição Federal, art. 98, I.*

- *Lei n. 7.347/85, art. 5º, § 6º (acrescentado pela Lei n. 8.078/90).*
- *Lei da Improbidade Administrativa, art. 17.*
- *Lei n. 10.741/2003 (Estatuto da Pessoa Idosa), art. 13, com a redação da Lei n. 11.737/2008.*

Conceito de transação. A transação é um negócio jurídico bilateral, pelo qual as partes interessadas, fazendo-se concessões mútuas, previnem ou extinguem obrigações litigiosas ou duvidosas (*JB*, *152*:223 e *161*:332; *RT*, *834*:388, *825*:276, *804*:243, *800*:273 e 309, *792*:245, *790*:356, *787*:279, *778*:314, *706*:217, *661*:125, *692*:131, *665*:126, *580*:187, *146*:266, *236*:117, *112*:639, *201*:163, *277*:267, *276*:517, *239*:195, *291*:221, *413*:193, *423*:221, *100*:156, *109*:699, *446*:268 e *576*:143; *JTACSP*, *40*:199; *RJTJSP*, *132*:107, *91*:305; *RTJ*, *59*:923; *RF*, *117*:407, *165*:203, *123*:206 e *234*:161; *JTJ*, *152*:200; *EJSTJ*, *9*:108 e *4*:73-4; *RJ*, *340*:148).

BIBLIOGRAFIA: Antunes Varela, *Noções fundamentais de direito civil*, Coimbra, 1945, v. 1, p. 500-6; Serpa Lopes, *Curso*, cit., v. 2, p. 291-318; Leo Rosenberg, *Lehrbuch des deutschen Zivilprozessrechts*, 5. ed., p. 579; Pontes de Miranda, *Tratado de direito privado*, cit., v. 25, § 3.032, p. 136; Silvio Rodrigues, *Direito civil*, cit., v. 2, p. 279-91; Planiol, Traité élémentaire, cit., v. 2, n. 2.285; Clóvis Beviláqua, Código Civil, cit., obs. aos arts. 1.025 a 1.036, v. 4; Carvalho de Mendonça, *Doutrina e prática*, cit., v. 1, n. 371, p. 645; Coelho da Rocha, *Instituições de direito civil português*, cit., t. 2, p. 272; Troplong, *Des transactions*, n. 2; Caio M. S. Pereira, *Instituições*, cit., v. 2, p. 220-6; Lafaille, *Derecho civil*: tratado de las obligaciones, v. 1, n. 475 e 477; Trabucchi, *Istituzione di diritto civile*, cit., n. 361; Larenz, *Derecho de obligaciones*, v. 1, p. 136; Aubry e Rau, *Cours*, cit., v. 4, §§ 418 e 421; Colmo, *De las obligaciones en general*, n. 813, 831 e 832; Baudry-Lacantinerie e Wahl, *Dei contratti aleatori, del mandato, della fideiussione e della transacione*, t. 24, n. 1.202, 1.205 e 1.286; Louis Boyer, *La notion de transaction*, Paris, 1947; W. Barros Monteiro, *Curso*, cit., v. 4, p. 202 e 308-15; M. Helena Diniz, *Curso*, cit., v. 2, p. 260-6; Affonso Fraga, *Da transação ante o Código Civil brasileiro*, p. 19; Nelson Altemani, Rescisão da transação homologada, *JB*, *84*:19 e s.; Santoro-Passarelli, *La transazione*, Napoli, Jovene, 1975; Sílvio de Salvo Venosa, *Direito civil*, cit., v. 2, p. 269-77; Carnelutti, La transazione è un contratto, *Rivista di Diritto Processuale*, Padova, CEDAM, 1953, v. 7; Carresi, *La transazione*, Torino, UTET, 1966; Carlos A. Dabus Maluf, *A transação no direito civil*, São Paulo, Saraiva, 1985; Stolfi, *La transazione*, Napoli, 1931; Antonio Gullon Ballesteros, *La transacción*, Madrid, 1964; Antonio Butera, *Delle transazione*, Torino, 1933; Humberto Theodoro Jr., A obrigação de indenizar e a transação, *Livro de estudos jurídicos*, Rio de Janeiro, n. 9, 1994; Álvaro Villaça Azevedo, *Teoria geral das obrigações*, cit., p. 190-8; Roberto Senise Lisboa, *Manual*, cit., v. 2, p. 98-101; Ronaldo Nunes Orsini, Extinção das obrigações por transação, *EJ*, *65*:39; Francisco Antonio de Oliveira, *Transação — Estudos em homenagem a Sydney Sanches*, São Paulo, Fiuza (APM), 2003, p. 145-68.

Art. 841. Só quanto a direitos patrimoniais de caráter privado se permite a transação.

- Vide *Código Civil, art. 846.*
- Vide *Código de Processo Civil, art. 392.*
- *Código Tributário Nacional, art. 171.*
- *Lei n. 9.469/97.*
- *Lei n. 10.741/2003, art. 13 (com a redação da Lei n. 11.737/2008).*

Objeto da transação. A transação só será permitida em relação a direitos patrimoniais de caráter privado, suscetíveis de circulabilidade (*RT*, *792*:289, *692*:131). Logo, é inadmissível

DIREITO DAS OBRIGAÇÕES

relativamente a assuntos voltados aos direitos da personalidade, ao estado e capacidade das pessoas (*RTJE*, *2*:80), validade e efeitos do casamento, guarda de filhos, poder familiar, investigação de paternidade (*RF*, *110*:68; *136*:130; *RT*, *622*:73).

Observam Hugo Nigro Mazzilli e Wander Garcia que, apesar de o art. 841 do Código Civil prescrever que somente se admite transação relativamente a direitos patrimoniais de caráter privado, vem sendo permitida, em certos casos e em certa medida, em questões concernentes às verbas públicas.

BIBLIOGRAFIA: Hugo Nigro Mazzilli, Acordos com a fazenda pública, *O Estado de S.Paulo*, 24-3-95, p. A-2; Hugo Nigro Mazzilli e Wander Garcia, *Anotações*, cit., p. 238.

Art. 842. A transação far-se-á por escritura pública, nas obrigações em que a lei o exige, ou por instrumento particular, nas em que ela o admite; se recair sobre direitos contestados em juízo, será feita por escritura pública, ou por termo nos autos, assinado pelos transigentes e homologado pelo juiz.

- *Código Civil, arts. 108 e 215.*
- *Código de Processo Civil, arts. 359, 487, III,* b, *924, III.*

Transação extrajudicial. Será extrajudicial a transação se levada a efeito ante um litígio iminente preventivamente evitado, mediante acordo dos interessados, que, fazendo concessões recíprocas, resolvem as controvérsias por meio de escritura pública, se a lei a exigir (CC, art. 108), ou particular, nos casos em que a admitir, desde que contenha todos os elementos necessários para a delimitação da vontade dos transigentes e do conteúdo negocial, sem que haja necessidade de homologação judicial (*JTACSP*, *40*:199; *RT*, *687*:112, *669*:102; *702*:120, *790*:356; *RJTJSP*, *113*:301), visto que foi feita, com função preventiva, antes de haver litígio ou demanda, justamente com a finalidade de evitá-los.

Transação judicial. A transação será judicial se se realizar no curso de um processo, recaindo sobre direitos contestados em juízo (*RT*, *679*:170, *473*:78 e *328*:236; *JB*, *84*:313; *RSTJ*, *89*:305), devendo ser feita: *a*) por termo nos autos, assinado pelos transigentes e homologado pelo magistrado (CPC, art. 515, II; *RT*, *484*:216, *477*:245, *413*:193, *411*:161, *418*:343, *497*:122, *612*:149, *550*:110 e *580*:187; *BAASP*, *1.922*:7 e 8; *JTACSP*, *109*:392, *120*:312 e *142*:328); *b*) por escritura pública, que depois de assinada pelos transigentes será juntada aos autos, tendo em seguida a homologação judicial, sem a qual a instância não cessará, por haver demanda (*RT*, *239*:194, *276*:517, *466*:132, *428*:273, *446*:83, *511*:139, *418*:343, *453*:146, *497*:122, *550*:110, *580*:187, *724*:362, *770*:265, *790*:356, *792*:245, *798*:297; *RF*, *173*:206; *RJTJSP*, *99*:235; *JTACSP*, *105*:408; CPC, art. 487, III, *b*). Alguns autores, ante o disposto no art. 842, entendem, contudo, que a sentença homologatória apenas será necessária se a transação se der por termo nos autos. Portanto, tal transação substitui a decisão que o juiz proferiria se a causa chegasse ao fim (*RT*, *473*:78).

BIBLIOGRAFIA: Silvio Rodrigues, *Direito civil*, cit., v. 2, p. 286-7; Caio M. S. Pereira, *Instituições*, cit., v. 2, p. 224 e 225; Serpa Lopes, *Curso*, cit., v. 2, n. 241, 250 e 254; W. Barros Monteiro, *Curso*, cit., v. 4, p. 309-12; M. Helena Diniz, *Curso*, cit., v. 2, p. 263 e 264; Eficácia jurídica da transação judicial homologada e a *exceptio litis per transactionem finitae*, *Revista APM*, *30*:64 a 67; Carlos Alberto Dabus Maluf, Transação extrajudicial — apreciação da eficácia de instrumento particular irretratável em processo de jurisdição voluntária, *RP*, *21*:235; Miguel Reale, A transação no direito brasileiro, *Questões de direito*, 1981; Jones F. Alves e Mário L. Delgado, *Código*, cit., p. 363.

Art. 843. A transação interpreta-se restritivamente, e por ela não se transmitem, apenas se declaram ou reconhecem direitos.

• *Código Civil, art. 114.*

Interpretação restritiva. Como a transação envolve uma renúncia de direitos e por ter por escopo extinguir obrigações, deverá ser interpretada restritivamente, não comportando interpretação extensiva nem aplicação analógica (*RT*, *743*:299 e *488*:210).

Efeito declaratório. A transação é negócio jurídico declaratório, uma vez que tão somente reconhece ou declara direitos, tornando certa uma situação jurídica controvertida, eliminando a incerteza que atingia aqueles direitos.

A finalidade da transação é transformar em incontestável no futuro o que hoje é litigioso ou incerto.

BIBLIOGRAFIA: Jean Chevalier, *L'effet déclaratif de la transaction et du partage*, Paris, 1932; Desserteaux, *Essai d'une théorie générale de l'effet déclaratif*, Dijon, 1908.

Art. 844. A transação não aproveita, nem prejudica senão aos que nela intervierem, ainda que diga respeito a coisa indivisível.

• *Código Civil, arts. 87, 88, 314, 257 a 263.*

§ 1º Se for concluída entre o credor e o devedor, desobrigará o fiador.

• *Código Civil, art. 838.*

§ 2º Se entre um dos credores solidários e o devedor, extingue a obrigação deste para com os outros credores.

• *Código Civil, arts. 267 a 274, e Código de Processo Civil, art. 1.005, parágrafo único.*

§ 3º Se entre um dos devedores solidários e seu credor, extingue a dívida em relação aos codevedores.

• *Código Civil, arts. 275 a 285.*

Exclusão de terceiros dos efeitos da transação. A transação apenas vinculará os que transigirem (*RF*, *106*:377), não aproveitando nem prejudicando senão os que nela intervierem, mesmo que diga respeito a coisa indivisível. Relativamente aos que não intervieram na transação, é *res inter alios* (*RT*, *394*:337). Se a transação for feita, p. ex., por um dos herdeiros, não alcançará os demais.

Efeitos da transação em relação a terceiros. Há casos legais em que, excepcionalmente, a transação repercute sobre as pessoas que dela não participaram. Assim: *a*) se for concluída a transação entre o credor e o devedor principal, desobrigará o fiador (*RT*, *740*:354, *737*:308), pois com a extinção da obrigação principal ter-se-á a da acessória; mas, se porventura a transação for parcial não alterando a obrigação em alguns pontos relativos à fiança, não exonerará o fiador quanto àqueles aspectos; *b*) se houver transação entre um dos credores solidários e o devedor, extinguir-se-á a obrigação deste para com os outros credores, visto que um dos efeitos da solidariedade ativa é a exoneração do devedor que paga a qualquer dos credores; *c*) se pactuada a transação entre um dos codevedores solidários e seu credor, extinta estará a dívida relativamente aos demais, uma vez que, na solidariedade passiva, se terá a exoneração de todos os coobrigados pelo pagamento efetuado por um deles (*RT*, *763*:294).

"A transação, sem a participação do advogado credor dos honorários, é ineficaz quanto aos honorários de sucumbência definidos no julgado" (Enunciado n. 442 do CJF, aprovado na *V Jornada de Direito Civil*).

Art. 845. Dada a evicção da coisa renunciada por um dos transigentes, ou por ele transferida à outra parte, não revive a obrigação extinta pela transação; mas ao evicto cabe o direito de reclamar perdas e danos.

• Vide *Código Civil, arts. 447 a 457 e 402 a 405.*

Parágrafo único. Se um dos transigentes adquirir, depois da transação, novo direito sobre a coisa renunciada ou transferida, a transação feita não o inibirá de exercê-lo.

Responsabilidade pela evicção. Se houver evicção da coisa renunciada por um dos transigentes, ou por ele transferida à outra parte, a obrigação extinta pela transação não renascerá. O evicto poderá tão somente pleitear o pagamento das perdas e danos.

Exercício de novo direito sobre a coisa transigida. Se, depois de concluída a transação, um dos transigentes vier a adquirir novo direito sobre a coisa renunciada ou transferida, não estará impedido de exercê-lo, pois a transação não implicará renúncia a direito futuro, mas apenas ao que o litígio objetivava.

Art. 846. A transação concernente a obrigações resultantes de delito não extingue a ação penal pública.

• *Lei n. 9.099/95, art. 74 e parágrafo único.*

Inadmissibilidade de transação relativa à ação penal. A transação relativa a obrigações oriundas de delito não extingue a ação penal pública. Se houver uma obrigação resultante de delito, a vítima e o agente causador do prejuízo poderão transigir acerca de questões patrimoniais no âmbito das relações privadas (*RT*, *806*:557, *805*:531, *800*:309), mas essa transação não livrará o agente das consequências penais, pois o Estado, além de não participar da transação, tem interesse na punição do criminoso.

Art. 847. É admissível, na transação, a pena convencional.

• Vide *Código Civil, arts. 408 a 416.*

Admissibilidade de pena convencional. Na transação será possível convencionar cláusula penal, observando-se as normas do Código Civil contidas nos arts. 408 a 416, reforçando-se assim o pactuado. Se as partes que transigiram estão obrigadas a cumprir a obrigação que assumiram, nada obsta a estipulação expressa de uma pena convencional a ser paga por aquele que infringir o disposto na transação.

Art. 848. Sendo nula qualquer das cláusulas da transação, nula será esta.

• *Código Civil, arts. 166 a 170.*

Parágrafo único. Quando a transação versar sobre diversos direitos contestados, independentes entre si, o fato de não prevalecer em relação a um não prejudicará os demais.

Indivisibilidade. A indivisibilidade é essencial à transação. Assim, se nula for qualquer uma de suas cláusulas, nula será a transação (*RT*, *771*:290, *460*:180, *486*:140 e *446*:283). Inadmissível será a nulidade parcial, mas, se a transação versar sobre vários direitos contestados, independentes entre si, prevalecerá sobre os direitos que não forem atingidos pela contestação, ou seja, se não for válida em relação a um, não prejudicará os demais (*RT*, *239*:194), apesar de abrangidos no mesmo negócio. Todavia, havendo interligação dos direitos, que constituem objeto da transação, o defeito apresentado por um atingirá a todos.

Art. 849. A transação só se anula por dolo, coação, ou erro essencial quanto à pessoa ou coisa controversa.

Parágrafo único. A transação não se anula por erro de direito a respeito das questões que foram objeto de controvérsia entre as partes.

- Vide *Código Civil, arts. 138, 139, III, a 155 e 171.*

Nulidade relativa da transação. A transação anular-se-á por dolo, violência ou erro essencial quanto à pessoa ou coisa controversa, sendo, então, aplicadas as mesmas normas que regem a anulabilidade por erro, dolo, coação dos atos negociais (*RT*, *486*:67 e 97, *492*:141, *460*:108 e *798*:277).

BIBLIOGRAFIA: De Page, *Traité*, cit., t. 5, parte 2, n. 513 e 515; Clóvis Beviláqua, *Código Civil*, cit., obs. ao art. 1.036, v. 4; Caio M. S. Pereira, *Instituições*, cit., v. 2, p. 226; Silvio Rodrigues, *Direito civil*, cit., v. 2, p. 285; Serpa Lopes, *Curso*, cit., v. 2, p. 315-8; W. Barros Monteiro, *Curso*, cit., p. 313-5; Carlos Alberto Dabus Maluf, *Novo Código Civil comentado* (coord. Fiuza), São Paulo, Saraiva, 2002, p. 763.

Efeito do erro de direito. A transação não poderá ser anulada por erro de direito *caput controversum*, resultante da não aplicação da lei por desconhecimento ou interpretação equivocada e relativo à questão que foi objeto de controvérsia entre as partes, ou seja, pela não aplicação da norma, por desconhecimento ou interpretação equivocada. Apenas é anulável transação oriunda de erro de fato *caput non controversum*, ou seja, de vício de negócio na indicação a que se refere a declaração de vontade. P. ex., discussão entre os transigentes sobre a questão da propriedade de uma obra de arte, que depois descobrem ser falsa (*RT*, *254*:268).

Art. 850. É nula a transação a respeito do litígio decidido por sentença passada em julgado, se dela não tinha ciência algum dos transatores, ou quando, por título ulteriormente descoberto, se verificar que nenhum deles tinha direito sobre o objeto da transação.

Nulidade absoluta da transação. Duas são as causas de nulidade absoluta da transação: *a*) litígio já decidido por sentença passada em julgado, sem o conhecimento de algum dos transatores, pois o direito deixou de ser duvidoso; logo, nada haverá que transigir (*RT*, *773*:285, *492*:141); *b*) descoberta de título anterior, que indique ausência de direito sobre o objeto da transação relativamente a qualquer dos transatores. Ocorrendo qualquer dessas circunstâncias, apenas os próprios transatores são partes legítimas para ajuizar a anulatória (*RT*, *648*:178).

Capítulo XX

Do Compromisso

- *Lei n. 9.307, de 23 de setembro de 1996, com as alterações da Lei n. 13.129/2015.*
- *Decreto s/n. de 9 de novembro de 2006, que institui, no âmbito do Ministério da Justiça, Grupo de Trabalho Interministerial para propor ato normativo a fim de disciplinar a atuação dos árbitros, órgãos arbitrais institucionais e entidades especializadas em arbitragem, previstos na Lei n. 9.307/96.*
- Vide *art. 661, § 2º, do Código Civil.*
- Vide *Código de Processo Civil, arts. 3º, § 1º, 42, 337, § 5º, 485, VII, 515, II e VII, 917 e s., e 1.012, § 1º, IV.*

DIREITO DAS OBRIGAÇÕES

- *Enunciado n. 7 do TJSP.*
- *Decretos n. 4.719/2003 e 4.311/2002.*
- *Lei n. 9.099/95, arts. 24 a 26.*
- *Lei Complementar n. 123/2006, art. 75.*
- *Súmula 485 do Superior Tribunal de Justiça.*
- *Enunciados do Fórum Permanente de Processualistas Civis:*

a) 7 — "Não compete ao juiz estatal revisar o mérito da medida ou decisão arbitral cuja efetivação se requer por meios de carta arbitral (CPC, art. 260, § 3º)".

b) 86 — "O art. 976 não se aplica à homologação de sentença arbitral estrangeira, que se sujeita aos tratados em rigor no País e à legislação aplicável na forma do § 3º, art. 972 (arts. 964 e 960 do novo CPC, respectivamente)".

c) 203 — "Não se admite ação rescisória de sentença arbitral".

Art. 851. É admitido compromisso, judicial ou extrajudicial, para resolver litígios entre pessoas que podem contratar.

- Vide *Código Civil, art. 661, § 2º, e Lei n. 9.307/96, arts. 9º, 19 a 30.*
- *Lei n. 9.307/96, arts. 19 e 30, alterados pela Lei n. 13.129/2015.*

Compromisso arbitral. Compromisso vem a ser o acordo bilateral em que as partes interessadas, capazes de contratar, submetem suas controvérsias jurídicas à decisão de árbitros, comprometendo-se a acatá-la, subtraindo a demanda da jurisdição da Justiça comum (*RT*, *803*:262, *789*:153, *759*:125 e 226, *778*:193, *777*:189, *629*:122, *112*:530 e *145*:634; *RF*, *98*:112, *143*:351 e *268*:237). Pode ser judicial ou extrajudicial.

Compromisso arbitral judicial. O compromisso judicial refere-se à controvérsia já ajuizada perante a Justiça ordinária, celebrando-se por termo nos autos, perante o juízo ou tribunal por onde correr a demanda (Lei n. 9.307/96, art. 9º, § 1º).

Compromisso arbitral extrajudicial. Se ainda não houver demanda ajuizada, os interessados poderão celebrar o compromisso por escritura pública ou particular, assinada pelas partes e duas testemunhas (Lei n. 9.307/96, art. 9º, § 2º). A questão será processada no juízo arbitral, pois as partes não mais poderão socorrer-se da Justiça comum, exceto os casos admitidos em lei (*RT*, *121*:201).

Pelo Enunciado n. 16 (aprovado na *1ª Jornada de Direito Comercial*): "O adquirente de cotas ou ações adere ao contrato social ou estatuto no que se refere à cláusula compromissória (cláusula de arbitragem) nele existente; assim, estará vinculado à previsão da opção da jurisdição arbitral, independentemente de assinatura e/ou manifestação específica a esse respeito".

BIBLIOGRAFIA: Egidio Codovilla, *Del compromesso e del giudizio arbitrale*, Torino, UTET, 1915; Álvaro Villaça Azevedo, *Teoria geral das obrigações*, cit., p. 199-206; e Compromisso, cit., in *Enciclopédia Saraiva do Direito*, v. 16, p. 446-52; Demogue, *Les notions fondamentales du droit privé*, p. 600; W. Barros Monteiro, *Curso*, cit., v. 4, p. 316-21; Câmara Leal, *Manual elementar de direito civil*, v. 2, p. 287; Luiz Olavo Batista, Cláusula compromissória e compromisso, *Revista de Direito Público*, São Paulo, *17*(70):293-9, 1984; Alfredo Buzaid, Juízo arbitral, *RF*, *181*:453 e s.; Caio M. S. Pereira, *Instituições*, cit., v. 2, p. 234-40; Carvalho de Mendonça, *Doutrina e prática*, cit., v. 1, n. 386 e 387; Silvio Rodrigues, *Direito civil*, cit., v. 2, p. 293-8; Hamilton de Moraes e Barros, *Comentários ao Código de Processo Civil*, Rio de Janeiro, Forense, v. 9, p. 374; Serpa Lopes, Curso, cit., v. 2, p. 318-26; Ruggiero e Maroi, *Istituzioni di diritto privato*, v. 2, § 117; José Frederico Marques, *Instituições de direito processual* *civil*, v. 5, n. 1.333; E. Redenti, Compromesso, in *Nuovo Digesto Italiano*, n. 10 e 22; Rosenberg, *Tratado de derecho procesal civil*, v. 2, p. 603; M. Helena Diniz, *Curso*, cit., v. 2, p. 268-75; Levenhagen, *Código Civil*, cit., v. 4, p. 171-80; Sílvio de Salvo Venosa, *Direito civil*, cit., v. 2, p. 278-85; Fábio H. Podestá, *Direito das obrigações*, cit., p. 141-9; Roberto Senise Lisboa, *Manual*, cit., v. 2, p. 90-7; Tarcísio A. Kroetz, *Arbitragem — conceito e pressupostos de validade*, São Paulo, Revista dos Tribunais, 1998; Joel Dias Figueira Jr., *Arbitragem, jurisdição e execução*, São Paulo, Revista dos Tribunais, 1999; Carlos Alberto Carmona, A arbitragem no Brasil no terceiro ano de vigência da Lei n. 9.307/96, *Direito em questão — aspectos obrigacionais*, coord. Wilson José Gonçalves, Campo Grande, UCDB, 2000, p. 45-68; Tânia Lobo Muniz, *Arbitragem no Brasil e a Lei n. 9.307/96*, Curitiba, Juruá, 2000; Luiz Fernando do V. de A. Guilherme, *Arbitragem*, São Paulo, Quartier Latin, 2003; Edgar A. de Jesus, *Arbitragem — questionamentos e perspectivas*, São Paulo, Juarez de Oliveira, 2003; Luiz Antunes Caetano, *Arbitragem e Mediação*, São Paulo, Atlas, 2002; Erik F. Gramstrup, Sobre alguns aspectos da cláusula compromissória, in *Temas controvertidos de processo civil*, Sérgio Niemeyer e Paulo C. Conrado (coord.), Rio de Janeiro, Forense, 2001, p. 29-46; Fábio Pedro Alem, *Arbitragem* (Coleção Prática do Direito, coord. Edilson M. Bonfim), São Paulo, Saraiva, 2009.

Art. 852. É vedado compromisso para solução de questões de estado, de direito pessoal de família e de outras que não tenham caráter estritamente patrimonial.

- *Lei n. 9.307/96, art. 1º.*
- *Código Civil, art. 661.*

Opção pelo juízo arbitral e seu objeto. A Lei n. 9.307/96, arts. 1º, 2º e 3º, permite que pessoas capazes de contratar optem, em qualquer tempo, pelo juízo arbitral, por meio de convenção de arbitragem escrita, assim entendida a cláusula compromissória e o compromisso arbitral, para a solução de pendências judiciais e extrajudiciais relativas a direitos patrimoniais disponíveis de caráter privado, substituindo o juízo comum pelo arbitral, menos formal e dispendioso e mais discreto. Logo, não pode versar sobre questões de estado, de direito pessoal de família e de outras que não tenham o caráter estritamente patrimonial. A arbitragem pode ser de direito ou de equidade, a critério das partes. Portanto, estas podem não só escolher, livremente, as normas de direito a serem aplicadas na arbitragem, desde que não haja ofensa aos bons costumes e à ordem pública, mas também convencionar que a arbitragem se realize com base nos princípios gerais de direito, costumes e normas internacionais de comércio.

Art. 853. Admite-se nos contratos a cláusula compromissória, para resolver divergências mediante juízo arbitral, na forma estabelecida em lei especial.

- Vide *Lei n. 9.307/96, arts. 3º, 4º e s.*
- *Código Civil, art. 851.*

Cláusula compromissória. A cláusula compromissória (*pactum de compromittendo*) é a convenção em que as partes, num contrato ou em documento apartado a ele referente, comprometem-se a submeter o eventual litígio relativo àquele contrato à arbitragem. Se se tratar de contrato por adesão, tal cláusula apenas produzirá efeito se o aderente anuir expressamente (Lei n. 9.307/96, art. 4º e §§ 1º e 2º; *RT*, 777:189). É uma simples promessa de firmar compromisso. É preciso esclarecer que essa cláusula é autônoma relativamente ao contrato no qual está inserida, logo a nulidade do contrato não implica a da cláusula. E, além disso, compete ao árbitro decidir *ex officio*, ou a requerimento das partes, as questões concernentes à existência, validade e eficácia da convenção de arbitragem e do contrato que contém a cláusula compromissória (Lei n. 9.307/96, art. 8º e parágrafo único).

As partes podem, na cláusula compromissória: *a*) reportar-se às normas de algum órgão arbitral institucional ou entidade especializada, hipótese em que a arbitragem será instituída e processada de acordo com essas normas; *b*) convencionar a forma para a instituição da arbitragem (Lei n. 9.307/96, art. 5º).

Se, apesar de firmada essa cláusula, houver resistência por uma das partes quanto à instituição da arbitragem, o interessado pode requerer, instruindo devidamente o pedido e indicando o objeto da arbitragem, a sua citação para comparecer em juízo para lavrar o compromisso na audiência especial designada para esse fim. Não comparecendo o autor, injustificadamente, ter-se-á a extinção do processo sem julgamento do mérito. Se o réu não comparecer à audiência, o juiz, ouvido o autor, estatuirá a respeito do conteúdo do compromisso e nomeará um árbitro para decidir a questão. Se ambas as partes comparecerem a essa audiência, o magistrado deverá obter a conciliação sobre o litígio. Se não conseguir tal intento, celebrar-se-á então o compromisso arbitral, de comum acordo com os interessados. Se estes não concordarem com o teor do compromisso, o juiz, após ouvir o réu, decidirá sobre o seu conteúdo na própria audiência ou dentro de dez dias, respeitando as disposições da cláusula compromissória. Se esta não fizer menção à nomeação de árbitros, o juiz, após a ouvida dos interessados, estatuirá a respeito, podendo nomear árbitro único para solucionar o litígio. A sentença que julgar procedente o pedido vale como compromisso arbitral (Lei n. 9.307/96, art. 7º e §§ 1º a 7º).

BIBLIOGRAFIA: Álvaro Mendes Pimentel, *Da cláusula compromissória*, p. 16; Alfredo Farhi, *La cláusula compromisoria*, Buenos Aires, 1945, p. 15.

Compromisso e a Lei n. 9.307/96. Fazendo um breve comentário da Lei n. 9.307/96, salientamos alguns pontos:

a) Ausência de acordo prévio para a instituição da arbitragem. Se não houver prévio acordo sobre a maneira de instituir a arbitragem, um dos interessados comunicará ao outro sua *intentio* de dar início ao juízo arbitral, convocando-o para firmar compromisso arbitral, em determinado dia, hora e local. Se ele não comparecer ou se recusar a firmar o compromisso arbitral, o interessado pode propor demanda judicial para lavrar-se o compromisso (Lei n. 9.307/96, art. 6º, parágrafo único).

b) Conteúdo do compromisso arbitral. O compromisso deverá conter, sob pena de nulidade, além das especificações e valor do objeto do litígio, ou seja, da matéria que os árbitros deverão solucionar, nomes, sobrenomes, estado civil, domicílio e profissão das pessoas que instituírem o juízo arbitral e do árbitro ou árbitros, bem como os dos substitutos nomeados para os suprir, havendo falta ou impedimento; ou, se for o caso, a identificação da entidade à qual as partes delegaram a indicação de árbitros e ainda o local em que será proferida a sentença arbitral (Lei n. 9.307/96, art. 10).

c) Requisitos não obrigatórios do compromisso arbitral. As partes interessadas poderão, se quiserem, declarar no compromisso arbitral: *a*) o prazo em que deverá ser dada a decisão arbitral; *b*) o local onde se desenvolverá a arbitragem; *c*) a indicação da lei nacional ou das normas corporativas aplicáveis à arbitragem, quando assim convencionarem as partes; *d*) a autorização dada aos árbitros para julgarem por equidade; *e*) os honorários do árbitro ou árbitros e a proporção em que serão pagos, além da declaração da responsabilidade pelo pagamento dos honorários dos peritos e das despesas com a arbitragem. Fixando as partes tais honorários no compromisso arbitral, este constituirá título executivo extrajudicial; mas, se não houver tal estipulação, o árbitro requererá ao órgão do Poder Judiciário que seria competente para julgar, originariamente, a causa que os fixe por sentença. A falta de qualquer um desses requisitos não acarretará a nulidade do compromisso, por não serem obrigatórios como os do art. 10 (Lei n. 9.307/96, art. 11, I a VI e parágrafo único).

d) Extinção do compromisso arbitral. Extingue-se o compromisso arbitral se houver: *a*) escusa de qualquer árbitro, antes da aceitação de sua nomeação, desde que haja declaração expressa das partes não admitindo substituto; *b*) óbito ou impossibilidade de um dos árbitros para o exercício da função e de proferir voto, sendo inadmissível sua substituição. Havendo substituto, este assume seu lugar (art. 16 da Lei n. 9.307/96); *c*) término do prazo determinado para a apresentação da sentença arbitral (art. 12, I, II e III, da Lei n. 9.307/96).

e) Competência dos árbitros. Os árbitros, juízes de fato e de direito, apesar de não serem togados, deverão decidir de conformidade com a lei e o compromisso, aplicando a equidade, quando a lei a permitir, ou mesmo sem permissão legal, se assim ficar convencionado entre os interessados. As causas que lhes forem confiadas poderão ter qualquer valor, e suas decisões não estarão sujeitas a recursos ou a homologação pelo Poder Judiciário (arts. 17 e 18 da Lei n. 9.307/96).

f) Capacidade para ser árbitro. Poderá ser árbitro quem quer que tenha a confiança das partes interessadas (Lei n. 9.307/96, art. 13), excetuando-se o incapaz, o analfabeto e o legalmente impedido de servir como juiz (CPC, art. 144), ou o suspeito de parcialidade (CPC, art. 145). Deve proceder com imparcialidade, independência, competência, diligência e discrição (arts. 13, § 6º, e 14 e § 1º da Lei n. 9.307/96). As partes podem nomear um ou mais árbitros, sempre em número ímpar, podendo indicar seus suplentes. Se nomearem árbitros em número par, estes podem indicar mais um (art. 13, §§ 1º e 2º, da Lei n. 9.307/96). As partes podem, de comum acordo, estabelecer o processo de escolha dos árbitros ou adotar as normas de um órgão arbitral institucional ou entidade especializada.

g) Recusa de árbitro. Só se pode recusar um árbitro se ocorrer algum motivo superveniente à sua nomeação. Mas pode o interessado recusá-lo por causa anterior à sua nomeação se: *a*) não foi nomeado diretamente pela parte; *b*) o motivo para sua recusa apenas foi conhecido após sua nomeação (art. 14, § 2º, da Lei n. 9.307/96). A arguição dessa recusa deve ser apresentada pelo interessado, diretamente, ao árbitro ou ao presidente do tribunal arbitral, deduzindo suas razões e apresentadas as provas pertinentes. Acolhida a exceção, afasta-se o árbitro, e, se houver indicação de substituto, este assumirá seu lugar (arts. 15 e parágrafo único e 16, *in fine*, da Lei n. 9.307/96).

h) Procedimento do juízo arbitral. Instituído o juízo arbitral, nele correrá todo o pleito de conformidade com o procedimento previsto na Lei n. 9.307/96, arts. 19 a 22, 22-A e 22-B (acrescentados pela Lei n. 13.129/2015).

i) Sentença arbitral. A sentença arbitral, contendo a decisão da controvérsia, tem os mesmos efeitos da decisão prolatada pelo órgão do Poder Judiciário e, sendo condenatória, constitui título executivo judicial (art. 31 da Lei n. 9.307/96). A sentença arbitral será prolatada, dentro do prazo avençado (suscetível de prorrogação, se as partes e árbitros forem concordes) ou em até seis meses, não havendo prazo convencionado, conforme a decisão da maioria. Se vários forem os árbitros, não havendo acordo majoritário, prevalece o voto do presidente do tribunal arbitral (arts. 23 e 24 da Lei n. 9.307/96). Tal sentença deve conter: *a*) relatório, constando nome dos interessados e resumo do litígio; *b*) fundamentos da decisão, analisando questões fáticas e jurídicas e mencionando se houve julgamento por equidade; *c*) dispositivo que serviu para solucionar a controvérsia; *d*) prazo para o cumprimento da decisão, se for o caso; *e*) data e local em que foi prolatada; *f*) assinatura do árbitro ou árbitros (art. 26 e parágrafo único da Lei n. 9.307/96). Com a sentença findar-se-á a arbitragem, e enviar-se-á uma cópia sua às partes (art. 29 da Lei n. 9.307/96).

Cientificado da sentença, o interessado tem cinco dias para solicitar ao árbitro ou tribunal arbitral: a correção de erro material; o esclarecimento de alguma dúvida; a correção de alguma contradição; o pronunciamento sobre algum ponto omisso (Lei n. 9.307/96, art. 30 e parágrafo único).

j) Nulidade da sentença arbitral. Nula será a sentença arbitral se (Lei n. 9.307/96, art. 32, com a redação da Lei n. 13.129/2015): *a*) nula for a convenção de arbitragem; *b*) emanada por quem não podia ser árbitro; *c*) não contiver os requisitos legais obrigatórios, caso em que será admissível que se profira novo laudo; *d*) proferida fora dos limites da convenção de arbitragem, podendo haver, nesta hipótese, prolação de outra sentença; *e*) não decidir totalmente o litígio, sendo, então, determinado que se profira novo laudo; *f*) for comprovado que, em sua prolação, houve prevaricação, concussão ou corrupção passiva; *g*) emitida fora do prazo; *h*) desrespeitou os princípios do contraditório, da igualdade das partes, da imparcialidade do árbitro e de seu livre convencimento. A decretação dessa nulidade é pleiteada, dentro do prazo de noventa dias, contado do recebimento da notificação da sentença arbitral ou de seu aditamento, ao órgão do Poder Judiciário, que segue o procedimento comum previsto no Código de Processo Civil. Pode ser arguida a nulidade mediante ação de embargos de devedor (CPC, art. 917), havendo execução judicial (Lei n. 9.307/96, art. 33, §§ 1º a 4º).

Compromisso e transação. Tanto o compromisso quanto a transação têm natureza contratual e constituem meios indiretos de pagamento, com a função comum de pôr termo a um litígio.

CAPÍTULO XXI

Do contrato de administração fiduciária de garantias

Art. 853-A. Qualquer garantia poderá ser constituída, levada a registro, gerida e ter a sua execução pleiteada por agente de garantia, que será designado pelos credores da obrigação garantida para esse fim e atuará em nome próprio e em beneficio dos credores, inclusive em ações judiciais que envolvam discussões sobre a existência, a validade ou a eficácia do ato jurídico do crédito garantido, vedada qualquer cláusula que afaste essa regra em desfavor do devedor ou, se for o caso, do terceiro prestador da garantia.

§ 1º O agente de garantia poderá valer-se da execução extrajudicial da garantia, quando houver previsão na legislação especial aplicável à modalidade de garantia.

§ 2º O agente de garantia terá dever fiduciário em relação aos credores da obrigação garantida e responderá perante os credores por todos os seus atos.

§ 3º O agente de garantia poderá ser substituído, a qualquer tempo, por decisão do credor único ou dos titulares que representarem a maioria simples dos créditos garantidos, reunidos em assembleia, mas a substituição do agente de garantia somente será eficaz após ter sido tornada pública pela mesma forma por meio da qual tenha sido dada publicidade à garantia.

§ 4º Os requisitos de convocação e de instalação das assembleias dos titulares dos créditos garantidos estarão previstos em atos de designação ou de contratação do agente de garantia.

§ 5º O produto da realização da garantia, enquanto não transferido para os credores garantidos, constitui patrimônio separado daquele do agente de garantia e não poderá responder por suas obrigações pelo período de até 180 (cento e oitenta) dias, contado da data de recebimento do produto de garantia.

§ 6º Após receber o valor do produto da realização da garantia, o agente de garantia disporá do prazo de 10 (dez) dias úteis para efetuar o pagamento aos credores.

§ 7º Paralelamente ao contrato de que trata este artigo, o agente de garantia poderá manter contratos com o devedor para:

I — pesquisa de ofertas de crédito mais vantajosas entre os diversos fornecedores;

II — auxílio nos procedimentos necessários à formalização de contratos de operações de crédito e de garantias reais;

III — intermediação na resolução de questões relativas aos contratos de operações de crédito ou às garantias; e

IV — outros serviços não vedados em lei.

§ 8º Na hipótese do § 7º deste artigo, o agente de garantia deverá agir com estrita boa-fé perante o devedor.

Noção. É o contrato pelo qual um agente (indicado pelos credores) de qualquer garantia registrada deve efetuar sua gestão e pleitear sua execução atuando em nome próprio em prol dos credores, inclusive em ação judicial que discuta a existência, validade e eficácia do crédito garantido, não podendo conter cláusula que desfavoreça devedor ou terceiro prestador da garantia.

Agente de garantia: direitos e obrigações. Por ser o administrador fiduciário da garantia constituída: *a*) poderá valer-se de execução extrajudicial da garantia, havendo previsão legal aplicável àquela garantia; *b*) terá dever fiduciário em relação aos credores da obrigação garantida e responderá perante eles por todos os seus atos; *c*) poderá ser substituído por ato decisório do único credor ou por voto da maioria simples dos titulares dos créditos garantidos, reunidos em assembleia. Essa substituição deverá ser publicada pela mesma forma que se deu publicidade à garantia; *d*) terá patrimônio separado do produto da realização da garantia, enquanto não for transferido aos credores garantidos; *e*) não poderá responder por suas obrigações até 180 dias contados de data do recebimento do produto da garantia; *f*) disporá do prazo de 10 dias úteis, após receber o valor do produto da realização da garantia, para efetuar o pagamento aos credores desse valor; *g*) poderá manter paralelamente ao contrato de administração de garantia contratos com o devedor para: pesquisa de ofertas de crédito mais vantajosas entre os diversos fornecedores; auxílio nos procedimentos atinentes à formalização de contratos de operações de crédito e de garantias; intermediação na resolução de questões relativas aos contratos de operações de crédito ou de garantias reais; *h*) poderá efetuar outros serviços não proibidos em lei; e *i*) deverá agir com boa fé perante o devedor.

Título VII

Dos Atos Unilaterais

Capítulo I

Da Promessa de Recompensa

Art. 854. Aquele que, por anúncios públicos, se comprometer a recompensar, ou gratificar, a quem preencha certa condição, ou desempenhe certo serviço, contrai obrigação de cumprir o prometido.

- *A Lei n. 5.768, de 20 de dezembro de 1971, altera a legislação sobre distribuição gratuita de prêmios, mediante sorteio, vale-brinde ou concurso.*
- *Súmula 15 do Supremo Tribunal Federal.*
- *Código Civil, art. 427.*

Declaração unilateral da vontade. A declaração unilateral da vontade é uma das fontes das obrigações resultantes da vontade de uma só pessoa, formando-se no instante em que o agente se manifesta com intenção de se obrigar, independentemente da existência ou não de uma relação creditória, que poderá surgir posteriormente.

DIREITO DAS OBRIGAÇÕES

BIBLIOGRAFIA: Antunes Varela, *Direito das obrigações*, Rio de Janeiro, Forense, 1977, p. 162 e 163; Worms, *De la volonté unilatérale considerée comme source d'obligation*, Paris, 1861; Serpa Lopes, *Curso*, cit., v. 5, p. 124-34; Caio M. S. Pereira, *Instituições*, cit., v. 3, p. 484; Boffi Boggero, *La declaración unilateral de voluntad*, Buenos Aires, 1942, p. 100; De Ruggiero, *Istituzioni di diritto civile*, 6. ed., v. 3, p. 73; Orlando Gomes, *Obrigações*, Rio de Janeiro, Forense, 1976, p. 288-91; Paul Lerebours-Pigeonnière, La contribution essentielle de Raymond Saleilles à la théorie générale de l'obligation et à la théorie de la déclaration de volonté, in *Oeuvre juridique de Raymond Saleilles*, Paris, 1914; Silvio Rodrigues, *Direito civil*, cit., v. 3, n. 184; Jacques Prévost, *Le rôle de la volonté dans la formation de l'obligation civile*, Paris, 1939, p. 134 e 135; Jean Chabas, *De la déclaration de volonté en droit civil français*, Paris, 1931; Saleilles, *Théorie générale de l'obligation*, Paris, 1914, n. 249 e 268; *De la déclaration de volonté*, Paris, 1901; Mazeaud e Mazeaud, *Leçons*, cit., n. 370; Rieg, Le rôle de la volonté dans la formation de l'acte juridique d'après les doctrines allemandes du XXe siècle, in *Archives de Philosophie du Droit*, Sirey, 1957, p. 125 e s.; Puig Peña, *Tratado de derecho civil español*, Madrid, 1951, v. 4, p. 134; Lalaguna, La voluntad unilateral como fuente de obligaciones, *Revista de Derecho Privado*, 1975, p. 801 e s.; M. Helena Diniz, *Curso*, cit., v. 3, p. 470 e 471; Carlos Alberto Dabus Maluf, *Novo Código Civil*, cit., p. 767-771; Hamid C. Bdine Jr., *Código Civil comentado*, coord. Peluso, Barueri, Manole, 2007, p. 725.

Promessa de recompensa. A promessa de recompensa é a declaração de vontade feita mediante anúncio público (p. ex., divulgação pelo rádio, TV, imprensa, internet, auditório, afixação de cartazes, distribuição de folhetos etc.), pela qual alguém se obriga a gratificar quem se encontrar em certa situação ou praticar determinado ato, independentemente do consentimento do eventual credor. Por exemplo: promessa de pagar "x" a quem: encontrar animal perdido; vencer uma competição de natação; tiver o melhor aproveitamento escolar etc. (*RT*, *795*:362, *773*:387; *JSTJ*, *146*:250).

BIBLIOGRAFIA: Antunes Varela, *Direito*, cit., p. 164; Serpa Lopes, *Curso*, cit., p. 166-78; Silvio Rodrigues, *Direito civil*, cit., v. 3, p. 428-36; Falgui-Massida, Promessa unilaterale, *Rivista di Diritto Civile*, v. 2, 1964; W. Barros Monteiro, *Curso*, cit., v. 3, p. 382-7; Caio M. S. Pereira, *Instituições*, cit., v. 3, p. 485 e 486; Roca Sastre, *Estudios de derecho privado*, Madrid, t. 1, p. 208-10; Larenz, *Derecho*, cit., v. 2, § 51; Orlando Gomes, *Obrigações*, cit., p. 296-9; Pontes de Miranda, *Tratado de direito privado*, v. 31, p. 312; Enneccerus, Kipp e Wolff, *Tratado*, cit., v. 2, § 156, p. 314; Cunha Gonçalves, *Tratado*, cit., v. 4, p. 255; Paulo Luiz Netto Lôbo, *Direito das obrigações*, cit., p. 108-11; Newton De Lucca, *Comentários ao novo Código Civil* (coord. Sálvio de F. Teixeira), Rio de Janeiro, Forense, 2003, n. 12, p. 7-33; Matiello, *Código Civil*, cit., p. 535-9.

Obrigatoriedade da promessa de recompensa. A promessa de recompensa será obrigatória para seu emitente no instante em que se tornar pública, independentemente de qualquer aceitação, visto que se dirige a pessoa indeterminada (*RF*, *153*:257, *123*:38; *RT*, *443*:302).

Art. 855. Quem quer que, nos termos do artigo antecedente, fizer o serviço, ou satisfizer a condição, ainda que não pelo interesse da promessa, poderá exigir a recompensa estipulada.

- *Código Civil, art. 121.*

Direito ao prêmio. Terá o credor direito ao prêmio (dinheiro, medalha, troféu, realização de obrigação de fazer — tratamento médico gratuito — ou não fazer — deixar de cobrar dívida pendente — por parte do promitente etc.) se comprovar a realização do serviço ou satisfação da condição exigida no anúncio. Pouco importará que o serviço tenha, ou não, sido realizado no interesse da promessa. O executor poderá reclamar judicialmente a obrigação do promitente. Se o *quantum* da recompensa não tiver sido estipulado, o magistrado o estabelecerá por arbitramento, considerando o serviço prestado, as despesas feitas, o tempo despendido, o esforço empregado etc. Se o promitente não cumprir sua obrigação, responderá por perdas e danos (*RF*, *153*:257).

Art. 856. Antes de prestado o serviço ou preenchida a condição, pode o promitente revogar a promessa, contanto que o faça com a mesma publicidade; se houver assinado prazo à execução da tarefa, entender-se-á que renuncia o arbítrio de retirar, durante ele, a oferta.

• Vide *Código Civil, art. 859.*

Parágrafo único. O candidato de boa-fé, que houver feito despesas, terá direito a reembolso.

• *Código Civil, arts. 422, 884 a 886.*

Revogabilidade da promessa. Será possível a revogabilidade da promessa pelo policitante, antes de prestado o serviço, ou preenchida a condição, contanto que o faça com a mesma publicidade com que fez a promessa. Com a revogação da promessa, o promitente isentar-se-á de qualquer responsabilidade, não podendo vir a sofrer as pretensões de indenização por parte de pessoa que tiver feito despesas ou trabalhos tendo em vista a obtenção do prêmio.

Renúncia ao direito de revogar promessa. Se o promitente fixou prazo para a execução da tarefa, entende-se que renunciou ao direito de revogar a promessa, enquanto não decorrer o prazo estipulado. Se houver prazo para a execução do serviço, durante sua vigência, não se poderá desistir da promessa feita. Se esgotado tal prazo, a promessa não tiver sido revogada, sendo o serviço executado, a recompensa será devida, desde que o promitente dele retire vantagem.

Direito a reembolso de despesas. O candidato de boa-fé que tiver feito despesas na execução da tarefa ou da condição anunciada para obter prêmio, terá direito de ser reembolsado, havendo revogação da promessa pelo policitante. O direito ao reembolso evita enriquecimento indevido (CC, arts. 884 a 886) e atende aos reclamos da equidade e da justiça.

Art. 857. Se o ato contemplado na promessa for praticado por mais de um indivíduo, terá direito à recompensa o que primeiro o executou.

• *Código Civil, art. 817.*

Multiplicidade de credores de prêmio. Poder-se-ão apresentar várias pessoas como credoras do prêmio, hipótese em que a recompensa caberá, pela teoria da prioridade, à primeira que executou integralmente a promessa.

Art. 858. Sendo simultânea a execução, a cada um tocará quinhão igual na recompensa; se esta não for divisível, conferir-se-á por sorteio, e o que obtiver a coisa dará ao outro o valor de seu quinhão.

• *Código Civil, arts. 87 e 817.*

Simultaneidade da execução. Se vários forem os executores e sendo simultânea a execução, cada um deles, aplicando-se a teoria da divisibilidade, receberá quinhão igual na recompensa, por não haver razão para preferência e, se ela for indivisível — um automóvel, p. ex. —, conferir-se-á o prêmio por sorteio. A sorte decidirá a quem caberá a coisa dada em recompensa, não se justificando a venda do objeto para repartir o produto entre os credores, mas aquele que for contemplado terá o dever de dar ao outro o valor de seu quinhão, p. ex., 10 mil reais, se aquele veículo for avaliado por 20 mil.

Art. 859. Nos concursos que se abrirem com promessa pública de recompensa, é condição essencial, para valerem, a fixação de um prazo, observadas também as disposições dos parágrafos seguintes.

• Vide *Código Civil, art. 856.*

• *Súmulas 15 e 16 do Supremo Tribunal Federal.*

§ 1º A decisão da pessoa nomeada, nos anúncios, como juiz, obriga os interessados.

§ 2º Em falta de pessoa designada para julgar o mérito dos trabalhos que se apresentarem, entender-se-á que o promitente se reservou essa função.

§ 3º Se os trabalhos tiverem mérito igual, proceder-se-á de acordo com os arts. 857 e 858.

• *Código Civil, arts. 857 e 858.*

Promessa de recompensa mediante concurso. A promessa de recompensa poderá ser condicionada à realização de uma competição entre os interessados na prestação da obrigação, efetivando-se mediante concurso (literário, artístico, científico, desportivo etc.), ou seja, certame em que o promitente oferece um prêmio a quem, dentre várias pessoas, apresentar o melhor resultado (Súmulas 15 e 16 do STF; *RT*, *769*:139).

Irrevogabilidade da promessa de recompensa mediante concurso. No concurso público a promessa será irrevogável, porque o promitente deverá, compulsoriamente, fixar prazo de vigência, dentro do qual não se poderá desdizer.

Sujeição ao "veredictum". Os participantes do concurso tomarão conhecimento das condições a que deverão submeter-se, como a de concordarem com o *veredictum*, pois a decisão da pessoa encarregada de decidir (a indicada, no anúncio, como julgadora dos trabalhos ou, na falta desta indicação, a própria anunciante) obrigará aos interessados, desde que se ajuste às condições do anúncio (*RF*, *153*:257) e será irrecorrível, embora possa ser invalidada por erro, fraude, simulação etc. (*RT*, *671*:85).

Trabalhos com igual mérito. Se os trabalhos apresentados tiverem igual mérito, dar-se-á a recompensa ao que primeiro os executou, mas se a execução for simultânea partilhar-se-á entre eles igualmente a recompensa, se divisível, ou far-se-á o sorteio, se indivisível, devendo o contemplado entregar ao outro vencedor o valor de seu quinhão (arts. 857 e 858 do Código Civil).

Art. 860. As obras premiadas, nos concursos de que trata o artigo antecedente, só ficarão pertencendo ao promitente, se assim for estipulado na publicação da promessa.

Propriedade das obras premiadas. Se houver cláusula na publicação da promessa conferindo a propriedade das obras premiadas ao promitente, este será seu proprietário. Caso contrário as obras continuarão a pertencer ao seu autor intelectual, que é o concorrente, isto porque não há presunção legal de alienação daquelas obras, advindas de sua engenhosidade.

CAPÍTULO II

DA GESTÃO DE NEGÓCIOS

Art. 861. Aquele que, sem autorização do interessado, intervém na gestão de negócio alheio, dirigi-lo-á segundo o interesse e a vontade presumível de seu dono, ficando responsável a este e às pessoas com que tratar.

• Vide *Código Civil, arts. 665, 866, 869, 873 e 874.*

• Vide *Código de Processo Civil, arts. 18, 53, IV, b, 121, parágrafo único.*

Gestão de negócios. A gestão de negócios (*negotiorum gestio*) é a intervenção, não autorizada, de uma pessoa (gestor de negócios — *negotiorum gestor*) na direção dos negócios de uma outra (dono do negócio — *dominus negotii*), feita segundo o interesse, a vontade presumível e por conta desta última (*AJ*, *88*:154; *RT*, *106*:316, *124*:704, *144*:658, *150*:698, *186*:821, *198*:155, *480*:158, *499*:121, *495*:227, *587*:138 e *793*:268; *JTA*, *139*:343).

Não tem natureza contratual, pois não advém de um acordo de vontade, mas de intervenção oficiosa do gestor em negócio alheio, havendo um movimento volitivo unitário, isolado, por parte do gestor de negócio para prevenir graves prejuízos. Há caso em que há necessidade de tomar providência em lugar do titular do direito, por este estar, p. ex., viajando, portanto, impossibilitado de praticar ato urgente para cumprir determinadas obrigações ou exercer seus direitos. É o que ocorre na situação de um vizinho que vê arrebentados os encanamentos da casa contígua, que corre risco de ficar inundada. Ausente o proprietário, o vizinho poderá interferir para remediar o mal, efetuando gastos indispensáveis ao conserto do encanamento.

BIBLIOGRAFIA: Antunes Varela, *Direito das obrigações*, Rio de Janeiro, Forense, 1977, p. 168-79; Vittorio Neppi, *La rappresentanza nel diritto privato moderno*, CEDAM, 1930, p. 250 e s.; Bout, *La gestion d'affaires en droit français contemporain*, 1972; Pierre Maruitte, *La notion juridique de gestion d'affaires*, Paris, 1931; Vaz Serra, *Gestão de negócios*, 1957; M. Helena Diniz, *Tratado*, cit., cap. XXIII, v. 3, p. 295-305; e *Curso*, cit., v. 3, p. 263-72; Pacchioni, *Della gestione degli affari*, 1915; Josserand, *Cours*, cit., v. 2, n. 1.439; Coelho da Rocha, *Instituições*, cit., v. 2, § 800; De Page, *Traité*, cit., v. 2, 1ª parte, n. 1.069 e 1.077; Picard, La gestion d'affaires dans la jurisprudence contemporaine, *Revue Trimestrielle de Droit Civil*, 1922, p. 28 e s.; Clóvis Beviláqua, *Código Civil*, cit., v. 5, p. 80 e s.; Serpa Lopes, *Curso*, cit., v. 5, p. 21-59; Larenz, *Derecho*, cit., p. 361; Silvio Rodrigues, Contrato de gestão de negócios, in *Enciclopédia Saraiva do Direito*, v. 19, p. 362 e s.; Caio M. S. Pereira, *Instituições*, cit., v. 3, p. 375 e s.; Orlando Gomes, *Contratos*, cit., p. 469-75; Carvalho de Mendonça, *Contratos*, cit., v. 1, p. 321 e s.; Carvalho Santos, *Código Civil*, cit., t. 18, p. 409-11; W. Barros Monteiro, *Curso*, cit., v. 5, p. 284-90; Enneccerus, Kipp e Wolff, Tratado, cit., v. 2, § 169; Levenhagen, *Código Civil*, v. 5, p. 111-21; Carlos Alberto Bittar, *Contratos civis*, cit., p. 119-25; Sílvio de Salvo Venosa, *Manual dos contratos*, cit., p. 213-20; Newton De Lucca, *Comentários*, cit., v. 12, p. 34-74; Matiello, *Código Civil*, cit., p. 538-47.

Responsabilidade do gestor de negócios. Aquele que age sem mandato (gestor oficioso) ficará diretamente responsável perante o dono do negócio e terceiros com que contratou (*RT*, *499*:121), embora não tenha nenhuma autorização expressa ou tácita para gerir interesse alheio, uma vez que intervém, sem estar autorizado, em esfera jurídica alheia, como provavelmente o próprio dono o teria feito (*RT*, *510*:12), tendo por escopo evitar um dano.

Art. 862. Se a gestão foi iniciada contra a vontade manifesta ou presumível do interessado, responderá o gestor até pelos casos fortuitos, não provando que teriam sobrevindo, ainda quando se houvesse abstido.

• Vide *Código Civil, arts. 393, parágrafo único, 399, 868 e 874.*

Oposição do "dominus negotii". A gestão de negócios requer inexistência de proibição ou oposição por parte do dono do negócio, por constituir o exercício de um ato pelo gestor, segundo o interesse e a vontade presumível de seu dono. Todavia, excepcionalmente, ter-se-á a gestão de negócio, mesmo havendo oposição do *dominus negotii*, hipótese em que o gestor deverá responder até mesmo pelos prejuízos advindos de caso fortuito, se não comprovar que tais danos sobreviriam mesmo que não tivesse agido no interesse alheio.

Art. 863. No caso do artigo antecedente, se os prejuízos da gestão excederem o seu proveito, poderá o dono do negócio exigir que o gestor restitua as coisas ao estado anterior, ou o indenize da diferença.

- Vide *Código Civil, arts. 870 e 874.*

Danos maiores do que o proveito. O *dominus negotii* terá direito de exigir que o gestor restitua as coisas ao estado anterior ou o indenize da diferença existente entre o prejuízo e o lucro, se for impossível a restituição ao *statu quo ante*, se por acaso os prejuízos da gestão iniciada contra a sua vontade excederem o seu lucro.

Art. 864. Tanto que se possa, comunicará o gestor ao dono do negócio a gestão que assumiu, aguardando-lhe a resposta, se da espera não resultar perigo.

Dever de comunicar a gestão assumida. O gestor de negócios, como não está munido de autorização para gerir negócio alheio, deverá comunicar ao dono do negócio, assim que puder, a gestão que assumiu visando resguardar seus interesses, aguardando-lhe a resposta, para autorizá-lo a continuar as providências judiciais ou extrajudiciais tomadas ou para sustá-las, desde que da espera não advenha perigo algum. Se a gestão não puder aguardar tal resposta, para o bom êxito da execução iniciada, o gestor deverá continuá-la, mesmo porque ficará pessoalmente obrigado pelos atos praticados. Aquela comunicação tem por objetivo diminuir a responsabilidade do gestor pelos eventuais danos ao interessado ou a terceiro.

Art. 865. Enquanto o dono não providenciar, velará o gestor pelo negócio, até o levar a cabo, esperando, se aquele falecer durante a gestão, as instruções dos herdeiros, sem se descuidar, entretanto, das medidas que o caso reclame.

- Vide *art. 674 do Código Civil.*

Obrigação do gestor de zelar pelo negócio alheio. O gestor deverá velar pelo negócio, enquanto o dono nada providenciar, até a sua conclusão, aguardando, se o dono do negócio vier a falecer durante a gestão, as instruções de seus herdeiros, tomando todas as medidas reclamadas pelo caso. Isto é assim porque iniciou espontaneamente a gestão de negócio alheio, criando expectativas para o *dominus* ou para terceiro. A cessação de sua gerência sem motivo poderá acarretar sérios prejuízos para o *dominus* ou para terceiro, acarretando ao gestor oficioso responsabilidade pelas perdas e danos.

Art. 866. O gestor envidará toda sua diligência habitual na administração do negócio, ressarcindo ao dono o prejuízo resultante de qualquer culpa na gestão.

- Vide *Código Civil, arts. 402 a 405, 667, 862, 868 e 874.*

Diligência habitual na administração do negócio. O gestor de negócio deverá aplicar toda a sua diligência habitual na administração do negócio, agindo com prudência e probidade, assumindo inteira responsabilidade por qualquer descuido seu ou desinteresse na administração que, espontaneamente, assumiu, indenizando integralmente o *dominus negotii* de qualquer prejuízo que culposamente causar, respondendo, inclusive, pelas perdas e danos (CC, arts. 402 a 405). Hamid C. Bdine Jr. apresenta o seguinte exemplo que bem elucida a questão: "A", na qualidade de gestor, resolve administrar uma indústria, durante a ausência de seu proprietário, e obtém um lucro de R$ 10.000,00, mas, por negligência sua, uma das máquinas foi furtada, mesmo que tenha, com seu trabalho, dado lucro ao empresário, deverá indenizá-lo do valor daquela máquina.

BIBLIOGRAFIA: Hamid C. Bdine Jr., *Código Civil*, cit., p. 822.

Art. 867. Se o gestor se fizer substituir por outrem, responderá pelas faltas do substituto, ainda que seja pessoa idônea, sem prejuízo da ação que a ele, ou ao dono do negócio, contra ela possa caber.

• Vide *Código Civil, arts. 275 a 285 e 667.*

Parágrafo único. Havendo mais de um gestor, solidária será a sua responsabilidade.

• Vide *Código Civil, arts. 275 a 285 e 672.*

Responsabilidade por ato de substituto. O gestor de negócio deverá responder pelas faltas do substituto, se se fizer substituir na administração de negócio alheio, mesmo que seja pessoa idônea, sem prejuízo da ação que a ele, ou ao *dominus negotii*, contra ela possa caber. Tal responsabilidade decorre do fato de a gestão de negócios ser ato espontâneo ou voluntário do gestor, que por isso ficará obrigado a gerir pessoalmente interesse de outrem. Com isso ficará responsável, se se fizer substituir, com o substituto, seja este pessoa idônea ou não.

Responsabilidade solidária. O gestor de negócios vincular-se-á solidariamente, se houver pluralidade de gestores. Com isso dar-se-á ao dono do negócio maior garantia, pois poderá acionar qualquer deles, para obter *quantum* indenizatório de algum prejuízo sofrido. O gestor demandado poderá reembolsar-se, exercendo direito de regresso contra os demais. A lei impõe a solidariedade, pois impossível seria discriminar as obrigações e responsabilidades de cada um.

Art. 868. O gestor responde pelo caso fortuito quando fizer operações arriscadas, ainda que o dono costumasse fazê-las, ou quando preterir interesse deste em proveito de interesses seus.

• *Código Civil, art. 393, parágrafo único.*

Parágrafo único. Querendo o dono aproveitar-se da gestão, será obrigado a indenizar o gestor das despesas necessárias, que tiver feito, e dos prejuízos, que por motivo da gestão, houver sofrido.

• *Código Civil, art. 869 e § 1º.*

Responsabilidade por caso fortuito. O gestor de negócio deverá responder pelos prejuízos decorrentes de caso fortuito se fizer operações de alto risco, mesmo que o *dominus negotii* tivesse o hábito de fazê-las, ou se, para atender aos seus próprios interesses, permite que os do dono do negócio sejam prejudicados. O gestor deverá limitar-se à administração do negócio alheio, não podendo praticar atos de especulação, que exorbitam as suas obrigações por serem operações arriscadas, cujo malogro acarretará responsabilidade civil.

Direito ao reembolso das despesas necessárias. O gestor terá o direito de reembolsar-se das despesas necessárias (gasto com transporte, estada; pagamento de taxas etc.) feitas para atender à administração do negócio alheio.

Indenização dos prejuízos. O *dominus negotii* deverá indenizar o gestor dos danos que, por motivo da gestão, veio a sofrer.

Art. 869. Se o negócio for utilmente administrado, cumprirá ao dono as obrigações contraídas em seu nome, reembolsando ao gestor as despesas necessárias ou úteis que houver feito, com os juros legais, desde o desembolso, respondendo ainda pelos prejuízos que este houver sofrido por causa da gestão.

• Vide *Código Civil, arts. 305, 406, 407, 861, 868 e parágrafo único, 870, 873 e 884 a 886.*

§ 1º A utilidade, ou necessidade, da despesa, apreciar-se-á não pelo resultado obtido, mas segundo as circunstâncias da ocasião em que se fizerem.

§ 2º Vigora o disposto neste artigo, ainda quando o gestor, em erro quanto ao dono do negócio, der a outra pessoa as contas da gestão.

Pagamento de juros e responsabilidade pelos prejuízos. O dono do negócio não só deverá reembolsar o gestor das despesas necessárias e úteis (*RT, 240*:233) que houver feito, com os juros legais (CC, art. 406), desde o desembolso, se o negócio foi bem administrado, por evitar depreciação no seu patrimônio, mesmo que não tenha proporcionado lucro, mas também reparar os prejuízos que teve com a gestão. Com isso evitar-se-á o enriquecimento indevido do *dominus negotii*.

Apreciação da utilidade ou da necessidade da despesa. A utilidade ou a necessidade das despesas feitas deverá ser apreciada não pelo resultado obtido, mas segundo as circunstâncias da ocasião em que forem feitas (*RT, 240*:233) pelo gestor.

Prestação de contas a terceiro. O *dominus negotii* deverá indenizar o gestor das despesas úteis e necessárias, com os respectivos juros, mesmo quando este, erroneamente, vier a prestar contas de sua gestão a terceiro, por ignorar quem era o real dono do negócio.

Art. 870. Aplica-se a disposição do artigo antecedente, quando a gestão se proponha a acudir a prejuízos iminentes, ou redunde em proveito do dono do negócio ou da coisa; mas a indenização ao gestor não excederá, em importância, as vantagens obtidas com a gestão.

- *Código Civil, arts. 874, 884 a 886.*

Vedação do locupletamento ilícito. O dono do negócio (*dominus negotii*) deverá indenizar o gestor pelas despesas, com os juros legais, desde a data do desembolso, se a gestão o socorreu de prejuízo iminente, defendendo seu patrimônio (*gestão necessária*), ou lhe trouxe proveito ou vantagens ante as atividades executadas (*gestão proveito*), mas tal indenização não poderá exceder, em importância, as vantagens advindas da gestão, para que não se locuplete o *dominus negotii* à custa alheia (CC, arts. 884 a 886).

Art. 871. Quando alguém, na ausência do indivíduo obrigado a alimentos, por ele os prestar a quem se devem, poder-lhes-á reaver do devedor a importância, ainda que este não ratifique o ato.

- Vide *Código Civil, arts. 305, 872, parágrafo único, 1.694, 1.696 a 1.698 e 1.700.*
- *Lei n. 5.478/68.*

Gestão de negócios e alimentos. O gestor de negócios terá o direito de obter a restituição do que despendeu com alimentos devidos a uma pessoa, na ausência (impedimento ou estada em local ignorado, p. ex.) do obrigado a prestá-los, mesmo que este não venha a ratificar o ato. A intervenção de terceiro alheio à obrigação alimentar dar-se-á como uma substituição voluntária do devedor dos alimentos; daí a garantia legal de reembolso, mesmo sem ratificação posterior, pois o *solvens* não teve a pretensão de efetuar liberalidade à custa própria, mas suprir a falta do devedor. Isto é assim porque há presunção *iuris et de iure* na gestão útil ao cumprimento do dever de solidariedade social e no de prestar alimentos, dispensando-se a ratificação.

Art. 872. Nas despesas do enterro, proporcionadas aos usos locais e à condição do falecido, feitas por terceiro, podem ser cobradas da pessoa que teria a obrigação de alimentar a que veio a falecer, ainda mesmo que esta não tenha deixado bens.

- *Código Civil, arts. 1.694, 1.696 a 1.698 e 1.700.*
- ***Projeto de Lei n. 699/2011**: "Art. 872. As despesas do enterro, proporcionais aos usos locais e à condição do falecido, feitas por terceiro, podem ser cobradas da pessoa que teria a obrigação de alimentar a que veio a falecer, ainda mesmo que esta não tenha deixado bens.*

....".

Parágrafo único. Cessa o disposto neste artigo e no antecedente, em se provando que o gestor fez essas despesas com o simples intento de bem-fazer.

Despesas com enterro. O gestor de negócios terá direito de reaver a importância que pagou, mesmo se não houver ratificação, com as despesas de enterro (valores gastos com cerimônia fúnebre, velório, avisos, luto, caixão etc.), efetuadas conforme os usos locais e a condição do falecido, da pessoa que teria obrigação de alimentar o *de cujus*, exceto se se demonstrar que o gestor fez tais despesas com o simples intento de fazer caridade, pois benemerência não exige pagamento de reembolso do despendido (*AJ*, *107*:154; *RT*, *255*:191, *242*:575 e *121*:161). Quem paga despesas de enterro, sem a intenção de bem-fazer, terá o direito de exigir o reembolso por parte do parente obrigado a alimentos. A este dever de reembolsar o parente não poderá eximir-se, mesmo que prove que o falecido não possuía patrimônio.

Art. 873. A ratificação pura e simples do dono do negócio retroage ao dia do começo da gestão, e produz todos os efeitos do mandato.

• Vide *Código Civil, arts. 172, 308, 653 a 691 e 1.205, II.*

Ratificação da gestão. A ratificação é uma declaração unilateral de vontade, em que o *dominus negotii* torna seu um negócio jurídico que outra pessoa efetivou em seu nome.

Efeito "ex tunc" da ratificação. A ratificação do dono do negócio retroagirá ao dia do começo da gestão, produzindo, então, todos os efeitos do mandato. E as relações entre dono de negócio e gestor passarão a reger-se pelas normas do mandato, como se desde o início fossem mandante e mandatário. O gestor investir-se-á da qualidade de mandatário e poderá demandar o dono do negócio por todas as obrigações próprias a um mandante, ao mesmo tempo que perante ele responderá como mandatário.

BIBLIOGRAFIA: Barassi, *Teoria della ratifica del contratto annullabile*, Milano, 1898, n. 98, p. 193; Carlos Alberto Bittar, *Contratos civis*, cit., p. 123; Carlos Alberto Dabus Maluf, *Novo Código Civil*, cit., p. 779.

Art. 874. Se o dono do negócio, ou da coisa, desaprovar a gestão, considerando-a contrária aos seus interesses, vigorará o disposto nos arts. 862 e 863, salvo o estabelecido nos arts. 869 e 870.

• *Código Civil, arts. 862, 863, 869 e 870.*

Recusa da ratificação. O *dominus negotii* só poderá recusar a ratificação se demonstrar que a gestão foi contrária a seus interesses, hipótese em que o gestor não só responderá até pelo caso fortuito, se não provar que teriam ocorrido os prejuízos ainda quando se houvesse abstido (CC, art. 862), mas também pelos danos da gestão que excederem o seu proveito, devendo restituir as coisas ao estado anterior ou indenizar a diferença (CC, art. 863). Se o gestor atuou no firme propósito de evitar prejuízos iminentes, trazendo proveito ao dono do negócio ou da coisa (CC, arts. 869 e 870), o *dominus* não poderá desaprovar a gestão.

Art. 875. Se os negócios alheios forem conexos ao do gestor, de tal arte que se não possam gerir separadamente, haver-se-á o gestor por sócio daquele cujos interesses agenciar de envolta com os seus.

Parágrafo único. No caso deste artigo, aquele em cujo benefício interveio o gestor só é obrigado na razão das vantagens que lograr.

Negócios alheios conexos aos do gestor. Poderá ocorrer que os negócios nos quais o gestor intervém não sejam inteiramente alheios, mas conexos aos do gestor, de tal arte que não possam ser geridos separadamente; haver-se-á o então gestor por sócio daquele cujos interesses agenciar de envolta com os seus. Prevalecerão, desta feita, as normas inerentes ao contrato de sociedade, e, neste caso, aquele em cujo benefício interveio o gestor só será obrigado na razão das vantagens que lograr. Se nenhum proveito advier e se algum dano houver, o gestor deverá suportar os encargos.

CAPÍTULO III
DO PAGAMENTO INDEVIDO

Art. 876. Todo aquele que recebeu o que lhe não era devido fica obrigado a restituir; obrigação que incumbe àquele que recebe dívida condicional antes de cumprida a condição.

- Vide *Código Civil, arts. 121, 125, 290, 312 e 880.*
- *Sobre o pagamento indevido de débitos tributários,* vide *arts. 165 a 169 da Lei n. 5.172, de 25 de outubro de 1966.*
- Vide *Súmulas 71 e 546 do Supremo Tribunal Federal.*
- Vide *Súmulas 162, 166 e 188 do Superior Tribunal de Justiça.*

Pagamento indevido. O pagamento indevido é uma das formas de enriquecimento ilícito, consistente no ganho sem causa, por decorrer de prestação feita, espontaneamente, por alguém com o intuito de extinguir uma obrigação erroneamente pressuposta, gerando ao *accipiens*, por imposição legal, o dever de restituir, uma vez estabelecido que a relação obrigacional não existia, tinha cessado de existir ou que o devedor não era o *solvens* ou que o *accipiens* não era o credor. Tal obrigação de restituir baseia-se no princípio de que ninguém pode locupletar-se com o alheio (*nemo potest locupletari detrimento alterius* ou *nemo debet ex aliena jactura lucrum facere*). Caracteriza-se o pagamento indevido, como diz Newton de Lucca, pela intenção de pagar e pela inexistência de dívida e pelo pagamento endereçado àquele que não é o credor.

Direito de repetição. O direito de repetição é aquele de se exigir a restituição do que se pagou indevidamente por erro.

Pagamento de dívida condicional antes do implemento da condição. A pessoa que vier a receber pagamento de dívida condicional antes de cumprida a condição ficará obrigada a devolver o que recebeu, pois se terá a presunção *juris et de jure* de que o devedor pagou por erro.

Jurisprudência sobre pagamento indevido. Consulte: *RT*, *806*:370, *782*:385, *708*:111, *709*:68, *628*:128, *663*:140, *30*:428, *94*:524, *106*:701, *127*:538, *288*:377, *419*:240, *440*:164, *422*:354, *438*:157, *468*:223, *474*:198, *475*:197, *484*:111 e 232, *434*:225, *442*:265, *443*:214, *446*:91, *188*:287, *198*:174, *250*:411 e *450*:246; *AJ*, *49*:162 e *93*:367; *RF*, *70*:297, *78*:529 e *450*:246; TJSP, Ap. 331.483.4/7, rel. Álvares Lobo, j. 31-3-2004.

BIBLIOGRAFIA: Silvio Rodrigues, *Direito civil*, cit., v. 2, p. 194; Bassil Dower, *Curso moderno*, cit., v. 2, p. 193 e 194; Caio M. S. Pereira, *Instituições*, cit., v. 2, p. 258 e 259; W. Barros Monteiro, *Curso*, cit., v. 4, p. 270; Coelho da Rocha, *Instituições*, cit., § 157; M. Helena Diniz, Curso, cit., v. 2, p. 194 e 197; Espínola, *Garantia e extinção das obrigações*, Rio de Janeiro, 1951, p. 80; Antunes Varela, *Direito das obrigações*, cit., p. 180; Jean Renard, L'action d'enrichissement sans cause dans le droit français moderne, *Revue Trimestrielle de Droit Civil*, p. 243 e s., 1920; Clóvis Beviláqua, *Código Civil*, cit., obs. ao art. 964, v. 4, p. 120; Saleilles, *Théorie*, cit., § 342; Orlando Gomes, *Obrigações*, cit., p. 303; Windscheid, *Diritto delle Pandette*, cit., §§ 421 a 426; Jorge Americano, *Ensaio sobre enriquecimento sem causa*, São Paulo, 1932; Rouast, L'enrichissement sans cause, *Revue Trimestrielle de Droit Civil*, p. 35, 1922; François Goré, *Enrichissement au dépens d'autrui*, Paris, 1949; Trabucchi, *Istituzioni*, cit., n. 302; Ruggiero e Maroi, *Istituzioni*, cit., v. 2, § 183; Sílvio de Salvo Venosa, *Direito civil*, cit., v. 2, p. 171-204; Roberto Senise Lisboa, *Manual*, cit., v. 2, p. 60; X. Basozabal Arrue, *Enriquecimiento injustificado por intromisión en derecho ajeno*, Barcelona, Bosch, 1998; Carlos Alberto Dabus Maluf, Pagamento indevido e enriquecimento sem causa, *Revista da FDUSP*, *93*:115, 1998; Pressupostos do pagamento indevido, *RF*, *257*:379; Newton De Lucca, *Comentários*, cit., v. 12, p. 42-116; Fernando Noronha, Enriquecimento sem causa, *Revista de Direito Civil, Agrário e Empresarial*, *56*:51-78; Caramuru Afonso Francisco, O enriquecimento sem causa nos contratos, in *Contornos atuais de teoria dos contratos* (coord. Carlos Alberto Bittar), São Paulo, Revista dos Tribunais, 1993, p. 82-3.

Art. 877. Àquele que voluntariamente pagou o indevido incumbe a prova de tê-lo feito por erro.

- *Código Civil, arts. 138 a 144 e 212 a 232.*
- *Súmula 322 do Superior Tribunal de Justiça.*

Prova do pagamento objetivamente indevido. Configurar-se-á pagamento objetivamente indevido quando alguém vier a pagar dívida inexistente. Há uma prestação errônea do *solvens*, que ignorava a inexistência do débito, por isso, na ação de repetição do indébito, competir-lhe-á a prova do erro, demonstrando que estava convencido de que devia, quando, na verdade, nada havia a pagar (*RT*, *806*:370, *418*:219 e *445*:247; *RSTJ*, *85*:217; *198*:631).

Prova do pagamento subjetivamente indevido. Se alguém, ante a existência de uma dívida, vier a pagá-la, erroneamente, julgando ser o devedor, deverá, para receber a restituição do valor pago, provar a ocorrência do erro de fato ou de direito. Sem a comprovação desse erro não haverá a devolução do pagamento feito.

BIBLIOGRAFIA: Ruggiero e Maroi, *Istituzioni*, cit., § 183; Antunes Varela, *Direito das obrigações*, cit., p. 181, 182, 185 e 186; Rafaelli, *Istituzioni di diritto civile*, Milano, 1953, § 541; Caio M. S. Pereira, *Instituições*, cit., v. 2, p. 256 e 257; R. Limongi França, Pagamento indevido, in *Enciclopédia Saraiva do Direito*, v. 56, p. 472; M. Helena Diniz, *Curso*, cit., v. 2, p. 194-6; Von Tuhr, *Tratado*, cit., v. 2, p. 303 e s.

Art. 878. Aos frutos, acessões, benfeitorias e deteriorações sobrevindas à coisa dada em pagamento indevido, aplica-se o disposto neste Código sobre o possuidor de boa-fé ou de má-fé, conforme o caso.

- Vide *arts. 92 a 97, 1.214 a 1.222 do Código Civil.*

Direitos do "accipiens" de boa-fé. O *accipiens* de boa-fé deverá restituir o que recebeu indevidamente, mas terá direito de conservar os frutos percebidos e de ser indenizado relativamente às benfeitorias úteis e necessárias que fez, retendo-as até ser pago. Poderá levantar as voluptuárias, desde que não altere a substância da coisa. Não responderá pela perda ou deterioração da coisa ocorrida sem culpa sua.

"Accipiens" de má-fé: deveres e direito. Aquele que maliciosamente vier a receber indevidamente, deverá restituir tudo o que recebeu, com os frutos percipiendos e percebidos, sem ter direito à indenização das benfeitorias úteis, nem de levantar as voluptuárias, respondendo pela perda ou deterioração do bem, ainda que decorrente de caso fortuito ou de força maior, salvo se provar que o fato ocorreria ainda que não tivesse havido o pagamento indevido. Terá, contudo, direito ao valor da benfeitoria necessária que fizer sem ter o direito de retê-la até ser ressarcido.

BIBLIOGRAFIA: Antunes Varela, *Direito das obrigações*, cit., p. 183 e 184; Levenhagen, *Código Civil*, cit., v. 4, p. 122 e 123; W. Barros Monteiro, *Curso*, cit., v. 4, p. 270; Silvio Rodrigues, *Direito civil*, cit., v. 2, p. 200; M. Helena Diniz, *Curso*, cit., v. 2, p. 198.

Art. 879. Se aquele que indevidamente recebeu um imóvel o tiver alienado em boa-fé, por título oneroso, responde somente pela quantia recebida; mas, se agiu de má-fé, além do valor do imóvel, responde por perdas e danos.

- *Código Civil, arts. 402 a 405, 538 a 564.*

Parágrafo único. Se o imóvel foi alienado por título gratuito, ou se, alienado por título oneroso, o terceiro adquirente agiu de má-fé, cabe ao que pagou por erro o direito de reivindicação.

- *Código Civil, art. 538.*

Alienação onerosa de imóvel feita por quem o recebeu indevidamente. Se a pessoa que recebeu indevidamente o imóvel vier a aliená-lo, de boa-fé, a título oneroso, devolverá tão somente a quantia que recebeu; mas, se estiver de má-fé, além do valor do imóvel, deverá pagar uma indenização por perdas e danos que, porventura, tenha causado ao *solvens*.

Alienação gratuita ou onerosa de imóvel a terceiro de má-fé. Se o imóvel for alienado gratuita ou, ainda, onerosamente a terceiro de má-fé, o que pagou por erro terá o direito de reivindicar o bem junto ao adquirente.

BIBLIOGRAFIA: R. Limongi França, Pagamento indevido, cit., in *Enciclopédia Saraiva do Direito*, p. 472; Clóvis Beviláqua, *Código Civil*, cit., v. 4, p. 128; W. Barros Monteiro, *Curso*, cit., v. 4, p. 271; Sílvio de Salvo Venosa, *Direito civil*, cit., v. 2, p. 201.

Art. 880. Fica isento de restituir pagamento indevido aquele que, recebendo-o como parte de dívida verdadeira, inutilizou o título, deixou prescrever a pretensão ou abriu mão das garantias que asseguravam seu direito; mas aquele que pagou dispõe de ação regressiva contra o verdadeiro devedor e seu fiador.

- Vide *arts. 305 do Código Civil e 125, II, do Código de Processo Civil.*

Proteção a "accipiens" de boa-fé relativamente a débito verdadeiro. Aquele que recebeu (*accipiens*) de boa-fé a prestação de quem não é o devedor, como parte de dívida verdadeira, inutilizou título, deixou prescrever a pretensão ou renunciou a garantias que asseguravam seu direito não precisará restituí-la. Mas o *solvens*, que pagou erroneamente, terá, por sua vez, ação regressiva contra o verdadeiro devedor e seu fiador.

Art. 881. Se o pagamento indevido tiver consistido no desempenho de obrigação de fazer ou para eximir-se da obrigação de não fazer, aquele que recebeu a prestação fica na obrigação de indenizar o que a cumpriu, na medida do lucro obtido.

- *Código Civil, arts. 247 a 251.*
- *Código de Processo Civil, arts. 814 a 823.*

Obrigação de fazer e de não fazer indevidas. Se o pagamento do que não era devido consistiu no desempenho de uma obrigação de fazer ou no fato de não fazer algo, oriunda de contrato ou de decisão judicial (CPC, arts. 814 a 823), o credor contemplado com a prestação positiva ou negativa terá o dever de pagar uma indenização a quem a cumpriu, proporcionalmente ao lucro obtido. Todo trabalho alheio (atividade, perícia etc.), ou a abstenção de um ato (não edificação de prédio além do 3º andar) que concorrer para o aumento do acervo patrimonial de alguém, deverá sofrer abatimento do lucro auferido, incorporada a diferença naquele patrimônio. Se não houver tal lucro, não terá indenização, pois que o enriquecimento indevido não se deu.

Art. 882. Não se pode repetir o que se pagou para solver dívida prescrita, ou cumprir obrigação judicialmente inexigível.

• Vide *Código Civil, arts. 191, 564, III, 814 e § 1º.*

Pagamento de dívida prescrita ou de obrigação natural, ou melhor, judicialmente inexigível. Quem, p. ex., pagar dívida prescrita ou obrigação natural, que são inexigíveis juridicamente, não terá direito à devolução, visto que não há enriquecimento indevido do *accipiens* (*RT*, *108*:372 e *477*:224), uma vez que há causa jurídica (*RJTJSP*, *132*:289).

Art. 883. Não terá direito à repetição aquele que deu alguma coisa para obter fim ilícito, imoral, ou proibido por lei.

• *Código Civil, art. 814.*

• *Lei n. 8.429/92, art. 18.*

Parágrafo único. No caso deste artigo, o que se deu reverterá em favor de estabelecimento local de beneficência, a critério do juiz.

Pagamento para obter finalidade ilícita ou imoral. Se o pagamento teve por escopo atingir fim ilícito, imoral ou proibido por lei (*condictio ob turpem causam*), o *solvens* não poderá pleitear a devolução do que pagou indevidamente, ante o princípio de que ninguém poderá ser ouvido alegando sua própria torpeza (*nemo auditur propriam turpitudinem allegans*), mas o que se deu reverterá, a critério do órgão judicante, em benefício de alguma entidade beneficente da localidade, ou seja, situada no foro em que o ato foi praticado.

BIBLIOGRAFIA: Caio M. S. Pereira, *Instituições*, cit., v. 2, p. 261-3; Savatier, *Théorie*, cit., n. 235 e 300; M. Helena Diniz, *Curso*, cit., v. 2, p. 198 e 199; Silvio Rodrigues, *Direito civil*, cit., v. 2, p. 204-7; Ruggiero e Maroi, *Istituzioni*, cit., § 184; Levenhagen, *Código Civil*, cit., v. 4, p. 125-7; Rotondi, *Istituzioni di diritto privato*, 1965, p. 174; W. Barros Monteiro, *Curso*, cit., v. 4, p. 271 e 272; R. Limongi França, Pagamento indevido, cit., in *Enciclopédia Saraiva do Direito*, p. 473; Clóvis Beviláqua, *Código Civil*, cit., obs. aos arts. 969 a 971, v. 4, p. 105; Glauber M. Talavera, *Comentários*, cit., p. 710.

CAPÍTULO IV

DO ENRIQUECIMENTO SEM CAUSA

Art. 884. Aquele que, sem justa causa, se enriquecer à custa de outrem, será obrigado a restituir o indevidamente auferido, feita a atualização dos valores monetários.

Parágrafo único. Se o enriquecimento tiver por objeto coisa determinada, quem a recebeu é obrigado a restituí-la, e, se a coisa não mais subsistir, a restituição se fará pelo valor do bem na época em que foi exigido.

• *Código Civil, arts. 206, § 3º, IV, e 478 a 480.*

• *Lei n. 8.429/92, arts. 9º a 11.*

Princípio do enriquecimento sem causa. Princípio, fundado na equidade, pelo qual ninguém pode enriquecer à custa de outra pessoa, sem causa que o justifique. Assim, todo aquele que receber o que lhe não era devido terá o dever de restituir o auferido, feita a atualização dos valores monetários, conforme os índices oficiais, para se obter o reequilíbrio patrimonial (*RTDCiv*, *1*:203; *RT*, *458*:122, *651*:62, *708*:117, *795*:204; *RJTJSP*, *118*:179; *BAASP*, *2649*:1746-04).

Restituição do indébito. Se o aumento do patrimônio se deu à custa do de outrem, impõe-se a devolução da coisa certa ou determinada a quem de direito, e se esta deixou de existir, a devolução far-se-á pelo equivalente em dinheiro, ou seja, pelo seu valor na época em que foi exigida. Logo, a dívida passará a ser de valor, e não de dar coisa. É preciso esclarecer, ainda, que: "A expressão *enriquecer à custa de outrem* não significa, necessariamente, que deverá haver empobrecimento" (Enunciado n. 35, aprovado na *Jornada de Direito Civil*, promovida, em setembro de 2002, pelo Centro de Estudos Judiciários do Conselho da Justiça Federal). "A existência de negócio jurídico válido e eficaz é, em regra, uma justa causa para o enriquecimento" (Enunciado n. 188 do Conselho da Justiça Federal, aprovado na *III Jornada de Direito Civil*). Pelo Enunciado n. 620 da *VIII Jornada de Direito Civil*: "A obrigação de restituir o lucro da intervenção, entendido como a vantagem patrimonial auferida a partir da exploração não autorizada de bem ou direito alheio, fundamenta-se na vedação do enriquecimento sem causa".

BIBLIOGRAFIA: Jorge Americano, *Ensaio sobre o enriquecimento sem causa*, São Paulo, 1932; Rouast, L'enrichissement sans cause, *Revue Trimestrielle de Droit Civil*, p. 35, 1922; François Goré, *Enrichissement au dépens d'autrui*, Paris, 1949; Drakidis, La subsidiarité, caractère spécifique et international de l'action d'enrichissement sans cause, *Revue Trimestrielle de Droit Civil*, p. 577 e s., 1961; Fenghi, Sulla subsidiarità dell'azione d'arrichimento senza causa, *Rivista di Diritto Commerciale*, *2*:121 e s., 1962; Cleide de Fátima M. Moscon, *O enriquecimento sem causa e o Código Civil brasileiro*, Porto Alegre, Síntese, 2003, p. 17 e 32; Matiello, *Código Civil*, cit., p. 552-54; Jones F. Alves e Mário Luiz Delgado, *Código*, cit., p. 377-78; Giovanni Ettore Nanni, *Enriquecimento sem causa*, São Paulo, Saraiva, 2004, p. 264-70; Fernando Noronha, Enriquecimento sem causa, *Revista de Direito Civil, Imobiliário, Agrário e Empresarial*, *56*: 51-78.

Art. 885. A restituição é devida, não só quando não tenha havido causa que justifique o enriquecimento, mas também se esta deixou de existir.

Ausência ou desaparecimento da causa justificadora do enriquecimento. A devolução da coisa, havendo enriquecimento indevido, será sempre devida, não apenas quando não há causa que possa justificar o aumento do patrimônio de alguém, mas também se aquela não mais existir. Tal se daria, como exemplifica Matiello, se norma que permitia cobrança, feita pelo banco, a correntista, de certos valores pelos encargos assumidos, fosse revogada. Os valores cobrados antes de sua revogação não deverão ser devolvidos, mas os exigidos após a supressão de sua vigência, por serem indevidos, requerem sua devolução. O *prius* é a carência de causa e o *posterius*, a ilicitude. Giovanni Ettore Nanni, ao tecer comentário sobre o artigo *sub examine*, aponta como exemplo o uso consentido de bem alheio por negócio jurídico regular, que, depois do prazo estipulado, deixa de ter justa causa, dando origem ao enriquecimento sem causa e consequentemente à devolução daquele bem.

Art. 886. Não caberá a restituição por enriquecimento, se a lei conferir ao lesado outros meios para se ressarcir do prejuízo sofrido.

Dispensa da restituição. Se alguém vier a enriquecer indevidamente, não precisará devolver o bem, se a lei conceder ao lesado outros meios (p. ex., indenização por perdas e danos ou pelo equivalente pecuniário, ação de nulidade negocial) para que se possa reparar o dano por ele sofrido. Giovanni Ettore Nanni pondera: "O conceito básico que predomina a respeito da subsidiariedade é que a ação de enriquecimento deve ser entendida como um remédio excepcional, cujo exercício é condicionado à inexistência de outra solução na lei" (...) "A verificação da subsidiariedade não deve ser feita abstratamente, *a priori*, mas analisada em concreto, conforme as particularidades da questão submetida a julgamento em que se averiguará a possibilidade ou não da existência de outros meios disponíveis ao demandante para recompor a pena sofrida". Interessante é o seguinte exemplo de Cleide de F. M. Moscon: *A* empresta a *B* um bem avaliado em 800 reais. Se *B* vier a destruí-lo, deverá ser responsabilizado civilmente, ressarcindo *A* pagando a quantia de 800 reais. Se *B* vender a *C* o bem por 1.100 reais, e *C* destruir o bem, *B* deverá reembolsar, por responsabilidade civil, a título de perdas e danos, a *A* o valor do bem (800 reais), e, por enriquecimento sem causa, a diferença de 300 reais, obtida na venda do bem de *A*. "O art. 886 do novo Código Civil não exclui o direito à restituição do que foi objeto de enriquecimento sem causa nos casos em que os meios alternativos conferidos ao lesado encontram obstáculos de fato" (Enunciado n. 36, aprovado na *Jornada de Direito Civil*, promovida, em setembro de 2002, pelo Centro de Estudos Judiciários do Conselho da Justiça Federal).

Título VIII
Dos Títulos de Crédito

- *Decreto n. 2.044/1908 (Letras de Câmbio e notas promissórias).*
- *Decreto n. 57.595/66 (Lei uniforme em matéria de cheques).*
- *Decreto n. 57.663/66 (Lei uniforme sobre letras de câmbio e notas promissórias).*
- *Decreto-Lei n. 167/67 (Títulos de crédito rural).*
- *Lei n. 5.474/68 (Lei de Duplicatas) e Lei n. 13.775/2018 sobre emissão de duplicata sob forma escritural.*
- *Lei n. 9.492/97 com alterações da Lei n. 13.775/2018.*
- *Decreto-Lei n. 413/69 (Títulos de crédito industrial).*
- *Lei n. 6.313/75 (Títulos de crédito à exportação).*
- *Lei n. 7.357/85 (Lei do Cheque).*
- *Decreto n. 578/92 (Títulos de dívida agrária).*
- *Lei n. 8.929/94 (Cédula de produto rural).*
- *Código Civil, arts. 1.458 a 1.460 (Penhor de título de crédito).*
- *Lei n. 10.931/2004 (letra de crédito imobiliário, cédula de crédito imobiliário e cédula de crédito bancário).*
- *Lei n. 11.076/2004 (Certificado de depósito agropecuário e warrant agropecuário).*
- *Súmulas 370, 475, 476 e 531 do Superior Tribunal de Justiça.*
- *Súmulas 17 e 19 do TJSP.*

Capítulo I
Disposições Gerais

Art. 887. O título de crédito, documento necessário ao exercício do direito literal e autônomo nele contido, somente produz efeito quando preencha os requisitos da lei.

- *Código Civil, arts. 206, § 3º, VIII, 223 e 889.*
- Vide *Código de Processo Civil, arts. 700 a 702, 784, I.*
- *Súmula 258 do Superior Tribunal de Justiça.*

DIREITO DAS OBRIGAÇÕES

Título de crédito. Os títulos de crédito constituem obrigações por declaração unilateral de vontade e consistem, nas palavras de Caio Mário da Silva Pereira, na manifestação unilateral da vontade do agente, materializada em um instrumento, pelo qual ele se obriga a uma prestação determinada, independentemente de qualquer ato de aceitação emanado de outro agente (*RJE*, *3*:5 e 8; *BAASP*, *1.953*:172). Para Vivante são documentos necessários para o "exercício do direito literal e autônomo neles mencionado". P. ex., cédula de crédito bancário, conhecimento de transporte, cheque, cédula hipotecária, conhecimento de depósito e *warrant*; cédula de crédito à exportação; cédula de crédito industrial; cédula de produto rural; certificado de depósito bancário; nota promissória, duplicata, letra de câmbio etc. São documentos que materializam a promessa de recebimento de valor no futuro, tendo, como diz Paulo Sérgio Restiffe, função econômica que se reflete na operação de emissão de títulos de créditos lastreados em créditos futuros como forma de captação de recursos.

Urge lembrar, ainda, que, pelo Enunciado n. 462 do CJF, aprovado na *V Jornada de Direito Civil*: "A prescrição da pretensão executória não atinge o próprio direito material ou crédito, que podem ser exercidos ou cobrados por outra via processual admitida pelo ordenamento jurídico".

BIBLIOGRAFIA: Caio M. S. Pereira, *Instituições*, cit., v. 3, p. 486; Carlos Alberto Bittar, *Direito dos contratos e dos atos unilaterais*, cit., p. 177-81; Waldirio Bulgarelli, *Títulos de crédito*, São Paulo, Atlas, 2001; Giuseppe Ferri, *I titoli di credito*, Torino, 1965; Fran Martins, *Títulos de crédito*, Rio de Janeiro, Forense, 1991; Francesco Messineo, *I titoli di credito*, Padova, 1964; Newton de Lucca, *Aspectos da teoria geral dos títulos de crédito*, Ed. Pioneira, 1979; *Comentários ao novo Código Civil* (coord. Sálvio de F. Teixeira), Rio de Janeiro, Forense, 2003, v. 12, p. 117-317; *Código Civil comentado* (coord. Regina B. Tavares da Silva, São Paulo, Saraiva, 2008, p. 807-881; A influência do pensamento de Tulio Ascarelli em matéria de título de crédito, *Revista do Tribunal Regional Federal — 3ª Região*, *69*:11 a 39; A. Arcangeli, Sulla teoria dei titoli di credito, *Rivista di Diritto Comerciale*, 1910, p. 351 e s.; Tulio Ascarelli, *Teoria geral dos títulos de crédito*, São Paulo, Saraiva, 1943; Cesare Vivante, I titoli di credito nominativo, *Rivista di Diritto Commerciale*, v. 11; Ricardo Fiuza, *Novo Código Civil comentado* (coord.), São Paulo, Saraiva, 2002, p. 788 a 817; Gladston Mamede, *Títulos de crédito*, São Paulo, Atlas, 2003; Luciane F. Timmers, *Título de crédito — desafios interpretativos da Lei Uniforme de Genebra no Brasil*, Porto Alegre, Livraria do Advogado, 2003; Wille Duarte Costa, *Títulos de crédito*, Belo Horizonte, Del Rey, 2003; Marcos Paulo Félix da Silva, *Títulos de crédito no Código Civil de 2002 — questões controvertidas*, São Paulo, ed. Juarez de Oliveira, 2006; Mauro Delphim de Moraes, O título de crédito: o endosso, o aval e o novo Código Civil, *Revista do IASP*, *12*:308-22; Amador Paes de Almeida, *Teoria e prática dos títulos de crédito*, São Paulo, Saraiva, 2008; Matiello, *Código Civil*, cit., p. 555-65; Adalberto Simão Filho, *Comentários*, cit., p. 713-21; Silvânio Covas, O título de crédito eletrônico e a cédula de crédito bancária, *Tribuna do Direito*, setembro de 2005, p. 17; Cervantes Raul Ahumada, *Títulos y operaciones de crédito*, México, Herrero, 1972; Hilário de Oliveira, *Títulos de crédito*, São Paulo, Pillares, 2006; Marcelo Fortes Barbosa Filho, *Código Civil comentado* (coord. Peluso), Barueri, Manole, 2008, p. 835-45; Paulo Sérgio Restiffe, *Manual do novo direito comercial*, São Paulo, Dialética, 2007, p. 203-65; Wille Duarte Costa, Títulos de crédito e o novo Código Civil, *Direito de empresa no novo Código Civil* (coord. Frederico V. Rodrigues), Rio de Janeiro, Forense, 2004, p. 533-54; Pedro A. Batista Martins,

Sobrevoo aos títulos de crédito no novo Código Civil, *Direito de empresa no novo Código Civil*, cit., p. 555-70.

Princípios do direito cambiário. Na definição de Cesare Vivante, consagrada no art. 887 do Código Civil, estão abrangidos os três princípios do direito cambiário: cartularidade, literalidade e autonomia (*RT, 323*:237). Mas, quanto à letra de câmbio e à nota promissória, Amador Paes de Almeida lembra-nos que àquelas características acrescenta-se à da abstração, por terem eficácia cambiária independente da *causa debendi*, visto que se desvinculam do negócio que lhes deu origem.

Modalidades de títulos de crédito. Os títulos de crédito podem ser: *a*) nominativos; *b*) à ordem; e *c*) ao portador.

Produção de efeitos. O título de crédito apenas irradiará efeitos jurídicos quando preencher os requisitos exigidos por lei (CC, art. 889), pois apenas a exibição da cártula, ou seja, do documento em que os atos cambiários, que constituem o crédito, foram lançados, gerará a pretensão ao direito nele consignado.

Art. 888. A omissão de qualquer requisito legal, que tire ao escrito a sua validade como título de crédito, não implica a invalidade do negócio jurídico que lhe deu origem.

- *Código Civil, arts. 889 e 166 a 185.*
- *Decreto n. 57.663/66, art. 2º.*
- *Lei n. 7.357/85, art. 2º.*

Omissão de requisito legal. O título de crédito é o definido por lei especial e deve seguir os requisitos legais obrigatórios. Se o título de crédito não contiver algum dos requisitos mínimos necessários exigidos pelo art. 889 do Código Civil, suscetível de torná-lo nulo, tal fato não terá o condão de invalidar, eficacialmente, o ato negocial subjacente que lhe deu origem, logo o credor poderá cobrar o débito pela via ordinária. P. ex., pagamento do preço de uma compra e venda feito por meio de cheque não subscrito pelo emitente. Tal cheque não valerá como título de crédito, mas a compra e venda subsistirá. Ter-se-á, na verdade, a conversão da eficácia do documento, pois o escrito sem os requisitos essenciais não produzirá efeito de título de crédito, mas terá eficácia probante da obrigação civil ou comercial, que o originou.

Art. 889. Deve o título de crédito conter a data da emissão, a indicação precisa dos direitos que confere, e a assinatura do emitente.

- *Decreto n. 2.044/1908, arts. 1º e 54.*
- *Decreto n. 57.663/66, arts. 1º, 2º e 76.*
- *Leis n. 5.474/68, art. 2º, e 7.357/85, art. 2º.*

§ 1º É à vista o título de crédito que não contenha indicação de vencimento.

- *Código Civil, art. 331.*

§ 2º Considera-se lugar de emissão e de pagamento, quando não indicado no título, o domicílio do emitente.

- *Código Civil, art. 327.*
- *Decreto n. 57.663/66, art. 10.*

§ 3º O título poderá ser emitido a partir dos caracteres criados em computador ou meio técnico equivalente e que constem da escrituração do emitente, observados os requisitos mínimos previstos neste artigo.

- *Lei n. 6.404/76, arts. 33 (ora revogado pela Lei n. 8.021/90) e 34.*

Requisitos legais. O título de crédito deverá conter: *a*) data da emissão; *b*) indicação precisa dos direitos por ele conferidos; e *c*) assinatura do emitente, que pode ser o devedor (cheque, nota promissória) ou o credor (letra de câmbio e duplicata).

Falta de indicação do vencimento. Não havendo na cártula o dia do vencimento, entender-se-á que o título de crédito é à vista, contra apresentação.

Local da emissão e de pagamento. É o indicado no título. Se nada estiver consignado a respeito, será o do domicílio do emitente.

Emissão de títulos por computador. Nada obsta a que o título seja emitido a partir de caracteres criados em computador ou meio técnico equivalente, constantes da escrituração do emitente, desde que se observem os requisitos mínimos do art. 889 ou de lei especial. "Os títulos de crédito podem ser emitidos, aceitos, endossados ou avalizados eletronicamente, mediante assinatura com certificação digital, respeitadas as exceções previstas em lei" (Enunciado n. 462 do CJF, aprovado na *V Jornada de Direito Civil)*. Admite-se, portanto, juridicamente a emissão de títulos de crédito eletrônicos com base em dados de computador, extraindo-se, por exemplo, elementos para cobrança, dispensando-se a assinatura hológrafa e aceitando-se a digital, atendendo, assim, à moderna técnica de administração, muito comum nas operações bancárias, e ao fenômeno da "descartularização", ou melhor, desmaterialização do título de crédito, frequente no campo de utilização das duplicatas, e já reconhecido pelo art. 34 da Lei n. 6.404/76. Tem-se com o documento eletrônico o abandono do papel e uma nova feição do princípio da cartularidade, que, apesar disso, é preservado com a segurança eletrônica, mediante *bytes* e registros eletromagnéticos, suas bases físicas. Deveras, algumas empresas, no desconto e na cobrança de duplicata, estão se limitando à emissão de nota fiscal-fatura (Lei n. 5.474/68, art. 1º, c/c art. 19, § 7º, da Convenção de Genebra de 1970) por computador, cujos caracteres são transmitidos pelo sistema *on line* à instituição bancária, tendo por escopo remeter o aviso de cobrança ao sacado ou a guia de compensação bancária. A duplicata e letra de câmbio poderão ser, observa Fiuza, representadas por *slips* (boletos bancários ou outros documentos, criados por meios eletrônicos, que contenham os requisitos básicos representativos da obrigação de pagar quantia líquida e certa em data determinada a credor devidamente legitimado).

Esclarece, ainda, o Enunciado n. 461 do CJF, aprovado na *V Jornada de Direito Civil*, que: "As duplicatas eletrônicas podem ser protestadas por indicação e constituirão título executivo extrajudicial mediante a exibição pelo credor do instrumento de protesto, acompanhado do comprovante de entrega das mercadorias ou de prestação dos serviços".

Art. 890. Consideram-se não escritas no título a cláusula de juros, a proibitiva de endosso, a excludente de responsabilidade pelo pagamento ou por despesas, a que dispense a observância de termos e formalidade prescritas, e a que, além dos limites fixados em lei, exclua ou restrinja direitos e obrigações.

- *Decreto n. 2.044/1908, art. 44.*
- *Decreto-Lei n. 413/69.*
- *Decreto-Lei n. 167/67.*
- *Lei n. 7.357/85, art. 17, § 1º.*
- *Decreto n. 57.663/66, arts. 1º e 5º.*

Cláusulas consideradas como não escritas. O título de crédito não comportará a inclusão de cláusula de estipulação de juros, salvo se lei especial a admitir; de proibição de endosso, suscetível de transformar um título endossável em nominativo impróprio, cuja titularidade se transmite mediante cessão de crédito (LUG, art. 15, 2ª parte), ante o princípio da livre circulação dos títulos de crédito; de excludente de responsabilidade pelo pagamento ou por despesa; de dispensa de observância de termos e formalidades prescritas diante da impossibilidade, em razão de sua natureza, de dispor sobre a forma adotada por um título de crédito ou sobre o procedimento necessário para que tenha eficácia e de exclusão ou restrição de direitos e obrigações, além dos limites legais. Se tais cláusulas forem nele inseridas, serão tidas como não escritas, apenas para efeitos de natureza cartular, visto que não é contrato, mas obrigação de pagar certa quantia pecuniária. O título de crédito não deixará de ter validade e eficácia, mesmo que se repute não escrita alguma de suas cláusulas. Irradiará efeito no que for exigível.

Art. 891. O título de crédito, incompleto ao tempo da emissão, deve ser preenchido de conformidade com os ajustes realizados.

Parágrafo único. O descumprimento dos ajustes previstos neste artigo pelos que deles participaram, não constitui motivo de oposição ao terceiro portador, salvo se este, ao adquirir o título, tiver agido de má-fé.

- *Lei Uniforme, art. 10 (Decreto n. 57.663/66).*
- *Súmula 387 do Supremo Tribunal Federal.*

Incompletude do título de crédito. Se o título, por ocasião de sua emissão, estiver incompleto, p. ex., sem indicação do valor do débito ou da data do vencimento da obrigação, deverá ser preenchido conforme os ajustes feitos no contrato celebrado entre credor e devedor (STJ, 3ª T., REsp-GO 598.891, rel. Min. Menezes Direito, j. 18-4-2006).

Inadimplemento de ajustes. Se os ajustes não forem cumpridos pelos que deles participaram, não haverá motivo para que o devedor faça oposição ao terceiro portador ou endossatário (responsável por completar os requisitos do título de conformidade com o ajuste efetivado) das razões que caberia manifestar ao credor para preenchimento do título em desacordo com o estipulado pelas partes em contrato. Protege-se terceiro de boa-fé, pois contra ele não se poderão opor defesas ou arguições relativas àqueles ajustes conducentes ao preenchimento do título incompleto. Só se poderá fazer isso se aquele terceiro for adquirente do título e tiver agido de má-fé.

Art. 892. Aquele que, sem ter poderes, ou excedendo os que tem, lança a sua assinatura em título de crédito, como mandatário ou representante de outrem, fica pessoalmente obrigado, e, pagando o título, tem ele os mesmos direitos que teria o suposto mandante ou representado.

- *Código Civil, arts. 661, 662, 663 e 665.*
- *Decreto n. 57.663/66, arts. 18 e 8º.*
- *Decreto n. 2.044/1908, art. 46.*

Falta ou excesso de poder do subscritor do título. Se mandatário ou representante de alguém vier a assinar título de crédito, em nome do mandante, sem ter poderes para isso, ou excedendo os que tiver, ficará pessoalmente obrigado pelo pagamento do débito perante o portador legitimado, que se apresentar como credor, e, pagando o título emitido, passará a ter, por sub-rogação, os direitos que seriam do suposto mandante ou representado, sem que este assuma o dever de reembolsar o mandatário, que agiu sem ter poderes para tanto.

Art. 893. A transferência do título de crédito implica a de todos os direitos que lhe são inerentes.

- *Lei n. 7.357/85, art. 20.*
- *Decreto n. 57.663/66, art. 14.*

Transferência do título de crédito. Se a circulação do crédito é importante para a atividade econômica, a negociabilidade do título é um atributo seu. Por tal razão, o título de crédito é suscetível de transferência ou cessão, mediante endosso (*RT*, *519*:257) ou simples tradição (*RT*, *291*:669), se for ao portador, e esta ocorrendo, implicará a de todos os direitos que lhe forem inerentes; daí a necessidade e suficiência do próprio título, para fazer valer os direitos nele contidos. O cedente do crédito (endossante) transfere ao cessionário (endossatário) todos os direitos, inclusive os acessórios, inerentes à obrigação cambial. Inadmissível será, portanto, o endosso parcial, pelo qual parcela das prerrogativas cartulares transferir-se-iam de um sujeito a outro. Ter-se-á uma sub-rogação total de direitos, a que o devedor não pode se opor, porque a cessão é direito do credor.

Art. 894. O portador de título representativo de mercadoria tem o direito de transferi-lo, de conformidade com as normas que regulam a sua circulação, ou de receber aquela independentemente de quaisquer formalidades, além da entrega do título devidamente quitado.

- *Código Civil, arts. 319 a 321.*
- *Decreto n. 1.102/1903, arts. 18, 21 e 22.*
- *Decreto n. 19.473/30, arts. 3º a 6º.*

Modo de transferência de título representativo de mercadoria. O portador de título representativo de mercadoria, emitido em razão de operação de transporte (conhecimento de transporte) ou de depósito de bens (conhecimento de depósito), pode transferi-lo, mediante entrega do título ao *solvens*, desde que observe as normas disciplinadoras de sua circulação.

Direito de receber mercadoria representada em título. O portador de título representativo de mercadoria tem direito de recebê-la ou retirá-la sem quaisquer formalidades, pois, para tanto, bastará a entrega do título quitado ao transportador ou armazém geral. Percebe-se que, no conhecimento de transporte ou de depósito, *warrant* etc., o exercício de tal direito está condicionado ao pagamento das despesas, por exemplo, do frete, se se tratar de conhecimento de transporte com frete a pagar, ou das armazenagens.

Art. 895. Enquanto o título de crédito estiver em circulação, só ele poderá ser dado em garantia, ou ser objeto de medidas judiciais, e não, separadamente, os direitos ou mercadorias que representa.

- *Decreto n. 1.102/1903, arts. 17 e 27.*
- *Código de Processo Civil, art. 798, I,* a.

Título de crédito como objeto de garantia ou de medida judicial. Diante do princípio da autonomia do título de crédito, estando ele em circulação até a data do vencimento ou da data prevista para retirada da mercadoria nos contratos de depósito ou transporte, apenas ele, e não os direitos ou mercadorias nele representados, constituirá objeto de medida judicial (penhora, arresto, sequestro, embargo, p. ex.), e poderá ser dado em garantia pelo credor ou portador.

Art. 896. O título de crédito não pode ser reivindicado do portador que o adquiriu de boa-fé e na conformidade das normas que disciplinam a sua circulação.

- *Decreto n. 57.663/66.*
- *Lei n. 7.357/85, art. 24.*
- *Código Civil, art. 422.*

Impossibilidade de reivindicação. Não há possibilidade jurídica de se reivindicar título de crédito do portador que, além de ser adquirente de boa-fé, agiu conforme as normas disciplinadoras de sua circulação ou do endosso, visto que passou a ser seu legítimo titular. Consagram-se aqui o princípio da boa-fé objetiva e o da autonomia cartular; assim, quem de boa-fé adquirir título de possuidor ilegítimo, seu direito será autônomo, diverso do transmitente. Logo, não se poderá opor-lhe a falta de titularidade de quem lhe transferiu o título.

Art. 897. O pagamento de título de crédito, que contenha obrigação de pagar soma determinada, pode ser garantido por aval.

- *Código Civil, arts. 899, 900, e 1.647, III.*

Parágrafo único. É vedado o aval parcial.

- *Decreto n. 57.663/96, arts. 30 a 32.*
- *Lei n. 7.357/85, arts. 29 a 31.*
- *Lei n. 5.474/68, art. 12.*

Aval. Aval é uma garantia cambiária que visa assegurar, p. ex., pagamento de letra de câmbio ou nota promissória, da mesma forma que o garantiria o coobrigado cambial, se válida fosse sua obrigação, à qual a do avalista não se subordina por nenhum vínculo, formal ou material, de acessoriedade. Seria, portanto, uma declaração cambial escrita na própria cártula, pela qual seu subscritor, estranho ou não à relação cambiária, assume, em favor do devedor, obrigação solidária para garantir pagamento de dívida pecuniária, resguardando-a de vícios que possam inquinar sua substância. O avalista obrigar-se-á, solidariamente, com o devedor perante o credor pela totalidade do débito garantido. O credor poderá optar, se o título não for pago no vencimento, pela cobrança executiva da dívida contra o devedor ou diretamente contra o avalista. Por isso é vedado o aval parcial, visto que o avalista se obriga pelo valor total do débito consignado; com isso evitar-se-á qualquer dúvida sobre a extensão da garantia dada. Mas, tal aval parcial é permitido para nota promissória, duplicata, letra de câmbio e cheque, por força do Decreto n. 57.663/65, art. 30, da Lei n. 5.474/68, art. 25, e da Lei de Cheque, art. 29, por serem normas especiais, ante a aplicação do critério da *lex posterior generalis non derogat priori speciali*.

Pelo Enunciado n. 39 (aprovado na *1ª Jornada de Direito Comercial*): "É admitido o aval parcial para os títulos de crédito regulados em lei especial".

Jurisprudência: *RSTJ*, *188*:425, *81*:225; *JARS*, *78*:241; *JTARS*, *67*:247; *RJM*, *166*:128; *RT*, *859*:191, *668*:107, *659*:185, *630*:233, *607*:187, *593*:250.

BIBLIOGRAFIA: João Eunápio Borges, *Do aval*, Rio de Janeiro, Forense, 1960; M. Odete D. Bertasi, O avalista e o título de crédito prescrito, *Informativo IASP*, *51*:5; Fiuza, *Novo Código*, cit., p. 797; Guido Rossi, *L'avallo come garanzia cambiaria tipica*, Milano, Giuffrè, 1962, p. 105 e s. *Vide*: *RT*, *772*:275, *783*:442, *784*:191.

Art. 898. O aval deve ser dado no verso ou no anverso do próprio título.

§ 1º Para a validade do aval, dado no anverso do título, é suficiente a simples assinatura do avalista.

§ 2º Considera-se não escrito o aval cancelado.

- *Lei n. 7.357/85, art. 30 e art. 61.*
- *Decreto n. 57.663/66, arts. 31, 34, 44, 2ª alínea, 70, 77 e 78.*
- *Decreto n. 2.044/1908, art. 48.*
- *Código Civil, art. 1.647. III.*
- *Lei n. 5.474/68, art. 13, §§ 1º e 4º.*
- *Lei n. 9.492/97, art. 21, § 1º.*

Modo de efetivação do aval. O aval é uma garantia literal e expressa dada por pessoa que, não sendo sacado, endossante nem aceitante, apõe sua assinatura (*RT*, *182*:706, *458*:204) no verso ou no anverso do próprio título, de modo a assegurar, solidariamente, o pagamento de soma determinada, nele contida (CC, art. 897). Assim, para que o aval, dado no anverso da cédula ao lado do nome e da assinatura do devedor principal, seja válido bastará a simples assinatura do avalista, para que este assuma conjuntamente a obrigação de pagar. Se dado no verso deverá conter alguma expressão indicativa da garantia cambiária, como: "em aval", "em garantia", "avalizamos", "por aval", "bom para aval" etc.; mas há corrente doutrinária que admite simples assinatura no verso da cambial como aval.

Convém lembrar que, pelos Enunciados: a) n. 69: "Prescrita a pretensão do credor à execução do título de crédito, o endossante e o avalista, do obrigado principal ou de coobrigado, não respondem pelo pagamento da obrigação, salvo em caso de locupletamento indevido"; b) n. 70: "O prazo estabelecido no art. 21, § 1º, da Lei n. 9.492/97, para o protesto por falta de aceite é aplicável apenas na falta de disposição diversa contida em lei especial referente a determinado título de crédito (p. ex., duplicatas). Aplica-se, portanto, a disposição contida no art. 44, 2ª alínea, da Lei Uniforme de Genebra, ao protesto por falta de aceite de letra de câmbio"; e c) n. 71: "A prescrição trienal da pretensão à execução em face do emitente e seu avalista, de nota promissória à vista não apresentada a pagamento no prazo legal ou fixado no título, conta-se a partir do término do referido prazo" (aprovados na *II Jornada de Direito Comercial*).

Cancelamento de aval. O aval, que for cancelado por inutilização da assinatura do avalista ou declaração expressa deste, será tido, pelo Código Civil, como não escrito, consequentemente impedida estará a dispensa da garantia prestada. O cancelamento do aval, pelas leis cambiais, apenas atingiria a garantia, não afetando o conteúdo da obrigação contida na cártula; logo, o credor só poderia cobrá-la do devedor.

Art. 899. O avalista equipara-se àquele cujo nome indicar; na falta de indicação, ao emitente ou devedor final.

- *Código Civil, art. 349.*
- *Súmula 26 do Superior Tribunal de Justiça.*

§ 1º Pagando o título, tem o avalista ação de regresso contra o seu avalizado e demais coobrigados anteriores.

- *Código de Processo Civil, art. 125, II.*

§ 2º Subsiste a responsabilidade do avalista, ainda que nula a obrigação daquele a quem se equipara, a menos que a nulidade decorra de vício de forma.

- *Leis n. 5.474/68, art. 12, e 7.357/85, arts. 30, parágrafo único, e 31.*
- *Decreto n. 57.663/66, arts. 31 e 77.*

Avalista. É o que avaliza título de crédito em favor de alguém, garantindo, pessoalmente, o título cambial, visto que se equiparará àquele cujo nome indicar e, não havendo indicação, ao emitente ou devedor final (*RT*, *553*:248).

Avalizado. Aquele que foi beneficiado ou favorecido pelo aval prestado por outrem.

Direito de regresso do avalista. Se o avalista vier a pagar o título, terá, como coobrigado solidário, ação regressiva contra o avalizado e demais coobrigados anteriores (endossante solidário e emitente), que apuseram sua assinatura no título de crédito, para reaver o que desembolsou.

Responsabilidade do avalista em caso de nulidade de obrigação. Se a obrigação daquele a quem se equipara for declarada nula (p. ex., por incapacidade do obrigado), o avalista continuará responsável pelo título, a não ser que tal nulidade decorra de vício de forma, que, por ser próprio do título, dele retirará a natureza cambial. Acolhidos estão o princípio da autonomia substancial do aval e o da acessoriedade formal deste.

Art. 900. O aval posterior ao vencimento produz os mesmos efeitos do anteriormente dado.

• *Lei n. 5.474/68, art. 12.*

Aval antecipado. É o que se impõe antes que a obrigação principal se efetive, mas, se o aval for aposto depois do vencimento do título, diante da impossibilidade de protesto nos títulos (o qual constituiria prova do não pagamento) produz os mesmos efeitos, como se tivesse sido anteriormente dado. Logo, a eficácia do aval é idêntica, seja ele outorgado antes ou depois do vencimento.

Aval posterior ao vencimento. Trata-se do *aval póstumo*, aposto no título depois da data de seu vencimento. É o dado já estando a dívida vencida e não paga pelo devedor principal, logo o avalista poderá ser acionado pelo credor para efetivar aquele pagamento. Com isso, atende-se à função circulatória do título de crédito.

Art. 901. Fica validamente desonerado o devedor que paga título de crédito ao legítimo portador, no vencimento, sem oposição, salvo se agiu de má-fé.

• *Código Civil, arts. 309 e 311.*

Parágrafo único. Pagando, pode o devedor exigir do credor, além da entrega do título, quitação regular.

• *Código Civil, arts. 319 a 321 e 324.*

• *Decreto n. 57.663/66, art. 40.*

• *Decreto n. 2.044/1908, art. 23.*

Desoneração de devedor. O devedor que pagar título de crédito, no seu vencimento, ao legítimo portador, sem oposição do credor, liberado estará juridicamente e extinta estará a obrigação cambial; poderá exigir, além da entrega do título, quitação regular, declarando o recebimento do pagamento. Se, contudo, aquele devedor tiver agido de má-fé, pagando a portador do título sabendo que não tem direito ao pagamento, a exoneração prevista no artigo *sub examine* não se operará; logo, persistirá a obrigação de efetivar o pagamento ao seu verdadeiro titular.

Art. 902. Não é o credor obrigado a receber o pagamento antes do vencimento do título, e aquele que o paga, antes do vencimento, fica responsável pela validade do pagamento.

• *Código Civil, arts. 315, 321 e 324.*

§ 1º No vencimento, não pode o credor recusar pagamento, ainda que parcial.

§ 2º No caso de pagamento parcial, em que se não opera a tradição do título, além da quitação em separado, outra deverá ser firmada no próprio título.

- *Decreto n. 57.663/66, art. 40.*
- *Decreto n. 2.044/1908, art. 22.*

Pagamento antecipado de título de crédito. O credor não tem obrigação alguma de receber pagamento antes do vencimento do título de crédito, mas quem o pagar antecipadamente terá responsabilidade pela validade do pagamento efetuado.

Mora do credor. O credor, no dia do vencimento da obrigação, contido na cártula, não poderá deixar de receber o pagamento, nem de dar a quitação. O credor não poderá recusar de maneira injustificada o pagamento de título vencido, mesmo que seja parcial, sob pena de incorrer em mora. Se houver a recusa do credor, o devedor deverá efetuar o pagamento por consignação.

Pagamento parcial. Se o título vencido for pago apenas parcialmente, sem dúvida não fará jus o devedor à entrega da cambial, mas terá direito a uma quitação separada e a uma outra firmada no próprio título, consignando o *quantum* pago.

Art. 903. Salvo disposição diversa em lei especial, regem-se os títulos de crédito pelo disposto neste Código.

- Vide *Decreto n. 177-A/1893 (Emissão de empréstimos em obrigações ao portador — debêntures — das companhias ou sociedades anônimas).*
- Vide *Decreto n. 1.102/1903 (Armazéns-gerais).*
- Vide *Decreto n. 2.044/1908 (Letra de câmbio e nota promissória).*
- Vide *Decreto-Lei n. 2.627/40 e Lei n. 6.404/76 (Sociedades por ações).*
- Vide *Decreto-Lei n. 2.980/41 (Serviço de loterias).*
- Vide *Decreto-Lei n. 3.545/41 (Regula a compra e venda de títulos da dívida pública).*
- Vide *Decreto-Lei n. 6.259/44 (Serviço de loterias).*
- Vide *Decreto-Lei n. 7.390/45 (Emissão de obrigações ao portador).*
- Vide *Lei Delegada n. 3/62 (Altera o Decreto n. 1.102/1903).*
- Vide *Lei n. 4.380/64 (BNH).*
- Vide *Lei n. 4.728/65 (Mercado de capitais — alienação fiduciária).*
- Vide *Decreto-Lei n. 14/66 (Autoriza bancos privados a emitir certificados de depósito bancário).*
- Vide *Decreto-Lei n. 70/66 (Associações de poupança e empréstimo e cédula hipotecária).*
- Vide *Decreto n. 57.595/66 (Promulga as convenções para adoção de uma lei uniforme em matéria de cheques).*
- Vide *Decreto n. 57.663/66 (Promulga as convenções para adoção de uma lei uniforme em matéria de letras de câmbio e notas promissórias).*
- Vide *Decreto-Lei n. 167/67 (Títulos de crédito rural).*
- Vide *Decreto-Lei n. 204/67 (Exploração de loterias).*
- Vide *Lei n. 5.474/68 (Duplicata).*
- Vide *Decreto-Lei n. 413/69 (Títulos de crédito industrial).*
- Vide *Lei n. 5.709/71 (Aquisição de imóvel rural por estrangeiro residente no Brasil).*
- Vide *Lei n. 5.764/71 (Define a Política Nacional de Cooperativismo e institui o regime jurídico das sociedades cooperativas).*
- Vide *Decreto n. 74.965/74 (Regulamenta a Lei n. 5.709/71).*
- Vide *Lei n. 6.313/75 (Títulos de crédito à exportação).*

- Vide *Lei n. 6.840/80 (Títulos de crédito comercial).*
- Vide *Lei n. 7.357/85 (Cheque).*
- Vide *Decreto-Lei n. 2.478/88 e Lei n. 7.684/88 (Letras hipotecárias).*
- Vide *Lei n. 8.088/90 (Atualização do BTN e dos depósitos de poupança).*
- Vide *Lei n. 8.929/94 (Cédula de produto rural).*
- Vide *Decreto n. 1.240/94 (Promulga a Convenção Interamericana sobre Conflitos de Leis em Matéria de Cheques).*
- Vide *Lei n. 9.138/95 (Crédito rural).*
- Vide *Lei n. 9.514/97 (Sistema de Financiamento Imobiliário e alienação fiduciária de coisa imóvel).*
- Vide *Lei n. 9.611/98 (Transporte multimodal de cargas).*
- Vide *Decreto n. 3.859/2001 (Títulos da dívida pública mobiliária federal).*
- Vide *Lei n. 10.931/2004 (Cédula de crédito bancário, letra de crédito imobiliário e cédula de crédito imobiliário).*
- ***Projeto de Lei n. 7.312/2002*** *(ora arquivado): "Art. 903. O disposto neste Código não se aplica aos títulos de crédito previstos em lei especial.*

  Parágrafo único. São títulos executivos extrajudiciais os títulos de crédito regulados por este Código".

Disciplina jurídica dos títulos de crédito. As normas do Código Civil alusivas aos títulos de crédito (nominativo, à ordem e ao portador) são gerais; referem-se aos títulos-valor que incorporam o direito de participação nas vantagens por eles atribuídas, disciplinando letras de câmbio, notas promissórias, cheques, duplicatas, debêntures, conhecimentos de depósito, *warrants* e conhecimentos de transportes. Não alcançam as demais modalidades de títulos de crédito, como letras imobiliárias, letras hipotecárias, notas de crédito rural etc., remetendo sua disciplina às leis próprias ou especiais. Pelo Enunciado n. 52 da *I Jornada de Direito Civil* do Conselho da Justiça Federal, "por força do art. 903 do Código Civil, as disposições relativas aos títulos de crédito não se aplicam aos já existentes". O Enunciado n. 464 do CJF (aprovado na *V Jornada de Direito Civil*), ao rever o Enunciado n. 52, assim dispõe: "As disposições relativas aos títulos de crédito do Código Civil aplicam-se àqueles regulados por leis especiais, no caso de omissão ou lacuna".

Capítulo II
Do Título ao Portador

- Vide *Decreto-Lei n. 1.344, de 13 de junho de 1939, que modifica a legislação sobre bolsa de valores.*
- *O Decreto-Lei n. 1.392, de 29 de junho de 1939, dispõe sobre a emissão de obrigações ao portador.*
- *O Decreto-Lei n. 8.274, de 4 de dezembro de 1945, restabelece o regime de compra e venda em Bolsa, para os títulos ao portador.*
- *O bilhete de loteria é considerado, para todos os efeitos, título ao portador — art. 23 do Decreto-Lei n. 6.259, de 10 de fevereiro de 1944.* Vide *art. 6º do Decreto-Lei n. 204, de 27 de fevereiro de 1967.*

- Vide *a Resolução n. 922, de 15 de maio de 1984 (revogada pela Resolução n. 1.655/89), do Banco Central do Brasil, que aprova o Regulamento que disciplina a sua constituição, organização e funcionamento.*
- *Lei n. 7.347/85, sobre cheque.*
- *Código de Processo Civil, arts. 318 e s.; LJE, art. 3º, II.*
- *Código Civil, art. 760 e parágrafo único.*
- *Lei n. 8.021/90, arts. 1º e 2º, I e II.*
- *Decreto n. 57.663/66.*

Art. 904. A transferência de título ao portador se faz por simples tradição.

- *Código Civil, arts. 291, 907, 910, § 2º, 1.226 e 1.267.*
- *Código de Processo Civil, art. 856.*

Títulos ao portador. O título de crédito será ao portador se traduzir a obrigação de prestar, dirigindo-se a um credor anônimo (*RT*, *174*:189, *484*:121, *443*:241, *547*:192, *543*:133, *534*:219, *527*:222 e *649*:83; *RF 291*:526 e *122*:181; *Adcoas*, n. 90.058, 1983), pois não contém o nome do credor da prestação. Salvo a hipótese de lei especial, como a Lei n. 8.021/90, que extingue títulos ao portador, inclusive nas ações de sociedades anônimas, para garantir a identificação de contribuintes no mercado financeiro e de capitais e na esfera fiscal, permitidos estão os títulos ao portador que por ela não são alcançados. Daí a exigibilidade da prestação por qualquer pessoa que o detenha (*RT*, *546*:73). Constituem títulos ao portador p. ex.: cheques ao portador, até valor inferior a R$ 100,00 (cem reais — Lei n. 9.069/95), bilhetes de loteria (*RT*, *542*:201) ou de rifa (*JB*, *166*:325; *RT*, *389*:142, *390*:359, *403*:166; *Adcoas*, n. 86.256, 1982), títulos de capitalização, debêntures, entradas de teatro ou cinema, passagens de ônibus ou bondes, vales-transporte, apólice ou bilhete de seguro (CC, art. 760, parágrafo único) etc.

Transferência por tradição. O título ao portador, por ser emitido sem designação do beneficiário, tem possibilidade de ser transmitido por simples tradição, ou seja, entrega manual, independentemente de anuência do devedor, por ser-lhe indiferente a transmissão do direito de crédito, já que se obrigou para com a pessoa que detenha o título e o apresente, reclamando a prestação devida. Circulará toda vez que passar de uma pessoa a outra, surgindo, então, novo credor, que poderá reclamar o pagamento do devedor.

BIBLIOGRAFIA: Enneccerus, Kipp e Wolff, *Derecho de obligaciones*, t. 2, § 204, p. 531; Clóvis Beviláqua, *Código Civil*, cit., v. 5, p. 622; Silvio Rodrigues, *Direito civil*, cit., v. 3, p. 425-8; W. Barros Monteiro, *Curso*, cit., v. 5, p. 376-81; M. Helena Diniz, *Curso*, cit., v. 3, p. 472-4; Serpa Lopes, *Curso*, cit., p. 139-58; Larenz, *Derecho*, cit., v. 2, § 60; Pontes de Miranda, Títulos ao portador, in *Manual do Código Civil de Paulo de Lacerda*, v. 16, 1ª parte, p. 128 e 150; Orlando Gomes, *Obrigações*, cit., p. 292; Caio M. S. Pereira, *Instituições*, cit., v. 3, p. 489; João Luís Alves, *Código Civil*, cit., v. 2, p. 550; Goldschmidt, *Zeitschrift fur das gesammte Handelsrecht*, Leipzig, v. 40, p. 261 e s.; v. 36, p. 146; Wahl, *Traité théorique et pratique des titres au porteur*, Paris, 1891; Bruschettini, *Trattato dei titoli al portatore*, Torino, 1898; Montessori, *Dell'obbligazione al portatore*, Modena, 1901; Bender, *Die Lotterie*, Heidelberg, 1832, § 4º; Inglez de Souza, *Títulos ao portador no direito brasileiro*, Rio de Janeiro, 1898; Kuntze, *Die Lehre von den Inhaberpapieren oder Obligationem "au porteur"*, Leipzig, 1857; Carlo Jachino, *Sull'entità economica e giuridica del titole al portatore*, Torino, 1893; Amedée Petit, *Étude sur les titres au porteur*, Paris, 1880; Alberto dos Reis, *Dos títulos ao portador*, Coimbra, 1899; Folleville, *Traité de la possession des meubles et des titres au porteur*, Paris, 1875; Carvalho de Mendonça, *A vontade unilateral nos direitos de crédito*, Rio de Janeiro, 1940; Ravá, *Il titolo di credito*, Milano, Giuffrè, 1936; Fiuza, *Novo Código*, cit., p. 802-14; Matiello, *Código Civil*, cit., p. 566-9; Adalberto Simão Filho, *Comentários*, cit., p. 721-3.

Art. 905. O possuidor de título ao portador tem direito à prestação nele indicada, mediante a sua simples apresentação ao devedor.

- *Código Civil, arts. 308 e 311.*

Parágrafo único. A prestação é devida ainda que o título tenha entrado em circulação contra a vontade do emitente.

- *Decretos n. 2.044/1908, art. 39, e 57.663/66, arts. 16 e 17.*
- *Código Civil art. 892.*

Exoneração do subscritor. Como o título ao portador transferir-se-á mediante simples tradição (CC, art. 904), grande é a facilidade de sua circulação, pois quem o apresentar fará jus à prestação exarada na cártula. O subscritor, ou emissor, exonerar-se-á pagando a qualquer detentor do título ao portador (*RF, 108*:304), pois a prestação será devida ainda que o título tenha entrado em circulação contra a vontade do emitente. Isto é assim porque o subscritor ou emissor não terá o direito de verificar a legitimidade do portador (*RT, 546*:73), pois seu dever é pagar a quem lhe apresentar o título, nem terá o dever de averiguar se o título foi colocado legitimamente em circulação, uma vez que isso entravaria a função circulatória do título. O detentor do título é, portanto, o credor legítimo da prestação nele indicada, podendo exigir do devedor o pagamento da obrigação cambial, mediante a simples apresentação do título de crédito ao devedor.

Função circulatória do título. Haverá subsistência da obrigação do emissor ainda que o título tenha entrado em circulação contra a sua vontade, pois este, por si só, já encerra a obrigação do subscritor ou emissor (*RT, 152*:192), que será o responsável pelo pagamento. Tutela-se terceiro de boa-fé que vier a receber título de crédito após sua circulação.

Art. 906. O devedor só poderá opor ao portador exceção fundada em direito pessoal, ou em nulidade de sua obrigação.

- Vide *Código Civil, arts. 281, 915, 916, 917, § 3º, 918, § 2º, 905 e 371.*
- Vide *Decreto n. 2.044, de 31 de dezembro de 1908 (letras de câmbio), art. 51.*
- Vide *Lei n. 7.357/85, art. 25.*
- Vide *Decreto n. 57.663/66, art. 17.*

Defesas do subscritor. Há impossibilidade jurídica de o devedor (subscritor ou emissor) opor ao portador outra defesa além da que assentar em nulidade interna ou externa de sua obrigação ou da fundada em direito pessoal. O devedor poderá opor três defesas ao portador: *a*) nulidade interna da obrigação contida na cártula, como, p. ex., em razão de incapacidade do subscritor, de prescrição do título etc. Porém o erro, o dolo, a coação, a que o portador seja alheio, não poderão ser arguidos contra ele, sob pena de paralisar a livre circulação de título; *b*) nulidade externa da obrigação, como na hipótese de falsificação do documento ou da assinatura do emissor; *c*) direito pessoal do emitente contra o portador, como má-fé deste (furto do título, estelionato, apropriação indébita, procedimento consciente em detrimento do devedor), compensação etc.

Art. 907. É nulo o título ao portador emitido sem autorização de lei especial.

- *Sobre o crime de emissão de título ao portador sem permissão legal,* vide *art. 292 do Código Penal.*

DIREITO DAS OBRIGAÇÕES

- *Constituição Federal, arts. 21, VIII, 163 e 164.*
- *Código Civil, art. 904.*

Autorização para emissão do título. O título ao portador requer autorização de lei especial de natureza federal (CF, arts. 21, VIII, 163 e 164), salvo o emitido pelo Tesouro dos Estados e dos Municípios, para sua emissão, circulação e efeitos e, inclusive, para pagamento de determinada soma em dinheiro, sob pena de nulidade (*RF*, *112*:165 e *104*:56; *AJ*, *105*:463 e *116*:419; *RT*, *137*:293 e *287*:824). Isto é assim porque sua emissão não autorizada legalmente representaria um sério perigo inflacionário. Imprescindível será, portanto, que haja um controle.

Art. 908. O possuidor de título dilacerado, porém identificável, tem direito a obter do emitente a substituição do anterior, mediante a restituição do primeiro e o pagamento das despesas.

Substituição de título dilacerado. O possuidor de título de crédito, que se danificou ou dilacerou, mas suscetível de ser identificado em seu teor, poderá exigir que o emitente o substitua por outro de igual conteúdo, bem como a sua devolução e o pagamento das despesas (p. ex., transporte do emitente, custo do documento) havidas com a sua substituição, mediante confecção do novo. Haverá, então, a emissão de um novo título em duplicata, representativo da obrigação cambial. O novo título deverá ser emitido segundo o teor do anterior. E, se o título anterior, substituído pelo novo, estiver garantido por aval, o avalista deverá subscrever também o título, que veio a substituir aquele. Título que vier a sofrer dilaceração, mas cujo conteúdo econômico se mantém identificável, apesar de danificado instrumentalmente, continuará tendo qualidade creditória e, por isso, ao ser substituído por um novo, deverá ser devolvido ao seu subscritor pelo credor, que, por ser responsável pela conservação da cártula, efetuará o pagamento das despesas feitas com aquela substituição. Somente se não se puder identificar seu conteúdo, como não haverá meio para refazê-lo, o título dilacerado, então, tornar-se-á inapto; logo, o seu portador crédito algum terá em relação ao seu subscritor.

Art. 909. O proprietário, que perder ou extraviar título, ou for injustamente desapossado dele, poderá obter novo título em juízo, bem como impedir sejam pagos a outrem capital e rendimentos.

- Vide *Código Civil, arts. 321 e 1.268.*

Parágrafo único. O pagamento, feito antes de ter ciência da ação referida neste artigo, exonera o devedor, salvo se se provar que ele tinha conhecimento do fato.

- Vide *Código de Processo Civil, arts. 318 e s.; LJE, art. 3º, II.*
- Vide *Lei n. 891, de 24 de outubro de 1949, sobre recuperação de títulos da dívida pública.*
- *Lei n. 4.728, de 14 de julho de 1965, art. 71.*
- *Decreto n. 59.560, de 14 de novembro de 1966, art. 6º.*
- Vide *Decreto n. 83.974, de 13 de setembro de 1979, sobre resgate de títulos de dívida pública federal destruídos, perdidos ou extraviados.*
- Vide *Decreto n. 2.044/1908, art. 36.*
- *Súmulas 28, 150, 258, 387 e 600 do Supremo Tribunal Federal.*

Perda, extravio ou injusto desapossamento do título. Apenas nos casos de perda, extravio ou desapossamento injusto (roubo, furto, estelionato, extorsão, apropriação indébita etc.) do título o seu proprietário poderá, por meio de ação judicial, suspender seus efeitos cambiários, impedir seu pagamento a outrem e obter em juízo novo título. Deverá fazer isso imediatamente, observando o procedimento comum (CPC, arts. 318 e s.), notificando o devedor, liminarmente, da ação interposta, uma vez que, se não o fizer e se o título for apresentado ao emissor pelo possuidor ilegítimo, a este não poderá ser recusado o pagamento (*RTJ*, *95*:787; AC 89.987, TJGB; *Juriscível*, *94*:219; *RT*, *174*:189 e *121*:249; *RF*, *122*:181).

Pagamento de título extraviado ou perdido feito de boa-fé. Se alguém vier a pagar título, sem ter conhecimento de ação pleiteada pelo proprietário para obter novo título por ter sido aquele extraviado, ou perdido, estará exonerado, a não ser que haja comprovação de que tinha ciência do fato.

CAPÍTULO III
DO TÍTULO À ORDEM

Art. 910. O endosso deve ser lançado pelo endossante no verso ou anverso do próprio título.

- *Código Civil, arts. 920 e 923.*

§ 1º Pode o endossante designar o endossatário, e para validade do endosso, dado no verso do título, é suficiente a simples assinatura do endossante.

- *Lei n. 7.357/85, art. 19.*

§ 2º A transferência por endosso completa-se com a tradição do título.

- *Código Civil, arts. 324 a 904.*

§ 3º Considera-se não escrito o endosso cancelado, total ou parcialmente.

- *Decreto n. 57.663/66, arts. 11 a 20.*
- *Decreto n. 2.044/1908, art. 8º.*
- *Leis n. 5.474/68, art. 2º, VII, e 7.357/85, arts. 17 a 28.*
- *Código Civil, art. 912, parágrafo único.*
- *Súmulas 475 e 476 do Superior Tribunal de Justiça.*

Título à ordem. O título de crédito será à ordem se o *reus credendi* for nomeado, isto é, se for nominativo, contendo indicação do credor favorecido, mas com possibilidade de efetuar-se sua transferência por endosso, mediante mera aposição de assinatura do endossante no verso ou anverso do título. Identifica o titular do crédito e é transferível a terceiro por endosso, que é ato típico da circulação cambiária. O endossante (transmitente do título) pode designar a pessoa favorecida ou o endossatário (endosso em preto), bastando, para que o endosso, dado no verso, seja válido, a sua simples assinatura. Mas nada obsta a que não se indique a pessoa a quem se transfere o título (endosso em branco), podendo este (o endossatário) colocar seu nome ou transferir o título, por simples tradição, que passará, então, a circular como título ao portador.

Endosso. Ato pelo qual se transfere a posse ou propriedade de um título de crédito à ordem, sendo obrigatória a indicação do número do endossante (CPF ou CNPJ).

Tradição do título. A entrega do título ao endossatário (adquirente) completa a transferência por endosso. Sem tal *traditio*, a titularidade do crédito continua a ser do endossante, pois o endosso não surtirá efeito algum. Somente com a tradição os direitos contidos no título serão atribuídos ao endossatário.

Cancelamento de endosso. Se o endosso for efetuado e depois vier a ser cancelado, total ou parcialmente, mediante traços passados sobre ele, será tido como não escrito, não tendo o condão de transferir o título. Com isso acata-se o disposto no art. 912, parágrafo único.

BIBLIOGRAFIA: Fábio Ulhoa Coelho, *Curso de direito comercial*, São Paulo, Saraiva, 2000, v. 1, p. 377; Gastão A. Macedo, *Curso de direito comercial*, São Paulo, Freitas Bastos, 1966, p. 114; Adalberto Simão Filho, *Comentários*, cit., p. 723-8.

Art. 911. Considera-se legítimo possuidor o portador do título à ordem com série regular e ininterrupta de endossos, ainda que o último seja em branco.

Parágrafo único. Aquele que paga o título está obrigado a verificar a regularidade da série de endossos, mas não a autenticidade das assinaturas.

- *Decreto n. 57.663/66, art. 16.*
- *Lei n. 7.357/85, art. 22.*

Legitimidade do portador do título com série de endossos. É legítima a posse do portador do título à ordem com série regular e ininterrupta de endossos "em preto", mesmo que o último tenha sido "em branco" sem a designação do favorecido, ou melhor, mesmo que tenha havido outorga de mandato ao endossatário para que o preencha como quiser (*blanc seing*) ou o mantenha como o receber, ficando o endossador como um garante da aceitação e do pagamento do título. Hipótese em que se terá título ao portador. E, estando este de boa-fé, estará legitimado para receber os direitos contidos no cártula que detém.

Obrigatoriedade da verificação da regularidade da série de endossos. Aquele que vier a pagar o título deverá averiguar se a série de endossos foi regular, para não pagar a quem não é o credor, mas dispensado estará da apuração da autenticidade das assinaturas. Se assim é, não terá responsabilidade pela falsidade, exceto se o interessado comprovar que agiu de má-fé ao efetuar o pagamento.

Art. 912. Considera-se não escrita no endosso qualquer condição a que o subordine o endossante.

Parágrafo único. É nulo o endosso parcial.

- *Decreto n. 2.044/1908, art. 8º, § 3º.*
- *Decreto n. 57.663/66, art. 12.*
- *Lei n. 7.357/85, art. 18, §§ 1º e 2º.*

Endosso puro. É o que opera a transferência da propriedade do título cambial, dando poderes ao endossatário para exercer todos os direitos dele emergentes, sem imposição de qualquer condição, que subordine o endossante à solvência do crédito ou que limite o exercício dos direitos contidos no título. Tal condição será considerada como não escrita, pois o endosso deve ser puro e simples. Com isso, preservado está o princípio da circulação dos títulos de crédito.

Endosso parcial. É proibido legalmente, sendo nulo, por transferir apenas uma parcela do valor do título de crédito, uma vez que este é indivisível. O endosso só poderá ser total, visto que transmite todos os direitos cambiários incorporados ao título, sendo, portanto, indivisível.

Art. 913. O endossatário de endosso em branco pode mudá-lo para endosso em preto, completando-o com o seu nome ou de terceiro; pode endossar novamente o título, em branco ou em preto; ou pode transferi-lo sem novo endosso.

- *Decreto n. 57.663/66, art. 14.*
- *Lei n. 7.357/85, art. 20.*

Endosso em branco. Transferência de título cambial por meio de simples aposição de assinatura de seu proprietário ou de seu mandatário especial no dorso do mencionado título, sem designar o endossatário.

Mudança de endosso em branco para em preto. Há possibilidade jurídica de se mudar endosso em branco para em preto, mediante menção expressa do nome da pessoa em favor da qual se opera a transferência da propriedade do título. O endossatário, para tanto, deverá colocar, no ponto da cártula onde estiver localizada a inscrição de transferência, o seu próprio nome ou o de terceiro que pretende indicar como titular do crédito.

Novo endosso do título. O endossatário pode endossar novamente o título, em branco ou em preto.

Transferência do título sem novo endosso. Pode haver, ainda, pela cessão de crédito, transferência do título sem que haja novo endosso.

Art. 914. Ressalvada cláusula expressa em contrário, constante do endosso, não responde o endossante pelo cumprimento da prestação constante do título.

§ 1º Assumindo responsabilidade pelo pagamento, o endossante se torna devedor solidário.

- *Código Civil, arts. 275 a 285.*

§ 2º Pagando o título, tem o endossante ação de regresso contra os coobrigados anteriores.

- *Decreto n. 57.663/66, art. 15.*
- *Lei n. 7.357/85, art. 21.*
- *Código de Processo Civil, art. 125, II.*

Irresponsabilidade do endossante. O endossante, exceto se houver cláusula em contrário, não é responsável pelo cumprimento da prestação contida no título. Em regra, há desvinculação do endossante ao pagamento. O endossante, portanto, está desonerado, automaticamente, se o título não contiver cláusula expressa de que é garante tanto da aceitação como do pagamento do título. Esclarece Adalberto Simão Filho que, em se tratando de títulos de crédito atípicos, disciplinados pelo Código Civil, a regra será a da não responsabilidade do endossante pela prestação constante do título, salvo se houver cláusula contrária. Quando se tratar de cambiais, pressupõe-se que o endossante é garante da obrigação constante da cártula e do aceite, exceto cláusula em contrário.

Endossante como devedor solidário. Há permissão jurídica para que o endossante, a seu critério, mediante cláusula expressa, venha a vincular-se ao pagamento da prestação ou obrigação cambial constante no título à ordem, ficando como devedor solidário. O endossante responderá solidariamente com o devedor principal pelo pagamento do débito.

Ação regressiva contra coobrigados anteriores. Se o portador do título tiver devedores solidários, sendo um deles o próprio endossante, vinculado ao pagamento por cláusula expressa, poderá exigir a prestação de qualquer deles. Se o endossante vier a pagar o título, poderá exercer direito de regresso, por via de ação executiva, contra os coobrigados anteriores, dentre eles o emitente, para obter o reembolso do pagamento que fez.

Art. 915. O devedor, além das exceções fundadas nas relações pessoais que tiver com o portador, só poderá opor a este as exceções relativas à forma do título e ao seu conteúdo literal, à falsidade da própria assinatura, a defeito de capacidade ou de representação no momento da subscrição, e à falta de requisito necessário ao exercício da ação.

- *Decreto n. 57.663/66, art. 17.*
- *Leis n. 5.474/68, art. 16, e 7.357/85, art. 25.*
- *Código Civil, arts. 906, 916, 917, § 3º, e 918, § 2º.*

Defesa do devedor. O devedor poderá, para recusar-se a pagar o valor do título a terceiro de boa-fé, além das exceções fundadas nas suas relações pessoais com o portador (p. ex., pagamento, novação, compensação, apossamento injusto), alegar como defesa as atinentes ao vício de forma do título (p. ex., ausência de requisito para sua emissão), ao seu conteúdo literal, à falsidade de sua própria assinatura, ao defeito de capacidade pessoal (falta de discernimento) ou de representação (p. ex., nulidade de mandato) existente no instante da subscrição e à falta de algum requisito essencial para o exercício da ação cambial, p. ex., o valor líquido e certo que deveria constar do título.

Art. 916. As exceções, fundadas em relação do devedor com os portadores precedentes, somente poderão ser por ele opostas ao portador, se este, ao adquirir o título, tiver agido de má-fé.

- *Código Civil, arts. 906, 915, 917, § 3º, e 918, § 2º.*
- *Lei n. 7.357/85, art. 25.*
- *Decreto n. 57.663/66, art. 17.*

Exceções do devedor relacionadas com portadores precedentes. O devedor apenas poderá opor ao portador (credor) as exceções, baseadas em suas relações com os portadores precedentes, se aquele veio adquirir dolosamente o título, agindo, conscientemente, em seu prejuízo. Trata-se da *exceptio dolis generalis*. A norma *sub examine*, como salienta Adalberto Simão Filho, admite "a oponibilidade de exceção no caso de aquisição do título pelo portador subsequente, agindo este de má-fé", pois esta comprometeria sua legitimação, permitindo ao devedor originário excepcioná-lo com o escopo de macular o título de crédito e evitar o pagamento.

Art. 917. A cláusula constitutiva de mandato, lançada no endosso, confere ao endossatário o exercício dos direitos inerentes ao título, salvo restrição expressamente estatuída.

§ 1º O endossatário de endosso-mandato só pode endossar novamente o título na qualidade de procurador, com os mesmos poderes que recebeu.

§ 2º Com a morte ou a superveniente incapacidade do endossante, não perde eficácia o endosso-mandato.

§ 3º Pode o devedor opor ao endossatário de endosso-mandato somente as exceções que tiver contra o endossante.

- *Decreto n. 57.663/66, art. 18.*
- *Lei n. 7.357/85, art. 26 e parágrafo único.*
- *Código Civil, arts. 653, 906, 915, 916 e 918, § 2º.*

Endosso-mandato. É o que transfere posse e não a propriedade do título cambial (*RT*, *291*:736; *562*:214 e *736*:163). Dá-se quando o credor endossa título em favor de terceiro para que este o represente perante o devedor, cobrando a dívida. Há uma transferência dos poderes de procurador ao endossatário-mandatário, mediante cláusula constitutiva de mandato, que lhe outorga o exercício de todos os direitos emergentes do título, salvo restrições expressas. Há uma limitação da legitimação do endossatário, restrita ao exercício do direito cartular e não à sua disposição. É designado também de endosso-procuração, endosso-procuratório, endosso para cobrança, endosso com efeito limitado ou endosso impróprio.

Novo endosso de endosso-mandato. O endossatário-mandatário só poderá efetuar novo endosso do título na qualidade de mandatário especial, com os mesmos poderes que recebeu.

Consequência da morte ou incapacidade superveniente do endossante-mandante. Se houver falecimento ou se sobrevier qualquer incapacidade do endossante-mandante, o endosso-mandato por ele levado a efeito não perderá sua eficácia. Logo, o endossatário-mandatário continuará exercendo os poderes que lhe foram outorgados.

Oposição de exceções pelo devedor. Em caso de endosso-mandato, o devedor apenas poderá opor ao endossatário-mandatário as exceções ou defesas que tiver contra o endossante-mandante.

Art. 918. A cláusula constitutiva de penhor, lançada no endosso, confere ao endossatário o exercício dos direitos inerentes ao título.

- *Código Civil, arts. 1.458 a 1.460.*

§ 1º O endossatário de endosso-penhor só pode endossar novamente o título na qualidade de procurador.

- *Decreto n. 57.663/66, art. 19.*

§ 2º Não pode o devedor opor ao endossatário de endosso-penhor as exceções que tinha contra o endossante, salvo se aquele tiver agido de má-fé.

- *Código Civil, arts. 906, 915, 916 e 917, § 3º.*

Endosso pignoratício. O endosso-penhor (endosso de valor em garantia pignoratícia) é o que contém a cláusula "valor em penhor" e por meio do qual o endossante transfere tão somente a posse do título cambial ao endossatário, que assume o dever de não deixar perecer o direito nele contido. Tal transferência é, como ensina Mauro Grinberg, feita apenas para garantia de outra obrigação do endossante para com o endossatário, obrigação que, se não for cumprida, operará, então, a transformação da posse daquele título de crédito endossado em propriedade. Para Pietro Perlingieri, o endosso pignoratício é uma declaração negocial cartular pela qual o endossante constitui um penhor sobre o título em favor do endossatário. O endosso-penhor ou endosso de valor em garantia conferirá ao endossatário o exercício dos direitos inerentes ao título, principalmente, para fins de receber o pagamento do crédito. Se o endossante lançar cláusula de caução pignoratícia, o título circulará com a garantia emitida, assegurando o seu pagamento perante terceiros. E o endossatário, pondera Adalberto Simão Filho, poderá exercer todos os direitos constantes do título, sendo parte legítima na ação que pretender desconstituí-lo, por exemplo.

Endosso de título com cláusula constitutiva de penhor. O endossatário de endosso-penhor fica vinculado ao título e apenas poderá endossar novamente o título na qualidade de procurador.

Defesa do devedor em caso de endosso-penhor. O devedor está impedido de opor ao endossatário de endosso-penhor as exceções que tinha contra o endossante, a não ser que aquele tenha obrado dolosamente, por ter agido cientemente em seu prejuízo.

Art. 919. A aquisição de título à ordem, por meio diverso do endosso, tem efeito de cessão civil.

- *Código Civil, arts. 286 a 298.*
- *Decreto n. 57.663/66, arts. 11 a 20.*

Cessão civil de título à ordem. Se alguém vier a adquirir título à ordem por meio diverso do endosso, p. ex., em documento à parte, essa aquisição, ou melhor, transferência, produzirá os mesmos efeitos da cessão civil, logo não gerará consequências cambiais, pois perderá, portanto, seu caráter de título executivo.

Art. 920. O endosso posterior ao vencimento produz os mesmos efeitos do anterior.

- *Decreto n. 57.663/66, art. 20.*
- *Lei n. 7.357/85, art. 27.*

Efeitos do endosso quanto ao vencimento do título. Haverá produção dos mesmos efeitos pelo endosso, seja ele anterior, seja ele posterior ao vencimento do título de crédito. Mas, se o endosso for póstumo ou tardio, por ter sido realizado após o protesto por falta de pagamento ou depois do vencimento do prazo para a realização do protesto, terá o efeito da cessão de crédito, perdendo não só seu caráter cambial como também as consequências cambiárias.

CAPÍTULO IV

DO TÍTULO NOMINATIVO

Art. 921. É título nominativo o emitido em favor de pessoa cujo nome conste no registro do emitente.

- *Lei n. 6.404/76, art. 31.*

Título nominativo. O título de crédito é nominativo se contiver uma declaração receptícia de vontade dirigida a pessoa identificada, sendo a prestação por esta exigível; logo, o credor da obrigação será a pessoa em cujo favor se emite a declaração, a qual poderá investir outra na sua titularidade por meio das normas atinentes à cessão de crédito, exceto se houver cláusula proibitiva. É, portanto, o emitido em prol da pessoa cujo nome constar no registro em livro próprio (p. ex., livro de registro de títulos nominativos da empresa), mantido pelo emitente.

Art. 922. Transfere-se o título nominativo mediante termo, em registro do emitente, assinado pelo proprietário e pelo adquirente.

Transferência do título nominativo. Sua circulação operar-se-á por transferência a outrem mediante termo, em registro em livro próprio do emitente, assinado pelo proprietário e pelo adquirente. Observa Matiello que não será preciso reconhecer as firmas, por haver presunção *juris tantum* de que tais assinaturas pertencem àquelas pessoas. Só com o registro o novo proprietário passará a ser credor dos direitos e deveres que emergem do título. O artigo *sub examine*, como diz Marcelo Fortes Barbosa Filho, prevê "como requisito da transferência da titularidade da propriedade do título nominativo e do correspondente crédito incorporado a lavratura de um termo de transferência, constante de um livro do emitente (devedor) e firmado pelo alienante e pelo adquirente do documento".

BIBLIOGRAFIA: Marcelo Fortes Barbosa Filho, *Código*, cit., p. 855.

Art. 923. O título nominativo também pode ser transferido por endosso que contenha o nome do endossatário.

- *Código Civil, art. 910.*

§ 1º A transferência mediante endosso só tem eficácia perante o emitente, uma vez feita a competente averbação em seu registro, podendo o emitente exigir do endossatário que comprove a autenticidade da assinatura do endossante.

§ 2º O endossatário, legitimado por série regular e ininterrupta de endossos, tem o direito de obter a averbação no registro do emitente, comprovada a autenticidade das assinaturas de todos os endossantes.

§ 3º Caso o título original contenha o nome do primitivo proprietário, tem direito o adquirente a obter do emitente novo título, em seu nome, devendo a emissão do novo título constar no registro do emitente.

Transferência do título nominativo por endosso em preto. O título nominativo pode ser transferido por endosso em preto, isto é, que contenha o nome do endossatário, hipótese em que só produzirá efeitos perante o emitente, feita a averbação em seu registro em livro próprio. Contudo, o emitente poderá exigir que o endossatário comprove a autenticidade da assinatura do endossante.

Direito à averbação no registro do emitente em caso de sucessivos endossos. O endossatário, legitimado por uma série regular e ininterrupta de endossos, fará jus à averbação no registro em livro próprio do emitente, desde que haja comprovação da autenticidade das assinaturas de todos os endossantes. No título nominativo não somente o nome do beneficiário constará no registro do emitente, como também nele deverão ser averbados os nomes dos sucessivos endossatários.

Obtenção de novo título em nome do adquirente. O adquirente, na hipótese de o título original apresentar o nome do primitivo proprietário, terá direito de obter do emitente novo título, em seu nome, averbando-se-o no livro de registro do emitente.

Art. 924. Ressalvada proibição legal, pode o título nominativo ser transformado em à ordem ou ao portador, a pedido do proprietário e à sua custa.

- *Código Civil, arts. 904 a 920.*

Transformação do título nominativo em à ordem ou ao portador. Não havendo vedação legal, nada impede que o título nominativo se transforme, a pedido do proprietário e à sua custa, em título à ordem ou ao portador, e, com a baixa do registro, poderá circular, então, por meio de endosso em branco ou em preto.

Art. 925. Fica desonerado de responsabilidade o emitente que de boa-fé fizer a transferência pelos modos indicados nos artigos antecedentes.

Exoneração da responsabilidade do emitente de boa-fé. Para maior segurança das relações cambiárias, à medida que o título nominativo circula, os sucessivos endossantes tornar-se-ão devedores solidários. E o emitente de boa-fé que fizer transferência de título de crédito nominativo por meio de registro ou de endosso, observando ditames legais, liberar-se-á de qualquer responsabilidade quanto à forma como o título circulou por ordem de seu proprietário.

Art. 926. Qualquer negócio ou medida judicial, que tenha por objeto o título, só produz efeito perante o emitente ou terceiros, uma vez feita a competente averbação no registro do emitente.

Eficácia de negócio ou de medida judicial. Negócio, ou medida judicial, que tenha por objeto o título, apenas terá eficácia perante o emitente ou terceiros, desde que haja averbação no livro de registro de títulos nominativos do emitente.

Título IX
Da Responsabilidade Civil

Capítulo I
Da Obrigação de Indenizar

- *Súmula vinculante 22 do Supremo Tribunal Federal.*
- *Súmulas 28, 35, 161, 229, 491, 492 e 562 do Supremo Tribunal Federal.*
- *Súmulas 37, 43, 130, 132, 137, 145, 186, 221, 227, 246, 326, 362, 370, 479, 624, 642 e 647 do Superior Tribunal de Justiça.*

Art. 927. Aquele que, por ato ilícito (arts. 186 e 187), causar dano a outrem, fica obrigado a repará-lo.

Parágrafo único. Haverá obrigação de reparar o dano, independentemente de culpa, nos casos especificados em lei, ou quando a atividade normalmente desenvolvida pelo autor do dano implicar, por sua natureza, risco para os direitos de outrem.

- *Constituição Federal de 1988, arts. 5º, V, X e LXXV, e 37, § 6º.*
- Vide *arts. 43, 186, 187, 206, § 3º, V, 402, 475 a 477, 612, 613, 617, 734, 784, 883, 932, 933, 934, 942, 943 a 954, 934, 1.792 e 1.942 do Código Civil.*
- *Código de Defesa do Consumidor, arts. 6º, VI, 12, 18 e 101.*
- *Lei n. 4.737/65, art. 243.*
- *Lei n. 5.250/67, arts. 49 a 57.*
- *Código Penal, art. 91.*
- *Código de Processo Penal, art. 64.*
- *Código de Processo Civil, arts. 53, IV,* a, *81, 143, 161, 302, 718 e 1.063.*
- *LJE, art. 3º, II.*
- *Decreto n. 2.681/1912.*
- *Decreto-Lei n. 3.415/41.*
- *Lei n. 4.117/62 (sendo que os arts. 81 a 88 foram revogados pelo Decreto-Lei n. 236/67).*
- *Lei n. 6.015/73, arts. 21, 28, 30 e 246.*
- *Lei n. 4.898/65, art. 6º, § 2º.*
- *Decreto n. 61.867/67.*
- *Lei n. 6.404/76, arts. 10, 97, 159 e 244.*
- *Lei n. 6.453/77.*
- *Decreto n. 79.437/77.*
- *Lei Complementar n. 35/79, art. 49.*
- *Decreto n. 83.540/79.*
- *Decreto n. 86.955/82 (ora revogado pelo Decreto n. 4.954/2004), que regulamenta a Lei n. 6.894/80.*
- *Lei n. 6.938/81, art. 14, § 1º.*
- *Lei n. 7.195/84.*
- *Lei n. 7.347/85.*

- *Lei n. 7.565/86.*
- *Decreto n. 93.240/86, art. 1º e § 3º, que regulamenta a Lei n. 7.433/85.*
- *Lei n. 8.112/90, arts. 121 a 126.*
- *Lei n. 8.429/92.*
- *Decreto n. 911/93.*
- *Lei n. 8.935/94, arts. 22 a 24.*
- *Lei n. 9.263/96, art. 21.*
- *Lei n. 9.966/2000, art. 25.*
- *Decreto n. 3.724/2001, que regulamenta o art. 6º da Lei Complementar n. 105/2001.*
- *Lei n. 14.597/2023, arts. 159, 162, 163 e 164.*
- *Súmulas 28, 161, 229, 491, 492, 498 e 562 do Supremo Tribunal Federal.*
- *Súmulas 37, 43, 130, 145, 186, 221, 227, 246, 326, 362, 370, 403, 479, 624, 642 e 647 do Superior Tribunal de Justiça.*
- *Pelo* ***Projeto de Lei n. 699/2011****, o parágrafo único passará a ser o 1o, pois pretende acrescentar: "§ 2o Os princípios da responsabilidade civil aplicam-se também às relações de família".*

Obrigação de indenizar ato ilícito. O autor de ato ilícito (CC, arts. 186 e 187) terá responsabilidade subjetiva pelo prejuízo que, culposamente, causou (*RT*, *648*:69, *372*:323, *440*:74 e 95 e *438*:109; *RJTJSP*, *132*:160; *JTACSP*, *126*:74), indenizando-o, inclusive os prejuízos advindos de infração a deveres familiares (*RT*, *765*:191; *RJTJSP*, *235*:47; *RJ*, *232*:71; *JTJ*, *306*:225; *TJRJ*, 16ª Câm. Cível, Emb. Infringentes 2006.005.005.00, rel. Miguel A. Barros, j. 6-2-2007; CF, art. 226, § 8º). Logo, seus bens ficarão sujeitos à reparação do dano patrimonial e/ou moral causado, e, se a ofensa tiver mais de um autor, todos responderão solidariamente pela reparação, por meio de seus bens, de tal modo que ao titular da ação de indenização caberá opção entre acionar apenas um ou todos ao mesmo tempo (CC, art. 942; *RT*, *432*:88; *AJ*, *107*:101), e o que pagar a indenização terá direito regressivo contra os demais para reaver o que desembolsou. E, além disso, o direito de o lesado exigir a reparação, bem como o dever de prestá-la, são transmissíveis aos seus herdeiros, que por eles responderão até os limites das forças da herança (CC, art. 943 c/c art. 1.792).

Obrigação de indenizar dano oriundo de atividade lícita. Consagrada está a responsabilidade civil objetiva que impõe o ressarcimento de prejuízo, independentemente de culpa, nos casos previstos legalmente, ou quando a atividade do lesante importar, por sua natureza, potencial risco para direitos de outrem (*RF*, *154*:158; *RT*, *826*:357, *520*:140, *433*:96, *222*:537, *481*:130, *169*:614, *514*:120, *508*:223, *185*:319, *547*:190 e *193*:830; *TJSP*, Ap. Cív. c/ Rev. 1046525-0, 30ª Câm., rel. Des. Marcos Ramos, j. 30-7-2008; Súmulas 28 e 562 do STF). "A responsabilidade fundada no risco da atividade, como prevista na segunda parte do parágrafo único do art. 927 do novo Código Civil, configura-se quando a atividade normalmente desenvolvida pelo autor do dano causar a pessoa determinada um ônus maior do que aos demais membros da coletividade" (Enunciado n. 38, aprovado na *I Jornada de Direito Civil*, promovida, em setembro de 2002, pelo Centro de Estudos Judiciários do Conselho da Justiça Federal). "O art. 7º, inc. XXVIII, da Constituição Federal não é impedimento para a aplicação de disposto no art. 927, parágrafo único, do Código Civil quando se tratar de atividade de risco" (Enunciado n. 377 do Conselho da Justiça Federal, aprovado na *IV Jornada de Direito Civil*). Substitui-se a culpa pela ideia do risco. Essa responsabilidade civil objetiva funda-se na *teoria do risco criado pelo exercício de atividade lícita*, mas perigosa, como produção de energia nuclear ou produtos químicos; distribuição de combustíveis; fabricação de explosivos; manuseio de máquinas ou utilização de veículos em transporte de mercadorias ou de pessoas etc.

"Na responsabilidade civil por dano moral causado à pessoa jurídica, o fato lesivo, como dano eventual, deve ser devidamente demonstrado" (Enunciado n. 189 do Conselho da Justiça Federal, aprovado na *III Jornada de Direito Civil*).

O CJF, na *V Jornada de Direito Civil*, aprovou os seguintes Enunciados: *a*) n. 443: "O caso fortuito e a força maior somente serão considerados como excludentes da responsabilidade civil quando o fato gerador do dano não for conexo à atividade desenvolvida"; *b*) n. 444: "A responsabilidade civil pela perda de chance não se limita à categoria de danos extrapatrimoniais, pois, conforme as circunstâncias do caso concreto, a chance perdida pode apresentar também a natureza jurídica de dano patrimonial. A chance deve ser séria e real, não ficando adstrita a percentuais apriorísticos"; *c*) n. 445: "O dano moral indenizável não pressupõe necessariamente a verificação de sentimentos humanos desagradáveis como dor ou sofrimento"; *d*) n. 446: "A responsabilidade civil prevista na segunda parte do parágrafo único do art. 927 do Código Civil deve levar em consideração não apenas a proteção da vítima e a atividade do ofensor, mas também a prevenção e o interesse da sociedade"; *e*) n. 447: "As agremiações esportivas são objetivamente responsáveis por danos causados a terceiros pelas torcidas organizadas, agindo nessa qualidade, quando, de qualquer modo, as financiem ou custeiem, direta ou indiretamente, total ou parcialmente"; *f*) n. 448: "A regra do art. 927, parágrafo único, segunda parte, do CC aplica-se sempre que a atividade normalmente desenvolvida, mesmo sem defeito e não essencialmente perigosa, induza, por sua natureza, risco especial e diferenciado aos direitos de outrem. São critérios de avaliação desse risco, entre outros, a estatística, a prova técnica e as máximas de experiência". E na *VI Jornada de Direito Civil* aprovou os Enunciados: *a*) n. 553: "Nas ações de responsabilidade civil por cadastramento indevido nos registros de devedores inadimplentes realizados por instituições financeiras, a responsabilidade civil é objetiva"; *b*) n. 554: "Independe de indicação do local específico da informação a ordem judicial para que o provedor de hospedagem bloqueie determinado conteúdo ofensivo na internet"; e *c*) n. 555: "'Os direitos de outrem' mencionados no parágrafo único do art. 927 do Código Civil devem abranger não apenas a vida e a integridade física, mas também outros direitos, de caráter patrimonial ou extrapatrimonial". Pela *VII Jornada de Direito Civil*, os Enunciados: *a*) n. 588: "O patrimônio do ofendido não pode funcionar como parâmetro preponderante para o arbitramento de compensação por dano extrapatrimonial"; *b*) n. 589: "A compensação pecuniária não é o único modo de reparar o dano extrapatrimonial, sendo admitida a reparação *in natura,* na forma de retratação pública ou outro meio". Pela *IX Jornada de Direito Civil*, Enunciado n. 659: "O reconhecimento da dificuldade em identificar o nexo de causalidade não pode levar à prescindibilidade da sua análise".

Pela Súmula 498 do STJ: "Não incide imposto de renda sobre a indenização por danos morais".

BIBLIOGRAFIA: Neagu, *Contribution à l'étude de la faute subjective dans la responsabilité civile*, Paris, 1927; Savatier, *Traité de la responsabilité civile*, 1951, v. 1; M. Helena Diniz, *Curso*, cit., v. 1, p. 268-72; v. 3, p. 482-4; Yussef Said Cahali, Culpa (Direito civil), in *Enciclopédia Saraiva do Direito*, v. 22, p. 24; Lomonaco, *Istituzioni*, cit., v. 5, p. 179; Wilson Melo da Silva, *O dano moral e sua reparação*, Rio de Janeiro, Forense, 1966; Artur Oscar de Oliveira Deda, Dano moral, in *Enciclopédia Saraiva do Direito*, v. 22, p. 279-92; Alcino de Paula Salazar, *Reparação do dano moral*, Rio de Janeiro, 1943; Sourdat, *Traité de la responsabilité civile*, t. 1; Brun, *Rapports et domaine des responsabilités contractuelle et délictuelle*, Sirey, 1931; Roberto Rovelli, *La responsabilità civile da fatto illecito*, UTET, 1954; Marty, La rélation de cause et effet comme condition de la responsabilité civile, *Revue Trimestrielle de Droit Civil*, p. 685 e s., 1939; Pirson e De Ville, *Traité de la responsabilité civile extracontractuelle*, Bruxelles, Bruylant, 1935, t. 1; Cammareta, *Responsabilidad extracontractual*, Buenos Aires, Depalma, 1947, 2 v.; Henri Lalou, *Traité pratique de la responsabilité civile*, Paris, 1955; Mazeaud e Tunc, *Traité de la responsabilité civile*, Ed. Montchrétien, 1957, 3 v.; Eduardo Pinto, *Responsabilidade Civil*, Porto Alegre, Síntese, 2003; Mirna Cianci, *O valor da reparação moral*, São Paulo, Saraiva, 2003; Peirano Facie, *Responsabilidad extracontractual*, Montevideo, 1954; Starck, *Essai d'une théorie de la responsabilité civile, considerée en sa double fonction de garantie et de peine privée*, Paris, 1947; Marton, *Les fondements de la responsabilité civile*, Sirey, 1937, 2 v.; Paul Esmein, Les fondementes de la responsabilité contractuelle rapprochée de la responsabilité délictuelle, *Revue Trimestrielle de Droit Civil*, 1933, p. 627 e s.; Atilio A. Alterini, *Contornos actuales de la responsabilidad civil*, Buenos Aires, Abeledo-Perrot, 1987; Paulo Luiz Netto Lôbo, *Direito das obrigações*, cit., p. 127-88; Fernando Noronha, Desenvolvimentos contemporâneos da responsabilidade civil, *RT*, *761*:31; O ato ilícito nos contratos e fora deles, *RDC*, *34*:34; Regina Beatriz Tavares da Silva, *Novo Código Civil*, cit., p. 818-59; Carlos Roberto Gonçalves, *Comentários ao Código Civil*, São Paulo, Saraiva, 2003, v. 11, p. 279 e s.; Rui Stoco, A responsabilidade civil, in *O novo Código Civil — estudos em homenagem a Miguel Reale*, São Paulo, LTr, 2003, p. 780 e s.; Matiello, *Código Civil*, cit., p. 579 a 600; Jones F. Alves e Mário Luiz Delgado, *Código*, cit., p. 399; Silvio Neves Baptista, *Teoria geral do dano*, São Paulo, Atlas, 2003; Cristina Angélica de O. R. Moura, Responsabilidade civil nas atividades perigosas: o paradigma do Código Civil italiano e o novo Código Civil brasileiro, *Ensaios*, cit., p. 53-74; Fernando Gaburri e outros, *Responsabilidade civil. Direito civil*, v. 5 (orientação Giselda Hironaka e coord. Vanessa D. de Araújo), São Paulo, Revista dos Tribunais, 2008; Felipe P. Braga Neto, *Responsabilidade civil*, São Paulo, Saraiva, 2008; Maurício Pessoa, O reflexo dos princípios informadores do Código Civil e das cláusulas gerais na responsabilidade civil: a cláusula geral da responsabilidade objetiva, in *responsabilidade civil — estudos em homenagem a Rui Geraldo C. Viana*, São Paulo, Revista dos Tribunais, 2009, p. 398 a 416; Venceslau T. Costa Filho, A cláusula geral de responsabilidade objetiva do Código Civil de 2002: elementos para uma tentativa de identificação dos pressupostos para a aplicação do parágrafo único do art. 927 do Código Civil de 2002, *Revista Brasileira de Direito Civil Constitucional e Relações de Consumo*, *2*:279-96; Flávia P. Püschel, Funções e princípios justificadores da responsabilidade civil e o art. 927 § único do Código Civil — *Revista Direito GV*, *1*:91-108.

Art. 928. O incapaz responde pelos prejuízos que causar, se as pessoas por ele responsáveis não tiverem obrigação de fazê-lo ou não dispuserem de meios suficientes.

- *Código Civil, arts. 3º e 4º.*
- *Código de Processo Civil, arts. 50 e 72, I.*
- ***Projeto de Lei n. 699/2011***: *"Art. 928. O incapaz responde pelos prejuízos que causar, observado o disposto no art. 932 e no parágrafo único do art. 942".*

Parágrafo único. A indenização prevista neste artigo, que deverá ser equitativa, não terá lugar se privar do necessário o incapaz ou as pessoas que dele dependem.

- *Estatuto da Criança e do Adolescente, art. 116.*
- Vide *Código Civil, arts. 932, I e II, 933, 934 e 942, parágrafo único.*

Responsabilidade civil subsidiária do incapaz. Pessoa incapaz que lesar outrem deverá, tendo recursos econômicos, indenizar, equitativamente, os prejuízos que causou, se o seu responsável não tiver obrigação de arcar com tal ressarcimento (p. ex., por não ser o genitor-guardião) ou se não tiver meios suficientes para tanto, ante seu reduzido patrimônio, que o priva de meios para prover sua subsistência. Se o lesado não conseguir obter do representante do incapaz o que lhe é devido, por falta de meios financeiros, p. ex., o magistrado poderá condenar o lesante incapaz ao pagamento de uma *indenização equitativa*. Primeiro responderá o representante do incapaz com seus bens, por ser seu responsável, e o lesante, apesar de incapaz, apenas *sub-*

sidiariamente perante terceiro, para garantir, em certa medida, a reparação do dano causado (TJRJ, 5ª Câm. Cível, Ap. Cível 2006.001.23833, rel. Paulo Gustavo Horta, j. 1º-11-2006). O representante goza do benefício legal na sua relação com tutelado e curatelado, para fins de exercer seu direito de regresso (CC, art. 934). Na relação com o terceiro, lesado por ato do incapaz, o representante (pais, tutor ou curador) deste com ele terá responsabilidade solidária (CC, art. 942, parágrafo único) e objetiva (CC, arts. 932 e 933), podendo ser acionado. "O incapaz responde pelos prejuízos que causar de maneira subsidiária ou excepcionalmente, como devedor principal, na hipótese do ressarcimento devido pelos adolescentes que praticarem atos infracionais, nos termos do art. 116 do Estatuto da Criança e do Adolescente, no âmbito das medidas socioeducativas ali previstas." E "a única hipótese em que poderá haver responsabilidade solidária do menor de 18 anos com seus pais é ter sido emancipado nos termos do art. 5º, parágrafo único, inc. I, do novo Código Civil" (Enunciados n. 40 e 41 (ora suprimido pelo Enunciado n. 660 da *IX Jornada de Direito Civil*), aprovados na *I Jornada de Direito Civil*, promovida, em setembro de 2002, pelo Centro de Estudos Judiciários do Conselho da Justiça Federal).

Indenização equitativa. A fixação da indenização a ser paga pelo lesante-incapaz ao lesado, se o seu representante legal não tiver obrigação de o fazer (p. ex., por não ser o genitor-guardião) ou não dispuser de recursos financeiros, terá como parâmetro a equidade. Há, portanto, mitigação da indenização, e poderá haver até mesmo sua exclusão, se ela vier a privar o incapaz-lesante e os que dele dependerem dos meios necessários à sua subsistência. Logo seu representante legal arcará sozinho, se puder, com a indenização devida ao lesado (CC, arts. 932 e 933), não exercendo, obviamente, seu direito de regresso (CC, art. 934), se o tutelado ou curatelado não tiver recursos financeiros ou puder ficar privado do necessário para sua subsistência. Trata-se da aplicação do *princípio da responsabilidade subsidiária e mitigada*. A impossibilidade de privação de um patrimônio mínimo ou do necessário à pessoa, prevista no art. 928, traduz um dever de indenização equitativa, informado pelo princípio constitucional da proteção à dignidade da pessoa humana. Como consequência, também os pais, tutores e curadores serão beneficiados pelo limite humanitário do dever de indenizar, de modo que a passagem ao patrimônio do incapaz se dará não quando esgotados todos os recursos do responsável, mas quando reduzidos estes ao montante necessário à manutenção de sua dignidade (Enunciado n. 39, aprovado na *I Jornada de Direito Civil*, promovida, em setembro de 2002, pelo Centro de Estudos Judiciários do Conselho da Justiça Federal). Pelo Enunciado n. 448 do CJF, aprovado na *V Jornada de Direito Civil*: "A indenização equitativa a que se refere o art. 928, parágrafo único, do Código Civil não é necessariamente reduzida sem prejuízo do Enunciado n. 39 da *I Jornada de Direito Civil*". Consagrada está a equidade como critério para a fixação da indenização, havendo responsabilidade civil de incapaz, que agiu ilicitamente, cujo patrimônio reparará, subsidiária e mitigadamente, pelos danos por ele causados. Há quem entenda que — ante o fato de a Lei n. 13.146/2015 ter considerado como absolutamente incapaz apenas o menor de 16 anos (CC, art. 3º) e como relativamente incapaz o maior de 16 e menor de 18 anos; ébrio habitual, toxicômano; pessoa que por causa transitória ou permanente não possa manifestar a vontade; e pródigo — pessoa com discernimento reduzido, excepcional sem desenvolvimento mental completo seria plenamente capaz, respondendo civilmente como qualquer pessoa, não se lhe aplicando o art. 928, de modo que passará a responder exclusivamente com seus próprios bens pelos danos que causar a terceiros, afastando-se a responsabilidade subsidiária. Será que isso ocorre? E se essa pessoa não puder exprimir sua vontade?

BIBLIOGRAFIA: Milton Paulo de Carvalho Filho, *Indenização por equidade no novo Código Civil*, São Paulo, Atlas, 2003; Jorge S. Fujita, Responsabilidade civil: indenização por equidade no novo Código Civil, *Ensaios sobre responsabilidade civil*, cit., p. 221-240; André P. de Souza, Aspectos processuais da responsabilidade civil do incapaz: art. 928 do Código Civil, *Impactos processuais*, cit., p. 339-61; Moacyr P. de Ávila Ribeiro, Estatuto da pessoa com deficiência: a revisão da teoria das incapacidades e os reflexos jurídicos na ótica do notário e do registrador, *Revista Síntese — Direito civil e Processual civil*, v. 99, p. 41.

Art. 929. Se a pessoa lesada, ou o dono da coisa, no caso do inciso II do art. 188, não forem culpados do perigo, assistir-lhes-á direito à indenização do prejuízo que sofreram.

- *Código Civil, arts. 186, 188, II, 927, parágrafo único, e 930.*
- *Código de Processo Penal, art. 65.*
- *Código Penal, arts. 23 a 25.*

Indenização do dano e estado de necessidade. Não há ilicitude na lesão a pessoa ou na destruição de bem alheio, com o escopo de remover perigo iminente (CC, art. 188, II), mas, se a pessoa lesada ou o dono da coisa destruída não foram culpados pelo perigo, que provocou o ato lesivo do agente, farão jus a uma reparação pelos prejuízos sofridos (TJSP, Rec. Inominado 011112, 2ª T. Cível do Colégio Recursal, rel. Barros Soares, j. 9-6-2008). A pessoa lesada ou o dono da coisa danificada em razão de estado de necessidade (CC, art. 188, II), que não constitui ilícito, poderá, desde que não tenha sido o causador do perigo, reclamar indenização do autor do prejuízo que, por sua vez, terá ação regressiva (*RT*, *782*:211) contra aquele que provocou o prejuízo (autor do perigo). P. ex.: se A, dirigindo cautelosamente seu carro, para não ferir B, que atravessa a rua distraidamente, lança seu veículo sobre o carro de C, estacionado regularmente. Como C não agiu culposamente, deverá ser indenizado. Logo, sendo B o culpado, A, após pagar o prejuízo sofrido pelo dono do veículo estacionado, poderá reembolsar-se do que pagou junto a B (CC, art. 930, *caput*). Apenas não haverá o dever de ressarcir o dano se o lesado for o próprio ofensor ou o próprio autor do perigo (*JTACSP*, *125*:262).

Art. 930. No caso do inciso II do art. 188, se o perigo ocorrer por culpa de terceiro, contra este terá o autor do dano ação regressiva para haver a importância que tiver ressarcido ao lesado.

Parágrafo único. A mesma ação competirá contra aquele em defesa de quem se causou o dano (art. 188, inciso I).

- *Código de Processo Civil, art. 125, II.*
- *Código Civil, arts. 186, 188, I e II, 927, parágrafo único, e 929.*

Ação regressiva. Se o perigo, que causou o prejuízo, foi provocado por terceiro e não pelo lesado, nem pelo lesante, este poderá voltar-se contra aquele terceiro. Se alguém, em estado de necessidade, vier a lesar outrem e a ressarcir o dano causado, terá ação regressiva contra terceiro, autor do perigo, para reaver o *quantum* desembolsado. E se o causador do dano agiu para proteger bens alheios, vindo a pagar a devida indenização ao dono da coisa danificada, terá também direito de regresso contra terceiro que culposamente causou o perigo, que evitou. Haverá responsabilidade pelo dano daquele, em cuja defesa se causou o prejuízo. Se alguém causar dano em caso de legítima defesa de terceiro, e vier a repará-lo, poderá, mediante ação regressiva, cobrar de quem defendeu o que despendeu. P. ex.: A é agredido por B; C, na defesa de A, joga um objeto de arte, pertencente a D, em B, danificando-o. Se C vier a indenizar D, poderá reclamar o reembolso de A.

Art. 931. Ressalvados outros casos previstos em lei especial, os empresários individuais e as empresas respondem independentemente de culpa pelos danos causados pelos produtos postos em circulação.

- Vide *Código de Defesa do Consumidor (Lei n. 8.078/90, regulamentado pelo Decreto n. 11.034/2022), arts. 6º, VI e VII, 7º, parágrafo único, 8º a 28, 12, 14, 17, 18, 19, 23, 24, 25 e 35, III.*

- ***Projeto de Lei n. 699/2011****: "Art. 931. Ressalvados outros casos previstos em lei especial, os empresários individuais e as empresas respondem independentemente de culpa pelos danos causados pelos produtos postos em circulação ou pelos serviços prestados".*

Responsabilidade por vício de produtos. As empresas e até mesmo empresários individuais que exercerem exploração industrial responderão, na relação de consumo, independentemente da prática de qualquer ato culposo, pelos danos físico-psíquicos provocados pelos seus produtos por vício de qualidade por insegurança, caso em que a responsabilidade é objetiva e vício de quantidade ou de qualidade por inadequação, hipótese em que se configura a responsabilidade civil subjetiva *juris et de jure*.

Logo, o artigo *sub examine* terá aplicação nas hipóteses que não configurarem relação de consumo, visto que esta cai sob a égide da Lei n. 8.078/90, que continuará regendo os casos de responsabilidade civil pelo fato ou vício do produto. Assim, esse dispositivo consagra a responsabilidade civil objetiva de empresa ou empresário pelo risco advindo da sua atividade empresarial, provocado por produto, colocado em circulação junto ao público, p. ex., a *terceiro* (montador de veículo), lesado pelo seu produto (peça de automóvel contendo grave defeito de fabricação) posto em circulação. O mesmo se diga de companhia distribuidora de gás, que responderá pelo dano causado a terceiro (transeunte) pela explosão de botijão que transporta. Trata-se, portanto, da responsabilidade civil objetiva de empresa ou de empresa por fato de produto e não por dano advindo de prestação de serviço.

"O art. 931 amplia o conceito de fato do produto existente no art. 12 do Código de Defesa do Consumidor, imputando responsabilidade civil à empresa e aos empresários individuais vinculados à circulação dos produtos." E "a responsabilidade civil pelo fato do produto, prevista no art. 931 do novo Código Civil, também inclui os riscos do desenvolvimento" (Enunciados n. 42 e 43, aprovados na *I Jornada de Direito Civil*, promovida, em setembro de 2002, pelo Centro de Estudos Judiciários do Conselho da Justiça Federal). Porém, "a regra do art. 931 do novo CC não afasta as normas acerca da responsabilidade pelo fato do produto previstas no art. 12 do CDC, que continuam mais favoráveis ao consumidor lesado" (Enunciado n. 190 do Conselho da Justiça Federal, aprovado na *III Jornada de Direito Civil*).

E o Enunciado n. 378 do Conselho da Justiça Federal, reforçando o seu Enunciado n. 190, entendeu que "aplica-se o art. 931 do Código Civil, haja ou não relação do consumo" (aprovado na *IV Jornada de Direito Civil*). E, além disso, pelo Enunciado n. 562 do CJF (aprovado na *VI Jornada de Direito Civil*): "Aos casos do art. 931 do Código Civil aplicam-se as excludentes da responsabilidade objetiva".

Segundo o Enunciado n. 661 da *IX Jornada de Direito Civil*: "A aplicação do art. 931 do Código Civil para a responsabilização dos empresários individuais e das empresas pelos danos causados pelos produtos postos em circulação não prescinde da verificação da antijuridicidade do ato".

BIBLIOGRAFIA: João Calvão da Silva, *Responsabilidade civil do produto*, Coimbra, Almedina, 1999; Roberto Senise Lisboa, O vício do produto e a exoneração da responsabilidade, *Revista do Direito do Consumidor*, *5*:89-131; José Fernando Simão, *Vícios do produto no novo Código Civil e no Código de Defe-*

sa do Consumidor, São Paulo, Atlas, 2003, p. 169-172; Odete N. Carneiro Queiroz, Da responsabilidade por vício do produto e do serviço, São Paulo, Revista dos Tribunais, 1998; Fernando Campos Scaff, A responsabilidade do empresário pelo fato do produto e do serviço, do Código Civil ao Código de Defesa do Consumidor, *RT*, *737*:23-33; Matiello, *Código Civil*, cit., p. 582.

Art. 932. São também responsáveis pela reparação civil:

- Vide *Código Civil, arts. 186, 275 a 285, 927, 933, 934 e 942, parágrafo único.*

I — os pais, pelos filhos menores que estiverem sob sua autoridade e em sua companhia;

- *Estatuto da Criança e do Adolescente, art. 116, e Código Civil, arts. 933 e 928.*

II — o tutor e o curador, pelos pupilos e curatelados, que se acharem nas mesmas condições;

- *Código Civil, arts. 928 e parágrafo único, 933 e 942 e parágrafo único.*
- *Lei n. 13.146/2015, art. 85, § 1º.*

III — o empregador ou comitente, por seus empregados, serviçais e prepostos, no exercício do trabalho que lhes competir, ou em razão dele;

- *Código Civil, arts. 149, 933, 942, parágrafo único, e 927, parágrafo único.*
- *A Lei n. 7.195, de 12 de junho de 1984, dispõe sobre a responsabilidade civil das agências de empregados domésticos.*
- Vide *Súmulas 341 e 492 do Supremo Tribunal Federal.*
- *Súmulas 130 e 221 do Superior Tribunal de Justiça.*

IV — os donos de hotéis, hospedarias, casas ou estabelecimentos onde se albergue por dinheiro, mesmo para fins de educação, pelos seus hóspedes, moradores e educandos;

- *Código Civil, arts. 649 e 650.*
- *Lei n. 9.394/96, art. 12, VII, com a redação da Lei n. 12.013/2009.*

V — os que gratuitamente houverem participado nos produtos do crime, até a concorrente quantia.

- *O Decreto n. 2.681, de 7 de dezembro de 1912, regula a responsabilidade civil das estradas de ferro.*
- Vide *Código Penal, art. 91.*
- *Lei n. 9.263/96, art. 21.*
- Vide *Código de Processo Penal, art. 64.*
- Vide *Súmula 492 do Supremo Tribunal Federal.*

Responsabilidade por fato de outrem. Não há mais, em nosso entender, uma presunção legal de culpa de determinadas pessoas se outras praticam atos danosos, embora alguns autores vislumbrem a existência de uma presunção legal absoluta *juris et de jure* de culpa *in vigilando* ou *in eligendo*, que acarretaria responsabilidade civil subjetiva, correspondente à objetiva. A culpa do autor do dano acarretará a responsabilidade objetiva da pessoa sob cuja direção se encontrar, pouco importando se infringiu, ou não, o dever de vigilância.

Pelo Enunciado n. 451 da V *Jornada de Direito Civil*: "A responsabilidade civil por ato de terceiro funda-se na responsabilidade objetiva ou independente de culpa, estando superado o modelo de culpa presumida".

BIBLIOGRAFIA: Lefebvre, *La responsabilité civile du fait d'autrui et du fait des choses*, Paris, 1941; Sourdat, *Traité général de la responsabilité*, Paris, 1911, v. 2, p. 4 e 72; Zingher, *De la responsabilité civile du commettant*, Paris, 1923, p. 14 e 18; Carvalho Santos, *Código Civil*, cit., t. 20, p. 289; Pontes de Miranda, *Tratado*, cit., t. 53, p. 136; M. Helena Diniz, *Curso*, cit., v. 3, p. 485-6; v. 7, p. 342-51; Responsabilidade civil do empregador por ato lesivo de empregado na Lei n. 10.406/2002, *Revista do Advogado*, *70*:65-71; Antônio Disney Montingelli, Da responsabilidade civil dos pais, patrões e outros (algumas considerações sobre os arts. 1.521 e 1.523 do Código Civil), *RJTJSP*, *70*:25-30; Antunes Varela, *Direito das obrigações*, cit., p. 233; Clara Campoamor, Responsabilidade do chefe de família, *Revista de Jurisprudência Argentina*, *74*:109; Alvino Lima, *Da responsabilidade civil por fato de outrem*, Rio de Janeiro, 1973, n. 11; Munir Karam, Responsabilidade civil dos pais pelo fato do filho, in *Enciclopédia Saraiva do Direito*, v. 65, p. 393-409; Espínola, *A família no direito brasileiro*, 1957, p. 618; Vicente Ráo, A responsabilidade dos patrões, amos e comitentes no direito civil brasileiro, *RT*, *214*:3-13; Jacques Flour, *Les rapports des commettants à préposé dans l'art. 1.384 du Code Civil* (tese), Paris, 1911, p. 340; Monica Navarro Michel, *La responsabilidad civil de los padres por los hechos de sus hijos*, 1998; Fernando Alfredo Sagarama, *Responsabilidad civil de los docentes y de los institutos de enseñanza*, 1994; Pedro Z. Etchegaray, *La responsabilidad civil del empresario por los daños causados por su dependiente:* naturaleza y requisitos, 1995; Bahgat, *La responsabilité du commettant*, 1929, p. 420 e s.; Gilson Amaro de Souza, Responsabilidade dos pais pelos danos causados pelos filhos, *RT*, *778*:59; Waldemar Ferreira, A responsabilidade das pessoas naturais e jurídicas por atos de seus prepostos, *RFDUSP, 34*:134; Rodolfo Pamplona Filho, Responsabilidade civil nas relações de trabalho e o novo Código Civil brasileiro, in *Novo Código Civil — questões controvertidas* (coord. Mário Luiz Delgado e Jonas Figueirêdo Alves), São Paulo, Método, 2003, p. 235-56; Paulo A. Begalli, *Responsabilidade civil dos pais por atos dos filhos menores*, Rio de Janeiro, Forense, 2005.

Casos de responsabilidade civil por ato de terceiro. Responsabilizam-se objetivamente pela reparação civil: *a*) os pais, pelos filhos menores que estiverem sob sua autoridade e em sua companhia (*RT*, *346*:201, *492*:68 e 117, *465*:86, *420*:143, *234*:223, *245*:413, *279*:280, *404*:359, *494*:92, *490*:89, *523*:92, *559*:203, *566*:219, *490*:89, *571*:137, *581*:213, *639*:172, *648*:106, *651*:94, *726*:221 e *598*:55; *RF*, *165*:252 e *206*:167; *RJTJSP*, *28*:61, *54*:182, *27*:74 e *30*:121; *RJTJRS*, *90*:285; *RTJ*, *62*:180 e *100*:665; *Adcoas*, n. 86.652, 85.857, 82.273, 1982; *RJE*, *4*:23), mesmo se houver comprovação de que sua conduta foi incensurável quanto à vigilância e educação do menor (*RT*, *490*:89). Haverá responsabilidade solidária do menor de 18 anos emancipado (CC, art. 5º, parágrafo único, I) com seus pais, visto que sua emancipação se deu por concessão deles. "Considerando que a responsabilidade dos pais pelos atos danosos praticados pelos filhos menores é objetiva, e não por culpa presumida, ambos os genitores, no exercício do poder familiar, são, em regra, solidariamente responsáveis por tais atos, ainda que estejam separados, ressalvado o direito de regresso em caso de culpa exclusiva de um dos genitores" (Enunciado n. 450 do CJF, aprovado na *V Jornada de Direito Civil*). Pelo Enunciado n. 590 da *VII Jornada de Direito Civil*: "A responsabilidade civil dos pais pelos atos dos filhos menores, prevista no art. 932, inc. I, do Código Civil, não obstante objetiva, pressupõe a demonstração de que a conduta imputada ao menor, caso o fosse a um agente imputável, seria hábil para a sua responsabilização"; *b*) o tutor e o curador pelos atos praticados pelos pupilos e curatelados, tenha havido, ou não, a prova da ausência de culpa (CC, art. 933; *RT*, *402*:162), sua responsabilidade decorre de *munus publico*, daí ser objetiva e solidária (CC, art. 942, parágrafo único). Pelo Enunciado n. 662 da *IX Jornada de Direito Civil*: "A responsabilização civil indireta do curador pelos danos causados pelo curatelado está adstrita ao âmbito de incidência da curatela tal qual fixado na sentença de interdição, considerando o art. 85, *caput* e § 1º, da Lei n. 13.146/2015"; *c*) o empregador ou comitente, por seus empregados, serviçais e prepostos, no exercício de trabalho que lhes competir ou em razão dele (*RT*, *831*:250, *788*:277, *778*:354, *777*:352, *772*:403, *769*:190, *494*:201, *533*:106, *510*:68, *465*:158, *486*:74, *495*:101, *508*:90, *542*:232, *544*:233, *579*:119, *590*:150 e 180, *592*:136, *728*:340, *667*:107, *364*:277, *769*:190, *748*:272 e *612*:87; *RTJ*, *67*:625; *EJSTJ*, *24*:127; *JB*, *166*:179; *BAASP*, *2.604*:1.608), pouco importando que se demonstre que não concorreram para o prejuízo por culpa ou negligência de sua parte, isto porque sua responsabilidade é objetiva (CC, arts. 933, 942, parágrafo único, e 927, parágrafo único; "A instituição hospitalar privada responde, na forma do art. 932, III, do CC, pelos atos culposos praticados por médicos integrantes de seu corpo clínico" — Enunciado n. 191 do Conselho da Justiça Federal, aprovado na *III Jornada de Direito Civil*). Pelo Enunciado n. 44 da *I Jornada de Direito do Trabalho*: "Em caso de terceirização de serviços, o tomador e o prestador respondem solidariamente pelos danos causados, por acidente de trabalho, à saúde dos trabalhadores"; *d*) os donos de hotéis (*RJTJSP*, *159*:105), hospedarias, casas ou estabelecimentos onde se albergue por dinheiro, mesmo para fins de educação, pelos seus hóspedes, moradores e educandos (*RT*, *821*:22, *799*:211 e *783*:402; *JTJ*, *230*:101), havendo, ou não, culpa *in vigilando* e *in eligendo* (*RT*, *781*:399, *769*:190, *632*:96, *518*:110, *591*:173, *472*:84 e *383*:282; *EJSTJ*, *23*:156 e 157; *JTJSP*, *160*:42; *RJTJSP*, *8*:29 e *25*:611), tendo responsabilidade objetiva e solidária; *e*) os que gratuitamente houverem participado nos produtos do crime até a concorrente quantia, de forma que aqueles que, embora não tenham participado do delito, receberam o seu produto deverão restituí-lo, por estar vedado o enriquecimento ilícito.

Art. 933. As pessoas indicadas nos incisos I a V do artigo antecedente, ainda que não haja culpa de sua parte, responderão pelos atos praticados pelos terceiros ali referidos.

- *Código Civil, arts. 186, 1.175, 1.177 e 1.178.*

Responsabilidade civil objetiva por ato de outrem. A responsabilidade do representante legal (pais, tutor ou curador) será objetiva por não existir presunção *juris tantum* de culpa. O mesmo se diga da responsabilidade de empregador por ato de empregado; do dono de hotel ou de estabelecimentos de ensino, pelo ato lesivo de hóspede e educando, que não será subjetiva, por não mais haver presunção de culpa *in vigilando*, *in instruendo* e *in eligendo*, que provocava a reversão do ônus da prova, fazendo com que tais pessoas tivessem de comprovar que não tiveram culpa alguma. Todavia, a jurisprudência já havia entendido que a presunção não era *juris tantum*, mas *legis et de lege* equipolente à responsabilidade objetiva. "A responsabilidade civil por ato de terceiro funda-se na responsabilidade objetiva ou independente de culpa, estando superado o modelo de culpa presumida" (Enunciado n. 451 do CJF, aprovado na *V Jornada de Direito Civil*). Também terá responsabilidade civil objetiva quem gratuitamente houver participado nos produtos do crime, até a concorrente quantia.

Art. 934. Aquele que ressarcir o dano causado por outrem pode reaver o que houver pago daquele por quem pagou, salvo se o causador do dano for descendente seu, absoluta ou relativamente incapaz.

- *Código Civil, arts. 3º, 4º, 304 a 307, 928, 930 e 942, parágrafo único.*
- *Código de Processo Civil, art. 125, II; Súmulas 187 e 188 do Supremo Tribunal Federal.*

Direito regressivo na responsabilidade por fato de terceiro. Todo aquele que reparar dano causado por outrem, se este não for seu descendente, poderá reaver o que pagou reembolsando-se da soma indenizatória que despendeu (*RT*, *666*:200 e *523*:101; TJSC, 2ª Câm. Civ., Ap. Cível 1999.012533-5, rel. Jorge S. Martins, j. 7-7-2005), observando-se o disposto no art. 928, pois não poderá, se o lesante for incapaz (tutelado ou curatelado), privá-lo de meios para sua subsistência. O direito regressivo só deixará de existir quando o causador do prejuízo for um descendente, absoluta ou relativamente incapaz, resguardando-se, assim, o princípio da solidariedade moral e econômica pertinente à família. "Na hipótese do art. 934, o empregador e o comitente somente poderão agir regressivamente contra o empregado ou preposto se estes tiverem causado dano com dolo ou culpa" (Enunciado n. 44, aprovado na *I Jornada de Direito Civil*, promovida, em setembro de 2002, pelo Centro de Estudos Judiciários do Conselho da Justiça Federal).

Art. 935. A responsabilidade civil é independente da criminal, não se podendo questionar mais sobre a existência do fato, ou sobre quem seja o seu autor, quando estas questões se acharem decididas no juízo criminal.

- *Faz coisa julgada no cível a sentença penal que reconhecer ter sido o ato praticado em estado de necessidade, em legítima defesa, em estrito cumprimento de dever legal ou no exercício regular de direito* — Vide *art. 65 do Código de Processo Penal (questões prejudiciais).*
- *Código de Processo Penal, arts. 63 a 67 e 92 a 94.*
- Vide *Súmula 18 do Supremo Tribunal Federal.*
- *Código de Processo Civil, arts. 313, V,* a, *§§ 4º e 5º e 315.*
- *Código Penal, art. 91, I.*

Princípio da independência da responsabilidade civil relativamente à criminal. Vigora em nosso direito o princípio da independência da responsabilidade civil em relação à penal, porém não se poderá questionar mais sobre a existência do fato (isto é, do crime e suas consequências) ou sobre quem seja o seu autor, quando estas questões se encontrarem decididas no juízo criminal (*RT*, *647*:129, *629*:140. Pelo Enunciado n. 45 da *I Jornada de Direito Civil*: "no caso do art. 935, não mais se poderá questionar a existência do fato ou quem seja o seu autor se essas questões se acharem categoricamente decididas no juízo criminal. Ao que parece o acréscimo do vocábulo *categoricamente* tem em vista dissociar ainda mais a esfera cível da criminal no âmbito da responsabilidade civil". Logo, enquanto o juízo criminal não tiver formado convicção sobre tais questões, os processos correrão independentemente, e as duas responsabilidades (civil e penal) poderão ser, de fato, investigadas. Em nosso ordenamento a instância criminal julga o fato em seu aspecto social, reprimindo o delinquente por meio de penas. Logo, a pretensão pecuniária só poderá ser pedida no juízo cível, que julga quanto à vítima que pleiteia a reparação do prejuízo. Portanto, será impossível a reparação de dano no processo criminal (*RT*, *519*:130, *506*:106, *524*:118, *513*:120, *515*:74, *509*:231, *534*:188, *495*:87, *464*:104, *462*:83, *482*:190, *463*:198, *456*:208, *466*:67, *685*:100, *620*:83, *600*:103, *647*:129, *629*:140, *615*:110, *775*:213, *773*:260, *791*:367, *716*:162, *820*:237, *846*:289; *RF*, *257*:199; *Adcoas*, n. 90.334, 1983; *JB*, *162*:297; *RSTJ*, *140*:462).

BIBLIOGRAFIA: Waldir Vitral, Responsabilidade criminal, in *Enciclopédia Saraiva do Direito*, v. 65, p. 437 e s.; A. Machado Paupério, Responsabilidade civil e criminal, in *Enciclopédia Saraiva do Direito*, v. 65, p. 411; Georges Ripert, *La règle morale dans les obligations civiles*, 1927, p. 228; Joatton, *Essai critique sur la théorie générale de la responsabilité civile*, Paris, 1933, p. 43-57; José Cretella Jr., Responsabilidade penal, in *Enciclopédia Saraiva do Direito*, v. 65, p. 486 e 487; Virgile Rossel, *Manuel du droit fédéral des obligations*, Lausanne, F. Payot, 1892; Hudelot e Metman, *Des obligations*, cit., p. 309; Raymundo M. Salvat, *Tratado de derecho civil argentino*, Buenos Aires, 1958, v. 4, p. 15; Pirson e Villé, *Traité de la responsabilité civile extra-contractuelle*, Bruxelles, Bruylant, 1935, t. 1, p. 103 e s.; Luigi Devoto,

L'imputabilità e le sue forme nel diritto civile, Milano, Giuffrè, 1964; René Dekkers, *Précis de droit civil belge*, Bruxelles, 1955, v. 2, n. 210; Roberto Rosas, Responsabilidade civil e criminal, in *Enciclopédia Saraiva do Direito*, v. 65, p. 414-9; Valticos, *L'autorité de la chose jugée au criminel sur le civil*, Sirey, 1953; Ada P. Grinover, *Eficácia e autoridade de sentença penal*, 1978; Araken de Assis, *Eficácia civil da sentença penal*, 2000; Roberto Abreu, *A sentença criminal e a responsabilidade civil*, 1987.

Art. 936. O dono, ou detentor, do animal ressarcirá o dano por este causado, se não provar culpa da vítima ou força maior.

• *Lei de Contravenções Penais, art. 31.*

• Vide *Código Civil, arts. 1.297, § 3º, 945 e 393.*

Responsabilidade da guarda do animal. O dono ou detentor do animal, doméstico ou não, responderá pelo prejuízo por ele causado a coisas, a plantações ou a pessoas por presunção *juris tantum* de culpa *in custodiendo* ou *in vigilando* (*RT*, *829*:349, *824*:243, *799*:249, *787*:229, *780*:270, *719*:160, *727*:274, *764*:268, *715*:178, *791*:400, *775*:287, *774*:266, *705*:159, *651*:137, *518*:228, *727*:274, *351*:507, *131*:623, *155*:239, *169*:168, *176*:297, *198*:412, *217*:187, *222*:435, *237*:283, *285*:630, *295*:428, *518*:228, *498*:97, *508*:192, *503*:100, *526*:79, *464*:104, *523*:239, *290*:369, *321*:391, *444*:81, *579*:100, *425*:103, *468*:192, *599*:137, *495*:217, *556*:141, *523*:111, *464*:92, *404*:154, *414*:47, *415*:122 e 130, *462*:256, *493*:54 e *416*:327; *JB*, *162*:13 e 135; *BAASP*, *1.938*:53; *RF*, *91*:441, *157*:326 e *192*:294; *JTACSP*, *113*:259; *JTJ*, *161*:108, *174*:97 e *312*:205; *RJTJSP*, *32*:110, *28*:48, *20*:108; TJRJ, 9ª Câm. Cív., Ap. Cív. 2006.001.18524, rel. Renato Simoni, j. 17-10-2006; TJSP, 1ª Câm. "A" de Dir. Privado, Ap. Cív. 448.259-4/3, rel. Laerte Nordi, j. 12-12-2006; *RSTJ*, *165*:330).

Causas excludentes da responsabilidade pelo fato de animal. Há uma presunção de responsabilidade do dono ou detentor pelo fato de animal que cause dano a outrem, presunção esta de que só se exonerará se comprovar uma das seguintes excludentes legais (*RT*, *309*:678, *462*:256, *464*:92, *493*:54, *508*:193, *518*:228, *523*:96, *526*:79, *495*:77, *444*:88, 71 e 81, *436*:79, *589*:109, *535*:111, *787*:229, *258*:199; *JTACSP*, *119*:195): *a*) culpa da vítima, que agiu imprudentemente, provocando o animal (*RT*, *257*:485); *b*) força maior ou caso fortuito (*RT*, *406*:138, *719*:160), p. ex.: se um vendaval destruir cerca, fazendo com que aves de um fazendeiro causem dano à lavoura do vizinho.

Entendeu o CJF, no Enunciado n. 452, aprovado na *V Jornada de Direito Civil*, que: "A responsabilidade civil do dono ou detentor de animal é objetiva, admitindo-se a excludente do fato exclusivo de terceiro".

BIBLIOGRAFIA: Ignacio G. Dominguez, *Responsabilidad civil extracontratual por daños causados por animales*, 1997.

Art. 937. O dono de edifício ou construção responde pelos danos que resultarem de sua ruína, se esta provier de falta de reparos, cuja necessidade fosse manifesta.

• Vide *Código Civil, arts. 618, 927, parágrafo único, 929, 930 e 1.280.*

Responsabilidade do dono de edifício ou construção. O dono de edifício, ou de construção já terminada, ligada ao solo ou unida ao edifício (como muros, pontes, pilares, aquedutos, viadutos, canais etc.), responderá pelos prejuízos que resultarem de: *a*) ruína, parcial ou total, de um edifício, decorrente de falta de reparos necessários (*RT*, *483*:178, *474*:74, *335*:403,

724:326, *731*:314 e *271*:182; *AJ*, *64*:460; *RF*, *112*:86 e *271*:182). O lesado deverá provar o dano, o nexo de causalidade, que a ruína do prédio foi devida à falta de reparos e que a necessidade dessas reparações era notória. Claro está que o dono do prédio não terá responsabilidade se uma inundação provocar desabamento de seu prédio sobre imóvel da vítima. Aquela prova, em regra, se opera por meio de perícia. Se, porventura, a ruína advier de defeito de construção, o dono do prédio será o responsável, mas terá o direito de mover ação regressiva contra construtor que errou no cálculo da laje, que utilizou material de segunda categoria, provocando queda de argamassa (*RT*, *412*:160). O CJF entendeu no Enunciado n. 556 (aprovado na *VI Jornada de Direito Civil*) que: "A responsabilidade civil do dono do prédio ou construção por sua ruína, tratada pelo art. 937 do CC, é objetiva"; *b*) queda de árvore (*RT*, *413*:324); *c*) instalações domésticas; *d*) queda de elevador por falta de conservação (*RF*, *85*:97; *Adcoas*, n. 82.798, 1982; *JB*, *166*:125 e 205); *e*) energia elétrica (*RF*, *130*:164, *38*:161, *67*:125 e 127 e *83*:542; *RTJ*, *55*:509; *RT*, *365*:285, *357*:274, *195*:284, *324*:379, *223*:267, *298*:503 e *305*:492).

Jurisprudência sobre responsabilidade por fato de imóvel. Consulte: *RT*, *213*:154, *276*:406, *254*:300, *263*:541, *275*:422, *260*:319, *474*:73, *335*:403, *521*:267, *264*:284, *176*:257, *412*:160, *302*:251, *309*:463 e *376*:217; *RF*, *115*:106.

BIBLIOGRAFIA: Justino Magno Araújo, Responsabilidade civil pelo fato da coisa, in Enciclopédia Saraiva do Direito, v. 65, p. 422 e 423; André Besson, *La notion de garde dans la responsabilité du faits des choses*, Paris, 1927; Berthold Goldman, *De la détermination du gardien responsable du fait des choses inanimées*, Paris, Sirey, 1947; Vasilesco, *De la responsabilité du fait des choses inanimées*, Paris, Giard et Brière, 1906; Mário Moacyr Porto, Responsabilidade pela guarda das coisas inanimadas, in *Enciclopédia Saraiva do Direito*, v. 65, p. 475 e s.; R. Schlumberger, *La responsabilité delictuelle en matière immobilière*, Paris, 1934; Robert Forge, *De la responsabilité du fait du bâtiment*, Paris, 1909; M. Helena Diniz, *Curso*, cit., v. 7, p. 375-8; Matiello, *Código Civil*, cit., p. 587.

Art. 938. Aquele que habitar prédio, ou parte dele, responde pelo dano proveniente das coisas que dele caírem ou forem lançadas em lugar indevido.

- *Código Civil, arts. 1.331 a 1.358.*
- *Lei n. 4.591/64.*

Responsabilidade de "effusis et dejectis". Ter-se-á responsabilidade do morador de prédio, ou de parte dele (proprietário, locatário, comodatário, usufrutuário) pelos prejuízos resultantes de coisas, sólidas (*dejectis*) ou líquidas (*effusis*), que dele caírem ou dele forem lançadas em local indevido, fundando-se na obrigação geral a que todos estão sujeitos de não colocar em risco a segurança da coletividade (*RT*, *498*:68, *507*:84, *506*:256, *528*:62, *412*:160, *413*:324, 767:194, *441*:223, *714*:152 e *616*:64; *RF*, *143*:350; *Adcoas*, n. 89.444, 1983; *EJSTJ*, *24*:160; *JB*, *166*:115, 178 e 285). O condomínio responderá pela queda de objetos, quando não se puder identificar de qual apartamento caíram (*RT*, *767*:194, *530*:212, *714*:153, *616*:64; *RSTJ*, *116*:258; *JTACSP*, *87*:138; *RJTJSP*, *116*:258, *89*:173; TJRJ, 1ª Câm. Cív., Ap. Cív. 2005.001.16539, rel. Mário Guimarães Neto, j. 2-12-2005). Pelo Enunciado n. 557 do CJF (aprovado na *VI Jornada de Direito Civil*): "Nos termos do art. 938 do CC, se a coisa cair ou for lançada de condomínio edilício, não sendo possível identificar de qual unidade, responderá o condomínio, assegurado o direito de regresso". A responsabilidade civil é objetiva. Bastará a prova da relação de causalidade entre a queda de uma coisa e o dano que, em razão disso, ocorrer, para que haja responsabilidade civil do condomínio (*RT*, *714*:153) ou do morador do prédio (*RT*, *528*:62; *RJTJSP*, *124*:165) de onde o objeto caiu.

BIBLIOGRAFIA: André Besson, *La notion de garde dans la responsabilité du fait des choses*, Dijon, 1927; Cozzi, *La responsabilità civile per danni de cose*, CEDAM, 1935; Goldman, *De la détermination du gardien responsable du fait des choses inanimées*, Sirey, 1947; Pierre Harven, De la responsabilité du fait des choses, in *Premier Congrès International de L'Association Henri Capitant*, Québec-Montréal, 1931, p. 584-5; M. Helena Diniz, *Curso*, cit., v. 3, p. 487 e 488, e v. 7, p. 378 e 379.

Art. 939. O credor que demandar o devedor antes de vencida a dívida, fora dos casos em que a lei o permita, ficará obrigado a esperar o tempo que faltava para o vencimento, a descontar os juros correspondentes, embora estipulados, e a pagar as custas em dobro.

- *Código Civil, arts. 186, 331 a 333, 941, 1.425, 1.426 e 1.465.*
- *Código de Processo Civil, arts. 79 a 81.*
- *Lei n. 8.906/94, art. 32, parágrafo único.*
- *Lei n. 8.078/90, art. 42.*
- *Consolidação das Leis do Trabalho, arts. 793-A a 793-D (acrescentados pela Lei n. 13.467/2017).*

Responsabilidade do demandante por dívida não vencida. Credor que demandar devedor antes do vencimento da dívida (*petitio plus tempore*) estará agindo de má-fé, devendo por isso esperar o tempo que falta para o vencimento, descontar os juros correspondentes e pagar as custas em dobro. Mas, se provar que estava de boa-fé, pagará tão somente as custas vencidas na ação de cobrança, de que decairá, por ser intempestiva. Tal não ocorrerá se se tratar de hipóteses em que se tem vencimento antecipado das obrigações, como falência, insolvência (Lei de Falências — Lei n. 11.101/2005, art. 77; Lei n. 6.024/74, art. 18, *b*) e os casos arrolados nos arts. 1.425 e 333 do Código Civil.

Art. 940. Aquele que demandar por dívida já paga, no todo ou em parte, sem ressalvar as quantias recebidas ou pedir mais do que for devido, ficará obrigado a pagar ao devedor, no primeiro caso, o dobro do que houver cobrado e, no segundo, o equivalente do que dele exigir, salvo se houver prescrição.

- Vide *arts. 79 a 81 e 776 do Código de Processo Civil e Súmula 159 do Supremo Tribunal Federal.*
- Vide *Enunciado n. 32 do extinto 2º Tribunal de Alçada Civil de São Paulo.*
- Vide *Lei n. 8.078/90, art. 42, parágrafo único.*
- *Lei n. 8.906/94, art. 32, parágrafo único.*

Responsabilidade do demandante por débito já solvido. O artigo *sub examine* trata do caso do excesso de pedido, ou seja, do *re plus petitur* (*Revista do Direito*, *59*:593; *RT*, *804*:189, *799*:363, *407*:132, *581*:159 e *585*:99), com o escopo de impedir que se cobre dívida já paga, e só será aplicável mediante prova de má-fé do credor, ante a gravidade da penalidade que impõe. Assim, quem cobrar judicialmente dívida já paga, no todo ou em parte, sem ressalvar o *quantum* recebido, ficará obrigado a pagar ao devedor o dobro do que houver cobrado.

Responsabilidade por cobrança de quantia indevida. Se o credor vier a pedir mais do que lhe for devido, deverá pagar ao devedor o equivalente ao que dele exigir.

Excludente da responsabilidade do demandante de má-fé. O demandante de má-fé sofrerá a pena do art. 940, exceto se já estiver prescrita a pretensão.

Sanção civil de direito substantivo e sanção de direito adjetivo. O art. 940 do Código Civil estabelece uma sanção civil de direito material ou substantivo, e não de direito formal ou adjetivo, contra demandantes abusivos, como a dos arts. 79 a 81 do Código de Processo Civil. Trata o art. 940 da responsabilidade civil do demandante por dívida já solvida ou por quantia superior à devida, punindo o ato ilícito da cobrança indébita. Essa responsabilidade civil constitui uma sanção civil, por decorrer de infração de norma de direito privado, cujo objetivo é o interesse particular e, em sua natureza, é compensatória, por abranger reparação de dano, sendo uma forma de liquidação do prejuízo decorrente de cobrança indevida. Por isso tem dupla função: garantir o direito do lesado à segurança, protegendo-o contra exigências descabidas, e servir de meio de reparar o dano, exonerando o lesado do ônus de provar a ocorrência da lesão. O Código de Processo Civil, arts. 79 a 81, alude à responsabilidade das partes litigantes por dolo processual, impondo indenização na seara do direito adjetivo. Refere-se ao dano processual e sua composição. Assim sendo, o demandante de má-fé (*RT*, *235*:466, *182*:276 e 472, *467*:198, *520*:213, *406*:146, *481*:78, *716*:270, *728*:191; *Ciência Jurídica*, *80*:75, *81*:102 e 449; *RJTJSP*, *41*:43; *RF*, *87*:177, *140*:560 e *183*:95; *BAASP*, *1.953*:169; *1.923*:349 e *1.914*:281; Enunciado n. 32 do 2º TACSP; Súmula 159 do STF) ficará obrigado a pagar multa não excedente a 1% e inferior a 10% do valor corrigido da causa e a indenizar a parte contrária dos prejuízos sofridos mais honorários advocatícios e todas as despesas que efetuou (CPC, art. 81).

Logo, não há falar em absorção do art. 940 do Código Civil pelos arts. 79 a 81 do Código de Processo Civil. Há uma relação de complementação entre esses artigos, pois eles não se excluem, mas se completam, pois fixam a forma de reparação das perdas e danos. Ensina Carlos Roberto Gonçalves que a pena do art. 940 deve ser pedida em ação autônoma ou na reconvenção (*RJTJSP*, *106*:136; *RT*, *467*:198), mas a condenação do litigante de má-fé por perdas e danos (CPC, arts. 79 a 81) pode dar-se na própria ação em que se verificou (*RTJ*, *110*:1.127), embora haja julgado admitindo sua imposição *ex-officio* pelo órgão judicante (*RT*, *507*:201; *JTACSP*, *90*:333 e *108*:406), deve ser arbitrada em porcentagem sobre o valor da causa ou da condenação.

BIBLIOGRAFIA: Pontes de Miranda, *Tratado de direito privado*, cit., 3. ed., t. 54, p. 51; *Manual de direito civil brasileiro*, v. 16, p. 487; José de Aguiar Dias, *Da responsabilidade civil*, 1979, v. 2, p. 97; M. Helena Diniz, *Curso*, cit., v. 3, p. 488 e 489; Análise hermenêutica do art. 1.531 do Código Civil e dos arts. 16 a 18 do Código de Processo Civil, *Jurisprudência Brasileira*, *147*:13-5; Adroaldo Leão, *O litigante de má-fé*, 1986; João Batista Lopes, O juiz e a litigância de má-fé, *Revista da Escola Paulista de Magistratura*, n. 1, 1996, p. 52-8; Francisco Cesar Pinheiro Rodrigues, Indenização na litigância de má-fé, *RT*, *594*:9; Carlos Roberto Gonçalves, *Comentários ao Código Civil*, São Paulo, Saraiva, 2003, v. 11, p. 514.

Art. 941. As penas previstas nos arts. 939 e 940 não se aplicarão quando o autor desistir da ação antes de contestada a lide, salvo ao réu o direito de haver indenização por algum prejuízo que prove ter sofrido.

- Vide *Código de Processo Civil, arts. 775, parágrafo único, 485, VIII e § 4º, e 79 a 81.*
- *Código Civil, arts. 186, 402 a 405.*

Desistência da ação. Se o autor desistir da ação antes da contestação da lide, as penas dos arts. 939 e 940 não lhe serão aplicadas, salvo ao réu o direito de haver indenização por algum prejuízo que prove ter sofrido. Isto porque, com a desistência, o autor veio a reconhecer seu erro, arrependendo-se do que fez. Todavia, mesmo assim, deverá pagar as custas processuais do processo intentado, embora não as pague em dobro. Esclarecem Jones Figueirêdo Alves e

Mário Luiz Delgado: "assim, para aplicação pura e simples dos arts. 939 e 940, não há necessidade de se provar o dolo do autor da ação, nem muito menos o prejuízo do réu, evidente e manifesto nesses casos, até mesmo sob o aspecto moral, sendo suficiente a prova da culpa estrita (negligência, imperícia ou imprudência). Entretanto, para cumulação dessas sanções com a indenização ampla, por perdas e danos, é imprescindível a comprovação do prejuízo efetivamente sofrido" (*vide*: *RT, 118*:82 e *138*:184).

BIBLIOGRAFIA: Jones F. Alves e Mário Luiz Delgado, *Código*, cit., p. 407.

Art. 942. Os bens do responsável pela ofensa ou violação do direito de outrem ficam sujeitos à reparação do dano causado; e, se a ofensa tiver mais de um autor, todos responderão solidariamente pela reparação.

- *Código Civil, arts. 186, 188, 275 a 285, 391, 659, 927, 928, 932, 1.659, IV, e 1.668, V.*
- *Constituição Federal, arts. 5º, V, X e LXXV, e 37, § 6º.*
- *Súmulas 221 e 246 do Superior Tribunal de Justiça.*
- *Código de Processo Civil, art. 789.*

Parágrafo único. São solidariamente responsáveis com os autores os coautores e as pessoas designadas no art. 932.

- *Código Civil, arts. 264 a 285 e 934.*
- *Decreto n. 24.216/34.*
- *Lei n. 9.263/96, art. 21.*

Sujeição dos bens do lesante à reparação do dano. É de ordem pública o princípio que obriga o autor da ofensa a direito alheio a se responsabilizar pelo prejuízo que causou, indenizando-o. Os bens do patrimônio do responsável pelo dano ficarão sujeitos à reparação do gravame.

Solidariedade. Se a violação do direito de outrem tiver mais de um autor, todos responderão solidariamente pela reparação, por meio de seus bens, de maneira que ao titular da ação de indenização caberá opção entre acionar apenas um ou todos ao mesmo tempo (*RT*, *432*:88, *591*:147, *529*:179, *628*:138, *565*:132, *524*:254, *660*:134, *707*:85, *784*:292 e *785*:181; Súmula 221 do STJ; *AJ*, *107*:101). Mas, em se tratando de responsabilidade patrimonial de incapaz e de seu responsável, dever-se-á observar o disposto no art. 928 e parágrafo único.

Solidariedade entre autor e cúmplice. A norma, além de prescrever a solidariedade entre os autores do dano, estende-se aos cúmplices, a quem se aplicarão as mesmas normas da solidariedade, inclusive a alusiva ao direito de regresso. A esse respeito esclarece o Enunciado n. 453 do CJF (aprovado na *V Jornada de Direito Civil*) que: "Na via regressiva, a indenização atribuída a cada agente será fixada proporcionalmente à sua contribuição para o evento danoso".

Solidariedade entre o autor do dano e a pessoa que tem sua guarda. Haverá solidariedade entre os coautores ou entre o autor do dano e as pessoas arroladas no art. 932, no que atina à reparação do prejuízo causado, desde que tenha sido cúmplice ou coautor (*RT*, *613*:70, *707*:85, *741*:293, *641*:132 e *566*:104). Deveras, há responsabilidade objetiva e solidária por ato de terceiro, que se caracterizará nos casos dos incisos I a V do art. 932 (CC, art. 933), mesmo não havendo prova da concorrência de culpa do responsável e do agente para o evento danoso (*RT*, *468*:204 e *480*:767; *RJTJSP*, *86*:174, *107*:150 e *111*:112; *JTACSP*, *110*:88; *EJSTJ*, *23*:155). Tal tendência já havia outrora, pois a jurisprudência, p. ex., entendera que bastava a presunção *juris et de jure* de culpa do patrão, no prejuízo causado por ato de seu empregado, para que ele fosse responsabilizado pela indenização à vítima (*RT*, *238*:26; Súmula 341 do STF), gerando a responsabilidade civil objetiva.

Lembra o CJF no Enunciado n. 558 (aprovado na *VI Jornada de Direito Civil*) que: "São solidariamente responsáveis pela reparação civil, juntamente com os agentes públicos que praticaram atos de improbidade administrativa, as pessoas, inclusive as jurídicas, que para eles concorreram ou deles se beneficiaram direta ou indiretamente".

BIBLIOGRAFIA: José Guilherme B. Teixeira, Da solidariedade na obrigação de indenizar, in *Responsabilidade civil — estudos em homenagem a Rui Geraldo Camargo Viana*, São Paulo, Revista dos Tribunais, 2009, p. 301-3.

Art. 943. O direito de exigir reparação e a obrigação de prestá-la transmitem-se com a herança.

- *Código Civil, arts. 12, parágrafo único, 20, 186, 787, 1.792, 1.821 e 1.997.*
- *Súmula 35 do Supremo Tribunal Federal.*
- *Código de Processo Civil, art. 75, VII.*

Transmissibilidade do dever de indenizar. O patrimônio do responsável responderá pelo dano moral e/ou patrimonial. Assim sendo, em caso de responsabilidade civil, vindo a falecer o responsável pela indenização e como seus bens passam a seus herdeiros, estes, dentro das forças da herança, deverão reparar o dano ao ofendido (CC, arts. 1.792 e 1.997). O direito de prosseguir na ação de indenização por dano moral, se o lesado morrer na sua pendência, transmite-se aos seus herdeiros (STJ, 4ª T., REsp 440.626, rel. Min. Ruy Rosado de Aguiar, j. 3-10-2002; STJ, 3ª T., REsp 219.619/RJ, rel. Min. Eduardo Ribeiro, j. 23-8-1999; STJ, 3ª T., REsp 343.654/SP, rel. Min. Carlos Alberto Menezes Direito, j. 6-5-2002). Se o lesado vier a falecer, a ação de indenização poderá ser intentada por seus herdeiros (*RSTJ*, *71*:183). Portanto, com o falecimento do lesado seus herdeiros têm legitimidade para sucedê-lo na relação processual que ele integrava, pleiteando *quantum* indenizatório (CPC, art. 43), e para propor ação, fazendo valer tal pretensão. Mas, se se tratar de direito personalíssimo, já se decidiu que o direito de exigir a reparação do dano e o dever de indenizar o prejuízo serão intransferíveis (STJ, 3ª T., REsp 302.029-RJ, rel. Min. Nancy Andrighi, j. 29-5-2001). Porém, combinando-se os arts. 943 e 12, parágrafo único, legitimados estão os herdeiros, como lesados indiretos, a pleitear indenização por lesão a direito da personalidade do *de cujus*, devendo o lesante, ou seus herdeiros, repará-la, estes últimos só até as forças da herança. Nesse sentido pronunciou-se o CJF, no Enunciado n. 454 (aprovado na *V Jornada de Direito Civil*): "O direito de exigir reparação a que se refere o art. 943 do Código Civil abrange inclusive os danos morais, ainda que a ação não tenha sido iniciada pela vítima".

BIBLIOGRAFIA: M. Odete D. Bertasi, O dano moral e sua transmissão pela herança, *Revista do IASP*, *64*:5.

CAPÍTULO II
DA INDENIZAÇÃO

Art. 944. A indenização mede-se pela extensão do dano.

- *Código Civil, arts. 948 a 954.*
- *Código de Processo Civil, arts. 82, § 2º e 85.*
- *Súmula 37 do Superior Tribunal de Justiça.*

Parágrafo único. Se houver excessiva desproporção entre a gravidade da culpa e o dano, poderá o juiz reduzir, equitativamente, a indenização.

- *Código Civil, arts. 738, parágrafo único, 787, 884 a 886.*
- *Lei de Introdução às Normas do Direito Brasileiro, art. 5º.*
- *Súmulas 491 e 562 do Supremo Tribunal Federal.*
- *Súmulas 281, 246, 37, 43 e 54 do Superior Tribunal de Justiça.*
- Vide *Resolução CJF n. 587/2019.*
- *Pelo* ***Projeto de Lei n. 699/2011****, o parágrafo único passará a ser o § 1o, pois será acrescentado: "§ 2o A reparação do dano moral deve constituir-se em compensação ao lesado e adequado desestímulo ao lesante".*

Medida da indenização. A indenização deve ser proporcional ao dano moral e/ou patrimonial causado pelo lesante, procurando cobri-lo em todos os seus aspectos, até onde suportarem as forças do patrimônio do devedor, apresentando-se para o lesado como uma compensação pelo prejuízo sofrido sem, contudo, servir de locupletamento indevido ao lesado. Deve haver adequação entre o dano e o *quantum* indenizatório, dando exatamente a cada um o que é seu, sem que haja enriquecimento do lesado em detrimento do patrimônio daquele que deve reparar o prejuízo e que não poderá sofrer desfalque irregular. Daí o teor do Enunciado n. 455 do CJF (aprovado na *V Jornada de Direito Civil*): "Embora o reconhecimento dos danos morais se dê, em numerosos casos, independentemente de prova (*in re ipsa*), para a sua adequada quantificação, deve o juiz investigar, sempre que entender necessário, as circunstâncias do caso concreto, inclusive por intermédio da produção de depoimento pessoal e da prova testemunhal em audiência". Pelo Enunciado n. 379 do Conselho da Justiça Federal (aprovado na *IV Jornada de Direito Civil*): "O art. 944, *caput*, do Código Civil não afasta a possibilidade de se reconhecer a função punitiva ou pedagógica da responsabilidade civil".

Pelos Enunciados do CJF (aprovados na *VI Jornada de Direito Civil*): *a*) n. 550: "A quantificação da reparação por danos extrapatrimoniais não deve estar sujeita a tabelamento ou a valores fixos"; *b*) n. 551: "Nas violações aos direitos relativos a marcas, patentes e desenhos industriais, será assegurada a reparação civil ao seu titular, incluídos tanto os danos patrimoniais como os danos extrapatrimoniais".

Pelo Enunciado n. 629 da *VIII Jornada de Direito Civil*: "A indenização não inclui os prejuízos agravados, nem os que poderiam ser evitados ou reduzidos mediante esforço razoável da vítima. Os custos da mitigação devem ser considerados no cálculo da indenização".

"A expressão 'dano' no art. 944 abrange não só os danos individuais, materiais ou imateriais, mas também os danos sociais, difusos, coletivos e individuais homogêneos a serem reclamados pelos legitimados para propor ações coletivas" (Enunciado n. 456 do CJF, aprovado na *V Jornada de Direito Civil*).

Seria conveniente lembrar que ao lado do *dano individual*, acima mencionado, que constitui lesão a patrimônio (dano patrimonial) ou a direito da personalidade (dano moral) da pessoa, temos, ainda, o *dano social*, que, por atingir o valor social do trabalho, o meio ambiente, a infância, a educação, a habitação, a alimentação, a saúde, a assistência dos necessitados, o lazer etc., alcança toda a sociedade, podendo provocar insegurança, intranquilidade ou redução da qualidade de vida da população. É uma lesão à sociedade no seu nível de vida, tanto por rebaixamento de sua segurança quanto por diminuição de sua qualidade de vida. Constitui, na lição de Antonio Junqueira de Azevedo, causa de: *a*) *indenização punitiva* por dolo ou culpa grave do agente, cujo ato reduziu as condições coletivas de segurança, tendo por escopo a restauração do nível social de tranquilidade diminuído por aquela infração culposa ou dolosa; e *b*) *indenização dissuatória*, se o ato em geral praticado por pessoa jurídica trouxer diminuição do índice de qualidade de vida da população, para que não haja repetição, pelo agente ou por outros, daquele ato.

Redução equitativa do "quantum" indenizatório. Havendo desproporção excessiva entre a gravidade da culpa do lesante e o dano sofrido, inclusive moral (STJ, REsp 970.260/SP — 4ª T., rel. Pádua Ribeiro, j. 28-8-2007), pelo lesado, o órgão judicante poderá reduzir, equitativamente, a indenização (TJRJ, 9ª Câm. Cív., Ap. Cível 2006.001.43948, rel. Roberto de Abreu Silva, j. 31-10-2006). Pelo Enunciado n. 458 do CJF (aprovado na *V Jornada de Direito Civil*): "O grau de culpa do ofensor, ou a sua eventual conduta intencional, deve ser levado em conta pelo juiz para a quantificação do dano moral". Ante a impossibilidade de reconstituição natural, na *restitutio in integrum*, procurar-se-á atingir, como diz De Cupis, uma situação material correspondente, não podendo exceder o valor do prejuízo causado por não se permitir enriquecimento indevido. Deve-se dar ao lesado exatamente aquilo que lhe é devido, sem acréscimo, sem reduções. Mas, pelo parágrafo único do artigo *sub examine*, se a culpa do lesante não for grave, o magistrado, em caso de responsabilidade civil subjetiva, ao estabelecer o *quantum* indenizatório, com prudência objetiva, poderá diminuí-lo, equitativamente, aplicando-se a doutrina da graduação da culpa. Será necessária a verificação da graduação da culpa (grave, leve e levíssima) para quantificar o valor indenizatório. "A possibilidade de redução do montante da indenização em face do grau de culpa do agente, estabelecida no parágrafo único do art. 944 do novo Código Civil, deve ser interpretada restritivamente, por representar uma exceção ao princípio da reparação integral do dano, não se aplicando às hipóteses de responsabilidade objetiva" (Enunciado n. 46, aprovado na *I Jornada de Direito Civil*, promovida, em setembro de 2002, pelo Centro de Estudos Judiciários do Conselho da Justiça Federal). E, pelo Enunciado n. 380 do Conselho da Justiça Federal, aprovado na *IV Jornada de Direito Civil*, "atribui-se nova redação ao Enunciado n. 46 da *I Jornada de Direito Civil*, com a supressão da parte final: não se aplicando às hipóteses de responsabilidade objetiva". E o CJF pelo Enunciado n. 457, aprovado na *V Jornada de Direito Civil*, conclui que: "A redução equitativa da indenização tem caráter excepcional e somente será realizada quando a amplitude do dano extrapolar os efeitos razoavelmente imputáveis à conduta do agente".

BIBLIOGRAFIA: M. Helena Diniz, O problema da liquidação do dano moral e os critérios para fixação do *quantum* indenizatório, *Atualidades Jurídicas*, 2:237; Hans Albrecht Fischer, *A reparação dos danos no direito civil*, 1938; Cláudio Antônio Soares Levada, *Liquidação de danos morais*, 1995; José de Aguiar Dias, *Responsabilidade civil em debate*, 1983; Ives Gandra da Silva Martins, Quantificação nos arbitramentos das ações por danos morais, *RDC*, *69*:138; Carlos Fernandez Dessarego, Hacia una nueva sistematización del daño a la persona, *RDC*, *75*:5; Matiello, *Código Civil*, cit., p. 591-2; Milton Paulo de Carvalho Filho, *Indenização por equidade*, cit., p. 65; Jorge S. Fujita, Responsabilidade civil: indenização por equidade no novo Código Civil, *Ensaios*, cit., p. 221-240; Jorge L. Souto Maior, O dano social e sua reparação, *Revista LTr*, *71*:11; Antonio Junqueira de Azevedo, *Novos estudos e pareceres de direito privado*, São Paulo, Saraiva, 2009, p. 377-84.

Art. 945. Se a vítima tiver concorrido culposamente para o evento danoso, a sua indenização será fixada tendo-se em conta a gravidade de sua culpa em confronto com a do autor do dano.

- *Código Civil, arts. 738, parágrafo único, e 936.*
- *Decreto n. 2.681/12, arts. 2º e 15, § 3º.*
- *Súmula 28 do Supremo Tribunal Federal.*

Culpa concorrente da vítima. Se o lesado, por ato culposo, veio a concorrer para o prejuízo que sofreu, o órgão judicante, na fixação do montante indenizatório, deverá considerar a gravidade de sua culpa, confrontando-a com a do lesante. Se para o dano concorreram a culpa do lesante e a do lesado, esse fato não pode deixar de ser levado em conta na fixação da indenização, de tal sorte que ao montante global do prejuízo sofrido se abaterá a quota-parte que, para o magistrado, for imputável à culpa da vítima (*RT*, *801*:230, *800*:267, *791*:243, *785*:380, *773*:364, *609*:112, *599*:260, *588*:188, *567*:104; *RSTJ*, *193*:401). O *quantum* indenizatório deverá ser apurado conforme o grau da culpa da vítima. O disposto no artigo *sub examine* não exclui a aplicação da teoria da causalidade adequada (Enunciado n. 47, aprovado na *I Jornada de Direito Civil*, promovida, em setembro de 2002, pelo Centro de Estudos Judiciários do Conselho da Justiça Federal). E, além disso, considerou o CJF em seu: *a*) Enunciado n. 458 (aprovado na *V Jornada de Direito Civil*) que: "A conduta da vítima pode ser fator atenuante do nexo de causalidade na responsabilidade civil objetiva"; *b*) Enunciado n. 630: "Culpas não se compensam. Para os efeitos do art. 945 do Código Civil, cabe observar os seguintes critérios: (i) há diminuição do *quantum* da reparação do dano causado quando, ao lado da conduta do lesante, verifica-se ação ou omissão do próprio lesado da qual resulta o dano, ou o seu agravamento, desde que (ii) reportadas ambas as condutas a um mesmo fato, ou ao mesmo fundamento de imputação, conquanto possam ser simultâneas ou sucessivas, devendo-se considerar o percentual causal do agir de cada um" (aprovado na *VIII Jornada de Direito Civil*).

Art. 946. Se a obrigação for indeterminada, e não houver na lei ou no contrato disposição fixando a indenização devida pelo inadimplente, apurar-se-á o valor das perdas e danos na forma que a lei processual determinar.

- *Código de Processo Civil, arts. 509 a 512, 783, 809, §§ 1º e 2º, 816, 823 e 845.*
- *Súmulas 125 e 136 do Superior Tribunal de Justiça.*
- *Código Civil, arts. 402 a 405.*

Prévia liquidação do valor. Necessária será a prévia liquidação do valor para que haja execução de obrigações ilíquidas, de fazer ou não fazer, e indenização de perdas e danos somente quando a norma não estabelecer o respectivo valor ou não houver convenção das partes estipulando tal valor. Deveras, dispensada estará a prévia liquidação nos casos em que a lei, excepcionalmente, traçar normas gerais para fixar o montante (*RT*, *584*:152) (p. ex., art. 953, parágrafo único) e quando existir acordo entre as partes interessadas, estipulando o *quantum* da indenização e suas condições, hipóteses em que não teria cabimento falar-se em liquidação judicial.

Pelo Enunciado n. 631 da *VIII Jornada de Direito Civil*: "Como instrumento de gestão de riscos na prática negocial paritária, é lícita a estipulação de cláusula que exclui a reparação por perdas e danos decorrentes do inadimplemento (cláusula excludente do dever de indenizar) e de cláusula que fixa valor máximo de indenização (cláusula limitativa do dever de indenizar)".

Liquidação legal. A própria lei define os contornos e o meio de efetivar o pagamento da indenização (como, p. ex., nas hipóteses previstas nos arts. 948, 949, 950, 952 e 953 do Código Civil; *RT*, *584*:152).

Liquidação convencional. Na fixação do *quantum* indenizatório segue-se o acordo de vontade das partes que estipulam o seu valor e suas condições.

Liquidação judicial. A obrigação de indenizar deverá ser líquida; logo, se a quantia indenizatória a que tem direito o lesado não puder ser expressa por um algarismo ou cifra, necessitando de prévia apuração do valor das perdas e danos, na forma determinada pela lei processual, será ilíquida, por ser incerto e indeterminado o montante da prestação, não havendo na lei (p. ex., art. 953) ou no contrato disposição fixando a indenização devida pelo lesado ou inadimplente. Tal apuração será realizada por um processo chamado liquidação de sentença, que, por meio de arbitramento (CPC, arts. 509, I, 510) ou liquidação pelo procedimento comum (CPC, arts. 509, II, 511), fixará o seu valor, em moeda corrente, a ser pago ao lesado (credor), se o lesante (devedor) não puder cumprir a prestação na espécie ajustada (*RT*, *464*:240, *519*:83, *581*:191, *585*:213, *586*:89, *520*:112, *558*:230 e *521*:111; CC, art. 947; Súmula 344 do STJ).

Há danos que podem ser avaliados por mera operação aritmética; outros, principalmente os não previstos legalmente, requerem, para tanto, o arbitramento, ante a impossibilidade de avaliar matematicamente o quantitativo pecuniário a que tem direito o ofendido. Deveras, há casos, principalmente de dano moral, em que a liquidação se faz mediante arbitramento, que é feito por peritos no curso da ação de indenização, que calculam o montante a ser pago à vítima. Todavia, é bom não olvidar que o laudo desses técnicos não vincula o juiz, que poderá alterá-lo na sentença judicial (*RT*, *699*:73, *512*:262, *519*:83, *520*:112, *558*:230, *521*:111, *464*:240, *581*:191, *585*:213 e *586*:89).

BIBLIOGRAFIA: Álvaro Villaça Azevedo, Liquidação das obrigações, in *Enciclopédia Saraiva do Direito*, v. 50, p. 133 e s.; M. Helena Diniz, *Curso*, cit., v. 2, p. 92-4, v. 7, p. 147-153; Clóvis Beviláqua, *Código Civil comentado*, cit., v. 4, p. 312; R. Limongi França, Liquidação das obrigações, in *Enciclopédia Saraiva do Direito*, v. 50, p. 127 e s.; Bassi e Rubini, *La liquidazione del danno*, Milano, Giuffrè, 1974.

Art. 947. Se o devedor não puder cumprir a prestação na espécie ajustada, substituir-se-á pelo seu valor, em moeda corrente.

- *Código de Processo Civil, arts. 809, § 2º, 823 e 846, § 3º.*
- *Código Civil, arts. 234 a 240, 244, 248 e 249.*
- *Código de Processo Penal, art. 60.*
- *Súmulas 54, 125 e 136 do Superior Tribunal de Justiça.*
- *Súmula 163 do Supremo Tribunal Federal (ora superada em sua primeira parte, em razão da vigência da Lei n. 4.414/64).*
- ***Projeto de Lei n. 699/2011**: "Art. 947. Se o devedor não puder cumprir a prestação na espécie ajustada, ou seu cumprimento não restaurar o estado anterior, substituir-se-á pelo seu valor, em moeda corrente".*

"Restitutio in integrum". Às vezes pode-se garantir o direito do lesado mediante o pleno ressarcimento dos danos que sofreu, restabelecendo-se na medida do possível o *statu quo ante*, por meio de uma reconstituição natural (sanção direta) (*RT*, *436*:97, *262*:272 e *193*:407; *RTJ*, *47*:316 e *39*:320).

Indenização pecuniária equivalente ao dano. Se for impossível a reconstituição do *statu quo ante*, ter-se-á sanção indireta, ou seja, uma conversão da obrigação numa dívida de valor, consistente no pagamento pelo lesado de certa soma em dinheiro, cujo valor deverá ser estabelecido por lei, pelo consenso das partes, ou pelo juiz, que o fará por meio de arbitramento, isto é, de procedimento pelo qual técnicos (peritos) calculam o *quantum* a ser pago pelo lesante ao lesado.

Art. 948. No caso de homicídio, a indenização consiste, sem excluir outras reparações:
I — no pagamento das despesas com o tratamento da vítima, seu funeral e o luto da família;

II — na prestação de alimentos às pessoas a quem o morto os devia, levando-se em conta a duração provável da vida da vítima.

- *Constituição Federal, art. 245.*
- Vide *Código Civil, arts. 186, 945, 951 e 1.694 a 1.710.*
- Vide *Código de Processo Civil, art. 533; Leis n. 2.237, de 19 de junho de 1954, que atribui preferência às letras hipotecárias para a caução prevista na lei processual, e 4.117, de 27 de agosto de 1962 (Código de Telecomunicações, com alteração do Decreto-Lei n. 236, de 28-2-1967), ora revogada pela Lei n. 9.472/97, salvo quanto às disposições penais e às referentes à radiodifusão.*
- *Sobre os honorários de advogado que completam a indenização,* vide *arts. 22 a 26 da Lei n. 8.906, de 4 de julho de 1994 (Estatuto da Advocacia e a Ordem dos Advogados do Brasil).*
- *Súmulas 37 e 43 do Superior Tribunal de Justiça.*
- Vide *Súmulas 562, 490, 491 e 493 do Supremo Tribunal Federal.*

Indenização por homicídio. Se ocorrer homicídio por ato doloso ou culposo (*JB*, *134*:72 e 80), a indenização, sem excluir outras reparações (p. ex., perdas e danos), consistirá: *a*) no pagamento de despesas com o tratamento médico-hospitalar (p. ex., honorários médicos, ambulância, cirurgia, medicamentos, enfermeiro, exames etc.) da vítima (*RJTJSP*, *59*:196), com seu funeral, inclusive aquisição de jazigo perpétuo, remoção do corpo (*RJTJSP*, *31*:35, *64*:100, *59*:110 e 196; *RT*, *772*:306, *771*:334, *798*:270, *791*:243, *554*:149, *513*:102, *500*:189 e *476*:226; *RTJ*, *78*:792) e com o luto da família (*RT*, *673*:153; *RSTJ*, *95*:315), abrangendo vestes lúgubres, despesas com sufrágio da alma; *b*) na prestação de alimentos às pessoas (pais, viúvo, filhos, companheiro etc.) a quem o defunto os devia, considerando-se como critério temporal da prestação alimentícia a duração provável da vida da vítima, que, no Brasil, seria de 65 anos (*RJTJSP*, *101*:137), admitida a sobrevida, de mais 5 anos, se já havia ultrapassado esse limite e era saudável (*RT*, *730*:374, *729*:268, *646*:124, *611*:221, *527*:64, *525*:114, *516*:106, *507*:119, *492*:203, *434*:101, *468*:78, *478*:65, *477*:111, *352*:115, *515*:120, *479*:64, *526*:225, *537*:52, *532*:112, *520*:277, *500*:189, *509*:75, *529*:79, *462*:99, *495*:60, *491*:63, *483*:167, *479*:218, *463*:73, *643*:178 e *438*:117; *RTJ*, *61*:250; *RJTJSP*, *101*:120, *135*:145, *136*:182; *EJSTJ*, *12*:75; STF, Súmulas 490 e 493; CF/88, art. 245); *c*) nos honorários advocatícios (CPC, art. 85). Tal indenização será proporcionalmente reduzida se para o evento tiver também concorrido culpa da vítima (CC, art. 945). O art. 948 apenas enumera exemplificativamente as verbas indenizatórias, logo se se provar que do homicídio houve outros prejuízos, o órgão judicante deverá decidir-se pela responsabilidade e inclusive pela cumulação de dano moral (*RT*, *712*:170, *730*:93, *645*:121) e material (Súmula 37 do STJ; *RJTJRS*, *150*:716; *RSTJ*, *45*:144 e *27*:268; *RT*, *795*:192, *788*:282, *730*:205 e *553*:199).

Pelo Enunciado n. 560 do CJF (aprovado na *VI Jornada de Direito Civil*): "No plano patrimonial, a manifestação do dano reflexo ou por ricochete não se restringe às hipóteses previstas no art. 948 do Código Civil".

Art. 949. No caso de lesão ou outra ofensa à saúde, o ofensor indenizará o ofendido das despesas do tratamento e dos lucros cessantes até ao fim da convalescença, além de algum outro prejuízo que o ofendido prove haver sofrido.

- *Súmula 37 do Superior Tribunal de Justiça.*
- *Código Civil, arts. 402 e 403, 950 e 951.*
- *Código Penal, arts. 61, II,* f, *129, §§ 9º a 11.*
- *Código de Processo Penal, art. 313, IV, ora revogado pela Lei n. 12.403/2011.*

• *Lei n. 7.210/84, art. 152, parágrafo único.*

• ***Projeto de Lei n. 699/2011**: "Art. 949. No caso de lesão ou outra ofensa à saúde, o ofensor indenizará o ofendido das despesas do tratamento e dos lucros cessantes até o fim da convalescença, sem excluir outras reparações".*

Indenização por lesão corporal ou por ofensa à saúde. Havendo lesão corporal, ou outra ofensa à saúde física ou mental, o ofensor deverá indenizar o ofendido das despesas do tratamento (p. ex., gasto com medicamentos, cirurgia, ortopedia, honorários médicos etc.) e dos lucros cessantes (rendimentos que deixou de ter pelo não exercício de suas atividades) até o fim da convalescença, além de lhe pagar a importância correspondente a algum outro prejuízo que o lesado comprove ter sofrido (*RT*, *786*:286, *781*:322).

Dano estético. Se do ferimento causado advier aleijão ou deformidade, fazendo com que o ofendido cause impressão desagradável (*RT*, *791*:203 e 297, *789*:361, *780*:268, *731*:226, *688*:227, *177*:161, *173*:620, *194*:910, *141*:205, *94*:197, *143*:605, *208*:212, *465*:214, *196*:136, *485*:62 e *513*:266; *RSTJ*, *102*:214, *105*:331, *79*:199; *RF*, *107*:259; Súmula 387 do STJ), atingindo a esfera sentimental, por provocar dor, e a social, por dano à sua consideração no meio da sociedade, deverá ele, se possível, ser corrigido *in natura*, por meio de cirurgia plástica, e esta se incluirá na reparação do dano e na sua liquidação. Se impossível for a volta ao *statu quo ante*, uma indenização será devida ao lesado. "Os danos oriundos das situações previstas nos arts. 949 e 950 do Código Civil de 2002 devem ser analisados em conjunto, para o efeito de atribuir indenização por perdas e danos materiais, cumulada com dano moral e estético" (Enunciado n. 192 do Conselho da Justiça Federal, aprovado na *III Jornada de Direito Civil* — no mesmo sentido: *RSTJ*, *138*:172).

BIBLIOGRAFIA: Spota, La lesión a las condiciones estéticas de la víctima de un acto ilícito, *La Ley*, *26*:654; Carvalho Santos, *Código Civil brasileiro interpretado*, t. 21, p. 78; Zannoni, *El daño en la responsabilidad civil*, Buenos Aires, Ed. Astrea, 1982, p. 287-91; Teresa A. Lopes Magalhães, *Dano estético à pessoa*: sua reparação civil, São Paulo, 1978; M. Helena Diniz, *Curso*, cit., v. 7, p. 100 e 101; André Toulemnon, *Le préjudice corporel et moral*, Sirey, 1955; Alexandre A. Corrêa, O dano estético — responsabilidade civil, *RDC*, *761*:138; Ronaldo Alves de Andrade, *Dano moral à pessoa e sua valoração*, São Paulo, Juarez de Oliveira, 2000.

Art. 950. Se da ofensa resultar defeito pelo qual o ofendido não possa exercer o seu ofício ou profissão, ou se lhe diminua a capacidade de trabalho, a indenização, além das despesas do tratamento e lucros cessantes até ao fim da convalescença, incluirá pensão correspondente à importância do trabalho para que se inabilitou, ou da depreciação que ele sofreu.

• *Código Civil, arts. 186, 949 e 951.*

• Vide *Súmula 37 do Superior Tribunal de Justiça.*

• Vide *Súmulas 490, 493 e 562 do Supremo Tribunal Federal.*

• *Código de Processo Civil, art. 533.*

Parágrafo único. O prejudicado, se preferir, poderá exigir que a indenização seja arbitrada e paga de uma só vez.

• ***Projeto de Lei n. 699/2011**: "§ 1º O prejudicado, se preferir, poderá exigir que a indenização seja arbitrada e paga de uma só vez.*

§ 2º São também reparáveis os danos morais resultantes da ofensa que acarreta defeito físico permanente ou durável, mesmo que não causem incapacitação ou depreciação laborativa.

§ 3º Na reparação dos danos morais deve ser considerado o agravamento de suas consequências se o defeito físico, além de permanente ou durável, for aparente".

Perda ou diminuição da capacidade laborativa. Se a vítima, em razão da ofensa, vier a perder ou diminuir a capacidade para o trabalho, o ofensor deverá pagar uma indenização, que abranja as despesas do tratamento, os lucros cessantes até o final da convalescença, e, daí em diante, pagará uma pensão fixada em juízo correspondente à importância do trabalho, para que se inabilitou, ou da depreciação que ele sofreu. Se houver total incapacidade laborativa (*RT*, *837*:160, *850*:215), tal pensão deverá ser equivalente ao que percebia mensalmente. Se parcial (*RT*, *864*:197), o lesado fará jus a uma pensão correspondente à diferença entre o que recebia e o que passou a receber. Mas, se o lesado preferir, poderá, em vez da pensão, pleitear que a indenização seja arbitrada e paga de uma só vez (*RT*, *801*:365, *778*:243, *753*:334, *610*:111, *667*:121, *224*:219, *479*:82, *389*:327, *493*:110, *544*:110 e *367*:137; *RTJ*, *57*:786; *RSTJ*, *79*:249; *EJSTJ*, *15*:73; *RJTJSP*, *41*:117, *39*:98). Instituído está o direito potestativo do lesado para exigir pagamento da indenização de uma só vez, mediante arbitramento do valor pelo juiz, atendido ao disposto nos arts. 944 e 945 e à possibilidade econômica do ofensor (Enunciado n. 48, aprovado na *Jornada de Direito Civil*, promovida, em setembro de 2002, pelo Centro de Estudos Judiciários do Conselho da Justiça Federal). Complementa o Enunciado n. 381 do Conselho da Justiça Federal (aprovado na *IV Jornada de Direito Civil*): "O lesado pode exigir que a indenização, sob a forma de pensionamento, seja arbitrada e paga de uma só vez, salvo impossibilidade econômica do devedor, caso em que o juiz poderá fixar outra forma de pagamento, atendendo à condição financeira do ofensor e aos benefícios resultantes do pagamento antecipado". Mas, como tal pensão por redução ou perda da capacidade para o trabalho pode ser vitalícia e não pelo tempo provável de vida do lesado, o órgão judicante poderia ter dificuldade em estipular o *quantum* a ser pago de uma só vez.

Art. 951. O disposto nos arts. 948, 949 e 950 aplica-se ainda no caso de indenização devida por aquele que, no exercício de atividade profissional, por negligência, imprudência ou imperícia, causar a morte do paciente, agravar-lhe o mal, causar-lhe lesão, ou inabilitá-lo para o trabalho.

- Vide *Código Civil, arts. 932, III, 933, 942, parágrafo único, 948, 949 e 950.*
- *Lei n. 6.437/77 (Infração à legislação sanitária federal).*
- *Código de Defesa do Consumidor (Lei n. 8.078/90), arts. 14, § 4º, e 17.*
- *Lei n. 9.431/97, sobre obrigatoriedade da manutenção de programa de controle de infecções hospitalares.*
- *Lei n. 9.797/99, sobre cirurgia plástica reparadora da mama.*
- *Lei n. 9.787/99, sobre responsabilidade médica na prescrição de medicamentos genéricos.*
- *Decreto Estadual Paulista n. 41.703/97, que regulamenta a Lei n. 9.495/97, que obriga empresas que prestam serviços médico-hospitalares a atenderem a todas as enfermidades relacionadas no Código Internacional de Doenças da Organização Mundial da Saúde.*
- *Súmulas 341 do Supremo Tribunal Federal e 37 do Superior Tribunal de Justiça.*
- *Resolução CFM n. 1.995/2012 sobre diretivas antecipadas de vontade dos pacientes.*
- *Súmula vinculante 22 do Supremo Tribunal Federal.*

Responsabilidade subjetiva de médico, cirurgião, farmacêutico, parteira e dentista por erro profissional. O erro profissional poderá constituir ato ilícito. Por isso, a lei obriga médico, cirurgião, bioquímico, enfermeiro, farmacêutico, parteira e dentista a reparar dano patrimonial e/ou moral que, no exercício da profissão, resulte morte, agravação do mal, inabilitação ao trabalho, lesão corporal ou ferimento, em razão de imprudência, negligência (*RT*, *723*:435) ou imperícia (*RT*, *785*:237). Todavia, essa "responsabilidade subjetiva do profissional da área da saúde, nos termos do art. 951 do Código Civil e do art. 14, § 4º, do Código de Defesa do Consumidor, não afasta a sua responsabilidade objetiva pelo fato da coisa da qual tem a guarda, em caso de uso de aparelhos ou instrumentos que, por eventual disfunção, venham a causar danos a pacientes, sem prejuízo do direito regressivo do profissional em relação ao fornecedor do aparelho e sem prejuízo da ação direta do paciente, na condição de consumidor, contra tal fornecedor" (Enunciado n. 460 do CJF, aprovado na *V Jornada de Direito Civil*). O profissional da saúde tem responsabilidade civil subjetiva pelos danos causados a paciente, por ato comissivo ou omissivo que praticar no exercício de sua atividade, devendo pagar, conforme o caso, as indenizações previstas nos arts. 948, 949 e 950, por isso deverá atuar com zelo, esforçando-se para o bom êxito do tratamento, evitando empregar técnicas lesivas ou ultrapassadas ou ter conduta culposa que possa agravar o mal ou inabilitar o paciente para o trabalho. Deve agir com diligência e cuidado, empregando métodos de qualidade e seguindo as regras técnicas da profissão. A norma impõe a responsabilidade solidária do farmacêutico pelos erros e enganos dos seus prepostos (CC, arts. 932, III, 933 e 942, parágrafo único) que, p. ex., trocam um produto por outro (*Revista de Direito*, *59*:595), vendem substâncias proibidas, aviam receitas erroneamente (*RT*, *80*:424) etc., forçando, com isso, o farmacêutico a efetivar uma escolha mais cuidadosa daqueles, evitando que admita em seu estabelecimento pessoas inabilitadas (*RT*, *449*:177 e *492*:124). O mesmo se diga de proprietários e diretores de clínicas e hospitais, pelos danos cometidos por enfermeiros ou médicos assalariados a pacientes e pela omissão de diligência necessária à prestação de serviços hospitalares. Há entre profissional da saúde (médico, p. ex.) e seu cliente uma obrigação de meio (*Ciência Jurídica*, *62*:173) e não de resultado, por não comportar o dever de curar o paciente, mas sim o de prestar-lhe cuidados conscienciosos e atentos conforme os progressos da medicina (CDC, art. 14, § 4º).

Há casos em que se supõe a obrigação de resultado com sentido de cláusula de incolumidade, como ocorre na cirurgia estética (embelezadora e não corretiva — *RT*, *638*:89, *713*:125; *LEX*, *JTJ*, *207*:116), nos exames de laboratório ou no contrato de hospitalização, em que o médico assume o dever de preservar o enfermo de acidentes ou de infecções hospitalares, hipóteses em que sua responsabilidade civil será objetiva e não subjetiva (CDC, art. 17; *RT*, *726*:416).

Assim sendo, se o paciente vier a falecer, sofrer lesão ou inabilitação para o trabalho, não haverá inadimplemento contratual, pois o médico não assumiu o dever de curá-lo, mas de tratá-lo adequadamente. É preciso lembrar que não haverá presunção de culpa para haver condenação do médico; ele (CDC, art. 6º, VIII) é que deverá provar que não houve inexecução culposa da sua obrigação profissional, demonstrando que o dano não resultou de imperícia, negligência (*BAASP*, *2.093*:180, *e*; 1º TACSP, Ap. 684.076-6, j. 9-3-1998) ou imprudência sua (*RT*, *407*:174, 357, 196; *JSTJ*, *8*:294). Tal prova poderá ser feita por testemunhas, se não houver questão técnica a ser esclarecida, sendo necessário que haja liame de causalidade entre o dano e a falta do médico de que resulta a responsabilidade. Portanto, a responsabilidade civil dos médicos somente decorre de culpa provada, constituindo uma espécie particular de culpa. Não resultando provadas a imprudência, imperícia ou negligência, nem o erro grosseiro, fica afastada a responsabilidade dos doutores em Medicina, em virtude mesmo da presunção de capacidade constituída pelo diploma obtido após as provas regulamentares (TJRJ, *Adcoas*, n. 84.019, 1982).

Jurisprudência sobre responsabilidade civil do profissional da saúde. *RT*, *871*:342, *858*:393, *849*:348, *842*:222, *810*:382, *824*:222, *785*:237, *723*:435, *726*:416, *622*:66, *613*:49, *590*:193, *557*:325 e 350, *577*:378, *568*:157, *569*:93, *580*:357, *138*:126, *606*:186, *605*:193,

492:124, *449*:177, *526*:216, *558*:57, *546*:200, *549*:345, *566*:191, *554*:234, *529*:254, *572*:101, *367*:137, *523*:68, *80*:424, *503*:47, *522*:128, *585*:93, *231*:285, *608*:160; *RF*, *130*:149, *160*:262, *502*:63; *EJSTJ*, *12*:89, *24*:127, *11*:57, *18*:47; *RJTJRS*, *42*:366; *RTJ*, *78*:452, *75*:209, *62*:255, *54*:92; *BAASP*, *2.093*:180; *Ciência Jurídica*, *32*:127, *55*:154, *57*:140, *67*:78, *65*:287, *64*:320, *63*:125, *64*:320 e 163, *67*:78, *79*:173; *RJTJSP*, *65*:174, *70*:217, *41*:115; *Revista de Direito*, *59*:595, *68*:400; *JTJ*, *273*:408, *278*:147, *277*:218, *280*:135, *314*:184, *295*:175.

BIBLIOGRAFIA: Mazeaud e Mazeaud, Responsabilité délictuelle et responsabilité contractuelle, *Revue Trimestrielle de Droit Civil*, 1929, p. 611; François Chabas, La responsabilité médicale en droit privé, *La Nouvelle Presse Médicale*, v. 7, n. 5, 4 fev. 1978; Falque, La responsabilité du médicin après l'arrêt du 20 mai 1936, *Revue Critique de Législation et Jurisprudence*, 1937, p. 609 e s.; Henri Lalou, *La responsabilité civile*; principes élémentaires et applications pratiques, Paris, Dalloz, 1932, n. 422 e 423; Silvio Rodrigues, *Direito civil*, cit., v. 4, p. 268, 269 e 270; Miguel Kfouri Neto, *Responsabilidade civil do médico*, São Paulo, Revista dos Tribunais, 2003; Delton Croce e Delton Croce Jr., *Erro médico e o direito*, São Paulo, Juarez de Oliveira, 1997; W. Barros Monteiro, *Curso*, cit., v. 5, p. 418 e 419; G. T. Villegas-Pulido, *Jurisprudencia médica venezolana*, 2. ed., Caracas, 1939, p. 38, 240, 246, 247, 267 e 270; Bonvicini, op. cit., t. 2, p. 766-96; Thelin, *La responsabilité civile du médecin*, Lausanne, 1943; Savatier, La responsabilità del medico, aspetti di diritto civile, in *Atti VII Convegno Giuridico Italo-Francese*, 1971; Ferres, *Du fondement et du caractère de la responsabilité juridique du médecin*, Paris, 1934, p. 40 e s.; Louis Vervaeck, *Annales de médecine légale, de criminologie et de police scientifique*, Paris, 1931, p. 725, n. 10; Adrien Pommeroi, *La responsabilité médicale devant les tribunaux*, Paris, Lille, 1932; Jean Penneau, *La responsabilité médicale*, 1977, p. 35 e 36; Carlos Alberto Bittar e outros, *Responsabilidade civil médica e hospitalar*, São Paulo, Saraiva, 1992; Alfredo Ari dos Santos, Algumas considerações sobre cirurgia estética, *Boletim do Instituto de Criminologia*, Lisboa, v. 14, p. 11; Teresa A. Lopes Magalhães, *Dano estético à pessoa*; sua reparação civil, São Paulo, 1978, nota 74; Xavier Ryckmans, *Les droits et les obligations des médecins*, Bruxelles, 1954, n. 423 e 424; Wanderley L. Panasco, *A responsabilidade civil, penal e ética dos médicos*, Rio de Janeiro, 1979; Oscar Ivan Prux, Um novo enfoque quanto à responsabilidade civil do profissional liberal, *Revista Portuguesa de Direito do Consumo*, *6*:26-55, 1996; Antonio Chaves, Responsabilidade civil por ato médico, *Ciência Jurídica*, *65*:38-48; M. Helena Diniz, *Curso*, cit., v. 7, p. 244-55, 286 e 287; *O estado atual do biodireito*, São Paulo, Saraiva, 2001, p. 511-62; Guálter Lutz, *Erros e acidentes em odontologia*, Rio de Janeiro, 1938, p. 44, 50, 53, 193 e 241; Alfredo de A. Lopes da Costa, *Direito profissional do cirurgião-dentista*, São Paulo, 1928, p. 43; Guimarães Menegale, Responsabilidade profissional do cirurgião-dentista, *RF*, *80*:47 e s.; Walter Bloise, *A responsabilidade civil e o dano médico*, 1997; Ricardo Luís Lorenzetti, *Responsabilidad civil de los médicos*, 1997, 2 v.; Calixto Díaz, Regañon Garcia-Alcalá, El régimen de la prueba en la responsabilidad civil médica, *Hechos y derechos*, 1996; Gustavo Tepedino, A responsabilidade médica na experiência brasileira contemporânea, *RTDCiv*, *2*:41; Ruy Rosado de Aguiar, Responsabilidade civil do médico, *RT*, *718*:33; Humberto Theodoro Jr., Aspectos processuais da ação de responsabilidade por erro médico, *RT*, *760*:40; Roberto Godoy, A responsabilidade civil no atendimento médico e hospitalar, *RT*, 777:87; Fernando Facuri Scaff, Da responsabilidade das instituições médicas, *RDC*, *55*:41; Nehemias D. de Melo, *Responsabilidade civil por erro médico*, São Paulo, Atlas, 2008.

Art. 952. Havendo usurpação ou esbulho do alheio, além da restituição da coisa, a indenização consistirá em pagar o valor das suas deteriorações e o devido a título de lucros cessantes; faltando a coisa, dever-se-á reembolsar o seu equivalente ao prejudicado.

Parágrafo único. Para se restituir o equivalente, quando não exista a própria coisa, estimar-se-á ela pelo seu preço ordinário e pelo de afeição, contanto que este não se avantaje àquele.

- Vide *Súmulas 37 e 54 do Superior Tribunal de Justiça.*
- Vide *Súmula 562 do Supremo Tribunal Federal.*
- *Código Civil, arts. 402, 403, 947, 1.210, 1.212 e 1.228.*
- *Código de Processo Civil, arts. 555, I, 556 e 560.*
- *Código Penal, arts. 161 e 162.*

Usurpação ou esbulho do alheio. Se o lesante usurpar, apoderando-se ilegal, violenta ou fraudulentamente de coisa, ou esbulhar o alheio, tomando ilicitamente a posse do titular do bem, privando-o de seu exercício, a indenização consistirá na devolução *in natura*, acrescida de pagamento de perdas e danos, exceto se se comprovar boa-fé do usurpador ou esbulhador, caso em que deverá apenas restituir a coisa, móvel ou imóvel, acrescida do valor das deteriorações (*RT*, *443*:283) e o devido a título de lucros cessantes. E se, porventura, não mais existir a coisa, deverá pagar o equivalente ao lesado, ou seja, o seu valor médio mercadológico atual.

Restituição do equivalente da coisa usurpada ou esbulhada. Se impossível for ao usurpador devolver o bem que usurpou ou esbulhou, por não mais existir, deverá pagar ao seu legítimo proprietário ou possuidor o preço atual da coisa em dinheiro, incluindo-se, ainda, o valor afetivo que o bem possa ter, desde que não seja maior do que o preço ordinário da coisa. Assim, se um bem vale R$ 10.000,00, seu valor afetivo não poderá ser superior a R$ 10.000,00, ficando, nesse caso, a indenização avaliada em R$ 20.000,00. Pelo Enunciado n. 561 do CJF (aprovado na *VI Jornada de Direito Civil*): "No caso do art. 952 do Código Civil, se a coisa faltar, dever-se-á, além de reembolsar o seu equivalente ao prejudicado, indenizar também os lucros cessantes". Compensa-se a vítima, fazendo com que receba um *plus* decorrente do fato de ter sido privada de um bem que lhe trazia boas recordações. Já se decidiu pagamento do preço de uma joia de acordo com laudo pericial, acrescido de 20% pelo valor de afeição estimado pelo lesado (TFR, Ac 42.841-MG, rel. Oscar C. Pina, Impressos Forenses, 13-8-1979). Há, portanto, responsabilidade civil pela perda de objeto de afeição (*RT*, *725*:195).

Art. 953. A indenização por injúria, difamação ou calúnia consistirá na reparação do dano que delas resulte ao ofendido.

Parágrafo único. Se o ofendido não puder provar prejuízo material, caberá ao juiz fixar, equitativamente, o valor da indenização, na conformidade das circunstâncias do caso.

- *Sobre dano moral: Constituição Federal, art. 5º, V e X, e Lei n. 4.117/62 (com alteração do Decreto-Lei n. 236/67), ora revogada pela Lei n. 9.472/97, salvo quanto às disposições penais por esta não disciplinadas e às relativas à radiodifusão.*
- *Código de Processo Civil, arts. 1.063; LJE, art. 3º, II.*
- *Leis n. 4.737/65, art. 243, IX e §§ 1º e 3º; 4.944/66, art. 9º, §§ 2º e 3º, já revogada pela Lei n. 9.610/98; 5.250/67, arts. 29 a 36, 49, 51, 52, 53 e 56 (Lei de Imprensa — entendida pelo STF, ADPF n. 130/2009, como não recepcionada pela Constituição Federal); e 9.610/98, art. 108.*
- *Código Penal, arts. 49 a 52, 138 a 145 (a Lei n. 12.033/2009 modificou a redação do art. 145, parágrafo único) e 216-B.*
- *Código de Processo Penal, art. 201, § 6º.*
- *Súmulas 562 do Supremo Tribunal Federal e 37 do Superior Tribunal de Justiça.*
- ***Projeto de Lei n. 699/2011**: "Art. 953. A indenização por injúria, difamação ou calúnia consistirá na reparação dos danos materiais e morais que delas resulte ao ofendido".*

Injúria. É a ofensa irrogada à dignidade ou ao decoro de outrem (CP, art. 140).

Calúnia. A calúnia é a falsa imputação feita a alguém de fato definido como crime pela lei (CP, art. 138).

Difamação. É a imputação feita a alguém de fato ofensivo à sua reputação (CP, art. 139).

Reparação da ofensa à honra. O lesante deverá pagar ao ofendido uma indenização por injúria, difamação ou calúnia, que consistirá na reparação do dano moral e material delas resultante (Súmula 37 do STF; CC, art. 953, *caput*; CF, art. 5º, V). Não se terá dano moral se os fatos não provocarem abalo à honra da vítima. Se o ofendido não puder comprovar o prejuízo material, caberá ao juiz fixar, com equidade, o *quantum* indenizatório, atendendo às circunstâncias do caso: degradação infamante; atentado à reputação ou ao bom nome; situação vexatória etc. (*RT*, *786*:286, *778*:246 e 373, *769*:149, *779*:377, *451*:291, *413*:143, *546*:59, *469*:61, *418*:341, *404*:140, *113*:756; *RJTJSP*, *32*:141, *1*:22, *27*:173 e *3*:197; *RTJ*, *76*:6; *Ciência Jurídica*, *21*:51; *RSTJ*, *116*:282, *111*:166, *110*:225, *106*:329; *JTJ*, *174*:104, *190*:213, *196*:229 e *204*:84), evitando-se, obviamente, locupletamento indevido do lesado.

BIBLIOGRAFIA: Rodolfo B. Rotman, La reparación del agravio moral en los delitos contra el honor, in *Anales de la Facultad de Ciencias Jurídicas y Sociales de la Universidad de La Plata*, 1940, t. 11, p. 696 e s.; Aguiar Dias, *Da responsabilidade*, cit., v. 2, n. 237 e 160; Zannoni, *El daño en la responsabilidad civil*, cit., p. 295-308; Mosset Iturraspe, *Estudios sobre responsabilidad por daños*, Santa Fé, 1982, t. 2, p. 250 e s.; W. Barros Monteiro, *Curso*, cit., v. 5, p. 420-1; Eliel C. Ballester, Rectificación de noticias falsas, *JA*, *3*:60, 1949; Silvio Rodrigues, *Direito civil*, cit., v. 4, p. 34-8; M. Helena Diniz, *Curso*, cit., v. 7, p. 101-2; José Castan Tobeñas, *Los derechos de la personalidad*, Madrid, Reus, 1952, p. 49-50; Aparecida Amarante, *Responsabilidade civil por dano à honra*, 2001; Carla Bianca Bittar, A honra e a intimidade em face dos direitos da personalidade, in *Estudos de direito de autor, direito da personalidade, direito do consumidor e danos morais*, (coord.) Eduardo C. B. Bittar e Silmara Juny Chinelatto, Rio de Janeiro, Forense Universitária, 2002, p. 121-34; Milton Paulo de Carvalho Filho, *Indenização por equidade*, cit., p. 79; Jorge S. Fujita, Responsabilidade civil: indenização por equidade no novo Código Civil, *Ensaios*, cit., p. 221-40.

Art. 954. A indenização por ofensa à liberdade pessoal consistirá no pagamento das perdas e danos que sobrevierem ao ofendido, e se este não puder provar prejuízo, tem aplicação o disposto no parágrafo único do artigo antecedente.

- *Código Civil, arts. 12, 186, 953, parágrafo único, e 402 a 405.*
- *Súmula 37 do Superior Tribunal de Justiça.*
- *Constituição Federal, art. 5º, IV, VI, VIII, IX, XIII, XV, XVI e XVII.*

Parágrafo único. Consideram-se ofensivos da liberdade pessoal:

- *Súmula vinculante 11.*
- ***Projeto de Lei n. 699/2011**: "Art. 954. A indenização por ofensa à liberdade pessoal consistirá no pagamento dos danos que sobrevierem ao ofendido.*

  Parágrafo único. Consideram-se, dentre outros atos, ofensivos à liberdade pessoal:

  ...".

I — o cárcere privado;

- *Código Penal, art. 148.*

II — a prisão por queixa ou denúncia falsa e de má-fé;

- *Código Penal, arts. 339 e 340.*

DIREITO DAS OBRIGAÇÕES

III — a prisão ilegal.

- *Constituição Federal, arts. 5º, LXV, e 37, § 6º.*
- *Súmula vinculante 11 do Supremo Tribunal Federal.*

Reparação da privação da liberdade pessoal. A privação do exercício do direito de ir e vir ou da liberdade pessoal é reparada mediante pagamento de indenização das perdas e danos materiais que sobrevierem ao ofendido, e, se este não puder provar o prejuízo material, o órgão judicante deverá fixar equitativamente o montante indenizatório, atendendo às peculiaridades do caso (CC, art. 953, parágrafo único).

Atos ofensivos à liberdade pessoal. Constituem ofensas à liberdade pessoal, voltadas à locomoção (CF/88, art. 5º, XV — *RT*, *766*:121, *784*:220, *329*:744, *464*:101, *511*:88, *177*:853, *144*:686 e *113*:728; *JTJ*, *213*:139; *RTJ*, *61*:587 e *64*:689; *RF*, *220*:105): *a*) cárcere privado (CP, art. 148), ou seja, detenção ilegal e forçada de alguém em casa particular, privando-o de qualquer defesa, desde que não seja praticada por autoridade pública no exercício de suas funções; *b*) prisão por queixa ou falsa denúncia e de má-fé, ou seja, denunciação caluniosa (CP, art. 339), que consiste na queixa ou denúncia feita contra alguém, imputando-lhe falsamente a prática de um crime; *c*) prisão ilegal, ou seja, detenção feita sem qualquer ordem de autoridade competente, ou sem que haja flagrante, por autoridade pública no desempenho de sua atividade funcional (*RF*, *133*:401). No caso de prisão ilegal, pelo preceito constitucional, art. 37, § 6º, a pessoa jurídica de direito público é que será a responsável direta pelo dano causado, tendo, porém, ação regressiva contra a autoridade a fim de reembolsar-se do que despendeu com o pagamento da indenização (*RF*, *133*:401).

BIBLIOGRAFIA: Levenhagen, *Código Civil*, cit., v. 5, p. 276 e 277; M. Helena Diniz, *Curso*, cit., v. 7, p. 104-5; Aguiar Dias, *Da responsabilidade*, cit., v. 2, n. 239; W. Barros Monteiro, *Curso*, cit., v. 5, p. 423-4; Caio M. S. Pereira, *Instituições*, cit., v. 3, 1978, p. 514; Silvio Rodrigues, *Direito civil*, cit., v. 4, p. 276-9.

TÍTULO X
DAS PREFERÊNCIAS E PRIVILÉGIOS CREDITÓRIOS

- *Procedimento da Alienação Judicial Eletrônica: Provimento GP — CR n. 11/2013 do TRT-15.*
- *Enunciados do Conselho da Justiça Federal (aprovados na II Jornada de Direito Processual Civil) n. 153, 154, 155, 156 e 157.*

Art. 955. Procede-se à declaração de insolvência toda vez que as dívidas excedam à importância dos bens do devedor.

- *Lei de Execução Fiscal: Lei n. 6.830, de 22 de setembro de 1980.*
- Vide *Lei n. 9.492/97, que define competência e regulamenta serviços concernentes ao protesto de títulos.*
- *Código de Processo Civil, arts. 371, I, 373, I, 501, 513, 523, §§ 1º e 3º, 535, VI, 680, I, 792, IV, 794 e 1.052.*
- *Código Civil, art. 202, IV.*

Declaração de insolvência e concurso de credores. O patrimônio do devedor constitui garantia do credor; logo, a solvabilidade do executado é necessária para o êxito da execução forçada. Se os bens forem insuficientes, ter-se-á declaração de insolvência e, consequentemente, o *concurso de credores* para o efeito de rateá-los. Caracterizado está o estado de insolvência civil, pois as dívidas, nesse caso, excedem à importância dos bens do devedor (*JB*, *156*:141; *RT*, *773*:259, *594*:104; *RF*, *80*:98; *AJ*, *57*:340; TJMG, Ap. 10024.04.535599-7/001(1), rel. Francisco Kupidlowski, j. 6-7-2006). A declaração da insolvência, mediante processo executivo, conduz, portanto, concurso de credores, no qual concorrerão todos os credores do devedor insolvente, que pleitearem sua habilitação, mesmo os que não promoveram a ação executória, apesar de estarem sujeitos à ordem de preferências e privilégios.

BIBLIOGRAFIA: Orlando Gomes, *Obrigações*, cit., p. 219-23; Clóvis Beviláqua, *Código Civil*, cit., obs. aos arts. 1.554 a 1.571; Messineo, *Manuale di diritto civile e commerciale*, cit., v. 2, p. 370 e s.; René Dekkers, *Précis de droit civil belge*, t. 2, p. 200 e s.; Serpa Lopes, *Curso*, cit., v. 2, p. 434; Pontes de Miranda, *Comentários ao Código de Processo Civil*, Rio de Janeiro, Forense, v. 1, p. 457; M. Helena Diniz, *Curso*, cit., v. 2, p. 292 e 293; Levenhagen, *Código Civil*, cit., v. 5, p. 279-91; Nelson Hanada, *Da insolvência civil e sua prova na ação pauliana*, São Paulo, Revista dos Tribunais, 1982; Raimundo M. B. de Carvalho, Das preferências e dos privilégios creditórios, *RT*, *625*:39; Athos Gusmão Carneiro, Do interesse de agir no concurso universal de credores, *RJ*, *88*:99; Humberto Theodoro Jr., As garantias reais e a execução concursal do devedor insolvente, *RT*, *566*:13; Paulo Fernando Campos Salles de Toledo, Da caracterização da insolvabilidade civil: pressupostos objetivos e subjetivos no processo de execução concursal, *RDM*, *57*:42; Mário Luiz Delgado Régis, *Novo Código Civil*, cit., p. 859-67; Rafael V. Server, *El cumplimiento forzoso de las obligaciones*, 1995; Antônio José de S. Levenhagen, *Comentários ao Código de Processo Civil*, São Paulo, Atlas, 1988, p. 283.

Art. 956. A discussão entre os credores pode versar quer sobre a preferência entre eles disputada, quer sobre a nulidade, simulação, fraude, ou falsidade das dívidas e contratos.

- Vide *Código Civil, arts. 158 a 165, 166, 167, § 1º, 171 e 958.*
- *Consideram-se feitas em fraude da Fazenda Pública as alienações ou seu começo, realizadas pelo contribuinte em débito* — Vide *art. 185 da Lei n. 5.172, de 25 de outubro de 1966.*
- Vide *Código de Processo Civil, arts. 797 a 913.*

Discussão entre credores. Os credores poderão, no processo executivo, opor exceções, tais como a preferência entre eles disputada e determinada pela natureza da obrigação, a nulidade, a simulação, a fraude ou a falsidade de débitos e contratos.

Exceções do devedor. O devedor também terá o direito de impugnar dívidas que lhe sejam apresentadas, opondo exceções no concurso creditório instaurado no processo de insolvência.

Art. 957. Não havendo título legal à preferência, terão os credores igual direito sobre os bens do devedor comum.

Igual direito dos credores. O concurso creditório rege-se pelo princípio de que todos os credores terão igual direito sobre os bens do devedor comum concorrendo em igualdade de condições, respeitando-se, porém, a proporcionalidade de seus créditos, salvo se houver, dentre eles, algum que possua título legal à preferência, que terá, então, a prerrogativa de ser pago preferencialmente com o produto dos bens do devedor, de modo que somente depois de satisfeito o seu crédito é que os outros credores serão pagos com o remanescente. O privilégio creditório é o direito outorgado por lei a um credor para ser pago com preferência a outro e o crédito quirografário é aquele sobre o qual nenhuma preferência há.

Art. 958. Os títulos legais de preferência são os privilégios e os direitos reais.

- Vide *arts. 1.422, 1.225 a 1.227, 963, 964* e *965 do Código Civil.*
- *Sobre o privilégio fiscal,* vide *Lei n. 5.172, de 25 de outubro de 1966, arts. 186 a 192.*
- *Sobre privilégio dos créditos decorrentes de serviço prestado à massa falida: Súmula 219 do Superior Tribunal de Justiça.*
- *Sobre a preferência de créditos trabalhistas,* vide *Consolidação das Leis do Trabalho, arts. 144 e 449, § 1º, e Lei n. 3.726, de 11 de fevereiro de 1960, que deu nova redação ao art. 102 do Decreto-Lei n. 7.661, de 21 de junho de 1945 (Lei de Falências), ora revogado.*
- *Lei n. 11.101/2005, arts. 83, I, e 84.*
- *Decretos-Leis n. 167/67 (crédito rural) e 413/69 (crédito industrial).*
- *Sobre preferência dos créditos alimentícios: Súmula 144 do Superior Tribunal de Justiça.*
- *Lei n. 6.830/80, arts. 4º, § 4º, e 29 (cobrança judicial da dívida ativa da Fazenda Pública).*
- *Sobre preferência dos créditos relativos a cotas condominiais sobre o hipotecário: Súmula 478 do Superior Tribunal de Justiça.*

Títulos legais de preferência. São títulos legais de preferência aqueles em que a lei outorga uma vantagem ao credor, pela natureza do crédito, não só para reaver o bem, com exclusão dos demais credores, como para preterir os concorrentes no recebimento do crédito. Tais títulos constituem os privilégios *pessoais*, especiais (CC, art. 964) e gerais (CC, art. 965), e *reais,* como os direitos reais de garantia sobre coisa alheia. São pagos, preferencialmente, na ordem de prioridade estabelecida por lei. Logo, os créditos que não forem preferenciais, como os quirografários, apenas participarão do rateio no montante remanescente. Consequentemente pode ocorrer que, ante a insuficiência de bens do devedor para a cobertura de todas as suas dívidas, alguns ou todos os credores quirografários não sejam pagos.

Privilégio. O privilégio consistirá no direito pessoal de preferência, ou seja, de o credor ser pago em primeiro lugar. Tanto o privilégio geral, atinente a todos os bens do devedor, como o especial, alusivo a certos bens do devedor, decorrem de lei (CC, art. 963).

Direitos reais de garantia. Apenas os direitos reais de garantia sobre coisa alheia, como penhor, hipoteca, anticrese, caução de título de crédito, é que constituem títulos legais de preferência. Trata-se dos *privilégios reais.*

Art. 959. Conservam seus respectivos direitos os credores, hipotecários ou privilegiados:

- *Código Civil, arts. 960 e 1.425, § 1º.*

I — sobre o preço do seguro da coisa gravada com hipoteca ou privilégio, ou sobre a indenização devida, havendo responsável pela perda ou danificação da coisa;

- Vide *Código Civil, arts. 1.425, IV, e 785.*

II — sobre o valor da indenização, se a coisa obrigada a hipoteca ou privilégio for desapropriada.

- Vide *Código Civil, art. 1.425, V.*
- Vide *Decreto-Lei n. 3.365, de 21 de junho de 1941, que dispõe sobre desapropriações, art. 30.*
- Vide *Lei n. 492, de 30 de agosto de 1937, sobre os direitos do credor pignoratício, art. 5º, e Decreto-Lei n. 167, de 14 de fevereiro de 1967, sobre títulos de crédito rural.*

Sub-rogação real. Os credores hipotecários ou privilegiados conservarão seus direitos creditórios sobre: *a*) o preço do seguro da coisa gravada com hipoteca ou privilégio, ou sobre a indenização paga pelo responsável pela sua perda ou deterioração; *b*) o valor da indenização decorrente de desapropriação do bem onerado com hipoteca ou privilégio. Tal sub-rogação real está garantindo o direito do credor hipotecário e/ou privilegiado, substituindo a coisa dada em hipoteca ou privilégio.

Art. 960. Nos casos a que se refere o artigo antecedente, o devedor do seguro, ou da indenização, exonera-se pagando sem oposição dos credores hipotecários ou privilegiados.

Exoneração do devedor do seguro ou da indenização. Se o devedor do preço do seguro, ou do valor da indenização, vier a pagá-lo diretamente ao proprietário, sem que haja qualquer oposição dos credores hipotecários ou privilegiados, estará liberado de sua obrigação. Se os credores hipotecários ou privilegiados se opuserem, fundamentadamente, e o pagamento for feito à revelia desses interessados, deverá o devedor pagar novamente, embora tenha direito regressivo contra o proprietário que recebeu o pagamento para reembolsar-se.

Art. 961. O crédito real prefere ao pessoal de qualquer espécie; o crédito pessoal privilegiado, ao simples; e o privilégio especial, ao geral.

- Vide *Código Civil, arts. 963, 964,* in fine, *965, 1.419, 1.422, parágrafo único, 1.431, 1.473, 1.506 e 1.509, § 1º.*
- *Código Tributário Nacional, art. 186, com a redação da Lei Complementar n. 118/2005.*
- *Lei n. 11.101/2005, art. 83.*

Crédito real. O crédito real, ou seja, o decorrente de penhor (CC, art. 1.431), hipoteca (CC, art. 1.473), anticrese (CC, arts. 1.506, 1.509, § 1º), terá preferência sobre o crédito pessoal, ainda que privilegiado, exceto, p. ex., no que atinar à dívida proveniente de salário de trabalhador agrícola, para ser pago pelo produto da colheita com que concorreu com seu trabalho (CC, art. 964, VIII, *in fine*).

Crédito pessoal privilegiado. O crédito pessoal privilegiado (geral ou especial), por conter o privilégio (CC, arts. 964 e 965), terá preferência em relação ao crédito pessoal simples ou quirografário.

Crédito com privilégio especial. O crédito com privilégio especial, que recai sobre coisa determinada (CC, arts. 963 e 964), em razão do vínculo existente entre esta e o débito, terá preferência sobre o crédito com privilégio geral decorrente de origem da dívida (CC, art. 965), que, por sua vez, prefere os créditos quirografários.

Art. 962. Quando concorrerem aos mesmos bens, e por título igual, dois ou mais credores da mesma classe especialmente privilegiados, haverá entre eles rateio proporcional ao valor dos respectivos créditos, se o produto não bastar para o pagamento integral de todos.

- *Código de Processo Civil, art. 908, §§ 1º e 2º.*
- *Código Civil, art. 964.*

Rateio entre credores. Se, no concurso creditório, os credores da mesma classe, com títulos iguais, tiverem iguais direitos sobre o patrimônio do devedor comum, e se o produto for insuficiente para o pagamento integral de cada um deles, ter-se-á um rateio, que deverá ser feito na proporção do valor de cada crédito. Assim, na lição de Matiello, havendo dois títulos igualmente privilegiados, um no valor de 100 e outro no de 10: se o produto arrecadado for de 66, pagar-se-ão àqueles credores, respectivamente, 60 e 6, ou seja, 60% de cada crédito. Os credores com privilégio especial estão divididos em oito classes, previstas no art. 964, I a VIII, logo o rateio só poderá dar-se entre credores de cada classe, sobre o valor dos bens nele mencionados. Nem poderá haver concorrência entre credores com privilégio especial e credores com privilégio geral, pois aqueles têm preferência sobre estes (CC, art. 961).

BIBLIOGRAFIA: Mário Luiz Delgado, *Novo Código Civil comentado* (Fiuza — coord.), São Paulo, Saraiva, 2002, p. 865; Matiello, *Código Civil*, cit., p. 604.

Art. 963. O privilégio especial só compreende os bens sujeitos, por expressa disposição de lei, ao pagamento do crédito que ele favorece; e o geral, todos os bens não sujeitos a crédito real nem a privilégio especial.

- *Código Civil, arts. 964 e 965.*
- *Lei n. 11.101/2005, art. 83, IV e V.*

Privilégio especial. O privilégio especial é o compreensivo de bens sujeitos, por disposição legal, ao pagamento do crédito que visa favorecer.

Privilégio geral. O privilégio geral confere ao credor o direito de fazer incidir a cobrança do crédito sobre todos os bens do devedor não sujeitos a crédito real ou privilégio especial.

Art. 964. Têm privilégio especial:

- *Lei n. 11.101/2005, art. 83, IV.*
- *Lei n. 4.591/64, art. 30-C, § 14, I (ora revogado pela Lei n. 10.931/2004).*
- *Decreto-Lei n. 70/66, art. 35, § 2º.*
- *Decreto-Lei n. 167/67, arts. 28, 45 e 53.*
- *Decreto-Lei n. 413/69, art. 17.*
- *Decreto-Lei n. 496/69 (aeronaves de empresas em liquidação, falência ou concordata).*
- *Lei n. 7.565/86, art. 189.*
- *Lei n. 8.906/94, art. 24.*

I — sobre a coisa arrecadada e liquidada, o credor de custas e despesas judiciais feitas com a arrecadação e liquidação;

II — sobre a coisa salvada, o credor por despesas de salvamento;

- *Lei n. 7.203/84, art. 13 (salvamento de embarcação).*

III — sobre a coisa beneficiada, o credor por benfeitorias necessárias ou úteis;

- *Código Civil, art. 96, §§ 2º e 3º.*

IV — sobre os prédios rústicos ou urbanos, fábricas, oficinas ou quaisquer outras construções, o credor de materiais, dinheiro ou serviços para a sua edificação, reconstrução, ou melhoramento;

- *Decreto-Lei n. 413/69, art. 46.*

V — sobre os frutos agrícolas, o credor por sementes, instrumentos e serviços à cultura ou à colheita;

VI — sobre as alfaias e utensílios de uso doméstico, nos prédios rústicos ou urbanos, o credor de aluguéis, quanto às prestações do ano corrente e do anterior;

• *Código Tributário Nacional, art. 186.*

VII — sobre os exemplares da obra existente na massa do editor, o autor dela, ou seus legítimos representantes, pelo crédito fundado contra aquele no contrato da edição;

• *Lei n. 9.610/98.*

VIII — sobre o produto da colheita, para a qual houver concorrido com o seu trabalho, e precipuamente a quaisquer outros créditos, ainda que reais, o trabalhador agrícola, quanto à dívida dos seus salários;

• *Código Civil, arts. 961 e 1.422, e parágrafo único.*

IX — sobre os produtos do abate, o credor por animais.

• *Acrescentado pela Lei. n. 13.176/2015.*

Créditos com privilégio especial. Terá *privilégio pessoal especial* o credor de: *a*) custas e despesas judiciais feitas com a arrecadação e liquidação sobre a coisa arrecadada e liquidada; *b*) despesas de salvamento sobre a coisa salvada, que estava exposta a perigo (*RDA*, *157*:381); *c*) benfeitorias necessárias ou úteis sobre o bem beneficiado por elas; *d*) materiais, dinheiro ou serviços de edificação, reconstrução ou melhoramento de prédios, sejam rústicos ou urbanos (*RF*, *199*:403 e *224*:413; *RT*, *393*:458); *e*) sementes, instrumentos e serviços à cultura ou à colheita sobre os frutos agrícolas; *f*) aluguéis sobre as alfaias (p. ex., roupas e objetos pessoais) e utensílios de uso doméstico nos prédios rústicos ou urbanos; *g*) direitos autorais sobre os exemplares da obra existentes na massa do editor; *h*) dívida salarial, se trabalhador agrícola, sobre o produto da colheita para a qual concorreu com seu trabalho; *i*) animais sobre os produtos do abate. Tais credores terão, precipuamente, preferência a quaisquer outros créditos com privilégio geral, mesmo que hipotecário ou consistente em outro ônus real (CC, art. 961), ou quirografário.

Art. 965. Goza de privilégio geral, na ordem seguinte, sobre os bens do devedor:

• *Lei n. 11.101/2005, art. 83, V.*

• *Código Civil, art. 707.*

I — o crédito por despesa de seu funeral, feito segundo a condição do morto e o costume do lugar;

• *Código Civil, art. 1.998.*

II — o crédito por custas judiciais, ou por despesas com a arrecadação e liquidação da massa;

III — o crédito por despesas com o luto do cônjuge sobrevivo e dos filhos do devedor falecido, se foram moderadas;

IV — o crédito por despesas com a doença de que faleceu o devedor, no semestre anterior à sua morte;

V — o crédito pelos gastos necessários à mantença do devedor falecido e sua família, no trimestre anterior ao falecimento;

VI — o crédito pelos impostos devidos à Fazenda Pública, no ano corrente e no anterior;

• *Código Tributário Nacional, arts. 186 a 192, com redação da LC n. 118/2005.*

VII — o crédito pelos salários dos empregados do serviço doméstico do devedor, nos seus derradeiros seis meses de vida;

VIII — os demais créditos de privilégio geral.

• *A Fazenda, na cobrança da sua dívida ativa, não está sujeita a concurso de credores, nem a habilitação de crédito em falência, concordata (hoje recuperação), ou inventário (arts. 186 e 187 da Lei n. 5.172, de 25-10-1966, e 29 da Lei n. 6.830, de 22-9-1980).*

- *Em matéria falimentar,* vide *arts. 83, 84 e 149 da Lei n. 11.101/2005 (Lei de Falências).*
- *Privilégio, em caso de falência ou concordata (hoje recuperação judicial ou extrajudicial), de crédito relativo às cédulas hipotecárias* — Vide *§ 2º do art. 35 do Decreto-Lei n. 70, de 21 de novembro de 1966.*
- *Privilégio da Fazenda Federal nos processos de liquidação, falência ou concordata (hoje recuperação judicial ou extrajudicial) de empresas de transporte aéreo* — Vide *Decreto-Lei n. 496, de 11 de março de 1969.*

Créditos com privilégio geral. Terão *privilégio pessoal geral* sobre os bens do devedor, na seguinte ordem, o crédito: *a*) por despesas do seu funeral, feito de conformidade com o costume local, atendendo-se à condição do falecido; *b*) por custas judiciais, incluindo honorários advocatícios, ou por despesas com a arrecadação e liquidação da massa; *c*) por despesas com o luto do cônjuge sobrevivente e dos filhos do finado devedor, desde que moderadas; *d*) por despesas com a doença de que faleceu o devedor, no semestre anterior à sua morte, tais como contratação de enfermeiro, pagamento de exames clínicos, aquisição de remédios, gasto com assistência médica e hospitalar etc.; *e*) pelos gastos necessários à mantença do devedor falecido e sua família, no trimestre anterior ao óbito; *f*) pelos impostos devidos à Fazenda Pública (Federal, Estadual ou Municipal), no ano corrente e no anterior. Pelo Código Tributário Nacional, art. 186, o crédito tributário terá preferência sobre qualquer outro (*RF, 61*:107); *g*) pelo salário dos empregados de serviço doméstico (arrumadeira, copeira, lavadeira, passadeira, faxineira, cozinheira, jardineiro, motorista) do devedor, nos seus últimos seis meses de vida; *h*) pelos demais créditos de privilégio geral, p. ex., o crédito pela remuneração dos mestres que ensinaram aos descendentes menores do devedor, que poderá ser considerado como crédito com privilégio geral, equiparando-se por analogia ao crédito pelo salário de empregados domésticos nos derradeiros seis meses de vida do devedor. Somente depois de pagos tais créditos com privilégio geral é que serão satisfeitos os créditos quirografários ou simples, que, por serem destituídos de qualquer preferência, só serão pagos depois de atendidos os credores preferenciais ou privilegiados.

Livro II
Do Direito de Empresa

Título I
Do Empresário

Capítulo I
Da Caracterização e da Inscrição

Art. 966. Considera-se empresário quem exerce profissionalmente atividade econômica organizada para a produção ou a circulação de bens ou de serviços.

Parágrafo único. Não se considera empresário quem exerce profissão intelectual, de natureza científica, literária ou artística, ainda com o concurso de auxiliares ou colaboradores, salvo se o exercício da profissão constituir elemento de empresa.

- Vide *Código Civil, arts. 967 a 971, 972 a 980, 981 a 985, 1.024, 1.150, 1.155, 1.156, 1.163, 1.166, 1.179, 1.185, 1.194, 2.031 e 2.037.*
- *Lei n. 9.610/98, arts. 5º, X, e 53.*

- *Lei n. 8.906/94, art. 15.*
- *Decreto n. 3.048/99, art. 68, § 6º, com redação do Decreto n. 4.729/2003.*
- *Código Penal, art. 293, § 5º.*
- *Resolução n. 16/2009 do CGSIM sobre procedimento especial para registro e legalização do microempreendedor individual.*
- *Instrução Normativa RFB n. 925/2009, com alteração da Instrução Normativa n. 1.730/2017 sobre informações a serem declaradas em Guia de Recolhimento de FGTS e informações à Previdência Social pelas microempresas ou empresas de pequeno porte.*
- *Sobre nome empresarial das microempresas e empresas de pequeno porte: Instrução Normativa do DREI n. 45/2018.*
- *Portaria n. 1.679/2017 da Secretaria Especial da Micro e Pequena Empresa aprova o Regimento Interno do Fórum Permanente das Microempresas e Empresas de Pequeno Porte.*
- *Pelo* ***Projeto de Lei n. 7.160/2002*** *(ora arquivado), o parágrafo único passará a ser o § 1º, pois pretende acrescentar: "§ 2º O exercício da atividade de empresário, fundada na valorização do trabalho humano e na livre-iniciativa, observará os limites impostos pelo seu fim econômico ou social, pela boa-fé e pelos bons costumes".*
- *Pelo* ***Projeto de Lei n. 699/2011****, esse dispositivo passará a contar ainda com um segundo parágrafo, cuja proposta de redação é: "O exercício da atividade de empresário, fundada na valorização do trabalho humano e na livre-iniciativa, observará os limites impostos pelo seu fim econômico ou social, pela boa-fé e pelos bons costumes".*

Empresa e empresário. *Empresa*, esclarecem Jones Figueirêdo Alves e Mário Luiz Delgado, é a organização econômica de fatores de produção, ou melhor, é a atividade organizada dirigida à criação de riqueza, pela produção e circulação de bens ou de serviços, desenvolvida por uma pessoa natural (empresário) ou jurídica (sociedade empresária), por meio de um estabelecimento (complexo de bens organizados para o exercício da empresa — CC, art. 1.142), assumindo os riscos a ela inerentes. "É caracterizador do 'elemento empresa' a declaração da atividade-fim, assim como a prática de atos empresariais" (Enunciado n. 54 do Conselho da Justiça Federal, aprovado na *Jornada de Direito Civil* de 2002). "Deve-se levar em consideração o princípio da função social na interpretação das normas relativas à empresa, a despeito da falta de referência expressa" (Enunciado n. 53 do Conselho da Justiça Federal, aprovado na *Jornada de Direito Civil* de 2002). Para Nelson Nery Jr. e Rosa Maria Andrade Nery, "o empresário, pessoa física, é o sujeito que, em pleno gozo de sua capacidade civil e sem impedimento legal (CC, art. 972), com habitualidade e visando a lucro, desempenha atividade organizada destinada a criar riqueza, produzindo e/ou promovendo a circulação de bens, ou realizando serviços". É *empresário* quem: *a*) exerce, habitual e profissionalmente, atividade econômica, organizada e técnica, para a produção ou a circulação de bens ou serviços, com o intuito de comercializá-los. Se um fabricante de automóveis vendê-los a uma concessionária de veículos, que os adquire, não na qualidade de destinatária final, mas para revendê-los, temos uma atividade econômico-empresarial, regida pelo Código Civil e não pelo Código de Defesa do Consumidor, visto que se trata de contrato celebrado entre empresários; *b*) investe capital, visando lucro, exercendo profissão intelectual de natureza científica, literária ou artística, com concurso de colaboradores ou auxiliares para organizar e realizar projetos de engenharia, espetáculos artísticos, congressos científicos, certames desportivos etc.

A ideia de empresarialidade envolve a economicidade, a organização e a profissionalidade.

O empresário que exerce, p. ex., atividade literária ou artística, por sua vez, terá o direito de: *a*) levar a obra intelectual em cena, explorando-a comercialmente; *b*) ter garantia legal contra

DIREITO DE EMPRESA

qualquer alteração substancial (Lei n. 9.610/98, art. 71). E deverá: *a*) cumprir o prazo fixado para a apresentação pública da obra; *b*) não entregar a obra a estranhos sem licença do autor (Lei n. 9.610/98, art. 72); *c*) não substituir os principais intérpretes e diretores musicais, sem consenso do autor (Lei n. 9.610/98, art. 73); *d*) responder solidariamente pela violação do direito do autor, com o dono do estabelecimento onde se deu a infração (Lei n. 9.610/98, art. 110); *e*) pagar ao autor a remuneração correspondente aos seus direitos autorais; *f*) respeitar a obra representada ou executada, sem alterá-la, exceto se o autor anuir. Quem vier a formar sociedade para exercício de atividade profissional é empresário.

Atividade econômica como traço característico do empresário. É uma sucessão repetida de atos praticados de forma organizada e estável, sendo uma constante oferta de bens ou serviços, que é sua finalidade unitária e permanente. Toda atividade empresarial pressupõe o empresário como sujeito de direitos e obrigações e titular da empresa, detentor do poder de iniciativa e de decisão, pois cabe-lhe determinar o destino da empresa e o ritmo de sua atividade, assumindo todos os riscos, ou seja, as vantagens ou prejuízos. "Quanto às obrigações decorrentes de sua atividade, o empresário individual, tipificado no art. 966 do Código Civil, responderá primeiramente com os bens vinculados à exploração de sua atividade econômica, nos termos do art. 1.024 do Código Civil" (Enunciado n. 5 aprovado na *I Jornada de Direito Comercial*).

É conveniente não olvidar que pelo Enunciado n. 20 (aprovado na *1ª Jornada de Direito Comercial*): "Não se aplica o Código de Defesa do Consumidor aos contratos celebrados entre empresários em que um dos contratantes tenha por objetivo suprir-se de insumos para sua atividade de produção, comércio ou prestação de serviços".

Exercício de profissão intelectual. Em regra, quem exercer profissão intelectual, de natureza científica, literária ou artística, mesmo com o concurso de auxiliares ou colaboradores, não é considerado empresário, apesar de produzir bens, como o artista, o escritor etc., ou prestar serviços, como o profissional liberal (médico, engenheiro, p. ex.), visto que lhe falta a organização empresarial para obtenção de lucro, e, além disso, o esforço se implanta na própria mente do autor, de onde advém aquele bem ou serviço, sem interferência exterior de fatores de produção (mão de obra, insumos, tecnologia e capital, cuja eventual ocorrência é acidental). "O exercício das atividades de natureza exclusivamente intelectual está excluído do conceito de empresa. Os profissionais liberais não são considerados empresários, salvo se a organização dos fatores da produção for mais importante que a atividade pessoal desenvolvida" (Enunciados n. 193 e 194 do Conselho da Justiça Federal, aprovados na *III Jornada de Direito Civil*). Se o profissional intelectual, para o exercício de sua profissão, investir capital, formando uma empresa, ofertando serviços mediante atividade econômica, organizada, técnica e estável, deverá ser, então, considerado como empresário. Assim se, p. ex., três médicos abrirem um consultório, estarão formando uma sociedade simples e se, posteriormente, o transformarem numa clínica, contratando outros médicos, enfermeiras e auxiliares de enfermagem, ainda ter-se-á uma sociedade simples, dado que, ensina-nos Mauro Caramico, sem as atividades dos sócios, a clínica não seria possível. Se, continua o autor, contudo os médicos se unirem, formando um hospital com estrutura para atendimento de pacientes, com contratação de outros médicos, etc., então formarão uma sociedade empresária. "A expressão 'elemento de empresa' demanda interpretação econômica, devendo ser analisada sob a égide da absorção da atividade intelectual, de natureza científica, literária ou artística, como um dos fatores da organização empresarial" (Enunciado n. 195 do Conselho da Justiça Federal, aprovado na *III Jornada de Direito Civil*).

BIBLIOGRAFIA: Newton De Lucca, A atividade empresarial no âmbito do Projeto de Código Civil, *Direito empresarial contemporâneo*, coord. De Lucca e Simão Filho, São Paulo, Juarez de Oliveira, 2000, p. 70; Sylvio Marcondes, *Questões de direito mercantil*, São Paulo, Saraiva, 1977; Waldirio Bulgarelli,

A teoria jurídica da empresa, 1985, A atividade negocial no Projeto de Código Civil brasileiro, *Revista de Direito Mercantil*, *56*:117 e 120; Oscar Barreto Filho, O Projeto de Código Civil e normas sobre a atividade negocial, *Revista da Procuradoria-Geral do Estado de São Paulo*, 7:65; José da Silva Pacheco, *Tratado de direito empresarial — empresário*: pessoa e patrimônio, São Paulo, Saraiva, 1979, v. 1, p. 12, 17, 22, 23, 40 a 42; Fábio Ulhoa Coelho, *Manual de direito comercial*, São Paulo, Saraiva, 1999, p. 81 e s.; Rubens Requião, *Curso de direito comercial*, São Paulo, Saraiva, 2000, p. 73-6; Graciano P. de Siqueira, Da sociedade simples e da sociedade empresária, *CDT Boletim*, *8*:29; Anteo Genovese, *La nozione giuridica dell'imprenditore*, 1990; Jorge Manuel Coutinho de Abreu, *Da empresarialidade*: as empresas no direito, 1996; Fábio Konder Comparato, Estado, empresa e função social, *RT*, *732*:38; Ricardo Fiuza, *Novo Código*, cit., p. 869-86; Mário Cozza, *Novo Código Civil — do direito de empresas*, Porto Alegre, Síntese, 2002; Marino, Pazzaglini Filho e Andrea Di Fuccio Catanese, *Direito de empresa no novo Código Civil*, São Paulo, Atlas, 2003; Fabrício Z. Matiello, *Código Civil*, cit., p. 607 e s.; Jones F. Alves e Mário Luiz Delgado, *Código*, cit., p. 425; Mauro Caramico, As sociedades simples, *Boletim CDT*, *38*:156-7; Jorge S. Fujita, *Comentários ao Código Civil* (coord. Camillo, Talavera, Fujita e Scavone Jr.), São Paulo, Revista dos Tribunais, 2006, p. 760-8; Luciana A. Simões, O empresário e a perspectiva da estrutura societária proposta pelo Código Civil de 2002, *Introdução Crítica do Código Civil* (org. Lucas A. Barroso), Rio de Janeiro, Forense, 2006, p. 293-310; Hugo Nigro Mazzilli e Wander Garcia, *Anotações*, cit., p. 273.

Art. 967. É obrigatória a inscrição do empresário no Registro Público de Empresas Mercantis da respectiva sede, antes do início de sua atividade.

- *Lei n. 8.934, de 18 de novembro de 1994, regulamentada pelo Decreto n. 1.800, de 30 de janeiro de 1996, arts. 2º, 32, II, 35, 36, 37 e 38, e alterada pelas Leis n. 13.833/2019 e 13.874/2019.*
- *Código Civil, arts. 1.150 a 1.154, 982, 984, 985, 979, 971, 969, 44 a 52 e 40.*
- *Instruções Normativas do DNRC n. 50/96 (ora revogada pela IN n. 71/98), 55/96 e 95/2003 e do DREI n. 3/2013; 4/2013, 8/2013 e 12/2013 (alterada pelas IN n. 29/2014).*
- *Código de Processo Civil, art. 75, § 2º.*
- *Decreto n. 1.102/1903.*
- *Decreto-Lei n. 9.085/46.*
- *Lei n. 4.728/65, arts. 7º, 8º, 15 e 62.*
- *Decreto-Lei n. 73/66, arts. 72 a 88.*
- *Decreto n. 60.459/67, que regulamenta o Decreto-Lei n. 73/66.*
- *Lei n. 6.015/73, arts. 114, II, e 120.*
- *Lei n. 6.385/76.*
- *Lei n. 8.078/90, art. 28.*
- *Lei n. 8.906/94, arts. 15 a 17.*
- *IN do DREI n. 10/2013 aprova Manual de Registro de Empresário Individual.*
- *Instrução Normativa n. 12/2013, arts. 21 a 23, com alterações da IN do DREI n. 29/2014 sobre procedimentos de registro e arquivamento digital dos atos relativos ao Registro Público de Empresas Mercantis.*
- *Junta comercial: arquivamento de procurações públicas (IN do DREI n. 28/2014).*
- *IN do DREI n. 30/2015 sobre processo simplificado e integrado de baixa no âmbito do Registro Público de Empresas.*

Obrigatoriedade da inscrição do empresário. Antes de iniciar a atividade empresarial (CC, art. 966), o empresário, antigo titular de firma individual, deverá inscrever-se no Registro Público de Empresas Mercantis da sede de sua empresa, a cargo das Juntas Comerciais (CC, art. 1.150). A inscrição pessoal de sócios administradores de sociedade empresária não é exigida; bastará, pelos arts. 985 e 1.150 do novel Código Civil, o registro da empresa. Com tal registro ter-se-á a publicidade de sua atividade, amparando seu crédito e prevenindo fraudes. Segundo o Enunciado n. 198 do Conselho da Justiça Federal, aprovado na *III Jornada de Direito Civil*: "A inscrição do empresário na Junta Comercial não é requisito para a sua caracterização, admitindo-se o exercício da empresa sem tal providência. O empresário irregular reúne os requisitos do art. 966, sujeitando-se às normas do Código Civil e da legislação comercial, salvo naquilo em que forem incompatíveis com a sua condição ou diante de expressa disposição em contrário". E, pelo seu Enunciado n. 199: "A inscrição do empresário ou sociedade empresária é requisito delineador de sua regularidade, e não da sua caracterização". "Nas sociedades, o registro observa a natureza da atividade (empresarial ou não — art. 966); as demais questões seguem as normas pertinentes ao tipo societário adotado (art. 983). São exceções as sociedades por ações e as cooperativas (art. 982, parágrafo único)" (Enunciado n. 382 do Conselho da Justiça Federal, aprovado na *IV Jornada de Direito Civil*). O registro tem efeito declaratório, visto que a qualidade de empresário requer a prática efetiva da atividade empresarial, que é a característica primordial de sua profissão. Pelo Enunciado n. 1 (aprovado na *I Jornada Paulista de Direito Comercial*: "A junta comercial não pode examinar o mérito do documento apresentado para registro, mas exclusivamente o atendimento às formalidades legais".

Art. 968. A inscrição do empresário far-se-á mediante requerimento que contenha:

- Vide *Código Civil, arts. 967, 971 e 984.*
- *Lei n. 8.934/94, arts. 1º, III, 32, II e III, 36, 37 e 38.*
- *Instrução Normativa do DREI n. 10/2013 sobre Manuais de Registro de Empresário Individual, sociedade limitada, EIRELI, cooperativa e Sociedade Anônima.*

I — o seu nome, nacionalidade, domicílio, estado civil e, se casado, o regime de bens;

- *Código Civil, arts. 16 a 19, 70 a 72, 75, IV, §§ 1º e 2º, 78, 977 a 980, 1.163 e 1.639 a 1.688.*
- *Constituição Federal, art. 12.*

II — a firma, com a respectiva assinatura autógrafa que poderá ser substituída pela assinatura autenticada com certificação digital ou meio equivalente que comprove a sua autenticidade, ressalvado o disposto no inciso I do § 1º do art. 4º da Lei Complementar n. 123, de 14 de dezembro de 2006;

- *Com a redação da LC n. 147/2014.*

III — o capital;

IV — o objeto e a sede da empresa.

- *Código Civil, arts. 75, IV e §§ 1º e 2º, e 1.142.*
- *Constituição Federal, art. 5º, XVII.*

§ 1º Com as indicações estabelecidas neste artigo, a inscrição será tomada por termo no livro próprio do Registro Público de Empresas Mercantis, e obedecerá a número de ordem contínuo para todos os empresários inscritos.

- *Código Civil, art. 971.*

§ 2º À margem da inscrição, e com as mesmas formalidades, serão averbadas quaisquer modificações nela ocorrentes.

• Vide *Código Civil, arts. 971, 976, 978, 979, 980, 1.032, 1.048, 1.057, parágrafo único, 1.063, §§ 2º e 3º, 1.083, 1.084, 1.086, 1.102, parágrafo único, 1.113, 1.121, 1.131, 1.136, 1.138, parágrafo único, 1.141, § 3º, 1.144, 1.163 e 1.174.*

§ 3º Caso venha a admitir sócios, o empresário individual poderá solicitar ao Registro Público de Empresas Mercantis a transformação de seu registro de empresário para registro de sociedade empresária, observado, no que couber, o disposto nos arts. 1.113 a 1.115 deste Código.

• *§ 3º acrescentado pela Lei Complementar n. 128/2008.*

• *Lei n. 8.934/94, arts. 1º, III, 32, II e III, 36 a 38.*

• *Decreto n. 1.800/96, arts. 32, II, 33 e 48.*

• *Código Civil, arts. 1.033, parágrafo único, ora revogado pela Lei n. 14.195/2021, 1.113 a 1.115.*

§ 4º O processo de abertura, registro, alteração e baixa do microempreendedor individual de que trata o art. 18-A da Lei Complementar n. 123, de 14 de dezembro de 2006, bem como qualquer exigência para o início de seu funcionamento deverão ter trâmite especial e simplificado, preferentemente eletrônico, opcional para o empreendedor, na forma a ser disciplinada pelo Comitê para Gestão da Rede Nacional para a Simplificação do Registro e da Legalização de Empresas e Negócios — CGSIM, de que trata o inciso III do art. 2º da mesma Lei.

§ 5º Para fins do disposto no § 4º, poderão ser dispensados o uso da firma, com a respectiva assinatura autógrafa, o capital, requerimentos, demais assinaturas, informações relativas à nacionalidade, estado civil e regime de bens, bem como remessa de documentos, na forma estabelecida pelo CGSIM.

• *§§ 4º e 5º acrescentados pela Lei n. 12.470/2011.*

• *Lei Complementar n. 123/2006, com as alterações da Lei Complementar n. 139/2011.*

Conteúdo do requerimento para inscrição empresarial. Os órgãos da administração pública não podem atuar *ex officio* para que se opere a inscrição empresarial, porque ante o princípio da instância, que rege o Registro Público de Empresas Mercantis, o ato registrário requer, para sua efetivação, a existência de um pedido do interessado. Para que possa providenciar sua inscrição no Registro Público das Empresas Mercantis, o empresário deverá apresentar requerimento contendo: seu nome, nacionalidade, domicílio, estado civil e, se for casado, o regime de bens (CC, arts. 977 a 980); a firma (nome empresarial, constituído com o nome do empresário, completo ou abreviado, com aditamento, ou não, da designação mais precisa de sua pessoa ou do gênero de sua atividade), com a respectiva assinatura autógrafa (sinal distintivo do empresário com firma individual, que poderá ser diverso de sua assinatura pessoal). Tal assinatura poderá ser substituída pela assinatura autenticada com certificação digital ou meio equivalente que comprove sua autenticidade, ressalvado o disposto no inciso I do § 1º do art. 4º da LC n. 123/2006; o capital, aplicado na atividade empresarial; o objeto, ou melhor, objetivo social pretendido e a sede da empresa. "O domicílio da pessoa jurídica empresarial regular é o estatutário ou o contratual em que indicada a sede da empresa, na forma dos arts. 968, IV, e 969, combinado com o art. 1.150, todos do Código Civil" (Enunciado n. 55, aprovado na *Jornada de Direito Civil* de 2002, promovida pelo Conselho da Justiça Federal). "Para fins do direito falimentar, o local do principal estabelecimento é aquele de onde partem as decisões empresariais, e não necessariamente a sede indicada no registro público" (Enunciado n. 466 do CJF, aprovado na *V Jornada de Direito Civil*). A inscrição do empresário é, por isso, o fiel repositório de informações, contendo todos os dados alusivos ao empresário e à sua atividade.

Continuidade do ato registrário. A inscrição será tomada por termo em livro próprio do Registro Público das Empresas Mercantis, obedecendo-se a um número de ordem contínuo para todos os empresários inscritos. Formar-se-á uma sequência sucessiva e contínua de inscrições de empresários.

Averbação de modificação feita na inscrição. Imprescindível será a averbação, à margem da inscrição do empresário, com as mesmas formalidades, de qualquer alteração que possa aquela inscrição influenciar, acarretando mutações substanciais, tornando conhecida de todos a atual situação jurídica do empresário. Como observa Jorge S. Fujita, poder-se-á também averbar à margem daquela inscrição determinação judicial, como protesto, notificação etc., para fins de ciência de terceiros.

Consequência da admissão de sócios. Se o empresário individual vier a admitir sócios, poderá requerer ao Registro Público de Empresa Mercantil, observando, no que couber, os arts. 1.113 a 1.115 do novel Código Civil, a transformação de seu registro de empresário para registro de sociedade empresária, sem que haja necessidade de praticar quaisquer atos de dissolução ou liquidação. "A 'transformação de registro' prevista no art. 968, § 3º, e no art. 1.033, parágrafo único, do Código Civil não se confunde com a figura da transformação de pessoa jurídica" (Enunciado n. 464 do CJF, aprovado na *V Jornada de Direito Civil*).

Microempreendedor individual. O processo de abertura, registro, alteração e baixa do microempreendedor (LC n. 123/2006, arts. 4º, § 1º — com a redação da LC n. 139/2011 e 18-A) e qualquer exigência para o início de seu funcionamento deverão seguir trâmite especial e simplificado, de preferência eletrônico, opcional para o empreendedor, no modo disciplinado pelo Comitê para Gestão da Rede Nacional para a Simplificação do Registro e da Legalização de Empresas e Negócios (CGSIM-LC n. 123/2006, art. 2º, III). Para tanto poderão ser dispensados: *a*) o uso da firma, com a respectiva assinatura autógrafa; *b*) o capital; *c*) requerimentos; *d*) informações sobre sua nacionalidade, estado civil e regime de bens; e *e*) remessa de documentos.

Art. 969. O empresário que instituir sucursal, filial ou agência, em lugar sujeito à jurisdição de outro Registro Público de Empresas Mercantis, neste deverá também inscrevê-la, com a prova da inscrição originária.

- *Código Civil, art. 1.000.*
- *Resolução n. 1/2009, aprova Regimento Interno do CGSIM.*

Parágrafo único. Em qualquer caso, a constituição do estabelecimento secundário deverá ser averbada no Registro Público de Empresas Mercantis da respectiva sede.

- *Lei n. 8.934, de 18 de novembro de 1994, regulamentada pelo Decreto n. 1.800, de 30 de janeiro de 1996, arts. 37 e 38.*
- *Instrução Normativa n. 59/96 do DNRC (ora revogada pela IN n. 81/99).*
- *Constituição Federal, art. 24, III.*

Inscrição e averbação de sucursal, filial ou agência. Empresário que vier a abrir estabelecimento ligado à matriz, da qual depende, com poder de representá-la, sob a direção de um preposto, que exerce atividade econômica, organizada e técnica, dentro das instruções dadas, deverá, se tal sucursal, filial ou agência foi instituída em local sujeito à jurisdição de outro Registro Público de Empresas Mercantis, nele inscrevê-la, apresentando prova da inscrição originária (certidão, fotocópia autenticada, via original etc.), e também averbá-la no Registro Público das Empresas Mercantis à margem da inscrição da matriz. O registro empresarial é feito na sede da empresa e, havendo sucursal, filial ou agência, haverá necessidade de sua averbação naquele registro da sede da matriz. Com isso, a lei procura facilitar o livre acesso à publicidade conferida pelo registro, possibilitando a quem interessar a obtenção de informações sobre a empresa, sem que se desloque para o local em que está sediada. Lembram-nos, ainda, Hugo Nigro Mazzilli e

Wander Garcia, que, "para fins fiscais, considera-se filial a unidade que contribui para o fisco; sucursal ou agência alcançam os escritórios de representação".

Art. 970. A lei assegurará tratamento favorecido, diferenciado e simplificado ao empresário rural e ao pequeno empresário, quanto à inscrição e aos efeitos daí decorrentes.

- *Código Civil, arts. 971 a 1.179, § 2º.*
- *Lei Complementar n. 48/84 (isenção de ICMS).*
- *Lei Complementar n. 123, de 14 de dezembro de 2006 (Estatuto Nacional da Microempresa e da Empresa de Pequeno Porte — com alterações das Leis Complementares n. 127/2007, 128/2008, 139/2011 e 154/2016).*
- *Constituição Federal, arts. 170, IX, e 179.*
- *Leis n. 4.504/64; n. 4.829/65; Decretos n. 58.380/66; n. 68.153/71, art. 3º, III,* a*; Lei n. 5.868/72; Decreto n. 72.106/73; Leis n. 8.171/91; n. 8.174/91, regulamentada pelo Decreto n. 235/91.*
- *Lei n. 10.194/2001 (sociedades de crédito ao microempreendedor).*
- *Sobre depósito à vista captado pelas instituições financeiras para operações de crédito destinadas a microempreendedores: Lei n. 10.735/2003, alterada pela Lei n. 12.613/2012.*
- *Lei n. 11.101/2005, arts. 51, § 2º, 70 a 72 e 168, § 4º.*
- *Decreto n. 6.038/2007, com alteração do Decreto n. 8.217/2014, que institui Comitê Gestor de Tributação das Microempresas e Empresas de Pequeno Porte.*
- *Resolução n. 1, de 19 de março de 2007, que aprova o Regimento Interno do Comitê Gestor de Tributação das Microempresas e Empresas de Pequeno Porte de que trata o art. 2º, I, da Lei Complementar n. 123/2006.*
- *Instrução Normativa n. 736, de 2 de maio de 2007, que altera as Instruções Normativas SRF n. 67, de 6 de dezembro de 1996, que dispõe sobre o modelo do Documento de Arrecadação do Sistema Integrado de Pagamento de Impostos e Contribuições das Microempresas e das Empresas de Pequeno Porte (Darf-Simples); n. 81, de 27 de dezembro de 1996, que dispõe sobre o modelo do Documento de Arrecadação das Receitas Federais (Darf); n. 421, de 10 de maio de 2004, que dispõe sobre os Depósitos Judiciais e Extrajudiciais; e n. 672, de 30 de agosto de 2006, que dispõe sobre a retificação de erros no preenchimento de Darf e Darf-Simples.*
- *Resolução do CGSN n. 117/2014 altera as Resoluções CGSN n. 3/2007 e n. 94/2011 sobre Simples Nacional.*
- *Decreto n. 6.204/2007, sobre tratamento favorecido, diferenciado e simplificado para as Microempresas e Empresas de Pequeno Porte nas contratações públicas de bens, serviços e obras no âmbito da Administração Pública Federal.*
- *Decreto n. 8.364/2014, sobre Fórum Permanente das ME e EPP.*
- *Decreto n. 6.889, de 29 de junho de 2009, dispõe sobre a composição e as competências do Conselho de Participação em fundos garantidores de risco de crédito para micro, pequenas e médias empresas e sobre a forma de integralização de cotas nesses fundos.*
- *MEI (Modalidade de microempresa): LC n. 123/2006, com alterações da LC n. 147/2014; arts. 18-A, §§ 15-13, 18, 19, 20, 21, 22, 24; 18-B, § 1º; 18-D, 18-E, §§ 1º a 4º.*
- *Lei n. 9.099/95, art. 8º, § 1º, II (com redação da Lei n. 12.126/2009), possibilita que microempresas proponham ação perante Juizado Especial.*

- *Lei n. 12.792/2013 altera a Lei n. 10.683/2003 e cria a Secretaria da Micro e Pequena Empresa.*
- *IN do DREI n. 12/2013, com alteração feita no art. 21, § 3º, pela IN do DREI n. 29/2014.*
- *IN do DREI n. 15/2013, art. 14.*
- *IN do DREI n. 18/2013.*
- *IN da Secretaria de Inspeção do Trabalho n. 118/2015, sobre fiscalização da aprendizagem nas microempresas e empresas de pequeno porte.*
- *Lei n. 8.666/93, art. 3º, § 14, com redação da LC n. 147/2014.*
- *Decreto n. 8.364/2014, sobre Fórum Permanente das ME e EPP, sendo que seu Regimento Interno foi aprovado pela Portaria n. 170/2009 do Ministério do Desenvolvimento, Industrial e Comércio Exterior.*
- *Código de Processo Civil de 2015, arts. 246, §§ 1º, 5º e 6º, 1.051, parágrafo único.*
- *Decreto n. 8.538/2015, sobre tratamento diferenciado e simplificado para ME e EPP nas contratações públicas de bens, serviços e obras no âmbito da administração pública federal.*
- *Microempreendedor individual pode usar sua residência como sede do estabelecimento (LC n. 123/2006, art. 18-A, com alterações da LC n. 154/2016).*
- *Decreto n. 8.870/2016, sobre aplicação de procedimentos simplificados nas operações de exportação realizadas por microempresas e empresas de pequeno porte optantes pelo Simples Nacional.*
- *Foi aprovado, na II Jornada de Direito Comercial, Enunciado n. 61: "Em atenção ao princípio do tratamento favorecido à microempresa e à empresa de pequeno porte, é possível a representação de empresários individual, sociedade empresária ou (antiga) EIRELI, quando enquadrados nos respectivos regimes tributários, por meio de preposto, perante os juizados especiais cíveis, bastando a comprovação atualizada do seu enquadramento.*

Empresário rural. É o que exerce atividade agrária, seja ela agrícola, pecuária, agroindustrial ou extrativa (vegetal ou mineral), procurando conjugar, de forma racional, organizada e econômica, segundo os padrões estabelecidos pelo governo e fixados legalmente, os fatores terra, trabalho e capital. Possui, por lei, um tratamento especial, simplificado e diferenciado, não só no que atina à sua inscrição no Registro Público de Empresas Mercantis, que é facultativa (CC, art. 971), uma vez que foi dispensado do registro obrigatório, e cadastro no Sistema Nacional de Cadastro Rural, como também no que diz respeito a obrigações previdenciárias, trabalhistas, tributárias etc. Tal ocorre porque o empresário rural, em regra, enfrenta maiores dificuldades na constituição da empresa e no desenvolvimento de suas atividades.

Pequeno empresário. Microempresa é a que possui receita bruta anual igual ou inferior a R$ 360.000,00 e Empresa de Pequeno Porte é a que possui receita bruta anual superior a R$ 360.000,00 e igual ou inferior a R$ 3.600.000,00 (LC n. 123/2006, art. 3º, I e II, com a redação da LC n. 139/2011), sendo-lhe assegurado por lei, em razão da natureza artesanal de sua atividade, um tratamento favorecido, diferenciado e simplificado relativamente à sua inscrição no Registro Público de Empresas Mercantis e aos efeitos oriundos desta (*RT*, *799*:219). Mas, para efeito de aplicação do disposto no art. 970 do atual Código Civil, considera-se *pequeno empresário* o empresário individual caracterizado como microempresa na forma da Lei Complementar n. 123/2006, que aufira receita bruta anual de até R$ 60.000,00 (LC n. 123/2006, arts. 18-A e 68, com a redação da LC n. 139/2011). Deveria ser-lhe exigida por lei a adoção do livro-diário (Enunciado n. 56, aprovado na *I Jornada de Direito Civil*, promovida, em setembro de 2002, pelo Centro de Estudos Judiciários do Conselho da Justiça Federal), mas, como esse enunciado foi cancelado pelo Enunciado n. 235, está o pequeno empresário dispensado de manter escrituração de seus negócios (CC, art. 1.179, § 2º). "É possível a qualquer empresário individual, em situação regular, solicitar seu enquadramento como microempresário ou empresário de pequeno porte, observadas as exigências e restrições legais" (Enunciado n. 200 do Conselho da Justiça Federal, aprovado na *III Jornada de Direito Civil*).

Para sua inscrição, exigir-se-á uma simples comunicação da situação especial em que se encontra o empresário, e não um requerimento pedindo seu reconhecimento. Essa comunicação poderá dar-se por via postal e é isenta de taxas e emolumentos. O órgão que opera o registro apenas tomará nota do comunicado. Trata-se de um registro especial.

Art. 971. O empresário, cuja atividade rural constitua sua principal profissão, pode, observadas as formalidades de que tratam o art. 968 e seus parágrafos, requerer inscrição no Registro Público de Empresas Mercantis da respectiva sede, caso em que, depois de inscrito, ficará equiparado, para todos os efeitos, ao empresário sujeito a registro.

- Vide *Código Civil, arts. 968 e §§ 1º e 2º, 970, 984 e 1.150 a 1.154.*
- *Lei n. 8.934/94.*
- *Lei n. 404/48 (normas sobre empresas e cooperativas para mecanização da lavoura).*
- *Leis n. 4.504/64, 4.947/66 e 5.889/73, regulamentada pelo Decreto n. 73.626/74.*
- *Lei n. 6.404/76, art. 2º.*
- *Lei n. 11.076/2004.*

Parágrafo único. Aplica-se o disposto no *caput* deste artigo à associação que desenvolva atividade futebolística em caráter habitual e profissional, caso em que com a inscrição, será considerada empresária, para todos os efeitos.

- *Inserido pela Lei n. 14.193/2021.*

Inscrição de empresário rural no Registro Público de Empresas Mercantis. Qualquer produtor rural poderá organizar sua atividade econômica (agrícola ou pecuária) sob a forma de empresa, podendo atuar como empresário individual ou coletivo e até formar uma agroindústria (*agrobusiness*). O empresário rural, observando os requisitos exigidos pelo art. 968 do Código Civil, poderá, se quiser, requerer sua inscrição no Registro Público de Empresas Mercantis de sua sede, hipótese em que, acatado seu pedido, equiparar-se-á, para todos os efeitos, ao empresário sujeito a registro obrigatório, sujeitando-se às mesmas normas, tendo as mesmas obrigações, ônus e vantagens. Se não optar por tal inscrição, ficará vinculado a um regime próprio, como pessoa natural, para fins trabalhistas, previdenciários e tributários e seu patrimônio pessoal responderá pelos débitos contraídos no exercício de suas atividades. "O empresário rural e a sociedade empresária rural, inscritos no registro público de empresas mercantis, estão sujeitos à falência e podem requerer concordata (ou melhor, recuperação judicial ou extrajudicial). O registro do empresário ou sociedade rural na Junta Comercial é facultativo e de natureza constitutiva, sujeitando-o ao regime jurídico empresarial. É inaplicável esse regime ao empresário ou sociedade rural que não exercer tal opção" (Enunciados n. 201 e 202 do Conselho da Justiça Federal, aprovados na *III Jornada de Direito Civil*).

Pelo Enunciado n. 62 aprovado na *II Jornada e Direito Comercial*: "O produtor rural, nas condições mencionadas do art. 971 do CCB, pode constituir EIRELI".

Inscrição de empresa futebolística. Da mesma forma, se associação futebolística profissional vier a fazer inscrição no Registro Público de Empresas Mercantis da sua sede equiparar-se-á à sociedade empresária, logo aplicar-se-lhe-á o disposto no artigo *sub examine*.

Capítulo II
Da Capacidade

Art. 972. Podem exercer a atividade de empresário os que estiverem em pleno gozo da capacidade civil e não forem legalmente impedidos.

- *Consolidação das Leis do Trabalho, art. 482, c.*
- *Lei n. 6.404/76, arts. 2º, 147, § 1º, e 159, § 2º.*
- *Código Civil, arts. 3º a 5º, 9º, II, 104, 966, 967, 974, 976, 1.011, § 1º, e 1.643.*
- *Constituição Federal, arts. 54, II,* a, *128, § 5º, II,* c, *176, § 1º, 178, parágrafo único, 222 e 226, § 5º.*
- *Lei n. 4.504/64.*
- *Lei n. 4.947/66.*
- *Decreto-Lei n. 1.029/69 (ora revogado), art. 35.*
- *Lei n. 5.889/73, art. 3º.*
- *Lei Complementar n. 35/79, art. 36, I e II.*
- *Lei n. 6.815/80, regulamentada pelo Decreto n. 86.715/81, arts. 21, § 1º, 99 e 106.*
- *Lei n. 8.112/90, art. 117, IX.*
- *Lei de Introdução às Normas do Direito Brasileiro, art. 7º.*
- *Decreto-Lei n. 341/38.*
- *Decreto-Lei n. 1.001/69, art. 204.*
- *Decreto n. 84.934/80, art. 29.*
- *Lei n. 6.880/80, art. 29.*
- *Lei n. 8.625/93, art. 44, III.*
- *Código de Processo Civil, art. 725, I.*
- *Lei n. 11.101/2005, arts. 75, 102, 103, 154 a 160, 176 e 181, I.*

Condição para o exercício da atividade empresarial. Para que o empresário possa exercer atividade econômica organizada para a produção ou circulação de bens ou de serviços precisará: *a*) ter capacidade para exercer direitos e obrigações, ou seja, ser maior de 18 anos ou emancipado (CC, arts. 5º e 976). "A pessoa natural, maior de 16 e menor de 18 anos, é reputada empresário regular se satisfizer os requisitos dos arts. 966 e 967; todavia, não tem direito a concordata preventiva (ou melhor, à recuperação judicial ou extrajudicial), por não exercer regularmente a atividade por mais de dois anos" (Enunciado n. 197 do Conselho de Justiça Federal, aprovado na *III Jornada de Direito Civil*); *b*) estar habilitado para tanto e devidamente inscrito no Registro Público de Empresas Mercantis; e *c*) não estar legalmente impedido para o exercício da atividade empresarial, em decorrência, p. ex., de desempenho de função pública (CF, art. 54, II, *a*, e Lei n. 8.112/90, art. 117, X), ou de ser estrangeiro com visto temporário (Lei n. 6.815/80, art. 99); membro do Ministério Público (Lei n. 8.625/93, art. 44, III); magistrado (LC n. 35/79, art. 36, I e II); militares da ativa das Forças Armadas e das Polícias Militares (Decreto-lei n. 1.029/69, art. 35); corretor; leiloeiro; despachante aduaneiro; parlamentar, se gozar de favor decorrente de contrato com pessoa jurídica de direito público, ou nela exercer função remunerada (CF, art. 52, II, *a*); empresário falido não reabilitado (Lei n. 11.101/2005, arts. 75, 102, 103, 176 e 181, I); condenado por crime falimentar ou contra a economia popular, à relação de consumo, prevaricação, peita ou suborno, concussão, peculato etc., enquanto perdurarem os efeitos da condenação (CC, art. 1.011, § 1º; Lei n. 6.404/76, art. 147, § 1º). Tais pessoas não podem ser titulares de firma individual ou administradoras de sociedade, mas se não exercerem atividades de gestão poderão ser sócios de sociedades simples ou empresárias.

BIBLIOGRAFIA: Rubens Requião, *Curso de direito comercial*, cit., v. 1, p. 82-98; Julliot de la Morandière, *Droit commercial*, Paris, Dalloz, 1965; Ricardo Fiuza, *Novo Código Civil*, cit., p. 877-8.

Art. 973. A pessoa legalmente impedida de exercer atividade própria de empresário, se a exercer, responderá pelas obrigações contraídas.

- *Lei n. 6.404/76, art. 158.*
- *Decreto n. 3.708/19, art. 11.*

Responsabilidade da pessoa impedida de exercer atividade empresarial. Aquele que, estando legalmente impedido de exercer atividade própria de empresário, vier, sem embargo da proibição legal, a praticar atos empresariais, por eles responderá, com seu patrimônio pessoal, arcando com as obrigações assumidas e os prejuízos causados, e, além disso, sujeitar-se-á às penalidades administrativas e criminais relativas ao exercício ilegal da profissão.

Art. 974. Poderá o incapaz, por meio de representante ou devidamente assistido, continuar a empresa antes exercida por ele enquanto capaz, por seus pais ou pelo autor de herança.

§ 1º Nos casos deste artigo, precederá autorização judicial, após exame das circunstâncias e dos riscos da empresa, bem como da conveniência em continuá-la, podendo a autorização ser revogada pelo juiz, ouvidos os pais, tutores ou representantes legais do menor ou do interdito, sem prejuízo dos direitos adquiridos por terceiros.

§ 2º Não ficam sujeitos ao resultado da empresa os bens que o incapaz já possuía, ao tempo da sucessão ou da interdição, desde que estranhos ao acervo daquela, devendo tais fatos constar do alvará que conceder a autorização.

§ 3º O Registro Público de Empresas Mercantis a cargo das Juntas Comerciais deverá registrar contratos ou alterações contratuais de sociedade que envolva sócio incapaz, desde que atendidos, de forma conjunta, os seguintes pressupostos:

I — o sócio incapaz não pode exercer a administração da sociedade;

II — o capital social deve ser totalmente integralizado;

III — o sócio relativamente incapaz deve ser assistido e o absolutamente incapaz deve ser representado por seus representantes legais.

- *Parágrafo acrescentado pela Lei n. 12.399/2011.*
- Vide *Código Civil, arts. 3º, 4º, 5º, 115 a 120, 166, I, 178, III, 181, 892, 972 e 976.*
- *Lei n. 6.404/76, art. 150.*

Empresário incapaz. A atividade empresarial, por criar direitos e impor deveres, exige que o empresário tenha a capacidade genérica para praticar atos da vida civil (CC, arts. 5º e 972), necessitando, por isso, o absoluta (CC, art. 3º) ou relativamente incapaz (CC, art. 4º) ser representado ou assistido por seu representante legal, para poder continuar a empresa antes exercida por ele enquanto capaz, por seus pais ou pelo *de cujus* de quem se tornou herdeiro, desde que haja prévia autorização judicial, após análise das circunstâncias e dos riscos da empresa e da conveniência em continuá-la. Se o contrato social, p. ex., contiver cláusula prevendo a continuação da sociedade com o herdeiro do finado sócio, cumprir-se-á tal estipulação contratual, ante a obrigatoriedade do pacto social (*RT*, *483*:99), sempre que for possível; mas, se o herdeiro for menor ou incapaz, dissolver-se-á o vínculo social, se o órgão judicante assim deliberar. Logo, incapaz poderá suceder o *de cujus* na qualidade de empresário, se o magistrado assim o determinar (Instrução Normativa do DNRC n. 29/91, arts. 16 e 17; *RTJ*, *70*:608). Portanto, "o exercício da empresa por empresário incapaz, representado ou assistido, somente é possível nos casos de incapacidade superveniente ou incapacidade do sucessor na sucessão por morte" (Enunciado n. 203 do Conselho da Justiça Federal, aprovado na *III Jornada de Direito Civil*).

Revogabilidade da autorização judicial. Nada obsta que a autorização judicial, dada ao incapaz (menor ou interdito) para continuar a atividade empresarial, seja revogada pelo juiz, após ouvir o seu representante legal (pais, tutor, curador, ou, ainda, apoiadores), para atender aos interesses do incapaz e às peculiaridades apresentadas pela empresa (ausência de lucro, iminência de falência, prejuízo excessivo, falta de condições técnicas para o exercício da atividade etc.), desde que não se prejudiquem direitos adquiridos por terceiros. Isto é assim porque o exercício de atividade empresarial envolve responsabilidades que devem ser assumidas pelo empresário, sendo temerário e inconveniente ao seu interesse que seu representante legal a praticasse em nome dele. Por isso, em certos casos, melhor seria proceder-se à liquidação do estabelecimento.

Patrimônio do incapaz. Os bens pertencentes ao incapaz, ao tempo da interdição ou da sucessão, alheios ao capital da empresa, não ficarão sujeitos ao resultado social da atividade empresarial, devendo do alvará judicial que conceder a autorização para sua participação na empresa constar essa circunstância. Protegem-se, assim, os interesses e direitos do incapaz, que serão exercidos por meio de representação legal.

Registro de contratos sociais e de contratos modificativos envolvendo sócio incapaz. Contratos sociais e modificações contratuais de sociedade que envolvam sócio incapaz deverão ser assentados no Registro Público de Empresas Mercantis, a cargo das Juntas Comerciais, desde que preenchidos os seguintes requisitos legais: não exercício da administração da sociedade pelo sócio incapaz; total integralização do capital social. "A exigência de integralização do capital social prevista no art. 974, § 3º, não se aplica à participação de incapazes em sociedades anônimas e em sociedades com sócios de responsabilidade ilimitada nas quais a integralização do capital social não influa na proteção do incapaz" (Enunciado n. 467 do CJF, aprovado na *V Jornada de Direito Civil*); representação do sócio absolutamente incapaz e assistência do relativamente incapaz por seus representantes legais.

BIBLIOGRAFIA: Bulhões de Carvalho, *Incapacidade civil e restrições de direito*, Rio de Janeiro, Borsoi, 1957, v. 2, n. 438; Houpin e Bosvieux, *Traité général des sociétés civiles et commerciales*, Paris, 1918, v. 1, n. 103; Rubens Requião, *Curso*, cit., v. 1, p. 86-98; Van Ryn, *Principes de droit commercial*, Bruxelles, Bruylant, 1954; Fábio Ulhoa Coelho, *Manual de direito comercial*, cit., p. 15-7.

Art. 975. Se o representante ou assistente do incapaz for pessoa que, por disposição de lei, não puder exercer atividade de empresário, nomeará, com a aprovação do juiz, um ou mais gerentes.

§ 1º Do mesmo modo será nomeado gerente em todos os casos em que o juiz entender ser conveniente.

§ 2º A aprovação do juiz não exime o representante ou assistente do menor ou do interdito da responsabilidade pelos atos dos gerentes nomeados.

• Vide *arts. 972, 1.172 a 1.176, 1.399 e 1.402 do Código Civil.*

Nomeação de gerente. Se, sendo incapaz o empresário, seu representante ou assistente (pais, tutor, curador ou apoiadores) não puder, em razão de impedimento legal, exercer a atividade empresarial, não será destituído do encargo, mas deverá, então, mediante aprovação judicial, nomear um ou mais gerentes, conforme a natureza daquela atividade. Tais gerentes exercerão, precariamente, sua função, mediante celebração de contrato, mas dar-se-á ao magistrado o poder de vetar sua escolha, verificando sua qualificação técnica e idoneidade, para que não haja prejuízo à empresa. O mesmo se diga se o magistrado reputar, ante o fato de o representante do incapaz não apresentar, p. ex., competência para gerir aquela atividade, mais conveniente a nomeação de gerente para, com sua experiência, controlar a empresa. Observa Jorge S. Fujita que, como o gerente é um terceiro, sua nomeação deverá ser feita com prudência, estipulando-se, com base no interesse do menor ou incapaz e no bom andamento da atividade empresarial, com detalhes a sua função, o prazo de exercício, horário da jornada de trabalho, salário, responsabilidades contratuais, limites de gestão e decisão etc.

Gerente. É o preposto que age em nome do empresário, por ser seu empregado mais categorizado, tendo poderes similares ao do mandatário geral, necessários à direção dos negócios, dos serviços e dos bens de uma empresa. As suas relações com o empresário reger-se-ão pela legislação trabalhista.

Responsabilidade pelo ato de gerente. O empresário é o responsável pelo ato de seu preposto, ou gerente, praticado no exercício de atividade empresarial, dentro da empresa, ou melhor, do estabelecimento. E se o gerente foi nomeado, com aprovação do órgão judicante, pelo representante, ou assistente, de empresário menor ou interdito, este terá responsabilidade pelos atos praticados por aquele. Essa aprovação judicial não liberará o representante ou o assistente do empresário menor ou interdito de responder por ato de gerente que nomeou, mas terá direito regressivo contra ele, para obter o reembolso do que despendeu. O órgão judicante que veio a aprovar a indicação de gerente, apesar de ter verificado sua conveniência, não terá qualquer responsabilidade pelos atos lesivos do nomeado.

Art. 976. A prova da emancipação e da autorização do incapaz, nos casos do art. 974, e a de eventual revogação desta, serão inscritas ou averbadas no Registro Público de Empresas Mercantis.

- Vide *Código Civil, arts. 5º, parágrafo único, V, 974 e 968, § 2º.*
- *Lei n. 8.934/94, art. 32, II,* e, *e Decreto n. 1.800/96, art. 32, II,* m.

Parágrafo único. O uso da nova firma caberá, conforme o caso, ao gerente; ou ao representante do incapaz; ou a este, quando puder ser autorizado.

- Vide *arts. 974, § 1º, 975 e 1.172 a 1.176 do Código Civil.*

Atos suscetíveis de averbação. A prova da emancipação do empresário menor (CC, art. 5º), da autorização judicial dada para que o incapaz possa continuar a empresa e da eventual revogação desta deverá ser averbada no Registro Público de Empresas Mercantis (representado pela Junta Comercial), à margem da inscrição (CC, art. 968, § 2º) do referido empresário, com o escopo de cientificar tal fato a todos.

Uso da nova firma. O uso da nova firma ou o exercício dos poderes de gerência ou de administração empresarial competirá, conforme as peculiaridades e as circunstâncias do caso, ao gerente nomeado, ao representante do incapaz ou ao próprio empresário-incapaz, desde que devidamente autorizado pelo juiz.

Art. 977. Faculta-se aos cônjuges contratar sociedade, entre si ou com terceiros, desde que não tenham casado no regime da comunhão universal de bens, ou no da separação obrigatória.

- Vide *Código Civil, arts. 2.031, 2.039, 1.667 a 1.671 e 1.641, I, II e III.*

- *Constituição Federal, art. 5º,* caput *e XVII.*
- ***Projeto de Lei n. 699/2011****: "Art. 977. Faculta-se aos cônjuges contratar sociedade, entre si ou com terceiros".*

Licitude da sociedade entre marido e mulher. É preciso não olvidar que lícita é a sociedade entre marido e mulher, desde que não sejam casados sob o regime da comunhão universal de bens (CC, arts. 1.667 a 1.671 — visto que as quotas sociais confundir-se-iam com o patrimônio do casal) ou sob o da separação obrigatória (CC, art. 1.641, I, II e III, e pelo Enunciado n. 94 aprovado na *III Jornada de Direito Comercial*: "A vedação da sociedade entre cônjuges contida no art. 977 do Código Civil não se aplica às sociedades anônimas, em comandita por ações e cooperativa"), objetivando o exercício de uma atividade econômica, sem que tal fato se confunda com a sociedade conjugal (*RJTJSP*, *9*:255; *RTJ*, *113*:1394). Isso não abalaria a estrutura do regime matrimonial, pois o patrimônio social pertencerá à empresa e não aos empresários ou sócios (*JB*, *150*:360, *100*:317 e *165*:277). Pode haver, portanto, sociedade simples ou empresária entre cônjuges se o regime for o de separação convencional de bens, comunhão parcial ou o de participação final nos aquestos. Há quem ache, como Fábio Ulhoa Coelho, que o artigo *sub examine* é inconstitucional, por proibir contratação de sociedade entre pessoas casadas sob o regime de comunhão universal ou separação obrigatória, visto que a norma constitucional assegura a livre associação para fins lícitos e a igualdade perante a lei (CF, art. 5º, XVII). "Adotar as seguintes interpretações ao art. 977: (1) a vedação à participação de cônjuges casados nas condições previstas no artigo refere-se unicamente a uma mesma sociedade; (2) o artigo abrange tanto a participação originária (na constituição da sociedade) quanto a derivada, isto é, fica vedado o ingresso de sócio casado em sociedade de que já participa o outro cônjuge" (Enunciado n. 205 do Conselho da Justiça Federal, aprovado na *III Jornada de Direito Civil*). A proibição legal se dá ante o fato de, na comunhão universal, ser o patrimônio comum, e de, na separação obrigatória, servir de meio para burlá-la. "A proibição de sociedade entre pessoas casadas sob o regime da comunhão universal ou da separação obrigatória só atinge as sociedades constituídas após a vigência do Código Civil de 2002" (Enunciado n. 204 do Conselho da Justiça Federal, aprovado na *III Jornada de Direito Civil*).

Sociedade entre um dos cônjuges e terceiro. Há possibilidade de cada um dos cônjuges associar-se a estranho, ou a parente, desde que não haja fraude (*RT*, *493*:86) ou simulação (*RTJ*, *68*:247) e o regime matrimonial não seja o da comunhão universal ou o da separação de bens obrigatória.

BIBLIOGRAFIA: Paulo Salvador Frontini, Sociedade comercial ou civil entre cônjuges: inexistência, validade, nulidade, anulabilidade ou desconsideração desse negócio jurídico?, *JTACSP*, *78*:6; M. Helena Diniz, *Tratado teórico e prático dos contratos*, São Paulo, Saraiva, 1999, v. 4, p. 106; Fábio Ulhoa Coelho, *Curso de direito civil*, São Paulo, Saraiva, 2003, v. 1, p. 47; Luciano Amaral Jr., A sociedade entre marido e mulher e o novo Código Civil, *Boletim CDT*, *34*:139.

Art. 978. O empresário casado pode, sem necessidade de outorga conjugal, qualquer que seja o regime de bens, alienar os imóveis que integrem o patrimônio da empresa ou gravá-los de ônus real.

- *Código Civil, arts. 1.642 e 1.647.*
- *Constituição Federal, art. 5º, I.*
- *Art. 73-A da Lei n. 11.977/2009, com alteração da Lei n. 12.693/2012.*

Dispensa de outorga conjugal. Empresário casado, qualquer que seja o regime matrimonial de bens, poderá livremente alienar, ou gravar de ônus real (anticrese, hipoteca, p. ex.), imóvel pertencente ao patrimônio da empresa, porquanto, para tanto, não precisará de outorga conjugal, uma vez que há separação entre bens da sociedade e os dos sócios. Ricardo Fiuza esclarece que, apesar de a "firma individual" não ter personalidade jurídica, os bens imóveis, destinados pelo empresário para exercer sua atividade econômica, poderão ser vendidos ou gravados de ônus reais sem anuência de seu cônjuge, visto que não integram o patrimônio conjugal. Com isso facilita-se a circulação dos bens da empresa, que não pode ficar adstrita à vontade do cônjuge do empresário, uma vez que tais bens foram adquiridos com recursos advindos do exercício da atividade empresarial.

Pelo Enunciado n. 6 (aprovado na *1ª Jornada de Direito Comercial*): "O empresário individual regularmente inscrito é o destinatário da norma do art. 978 do Código Civil, que permite alienar ou gravar de ônus real o imóvel incorporado à empresa, desde que exista, se for o caso, prévio registro de autorização conjugal no Cartório de Imóveis, devendo tais requisitos constar do instrumento de alienação ou de instituição do ônus real, com a consequente averbação do ato à margem de sua inscrição no Registro Público de Empresas Mercantis". O Enunciado n. 58 aprovado na *II Jornada de Direito Comercial* propõe a seguinte alteração para o Enunciado n. 6: "O empresário individual casado é o destinatário da norma do art. 978 do CCB e não depende da outorga para alienar ou gravar de ônus real o imóvel utilizado no exercício da empresa, desde que exista prévia averbação de autorização conjugal à conferência do imóvel ao patrimônio empresarial no cartório de registro de imóveis, com a consequente averbação do ato à margem de sua inscrição no Registro Público de Empresas Mercantis".

Art. 979. Além de no Registro Civil, serão arquivados e averbados, no Registro Público de Empresas Mercantis, os pactos e declarações antenupciais do empresário, o título de doação, herança, ou legado, de bens clausulados de incomunicabilidade ou inalienabilidade.

- *Lei n. 6.015/73, arts. 167, I, n. 12, e II, n. I, 244 e 245.*
- *Código Civil, arts. 1.653 a 1.657, 1.659, 1.660, 1.668, I, II e IV, 1.674, 1.848 e 1.911.*
- *Lei n. 8.934/94, regulamentada pelo Decreto n. 1.800/96.*

Atos averbáveis no Registro Civil e no Registro Público de Empresas Mercantis. O pacto antenupcial do empresário, o título constitutivo de doação, herança ou legado e o que gravar seus bens de inalienabilidade ou de incomunicabilidade, além de arquivados e averbados no Registro Civil competente, deverão sê-lo também no Registro Público de Empresas Mercantis, para que tenham eficácia *erga omnes*, uma vez que contêm encargos legais e convencionais que podem restringir o direito de propriedade e, até mesmo, atingir terceiros que com ele venham a efetivar negócios. Com isso, ter-se-á transparência nas atividades empresariais, dando maior segurança àquele com que o empresário vier a entabular negócios.

Art. 980. A sentença que decretar ou homologar a separação judicial do empresário e o ato de reconciliação não podem ser opostos a terceiros, antes de arquivados e averbados no Registro Público de Empresas Mercantis.

- *Artigo que poderá perder sua eficácia social pela Emenda Constitucional n. 66/2010, que deu nova redação ao art. 226, § 6º, da Constituição Federal.*
- Vide *Código Civil, arts. 10, I, 1.027, 1.571, III, 1.572, 1.574, 1.575, 1.577, parágrafo único, e 1.578.*

- *Lei n. 6.015/73, arts. 167, II, n. 5, 10 e 14, 101 e 100.*
- *Lei n. 6.515/77, art. 32.*
- *Lei n. 8.934/94.*
- *Código de Processo Civil, art. 733, §§ 1º a 3º.*

Arquivo e averbação de sentença de separação judicial e de ato de reconciliação envolvendo empresário. Deverão ser arquivados e averbados no Registro Civil e no Registro Público de Empresas Mercantis não só a escritura pública de separação extrajudicial consensual e a sentença que decretar ou homologar a separação judicial do empresário, por haver partilha de imóveis ou direitos reais sujeitos a registro, indicando-se quais os que passarão a pertencer, com exclusividade, a cada um dos ex-cônjuges, mas também o restabelecimento da sociedade conjugal mediante reconciliação, delineando qual é o patrimônio conjugal. Apenas depois da averbação tais atos, por serem modificativos de direitos reais, poderão ser opostos a terceiros (p. ex., credores), visto que, a partir de então, terão eficácia *erga omnes*, já que se dará publicidade à disponibilidade dos bens do empresário. A esse respeito pondera Jorge Shiguemitsu Fujita: "É de muita importância na atividade empresarial o regime de bens do casamento do empresário no que concerne à questão da responsabilidade frente aos credores. Do exame desta questão dependerá a escolha dos bens que podem ou não ser dados em garantia. Ademais, ainda quando se trata da hipótese de desconsideração da personalidade jurídica, o patrimônio a ser atingido dependerá do regime de bens adotado. Destarte, o rompimento da sociedade conjugal, ou mesmo a reconciliação, influenciam sobremaneira na seara patrimonial, motivo pelo qual devem, além de no Registro Civil, ser arquivados e averbados no Registro Público de Empresas Mercantis".

Ocorrendo a perda do suporte eficacial do artigo *sub examine* por força da reforma constitucional, provocada pela EC n. 66/2010, fazendo com que não mais se pleiteie separação judicial ou extrajudicial (por não serem mais pré-requisitos para o divórcio), as averbações de sentenças ou escrituras públicas, anteriores àquela Emenda, permanecerão inalteradas.

Dever-se-á, contudo, interpretar o art. 980 conjugadamente com os arts. 10, I, do CC, e 226, § 2º, da CF (com a redação da EC n. 66/2010), e com o art. 733 e § 1º do CPC, entendendo-se que a sentença de divórcio e a escritura pública de divórcio de empresário só produzirão efeito *erga omnes* depois de averbadas no Registro Público competente, ou seja, onde foi lavrado o assento do casamento (art. 32 da Lei n. 6.515/77), registradas na circunscrição imobiliária se houver partilha de bens comuns individuando os imóveis pertencentes a cada ex-cônjuge e, ainda, arquivadas e averbadas no Registro Público de Empresas Mercantis por ter havido alteração do patrimônio conjugal, dando publicidade à disponibilidade dos bens do empresário. E em caso de restabelecimento daquele casamento, que foi dissolvido, pela reconciliação ou pelo novo casamento do empresário, deverá ser ele assentado no livro de casamento e averbado no Registro Público de Empresas Mercantis e, havendo imóveis no patrimônio conjugal, a averbação do fato deverá ser feita em relação a cada um dos imóveis pertencentes ao casal, existindo ou não pacto antenupcial no Registro Imobiliário da situação dos imóveis.

TÍTULO I-A

(*DA EMPRESA INDIVIDUAL DE RESPONSABILIDADE LIMITADA*)

- *Ora revogado pela Lei n. 14.382/2022.*
- *Acrescentado pela Lei n. 12.441/2011, cujo art. 2º foi revogado pela Lei n. 14.382/2022 e alterada pela Lei n. 14.195/2021.*

DIREITO DE EMPRESA

Art. 980-A. ***(A empresa individual de responsabilidade limitada será constituída por uma única pessoa titular da totalidade do capital social, devidamente integralizado, que não será inferior a 100 (cem) vezes o maior salário mínimo vigente no País.)***

§ 1º ***(O nome empresarial deverá ser formado pela inclusão da expressão –"EIRELI" após a firma ou a denominação social da empresa individual de responsabilidade limitada.)***

- *Instrução Normativa do DREI n. 15/2013, arts. 1º, 2º, 3º, 4º, 5º, I, III,* d, e *e* f, *§ 1º,* a, *11 e 12, § 1º e 16.*

§ 2º ***(A pessoa natural que constituir empresa individual de responsabilidade limitada somente poderá figurar em uma única empresa dessa modalidade.)***

§ 3º ***(A empresa individual de responsabilidade limitada também poderá resultar da concentração das quotas de outra modalidade societária num único sócio, independentemente das razões que motivaram tal concentração.)***

§ 4º (VETADO).

- *A Instrução Normativa do DNRC n. 117/2011 aprova o Manual de Atos de Registro de Empresa Individual de Responsabilidade Limitada.*

§ 5º ***(Poderá ser atribuída à empresa individual de responsabilidade limitada constituída para a prestação de serviços de qualquer natureza a remuneração decorrente da cessão de direitos patrimoniais de autor ou de imagem, nome, marca ou voz de que seja detentor o titular da pessoa jurídica, vinculados à atividade profissional.)***

§ 6º ***(Aplicam-se à empresa individual de responsabilidade limitada, no que couber, as regras prevista para as sociedades limitadas.)***

- *Acrescentado pela Lei n. 12.441, de 11 de julho de 2011 (o art. 2º foi revogado pela Lei n. 14.382/2022).*

- Vide *Código Civil, arts. 44, VI, ora revogada, 1.033, parágrafo único, ora revogado pela Lei n. 14.195/2021, 1.113, 1.115, 1.052 a 1.087.*

- *IN do DREI n. 12/2013, com alteração da IN do DREI n. 29/2014 no seu art. 21,* caput.

§ 7º ***(Somente o patrimônio social da empresa responderá pelas dívidas da empresa individual de responsabilidade limitada, hipótese em que não se confundirá, em qualquer situação, com o patrimônio do titular que a constitui, ressalvados os casos de fraude.)***

- *Acrescentado pela Lei n. 13.874/2019.*

Empresa individual de responsabilidade limitada: noção, requisitos e nome empresarial. No Brasil, foi admitida, e em boa hora, a empresa individual de responsabilidade limitada, que se regia pelas normas atinentes à sociedade limitada. Tal empresa constituir-se-ia por uma só pessoa natural (nesse sentido: Enunciado n. 467 do CJF, aprovado na *V Jornada de Direito Civil*, mas pelo Enunciado n. 3 da *Jornada Paulista de Direito Comercial*: "A Empresa Individual de Responsabilidade Limitada pode ser constituída por pessoa jurídica" e pelo Enunciado n. 92, aprovado na *III Jornada de Direito Civil*: "A empresa individual de responsabilidade limitada (EIRELI) poderá ser constituída por pessoa natural ou por pessoa jurídica, nacional ou estrangeira, sendo a limitação para figurar em uma única EIRELI apenas para pessoa natural" que: *a*) seria a detentora da totalidade do capital social, devidamente integralizado, desde que não seja inferior a cem vezes o maior salário mínimo vigente em nosso país; *b*) só poderia figurar em uma única empresa nessa modalidade. Nada obstava que a empresa individual de responsabilidade limitada resultasse de concentração de quotas de outra modalidade societária num único sócio, pouco importando os motivos que deram origem àquela concentração. Além disso, se a empresa individual de responsabilidade limitada fosse constituída para prestação de serviços de qualquer natureza, poderia receber remuneração oriunda da cessão de direitos patrimoniais de autor ou de imagem, nome, marca ou voz de que fosse detentor o titular da pessoa jurídica, vinculados à atividade profissional. A EIRELI respondia pelos seus débitos, pois seu patrimônio não se confundia com o do titular que a constituía, salvo na hipótese de fraude. Seu nome empresarial formava-se pela inclusão do termo EIRELI após sua firma ou denominação social. O CJF aprovou, na *V Jornada de Direito Civil*, os seguintes Enunciados: *a*) n. 469: "A empresa individual de responsabilidade limitada (EIRELI) não é sociedade, mas novo ente jurídico personificado"; *b*) n. 470: "O patrimônio da empresa individual de responsabilidade limitada responderá pelas dívidas da pessoa jurídica, não se confundindo com o patrimônio da pessoa natural que a constitui, sem prejuízo da aplicação do instituto da desconsideração da personalidade jurídica"; *c*) n. 471: "Os atos constitutivos da EIRELI devem ser arquivados no registro competente, para fins de aquisição de personalidade jurídica. A falta de arquivamento ou de registro de alterações dos atos constitutivos configura irregularidade superveniente"; *d*) n. 472: "É inadequada a utilização da expressão 'social' para as empresas individuais de responsabilidade limitada"; e *e*) n. 473: "A imagem, o nome ou a voz não podem ser utilizados para a integralização do capital da EIRELI". Pelos Enunciados (aprovados na *1ª Jornada de Direito Comercial*): a) n. 3: "A Empresa Individual de Responsabilidade Limitada — EIRELI não é sociedade unipessoal, mas um novo ente distinto da pessoa do empresário e da sociedade empresarial"; b) n. 4: "Uma vez subscrito e efetivamente integralizado, o capital da empresa individual de responsabilidade limitada não sofrerá nenhuma influência decorrente de anteriores alterações no salário mínimo".

Segundo o Enunciado n. 93, aprovado na *III Jornada de Direito Civil*: "O cônjuge ou companheiro de titular de EIRELI é legitimado para ajuizar ação de apuração de haveres, para fins de partilha de bens, na forma do art. 600, parágrafo único, do Código de Processo Civil".

Apesar de ter havido revogação do art. 44, IV, do CC e do Título I-A do Livro II da Parte Especial do Código Civil, pela Lei n. 14.382/2022, e do art. 1.033, IV, do Código Civil pela Lei n. 14.195/2021, sempre se poderá transformar a EIRELI em *sociedade limitada unipessoal* independentemente de qualquer alteração em seu ato constitutivo, pois a DREI disciplinará tal transformação (CC, art. 1.052, §§ 1º e 2º, 1.113 a 1.115; Lei n. 14.195/2021 art. 41, parágrafo único).

TÍTULO II

DA SOCIEDADE

CAPÍTULO ÚNICO

DISPOSIÇÕES GERAIS

- *Constituição Federal, art. 5º, XVII a XXI.*
- *Lei de Introdução às Normas do Direito Brasileiro, art. 11, sobre sociedades estrangeiras.*
- *Código Civil, arts. 40, 44 a 52 e 75, IV, e §§ 1º e 2º.*
- *Lei n. 13.874/2019 sobre declaração de Direitos de Liberdade econômica e garantias de livre mercado.*
- *Lei n. 6.015/73, arts. 114 a 126, que dispõe sobre registro civil das pessoas jurídicas.*
- *IN n. 12/2013, alterada pela IN do DREI n. 29/2014, sobre registro e licenciamento de empresas.*
- *IN do DREI n. 30/2013 sobre processo simplificado e integrado de baixa no âmbito do Registro Público de Empresas.*

- Vide *Lei n. 9.042/95.*
- Vide *Lei n. 8.934, de 18 de novembro de 1994, sobre Registro Público de Empresas Mercantis e Atividades Afins, e Decreto n. 1.800, de 30 de janeiro de 1996.*
- *Instrução Normativa n. 65/97 do Departamento Nacional de Registro do Comércio, sobre empresas mercantis e agentes auxiliares do comércio.*
- *Lei Complementar n. 123/2006 que institui o Estatuto da Microempresa e da Empresa de Pequeno Porte.*
- *Sobre sindicatos profissionais e agrícolas,* vide *Consolidação das Leis do Trabalho, arts. 511 e s.; Constituição Federal, art. 8º, I.*
- *Sobre cooperativas,* vide *Lei n. 5.764, de 16 de dezembro de 1971, arts. 3º, 17 a 20, e Constituição Federal, art. 174, § 2º.*
- *Sobre cooperativas sociais, visando a integração social dos cidadãos: Lei n. 9.867/99.*
- *Sobre cooperativa de eletrificação rural: Decreto n. 6.160/2007, que regulamenta os §§ 1º e 2º do art. 23 da Lei n. 9.074/95.*
- *Cooperativas de colonização* — Vide *art. 30 do Decreto n. 59.428, de 27 de outubro de 1966.*
- *Sobre as sociedades de crédito imobiliário,* vide *Lei n. 4.380, de 21 de agosto de 1964, arts. 35 a 43.*
- *Sobre associações de poupança e empréstimos,* vide *Decreto-Lei n. 70, de 21 de novembro de 1966, arts. 1º a 8º.*
- *Sobre sociedades de caça,* vide *Lei n. 5.197, de 3 de janeiro de 1967.*
- *O Decreto-Lei n. 4.684, de 12 de setembro de 1942, regulou as condições para fundação e funcionamento de associações que visem quaisquer objetivos de interesse da defesa nacional.*
- *A Lei n. 8.906, de 4 de julho de 1994, arts. 15 a 17, sobre o Estatuto da Advocacia e a Ordem dos Advogados do Brasil, dispõe sobre sociedades de advogados; Provimentos n. 494/93 e 112/2006 do CSMSP.*
- *Sobre empresas industriais petroquímicas e autorização para funcionamento,* vide *Decreto n. 56.571, de 9 de julho de 1965, ora revogado pelo Decreto de 5 de setembro de 1991.*
- *Sobre Bolsas de Valores, sociedades civis dependentes de autorização,* vide *Leis n. 4.728, de 14 de julho de 1965, arts. 7º e 8º; 6.385, de 7 de dezembro de 1976; e 6.404, de 15 de dezembro de 1976.*
- *Sociedades imobiliárias* — Vide *art. 62 da Lei n. 4.728, de 14 de julho de 1965.*
- *Consórcio* — Vide *art. 15 da Lei n. 4.728, de 14 de julho de 1965, que permite a contratação de consórcio de sociedades para fins especiais; arts. 2º e 3º da Lei n. 11.795/2008, que considera o grupo de consórcio como sociedade não personificada.*
- *Operações financeiras. Autorização do Banco Central* — Vide *Lei n. 4.728, de 14 de julho de 1965.*
- *Sobre organizações da sociedade civil de interesse público: Lei n. 9.790/99, regulamentada pelo Decreto n. 3.474/2000.*
- *Sobre seguros,* vide *art. 74 do Decreto-Lei n. 73, de 21 de novembro de 1966.*
- *Sobre aeroclubes,* vide *Decreto-Lei n. 205, de 27 de fevereiro de 1967.*
- *Partidos políticos: Lei n. 9.096, de 19 de setembro de 1995, com alterações das Leis n. 9.259/96, n. 12.875/2013 e n. 12.891/2013; Código Civil, arts. 44, V e § 1º, e 2.031, parágrafo único.*

- *Aquisição da personalidade jurídica pelos partidos políticos: Constituição Federal, art. 17, § 2º.*
- *Sobre sociedade sem personalidade jurídica,* vide *art. 75, § 2º, do Código de Processo Civil.*
- *Relativamente à desconsideração da personalidade jurídica da sociedade,* vide *Lei n. 8.078/90, art. 28 e §§ 1º a 5º; Código Civil, art. 50; Código de Processo Civil, arts. 133 e 137, 1.015, IV, e 1.062. Comunicado do CG n. 564/2016 contém normas para identificação dos pedidos incidentais de desconsideração da personalidade jurídica; Enunciados da ENFAM, n. 52 e 53.*
- *Lei n. 6.404/76, art. 2º, § 1º.*
- *Sociedade de assistência médica, hospitalar e odontológica: Lei n. 9.961/2000, art. 19.*
- *Sobre recuperação judicial e extrajudicial e falência da sociedade empresária: Leis n. 11.101/2005; 5.172/66 (CTN), com alteração da Lei Complementar n. 118/2005, arts. 133, § 1º, I, II, § 2º, I a III, § 3º, 155-A, §§ 3º e 4º, 174, parágrafo único, I, 185 e parágrafo único, 186, parágrafo único, I a III, 187, 188, 191 e 191-A. Enunciado n. 628 da VIII Jornada de Direito Civil: "Os patrimônios de afetação não se submetem aos efeitos de recuperação judicial da sociedade instituidora e prosseguirão sua atividade com autonomia e incomunicáveis em relação ao seu patrimônio geral, aos demais patrimônios de afetação por ela constituídos e ao plano de recuperação até que extintos, nos termos da legislação respectiva, quando seu resultado patrimonial, positivo ou negativo, será incorporado ao patrimônio geral da sociedade instituidora".*
- *Participação de estrangeiros ou de brasileiros naturalizados no capital social de empresas jornalísticas e de radiodifusão: Lei n. 10.610/2002.*
- *Lei n. 9.615/98, com a redação da Lei n. 10.672/2003, art. 27, § 9º.*
- *Lei n. 10.101/2000, com alteração da Lei n. 12.832/2013, sobre participação dos trabalhadores nos lucros da empresa.*
- *Lei n. 11.770/2008 (com alterações da Lei n. 13.257/2016) sobre Programa Empresa Cidadã.*
- *Lei n. 12.846/2013, sobre responsabilização administrativa e civil das pessoas jurídicas pela prática de atos contra a Administração Pública, nacional ou estrangeiras.*
- *Código de Processo Civil, arts. 12, VIII, 53, III,* a a c, *75, VIII e 1.051 e parágrafo único.*
- *CNPJ — IN da SRFB n. 1.634/2016.*
- *IN da SRFB n. 1.556/2015 altera a IN da SRFB n. 1.515/2014.*
- *IN n. 2/2015 do Ministro de Estado Chefe da Controladoria Geral da União sobre registro de informações no CEIS e no CNEP.*
- *Lei n. 13.267/2016 sobre empresas juniores.*

Art. 981. Celebram contrato de sociedade as pessoas que reciprocamente se obrigam a contribuir, com bens ou serviços, para o exercício de atividade econômica e a partilha, entre si, dos resultados.

- Vide *Súmulas 380, 329 e 476 do Supremo Tribunal Federal.*

Parágrafo único. A atividade pode restringir-se à realização de um ou mais negócios determinados.

- Vide *Código Civil, arts. 40, 44, I, 45 a 52, 966, 967, 2.031 (com a redação da Lei n. 10.838/2004) e 2.033.*

DIREITO DE EMPRESA

Contrato de sociedade. O contrato de sociedade é a convenção por via da qual duas ou mais pessoas se obrigam a conjugar seus serviços, esforços, bens ou recursos para a consecução de fim comum e partilha, conforme o estipulado no estatuto social, dos resultados entre si, obtidos com o exercício de atividade econômica contínua, que pode restringir-se à realização de um ou mais negócios determinados. A atividade econômica poderá abranger um ou mais negócios genéricos ou específicos. A sociedade, portanto, poderá, como ensinam Ricardo Fiuza e Newton De Lucca, constituir-se para atingir certa e única finalidade negocial, hipótese em que se terá a sociedade de propósito específico ou para o exercício de vários negócios que poderão ser, ou não, conexos ou subsidiários entre si. Conjugando os arts. 981, 983, 997, 1.006, 1.007 e 1.094, o Enunciado n. 206 do Conselho da Justiça Federal, aprovado na *III Jornada de Direito Civil*, entende que "a contribuição do sócio exclusivamente em prestação de serviços é permitida nas sociedades cooperativas (art. 1.094, I) e nas sociedades simples propriamente ditas (art. 983, 2ª parte)".

BIBLIOGRAFIA: Cooper Royer, *Traité des sociétés*, 1939; Tobeñas, *Derecho civil español*, Madrid, 1956, t. 4, p. 571 e s.; M. Helena Diniz, Sucessão comercial por falecimento de um dos sócios em sociedade por quotas de responsabilidade limitada, *Livro de Estudos Jurídicos*, 6:252-62; *Tratado*, cit., cap. XXIV, v. 4, p. 79-158; *Curso*, cit., v. 3, p. 287-99; Sociedade e Associação, in *Contratos nominados* (coord. Cahali), São Paulo, Saraiva, 1995, p. 347-61; e Contratos modificativos, *Revista de Direito Civil, Imobiliário, Agrário e Empresarial*, n. 62, 1992; Arthur Rios, Sociedades civis: inoperância e ineficácia dos registros nas juntas comerciais, *3º RTD*, *82*:328-9; Nicolau Balbino Filho, *Contratos de sociedades civis*, São Paulo, Atlas, 1995; Waldirio Bulgarelli, *Manual das sociedades anônimas*, São Paulo, Atlas, 1993; *Sociedades comerciais*, São Paulo, Atlas, 1993; Julius Binder, *Das Problem der juristischen Persönlichkeit*, Leipzig, 1907; René Clémens, *Personnalité morale et personnalité juridique*, Paris, 1935; Scalfi, *L'idea de persona giuridica e le formazioni sociali titolari di rapporti nel diritto privato*, Milano, Giuffrè, 1968; Caio M. S. Pereira, *Instituições*, cit., v. 3, p. 390-404; Orlando Gomes, *Contratos*, cit., p. 477-86; Silvio Rodrigues, Contrato de sociedade, in *Enciclopédia Saraiva do Direito*, v. 19, p. 513-22; Aubry e Rau, *Cours*, cit., v. 4, § 377; W. Barros Monteiro, *Curso*, cit., p. 300-17; Brunetti, *Trattato del diritto delle società*, Giuffrè, 1948; Manara, *Delle società*, UTET, 1902; Houpin e Bosvieux, *Traité générale des sociétés civiles et commerciales*, Paris, 1919; Tullio Ascarelli, *Studi in tema di contratti*; contratto plurilatterale, Milano, Giuffrè, 1952; *Problemas das sociedades anônimas e direito comparado*, São Paulo, Saraiva, 1969, p. 272-4; Carvalho de Mendonça, *Contratos*, cit., v. 2, n. 261-70; Ferrara, Indole giuridica della società civile, *Rivista di Diritto Commerciale*, 1:517, 1909; Serpa Lopes, *Curso*, cit., v. 4, p. 497-552; W. Barros Monteiro, *Curso*, cit., v. 5, p. 299-317; Hamel, Affectio societatis, *Revue Trimestrielle de Droit Civil*, 1925, p. 761 e s.; Cunha Gonçalves, *Tratado*, cit., v. 6, n. 911; Dekkers, *Précis de droit civil belge*, t. 2, p. 672 e s.; Enneccerus, Kipp e Wolff, *Tratado*, cit., v. 2, § 172; Lacerda de Almeida, *Das pessoas jurídicas*, Rio de Janeiro, 1905, p. 215 e s.; Soprano, *Trattato teorico-pratico delle società commerciali*, 1934; Paulo Salvador Frontini, Sociedade comercial ou civil entre cônjuges: inexistência, validade, nulidade, anulabilidade ou desconsideração desse negócio jurídico?, *Revista de Direito Mercantil, Industrial, Econômico e Financeiro*, *43*:37-46, São Paulo; Larenz, *Derecho*, cit., § 56; Bernard Caillaud, *L'exclusion d'un associé dans les sociétés*, Paris, 1966; Paul Pont, *Des sociétés*; Levenhagen, Código Civil, cit., v. 5, p. 131-73; Hernani Estrella, *Apuração de haveres de sócios*, Rio de Janeiro, Konfino, 1960; Anne Petitpierre-Sauvain, *Droit des sociétés et groupes des sociétés*, Genève, Georg, 1972; Mauro Rodrigues Penteado, *Aumento de capital das sociedades anônimas*, São Paulo, Saraiva, 1988; Roberto Senise Lisboa, *Manual*, cit., v. 3, p. 168-70; Nelson Abrão, Sociedade por quotas de responsabilidade limitada, São Paulo, *Revista dos Tribunais*, 1998; Raquel Sztajn, *Contrato de sociedade e formas societárias*, 1989; Paolo Spada, *La tipicità della società*, 1974; Aurelio Morello, *La società atipiche*, 1983; R. Fiuza e Newton De Lucca, *Código Civil*, cit., p. 887-1021; Fabrício Z. Matiello, *Código Civil*, cit., p. 616 e s.; Jorge S. Fujita, *Comentários*, cit., p. 769-77.

Jurisprudência relativa à sociedade. Consulte: Súmulas 329, 380 e 476 do STF; *RT*, *716*:208, *711*:117, *710*:174, *657*:91, *502*:193, *537*:107, *509*:104, *454*:199, *457*:141, *227*:261,

136:692, *559*:126, *495*:230, *492*:163, *497*:49, *489*:210, *472*:206, *463*:140, *491*:106, *444*:194, *576*:81, *600*:212 e 260, *639*:153, *588*:132, *622*:61, *625*:85, *630*:100, *596*:229, *594*:82, *656*:102, *619*:184, *624*:57, 76 e 125, *631*:116, 122, 123 e 197, *639*:112 e 227, *603*:114, *641*:155 e 225, *617*:111, *635*:225, *636*:95, *634*:78, *660*:181 e *679*:171; *JTACSP*, *25*:61; *Ciência Jurídica*, *13*:63, *23*:111, *42*:133 e 142, *33*:117 e 227, *31*:90 e 140, *32*:88, *35*:71 e *37*:108; *AJ*, *78*:417 e *59*:493; *JB*, *158*:311, *147*:141 e 310, *59*:248, *84*:140 e 251, *117*:246, *163*:242, *134*:315, *150*:177, *147*:286 e *152*:247; *RJTJSP*, 74:186, *83*:230, *101*:165 e 166, *110*:212 e *113*:290; *EJSTJ*, *4*:52 e 66, *8*:103 e *10*:89; *RF*, *255*:252; *RTJ*, *115*:919 e *91*:357; *BAASP*, *1.906*:217 e *1.833*:18; *RJTJRS*, *151*:623 e *59*:424; *RSTJ*, *110*:313; Súmulas 132 e 184 do extinto TFR.

Art. 982. Salvo as exceções expressas, considera-se empresária a sociedade que tem por objeto o exercício de atividade própria de empresário sujeito a registro (art. 967); e, simples, as demais.

- Vide *arts. 966, 967, 983, 997 a 1.038, 1.039, 1.090 a 1.092 e 2.037 do Código Civil.*

Parágrafo único. Independentemente de seu objeto, considera-se empresária a sociedade por ações; e, simples, a cooperativa.

- *Decreto n. 3.048/99, art. 68, § 6º, com redação do Decreto n. 4.032/2001.*
- *Lei n. 8.934/94 e Decreto n. 1.800/96.*
- *Código Civil, arts. 1.088, 1.089 e 1.093 a 1.096.*
- *Lei n. 5.764/71, com alteração da Lei n. 7.231/84, art. 4º; Lei n. 9.867/99.*
- *Constituição Federal, art. 174, § 2º.*
- *Lei n. 6.404/76, art. 2º, § 1º.*
- *Lei n. 8.906/94, art. 15.*
- *Código de Processo Civil, arts. 835, IX e X e 866, §§ 2º e 3º.*

Sociedade empresária. É aquela pessoa jurídica que, registrada na Junta Comercial (CC, art. 866), visa ao lucro ou ao resultado econômico, mediante exercício habitual de atividade econômica organizada como a exercida por empresário, sujeito a registro (CC, art. 967), com o escopo de obter a produção ou circulação de bens ou de serviços no mercado (CC, art. 966). Tal sociedade reúne três fatores: a habitualidade no exercício dos atos negociais, que visem à produção ou à circulação de bens ou serviços; o escopo de lucro ou o resultado econômico; a organização ou estrutura estável dessa atividade. Assume as formas de: sociedade em nome coletivo, sociedade em comandita simples, sociedade em comandita por ações, sociedade limitada e sociedade anônima (CC, arts. 1.088, 1.089 e 982, parágrafo único) ou por ações (*RT*, *434*:122).

Sociedade simples. Será simples se não exercer atividade empresarial econômica, técnica e organizada para produção ou circulação de bens ou serviços, mesmo que venha a adotar quaisquer das formas empresárias, como permite o art. 983, 2ª parte, do Código Civil, exceto se for por ações, que, por força de lei, será sempre empresária (CC, art. 982, parágrafo único). "O art. 983 do Código Civil permite que a sociedade simples opte por um dos tipos empresariais dos arts. 1.039 a 1.092 do Código Civil. Adotada a forma de sociedade anônima ou de comandita por ações, porém, ela será considerada empresária" (Enunciado n. 476 do CJF, aprovado na *V Jornada de Direito Civil*). Objetiva o exercício de atividade profissional intelectual (científica, literária ou artística), desde que não haja o elemento "empresa", ou de qualquer outra atividade não empresarial. "Os profissionais liberais podem organizar-se sob a forma de sociedade simples, convencionando a responsabilidade limitada dos sócios por dívidas da sociedade, a despeito da responsabilidade ilimitada por atos praticados no exercício da profissão" (Enunciado n. 474 do CJF, aprovado na *V Jornada de Direito Civil*). "Considerando ser da essência do contrato de sociedade a partilha do risco entre os sócios, não desfigura a sociedade simples o fato de o respectivo contrato social prever distribuição de lucros, rateio de despesas e concurso de auxiliares" (Enunciado n. 475 do CJF, aprovado na *V Jornada de Direito Civil*). A cooperativa é uma sociedade simples (CC, arts. 982, parágrafo único, *in fine*, e 1.093 a 1.096) e "a natureza de sociedade simples da cooperativa, por força legal, não a impede de ser sócia de qualquer tipo societário, tampouco de praticar ato de empresa" (Enunciado n. 207 do Conselho da Justiça Federal, aprovado na *III Jornada de Direito Civil*). A sociedade simples visa o exercício, p. ex., de atividade advocatícia (Lei n. 8.906/94, art. 15, Provimento n. 112/2006 do Conselho Federal da OAB), rural, educacional, contábil etc. "A sociedade de natureza simples não tem seu objeto restrito às atividades intelectuais" (Enunciado n. 196 do Conselho da Justiça Federal, aprovado na *III Jornada de Direito Civil*).

Art. 983. A sociedade empresária deve constituir-se segundo um dos tipos regulados nos arts. 1.039 a 1.092; a sociedade simples pode constituir-se de conformidade com um desses tipos, e, não o fazendo, subordina-se às normas que lhe são próprias.

- *Código Civil, arts. 1.039 a 1.092, 966, 991 a 1.038.*
- *Constituição Federal, art. 170.*
- *Lei n. 9.615/98, art. 27, § 9º.*

Parágrafo único. Ressalvam-se as disposições concernentes à sociedade em conta de participação e à cooperativa, bem como as constantes de leis especiais que, para o exercício de certas atividades, imponham a constituição da sociedade segundo determinado tipo.

- Vide *Código Civil, arts. 986, 991 a 996 e 1.093 a 1.096.*
- *Lei n. 5.764/71.*

Forma da sociedade empresária e da simples. A *sociedade empresária* reger-se-á assumindo a forma de: sociedade em nome coletivo, pelos arts. 1.039 a 1.044 do Código Civil; sociedade em comandita simples, pelos arts. 1.045 a 1.051; sociedade limitada, pelas disposições contidas nos arts. 1.052 a 1.087; sociedade por ações ou anônima, pelos arts. 1.088 e 1.089 e por lei especial (Lei n. 6.404/76), e sociedade em comandita por ações, pelos arts. 1.090 a 1.092 do Código Civil. O mesmo se dirá da *sociedade simples não pura* que se constituir de conformidade com um desses tipos (com exceção da sociedade em comandita por ações e da sociedade anônima — *RT*, *434*:122 e *128*:485; *RJTJSP*, *135*:110), e, não o fazendo, disciplinar-se-á pelos arts. 997 a 1.038 do Código Civil, caso em que será uma *sociedade simples pura*. "A opção pelo tipo empresarial não afasta a natureza simples da sociedade" (Enunciado n. 57, aprovado na *I Jornada de Direito Civil*, promovida, em setembro de 2002, pelo Centro de Estudos Judiciários do Conselho da Justiça Federal). Pelo Enunciado n. 477 da *V Jornada de Direito Civil*: "O art. 983 do CC permite que a sociedade simples opte por um dos tipos empresariais dos arts. 1.039 a 1.092 do CC, adotada a forma de sociedade anônima ou de comandita para ações, porém, ela será considerada empresária". É preciso lembrar que "eventuais classificações conferidas pela lei tributária às sociedades não influem para sua caracterização como empresárias ou simples, especialmente no que se refere ao registro dos atos constitutivos e à submissão ou não aos dispositivos da Lei n. 11.101/2005" (Enunciado n. 476 do CJF, aprovado na *V Jornada de Direito Civil*). Nada obsta a criação de sociedades atípicas, em razão do princípio da autonomia contratual, que abrange o da livre atividade negocial (CF, art. 170). Observa Raquel Sztajn que admitido está o princípio da atipicidade societária desde que não se editem normas estatutárias que: *a*) tenham força obrigatória das normas jurídicas, para os novos esquemas negociais; *b*) venham a obrigar ou restringir direitos de terceiros; *c*) façam sobrepor o interesse particular sobre o coletivo; e *d*) ofendam a função social do contrato e da propriedade; o valor do trabalho; a dignidade da pessoa humana; o consumidor; o meio ambiente etc.

BIBLIOGRAFIA: Rachel Sztajn, *Contratos de sociedade e formas societárias*, 1989, n. 109, p. 174; *Atipicidade de sociedade no direito brasileiro*, tese apresentada na USP, em 1987; Aurélio Morello, *Le società attipiche*, Milano, Giuffrè, 1983, p. 14; Nelson Nery Jr. e Rosa Maria A. Nery, *Novo Código Civil*, cit., p. 348, comentário ao art. 983.

Sociedade em conta de participação e cooperativa. Em razão do fato de ser a sociedade em conta de participação uma sociedade não personificada, reger-se-á pelos arts. 991 a 996 do Código Civil, e a cooperativa, por ser uma associação sob a forma de sociedade simples, pelos arts. 1.093 a 1.096 do Código Civil e pela Lei n. 5.764/71. A cooperativa é disciplinada por normas próprias, diversas das que regulam as sociedades em geral. E, além disso, não se pode olvidar as leis especiais que regem o exercício de certas atividades e impõem a constituição de determinado tipo de sociedade.

Combinando os arts. 983, 986 e 991, o Enunciado n. 208 do Conselho da Justiça Federal, aprovado na *III Jornada de Direito Civil*, esclarece: "As normas do Código Civil para as sociedades em comum e em conta de participação são aplicáveis independentemente de a atividade dos sócios, ou do sócio ostensivo, ser ou não própria de empresário sujeito a registro (distinção feita pelo art. 982 do Código Civil entre sociedade simples e empresária)".

Art. 984. A sociedade que tenha por objeto o exercício de atividade própria de empresário rural e seja constituída, ou transformada, de acordo com um dos tipos de sociedade empresária, pode, com as formalidades do art. 968, requerer inscrição no Registro Público de Empresas Mercantis da sua sede, caso em que, depois de inscrita, ficará equiparada, para todos os efeitos, à sociedade empresária.

Parágrafo único. Embora já constituída a sociedade segundo um daqueles tipos, o pedido de inscrição se subordinará, no que for aplicável, às normas que regem a transformação.

- Vide *Código Civil, arts. 968, 970, 971, 982, 1.039 a 1.092 e 1.113 a 1.115.*
- *Lei n. 8.934/94 e Decreto n. 1.800/96.*

Equiparação da sociedade rural à empresária. A sociedade que exercer atividade própria de empresário rural, constituída ou transformada segundo os tipos regulados nos arts. 1.039 a 1.092 do Código Civil, poderá requerer sua inscrição no Registro Público de Empresas Mercantis de sua sede, observando os requisitos exigidos pelo art. 968 do Código Civil, equiparando-se, então, à sociedade empresária para todos os efeitos de direito, inclusive falência e recuperação — Enunciado n. 201 (*III Jornada de Direito Civil* do Conselho da Justiça Federal), devendo providenciar: o registro de suas atividades, a escrituração, a realização de balanços etc. Pelo Enunciado n. 202 (*III Jornada de Direito Civil* do Conselho da Justiça Federal): "O registro de sociedade rural na Junta Comercial é facultativo e de natureza constitutiva, sujeitando-se ao regime jurídico empresarial. É inaplicável esse regime ao empresário ou à sociedade rural que não exercer tal opção". Se houve sua transformação, ou seja, se a empresa rural já constituída passou a pertencer a um outro tipo de sociedade, sem que tenha havido sua dissolução ou liquidação, aquele pedido de inscrição subordinar-se-á, no que for aplicável, às normas contidas nos arts. 1.113 a 1.115 do Código Civil.

Art. 985. A sociedade adquire personalidade jurídica com a inscrição, no registro próprio e na forma da lei, dos seus atos constitutivos (arts. 45 e 1.150).

- Vide *Código Civil, arts. 44, II, 45, parágrafo único, 46 e 1.150 a 1.154.*
- *Lei n. 6.015/73, arts. 114 a 126, sobre Registro Civil das Pessoas Jurídicas.*
- *Lei n. 8.934/94 e Decreto n. 1.800/96, sobre Registro Público de Empresas Mercantis.*
- *Leis n. 2.180/54, art. 1º, e n. 5.056/66 (Tribunal Marítimo).*
- *Lei n. 4.503/64.*
- *Lei n. 6.739/79.*
- *Lei n. 7.433/85, regulamentada pelo Decreto n. 93.240/86.*
- *Lei n. 8.906/94, arts. 1º, § 2º, e 15, § 1º.*
- *Lei n. 9.279/96.*
- *Lei n. 9.096/95.*

Existência da pessoa jurídica. Para que a pessoa jurídica de direito privado exista legalmente será necessário inscrever seus atos constitutivos, ou seja, contrato e estatuto, no seu registro peculiar e na forma da lei. Assim, para ter personalidade jurídica, a sociedade empresária deverá ser inscrita no Registro Público de Empresas Mercantis a cargo da Junta Comercial, e a sociedade simples, no Registro Civil das Pessoas Jurídicas. Com tal inscrição ter-se-á: *a*) pessoa jurídica, distinta da pessoa natural de seus sócios, pois passará, em seu nome, a contrair obrigações e a exercer direitos, tendo nacionalidade, capacidade e domicílio próprios; *b*) patrimônio social separado do dos sócios. Sem tal registro ter-se-á sociedade de fato ou não personificada, gerando responsabilidade pessoal dos sócios. Como lembra Marcelo Fortes Barbosa Filho, aplicar-se-á aqui o prazo decadencial de três anos, contado da data do registro, previsto no art. 45, parágrafo único, do novel Código Civil, para, arguido defeito do ato constitutivo, anular a constituição da pessoa jurídica.

Pelo Enunciado n. 1 da *Jornada Paulista de Direito Comercial*: "A Junta Comercial não pode examinar o mérito do documento apresentado para registro, mas exclusivamente o atendimento às formalidades legais".

BIBLIOGRAFIA: Marcelo Fortes Barbosa Filho, *Código Civil comentado* (coord. Peluso), Barueri, Manole, 2008, p. 926.

Subtítulo I

Da Sociedade Não Personificada

- *Lei n. 11.795/2008 sobre sistema de consórcio, arts. 2º e 3º.*

Capítulo I

Da Sociedade em Comum

Art. 986. Enquanto não inscritos os atos constitutivos, reger-se-á a sociedade, exceto por ações em organização, pelo disposto neste Capítulo, observadas, subsidiariamente e no que com ele forem compatíveis, as normas da sociedade simples.

- *Código Civil, arts. 985, 986 a 990, 997 a 1.038, 1.089 e 1.150.*
- *Código de Processo Civil, art. 75, § 2º.*
- *Lei n. 6.404/76.*

DIREITO DE EMPRESA

- *Lei n. 11.795, de 5 de outubro de 2008, art. 3º, sobre grupo de consórcio como sociedade não personificada.*

Normas disciplinadoras da sociedade não personificada. Enquanto o ato constitutivo da sociedade não for levado a registro (CC, art. 985), não se terá uma pessoa jurídica, mas um simples contrato de sociedade que se regerá pelos arts. 986 a 990 do Código Civil e, no que for compatível, pelas normas da sociedade simples, ou seja, pelas disposições contidas nos arts. 997 a 1.038 do referido diploma legal, exceto se se tratar de sociedade por ações em organização (p. ex., sociedade anônima), que se disciplinará por lei especial (CC, art. 1.089). Como leciona Jorge S. Fujita, a sociedade em comum é a desprovida de personalidade jurídica, porquanto, embora composta por sócios e visando exercer atividade de caráter produtivo para a obtenção de resultados a serem objeto de partilha entre eles, não teve o seu ato constitutivo devidamente inscrito no Registro Público de Empresas Mercantis ou no Registro Civil das Pessoas Jurídicas. Mas não se confunde, como pondera José Maria Trepat Cases, com a sociedade irregular, pois a sociedade em comum "refoge da irregularidade e aproxima-se da temporariedade, ou seja, é uma sociedade que, temporariamente, não personificada, aguarda a remessa dos seus atos constitutivos para inscrição no órgão registrário competente, dentro de um lapso temporal (trinta dias), para, então, adquirir personalidade jurídica. A falta de inscrição dessa sociedade nos órgãos competentes e o exercício de atividades por prazo indeterminado, indubitavelmente, fazem igualar a sociedade em comum à sociedade irregular". "A sociedade em comum compreende as figuras doutrinárias da sociedade de fato e da irregular" (Enunciado n. 58, aprovado na *Jornada de Direito Civil*, promovida, em setembro de 2002, pelo Centro de Estudos Judiciários do Conselho da Justiça Federal). As sociedades em comum são não personificadas por constituir-se de fato por "sócios" para o exercício de atividade produtiva, e repartir os resultados obtidos, mas, apesar disso, o contrato social não foi inscrito. "A sociedade em comum não ostenta personalidade jurídica ou judiciária, só podendo seus sócios, estes sim, postular em juízo" (II TACSP, Ap. n. 590.458-00/0, 6ª Câm., rel. Lino Machado, j. 14-3-2001). Logo, por não serem pessoas jurídicas, não poderão acionar a seus membros, nem a terceiros (*RT*, *537*:107), mas estes poderão responsabilizá-las por todos os seus atos (*RT*, *135*:663 e *395*:392), reconhecendo a existência de fato para esse efeito (*RT*, *134*:111); entretanto, pode parecer, à primeira vista, que o art. 75, IX, do Código de Processo Civil modificou tal entendimento ao dizer que as sociedades sem personalidade jurídica podem ser representadas em juízo, ativa ou passivamente, pela pessoa a quem couber a administração de seus bens (*RT*, *470*:147; *RF*, *254*:330), apresentando antinomia com a norma substantiva. Todavia, como é preciso haver necessária e absoluta coerência no sistema, ante a ausência da personalidade jurídica, em regra seria impossível o exercício do direito de ação, e, como a sociedade não personificada, ou a de fato, tem, pela norma adjetiva, o direito de defesa, se acionada, e de ser representada em juízo ativa e passivamente pelo administrador de seus bens, o art. 75, § 2º, do Código de Processo Civil complementa o teor do art. 986 do Código Civil, reforçando o que nele está disposto, dando-lhe o real sentido. Logo, aquela antinomia é aparente, por ser a lei adjetiva norma especial. Isto é assim porque, para alguns autores, a sociedade não personificada está compreendida no gênero próximo da pessoa jurídica, que é o *sujeito de direitos*, pois não são somente os entes personalizados que podem exercer direitos e vincular-se a deveres. Por isso nada obsta que a lei especial venha a reconhecer direitos a certos entes sem personalizá-los (*RT*, *588*:132). Vigora o princípio da responsabilidade incidente sobre a massa patrimonial com repercussão no patrimônio dos sócios, pois a falta de registro acarreta a comunhão patrimonial e jurídica da sociedade e de seus membros, confundindo-se seus direitos e obrigações com os dos sócios (CC, arts. 988, 989 e 990). Nessa sociedade sem personalidade jurídica prevalece o princípio de que só o que for sujeito de direito é que pode possuir bens; logo, "a sociedade de fato não pode, em seu nome, figurar como parte em contrato de compra e venda de imóvel, em compromisso ou promessa de cessão de direitos; movimentar contas bancárias; emitir ou aceitar títulos de crédito; praticar outros atos extrajudiciais que impliquem alienações de imóveis, porque o Registro Imobiliário não procederá ao registro" (*RT*, *428*:250). Esse tratamento que a lei substantiva dispensa à sociedade não personificada (em comum, de fato ou irregular) decorre do princípio de que a aquisição de direitos advém da observância da norma, enquanto a imposição de deveres (responsabilidade) existe sempre.

Segundo o Enunciado n. 208 da *III Jornada do Direito Civil*: "As normas do CC para as sociedades em comum e em conta de participação são aplicáveis independentemente de a atividade dos sócios ou do sócio ostensivo ser ou não própria de empresário sujeito a registro (distinção feita pelo art. 982 do CC entre sociedade simples e empresarial)".

"O art. 986 deve ser interpretado em sintonia com os arts. 985 e 1.150, de modo a ser considerada em comum a sociedade que não tenha seu ato constitutivo inscrito no registro próprio ou em desacordo com as normas legais previstas para esse registro (art. 1.150), ressalvadas as hipóteses de registros efetuados de boa-fé" (Enunciado n. 209 do Conselho da Justiça Federal, aprovado na *III Jornada de Direito Civil*).

Sobre sociedade não personificada: *RT*, *256*:158, *272*:700, *289*:330, *518*:226; *RJTJRS*, *159*:297; *RJTJSP*, *71*:80.

BIBLIOGRAFIA: Caio M. S. Pereira, *Instituições*, cit., v. 1, p. 296-99; W. Barros Monteiro, *Curso*, cit., v. 1, p. 126; José M. Arruda Alvim Netto, *Comentários ao Código de Processo Civil*, v. 2, p. 94; M. Helena Diniz, Sociedade e associação, in *Contratos nominados*, coord. Cahali, p. 347-400; *Curso*, cit., v. 1, p. 123-5; Fabrício Z. Matiello, *Código Civil*, cit., p. 618 e s.; Jorge S. Fujita, *Comentários*, cit., p. 772; José Maria Trepat Cases, *Código Civil anotado* (coord. Cunha Pereira), Porto Alegre, Síntese, 2004, p. 772.

Art. 987. Os sócios, nas relações entre si ou com terceiros, somente por escrito podem provar a existência da sociedade, mas os terceiros podem prová-la de qualquer modo.

- *Código de Processo Civil, art. 75, § 2º.*
- *Código Civil, art. 212, I a V.*
- *Súmula 380 do Supremo Tribunal Federal.*

Prova da existência do contrato de sociedade. Como o contrato de sociedade não foi levado à inscrição perante registro público competente (CC, art. 985), não terá eficácia *erga omnes* nem haverá constituição de pessoa jurídica de direito privado, cuja existência legal depende da inscrição de seu estatuto no registro competente, desde que preenchidos os requisitos exigidos. Consequentemente, fácil será deduzir a eficácia constitutiva do ato registrário, pois dele advém a personalidade jurídica da sociedade, que passará a ter capacidade de direito (*Rechtsfähigkeit*), que sem o registro é uma mera relação contratual disciplinada pelo seu estatuto (*Satzung*), aplicando-se-lhe, como vimos, as normas da sociedade não personificada (CC, art. 986). Embora essa sociedade seja um contrato consensual, que pode ser feito oralmente ou por escrito, a forma escrita é de grande importância, pois a personalidade jurídica surgirá com o registro desse contrato. Além disso, nas questões entre os sócios, e entre eles com terceiros, tal sociedade só se provará por escrito (público ou particular), de modo que um sócio não poderá demandar contra outro sem exibir documento de constituição da sociedade (*RF*, *141*:299 e *112*:450; *RT*, *673*:72, *190*:303, *152*:714 e *160*:154; *AJ*, *74*:289). Mas os estranhos, ou terceiros, que tiverem alguma relação com a sociedade, poderão provar sua existência de qualquer modo, inclusive por meio de testemunhas, indicativos fiscais, início de prova escrita etc. (CC, arts. 212 e s.; *RT*, *239*:219, *173*:746, *190*:303, *177*:379 e *130*:644; *AJ*, *101*:107; *RF*, *139*:224). Logo, "a caracterização de uma sociedade em comum nem sempre constituirá uma tarefa fácil, admitindo--se, por parte de terceiros, a utilização de todo gênero de provas para tanto, inclusive das chamadas *presumptio homines*" (TJSP, Ap. 64.525-4, 7ª Câm. D. Priv., rel. Júlio Vidal, j. 31-3-1999).

Art. 988. Os bens e dívidas sociais constituem patrimônio especial, do qual os sócios são titulares em comum.

Participação dos sócios nos bens e nas perdas sociais. Os bens declarados no contrato e débitos sociais constituem um *patrimônio especial* da sociedade de fato, cujos titulares em comum são os sócios. Esse patrimônio, compreendendo bens e capitais, é imprescindível para a consecução do objeto da sociedade em comum e para o exercício de sua atividade, respondendo pelos débitos e obrigações assumidas. "O *patrimônio especial* a que se refere o art. 988 é aquele afetado ao exercício da atividade, garantidor de terceiro, e de titularidade dos sócios em comum, em face da ausência de personalidade jurídica" (Enunciado n. 210 do Conselho da Justiça Federal, aprovado na *III Jornada de Direito Civil*). Logo, há uma interpenetração dos interesses dos sócios, comunicando-se os bens e as dívidas, participando de forma igualitária dos lucros e prejuízos. Os sócios assumem responsabilidade ilimitada em comum pelos resultados obtidos e pelas obrigações por não haver separação patrimonial, visto que esta apenas surgirá no momento em que a sociedade vier a adquirir personalidade jurídica, tornando-se regular.

Art. 989. Os bens sociais respondem pelos atos de gestão praticados por qualquer dos sócios, salvo pacto expresso limitativo de poderes, que somente terá eficácia contra o terceiro que o conheça ou deva conhecer.

- *Código de Processo Civil, arts. 789 a 796.*
- *Código Civil, art. 47.*

Vinculação dos bens sociais. Os bens sociais respondem pelas obrigações assumidas por qualquer dos sócios, na prática de atos de gestão (empréstimo, locação etc.), para atender ao interesse social. Trata-se de débitos da sociedade, que por eles responderá, salvo se houver pacto limitando expressamente os poderes de administração dos sócios, que apenas terá eficácia em relação a terceiro que conheça ou deva ter conhecimento prévio daquela estipulação. Se tal pacto não era conhecido do terceiro, que efetivou negócio com o sócio, encarregado da gestão societária, os bens sociais responderão pelos efeitos daquele ato negocial, garantindo o pagamento dos débitos da sociedade em comum.

"Presume-se disjuntiva a administração dos sócios a que se refere o art. 989" (Enunciado n. 211 do Conselho da Justiça Federal, aprovado na *III Jornada de Direito Civil*).

Art. 990. Todos os sócios respondem solidária e ilimitadamente pelas obrigações sociais, excluído do benefício de ordem, previsto no art. 1.024, aquele que contratou pela sociedade.

- *Código Civil, arts. 1.024 e 275 a 285.*
- *Código de Processo Civil, arts. 789 a 796.*
- RT, 588:*132.*

Responsabilidade solidária pelos débitos ou obrigações sociais. Há, na sociedade em comum, responsabilidade solidária e ilimitada dos sócios pelas obrigações sociais, mas seus bens particulares não poderão ser executados por dívidas da sociedade, senão depois de executados os bens sociais (CC, art. 1.024), visto que há a proteção legal conferida pelo benefício de ordem. Isto é assim porque os credores da sociedade são credores dos sócios (*JM*, *97*:100-57), podendo acionar qualquer deles pelo débito todo. Os credores deverão obter a solução de seus créditos no patrimônio social, voltando-se depois contra os sócios, responsáveis ilimitada e solidariamente, individual ou conjuntamente. Mas aquele sócio que praticou o ato pela sociedade não terá o benefício de ordem, podendo responder pelo débito social com seu patrimônio pessoal, antes da execução dos bens da sociedade, principalmente, se se provar, p. ex., que sua atuação foi alheia aos interesses sociais. Isto é assim porque o sócio, que contrata pela sociedade em comum, tem responsabilidade direta e ilimitada pelas obrigações sociais.

Pelo Enunciado n. 212 do Conselho da Justiça Federal, aprovado na *III Jornada de Direito Civil*, "embora a sociedade em comum não tenha personalidade jurídica, o sócio, que tem seus bens constritos por dívida contraída em favor da sociedade e não participou do ato por meio do qual foi contraída a obrigação, tem o direito de indicar bens afetados às atividades empresariais para substituir a constrição".

Capítulo II
Da Sociedade em Conta de Participação

- *Decreto n. 3.000/99 sobre escrituração das operações da sociedade em conta de participação.*

Art. 991. Na sociedade em conta de participação, a atividade constitutiva do objeto social é exercida unicamente pelo sócio ostensivo, em seu nome individual e sob sua própria e exclusiva responsabilidade, participando os demais dos resultados correspondentes.

- *Código Civil, arts. 983 e 1.162.*
- *Decreto n. 916/1890, art. 3º, § 4º.*

Parágrafo único. Obriga-se perante terceiro tão somente o sócio ostensivo; e, exclusivamente perante este, o sócio participante, nos termos do contrato social.

- Vide *Decreto-Lei n. 2.303/86, art. 7º, que, para efeito de imposto sobre a renda, equipara a sociedade em conta de participação às pessoas jurídicas.*
- *Decreto n. 3.000/99, art. 254, sobre escrituração das operações de sociedade em conta de participação.*
- *Lei n. 11.101/2005, arts. 81 e 82.*

Sócio ostensivo e sócios participantes. A sociedade em conta de participação não é pessoa jurídica, não tem autonomia patrimonial, nem sede social, nem firma ou razão social e é formada com duas modalidades de sócio: o *ostensivo* (empreendedor que entra com capital e com atividade laborativa) e os *participantes* ou ocultos (sócios com participação restrita à entrega de capital, para a consecução do fim social). O gerente, que é o *sócio ostensivo*, pratica na gestão da sociedade todos os atos necessários para tanto e usa de sua firma individual, efetivando os negócios com terceiros, em seu próprio nome, adquirindo direitos e assumindo deveres. A atividade constitutiva do objeto social, portanto, é exercida apenas pelo sócio ostensivo, que se obriga pessoalmente perante terceiros, arcando com todas as responsabilidades. Sua responsabilidade é pessoal e ilimitada pelas dívidas sociais. Os *sócios participantes* (os ocultos ou investidores) somente se obrigarão perante o sócio ostensivo, participando dos resultados sociais obtidos, sejam eles positivos ou negativos, nos limites consignados contratualmente, uma vez que são prestadores de capital e não aparecem externamente nas relações da sociedade, nem têm responsabilidade perante terceiros. Terceiros só poderão agir contra o sócio ostensivo, com o qual entabularam o negócio, nada podendo exigir, judicial ou extrajudicialmente, dos sócios participantes. A falta do registro retira a publicidade, logo terceiro não poderia ter conhecimento da existência da sociedade em conta de participação. Mesmo que venha a ter ciência de sua existência, como apenas fez a negociação com o sócio ostensivo, somente poderá dirigir sua pretensão contra ele. Observa Matiello que, se, porventura, houver participação conjunta do sócio ostensivo e dos participantes na elaboração negocial, todos serão solidariamente responsáveis perante o terceiro, com quem efetivaram contrato, em nome da sociedade (CC, art. 993, parágrafo único).

BIBLIOGRAFIA: Mauro Brandão Lopes, *Sociedade em conta de participação*, 1990; Mario Ghidini, *L'associazione in partecipazione*, 1959; Salvatore G. Grandi, *L'associazione in partecipazione*, 1939; Rubens Requião, *Curso*, cit., v. 1, n. 236, p. 374; Walter Bigiavi, *L'imprenditore occulto*, 1954; José Gabriel Assis de Almeida, *Sociedade em conta de participação*, 1989; Eduardo Carlezzo, Sociedade em conta de participação, *Justilex*, *18*:48; Fabrício Z. Matiello, *Código Civil*, cit., p. 620 e s.

Art. 992. A constituição da sociedade em conta de participação independe de qualquer formalidade e pode provar-se por todos os meios de direito.

• *Código Civil, arts. 104, 212, I a V, e s.*

Constituição. Como a sociedade em conta de participação é, na verdade, um contrato de participação, ou melhor, uma sociedade não personificada, para constituir-se não depende de qualquer formalidade, por ser um contrato consensual, bastando a simples declaração de vontade de duas ou mais pessoas, ou seja, a *affectio societatis*. Logo, se não houver contrato social escrito, poder-se-á comprovar sua existência por qualquer meio idôneo admitido juridicamente, p. ex., depoimento testemunhal, perícia, documento fisco-contábil, *e-mails* etc. (CC, arts. 212 e s.; *RTJ*, *108*:651; *RT*, *472*:139), se não houver contrato social escrito firmado entre sócio ostensivo e os sócios participantes.

Art. 993. O contrato social produz efeito somente entre os sócios, e a eventual inscrição de seu instrumento em qualquer registro não confere personalidade jurídica à sociedade.

• *Decreto-Lei n. 2.303/86, art. 7º, parágrafo único.*

Parágrafo único. Sem prejuízo do direito de fiscalizar a gestão dos negócios sociais, o sócio participante não pode tomar parte nas relações do sócio ostensivo com terceiros, sob pena de responder solidariamente com este pelas obrigações em que intervier.

• *Código Civil, arts. 275 a 285.*

• *Lei n. 11.101/2005, arts. 81 e 82.*

Efeitos jurídicos. Efetivado um contrato social escrito entre duas ou mais pessoas, que, sem firma social, se reúnem para obtenção de lucro comum, trabalhando alguns, em seu nome individual, para o fim almejado, produzirá efeitos internos, isto é, apenas entre o sócio ostensivo e os participantes, pois, não tendo razão social, não se revela publicamente em face de terceiros (*RSTJ*, *173*:244), que somente têm vínculo com o sócio ostensivo. Se seu instrumento for, eventualmente, levado a registro, este nem por isso conferir-lhe-á personalidade jurídica, pois apenas formalizará sua constituição, dirimindo dúvidas quanto ao conteúdo do pacto social. Se, com a eventual inscrição no registro competente do contrato social, terceiros vierem a conhecer a identidade dos sócios participantes, tal fato não desvirtuará a natureza da sociedade em conta de participação, visto que sua característica primordial é a responsabilidade integral do sócio ostensivo, com seu nome individual, perante terceiros. Os sócios participantes, mesmo que se tornem conhecidos, não terão qualquer responsabilidade.

Atuação dos sócios participantes. Os sócios participantes apenas, por serem investidores de capital, poderão fiscalizar a gestão do sócio ostensivo não só da atividade econômica, tendo acesso, para tanto, aos livros e à contabilidade, mas também dos negócios sociais (*RT*, *684*:147), levados a efeito com terceiros pelo sócio ostensivo, em seu nome individual e sob sua própria e exclusiva responsabilidade. Poderão até mesmo mover ação de prestação de contas dos atos de gestão da sociedade contra o sócio ostensivo. Deverão evitar qualquer participação nas negociações feitas entre o sócio ostensivo e terceiro. Se, porventura, sem embargo da proibição legal, algum sócio participante vier a tomar parte nas negociações do sócio ostensivo com terceiro, passará a responder, com ele, solidariamente, pelas obrigações assumidas com sua intervenção. Consequentemente, terceiro poderá acionar qualquer deles (participantes ou ostensivo) pelo adimplemento da obrigação assumida.

Art. 994. A contribuição do sócio participante constitui, com a do sócio ostensivo, patrimônio especial, objeto da conta de participação relativa aos negócios sociais.

§ 1º A especialização patrimonial somente produz efeitos em relação aos sócios.

§ 2º A falência do sócio ostensivo acarreta a dissolução da sociedade e a liquidação da respectiva conta, cujo saldo constituirá crédito quirografário.

§ 3º Falindo o sócio participante, o contrato social fica sujeito às normas que regulam os efeitos da falência nos contratos bilaterais do falido.

- *Decreto-Lei n. 1.303/86, art. 86.*
- *Lei n. 11.101/2005 (com alterações da Lei n. 14.112/2020), arts. 81, 82, 83, 115, 117, 119 e 120.*
- *Código Civil, art. 104.*

Contribuição do sócio participante. A sociedade em conta de participação é uma sociedade interna entre sócio ostensivo e sócio participante, sendo que este último não se revela, permanecendo, nas relações com terceiros, oculto. Os sócios participantes entregam, fiduciariamente, capital ou fundos ao ostensivo, que os aplica, com os seus, formando um patrimônio especial, que será objeto da conta de participação relativa à consecução dos negócios sociais. Os sócios (ostensivo e participantes) unem o capital para determinado fim, com absoluta reserva na participação dos lucros (*RT*, *615*:65). O fundo social é constituído, portanto, com valores e contribuições do sócio ostensivo e dos sócios participantes.

Especialização patrimonial. A contribuição dos sócios participantes e do sócio ostensivo, formando fundos, constitui um patrimônio especial, visto que, como a sociedade em conta de participação não possui personalidade jurídica, não há patrimônio da sociedade. Há uma afetação específica dos capitais reunidos pelos sócios para a consecução do fim social e para a cobertura das obrigações assumidas no desenvolvimento da atividade econômica. A especialização patrimonial, com descrição dos bens e indicação de suas peculiaridades, não tem eficácia *erga omnes*, somente produzirá efeitos entre os sócios, não alcançando terceiros, por não ser patrimônio da sociedade, visto que estamos diante de uma sociedade não personificada, ou seja, que não possui personalidade jurídica nem tem autonomia patrimonial. Constitui um moderno instrumento para captar recursos financeiros a serem aplicados em certas operações, repartindo-se o lucro obtido com elas entre os sócios.

Falência. A sociedade em conta de participação não pode ser declarada falida, pois somente seus sócios poderão incorrer em falência ou insolvência civil. Dessa forma, falindo o sócio ostensivo, dissolver-se-á a sociedade, mediante simples ação ordinária (*RT*, *472*:139); ter-se-á apuração dos haveres devidos aos demais sócios; liquidando-se a conta e o saldo, se houver, constituirá crédito quirografário, isto é, sem qualquer garantia. Se a sociedade tiver mais de um sócio ostensivo, a falência de um deles não gerará liquidação social, pois a sociedade continuará com os demais sócios ostensivos. Com a falência do sócio participante, não se terá dissolução da sociedade e o contrato social sujeitar-se-á às normas disciplinadoras dos efeitos da falência nos contratos bilaterais efetivados pelo falido. O administrador judicial, pelo art. 117 da Lei n. 11.101/2005, deverá decidir se a massa falida participará, ou não, da sociedade em conta de participação.

Art. 995. Salvo estipulação em contrário, o sócio ostensivo não pode admitir novo sócio sem o consentimento expresso dos demais.

Admissão de novo sócio. O contrato social poderá conter cláusula autorizando sócio ostensivo a aceitar ingresso de novo sócio, sem o consenso dos demais. Se o contrato social, ou adendo superveniente, não o permitir, o sócio ostensivo não poderá, sem anuência expressa dos demais sócios (participantes), admitir novo sócio, mesmo sendo o administrador dos interesses e negócios sociais. Tal se dá por tratar-se de sociedade de pessoas, havendo necessidade de se tutelarem os interesses dos sócios participantes, que, por serem investidores, não podem ficar presos ao arbítrio do sócio ostensivo, relativamente ao aumento do quadro societário. O artigo *sub examine* procura tutelar o liame pessoal existente entre os membros dessa sociedade, visto que nela prepondera o *intuitu personae*.

Art. 996. Aplica-se à sociedade em conta de participação, subsidiariamente e no que com ela for compatível, o disposto para a sociedade simples, e a sua liquidação rege-se pelas normas relativas à prestação de contas, na forma da lei processual.

- Vide *Código Civil, arts. 997 a 1.038.*
- *Código de Processo Civil, arts. 550 a 553.*

Parágrafo único. Havendo mais de um sócio ostensivo, as respectivas contas serão prestadas e julgadas no mesmo processo.

Aplicação subsidiária das normas disciplinadoras da sociedade simples. E no caso de omissão legislativa e estatutária aplicar-se-ão, subsidiariamente, no que couberem, à sociedade em conta de participação, os arts. 997 a 1.038 do Código Civil referentes à sociedade simples, que tem personalidade jurídica.

Liquidação. A liquidação da sociedade em conta de participação seguirá as normas sobre prestação de contas, na forma da lei processual, apurando-se o ativo e o passivo, dividindo entre os sócios o saldo líquido, se houver.

Prestação de contas. Os sócios participantes têm direito de exercer fiscalização (CC, art. 993, parágrafo único) e pedir prestação de contas ao sócio ostensivo (*RT*, *768*:221, *684*:147; *JTJ*, *212*:139, *208*:141), visto que pratica atos de gestão, e cobre as obrigações assumidas com o patrimônio especial, formado pelas contribuições dos sócios (CC, art. 994); e se vários forem os sócios ostensivos, as respectivas contas, apresentadas em separado, deverão ser, ante o princípio da economia processual, prestadas e julgadas no mesmo processo judicial. Têm tal dever por ser a prestação de contas uma obrigação de quem administra bens alheios.

BIBLIOGRAFIA: Fábio Ulhoa Coelho, *Código Comercial e legislação complementar anotados*, São Paulo, Saraiva, 1995, p. 110-2; Mauro Brandão Lopes, *A sociedade em conta de participação*, São Paulo, Saraiva, 1990; M. Helena Diniz, *Tratado teórico e prático dos contratos*, São Paulo, Saraiva, 1999, v. 4, p. 114; Rubens Requião, *Curso*, cit., v. 1, p. 375.

SUBTÍTULO II

DA SOCIEDADE PERSONIFICADA

- *Lei n. 8.934/94, com alterações da Lei n. 13.874/2019.*
- *Lei n. 13.833/2019 sobre junta comercial, atividades do registro público de empresas mercantis e atividades afins.*
- *Consolidação das Leis do Trabalho, art. 10-A (com a redação da Lei n. 13.467/2017).*
- *Lei n. 13.019/2021, art. 4º-A, acrescentado pela Lei n. 14.309/2022.*

CAPÍTULO I

DA SOCIEDADE SIMPLES

SEÇÃO I

DO CONTRATO SOCIAL

Art. 997. A sociedade constitui-se mediante contrato escrito, particular ou público, que, além de cláusulas estipuladas pelas partes, mencionará:

- *Código Civil, arts. 999, 1.001, 1.006, 1.007, 1.015, 1.052, 1.053 e 1.054.*
- *Lei n. 6.015/73, art. 120.*
- *Código de Processo Civil, arts. 375 e 464 a 480.*
- *Lei n. 8.934/94, art. 35.*
- *Decreto n. 1.800/96, art. 53, § 2º.*

I — nome, nacionalidade, estado civil, profissão e residência dos sócios, se pessoas naturais, e a firma ou a denominação, nacionalidade e sede dos sócios, se jurídicas;

II — denominação, objeto, sede e prazo da sociedade;

III — capital da sociedade, expresso em moeda corrente, podendo compreender qualquer espécie de bens, suscetíveis de avaliação pecuniária;

IV — a quota de cada sócio no capital social, e o modo de realizá-la;

V — as prestações a que se obriga o sócio, cuja contribuição consista em serviços;

- Vide *Código Civil, arts. 1.006 e 1.007.*

VI — as pessoas naturais incumbidas da administração da sociedade, e seus poderes e atribuições;

- *Código Civil, arts. 1.010 a 1.021, e principalmente o art. 1.013.*

VII — a participação de cada sócio nos lucros e nas perdas;

- *Código Civil, art. 1.007.*

VIII — se os sócios respondem, ou não, subsidiariamente, pelas obrigações sociais.

Parágrafo único. É ineficaz em relação a terceiros qualquer pacto separado, contrário ao disposto no instrumento do contrato.

- Vide *Código Civil, arts. 981 e 983.*
- *IN da SRFB n. 1.634/2016, sobre Cadastro Nacional de Pessoa Jurídica (CNPJ).*

Contrato social. A *sociedade simples* é a pessoa jurídica que visa ao fim econômico ou lucrativo, que deve ser repartido entre sócios, sendo alcançado pelo exercício de certas profissões ou pela prestação de serviços técnicos (p. ex., sociedade que presta serviços de consultoria, de engenharia ou de terraplanagem, que explora o ramo escolar, sociedade de advogados, sociedade imobiliária). Não pode ter finalidade empresarial. No *contrato social*, pelo qual se constitui a sociedade simples pura, feito por instrumento público ou particular, há congregação de vontades dirigidas para a obtenção de um objetivo comum, contendo cláusulas estipuladas pelas partes para lograr o resultado por elas almejado. Mas, além dessas cláusulas, o contrato deverá mencionar: *a*) nome, nacionalidade, estado civil, profissão e residência dos sócios, se forem pessoas naturais. "A capacidade para contratar a constituição da sociedade submete-se à lei vigente no momento do registro" (Enunciado n. 396 do Conselho da Justiça Federal, aprovado na *IV Jornada de Direito Civil*). Se forem pessoas jurídicas, deverá especificar sua firma ou razão social, nacionalidade e sede; *b*) denominação, finalidade social, sede e prazo de duração da sociedade que está sendo constituída. "O art. 997, inc. II, não exclui a possibilidade de sociedade simples utilizar firma ou razão social" (Enunciado n. 213 do Conselho da Justiça Federal, aprovado na *III Jornada de Direito Civil*); *c*) capital da sociedade, expresso em moeda corrente, podendo compreender quaisquer bens (dinheiro, imóveis, móveis, ativos recebíveis, como duplicatas, ou intangíveis, como patentes, marcas), desde que suscetíveis de serem avaliados pecuniariamente. "A integralização do capital social em bens imóveis pode ser feita por instrumento particular de contrato social ou de alteração contratual, ainda que se trate de sociedade sujeita ao registro exclusivamente no registro civil de pessoas jurídicas" (Enunciado n. 478 do CJF, aprovado na *V Jornada de Direito Civil*); *d*) quota de cada sócio no capital social e a maneira de realizá-la; *e*) prestações a que se obrigar o sócio, se sua contribuição, para o fundo social, consistir em serviços (CC, arts. 1.006 e 1.007); *f*) indicação do administrador da sociedade, com delimitação de suas atribuições e de seus poderes; *g*) participação de cada sócio nos lucros e nas perdas; e *h*) responsabilidade subsidiária, ou não, dos sócios pelas obrigações sociais. Todavia, pelo Enunciado n. 61 (aprovado na *I Jornada de Direito Civil*, promovida, em setembro de 2002, pelo Centro de Estudos Judiciários do Conselho da Justiça Federal), tal responsabilidade deveria ser solidária, para compatibilizar-se com o art. 1.023 do Código Civil. E para o Enunciado n. 479 do CJF, aprovado na *V Jornada de Direito Civil*: "Na sociedade simples pura (art. 983, parte final, do CC/2002), a responsabilidade dos sócios depende de previsão contratual. Em caso de omissão, será ilimitada e subsidiária, conforme o disposto nos arts. 1.023 e 1.024 do CC/2002".

"As indicações contidas no art. 997 não são exaustivas, aplicando-se outras exigências contidas na legislação pertinente para fins de registro" (Enunciado n. 214 do Conselho da Justiça Federal, aprovado na *III Jornada de Direito Civil*).

Pelo Enunciado n. 10 (aprovado na *1ª Jornada de Direito Comercial*): "Nas sociedades simples, os sócios podem limitar suas responsabilidades entre si, à proporção da participação no capital social, ressalvadas as disposições específicas".

Ineficácia perante terceiro de acordo posterior feito entre sócios. O contrato social, com o registro, terá eficácia *erga omnes*. Se, posteriormente, sócios vierem, contrariando disposição do contrato social, a efetivar entre si algum pacto separado (contrato de gaveta), este não terá qualquer eficácia perante terceiros, vinculando, tão somente, os contratantes, em suas relações recíprocas.

BIBLIOGRAFIA: Silvio Rodrigues, Contrato de sociedade, in *Enciclopédia Saraiva do Direito*, v. 19, p. 513 e s.; Brunetti, *Trattato del diritto delle società*, Milano, Giuffrè, 1948, v. 1; Manara, *Delle società*, Torino, Utet, 1902, v. 1, n. 52, v. 2, n. 331 e s. e 517 a 522; Houpin e Bosvieux, *Traité général des sociétés civiles et commerciales*, Paris, 1919, v. 1, n. 35; Tullio Ascarelli, *Studi in tema di contratti:* contratto plurilatterale, Milano, Giuffrè, 1952, p. 108 e s.; M. Helena Diniz, *Curso*, cit., v. 3, p. 304-6; *Tratado*, cit., v. 4, p. 101-2; Hamel, Affectio societatis, *Revue Trimestrielle de Droit Civil*, 1925, p. 761 e 755; Luigi Rodino, Società civile, in *Nuovo Digesto Italiano*; Renzo Bolaffi, *La società semplice*, 1975; Ricardo Fiuza, *Novo Código Civil*, cit., p. 901-37; Fabrício Z. Matiello, *Código Civil*, cit., p. 623 a 648; Adrianna de A. Setubal Santos, *Comentários*, cit., p. 777-95; Jorge S. Fujita, *Comentários*, cit., p. 796 a 805; Mauro Caramico, As sociedades simples, *CDT Boletim*, *38*:156-7.

Art. 998. Nos trinta dias subsequentes à sua constituição, a sociedade deverá requerer a inscrição do contrato social no Registro Civil das Pessoas Jurídicas do local de sua sede.

- Vide *Código Civil, arts. 45, 46, 75, IV, e 1.150, 2ª parte, a 1.154.*
- *Lei n. 6.015/73, arts. 19, 114, II, 120 a 126.*

§ 1º O pedido de inscrição será acompanhado do instrumento autenticado do contrato, e, se algum sócio nele houver sido representado por procurador, o da respectiva procuração, bem como, se for o caso, da prova de autorização da autoridade competente.

- *Lei n. 6.015/73, art. 19.*

§ 2º Com todas as indicações enumeradas no artigo antecedente, será a inscrição tomada por termo no livro de registro próprio, e obedecerá a número de ordem contínua para todas as sociedades inscritas.

- *Código Civil, arts. 997 e 46.*
- Vide *Lei n. 6.015/73, arts. 114 a 121, com a redação da Lei n. 9.042/95, e 126.*
- *Lei n. 8.934/94, art. 36.*

Efeito da inscrição do contrato social no Registro Civil das Pessoas Jurídicas. Dentro de trinta dias, contados de sua constituição, a sociedade deverá requerer a inscrição do seu contrato social (CC, art. 997) no Registro Civil das Pessoas Jurídicas do local onde estiver situada sua sede (CC, arts. 1.150 e 75, IV) para que possa ter personalidade jurídica (CC, art. 45). "A sede a que se refere o *caput* do art. 998 poderá ser a da administração ou a do estabelecimento onde se realizam as atividades sociais" (Enunciado n. 215 do Conselho da Justiça Federal, aprovado na *III Jornada de Direito Civil*). No momento em que se operar o assento do seu contrato social, a pessoa jurídica começa a existir, passando a ter aptidão para ser sujeito de direitos e obrigações, tendo capacidade patrimonial e adquirindo vida própria e autônoma, por ser uma nova unidade orgânica. Com tal registro, o conteúdo do pacto social passará a ser oponível *erga omnes*. Todos os atos da pessoa jurídica serão tidos como atos próprios, consequentemente os atos praticados individualmente por seus sócios nada terão que ver com ela. A pessoa jurídica terá nome, patrimônio, nacionalidade e domicílio diversos dos de seus sócios. Assim sendo, um sócio não poderá exigir a divisão de um bem da sociedade antes de sua dissolução, nem a sociedade poderá ter seus bens penhorados para pagar débitos contraídos individualmente por seus componentes (*Juriscível*, *51*:172).

"A falta de registro do contrato social (irregularidade originária — art. 998) ou de alteração contratual versando sobre matéria referida no art. 997 (irregularidade superveniente — art. 999, parágrafo único) conduzem à aplicação das regras da sociedade em comum (art. 986)" (Enunciado n. 383 do Conselho da Justiça Federal, aprovado na *IV Jornada de Direito Civil*).

Mecanismo do Registro Civil das Pessoas Jurídicas. Com a apresentação do pedido de inscrição, acompanhado de instrumento autenticado do contrato social, da procuração de sócio representado por procurador e da prova de autorização da autoridade competente (CC, arts. 45, 2ª parte, 1.123 a 1.125, 1.134 e 1.135), quando necessária, será feita a verificação do conteúdo formal, conferindo se contém os requisitos comuns exigidos por lei e os especiais, conforme o caso. Pelo Enunciado n. 1 da *Jornada Paulista de Direito Comercial*: "A Junta Comercial não pode examinar o mérito do documento apresentado para registro, mas exclusivamente o atendimento às formalidades legais". Após as devidas verificações, o documento passará, então, para o Protocolo do Cartório de Pessoas Jurídicas, constando: número de registro; nome do apresentante; espécie de documento e coluna para referências e anotações. A inscrição será, portanto, tomada por termo no livro de registro próprio, e obedecerá a número de ordem contínua para todas as sociedades inscritas, independentemente do tipo societário. Lavrar-se-á uma Certidão de Personalidade Jurídica, na qual constarão o nome da entidade, sua sede e o número do registro no Cartório. Tal certidão representará a prova de que determinada sociedade possui personalidade jurídica, encontrando-se inscrita no Registro Civil das Pessoas Jurídicas (CC, art. 46).

BIBLIOGRAFIA: José M. Siviero, *Títulos e documentos e pessoa jurídica — seus registros na prática*, 1983, p. 103-7; M. Helena Diniz, *Tratado*, cit., v. 4, p. 110-2.

Art. 999. As modificações do contrato social, que tenham por objeto matéria indicada no art. 997, dependem do consentimento de todos os sócios; as demais podem ser decididas por maioria absoluta de votos, se o contrato não determinar a necessidade de deliberação unânime.

- ***Projeto de Lei n. 699/2011****: "Art. 999. As modificações do contrato social, que tenham por objeto matéria indicada no art. 997, dependem do consentimento de todos os sócios; as demais devem ser decididas por maioria absoluta de votos, se o contrato não determinar* quorum *diverso.*

...".

Parágrafo único. Qualquer modificação do contrato social será averbada, cumprindo-se as formalidades previstas no artigo antecedente.

- *Código Civil, arts. 44, 45, 997, 998, 1.002, 1.003, 1.004, parágrafo único, 1.030, 1.058 e 2.033.*
- *Lei n. 6.015/73, arts. 120 e 121.*
- ***Projeto de Lei n. 7.160/2002*** *(ora arquivado): "Art. 999, parágrafo único. Qualquer modificação do contrato social será averbada no Registro Civil da respectiva sede, cumprindo-se as formalidades previstas no artigo antecedente".*

Contrato modificativo. Dependerão do consentimento de todos os sócios (*quorum* de unanimidade) quaisquer modificações feitas no contrato social envolvendo mudança: de sócio; de denominação social; de finalidade e da sede da sociedade; do capital social, aumentando-o ou reduzindo-o; dos poderes da administração; da participação societária nos lucros e nas perdas ou da responsabilidade pelas obrigações sociais (CC, arts. 997, 999, 1ª parte, 1.002 e 1.003). As demais alterações contratuais, não havendo previsão estatutária de deliberação unânime, poderão ser decididas por maioria absoluta de votos. Portanto, "a unanimidade exigida para a modificação do contrato social somente alcança as matérias referidas no art. 997, prevalecendo, nos demais casos de deliberação dos sócios, a maioria absoluta, se outra mais qualificada não for prevista no contrato" (Enunciado n. 385 do Conselho da Justiça Federal, aprovado na *IV Jornada de Direito Civil*). Observam Ricardo Fiuza e Newton De Lucca que: "o *quorum* de unanimidade apresenta-se excessivamente rigoroso. Também não há razão para que o contrato social não possa estabelecer *quorum* diverso para deliberação sobre essas outras matérias não contempladas no art. 997, tal como ora está posto no parágrafo único". Esse contrato modificativo, firmado por meio de instrumento público ou particular, deverá ser averbado, cumprindo-se todas as formalidades do art. 998 do Código Civil, à margem da inscrição da sociedade no Registro Civil das Pessoas Jurídicas (CC, art. 45). Tal averbação não gerará nova sociedade, mas conferirá oponibilidade *erga omnes* das modificações feitas.

"O *quorum* de deliberação, previsto nos arts. 1.004, parágrafo único, e 1.030, é de maioria absoluta do capital representado pelas quotas dos demais sócios, consoante a regra geral fixada no art. 999 para as deliberações na sociedade simples. Esse entendimento aplica-se ao art. 1.058 em caso de exclusão de sócio remisso ou redução do valor de sua quota ao montante já integralizado" (Enunciado n. 216 do Conselho da Justiça Federal, aprovado na *III Jornada de Direito Civil*).

Art. 1.000. A sociedade simples que instituir sucursal, filial ou agência na circunscrição de outro Registro Civil das Pessoas Jurídicas, neste deverá também inscrevê-la, com a prova da inscrição originária.

• *Código Civil, art. 969.*

Parágrafo único. Em qualquer caso, a constituição da sucursal, filial ou agência deverá ser averbada no Registro Civil da respectiva sede.

• *Código Civil, art. 997.*

• *Lei n. 6.015/73.*

Inscrição e averbação de filial de sociedade simples. Se uma sociedade simples vier a instituir sucursal (estabelecimento constituído em local diverso do estabelecimento principal para incrementar a exploração do objeto social), filial (estabelecimento que opera sob direta orientação da matriz, que dirige, autoriza e aprova seus negócios) ou agência (escritório de um estabelecimento, onde se executam os mesmos negócios e afazeres por conta do estabelecimento central, sob instruções ou ordens deste emanadas), em local diverso da sede da matriz, deverá inscrevê-la, apresentando prova da inscrição originária (documento original, cópia autenticada, certidão etc.), no Registro Civil das Pessoas Jurídicas de sua circunscrição, averbando-a, para que haja eficácia ou oponibilidade *erga omnes*, ainda, no Registro Civil das Pessoas Jurídicas da respectiva sede, à margem da sua inscrição (CC, art. 997). Com isso, haverá livre acesso às informações relativas à vida societária.

BIBLIOGRAFIA: Plácido e Silva, *Vocabulário jurídico*, Rio de Janeiro, Forense, 1991, v. IV, p. 292, 293 e 101.

SEÇÃO II
DOS DIREITOS E OBRIGAÇÕES DOS SÓCIOS

• *Lei n. 8.078/90, art. 28.*

Art. 1.001. As obrigações dos sócios começam imediatamente com o contrato, se este não fixar outra data, e terminam quando, liquidada a sociedade, se extinguirem as responsabilidades sociais.

• *Código de Processo Civil, art. 795, § 1º.*

• *Lei n. 6.015/73, arts. 114 a 121.*

Dever de cooperação. Cada sócio terá a obrigação de cooperar para a consecução do objetivo social, que começará a partir do momento em que o contrato social se constitui, exceto se outra data não estiver estipulada pactualmente, extinguindo-se quando, liquidada a sociedade, estiverem cumpridas e extintas as responsabilidades sociais assumidas com terceiros (*RT*, *536*:155). Portanto, cessará tal responsabilidade apenas com o pagamento de todas as dívidas sociais e o rateio do acervo social.

Art. 1.002. O sócio não pode ser substituído no exercício das suas funções, sem o consentimento dos demais sócios, expresso em modificação do contrato social.

- Vide *Código Civil, arts. 997, 999, 1.018 e 1.019*

Substituição de sócio no exercício de suas funções. O sócio não poderá sofrer substituição no exercício de suas funções societárias, arroladas no contrato social, delegando-as a terceiro não sócio sem o consenso expresso e unânime dos demais, consignado em contrato modificativo, que deverá para ter eficácia *erga omnes* ser averbado à margem da inscrição da sociedade no Registro Civil das Pessoas Jurídicas (CC, arts. 997 e 999). O artigo *sub examine* visa garantir ao sócio o pleno exercício das atribuições definidas no estatuto social, impedindo sua destituição arbitrária. Em regra, o sócio poderá associar um estranho ao seu quinhão social, sem o concurso dos outros, porque formará com ele uma *subsociedade*, que nada terá que ver com os demais sócios; porém não poderá, sem aquiescência dos demais, associá-lo à sociedade de pessoas, alienando sua parte, fazendo-se substituir por ele ante a relevância do *intuitu personae*, pois se a sociedade for de capital — sociedade anônima, p. ex. — não haverá qualquer restrição ao sócio, que poderá alienar sua quota de capital a quem lhe aprouver, por não se considerar a pessoa do associado (*RT*, *547*:160).

Art. 1.003. A cessão total ou parcial de quota, sem a correspondente modificação do contrato social com o consentimento dos demais sócios, não terá eficácia quanto a estes e à sociedade.

Parágrafo único. Até dois anos depois de averbada a modificação do contrato, responde o cedente solidariamente com o cessionário, perante a sociedade e terceiros, pelas obrigações que tinha como sócio.

- Vide *Código Civil, arts. 997 e 999, 275 a 285, 1.032 e 1.057.*
- *Constituição Federal, art. 5º, XX.*
- *Lei n. 11.101/2005, arts. 81, § 1º, e 115.*

Cessão total ou parcial de quota social. Sem que haja um contrato modificativo, efetuado com o consentimento dos sócios, e devidamente averbado, nenhum sócio poderá associar terceiro à sociedade, cedendo sua quota, no todo ou em parte. O mesmo se diga da transferência de quotas entre os próprios sócios. Os demais sócios têm o direito de aceitar, ou não, a entrada de novo sócio ou o aumento das quotas de um deles, em virtude da cessão. Se tal cessão se der sem a aquiescência dos demais sócios, não terá ela qualquer eficácia em relação a estes e à sociedade. A cessão total, com a retirada do sócio cedente, ou a parcial das quotas de um deles, modificando sua participação societária, só surtirá efeito se autorizada pelos demais e se houver termo aditivo ao contrato social, alterando-o. O art. 1.003 não impede a saída de sócio cedente ou a diminuição de suas quotas, pois ninguém poderá ser compelido a manter-se associado (CF, art. 5º, XX); apenas dá oportunidade aos demais sócios de averiguar se há conveniência de se alterar o quadro societário, permitindo a entrada do cessionário na sociedade.

Responsabilidade solidária passiva *ex lege*. Até dois anos contados da averbação daquela modificação do contrato social no competente Registro Civil das Pessoas Jurídicas, o cedente responderá solidariamente com o cessionário, perante a sociedade e terceiros, pelas obrigações que tinha como sócio. Desse modo, durante o biênio legal ficará afastado o princípio *concursu partes fiunt*, pois tanto o cessionário como o cedente poderão ser compelidos a cumprir as suas obrigações sociais. Cada um responderá, perante terceiros e a sociedade, *in totum et totaliter* pelo adimplemento dos deveres societários, pois se pode exigir de qualquer deles, ou de ambos, a obrigação por inteiro.

Art. 1.004. Os sócios são obrigados, na forma e prazo previstos, às contribuições estabelecidas no contrato social, e aquele que deixar de fazê-lo, nos trinta dias seguintes ao da notificação pela sociedade, responderá perante esta pelo dano emergente da mora.

Parágrafo único. Verificada a mora, poderá a maioria dos demais sócios preferir, à indenização, a exclusão do sócio remisso, ou reduzir-lhe a quota ao montante já realizado, aplicando-se, em ambos os casos, o disposto no § 1º do art. 1.031.

- *Código Civil, arts. 394 a 401, 997, IV e V, 999, 1.030, 1.031, § 1º, 1.032 e 1.058.*
- ***Projeto de Lei n. 7.160/2002*** *(ora arquivado): "Art. 1.004. Os sócios são obrigados, na forma e prazo previstos, às contribuições estabelecidas no contrato social, e aquele que deixar de fazê-lo, nos trinta dias seguintes ao da notificação pela sociedade, responderá perante esta e os demais sócios pelo dano emergente da mora e ficará privado dos lucros que lhe couberem, até o valor de seu débito, enquanto persistir a mora.*

  Parágrafo único. Poderá a maioria dos demais sócios preferir à indenização pela mora, a exclusão do sócio remisso, ou reduzir-lhe a quota ao montante já realizado, aplicando-se, em ambos os casos, o disposto no § 1º do art. 1.031, sem prejuízo de outras reparações".

Contribuição para a formação do patrimônio social. Nas relações entre os sócios atinentes à cooperação para conseguir o objetivo social, cada um terá o dever de contribuir, na forma e no prazo previstos, entregando a quota a que se obrigou, consistente em bens, direitos ou serviços, por força do pacto social (CC, art. 997, IV e V). Aquele que não cumprir tal dever, dentro de trinta dias seguintes ao da notificação pela sociedade, deverá, uma vez constituído em mora (*ex persona*), responder pelo dano emergente da sua mora, apurado por via ordinária, abrangendo juros estipulados no estatuto social, atualização monetária e prejuízos comprovados. O sócio inadimplente responderia pelo prejuízo causado à sociedade pelo desfalque em seu capital, que não foi integralizado dentro do prazo avençado.

Consequência da mora. Verificada a mora do sócio faltoso, nada obsta a que os demais sócios, em deliberação tomada por maioria absoluta do capital representado pelas quotas (Enunciado n. 216 (1ª parte) do Conselho da Justiça Federal, aprovado na *III Jornada de Direito Civil*; CC, art. 999), prefiram, em lugar da indenização correspondente ao dano e aos juros moratórios (CC, arts. 394 a 401), a exclusão do sócio remisso ou a redução de sua quota ao montante já realizado, pois, se deu alguma contribuição para a formação do capital social, este deverá ser proporcionalmente reduzido na parte que faltar para sua integralização, diminuindo, portanto, o capital social, a não ser que os demais sócios venham a suprir o valor da referida quota (CC, art. 1.031, § 1º).

Art. 1.005. O sócio que, a título de quota social, transmitir domínio, posse ou uso, responde pela evicção; e pela solvência do devedor, aquele que transferir crédito.

- *Código Civil, arts. 1.004, 447 a 457, 286 e 297.*

Dever de responder pela evicção. Cada sócio, na sociedade simples, terá a obrigação de responder pela evicção, perante os consócios, se entrou para a sociedade com bem imóvel ou móvel infungível, suscetível de aferição econômica, que venha a ser evicto. Verificada a evicção, o sócio deverá ressarcir, pecuniariamente, pagando o valor equivalente ao objeto que perdeu, a indenização cabível e o dano (CC, arts. 402 a 405) causado à sociedade, se esta ignorava que a coisa era alheia ou litigiosa (CC, arts. 447 a 457). Observa, ainda, Matiello que a responsabilidade por evicção não poderá ser afastada em cláusula do pacto social, visto que não se trata de evicção comum, mas de um modo de realização da quota societária, cuja não complementação poderá trazer sérios prejuízos a toda a sociedade. Se assim é, o sócio, que não responder por evicção, será tido como remisso, aplicando-se o art. 1.004.

Responsabilidade pela solvência do devedor em caso de cessão de crédito. O sócio responderá pela solvência do devedor se vier a transferir crédito e este não for cumprido. O sócio cedente será responsável perante o cessionário pela solvência do devedor, apenas pelo *quantum* que dele recebeu, com os respectivos juros (CC, art. 297) e poderá ser constituído em mora e sofrer a sanção de sócio remisso (CC, art. 1.004).

BIBLIOGRAFIA: Matiello, *Código Civil*, cit., p. 629.

Art. 1.006. O sócio, cuja contribuição consista em serviços, não pode, salvo convenção em contrário, empregar-se em atividade estranha à sociedade, sob pena de ser privado de seus lucros e dela excluído.

- Vide *arts. 966, parágrafo único, 997, V, 1.030 e 1.032 do Código Civil.*

Contribuição com serviços para o fundo social. Em caso de a sociedade aceitar sua participação sem que contribua para a formação do capital com bens e dinheiro, o sócio deverá prestar o serviço especialmente declarado no contrato, somente executando o que estiver estipulado de modo expresso no contrato social. Trata-se do *sócio prestador de serviço*. É comum, em sociedade simples, sócio que entra com ativos e sócios que contribuam apenas com serviços (capital intelectual ou laboral), que tornem viáveis o objetivo societário (Enunciado n. 206, 2ª parte, da *III Jornada de Direito Civil* do Conselho da Justiça Federal). Se o sócio, pelo contrato social (CC, art. 997, V), assumir o dever de contribuir com certa prestação de serviços para a composição do capital social, não poderá, a não ser que haja convenção em contrário, exercer atividade alheia à consecução do objetivo da sociedade (CC, art. 997, II). Deverá efetuar atos voltados ao interesse e negócios sociais, conducentes ao bom êxito do empreendimento, dedicando-se exclusivamente à sociedade, considerando-se que sua experiência, habilidade ou técnica são imprescindíveis para a sociedade. Se prestar serviços estranhos à atividade social perseguida, sem estar autorizado, para tanto, por norma estatutária, poderá ser privado da sua participação nos lucros (CC, art. 997, VII) e ser excluído da sociedade, mediante iniciativa dos demais sócios em razão da falta grave no cumprimento de seu dever. Ante a gravidade da falta, a lei prevê a cumulatividade de sanção. Tal se dá porque o inadimplemento da exclusividade ou o não acatamento das restrições impostas pelo contrato social indica quebra de confiança.

Art. 1.007. Salvo estipulação em contrário, o sócio participa dos lucros e das perdas, na proporção das respectivas quotas, mas aquele, cuja contribuição consiste em serviços, somente participa dos lucros na proporção da média do valor das quotas.

- Vide *Código Civil, arts. 997, V e VII, e 1.008*
- ***Projeto de Lei n. 7.160/2002*** *(ora arquivado): "Art. 1.007. Salvo estipulação em contrário, o sócio participa dos lucros e das perdas, na proporção das respectivas quotas. Aquele cuja contribuição consiste em serviços participa dos lucros e das perdas nos termos estabelecidos no contrato social".*

Participação nos lucros e nas perdas. O sócio tem o direito de participar nos lucros produzidos pela sociedade e o dever de assumir as perdas por ela sofridas, na proporção de sua quota, se o contrato social não declarar, numa de suas cláusulas, a parte cabível a cada um nos lucros e nas perdas (CC, art. 997, VII). Tal se dá ante o princípio basilar do direito societário, que é o da proporcionalidade da divisão dos lucros sociais à contribuição de cada sócio para formar o capital social. Assim, exemplificativamente, se um sócio for detentor de 60% das quotas sociais, participará nos lucros auferidos pela sociedade no mesmo percentual. Entretanto, o sócio cuja contribuição social consistir na prestação de serviço (CC, art. 997, V) apenas terá participação nos lucros da sociedade na proporção da média do valor das quotas de cada um dos sócios, salvo estipulação em contrário. Interessante e elucidativo a esse respeito é o exemplo apresentado por Ricardo Fiuza e Newton De Lucca: numa sociedade composta por quatro sócios, sendo três capitalistas e um de serviços, em que o sócio "A" tem direito a 60% dos lucros, o "B" a 30% e o "C" a 10%; então, o único sócio de serviço deverá receber 33% dos lucros distribuídos, "cuja participação deverá ser debitada, também proporcionalmente, do quinhão dos demais sócios, para que seja atingida a média determinada na norma". E não terá qualquer responsabilidade nas suas perdas, pois o risco assumido não tem conteúdo econômico igual ao do sócio que contribui com bens para a formação do capital social.

BIBLIOGRAFIA: Ricardo Fiuza e Newton De Lucca, *Código Civil*, cit., p. 1.005.

Art. 1.008. É nula a estipulação contratual que exclua qualquer sócio de participar dos lucros e das perdas.

• Vide *Código Civil, arts. 997, VII, e 1.007.*

Nulidade de cláusula excludente de comparticipação nos lucros e nos prejuízos. Constituída a sociedade simples, haverá interpenetração dos interesses dos sócios, comunicando-se, salvo estipulação em contrário no pacto social (CC, art. 997), todos os bens, débitos e deveres; logo, todos os sócios participam dos lucros e dos prejuízos na proporção de sua contribuição no capital social (CC, art. 1.007), se o pacto social não estabeleceu a extensão da participação de cada um nos lucros e nas perdas. Consequentemente, nula será a cláusula que conferir só a um deles os lucros, ou subtrair um deles das perdas ou dos ônus decorrentes da atividade exercida para a consecução do fim social. Isto é assim, porque todos contribuem para o desenvolvimento da atividade econômica.

Art. 1.009. A distribuição de lucros ilícitos ou fictícios acarreta responsabilidade solidária dos administradores que a realizarem e dos sócios que os receberem, conhecendo ou devendo conhecer-lhes a ilegitimidade.

• *Código Civil, arts. 275 a 285, 422 e 1.059.*

Responsabilidade solidária pela distribuição de lucros ilícitos ou fictícios. Só se pode distribuir entre os sócios os lucros apurados em balanço feito conforme normas contábeis. Ocorrendo distribuição de lucros ilícitos ou fictícios aos sócios pelos administradores que, em sua contabilidade, por meio de manobras, superestimam o ativo, ocultando o passivo, cumpre averiguar se os sócios que deles participaram estavam ou não de boa-fé. Aos que de boa-fé vierem a receber lucro ilícito ou fictício não se aplicará a responsabilidade solidária, pois cada um apenas obrigar-se-á pelo *quantum* correspondente àquela participação. Se os receberam tendo ciência da sua origem ilícita ou de sua ilegitimidade, incorrerão em cumplicidade por estarem de má-fé, e ficarão obrigados, solidariamente, com aqueles administradores a restituí-los e a responder pelos prejuízos, cobrindo as perdas e danos. Logo, o lesado poderá obter a reparação dos prejuízos, acionando qualquer deles (administradores e sócios beneficiários). Tal se dá por força dos princípios da legalidade, da boa-fé objetiva e da probidade. O Enunciado n. 59 (*I Jornada de Direito Civil* do Conselho da Justiça Federal) reconhece tal responsabilidade dos administradores pelos atos ilícitos praticados, de má gestão ou contrários ao previsto no contrato social.

SEÇÃO III
DA ADMINISTRAÇÃO

Art. 1.010. Quando, por lei ou pelo contrato social, competir aos sócios decidir sobre os negócios da sociedade, as deliberações serão tomadas por maioria de votos, contados segundo o valor das quotas de cada um.

• *Código Civil, art. 1.072.*

§ 1º Para formação da maioria absoluta são necessários votos correspondentes a mais de metade do capital.

§ 2º Prevalece a decisão sufragada por maior número de sócios no caso de empate, e, se este persistir, decidirá o juiz.

§ 3º Responde por perdas e danos o sócio que, tendo em alguma operação interesse contrário ao da sociedade, participar da deliberação que a aprove graças a seu voto.

• *Código Civil, arts. 402 a 405, 966, 1.017, parágrafo único, e 1.071 a 1.080.*

• *"Com a regência supletiva da sociedade limitada, pela Lei das Sociedades por Ações, ao sócio que participar de deliberação na qual tenha interesse contrário ao da sociedade aplicar-se-á o disposto no art. 115, § 3º, da Lei n. 6.404/76. Nos demais casos, incide o art. 1.010, § 3º, se o voto proferido foi decisivo para a aprovação da deliberação, ou o art. 187 (abuso do direito), se o voto não tiver prevalecido" (Enunciado n. 217 do Conselho da Justiça Federal, aprovado na* III Jornada de Direito Civil*).*

• ***Projeto de Lei n. 7.160/2002** (ora arquivado): "Art. 1.010. Quando, por lei ou pelo contrato social, competir aos sócios decidir sobre os negócios da sociedade, as deliberações serão tomadas por maioria absoluta de votos, se maior* quorum *não for exigido pelo contrato social.*

§ 1º Para formação da maioria absoluta são necessários votos correspondentes a mais de metade do valor do capital social ou do número de sócios, conforme dispuser o contrato social.

§ 2º No caso de empate, após pelo menos duas tentativas de deliberação, decidirá o juiz, se o contrato social não estabelecer procedimento de arbitragem e não contiver norma diversa.

§ 3º O sócio deve exercer o direito a voto no interesse da sociedade; considerar-se-á conflitante e abusivo o voto exercido com o fim de causar dano à sociedade ou a outros sócios, ou de obter, para si ou para outrem, vantagem a que não faz jus e de que resulte, ou possa resultar, prejuízo para a sociedade ou para os outros sócios.

§ 4º A deliberação tomada em decorrência do voto de sócio que tem interesse conflitante com o da sociedade é anulável; o sócio responderá pelos danos causados e será obrigado a transferir para a sociedade as vantagens que tiver auferido.

§ 5º O sócio responde pelos danos causados pelo exercício abusivo do direito de voto, ainda que seu voto não haja prevalecido".

Administração da sociedade simples. A administração da sociedade, por lei ou por contrato social, poderá competir aos sócios que, em sua totalidade, por deliberação tomada por maioria de votos (*RJTJESP*, *45*:400; *RSTJ*, *45*:330), contados conforme o valor das quotas de cada um, decidirão sobre os negócios da sociedade. Leva-se em conta o valor do capital social representado, sem se atentar ao número de sócios votantes.

Formação da maioria absoluta. Para que se tenha maioria absoluta serão necessários votos correspondentes a mais de metade do valor do capital social. Se, na deliberação, se alcançar votos que ultrapassem a metade do capital, ter-se-á o *quorum* exigido legalmente, pouco importando o número de sócios votantes.

Empate. Havendo empate, levar-se-á em conta o número de sócios, considerados por cabeça, assim prevalecerá a decisão sufragada pelo maior número de sócios votantes e se, mesmo assim, pelo voto *per caput*, não houver o desempate, competirá ao juiz, mediante requerimento de qualquer dos sócios, decidir qual a solução vencedora, tendo por base o interesse da sociedade.

Responsabilidade por negócio contrário à sociedade. O sócio encarregado da administração da sociedade (*RT*, *484*:106) terá o dever de gerir os negócios sociais, por ser o representante da sociedade. Por isso, o sócio que, tendo algum interesse pessoal contrário ao da sociedade, vier a participar, com seu voto, de deliberação que o aprove responderá perante os outros, que terão direito a uma indenização pelas perdas e danos advindos daquela atividade negocial, prejudicial à pessoa jurídica, que se deu por culpa sua, influindo na decisão. Sócio que tiver interesse contrário ao da sociedade não deve participar da deliberação. Pelo Enunciado n. 217 (*III Jornada de Direito Civil* do Conselho da Justiça Federal): "Com a regência supletiva da sociedade limitada, pela lei das sociedades por ações, ao sócio que participar de deliberação na qual tenha interesse contrário ao da sociedade aplicar-se-á o disposto no art. 115, § 3º, da Lei n. 6.404/76. Nos demais casos, incide o art. 1.010, § 3º, se o voto proferido foi decisivo para a aprovação da deliberação, ou o art. 187 (abuso do direito), se o voto não tiver prevalecido".

A norma do § 3º do art. 1.010 poderá ser aplicada na hipótese de a deliberação ser recusada graças ao voto de determinado sócio, concluem Hugo Nigro Mazzilli e Wander Garcia.

BIBLIOGRAFIA: Hugo N. Mazzilli e Wander Garcia, *Anotações*, cit., p. 285.

Art. 1.011. O administrador da sociedade deverá ter, no exercício de suas funções, o cuidado e a diligência que todo homem ativo e probo costuma empregar na administração de seus próprios negócios.

- *Código Civil, arts. 653 a 691, 884 a 886, 972 e 1.066.*
- *Lei n. 6.404/76, art. 153.*

§ 1º Não podem ser administradores, além das pessoas impedidas por lei especial, os condenados a pena que vede, ainda que temporariamente, o acesso a cargos públicos; ou por crime falimentar, de prevaricação, peita ou suborno, concussão, peculato; ou contra a economia popular, contra o sistema financeiro nacional, contra as normas de defesa da concorrência, contra as relações de consumo, a fé pública ou a propriedade, enquanto perdurarem os efeitos da condenação.

- *Leis n. 8.112/90, art. 117, X; 1.521/51, arts. 1º a 11; 7.492/86, arts. 2º a 25; e 8.078/90, arts. 61 a 80.*
- *Lei n. 11.101/2005, arts. 64, 158, III, 159, § 3º, 160 e 168 a 178.*
- *Código Civil, arts. 1.066, § 1º, e 972 a 980.*
- *Lei n. 8.137/90, com alteração da Lei n. 8.884/94, arts. 4º a 23.*
- *Código Penal, arts. 155 a 186, 289 a 311, 312, 316, 319, 333 a 337-D e 359-A a 359-H.*
- *Lei n. 4.591/64, art. 65.*

- *Lei n. 6.385/76, arts. 27-C a 27-E.*
- *Lei n. 6.404/76, art. 153.*
- *Lei n. 8.176/91, arts. 1º e 2º.*
- *Lei n. 8.112/90, art. 117, X.*
- *Lei n. 8.137/90, arts. 1º a 7º, com alteração da Lei n. 8.884/94.*
- *Lei n. 8.429/92, arts. 9º a 11.*
- *Lei n. 8.666/93, arts. 89 a 98.*
- *Lei n. 12.529/2011, art. 36.*
- *Lei n. 9.613/98, art. 1º.*

§ 2º Aplicam-se à atividade dos administradores, no que couber, as disposições concernentes ao mandato.

- *Código Civil, arts. 653 a 691.*

Sócio administrador. É o sócio encarregado da administração da sociedade simples (*RT*, *484*:106), que, em regra, é indicado pelo estatuto social, excluindo com isso da administração os demais, que não poderão interferir na gerência ou representar a sociedade, embora possam se informar dos negócios sociais, tendo acesso aos livros e conhecendo o estado do patrimônio comum.

Poder de administração da sociedade. A nomeação do administrador, a quem se delegam os poderes de administração, dar-se-á em cláusula do estatuto social ou em ato posterior ao contrato social. O investido na gerência poderá praticar todos os atos que não excederem aos limites normais da administração (p. ex., pagar dívidas, movimentar somas, cobrar devedores, receber ou dar quitação, admitir empregado, locar etc.), até mesmo sem autorização dos demais sócios, desde que não proceda dolosamente (*RT*, *417*:134 e *536*:155), visto que deverá no exercício de suas funções ter todo o cuidado e diligência que qualquer pessoa proba (honesta, honrada) e ativa costuma empregar ao administrar seus próprios negócios. Não se exige do administrador perfeição técnica em sua gestão, mas correção em sua conduta decisória, ante o princípio da boa-fé objetiva. Aplicar-se-ão às atividades do administrador, no que forem cabíveis, as normas alusivas ao mandato, por ser representante da sociedade. Logo, deverá prestar contas e responder por danos que causar no exercício da administração, pela prática de atos exorbitantes. Se vier, p. ex., a alienar bens, destituído de poderes para tanto, esse ato será anulado, e o adquirente terá direito de exigir perdas e danos contra o administrador que exorbitou seu mandato, e não contra a sociedade, porque esta não se obrigou (*RT*, *417*:134, *536*:155). Se o poder de administração foi outorgado após o contrato social, será revogável, a qualquer tempo, como o de simples mandato.

Proibição do exercício da administração. Por falta de idoneidade moral não poderá ser administrador de sociedade, além do impedido por lei especial, enquanto perdurar o efeito da condenação: *a*) o condenado a pena que impeça, mesmo temporariamente, o seu acesso a cargo público (Lei n. 8.112/90); *b*) o condenado por crime falimentar, de prevaricação (CP, art. 319), peita, corrupção ativa ou passiva (Enunciado n. 60 aprovado na *Jornada de Direito Civil* de 2002, promovida pelo Conselho da Justiça Federal), suborno (CP, art. 333), concussão (CP, art. 316) ou peculato (CP, art. 312); *c*) o que praticou crime contra: a economia popular (Lei n. 1.521/51); o sistema financeiro nacional (Lei n. 7.492/86); as normas de defesa de concorrência (Lei n. 12.529/2011); as relações de consumo (Lei n. 8.078/90); a fé pública (CP, arts. 289 a 311) ou a propriedade (CP, arts. 155 a 186).

Tais pessoas, embora não possam exercer gerência ou administração da sociedade, poderão continuar como sócios, sem contudo, terem poderes de representação.

"Não são necessárias certidões de nenhuma espécie para comprovar os requisitos do art. 1.011 no ato de registro da sociedade, bastando declaração de desimpedimento" (Enunciado n. 218 do Conselho da Justiça Federal, aprovado na *III Jornada de Direito Civil*).

Art. 1.012. O administrador, nomeado por instrumento em separado, deve averbá-lo à margem da inscrição da sociedade, e, pelos atos que praticar, antes de requerer a averbação, responde pessoal e solidariamente com a sociedade.

• Vide *Código Civil, arts. 275 a 285, 999, 1.019, 1.062 e 1.172 a 1.176.*

Nomeação de administrador em ato posterior ao contrato social. Se o administrador for nomeado em instrumento separado do pacto social, mediante procuração ou termo aditivo, esse ato de nomeação, para que tenha eficácia *erga omnes*, deverá ser averbado à margem da inscrição da sociedade no Registro Civil das Pessoas Jurídicas. E se antes dessa averbação o administrador vier, no exercício do mandato, a efetivar negócios, contraindo débitos sociais, responderá por eles pessoal e solidariamente com a sociedade, que representa. O administrador e a sociedade terão responsabilidade pela totalidade das obrigações assumidas, antes daquela averbação. Logo, o prejudicado poderá, se quiser, acionar diretamente o administrador. A sociedade apenas assumirá sozinha as obrigações contratadas em seu nome pelo administrador por ele nomeado depois da referida averbação do instrumento que delegou funções de gerência àquele administrador.

Art. 1.013. A administração da sociedade, nada dispondo o contrato social, compete separadamente a cada um dos sócios.

§ 1º Se a administração competir separadamente a vários administradores, cada um pode impugnar operação pretendida por outro, cabendo a decisão aos sócios, por maioria de votos.

§ 2º Responde por perdas e danos perante a sociedade o administrador que realizar operações, sabendo ou devendo saber que estava agindo em desacordo com a maioria.

• *Código Civil, arts. 402 a 405, 667, 997, VI, e 1.010.*

Administração por mandato tácito. A administração da sociedade poderá tornar-se comum a qualquer dos sócios em separado, se o contrato não estipular o modo de gerência social nem indicar o gerente social, pois ter-se-á um mandato tácito, recíproco entre todos, ou de todos para cada um, sendo que: *a*) a administração competirá, separadamente, a cada um dos sócios; logo, vários serão os administradores, podendo agir em nome da sociedade; *b*) cada um poderá impugnar operação pretendida por outro, mas a decisão será tomada por maioria dos votos dos sócios, contados conforme o valor das quotas de cada um (CC, art. 1.010); *c*) o administrador, que realizar negócios, sabendo ou devendo saber que estavam em desacordo com a maioria, por serem, p. ex., contrários aos interesses sociais, responderá pelas perdas e danos perante a sociedade, indenizando-a, recompondo seu acervo patrimonial.

Art. 1.014. Nos atos de competência conjunta de vários administradores, torna-se necessário o concurso de todos, salvo nos casos urgentes, em que a omissão ou retardo das providências possa ocasionar dano irreparável ou grave.

• *Código Civil, arts. 402 a 405, 997, VI, e 1.010.*

Administração conjunta. Se se convencionar que os sócios-gerentes só poderão agir conjuntamente, nos atos de competência conjunta necessário será, sob pena de nulidade, o concurso de todos. Se ocorrer uma situação de urgência que venha a dificultar o exercício da administração da sociedade por todos em conjunto, permitida estará, excepcionalmente, a convenção posterior autorizando cada um dos gerentes a agir autônoma e separadamente nesse caso urgente, em que a omissão ou demora das providências possa causar sérios ou irreparáveis gravames à sociedade. Com isso validar-se-á o ato efetivado, por decisão de um sócio, em nome do interesse social, mesmo sem a participação conjunta dos sócios-gerentes, pois, em razão da comprovada urgência da situação, teve por escopo evitar a ocorrência de um dano à sociedade.

Art. 1.015. No silêncio do contrato, os administradores podem praticar todos os atos pertinentes à gestão da sociedade; não constituindo objeto social, a oneração ou a venda de bens imóveis depende do que a maioria dos sócios decidir.

Parágrafo único. *(O excesso por parte dos administradores somente pode ser oposto a terceiros se ocorrer pelo menos uma das seguintes hipóteses:)*

- *Revogado pela Lei n. 14.195/2021.*

I — *(se a limitação de poderes estiver inscrita ou averbada no registro próprio da sociedade;)*

- *Código Civil, art. 997, VI.*

II — *(provando-se que era conhecida do terceiro;)*

III — *(tratando-se de operação evidentemente estranha aos negócios da sociedade.)*

Atos cabíveis à multiplicidade de administradores em caso de mandato tácito. A administração da sociedade poderá ser conferida a mais de um sócio, delimitando-se no contrato social a função de cada um dos sócios-gerentes ou administradores, ou, então, consignar que todos deverão agir conjuntamente. Se o estatuto social for omisso a respeito dos seus encargos, subentender-se-á que os administradores poderão praticar todos os atos pertinentes à gestão da sociedade (contratação e dispensa de pessoal, celebração de contrato, pagamento de débitos, recebimento de créditos etc.), atendendo ao interesse social e dentro dos limites de seu direito à administração. Vedada estará a oneração ou venda de bens imóveis da sociedade, mesmo que vantajosa, sem o consenso da maioria dos sócios; a não ser que se trate de sociedade imobiliária, visto que, neste caso, a alienação de imóveis constitui seu objeto social.

Direito de oposição. Outrora, qualquer excesso por parte dos administradores somente poderia ser oposto a terceiro se: *a*) os limites aos poderes de administração estiverem inscritos ou averbados no registro próprio da sociedade; *b*) comprovado o conhecimento do terceiro daquela restrição de poderes; *c*) a operação levada a efeito era alheia ou contrária aos negócios ou interesses da sociedade. Não mais se acata a teoria da aparência, logo quem vier a contratar com administradores da sociedade deverá analisar o contrato social para averiguar quais os poderes que lhes foram outorgados. A sociedade, aplicando-se a teoria *ultra vires societatis*, não se obrigava por ato negocial que vier a ser efetivado por administradores que se excederem aos poderes que lhes foram concedidos, cabendo-lhe opor o excesso a terceiro que celebrou o contrato com aqueles administradores. "Verificada a boa-fé do terceiro, restará à pessoa jurídica exigir a reparação pelos danos sofridos em ação regressiva proposta contra o administrador que agiu em excesso de mandato" (STJ, REsp 448.471/MG, 3ª T., rel. Min. Nancy Andrighi, j. 20-3-2003). Como se vê, outrora: "Está positivada a teoria *ultra vires* no direito brasileiro, com as seguintes ressalvas: (a) o ato *ultra vires* não produz efeito apenas em relação à sociedade; (b) sem embargo, a sociedade poderá, por meio de seu órgão deliberativo, ratificá-lo; (c) o Código Civil amenizou o rigor da teoria *ultra vires*, admitindo os poderes implícitos dos administradores para realizar negócios acessórios ou conexos ao objeto social, os quais não constituem operações evidentemente estranhas aos negócios da sociedade; (d) não se aplica o art. 1.015 às sociedades por ações, em virtude da existência de regra especial de responsabilidade dos administradores (art. 158, II, Lei n. 6.404/76)" (Enunciado n. 219 do Conselho da Justiça Federal, aprovado na *III Jornada de Direito Civil*).

Tal teoria *ultra vires* está, portanto, afastada, com a revogação do parágrafo único do art. 1.015 pela Lei n. 14.195/2021, em virtude de desproteger terceiro de boa-fé, que viesse a contratar com a sociedade, e de trazer insegurança jurídica para o mercado. Com isso, assegurar-se-á a terceiro de boa-fé o direito de regresso contra o administrador que se excedeu no exercício de suas funções. Ter-se-á, sob a ótica da teoria da aparência, a prevalência do princípio da boa-fé objetiva para que se tenha segurança negocial, fazendo com que a sociedade se obrigue perante terceiro de boa-fé.

Ressalta o Enunciado n. 11 (aprovado na *1ª Jornada de Direito Comercial*): "A regra do art. 1.015, parágrafo único, do Código Civil deve ser aplicada à luz da teoria da aparência e do primado da boa-fé objetiva, de modo a prestigiar a segurança do tráfego nacional. As sociedades se obrigam perante terceiros de boa-fé".

BIBLIOGRAFIA: Fiuza, *Novo Código Civil*, cit., p. 937; André Luiz S. Cruz Ramos, *Direito empresarial*, São Paulo, JusPodivm, 2021.

Art. 1.016. Os administradores respondem solidariamente perante a sociedade e os terceiros prejudicados, por culpa no desempenho de suas funções.

- *Código Civil, arts. 186, 275 a 285, 1.023 e 1.070.*
- *Código de Processo Civil, arts. 789 a 795.*

Responsabilidade solidária dos administradores. Os sócios-administradores responderão solidariamente perante a sociedade e terceiros pelos prejuízos que culposamente lhes causaram com seu proceder, comissivo ou omissivo, no exercício de suas atribuições ou funções.

"Para a caracterização da responsabilidade do administrador da sociedade limitada, há de estar efetivamente comprovada a natureza culposa de sua conduta, não se admitindo que a culpa seja, pura e simplesmente, presumida" (TJSP, Ap. 186.294-5/7-00, 9ª Câm. de Dir. Público, rel. Des. Ricardo Lewandowski, j. 11-8-2004). Isto é assim porque o administrador deverá conduzir-se como um "bom homem de negócios", agindo com probidade e atenção, para que suas operações não sejam prejudiciais à sociedade e a terceiros.

"É obrigatória a aplicação do art. 1.016 do Código Civil de 2002, que regula a responsabilidade dos administradores, a todas as sociedades limitadas, mesmo àquelas cujo contrato social preveja a aplicação supletiva das normas das sociedades anônimas" (Enunciado n. 220 do Conselho da Justiça Federal, aprovado na *III Jornada de Direito Civil*).

BIBLIOGRAFIA: Marcelo F. Barbosa Filho, *Código Civil*, cit., p. 950; *BAASP*, *2645*:1736-20.

Art. 1.017. O administrador que, sem consentimento escrito dos sócios, aplicar créditos ou bens sociais em proveito próprio ou de terceiros, terá de restituí-los à sociedade, ou pagar o equivalente, com todos os lucros resultantes, e, se houver prejuízo, por ele também responderá.

- *Código Civil, arts. 402, 404, 405 e 1.170.*
- *Lei n. 6.404/76, art. 2º, §§ 2º e 3º.*

Parágrafo único. Fica sujeito às sanções o administrador que, tendo em qualquer operação interesse contrário ao da sociedade, tome parte na correspondente deliberação.

- *Código Civil, art. 1.010, § 3º.*

DIREITO DE EMPRESA

Responsabilidade do administrador por atos não autorizados. O patrimônio social apenas poderá ser utilizado para a consecução dos objetivos da sociedade, cujo interesse deverá sempre prevalecer. Se o administrador, sem autorização escrita dos sócios, fizer, em detrimento da sociedade, aplicações de créditos ou de bens sociais em benefício próprio ou de terceiros, deverá, por desvio de finalidade, pela doutrina da *ultra vires societatis*, devolvê-los à sociedade, ou, se impossível for a restituição *in natura*, pagar o equivalente, com todos os lucros obtidos e, ainda, uma indenização pelas perdas e danos, se ocorreram prejuízos. Poderá, ainda, na lição de Jones F. Alves e Mário Luiz Delgado, ser "compelido a pagar juros à sociedade, calculados com base nas taxas que ela deixar de auferir, se os recursos estivessem aplicados no mercado financeiro, ou ainda os juros que ela tiver sido obrigada a pagar, nos casos em que houver captado empréstimo". Se possível for a reposição ao *statu quo ante*, incabível será a reparação pecuniária, mesmo que os sócios a exijam.

Responsabilidade do administrador por operação contrária aos interesses sociais. Sofrerá sanções o administrador que, tendo interesse direto ou indireto em realizar operação alheia ou contrária aos fins da sociedade, participar na deliberação que a autorizar (no mesmo sentido o Enunciado n. 59 da *I Jornada de Direito Civil* do Conselho da Justiça Federal). Logo, deverá responder pessoalmente, ressarcindo a sociedade pelo desfalque sofrido. Aplicando-se, analogicamente, o art. 1.170 poder-se-á dizer, seguindo a esteira de Jones Figueirêdo Alves e Mário Luiz Delgado, que há proibição, por parte do administrador, de efetuar negociações ou de participar de operações do mesmo gênero da que é exercida pela sociedade.

Jurisprudência: *BAASP*, *2637*:1712-13.

BIBLIOGRAFIA: Jones Figueirêdo Alves e Mário Luiz Delgado, *Código*, cit., p. 470-1.

Art. 1.018. Ao administrador é vedado fazer-se substituir no exercício de suas funções, sendo-lhe facultado, nos limites de seus poderes, constituir mandatários da sociedade, especificados no instrumento os atos e operações que poderão praticar.

- *Código Civil, arts. 653 a 691 e 1.012.*

Delegação dos poderes de administração. O exercício da função administrativa é pessoal, visto que os sócios, por deliberação, ou o contrato social confiam ao administrador, pela sua habilidade técnica, diligência e probidade, o encargo de executar atividades de gestão e de realizar operações negociais em nome da sociedade. O administrador não poderá, por isso, fazer-se substituir no exercício de suas funções, mas lhe será permitido, dentro dos limites dos poderes que lhe foram outorgados, nomear mandatários, especificando no instrumento (CC, arts. 653 a 691) os atos ou as operações que deverão ser praticados por eles em nome da sociedade. É o administrador, portanto, que, no instrumento do mandato, traça os rumos a serem seguidos. Trata-se de um mandato especial relativo a uma ou mais operações determinadas (CC, art. 660), admissível por cláusula inserida no contrato social, e que produzirá efeitos *erga omnes*, se averbado no Registro Civil das Pessoas Jurídicas (CC, art. 1.012).

Art. 1.019. São irrevogáveis os poderes do sócio investido na administração por cláusula expressa do contrato social, salvo justa causa, reconhecida judicialmente, a pedido de qualquer dos sócios.

Parágrafo único. São revogáveis, a qualquer tempo, os poderes conferidos a sócio por ato separado, ou a quem não seja sócio.

- *Código Civil, arts. 653 a 691, 997, VI, 999, 1.012 e 1.022.*

Revogação do poder de administração. Os poderes de administração do sócio neles investido por cláusula expressa do contrato social serão irrevogáveis enquanto não vencer o prazo avençado, exceto se advier causa legítima superveniente, reconhecida judicialmente, a pedido de qualquer dos sócios, como moléstia grave prolongada, infração aos deveres legais ou contratuais etc. Se não houver prazo estipulado, subentender-se-á vigente enquanto durar a sociedade. Essa irrevogabilidade tão somente confere garantia de estabilidade ao sócio-administrador para que possa praticar atos voltados à consecução do objetivo social. Mas, se o poder de administração foi outorgado a um dos sócios por ato separado, após o contrato social, será revogável, a qualquer momento, independentemente de justa causa como o de simples mandato, tendo por parâmetro a conveniência da sociedade. Se tal poder for conferido a quem não tiver a qualidade de sócio, poderá ser revogado, inclusive se não houver motivo plausível ou justo, a qualquer tempo, mesmo se investido na administração por cláusula contratual. Tal se dá porque a revogabilidade, nestes dois casos, é admitida em razão do fato de os poderes serem conferidos a título precário, havendo interesse societário.

Art. 1.020. Os administradores são obrigados a prestar aos sócios contas justificadas de sua administração, e apresentar-lhes o inventário anualmente, bem como o balanço patrimonial e o de resultado econômico.

- *Lei n. 4.595/64, art. 31.*
- *Lei de Falências, arts. 168, § 1º, I e II, e 178.*
- *Lei n. 6.404/76, arts. 40, 109, III, 176 e 178 a 184 (estes três últimos artigos com a redação da Lei n. 11.638/2007).*
- *Lei n. 8.666/93, art. 31, I.*
- *Código Civil, arts. 1.179 a 1.195, 1.189, 1.140, 1.078, I e § 3º, 1.069, III, e 1.065.*
- *Súmulas 260 e 439 do Supremo Tribunal Federal.*

Prestação de contas. É dever dos administradores prestar, por escrito e extrajudicialmente, contas de sua gestão aos sócios, justificando todas as operações feitas e apresentandolhes, ainda, anualmente, o inventário, efetuando, para tanto, o balanço patrimonial do seu ativo e passivo, contendo bens móveis, imóveis, semoventes, duplicatas a receber, valores recebidos de natureza *intuitu societatis*, impostos, empréstimos, dividendos propostos, débitos pagos ou a vencer, os recebimentos *pro labore* etc., e o dos resultados econômicos (demonstração financeiro-contábil — art. 176 da Lei n. 6.404/76), apresentando as perdas ou lucros obtidos (TJSP, *BA* n. 1.498; *RT*, *687*:140). Com isso, os sócios poderão saber o estado da situação econômica da sociedade.

Art. 1.021. Salvo estipulação que determine época própria, o sócio pode, a qualquer tempo, examinar os livros e documentos, e o estado da caixa e da carteira da sociedade.

- *Código Comercial, art. 501.*
- *Código Civil, arts. 1.179 a 1.195.*
- *Código Penal, art. 297, § 2º.*
- *Código de Processo Civil, arts. 396 a 400 e 417 a 421.*
- *Decreto-Lei n. 486/69, arts. 1º, 5º, 6º, 8º e 11, que alterou o Decreto-Lei n. 305/67.*
- *Lei n. 5.474/68, art. 19.*
- *Decreto n. 1.102/1903, art. 3º.*
- *Lei n. 6.404/76, arts. 109, III, 132, I, 142, III, 163, I, VI e VII, 100 e 177 (com a redação da Lei n. 11.638/2007).*

- *Súmula 260 do Supremo Tribunal Federal.*
- *Código Tributário Nacional (Lei n. 5.172), arts. 195 e 198.*
- *Lei de Falências, art. 168, I, II e III.*
- *Decreto n. 3.000/99, arts. 251, parágrafo único, e 273.*
- *Lei n. 8.218/91, art. 11, com redação da Medida Provisória n. 2.158-31/2001.*
- *Portarias do DNRC n. 5/73, 14/72 e 40/91.*
- *Decreto n. 3.048/99, art. 231.*
- *Lei n. 5.433/68.*

Exame de livros e documentos. O sócio terá direito, independentemente de sua quota de participação no capital social, a qualquer tempo, a não ser que haja estipulação determinando a época para averiguar a regularidade na escrituração, de examinar os livros, os registros contábeis, os documentos, correspondências (contratos, notas fiscais, ordens de compra), o estado da caixa e da carteira de fornecedores e clientes da sociedade, ou seja, do conjunto de títulos negociáveis e valores móveis de que a sociedade dispõe para efetivar suas operações. Com isso, poderá ter pleno conhecimento da situação financeira da sociedade e dos negócios em nome dela efetivados. É preciso não olvidar, como esclarecem Ricardo Fiuza e Newton De Lucca, que "não se trata de um direito absoluto. Suponha-se p. ex. que o sócio não participante da administração da sociedade exerça uma atividade paralela que possa fazer, eventualmente, concorrência a ela. Em tal caso, como bem sustenta Arnoldo Wald, tal direito poderá ser negado desde que fundado no interesse social".

Pelo Enunciado n. 63, aprovado na *II Jornada de Direito Comercial*: "O nu-proprietário de quotas ou ações gravadas com usufruto, quando não regulado no respectivo ato instituto, pode exercer o direito de fiscalização da sociedade".

Jurisprudência: *RT*, *601*:107, *484*:106, *595*:127, *611*:76 e *636*:95.

BIBLIOGRAFIA: Rubens Requião, *Curso*, cit., v. 1, p. 149-74; Fábio Ulhoa Coelho, *Manual*, cit., p. 36-46; Trajano de Miranda Valverde, *Força probante dos livros mercantis*, Rio de Janeiro, Forense, 1960; Marcus Soibelman Melzer, A competência da Junta Comercial no exame de regularidades dos documentos, *Revista de Direito Mercantil*, v. VIII, p. 67 e s.; Arnoldo Wald, *Comentários ao novo Código Civil*, v. XIV, coord. Sálvio de Figueiredo Teixeira, Rio de Janeiro, Forense, 2005, p. 202; Fiuza e Newton De Lucca, *Código*, cit., p. 1020-21.

DIREITO DE EMPRESA

SEÇÃO IV
DAS RELAÇÕES COM TERCEIROS

Art. 1.022. A sociedade adquire direitos, assume obrigações e procede judicialmente, por meio de administradores com poderes especiais, ou, não os havendo, por intermédio de qualquer administrador.

- *Código Civil, art. 997, VI.*

Aquisição de direitos e assunção de dívidas pela sociedade. A sociedade, dotada de personalidade jurídica, por meio de seus administradores, adquire direitos, contrai obrigações e é por eles representada, em juízo, ativa e passivamente. Seus administradores, em regra, estarão, para tanto, munidos com poderes especiais para a prática de certas operações. Não havendo tais administradores com poderes especiais, a sociedade adquirirá direitos, assumirá deveres e procederá judicialmente por intermédio de qualquer administrador, munido de poderes gerais e não discriminativos, que será seu representante legal, no exercício do mandato social, se constituído convencionalmente; podendo ter tal condição pelo silêncio do estatuto social, cada um dos sócios, a quem competirá a administração da sociedade em separado. Se, para atender ao interesse social, aqueles direitos foram adquiridos e aquelas obrigações foram contraídas pelo detentor dos poderes de administração, dentro dos limites que lhe foram outorgados, tais direitos e deveres serão da sociedade, que por eles responderá. Mas, se algum sócio vier a praticar ato sem ter poder para tanto, por ele responderá pessoalmente, se o contrato social e o instrumento do mandato estiverem assentados no Registro Civil das Pessoas Jurídicas.

Art. 1.023. Se os bens da sociedade não lhe cobrirem as dívidas, respondem os sócios pelo saldo, na proporção em que participem das perdas sociais, salvo cláusula de responsabilidade solidária.

- *Código Civil, arts. 275 a 285.*
- Vide *Código de Processo Civil, arts. 790, II, e 795, § 1º.*
- *Provimento OAB, n. 112/2006, art. 2º.*
- ***Projeto de Lei n. 7.160/2002** (ora arquivado): "Art. 1.023. Enquanto não realizado o capital social, se os bens da sociedade não lhe cobrirem as dívidas, respondem os sócios pelo saldo, na proporção em que participem das perdas sociais, salvo cláusula de responsabilidade solidária".*

Responsabilidade dos sócios pelos débitos sociais. Os bens sociais responderão pelas obrigações societárias. Havendo bens da sociedade suficientes para cobri-las, os sócios não responderão por elas. Se o capital social for insuficiente para o pagamento das dívidas da sociedade simples, os sócios deverão responder ilimitada e subsidiariamente pelo saldo na proporção em que tiverem de participar nas perdas sociais, conforme o valor de sua entrada ou o estipulado no pacto social, salvo cláusula de responsabilidade solidária. Nesta última hipótese, independentemente da participação no capital social, todos responderão solidariamente perante os credores pela dívida da sociedade. Deveras, o credor poderá pleitear de qualquer dos sócios o pagamento do débito todo, mas quem o pagar terá ação regressiva contra os demais, que deverão reembolsá-lo na proporção de suas quotas. Isto é assim porque os credores da sociedade são credores dos sócios (*JM*, 97:100-57). Todavia, se quiserem limitar sua responsabilidade pelo débito social deverão constituir sociedade conforme uma das modalidades arroladas nos arts. 1.039 a 1.092 do Código Civil (CC, art. 983).

Há quem vislumbre, como Mário Delgado, que a parte final do dispositivo em questão conflita com o art. 997, VIII, alusivo à responsabilidade subsidiária, visto que a *Jornada de Direito Civil*, do Centro de Estudos do Conselho da Justiça Federal, entendeu no Enunciado n. 61 que o termo *subsidiária* deverá ser substituído por *solidária*, para que haja compatibilidade entre esse artigo e o art. 1.023, *sub examine*. A esse respeito comenta Ricardo Fiuza que não se pode automaticamente aplicar a subsidiariedade para que o patrimônio da pessoa jurídica se confunda com o da pessoa física, como se dá com o empresário individual. Em vista disso, continua ele, será preciso harmonizar o art. 1.023 com os arts. 50 e demais aplicáveis, "que só admitem a responsabilidade pessoal do sócio em casos específicos, principalmente onde se configure a fraude".

BIBLIOGRAFIA: Fiuza, *Novo Código Civil*, cit., p. 944.

Art. 1.024. Os bens particulares dos sócios não podem ser executados por dívidas da sociedade, senão depois de executados os bens sociais.

• *Código de Processo Civil, arts. 790, II e 795, § 1º.*
• *Código Civil, arts. 990 e 1.023.*

"*Universitas distat a singulis*" e benefício de ordem. Os bens particulares dos sócios apenas poderão ser executados para saldar débitos sociais, depois de excutido o patrimônio social, ficando constatada a insuficiência econômica da sociedade para pagar as dívidas ainda pendentes. A esse respeito, prescreve o Código de Processo Civil (art. 795, § 1º) que "os bens particulares dos sócios não respondem pelas dívidas da sociedade senão nos casos previstos em lei; o sócio, demandado pelo pagamento da dívida, tem direito a exigir que sejam primeiro excutidos os bens da sociedade". Logo, se, em razão de lei, os bens do sócio só respondem subsidiariamente, por débito contraído pela pessoa jurídica, e se esta tiver patrimônio próprio, o sócio acionado terá direito de pleitear que a excussão dos bens da sociedade seja feita antes da dos seus. Tal ocorre porque, no momento em que se opera o assento do contrato social no competente Registro Civil, a pessoa jurídica começa a existir, passando a ter aptidão para ser sujeito de direitos e obrigações (CC, art. 1.022), a ter capacidade patrimonial, constituindo seu patrimônio, que não tem nenhuma relação com o dos sócios, adquirindo vida própria e autônoma, não se confundindo com os seus membros, por ser uma nova unidade orgânica. O benefício de ordem contido no *caput* do artigo ora comentado é uma decorrência lógica da personificação da sociedade, que terá personalidade distinta da de seus membros, responsabilizando-se primeiro pelos débitos sociais.

É preciso ressaltar que pelo Enunciado n. 5 (aprovado na *1ª Jornada de Direito Comercial*): "Quanto às obrigações decorrentes de sua atividade, o empresário individual tipificado no art. 966 do Código Civil responderá primeiramente com os bens vinculados à exploração de sua atividade econômica, nos termos do art. 1.024 do Código Civil".

Jurisprudência: *Adcoas*, 1982, n. 82.802; *RT*, *620*:122, *639*:112, *592*:262.

Art. 1.025. O sócio, admitido em sociedade já constituída, não se exime das dívidas sociais anteriores à admissão.

• *Código Civil, art. 1.003, parágrafo único.*
• ***Projeto de Lei n. 7.160/2002** (ora arquivado): "Art. 1.025. O sócio admitido em sociedade já constituída não se exime das dívidas sociais anteriores à admissão, sendo-lhe assegurado o direito de regresso que expressamente venha a contratar".*

Posição do novo sócio ante obrigações sociais passivas. Se, após a constituição da sociedade, for admitido um novo sócio, este não estará isento de colaborar para a satisfação e extinção das dívidas sociais assumidas anteriormente à sua admissão. O novo sócio assume a situação da sociedade no momento de nela ingressar, respondendo, com seu patrimônio, pelo cumprimento dos débitos sociais constituídos antes de sua admissão, se os bens societários forem insuficientes para solvê-los. Deverá suportar, então, por força do princípio da responsabilidade ilimitada, os débitos já existentes por ocasião de seu ingresso naquela sociedade simples. Jorge Shiguemitsu Fujita observa que esse novo sócio poderá ingressar com "ação regressiva em face do anterior, cedente das quotas sociais, visando a ser ressarcido pelos prejuízos assumidos, desde que exista *a priori* uma cláusula no contrato assegurando esse direito".

BIBLIOGRAFIA: Jorge S. Fujita, *Comentários*, cit., p. 797.

Art. 1.026. O credor particular de sócio pode, na insuficiência de outros bens do devedor, fazer recair a execução sobre o que a este couber nos lucros da sociedade, ou na parte que lhe tocar em liquidação.

Parágrafo único. Se a sociedade não estiver dissolvida, pode o credor requerer a liquidação da quota do devedor, cujo valor, apurado na forma do art. 1.031, será depositado em dinheiro, no juízo da execução, até noventa dias após aquela liquidação.

• Vide *Código Civil, arts. 1.026, parágrafo único, 1.030, parágrafo único, e 1.031.*

• ***Projeto de Lei n. 7.160/2002*** *(ora arquivado): "Art. 1.026. Se a sociedade não estiver dissolvida, pode o credor requerer a liquidação da quota do devedor, cabendo ao juiz decidir, depois de ouvida a sociedade. Em caso de decisão pela liquidação total ou parcial da quota, o seu valor será apurado na forma do art. 1.031, sendo depositado em dinheiro, no juízo da execução, até noventa dias após aquela liquidação, salvo estipulação contratual diversa quanto ao prazo e condições de pagamento dos haveres dos sócios".*

Credor particular de sócio. A sociedade tem personalidade jurídica própria e patrimônio diverso do de seus sócios. Em regra, o patrimônio social não arca com débitos pessoais dos sócios. Mas o credor do sócio, malograda a solução do crédito com os bens particulares do devedor, por serem insuficientes, poderá, excepcionalmente, ante o fato de a quota social integrar o patrimônio de seu titular, socorrer-se dos lucros que lhe couberem na sociedade ou da parte que lhe for cabível na liquidação, depois de quitados os débitos sociais. Para tanto, será imprescindível comprovar, nos autos de execução creditória, a inexistência de bens particulares para saldar dívida. "A opção entre fazer a execução recair sobre o que ao sócio couber no lucro da sociedade, ou na parte que lhe tocar em dissolução, orienta-se pelos princípios da menor onerosidade e da função social da empresa" (Enunciado n. 387 do Conselho da Justiça Federal, aprovado na *IV Jornada de Direito Civil*). Mas "o disposto no art. 1.026 do Código Civil não exclui a possibilidade de o credor fazer recair a execução sobre os direitos patrimoniais da quota de participação que o devedor possui no capital da sociedade" (Enunciado n. 388 do Conselho da Justiça Federal, aprovado na *IV Jornada de Direito Civil*). E, "quando se tratar de sócio de serviço, não poderá haver penhora das verbas descritas no art. 1.026, se de caráter alimentar" (Enunciado n. 389 do Conselho da Justiça Federal, aprovado na *IV Jornada de Direito Civil*). O credor particular de um sócio, em razão de dívidas pessoais deste, poderá: *a*) fazer recair, não havendo outros bens do seu devedor, a execução na parte que lhe couber nos lucros da sociedade de que participa, ou, estando esta em fase de liquidação, no seu quinhão do saldo líquido dividido entre os sócios; *b*) requerer a liquidação da sua quota, apurando, pecuniariamente, seu valor, se a sociedade não estiver dissolvida, pleiteando, assim, a dissolução parcial da sociedade em relação ao sócio, seu devedor. Nesta hipótese, o valor da referida quota, considerada pelo montante, liquidar-se-á, salvo disposição em contrário no pacto social, com base na situação patrimonial da sociedade, à data da referida resolução, averiguada em balanço especial, levantado para tal fim. O valor dessa quota, então, será depositado em dinheiro, no juízo da execução, dentro de noventa dias contados daquela liquidação. Tal liquidação deverá ser, excepcionalmente, concedida após ouvida da sociedade, assegurando-lhe o contraditório, para que, como diz Fiuza, não se comprometa a continuidade negocial.

E, "na apuração dos haveres do sócio, por consequência da liquidação de suas quotas na sociedade para pagamento ao seu credor (art. 1.026, parágrafo único), não devem ser consideradas eventuais disposições contratuais restritivas à determinação de seu valor" (Enunciado n. 386 do Conselho da Justiça Federal, aprovado na *IV Jornada de Direito Civil*).

BIBLIOGRAFIA: Fiuza, *Novo Código Civil*, cit., p. 946.

Art. 1.027. Os herdeiros do cônjuge de sócio, ou o cônjuge do que se separou judicialmente, não podem exigir desde logo a parte que lhes couber na quota social, mas concorrer à divisão periódica dos lucros, até que se liquide a sociedade.

- *Código Civil, art. 1.028, III.*
- *Código de Processo Civil, art. 733, §§ 1º e 2º.*
- *Artigo que poderá vir a perder, parcialmente, seu suporte eficacial, por força da Emenda Constitucional n. 66/2010, que deu nova redação à Constituição Federal, art. 226, § 6º.*

Morte de cônjuge de sócio ou separação judicial ou extrajudicial de sócio. Herdeiros de sócio falecido poderão suceder suas quotas, desde que haja acordo dos sócios (art. 1.028, III) ou previsão no contrato social (art. 1.028, I). O mesmo não se dá com herdeiros do cônjuge do sócio, em razão do princípio da *affectio societatis*. Se falecer o cônjuge de um sócio ou se este vier a separar-se extrajudicial ou judicialmente ou a divorciar-se, os herdeiros do cônjuge do sócio ou seu ex-cônjuge não poderão, de imediato, pleitear a parte que lhe for cabível na quota social, visto que apenas terão o direito de concorrer à divisão periódica dos lucros até a data em que se opere a liquidação da sociedade, ocasião em que farão jus à participação nos bens sociais remanescentes e distribuídos. Os herdeiros de cônjuge de sócio ou ex-consorte de sócio, em razão do princípio da *affectio societatis*, não poderão, portanto, integrar, automaticamente, o quadro societário, pois não farão jus às suas quotas, mas tão somente à percepção dos lucros, que ele teria ou à participação do que remanescer em processo de liquidação. Não há, portanto, imposição legal aos sócios de receber, no quadro societário, pessoa que lhes é estranha. Assegura-se, assim, a integridade da quota social depois do falecimento, da separação ou do divórcio do sócio.

SEÇÃO V
DA RESOLUÇÃO DA SOCIEDADE EM RELAÇÃO A UM SÓCIO

- *Constituição Federal, art. 5º, XX.*

Art. 1.028. No caso de morte de sócio, liquidar-se-á sua quota, salvo:

- *Código Civil, arts. 997, 999 e 1.032.*

I — se o contrato dispuser diferentemente;

II — se os sócios remanescentes optarem pela dissolução da sociedade;

- *Decreto-Lei n. 368/68, art. 1º, III, e Código Civil, arts. 1.033 a 1.038.*

III — se, por acordo com os herdeiros, regular-se a substituição do sócio falecido.

- *Código de Processo Civil, arts. 610, § 1º e 620.*

Morte de sócio. Se ocorrer o falecimento de um dos sócios, operar-se-á sua desvinculação do quadro associativo, tendo-se a *dissolução parcial da sociedade*, com a liquidação de sua quota, após um balanço especial para apuração dos seus haveres, cujo valor será entregue a quem de direito (herdeiros e cônjuge-meeiro). Os herdeiros do finado sócio não ingressarão no quadro societário e terão direito à partilha do que houver, por ocasião do óbito, não participando, em regra, dos lucros e perdas ulteriores, que não forem consequência direta dos atos anteriores à abertura da sucessão (CC, art. 1.032). Ter-se-á, então, uma dissolução parcial da sociedade, em que os sócios sobrevivos pagam a quem de direito o valor da quota-parte do falecido no capital social, apurado mediante balanço especial (*RF*, *255*:252) realizado à época do óbito, operando-se a mera cessação do liame societário, limitadamente ao falecido sócio. Urge lembrar que segundo o Enunciado n. 25 da *Jornada Paulista de Direito Comercial*: "Prescreve em dez anos a pretensão à apuração de haveres de sócio falecido". Assim, com o rompimento do laço social não haverá quota societária alguma a ser entregue ao consorte-meeiro e aos seus sucessores, que apenas serão credores do valor correspondente a ela (*RTJ*, *110*:1162; *RT*, *454*:199, *157*:799 e *498*:184). E a sociedade continuará com os sócios sobrevivos (*RF*, *136*:436). Essa dissolução parcial dar-se-á apenas se: *a*) o contrato social não dispuser de modo diverso. Assim, se houver cláusula no pacto social deliberando que os sucessores do sócio morto ingressarão na sociedade, fazendo jus à quota societária do *de cujus*, que lhes será adjudicada, a sociedade continuará com eles e com os sócios sobreviventes (*RT*, *483*:99). É preciso lembrar que "os sucessores não podem, em sentido reverso, ser obrigados a ingressar na sociedade, se assim não for da vontade deles" (TJDF, EI n. 2001.01.1.060405-0, 3ª Câm. Cível, rel. Mário-Zam Belmiro Rosa, j. 18-9-2006); *b*) os sócios remanescentes não optarem pela dissolução total da sociedade, providenciando a liquidação, para realização do ativo e pagamento do passivo, e a partilha do patrimônio líquido remanescente entre todos os sócios; *c*) não houver substituição do sócio falecido, em razão de acordo entre seus herdeiros e os demais sócios. Se o pacto social dispuser de modo diverso; se os sócios sobreviventes deliberarem pela dissolução da sociedade e se permitida a substituição do falecido na sociedade, por terceiro previamente indicado, p. ex., não se terá dissolução parcial desta.

"Diante da possibilidade de o contrato social permitir o ingresso na sociedade do sucessor de sócio falecido, ou de os sócios acordarem com os herdeiros a substituição de sócio falecido, sem liquidação da quota em ambos os casos, é lícita a participação de menor em sociedade limitada, estando o capital integralizado, em virtude da inexistência de vedação no Código Civil" (Enunciado n. 221 do Conselho da Justiça Federal, aprovado na *III Jornada de Direito Civil*).

Se houver um só sócio remanescente, não ocorrerá a dissolução da sociedade se configuradas as hipóteses previstas no art. 1.033, parágrafo único, ora revogado pela Lei n. 14.195/2021.

BIBLIOGRAFIA: Fábio Ulhoa Coelho, *Manual*, cit., p. 158-9; M. Helena Diniz, *Tratado*, cit., v. 4, p. 140; Francisco Campos, *Direito comercial*, 1957, p. 114; Vivante, *Trattato di diritto commerciale*, v. II, p. 658-9.

Art. 1.029. Além dos casos previstos na lei ou no contrato, qualquer sócio pode retirar-se da sociedade; se de prazo indeterminado, mediante notificação aos demais sócios, com antecedência mínima de sessenta dias; se de prazo determinado, provando judicialmente justa causa.

Parágrafo único. Nos trinta dias subsequentes à notificação, podem os demais sócios optar pela dissolução da sociedade.

- *Constituição Federal, art. 5º, XX.*
- *Código Civil, arts. 1.033 a 1.038.*
- *Dissolução total segue o procedimento comum (CPC, arts. 1.046, § 3º, 318 e s.).*

Prazo da sociedade. As sociedades poderão ser constituídas por prazo determinado ou indeterminado, se o contrato social nada estipular sobre o tempo de sua duração.

Direito de retirada do sócio. Ninguém, por força de norma constitucional, é obrigado a manter-se associado (CF, art. 5º, XX). O sócio poderá, então, retirar-se da sociedade com *prazo indeterminado*, desde que notifique, por escrito, os demais sócios, com antecedência mínima de sessenta dias. Pelo Enunciado n. 24 da *Jornada Paulista de Direito Comercial*: "O exercício do direito de retirada, na sociedade limitada de tempo indeterminado, independe de justa causa. A data-base da apuração de haveres é a do dia do desligamento da sociedade, que ocorre com o recebimento de simples notificação ou outro meio eficiente de comunicação da manifestação de vontade". Se a sociedade tiver *prazo determinado* para sua duração, nenhum sócio poderá dela retirar-se antes do termo convencionado, exceto se ocorrer algum dos casos legais ou contratuais de sua dissolução, ou se comprovar, judicialmente, alguma justa causa que justifique ou motive a medida por ele tomada. A retirada de sócio é causa de dissolução parcial da sociedade e de elaboração de balanço especial para apurar os haveres do retirante.

Advertia o Enunciado n. 390 do Conselho da Justiça Federal (aprovado na *IV Jornada de Direito Civil*) que: "Em regra, é livre a retirada de sócio nas sociedades limitadas e anônimas fechadas, por prazo indeterminado, desde que tenham integralizado a respectiva parcela do capital, operando-se a denúncia (arts. 473 e 1.029)". Esse Enunciado foi revogado pelo Enunciado n. 479 do CJF, aprovado na *V Jornada de Direito Civil*.

Opção dos sócios pela dissolução total da sociedade. Recebendo a notificação do exercício do direito de retirada de um dos sócios, os demais, se quiserem, poderão optar pela dissolução total da sociedade, desde que o façam dentro de trinta dias subsequentes àquela notificação.

Art. 1.030. Ressalvado o disposto no art. 1.004 e seu parágrafo único, pode o sócio ser excluído judicialmente, mediante iniciativa da maioria dos demais sócios, por falta grave no cumprimento de suas obrigações, ou, ainda, por incapacidade superveniente.

- *Código Civil, arts. 999, 1.004 e parágrafo único.*

Parágrafo único. Será de pleno direito excluído da sociedade o sócio declarado falido, ou aquele cuja quota tenha sido liquidada nos termos do parágrafo único do art. 1.026.

- Vide *Código Civil, arts. 1.004 e parágrafo único, 1.026, parágrafo único, e 1.033.*
- *Lei n. 11.101/2005 (com alteração da Lei n. 14.112/2020), arts. 6º, 71, parágrafo único, 82, § 1º, 96, II, 99, V, 157 e 182, parágrafo único.*
- *Dissolução parcial da sociedade segue procedimento especial, regido pelos arts. 599 a 609 do CPC.*

Exclusão de sócio. A sociedade tem legitimação ativa para propor ação para excluir sócio faltoso ou incapaz, mediante deliberação da maioria absoluta dos sócios e não da maioria do capital. Já pelo Enunciado n. 216 (*III Jornada de Direito Civil*) do Conselho da Justiça Federal: "O *quorum* de deliberação previsto no art. 1.004, parágrafo único, e no art. 1.030 é de maioria absoluta do capital representado pelas quotas dos demais sócios, consoante a regra geral fixada no art. 999 para as deliberações na sociedade simples. Este entendimento aplica-se ao art. 1.058 em caso de exclusão de sócio remisso ou redução do valor de sua quota ao montante já integralizado". A exclusão de sócio é causa de dissolução parcial da sociedade, podendo ocorrer em caso de: *a*) mora na integralização da quota social por ele subscrita, preferindo os demais sócios, à indenização, a sua exclusão do quadro associativo (CC, art. 1.004, parágrafo único); *b*) falta grave no cumprimento de suas obrigações sociais ou pela ocorrência de sua incapacidade superveniente, devidamente comprovada, hipóteses em que, por haver justa causa, a maioria dos sócios poderá tomar a iniciativa de pleitear em juízo sua exclusão; *c*) declaração de sua falência, como empresário individual, que o excluirá de pleno direito da sociedade, embora possa haver no pacto social cláusula estipulando que, havendo falência de um dos sócios, a sociedade continue com os demais, apurando-se os haveres do falido. "O insolvente civil fica de pleno direito excluído das sociedades contratuais das quais seja sócio" (Enunciado n. 481 do CJF, aprovado na *V Jornada de Direito Civil*); *d*) liquidação da quota para pagamento de débitos pessoais do sócio devedor requerida pelo seu credor, mediante apuração de seu valor, baseada na atual situação patrimonial da sociedade e verificada em balanço especial levantado para essa finalidade (CC, art. 1.026, parágrafo único, c/c art. 1.031). Hipótese em que o sócio será também excluído *pleno iure* do quadro societário, independentemente de medida judicial, requerendo alteração do pacto social.

Já se decidiu que: "O pedido de dissolução parcial da sociedade enseja litisconsórcio necessário da própria sociedade, como pessoa jurídica, pois seus interesses jurídico-patrimoniais serão diretamente afetados, dada a extensão do que se decide" (TJRJ, Ap. 2006.001.28110, 3ª Câm. Cível, rel. Luiz Felipe Haddad, j. 12-12-2006).

BIBLIOGRAFIA: Fábio Ulhoa Coelho, *Manual*, cit., p. 131-3, 158-61; Osmida Innocenti, *L'esclusione del socio*, Padova, 1956; Rubens Requião, *A preservação da sociedade comercial pela exclusão de sócio*, Curitiba, 1959; Jones F. Alves e Mário Luiz Delgado, *Código*, cit., p. 480.

Art. 1.031. Nos casos em que a sociedade se resolver em relação a um sócio, o valor da sua quota, considerada pelo montante efetivamente realizado, liquidar-se-á, salvo disposição contratual em contrário, com base na situação patrimonial da sociedade, à data da resolução, verificada em balanço especialmente levantado.

- *Código Civil, arts. 1.026, parágrafo único, e 1.077.*
- *Súmula 265 do Supremo Tribunal Federal.*

§ 1º O capital social sofrerá a correspondente redução, salvo se os demais sócios suprirem o valor da quota.

- Vide *Código Civil, arts. 1.004, parágrafo único, 1.028, 1.029, 1.030 e 1.077.*

§ 2º A quota liquidada será paga em dinheiro, no prazo de noventa dias, a partir da liquidação, salvo acordo, ou estipulação contratual em contrário.

Apuração de haveres. A dissolução parcial da sociedade (CPC, arts. 599 a 609) funda-se no princípio conservativo da *societas* e no instituto da apuração de haveres ou liquidação da quota do excluído ou retirante. À dissolução parcial da sociedade, conforme os trâmites de procedimento especial, seguir-se-á a apuração de haveres, para definir o *quantum* a ser pago pela sociedade ao sócio desligado do quadro social. O sócio desvinculado, ou seu herdeiro, tem direito de crédito condicionado à liquidação da quota social, ou seja, ao valor patrimonial de sua quota social, ou melhor, à parte do patrimônio líquido correspondente à proporção da quota liberada em relação ao capital social, como nos ensina Fábio Ulhoa Coelho. O valor dessa quota, considerada pelo montante efetivamente realizado, liquidar-se-á, exceto disposição em sentido contrário no pacto social, tendo por base a real situação patrimonial da sociedade à data daquela dissolução, verificada em balanço especial (*RT*, *454*:199; *JC*, *55*:85; *RTJ*, *89*:1070; TJRJ, Ap. 2007.001.00521, 15ª Câm. Cível, rel. Benedicto Abidicair, j. 3-4-2007). Nada obsta a que, no contrato social, se estipule que tal valor seja calculado com base no último balanço ou no valor contábil ou nominal das quotas.

Esclarecem os Enunciados do CJF, aprovados na *V Jornada de Direito Civil*, que: *a*) n. 482: "Na apuração de haveres de sócio retirante de sociedade *holding* ou controladora, deve ser apurado o valor global do patrimônio, salvo previsão contratual diversa. Para tanto, deve-se considerar o valor real da participação da *holding* ou controladora nas sociedades que o referido sócio integra"; e *b*) n. 487: "Na apuração de haveres de sócio retirante (art. 1.031 do CC), devem ser afastados os efeitos da diluição injustificada e ilícita da participação deste na sociedade".

Pagamento da quota liquidada. Como com o rompimento do laço social não haverá nenhuma quota societária a ser entregue a quem de direito, que apenas será credor de valor a ela correspondente, a quota liquidada será paga, em dinheiro, ao sócio excluído ou a seu herdeiro (CPC, art. 610, § 1º) dentro de noventa dias, contados da liquidação, a não ser que haja alguma convenção ou cláusula no pacto social estabelecendo forma diversa de pagamento ou prazo inferior, ou superior, para tanto.

Redução do capital social. Com a dissolução parcial da sociedade pela exclusão de um dos sócios e com o consequente pagamento do valor de sua quota, o capital social reduzir-se-á, pela diminuição do número de quotas societárias, a não ser que os demais sócios se cotizem e supram, com seus próprios recursos, a parte desfalcada, reajustando a cifra do cabedal social. O contrato modificativo, havendo redução do capital societário, deverá ser averbado no registro competente, para que tenha eficácia *erga omnes*.

Jurisprudência: *RT*, *677*:123, *631*:122 e 123, *611*:275, *626*:81, *546*:226, *615*:81, *547*:174, *477*:137, *454*:199, *589*:175, *157*:799, *498*:184, *509*:104 e *451*:151; *RF*, *141*:154 e *255*:252; *RTJ*, *110*:1.162, *119*:11 e *121*:1.174; *JB*, *150*:207 e *141*:313; *EJSTJ*, *9*:122; *BAASP*, *1.971*:314.

BIBLIOGRAFIA: Fábio Ulhoa Coelho, *Manual*, cit., p. 160 e 161; Hernani Estrella, *Apuração dos haveres de sócios*, Rio de Janeiro, Konfino, 1960, p. 170-5; De Gregorio, *I bilanci delle società*, n. 21; Álvaro Villaça Azevedo, Ação de apuração de haveres proposta por sócio excluído, *RT*, *526*:46; Enrico Soprano, *Trattato teorico pratico delle società commerciali*, Torino, 1934, v. 1, n. 373; Erimá Carneiro, *Aspectos jurídicos do balanço*, Rio de Janeiro, 1953.

Art. 1.032. A retirada, exclusão ou morte do sócio, não o exime, ou a seus herdeiros, da responsabilidade pelas obrigações sociais anteriores, até dois anos após averbada a resolução da sociedade; nem nos dois primeiros casos, pelas posteriores e em igual prazo, enquanto não se requerer a averbação.

- *Código Civil, arts. 1.085, 1.025, 1.003, parágrafo único, 999, parágrafo único, 998 e 968, § 2º.*
- *Lei n. 11.101/2005, arts. 81 e 115.*

Responsabilidade do sócio retirante ou excluído e de herdeiro de sócio falecido pelas obrigações pendentes. O sócio retirante, ou excluído, ou o herdeiro de sócio falecido, apesar de ter ocorrido a dissolução parcial da sociedade, e o rompimento do vínculo que o prendia à sociedade, não terá a sua exclusão imediata da comunhão social, que subsistirá entre ele e os demais sócios em tudo que for alusivo às obrigações sociais anteriores, até dois anos após a averbação da resolução da sociedade. O sócio retirante, ou excluído, deverá, então, responder pelos débitos sociais existentes no instante em que deixou a sociedade. Continuará, ativa e passivamente, ligado à sociedade até que, nesses dois anos, se liquidem os interesses e responsabilidades que tiver nos negócios sociais pendentes. Mas, se não providenciou aquela averbação, não estará, durante um biênio, desvinculado das responsabilidades pelas novas operações sociais, posteriores à sua retirada ou exclusão. Em caso de morte do sócio, autor da herança, seus herdeiros responderão, no limite das forças da herança, tão somente pelas dívidas sociais contraídas até dois anos anteriores ao óbito, e não pelas posteriores, independentemente do fato de ter havido averbação, ou não, do falecimento no registro competente.

Seção VI
Da dissolução

- *Código Civil, art. 2.034.*
- *Súmula 380 do Supremo Tribunal Federal e Súmula 435 do Superior Tribunal de Justiça.*

- *Decreto-Lei n. 368/68, art. 1º, III.*
- *Lei n. 6.404/76, arts. 206 e 207.*
- *Lei n. 8.971/94, art. 3º.*
- *Lei n. 9.278/96, art. 5º.*
- *Código de Processo Civil, arts. 599 a 609 e 610, § 1º a 625.*
- *A empresa em débito salarial com seus empregados não pode ser dissolvida* — Vide *Decreto-Lei n. 368, de 19 de dezembro de 1968, art. 1º, III.*
- Vide *Decretos-Leis n. 9.085/46, art. 6º, e 41/66.*
- *Constituição Federal, art. 5º, XIX.*

Art. 1.033. Dissolve-se a sociedade quando ocorrer:

I — o vencimento do prazo de duração, salvo se, vencido este e sem oposição de sócio, não entrar a sociedade em liquidação, caso em que se prorrogará por tempo indeterminado;

II — o consenso unânime dos sócios;

III — a deliberação dos sócios, por maioria absoluta, na sociedade de prazo indeterminado;

IV — *(a falta de pluralidade de sócios, não reconstituída no prazo de cento e oitenta dias;)*

- *Revogado pela Lei n. 14.195/2021.*

V — a extinção, na forma da lei, de autorização para funcionar.

Parágrafo único. *(Não se aplica o disposto no inciso IV caso o sócio remanescente, inclusive na hipótese de concentração de todas as cotas da sociedade sob sua titularidade, requeira no Registro Público de Empresas Mercantis a transformação do registro da sociedade para empresário individual ou para empresa individual de responsabilidade limitada, observado, no que couber, o disposto nos arts. 1.113 a 1.115 deste Código.)*

- *Parágrafo único acrescentado pela Lei Complementar n. 128/2008 e alterado pela Lei n. 12.441/2011 e revogado pela Lei n. 14.195/2021.*
- Vide *art. 41 parágrafo único da Lei n. 14.195/2021.*
- Vide *arts. 46, 51, §§ 1º a 3º, 968, § 3º, 980-A, §§ 1º a 6º (ora revogado pela Lei n. 14.382/2022), 1.101, 1.036, parágrafo único, 1.037, 1.044, 1.051, 1.071, 1.113 a 1.115, 1.123 a 1.141, 2.031 e 2.034 do Código Civil.*
- *Constituição Federal, art. 223.*
- *Lei n. 6.404/76, art. 206, I,* a *a* e.
- *Lei n. 12.529/2011, art. 38, V.*
- *Decretos-Leis n. 9.085/46, art. 6º, e 8/66.*
- *IN do DREI, arts. 2º a 4º, 5º, I e II, f, § 1º, a, 11, 12 e § 1º e 17.*
- *Código de Processo Civil, arts. 318 e s. (na hipótese de dissolução total) e 599 a 609 (se a dissolução for parcial).*
- *Súmula 435 do Supremo Tribunal Federal.*

Casos de dissolução total da sociedade. Dissolver-se-á, mediante procedimento comum (CPC, arts. 318 e s.), totalmente e de *pleno iure*, a sociedade se ocorrer: *a*) *vencimento do prazo de duração*, estipulado no pacto social, sem que tenha havido prorrogação por tempo indeterminado, pois nada obsta a que, após o término do prazo contratual, a sociedade não entre em liquidação, prorrogando sua existência, não havendo oposição dos sócios, por prazo indeterminado; *b*) *consenso unânime dos sócios*, ou melhor, distrato, deliberando sua cessação, se a sociedade vigorar por prazo determinado, entendendo ser inconveniente o prosseguimento das atividades sociais; *c*) *deliberação dos sócios*, tomada por maioria absoluta, sendo a sociedade de prazo indeterminado. A *falta de pluralidade de sócios* (art. 1.033, IV – ora revogado pela Lei n. 14.195/2021), em razão de morte, renúncia etc., que não fosse reconstituída pelo único sócio remanescente no prazo de cento e oitenta dias (contado da data da redução do quadro societário, gerando unipessoalidade), visto que o agrupamento de pessoas era essencial à sua formação (*RT*, *420*:194, *473*:131, *490*:79, *498*:184 e *544*:282; TJRS, Ap. 70.010.014.264, 6ª Câm. Cível, rel. Ney Wiedemann, j. 15-12-2005), perdia sua existência (a Lei n. 14.195/2021 revogou o art. 1.033, IV) A Lei n. 6.404/76 prevê a possibilidade de criação de sociedade tipo subsidiária integral, formada por apenas um acionista e com personalidade jurídica distinta da do sócio e a recomposição do quadro societário, havendo falecimento de um dos dois acionistas, até a próxima assembleia geral ordinária, que se dá anualmente. Todavia, mesmo em caso de inexistência de pluralidade de sócios, pelo art. 1.033, parágrafo único, ora revogado, não se teria a dissolução societária se o sócio remanescente, inclusive na hipótese de concentração de todas as cotas sociais sob sua titularidade, viesse, mediante requerimento ao Registro Público de Empresas Mercantis, a solicitar a transformação do registro da sociedade para o de empresário individual, ou para empresa individual de responsabilidade limitada, (hoje *sociedade limitada unipessoal*) desde que o nome empresarial (firma ou denominação social) fosse formado pela inclusão do termo EIRELI (CC, art. 980-A, §§ 1º a 6º, ora revogado pela Lei n. 14.382/2022, e Inst. Normativa do DREI n. 15/2013, arts. 2º a 4º, 5º, I e II, *f*, § 1º, *a*, 11, 12 e § 1º e 17), observando, no que couber, os arts. 1.113 a 1.115 do Código Civil. “Admite-se a transformação do registro da sociedade anônima, na hipótese do art. 206, I, *d*, da Lei n. 6.404/1976, em empresário individual ou empresa individual de responsabilidade limitada” (Enunciado n. 483 do CJF, aprovado na *V Jornada de Direito Civil*); hodiernamente, com a revogação do art. 1.033, IV, do Código Civil pela Lei n. 14.195/2021, sempre se poderá transformar as antigas EIRELIS em *sociedade limitadas unipessoais*, independentemente de qualquer alteração em seu ato constitutivo, pois o DREI disciplinará tal transformação (CC, arts. 980-A, §§ 1º a 6º, ora revogado pela Lei n. 14.382/2022, 1.052, §§ 1º e 2º, 1.113 a 1.115; Lei n. 14.195/2021, art. 41, parágrafo único); *e*) *extinção ou cassação da autorização para o seu funcionamento*, se a sociedade estiver sob a fiscalização estatal, em razão do fato de ter por escopo a consecução de atividade de interesse público ou social, como, p. ex., a de saúde pública, educação etc.

Se a dissolução da sociedade for parcial, dever-se-á seguir o procedimento especial previsto no Código de Processo Civil, arts. 599 a 609.

Jurisprudência: *RT*, *468*:207, *546*:112, *593*:92, *641*:225, *564*:186, *588*:99, *453*:202, *547*:174, *631*:261, *580*:191, *615*:153, *612*:87, *591*:199, *616*:76, *587*:79, *590*:121, *483*:99, *620*:135, *490*:79, *473*:131, *544*:282, *437*:152, *594*:228, *635*:225, *631*:197, *651*:79, *781*:295; *JB*, *134*:329 e *147*:310; *EJSTJ*, *6*:104; *Adcoas*, 1983, n. 86.389; 1981, n. 74.985; 1981, n. 74.984; 1981, n. 74.856; 1982, n. 82.665; 1983, n. 88.389; *BAASP*, *1.871*:127.

Art. 1.034. A sociedade pode ser dissolvida judicialmente, a requerimento de qualquer dos sócios, quando:

I — anulada a sua constituição;

• Vide *Código Civil, arts. 997 e 1.008.*

II — exaurido o fim social, ou verificada a sua inexequibilidade.

• *Lei n. 6.404/76, art. 206,* caput, *II,* a.

Dissolução judicial da sociedade. Qualquer sócio poderá, mediante requerimento, pretender a total dissolução judicial da sociedade, por inteiro, por meio de procedimento comum (CPC, arts. 318 e s.) se houver: *a*) *anulação de sua constituição*, em razão: de inobservância, no contrato social, de requisitos necessários à sua formação; de ilicitude de suas atividades, por serem, p. ex., subversivas (*AJ*, *78*:417); de defeito insanável (não preenchimento de requisito legal, incapacidade, ilicitude de objeto etc.); *b*) *consecução da finalidade social*, fazendo com que a sociedade não mais tenha razão de existir por falta de objeto, uma vez que o fim social se exauriu; *c*) *inexequibilidade do objetivo comum*, desde que seja definitiva (*RT*, *166*:331 e *211*:275; *RJTJSP*, *132*:245). Ter-se-á, então, a dissolução total da sociedade.

É preciso lembrar que pelo Enunciado n. 13 (aprovado na *1ª Jornada de Direito Comercial*): "A decisão que decretar a dissolução parcial da sociedade deverá indicar a data de desligamento do sócio e o critério de apuração de haveres".

Art. 1.035. O contrato pode prever outras causas de dissolução, a serem verificadas judicialmente quando contestadas.

Dissolução da sociedade por causa contratual. Nada obsta que o pacto social possa prever outras causas de dissolução da sociedade, visto que as previstas nos arts. 1.033 e 1.034 são meramente enunciativas. Assim, o contrato social poderá, p. ex., prever que a sociedade se dissolverá por implemento de certa condição resolutiva, por insuficiência de capital para atingir o fim perseguido pela sociedade, por desfalque no capital social etc. Ocorrendo o motivo conducente à sua dissolução, previsto em cláusula de contrato social, deverá ser verificada a sua procedência, em juízo, se houver contestação apresentada por algum sócio.

Art. 1.036. Ocorrida a dissolução, cumpre aos administradores providenciar imediatamente a investidura do liquidante, e restringir a gestão própria aos negócios inadiáveis, vedadas novas operações, pelas quais responderão solidária e ilimitadamente.

• *Código Civil, arts. 275 a 285 e 1.038, §§ 1º e 2º.*

Parágrafo único. Dissolvida de pleno direito a sociedade, pode o sócio requerer, desde logo, a liquidação judicial.

• *Código Civil, arts. 1.102 a 1.112 e 2.034.*

Liquidação. Com a dissolução da sociedade, ainda que *pleno iure*, surge a liquidação, que se destina a apurar o patrimônio social, tanto no seu ativo como no passivo, protraindo-se até que o saldo líquido seja dividido entre os sócios. Para tanto, o sócio, em caso de dissolução de pleno direito da sociedade, deve requerer a liquidação judicial (CC, arts. 1.111 e 1.112), ou os encarregados da administração social deverão providenciar imediatamente a investidura de pessoa idônea como liquidante da sociedade (CC, art. 1.038, §§ 1º e 2º), restringindo sua gestão tão somente aos negócios inadiáveis cujo término evitaria prejuízo à sociedade ou por estarem em fase final, não mais podendo assumir obrigações sociais nem realizar novas operações, sob pena de responderem por elas solidária e ilimitadamente.

A liquidação, tornando líquido o patrimônio social, reduzindo a dinheiro os haveres sociais, possibilitará não só que se concluam os negócios pendentes, mas também que se paguem os débitos, partilhando-se, se houver, o remanescente entre os sócios.

Durante a liquidação, portanto, a sociedade sobrevive, só desaparecendo com a partilha dos bens sociais. Percebe-se que a dissolução da sociedade não aniquila, de imediato, os efeitos da sociedade; haverá responsabilidade social para com terceiros pelos débitos contraídos (*RTJ*, *85*:945; *JTACRS*, *35*:287).

BIBLIOGRAFIA: Rocco, Sulla liquidazione della società commerciale, *Studi di diritto commerciale*, Roma, 1933, v. 1, p. 201; M. Helena Diniz, *Tratado*, cit., v. 4, p. 141 e 142; Silvio Rodrigues, Contrato de sociedade, *Enciclopédia Saraiva do Direito*, cit., p. 522; Fábio Ulhoa Coelho, *Manual*, cit., p. 159 e 160; Rubens Requião, *Curso*, cit., v. 2, p. 287-318.

Art. 1.037. Ocorrendo a hipótese prevista no inciso V do art. 1.033, o Ministério Público, tão logo lhe comunique a autoridade competente, promoverá a liquidação judicial da sociedade, se os administradores não o tiverem feito nos trinta dias seguintes à perda da autorização, ou se o sócio não houver exercido a faculdade assegurada no parágrafo único do artigo antecedente.

- Vide *Código Civil, art. 1.036, parágrafo único.*

Parágrafo único. Caso o Ministério Público não promova a liquidação judicial da sociedade nos quinze dias subsequentes ao recebimento da comunicação, a autoridade competente para conceder a autorização nomeará interventor com poderes para requerer a medida e administrar a sociedade até que seja nomeado o liquidante.

- Vide *Código Civil, arts. 51, §§ 1º a 3º, 1.033, V, 1.102 a 1.111, 1.112, 1.123 a 1.141 e 2.034.*
- *Decretos-Leis n. 9.085/46 e 8/66.*
- *Lei n. 6.404/76, arts. 209, II, e 268.*

Liquidação judicial de sociedade em razão de perda da autorização para funcionamento. Se uma sociedade simples vier a dissolver-se por força da cassação da autorização para o seu funcionamento (CC, art. 1.033, V), o Ministério Público, assim que for comunicado do fato pela autoridade competente responsável pela concessão da autorização, mediante denúncia, deverá promover a sua liquidação judicial (*RTJ*, *125*:740), se os seus administradores, dentro do prazo de trinta dias, contado da perda daquela autorização, ou seu sócio, desde logo, não requereram aquela liquidação. Trata-se da legitimação condicional, que só surgirá na hipótese de os administradores e sócios não requererem a liquidação judicial. Importante é a atuação do órgão do Ministério Público na liquidação para assegurar direitos dos sócios e de terceiros. O órgão do Ministério Público deverá requerer, em juízo, a liquidação da sociedade dentro de quinze dias da comunicação da autoridade competente. Se, porventura, o órgão do Ministério Público não vier a promovê-la, nos quinze dias seguintes ao recebimento daquela comunicação, a autoridade competente para conceder a autorização e para fiscalizar a sociedade, que dela depende, deverá nomear interventor, pessoa idônea com poderes específicos para requerer a liquidação judicial e administrar a sociedade dissolvida até a nomeação de um liquidante pelo juízo competente.

Art. 1.038. Se não estiver designado no contrato social, o liquidante será eleito por deliberação dos sócios, podendo a escolha recair em pessoa estranha à sociedade.

- *Código Civil, arts. 1.102 a 1.112.*

§ 1º O liquidante pode ser destituído, a todo tempo:

I — se eleito pela forma prevista neste artigo, mediante deliberação dos sócios;

II — em qualquer caso, por via judicial, a requerimento de um ou mais sócios, ocorrendo justa causa.

§ 2º A liquidação da sociedade se processa de conformidade com o disposto no Capítulo IX, deste Subtítulo.

- *Código Civil, arts. 1.102 a 1.112.*
- *Lei n. 6.404/76, art. 208 e § 2º.*
- *IN do DREI n. 15/2013, art. 16.*

Liquidante. O liquidante da sociedade dissolvida é a pessoa designada no contrato social, ou aquela, não havendo indicação estatutária, escolhida por deliberação dos sócios. Essa escolha poderá recair em pessoa alheia (*RT, 474*:215), ou não, à sociedade. O liquidante nomeado é o encarregado de proceder à liquidação da sociedade, praticando todos os atos que forem necessários (CC, arts. 1.103 a 1.105), além de levantar o ativo e quantificar o passivo, averiguando o rol dos credores da sociedade.

Destituição de liquidante. O liquidante nomeado poderá, a qualquer tempo, ser destituído, desde que: *a*) ocorra deliberação majoritária dos sócios que o elegeram, visto que a sua relação com o liquidante baseia-se na fidúcia; o rompimento deste motiva tal destituição; ou *b*) haja requerimento judicial de um ou mais sócios, mediante comprovação de justa causa que tenha motivado tal destituição.

Procedimento da liquidação. Com a dissolução da sociedade e a nomeação do seu liquidante, seguir-se-á a sua liquidação de conformidade com o disposto nos arts. 1.102 a 1.112 do Código Civil.

Capítulo II
Da Sociedade em Nome Coletivo

- *Código Civil, art. 983.*
- *Lei n. 9.615/98, art. 27, § 9º, sobre entidades desportivas profissionais.*

Art. 1.039. Somente pessoas físicas podem tomar parte na sociedade em nome coletivo, respondendo todos os sócios, solidária e ilimitadamente, pelas obrigações sociais.

- *Código Civil, arts. 275 a 285.*

Parágrafo único. Sem prejuízo da responsabilidade perante terceiros, podem os sócios, no ato constitutivo, ou por unânime convenção posterior, limitar entre si a responsabilidade de cada um.

Sociedade em nome coletivo. Na sociedade em nome coletivo, que é sociedade de pessoas voltada à consecução de atividade econômica, todos os sócios, pessoas físicas (empresárias ou não), responderão solidária e ilimitadamente pelas obrigações sociais. Portanto, todos os sócios pertencentes a uma única categoria serão solidária e ilimitadamente responsáveis, de modo que seus bens particulares poderão ser executados por débitos da sociedade, se o quinhão social for insuficiente para cobrir as referidas dívidas. Cada sócio poderá ser demandado pelo débito todo, em caráter subsidiário, ou seja, depois de esgotado o patrimônio da sociedade. Mas nada impedirá, não havendo qualquer prejuízo de sua responsabilidade perante terceiros, que os sócios, no contrato social, ou por convenção posterior unânime, resolvam limitar entre si a responsabilidade de cada um (*RT, 465*:142) pelas obrigações sociais, estabelecendo um marco, dentro do qual cada sócio responderá por elas. Observa Matiello que, ocorrendo litígio, envolvendo terceiro, aquela limitação imposta pelo acordo interno não o atingirá, mas o sócio a quem ela beneficiar poderá exigir sua observância no instante da prestação de contas dos demais sócios.

BIBLIOGRAFIA: Rubens Requião, *Curso*, cit., v. 1, p. 372-5; M. Helena Diniz, *Tratado*, cit., v. 4, p. 114; Matiello, *Código Civil*, cit., p. 649 a 651; Adrianna de A. Setubal Santos, *Comentários*, cit., p. 806 a 809.

Art. 1.040. A sociedade em nome coletivo se rege pelas normas deste Capítulo e, no que seja omisso, pelas do Capítulo antecedente.

- *Código Civil, arts. 1.039 a 1.044 e 997 a 1.038.*
- ***Projeto de Lei n. 7.160/2002** (ora arquivado): "Art. 1.040. A sociedade em nome coletivo se rege pelas normas deste Capítulo e de seu contrato social, e, no que estes sejam omissos, pelas do Capítulo antecedente, no que forem compatíveis com as deste Capítulo".*

Disciplina jurídica da sociedade em nome coletivo. A sociedade em nome coletivo será regida pelos arts. 1.039 a 1.044 do Código Civil e, no que forem omissos, aplicar-se-lhe-á, no que couber, o disposto nos arts. 997 a 1.038 do Código Civil, relativos à sociedade simples.

Art. 1.041. O contrato deve mencionar, além das indicações referidas no art. 997, a firma social.

- Vide *Código Civil, art. 997.*
- *IN do DREI n. 15/2013, art. 5º, II, a.*

Requisitos do contrato social. A sociedade em nome coletivo constituir-se-á mediante contrato escrito, particular ou público, que, além das cláusulas firmadas pelos sócios e da indicação da *firma social*, deverá: *a*) qualificar os sócios; *b*) indicar o objeto social, a sede, o prazo de duração da sociedade; o capital social; a contribuição de cada sócio em bens ou serviços; a subsidiariedade ou não de sua responsabilidade pelas obrigações sociais e sua participação nos lucros e perdas; *c*) designar gerente, apontando suas atribuições, se não se pretender que todos os sócios a administrem, usando a firma social.

Firma social. Se existe tal sociedade quando duas ou mais pessoas físicas se unem para realizar um objetivo social, debaixo de uma firma social, esta é, em regra, constituída do nome de todos os sócios ou de alguns deles, seguido da expressão "& Companhia", por extenso, ou da abreviada "& Cia.". A firma social é denominação usada pela sociedade no exercício de suas atividades econômicas.

BIBLIOGRAFIA: Rubens Requião, *Curso*, cit., v. 1, p. 372.

Art. 1.042. A administração da sociedade compete exclusivamente a sócios, sendo o uso da firma, nos limites do contrato, privativo dos que tenham os necessários poderes.

Administração. Todos os sócios, em princípio, terão igual possibilidade para administrar a sociedade em nome coletivo; mas, se o contrato social designar sócios-gerentes, o uso da firma social, obrigando a sociedade, nos limites daquela norma estatutária, deles será privativo, visto terem os poderes necessários para tanto. Logo, o uso da firma só é permitido aos administradores (administração conjunta) com poderes especiais para isso, previstos no pacto social, por envolver efetivação de atos negociais, gerando obrigações que atingem todos os sócios.

Art. 1.043. O credor particular de sócio não pode, antes de dissolver-se a sociedade, pretender a liquidação da quota do devedor.

Parágrafo único. Poderá fazê-lo quando:

I — a sociedade houver sido prorrogada tacitamente;

II — tendo ocorrido prorrogação contratual, for acolhida judicialmente oposição do credor, levantada no prazo de noventa dias, contado da publicação do ato dilatório.

Casos de possibilidade de liquidação da quota do devedor. As quotas sociais, não estando dissolvida a sociedade, não poderão ser liquidadas para pagar dívidas particulares do sócio, visto que isso alteraria a estrutura da sociedade em nome coletivo, podendo afetar sua subsistência. Antes de operada a dissolução da sociedade em nome coletivo, o credor particular de um de seus sócios não poderá requerer a liquidação da sua quota, a não ser que tenha: *a*) havido prorrogação tácita da sociedade (p. ex. vencimento do prazo de duração sem promover a liquidação), caso em que a liquidação das quotas operar-se-á de imediato; *b*) sido acolhida, judicialmente, oposição do credor à prorrogação contratual, que foi levantada dentro do prazo de noventa dias, contado da publicação do referido ato dilatório, formalizado em termo aditivo ao contrato social. O disposto neste artigo somente será aplicado às sociedades ajustadas por prazo determinado (Enunciado n. 63, aprovado na *I Jornada de direito civil*, promovida, em setembro de 2002, pelo Centro de Estudos Judiciários do Conselho da Justiça Federal).

Art. 1.044. A sociedade se dissolve de pleno direito por qualquer das causas enumeradas no art. 1.033 e, se empresária, também pela declaração da falência.

- *Código Civil, arts. 1.087, 1.083, 1.051, I, 1.033, 980-A, ora revogado pela Lei n. 14.382/2022, 982 e 983.*
- *Lei n. 11.101/2005, arts. 6º, 77, 81 e 94 a 101.*
- ***Projeto de Lei n. 7.160/2002** (ora arquivado): "Art. 1.044. A sociedade se dissolve de pleno direito por qualquer das causas enumeradas nos incisos I, II e IV do art. 1.033 e, se empresária, também pela declaração da falência".*

Dissolução "pleno iure". A sociedade em nome coletivo, sendo simples, dissolver-se-á: pelo término do prazo estipulado para sua duração, exceto se, vencido este e sem oposição de sócio, não entrar a sociedade em liquidação, hipótese em que se terá prorrogação por tempo indeterminado; pelo consenso unânime dos sócios; pela deliberação da maioria absoluta dos sócios, se se tratar de sociedade de prazo indeterminado; pela falta de pluralidade de sócios por período superior a 180 dias, salvo as hipóteses do art. 1.033, parágrafo único, ora revogado pela Lei n. 14.195/2021, ou pela cassação da autorização para funcionar. E, se for empresária, também pela declaração da sua falência.

Capítulo III
Da Sociedade em Comandita Simples

- *Código Civil, art. 983.*

Art. 1.045. Na sociedade em comandita simples tomam parte sócios de duas categorias: os comanditados, pessoas físicas, responsáveis solidária e ilimitadamente pelas obrigações sociais; e os comanditários, obrigados somente pelo valor de sua quota.

- *Código Civil, arts. 275 a 285, 265 e 966.*
- *Código de Processo Civil, art. 795.*

Parágrafo único. O contrato deve discriminar os comanditados e os comanditários.

- *Lei n. 6.404/76, art. 281.*
- *Lei n. 11.101/2005, arts. 77, 81 e 123.*

Sociedade em comandita simples. Ter-se-á sociedade em comandita simples se o capital comanditado for representado por quota declarada no contrato social e se houver duas categorias de sócios nele discriminadas: os *comanditados*, pessoas físicas, que, por participarem da gerência e administração da sociedade, são responsáveis solidária e ilimitadamente pelas obrigações sociais, e os *comanditários* (pessoas naturais ou jurídicas), obrigados pelos fundos com que entraram para a sociedade, ou melhor, pelo valor de sua quota no capital social. Os comanditados (empreendedores) obrigam-se como sócios solidários e ilimitadamente responsáveis, e os comanditários, por serem prestadores de capitais ou investidores, têm responsabilidade limitada às suas contribuições sociais, de modo que cada um exonerar-se-á, cumprindo a parte do débito até o limite do valor de sua quota. Sua responsabilidade é subsidiária, pois apenas farão tal pagamento depois de esgotado o patrimônio social. Essa sociedade poderá ser simples ou empresária. No pacto social deverão estar indicados não só os investidores (comanditários) e os empreendedores (comanditados), bem como as funções cabíveis a cada um.

BIBLIOGRAFIA: Georges Ripert, *Traité de droit commercial*, Paris, LGDJ, 1947, v. 1, p. 695; Rubens Requião, *Curso*, cit., v. 1, p. 302 e 373-5; M. Helena Diniz, *Tratado*, cit., v. 4, p. 113; Ricardo Fiuza, *Novo Código Civil*, cit., p. 941 a 946; Matiello, *Código Civil*, cit., p. 651 a 655; Adrianna de A. Setubal Santos, *Comentários*, cit., p. 809-12.

Art. 1.046. Aplicam-se à sociedade em comandita simples as normas da sociedade em nome coletivo, no que forem compatíveis com as deste Capítulo.

- *Código Civil, arts. 1.039 a 1.044 e 1.045 a 1.051.*

Parágrafo único. Aos comanditados cabem os mesmos direitos e obrigações dos sócios da sociedade em nome coletivo.

- *Lei n. 6.404/76, art. 28.*
- *Lei n. 11.101/2005, arts. 129 a 138.*

Normas aplicáveis à sociedade em comandita simples. As normas contidas nos arts. 1.045 a 1.051 do Código Civil são as que regem a sociedade em comandita simples, mas a ela aplicar-se-á, no que for cabível, o disposto nos arts. 1.039 a 1.044 daquele mesmo diploma legal, pois aos sócios comanditados, sendo gerentes, caberão os mesmos direitos e deveres dos da sociedade em nome coletivo, que também têm responsabilidade solidária e ilimitada pelos débitos e obrigações sociais.

Art. 1.047. Sem prejuízo da faculdade de participar das deliberações da sociedade e de lhe fiscalizar as operações, não pode o comanditário praticar qualquer ato de gestão, nem ter o nome na firma social, sob pena de ficar sujeito às responsabilidades de sócio comanditado.

Parágrafo único. Pode o comanditário ser constituído procurador da sociedade, para negócio determinado e com poderes especiais.

- *Lei n. 6.404/76, art. 282.*
- *IN do DREI n. 15/2013, art. 5º, II,* b.

Gerência. A administração da sociedade em comandita simples compete aos sócios comanditados, ou, dentre eles, àquele que for designado no contrato social. Silenciando o contrato, todos os sócios comanditados, em iguais condições, serão gerentes, terão o controle imediato da sociedade, e poderão usar a firma social, que é constituída pelo nome dos comanditados, ou de um deles, seguido da expressão "& Companhia" ou, abreviadamente, "& Cia.".

Atos vedados ao comanditário. O comanditário, mero prestador de capital, não poderá: *a*) praticar qualquer ato de gestão; *b*) ter o nome na firma social, sob pena de ficar sujeito às responsabilidades de sócio comanditado, ou melhor, de tornar-se solidária e ilimitadamente responsável pelas obrigações sociais, oriundas dos atos que praticou.

Direitos do comanditário. O sócio comanditário terá o direito de: *a*) participar das deliberações sociais; *b*) fiscalizar as operações efetivadas pelos comanditados; *c*) ser constituído procurador da sociedade com poderes especiais para realizar determinado negócio, sem que perca sua condição de sócio comanditário.

Art. 1.048. Somente após averbada a modificação do contrato, produz efeito, quanto a terceiros, a diminuição da quota do comanditário, em consequência de ter sido reduzido o capital social, sempre sem prejuízo dos credores preexistentes.

- *Código Civil, arts. 1.045, parágrafo único, e 968, § 2º.*

Averbação de contrato modificativo. Como o contrato social deve discriminar os comanditados e os comanditários (CC, art. 1.045, parágrafo único) e o total dos fundos postos em comandita, apesar de os comanditários terem uma discreta posição de simples prestadores de capital, não comparecendo perante terceiros, nem mesmo praticando qualquer ato de gestão, havendo diminuição de sua quota, em razão de redução de capital social, sem prejuízo dos credores preexistentes, a modificação daquele contrato far-se-á necessária e, somente depois de averbada, no Registro Público de Empresas Mercantis, se for empresária, ou no Registro Civil das Pessoas Jurídicas, se simples, terá eficácia *erga omnes*, visto que sua responsabilidade pelo passivo da sociedade está limitada à sua contribuição ao capital social. Convém ressaltar que a alteração do capital social e a consequente diminuição das quotas dos sócios comanditados não afetarão sua responsabilidade solidária e ilimitada pelas obrigações sociais, resguardando-se direitos de terceiro, que efetivou negócio com a sociedade.

Art. 1.049. O sócio comanditário não é obrigado à reposição de lucros recebidos de boa-fé e de acordo com o balanço.

Parágrafo único. Diminuído o capital social por perdas supervenientes, não pode o comanditário receber quaisquer lucros, antes de reintegrado aquele.

- *Lei n. 11.101/2005, arts. 129 a 138.*

Sócio comanditário e a questão dos lucros. O comanditário (simples prestador de capital) terá direito aos lucros recebidos de boa-fé, conforme o balanço efetuado, não tendo a obrigação de repô-los, visto que não é o gerente. Logo, se os lucros obtidos forem repassados ao comanditário, que os recebeu de boa-fé, passarão a compor seu patrimônio; se assim é, a sociedade não poderá pleitear sua devolução alegando erro, p. ex. Já o sócio comanditado, por ter o controle societário, tendo responsabilidade pelas contas e pelo balanço, deverá, mesmo estando de boa-fé, restituir as vantagens que vier a receber equivocadamente. Mas, se o capital social sofrer diminuição por perdas supervenientes, antes da sua reintegração, o comanditário, mesmo de boa-fé, não fará jus a qualquer lucro que futuramente for apurado. A sociedade deverá obter a recomposição de seu capital social. Apenas depois de o capital afetado ter sido integralizado, com novas contribuições dos sócios, observa Ricardo Fiuza, para compensar prejuízos acumulados, poderá o comanditário ser aquinhoado, futuramente, com lucros determinados pelos balanços patrimoniais posteriores, ou melhor, depois da reposição do capital social. Se a integralização da contribuição social do comanditário foi prometida se houvesse lucro futuro que lhe seria atribuído, não havendo lucro, não se poderá exigir que componha o capital subscrito.

BIBLIOGRAFIA: Rubens Requião, *Curso*, cit., v. 1, p. 375; Fiuza, *Novo Código Civil*, cit., p. 967.

Art. 1.050. No caso de morte de sócio comanditário, a sociedade, salvo disposição do contrato, continuará com os seus sucessores, que designarão quem os represente.

- *Código Civil, arts. 997 e 999.*

Morte do comanditário. Se o sócio comanditário vier a falecer, a sociedade em comandita simples, em razão da menor intensidade do liame pessoal nela existente, entre os sócios dessa categoria, continuará com seus herdeiros ou legatários, que assumirão a sua quota social, seus direitos e deveres e indicarão quem os representará na qualidade de sócio comanditário, sem que haja liquidação das quotas do falecido, a não ser que o contrato social não permita isso, hipótese em que se terá a dissolução parcial da sociedade, com a apuração dos haveres do sócio falecido, tendo continuidade apenas com os sócios sobrevivos, se o desejarem.

Art. 1.051. Dissolve-se de pleno direito a sociedade:

I — por qualquer das causas previstas no art. 1.044;

• Vide *Código Civil, art. 1.033.*

• *Lei n. 11.101/2005, art. 6º (com alteração da Lei 14.112/2020).*

II — quando por mais de cento e oitenta dias perdurar a falta de uma das categorias de sócio.

• *Código Civil, art. 1.045.*

Parágrafo único. Na falta de sócio comanditado, os comanditários nomearão administrador provisório para praticar, durante o período referido no inciso II e sem assumir a condição de sócio, os atos de administração.

Dissolução de pleno direito. Se se tratar de sociedade simples, sua dissolução dar-se-á, *pleno iure*: *a*) pelo vencimento do prazo de sua duração, salvo se, vencido este e sem oposição de sócio, não entrar a sociedade em liquidação, hipótese em que se prorrogará por tempo indeterminado; *b*) pelo acordo unânime dos sócios; *c*) pela deliberação, por maioria absoluta dos sócios, sendo seu prazo indeterminado; *d*) pela falta de pluralidade de sócios; *e*) pela cassação de sua autorização para funcionar; e *f*) pela ausência de uma das categorias de sócios (comanditados e comanditários) por mais de cento e oitenta dias. E, se for empresária, também pela declaração de sua falência.

Nomeação de administrador provisório. Se faltar sócio comanditado, a sociedade ficará sem administração, os comanditários deverão, então, nomear um administrador provisório para praticar, durante o período de cento e oitenta dias, apenas atos de gestão conforme o pacto social, sem contudo assumir a condição de sócio e o controle societário, até que outro sócio comanditado seja admitido no quadro social. Se, após tal prazo, não houver admissão de sócio comanditado, a sociedade dissolver-se-á. Se, porventura, se der ausência da categoria de sócio comanditário, a sociedade prosseguirá por até cento e oitenta dias, sem necessidade de nomeação de administrador provisório, visto que essa qualidade de sócio não é detentora do poder de gestão.

Capítulo IV
Da Sociedade Limitada

• *Código Civil, art. 983.*

• *Instrução Normativa n. 10/2013 do DREI, que aprova o Manual de Atos de Registro de Sociedade Limitada.*

• *Código de Processo Civil, art. 861, §§ 1º a 5º, sobre penhora de quotas.*

Seção I
Disposições preliminares

Art. 1.052. Na sociedade limitada, a responsabilidade de cada sócio é restrita ao valor de suas quotas, mas todos respondem solidariamente pela integralização do capital social.

- *Código Civil, arts. 275 a 285, 1.056, § 2º, 1.058 e 1.158, § 3º.*
- *Código Tributário Nacional, art. 135, III.*
- *Lei n. 8.884/94, art. 18.*
- *Sobre sociedade limitada de pequeno e médio porte e sociedade limitada de grande porte: Lei n. 11.638/2007 (art. 3º, parágrafo único) que alterou as Leis n. 6.404/76 e 6.385/76.*

§ 1º A sociedade limitada pode ser constituída por uma ou mais pessoas.

§ 2º Se for unipessoal aplicar-se-ão ao documento de constituição do sócio único, no que couber, as disposições sobre contrato social.

- *Acrescentados pela Lei n. 13.874/2019.*

Sociedade limitada. A sociedade limitada poderá ser constituída por um ou mais sócios. Se houver sócio único, aplicar-se-ão, no que couber, ao documento da constituição da sociedade por uma pessoa, as disposições sobre o contrato social. Na sociedade limitada, cada sócio responde, perante ela, pelo valor de sua quota, mas todos terão responsabilidade solidária, em relação a terceiro, pela integralização do capital social. A sociedade não poderá cobrar de um sócio o *quantum* não integralizado pelo outro, que é inadimplente, pois relativamente a este só poderá dar-lhe tratamento de sócio remisso, seguindo o procedimento do art. 1.058 do novel Código Civil. Tal se dá, esclarece-nos Modesto Carvalhosa, porque cada sócio perante a sociedade somente é responsável pela integralização da quota que subscreveu no capital social. Cada sócio só terá responsabilidade pela obrigação assumida pela sociedade até o valor constituído pelo capital social subscrito, que não foi integralizado. P. ex.: "A", "B" e "C" são sócios da sociedade limitada "x", com capital subscrito de 1.000. "A" integraliza sua quota de 500, "B" apenas 100, dos 200 previstos, e "C", 200, dos 300 que lhe competia. Com isso ficou em aberto 200, que é o *quantum* total que os credores da sociedade poderão pleitear de qualquer um dos sócios, por serem solidários. Se acionarem "A", este por ter pago os credores, poderá exercer seu direito de regresso contra "B" e "C". Como já havia integralizado a sua quota individual poderá postular de cada um 100. Mas, se credor (terceiro) vier a acionar a sociedade (sua devedora), cujo capital ainda não se encontra totalmente integralizado, e sendo seus bens insuficientes para saldar a dívida, poderá ele, se citados forem todos os sócios na ação de execução movida (CPC, art. 790, II; *JTAERS*, *64*:388), promover a penhora dos bens do patrimônio pessoal dos referidos sócios, quantos forem necessários para a complementação do valor do capital social (TJRS, Turmas Recursais — RS, Recurso Cível 71000732420, 3ª T., rel. Schmitt Santana, j. 17-1-2006). Ter-se-á redução da penhora se se atingir bens dos sócios em valor superior ao do capital social não integralizado (CPC, art. 874, I). Os bens dos sócios, contudo, apenas serão executados se o patrimônio social for insuficiente para o pagamento do débito. Têm, portanto, os sócios direito ao benefício de ordem (CPC, art. 795, § 1º; CC, art. 1.024). Mas, se o capital já estiver totalmente integralizado, nenhum sócio responderá pelo débito da sociedade acima do valor de sua quota individual. Há a garantia de limitação da responsabilidade de sócio pelos encargos sociais, pois só responderá por eles, até o valor de sua quota no capital social. Se não houver recursos no acervo societário, os credores não poderão satisfazer seus créditos sociais com o patrimônio pessoal dos sócios; logo, seu patrimônio pessoal não deverá ser executado para solvê-los. Se, como nos ensina Villemor do Amaral, o capital não estiver integralizado, os sócios deverão integralizá-lo, para que se fixe a responsabilidade solidária de todos, que é limitada ao capital social, real e efetivamente realizado. Só há, portanto, responsabilidade solidária dos sócios pelo *quantum* que faltar para complementar o capital social, ou melhor, pelo montante do capital social, ainda não integralizado, em qualquer hipótese e não apenas em caso de falência.

Pelo Enunciado n. 65 da *I Jornada de Direito Civil*: "A expressão sociedade limitada" tratada nos arts. 1.052 e seguintes do novo Código Civil deve ser interpretada *stricto sensu* como "sociedade por quotas de responsabilidade limitada".

Nada obsta, segundo o Enunciado n. 391 do Conselho da Justiça Federal, aprovado na *IV Jornada de Direito Civil*, que "a sociedade limitada pode adquirir suas próprias quotas, observadas as condições estabelecidas na Lei das Sociedades por Ações".

Urge lembrar que, pelo Enunciado n. 74 da *I Jornada de Direito Civil*, "apesar da falta de menção expressa, como exigidas pelas Leis Complementares n. 95/98 e 107/2001, estão revogadas as disposições de leis especiais que contiverem matéria regulada inteiramente no novo Código Civil, como, v. g., as disposições da Lei n. 6.404/76, referente à sociedade em comandita por ações e do Decreto n. 3.708/1919 sobre sociedade de responsabilidade limitada".

Jurisprudência: *RT*, *444*:194, *472*:137, *491*:106, *418*:207, *429*:168, *463*:140, *499*:144, *157*:799, *475*:121, *433*:165, *290*:734, *498*:184, *454*:199, *509*:104, *422*:246, *457*:141, *389*:170, *522*:124, *713*:127, *761*:206, *781*:197 e 295, *778*:331, *782*:316, *773*:212, *771*:216, *795*:180; *RTJ*, *110*:1.162, *93*:814, *91*:357; *RF*, *141*:154; *RJTJSP*, *101*:165; *JB*, *39*:300.

BIBLIOGRAFIA: Hermano de Villemor do Amaral, *Das sociedades limitadas*, Rio de Janeiro, Briguet & Cia., 1938, p. 131; Silvio Marcondes Machado, *Sociedade de responsabilidade limitada*, São Paulo, 1940, p. 101; Brunetti, *Trattato del diritto della società*, v. III, p. 17; Felipe de Solá Cañizares, *Tratado de sociedades de responsabilidade limitada*, v. 1, p. 3; Alberto Marghieri, *Il diritto commerciale italiano*, Napoli, 1886, v. 1, p. 214; Vivante, *Tratado de derecho mercantil*, Madrid, Reus, 1931, v. 11, p. 93; Lyon Caen e Renault, *Traité de droit commercial*, v. 2, parte 1, n. 100; Nelson Abrão, *Sociedade por quotas de responsabilidade limitada*, São Paulo, Saraiva, 1983, p. 23-7; Waldemar Ferreira, *Sociedade por quotas*, São Paulo, 1925, p. 20-1; Fran Martins, *Sociedades por quotas no direito estrangeiro e brasileiro*, Rio de Janeiro, 1960, p. 121; Amador Paes de Almeida, *Manual de sociedades comerciais*, São Paulo, Saraiva, 1987; Cooper Royer, *Traité des sociétés*, 1939, v. 2, p. 821-3; Paul Pic, *Des sociétés commerciales*, 1925, v. 1, n. 414; Jean Kréher, *Des sociétés commerciales*, 1940, v. 1, p. 449; Jean Rousseau, *Traité des sociétés à responsabilité limitée*, Paris, p. 39-44; Justino Adriano F. da Silva, Sociedade por quotas de responsabilidade limitada II, *Enciclopédia Saraiva do Direito*, v. 70, p. 216; Pontes de Miranda, *Tratado de direito privado*, Rio de Janeiro, Borsoi, 1972, t. 49, § 5.236; Cañizares y Aztiria, *Tratado de sociedades de responsabilidad limitada en derecho argentino y comparado*, Buenos Aires, 1950, t. 1, p. 20-1; Cunha Peixoto, *A sociedade por cotas de responsabilidade limitada*, Rio de Janeiro, Forense, 1958; Cosack, *Traité de droit commercial*, v. 3, p. 267, § 122; Egberto Lacerda Teixeira, *Das sociedades por quotas de responsabilidade limitada*, São Paulo, Max Limonad, 1956; Fábio Ulhoa Coelho, *Manual*, cit., p. 140-50; *A sociedade limitada no novo Código Civil*, São Paulo, Saraiva, 2003; José Lamartine Corrêa de Oliveira, Sociedades por cotas de responsabilidade limitada, *RDC*, *42*:184; Ricardo Fiuza, *Novo Código Civil*, cit., p. 946-79; Philomeno Joaquim da Costa, Modificação do contrato da sociedade limitada por maioria de capital, *RDM*, *25*:77; Maria Helena Diniz, Contratos modificativos da sociedade por quotas de responsabilidade limitada, *RDC*, *61*:7; Vera Helena de Mello Franco, O triste fim das sociedades limitadas no novo Código Civil, *Revista de Direito Mercantil*, *123*:81-5, 2001; Modesto Carvalhosa, *Comentários ao Código Civil*, São Paulo, Saraiva, v. 13, 2003, p. 1364; Braz Martins Neto, A exclusão de sócio nas sociedades limitadas, *Revista Literária de Direito*, *47*:16-8; Adalberto Simão Filho, *A nova sociedade limitada*, Barueri, Manole, 2004; Fabrício Z. Matiello, *Código Civil*, cit., p. 655-681; Glauber M. Talavera, *Comentários*, cit., p. 813-40; Hugo Nigro Mazzilli e Wander Garcia, *Anotações*, cit., p. 295; Marcelo F. Barbosa Filho, *Código Civil*, cit., p. 998; Daniel M. do Patrocínio, *Sociedade limitada*, São Paulo, Juarez de Oliveira, 2008.

Art. 1.053. A sociedade limitada rege-se, nas omissões deste Capítulo, pelas normas da sociedade simples.

- ***Projeto de Lei n. 699/2011***: *"Art. 1.053. A sociedade limitada rege-se, nas omissões deste Capítulo, pelas normas da sociedade anônima.*

..".

Parágrafo único. O contrato social poderá prever a regência supletiva da sociedade limitada pelas normas da sociedade anônima.

- *Lei n. 6.404/76.*
- *Código Civil, arts. 997 a 1.038, 1.052 a 1.087, 1.088 e 1.089.*

Normas aplicáveis à sociedade limitada. A sociedade limitada, apesar de ter caracteres híbridos de sociedade de pessoas e de capitais, disciplinar-se-á pelos arts. 1.052 a 1.087 do Código Civil, e aplicar-se-lhe-á, subsidiariamente, nas omissões apresentadas nesses dispositivos legais e no pacto social, o disposto nos arts. 997 a 1.038, alusivos à sociedade simples, mas "o art. 997, V, não se aplica a sociedade limitada na hipótese de regência supletiva pelas regras das sociedades simples" (Enunciado n. 222 do Conselho da Justiça Federal, aprovado na *III Jornada de Direito Civil*). E seu contrato social poderá estipular que, supletivamente, lhe sejam aplicadas as normas da sociedade anônima (CC, arts. 1.088 e 1.089; Lei n. 6.404/76). Isso é comum, p. ex., se os sócios optarem por uma sociedade limitada com características de sociedade de capital ou pela divisão do capital em quotas preferenciais e ordinárias e criação de um Conselho de Administração. "O parágrafo único do art. 1.053 não significa a aplicação em bloco da Lei n. 6.404/76 ou das disposições sobre a sociedade simples. O contrato social pode adotar, nas omissões do Código sobre as sociedades limitadas, tanto as regras das sociedades simples quanto as das sociedades anônimas" (Enunciado n. 223 do Conselho da Justiça Federal, aprovado na *III Jornada de Direito Civil*).

Observa Modesto Carvalhosa que, como a sociedade limitada tem caráter híbrido, não será possível aplicar pura e simplesmente as normas da sociedade anônima às limitadas. Por isso, pondera: "Assim, exemplificativamente, *não podem ser aplicadas* às sociedades limitadas as regras da sociedade anônima atinentes à constituição da sociedade; à limitação de responsabilidade dos sócios; aos direitos e obrigações dos sócios entre si e para com a sociedade; à emissão de títulos estranhos ao capital social, tais como debêntures, partes beneficiárias e bônus de subscrição; à abertura do capital com apelo à poupança pública; à emissão de quotas sem valor nominal; à emissão de certificados de quotas; e à subsidiária integral. Por outro lado, são *plenamente aplicáveis às sociedades limitadas* as regras da sociedade anônima no que respeita, sobretudo, à sua estrutura organizacional, aos direitos, deveres e responsabilidades dos administradores — por exemplo, as regras de organização e funcionamento dos órgãos da administração —, bem como aquelas que regem os pactos parassociais, como o acordo de acionistas. Os critérios expostos acima, embora não sejam definitivos, permitem ao intérprete guiar-se no caminho da aplicação supletiva da Lei do Anonimato às omissões das normas sobre as limitadas, ao longo do qual deverá prevalecer o critério de razoabilidade para distinguir onde a natureza de uma forma societária não permite a aplicação das regras da outra. Nas hipóteses supramencionadas, em que as omissões das regras específicas sobre as sociedades limitadas não puderem ser supridas pela Lei das Sociedades Anônimas, a despeito da previsão contratual nesse sentido, deve-se entender aplicáveis por analogia, diante da omissão da lei supletiva, as regras das sociedades simples".

Pelo Enunciado n. 217 da *III Jornada de Direito Civil*: "Com a regência supletiva da sociedade limitada, pela lei das sociedades por ações, ao sócio que participar de deliberação na qual tenha interesse contrário ao da sociedade aplicar-se-á o disposto no art. 115, § 3º, da Lei n. 6.404/76. Nos demais casos, incide o art. 1.010, § 3º, se o voto proferido foi decisivo para a aprovação da deliberação, ou o art. 187 (abuso do direito), se o voto não tiver prevalecido".

Segundo o Enunciado n. 64, aprovado na *II Jornada de Direito Comercial*: "Criado o conselho de administração na sociedade limitada, não regida supletivamente pela Lei de Sociedade por Ações (art. 1.053, parágrafo único, do Código Civil) e, caso não haja regramento específico sobre o órgão no contrato, serão aplicadas por analogia, as normas da sociedade anônima".

BIBLIOGRAFIA: Modesto Carvalhosa, *Comentários*, cit., v. 13, p. 45.

Art. 1.054. O contrato mencionará, no que couber, as indicações do art. 997, e, se for o caso, a firma social.

- Vide *Código Civil, arts. 981, 997, 1.150, 1.155, 1.158 e 1.064.*
- *Decreto n. 1.800/96, art. 53.*

Teor do contrato social. O contrato social, pelo qual se der a constituição da sociedade limitada, feito por instrumento público ou particular, além das cláusulas estipuladas pelas partes (p. ex., retirada de pró-labore, retirada ou exclusão de sócio, distribuição de encargos administrativos etc.), deverá conter, no que for cabível, todos os requisitos exigidos pelo art. 997 do Código Civil e, se for o caso, a firma social, sob pena de tornar inviável seu registro no órgão competente.

Firma ou denominação social. A firma social poderá conter o nome civil de um, alguns ou de todos os sócios, utilizando-se a expressão "& Cia. Ltda.". Se a sociedade optar pela denominação social, nesta será indispensável o uso do termo "limitada", por extenso ou abreviadamente ("Ltda."). O termo *limitada* é essencial para que não haja responsabilidade dos administradores ou sócios que empregarem a firma. A firma ou denominação social é elemento identificador da sociedade perante terceiros.

SEÇÃO II
DAS QUOTAS

Art. 1.055. O capital social divide-se em quotas, iguais ou desiguais, cabendo uma ou diversas a cada sócio.

§ 1º Pela exata estimação de bens conferidos ao capital social respondem solidariamente todos os sócios, até o prazo de cinco anos da data do registro da sociedade.

- *Código Civil, arts. 275 a 285.*

§ 2º É vedada contribuição que consista em prestação de serviços.

Quotas. São parcelas ou frações em que está dividido o capital social, que podem ter valores iguais ou desiguais, cabendo uma ou várias delas a cada sócio, conforme a contribuição que der ao ingressar na sociedade limitada. As quotas poderão ser divididas igualmente, hipótese em que cada sócio terá o mesmo número de quotas, ou desigualmente, se algum sócio for detentor de uma quantidade superior de quotas em relação às possuídas pelos demais. O sócio que tiver maior número de quotas será o majoritário. Cada sócio, em razão de sua contribuição para a formação do capital social, passa a ter direito de perceber rendimentos líquidos advindos da atividade econômico-social, na proporção de sua quota.

Obrigação solidária pela exata estimação dos bens conferidos ao capital social. "A solidariedade entre os sócios da sociedade limitada pela exata estimação dos bens conferidos ao capital social abrange os casos de constituição e aumento do capital e cessa após cinco anos da data do respectivo registro" (Enunciado n. 224 do Conselho da Justiça Federal, aprovado na *III Jornada de Direito Civil*). Todos os sócios respondem, por cinco anos, contados da data do registro da sociedade limitada, solidariamente pela totalidade do capital social mesmo integralizado em bens, móveis ou imóveis, em sua exata estimação, declarada no pacto social. Todos os sócios respondem solidariamente pela diferença entre o valor real dos bens conferidos e o valor nominal total do capital social. Há responsabilidade solidária pelo *quantum* que faltar para a integralização do capital social. Há solidariedade entre os sócios perante credores da sociedade, somente pelo que faltar para a integralização de todo o capital social. Integralizado todo o capital social, nenhum sócio responderá com seu patrimônio particular para pagar dívida da sociedade (CC, art. 1.052).

Pelos Enunciados aprovados na *1ª Jornada de Direito Comercial*: *a*) n. 12: "A regra contida no art. 1.055, § 1º, do Código Civil deve ser aplicada na hipótese de inexatidão da avaliação de bens conferidos ao capital social; a responsabilidade nela prevista não afasta a desconsideração da personalidade jurídica quando presentes seus requisitos legais"; *b*) n. 18: "O capital social da sociedade limitada poderá ser integralizado, no todo ou em parte, com quotas ou ações de outra sociedade, cabendo aos sócios a escolha do critério de avaliação das respectivas participações societárias, diante da responsabilidade solidária pela exata estimação dos bens conferidos ao capital social, nos termos do art. 1.055, § 1º, do Código Civil".

Contribuição dos sócios. Os sócios apenas poderão contribuir para a formação do capital social com bens (móveis ou imóveis), dinheiro ou crédito, sendo-lhes vedada qualquer prestação de serviços. Isto porque neste tipo de sociedade não se poderá ter sócio que somente contribua com seu trabalho, uma vez que há limitação de responsabilidade e solidariedade pela integralização do capital social.

Art. 1.056. A quota é indivisível em relação à sociedade, salvo para efeito de transferência, caso em que se observará o disposto no artigo seguinte.

• *Código Civil, arts. 87 e 1.057.*

§ 1º No caso de condomínio de quota, os direitos a ela inerentes somente podem ser exercidos pelo condômino representante, ou pelo inventariante do espólio de sócio falecido.

§ 2º Sem prejuízo do disposto no art. 1.052, os condôminos de quota indivisa respondem solidariamente pelas prestações necessárias à sua integralização.

• Vide *Código Civil, arts. 275 a 285 e 1.052.*

Indivisibilidade da quota. A quota em relação à sociedade limitada é indivisível; essa indivisibilidade decorre da dos direitos conferidos. Não há possibilidade jurídica de repartir uma quota para criar novas quotas. Havendo indivisibilidade da quota, os direitos dela decorrentes não poderão ser divididos, exceto para efeito de sua transferência (CC, art. 1.057), mediante alienação, cessão ou doação a outro sócio ou a terceiro. Se uma quota, p. ex., for de propriedade de duas ou mais pessoas, ter-se-á condomínio. Havendo condomínio de quota entre vários cotitulares, os direitos da quota indivisa só poderão ser exercidos pelo condômino representante, eleito pelos demais, competindo-lhe praticar atos perante a sociedade ou terceiros. Os demais condôminos não terão, apesar de titulares de fração ideal da quota, poderes de representação, nem de agir conjunta ou individualmente, porque, como ensina Matiello, estão presos à deliberação que escolheu um representante para exercer as prerrogativas emergentes da quota condominial. Havendo condomínio de quota, cada um dos cotitulares terá responsabilidade solidária perante a sociedade no que atina à integralização daquela fração do capital. Falecendo um sócio, os direitos inerentes às quotas atribuídas aos herdeiros são exercidos pelo inventariante (representante do espólio), nomeado pelo juiz competente, até que se faça a partilha. Não se liquidarão as quotas do sócio falecido; o espólio exercerá seu poder de controle sobre elas até a conclusão da partilha. Todos os sócios-condôminos são titulares da quota, mas só um deles (o representante ou inventariante) está legitimado para o exercício dos direitos inerentes a ela perante a sociedade, desde que haja consulta prévia dos demais. Se não houver representante, observa Modesto Carvalhosa, os atos praticados pela sociedade em relação a qualquer dos condôminos produzirão efeitos contra todos, inclusive contra os herdeiros do sócio falecido. A sociedade poderá exigir de qualquer condômino todas ou algumas prestações relativas à integralização da quota em condomínio, podendo, se quiser, não aceitar pagamento parcial de qualquer deles. E aquele sócio-condômino, que veio a realizar o pagamento, terá o direito de cobrar dos demais as respectivas parcelas. Como se vê, o condomínio de quota indivisa só produz efeitos nas relações internas, ou seja, entre sócios e sociedade. Os condôminos de quota indivisa respondem, portanto, solidariamente pelas prestações que forem necessárias à sua integralização. Ou melhor, todos respondem apenas pelo que faltar para a integralização daquela quota social indivisa. Os sócios e a quota social representam uma unidade. Perante a sociedade, os condôminos têm obrigação solidária na integralização da quota indivisa.

Art. 1.057. Na omissão do contrato, o sócio pode ceder sua quota, total ou parcialmente, a quem seja sócio, independentemente de audiência dos outros, ou a estranho, se não houver oposição de titulares de mais de um quarto do capital social.

• *Constituição Federal, art. 5º, XX e XXII.*

Parágrafo único. A cessão terá eficácia quanto à sociedade e terceiros, inclusive para os fins do parágrafo único do art. 1.003, a partir da averbação do respectivo instrumento, subscrito pelos sócios anuentes.

• *Código Civil, arts. 968, § 2º, 1.003, parágrafo único, e 1.081, § 2º.*

Cessibilidade da quota social. A cessão de quota pode estar livremente disciplinada no contrato social, estipulando, em cláusula, o direito de preferência de ordem para sua aquisição, preservando os meios de liberação do sócio cedente. Se houver no contrato social cláusula de proibição da cessão sem anuência dos demais sócios, a ausência de manifestação de um único sócio já constitui fato obstativo à eficácia do negócio celebrado (TJRS, AI 70.015.287.774, 5ª Câm. Cível, rel. Léo Lima, j. 28-6-2006). O sócio poderá, em caso de omissão do contrato social, ceder sua quota, total ou parcialmente, a outro sócio (*RF*, *128*:356; *RT*, *702*:88), sem necessidade da autorização dos outros; logo, a ausência da subscrição dos demais, e mesmo a oposição deles, não retirará a validade e a eficácia da cessão. Mas, se quiser fazer tal cessão a um estranho, será preciso o consenso de sócios que representem mais de um quarto (1/4), mais de 25% do capital social; se próprio cedente tiver a titularidade, p. ex., de 3/4 do capital social, claro está que não precisará do consentimento dos demais sócios para tal cessão. Logo a cessão externa de quota condicionar-se-á à não oposição de sócios-titulares de mais de um quarto do capital social. Nesta última hipótese os sócios têm o direito de veto, tendo em vista o ingresso de terceiro, alheio ao quadro associativo, mas ficarão, como bem pondera Modesto Carvalhosa, obrigados a adquiri-la, exercendo sua preferência. Se não a exercerem, o sócio cedente poderá dispor de sua quota em favor de terceiro, pois, pelo princípio constitucional da livre disposição da propriedade privada, não se pode impedir a negociação da quota; logo, havendo sócio dissidente, caber-lhe-á, se quiser, exercer o seu direito de retirada da sociedade. A oposição à cessão da quota prevista no art. 1.057 é mero exercício do direito de preferência de ordem para a aquisição da quota a ser cedida, pelo preço e condição estipulados entre o sócio cedente e o terceiro pretendente. Como houve alteração no contrato social com a entrada do cessionário e saída do cedente, esta deverá ser feita por instrumento subscrito pelos sócios anuentes, que, devidamente averbado à margem da inscrição do Registro da sociedade, fará com que aquela cessão tenha eficácia perante a sociedade e terceiro. E o cedente, por sua vez, até dois anos após a referida averbação, responderá solidariamente com o cessionário pelas obrigações que tinha como sócio (CC, art. 1.003, parágrafo único), assegurando, assim, o direito dos credores e evitando fraudes.

"Na omissão do contrato social, a cessão de quotas sociais de uma sociedade limitada pode ser feita por instrumento próprio, averbado junto ao registro da sociedade, independentemente de alteração contratual, nos termos do art. 1.057 e parágrafo único do Código Civil" (Enunciado n. 225 do Conselho da Justiça Federal, aprovado na *III Jornada de Direito Civil*).

Art. 1.058. Não integralizada a quota de sócio remisso, os outros sócios podem, sem prejuízo do disposto no art. 1.004 e seu parágrafo único, tomá-la para si ou transferi-la a terceiros, excluindo o primitivo titular e devolvendo-lhe o que houver pago, deduzidos os juros da mora, as prestações estabelecidas no contrato mais as despesas.

- *Código Civil, arts. 394 a 401, 406, 407, 999, 1.004, parágrafo único, e 1.031, § 1º.*

Modo de integralização das quotas. A integralização das quotas pode ser efetuada à vista, no ato da constituição da sociedade, ou em parcelas, nos prazos de vencimento fixados no contrato social.

Sócio remisso. É o quotista inadimplente, que está em mora para com a sociedade limitada, por não haver pago, no tempo devido, o *quantum* do capital social a que estava obrigado estatutariamente, devendo responder pelo dano emergente da mora ou podendo ser, por isso, dela excluído. Deveras, os demais sócios poderão preferir à indenização pela mora a rescisão da sociedade em relação ao sócio remisso, excluindo-o do quadro social, ou, então, a redução de sua quota ao montante já realizado, aplicando o art. 1.031, § 1º. Porém, nada obsta a que a sociedade venha, se quiser, a cobrar judicialmente o *quantum* devido, acrescido de juros, mantendo o sócio, havendo integralização do capital social. Uma dessas providências será tomada, mediante deliberação societária, conforme o disposto no estatuto social.

Não integralização de quota de sócio remisso. Se um dos sócios não integralizar a sua quota social, os demais poderão responder pelo que faltar, adquirindo-a para si ou, então, transferi-la a estranho, admitindo novo sócio, que assumirá a obrigação de integralizar o capital, excluindo o sócio remisso (CC, art. 1.004, parágrafo único), devolvendo-lhe a entrada por ele realizada, ou seja, o que houver pago, deduzindo os juros moratórios, as prestações estabelecidas contratualmente e, ainda, as despesas que foram feitas pela sociedade em virtude de sua inadimplência para a cobrança do pagamento que integralizaria o capital.

Art. 1.059. Os sócios serão obrigados à reposição dos lucros e das quantias retiradas, a qualquer título, ainda que autorizados pelo contrato, quando tais lucros ou quantia se distribuírem com prejuízo do capital.

- *Código Civil, art. 1.009, pois o Código Penal, art. 177, VI, só tem aplicação a administradores de sociedade anônima.*

Reposição de lucros e de quantias retiradas. Mesmo havendo autorização estatutária para a distribuição de lucros e de retirada, a qualquer título, inclusive pró-labore, de quantias pecuniárias, os sócios beneficiários deverão repô-los se houver qualquer prejuízo ao capital social, que é dotado de conteúdo econômico, relevante juridicamente. Isto porque, ante o princípio da intangibilidade do capital social, este, por possibilitar a mantença da empresa, retratar sua condição econômica no mercado e, ainda, garantir credores, não poderá ser diminuído, salvo nos casos legais, p. ex., nas hipóteses do art. 1.031. Se tais sócios não providenciarem a reposição dos valores recebidos indevidamente, ante a não preservação do capital social, a sociedade poderá cobrá-los judicialmente ou expulsá-los do quadro societário por deslealdade. Logo, os sócios apenas terão direito de gozar os resultados líquidos dos investimentos feitos. Isto é assim para que se protejam direitos de terceiros que efetivaram negócios com a sociedade. Vedados estão a distribuição de lucros fictícios e o desfalque do capital social para a concessão de quaisquer benefícios a sócios, consagrando o princípio da integridade do capital social e resguardando direito de terceiros que efetivaram negócios com a sociedade tendo por base creditória o *quantum* daquele capital social.

Seção III
Da administração

Art. 1.060. A sociedade limitada é administrada por uma ou mais pessoas designadas no contrato social ou em ato separado.

- Vide *Código Civil, arts. 1.013, 1.061 e 1.172.*
- ***Projeto de Lei n. 699/2011***: *"Art. 1.060. A sociedade limitada é administrada por uma ou mais pessoas naturais designadas no contrato social ou em ato separado.*

..".

Parágrafo único. A administração atribuída no contrato a todos os sócios não se estende de pleno direito aos que posteriormente adquiram essa qualidade.

Administração da sociedade limitada. No contrato social (CC, arts. 1.063, § 1º, 1.076, I, ora revogado, e 1.071, V), ou em ato separado (procuração pública — CC, arts. 1.062, 1.076, II, 1.071, II e III), indicar-se-á um ou mais sócios ou até estranho (pessoa física ou jurídica — CC, arts. 1.061, 1.062, 1.076, II, e 1.071, III), havendo permissão no contrato social (CC, art. 1.061), para desempenhar a administração, e representar ativa e passivamente a sociedade. Pelo teor do art. 1.060 nada impede que o administrador seja pessoa jurídica, desde que sua designação se dê no contrato social, visto que, pelo art. 1.062, exige-se que o administrador, nomeado em ato separado, seja pessoa física. Há quem ache que o administrador, por força dos arts. 997, VI, e 1.062, § 2º, do Código Civil, só pode ser pessoa física. O nomeado, mediante escolha da maioria qualificada do capital votante, para administrar a sociedade será denominado *administrador-diretor*, *presidente* ou *superintendente*. Quanto à administração, aplicar-se-lhe-á, supletivamente, a Lei de Sociedade Anônima (arts. 138 a 160), se houver tal opção no contrato social, e, não havendo, os arts. 1.010, § 3º, 1.011, §§ 1º e 2º, 1.012, 1.013, §§ 1º e 2º, 1.014, 1.015 e parágrafo único, ora revogado pela Lei n. 14.195/2021, 1.016, 1.017 e parágrafo único, 1.018, 1.020 e 1.021 do Código Civil.

Administração colegiada. Se a administração for atribuída a todos, ou a dois ou mais sócios, estes deverão agir em conjunto, no desempenho dos atos de gestão, sendo necessárias suas assinaturas em todas as operações assumidas que obrigarem a sociedade perante terceiros. Mas essa administração conferida, no pacto social, a todos os sócios não se estenderá, de pleno direito, aos que, ulteriormente, vierem a adquirir a qualidade de sócio. Ao sócio ingressante não se estende, *ipso iure*, o poder de administrar. Aquele sócio que vier a pertencer à sociedade, posteriormente, apenas poderá ser o administrador se isso for consignado em termo aditivo ao contrato social. Essa alteração do contrato social, para atribuir ao sócio ingressante a administração, deverá ser aprovada por 3/4 do capital social (CC, arts. 1.057, 1.076, I, ora revogado, e 1.071, V).

Art. 1.061. A designação de administradores não sócios dependerá da aprovação de, no mínimo, 2/3 (dois terços) dos sócios, enquanto o capital não estiver integralizado, e da aprovação de titulares de quotas correspondentes a mais da metade do capital social após a integralização.

• *Redação determinada pela Lei n. 14.451/2022.*

• *Código Civil, art. 1.076,* caput.

Escolha do administrador. A sociedade, no próprio contrato social ou em ato separado, deverá conceder a administração somente a sócio ou a sócios (CC, art. 1.060). Nesta última hipótese a escolha do sócio-administrador ou dos sócios-administradores será extracontratual e dar-se-á em assembleia geral de quotistas, devidamente convocada para esse fim. Nessa modalidade de sociedade não é conveniente que a sua administração e sua representação sejam confiadas a quem não seja titular de quotas, por não ter contribuído para a formação do capital social. Sem embargo disso, se se permitir que a administração seja entregue a estranhos, a designação deles dependerá de: *a*) aprovação 2/3 dos sócios, em assembleia geral, se o capital social ainda não estiver integralizado; ou *b*) aprovação de titulares de quotas correspondentes a mais da metade do capital social (maioria simples – metade mais um) se houver total integralização do capital social.

Art. 1.062. O administrador designado em ato separado investir-se-á no cargo mediante termo de posse no livro de atas da administração.

• *Lei n. 6.404/76, art. 149 e §§ 1º e 2º (incluído pela Lei n. 10.303/2001).*

§ 1º Se o termo não for assinado nos trinta dias seguintes à designação, esta se tornará sem efeito.

§ 2º Nos dez dias seguintes ao da investidura, deve o administrador requerer seja averbada sua nomeação no registro competente, mencionando o seu nome, nacionalidade, estado civil, residência, com exibição de documento de identidade, o ato e a data da nomeação e o prazo de gestão.

• *Instrução Normativa do DNRC n. 98/2003 sobre Manual de Atos de Registro de Sociedade Limitada.*

• ***Projeto de Lei n. 7.160/2002** (ora arquivado): "Art. 1.062. O administrador designado em ato separado investir-se-á no cargo na data do ato de designação. Mas a designação só produzirá efeitos perante terceiros depois de averbada no registro competente.*

Parágrafo único. O ato de designação mencionará o nome do administrador, nacionalidade, estado civil, domicílio, documento de identidade, a data da nomeação e o prazo de gestão".

Nomeação extracontratual de administrador. Se o administrador (pessoa natural pelo Enunciado n. 66, aprovado na *I Jornada de Direito Civil* de 2002 do Centro de Estudos Judiciários do Conselho da Justiça Federal), sócio, ou não, for designado, em ato separado, por meio de mandato, pelos quotistas reunidos em assembleia em razão de o contrato social não ter indicado quem deveria praticar os atos de gestão ou de representação da sociedade, sua investidura no cargo dar-se-á mediante termo de posse lavrado no livro de atas da administração, dentro de trinta dias, contados da data de sua designação, sob pena de esta se tornar sem efeito, hipótese em que deverá haver nova indicação de administrador. Se for nomeado no contrato social, deverá assiná-lo, indicando sua aceitação, que é condição da eficácia de sua eleição como administrador, dando início ao exercício de suas funções.

Averbação da nomeação do administrador. Dez dias depois de sua investidura, o administrador deverá requerer que sua nomeação seja averbada no registro competente. Esse requerimento deverá conter, além de toda sua qualificação, o ato, a data da nomeação e o prazo de sua gestão, e estar acompanhado de documento de identidade do administrador nomeado.

Esclarece-nos, ainda, Modesto Carvalhosa que, se a averbação se der dentro do prazo de dez dias, os efeitos da investidura na administração, relativamente a terceiros, retroagirão *ex tunc*, ou seja, à data em que o administrador assinou o termo de posse. Se tal averbação ocorrer depois daquele lapso temporal, aquela investidura, perante terceiros, terá eficácia *ex nunc*, irradiando efeitos apenas a partir da data do despacho da entidade registrária que deferiu aquela averbação.

Art. 1.063. O exercício do cargo de administrador cessa pela destituição, em qualquer tempo, do titular, ou pelo término do prazo se, fixado no contrato ou em ato separado, não houver recondução.

• *Código Civil, art. 1.076.*

§ 1º Tratando-se de sócio nomeado administrador no contrato, sua destituição somente se opera pela aprovação de titulares de quotas correspondentes, a mais da metade do capital social, salvo disposição contratual diversa.

• *Redação da Lei n. 13.792/2019.*

§ 2º A cessação do exercício do cargo de administrador deve ser averbada no registro competente, mediante requerimento apresentado nos dez dias seguintes ao da ocorrência.

• *Código Civil, art. 968, § 2º.*

§ 3º A renúncia de administrador torna-se eficaz, em relação à sociedade, desde o momento em que esta toma conhecimento da comunicação escrita do renunciante; e, em relação a terceiros, após a averbação e publicação.

• *Código Civil, art. 968, § 2º.*

• *Lei n. 6.404/76, art. 151.*

Cessação da administração. O exercício do cargo de administrador da sociedade limitada terminará: *a*) pela *destituição* do seu titular a qualquer tempo ou pelo *término do prazo de sua gestão*, fixado contratualmente ou em ato separado (mandato), não havendo recondução ao cargo. Se o sócio-administrador foi nomeado no contrato social, apenas poderá ser destituído pela aprovação dos titulares de quotas, que correspondam, a mais da metade do capital social, exceto se houver estipulação diversa, exigindo *quorum* maior ou menor; mas, se sua nomeação se deu em instrumento separado do pacto social, somente poderá ser efetuada sua destituição mediante aprovação de sócios detentores de mais da metade do capital (CC, arts. 1.071, III, e 1.076, II). Em se tratando de administrador não sócio, poderá ser afastado pelo *quorum* deliberativo determinado pelos arts. 1.071, V, e 1.076, I, ora revogado, providenciando-se, como adverte Matiello, a alteração contratual para que a medida tenha eficácia; e *b*) pela *renúncia* do administrador, que se tornará eficaz em relação à sociedade, no instante em que tomar conhecimento da comunicação escrita — notificação judicial (CPC, art. 726) ou extrajudicial (Lei n. 6.015/73, art. 160), interpelação, correspondência epistolar etc. —, feita pelo renunciante que a subscreveu, e perante terceiros, apenas depois de sua averbação e publicação da certidão dessa averbação no Diário Oficial ou em jornal de grande circulação no local em que está sediada a sociedade (CC, art. 1.152).

Averbação do término da administração. Cessada a administração, proceder-se-á à averbação do fato, no registro competente, mediante requerimento apresentado dentro do prazo de dez dias, contado da ocorrência do fato.

Art. 1.064. O uso da firma ou denominação social é privativo dos administradores que tenham os necessários poderes.

• Vide *Código Civil, arts. 1.015, 1.054 e 1.158, §§ 1º a 3º.*

Uso da firma ou denominação social. Somente os sócios-administradores ou administradores não sócios, que tiverem os necessários poderes, poderão regularmente usar a firma ou denominação social para atender aos objetivos sociais, contratar em nome da sociedade e responsabilizar a sociedade. A mera condição de administrador não autoriza o uso da firma social, pois este é conferido expressamente àquele que tiver o encargo de exercer a atividade econômico-social, assumindo obrigações, no interesse da sociedade, e conforme o objeto social. Os limites dessa utilização estão determinados no contrato social. A delegação de poderes a terceiros ou a outro sócio está vedada. Se o administrador vier a ultrapassar aqueles limites, haverá abuso de firma social ou uso indevido de firma social, que acarretar-lhe-á o dever de indenizar as perdas e danos sofridos pela sociedade (*RTJ*, *2*:296), uma vez que esta responderá perante terceiros pelas obrigações contraídas com a prática de atos exorbitantes, pois o direito brasileiro, como ensina Matiello, não acatou a *doctrine ultra vires*, segundo a qual o uso abusivo de firma acarretaria a nulidade dos atos praticados, que não seriam oponíveis à sociedade. Logo, os negócios efetivados com o uso indevido de firma social terão validade, obrigando a sociedade, que, contudo, poderá exercer o direito de regresso contra os administradores culpados, obtendo a reparação dos prejuízos que teve.

Art. 1.065. Ao término de cada exercício social, proceder-se-á à elaboração do inventário, do balanço patrimonial e do balanço de resultado econômico.

• Vide *Código Civil, arts. 1.078, I e § 3º, 1.179 a 1.195, 1.140, 1.020, 1.069, III, 1.188 e 1.189.*

• ***Projeto de Lei n. 7.160/2002*** *(ora arquivado): "Ao término de cada exercício social, proceder-se-á à elaboração do balanço patrimonial e demais demonstrações financeiras da sociedade".*

Prestação de contas. No final de cada exercício social (período de um ano transcorrido entre duas datas, inicial e final, indicadas no contrato social, em regra coincidente com o ano-calendário comum), dever-se-á fazer um levantamento das operações feitas e da situação financeira da sociedade, apurando todas as contas do ativo e do passivo e verificando os lucros e perdas havidos. Para tanto, elaborar-se-ão o inventário (discriminação e individualização do acervo material da sociedade), o balanço patrimonial, ou seja, o quadro contábil representativo do ativo, do passivo e do patrimônio líquido da sociedade e o balanço de resultado econômico, representado pela demonstração financeira dos lucros e perdas obtidos.

Seção IV
Do conselho fiscal

• *Lei n. 6.404/76, arts. 161 a 165.*

• *Código Civil, art. 1.078.*

Art. 1.066. Sem prejuízo dos poderes da assembleia dos sócios, pode o contrato instituir conselho fiscal composto de três ou mais membros e respectivos suplentes, sócios ou não, residentes no País, eleitos na assembleia anual prevista no art. 1.078.

• Vide *art. 1.078, I, do Código Civil.*

• *Lei n. 6.404/76, art. 162 e §§ 2º, 4º e 6º.*

§ 1º Não podem fazer parte do conselho fiscal, além dos inelegíveis enumerados no § 1º do art. 1.011, os membros dos demais órgãos da sociedade ou de outra por ela

controlada, os empregados de quaisquer delas ou dos respectivos administradores, o cônjuge ou parente destes até o terceiro grau.

• *Código Civil, art. 1.011, § 1º.*

§ 2º É assegurado aos sócios minoritários, que representarem pelo menos um quinto do capital social, o direito de eleger, separadamente, um dos membros do conselho fiscal e o respectivo suplente.

Conselho Fiscal. Os sócios têm direito de fiscalizar a administração, podendo averiguar diretamente ou por meio de sócios-membros do Conselho Fiscal, os livros contábeis e a prestação de contas do administrador. O Conselho Fiscal é o órgão facultativo, previsto no estatuto social, composto por três ou mais membros e respectivos suplentes, sejam eles sócios ou não, residentes ou domiciliados no País, eleitos na assembleia anual em votação de sócios representativos da maioria do capital social, que visa a apreciar as contas dos administradores e deliberar sobre o balanço patrimonial e o de resultado econômico (CC, art. 1.078, I). É órgão fiscalizador dos atos dos administradores da sociedade e subordinado à assembleia dos sócios que aprova ou rejeita seus pareceres. O Conselho Fiscal apenas poderá examinar a legalidade ou regularidade dos atos realizados durante a gestão.

Impedimento para participação no Conselho Fiscal. Estão impedidos de ser nomeados para participar do Conselho Fiscal: *a*) os condenados a pena que vede o acesso, ainda que temporário, a cargos públicos; *b*) os condenados por crime falimentar, de prevaricação, peita ou suborno, concussão e peculato; *c*) os condenados por crime contra: a economia popular, o sistema financeiro nacional, as normas de defesa de concorrência, as relações de consumo, a fé pública ou a propriedade, enquanto perdurarem os efeitos da condenação; *d*) os membros dos demais órgãos da sociedade ou de outra por ela controlada; *e*) os empregados dessas sociedades ou de seus administradores; *f*) o cônjuge ou parente até 3º grau dos administradores. Entre os impedidos, inclui Modesto Carvalhosa os profissionais, que, sem vínculo empregatício, prestam à sociedade serviços autônomos e habituais, como, p. ex., economistas e advogados.

Escolha de membro do Conselho Fiscal pelos sócios minoritários. Os sócios minoritários, desde que representem um quinto (20%) do capital social, poderão escolher, em separado, um dos membros do Conselho Fiscal e seu respectivo suplente. Com isso, participarão da composição do referido órgão. Se, porventura, a minoria vencida não vier a representar um quinto do capital social, não poderá indicar representante, nem suplente no Conselho Fiscal.

Art. 1.067. O membro ou suplente eleito, assinando termo de posse lavrado no livro de atas e pareceres do conselho fiscal, em que se mencione o seu nome, nacionalidade, estado civil, residência e a data da escolha, ficará investido nas suas funções, que exercerá, salvo cessação anterior, até a subsequente assembleia anual.

• *Lei n. 6.404/76, arts. 149 e 161 a 165.*

Parágrafo único. Se o termo não for assinado nos trinta dias seguintes ao da eleição, esta se tornará sem efeito.

Investidura de membro do Conselho Fiscal. O membro, ou suplente, eleito investir-se-á nas funções que exercerá durante um ano, ou seja, até a subsequente assembleia anual, salvo se não houver cessação anterior, assinando, dentro do prazo de trinta dias de sua eleição, sob pena de esta tornar-se sem efeito, termo de posse, lavrado no livro de atas e pareceres do Conselho Fiscal, do qual constará não só sua qualificação, como também a data de sua escolha. A partir da assinatura do termo de posse, o conselheiro fiscal eleito estará efetivamente investido, podendo exercer suas funções e assumir suas obrigações e encargos legais. Não tomando posse, por falta de assinatura do termo, dentro do referido prazo de trinta dias, dever-se-á eleger outro conselheiro fiscal em assembleia extraordinária.

Art. 1.068. A remuneração dos membros do conselho fiscal será fixada, anualmente, pela assembleia dos sócios que os eleger.

- *Lei n. 6.404/76, art. 162, § 3º.*

Remuneração dos membros do Conselho Fiscal. Os membros do Conselho Fiscal terão, a título de gratificação de representação em órgão colegiado, direito a uma remuneração mensal, mesmo simbólica, cujo valor será fixado, anualmente, pela assembleia dos sócios que os elegeu. Tal remuneração (*jeton*) vincular-se-á ao seu comparecimento às sessões do Conselho Fiscal, mas há quem ache, como Modesto Carvalhosa, que não poderá ficar adstrita ao número de reuniões realizadas, nem ao comparecimento a elas, porque esse direito lhe foi conferido em razão do exercício contínuo do cargo. No entender de Matiello, nada obsta a que se estipule, no contrato, a gratuidade da atuação dos membros do Conselho Fiscal.

Art. 1.069. Além de outras atribuições determinadas na lei ou no contrato social, aos membros do conselho fiscal incumbem, individual ou conjuntamente, os deveres seguintes:

- *Código Civil, arts. 1.020, 1.065, 1.078, I e § 3º, 1.140, 1.179 e 1.189.*
- *Lei n. 6.404/76, art. 163.*

I — examinar, pelo menos trimestralmente, os livros e papéis da sociedade e o estado da caixa e da carteira, devendo os administradores ou liquidantes prestar-lhes as informações solicitadas;

II — lavrar no livro de atas e pareceres do conselho fiscal o resultado dos exames referidos no inciso I deste artigo;

III — exarar no mesmo livro e apresentar à assembleia anual dos sócios parecer sobre os negócios e as operações sociais do exercício em que servirem, tomando por base o balanço patrimonial e o de resultado econômico;

- Vide *Código Civil, arts. 1.065, 1.078, I, 1.179, 1.188 e 1.189.*

IV — denunciar os erros, fraudes ou crimes que descobrirem, sugerindo providências úteis à sociedade;

V — convocar a assembleia dos sócios se a diretoria retardar por mais de trinta dias a sua convocação anual, ou sempre que ocorram motivos graves e urgentes;

- Vide *Código Civil, art. 1.073, II.*

VI — praticar, durante o período da liquidação da sociedade, os atos a que se refere este artigo, tendo em vista as disposições especiais reguladoras da liquidação.

- *Código Civil, arts. 1.065, 1.073, II, 1.078, I, 1.102 a 1.112, 1.188 e 1.189.*
- *Lei n. 6.404/76, arts. 175 a 188.*

Atribuições do Conselho Fiscal. O Conselho Fiscal não pode dificultar o poder de diligência individual de qualquer conselheiro em exercício, mesmo que haja deliberação da maioria nesse sentido. A atuação individual de um conselheiro vinculará o Conselho Fiscal. Por isso, além das funções estipuladas na lei e no contrato social, os membros do Conselho Fiscal deverão, individual ou conjuntamente: *a*) examinar, pelo menos a cada três meses, a escrituração da sociedade e o estado da caixa e da carteira de negócios realizados e a realizar, solicitando informações aos administradores ou liquidantes; *b*) lavrar no livro de atas e pareceres do Conselho Fiscal não só o resultado do exame acima referido, como também o parecer sobre as operações sociais feitas, baseado no balanço patrimonial e no de resultado econômico, que também deverá ser, ainda, apresentado à assembleia anual dos sócios; c) denunciar erros, fraudes ou crimes que descobrirem, sugerindo à sociedade a tomada de certas providências; *d*) convocar a assembleia de sócios, havendo motivo grave e urgente (malversação de recursos sociais, desfalque etc.) ou se a diretoria retardar, por mais de trinta dias, sua convocação anual; *e*) praticar, na hipótese de liquidação da sociedade, todos os atos relativos às suas atribuições acima especificadas, observando, ainda, o disposto nos arts. 1.102 a 1.112 do Código Civil. Os membros do Conselho Fiscal devem buscar a preservação dos interesses da sociedade, desempenhando suas funções com probidade e diligência.

Art. 1.070. As atribuições e poderes conferidos pela lei ao conselho fiscal não podem ser outorgados a outro órgão da sociedade, e a responsabilidade de seus membros obedece à regra que define a dos administradores (art. 1.016).

• Vide *Código Civil, art. 1.016.*

• *Lei n. 6.404/76, arts. 161 e § 7º, 163, §§ 5º e 7º.*

Parágrafo único. O conselho fiscal poderá escolher para assisti-lo no exame dos livros, dos balanços e das contas, contabilista legalmente habilitado, mediante remuneração aprovada pela assembleia dos sócios.

• *Código Civil, art. 1.069, I.*

• *Decreto-Lei n. 9.295/46 (contador e guarda-livros).*

Vedação de delegação de atribuições e poderes legais. Os poderes e as atribuições legais, conferidos ao Conselho Fiscal, não poderão, ante sua exclusividade, ser outorgados a outro órgão da sociedade.

Responsabilidade dos conselheiros fiscais. Os membros do Conselho Fiscal responderão solidariamente perante a sociedade e terceiros pelos prejuízos que, culposamente, lhes causarem no desempenho de suas funções.

Assistência de contabilista. Nada obsta a que o Conselho Fiscal nomeie contabilista legalmente habilitado para, mediante remuneração aprovada pela assembleia dos sócios, auxiliá-lo no exame dos livros, dos balanços e das contas da sociedade (CC, art. 1.069, I).

Seção V

Das deliberações dos sócios

• *Lei n. 6.404/76, arts. 121 a 137.*

Art. 1.071. Dependem da deliberação dos sócios, além de outras matérias indicadas na lei ou no contrato:

• Vide *Código Civil, art. 1.076.*

• *Lei n. 6.404/76, art. 122.*

I — a aprovação das contas da administração;

• *Código Civil, art. 1.065.*

II — a designação dos administradores, quando feita em ato separado;

• Vide *Código Civil, arts. 1.060, 1.061 e 1.076, II.*

III — a destituição dos administradores;

• Vide *Código Civil, arts. 1.063, § 1º, e 1.076, II.*

IV — o modo de sua remuneração, quando não estabelecido no contrato;

• Vide *Código Civil, art. 1.076, II.*

V — a modificação do contrato social;

• Vide *Código Civil, art. 1.076, I (revogado pela Lei n. 14.451/2022).*

VI — a incorporação, a fusão e a dissolução da sociedade, ou a cessação do estado de liquidação;

• Vide *Código Civil, arts. 1.102, 1.113 a 1.122 e 1.076, I (revogado pela Lei n. 14.451/2022).*

VII — a nomeação e destituição dos liquidantes e o julgamento das suas contas;

• Vide *Código Civil, arts. 1.038, 1.102 a 1.112 e 1.076, II.*

VIII — o pedido de concordata.

• *Atualmente, pela Lei n. 11.101/2005, não haverá mais concordata; ter-se-á a recuperação judicial ou extrajudicial.*

• Vide *Lei de Falências, arts. 47 a 74, 161 a 167.*

• Vide *Código Civil, arts. 1.072, § 4º, e 1.076, II.*

• *Súmulas 190 e 227 do Supremo Tribunal Federal.*

• *Código Tributário Nacional, art. 191.*

• *Lei n. 8.212/91, art. 95, § 2º.*

Atos dependentes de deliberações dos sócios. Os sócios, além dos assuntos indicados legal ou contratualmente, deverão deliberar sobre: *a*) aprovação das contas da administração; *b*) designação extracontratual, em ato separado, dos administradores (sócios ou não) feita em assembleia de sócios (CC, arts. 1.062 e 1.076, II); *c*) destituição dos sócios administradores por justa causa, mediante aprovação de mais da metade do capital social, ou dos administradores não sócios, *ad nutum* ou injustificadamente por maioria absoluta do capital; *d*) modo de sua remuneração, em caso de omissão do contrato social, seja ela fixa (*pro labore*), correspondente à contraprestação do serviço efetivamente prestado pelo administrador, devida até a data em que exercer sua função e estabelecida dentro dos padrões do mercado de trabalho, seja ela variável, se prevista no contrato social, alusiva à participação do administrador nos lucros da sociedade apurados no último balanço, desde que não excedente a 10% dos resultados do exercício; *e*) modificação do contrato social, havendo *quorum* de mais da metade do capital social, por força da revogação do art. 1.076, I, pela Lei n. 14.451/2022; *f*) incorporação, fusão e dissolução da sociedade; *g*) cessação do estado de liquidação; *h*) nomeação, destituição e julgamento das contas dos liquidantes; e *i*) pedido de recuperação judicial (Lei n. 11.101/2005, arts. 47 a 74) ou extrajudicial — levado à homologação judicial após a aprovação do plano de reestruturação da empresa pelos seus credores (Lei n. 11.101/2005, arts. 161 a 167), para a preservação da empresa e de sua função social, possibilitando superar a situação de crise econômico-financeira e evitar a falência, mediante deliberação dos sócios tomada pela maioria, correspondente a mais de metade do capital social (50% mais um dos votos — CC, arts. 1.072, § 4º, e 1.076, II). Hoje não há mais concordata, que, nas palavras de Fábio Ulhoa Coelho, era um favor legal consistente na remissão parcial ou dilação do vencimento das obrigações devidas pela sociedade, mediante preenchimento de certos requisitos exigidos pela lei falimentar, com o escopo de resguardar-se da falência, desde que houvesse *quorum* da maioria absoluta do capital. Esse rol dos assuntos a serem deliberados pelos sócios, em reunião assemblear, é meramente exemplificativo (*numerus apertus*), pois o contrato social poderá estabelecer outros.

BIBLIOGRAFIA: Fábio Ulhoa Coelho, *Manual*, cit., p. 364; Waldo Fazzio Júnior, *Nova Lei de Falência e Recuperação de Empresas*, São Paulo, Atlas, 2005.

Art. 1.072. As deliberações dos sócios, obedecido o disposto no art. 1.010, serão tomadas em reunião ou em assembleia, conforme previsto no contrato social, devendo ser convocadas pelos administradores nos casos previstos em lei ou no contrato.

- Vide *Código Civil, art. 1.010.*

§ 1º A deliberação em assembleia será obrigatória se o número dos sócios for superior a dez.

- *O* ***Projeto de Lei n. 7.160/2002*** *(ora arquivado) sugere a alteração do número mínimo de sócios para deliberação em reunião de dez para vinte.*

§ 2º Dispensam-se as formalidades de convocação previstas no § 3º do art. 1.152, quando todos os sócios comparecerem ou se declararem, por escrito, cientes do local, data, hora e ordem do dia.

- Vide *Código Civil, art. 1.152, § 3º.*

§ 3º A reunião ou a assembleia tornam-se dispensáveis quando todos os sócios decidirem, por escrito, sobre a matéria que seria objeto delas.

§ 4º No caso do inciso VIII do artigo antecedente, os administradores, se houver urgência e com autorização de titulares de mais da metade do capital social, podem requerer concordata preventiva*.

* *Trata-se hoje da recuperação de empresa.*

- *Lei de Falências, arts. 5º a 46, 47 a 74 e 161 a 167.*
- Vide *Código Civil, art. 1.071, VIII.*
- *Consolidação das Leis do Trabalho, art. 449.*
- *Lei n. 6.404/76, art. 122, parágrafo único.*

§ 5º As deliberações tomadas de conformidade com a lei e o contrato vinculam todos os sócios, ainda que ausentes ou dissidentes.

- *Código Civil, art. 1.080.*

§ 6º Aplica-se às reuniões dos sócios, nos casos omissos no contrato, o disposto na presente Seção sobre a assembleia.

- Vide *Código Civil, arts. 1.071 a 1.080 e, em especial, o art. 1.079.*

Procedimento para a tomada das deliberações. As deliberações dos sócios serão tomadas por maioria de votos, contados conforme o valor das quotas de cada um no capital social, em assembleia convocada pelos administradores nos casos previstos em lei ou no contrato social, mediante anúncio convocatório, publicado, pelo menos, por três vezes, entre a data da primeira inserção e a da realização da assembleia, dentro do prazo mínimo de oito dias para a primeira convocação, e de cinco dias para as posteriores. Essas formalidades de convocação do art. 1.152, § 3º, do Código Civil serão dispensadas se todos os sócios comparecerem ou declararem, por escrito, sua ciência do local, data, hora e ordem do dia. Se um sócio deixar de comparecer à assembleia ou de firmar instrumento de ciência, a deliberação porventura tomada não produzirá qualquer efeito. Haverá obrigatoriedade da deliberação em assembleia se o número dos sócios for superior a dez, pois se não o for a deliberação poderá dar-se por simples reunião. A reunião, ou a assembleia, será dispensável se houver decisão escrita de todos os sócios sobre a matéria que seria discutida. Trata-se da suspensão por documento da realização do conclave. Se houver empate, a decisão será por cabeça, pouco importando o valor das quotas de cada sócio.

E se mesmo assim persistir o empate, a decisão da matéria deverá ser judicial. E todas as deliberações tomadas, de conformidade com a lei e o contrato, vincularão todos os sócios, ainda que ausentes ou dissidentes.

Disciplina jurídica das reuniões e assembleias de sócios. As reuniões dos sócios devem seguir o disposto no contrato social, e, sendo ele silente a respeito, disciplinar-se-ão pelos arts. 1.071 a 1.080 do Código Civil. Já há decisão de que: "Aplica-se à reunião dos sócios, se o contrato não dispuser a respeito, as normas sobre a Assembleia, previstas no § 6º do art. 1.072, do novo Código Civil. O Código Civil prevê que os administradores podem ser sócios ou não sócios, nomeados no contrato social ou em ato separado. Os administradores não sócios podem ser destituídos pelo *quorum* correspondente a mais da metade do capital social, que é a chamada maioria absoluta, segundo dispõe o inc. II do art. 1.076 do novo Código Civil" (TJMG, Processo 1.0596.06.036174-5/002, rel. Duarte de Paula, *DJ*, 2-6-2007).

Pedido de recuperação. O pedido de recuperação dependerá de deliberação dos sócios, tomada em assembleia (CC, art. 1.071, VIII), mas os administradores, devidamente autorizados por sócios, titulares de mais da metade do capital social, havendo urgência, poderão, para evitar danos irreparáveis, requerer a recuperação da empresa, propondo-a antes da decretação da falência da sociedade, com o escopo de evitá-la ou preveni-la.

Art. 1.073. A reunião ou a assembleia podem também ser convocadas:

• *Lei n. 6.404/76, art. 123, parágrafo único.*

I — por sócio, quando os administradores retardarem a convocação, por mais de sessenta dias, nos casos previstos em lei ou no contrato, ou por titulares de mais de um quinto do capital, quando não atendido, no prazo de oito dias, pedido de convocação fundamentado, com indicação das matérias a serem tratadas;

II — pelo conselho fiscal, se houver, nos casos a que se refere o inciso V do art. 1.069.

• Vide *Código Civil, arts. 1.069, V, e 1.152, § 3º.*

Convocação do conclave por sócios. Convocação é a notificação (convite público ou pessoal) dos sócios, para se reunirem em conclave, feita pelos administradores, sempre que houver imposição legal ou contratual. A assembleia ou reunião também poderá ser convocada por: *a*) qualquer sócio individualmente, se os administradores retardarem sua convocação, nos casos previstos em lei ou no contrato social, por mais de sessenta dias; e *b*) sócios minoritários, titulares de mais de um quinto do capital social, se, dentro do prazo de oito dias, não for atendido o pedido de convocação fundamentado e contendo indicação das matérias de relevante interesse societário que deverão ser tratadas.

Convocação da assembleia pelo Conselho Fiscal. A assembleia ou reunião poderá ser convocada, individual ou conjuntamente, por membros do Conselho Fiscal, se a diretoria retardar por mais de trinta dias a sua convocação anual, ou se houver algum motivo grave e urgente (CC, art. 1.069, V).

Art. 1.074. A assembleia dos sócios instala-se com a presença, em primeira convocação, de titulares de no mínimo três quartos do capital social, e, em segunda, com qualquer número.

• *Código Civil, arts. 1.075 e 1.076, e Lei n. 6.404/76, art. 125.*

§ 1º O sócio pode ser representado na assembleia por outro sócio, ou por advogado, mediante outorga de mandato com especificação dos atos autorizados, devendo o instrumento ser levado a registro, juntamente com a ata.

• *Código Civil, arts. 653 e s., e Lei n. 8.906/94, art. 7º, VI,* d.

• *Lei n. 6.404/76, art. 126, § 1º.*

§ 2º Nenhum sócio, por si ou na condição de mandatário, pode votar matéria que lhe diga respeito diretamente.

"Quorum" para instalação da assembleia de sócios. Em primeira convocação, a assembleia de sócios instalar-se-á se houver presença de titulares de no mínimo três quartos do capital social, e, não se alcançando tal *quorum* em segunda convocação, com qualquer número de representantes, ou melhor, de sócios presentes. Verificar-se-á o *quorum* de instalação pelo lançamento das assinaturas dos sócios constantes na lista de presença ao conclave, que integrará a ata dos trabalhos (CC, art. 1.075). "A exigência da presença de três quartos do capital social, como *quorum* mínimo de instalação em primeira convocação, pode ser alterada pelo contrato de sociedade limitada com até dez sócios, quando as deliberações sociais obedecerem à forma de reunião, sem prejuízo da observância das regras do art. 1.076 referentes ao *quorum* de deliberação" (Enunciado n. 226 do Conselho da Justiça Federal, aprovado na *III Jornada de Direito Civil*).

Representação de sócio. O sócio poderá, para o bom andamento dos trabalhos, ser representado, na assembleia, por outro sócio ou por advogado, desde que lhe outorgue mandato, celebrado por instrumento particular ou público, especificando os atos autorizados. Essa procuração, com poderes especiais para, p. ex., intervir, discutir, opinar, propor e votar a matéria constante da ordem do dia, deverá, com a ata, ser levada a registro, no momento em que a ata da assembleia for averbada. Pelo Enunciado n. 484 do CJF, aprovado na *V Jornada de Direito Civil*: "Quando as deliberações sociais obedecerem à forma de reunião, na sociedade limitada com até 10 (dez) sócios, é possível que a representação do sócio seja feita por outras pessoas além das mencionadas no § 1º do art. 1.074 do Código Civil (outro sócio ou advogado), desde que prevista no contrato social".

Voto em matéria de interesse próprio. Nenhum sócio, por si ou na condição de mandatário, poderá, na assembleia, manifestar seu voto em questões que, diretamente, digam respeito a seus interesses particulares (p. ex., sua exclusão do quadro societário, punição por uma falta cometida, liquidação de sua quota etc.).

Art. 1.075. A assembleia será presidida e secretariada por sócios escolhidos entre os presentes.

• *Lei n. 6.404/76, art. 130.*

§ 1º Dos trabalhos e deliberações será lavrada, no livro de atas da assembleia, ata assinada pelos membros da mesa e por sócios participantes da reunião, quantos bastem à validade das deliberações, mas sem prejuízo dos que queiram assiná-la.

§ 2º Cópia da ata autenticada pelos administradores, ou pela mesa, será, nos vinte dias subsequentes à reunião, apresentada ao Registro Público de Empresas Mercantis para arquivamento e averbação.

• *Lei n. 8.934/94.*

§ 3º Ao sócio, que a solicitar, será entregue cópia autenticada da ata.

Direção dos trabalhos assembleares. A mesa é o órgão incumbido de dirigir a sessão deliberativa, composta pelo presidente (que encaminha o trabalho do conclave, conforme a ordem do dia, e mantém a ordem no recinto) e pelo secretário (que auxilia o presidente nos trabalhos de instalação, realização e conclusão da assembleia), que são sócios escolhidos previamente entre os presentes, por maioria de votos, segundo o valor de suas quotas, ante a omissão do contrato social, que deverá, para evitar possíveis conturbações, apontar critérios para tal escolha, como exercício de cargo administrativo, antiguidade no quadro societário, faixa etária etc.

Ata das deliberações. A ata dos trabalhos e das deliberações, devidamente assinada pelos componentes da mesa e pelos sócios participantes da reunião, deverá ser lavrada pelo secretário no livro de atas da assembleia. É recomendável a assinatura por todos os sócios que participaram do encontro e não só do número suficiente para atingir o mínimo exigido legalmente para a validade da deliberação tomada, mesmo porque nenhum dos partícipes poderá ser impedido de firmá-lo. E a cópia dessa ata, autenticada pelos administradores e pelos membros da mesa, deverá, para ter eficácia *erga omnes*, dentro do prazo de vinte dias, contado da reunião, ser arquivada e averbada no Registro Público das Empresas Mercantis. Qualquer sócio poderá solicitar uma cópia autenticada da referida ata para servir, p. ex., de instrução na ação judicial movida, por ele, para reivindicar seus direitos ou anular assembleia ou deliberação nela tomada.

Art. 1.076. Ressalvado o disposto no art. 1.061 as deliberações dos sócios serão tomadas:

• *Com a redação da Lei n. 13.792/2019.*

I — (pelos votos correspondentes, no mínimo, a três quartos do capital social, nos casos previstos nos incisos V e VI do art. 1.071;)

• *Revogado pela Lei n. 14.451/2022.*

II — pelos votos correspondentes a mais da metade do capital social, nos casos previstos nos incisos II, III, IV, V, VI e VIII do *caput* do art. 1.071 deste Código;

III — pela maioria de votos dos presentes, nos demais casos previstos na lei ou no contrato, se este não exigir maioria mais elevada.

• *Código Civil, arts. 1.061 (com a redação da Lei n. 14.451/2022), 1.063, § 1º, 1.071 e 1.074.*

"Quorum" mínimo para as deliberações dos sócios. Exige-se, para as deliberações dos sócios que envolverem: *a*) designação de administradores não sócios, a aprovação da maioria, não estando integralizado o capital social, e de dois terços, no mínimo, após a sua total integralização; *b*) destituição de sócio-administrador, nomeado no contrato social, a aprovação de titulares de quotas correspondentes, a mais da metade do capital social, salvo disposição contratual diversa; *c*) modificação do contrato social, incorporação, fusão e dissolução da sociedade ou cessação do seu estado de liquidação, aprovação, no mínimo, de titulares que representassem três quartos do capital social (maioria qualificada — 75% dos votos, sendo cada um correspondente a uma quota), tal percentual não é mais exigido, pois bastarão apenas os votos correspondentes de mais da metade do valor capital social. "O *quorum* mínimo para a deliberação da cisão da sociedade limitada era de três quartos do capital social" (Enunciado n. 227 do Conselho da Justiça Federal aprovado na *III Jornada de Direito Civil*); *d*) nomeação extracontratual de administradores, remuneração e destituição dos administradores e pedido de recuperação da empresa, a aprovação de sócios que representem mais da metade do capital social (maioria absoluta do capital social — 50% mais um dos votos); *e*) outros casos previstos na lei ou no contrato social, aprovação da maioria dos votos dos presentes, se no pacto social não houver exigência de maioria mais elevada. O *quorum* deliberativo forma-se pelos titulares de quotas que se manifestaram a favor ou contra as propostas apresentadas, excluindo-se os votos nulos e os em branco. Lembra o Enunciado n. 485 do CJF (aprovado na *V Jornada de Direito Civil*) que: "O sócio que participa da administração societária não pode votar nas deliberações acerca de suas próprias contas, na forma dos arts. 1.071, I, e 1.074, § 2º, do Código Civil".

Art. 1.077. Quando houver modificação do contrato, fusão da sociedade, incorporação de outra, ou dela por outra, terá o sócio que dissentiu o direito de retirar-se da sociedade, nos trinta dias subsequentes à reunião, aplicando-se, no silêncio do contrato social antes vigente, o disposto no art. 1.031.

• Vide *Código Civil, arts. 1.113 a 1.122 e 1.031.*

Direito de retirada de sócio dissidente. O sócio-quotista que não concordar com a alteração da sociedade, em razão de modificação contratual, fusão da sociedade, incorporação de outra, ou dela por outra, e ficar vencido na deliberação da maioria societária, poderá sair do quadro associativo, exercendo o seu direito de retirar-se da sociedade, dando origem à dissolução parcial da sociedade se os demais sócios não adquirirem sua quota, e ao seu direito de crédito alusivo ao valor patrimonial de sua quota, apurado em um balanço específico, que faça um levantamento contábil, averiguando, salvo disposição contratual em contrário, o patrimônio líquido da sociedade no momento da sua retirada (CC, art. 1.031). Tal direito de retirada, ou de recesso, deverá dar-se nos trinta dias subsequentes à reunião em que se deu a deliberação contrária aos seus interesses (*RTJ*, *91*:357; *RT*, *389*:170). O sócio retirante que aceitar e der quitação do recebimento do valor de seus haveres deverá ser substituído por outro para que não haja diminuição do capital social nem dissolução parcial da sociedade.

Ressalta, ainda, o Enunciado n. 392 do Conselho da Justiça Federal, aprovado na *IV Jornada de Direito Civil*, que, "nas hipóteses do art. 1.077 do Código Civil, cabe aos sócios delimitarem seus contornos para compatibilizá-los com os princípios da preservação e da função social da empresa, aplicando-se, supletiva (art. 1.053, parágrafo único) ou analogicamente (art. 4º da LINDB), o art. 137, § 3º, da Lei das Sociedades por Ações, para permitir a reconsideração da deliberação que autorizou a retirada do sócio dissidente".

Art. 1.078. A assembleia dos sócios deve realizar-se ao menos uma vez por ano, nos quatro meses seguintes ao término do exercício social, com o objetivo de:

• *Lei n. 6.404/76, art. 132.*

• *Lei n. 14.030/2020, art. 4º, §§ 1º e 2º.*

I — tomar as contas dos administradores e deliberar sobre o balanço patrimonial e o de resultado econômico;

• *Código Civil, arts. 1.020, 1.065, 1.069, III, 1.140, 1.179 e 1.189.*

II — designar administradores, quando for o caso;

III — tratar de qualquer outro assunto constante da ordem do dia.

• *Código Civil, art. 1.066.*

§ 1º Até trinta dias antes da data marcada para a assembleia, os documentos referidos no inciso I deste artigo devem ser postos, por escrito, e com a prova do respectivo recebimento, à disposição dos sócios que não exerçam a administração.

• *Código Civil, art. 1.078, I, e Lei n. 6.404/76, art. 133.*

§ 2º Instalada a assembleia, proceder-se-á à leitura dos documentos referidos no parágrafo antecedente, os quais serão submetidos, pelo presidente, a discussão e votação, nesta não podendo tomar parte os membros da administração e, se houver, os do conselho fiscal.

• *Código Civil, arts. 1.074, § 2º, 1.078, § 1º, e Lei n. 6.404/76, art. 134.*

§ 3º A aprovação, sem reserva, do balanço patrimonial e do de resultado econômico, salvo erro, dolo ou simulação, exonera de responsabilidade os membros da administração e, se houver, os do conselho fiscal.

• *Código Civil, arts. 138 a 150, 167, 1.020, 1.065, 1.069, III, 1.072, §§ 2º e 3º, 1.140, 1.165, 1.179 e 1.189; Lei n. 6.404/76, art. 134, § 3º.*

§ 4º Extingue-se em dois anos o direito de anular a aprovação a que se refere o parágrafo antecedente.

Assembleia anual dos sócios. A assembleia é órgão interno e integrante do regime de administração societária, tendo função deliberativa, formando a vontade social. Logo, sua deliberação é um negócio jurídico. A reunião assemblear ordinária dos sócios quotistas deverá realizar-se, anualmente, de preferência, dentro do prazo de quatro meses, após o término do exercício social, para: *a*) avaliar as contas dos administradores, deliberando sobre o balanço patrimonial e o de resultado econômico, tomando, assim, conhecimento da atual situação patrimonial da sociedade e dos lucros e das perdas ocorridos para que se possa deliberar a distribuição dos lucros obtidos. O inventário, as informações relativas às contas dos administradores, o balanço patrimonial e o balanço de resultado econômico deverão ser colocados à disposição dos sócios não gerentes, mediante prova de seu recebimento, até trinta dias da data marcada para a assembleia para que possam, antecipadamente, analisá-los, tomando ciência do conteúdo da documentação. Tais documentos serão lidos durante a assembleia e submetidos, por ordem do presidente da mesa, a discussão e votação, das quais não participarão os membros da administração e os do Conselho Fiscal. Se aprovados forem, sem quaisquer reservas, o balanço patrimonial e o de resultado econômico, ter-se-á a exoneração da responsabilidade dos administradores e dos conselheiros fiscais, exceto se se apurar existência de erro, dolo ou simulação, pois, comprovados tais vícios, a aprovação daqueles documentos poderá ser anulada dentro do prazo decadencial de dois anos contados da data da realização da assembleia que avaliou as contas; contudo, há quem pense, como Modesto Carvalhosa, que se trata de prazo de prescrição extintiva e não de decadência do direito de convalescer vícios nas contas dos administradores. Para esse jurista, ter-se-á prazo prescricional que atinge a pretensão de anular a aprovação daqueles balanços. Esse prazo contar-se-á da data do arquivamento da respectiva ata de aprovação das contas e demonstrações financeiras no Registro de Comércio. Convém lembrar, ainda, que "as sociedades limitadas estão dispensadas da publicação das demonstrações financeiras a que se refere o § 3º do art. 1.078. Naquelas de até dez sócios, a deliberação de que trata o art. 1.078 pode dar-se na forma dos §§ 2º e 3º do art. 1.072, e a qualquer tempo, desde que haja previsão contratual nesse sentido" (Enunciado n. 228 do Conselho da Justiça Federal, aprovado na *III Jornada de Direito Civil*); *b*) designar os administradores, p. ex., quando for o caso de substituir os anteriores em razão de vencimento do mandato; *c*) cuidar de qualquer questão constante da ordem do dia.

Art. 1.079. Aplica-se às reuniões dos sócios, nos casos omissos no contrato, o estabelecido nesta Seção sobre a assembleia, obedecido o disposto no § 1º do art. 1.072.

• Vide *Código Civil, arts. 1.071, 1.072, §§ 1º e 6º, e 1.073 a 1.080.*

Normas aplicáveis às simples reuniões dos sócios. Reunião é um conclave que se convoca para decidir certos assuntos e, como ensina Marcelo Fortes Barbosa Filho, diferencia-se da assembleia apenas porque admite encontro de sócios sem formalidade convocatória rígida e até mesmo redução ou exclusão de formalidades preparatórias. Se o contrato social for silente quanto à disciplina de reuniões dos sócios que não sejam assembleares, aplicar-se-lhe-ão os arts. 1.071 a 1.080 do Código Civil, sendo que a deliberação em *assembleia* será obrigatória se o número dos sócios for superior a dez (CC, art. 1.072, § 1º). Assim, a sociedade limitada que contar com mais de dez sócios só deverá tomar deliberações em assembleia de quotistas. Se tiver dez ou menos sócios poderá deliberar em *reunião*. Ensina-nos, ainda, Modesto Carvalhosa que a sociedade limitada poderá adotar o regime de assembleia, mesmo se contar com dez ou menos sócios, como no caso das *holdings* de controle, pois, quanto às funções da *reunião* e às da assembleia, não há, por força do disposto no art. 1.079, qualquer diferença.

Art. 1.080. As deliberações infringentes do contrato ou da lei tornam ilimitada a responsabilidade dos que expressamente as aprovaram.

• *Código Civil, arts. 50, 186 e 1.072, § 5º.*

Responsabilidade ilimitada dos sócios quotistas. Excepcionalmente, os sócios responderão ilimitadamente pelas obrigações sociais relacionadas com deliberações, por eles expressamente aprovadas, contrárias à lei ou ao contrato social. Poderão, portanto, os participantes de deliberação, contendo infração legal ou estatutária, responder, inclusive com seu patrimônio pessoal, pelas dívidas sociais. Os sócios dissidentes e ausentes, por força do art. 1.072, § 5º, apenas vincular-se-ão pelas deliberações tomadas de conformidade com a lei e o estatuto da sociedade.

"A responsabilidade ilimitada dos sócios pelas deliberações infringentes da lei ou do contrato torna desnecessária a desconsideração da personalidade jurídica, por não constituir a autonomia patrimonial da pessoa jurídica escudo para a responsabilização pessoal e direta" (Enunciado n. 229 do Conselho da Justiça Federal, aprovado na *III Jornada de Direito Civil*).

Art. 1.080-A. O sócio poderá participar e votar a distância em reunião ou em assembleia, nos termos do regulamento do órgão competente do Poder Executivo federal.

Parágrafo único. A reunião ou a assembleia poderá ser realizada de forma digital, respeitados os direitos legalmente previstos de participação e de manifestação dos sócios e os demais requisitos regulamentares.

• *Acrescentado pela Lei n. 14.030/2020.*

Reunião assemblear "on-line". O sócio poderá participar e votar a distância em reunião ou assembleia levada a efeito digitalmente, desde que sejam respeitados os direitos de participação e manifestação previstos em lei e os termos regulamentares emitidos pelo órgão competente do Poder Executivo federal.

SEÇÃO VI
DO AUMENTO E DA REDUÇÃO DO CAPITAL

• *Código Civil, arts. 1.053, parágrafo único, 1.076, I (ora revogado).*

Art. 1.081. Ressalvado o disposto em lei especial, integralizadas as quotas, pode ser o capital aumentado, com a correspondente modificação do contrato.

• *Lei n. 6.404/76, art. 166.*

• *Código Civil, arts. 1.071, V, e 1.076, I (ora revogado).*

§ 1º Até trinta dias após a deliberação, terão os sócios preferência para participar do aumento, na proporção das quotas de que sejam titulares.

• *Código Civil, art. 1.071.*

• *Lei n. 6.404/76, art. 171.*

§ 2º À cessão do direito de preferência, aplica-se o disposto no *caput* do art. 1.057.

• Vide *Código Civil, art. 1.057.*

§ 3º Decorrido o prazo da preferência, e assumida pelos sócios, ou por terceiros, a totalidade do aumento, haverá reunião ou assembleia dos sócios, para que seja aprovada a modificação do contrato.

DIREITO DE EMPRESA

Aumento do capital social. Se estiverem, totalmente, integralizadas as quotas sociais, o capital poderá, havendo deliberação assemblear de mais da metade do capital social (CC, art. 1.076, I, ora revogado), ante a necessidade de incorporar as reservas para equilibrar o balanço, de efetuar novos investimentos etc., ser aumentado por novas contribuições societárias (p. ex., capitalização de créditos individuais de sócios, ingresso de recursos, bens materiais ou imateriais pela emissão de novas notas etc.), alterando-se o contrato. Os sócios, se o aumento do capital se der por meio de subscrição, até trinta dias contados daquela deliberação, poderão exercer seu direito de preferência na aquisição de novas quotas, para participar daquele aumento, na proporção de suas quotas, ou, então, ceder, total ou parcialmente, esse seu direito a outro sócio, independentemente do consenso dos demais, ou a um estranho, se os sócios, titulares de um quarto do capital social, não se opuserem a isso (CC, art. 1.057). Decorrido esse prazo da preferência, tendo sido a totalidade do aumento do capital social assumida pelos próprios sócios, ou por terceiros cessionários, sem oposição destes, convocar-se-á uma reunião ou assembleia para aprovação do contrato modificativo, que requer voto favorável de pelo menos três quartos do capital primitivo.

Art. 1.082. Pode a sociedade reduzir o capital, mediante a correspondente modificação do contrato:

- Vide *Código Civil, arts. 1.071, V, 1.076, I (ora revogado), e Lei n. 6.404/76, art. 173.*

I — depois de integralizado, se houver perdas irreparáveis;

- Vide *Código Civil, art. 1.083.*

II — se excessivo em relação ao objeto da sociedade.

- Vide *Código Civil, art. 1.084.*

Redução do capital social. A sociedade, por meio de um contrato modificativo, poderá, alcançando o voto de sócios que representem mais da metade do capital social (CC, art. 1.076, I, ora revogado), reduzir o capital social se: *a*) sofrer perdas irreparáveis, depois de sua integralização; *b*) for excessivo em relação ao objeto ou ao fim perseguido pela sociedade. Trata-se da *redução voluntária* do capital social, pois a obrigatória decorre do direito de retirada (CC, art. 1.077) ou da exclusão de sócio (CC, art. 1.085).

Art. 1.083. No caso do inciso I do artigo antecedente, a redução do capital será realizada com a diminuição proporcional do valor nominal das quotas, tornando-se efetiva a partir da averbação, no Registro Público de Empresas Mercantis, da ata da assembleia que a tenha aprovado.

- *Lei n. 8.934/94, regulamentada pelo Decreto n. 1.800/96.*
- *Código Civil, art. 968, § 2º.*
- ***Projeto de Lei n. 7.160/2002** (ora arquivado): "Art. 1.083. No caso do inciso I do artigo antecedente, a redução do capital será realizada com a diminuição proporcional do valor nominal ou do número de quotas, tornando-se efetiva a partir da averbação, no Registro Público competente, da ata da reunião ou assembleia que a tenha aprovado".*

Redução de capital por perda irreparável. Se, após a integralização do capital, a sociedade limitada vier a sofrer perdas irreparáveis, em razão das operações efetivadas, procederá à redução do capital social, diminuindo proporcionalmente o valor nominal das quotas de cada sócio. Envolve tal redução mero ajuste contábil, constituindo simples operação escritural, para equilibrar o balanço societário. Essa redução, na lição de Modesto Carvalhosa, operar-se-á sobre o saldo dos prejuízos que foram apurados em balanço relativo a exercício anterior, mas poderá ser deliberada por perda ocorrida no próprio exercício, mediante balanço especial, aprovado em conclave, convocado e instalado para esse fim. A ata da assembleia que aprovou o contrato modificativo contendo a diminuição proporcional do valor nominal das quotas deverá ser averbada no Registro Público de Empresas Mercantis, tornando efetiva aquela redução do capital social.

Art. 1.084. No caso do inciso II do art. 1.082, a redução do capital será feita restituindo-se parte do valor das quotas aos sócios, ou dispensando-se as prestações ainda devidas, com diminuição proporcional, em ambos os casos, do valor nominal das quotas.

• Vide *Código Civil, art. 1.082, II, e Lei n. 6.404/76, art. 174.*

§ 1º No prazo de noventa dias, contado da data da publicação da ata da assembleia que aprovar a redução, o credor quirografário, por título líquido anterior a essa data, poderá opor-se ao deliberado.

§ 2º A redução somente se tornará eficaz se, no prazo estabelecido no parágrafo antecedente, não for impugnada, ou se provado o pagamento da dívida ou o depósito judicial do respectivo valor.

• Vide *Código Civil, art. 1.084, § 1º.*

§ 3º Satisfeitas as condições estabelecidas no parágrafo antecedente, proceder-se-á à averbação, no Registro Público de Empresas Mercantis, da ata que tenha aprovado a redução.

• Vide *Código Civil, arts. 968, § 2º, e 1.084, § 2º.*

• *Lei n. 8.934/94, regulamentada pelo Decreto n. 1.800/96.*

Redução de capital excessivo. Se o capital social se tornar excessivo em relação ao objeto da sociedade, esta, mediante contrato modificativo, aprovado em assembleia, pelo voto dos titulares de mais da metade das quotas do capital social (CC, art. 1.076, I, ora revogado), procederá à sua redução, reajustando a cifra do cabedal social às atuais necessidades da firma, restituindo parte do valor das quotas aos sócios, se já integralizado, ou, então, se não estiver, dispensando-os das prestações ainda devidas. E, em ambos os casos, haverá diminuição proporcional do valor nominal das quotas.

Direito de credor quirografário. O credor quirografário, por título líquido anterior à data da publicação da ata da assembleia que aprovou a redução, terá noventa dias, contados daquela publicação, para apresentar por escrito sua impugnação ao deliberado. Tal prazo é de decadência. O credor quirografário, com crédito ilíquido, e o privilegiado, com garantia contra risco da diminuição de capital, não têm direito à oposição da redução de capital excessivo.

Eficácia da redução. A redução do capital social só produzirá *efeitos erga omnes* com a averbação da ata que a aprovou no Registro Público de Empresas Mercantis, ante o fato de: *a*) não ter havido, dentro do prazo legal, oposição de sua aprovação pelo credor quirografário; *b*) ter sido provado o pagamento da dívida àquele credor ou o depósito judicial do seu valor.

Seção VII

Da resolução da sociedade em relação a sócios minoritários

Art. 1.085. Ressalvado o disposto no art. 1.030, quando a maioria dos sócios, representativa de mais da metade do capital social, entender que um ou mais sócios estão pondo em risco a continuidade da empresa, em virtude de atos de inegável gravidade, poderá excluí-los da sociedade, mediante alteração do contrato social, desde que prevista neste a exclusão por justa causa.

• *Código Civil, arts. 1.028 a 1.032.*

Parágrafo único. Ressalvado o caso em que haja apenas dois sócios na sociedade, a exclusão de um sócio somente poderá ser determinada em reunião ou assembleia especialmente convocada para esse fim, ciente o acusado em tempo hábil para permitir seu comparecimento e o exercício do direito de defesa.

• *Constituição Federal, art. 5º, XXXIV, XXXV e LV.*

• *Redação da Lei n. 13.792/2019.*

Exclusão de sócio por vontade da maioria do capital social. A maioria dos sócios, representativa de mais da metade do capital social, entendendo que um ou mais sócios estão colocando em risco a sobrevivência ou a continuidade da empresa, pela prática de atos graves (p. ex., violação, culposa ou dolosa, de lei ou contrato social, suscetível de romper a *affectio societatis*, impossibilitando a cooperação para a consecução do fim social), poderá excluí-los, por justa causa, mediante alteração do contrato social, feita em reunião ou assembleia, convocada (ressalvado o caso em que haja apenas dois sócios – parágrafo único do art. 1.085), especialmente, para esse fim, dando ciência dela, em tempo hábil, aos acusados para que possam a ela comparecer e exercer o direito de defesa, reconhecido por norma constitucional, apresentando suas razões verbalmente (pessoalmente ou por meio de procurador) ou por escrito. Mas pelo Enunciado n. 23 da *Jornada Paulista de Direito Comercial*: "O desaparecimento da *affectio societatis*, por si só, não é fundamento para a exclusão de sócio". Pelo Enunciado n. 67, aprovado na *I Jornada de Direito Civil* de 2002 do Centro de Estudos da Justiça Federal, como não se pode obrigar ninguém a continuar sendo sócio de outrem, a quebra de *affectio societatis*, mesmo não sendo, por si só, causa de dissolução parcial da sociedade, por exclusão de sócio, poderá provocá-la. O sócio poderá, ainda, exercer sua defesa por via judicial, arbitral e administrativa (CF, art. 5º, XXXIV, XXXV e LV). Poderá pleitear judicialmente a revisão ou a anulação de sua exclusão por ausência de requisito formal ou material e até mesmo interpor recurso administrativo, encaminhado à Junta Comercial, contra deliberação de sua exclusão, desde que não haja propositura de ação judicial, pois a mesma matéria não pode ser, concomitantemente, apreciada administrativa e judicialmente. Em suma, ante o disposto nos arts. 1.085 e 1.030, a exclusão de sócio poderá dar-se por deliberação, havendo previsão no contrato social, e que o fato a ele imputável coloque em risco a continuidade da empresa ou seja muito grave. Restará a via judicial para tal exclusão, se se comprovar falta grave no cumprimento de suas obrigações ou superveniência da sua incapacidade. Antes do advento do novo Código Civil era possível excluir sócio de sociedade limitada, por simples deliberação da maioria desde que não houvesse estipulação em contrário no estatuto social, apurando-se seus haveres na forma prevista no pacto social. Hoje será imprescindível que, para tanto, comprove-se a ocorrência de falta grave ou os riscos da continuidade da sociedade.

Segundo o Enunciado n. 17 (aprovado na *1ª Jornada de Direito Comercial*): "Na sociedade limitada com dois sócios, o sócio titular de mais da metade do capital social pode excluir extrajudicialmente o sócio minoritário desde que atendidas as exigências materiais e procedimentais previstas no art. 1.085, *caput* e parágrafo único, do CC".

BIBLIOGRAFIA: M. Helena Diniz, Contratos modificativos da sociedade por quotas de responsabilidade limitada, *Revista de Direito Civil, Imobiliário, Agrário e Empresarial*, v. 61, p. 7-14; Sérgio M. Z. Latorraca, Exclusão de sócios nas sociedades por quotas, *Coleção Saraiva de Prática do Direito*, São Paulo, Saraiva, 1989, v. 42, p. 50-2; Fiuza, *Novo Código Civil*, cit., p. 1003.

Art. 1.086. Efetuado o registro da alteração contratual, aplicar-se-á o disposto nos arts. 1.031 e 1.032.

- Vide *Código Civil, arts. 968, § 2º, 1.052, 1.031 e 1.032.*
- ***Projeto de Lei n. 699/2011****: "Art. 1.086. Efetuado o registro da alteração contratual, aplicar-se-á o disposto no art. 1.031".*

Registro da alteração contratual. Com a exclusão de sócio, ter-se-á a dissolução parcial da sociedade que requer o registro da alteração contratual, para que possa haver a produção de efeitos em relação a terceiros e acarretar responsabilidade dos sócios e da sociedade, que, então, deverá liquidar a quota do sócio excluído, tendo por base a atual situação patrimonial da sociedade, verificada em balanço especial (CC, art. 1.031). A quota liquidada ser-lhe-á paga em dinheiro, dentro do prazo de noventa dias, a partir da liquidação, exceto acordo ou estipulação contratual em contrário. Mas o sócio excluído, ou mesmo o sucessor do sócio falecido (CC, art. 1.028), continuará, pelo espaço de dois anos, contados da averbação da dissolução parcial da sociedade, responsável pelas obrigações anteriores (CC, art. 1.032), enquanto permanecer a descoberto o capital social, até o limite do *quantum* que falta para sua integralização (CC, art. 1.052).

BIBLIOGRAFIA: Jorge Lobo, Efeitos da falta de arquivamento da alteração do contrato de sociedade por quotas de responsabilidade limitada, *Publicação do 3º RTD*, 71:284-5.

Seção VIII

Da dissolução

Art. 1.087. A sociedade dissolve-se, de pleno direito, por qualquer das causas previstas no art. 1.044.

- Vide *Código Civil, arts. 1.044 e 1.033.*
- *Lei n. 11.101/2005 (Lei de Falências).*

Dissolução "pleno iure". A sociedade limitada dissolver-se-á, de pleno direito ou extrajudicialmente (CC, arts. 1.033 e 1.044): 1) se simples: *a*) pelo vencimento do prazo de sua duração, salvo se, vencido este e sem oposição de sócio, não entrar a sociedade em liquidação, caso em que se prorrogará por tempo indeterminado; *b*) pelo consenso unânime dos sócios quotistas; *c*) por deliberação dos sócios, por maioria absoluta, se por prazo indeterminado e por *quorum* qualificado de 3/4 do capital social se se tratar de sociedade limitada; *d*) pela ausência de pluralidade de sócios não reconstituída dentro do prazo de 180 dias; *e*) pela cassação de autorização para seu funcionamento; 2) se empresária, além da ocorrência das hipóteses acima mencionadas, também pela dissolução judicial: declaração da sua falência (CC, art. 1.044, *in fine*). Pelos Enunciados aprovados na *1ª Jornada de Direito Comercial*: *a*) n. 49: "Os deveres impostos pela Lei n. 11.101/2005 ao falido, sociedade limitada, recaem apenas sobre os administradores, não sendo cabível nenhuma restrição à pessoa dos sócios não administradores"; *b*) n. 50: "A extensão dos efeitos da quebra a outras pessoas jurídicas e físicas confere legitimidade à massa falida para figurar nos polos ativo e passivo das ações nas quais figurem aqueles atingidos pela falência"; *c*) n. 56: "A Fazenda Pública não possui legitimidade ou interesse de agir para requerer a falência do devedor empresário".

Capítulo V

Da Sociedade Anônima

- *Lei n. 6.404/76 (com as alterações das Leis n. 8.021/90, 9.457/97, 10.303/2001, 11.638/2007, 11.941/2009, 12.431/2011, 12.810/2013, 12.817/2019 e 14.030/2020).*

- *Código Civil, art. 983.*
- *Lei n. 11.101/2005, art. 96, § 1º.*
- *IN do DREI n. 10/2013 aprova Manual de Registro da S/A.*
- *Instrução Normativa do DNRC n. 100/2006.*
- *IN do DREI n. 15/2013, arts. 3º e 5º, III, b.*
- *Código de Processo Civil de 2015, art. 861, §§ 1º a 5º, sobre penhora de ações.*
- *Lei complementar n. 182/2021 que institui o marco legal das startups.*

Seção única
Da caracterização

Art. 1.088. Na sociedade anônima ou companhia, o capital divide-se em ações, obrigando-se cada sócio ou acionista somente pelo preço de emissão das ações que subscrever ou adquirir.

- *Lei n. 6.404/76, arts. 1º e 2º, § 1º; Código Civil, art. 1.160.*
- *Decreto n. 2.400/97, que promulga a Convenção Interamericana sobre Conflitos em Matéria de Sociedades Mercantis.*
- *Súmulas 329 e 476 do Supremo Tribunal Federal.*

Sociedade anônima. Para Miranda Valverde, a sociedade anônima é pessoa jurídica de direito privado, de natureza empresarial, cujo capital está dividido em ações de igual valor nominal, quando assim emitidas, ou sem valor nominal, ações estas de livre negociabilidade, limitando-se a responsabilidade dos subscritores e dos acionistas, que nela ingressarem posteriormente, ao preço de emissão das ações por eles subscritas ou adquiridas. Ter-se-á fracionamento do capital e representação por títulos, isto é, por ações. Na sociedade anônima, ou companhia, o capital social divide-se em ações, sendo que os acionistas (no mínimo dois) somente responderão pelo preço da emissão, e não pelo valor, das ações que subscreveram ou adquiriram. Não há solidariedade entre acionistas pelas obrigações sociais. A responsabilidade é pessoal de cada acionista, que a assume apenas pelas suas ações.

BIBLIOGRAFIA: Fran Martins, *Comentários à Lei das Sociedades Anônimas*, Rio de Janeiro, Forense, 1977, 3 v.; Cordeiro Filho, *Manual de abertura das companhias*, Rio de Janeiro, 1981; Mauro Rodrigues Penteado, *Aumento de capital das sociedades anônimas*, São Paulo, Saraiva, 1988; M. Helena Diniz, *Tratado*, cit., v. 4, p. 115-21 e 133-9; Fábio Ulhoa Coelho, *Manual*, cit., p. 162 a 210; Frè, *Società per azioni*, 1972; Fischer, *Las sociedades anónimas*, Madrid, 1934; Jean Paillusseau, *La société anonyme — technique d'organisation de l'entreprise*, Paris, 1967; Minervini, *Gli amministratori di società per azioni*, Milano, Giuffrè, 1956; Berdah, *Fonctions et responsabilité des dirigeants des sociétés par actions*, Paris, Sirey, 1974; Akram Yamulki, *La responsabilité des administrateurs et des organes de gestion des sociétés anonymes*, Genève, 1984; Roberto Bove, *Responsabilidade dos gestores das sociedades anônimas*, São Paulo, Revista dos Tribunais, 1958; Ives Djian, *Le contrôle de direction des sociétés anonymes dans les pays du marché commun*, Paris, Sirey, 1965; Roberto Goldschmidt, *Problemas jurídicos de la sociedad anónima*, Buenos Aires, 1946; Osmar B. Corrêa Lima, *Sociedade anônima*, 1991; Tavares Guerreiro e Lacerda Teixeira, *Das sociedades anônimas no direito brasileiro*, 1979, v. 1 e 2; Modesto Carvalhosa, *Comentários à Lei de Sociedades Anônimas*, 4 volumes; Matiello, *Código Civil*, cit., p. 680.

Art. 1.089. A sociedade anônima rege-se por lei especial, aplicando-se-lhe, nos casos omissos, as disposições deste Código.

- Vide *Lei n. 6.404/76, com alterações das Leis n. 8.021/90, 9.457/97, 10.303/2001, 11.638/2007, 11.941/2009, 12.431/2011 e 12.810/2013.*
- *Código Civil, arts. 206, §§ 1º, IV, e 3º, VII, 1.053, parágrafo único, 982, parágrafo único, 1.126, parágrafo único, 1.128, 1.129, 1.132, 1.134, 1.160 e 1.187, parágrafo único, II.*
- *Lei de Introdução às Normas do Direito Brasileiro, art. 6º.*

Normas aplicáveis à sociedade anônima. A sociedade anônima é disciplinada por lei especial (Lei n. 6.404/76, com alterações das Leis n. 8.021/90, 9.457/97, 10.303/2001, 11.638/2007, 12.431/2011, 11.941/2009 e 12.810/2013), e, nos casos omissos, subsidiariamente pelas disposições do Livro II da Parte Especial do Código Civil. "A fusão e a incorporação de sociedade anônima continuam reguladas pelas normas previstas na Lei n. 6.404/76, não revogadas pelo Código Civil (art. 1.089), quanto a esse tipo societário" (Enunciado n. 230 do Conselho da Justiça Federal, aprovado na *III Jornada de Direito Civil*). Os demais Livros da Parte Geral e da Parte Especial do Código Civil aplicar-se-ão, diretamente, no que for cabível aos atos e negócios jurídicos da sociedade anônima.

Ricardo Fiuza e Newton De Lucca entendem que o artigo *sub examine* é inócuo, porque a Lei de Sociedades por Ações, com suas alterações, basta-se a si mesma, e as disposições gerais do Código Civil "não parecem fornecer nenhum adminículo que efetivamente possa servir de norma subsidiária ao diploma acionário específico".

Pelos Enunciados aprovados na *1ª Jornada de Direito Comercial*: *a*) n. 14: "É vedado aos administradores de sociedades anônimas votarem para aprovação/rejeição de suas próprias contas, mesmo que o façam por interposta pessoa"; *b*) n. 15: "O vocábulo 'transação', mencionado no art. 183, § 1º, *d*, da Lei das S.A., deve ser lido como sinônimo de 'negócio jurídico', e não no sentido técnico que é definido pelo Capítulo XIX do Título VI do Livro I da Parte Especial do Código Civil brasileiro"; *c*) n. 19: "Não se aplica o Código de Defesa do Consumidor às relações entre sócios/acionistas ou entre eles e a sociedade".

Segundo o Enunciado n. 66, aprovado na *II Jornada de Direito Comercial*: "A limitação de distribuição de dividendos periódicos de que trata o art. 204, § 1º, da Lei das Sociedades por Ações refere-se ao lucro distribuível, reconhecido em balanço intermediário levantado conforme o Estatuto Social, e não à antecipação do pagamento de dividendos por conta do lucro cuja existência é provável, nos termos da legislação tributária".

Pelos Enunciados, aprovados na *III Jornada de Direito Comercial*: *a*) n. 85: "A obrigação de voto em bloco, prevista em Acordo de Acionistas, não pode ser invocada, por seus signatários ou por membros do Conselho de Administração, com o propósito de eximi-los da obrigação de votar em consonância com a Lei e com os interesses da Companhia"; *b*) n. 86: "O desacerto do mérito da decisão negocial não é, por si só, causa de responsabilidade civil do administrador, a qual pressupõe o descumprimento de dever legal ou estatuário"; *c*) n. 87: "O cargo de liquidante pode ser tanto por pessoa natural, quanto por pessoa jurídica, sendo obrigatória, neste último caso, a indicação do nome do profissional responsável pela condução dos trabalhos, que deverá atender aos requisitos e impedimentos previstos em lei, e sobre o qual recairão os deveres e as responsabilidades legais"; d) n. 88: "A ação de responsabilidade contra controlador (LSA, art. 117) ou sociedade controladora (LSA, art. 246) não pressupõe a prévia deliberação assemblear".

BIBLIOGRAFIA: Ricardo Fiuza e Newton De Lucca, *Código Civil*, cit., p. 1113.

CAPÍTULO VI
DA SOCIEDADE EM COMANDITA POR AÇÕES

• *Código Civil, art. 983.*

Art. 1.090. A sociedade em comandita por ações tem o capital dividido em ações, regendo-se pelas normas relativas à sociedade anônima, sem prejuízo das modificações constantes deste Capítulo, e opera sob firma ou denominação.

• Vide *Código Civil, arts. 1.045 a 1.051, 1.091, 1.092, 1.088, 1.089 e 1.161.*

• *Lei n. 6.404/76, arts. 280 e 281.*

• *IN do DREI n. 15/2013, art. 5º, II,* c, *e III,* c.

Sociedade em comandita por ações. É a sociedade em que o capital está dividido em ações, respondendo os sócios ou acionistas (comanditários e comanditados) pelo preço de emissão das ações subscritas ou adquiridas, e além disso há responsabilidade subsidiária, solidária e ilimitada dos diretores (sócios comanditados) (CC, art. 1.091) pelas perdas sociais, podendo receber, por isso, relevante participação nos lucros conforme disposto no estatuto social. Os sócios comanditários apenas têm responsabilidade pela integralização das ações que subscreveram. Reger-se-á pelas normas relativas à sociedade anônima (Lei n. 6.404/76), sem prejuízo do disposto nos arts. 1.090 a 1.092 do Código Civil, e operará sob firma ou denominação social (CC, art. 1.161), acompanhada da locução "comandita por ações", seja abreviada ou por extenso (Lei n. 6.404/76, arts. 4º e 281, parágrafo único).

Art. 1.091. Somente o acionista tem qualidade para administrar a sociedade e, como diretor, responde subsidiária e ilimitadamente pelas obrigações da sociedade.

• *Lei n. 6.404/76, art. 282.*

§ 1º Se houver mais de um diretor, serão solidariamente responsáveis, depois de esgotados os bens sociais.

• *Código Civil, arts. 275 a 285.*

§ 2º Os diretores serão nomeados no ato constitutivo da sociedade, sem limitação de tempo, e somente poderão ser destituídos por deliberação de acionistas que representem no mínimo dois terços do capital social.

§ 3º O diretor destituído ou exonerado continua, durante dois anos, responsável pelas obrigações sociais contraídas sob sua administração.

Administração. A administração da sociedade em comandita por ações compete ao acionista nomeado para tanto no próprio ato constitutivo da sociedade, por prazo indeterminado, que, na qualidade de diretor, responderá subsidiária e ilimitadamente pelas obrigações sociais, ou melhor, pelas perdas sociais relativas ao período de sua administração. E, se vários dentre os sócios forem diretores, indicados no estatuto social, terão, ainda, responsabilidade solidária pelas obrigações da sociedade, depois de esgotados os bens sociais. O diretor (sócio comanditado) tem responsabilidade não só subsidiária porque seus bens particulares somente poderão ser alcançados, em caso de execução de débitos sociais, depois de esgotado o patrimônio da sociedade, como também ilimitada, tendo comprometimento integral em relação aos débitos sociais. No mesmo sentido se posicionou o Conselho da Justiça Federal no Enunciado n. 59 da *I Jornada de Direito Civil*.

Destituição de diretor. O diretor ou diretores apenas poderão ser destituídos ou exonerados do exercício da administração por deliberação de acionistas que representem, no mínimo, dois terços do capital social. E, apesar da exoneração do cargo, continuarão, pelo prazo de dois anos (contado da data da destituição), responsáveis pelas obrigações sociais assumidas durante sua gestão e existentes na data de sua destituição, protegendo-se, assim, direitos de terceiros, gerados sob a égide de sua administração.

Art. 1.092. A assembleia geral não pode, sem o consentimento dos diretores, mudar o objeto essencial da sociedade, prorrogar-lhe o prazo de duração, aumentar ou diminuir o capital social, criar debêntures, ou partes beneficiárias.

- *Lei n. 6.404/76, art. 283.*
- *Código Civil, art. 983.*

Atos vedados à assembleia geral. Os acionistas, reunidos em assembleia geral, não poderão, mesmo com a aprovação assemblear, sem o consenso dos diretores da sociedade em comandita por ações: *a*) mudar o objeto social; *b*) prorrogar o prazo de duração da sociedade; *c*) aumentar ou reduzir o capital social, pois isso alteraria a responsabilidade subsidiária daqueles diretores; *d*) criar ou emitir debêntures, por aumentar a responsabilidade pessoal dos diretores, ou partes beneficiárias, por reduzir as vantagens na distribuição de lucros. Consequentemente, além da deliberação da assembleia geral, aprovando tais atos, imprescindível será que haja a anuência dos acionistas diretores (sócios comanditados).

CAPÍTULO VII

DA SOCIEDADE COOPERATIVA

- *Código Civil, arts. 982, parágrafo único, e 983.*
- *Instrução Normativa n. 101/2006 do DNRC e n. 10/2013 do DREI.*

Art. 1.093. A sociedade cooperativa reger-se-á pelo disposto no presente Capítulo, ressalvada a legislação especial.

- *Constituição Federal, arts. 5º, XVIII, 174, § 2º, e 187, VI.*
- *Lei n. 5.764/71, com a alteração das Leis n. 13.806/2019 e 14.030/2020.*
- *Código Civil, arts. 1.159, 1.094 a 1.096 e 982, parágrafo único,* in fine.
- *Lei n. 8.630/93, art. 17, sobre cooperativa de trabalho portuário.*
- *Lei n. 12.690/2012 relativa à cooperativa de trabalho.*
- *Lei n. 9.867/99, sobre cooperativas sociais.*
- *Sobre cooperativa de eletrificação rural: Decreto n. 6.160/2007, que regulamenta os §§ 1º e 2º do art. 23 da Lei n. 9.074/75.*
- *Decreto n. 2.936/99.*
- *Resoluções BACEN n. 3.859/2010 (alterada pela Resolução BACEN n. 4.020/2011) e 3.547/2012 sobre constituição e funcionamento de cooperativas de crédito.*
- *Circular BACEN n. 3.502/2010 dispõe sobre os procedimentos a serem observados pelas cooperativas de crédito para instrução de processos referentes a pedidos de autorização.*
- *Cooperativas de crédito: Súmula 262 do Superior Tribunal de Justiça; Instrução Normativa SRF n. 333; Circular BACEN n. 3.695/2013; Lei n. 9.430/96, art. 56-A, §§ 1º a 5º, acrescentado pela Lei n. 12.873/2013 e Lei Complementar n. 130/2009.*
- *Súmula 262 do Superior Tribunal de Justiça: "Incide o imposto de renda sobre o resultado das aplicações financeiras realizadas pelas cooperativas".*

- *Lei n. 10.666/2003 sobre concessão de aposentadoria especial ao cooperado de cooperativa de trabalho ou de produção.*
- *Lei n. 10.676/2003 sobre contribuição para PIS/PASEP e COFINS pelas sociedades cooperativas.*
- *Circular SUSEP n. 367/2008 sobre procedimento de registro de sociedades cooperativas de corretores de seguros.*
- *Lei Complementar n. 123/2006, art. 3º, § 5º, com a redação da Lei Complementar n. 128/2008.*
- *Lei Complementar n. 130/2009 sobre Sistema Nacional de Crédito cooperativo.*
- *Lei n. 12.690/2012 sobre cooperativas de trabalho e PRONACOOP.*
- *Resolução n. 3.739, de 22 de junho de 2009, do BACEN, que institui, no âmbito do BNDES, o Programa de Capitalização de Cooperativas Agropecuárias (Procap-Agro).*

Cooperativa. É uma associação sob forma de sociedade simples, com número aberto de membros, que tem por escopo estimular a poupança, a aquisição de bens e a economia de seus sócios, mediante atividade econômica comum. É uma modalidade especial de sociedade simples (CC, art. 982, parágrafo único, *in fine*) sujeita a inscrição na Junta Comercial (Enunciado n. 69, aprovado na *I Jornada de Direito Civil*, promovida, em setembro de 2002, pelo Centro de Estudos Judiciários do Conselho da Justiça Federal). É uma forma de organização de atividade econômica, tendo por finalidade a produção agrícola ou industrial, ou a circulação de bens ou de serviços, voltada ao atendimento de seus sócios. Como ensina Rachel Sztajn, há uma busca de "benefício econômico direto para os sócios, resultante da redução de custo de serviços prestados pela cooperativa". Pode ser constituída até mesmo sem capital e apenas com serviços, não tendo objetivo de lucro. Reger-se-á pelos arts. 1.094 a 1.096 e por lei especial (Lei n. 5.764/71, com alterações das Leis n. 6.981/82, 11.076/2004 e da Lei Complementar n. 130/2009).

Urge lembrar que, pelo Enunciado n. 384 do Conselho da Justiça Federal (aprovado na *IV Jornada de Direito Civil*): "Nas sociedades personificadas previstas no Código Civil, exceto a cooperativa, é admissível o acordo de sócios, por aplicação analógica das normas relativas às sociedades por ações pertinentes ao acordo de acionistas".

BIBLIOGRAFIA: Verrucoli, Cooperative, *Enciclopedia del diritto*, 1962, v. 10, p. 562-3; Paulik, *Das Recht der eingetragen Genossenschaft*, Karlsruhe, 1956, p. 50; Poitevin, *La coopération agricole*, Paris, Dalloz, 1971; Bakken e Shaars, *The economics of cooperative marketing*, New York, 1937; Waldirio Bulgarelli, *Regime jurídico das sociedades cooperativas*, São Paulo, 1965; *As sociedades cooperativas e sua disciplina jurídica*, Rio de Janeiro, Renovar, 1998; Rui Namorado, *Introdução ao direito cooperativo*, 2000; Pontes de Miranda, *Tratado de direito privado*, v. 49, p. 511; Oppo, L'essenza della società cooperativa e gli studi recenti, *Rivista di Diritto Civile*, 1959, ano 5, parte 1, p. 409, nota 114; Walmor Frank, *Direito das sociedades cooperativas*, São Paulo, 1973, p. 73; Paolucci, *La mutualità nelle cooperative*, Milano, 1974, p. 5, nota 11; Ricardo Fiuza, *Novo Código Civil*, cit., p. 983 a 986; Modesto Carvalhosa, *Comentários*, cit., v. 13, p. 392-417; Wilson A. Polonio, *Manual das sociedades cooperativas*, São Paulo, Atlas, 2001; Renato Lopes Becho, *Problemas atuais do direito cooperativo*, Dialética, 2003; Jaber L. Buonnafina, Fundamentos legais sobre a mudança de competência para registro das cooperativas no RCPJ, *CDI Boletim*, *16*:67; Matiello, *Código Civil*, cit., p. 682 a 685. Sobre cooperativa: *RT*, *790*:274, *804*:316; Heleno Taveira Torres, As sociedades cooperativas no novo Código Civil e suas implicações com o direito tributário, *Direito Tributário e o novo Código Civil* (coord. Betina T. Grupenmacher), São Paulo, Quartier Latin, 2004, p. 81 a 122; Rachel Sztajn, *Contrato de sociedade e formas societárias*, São Paulo, Saraiva, 1989, p. 104.

Jurisprudência: *RT*, *844*:194, *832*:184 e *711*:167.

Art. 1.094. São características da sociedade cooperativa:

• *Lei n. 5.764/71, arts. 3º e 4º.*

• ***Projeto de Lei n. 699/2011**: "Art. 1.094. As sociedades cooperativas são sociedades de pessoas, com forma e natureza jurídica próprias, de natureza civil, não sujeitas a falência, constituídas para prestar serviços aos associados, distinguindo-se das demais sociedades pelas seguintes características:*

..".

I — variabilidade, ou dispensa do capital social;

• *Lei n. 5.764/71, art. 4º, II.*

II — concurso de sócios em número mínimo necessário a compor a administração da sociedade, sem limitação de número máximo;

• *Lei n. 5.764/71, art. 6º.*

III — limitação do valor da soma de quotas do capital social que cada sócio poderá tomar;

• *Lei n. 5.764/71, art. 4º, III.*

IV — intransferibilidade das quotas do capital a terceiros estranhos à sociedade, ainda que por herança;

• *Lei n. 5.764/71, art. 4º, IV.*

V — *quorum*, para a assembleia geral funcionar e deliberar, fundado no número de sócios presentes à reunião, e não no capital social representado;

• *Lei n. 5.764/71, art. 4º, VI.*

VI — direito de cada sócio a um só voto nas deliberações, tenha ou não capital a sociedade, e qualquer que seja o valor de sua participação;

• *Lei n. 5.764/71, art. 4º, V.*

VII — distribuição dos resultados, proporcionalmente ao valor das operações efetuadas pelo sócio com a sociedade, podendo ser atribuído juro fixo ao capital realizado;

• *Lei n. 5.764/71, art. 4º, VII.*

VIII — indivisibilidade do fundo de reserva entre os sócios, ainda que em caso de dissolução da sociedade.

• *Lei n. 5.764/71, arts. 4º, VIII, e 28, I e II.*

• *O **Projeto de Lei n. 699/2011** visa acrescentar os seguintes incisos: "IX — neutralidade política e indiscriminação religiosa, racial e social;*

X — prestação de assistência aos associados, e, quando previsto nos estatutos, aos empregados da cooperativa".

Caracteres da sociedade cooperativa. A sociedade cooperativa apresenta as seguintes características: *a*) variabilidade ou possibilidade de dispensa do capital social, desde que estipulada no ato constitutivo; *b*) concurso de sócios em número mínimo necessário para compor a administração da sociedade, sem limitação de número máximo; *c*) limitação do valor da soma de quotas do capital social que cada sócio poderá tomar; *d*) intransferibilidade das quotas do capital a terceiros, estranhos à sociedade, ainda que por herança, mas nada obsta a admissão de novos sócios, mediante criação de outras quotas; além disso, é possível repasse, oneroso ou gratuito, de quotas do capital por um sócio a outro, observando-se as normas internas e as relativas à cessão; *e*) *quorum* para instalação da assembleia geral e deliberação assemblear, que se funda no número de sócios presentes à reunião e não no valor do capital social representado pelas quotas de cada um. O direito de voto é individual, ou seja, por cabeça. Rege-se, portanto, pelo princípio da mutualidade, pois a decisão tomada não obedecerá à força do capital investido por cada um dos cooperadores, mas subjetivamente ao valor da pessoa que a compõe, pouco importando o *quantum* de sua contribuição social; *f*) atribuição de um voto para cada sócio, ou seja, há direito de cada sócio a um só voto nas deliberações, qualquer que seja o valor de sua participação social, pouco importando, ainda, que a sociedade tenha, ou não, capital; o voto, portanto, é por cabeça; *g*) distribuição dos resultados proporcionalmente ao valor das operações efetuadas pelo sócio com a sociedade, podendo ser atribuído juro fixo ao capital realizado. Tal ocorre por ser uma estrutura de prestação de serviços, voltada ao atendimento de seus sócios, possibilitando o exercício de uma atividade econômica comum. Visa-se, p. ex., à autodefesa dos produtores de remédios, gêneros alimentícios, livros escolares etc., que põem em comum capital e trabalho, evitando intermediação de terceiros, alheios ao processo produtivo, eliminando o lucro do intermediário. Consequentemente, vendem as mercadorias por preços módicos apenas a seus sócios ou lhes conseguem fundos, repartindo, no final das atividades exercidas, as bonificações proporcionais às operações ou compras feitas por cada membro. Realizam, portanto, operações com seus próprios sócios, que são fregueses, e para quem os resultados são distribuídos, constituindo um reembolso daquilo que, naquelas operações, compete a cada um, sempre atendendo aos deveres assumidos no contrato social; *h*) indivisibilidade do fundo de reserva (que visa reparar perdas e atender ao desenvolvimento das atividades) entre os sócios, mesmo que haja dissolução da sociedade, para reforçar o patrimônio cooperativo e assegurar aos credores a integridade de seus créditos. Há quem ache, ante a omissão do novel Código Civil, que, pela Lei n. 5.764/71, também seria indivisível o Fundo de Assistência Técnica Educacional e Social (FATES), que serve para prestar assistência aos sócios e seus familiares e, havendo disposição estatutária, aos empregados da cooperativa.

Art. 1.095. Na sociedade cooperativa, a responsabilidade dos sócios pode ser limitada ou ilimitada.

- *Lei n. 5.764/71, arts. 11 e 12.*

§ 1º É limitada a responsabilidade na cooperativa em que o sócio responde somente pelo valor de suas quotas e pelo prejuízo verificado nas operações sociais, guardada a proporção de sua participação nas mesmas operações.

- *Lei n. 5.764/71, art. 11.*

§ 2º É ilimitada a responsabilidade na cooperativa em que o sócio responde solidária e ilimitadamente pelas obrigações sociais.

- *Lei n. 5.764/71, art. 13.*

Responsabilidade limitada dos sócios. Na sociedade cooperativa, será limitada a responsabilidade dos sócios quando, pelo ato constitutivo, eles se obrigarem apenas até o valor de suas quotas, ao assumirem o prejuízo advindo das operações sociais inadimplidas, proporcionalmente à sua participação nas referidas operações.

Responsabilidade ilimitada dos sócios. Na cooperativa, quando, por disposição estatutária, os sócios responderem solidária e ilimitadamente pelas obrigações sociais, sua responsabilidade será ilimitada, alcançando o patrimônio pessoal dos sócios pela execução das dívidas da sociedade.

Responsabilidade subsidiária. A responsabilidade limitada ou ilimitada do cooperado será, por força do art. 13 da Lei n. 5.764/71, subsidiária, pois terceiro só poderia invocar sua responsabilização depois de judicialmente exigida a da cooperativa.

Art. 1.096. No que a lei for omissa, aplicam-se as disposições referentes à sociedade simples, resguardadas as características estabelecidas no art. 1.094.

• *Código Civil, arts. 982, parágrafo único,* in fine, *997 a 1.038 e 1.094.*

Disciplina jurídica da cooperativa em caso de omissão da lei especial. Nos casos em que for omissa a lei especial alusiva à sociedade cooperativa (sociedade simples, pelo art. 982, parágrafo único, do Código Civil), a eles aplicar-se-ão os arts. 997 a 1.038 do Código Civil, atendendo-se aos caracteres peculiares da cooperativa arrolados no art. 1.094 desse mesmo diploma legal.

CAPÍTULO VIII
DAS SOCIEDADES COLIGADAS

Sobre grupo de sociedades: Lei n. 6.404/76, arts. 243 a 277; IN do DREI n. 15/2013 e n. 19/2013.

Art. 1.097. Consideram-se coligadas as sociedades que, em suas relações de capital, são controladas, filiadas, ou de simples participação, na forma dos artigos seguintes.

• Vide *Código Civil, arts. 1.098 a 1.100.*

• *Lei n. 6.404/76, arts. 243, §§ 1º a 5º, a 264, principalmente o art. 248, com alteração da Lei n. 11.941/2009.*

• *Lei n. 11.101/2005, art. 43 e parágrafo único.*

• *MP n. 627/2013, arts. 73 a 85.*

• *Circular n. 3.816/2016 do BACEN.*

Sociedades coligadas. As *sociedades coligadas*, em sentido lato, são as que resultam da relação estabelecida entre duas ou mais sociedades submetidas, ou não, ao mesmo controle por participarem do mesmo grupo econômico. As sociedades coligadas, em suas relações de capital, podem ser: *a) controladas*, se, ante o fato de a maioria do seu capital, representado por ações, se encontrar em poder da controladora, não têm o poder de decidir nas deliberações sociais, nem o de eleger a maioria dos administradores (CC, art. 1.098); *b) filiadas*, se outra sociedade participa de seu capital (CC, art. 1.099), sem contudo controlá-la; *c) de simples participação*, se outra sociedade possuir parte de seu capital tendo direito de voto (CC, art. 1.100).

BIBLIOGRAFIA: Dejalma de Campos, Sociedades conjuntas, *RDC, 15*:128; Ricardo Fiuza, *Novo Código Civil*, cit., p. 986-90; Modesto Carvalhosa, *Comentários*, cit., v. 13, p. 418-36.

Art. 1.098. É controlada:

I — a sociedade de cujo capital outra sociedade possua a maioria dos votos nas deliberações dos quotistas ou da assembleia geral e o poder de eleger a maioria dos administradores;

II — a sociedade cujo controle, referido no inciso antecedente, esteja em poder de outra, mediante ações ou quotas possuídas por sociedades ou sociedades por esta já controladas.

• *Lei n. 6.404/76, arts. 116, 243, § 2º, 250, § 2º, 248, com a redação da Lei n. 11.941/2009, 243, § 2º, e 116.*

- *Lei n. 11.727/2008, art. 31, §§ 1º a 3º.*
- *Circular n. 3.816/2016 do BACEN.*
- ***Projeto de Lei n. 7.160/2002** (ora arquivado): "Art. 1.098-A. Entende-se por controlador a pessoa, natural ou jurídica, ou o grupo de pessoas vinculadas por acordo de voto, ou sob controle comum, que: I — seja titular de direitos de sócio que lhe assegurem, de modo permanente, a maioria dos votos nas deliberações e o poder de eleger a maioria dos administradores da sociedade; e II — usa efetivamente seu poder para dirigir as atividades sociais e orientar o funcionamento dos negócios sociais".*

Sociedade controlada. É aquela: *a*) de cujo capital outra sociedade possui a maior parte, tendo no exercício do direito de voto a maioria deles nas deliberações dos quotistas e nas assembleares e o poder de eleger a maior parte dos administradores. Há, portanto, um controle direto de uma sociedade por outra. A *holding* de controle, na lição de Modesto Carvalhosa, é titular direta de ações da controlada, tendo a maioria dos votos para impor sua vontade nas deliberações sociais e na eleição dos administradores. O controle opera-se pela participação sociomajoritária. Trata-se da *holding* pura; *b*) cujo controle esteja em poder de outra (*holding*-mãe, p. ex.), mediante ações ou quotas possuídas por outras sociedades, ou sociedades por esta já controladas. Ter-se-ia, aqui, como pondera Ricardo Fiuza, uma relação de controle indireta por existir, entre sociedade controlada e controladora, outras sociedades que participam do capital da controlada. A *holding*-mãe controla outras *holdings*, que são controladoras de sociedades operacionais. Há uma *holding* controladora de todo o grupo empresarial.

Art. 1.099. Diz-se coligada ou filiada a sociedade de cujo capital outra sociedade participa com dez por cento ou mais, do capital da outra, sem controlá-la.

- *Lei n. 6.404/76, art. 243, §§ 1º, 4º e 5º, com a redação da Lei n. 11.941/2009.*
- ***Projeto de Lei n. 699/2011**: "Art. 1.099. Diz-se filiada a sociedade de cujo capital outra sociedade participa com dez por cento ou mais, do capital da outra, sem controlá-la".*

Sociedade filiada. É a sociedade coligada de cujo capital outra sociedade (investidora) participa com dez por cento ou mais, sem ter o poder de controlá-la. Serão coligadas as *sociedades por ações* nas quais a investidora tenha influência significativa, que será presumida se esta for titular de vinte por cento ou mais do capital votante da investida. Nesta hipótese considera-se que haverá tal influência significativa se a investidora for detentora ou exercer o poder de participar nas decisões das políticas financeira ou operacional da investida, sem, contudo, controlá-la. A *holding* de participação (*coligada investidora*) age como investidora ao participar permanentemente com dez por cento ou mais do capital da *coligada investida* ou presumidamente com vinte por cento ou mais do capital votante de sociedade por ações (Lei n. 6.404/76, art. 243, §§ 1º, 4º e 5º, com a redação da Lei n. 11.941/2009). Tal participação não conduz a qualquer subordinação.

Art. 1.100. É de simples participação a sociedade de cujo capital outra sociedade possua menos de dez por cento do capital com direito de voto.

Sociedade de simples participação. É aquela de cujo capital outra sociedade possui menos de dez por cento, tendo, porém, o direito de voto. Há, portanto, uma sociedade investidora de menos de dez por cento do capital votante da investida.

Art. 1.101. Salvo disposição especial de lei, a sociedade não pode participar de outra, que seja sua sócia, por montante superior, segundo o balanço, ao das próprias reservas, excluída a reserva legal.

- *Lei n. 6.404/76, arts. 193 e 244, §§ 2º e 5º.*

Parágrafo único. Aprovado o balanço em que se verifique ter sido excedido esse limite, a sociedade não poderá exercer o direito de voto correspondente às ações ou quotas em excesso, as quais devem ser alienadas nos cento e oitenta dias seguintes àquela aprovação.

- *Lei n. 6.404/76, art. 244, §§ 2º, 4º e 5º.*
- ***Projeto de Lei n. 7.160/2002** (ora arquivado): "Art. 1.101. Salvo disposição especial de lei, a sociedade não pode participar de outra, que seja sua sócia, coligada ou controlada.*

§ 1º O disposto neste artigo não se aplica no caso de uma sociedade participar de outra, pela aquisição de ações ou quotas para permanência em tesouraria ou cancelamento, desde que até o valor do saldo de lucros ou reserva, exceto a legal, e sem diminuição do capital social, ou por doação.

§ 2º As ações ou quotas do capital da controladora, de propriedade da controlada, terão suspenso o direito de voto.

§ 3º No caso do § 1º, a sociedade deverá eliminar, dentro de seis meses, as ações ou quotas que excederem o valor dos lucros ou reservas, sempre que esses sofrerem redução.

§ 4º A participação recíproca, quando ocorrer em virtude de incorporação, fusão ou cisão, ou da aquisição, pela companhia, do controle de sociedade, deverá ser mencionada nos relatórios e demonstrações financeiras de ambas as sociedades, e será eliminada no prazo máximo de um ano.

§ 5º A aquisição de ações ou quotas de que resulte participação recíproca com violação ao disposto neste artigo importa responsabilidade civil solidária dos administradores da sociedade, equiparando-se, para efeitos penais, à compra ilegal das próprias ações".

Limitação no montante das quotas ou das ações. A não ser que haja disposição legal especial, uma sociedade não poderá ter participação de outra, que seja sua sócia, por montante superior ao das próprias reservas disponíveis do patrimônio líquido, comprovado em balanço ordinário, excluída a reserva legal, que não será computada. Isso garantirá o adimplemento das obrigações, evitando que a sociedade assuma deveres que não possa cumprir. A participação recíproca traz consequências nefastas, como: diminuição das garantias dos credores; anulação da influência de uma sociedade em outra, se ambas tiverem o exercício do direito de voto. Se houver aprovação de balanço, verificando que se excedeu àquele limite, a sociedade não poderá exercer seu direito de voto, correspondente às ações ou quotas em excesso, que deverão ser alienadas, dentro do prazo de 180 dias, contado daquela aprovação. O art. 1.101, ao proibir a participação recíproca, tem por escopo, na lição de Modesto Carvalhosa, a preservação da integridade do capital social e da autonomia administrativa de cada sociedade componente do grupo societário. Para tanto impõe que a participação recíproca não poderá ir além das reservas livres, devendo dar-se com os recursos dos saldos destas, não podendo abranger o capital social nem a reserva legal. Observa Fiuza que o art. 1.101 possibilita que: *a*) uma sociedade anônima não pode ter participação recíproca em outra, conforme a Lei n. 6.404, ressalvada a hipótese do art. 193, em montante superior ao das reservas disponíveis do patrimônio líquido, desde que não computada a reserva legal; *b*) sociedades de outros tipos societários podem participar de outra, respeitando o limite do art. 1.101, *caput*.

BIBLIOGRAFIA: Fiuza, *Novo Código Civil*, cit., p. 1.018.

Capítulo IX

Da Liquidação da Sociedade

- *Código Civil, arts. 44, 2.033 e 2.034.*

Art. 1.102. Dissolvida a sociedade e nomeado o liquidante na forma do disposto neste Livro, procede-se à sua liquidação, de conformidade com os preceitos deste Capítulo, ressalvado o disposto no ato constitutivo ou no instrumento da dissolução.

- Vide *Código Civil, arts. 1.033 a 1.038, 1.103 a 1.112, 2.031 e 2.034.*
- *Lei das Sociedades Anônimas, arts. 207 a 218.*
- *Código de Processo Civil, art. 318 e s.*

Parágrafo único. O liquidante, que não seja administrador da sociedade, investir-se-á nas funções, averbada a sua nomeação no registro próprio.

- Vide *Código Civil, arts. 968, § 2º, e 1.103.*
- *Lei n. 6.015/73, arts. 114 a 126.*
- *Lei n. 8.934/94.*

Dissolução da sociedade. Com a dissolução total da sociedade, seja ela extrajudicial (*pleno iure*, amigável, ou melhor, consensual ou voluntária) ou judicial, por meio do procedimento comum, não se aniquilam, de imediato, os seus efeitos, nem sua responsabilidade social para com terceiros, pelas dívidas contraídas (*RTJ, 85*:945; *JTACRS, 35*:287), visto que não perdeu, ainda, por completo, a personalidade jurídica, conservando-a para liquidar as relações obrigacionais pendentes, em face de seus credores.

Liquidação da sociedade. Com a dissolução da sociedade, proceder-se-á a sua liquidação para apuração do patrimônio social, realizando seu ativo, alienando seus bens e cobrando seus devedores, e satisfazendo seu passivo, pagando seus credores. A liquidação protrai-se até que o saldo líquido, se houver, seja dividido entre os sócios. Deveras, a liquidação, tornando líquido o patrimônio social, reduzindo a dinheiro os haveres sociais, possibilitará não só a conclusão dos negócios sociais pendentes, mas também o pagamento dos débitos, partilhando-se a sobra ou o remanescente (*reliquat*) entre os sócios. À liquidação aplicar-se-ão os arts. 1.102 a 1.110 do Código Civil, respeitando-se o disposto no ato constitutivo da sociedade ou no instrumento de sua dissolução; e, se a liquidação for judicial, seguir-se-ão os arts. 1.111 e 1.112 do Código Civil e o procedimento comum (CPC, art. 1.046, § 3º) previsto no CPC/2015, sendo que a forma de apuração de haveres acatará o disposto nos arts. 604 a 609 do CPC.

Representante legal da sociedade liquidanda. Durante a fase de liquidação até a extinção da personalidade jurídica, a sociedade não mais será representada pelo seu administrador, diretor ou gerente, mas pelo *liquidante* nomeado entre os administradores da sociedade conforme o contrato social, para essa finalidade, que será investido em suas funções. Se o liquidante nomeado não for o administrador, apenas passará a exercer tal função após a averbação de sua nomeação em registro próprio, que será o Registro Civil das Pessoas Jurídicas, se a sociedade for simples, ou o Registro Público de Empresas Mercantis, se empresária. Na dissolução judicial, o juiz nomeará o liquidante, observando o disposto no contrato social; e, na extrajudicial, o liquidante, se não estiver indicado em norma estatutária, será escolhido pelos sócios ou pela assembleia geral que aprovou a dissolução da sociedade. Excepcionalmente, observa Fábio Ulhoa Coelho, poderá acontecer, na hipótese de dissolução extrajudicial da sociedade, que o seu diretor seja investido pelos sócios nas funções de liquidante, passando a ter, contudo, outras atribuições, pois como administrador tinha poderes para efetuar operações obrigando a pessoa jurídica, e, como liquidante, tão somente poderá vinculá-la em atos próprios à liquidação (*RTJ, 125*:740).

BIBLIOGRAFIA: Rocco, Sulla liquidazione della società commerciale, *Studi di diritto commerciale*, Roma, 1933, v. 1, p. 201; Orlando Gomes, *Contratos*, cit., p. 487; Serpa Lopes, *Curso*, cit., p. 541 e 552-6; Caio M. S. Pereira, *Instituições*, cit., v. 3, p. 404; Silvio Rodrigues, Contrato de Sociedade, *Enciclopédia Saraiva do Direito*, cit., p. 522; M. Helena Diniz, *Tratado*, cit., v. 4, p. 141-2; Fábio Ulhoa Coelho, *Curso*, cit., v. 2, p. 434-53; Ricardo Fiuza, *Novo Código Civil*, cit., p. 990-9; Modesto Carvalhosa, *Comentários*, cit., v. 13, p. 436-90; Glauber M. Talavera, *Comentários*, cit., p. 854-5; Marcelo F. Barbosa Filho, *Código*, cit., p. 1018.

Art. 1.103. Constituem deveres do liquidante:

• *Lei n. 6.404/76, arts. 210 a 212.*

I — averbar e publicar a ata, sentença ou instrumento de dissolução da sociedade;

II — arrecadar os bens, livros e documentos da sociedade, onde quer que estejam;

III — proceder, nos quinze dias seguintes ao da sua investidura e com a assistência, sempre que possível, dos administradores, à elaboração do inventário e do balanço geral do ativo e do passivo;

IV — ultimar os negócios da sociedade, realizar o ativo, pagar o passivo e partilhar o remanescente entre os sócios ou acionistas;

V — exigir dos quotistas, quando insuficiente o ativo à solução do passivo, a integralização de suas quotas e, se for o caso, as quantias necessárias, nos limites da responsabilidade de cada um e proporcionalmente à respectiva participação nas perdas, repartindo-se, entre os sócios solventes e na mesma proporção, o devido pelo insolvente;

VI — convocar assembleia dos quotistas, cada seis meses, para apresentar relatório e balanço do estado da liquidação, prestando conta dos atos praticados durante o semestre, ou sempre que necessário;

VII — confessar a falência da sociedade e pedir concordata, de acordo com as formalidades prescritas para o tipo de sociedade liquidanda;

• *Lei n. 11.101/2005.*

VIII — finda a liquidação, apresentar aos sócios o relatório da liquidação e as suas contas finais;

IX — averbar a ata da reunião ou da assembleia, ou o instrumento firmado pelos sócios, que considerar encerrada a liquidação.

• *Lei n. 6.404/76, art. 217.*

Parágrafo único. Em todos os atos, documentos ou publicações, o liquidante empregará a firma ou denominação social sempre seguida da cláusula "em liquidação" e de sua assinatura individual, com a declaração de sua qualidade.

Funções do liquidante. Nomeado e investido nas suas funções, o liquidante no processo voluntário ou extrajudicial de liquidação da sociedade terá, por ser o órgão responsável pela pessoa jurídica liquidanda, para realizar o ativo e satisfazer o passivo, os seguintes *deveres*: *a*) averbar e publicar a ata, sentença ou instrumento da dissolução da sociedade; *b*) arrecadar bens móveis, imóveis, semoventes, livros e documentos da sociedade; *c*) proceder, por ter função similar à do administrador judicial, com a assistência dos administradores, dentro do prazo de quinze dias de sua investidura, à elaboração do inventário e do balanço geral do ativo e do passivo; *d*) ultimar os negócios sociais pendentes alienando seus bens, cobrando seus devedores, pagando seus credores e partilhando o remanescente entre os sócios e acionistas, proporcionalmente às suas quotas sociais integralizadas; *e*) exigir dos quotistas, se insuficiente o ativo para solver o passivo, a integralização de suas quotas e, se for o caso, as quantias necessárias, dentro dos limites da responsabilidade de cada um e proporcionalmente à sua participação nas perdas, repartindo-se, entre os sócios solventes, naquela mesma proporção, o *quantum* devido pelo insolvente. Se um dos sócios for insolvente, sua parte na dívida social será, na proporção em que houver de participar nas perdas sociais, distribuída entre os outros sócios solventes. Para tanto somar-se-á a parte com que deveria concorrer ao débito social, para que haja uma divisão proporcional entre os demais sócios. Assim, se seis forem os sócios, dividir-se-á o total da dívida social acrescida da parte do insolvente por cinco, na proporção com que cada um dos solventes tiver de participar nos prejuízos sofridos pela sociedade; *f*) convocar assembleia dos quotistas, a cada seis meses ou sempre que for preciso, para apresentar o relatório e o balanço do estado da liquidação, prestando contas dos atos por ele praticados; *g*) confessar a falência da sociedade, se exauridos todos os recursos da liquidação, e pedir a recuperação judicial, conforme as formalidades exigidas para o tipo de sociedade liquidanda; *h*) apresentar aos sócios, ao término da liquidação, o relatório da liquidação e suas contas finais; *i*) averbar a ata da reunião ou da assembleia, ou o instrumento firmado pelos sócios, que considerar encerrada a liquidação.

Cláusula "em liquidação". O liquidante, em todos os atos, documentos ou publicações, deverá usar a firma ou denominação social da sociedade liquidanda seguida da cláusula *em liquidação* e de sua assinatura individual, declarando sua qualidade, colocando o termo *liquidante* seguido de elementos identificadores, como inscrição na OAB ou na entidade a que pertence. Tal se dá porque, como a sociedade dissolvida continua tendo personalidade jurídica e, ainda, usa a mesma denominação social, será preciso que terceiros (credores e Poder Público) saibam que se encontra em fase de liquidação. O uso da firma social seguida da cláusula *em liquidação* resguardará os interesses de todos, inclusive os da própria sociedade liquidanda. Se o liquidante não colocar a locução *em liquidação* e vier a causar dano àquela sociedade e aos que com ela estiverem relacionados contratual ou extracontratualmente, deverá responder pessoalmente pelo prejuízo causado por sua omissão.

Art. 1.104. As obrigações e a responsabilidade do liquidante regem-se pelos preceitos peculiares às dos administradores da sociedade liquidanda.

- *Lei n. 6.404/76, art. 217.*

Disciplina jurídica dos atos do liquidante. As obrigações e a responsabilidade do liquidante pelos seus atos durante a liquidação da sociedade reger-se-ão pelos preceitos peculiares aos dos administradores da sociedade liquidanda, desde que não contrariem suas funções e as normas deste capítulo, alusivo à liquidação da sociedade. P. ex., na lição de Fiuza, "se a responsabilidade do administrador da sociedade liquidanda for subsidiária e ilimitada, o liquidante responderá da mesma forma pelos atos que praticar".

Art. 1.105. Compete ao liquidante representar a sociedade e praticar todos os atos necessários à sua liquidação, inclusive alienar bens móveis ou imóveis, transigir, receber e dar quitação.

- *Lei n. 6.404/76, art. 211.*

Parágrafo único. Sem estar expressamente autorizado pelo contrato social, ou pelo voto da maioria dos sócios, não pode o liquidante gravar de ônus reais os móveis e imóveis, contrair empréstimos, salvo quando indispensáveis ao pagamento de obrigações inadiáveis, nem prosseguir, embora para facilitar a liquidação, na atividade social.

Órgão responsável pela vontade da sociedade liquidanda. Durante a fase de liquidação, o liquidante é o representante legal da sociedade liquidanda e responsável pela manifestação de sua vontade, por isso poderá praticar todos os atos necessários à sua liquidação, como a alienação de bens móveis ou imóveis, transação, cobrança de seus devedores, recebimento de pagamento de dívidas, das quais a sociedade é credora, e outorga da devida quitação. Sua atividade exorbita à de simples administração, por isso, além da prestação de contas, responsabilizar-se-á pelos atos praticados na forma da lei. Mas, sem estar autorizado pelo contrato social ou pelo voto da maioria dos sócios, com base no valor da quota de cada um, salvo disposição legal em contrário, não poderá gravar os bens (móveis ou imóveis) da sociedade liquidanda de ônus reais (hipoteca, anticrese, penhor) nem contrair empréstimos, a não ser que tais atos sejam indispensáveis para solver obrigações inadiáveis, e muito menos poderá dar prosseguimento à atividade social, mesmo para facilitar a liquidação.

Art. 1.106. Respeitados os direitos dos credores preferenciais, pagará o liquidante as dívidas sociais proporcionalmente, sem distinção entre vencidas e vincendas, mas, em relação a estas, com desconto.

- Vide *Código Civil, arts. 955 a 965.*
- *Lei n. 6.404/76, art. 214.*

Parágrafo único. Se o ativo for superior ao passivo, pode o liquidante, sob sua responsabilidade pessoal, pagar integralmente as dívidas vencidas.

Pagamento das dívidas sociais. O liquidante tem obrigação de pagar os débitos sociais. Se, como ensina Marcelo Fortes Barbosa Filho, o passivo for maior do que o ativo, além de ter que, em alguns casos, viabilizar valores suplementares, o pagamento, sem essas quantias externas, não poderá ser feito integralmente, logo os credores receberão mediante rateio, "calculada a participação de cada dívida no total do passivo acumulado e respeitada a prioridade dos titulares de direitos reais de garantia e dos credores preferenciais". O liquidante, observando estritamente os direitos dos credores preferenciais (titulares de créditos com garantia real ou preferência decorrente de lei ou contrato, como créditos previdenciários, trabalhistas e tributários, que os receberão pelo valor total), procede, em relação aos credores sem preferência, ao pagamento proporcional, ante a insuficiência dos bens do patrimônio social, dos débitos sociais vencidos e vincendos, sendo que as dívidas a vencer serão pagas com o devido desconto correspondente ao prazo que falta para o vencimento da obrigação. Consagrado está o princípio da proporcionalidade (*par conditio creditorum*), que exige rateio ou pagamento proporcional dos créditos. Se o ativo da sociedade liquidanda for maior do que o seu passivo, o liquidante poderá, por haver disponibilidade de caixa, sob sua responsabilidade pessoal, pagar integralmente os débitos já vencidos, visto que o objetivo da liquidação é, exatamente, a satisfação do passivo, com o pagamento dos credores da sociedade. Os credores por dívidas vincendas poderão agir contra o liquidante, pessoalmente, pelos danos oriundos da diminuição precipitada do patrimônio social. Deveras haverá responsabilidade pessoal do liquidante se ocorrer insuficiência de recursos para pagamento de credores em partilha antecipada. É o que nos ensina Modesto Carvalhosa.

Art. 1.107. Os sócios podem resolver, por maioria de votos, antes de ultimada a liquidação, mas depois de pagos os credores, que o liquidante faça rateios por antecipação da partilha, à medida em que se apurem os haveres sociais.

- *Lei n. 6.404/76, art. 215.*

Possibilidade de rateios por antecipação da partilha. Antes do exaurimento dos recursos da liquidação, o liquidante poderá, por decisão tomada pela maioria dos votos dos sócios, conforme o valor das quotas de cada um, e já tendo sido pagos os credores, efetuar rateios proporcionais, antecipando a importância que caberia a cada sócio na partilha do patrimônio líquido remanescente, à medida que os haveres sociais forem sendo apurados. Tais rateios prévios e parciais serão, portanto, feitos por antecipação da partilha dos resultados entre os sócios, como pondera Glauber Moreno Talavera. Isto é assim porque, enquanto não se pagarem integralmente todos os débitos sociais, os sócios não poderão receber seus haveres antecipadamente. Permitida está a partilha antecipada entre os sócios dos haveres sociais remanescentes do pagamento dos credores.

Art. 1.108. Pago o passivo e partilhado o remanescente, convocará o liquidante assembleia dos sócios para a prestação final de contas.

- *Lei n. 6.404/76, art. 216.*

Prestação final de contas do liquidante. O liquidante, depois de realizado o ativo, satisfeito o passivo e partilhado o remanescente do patrimônio social entre os sócios, deverá convocar a assembleia dos sócios para a prestação final de suas contas e respectiva aprovação, conducente ao fim do procedimento liquidatório e da personalidade jurídica (CC, art. 1.109). E se, porventura, no decorrer do processo de liquidação averiguar-se que o ativo da sociedade é insuficiente para saldar todos os débitos sociais, o liquidante tem o dever de requerer judicialmente a falência da sociedade (CC, art. 1.103, VII) e com isso, como bem assevera Ricardo Fiuza, o procedimento voluntário da liquidação transmuda-se em processo falimentar regido pela Lei n. 11.101/2005 (arts. 5º a 46 e 75 a 160).

Art. 1.109. Aprovadas as contas, encerra-se a liquidação, e a sociedade se extingue, ao ser averbada no registro próprio a ata da assembleia.

- *Lei n. 6.404/76, art. 216, § 1º.*

Parágrafo único. O dissidente tem o prazo de trinta dias, a contar da publicação da ata, devidamente averbada, para promover a ação que couber.

- *Lei n. 6.404/76, art. 216, § 2º.*

Encerramento da liquidação. Com a aprovação das contas do liquidante, pela maioria absoluta dos sócios presentes em reunião assemblear, encerrar-se-á a liquidação, e a sociedade extinguir-se-á com a averbação da ata da assembleia no registro próprio, desfazendo-se o vínculo societário. Essa ata, depois de averbada no mesmo órgão em que se assentou a pessoa jurídica, deverá ser publicada para que todos tenham ciência de seu conteúdo.

Ação contra aprovação da prestação de contas. O sócio que não aprovar a prestação de contas do liquidante, e, consequentemente, a liquidação e a partilha, terá o prazo decadencial de trinta dias, contado da publicação da ata da assembleia, devidamente averbada, para impugnar, em juízo, sua aprovação.

Art. 1.110. Encerrada a liquidação, o credor não satisfeito só terá direito a exigir dos sócios, individualmente, o pagamento do seu crédito, até o limite da soma por eles recebida em partilha, e a propor contra o liquidante ação de perdas e danos.

- *Código Civil, arts. 402 a 405.*
- *Lei n. 6.404/76, art. 218.*

Cobrança de crédito após encerramento da liquidação. O credor que, depois de encerrada a liquidação, não recebeu o que lhe era devido poderá exigir dos sócios, individualmente, o pagamento de seu crédito até o limite do *quantum* que receberam, na partilha, do saldo do ativo remanescente. Se os sócios nada vieram a receber, claro está que não terão responsabilidade pelo pagamento das dívidas que não foram pagas, no procedimento liquidatório, por falta de recursos societários. O credor, ainda, poderá propor contra o liquidante, por ter feito, por culpa ou dolo, a partilha do saldo do ativo antes de pagar integralmente os débitos da sociedade, uma ação para dele receber indenização pelas perdas e danos que sofreu, visto que todas as consequências a ele deverão ser imputadas pelos atos praticados em nome da sociedade dissolvida, por ser seu representante legal durante a fase de liquidação. Mas, se o liquidante veio a cumprir, regularmente, sua função, realizando o ativo e satisfazendo o passivo na forma da lei, é óbvio que o credor não poderá dele reclamar qualquer indenização por perdas e danos.

Art. 1.111. No caso de liquidação judicial, será observado o disposto na lei processual.

- *Lei n. 6.404/76, art. 209.*
- *Código de Processo Civil, art. 1.046, § 3º.*
- *Código Civil, art. 2.034.*
- *Lei n. 11.101/2005, arts. 139 a 153.*

Liquidação judicial. A liquidação judicial deverá seguir o procedimento comum previsto nos arts. 318 a 512 do Código de Processo Civil, por força do art. 1.046, § 3º, do CPC e quanto o modo de apuração de haveres, o disposto nos arts. 604 a 609 do CPC deverá ser cumprido. O liquidante será nomeado em reunião convocada e presidida pelo juiz, na qual comparecerão os sócios para apresentarem suas preferências ou objeções em relação a ele, que poderá ser administrador da sociedade ou estranho, conforme previsão estatutária ou consenso das partes. A liquidação judicial, havendo insolvência, ou melhor, falência, da sociedade empresária, disciplinar-se-á pela Lei n. 11.101/2005. No processo de liquidação judicial já se decidiu que, em regra, não haverá obrigatoriedade da intervenção do Ministério Público (*RTJ*, *125*:740) e também que: "Admite-se, por extensão, a utilização do procedimento de liquidação judicial, também, nas hipóteses de resolução da sociedade com relação a um dos sócios, como no caso de exclusão, devendo, então, logo de início, ser proferida decisão judicial tendente a que seja nomeado um liquidante e sejam estabelecidos os critérios para a apuração de haveres, tais quais a forma de elaboração do balanço especial, a amplitude contábil do ativo, a incidência de juros moratórios e o prazo para pagamento" (TJRJ, Ap. 2006.001.63611, 4ª Câm. Cível, rel. Reinaldo P. Alberto Filho, j. 9-1-2007).

Art. 1.112. No curso de liquidação judicial, o juiz convocará, se necessário, reunião ou assembleia para deliberar sobre os interesses da liquidação, e as presidirá, resolvendo sumariamente as questões suscitadas.

- *Lei n. 6.404/76, art. 213, § 2º.*

Parágrafo único. As atas das assembleias serão, em cópia autêntica, apensadas ao processo judicial.

Convocação assemblear na liquidação judicial. Se houver necessidade, o juiz, durante o processo de liquidação judicial, deverá convocar os sócios da sociedade liquidanda, para que, na reunião ou assembleia, secretariada pelo escrivão do feito, deliberem, por maioria absoluta de votos, sob a sua presidência, sobre interesses da liquidação, resolvendo, sumariamente, após a manifestação dos sócios, questões que foram suscitadas. A decisão assemblear majoritária não será, contudo, soberana, pois servirá como mera recomendação ao juiz, que a incorporará nos autos e decidirá livremente a respeito. Com isso, o liquidante deverá acatar as determinações do órgão judicante. A ata dessa assembleia deverá, em cópia autêntica, ser apensada aos autos do processo judicial, para que todos os interessados (p. ex., as partes, o órgão do Ministério Público etc.) tenham conhecimento do andamento e das intercorrências havidas durante a liquidação judicial.

Capítulo X

Da Transformação, da Incorporação, da Fusão e da Cisão das Sociedades

- *Código Civil, art. 2.033.*
- *Lei n. 6.404/76, arts. 220 a 234, em especial o art. 226, § 3º, com a redação da Lei n. 11.941/2009.*
- *Lei n. 11.101/2005, art. 50, II.*
- *Lei n. 11.434/2006, art. 8º, §§ 1º a 4º.*
- *Lei n. 8.245/91, art. 32.*
- *Instrução Normativa n. 88/2001 do DNRC.*
- *MP n. 627/2013, arts. 21 a 25, 36 e 37.*

Art. 1.113. O ato de transformação independe de dissolução ou liquidação da sociedade, e obedecerá aos preceitos reguladores da constituição e inscrição próprios do tipo em que vai converter-se.

- Vide *Código Civil, arts. 968, §§ 2º e 3º, 1.033, parágrafo único (ora revogado pela Lei n. 14.195/2021), 1.053, 1.054, 2.031 e 2.033.*
- *Consulte art. 980-A, §§ 1º a 6º, ora revogado pela Lei n. 14.382/2022.*
- *Lei n. 6.404/76, art. 220 e parágrafo único.*

Transformação da sociedade. A transformação é a operação pela qual a sociedade de determinada espécie passa a pertencer a outra, sem que haja sua dissolução ou liquidação mediante alteração em seu estatuto social e quadro societário, regendo-se, então, pelas normas que disciplinam a constituição e inscrição de tipo societário em que se converteu. Assim, p. ex., uma sociedade limitada poderá transformar-se em sociedade anônima, cumprindo os requisitos legais e inscrevendo o ato modificativo no Registro Público de Empresas Mercantis.

Art. 1.114. A transformação depende do consentimento de todos os sócios, salvo se prevista no ato constitutivo, caso em que o dissidente poderá retirar-se da sociedade, aplicando-se, no silêncio do estatuto ou do contrato social, o disposto no art. 1.031.

- Vide *Código Civil, arts. 1.031 e 2.033.*
- *Lei n. 6.404/76, art. 221 e parágrafo único.*

Requisito para a transformação societária. Para que se opere a transformação da sociedade em outra será imprescindível sua previsão no ato constitutivo estipulando deliberação por maioria ou, se nele não houver cláusula nesse sentido, a anuência de todos os sócios. Nesta última hipótese, necessária será a ocorrência de uma decisão por unanimidade dos sócios, representando a totalidade do capital social, porque aquela transformação irá alterar substancialmente a responsabilidade e o poder decisório deles. Rege-se, portanto, pelo princípio deliberatório por unanimidade; consequentemente, havendo discordância de um só sócio, impossível será a transformação societária.

Direito de retirada do sócio dissidente. Se um sócio não concordar com a deliberação da maioria, havendo previsão a respeito no pacto social, aprovando o ato de transformação societária, poderá retirar-se da sociedade, e o valor de sua quota, com ou sem redução do capital social, será liquidado conforme previsto no estatuto social ou, no silêncio deste, mediante aplicação do art. 1.031 do Código Civil, pelo qual a liquidação de sua quota terá por base a atual situação patrimonial da sociedade, verificada em balanço especial.

Art. 1.115. A transformação não modificará nem prejudicará, em qualquer caso, os direitos dos credores.

- *Lei n. 6.404/76, art. 222, 2ª parte.*

Parágrafo único. A falência da sociedade transformada somente produzirá efeitos em relação aos sócios que, no tipo anterior, a eles estariam sujeitos, se o pedirem os titulares de créditos anteriores à transformação, e somente a estes beneficiará.

- *Lei n. 6.404/76, art. 222, parágrafo único.*
- Vide *art. 1.033, parágrafo único, do Código Civil, ora revogado pela Lei n. 14.195/2021.*
- *Consulte art. 980-A, §§ 1º a 6º, ora revogado pela Lei n. 14.382/2022.*

Efeitos da transformação. Ocorrida a transformação societária: *a*) os direitos dos credores ficarão inalterados, pois seus créditos e garantias serão mantidos; *b*) a decretação da falência da sociedade transformada atingirá apenas os sócios que, na sociedade anterior, estariam sujeitos a seus efeitos, desde que o requeiram os titulares dos créditos anteriores ao ato de transformação. As obrigações sociais anteriores à transformação, mesmo em caso de falência, continuarão vinculando os credores àqueles sócios que, antes da ocorrência daquela transformação, estariam sujeitos a processo falimentar. Portanto, os efeitos da falência da sociedade transformada não terão incidência imediata sobre aqueles sócios.

Art. 1.116. Na incorporação, uma ou várias sociedades são absorvidas por outra, que lhes sucede em todos os direitos e obrigações, devendo todas aprová-la, na forma estabelecida para os respectivos tipos.

- Vide *Código Civil, art. 2.033, e Lei n. 14.454/2022.*
- *Lei n. 6.404/76, art. 227.*
- *Lei n. 11.434/2006, art. 8º, §§ 1º a 4º.*

Incorporação. A incorporação é a operação pela qual uma sociedade (incorporadora) vem a absorver uma ou mais (incorporadas) com a aprovação dos sócios destas (mediante *quorum* de *mais da metade do valor do capital social,* legalmente requerido conforme o tipo societário das sociedades envolvidas), sucedendo-as em todos os direitos e obrigações e agregando seus patrimônios aos direitos e deveres, sem que com isso venha a surgir uma nova sociedade. É uma forma de reorganização societária, em que os patrimônios das sociedades incorporadas somam-se ao da incorporadora. É uma união dos ativos das sociedades participantes da operação com a consequente assunção do passivo da incorporada, que deixará de existir (*RT*, *732*:302).

Pelo Enunciado n. 70 aprovado na *I Jornada de Direito Civil* de 2002, promovida pelo Centro de Estudos do Conselho da Justiça Federal: "As disposições sobre incorporação, fusão e cisão previstas no Código Civil não se aplicam às sociedades anônimas. As disposições da Lei n. 6.404/76 sobre essa matéria aplicam-se por analogia às demais sociedades naquilo em que o Código Civil for omisso". "Nas fusões e incorporações entre sociedades reguladas pelo Código Civil, é facultativa a elaboração de protocolo firmado pelos sócios ou administradores das sociedades; havendo sociedade anônima ou comandita por ações envolvida na operação, a obrigatoriedade do protocolo e da justificação somente a ela se aplica" (Enunciado n. 232 do Conselho da Justiça

Federal, aprovado na *III Jornada de Direito Civil*, decorrente da interpretação dos arts. 1.116, 1.117 e 1.120). E pelo Enunciado n. 230 do Conselho de Justiça Federal (aprovado na *III Jornada de Direito Civil*): "A fusão e incorporação de sociedades continuam reguladas pelas normas previstas na Lei n. 6.404/76, não revogada pelo *Código Civil* (art. 1.089), quanto a esse tipo societário".

BIBLIOGRAFIA: Matiello, *Código Civil*, cit., p. 693 e s.; Laudio Camargo Fabretti, *Incorporação, fusão, cisão e outros eventos societários*, São Paulo, Atlas, 2002.

Art. 1.117. A deliberação dos sócios da sociedade incorporada deverá aprovar as bases da operação e o projeto de reforma do ato constitutivo.

§ 1º A sociedade que houver de ser incorporada tomará conhecimento desse ato, e, se o aprovar, autorizará os administradores a praticar o necessário à incorporação, inclusive a subscrição em bens pelo valor da diferença que se verificar entre o ativo e o passivo.

§ 2º A deliberação dos sócios da sociedade incorporadora compreenderá a nomeação dos peritos para a avaliação do patrimônio líquido da sociedade, que tenha de ser incorporada.

- *Código Civil, art. 1.076, I, ora revogado.*
- *Lei n. 6.404/76, arts. 227, §§ 1º e 2º, e 233.*

Aprovação da incorporação de sociedade. A incorporação da sociedade deverá ser aprovada por deliberação dos sócios da sociedade incorporadora e incorporada que representem mais da metade do capital social (CC, art. 1.076, I, ora revogado pela Lei n. 14.451/2022 c/c art. 1.071, VI) sobre as bases da operação. Os sócios da incorporada deverão, acatando normas internas, aprovar o projeto de reforma do ato constitutivo e a prática de atos necessários à incorporação pelos seus administradores, inclusive a subscrição em bens pelo valor da diferença verificada entre o ativo e o passivo. Os sócios da incorporadora deliberarão não só sobre o interesse de se promover a incorporação, mediante os requisitos exigidos por lei alusivos a direito de voto, ao *quorum* etc., mas também sobre a nomeação de peritos para avaliação do patrimônio líquido da incorporada, a ser acrescido ao patrimônio da incorporadora. A sociedade cujo patrimônio líquido será incorporado subscreverá o aumento do capital da incorporadora, em nome próprio mas em favor de seus sócios. É um negócio *sui generis* de aumento de capital de sociedade existente.

Art. 1.118. Aprovados os atos da incorporação, a incorporadora declarará extinta a incorporada, e promoverá a respectiva averbação no registro próprio.

- *Lei n. 6.404/76, arts. 234 e 227, § 3º.*

Declaração da extinção da sociedade incorporada. A incorporadora, após a aprovação dos atos da incorporação, declarará a extinção da incorporada e providenciará a sua averbação no registro próprio (Registro Público de Empresas Mercantis, se sociedade empresária, ou Registro Civil das Pessoas Jurídicas, se simples). Com tal formalização a incorporadora passará a assumir as obrigações e os direitos da incorporada, sucedendo-a e resguardando os direitos dos credores.

Art. 1.119. A fusão determina a extinção das sociedades que se unem, para formar sociedade nova, que a elas sucederá nos direitos e obrigações.

- Vide *art. 2.033 do Código Civil.*
- *Lei n. 6.404/76, art. 228.*

Fusão de sociedades. A fusão de sociedades é a operação pela qual se cria, juridicamente, uma nova sociedade para substituir aquelas que vieram a fundir-se e a desaparecer, sucedendo-as *ope legis*, por ter havido união dos patrimônios, nos direitos, responsabilidades e deveres, sob denominação diversa, com a mesma ou com diferente finalidade e organização. Duas sociedades constituirão uma nova com seus patrimônios líquidos. Ter-se-á extinção das sociedades, cujos patrimônios líquidos comporão o capital social da nova sociedade, sem que haja prévia liquidação. Como bem observa Modesto Carvalhosa, os sócios constituirão diretamente uma nova sociedade, subscrevendo o respectivo capital com os bens e direitos da sociedade de cujo capital participavam, atuando, portanto, em benefício próprio, logo a fusão é um negócio jurídico *sui generis* de constituição de sociedade, processando-se em duas fases: a passagem dos sócios das sociedades fusionadas para a nova sociedade e a extinção *ex facto* das sociedades transmitentes de seus patrimônios.

Há decisão (STJ, 3ª T., RMS 11.934) no sentido de que, realizada a fusão, a sociedade antiga não mais poderá comparecer em juízo.

BIBLIOGRAFIA: Jairo Saddi (org.), *Fusões e aquisições*: aspectos jurídicos e econômicos, ed. IOB, 2002; Laudio Camargo Fabretti, *Incorporação, fusão, cisão e outros eventos societários*, São Paulo, Atlas, 2002.

Art. 1.120. A fusão será decidida, na forma estabelecida para os respectivos tipos, pelas sociedades que pretendam unir-se.

§ 1º Em reunião ou assembleia dos sócios de cada sociedade, deliberada a fusão e aprovado o projeto do ato constitutivo da nova sociedade, bem como o plano de distribuição do capital social, serão nomeados os peritos para a avaliação do patrimônio da sociedade.

§ 2º Apresentados os laudos, os administradores convocarão reunião ou assembleia dos sócios para tomar conhecimento deles, decidindo sobre a constituição definitiva da nova sociedade.

§ 3º É vedado aos sócios votar o laudo de avaliação do patrimônio da sociedade de que façam parte.

- *Código Civil, arts. 1.071, VI, 1.074 e 1.076, I, ora revogado.*
- *Lei n. 6.404/76, arts. 223, § 1º, e 228, §§ 1º e 2º.*

Aprovação assemblear da fusão. A decisão pela fusão dar-se-á em reunião, ou assembleia, dos sócios de cada sociedade, seguindo os requisitos legais exigidos para os respectivos tipos societários, aprovando-se não só o projeto de constituição da nova sociedade e o plano de distribuição do capital social, mas também a nomeação de peritos por cada uma para avaliação do patrimônio da sociedade e apresentação do respectivo laudo. A deliberação definitiva sobre a constituição da nova sociedade ocorrerá somente quando os administradores de ambas as sociedades convocarem os sócios para tomar conhecimento dos laudos de avaliação do patrimônio líquido da sociedade, sendo-lhes, contudo, proibida a votação em laudo avaliativo da sociedade de que fazem parte, caso em que apenas poderão analisar a proposta de constituição da novel sociedade, baseados nos dados contidos naqueles laudos. E, logo depois disso, ter-se-á aprovação do ato constitutivo da nova sociedade e, consequentemente, a eleição de seus administradores.

Urge não olvidar que, "nas fusões e incorporações entre sociedades reguladas pelo Código Civil, é facultativa a elaboração de protocolo firmado pelos sócios ou administradores das sociedades; havendo sociedade anônima ou comandita por ações envolvida na operação, a obrigatoriedade do protocolo e da justificação somente a ela se aplica" (Enunciado n. 232 do Conselho da Justiça Federal, aprovado na *III Jornada de Direito Civil*, decorrente da interpretação dos arts. 1.116, 1.117 e 1.120).

Art. 1.121. Constituída a nova sociedade, aos administradores incumbe fazer inscrever, no registro próprio da sede, os atos relativos à fusão.

- *Lei n. 6.404/76, arts. 234 e 228, § 3º.*
- *Código Civil, art. 968, § 2º.*
- *Lei n. 8.934/94 e 6.015/73, arts. 114 a 126.*
- *Decreto n. 1.800/96.*
- ***Projeto de Lei n. 7.160/2002** (ora arquivado): "Art. 1.121-A. A cisão é a operação pela qual uma sociedade transfere parcela do seu patrimônio para uma ou mais sociedades, constituídas para esse fim ou já existentes, extinguindo-se a sociedade cindida, se houver versão de todo o seu patrimônio, ou dividindo-se o seu capital, se parcial a versão.*

  § 1º A sociedade que absorver parcela do patrimônio da sociedade cindida sucede a esta nos direitos e obrigações relacionados no ato da cisão.

  § 2º O ato de cisão parcial poderá estipular que as sociedades que absorverem parcelas do patrimônio da cindida sejam responsáveis pelas obrigações que lhes forem transferidas, sem solidariedade entre si ou com a sociedade cindida, mas, neste caso, qualquer credor anterior poderá se opor à estipulação, em relação ao seu crédito, desde que notifique a sociedade no prazo de noventa dias a contar da data do registro dos atos da cisão.

  § 3º A cisão com versão de parcela do patrimônio à sociedade já existente obedecerá às disposições referentes à incorporação.

  § 4º Efetivada a cisão com extinção da sociedade cindida, caberá aos administradores das sociedades que tiverem absorvido parcelas do seu patrimônio promover a averbação, no registro próprio, dos atos da cisão".

Inscrição da fusão. Constituída, por meio da fusão, uma nova sociedade, seus administradores deverão providenciar a inscrição dos atos relativos à fusão no registro próprio de sua sede, que será o Registro Público de Empresas Mercantis, se se tratar de sociedade empresária, ou o Registro Civil de Pessoas Jurídicas, se for sociedade simples.

Art. 1.122. Até noventa dias após publicados os atos relativos à incorporação, fusão ou cisão, o credor anterior, por ela prejudicado, poderá promover judicialmente a anulação deles.

- Vide *Código Civil, art. 2.033.*
- *Lei n. 6.404/76, art. 232.*

§ 1º A consignação em pagamento prejudicará a anulação pleiteada.

- *Código de Processo Civil, arts. 890 a 900.*

§ 2º Sendo ilíquida a dívida, a sociedade poderá garantir-lhe a execução, suspendendo-se o processo de anulação.

§ 3º Ocorrendo, no prazo deste artigo, a falência da sociedade incorporadora, da sociedade nova ou da cindida, qualquer credor anterior terá direito a pedir a separação dos patrimônios, para o fim de serem os créditos pagos pelos bens das respectivas massas.

- *Lei n. 6.404/76, arts. 229 e 232, §§ 1º a 3º.*

Cisão de sociedade. É a separação patrimonial de sociedades, ou seja, a operação pela qual uma sociedade transfere parcelas de seu patrimônio para uma ou mais sociedades constituídas para esse fim ou já existentes, extinguindo-se a sociedade cindida, se houver total transferência de seu patrimônio, ou dividindo-se o seu capital, se parcial a transferência (*RT*, *805*:272, *819*:239; *RJ*, *337*:137). Interpretando os arts. 1.116 a 1.122 do Código Civil, o Conselho da Justiça Federal, na *III Jornada de Direito Civil*, entendeu, no Enunciado n. 231, que: "A cisão de sociedades continua disciplinada na Lei n. 6.404/76, aplicável a todos os tipos societários, inclusive no que se refere aos direitos dos credores".

Anulação da incorporação, fusão ou cisão. As operações de incorporação, fusão ou cisão não podem lesar credores anteriores à formalização da nova sociedade. O credor que se sentir lesado pela incorporação, fusão ou cisão societária poderá, sob pena de decadência, dentro de noventa dias (prazo decadencial), contados da publicação desses atos, pleitear em juízo anulação dos negócios reorganizativos, ou seja, daquelas operações societárias, que, contudo, ficará prejudicada se houver consignação em pagamento do *quantum* que lhe era devido, pelos administradores da sociedade devedora.

Suspensão do processo de anulação. Se o credor promover a anulação da incorporação, fusão ou cisão, sendo ilíquido o débito, a sociedade poderá garantir-lhe a execução, suspendendo-se aquele processo judicial, até que haja a quantificação da referida dívida. Pondera Matiello que "a garantia da execução de débito ainda não liquidado é feita através de caução em dinheiro, indicação de bens, ou modalidade diversa prevista no ordenamento jurídico. Para tanto a sociedade demandada encaminhará ao juiz da causa pedido de autorização para depósito de valores ou comprometimento de itens com teor econômico capaz de solucionar a dívida que for apurada. Caso a garantia mostre-se no futuro insuficiente, a sociedade será intimada a complementá-la, sob pena de voltar a tramitar o processo de anulação até então suspenso".

Falência da sociedade incorporadora, da sociedade nova ou da cindida. Se, dentro de noventa dias da publicação dos atos alusivos à incorporação, fusão ou cisão, advier a falência da sociedade incorporadora, da sociedade nova ou da cindida, qualquer credor anterior (preferencial ou quirografário) àqueles atos terá o direito de pleitear a separação dos patrimônios de cada pessoa jurídica envolvida, para que seus créditos sejam pagos pelos bens componentes das respectivas massas devedoras.

BIBLIOGRAFIA: Modesto Carvalhosa, *Comentários ao Código Civil*, cit., v. 13, obs. aos arts. 1.113 a 1.122; Laudio Camargo Fabretti, *Incorporação, fusão, cisão e outros eventos societários*, São Paulo, Atlas, 2002; Matiello, *Código Civil*, cit., p. 698.

Capítulo XI

Da Sociedade Dependente de Autorização

Seção I

Disposições gerais

Art. 1.123. A sociedade que dependa de autorização do Poder Executivo para funcionar reger-se-á por este título, sem prejuízo do disposto em lei especial.

Parágrafo único. A competência para a autorização será sempre do Poder Executivo federal.

- Vide *Código Civil, arts. 45, 998, § 1º, 1.033, V, 1.124 a 1.141* e, *em especial, 1.132* e *1.133.*
- *Lei de Introdução às Normas do Direito Brasileiro, art. 11, § 1º.*
- *Decreto n. 24.643/34, art. 43, §§ 1º e 2º.*

- *Decreto-Lei n. 3.236/41, art. 3º.*
- *Decreto-Lei n. 8.356/45, art. 2º,* c.
- *Decreto n. 41.019/57, art. 12,* a.
- *Sociedades estrangeiras: arts. 59 a 73 do Decreto-Lei n. 2.627/40 e Decreto n. 8.803/2016.*
- *Lei n. 4.595/64, art. 10, §§ 1º e 2º (instituições financeiras).*
- *Lei n. 4.728/65, arts. 11 e 49 (Lei de Mercado de Capitais).*
- *Operações de seguros: arts. 74 a 78 do Decreto-Lei n. 73/66.*
- *Lei n. 5.764/71, arts. 17 a 20, 57, 63, VI, e 92, § 1º (Lei de Cooperativas).*
- *Lei n. 6.385/76, arts. 16, 18, 21, § 5º, e 23 (Lei de Mercado de Valores Mobiliários).*
- *Lei n. 6.404/76, arts. 30, § 2º, 73, § 4º, 84, 136, § 2º, 255 e 268.*
- *Lei n. 7.565/86, arts. 36, 99, 175, § 1º, 180 a 183, 193, 204 a 207, 210, 212 a 214 e 217.*
- *Lei n. 8.906/94, arts. 15 e 16 (sociedade de advogados).*
- *Lei n. 8.934/94, art. 35, VIII.*
- *Constituição Federal, arts. 223, 176, § 1º, e 21, XI e XII.*

Prévia autorização governamental. Em regra, as sociedades, para sua constituição, submetem-se ao regime de livre criação, bastando a licitude do objeto perseguido e a observância das formalidades legais. Mas certas sociedades, para constituir-se, adquirir personalidade jurídica ou poder funcionar, dependem de prévia autorização do governo federal por serem estrangeiras, por estarem sujeitas a regime jurídico especial ou por girarem com o dinheiro do público, cujo interesse compete ao poder governamental resguardar, averiguando sua idoneidade, seus estatutos e as garantias que ofertam àquele. Assim sendo, dependerão da autorização do governo federal as sociedades estrangeiras (LINDB, art. 11, § 1º; Decreto n. 8.803/2016; CC, arts. 1.134 a 1.141); as agências ou estabelecimentos de seguros (Decs.-Leis n. 2.063/40 e 73/66, art. 74); bancos e instituições financeiras (Lei n. 4.595/64, art. 18); sociedade de crédito imobiliário (Decreto n. 58.377/66); estabelecimentos de ensino (Lei n. 9.394/96); empresas de navegação de cabotagem; as de exploração de petróleo; as de serviço de telegrafia, radiocomunicação, radiodifusão, energia elétrica e telefonia; empresas de transporte aéreo (Lei n. 7.565/86); montepio, caixas econômicas, bolsas de valores (Lei n. 4.728/65, arts. 7º e 8º; Res. n. 39/66; Leis n. 6.385/76 e 6.404/76); sociedade de advogados para funcionar, convém lembrar, precisará da autorização da Ordem dos Advogados do Brasil (Lei n. 8.906/94, arts. 15 e 16); e cooperativas (CC, arts. 1.093 a 1.096; Lei n. 5.764/71, arts. 17 a 21; outrora não precisavam dessa autorização, como se pode ver pelos Decs.-Leis n. 22.239/32, 581/38, 5.893/43, 6.274/44, 8.401/45, 59/66 e Decreto n. 60.597/67), salvo sindicatos profissionais e agrícolas (CLT, arts. 511 e s.; CF, art. 8º, I e II), desde que legalmente organizados. A competência para expedir a autorização de funcionamento será sempre do Poder Executivo federal.

Disciplina jurídica da sociedade dependente de autorização do Poder Executivo federal. A essas sociedades, além das leis especiais, aplicar-se-ão os arts. 1.124 a 1.141 do Código Civil.

BIBLIOGRAFIA: Matiello, *Código Civil*, cit., p. 698-9.

Art. 1.124. Na falta de prazo estipulado em lei ou em ato do poder público, será considerada caduca a autorização se a sociedade não entrar em funcionamento nos doze meses seguintes à respectiva publicação.

Caducidade da autorização governamental. A legislação ou ato administrativo, baixado pelo Poder Executivo federal, estabelece prazo máximo para que a sociedade dependente de autorização comece a funcionar. Não havendo tal prazo previsto em lei ou no ato do Poder Público (governo federal), a autorização dada caducará, perdendo sua eficácia, se a sociedade não entrar em funcionamento, nem iniciar suas atividades dentro do prazo de doze meses, contado da data da sua publicação na imprensa oficial. Se houver caducidade da referida autorização, esta não poderá ser revalidada, logo a sociedade deverá cumprir novamente todos os requisitos necessários para obter a concessão de nova autorização governamental para funcionar.

Art. 1.125. Ao Poder Executivo é facultado, a qualquer tempo, cassar a autorização concedida a sociedade nacional ou estrangeira que infringir disposição de ordem pública ou praticar atos contrários aos fins declarados no seu estatuto.

- *Constituição Federal, art. 5º, LIV e LV.*
- *Decreto-Lei n. 2.627/40, art. 73.*

Cassação da autorização. O Poder Executivo federal poderá, ante seu poder de fiscalização, a qualquer tempo, cassar a autorização, por ele concedida, para que uma sociedade, nacional ou estrangeira, possa funcionar, se ela vier a: *a*) violar comando de ordem pública, por ser tal infração inconveniente ao interesse geral, dada a sua incompatibilidade com o bem-estar social, pela sua ilicitude ou *b*) praticar atos contrários aos objetivos declarados no seu estatuto social, já que a anuência para seu funcionamento teve por pressuposto essas finalidades. A sociedade, que teve a sua autorização de funcionamento cassada, terá assegurados o contraditório e ampla defesa, mesmo se o processo for administrativo (CF, art. 5º, LIV e LV). Cassada a autorização, a sociedade dissolver-se-á (CC, art. 1.033, V) e entrará na fase de liquidação.

Seção II
Da sociedade nacional

Art. 1.126. É nacional a sociedade organizada de conformidade com a lei brasileira e que tenha no País a sede de sua administração.

- Vide *Código Civil, art. 75, IV.*
- *Lei de Introdução às Normas do Direito Brasileiro, art. 11.*

Parágrafo único. Quando a lei exigir que todos ou alguns sócios sejam brasileiros, as ações da sociedade anônima revestirão, no silêncio da lei, a forma nominativa. Qualquer que seja o tipo da sociedade, na sua sede ficará arquivada cópia autêntica do documento comprobatório da nacionalidade dos sócios.

- Vide *Código Civil, art. 1.089.*
- *Constituição Federal, arts. 222, 223, 176, § 1º, e 170, IX.*
- *Emenda Constitucional n. 6/95, que revogou o art. 171 da Constituição Federal.*
- *Decreto-Lei n. 2.627/40, art. 60, em vigor por determinação da Lei n. 6.404/76.*
- *Lei n. 10.610/2002.*
- *Decreto n. 2.617/98.*

Sociedade nacional. É nacional a sociedade que for organizada conforme a lei brasileira e tiver a sede (domicílio) de sua administração no Brasil. A pessoa jurídica também tem sua nacionalidade, ligando-se ao país em que se constituir, predominando o critério da sede social.

Exigência de sócios brasileiros. A sociedade será brasileira, apesar de ter, no seu quadro societário, sócios estrangeiros, mesmo detentores da maioria do capital social, se preenchidos os requisitos do art. 1.126, *caput*. Se a lei, porventura, exigir que todos ou alguns sócios de sociedade anônima sejam brasileiros, as suas ações, no silêncio da lei, serão nominativas. Mas, qualquer que seja o tipo societário, dever-se-á arquivar na sua sede uma cópia autêntica do documento comprobatório da nacionalidade de seus sócios.

BIBLIOGRAFIA: Barbosa Lima Sobrinho, *A nacionalidade da pessoa jurídica*, Belo Horizonte, 1963; Maurice Travers, La nationalité des sociétés commerciales, *Recueil des Cours*, v. 33, p. 18-24; Antonio Lefebvre d'Ovidio, *La nazionalità delle società commerciali*, Milano, 1939; Alex Martin-Achard, *La nationalité des sociétés anonymes*, Zürich, 1918; Pepy, *La nationalité des sociétés*, 1920; Luiz Viana, *Da nacionalidade das sociedades*, Bahia, 1959; Theóphilo de Azeredo Santos, *Da nacionalidade das sociedades comerciais*, Belo Horizonte, 1957; Adler, *Nationalitätswechsel*, 1931; Arminjon, Nationalité des personnes morales, *Revue de Droit International et de Législation Comparée*, 1902, p. 407 e s.; Modesto Carvalhosa, *Comentários*, cit., v. 13, p. 553-87.

Art. 1.127. Não haverá mudança de nacionalidade de sociedade brasileira sem o consentimento unânime dos sócios ou acionistas.

Mudança de nacionalidade. Para que uma sociedade brasileira possa mudar de nacionalidade, transferindo a sede de sua administração para outro país, será imprescindível o consenso unânime de seus sócios ou acionistas, manifestado em assembleia, por haver interesse coletivo.

BIBLIOGRAFIA: Anzilotti, Il mutamento di nazionalità delle società commerciali, *Rivista di Diritto Internazionale*, 1912.

Art. 1.128. O requerimento de autorização de sociedade nacional deve ser acompanhado de cópia do contrato, assinada por todos os sócios, ou, tratando-se de sociedade anônima, de cópia, autenticada pelos fundadores, dos documentos exigidos pela lei especial.

- Vide *Código Civil, arts. 1.089 e 1.126.*

Parágrafo único. Se a sociedade tiver sido constituída por escritura pública, bastará juntar-se ao requerimento a respectiva certidão.

- *Código Civil, art. 1.131.*
- *Lei n. 6.385/76.*
- *Lei n. 6.404/76, arts. 95 e 96.*

Requerimento para autorização de sociedade nacional. O requerimento pedindo ao Poder Executivo autorização para funcionamento de sociedade nacional (CC, art. 1.126) deverá estar acompanhado não só de cópia autêntica do contrato social assinada por todos os sócios e autenticada pelos fundadores, se se tratar de sociedade anônima, mas também de todos os documentos exigidos por lei especial. Mas, se a constituição da sociedade se deu por escritura pública — que, além de conter todos os dados necessários para instruir o requerimento de autorização de funcionamento, porta a fé pública —, bastará a juntada da respectiva certidão àquele requerimento.

Art. 1.129. Ao Poder Executivo é facultado exigir que se procedam a alterações ou aditamento no contrato ou no estatuto, devendo os sócios, ou, tratando-se de socie-

dade anônima, os fundadores, cumprir as formalidades legais para revisão dos atos constitutivos, e juntar ao processo prova regular.

• *Código Civil, arts. 1.131 e 1.089.*

Exigência de alterações ou aditamentos contratuais ou estatutários. O Poder Executivo poderá exigir, atendendo às prescrições legais e ao interesse público inserido na atividade social desenvolvida, que se façam algumas alterações ou aditamentos no contrato social, ou no estatuto. Os sócios, ou os fundadores de sociedade anônima, deverão cumprir as formalidades legais de revisão dos atos constitutivos, juntando ao processo prova regular do atendimento da determinação governamental. Isto é assim por ser imprescindível a estrita observância dos requisitos legais na elaboração do ato constitutivo da sociedade, daí a necessidade da correção de erros ou de preenchimento de dados omitidos. Só depois da correção de tais falhas, prosseguir-se-á o processo de autorização.

Art. 1.130. Ao Poder Executivo é facultado recusar a autorização, se a sociedade não atender às condições econômicas, financeiras ou jurídicas especificadas em lei.

• *Decreto-Lei n. 2.627/40, art. 62, em vigor por determinação da Lei n. 6.404/76.*

Recusa de autorização. Se a sociedade não atender às condições econômicas, financeiras ou jurídicas exigidas legalmente, o Poder Executivo poderá recusar-se a dar a pretendida autorização para o seu funcionamento. Não há mais discricionariedade do Poder Executivo, pois só poderá recusar tal autorização se, após o exame de aspectos de estrita legalidade, verificar que não foram atendidos. Com o inadimplemento dos requisitos legais o Poder Executivo tem o dever jurídico de não conceder a autorização. Mas, se, atendidas todas as condições legais, houver indeferimento irregular daquela autorização, a sociedade poderá requerer a revisão da denegação pelo Poder Judiciário.

Art. 1.131. Expedido o decreto de autorização, cumprirá à sociedade publicar os atos referidos nos arts. 1.128 e 1.129, em trinta dias, no órgão oficial da União, cujo exemplar representará prova para inscrição, no registro próprio, dos atos constitutivos da sociedade.

• *Decreto-Lei n. 2.627/40, art. 61, § 3º, em vigor por determinação da Lei n. 6.404/76.*

• Vide *Código Civil, arts. 968, § 2º, 1.135, parágrafo único, 1.128 e 1.129.*

Parágrafo único. A sociedade promoverá, também no órgão oficial da União e no prazo de trinta dias, a publicação do termo de inscrição.

• *Lei n. 4.595/64, art. 10, X.*

• *Código Civil, arts. 1.136, § 3º, e 1.150 a 1.154.*

• *Decreto n. 2.627/40, art. 61, §§ 3º e 4º, em vigor por determinação da Lei n. 6.404/76.*

• *Lei n. 6.404/76, art. 94.*

• *Lei n. 8.934/94, art. 36.*

Deveres decorrentes da expedição do decreto de autorização. Assim que o poder competente expedir o decreto de autorização, a sociedade, dentro de trinta dias, deverá publicar, no órgão oficial da União (*DOU*): o requerimento de autorização da sociedade nacional, a cópia do contrato social subscrita por todos os sócios, os documentos exigidos por lei, a certidão de sua constituição por escritura pública, os atos de alteração ou aditamento estatutário. O exemplar dessa publicação constituirá prova para inscrição, no registro próprio, dos atos constitutivos da sociedade. Se tal publicação não se der, o conteúdo do decreto caducará, retirando a validade da autorização de funcionamento, que foi dada. E, além disso, a sociedade, também no prazo de trinta dias, deverá providenciar, no órgão oficial da União, a publicação do termo de inscrição. Se isso não ocorrer, a sociedade não poderá dar início ao desenvolvimento de suas atividades e assumirá o risco de a autorização ser cassada pelo Poder Executivo federal.

Art. 1.132. As sociedades anônimas nacionais, que dependam de autorização do Poder Executivo para funcionar, não se constituirão sem obtê-la, quando seus fundadores pretenderem recorrer a subscrição pública para a formação do capital.

§ 1º Os fundadores deverão juntar ao requerimento cópias autênticas do projeto do estatuto e do prospecto.

§ 2º Obtida a autorização e constituída a sociedade, proceder-se-á à inscrição dos seus atos constitutivos.

- Vide *Código Civil, arts. 1.089, 1.123 e 1.135, parágrafo único.*
- *Decreto-Lei n. 2.627/40, art. 63, em vigor por força da Lei n. 6.404/76.*
- *Lei n. 6.404/76, arts. 82 e § 1º, 83 a 87.*
- *Código Penal, art. 177, § 1º, I, II e IX.*
- *Lei n. 8.934/94, art. 36.*

Constituição de sociedade anônima nacional dependente de autorização governamental. A sociedade anônima nacional, que depender para seu funcionamento de autorização do Poder Executivo federal, não poderá constituir-se antes de obtê-la, se seus fundadores pretenderem recorrer à subscrição pública para formar o capital social. Isto é assim porque a configuração de capital particular com o público requer que o Poder Executivo acompanhe o processo da constituição da sociedade, tornando possível fiscalizar a aplicação dos recursos comuns e a realização da atividade social pretendida. Os fundadores da sociedade anônima com subscrição pública do capital social deverão anexar ao requerimento, pleiteando autorização de funcionamento, cópias autênticas do projeto do estatuto social e do prospecto para que o Executivo possa avaliar sua pretensão. Obtendo tal autorização, constituir-se-á a sociedade, procedendo-se à inscrição de seus atos constitutivos.

Art. 1.133. Dependem de aprovação as modificações do contrato ou do estatuto de sociedade sujeita a autorização do Poder Executivo, salvo se decorrerem de aumento do capital social, em virtude de utilização de reservas ou reavaliação do ativo.

- Vide *Código Civil, art. 1.123.*
- *Lei n. 6.385/76, arts. 9º e 11, V e VI.*

Exceção à aprovação de contrato modificativo. Se a sociedade para funcionar estiver sujeita à autorização do Poder Executivo, as alterações feitas em seu estatuto ou contrato social dependerão de aprovação, exceto se decorrerem de aumento do capital social, em razão de utilização de reservas acumuladas ou reavaliação do ativo, por não ser prejudicial aos interesses societários, visto que não há alteração no quadro social.

BIBLIOGRAFIA: Matiello, *Código Civil*, cit., p. 699 a 703.

Seção III

Da sociedade estrangeira

Art. 1.134. A sociedade estrangeira, qualquer que seja o seu objeto, não pode, sem autorização do Poder Executivo, funcionar no País, ainda que por estabelecimentos subordinados, podendo, todavia, ressalvados os casos expressos em lei, ser acionista de sociedade anônima brasileira.

- *Código Civil, arts. 1.089 e 1.141, § 1º.*
- *Lei de Introdução às Normas do Direito Brasileiro, arts. 11, § 1º, e 17.*

§ 1º Ao requerimento de autorização devem juntar-se:

- *Código Civil, art. 1.135, parágrafo único.*
- *IN do DREI n. 7/2013.*

I — prova de se achar a sociedade constituída conforme a lei de seu país;

II — inteiro teor do contrato ou do estatuto;

III — relação dos membros de todos os órgãos da administração da sociedade, com nome, nacionalidade, profissão, domicílio e, salvo quanto a ações ao portador, o valor da participação de cada um no capital da sociedade;

IV — cópia do ato que autorizou o funcionamento no Brasil e fixou o capital destinado às operações no território nacional;

V — prova de nomeação do representante no Brasil, com poderes expressos para aceitar as condições exigidas para a autorização;

- *Decreto-Lei n. 2.627/40, art. 64, parágrafo único, em vigor por força da Lei n. 6.404/76.*

VI — último balanço.

- *Código Civil, arts. 1.135, parágrafo único, e 1.141, § 1º.*
- *Decreto-Lei n. 2.627/40, mantido pelo art. 300 da Lei de Sociedade Anônima.*

§ 2º Os documentos serão autenticados, de conformidade com a lei nacional da sociedade requerente, legalizados no consulado brasileiro da respectiva sede e acompanhados de tradução em vernáculo.

- *Lei n. 6.404/76, art. 300.*
- *Decreto-Lei n. 2.627/40, arts. 59 a 73, em vigor por força da Lei n. 6.404/76.*
- Vide *Código de Processo Civil, arts. 75, § 3º, e 21, parágrafo único.*
- *Decreto n. 92.319/86.*
- *Decreto n. 9.787/2019 sobre competência do Ministério da Economia, para autorizar funcionamento de sociedade estrangeira no Brasil.*
- *Decreto n. 3.441/2000, que delegava competência ao Ministro da Justiça para autorizar o funcionamento no Brasil de organizações estrangeiras destinadas a fins de interesse coletivo.*
- *Lei n. 8.934/94, art. 32, II, c.*
- *Lei n. 12.529/2011, art. 2º, §§ 1º e 2º.*
- *Instrução Normativa n. 81/99 do DNRC e Portaria n. 12/2015 da Secretaria de Racionalização e Simplificação, sobre pedidos de autorização para nacionalização ou instalação de filial, agência, sucursal ou estabelecimento no País por sociedade mercantil estrangeira.*
- *Instrução Normativa da SRFB n. 1.520/2014, sobre tributação de lucros auferidos no exterior pelas pessoas jurídicas domiciliadas no país.*
- *Lei de Introdução às Normas do Direito Brasileiro, art. 11.*
- *Emenda Constitucional n. 6/95.*

• *Código Bustamante, arts. 31 e 32.*

• *Decreto n. 2.427/97, que promulga a Convenção Interamericana sobre Personalidade e Capacidade das Pessoas Jurídicas no Direito Internacional Privado, concluída em La Paz, em 24 de maio de 1984.*

Sociedade estrangeira. A sociedade estrangeira é constituída conforme a lei do local onde nascer (*lex loci actus*) e tiver sua sede administrativa, e é tida como válida em outros Estados que a reconhecerem. Com seu reconhecimento, a pessoa jurídica estrangeira gozará, no território brasileiro, da mesma capacidade que tem no país de origem.

Autorização para funcionamento no Brasil de sociedade estrangeira. A sociedade procura expandir suas atividades empresariais para além dos seus limites territoriais, mesmo que não tenha agência em outros países, ou melhor, no Brasil. Poderá relacionar-se com as pessoas aqui domiciliadas e ser amparada por nossa legislação (LINDB, arts. 2º, II, e 17, interpretados *a contrario sensu*; Lei n. 12.529/2011, art. 2º). A sociedade estrangeira, qualquer que seja seu objeto, poderá conservar sua sede no exterior, e exercer atividade no Brasil, aqui mantendo, ou não, filial, sucursal, agência ou estabelecimento, escritório de representação, posto comercial etc. e até mesmo, em casos expressos em lei, ser acionista de sociedade anônima brasileira. Mas deverá para tanto obter autorização do nosso Poder Executivo, mediante requerimento instruído com: *a*) prova de se achar regularmente constituída conforme a lei de seu país de origem; *b*) contrato social em seu inteiro teor; *c*) rol dos sócios e dos membros dos órgãos administrativos, com a devida qualificação, especificando, ainda, o valor da participação de cada um no capital social, salvo se as ações forem ao portador; com isso, afirma Glauber Moreno Talavera, assegura-se a responsabilidade de cada um na apuração de haveres e em casos de déficits empresariais; *d*) cópia da ata que autorizou o seu funcionamento no Brasil e fixou o capital destinado à realização das operações no território nacional; *e*) comprovante da nomeação do representante no Brasil, com poderes expressos para aceitar as condições em que for dada a autorização pretendida; e *f*) apresentação do último balanço da firma, para averiguar a situação financeira da sociedade e o benefício que traria com sua instalação no Brasil. Todos esses documentos deverão estar autenticados conforme a lei nacional da sociedade requerente, legalizados pelo consulado brasileiro da sua sede e devidamente traduzidos em vernáculo por tradutor juramentado. Imprescindível será a apresentação de toda essa documentação, pois a autorização para seu funcionamento no território brasileiro implicará o prévio exame da legitimidade de sua constituição no exterior e a verificação de que o exercício de suas atividades não colide com a ordem pública interna.

É preciso não olvidar que: "A sociedade estrangeira pode, independentemente de autorização do Poder Executivo, ser sócia em sociedades de outros tipos além das anônimas" (Enunciado n. 485 do CJF, aprovado na *V Jornada de Direito Civil*).

BIBLIOGRAFIA: Homero Pires, *Do reconhecimento das pessoas jurídicas no direito internacional privado e outros estudos*, Bahia, 1916; Prospero Fedozzi, *Gli enti collettivi nel diritto internazionale privato*, Padova, 1897; M. Helena Diniz, *Lei de Introdução ao Código Civil brasileiro interpretada*, São Paulo, Saraiva, 2001, p. 294 a 303; Abrams, *Les sociétés en droit international privé*, 1957; Pillet, *Les personnes morales en droit international privé*, 1941; Modesto Carvalhosa, *Comentários*, cit., v. 13, p. 587-613; Matiello, *Código Civil*, cit., p. 703-7.

Art. 1.135. É facultado ao Poder Executivo, para conceder a autorização, estabelecer condições convenientes à defesa dos interesses nacionais.

Parágrafo único. Aceitas as condições, expedirá o Poder Executivo decreto de autorização, do qual constará o montante de capital destinado às operações no País, cabendo à sociedade promover a publicação dos atos referidos no art. 1.131 e no § 1º do art. 1.134.

- Vide *Código Civil, arts. 1.131, 1.134, § 1º, IV e V, e 1.136, § 1º.*
- *Decreto n. 5.664/2006.*
- *Decreto-Lei n. 2.627/40, art. 65, em vigor por força da Lei n. 6.404/76.*

Condições para a concessão da autorização. O Poder Executivo (Ministério de Desenvolvimento, Indústria e Comércio Exterior) poderá, para conceder a autorização para uma sociedade estrangeira funcionar no Brasil, estabelecer certas condições que reputar convenientes à defesa dos interesses nacionais. Se o representante da sociedade estrangeira (CC, art. 1.134, V), munido de poderes expressos para tanto, acatar as referidas condições, o Poder Executivo expedirá decreto de autorização, constando o montante do capital social que foi destinado às operações a serem efetivadas no Brasil (CC, art. 1.134, IV), e à sociedade caberá publicar, dentro de trinta dias, contados da expedição daquele decreto, no órgão oficial da União, a cópia do contrato social, e a dos aditamentos nele feitos e de todos os documentos que acompanharam seu pedido de autorização para aqui funcionar (CC, arts. 1.131, 1.128, 1.129 e 1.134, § 1º). O exemplar dessa publicação representará prova para inscrição no registro próprio dos atos constitutivos da sociedade (CC, art. 1.136) do local em que se estabelecerá. Se não se providenciar tal publicação, ter-se-á a caducidade do decreto e a cessação da validade da autorização dada para o funcionamento da sociedade.

Art. 1.136. A sociedade autorizada não pode iniciar sua atividade antes de inscrita no registro próprio do lugar em que se deva estabelecer.

- *Código Civil, art. 968, § 2º.*

§ 1º O requerimento de inscrição será instruído com exemplar da publicação exigida no parágrafo único do artigo antecedente, acompanhado de documento do depósito em dinheiro, em estabelecimento bancário oficial, do capital ali mencionado.

- Vide *Código Civil, arts. 1.131, 2ª parte, e 1.135, parágrafo único.*
- *Decreto-Lei n. 2.627/40, art. 65, parágrafo único.*

§ 2º Arquivados esses documentos, a inscrição será feita por termo em livro especial para as sociedades estrangeiras, com número de ordem contínuo para todas as sociedades inscritas; no termo constarão:

I — nome, objeto, duração e sede da sociedade no estrangeiro;
II — lugar da sucursal, filial ou agência, no País;
III — data e número do decreto de autorização;
IV — capital destinado às operações no País;
V — individuação do seu representante permanente.

§ 3º Inscrita a sociedade, promover-se-á a publicação determinada no parágrafo único do art. 1.131.

- Vide *art. 1.131, parágrafo único, do Código Civil.*

Inscrição da sociedade autorizada. Para que possa exercer suas atividades no Brasil, a sociedade estrangeira autorizada deverá, para que haja efeito *erga omnes*, providenciar sua inscrição no registro próprio do lugar onde deverá se estabelecer, mediante requerimento instruído com: *a*) exemplar da publicação no órgão oficial da União dos documentos exigidos legalmente (CC, arts. 1.134, § 1º, 1.135, parágrafo único, 1.131, 1.128 e 1.129); e *b*) comprovante do depósito em dinheiro, em estabelecimento bancário oficial, do capital destinado às operações a serem realizadas no Brasil (CC, art. 1.135, IV). Tais documentos serão arquivados e a inscrição será feita por termo lavrado em livro especial para as sociedades estrangeiras, com número de ordem contínuo para todas as sociedades inscritas, obedecendo à sequência de protocolo. Nesse termo deverão constar: nome, objeto, duração e sede da sociedade no exterior; local da sucursal, filial ou agência no Brasil; data e número do decreto de autorização (CC, art. 1.135, parágrafo único); capital destinado às operações no território brasileiro (CC, art. 1.134, IV); individuação do seu representante permanente. Após a sua inscrição, a sociedade publicará, no órgão oficial da União, dentro de trinta dias, o termo de sua inscrição (CC, art. 1.131, parágrafo único), gerando presunção absoluta de conhecimento por todos de seu teor.

Art. 1.137. A sociedade estrangeira autorizada a funcionar ficará sujeita às leis e aos tribunais brasileiros, quanto aos atos ou operações praticados no Brasil.

Parágrafo único. A sociedade estrangeira funcionará no território nacional com o nome que tiver em seu país de origem, podendo acrescentar as palavras "do Brasil" ou "para o Brasil".

- *Lei de Introdução às Normas do Direito Brasileiro, arts. 9º e 12.*
- *Código de Processo Civil, arts. 21 a 24.*
- *Decreto-Lei n. 2.627/40, arts. 66 e 68.*
- *IN do DREI, art. 15.*

Sujeição às leis e tribunais brasileiros. Obtida a autorização para funcionamento no Brasil, a sociedade autorizada manterá sua firma social, podendo acrescentar a expressão "do Brasil" ou "para o Brasil" para diferenciá-la de outras do mesmo grupo que funcionam em outros países, e sujeitar-se-á, no que disser respeito aos atos ou operações praticados em nosso território, às leis e tribunais brasileiros, não se aplicando, portanto, a lei do seu país de origem. Consagrado está, portanto, o princípio da equiparação legal da sociedade estrangeira com a nacional.

Art. 1.138. A sociedade estrangeira autorizada a funcionar é obrigada a ter, permanentemente, representante no Brasil, com poderes para resolver quaisquer questões e receber citação judicial pela sociedade.

Parágrafo único. O representante somente pode agir perante terceiros depois de arquivado e averbado o instrumento de sua nomeação.

- *Decreto-Lei n. 2.627/40, art. 67, em vigor por força da Lei n. 6.404/76.*
- *Código de Processo Civil, arts. 75, § 3º, e 21, parágrafo único.*
- *Código Civil, art. 968, § 2º.*

Representante da sociedade estrangeira autorizada a funcionar no Brasil. Deverá ser nomeado o representante permanente (diretor ou procurador, domiciliado no Brasil) da sociedade estrangeira autorizada a funcionar no Brasil, com poderes expressos para solucionar, em seu nome, quaisquer questões (fiscais, econômicas, civis, técnicas etc.) e receber por ela citação judicial. Aquele que representar a sociedade, ativa ou passivamente, em juízo e fora dele somente poderá agir, validamente, perante terceiros, quando o instrumento de sua nomeação for arquivado e averbado à margem da inscrição da sociedade.

Art. 1.139. Qualquer modificação no contrato ou no estatuto dependerá da aprovação do Poder Executivo, para produzir efeitos no território nacional.

- *Decreto-Lei n. 2.627/40, art. 69.*
- *Decreto n. 5.664/2006.*

Efeitos de contrato modificativo no Brasil. As alterações que se fizerem, mesmo no país de origem, no estatuto da sociedade estrangeira autorizada a funcionar no Brasil, dependerão de aprovação do Poder Executivo federal, devidamente averbada junto ao registro público competente, para que possam ter eficácia em território brasileiro. Isto é assim porque não poderão ser contrárias à lei brasileira e deverão atender às condições econômicas, financeiras e jurídicas, que deram suporte à sua autorização para funcionar no Brasil.

Art. 1.140. A sociedade estrangeira deve, sob pena de lhe ser cassada a autorização, reproduzir no órgão oficial da União, e do Estado, se for o caso, as publicações que, segundo a sua lei nacional, seja obrigada a fazer relativamente ao balanço patrimonial e ao de resultado econômico, bem como aos atos de sua administração.

- *Código Civil, arts. 1.020, 1.065, 1.078, I e § 3º, 1.179, 1.188 e 1.189.*
- *Decreto-Lei n. 2.627/40, art. 70.*

Parágrafo único. Sob pena, também, de lhe ser cassada a autorização, a sociedade estrangeira deverá publicar o balanço patrimonial e o de resultado econômico das sucursais, filiais ou agências existentes no País.

Exigência de publicação do balanço patrimonial, do de resultado econômico e dos atos da administração. Sob pena de cassação da autorização para funcionamento no Brasil, a sociedade estrangeira deverá reproduzir, no órgão oficial da União e, se for o caso, no do Estado, todas as publicações que, conforme sua lei nacional, deva fazer não só no que atina aos seus próprios balanços, patrimonial e de resultado econômico, e aos atos de sua administração, como também aos de suas sucursais, filiais ou agências existentes no território brasileiro. Com isso, tornar-se-ão conhecidos de todos os dados econômicos da sociedade estrangeira e os de suas sucursais ou estabelecimentos secundários.

Art. 1.141. Mediante autorização do Poder Executivo, a sociedade estrangeira admitida a funcionar no País pode nacionalizar-se, transferindo sua sede para o Brasil.

- *Lei de Introdução às Normas do Direito Brasileiro, art. 11.*
- *IN do DREI n. 7/2013.*
- *Código Civil, art. 75, IV.*
- *Decreto-Lei n. 2.627/40, art. 71.*
- *Decreto n. 5.664/2006.*

§ 1º Para o fim previsto neste artigo, deverá a sociedade, por seus representantes, oferecer, com o requerimento, os documentos exigidos no art. 1.134, e ainda a prova da realização do capital, pela forma declarada no contrato, ou no estatuto, e do ato em que foi deliberada a nacionalização.

- Vide *art. 1.134 do Código Civil.*

§ 2º O Poder Executivo poderá impor as condições que julgar convenientes à defesa dos interesses nacionais.

§ 3º Aceitas as condições pelo representante, proceder-se-á, após a expedição do decreto de autorização, à inscrição da sociedade e publicação do respectivo termo.

- *Código Civil, art. 968, § 2º.*

Desnacionalização. As sociedades constituídas no Brasil serão brasileiras, mas, se vierem a mudar sua sede para o exterior, desnacionalizar-se-ão, pois passarão a submeter-se à lei do Estado em cujo território vierem a exercer suas atividades principais, tendo nele a sede de sua administração.

Nacionalização. A sociedade estrangeira com permissão para funcionar no Brasil, mediante autorização do Poder Executivo, poderá nacionalizar-se, transferindo, obrigatoriamente, a sede de sua administração para o território brasileiro. Com isso, há uma "renúncia" da nacionalidade de origem, adotando a do país eleito como seu domicílio, por ser o lugar de sua sede, onde atuarão sua diretoria e órgãos de administração.

Requisitos para a nacionalização. A sociedade estrangeira autorizada a funcionar no Brasil, pretendendo nacionalizar-se, deverá, por meio de seus representantes: *a*) apresentar um requerimento, instruído com os seguintes documentos, devidamente, autenticados: prova de sua regular constituição, conforme as leis de seu país de origem; cópia integral do estatuto social; relação de sócios, com a devida qualificação e o valor de sua participação no capital social, e dos órgãos administrativos; comprovante da autorização de seu funcionamento no Brasil e do capital destinado para isso; indicação de seu representante; apresentação do último balanço (CC, art. 1.134); prova da realização do capital, pela forma declarada no contrato social e do ato da deliberação da nacionalização; *b*) acatar, por meio de seu representante, as condições impostas pelo Poder Executivo, por reputá-las convenientes à defesa dos interesses nacionais; e *c*) proceder, após a expedição do decreto de autorização, à sua inscrição no órgão de registro competente e à publicação do respectivo termo de autorização.

Título III
Do Estabelecimento

- *Lei n. 12.291/2010 que obriga estabelecimentos a terem exemplar do CDC.*
- *Súmula 451 do Superior Tribunal de Justiça — "É legítima a penhora da sede do estabelecimento comercial".*
- *"Admite-se a penhora do* website *e de outros intangíveis relacionados com o comércio eletrônico" (Enunciado n. 487 do CJF, aprovado na* V Jornada de Direito Civil*).*

Capítulo Único
Disposições Gerais

Art. 1.142. Considera-se estabelecimento todo complexo de bens organizado, para exercício da empresa, por empresário, ou por sociedade empresária.

- *Súmulas 451 do Superior Tribunal de Justiça e 645 do Supremo Tribunal Federal.*

§ 1º O estabelecimento não se confunde com o local onde se exerce a atividade empresarial, que poderá ser físico ou virtual.

§ 2º Quando o local onde se exerce a atividade empresarial for virtual, o endereço informado para fins de registro poderá ser, conforme o caso, o endereço do empresário individual ou o de um dos sócios da sociedade empresária.

§ 3º Quando o local onde se exerce a atividade empresarial for físico, a fixação do horário de funcionamento competirá ao Município, observada a regra geral do inciso II do *caput* do art. 3º da Lei n. 13.874, de 20 de setembro de 2019.

- *Acrescentados pela Lei n. 14.195/2021 e confirmados pela Lei n. 14.382/2022.*

Estabelecimento. Estabelecimento é o complexo de bens de natureza variada, materiais (mercadorias, máquinas, imóveis, veículos, equipamentos etc.) ou imateriais (marcas, patentes, tecnologia, ponto, nome de domínio, perfis em redes sociais explorados com finalidade empresarial – Enunciado n. 95 aprovado na *III Jornada de Direito Comercial* etc.), reunidos e organizados pelo empresário ou pela sociedade empresária, por serem necessários ou úteis ao desenvolvimento e exploração de sua atividade econômica, ou melhor, ao exercício da empresa. Constitui uma universalidade de direito *sui generis*. Como se pode inferir do enunciado no artigo *sub examine*, trata-se de elemento essencial à empresa, pois impossível é qualquer atividade empresarial sem que antes se organize um estabelecimento, que é o centro de suas decisões, pois nele atua o empresário e a sociedade empresária. O valor agregado ao complexo de bens não personificado, que constitui o estabelecimento, é o fundo de comércio. O ponto é o local do exercício da empresa, onde se concentra o estabelecimento. Logo, não se confunde o local (físico ou virtual) onde venha a exercer sua atividade empresarial. Se *virtual* for, o endereço para fins registrários poderá ser o do empresário individual (inclusive o de sua residência – LC n. 123/2006, art. 18-A, § 25), ou o de um dos sócios, visto que não há sede física para atender clientela ou fornecedores. Contudo, se *físico*, o município terá competência para determinar o funcionamento do estabelecimento comercial, situado em seu território, por ter interesse local, atendendo às peculiaridades e aos costumes da cidade (CF/88, art. 30, I; Lei n. 13.874/2019, art. 3º, II, STF, Súmula vinculante 38, salvo fixação de horário bancário, que é da competência da União – Súmula 19 do STJ).

Pelo Enunciado n. 7 (aprovado na *1ª Jornada de Direito Comercial*): "O nome de domínio integra o estabelecimento empresarial como bem incorpóreo para todos os fins de direito".

Pelos Enunciados, aprovados na III Jornada de Direito Comercial): *a*) n. 106: "O juízo da recuperação extrajudicial poderá determinar, no início do processo, a suspensão de ações ou execuções propostas por credores sujeitos ao plano de recuperação extrajudicial, com a finalidade de preservar a eficácia e a utilidade da decisão que vier a homologá-lo"; *b*) n. 107: "O fato gerador do parágrafo único do art. 40 da Lei n. 9.279/96 não engloba a hipótese de mora administrativa havida em concausa ou perpetrada pelo depositante do pedido de patente, desde que demonstrada conduta abusiva deste"; *c*) n. 108: "Não cabe a condenação do INPI em sucumbência nos termos do art. 85 do CPC, quando a matéria não for de seu conhecimento prévio e não houver resistência judicial posterior"; *d*) n. 109: "Os pedidos de abstenção de uso e indenização, quando cumulados com ação visando anular um direito propriedade industrial, são da competência da Justiça federal, em face do art. 55 do CPC"; *e*) n. 110: "Aplicam-se aos negócios jurídicos de propriedade intelectual o disposto sobre a função social dos contratos, probidade e boa-fé"; *f*) n. 111: "Nas ações de nulidade de indeferimento de pedido de registro de marca, o titular do registro marcário apontado como anterioridade impeditiva é litisconsorte passivo necessário, à luz do que dispõe o art. 115 do CPC"; *g*) n. 112: "O termo inicial do prazo de 30 dias previsto no parágrafo único do art. 162 da Lei n. 9.279/96 é o primeiro dia útil subsequente ao término *in albis* do prazo de 60 dias previsto no *caput* do mesmo artigo"; *h*) n. 113: "Em ações que visam anular um direito de propriedade industrial, a citação do INPI para se manifestar sobre os pedidos deve ocorrer apenas após a contestação do titular do direito de propriedade industrial"; *i*) n. 114: "A proteção jurídica ao conjunto-imagem de um produto ou serviço não se estende à funcionalidade técnica".

BIBLIOGRAFIA: Oscar Barreto Filho, *Teoria do estabelecimento comercial*, n. 44 e s., p. 164 e s.; José da Silva Pacheco, *Tratado de direito empresarial*, cit., v. 1, p. 342-54; Orlando de Carvalho, *Critério e estrutura do estabelecimento comercial*, 1967; Barbosa de Magalhães, *Do estabelecimento comercial*, p. 37 e s.; Márcio Antonio Inacarato, O fundo de comércio ou estabelecimento comercial, *RDC*, *16*:128; Modesto Carvalhosa, *Comentários*, cit., v. 13, p. 613-62; Matiello, *Código Civil*, cit., p. 708-13; Glauber M. Talavera, *Comentários*, cit., p. 873; Sérgio Abdalla Simão, Do estabelecimento empresarial no novo Código Civil, *Revista Del Rey Jurídica*, *16*:36 e 37; Oscar Barreto, *Teoria do estabelecimento comercial*, São Paulo, Max Limonad, 1969; M. Helena Diniz, *Curso*, cit., v. 8, p. 677-776.

Art. 1.143. Pode o estabelecimento ser objeto unitário de direitos e de negócios jurídicos, translativos ou constitutivos, que sejam compatíveis com a sua natureza.

• Vide *Código Civil, art. 1.164, parágrafo único.*

Estabelecimento como objeto de direitos e de negócios jurídicos. O estabelecimento empresarial pode ser objeto unitário de direitos e de negócios jurídicos, translativos ou constitutivos, desde que sejam compatíveis com a sua natureza. Tal ocorre por integrar o patrimônio do empresário e da sociedade empresária, visto ser uma universalidade, ou seja, um complexo de bens organizados para o exercício da atividade empresarial, constituído pela base física onde funciona a empresa e por elementos corpóreos ou incorpóreos, com o escopo de atrair clientela e gerar lucro, sendo, portanto, uma garantia aos seus credores. Consequentemente, pode constituir objeto de negócios jurídicos efetivados pelo empresário ou pela sociedade empresária, que podem dele livremente dispor, atendendo a certos requisitos. Pode ser, portanto, objeto de: trespasse, permuta, dação em pagamento, doação, arrendamento ou locação, usufruto, comodato, sucessão falencial, sucessão *causa mortis* etc.

Pelo Enunciado n. 8 (aprovado na *1ª Jornada de Direito Comercial*): "A sub-rogação do adquirente nos contratos de exploração atinentes ao estabelecimento adquirido, desde que não possuam caráter pessoal, é a regra geral, incluindo o contrato de locação".

Art. 1.144. O contrato que tenha por objeto a alienação, o usufruto ou arrendamento do estabelecimento, só produzirá efeitos quanto a terceiros depois de averbado à margem da inscrição do empresário, ou da sociedade empresária, no Registro Público de Empresas Mercantis, e de publicado na imprensa oficial.

• *Código Civil, art. 968, § 2º.*

Eficácia "erga omnes" de alienação, usufruto ou arrendamento de estabelecimento. Se o estabelecimento empresarial for objeto de contrato que vise aliená-lo, dá-lo em usufruto ou arrendá-lo, esse negócio jurídico terá eficácia plena entre as partes, mas apenas produzirá efeitos em relação a terceiros depois de sua averbação à margem da inscrição do empresário, ou da sociedade empresária, no Registro Público de Empresas Mercantis, e de sua publicação na imprensa oficial, isto é, no Diário Oficial. Tal ocorre por ser o estabelecimento um instrumento unitário do exercício da atividade empresarial.

Art. 1.145. Se ao alienante não restarem bens suficientes para solver o seu passivo, a eficácia da alienação do estabelecimento depende do pagamento de todos os credores, ou do consentimento destes, de modo expresso ou tácito, em trinta dias a partir de sua notificação.

• *Lei de Falências (Lei n. 11.101/2005), arts. 50, VII, 66, 94, III, c, 129, VI.*

Trespasse ou alienação do estabelecimento empresarial. O contrato de compra e venda de estabelecimento empresarial, ou melhor, do complexo de bens materiais ou imateriais, utilizados na exploração de uma atividade econômica, denomina-se *trespasse* (*RT*, *276*:216, *691*:157, *265*:714, *276*:620, *423*:122, *270*:210, *650*:116, *420*:329, *390*:158, *401*:187, *500*:155, *415*:127, *656*:164; *RTJ*, *118*:1.154; *RF*, *200*:145; *JSTJ*, *32*:231; *RJTJRS*, *158*:316). Pelo Enunciado n. 393 do Conselho da Justiça Federal (aprovado na *IV Jornada de Direito Civil*): "A validade da alienação do estabelecimento empresarial não depende de forma específica, observado o regime jurídico dos bens que a exijam". "A alienação do estabelecimento empresarial importava, como regra, na manutenção de contrato de locação em que o alienante figurava como locatário" (Enunciado n. 64 aprovado na *Jornada de Direito Civil* de 2002, do Centro de Estudos da Justiça Federal). Mas tal enunciado foi cancelado pelo Enunciado n. 234 do Conselho da Justiça Federal, aprovado na *III Jornada de Direito Civil*, que assim dispõe: "Quando do trespasse do estabelecimento empresarial, o contrato de locação do respectivo ponto não se transmite automaticamente ao adquirente". Com o trespasse, o estabelecimento passa a integrar o patrimônio do adquirente, consequentemente será preciso tutelar os interesses dos credores. Por tal razão, o empresário ou sociedade empresária que não possuir bens suficientes para cobrir seu passivo só poderá alienar, eficazmente, o seu estabelecimento se: *a*) pagar todos os credores; ou *b*) obter o consentimento unânime, expresso ou tácito, de seus credores, dentro do prazo de trinta dias, contado da notificação que lhes fez daquela sua pretensão. Admite-se, portanto, que os credores do alienante possam opor-se ao trespasse, principalmente se o preço contratado for insuficiente para cobrir as dívidas sociais. Se não obedecer a esse comando legal, poderá ter a decretação de sua falência, e aquela venda será tida ineficaz perante a massa falida, podendo o estabelecimento ser reivindicado, em favor da coletividade de credores, prejudicando o adquirente (Lei de Falências, arts. 50, VII, 94, III, *c*, e 129, VI). O adquirente que não providenciar prova da solvência do alienante ou da anuência dos seus credores poderá perder o estabelecimento para a massa falida. O não cumprimento do comando contido na norma *sub examine* poderá acarretar a ineficácia do trespasse em relação a credores, que poderão exigir o pagamento de seu crédito contra empresário ou sociedade devedora.

"A sistemática do contrato de trespasse delineada pelo Código Civil nos arts. 1.142 e s., especialmente seus efeitos obrigacionais, aplica-se somente quando o conjunto de bens transferidos importar a transmissão da funcionalidade do estabelecimento empresarial" (Enunciado n. 233 do Conselho da Justiça Federal, aprovado na *III Jornada de Direito Civil*).

BIBLIOGRAFIA: Gasca, *La compraventa civil y comercial*, Madrid, 1931; Fran Martins, Compra e venda mercantil, *Enciclopédia Saraiva do Direito*, v. 16, p. 434-43; M. Helena Diniz, *Tratado*, cit., v. 1, p. 364-6; Fábio Ulhoa Coelho, *Manual*, cit., p. 50 e 51; *Curso*, cit., v. 1, p. 111-8; Cunha Gonçalves, *Compra e venda no direito comercial brasileiro*, 1950; Waldirio Bulgarelli, *Contratos mercantis*, São Paulo, Atlas, 1988, p. 164-184 e 195.

Art. 1.146. O adquirente do estabelecimento responde pelo pagamento dos débitos anteriores à transferência, desde que regularmente contabilizados, continuando o devedor primitivo solidariamente obrigado pelo prazo de um ano, a partir, quanto aos créditos vencidos, da publicação, e, quanto aos outros, da data do vencimento.

- *Código Civil, arts. 275 a 285, 1.144 e 1.152.*
- *Consolidação das Leis do Trabalho, art. 448.*
- *Código Tributário Nacional, art. 133, I e II.*
- *Lei n. 11.101/2005, art. 81 e § 1º.*

Responsabilidade do adquirente do estabelecimento. Ocorrida a alienação total ou trespasse do estabelecimento, o seu adquirente sucederá o passivo do alienante, logo terá responsabilidade pelo pagamento dos débitos pendentes, anteriores à transferência, ligados àquele estabelecimento, desde que estejam regularmente contabilizados em livros próprios. Consequentemente, o adquirente responderá apenas se podia ter conhecimento da existência de tais dívidas, visto que, com sua contabilização, estavam à sua disposição, possibilitando consulta antes da efetivação do negócio. Observa Glauber Moreno Talavera que poderá haver omissão intencional, ou não, ou existência de débitos não consolidados, por isso o adquirente deverá agir com prudência e realizar diligências específicas na esfera contábil-econômico-jurídica para apurar eventuais contingências. A contabilização dos débitos tem, portanto, grande importância, visto que, repetimos, o adquirente do estabelecimento responderá pelas dívidas anteriores ao trespasse desde que apuradas contabilmente, logo não terá responsabilidade pelos débitos que desconhece, por não estarem contabilizados. Junto ao trespasse dever-se-á, por isso, arrolar as dívidas sociais, os credores e os valores correspondentes, mas o alienante continuará, com o adquirente quanto aos créditos vencidos, responsável solidariamente, pelo prazo de um ano, contado da publicação oficial do contrato de transferência do estabelecimento (CC, art. 1.152) e não do ato de arquivamento da alienação no Registro Público de Empresas Mercantis (CC, art. 1.144), e quanto aos vincendos, por igual lapso temporal, a partir da data do vencimento do título correspondente. O alienante (devedor primitivo) poderá, portanto, ser demandado pelo credor. Transcorrido *in albis* o lapso temporal de um ano, liberar-se-á o alienante, e o adquirente passará a ser o único responsável pelo pagamento dos débitos anteriores ao trespasse. Urge lembrar que, em relação às dívidas contraídas depois da publicação do contrato translativo do estabelecimento, apenas o seu adquirente terá a obrigação de solvê-las.

Pelos Enunciados: *a*) n. 4 da *I Jornada Paulista de Direito Comercial*: "O art. 1.146 do Código Civil é norma cogente, de sorte que não se admite, no contrato de trespasse, seja afastada, com efeitos perante terceiros, a sucessão do adquirente do estabelecimento, nem a solidariedade do alienante"; *b*) n. 59, da *II Jornada de Direito Comercial*: "A mera instalação de um novo estabelecimento, em lugar antes ocupado por outro, ainda que no mesmo ramo de atividade, não implica responsabilidade por sucessão prevista no art. 1.146 do CCB".

Alerta o Enunciado n. 489 do CJF (aprovado na *V Jornada de Direito Civil*) que: "No caso da microempresa, da empresa de pequeno porte e do microempreendedor individual, dispensados de publicação dos seus atos (art. 71 da Lei Complementar n. 123/2006), os prazos estabelecidos no Código Civil contam-se da data do arquivamento do documento (termo inicial) no registro próprio".

Art. 1.147. Não havendo autorização expressa, o alienante do estabelecimento não pode fazer concorrência ao adquirente, nos cinco anos subsequentes à transferência.

Parágrafo único. No caso de arrendamento ou usufruto do estabelecimento, a proibição prevista neste artigo persistirá durante o prazo do contrato.

Proibição de concorrência. Para proteção do estabelecimento empresarial e do ponto, que é um de seus elementos essenciais, em função do vulto do empreendimento, do tipo de atividade econômica exercida e do perfil da clientela: *a*) o alienante, ocorrendo o trespasse, não poderá, durante os cinco anos subsequentes à transferência, restabelecer-se em idêntico (ou similar) ramo de atividade, na mesma praça, para fazer concorrência ao adquirente do estabelecimento, a não ser que haja autorização expressa. "A ampliação do prazo de 5 anos de proibição de concorrência pelo alienante ao adquirente do estabelecimento, ainda que convencionada no exercício da autonomia da vontade, pode ser revista judicialmente, se abusiva" (Enunciado n. 490 do CJF, aprovado na *V Jornada de Direito Civil*); e *b*) o locador, ou arrendador, e o nu-proprietário, por sua vez, também não poderão fazer concorrência ao locatário, ou arrendatário, e ao usufrutuário do estabelecimento empresarial, durante todo o prazo de vigência dos contratos. E, na lição de Fábio Ulhoa Coelho, o restabelecimento do alienante, do arrendador, do nu-proprietário poderá caracterizar enriquecimento indevido, pelo desvio de clientela. É comum a inserção nos contratos de trespasse, de arrendamento ou de usufruto do estabelecimento empresarial, de cláusula de não restabelecimento. Mas, como o empresário, ou sociedade empresária, que alienou seu estabelecimento não pode ficar impedido de explorar atividades não concorrentes, prudente foi o artigo *sub examine*. Assim sendo, cláusula de não estabelecimento, que proíba a exploração de qualquer atividade econômica ou não contenha restrições temporais ou territoriais, será nula. Nada impede que o alienante venha a se restabelecer em atividade não concorrente ou em local não alcançável pelo potencial econômico do antigo estabelecimento, pois não haverá concorrência direta, nem disputa da mesma clientela, nem enriquecimento indevido do alienante (*RT*, *12*:180). O artigo *sub examine* veda a concorrência desleal e, em certa medida, o restabelecimento, consagrando a cláusula de não restabelecimento, restringindo o princípio da liberdade da iniciativa e o da livre concorrência para proteger o direito à clientela (TJSP, Ap. Cível 4420434/4-00-SP, rel. Salles Rossi, j. 8-3-2007, e AgInst. 551.282-4/4, rel. Grava Brazil, j. 26-2-2008).

BIBLIOGRAFIA: Fábio Ulhoa Coelho, *Curso*, cit., v. 1, p. 117 e 118.

Art. 1.148. Salvo disposição em contrário, a transferência importa a sub-rogação do adquirente nos contratos estipulados para exploração do estabelecimento, se não tiverem caráter pessoal, podendo os terceiros rescindir o contrato em noventa dias a contar da publicação da transferência, se ocorrer justa causa, ressalvada, neste caso, a responsabilidade do alienante.

• Vide *Código Civil, arts. 346 a 361, 1.144 e 1.152, § 1º.*

Sub-rogação pessoal. Havendo transferência (trespasse ou doação) do estabelecimento empresarial, exceto estipulação em sentido contrário, o adquirente sub-rogar-se-á em todos os direitos e deveres do alienante nos contratos por ele efetivados para fazer frente à exploração do estabelecimento (p. ex. prestação de serviço, compra e venda de mercadorias, contratação de mão de obra para a produção de mercadorias etc.), desde que não tenham caráter pessoal, ou melhor, desde que não sejam personalíssimos, por não terem sido firmados *intuitu personae*.

Rescisão de contratos anteriores à transferência do estabelecimento empresarial. Havendo justa causa, terceiros poderão rescindir contratos estipulados pelo alienante do estabelecimento comercial para o desenvolvimento de sua atividade econômica, dentro do prazo de noventa dias, contado da publicação da transferência (CC, art. 1.144), ressalvando-se, porém, a responsabilidade do alienante.

Art. 1.149. A cessão dos créditos referentes ao estabelecimento transferido produzirá efeito em relação aos respectivos devedores, desde o momento da publicação da transferência, mas o devedor ficará exonerado se de boa-fé pagar ao cedente.

• Vide *Código Civil, arts. 290, 286 a 298 e 1.144.*

Cessão de créditos relativos ao estabelecimento transferido. Transferência de estabelecimento compreende bens corpóreos e incorpóreos e gera a cessão dos créditos contabilizados no ativo da empresa. Se o alienante veio a ceder os créditos contabilizados no ativo e referentes ao estabelecimento empresarial transferido, esta cessão terá eficácia em relação aos devedores no instante em que a transferência for publicada oficialmente (CC, art. 1.144); mas, se algum devedor de boa-fé vier a solver seu débito, pagando-o ao cedente, e não ao cessionário, liberado estará de sua obrigação, caso em que o cessionário somente poderá voltar-se contra o cedente, procedendo à cobrança do que tem direito.

Título IV

Dos Institutos Complementares

CAPÍTULO I
DO REGISTRO

• *Código Civil, art. 985.*

Art. 1.150. O empresário e a sociedade empresária vinculam-se ao Registro Público de Empresas Mercantis a cargo das Juntas Comerciais, e a sociedade simples ao Registro Civil das Pessoas Jurídicas, o qual deverá obedecer às normas fixadas para aquele registro, se a sociedade simples adotar um dos tipos de sociedade empresária.

• Vide *arts. 45, 966 a 971, 976, 979, 980, 982 a 985, 997, 998, 1.000, 1.075, § 2º, 1.083, 1.084, § 3º, 1.144, 1.174 e 1.181 do Código Civil.*

• *Lei n. 8.934/94 (regulamentada pelo Decreto n. 1.800/96), que dispõe sobre Registro Público de Empresas Mercantis, art. 3º, II.*

• *Lei n. 6.015/73, arts. 1º, II, 114 a 121, com redação da Lei n. 9.042/95, e 126, sobre Registro Civil das Pessoas Jurídicas.*

• *Lei n. 8.906/94, art. 15, § 1º.*

• *Decreto n. 1.102/1903.*

• *Lei n. 4.728/65, arts. 7º, 8º, 15 e 62.*

• *Decreto-Lei n. 73/66 (arts. 72 a 88), regulamentado pelo Decreto n. 60.459/67.*

• *Lei n. 6.385/76.*

• *Lei n. 8.078/90, art. 28.*

• *Código de Processo Civil, art. 75, § 2º.*

• *Lei n. 10.610/2002, art. 5º.*

• *Instrução Normativa do DNRC n. 97/2003 e IN do DREI n. 28/2014.*

• *IN do DREI n. 10/2013 que aprova Manuais de Registro.*

• *IN do DREI n. 29/2014, acresce o cap. XI, constituído pelos arts. 21 a 28, a IN n. 12/2013 sobre procedimentos de registro e arquivamento digital dos atos que competem nos termos da legislação pertinente, ao Registro Público de Empresas Mercantis e Atividades Afins.*

• *IN do DREI n. 30/2015 sobre processo simplificado e integrado de baixa no âmbito do Registro Público de Empresas.*

• *Lei n. 11.598/2007 estabelece diretrizes e procedimentos para a simplificação e integração do processo de registro e legalização de empresários e pessoas jurídicas e cria a Rede Nacional para a Simplificação do Registro e da Legalização de Empresas e Negócios — REDESIM.*

• *Decreto n. 6.884, de 25 de junho de 2009, institui o Comitê para Gestão da Rede Nacional para a Simplificação do Registro e da Legalização de Empresas e Negócios — CGSIM.*

• ***Projeto de Lei n. 7.160/2002** (ora arquivado): "Art. 1.150. O empresário, a sociedade empresária e a cooperativa vinculam-se ao Registro Público de Empresas Mercantis a cargo das Juntas Comerciais, e a sociedade simples ao Registro Civil das Pessoas Jurídicas, o qual deverá obedecer às normas fixadas para aquele registro, se a sociedade simples adotar um dos tipos de sociedade empresária".*

Importância do registro. O registro do empresário e da sociedade empresária no Registro Público de Empresas Mercantis de sua sede, a cargo das Juntas Comerciais (Lei n. 8.934/94), e o da sociedade simples, com exceção da cooperativa (registro na Junta Comercial competente — Lei n. 5.674 e Enunciado n. 69, aprovado na *I Jornada de Direito Civil*, promovida pelo Conselho da Justiça Federal) no Registro Civil das Pessoas Jurídicas (Lei n. 6.015/73, arts. 114 a 126), dá início à existência legal da personalidade jurídica e é imprescindível para que se possa explorar atividade econômica, visto que: cadastra empresários, sociedades empresárias e sociedades simples em funcionamento, e dá publicidade, eficácia *inter partes* e *erga omnes*, e autenticidade, salvo prova em contrário, aos atos por eles praticados, submetidos a registro. Se a sociedade simples vier a adotar um dos tipos da sociedade empresária, deverá obedecer às normas fixadas para as Juntas Comerciais do Registro Público de Empresas Mercantis.

A ausência desse registro acarretará, por exemplo, muitos efeitos negativos: *a*) irregularidade; *b*) clandestinidade; *c*) responsabilidade ilimitada pelas obrigações assumidas; *d*) impossibilidade de se matricular no Instituto Nacional de Seguridade Social, de manter contabilidade legal, de se inscrever no Cadastro Nacional de Pessoas Jurídicas e de participar de licitações (Lei n. 8.666/93, art. 28, II e III); *e*) dificuldade para efetivar negócios regulares e obter empréstimo bancário; *f*) tratamento tributário rigoroso; *g*) ilegitimidade ativa para pedir falência de outro empresário (Lei de Falências, art. 97, IV, § 1º) e para requerer recuperação judicial ou extrajudicial (Lei de Falências, arts. 48 e 161); *h*) proibição de contratar com o Poder Público (CF/88, art. 195, § 3º) etc.

Junta Comercial. É órgão local, com função de executar e administrar serviços registrários. Caberá recurso ao Diretor do Departamento Nacional do Registro do Comércio para apreciação de seus atos e decisões, visto que esse órgão federal tem a função de estabelecer instruções, disciplinar, supervisionar e controlar o registro (Lei n. 8.934/94, art. 4º) e de atuar supletivamente, em caso de deficiência dos serviços de registro. Porém "a Junta Comercial não pode examinar o mérito do documento apresentado para registro, mas exclusivamente o atendimento às formalidades legais" (Enunciado n. 1 da *Jornada Paulista de Direito Comercial*.

BIBLIOGRAFIA: José da Silva Pacheco, *Tratado de direito empresarial-empresário*: pessoa e patrimônio, São Paulo, Saraiva, 1979, v. 1, p. 145 a 280; Fábio Ulhoa Coelho, *Manual*, cit., p. 28 a 35; *Curso*, cit., v. 1, p. 64 a 72; Rubens Requião, *Curso*, cit., v. 1, p. 101-48; Waldemar Ferreira, *Tratado de direito comercial*, São Paulo, Saraiva, 1960, v. 2; Jean Escarra, *Manuel de droit commercial*, Paris, Sirey, 1947; Modesto Carvalhosa, *Comentários*, cit., v. 13, p. 662-702; Matiello, *Código Civil*, cit., p. 714-7; Roberto Senise Lisboa, *Comentários*, cit., p. 876.

Art. 1.151. O registro dos atos sujeitos à formalidade exigida no artigo antecedente será requerido pela pessoa obrigada em lei, e, no caso de omissão ou demora, pelo sócio ou qualquer interessado.

• Vide *Código Civil, art. 1.150.*

§ 1º Os documentos necessários ao registro deverão ser apresentados no prazo de trinta dias, contado da lavratura dos atos respectivos.

• Vide *Código Civil, art. 1.075, § 2º, e Lei n. 8.934/94, art. 36.*

§ 2º Requerido além do prazo previsto neste artigo, o registro somente produzirá efeito a partir da data de sua concessão.

§ 3º As pessoas obrigadas a requerer o registro responderão por perdas e danos, em caso de omissão ou demora.

• *Código Civil, arts. 402 a 405.*

• *Lei n. 10.610/2002, art. 5º.*

• *Lei n. 6.015/73, art. 121, §§ 1º a 3º (com alteração da Lei n. 14.382/2022).*

Requerimento do registro. O registro deverá ser pedido mediante requerimento da pessoa obrigada em lei, ou, no caso de omissão ou de demora da pessoa indicada legalmente, do

DIREITO DE EMPRESA

sócio, ou qualquer interessado (p. ex., funcionário da empresa). Tutela-se, assim, os interesses do empresário e da sociedade, evitando-se a irregularidade da atividade desenvolvida. A apresentação dos documentos exigidos para tal registro deverá dar-se dentro do prazo de trinta dias, contado da lavratura dos atos constitutivos, sob pena de não se produzirem seus efeitos a partir da data da assinatura. As atas de assembleia ou reunião de sócios de sociedade limitada, por sua vez, deverão ser levadas a registro no prazo de vinte dias contados da data da realização do conclave (CC, art. 1.075, § 2º).

Demora do pedido de registro. Se o registro for requerido depois do prazo de trinta dias acima referido, apenas produzirá efeito a partir da data em que for concedido, o que poderá prejudicar sócio ou terceiro interessado.

Responsabilidade pelas perdas e danos. Havendo omissão ou demora no pedido de registro por pessoa obrigada a requerê-lo, esta deverá responder pelo prejuízo que causar à sociedade, aos sócios ou terceiros, pagando indenização a título de perdas e danos.

Art. 1.152. Cabe ao órgão incumbido do registro verificar a regularidade das publicações determinadas em lei, de acordo com o disposto nos parágrafos deste artigo.

§ 1º Salvo exceção expressa, as publicações ordenadas neste Livro serão feitas no órgão oficial da União ou do Estado, conforme o local da sede do empresário ou da sociedade, e em jornal de grande circulação.

§ 2º As publicações das sociedades estrangeiras serão feitas nos órgãos oficiais da União e do Estado onde tiverem sucursais, filiais ou agências.

§ 3º O anúncio de convocação da assembleia de sócios será publicado por três vezes, ao menos, devendo mediar, entre a data da primeira inserção e a da realização da assembleia, o prazo mínimo de oito dias, para a primeira convocação, e de cinco dias, para as posteriores.

- *Lei n. 6.404/76, art. 124.*
- *Constituição Federal, art. 37.*
- *Código Civil, arts. 1.154, parágrafo único, 1.069 e 1.072, § 2º.*
- *Lei Complementar n. 123/2006, art. 71.*

Regularidade das publicações. O órgão encarregado de efetivar o registro terá, ainda, o dever de verificar, atendendo ao princípio da publicidade, a regularidade das publicações oficiais exigidas por lei, observando se: *a*) foram feitas, salvo exceção expressa em lei, no órgão oficial (Diário Oficial) da União ou do Estado, conforme o local da sede do empresário ou da sociedade, e em jornal de grande circulação, considerando-se o local da sede do empresário ou da sociedade; *b*) foram levadas a efeito, sendo oriundas de sociedades estrangeiras, nos órgãos oficiais da União e do Estado onde tiverem sucursais, filiais ou agências para que se dê publicidade do seu conteúdo; e *c*) ocorreram por três vezes, em se tratando de anúncio de convocação assemblear, mediando, entre a data da primeira inserção e a da realização da assembleia, o prazo mínimo de oito dias, para a primeira convocação, e de cinco dias, para as posteriores. Tal se dá porque a publicação oficial estabelece a presunção de legalidade, oportunidade e veracidade dos atos e negócios societários; constitui meio de prova pré-constituída; outorga fé pública àqueles atos; dá-lhes eficácia *erga omnes*; gera presunção legal do conhecimento dos atos e fatos societários (CC, art. 1.154, parágrafo único) e possibilita, na lição de Modesto Carvalhosa, o acesso público aos documentos sociais, por estabelecer o regime de certificação, facultando a qualquer interessado o direito subjetivo de extrair, sem apresentação da justificativa, certidão daqueles documentos arquivados na Junta Comercial do Estado, onde se encontrar a sede do empresário ou da sociedade empresária.

Art. 1.153. Cumpre à autoridade competente, antes de efetivar o registro, verificar a autenticidade e a legitimidade do signatário do requerimento, bem como fiscalizar a observância das prescrições legais concernentes ao ato ou aos documentos apresentados.

- *Lei n. 8.934/94, arts. 37, 40 e 63.*
- *Lei das Sociedades Anônimas (Lei n. 6.404/76), art. 97.*

Parágrafo único. Das irregularidades encontradas deve ser notificado o requerente, que, se for o caso, poderá saná-las, obedecendo às formalidades da lei.

- *Lei n. 8.934/94, art. 40, § 2º.*

Deveres da autoridade registrária. A autoridade competente para efetivar o registro deverá, atendo-se ao cumprimento das formalidades extrínsecas, antes de efetuá-lo: *a*) verificar a autenticidade e a legitimidade do subscritor do requerimento, exigindo documentação comprobatória de sua identidade e de sua condição jurídica; *b*) fiscalizar a legalidade do ato e dos documentos apresentados, averiguando se houve cumprimento dos requisitos legais; *c*) notificar o requerente das irregularidades formais encontradas para que, se possível, venha a saná-las, obedecendo às formalidades legais, dentro de 30 dias, sob pena de arquivamento (Lei n. 8.934/94, art. 40, § 2º). Se o vício não puder ser sanado ter-se-á indeferimento do pedido de registro. O art. 1.153 requer um rigoroso controle administrativo pelo Registro Civil de Pessoas Jurídicas e pelo Registro Público de Empresas Mercantis.

Art. 1.154. O ato sujeito a registro, ressalvadas disposições especiais da lei, não pode, antes do cumprimento das respectivas formalidades, ser oposto a terceiro, salvo prova de que este o conhecia.

Parágrafo único. O terceiro não pode alegar ignorância, desde que cumpridas as referidas formalidades.

- *Código Civil, art. 1.152.*

Oposição a terceiro. Só com o cumprimento das formalidades legais e a publicação oficial do ato societário sujeito a registro, este terá efeito em relação a terceiros. Antes do cumprimento das formalidades legais, o ato sujeito a registro, salvo disposição legal, não poderá ser oposto a terceiro, a não ser mediante comprovação de que este o conhecia. Se aquelas formalidades forem cumpridas, o terceiro não poderá alegar sua ignorância. Há presunção legal absoluta de conhecimento de terceiro do ato negocial de empresário e de pessoa jurídica, após o seu registro e publicação oficial.

CAPÍTULO II
DO NOME EMPRESARIAL

- *Constituição Federal, art. 5º, XXIX.*
- *Instruções Normativas do DREI n. 45/2018 e 15/2013, sobre formação do nome empresarial e n. 5/2013 (arts. 5º, III, e e f e 14, revogados pela Instrução Normativa do DREI n. 45/2018) sobre perda automática de proteção do nome empresarial.*
- *Lei n. 9.279/96, art. 124, V.*
- *Decreto n. 1.800/96, arts. 61 e 62.*

Art. 1.155. Considera-se nome empresarial a firma ou a denominação adotada, de conformidade com este Capítulo, para o exercício de empresa.

Parágrafo único. Equipara-se ao nome empresarial, para os efeitos da proteção da lei, a denominação das sociedades simples, associações e fundações.

- *Leis n. 8.934/94, arts. 33, 34 e 35, V (acrescentado pela Lei n. 14.195/2021), e 9.279/96, art. 124, V.*
- *Lei Complementar n. 123/2006, art. 72.*
- *Instrução Normativa do DREI n. 15/2013, arts. 1º, 2º e 3º.*

Nome empresarial. É a firma ou denominação social com que o empresário, a sociedade empresária, e também, por equiparação, a sociedade simples, a associação e a fundação se apresentam no exercício de suas atividades, visto ser seu elemento de identificação ou sinal distintivo. O nome empresarial singulariza o empresário e a sociedade, identificando-os no exercício de sua atividade econômica, por isso é protegido juridicamente, e regido pelos princípios da veracidade e da novidade. Nome empresarial é aquele sob o qual o empresário, a empresa individual de responsabilidade limitada e a sociedade empresária exercem suas atividades e se obrigam nos atos a elas pertinentes. O *nome empresarial* compreende a *firma* e a *denominação*. Firma é o nome utilizado pelo empresário, pela sociedade em que houver sócio de responsabilidade ilimitada e, de forma facultativa, pela sociedade limitada e pelo titular pessoa natural de empresa individual de responsabilidade limitada. Denominação é o nome utilizado pela sociedade anônima e cooperativa, pelo titular pessoa jurídica de empresa individual de responsabilidade limitada e, em caráter opcional, pela sociedade limitada e em comandita por ações e pelo titular pessoa física de empresa individual de responsabilidade limitada.

Urge lembrar que pelo Enunciado n. 1 (aprovado na *1ª Jornada de Direito Comercial*): "Decisão judicial que considera ser o nome empresarial violador do direito de marca não implica a anulação do respectivo registro no órgão próprio nem lhe retira os efeitos, preservado o direito de o empresário alterá-lo" e *que pelo Enunciado n. 7 da I Jornada de Direito Comercial: "O nome do domínio integra o estabelecimento empresarial como bem, incorpóreo para todos os fins de direito".*

Firma. A firma só pode ter por base o nome civil do empresário ou os dos sócios da sociedade, que constitui também a sua assinatura.

Denominação. Na denominação social de sociedade empresária poder-se-á usar nome civil ou um "elemento fantasia", ou, ainda, qualquer expressão indicativa de seu objeto, mas a assinatura, neste último caso, será sempre com o nome civil, lançado sobre o nome empresarial impresso ou carimbado.

CNPJ. O número da inscrição no CPNJ pode ser utilizado como nome empresarial seguindo da partícula identificadora do tipo societário ou jurídico, quando exigida por lei.

BIBLIOGRAFIA: Fábio Ulhoa Coelho, *Manual*, cit., p. 61-4; Modesto Carvalhosa, *Comentários*, cit., v. 13, p. 702-40; Matiello, *Código Civil*, cit., p. 717 a 724; M. Helena Diniz, *Curso*, cit., v. 8, p. 777-820.

Art. 1.156. O empresário opera sob firma constituída por seu nome, completo ou abreviado, aditando-lhe, se quiser, designação mais precisa da sua pessoa ou do gênero de atividade.

- *Decreto n. 916/1890, art. 3º.*
- *Lei n. 8.934/94.*
- *Código Civil, art. 966.*

Formação da firma do empresário individual. O empresário só poderá adotar firma baseada em seu nome civil, completo ou abreviado, acrescentada, ou não, de designação mais precisa de sua pessoa ou do gênero da atividade econômica por ele exercida. P. ex.: "Joaquim Antunes Vieira"; "J. A. Vieira"; "Antunes Vieira"; "A. Vieira-joias" ou "A. Vieira-joalheiro".

DIREITO DE EMPRESA

Art. 1.157. A sociedade em que houver sócios de responsabilidade ilimitada operará sob firma, na qual somente os nomes daqueles poderão figurar, bastando para formá-la aditar ao nome de um deles a expressão "e companhia" ou sua abreviatura.

Parágrafo único. Ficam solidária e ilimitadamente responsáveis pelas obrigações contraídas sob a firma social aqueles que, por seus nomes, figurarem na firma da sociedade de que trata este artigo.

- *Código Civil, arts. 275 a 285.*

Firma social de sociedade com sócios de responsabilidade ilimitada. Na sociedade em que houver sócios de responsabilidade ilimitada, como a sociedade em nome coletivo e a em comandita simples (quanto aos comanditados) e em conta de participação (relativamente aos sócios administradores), apenas os nomes civis desses sócios deverão figurar na firma social, sendo que ficarão solidária e ilimitadamente responsáveis pelas obrigações contraídas sob a mencionada firma apenas aqueles cujos nomes nela figurarem. Para a formação dessa firma bastará aditar ao nome civil de um daqueles sócios a locução "e companhia" ou sua abreviatura "& Cia.", para fazer referência aos sócios dessa categoria. P. ex.: "Júlio Caio Lara & Cia.". Mas pode ser formada pelo nome de todos os sócios. P. ex.: Ricardo Alves, José Augusto Souza, David Soares & Cia. ou Alves, Souza, Soares, ou até mesmo por dois deles acrescido do aditivo "e companhia", p. ex., Alves, Soares e Cia., que ficarão, perante terceiros, responsáveis solidária e ilimitadamente pelas obrigações sociais. O credor, então, poderá acionar qualquer deles pleiteando o cumprimento de tais obrigações.

Art. 1.158. Pode a sociedade limitada adotar firma ou denominação, integradas pela palavra final "limitada" ou a sua abreviatura.

- *Código Civil, arts. 1.064 e 1.054.*
- *Decreto n. 3.708/19, art. 3º (antiga lei que regia as sociedades por quotas de responsabilidade limitada).*

§ 1º A firma será composta com o nome de um ou mais sócios, desde que pessoas físicas, de modo indicativo da relação social.

§ 2º A denominação deve designar o objeto da sociedade, sendo permitido nela figurar o nome de um ou mais sócios.

- ***Projeto de Lei n. 699/2011**: "§ 2º A denominação será composta por um ou mais elementos de fantasia, sendo permitido nela figurar o nome de um ou mais sócios, ou ainda o objeto da sociedade.*

  ..".

§ 3º A omissão da palavra "limitada" determina a responsabilidade solidária e ilimitada dos administradores que assim empregarem a firma ou a denominação da sociedade.

- Vide *Código Civil, arts. 275 a 285, 1.052 a 1.087.*
- *Instrução Normativa do DREI n. 15/2013, art. 5º, II,* d, *III,* a, d, e *e* f.

Firma social da sociedade limitada. Se a sociedade limitada usar firma, esta comporse-á com o nome civil de um ou mais sócios, desde que pessoas físicas, acompanhada, no final, pela palavra "limitada" ou sua abreviatura "Ltda.", sob pena de, em caso de sua omissão, gerar responsabilidade solidária e ilimitada dos administradores que efetivarem operações usando a firma social. P. ex.: "João Pereira Silveira, Paulo Antonio Ferreira & Alberto Souza Ltda."; "Silveira, Ferreira & Souza Limitada"; "J. P. Silveira e Cia. Ltda." etc.

Denominação da sociedade limitada. Se houver opção por uma denominação social, esta designará o objeto da sociedade, sendo permitido nela figurar o nome de um ou mais sócios e deverá conter, no final, a palavra "Limitada" ou sua abreviatura "Ltda.", para que não haja responsabilidade solidária e ilimitada do administrador que a empregar nos negócios empresariais. P. ex.: "Malharia Platanus Ltda."; "Sapientia Comércio de Livros Ltda."; "Editora Soares Ltda."; "Silveira & Ferreira, Malhas Artesanais Ltda." etc.

Art. 1.159. A sociedade cooperativa funciona sob denominação integrada pelo vocábulo "cooperativa".

- *Lei n. 5.764/71, art. 5º.*
- *Código Civil, arts. 1.093 a 1.096.*

Denominação social de sociedade cooperativa. A sociedade cooperativa deverá adotar denominação integrada pela palavra "cooperativa" e se quiser poderá inseri-la antes ou depois da especificação de sua atividade ou objeto. P. ex.: "Cooperativa Agropecuária de Barretos"; "Agrícola Santamarense-Cooperativa".

Art. 1.160. A sociedade anônima opera sob denominação designativa do objeto social, integrada pelas expressões "sociedade anônima" ou "companhia", por extenso ou abreviadamente, facultada a designação do objeto social.

- *Redação da Lei n. 14.195/2021, confirmada pela Lei n. 14.382/2022.*

Parágrafo único. Pode constar da denominação o nome do fundador, acionista, ou pessoa que haja concorrido para o bom êxito da formação da empresa.

- Vide *Código Civil, arts. 1.088 e 1.089.*
- *Instrução Normativa do DREI n. 15/2013, art. 5º, III,* b.
- *Lei n. 6.404/76, art. 3º.*
- ***Projeto de Lei n. 699/2011:*** *"Art. 1.160. A sociedade anônima opera sob denominação integrada pelas expressões, 'sociedade anônima' ou 'companhia', por extenso ou abreviadamente.*

  Parágrafo único. Pode constar da denominação o nome do fundador, acionista, ou pessoa que haja concorrido para o bom êxito da formação da empresa, bem como quaisquer expressões designativas do objeto social".

Denominação de sociedade anônima. A sociedade anônima poderá exercer, ou não, suas atividades sob denominação designativa do objeto social, q*ue lhe é facultada,* integrada pela locução "sociedade anônima" ou pelo vocábulo "companhia", por extenso ou abreviadamente, embora nela possa constar não só o nome de fantasia, como também o nome civil do fundador, acionista ou pessoa que contribuiu para a sua formação. P. ex.: "Araucária — Cia. de Comércio e Indústria de Malhas"; "Companhia Editora Jurídico-Forense"; "Livraria Setúbal S/A"; "Esplendor Eventos Sociedade Anônima"; "Perfumaria Oliveira Almeida S/A" etc.

Pelo Enunciado n. 71 da *I Jornada de Direito Civil*: "Suprimir o art. 1.160 do CC por estar a matéria regulada mais adequadamente no art. 3º da Lei n. 6.404/76 (disciplinadora das SA) e dar nova redação ao § 2º do art. 1.158, de modo a retirar a exigência da designação do objeto da sociedade".

Art. 1.161. A sociedade em comandita por ações pode, em lugar de firma, adotar denominação aditada da expressão "comandita por ações", facultada a designação do objeto social.

- *Redação da Lei n. 14.195/2021, confirmada pela Lei n. 14.382/2022.*
- Vide *Código Civil, arts. 1.090 a 1.092.*
- *Lei n. 6.404/76, art. 281, parágrafo único.*
- *Instrução Normativa do DREI n. 15/2013, art. 5º, II, c; III, c.*

Nome empresarial de sociedade em comandita por ações. A sociedade em comandita por ações poderá utilizar firma (constando nome de sócio diretor) ou denominação (indicando ou não o objeto social) identificando seu tipo societário pela locução "comandita por ações" e designando o objeto social. P. ex.: "André Schelling e Cia., Comandita por ações"; "Decorações Augusto Araújo Mendes, Comandita por Ações"; "Confeitaria Flor de Portugal, C.A." etc.

Art. 1.162. A sociedade em conta de participação não pode ter firma ou denominação.

- Vide *Código Civil, arts. 991 a 996.*

Caso de proibição de adoção de nome empresarial. A sociedade em conta de participação, por sua natureza secreta e por ser uma sociedade não personificada (CC, arts. 991 a 996), cujos estatutos independem de registro, está proibida de adotar nome empresarial, não podendo, portanto, ter firma ou denominação. A atividade constitutiva do seu objeto social será exercida pelo sócio ostensivo, em seu nome individual e sob sua própria e exclusiva responsabilidade (CC, art. 991).

Art. 1.163. O nome de empresário deve distinguir-se de qualquer outro já inscrito no mesmo registro.

- ***Projeto de Lei n. 699/2011***: *"Art. 163. O nome empresarial deve distinguir-se de qualquer outro suscetível de causar confusão ou associação".*

Parágrafo único. Se o empresário tiver nome idêntico ao de outros já inscritos, deverá acrescentar designação que o distinga.

- *Código Civil, art. 981, parágrafo único.*
- *Lei n. 8.934/94, arts. 34 e 35, V.*
- *Lei n. 6.404/76, art. 3º, § 2º.*
- *Lei n. 9.279/96, arts. 124, V e 195, V.*
- *Decreto n. 916/1890, art. 6º, § 1º.*
- *Instrução Normativa do DREI n. 15/2013, arts. 4º e 6º.*

Exclusividade de uso do nome empresarial. O empresário deve, ante o princípio da novidade, corolário da garantia de exclusividade, adotar nome que o distinga de qualquer outro já inscrito no mesmo registro. Se optar por um nome empresarial idêntico (homonímia) ao de algum outro, anteriormente inscrito, deverá nele acrescentar elementos distintivos ou alguma designação que o diferencie daquele, sob pena de cometer crime de concorrência desleal por usurpação de nome empresarial (Lei n. 9.279/96, art. 195, V). O mesmo se diga se vier a escolher nome cuja pronúncia soe praticamente igual (homofonia) a de outro já registrado. O titular do nome empresarial tem direito à exclusividade de seu uso. Com isso protege-se o nome empresarial e o interesse do empresário, seu titular, de preservar sua clientela e seu crédito. Deveras, o uso indevido do nome idêntico poderá: *a*) desviar clientes, que desavisados venham a negociar com o usurpador; *b*) abalar o crédito de conceituado empresário, com protesto de título, pedido de falência ou recuperação em nome do usurpador; *c*) trazer prejuízos na captação de resultados econômicos, pela interferência negativa na atuação empresarial do empresário ou da sociedade etc.

BIBLIOGRAFIA: Fábio Ulhoa Coelho, *Manual*, cit., p. 70-2; Matiello, *Código Civil*, cit., p. 721.

Art. 1.164. O nome empresarial não pode ser objeto de alienação.

Parágrafo único. O adquirente de estabelecimento, por ato entre vivos, pode, se o contrato o permitir, usar o nome do alienante, precedido do seu próprio, com a qualificação de sucessor.

- Vide *Código Civil, arts. 1.143 e 1.144.*
- *Decreto n. 916/1890, art. 7º.*

Inalienabilidade do nome empresarial. O nome empresarial (firma ou denominação) não poderá ser objeto de alienação que, por ser personalíssimo, fica integrado na personalidade do empresário ou da sociedade. Assim sendo, havendo *trespasse*, alienar-se-á *inter vivos* o estabelecimento, mas não o nome empresarial, pois não há alienação autônoma de firma ou denominação no direito brasileiro. Se assim é, o adquirente poderá, apenas se houver permissão contratual, utilizar o do alienante, precedido do seu próprio, com a qualificação de sucessor (p. ex., Carvalho, Campos, Moreira e Cia., sucessores de Alves Pereira e Cia.). Assim, como diz Rubens Requião, o título de estabelecimento reviverá com a introdução dos *naming rights*, técnica de comercialização pela qual se negocia o direito de incluir no nome do estabelecimento uma referência relativa ao sucessor. Se ocorrer no trespasse alienação de firma com a do estabelecimento, o adquirente terá a obrigação de alterar a firma na forma acima indicada e proceder ao seu registro. Com essa diferenciação na identificação da sociedade, em caso de trespasse, impede-se que terceiro, ou clientela, incorra em erro ao efetivar o negócio, baseado no antigo nome empresarial, sem saber da ocorrência daquela transferência.

Art. 1.165. O nome de sócio que vier a falecer, for excluído ou se retirar, não pode ser conservado na firma social.

- *Decreto n. 916/1890, art. 7º.*
- *Código Civil, arts. 1.058, 1.060, parágrafo único, 1.143 e 1.144.*
- *Lei n. 8.934/94, art. 34.*
- ***Projeto de Lei n. 699/2011**: "Art. 1.165. O nome de sócio que vier a falecer pode ser conservado na firma, salvo manifestação contrária em vida".*
- ***Projeto de Lei n. 7.160/2002** (ora arquivado): "Art. 1.165. O nome de sócio que vier a falecer pode ser conservado na firma, na razão ou na denominação social, salvo manifestação contrária em vida".*

Alteração obrigatória da firma social em razão de morte, exclusão e retirada de sócio. Se houver óbito, exclusão ou retirada de sócio cujo nome civil constava da firma social, esta precisará ser alterada, mediante adoção de outro nome empresarial, sob pena de o espólio ou o ex-sócio continuar a ter a mesma responsabilidade pelas obrigações sociais que tinha quando era membro do quadro associativo. O princípio da veracidade impede que uma firma venha a conter nomes de pessoas que não mais pertencem ao quadro societário. Se a sociedade formada por irmãos ou parentes com o mesmo sobrenome, e a firma social contiver tal apelido de família, o óbito de um deles não obriga a sua modificação, salvo se o *de cujus* deixou manifestação expressa em contrário. Se ocorrer óbito, exclusão ou retirada do fundador de uma sociedade anônima, seu nome não precisará ser suprimido da firma social, desde que ele não se oponha e que a sociedade resolva manter inalterado o seu nome empresarial.

BIBLIOGRAFIA: Fábio Ulhoa Coelho, *Manual*, cit., p. 68; Matiello, *Código Civil*, cit., p. 722.

Art. 1.166. A inscrição do empresário, ou dos atos constitutivos das pessoas jurídicas, ou as respectivas averbações, no registro próprio, asseguram o uso exclusivo do nome nos limites do respectivo Estado.

Parágrafo único. O uso previsto neste artigo estender-se-á a todo o território nacional, se registrado na forma da lei especial.

- *Lei n. 8.934/94, e o Decreto n. 1.800/96, que a regulamenta, arts. 1º, I, 33 e 34.*
- *Código Civil, art. 1.154, parágrafo único.*
- *Lei n. 9.279/96, art. 195, V.*
- *Instrução Normativa do DREI n. 15/2013, art. 11, §§ 1º e 2º.*
- ***Projeto de Lei n. 699/2011**: "Art. 1.166. Compete à Junta Comercial indeferir de ofício o registro de nome empresarial cuja expressão característica e distintiva reproduzir ou imitar a de outro nome empresarial já inscrito no mesmo registro e que seja, ao mesmo tempo, suscetível de causar confusão ou associação.*

  Parágrafo único. Mediante provocação do interessado, a Junta Comercial poderá, ouvida previamente a parte contrária, cancelar o registro de nome empresarial que conflitar com anterior registro de marca, ou com nome empresarial já inscrito em outra Junta Comercial ou protegido por legislação especial ou convenção internacional ratificada pelo Brasil".

Garantia do uso exclusivo do nome empresarial. A inscrição do empresário, ou dos atos constitutivos das pessoas jurídicas (*RT*, *689*:153; *JSTJ*, *30*:162), bem como as respectivas averbações, no registro próprio, assegura, ante o princípio da novidade, a exclusividade do uso de seu nome empresarial nos limites do respectivo Estado e, também, em todo o território nacional, apenas se houver registro na forma de lei especial. Com isso, impede-se que outra sociedade ou empresário use a mesma firma, que é tutelada juridicamente. Tutela-se o nome empresarial, que passa a ter exclusividade no âmbito do Estado em que se efetivou o registro (p. ex., se sociedade registrar-se no Paraná com a firma "x", nada impede que outra empresa se inscreva sob a firma "x" no Ceará) e somente em todo o território brasileiro, havendo registro especial unificado de abrangência nacional, que ainda não foi regulamentado. Urge esclarecer que a inscrição e a averbação em registro próprio não garante o direito ao uso exclusivo do nome empresarial fora dos limites da unidade federativa em que foram feitas. A exclusividade do nome empresarial em todo o território brasileiro (enquanto não advier a regulamentação do registro especial unificado) operar-se-á se requerida for à Junta Comercial de cada Estado da Federação (IN do DNRC n. 15/2013, art. 11, §§ 1º e 2º) ou, como preferem alguns autores, no INPI. Com o deferimento desse requerimento o titular do nome empresarial poderá defender judicial ou administrativamente seu uso indevido em qualquer parte do território nacional.

"A proteção ao nome empresarial, limitada ao Estado-Membro para efeito meramente administrativo, estende-se a todo o território nacional por força do art. 5º, XXIX, da Constituição da República e do art. 8º da Convenção Unionista de Paris" (Enunciado n. 491 do CJF, aprovado na *V Jornada de Direito Civil*).

Pelo Enunciado n. 2 (aprovado na *1ª Jornada de Direito Comercial*): "A vedação de registro de marca que reproduza ou imite elemento característico ou diferenciador de nome empresarial de terceiros, suscetível de causar confusão ou associação (art. 124, V, da Lei n. 9.279/1996), deve ser interpretada restritivamente e em consonância com o art. 1.166 do Código Civil".

BIBLIOGRAFIA: Matiello, *Código Civil*, cit., p. 723.

Art. 1.167. Cabe ao prejudicado, a qualquer tempo, ação para anular a inscrição do nome empresarial feita com violação da lei ou do contrato.

- *Lei n. 6.404/76, art. 3º, § 2º.*
- *Lei n. 8.934/94, arts. 44 a 51.*
- *Decreto n. 916/1890, art. 10.*

Imprescritibilidade da pretensão para anular inscrição do nome de empresário. Sendo o nome empresarial um direito da personalidade, por identificar o empresário e a sociedade no exercício de suas atividades, o lesado, ante a violação do seu direito de exclusividade, pelo seu uso indevido, poderá, a qualquer tempo, propor ação contra Junta Comercial (Lei n. 8.934/94, arts. 44 a 51) para anular sua inscrição, se feita com violação de lei ou de contrato. Se anulada for a inscrição do nome do ofensor, este deverá aditar outro, acrescido de designação distintiva (CC, art. 1.163).

Já houve decisão de que: "podem ser objeto de impugnação judicial, nomes tidos como inapropriáveis, caracterizadas assim as expressões de uso comum que identificam determinado empresário, dada a necessidade de preservar a identidade da empresa nas suas relações com a clientela" (STJ, REsp n. 65.002/SP, 3ª T., rel. Carlos Alberto Menezes Direito, j. 16-5-2002).

Art. 1.168. A inscrição do nome empresarial será cancelada, a requerimento de qualquer interessado, quando cessar o exercício da atividade para que foi adotado, ou quando ultimar-se a liquidação da sociedade que o inscreveu.

- *Decreto n. 916/1890, art. 9º.*
- *Lei n. 8.934/94, arts. 59 e 60, § 1º.*
- *Lei n. 6.404/76, art. 3º.*
- ***Projeto de Lei n. 699/2011**: "Art. 1.168. A inscrição do nome empresarial será cancelada, de ofício, após dez anos sem utilização efetiva, em razão de inexistência ou interrupção das atividades da empresa, ou a requerimento de qualquer interessado, independentemente de prazo, quando cessar o exercício da atividade para que foi adotado, ou quando ultimar-se a liquidação da sociedade que o inscreveu".*

Cancelamento da inscrição do nome empresarial. Qualquer interessado (sócio, credor, órgão do Ministério Público) poderá requerer o cancelamento da inscrição do nome empresarial, perante o Registro Público de Empresas Mercantis, se se tratar de empresário individual e se a sociedade for empresária, ou o Registro Civil das Pessoas Jurídicas, se simples, quando: *a*) cessar o exercício da atividade econômica para que foi adotado. Em caso de declaração, judicial ou administrativa, da inatividade do empresário ou da sociedade, urge o cancelamento administrativo da inscrição do nome empresarial no registro competente e, consequentemente, ter-se-á a perda de sua proteção jurídica; ou *b*) houver o término da liquidação da sociedade que o inscreveu, pois, com esse ato, devidamente averbado (CC, art. 1.109), extinta está a sociedade, não mais fazendo sentido a tutela do nome empresarial que foi atribuído. Tal cancelamento far-se-á de ofício, pelo registro competente, se concluídos os procedimentos de liquidação da sociedade, titular do nome empresarial, seguido da baixa do referido registro.

BIBLIOGRAFIA: Ricardo Fiuza, *Novo Código Civil*, cit., comentário ao art. 1.168.

Capítulo III
Dos Prepostos

Seção I
Disposições gerais

Art. 1.169. O preposto não pode, sem autorização escrita, fazer-se substituir no desempenho da preposição, sob pena de responder pessoalmente pelos atos do substituto e pelas obrigações por ele contraídas.

- *Código Civil, art. 47.*

Preposto. O *preposto* é aquele que, com ou sem poderes de representação, dirige ou pratica negócio empresarial por incumbência de outrem, que é o *preponente* (empresário ou sociedade), responsável por todos os atos praticados pelo preposto no estabelecimento, dentro de suas atribuições. O preposto é auxiliar dependente da empresa por estar em relação de subordinação hierárquica relativamente ao preponente, que lhe confere poderes, como pondera Modesto Carvalhosa, para desempenhar atividades de direção empresarial ou para substituir o empresário em suas relações com terceiros. Tem neste último caso poderes para representar o empresário perante terceiros. Se atuar no interior do estabelecimento, age como *empregado*, e, fora dele, como *mandatário do empresário*, hipótese em que deverá apresentar procuração na negociação com terceiro em prol da empresa.

É um agente empresarial, que atua como intermediário entre o empresário e as atividades empresariais, procurando dar maior capacidade operacional à organização, ao executar atividades de rotina, dentro ou fora do estabelecimento, e ao solucionar questões mais simples, mas imprescindíveis para o desenvolvimento da atividade econômica organizada para a produção de bens ou serviços.

Preposição. A preposição é o contrato pelo qual empresário ou sociedade admite, permanente ou temporariamente, alguém, havendo, ou não, vínculo empregatício em seu estabelecimento, para gerir seus negócios, cumprir determinadas obrigações, praticar atos negociais (p. ex., balconista, vendedor, gerente) e assumir certo cargo em seu nome, por sua conta e sob suas ordens. Daí o caráter personalíssimo da preposição.

Substituição de preposto não autorizada pelo preponente. O preposto, sem autorização escrita (em instrumento público ou particular) do preponente, não poderá fazer-se substituir por outrem, para o desempenho dos atos especificados na preposição, sob pena de responder pessoalmente pelos atos do substituto e pelas obrigações por ele assumidas, arcando, portanto, com o risco, que, com sua atitude, possa acarretar desvantagem ao interesse do preponente. Tal se dá, como ensina Marcelo Fortes Barbosa Filho, porque "a subcontratação viola, quando não houver sido expressamente autorizada pelo preponente, a natureza *intuitu personae* da relação entre o preposto e o proponente".

BIBLIOGRAFIA: Modesto Carvalhosa, *Comentários*, cit., v. 13, p. 741-70; M. Helena Diniz, *Curso*, cit., v. 8, p. 821-52; Marcelo Fortes Barbosa Filho, *Código Civil*, cit., p. 1059; Matheus C. Moreira, Prepostos empresariais, *MPMG Jurídico, 19*:66-71.

DIREITO DE EMPRESA

Art. 1.170. O preposto, salvo autorização expressa, não pode negociar por conta própria ou de terceiro, nem participar, embora indiretamente, de operação do mesmo gênero da que lhe foi cometida, sob pena de responder por perdas e danos e de serem retidos pelo preponente os lucros da operação.

- *Código Civil, arts. 402 a 405.*
- *Código de Propriedade Industrial, art. 195, XI.*

Responsabilidade pelo excesso no desempenho da preposição. O preposto deve agir com probidade e fidelidade, pois de seus atos dependerá o bom êxito do empreendimento e por eles se responsabiliza o preponente. Esse artigo tem, por tal razão, por escopo evitar a ocorrência de conflito de interesses entre preposto e preponente, impedindo que aquele venha a descurar-se da sociedade para atender a seus interesses ou concorrer com o preponente. O preposto, salvo expressa autorização do preponente, não poderá, portanto, efetuar negócios por sua própria conta ou de terceiro, em nome da sociedade, nem participar, embora indiretamente, de atos do mesmo gênero dos que lhe foram cometidos pelo preponente. Se o preposto, que representa a sociedade, vier a negociar sem anuência expressa do preponente, por conta própria ou de terceiro, ou a participar, direta ou indiretamente (p. ex., por meio de interposta pessoa), de operação do mesmo gênero da que lhe foi cometida, fazendo concorrência à sociedade a que está vinculado, estará obrigado a pagar indenização pelas perdas e danos, e os lucros da operação, obtidos pelo preposto, serão retidos pelo preponente. Para Fiuza, o artigo *sub examine* alcança também o administrador ou gestor da sociedade, pois não tem sentido que a proibição atinja o mero preposto e não abranja o seu gestor.

Art. 1.171. Considera-se perfeita a entrega de papéis, bens ou valores ao preposto, encarregado pelo preponente, se os recebeu sem protesto, salvo nos casos em que haja prazo para reclamação.

Validade de entrega de documentos, bens ou valores ao preposto. Perfeita e válida será a entrega de papéis, bens ou valores ao preposto, que, para isso, foi incumbido pelo preponente, se os recebeu sem qualquer protesto imediato contra qualquer irregularidade (p. ex., falta de documentação), a não ser nos casos em que houver prazo contratual ou legal para reclamação, como, p. ex., o do art. 445 do Código Civil relativo a vício redibitório. O preposto deverá reclamar tempestivamente qualquer deficiência ou ficar inerte, deixando escoar o tempo previsto para a impugnação. Nessa hipótese, o silêncio indicará aceitação presumida, e a entrega somente será considerada perfeita após o decurso do lapso temporal previsto em lei para a reclamação do objeto recebido. Pondera, ainda, Modesto Carvalhosa que: "reconhecer a entrega feita ao preposto como perfeita significa a impossibilidade de o preponente reclamar, contra o terceiro, que a efetuou, quanto à quantidade ou à qualidade dos gêneros que a qualquer título tenham sido recebidos pelo preposto, a não ser que haja prazo contratual ou legal para essa reclamação". Com isso, protegem-se terceiros que, de boa-fé, efetuaram negócios com o preposto, em nome da sociedade, que envolvam recebimento de valores, bens e documentos.

SEÇÃO II
DO GERENTE

Art. 1.172. Considera-se gerente o preposto permanente no exercício da empresa, na sede desta, ou em sucursal, filial ou agência.

- *Código Civil, arts. 1.169 a 1.171.*

Gerente. Gerente é o preposto permanente que, por vínculo empregatício, administra e exerce atividade econômica da sociedade, na sede desta, ou em sua sucursal, filial ou agência, sob subordinação do administrador ou do empresário. É um cargo desempenhado em confiança. Recebe do empresário ou do órgão administrativo da sociedade poder para gerir os negócios empresariais e até mesmo o de representar a empresa, e, por isso, como ensina Fiuza, tem responsabilidade pelos atos praticados em nome do empresário, desde que fique adstrito aos limites das atribuições que lhe foram outorgadas em mandato específico. Exerce em nome do empresário ou sociedade preponente poderes para o exercício da empresa ou para uma esfera de negócios, como diz Modesto Carvalhosa. Pode ser gerente-geral, gerente de sucursal, gerente de filial ou de agência. Para Rubens Requião, gerente é o auxiliar dependente interno, com vínculo empregatício, subordinado ao administrador ou ao empresário, tendo, porém, ascendência sobre os demais colaboradores da empresa tanto na sede, como na sucursal, filial ou agência em que estiver exercendo sua função. O sócio da sociedade, que estiver exercendo representação, não é o gerente, mas sim o diretor ou administrador.

Art. 1.173. Quando a lei não exigir poderes especiais, considera-se o gerente autorizado a praticar todos os atos necessários ao exercício dos poderes que lhe foram outorgados.

Parágrafo único. Na falta de estipulação diversa, consideram-se solidários os poderes conferidos a dois ou mais gerentes.

- *Código Civil, arts. 661, § 1º, e 275 a 285.*

Competência do gerente. Nos casos em que a lei não requerer poderes especiais para a prática de certos atos (venda de imóvel, imposição de ônus reais), ao gerente serão confiados, mediante procuração por instrumento particular ou público, os poderes de direção, de disciplina e de controle sobre empregados e bens materiais e imateriais que constituem o estabelecimento empresarial. Enfim, está ele autorizado, como mandatário, a praticar todos os atos que forem imprescindíveis para exercer os poderes que lhe foram outorgados, para a gestão dos negócios ordinários da sociedade.

Pluralidade de gerentes e solidariedade de poderes. Havendo dois ou mais gerentes, na falta de estipulação em sentido contrário, os poderes conferidos a eles considerar-se-ão solidários. Ensina-nos Modesto Carvalhosa que a solidariedade de poderes significa que o preponente pode exigir de qualquer um dos gerentes nomeados o exercício dos poderes que lhes foram outorgados no instrumento de preposição. Logo, qualquer gerente poderá praticar isoladamente os atos previstos naquele instrumento. Consequentemente, haverá responsabilidade solidária. Todos os gerentes serão solidariamente responsáveis perante o preponente ou terceiro pelo dano oriundo de ato, culposo ou doloso, levado a efeito por um deles. O gerente culpado, no entanto, deverá ressarcir os demais, que têm direito de regresso.

Art. 1.174. As limitações contidas na outorga de poderes, para serem opostas a terceiros, dependem do arquivamento e averbação do instrumento no Registro Público de Empresas Mercantis, salvo se provado serem conhecidas da pessoa que tratou com o gerente.

Parágrafo único. Para o mesmo efeito e com idêntica ressalva, deve a modificação ou revogação do mandato ser arquivada e averbada no Registro Público de Empresas Mercantis.

- *Código Civil, arts. 660, 661, 968, § 2º, 1.178, 1.182 e 1.184.*
- *Lei n. 8.934/94.*

Limitação na outorga de poderes. Havendo limitações na outorga de poderes ao gerente (p. ex., permissão para avalizar, mas não para emissão de títulos), estas apenas poderão ser opostas a terceiros, se o instrumento de preposição que as contiver for arquivado e averbado no Registro Público de Empresas Mercantis, exceto se se puder comprovar que aquelas restrições eram do conhecimento da pessoa que tratou com o gerente. Com muita propriedade observa Modesto Carvalhosa que o art. 1.174 deve ser analisado com o art. 1.178 para proteger terceiro de boa-fé que venha a contratar com o gerente *dentro do estabelecimento*, na presunção de que este tem amplos poderes para obrigar a sociedade. Nessa hipótese, quanto ao ato praticado pelo gerente, exorbitando os poderes outorgados, o preponente por ele responderá (CC, art. 1.178, *caput*). Mas, se a contratação se deu *fora do estabelecimento* (CC, art. 1.178, parágrafo único), exigir-se-á do terceiro o dever de se certificar dos poderes do gerente, prevalecendo o art. 1.174 do Código Civil.

Modificação ou revogação do mandato. A modificação ou revogação do mandato (instrumento de preposição) para produzir efeito *erga omnes* deverá ser arquivada e averbada no Registro Público de Empresas Mercantis, salvo se ficar provado que terceiro que veio a negociar com gerente tinha ciência daquela revogação ou da modificação do mandato.

Art. 1.175. O preponente responde com o gerente pelos atos que este pratique em seu próprio nome, mas à conta daquele.

- *Código Civil, arts. 275 a 285, 932, III, 933, 1.177 e 1.178.*
- *Lei n. 7.565/86, art. 297.*
- *Lei n. 8.078/90, art. 34 (CDC).*

Responsabilidade do preponente e do gerente. Os atos que o gerente-preposto vier a realizar em nome do preponente-empresário e dentro dos poderes que lhe foram outorgados obrigam a sociedade. O preponente, portanto, responderá, com o gerente, pelos atos que, à sua custa, este vier a praticar em seu próprio nome. Por outras palavras, se o gerente praticar ato em seu próprio nome pessoal, mas à custa do preponente, este responderá, perante terceiro de boa-fé, com o gerente. Haverá uma responsabilidade conjunta, mas há quem ache que tal responsabilidade é solidária. Se o gerente praticar atos, dentro dos limites dos poderes outorgados pelo mandato, em nome e por conta do preponente, este responderá por eles.

Art. 1.176. O gerente pode estar em juízo em nome do preponente, pelas obrigações resultantes do exercício da sua função.

- *Código de Processo Civil, arts. 242, § 1º e 357.*
- *Lei n. 9.099/95, art. 9º, § 4º.*
- *Consolidação das Leis do Trabalho, art. 843, § 1º.*

Representação judicial. O gerente poderá representar, ativa e passivamente, em juízo o preponente (empresário ou sociedade), agindo em nome deste, apenas no que disser respeito às obrigações (deveres) resultantes do exercício de sua função, dentro dos limites dos poderes que lhe foram outorgados pelo mandato, ou melhor, pelo instrumento de preposição. Se assim é, não poderá demandar quanto aos direitos da sociedade advindos de sua atuação. Mas nada obsta a que, tendo poderes para isso, contrate advogado para propor ações em nome da pessoa jurídica, visando tutelar aqueles direitos.

BIBLIOGRAFIA: Matiello, *Código Civil*, cit., p. 728.

Seção III
Do contabilista e outros auxiliares

Art. 1.177. Os assentos lançados nos livros ou fichas do preponente, por qualquer dos prepostos encarregados de sua escrituração, produzem, salvo se houver procedido de má-fé, os mesmos efeitos como se o fossem por aquele.

- *Código Civil, arts. 226, 932, III, 933, 1.175 e 1.178.*
- *Decreto-Lei n. 9.295/46 (contador e guarda-livros).*
- *Decreto-Lei n. 806/69, regulamentado pelo Decreto n. 66.408/70, dispõe sobre a profissão de atuário.*
- *Resolução n. 1.167/2009 do Conselho Federal de Contabilidade sobre Registro Profissional dos Contabilistas.*
- *Resolução n. 1.120/2008 do Conselho Federal de Contabilidade aprova a NBCT7 — Efeitos das mudanças nas Taxas de Câmbio e Conversão de Demonstrações Contábeis.*
- *Resolução n. 1.330/2011 aprova a ITG 2000 — Escrituração contábil.*

Parágrafo único. No exercício de suas funções, os prepostos são pessoalmente responsáveis, perante os preponentes, pelos atos culposos; e, perante terceiros, solidariamente com o preponente, pelos atos dolosos.

- *Código Civil, arts. 275 a 285 e 1.182.*
- *Sobre leiloeiro: IN do DREI n. 17/2013; Provimento n. 2.152/2014 do CSMSP (corretor, leiloeiro e trapicheiro).*

Efeito de escrituração feita por preposto. Como é dever do empresário e da sociedade (preponente) escriturar regularmente seus livros ou fichas, os assentos, neles lançados pelo contabilista (CC, art. 1.182; Decreto-Lei n. 806/69 e Decreto n. 66.408/70), que é o preposto (integrante ou não do quadro funcional) encarregado da escrituração contábil, produzirão, salvo se houver má-fé, os mesmos efeitos como se o fossem por aquele. O contabilista (preposto), ao efetuar os lançamentos dos assentos, age como se a escrituração estivesse sendo executada pessoalmente pelo preponente, visto estar legitimamente encarregado dessa função.

Responsabilidade subjetiva dos prepostos. Os prepostos, no exercício de suas funções escriturárias perante: *a*) o preponente, serão pessoalmente responsáveis pelos atos que, por culpa sua, vierem a lhe causar prejuízo, reparando as perdas e danos; e *b*) terceiros, responderão, solidariamente com o preponente, pelos *atos dolosos*. Logo, terceiro poderá pleitear o ressarcimento da lesão sofrida tanto do preponente (culpa *in eligendo* e *in vigilando*) como do preposto, desde que se comprove o dolo deste. Permitido estará ao preponente acionado o reembolso do que vier a despender na reparação do dano causado, dolosamente, a terceiro pelo preposto.

BIBLIOGRAFIA: Walter A. Bernegozzi Junior, A responsabilidade do contador no novo Código Civil, *Jornal Síntese, 101*:14.

Art. 1.178. Os preponentes são responsáveis pelos atos de quaisquer prepostos, praticados nos seus estabelecimentos e relativos à atividade da empresa, ainda que não autorizados por escrito.

- *Código Civil, arts. 932, III, 933, 1.020, 1.175 e 1.177.*

Parágrafo único. Quando tais atos forem praticados fora do estabelecimento, somente obrigarão o preponente nos limites dos poderes conferidos por escrito, cujo instrumento pode ser suprido pela certidão ou cópia autêntica do seu teor.

Responsabilidade do preponente por ato de preposto. O preponente terá responsabilidade pelos atos de preposto: *a*) praticados no estabelecimento empresarial (p. ex., por gerente, caixa, mandatário etc.) e relativos à atividade da sociedade, mesmo que não os tenha autorizado por escrito. Isso é assim em razão da *aparência de representação* de que se reveste o preposto em atividade praticada *dentro do estabelecimento* e da necessidade de proteger terceiro de boa-fé ante a *presunção da existência daquela autorização*; *b*) praticados fora do estabelecimento (p. ex., por pracista, vendedor etc.), apenas dentro dos limites dos poderes conferidos por escrito, comprovados pelo próprio instrumento da preposição ou, na falta deste, por certidão do órgão competente (se foi registrado) ou cópia autêntica de seu conteúdo. Logo, se tais atos forem além dos limites dos seus poderes, o preponente não poderá ser demandado, pois a responsabilidade pelos danos causados a terceiro é do preposto. Se o ato se deu *fora do estabelecimento,* há *presunção* de *inexistência de autorização dada ao preposto*, mesmo para ato do giro normal do negócio, pois o preponente não poderá fiscalizar o preposto, logo o terceiro deverá ter a cautela de certificar-se da existência de efetivos poderes daquele. Por isso, se o ato exceder aos poderes outorgados, a responsabilidade será do preposto. É a lição de Modesto Carvalhosa.

Capítulo IV
Da Escrituração

- *Decreto-Lei n. 305/67.*
- *Decreto-Lei n. 486/69, regulamentado pelo Decreto n. 64.567/69.*
- *Lei n. 8.934/94, regulamentada pelo Decreto n. 1.800/96, com a alteração do Decreto n. 8.683/2016.*
- *Lei n. 11.101/2005, arts. 51, § 1º, 105, V, 110, § 2º, I, e 178.*
- *Decreto n. 6.022/2007, que institui o Sistema Público de Escrituração Digital — SPED.*
- *Instrução Normativa n. 11/2013 do DREI, sobre procedimentos para validade e eficácia de instrumentos de escrituração dos empresários, EIRELIs, sociedades empresárias, cooperativas, consórcios, grupos de sociedade, leiloeiros, tradutores públicos e intérpretes comerciais.*
- *Instrução Normativa do DNRC n. 113/2010 dispõe sobre processo de concessão de fiscalização e o cancelamento da matrícula de leiloeiro.*
- *Instrução Normativa da Secretaria da Receita Federal n. 787/2007, que institui a Escrituração Contábil Digital, com as alterações da Instrução Normativa n. 926/2009.*
- *IN da SRFB n. 1.420/2013 (com a alteração da IN da SRFB n. 1.679/2016) sobre Escrituração Contábil Digital.*
- *Decreto n. 8.373/2014 institui o Sistema de Escrituração Digital das Obrigações Fiscais, Previdenciárias e Trabalhistas — e Social.*
- *IN da SRFB n. 1.524/2014 altera a IN da SRFB n. 1.422/2013 sobre Escrituração Contábil Fiscal.*
- *Norma Brasileira de Contabilidade — CTG 2001 (R1), de 5/12/2014, do Conselho Federal de Contabilidade, altera o Comunicado Técnico CTG 2001 que define as formalidades da escrituração contábil em forma digital para fins de atendimento ao Sistema Público de Escrituração Digital (SPED).*
- *Lei Complementar n. 123/2006, art. 27.*

Art. 1.179. O empresário e a sociedade empresária são obrigados a seguir um sistema de contabilidade, mecanizado ou não, com base na escrituração uniforme de

DIREITO DE EMPRESA

seus livros, em correspondência com a documentação respectiva, e a levantar anualmente o balanço patrimonial e o de resultado econômico.

- *Código Civil, arts. 1.020, 1.065, 1.069, III, 1.078, I e § 3º, 1.140 e 1.189.*
- *Lei n. 11.101/2005, art. 168, I, II, III e §§ 2º e 4º (com redação da Lei n. 13.112/2020).*
- *Lei n. 6.404/76, arts. 175 a 188, com as alterações das Leis n. 11.638/2007 e 11.941/2009.*
- *Decreto-Lei n. 486/69, art. 1º.*
- *Lei n. 11.638/2007, art. 3º e parágrafo único.*

§ 1º Salvo o disposto no art. 1.180, o número e a espécie de livros ficam a critério dos interessados.

- Vide *Código Civil, art. 1.180, e Lei n. 8.934/94, arts. 32 e s.*
- *Código Penal, art. 297, § 2º.*
- *Lei n. 6.404/76, arts. 100 a 105.*
- *Decreto n. 3.000/99, art. 251, parágrafo único.*

§ 2º É dispensado das exigências deste artigo o pequeno empresário a que se refere o art. 970.

- Vide *Código Civil, art. 970.*
- *Lei Complementar n. 123/2006, arts. 27 e 68 (com a alteração da LC n. 139/2011).*
- *Lei n. 8.934/94, art. 36.*

Escrituração. A escrituração é o processo metódico e sistemático, pelo qual em livros próprios, obrigatórios ou auxiliares, se lançam cronologicamente as contas e todas as operações de um estabelecimento empresarial, fazendo um balanço geral do seu ativo e passivo, demonstrativo do histórico integral da empresa. O sistema de escrituração é instrumento de defesa do empresário e da sociedade, visto que comprova a regularidade das atividades econômicas desenvolvidas e contém informações financeiras e administrativas úteis, para a incidência de encargos tributários e a solução de questões judiciais. A escrituração poderá ser manual, mecanizada (datilografada) ou eletrônica (informatizada).

Obrigações comuns a todos os empresários e sociedades empresárias. Todos os empresários e sociedades empresárias, com exceção dos pequenos empresários, são obrigados: *a*) a escriturar, ou seja, a seguir um sistema de contabilidade, mecanizado ou não, com base na escrituração uniforme de seus livros, em correspondência com a documentação respectiva. O número e a espécie de livros ficarão, salvo o disposto no art. 1.180, a critério dos interessados; e *b*) a levantar anualmente o balanço patrimonial, contendo o ativo e o passivo, e o de resultado econômico. Já as sociedades anônimas, com distribuição semestral de dividendos (Lei n. 6.404/76, art. 204), e as instituições financeiras (Lei n. 4.595/64, art. 31) deverão apresentar esses balanços semestralmente.

Tais balanços formalizam e exteriorizam a situação financeira empresarial, possibilitando que empresário, pessoa jurídica e autoridades estatais tenham acesso a dados alusivos às obrigações fiscais, previdenciárias etc.

Dispensa de escrituração do pequeno empresário. O empresário rural ou o pequeno empresário (CC, art. 970; Lei n. 9.841/99; Enunciado n. 235 do Conselho da Justiça Federal, aprovado na *III Jornada de Direito Civil*, que cancelou o Enunciado n. 56) está dispensado de manter escrituração de seus negócios (CC, art. 1.179, § 2º), mas se quiser poderá optar pela escrituração simplificada (Lei n. 8.864/94, art. 11), ou pelo Regime Especial Unificado de Arrecadação de

Tributos e Contribuições devidos pelas Microempresas e Empresas de Pequeno Porte (SIMPLES Nacional), usando regularmente dois livros: o Caixa (movimentação financeira, inclusive bancária) e o Registro de Inventário, destinado à identificação anual de estoque disponível (Lei de Falências, arts. 51, § 2º, 168, § 4º; Decreto-Lei n. 486/69, art. 1º, parágrafo único; e *RT*, *653*:115).

BIBLIOGRAFIA: Modesto Carvalhosa, *Comentários*, cit., v. 13, p. 770-883; Matiello, *Código Civil*, cit., p. 729-40; Fábio Ulhoa Coelho, *Curso*, cit., v. 1, p. 82; M. Helena Diniz, *Curso*, cit., v. 8, p. 853-96.

Art. 1.180. Além dos demais livros exigidos por lei, é indispensável o Diário, que pode ser substituído por fichas no caso de escrituração mecanizada ou eletrônica.

- *Decreto-Lei n. 305/67, art. 1º.*
- *Decreto-Lei n. 486/69, art. 5º.*
- Vide *Código Civil, arts. 226, 1.179, § 1º, 1.184 e 1.185.*
- *Lei n. 6.404/76, arts. 100 a 105.*
- *Lei n. 5.474/68, art. 19.*
- *Lei n. 4.728/65, arts. 32, § 1º, e 40, parágrafo único.*
- *Decreto n. 3.000/99, arts. 260 a 267.*
- *Decreto n. 1.102/1903, art. 13.*
- *Lei n. 11.638/2007, art. 3º.*

Parágrafo único. A adoção de fichas não dispensa o uso de livro apropriado para o lançamento do balanço patrimonial e do de resultado econômico.

Obrigatoriedade do Diário. Diário é o livro de contabilidade em que empresários e sociedades empresárias lançam o débito e o crédito de seus negócios cotidianos. É, no dizer de Fábio Ulhoa Coelho, o livro contábil, no qual devem ser lançados, dia a dia, diretamente ou por reprodução, as operações da atividade empresarial e os atos que modificam ou podem alterar o patrimônio do empresário. O diário contém, portanto, todas as informações financeiras da empresa. É um livro indispensável e obrigatório a todos os que exercem atividade empresarial, mas poderá ser substituído por fichas (formulários contínuos, folhas soltas ou cartões), na hipótese de se usar escrituração mecanizada ou eletrônica. Essas fichas (instrumentos impressos) deverão ser ajuntadas em forma de livro encadernado (facilitando a fiscalização) para fins de autenticação do órgão competente, para que tenha validade e eficácia.

Adoção de fichas. Se a escrituração for mecanizada (datilografada) ou eletrônica (informatizada), ter-se-á adoção de fichas, que, contudo, não dispensará o uso de livro apropriado para o lançamento do balanço patrimonial e do de resultado econômico.

Art. 1.181. Salvo disposição especial de lei, os livros obrigatórios e, se for o caso, as fichas, antes de postos em uso, devem ser autenticados no Registro Público de Empresas Mercantis.

- *Lei n. 8.934/94, arts. 30, 32, III, e 39.*

Parágrafo único. A autenticação não se fará sem que esteja inscrito o empresário, ou a sociedade empresária, que poderá fazer autenticar livros não obrigatórios.

- *Instrução Normativa do DNRC n. 107/2008.*
- *Decreto-Lei n. 305/67, arts. 3º a 5º.*
- *Decreto-Lei n. 486/69, arts. 5º, § 2º, 6º e 7º.*

Autenticação dos livros obrigatórios e de fichas. Os livros obrigatórios e as fichas, em caso de escrituração mecanizada ou eletrônica, salvo disposição de lei em contrário, deverão ser, antes de sua utilização pelo empresário ou sociedade empresária, autenticados no Registro Público de Empresas Mercantis, desde que nele esteja regularmente inscrito o titular da atividade empresarial. Nada obsta a que também se providencie a autenticação dos livros não obrigatórios para que possam servir como prova subsidiária para a defesa dos interesses da empresa, se houver, por fato alheio à vontade do responsável, perda ou extravio de outros livros. Tal autenticação, por ser requisito formal extrínseco, que confere regularidade aos livros (facultativos ou obrigatórios), serve, portanto, de prova em favor do empresário ou da sociedade empresária.

Art. 1.182. Sem prejuízo do disposto no art. 1.174, a escrituração ficará sob a responsabilidade de contabilista legalmente habilitado, salvo se nenhum houver na localidade.

- *Código Penal, art. 297 e § 2º.*
- Vide *Código Civil, arts. 1.174, 1.177 e 1.178.*
- *Decreto-Lei n. 806/69 e Decreto n. 66.408/70.*
- *Decreto-Lei n. 486/69, art. 3º.*

Contabilista. O contabilista, inscrito no Conselho Regional de Contabilidade de seu domicílio, é o versado em contabilidade, em técnica de escrituração de receita e despesa de estabelecimento empresarial e em organização de livros empresariais, tendo nível inferior ao de contador, embora haja autores que os identifiquem. Por isso a escrituração deverá ficar sob a responsabilidade de contabilista legalmente habilitado, exceto se, na localidade, não houver nenhum, hipótese em que poderá ser feita pelo próprio empresário ou por outro profissional. Alerta Matiello que será conveniente, nesse caso, contratar contabilista em outro local porque as consequências de uma escrituração deficiente são nefastas ao empresário. O exercício da atividade empresarial requer a organização de contabilidade por profissional devidamente habilitado, por exigir conhecimentos técnicos contábeis especializados. A indicação do contabilista feita por meio de mandato outorgado pelo preponente ao preposto deverá ser arquivada e averbada no Registro Público de Empresas Mercantis (CC, art. 1.174). A participação de contabilista legalmente habilitado traz segurança à escrituração, por isso, salvo a exceção do artigo *sub examine*, o Registro Público somente autenticará livros empresariais visados por contabilista.

Art. 1.183. A escrituração será feita em idioma e moeda corrente nacionais e em forma contábil, por ordem cronológica de dia, mês e ano, sem intervalos em branco, nem entrelinhas, borrões, rasuras, emendas ou transportes para as margens.

- *Código Civil, art. 226.*
- *Código de Processo Civil, arts. 192, parágrafo único, 417, 418 e 419.*
- *Decreto-Lei n. 486/69, arts. 2º e 5º, e Decreto n. 64.567/69, art. 2º.*

Parágrafo único. É permitido o uso de código de números ou de abreviaturas, que constem de livro próprio, regularmente autenticado.

Técnica de elaboração da escrituração. A técnica apropriada para elaborar e uniformizar escrituração requer o preenchimento de alguns requisitos intrínsecos: *a*) uso de idioma nacional (CPC, art. 192, parágrafo único), mas o emprego de certos termos estrangeiros deve ser tolerado por serem frequentemente utilizados, como, p. ex., *leasing, franchising, factoring, know-how, marketing, software, shopping center* etc.; *b*) emprego da moeda corrente nacional; *c*) forma contábil; *d*) individuação, ou seja, consignação expressa dos principais caracteres dos documentos que dão sustentação ao lançamento; *e*) clareza e ordem cronológica de dia, mês e ano; *f*) ausência de intervalos em branco, entrelinhas, borrões, rasuras, emendas ou transportes para as margens. Urge não olvidar que, pelo § 2º do art. 2º do Decreto-Lei n. 486/96, poderão os erros havidos na escrituração ser corrigidos mediante o lançamento de estorno.

Permissão do uso de código de números ou de abreviaturas. Apenas será permitida, para agilizar o trabalho do contabilista, tornando-o mais conciso, por evitar repetições constantes de termos e expressões, a utilização de código de números ou de abreviaturas constantes de livro próprio, regularmente autenticado, desde que possibilite a identificação do significado de cada sinal ou indicativo lançado.

BIBLIOGRAFIA: Fábio Ulhoa Coelho, *Curso*, cit., v. 1, p. 79 e 80; *Manual*, cit., p. 40; Matiello, *Código Civil*, cit., p. 734; R. Fiuza e Newton De Lucca, *Código*, cit., p. 1212.

Art. 1.184. No Diário serão lançadas, com individuação, clareza e caracterização do documento respectivo, dia a dia, por escrita direta ou reprodução, todas as operações relativas ao exercício da empresa.

• Vide *Código Civil, art. 1.180.*

§ 1º Admite-se a escrituração resumida do Diário, com totais que não excedam o período de trinta dias, relativamente a contas cujas operações sejam numerosas ou realizadas fora da sede do estabelecimento, desde que utilizados livros auxiliares regularmente autenticados, para registro individualizado, e conservados os documentos que permitam a sua perfeita verificação.

§ 2º Serão lançados no Diário o balanço patrimonial e o de resultado econômico, devendo ambos ser assinados por técnico em Ciências Contábeis legalmente habilitado e pelo empresário ou sociedade empresária.

• *Decreto-Lei n. 486/69, art. 5º.*

• Vide *Código Civil, arts. 1.177, 1.178, 1.180 e 1.182.*

Diário. Livro obrigatório no qual, com clareza, serão lançadas diariamente, por escrita direta ou reprodução em ordem cronológica de sua ocorrência, todas as operações relativas ao exercício da empresa, consignando-se, expressamente, os principais caracteres dos documentos. Nele também serão lançados o balanço patrimonial e o de resultado econômico, subscritos pelo contabilista, ou técnico em ciências contábeis, legalmente habilitado (CC, art. 1.182) e pelo empresário ou representante da sociedade empresária.

Escrituração resumida do Diário. Poderá haver escrituração resumida do Diário, com totais não excedentes a trinta dias, no que disser respeito a contas cujas operações sejam numerosas ou realizadas fora da sede do estabelecimento, desde que: *a*) utilizem-se, para tanto, livros auxiliares regularmente autenticados pela Junta Comercial, para registro individualizado das operações; e *b*) os documentos, que serviram de suporte ao lançamento, sejam conservados, permitindo, assim, a sua perfeita verificação.

Art. 1.185. O empresário ou sociedade empresária que adotar o sistema de fichas de lançamentos poderá substituir o livro Diário pelo livro Balancetes Diários e Balanços, observadas as mesmas formalidades extrínsecas exigidas para aquele.

• Vide *Código Civil, arts. 1.180, 1.184 e 1.186.*

• *Decreto-Lei n. 305/67, art. 4º.*

• *Decreto-Lei n. 486/69, art. 5º, § 1º.*

• *Instrução Normativa do DNRC n. 107/2008.*

Balancetes Diários e Balanços. Se o empresário, ou a sociedade empresária, vier a adotar para a escrituração de sua contabilidade o sistema de fichas de lançamentos, por ter preferido o processo mecânico ou eletrônico (*computer output microfilm* — COM) (CC, art. 1.180), que permite a totalização diária das contas do ativo e do passivo da empresa, poderá substituir o Diário pelo livro Balancetes Diários e Balanços, desde que observe todas as formalidades extrínsecas exigidas para aquele, que são: organização ordenada ou encadernação das fichas; lavratura do termo de abertura e encerramento e autenticação pelo Registro Público de Empresas Mercantis.

BIBLIOGRAFIA: Ricardo Fiuza, *Novo Código Civil*, cit., p. 1053.

Art. 1.186. O livro Balancetes Diários e Balanços será escriturado de modo que registre:

I — a posição diária de cada uma das contas ou títulos contábeis, pelo respectivo saldo, em forma de balancetes diários;

II — o balanço patrimonial e o de resultado econômico, no encerramento do exercício.

• Vide *Código Civil, art. 1.185.*

• *Lei de Sociedade Anônima, art. 176.*

Escrituração do livro Balancetes Diários e Balanços. No livro Balancetes Diários e Balanços deverão ser registrados: *a*) a posição diária de cada uma das contas, ou títulos contábeis, pelo respectivo saldo, em forma de balancetes diários; e *b*) o balanço patrimonial e o de resultado econômico, no encerramento do exercício. Criar-se-á um sistema informatizado, que dará origem aos referidos balanços, baseados nos dados contidos nos balanços diários.

Art. 1.187. Na coleta dos elementos para o inventário serão observados os critérios de avaliação a seguir determinados:

I — os bens destinados à exploração da atividade serão avaliados pelo custo de aquisição, devendo, na avaliação dos que se desgastam ou depreciam com o uso, pela ação do tempo ou outros fatores, atender-se à desvalorização respectiva, criando-se fundos de amortização para assegurar-lhes a substituição ou a conservação do valor;

II — os valores mobiliários, matéria-prima, bens destinados à alienação, ou que constituem produtos ou artigos da indústria ou comércio da empresa, podem ser estimados pelo custo de aquisição ou de fabricação, ou pelo preço corrente, sempre que este for inferior ao preço de custo, e quando o preço corrente ou venal estiver acima do valor do custo de aquisição, ou fabricação, e os bens forem avaliados pelo preço corrente, a diferença entre este e o preço de custo não será levada em conta para a distribuição de lucros, nem para as percentagens referentes a fundos de reserva;

III — o valor das ações e dos títulos de renda fixa pode ser determinado com base na respectiva cotação da Bolsa de Valores; os não cotados e as participações não acionárias serão considerados pelo seu valor de aquisição;

IV — os créditos serão considerados de conformidade com o presumível valor de realização, não se levando em conta os prescritos ou de difícil liquidação, salvo se houver, quanto aos últimos, previsão equivalente.

Parágrafo único. Entre os valores do ativo podem figurar, desde que se preceda*, anualmente, à sua amortização:

* *A palavra preceda deve ser entendida como proceda.*

DIREITO DE EMPRESA

I — as despesas de instalação da sociedade, até o limite correspondente a dez por cento do capital social;

II — os juros pagos aos acionistas da sociedade anônima, no período antecedente ao início das operações sociais, à taxa não superior a doze por cento ao ano, fixada no estatuto;

III — a quantia efetivamente paga a título de aviamento de estabelecimento adquirido pelo empresário ou sociedade.

• *Lei n. 6.404/76, art. 183.*

Inventário. O inventário é peça indispensável ao balanço, por ser operação que efetua o levantamento das contas ativas ou passivas do estabelecimento, para averiguar os lucros e as perdas, e também das mercadorias, títulos existentes, imóveis, móveis, utensílios etc.

Critério de avaliação na coleta dos elementos a serem inventariados. Para efetuar o inventário, na coleta dos elementos a serem nele lançados, deverão ser seguidos alguns critérios avaliativos: *a*) os bens destinados à exploração da atividade econômica deverão ser avaliados pelo custo de sua aquisição, atendendo-se, se houve desgaste pelo decurso do tempo ou depreciação pelo uso, à desvalorização sofrida, criando fundos de amortização para assegurar a substituição ou a conservação do seu valor; *b*) os valores mobiliários, matérias-primas, bens destinados à alienação, ou produtos da indústria ou comércio da empresa deverão ser estimados pelo custo de sua aquisição ou fabricação, ou, então, pelo preço corrente, se for inferior ao de custo. Se o preço corrente ou venal estiver acima do valor do custo de aquisição ou fabricação, e os bens forem avaliados pelo preço corrente, a diferença entre este e o de custo não será considerada para distribuição de lucros, nem para as percentagens relativas a fundos de reserva; *c*) o valor das ações e dos títulos de renda fixa será o da cotação da Bolsa de Valores, sendo que os não cotados e as participações não acionárias serão estimados pelo valor de sua aquisição; *d*) os créditos serão apurados pelo valor de realização, sem se considerar os prescritos e os de difícil liquidação, a não ser que, na última hipótese, haja alguma previsão equivalente.

Valores ativos a serem inventariados. Entre os valores ativos, desde que, anualmente, amortizados, podem figurar: *a*) as despesas de instalação da sociedade, até o limite correspondente a 10% do capital social; *b*) os juros pagos aos acionistas da sociedade anônima, no período que antecedeu ao início das operações sociais, a taxa não superior a 12% ao ano, estipulada estatutariamente; *c*) a quantia paga a título de aviamento do estabelecimento adquirido pelo empresário ou sociedade. Aviamento é o sobrevalor atribuído aos bens do empresário (individual ou coletivo), que, organizados e aplicados em sua atividade econômica, integram o estabelecimento, sendo um atributo deste. Aviamento (*goodwill of a trade*), na lição de Nelson Nery Jr. e Rosa Maria Andrade Nery, é a aptidão da empresa de produzir lucros pela qualidade e bom funcionamento de sua organização e seu preço resulta do conjunto dos seus bens e serviços e da qualidade pessoal do empresário. Ensinam, ainda, esses juristas que há duas formas de aviamento: *a*) o objetivo ou real (*local goodwill*), relativo ao imóvel, sua localização, sua organização; e *b*) o subjetivo ou pessoal (*personal goodwill*), alusivo à pessoa do titular da empresa.

BIBLIOGRAFIA: Nelson Nery Jr. e Rosa Maria A. Nery, *Código Civil comentado*, São Paulo, Revista dos Tribunais, 2005, p. 604.

Art. 1.188. O balanço patrimonial deverá exprimir, com fidelidade e clareza, a situação real da empresa e, atendidas as peculiaridades desta, bem como as disposições das leis especiais, indicará, distintamente, o ativo e o passivo.

Parágrafo único. Lei especial disporá sobre as informações que acompanharão o balanço patrimonial, em caso de sociedades coligadas.

- Vide *Código Civil, arts. 1.053, parágrafo único, e 1.097 a 1.101.*
- *Lei n. 6.404/76, arts. 175 a 188, com as alterações da Lei n. 11.941/2009, 247 a 253.*
- *Lei de Falências (Lei n. 11.101/2005, com redação da Lei n. 14.112/2020), arts. 51, II e §§ 2º e 4º, 105 e 163, § 6º, II.*
- *Lei n. 8.666/93, art. 31, I.*
- *Lei n. 6.385/76, art. 10-A, acrescido pela Lei n. 11.638/2007.*

Balanço patrimonial. É aquele que, feito anualmente, exprime, no final de cada exercício social, com fidelidade e clareza, a situação real do patrimônio da empresa, indicando, distintamente, o ativo e o passivo, abrangendo todos os bens (móveis, imóveis ou semoventes), créditos e débitos, atendendo sempre às peculiaridades do tipo da empresa, inclusive se coligadas, caso em que se deverão observar as disposições contidas em leis especiais (Lei n. 6.404/76, arts. 247 a 250), para assegurar a integridade do capital social de cada uma delas. A aferição do patrimônio líquido da empresa poderá ser feita baseada nesse balanço.

Art. 1.189. O balanço de resultado econômico, ou demonstração da conta de lucros e perdas, acompanhará o balanço patrimonial e dele constarão crédito e débito, na forma da lei especial.

- *Lei n. 6.404/76, art. 176, com as alterações da Lei n. 11.941/2009.*
- *Código Civil, arts. 1.020, 1.065, 1.069, III, 1.078, I e § 3º, 1.140, 1.179, 1.180 e 1.184.*

Balanço de resultado econômico. É o que contém a demonstração exata da conta de lucros e perdas, constando o crédito e o débito apurados no desenvolvimento da atividade econômico-empresarial, na forma da lei especial (Lei n. 6.404/76, art. 176, II e III) e que acompanha, por isso, o balanço patrimonial, integrando-o. É da análise conjunta de ambos os balanços (patrimonial e de resultado econômico) que se infere, com clareza e certeza, a realidade econômico-financeira da sociedade empresária ou do empresário.

Art. 1.190. Ressalvados os casos previstos em lei, nenhuma autoridade, juiz ou tribunal, sob qualquer pretexto, poderá fazer ou ordenar diligência para verificar se o empresário ou a sociedade empresária observam, ou não, em seus livros e fichas, as formalidades prescritas em lei.

- Vide *Código Tributário Nacional, art. 195, e Súmula 439 do Supremo Tribunal Federal.*
- *Lei n. 8.212/91, art. 33, § 1º, e Decreto n. 3.048/99, art. 231.*
- *Lei n. 11.101/2005, arts. 7º, 22, I,* c, *III,* b, *27, I,* a, *172 e 178.*
- *Código Civil, arts. 226, 1.191 e 1.193.*

Diligência administrativa ou judicial para verificação de regularidade de livros e fichas. Nenhuma autoridade administrativa, nenhum juiz ou tribunal, sob qualquer pretexto, a não ser nos casos admitidos em lei, p. ex., para fins fiscais ou de seguridade social (CTN, art. 195; Lei n. 8.212/91, art. 33, § 1º; Decreto n. 3.048/99, art. 231; CC, art. 1.193; Súmula 439 do STF) ou mesmo de investigações criminais ou civis (CPP, LACP, LONMP, LOMPU etc.), poderá fazer ou ordenar diligência para averiguar se o empresário ou a sociedade empresária observam, ou não, na escrituração de seus livros e fichas, as formalidades exigidas legalmente, visto que gozam da proteção do princípio do sigilo (*RT, 663*:84). Pelo princípio do sigilo dos livros mercantis, os dados e lançamentos da escrituração contábil somente interessam ao empresário. O princípio do segredo da escrituração visa tutelar a atividade negocial do empresário e da sociedade, para que não sofra prejuízo advindo do conhecimento de terceiro de sua situação econômica e do estado em que se encontram seus negócios. E, além disso, pela Lei de Falências (arts. 7º, 22, I, *c*, III, *b*, 27, I, *a*), o administrador judicial e o comitê de credores, na recuperação e na falência, têm livre acesso aos livros do empresário-devedor, independentemente de autorização judicial, mas sob a fiscalização do juiz.

BIBLIOGRAFIA: Fábio Ulhoa Coelho, *Manual*, cit., p. 44. Hugo Nigro Mazzilli e Wander Garcia, *Anotações*, cit., p. 336.

Art. 1.191. O juiz só poderá autorizar a exibição integral dos livros e papéis de escrituração quando necessária para resolver questões relativas a sucessão, comunhão ou sociedade, administração ou gestão à conta de outrem, ou em caso de falência.

§ 1º O juiz ou tribunal que conhecer de medida cautelar ou de ação pode, a requerimento ou de ofício, ordenar que os livros de qualquer das partes, ou de ambas, sejam examinados na presença do empresário ou da sociedade empresária a que pertencerem, ou de pessoas por estes nomeadas, para deles se extrair o que interessar à questão.

§ 2º Achando-se os livros em outra jurisdição, nela se fará o exame, perante o respectivo juiz.

- *Código Civil, art. 226.*
- *Código de Processo Civil, arts. 355, 396 a 404, 417, 418, 420, I, II e III e 421.*
- *Código Tributário Nacional, art. 195.*
- *Súmulas 260, 390 e 439 do Supremo Tribunal Federal.*
- *Lei de Falências (Lei n. 11.101/2005 com redação da Lei 14.112/2020), art. 51; Lei n. 6.404/76, art. 105.*
- *Lei n. 8.212/91, art. 33.*

Exibição judicial dos livros e papéis de escrituração. O magistrado apenas poderá autorizar a *exibição total* dos livros e papéis de escrituração em determinadas ações, para resolver certas questões, como as relativas à sucessão *inter vivos* (transferência de quotas, ou ações, ou do estabelecimento, p. ex.) ou *causa mortis*, à comunhão ou à sociedade, à administração ou gestão mercantil à conta de outrem, à falência (*RT*, *655*:86, *690*:66). Os livros deverão ficar em disponibilidade no cartório para serem analisados pelas partes, peritos, administrador judicial, órgão do Ministério Público e juiz.

Na *exibição parcial*, o titular apenas deverá apresentar os livros, na audiência, para exame em juízo, sem deles ser desapossado (CPC, art. 421). Deveras, o juiz, ou tribunal, que conhecer a medida cautelar ou a ação poderá, de ofício ou a requerimento dos interessados, ordenar que os livros de qualquer das partes, ou de ambas, sejam examinados na presença do empresário, ou da sociedade empresária a que pertencerem, ou de pessoas por estes nomeadas, extraindo deles tudo que puder solucionar a controvérsia. A exibição parcial dos livros na pendência de uma ação constitui, portanto, um meio de prova e se limita àquilo que possa esclarecer os fatos controvertidos em julgamento. Apenas os pontos investigados poderão ser alvo de análise na escrituração (Súmula 439 do STF). E, se os livros, porventura, estiverem em outra jurisdição, nela se fará a sua exibição total ou parcial, por carta precatória, e o seu exame ou perícia contábil, na presença do empresário ou de pessoa por ele indicada e, ainda, perante o respectivo juiz. Isto é assim porque, exibida, no todo ou em parte (CPC, arts. 420 e 421), a escrituração tem força probante (CPC, arts. 417 e 418) contra ou a favor do seu titular (CC, art. 226).

BIBLIOGRAFIA: Trajano de Miranda Valverde, *Força probante dos livros mercantis*, Rio de Janeiro, Forense, 1960; Fábio Ulhoa Coelho, *Curso*, cit., v. 1, p. 84-6.

Art. 1.192. Recusada a apresentação dos livros, nos casos do artigo antecedente, serão apreendidos judicialmente e, no do seu § 1º, ter-se-á como verdadeiro o alegado pela parte contrária para se provar pelos livros.

- Vide *Código Civil, art. 1.191 e § 1º.*
- *Código Penal, art. 330.*

Parágrafo único. A confissão resultante da recusa pode ser elidida por prova documental em contrário.

- *Código de Processo Civil, arts. 389 a 395, 396, 399, I e 400.*

Recusa de exibição judicial dos livros. Se o empresário, ou a sociedade empresária, se recusar a exibir, totalmente, seus livros, mediante ordem judicial, para resolver problemas sobre sucessão, comunhão ou sociedade, gestão à conta de outrem ou falência, ter-se-á a apreensão judicial destes; e a apuração dos elementos imprescindíveis à solução da questão suscitada. A recusa da apresentação dos livros não acarretará presunção de veracidade das alegações da parte contrária. Mas, havendo recusa à exibição parcial dos livros em medida cautelar, considerar-se-á como verdadeiro o fato alegado pela parte contrária, que, por meio daqueles livros, pretendia comprovar. E a confissão ficta, resultante da recusa de apresentação dos livros, poderá, contudo, ser destruída mediante apresentação de prova documental em contrário, demonstrando a não veracidade do fato.

Art. 1.193. As restrições estabelecidas neste Capítulo ao exame da escrituração, em parte ou por inteiro, não se aplicam às autoridades fazendárias, no exercício da fiscalização do pagamento de impostos, nos termos estritos das respectivas leis especiais.

- *Código Tributário Nacional, arts. 195, 198 e 200.*
- *Lei n. 8.137/90, art. 1º, I.*
- *Código Penal, art. 330.*
- *Constituição Federal, art. 145, § 1º.*
- *Decretos n. 3.000/99, art. 273, e 87.981/82, art. 340, § 1º.*
- Vide *Súmula 439 do Supremo Tribunal Federal.*
- *Lei n. 8.212/91, art. 33, § 1º.*

Exibição de livro à autoridade fazendária. As restrições legais acima mencionadas relativas ao exame da escrituração, em parte ou por inteiro, não são aplicáveis à autoridade fazendária, no exercício da fiscalização do pagamento de impostos, nos termos do art. 195 do Código Tributário Nacional. Consequentemente, perante o Poder Executivo a exibição total ou parcial dos livros empresariais pode ser exigida pelos agentes de fiscalização da receita municipal, estadual ou federal, para averiguar se os tributos foram regularmente pagos, dentro dos limites legais, pois atuam em prol do interesse da coletividade.

BIBLIOGRAFIA: Fábio Ulhoa Coelho, *Curso*, cit., v. 1, p. 82; Rubens Requião, *Curso*, cit., v. 1, p. 171 e 172.

Art. 1.194. O empresário e a sociedade empresária são obrigados a conservar em boa guarda toda a escrituração, correspondência e mais papéis concernentes à sua atividade, enquanto não ocorrer prescrição ou decadência no tocante aos atos neles consignados.

- *Decreto-Lei n. 486/69, art. 4º.*
- *Lei n. 11.101/2005, art. 168, § 1º e 2º (com redação da Lei n. 14.112/2020).*
- *Decreto-Lei n. 486/69, art. 4º.*
- *Decreto n. 64.567/69, art. 5º.*
- *Instrução Normativa do DNRC n. 107/2008, art. 11.*
- *Código Civil, arts. 205 a 211.*
- *Lei n. 6.404/76, arts. 100, 184, 186, e 285 a 288.*

Conservação da escrituração. O empresário e a sociedade empresária têm a obrigação de guardar e conservar em ordem os livros de escrituração, a correspondência, os documentos ou papéis concernentes à sua atividade econômica ou a operações negociais que possam alterar sua situação patrimonial, enquanto não vencidos os prazos prescricionais ou decadenciais relativos aos atos neles consignados. Se ocorrer qualquer extravio, deterioração ou perda de documentação, deverá não só publicar o fato em jornal de grande circulação do local do seu estabelecimento, como também informar, minuciosamente, dentro de 48 horas, a Junta Comercial, para obter a legalização de novos livros (Instrução Normativa do DNRC n. 65/97, art. 11).

BIBLIOGRAFIA: Rubens Requião, *Curso*, cit., v. 1, p. 173 e 174.

Art. 1.195. As disposições deste Capítulo aplicam-se às sucursais, filiais ou agências, no Brasil, do empresário ou sociedade com sede em país estrangeiro.

- Vide *Código Civil, arts. 1.134 a 1.141, 1.179 a 1.194.*
- *Decreto-Lei n. 2.627/40 (sociedade estrangeira).*
- *Lei de Introdução às Normas do Direito Brasileiro, art. 11.*

Aplicação das normas de escrituração a sucursal, filial ou agência de empresa estrangeira. Os arts. 1.179 a 1.194 do Código Civil alusivos à escrituração aplicar-se-ão às sucursais, filiais ou agências, que atuem no Brasil, do empresário ou sociedade com sede no exterior (CC, arts. 1.134 a 1.141), que aqui tenha atividade mediante autorização governamental.

LIVRO III
DO DIREITO DAS COISAS

- *Pelo **Projeto de Lei n. 699/2011** tal título seria* DA POSSE E DOS DIREITOS REAIS.

TÍTULO I
DA POSSE

Capítulo I

Da Posse e sua Classificação

Art. 1.196. Considera-se possuidor todo aquele que tem de fato o exercício, pleno ou não, de algum dos poderes inerentes à propriedade.

- Vide *Código Civil, arts. 1.199, 1.204, 1.208, 1.210, 1.223 e 1.784.*
- *Código de Processo Civil, arts. 554 a 568.*
- ***Projeto de Lei n. 699/2011**: "Art. 1.196. Considera-se possuidor todo aquele que tem poder fático de ingerência socioeconômica, absoluto ou relativo, direto ou indireto, sobre determinado bem da vida, que se manifesta através do exercício ou possibilidade de exercício inerente à propriedade ou outro direito real suscetível de posse".*

Posse. Segundo Ihering a posse é a exteriorização ou visibilidade do domínio, ou seja, a relação exterior intencional existente normalmente entre a pessoa e a coisa, tendo em vista a função econômica desta. O importante é o uso econômico ou destinação econômica do bem, pois qualquer pessoa é capaz de reconhecer a posse pela forma econômica de sua relação exterior com a pessoa. Por exemplo, se virmos alguns materiais junto a uma construção, apesar de ali não se encontrar o possuidor, exercendo poder sobre a coisa, a circunstância das obras e dos materiais indica a existência da posse de alguém.

"A posse constitui direito autônomo em relação à propriedade e deve expressar o aproveitamento dos bens para o alcance de interesses existenciais, econômicos e sociais merecedores de tutela" (Enunciado n. 492 do CJF, aprovado na *V Jornada de Direito Civil*).

Pelo Enunciado n. 563 do CJF (aprovado na *VI Jornada de Direito Civil*): "O reconhecimento da posse por parte do Poder Público competente anterior à sua legitimação nos termos da Lei n. 11.977/2009 constitui título possessório".

Segundo o Enunciado n. 593, aprovado na *VII Jornada de Direito Civil*: "É indispensável o procedimento de demarcação urbanística para regularização fundiária social das áreas ainda não matriculadas no Cartório de Registro de Imóveis, como requisito à emissão dos títulos de legitimação da posse e de domínio".

Elementos constitutivos. São elementos constitutivos da posse: *a*) o *corpus*, exterioridade da propriedade, que consiste no estado normal das coisas, sob o qual desempenham a função econômica de servir e pelo qual o homem distingue quem possui e quem não possui; e *b*) o *animus* ou *affectio tenendi*, que já está incluído no *corpus*, indicando o modo como o proprietário age em face do bem de que é possuidor. Com isso o *corpus* é o único elemento visível e suscetível de comprovação, estando vinculado ao *animus*, do qual é manifestação externa. A dispensa da intenção de dono na caracterização da posse permite considerar como possuidores, além do proprietário, o locatário, o comodatário, o depositário etc.

Possuidor. O possuidor é o que tem o pleno exercício de fato dos poderes constitutivos do domínio ou somente de alguns deles, como no caso dos direitos reais sobre coisa alheia, como o usufruto, a servidão etc.

O Conselho da Justiça Federal, na *III Jornada de Direito Civil*, interpretando os arts. 1.196, 1.205 e 1.212 do atual Código Civil, entendeu, no Enunciado n. 236: "Considera-se possuidor, para todos os efeitos legais, também a coletividade desprovida de personalidade jurídica".

BIBLIOGRAFIA: Ihering, *Du rôle de la volonté dans la possession*, Paris, 1891, p. 107; El fundamento de la protección posesoria, in *La posesión*, caps. XI e XII, Parte 1, p. 207 e s.; *Teoria simplificada da posse*, São Paulo, Edipro, 1998; e *Oeuvres choisies*, Paris, 1893, v. 2, p. 234, 217 e 220; W. Barros Monteiro,

Curso de direito civil, São Paulo, Saraiva, 1979, v. 3, p. 19-23; Tito Fulgêncio, *Da posse e das ações possessórias*, Rio de Janeiro, Forense, 1978, v. 1, p. 7 e 8; Serpa Lopes, *Curso de direito civil*, Freitas Bastos, 1962, v. 6, p. 107-12; Orlando Gomes, *Direitos reais*, Rio de Janeiro, Forense, 1978, p. 28-31 e 37; Daibert, *Direito das coisas*, Rio de Janeiro, Forense, 1979, p. 31; Caio M. S. Pereira, *Instituições de direito civil*, Rio de Janeiro, Forense, 1978, v. 4, p. 24-6; Silvio Rodrigues, *Direito civil*, 2. ed., São Paulo, Max Limonad, v. 5, p. 32; Lafayette, *Direito das coisas*, § 17; M. Helena Diniz, *Curso de direito civil brasileiro*, São Paulo, Saraiva, 1991, v. 4, p. 27-33; M. Helena Diniz e Mariana R. Santiago, *Função social e solidária da posse*, São Paulo, Saraiva, 2023; Savigny, *Das Rechts des Besitzes*, 1803; *Traité de la possession en droit romain*, Paris, 1866, t. 1, § XIV, p. 209 e s.; Stolfi, *Diritto civile*, Torino, 1926, v. 2, t. 1, n. 5, p. 9; Tito Lívio Pontes, *Da posse*, 1978, p. 15; Carlos Alberto Bittar, *Direitos reais*, Rio de Janeiro, Forense Universitária, 1991, p. 28-41; Fábio Ulhoa Coelho, Dos elementos da posse no direito comparado, *in Justitia*, *46*:77-100; R. Limongi França, *A posse no Código Civil*, 1964; José Carlos Moreira Alves, *Posse — estudo dogmático*, Rio de Janeiro, Forense, v. 1, 1985, v. 2, 1991; Antonio José de Souza Levenhagen, *Posse, possessória e usucapião*, São Paulo, Atlas, 1992; Gert Kummerow, *Bienes y derechos reales*, Venezuela, 1997, p. 100 a 157; Roberto Senise Lisboa, *Manual elementar de direito civil*, São Paulo, Ed. Juarez de Oliveira, 1999, v. 4, p. 20-9; Getúlio Targino Lima, *A posse agrária sobre bem imóvel*, São Paulo, Saraiva, 1992; Sebastião José Roque, *Direito das coisas*, São Paulo, Ícone, 1994, p. 21-52; Ugo Natoli, *Il possesso*, Milano, Giuffrè, 1992; Antonio Hernandez Gil, *Función social de la posesión*, Madrid, 1969; *La posesión*, Madrid, Espasa-Calpe, 1987, t. 2; Gustavo Tepedino, *Comentários ao Código Civil* (coord. A. Junqueira de Azevedo), São Paulo, Saraiva, v. 14, 2011, p. 40-73.

Art. 1.197. A posse direta, de pessoa que tem a coisa em seu poder, temporariamente, em virtude de direito pessoal, ou real, não anula a indireta, de quem aquela foi havida, podendo o possuidor direto defender a sua posse contra o indireto.

- Vide *Código Civil, arts. 1.210, § 1º e 1.267, parágrafo único.*
- ***Projeto de Lei n. 699/2011***: *"Art. 1.197. A posse direta dos bens, mesmo que em caráter temporário e decorrente de direito pessoal ou real, não anula a posse indireta de quem foi havida, podendo, qualquer um deles agir em sua defesa, inclusive por ato praticado pelo outro possuidor".*

Posse direta. A posse direta ou imediata é a do possuidor direto que recebe o bem, em razão de direito real, ou pessoal, ou de contrato. Por exemplo, no usufruto, o usufrutuário tem o uso e o gozo da coisa frutuária, portanto a posse direta, porque a detém materialmente, utilizando-a economicamente como o faria o proprietário. A posse direta é derivada, porque procede de alguém, exigindo sempre um intermediário. Logo, abrange todos os casos em que a posse de um bem passa a outrem em virtude de obrigação ou de direito, tais como: o do usufrutuário, do credor pignoratício, do locatário, do arrendatário, do comodatário, do depositário, do testamenteiro, do inventariante etc. É sempre temporária, por basear-se numa relação transitória de direito pessoal ou real; o possuidor detém materialmente a coisa, e quando molestado pode usar dos interditos possessórios (*RT*, *321*:535), até mesmo contra o possuidor indireto (*RT*, *569*:96, *190*:846).

Posse indireta. A posse indireta ou mediata é a do possuidor indireto que cede o uso do bem a outrem. Assim, no usufruto, o nu-proprietário tem a posse indireta, porque concedeu ao usufrutuário o direito de possuir, conservando apenas a nua propriedade, ou seja, a substância da coisa. É, portanto, a de quem temporariamente concedeu a outrem (possuidor direto) o exercício do direito de possuir a coisa, enquanto durar a relação jurídica que o levou a isso. Extinta esta, readquire o possuidor indireto a posse direta.

Coexistência das posses direta e indireta. As posses direta e indireta coexistem, por haver uma relação jurídica entre o possuidor direto e o indireto. Assim sendo, a direta é sempre temporária, baseando-se numa relação transitória de direito. Logo, a posse direta do locatário existe apenas enquanto durar a locação. Com a extinção do vínculo locatício, o proprietário, que era possuidor indireto, readquire a posse direta. O possuidor direto e o indireto podem utilizar-se das ações possessórias para defender sua posse. Deveras, como o possuidor indireto ainda conserva a posse, goza também de proteção possessória, podendo defender-se contra turbações de terceiros, porém não contra o próprio possuidor direto. Mas pelo Enunciado n. 76 (aprovado na *Jornada de Direito Civil*, promovida, em setembro de 2002, pelo Centro de Estudos Judiciários do Conselho da Justiça Federal) "o possuidor direto tem direito de defender sua posse contra o indireto e este contra aquele".

Jurisprudência sobre posses direta e indireta. *RT*, *503*:121, *594*:166, *159*:785, *172*:121, *177*:676, *294*:421, *152*:683, *181*:702, *188*:767, *190*:846, *199*:307, *212*:469, *489*:166, *241*:650, *258*:547, *288*:700, *298*:548, *326*:556; *AJ*, *60*:176, *88*:201, *114*:154; *RF*, *122*:185.

BIBLIOGRAFIA: Tito Fulgêncio, *Da posse*, cit., v. 1, p. 27-8; João Cesar Guaspari Papaleo, Posse indireta no direito brasileiro, *Revista de Direito Comparado Luso-Brasileiro*, *3*:234-60, 1984; Orlando Gomes, *Direitos reais*, cit., p. 54; Gondim Neto, *Posse indireta*, Rio de Janeiro, 1972; Caio M. S. Pereira, *Instituições*, cit., v. 4, p. 36; W. Barros Monteiro, *Curso*, cit., v. 3, p. 28-9; Hedemann, *Derechos reales*, § 6º; M. Helena Diniz, *Curso*, cit., v. 4, p. 45-6; Waldomiro Azevedo Silva, *Curso prático de direito imobiliário*, Salvador, Ed. Ciência Jurídica, 1991, p. 17-8.

Art. 1.198. Considera-se detentor aquele que, achando-se em relação de dependência para com outro, conserva a posse em nome deste e em cumprimento de ordens ou instruções suas.

Parágrafo único. Aquele que começou a comportar-se do modo como prescreve este artigo, em relação ao bem e à outra pessoa, presume-se detentor, até que prove o contrário.

• *Código Civil, arts. 1.203 e 1.208.*

Fâmulo da posse. O fâmulo da posse ou detentor da posse (*Besitzdiener*) é aquele que, até prova em contrário, em razão de sua situação de dependência econômica ou de um vínculo de subordinação em relação a outra pessoa (possuidor direto ou indireto), exerce sobre o bem não uma posse própria, mas a posse desta última e em nome desta, em obediência a uma ordem ou instrução. É o que ocorre, p. ex., com empregados em geral ou prestadores de serviços (como motorista, faxineira, cozinheira etc.), caseiros, almoxarifes, administradores, bibliotecários, diretores de empresa, amigo hospedado numa casa (*RT*, *778*:300, *541*:207, *560*:167, *575*:147 e *589*:142; *JTACSP*, *79*:106), que, por presunção *juris tantum*, são considerados detentores de bens sobre os quais não exercem posse própria. A relação de detenção vincular-se-á, portanto, à maneira pela qual a pessoa se comporta perante o bem, pertencente a outrem, e presumir-se-á, até prova em contrário, no instante em que se iniciar a sua dependência para com o verdadeiro possuidor da coisa, passando a conservar a posse daquele bem em nome deste, em cumprimento de suas ordens.

Mas, combinando-se o art. 1.198 com o art. 1.204, será "possível a conversão da detenção em posse, desde que rompida a subordinação, na hipótese de exercício em nome próprio dos atos possessórios" (Enunciado n. 301 do Conselho da Justiça Federal, aprovado na *IV Jornada de Direito Civil*).

"Naturalis possessio". O detentor da coisa tem apenas posse natural, que se baseia na simples detenção ou mera custódia (Pothier), não tendo o direito de invocar a proteção possessória, uma vez que o elemento econômico da posse está afastado. Todavia, esclarece o Enunciado n. 493 do CJF (aprovado na *V Jornada de Direito Civil*) que: "O detentor (art. 1.198 do Código Civil) pode, no interesse do possuidor, exercer a autodefesa do bem sob seu poder".

BIBLIOGRAFIA: José Carlos Moreira Alves, A detenção no direito civil brasileiro, in *Posse e propriedade* (coord. Cahali), São Paulo, Saraiva, 1987, p. 1-31; Enneccerus, Kipp e Wolff, *Tratado de derecho civil*, derecho de cosas, v. 1, § 36; Astolpho Rezende, *Manual do Código Civil brasileiro*, Rio de Janeiro, 1929, v. 7, p. 51, n. 14; Lafayette, *Direito das coisas*, § 8º, n. 3 e 4; Darcy Arruda Miranda, *Anotações ao Código Civil brasileiro*, São Paulo, 1983, v. 2, p. 10-1; M. Helena Diniz, *Curso*, cit., v. 4, p. 33-4; Orlando Gomes, *Direitos reais*, cit., p. 34.

Art. 1.199. Se duas ou mais pessoas possuírem coisa indivisa, poderá cada uma exercer sobre ela atos possessórios, contanto que não excluam os dos outros compossuidores.

• Vide *Código Civil, art. 1.314.*

Composse. Ter-se-á composse quando, em virtude de contrato ou herança, duas ou mais pessoas se tornam possuidoras do mesmo bem, embora, por quota ideal, exercendo cada uma sua posse sem embaraçar a da outra. Por exemplo, é o que ocorre com os herdeiros antes da partilha do acervo no inventário, com os consócios, nas coisas comuns etc. O compossuidor poderá valer-se, isolada ou conjuntamente, da proteção possessória contra terceiro ou mesmo contra outro compossuidor que vier a perturbar sua posse. Ter-se-á composse: *a*) *pro indiviso*, quando as pessoas, que possuem em conjunto um bem, têm uma parte ideal apenas (*RT*, *226*:450, *311*:534, *533*:210, *578*:213, *734*:347); e *b*) *pro diviso*, quando, embora não haja uma divisão de direito, já existe uma repartição de fato, que faz com que cada um dos compossuidores já possua parte certa.

Pressupostos. Para que se tenha posse comum ou compossessão será mister: pluralidade de sujeitos e coisa indivisa (*Adcoas*, n. 69.294, 1980, TJPR; *JB*, *159*:259; *Ciência Jurídica*, *19*:96; *RF*, *103*:81 e *166*:262; *RT*, *598*:202, *578*:215, *572*:112, *533*:210, *497*:103, *489*:94, *429*:273, *401*:183, *373*:85, *300*:607, *272*:535, *281*:288, *258*:501, *257*:515, *241*:237, *690*:110, *734*:347; *JTACivSP*, *189*:258; *RSTJ*, *93*:230; *TJSP-Lex*, *221*:180, *194*:243).

BIBLIOGRAFIA: Lafayette, *Direito das coisas*, § 7º; Caio M. S. Pereira, *Instituições*, cit., v. 4, p. 38-9; Astolpho Rezende, *A posse e sua proteção*, São Paulo, Saraiva, 1937, v. 2, p. 117; Levenhagen, *Código Civil*; comentários didáticos, São Paulo, Atlas, 1991, v. 3, p. 29 e 30; W. Barros Monteiro, *Curso*, cit., v. 3, p. 81; Serpa Lopes, *Curso*, cit., v. 6, p. 100; M. Helena Diniz, *Curso*, cit., v. 4, p. 47-8.

Art. 1.200. É justa a posse que não for violenta, clandestina ou precária.

• Vide *Código Civil, art. 1.208, e JSTJ, 2:307.*

Posse justa. A posse será justa se não for: *a*) violenta, ou seja, adquirida pela força física (invasão de terras) ou violência moral (a daquele que ameaça agredir proprietário para que este abandone o imóvel); *b*) clandestina, ou melhor, estabelecida às ocultas daquele que tem interesse em conhecê-la (p. ex., o que muda cerca de imóvel vizinho, altas horas da madrugada, para apropriar-se de parte do terreno); *c*) precária, isto é, originária do abuso de confiança por parte de quem recebe a coisa, a título provisório, com o dever de restituí-la (p. ex., a do comodatário, depositário, locatário etc.).

Posse injusta. Será injusta a posse que se revestir de violência, clandestinidade ou precariedade (TJCE, AC. 2000.00833571-1/1, 1ª Câm. Cív., rel. Sales Neto, *DJCE*, 14-11-2007, p. 16).

BIBLIOGRAFIA: Tito Fulgêncio, *Da posse*, cit., n. 32; Caio M. S. Pereira, *Instituições*, cit., v. 4, p. 32; Planiol, Ripert e Boulanger, *Traité élémentaire de droit civil*, cit., v. 1, n. 2.780 e 2.783; Marty e Raynaud, *Droit civil*, v. 2, n. 21 e s.; Serpa Lopes, *Curso*, cit., v. 6, p. 135; Pothier, *Oeuvres*, v. 9, n. 20, 25 e 29; Silvio Rodrigues, *Direito civil*, cit., v. 5, p. 39-41; Daibert, *Direito das coisas*, cit., p. 70-1; Marcus Vinicius Rios Gonçalves, *Dos vícios da posse*, São Paulo, Ed. Juarez de Oliveira, 1998; *RT*, *341*:303, *507*:138, *567*:142, *739*:425 e *791*:230; *RJTJSP*, *3*:143; *Ciência Jurídica*, *71*:90 e 136 e *74*:102; *ADCOAS* 0020000/40584; *Lex-STJ*, *95*:120; Gustavo Tepedino, *Comentários*, cit., p. 93-101.

Art. 1.201. É de boa-fé a posse, se o possuidor ignora o vício, ou o obstáculo que impede a aquisição da coisa.

Parágrafo único. O possuidor com justo título tem por si a presunção de boa-fé, salvo prova em contrário, ou quando a lei expressamente não admite esta presunção.

- *Código Civil, arts. 113, 307, parágrafo único, 1.214, 1.217, 1.219, 1.222, 1.242, 1.254, 1.255, 1.257, 1.258, 1.259, 1.260 e 1.261, relativos ao possuidor de boa-fé.*
- *Sobre possuidor de má-fé,* vide *Código Civil, arts. 1.214, parágrafo único, 1.216, 1.218, 1.220, 1.254, 1.256, 1.258, parágrafo único, 1.259 e 1.261.*

Posse de boa-fé. Ter-se-á posse de boa-fé se o possuidor estiver convicto de que a coisa, realmente, lhe pertence, ignorando que está prejudicando direito de outra pessoa, por não saber da existência de vício que lhe impede a aquisição da coisa. Tal conceito de posse de boa-fé não se aplica à desapropriação judicial (CC, art. 1.228, § 4º; Enunciado n. 309 do CJF, aprovado na *IV Jornada de Direito Civil*).

Presunção "juris tantum" de boa-fé. Presume-se que é possuidor de boa-fé aquele que tiver justo título, ou seja, aquele que tem a aparência de título hábil para transferir a posse ou o domínio (*RT*, *526*:55), mas apresenta algum vício que o impossibilita de atingir tal fim. Todavia, tal presunção é *juris tantum*, pois, se aparecer prova em contrário, desautoriza o possuidor, e, ainda, se em razão de lei — em certos casos — tal presunção não for admitida, como é o caso do esbulhador violento. Pelos Enunciados do Conselho da Justiça Federal (aprovados na *IV Jornada de Direito Civil*): *a*) n. 302: "Pode ser considerado justo título para a posse de boa-fé o ato jurídico capaz de transmitir a posse *ad usucapionem*, observado o disposto no art. 113 do Código Civil"; e *b*) n. 303: "Considera-se justo título para presunção relativa da boa-fé do possuidor o justo motivo que lhe autoriza a aquisição derivada da posse, esteja ou não materializado em instrumento público ou particular. Compreensão na perspectiva da função social da posse".

Posse de má-fé. Se o possuidor, mesmo portador de um título, tiver ciência da ilegitimidade do seu direito de posse, em virtude de vício ou obstáculo impeditivo de sua aquisição, surgirá a má-fé.

BIBLIOGRAFIA: Tito Fulgêncio, *Da posse*, cit., p. 42-3; Serpa Lopes, *Curso*, cit., v. 6, p. 138 e s.; Caio M. S. Pereira, *Instituições*, cit., v. 4, p. 33-4; e A ideia de boa-fé, *RF*, *72*:25; Yseux, *Droits de possesseur de bonne foi*, Paris, 1894; Gorphe, *Le principe de la bonne foi*, Paris, 1928, p. 130 e s.; Lyon Caen, De l'évolution de la notion de bonne foi, *Rev. Trim.*, 1946, p. 45 e s.; Montel, *Il possesso di buona fede*, CEDAM, 1935; José

Rogério Cruz e Tucci, Da posse de boa-fé e os embargos de retenção por benfeitorias, in *Posse e propriedade* (coord. Cahali), São Paulo, Saraiva, 1987, p. 609-21; M. Helena Diniz, *Curso*, cit., v. 4, p. 49 e 50; *RT, 563*:229 e *601*:154; *ADCOAS*, n. 8.181.148; *Lex — TACSP, 140*:177; *JTJ, 214*:33.

Art. 1.202. A posse de boa-fé só perde este caráter no caso e desde o momento em que as circunstâncias façam presumir que o possuidor não ignora que possui indevidamente.

- *Código Civil, art. 113.*

Possibilidade de descaracterização da posse de boa-fé ou de mudança jurídica do caráter da posse. A posse de boa-fé perderá esse caráter no caso e desde o instante em que as circunstâncias façam presumir que o possuidor não ignora que possui a coisa indevidamente. A má-fé surgirá se ficar patente que o possuidor não pode ignorar o vício de origem de sua posse.

Circunstâncias presuntivas de má-fé. Apesar de variáveis as circunstâncias que levam a presumir a má-fé do possuidor, a doutrina tem apontado algumas, tais como: *a*) existência de usufruto sobre o imóvel possuído; *b*) nulidade manifesta do título; *c*) fato de ter o possuidor, em seu poder, instrumento contrário à legitimidade de sua posse, como a venda de pai a filho sem anuência dos demais filhos, compra pelo testamenteiro de bens da testamentaria etc.

Ônus da prova. A parte adversa deverá provar que o possuidor não ignorava ou deixou de ignorar a ilegitimidade de sua posse, demonstrando fatos que venham a patentear que o possuidor tinha ciência do vício ou que não mais lhe seria possível ignorar que possui o bem indevidamente dada a ocorrência de certas circunstâncias.

BIBLIOGRAFIA: Levenhagen, *Código Civil*, cit., v. 3, p. 34; Tito Fulgêncio, *Da posse*, cit., p. 43 e s.; M. Helena Diniz, *Curso*, cit., v. 4, p. 50.

Art. 1.203. Salvo prova em contrário, entende-se manter a posse o mesmo caráter com que foi adquirida.

- Vide *Código Civil, arts. 1.206 e 1.208.*

Princípio geral sobre a continuidade do caráter da posse. Há presunção *juris tantum* de que a posse guarda o caráter de sua aquisição. Se a posse começou violenta, clandestina ou precária, se adquirida de boa ou de má-fé, se direta ou indireta, entende-se que ela permanecerá assim mesmo, conservando essa qualificação, a não ser que se prove em contrário (*RT, 531*:115). Acata-se o princípio de que ninguém, por si só, pode mudar a causa da posse (*nemo si ipsi causam possessionis mutare potest*).

Mutação do caráter originário da posse. Se se produzir prova em juízo que justifique a mudança do caráter primitivo da posse, esta perderá aquele caráter com que foi adquirida. Por exemplo, se uma pessoa, que tem posse injusta do bem, obtendo-o por violência, vier a adquiri-lo em razão de compra e venda, o caráter de sua posse mudará mediante a apresentação da prova da alienação. Trata-se, na lição de alguns autores, da *interversão do título*.

Portanto, pelo Enunciado n. 237 do Conselho da Justiça Federal, aprovado na *III Jornada de Direito Civil*: "É cabível a modificação do título da posse — *interversio possessionis* — na hipótese em que o até então possuidor direto demonstrar ato exterior e inequívoco de oposição ao antigo possuidor indireto, tendo por efeito a caracterização do *animus domini*".

BIBLIOGRAFIA: Caio M. S. Pereira, *Instituições*, cit., v. 4, p. 33; Levenhagen, *Código Civil*, cit., v. 3, p. 34-5; Silvio Rodrigues, *Direito civil*, cit., v. 5, p. 40-4; Tito Fulgêncio, *Da posse*, cit., p. 44-5; M. Helena Diniz, *Curso*, cit., v. 4, p. 51; Darcy Bessone, *Direitos reais*, São Paulo, Saraiva, 1988, p. 271.

Capítulo II

Da Aquisição da Posse

Art. 1.204. Adquire-se a posse desde o momento em que se torna possível o exercício, em nome próprio, de qualquer dos poderes inerentes à propriedade.

- *Código Civil, arts. 1.238 a 1.274, sobre aquisição da propriedade.*
- ***Projeto de Lei n. 699/2011****: "Art. 1.204. Adquire-se a posse de um bem quando sobre ele o adquirente obtém poderes de ingerência, inclusive pelo constituto possessório".*

Momento da aquisição da posse. Assim que a pessoa puder exercer, em nome próprio, os poderes inerentes da propriedade, ela a adquire. A aquisição da posse dar-se-á pela obtenção do poder de ingerência socioeconômica sobre uma coisa. A apropriação da coisa, tendo condições de dela dispor, usar ou gozar de suas vantagens, livremente, irá excluir a ação de terceiro, mediante o emprego de interditos possessórios.

BIBLIOGRAFIA: Serpa Lopes, *Curso*, cit., v. 6, p. 153; Silvio Rodrigues, *Direito civil*, cit., v. 5, p. 53-5; Caio M. S. Pereira, *Instituições*, cit., v. 4, p. 49; W. Barros Monteiro, *Curso*, cit., v. 3, p. 34-6; Ihering, *Fundamento de los interdictos posesorios*, cap. X; Tito Fulgêncio, *Da posse*, cit., n. 45; Astolpho Rezende, *A posse e sua proteção*, cit., v. 1, p. 307 e s.; J. M. Carvalho Santos, *Código Civil brasileiro interpretado*, t. 7, p. 57; De Page, *Traité élémentaire de droit civil belge*, cit., v. 5, n. 852; M. Helena Diniz, *Curso*, cit., v. 4, p. 54-5; Carlos Alberto Bittar, *Direitos reais*, cit., p. 42-4; Roberto Senise Lisboa, *Manual*, cit., v. 4, p. 31-6.

Art. 1.205. A posse pode ser adquirida:

I — pela própria pessoa que a pretende ou por seu representante;

- *Código Civil, art. 116.*

II — por terceiro sem mandato, dependendo de ratificação.

- Vide *Código Civil, arts. 662 e 873.*

Aquisição da posse pela própria pessoa que a pretende. A norma reconhece o direito para adquirir posse à própria pessoa que a pretende desde que se encontre no pleno gozo de sua capacidade de exercício ou de fato e que pratique o ato gerador da relação possessória, instituindo a exteriorização do domínio.

Aquisição da posse por meio da representação legal. Se o interessado em possuir um bem for absolutamente incapaz, deverá, para adquirir tal posse, ser representado pelos pais, tutor ou curador; se relativamente incapaz, deverá ser assistido pelo representante legal.

Aquisição da posse por procurador. Se o que pretende ser possuidor vier a adquirir posse por meio de procurador (mandatário) ou representante convencional, este deverá estar munido de mandato com poderes especiais para efetivar a referida aquisição em nome do mandante. Deverá, portanto, haver duas vontades: a do representante, que queira adquirir a posse para o representado, e a do representado, que tenha a intenção de possuir o que o outro detém.

Aquisição da posse por terceiro sem mandato. Se terceiro, sem procuração, vier a adquirir posse para outrem, essa aquisição ficará na dependência da ratificação da pessoa em cujo interesse foi praticado o ato. Hipótese em que se terá uma gestão de negócio alheio (CC, arts. 861 a 875). Com a ratificação do interessado, a posse adquirida pelo gestor será tida como válida desde o instante do ato aquisitivo (CC, art. 873), produzindo efeito *ex tunc*. Não havendo tal ratificação, o gestor de negócio obrigar-se-á pessoalmente, perante a pessoa com quem contratou aquela aquisição, arcando com todas as consequências e com as eventuais indenizações das perdas e dos danos.

Pelo Enunciado n. 77 (aprovado na *Jornada de Direito Civil*, promovida, em setembro de 2002, pelo Centro de Estudos Judiciários do Conselho da Justiça Federal): "A posse das coisas móveis e imóveis também pode ser transmitida pelo constituto possessório".

Pelo Enunciado n. 236 da *III Jornada de Direito Civil*: "Considera-se *possuidor* para todos os efeitos legais, também a coletividade, desprovida de personalidade jurídica".

BIBLIOGRAFIA: W. Barros Monteiro, *Curso*, cit., v. 3, p. 36-7; Orlando Gomes, *Direitos reais*, cit., p. 60-1; Caio M. S. Pereira, *Instituições*, cit., v. 4, p. 47 e 48 e 51-2; Serpa Lopes, *Curso*, cit., v. 6, p. 160; Cornil, *Traité de la possession dans le droit romain*, Paris, 1905, § 12, p. 45; M. Helena Diniz, *Curso*, cit., v. 4, p. 56-8; Levenhagen, *Código Civil*, cit., v. 3, p. 40-2; Matiello, *Código Civil*, cit., p. 747.

Art. 1.206. A posse transmite-se aos herdeiros ou legatários do possuidor com os mesmos caracteres.

• Vide *Código Civil, arts. 1.203, 1.206 e 1.784.*

Transmissão "causa mortis" da posse. Aberta a sucessão, a posse da herança adquire-se *ope legis*. Nessa transmissão *causa mortis* os herdeiros ou legatários tomam o lugar do *de cujus*, continuando a sua posse, com os mesmos caracteres (vícios, objetivos ou subjetivos ou qualidades).

BIBLIOGRAFIA: Caio M. S. Pereira, *Instituições*, cit., v. 4, p. 52; De Page, *Traité*, cit., v. 5, n. 852; Lafayette, *Direito das coisas*, § 12, n. 3; Serpa Lopes, *Curso*, cit., v. 6, p. 160-1; M. Helena Diniz, *Curso*, cit., v. 4, p. 57.

Art. 1.207. O sucessor universal continua de direito a posse do seu antecessor; e ao sucessor singular é facultado unir sua posse à do antecessor, para os efeitos legais.

• Vide *Código Civil, arts. 80, II, 1.203, 1.243 e 1.784.*

Posse na sucessão universal. O sucessor universal continua na posse de seu antecessor. Há uma continuidade na posse, que se prolongará na pessoa do sucessor universal, pois o objeto da transferência é uma universalidade, como um patrimônio, ou parte da alíquota de uma universalidade.

União. A união se dá na hipótese da sucessão singular (compra e venda, doação, dação, legado), ou melhor, quando o objeto adquirido constitui coisa certa ou determinada. A aquisição da posse a título singular constitui para o adquirente uma nova posse, embora a receba de outrem. O adquirente está autorizado legalmente a unir, se quiser, sua posse à de seu antecessor (*RT*, *657*:153), visando obter a propriedade pela usucapião (*Lex*, *TJSP*, *146*:212 e *206*:149), somando as posses para completar o prazo para usucapir.

"A faculdade conferida ao sucessor singular de somar ou não o tempo da posse de seu antecessor não significa que, ao optar por nova contagem, estará livre do vício objetivo que maculava a posse anterior" (Enunciado n. 494 do CJF, aprovado na *V Jornada de Direito Civil*).

DIREITO DAS COISAS

BIBLIOGRAFIA: Silvio Rodrigues, *Direito civil*, cit., v. 5, p. 56-7; Carvalho Santos, *Código Civil brasileiro interpretado*, cit., v. 7, p. 72; Levenhagen, *Código Civil*, cit., v. 3, p. 42-3; Caio M. S. Pereira, *Instituições*, cit., v. 4, p. 52; Orlando Gomes, *Direitos reais*, cit., p. 61-2; W. Barros Monteiro, *Curso*, cit., v. 3, p. 38-9; M. Helena Diniz, *Curso*, cit., v. 4, p. 57.

Art. 1.208. Não induzem posse os atos de mera permissão ou tolerância assim como não autorizam a sua aquisição os atos violentos, ou clandestinos, senão depois de cessar a violência ou a clandestinidade.

- Vide *Código Civil, arts. 1.200 e 1.203.*

Atos de mera permissão ou tolerância. Francisco Eduardo Loureiro ensina que, enquanto a *permissão* requer um comportamento positivo do possuidor que, sem perder a vigilância sobre o bem, o entrega voluntariamente a terceiro, para que este o tenha momentaneamente, a *tolerância*, por sua vez, é a conduta omissiva, consciente ou não, do possuidor que, sem renunciar à posse, admite atividade de terceiro em relação à coisa ou não intervém quando ela ocorrer. O ato de tolerância requer um consenso tácito, podendo ser ato de condescendência oriundo de relações de vizinhança ou de amizade, como diz Joel Dias Figueira Junior. Os atos de mera permissão ou tolerância (por prazo determinado ou indeterminado) não induzem posse por serem decorrentes de um consentimento expresso ou de concessão do dono, sendo revogáveis pelo concedente. Ante a precariedade da concessão não há que se falar em posse. Por exemplo, se alguém tolera que vizinho retire água de sua fonte, ter-se-á simples licença ou autorização revogável por aquele que a concedeu (*RT*, *530*:131, *328*:478 e *588*:213; *RJTJSP*, *60*:43; *Adcoas*, n. 74.988, 1981, 1º TARJ, e n. 81.648, 1982, 1º TARJ; TJRS, Ap. Cível 70.005.274.774, 19ª Câm. Cível, rel. Miguel Ângelo da Silva, j. 21-9-2004; *Lex*, *TJSP*, *149*:118).

Atos violentos ou clandestinos. Não induzem posse os atos violentos ou clandestinos, senão após a cessação da violência ou da clandestinidade. Assim sendo, se o adquirente a título violento ou clandestino provar que a violência ou clandestinidade cessaram há mais de ano e dia, sua posse passará a ser reconhecida, convalescendo-se dos vícios que a maculavam. Já o mesmo não se dá com a posse precária, pois a precariedade não cessará jamais (*RT*, *791*:230).

BIBLIOGRAFIA: Salvatore Patti, *Profili della tolleranza nel diritto privato*, Napoli, 1978; Astolpho Rezende, *Manual do Código Civil*, v. 7, n. 9; Tito Fulgêncio, *Da posse*, cit., v. 1, n. 11; M. Helena Diniz, *Curso*, cit., v. 4, p. 34 e 51; Levenhagen, *Código Civil*, cit., v. 3, p. 43-4; Darcy Arruda Miranda, *Anotações*, cit., v. 2, p. 18; Francisco Eduardo Loureiro, *Código Civil comentado* (coord. Peluso), Barueri, Manole, 2008, p. 1107; Joel Dias Figueira Jr., *Código Civil* (coord. Fiuza), cit., p. 1243.

Art. 1.209. A posse do imóvel faz presumir, até prova contrária, a das coisas móveis que nele estiverem.

- *Código Civil, art. 92.*

Posse de móveis encontrados no imóvel possuído. Ante o princípio de que o acessório segue o principal surgirá uma relação possessória entre os móveis e o possuidor do imóvel, uma vez que são acessórios deste.

Presunção "juris tantum". A posse do imóvel presume, até prova em contrário, a dos móveis que nele estiverem. Tal presunção será *juris tantum*, uma vez que cede mediante apresentação de prova em contrário, pelo dono da coisa móvel, que deverá demonstrar que não constitui acessório do imóvel. Trata-se do fenômeno da extensão da posse, apontado por Orozimbo Nonato (*RT*, *391*:135; *RF*, *166*:181, *138*:136, *115*:76).

BIBLIOGRAFIA: Levenhagen, *Código Civil*, cit., v. 3, p. 44; Darcy Arruda Miranda, *Anotações*, cit., v. 2, p. 18; Clóvis Beviláqua, *Código Civil comentado*, obs. ao art. 498.

CAPÍTULO III

DOS EFEITOS DA POSSE

Art. 1.210. O possuidor tem direito a ser mantido na posse em caso de turbação, restituído no de esbulho, e segurado de violência iminente, se tiver justo receio de ser molestado.

- *Código de Processo Civil, arts. 47, § 1º, 554 a 568.*
- *Súmula 487 do Supremo Tribunal Federal.*
- Vide *Lei n. 9.099, de 26 de setembro de 1995, art. 3º, I e IV.*
- *Art. 178, III, do Código de Processo Civil.*
- *Súmula vinculante 23 do Supremo Tribunal Federal.*

§ 1º O possuidor turbado, ou esbulhado, poderá manter-se ou restituir-se por sua própria força, contanto que o faça logo; os atos de defesa, ou de desforço, não podem ir além do indispensável à manutenção, ou restituição da posse.

- Vide *Código Civil, arts. 1.223 e 1.224.*
- Vide *Código Penal, arts. 23, II, 25 e 161, I e II.*

§ 2º Não obsta à manutenção ou reintegração na posse a alegação de propriedade, ou de outro direito sobre a coisa.

- *O* ***Projeto de Lei n. 699/2011*** *visa alterar o § 2º e acrescentar o § 3º:*

"§ 2º Se a coisa móvel ou título ao portador houverem sido furtados ou perdidos, o possuidor poderá reavê-los da pessoa que o detiver, ressalvado a esta o direito de regresso contra quem lhos transferiu. Sendo o objeto comprado em leilão público, feira ou mercado, o dono, que pretender a restituição, é obrigado a pagar ao possuidor o preço pelo qual o comprou.

§ 3º Não obsta à manutenção ou reintegração na posse a alegação de propriedade, ou de outro direito sobre a coisa".

- Vide *Código de Processo Civil, art. 557.*
- Vide *Súmula 487 do Supremo Tribunal Federal.*

Turbação. A turbação, segundo Orlando Gomes, é "todo ato que embaraça o livre exercício da posse, haja ou não dano, tenha ou não o turbador melhor direito sobre a coisa". Por exemplo, rompimento de cercas, corte de árvores. O possuidor que sofre embaraço na sua posse, sem contudo perdê-la, poderá propor ação de manutenção de posse, provando a existência da posse e a turbação (CPC, art. 561).

"Na falta de demonstração inequívoca de posse que atenda à função social, deve-se utilizar a noção de 'melhor posse', com base nos critérios previstos no parágrafo único do art. 507 do CC/1916" (Enunciado n. 239 do Conselho da Justiça Federal, aprovado na *III Jornada de Direito Civil*).

Ação de manutenção de posse. É o meio de que pode servir-se o possuidor que sofrer turbação a fim de se manter na sua posse (CPC, arts. 560 a 566), receber indenização dos danos sofridos e evitar reincidência (CPC, art. 555), ou, ainda, se de má-fé o turbador, remover ou demolir construção ou plantação feita em detrimento de sua posse. Se a turbação for nova, com menos de ano e dia, dar-se-á a liminar, sem audiência da outra parte; porém, contra as pessoas jurídicas de direito público, há necessidade de prévia audiência dos respectivos representantes judiciais (CPC, art. 562, parágrafo único; *Ciência Jurídica*, *27*:131, *25*:81, *44*:127, *65*:110; *JB*, *158*:130 e *161*:154; *RT*, *506*:123, *499*:122, *524*:203, *529*:206, *530*:231, *556*:221, *573*:252, *578*:232, *638*:226, *648*:116, *699*:138, *709*:93, *718*:197, *721*:133, *745*:319 e 383; *RF*, *206*:192; *RJTJSP*, *60*:108; *JTACSP*, *269*:146; *RSTJ*, *57*:350; *RJE*, *1*:123 e 207, *4*:17 e 24; *BAASP*, *1.945*:107). Todavia, há entendimento de que, "ainda que a ação possessória seja intentada além de 'ano e dia' da turbação ou esbulho, e, em razão disso, tenha seu trâmite regido pelo procedimento ordinário (CPC, art. 924 — hoje art. 558, parágrafo único), nada impede que o juiz conceda a tutela possessória liminarmente, mediante antecipação de tutela, desde que presentes os requisitos autorizadores do art. 273, I ou II — atualmente arts. 294, 300 ou 311, I —, bem como aqueles previstos no art. 461-A e parágrafos (corresponde aos arts. 498 e parágrafos), todos do CPC" (Enunciado n. 238 do Conselho da Justiça Federal, aprovado na *III Jornada de Direito Civil*).

Esbulho. É o ato pelo qual o possuidor se vê despojado da posse injustamente, por violência, por clandestinidade e por precariedade. Por exemplo, estranho que invade casa deixada por inquilino, comodatário que não devolve a coisa emprestada findo o contrato (*RT*, *754*:245, *536*:174 e *570*:153), locador de serviço que não devolve casa que recebeu para morar, sendo dispensado pelo patrão (*RT*, *532*:158 e *550*:129). Sobre esbulho: *RT*, *226*:386, *254*:463, *291*:677, *322*:443, *349*:350, *404*:203, *518*:107, *519*:110, *525*:104, *532*:107, *537*:56, *526*:105, *538*:109, *540*:117, *546*:104, *555*:123, *558*:207, *572*:136, *579*:142, *586*:125, *589*:171 e *593*:162; *RF*, *106*:501, *151*:249, *158*:299, *167*:212 e *253*:354. O possuidor poderá, então, intentar ação de reintegração de posse.

Ação de reintegração de posse. É a ação movida pelo esbulhado, a fim de recuperar posse perdida em razão de violência, clandestinidade ou precariedade (CPC, art. 560; *RF*, *252*:244; *RTJ*, *73*:882 e *74*:823; *RT*, *769*:169, *754*:245 e 275, *778*:302, *745*:375, *722*:168, *720*:123, *710*:89, *688*:101, *600*:212, *591*:222, *560*:167 e *495*:207; *Adcoas*, n. 89.809 e 90.709, 1983; *RJTJSP*, *6*:147 e *44*:169; *RJE*, *1*:136, 73, 110 e 226, *3*:5, 10 e 21 e *4*:13; *Ciência Jurídica*, *74*:114, *66*:92, *65*:153 e 265, *62*:315, *35*:76, *37*:247, *41*:93 e *42*:84; *EJSTJ*, *15*:142, *14*:73; *RSTJ*, 77:162; *BAASP*, *1.958*:5; *JB*, *170*:325, *161*:207, *162*:211, *163*:251 e 329, *158*:255 e *150*:267; Súmula do STJ n. 564) e pleitear indenização de perdas e danos (CPC, art. 555). Se o esbulho datar menos de ano e dia, ter-se-á expedição de mandado liminar, a fim de reintegrar o possuidor imediatamente (*JB*, *161*:150, 199, 240 e 203); se mais de ano e dia, o juiz citará o réu para que ofereça a contestação (*JB*, *161*:241), mas, como vimos acima, nada obsta, segundo o Enunciado n. 238 do Conselho da Justiça Federal, que haja concessão de tutela possessória liminarmente, mediante antecipação da tutela, desde que preenchidos os requisitos do Código de Processo Civil, arts. 294, 300 ou 311, I e 498 e parágrafos.

Segundo o Enunciado n. 591, aprovado na *VII Jornada de Direito Civil*: "A ação de reintegração de posse nos contratos de alienação fiduciária em garantia de coisa imóvel pode ser proposta a partir da consolidação da propriedade do imóvel em poder do credor fiduciário e não apenas após os leilões extrajudiciais previstos no art. 27 da Lei n. 9.514/1997.

Pelo Enunciado n. 38, aprovado na *1ª Jornada de Direito Comercial*: "É devida devolução simples, e não em dobro, do valor residual garantido (VRG) em caso de reintegração de posse do bem objeto de arrendamento mercantil celebrado entre empresários".

BIBLIOGRAFIA: Darcy de Arruda Miranda, Dos interditos de reintegração e de manutenção de posse, *Revista do Curso de Direito da Universidade Federal de Uberlândia*, *9*:185, 1980; Paulo Tadeu Haendchen,

Ação de reintegração e manutenção de posse, in *Coleção Saraiva de Prática do Direito*, n. 5, 1985; W. Barros Monteiro, *Curso*, cit., v. 3, p. 45; Caio M. S. Pereira, *Instituições*, cit., v. 4, p. 67-9; Marco Aurélio S. Viana, Das ações possessórias, in *Coleção Saraiva de Prática do Direito*, n. 8, 1985; Ruggiero e Maroi, *Istituzioni di diritto privato*, v. 1, § 126; Raviart, *Actions possessoires et bornages*, n. 125; Camara Leal, *Comentários ao Código de Processo Civil*, p. 17 e s.; Pontes de Miranda, *Comentários ao Código de Processo Civil*, v. 6, p. 54; M. Helena Diniz, *Curso*, cit., v. 4, p. 65-8; Carlos Alberto Bittar, *Direitos reais*, cit., p. 47-51; Orlando Gomes, *Direitos reais*, cit., p. 91; Roberto Senise Lisboa, *Manual*, cit., v. 4, p. 11, 37-58; Cláudia A. Simardi, *Proteção processual da posse*, São Paulo, Revista dos Tribunais, 1998; Álvaro Antonio S. B. de Aquino, *A posse e seus efeitos*, São Paulo, Atlas, 2000; Lúcio Flávio de V. Navas, *Posse e ações possessórias no novo Código Civil*, Rio de Janeiro, Forense, 2003; Donaldo Armelin, A tutela da posse no novo Código Civil, in *O novo Código Civil — estudos em homenagem a Miguel Reale*, São Paulo, LTr, 2003, p. 951-80; Martinho Garcez Neto, *Temas atuais de direito civil*, Rio de Janeiro, Renovar, 2001, p. 369-412; Gleydson K. Lopes de Oliveira, *Ações possessórias*, São Paulo, Juarez de Oliveira, 2001; Joel Dias Figueira Jr., *Liminares nas ações possessórias*, São Paulo, Revista dos Tribunais, 1995; Laura Beck Varela, A tutela da posse entre abstração e autonomia: uma abordagem histórica. *A reconstrução do direito privado* (org. Judith Martins-Costa), São Paulo, Revista dos Tribunais, 2002, p. 789-842; Teori Albino Zavascki, A tutela da posse na Constituição e no Projeto de novo Código Civil, in *A reconstrução do direito privado*, cit., p. 843-61; Cláudio A. Soares Levada, Os efeitos da posse em relação aos frutos e a responsabilidade pela perda ou deterioração da coisa no Código Civil de 2002, *Revista da Escola Paulista da Magistratura*, *2*:53-77, 2003; M. H. Diniz e Mariana R. Santiago, *A função social e solidaria de posse*, São Paulo, Saraiva, 2023.

Interdito proibitório. O interdito proibitório é a proteção preventiva da posse ante a ameaça de turbação e esbulho (*RT*, *737*:398; *Lex*-TACSP, *163*:202 e 210). O possuidor direto ou indireto, receoso de ser molestado na posse, previne a turbação ou esbulho, obtendo mandado judicial para segurar-se da violência iminente (CPC, arts. 561 a 567). Se for procedente a ação, o magistrado proíbe o réu de praticar o ato, sob pena de pagar multa pecuniária arbitrada judicialmente, inclusive perdas e danos, em favor do autor ou de terceiro (p. ex., uma instituição de caridade). Evita-se, assim, a consumação do esbulho ou da turbação.

Requisitos à proteção da posse ameaçada. Para que se possa propor interdito proibitório será preciso: *a*) a posse atual do autor; *b*) a ameaça de esbulho ou de turbação iminente; e *c*) o justo receio de ser molestado na posse da coisa.

BIBLIOGRAFIA: Levenhagen, *Código Civil*, cit., v. 3, p. 65-7; W. Barros Monteiro, *Curso*, cit., v. 3, p. 49-50; Orlando Gomes, *Direitos reais*, cit., p. 95-6; Caio M. S. Pereira, *Instituições*, cit., v. 4, p. 71; Pontes de Miranda, *Comentários ao Código de Processo Civil*, cit., v. 13, p. 316; Camara Leal, *Comentários ao Código de Processo Civil*, cit., v. 5, n. 155 e s.; M. Helena Diniz, *Curso*, cit., v. 4, p. 69; Humberto Theodoro Jr., *Curso de direito processual civil*, Rio de Janeiro, Forense, 2003, v. III, p. 138.

Jurisprudência relativa ao interdito proibitório. Sobre o interdito proibitório: *RT*, *785*:232, *778*:321, *771*:193, *737*:398, *722*:173, *721*:191, *705*:175, *702*:99, *604*:116, *494*:152, *565*:170, *334*:464, *571*:225, *462*:245, *510*:126, *557*:213, *513*:139, *544*:237, *532*:63, *592*:167, *518*:118, *527*:85, *556*:220, *434*:253 e *320*:201; *RJTJSP*, *12*:73 e *56*:135; *JTACSP*, *88*:20; *Adcoas*, n. 82.393, 87.314, 87.315, 82.925, 1982, e 91.083, 1983; *JB*, *134*:264 e *158*:79 e 173; *RJSTJ*, *123*:258; *Ciência Jurídica*, *39*:127, *13*:67, *10*:106 e *5*:127; *RJE*, *3*:7 e 27; *BAASP*, *1.910*:249, *1.942*:21 e *1.961*:1; *EJSTJ*, *14*:68; *RJE*, *4*:8; Súmula 228 do STJ.

Pelo Enunciado n. 178 do Fórum Permanente de Processualistas Civis: "O valor da causa nas ações fundadas em posse, tais como as ações possessórias, os embargos de terceiro e a oposição, deve considerar a expressão econômica da posse, que não obrigatoriamente coincide com o valor da propriedade.

Legítima defesa da posse. Em caso de turbação, autorizada está a legítima defesa da posse, em que o possuidor direto ou indireto poderá reagir, pessoalmente, contra o turbador, desde que essa reação seja incontinenti ou sem demora e se dirija contra ato turbativo real e atual, mediante emprego de meios estritamente necessários para manter-se na posse. Essa autodefesa apenas poderá ser exercida contra o próprio turbador e não contra terceiros. Assim sendo, se a assistência do Estado revelar-se tardia ou não puder ser oportunamente invocada, o possuidor poderá reagir para manter-se na posse molestada, evitando excessos, seguindo o princípio do *moderamen inculpatae tutelae*, ou seja, da moderação da legítima defesa (*RT*, *693*:370).

Desforço imediato. O possuidor esbulhado poderá restituir-se, por sua própria força, a posse do bem por meio do desforço imediato. Ao exercer esse direito deverá agir pessoalmente, embora possa receber auxílio de amigos ou de serviçais, empregando meios necessários, inclusive armas, para recuperar a posse perdida. Todavia essa reação deverá ser imediata (*RJM*, *30*:147; *RJ*, *182*:120; *RT*, *595*:394) e não poderá ir além do indispensável à restituição da posse.

Esclarece o Enunciado n. 495 do CJF, aprovado na *V Jornada de Direito Civil*, que: "No desforço possessório, a expressão 'contanto que o faça logo' deve ser entendida restritivamente, apenas como a reação imediata ao fato do esbulho ou da turbação, cabendo ao possuidor recorrer à via jurisdicional nas demais hipóteses".

BIBLIOGRAFIA: W. Barros Monteiro, *Curso*, cit., v. 3, p. 56-8; Serpa Lopes, *Curso*, cit., v. 6, n. 122, p. 202-3; Darcy Arruda Miranda, *Anotações*, cit., v. 2, p. 27; Carvalho Santos, *Código Civil brasileiro interpretado*, v. 7, p. 141; M. Helena Diniz, *Curso*, cit., v. 4, p. 66-8; Alessandra de A. M. Barbosa, O instituto do desforço imediato no direito brasileiro, *Introdução crítica ao Código Civil* (org. Lucas A. Barroso), Rio de Janeiro, Forense, 2006, p. 311-42.

"Exceptio proprietatis". A alegação de propriedade, ou de outro direito sobre a coisa, na pendência da ação possessória, não obsta a manutenção, nem a reintegração da posse, se a pretensão for deduzida em face de terceira pessoa (CPC, art. 557). O julgamento da posse não poderá prejudicar-se pela invocação de propriedade, se a posse for disputada a título de domínio. É possível a exceção de domínio quando as partes não conseguem provar satisfatoriamente sua posse, que disputam a título de domínio (Súmula 487 do STF; *RT*, *671*:116, *506*:59 e 123, *524*:203, *507*:194 e *526*:226; *Adcoas*, n. 82.534, 1982, e 90.833, 1983; *JTACSP*, *72*:246; *EJSTJ*, *14*:68; *RF*, *252*:18; *RTJ*, *91*:594; REsp 5.462-MS, rel. Min. Athos Carneiro, *DJ*, 7 out. 1991; REsp 7.283-AM, rel. Min. Athos Carneiro, *DJ*, 18 nov. 1991). A Lei n. 6.820/80 não revogou o art. 505 do Código Civil de 1916, que tinha idêntica redação, mas a segunda parte do art. 923 do Código de Processo Civil de 1973, e esse artigo, em sua primeira parte, só se referia às ações possessórias em que a posse fosse disputada a título de domínio; logo, se a questão sobre o julgamento da posse a favor do proprietário é de ordem material e não processual, não houve derrogação daquele artigo do Código Civil de 1916. Pelo art. 557 do CPC/2015: "Na pendência da ação possessória é vedado, tanto ao autor quanto ao réu, propor ação de reconhecimento do domínio, exceto se a pretensão for deduzida em face de terceira pessoa". Assim, comentando o art. 1.210, pode-se afirmar que, se o réu esbulhador se defender alegando ser dono da coisa esbulhada (*exceptio dominii*), seu argumento não será levado em conta porque não lhe assiste, ainda que sob alegação de propriedade, molestar posse alheia. Cabe ao proprietário do bem defender seu domínio contra quem, injustamente, o possua mediante ação de reivindicação. A posse, por sua vez, merece proteção legal por si mesma, independentemente da alegação do domínio. O juízo possessório independe do petitório. Não se deve cogitar, em regra, em matéria de *ius possessionis*, que é um instituto jurídico autônomo, protegido por ações especiais, com a defesa do domínio, que é objeto de outra defesa processual. O atual Código Civil atém-se à posse na ação possessória, mas outros direitos poderão nela ser alegados, como o de propriedade, porém a decisão fundar-se-á tão somente na posse. Inadmissível será, na ação possessória, a *querella proprietatis*, que é permitida apenas na ação petitória.

Se, pela Súmula 487 do STF, "será deferida a posse a quem evidentemente tiver o domínio, se com base neste for ela disputada", o juiz não deverá julgar a posse em favor daquele que não é o proprietário da coisa, pois quem tem a posse presumidamente é o proprietário. Por isso seria um contrassenso ou ilógico ante a evidência das provas de domínio em favor de um dos litigantes se contra ele julgasse a possessória. Assim, se não for evidente a propriedade alegada por um dos contendores, ou se o julgamento restringir-se apenas ao âmbito da posse, tal princípio não terá aplicabilidade.

Pelos Enunciados n. 78 e 79 (aprovados na *I Jornada de Direito Civil*, promovida, em setembro de 2002, pelo Centro de Estudos Judiciários do Conselho da Justiça Federal):

a) "Tendo em vista a não recepção, pelo novo Código Civil, da *exceptio proprietatis* (art. 1.210, § 2º), em caso de ausência de prova suficiente para embasar decisão liminar ou sentença final ancorada exclusivamente no *ius possessionis*, deverá o pedido ser indeferido e julgado improcedente, não obstante eventual alegação e demonstração de direito real sobre o bem litigioso.

b) A *exceptio proprietatis*, como defesa oponível às ações possessórias típicas, foi abolida pelo Código Civil de 2002, que estabeleceu a absoluta separação entre os juízos possessório e petitório".

Pelo Enunciado n. 65 do Fórum Permanente de Processualistas Civis: "O art. 571 do projeto não obsta a cumulação pelo autor de ação reivindicatória e de ação possessória, se os fundamentos forem distintos (CPC/2015, art. 557)".

Observa Donaldo Armelin que a supressão da *exceptio proprietatis*, além de evitar a "procrastinação da prestação da tutela jurisdicional em tema de posse, resultante de inserção no pleito de matéria a ela alheia", fará com que o litígio possessório fique adstrito ao *ius possessionis*, afastando a questão alusiva ao domínio, dando "maior efetividade à tutela possessória".

BIBLIOGRAFIA: Darcy Arruda Miranda, *Anotações*, cit., v. 2, p. 28-9; Clóvis Beviláqua, *Direito das coisas*, Rio de Janeiro, Forense, v. 1, p. 72-3, § 24; Levenhagen, *Código Civil*, cit., v. 3, p. 70; Sálvio de Figueiredo Teixeira, *Código de Processo Civil anotado*, cit., p. 520-2; Orlando Gomes, *Direitos reais*, cit., p. 93; Hedemann, *Derechos reales*, cit., v. 2, p. 69; Caio M. S. Pereira, *Instituições*, cit., v. 4, p. 70-1; M. Helena Diniz, *Curso*, cit., v. 4, p. 68; Jackson Rocha Guimarães, A exceção de domínio nas ações possessórias. O art. 505 do Código Civil brasileiro, *RT*, *627*:30; Donaldo Armelin, *A tutela*, cit., p. 956; Sílvio de S. Venosa, *Direito civil*, São Paulo, Atlas, 2003, v. 5, p. 134-5.

Art. 1.211. Quando mais de uma pessoa se disser possuidora, manter-se-á provisoriamente a que tiver a coisa, se não estiver manifesto que a obteve de alguma das outras por modo vicioso.

- *Código Civil, art. 1.200.*
- *Código de Processo Civil, arts. 560 e 561.*

Posse provisória. Se mais de uma pessoa se disser possuidora de um bem, o juiz, pelo princípio *quieta non movere*, deverá, havendo dúvida, deferir a posse provisória da coisa disputada àquele que, no momento, a tiver, não estando manifesto que a obteve de modo violento, clandestino ou precário, até que se resolva a questão, atendendo-se ao critério preambular da melhor posse. O possuidor a título provisório passará, então, a assumir as obrigações de depositário, até que haja decisão definitiva na ação possessória.

BIBLIOGRAFIA: Levenhagen, *Código Civil*, cit., v. 3, p. 65; Darcy Arruda Miranda, *Anotações*, cit., v. 2, p. 25; M. Helena Diniz, *Curso*, cit., v. 4, p. 75.

Art. 1.212. O possuidor pode intentar a ação de esbulho, ou a de indenização, contra o terceiro, que recebeu a coisa esbulhada sabendo que o era.

- *Código Civil, art. 952, e Código de Processo Civil, art. 555, I.*

Receptador de coisa esbulhada. O possuidor, que sofreu esbulho, poderá intentar ação de reintegração de posse cumulada ou não com a de indenização de perdas e danos não só contra o esbulhador, mas também contra terceiro, que recebeu o bem esbulhado, sabendo que o era, por ser receptador de coisa esbulhada, devido a sua má-fé ao adquiri-la do esbulhador. Logo, "é inadmissível o direcionamento de demanda possessória ou ressarcitória contra terceiro possuidor de boa-fé, por ser parte passiva ilegítima, diante do disposto no art. 1.212 do novo Código Civil. Contra o terceiro de boa-fé cabe tão somente a propositura de demanda de natureza real" (Enunciado n. 80, aprovado na *I Jornada de Direito Civil*, promovida, em setembro de 2002, pelo Centro de Estudos Judiciários do Conselho da Justiça Federal).

BIBLIOGRAFIA: M. Helena Diniz, *Curso*, cit., v. 4, p. 67; Levenhagen, *Código Civil*, cit., v. 3, p. 69; Carvalho Santos, *Código Civil brasileiro interpretado*, cit., obs. ao art. 504, v. 7. *Vide*: *RT*, *820*:275.

Art. 1.213. O disposto nos artigos antecedentes não se aplica às servidões não aparentes, salvo quando os respectivos títulos provierem do possuidor do prédio serviente, ou daqueles de quem este o houve.

- Vide *Código Civil, arts. 1.378 a 1.389.*
- Vide *Súmula 415 do Supremo Tribunal Federal.*

Ação possessória e servidão. Os arts. 1.210 a 1.212 do Código Civil não se aplicam às servidões não aparentes (aquelas que não se exteriorizam por alguma obra), que não gozam de proteção possessória devido à ausência de sinais visíveis, exceto se os respectivos títulos provierem do possuidor do prédio serviente, ou daquele de quem este o houve, casos em que se distinguem da mera tolerância. Consequentemente, as servidões aparentes têm assegurada sua proteção possessória por se apresentarem de modo ostensivo, revestindo-se das condições da posse material.

BIBLIOGRAFIA: Clóvis Beviláqua, *Código Civil comentado*, obs. ao art. 509, v. 3; Mendes Pimentel, Servidão de trânsito, *RF*, *40*:296; Alberto Montel, *Trattato di diritto civile italiano*, de Vassalli, 1962, v. 5, t. 4, p. 544, n. 230; Levenhagen, *Código Civil*, cit., v. 3, p. 74; Darcy Arruda Miranda, *Anotações*, cit., v. 2, p. 30; M. Helena Diniz, *Curso*, cit., v. 4, p. 66.

Art. 1.214. O possuidor de boa-fé tem direito, enquanto ela durar, aos frutos percebidos.

Parágrafo único. Os frutos pendentes ao tempo em que cessar a boa-fé devem ser restituídos, depois de deduzidas as despesas da produção e custeio; devem ser também restituídos os frutos colhidos com antecipação.

• Vide *Código Civil, arts. 79, 1ª parte, 95, 242 e 878.*

Direito aos frutos percebidos "oportuno tempore". O possuidor de boa-fé, enquanto ela durar, terá direito aos frutos (naturais, industriais ou civis) percebidos ou colhidos tempestivamente, equiparando-se ao dono, uma vez que possui o bem, com a convicção do proprietário, por ter em mãos um título jurídico, ainda que viciado. Poderá usar e gozar da coisa, dela retirando todas as vantagens, desde que haja boa-fé no momento da percepção. A lei está amparando o interesse do possuidor de boa-fé, por ser mais próximo do interesse social, já que na persuasão de ser sua a coisa a explorou dando-lhe o destino econômico a que estava afetada. Por conseguinte, o possuidor de boa-fé não terá o dever de devolver os frutos colhidos durante o tempo em que desfrutou do bem.

Alcance do termo "frutos percebidos". A norma, ao mencionar apenas os frutos percebidos, não está excluindo os produtos. O termo "frutos percebidos" deve ser entendido, neste artigo, extensivamente, abrangendo não só os frutos propriamente ditos, como também os rendimentos (juros, aluguéis) e produtos (*JSTJ*, *2*:258).

BIBLIOGRAFIA: Lafayette, *Direito das coisas*, § 57; W. Barros Monteiro, *Curso*, cit., v. 3, p. 65; Darcy Arruda Miranda, *Anotações*, cit., v. 2, p. 31; Clóvis Beviláqua, *Comentários ao Código Civil*, obs. ao art. 510, v. 3; Levenhagen, *Código Civil*, cit., v. 3, p. 74-5; M. Helena Diniz, *Curso*, cit., v. 4, p. 72.

Devolução dos frutos pendentes. Cessada a boa-fé, o possuidor será obrigado a restituir os frutos pendentes (ainda não colhidos), que são elementos integrantes do bem, qualificados como imóveis por natureza (CC, art. 79, 1ª parte). Tais frutos pertencem ao possuidor que está pleiteando judicialmente sua posse por ter sofrido esbulho.

Direito às despesas com a produção e custeio dos frutos pendentes. Em regra, com a citação da inicial ou com a litiscontestação, a posse de boa-fé passará a ser de má-fé, porque a partir desse momento, ante os elementos probatórios apresentados pela parte adversa, o demandado terá conhecimento dos vícios que maculam sua posse, perdendo direito aos frutos pendentes, que deverão ser devolvidos, com dedução das despesas de produção, manutenção e custeio (*fructus intelligitur deductis impensis*). Se o possuidor de boa-fé teve despesas visando a produção dos frutos, adquirindo sementes, mudas, adubos, pagando mão de obra para o plantio, p. ex., na certeza de que o fazia em seu benefício, pela convicção de que o bem lhe pertencia, ante o princípio de que ninguém deve enriquecer-se à custa alheia, justo será que seja ressarcido dos gastos feitos, embora não tire vantagem com os frutos produzidos, ainda não colhidos.

Restituição dos frutos colhidos com antecipação. Os frutos percebidos, fraudulentamente, por antecipação, deverão ser devolvidos, a fim de que não haja locupletação à custa alheia. O possuidor de boa-fé, como vimos, terá direito aos frutos colhidos na época própria. Se, cessada a boa-fé, tais frutos forem percebidos prematuramente, ou seja, com antecipação, deverão ser restituídos a quem de direito, assegurando-se ao possuidor o reembolso do gasto que teve com a sua produção e custeio. Na hipótese de ter havido colheita por antecipação, esta será averiguada pela perícia e avaliado o *quantum* dos frutos colhidos antecipadamente, para apurar o valor despendido com a produção e custeio desses frutos, para efeito de ressarcimento ao possuidor de boa-fé.

BIBLIOGRAFIA: R. Limongi França, *Instituições de direito civil*, São Paulo, Saraiva, 1988, p. 423; W. Barros Monteiro, *Curso*, cit., v. 3, p. 65; Antonio Motta, *La malafede*, p. 27 e s.; Silvio Rodrigues, *Direito civil*, cit., v. 5, p. 85; Clóvis Beviláqua, *Código Civil comentado*, obs. ao art. 511 do CC de 1916, v. 3; Caio M. S. Pereira, *Instituições*, cit., v. 4, p. 61; Darcy Arruda Miranda, *Anotações*, cit., v. 2,

p. 31; Levenhagen, *Código Civil*, cit., v. 3, p. 75-6; M. Helena Diniz, *Curso*, cit., v. 4, p. 72-3; *RT*, *148*:693; Zaiden Geraige Neto, O instituto da posse em função dos frutos da coisa, *Revista de Direito Privado*, *11*:318.

Art. 1.215. Os frutos naturais e industriais reputam-se colhidos e percebidos, logo que são separados; os civis reputam-se percebidos dia por dia.

Conceituação legal de fruto percebido. Se os frutos forem naturais (resultantes de força orgânica da natureza) ou industriais (decorrentes do engenho humano), serão tidos como colhidos e percebidos assim que forem separados de sua fonte (p. ex., pêssegos tirados do pé, tecidos que saem do tear), pouco importando se foram ou não consumidos ou se estão, ou não, armazenados. Se se tratar de fruto civil (juros, dividendos, aluguéis ou rendas), reputar-se-ão percebidos dia a dia, independentemente do termo de seu pagamento.

BIBLIOGRAFIA: Levenhagen, *Código Civil*, cit., v. 3, p. 76-7; R. Limongi França, *Instituições de direito civil*, cit., p. 423; Darcy Arruda Miranda, *Anotações*, cit., v. 2, p. 31.

Art. 1.216. O possuidor de má-fé responde por todos os frutos colhidos e percebidos, bem como pelos que, por culpa sua, deixou de perceber, desde o momento em que se constituiu de má-fé; tem direito às despesas da produção e custeio.

- *Código Civil, arts. 242 e 878.*
- *Súmula 445 do Tribunal Superior do Trabalho.*

Responsabilidade do possuidor de má-fé pelos frutos percebidos. O artigo *sub examine* pune o dolo, a malícia e a má-fé ao exigir que o possuidor de má-fé, desde o instante da constituição do estado subjetivo que macula sua posse, responda por todos os danos que causou pelos frutos colhidos, bem como pelos que, culposamente, deixou de perceber, pagando uma indenização correspondente ao valor deles.

Direito do possuidor de má-fé. Para evitar enriquecimento ilícito, o possuidor de má--fé terá direito de ser reembolsado das despesas feitas com a produção e custeio dos frutos colhidos e percebidos, não tendo direito a quaisquer destes.

BIBLIOGRAFIA: W. Barros Monteiro, *Curso*, cit., v. 3, p. 66-7; Levenhagen, *Código Civil*, cit., v. 2, p. 77; Orlando Gomes, *Direitos reais*, cit., p. 73; M. Helena Diniz, *Curso*, cit., v. 4, p. 73; Joel Dias Figueira Jr., *Novo Código Civil comentado* (coord. Ricardo Fiuza), São Paulo, Saraiva, 2002, p. 1089; *RT*, *115*:176.

Art. 1.217. O possuidor de boa-fé não responde pela perda ou deterioração da coisa, a que não der causa.

- *Código Civil, art. 1.201.*

Irresponsabilidade do possuidor de boa-fé pela perda ou deterioração do bem. O possuidor de boa-fé não responderá pela perda ou deterioração da coisa, a que não der causa. Mas, se agiu dolosa ou culposamente, concorrendo propositadamente para que se dê a deterioração ou perda do bem, terá tal responsabilidade, devendo pagar uma indenização.

Consequência da perda ou deterioração da coisa em relação ao possuidor de boa-fé. O possuidor de boa-fé será condenado a restituir a coisa no estado em que ela estiver, se não procedeu com culpa. Isto porque se considera "proprietário" ou "legítimo possuidor" e como tal não deve prestar contas de seus atos.

BIBLIOGRAFIA: Clóvis Beviláqua, *Comentários ao Código Civil*, cit., v. 3, p. 38; W. Barros Monteiro, *Curso*, cit., v. 3, p. 70; R. Limongi França, *Instituições*, cit., p. 423; M. Helena Diniz, *Curso*, cit., v. 4, p. 74-5.

Art. 1.218. O possuidor de má-fé responde pela perda, ou deterioração da coisa, ainda que acidentais, salvo se provar que de igual modo se teriam dado, estando ela na posse do reivindicante.

- *Código Civil, art. 1.202.*

Responsabilidade do possuidor de má-fé pela perda ou deterioração da coisa. O possuidor de má-fé, devido à ilicitude de sua conduta de apoderar-se de objeto alheio, tendo ciência disso, será, segundo a lei, responsabilizado pela perda ou deterioração da coisa possuída ilegitimamente, ainda que acidentais. Isto é assim pela aplicação do princípio de que a má-fé não pode aproveitar a ninguém; consequentemente o possuidor de má-fé deverá indenizar o reivindicante (postulante) pelos prejuízos sofridos em razão de perda ou deterioração do bem.

Excludente dessa responsabilidade. Se o possuidor de má-fé conseguir comprovar que a perda, ou deterioração, da coisa se daria de igual modo, mesmo que estivesse o bem em poder do reivindicante, ou melhor, do postulante, a lei o exonerará da responsabilidade de indenizar o dano.

BIBLIOGRAFIA: W. Barros Monteiro, *Curso*, cit., v. 3, p. 70; M. Helena Diniz, *Curso*, cit., v. 4, p. 75; Levenhagen, *Código Civil*, cit., v. 3, p. 78-9.

Art. 1.219. O possuidor de boa-fé tem direito à indenização das benfeitorias necessárias e úteis, bem como, quanto às voluptuárias, se lhe não forem pagas, a levantá-las, quando o puder sem detrimento da coisa, e poderá exercer o direito de retenção pelo valor das benfeitorias necessárias e úteis.

- Vide *Código Civil, arts. 96, 242, 878, 964, III, e 1.214.*
- *Em se tratando de arrendamento rural, o arrendatário, no término do contrato, terá direito à indenização das benfeitorias necessárias e úteis. Quanto às voluptuárias, somente será indenizado se sua construção for expressamente autorizada pelo arrendador. É conferido o direito de retenção até o recebimento da indenização* — Vide *arts. 95 da Lei n. 4.504, de 30 de novembro de 1964, e 25 do Decreto n. 59.566, de 14 de novembro de 1966.*
- Vide *Súmula 158 do Supremo Tribunal Federal.*
- Vide *Lei n. 8.078/90, art. 51, XVI.*
- *Código de Processo Civil, arts. 810 e parágrafo único e 917, IV e § 1º.*
- Vide *Lei n. 6.766/79, art. 34 e parágrafo único.*
- *Lei n. 9.514/97, art. 27, § 4º.*
- *Lei n. 8.245/91, art. 35.*

Possuidor de boa-fé e indenização por benfeitorias. O possuidor de boa-fé, privado do bem em favor do reivindicante ou evictor, tem direito de ser indenizado das benfeitorias necessárias

(CC, art. 96, § 3º) e úteis (CC, art. 96, § 2º), uma vez que elas valorizaram ou tornaram o bem mais útil, contribuindo ainda para a sua conservação e impedindo a sua deterioração ou perda.

Direito de levantar as benfeitorias voluptuárias. O possuidor de boa-fé que realizou no bem benfeitoria voluptuária (CC, art. 96, § 1º) poderá ser indenizado por ela. Porém, se o reivindicante não pagar a devida indenização, terá, então, direito de retirar ou levantar a benfeitoria voluptuária, quando o puder, sem prejuízo ou detrimento da coisa. Como se vê, o possuidor de boa-fé não terá direito a nenhuma ação judicial que obrigue o proprietário a indenizar a benfeitoria voluptuária ou a restituí-la; logo, se for impossível sua retirada sem causar dano à coisa, o possuidor perdê-la-á.

"Jus retentionis". O possuidor de boa-fé poderá exercer o direito de retenção da coisa, opondo-se a sua restituição até ser pago do valor das benfeitorias úteis e necessárias e das acessões (construções e plantações) que fez (Enunciado n. 81, aprovado na *I Jornada de Direito Civil*, promovida, em setembro de 2002, pelo Centro de Estudos Judiciários do Conselho da Justiça Federal). O *jus retentionis* consiste em um meio direto de defesa que a lei, excepcionalmente, confere ao possuidor de boa-fé para conservar em suas mãos coisa alheia além do momento em que a deveria devolver como garantia de pagamento de despesas feitas com o bem, apuradas mediante perícia avaliatória (*RF*, *128*:343, *146*:328 e *125*:508; *RT*, *273*:292, *321*:190, *322*:511, *300*:463, *318*:520, *176*:600, *238*:401, *291*:720, *604*:201 e *653*:187; *JTA*, *100*:361; *EJSTJ*, *11*:107; *BAASP*, *1.920*:108 e *2.673*:612-16). O meio processual para o exercício desse direito seria o dos embargos de retenção, mas, se, no curso da ação possessória, não forem alegadas, nem provadas as benfeitorias, a defesa por essa via ficará inibida (*RT*, *681*:91 e *653*:187; *RJTJSP*, *130*:314), porém nada obsta a que se recorra, para obter indenização, das vias ordinárias, em ação autônoma, sob pena de haver o enriquecimento sem causa vedado juridicamente (CC, arts. 884 a 886; *JTACSP*, *100*:186; *RT*, *627*:88).

Jurisprudência relativa ao art. 1.219. *Adcoas*, n. 69.882, 1980, e 76.029, 1981; *RT*, *207*:222, *213*:218, *458*:231, *593*:228, *456*:88, *389*:171, *451*:265, *306*:702, *533*:151, *521*:251, *576*:227, *580*:191, *556*:170, *521*:132, *588*:134, *604*:201, *653*:187, *667*:144, *741*:281 e *589*:221; *JB*, *158*:118; *RTJ*, *80*:769 e *96*:704; *RJTJSP*, *130*:313, *70*:79 e *87*:39; *JTACSP*, *85*:336; *RF*, *250*:290, *254*:294 e 303 e *256*:217; Súmula 158 do STF; *RSTJ*, *53*:183, *55*:192, *83*:178; *RTFR*, *139*:123.

BIBLIOGRAFIA: Daibert, *Direito das coisas*, cit., p. 127; Clóvis Beviláqua, *Direito das coisas*, cit., v. 1, p. 104; Silvio Rodrigues, *Direito civil*, cit., v. 5, p. 88; Caio M. S. Pereira, *Instituições*, cit., v. 4, p. 62; W. Barros Monteiro, *Curso*, cit., v. 3, p. 68; M. Helena Diniz, *Curso*, cit., v. 4, p. 73-4; Levenhagen, *Código Civil*, cit., v. 3, p. 79-80; Alvino Lima, *Direito de retenção e o possuidor de má-fé*, 1995; Cano Martínez de Velasco, *La retención de cosa ajena*, Barcelona, 1990; José Rogério Cruz e Tucci, Da posse de boa-fé e os embargos de retenção das benfeitorias, *Posse* (coord. Cahali), p. 609; Sílvio de S. Venosa, *Direito civil*, São Paulo, Atlas, 2003, v. 5, p. 110 e 111.

Art. 1.220. Ao possuidor de má-fé serão ressarcidas somente as benfeitorias necessárias; não lhe assiste o direito de retenção pela importância destas, nem o de levantar as voluptuárias.

- Vide *Código Civil, arts. 96, §§ 1º e 3º, 242 e 878.*
- *Súmula 335 do Superior Tribunal de Justiça.*

Direitos do possuidor de má-fé relativamente às benfeitorias. O possuidor de má-fé somente terá direito de ser indenizado pelas benfeitorias necessárias que fizer em bem alheio, executadas para a sua conservação, uma vez que o proprietário seria forçado a realizá-las, se estivesse na posse da coisa, devido ao princípio de que ninguém deve enriquecer sem causa. Não terá direito de ser indenizado pelas benfeitorias úteis. Consequentemente não poderá retê-las, perdendo-as em favor do proprietário, que as receberá gratuitamente, como compensação do tempo em que ficou, injusta e ilegitimamente, privado de sua posse. Não lhe será dado, ainda, o direito de levantar as voluptuárias, nem de reter o bem para forçar o pagamento da indenização pelas benfeitorias necessárias. Se o proprietário recusar-se a pagar as necessárias, o possuidor deverá restituir a coisa e mover ação de indenização contra o proprietário, uma vez que não tem o *jus retentionis* pela importância correspondente a elas (*RT*, *473*:59, *587*:120, 121 e 190, *588*:95; *AJ*, *92*:286).

BIBLIOGRAFIA: Orlando Gomes, *Direitos reais*, cit., p. 75; W. Barros Monteiro, *Curso*, cit., v. 3, p. 69; Levenhagen, *Código Civil*, cit., v. 3, p. 80; Serpa Lopes, *Curso*, cit., v. 6, p. 220; M. Helena Diniz, *Curso*, cit., v. 4, p. 74.

Art. 1.221. As benfeitorias compensam-se com os danos, e só obrigam ao ressarcimento se ao tempo da evicção ainda existirem.

• *Código Civil, arts. 368 a 380 e 447 a 457.*

Compensação entre as benfeitorias e os danos. As benfeitorias compensam-se com os danos que o possuidor esteja obrigado a ressarcir. Observa R. Limongi França que se trata de uma hipótese anômala de compensação, uma vez que ela só opera, em regra, entre dívidas líquidas, vencidas e de coisas fungíveis (CC, art. 369). Para evitar que proprietário e possuidor, obrigados a pagar, um ao outro, determinadas quantias, movam ação um contra o outro, a lei permite a compensação, possibilitando, assim, entre eles um acerto de contas, de modo que aquele em favor de quem ficar acusado um saldo receberá do outro o *quantum* respectivo.

BIBLIOGRAFIA: R. Limongi França, *Instituições*, cit., p. 425; Levenhagen, *Código Civil*, cit., v. 3, p. 81; Carvalho Santos, *Código Civil brasileiro interpretado*, cit., obs. ao art. 518, v. 7.

Ressarcimento e existência das benfeitorias ao tempo da evicção. As benfeitorias apenas obrigam ao ressarcimento se ao tempo da evicção ainda existirem. Se alguém fizer uma benfeitoria, p. ex., uma cerca para proteção de agricultura, esteja ou não de boa-fé, em bem alheio, sendo dele afastado pelo dono ou por quem tiver melhor posse, somente terá direito à indenização se aquela benfeitoria existir no momento da evicção. Se ao tempo da evicção não houver qualquer vestígio da benfeitoria, não mais existindo aquela cerca construída, nada haverá que se indenizar. Todavia, como elucida Clóvis Beviláqua, existem "despesas que se incorporam no bem sem deixar vestígio material, como a defesa judicial dele. Tais despesas não desaparecem e, ao tempo da evicção, devem ser levadas em conta, quando aproveitem o reivindicante". Apesar de tais despesas não serem propriamente benfeitorias, deverão ser assim consideradas para fins de compensação.

BIBLIOGRAFIA: Clóvis Beviláqua, *Comentários ao Código Civil*, cit., obs. ao art. 518, v. 3; Darcy Arruda Miranda, *Anotações*, cit., v. 2, p. 32; Levenhagen, *Código Civil*, cit., v. 3, p. 81.

Art. 1.222. O reivindicante, obrigado a indenizar as benfeitorias ao possuidor de má-fé, tem o direito de optar entre o seu valor atual e o seu custo; ao possuidor de boa-fé indenizará pelo valor atual.

• *Código Civil, arts. 242 e 878.*

Valor da indenização da benfeitoria. Quanto à indenização das benfeitorias ao possuidor de má-fé, será preciso não olvidar que compete ao reivindicante (postulante), autor da demanda recuperatória, optar entre o seu valor atual e o seu custo. Clóvis Beviláqua e parte da jurisprudência entendiam que o possuidor de boa ou má-fé deveriam receber exatamente o que despendeu (*RT, 183*:284, *187*:682, *189*:371, *207*:555, *273*:331, *98*:499, *303*:454, *321*:646, *340*:122, *481*:206, *500*:217 e *511*:252; *RTJ, 70*:785, *60*:719, *61*:432 e *66*:755; *RF, 151*:188). Para Carvalho Santos seria mais justa a indenização pelo valor atual das benfeitorias. Mas o critério legal deverá ser seguido; logo, o devedor da indenização pelas benfeitorias terá a opção de pagá-las pelo seu valor atual ou pelo de seu custo. A perícia, seja qual for a preferência do reivindicante, fixará o *quantum* a ser pago, exceto se houver entre as partes algum acordo nesse sentido, que poderá incluir até mesmo a compensação a que se refere o art. 1.221 do Código Civil. Consulte: *RF, 243*:179; *RT, 314*:236, *352*:188, *361*:126, *563*:221 e *601*:154. Mas em caso de possuidor de boa-fé a lei impõe que se lhe pague indenização pelo valor atual, ou seja, pela expressão econômica que as benfeitorias por ele feitas tiverem, no mercado, por ocasião do pagamento a ser efetivado. Portanto, o proprietário reivindicante não poderá, nesta última hipótese, optar pelo valor de custo. Jones Figueirêdo Alves e Mário Luiz Delgado esclarecem que, "se, por algum motivo, o valor atual de mercado for comprovadamente inferior ao valor gasto pelo possuidor de boa-fé na edificação das benfeitorias, poderá ele exigir que o proprietário lhe indenize pelo custo. O direito de opção de que trata o art. 1.222 deve ser interpretado a favor do possuidor de boa-fé".

BIBLIOGRAFIA: Clóvis Beviláqua, *Comentários ao Código Civil*, v. 3, p. 42; Carvalho Santos, *Código Civil interpretado*, v. 7, p. 231; W. Barros Monteiro, *Curso*, cit., v. 3, p. 69-70; Levenhagen, *Código Civil*, cit., v. 3, p. 82; Jones F. Alves, Mário Luiz Delgado, *Código*, cit., p. 603.

CAPÍTULO IV

DA PERDA DA POSSE

Art. 1.223. Perde-se a posse quando cessa, embora contra a vontade do possuidor, o poder sobre o bem, ao qual se refere o art. 1.196.

• Vide *Código Civil, arts. 1.196, 1.275 e 1.389, III.*

Perda da posse. Perde-se a posse da coisa, mesmo contra a vontade do possuidor, quando houver privação de sua disponibilidade física, não mais se podendo exercer sobre ela qualquer ato possessório ou os poderes inerentes ao domínio (CC, art. 1.196). Se a posse é a visibilidade da propriedade, deve ser declarada perdida quando o possuidor não tiver mais o poder de se conduzir *ut dominus gessisse*. É o que se tem, por exemplo, quando o possuidor abandona ou perde a coisa; quando houver destruição do bem por evento natural ou fortuito, por ato do próprio possuidor ou de terceiro; quando se renuncia ao direito à servidão ou quando não age o possuidor em defesa de sua posse esbulhada etc.

BIBLIOGRAFIA: Orlando Gomes, *Direitos reais*, cit., p. 63 e 66-7; W. Barros Monteiro, *Curso*, cit., v. 3, p. 73 e 74-6; Silvio Rodrigues, *Direito civil*, cit., v. 5, p. 61; Cunha Gonçalves, *Tratado de direito civil*, v. 3, p. 567; Caio M. S. Pereira, *Instituições*, cit., v. 4, p. 55-7; Tito Fulgêncio, *Da posse*, cit., n. 279 e 281; Enneccerus, Kipp e Wolff, *Tratado de derecho civil; derecho de cosas*, cit., v. 1, § 15; Lafayette, *Direito das coisas*, cit., § 16; Carlos Alberto Bittar, *Direitos reais*, cit., p. 52-4; Carvalho Santos, *Código Civil* *interpretado*, v. 7, p. 239; Daibert, *Direito das coisas*, cit., p. 139; M. Helena Diniz, *Curso*, cit., v. 4, p. 60-3; Roberto Senise Lisboa, *Manual*, cit., v. 4, p. 59-62.

Art. 1.224. Só se considera perdida a posse para quem não presenciou o esbulho, quando, tendo notícia dele, se abstém de retornar* a coisa, ou, tentando recuperá-la, é violentamente repelido.

* *O termo* retornar *deve ser entendido como* retomar.

- *Código Civil, art. 1.210, § 1º.*

Perda da posse para quem não presenciou esbulho. Ter-se-á perda da posse para aquele que não está presente no momento do esbulho quando: *a*) tendo notícia da ocupação (tomada de detenção), se abstém de retomar a coisa, não tomando as devidas providências, abandonando seu direito e demonstrando desinteresse; ou *b*) tentando recuperar a sua posse, fazendo, p. ex., uso do desforço imediato, for, violentamente, repelido por quem detém o bem e se recusa, terminantemente, a entregá-lo.

BIBLIOGRAFIA: Clóvis Beviláqua, *Comentários ao Código Civil*, cit., obs. ao art. 522; M. Helena Diniz, *Curso*, cit., v. 4, p. 63; Carvalho Santos, *Código Civil brasileiro interpretado*, cit., obs. ao art. 522, v. 7.

Título II
Dos Direitos Reais

- *Código de Processo Civil, art. 790, I.*

Capítulo Único
Disposições Gerais

Art. 1.225. São direitos reais:

- *Código Civil, arts. 80, I, e 108.*

I — a propriedade;

- Vide *Código Civil, arts. 1.228 a 1.368, e Lei n. 9.610/98.*

II — a superfície;

- Vide *Código Civil, arts. 1.369 a 1.377 e Lei n. 9.514/97, art. 22, § 1º, IV.*
- *Decreto-lei n. 271/67, arts. 7º e 8º.*

III — as servidões;

- Vide *Código Civil, arts. 1.378 a 1.389.*

IV — o usufruto;

- Vide *Código Civil, arts. 1.390 a 1.411.*

V — o uso;

- Vide *Código Civil, arts. 1.412 e 1.413.*

VI — a habitação;

- Vide *Código Civil, arts. 1.414 a 1.416.*

VII — o direito do promitente comprador do imóvel;

- Vide *Código Civil, arts. 1.417 e 1.418.*
- *Lei n. 6.766/79, art. 25; Lei n. 4.380/64, art. 69; Decreto-Lei n. 58/37, art. 22.*

VIII — o penhor;

- Vide *Código Civil, arts. 1.419 a 1.472.*

IX — a hipoteca;

- Vide *Código Civil, arts. 1.419 a 1.430 e 1.473 a 1.505.*

X — a anticrese;

- Vide *Código Civil, arts. 1.419 a 1.430 e 1.506 a 1.510.*

XI — a concessão de uso especial para fins de moradia;

- *Inciso XI acrescentado pela Lei n. 11.481/2007.*
- Vide *Lei n. 11.977/2009, art. 71-A, §§ 1º e 2º, acrescentado pela Lei n. 12.424/2011.*
- *Medida Provisória n. 2.220/2001, arts. 1º e 2º, com a redação da Lei n. 13.465/2017.*
- *Lei n. 6.015/73, art. 176-B, IV.*

XII — a concessão de direito real de uso;

- *Inciso XII acrescentado pela Lei n. 11.481/2007.*
- Vide *Lei n. 11.977/2009, art. 71-A, §§ 1º e 2º, acrescentado pela Lei n. 12.424/2011.*
- *Lei n. 13.465/2017, art. 65, 2ª parte.*

XIII — a laje;

- *Inciso XIII acrescentado pela Lei n. 13.465/2017, art. 55.*
- *Código Civil, arts. 1.510-A, 1.510-B, 1.510-C, 1.510-D, 1.510-E.*
- *Decreto n. 9.310/2018, arts. 58 a 62.*
- Vide *Leis n. 6.766/79, art. 26, § 3º, e 9.514/97, art. 22, § 1º, V.*
- *Lei n. 6.015/73, art. 235, III e § 3º.*

XIV — os direitos oriundos da imissão provisória na posse, quando concedida à União, aos Estados, ao Distrito Federal, aos Municípios ou às suas entidades delegadas e a respectiva cessão e promessa de cessão.

- *Acrescentado pela Lei n. 14.620/2023 sobre NPMCMV.*

"Numerus clausus". O direito real é, na lição de Washington de Barros Monteiro, "a relação jurídica em virtude da qual o titular pode retirar da coisa, de modo exclusivo e contra todos, as utilidades que ela é capaz de produzir". Caracteriza-se como uma relação entre pessoa (natural ou jurídica) e coisa, apresentando os seguintes caracteres jurídicos: oponibilidade *erga omnes*; direito de sequela e preferência de seu titular; aderência imediata ao bem corpóreo ou incorpóreo, sujeitando-o, de modo direto, ao titular; suscetibilidade de abandono, de posse e de usucapião e obediência ao *numerus clausus*. Os direitos reais não podem ser objeto de livre convenção das partes, que não podem, por si mesmas, criá-los, por estarem vinculadas aos tipos jurídicos que a norma jurídica colocou à sua disposição. Estão limitados e regulados expressamente por norma jurídica, constituindo essa especificação da lei um *numerus clausus* (CC, art. 1.225, I a XIV).

Assim temos: a *posse* (CC, arts. 1.196 a 1.224); a *propriedade* (CC, arts. 1.228 a 1.360); os *direitos reais de gozo ou de fruição*: enfiteuse (CC, art. 2.038, e CC de 1916, arts. 678 e 694), superfície (CC, arts. 1.369 a 1.377), servidão predial (CC, arts. 1.378 a 1.389), usufruto (CC, arts. 1.390 a 1.411), uso (CC, arts. 1.412 e 1.413), habitação (CC, art. 1.414 a 1.416), concessão de uso especial para fins de moradia e concessão de direito real de uso; a laje e a legitimação da posse (Lei n. 11.977/2009, art. 59 — PMCMV); os *direitos reais de garantia*: penhor (CC, arts. 1.419 a 1.437), hipoteca (CC, arts. 1.473 a 1.505), anticrese (CC, arts. 1.506 a 1.510), propriedade fiduciária oriunda da alienação fiduciária (CC, arts. 1.361 a 1.368); e *direito real de aquisição*: compromisso irretratável de compra e venda de imóvel (CC, arts. 1.417 e 1.418; *RT, 725*:166), alienação fiduciária para o fiduciante (CC, art. 1.368-B) e a legitimação fundiária (Lei n. 13.465/2017, arts. 23 e 24).

A Lei do Novo Programa Minha Casa, Minha Vida (NPMCMV) dá a entender que criou um novo direito real ao acrescentar o inciso XIV ao art. 1.225 do Código Civil, incluindo os direitos oriundos da imissão provisória na posse, quando concedida à União, aos Estados, ao Distrito Federal, aos Municípios ou às suas entidades delegadas e a respectiva cessão e promessa de cessão. Há, na verdade, uma atecnia legislativa, pois tais direitos decorrentes da emissão na posse já estão previstos como objeto de registro no Cartório de Imóveis (Lei n. 6.015/73, art. 167, item 36), o que foi confirmado pela Lei n. 11.977/2009, ora revogada, ao inserir o art. 15, § 4º, da Lei de Desapropriação (Decreto n. 3.365/41). A Lei n. 12.424/2011 alterou o art. 176, § 8º, da Lei de Registros Públicos, que passou a ter o seguinte teor: "o ente público proprietário ou imitido na posse a partir de decisão proferida em processo judicial de desapropriação em curso poderá requerer a abertura de matrícula de parte de imóvel situado em área urbana ou de expansão urbana, previamente matriculado ou não, com base em planta e memorial descritivo, podendo a apuração de remanescente ocorrer em momento posterior". Consequentemente cabível será fusão de matrículas de imóveis contíguos objeto de imissão provisória em favor do ente desapropriante no contexto de regularização fundiária ou de programas habitacionais (LRP, art. 234, III e §§ 2º e 3º). A Lei n. 14.273/2021 acrescentou o art. 176-A à LRP, disciplinando o registro da aquisição originária da propriedade nas hipóteses de desapropriação, desburocratizando o registro, e alterou a redação do art. 235, III da LRP, ao inserir hipóteses de cessão ou promessa de cessão de direitos resultantes de imissão provisória. Pela Lei n. 14.273/2021, estendeu-se a desburocratização de registro de usucapião, da concessão de uso especial para fins de moradia, do ato de imissão provisória na posse, da carta de a adjudicação em procedimento judicial de desapropriação, de escritura pública, do termo ou contrato administrativo em procedimento extrajudicial de desapropriação, da sentença judicial de aquisição de imóvel em procedimento expropriatório de que tratam os §§ 4º e 5º do art. 1.228 do CC (incluído pela Lei n. 14.620/2023).

Além disso, o art. 235, III e §§ 2º e 3º, da LRP admite fusão de matrículas contíguas de imóveis objeto de imissão provisória em nome do poder desapropriante ou de cessionários ou promitentes cessionários, tratando-se de área urbana e de programas habitacionais ou regulamentação fundiária.

Como bem pondera Carlos Eduardo Elias de Oliveira, após fazer as observações apontadas, a Lei n. 14.620/2023, ao se referir aos direitos oriundos da imissão provisória na posse em favor do desapropriante, teve interesse utilitarista de remover obstáculos registrais que eram opostos à formalização de desapropriações e de regularização fundiárias. Com isso, os juristas e aplicadores do direito deverão, diante da atecnia, evitar riscos jurídicos. Tal ocorre porque a imissão da posse na desapropriação marca a aquisição originária da propriedade pelo desapropriante, logo, o registro tem apenas eficácia declaratória, excepcionando o princípio da inscrição, pelo qual os direitos reais surgem com o registro da matrícula do imóvel (CC, arts. 1.227 e 1.245). O desapropriante, ao depositar em juízo o *quantum* indenizatório, já obtém a imissão provisória na posse, tornando-se proprietário do bem. Os direitos resultantes da imissão provisória na posse e os do eventual cessionário ou promitente não são direitos reais autônomos, mas tão somente direitos reais de propriedade.

A Lei do NPMCMV na verdade, não criou um novo direito real, apenas fez menção ao direito real de propriedade adquirido por desapropriação ou imissão provisória na posse, confundindo a causa de aquisição do direito real de propriedade com o direito real.

Direito real sobre coisa alheia. Segundo Goffredo da Silva Telles Jr., direito real sobre coisa alheia é "o de receber, por meio de norma jurídica, permissão do seu proprietário para usá-la ou tê-la como se fosse sua, em determinadas circunstâncias, ou sob condição de acordo com a lei e com o que foi estabelecido em contrato válido".

Direitos reais limitados de gozo ou de fruição. Direitos reais limitados de gozo ou fruição são aqueles em que o titular tem a autoridade de usar e gozar ou tão somente usar de coisa alheia, abrangendo: enfiteuse (CC, art. 2.038), superfície, servidões prediais, usufruto, uso, habitação, concessão de uso especial para fins de moradia (MP, 2.220/2001, arts. 1º e 2º, com a redação da Lei n. 13.465/2017), concessão de direito real de uso (Lei n. 13.465/2017, art. 65), a laje (CC, arts. 1.225, XIII, 1.510-A a 1.510-E, Decreto n. 9.310/2018, arts. 58 a 62), a legitimação da posse (Leis n. 11.977/2009, art. 59; 13.465/2017, arts. 25 a 27; e Decreto n. 9.310/2018, arts. 18 a 20).

Direitos reais de garantia. Nos direitos reais de garantia a coisa alheia é dada como garantia de débito, tais como: penhor, anticrese, hipoteca (*Adcoas*, n. 76.301, 1981), propriedade fiduciária, alienação fiduciária em garantia relativamente ao fiduciário (CC, arts. 1.361 a 1.368; Lei n. 4.728/65, art. 66-B, com alterações do Decreto-Lei n. 911/69 e da Lei n. 10.931/2004, e art. 4º da Lei n. 6.071/74), ou, ainda, cessão fiduciária de direitos creditórios oriundos de contrato de alienação de imóveis (Lei n. 9.514/97).

Direito real de aquisição de imóvel. O compromisso irretratável de compra e venda de imóvel é um direito real de aquisição, desde que registrado, assecuratório não do *contrahere* futuro, mas da outorga da escritura definitiva, não só em relação às partes contratantes, como *erga omnes*, visto que o promitente comprador poderá, com o pagamento integral do preço, exigi-la do promitente vendedor ou de terceiro a quem os direitos deste foram cedidos, ou pleitear a adjudicação compulsória, havendo recusa daqueles. E a alienação fiduciária em garantia pelo art. 1.368-B do Código Civil, acrescentada pela Lei n. 13.043/2014), gera ao fiduciante (devedor) seu cessionário ou sucessor direito real de aquisição de bem móvel ou imóvel.

BIBLIOGRAFIA: Goffredo da Silva Telles Jr., Direito subjetivo-I, in *Enciclopédia Saraiva do Direito*, v. 28, n. 15, p. 317-9; *Iniciação na ciência do direito*, São Paulo, Saraiva, 2000, p. 255-74 e 305-15; Carlos Alberto Bittar, *Direitos reais*, cit., p. 153-7; Lafayette, *Direito das coisas*, cit., § 1º; Silvio Rodrigues, *Direito civil*, cit., v. 6, p. 267-70; Carvalho de Mendonça, *Introdução geral ao direito das coisas*, Rio de Janeiro, 1915, n. 5; Daibert, *Direito das coisas*, cit., p. 346-8; M. Helena Diniz, *Curso*, cit., v. 4, p. 249-51; Marina Mariani de Vidal, *Derechos reales de disfrute sobre la cosa ajena*, Buenos Aires, Abeledo Perrot, 1970; Roberto Senise Lisboa, *Manual*, cit., v. 4, p. 147-81; Rui Geraldo Camargo Viana, O panorama dos direitos reais no novo Código Civil, in *Simpósio sobre o novo Código Civil brasileiro* (coord. Pasini, Lamera e Talavera), São Paulo, 2003, p. 51-74; Maria Lígia Coelho Mathias, *Direito civil — direitos reais*, São Paulo, Atlas, 2005.

Art. 1.226. Os direitos reais sobre coisas móveis, quando constituídos, ou transmitidos por atos entre vivos, só se adquirem com a tradição.

- *Código Civil, arts. 1.267, parágrafo único, 1.268, 1.431, 1.452, 1.458, 234, 237, 238, 328, 291, 444, 492, 495, 529, 541, parágrafo único, 579, 587, 904 e 809.*

Tradição. É meio aquisitivo de direitos reais sobre coisas móveis, constituídos ou transmitidos por atos *inter vivos*. A tradição vem a ser a entrega da coisa móvel ao adquirente, com a intenção de lhe transferir, p. ex., o domínio, em razão do título translativo da propriedade (*RT, 520*:140). O contrato, por si só, não é apto para gerar direito real, contém apenas um direito pessoal; só com a tradição é que essa declaração translatícia de vontade se transforma em direito real. Pode acarretar também a extinção de tais direitos, pois por intermédio dela o tradente (*tradens*) ou transmitente os perde ao ter a intenção de transferi-los e o adquirente (*accipiens*) adquire-os.

BIBLIOGRAFIA: W. Barros Monteiro, *Curso*, cit., v. 3, p. 201-4; Silvio Rodrigues, *Direito civil*, cit., v. 5, p. 209-10; Darcy Arruda Miranda, *Anotações*, cit., v. 2, p. 118-9; Caio M. S. Pereira, *Instituições*, cit., v. 4, p. 157-8; Lafayette, *Direito das coisas*, cit., § 45-B; Levenhagen, *Código Civil*, cit., v. 3, p. 178-80; Lacerda de Almeida, *Direito das coisas*, v. 1, § 23; Sá Pereira, *Manual*, cit., v. 8, n. 160-3.

Art. 1.227. Os direitos reais sobre imóveis constituídos, ou transmitidos por atos entre vivos, só se adquirem com o registro no Cartório de Registro de Imóveis dos referidos títulos (arts. 1.245 a 1.247), salvo os casos expressos neste Código.

- Vide *Código Civil, arts. 108, 215, 1.245 a 1.247, 1.369, 1.378, 1.379, 1.391, 1.417, 1.509, 1.492 a 1.498.*
- *Lei n. 6.015/73, com alterações da Lei n. 11.952/2009 e da Lei n. 11.977/2009, arts. 167 e 168.*
- *Lei n. 8.935, de 18 de dezembro de 1994.*

Aquisição da propriedade. Para Ruggiero e Maroi a aquisição da propriedade consiste na personalização do direito em um titular.

BIBLIOGRAFIA: Ruggiero e Maroi, *Istituzioni di diritto privato*, v. 1, § 110; Carlos Alberto Bittar, *Direitos reais*, cit., p. 77; Sebastião José Roque, *Direito das coisas*, cit., p. 59-64.

Aquisição originária da propriedade imobiliária. Ter-se-á a aquisição originária da propriedade de um imóvel quando o indivíduo faz seu o bem sem que este lhe tenha sido transferido por alguém, não havendo qualquer relação entre o domínio atual e o anterior, como ocorre com a acessão e a usucapião.

Aquisição derivada da propriedade imobiliária. Será derivada a aquisição quando houver transmissibilidade de domínio por atos *causa mortis* ou *inter vivos*. Tal se dá no direito hereditário e no negócio jurídico seguido de registro do título de transferência na circunscrição imobiliária competente.

BIBLIOGRAFIA: De Page, *Traité élémentaire*, cit., v. 6, n. 1; W. Barros Monteiro, *Curso*, cit., v. 3, p. 101; Silvio Rodrigues, *Direito civil*, cit., v. 5, p. 110; Orlando Gomes, *Direitos reais*, cit., p. 135; Caio M. S. Pereira, *Instituições*, cit., v. 4, p. 110; M. Helena Diniz, *Curso*, cit., v. 4, p. 102; Waldomiro Azevedo Silva, *Curso prático*, cit., p. 32-5; Lafayette, *Direito das coisas*, §§ 32, 43, 61; Sá Pereira,

DIREITO DAS COISAS

Manual, cit., v. 8, p. 88-167; Pothier, *De la propriété*, v. 8, p. 199 e s.; Zachariae Crome, *Diritto civile francese*, v. 1, p. 359; Gustavo Tepedino, *Multipropriedade imobiliária*, São Paulo, Saraiva, 1993; Roberto Senise Lisboa, *Manual*, cit., v. 4, p. 63-78.

Direitos reais sobre imóveis e registro. Os direitos reais sobre imóveis constituídos por ato negocial *inter vivos* apenas poderão ser adquiridos pelo assento dos títulos no Registro Imobiliário. Assim, ao se conceder hipoteca a alguém, esta será um direito obrigacional entre os contratantes, constituindo-se direito real de garantia sobre imóvel alheio somente após o registro do título no Cartório de Registro de Imóveis.

BIBLIOGRAFIA: M. Helena Diniz, *Curso*, cit., v. 4, p. 251; e *Sistemas*, cit., p. 117-66 e 275-8; Didimo da Veiga, *Manual*, cit., v. 9, n. 22-4.

Aquisição do imóvel pelo assento do título. No termo "*registro*" estão, pela Lei n. 6.015/73, no art. 168, englobadas a *transcrição* e a *inscrição* a que se referiam as normas civis contidas no Código Civil de 1916. O registro compreenderia a transcrição dos títulos de transmissão ou de declaração da propriedade imobiliária e a inscrição dos títulos constitutivos de ônus reais. Seria titular do direito apenas aquele em cujo nome estivesse transcrita a propriedade imóvel ou inscrito o ônus real que recair sobre o bem de raiz. Por razões técnicas louváveis, o atual Código Civil abandona os vocábulos "transcrição" e "inscrição", adotando "registro", que os engloba.

Atos "inter vivos" sujeitos a registro. A lei reclama o registro dos títulos translativos de direitos reais sobre imóveis ou da propriedade imóvel por atos *inter vivos*, onerosos ou gratuitos, já que os negócios jurídicos, em nosso direito, não são hábeis para transferir o domínio de bem imóvel. Para que se possa adquiri-lo, além do acordo de vontades entre adquirente e transmitente, é imprescindível o registro do título translativo na circunscrição imobiliária competente (Lei n. 6.015/73, art. 167). Sem o registro não se terá qualquer direito real sobre imóveis, nem mesmo transferência de propriedade imobiliária. Devem ser, portanto, registrados os seguintes negócios jurídicos, para que se opere a aquisição da propriedade imobiliária: compromisso irretratável de compra e venda, compra e venda, dação em pagamento, doação, permuta, transação em que entre imóvel estranho ao litígio, usucapião extrajudicial (Lei n. 6.015/73, art. 216-A) etc.

BIBLIOGRAFIA: Orlando Gomes, *Direitos reais*, cit., p. 137-8; W. Barros Monteiro, *Curso*, cit., v. 3, p. 104; M. Helena Diniz, *Curso*, cit., v. 4, p. 104; e *Sistemas de registros de imóveis*, São Paulo, Saraiva, 1992, p. 60 e s.; Carlos F. Almeida, *Publicidade e teoria dos registros*, Coimbra, Almedina, 1966; Francisco B. Almeida Prado, *Transmissão da propriedade imóvel*, São Paulo, Saraiva, 1934; José Mário Junqueira de Azevedo, *Do registro de imóveis*, São Paulo, Saraiva, 1976; Philadelpho Azevedo, *Registro de imóveis*, Rio de Janeiro, Ed. Jacyntho, 1942; Nicolau Balbino Filho, *Registro de imóveis*, São Paulo, Atlas, 1987; A eficaz trajetória do direito imobiliário registral brasileiro de 1846 ao século XXI, in *O direito civil no século XXI* (coord. M. Helena Diniz e Roberto S. Lisboa), São Paulo, Saraiva, 2003, p. 471-96; Regnoberto M. de Melo Jr., *Lei de registros públicos*, Rio de Janeiro, Freitas Bastos, 2003; José L. L. Berdejo, *Lecciones de derecho inmobiliario registral*, Barcelona, Bosch, 1959; Edison J. Campos de Oliveira, *Registro imobiliário*, São Paulo, Revista dos Tribunais, 1976; José A. Alvarez Caperochipi, *Derecho inmobiliario registral*, Madrid, Ed. Civitas, 1986; Afrânio de Carvalho, *Registro de imóveis*, Rio de Janeiro, Forense, 1982; Ceneviva, *Novo registro imobiliário brasileiro*, São Paulo, Revista dos Tribunais, 1979; *Manual de registro de imóveis*, Rio de Janeiro, Freitas Bastos, 1988; Nicola Coviello, *Della trascrizione*, 1924; Lysippo Garcia, *A transcrição*, Rio de Janeiro, Francisco Alves, 1922; Waldemar Loureiro, *Regis-*

tro da propriedade imóvel, Rio de Janeiro, 1968, v. 1; Jorge de Seabra Magalhães, *Estudos de registro predial*, Coimbra, Almedina, 1986; Álvaro Melo Filho, *Direito registral imobiliário*, Rio de Janeiro, Forense, 1978; Valmir Pontes, *Registro de imóveis*, São Paulo, Saraiva, 1982; Fernando Zavalia, *Curso introductorio al derecho registral*, Buenos Aires, 1983; Roberto Senise Lisboa, *Manual*, cit., v. 4, p. 79-86; Sebastião José Roque, *Direito das coisas*, cit., p. 201-5.

Local do registro. O registro dar-se-á no Cartório da situação do imóvel registrando. Se o imóvel situar-se em várias comarcas limítrofes, em todas deverá ser feito o registro (Lei n. 6.015/73, art. 169, II), verificando-se, portanto, qual a circunscrição que terá competência territorial para efetivá-lo (*RT*, *499*:116).

BIBLIOGRAFIA: W. Barros Monteiro, *Curso*, cit., v. 3, p. 106; Orlando Gomes, *Direitos reais*, cit., p. 142; M. Helena Diniz, *Curso*, cit., v. 4, p. 107; e *Sistemas*, cit., p. 61.

Jurisprudência atinente ao registro "stricto sensu". Consulte: *Adcoas*, n. 70.268, 1980, TJRS, e 74.832, 1981, TARJ; *RT*, *591*:115, *523*:117, *598*:107, *611*:173, *547*:252, *505*:75, *579*:91, *590*:120, *587*:101, *464*:114, *588*:93, *579*:90, *569*:84, *524*:113, *513*:130 e *600*:212; *JB*, *25*:146; *RJTJSP*, *90*:579, *41*:390 e *52*:415; *RTJ*, *107*:28 e *56*:839; *JB*, *25*:118 e 146.

TÍTULO III
DA PROPRIEDADE

- Vide *Constituição Federal, arts. 5º, XXII, XXIII, XXIV, XXV e XXVI, 20, § 2º, e 68 das Disposições Transitórias.*

CAPÍTULO I
DA PROPRIEDADE EM GERAL

SEÇÃO I
DISPOSIÇÕES PRELIMINARES

Art. 1.228. O proprietário tem a faculdade de usar, gozar e dispor da coisa, e o direito de reavê-la do poder de quem quer que injustamente a possua ou detenha.

- *Código Civil, arts. 1.231, 1.359 e 1.784.*
- *A Lei n. 4.504, de 30 de novembro de 1964, dispõe sobre o Estatuto da Terra e dá outras providências.*
- *Sobre desapropriações, consulte-se o art. 1.275, V, do Código Civil e mais o Decreto-Lei n. 3.365, de 21 de junho de 1941, que dispõe sobre desapropriação por utilidade pública, alterado pela Lei n. 2.786, de 21 de maio de 1956; Decreto-Lei n. 4.152, de 6 de março de 1942, que acrescenta um parágrafo único ao art. 15 do Decreto-Lei n. 3.365, de 21 de junho de 1941, e Decreto-Lei n. 7.426, de 31 de março de 1945, que define caso de utilidade pública para aquisição de bens destinados ao exercício das atividades da entidade referida no Decreto-Lei n. 6.693, de 14 de julho de 1944.*
- *Sobre desapropriação por interesse social,* vide *Lei n. 4.132, de 10 de setembro de 1962.*
- *Desapropriação para reforma agrária: Lei Complementar n. 76/93 e Lei n. 8.629/93.*
- *Desapropriação judicial: Código Civil, arts. 1.228, §§ 3º a 5º, e 2.030.*
- *Sobre perda de propriedade de inventos,* vide *Lei n. 9.279/96.*

DIREITO DAS COISAS

- *Sobre requisição de bens e serviços,* vide *Decreto n. 57.844, de 18 de fevereiro de 1966, que regulamentou os arts. 1º e 4º do Decreto-Lei n. 2, de 14 de janeiro de 1966.*
- *Sobre intervenção governamental em empresas privadas,* vide *Lei Delegada n. 4, de 26 de setembro de 1962, Decreto n. 51.644-A, de 26 de novembro de 1962, Lei n. 8.884, de 11 de junho de 1994, que, no art. 92, revogou a Lei n. 4.137/62, e, implicitamente, o Decreto n. 92.323/86, que revogou o Decreto n. 52.025/63, que regulamentava a Lei n. 4.137/62.*
- *A Lei n. 4.519, de 2 de dezembro de 1964, dispõe sobre desapropriações no Nordeste.*
- *Sobre requisições de bens imóveis e móveis necessários às Forças Armadas e à defesa nacional, vejam-se os Decretos-Leis n. 4.812, de 8 de outubro de 1942, 7.315-A, de 10 de fevereiro de 1945, e 9.682, de 30 de agosto de 1946.*
- *A Lei n. 6.634, de 2 de maio de 1979, regulamentada pelo Decreto n. 85.064, de 26 de agosto de 1980, dispõe sobre a Faixa de Fronteira.*
- *Sobre a perda da propriedade,* vide *arts. 91, II, 155 a 170 e 180 do Código Penal.*
- *O Decreto-Lei n. 3.240, de 8 de maio de 1941, sujeita a sequestro os bens de pessoas indiciadas por crimes de que resulta prejuízo para a Fazenda Pública, e outros.*
- *Numerosas restrições ao direito de propriedade são encontradas no Código de Mineração, Código de Águas, Código de Caça e Pesca etc.*
- *Sobre pesquisa e lavra de minerais que contenham elementos nucleares: Decreto-Lei n. 1.865/81; sobre pesquisa e lavra de petróleo: Leis n. 9.478/97, 6.340/76 e Decreto-Lei n. 1.864/81.*
- *O art. 12 do Decreto-Lei n. 7.343, de 26 de fevereiro de 1945, proibiu a aquisição e a alienação de bens imóveis sem a apresentação da prova de quitação militar.*
- *As propriedades vizinhas aos aeródromos estão sujeitas a restrições especiais, relativas a edificações, instalações ou culturas agrícolas, que possam embaraçar o pouso ou a decolagem de aeronaves —* Vide *Lei n. 7.565, de 19 de dezembro de 1986 (Código Brasileiro de Aeronáutica).*
- *Zona de Proteção a Estações de Radiogonometria e Radiomonitoragem: Lei n. 6.442/77.*
- *O art. 29 do Decreto-Lei n. 8.938, de 26 de janeiro de 1946, proíbe, dentro das zonas urbanas das cidades, mocambos, palhoças, casas de taipa ou congêneres.*
- *Os proprietários dos terrenos onde sejam erigidos sinais geodésicos, por órgãos técnicos da União, serão notificados da sinalização e das obrigações para sua conservação (art. 11, § 3º, do Decreto-Lei n. 9.120, de 2-4-1946).*
- *Sobre restrições impostas, durante a guerra, aos súditos do Eixo,* vide *Decretos-Leis n. 4.166, de 11 de março de 1942, 7.723, de 10 de julho de 1945, e Decreto n. 39.869, de 30 de agosto de 1956, que regulavam a matéria.*
- *A Lei n. 3.502, de 21 de dezembro de 1958 (ora revogada pelo art. 25 da Lei n. 8.429/92), regulou o sequestro e o perdimento de bens nos casos de enriquecimento ilícito por influência ou abuso do cargo ou função.*
- Vide *o Código Florestal, instituído pela Lei n. 12.651/2012, alterada pela Lei n. 12.727/2012.*
- *A Convenção n. 107, promulgada pelo Decreto n. 58.824, de 14 de julho de 1966, trata da propriedade indígena.* Vide, *ainda, Lei n. 6.001/73, arts. 17 a 38, e Decreto n. 1.775/96, sobre terras dos índios.*
- *O Ato Complementar n. 42, de 27 de janeiro de 1969, disciplinava o confisco de bens de pessoas enriquecidas ilicitamente.* Vide *também Decretos-Leis n. 359, de 17 de dezembro de 1968, e 502, de 17 de março de 1969.*

- *A aquisição de propriedade rural no território nacional somente poderá ser feita por brasileiro ou por estrangeiro residente no país* — Vide *Ato Complementar n. 45, de 30 de janeiro de 1969, Lei n. 5.709, de 7 de outubro de 1971, e Decreto n. 74.965, de 26 de novembro de 1974, sobre a aquisição de imóveis rurais por estrangeiros.*
- *Sobre loteamento,* vide *Lei n. 6.766, de 19 de dezembro de 1979.*
- *Patrimônio histórico e cultural: Constituição Federal/88, arts. 216, § 5º, 5º, LXXIII, 20, X, 23, III, 24, VII e VIII, e Decreto-Lei n. 25/37.*
- *Lei n. 9.605/98, sobre sanções penais e administrativas derivadas de condutas lesivas ao meio ambiente.*
- *Sobre propriedade intelectual,* vide *Leis n. 9.609/98, 9.610/98 e 9.456/97.*
- *Sobre propriedade industrial,* vide *Lei n. 9.279/96.*

§ 1º O direito de propriedade deve ser exercido em consonância com as suas finalidades econômicas e sociais e de modo que sejam preservados, de conformidade com o estabelecido em lei especial, a flora, a fauna, as belezas naturais, o equilíbrio ecológico e o patrimônio histórico e artístico, bem como evitada a poluição do ar e das águas.

- *Leis n. 4.591/64 e 6.766/79, com as alterações da Lei n. 13.786/2018, que disciplina a resolução do contrato por inadimplemento do adquirente de unidade imobiliária em incorporação imobiliária e em parcelamento de solo urbano.*
- *Constituição Federal, arts. 5º, XXIII, LXXIII, 186, 182, § 2º, 170, III, 225, §§ 1º a 6º; Lei n. 10.257/2001, arts. 1º a 4º.*
- *Lei n. 9.503/97.*
- *Lei n. 9.605/98 e Decreto n. 6.514/2008.*
- *Lei n. 6.938/81, com as alterações das Leis n. 12.651/2012 e 12.727/2012.*
- *Lei n. 9.985/2000, principalmente o art. 22-A, acrescentado pela Lei n. 11.132/2005.*
- *Lei n. 10.257/2001, arts. 1º a 4º.*
- *Lei n. 10.683/2003, regulamentada pelo Decreto n. 5.583/2005.*
- *Lei n. 12.651/2012 (novo Código Florestal), alterada pela Lei n. 12.727/2012.*

§ 2º São defesos os atos que não trazem ao proprietário qualquer comodidade, ou utilidade, e sejam animados pela intenção de prejudicar outrem.

- *Código Civil, arts. 1.277, 1.299 a 1.313.*

§ 3º O proprietário pode ser privado da coisa, nos casos de desapropriação, por necessidade ou utilidade pública ou interesse social, bem como no de requisição, em caso de perigo público iminente.

- *Código Civil, arts. 519 e 1.275, V; Constituição Federal, arts. 5º, XXIV, 22, II, 182, §§ 3º e 4º, III, 184, §§ 1º a 5º.*
- *O Decreto-Lei n. 3.365, de 21 de junho de 1941, com as alterações da Lei n. 9.785/99 e da MP n. 700/2015, dispõe sobre desapropriações por utilidade pública. Pelo Decreto-Lei n. 4.152, de 6 de março de 1942, foi mandado acrescentar um parágrafo único ao art. 15 do Decreto-Lei n. 3.365, de 21 de junho de 1941. A Lei n. 2.786, de 21 de maio de 1956, alterou vários artigos do Decreto-Lei n. 3.365/41.* Vide *também Decreto-Lei n. 1.075, de 22 de janeiro de 1970.*
- *A Lei n. 3.833, de 8 de dezembro de 1960, criou regime especial de desapropriação, para execução das obras no Polígono das Secas.*
- *A Lei n. 4.132, de 10 de setembro de 1962, define os casos de desapropriação por interesse social.*

- *Instrução Normativa n. 15 do INCRA, de 30 de março de 2004, que dispõe sobre o processo de implantação e desenvolvimento de projetos de assentamento de reforma agrária.*
- *Sobre a requisição de bens imóveis e móveis, necessários às Forças Armadas e à defesa passiva da população,* vide *o Decreto-Lei n. 4.812, de 8 de outubro de 1942.* Vide *também Decretos-Leis n. 5.275, de 24 de fevereiro de 1943, que dispõe sobre a Comissão Central de Requisições; 7.315-A, de 10 de fevereiro de 1945, que dispõe sobre a requisição, ocupação e desapropriação de imóveis destinados à defesa nacional; 9.682, de 30 de agosto de 1946, que extingue a Comissão Central de Requisições.*
- *Sobre desapropriação de águas,* vide *arts. 32, 33 e 151 do Código de Águas (Decreto n. 24.643, de 10-7-1934).*
- *Os desmembramentos de imóveis rurais, por efeito de desapropriação, não estão sujeitos às disposições do art. 65 da Lei n. 4.504, de 30 de novembro de 1964, nem às do art. 11 do Decreto-Lei n. 57, de 18 de novembro de 1966 —* Vide *Decretos n. 62.504, de 8 de abril de 1968, e 59.566, de 14 de novembro de 1966.*
- *Lei n. 8.629, de 25 de fevereiro de 1993, que dispõe sobre desapropriação, por interesse social, de imóveis rurais, para fins de reforma agrária.*
- Vide *Constituição Federal de 1988, arts. 184 e 185, e Lei Complementar n. 76/93.*
- Vide *Lei Complementar n. 88/96, sobre procedimento contraditório especial de rito sumário para o processo de desapropriação de imóvel rural por interesse social para fins de reforma agrária, e Decreto n. 2.250/97, sobre vistoria em imóvel rural destinado à reforma agrária.*
- *Decreto n. 577/92 (expropriação de glebas).*
- *Sobre retrocessão,* vide *art. 519 do Código Civil.*
- *Hipoteca cedular, para crédito industrial —* Vide *Decreto-Lei n. 413, de 9 de janeiro de 1969.*
- *Sobre confisco, ou melhor, expropriação de glebas,* vide *Decreto n. 577/92.*
- Vide *Súmulas 56 e 102 do Superior Tribunal de Justiça.*
- *Súmulas 1, 3 e 6 do extinto 2º TACSP.*
- Vide *Decreto-Lei n. 5.451, de 30 de abril de 1943.*
- *Lei n. 6.602/78.*
- *Lei n. 10.257/2001, art. 8º.*

§ 4º O proprietário também pode ser privado da coisa se o imóvel reivindicado consistir em extensa área, na posse ininterrupta e de boa-fé, por mais de cinco anos, de considerável número de pessoas, e estas nela houverem realizado, em conjunto ou separadamente, obras e serviços considerados pelo juiz de interesse social e econômico relevante.

- Vide *Código Civil, art. 2.030.*

§ 5º No caso do parágrafo antecedente, o juiz fixará a justa indenização devida ao proprietário; pago o preço, valerá a sentença como título para o registro do imóvel em nome dos possuidores.

- ***Projeto de Lei n. 699/2011****: "§ 5º No caso do parágrafo antecedente, o juiz fixará a justa indenização devida ao proprietário; pago integralmente o preço, valerá a sentença como título para o registro do imóvel em nome do respectivo possuidor".*

Conceito de propriedade. A propriedade é o direito que a pessoa física ou jurídica tem, dentro dos limites normativos, de usar, gozar e dispor de uma coisa corpórea ou incorpórea, bem como de reivindicar de quem injustamente a detenha. *Vide Adcoas*, n. 90.935, 90.287 e 90.538,

1983; *RT*, *473*:76, *495*:197, *507*:138, *346*:516, *493*:110, *487*:96, *475*:73, *482*:273, *492*:69, *500*:108, *505*:184 e *577*:122; *Ciência Jurídica*, *74*:102, *71*:90 e 136, *66*:120, *36*:90; *JB*, *162*:88; *RTJ*, *92*:1286, *99*:804, *106*:1010 e *96*:1270; *RJTJSP*, *7*:97, *9*:60, *12*:88, *14*:186, *27*:25, *31*:30, *37*:59, *52*:175 e 217, *70*:189, *71*:156 e *78*:89; *JSTJ*, *2*:307; *RSTJ*, *92*:266.

Elementos constitutivos. Reduzindo a propriedade aos seus elementos essenciais positivos, ter-se-á: direito de usar, gozar, dispor e reivindicar.

"Jus utendi". O direito de usar da coisa é o de tirar dela todos os serviços que pode prestar, dentro das restrições legais, sem que haja modificação em sua substância.

"Jus fruendi". O direito de gozar da coisa exterioriza-se na percepção dos seus frutos e na utilização de seus produtos. É, portanto, o direito de explorá-la economicamente.

"Jus disponendi". O direito de dispor da coisa é o poder de aliená-la a título oneroso ou gratuito, abrangendo o poder de consumi-la e o de gravá-la de ônus reais ou de submetê-la ao serviço de outrem.

"Rei vindicatio". O direito de reivindicar a coisa é o poder que tem o proprietário de mover ação para obter o bem de quem injusta ou ilegitimamente o possua ou o detenha, em razão do seu direito de sequela (*JB*, *166*:241; *RTJ*, *99*:804; *RT*, *779*:298, *762*:234).

BIBLIOGRAFIA: Hahnemann Guimarães, A propriedade, *Revista de Direito Contemporâneo*, *3*:8-10, 1957; Serpa Lopes, *Curso*, cit., v. 6, p. 255-6; Brinz, *Lehrbuch der Pandekten*, Lípsia, 1892, v. 1, p. 470; Windscheid, *Diritto delle pandette*, v. 2, p. 114-5, n. 2; Enneccerus, Kipp e Wolff, *Tratado de derecho civil*, cit., v. 1, t. 3, p. 298; Pontes de Miranda, *Tratado de direito privado*, cit., v. 11, p. 10; Andreas von Tuhr, *Derecho civil*, 1947, v. 2, t. 1, p. 77; Vittuci, Proprietà, in *Nuovo Digesto Italiano*, v. 17; Scialoja, *Teoria della proprietà nel diritto romano*, v. 1, p. 272-3; Clóvis Beviláqua, *Direito das coisas*, cit., v. 1, § 34; Haendchen e Letteriello, *Ação reivindicatória*, Saraiva, 1985; Marco Aurélio S. Viana, Da ação reivindicatória, cit., in *Coleção Saraiva de Prática do Direito*, São Paulo, Saraiva, n. 11, 1986; Lacerda de Almeida, *Direito das coisas*, v. 1, § 8º; Gustavo Tepedino, *Multipropriedade imobiliária*, São Paulo, Saraiva, 1993; Contorni della proprietà nella Costituzione brasiliana del 1988, *Rassegna di Diritto Civile*, *1*:96-119, 1991; Caio M. S. Pereira, *Instituições*, cit., v. 4, p. 90-3; Vareilles-Sommières, La définition et la notion juridique de la propriété, *Rev. Trim.*, 1905, p. 443 e s.; De Page, *Traité élémentaire de droit civil belge*, cit., v. 5, n. 910; Mazeaud e Mazeaud, *Leçons de droit civil*, cit., v. 2, n. 1.336; W. Barros Monteiro, *Curso*, cit., v. 3, p. 91; Silvio Rodrigues, *Direito civil*, cit., v. 5, p. 94; Sá Pereira, *Manual do Código Civil* (coord. Paulo de Lacerda), Rio de Janeiro, 1924, v. 8, n. 4; Lafayette, *Direito das coisas*, cit., § 25; Daibert, *Direito das coisas*, cit., p. 153-4; Mourlon, *Répétitions écrites sur le Code Civil*, cit., v. 1, p. 737; Barassi, *Proprietà e comproprietà*, Milano, Giuffrè, 1951; M. Helena Diniz, *Curso*, cit., v. 4, p. 85-91; Volney Zamenhof de Oliveira e Silva, A propriedade em face da ordem constitucional brasileira, *Revista Estudos Jurídicos da UNESP*, *5*:9 a 36; Sebastião José Roque, *Direito das coisas*, cit., p. 53-8; Daniel Aureo de Castro, *Direito imobiliário*. Coleção Prática do Direito, n. 15, São Paulo, Saraiva, 2009, p. 8 a 16; Martins Vasconcelos e Moreno, Direito à propriedade — direito à terra, *Direitos humanos na ordem contemporânea* (coord. Daniela Ikawa, Flávia Piovesan e Melina G. Fachin), Curitiba, Juruá, 2010, p. 327-46.

Função econômico-social da propriedade. Há limitação ao direito de propriedade com o escopo de coibir abusos e impedir que seja exercido, acarretando prejuízo ao bem-estar social. Com isso se possibilita o desempenho da função econômico-social da propriedade, preconizada constitucionalmente, criando condições para que ela seja economicamente útil e produtiva, atendendo ao desenvolvimento econômico e aos reclamos de justiça social. O direito de propriedade deve, ao ser exercido, conjugar os interesses do proprietário, da sociedade e do Estado, afastando o individualismo e o uso abusivo do domínio. Dever-se-á, então, preservar, observando-se normas especiais, a flora, a fauna, as belezas naturais, o equilíbrio ecológico, o patrimônio histórico e artístico e evitar quaisquer tipos de poluição (*EJSTJ*, *14*:35, *13*:37, *11*:113, *9*:101; *RSTJ*, *82*:124; *JB*, *162*:240, *170*:327, *165*:174; *RT*, *263*:59, *347*:69, *301*:84, *379*:20). A propriedade está impregnada de socialidade e limitada pelo interesse público. O atendimento ao princípio da função social da propriedade requer não só que seu uso seja efetivamente compatível com a destinação socioeconômica do bem, p. ex., se este for imóvel rural, nele dever-se-á exercer atividade agrícola, pecuária, agropecuária, agroindustrial ou extrativa, mas também que sua utilização respeite o meio ambiente, as relações de trabalho, o bem-estar social e a utilidade de exploração. Deverá haver, portanto, uso efetivo e socialmente adequado da coisa. A função social é, como diz Francisco Eduardo Loureiro, um "poder-dever do proprietário de dar ao objeto da propriedade determinado destino, de vinculá-lo a certo objetivo de interesse coletivo".

Pelo Conselho da Justiça Federal, ao aprovar, na *V Jornada de Direito Civil*, os Enunciados: *a*) n. 507 — "Na aplicação do princípio da função social da propriedade imobiliária rural, deve ser observada a cláusula aberta do § 1º do art. 1.228 do Código Civil, que, em consonância com o disposto no art. 5º, inciso XXIII, da Constituição de 1988, permite melhor objetivar a funcionalização mediante critérios de valoração centrados na primazia do trabalho"; e *b*) n. 508 — "Verificando-se que a sanção pecuniária mostrou-se ineficaz, a garantia fundamental da função social da propriedade (arts. 5º, XXIII, da CRFB e 1.228, § 1º, do CC) e a vedação ao abuso do direito (arts. 187 e 1.228, § 2º, do CC) justificam a exclusão do condômino antissocial, desde que a ulterior assembleia prevista na parte final do parágrafo único do art. 1.337 do Código Civil delibere a propositura de ação judicial com esse fim, asseguradas todas as garantias inerentes ao devido processo legal".

BIBLIOGRAFIA: Elimar Szaniawski, Aspectos da propriedade imobiliária contemporânea e sua função social, *Revista de Direito Privado*, *3*:126-56; Miguel Reale, *O projeto do novo Código Civil*, São Paulo, Saraiva, 1999, p. 155; Barassi, *La proprietà nel nuovo Codice Civile*, 2. ed., p. 82; Celso Antônio Bandeira de Mello, Novos aspectos da função social da propriedade no direito público, *RDP*, *84*:39-45; Antonio Chaves, Evolução, natureza e fundamento do direito de propriedade, *Revista Trimestral de Direito Privado*, *1*:95-111, 1970; Volney Z. de Oliveira Silva, A propriedade em face da ordem constitucional brasileira, *Revista de Estudos Jurídicos*, UNESP, *5*:9-36; Glauber M. Talavera, A função social como paradigma dos direitos reais limitados de gozo ou fruição sobre coisa alheia, *Temas atuais de direito civil na Constituição Federal*, São Paulo, Revista dos Tribunais, p. 277-325; Patti, *La tutela civile dell'ambiente*, Padova, 1979; José Afonso da Silva, *Direito ambiental constitucional*, São Paulo, Malheiros Ed., 1995; Fiorillo e Rodrigues, *Manual de direito ambiental e legislação aplicável*, São Paulo, Max Limonad, 1997; Eugene Odum, *Fundamentos de ecologia*, Lisboa, 1988; Paulo Afonso Leme Machado, *Direito ambiental brasileiro*, São Paulo, 1991; Livia Maria A. K. Zago, A função social da propriedade urbana, *Revista Jurídica da Procuradoria-Geral do Município de São Paulo*, *4*:121-44, 1995; Daniela C. L. Di Sarno, Função social da propriedade, in *Estatuto da Cidade*, São Paulo, 2001, p. 72-82; Nadia Somekh, Função social da propriedade e da cidade, in *Estatuto da Cidade*, cit., p. 83-91; Antonio Claudio M. L. Moreira, Plano Diretor e função social da propriedade urbana, in *Estatuto*, cit., p. 147-64; Erik Frederico Grâmstrup, Por uma definição dogmático-constitucional de função social da propriedade, *Cadernos de Direito Civil Constitucional*, *2*:93-109; Antônio José de Mattos Neto, A função social da propriedade agrária: uma revisão crítica, *RDC*, *76*:72; Luís Portella Pereira, *A função social da propriedade urbana*, Porto Alegre, Síntese, 2003; Laura Beck Varela, Das propriedades à propriedade: construção de um direito, in *A reconstrução do direito privado* (org. Judith Martins-Costa), São Paulo, Revista dos Tribunais, 2002, p. 730-62; Laura Beck Varela e Marcos de Campos Ludwig, Da propriedade às propriedades: A função social e reconstrução de um direito, in *A reconstrução*, cit., p. 763-

88; Isabel Vaz, *Direito econômico das propriedades*, Rio de Janeiro, Forense, 1993; Pietro Perlingieri, *Introduzione alla problematica della proprietá*, Napoli, Jovene, s. d.; José Neure Bertan, *Propriedade privada & função social*, Curitiba, Juruá, 2005; Francisco Eduardo Loureiro, *Código Civil*, cit., p. 1148; Francisco Eduardo Loureiro, *A propriedade como relação jurídica*, Rio de Janeiro, Renovar, 2008; Larissa G. B. e Silva e Élcio N. Rezende, Por uma justiça ambiental: a primazia da função social da posse e a responsabilidade civil de seu titular. *Revista Thesis Juris*, v. 5:75-96.

Vedação de atos emulativos ou "ad emulationem". O proprietário não pode praticar dolosamente, no exercício normal do direito de propriedade, ato com firme intenção de causar dano a outrem e não de satisfazer uma necessidade sua ou interesse seu. O proprietário, antes de exercer seu direito de propriedade, deverá verificar a legitimidade de seu interesse, evitando qualquer prejuízo a terceiro. P. ex., se se construir numa casa uma chaminé falsa para retirar luz do vizinho. O artigo 1.228, § 2º, deve ser interpretado restritivamente, e em harmonia com o princípio da função social da propriedade e com o disposto no art. 187 do Código Civil (Enunciado n. 49, aprovado na *I Jornada de direito civil*, promovida, em setembro de 2002, pelo Centro de Estudos Judiciários do CJF). Proibidos estão os atos emulativos e o abuso do direito de propriedade.

BIBLIOGRAFIA: M. Helena Diniz, *Curso*, cit., v. 7, p. 481; v. 1, p. 272-3; Campion, *La théorie de l'abus des droits*, Paris, 1925; Giorgianni, *L'abuso del diritto nella teoria della norma giuridica*, 1963; Cunha de Sá, *Abuso de direito*, 1973, p. 99 e s.; Josserand, *De l'abus des droits*, Paris, 1939; Dabin, L'abus du droit et la responsabilité dans l'exercice des droits, in *La belgique judiciaire*, 1921, p. 307 e s.; Bardesco, *L'abus du droit*, Paris, 1913; Antunes Varela, O abuso do direito no sistema jurídico brasileiro, *Revista de Direito Comparado Luso-Brasileiro*, Rio de Janeiro, Forense, 1982, p. 37-44; José Calvo Sotelo, *La doctrina del abuso del derecho como limitación del derecho subjetivo*, Madrid, 1917, p. 109; Roberto Goldschmidt, La teoría del abuso del derecho, *Boletín de la Facultad de Derecho y Ciencias Sociales*, Córdoba, jul./ago. 1942, p. 370 e s.

Desapropriação administrativa. A desapropriação é uma modalidade especial de perda da propriedade imobiliária. Segundo Celso Antônio Bandeira de Mello, "teoricamente pode-se dizer que a desapropriação vem a ser o procedimento administrativo através do qual o Poder Público, compulsoriamente, despoja alguém de uma propriedade e a adquire para si, mediante indenização, fundada em um interesse público. À luz do direito positivo brasileiro, desapropriação define-se como o procedimento através do qual o Poder Público, compulsoriamente, por ato unilateral, despoja alguém de um certo bem, fundado em necessidade pública, utilidade pública ou interesse social, adquirindo-o mediante indenização prévia e justa, pagável em dinheiro ou, se o sujeito passivo concordar, em títulos de dívida pública com cláusula de exata correção monetária, ressalvado à União o direito de desapropriar imóvel rural que não esteja cumprindo sua função social quando objetivar a realização da justiça social através da reforma agrária" (CF/88, arts. 5º, XXIV, 182, §§ 3º e 4º, III, 184, §§ 1º a 5º, e 185, I e II). Conceito adaptado ante o art. 184 da Constituição Federal de 1988.

É mister não olvidar que "o Ministério Público tem o poder-dever de atuar nos casos de desapropriação, inclusive a indireta, que envolvam relevante interesse público, determinado pela natureza dos bens jurídicos envolvidos" (Enunciado n. 305 do CJF, aprovado na *IV Jornada de Direito Civil*).

BIBLIOGRAFIA: Celso Antônio Bandeira de Mello, *Elementos*, 1992, p. 263-5.

Casos de necessidade e utilidade pública. Os casos de necessidade e utilidade pública são os do art. 5º do Decreto-Lei n. 3.365/41, sob a denominação de *utilidade pública*, abrangendo as seguintes hipóteses: segurança nacional; defesa do Estado; socorro público em caso de calamidade; salubridade pública; aproveitamento industrial de minas e jazidas, das águas e da energia hidráulica; assistência pública, obras de higiene e decoração, casas de saúde; abertura, conservação e melhoramento de vias ou logradouros públicos; funcionamento dos meios de transporte coletivo; preservação e conservação dos monumentos históricos e artísticos; construção de edifícios públicos, monumentos e cemitérios; criação de estádios, aeródromos ou campos de pouso para aeronaves etc.

Alguns dados jurisprudenciais sobre desapropriação. Consulte: *JB*, *162*:282; *RDA*, *95*:107, *54*:38, *73*:162, *89*:148, *93*:193, *100*:128, *101*:202, *104*:233 e *102*:184; *RT*, *389*:127, *406*:272, *430*:163, *442*:172, *455*:159, *564*:100, *463*:226, *457*:157, *458*:153, *463*:188, *464*:156, *468*:177, *470*:173, *572*:183, *576*:93, *530*:268, *578*:245, *575*:219, *559*:101, *659*:85, *654*:141 e *621*:104; *Ciência Jurídica*, *83*:71, *81*:72, 241 e 259, *80*:50 e 77, *68*:63, *67*:76, *65*:95, *63*:135, *61*:56, *44*:271, *19*:60, *15*:233, *10*:114 e *4*:227; *RTJ*, *108*:713, *106*:937, *95*:407, *90*:917, *96*:719, *87*:542 e *83*:180; *RJTJSP*, *80*:220, *82*:74 e *83*:67; *RJTJRS*, 77:186; STF, Súmulas 111, 345, 378, 479, 164, 476, 23, 561, 617, 618, TFR, Súmulas 62, 42, 118, 75, 39, 69, 74, 70, 109, 110, 136, 141 e 142; *JTA*, *73*:185 e 207; STJ, Súmulas 56, 67, 69, 70, 113, 114 e 119; *EJSTJ*, *11*:21, 23 a 26, *12*:26 a 28, *13*:19, 20 e 22, *15*:21 a 23, *14*:20 a 22, 64 e 185; *RSTJ*, *81*:179, *79*:62, 76, 103 e 127, *78*:132, 77:137, *85*:118; *BAASP*, *1.926*:119.

BIBLIOGRAFIA: Mayer, *Droit administratif allemand*, v. 3, p. 52; Caio M. S. Pereira, *Instituições*, cit., v. 4, p. 193-5; Hedemann, *Derechos reales*, cit., p. 272; Carlos Alberto Dabus Maluf, *Ação de desapropriação*, São Paulo, Saraiva, 1985; *Teoria e prática da desapropriação*, São Paulo, Saraiva, 1995; Desapropriação de bens públicos, *Boletim de Direito Imobiliário*, ago. 1990, p. 8-10; Edilson Pereira Nobre Jr., Princípios retores da desapropriação, *Ciência Jurídica*, *79*:35; Enneccerus, Kipp e Wolff, *Tratado de derecho de cosas*, cit., v. 1, § 64; Cagli, Espropriazione, in Scialoja, *Dizionario di diritto privato*, v. 2, p. 968; W. Barros Monteiro, *Curso*, cit., v. 3, p. 171-82; Celso Antônio Bandeira de Mello, *Elementos*, cit., p. 263-84; M. Helena Diniz, *Curso*, cit., v. 4, p. 140-4; José de Farias Tavares, *O Código Civil e a nova Constituição*, cit., p. 104-9; Vitor Rolf Laubé, Desapropriação urbanística, *Revista de Informação Legislativa*, *114*:205-28; José dos Santos Carvalho Filho, O novo processo expropriatório para reforma agrária, in *Livro de Estudos Jurídicos*, 8:93-117; Lúcia Valle Figueiredo, *Curso de direito administrativo*, São Paulo, Malheiros, 1994, p. 202-25; Lair da Silva Loureiro Filho, *Desapropriação — a lei nos tribunais*, São Paulo, Juarez de Oliveira, 1999; Mário Roberto N. Velloso, *Desapropriação — aspectos civis*, São Paulo, Juarez de Oliveira, 2000; Helita Custódio, Desapropriação por utilidade pública, *RDC*, *23*:144; K. Harada, *Desapropriação*, São Paulo, Atlas, 1999.

Conceito de requisição. Segundo Celso Antônio Bandeira de Mello, a requisição é o ato pelo qual o Estado, em proveito de um interesse público, constitui alguém, de modo unilateral e autoexecutório, na obrigação de prestar-lhe serviço ou ceder-lhe transitoriamente o uso de uma coisa, obrigando-se a indenizar os prejuízos que tal medida efetivamente acarretar ao obrigado.

Casos de requisição e sua indenização. A autoridade competente poderá usar, provisoriamente, propriedade particular até onde o bem público exigir, não só em caso de perigo iminente, como guerra ou comoção intestina, mas também de necessidade de promover atividade urbanística relativa à implantação de traçado viário, equipamentos urbanos e ao parcelamento do solo, constituindo um instrumento coadjuvante da política habitacional popular e, ainda, para intervir no domínio econômico ou para facilitar a prestação de serviço público, garantindo ao proprietário o direito à indenização posterior, se houver dano. Nos demais casos o proprietário será previamente indenizado, e, se recusar essa indenização, consignar-se-lhe-á judicialmente o valor (CF, arts. 5º, XXV, 22, III, e 139, VII; *RT*, *141*:355, *144*:397 e *157*:407; *RF*, *104*:189).

BIBLIOGRAFIA: Celso Antônio Bandeira de Mello, *Elementos*, cit., p. 284-5; W. Barros Monteiro, *Curso*, cit., v. 3, p. 182-3; Caio M. S. Pereira, *Instituições*, cit., v. 4, p. 198; Sá Pereira, *Manual*, cit., v. 8, n. 127; M. Helena Diniz, *Curso*, cit., v. 4, p. 145-6; Clóvis Beviláqua, *Código Civil comentado*, cit., obs. ao art. 591, v. 3; Márcia Walquíria B. dos Santos, Requisição urbanística, in *Estatuto da Cidade*, São Paulo, 2001, p. 408-18; Cândido Malta Campos Filho, Qualidades práticas da requisição urbanística como instrumento de qualificação urbana, in *Estatuto*, cit., p. 419-36.

Desapropriação judicial fundada na posse "pro labore". Com base na função social da propriedade, dá-se proteção especial à *posse-trabalho*, isto é, à posse ininterrupta e de boa-fé por mais de 5 anos de uma extensa área (metragem a ser analisada conforme as peculiaridades locais e regionais), traduzida em trabalho criador de um número considerável de pessoas (quantidade apurada com base na extensão da área possuída), concretizado, conjunta ou separadamente, em construção de moradia, em realização de serviços ou em investimentos de caráter produtivo ou cultural, por isso, havendo ação reivindicatória, tal posse será alegada como matéria de defesa na contestação ou em reconvenção, e o proprietário vencedor da demanda não receberá de volta o bem de raiz, mas sim o seu justo preço, arbitrado judicialmente, sem nele computar o valor das benfeitorias, por terem sido produto de trabalho alheio, considerado pelo juiz de interesse socioeconômico relevante, com base na natureza da obra e no serviço desenvolvido, averiguando os proveitos que trará à coletividade, mediante geração de empregos, aumento da produção agrícola ou fornecimento de mercadorias etc. Por envolver relevante interesse público, determinado pela natureza dos bens jurídicos envolvidos, a desapropriação judicial requer a atuação do Ministério Público (Enunciado n. 305 do CJF, aprovado na *IV Jornada de Direito Civil*). Essa desapropriação judicial enseja a improcedência do pedido reivindicatório (Enunciado n. 306 do CJF, aprovado na *IV Jornada de Direito Civil*), e o juiz poderá determinar, se for o caso, a intervenção dos órgãos públicos competentes para o licenciamento ambiental e urbanístico (Enunciado n. 307 do CJF, aprovado na *IV Jornada de Direito Civil*). E a sentença judicial valerá como título para o registro da propriedade imobiliária em nome dos possuidores, gerando, como diz Nelson Kojranski, um condomínio híbrido. Cada condômino terá posse sobre área certa e sobre área comum. Isto é assim porque a "extensa área" ocupada preservará sua unidade, tendo uma só matrícula no registro imobiliário, e as obras, levadas a efeito em conjunto ou separadamente, serão tidas como propriedade condominial. Trata-se da *desapropriação judicial*, que mantém no imóvel os que com a posse-trabalho o tornaram produtivo.

E sobre os §§ 4º e 5º do art. 1.228 interessantes são: 1. os Enunciados aprovados na *I*, *IV* e *V Jornadas de Direito Civil*, promovidas pelo Centro de Estudos Judiciários do Conselho da Justiça Federal:

a) n. 82: "É constitucional a modalidade aquisitiva de propriedade imóvel prevista nos §§ 4º e 5º do art. 1.228 do novo Código Civil"; *b*) n. 309: "O conceito de posse de boa-fé de que trata o art. 1.201 do Código Civil não se aplica ao instituto previsto no § 4º do art. 1.228"; *c*) n. 83: "Nas ações reivindicatórias propostas pelo Poder Público, não são aplicáveis as disposições constantes dos §§ 4º e 5º do art. 1.228 do novo Código Civil", mas pelo Enunciado n. 304, "são aplicáveis as disposições dos §§ 4º e 5º do art. 1.228 do Código Civil às ações reivindicatórias relativas a bens públicos dominicais, mantido, parcialmente, o Enunciado n. 83 da *I Jornada de Direito Civil*, no que concerne às demais classificações dos bens públicos"; *d*) n. 84: "A defesa fundada no direito de aquisição com base no interesse social (art. 1.228,

§§ 4º e 5º, do novo Código Civil) deve ser arguida pelos réus da ação reivindicatória, eles próprios responsáveis pelo pagamento da indenização"; *e*) n. 310: "Interpreta-se extensivamente a expressão 'imóvel reivindicado' (art. 1.228, § 4º), abrangendo pretensões tanto no juízo petitório quanto no possessório"; e *f*) n. 496: "O conteúdo do art. 1.228, §§ 4º e 5º, pode ser objeto de ação autônoma, não se restringindo à defesa em pretensões reivindicatórias".

2. O Enunciado n. 328 do Fórum Permanente de Processualistas Civis: "Os arts. 568 e 579 do CPC aplicam-se nas ações de usucapião coletiva (art. 10 da Lei n. 10.258/2001) e no processo em que é exercido o direito a que se referem os §§ 4º e 5º do art. 1.228 do Código Civil, especialmente quanto à necessidade de ampla publicidade da ação e da participação do Ministério Público, da Defensoria Pública e dos órgãos estatais responsáveis pela reforma agrária e política urbana (arts. 554 e 565 do CPC/2015)".

Bastante esclarecedores são os Enunciados aprovados na *III* e *IV Jornadas de Direito Civil*, promovidas pelo Centro de Estudos Judiciários do Conselho da Justiça Federal: *a*) n. 240: "A justa indenização a que alude o parágrafo 5º do art. 1.228 não tem como critério valorativo, necessariamente, a avaliação técnica lastreada no mercado imobiliário, sendo indevidos os juros compensatórios"; *b*) n. 308: "A justa indenização devida ao proprietário em caso de desapropriação judicial (art. 1.228, § 5º) somente deverá ser suportada pela Administração Pública no contexto das políticas públicas de reforma urbana ou agrária, em se tratando de possuidores de baixa renda e desde que tenha havido intervenção daquela nos termos da lei processual. Não sendo os possuidores de baixa renda, aplica-se a orientação do Enunciado 84 da *I Jornada de Direito Civil*"; *c*) n. 241: "O registro da sentença em ação reivindicatória, que opera a transferência da propriedade para o nome dos possuidores, com fundamento no interesse social (art. 1.228, § 5º), é condicionada ao pagamento da respectiva indenização, cujo *prazo* será fixado pelo juiz"; e *d*) n. 311: "Caso não seja pago o preço fixado para a desapropriação judicial, e ultrapassado o prazo de prescricional para se exigir o crédito correspondente, estará autorizada a expedição de mandado para registro da propriedade em favor dos possuidores".

Tal inovação tem por base a humanização da propriedade, a socialização da posse, a função social da posse e da propriedade e a justiça social (CF, arts. 5º, XXIII, e 170, III). Atende-se à função social representada pela moradia, pelo trabalho produtivo e investimento. É uma proteção específica à posse qualificada com o escopo de valorizar a função social da propriedade, acatando o princípio da socialidade. Daí a afirmação de Miguel Reale de que "não se pode situar no mesmo plano a posse, como simples poder manifestado sobre a coisa, como se fora atividade do proprietário, com a posse qualificada, enriquecida pelos valores do trabalho. Este conceito fundante de posse-trabalho justifica e legitima que, ao invés de reaver a coisa, dada a relevância dos interesses sociais em jogo, o titular da propriedade reivindicada recebe em dinheiro o seu pleno e justo valor, tal como determina a Constituição". Sem embargo dessa opinião, há quem ache que pelos seus requisitos (posse ininterrupta e de boa-fé por mais de cinco anos) seria uma "*usucapião onerosa*", visto que os "possuidores-usucapientes" sujeitar-se-iam ao pagamento de um *quantum* indenizatório ou uma conversão da prestação de restituir a coisa, não de indenizar em dinheiro, similar à hipótese prevista no parágrafo único do art. 1.255 do novo Código Civil.

BIBLIOGRAFIA: Nelson Kojranski, Direitos reais, in *O novo Código Civil — estudos em homenagem a Miguel Reale*, São Paulo, LTr, 2003, p. 1002-5; Miguel Reale, *O Projeto do novo Código Civil*, São Paulo, Saraiva, 1999, p. 82; Teori Albino Zavascki, A tutela da posse na Constituição e no Projeto do novo Código Civil, in *A reconstrução do direito privado* (org. Judith Martins-Costa), São Paulo, Revista dos Tribunais, 2002, p. 850-5; Giovanna Martins Wanderley, A livre apreciação do magistrado na desapropriação judicial, *Revista Direito e Liberdade*, ed. especial da ESMARN, n. *3*:331-42; M. Helena Diniz, A constitucionalidade do art. 1.228, §§ 4º e 5º, da Lei n. 10.406/2002, in *Estudos de direito público* *em homenagem a Celso Antônio Bandeira de Mello*, São Paulo, Malheiros, 2006, p. 467-79; Gustavo Tepedino, *Comentários*, cit., p. 233-66; José Manuel de A. Alvim Neto, Da aplicação direta da Constituição Federal na vigência do Código Civil de 1916, com o objetivo de assegurar a função social da propriedade e da posse. Análise dos §§ 4º e 5º do art. 1.228 do Código Civil vigente. *Filosofia e teoria geral do direito* (coord. João M. Adeodato e Eduardo C. B. Bittar), São Paulo, Quartier Latin, 2011, p. 663-702.

Art. 1.229. A propriedade do solo abrange a do espaço aéreo e subsolo correspondentes, em altura e profundidade úteis ao seu exercício, não podendo o proprietário opor-se a atividades que sejam realizadas, por terceiros, a uma altura ou profundidade tais, que não tenha ele interesse legítimo em impedi-las.

- Vide *Constituição Federal, arts. 21, XXV, 22, XII e parágrafo único, 26, 176 e 177; Emenda Constitucional n. 6/95.*
- Vide *Lei n. 8.901/94.*
- *A jazida é bem imóvel, distinto do solo onde se encontra, não abrangendo a propriedade deste o minério ou a substância mineral útil que a constitui* — Vide *art. 84 do Decreto-Lei n. 227, de 28 de fevereiro de 1967 (Código de Mineração), regulamentado pelo Decreto n. 62.934/68, com alterações dos Decretos-Leis n. 318/67, 330/67, 723/69, 1.038/69, Leis n. 6.403/76, 6.567/78, 7.085/82, 7.886/89, 8.901/94, 9.314/96, 9.478/97 e 9.827/99.* Vide *Decreto-Lei n. 66, de 14 de dezembro de 1937, ora revogado pelo Decreto-Lei n. 1.985/40.*
- *Minérios para produção de energia nuclear: Constituição Federal, arts. 21, XXIII, 22, XXVI, 225, § 6º, e Decreto-Lei n. 1.865/81.*
- *"As quedas-d'água e outras fontes de energia hidráulica são bens imóveis e tidas como coisas distintas e não integrantes das terras em que se encontrem. Assim, a propriedade superficial não abrange a água, o álveo do curso no trecho em que se acha a queda-d'água, nem a respectiva energia hidráulica, para o efeito de seu aproveitamento industrial" (art. 145 do Código de Águas, Decreto n. 24.643, de 10-7-1934).*
- *Código de Águas Minerais: Decreto-Lei n. 7.841/45, com alterações das Leis n. 4.425/64, e 6.726/79.*
- *O Decreto-Lei n. 3.236, de 7 de maio de 1941, dispôs sobre a propriedade das jazidas de petróleo.*
- *Sobre o monopólio do petróleo,* vide *Lei n. 9.478/97.*
- *A Lei n. 1.310, de 15 de dezembro de 1951, dispõe sobre o uso e exploração dos minérios para produção de energia atômica.*
- *Sobre águas subterrâneas e direito de abrir poços,* vide *Código de Águas, arts. 96 a 98, e Código Civil, art. 1.310.*
- *Estatuto do Índio:* vide *Lei n. 6.001, de 19 de dezembro de 1973, arts. 44 a 46, e Decreto n. 88.985/83, que regulamenta os arts. 44 e 45 dessa Lei.*
- Vide *notas aos arts. 79 e 1.286 do Código Civil.*

Propriedade do espaço aéreo. O proprietário do imóvel terá liberdade para construir em seu terreno o que quiser. Poderá edificar arranha-céus, levantar antenas de captação de ondas hertzianas etc., dentro das limitações legais, assim como impedir que em seu terreno haja qualquer construção de seu vizinho (como painel publicitário que invada seu espaço aéreo, *RT*, *665*:96), ou colocação de postes que possibilitam a passagem de fios telegráficos, telefônicos ou condutores de energia elétrica, que causem dano ou perigo. Não pode impedir que avião passe sobre seu imóvel nem impugnar a realização de trabalhos, como a instalação de cabos aéreos de energia elétrica, que se efetuem a certa altura, que não acarretem risco para sua segurança.

Propriedade do subsolo. O titular da propriedade imobiliária não poderá impedir que perfurem o subsolo, para instalação de metrô, por exemplo, nem obstar a passagem pelo seu terreno de condutos subterrâneos de serviços de utilidade pública (CC, art. 1.286) ou a efetivação de obras que se efetuem a uma determinada profundidade que não causem risco para a sua incolumidade, principalmente quando feitas em benefício do interesse social. Quanto aos demais casos, como construção de porões, garagem subterrânea, p. ex., o dono do solo será também do subsolo (CC, art. 79).

O art. 1.229 do Código Civil estabelece que o critério de utilidade definirá o limite do proveito normal do solo; logo, pelo princípio da razoabilidade, seu proprietário não poderá se opor, se na construção de nova obra não lhe advier quaisquer prejuízos.

BIBLIOGRAFIA: Orlando Gomes, *Direitos reais*, cit., p. 102, 109, 112 e 113; Carvalho Santos, *Código Civil brasileiro interpretado*, cit., v. 7, p. 304; Barros Monteiro, *Curso*, cit., v. 3, p. 93; Caio M. S. Pereira, *Instituições*, cit., v. 3, p. 97; Levenhagen, *Código Civil*, cit., v. 3, p. 95-6; Carlos Alberto Dabus Maluf, *Limitações ao direito de propriedade*, São Paulo, Saraiva, 1997, p. 85 e 91; Nelson Nery Jr. e Rosa Mª A. Nery, *Código Civil*, São Paulo, RT, nota 3 ao art. 1.229; Nelson Kojranski, Os "tirantes" e a propriedade vizinha, *Tribuna do Direito*, maio 2013, p. 6.

Art. 1.230. A propriedade do solo não abrange as jazidas, minas e demais recursos minerais, os potenciais de energia hidráulica, os monumentos arqueológicos e outros bens referidos por leis especiais.

Parágrafo único. O proprietário do solo tem o direito de explorar os recursos minerais de emprego imediato na construção civil, desde que não submetidos a transformação industrial, obedecido o disposto em lei especial.

- *Constituição Federal, arts. 176, 177, 216, I a V, §§ 1º a 5º, 23, III e IV, 24, VII, e 5º, LXXIII.*
- *Disposições Constitucionais Transitórias, arts. 43 a 45.*
- Vide *Leis n. 7.805/89, 7.886/89, 7.990/89, 8.901/94, 9.314/96 e 9.478/97; Código de Mineração, art. 84.*
- *Súmula 238 do Superior Tribunal de Justiça.*
- *Código Civil, art. 1.392, § 2º.*

Propriedade de minas, energia hidráulica e monumentos arqueológicos. O proprietário do solo não o será das minas, jazidas e energia hidráulica, que pelo Código de Mineração (art. 84) e pela Constituição Federal (art. 176, com alteração da EC n. 6/95), passaram a ter autonomia jurídica, incorporando-se ao patrimônio da União (JTJ, *111*:130), para efeito de sua exploração ou aproveitamento. Todavia, estão garantidos ao dono do solo a participação nos resultados da lavra e o direito de explorar os recursos minerais (pedras *in natura*, areias etc.) que puderem ser, imediatamente, utilizados na construção civil, sem ter de se sujeitar a uma transformação industrial. Os monumentos arqueológicos e outros bens referidos em lei especial, que forem encontrados em imóvel particular, pertencerão ao patrimônio público, devendo ser preservados e destinados à pesquisa científica.

Art. 1.231. A propriedade presume-se plena e exclusiva, até prova em contrário.

- Vide *Código Civil, arts. 1.225, 1.328, 1.359, 1.360 e 1.953.*
- *Súmula 496 do Superior Tribunal de Justiça.*

Caracteres da propriedade. A propriedade apresenta caráter exclusivo e pleno, entendido dentro do âmbito em que a norma jurídica permite seu movimento e desenvolvimento. O domínio é exclusivo, pois seu titular tem o direito de afastar daquilo que é seu a ação de qualquer outra pessoa, ante o princípio de que uma mesma coisa não pode pertencer com exclusividade e simultaneamente a duas ou mais pessoas. É preciso, então, esclarecer que no condomínio não desaparece essa exclusividade, uma vez que cada condômino possui uma quota ideal do bem. O titular do domínio exerce seu direito sem concorrência de outrem, podendo excluir terceiro da utilização do bem, manifestando-se, assim, a oponibilidade *erga omnes*. Além da exclusividade, a propriedade tem o caráter pleno, desde que todos os seus elementos constitutivos se achem reunidos na pessoa do proprietário, que apesar de ter liberdade, de exercê-la como lhe aprouver, deverá acatar as restrições legais, evitando sua utilização abusiva e atendendo à sua função socioeconômica.

Presunção "juris tantum" da exclusividade e da plenitude. O art. 1.231, ora examinado, estabelece uma presunção de exclusividade e plenitude do domínio até prova em contrário. Logo ela desaparecerá desde que se comprove não ser a propriedade exclusiva, nem plena ou ilimitada. Caberá ao contestante o ônus da prova de não ser a propriedade absoluta ou ilimitada por existir alguma limitação legal em prol daquele que a alega.

Segundo o Enunciado n. 503 da *V Jornada de Direito Civil*: "É relativa a presunção de propriedade decorrente do registro imobiliário, ressalvado o Sistema Torrens".

BIBLIOGRAFIA: W. Barros Monteiro, *Curso*, cit., v. 3, p. 89-90; Orlando Gomes, *Direitos reais*, cit., p. 99; Serpa Lopes, *Curso*, cit., v. 6, p. 251-4; Almachio Diniz, *Direito das coisas*, p. 94; Silvio Rodrigues, *Direito civil*, cit., v. 5, p. 96-8; Levenhagen, *Código Civil*, cit., v. 3, p. 96; M. Helena Diniz, *Curso*, cit., v. 4, p. 91, 92 e 95.

Propriedade plena. A propriedade será plena quando seu titular puder usar, gozar e dispor do bem de modo absoluto, exclusivo e perpétuo, bem como reivindicá-lo de quem, injustamente, o detenha.

Propriedade limitada. A propriedade será limitada quando: *a*) tiver ônus real, ou seja, quando se desmembra um ou alguns de seus poderes, que passa a ser de outrem, constituindo-se o direito real sobre coisa alheia. Por exemplo, no usufruto, a propriedade do nu-proprietário é limitada, porque o usufrutuário tem sobre o bem o uso e gozo; *b*) for resolúvel, porque no seu título constitutivo as partes estabelecem uma condição resolutiva ou termo extintivo. É o que se dá no fideicomisso (CC, arts. 1.951 e 1.952) com a propriedade do fiduciário e na retrovenda (CC, art. 505) com o domínio do comprador.

BIBLIOGRAFIA: Sá Pereira, *Manual*, cit., v. 8, p. 33-9; Lafayette, *Direito das coisas*, cit., v. 1, p. 82; Silvio Rodrigues, *Direito civil*, cit., v. 5, p. 101; Orlando Gomes, *Direitos reais*, cit., p. 103-4; Windscheid, *Diritto delle pandette*, cit., v. 1, § 167; Vareilles-Sommières, De la propriété, *Rev. Trim.*, 1905, p. 486; M. Helena Diniz, *Curso*, cit., v. 4, p. 95; Carlos Alberto Bittar, *Direitos reais*, cit., p. 91-2; Gert Kummerow, *Bienes y derechos reales*, cit., p. 163 e s.

Art. 1.232. Os frutos e mais produtos da coisa pertencem, ainda quando separados, ao seu proprietário, salvo se, por preceito jurídico especial, couberem a outrem.

• *Código Civil, arts. 95, 1.214 a 1.216 e 1.254 a 1.257.*

Direito do proprietário sobre os acessórios da coisa. Ante o princípio da acessoriedade (*acessorium sequitur principalis*), tudo o que se incorporar ao bem, desde que não possa ser re-

DIREITO DAS COISAS

tirado sem destruição de sua substância, bem como tudo que se empregar visando sua exploração, aformoseamento ou comodidade, constitui sua parte integrante. Logo pertencem ao proprietário da coisa principal os seus frutos civis ou naturais, produtos e benfeitorias, mesmo quando separados, exceto se, por razão jurídica ou norma especial, tiverem de ser entregues a outrem, que, então, passará a ser o titular de um direito real sobre coisa alheia, como sucede no usufruto, em que os frutos da coisa pertencerão ao usufrutuário e não ao nu-proprietário.

BIBLIOGRAFIA: Wieland, *Les droits réels*, v. 1, p. 42-6; Orlando Gomes, *Direitos reais*, cit., p. 102 e 113; Lafayette, *Direito das coisas*, § 99; Serpa Lopes, *Curso*, cit., v. 6, p. 256; Darcy Arruda Miranda, *Anotações*, cit., v. 2, p. 42; M. Helena Diniz, *Curso*, cit., v. 4, p. 94.

Seção II
Da descoberta

Art. 1.233. Quem quer que ache coisa alheia perdida há de restituí-la ao dono ou legítimo possuidor.

• Vide *Código Penal, art. 169, parágrafo único, II.*

Parágrafo único. Não o conhecendo, o descobridor fará por encontrá-lo, e, se não o encontrar, entregará a coisa achada à autoridade competente.

• *Código de Processo Civil, art. 746 e §§ 1º e 2º.*

Descoberta. A descoberta consiste no achado de coisa móvel perdida pelo dono, com a obrigação de restituí-la a seu proprietário ou legítimo possuidor, uma vez que não a abandonou.

Impossibilidade de localização do dono da coisa achada. Se o descobridor não conhecer o verdadeiro dono ou legítimo possuidor do objeto encontrado, deverá fazer tudo para descobri-lo, consultando anúncios em jornal, publicando avisos pela imprensa, divulgando em rádio e TV etc. E se, mesmo assim, não conseguir encontrá-lo, deverá entregar o bem achado à autoridade competente do local (p. ex., servidor da polícia civil ou militar), sob pena de enquadrar-se no delito de apropriação de coisa achada (CP, art. 169, parágrafo único, II).

BIBLIOGRAFIA: W. Barros Monteiro, *Curso*, cit., v. 3, p. 189; De Page, *Traité élémentaire*, cit., v. 6, n. 19; Lafayette, *Direito das coisas*, § 35; Caio M. S. Pereira, *Instituições*, cit., v. 4, p. 150; Enneccerus, Kipp e Wolff, *Tratado de derecho civil*; derecho de cosas, cit., § 82; M. Helena Diniz, *Curso*, cit., v. 4, p. 207; Carlos Alberto Bittar, *Direitos reais*, cit., p. 119.

Art. 1.234. Aquele que restituir a coisa achada, nos termos do artigo antecedente, terá direito a uma recompensa não inferior a cinco por cento do seu valor, e à indenização pelas despesas que houver feito com a conservação e transporte da coisa, se o dono não preferir abandoná-la.

Parágrafo único. Na determinação do montante da recompensa, considerar-se-á o esforço desenvolvido pelo descobridor para encontrar o dono, ou o legítimo possuidor, as possibilidades que teria este de encontrar a coisa e a situação econômica de ambos.

Achádego. O descobridor que vier a restituir o objeto achado terá direito de receber uma recompensa a título de prêmio pela sua honestidade, denominada *achádego*, não inferior a cinco por cento do seu valor, acrescida da indenização a que fizer jus pelas despesas que teve com a conservação ou transporte da coisa. Procurar-se-á, ao estipular o *quantum* da recompensa, levar em conta: *a*) o empenho do descobridor para encontrar o dono ou possuidor legítimo, pois, quanto maior a dificuldade para localizar o verdadeiro titular, maior será seu merecimento; *b*) as possibilidades que o proprietário ou o possuidor legítimo teria de achar a coisa, pois, se fácil for encontrá-la, por estar em local acessível e próximo, menor será o mérito do descobridor; e *c*) a situação financeira de ambos (descobridor e dono), visto que a recompensa não poderá gerar enriquecimento indevido, por ser relevante o equilíbrio na fixação de seu *quantum*.

Abandono da coisa achada pelo seu dono. O proprietário da coisa achada poderá, se quiser, abandoná-la para exonerar-se do dever de pagar a gratificação ou a indenização, hipótese em que o descobridor adquirirá a sua propriedade por ser *res derelictae*, ou seja, coisa abandonada.

BIBLIOGRAFIA: Orlando Gomes, *Direitos reais*, cit., p. 174; Hedemann, *Derechos reales*, cit., p. 230; Enneccerus, Kipp e Wolff, *Tratado de derecho civil*; derecho de cosas, cit., v. 1, § 82 e s.; W. Barros Monteiro, *Curso*, cit., v. 3, p. 190; Levenhagen, *Código Civil*, cit., v. 3, p. 169-70; Sá Pereira, *Manual*, cit., v. 8, n. 137; M. Helena Diniz, *Curso*, cit., v. 4, p. 208; Matiello, *Código*, cit., p. 771.

Art. 1.235. O descobridor responde pelos prejuízos causados ao proprietário ou possuidor legítimo, quando tiver procedido com dolo.

Responsabilidade civil do descobridor por dano causado dolosamente. Se o descobridor proceder com dolo, recusando-se a restituir a coisa achada, contribuindo para sua deterioração etc., deverá responder pelos prejuízos causados ao seu proprietário ou legítimo possuidor, pagando-lhe uma indenização por perdas e danos, abrangendo dano emergente e lucro cessante.

Art. 1.236. A autoridade competente dará conhecimento da descoberta através da imprensa e outros meios de informação, somente expedindo editais se o seu valor os comportar.

- *Código de Processo Civil, art. 746, § 2º.*

Comunicação oficial da descoberta. A autoridade competente, ao receber o objeto achado, deverá comunicar o fato por meio da imprensa escrita ou falada ou de outros mecanismos de divulgação (panfletos, cartazes), expedindo editais somente se o valor da descoberta os comportar, convocando o proprietário ou possuidor legítimo para vir recebê-lo. Apenas tomará tal providência se o valor do objeto a comportar, suportando as despesas com o custo da publicação. Tal procedimento em muito auxiliará a encontrar o proprietário e o legítimo possuidor do bem encontrado.

Art. 1.237. Decorridos sessenta dias da divulgação da notícia pela imprensa, ou do edital, não se apresentando quem comprove a propriedade sobre a coisa, será esta vendida em hasta pública e, deduzidas do preço as despesas, mais a recompensa do descobridor, pertencerá o remanescente ao Município em cuja circunscrição se deparou o objeto perdido.

- *Código de Processo Civil, arts. 730 e 746.*
- *Decreto n. 5.573/28.*
- *Decreto n. 60.417/67, art. 66.*

Parágrafo único. Sendo de diminuto valor, poderá o Município abandonar a coisa em favor de quem a achou.

Dever da autoridade competente como depositária. O descobridor não adquire a propriedade do objeto que encontrou. Se, após o lapso temporal de sessenta dias da divulgação da notícia pela imprensa ou do edital, ninguém vier a reclamá-lo, a autoridade que recebeu o objeto vendê-lo-á judicialmente (CPC, art. 746, §§ 1º a 3º), e, deduzidas do preço as despesas feitas para localizar o proprietário e a recompensa do descobridor, o remanescente, se houver, pertencerá ao Município em cuja circunscrição se deparou o objeto perdido.

Abandono da coisa em favor do descobridor. Se o valor da coisa achada for de pouca monta, o Município (beneficiário) poderá abandoná-la em favor de quem a encontrou (descobridor), que, então, passará a ser seu proprietário.

Capítulo II

Da Aquisição da Propriedade Imóvel

- *Terras indígenas: Decreto n. 58.824/66, Leis n. 6.001/73, arts. 17 a 38, n. 11.977, art. 82-D, acrescentado pela Lei n. 12.722/2012, e Decreto n. 1.775/96.*
- *Sobre o revogado Programa Casa Verde e Amarela: Lei n. 14.118/2021.*
- *Sobre o antigo Programa Minha Casa Minha Vida: Leis n. 11.977/2009, com a regulamentação do Decreto n. 7.499/2011 — modificado pelo Decreto n. 7.795/2012 — e com as alterações das Leis n. 12.424/2011, 12.249/2010, 12.024/2009 (com alterações da Lei n. 12.350/2010), arts. 2º, 6º-A, § 6º, 11, 35-A e 73-A (com as alterações das Leis n. 12.693/2012 e 13.274/2016), 13.342/2016 (sobre operações de financiamento habitacional com desconto ao beneficiário concedido pelo FGTS para aquisição de imóveis no âmbito do PMCMV construídos com recursos do FAR) e, ainda, os arts. 7º-A, 7º-B e 7º-C, acrescentados pela Lei n. 13.465/2017, e art. 5º, § 2º, alterado pela Lei n. 13.590/2018; Lei n. 9.514/97, arts. 26-A, 27, § 9º, 30 , parágrafo único, 37-A, parágrafo único, com a redação da Lei n. 13.465/2017; Portaria n. 115/2016 do Ministério das Cidades aprova a carta MCMV e procedimentos para sua obtenção e uso nas operações de financiamento com recursos do FGTS; Lei n. 12.424/2011, n. 12.655/2012, n. 12.722/2013 e n. 12.793/2013, com a alteração da Lei n. 12.868/2013; Portarias do Ministério da Cidade n. 14/2008 (alterada pela IN n. 39/2014), 325/2011, 363/2011 (com alteração da Portaria do Ministério das Cidades n. 160/2016), 406/2011 (alterada pelas Portarias n. 593/2012 e 594/2012), 547/2011 (com modificações das Portarias n. 228/2012 e 163/2015), 610/2011, 198/2012, 228/2012, 24/2013 (com redação da Portaria n. 230/2013), 28/2013, 89/2013, 112/2013, 120/2013, 168/2013 (com a redação das Portarias n. 518/2013 e 176/2014), 274/2014, 595/2013, 11/2014, 263/2014, 469/2015, 471/2015, 158/2016, 169/2016, 172/2016, 178/2016 e 488/2017; Resoluções do FDS n. 182/2011 e n. 214/2016, 267/2017, 286/2017 e 269/2017; Portarias Interministeriais n. 409/2011, 464/2011 (com redação da Portaria Interministerial n. 237/2014), 561/2011, 229/2012, 78/2013, 1.947/2014, 96/2016, 97/2016, 98/2016, 99/2016; e Instrução Normativa do Ministério da Cidade n. 14/2008 (alterada pela IN n. 39/2014), 34/2011, 14/2016 e Resolução BACEN n. 4.273/2013, altera anexo da Res. 4.223/2013.*
- *Lei n. 13.439/2017, regulamentada pelo Decreto n. 9.084/2017, sobre Programa Cartão Reforma.*
- *Lei n. 13.590/2018 altera o § 5º do art. 3º da Lei n. 11.977/2009, para atribuir à Caixa Econômica Federal a corresponsabilidade pela execução do trabalho técnico e social pós-ocupação dos empreendimentos implantados no âmbito do Programa Minha Casa, Minha Vida (PMCMV).*

Hoje, a Lei n. 14.620/2023 dispõe sobre NPMCMV e altera as Leis n. 6.015/73, 8.677/93, 9.541/97, 10.188/2001, 11.977/2009, 14.063/2020 e 14.382/2022 e revoga os arts. 1º a 16 e 25 da Lei n. 14.118/2021.

- *Portaria do Ministério das Cidades n. 158/2016 (com a redação da Portaria n. 179/2016), sobre condições para aquisição de imóveis com recursos advindos da integralização de cotas no FAR, no âmbito do PNHU, integrante do PMCMV.*
- *Portaria do Ministério das Cidades n. 163/2016 (com a redação da Portaria n. 321/2016) institui o Sistema Nacional de Cadastro Habitacional e aprova Manual de Instruções para seleção de beneficiários do PNHU, no âmbito do PMCMV.*
- *Resolução do FDS n. 194/2012 aprova o Programa Minha Casa, Minha Vida — Entidades — PMCMV-E.*
- *Resolução Recomendada do Conselho das Cidades n. 173/2015.*
- *Instrução Normativa do Ministério das Cidades n. 9/2016, que dá nova redação à IN n. 39/2016.*
- *Portaria n. 627, de 3 de novembro de 2017, do Ministério das Cidades sobre propostas habilitadas para aquisição de imóveis com recursos advindos da integralização de cotas no Fundo de Arrendamento Residencial (FAR), no âmbito do Programa Nacional de Habitação Urbana (PNHU), integrante do antigo Programa Minha Casa, Minha Vida (PMCMV).*
- *Lei n. 13.970/2019 altera a Lei n. 10.931/2004, que dispõe sobre o patrimônio de afetação de incorporações imobiliárias, e a Lei n. 12.024/2009, que dispõe sobre o tratamento tributário a ser dado às receitas mensais auferidas pelas empresas construtoras nos contratos de construção de moradias firmados no âmbito do antigo Programa Minha Casa, Minha Vida (PMCMV).*

Seção I
Da usucapião

Art. 1.238. Aquele que, por quinze anos, sem interrupção, nem oposição, possuir como seu um imóvel, adquire-lhe a propriedade, independentemente de título e boa-fé; podendo requerer ao juiz que assim o declare por sentença, a qual servirá de título para o registro no Cartório de Registro de Imóveis.

Parágrafo único. O prazo estabelecido neste artigo reduzir-se-á a dez anos se o possuidor houver estabelecido no imóvel a sua moradia habitual, ou nele realizado obras ou serviços de caráter produtivo.

- Vide *Código Civil, arts. 1.201, 1.241, 1.242, 1.379, parágrafo único, 2.028 e 2.029.*
- *Lei n. 6.015/73, arts. 167, I, n. 28, 176-B, IV, 216-A, §§ 1º a 10, e 226.*
- *Decreto-Lei n. 9.760/46, art. 200.*
- *Código de Processo Civil, arts. 318 e s.*
- Vide *Súmulas 237, 263, 340, 391 e 445 do Supremo Tribunal Federal.*
- Vide *Súmula 13 do extinto Tribunal Federal de Recursos.*
- Vide *Súmulas 11, 119 e 193 do Superior Tribunal de Justiça.*
- *Lei n. 6.001/73, arts. 33 e 38, e Constituição Federal, art. 231, § 4º.*
- *Lei n. 10.257/2001, arts. 9º a 14.*

Conceito de usucapião. A usucapião é o modo de aquisição da propriedade e de outros direitos reais (usufruto, uso, habitação, enfiteuse (outrora — CC, art. 2.038) — *RT*, *538*:278, *598*:181, *527*:84, *550*:174 e *596*:58; *RTJ*, *69*:528; *Ciência Jurídica*, *61*:73; servidões prediais —

RT, *588*:189) pela posse prolongada da coisa com a observância dos requisitos legais, que pode dar-se por via extrajudicial ou judicial (procedimento comum). É uma aquisição do domínio pela posse prolongada (*RT*, *554*:115 e *565*:56), como diz Clóvis Beviláqua. O CPC/2015 eliminou, ante a tendência de desjudicialização dos conflitos, a ação de usucapião da categoria dos procedimentos especiais ao reconhecer, no art. 1.071, a *usucapião extrajudicial* em qualquer das modalidades previstas no Código Civil, e ao introduzir o art. 216-A, §§ 1º a 10, na Lei n. 6.015/73. Essa usucapião deverá ser solicitada pelo próprio interessado, representado por advogado ou defensor público se necessitado economicamente (CPC, art. 185), instruída de documentação exigida por lei. Tal pedido será autuado pelo registrador e seguirá os trâmites procedimentais do art. 216-A, §§ 1º a 5º. Estando em ordem, não havendo pendência para solução de dúvidas e havendo concordância expressa dos titulares de direitos reais, o oficial fará o registro da aquisição do imóvel, permitindo a abertura de matrícula (art. 216-A, § 6º, da LRP). Se a documentação não estiver em ordem, o oficial do registro rejeitará o pedido de usucapião. Mas essa rejeição não obstará o ajuizamento de ação de usucapião (art. 216-A, § 9º). Logo, o pedido rejeitado poderá ser aceito judicialmente. O § 10 do art. 216-A dispõe que havendo impugnação ao pedido de reconhecimento extrajudicial da usucapião pelos titulares de direito real, ente público ou terceiro interessado, o oficial de registro remeterá os autos ao juízo competente da comarca da situação do imóvel, sendo que o requerente deverá emendar a petição inicial, adequando-a ao procedimento comum (CPC, art. 318 e s.). Ter-se-á, então, conversão da via extrajudicial para a judicial. Deveras, o indeferimento do pedido de usucapião formulado perante o oficial do registro imobiliário não impede à busca da tutela jurisdicional (Lei n. 6.015/73, art. 216-A, § 9º) por meio do procedimento comum. E, pelo Enunciado n. 25 do Fórum Permanente de Processualistas Civis: "A inexistência de procedimento judicial especial para ação de usucapião e regulamentação de usucapião extrajudicial não implicam vedação da ação que remanesce no sistema legal, para a qual devem ser observadas as peculiaridades que lhe são próprias, especialmente a necessidade de citação dos confinantes e a ciência da União, do Estado, do Distrito Federal e do Munícipio" (redação vista no III FPPC — Rio).

Entende o Conselho da Justiça Federal no Enunciado n. 497, aprovado na *V Jornada de Direito Civil* que: "O prazo, na ação de usucapião, pode ser completado no curso do processo, ressalvadas as hipóteses de má-fé processual do autor". Pelo Enunciado n. 564 do Conselho da Justiça Federal (aprovado na *VI Jornada de Direito Civil*): "As normas relativas à usucapião extraordinária (art. 1.238, *caput*, CC) e à usucapião ordinária (art. 1.242, *caput*, CC), por estabelecerem redução de prazo em benefício do possuidor, têm aplicação imediata, não incidindo o disposto no art. 2.028 do Código Civil".

Na *VII Jornada de Direito Civil* ficou aprovado o Enunciado n. 596: "O condomínio edilício pode adquirir imóvel por usucapião".

BIBLIOGRAFIA: Caio M. S. Pereira, *Instituições*, cit., v. 4, p. 128-40; Orlando Gomes, *Direitos reais*, cit., p. 159-62; Clóvis Beviláqua, *Comentários ao Código Civil*, v. 3, obs. ao art. 550, v. 3; De Ruggiero, *Istituzioni di diritto civile*, Milano, § 78, p. 455; Fábio M. de Mattia, Usucapião de bens imóveis e jurisprudência do STF, *Revista de Informação Legislativa*, *76*:187, 1982; Serpa Lopes, *Curso*, cit., v. 6, p. 537-53; W. Barros Monteiro, *Curso*, cit., v. 3, p. 132; José de Farias Tavares, *O Código Civil e a nova Constituição*, cit., p. 85-9; Aélio Paropat Souza, O inusucapião das terras devolutas, *Estudos Jurídicos*, *6*:348-56; Artur N. de Oliveira Neto, Usucapião de bens imóveis: aspectos de direito material, *Estudos Jurídicos*, *5*:242-67; Planiol, Ripert e Picard, *Traité de droit civil*, 2. ed., t. 3, n. 691; Wieland, *Les droits réels dans le Code Civil suisse*, t. 1, p. 169; Rossel e Mentha, *Droit civil suisse*, cit., t. 2, n. 1.239; M. Helena Diniz, *Curso*, cit., v. 4, p. 119-28; Benedito Silvério Ribeiro, *Tratado de usucapião*, São Paulo, Saraiva, 1992, v. 1 e 2; Usucapião: inovações do novo Código Civil, *Questões de direito civil e o novo Código Civil*, Imprensa Oficial, 2004, p. 564 e s.; Antonio Macedo de Campos, *Teoria e prática do usucapião*, São Paulo, Saraiva, 1983; Artur Narciso de Oliveira Neto, Usucapião de bens imóveis, cit., *Estudos Jurídicos*, 5:268-74; Artur Marques da Silva Filho, O usucapião na atual Constituição, *RT*, *657*:60; Armando R. Holanda Leite, *Usucapião ordinária e usucapião especial*, 1983; Mário D. Bittencourt, Posse e usucapião, *RT*, *633*:24; Miguel Reale, Do usucapião em caso de enfiteuse, *RT*, *519*:47; Sílvio Augusto de Bastos Meira, Aquisição da propriedade pelo usucapião, *Revista de Informação Legislativa*, *88*:195; Natal Nader, *Usucapião de imóveis*, Rio de Janeiro, Forense, 1995; José Carlos de Moraes Salles, *Usucapião de bens imóveis e móveis*, São Paulo, Revista dos Tribunais, 1996; Levenhagen, *Posse, possessória e usucapião*, São Paulo, Atlas, 1996; Gert Kummerow, *Bienes y derechos reales*, cit., p. 223 a 245; José Carlos de Moraes Salles, *Usucapião de bens imóveis e móveis*, São Paulo, Revista dos Tribunais, 1999; Jefferson C. Guedes, *Exceção de usucapião*, Porto Alegre, 1997; Sebastião José Roque, *Direito das coisas*, cit., p. 77-84; José Carlos T. Barruffini, *Usucapião constitucional*, São Paulo, Atlas, 1998; Luiz Orione Neto, *Posse e usucapião*, 1999; Savério Ruperto, L'usucapione, 1992; Sérgio Ferraz, Usucapião especial, *Estatuto da Cidade* (coord. Dallari e Sérgio Ferraz), São Paulo, Malheiros, 2002, p. 138-51; Fábio Caldas de Araújo, *Usucapião no âmbito material e processual*, Rio de Janeiro, Forense, 2003; Carlos Alberto Dabus Maluf, O direito de propriedade e o instituto do usucapião no Código Civil de 2002, in *Novo Código Civil — questões controvertidas* (coord. Mário Luiz Delgado e Jones Figueirêdo Alves), São Paulo, Método, 2003, p. 285-95; Daniel Aureo de Castro, *Direito imobiliário*, cit., p. 24-37; M. Helena Diniz, Reflexos do princípio constitucional da função social da propriedade na usucapião. *Novos rumos para o direito público — reflexões em homenagem a Lúcia Valle Figueiredo*, coord. Marcelo Figueiredo, Belo Horizonte, Fórum, 2012, p. 309-322.

Jurisprudência relativa à usucapião. Usucapião em geral: *RT*, *537*:172, *546*:85, *577*:81, *548*:189, *583*:242, *586*:133, *682*:195, *526*:74, *591*:81 e 216, *623*:58, *507*:108, *539*:205, *555*:256, *582*:157, *567*:214, *559*:196, *520*:97, *596*:183, *553*:219, *548*:187, *578*:101, *574*:236, *575*:136, 727:168, *691*:93; *RSTJ*, *105*:316; *Ciência Jurídica*, *32*:68 e *52*:88; *Adcoas*, n. *68*.554, 1980 e 89.773 e 90.723, 1983; *RJTJSP*, *42*:131, *69*:215, *68*:222, *72*:245 e *139*:165; *EJSTJ*, *5*:86; *RJE*, *3*:7; *JTACivSP*, *146*:351, *162*:445; *JB*, *79*:87, Usucapião e imóvel inalienável: *JB*, *150*:343. Usucapião e condomínio: *RJTJSP*, *207*:15, *180*:43, *129*:266, *52*:187 e *45*:184; *RF*, *94*:530; *Adcoas*, n. 82.278, 1982; *RT*, *753*:236, *734*:343, *594*:53, *576*:113, *427*:82, *547*:84 e *530*:179. Usucapião e espólio: *RT*, *548*:187 e *553*:219. Prova dos requisitos da usucapião: *Ciência Jurídica*, *16*:110. Usucapião e *animus domini*: *RT*, *539*:205, *537*:196, *567*:214, *555*:256, *542*:212, *565*:255, *563*:94, *602*:95 e *447*:96; *JB*, *161*:140; *RTJ*, *102*:721 e *97*:796. Ação de usucapião: *JB*, *147*:299, *150*:339 e *162*:243; *RT*, *573*:254, *504*:237, *548*:189, *554*:115, *559*:196, *571*:227, *590*:121 e *507*:106; *RF*, *255*:313. Usucapião e comodato: *RT*, *873*:272.

Usucapião extraordinária. Para que se tenha a usucapião extraordinária (*RT*, *542*:212, *590*:121, *586*:210 e *600*:44; *RSTJ*, *105*:316; *JB*, *158*:134 e *167*:100) será preciso: *a*) posse pacífica, ininterrupta (*Adcoas*, n. 72.660, 1980), exercida com *animus domini*; *b*) decurso do prazo de quinze anos (*RT*, *691*:93, *473*:167 e *556*:105), mas tal lapso temporal poderá reduzir-se a dez anos se o possuidor estabeleceu no imóvel sua morada habitual ou nele realizou obras ou serviços produtivos, aumentando sua utilidade. Considera-se aqui o efetivo uso do bem de raiz possuído como moradia e fonte de produção (posse-trabalho) para fins de redução de prazo para usucapião; *c*) presunção *juris et de jure* de boa-fé e justo título, que não só dispensa a exibição desse documento como também proíbe que se demonstre sua inexistência. Há quem entenda que não há presunção, mas mera dispensa dos requisitos de boa-fé e justo título. Tal usucapião, como bem acentua Sá Pereira, não tolera a prova de carência do título. O usucapiente terá apenas de provar sua posse; *d*) assento da aquisição do imóvel, obtida extrajudicialmente, pelo oficial do Registro Imobiliário, ou sentença judicial declaratória da aquisição do domínio por usucapião, que constituirá o título que deverá ser levado ao Registro Imobiliário, para assento.

BIBLIOGRAFIA: Orlando Gomes, *Direitos reais*, cit., p. 168-9; Sá Pereira, *Manual*, cit., v. 8, n. 71 e s.; Silvio Rodrigues, *Direito civil*, cit., v. 5, p. 130; W. Barros Monteiro, *Curso*, cit., v. 3, p. 127; Caio M. S. Pereira, *Instituições*, cit., v. 4, p. 138; M. Helena Diniz, *Sistemas*, cit., p. 73; *Curso*, cit., v. 4, p. 128.

Art. 1.239. Aquele que, não sendo proprietário de imóvel rural ou urbano, possua como sua, por cinco anos ininterruptos, sem oposição, área de terra em zona rural não superior a cinquenta hectares, tornando-a produtiva por seu trabalho ou de sua família, tendo nela sua moradia, adquirir-lhe-á a propriedade.

- *Constituição Federal, arts. 190, 191, parágrafo único, e 231, § 4º.*
- *Lei n. 5.709/71, arts. 3º e 7º.*
- *Súmula 11 do Superior Tribunal de Justiça.*
- *Lei n. 4.504/64, art. 98.*
- *Decreto-Lei n. 9.760/46, art. 200.*

Usucapião "pro labore" ou usucapião especial rural. Se o usucapiente tornar, com seu trabalho, produtiva uma área de terra em zona rural, tendo nela sua morada, poderá adquirir sua propriedade. Mas para tanto será preciso que: *a*) o ocupante não seja proprietário de imóvel rural ou urbano, visto que se tem por finalidade outorgar domínio a quem, não tendo propriedade, cultivou terra alheia abandonada, tornando-a produtiva com seu trabalho; *b*) a posse, por ele exercida *animus domini*, tenha sido ininterrupta e sem oposição por 5 anos; *c*) o ocupante da área da terra rural a tenha tornado produtiva com seu trabalho ou com o de sua família, seja ele agrícola, pecuário ou agroindustrial; *d*) o usucapiente tenha nela sua moradia habitual, porque o fim social perseguido é estimular a fixação do homem no campo; *e*) a área que se pretende usucapir não seja superior a 50 hectares. "Observado o teto constitucional, a fixação da área máxima para fins de usucapião especial rural levará em consideração o módulo rural e a atividade agrária regionalizada" (Enunciado n. 312 do CJF, aprovado na *IV Jornada de Direito Civil*). E, quando a posse ocorrer sobre área superior aos limites legais, não será possível a aquisição pela via da usucapião especial, ainda que o pedido restrinja a dimensão do que se quer usucapir (Enunciado n. 313 do CJF, aprovado na *IV Jornada de Direito Civil*); *f*) a terra objeto dessa forma de usucapião não seja pública. Segundo o Enunciado n. 594 da *VII Jornada de Direito Civil*: "É possível adquirir a propriedade de área menor do que o módulo rural estabelecido para a região, por meio da usucapião especial rural.

Sobre *usucapião rural especial*: *RJTJSP*, *209*:266, *247*:75, *133*:148; *RT*, *652*:65, *681*:602, *693*:133; *JTJ*, *121*:154, *190*:164, *137*:300, *141*:194.

BIBLIOGRAFIA: José Carlos T. Barruffini, *Usucapião constitucional*, São Paulo, Atlas, 1998; Giselda M. F. N. Hironaka, Usucapião especial: características do imóvel usucapiendo em face da Constituição Federal de 1988, *Revista de Direito Civil, Agrário, Imobiliário e Empresarial*, São Paulo, v. 16, n. 59, 1992, p. 195-8.

Art. 1.240. Aquele que possuir, como sua, área urbana de até duzentos e cinquenta metros quadrados, por cinco anos ininterruptamente e sem oposição, utilizando-a para sua moradia ou de sua família, adquirir-lhe-á o domínio, desde que não seja proprietário de outro imóvel urbano ou rural.

§ 1º O título de domínio e a concessão de uso serão conferidos ao homem ou à mulher, ou a ambos, independentemente do estado civil.

§ 2º O direito previsto no parágrafo antecedente não será reconhecido ao mesmo possuidor mais de uma vez.

- *Constituição Federal, art. 183, §§ 1º a 3º.*
- *Lei n. 10.257/2001, arts. 9º, §§ 1º a 3º, e 10 a 14.*

Art. 1.240-A. Aquele que exercer, por 2 (dois) anos ininterruptamente e sem oposição, posse direta, com exclusividade, sobre imóvel urbano de até 250 m2 (duzentos e cinquenta metros quadrados) cuja propriedade divida com ex-cônjuge ou ex-companheiro que abandonou o lar, utilizando-o para sua moradia ou de sua família, adquirir-lhe-á o domínio integral, desde que não seja proprietário de outro imóvel urbano ou rural.

§ 1º O direito previsto no *caput* não será reconhecido ao mesmo possuidor mais de uma vez.

§ 2º (VETADO).

- *Artigo acrescentado pela Lei n. 12.424/2011, art. 9º.*

Usucapião urbana ou usucapião especial urbana e *usucapião familiar*. Ante o fato de que o solo urbano não deve ficar sem aproveitamento adequado, reconhece-se, a quem o utilizar, homem ou mulher, qualquer que seja o estado civil, desde que não seja imóvel público e tenha a dimensão de até 250 m^2, mesmo não sendo seu, a possibilidade de adquirir-lhe o domínio, se não for proprietário de outro imóvel urbano ou rural e se tiver exercido sua posse, ininterruptamente, por 5 anos, sem oposição, destinando-o para sua moradia ou de sua família (*JTJ*, *266*:36, *244*:188, *146*:202; *RT*, *748*:129, *744*:367; *JTJ*, Lex, *244*:188 e *266*:36). Há presunção *juris et de jure* de boa-fé, não se exigindo prova de justo título. Somente será preciso comprovar, para configuração da *usucapião especial urbana individual*: *a*) a posse ininterrupta e pacífica, exercida com *animus domini*; *b*) o decurso do prazo de 5 anos (*RTJ*, *175*:352, *166*:237, *165*:348 e 371); *c*) a dimensão da área (até 250 m^2), seja ela edificada ou até mesmo unidade autônoma vinculada a condomínio edilício (Enunciado n. 85, aprovado na *Jornada de Direito Civil*, promovida, em setembro de 2002, pelo Centro de Estudos Judiciários do CJF). Se a posse se der em área superior a 250 m^2, inadmissível será a usucapião, ainda que o pedido restrinja a dimensão do que se quer usucapir (Enunciado n. 313 do CJF, aprovado na *IV Jornada de Direito Civil*). E, em se tratando de condomínio edilício, não se deve computar, para fins de limite de metragem máxima, a extensão compreendida pela fração ideal correspondente à área comum (Enunciado n. 314 do CJF, aprovado na *IV Jornada de Direito Civil*); *d*) a moradia. Mas, já se decidiu que manutenção de pequeno comércio no imóvel também utilizado para moradia não impede o reconhecimento da usucapião urbana (*RT*, *744*:367); e *e*) o fato de não ser proprietário de nenhum imóvel urbano ou rural. Além disso, será imprescindível o assento no registro imobiliário da sentença judicial que declare a aquisição da propriedade pelo usucapiente (*JB*, *165*:352; *RT*, *727*:169, *690*:73). Todavia, esse benefício de usucapião especial individual em imóvel urbano não será reconhecido à mesma pessoa por mais de uma vez.

Urge lembrar que, pelo art. 1.240-A e § 1º (acrescentado pela Lei n. 12.424/2011), ter-se-á, *excepcionalmente*, a aquisição integral do domínio de imóvel urbano de até 250 m^2 por meio da usucapião especial urbana individual daquele que: *a*) possuir diretamente, com exclusividade, tal bem raiz, por dois anos ininterruptamente e sem oposição; mas, a "fluência do prazo de 2 anos previsto pelo art. 1.240-A para a nova modalidade de usucapião nele contemplada tem início com a entrada em vigor da Lei n. 12.424/2011" (Enunciado n. 498 do CJF, aprovado na *V Jornada de Direito Civil*). Pelo Enunciado n. 664 da *IX Jornada de Direito Civil*:

DIREITO DAS COISAS

"O prazo da usucapião contemplada no art. 1.240-A só iniciará seu curso caso a composse tenha cessado de forma efetiva, não sendo suficiente, para tanto, apenas o fim do contato físico com imóvel"; *b*) dividir esse imóvel com ex-cônjuge ou ex-companheiro, que tenha abandonado o lar. O art. 1.240-A, por ser norma especial, possibilita, havendo mera separação de fato, excepcionalmente a fluência de prazo entre os cônjuges, ao arrepio do art. 197 do CC (norma geral), para que um deles possa pleitear a usucapião, visto que o outro não só saiu do lar como também abandonou o imóvel a ser usucapido, revelando sua "intentio" de não o ter mais para si demonstrando seu desinteresse. O que nele permaneceu como possuidor, possibilitando a função social do bem, pagando tributos e praticando atos de conservação, é merecedor da sua propriedade total (CC, art. 1.275) pelo bom uso do imóvel; *c*) utilizar o bem para sua moradia ou de sua família; e *d*) não for proprietário de outro imóvel urbano ou rural. Esse direito não poderá ser concedido ao mesmo possuidor mais de uma vez. Trata-se da *usucapião familiar* e a respeito da mesma assim se pronunciou o CJF, na *V Jornada de Direito Civil*, ao aprovar os Enunciados: a) n. 499 (ora revogado pelo Enunciado n. 595) — "A aquisição da propriedade na modalidade de usucapião prevista no art. 1.240-A do Código Civil só pode ocorrer em virtude de implemento de seus pressupostos anteriormente ao divórcio. O requisito 'abandono do lar' deve ser interpretado de maneira cautelosa, mediante a verificação de que o afastamento do lar conjugal representa descumprimento simultâneo de outros deveres conjugais, tais como assistência material e sustento do lar, onerando desigualmente aquele que se manteve na residência familiar e que se responsabiliza unilateralmente pelas despesas oriundas da manutenção da família e do próprio imóvel, o que justifica a perda da propriedade e a alteração do regime de bens quanto ao imóvel objeto de usucapião"; Segundo o Enunciado n. 595 da *VII Jornada de Direito Civil*: "O requisito 'abandono do lar' deve ser interpretado na ótica do instituto da usucapião familiar como abandono voluntário da posse do imóvel somado à ausência da tutela da família, não importando em averiguação da culpa pelo fim do casamento ou união estável. Revogado o Enunciado n. 499; b) n. 500 — "A modalidade de usucapião prevista no art. 1.240-A do Código Civil pressupõe a propriedade comum do casal e compreende todas as formas de família ou entidades familiares, inclusive homoafetivas"; c) n. 501 — "As expressões 'ex-cônjuge' e 'ex-companheiro', contidas no art. 1.240-A do Código Civil, correspondem à situação fática da separação, independentemente de divórcio"; d) n. 502 — "O conceito de posse direta referido no art. 1.240-A do Código Civil não coincide com a acepção empregada no art. 1.197 do mesmo Código". A usucapião pró-família é similar à especial urbana, diferenciando-se desta ao exigir como requisitos: abandono do lar, imóvel urbano comum e prazo de 2 anos. A usucapião familiar, portanto, visa preservar a segurança e os interesses das pessoas integrantes da família, dando uma excepcional tutela social ao núcleo. A novel usucapião, ao invadir a órbita do direito de família, atende à função social da propriedade por garantir a moradia daquele que exerce a posse do imóvel, protegendo a comunidade familiar, apesar de violar normas sobre propriedade e regime matrimonial de bens.

Pela Lei n. 10.257/2001 (arts. 9º, §§ 1º a 3º, 10 – com a redação da Lei n. 13.465/2017 – e 14), poder-se-á ter a *usucapião especial urbana coletiva* em área urbana *com mais de 250 m2*, ocupada por população de baixa renda para sua moradia, por 5 anos, ininterruptamente e sem oposição, e quando não for possível identificar os terrenos ocupados por cada possuidor, desde que aqueles possuidores não sejam proprietários de outro imóvel urbano ou rural. Pelo art. 10 da Lei n. 10.257/2001, com a redação da Lei n. 13.465/2017, os núcleos urbanos informais existentes sem oposição, há mais de 5 anos e cuja área total dividida pelo número de possuidores seja inferior a 250m² por possuidor são suscetíveis de serem usucapidos coletivamente, desde que os possuidores não sejam proprietários de outro imóvel urbano ou rural. Essa usucapião será declarada pelo juiz, mediante sentença, que servirá de título para registro no Cartório de Imóveis. Nessa sentença, o magistrado atribuirá igual fração ideal de terreno a cada possuidor, independentemente da dimensão do terreno que cada um ocupe, salvo hipótese de acordo escrito entre os condôminos, estabelecendo frações ideais diferenciadas.

BIBLIOGRAFIA: Sérgio Ferraz, Usucapião especial, in *Estatuto da Cidade — comentários à Lei Federal 10.257/2001* (coord. Adilson Abreu Dallari e Sérgio Ferraz), São Paulo, Malheiros, 2002, p. 137-48; José Villela Lomar, Usucapião especial urbano e concepção para uso e moradia, in *Estatuto da Cidade*, p. 257-77; Norma Lacerda e Lúcia Leitão, Função urbanística do usucapião, in *Estatuto da Cidade*, cit., p. 278-94; M. Helena Diniz, *Curso*, cit., v. 4, p. 156-7; Uma visão hermenêutica do art. 1.240-A do Código Civil, *Revista de Direito Civil Contemporâneo*, n. 4, v. 11, 2017, p. 103-24. Luís Portella Pereira, *A função social da propriedade urbana*, Porto Alegre, *Síntese*, 2003; Douglas P. Freitas, Usucapião e direito de família: comentários ao art. 1.240-A do Código Civil, *Revista Síntese — Direito de Família, 71*:9-15; Flavio Tartuce, A usucapião especial urbana por abandono do lar conjugal, *Revista Síntese — Direito de família, 71*:16-8; Carlos Eduardo de C. Palermo, A nova usucapião especial por abandono do lar e a função social da propriedade, *Revista Síntese*, cit., *71*:19-31; Luciana S. Silva, Uma nova afronta à Carta Constitucional: usucapião pró-família, *Revista Síntese*, cit., *71*:32-37; Helena de A. Orselli, Análise crítica da usucapião especial urbana por abandono, *Revista Síntese — Direito de Família, 69*:129-38; Carlos Edison do Rêgo Monteiro Filho, Usucapião especialíssima: um olhar sobre o novo instituto, *RTDC*, n. *49*:241-44; Gustavo Tepedino, *Comentários*, cit., p. 329-35.

Art. 1.241. Poderá o possuidor requerer ao juiz seja declarada adquirida, mediante usucapião, a propriedade imóvel.

Parágrafo único. A declaração obtida na forma deste artigo constituirá título hábil para o registro no Cartório de Registro de Imóveis.

- *Lei n. 6.015/73, art. 167, I, n. 28.*
- *Código de Processo Civil, art. 19.*
- *Súmula 237 do Supremo Tribunal Federal.*

Sentença declaratória de usucapião. O usucapiente, adquirindo o domínio pela posse, deverá requerer ao magistrado que assim o declare por sentença, que, então, constituirá título hábil para o assento no Cartório de Registro de Imóveis.

Valor probante da sentença. A sentença declaratória de usucapião (*JB*, *147*:299 e 329, *150*:339, *162*:243; *RT*, *573*:254, *504*:237, *548*:189, *554*:115, *559*:196, *571*:227, *590*:121, *501*:114; *EJSTJ*, *13*:143 e 144; *Ciência Jurídica*, *66*:102 e 117) e seu registro não têm valor constitutivo e sim meramente probante regularizando a situação do imóvel e permitindo sua livre disposição. Pelo Enunciado n. 315 do Conselho da Justiça Federal (aprovado na *IV Jornada de Direito Civil*): "O art. 1.241 do Código Civil permite que o possuidor que figurar como réu em ação reivindicatória ou possessória formule pedido contraposto e postule ao juiz seja declarada adquirida, mediante usucapião, a propriedade imóvel, valendo a sentença como instrumento para registro imobiliário, ressalvados eventuais interesses de confinantes e terceiros".

Art. 1.242. Adquire também a propriedade do imóvel aquele que, contínua e incontestadamente, com justo título e boa-fé, o possuir por dez anos.

Parágrafo único. Será de cinco anos o prazo previsto neste artigo se o imóvel houver sido adquirido, onerosamente, com base no registro constante do respectivo cartório, cancelado posteriormente, desde que os possuidores nele tiverem estabelecido a sua moradia, ou realizado investimentos de interesse social e econômico.

DIREITO DAS COISAS

- Vide *Código Civil, arts. 1.379, 2.028 e 2.029.*
- *Lei n. 6.015/73, art. 214, § 5º.*
- *Usucapião pro labore: Lei n. 4.504/64, art. 98; Constituição Federal, art. 191, parágrafo único; Súmula 11 do Superior Tribunal de Justiça.*

Usucapião ordinária. É aquela que confere o domínio do imóvel a quem, por dez anos, o possuir com *animus domini* contínua e pacificamente, tendo justo título e boa-fé (*RSTJ*, *5*:307, *88*:101; *JTJ*, *236*:206; *RT*, *732*:181).

Pressupostos da usucapião ordinária. Apresenta essa modalidade de usucapião os seguintes pressupostos: *a*) posse mansa, pacífica e ininterrupta, exercida com intenção de dono; *b*) decurso do tempo de dez anos (*RT*, *448*:77), que, excepcionalmente, reduzir-se-á a 5 anos, se o bem de raiz houver sido adquirido onerosamente e cujo registro foi cancelado, desde que o possuidor tenha nele sua morada ou nele tenha realizado investimentos de interesse social ou econômico. Trata-se da *posse-trabalho*, que, para atender ao princípio da socialidade e dar efeito prático à função social da posse, punindo a inércia do proprietário e prestigiando o possuidor, reduz o prazo de usucapião. Pelo Enunciado n. 569 do Conselho da Justiça Federal (aprovado na *VI Jornada de Direito Civil*): "No caso do art. 1.242, parágrafo único, a usucapião, como matéria de defesa, prescinde do ajuizamento da ação de usucapião, visto que, nessa hipótese, o usucapiente já é o titular do imóvel no registro"; *c*) justo título formalizado, devidamente registrado (*causa habilis ad dominium transferendum* — p. ex., formal de partilha, escritura de compra e venda, carta de arrematação etc.), mesmo que esse contenha algum vício ou irregularidade (p. ex., cancelamento da titularidade por ato judicial; ausência de requisito legal), e boa-fé (*RT*, *105*:196, *108*:249, *495*:209). Já pelo Enunciado n. 86 da *I Jornada de Direito Civil*, promovida pelo Conselho da Justiça Federal: "A expressão *justo título* contida nos arts. 1.242 e 1.260 do CC abrange todo e qualquer ato jurídico hábil em tese, a transferir a propriedade independentemente de registro". Será necessário que o usucapiente apresente título idôneo para operar a transferência da propriedade (escritura pública, cessão de direito, formal de partilha etc. — *RT*, *526*:55, *682*:195; *RSTJ*, *26*:510; *Adcoas*, n. 68.310 e 68.556, 1980; *EJSTJ*, *15*:79) e demonstre boa-fé, que é sua convicção de que possui o imóvel legitimamente; *d*) sentença judicial que declare a aquisição do domínio, que deverá ser levada a assento em Registro Imobiliário (*RT*, *241*:697, *179*:291, *180*:592, *575*:262 e *566*:97), se a usucapião não foi obtida extrajudicialmente; se o foi, ter-se-á assento do ato notarial pelo oficial do Registro Imobiliário.

BIBLIOGRAFIA: Lafayette, *Direito das coisas*, § 67; W. Barros Monteiro, *Curso*, cit., v. 3, p. 128; Lourenço Mário Prunes, *Usucapião de imóveis*, São Paulo, Sugestões Literárias, s. d.; Itagiba d'Ávila Ribeiro, A contagem do tempo proporcional no usucapião ordinário, quando há alternância de presença e ausência, *RDCiv*, *5*:167-8, 1978; Pedro Henrique Távora Niess, Considerações sobre a usucapião, *RTJE*, *62*:34-6; Darcy Arruda Miranda, *Anotações*, cit., v. 2, p. 57; Caio Mário da Silva Pereira, *Instituições*, cit., v. 4, p. 139-41; Orlando Gomes, *Direitos reais*, cit., n. 135; Rêmulo Letteriello, *Ação de usucapião ordinária*, São Paulo, Saraiva, 1986; Clóvis Beviláqua, *Código Civil comentado*, cit., v. 3, p. 84; M. Helena Diniz, *Curso*, cit., v. 4, p. 128-30; Reflexos do princípio constitucional da função social da propriedade na usucapião, in *Novos rumos para o direito público* (coord. Marcelo Figueiredo), Belo Horizonte: Fórum, 2012, p. 309-22; Rosa Maria B. Andrade Nery, Caracterização do justo título para usucapião, *RP*, *56*:254; Diogo L. Machado de Melo, Variações sobre a usucapião tabular: art. 1.242, parágrafo único, do novo Código Civil, *Revista do IASP*, *20*:80-98.

Art. 1.243. O possuidor pode, para o fim de contar o tempo exigido pelos artigos antecedentes, acrescentar à sua posse a dos seus antecessores (art. 1.207), contanto

que todas sejam contínuas, pacíficas e, nos casos do art. 1.242, com justo título e de boa-fé.

• *Código Civil, arts. 1.207 a 1.242.*

Usucapião e união de posses. Apesar de a lei reclamar a continuidade de posse, admite a sucessão dentro dela, uma vez que o possuidor poderá, para o fim de contar o tempo exigido para a usucapião, acrescentar à sua posse a do seu antecessor (CC, art. 1.207), contanto que ambas sejam uniformes quanto ao objeto, que não tenham sido interrompidas natural ou civilmente, que sejam pacíficas e, finalmente, que nem a posse do transmitente nem a do adquirente sejam viciosas, isto é, violentas, clandestinas ou precárias, e, ainda, nos casos do art. 1.242 do Código Civil, que haja justo título e boa-fé. Trata-se do princípio da *accessio possessionis*. *Vide RT*, *497*:221, *596*:183 e *776*:363; *JTJ*, *229*:192; *RJTJSP*, *189*:176, *146*:202.

Urge lembrar que, pelo Enunciado n. 317 do Conselho da Justiça Federal (aprovado na *IV Jornada de Direito Civil*): "A *accessio possessionis*, de que trata o art. 1.243, primeira parte, do Código Civil, não encontra aplicabilidade relativamente aos arts. 1.239 e 1.240 do mesmo diploma legal, em face da normatividade do usucapião constitucional urbano e rural, arts. 183 e 191, respectivamente".

BIBLIOGRAFIA: Clóvis Beviláqua, *Código Civil comentado*, cit., v. 3, p. 85; Serpa Lopes, *Curso*, cit., v. 6, p. 557-9; Orlando Gomes, *Direitos reais*, cit., p. 164; Darcy Arruda Miranda, *Anotações*, cit., v. 2, p. 57; M. Helena Diniz, *Curso*, cit., v. 4, p. 126.

Art. 1.244. Estende-se ao possuidor o disposto quanto ao devedor acerca das causas que obstam, suspendem ou interrompem a prescrição, as quais também se aplicam à usucapião.

• *Código Civil, arts. 197 a 204.*

Causas impeditivas da usucapião. As causas que impedem a usucapião são as que obstam que seu curso inicie e estão arroladas no Código Civil, arts. 197, I a III, 198, I, e 199, I e II.

Causas suspensivas da usucapião. As causas suspensivas da usucapião são as que paralisam temporariamente o seu curso. Desaparecido o motivo da suspensão da usucapião, o prazo continuará a correr, computando-se o tempo decorrido antes dele. As causas que suspendem a usucapião são as mencionadas no Código Civil, arts. 198, II e III, e 199, III.

Causas interruptivas da usucapião. As causas que interrompem a usucapião são as que inutilizam o tempo já corrido, de modo que seu prazo recomeçará a correr da data do ato que a interromper. Tais causas são as do Código Civil, art. 202, I a VI (*JSTJ*, *133*:400, *70*:198; *JTJ*, *193*:9; *RSTJ*, *197*:260, *51*:140, *157*:233).

Extensão ao possuidor. As disposições atinentes ao devedor estendem-se ao possuidor em seus direitos e obrigações e estão previstas nos arts. 197 a 204 do Código Civil.

BIBLIOGRAFIA: Serpa Lopes, *Curso*, cit., v. 6, p. 545; W. Barros Monteiro, *Curso*, cit., v. 3, p. 132; Orlando Gomes, *Direitos reais*, cit., p. 161; Darcy Arruda Miranda, *Anotações*, cit., v. 2, p. 58; Sá Pereira, *Manual*, cit., v. 8, p. 251; M. Helena Diniz, *Curso*, cit., v. 4, p. 122-3.

SEÇÃO II
DA AQUISIÇÃO PELO REGISTRO DO TÍTULO

Art. 1.245. Transfere-se entre vivos a propriedade mediante o registro do título translativo no Registro de Imóveis.

§ 1º Enquanto não se registrar o título translativo, o alienante continua a ser havido como dono do imóvel.

§ 2º Enquanto não se promover, por meio de ação própria, a decretação de invalidade do registro, e o respectivo cancelamento, o adquirente continua a ser havido como dono do imóvel.

- *Constituição Federal, art. 22, XXV.*
- *Código Civil, arts. 1.275, parágrafo único, 1.245 a 1.247 e 1.227.*
- *Súmulas 74 (com eficácia prejudicada) e 139 do Supremo Tribunal Federal.*
- Vide *Leis n. 10.169/2000 e 7.433/85, e Decreto n. 93.240/86.*
- *A Lei n. 6.015, de 31 de dezembro de 1973, dispõe sobre a execução dos serviços públicos concernentes aos registros públicos estabelecidos pelo Código Civil, arts. 127, II a IV, 129, §§ 2º e 7º, 167, I, n. 1 a 41, e II, n. 1 a 26, 168, 169, 178, I e II, 189, 214, 238, 250, 251, 252, 259, 267, 269, 270 a 274 e 279.*
- *Lei n. 4.380/64, art. 62.*
- *Lei n. 4.504/64, art. 111.*
- *Decreto-Lei n. 70/66, arts. 13, parágrafo único, 15, I,* c e h, *24, I, e 44.*
- *Lei n. 8.069/90, art. 37 e parágrafo único.*
- *Lei n. 8.929/94, art. 12, § 1º.*
- Vide *Lei n. 8.935, de 18 de novembro de 1994, que dispõe sobre serviços notariais e de registro.*
- *Acerca do Registro Torrens* — Vide *Lei n. 6.015, de 31 de dezembro de 1973, arts. 277 a 288.*
- *É proibida a transcrição de ato jurídico relativo a transmissão de propriedade rural com infração do art. 65 da Lei n. 4.504, de 30 de novembro de 1964 (Estatuto da Terra), nos termos do § 1º do art. 11 do Decreto-Lei n. 57, de 18 de novembro de 1966.*
- *IN da SRFB n. 1.467/2014 dispõe sobre o Cadastro de Imóveis Rurais (Cafir), revogando a IN da SRFB n. 830/2008.*
- *Registro de compromisso de compra e venda de lotes em colonização, com a cláusula de correção monetária* — Vide *art. 69 do Decreto n. 59.428, de 27 de outubro de 1966, e art. 1.417 do Código Civil.*
- *Direito de participação no resultado de lavras, caucionamento, renúncia* — Vide *arts. 12 do Decreto-Lei n. 227, de 28 de fevereiro de 1967 (Código de Mineração), 176, § 2º, da Constituição Federal de 1988 e Lei n. 8.901/94.*
- *A Lei n. 5.972, de 11 de dezembro de 1973, regula o Registro de Imóveis da União.*
- *Lei n. 12.693/2012, incluiu o art. 35-A na Lei n. 11.977/2009, para garantir, havendo dissolução do casamento ou do companheirismo, o registro do título de propriedade do imóvel adquirido no âmbito de PMCVM, na constância de matrimônio ou união estável, com subvenções oriundas do Orçamento-Geral da União, do FAR e do FDS, em nome da mulher independentemente do regime de bens.*

Registro imobiliário. O registro imobiliário é o poder legal de agentes do ofício público para efetuar todas as operações relativas a bens imóveis e a direitos a eles condizentes, promovendo atos de escrituração, assegurando aos requerentes a aquisição e o exercício do direito de propriedade e a instituição de ônus reais de fruição, garantia ou aquisição. Com isso o assentamento dá proteção especial à propriedade imobiliária, por fornecer meios probatórios fidedignos da situação do imóvel, sob o ponto de vista da respectiva titularidade e dos ônus reais que o gravam, e por revestir-se de publicidade, que lhe é inerente, tornando os dados registrados conhecidos de terceiros.

Atos da prática cartorária. No regime anterior à Lei n. 6.015/73 havia, na prática cartorária, três atos: a transcrição, a inscrição e a averbação. A nova lei disciplinadora do registro público, no art. 168, abrange, na designação genérica de *registro*, os atos sujeitos à transcrição e à inscrição. Assim, ao lado do registro (transcrição e inscrição) tem-se a averbação, sendo que nenhum destes será feito sem que o preceda a matrícula. O novo regime comum de registro de imóveis veio a estabelecer como atos de fundamental importância a matrícula, o registro *stricto sensu* e a averbação. Com isso o novo Código Civil abandona a antiga nomenclatura, como se pode ver no art. 1.245, por exemplo.

Objetivo do registro de imóveis. O registro de imóveis tem por finalidade a obtenção da aquisição da propriedade *inter vivos*, pois o contrato, a título oneroso ou gratuito, apenas produz efeitos pessoais ou obrigacionais. Assim sendo, somente a intervenção estatal, realizada pelo oficial do Cartório Imobiliário, conferirá direitos reais, a partir da data em que se fizer o assentamento do imóvel, transferindo a propriedade do alienante para o adquirente. Tríplice será a finalidade legal do registro imobiliário, pois servirá como garantia de autenticidade, segurança e eficácia dos assentos de atos jurídicos *inter vivos* ou *mortis causa*, constitutivos, declaratórios, translativos e extintivos de direitos reais sobre imóveis (Lei n. 6.015/73, arts. 1º e 172), preservando-lhes a confiabilidade.

BIBLIOGRAFIA: Almeida Prado, *Transmissão da propriedade imóvel*, São Paulo, 1934; W. Ceneviva, *Manual de registro de imóveis*, Rio de Janeiro, Freitas Bastos, 1988; e *Novo registro imobiliário brasileiro*, São Paulo, Revista dos Tribunais, 1979; Caperochipi, *Derecho inmobiliario registral*, Madrid, Ed. Civitas, 1986; Philadelpho Azevedo, *Registro de imóveis*, Rio de Janeiro, Ed. Jacyntho, 1942; Jorge de Seabra Magalhães, *Estudios de registro predial*, Coimbra, Almedina, 1986; Serpa Lopes, *Tratado de registros públicos*, 1955; Zavalia, *Curso introductorio al derecho registral*, Buenos Aires, 1983; Marcello Caetano, *Estudos de direito civil brasileiro e português*, São Paulo, Revista dos Tribunais, 1978; Waldemar Loureiro, *Registro da propriedade imóvel*, Rio de Janeiro, Forense, 1968; Álvaro Melo Filho, *Direito registral imobiliário*, Rio de Janeiro, Forense, 1979; José Mário Junqueira de Azevedo, *Do registro de imóveis*, São Paulo, Saraiva, 1976; Walter Swensson, *Manual de registro de imóveis*, São Paulo, Saraiva, 1991; Valmir Pontes, *Registro de imóveis*, São Paulo, Saraiva, 1982; Plínio Marin, *Prática de registros públicos*, São Paulo, Saraiva, 1976; M. Helena Diniz, *Curso*, cit., v. 4, p. 102-4; e *Sistemas*, cit., p. 11-39 e 60-209; Sérgio Jacomino, *Registro de imóveis*, 1997; Nicolau Balbino Filho, *Direito imobiliário registral*, 2001; A eficaz trajetória do direito imobiliário registral de 1846 ao século XXI, in *O direito civil no século XXI* (coord. M. Helena Diniz e Roberto Senise Lisboa), São Paulo, Saraiva, 2003, p. 471-96; Regnoberto M. de Melo Jr., *Lei de registros públicos*, Rio de Janeiro, Freitas Bastos, 2003; Daniel Aureo de Castro, *Direito imobiliário*, cit., p. 91 a 108; Afonso Celso F. Rezende e Carlos Fernando Brasil Chaves, *Tabelionato de notas e o notário perfeito*, Campinas, Millenium, 2010, p. 59-80.

Atos sujeitos ao registro imobiliário. O Registro de Imóveis requer o assento dos títulos de transmissão da propriedade de imóveis, e atos dos títulos constitutivos de ônus reais sobre coisas alheias, inclusive das hipotecas (CC, arts. 1.492 e s.). Até "do leilão, mesmo que negativo, a que se refere o art. 27 da Lei n. 9.514/97, será lavrada ata que, subscrita pelo leiloeiro, poderá ser averbada no registro de imóveis competente, sendo a transmissão da propriedade do imóvel levado a leilão formalizada mediante contrato de compra e venda" (Enunciado n. 511 do CJF, aprovado na *V Jornada de Direito Civil*).

Eficácia constitutiva do registro. O registro apresenta eficácia constitutiva, provocando aquisição, alteração ou extinção de direitos reais, se dele depender a subsistência do negócio registrado, como ocorre, p. ex., em relação à aquisição do domínio por ato *inter vivos*. Daí o seu caráter constitutivo, uma vez que sem o registro aquele ato não produzirá efeitos de direito real. Com o registro imobiliário ter-se-á um novo direito transferido, constituído ou extinto, visto que do negócio não se terá nenhum direito real sobre o imóvel, pois, enquanto o bem não for registrado, valerá apenas entre as partes no plano obrigacional (*RT*, *184*:73). Por tal razão, enquanto não se assentar o título de transmissão, o alienante continuará, legalmente, sendo o proprietário do imóvel e, consequentemente, deverá responder pelos seus encargos.

BIBLIOGRAFIA: M. Helena Diniz, *Sistemas*, cit., p. 22; e *Curso*, cit., v. 4, p. 104 e 107; Levenhagen, *Código Civil*, cit., v. 3, p. 347; Orlando Gomes, *Direitos reais*, cit., p. 137; Hedemann, *Derechos reales*, §§ 9º e s.; Enneccerus, Kipp e Wolff, *Tratado de derecho civil*; derecho de cosas, cit., v. 1, §§ 26 e s.; Francisco Bertino de Almeida Prado, *Eficácia probatória do registro*, 1943.

Momento da translatividade do domínio. Os negócios jurídicos, as sentenças que adjudicarem bens de raiz em pagamento de dívida da herança, as arrematações e adjudicações em hasta pública não são hábeis para transferir, por si, o domínio do imóvel, uma vez que, no direito brasileiro, a propriedade apenas transferir-se-á a partir do instante em que o título translativo do domínio (p. ex., compromisso de compra e venda devidamente quitado — Enunciado n. 87, aprovado na *I Jornada de Direito Civil*, promovida pelo CJF, em 2002) for efetivamente registrado na circunscrição imobiliária competente. A data da transferência da propriedade é a do registro e não a do título (*RT*, *729*:281).

BIBLIOGRAFIA: Darcy Arruda Miranda, *Anotações*, cit., v. 2, p. 47; Levenhagen, *Código Civil*, cit., v. 3, p. 103; M. Helena Diniz, *Sistemas*, cit., p. 6-8; Serpa Lopes, *Tratado de registros públicos*, 1955, v. 1, n. 17; Hedemann, *Tratado de derecho civil; derechos reales*, Madrid, 1955, v. 2, §§ 9º e s.; Fernando Zavalia, *Curso introductorio al derecho registral*, Buenos Aires, 1983, p. 170.

Presunção "juris tantum" da aquisição da propriedade imobiliária e da existência do ônus real. A força probante, que se funda na fé pública do registro, levado a efeito por serventuário provido de autoridade legal, gera a presunção de que o direito real pertence à pessoa em cujo nome se registrou. Assim, o título, de per si, não comprovará o domínio nem o ônus real, pois somente com o assento se operará sua aquisição. A prova do direito real far-se-á pelo registro, do qual decorre uma presunção *juris tantum* de sua aquisição, que prevalecerá até prova em contrário (*RT*, *169*:383, *182*:275, *278*:355, *505*:75, *547*:252, *421*:298, *441*:74, *579*:91 e *343*:186; *RF*, *329*:292, *185*:218; *RTJ*, *107*:28; Lei n. 6.015/73, art. 252).

Nesse sentido o Enunciado n. 502 do Conselho da Justiça Federal aprovado na *V Jornada de Direito Civil*: "É relativa a presunção de propriedade decorrente do registro imobiliário, ressalvado o sistema Torrens".

BIBLIOGRAFIA: M. Helena Diniz, *Sistemas*, cit., p. 24; *Curso*, cit., v. 4, p. 104-5; Orlando Gomes, *Direitos reais*, cit., p. 142; Álvaro Melo Filho, *Direito registral imobiliário*, cit., p. 8-18; Lafayette, *Direito das coisas*, cit., p. 127; Darcy Arruda Miranda, *Anotações*, cit., v. 2, p. 252; Clóvis Beviláqua, *Direito das coisas*, cit., v. 2, p. 321-2; Serpa Lopes, *Tratado dos registros públicos*, cit., v. 2, p. 349; Wilson de Souza Campos Batalha, *Comentários à Lei dos Registros Públicos*, Rio de Janeiro, Forense, 1977, v. 1, p. 50; Edison J. Campos de Oliveira, *Registro imobiliário*, São Paulo, Revista dos Tribunais, 1976, p. 72.

Efeitos da invalidade do registro e de seu cancelamento. A nulidade do registro ou do título que lhe deu causa, desde que comprovada e decretada judicialmente, não impedirá que ele produza efeitos entre as partes ou em relação a terceiros ou ao próprio serventuário, pois, pelo art. 252 da Lei n. 6.015/73 e pelo art. 1.245, § 2º, do Código Civil, enquanto não for cancelado, produzirá seus efeitos, continuando o adquirente a ser havido como proprietário do imóvel, mesmo que se prove que o título que lhe deu origem esteja extinto, nulo ou rescindido. O cancelamento do registro de imóvel poderá resultar de sentença definitiva (Lei n. 6.015/73, art. 259), de documento hábil ou de requerimento do interessado, desde que capaz, com firma reconhecida (Lei n. 6.015/73, art. 250).

BIBLIOGRAFIA: M. Helena Diniz, *Sistemas*, cit., p. 22-4, 420 e s.; Francisco B. Almeida Prado, *Transmissão da propriedade imóvel*, São Paulo, Saraiva, 1934; Valmir Pontes, *Registro de imóveis*, São Paulo, Saraiva, 1982, p. 131 e 133; Walter Ceneviva, *Lei dos Registros Públicos*, São Paulo, Saraiva, 1979, p. 458, e 4-5; Afrânio de Carvalho, *Registro de imóveis*, Rio de Janeiro, Forense, 1982; Clóvis Paulo da Rocha, *Eficácia da transcrição*, Rio de Janeiro, 1958; Nicolau Balbino Filho, *Averbações e cancelamentos no Registro de Imóveis*, São Paulo, Atlas, 1990; José A. A. Caperochipi, *Derecho inmobiliario registral*, Madrid, Civitas, 1986; Coviello, *Della trascrizione*, 1924; Jorge de S. Magalhães, *Estudos de registro predial*, Coimbra, Livr. Almedina, 1986; Vallania et al., *La inexactitud registral y su proyección negocial*, Buenos Aires, Depalma, 1985; Ricardo de A. Yagnez, *Apariencia jurídica, posesión y publicidad inmobiliaria registral*, Bilbao, 1975; Fernando Zavalia, *Curso introductorio al derecho registral*, Buenos Aires, 1983.

Art. 1.246. O registro é eficaz desde o momento em que se apresentar o título ao oficial do registro, e este o prenotar no protocolo.

• *Lei n. 6.015/73, arts. 174, 175, 182, 184, 185, 186 e 205.*

Eficácia do registro. O assento tornar-se-á eficaz a partir do momento em que se apresentar o título ao oficial do registro e este o prenotar no protocolo, que constitui a chave do registro geral, destinando-se ao apontamento de todos os títulos apresentados diariamente para serem registrados (Lei n. 6.015/73, art. 174). Será o número de ordem do título no Livro do Protocolo que determinará a prioridade do título de preferência do direito real (Lei n. 6.015/73, art. 182; *RT*, *154*:311 e *179*:138; *Adcoas*, n. 74.832, 1981). É desse apontamento que se assinala a entrada em cartório do título, dando origem ao começo da oponibilidade aos terceiros e à publicidade. "O registro encontra disciplina no princípio *tempus regit actum*; é sujeito à lei vigente ao tempo da apresentação do título, pouco importando a data do contrato" (TJSP, *JB*, *25*:172).

BIBLIOGRAFIA: W. Barros Monteiro, *Curso*, cit., v. 3, p. 109; W. Ceneviva, *Lei dos Registros Públicos*, São Paulo, Saraiva, 1979, p. 372 e 390; M. Helena Diniz, *Curso*, cit., v. 4, p. 105-6; *Sistemas*, cit., p. 9 e 472-4.

Princípio da prioridade. O efeito da prioridade do registro decorre da ordem de prenotação do título no protocolo (Lei n. 6.015/73, arts. 174 e 12, parágrafo único). A prenotação consistirá no prévio assentamento do título, que garantirá a prioridade e esta a preferência do direito real sobre o imóvel. O princípio da prioridade, como ensina Narciso Orlandi Neto, tem por finalidade evitar conflito entre títulos contraditórios, ou seja, aqueles que têm por objeto direitos sobre o mesmo imóvel que não podem coexistir, visto que a força eficacial do título dependerá da ordem de seu ingresso no registro imobiliário. Há, portanto, retroação dos efeitos do registo à data da prenotação mesmo se realizado posteriormente (*JTA*, *122*: 140). Se houver conflito de registro de imóvel, baseado em títulos dominiais diversos, prevalecerá o que foi prenotado anteriormente (*RT*, *196*:213). Aquele que registrar primeiro o título aquisitivo terá a titularidade do domínio do imóvel; assim sendo, o título do segundo adquirente não terá eficácia, gerando tão somente a possibilidade de ação de perdas e danos contra o alienante, uma vez que mover uma reivindicatória seria bastante temerário, pois apenas sairia vencedor se conseguisse comprovar a falsidade do título e do registro do primeiro adquirente, e, enquanto não houver pronunciamento judicial declarando a invalidade do assento do título do primeiro adquirente e seu respectivo cancelamento (CC, art. 1.245, § 2º), ele será o único proprietário do imóvel, e o registro do imóvel feito pelo segundo adquirente será absolutamente ineficaz. Com isso, pelo princípio da prioridade, o título aquisitivo apresentado em primeiro lugar ganhará estabilidade e segurança, evitando-se qualquer incompatibilidade. Logo, a prenotação no protocolo marca o momento em que o assento é eficaz (*RT*, *373*:160, *449*:196; *JB*, *25*:118; *Adcoas*, n. 87.977, 1982; e *Revista de Direito Imobiliário*, 1:129), ou seja, em que produzirá efeitos *erga omnes*.

BIBLIOGRAFIA: Álvaro Melo Filho, *Direito registral imobiliário*, cit., p. 8-18; Edison J. Campos de Oliveira, *Registro imobiliário*, cit., p. 72; Carlos Ferreira de Almeida, *Publicidade e teoria dos registros*, Coimbra, Livr. Almedina, 1966, p. 172; M. Helena Diniz, *Sistemas*, cit., p. 29 e 30; Narciso Orlandi Neto, *Retificação do registro de imóveis*, São Paulo, Oliveira Mendes, 1997, p. 62.

Art. 1.247. Se o teor do registro não exprimir a verdade, poderá o interessado reclamar que se retifique ou anule.

Parágrafo único. Cancelado o registro, poderá o proprietário reivindicar o imóvel, independentemente da boa-fé ou do título do terceiro adquirente.

- *Lei n. 6.015/73, arts. 212, 213, 216 e 248, e Lei n. 9.039/95, que dá nova redação ao art. 213, § 2º, da Lei n. 6.015/73.*

Retificação. O registro imobiliário não é imutável; se o seu teor não exprimir a realidade jurídica ou a verdade dos fatos, poderá ser modificado ante pedido do prejudicado e com audiência da parte interessada (Lei n. 6.015/73, arts. 212, 213 e 216). O prejudicado poderá reclamar sua retificação por meio de processo próprio para corrigir o registro que não corresponde à realidade fática ou jurídica, em razão de fatos que neles foram lançados inexatamente em relação à identidade do titular ou do objeto. Logo, o interessado poderá pleitear a prestação corregedora, isto é, que se corrija o erro registrário, sem que haja substituição de um registro por outro, ou cancelamento deste (*JB*, *159*:109 e 201, *25*:201, *159*:125, 182, 196 e 192, *126*:223, *159*:126, 111, 176, 186, 122 e 160, *25*:96 e 133, *159*:201, 137, 152 e 172; *Adcoas*, n. 82.272, 83.745, 85.047, 85.712, 1982, e 91.372, 1983; *RT*, *306*:250, *378*:195, *584*:111, *589*:109, *559*:103, *529*:106, *603*:107 e 114, *541*:89, *532*:79, *568*:193, *598*:106 e *586*:84; *RJTJSP*, *68*:203, *48*:134 e *12*:119; *RTJ*, *96*:763; *JTJ*, *203*:339 e *194*:345; *Lex*, *TJSP*, *248*:530, *260*:550). Tal retificação poderá ser decretada independentemente da boa-fé do adquirente. Não mais se resguarda, havendo erro registrário, o direito de adquirente de boa-fé.

BIBLIOGRAFIA: M. Helena Diniz, *Curso*, cit., v. 4, p. 108; e *Sistemas*, cit., p. 27 e 236-44; Valmir Pontes, *Registro de imóveis*, cit., p. 124-9; W. Ceneviva, *Manual*, cit., p. 134; Serpa Lopes, *Tratado dos registros públicos*, cit., v. 4, p. 348-51; Vallania e outros, *La inexactitud registral y su proyección negocial*, Buenos Aires, Depalma, 1985; Jones F. Alves e Mário Luiz Delgado, *Código*, cit., p. 622.

Nulidade de registro de imóvel. A invalidade do registro deverá ser provocada pelo interessado, para que o Judiciário se manifeste, declarando-a. Nem o Cartório nem o serventuário terão legitimidade para propor ou para responder ação que invalide registro, por não serem partes interessadas; logo, não poderão opor-se à execução do que ficar decidido em juízo. O interessado poderá tentar invalidar o registro diretamente, se mover ação para tanto, por inobservância de requisitos legais; ou indiretamente, se pretender atingir o título, com reflexos no registro nele fundado (*RJTJSP*, *4*:120, *12*:98, *18*:60, *34*:195, *60*:139, *75*:121, *80*:152, *84*:491, *88*:246, *90*:128 e 339, *105*:525, *116*:221; *JB*, *132*:333, *25*:91; *RT*, *340*:420).

Efeito do cancelamento do registro. Anulado um registro, para que o proprietário possa reivindicar o imóvel, independentemente da boa-fé ou do título do terceiro adquirente, será imprescindível o cancelamento do assento (CC, art. 1.245, § 2º; Lei n. 6.015/73, arts. 250 e 259). A nulidade do registro não impedirá sua produção de efeitos enquanto não for cancelado (Lei n. 6.015/73, art. 252; *JB*, *25*:89). Portanto, será preciso primeiro promover o cancelamento do registro para que ele perca sua eficácia (*RT*, *610*:174 e *587*:98). Isto é assim porque o cancelamento visa declarar sem efeito qualquer ato registrário, extinguindo o direito a que se refere. Esse cancelamento é efetuado mediante averbação, assinada pelo oficial, seu substituto legal ou escrevente autorizado, que declarará o seu motivo determinante e o título em razão do qual foi feito (Lei n. 6.015/73, art. 248; *RJTJSP*, *11*:32, *25*:126, *29*:137, *31*:30, *34*:195, *43*:401, *44*:162, *46*:221, *52*:411, *58*:201, *59*:242, *62*:277, *65*:48 e 170, *74*:92 e 389, *80*:259, *87*:461, *89*:249 e 460, *99*:534, *114*:352; *JB*, *25*:178, *159*:231; *RF*, *73*:352; *RT*, *491*:98, *513*:133, *587*:98; *RTJ*, *94*:341). Cancelado o registro, poderá o proprietário do imóvel reivindicá-lo, independentemente da boa-fé ou do título do terceiro adquirente.

Pelo Enunciado n. 624 da *VIII Jornada de Direito Civil*: "A anulação do registro, prevista no art. 1.247 do Código Civil, não autoriza a exclusão dos dados invalidados do teor da matrícula".

BIBLIOGRAFIA: Walter Ceneviva, *Manual*, cit., p. 138 e 139; Swensson, *Manual de registro de imóveis*, São Paulo, Saraiva, 1991, p. 229-33; Valmir Pontes, *Registro de imóveis*, cit., p. 137; M. Helena Diniz, *Sistemas*, cit., p. 417-20, 425-30; Marcelo Martins Berthe, Registro imobiliário: cancelamento de transcrições, *Ciência Jurídica*, *68*:330; Joaquim Pereira de Souza, Cancelamento de registro de imóveis por corregedor da justiça, *Ciência Jurídica*, *20*:7; Nicolau Balbino Filho, *Averbações e cancelamentos no registro de imóveis*, São Paulo, Atlas, 1990, p. 69-90.

Seção III
Da aquisição por acessão

Art. 1.248. A acessão pode dar-se:

I — por formação de ilhas;

II — por aluvião;

III — por avulsão;

IV — por abandono de álveo;

V — por plantações ou construções.

- *Código Civil, arts. 1.249 a 1.259.*
- *Decreto n. 24.643, de 10 de julho de 1934, arts. 16 a 27.*

Acessão dos imóveis. A acessão é o direito em razão do qual o proprietário de um bem passa a adquirir o domínio de tudo aquilo que a ele se adere. Orlando Gomes, baseado em Barassi, entende que a acessão é uma alteração quantitativa ou qualitativa da coisa, ou melhor, é o aumento do volume ou do valor do objeto da propriedade devido a forças externas (*RT*, *524*:221 e *342*:286; *JB*, *158*:145 e *152*:285; *RJTJSP*, *45*:209; *Ciência Jurídica*, 7:142; *RTJ*, *35*:488).

BIBLIOGRAFIA: Marcello Caetano da Costa, Das acessões e benfeitorias, *RDCiv*, *5*:79, 1978; Orlando Gomes, *Direitos reais*, cit., p. 146; M. Helena Diniz, *Curso*, cit., v. 4, p. 109; Carlos Alberto Bittar, *Direitos reais*, cit., p. 81-4; Gert Kummerow, *Bienes y derechos reales*, cit., p. 198 a 210.

Acessão natural. A acessão natural ocorre quando a união ou incorporação da coisa acessória à principal (*accessio cedit principali*) advém de acontecimento natural sem que haja intervenção humana. Por exemplo, formação de ilhas, aluvião, avulsão e abandono de álveo. Processa-se de imóvel a imóvel.

Acessão industrial ou artificial. Ter-se-á acessão industrial ou artificial quando a incorporação de uma coisa a outra resultar de trabalho do homem, processando-se de móvel a imóvel, como sucede com as semeaduras, plantações e construções de obras (*RJTJSP*, *119*:245, *45*:209, *8*:218; *Adcoas*, n. 76.446, 1981; *RT*, *706*:173, *702*:74, *586*:172, *570*:189, *521*:251, *342*:286, *181*:438, *189*:261 e *306*:702; *RTJ*, *35*:488; *Ciência Jurídica*, 7:142; *JB*, *158*:145; *JTA*, *83*:304; *Lex*, *TJSP*, *146*:79, *292*:401; *RSTJ*, *53*:183).

BIBLIOGRAFIA: W. Barros Monteiro, *Curso*, cit., v. 3, p. 112; Orlando Gomes, *Direitos reais*, cit., p. 121 e 147; Coelho da Rocha, *Instituições de direito civil português*, Rio de Janeiro, 1907, v. 2, § 417; Levenhagen, *Código Civil*, cit., v. 3, p. 105; M. Helena Diniz, *Curso*, cit., v. 4, p. 109 e 115; Mazeaud e Mazeaud, *Leçons de droit civil*, cit., v. 2, n. 1.588; Barbero, *Sistema istituzionale del diritto privato*, v. 1, n. 508; Caio M. S. Pereira, *Instituições*, cit., v. 4, p. 120; Serpa Lopes, *Curso*, cit., v. 6, p. 383; Sebastião José Roque, *Direito das coisas*, cit., p. 65-76.

Subseção I
Das ilhas

Art. 1.249. As ilhas que se formarem em correntes comuns ou particulares pertencem aos proprietários ribeirinhos fronteiros, observadas as regras seguintes:

I — as que se formarem no meio do rio consideram-se acréscimos sobrevindos aos terrenos ribeirinhos fronteiros de ambas as margens, na proporção de suas testadas, até a linha que dividir o álveo em duas partes iguais;

II — as que se formarem entre a referida linha e uma das margens consideram-se acréscimos aos terrenos ribeirinhos fronteiros desse mesmo lado;

III — as que se formarem pelo desdobramento de um novo braço do rio continuam a pertencer aos proprietários dos terrenos à custa dos quais se constituíram.

- Vide *arts. 20, IV, e 26, II e III, da Constituição Federal.*
- *Sobre ilhas, estatui o Decreto n. 24.643, de 10 de julho de 1934 (Código de Águas), nos seguintes termos:*

Art. 23. As ilhas ou ilhotas, que se formarem no álveo de uma corrente, pertencem ao domínio público, no caso das águas públicas, e ao domínio particular, no caso das águas comuns ou particulares.

§ 1º Se a corrente servir de divisa entre diversos proprietários e elas estiverem no meio da corrente, pertencem a todos estes proprietários, na proporção de suas testadas, até a linha que dividir o álveo em duas partes iguais.

§ 2º As que estiverem situadas entre esta linha e uma das margens pertencem, apenas, ao proprietário ou proprietários desta margem.

Art. 24. As ilhas ou ilhotas, que se formarem pelo desdobramento de um novo braço de corrente, pertencem aos proprietários dos terrenos, à custa dos quais se formaram.

Parágrafo único. Se a corrente, porém, é navegável ou flutuável, elas poderão entrar para o domínio público, mediante prévia indenização.

Art. 25. As ilhas ou ilhotas, quando de domínio público, consideram-se coisas patrimoniais, salvo se estiverem destinadas ao uso comum.

Formação de ilhas. Constitui acessão natural a formação de ilhas em correntes comuns ou particulares, em razão de movimentos sísmicos, de depósito paulatino de areia, cascalho ou fragmentos de terra, trazidos pela própria corrente, ou de rebaixamento de águas, deixando descoberto e a seco uma parte do fundo ou do leito.

Propriedade das ilhas formadas. As ilhas formadas serão dos proprietários ribeirinhos, observando-se as regras: *a*) se a ilha se formar no meio do rio será distribuída aos terrenos ribeirinhos, na proporção de suas testadas, até a linha que dividir o álveo em duas partes iguais; *b*) se a ilha surgir entre a linha mediana do rio e uma das margens, será tida como acréscimo dos terrenos ribeirinhos fronteiros desse mesmo lado, nada recebendo os proprietários situados em lado oposto; *c*) se um braço do rio abrir a terra, a ilha que resultar desse desdobramento continuará a pertencer aos proprietários à custa de cujos terrenos se constituiu. Se o rio for público, a ilha formada pelo desdobramento do novo braço pertencerá ao domínio público, mediante prévia indenização ao proprietário que foi prejudicado.

BIBLIOGRAFIA: Caio M. S. Pereira, *Instituições*, cit., v. 4, p. 121; W. Barros Monteiro, *Curso*, cit., v. 3, p. 112-4; Daibert, *Direito das coisas*, cit., p. 184-5; Barassi, *Diritti reali e possesso*, Milano, 1952, p. 345; Orlando Gomes, *Direitos reais*, cit., p. 150; M. Helena Diniz, *Curso*, cit., v. 4, p. 110-1; *RT*, *233*:151; *RF*, *163*:248.

SUBSEÇÃO II
DA ALUVIÃO

Art. 1.250. Os acréscimos formados, sucessiva e imperceptivelmente, por depósitos e aterros naturais ao longo das margens das correntes, ou pelo desvio das águas destas, pertencem aos donos dos terrenos marginais, sem indenização.

• *Decreto n. 24.643, de 10 de julho de 1934, arts. 16 a 18.*

Parágrafo único. O terreno aluvial, que se formar em frente de prédios de proprietários diferentes, dividir-se-á entre eles, na proporção da testada de cada um sobre a antiga margem.

• *O Código de Águas (Decreto n. 24.643, de 10-7-1934) dispõe:*

Art. 16. Constituem "aluvião" os acréscimos que sucessiva e imperceptivelmente se formarem para a parte do mar e das correntes aquém do ponto a que chegar a preamar média, ou do ponto médio das enchentes ordinárias, bem como a parte do álveo que se descobrir pelo afastamento das águas.

§ 1º Os acréscimos que por aluvião ou artificialmente se produzirem nas águas públicas ou dominicais, são públicos dominicais, se não estiverem destinados ao uso comum, ou se por algum título não forem do domínio particular.

§ 2º A esses acréscimos, com referência aos terrenos reservados, se aplica o que está disposto no art. 11, § 2º.

Art. 17. Os acréscimos por aluvião formados às margens das correntes comuns, ou das correntes públicas de uso comum a que se refere o art. 12, pertencem aos proprietários marginais, nessa segunda hipótese, mantida, porém, a servidão de trânsito constante do mesmo artigo, recuada a faixa respectiva, na proporção do terreno conquistado.

Parágrafo único. Se o álveo for limitado por uma estrada pública, esses acréscimos serão públicos dominicais, com ressalva idêntica à da última parte do artigo anterior.

Art. 18. Quando a aluvião se formar em frente a prédios pertencentes a proprietários diversos, far-se-á a divisão entre eles, em proporção à testada que cada um dos prédios apresentava sobre a antiga margem.

Conceito de aluvião. Ter-se-á acessão natural com a aluvião quando houver acréscimo paulatino de terrenos às margens de um rio ou de uma corrente mediante lentos, sucessivos e imperceptíveis depósitos ou aterros naturais ou desvio de águas, acréscimo este que importará na aquisição da propriedade por parte do dono do imóvel a que se aderirem essas terras, sem indenização. Se o acréscimo se formar nas margens de águas públicas não destinadas ao uso comum, pertencerá ao domínio público (Código de Águas, art. 16, § 1º).

Aluvião própria. Será própria a aluvião quando o acréscimo se formar pelos depósitos ou aterros naturais nos terrenos marginais do rio.

Aluvião imprópria. A aluvião será imprópria se o acréscimo se formar em virtude do afastamento das águas que descobrem parte do álveo.

BIBLIOGRAFIA: Ruggiero e Maroi, *Istituzioni di diritto privato*, v. 1, § 110; Orlando Gomes, *Direitos reais*, cit., p. 151; Caio M. S. Pereira, *Instituições*, cit., v. 4, p. 121; M. Helena Diniz, *Curso*, cit., v. 4, p. 112.

Direito ao terreno aluvial de proprietários ribeirinhos. Se a aluvião se der em frente de prédios de proprietários diferentes, dividir-se-á entre eles o terreno aluvial, na proporção da testada de cada um sobre a antiga margem. E o proprietário do imóvel de onde saíram as porções de terra que, por fato da natureza, acrescentaram-se ao de outro não terá direito a nenhuma indenização, visto que o evento se deu de modo paulatino e vagaroso, tornando impossível apreciar a quantidade acrescida em imóveis alheios.

BIBLIOGRAFIA: Sá Pereira, *Manual*, cit., v. 8, p. 191-2; Darcy Arruda Miranda, *Anotações*, cit., v. 2, p. 53; Levenhagen, *Código Civil*, cit., v. 3, p. 108; W. Barros Monteiro, *Curso*, cit., v. 3, p. 115; M. Helena Diniz, *Curso*, cit., v. 4, p. 112; Matiello, *Código*, cit., p. 784.

SUBSEÇÃO III

DA AVULSÃO

Art. 1.251. Quando, por força natural violenta, uma porção de terra se destacar de um prédio e se juntar a outro, o dono deste adquirirá a propriedade do acréscimo, se indenizar o dono do primeiro ou, sem indenização, se, em um ano, ninguém houver reclamado.

- Vide *Código de Águas (Decreto n. 24.643, de 10-7-1934), arts. 19 e 20, parágrafo único.*
- *Nos casos semelhantes, aplicam-se à avulsão os dispositivos que regem a aluvião (art. 22 do Código de Águas).*

Parágrafo único. Recusando-se ao pagamento de indenização, o dono do prédio a que se juntou a porção de terra deverá aquiescer a que se remova a parte acrescida.

Definição de avulsão. A avulsão se dá pelo repentino deslocamento de uma porção de terra por força natural violenta (p. ex., correnteza), desprendendo-se de um prédio para se juntar a outro.

Direito do proprietário do imóvel desfalcado. O dono do prédio desfalcado perderá a parte destacada, mas lícito ser-lhe-á pedir ao proprietário do imóvel favorecido indenização dentro do prazo decadencial de um ano. Como houve desprendimento repentino de terra, que rapidamente, por fato da natureza, se acresce a imóvel alheio, sua ocorrência é suscetível de constatação visual imediata, por isso o proprietário lesado poderá pleitear indenização àquele que tirou proveito. O *quantum* indenizatório deverá ter por base a extensão do acréscimo ocorrido. Caberá a propriedade ao dono do prédio favorecido, mediante pagamento do seu respectivo valor ao proprietário reclamante, que não terá direito a outra indenização, uma vez que o deslocamento avulsivo decorre de acontecimento natural. Mas, se o dono do imóvel que sofreu a avulsão não reclamar aquela indenização dentro do prazo decadencial de um ano, perderá o direito de recebê-la e o proprietário do prédio favorecido adquirirá a propriedade do acréscimo, sem efetuar qualquer pagamento a título indenizatório.

Remoção da parte acrescida. O dono do prédio a que se juntou a porção de terra, que se recusar a pagar a indenização pleiteada, deverá permitir ao proprietário do prédio desfalcado a remoção da parte acrescida, sob pena de haver enriquecimento indevido ou de sofrer ordem judicial. Como se vê o dono do prédio acrescido deverá optar entre o pagamento da fração de terra deslocada em seu proveito ou concordar com a sua remoção.

BIBLIOGRAFIA: Caio M. S. Pereira, *Instituições*, cit., v. 4, p. 122 e 123; W. Barros Monteiro, *Curso*, cit., v. 3, p. 117; Mazeaud e Mazeaud, *Leçons de droit civil*, cit., v. 2, n. 1.608; Aubry e Rau, *Cours de droit civil*, cit., v. 2, § 203; M. Helena Diniz, *Curso*, cit., v. 4, p. 113; Matiello, *Código Civil*, cit., p. 785.

Prazo decadencial para remoção ou indenização em razão da avulsão. O proprietário do imóvel que sofreu a avulsão tem, como vimos, o prazo de decadência de um ano para reclamar o fato; se não o fizer dentro desse lapso temporal perderá o direito de remover a parte desmembrada, se o dono do prédio a que se juntou a porção de terra não quiser pagar a indenização, ou de receber a devida indenização a que faz jus, hipótese em que a porção de terra desfalcada ficará, em definitivo, incorporada à propriedade em que se juntou. Se não houver pedido de indenização nem de remoção ou nenhuma reclamação dentro do prazo ânuo de decadência, claro está que o dono do prédio favorecido adquirirá a propriedade do acréscimo, sem pagar qualquer indenização.

BIBLIOGRAFIA: W. Barros Monteiro, *Curso*, cit., v. 3, p. 117; Levenhagen, *Código Civil*, cit., v. 3, p. 109; Darcy Arruda Miranda, *Anotações*, cit., v. 2, p. 54; Caio M. S. Pereira, *Instituições*, cit., v. 4, p. 123; M. Helena Diniz, *Curso*, cit., v. 4, p. 113.

SUBSEÇÃO IV

DO ÁLVEO ABANDONADO

Art. 1.252. O álveo abandonado de corrente pertence aos proprietários ribeirinhos das duas margens, sem que tenham indenização os donos dos terrenos por onde as águas abrirem novo curso, entendendo-se que os prédios marginais se estendem até o meio do álveo.

- *"Álveo é a superfície que as águas cobrem sem transbordar para o solo natural e ordinariamente enxuto" (art. 9º do Código de Águas). O álveo será público de uso comum, ou dominical, conforme a propriedade das respectivas águas; e será particular no caso das águas comuns ou das águas particulares. Na hipótese de uma corrente que sirva de divisa entre diversos proprietários, o direito de cada um deles se estende a todo o comprimento de sua testada até a linha que divide o álveo ao meio. Na hipótese de um lago ou lagoa nas mesmas condições, o direito de cada proprietário estender-se-á desde a margem até a linha ou ponto mais conveniente para divisão equitativa das águas, na extensão da testada de cada quinhoeiro, linha ou pontos locados, de preferência, segundo o próprio uso dos ribeirinhos (art. 10 e parágrafos do Código de Águas).*
- *Sobre álveo abandonado, dispõe o Código de Águas:*

Art. 26. O álveo abandonado da corrente pública pertence aos proprietários ribeirinhos das duas margens, sem que tenham direito a indenização alguma os donos por onde as águas abrigarem novo curso.

Parágrafo único. Retornando o rio ao seu antigo leito, o abandonado volta aos seus antigos donos, salvo a hipótese do artigo seguinte, a não ser que esses donos indenizem ao Estado.

Art. 27. Se a mudança da corrente se fez por utilidade pública, o prédio ocupado pelo novo álveo deve ser indenizado, e o álveo abandonado passa a pertencer ao expropriante para que se compense da despesa feita.

Acessão natural por abandono de álveo. Surge a acessão natural por abandono de álveo por um rio que seca ou que se desvia em razão de fenômeno da natureza (*RT*, *786*:273, *783*:234; *RJ*, *149*:100, *108*:135).

Propriedade do álveo abandonado. O álveo abandonado (*alveus derelictus*) de uma corrente pertencerá aos proprietários ribeirinhos das duas margens, sendo que a divisão será feita tendo por base a linha mediana do álveo abandonado, pertencendo a cada um na extensão de sua testada, por uma linha perpendicular da margem, nos pontos extremos, à linha mediana do álveo. E, além disso, os donos, por onde as águas natural e acidentalmente abrirem novo curso, não terão direito a qualquer indenização. Se as águas retornarem ao antigo álveo, ter-se-á a recomposição da situação condominial anterior, isto é, aqueles que eram proprietários dos terrenos invadidos pelo novo curso do rio voltam a sê-lo com o retorno.

Mudança de álveo por utilidade pública. Se a mudança da corrente se der em razão de utilidade pública, o dono do imóvel ocupado pelo novo álveo deverá receber uma indenização, e o álveo abandonado passará a pertencer ao expropriante para que se compense da despesa feita (Código de Águas, art. 27). Se o rio retornar ao antigo leito, continuará pertencendo ao expropriante, a não ser que os antigos donos, preferindo obter de volta seus imóveis, resolvam pagar ao Estado uma indenização. Como essa mutação de álveo se dá por ação humana, não há acessão porque o abandono do álveo foi artificial.

BIBLIOGRAFIA: Daibert, *Direito das coisas*, cit., p. 191-2; W. Barros Monteiro, *Curso*, cit., v. 3, p. 119; Silvio Rodrigues, *Direito civil*, cit., v. 5, p. 121; Orlando Gomes, *Direitos reais*, cit., p. 154; M. Helena Diniz, *Curso*, cit., v. 4, p. 114-5.

SUBSEÇÃO V
DAS CONSTRUÇÕES E PLANTAÇÕES

• *Lei n. 10.409/2002 (ora revogada pela Lei n. 11.343/2006), art. 8º e parágrafos.*

Art. 1.253. Toda construção ou plantação existente em um terreno presume-se feita pelo proprietário e à sua custa, até que se prove o contrário.

Propriedade da construção ou da plantação. Ante o princípio de que o acessório segue o principal, tudo aquilo que se incorporar ao imóvel em razão de uma ação qualquer cairá sob o domínio de seu proprietário (*superficies solo cedit*), pouco importando o valor da construção ou da plantação, em relação ao preço do solo.

Presunção "juris tantum" do domínio do dono do imóvel. A lei presume que toda construção ou plantação feita num terreno o foi pelo proprietário e a sua custa, até que se comprove o contrário. Trata-se, portanto, de presunção *juris tantum*; logo, será preciso averiguar os casos em que as construções e plantações não pertencem, comprovadamente, ao dono do terreno a que se incorporaram. O *onus probandi* competirá àquele que plantou ou construiu em solo alheio a suas próprias expensas.

BIBLIOGRAFIA: Marcello Caetano da Costa, *Das acessões*, cit., p. 79; Caio M. S. Pereira, *Instituições*, cit., v. 4, p. 124; Levenhagen, *Código Civil*, cit., v. 3, p. 111; W. Barros Monteiro, *Curso*, v. 3, p. 120; Sá Pereira, *Manual*, cit., v. 8, p. 199 e 200; M. Helena Diniz, *Curso*, cit., v. 4, p. 115; Clóvis Paulo da Rocha, *Das construções na teoria da acessão*.

Art. 1.254. Aquele que semeia, planta ou edifica em terreno próprio com sementes, plantas ou materiais alheios, adquire a propriedade destes; mas fica obrigado a pagar-lhes o valor, além de responder por perdas e danos, se agiu de má-fé.

- *Código Civil, arts. 1.214 a 1.222 e 402 a 405.*

Consequências jurídicas da plantação ou construção em solo próprio com material alheio. Se o proprietário do terreno nele construir ou plantar com materiais, plantas ou sementes de outrem, adquirirá a propriedade destes, pois *quidquid plantatur vel inaedificatur solo cedit*, desde que pague ao dono dos materiais, plantas e sementes o valor correspondente, além de responder por perdas e danos, se agiu de má-fé. Com o pagamento do valor dos materiais e das sementes a quem de direito, não se terá locupletamento ilícito do proprietário do solo. Estando de *boa-fé* o dono do solo, adquire a propriedade da construção e da plantação, mas deverá indenizar o proprietário da matéria-prima, pagando o valor do material e da semente utilizados. Se estiver de *má-fé*, esta não impedirá a aquisição dos materiais pelo dono do terreno, que deverá pagar não só a indenização correspondente ao valor deles como também as perdas e danos que tenha causado ao proprietário da matéria-prima por ele utilizada na construção ou plantação.

BIBLIOGRAFIA: Clóvis Beviláqua, *Código Civil comentado*, cit., v. 3, p. 85; Silvio Rodrigues, *Direito civil*, cit., v. 5, p. 123; W. Barros Monteiro, *Curso*, cit., v. 3, p. 121; Caio M. S. Pereira, *Instituições*, cit., v. 4, p. 124; M. Helena Diniz, *Curso*, cit., v. 4, p. 115; Lafayette, *Direito das coisas*, § 68; Sá Pereira, *Manual*, cit., v. 8, p. 201-3.

Art. 1.255. Aquele que semeia, planta ou edifica em terreno alheio perde, em proveito do proprietário, as sementes, plantas e construções; se procedeu de boa-fé, terá direito a indenização.

Parágrafo único. Se a construção ou a plantação exceder consideravelmente o valor do terreno, aquele que, de boa-fé, plantou ou edificou, adquirirá a propriedade do solo, mediante pagamento da indenização fixada judicialmente, se não houver acordo.

- *Código Civil, art. 1.201.*

Efeito de plantação ou construção realizada em prédio alheio. Se o dono da semente ou do material de construção plantar ou construir em solo de outrem, perderá em proveito do proprietário do terreno as sementes, as plantações ou construções feitas; mas se estava de boa-fé terá direito a uma indenização correspondente ao seu valor ao tempo do pagamento (*Ciência Jurídica*, *70*:108; *JTACSP*, *92*:302, *130*:51; *JTJRS*, *230*:341; *BAASP*, *2727*:5963).

Valor da construção ou plantação superior ao do terreno. Se o valor da construção ou da plantação vier a exceder ao do terreno, aquele que, de boa-fé, plantou ou edificou passará a ser o proprietário do solo, desde que pague ao seu dono uma indenização convencionada por ambos, ou, na falta desse acordo, fixada pelo magistrado. P. ex., se alguém de boa-fé edificar, em terreno alheio de pequena área, um edifício com dez andares, fez um alto investimento, cujo valor é bem maior do que aquele terreno que não lhe pertence. Por isso, mais justo será que passe a ser o proprietário do solo, mediante pagamento de um *quantum* indenizatório. Com isso, evitar-se-á que haja enriquecimento sem causa. Ter-se-á, segundo alguns autores, uma "desapropriação privada", pois seria mais conveniente o pagamento dessa indenização do que desfazer parcialmente a obra edificada, prejudicando-a e violando o princípio da função social da propriedade. O dono do solo invadido deveria, durante o andamento da construção, ter feito uso da ação de nunciação de obra nova, para embargá-la. O trabalho de quem pensava estar edificando ou lavrando terreno próprio, valorizando-o, deve prevalecer diante da inércia do proprietário. Ter-se-á, nesta hipótese, uma *acessão invertida*, em que a construção, ou a plantação, passará a ser considerada como principal, descaracterizando a regra de que o acessório segue o principal. Todavia, há quem ache, como Paulo Nader, que: "Importante inovação foi trazida pelo parágrafo único do art. 1.255 do Código Civil, ao admitir a principalidade na plantação e construção, desde que exceda consideravelmente o valor do terreno estando de boa-fé quem plantou ou edificou, garantido ao proprietário do imóvel o direito à indenização. Na hipótese, quem adquire a propriedade plena é quem plantou ou construiu com recursos próprios. Observa-se que o dispositivo legal não abriu exceção ao princípio *accessorium cedit principali*, apenas interpretou o que, na espécie, deve ser considerado principal".

BIBLIOGRAFIA: Lomonaco, *Istituzioni di diritto civile*, v. 3, p. 171; Marcello Caetano da Costa, *Das acessões*, cit., p. 79-84; W. Barros Monteiro, *Curso*, cit., v. 3, p. 121-2; M. Helena Diniz, *Curso*, cit., v. 4, p. 116; Carlos Alberto Dabus Maluf, Benfeitoria não se confunde com acessão, *RT*, *692*:201; Matiello, *Código Civil*, cit., p. 788; Paulo Nader, *Curso de direito civil*, Rio de Janeiro, Forense, 2006, p. 179 e 180.

Art. 1.256. Se de ambas as partes houve má-fé, adquirirá o proprietário as sementes, plantas e construções, devendo ressarcir o valor das acessões.

- *Código Civil, art. 1.257.*

Parágrafo único. Presume-se má-fé no proprietário, quando o trabalho de construção, ou lavoura, se fez em sua presença e sem impugnação sua.

Má-fé do proprietário do solo e do plantador ou construtor. Como o proprietário malicioso não pode tirar proveito de seu comportamento ilícito, o *caput* do artigo *sub examine* estabelece que, se ambas as partes estiverem de má-fé, o dono do solo receberá o domínio das sementes, plantas e construções devido ao fato de a acessão artificial ser uma modalidade aquisitiva da propriedade imobiliária, ante o princípio de que o proprietário do principal adquire o acessório, ficando, porém, obrigado a indenizar seu respectivo valor. Logo, havendo má-fé do dono do terreno e do lavrador ou construtor, o proprietário do solo deverá ressarcir o valor da construção ou da plantação, uma vez que feita em seu imóvel incorporar-se-á à sua propriedade.

Presunção da má-fé do proprietário do terreno. Presumir-se-á a má-fé no dono do solo quando o trabalho de construção ou lavoura se fez em sua presença e sem sua impugnação, hipótese em que se entenderá que o edificador ou lavrador se encontrava de boa-fé, dado o consenso tácito do dono da terra, uma vez que assistiu à execução do plantio e da obra sem apresentar qualquer oposição, agindo, assim, maliciosamente, com o escopo de, no momento oportuno, beneficiar-se alegando que a construção ou plantação foi feita a sua revelia, locupletando-se à custa de outrem. Competirá ao construtor ou lavrador provar que o proprietário da terra tinha conhecimento da execução do trabalho, uma vez que o presenciou omitindo-se de tomar qualquer providência para impedir o prosseguimento da obra ou da lavoura. Ficando demonstrada a má-fé do dono do solo, este adquirirá a propriedade da construção ou da plantação, mas ficará com o encargo de indenizá-la ao construtor ou plantador.

BIBLIOGRAFIA: W. Barros Monteiro, *Curso*, cit., v. 3, p. 122; Caio M. S. Pereira, *Instituições*, cit., v. 4, p. 125; Darcy Arruda Miranda, *Anotações*, cit., v. 2, p. 55; Levenhagen, *Código Civil*, cit., v. 3, p. 113-4; M. Helena Diniz, *Curso*, cit., v. 4, p. 116-7.

Art. 1.257. O disposto no artigo antecedente aplica-se ao caso de não pertencerem as sementes, plantas ou materiais a quem de boa-fé os empregou em solo alheio.

• *Código Civil, art. 1.256.*

Parágrafo único. O proprietário das sementes, plantas ou materiais poderá cobrar do proprietário do solo a indenização devida, quando não puder havê-la do plantador ou construtor.

Plantação ou edificação feita por terceiro de boa-fé em solo alheio e com matéria-prima de outrem. Se terceiro de boa-fé vier a plantar ou construir com semente ou material de outrem, em terreno igualmente alheio, o dono da matéria-prima perderá sua propriedade, mas será indenizado pelo valor dela. Tal indenização deverá ser paga pelo plantador ou construtor, mas se este não puder pagá-la, o dono da matéria-prima poderá reclamá-la, subsidiariamente, do dono do solo onde foi feita a lavoura ou a obra.

BIBLIOGRAFIA: M. Helena Diniz, *Curso*, cit., v. 4, p. 117; Levenhagen, *Código Civil*, cit., v. 3, p. 114; R. Limongi França, *Instituições*, cit., p. 454.

Art. 1.258. Se a construção, feita parcialmente em solo próprio, invade solo alheio em proporção não superior à vigésima parte deste, adquire o construtor de boa-fé a propriedade da parte do solo invadido, se o valor da construção exceder o dessa parte, e responde por indenização que represente, também, o valor da área perdida e a desvalorização da área remanescente.

Parágrafo único. Pagando em décuplo as perdas e danos previstos neste artigo, o construtor de má-fé adquire a propriedade da parte do solo que invadiu, se em proporção à vigésima parte deste e o valor da construção exceder consideravelmente o dessa parte e não se puder demolir a porção invasora sem grave prejuízo para a construção.

• Vide *Código Civil, arts. 402 a 405 e 1.248, V.*

Construção em zona lindeira. Se a construção em zona limítrofe invadir parcialmente terreno alheio em proporção não superior à vigésima parte (5%) deste, o construtor, se estava de boa-fé, passará a ter a propriedade da área invadida. Mas, se o valor da construção for maior do que o do terreno invadido, que a abrigar, deverá responder pagando indenização que abranja o valor correspondente ao solo invadido e a desvalorização mercadológica da área remanescente, evitando-se, assim, enriquecimento sem causa.

Se o construtor estava de má-fé, poderá adquirir o domínio da parcela do solo invadido, se pagar em décuplo as perdas e danos, proporcional a 1/20 daquele, desde que o valor da construção exceda ao dessa parte e não se possa demolir a porção invasora sem grave dano para a obra construída. A ocorrência desses fatos é comum em loteamentos irregulares, com marcos divisórios apagados ou confusos, requerendo perícia para averiguar não só se a proporção da área alheia invadida foi, ou não, superior a 1/20, mas também se há conveniência, ou não, da demolição.

Pelo Enunciado n. 318 do Conselho da Justiça Federal (aprovado na *IV Jornada de Direito Civil*): "O direito à aquisição da propriedade do solo em favor do construtor de má-fé (art. 1.258, parágrafo único) somente é viável quando, além dos requisitos explícitos previstos em lei, houver necessidade de proteger terceiros de boa-fé".

Art. 1.259. Se o construtor estiver de boa-fé, e a invasão do solo alheio exceder a vigésima parte deste, adquire a propriedade da parte do solo invadido, e responde por perdas e danos que abranjam o valor que a invasão acrescer à construção, mais o da área perdida e o da desvalorização da área remanescente; se de má-fé, é obrigado a demolir o que nele construiu, pagando as perdas e danos apurados, que serão devidos em dobro.

- *Código Civil, arts. 402 a 405.*

Invasão do solo alheio superior à sua vigésima parte. Havendo invasão de propriedade alheia que exceda a sua vigésima parte: *a*) o construtor de boa-fé adquire o domínio da parcela invadida, respondendo por perdas e danos, nos quais estão computados o valor econômico do que foi construído, a desvalorização da área remanescente e o valor mercadológico da área perdida; e *b*) o construtor de má-fé é obrigado a demolir a construção, pagando em dobro a indenização das perdas e danos apurados, ou seja, haverá restituição do *statu quo ante* e pagamento, em dobro, de danos emergentes e lucros cessantes experimentados pelo proprietário do terreno, em razão da invasão sofrida.

Capítulo III

Da Aquisição da Propriedade Móvel

- *Lei n. 7.542/86.*

Seção I

Da usucapião

Art. 1.260. Aquele que possuir coisa móvel como sua, contínua e incontestadamente durante três anos, com justo título e boa-fé, adquirir-lhe-á a propriedade.

- Vide *Código Civil, arts. 1.201 e 1.208.*
- *Súmula 340 do Supremo Tribunal Federal e Súmula 193 do Superior Tribunal de Justiça.*
- Vide *Lei n. 6.015, de 31 de dezembro de 1973, arts. 167, I, n. 28 (registro das sentenças declaratórias de usucapião), e 226 (matrícula de usucapião).*

Usucapião de coisa móvel. A usucapião é modo originário de aquisição de bem móvel corpóreo, dando juridicidade a situações fáticas que se alongaram no tempo (*JB, 152*:224; *RT, 547*:61, *543*:213, *591*:137, *476*:90, *623*:187, *712*:249; *762*:259, *773*:249, *806*:200; *JTACSP, 91*:22, *78*:100; *RJE, 3*:7). Há corrente jurisprudencial majoritária negando a possibilidade de usucapião de bens imateriais como direito de marca e nome empresarial (*JTJSP, 99*:197) ou ações de sociedade anônima (*RJTJSP*).

BIBLIOGRAFIA: Silvio Rodrigues, *Direito civil*, cit., v. 5, p. 216; Caio M. S. Pereira, *Instituições*, cit., v. 4, p. 155; Orlando Gomes, *Direitos reais*, cit., v. 163; Levenhagen, *Código Civil*, cit., v. 3, p. 177-8; Sá

Pereira, *Manual*, cit., v. 8, n. 158 e 159; W. Barros Monteiro, *Curso*, cit., v. 3, p. 198-9; Mazeaud e Mazeaud, *Leçons*, cit., v. 2, n. 1.518; M. Helena Diniz, *Curso*, cit., v. 4, p. 209-10; Rita de Cássia Curvo Leite, Usucapião em linha telefônica, *RP*, *57*:220; José Carlos de Moraes Salles, *Usucapião de bens imóveis e móveis*, São Paulo, Revista dos Tribunais, 1996. *Vide* Súmula 193 do STJ e *RSTJ*, *101*:287 sobre usucapião de uso de linha telefônica.

Usucapião ordinária e requisitos para sua configuração. Haverá usucapião ordinária de bem móvel quando alguém o possuir como seu, ininterruptamente e sem oposição, durante três anos. Todavia, não bastará a posse. Esta, além de ser contínua e pacífica, deverá ser exercida com *animus domini*, baseado em justo título e boa-fé (*AJ*, *76*:24).

Art. 1.261. Se a posse da coisa móvel se prolongar por cinco anos, produzirá usucapião, independentemente de título ou boa-fé.

- *Súmula 445 do Supremo Tribunal Federal.*

Usucapião extraordinária de coisa móvel. Ter-se-á usucapião extraordinária de bem móvel quando houver posse ininterrupta e pacífica, pelo decurso do prazo de cinco anos, sem que se tenha de provar justo título e boa-fé (STF, Súmula 445; *RT*, *712*:249, *648*:163; *Ciência Jurídica*, *37*:131).

Art. 1.262. Aplica-se à usucapião das coisas móveis o disposto nos arts. 1.243 e 1.244.

- *Código Civil, arts. 1.243 e 1.244.*
- *A Lei n. 370, de 4 de janeiro de 1937, dispõe sobre o dinheiro e objetos de valor depositados nos estabelecimentos bancários e comerciais, considerando-os abandonados, quando a conta tiver ficado sem movimento e os objetos não houverem sido reclamados durante 30 (trinta) anos, contados do depósito. A Lei n. 2.313, de 3 de setembro de 1954, regulamentada pelo Decreto n. 40.395, de 21 de novembro de 1956, dispõe sobre o prazo dos depósitos, reduzindo o que era previsto pela Lei n. 370/37.*

Aplicabilidade dos arts. 1.243 e 1.244 do Código Civil à usucapião de móveis. O possuidor de bem móvel poderá, para obter o reconhecimento da usucapião, unir a sua posse à de seu antecessor, desde que ambas sejam contínuas e pacíficas. Aplicam-se também à usucapião de móveis as causas que impedem, suspendem ou interrompem a prescrição (CC, arts. 197 a 204).

SEÇÃO II
DA OCUPAÇÃO

Art. 1.263. Quem se assenhorear de coisa sem dono para logo lhe adquire a propriedade, não sendo essa ocupação defesa por lei.

- Vide *Código Civil, arts. 1.233 a 1.237 e 1.264 a 1.266.*
- *As administrações dos portos promoverão a venda, em leilão público, das mercadorias nacionais ou nacionalizadas, que estejam depositadas nos recintos das instalações portuárias, quando os donos dessas mercadorias declararem, por escrito, que as abandonam (vide art. 23, a, do Decreto-Lei n. 8.439, de 24-12-1945, ora revogado pelo art. 76 da Lei n. 8.630/93).*
- *Dispondo sobre a garimpagem e o comércio de pedras preciosas, o Decreto-Lei n. 466, de 4 de junho de 1938, considerou abandonadas e sujeitas à venda as mercadorias não reclamadas, por*

quem de direito, até 90 (noventa) dias depois de findo o processo administrativo instaurado por infração de seus dispositivos.

- *Constituição Federal, art. 24, VI.*
- *As Leis n. 5.197, de 3 de janeiro de 1967, 8.490/92, com alterações das Leis n. 7.653/88, 8.746/93, 9.111/95, e a Portaria n. 241/94 do Ministério do Meio Ambiente e da Amazônia Legal dispõem sobre a proteção à fauna.*
- *Decretos n. 97.633/89, sobre Conselho Nacional de Proteção à Fauna; 93.935/87, promulga Convenção sobre Conservação dos Recursos Vivos Marinhos Antárticos; 78.017/76, promulga Acordo para Conservação da Flora e da Fauna dos Territórios Amazônicos do Brasil e da Colômbia; 58.054/66, promulga Convenção para Proteção da Flora, da Fauna e das Belezas Cênicas dos Países da América.*
- *Lei n. 9.605/98, arts. 29 a 37, sobre crimes contra a fauna; Decreto n. 6.514/2008, sobre infrações e sanções administrativas ao meio ambiente.*
- Vide *Lei n. 6.001, de 19 de dezembro de 1973, arts. 18, § 1º, e 24, § 2º.*
- *Sobre caça amadorista, Portaria n. 69/94 do IBAMA.*
- *Caça: Portaria do Colog n. 51/2015 (alterada pela Portaria do Colog n. 87/2015) sobre regulamentação do tiro desportivo e caça.*
- *Infrações contra a fauna — Lei n. 7.653/88.*
- O *Decreto-Lei n. 221, de 28 de fevereiro de 1967, dispõe sobre a proteção e estímulos à pesca, com os acréscimos da Lei n. 9.059, de 13 de junho de 1995.*
- *Lei n. 7.643/87, que proíbe pesca da baleia em águas jurisdicionais brasileiras.*
- *Decreto n. 7.304/2010.*
- *Decreto n. 1.697/95, sobre criação do Grupo Executivo do Setor Pesqueiro.*
- *Portaria n. 117/96, contém normas para evitar molestamento de cetáceos em água jurisdicional brasileira.*
- Vide *Portarias do IBAMA n. 49 e 56, de 1992, sobre pesca, e Instrução Normativa da Secretaria Especial de Aquicultura e Pesca n. 3/2004 sobre Registro Geral da Pesca.*
- *Lei n. 7.679/88 (ora revogada pela Lei n. 11.959/2009) proíbe a pesca em período de reprodução.*
- *Decretos n. 1.694 e 1.695, de 13 de novembro de 1995, que, respectivamente, cria o Sistema Nacional de Informações de Pesca e Agricultura e regulamenta a exploração de aquicultura em águas públicas da União.*

Formas de aquisição e perda da propriedade móvel. Os modos de adquirir e de perder a propriedade móvel são os mesmos, dado que, se, de um lado, alguém adquire um direito de propriedade, em regra, de outro lado, alguém perde, concomitantemente, a titularidade desse direito. Os modos aquisitivos e extintivos da propriedade mobiliária podem ser: *a*) *originários*, se não houver ato volitivo de transmissibilidade, como a ocupação e a usucapião; ou *b*) *derivados*, se se perfizerem mediante a manifestação de um ato de vontade, como especificação, confusão, comistão, adjunção, tradição e sucessão hereditária (*res derelictae*).

Ocupação. A ocupação é a aquisição de coisa móvel ou semovente, sem dono, por não ter sido apropriada (*res nullius*), ou por ter sido abandonada (*res derelictae*), não sendo essa apropriação defesa por lei. Exige-se para sua configuração a conjunção de três requisitos: *animus* de adquirir o bem para si; apreensão de *res nullius* ou *res derelictae* e reconhecimento legal do ato de apreensão como modo originário de aquisição da propriedade. Apresenta-se, portanto, sob três formas: a *ocupação propriamente dita*, que tem por objeto seres vivos (caça e pesca, Lei n. 5.197/67; Decreto-Lei n. 221/67 e Leis n. 7.653/88 e 7.679/88 — revogada pela Lei n. 11.959/2009) e coisas inanimadas; a *descoberta*, que é relativa às coisas perdidas (CC, arts. 1.233 a 1.237); e o *tesouro*, concernente à coisa achada (CC, arts. 1.264 a 1.266).

"Res derelictae". A *res derelictae* é coisa sem dono porque foi abandonada pelo seu proprietário, que, intencionalmente, quis despojar-se dela; logo, poderá ser licitamente adquirida mediante ocupação pelo *premier venant* (*RT*, *481*:351; *BAASP*, *1.976*:1). São coisas sem dono e sujeitas a apropriação: os animais bravios ou selvagens, entregues à sua natural liberdade; os animais domesticados ou mansos que não forem assinalados, se tiverem perdido o hábito de retornar ao local onde costumam recolher-se, salvo se os donos ainda estiverem à sua procura; os enxames de abelhas, anteriormente apropriados, se o dono da colmeia a que pertenciam não reclamar imediatamente; as pedras, conchas e outras substâncias minerais, vegetais ou animais arrojadas às praias pelo mar, se não apresentarem sinais de domínio anterior. Logo, se algum objeto de navio afundado vier à tona, sendo levado pelo mar à praia, não poderá ser adquirido por ocupação.

BIBLIOGRAFIA: Carvalho Santos, *Código Civil brasileiro interpretado*, cit., obs. ao art. 593, v. 3; Curti-Forrer, *Commentaire du Code Civil suisse*; nota n. 7 ao art. 718; Sá Pereira, *Manual*, cit., v. 8, p. 129.

"Res nullius". A *res nullius* ou coisa de ninguém, por não ter sido nunca apropriada, pode ser adquirida por ocupação.

BIBLIOGRAFIA: Silvio Rodrigues, *Direito civil*, cit., v. 5, p. 209; Orlando Gomes, *Direitos reais*, cit., p. 171-3; Mazeaud e Mazeaud, *Leçons*, cit., v. 2, n. 1.579; Caio M. S. Pereira, *Instituições*, cit., v. 4, p. 146-7; M. Helena Diniz, *Curso*, cit., v. 4, p. 204-5; W. Barros Monteiro, *Curso*, cit., v. 3, p. 185-6; Carlos Alberto Bittar, *Direitos reais*, cit., p. 115-26; Roberto Senise Lisboa, *Manual*, cit., v. 4, p. 121-8; Sebastião José Roque, *Direito das coisas*, cit., p. 109-20.

SEÇÃO III
DO ACHADO DO TESOURO

Art. 1.264. O depósito antigo de coisas preciosas, oculto e de cujo dono não haja memória, será dividido por igual entre o proprietário do prédio e o que achar o tesouro casualmente.

- *Lei n. 3.924/61, sobre descobertas fortuitas (arts. 17 a 19).*
- *Lei n. 7.542/86, sobre coisas perdidas no mar.*
- Vide *Código Penal, art. 169, parágrafo único, I.*
- *Código Civil, art. 1.392, § 3º, primeira parte.*

Tesouro. O tesouro é o depósito antigo de coisas preciosas, oculto e de cujo dono não haja memória. Se se puder provar ou justificar a propriedade de alguém sobre o valioso depósito encontrado, não se terá tesouro algum. Por exemplo, se alguém provar que o achado valioso encontrado por um marceneiro lhe pertence porque o havia ocultado em fundo falso do móvel.

Tesouro encontrado casualmente em prédio alheio. A atividade do achador deverá ser casual. Se se encontrar casualmente um tesouro em terreno alheio, ele será dividido em partes iguais entre o dono do prédio e o achador. Se um deles vier a se apossar de todo o tesouro, ter-se-á furto relativamente à metade que não lhe pertence; logo, o prejudicado poderá exigir, judicialmente, que lhe seja entregue a parte que, por lei, lhe cabe.

BIBLIOGRAFIA: Caio M. S. Pereira, *Instituições*, cit., v. 4, p. 153; Ruggiero e Maroi, *Istituzioni*, cit., v. 1, § 112; De Page, *Traité élémentaire*, cit., v. 6, n. 21; W. Barros Monteiro, *Curso*, cit., v. 3, p. 191; e Aquisição da propriedade móvel, *Revista Trimestral de Direito Privado*, v. *1*:83-94, 1970; Levenhagen, *Código Civil*, cit., v. 3, p. 171; Clóvis Beviláqua, *Código Civil comentado*, v. 3, p. 138 e s.; Sá Pereira, *Manual*, cit., v. 8, n. 140-5; M. Helena Diniz, *Curso*, cit., v. 4, p. 208-9; Carlos Alberto Bittar, *Direitos reais*, cit., p. 120.

Art. 1.265. O tesouro pertencerá por inteiro ao proprietário do prédio, se for achado por ele, ou em pesquisa que ordenou, ou por terceiro não autorizado.

Hipóteses de propriedade exclusiva do tesouro do dono do prédio. O proprietário do prédio onde foi encontrado o tesouro terá sua propriedade exclusiva se: *a*) o tesouro for encontrado por ele em seu próprio imóvel; *b*) o tesouro for encontrado por empregado seu, incumbido de efetuar pesquisas para encontrá-lo; *c*) o tesouro for achado por pessoa que, sem licença sua, invadiu intencionalmente sua terra para escavá-la em busca de riqueza.

Art. 1.266. Achando-se em terreno aforado, o tesouro será dividido por igual entre o descobridor e o enfiteuta, ou será deste por inteiro quando ele mesmo seja o descobridor.

- *Código Civil de 1916, arts. 678 a 694 por força do disposto no Código Civil de 2002, art. 2.038.*

Propriedade do tesouro encontrado em terreno aforado. Se o tesouro for encontrado em imóvel aforado, deverá ser partilhado, igualmente, entre quem o encontrou e o enfiteuta (titular do domínio útil), ou será deste último somente se ele mesmo foi o descobridor. Logo, o senhorio direto (titular do domínio direto) direito algum terá sobre o valioso depósito achado.

SEÇÃO IV
DA TRADIÇÃO

Art. 1.267. A propriedade das coisas não se transfere pelos negócios jurídicos antes da tradição.

Parágrafo único. Subentende-se a tradição quando o transmitente continua a possuir pelo constituto possessório; quando cede ao adquirente o direito à restituição da coisa, que se encontra em poder de terceiro; ou quando o adquirente já está na posse da coisa, por ocasião do negócio jurídico.

- Vide *Código Civil, arts. 1.431, 1.452, 1.226, 234, 237, 238, 328, 291, 444, 492, 495, 541, parágrafo único, 579, 587 e 809.*

Tradição. A tradição consiste na entrega de bem móvel ao adquirente, com a intenção de lhe transferir o domínio, em razão de título translativo de propriedade (*RT*, *520*:140; *RJTJSP*, *134*:77), tendo-se em vista que o negócio jurídico antes da tradição apenas gera direito pessoal. Só com a tradição é que a declaração translatícia de vontade se transforma em direito real. Valerá como tradição, produzindo os mesmos efeitos desta, a cessão que lhe fizer o alienante de seu direito à restituição da coisa que se encontrar na posse de terceiro (p. ex.:

A vende a *B* seu automóvel, que está emprestado a *C*. *A* cede seu direito de receber de volta o bem a *B*, que, então, com a cessão, se tornou o novo proprietário, podendo reclamar de *C* a sua entrega), hipótese em que a aquisição da posse indireta equivale à tradição, como sucede no caso do *constituto possessorio*, e o fato de o adquirente já estar na posse da coisa por ocasião do ato negocial (p. ex.: *A* dá em comodato o quadro "x" de Portinari a *B*, e, na vigência do contrato de empréstimo, vem a vendê-lo a *B*).

Tradição e constituto possessório. A tradição é a entrega material da coisa (tradição real), podendo consistir também no ato representativo da transferência, em que não há real entrega do objeto mas de coisa a ele equivalente (tradição simbólica), podendo, ainda, ultimar-se pelo constituto possessório, hipótese em que o transmitente continua na posse da coisa alienada, não mais em seu nome, mas em nome do adquirente (tradição ficta). O constituto possessório ocorre, portanto, quando o possuidor de um bem móvel que o possui em nome próprio passa a possuí-lo em nome alheio. Opera-se mediante dois atos jurídicos simultâneos: um de transferência da posse de um antigo para um novo possuidor e outro de conservação da posse pelo antigo possuidor em nome do novo adquirente (*RT*, *184*:744, *754*:245; *RSTJ*, *106*:357; *AJ*, *65*:300). Embora o atual Código Civil apenas admita a cláusula *constituti* como forma aquisitiva da posse de bem móvel, não vemos por que não admiti-la, excepcionalmente, em que pese a opinião contrária, por aplicação analógica do artigo *sub examine* em relação a imóvel (*BAASP*, *2.673*:612-13), diante do disposto no art. 1.196 do Código Civil, visto que não se refere à translatividade da propriedade, prevista nos arts. 1.227 e 1.245 do Código Civil, mas à tradição ficta da posse, ante o fato de o interessado já estar na posse da coisa, por ocasião do ato negocial. Por exemplo, *A* vende a *B* um automóvel ou a casa em que reside e de que é proprietário, ficando convencionado que *A* permanecerá com o carro ou no imóvel, não mais como dono, mas como locatário; logo, o possuidor antigo, que tinha posse plena e unificada, passa a ser possuidor direto, ao passo que o novo proprietário se investirá na posse indireta.

Pelo Enunciado n. 77 da *I Jornada de Direito Civil* do Conselho da Justiça Federal: "A posse de coisas móveis e imóveis também pode ser transmitida pelo constituto possessório".

BIBLIOGRAFIA: W. Barros Monteiro, *Curso*, cit., v. 3, p. 36-7; Orlando Gomes, *Direitos reais*, cit., p. 60-1; Caio M. S. Pereira, *Instituições*, cit., v. 4, p. 47 e 48, 51-2; Serpa Lopes, *Curso*, cit., v. 6, p. 160; Cornil, *Traité de la possession dans le droit romain*, Paris, 1905, § 12, p. 45; M. Helena Diniz, *Curso*, cit., v. 4, p. 56-8 e 259; Levenhagen, *Código Civil*, cit., v. 3, p. 40-2.

Art. 1.268. Feita por quem não seja proprietário, a tradição não aliena a propriedade, exceto se a coisa, oferecida ao público, em leilão ou estabelecimento comercial, for transferida em circunstâncias tais que, ao adquirente de boa-fé, como a qualquer pessoa, o alienante se afigurar dono.

• *Código Penal, art. 171, § 2º, I.*

§ 1º Se o adquirente estiver de boa-fé e o alienante adquirir depois a propriedade, considera-se realizada a transferência desde o momento em que ocorreu a tradição.

• Vide *Código Civil, arts. 1.420, § 1º, e 1.912.*

§ 2º Não transfere a propriedade a tradição, quando tiver por título um negócio jurídico nulo.

• Vide *Código Civil, arts. 166 e 167.*

Tradição da coisa feita por quem não é seu dono. Se o transmitente (*tradens*) não for o proprietário do bem móvel, a tradição não terá o efeito de transferir o domínio, constituindo crime de estelionato (CP, art. 171, § 2º), salvo se o bem, oferecido ao público, em leilão ou estabelecimento empresarial, for transferido em circunstância tal que, ao adquirente de boa-fé, pareceu ser a coisa alienada pertencente ao alienante. Mas se o adquirente estava de boa-fé e se o alienante vier a adquirir, posteriormente, a propriedade da coisa, considerar-se-á realizada a transferência desde o momento em que se deu a tradição. Operado estará, portanto, o efeito *ex tunc* da tradição.

Tradição baseada em ato negocial nulo. Se a tradição tiver por título um ato nulo, não terá o condão de operar a transferência da propriedade da coisa móvel.

SEÇÃO V
DA ESPECIFICAÇÃO

Art. 1.269. Aquele que, trabalhando em matéria-prima em parte alheia, obtiver espécie nova, desta será proprietário, se não se puder restituir à forma anterior.

• Vide *Código Civil, art. 1.274.*

Conceito de especificação. Segundo Washington de Barros Monteiro, "é o modo de adquirir a propriedade mediante transformação de coisa móvel em espécie nova, em virtude do trabalho ou da indústria do especificador, desde que não seja possível reduzi-la à sua forma primitiva". É o que ocorre com a escultura em relação à pedra; a pintura em relação à tela etc. (*TJRS*, Ap. Cível 39.540, 1ª Câm. Cív., rel. Cristiano Graeff Junior, j. 15-12-1981).

BIBLIOGRAFIA: Orlando Gomes, *Direitos reais*, cit., p. 175-6; Lafayette, *Direito das coisas*, cit., § 37; Enneccerus, Kipp e Wolff, *Tratado de derecho civil*: derecho de cosas, cit., §§ 71 e s.; Hedemann, *Derechos reales*, cit., p. 200; Silvio Rodrigues, *Direito civil*, cit., v. 5, p. 214-5; Caio M. S. Pereira, *Instituições*, cit., v. 4, p. 154; Sá Pereira, *Manual*, cit., v. 8, n. 150-4; Levenhagen, *Código Civil*, cit., v. 3, p. 173-5; Darcy Arruda Miranda, *Anotações*, cit., v. 2, p. 113-4; M. Helena Diniz, *Curso*, cit., v. 4, p. 210-2; W. Barros Monteiro, *Curso*, cit., v. 3, p. 193.

Propriedade da coisa nova. A propriedade da coisa nova será do especificador se a matéria-prima era sua ou se lhe pertencer apenas em parte, não podendo voltar à sua forma anterior. Mas se pertencer em parte ao especificador, podendo ser restituída à forma anterior, o dono da matéria-prima não perderá sua propriedade.

Art. 1.270. Se toda a matéria for alheia, e não se puder reduzir à forma precedente, será do especificador de boa-fé a espécie nova.

§ 1º Sendo praticável a redução, ou quando impraticável, se a espécie nova se obteve de má-fé, pertencerá ao dono da matéria-prima.

• *Código Civil, art. 1.271.*

§ 2º Em qualquer caso, inclusive o da pintura em relação à tela, da escultura, escritura e outro qualquer trabalho gráfico em relação à matéria-prima, a espécie nova será do especificador, se o seu valor exceder consideravelmente o da matéria-prima.

Coisa nova feita com matéria-prima alheia. Se o material for de outrem, a propriedade da coisa nova será: *a*) do especificador de boa-fé, desde que não possa voltar à forma precedente; *b*) do dono do material, se o especificador estiver de má-fé e desde que não possa ser reduzida à forma anterior; *c*) do dono da matéria-prima, se puder voltar à forma antiga; *d*) do especificador, podendo ou não ser reduzida à forma precedente, estando ou não o especificador de boa-fé, se o preço da mão de obra for maior do que o da matéria-prima.

Obra de arte ou literária decorrente de especificação. Se da especificação resultar obra de arte, como a pintura em relação à tela, a escultura relativamente à matéria-prima, e a escritura e outro trabalho gráfico em relação à matéria-prima que os recebe, a propriedade da coisa nova será exclusiva do especificador, se seu valor exceder consideravelmente o da matéria-prima alheia. O órgão judicante deverá, então, averiguar se o valor da mão de obra é superior ao da matéria-prima.

Art. 1.271. Aos prejudicados, nas hipóteses dos arts. 1.269 e 1.270, se ressarcirá o dano que sofrerem, menos ao especificador de má-fé, no caso do § 1º do artigo antecedente, quando irredutível a especificação.

Especificação de má-fé e perda da indenização. Aqueles que forem lesados com a especificação feita com matéria-prima alheia terão direito de receber uma indenização pelo dano sofrido, pois apenas não haverá ressarcimento em favor do especificador que, de má-fé, veio a utilizar material de outrem. Assim, se o dono do material veio a adquirir a coisa nova, isento estará de indenizar o especificador se a especificação irredutível foi feita de má-fé, pois se a lei o obrigasse a isso, estaria contrariando o princípio de que ninguém pode locupletar-se ilicitamente, uma vez que o especificador malicioso nada, então, teria a perder: ou receberia a propriedade da coisa nova ou a indenização por um trabalho não encomendado.

SEÇÃO VI

DA CONFUSÃO, DA COMISSÃO* E DA ADJUNÇÃO

* *Trata-se, na verdade, da comistão, apesar de o texto legal dizer comissão.*

Art. 1.272. As coisas pertencentes a diversos donos, confundidas, misturadas ou adjuntadas sem o consentimento deles, continuam a pertencer-lhes, sendo possível separá-las sem deterioração.

§ 1º Não sendo possível a separação das coisas, ou exigindo dispêndio excessivo, subsiste indiviso o todo, cabendo a cada um dos donos quinhão proporcional ao valor da coisa com que entrou para a mistura ou agregado.

§ 2º Se uma das coisas puder considerar-se principal, o dono sê-lo-á do todo, indenizando os outros.

• *Código Civil, art. 92.*

Confusão. A confusão é a mistura de coisas líquidas (p. ex., álcool e gasolina), sendo impossível separá-las.

Comistão. A comistão consiste na mistura de coisas sólidas (p. ex., de grãos de café tipo A com os de tipo B; de trigo com glúten), de tal forma que não se possam separá-las.

Adjunção. A adjunção é a justaposição de uma coisa à outra, de modo que não mais torne possível destacar a acessória da principal, sem deterioração (p. ex., vaso contendo decalque alheio; peça de roupa de um com estampa de outrem).

Mescla de bens pertencentes a vários proprietários. Se a mescla for intencional, cada proprietário decidirá a quem pertencerá o produto. Se, contudo, for não intencional, por ter sido feita sem o consentimento deles, por terceiro, a lei determina que: *a*) se as coisas puderem ser separadas, sem deterioração, cada proprietário continuará a ter o domínio sobre a mesma coisa que lhe pertencia antes da mesclagem; *b*) se for impossível separá-las, ou se a separação for muito dispendiosa, o todo permanecerá indiviso, tendo-se um *condomínio forçado*; cada proprietário terá um quinhão proporcional ao valor do bem com que entrou para a mistura; *c*) se uma das coisas puder ser considerada principal, seu dono sê-lo-á do todo, indenizando os outros (proprietários) pelo valor das coisas acessórias.

Art. 1.273. Se a confusão, comissão* ou adjunção se operou de má-fé, à outra parte caberá escolher entre adquirir a propriedade do todo, pagando o que não for seu, abatida a indenização que lhe for devida, ou renunciar ao que lhe pertencer, caso em que será indenizado.

* *O texto legal diz mesmo comissão, embora devesse dizer comistão.*

- ***Projeto de Lei n. 699/2011**: "Art. 1.273. Se a confusão, comistão ou adjunção se operou de má-fé, à outra parte caberá escolher entre adquirir a propriedade do todo, pagando o que não for seu, abatida a indenização que lhe for devida, ou renunciar ao que lhe pertencer, caso em que será indenizado".*

Mistura operada de má-fé. Se a mesclagem se operou de má-fé, a parte que não concorreu para sua efetivação poderá optar entre adquirir a propriedade do todo, pagando a porção que não for sua, abatida a indenização que lhe for devida, ou renunciar a que lhe pertence, mediante recebimento de completa indenização abrangendo seu valor, inclusive perdas e danos, se for o caso. Poderá, portanto, escolher entre o condomínio forçado e a indenização a que tem direito.

Art. 1.274. Se da união de matérias de natureza diversa se formar espécie nova, à confusão, comissão* ou adjunção aplicam-se as normas dos arts. 1.272 e 1.273.

* *Trata-se, na verdade, da comistão.*

- Vide *Código Civil, arts. 1.269, 1.270 e 1.271.*
- ***Projeto de Lei n. 699/2011**: "Art. 1.274. Se da união de matérias de natureza diversa se formar espécie nova, à confusão, comistão ou adjunção aplicam-se as normas dos arts. 1.270 e 1.271".*

Formação de espécie nova. Se da união de matérias diferentes advier coisa nova, a confusão, comistão ou adjunção passarão a ter, na verdade, natureza de especificação, passando a reger-se pelos arts. 1.272 e 1.273, ou melhor, pelos arts. 1.270 e 1.271, que seria a remissão legislativa correta, do Código Civil.

BIBLIOGRAFIA: Sá Pereira, *Manual*, cit., v. 8, n. 155-7; Levenhagen, *Código Civil*, cit., v. 3, p. 175-7; Orlando Gomes, *Direitos reais*, cit., p. 177; W. Barros Monteiro, *Curso*, cit., v. 3, p. 196-7; Caio M. S. Pereira, *Instituições*, cit., v. 4, p. 155; Enneccerus, Kipp e Wolff, *Tratado de derecho civil*: derecho de cosas, § 72; Lafayette, *Direito das coisas*, v. 1, p. 115, nota 4; M. Helena Diniz, *Curso*, cit., v. 4, p. 212-3; Maria Lígia Coelho Mathias, *Direito civil*, cit., p. 85 e 86.

CAPÍTULO IV
DA PERDA DA PROPRIEDADE

Art. 1.275. Além das causas consideradas neste Código, perde-se a propriedade:
I — por alienação;
II — pela renúncia;
III — por abandono;
IV — por perecimento da coisa;
V — por desapropriação.

- Vide *Código Civil, arts. 1.228, §§ 3º a 5º (desapropriação judicial) e 519 (retrocessão), e Lei n. 10.257/2001, art. 8º, §§ 1º a 6º.*
- *Constituição Federal, arts. 5º, XXIV, 22, II, e 182, §§ 3º e 4º.*
- *Decreto-Lei n. 3.365/41 (com alterações das Leis n. 2.786/56, 4.686/65, 6.602/78, 9.785/99 e 13.465/2017).*
- *Lei n. 4.132/62.*
- *Decreto-Lei n. 1.075/70.*
- *Lei n. 6.602/78.*

Parágrafo único. Nos casos dos incisos I e II, os efeitos da perda da propriedade imóvel serão subordinados ao registro do título transmissivo ou do ato renunciativo no Registro de Imóveis.

- Vide *Lei n. 6.015/73, art. 167.*

Perda da propriedade. Ante a perpetuidade do domínio, este permanecerá na pessoa de seu titular ou de seus sucessores *causa mortis* indefinidamente ou até que por meio legal venha a ser afastado do seu patrimônio. Os modos terminativos da propriedade imóvel estão elencados no art. 1.275 do Código Civil, tais como: alienação, renúncia, abandono, perecimento da coisa e desapropriação.

Alienação. A alienação decorre do *jus disponendi*, sendo uma forma de extinção subjetiva do domínio, em que o titular desse direito, por sua própria vontade, transmite a outrem, onerosa ou gratuitamente, bem móvel, por meio da tradição, ou imóvel, desde que haja o assento do título aquisitivo no Registro Imobiliário competente.

Renúncia. A renúncia é um ato unilateral pelo qual o proprietário declara, expressamente, sua intenção de abrir mão de seu direito sobre a coisa em favor de terceira pessoa, que não precisará manifestar sua aceitação. Tal renúncia para transferir o domínio de bem de raiz requer o assento do ato renunciativo no Registro do local do imóvel (*JTJ, 251*:396).

Abandono. O abandono é um ato unilateral em que o titular do domínio se desfaz, voluntariamente, do seu bem móvel ou imóvel porque não mais deseja continuar sendo seu dono. O bem móvel abandonado passará a ser *res derelictae* e será suscetível de ocupação pela pessoa que dele vier a apoderar-se. O imóvel abandonado passará ao domínio do Poder Público três anos depois, se localizado em zona urbana ou rural (CC, art. 1.276 e § 1º).

Pelo Enunciado n. 565 do Conselho da Justiça Federal (aprovado na *VI Jornada de Direito Civil*): "Não ocorre a perda da propriedade por abandono de resíduos sólidos, que são considerados bens socioambientais, nos termos da Lei n. 12.305/2012".

Perecimento da coisa. Como não há direito sem objeto, com o perecimento deste extingue-se a propriedade. Tal perecimento poderá decorrer de ato involuntário, se oriundo de fato natural: terremoto, raio, incêndio, acessão natural etc., ou de ato voluntário do titular do domínio, como na hipótese de destruição.

Desapropriação. Procedimento pelo qual o Poder Público despoja alguém de certo bem, com fundamento em necessidade pública, utilidade pública ou interesse social, adquirindo-o mediante indenização prévia e justa, pagável em dinheiro ou, se o sujeito passivo concordar, em títulos de dívida pública com cláusula de exata atualização monetária (CF/88, arts. 5º, XXIV, 182, §§ 3º e 4º, III, 184, §§ 1º a 5º, e 185, I e II; CC, art. 1.228, § 3º; Decreto-Lei n. 3.365/41; Decreto-Lei n. 1.075/70; Lei n. 4.132/62; Lei n. 8.629/93 (com alteração do Decreto n. 9.311/2018); Lei n. 3.833/60; Decreto n. 24.643/34, arts. 32, 33 e 151; STJ, Súmulas 56, 67, 69, 70, 102, 113, 114, 119, 131, 141; *RT*, *781*:149, *778*:201 e 209, *779*:163, *629*:128, *621*:104,

DIREITO DAS COISAS

573:123, *575*:306, *576*:93, *578*:245, *780*:194, *786*:199; *RTJ*, *108*:713, *106*:937, *95*:407; *EJSTJ*, *9*:23, *8*:23, 25, 28 e 32; STJ, Súmula 354 (com eficácia prejudicada); STF, Súmulas 111, 345, 416, 479, 617, 561, 618). Além da *desapropriação administrativa*, pode-se perder a propriedade, pela *desapropriação judicial* fundada na posse *pro labore*, prevista no CC, art. 1.228, §§ 4º e 5º.

Requisição. Ato pelo qual o Estado, em proveito de um interesse público, constitui alguém, de modo unilateral e autoexecutório, na obrigação de prestar-lhe um serviço ou ceder-lhe transitoriamente o uso de uma coisa, obrigando-se a indenizar prejuízos causados ao obrigado (CC, art. 1.228, § 3º, 2ª parte). Não há, propriamente, uma perda da propriedade.

BIBLIOGRAFIA: Silvio Rodrigues, *Direito civil*, cit., v. 5, p. 195-8; W. Barros Monteiro, *Curso*, cit., v. 3, p. 168-70; Orlando Gomes, *Direitos reais*, cit., p. 179-82; Daibert, *Direito das coisas*, cit., p. 255-8; Sá Pereira, *Manual*, cit., v. 8, n. 125; De Ruggiero, Alienazione, in Scialoja, *Dizionario di diritto privato*; Bozzi, Rinunzia, in *Nuovo Digesto Italiano*; Serpa Lopes, *Curso*, cit., v. 6, p. 567-9; Lafayette, *Direito das coisas*, cit., § 91; M. Helena Diniz, *Sistemas*, cit., p. 246-52, 256-7, 261 e 280-7; e *Curso*, cit., v. 4, p. 135-9; Carlos Alberto Bittar, *Direitos reais*, cit., p. 106-12; Roberto Senise Lisboa, *Manual*, cit., v. 4, p. 101-20; Sebastião José Roque, *Direito das coisas*, cit., p. 103-8; Celso Antônio Bandeira de Mello, *Elementos*, cit., 1992, p. 263-5; Walter Swensson, Desapropriação — aquisição do domínio — pagamento integral do valor ou respectiva consignação judicial, *RDC*, *54*:239; Mário R. N. Veloso, *Desapropriação — aspectos civis*, São Paulo, Juarez de Oliveira, 2000; Lair da Silva Loureiro Filho, *Desapropriações*, São Paulo, Juarez de Oliveira, 1999; Enneccerus, Kipp e Wolff, *Tratado de derecho de cosas*, v. 1, § 64.

Art. 1.276. O imóvel urbano que o proprietário abandonar, com a intenção de não mais o conservar em seu patrimônio, e que se não encontrar na posse de outrem, poderá ser arrecadado, como bem vago, e passar, três anos depois, à propriedade do Município ou à do Distrito Federal, se se achar nas respectivas circunscrições.

- *Lei n. 13.465/2017, arts. 64 e 65.*

§ 1º O imóvel situado na zona rural, abandonado nas mesmas circunstâncias, poderá ser arrecadado, como bem vago, e passar, três anos depois, à propriedade da União, onde quer que ele se localize.

§ 2º Presumir-se-á de modo absoluto a intenção a que se refere este artigo, quando, cessados os atos de posse, deixar o proprietário de satisfazer os ônus fiscais.

- *Código de Processo Civil, art. 746; Código Civil, arts. 26, 98, 1.819, 1.823 e 1.844.*
- ***Projeto de Lei n. 699/2011**: "§ 2º Presumir-se-á a intenção a que se refere este artigo, quando, cessados os atos de posse, deixar o proprietário de satisfazer os ônus fiscais".*

Abandono de imóvel. Ato unilateral pelo qual o titular da propriedade de um imóvel dele se desfaz voluntariamente. Para tanto é necessário que haja derrelição, a intenção abdicativa; simples negligência ou descuido em relação ao bem de raiz não a caracteriza. Pelo Enunciado n. 316 do Conselho da Justiça Federal (aprovado na *IV Jornada de Direito Civil*): "Eventual ação judicial de abandono de imóvel, caso procedente, impede o sucesso de demanda petitória". "A aplicação do art. 1.276 depende do devido processo legal, em que seja assegurado ao interessado demonstrar a não cessação da posse" (Enunciado n. 242 do CJF, aprovado na *III Jornada de Direito Civil*). Será preciso que, quando cessados os atos de posse, seu dono deixe de cumprir seus deveres de ordem fiscal, revelando seu desinteresse. Haverá, portanto, presunção absoluta (*juris et de jure*) daquela intenção abdicativa se, cessados os atos de posse, o proprietário deixar de satisfazer os ônus fiscais (tributos que recaiam sobre o imóvel). "A presunção de que trata o

§ 2º do art. 1.276 não pode ser interpretada de modo a contrariar a norma-princípio do art. 150, IV, da Constituição da República" (Enunciado n. 243 do CJF, aprovado na *III Jornada de Direito Civil*). Segundo o Enunciado n. 597, aprovado na *VII Jornada de Direito Civil*: "A posse impeditiva da arrecadação, prevista no art. 1.276 do Código Civil, é efetiva e qualificada por sua função social".

Arrecadação do imóvel como bem vago. Havendo intencional abandono do imóvel pelo seu proprietário, que também não se encontra na posse de outra pessoa, será ele arrecadado como bem vago.

Domínio do poder público. O imóvel, depois de três anos da declaração da vacância, se situado em zona urbana, passará à propriedade do Município ou à do Distrito Federal, se se achar nas respectivas circunscrições e se localizado em área rural, a União adquirirá seu domínio.

BIBLIOGRAFIA: Luís Paulo Cotrim Guimarães, Perda da propriedade do imóvel por inadimplência fiscal, no novo Código Civil, *Trinolex.com, 5*:80-85.

CAPÍTULO V

DOS DIREITOS DE VIZINHANÇA

- Vide *Leis n. 9.099/95, art. 3º, I e II, e 10.257/2001, arts. 36 a 38 e, ainda, o Decreto-Lei n. 25/37.*

SEÇÃO I

DO USO ANORMAL DA PROPRIEDADE

Art. 1.277. O proprietário ou o possuidor de um prédio tem o direito de fazer cessar as interferências prejudiciais à segurança, ao sossego e à saúde dos que o habitam, provocadas pela utilização de propriedade vizinha.

Parágrafo único. Proíbem-se as interferências considerando-se a natureza da utilização, a localização do prédio, atendidas as normas que distribuem as edificações em zonas, e os limites ordinários de tolerância dos moradores da vizinhança.

- Vide *Lei n. 9.099/95, art. 3º, I e II, e Código de Processo Civil, arts. 47 e § 1º e 1.063.*
- *Sobre abertura de poços e poluição de água,* vide *arts. 96 a 99 do Código de Águas (Decreto n. 24.643, de 10-7-1934).*
- *Sobre limitações em prédios de apartamentos,* vide, *a título comparativo, art. 19 da Lei n. 4.591, de 16 de dezembro de 1964, e arts. 1.228, § 2º; 1.331 a 1.346 do Código Civil.*
- Vide *o art. 2º, § 1º, da Lei n. 12.651, de 25 de maio de 2012 (Código Florestal), que considera uso irregular da propriedade as ações e omissões contrárias às suas normas.*

Direitos de vizinhança. Segundo Daibert, "direitos de vizinhança são limitações impostas por normas jurídicas a propriedades individuais, com o escopo de conciliar interesses de proprietários vizinhos, reduzindo os poderes inerentes ao domínio e de modo a regular a convivência social". "A condução e a solução das causas envolvendo conflitos de vizinhança devem guardar estreita sintonia com os princípios constitucionais da intimidade, da inviolabilidade da vida privada e da proteção ao meio ambiente" (Enunciado n. 319 do CJF, aprovado na *IV Jornada de Direito Civil*).

BIBLIOGRAFIA: Daibert, *Direito das coisas*, cit., p. 212; Ruggiero e Maroi, *Istituzioni di diritto privato*, cit., v. 1, § 108; Caio M. S. Pereira, *Instituições*, cit., v. 4, p. 173; Tito Fulgêncio, *Direitos de vizinhan-*

DIREITO DAS COISAS

ça, n. 5; Santiago Dantas, *O conflito de vizinhança e sua composição*, Rio de Janeiro, 1939, p. 72; Clóvis Beviláqua, *Direito das coisas*, v. 1, § 41; W. Barros Monteiro, *Curso*, cit., v. 3, p. 137; Fábio M. de Mattia, *O direito de vizinhança e a utilização da propriedade imóvel*, São Paulo, Bushatsky, 1976; M. Helena Diniz, *Curso*, cit., v. 4, p. 180; Carlos Alberto Bittar, *Direitos reais*, cit., p. 95-101; Vilson Rodrigues Alves, *Uso nocivo da propriedade*, São Paulo, Revista dos Tribunais, 1992; Roberto Senise Lisboa, *Manual*, cit., v. 4, p. 87-100; F. J. Diaz Brito, *El límite de tolerancia en las inmisiones y relaciones de vecindad*, Barcelona, Bosch, 2000; J. M. Martin Bernal, *El vecino molesto yel vecino moroso*, Barcelona, Bosch, 2000; Lucéia Martins Soares, Estudo de impacto de vizinhança, *Estatuto da Cidade* (Dallari e Sérgio Ferraz, coordenadores), São Paulo, Malheiros, 2002, p. 287-304; Luiz Edson Fachin, *Comentários ao Código Civil* (coord. Antonio Junqueira de Azevedo), São Paulo, Saraiva, 2003, v. 15, p. 1-167; Aldemiro Rezende Dantas Júnior, *Direito de vizinhança*, Rio de Janeiro, Forense, 2003.

Uso anormal da propriedade vizinha. O mau uso é o uso anormal do direito, que cause dano a alguém (CC, art. 186), mesmo que não haja a *intentio* de incomodar ou prejudicar. Se prejuízo houver do exercício anormal de um direito, ultrapassando os limites impostos à zona de garantia de cada um, cabe ao prejudicado (proprietário ou possuidor do prédio) um direito de reação, ou seja, o de fazer cessar as interferências lesivas à segurança, ao sossego e à saúde. O critério do mau uso é contingente. Para determiná-lo será preciso levar em conta as circunstâncias de cada caso, averiguando o grau de tolerabilidade, invocando os usos e costumes locais, examinando a natureza da utilização ou do incômodo, a localização do prédio, o zoneamento, as normas que distribuem as edificações em zonas, os regulamentos administrativos, os limites ordinários ou razoáveis de tolerância dos moradores da vizinhança e a pré-ocupação (*RF*, *116*:432, *68*:568, *117*:188, *101*:328, *177*:229, *211*:174, *208*:175, *461*:89 e *345*:119; *RT*, *448*:87, *446*:230, *470*:106, *402*:171, *400*:161, *547*:194, *556*:138, *561*:217, *565*:180 e *573*:143; *RJE*, *2*:81 e 418; *BAASP*, *1.830*:19; *RTJ*, *65*:680; *RJTJSP*, *13*:155; *JTACSP*, *69*:137, *75*:151, *79*:91 e *82*:54; *EJSTJ*, *24*:74; *RDPr*, *16*:364).

BIBLIOGRAFIA: Delliyannis, *La notion d'acte illicite*, Paris, 1952, p. 116-7; W. Barros Monteiro, *Curso*, cit., v. 3, p. 138-9; Silvio Rodrigues, *Direito civil*, cit., v. 5, p. 142-50; Caio M. S. Pereira, *Instituições*, cit., v. 4, p. 177-8; Pontes de Miranda, *Tratado de direito predial*, Rio de Janeiro, 1947, § 24, v. 1, n. 11; Santiago Dantas, *O conflito de vizinhança*, cit., n. 137; Mazeaud e Mazeaud, *Leçons de droit civil*, cit., v. 2, n. 1.344; M. Helena Diniz, *Curso*, cit., v. 4, p. 181-3; Orlando Gomes, *Direitos reais*, cit., p. 193.

Ofensa à segurança. Constituem ofensas à segurança pessoal ou aos bens todos os atos que comprometerem a estabilidade de um prédio e a incolumidade de seus moradores (*RT*, *471*:150, *518*:187 e *573*:143). P. ex., funcionamento de indústrias que produzem trepidações danosas provocando fendas em prédios vizinhos.

Ofensa ao sossego. São ofensas ao sossego ruídos excessivos que tiram a tranquilidade dos habitantes dos prédios contíguos. P. ex., emprego de alto-falante em grande potência para transmitir programas radiofônicos; barulho ensurdecedor de indústria, de oficinas mecânicas, de pedreira, de escola de samba ou de terreiro de macumba; festas noturnas espalhafatosas em residências, boates ou clubes (*JB*, *84*:299 e *163*:305; *RT*, *785*:283, *726*:300, *565*:180, *571*:120, *581*:130, *491*:53, *567*:126, *473*:222, *187*:693, *352*:346, *459*:63, *561*:217, *365*:196 e *611*:211; *RJTJSP*, *13*:155; *JSTF*, *64*:97; *JTACSP*, *157*:83, *79*:18, *82*:54 e *91*:40).

Ofensa à saúde. São exemplos de ofensa à saúde: poluição de águas pelo lançamento de resíduos (*JTACSP*, *82*:27; *RT*, *399*:181 e *536*:116); funcionamento de estábulos; emissão de gases tóxicos e de fumaça (*RT*, *261*:269 e *277*:413); presença de substâncias putrescíveis; recebimento de pessoa com moléstia contagiosa; criação de animais que exalem mau cheiro (*JTJ*,

292:511); excessivo número de animais domésticos, como cães e gatos, pelo odor e ruído provocados (TJSP, Ap. 1.067.858-00/3 — j. 9-5-2009) etc.

BIBLIOGRAFIA: W. Barros Monteiro, *Curso*, cit., v. 3, p. 137-9; Daibert, *Direito das coisas*, cit., p. 217; Silvio Rodrigues, *Direito civil*, cit., v. 5, p. 147; Caio M. S. Pereira, *Instituições*, cit., v. 4, p. 178; M. Helena Diniz, *Curso*, cit., v. 4, p. 181-2; Patrícia E. C. Negrin, Conflitos de vizinhança: perturbação do sossego, *Tribuna do Direito*, maio 2000, p. 28; Olívia N. Vieira, Poluição sonora e a responsabilidade civil decorrente da violação do direito de vizinhança, *EJ*, *46*:127.

Art. 1.278. O direito a que se refere o artigo antecedente não prevalece quando as interferências forem justificadas por interesse público, caso em que o proprietário ou o possuidor, causador delas, pagará ao vizinho indenização cabal.

Interferência prejudicial a vizinho para atender a interesse público. O proprietário lesado não terá direito de fazer cessar ofensa à sua segurança, saúde ou sossego se ela for justificada por interesse público, ou coletivo, que prevalece sobre o particular (abertura de poço artesiano ou construção de açudes, causando umidade ou infiltrações em prédios vizinhos), hipótese em que o lesante (proprietário ou possuidor) deverá pagar àquele uma indenização que cubra integralmente os prejuízos sofridos.

Art. 1.279. Ainda que por decisão judicial devam ser toleradas as interferências, poderá o vizinho exigir a sua redução, ou eliminação, quando estas se tornarem possíveis.

Influência de decisão judicial sobre a tolerância. Se as interferências lesivas à segurança, saúde ou sossego de vizinho tiverem de ser por ele toleradas em virtude de decisão judicial, apenas poderá, se for possível, exigir a sua redução ou eliminação, mediante realização de obras ou medidas de segurança. P. ex., se a emissão de gases poluentes de uma indústria for autorizada judicialmente, o vizinho lesado poderá pleitear sua redução propondo instalação de filtros ou, se os ruídos por ela causados forem permitidos por decisão judicial, o prejudicado poderá exigir a colocação de forro especial para diminuir o barulho (*BAASP*, *2.600*:1593-5).

BIBLIOGRAFIA: Carlos Eduardo N. Camillo, *Comentários*, cit., p. 941.

Art. 1.280. O proprietário ou o possuidor tem direito a exigir do dono do prédio vizinho a demolição, ou a reparação deste, quando ameace ruína, bem como que lhe preste caução pelo dano iminente.

- *Código Civil, arts. 937 e 618.*

Ação de dano infecto. O proprietário, ou o possuidor, está autorizado a exigir do vizinho a demolição ou reparação necessária de seu prédio, quando este ameace ruína (*Adcoas*, n. 68.311, 1980; *RT*, *814*:338).

Caução de dano iminente. O dono do prédio, ou o possuidor, ameaçado por mau uso da propriedade vizinha, enquanto não se efetiva a demolição ou reparação de prédio em ruína, poderá exigir que o vizinho preste caução que o garanta contra a possibilidade de dano iminente. Tal caução poderá ser real ou fidejussória e visa assegurar o ressarcimento de prejuízos que advierem antes da demolição ou da reparação de prédio vizinho em ruína.

BIBLIOGRAFIA: Caio M. S. Pereira, *Instituições*, cit., v. 4, p. 179; Levenhagen, *Código Civil*, cit., v. 3, p. 134; Sá Pereira, *Manual*, cit., v. 8, p. 254, n. 84; W. Barros Monteiro, *Curso*, cit., v. 3, p. 140; M. Helena Diniz, *Curso*, cit., v. 4, p. 184; *RT*, *132*:237 e *254*:451; Matiello, *Código Civil*, cit., p. 807.

Art. 1.281. O proprietário ou o possuidor de um prédio, em que alguém tenha direito de fazer obras, pode, no caso de dano iminente, exigir do autor delas as necessárias garantias contra o prejuízo eventual.

• Vide *Código Civil, arts. 1.311 e 1.313.*

• *Decreto-Lei n. 852, de 11 de novembro de 1938, art. 10: "Os proprietários ou possuidores de terrenos marginais são obrigados a permitir aos autorizados a realização dos levantamentos topográficos e trabalhos hidrométricos, necessários à elaboração de seus projetos, inclusive o de estabelecer acampamentos provisórios para o pessoal técnico e operários, respondendo os autorizados pelo dano que causarem".*

• *Sobre pesquisa mineral, consultem-se os arts. 14 a 35 do Código de Mineração (Decreto-Lei n. 227, de 28-2-1967, com as alterações da Lei n. 9.314/96).*

• Vide *Lei n. 8.245/91, arts. 9º, IV, e 26.*

Proteção ao titular do direito imobiliário contra dano iminente. A lei assegura ao proprietário ou ao possuidor (p. ex., inquilino) de um prédio o direito de exigir garantia real ou fidejussória (2º TACSP, AI 679.917-00/7 — j. 7-2-2001, 5ª Câm., rel. Oscar Feltrin), que for necessária, contra prejuízo eventual, desde que terceiro, tendo direito de fazer obras de conservação ou de reparação da servidão, p. ex., venha a realizá-las, ameaçando o imóvel de dano iminente, já prestes a concretizar-se, ou de dano simplesmente provável e constatado no início das referidas obras. O proprietário de um prédio, que suporta servidão, não poderá obstar os serviços para conservá-la, possibilitando seu uso, mas pode pleitear uma garantia do responsável pela obra, e se porventura não vier a exigir tal caução contra dano iminente ou eventual, ocorrido o prejuízo, poderá mover ação de indenização de perdas e danos.

BIBLIOGRAFIA: Levenhagen, *Código Civil*, cit., v. 3, p. 97-8; Darcy Arruda Miranda, *Anotações*, cit., v. 2, p. 43; Gabba, *Questioni di diritto civile*, v. 1, p. 121.

SEÇÃO II

DAS ÁRVORES LIMÍTROFES

Art. 1.282. A árvore, cujo tronco estiver na linha divisória, presume-se pertencer em comum aos donos dos prédios confinantes.

• Vide *Código Civil, art. 1.327.*

Árvore-meia. A árvore cujo tronco estiver na linha divisória de dois prédios vizinhos presumir-se-á pertencente em comum aos proprietários daqueles imóveis. A existência de árvore em linha limítrofe gera, portanto, uma presunção de titularidade compartilhada dos donos dos prédios contíguos. Cada proprietário confrontante terá direito a metade da árvore, surgindo, então, um condomínio necessário. Se assim é, nenhum poderá cortá-la sem anuência do outro, e comuns serão as despesas com o seu corte; os frutos serão repartidos pela metade quer seja natural ou provocada a sua queda, quer haja colheita. Tal presunção será *juris tantum* por ser suscetível de prova em contrário (*RTJ*, *65*:378; *RT*, *189*:269, *348*:583,

518:187, *573*:143 e *597*:110), emanada do título, oriunda de evidência específica ou resultante das circunstâncias do caso.

BIBLIOGRAFIA: Orlando Gomes, *Direitos reais*, cit., p. 194-5; Caio M. S. Pereira, *Instituições*, cit., v. 4, p. 179; Silvio Rodrigues, *Direito civil*, cit., v. 5, p. 153; Enneccerus, Kipp e Wolff, *Derecho de cosas*, cit., v. 1, § 54; Pontes de Miranda, *Tratado de direito predial*, cit., v. 1, § 62; W. Barros Monteiro, *Curso*, cit., v. 3, p. 140-1; M. Helena Diniz, *Curso*, cit., v. 4, p. 184-5.

Art. 1.283. As raízes e os ramos de árvore, que ultrapassarem a estrema do prédio, poderão ser cortados, até o plano vertical divisório, pelo proprietário do terreno invadido.

Corte de raízes e de ramos. Se as raízes e ramos de árvore ultrapassarem a estrema do prédio, poderão ser cortados, ante o incômodo causado à propriedade vizinha, mesmo que não acarrete dano, até o plano vertical divisório, pelo proprietário do terreno invadido, sem necessidade de avisar, previamente, o dono da árvore de que vai apará-la (*RT*, *134*:153, *573*:143, *597*:110; *Adcoas*, n. 85.331, 1982).

BIBLIOGRAFIA: Serpa Lopes, *Curso*, cit., v. 6, p. 421-2; Silvio Rodrigues, *Direito civil*, cit., v. 5, p. 154-5; W. Barros Monteiro, *Curso*, cit., v. 3, p. 142-3; Orlando Gomes, *Direitos reais*, cit., p. 195; M. Helena Diniz, *Curso*, cit., v. 4, p. 185.

Art. 1.284. Os frutos caídos de árvore do terreno vizinho pertencem ao dono do solo onde caíram, se este for de propriedade particular.

Direito aos frutos de árvore plantada em terreno vizinho. Se os frutos de árvore plantada no prédio vizinho caírem naturalmente (em razão de maturação, tempestade ou vendaval) no terreno contíguo, pertencerão ao dono do solo onde caíram; logo, não lhe será permitido provocar tal queda, sacudindo galhos, utilizando varas e muito menos colhê-los. Isto é assim porque, se pendentes, pertencerão tais frutos ao dono da árvore; mas se caírem em via pública, serão do proprietário da árvore (*JTACSP*, *136*:44).

BIBLIOGRAFIA: Clóvis Beviláqua, *Direito das coisas*, cit., v. 1, p. 193; Darcy Arruda Miranda, *Anotações*, cit., v. 2, p. 77; Orlando Gomes, *Direitos reais*, cit., p. 196; Enneccerus, Kipp e Wolff, *Derecho de cosas*, cit., v. 1, § 54; W. Barros Monteiro, *Curso*, cit., v. 3, p. 141; Caio M. S. Pereira, *Instituições*, cit., v. 4, p. 180; Mourlon, *Répétitions écrites sur le Code Civil*, cit., v. 1, p. 777; M. Helena Diniz, *Curso*, cit., v. 4, p. 185.

Seção III

Da passagem forçada

Art. 1.285. O dono do prédio que não tiver acesso a via pública, nascente ou porto, pode, mediante pagamento de indenização cabal, constranger o vizinho a lhe dar passagem, cujo rumo será judicialmente fixado, se necessário.

- *Código Civil, art. 1.388, II, e Súmula 415 do Supremo Tribunal Federal.*

§ 1º Sofrerá o constrangimento o vizinho cujo imóvel mais natural e facilmente se prestar à passagem.

§ 2º Se ocorrer alienação parcial do prédio, de modo que uma das partes perca o acesso a via pública, nascente ou porto, o proprietário da outra deve tolerar a passagem.

§ 3º Aplica-se o disposto no parágrafo antecedente ainda quando, antes da alienação, existia passagem através de imóvel vizinho, não estando o proprietário deste constrangido, depois, a dar uma outra.

Passagem forçada como restrição legal à propriedade. A passagem forçada não é uma servidão, mas uma limitação legal imposta ao proprietário vizinho fundada no princípio da solidariedade social que reside nas relações de vizinhança, tanto que se extinguirá quando cessar a circunstância que caracteriza o encravamento.

Passagem forçada. A passagem forçada é o direito que tem o dono de prédio (rústico ou urbano) que se encontra sem saída para via pública, nascente ou porto, de reclamar do vizinho, cujo imóvel mais natural e facilmente se prestar à passagem, que o deixe usá-la, fixando-se a esta judicialmente o rumo, quando necessário por não haver acordo, procurando encontrar o modo mais cômodo e menos oneroso para ambas as partes, e, principalmente, à que vai dar a passagem (*RT*, *845*:195, *723*:430, *728*:253, *762*:419, *773*:327, *772*:357, *694*:168, *166*:358, *173*:791, *292*:696, *320*:139 e *499*:74; *JB*, *161*:251; *Ciência Jurídica*, *32*:255; *RJ*, *167*:98; *RJE*, *4*:27; *RF*, *87*:715 e *196*:190; *BAASP*, 2.*620*:1660-15). Pelo Enunciado n. 88 (aprovado na *Jornada de Direito Civil*, promovida, em setembro de 2002, pelo Centro de Estudos Judiciários do CJF): "O direito de passagem forçada, previsto no art. 1.285 do CC, também é garantido nos casos em que o acesso à via pública for insuficiente ou inadequado, consideradas inclusive as necessidades de exploração econômica".

Decisão judicial do direito à passagem forçada. Na falta de acordo entre os proprietários, o direito à passagem forçada será decidido por via judicial para que o dono do prédio contíguo consinta na abertura da travessia. O juiz decidirá baseado nas necessidades e interesses de ambos os litigantes, procurando adotar o modo menos oneroso para o que vai conceder a passagem.

BIBLIOGRAFIA: Silvio Rodrigues, *Direito civil*, cit., v. 5, p. 157-64; Orlando Gomes, *Direitos reais*, cit., p. 203; Caio M. S. Pereira, *Instituições*, cit., v. 4, p. 181-2; Josserand, *Cours de droit positif français*, 2. ed., v. 1, n. 1.981; Darcy Arruda Miranda, *Anotações*, cit., v. 2, p. 79-80; W. Barros Monteiro, *Curso*, cit., v. 3, p. 143-5; José Guilherme Braga Teixeira, Impossibilidade de usucapião de passagem forçada, *RT*, *623*:251; João Didonet Neto, Servidão de trânsito e passagem forçada, *RJ*, *30*:62; Ney R. Goulart, Passagem forçada, *RT*, *543*:40; Arnaldo Rizzardo, Servidão de trânsito e passagem forçada, *Ajuris*, *30*:159.

Onerosidade da passagem forçada. O direito à passagem forçada não é gratuito, pois o proprietário do prédio onde se estabelece a travessia terá direito de receber uma indenização cabal, para composição integral dos prejuízos decorrentes da passagem, como perda de parte do terreno. O cálculo dessa indenização é feito por convenção ou por peritos com base na desvalorização da propriedade e nos prejuízos que dessa passagem possam advir ao imóvel onerado.

BIBLIOGRAFIA: Sá Pereira, *Manual*, cit., v. 8, p. 259; Darcy Arruda Miranda, *Anotações*, cit., v. 2, p. 79; Carvalho Santos, *Código Civil brasileiro interpretado*, cit., obs. ao art. 560, v. 7; Clóvis Beviláqua, *Código Civil comentado*, cit., obs. ao art. 560, v. 3.

Alienação parcial do prédio. Se houver alienação parcial do prédio, devido à necessidade econômica de explorá-lo, por exemplo, fazendo com que um dos vizinhos perca o acesso a via pública, nascente ou porto, o proprietário do outro imóvel deverá tolerar sua passagem.

Mas, se antes da alienação já existia passagem em imóvel contíguo, o proprietário deste não está constrangido a fornecer outra.

SEÇÃO IV

DA PASSAGEM DE CABOS E TUBULAÇÕES

- *Lei n. 8.977/95, regulamentada pelo Decreto n. 2.206/97, sobre serviço de TV a cabo.*

Art. 1.286. Mediante recebimento de indenização que atenda, também, à desvalorização da área remanescente, o proprietário é obrigado a tolerar a passagem, através de seu imóvel, de cabos, tubulações e outros condutos subterrâneos de serviços de utilidade pública, em proveito de proprietários vizinhos, quando de outro modo for impossível ou excessivamente onerosa.

- *Código Civil, art. 1.294.*

Parágrafo único. O proprietário prejudicado pode exigir que a instalação seja feita de modo menos gravoso ao prédio onerado, bem como, depois, seja removida, à sua custa, para outro local do imóvel.

Passagem de cabos e tubulações. O proprietário terá o dever de tolerar que, em seu imóvel, passem, se necessário for, cabos aéreos de energia elétrica (*RT, 188*:154), tubulações, dutos e outros condutos subterrâneos de serviços de utilidade pública (como, p. ex., os de energia elétrica, processamento de dados, telefonia, água, gás e esgoto) em benefício da vizinhança, quando de outro modo for impossível ou excessivamente oneroso. Mas terá, por outro lado, direito a uma prévia indenização (*RT, 806*:203), que abranja dano emergente, lucro cessante e inclusive a desvalorização da área remanescente. O *quantum* indenizatório deverá ser proporcional ao prejuízo sofrido pela limitação do *jus fruendi* em benefício do bem-estar social, pela redução do potencial do prédio, pela produção de ruídos ou pela emissão de gases advindos das tubulações etc.

BIBLIOGRAFIA: Luiz Edson Fachin, *Comentários ao Código Civil* (coord. Antonio Junqueira de Azevedo), São Paulo, Saraiva, 2003, v. XV, p. 1286.

Instalação menos gravosa ao prédio onerado. O proprietário, que deverá suportar a passagem de cabos e tubulações em seu imóvel, poderá exigir, ante o princípio da menor onerosidade, que a sua instalação seja feita de modo menos gravoso ou prejudicial ao imóvel.

Remoção da instalação. Se for possível, o proprietário prejudicado poderá requerer que a passagem de tubulações e cabos seja removida, à sua custa, para outro local de seu prédio, de forma que possa diminuir o gravame por ele suportado.

Art. 1.287. Se as instalações oferecerem grave risco, será facultado ao proprietário do prédio onerado exigir a realização de obras de segurança.

- *Código Civil, art. 1.294.*

Obras de segurança. Se as instalações da passagem de cabos e tubulações oferecerem sérios e graves riscos à segurança (p. ex., gasoduto), o proprietário do prédio onerado terá direito de exigir que se realizem obras que os evitem. Tais obras de segurança (preventivas e protetoras) deverão ser efetivadas, em razão da periculosidade das instalações (p. ex., conduto de inflamáveis), pelas concessionárias que exploram serviço perigoso ou pelo próprio Poder Público, que deverão ter toda cautela, sob pena de responsabilidade civil objetiva pelos prejuízos causados (CF, art. 37, § 6º). Caio Mário da Silva Pereira pondera que o artigo *sub examine* parte do princípio de que a propriedade do imóvel onerado não pode ficar exposta a risco ante a obrigação de tolerar passagem de tubulações e de cabos, pois justo não seria que, para favorecer outro prédio, seu proprietário fosse prejudicado pelo fato de não terem sido tomadas as devidas medidas de segurança. Por isso, há permissão legal para que o lesado imponha, judicialmente, a efetivação daquelas obras de segurança, sob cominação alternativa de efetuá-las às expensas do lesante ou de interromper a serventia.

BIBLIOGRAFIA: Caio Mário da Silva Pereira, *Instituições*, cit., 2004, v. IV, p. 218-219.

SEÇÃO V

DAS ÁGUAS

- *Constituição Federal, art. 22, III.*
- *Consultem-se: Decreto n. 24.643, de 10 de julho de 1934 (Código de Águas), e Decreto-Lei n. 852, de 11 de novembro de 1938, que manteve, com modificações, o Decreto n. 24.643, de 10 de julho de 1934.*
- *Decreto-Lei n. 3.094/41, sobre fontes de águas minerais, termais e gasosas.*
- *Decreto-Lei n. 7.841/45 (Código de Águas Minerais).*
- *Sobre o crime de usurpação de água,* vide *art. 161, § 1º, I, do Código Penal.*
- *Lei n. 9.605/98, arts. 29 a 61.*
- *Lei n. 12.334/2010 sobre: a) Política Nacional de Segurança de Barragens destinadas à acumulação de água para quaisquer usos, à disposição final ou temporária de rejeitos e à acumulação de resíduos industriais; e b) Sistema Nacional de Informações sobre Segurança de Barragens.*

Art. 1.288. O dono ou o possuidor do prédio inferior é obrigado a receber as águas que correm naturalmente do superior, não podendo realizar obras que embaracem o seu fluxo; porém a condição natural e anterior do prédio inferior não pode ser agravada por obras feitas pelo dono ou possuidor do prédio superior.

- *Disposição idêntica se encontra no art. 69 do Código de Águas.*
- *O proprietário edificará de maneira que o beiral de seu telhado não despeje sobre o prédio vizinho, deixando entre este e o beiral, quando outro modo não o possa evitar, um intervalo de 10 (dez) centímetros, quando menos, de modo que as águas se escoem (art. 105 do Código de Águas).*

Dever do dono ou possuidor do prédio inferior. O dono ou possuidor do prédio inferior terá obrigação de receber as águas pluviais ou nascentes que naturalmente correm do superior, ante a conformação do solo e à lei da gravidade. Logo, está proibido de realizar obras que dificultem o fluxo das águas. Nem o dono do prédio superior pode efetuar obras que agravem a condição do prédio inferior.

Direito do proprietário ou do possuidor do prédio superior de executar obras para escoamento de águas. O dono ou possuidor do prédio superior poderá efetivar obras para facilitar o escoamento das águas, como, p. ex., abertura de sulcos, desde que não venha a piorar a situação do prédio inferior (*RT*, *790*:314-5, *157*:711, *186*:785, *305*:584 e *309*:505; *JTACSP*, *159*:112).

BIBLIOGRAFIA: W. Barros Monteiro, *Curso*, cit., v. 3, p. 146-7; Silvio Rodrigues, *Direito civil*, cit., v. 5, p. 166-7; Lomonaco, *Istituzioni di diritto civile*, cit., v. 3, p. 261; Daibert, *Direito das coisas*, cit., p. 225; M. Helena Diniz, *Curso*, cit., v. 4, p. 188-9; José de Farias Tavares, *O Código Civil e a nova Constituição*, cit., p. 93-101; Antonio de Pádua Nunes, Do direito das águas, *RT*, *472*:262; Maria Luiza M. Granziera, *Direito das Águas*, São Paulo, Atlas, 2001.

Art. 1.289. Quando as águas, artificialmente levadas ao prédio superior, ou aí colhidas, correrem dele para o inferior, poderá o dono deste reclamar que se desviem, ou se lhe indenize o prejuízo que sofrer.

Parágrafo único. Da indenização será deduzido o valor do benefício obtido.

- *O art. 92 do Código de Águas dispõe: "Mediante indenização, os donos dos prédios inferiores, de acordo com as normas da servidão legal de escoamento, são obrigados a receber as águas das nascentes artificiais.*

  Parágrafo único. Nessa indenização, porém, será considerado o valor de qualquer benefício que os mesmos prédios possam auferir de tais águas".

Obrigação do prédio inferior de receber águas de nascente artificial. Se o proprietário de prédio superior vier a obter águas em outro local ou as colher em subsolo de seu imóvel, resultando o fluxo das sobras ao prédio inferior, o dono deste, mediante indenização, poderá suportar as águas daquelas nascentes artificiais que correm do prédio superior. Nessa indenização deduzir-se-á, para não haver enriquecimento indevido, o valor de qualquer vantagem ou benefício que o prédio possa retirar dessas águas. Poderá, ainda, se quiser, reclamar que se providencie o desvio do curso das águas levadas artificialmente (como, p. ex., as advindas de poço artesiano ou de aqueduto) para o prédio superior. Como se vê, o dono do prédio inferior pode optar pelo direito de reclamar o desvio das águas ou pela indenização do prejuízo sofrido, caso em que, então, não poderá recusar o recebimento das águas artificialmente levadas ao prédio superior ou aí colhidas.

Art. 1.290. O proprietário de nascente, ou do solo onde caem águas pluviais, satisfeitas as necessidades de seu consumo, não pode impedir, ou desviar o curso natural das águas remanescentes pelos prédios inferiores.

- *Semelhantemente, dispõe o Código de Águas, em seu art. 90: "O dono do prédio onde houver alguma nascente, satisfeitas as necessidades de seu consumo, não pode impedir o curso natural das águas, pelos prédios inferiores".*
- *O proprietário de uma nascente não pode desviar-lhe o curso, quando da mesma se abasteça uma população (art. 94 do Código de Águas).*
- *O fluxo natural, para os prédios inferiores, de água pertencente ao dono do prédio superior, não constitui, por si só, servidão em favor deles (art. 70 do Código de Águas).*
- *Sobre águas pluviais, dispõe o Código de Águas:*

  "Art. 102. Consideram-se águas pluviais as que procedem imediatamente das chuvas.

  Art. 103. As águas pluviais pertencem ao dono do prédio onde caírem diretamente, podendo o mesmo dispor delas à vontade, salvo existindo direito em sentido contrário.

  Parágrafo único. Ao dono do prédio, porém, não é permitido: 1º) desperdiçar essas águas em prejuízo dos outros prédios que delas se possam aproveitar, sob pena de indenização aos proprietários dos mesmos; 2º) desviar essas águas de seu curso natural para lhes dar outro, sem consentimento expresso dos donos dos prédios que irão recebê-las.

DIREITO DAS COISAS

....

Art. 106. É imprescritível o direito de uso das águas pluviais.

Art. 107. São de domínio público de uso comum as águas pluviais que caírem em lugares ou terrenos públicos de uso comum.

Parágrafo único. Não se poderão, porém, construir nestes lugares ou terrenos, reservatórios das mesmas águas sem licença da administração".

- *Código Civil, art. 1.310.*

Proprietário de fonte não captada. O dono do prédio onde houver alguma fonte não captada ou nascente: *a*) poderá usá-la para satisfazer as necessidades de seu consumo; *b*) não poderá impedir o curso natural das sobras dessas águas pelos prédios inferiores, que delas desfrutarão; *c*) não poderá desviar-lhe o curso, quando dela se abasteçam vizinhos ou uma população. Logo, uma vez obtida a satisfação das necessidades de consumo de águas pluviais, o curso normal desta não pode sofrer desvio.

BIBLIOGRAFIA: Jair Tovar, Direito das águas: uma restrição legal a propriedade das nascentes, *RF*, *424-426*:435.

Fluxo natural de água do prédio superior para o inferior não constitui servidão. O dono do prédio inferior que suporta fluxo natural de água que corre do prédio superior não terá a seu favor uma servidão, pois no caso temos uma limitação legal da propriedade.

Águas pluviais. As águas de chuva pertencerão ao dono do prédio onde caírem, que poderá delas dispor como quiser, salvo as proibições legais (Código de Águas, arts. 102 e 103).

Vedações legais ao uso de águas pluviais. O dono do imóvel onde caírem as águas pluviais não poderá: *a*) desperdiçar essas águas ou impedir o seu curso natural, prejudicando os outros prédios que delas possam aproveitar-se, sob pena de pagar uma indenização aos respectivos donos; *b*) desviá-las de seu curso natural, dando-lhes outro, sem anuência expressa dos proprietários dos prédios que as irão receber (Código de Águas, art. 103, parágrafo único; *RT*, *292*:719, *484*:185).

Águas pluviais de domínio público de uso comum. As águas pluviais que vierem a cair em locais públicos de uso comum serão consideradas de domínio público de uso comum, consequentemente estará proibida a construção de reservatórios nesses lugares, sem licença da Administração (Código de Águas, art. 107 e parágrafo único).

Art. 1.291. O possuidor do imóvel superior não poderá poluir as águas indispensáveis às primeiras necessidades da vida dos possuidores dos imóveis inferiores; as demais, que poluir, deverá recuperar, ressarcindo os danos que estes sofrerem, se não for possível a recuperação ou o desvio do curso artificial das águas.

- *Lei n. 6.938/81.*
- *Código Civil, arts. 1.228, § 1º,* in fine, *e 1.309.*
- *Código de Águas, arts. 109 a 116.*

Poluição de águas. O dono, ou o possuidor, do prédio superior, portanto, não poderá poluir águas a serem usadas para atender às primeiras necessidades dos imóveis inferiores. Se as poluir (jogando, p. ex., produto tóxico, ou abrindo fossa séptica nas proximidades do local de captação de água — *RT*, *768*:268 e *536*:116), deverá recuperá-las ou, se isso for impossível, bem como o desvio do curso artificial daquelas águas, deverá ressarcir todos os prejuízos sofridos pelos proprietários dos prédios inferiores (*JTACSP*, *82*:27). Proíbe-se, na verdade, a poluição aquática; logo, não se pode poluir água indispensável, ou não, às primeiras necessidades vitais. "O art. 1.291 deve ser interpretado conforme a Constituição, não sendo facultada a poluição das águas, quer sejam essenciais ou não às primeiras necessidades da vida" (Enunciado n. 244 do CJF, aprovado na *III Jornada de Direito Civil*). Se ela se der, o poluidor deverá recuperar as águas poluídas, sob pena de pagar uma indenização pelos prejuízos causados aos possuidores dos imóveis inferiores.

Art. 1.292. O proprietário tem direito de construir barragens, açudes, ou outras obras para represamento de água em seu prédio; se as águas represadas invadirem prédio alheio, será o seu proprietário indenizado pelo dano sofrido, deduzido o valor do benefício obtido.

- *Código Civil, art. 1.290, primeira parte.*

Direito de construção de obras para represamento de água. O proprietário poderá, para explorar economicamente sua propriedade, represar água, mediante construção, em seu imóvel, de açudes, hidroelétricas, tanques ou barragens, mas, se as águas pluviais ou as de nascentes por ele represadas para atender às suas necessidades, vierem a invadir prédio alheio, deverá ressarcir todos os prejuízos causados, deduzindo-se, é óbvio, da indenização o valor da vantagem que o lesado porventura tiver auferido, para que não haja locupletamento indevido ou enriquecimento sem causa.

Art. 1.293. É permitido a quem quer que seja, mediante prévia indenização aos proprietários prejudicados, construir canais, através de prédios alheios, para receber as águas a que tenha direito, indispensáveis às primeiras necessidades da vida, e, desde que não cause prejuízo considerável à agricultura e à indústria, bem como para o escoamento de águas supérfluas ou acumuladas, ou a drenagem de terrenos.

- *Código Civil, art. 1.296, e Código de Águas, art. 117.*

§ 1º Ao proprietário prejudicado, em tal caso, também assiste direito a ressarcimento pelos danos que de futuro lhe advenham da infiltração ou irrupção das águas, bem como da deterioração das obras destinadas a canalizá-las.

§ 2º O proprietário prejudicado poderá exigir que seja subterrânea a canalização que atravessa áreas edificadas, pátios, hortas, jardins ou quintais.

§ 3º O aqueduto será construído de maneira que cause o menor prejuízo aos proprietários dos imóveis vizinhos, e a expensas do seu dono, a quem incumbem também as despesas de conservação.

- *Importantes disposições foram introduzidas pelos arts. 117 a 138 do Código de Águas, acerca da servidão legal de aqueduto.*

Servidão legal de aqueduto. Para facilitar a exploração agrícola e industrial (irrigação da terra, movimentação de moinhos, engenhos etc.), mas também para atender às primeiras necessidades vitais, para permitir o escoamento de águas superabundantes e possibilitar o enxugo ou beneficiamento de terrenos, a lei autoriza a quem quer que seja canalizar águas através de prédios alheios, mediante prévia indenização aos proprietários prejudicados, que, além disso, têm também direito à reparação pelos danos advindos de infiltração ou irrupção das águas ou de deterioração das obras destinadas a canalizá-las. Consagrado está, dessa maneira, o direito à servidão de aqueduto (duto, canal ou tubulação destinado a levar água).

"Muito embora omisso acerca da possibilidade de canalização forçada de águas por prédios alheios, para fins da agricultura ou indústria, o art. 1.293 não exclui a possibilidade da canalização forçada pelo vizinho, com prévia indenização aos proprietários prejudicados" (Enunciado n. 245 do CJF, aprovado na *III Jornada de Direito Civil — no mesmo sentido: BAASP, 2652:1753-03*). Pelo Enunciado n. 598, aprovado na *VII Jornada de Direito Civil*: "Na redação do art. 1.293, 'agricultura e indústria' não são apenas qualificadores do prejuízo que pode ser causado pelo aqueduto, mas também finalidades que podem justificar sua construção".

Canalização subterrânea. Para não prejudicar áreas edificadas, pátios, hortas, jardins, quintais, o proprietário poderá exigir que a canalização de água, por seu imóvel, seja subterrânea.

Construção do aqueduto. As obras de canalização de águas (aquedutos) deverão provocar o menor prejuízo possível aos proprietários dos imóveis vizinhos. O aqueduto, que facilita o acesso de águas, possibilitando melhor exploração econômica do imóvel, deve ser construído à custa do seu proprietário, a quem caberão também as despesas de conservação.

Art. 1.294. Aplica-se ao direito de aqueduto o disposto nos arts. 1.286 e 1.287.

Aplicabilidade ao aqueduto das normas alusivas à passagem de cabos e tubulações. Pela sua similitude, nada obsta a que se apliquem as normas dos arts. 1.286 e 1.287, alusivas à passagem de cabos e tubulações, ao direito de aqueduto.

Art. 1.295. O aqueduto não impedirá que os proprietários cerquem os imóveis e construam sobre ele, sem prejuízo para a sua segurança e conservação; os proprietários dos imóveis poderão usar das águas do aqueduto para as primeiras necessidades da vida.

- *Código de Águas, art. 130.*

Construção em prédio onerado com passagem de aqueduto. O proprietário onerado com a canalização de águas poderá cercar seu imóvel e construir sobre ele, desde que não cause dano à segurança e conservação do referido aqueduto. Se assim é, deverá abster-se de atos que impeçam a passagem de condutos de água ou prejudiquem a integridade da canalização instalada.

Uso das águas do aqueduto. O proprietário do imóvel onerado com canalização de águas poderá delas se utilizar para as primeiras necessidades vitais (p. ex., alimentação, higiene), logo, não lhe será permitido aplicá-las em atividades que possam lesar o dono do aqueduto, provocando escassez de água.

Art. 1.296. Havendo no aqueduto águas supérfluas, outros poderão canalizá-las, para os fins previstos no art. 1.293, mediante pagamento de indenização aos proprietários prejudicados e ao dono do aqueduto, de importância equivalente às despesas que então seriam necessárias para a condução das águas até o ponto de derivação.

- Vide *Código Civil, art. 1.293.*
- *Código de Águas, art. 134.*

Parágrafo único. Têm preferência os proprietários dos imóveis atravessados pelo aqueduto.

Existência de águas supérfluas. Se no aqueduto houver águas sobejas ou supérfluas, outros, respeitando a preferência dos proprietários dos imóveis por ele atravessado, poderão canalizá-las para atender a suas necessidades vitais, para escoar águas acumuladas, para drenar terrenos, desde que não causem danos à agricultura e indústria e paguem indenização aos proprietários lesados e ao dono do aqueduto. Tal importância equivalerá às despesas que forem imprescindíveis para conduzir as águas até o ponto de derivação.

BIBLIOGRAFIA: Darcy Arruda Miranda, *Anotações*, cit., v. 2, p. 84; Levenhagen, *Código Civil*, cit., v. 3, p. 141; Silvio Rodrigues, *Direito civil*, cit., v. 5, p. 165-72; Pontes de Miranda, *Tratado de direito predial*, v. 1, § 64; Orlando Gomes, *Direitos reais*, cit., p. 204-5; W. Barros Monteiro, *Curso*, cit., v. 3, p. 146-50; Lomonaco, *Istituzioni di diritto civile*, cit., v. 3, p. 3-265; Daibert, *Direito das coisas*, cit., p. 227-33; Lafayette, *Direito das coisas*, § 122-B; Teixeira de Magalhães, *Águas*, p. 109-10; M. Helena Diniz, *Curso*, cit., v. 4, p. 188-92; Marcelo Figueiredo, Mananciais. Direito de vizinhança. Código de águas. Competências constitucionais. Revogação do Código Civil. Rede de canalização de águas pluviais, *Cadernos de direito constitucional e ciência política*, n. 13, p. 242-6.

SEÇÃO VI

DOS LIMITES ENTRE PRÉDIOS E DO DIREITO DE TAPAGEM

Art. 1.297. O proprietário tem direito a cercar, murar, valar ou tapar de qualquer modo o seu prédio, urbano ou rural, e pode constranger o seu confinante a proceder com ele à demarcação entre os dois prédios, a aviventar rumos apagados e a renovar marcos destruídos ou arruinados, repartindo-se proporcionalmente entre os interessados as respectivas despesas.

• Vide *Código de Processo Civil, arts. 89, 292, IV e 569 a 587.*

• Vide *Lei n. 6.015, de 31 de dezembro de 1973, art. 167, I, n. 23.*

§ 1º Os intervalos, muros, cercas e os tapumes divisórios, tais como sebes vivas, cercas de arame ou de madeira, valas ou banquetas, presumem-se, até prova em contrário, pertencer a ambos os proprietários confinantes, sendo estes obrigados, de conformidade com os costumes da localidade, a concorrer, em partes iguais, para as despesas de sua construção e conservação.

• *Código Civil, arts. 1.328 e 1.330.*

§ 2º As sebes vivas, as árvores, ou plantas quaisquer, que servem de marco divisório, só podem ser cortadas, ou arrancadas, de comum acordo entre proprietários.

§ 3º A construção de tapumes especiais para impedir a passagem de animais de pequeno porte, ou para outro fim, pode ser exigida de quem provocou a necessidade deles, pelo proprietário, que não está obrigado a concorrer para as despesas.

• *Código Civil, art. 1.313, II.*

Direito de tapagem. O proprietário tem direito de cercar, murar, valar ou tapar de qualquer modo o seu prédio urbano ou rural, para que possa proteger, dentro de seus limites, a exclusividade de seu domínio, desde que observe as disposições regulamentares e não cause dano ao vizinho (*JB*, *84*:374).

Ação demarcatória e seus objetivos. A ação demarcatória visa: *a*) levantar a linha divisória entre prédios; *b*) aviventar rumos apagados; e *c*) renovar marcos destruídos ou arruinados.

Direito de demarcar. O titular de direito real (proprietário, enfiteuta, usufrutuário etc.) poderá obrigar o seu confinante a proceder com ele a demarcação entre os dois prédios contíguos, repartindo-se proporcionalmente as despesas de construção, conservação ou reparação.

Ação demarcatória simples. A demarcatória simples tem por escopo a sinalização de limites, ou seja, fixar, restabelecer ou aviventar os marcos da linha divisória de dois prédios vizinhos.

Ação demarcatória qualificada. A demarcatória qualificada ocorrerá quando se cumular o pedido de fixação de rumos e aviventação dos que já existem com o de restituição de glebas indevidamente ocupadas pelo dono do prédio confinante, se o interessado não quiser, antes de mover essa ação, recorrer diretamente aos interditos possessórios.

Interessantes são os Enunciados do Fórum Permanente de Processualistas Civis:

a) n. 68 — "Também possuem legitimidade para a ação demarcatória os titulares de direito real de gozo e fruição, nos limites dos seus respectivos direitos e títulos construtivos de direito real. Assim, além da propriedade, aplicam-se os dispositivos do Capítulo sobre ação demarcatória, no que for cabível, em relação aos direitos reais de gozo e fruição".

b) n. 69 — "Cabe ao proprietário ação demarcatória para estremar a demarcação entre o seu prédio e do confinante, bem como fixar novos limites, aviventar rumos apagados e renovar marcos destruídos (CC, art. 1.297)".

c) n. 70 — "Do laudo pericial que traçar a linha demarcada, deverá ser oportunizada a manifestação das partes interessadas em prestígio ao princípio do contraditório e da ampla defesa".

Jurisprudência atinente à demarcatória. Consulte: *RTJ*, *123*:647 e *80*:918; *RF*, *303*:219, *160*:162, *93*:524, *132*:176, *147*:335, *126*:169, *143*:305, *257*:260, *192*:167, *115*:192 e 193, *100*:451, *103*:272, *120*:441, *126*:169, *145*:320, *193*:805 e *254*:302; *RT*, *782*:366, *756*:324, *736*:328, *625*:53, *237*:522, *195*:141, *198*:255, *218*:232, *242*:182, *182*:796, *189*:267, *262*:507, *268*:241, *271*:523, *289*:175, *292*:723, *300*:439, *306*:556, *334*:334, *336*:497, *358*:389, *316*:563, *328*:740 e *332*:505; *JB*, *160*:270; *Adcoas*, n. 69.754 e 74.440, 1980, 82.636, 84.494, 86.088, 87.146, 1982, 91.329 e 91.330, 1983; *Ciência Jurídica*, *71*:141; *RSTJ*, *81*:308, *13*:398 e 399; *EJSTJ*, *13*:141, *11*:57 e 106; *RJTJRS*, *81*:324; *JTJ*, *165*:56, *213*:584; *RJTJSP*, *78*:243.

BIBLIOGRAFIA: Tito Fulgêncio, *Direito de vizinhança*, cit., n. 11; Josserand, *Cours de droit positif français*, t. 1, n. 1.437; Serpa Lopes, *Curso*, cit., v. 6, p. 434; Carvalho Santos, *Código Civil interpretado*, v. 3, obs. aos arts. 569-71; Demolombe, *Cours de Code de Napoléon*, Paris, 1876, t. 11, n. 255; W. Barros Monteiro, *Curso*, cit., v. 3, p. 151-6; Ruggiero, *Instituições de direito civil*, v. 2, p. 418; Camara Leal, *Comentários ao Código de Processo Civil*, cit., v. 5, n. 318; Orlando Gomes, *Direitos reais*, cit., p. 196-7; Alcides Cruz, Da divisão e demarcação de terras, in *Coleção Ajuris*, n. 13, 1979, p. 18; Silvio Rodrigues, *Direito civil*, cit., v. 5, p. 174-9; W. Bigiavi, Regolamento di confini e rivendica, *Rivista di Diritto Processuale Civile*, v. 6, Parte 1, p. 244; Fraga, *Teoria e prática na divisão e demarcação das terras particulares*, p. 152; Caio M. S. Pereira, *Instituições*, cit., v. 4, p. 184; Aluizio C. Siqueira, Ação de demarcação de terras, in *Coleção Saraiva de Prática do Direito*, n. 1, 1985; M. Helena Diniz, *Curso*, cit., v. 4, p. 192-4; *Sistemas*, cit., p. 70 e s.; Levenhagem, *Código Civil*, cit., v. 3, p. 142-4; Lopes da Costa, *Demarcação, divisão e tapumes*, 1963; Humberto Theodoro Jr., *Terras particulares (demarcação, divisão e tapumes)*, São Paulo, Saraiva, 1992; Geraldo Hamilton de Menezes, *Divisão de terras particulares — teoria e prática*, São Paulo, Juarez de Oliveira, 2002.

Copropriedade das obras divisórias. Se se construir obra divisória (muro, tapume, vala, cerca etc.) entre dois prédios contíguos, urbanos ou rústicos, ambos os proprietários confinantes terão direito de usá-la em comum, observando-se as normas que regem o condomínio. Trata-se do condomínio forçado em paredes, cercas, muros e valas, sendo os proprietários obrigados a concorrer, conforme os costumes do local, em partes iguais, para as despesas de sua construção e conservação.

Presunção "juris tantum" do condomínio forçado. A presunção legal de condomínio de obra divisória não é absoluta, mas sim relativa ou *juris tantum*, cedendo ante prova em contrário, uma vez que será possível que ela pertença exclusivamente a um dos proprietários confinantes, bastando que ele comprove que construiu o muro em seu terreno sem ter sido reembolsado da metade do valor dessa obra e do valor do solo correspondente (*RT*, *180*:378).

Presunção "juris tantum" de copropriedade de tapume divisório. Há presunção legal *juris tantum* de que os tapumes divisórios entre propriedades confinantes sejam comuns; logo, ambos os proprietários deverão concorrer, em partes iguais, para as despesas de sua construção e conservação, para o que entrarão previamente em acordo. Na falta desse acordo, o interessado deverá ingressar em juízo para obter o reconhecimento judicial do dever de contribuir pecuniariamente para a construção do tapume. Como essa presunção é relativa, admite prova em contrário, pois pode ocorrer que um dos proprietários tenha erguido o tapume somente do seu lado. Apenas se não conseguir provar isso prevalecerá aquela presunção (*RT*, *170*:182, *175*:694, *180*:378, *288*:622, *322*:630, *337*:332 e *523*:105).

Corte de plantas utilizadas como marco divisório. As sebes vivas, árvores ou plantas que servem de marco, ou tapume, divisório, ante a existência de condomínio forçado, salvo prova em contrário, só poderão ser arrancadas, ou cortadas, mediante comum acordo entre os coproprietários.

Tapume comum. Por tapumes comuns ou ordinários entendem-se as sebes vivas, cercas de arame ou madeira, valas ou banquetas que delimitem a linha divisória, e, também, obviamente, impeçam a passagem de animais de grande porte, como o gado vacum, cavalar ou muar, cuja construção e conservação serão pagas em partes iguais pelos confinantes (CC, art. 1.297, § 1º).

Tapume especial. O tapume especial, tela de arame, grade fina, p. ex., que visa impedir a passagem de animais de pequeno porte (aves domésticas, porcos, coelhos, cabritos, carneiros etc.), apresenta-se como uma obrigação dos proprietários e detentores desses animais, que arcarão sozinhos com as despesas de sua construção e conservação (*RT*, *508*:193). Esse tapume também serve para atender a outro fim de interesse particular e pode ser exigido de vizinho que provocou a necessidade de sua construção que, por isso, suportará sua despesa (CC, art. 1.297, § 3º).

Art. 1.298. Sendo confusos, os limites, em falta de outro meio, se determinarão de conformidade com a posse justa; e, não se achando ela provada, o terreno contestado se dividirá por partes iguais entre os prédios, ou, não sendo possível a divisão cômoda, se adjudicará a um deles, mediante indenização ao outro.

- *Código Civil, art. 1.200.*

Confusão de limites na área contestada. O juiz, na demarcatória, define a linha divisória, observando o procedimento processual (CPC, arts. 950 a 966), baseado em parecer técnico e nos títulos constitutivos dos direitos dos litigantes. Se for impossível a exata fixação dessa linha, procurará decidir conforme as posses de cada um, dando preferência à melhor posse, que é a justa, ou seja, à mais antiga e à não viciada (*JTJSP*, *143*:113). E se ainda não se conseguir delimitá-la, ante a impossibilidade de prova da posse justa, repartir-se-ão as terras contestadas em partes iguais entre os prédios confinantes (TJRS, Ap. Cív. 70.009.661.943, 20ª Câm. Cível, rel. Lima da Rosa, j. 22-9-2004). E se isso não possibilitar uma divisão cômoda, adequada ou economicamente útil por ser o prédio indivisível, por exemplo, adjudicar-se-á a um deles, mediante indenização ao proprietário prejudicado.

Seção VII

Do direito de construir

Art. 1.299. O proprietário pode levantar em seu terreno as construções que lhe aprouver, salvo o direito dos vizinhos e os regulamentos administrativos.

- *A Lei n. 7.565, de 19 de dezembro de 1986 (Código Brasileiro de Aeronáutica), dispõe sobre a zona de proteção de aeródromos.*
- *Sobre localização e construção de instalações de armazenamento de petróleo e derivados, consultem-se: Decretos-Leis n. 395, de 29 de abril de 1938, 538, de 7 de julho de 1938, e Decreto n. 4.071, de 12 de maio de 1939.*

- Vide *Súmula 142 do extinto Tribunal Federal de Recursos.*
- *Decreto-Lei n. 25/37, art. 18, sobre construção na vizinhança de coisa tombada.*
- *Lei n. 10.257/2001, arts. 28 a 31 e 35.*

Direito de construir. É inerente à propriedade o direito que possui o seu titular de construir em seu terreno o que quiser, respeitando-se direitos de vizinhança e regulamentos administrativos, sob pena de reparar dano causado (*RT*, *769*:141, *651*:81, *659*:171; *RTJ*, *122*:319). Daí ser limitado o direito de construir para atender a interesses da coletividade e das relações entre vizinhos, evitando atritos (*RT*, *769*:141, *263*:246; *JB*, *163*:240 e 273 e *165*:202; *RSTJ*, *106*:159, *121*:160), e se invadir área de prédio contíguo, se a invasão for de pouca monta, o infrator não será condenado a demoli-la, bastando que pague o justo valor da área invadida (*RT*, *337*:332; *AJ*, *99*:240).

BIBLIOGRAFIA: W. Barros Monteiro, *Curso*, cit., v. 3, p. 157; Silvio Rodrigues, *Direito civil*, cit., v. 5, p. 182-4; Orlando Gomes, *Direitos reais*, cit., p. 198; M. Helena Diniz, *Curso*, cit., v. 4, p. 196-7; Carvalho Santos, *Código Civil brasileiro interpretado*, cit., obs. ao art. 572, v. 7; Clóvis Beviláqua, *Código Civil comentado*, cit., obs. ao art. 572, v. 3; Carlos Ari Sundfeld, Direito de construir e novos institutos urbanísticos, *Direito*, n. 2, São Paulo, Max Limonad, p. 5-52; A. Carrasco Perera e outros, *Derecho de la construcción y la vivienda*, Barcelona, Bosch, 1997; Floriano de Azevedo Marques Neto, Outorga generosa de direito de construir, *Estatuto da Cidade* (A. Dallari e S. Ferraz — coord.), São Paulo, Malheiros, 2002, p. 221-45; Yara Darcy P. Monteiro e Egle Monteiro da Silveira, Transferência do direito de construir, *Estatuto da Cidade*, cit., p. 276-86; Octávio Médice, Hermenêutica do instituto do direito de construir, *Justitia*, *84*:165; Helita B. Custódio, Direito de construir diante do interesse social, *RDC*, *9*:251; Jeremias A. Pereira Filho, Dos direitos de vizinhança e do direito de construir, *RTJE*, *47*:9; Márcia W. Batista Santos, Direito de propriedade e direito de construir, *RDC*, *63*:132.

Art. 1.300. O proprietário construirá de maneira que o seu prédio não despeje águas, diretamente, sobre o prédio vizinho.

- *Código de Águas, art. 105.*

Estilicídio. O proprietário vizinho poderá embargar, por exemplo, estilicídio, pois proibido estará elevar construção (p. ex., calhas) que deite goteiras sobre seu imóvel. O dono de prédio contíguo, ao construí-lo, deverá fazê-lo de tal modo que as águas não sejam despejadas diretamente sobre o imóvel vizinho, preservando o bem-estar de seus ocupantes.

Construção de beiral de telhado. Para impedir que goteiras do prédio confinante caiam no terreno vizinho, permite o Código de Águas (art. 105) que se construa beiral de telhado, se impossível for o respeito à distância a menos de metro e meio, num intervalo de, pelo menos, dez centímetros da linha divisória, desde que se tome cuidado para que as águas não escoem na propriedade contígua. Assim as águas pluviais ou de "ladrões" das caixas-d'água, que correm pelo telhado, deverão cair naturalmente no terreno do proprietário que construiu o beiral.

BIBLIOGRAFIA: Levenhagen, *Código Civil*, cit., v. 3, p. 146-7; Darcy Arruda Miranda, *Anotações*, cit., v. 2, p. 90-1; Carvalho Santos, *Código Civil brasileiro interpretado*, cit., obs. ao art. 575, v. 7.

Art. 1.301. É defeso abrir janelas, ou fazer eirado, terraço ou varanda, a menos de metro e meio do terreno vizinho.

- *A nunciação de obra nova, ação não apenas conferida ao proprietário, mas também ao possuidor (CPC, art. 318). Segue o procedimento comum ou vai para o Juizado Especial Cível conforme o valor da causa.*
- Vide *Súmulas 120 e 414 do Supremo Tribunal Federal.*

§ 1º As janelas cuja visão não incida sobre a linha divisória, bem como as perpendiculares, não poderão ser abertas a menos de setenta e cinco centímetros.

§ 2º As disposições deste artigo não abrangem as aberturas para luz ou ventilação, não maiores de dez centímetros de largura sobre vinte de comprimento e construídas a mais de dois metros de altura de cada piso.

Limitações à abertura de janela e à construção de eirado, terraço ou varanda. São vedadas as aberturas de janela, construção de eirado, terraço ou varanda a menos de metro e meio da linha divisória (*RT*, *798*:238 e 239, *680*:120, *277*:670) do seu prédio, para impedir que sua propriedade seja devassada pela curiosidade de vizinho, salvaguardando o direito à intimidade ou à privacidade (*RT*, *724*:352, *485*:191, *495*:51, *181*:658, *179*:199 e *178*:837; *RJTJSP*, *41*:58; *Adcoas*, n. 83.217, 1982; Súmulas 120 e 414 do STF; *JB*, *167*:121 e 233). E janelas cuja visão não incida sobre a linha divisória e as perpendiculares (laterais ou oblíquas) não poderão ser abertas a menos de setenta e cinco centímetros.

Permissão de aberturas de frestas para luz ou ventilação. A lei permite a abertura de frestas, seteiras ou óculos para luz ou ventilação, com distância inferior à prescrita em lei, desde que não sejam maiores de dez centímetros de largura sobre vinte de comprimento, e construídas a mais de dois metros de altura de cada piso, não podendo, ainda, lesar o confinante (*RT*, *678*:77, *184*:312 e *197*:91; *RF*, *137*:400). Tal permissão não gera direito adquirido do vizinho que veio a construir a fresta, seteira ou óculos, uma vez que o outro vizinho poderá, a qualquer momento, levantar obra que venha a tirar total ou parcialmente a ventilação, a claridade ou a luz do beneficiado com aquelas aberturas. Os vãos, que tiverem dimensão superior a dez centímetros de largura sobre vinte de comprimento, serão tidos como janelas e o proprietário lesado poderá impugná-los.

BIBLIOGRAFIA: W. Barros Monteiro, *Curso*, cit., v. 3, p. 159-62; Pontes de Miranda, *Tratado de direito predial*, cit., § 67; Silvio Rodrigues, *Direito civil*, cit., v. 5, p. 185-6; Aubry e Rau, *Droit civil*, 5. ed., v. 2, § 196, p. 290 e 313; Serpa Lopes, *Curso*, cit., v. 6, p. 449-50; Orlando Gomes, *Direitos reais*, cit., p. 199; M. Helena Diniz, *Curso*, cit., v. 4, p. 198-200; Levenhagen, *Código Civil*, cit., v. 3, p. 145.

Art. 1.302. O proprietário pode, no lapso de ano e dia após a conclusão da obra, exigir que se desfaça janela, sacada, terraço ou goteira sobre o seu prédio; escoado o prazo, não poderá, por sua vez, edificar sem atender ao disposto no artigo antecedente, nem impedir, ou dificultar, o escoamento das águas da goteira, com prejuízo para o prédio vizinho.

- *Código Civil, art. 1.312.*
- *Código de Processo Civil, arts. 318 e s.*

Parágrafo único. Em se tratando de vãos, ou aberturas para luz, seja qual for a quantidade, altura e disposição, o vizinho poderá, a todo tempo, levantar a sua edificação, ou contramuro, ainda que lhes vede a claridade.

Ação demolitória. Para defender-se contra construção de janela, sacada, terraço ou goteira sobre seu prédio que infrinja regulamentos administrativos e os preceitos legais contidos no Código Civil, o lesado poderá, dentro do prazo decadencial de ano e dia contado da conclusão da

DIREITO DAS COISAS

obra, exigir que se a desfaça, propondo a ação demolitória (*Adcoas*, n. 77.896, 1981; *RT*, *798*:238 e 239, *633*:105, *682*:182, *506*:71, *501*:113, *490*:68; *JTJ*, *189*:125). Escoado tal prazo, não poderá, por sua vez, efetuar qualquer construção para impedir ou dificultar o escoamento das águas da goteira, prejudicando o prédio vizinho. Mas, se houver vãos, aberturas para luz, qualquer que seja a quantidade, altura e disposição, o vizinho poderá a qualquer tempo levantar a sua edificação ou contramuro, mesmo que lhe vede a claridade.

Direito de propor ação de nunciação de obra nova. O proprietário confinante que, presumidamente, anuiu na construção, uma vez que a ela não se opôs, poderá mover ação de nunciação de obra nova, mediante procedimento comum ou Juizado Especial conforme o valor da causa, que somente poderá ser deferida durante a construção para obstar que na edificação levantada no prédio vizinho se abra janela a menos de metro e meio da linha divisória ou se faça beiral que deite água no seu terreno, dentro do prazo decadencial de ano e dia (*RTJ*, *100*:426; *RJTJSP*, *66*:181; *RT*, *724*:352, *778*:321, *551*:87, *548*:56; *RSTJ*, *103*:161).

BIBLIOGRAFIA: Sá Pereira, *Manual*, cit., v. 8, p. 288-9; Darcy Arruda Miranda, *Anotações*, cit., v. 2, p. 91; Silvio Rodrigues, *Direito civil*, cit., v. 5, p. 184; Levenhagen, *Código Civil*, cit., v. 3, p. 147-8; Caio M. S. Pereira, *Instituições*, cit., v. 4, p. 185-6; W. Barros Monteiro, *Curso*, cit., v. 3, p. 160-1; Serpa Lopes, *Curso*, cit., v. 6, p. 465-6; Orlando Gomes, *Direitos reais*, cit., p. 199; M. Helena Diniz, *Curso*, cit., v. 4, p. 197. *Vide EJSTJ*, *8*:85.

Art. 1.303. Na zona rural, não será permitido levantar edificações a menos de três metros do terreno vizinho.

Distância de três metros entre prédios situados em zona rural. Em se tratando de zona rural, estão proibidas as construções a menos de três metros do terreno contíguo, para resguardar o interesse público de segurança e salubridade dos moradores, visto que algumas obras em propriedade rural (como, p. ex., estrumeiras, currais, estrebarias, pocilgas etc.) podem causar incômodo ou prejuízo.

Art. 1.304. Nas cidades, vilas e povoados cuja edificação estiver adstrita a alinhamento, o dono de um terreno pode nele edificar, madeirando na parede divisória do prédio contíguo, se ela suportar a nova construção; mas terá de embolsar ao vizinho metade do valor da parede e do chão correspondentes.

Parede-meia. Nas cidades, vilas e povoados, onde as construções devem obedecer a determinado alinhamento, o dono de um terreno poderá nele edificar, madeirando ou colocando traves na parede divisória do prédio confinante, se ela suportar a nova construção, mas para isso terá de pagar, obrigatoriamente, ao vizinho, metade do valor da parede e do chão correspondente, passando a ser condômino. Ter-se-á, então, um condomínio legal; logo não há que se falar em servidão de meter trave (*tigni immittendi*), pois o vizinho, ao pagar metade do valor da parede e do solo correspondente, irá madeirar ou travejar a parede comum. Portanto, se é coproprietário, não se está constituindo direito real sobre coisa alheia. Se o vizinho não se conformar, o interessado poderá fazer valer seu direito de travejar, propondo a ação competente (Lei n. 9.099/95, art. 3º, II; Código de Processo Civil, art. 1.063; LJE, art. 3º, II; *TJACSP, 152*:113).

BIBLIOGRAFIA: Didimo da Veiga, *As servidões reais*, n. 200; Sá Pereira, *Manual*, cit., v. 8, p. 291-2; Darcy Arruda Miranda, *Anotações*, cit., v. 2, p. 91; Levenhagen, *Código Civil*, cit., v. 3, p. 149-50; M. Helena Diniz, *Curso*, cit., v. 4, p. 198.

Art. 1.305. O confinante, que primeiro construir, pode assentar a parede divisória até meia espessura no terreno contíguo, sem perder por isso o direito a haver meio valor dela se o vizinho a travejar, caso em que o primeiro fixará a largura e a profundidade do alicerce.

- Vide *Código Civil, arts. 1.304 e 1.312.*

Parágrafo único. Se a parede divisória pertencer a um dos vizinhos, e não tiver capacidade para ser travejada pelo outro, não poderá este fazer-lhe alicerce ao pé sem prestar caução àquele, pelo risco a que expõe a construção anterior.

Exceção à proibição de construir em terreno alheio. Havendo dois terrenos vagos e contíguos, o proprietário confinante, que construir em primeiro lugar, poderá assentar a parede divisória até meia espessura no terreno vizinho, invadindo-o sem que, por isso, perca seu direito de haver meio valor dela, se o vizinho a travejar. Hipótese em que o primeiro que construir fixará a largura e profundidade do alicerce. E se aquele que vai suportar a invasão de sua terra, posteriormente, quiser travejar a parede divisória, terá de indenizá-la pela metade.

Impossibilidade de travejamento. Se a parede divisória pertencer a um dos vizinhos e não suportar, devido a sua fragilidade, travejamento pelo outro proprietário confinante, que vai construir em segundo lugar, este não poderá fazer-lhe alicerces ao pé, sem que preste caução àquele pelo risco a que a nova obra exponha a construção feita anteriormente cuja fundação não seja também sólida. Com isso garante a lei ao dono da parede divisória o ressarcimento por qualquer dano à estrutura de seu prédio oriundo de alicerce.

BIBLIOGRAFIA: Sá Pereira, *Manual*, cit., v. 8, n. 114; M. Helena Diniz, *Curso*, cit., v. 4, p. 198; Darcy Arruda Miranda, *Anotações*, cit., v. 2, p. 92; Levenhagen, *Código Civil*, cit., v. 3, p. 150-1; Carvalho Santos, *Código Civil brasileiro interpretado*, cit., obs. ao art. 580, v. 7.

Art. 1.306. O condômino da parede-meia pode utilizá-la até ao meio da espessura, não pondo em risco a segurança ou a separação dos dois prédios, e avisando previamente o outro condômino das obras que ali tenciona fazer; não pode sem consentimento do outro, fazer, na parede-meia, armários, ou obras semelhantes, correspondendo a outras, da mesma natureza, já feitas do lado oposto.

Vedações ao uso da parede-meia. O condômino da parede-meia poderá usá-la até meia espessura, desde que não coloque em risco a segurança, a inviolabilidade ou a separação dos dois prédios contíguos, seja afinando-a, demolindo-a ou perfurando-a (*RT*, *193*:224). Para tanto deverá avisar previamente o outro comunheiro das obras que pretende fazer, evitando coincidência do aproveitamento no mesmo lugar da parede comum, para que este as fiscalize, impedindo que se ultrapasse a metade da espessura da parede ou precavendo-se de danificar quadros ou objetos que estiverem encostados ou pregados na parede-meia a ser utilizada. Além disso não se poderá, sem a autorização do outro condômino, fazer, na parede-meia, armários ou obras similares (cofres embutidos, *closet*, depósito, registro de eletricidade, despensas) se do outro lado já existe, no mesmo local, um armário ou obra semelhante. Se, porém, no lado oposto inexistir armário, bastará que o condômino dê ciência apenas de que vai executar o serviço, não sendo necessário que obtenha o consenso do outro comunheiro para sua efetivação. A anuência do vizinho apenas será imprescindível para as obras da mesma natureza que estiverem em correspondência com as que ele já fez do seu lado.

BIBLIOGRAFIA: Levenhagen, *Código Civil*, cit., v. 3, p. 152; Sá Pereira, *Manual*, cit., v. 8, n. 115; Darcy Arruda Miranda, *Anotações*, cit., v. 2, p. 92; M. Helena Diniz, *Curso*, cit., v. 4, p. 198; Clóvis Beviláqua, *Código Civil comentado*, cit., obs. ao art. 581, v. 3.

DIREITO DAS COISAS

Art. 1.307. Qualquer dos confinantes pode altear a parede divisória, se necessário reconstruindo-a, para suportar o alteamento; arcará com todas as despesas, inclusive de conservação, ou com metade, se o vizinho adquirir meação também na parte aumentada.

Direito de altear parede divisória. As paredes divisórias podem ser construídas de acordo com as dimensões estabelecidas em posturas municipais e com os costumes locais, acompanhando no solo a linha lindeira dos prédios confinantes. Logo, qualquer vizinho pode altear parede divisória e até mesmo reconstruí-la, para que possa suportar o alteamento, arcando com todas as despesas, inclusive com as de conservação, salvo se o outro proprietário contíguo vier a adquirir meação, também, na parte aumentada, caso em que cada um arcará com metade dos dispêndios, seguindo-se as normas de condomínio de parede-meia.

Art. 1.308. Não é lícito encostar à parede divisória chaminés, fogões, fornos ou quaisquer aparelhos ou depósitos suscetíveis de produzir infiltrações ou interferências prejudiciais ao vizinho.

Parágrafo único. A disposição anterior não abrange as chaminés ordinárias e os fogões de cozinha.

Ilicitude da instalação de objeto suscetível de causar dano ao prédio sem anuência de seu dono. Será ilícito encostar na parede divisória, ou seja, na do prédio confinante ou na parede-meia, chaminé especial (*RT*, *261*:269), fornalha, forno de forja ou de fundição, aparelho sanitário, fosso, cano de esgoto, depósito de sal ou de qualquer substância corrosiva ou suscetível de produzir infiltrações daninhas ou interferências prejudiciais ao vizinho, como rachaduras, corrosões etc. Tal proibição não abrangerá as chaminés ordinárias, nem os fornos ou fogões de cozinha, pela sua utilidade no aquecimento do lar e no preparo de alimentos. Se assim é, se o prédio confinante estiver ameaçado em sua segurança por construção de chaminés (*RT*, *261*:269), fogões ou fornos feita no prédio vizinho, ainda que na parede-meia, seu dono terá direito de embargar a obra, também podendo valer-se da ação de dano infecto, e de exigir caução contra os eventuais danos, com exceção do forno ou fogão de cozinha, usado no preparo de alimentos, ou de chaminé ordinária própria para aquecer ambiente residencial.

Art. 1.309. São proibidas construções capazes de poluir, ou inutilizar, para uso ordinário, a água do poço, ou nascente alheia, a elas preexistentes.

• Vide *Código Civil, arts. 1.291 e 1.228, § 1º.*

Proibição de construção poluidora de água. A lei não permite que o proprietário construa em seu terreno obras que venham a poluir ou inutilizar, para o uso ordinário, a água de poço, fonte ou nascente alheia a elas preexistente. Assim sendo, se um poço for aberto próximo a uma fossa para descarga sanitária que já existia, o dono da fossa não será obrigado a inutilizá-la (*RT*, *536*:116).

BIBLIOGRAFIA: Levenhagen, *Código Civil*, cit., v. 3, p. 154; Sá Pereira, *Manual*, cit., v. 8, n. 118; Clóvis Beviláqua, *Código Civil comentado*, cit., obs. ao art. 584, v. 3; Carvalho Santos, *Código Civil brasileiro interpretado*, cit., obs. ao art. 584, v. 3.

Art. 1.310. Não é permitido fazer escavações ou quaisquer obras que tirem ao poço ou à nascente de outrem a água indispensável às suas necessidades normais.

• Vide *Código de Águas, arts. 96 a 98.*

Restrição ao direito de fazer escavação. Ninguém poderá efetivar escavações, ou quaisquer obras, como canais, regos, ou sulcos em seu terreno que tirem ao poço ou à fonte ou nascente de outrem a água necessária ao uso doméstico ou à cultura. Ilícito será secar, cortar ou minguar a fonte do vizinho ao fazer escavações em terreno próprio que venham a impedir a secção do curso d'água subterrâneo. Todavia a lei permite que se façam escavações que venham a diminuir o suprimento do poço ou da fonte do vizinho, sem que essa diminuição acarrete dano ao abastecimento normal e necessário ao dono do poço ou da fonte.

Licitude da utilização do lençol freático. Os proprietários confinantes poderão utilizar as águas que existirem no subsolo de seus prédios, desde que não lesem ou prejudiquem sua utilização pelo outro. Com isso o lençol freático tornar-se-á comum (Código de Águas, arts. 96 a 101).

BIBLIOGRAFIA: Levenhagen, *Código Civil*, cit., v. 3, p. 154-5; Darcy Arruda Miranda, *Anotações*, cit., v. 2, p. 93; Sá Pereira, *Manual*, cit., v. 8, n. 119-21; Carvalho Santos, *Código Civil brasileiro interpretado*, cit., obs. ao art. 585, v. 7.

Art. 1.311. Não é permitida a execução de qualquer obra ou serviço suscetível de provocar desmoronamento ou deslocação de terra, ou que comprometa a segurança do prédio vizinho, senão após haverem sido feitas as obras acautelatórias.

Parágrafo único. O proprietário do prédio vizinho tem direito a ressarcimento pelos prejuízos que sofrer, não obstante haverem sido realizadas as obras acautelatórias.

• Vide *Código Civil, arts. 1.281 e 927, parágrafo único.*

Segurança de prédio vizinho ameaçada por construção. Se o prédio confinante estiver ameaçado em sua segurança por execução de obra ou serviço suscetível de provocar desmoronamento ou deslocação de terra, poderá exigir que sejam feitas obras acautelatórias, pois somente após estas é que tal construção será permitida. Se, apesar de terem sido realizadas obras contra os eventuais danos, estes advierem, o proprietário lesado tem direito à reparação de todos os prejuízos sofridos (*RT*, *705*:132; *RJ*, *177*:92), pois o dono da obra por eles terá responsabilidade civil objetiva (CC, art. 927, parágrafo único).

Art. 1.312. Todo aquele que violar as proibições estabelecidas nesta Seção é obrigado a demolir as construções feitas, respondendo por perdas e danos.

• *Código Civil, arts. 402 a 405 e 1.302.*

Consequência da violação dos arts. 1.299 a 1.313 do Código Civil. Todo aquele que infringir as normas atinentes ao direito de construir, contidas no Código Civil, será obrigado a demolir as construções ilicitamente feitas, respondendo, ainda, pelas perdas e danos (*RT*, *292*:211). O lesado poderá ingressar em juízo com ação demolitória, dentro do prazo decadencial de ano e dia (CC, art. 1.302). Todavia o magistrado apenas ordenará a demolição da obra quando for impossível a sua conservação ou adaptação aos regulamentos administrativos e quando contiver vício insanável. Se a obra ainda estiver em fase de construção, a ação cabível será a de nunciação de obra nova, mediante procedimento comum ou Juizado Especial Cível. De qualquer modo o infrator deverá pagar uma indenização por perdas e danos (CC, arts. 402 a 405), pedido esse que poderá ser cumulado a qualquer daquelas ações.

BIBLIOGRAFIA: W. Barros Monteiro, *Curso*, cit., v. 3, p. 158-61; Silvio Rodrigues, *Direito Civil*, cit., v. 5, p. 184; Caio M. S. Pereira, *Instituições*, cit., v. 4, p. 185-6; Levenhagen, *Código Civil*, cit., v. 3,

p. 155; Darcy Arruda Miranda, *Anotações*, cit., v. 2, p. 94; Serpa Lopes, *Curso*, cit., v. 6, p. 465-6; Sá Pereira, *Manual*, cit., v. 8, n. 122; M. Helena Diniz, *Curso*, cit., v. 4, p. 197.

Art. 1.313. O proprietário ou ocupante do imóvel é obrigado a tolerar que o vizinho entre no prédio, mediante prévio aviso, para:

I — dele temporariamente usar, quando indispensável à reparação, construção, reconstrução ou limpeza de sua casa ou do muro divisório;

II — apoderar-se de coisas suas, inclusive animais que aí se encontrem casualmente.

• *Código Civil, arts. 1.281 e 1.297, § 3º.*

§ 1º O disposto neste artigo aplica-se aos casos de limpeza ou reparação de esgotos, goteiras, aparelhos higiênicos, poços e nascentes e ao aparo de cerca viva.

§ 2º Na hipótese do inciso II, uma vez entregues as coisas buscadas pelo vizinho, poderá ser impedida a sua entrada no imóvel.

§ 3º Se do exercício do direito assegurado neste artigo provier dano, terá o prejudicado direito a ressarcimento.

Permissão para entrada em prédio vizinho para reparos. Permite-se que o proprietário confinante penetre no imóvel alheio, com a tolerância do seu dono ou ocupante, que será avisado previamente, para usá-lo temporariamente quando isso for indispensável não só à reparação, limpeza, construção ou reconstrução de sua casa, prédio ou edificação ou do muro divisório, mas também à retirada de coisas suas, inclusive animais que lá casualmente se encontrem, à limpeza ou reparação de esgotos, goteiras, aparelhos higiênicos, poços e fontes ou nascentes já existentes, ao aparo de cerca viva, devendo, contudo, indenizar todos os prejuízos que com tais atos vier a causar a seu vizinho.

BIBLIOGRAFIA: M. Helena Diniz, *Curso*, cit., v. 4, p. 200; Levenhagen, *Código Civil*, cit., v. 3, p. 155; Sá Pereira, *Manual*, cit., v. 8, n. 123; Carvalho Santos, *Código Civil brasileiro interpretado*, cit., obs. ao art. 587, v. 7.

Proibição de entrada de vizinho em imóvel contíguo. Se as coisas animadas ou inanimadas, pertencentes a proprietário vizinho, que se encontravam, casualmente, em prédio contíguo, já lhes foram entregues, sua entrada no referido imóvel poderá ser impedida.

CAPÍTULO VI

DO CONDOMÍNIO GERAL

• *Sobre condomínio, consulte, a título de interpretação histórica: Decreto n. 24.643/34, art. 148, parágrafo único; Decreto-Lei n. 3.365/41, art. 16; Lei n. 11.101/2005, art. 123, § 2º; Leis n. 3.924/61, art. 9º, parágrafo único; 4.504/64, art. 3º; 4.591/64; 4.593/64, arts. 20 e 22; Decreto n. 55.891/65, arts. 24, 51 e 54; Lei n. 4.728/65, art. 62; Decreto n. 56.792/65, arts. 19, I,* b, *21, IV, 26, IV, e 28, §§ 1º e 2º; Lei n. 4.771/65, art. 17; Lei n. 4.864/65, arts. 1º, I, e 6º; Decreto-Lei n. 271/67, art. 3º, § 2º; Código de Processo Civil, arts. 75, IX, 784, VIII; Decreto n. 72.106/73, art. 39; Lei n. 6.015/73, arts. 167, I, e 178, III; Decreto-Lei n. 1.381/74, art. 9º, § 3º; Lei n. 6.530/78, art. 20, V; Lei n. 6.855/80, art. 29, III; Decreto-Lei n. 2.251/85, art. 13, parágrafo único; Lei n. 7.450/85, art. 90, parágrafo único,* b *(ora revogado pela Lei n. 9.636/98); Decreto n. 93.902/87, art. 5º, parágrafo único,* b*; Provimento n. 66/88 do Conselho Federal da OAB, art. 3º; Lei n. 8.245/91, arts. 22, X, 25 e 34; Decreto n. 3.048/99; Decreto n. 980/93, art. 13, III; Decreto n. 3.000/99,* *arts. 15 e parágrafo único, 37, parágrafo único, 50, IV, 122, § 2º, II, § 4º, 123, § 1º, 150, § 1º, III, 534 e 632, IV; Lei n. 12.651/2012, art. 16 e s.; Instrução CVM n. 205/94 (revogada pela Instrução CVM n. 472/2008), art. 1º, e Lei n. 8.981/95, art. 49.*

- *Condomínio de lotes: Código Civil, art. 1.358-A, §§ 1º e 3º.*
- *Conjunto habitacionais: Lei n. 13.465/2017, arts. 59 e 60.*
- *Condomínio urbano simples: Lei n. 13.465/2017, arts. 61 a 63; CC arts. 1.331 a 1.358.*
- *Súmula 478 do Superior Tribunal de Justiça.*

SEÇÃO I
DO CONDOMÍNIO VOLUNTÁRIO

SUBSEÇÃO I
DOS DIREITOS E DEVERES DOS CONDÔMINOS

Art. 1.314. Cada condômino pode usar da coisa conforme sua destinação, sobre ela exercer todos os direitos compatíveis com a indivisão, reivindicá-la de terceiro, defender a sua posse e alhear a respectiva parte ideal, ou gravá-la.

Parágrafo único. Nenhum dos condôminos pode alterar a destinação da coisa comum, nem dar posse, uso ou gozo dela a estranhos, sem o consenso dos outros.

- *Sobre furto de coisa comum,* vide *Código Penal, art. 156.*
- *No caso de falência de condômino,* vide *art. 123, § 2º, da Lei n. 11.101/2005.*
- *Condomínio em queda-d'água* — vide *art. 148, parágrafo único, do Código de Águas (Decreto n. 24.643, de 10-7-1934).*
- *Decreto n. 3.000/99, sobre cobrança e fiscalização do Imposto de Renda.*
- *Enunciado n. 9 do TJSP.*
- Vide *Código Civil, arts. 504, 1.199, 1.791, parágrafo único, 1.322 e 1.331 a 1.358.*
- *Lei n. 6.015/73, art. 213, II, § 10 (com redação da Lei n. 10.931/2004).*

Condomínio e comunhão. Determinado direito poderá pertencer a vários indivíduos ao mesmo tempo, hipótese em que se tem a comunhão. Se esta recair sobre um direito de propriedade, ter-se-á condomínio ou compropriedade.

BIBLIOGRAFIA: Bonfante, *Corso di diritto romano*, v. 2, p. 250; W. Barros Monteiro, *Curso*, cit., v. 3, p. 205; M. Helena Diniz, *Curso*, cit., v. 4, p. 148; Bonelli, I concetti di communione, *Riv. de Sraffa*, *1*:298, 1903.

Conceito de condomínio. Segundo Caio M. S. Pereira, ter-se-á condomínio "quando a mesma coisa pertence a mais de uma pessoa, cabendo a cada uma delas igual direito, idealmente, sobre o todo e cada uma das partes".

BIBLIOGRAFIA: Caio M. S. Pereira, *Instituições*, cit., v. 4, p. 160; Lafayette, *Direito das coisas*, cit., § 30; Ionasco, *La copropriété d'un bien*, Paris, 1930; Wilson de S. Campos Batalha, *Loteamentos e condomínios*, 1953; Supervielle, *Condominio: su naturaleza jurídica*, Montevideo, 1946; Gustavo Tepedino, *Multipropriedade imobiliária*, São Paulo, Saraiva, 1993; Planiol, Ripert e Boulanger, *Traité élémentaire*, cit., v. 1, n. 2.744; Scialoja, *Teoria della proprietà*, p. 435; Hedemann, *Derechos reales*, p. 265; Enneccerus, Kipp e

Wolff, *Tratado de derecho civil*: derecho de cosas, cit., v. 1, § 88; Espínola, *Posse e propriedade, compropriedade ou condomínio, direitos autorais*, Rio de Janeiro, 1956, p. 338; Trabucchi, *Istituzioni di diritto civile*, n. 173, p. 396; Ruggiero e Maroi, *Istituzioni di diritto privato*, v. 1, § 109; Barassi, *Proprietà e comproprietà*, p. 103-4; Dekkers, *Précis de droit civil belge*, t. 1, p. 582; Carlos Alberto Dabus Maluf, *O condomínio tradicional no direito civil*, São Paulo, Saraiva, 1989; Ramponi, *La comunione di proprietà o comproprietà*, Torino, UTET, 1922; Pinto Coelho, *Da compropriedade no direito português*, Lisboa, 1939; Gert Kummerow, Bienes y derechos reales, cit., p. 269-320; Sebastião José Roque, *Direito das coisas*, cit., p. 121-30; Lair da Silva Loureiro Filho, *Condomínio*, São Paulo, Ed. Juarez de Oliveira, 1998; Justino Magno Araújo e Renato S. Sartorelli, *Condomínio e sua interpretação jurisprudencial*, São Paulo, Ed. Juarez de Oliveira, 2000; Luiz Edson Fachin, *Comentários*, cit., p. 168 a 222; Américo Isidoro Angélico, *Condomínio no novo Código Civil*, São Paulo, Juarez de Oliveira, 2003; Irineu Antonio Pedrotti e William Antonio Pedrotti, Condomínio e incorporações, São Paulo, Juarez de Oliveira, 2001; Alvaro Villaça Azevedo, O condomínio no novo Código Civil, in *O novo Código Civil — estudos em homenagem a Miguel Reale*, São Paulo, LTr, 2003, p. 1017-38.

Direito de usar da coisa comum conforme sua destinação. Cada consorte poderá usar livremente da coisa conforme seu destino, ou sua utilização prática, exercendo sobre ela todos os direitos compatíveis com a indivisão, desde que não impeça que os demais condôminos possam também exercer seus direitos sobre ela (*RT*, *726*:228, *723*:387, *695*:129, *189*:303, *268*:201 e *278*:612; *JTJSP*, *161*:103, *178*:39; *JSTJ*, *101*:177; *RF*, *179*:235; *Adcoas*, n. 77.631, 1981).

Defesa da posse da coisa comum. Cada condômino, na qualidade de compossuidor, poderá defender sua posse contra outrem (outro condômino ou terceiro) que venha a turbá-la ou a esbulhá-la, recorrendo aos interditos possessórios. Tais ações intentadas por um dos consortes versarão sobre todo o imóvel indiviso e não somente sobre a fração ideal daquele que as move. Da mesma forma a sentença aproveitará a todos os comunheiros e não apenas ao autor. Consulte: *RF*, *121*:458 e *151*:306; *RT*, *227*:288, *300*:164, *173*:215 e *189*:661; *RJ*, *83*:82 e 86:82.

BIBLIOGRAFIA: W. Barros Monteiro, *Curso*, cit., v. 3, p. 209-11; Serpa Lopes, *Curso*, cit., v. 6, p. 307-8; Levenhagen, *Código Civil*, cit., v. 3, p. 190; Sá Pereira, *Manual*, cit., v. 8, n. 184; Caio M. S. Pereira, *Instituições*, cit., v. 4, p. 163; Vitalevi, *Della comunione dei beni*, UTET, 1884, v. 2, n. 314, p. 480; M. Helena Diniz, *Curso*, cit., v. 4, p. 154.

Reivindicar a coisa comum de terceiro. Cada condômino poderá reivindicar de terceiro todo o bem (*RT*, *584*:114, *458*:210) indiviso e não apenas a sua fração ideal, independentemente, sem a anuência dos demais consortes e até mesmo contra a vontade destes (*RT*, *121*:458 e *151*:306; *RT*, *726*:228, *647*:188, *227*:288, *300*:164, *173*:215 e *189*:661; *AJ*, *83*:82 e *86*:82).

Alhear a parte ideal na coisa comum. Cada consorte poderá alhear a respectiva parte ideal, respeitando o direito preferencial reconhecido aos demais condôminos (*RT*, *647*:155, *594*:217, *565*:178, *544*:245, *538*:71 e *525*:230; *RTJ*, *97*:7, *88*:1044 e *70*:565; *RJTJRS*, 72:230; *JTACSP*, *63*:184; *RJTJSP*, *62*:189, *80*:67 e *84*:159).

Gravar a parte indivisa. Cada condômino tem o direito de gravar a parte ideal, se indivisível for a coisa (*RT*, *525*:320); logo, não poderá hipotecar, p. ex., a propriedade sob condomínio, em sua totalidade, sem o consenso dos demais comproprietários.

BIBLIOGRAFIA: W. Barros Monteiro, *Curso*, cit., v. 3, p. 209-11; Serpa Lopes, *Curso*, cit., v. 6, p. 296-308; Silvio Rodrigues, *Direito civil*, cit., v. 5, p. 221; Carvalho Santos, *Código Civil brasileiro interpretado*, cit., v. 8, p. 307; Vitalevi, *Della comunione dei beni*, UTET, 1884, v. 2, n. 314, p. 480; M. Helena Diniz, *Curso*, cit., v. 4, p. 150-3; Carlos Alberto Bittar, *Direitos reais*, cit., p. 135-8.

Proibição de alteração da coisa comum. A nenhum condômino será lícito alterar a coisa comum, desviando-a de sua destinação, sem o consentimento dos demais, mesmo que seja para valorizá-la (*RT*, *517*:121). Assim sendo, p. ex., vedada estará a transformação de uma casa residencial em loja sem que haja anuência dos condôminos.

BIBLIOGRAFIA: Darcy Arruda Miranda, *Anotações*, cit., v. 2, p. 123; Levenhagen, *Código Civil*, cit., v. 3, p. 186; Sá Pereira, *Manual*, cit., v. 8, p. 422.

Concessão a estranho da posse da coisa comum. Nenhum condômino poderá, sem prévio consentimento dos demais, dar posse, uso e gozo da coisa comum a estranho. Com isso a lei procura evitar que surja uma sociedade dentro do condomínio contra a vontade dos outros comunheiros. E no condomínio todos os consortes têm direitos iguais sobre a totalidade da coisa, cujo uso e gozo não poderá ser desmembrado por um deles em prol de um terceiro sem anuência dos demais. E, como cada condômino pode reivindicar sem aquiescência dos outros, lícito lhe será fazer uso do direito de retomada do imóvel comum locado indevidamente, desde que se configurem certas circunstâncias previstas legalmente (*JTACSP*, *127*:148; *EJSTJ*, *23*:126).

BIBLIOGRAFIA: Levenhagen, *Código Civil*, cit., v. 3, p. 189-90; M. Helena Diniz, *Curso*, cit., v. 4, p. 154; Carvalho Santos, *Código Civil brasileiro interpretado*, cit., obs. ao art. 633 do CC/16, v. 7; Clóvis Beviláqua, *Código Civil comentado*, cit., obs. ao art. 633 do CC/16, v. 3.

Art. 1.315. O condômino é obrigado, na proporção de sua parte, a concorrer para as despesas de conservação ou divisão da coisa, e a suportar os ônus a que estiver sujeita.

• *Pelo art. 3º da Lei n. 2.757, de 23 de abril de 1956, os condôminos responderão, proporcionalmente, pelas obrigações previstas nas leis trabalhistas, relativas aos empregados, porteiros, zeladores, faxineiros e serventes de prédios de apartamentos.*

Parágrafo único. Presumem-se iguais as partes ideais dos condôminos.

• *Código de Processo Civil, arts. 89 e 1.063, e Lei n. 9.099/95, art. 3º, II.*

• *Código Civil, arts. 1.320 a 1.322.*

Pagamento das despesas de conservação ou de divisão da coisa comum. Cada consorte é obrigado a concorrer, na proporção de sua parte, para as despesas de conservação (demarcação, reparação, remuneração de vigilante, limpeza, pintura, impostos e taxas) ou de divisão do bem (custas judiciais, honorários advocatícios, operações de agrimensura) e suportar os ônus a que estiver sujeito, isto porque todos deles tiram proveito da coisa, repartindo os seus frutos (*RT*, *799*:296, *795*:204, *781*: 205, *780*:285, *676*:175, *711*:129). São casos de obrigação *propter rem*. O princípio consignado neste artigo advém do direito romano: "*Sicut autem ipsius rei divisio venit in communi dividundo judicio, ita etiam praestationes veniunt: et ideo si quis impensas fecerit, consequatur*" (Digesto, com. divid. fr. IV, § 3º).

BIBLIOGRAFIA: Serpa Lopes, *Curso*, cit., v. 6, p. 299; Caio M. S. Pereira, *Instituições*, cit., v. 4, p. 163-4; W. Barros Monteiro, *Curso*, cit., v. 3, p. 213; M. Helena Diniz, *Curso*, cit., v. 4, p. 152; Levenhagen, *Código Civil*, cit., v. 3, p. 184; Jorge Tarcha e Luiz A. Scavone Jr., *Despesas ordinárias e extraordinárias de condomínio*, São Paulo, Ed. Juarez de Oliveira, 2000.

Presunção "juris tantum" da igualdade de quotas ideais. A quota ideal de cada condômino é o elemento que possibilita calcular o montante das vantagens e dos ônus que poderão ser conferidos a cada um dos consortes. Em regra, a quota ideal condominial está fixada no título determinador do condomínio; se não o estiver, a lei entende que se deverá presumir que todos os quinhões sejam iguais, inclusive para efeito de partilha dos frutos e dos produtos (CC, art. 1.326). Denota-se que a presunção legal é *juris tantum* por admitir prova em contrário. Nada obsta a que os condôminos produzam prova que venha a desfazer a dúvida relativa ao valor da quota condominial para que se faça uma distribuição das vantagens e dos ônus de conformidade com seu valor e não em partes iguais.

BIBLIOGRAFIA: Serpa Lopes, *Curso*, cit., v. 6, p. 305-6; Levenhagen, *Código Civil*, cit., v. 3, p. 192-3; M. Helena Diniz, *Curso*, cit., v. 4, p. 151.

Art. 1.316. Pode o condômino eximir-se do pagamento das despesas e dívidas, renunciando à parte ideal.

§ 1º Se os demais condôminos assumem as despesas e as dívidas, a renúncia lhes aproveita, adquirindo a parte ideal de quem renunciou, na proporção dos pagamentos que fizerem.

§ 2º Se não há condômino que faça os pagamentos, a coisa comum será dividida.

- *Código Civil, arts. 1.318 e 1.320.*
- *O **Projeto de Lei n. 699/2011** visa acrescentar: "§ 3o A renúncia prevista no* caput *deste artigo poderá ser prévia e reciprocamente outorgada entre os condôminos quando da celebração do acordo que tornar indivisa a coisa comum".*

Isenção do pagamento de despesas e dívidas como consequência de renúncia à parte ideal. O condômino que não quiser pagar débitos e despesas deverá renunciar a sua parte ideal. O condomínio, então, passará a vigorar apenas entre os condôminos remanescentes. E aqueles comproprietários que vieram a assumir aquelas despesas e dívidas, a fim de evitar enriquecimento indevido, adquirirão a quota do renunciante, proporcionalmente aos pagamentos que efetuarem.

Divisão da coisa comum por falta de pagamento de dívidas e despesas condominiais. Se os condôminos se negarem a pagar a quota-parte do renunciante no rateio, para as despesas e débitos, extinto estará o condomínio, e obviamente será dividida a coisa comum, conforme o estabelecido no título, ou, na omissão deste, em partes iguais, respondendo o quinhão de cada um pela sua parte nos dispêndios oriundos da divisão (CC, art. 1.320, *in fine*). Daí as palavras de Luiz Edson Fachin: "embora renuncie à sua parte ideal, se nenhum dos condôminos assumir o débito, retorna ao renunciante o domínio e a titularidade sobre o bem, para que se proceda a sua divisão".

BIBLIOGRAFIA: Luiz Edson Fachin, *Comentários ao Código Civil* (coord. Junqueira de Azevedo), São Paulo, Saraiva, v. 15, 2003, p. 186.

Art. 1.317. Quando a dívida houver sido contraída por todos os condôminos, sem se discriminar a parte de cada um na obrigação, nem se estipular solidariedade, entende-se que cada qual se obrigou proporcionalmente ao seu quinhão na coisa comum.

- Vide *arts. 275 a 285 do Código Civil.*

Débito contraído por todos os condôminos. Se a dívida for contraída por todos os consortes, sem discriminação da responsabilidade de cada um deles e sem estipulação da solidariedade, cada condômino responderá, individualmente, pelo *quantum* correspondente à sua quota-parte na coisa comum, e, assim, o débito será cobrado e pago. Se os condôminos assumirem solidariamente a responsabilidade pelo débito, o pagamento deste poderá ser exigido de qualquer um deles.

BIBLIOGRAFIA: Levenhagen, *Código Civil*, cit., v. 3, p. 185-6; M. Helena Diniz, *Curso*, cit., v. 4, p. 153; Sá Pereira, *Manual*, cit., v. 8, p. 420-1; Clóvis Beviláqua, *Código Civil comentado*, cit., obs. ao art. 626, v. 3.

Art. 1.318. As dívidas contraídas por um dos condôminos em proveito da comunhão, e durante ela, obrigam o contratante; mas terá este ação regressiva contra os demais.

- *Código de Processo Civil, art. 125, II.*
- *Código Civil, arts. 1.316, § 2º, e 1.320.*

Dívida contraída por um condômino em proveito da comunhão. Se um dos comunheiros contrair dívida em proveito da comunhão e durante ela, responderá, pessoalmente, pelo compromisso assumido, mas terá contra os demais condôminos ação regressiva (*actio in rem verso*). O credor só poderá exigir judicialmente o cumprimento do negócio do consorte que contraiu o débito; todavia, como em decorrência dele todos os condôminos foram beneficiados, auferindo um lucro, justo não seria que o acionado não pudesse reembolsar-se à custa dos outros consortes, pois do contrário ofender-se-ia o princípio "*neminem cum alterius detrimento fieri locupletiorem*" (*RT, 789*:285). Se, porventura, nenhum deles anuir em reembolsar o condômino que obteve o *lucrum*, dividir-se-á a coisa comum, respondendo o quinhão de cada um pela sua parte nas despesas da divisão (CC, arts. 1.316, § 2º, e 1.320, *in fine*).

BIBLIOGRAFIA: Sá Pereira, *Manual*, cit., v. 8, n. 173; M. Helena Diniz, *Curso*, cit., v. 4, p. 153; Carvalho Santos, *Código Civil brasileiro interpretado*, cit., obs. ao art. 625, v. 7.

Art. 1.319. Cada condômino responde aos outros pelos frutos que percebeu da coisa e pelo dano que lhe causou.

- Vide *Código Civil, art. 1.326.*

Consequências da utilização dos frutos da coisa comum. Os condôminos poderão usar da coisa comum, retirando seus frutos, sendo que cada um responderá perante os outros pelas vantagens ou frutos que vier a perceber, sem a devida autorização, bem como pelos prejuízos que lhes causar. Assim, se um deles habitar a casa comum, deverá pagar aos demais a título de aluguel a parte correspondente ao quinhão de cada um (*RT, 864*:325 e *844*:201). E se, porventura, um dos consortes vier a danificar o imóvel, deverá pagar proporcionalmente à quota-parte de cada comunheiro o valor do prejuízo que causou (*Lex, TJSP, 142*:159, *291*:410).

O artigo *sub examine* não se aplicará se, exemplificativamente, numa fazenda, cada condômino, ocupando uma parte, vier a cultivá-la, pois nessa hipótese cada um deles fará jus aos frutos do seu próprio esforço, visto que todos anuíram em usar desse modo a propriedade rural, que lhes pertence em comum, colhendo cada um o resultado do seu trabalho.

BIBLIOGRAFIA: Darcy Arruda Miranda, *Anotações*, cit., v. 2, p. 123; Serpa Lopes, *Curso*, cit., v. 6, p. 299; Caio M. S. Pereira, *Instituições*, cit., v. 4, p. 163-4; W. Barros Monteiro, *Curso*, cit., v. 3, p. 213; Levenhagen, *Código Civil*, cit., v. 3, p. 186; M. Helena Diniz, *Curso*, cit., v. 4, p. 152; Clóvis Beviláqua, *Código Civil da República dos Estados Unidos do Brasil*, 1950, v. 3, p. 177.

Art. 1.320. A todo tempo será lícito ao condômino exigir a divisão da coisa comum, respondendo o quinhão de cada um pela sua parte nas despesas da divisão.

- Vide *Código Civil, art. 1.322.*

§ 1º Podem os condôminos acordar que fique indivisa a coisa comum por prazo não maior de cinco anos, suscetível de prorrogação ulterior.

- *A ação de divisão é regulada pelos arts. 569 e s. do Código de Processo Civil.*
- Vide *Lei n. 4.504, de 30 de novembro de 1964 (Estatuto da Terra), art. 65.*

§ 2º Não poderá exceder de cinco anos a indivisão estabelecida pelo doador ou pelo testador.

§ 3º A requerimento de qualquer interessado e se graves razões o aconselharem, pode o juiz determinar a divisão da coisa comum antes do prazo.

Imprescritibilidade da ação divisória. A ação divisória é imprescritível, uma vez que a lei estabelece que, a qualquer tempo, poderá ser promovida a divisão. O estado condominial é transitório, pois ninguém será obrigado a permanecer em condomínio: "*Nemo invitus compellitur ad communionem*" (Ulpiano, fr. 26, § 4º; Dig. de condictione indebiti). Qualquer condômino, não sendo a coisa comum indivisível, poderá requerer a divisão a todo o tempo, respondendo o quinhão de cada um pela sua parte nas despesas de divisão.

Indivisibilidade pactuada. Os condôminos poderão convencionar que a coisa fique em estado de indivisão por ser mais proveitoso, porém tal indivisibilidade não poderá ser pactuada por prazo superior a cinco anos, embora seja possível que se ajuste uma prorrogação posterior. Se não houver mais necessidade da indivisão para que se retirem da coisa comum certas utilidades, com o vencimento do prazo de cinco anos ou da prorrogação feita, nada obsta a que se faça a sua divisão, mesmo que apenas um dos condôminos a queira. Consulte: *RTJ*, *73*:860; *RT*, *847*:183, *658*:93, *534*:191, *479*:228 e *483*:132; *JB*, *165*:198; *Adcoas*, n. 70.268, 1980, e 76.220, 1981.

BIBLIOGRAFIA: Sá Pereira, *Manual*, cit., v. 8, p. 424; Levenhagen, *Código Civil*, cit., v. 3, p. 187; Darcy de Arruda Miranda, *Anotações*, cit., v. 2, p. 123; M. Helena Diniz, *Curso*, cit., v. 4, p. 156; W. Barros Monteiro, *Curso*, cit., v. 3, p. 214; Planiol, Ripert e Boulanger, *Traité élémentaire*, cit., v. 1, n. 2.747; Serpa Lopes, *Curso*, cit., v. 6, p. 312; Caio M. S. Pereira, *Instituições*, cit., v. 4, p. 165; Orlando Gomes, *Direitos reais*, cit., p. 212-3.

Estado de indivisão como condição de doação ou de testamento. Se a indivisão for condição estabelecida nas liberalidades *inter vivos* (doações) ou *causa mortis* (testamento ou legado), não poderá ela exceder ao prazo de cinco anos, pois, se assim a lei não estipulasse, a indivisão poderia perpetuar-se, quando, na verdade, deve representar um estado transitório. E havendo omissão do doador ou do testador quanto à duração daquele prazo, entender-se-á que o estado de indivisão foi exigido somente por cinco anos. Vencido tal prazo, os condôminos poderão requerer a divisão ou, se acharem mais conveniente, prorrogá-lo por mais cinco anos.

BIBLIOGRAFIA: M. Helena Diniz, *Curso*, cit., v. 4, p. 156; Sá Pereira, *Manual*, cit., v. 8, n. 178; Levenhagen, *Código Civil*, cit., v. 3, p. 187.

Divisão judicial da coisa comum antes do vencimento do prazo. Se existirem motivos graves que justifiquem a divisão da coisa comum antes de escoado o prazo convencionado para que fique em estado de indivisão, o juiz, a requerimento de qualquer interessado, poderá determinar que se a divida, extinguindo-se o condomínio.

Art. 1.321. Aplicam-se à divisão do condomínio, no que couber, as regras de partilha de herança (arts. 2.013 a 2.022).

Divisão de condomínio e normas sobre partilha de herança. Aplicam-se, no que for cabível, à divisão do condomínio as normas atinentes à partilha da herança (*RT*, *575*:86; *RJTJSP*, *24*:66), quando se tiver de dividir a coisa comum. Assim sendo, como ocorre no direito das sucessões, o cessionário (*RT*, *567*:91) ou o credor poderá demandar a divisão ou extinção do condomínio; igualmente, se houver incapazes a divisão será judicial, e na partilha observar-se-á a maior igualdade, no que concerne à natureza e qualidade daquilo que se está dividindo. A todos se deve distribuir equitativamente o que for bom ou ruim, certo ou incerto.

BIBLIOGRAFIA: Darcy Arruda Miranda, *Anotações*, cit., v. 2, p. 129; Levenhagen, *Código Civil*, cit., v. 3, p. 193; M. Helena Diniz, *Curso*, cit., v. 4, p. 156-7; Sá Pereira, *Manual*, cit., v. 8, n. 191.

Art. 1.322. Quando a coisa for indivisível, e os consortes não quiserem adjudicá-la a um só, indenizando os outros, será vendida e repartido o apurado, preferindo-se, na venda, em condições iguais de oferta, o condômino ao estranho, e entre os condôminos aquele que tiver na coisa benfeitorias mais valiosas, e, não as havendo, o de quinhão maior.

- Vide *Código Civil, arts. 87, 88, 96, 504, parágrafo único, 1.489, IV, e 2.019.*
- *Código de Processo Civil, art. 725, IV.*
- *Lei n. 4.504/64, art. 65.*
- *Lei n. 5.868/72, art. 8º, regulamentada pelo Decreto n. 72.106/73.*
- *Lei n. 6.766/79, art. 53.*
- *Lei n. 10.257/2001.*

Parágrafo único. Se nenhum dos condôminos tem benfeitorias na coisa comum e participam todos do condomínio em partes iguais, realizar-se-á licitação entre estranhos e, antes de adjudicada a coisa àquele que ofereceu maior lanço, proceder-se-á à licitação entre os condôminos, a fim de que a coisa seja adjudicada a quem afinal oferecer melhor lanço, preferindo, em condições iguais, o condômino ao estranho.

- *Código de Processo Civil, art. 730.*

Venda da coisa comum. Se a coisa for indivisível ou se os consortes não a quiserem adjudicar a um só (*Adcoas*, n. 74.468, 1980), indenizando os demais, poder-se-á vender a coisa comum, amigável ou judicialmente (CPC, art. 730), repartindo-se o preço apurado entre os condôminos proporcionalmente ao valor de seus quinhões, observando-se na venda as preferências gradativas: o condômino em iguais condições prefere ao estranho; entre consortes, o que tiver na coisa benfeitorias de maior valor, e, não as havendo, o de maior quinhão. Consulte: *RJTJSP*, *73*:69; *RT*, *790*: 249, *788*:256, *586*:64, *585*:261, *534*:191, *552*:58, *592*:76, *543*:144, *542*:118, *537*:193 e *551*:97; *RF*, *148*:265 e *212*:203; *RTJ*, 97:7, *90*:195; *JTACSP*, *63*:81; *AJ*, *61*:100 e *62*:470; *RSTJ*, *83*:186.

Pelo Enunciado n. 623, aprovado na *VIII Jornada de Direito Civil*: "Ainda que sejam muitos os condôminos, não há direito de preferência na venda da fração de um bem entre dois coproprietários, pois a regra prevista ao art. 504, parágrafo único, do CC visa somente a resolver eventual concorrência entre condôminos na alienação da fração a estranhos ao condomínio".

BIBLIOGRAFIA: Sá Pereira, *Manual*, cit., v. 8, p. 429-31; W. Barros Monteiro, *Curso*, cit., v. 3, p. 218-9; Caio M. S. Pereira, *Instituições*, cit., v. 4, p. 166-7; Orlando Gomes, *Direitos reais*, cit., p. 214; Carlos Alberto Dabus Maluf, Ação de extinção de condomínio, in *Coleção Saraiva de Prática de Direito*, n. 21, 1986; M. Helena Diniz, *Curso*, cit., v. 4, p. 157-8.

Licitação em caso de ausência de benfeitorias e quinhões iguais. Se, na hipótese de venda de coisa comum indivisível, nenhum dos condôminos tiver feito benfeitorias, e sendo seus quinhões ideais iguais, far-se-á licitação entre estranhos, e antes de se adjudicar o bem ao que oferecer maior lanço, procurar-se-á efetuar licitação entre os condôminos, para que a coisa seja adjudicada ao que fizer a melhor oferta, preferindo-se, assim, em condições iguais, o consorte a um estranho.

SUBSEÇÃO II
DA ADMINISTRAÇÃO DO CONDOMÍNIO

Art. 1.323. Deliberando a maioria sobre a administração da coisa comum, escolherá o administrador, que poderá ser estranho ao condomínio; resolvendo alugá-la, preferir-se-á, em condições iguais, o condômino ao que não o é.

- Vide *Código Civil, arts. 1.324 e 1.325.*
- *Código de Processo Civil, art. 725, IV.*
- *Relativamente à administração de condomínio em prédios,* vide, *a título de comparação, art. 9º da Lei n. 4.591, de 16 de dezembro de 1964. Sobre a representação dos empregadores pelo síndico, na Justiça do Trabalho, já dispunha a Lei n. 2.757, de 23 de abril de 1956.*

Impossibilidade do uso em comum da coisa. Se ocorrer ausência, incapacidade ou desentendimento que venha a impedir ou a tornar difícil o uso em comum do bem, sendo impossível a divisão, competirá aos condôminos deliberar se ele deverá ser vendido (CC, art. 1.322), alugado (*RT*, *715*:203) ou administrado.

Deliberação da maioria. Para que haja venda da coisa em comum bastará que um só condômino queira (CC, art. 1.322). Tal venda apenas não se dará se a unanimidade dos consortes entender que não é conveniente. Se todos concordarem que não se venda o bem, a maioria deverá deliberar sobre a locação ou administração da coisa comum.

Administração da coisa comum. Se a maioria decidir que a coisa comum deverá ser administrada, os comunheiros deverão escolher o administrador, estranho ou não, que passará a ser o procurador comum; logo, tudo o que ele fizer obrigará a todos. E além disso representará o condomínio, ativa e passivamente (CPC, art. 75, XI). Se estranho for escolhido administrador, será bom delimitar seus poderes. Os condôminos deverão ainda deliberar sobre o regime da administração, da remuneração, funções do administrador e a prestação de contas de sua gestão.

BIBLIOGRAFIA: Sá Pereira, *Manual*, cit., v. 8, n. 185 e 186; Levenhagen, *Código Civil*, cit., v. 3, p. 190-1; Darcy Arruda Miranda, *Anotações*, cit., v. 2, p. 128; M. Helena Diniz, *Curso*, cit., v. 4, p. 156; Carlos Alberto Bittar, *Direitos reais*, cit., p. 143.

Locação da coisa comum. Se a maioria dos condôminos (*RT*, *715*:203) decidir pela locação da coisa comum, deverão os comunheiros acordar sobre o valor do aluguel, considerando, ainda, que o condômino terá preferência para o contrato de locação em condições iguais ao estranho (*RT*, *521*:177). Se, porventura, entre os concorrentes houver mais de um consorte, com ofertas idênticas ao estranho, terão eles preferência sobre este e entre eles merecerá preferência aquele que tiver na coisa benfeitorias mais valiosas e, não as havendo, o que possuir o maior quinhão, excluindo-se assim os demais interessados (*JTJ*, *177*:27).

BIBLIOGRAFIA: Levenhagen, *Código Civil*, cit., v. 3, p. 191; M. Helena Diniz, *Curso*, cit., v. 4, p. 154-5; Carvalho Santos, *Código Civil brasileiro interpretado*, cit., obs. ao art. 636, v. 7.

Art. 1.324. O condômino que administrar sem oposição dos outros presume-se representante comum.

• Vide *Código Civil, art. 656.*

Representante comum. Se não houver deliberação dos comunheiros sobre quem deverá ser o administrador do condomínio, presumir-se-á representante comum (TJBA, Ap. Cív. 369/90, rel. José Abreu, j. 4-9-1990) aquele que, por iniciativa própria, resolver assumir a gestão da coisa sem que haja oposição dos demais. O que assumir, portanto, a direção condominial não será administrador, mas tão somente um mandatário comum, uma vez que pelo mandato tácito passará a representar os demais, devendo prestar contas (TJRS, Ap. Cív. 70.005.966.783, 8ª Câm. Cív., rel. Stangler Pereira, j. 4-11-2004) de todos os seus atos, tendo direito de ser reembolsado das despesas feitas em prol do condomínio. Como se trata de mandato tácito, não terá o consorte direito a qualquer remuneração pelos serviços prestados, salvo se houver prévio acordo dos comunheiros nesse sentido. E seus atos de gestão restringir-se-ão à simples administração (conservação, aquisição e venda de produtos etc.), não tendo quaisquer poderes para alienar o bem ou conferir sua posse a estranho sem o consenso dos demais condôminos. Apenas ser-lhe-á lícito dispor de coisas que, comumente, são destinadas à venda, como alienação de frutos e produtos de uma propriedade agrícola (*RT*, *780*:361, *628*:127, *778*:264, *577*:175, *583*:181, *586*:153).

BIBLIOGRAFIA: W. Barros Monteiro, *Curso*, cit., v. 3, p. 220-1; Serpa Lopes, *Curso*, cit., v. 6, p. 309-11; Caio M. S. Pereira, *Instituições*, cit., v. 4, p. 164-5; Espínola, *Posse e propriedade*, p. 353; Sá Pereira, *Manual*, cit., v. 8, p. 440-1; Silvio Rodrigues, *Direito civil*, cit., v. 5, p. 224-5; Levenhagen, *Código Civil*, cit., v. 3, p. 193; Darcy Arruda Miranda, *Anotações*, cit., v. 2, p. 129; M. Helena Diniz, *Curso*, cit., v. 4, p. 155.

Art. 1.325. A maioria será calculada pelo valor dos quinhões.

§ 1º As deliberações serão obrigatórias, sendo tomadas por maioria absoluta.

§ 2º Não sendo possível alcançar maioria absoluta, decidirá o juiz, a requerimento de qualquer condômino, ouvidos os outros.

§ 3º Havendo dúvida quanto ao valor do quinhão, será este avaliado judicialmente.

• Vide *Código Civil, art. 1.315, parágrafo único.*

Cálculo da maioria. Calcular-se-á a maioria condominial pelo valor dos quinhões e não pelo número dos comunheiros.

Maioria absoluta. Só obrigarão as deliberações que forem tomadas por maioria absoluta, ou seja, por votos que representem mais de meio valor total, isto é, a soma de mais da metade do valor total (*RTJ*, *112*:1.364; *RT*, *572*:147; *RDR*, *34*:364).

Impossibilidade de se alcançar maioria absoluta ou empate na deliberação. Se houver impossibilidade de se alcançar a maioria absoluta, ou até mesmo se houver, por exemplo, empate, qualquer condômino poderá, mediante requerimento, remeter a decisão ao magistrado, que, então, resolverá a questão, ouvidos todos os condôminos.

Dúvida quanto ao valor do quinhão. Em regra, a determinação da quota ideal condominial está no título do condomínio; havendo omissão quanto ao valor de cada quinhão, a lei entende que, até prova em contrário (CC, art. 1.315, parágrafo único), dever-se-á presumir que, para cálculo das vantagens (CC, art. 1.326), todos os quinhões sejam iguais. Mas, quanto ao seu valor para a tomada das deliberações (CC, art. 1.325), o órgão judicante deverá avaliá-lo, havendo qualquer dúvida.

BIBLIOGRAFIA: M. Helena Diniz, *Curso*, cit., v. 4, p. 155; Levenhagen, *Código Civil*, cit., v. 3, p. 192; Clóvis Beviláqua, *Código Civil comentado*, cit., obs. ao art. 638, v. 3.

Art. 1.326. Os frutos da coisa comum, não havendo em contrário estipulação ou disposição de última vontade, serão partilhados na proporção dos quinhões.

- Vide *Código Civil, arts. 1.315, parágrafo único, 1.319 e 1.320, § 2º.*

Partilha dos frutos da coisa comum. Os frutos civis ou naturais ou até mesmo os produtos da coisa comum deverão ser distribuídos equitativamente entre os comunheiros, na proporção dos quinhões de cada um (*RT, 746*:196), salvo disposição em contrário em contrato ou testamento. A repartição dos frutos e produtos obedecerá ao que estiver estipulado no ato negocial *inter vivos* ou no ato *causa mortis*, e, na falta desta estipulação, em proporção à quota de cada consorte.

BIBLIOGRAFIA: Levenhagen, *Código Civil*, cit., v. 3, p. 192; Darcy Arruda Miranda, *Anotações*, cit., v. 2, p. 128; Sá Pereira, *Manual*, cit., v. 8, n. 188; M. Helena Diniz, *Curso*, cit., v. 4, p. 155.

SEÇÃO II
DO CONDOMÍNIO NECESSÁRIO

Art. 1.327. O condomínio por meação de paredes, cercas, muros e valas regula-se pelo disposto neste Código (arts. 1.297 e 1.298; 1.304 a 1.307).

- Vide *Código Civil, arts. 1.282, 1.297, 1.298, 1.304 a 1.307 e 1.392, § 3º*, in fine.

Condomínio em paredes, cercas, muros e valas. O condomínio em paredes, cercas, muros e valas é especial por subentender uma indivisão forçada, protegida legalmente, em razão da utilidade comum que apresenta aos vizinhos, como um meio de se manter a paz coletiva e a segurança.

Disciplina normativa. O condomínio forçado ou necessário de paredes, cercas, muros e valas reger-se-á pelas normas contidas nos arts. 1.297, 1.298 e 1.304 a 1.307 do Código Civil.

BIBLIOGRAFIA: Daibert, *Direito das coisas*, cit., p. 306-7; Sá Pereira, *Manual*, cit., v. 8, n. 192; M. Helena Diniz, *Curso*, cit., v. 4, p. 158.

Art. 1.328. O proprietário que tiver direito a estremar um imóvel com paredes, cercas, muros, valas ou valados, tê-lo-á igualmente a adquirir meação na parede, muro, valado ou cerca do vizinho, embolsando-lhe metade do que atualmente valer a obra e o terreno por ela ocupado (art. 1.297).

- Vide *Código Civil, arts. 1.297, § 1º, 1.329 e 1.330.*
- *Código de Processo Civil, art. 1.063.*
- Vide *Lei n. 9.099/95, LJE, art. 3º, II.*

Direito de adquirir meação na obra divisória. Todo proprietário poderá estremar seu imóvel com paredes, cercas, muros, valas ou valados, sendo que o custeio com sua construção ficará por conta dos proprietários contíguos, que, então, serão comunheiros. Logo, aquele que pretender executar obra divisória deverá comunicar o fato ao seu vizinho para obter acordo sobre a realização do tapume, compelindo-o a partilhar nas despesas. Se não conseguir a anuência do dono do prédio contíguo, deverá, então, ingressar em juízo para intimá-lo a pagar sua parte no custeio da obra e, se assim proceder, ter-se-á, compulsoriamente, o condomínio sobre parede, muro, cerca ou vala. Se não tomar tais providências, presumir-se-á que fez a obra divisória à sua custa, mas o confinante terá o direito de adquirir meação nela, desde que embolse o seu autor da metade do valor atual, bem como do terreno por ela ocupado.

BIBLIOGRAFIA: M. Helena Diniz, *Curso*, cit., v. 4, p. 158; Levenhagen, *Código Civil*, cit., v. 3, p. 194; Sá Pereira, *Manual*, cit., v. 8, p. 443-5.

Art. 1.329. Não convindo os dois no preço da obra, será este arbitrado por peritos, a expensas de ambos os confinantes.

Fixação judicial do preço da obra divisória. O dono do prédio confinante terá direito à meação nas paredes, muros, valas, não podendo o vizinho que os construiu a suas expensas recusá-la se o outro a indenizar. Mas se não chegarem os proprietários vizinhos a um entendimento sobre o preço, este será arbitrado por peritos, a expensas de ambos os confinantes, e, segundo o que for decidido, instituir-se-á o condomínio. Não havendo concordância entre os vizinhos, o valor da obra será, portanto, estipulado por meio de arbitramento e rateado entre eles.

BIBLIOGRAFIA: Levenhagen, *Código Civil*, cit., v. 3, p. 194-5; Darcy Arruda Miranda, *Anotações*, cit., v. 2, p. 130; M. Helena Diniz, *Curso*, cit., v. 4, p. 158.

Art. 1.330. Qualquer que seja o valor da meação, enquanto aquele que pretender a divisão não o pagar ou depositar, nenhum uso poderá fazer na parede, muro, vala, cerca ou qualquer outra obra divisória.

Vedação do uso da obra divisória. O direito à meação de obra divisória está garantido legalmente ao vizinho, desde que pague ao outro o *quantum* devido. Logo, aquele que pretender a meação do tapume não poderá utilizá-lo enquanto não pagar ou depositar o valor fixado amigavelmente ou por perícia judicial. Para que se possa usar da obra divisória, exercendo o direito de condômino, preciso será que o valor arbitrado esteja pago ou depositado. Logo, o direito de utilizar obra divisória dependerá desse pagamento prévio.

BIBLIOGRAFIA: W. Barros Monteiro, *Curso*, cit., v. 3, p. 222-3; Orlando Gomes, *Direitos reais*, cit., p. 215; Caio M. S. Pereira, *Instituições*, cit., v. 4, p. 167; M. Helena Diniz, *Curso*, cit., v. 4, p. 158; Levenhagen, *Código Civil*, cit., v. 3, p. 195.

Capítulo VII
Do Condomínio Edilício

- *Lei n. 4.591/64.*

- *Lei n. 9.514/97, art. 26, 3º-B, com a redação da Lei n. 13.465/2017.*
- *Lei municipal paulistana n. 10.518/88 e Decreto n. 33.008/93, sobre limpeza periódica da fachada de prédios.*
- *Lei n. 6.015/73, art. 213, II, § 10 (com redação da Lei n. 10.931/2004).*
- *Condomínio urbano simples: Lei n. 13.465/2017, arts. 61 a 63, Decreto n. 9.310/2018, arts. 69 a 72, e Código Civil, arts. 1.331 a 1.358.*
- *Enunciado n. 9 do TJSP.*
- *Súmula 260 do Superior Tribunal de Justiça.*

Seção I
Disposições gerais

Art. 1.331. Pode haver, em edificações, partes que são propriedade exclusiva, e partes que são propriedade comum dos condôminos.

§ 1º As partes suscetíveis de utilização independente, tais como apartamentos, escritórios, salas, lojas e sobrelojas, com as respectivas frações ideais no solo e nas outras partes comuns, sujeitam-se a propriedade exclusiva, podendo ser alienadas e gravadas livremente por seus proprietários, exceto os abrigos para veículos, que não poderão ser alienados ou alugados a pessoas estranhas ao condomínio, salvo autorização expressa na convenção de condomínio.

- *Redação determinada pela Lei n. 12.607/2012.*
- *Código Civil, art. 1.338, e Lei n. 4.591/64, art. 2º, §§ 1º a 3º.*

§ 2º O solo, a estrutura do prédio, o telhado, a rede geral de distribuição de água, esgoto, gás e eletricidade, a calefação e refrigeração centrais, e as demais partes comuns, inclusive o acesso ao logradouro público, são utilizados em comum pelos condôminos, não podendo ser alienados separadamente, ou divididos.

- *Lei n. 4.591/64, art. 3º.*

§ 3º A cada unidade imobiliária caberá, como parte inseparável, uma fração ideal no solo e nas outras partes comuns, que será identificada em forma decimal ou ordinária no instrumento de instituição do condomínio

- *Redação determinada pela Lei n. 10.931/2004.*

§ 4º Nenhuma unidade imobiliária pode ser privada do acesso ao logradouro público.

§ 5º O terraço de cobertura é parte comum, salvo disposição contrária da escritura de constituição do condomínio.

- *Código Civil, art. 1.344.*

Condomínio em edifício de apartamento. Esse condomínio caracteriza-se por haver justaposição de propriedades distintas e exclusivas ao lado do condomínio de partes do edifício, forçosamente comuns. "O disposto nos arts. 1.331 a 1.358 do novo Código Civil aplica-se, no que couber, aos condomínios assemelhados, tais como loteamentos fechados, multipropriedade imobiliária e clubes de campo. Deve ser reconhecida personalidade jurídica ao condomínio edilício nas relações jurídicas inerentes às atividades de seu peculiar interesse" (Enunciados n. 89 e 90, aprovados na *I Jornada de Direito Civil*, promovida, em setembro de 2002, pelo Centro de Estudos Judiciários do CJF). Mas, pelo Enunciado n. 246 do Conselho da Justiça Federal, aprovado na *III Jornada de Direito Civil*, "fica alterado o Enunciado n. 90, com supressão da parte final: 'nas relações jurídicas inerentes às atividades de seu peculiar interesse'. Prevalece o texto: 'Deve ser reconhecida personalidade jurídica ao condomínio edilício'".

Propriedade exclusiva. A propriedade exclusiva tem por objeto a unidade autônoma (apartamento, terraço de cobertura, se isso estiver estipulado na escritura de constituição de condomínio, escritório, sala, loja ou sobreloja), sendo lícito ao seu titular não só ceder o seu uso, mas também alienar e gravar de ônus real cada unidade, sem o consenso dos demais condôminos. Esclareciam Jones Figueirêdo Alves e Mário Luiz Delgado ao comentarem o art. 1.331, § 1º, antes da alteração da Lei n. 12.607/2012 que, se à garagem não tiver sido atribuída específica fração ideal do terreno, não se poderia falar em propriedade exclusiva, não existindo, pois, o direito à livre alienação de que tratava o § 1º em sua primitiva redação. Nesse caso a garagem deveria ser considerada parte acessória da unidade imobiliária e a sua alienação sujeitar-se-ia às disposições do § 2º do art. 1.339. E entendeu-se que "a convenção de condomínio, ou a assembleia geral, podem vedar a locação de área de garagem ou abrigo para veículos a estranhos ao condomínio" (Enunciado n. 91, aprovado na *I Jornada de Direito Civil*, promovida, em setembro de 2002, pelo Centro de Estudos Judiciários do CJF). Por tais razões de boa política legislativa foi a alteração desse parágrafo, ao proibir alienação e locação de abrigo de veículo para pessoas alheias ao condomínio, exceto se houver autorização expressa na convenção condominial.

Propriedade comum. Abrange o solo em que se constrói o prédio, suas fundações, pilastras, telhado, vestíbulos, pórtico, escada, elevadores (*RT*, *783*:298), rede geral de distribuição de água, esgoto, gás e eletricidade, muros, instalações de TV a cabo, telefone, portaria, calefação e refrigeração centrais, acesso ao logradouro público (rua, avenida etc.), do qual nenhuma unidade imobiliária pode ser privada, terraço de cobertura (salvo disposição contrária da escritura de constituição de condomínio), morada de zelador, em resumo, tudo o que se destina ao uso comum. Algumas áreas, como, por exemplo, salão de festa ou quadra de tênis, somente poderão ser usadas por um condômino de cada vez, desde que faça reserva, conforme critério estabelecido no regimento interno. Tudo isso é insuscetível de divisão ou de alienação destacada da respectiva unidade, sendo igualmente insuscetível de utilização exclusiva por qualquer condômino. Cada proprietário de fração autônoma pode usar livremente as partes comuns, atendendo à sua destinação e não prejudicando a comunhão (*RTJ*, *80*:851; *RT*, *403*:174).

"No condomínio edilício é possível a utilização exclusiva de área 'comum' que, pelas próprias características da edificação, não se preste ao 'uso comum' dos demais condôminos" (Enunciado n. 247 do CJF, aprovado na *III Jornada de Direito Civil*). A *área comum*, portanto, poderá ser utilizada exclusivamente por cada condômino (p. ex., pilar de cada unidade), que nele poderá colocar objetos decorativos, ao passo que a utilização da *área de uso comum* será de todos os condôminos (p. ex., *hall* de entrada, jardim, escadas etc.). *Vide: RT*, *775*:305, *753*:226, *734*:343; *RSTJ*, *130*:366.

Fração ideal no solo e nas partes comuns cabível a cada condômino. Uma fração ideal no solo e nas demais partes comuns será tida como parte inseparável de cada unidade imobiliária, identificada em forma decimal ou ordinária, no instrumento de instituição do condomínio. Como não há imposição legal de qualquer critério de cálculo, este poderá ser o de valor da unidade imobiliária e/ou o da área. Consequentemente, nada obsta, observam Jones Figueirêdo Alves e Mário Luiz Delgado, que a convenção de condomínio venha a estabelecer que cada unidade autônoma pague a mesma cota condominial, independentemente da área pertencente a cada condômino (CC, art. 1.336, I).

BIBLIOGRAFIA: Sobre condomínio edilício consulte: Manuel Battle Vaszquez, *La propiedad de casas por pisos*, p. 12; Butera, *La comproprietà di case per piani*, Torino, 1933; Frederico H. Niegas de Lima, A instituição de condomínio em edifício — uma análise do art. 7º da Lei n. 4.591/64, *Revista de Direito Imobiliário*, n. 35 e 36, p. 72-82; J. Nascimento Franco, *Condomínio*, São Paulo, Revista dos Tribunais, 1999; João Batista Lopes, *Condomínio*, São Paulo, Revista dos Tribunais, 1982; Biasi Ruggiero, Patologia do condomínio, *Revista Literária do Direito*, *22*:8-12; Pontes de Miranda, *Tratado de direito predial*, v. 2, p. 14; Caio M. S. Pereira, *A propriedade horizontal no novo regime de condomínio*, p. 32; Peretti--Griva, *Il condominio di case divise in parti*, p. 79; Rui Vieira Miler, *A propriedade horizontal no Código Civil*, Coimbra, Livr. Almedina, 1968; Carlos Alberto Bittar, Limites da responsabilidade civil de condomínios imobiliários, *Repertório IOB de Jurisprudência*, *20*:394; Hernán Racciati, *Propriedad por pisos e por departamentos*, Buenos Aires, Depalma, 1954; Lassaga, *Naturaleza jurídica y sistematización de la ley de horizontalidad inmobiliaria*, Ed. Rosario, 1949; Rizzi, *Il condominio negli edifici, secondo il vigente Codice Civile*, Bari, Ed. Leonardo da Vinci, 1956; A. Ventura Traveset, *Derecho de propiedad horizontal*, Barcelona, Bosch, 2000; Paulo Eduardo Fucci, Condomínio edilício e a Lei n. 10.931/04, *Tribuna do Direito*, outubro 2004, p. 16; Maria Regina Pagetti Moran, *Exclusão do condômino nocivo nos condomínios em edifícios*, 1996; Eduardo S. C. Sarmento Filho, A responsabilidade pelo pagamento de cotas condominiais no regime de propriedade horizontal, *RT*, *767*:86; Agnaldo C. de Souza, *Condomínio em edifícios*, São Paulo, Atlas, 2007; Luiz Edson Fachin, *Comentários*, cit., p. 223 a 318; Everaldo Augusto Cambler, Condomínio edilício, in *Estudos em homenagem ao acadêmico Min. Moreira Alves*, São Paulo, Fiuza, 2003, p. 173-89; Jacques Marcello A. Stéfanes, A taxa de juros no condomínio edilício, *Jornal Síntese*, *76*:16-7; Américo I. Angélico, Prescrição e condomínio, *Tribuna do Direito*, julho, 2003, p. 16; Rosely Benevides de O. Schwartz, *Revolucionando o condomínio*, São Paulo, Saraiva, 2001; Manuel B. Vazquez, *La propriedad de casas por pisos*, 1973; Roberto B. de Magalhães, *Teoria e prática do condomínio*, Rio de Janeiro, 1988; Carlos Alberto Dabus Maluf e Márcio Antero Motta R. Marques, *Condomínio edilício no novo Código Civil*, São Paulo, Saraiva, 2004; Aclibes Burgarelli, Natureza jurídica, validade e eficácia das Convenções de Condomínio após a vigência do novo Código Civil, in *Contribuições ao estudo do novo Código Civil*, Campinas, Millennium, 2004, p. 105-19; Jones F. Alves e Mário Luiz Delgado, *Código*, cit., p. 661; Fábio Ulhoa Coelho, *Curso de direito civil*, São Paulo, Saraiva, 2006, v. 4, p. 145; Lair da Silva e Scavone Jr., *Comentários*, cit., p. 963 a 1002; Frederico H. V. de Lima, Marcos teóricos para a personificação jurídica dos condomínios edilícios, *Revista Brasileira de Direito Comparado*, *32*:181-220 (2009); Pedro Elias Avvad, *Condomínio em edificações no novo Código Civil*, Rio de Janeiro, Renovar, 2008.

Jurisprudência sobre condomínio em edifícios de apartamento. *RT*, *779*:365, *714*:152, *716*:201, *708*:83, *706*:102, *705*:111, *704*:210, *701*:93, *676*:175, *673*:120, *648*:109, *610*:203, *600*:126, *711*:116, *405*:175, *478*:151, *530*:142, *584*:114, *420*:206, *604*:97, *576*:124, *598*:77, *536*:208, *701*:65, *591*:91, *576*:124, *551*:138, *709*:82, *589*:77, *80*:851, *403*:174, *407*:327, *418*:402, *451*:155, *515*:146, *488*:170, *505*:220, *510*:169, *520*:160, *266*:581, *489*:115, *485*:193, *503*:84, *597*:80; *RJTJSP*, *82*:287, *85*:70; *RTJ*, *71*:425, *58*:119, *68*:509, *38*:641; *EJSTJ*, *3*:72, *8*:76-8, *12*:65, *13*:65 e 81, *11*:96, *10*:94 e 95, *18*:53; *RSTJ*, *99*:219, *8*:359, *92*:212; *JB*, *166*:238, *162*:317, *104*:323; *Ciência Jurídica*, *61*:89, *70*:175, *24*:122, *69*:311, *79*:134, *63*:316, *56*:299; *BAASP*, *1.915*:95, *1.917*:101, *1.863*:106.

Art. 1.332. Institui-se o condomínio edilício por ato entre vivos ou testamento, registrado no Cartório de Registro de Imóveis, devendo constar daquele ato, além do disposto em lei especial:

- *Leis n. 4.591/64, arts. 7º, 28, 29, 32, § 2º, e 35, § 4º, e 6.015/73, art. 167, I, n. 17.*
- *Código Civil, art. 1.334.*

I — a discriminação e individualização das unidades de propriedade exclusiva, estremadas uma das outras e das partes comuns;

II — a determinação da fração ideal atribuída a cada unidade, relativamente ao terreno e partes comuns;

III — o fim a que as unidades se destinam.

Instituição do condomínio. Pode dar-se por: *a*) destinação do proprietário do edifício, mediante escritura pública, podendo até mesmo efetuar incorporação imobiliária, que é negócio jurídico que tem por fim promover e realizar a construção, para alienação, total ou parcial, de edificação composta de unidades autônomas. Segundo o Enunciado n. 504 do Conselho da Justiça Federal, aprovado na *V Jornada de Direito Civil*: "A escritura declaratória de instituição e convenção firmada pelo titular único de edificação composta por unidades autônomas é título hábil para registro da propriedade horizontal no competente registro de imóveis, nos termos dos arts. 1.332 a 1.334 do Código Civil"; *b*) testamento, se, por morte de alguém, constar do acervo hereditário um edifício de apartamentos de propriedade exclusiva do *de cujus* e se a partilha entre os coerdeiros consistir na outorga de apartamentos a cada um deles.

Assento no registro imobiliário. O ato *inter vivos* ou *causa mortis* para instituir condomínio edilício deverá ser levado a registro na circunscrição imobiliária competente, gerando, assim, direito real, e deverá conter: discriminação e individualização das unidades autônomas e das partes comuns; determinação da fração ideal atribuída a cada unidade, relativamente ao terreno e partes comuns, e a finalidade a ser perseguida pelas unidades, seja ela residencial ou comercial, evitando, com isso, que haja desvio de uso.

Art. 1.333. A convenção que constitui o condomínio edilício deve ser subscrita pelos titulares de, no mínimo, dois terços das frações ideais e torna-se, desde logo, obrigatória para os titulares de direito sobre as unidades, ou para quantos sobre elas tenham posse ou detenção.

Parágrafo único. Para ser oponível contra terceiros, a convenção do condomínio deverá ser registrada no Cartório de Registro de Imóveis.

- Vide *Súmula 260 do Superior Tribunal de Justiça.*
- *Lei n. 4.591/64, art. 9º, § 2º.*
- *Código Civil, arts. 1.334 e 1.351.*
- *Lei de Registros Públicos, art. 167, I, n. 17.*

Constituição do condomínio edilício. A constituição dessa modalidade de condomínio dar-se-á pela convenção de condomínio, feita por escritura pública ou particular (CC, art. 1.334, § 1º), subscrita pelo menos por 2/3 das frações ideais para ter obrigatoriedade para os titulares de direito sobre as unidades, ou para quantos sobre elas tenham posse ou detenção, e levada a assento no Registro Imobiliário, para ser oponível *erga omnes*. Não havendo tal registro, a convenção terá eficácia somente entre os condôminos (*ADCOAS, 35*:40; Súmula 260 do STJ).

BIBLIOGRAFIA: Leonardo Mattietto, Convenção de condomínio não registrada, *RTDCiv, 9*:225; Renato L. da Silveira Santos, Convenção de condomínio, *MPMG Jurídico, 11*:40-41.

Convenção de condomínio. A *convenção de condomínio* tem natureza institucional-normativa (II TACSP, Ap. Cív. 333.368, rel. Ferraz de Arruda, j. 19-4-1993). É o ato-regra gerador de direito aplicável a todos que se encontrarem no condomínio em condição permanente ou ocasional de ocupantes (*RT, 818*:210, *772*:178, *749*:338), logo tem efeito vinculante, alcançando os titulares de direito sobre as unidades e os possuidores e, ainda, os meros detentores. Pela Súmula 260 do STJ: "A convenção de condomínio aprovada, ainda que sem registro, é eficaz para regular as relações entre os condôminos", visto que atribui encargos *interna corporis*.

Art. 1.334. Além das cláusulas referidas no art. 1.332 e das que os interessados houverem por bem estipular, a convenção determinará:

I — a quota proporcional e o modo de pagamento das contribuições dos condôminos para atender às despesas ordinárias e extraordinárias do condomínio;

II — sua forma de administração;

III — a competência das assembleias, forma de sua convocação e *quorum* exigido para as deliberações;

IV — as sanções a que estão sujeitos os condôminos, ou possuidores;

V — o regimento interno.

§ 1º A convenção poderá ser feita por escritura pública ou por instrumento particular.

§ 2º São equiparados aos proprietários, para os fins deste artigo, salvo disposição em contrário, os promitentes compradores e os cessionários de direitos relativos às unidades autônomas.

- Vide *Código Civil, arts. 286 a 298, 1.332, 1.417 e 1.418.*
- *Lei n. 4.591/64, arts. 9º, § 3º, a 11.*
- *Súmula 260 do Supremo Tribunal de Justiça.*

Conteúdo da convenção de condomínio. Além das cláusulas do ato que institui o condomínio e das estipuladas pelos condôminos, a convenção, feita por escritura pública, ou por instrumento particular, deverá conter: *a*) a quota proporcional e a maneira de pagamento das contribuições dos condôminos para atender às despesas ordinárias (p. ex., as feitas com água, energia elétrica) e extraordinárias (p. ex., edificação de garagem, reconstrução de telhado) do condomínio (*RT, 772*:178, *773*:270); *b*) a forma de administração; *c*) a competência assemblear, modo de sua convocação (por meio de notificação, edital etc.) e *quorum* exigido para as deliberações; *d*) sanções (p. ex., suspensão temporária de uso de espaço comum de lazer; pagamento de multa etc.) a que os condôminos ou possuidores estão sujeitos; e *e*) o regimento interno, que apresentará detalhes do cotidiano condominial, visto que caberão à convenção a delimitação e a disciplina da finalidade das unidades exclusivas e áreas comuns e a estipulação da competência dos órgãos administrativos e deliberativos. Não poderá conter cláusula contrária à lei, à ordem pública e aos bons costumes. "O *quorum* para alteração do regimento interno do condomínio edilício pode ser livremente fixado na convenção" (Enunciado n. 248 do CJF, aprovado na *III Jornada de Direito Civil*). Mas o Enunciado n. 328 do Conselho da Justiça Federal, aprovado na *IV Jornada de Direito Civil*, propõe a supressão do inciso V do art. 1.334 do Código Civil.

Pessoas equiparadas ao proprietário. Salvo se houver convenção em contrário, equiparam-se aos proprietários os promitentes compradores e os cessionários de direitos relacionados às unidades autônomas.

Art. 1.335. São direitos do condômino:

I — usar, fruir e livremente dispor das suas unidades;

II — usar das partes comuns, conforme a sua destinação, e contanto que não exclua a utilização dos demais compossuidores;

III — votar nas deliberações da assembleia e delas participar, estando quite.

- *Lei n. 4.591/64, art. 19; Código Civil, art. 1.339.*

Direitos do condômino. Cada condômino tem direito de: *a*) usar, fruir e dispor livremente de sua unidade autônoma. Pelo Enunciado n. 566 do Conselho da Justiça Federal (aprovado na *VI Jornada de Direito Civil*): "A cláusula convencional que restringe a permanência de animais em unidades autônomas residenciais deve ser valorada à luz dos parâmetros legais de sossego, insalubridade e periculosidade"; *b*) utilizar as partes comuns do prédio, sem desvirtuar sua destinação e sem excluir o uso delas pelos demais compossuidores; *c*) participar das assembleias e votar nas deliberações assembleares, desde que não esteja em débito com o condomínio.

Art. 1.336. São deveres do condômino:

I — contribuir para as despesas do condomínio, na proporção de suas frações ideais, salvo disposição em contrário na convenção.

• *Redação dada pela Lei n. 10.931/2004.*

• *Lei n. 4.591/64, art. 12, § 3º.*

II — não realizar obras que comprometam a segurança da edificação;

• *Lei n. 4.591/64, art. 10, III.*

III — não alterar a forma e a cor da fachada, das partes e esquadrias externas;

• *Lei n. 4.591/64, art. 10, I e II.*

IV — dar às suas partes a mesma destinação que tem a edificação, e não as utilizar de maneira prejudicial ao sossego, salubridade e segurança dos possuidores, ou aos bons costumes.

• *Lei n. 4.591/64, art. 10, III.*

• *Código Civil, arts. 938 e 1.277.*

§ 1º O condômino que não pagar a sua contribuição ficará sujeito à correção monetária e aos juros moratórios convencionados ou, não sendo previstos, aos juros estabelecidos no art. 406 desde Código, bem como à multa de até 2% (dois por cento) sobre o débito.

• *Com a redação dada pela Lei n. 14.905/2024.*

• *Código Civil, arts. 406 e 2.035.*

• *Lei n. 4.591/64, art. 12, § 3º.*

§ 2º O condômino, que não cumprir qualquer dos deveres estabelecidos nos incisos II a IV, pagará a multa prevista no ato constitutivo ou na convenção, não podendo ela ser superior a cinco vezes o valor de suas contribuições mensais, independentemente das perdas e danos que se apurarem; não havendo disposição expressa, caberá à assembleia geral, por dois terços no mínimo dos condôminos restantes, deliberar sobre a cobrança da multa.

• *Código Civil, arts. 402 a 404.*

• *Lei n. 4.591/64, arts. 10, § 1º, e 21.*

Obrigações do condômino. Muitos são os deveres do condômino; dentre eles salienta-se o de: a) contribuir para as despesas condominiais, proporcionalmente à sua fração ideal identificada em forma decimal ou ordinária no instrumento de constituição do condomínio, salvo disposição em contrário na convenção, por ser o critério mais justo, impedindo enriquecimento ilícito (CPC, art. 1.063; LJE, art. 3º, II; Lei n. 9.099/95, art. 3º, II; *JB*, *166*:283; *JTACSP*, *25*:111; *RT*, *413*:211, *418*:402, *779*:284, *780*:284 e 344, *808*:297; *811*:449, *813*:222, *832*:180; *RJ*, *314*:110; *Adcoas*, 1983, n. 89.777, 89.778, 89.779, 90.022; 1982, n. 85.411, 81.356, 85.505; *RJE*, *1*:424, *2*:444, 400 e 324, *3*:19 e s., *4*:8; *JTJ*, *292*:60, *302*:43). Mas possível será a adoção de um critério de rateio de despesas condominiais, pela convenção de condomínio, que não seja proporcional à fração ideal da unidade imobiliária. Há possibilidade jurídica de a convenção de condomínio distribuir as despesas conforme a conveniência dos condôminos. Deveras, exemplificam Hugo Nigro Mazzilli e Wander Garcia, num prédio destinado tanto a fins mercantis ou de moradia, poderá ser estipulado na convenção que os proprietários de unidades destinadas ao comércio não contribuam com despesas para conservar áreas de lazer (p. ex., piscina, churrasqueira, quadra de tênis, salão de festas etc.). Tal cálculo deverá ser feito, como observa Fucci, caso a caso, visto que nem sempre uma unidade autônoma, com maior fração ideal, é a que mais contribui para as despesas. Mais justo seria para a fixação do rateio naquelas despesas que se discriminassem as despesas comuns a todos, as necessárias ou úteis a um ou outro e se verificasse a intensidade do uso de cada condômino em relação às áreas comuns (CC, art. 1.340 c/c 1.336, I). Se não pagar tal contribuição, ficará sujeito aos juros moratórios convencionados, ou, não sendo previstos, aos estabelecidos no art. 406 do Código Civil, bem como à multa de até 2% sobre o débito (*BAASP, 1.897*:141; *EJSTJ, 12*:65 e 66). Pelo Enunciado n. 505 do Conselho da Justiça Federal, aprovado na *V Jornada de Direito Civil*: "É nula a estipulação que, dissimulando ou embutindo multa acima de 2%, confere suposto desconto de pontualidade no pagamento da taxa condominial, pois configura fraude à lei (Código Civil, art. 1.336, § 1º), e não redução por merecimento". Com isso, a multa por impontualidade de 20% fica reduzida para 2%, podendo estimular a inadimplência de condôminos, onerando os demais, que deverão ratear entre si o passivo. Tal multa de 2%, mesmo que a convenção condominial, estipulando 20%, seja anterior à data do novo Código Civil, vem sendo mantida pelo STJ (3ª T., REsp 722.904; REsp 762.297/RS, 753.546/SC, 665.470/SP, 4ª T., rel. Min. Jorge Scartezzini, j. 4-8-2005, 11-10-2005 e 16-2-2006, respectivamente). Todavia, o STJ (4ª T., REsp 663.285/SP, j. 8-11-2004) também tem decidido que o teto para multas por atraso no pagamento de taxa condominial é de 2%, desde que tal débito tenha nascido sob a égide do novel Código Civil; o Conselho da Justiça Federal, no Enunciado n. 96, aprovado na *I Jornada de Direito Civil*, sugere a seguinte alteração para o § 1º do art. 1.336: "O condômino que não pagar a sua contribuição ficará sujeito aos juros moratórios convencionados ou, não sendo previstos, de um por cento ao mês e multa de até 10% sobre o débito"; mas a Lei n. 14.905/2024, ao alterar o § 1º do art. 1.336 do Código Civil, determinou que sujeitar-se-á aos juros estabelecidos no art. 406 do Código Civil. *b*) não realizar obras comprometedoras da segurança do prédio. Se, por exemplo, um condômino de um edifício, em cuja construção foi empregado o sistema de alvenaria estrutural, vier a remover uma parede interna de seu apartamento, causará dano estrutural ao prédio, e, por isso, deverá pagar perdas e danos e será, ainda, possível cumular com elas a ação de nunciação de obra nova para paralisar tal obra; *c*) não alterar a forma e a cor da fachada, das partes e das esquadrias externas (*RTJ, 68*:509; *RT, 824*:263, *818*:203, *783*:416, *751*:243, *740*:405, *503*:84); *d)* não destinar a unidade a utilização diversa da finalidade do prédio; *e)* observar normas de boa vizinhança, não prejudicando o sossego, a saúde e a segurança dos demais condôminos, nem contrariando os bons costumes (*RDPr, 25*:331; *JTJ, 315*:68).

Consequência do inadimplemento dos deveres arrolados no art. 1.336, II a IV. O condômino que violar as obrigações impostas pelos incisos II a IV do art. 1.336, *sub examine*, deverá pagar a multa estipulada no ato constitutivo, ou convenção de condomínio, que não poderá ser cinco vezes superior à taxa condominial mensal, e, ainda, uma indenização pelas perdas e danos a que deu causa. Se inexistir disposição expressa quanto a essa multa, a assembleia geral dos condôminos deliberará, pelo voto de 2/3 dos presentes, sobre a cobrança da referida multa.

Art. 1.337. O condômino, ou possuidor, que não cumpre reiteradamente com os seus deveres perante o condomínio poderá, por deliberação de três quartos dos condôminos restantes, ser constrangido a pagar multa correspondente até ao quíntuplo do valor atribuído à contribuição para as despesas condominiais, conforme a gravidade das faltas e a reiteração, independentemente das perdas e danos que se apurem.

- *Código Civil, arts. 402 a 405.*
- *Lei n. 4.591/64, art. 21.*

Parágrafo único. O condômino ou possuidor que, por seu reiterado comportamento antissocial, gerar incompatibilidade de convivência com os demais condôminos ou possuidores, poderá ser constrangido a pagar multa correspondente ao décuplo do valor atribuído à contribuição para as despesas condominiais, até ulterior deliberação da assembleia.

Reincidência no inadimplemento das obrigações. Se o condômino apresentar infrações reiteradas de seus deveres, poderá, após o exercício do direito de defesa, havendo deliberação de 3/4 dos condôminos, ser condenado a pagar multa correspondente até ao quíntuplo do valor pago para as despesas condominiais, conforme a gravidade das faltas, e, além disso, as perdas e danos que forem apuradas.

Incompatibilidade de convivência. Se o condômino, em razão de sua reiterada conduta antissocial (p. ex.: *a*) uso de imóvel para: constantes festas noturnas espalhafatosas; atividades ilícitas, como jogo ou prostituição; *b*) incômodo provocado por cão feroz — *RT*, *405*:175 etc.), causar insuportabilidade ou impossibilidade de vida em comum com os demais condôminos, deverá pagar multa equivalente ao décuplo do valor da taxa condominial, até ulterior deliberação assemblear. Tal multa, portanto, poderá ser aplicada pelo síndico, desde que isso seja admitido pela convenção, sendo ratificada pela Assembleia, pelo voto de 3/4 dos condôminos. A aplicação imediata da multa pelo síndico não prescinde de prévia comunicação ao infrator, assinalando-lhe prazo para justificar seu comportamento antissocial. Tal sanção não poderá ser aplicada sem que se lhe garanta o direito de defesa (Enunciado n. 92, aprovado na *I Jornada de Direito Civil*, promovida, em setembro de 2002, pelo Centro de Estudos Judiciários do CJF). Se, porventura, o faltoso vier a pagar aquela multa que não recebeu ratificação assemblear, o condomínio deverá restituir o *quantum* pago. Assim, pressiona-se o condômino à observância das normas condominiais, coibindo-se o abuso do direito na esfera da propriedade.

E se tal sanção pecuniária for ineficaz justificada estará a exclusão do condômino antissocial, via judicial, por deliberação assemblear, para evitar abuso de direito e garantir a função social da propriedade (Enunciado n. 508 do CJF aprovado na *V Jornada de Direito Civil*).

BIBLIOGRAFIA: Jones F. Alves e Mário Luiz Delgado, *Código*, cit., p. 669; Maria Regina P. Moran, *Exclusão do condômino nocivo nos condomínios em edifícios*, 1996; Cláudio Luiz Bueno de Godoy, Responsabilidade do condômino nocivo e sanção de expulsão, in *Responsabilidade civil — estudos em homenagem a Rui Geraldo C. Viana*, São Paulo, Revista dos Tribunais, 2009. p. 103-118.

Jurisprudência. *RT*, *834*:290; 2º TACSP, Ap. c. Rev. 854.263-00/7, rel. Giarusso Santos, j. 3-8-2004.

Art. 1.338. Resolvendo o condômino alugar área no abrigo para veículos, preferir-se-á, em condições iguais, qualquer dos condôminos a estranhos, e, entre todos, os possuidores.

- *Lei n. 4.591/64, art. 2º, §§ 1º e 2º.*
- *Súmula 449 do Superior Tribunal de Justiça.*

Locação de garagem. As vagas em garagens podem ser alugadas pelo condômino. "O direito de preferência de que trata o art. 1.338 deve ser assegurado não apenas nos casos de locação, mas também na hipótese de venda da garagem" (Enunciado n. 320 do CJF, aprovado na *IV Jornada de Direito Civil*). Há direito de preferência dos condôminos (proprietários e possuidores diretos) e, depois deles, dos possuidores que residirem ou exercerem atividade no edifício (LINDB, art. 5º), em razão de locação, comodato etc., em condições iguais, à locação do abrigo para veículos em relação a estranhos ao condomínio (não moradores), deliberada por um deles (*BAASP*, *1.915*:95, *1.936*:9; *RT*, *610*:275, *407*:327, *420*:206; *TJSP*, Ap. Cível n. 380.387.4/2-00, rel. Francisco Loureiro, j. 14-6-2007). Mas nada obsta a que a convenção de condomínio contenha, por questões de segurança, norma proibindo a locação de garagem a pessoa estranha ao condomínio (CC, art. 1.333; *JSTJ*, *Lex*, *85*:111).

Se mais de um condômino tiver interesse na locação do abrigo de veículo, aplicar-se-á, por analogia, o art. 1.322 do Código Civil, combinado com o art. 1.338, dando-se preferência àquele que residir ou atuar na unidade imobiliária, por ser, por exemplo, proprietário e possuidor direto.

Art. 1.339. Os direitos de cada condômino às partes comuns são inseparáveis de sua propriedade exclusiva; são também inseparáveis das frações ideais correspondentes as unidades imobiliárias, com as suas partes acessórias.

§ 1º Nos casos deste artigo é proibido alienar ou gravar os bens em separado.

§ 2º É permitido ao condômino alienar parte acessória de sua unidade imobiliária a outro condômino, só podendo fazê-lo a terceiro se essa faculdade constar do ato constitutivo do condomínio, e se a ela não se opuser a respectiva assembleia geral.

- *Código Civil, arts. 504 e 1.322.*
- *Lei n. 4.591/64, arts. 3º e 4º.*

Inseparabilidade dos direitos às partes comuns da unidade autônoma. Os direitos de cada condômino às partes comuns (*hall*, salão de festa, elevador, escada etc.) não podem ser separados de sua fração ideal, correspondente à unidade imobiliária autônoma. E os que tiver sobre esta alcançam as suas partes acessórias (p. ex., garagem, depósito etc.). Logo, diante desse princípio o condômino não pode alienar nem gravar (hipotecar) bens em separado, ou melhor, não pode vender nem gravar sua fração ideal alusiva às áreas comuns, sem que haja alienação ou oneração de sua unidade autônoma.

Alienação de parte acessória da unidade imobiliária. O condômino apenas poderá alienar parte acessória de sua unidade imobiliária a outro condômino (p. ex., vaga de garagem — *TJSP, Lex, 224*:38), só podendo fazê-lo a terceiro se isso for permitido pela convenção e se a ela não se opuser a assembleia geral dos condôminos.

Art. 1.340. As despesas relativas a partes comuns de uso exclusivo de um condômino, ou de alguns deles, incumbem a quem delas se serve.

Despesas em relação ao uso das partes comuns. O condômino que vier a se servir, com exclusividade, de uma parte comum, p. ex., *hall* de elevador privativo, antena coletiva, instalação de TV a cabo ou loja, deverá pagar todas as despesas decorrentes de sua utilização (*TACSP, Lex, 168*:382; TJRJ, 2ª Câm. Cível, Proc. 2004.001.18628, rel. Elisabete Filizzola, j. 10-11-2004; *RT, 820*:246; *BAASP*, 2.573).

Art. 1.341. A realização de obras no condomínio depende:

- *Lei n. 4.591/64, art. 12 e § 4º.*

I — se voluptuárias, de voto de dois terços dos condôminos;

- *Código Civil, art. 96, § 1º.*

II — se úteis, de voto da maioria dos condôminos.

- *Código Civil, art. 96, § 2º.*

§ 1º As obras ou reparações necessárias podem ser realizadas, independentemente de autorização, pelo síndico, ou, em caso de omissão ou impedimento deste, por qualquer condômino.

- ***Projeto de Lei n. 699/2011***: *"§ 1º As obras ou reparações necessárias, que não ultrapassem o orçamento aprovado em assembleia, podem ser realizadas, independentemente de autorização, pelo síndico, ou, em caso de omissão ou impedimento deste, por qualquer condômino".*

§ 2º Se as obras ou reparos necessários forem urgentes e importarem em despesas excessivas, determinada sua realização, o síndico ou o condômino que tomou a iniciativa delas dará ciência à assembleia, que deverá ser convocada imediatamente.

- ***Projeto de Lei n. 699/2011:*** *"2º Se as obras ou reparos necessários forem urgentes e seu valor ultrapassar o orçamento aprovado em assembleia, sendo necessário um rateio extra ou saque do Fundo de Reserva, ou de qualquer outro Fundo, determinada sua realização, o síndico ou o condômino que tomou a iniciativa deverá convocar imediatamente uma assembleia, a fim de que os moradores tenham ciência do ocorrido e do valor da obra. Caso tenha se optado pelo saque do Fundo, os moradores deliberarão se o valor será reposto com um rateio extra ou mensalmente com o próprio valor arrecadado no boleto do condomínio.*
..".

§ 3º Não sendo urgentes, as obras ou reparos necessários, que importarem em despesas excessivas, somente poderão ser efetuadas após autorização da assembleia, especialmente convocada pelo síndico, ou, em caso de omissão ou impedimento deste, por qualquer dos condôminos.

§ 4º O condômino que realizar obras ou reparos necessários será reembolsado das despesas que efetuar, não tendo direito à restituição das que fizer com obras ou reparos de outra natureza, embora de interesse comum.

Realização de obras voluptuárias e úteis no condomínio. Se se pretender construir, em partes comuns, obras voluptuárias (p. ex., colocação de objetos ornamentais no jardim; implantação de sauna) no condomínio, sua aprovação dependerá do voto de 2/3 dos condôminos. E, se as obras forem úteis (construção de depósito de lixo, blindagem nos portões de entrada, para maior segurança, p. ex.), bastará o voto da maioria dos condôminos.

Reparações necessárias. Se as obras forem necessárias (p. ex., reforço na fundação do prédio, reparos no telhado, para evitar infiltrações, ou na fiação elétrica), poderão ser levadas a efeito, sem autorização dos condôminos, pelo síndico ou, na falta ou impedimento deste, por qualquer condômino. Se tais reparos forem urgentes e requererem despesa excessiva para sua realização, o síndico ou condômino que ordenou sua realização deverá cientificar a assembleia do fato, convocando-a de imediato. Se não houver urgência e as reparações necessárias forem de alto custo, somente poderão ser executadas após a aprovação assemblear, requerida pelo síndico ou, em caso de omissão ou impedimento deste, por qualquer condômino.

Reembolso por despesa com reparos necessários. O condômino que custear reparos necessários terá direito de ser reembolsado das despesas que fez, na forma prevista na Convenção, mas não terá direito de exigir devolução das que fizer com obra ou reparos de outra natureza (úteis ou voluptuários), apesar de ser de interesse comum.

Art. 1.342. A realização de obras, em partes comuns, em acréscimo às já existentes, a fim de lhes facilitar ou aumentar a utilização, depende da aprovação de dois terços dos votos dos condôminos, não sendo permitidas construções, nas partes comuns, suscetíveis de prejudicar a utilização, por qualquer dos condôminos, das partes próprias, ou comuns.

Obras em partes comuns para melhor utilização das existentes. As obras ou construções feitas em partes comuns, em acréscimo às já existentes, para facilitar ou aumentar a sua utilização (p. ex., aumento do número de vagas na garagem, construção de *playground,* de piscina ou churrasqueira, modernização do sistema de segurança, ampliação de vestiário ou de salão de festas), dependerão da aprovação de 2/3 dos votos dos condôminos. Não serão admitidas construções nas partes comuns que prejudiquem o uso, por qualquer dos consortes, da unidade autônoma ou das comuns.

Art. 1.343. A construção de outro pavimento, ou, no solo comum, de outro edifício, destinado a conter novas unidades imobiliárias, depende da aprovação da unanimidade dos condôminos.

- *Código Civil, art. 1.351.*

Construção de novas unidades autônomas. Para que se possa edificar outro pavimento ou outro edifício, no solo comum, para obtenção de novas unidades imobiliárias, será imprescindível, em razão do alto custo, a aprovação unânime dos condôminos. Tal unanimidade é exigida, pois, com o aumento do número de condôminos, a fração ideal do solo comum cabível a cada um sofrerá redução proporcional, e o poder deliberativo de cada um, nas assembleias, diluir-se-á, podendo dificultar que se alcance o consenso (TJMG, Ap. Cív. 10024.04.199097-9/001, rel. Ferreira Esteves, j. 21-6-2005).

Art. 1.344. Ao proprietário do terraço de cobertura incumbem as despesas da sua conservação, de modo que não haja danos às unidades imobiliárias inferiores.

- Vide *Código Civil, arts. 1.331, § 5º, 1.336 e 1.340.*

Despesas com terraço de cobertura. O proprietário do terraço de cobertura, indicado na constituição do condomínio (CC, art. 1.331, § 5º), é quem, por ser usuário exclusivo, arcará com todas as despesas de sua conservação, sem que se danifiquem as unidades imobiliárias inferiores, garantindo sua segurança. Deverá, ainda, reparar, a suas expensas, eventuais infiltrações de água que causar ao pavimento inferior, pois não poderá onerar o condomínio (II TACSP, Ap. c/ Rev. 649.806.00/1, 12ª Câm., rel. Romeu Ricupero, j. 3-4-2003).

Art. 1.345. O adquirente de unidade responde pelos débitos do alienante, em relação ao condomínio, inclusive multas e juros moratórios.

Responsabilidade do adquirente de unidade pelos débitos condominiais. Quem vier a adquirir unidade imobiliária deverá responder pelas dívidas pendentes ou vincendas do alienante, relativas ao condomínio (como, p. ex., taxas de conservação e serviços), inclusive pelas multas e juros moratórios, por serem obrigações *propter rem* (*RT, 671*: 175). Isto é assim porque as dívidas condominiais são débitos do imóvel e o acompanham, independentemente de o proprietário haver mudado ou não. Assim, quem adquire imóvel cujos débitos estão sendo cobrados assume a obrigação de saldá-los mas já se reconheceu, judicialmente, o seu direito de regresso contra o alienante (1º TARJ, *Adcoas*, 1982, n. 82.356; *RT*, *774*:306, *781*:288, *780*:284; STJ, REsp 400.997/SP, 3ª T., rel. Min. Castro Filho, j. 6-4-2004; *JTJ*, *302*:380).

Art. 1.346. É obrigatório o seguro de toda a edificação contra o risco de incêndio ou destruição, total ou parcial.

- *Lei n. 4.591/64, art. 13.*
- *Código Civil, arts. 757 a 788.*

Obrigatoriedade do seguro contra risco de incêndio ou de destruição. No condomínio edilício é obrigatório o seguro de toda a edificação contra o risco de incêndio ou destruição, total ou parcial. A seguradora a ser contratada deverá ser escolhida pelo síndico. Ocorrendo o sinistro, a indenização paga pela seguradora será dividida entre os condôminos na proporção de seus quinhões.

SEÇÃO II

DA ADMINISTRAÇÃO DO CONDOMÍNIO

Art. 1.347. A assembleia escolherá um síndico, que poderá não ser condômino, para administrar o condomínio, por prazo não superior a dois anos, o qual poderá renovar-se.

- *Código Civil, arts. 1.348 a 1.350 e 1.357.*
- *Lei n. 4.591/64, arts. 22, § 4º, e 23.*
- ***Projeto de Lei n. 699/2011**: "Art. 1.347. A assembleia escolherá um síndico, que poderá não ser condômino, para administrar o condomínio, por prazo não superior a dois anos, o qual poderá renovar-se por um único período consecutivo".*

Síndico. É a pessoa (natural ou jurídica) eleita pela assembleia, pelo prazo de dois anos, que poderá renovar-se, para administrar o condomínio, defendendo seus direitos e interesses comuns. Essa escolha poderá recair sobre qualquer um dos consortes ou sobre estranho. Todavia, não seria conveniente a eleição de terceiro como síndico, pois poderá, por estar alheio aos problemas condominiais, não ter qualificação para o cargo ou até mesmo atuar desinteressadamente, por não ter vínculo com o condomínio.

Art. 1.348. Compete ao síndico:

- *Lei n. 4.591/64, arts. 22, §§ 1º a 6º, e 23.*

I — convocar a assembleia dos condôminos;

- *Lei n. 4.591/64, arts. 24 a 27.*
- *Lei n. 14.010/2020, arts. 12 e 13.*

II — representar, ativa e passivamente, o condomínio, praticando, em juízo ou fora dele, os atos necessários à defesa dos interesses comuns;

- *Código de Processo Civil, art. 75, XI.*
- *Lei n. 4.591/64, art. 22, § 1º.*

III — dar imediato conhecimento à assembleia da existência de procedimento judicial ou administrativo, de interesse do condomínio;

IV — cumprir e fazer cumprir a convenção, o regimento interno e as determinações da assembleia;

V — diligenciar a conservação e a guarda das partes comuns e zelar pela prestação dos serviços que interessem aos possuidores;

VI — elaborar o orçamento da receita e da despesa relativa a cada ano;

VII — cobrar dos condôminos as suas contribuições, bem como impor e cobrar as multas devidas;

VIII — prestar contas à assembleia, anualmente e quando exigidas;

IX — realizar o seguro da edificação.

- *Código Civil, art. 1.346.*

§ 1º Poderá a assembleia investir outra pessoa, em lugar do síndico, em poderes de representação.

§ 2º O síndico pode transferir a outrem, total ou parcialmente, os poderes de representação ou as funções administrativas, mediante aprovação da assembleia, salvo disposição em contrário da convenção.

- *Código Civil, art. 1.347.*

Deveres do síndico. Como é o administrador do condomínio edilício, competir-lhe-á: *a*) convocar a assembleia de condôminos; *b*) representar, ativa e passivamente, o condomínio, praticando, em juízo ou fora dele, os atos de defesa dos interesses comuns (*Rev. Juris.*, *14*:92; *RT*, *794*:222, *292*:745), dando imediato conhecimento à assembleia da existência de procedimento judicial ou administrativo de interesse do condomínio. Na lição de Carlos Alberto Dabus Maluf: "Embora o síndico tenha a representação ativa e passiva do condomínio, judicial (inciso II do art. 1.348 do CC e art. 12 (hoje art. 75) do Código de Processo Civil) e extrajudicial (inciso II do art. 1.348 do Código Civil), deve ser destacado que, na hipótese de demanda judicial que envolva interesses privados dos condôminos, por exemplo, desapropriação de unidades autônomas ou de partes comuns, será obrigatória a citação de todos os coproprietários interessados"; *c*) cumprir e exigir o cumprimento da convenção, do regimento interno e das deliberações assembleares; *d*) providenciar a conservação das partes comuns, zelando, ainda, pela prestação de serviços necessários; *e*) elaborar orçamento anual de receita auferida e despesa necessária para manter o condomínio; *f*) cobrar a taxa condominial e as multas devidas; *g*) prestar contas à assembleia, anualmente ou sempre que isso lhe for exigido (*RT*, *780*:361); *h*) providenciar o seguro da edificação (CC, art. 1.346).

Subsíndico. Pessoa investida pela assembleia para, em lugar do síndico, exercer poderes de representação, que o auxilia em suas funções, substituindo-o em seus impedimentos (*RT*, *778*:264).

Administrador. Pessoa de confiança do síndico, a quem ele delega, total ou parcialmente, os poderes de representação ou certas funções administrativas, desde que haja aprovação assemblear e a convenção de condomínio o permita (*RT*, *628*:127, *780*:361).

Representação do condomínio por quem não é síndico. Poderá ocorrer que, sendo conveniente, a assembleia resolva investir outra pessoa e não o síndico de poderes para representar o condomínio em juízo ou fora dele.

Art. 1.349. A assembleia, especialmente convocada para o fim estabelecido no § 2º do artigo antecedente, poderá, pelo voto da maioria absoluta de seus membros, destituir o síndico que praticar irregularidades, não prestar contas, ou não administrar convenientemente o condomínio.

- Vide *Código Civil, art. 1.348, § 2º.*
- *Lei n. 4.591/64, arts. 22, § 5º, e 24.*

Destituição motivada de síndico pela assembleia. A assembleia, em convocação especial, poderá, pelo voto da maioria absoluta (metade mais um) dos condôminos, destituir síndico, em razão de péssima administração, de prática de atos irregulares ou de não prestação de contas, aprovando a transferência de seus poderes de representação e de suas funções administrativas a outrem (*RT*, *571*:223; II TACSP, AI 70.008.085.573, 18ª Câm. Cível, rel. Mario R. Lopes Filho, j. 20-5-2004; *BAASP*, *2718*:5892).

Art. 1.350. Convocará o síndico, anualmente, reunião da assembleia dos condôminos, na forma prevista na convenção, a fim de aprovar o orçamento das despesas, as contribuições dos condôminos e a prestação de contas, e eventualmente eleger-lhe o substituto e alterar o regimento interno.

§ 1º Se o síndico não convocar a assembleia, um quarto dos condôminos poderá fazê-lo.

- *Lei n. 4.591/64, art. 24.*

§ 2º Se a assembleia não se reunir, o juiz decidirá, a requerimento de qualquer condômino.

- *Lei n. 4.591/64, art. 27.*

Convocação da assembleia geral ordinária dos condôminos. A assembleia é o órgão deliberativo do condomínio em edifício de apartamentos e é constituída por todos os condôminos, que decidem pelo voto da maioria (*Ciência Jurídica*, *61*:89), por isso o síndico deve, anualmente, convocar uma reunião assemblear para aprovação do orçamento, das despesas, das taxas condominiais e da prestação de contas (*RT*, *780*:361) e, ainda, para eleição de substituto do síndico ou alteração do regimento interno. Se o síndico não a convocar, um quarto dos condôminos poderá providenciar a reunião. E, se a assembleia não se reunir, a requerimento de qualquer dos consortes, o juiz decidirá aquelas questões acima levantadas.

Art. 1.351. Depende da aprovação de 2/3 (dois terços) dos votos dos condôminos a alteração da convenção, bem como a mudança da destinação do edifício ou da unidade imobiliária.

- *Redação dada pela Lei n. 14.405/2022.*
- Vide *Código Civil, art. 1.343.*
- *Lei n. 4.591/64, art. 25, parágrafo único.*

Casos de exigência da aprovação de 2/3 dos votos. Para que haja alteração da convenção de condomínio, imprescindível será que haja aprovação de dois terços dos votos dos consortes, considerando-se a sua totalidade e não apenas os que estiverem presentes na reunião.

Igualmente dependerão da aprovação 2/3 dos condôminos a mudança da destinação (residencial, comercial ou mista) do edifício ou da unidade imobiliária e, como vimos, a construção de novas unidades imobiliárias dependerá de aprovação por unanimidade (CC, art. 1.343). Pelo Enunciado n. 665 da *IX Jornada de Direito Civil*: "A reconstrução de edifício realizada com propósito de comercialização das unidades durante a obra sujeita-se ao regime da incorporação imobiliária e torna exigível o registro do Memorial de Incorporação".

Art. 1.352. Salvo quando exigido *quorum* especial, as deliberações da assembleia serão tomadas, em primeira convocação, por maioria de votos dos condôminos presentes que representem pelo menos metade das frações ideais.

Parágrafo único. Os votos serão proporcionais às frações ideais no solo e nas outras partes comuns pertencentes a cada condômino, salvo disposição diversa da convenção de constituição do condomínio.

- *Código Civil, arts. 1.336, § 2º, 1.337, 1.341 a 1.343, 1.349 e 1.357.*
- *Lei n. 4.591/64, art. 24, § 3º.*
- *Pelo **Projeto de Lei n. 699/2011**, o parágrafo único passará a ser o § 1º, pois pretende acrescentar: "§ 2º No caso de um mesmo condômino possuir mais de uma unidade ou fração ideal, seu direito de voto será limitado à soma dos votos dos demais coproprietários, cabendo ao presidente da mesa, em caso de empate, o voto de desempate".*

Deliberações assembleares em primeira convocação. Não sendo exigido *quorum* especial pela convenção de condomínio, as decisões da assembleia serão tomadas, em primeira convocação, por maioria dos votos dos condôminos presentes, que representem pelo menos a metade das frações ideais.

Assim, para a *instalação da assembleia* será preciso averiguar se os condôminos presentes e aptos a votar reúnam pelo menos metade do total das frações ideais e, uma vez instalada a assembleia, para as *deliberações* exigir-se-á a maioria dos votos dos condôminos presentes. Para apurar o *quorum* de deliberação não são computados os votos em branco. Elucidativo é o exemplo apontado por Nascimento Franco: "Suponha-se um condomínio de 10 (dez) apartamentos iguais, totalizando 10 (dez) votos iguais. Comparecem 8 (oito) condôminos e 2 (dois) se abstêm; 1 (um) vota por uma proposta; 2 (dois) votam por outra; 3 (três) votam por uma terceira. Excluindo os dois votos abstencionistas, restam 6 (seis) votos válidos e, por isso, vence a proposta que reunir 3 (três) votos, porque mais do que cada uma das outras correntes". Se se exigisse maioria absoluta (metade mais um), seriam necessários 4 votos para aprovar a proposta.

BIBLIOGRAFIA: Francisco Eduardo Loureiro, *Código*, cit., p. 1352 e 1353; Nascimento Franco, *Condomínio*, São Paulo, Revista dos Tribunais, 2005, p. 141.

Proporção dos votos. Os votos são proporcionais às frações ideais no solo (poder político) e nas outras partes comuns pertencentes a cada condômino, exceto se o contrário estiver disposto na Convenção de Condomínio. Deveras, nada obsta a que nela se estabeleça a votação *per capita*.

Art. 1.353. Em segunda convocação, a assembleia poderá deliberar por maioria dos votos dos presentes, salvo quando exigido *quorum* especial.

• *Código Civil, arts. 1.336, § 2º, 1.337, 1.341 a 1.343, 1.349 e 1.357.*

§ 1º Quando a deliberação exigir *quorum* especial previsto em lei ou em convenção e ele não for atingido, a assembleia poderá, por decisão da maioria dos presentes, autorizar o presidente a converter a reunião em sessão permanente, desde que cumulativamente:

I — sejam indicadas a data e a hora da sessão em seguimento, que não poderá ultrapassar 60 (sessenta) dias, e identificadas as deliberações pretendidas, em razão do quórum especial não atingido;

II — fiquem expressamente convocados os presentes e sejam obrigatoriamente convocadas as unidades ausentes, na forma prevista em convenção;

III — seja lavrada ata parcial, relativa ao segmento presencial da reunião da assembleia, da qual deverão constar as transcrições circunstanciadas de todos os argumentos até então apresentados relativos à ordem do dia, que deverá ser remetida aos condôminos ausentes;

IV — seja dada continuidade às deliberações no dia e na hora designados, e seja a ata correspondente lavrada em seguimento à que estava parcialmente redigida, com a consolidação de todas as deliberações.

§ 2º Os votos consignados na primeira sessão ficarão registrados, sem que haja necessidade de comparecimento dos condôminos para sua confirmação, os quais poderão, se estiverem presentes no encontro seguinte, requerer a alteração do seu voto até o desfecho da deliberação pretendida.

§ 3º A sessão permanente poderá ser prorrogada tantas vezes quantas necessárias, desde que a assembleia seja concluída no prazo total de 90 (noventa) dias, contado da data de sua abertura inicial.

• *Acrescentado pela Lei n. 14.309/2022.*

Deliberação em segunda convocação. Havendo, por não se ter conseguido *quorum* para a primeira, segunda convocação, a assembleia, não sendo exigido *quorum* especial, poderá decidir por maioria dos votos dos condôminos presentes, qualquer que seja o seu número, não sendo necessário, portanto, que representem pelo menos a metade das frações ideais, evitando assim procrastinação nas deliberações, que devem ser tomadas. Tais decisões terão validade não só para os condôminos presentes, como também para os ausentes (*JTJ, 116*:61).

Deliberação por quórum especial. Se lei ou a convenção exigir quórum especial e ele não for atingido, a assembleia, por decisão da maioria dos presentes, poderá autorizar o presidente a converter a reunião em sessão permanente desde que cumulativamente: *a*) sejam indicados data e hora da sessão em seguimento, que não poderá ser superior a 60 dias e identificadas as deliberações pretendidas, em razão do quórum não atingido; *b*) fiquem convocados expressamente os presentes e sejam obrigatoriamente convocadas as unidades ausentes, na forma estipulada na convenção; *c*) seja lavrada ata parcial relativa ao segmento presencial da reunião assemblear, constando transcrições circunstanciadas dos argumentos apresentados alusivos à ordem do dia, que deverá ser remetida aos condôminos ausentes; *d*) seja dada continuidade às deliberações no dia e na hora designados, e seja a ata correspondente lavrada em seguimento à que estava redigida parcialmente, com a consolidação de todas as deliberações.

Registro de votos. Os votos da primeira sessão ficarão registrados, sem necessidade de comparecimento dos condôminos para sua confirmação, que poderão, se presentes na reunião seguinte, requerer alteração de seu voto até o desfecho da deliberação pretendida.

Prorrogação de sessão permanente. Tal prorrogação pode dar-se quantas vezes forem necessárias, desde que a assembleia seja concluída no prazo total de 90 dias contado da data de sua abertura inicial.

Art. 1.354. A assembleia não poderá deliberar se todos os condôminos não forem convocados para a reunião.

- *Código Civil, arts. 1.334, § 2º, 1.348, I, e 1.350.*
- *Projeto de Lei n. 699/2011: "Parágrafo único. Os condôminos poderão se fazer representar por procuração, sendo vedada a outorga de mais de três mandatos à mesma pessoa".*

Exigência da convocação de todos os condôminos. As decisões assembleares apenas poderão ser tomadas se todos os condôminos (proprietários, cessionários, enfiteutas, usufrutuários, superficiários, titulares de direito real de uso e habitação, promitentes compradores) forem convocados (por meio de cartas ou edital em jornal de grande circulação), previamente, para a reunião, a fim de exercerem o direito de voto e o de participarem das discussões. Com isso resguardar-se-á a validade da assembleia, mesmo que não haja comparecimento de todos os consortes, pois as deliberações nela tomadas atingirão a todos, uma vez que nenhum poderá alegar desconhecimento da reunião assemblear. A ausência de convocação geral conduzirá à invalidade da assembleia feita.

Art. 1.354-A. A convocação, a realização e a deliberação de quaisquer modalidades de assembleia poderão dar-se de formas eletrônica, desde que:

I — tal possibilidade não veja vedada na convenção de condomínio;

II — sejam preservados aos condôminos os direitos de voz, de debate e de voto.

§ 1º Do instrumento de convocação deverá constar que a assembleia será realizada por meio eletrônico, bem como as instruções sobre acesso, manifestação e forma de coleta de votos dos condôminos.

§ 2º A administração do condomínio não poderá ser responsabilizada por problemas decorrentes dos equipamentos de informática ou da conexão à internet dos condôminos ou de seus representantes nem por quaisquer outras situações que não estejam sob o seu controle.

§ 3º Somente após a somatória de todos os votos e a sua divulgação será lavrada a respectiva ata, também eletrônica, e encerrada a assembleia geral.

§ 4º A assembleia eletrônica deverá obedecer aos preceitos de instalação, de funcionamento e de encerramento previstos no edital de convocação e poderá ser

realizada de forma híbrida, com a presença física e virtual de condôminos concomitantemente no mesmo ato.

§ 5º Normas complementares relativas às assembleias eletrônicas poderão ser previstas no regimento interno do condomínio e definidas mediante aprovação da maioria simples dos presentes em assembleia convocada para essa finalidade.

§ 6º Os documentos pertinentes à ordem do dia poderão ser disponibilizados de forma física ou eletrônica aos participantes.

• *Acrescentado pela Lei n. 14.309/2022.*

Convocação e realização de assembleia virtual. É possível a convocação, a realização e a deliberação de qualquer modalidade de assembleia de forma eletrônica desde que: não haja proibição na convenção de condomínio e se respeite o direito de voz, de debate e de voto a todos os condôminos. A convocação deverá constar que a assembleia será virtual e conter todas as instruções sobre acesso, manifestação e coleta de votos. A assembleia eletrônica deverá seguir os preceitos de instalação de funcionamento e de encerramento constantes no edital de convocação e poderá ser realizada de forma híbrida com presença física e virtual de condôminos, concomitantemente, no mesmo ato.

Responsabilidade da administração do condomínio. Tal administração não responderá por problemas oriundos de equipamentos de informática ou da conexão à internet dos condomínios ou de seus representantes, nem por situações fora de seu controle.

Divulgação dos votos. Apenas depois de feita a soma de todos os votos, sua divulgação será lavrada em ata eletrônica e encerrada a assembleia.

Normas complementares sobre assembleia eletrônica. Poderão estar previstas no regimento interno do condomínio e definidas com a aprovação da maioria simples dos presentes em assembleia convocada para tal fim.

Documentos alusivos à ordem do dia. Os documentos relativos à ordem do dia deverão ser disponibilizados de forma física ou virtual aos participantes.

Art. 1.355. Assembleias extraordinárias poderão ser convocadas pelo síndico ou por um quarto dos condôminos.

• *Código Civil, art. 1.350.*

• *Lei n. 4.591/64, art. 25.*

Assembleia extraordinária. A assembleia convocada para deliberação de assunto excepcional ou inesperado, fora da época normalmente estabelecida, por ser extraordinária, apenas poderá sê-lo pelo síndico ou, em caso de sua omissão, por um quarto dos condôminos (*JTJ, 114*:73).

Art. 1.356. Poderá haver no condomínio um conselho fiscal, composto de três membros, eleitos pela assembleia, por prazo não superior a dois anos, ao qual compete dar parecer sobre as contas do síndico.

• *Lei n. 4.591/64, art. 23.*

Conselho fiscal. Órgão consultivo, constituído por três membros, eleitos pela assembleia dos condôminos, na forma prevista na Convenção Condominial, com mandato não superior a dois anos, que tem por objetivo precípuo dar parecer sobre as contas do síndico, orientando os condôminos sobre a possibilidade de aprová-las ou não. Trata-se de órgão de controle financeiro, que fiscaliza o orçamento e a regularidade das despesas e receitas. A constituição do Conselho Fiscal é facultativa.

Seção III

Da extinção do condomínio

Art. 1.357. Se a edificação for total ou consideravelmente destruída, ou ameace ruína, os condôminos deliberarão em assembleia sobre a reconstrução, ou venda, por votos que representem metade mais uma das frações ideais.

§ 1º Deliberada a reconstrução, poderá o condômino eximir-se do pagamento das despesas respectivas, alienando os seus direitos a outros condôminos, mediante avaliação judicial.

§ 2º Realizada a venda, em que se preferirá, em condições iguais de oferta, o condômino ao estranho, será repartido o apurado entre os condôminos, proporcionalmente ao valor das suas unidades imobiliárias.

- *Lei n. 4.591/64, art. 14 e parágrafos.*

Casos de extinção do condomínio edilício. Extingue-se esse condomínio pela destruição total do prédio ou ameaça de ruína, hipótese em que os condôminos, em assembleia, deliberarão, por votos que representem metade mais uma das frações ideais, se o reconstruirão ou venderão.

Reconstrução do prédio. Se deliberarem a reconstrução do edifício, o condômino que não quiser participar dela poderá liberar-se do pagamento das despesas respectivas, alienando seus direitos a outros condôminos, com base em avaliação de sua quota-parte feita em juízo.

Alienação. Se a venda do prédio se der, haverá preferência do condomínio em relação ao estranho (uma pessoa natural ou jurídica), e o preço obtido será repartido entre os condôminos restantes na proporção do valor de suas unidades imobiliárias.

Art. 1.358. Se ocorrer desapropriação, a indenização será repartida na proporção a que se refere o § 2º do artigo antecedente.

- Vide *Código Civil, art. 1.357, § 2º.*
- *Lei n. 4.591/64, art. 18.*

Desapropriação do edifício de apartamentos. Se a extinção do condomínio edilício ocorrer por força de desapropriação, a indenização paga pelo poder expropriante deverá ser repartida entre os consortes na proporção do valor de suas unidades autônomas.

Seção IV

Do condomínio de lotes

Art. 1.358-A. Pode haver, em terrenos, partes designadas de lotes que são propriedade exclusiva e partes que são propriedade comum dos condôminos.

§ 1º A fração ideal de cada condômino poderá ser proporcional à área do solo de cada unidade autônoma, ao respectivo potencial construtivo ou a outros critérios indicados no ato de instituição.

§ 2º Aplica-se, no que couber, ao condomínio de lotes:

I — o disposto sobre condomínio edilício neste capítulo, respeitada a legislação urbanística; e

II — o regime jurídico das incorporações imobiliárias de que trata o Capítulo 1 do Título II da Lei n. 4.591, de 16 de dezembro de 1964, equiparando-se o empreendedor ao incorporador quanto aos aspectos civis e registrários.

§ 3º Para fins de incorporação imobiliária, a implantação de toda a infraestrutura ficará a cargo do empreendedor.

- *Acrescentado pelas Leis n. 13.465/2017 e 14.382/2022.*
- *Decreto n. 9.310/2018, arts. 64 a 66.*
- Vide *Lei n. 6.766/79, arts. 2º, §§ 7º e 8º, 4º, § 4º, e 36-A, com a redação da Lei n. 13.465/2017.*
- *Lei n. 4.591/64.*
- *Lei n. 14.711/2023, que altera a Lei n. 9.514/97 (sobre compartilhamento de garantia real em loteamento).*

Condomínio de lotes. Em terrenos poderá haver condomínio de lotes ou condomínio deitado, hipótese em que se terá: *a*) lotes de *propriedade exclusiva* de condôminos; *b*) partes que constituem a *propriedade comum* dos condôminos, da qual nenhuma unidade autônoma poderá ser privada, por ser destinada ao uso comum. Insuscetível não só de divisão ou de alienação em separado da unidade autônoma, como também de utilização exclusiva por qualquer condômino. Cada condômino pode usar livremente das partes comuns, desde que atenda à sua destinação e não lese os demais condôminos. Na hipótese de incorporação imobiliária, a implantação da infraestrutura desse condomínio ficará a cargo do empreendedor.

Trata-se de um condomínio edilício que não contém qualquer edificação, suscetível de ser implantado por meio de incorporação imobiliária (Lei n. 4.591/64, arts. 31-A a 31-F). Pelo Enunciado n. 625 da *VIII Jornada de Direito Civil*: "A incorporação imobiliária que tenha por objeto o condomínio de lotes poderá ser submetida ao regime dos patrimônio de afetação, na forma de lei especial".

Fração ideal. A fração ideal do lote ou da área comum poderá ser proporcional à área do solo de cada unidade autônoma, ao respectivo potencial construtivo ou a outros critérios indicados no ato de instituição do condomínio.

Norma aplicável. O condomínio de lotes reger-se-á pela legislação urbanística e pelas normas do CC, no que couber, alusivas ao condomínio edilício e à incorporação imobiliária.

CAPÍTULO VII-A
DO CONDOMÍNIO EM MULTIPROPRIEDADE

- *Acrescentado pela Lei n. 13.777/2018.*

Seção I
Disposições Gerais

Art. 1.358-B. A multipropriedade reger-se-á pelo disposto neste Capítulo e, de forma supletiva e subsidiária, pelas demais disposições deste Código e pelas disposições das Leis n. 4.591, de 16 de dezembro de 1964, e 8.078, de 11 de setembro de 1990 (Código de Defesa do Consumidor).

- *Código Civil, arts. 1.358-B a 1.358-U.*
- *Leis n. 4.591/64 e 8.078/90.*

Disciplina jurídica. O mundo moderno, em matéria condominial, deu origem a uma nova e especial realidade diversa do condomínio edilício. Trata-se da propriedade periódica ou de tempo repartido, regida pelos arts. 1.358-B a 1.358-U do Código Civil, acrescentados pela Lei n. 13.777/2018 e pelas Leis n. 4.591/64 e 8.078/90 (CDC). A multipropriedade não se rege pelas normas condominiais, embora a ela se possa aplicar, por analogia, os princípios norteadores das Leis n. 4.591/64 e 8.078/90. Trata-se de um condomínio temporal.

Art. 1.358-C. Multipropriedade é o regime de condomínio em que cada um dos proprietários de um mesmo imóvel é titular de uma fração de tempo, à qual corresponde a faculdade de uso e gozo, com exclusividade, da totalidade do imóvel, a ser exercida pelos proprietários de forma alternada.

Parágrafo único. A multipropriedade não se extinguirá automaticamente se todas as frações de tempo forem do mesmo multiproprietário.

Multipropriedade periódica. Ante a função social da propriedade, a multipropriedade é um meio de racionalização do aproveitamento econômico do imóvel, para que tenha uma efetiva utilização. O sistema *time sharing* ou multipropriedade imobiliária é uma espécie condominial temporal relativa aos locais de lazer, por exemplo, pela qual há um aproveitamento econômico de um mesmo imóvel, como ensina Gustavo Tepedino, em unidades fixas de tempo por cada proprietário daquele imóvel, assegurando a cada cotitular o uso exclusivo, da totalidade do imóvel, a ser exercido de forma alternada em certo período de tempo (anual, mensal, quinzenal ou semanal). Possibilita o uso de imóvel (casa, apartamento, *flat*, chalé) em certos períodos ou temporadas (baixa, média ou alta).

Ausência de extinção automática. A multipropriedade não extinguir-se-á de modo automático se todas as frações de tempo passarem a pertencer ao mesmo multiproprietário.

Art. 1.358-D. O imóvel objeto da multipropriedade:

I — é indivisível, não se sujeitando a ação de divisão ou de extinção de condomínio;

II — inclui as instalações, os equipamentos e o mobiliário destinados a seu uso e gozo.

Indivisibilidade do imóvel ("*res*"). O objeto da multipropriedade é sempre um imóvel (casa, chalé, *flat*, apartamento), que tem a característica da *indivisibilidade*, e consequentemente não se submete a qualquer ação que pleiteie sua divisão ou extinção de condomínio.

Abrangência. Na multipropriedade, por ser um condomínio especial para fins de habitação e turísticos, voltado ao lazer ou entretenimento, cada condômino poderá fazer uso direto e exclusivo não só do imóvel durante certo tempo fixado em pacto, mas também das instalações, dos equipamentos urbanos (de abastecimento de água, esgoto, energia elétrica, rede telefônica etc.) e comunitários (quadras de esporte, parque infantil etc.) e do mobiliário destinado àquele uso e gozo.

Art. 1.358-E. Cada fração de tempo é indivisível.

§ 1º O período correspondente a cada fração de tempo será de, no mínimo, 7 (sete) dias, seguidos ou intercalados, e poderá ser:

I — fixo e determinado, no mesmo período de cada ano;

II — flutuante, caso em que a determinação do período será realizada de forma periódica, mediante procedimento objetivo que respeite, em relação a todos os multiproprietários, o princípio da isonomia, devendo ser previamente divulgado; ou

III — misto, combinando os sistemas fixo e flutuante.

§ 2º Todos os multiproprietários terão direito a uma mesma quantidade mínima de dias seguidos durante o ano, podendo haver a aquisição de frações maiores que a mínima, com a correspondendo direito ao uso por períodos também maiores.

Indivisibilidade da fração de tempo. Nesse condomínio fracionário, há um aproveitamento econômico da *res* por cada condômino por um período de tempo, no mínimo 7 dias, seguidos ou intercalados, que poderá ser:

a) *fixo* e determinado, no mesmo período a cada ano;

b) *flutuante,* hipótese em que a determinação do período deverá ser realizada de forma periódica diversa em cada ano, mediante procedimento objetivo, que resguarde, relativamente a todos os multiproprietários, o princípio da igualdade, e, previamente, divulgada;

c) *misto* ou rotativo, sendo uma parte fixa e outra flutuante.

O contrato de *time-sharing* ou de multipropriedade tem por escopo o uso ou o aproveitamento compartilhado de um bem imóvel e serviços em área de lazer ou turística, assegurando a cada cotitular seu uso exclusivo durante certo período do ano. Se assim é, todos os multiproprietários terão direito a uma mesma quantidade mínima de dias seguidos durante o ano, podendo haver aquisição de frações maiores que a mínima, com o correspondente direito ao uso por períodos também maiores.

SEÇÃO II
Da Instituição da Multipropriedade

Art. 1.358-F. Institui-se a multipropriedade por ato entre vivos ou testamento, registrado no competente cartório de registro de imóveis, devendo constar daquele ato a duração dos períodos correspondentes a cada fração de tempo.

• *Lei n. 6.015/73, art. 176, § 1º, II, 6, §§ 10, 11 e 12 (acrescentados pela Lei n. 13.777/2018).*

Instituição da multipropriedade. A multipropriedade, ou sistema de tempo compartilhado, pode se dar por: *a*) ato *causa mortis*; ou *b*) por ato entre vivos, ou seja, por instrumento público ou privado, pelos quais o empreendedor, por si ou por meio de comercializador, cede por períodos o direito de ocupação de unidades habitacionais equipadas e mobiliadas em meio de hospedagem de turismo de seu domínio ou posse, permitindo o uso de seus espaços, bens e serviços comuns, e assumindo, por si ou por terceiro, a sua operação. Os empreendedores, operadores, comercializadores e administradores de intercâmbio de sistemas de tempo compartilhado só poderão funcionar no País e no exterior após cadastramento na Embratur. O cadastramento de empreendedores estará sujeito, ainda, à comprovação de: *a*) titularidade de domínio ou posse das unidades habitacionais destinadas ao sistema, por força de instrumento próprio devidamente registrado, e, no caso de meio de hospedagem, ter ônus real, averbação da anuência do credor à cessão do direito de ocupação das unidades habitacionais no sistema de tempo compartilhado; e *b*) registro no Livro n. 2 (Registro Geral) do sistema na matrícula do imóvel, com as características de funcionamento e o prazo de implantação e duração, durante o qual a alteração de destinação implicará anuência de todos os cessionários de direito de ocupação. O imóvel em regime de multipropriedade requer a indicação da existência de dupla matrícula: a do imóvel e a matrícula para cada fração de tempo, na qual se registrarão e averbarão os atos referentes à respectiva fração de tempo. Mas cada fração de tempo poderá, em função de norma tributária municipal, ser objeto de inscrição imobiliária individualizada (art. 176, § 1º, I, 6, §§ 10 e 11 da Lei n. 6.015/73).

Se o instrumento de instituição prever fração de tempo destinada à realização, no imóvel e em suas instalações, em seus equipamentos e em seus mobiliários, de reparos indispensáveis ao exercício normal do direito de propriedade, atribuído aos multiproprietários, proporcionalmente às respectivas frações, tal fração de tempo adicional, destinada à realização de reparos, constará da matrícula referente à fração de tempo principal de cada proprietário e não será objeto de matrícula específica (Lei n. 6.015/73, art. 176, § 12).

Art. 1.358-G. Além das cláusulas que os multiproprietários decidirem estipular, a convenção do condomínio em multipropriedade determinará:

I — os poderes e deveres dos multiproprietários, especialmente em matéria de instalações, equipamentos e mobiliário do imóvel, de manutenção ordinária e extraordinária, de conservação e limpeza e de pagamento da contribuição condominial;

II — o número máximo de pessoas que podem ocupar simultaneamente o imóvel no período correspondente a cada fração de tempo;

III — as regras de acesso do administrador condominial ao imóvel para cumprimento do dever de manutenção, conservação e limpeza;

IV — a criação de fundo de reserva para reposição e manutenção dos equipamentos, instalações e mobiliário;

V — o regime aplicável em caso de perda ou destruição parcial ou total do imóvel, inclusive para efeitos de participação no risco ou no valor do seguro, da indenização ou da parte restante;

VI — as multas aplicáveis ao multiproprietário nas hipóteses de descumprimento de deveres.

• *Lei n. 6.015/73, art. 178, III.*

Convenção de condomínio (cláusulas). A convenção de condomínio poderá, além de conter cláusulas estipuladas, pelos multiproprietários, fazendo uso da autonomia da vontade, abranger determinações sobre: *a*) os poderes e as obrigações dos multiproprietários, relativamente a instalações, equipamentos e mobiliário do imóvel, manutenção ordinária e extraordinária de conservação e limpeza e de pagamento da contribuição condominial; *b*) o número máximo de pessoas que podem ocupar simultaneamente o imóvel no período correspondente a cada fração de tempo; *c*) as regras de acesso do administrador condominial ao imóvel para cumprimento do dever de manutenção, conservação e limpeza; *d*) a criação de fundo de reserva para reposição e manutenção de equipamentos, instalações e mobiliário; *e*) o regime aplicável em caso de perda ou destruição parcial ou total do imóvel, inclusive para efeitos de participação no risco ou no valor do seguro da indenização ou da parte restante; e *f*) as multas aplicáveis ao multiproprietário havendo inadimplemento de deveres.

Pelo art. 178, III, da Lei n. 6.015/73, dever-se-á registrar no Livro 3 – Registro auxiliar as convenções de condomínio edilício, condomínio geral voluntário e condomínio em multipropriedade.

Art. 1.358-H. O instrumento de instituição da multipropriedade ou a convenção de condomínio em multipropriedade poderá estabelecer o limite máximo de frações de tempo no mesmo imóvel que poderão ser detidas pela mesma pessoa natural ou jurídica.

Parágrafo único. Em caso de instituição da multipropriedade para posterior venda das frações de tempo a terceiros, o atendimento a eventual limite de frações de tempo por titular estabelecido no instrumento de instituição será obrigatório somente após a venda das frações.

Limite máximo de fração de tempo. Nada obsta a que o instrumento de instituição da multipropriedade ou a convenção de condomínio em multipropriedade estabeleça o limite máximo de frações de tempo no mesmo imóvel, que poderão ser detidas pela mesma pessoa natural ou jurídica.

Instituição de multipropriedade para posterior venda das frações e tempo a terceiros. Se houver sistema *time sharing* constituído para ulterior venda das frações *ad tempus* a terceiro, dever-se-á atender, obrigatoriamente, o eventual limite de frações de tempo por titular estabelecido no instrumento de instituição, apenas após a venda daquelas frações. Com isso, evitar-se-á conduta abusiva do que possuir copropriedade temporal maior, desfavorecendo os minoritários.

Seção III

Dos Direitos e das Obrigações do Multiproprietário

Art. 1.358-I. São direitos do multiproprietário, além daqueles previstos no instrumento de instituição e na convenção de condomínio em multipropriedade:

I — usar e gozar, durante o período correspondente à sua fração de tempo, do imóvel e de suas instalações, equipamentos e mobiliário;

II — ceder a fração de tempo em locação ou comodato;

III — alienar a fração de tempo, por ato entre vivos ou por causa de morte, a título oneroso ou gratuito, ou onerá-la, devendo a alienação e a qualificação do sucessor, ou a oneração, ser informadas ao administrador;

IV — participar e votar, pessoalmente ou por intermédio de representante ou procurador, desde que esteja quite com as obrigações condominiais, em:

a) assembleia geral do condomínio em multipropriedade, e o voto do multiproprietário corresponderá à quota de sua fração de tempo no imóvel;

b) assembleia geral do condomínio edilício, quando for o caso, e o voto do multiproprietário corresponderá à quota de sua fração de tempo em relação à quota de poder político atribuído à unidade autônoma na respectiva convenção de condomínio e edilício.

Direitos do multiproprietário. Além dos previstos no instrumento da instituição e na convenção de condomínio em multipropriedade, o multiproprietário tem o direito de:

a) usar e gozar não só do imóvel, como também de suas instalações, equipamentos e mobiliários, durante todo o período relativo à sua fração de tempo;

b) ceder a sua fração de tempo em locação ou comodato;

c) alienar sua fração de tempo, por ato inter vivos ou causa mortis, onerosa ou gratuitamente. A alienação e a qualificação do sucessor, ou a oneração, deverão ser informadas ao administrador;

d) participar e votar, pessoalmente ou por meio de representante ou procurador, desde que suas obrigações condominiais estejam adimplidas, em:

d.1) assembleia geral do condomínio em multipropriedade, sendo que seu voto será correspondente à quota de sua fração de tempo no imóvel;

d.2) assembleia geral do condomínio edilício, quando for o caso, e seu voto corresponderá à quota de sua fração de tempo em relação à quota de poder político atribuído à unidade autônoma na respectiva convenção de condomínio edilício.

Art. 1.358-J. São obrigações do multiproprietário, além daquelas previstas no instrumento de instituição e na convenção de condomínio em multipropriedade:

I — pagar a contribuição condominial do condomínio em multipropriedade e, quando for o caso, do condomínio edilício, ainda que renuncie ao uso do gozo, total ou parcial, do imóvel, das áreas comuns ou das respectivas instalações, equipamentos e mobiliário;

II — responder por danos causados ao imóvel, às instalações, aos equipamentos e ao mobiliário por si, por qualquer de seus acompanhantes, convidados ou prepostos ou por pessoas por ele autorizadas;

III — comunicar imediatamente ao administrador os defeitos, avarias e vícios no imóvel dos quais tiver ciência durante a utilização;

IV — não modificar, alterar ou substituir o mobiliário, os equipamentos e as instalações do imóvel;

V — manter o imóvel em estado de conservação e limpeza condizente com os fins a que se destina e com a natureza da respectiva construção;

VI — usar o imóvel, bem como suas instalações, equipamentos e mobiliário, conforme seu destino e natureza;

VII — usar o imóvel exclusivamente durante o período correspondente à sua fração de tempo;

VIII - desocupar o imóvel, impreterivelmente, até o dia e hora fixados no instrumento de instituição ou na convenção de condomínio em multipropriedade, sob pena de multa diária, conforme convencionado no instrumento pertinente;

IX — permitir a realização de obras ou reparos urgentes.

§ 1º Conforme previsão que deverá constar da respectiva convenção de condomínio em multipropriedade, o multiproprietário estará sujeito a:

I — multa, no caso de descumprimento de qualquer de seus deveres;

II — multa progressiva e perda temporária do direito de utilização do imóvel no período correspondente à sua fração de tempo, no caso de descumprimento reiterado de deveres.

§ 2º A responsabilidade pelas despesas referentes a reparos no imóvel, bem como suas instalações, equipamentos e mobiliário, será:

I — de todos os multiproprietários, quando decorrentes do uso normal e do desgaste natural do imóvel;

II — exclusivamente do multiproprietário responsável pelo uso anormal, sem prejuízo de multa, quando decorrentes de uso anormal do imóvel.

§ 3º (VETADO).

§ 4º (VETADO).

§ 5º (VETADO).

Obrigações do multiproprietário. Além dos deveres arrolados no instrumento de instituição e na convenção de condomínio em multipropriedade, o multiproprietário terá o dever legal de:

a) pagar a contribuição condominial do condomínio em multipropriedade ou, se for o caso, do condomínio edilício, ainda que venha a renunciar ao uso e gozo, total ou parcial da *res*, das áreas comuns, das instalações, dos equipamentos e do mobiliário;

b) responder pelos danos causados não só ao imóvel, mas também a suas instalações, equipamentos ou mobiliário, por qualquer de seus acompanhantes, convidados ou prepostos ou por pessoas por ele autorizadas;

c) comunicar, de imediato, aos administrados os defeitos, as avarias e os vícios no imóvel que surgirem durante o seu uso;

d) não modificar, alterar ou substituir o mobiliário, os equipamentos e as instalações do imóvel;

e) manter o imóvel em estado de conservação e limpeza de conformidade com os fins a que se destina e com a natureza da construção;

f) utilizar o imóvel, suas instalações, equipamentos e mobiliários, conforme sua destinação e natureza;

g) usar a *res* exclusivamente durante o período alusivo à sua fração de tempo;

h) desocupar o imóvel, impreterivelmente, até o dia e hora fixados no instrumento de instituição ou na convenção de condomínio em multipropriedade, sob pena de multa diária, conforme estipulado no instrumento de instituição;

i) permitir a realização de obras ou reparos urgentes;

j) pagar, conforme previsão da convenção de condomínio em multipropriedade, multa se descumprir quaisquer de seus deveres e está sujeito, ainda, ao pagamento de multa progressiva e perda temporária do direito de uso do imóvel no período correspondente à sua fração de tempo, se houver reiteração no inadimplemento de suas obrigações.

Responsabilidade por despesas. A responsabilidade pelas despesas oriundas de reparos no imóvel, nas suas instalações e no mobiliário caberá: *a*) a todos os multiproprietários, se decorrentes de uso normal e de desgaste natural do imóvel; *b*) exclusivamente ao multiproprietário responsável pelo uso normal, sem prejuízo da multa, se oriundos de uso anormal da *res*.

Art. 1.358-K. Para os efeitos do disposto nesta Seção, são equiparados aos multiproprietários os promitentes compradores e os cessionários de direito relativos a cada fração de tempo.

- *Código Civil, art. 1.358, I a IV.*

Direitos de promitentes compradores e cessionários. Os promitentes compradores e cessionários de direitos relativos a cada fração de tempo são equiparados aos dos multiproprietários, tendo, por exemplo, direitos: *a*) à continuidade de ocupação no caso de transferência do imóvel, correspondente ao prazo de duração; *b*) ao exercício do direito ao arrependimento previsto no art. 49 da Lei n. 8.078/90, com devolução integral de valores pagos ou entregues; e c) previstos no CC, art. 1.358, I a IV.

Seção IV

Da transferência da Multipropriedade

Art. 1.358-L. A transferência do direito de multipropriedade e a sua produção de efeitos perante terceiros dar-se-ão na forma da lei civil e não dependerão da anuência ou cientificação dos demais multiproprietários.

§ 1º Não haverá direito de preferência na alienação de fração de tempo, salvo se estabelecido no instrumento de instituição ou na convenção do condomínio em multipropriedade em favor dos demais multiproprietários ou do instituidor do condomínio em multipropriedade.

§ 2º O adquirente será solidariamente responsável com o alienante pelas obrigações de que trata o § 5º do art. 1.358-J deste Código caso não obtenha a declaração de inexistência de débitos referentes à fração de tempo no momento de sua aquisição.

Transferência do direito de multipropriedade. Se houver transferência do direito de multipropriedade, a produção de seus efeitos perante terceiros seguirá os ditames da lei civil. Tal transferência e sua eficácia independem do consenso ou da cientificação dos demais multiproprietários.

Direito de preferência na alienação de fração de tempo. Inexiste esse direito de preferência exceto se estiver previsto no instrumento de instituição ou na convenção de condomínio em multipropriedade em prol dos demais multiproprietários ou do instituidor do condomínio em multipropriedade.

Responsabilidade solidária do adquirente pelos débitos relativos à fração do tempo no momento da aquisição. Trata-se de uma obrigação *propter rem* oriunda de despesas de condomínio, multas, juros moratórios que deverão ser pagos, em razão da solidariedade entre adquirente e alienante.

SEÇÃO V

DA ADMINISTRAÇÃO DA MULTIPROPRIEDADE

Art. 1.358-M. A administração do imóvel e de suas instalações, equipamentos e mobiliário será de responsabilidade da pessoa indicada no instrumento de instituição ou na convenção de condomínio em multipropriedade, ou, na falta de indicação, de pessoa escolhida em assembleia geral dos condôminos.

§ 1º O administrador exercerá, além daquelas previstas no instrumento de instituição e na convenção de condomínio em multipropriedade, as seguintes atribuições:

I — coordenação da utilização do imóvel pelos multiproprietários durante o período correspondente a suas respectivas frações de tempo;

II — determinação, no caso dos sistemas flutuante ou misto, dos períodos concretos de uso e gozo exclusivos de cada multiproprietário em cada ano;

III — manutenção, conservação e limpeza do imóvel;

IV — troca ou substituição de instalações, equipamentos ou mobiliário, inclusive:

a) determinar a necessidade da troca ou substituição;

b) providenciar os orçamentos necessários para a troca ou substituição;

c) submeter os orçamentos à aprovação pela maioria simples dos condôminos em assembleia;

V — elaboração do orçamento anual, com previsão das receitas e despesas;

VI — cobrança das quotas de custeio de responsabilidade dos multiproprietários;

VII — pagamento, por conta do condomínio edilício ou voluntário, com os fundos comuns arrecadados, de todas as despesas comuns.

§ 2º A convenção de condomínio em multipropriedade poderá regrar de forma diversa a atribuição prevista no inciso IV do § 1º deste artigo.

Administração da multipropriedade. A administração do imóvel e de suas instalações, equipamentos e mobiliário caberá à pessoa indicada no instrumento de instituição ou na convenção condominial ou, na falta dessa indicação, à pessoa que for escolhida na assembleia geral dos condôminos.

Atribuição do administrador. Além das atribuições arroladas no instrumento de instituição e na convenção de condomínio em multipropriedade, cabe ao administrador:

a) a coordenação do uso da *res* pelos multiproprietários durante o período relativo a suas frações de tempo;

b) a determinação, na hipótese do sistema flutuante ou misto, dos períodos concretos de utilização exclusiva de cada multiproprietário em cada ano;

c) a manutenção, a conservação e a limpeza do imóvel;

d) a troca ou a substituição de instalações, equipamentos ou mobiliário, averiguando sua necessidade, providenciando o orçamento necessário para que isso ocorra e submetendo tal orçamento à aprovação da maioria simples dos condôminos em assembleia, mas nada obsta a que a convenção condominial venha a estabelecer forma diversa de efetivação dessa atribuição;

e) a elaboração de orçamento anual, com previsão das receitas e despesas;

f) a cobrança das quotas de custeio de responsabilidade dos multiproprietários;

g) o pagamento, por conta do condomínio edilício ou voluntário, com os fundos comuns arrecadados, de todas as despesas comuns.

Art. 1.358-N. O instrumento de instituição poderá prever fração de tempo destinada à realização, no imóvel e em suas instalações, em seus equipamentos e em seu mobiliário, de reparos indispensáveis ao exercício normal do direito de multipropriedade.

§ 1º A fração de tempo de que trata o *caput* deste artigo poderá ser atribuída:

I — ao instituidor da multipropriedade; ou

II — aos multiproprietários, proporcionalmente às respectivas frações.

§ 2º Em caso de emergência, os reparos de que trata o *caput* deste artigo poderão ser feitos durante o período correspondente à fração de tempo de um dos multiproprietários.

Previsão da fração de tempo para reparos. O instrumento de instituição poderá conter cláusula prevendo fração de tempo destinada à realização, no imóvel e em suas instalações e em seus equipamentos ou em seu mobiliário, de reparações imprescindíveis ao exercício normal do direito de multipropriedade. Tal fração de tempo poderá ser atribuída ao instituidor da multipropriedade ou aos multiproprietários, na proporção de suas respectivas frações. Mas, se houver urgência, tais reparos poderão ser feitos durante o período correspondente à fração de tempo de um dos multiproprietários.

Seção VI

Disposições Específicas Relativas às Unidades Autônomas de Condomínios Edilícios

Art. 1.358-O. O condomínio edilício poderá adotar o regime de multipropriedade em parte ou na totalidade de suas unidades autônomas, mediante:

I — previsão no instrumento de instituição; ou

II — deliberação da maioria absoluta dos condôminos.

Parágrafo único. No caso previsto no inciso I do *caput* deste artigo, a iniciativa e a responsabilidade para a instituição do regime da multipropriedade serão atribuídas às mesmas pessoas e observarão os mesmos requisitos indicados nas alíneas *a*, *b*, e *c* e no § 1º do art. 31 da Lei n. 4.591, de 16 de dezembro de 1964.

• *Lei n. 4.591/64, art. 31,* a, b *e* c *e § 1º.*

Regime "*time-sharing*" em condomínio edilício. Nada impede que o condomínio edilício venha a adotar o regime de tempo compartilhado, em parte ou na totalidade, de suas unidades autônomas por meio de: *a*) deliberação da maioria absoluta dos condôminos; ou *b*) previsão no instrumento de instituição. A iniciativa e a reponsabilidade para a instituição do regime da multipropriedade serão atribuídas às mesmas pessoas, observando-se os mesmos requisitos indicados nas alíneas, *a*, *b*, e *c* e no § 1º do art. 31 da Lei n. 4.591/64. Logo, tal iniciativa e responsabilidade poderão ser do incorporador, proprietário do terreno, promitente comprador, cessionário (*vide* § 1º do art. 31) deste ou promitente cessionário, construtor ou ente da federação imitido na posse a partir de decisão proferida em processo judicial de desapropriação em curso ou cessionário deste, conforme comprovado mediante registro no assento de imóveis competente.

Art. 1.358-P. Na hipótese do art. 1.358-O, a convenção de condomínio edilício deve prever, além das matérias elencadas nos art. 1.332, 1.334 e, se for o caso, 1.358-G deste Código:

I — a identificação das unidades sujeitas ao regime da multipropriedade, no caso de empreendimentos misto;

II — a indicação da duração das frações de tempo de cada unidade autônoma sujeita ao regime da multipropriedade;

III — a forma de rateio, entre os multiproprietários de uma mesma unidade autônoma, das contribuições condominiais relativas à unidade, que, salvo se disciplinada de forma diversa no instrumento de instituição ou na convenção de condomínio em multipropriedade, será proporcional à fração de tempo de cada multiproprietário;

IV — a especificação das despesas ordinárias, cujo custeio será obrigatório, independentemente do uso e gozo do imóvel e das áreas comuns;

V — os órgãos de administração da multipropriedade;

VI — a indicação, se for o caso, de que o empreendimento conta com sistema de administração de intercâmbio, na forma prevista no § 2º do art. 23 da Lei n. 11.771, de 17 de setembro de 2008, seja do período de fruição da fração de tempo, seja do local de fruição, caso em que a responsabilidade e as obrigações da companhia de intercâmbio limitam-se ao contido na documentação de sua contratação;

VII — a competência para a imposição de sanções e o respectivo procedimento, especialmente nos casos de mora no cumprimento das obrigações de custeio e nos casos de descumprimento da obrigação de desocupar o imóvel até o dia e hora previstos;

VIII — o *quorum* exigido para a deliberação de adjudicação da fração de tempo na hipótese de inadimplemento do respectivo multiproprietário;

IX — o *quorum* exigido para a deliberação de alienação, pelo condomínio edilício, da fração de tempo adjudicada em virtude do inadimplemento do respectivo multiproprietário.

- *Código Civil, arts. 1.332, 1.334, 1.358-G.*
- *Lei n. 11.771/2008, art. 23, § 2º.*

Cláusulas da convenção de condomínio edilício relativas à multipropriedade. A convenção condominial no que atina ao *time sharing* deveria prever:

1) discriminação e individualização das unidades autônomas e das partes comuns;
2) determinação da fração ideal atribuída a cada unidade, relativamente ao terreno e às partes comuns e da finalidade a ser perseguida pelas unidades, evitando que haja desvio de uso;
3) quota proporcional e maneira de pagamento das contribuições dos condôminos para atender às despesas ordinárias e extraordinárias;
4) forma de administração;
5) competência assemblear, modo de sua convocação e quórum exigido para as deliberações;
6) sanções a que os condôminos estão sujeitos;
7) regimento interno, que apresentará detalhes do cotidiano condominial;
8) poderes dos multiproprietários relativamente a instalações, equipamentos e mobiliário do imóvel, manutenção ordinária e extraordinária de conservação e limpeza e de pagamento da contribuição condominial;
9) número máximo de pessoas que poderão ocupar simultaneamente o imóvel no período relativo a cada fração de tempo;
10) regras de acesso do administrador condominial ao imóvel para sua manutenção, conservação e limpeza;
11) criação de fundo de reserva para reposição, manutenção dos equipamentos, instalações e mobiliário;
12) regime a ser aplicado na hipótese de perda ou destruição parcial ou total do imóvel, abrangendo os efeitos de participação no risco ou no valor do seguro, da indenização ou da parte restante;

13) multas aplicáveis ao multiproprietário em caso de não cumprimento de suas obrigações;

14) identificação das unidades sujeitas ao regime de *time sharing*, na hipótese de empreendimento misto;

15) indicação da duração das frações de tempo de cada unidade autônoma sujeita ao regime de multipropriedade.

16) forma de rateio, entre os multiproprietários de uma mesma unidade autônoma, das contribuições condominiais relativas à unidade, que, salvo se disciplinada de forma diversa no instrumento de instituição ou na convenção de condomínio em multipropriedade será proporcional à fração de tempo de cada multiproprietário;

17) especificação das despesas ordinárias, cujo custeio será obrigatório, independentemente do uso e gozo de imóvel e das áreas comuns;

18) órgãos de administração da multipropriedade;

19) indicação, se for o caso, de que o empreendimento conta com sistema de administração de intercâmbio, na forma prevista no § 2º do art. 23 da Lei n. 11.771/2008, seja do período de fruição da fração de tempo, seja do local de fruição, caso em que a responsabilidade e os deveres da companhia de intercâmbio limitam-se ao contido na documentação de sua contratação;

20) competência para a imposição de sanções e o respectivo procedimento especialmente nos casos de mora no cumprimento dos deveres de custeio e nas hipóteses de inadimplemento da obrigação de desocupar o imóvel até o dia e a hora previstos;

21) quórum exigido para a deliberação de adjudicação da fração de tempo no caso de descumprimento do respectivo multiproprietário;

22) quórum para a deliberação de alienação pelo condomínio edilício da fração de tempo, adjudicada em razão de inadimplemento do seu multiproprietário.

Art. 1.358-Q. Na hipótese do art. 1.358-O deste Código, o regimento interno do condomínio edilício deve prever:

I — os direitos dos multiproprietários sobre as partes comuns do condomínio edilício;

II — os direitos e obrigações do administrador, inclusive quanto ao acesso ao imóvel para cumprimento do dever de manutenção, conservação e limpeza;

III — as condições e regras para o uso das áreas comuns;

IV — os procedimentos a serem observados para uso e gozo dos imóveis e das instalações, equipamentos e mobiliário destinados ao regime da multipropriedade;

V — o número máximo de pessoas que podem ocupar simultaneamente o imóvel no período correspondente a cada fração de tempo;

VI — as regras de convivência entre os multiproprietários e os ocupantes de unidades autônomas não sujeitas a regime da multipropriedade, quando se tratar de empreendimentos mistos;

VII — a forma de contribuição, destinação e gestão do fundo de reserva específico para cada imóvel, para reposição e manutenção dos equipamentos, instalações e mobiliário, sem prejuízo do fundo de reserva do condomínio edilício;

VIII — a possibilidade de realização de assembleias não presenciais, inclusive por meio eletrônico;

IX — os mecanismos de participação e representação dos titulares;

X — o funcionamento do sistema de reserva, os meios de confirmação e os requisitos a serem cumpridos pelo multiproprietário quando não exercer diretamente sua faculdade de uso;

XI — a descrição dos serviços adicionais, se existentes, e as regras para seu uso e custeio.

Parágrafo único. O regimento interno poderá ser instituído por escritura pública ou por instrumento particular.

• *Código Civil, art. 1.358-O.*

Regimento interno do condomínio edilício em caso de adoção da multipropriedade em parte ou na totalidade de suas unidades autônomas. Tal regimento deverá ser instituído por escritura pública ou por instrumento particular e conter cláusulas sobre:

a) direitos dos multiproprietários relativamente às partes comuns do condomínio edilício;

b) direitos e deveres do administrador, inclusive quanto ao acesso ao imóvel para adimplemento da obrigação de manutenção, conservação e limpeza;

c) condições e normas para uso das áreas comuns;

d) procedimentos a serem cumpridos para uso e gozo dos imóveis e das instalações, equipamentos e mobiliário destinados ao regime da multipropriedade;

e) número máximo de pessoas que podem ocupar simultaneamente o imóvel no período correspondente a cada fração de tempo;

f) normas de convivência entre os multiproprietários e os ocupantes das unidades autônomas não sujeitas do regime de *time sharing*, em caso de empreendimentos mistos.

g) forma de contribuição, destinação a gestão do fundo de reserva específico para cada imóvel, para reposição e manutenção de equipamentos, instalações e mobiliário, sem prejuízo do fundo de reserva do condomínio edilício;

h) possibilidade de participação e representação dos titulares;

i) funcionamento do sistema de reserva, os meios de confirmação e os requisitos a serem cumpridos pelo multiproprietário quando não exercer diretamente sua faculdade de uso;

j) descrição dos serviços adicionais, se existentes, e as normas para seu uso e custeio.

Art. 1.358-R. O condomínio edilício em que tenha sido instituído o regime de multipropriedade em parte na totalidade de suas unidades autônomas terá necessariamente um administrador profissional.

§ 1º O prazo de duração do contrato de administração será livremente convencionado.

§ 2º O administrador do condomínio referido no *caput* deste artigo será também o administrador de todos os condomínios em multipropriedade de suas unidades autônomas.

§ 3º O administrador será mandatário legal de todos os multiproprietários, exclusivamente para a realização dos atos de gestão ordinária da multipropriedade, incluindo manutenção, conservação e limpeza do imóvel e de suas instalações, equipamentos e mobiliário.

§ 4º O administrador poderá modificar o regimento interno quanto aos aspectos estritamente operacionais da gestão da multipropriedade no condomínio edilício.

§ 5º O administrador pode ser ou não um prestador de serviços de hospedagem.

Administração do condomínio edilício sob regime de multipropriedade. Todo condomínio edilício sob o regime de *time sharing*, seja na totalidade ou em parte de suas unidades autônomas, deverá ter, necessariamente, um administrador profissional (prestador ou não de serviços de hospedagem) que: a) será também o administrador de todos os condomínios em multipropriedade de suas unidades autônomas; b) será o mandatório legal de todos os multiproprietários, exclusivamente para a realização dos atos de gestão ordinária da multipropriedade, incluindo manutenção, conservação e limpeza do imóvel e de suas instalações, equipamentos e mobiliário; c) poderá alterar o regimento interno quanto aos aspectos estritamente operacionais da gestão da multipropriedade no condomínio edilício. O prazo de duração do contrato de administração poderá ser livremente convencionado.

Art. 1.358-S. Na hipótese de inadimplemento, por parte do multiproprietário, da obrigação de custeio das despesas ordinárias ou extraordinárias, é cabível, na forma da lei processual civil, a adjudicação ao condomínio edilício da fração de tempo correspondente.

Parágrafo único. Na hipótese de o imóvel objeto da multipropriedade ser parte integrante de empreendimento em que haja sistema de locação das frações de tempo no qual os titulares possam ou sejam obrigados a locar suas frações de tempo exclusivamente por meio de uma administração única, repartindo entre si as receitas das locações independentemente da efetiva ocupação de cada unidade autônoma, poderá a convenção do condomínio edilício regrar que em caso de inadimplência:

I — o inadimplente fique proibido de utilizar o imóvel até a integral quitação da dívida;

II — a fração de tempo do inadimplente passe a integrar o *pool* da administradora;

III — a administradora do sistema de locação fique automaticamente munida de poderes e obrigada a, por conta e ordem do inadimplente, utilizar a integralidade dos valores líquidos a que o inadimplente tiver direito para amortizar suas dívidas condominiais, seja do condomínio edilício, seja do condomínio em multipropriedade, até sua integral quitação, devendo eventual saldo ser imediatamente repassado ao multiproprietário.

Adjudicação da fração de tempo. Haverá possibilidade, em caso de descumprimento do multiproprietário da obrigação de custeio das despesas ordinárias ou extraordinárias, de adjudicação ao condomínio edilício de fração de tempo correspondente na forma da lei processual civil.

Locação de frações de tempo. Se o imóvel objeto da multipropriedade fizer parte integrante de empreendimento em que haja sistema de locação das frações de tempo no qual os titulares possam ou sejam obrigados a alugar suas frações de tempo, apenas por meio de uma administração única, repartindo entre si as receitas das locações independentemente da ocupação de cada unidade autônoma, a convenção condominial poderá estabelecer diretrizes normativas, em caso de inadimplência: *a*) proibindo o inadimplente de usar o imóvel até que a dívida esteja totalmente quitada; *b*) fazendo com que a fração de tempo do inadimplente passe a integrar o *pool* da administradora; e *c*) deliberando que a administradora do sistema de locação fique, automaticamente, munida de poderes e obrigada a, por conta e ordem do inadimplente, usar a integralidade dos valores líquidos a que o inadimplente terá direito para amortização dos seus débitos condominiais relativos ao condomínio edilício ou ao condomínio em multipropriedade até sua integral quitação, devendo o saldo ser imediatamente repassado ao multiproprietário, caso em que se tem a garantia da anticrese, pois permite o uso dos frutos do imóvel como compensação de débitos.

Art. 1.358-T. O multiproprietário somente poderá renunciar de forma translativa a seu direito de multipropriedade em favor do condomínio edilício.

Parágrafo único. A renúncia de que trata o *caput* deste artigo só é admitida se o multiproprietário estiver em dia com as contribuições condominiais, com os tributos imobiliários e, se houver, com o foro ou a taxa de ocupação.

Renúncia do direito de multipropriedade. O multiproprietário apenas poderá renunciar, translativamente, ao direito de multipropriedade em favor do condomínio edilício, desde que esteja em dia com as contribuições condominiais, tributos imobiliários, e, se houver, foro ou taxa de ocupação.

Art. 1.358-U. As conversões dos condomínios edilícios, os memoriais de loteamentos e os instrumentos de venda dos lotes em loteamentos urbanos poderão limitar ou impedir a instituição da multipropriedade nos respectivos imóveis, vedação que somente poderá ser alterada no mínimo pela maioria absoluta dos condôminos.

• Vide *art. 1.358-Q.*

Limitação ou proibição de multipropriedade imobiliária. As convenções dos condomínios edilícios, os memoriais de loteamentos e os instrumentos de venda dos lotes em loteamentos urbanos poderão restringir ou impedir a instituição de multipropriedade nos respectivos imóveis. Tal vedação somente poderá ser alterada, no mínimo, pela maioria absoluta dos condôminos.

BIBLIOGRAFIA: Fábio Arrivas, Multiproprietá, *Contratti in generale*, coord. Guido Alpa, Milano, UTET, 1994; Caló e Corda, *La multiproprietà*, Roma, 1984; M. Helena Diniz, Multipropriedade imobiliária: uma especial figura condominial *ad tempus*, *Direito imobiliário atual*, coord. Daniel Aureo de Castro, Rio de Janeiro, Elsevier, 2014, p. 1-16; *Tratado teórico e prático dos contratos*, São Paulo, Saraiva, 2006, v. 3; Cláudia Lima Marques, Contratos de *time sharing* e a prestação do consumidor, *Direito do consumidor*, *22*:64-86; Morello, *Multiproprietà e autonomia privata*, Milano, Giuffrè, 1984.

CAPÍTULO VIII

DA PROPRIEDADE RESOLÚVEL

Art. 1.359. Resolvida a propriedade pelo implemento da condição ou pelo advento do termo, entendem-se também resolvidos os direitos reais concedidos na sua pendência, e o proprietário, em cujo favor se opera a resolução, pode reivindicar a coisa do poder de quem a possua ou detenha.

• Vide *Código Civil, arts. 121, 127, 128, 131, 135, 507, 513, 547, 1.225 e 1.953.*

• *Lei n. 7.565/86, arts. 148 a 152.*

Propriedade resolúvel ou "ad tempus". Segundo Clóvis Beviláqua, "propriedade resolúvel é aquela que no próprio título de sua constituição encerra o princípio que a tem de extinguir, realizada a condição resolutória, ou vindo termo extintivo, seja por força da declaração de vontade, seja por determinação da lei".

"A resolução da propriedade, quando determinada por causa originária, prevista no título, opera *ex tunc* e *erga omnes*; se decorrente de causa superveniente, atua *ex nunc* e *inter partes*" (Enunciado n. 508 do CJF, aprovado na *V Jornada de Direito Civil*).

BIBLIOGRAFIA: Clóvis Beviláqua, *Código Civil comentado*, cit., v. 3, p. 177; Aderbal da Cunha Gonçalves, *Da propriedade resolúvel*, p. 201; Orlando Gomes, *Direitos reais*, cit., p. 234-40; W. Barros Monteiro, *Curso*, cit., v. 3, p. 236-40; Serpa Lopes, *Curso*, cit., v. 6, p. 261-4; Daibert, *Direito das coisas*, cit., p. 324-8; Darcy Arruda Miranda, *Anotações*, cit., v. 2, p. 132-3; Levenhagen, *Código Civil*, cit., v. 3, p. 196-8; Silvio Rodrigues, *Direito civil*, cit., v. 5, p. 247-50; Lafayette, *Direito das coisas*, cit., n. 185; Laurente, *Principii di diritto civile*, v. 6, n. 106; Aubry e Rau, *Cours de droit civil*, 5. ed., v. 2, § 220; Sá Pereira, *Manual*, cit., v. 8, p. 447-56; M. Helena Diniz, *Curso*, cit., v. 4, p. 218-21; Sebastião José

Roque, *Direito das coisas*, cit., p. 131-6; Nelson Rosenvald, A propriedade aparente no Código Civil de 2002, *De Jure*, Revista Jurídica do Ministério Público do Estado de Minas Gerais, *6*:305-16.

Efeito "ex tunc". Se a causa de resolução da propriedade constar do próprio título constitutivo, com o implemento da condição resolutiva ou com o advento do termo, operar-se-á uma revogação *ex tunc*, visto que, além de se resolver a propriedade, resolver-se-ão os atos praticados em *medio tempore*, como alienações que o proprietário resolúvel fez com terceiros, voltando a coisa a seu antigo dono, como se nunca tivesse havido qualquer mudança de proprietário. Romper-se-ão ainda, automaticamente, todos os vínculos reais de garantia que se constituíram em sua pendência, devido ao princípio *resoluto iuris dantis resolvitur ius accipientis*. Logo, o proprietário poderá recuperar o bem do poder de quem o detenha, ou possua, por tê-lo adquirido de proprietário resolúvel.

Art. 1.360. Se a propriedade se resolver por outra causa superveniente, o possuidor, que a tiver adquirido por título anterior à sua resolução, será considerado proprietário perfeito, restando à pessoa, em cujo benefício houve a resolução, ação contra aquele cuja propriedade se resolveu para haver a própria coisa ou o seu valor.

• Vide *Código Civil, arts. 557 e 563.*

Propriedade resolúvel e efeito "ex nunc". Se a propriedade vier a resolver-se por causa superveniente (p. ex., por ingratidão de donatário — *RT*, *665*:70), alheia ao título e posterior à transmissão do domínio, tal revogação acarretará efeito *ex nunc*. O possuidor, que o tiver adquirido por título anterior à resolução, será considerado proprietário perfeito, já que não havia condição resolutiva alguma por ocasião da realização do ato negocial. O antigo proprietário, em cujo benefício se deu a resolução, poderá mover ação contra aquele cujo domínio se extinguiu para haver a própria coisa ou seu valor, não lesando, portanto, direito adquirido por terceiro. Isto é assim porque o proprietário, que veio a perder o domínio, era proprietário perfeito, podendo vender a coisa validamente a outrem, antes de decretada a perda do domínio, tendo o adquirente direito garantido legalmente. Se "A" doar imóvel a "B", que o vende a "C", a ulterior revogação da doação por ingratidão não atinge a venda feita a "C" (terceiro de boa-fé). "A" (doador) apenas poderá exigir de "B" (donatário ingrato) o equivalente em dinheiro, pois não tem o direito de reivindicar o prédio doado, que se encontra em poder de terceiro (adquirente de boa-fé). Aplicar-se-á, portanto, o princípio *dominium revocabile ex nunc*.

CAPÍTULO IX
DA PROPRIEDADE FIDUCIÁRIA

• Vide *Lei n. 9.514/97, com as alterações da Lei n. 14.711/2023, arts. 22 a 27, sobre subalienação fiduciária em garantia de imóveis e móveis.*

Art. 1.361. Considera-se fiduciária a propriedade resolúvel de coisa móvel infungível que o devedor, com escopo de garantia, transfere ao credor.

• *Código Civil, arts. 1.359 e 1.360.*

• *Lei n. 9.514/97, arts. 22 a 33, 33-A a 33-F, acrescidos pela Lei n. 12.810/2013.*

• *Lei n. 6.015/73, art. 167, II, n. 30, com a redação da Lei n. 12.810/2013.*

§ 1º Constitui-se a propriedade fiduciária com o registro do contrato, celebrado por instrumento público ou particular, que lhe serve de título, no Registro de Títulos

e Documentos do domicílio do devedor, ou, em se tratando de veículos, na repartição competente para o licenciamento, fazendo-se a anotação no certificado de registro.

- Vide *Portaria n. 12/2001 da Corregedoria Permanente de Registros Públicos de São Paulo.*
- *Súmula 489 do Supremo Tribunal Federal.*
- *Súmulas 92 e 28 do Superior Tribunal de Justiça.*
- *Lei n. 6.015/73, arts. 129, n. 5, 130 e 131.*
- *Resolução CONTRAN n. 320/2009.*

§ 2º Com a constituição da propriedade fiduciária, dá-se o desdobramento da posse, tornando-se o devedor possuidor direto da coisa.

- *Código Civil, art. 1.197.*

§ 3º A propriedade superveniente, adquirida pelo devedor, torna eficaz, desde o arquivamento, a transferência da propriedade fiduciária.

- Vide *Lei n. 9.514/97, arts. 22 a 25, § 3º (acrescentado pela Lei n. 12.703/2012), 26 a 33, § 1º, I a IV, e § 2º (com a redação da Lei n. 11.481/2007), 5º, § 2º, 8º, I, 16, § 3º, 22, parágrafo único, 26, §§ 7º e 8º, 27, §§ 7º e 8º, 37-A, 37-B e 38, com alterações da Lei n. 10.931/2004.*
- Vide *Lei n. 7.565/86, arts. 148 a 152, sobre transferência de domínio resolúvel de aeronave.*
- *Lei n. 8.668/93, sobre Fundos de Investimento Imobiliário, com os caracteres do Mercado de Valores Mobiliários, adotando princípios do negócio fiduciário, alterada pela Lei n. 9.532/97.*
- *Decreto-Lei n. 911/69, arts. 3º, §§ 1º a 8º, 8º-A (com redação da Lei n. 10.931/2004) e 6º, e com as alterações da Lei n. 13.043/2014.*
- *Lei n. 4.728/65, art. 66 e parágrafos, com redação da Lei n. 10.931/2004.*
- Vide *Lei n. 4.591/64, art. 32, § 2º, com alteração da Lei n. 10.931/2004.*
- *Lei n. 8.245/91, art. 32, parágrafo único, com redação da Lei n. 10.931/2004.*
- *Lei n. 11.101/2005, art. 49, § 3º.*
- *Súmulas 28 e 92 do Superior Tribunal de Justiça.*

Propriedade fiduciária. É a decorrente, p. ex., da alienação fiduciária em garantia, que consiste na transferência feita pelo devedor ao credor da propriedade resolúvel e da posse indireta de coisa móvel infungível e de um bem imóvel (Lei n. 9.514/97, arts. 22 a 33), de título de crédito, de coisa móvel fungível (no âmbito do mercado financeiro de capitais — art. 66-B, § 3º, da Lei n. 4.728/65, acrescentado pela Lei n. 10.931/2004) e de bens enfitêuticos (Lei n. 9.514/97, art. 22, parágrafo único) como garantia do seu débito, resolvendo-se o direito do adquirente com o adimplemento da obrigação, ou melhor, com o pagamento da dívida garantida.

Pelo Enunciado n. 567 do Conselho da Justiça Federal (aprovado na *VI Jornada de Direito Civil*): "A avaliação do imóvel para efeito do leilão previsto no § 1º do art. 27 da Lei n. 9.514/1997 deve contemplar o maior valor entre a avaliação efetuada pelo município para cálculo do imposto de transmissão *inter vivos* (ITBI) devido para a consolidação da propriedade no patrimônio do credor fiduciário e o crédito fixado contratualmente".

Constituição da propriedade fiduciária. Para sua constituição requer instrumento escrito (público ou particular), que só valerá contra terceiros quando houver seu assento no Registro de Títulos e Documentos (*RT, 734*:375, *699*:168) do domicílio do devedor, ou, em se tratando de veículos, na repartição competente para o licenciamento, fazendo-se a devida anotação no certificado de registro. E, em se tratando de imóvel, seu assento far-se-á no Registro Imobiliário competente (Lei n. 9.514/97, arts. 23 e 9º, parágrafo único; Lei n. 6.015/73, art. 167, I, 35). Sem o registro ter-se-á direito de crédito e não direito real, ou seja, propriedade fiduciária.

"Estando em curso contrato de alienação fiduciária, é possível a constituição concomitante de nova garantia fiduciária sobre o mesmo bem imóvel, que, entretanto, incidirá sobre a respectiva propriedade superveniente que o fiduciante vier a readquirir, quando do implemento da condição a que estiver subordinada a primeira garantia fiduciária; a nova garantia poderá ser registrada na data em que convencionada e será eficaz desde a data do registro, produzindo efeito *ex tunc*" (Enunciado n. 506 do CJF, aprovado na *V Jornada de Direito Civil*).

Posse direta do fiduciante. O devedor (fiduciante e alienante) ficará com a posse direta da coisa alienada em garantia fiduciária tendo o *jus utendi e fruendi*. O alienante, ou fiduciante (devedor), possuirá, então, em nome do adquirente (fiduciário ou credor), conservando a coisa em seu poder com as obrigações de depositário (*Ciência Jurídica, 80*:125). E pelo Enunciado n. 325 do Conselho da Justiça Federal (aprovado na *IV Jornada de Direito Civil*), "é impenhorável, nos termos da Lei n. 8.009/90, o direito real de aquisição do devedor fiduciante". A posse indireta ficará com o proprietário fiduciário (credor ou adquirente). O fiduciário é proprietário *pro tempore* da coisa que lhe é transferida apenas com a posse indireta, tendo o *jus abutendi* sujeito à condição resolutiva e afetado à garantia do adimplemento de obrigação. Há, portanto, uma propriedade — garantia que incide sobre bem próprio transferido ao credor sob condição resolutiva.

BIBLIOGRAFIA: Francisco E. Loureiro, *Código Civil*, cit., p. 1.364.

Aquisição superveniente da propriedade pelo fiduciante. É direito do devedor tornar eficaz, desde o arquivamento (ou registro), a transferência da propriedade fiduciária, se vier a adquirir o domínio superveniente. O devedor fiduciante, pagando o valor total do bem, adquirirá sua propriedade, desde o momento do registro da alienação fiduciária em favor do credor fiduciário (efeito *ex tunc*), seu proprietário resolúvel até o instante em que o fiduciante quitou integralmente o preço daquele bem.

Jurisprudência sobre propriedade fiduciária e alienação fiduciária. *RT*, *699*:92, *733*:240, *726*:280 e 318, *721*:139, *708*:121 e 147, *715*:188, *716*:189, *717*:244, *730*:244, *731*:316, *762*:181, *460*:195, *468*:149, *463*:178, *465*:207, *462*:187, *487*:215, *459*:166, *461*:171, *466*:177, *464*:159, *463*:182, *459*:176, *468*:164, *469*:158, *468*:167, *479*:165, *480*:190, *484*:161, *486*:125, *489*:167, *483*:193, *488*:174, *490*:164, *513*:260, *532*:208, *526*:114, *520*:260, *515*:273, *524*:250, *522*:231, *528*:120, *532*:237, *544*:239, *487*:198, *491*:181, *471*:137, *478*:145, *481*:145, *475*:165 e 209, *476*:264, *496*:196, *499*:163, *498*:59 e 152, *489*:162, *502*:203, *504*:171, *509*:262, *510*:157, *514*:260, *523*:215, *503*:206, *508*:63, *511*:239, *519*:162, *543*:158, *545*:124 e 272, *586*:105, *584*:231, *583*:151, *576*:295, *580*:161, *570*:68, *572*:102, *551*:77, *571*:135, *560*:61, *556*:124, *554*:121, *533*:177, *537*:130, *540*:221, *529*:119, *558*:124, *559*:110, *548*:250, *562*:114, *557*:123, *569*:165, *561*:130, *619*:180, *624*:220, *657*:117, *661*:167, *653*:126, *665*:157, *674*:224, *677*:206, *679*:114, *695*:192, *696*:138; *RSTJ*, *168*:203, *106*:280, *39*:439, *34*:436, *43*:483; *Adcoas*, 1983, n. 90.670; *RTJ*, 72:306, 74:872, 73:322, *81*:620, *93*:1302, *95*:868, *97*:742, *104*:1032, *106*:883, *108*:577, *124*:1443 e *125*:842; *RJE*, *3*:5, 8 e 19, *1*:488, *2*:481, 399, 149, 381 e 274; *EJSTJ*, *14*:149, *15*:140, *20*:132; *24*:122; *JTACSP*, *121*:122, *143*:190, *144*:69; *RJ*, *259*:97; *Ciência Jurídica*, *79*:83, *80*:125, *70*:125, *63*:11; *RF*, *322*:240; STJ, Súmulas 28, 72, 76, 92 e 132; TFR, Súmula 242; STJ, HC 102.409/SP, 3ª T. Min. Nancy Andrighi, j. 17-6-2008.

BIBLIOGRAFIA: Mário P. Mezzari, *Alienação fiduciária da Lei n. 9.514, de 20 de janeiro de 1997*, São Paulo, Saraiva, 1998; M. Helena Diniz, *Curso*, cit., v. 4, p. 480-94; Alienação fiduciária em garantia no direito brasileiro, *Revista do Curso de Direito da Universidade Federal do Ceará, 3*:63-4, 1982; Francisco dos Santos Amaral, A alienação fiduciária em garantia no direito brasileiro, *Revista de Direito Comparado Luso-brasileiro*, v. 1, 1982; Justino Magno Araújo e Renato Sartorelli, *Alienação fiduciária e sua interpretação jurisprudencial*, São Paulo, Saraiva, 1999; Orlando Gomes, *Alienação fiduciária em garantia*, São Paulo, Revista dos Tribunais, 1975; José Carlos Moreira Alves, *A alienação fiduciária em garantia*, Rio de Janeiro, Forense, 1979; Paulo Penalva Santos, Aspectos atuais da alienação fiduciária em garantia, *Livro de Estudos Jurídicos, 8*:118-34; Vivante, Gli agionisti fiduciari, *Rivista di Diritto Commerciale, 1*:1-168; Mônica Alves Costa Ribeiro, *A prisão civil na alienação fiduciária*, Rio de Janeiro, Forense, 2003; Glauber M. Talavera, *Comentários*, cit., p. 1006-19.

Art. 1.362. O contrato, que serve de título à propriedade fiduciária, conterá:

I — o total da dívida, ou sua estimativa;

- ***Projeto de Lei n. 699/2011:*** *"I — o valor do bem alienado, o valor total da dívida ou sua estimativa".*

II — o prazo, ou a época do pagamento;

III — a taxa de juros, se houver;

IV — a descrição da coisa objeto da transferência, com os elementos indispensáveis à sua identificação.

- Vide *Código Civil, art. 1.361, § 1º.*

Conteúdo do contrato. O instrumento escrito (público ou particular), com que se celebra o contrato, que servirá de título à propriedade fiduciária, deverá conter: o total do débito garantido, ou sua estimativa; o prazo ou época do pagamento; a taxa de juros, se houver, e a descrição do objeto da transferência, com todos os elementos que o identificam. Tal identificação poderá ser por número, marca ou outro sinal identificativo.

Art. 1.363. Antes de vencida a dívida, o devedor, a suas expensas e risco, pode usar a coisa segundo sua destinação, sendo obrigado, como depositário:

I — a empregar na guarda da coisa a diligência exigida por sua natureza;

II — a entregá-la ao credor, se a dívida não for paga no vencimento.

- *Código Civil, art. 1.361, § 2º.*
- *Constituição Federal, art. 5º, LXVII.*

Uso da coisa alienada em garantia fiduciária pelo fiduciante. Se o fiduciante (devedor) é o possuidor direto (CC, art. 1.361, § 2º), tem o direito de conservar a coisa em seu poder, antes do vencimento do débito, arcando, na qualidade de depositário, com todas as despesas de conservação, visto que, ao usá-la conforme sua destinação, deverá empregar, na sua guarda (*RT, 638*:91, *706*:123), toda a diligência exigida por sua natureza, dela cuidando como se sua fosse.

Restituição da coisa. O devedor (fiduciante) deverá devolver o bem, no estado em que o recebeu, ao credor (fiduciário), no caso de inadimplemento de sua obrigação, ou seja, de não pagamento do débito na época do seu vencimento (*RT, 605*:106, *798*:202, 777:145; *RTJ, 174*:335, *172*:652, *170*:1011; *RSTJ, 150*:398).

Art. 1.364. Vencida a dívida, e não paga, fica o credor obrigado a vender, judicial ou extrajudicialmente, a coisa a terceiros, a aplicar o preço no pagamento de seu crédito e das despesas de cobrança, e a entregar o saldo, se houver, ao devedor.

• *Súmulas 72 e 245 do Superior Tribunal de Justiça.*

Venda da coisa a terceiro pelo fiduciário. Se o credor, ou fiduciário, é proprietário *pro tempore* da coisa fiduciária, que lhe é transferida, como vimos, apenas com a posse indireta, independentemente da sua tradição, vencida a dívida, sem que ocorra o pagamento, deverá, então, vendê-la, judicial ou extrajudicialmente, a terceiro, a fim de se pagar. Logo, se o fiduciante for inadimplente, o preço alcançado naquela venda será aplicado no pagamento do crédito do fiduciário e das despesas havidas com a cobrança, entregando, é óbvio, ao fiduciante (devedor) o saldo que, porventura, houver.

Art. 1.365. É nula a cláusula que autoriza o proprietário fiduciário a ficar com a coisa alienada em garantia, se a dívida não for paga no vencimento.

Parágrafo único. O devedor pode, com a anuência do credor, dar seu direito eventual à coisa em pagamento da dívida, após o vencimento desta.

• Vide *Código Civil, art. 1.428.*

• ***Projeto de Lei n. 699/2011***: *"Parágrafo único. O devedor pode, com a anuência do proprietário fiduciário, ceder a terceiro a sua posição no polo passivo do contrato de alienação".*

Proibição de pacto comissório. É inválida a cláusula inserida no contrato, que serve de título à propriedade fiduciária, outorgando ao fiduciário o direito de ficar com a coisa alienada em garantia, se inadimplente o fiduciante.

Transferência a terceiro do seu direito eventual à coisa feita pelo fiduciante. Nada obsta que, com anuência do fiduciário (credor), o fiduciante (devedor), após o vencimento da dívida, venha a dar os direitos eventuais à coisa em pagamento daquele débito de que seja titular, assumindo, então, o adquirente (terceiro) as respectivas obrigações.

Art. 1.366. Quando, vendida a coisa, o produto não bastar para o pagamento da dívida e das despesas de cobrança, continuará o devedor obrigado pelo restante.

• Vide *Código Civil, art. 1.364.*

Obrigação pelo remanescente da dívida. O fiduciante (devedor) continuará obrigado, pessoalmente, pelo remanescente do débito, se o produto alcançado pela venda (judicial ou extrajudicial) do bem (CC, art. 1.364), realizada pelo credor (fiduciário), não for suficiente para saldar a sua dívida e as despesas efetuadas com a cobrança. O saldo devedor abrange o valor do débito, juros moratórios legais, cláusula penal, se houver, despesas com cobrança, inclusive honorários de advogado. Logo, é direito do fiduciário continuar sendo credor do fiduciante se o preço da venda não der para satisfazer seu crédito, nem as despesas de cobrança. O devedor fiduciário poderá valer-se, para haver o remanescente do débito, da ação monitória (CPC, art. 1.102-A; STJ, REsp n. 562.945/RS, 3ª T., rel. Carlos Alberto Menezes Direito, j. 27-4-2004).

Art. 1.367. A propriedade fiduciária em garantia de bens móveis ou imóveis sujeita-se às disposições do Capítulo I do Título X do Livro III da Parte Especial deste Código e, no que for específico, à legislação especial pertinente, não se equiparando, para quaisquer efeitos, à propriedade plena de que trata o art. 1.231.

• *Com a redação da Lei n. 13.043/2014.*

• *Lei n. 4.728/65, art. 66-B, § 5º.*

• *CC, arts. 1.419 a 1.430.*

Aplicabilidade das disposições gerais dos direitos reais de garantia à propriedade fiduciária. Sendo a propriedade fiduciária um dos direitos reais de garantia, ao lado do penhor, da hipoteca e da anticrese, no que for cabível, aplicam-se-lhe as normas dos arts. 1.419 a 1.430 do Código Civil e a legislação pertinente, no que for específico, já que não se equipara à propriedade plena. Assim sendo, o fiduciante deverá pagar todas as prestações a que se obrigou se a *solutio* consistir em parcelas periódicas; logo, o pagamento de uma ou mais prestações apenas não o exonerará (CC, art. 1.421). E a ele aplicar-se-ão os casos arrolados no art. 1.425 de vencimento antecipado da dívida, no qual não se compreenderão os juros alusivos ao tempo ainda não decorrido (CC, art. 1.426). Terceiro que vier a prestar garantia real por dívida alheia não terá o dever de reforçá-la se, sem culpa sua, houver perda ou desvalorização (CC, art. 1.427). Operar-se-á a cessação da propriedade fiduciária (CC, art. 1.436) com: a extinção da obrigação; o perecimento da coisa alienada fiduciariamente; a renúncia do fiduciário, caso em que o crédito persiste sem a garantia; a confusão, isto é, se na mesma pessoa se concentrarem as qualidades de credor e de proprietário da coisa; a ocorrência de adjudicação judicial, a remição ou a venda da coisa fiduciária.

Art. 1.368. O terceiro, interessado ou não, que pagar a dívida, se sub-rogará de pleno direito no crédito e na propriedade fiduciária.

• Vide *Código Civil, arts. 346 a 351.*

Pagamento de dívida por terceiro. Terceiro, interessado ou não, que vier a pagar débito do fiduciante se sub-rogará (*RT, 584*:231, *656*:170), de pleno direito, no crédito e na propriedade fiduciária.

Art. 1.368-A. As demais espécies de propriedade fiduciária ou de titularidade fiduciária submetem-se à disciplina específica das respectivas leis especiais, somente se aplicando as disposições deste Código naquilo que não for incompatível com a legislação especial.

• *Artigo acrescentado pela Lei n. 10.931/2004.*

Subsidiariedade dos arts. 1.361 a 1.368 do Código Civil. A propriedade fiduciária está regida pelos arts. 1.361 a 1.368 do Código Civil, que traça linhas genéricas, sendo aplicável subsidiariamente, p. ex., à alienação fiduciária em garantia e à cessão fiduciária de direitos sobre coisas móveis, regidas por normas especiais, como a Lei 4.728/65, o Decreto-Lei n. 911/69 (com alterações da Lei n. 13.043/2014), a Lei n. 9.514/97, alterada pelas Leis n. 10.931/2004, arts. 51, 55, 56, 57, e n. 13.043/2014, e a Lei n. 6.404/76 (propriedade fiduciária de ações).

Art. 1.368-B. A alienação fiduciária em garantia de bem móvel ou imóvel confere direito real de aquisição ao fiduciante, seu cessionário ou sucessor.

Parágrafo único. O credor fiduciário que se tornar proprietário pleno do bem, por efeito de realização da garantia, mediante consolidação da propriedade, adjudicação, dação ou outra forma pela qual lhe tenha sido transmitida a propriedade plena, passa a responder pelo pagamento dos tributos sobre a propriedade e a posse, taxas, despesas condominiais e quaisquer outros encargos, tributários ou não, incidentes sobre o bem objeto da garantia, a partir da data em que vier a ser imitido na posse direta do bem.

• *Artigo acrescentado pela Lei n. 13.043/2014.*

Efeito da alienação fiduciária em garantia. Gera ao fiduciante, seu cessionário ou sucessor, direito real de aquisição de bem móvel ou imóvel.

Deveres do credor fiduciário, se proprietário pleno. Se constituída for a propriedade plena em favor do credor fiduciário, realizando-se a garantia, por meio de consolidação da propriedade, adjudicação, dação ou outro modo de transmissão da propriedade plena, ele passará a ter a obrigação de: pagar tributos sobre a propriedade e posse do bem, taxas, despesas condominiais, encargos, tributários ou não, que incidirem sobre a coisa (objeto da garantia), desde a data de sua imissão na posse direta do bem.

CAPÍTULO X
DO FUNDO DO INVESTIMENTO

Art. 1.368-C. O fundo de investimento é uma comunhão de recursos, constituído sob a forma de condomínio de natureza especial, destinado à aplicação em ativos financeiros, bens e direitos de qualquer natureza.

§ 1º Não se aplicam ao fundo de investimento as disposições constantes dos arts. 1.314 ao 1.358-A deste Código.

§ 2º Competirá à Comissão de Valores Mobiliários disciplinar o disposto no *caput* deste artigo.

§ 3º O registro dos regulamentos dos fundos de investimentos na Comissão de Valores Mobiliários é condição suficiente para garantir a sua publicidade e a oponibilidade de efeitos em relação a terceiros.

• *Acrescentados pela Lei n. 13.874/2019.*

• Vide *art. 16 da Lei n. 14.754/2023.*

Art. 1.368-D. O regulamento do fundo de investimento poderá, observado o disposto na regulamentação a que se refere o § 2º do art. 1.368-C desta Lei, estabelecer:

I — a limitação da responsabilidade de cada investidor ao valor de suas cotas;

II — a limitação da responsabilidade, bem como os parâmetros de sua aferição, dos prestadores de serviços do fundo de investimento, perante o condomínio e entre si, ao cumprimento dos deveres particulares de cada um, sem solidariedade; e

III — classes de cotas com direitos e obrigações distintos, com possibilidade de constituir patrimônio segregado para cada classe.

• Vide *art. 37 da Lei n. 14.754/2023.*

§ 1º A adoção de responsabilidade limitada por fundo de investimento constituído sem a limitação de responsabilidade somente abrangerá fatos ocorridos após a respectiva mudança em seu regulamento.

§ 2º A avaliação de responsabilidade dos prestadores de serviço deverá levar sempre em consideração os riscos inerentes às aplicações nos mercados de atuação do fundo de investimento e a natureza de obrigação de meio de seus serviços.

§ 3º O patrimônio segregado referido ao inciso III do *caput* deste artigo só responderá por obrigações vinculadas à classe respectiva, nos termos do regulamento.

Art. 1.368-E. Os fundos de investimento respondem diretamente pelas obrigações legais e contratuais por eles assumidas, e os prestadores de serviços não respondem por essas obrigações, mas respondem pelos prejuízos que causarem quando procederem com dolo ou má-fé.

§ 1º Se o fundo de investimento com limitação de responsabilidade não possuir patrimônio suficiente para responder por suas dívidas, aplicam-se as regras de insolvência previstas nos arts. 955 a 965 deste Código.

§ 2º A insolvência pode ser requerida judicialmente por credores, por deliberação própria dos cotistas do fundo de investimento, nos termos de seu regulamento, ou pela Comissão de Valores Mobiliários.

§ 3º Caso o regulamento do fundo estabeleça classes de cotas com direitos e obrigações distintos, nos termos do inciso III do *caput* do art. 1.368-D deste Código, aplica-se o disposto neste artigo a cada classe de cotas, individualmente considerada.

• *Acrescentado pela Lei n. 14.754/2023.*

Art. 1.368-F. O fundo de investimento constituído por lei específica e regulamentado pela Comissão de Valores Mobiliários deverá, no que couber, seguir as disposições deste capítulo.

• *Artigos acrescentados pela Lei n. 13.874/2019.*

Fundo de investimento: uma espécie condominial. O fundo de investimento é uma modalidade condominial sem personalidade jurídica por ser uma comunhão de recursos constituída sob a forma de condomínio de natureza especial, destinado à aplicação em ativos financeiros, bens e direitos de qualquer natureza. É uma modalidade de operação econômica que possibilita a existência de investidores, que tenham responsabilidade limitada à sua quota de participação, desde que haja avaliação e autorização da CVM. Podem ser submetidos a esse regime contratos derivativos, ou seja, aplicações financeiras de risco, cujo lucro varia conforme o valor dos ativos a eles vinculados como *commodities* alusivos, por exemplo, ao valor de boi gordo, ou dependa da cotação do preço na bolsa de valores. Esse fundo de investimento com outras pessoas cria um condomínio especial de recursos, pois cada condomínio terá titularidade de uma quota.

Disciplina jurídica. O fundo de investimento é disciplinado pela CVM e, no que couber, pelos arts. 1.368-C, 1.368-D, 1.368-E e 1.368-F do Código Civil, não se lhe aplicando os arts. 1.314 a 1.358-A do mesmo Código, e deve ser registrado na CVM para ter efeito em relação a terceiros. O regulamento expedido pela CVM poderá estabelecer: *a*) a limitação da responsabilidade de cada investidor ao valor de suas cotas; *b*) a limitação da responsabilidade, bem como os parâmetros de sua aferição, dos prestadores de serviços (administradores ou gestores) do fundo de investimento, perante o condomínio e entre si, ao cumprimento dos deveres particulares de cada um sem solidariedade; e *c*) classes de cotas com direitos e obrigações distintos, com possibilidade de constituir patrimônio segregado para cada classe, que só responderá por obrigações vinculadas à respectiva classe. A adoção da responsabilidade limitada por fundo de investimento constituído sem a limitação de responsabilidade apenas abrangerá fatos ocorridos após a respectiva mudança em seu regulamento. A avaliação da responsabilidade dos prestadores de serviços levará em conta os riscos inerentes a aplicações nos mercados de atuação do fundo de investimento e à natureza da obrigação de meio de seus serviços.

Se o regulamento do fundo estabelecer classes de cotas com direitos e deveres distintos, nos termos do art. 1.368-D, III, o disposto neste artigo será aplicável a cada classe de cotas individualmente considerada.

Responsabilidade pelas obrigações. O fundo de investimento responde, diretamente, pelas obrigações legais e contratuais que assumir, sendo que os prestadores de serviços somente responderão por elas pelos danos que causarem dolosamente. Se o fundo não tiver patrimônio suficiente para responder por seus débitos, as normas sobre insolvência (arts. 955 a 965 do CC) aplicar-se-lhe-ão. Essa insolvência pode ser requerida, judicialmente, pelos credores ou pelos cotistas do fundo.

Título IV

Da Superfície

• *Leis n. 10.257/2001, arts. 21 a 24, e n. 11.481/2007, art. 13.*

• *Código Civil, art. 1.473, X e § 2º.*

• *Lei n. 9.514/97, art. 22, § 1º, IV, e § 2º, com a redação da Lei n. 11.481/2007.*

Art. 1.369. O proprietário pode conceder a outrem o direito de construir ou de plantar em seu terreno, por tempo determinado, mediante escritura pública devidamente registrada no Cartório de Registro de Imóveis.

- *Lei de Registros Públicos, art. 167, I, n. 39, II e n. 20.*
- *Lei n. 10.257/2001, art. 21.*

Parágrafo único. O direito de superfície não autoriza obra no subsolo, salvo se for inerente ao objeto da concessão.

- *Lei n. 10.257/2001, art. 21, § 1º.*
- ***Projeto de Lei n. 699/2011**: "Art. 1.369. O proprietário pode conceder a outrem o direito de construir ou de plantar em seu terreno ou o direito de executar benfeitorias em sua edificação, por tempo determinado, mediante escritura pública devidamente registrada no cartório de Registro de Imóveis.*

  Parágrafo único. O direito de superfície abrange o direito de utilizar o imóvel pronto ou em fase de construção, o solo, o subsolo ou o espaço aéreo relativo ao mesmo, na forma estabelecida no contrato, atendida a legislação urbanística".

Concessão de uso de superfície. É o direito real limitado sobre coisa alheia de fruição, pelo qual o proprietário (fundieiro ou concedente) concede, temporariamente, gratuita ou onerosamente (CC, art. 1.370), a outrem (superficiário) o direito de construir ou plantar em seu terreno, mediante escritura pública, assentada no Registro de Imóveis competente. Mas também poderá, segundo alguns autores como Joel Dias Figueira Jr., a superfície ser constituída por usucapião, sucessão *causa mortis* e sentença judicial. Há, segundo alguns autores, uma propriedade do solo, que é a do fundieiro, e uma "propriedade" da plantação e da obra construída, que é a do superficiário, durante a vigência do contrato, que deu origem ao *ius in re aliena*. Trata-se, neste teor de ideias, como diz Luiz Guilherme Loureiro, de um direito real de ter coisa incorporada em solo alheio. E, os "direitos e obrigações vinculados ao terreno e, bem assim, aqueles vinculados à construção ou à plantação formam patrimônios distintos e autônomos, respondendo cada um dos seus titulares exclusivamente por suas próprias dívidas e obrigações, ressalvadas as fiscais decorrentes do imóvel" (Enunciado n. 321 do CJF, aprovado na *IV Jornada de Direito Civil*).

Com isso, soluciona-se, em grande parte, o problema da falta de habitação e o do não aproveitamento do solo, atendendo-se ao princípio da função social da propriedade. Tal direito real é regido pelos arts. 1.369 a 1.377 do Código Civil e pela Lei n. 10.257/2001. "As normas previstas no Código Civil, regulando o direito de superfície, não revogam as normas relativas a direito de superfície constantes do Estatuto da Cidade (Lei n. 10.257/2001), por ser instrumento de política de desenvolvimento urbano" (Enunciado n. 93, aprovado na *I Jornada de Direito Civil*, promovida, em setembro de 2002, pelo Centro de Estudos Judiciários do CJF). "A propriedade superficiária pode ser autonomamente objeto de direitos reais de gozo e de garantia, cujo prazo não exceda a duração da concessão da superfície, não se lhe aplicando o art. 1.474" (Enunciado n. 249 do CJF, aprovado na *III Jornada de Direito Civil*). "Admite-se a constituição do direito de superfície por cisão" (Enunciado n. 250 do CJF, aprovado na *III Jornada de Direito Civil*). Pelo Enunciado n. 568 do Conselho da Justiça Federal (aprovado na *VI Jornada de Direito Civil*): "O direito de superfície abrange o direito de utilizar o solo, o subsolo ou o espaço aéreo relativo ao terreno, na forma estabelecida no contrato, admitindo-se o direito de sobrelevação, atendida a legislação urbanística".

Obra no subsolo. O direito de superfície não autoriza que se faça obra em subsolo, exceto se isso for inerente ao objeto da concessão feita (p. ex., abertura de poço artesiano e canalização de suas águas até o local das plantações) ou para atender à legislação urbanística (Lei n. 10.257/2001, arts. 21 a 24).

BIBLIOGRAFIA: José Guilherme Braga Teixeira, *O direito real de superfície*, São Paulo, Revista dos Tribunais, 1993; Roberto Cesar Pereira Lira, O moderno direito de superfície, *Revista de Direito da Procuradoria-Geral do Estado do Rio de Janeiro*, *35*:89, 90, 92 e 98; Sílvio Venosa, *Direito civil*, cit., v. 4, p. 323 e 324; M. Helena Diniz, *Curso*, cit., v. 4, p. 374-5; M. I. De La Iglesia, *El derecho de superficie — aspectos civiles y registrales*, Barcelona, Bosch, 1996; Joel Dias Figueira Jr., *Novo Código*, cit., p. 1213; Arthur Oscar de Oliveira Deda, Direito de superfície, *RDC*, *22*:95; Maria Sylvia Zanella Di Pietro, Direito de superfície, *Estatuto da Cidade*, coord. A. Dallari e S. Ferraz, cit., p. 172 a 191; Aída Kemelmajer de Carlucci e Alícia P. de Chacón, *Derecho real de superficie*, 1989; Domingos Theodoro de Azevedo Netto, Direito de superfície, in *Estatuto da Cidade*, coord. Mariana Moreira, São Paulo, Cepam, 2001, p. 309-12; Mariana Moreira, Direito de superfície, in *Estatuto da Cidade*, coord. Mariana Moreira, São Paulo, Cepam, 2001, p. 295 a 308; José de Oliveira Ascensão, *Direito Civil — direitos reais*, Coimbra, Almedina, 1987, p. 466 e s.; Sílvio de S. Venosa, *Direito civil*, cit., v. 5, p. 390-4; Matiello, *Código*, cit., p. 870-2; Luiz Guilherme Loureiro, O direito de superfície no novo Código Civil e no estatuto da cidade, in www.intelligentiajuridica.com.br; Marise P. Cavalcanti, *Superfície compulsória — instrumento de efetivação da função social da propriedade*, Rio de Janeiro, Renovar, 2008; Frederico H. V. Lima, *O direito de superfície como instrumento de planificação urbana*, Rio de Janeiro, Renovar, 2008.

Art. 1.370. A concessão da superfície será gratuita ou onerosa; se onerosa, estipularão as partes se o pagamento será feito de uma só vez, ou parceladamente.

- *Lei n. 10.257/2001, art. 21, § 2º.*

Gratuidade ou onerosidade da concessão da superfície. O direito de superfície poderá ser concedido onerosa ou gratuitamente. Em caso de concessão gratuita: o fundieiro, apesar de ficar, temporariamente, sem seu imóvel, sem receber qualquer contraprestação pecuniária, recebê-lo-á, finda a concessão, com acréscimos e bastante valorizado, e o superficiário, sem nada pagar, explorará o imóvel, durante o prazo avençado, podendo nele exercer atividade econômica, auferindo lucro, construindo ou plantando. Apesar de poder ser gratuita, nada obsta que seja onerosa a concessão de superfície, caso em que as partes poderão convencionar que o pagamento seja feito integral ou parceladamente. O proprietário concedente (dono do solo ou fundieiro), havendo tal convenção, passará a ter, então, o direito a uma remuneração periódica, designada *solarium* ou cânon superficiário.

Art. 1.371. O superficiário responderá pelos encargos e tributos que incidirem sobre o imóvel.

- *Lei n. 10.257/2001, art. 21, § 3º.*
- ***Projeto de Lei n. 699/2011**: "Art. 1.371. O superficiário responderá integralmente pelos encargos e tributos que incidirem sobre a propriedade superficiária, arcando, ainda, proporcionalmente à sua parcela de ocupação efetiva, com os encargos e tributos sobre a área objeto da concessão do direito de superfície, salvo disposição em contrário do contrato respectivo".*

Responsabilidade pelos encargos e tributos. Seja onerosa ou gratuita a concessão da superfície, o superficiário, cessionário do uso do direito de plantar ou de construir, arcará com o pagamento de todos os encargos ou ônus (taxa de luz, água etc.), inclusive fiscais (IPTU, ITR, taxas e contribuições de melhoria), que incidirem sobre o imóvel, visto serem obrigações *propter rem*. Todavia, pelo Enunciado n. 94 (aprovado na *I Jornada de Direito Civil*, promovida, em setembro de 2002, pelo Centro de Estudos Judiciários do CJF): "As partes têm plena liberdade para deliberar, no contrato respectivo, sobre o rateio dos encargos e tributos que incidirão sobre a área objeto da concessão do direito de superfície".

Art. 1.372. O direito de superfície pode transferir-se a terceiros e, por morte do superficiário, aos seus herdeiros.

• *Código Civil, art. 1.784.*

Parágrafo único. Não poderá ser estipulado pelo concedente, a nenhum título, qualquer pagamento pela transferência.

• *Lei n. 10.257/2001, art. 21, §§ 4º e 5º.*

Transferência do direito de superfície. Poderá haver transferência do direito de superfície a terceiros, bem como sua transmissão aos herdeiros do superficiário, com seu falecimento. Os herdeiros passarão a ser os titulares do direito de superfície até o advento do termo final ou de fato extintivo daquele direito real, devendo respeitar, integralmente, a relação jurídica originária, acatando as condições estipuladas. Não se permitindo, porém, estipulação pelo concedente de qualquer pagamento (dinheiro, entrega de bens, assunção de débito do concedente etc.), ocorrendo a transmissão, seja ela *inter vivos* ou *causa mortis*. Com isso, evitar-se-á a ocorrência de especulações.

Art. 1.373. Em caso de alienação do imóvel ou do direito de superfície, o superficiário ou o proprietário tem direito de preferência, em igualdade de condições.

• *Lei n. 10.257/2001, art. 22.*

Direito de preferência em caso de alienação do imóvel ou do direito de superfície. Se ocorrer alienação onerosa do imóvel ou do direito de superfície, o superficiário, ou o proprietário concedente fará jus ao direito de preferência, em igualdade de condições com terceiro. Joel Dias Figueira Jr. vislumbra, neste dispositivo legal, um *direito de preferência recíproco*. Assim, se o proprietário vier a alienar o imóvel, o superficiário terá preferência na aquisição. E se o superficiário quiser alienar o direito de superfície, o proprietário concedente terá a preferência. Dessa forma, promover-se-á a consolidação do direito do solo e do de superfície, para que não mais haja tal desmembramento. Aquele que preterir o direito de preferência do outro deverá pagar indenização pelas perdas e danos, e o preterido poderá depositar em juízo valor igual ao pago pelo terceiro. Portanto, "ao superficiário que não foi previamente notificado pelo proprietário para exercer o direito de preferência previsto no art. 1.373 do CC é assegurado o direito de, no prazo de seis meses, contado do registro da alienação, adjudicar para si o bem mediante depósito do preço" (Enunciado n. 509 do CJF, aprovado na *V Jornada de Direito Civil*).

Art. 1.374. Antes do termo final, resolver-se-á a concessão se o superficiário der ao terreno destinação diversa daquela para que foi concedida.

• ***Projeto de Lei n. 699/2011***: *"Art. 1.374. Antes do termo final, resolver-se-á a concessão se o superficiário der ao terreno destinação diversa daquela para que foi concedida bem como se descumprir qualquer outra obrigação assumida no contrato".*

• *Lei n. 10.257/2001, arts. 23 e 24, § 1º.*

Consequência do desvio de finalidade. O direito de superfície extinguir-se-á, antes do advento do termo final (*ad quem*), se o superficiário der ao terreno destinação diversa daquela para o qual lhe foi concedido, nele edificando, p. ex., quando apenas poderia fazer plantação de soja. Havendo desvio de destinação o concedente (fundieiro) está autorizado por lei a pleitear a resolução da concessão superficiária antes do término de seu prazo.

Art. 1.375. Extinta a concessão, o proprietário passará a ter a propriedade plena sobre o terreno, construção ou plantação, independentemente de indenização, se as partes não houverem estipulado o contrário.

• *Lei n. 10.257/2001, art. 24,* caput *e § 2º.*

Efeito da extinção da concessão da superfície. Com a extinção do direito de superfície, o proprietário voltará a ter a propriedade plena sobre o terreno, construção ou plantação (acessões incorporadas), independentemente de indenização, a não ser que haja convenção em contrário. Para tanto, tal extinção deverá, obviamente, ser averbada no Registro Imobiliário (Lei de Registros Públicos, art. 167, II, n. 20).

Art. 1.376. No caso de extinção do direito de superfície em consequência de desapropriação, a indenização cabe ao proprietário e ao superficiário, no valor correspondente ao direito real de cada um.

Direito à indenização por desapropriação. Se o direito de superfície extinguir-se em razão de desapropriação do imóvel onerado, a indenização paga pelo poder expropriante deverá ser entregue ao proprietário (concedente) e ao superficiário, no valor que corresponder ao direito de cada um deles. O fundieiro receberá *quantum* indenizatório equivalente à perda do direito de propriedade, e o superficiário, uma quantia proporcional ao benefício que teria obtido com o uso e gozo do solo alheio, durante o período da concessão superficiária se o fundieiro não tivesse sofrido a desapropriação. Pelo Enunciado n. 322 do Conselho da Justiça Federal (aprovado na *IV Jornada de Direito Civil*): "O momento da desapropriação e as condições da concessão superficiária serão considerados para fins da divisão do montante indenizatório (art. 1.376), constituindo-se litisconsórcio passivo necessário simples entre proprietário e superficiário".

Art. 1.377. O direito de superfície, constituído por pessoa jurídica de direito público interno, rege-se por este Código, no que não for diversamente disciplinado em lei especial.

• *Código Civil, art. 41.*

• *Leis n. 4.947/66, 8.629/93 e 9.636/98.*

Disciplina jurídica do direito de superfície. O direito real relativo à concessão de uso de superfície, constituído por pessoa jurídica de direito público interno (CC, art. 41), rege-se pelos arts. 1.225, II, 1.369 a 1.377 do Código Civil no que não for diversamente disciplinado em lei especial, que é a Lei n. 10.257/2001, arts. 21 a 24. Aplica-se também, além deste Código, às pessoas jurídicas de direito público interno em sede de concessão de terras públicas e respectivo direito real de uso as Leis n. 4.504/64, 4.947/66, 8.629/93, 9.636/98 e Decreto-Lei n. 271/61, com alteração da Lei n. 11.481/2007.

Título V
Das Servidões

Capítulo I
Da Constituição das Servidões

Art. 1.378. A servidão proporciona utilidade para o prédio dominante, e grava o prédio serviente, que pertence a diverso dono, e constitui-se mediante declaração expressa dos proprietários, ou por testamento, e subsequente registro no Cartório de Registro de Imóveis.

- *Código Civil, arts. 1.225, III, 1.227, 1.285.*
- *Decreto-Lei n. 58/37 e Decreto n. 3.079/38, art. 11,* g; *Decreto-Lei n. 2.490/40, arts. 11, 12, § 2º, e 16; Decreto-Lei n. 9.760/46, art. 105, parágrafo único.*
- *No Registro de Imóveis será feito o registro das servidões (Lei n. 6.015, de 31-12-1973, arts. 167, I, n. 6, e 168).*
- *O Código de Águas (Decreto n. 24.643, de 10-7-1934) dispõe sobre várias servidões nos arts. 12, 17, 35, 77, 117, 126, 127, 130 e 138.*
- *Instituição de servidões, mediante indenização, para fins de pesquisas ou lavras* — Vide *arts. 59 a 62 do Decreto-Lei n. 227, de 28 de fevereiro de 1967 (Código de Mineração).* Vide *Regulamento baixado pelo Decreto n. 62.934, de 2 de julho de 1968, arts. 81 e s.*
- *Lei n. 6.015/73, arts. 256 e 257.*
- *Decreto-Lei n. 1.865/81, art. 7º; Leis n. 7.029/82, art. 3º; 8.987/95, arts. 18, XII, e 29, IX; 9.074/95, art. 10; e Decreto n. 1.712/95, art. 5º, parágrafo único.*
- *Súmulas 120 e 415 do Supremo Tribunal Federal.*
- *Súmula 56 do Superior Tribunal de Justiça.*
- *Servidão ambiental: Lei n. 6.938/91, arts. 9º-A, 9º-B e 9º-C, com as alterações da Lei n. 12.651/2012.*
- ***Projeto de Lei n. 699/2011**: "Art. 1.378. A servidão proporciona utilidade para o prédio dominante, e grava o prédio serviente, que pertence a diverso dono, podendo ser constituída:*

  I — por contrato oneroso ou gratuito;

  II — por testamento;

  III — por usucapião;

  IV — por destinação do proprietário, na forma prevista no art. 1.379.

  § 1º Os modos previstos nos incisos III e IV se aplicam exclusivamente às servidões aparentes.

  § 2º Os títulos constitutivos das servidões de que tratam os incisos I e II, como também as sentenças que declarem, em ação própria, as servidões de que cuidam os incisos III e IV, serão obrigatoriamente registrados na matrícula do prédio serviente, no cartório de Registro de Imóveis.

  § 3º As servidões não aparentes só podem ser constituídas por um dos modos previstos nos incisos I e II deste artigo e subsequente registro no cartório de Registro de Imóveis, na forma do parágrafo antecedente".

Conceito de servidões prediais. Servidões prediais (*Servitus praediorum*) são direitos reais de gozo sobre imóveis que, em virtude de lei ou vontade das partes, se impõem sobre o prédio serviente em benefício do dominante (*JB*, *162*:290; *RT*, *113*:746, *338*:156, *117*:165, *240*:192, *291*:725, *292*:518, *271*:232, *321*:365, *568*:193, *481*:99, *612*:108, *648*:116, *728*:252, *701*:84, *745*:375; *JTACSP*, *114*:146, *119*:165, *123*:176 e *326*:496; *RF*, *167*:211, *155*:151 e *82*:363; *Adcoas*, n. 75.787, 1981, 87.056, 1982, e 88.388, 1983; *JB*, *161*:248, 251, 225, 148 e 134, *100*:241 e *167*:121; *RJE*, *1*:85; *JTJ*, *188*:355; STF, Súmula 415; *Ciência Jurídica*, *74*:68).

BIBLIOGRAFIA: Carvalho Santos, *Código Civil brasileiro interpretado*, cit., v. 9, p. 113; Lafayette, *Direito das coisas*, cit., § 114; Orlando Gomes, *Direitos reais*, cit., p. 281-3; Ruggiero e Maroi, *Istituzioni di diritto privato*, v. 1, § 121; Caio M. S. Pereira, *Instituições*, cit., p. 222; Clóvis Beviláqua, *Direito das coisas*, 5. ed., Rio de Janeiro, Forense, v. 1, p. 293-4, § 73; Silvio Rodrigues, *Direito civil*, cit., v. 5, p. 284-6; W. Barros Monteiro, *Curso*, cit., v. 3, p. 286-9; Waldemar Cesar da Silveira, "Servitus", in *Dicionário* *de direito romano*, São Paulo, Bushatsky, 1957, v. 2, p. 620-1; Darcy Arruda Miranda, *Anotações*, cit., v. 2, p. 157-8; Molitor, *Servitudes*, n. 1; Coepola, *Tractatus de servitutibus*, cap. 2, n. 2; Ricci, *Corso prático di diritto civile*, v. 2, n. 272; Lacerda de Almeida, *Direito das coisas*, cit., § 62, nota 1; Orestano, *Servitu necessario di passagio*, n. 2; Galdi, *Delle servitu prediale*, v. 1, n. 4; Didimo da Veiga, *Servidões reais*, n. 1; *Manual*, cit., v. 9, n. 79 a 129; Dernburg, *Direitos reais*, § 236; Muhlenbruch, *Doctrina Pandectarum*, § 279; Pacifici-Mazzoni, *Ist. di diritto civile italiano*, v. 3, n. 265; M. Helena Diniz, Servidões prediais, in *Enciclopédia Saraiva do Direito*, v. 68, p. 444 e s.; e *Curso*, cit., v. 4, p. 272-4; Coelho da Rocha, *Instituições de direito civil português*, v. 2, § 587; Gert Kummerow, *Bienes y derechos reales*, cit., p. 351-69; Hamilton Elliot Akel, Das servidões prediais. *O novo Código Civil — estudos em homenagem a Miguel Reale*, São Paulo, LTr, 2003, p. 1039-56.

Requisitos. Requer a servidão predial para sua configuração que: *a*) exista um encargo, que pode consistir numa obrigação de tolerar certo ato ou de não praticar algo por parte do possuidor do prédio serviente, porém tal ônus é imposto ao prédio e não à sua pessoa; logo, a servidão serve à coisa e não ao dono; *b*) haja incidência num prédio em benefício de outro, de modo que a servidão é uma relação entre prédios; *c*) a propriedade desses prédios seja de pessoas diversas, pois não há servidão sobre a própria coisa.

Constituição de servidão. A servidão não se presume; deve ser constituída de modo expresso e provada de modo explícito. Não há presunção de servidão, de maneira que, para ter validade *erga omnes*, precisará ser comprovada e ter o título de sua constituição (contrato, testamento, sentença judicial) assentado no Registro Imobiliário (*RJ*, *648*:116; Lei n. 6.015/73, art. 167, I, n. 6). Todas as servidões podem ser estabelecidas mediante ato *inter vivos* ou *causa mortis*, que deverá ser levado a registro.

Art. 1.379. O exercício incontestado e contínuo de uma servidão aparente, por dez anos, nos termos do art. 1.242, autoriza o interessado a registrá-la em seu nome no Registro de Imóveis, valendo-lhe como título a sentença que julgar consumada a usucapião.

- *Súmula 415 do Supremo Tribunal Federal.*
- Vide *Código Civil, art. 1.242.*

Parágrafo único. Se o possuidor não tiver título, o prazo da usucapião será de vinte anos.

- *Lei n. 6.015/73, art. 167, I, n. 28.*
- *Código Civil, art. 1.238.*
- ***Projeto de Lei n. 699/2011***: *"Art. 1.379. Se, em um dos imóveis do mesmo proprietário, houver sinal exterior que revele serventia de um em favor do outro em caráter permanente, a serventia assumirá a natureza de servidão no momento em que os imóveis passarem a ter donos diversos, salvo declaração em contrário no título de transferência do domínio do imóvel alienado primeiramente.*

  § 1º Aplicar-se-á o disposto neste artigo quando dois imóveis pertencentes a donos diversos resultarem de desmembramento de um imóvel único do mesmo proprietário anterior, que neste estabelecera serventia visível, por meio da qual uma de suas partes prestava determinada utilidade à outra, em caráter permanente, salvo declaração em contrário no título de transferência da parte que primeiramente for alienada.

  § 2º Não se aplicará o disposto neste artigo quando a utilidade prestada pela serventia consistir numa necessidade cujo atendimento pode ser exigido por meio de um direito decorrente da vizinhança predial, caso em que o exercício de tal direito não obrigará o seu titular ao pagamento de nenhuma indenização pela utilização da serventia".

Servidão aparente. É aquela que se mostra por obras ou sinais exteriores (*RT*, *568*:193), que sejam visíveis e permanentes. P. ex., a de aqueduto (*JB*, *161*:134), a de canalização de águas servidas, a de trânsito por caminho marcado no terreno (*TJRS*, 20ª Câm. Cív., Ap. Cível 70.011.092.970, rel. Flores de Camargo, j. 23-3-2005).

Servidão não aparente. A servidão não aparente é a que não se revela externamente. Por exemplo, a servidão *altius non tollendi*, ou seja, a de não construir além de certa altura ou a de não abrir janela; a de caminho (*servitus itineris*), que consiste meramente em transitar por prédio alheio, a de tirar água, sem caminho visível.

Aquisição de servidão aparente por usucapião. Conceder-se-á ação de usucapião apenas ao possuidor de servidão que, após preencher os requisitos legais, assentar a sentença no Registro Imobiliário. Apenas as servidões aparentes é que poderão ser adquiridas por usucapião ordinária, pela posse contínua e incontestada por dez anos, ou extraordinária, pela posse de vinte anos ante a ausência de justo título, porque só estas são suscetíveis de posse (CC, art. 1.379 e parágrafo único — norma especial); as aparentes podem ser percebidas por inspeção; a continuidade e permanência é que caracterizam a posse para usucapir. Todavia, pelo Enunciado n. 251 do Conselho da Justiça Federal, aprovado na *III Jornada de Direito Civil*: "O prazo máximo para a usucapião extraordinária de servidões deve ser de 15 anos, em conformidade com o sistema geral de usucapião previsto no Código Civil". Esse entendimento seria mais razoável diante do disposto no novel Código Civil, art. 1.238, *caput*, apesar de o art. 1.379, parágrafo único, ser norma especial e a do art. 1.238, norma geral. Há quem ache que a servidão de passagem possa ser objeto de posse, pois, apesar de descontínua, pode revelar-se externamente por meio de ponte, pavimentação em algum trecho, pontilhão, viaduto etc. (*Adcoas*, n. 90.578, 1983; STF, Súmula 415). Mas, como o novo Código Civil não mais distingue as servidões em contínuas e descontínuas, nada obsta que sejam suscetíveis de usucapião desde que aparentes. Mas será mister salientar que a não aparente somente poderá ser adquirida pelo registro do título (Lei n. 6.015/73, art. 167, I, n. 6), não podendo sê-lo por usucapião por ser insuscetível de posse, porém tanto à servidão aparente como à não aparente aplicam-se as regras comuns do Registro de Imóveis, uma vez que sua constituição é sempre uma alienação parcial de direito de propriedade (*RT*, *612*:106; *Adcoas*, n. 81.518, 1982).

BIBLIOGRAFIA: Daibert, *Direito das coisas*, cit., p. 381; Caio M. S. Pereira, *Instituições*, cit., p. 224-8; Orlando Gomes, *Direitos reais*, cit., p. 284-90; Silvio Rodrigues, *Direito civil*, cit., v. 5, p. 295; Levenhagen, *Código Civil*, cit., v. 3, p. 235-6; Didimo da Veiga, *Manual*, cit., v. 9, n. 137 a 216; Darcy Arruda Miranda, *Anotações*, cit., v. 2, p. 159; Arntz, *Droit civil français*, n. 1.177 e 1.178; Lacerda de Almeida, *Direito das coisas*, cit., § 104; Germano, *Trattato delle servitù*, v. 3, n. 103 e s.; M. Helena Diniz, *Curso*, cit., v. 4, p. 279-81; *Sistemas*, cit., p. 119-21 e 275-6; Espínola, *Direitos reais*, cit., p. 130; Lafayette, *Direito das coisas*, cit., § 233; Serpa Lopes, *Tratado de registros públicos*, v. 3, n. 437; Waldemar Loureiro, *Registro da propriedade imóvel*, v. 1, n. 176; J. M. Busto Lago, *La usucapión de la titularidad de la servidumbre predial de paso*, Barcelona, Bosch, 2000; Lucas A. Barroso. O prazo de usucapião extraordinária de servidão aparente, *Direito civil — direito patrimonial e direito existencial* — estudos em homenagem a Giselda Hironaka (coord. Tartuce e Castilho), São Paulo, Método, 2006, p. 601-9.

Capítulo II

Do Exercício das Servidões

Art. 1.380. O dono de uma servidão pode fazer todas as obras necessárias à sua conservação e uso, e, se a servidão pertencer a mais de um prédio, serão as despesas rateadas entre os respectivos donos.

Direito de conservar a servidão. O dono do prédio dominante poderá exercer o direito de usar e gozar da servidão, realizando obras necessárias à sua conservação e uso (*adminicula servitutis*), a fim de poder atingir seus objetivos, pouco importando a modalidade de servidão, desde que não prejudique o serviente. Assim, se for uma servidão de aqueduto, o dono do dominante poderá entrar no prédio do serviente, com material e mão de obra, para efetuar limpeza ou consolidar paredes de pedras soltas (Código de Águas, art. 128). Por outro lado o proprietário do prédio serviente terá o dever de permitir que o dono do prédio dominante realize as obras necessárias à conservação e utilização da servidão. Há uma subordinação do serviente às exigências impostas pelo exercício da servidão.

Rateio de despesas. Se a servidão pertencer a mais de um prédio, as despesas com sua conservação e uso deverão ser rateadas entre os respectivos donos, pois ambos se beneficiam com as obras; logo, deverão pagar o seu custo.

BIBLIOGRAFIA: M. Helena Diniz, *Curso*, cit., v. 4, p. 282-3; Levenhagen, *Código Civil*, cit., v. 3, p. 236; Darcy Arruda Miranda, *Anotações*, cit., v. 2, p. 159; Didimo da Veiga, *Manual*, cit., v. 9, n. 217 a 222; Molitor, *Servit.*, n. 16; Pacifici-Mazzoni, *Ist.*, cit., v. 3, n. 270; Lafayette, *Direito das coisas*, cit., § 118.

Art. 1.381. As obras a que se refere o artigo antecedente devem ser feitas pelo dono do prédio dominante, se o contrário não dispuser expressamente o título.

Responsabilidade pelo pagamento das obras de conservação e uso. A situação do serviente é de passividade; deverá tolerar a prática de atos necessários à conservação e utilização da servidão. O dono do prédio dominante (*praedium dominans*) deve efetivar obras visando a possibilidade de que seja possível o exercício da servidão, para que esta possa atingir sua finalidade. Consequentemente, se é ele quem terá o direito de fazer as obras necessárias ao uso da servidão, competir-lhe-á pagar as despesas delas decorrentes, exceto se houver estipulação em contrário no título constitutivo. A lei impõe, portanto, a obrigação de custear as obras necessárias à conservação da servidão ao dono do prédio dominante, uma vez que lhe concede o direito de usá-la e legitima os meios indispensáveis ao seu exercício, aparelhando-o com os elementos a tal fim conducentes. Se é ele quem se beneficia com o ônus real, justo será impor-lhe o dever de custear as obras para seu uso.

BIBLIOGRAFIA: Didimo da Veiga, *Manual*, cit., v. 9, n. 223 a 226; Ricci, *Corso*, cit., v. 2, n. 460; Pacifici-Mazzoni, *Ist.*, cit., v. 3, n. 270; Lafayette, *Direito das coisas*, § 118; Levenhagen, *Código Civil*, cit., v. 3, p. 236-7; M. Helena Diniz, *Curso*, cit., v. 4, p. 282.

Art. 1.382. Quando a obrigação incumbir ao dono do prédio serviente, este poderá exonerar-se, abandonando, total ou parcialmente, a propriedade ao dono do dominante.

Parágrafo único. Se o proprietário do prédio dominante se recusar a receber a propriedade do serviente, ou parte dela, caber-lhe-á custear as obras.

Dever do dono do serviente de conservar a servidão. Se o título constitutivo impuser ao dono do prédio serviente a obrigação de conservar a servidão, efetuando e pagando as obras necessárias para sua conservação e utilização, ele poderá exonerar-se de pagar tais despesas, desde que abandone total ou parcialmente a propriedade em favor do proprietário do prédio dominante, independentemente do consenso deste. Trata-se do abandono liberatório. E, se o dono do prédio dominante não quiser receber do serviente a propriedade, ou parte dela, deverá então arcar com o custo daquelas obras.

BIBLIOGRAFIA: Didimo da Veiga, *Manual*, cit., v. 9, n. 227 a 234; Levenhagen, *Código Civil*, cit., v. 3, p. 237; Germano, *Trattato*, cit., v. 2, n. 264; Darcy Arruda Miranda, *Anotações*, cit., v. 2, p. 159; M. Helena Diniz, *Curso*, cit., v. 4, p. 283.

Art. 1.383. O dono do prédio serviente não poderá embaraçar de modo algum o exercício legítimo da servidão.

Respeito ao uso legítimo da servidão. O dono do prédio serviente terá o dever de respeitar o uso normal e legítimo da servidão, seja ela positiva ou negativa, de forma que, se vier a impedir o proprietário do prédio dominante de usufruir das vantagens decorrentes da servidão, diminuindo ou prejudicando seu uso, ou de realizar obras necessárias para sua conservação ou utilização, este poderá lançar mão da ação de manutenção de posse (*Adcoas*, n. 82.401, 1982; *RT*, *563*:132), de reintegração de posse (I TACSP, Ap. Cív. 395.342-2/00, rel. Octaviano Lobo, j. 28-12-1998) e de interdito proibitório (TJRS, 6ª Câm. Cível, Ap. Cív. 191.148.063, rel. Martins Soares, j. 13-8-1992), para defender seus direitos. E o dono do prédio serviente, pelos incômodos e gravames que causar, poderá ter a obrigação de repor as coisas ao estado anterior (*statu quo ante*), além de indenizar as perdas e danos que advierem.

BIBLIOGRAFIA: Didimo da Veiga, *Manual*, cit., v. 9, n. 235 a 238; Levenhagen, *Código Civil*, cit., v. 3, p. 237-8; M. Helena Diniz, *Curso*, cit., v. 4, p. 283; Darcy Arruda Miranda, Anotações, cit., v. 2, p. 159 e 160.

Art. 1.384. A servidão pode ser removida, de um local para outro, pelo dono do prédio serviente e à sua custa, se em nada diminuir as vantagens do prédio dominante, ou pelo dono deste e à sua custa, se houver considerável incremento da utilidade e não prejudicar o prédio serviente.

Remoção da servidão. O dono do prédio serviente, desde que comunique o fato ao dono do prédio dominante, terá o direito de remover a servidão de um local para outro, que seja mais favorável à sua utilização, sem que isso venha a acarretar perturbação ou desvantagem ao exercício normal dos direitos do proprietário do prédio dominante (*Adcoas*, n. 88.521, 1983; *RT*, *542*:220, *503*:123). O direito do dono do serviente de mudar a localização da servidão não poderá, portanto, piorar a situação do dominante. Deverá o proprietário do prédio serviente, ainda, arcar com todas as despesas dessa remoção da servidão, melhorando sua localização, no sentido de facilitar o seu exercício, tornando-a menos onerosa. Com isso se reduzirá o ônus do serviente, sem que, com a mudança, se opere qualquer desvantagem para o dominante. Mas tal remoção também poderá ser feita pelo dono do prédio dominante e a suas expensas, desde que aumente consideravelmente sua utilidade (p. ex., melhora das condições de tráfego, se a servidão for de trânsito) e não traga prejuízo ao prédio serviente (*RT*, *542*:220).

BIBLIOGRAFIA: Levenhagen, *Código Civil*, cit., v. 3, p. 238-9; M. Helena Diniz, *Curso*, cit., v. 4, p. 283; Didimo da Veiga, *Manual*, cit., v. 9, n. 239 a 245; Lafayette, *Direito das coisas*, cit., § 118; Pacifici-Mazzoni, *Ist.*, cit., v. 3, p. 265-6, n. 272; Ricci, *Corso*, cit., v. 2, n. 463; Chironi, *Diritto civile italiano*, v. 1, § 181; Matiello, *Código*, cit., p. 880.

Art. 1.385. Restringir-se-á o exercício da servidão às necessidades do prédio dominante, evitando-se, quanto possível, agravar o encargo ao prédio serviente.

§ 1º Constituída para certo fim, a servidão não se pode ampliar a outro.

§ 2º Nas servidões de trânsito, a de maior inclui a de menor ônus, e a menor exclui a mais onerosa.

• *Súmula 415 do Supremo Tribunal Federal.*

§ 3º Se as necessidades da cultura, ou da indústria, do prédio dominante impuserem à servidão maior largueza, o dono do serviente é obrigado a sofrê-la; mas tem direito a ser indenizado pelo excesso.

Exercício da servidão "civiliter modo". O proprietário do prédio dominante terá o dever de exercer a servidão *civiliter modo*, isto é, deverá evitar qualquer agravo ao encargo do prédio serviente, uma vez que a servidão deverá ater-se às necessidades do prédio dominante. Constituída para tal uso não poderá ser ampliada para usos diferentes. Se lhe for, p. ex., permitida a retirada de dez mil litros de água para consumo doméstico, não poderá retirar mais do que isso, ampliando sua utilização para irrigamento. Se o exercício da servidão extravasar as necessidades do prédio dominante, importará excesso indenizável; logo, deverá restringir-se única e exclusivamente àquelas necessidades, conciliando os interesses dos proprietários dos dois prédios, o dominante e o serviente. O exercício da servidão deverá limitar-se ao que for necessário ao destino e ao uso conveniente do prédio dominante sem dano do serviente.

BIBLIOGRAFIA: Didimo da Veiga, *Manual*, cit., v. 9, n. 246 a 257; Darcy Arruda Miranda, *Anotações*, cit., v. 2, p. 160; Pacifici-Mazzoni, *Ist*., cit., v. 3, n. 271, p. 262; Lafayette, *Direito das coisas*, §§ 115 e 118; Lacerda de Almeida, *Direito das coisas*, § 63; Coepola, *Servit*., cap. 23, n. 6; M. Helena Diniz, *Curso*, cit., v. 4, p. 282.

Servidão de trânsito. A servidão de trânsito tem por objeto a passagem através de terrenos vizinhos, para a comunicação de um prédio com outro. Na servidão de trânsito a de maior inclui a de menor ônus, e a menor exclui a mais onerosa. Por exemplo, uma servidão de trânsito instituída para passagem de automóveis incluirá (ante o princípio de que se é permitido o mais, permitido estará o menos) a de pedestres ou a de bicicletas, pois a de maior abrangerá a de menor ônus; por outro lado, a servidão de passar a pé ou a cavalo não incluirá a de passagem de veículos, visto que a menor exclui a mais onerosa.

BIBLIOGRAFIA: Darcy Arruda Miranda, *Anotações*, cit., v. 2, p. 160; M. Helena Diniz, *Curso*, cit., v. 4, p. 278; Levenhagen, *Código Civil*, cit., v. 3, p. 240; Didimo da Veiga, *Manual*, cit., v. 9, n. 258 e 259; Lafayette, *Direito das coisas*, cit., § 130.

Indenização pelo excesso do uso da servidão. O proprietário do imóvel dominante terá o dever de indenizar o dono do prédio serviente pelo excesso ou agravação do uso da servidão em caso de necessidade, isto porque o dono do serviente somente suportará o necessário ao exercício normal e específico da servidão, submetendo-se ainda às servidões acessórias ou adminículas. Assim sendo, tratando-se de servidão em prédio destinado à cultura ou à indústria, sendo necessária, para melhorar seu aproveitamento econômico e social, a sua ampliação e consequente agravação do ônus, a lei, para favorecer a qualidade da cultura ou da indústria, admite o alargamento da servidão, mediante pagamento de uma indenização pelo excesso do encargo ao dono do serviente, que suportará a extensão da servidão até o máximo das necessidades da cultura ou da indústria.

BIBLIOGRAFIA: M. Helena Diniz, *Curso*, cit., v. 4, p. 282-3; Didimo da Veiga, *Manual*, cit., v. 9, n. 260 e 261; Levenhagen, *Código Civil*, cit., v. 3, p. 241; Darcy Arruda Miranda, *Anotações*, cit., v. 2, p. 160.

Art. 1.386. As servidões prediais são indivisíveis, e subsistem, no caso de divisão dos imóveis, em benefício de cada uma das porções do prédio dominante, e continuam a gravar cada uma das do prédio serviente, salvo se, por natureza, ou destino, só se aplicarem a certa parte de um ou de outro.

• *Código Civil, arts. 87 e 88.*

Indivisibilidade da servidão. A servidão, considerada ativa ou passivamente, é indivisível (*servitutes dividi non possunt*). Estabelece-se por inteiro, gravando o prédio serviente no seu todo, sendo um ônus uno e indiviso, que não poderá ser partilhado, não podendo, portanto, ser adquirida ou perdida por partes. A servidão grava o prédio serviente ainda que este ou o dominante venham a ser divididos, só se extinguindo em face de alguns quinhões, se por sua natureza, ou por sua destinação, não puder a eles aproveitar. De maneira que, mesmo que sobrevenha a partilha, cada condômino ou quinhoeiro (se houver pluralidade de titulares da servidão) do imóvel dominante terá o benefício íntegro da servidão que continuará gravando o prédio serviente. De igual modo, se a partilha ou divisão for do imóvel serviente, cada condômino estará obrigado pela servidão, não podendo desdobrá-la.

Consequências da indivisibilidade. Da indivisibilidade da servidão ter-se-á que: *a*) a servidão não poderá ser instituída em favor de parte ideal do prédio dominante, nem incidir sobre parte ideal do prédio serviente; *b*) a servidão deverá ser mantida ainda que o proprietário do imóvel dominante se torne condômino do serviente ou vice-versa; *c*) defendida a servidão por um dos consortes do prédio dominante a todos aproveitará a ação movida (*RT*, *163*:345).

BIBLIOGRAFIA: Silvio Rodrigues, *Direito civil*, cit., v. 5, p. 288; Trabucchi, *Istituzioni di diritto civile*, n. 194, p. 455-6; Marty e Raynaud, *Droit civil*, v. 2, n. 142; M. Helena Diniz, *Curso*, cit., v. 4, p. 276-7; Daibert, *Direito das coisas*, cit., p. 377; Lafayette, *Direito das coisas*, cit., § 117; Caio M. S. Pereira, *Instituições*, cit., v. 4, p. 225; Levenhagen, *Código Civil*, cit., v. 3, p. 242; Darcy Arruda Miranda, *Anotações*, cit., v. 2, p. 160; Didimo da Veiga, *Manual*, cit., v. 9, n. 262-72; Ricci, *Corso*, cit., v. 2, n. 277; Aubry e Rau, *Cours de droit civil français*, cit., v. 3, § 254; Germano, *Trattato*, cit., v. 1, n. 211, 212, 235, 249, e v. 2, n. 365; Fuzier Hermann, Servitude, in *Repertoire géneral du droit français*, v. 34.

CAPÍTULO III

DA EXTINÇÃO DAS SERVIDÕES

Art. 1.387. Salvo nas desapropriações, a servidão, uma vez registrada, só se extingue, com respeito a terceiros, quando cancelada.

• Vide *Lei n. 6.015/73, arts. 256 e 257.*

Parágrafo único. Se o prédio dominante estiver hipotecado, e a servidão se mencionar no título hipotecário, será também preciso, para a cancelar, o consentimento do credor.

• *O cancelamento da servidão, quando o prédio dominante estiver hipotecado, só poderá ser feito com aquiescência do credor, expressamente manifestada (arts. 256 e 257 da Lei n. 6.015, de 31-12-1973 — Registros Públicos).*

Cancelamento do registro do título constitutivo da servidão. Apesar de sua perpetuidade, a servidão tem seus modos de extinção, que somente produzirão efeitos valendo *erga omnes*, com o cancelamento do registro de seu título constitutivo, exceto se houver desapropriação, porque neste caso a extinção se operará *pleno iure*, mediante o próprio ato expropriatório.

BIBLIOGRAFIA: J. L. Ribeiro de Sousa, *Servidões*, São Paulo, Saraiva, 1931, n. 18; Caio M. S. Pereira, *Instituições*, cit., v. 4, p. 232; M. Helena Diniz, *Curso*, cit., v. 4, p. 284; Darcy Arruda Miranda, *Anota-*

ções, cit., v. 2, p. 162; Levenhagen, *Código Civil*, cit., v. 3, p. 242-3; Didimo da Veiga, *Manual*, cit., v. 9, n. 273 a 277; Hauriou, *Précis de droit administratif et de droit public*, 1919, p. 805; Germano, *Trattato*, cit., v. 2, n. 339.

Cancelamento de servidão e existência de hipoteca. Se o prédio dominante estiver hipotecado, será necessário, para o cancelamento da servidão, o consenso expresso do credor hipotecário para que não seja lesado com a desvalorização sofrida pela coisa onerada em seu favor, com a retirada da servidão que o favorece, e que a servidão esteja mencionada no título hipotecário, mesmo que tenha sido extinta pela ocorrência de uma das causas arroladas nos arts. 1.388 e 1.389 do Código Civil. Isto é assim porque a existência da servidão aumenta o valor do imóvel dado como garantia hipotecária. Dispensada estará a aquiescência do credor hipotecário se do título hipotecário nada constar a respeito da servidão predial, não podendo, contudo, o referido credor obstar o cancelamento.

BIBLIOGRAFIA: Darcy Arruda Miranda, *Anotações*, cit., v. 2, p. 163; M. Helena Diniz, *Curso*, cit., v. 4, p. 285; Levenhagen, *Código Civil*, cit., v. 3, p. 245-6; Didimo da Veiga, *Manual*, cit., v. 9, n. 319 a 381.

Art. 1.388. O dono do prédio serviente tem direito, pelos meios judiciais, ao cancelamento do registro, embora o dono do prédio dominante lho impugne:

I — quando o titular houver renunciado a sua servidão;

II — quando tiver cessado, para o prédio dominante, a utilidade ou a comodidade, que determinou a constituição da servidão;

III — quando o dono do prédio serviente resgatar a servidão.

Formas peculiares extintivas da servidão. Os modos peculiares de extinção da servidão que levam ao seu cancelamento no Registro de Imóveis, pelos meios judiciais, independentemente de consentimento do dono do prédio dominante, são a renúncia, a impossibilidade de seu exercício e o resgate.

Renúncia. A renúncia do titular da servidão, ou seja, do proprietário do prédio dominante, declarando sua intenção de afastá-la de seu patrimônio, a extinguirá desde que cancelada no Registro Imobiliário. Todavia, há quem admita a renúncia tácita, deduzida do comportamento do dono do prédio dominante, deixando de impedir que o do serviente nele faça obras incompatíveis com o exercício da servidão. A renúncia independerá da aceitação do dono do serviente.

Impossibilidade de seu exercício. Extinguirá a servidão, com o seu devido cancelamento, a impossibilidade de seu exercício em razão de perda de utilidade ou comodidade que determinou sua constituição. Por exemplo, se a servidão for de retirada de água e o dono do prédio dominante vem a abrir poço artesiano, possibilitando a captação de água; se a servidão for de passagem que tenha cessado pela abertura de via pública, acessível ao prédio dominante (*RT*, *728*:252, *672*:125).

Resgate. Quando o proprietário do imóvel serviente resgatar a servidão, esta cessará, cancelando-se seu registro. O ato de resgate, equivalente a uma renúncia expressa, convencional e onerosa, consiste em escritura pública subscrita por ambos os interessados, constando o preço da liberação do ônus real, sua quitação e a autorização para que se proceda ao cancelamento de seu assento. É, portanto, a liberação do prédio serviente por meio de acordo, como diz Carlos Alberto Dabus Maluf.

BIBLIOGRAFIA: Caio M. S. Pereira, *Instituições*, cit., v. 4, p. 231; Levenhagen, *Código Civil*, cit., v. 3, p. 243-4; M. Helena Diniz, *Curso*, cit., v. 4, p. 284; Lafayette, *Direito das coisas*, cit., § 134; Borges Carneiro, *Direito civil de Portugal*, Livro II, § 81; Didimo da Veiga, *Manual*, cit., v. 9, n. 278 a 294; De Page, *Traité élémentaire*, cit., t. 6, n. 679; Marty e Raynaud, *Droit civil*, v. 2, n. 169; Germano, *Trattato*, cit., v. 1, n. 30, 35, 282, e v. 2, n. 33; Aubry e Rau, *Cours de droit civil français*, cit., v. 3, § 255; Lacerda de Almeida, *Direito das coisas*, cit., § 105; Matiello, *Código*, cit., p. 883; Carlos Alberto Dabus Maluf, *Código Civil comentado*, cit., p. 1.353.

Art. 1.389. Também se extingue a servidão, ficando ao dono do prédio serviente a faculdade de fazê-la cancelar, mediante a prova da extinção:

I — pela reunião dos dois prédios no domínio da mesma pessoa;

II — pela supressão das respectivas obras por efeito de contrato, ou de outro título expresso;

III — pelo não uso, durante dez anos contínuos.

Modos extintivos comuns. O artigo *sub examine* arrola os modos comuns que levam à extinção da servidão predial, tais como: confusão, supressão de obras na servidão aparente e desuso, que também requerem o cancelamento do ônus real no Registro Imobiliário.

Confusão. Ter-se-á confusão quando ocorrer reunião de dois prédios no domínio da mesma pessoa, caso em que se extinguirá o ônus real, já que não poderá haver servidão sobre coisa própria (*subjectum servitutes res aliena est*). Não mais será, então, possível o exercício do *juris servitutis*, mas apenas o do *juris proprietatis*.

Supressão de obras. A supressão das respectivas obras para as quais a servidão foi instituída, como ocorre nas servidões aparentes, por efeito de contrato ou de outro título expresso, terá o efeito de extingui-las, porque não são mais necessárias para aquele fim.

Desuso. O desuso durante dez anos consecutivos acarretará sua extinção, por demonstrar desinteresse do titular e a inutilidade da serventia.

BIBLIOGRAFIA: De Page, *Traité élémentaire*, cit., n. 678; Orlando Gomes, *Direitos reais*, cit., p. 291-2; M. Helena Diniz, *Curso*, cit., v. 4, p. 284-5; Caio M. S. Pereira, *Instituições*, cit., v. 4, p. 231-2; Lafayette, *Direito das coisas*, cit., § 134, n. 5, nota 11; Levenhagen, *Código Civil*, cit., v. 3, p. 244-5; Didimo da Veiga, *Manual*, cit., v. 9, n. 295-316; Ricci, *Corso*, cit., v. 2, n. 485-8; Arntz, *Droit civil français*, cit., v. 1, n. 1.198 a 1.200; Germano, *Trattato*, cit., v. 2, n. 364; Wieland, *Droits réels*, cit., v. 1, p. 500; Lacerda de Almeida, *Direito das coisas*, § 105; Aubry e Rau, *Cours de droit civil français*, cit., v. 3, § 255.

Direito de cancelar a servidão. Se ocorrer a extinção da servidão por confusão, supressão de obras e desuso, caberá ao dono do prédio serviente o direito de fazê-la cancelar mediante apresentação da prova de sua causa extintiva (Lei n. 6.015/73, arts. 256 e 257).

BIBLIOGRAFIA: Didimo da Veiga, *Manual*, cit., v. 9, n. 317 e 318; M. Helena Diniz, *Curso*, cit., v. 4, p. 285; Levenhagen, *Código Civil*, cit., v. 3, p. 245.

TÍTULO VI
DO USUFRUTO

• *Decreto-Lei n. 3.200/41, art. 17; Lei n. 2.666/55, art. 3º, § 4º; Decreto n. 56.792/65, art. 19, III, j; Lei n. 6.001/73, arts. 2º, IX, 22, 24, § 1º, 26, 39, II, 40, II, 41, II; Lei n. 6.015/73, arts. 167, I, n. 7, e 220, V; Lei n. 6.404/76, arts. 114, 169, § 2º, e 171; Lei n. 6.515/77, art. 21, § 1º; Decreto n. 85.064/80, art. 34, § 1º; Lei n. 8.245/91, art. 7º, parágrafo único; Decretos n. 7.056/2009 e 7.778/2012, arts. 2º, II, c, e 27, II; Lei n. 8.971/94, art. 2º, I e II; Lei n. 11.101/2005, art. 50, XIII.*

- *Código de Processo Civil, arts. 725, VI, 799, I, 804, 825, III, 867 a 869.*
- *Constituição Federal, art. 231, § 2º.*
- *Código Civil, arts. 1.689, I, 1.693, 1.225, IV, 1.413, 1.416, 1.816, parágrafo único, 1.921 e 1.946.*

Capítulo I
Disposições Gerais

Art. 1.390. O usufruto pode recair em um ou mais bens, móveis ou imóveis, em um patrimônio inteiro, ou parte deste, abrangendo-lhe, no todo ou em parte, os frutos e utilidades.

- *Constituição Federal, art. 231, § 2º.*
- *Código de Processo Civil, arts. 725, VI, 799, I, 804, 825, III, 867 a 869.*
- *Código Civil, arts. 1.225, IV, 1.413, 1.416, 1.652, I, 1.689, I, 1.693, 1.816, parágrafo único, 1.921, 1.946, 1.952, parágrafo único.*

Conceito de usufruto. O usufruto seria o direito real conferido a alguém de retirar, temporariamente, da coisa alheia os frutos e utilidades que ela produz, sem alterar-lhe a substância (*RT*, *686*:141, *721*:182, *718*:272, *717*:216, *706*:125, *701*:101, *699*:110, *687*:123, *668*:112, *650*:144, *645*:151, *666*:90, *585*:46; *JTJ*, *123*:83, *144*:188, *166*:173; *JTACSP*, *130*:48).

Usufrutuário. Usufrutuário é o que detém os poderes de usar e gozar da coisa, explorando-a economicamente.

Nu-proprietário. O nu-proprietário é o proprietário do bem que, em razão do usufruto, perdeu o *jus utendi* e o *fruendi*, conservando, porém, o conteúdo do domínio, *o jus disponendi* (*RT*, *450*:96).

BIBLIOGRAFIA: Didimo da Veiga, *Manual*, cit., v. 9, n. 382 a 400; Lacerda de Almeida, *Direito das coisas*, cit., §§ 64 e 93; Trigo de Loureiro, *Instituições de direito civil brasileiro*, § 505; Clóvis Beviláqua, *Código Civil comentado*, cit., v. 3, p. 264; Enneccerus, Kipp e Wolff, *Tratado de derecho civil*, cit., t. 3, cap. 2, p. 68; Caio M. S. Pereira, *Instituições*, cit., v. 4, p. 237; De Page, *Traité élémentaire*, cit., t. 6, p. 153; Daibert, *Direito das coisas*, cit., p. 393; Orlando Gomes, *Direitos reais*, cit., p. 295; Silvio Rodrigues, *Direito civil*, cit., v. 5, p. 306 e 310; Hedemann, *Derechos reales*, § 38; W. Barros Monteiro, *Curso*, cit., v. 3, p. 303; M. Helena Diniz, *Curso*, cit., v. 4, p. 289-90; Levenhagen, *Código Civil*, cit., v. 3, p. 246-8; Darcy Arruda Miranda, *Anotações*, cit., v. 2, p. 164; A. Fioraneli, O direito real de usufruto, *RDI*, *21*:44; Gert Kummerow, *Bienes y derechos reales*, cit., p. 324-40; I. Beluche Rincon, *La relación obligatoria de usufructo*, Barcelona, Bosch, 1996; Antônio dos Santos Lessa, *Usufruto e arrendamento*, 1984; Tupinambá M. C. do Nascimento, *Usufruto*, 1986.

Objeto do usufruto. O usufruto poderá recair sobre bens móveis, imóveis e sobre o patrimônio.

Usufruto de móveis. O usufruto só poderá recair sobre coisa móvel infungível e inconsumível, porque o usufrutuário deve conservar a substância do bem para o nu-proprietário. Se recair sobre coisa fungível e consumível ter-se-á, na verdade, mútuo, ou usufruto impróprio ou quase usufruto. Qualquer espécie de móvel poderá ser objeto de usufruto, seja ele corpóreo ou incorpóreo, podendo-se constituir usufruto sobre direito autoral, patentes de invenção etc.

Usufruto de patrimônio. O usufruto pode ter como objeto um patrimônio, no todo ou em parte, o que, em regra, ocorre na sucessão testamentária, quando o testador grava parte dele com o ônus real do usufruto, tendo-se, então, um legado de usufruto.

Usufruto universal. Será universal o usufruto quando tiver por objeto uma universalidade de bens, como o patrimônio, a herança, o fundo de comércio, ou parte alíquota desses bens.

Usufruto particular. O usufruto particular é o que recai sobre uma ou várias coisas individualmente determinadas, p. ex., um prédio, certo número de ações (*RT*, *450*:154) etc.

Usufruto pleno. O usufruto será pleno quando abranger todos os frutos e utilidades, sem exceção, que a coisa produz.

Usufruto restrito. Ter-se-á usufruto restrito se se excluírem do gozo do bem algumas de suas utilidades.

BIBLIOGRAFIA: Orlando Gomes, *Direitos reais*, cit., p. 299, 300 e 302; Enneccerus, Kipp e Wolff, *Tratado de derecho civil*, t. 3, cap. 2, p. 68; Silvio Rodrigues, *Direito civil*, cit., v. 5, p. 310; Didimo da Veiga, *Manual*, cit., v. 9, n. 401-7; Carvalho de Mendonça, *Usufruto, uso e habitação*, n. 28; Genty, *Droits d'usufruits*, n. 9 e 14; Arntz, *Droit civil français*, cit., v. 1, n. 973; Lacerda de Almeida, *Direito das coisas*, § 65; Lafayette, *Direito das coisas*, § 110; Levenhagen, *Código Civil*, cit., v. 3, p. 248-9; W. Barros Monteiro, *Curso*, cit., v. 3, p. 306; M. Helena Diniz, *Curso*, cit., v. 4, p. 290-1 e 294; Darcy Arruda Miranda, *Anotações*, cit., v. 2, p. 165.

Art. 1.391. O usufruto de imóveis, quando não resulte de usucapião, constituir-se-á mediante registro no Cartório de Registro de Imóveis.

• *Registro de usufruto* — Vide *art. 167, I, n. 7, da Lei n. 6.015/73 (Registros Públicos).*

• *Código Civil, arts. 1.227, 1.652, I, e 1.689, I.*

Constituição de usufruto de imóveis. Se o usufruto de imóveis não resultar de usucapião, dependerá de assento no respectivo Registro Imobiliário, que se sujeitará às formalidades do art. 167, I, n. 7, da Lei n. 6.015/73, pouco importando se constituído o ônus real por ato *inter vivos* ou *causa mortis*. Imprescindível será esse assento para que o usufruto constitua direito real oponível *erga omnes*. Se advindo de usucapião, em razão do fato de ser a sentença declaratória, o direito real configurou-se no momento em que o usucapiente preencheu os requisitos legais exigidos para a usucapião. A sentença consolida a titularidade do direito real de fruição, e seu registro apenas terá valor probante.

BIBLIOGRAFIA: Orlando Gomes, *Direitos reais*, cit., p. 302-3; M. Helena Diniz, *Curso*, cit., v. 4, p. 290 e 295; *Sistemas*, cit., p. 123-5; Levenhagen, *Código Civil*, cit., v. 3, p. 249; Didimo da Veiga, *Manual*, cit., v. 9, n. 408; Lafayette, *Direito das coisas*, cit., § 95; Lacerda de Almeida, *Direito das coisas*, § 64.

Art. 1.392. Salvo disposição em contrário, o usufruto estende-se aos acessórios da coisa e seus acrescidos.

• Vide *Código Civil, arts. 92, 96, 97 e 1.248.*

§ 1º Se, entre os acessórios e os acrescidos, houver coisas consumíveis, terá o usufrutuário o dever de restituir, findo o usufruto, as que ainda houver e, das outras, o equivalente em gênero, qualidade e quantidade, ou, não sendo possível, o seu valor, estimado ao tempo da restituição.

• *Código Civil, arts. 1.248, 1.395, 85 e 86.*

§ 2º Se há no prédio em que recai o usufruto florestas ou os recursos minerais a que se refere o art. 1.230, devem o dono e o usufrutuário prefixar-lhe a extensão do gozo e a maneira de exploração.

§ 3º Se o usufruto recai sobre universalidade ou quota-parte de bens, o usufrutuário tem direito à parte do tesouro achado por outrem, e ao preço pago pelo vizinho do prédio usufruído, para obter meação em parede, cerca, muro, vala ou valado.

• *Código Civil, arts. 90, 91, 1.264 a 1.266, 1.297, § 1º, e 1.328.*

Extensão do usufruto aos acessórios da coisa frutuária e seus acrescidos. O usufruto, salvo disposição em contrário, estender-se-á aos acessórios da coisa e seus acrescidos, em razão de consequência natural do direito real que o vincula ao bem. De maneira que, se se tratar de usufruto de prédio residencial, o usufrutuário terá direito de desfrutar de todas as suas utilidades ou acessórios, como jardins, piscina etc.; se for imóvel agrícola abrangerão os animais, a lavoura, os estábulos, o pomar, a horta, a água etc. Os acrescidos são concernentes aos produtos da acessão (CC, art. 1.248), sobre os quais o usufrutuário terá direito. O usufrutuário goza de todos os direitos que teria o proprietário. Além dos acessórios da coisa, poderá tirar proveito dos acrescidos, beneficiando-se do aumento que sobrevier, p. ex., ao bem em virtude de aluvião, avulsão ou de formação de ilha etc.

BIBLIOGRAFIA: Darcy Arruda Miranda, *Anotações*, cit., v. 2, p. 166; M. Helena Diniz, *Curso*, cit., v. 4, p. 290; Levenhagen, *Código Civil*, cit., v. 3, p. 249-50; Didimo da Veiga, *Manual*, cit., v. 9, n. 409.

Usufruto impróprio. Se entre os acessórios e acrescidos houver coisas consumíveis, o usufrutuário deverá restituir, findo o usufruto, as que ainda houver e, das outras, o equivalente em gênero, qualidade e quantidade, ou, não sendo possível, o seu valor, estimado ao tempo da devolução. O usufruto impróprio ou quase usufruto é o que recai sobre coisa consumível ou fungível. O usufruto impróprio pode ser de coisa consumível e fungível ou de coisa consumível infungível. Não há como confundir a fungibilidade com a consuntibilidade, uma vez que pode haver bem consumível dado em usufruto que seja infungível. Em ambas as modalidades de usufruto impróprio o usufrutuário adquire o domínio da coisa. Não corresponde à essência do instituto, que requer que o usufrutuário não tenha a disposição da substância da coisa, que fica pertencendo ao nu-proprietário. No usufruto impróprio o usufrutuário adquire a propriedade do bem, sem o que não poderia consumi-lo ou aliená-lo, devolvendo, por ocasião do término do usufruto, coisa equivalente em gênero, quantidade e qualidade, se consumível e fungível, ou, sendo impossível, por ser consumível e infungível, o seu valor, pelo preço corrente ao tempo da restituição. Ao usufruto impróprio só importa o caráter consumível do bem frutuário, pouco importando se fungível ou infungível. O art. 1.392, § 1º, do Código Civil prevê, na verdade, a aquisição de coisa consumível (fungível ou infungível) com o encargo de restituí-la. É, por isso, que se fala, apenas por analogia, em *quase usufruto* de *coisa fungível*, se o usufrutuário, ao término do usufruto, puder devolver outro bem equivalente ao por ele consumido. Se não for possível tal restituição do equivalente, deverá pagar o seu valor pelo preço corrente ao tempo da devolução, admitindo-se, então, nessa hipótese, o que se denomina *quase usufruto* de *coisa consumível*.

BIBLIOGRAFIA: Caio M. S. Pereira, *Instituições*, cit., v. 4, p. 245; Enneccerus, Kipp e Wolff, *Tratado de derecho civil*, cit., § 119; Hedemann, *Derechos reales*, cit., § 38; M. Helena Diniz, *Curso*, cit., v. 4, p. 293-4; Silvio Rodrigues, *Direito civil*, cit., v. 5, p. 317-8; Levenhagen, *Código Civil*, cit., v. 3, p. 256-7; Coelho da Rocha, *Instituições de direito civil português*, Rio de Janeiro, 1907, v. 2, § 608; Darcy Arruda Miranda, *Anotações*, cit., v. 2, p. 170; Didimo da Veiga, *Manual*, cit., v. 9, n. 483 a 488; Aubry e Rau, *Cours*, cit., v. 2, §§ 226 e 230; Lafayette, *Direito das coisas*, § 110, n. 4; Lomonaco, *Diritto civile italiano*, cit., v. 3, p. 213 e s.; A. Torrea Torrelles, *El usufructo de cosas consumibles*, Barcelona, Bosch, 2000.

Usufruto de recursos minerais e florestas. No usufruto de recursos minerais ou jazidas (CC, art. 1.230; CF, arts. 20, IX e X, 176 e 184) e no de florestas, o nu-proprietário e o usufrutuário deverão, mediante acordo, estabelecer-lhe a extensão de gozo e a maneira de exploração, isto é, os limites a que o usufrutuário deverá obedecer para usar e gozar dos rendimentos decorrentes da exploração de matas e de minas, observando os preceitos das leis ambientais e do Código de Mineração e Florestal.

BIBLIOGRAFIA: M. Helena Diniz, *Curso*, cit., v. 4, p. 298; Didimo da Veiga, *Manual*, cit., v. 9, n. 474 a 482; Aubry e Rau, *Cours*, cit., v. 2, § 230; Lafayette, *Direito das coisas*, cit., § 100; Lacerda de Almeida, *Direito das coisas*, cit., § 67.

Direito do usufrutuário ao valor da meação de tesouro e do tapume divisório. Se, na hipótese de usufruto sobre coisa individualizada, for encontrado um tesouro em prédio usufruído, deverá ser, na verdade, repartido entre o descobridor e o nu-proprietário por força do artigo 1.264 do Código Civil. O usufrutuário não terá direito algum sobre ele, já que o tesouro não é fruto nem produto ou acessório do solo ou da coisa (CC, art. 1.392, *caput*). Se, porventura, o descobridor for o usufrutuário, terá, então, de dividi-lo com o nu-proprietário. O usufrutuário não terá direito ao preço pago pelo vizinho do prédio usufruído, para obter a meação em paredes, cercas, muros, valas ou valados. As obras divisórias afetam a substância do bem e, como não são rendimentos, não caberia, pelo art. 1.297, § 1º, do Código Civil ao usufrutuário receber o valor correspondente à meação dessas obras. Portanto, o usufrutuário não terá direito ao preço do tapume divisório pelo simples fato de não ser o proprietário do bem e pela circunstância de que tal preço não constitui renda da coisa usufruída. Mas, se o próprio usufrutuário vier a realizar por conta própria tais obras, teria, obviamente, direito de receber meação equivalente do seu vizinho. Entretanto, excepcionalmente, pelo art. 1.392, § 3º, se o usufruto recair sobre a universalidade ou quota-parte de bens, haverá presunção de que o nu-proprietário deferiu ao usufrutuário a fruição total do bem com todas as suas vantagens e direitos; por isso, nesta hipótese, se alguém achar tesouro no bem frutuário, o usufrutuário terá direito a parte dele, e, se o vizinho do imóvel usufruído pagar a meação de uma obra divisória (parede, cerca, muro, vala ou valado), o preço pago por ele pertencerá ao usufrutuário e não ao nu-proprietário. Se houver disposição em contrário prevalecerão os arts. 1.264 e 1.297, § 1º, do Código Civil, cujas diretrizes foram acima explanadas.

BIBLIOGRAFIA: Darcy Arruda Miranda, *Anotações*, cit., v. 2, p. 171; Levenhagen, *Código Civil*, cit., v. 3, p. 257-8; Didimo da Veiga, *Manual*, cit., v. 9, n. 489 a 492; Carlos Alberto Bittar, *Direitos reais*, cit., p. 174; M. Helena Diniz, *Curso*, cit., v. 4, p. 290-1 e 298-9; Trigo de Loureiro, *Inst. de dir. civil*, § 510, n. 2; Levenhagen, *Código Civil*, cit., v. 3, p. 257; Matiello, *Código Civil*, cit., p. 887.

Art. 1.393. Não se pode transferir o usufruto por alienação; mas o seu exercício pode ceder-se por título gratuito ou oneroso.

• *Código Civil, arts. 1.399 e 1.410, VI.*

Exceção à inalienabilidade do usufruto. O usufruto, pelo seu caráter personalíssimo, é um direito inalienável e intransmissível, porque só poderá aproveitar ao seu titular, não se transmitindo a seus herdeiros devido a seu falecimento. A alienação do direito do usufrutuário está legalmente proibida, porém a lei permite, excepcionalmente, que seja cedido o seu exercício, mas não está proibida a alienação da nua propriedade.

Cessão do exercício do direito do usufruto. O direito ao usufruto é inalienável, mas admitida está por lei a cessão de seu exercício, a título gratuito (comodato) ou oneroso (locação) (*RT*, *412*:208), que, para valer perante terceiro, deverá estar documentalmente registrada (*RT*, *520*:212). Assim, nada há que impeça o usufrutuário de alugar a coisa de que é titular do usufruto, passando a receber os aluguéis, explorando o bem economicamente, tirando dele proveito em vez de se utilizar diretamente da coisa para colher seus frutos.

BIBLIOGRAFIA: Silvio Rodrigues, *Direito civil*, cit., v. 5, p. 308-9; Daibert, *Direito das coisas*, cit., p. 396; W. Barros Monteiro, *Curso*, cit., v. 3, p. 309; M. Helena Diniz, *Curso*, cit., v. 4, p. 292; Didimo da Veiga, *Manual*, cit., v. 9, n. 410 a 416; Levenhagen, *Código Civil*, cit., v. 3, p. 250; Lafayette, *Direito das coisas*, cit., § 101; Molitor, *Servidões pessoais*, n. 60; Pacifici-Mazzoni, *Ist.*, cit., v. 3, n. 202.

CAPÍTULO II
DOS DIREITOS DO USUFRUTUÁRIO

Art. 1.394. O usufrutuário tem direito à posse, uso, administração e percepção dos frutos.

- Vide *Código Civil, arts. 1.196, 1.197, 1.392, 1.395, 1.396, 1.397, 1.398, 1.399, 1.401, 1.402 a 1.404.*

Direito à posse, ao uso, à administração e à percepção dos frutos. O usufrutuário terá direito à posse, já que tem em mãos o *jus utendi* e o *fruendi* (*RT*, *647*:145, *666*:119). Sua posse é direta e justa, podendo valer-se dos remédios possessórios não só contra terceiros, mas também contra o nu-proprietário, que tem a posse indireta, se este impedir ou dificultar o livre exercício do usufruto (*RT*, *496*:199). Terá o direito de usar pessoalmente a coisa ou por meio de representante, podendo também ceder, se quiser, o exercício desse uso a título gratuito ou oneroso, emprestando ou alugando a alguém. Poderá gozar do bem, tendo direito à percepção dos seus frutos e produtos, podendo consumi-los, vendê-los ou alugá-los (*RT*, *597*:147). Se compete ao usufrutuário extrair do bem todas as suas utilidades, a ele caberá, obviamente, a sua administração (*EJSTJ*, *16*:145; *RT*, *795*:141), podendo, por isso, desenvolver sua capacidade econômica, praticando atos conservatórios, aumentando sua produtividade, arrendando-a, cultivando-a ou explorando-a, conforme a natureza da coisa usufruída. Todos esses seus direitos o conduzem ao perfeito exercício do *jus utendi* e *fruendi*.

BIBLIOGRAFIA: M. Helena Diniz, *Curso*, cit., v. 4, p. 297-8; Lafayette, *Direito das coisas*, §§ 28 e 102; Silvio Rodrigues, *Direito civil*, cit., v. 5, p. 313 e s.; Lacerda de Almeida, *Direito das coisas*, cit., §§ 68 e 69; Levenhagen, *Código Civil*, cit., v. 3, p. 251; Hedemann, *Derechos reales*, § 38; Caio M. S. Pereira, *Instituições*, cit., p. 241 e s.; W. Barros Monteiro, *Curso*, cit., v. 3, p. 310 e s.; Orlando Gomes, *Direitos reais*, cit., p. 304 e s.; Didimo da Veiga, *Manual*, cit., v. 9, n. 417 a 424; Aubry e Rau, *Cours de droit civil*, cit., v. 2, § 230.

Art. 1.395. Quando o usufruto recai em títulos de crédito, o usufrutuário tem direito a perceber os frutos e a cobrar as respectivas dívidas.

Parágrafo único. Cobradas as dívidas, o usufrutuário aplicará, de imediato, a importância em títulos da mesma natureza, ou em títulos da dívida pública federal, com cláusula de atualização monetária segundo índices oficiais regularmente estabelecidos.

• Vide *art. 1.410, VII, do Código Civil.*

Usufruto de crédito. O usufruto de títulos de crédito consiste no direito de o usufrutuário perceber os frutos deles decorrentes e cobrar dívidas respectivas, empregando o *quantum* recebido por tal cobrança, aplicando-o de imediato em títulos da mesma natureza, ou em títulos da dívida pública federal, com cláusula de atualização monetária, segundo índices oficiais regularmente estabelecidos, sob pena de extinção do usufruto (CC, art. 1.410, VII). Age em nome próprio e assume os riscos dessa aplicação, para, uma vez cessado o usufruto, restituí-lo em espécie ao proprietário. Portanto, o usufrutuário terá direito de perceber os frutos até o vencimento do título de crédito, reaplicando-os, usufruindo dos frutos do capital até a extinção do usufruto, ocasião em que deverá entregar ao nu-proprietário novos títulos. Daí a excelente observação de Lafayette de que o crédito é objeto de verdadeiro usufruto antes de ser pago; após a sua cobrança, com o recebimento do dinheiro oriundo do seu pagamento, ter-se-á, então, um quase usufruto, ante a fungibilidade e consuntibilidade de seu objeto, já que, aplicando a importância recebida em outros títulos, deverá, findo o usufruto, devolvê-lo ao nu-proprietário.

BIBLIOGRAFIA: Enneccerus, Kipp e Wolff, *Tratado de derecho civil*, cit., §§ 120 a 123; Orlando Gomes, *Direitos reais*, cit., p. 301; M. Helena Diniz, *Curso*, cit., v. 4, p. 291 e 298; Didimo da Veiga, *Manual*, cit., v. 9, n. 425 a 440; Thibaut, *Systema do direito das Pandectas*, v. 2, § 610; Genty, *Traité des droits d'usufruit*, n. 409; Muhlenbruch, *Doctrina Pandectorum*, § 289; Aubry e Rau, *Cours de droit civil*, cit., v. 2, § 230; Lacerda de Almeida, *Direito das coisas*, cit., § 65; Lafayette, *Direito das coisas*, cit., § 110.

Art. 1.396. Salvo direito adquirido por outrem, o usufrutuário faz seus os frutos naturais, pendentes ao começar o usufruto, sem encargo de pagar as despesas de produção.

• Vide *Código Civil, art. 1.215.*

Parágrafo único. Os frutos naturais, pendentes ao tempo em que cessa o usufruto, pertencem ao dono, também sem compensação das despesas.

• *Código Civil, art. 1.214, parágrafo único.*

Direito aos frutos naturais pendentes no início do usufruto. Os frutos naturais pendentes ao começar o usufruto pertencerão ao usufrutuário, que não terá de pagar ao nu-proprietário as despesas de produção. Porém, ressalvados estarão os direitos de terceiro de receber frutos ou parte da safra, que os tenha adquirido do nu-proprietário antes de o usufruto constituir-se.

Direito aos frutos naturais pendentes ao término do usufruto. O usufrutuário perderá para o nu-proprietário os frutos naturais pendentes ao tempo em que cessar o usufruto, sem ter, ainda, direito ao reembolso do que despendeu com sua produção. A lei ressalva também, nesta hipótese, os direitos de terceiros relativos a tais frutos, por já tê-los adquirido, durante a vigência do usufruto.

BIBLIOGRAFIA: Didimo da Veiga, *Manual*, cit., v. 9, n. 450 a 456; Levenhagen, *Código Civil*, cit., v. 3, p. 253-4; Lafayette, *Direito das coisas*, cit., § 102; Cunha Miranda, *Direito de usufruto*, p. 21; Lacerda de Almeida, *Direito das coisas*, cit., § 69; Darcy Arruda Miranda, *Anotações*, cit., v. 2, p. 169; M. Helena Diniz, *Curso*, cit., v. 4, p. 298; Ruggiero e Maroi, *Istituzioni di diritto privato*, v. 1, § 120; Orlando Gomes, *Direitos reais*, cit., p. 304 e s.; Mazeaud e Mazeaud, *Leçons de droit civil*, n. 1.663.

Art. 1.397. As crias dos animais pertencem ao usufrutuário, deduzidas quantas bastem para inteirar as cabeças de gado existentes ao começar o usufruto.

Direito à cria dos animais. As crias dos animais dados em usufruto pertencerão ao usufrutuário, desde que nascidas durante o prazo de vigência do ônus real deduzidas quantas bastem para inteirar as cabeças de gado existentes ao começar o usufruto. Findo o usufruto o nu-proprietário deverá receber de volta tão somente o número de animais que constituiu o usufruto. Se o usufruto recair sobre três vacas, findo o usufruto estas três deverão ser restituídas, mesmo que tenham duas crias nascidas durante o ônus real. Se, porventura, vier a morrer uma daquelas vacas, tendo havido produção de duas crias, uma delas pertencerá ao usufrutuário; a outra será entregue ao nu-proprietário em substituição à que morreu. A cria suprirá, portanto, a falta que houver. Se os animais dados em usufruto forem machos, com a morte de um deles, sua substituição far-se-á mediante pagamento em dinheiro no valor correspondente ao do animal morto, ou por outro vivo adquirido pelo usufrutuário, de igual espécie e valor. Essa sub-rogação do animal morto com o nascido deverá ser feita sempre com animal do mesmo sexo. Procura-se garantir a integridade do rebanho, por ocasião da extinção do usufruto, de modo que o nu-proprietário venha a receber o mesmo número de reses que entregou ao usufrutuário.

BIBLIOGRAFIA: Levenhagen, *Código Civil*, cit., v. 3, p. 254; Darcy Arruda Miranda, *Anotações*, cit., v. 2, p. 170; Didimo da Veiga, *Manual*, cit., v. 9, n. 457 a 462; Lafayette, *Direito das coisas*, cit., § 100; Lacerda de Almeida, *Direito das coisas*, cit., § 67; Ricci, *Corso*, cit., v. 2, n. 232; Lomonaco, *Diritto civile italiano*, v. 3, p. 235; Pacifici-Mazzoni, *Ist.*, cit., v. 3, n. 206; Chironi, *Diritto civile italiano*, v. 1, § 167, n. 9.

Art. 1.398. Os frutos civis, vencidos na data inicial do usufruto, pertencem ao proprietário, e ao usufrutuário os vencidos na data em que cessa o usufruto.

• Vide *Código Civil, art. 1.215.*

Direito aos frutos civis. Os juros, rendimentos, dividendos, aluguéis, que se vencerem na data inicial do usufruto, pertencerão ao nu-proprietário; os que se vencerem no dia em que o usufruto se extinguir serão do usufrutuário. Evidentemente, ressalvam-se, também, direitos de terceiros. Tal se dá porque os frutos civis reputam-se colhidos dia a dia, diversamente dos naturais e industriais que são percebidos no instante de sua separação da coisa principal.

Art. 1.399. O usufrutuário pode usufruir em pessoa, ou mediante arrendamento, o prédio, mas não mudar-lhe a destinação econômica, sem expressa autorização do proprietário.

• Vide *Código Civil, art. 1.393.*

Arrendamento da coisa dada em usufruto. Com a constituição do usufruto, o usufrutuário poderá gozar do bem pessoalmente ou arrendá-lo, já que a lei não veda a cessão ou transferência do exercício desse direito. Se recebeu como usufruto uma fazenda, poderá arrendá-la a outrem, hipótese em que não retirará os frutos e produtos do bem, fazendo jus tão somente ao valor do arrendamento.

Proibição de mudança da destinação do bem. O usufrutuário não poderá mudar a destinação econômica da coisa sem o consentimento expresso do nu-proprietário (*RT*, *686*:141). Assim, se se tratar, por exemplo, de uma fazenda de criação de gado, não terá direito de transformá-la em cultura de arroz ou de café. Se o fizer, terá de repor as coisas na situação anterior ou, então, indenizar o nu-proprietário pelas alterações indevidas nelas feitas.

BIBLIOGRAFIA: Levenhagen, *Código Civil*, cit., v. 3, p. 255; M. Helena Diniz, *Curso*, cit., v. 4, p. 298; Didimo da Veiga, *Manual*, cit., v. 9, n. 465 a 473; Wieland, *Droits réels*, cit., v. 1, p. 557; Lafayette, *Direito das coisas*, cit., §§ 93 e 97; Lacerda de Almeida, *Direito das coisas*, cit., § 67; Aubry e Rau, *Cours de droit civil*, cit., v. 2, § 238; Arntz, *Droit civil français*, cit., v. 1, n. 900.

Capítulo III
Dos Deveres do Usufrutuário

Art. 1.400. O usufrutuário, antes de assumir o usufruto, inventariará, à sua custa, os bens que receber, determinando o estado em que se acham, e dará caução, fidejussória ou real, se lha exigir o dono, de velar-lhes pela conservação, e entregá-los findo o usufruto.

- *Código Civil, art. 1.402.*

Parágrafo único. Não é obrigado à caução o doador que se reservar o usufruto da coisa doada.

- Vide *Código Civil, art. 548.*

Obrigação de inventariar os bens móveis. O usufrutuário, antes de assumir o usufruto, deverá inventariar, a suas expensas, os bens móveis (salvo se sua descrição constar do título constitutivo) que receber, determinando o estado em que se encontram e estimando seu valor. Quanto aos imóveis, será dispensável o inventário, que consta do próprio título constitutivo do usufruto. O inventário consiste num documento contendo descrição e individualização dos bens a serem dados em usufruto, indicando seu estado de conservação, tendo por utilidade a prevenção de desavenças por ocasião da restituição da coisa frutuária ao término do direito real de fruição. A ausência de inventário estabelecerá a presunção *juris tantum* de que o usufrutuário recebeu os bens em bom estado de conservação.

Dever de dar caução real ou fidejussória. O usufrutuário, se lhe exigir o nu-proprietário, deverá prestar caução real, dando como garantia hipoteca ou penhor sobre bem de sua propriedade, livre e desembaraçado, ou fidejussória, oferecendo fiador idôneo, para assegurar ao nu-proprietário a indenização de danos oriundos do exercício irregular do usufruto (CC, art. 1.402).

Exceção à exigência de "cautio usufructuaria". A obrigatoriedade da caução tem por fim precípuo garantir ao nu-proprietário, que a exigir, a substância da coisa. A lei, porém, abre uma exceção à exigência da caução, dispensando do dever de prestá-la o doador que se reservar o usufruto da coisa doada, dado o caráter liberal do ato.

Obrigação de velar pela conservação da coisa usufruída. O usufrutuário terá o dever de gozar da coisa frutuária, com moderação, conservando-a como um bom pai de família.

Dever de restituir o bem frutuário. Findo o usufruto, o usufrutuário deverá devolver a coisa no estado em que a recebeu, como a inventariou e como se obrigou a conservá-la.

BIBLIOGRAFIA: Lafayette, *Direito das coisas*, cit., §§ 28 e 103; Silvio Rodrigues, *Direito civil*, cit., v. 5, p. 313-21; Daibert, *Direito das coisas*, cit., p. 399-406; M. Helena Diniz, *Curso*, cit., v. 4, p. 299 e 300; Lacerda de Almeida, *Direito das coisas*, cit., §§ 68 e 70; Levenhagen, *Código Civil*, cit., v. 3, p. 258-9, 260-1; Hedemann, *Derechos reales*, cit., § 38; Darcy Arruda Miranda, *Anotações*, cit., v. 2, p. 173; Enneccerus, Kipp e Wolff, *Tratado de derecho civil*, cit., §§ 116, 117 e 119; Caio M. S. Pereira, *Instituições*, cit., v. 4, p. 241-9; W. Barros Monteiro, *Curso*, cit., v. 3, p. 310-21; Ruggiero e Maroi, *Istituzioni di diritto privato*, cit., v. 1, § 120; Orlando Gomes, *Direitos reais*, cit., p. 304-7; Didimo da Veiga, *Manual*, cit., v. 9, n. 493 a 497, n. 501 e 502; Trigo de Loureiro, *Instituições*, cit., § 509; Aubry e Rau, *Cours*, cit., § 229.

Art. 1.401. O usufrutuário que não quiser ou não puder dar caução suficiente perderá o direito de administrar o usufruto; e, neste caso, os bens serão administrados pelo proprietário, que ficará obrigado, mediante caução, a entregar ao usufrutuário o rendimento deles, deduzidas as despesas de administração, entre as quais se incluirá a quantia fixada pelo juiz como remuneração do administrador.

Perda do direito à administração da coisa frutuária. O usufrutuário que não quiser ou não puder dar caução exigida pelo nu-proprietário perderá o direito de administrar o bem frutuário, que será, então, administrado pelo nu-proprietário, que, também, terá de prestar caução, para assegurar ao usufrutuário a entrega dos frutos e rendimentos líquidos, deduzidas as despesas de administração, bem como a remuneração do administrador arbitrada pelo magistrado e devida em razão dos encargos da administração.

BIBLIOGRAFIA: M. Helena Diniz, *Curso*, cit., v. 4, p. 299; Levenhagen, *Código Civil*, cit., v. 3, p. 259-60; Darcy Arruda Miranda, *Anotações*, cit., v. 2, p. 173; Didimo da Veiga, *Manual*, cit., v. 9, n. 498 a 500; Lacerda de Almeida, *Direito das coisas*, cit., § 70; Lafayette, *Direito das coisas*, cit., § 103; Ricci, *Corso*, cit., v. 2, n. 214; Wieland, *Droits réels*, cit., com. ao art. 762 do Código Civil suíço.

Art. 1.402. O usufrutuário não é obrigado a pagar as deteriorações resultantes do exercício regular do usufruto.

• Vide *Código Civil, arts. 569, IV, e 1.400.*

Dispensa do pagamento pela deterioração do bem frutuário. O usufrutuário deverá indenizar o nu-proprietário dos prejuízos advindos da deterioração da coisa frutuária devido ao uso abusivo desta (CC, art. 1.400), mas a lei o dispensará de pagar tal indenização pelas deteriorações naturais resultantes do exercício normal ou regular do usufruto, de caso fortuito ou força maior, sem que tenha havido culpa ou desídia do usufrutuário. Se pelos estragos houve culpa do usufrutuário, ele deverá responder pelos danos causados.

BIBLIOGRAFIA: Darcy Arruda Miranda, *Anotações*, cit., v. 2, p. 174; Levenhagen, *Código Civil*, cit., v. 3, p. 261; M. Helena Diniz, *Curso*, cit., v. 4, p. 299; Didimo da Veiga, *Manual*, cit., v. 9, n. 503 a 506; Lafayette, *Direito das coisas*, cit., § 104; Lacerda de Almeida, *Direito das coisas*, cit., § 71; Trigo de Loureiro, *Instituições*, cit., § 508; Martinho Garcez, *Direito das coisas*, cit., § 250.

Art. 1.403. Incumbem ao usufrutuário:

I — as despesas ordinárias de conservação dos bens no estado em que os recebeu;

II — as prestações e os tributos devidos pela posse ou rendimento da coisa usufruída.

Dever de fazer despesas ordinárias de conservação do bem frutuário. O usufrutuário terá a obrigação de fazer, à sua custa, despesas ordinárias ou comuns de conservação da coisa, efetuando reparações ou consertos de custo módico para que possa devolvê-la, findo o usufruto, no estado em que a recebeu. Tal dever é um encargo inerente à própria essência do ônus real.

Obrigação de pagar certas contribuições. O usufrutuário deverá pagar as prestações (p. ex., foros, pensões, seguros, despesas condominiais) exigidas pelo instituidor do usufruto e ligadas ao objeto deste, e os tributos devidos pela posse ou rendimento da coisa frutuária (p. ex., imposto sobre a renda, IPTU, ITR, taxas etc.). Consequentemente, os impostos alusivos ao valor da coisa usufruída e não ao seu rendimento ou à sua posse deverão ser pagos pelo nu-proprietário (*RSTJ, 195*:244; *Lex, STJ, 130*:229).

BIBLIOGRAFIA: Levenhagen, *Código Civil*, cit., v. 3, p. 261-2; Darcy Arruda Miranda, *Anotações*, cit., v. 2, p. 174; M. Helena Diniz, *Curso*, cit., v. 4, p. 300; Didimo da Veiga, *Manual*, cit., v. 9, n. 507 a 510; Ricci, *Corso*, cit., v. 2, n. 219 e 220; Lacerda de Almeida, *Direito das coisas*, cit., § 71; Lafayette, *Direito das coisas*, cit., § 105; Trigo de Loureiro, *Instituições*, cit., § 512.

Art. 1.404. Incumbem ao dono as reparações extraordinárias e as que não forem de custo módico; mas o usufrutuário lhe pagará os juros do capital despendido com as que forem necessárias à conservação, ou aumentarem o rendimento da coisa usufruída.

§ 1º Não se consideram módicas as despesas superiores a dois terços do líquido rendimento em um ano.

§ 2º Se o dono não fizer as reparações a que está obrigado, e que são indispensáveis à conservação da coisa, o usufrutuário pode realizá-las, cobrando daquele a importância despendida.

Pagamento de reparações extraordinárias e ordinárias não módicas. O nu-proprietário terá o dever de fazer as reparações extraordinárias (p. ex., substituição de fiação elétrica, reconstrução de telhado) e as ordinárias que não forem módicas, ou seja, as que excederem de dois terços do rendimento líquido anual, porque é ele quem tirará proveito do resultado dessas despesas. Todavia, o usufrutuário pagar-lhe-á os juros do capital despendido com as reparações que forem necessárias à conservação ou que aumentarem o rendimento do bem frutuário. Se o nu-proprietário, contudo, não efetuar aquelas reparações a que está obrigado, indispensáveis à conservação da coisa, o usufrutuário as realizará, cobrando dele o *quantum* despendido.

BIBLIOGRAFIA: M. Helena Diniz, *Curso*, cit., v. 4, p. 300-1; Didimo da Veiga, *Manual*, cit., v. 9, n. 511 a 514; Wieland, *Droits réels*, cit., v. 1, p. 566; Aubry e Rau, *Cours*, cit., § 233; Ricci, *Corso*, cit., v. 2, n. 220; Lafayette, *Direito das coisas*, cit., § 105; Trigo de Loureiro, *Instituições*, cit., § 513; Martinho Garcez, *Direito das coisas*, cit., § 251; Levenhagen, *Código Civil*, cit., v. 3, p. 262-3; Darcy Arruda Miranda, *Anotações*, cit., v. 2, p. 174; Matiello, *Código*, cit., p. 895.

Art. 1.405. Se o usufruto recair num patrimônio, ou parte deste, será o usufrutuário obrigado aos juros da dívida que onerar o patrimônio ou a parte dele.

• Vide *Código Civil, arts. 89, 90 e 91.*

Responsabilidade por juros da dívida. Se o objeto do usufruto for um patrimônio, ou parte dele, o usufrutuário será responsável pelos juros decorrentes do débito que onerar o bem frutuário, uma vez que no patrimônio se incluem o ativo e o passivo. Assim sendo, se o usufruto recair sobre um patrimônio, ou parte dele, abrangerá não só os haveres mas também os deveres e dívidas quirografárias ou hipotecárias que sobre ele recaiam. Se o objeto do usufruto for apenas parte do patrimônio, convém lembrar que sua responsabilidade sobre os juros da dívida será proporcional à quota-parte patrimonial sobre a qual incide o usufruto e somente no que atina aos juros da dívida correspondentes a essa quota-parte.

BIBLIOGRAFIA: Levenhagen, *Código Civil*, cit., v. 3, p. 264-5; Darcy Arruda Miranda, *Anotações*, cit., v. 2, p. 175; Didimo da Veiga, *Manual*, cit., v. 9, n. 521 a 526; Lacerda de Almeida, *Direito das coisas*, cit., § 71; Lafayette, *Direito das coisas*, cit., § 107; Aubry e Rau, *Cours*, cit., v. 2, § 232.

Art. 1.406. O usufrutuário é obrigado a dar ciência ao dono de qualquer lesão produzida contra a posse da coisa, ou os direitos deste.

Comunicação ao nu-proprietário de violação à posse da coisa frutuária ou aos seus direitos. O usufrutuário tem o dever de defender a coisa usufruída, repelindo todas as usurpações de terceiros, impedindo que se constituam situações jurídicas contrárias ao nu-proprietário; logo, deverá dar ciência a este de qualquer lesão produzida contra a posse do bem (p. ex., turbação, esbulho) ou aos seus direitos.

Art. 1.407. Se a coisa estiver segurada, incumbe ao usufrutuário pagar, durante o usufruto, as contribuições do seguro.

• *Código Civil, art. 1.408.*

§ 1º Se o usufrutuário fizer o seguro, ao proprietário caberá o direito dele resultante contra o segurador.

§ 2º Em qualquer hipótese, o direito do usufrutuário fica sub-rogado no valor da indenização do seguro.

Seguro de coisa frutuária. Se houver seguro do bem usufruído providenciado pelo nu-proprietário, o usufrutuário terá o dever de pagar, durante a vigência do usufruto, as contribuições do seguro porque tem o dever de conservar a coisa. O prêmio do seguro caberá ao usufrutuário que o fez, mas o direito de ir contra a Companhia Seguradora é do nu-proprietário, ficando o valor da indenização sujeito ao ônus do usufruto. O direito do usufrutuário ficará sub-rogado no valor da indenização do seguro, pouco importando se este foi feito por ele ou pelo nu-proprietário.

BIBLIOGRAFIA: Levenhagen, *Código Civil*, cit., v. 3, p. 263-4; Darcy Arruda Miranda, *Anotações*, cit., v. 2, p. 175; M. Helena Diniz, *Curso*, cit., v. 4, p. 300-1; Didimo da Veiga, *Manual*, cit., v. 9, n. 515 a 520.

Art. 1.408. Se um edifício sujeito a usufruto for destruído sem culpa do proprietário, não será este obrigado a reconstruí-lo, nem o usufruto se restabelecerá, se o proprietário reconstruir à sua custa o prédio; mas se a indenização do seguro for aplicada à reconstrução do prédio, restabelecer-se-á o usufruto.

• Vide *Código Civil, art. 1.407.*

Consequência da destruição do prédio frutuário. O nu-proprietário terá direito de não restabelecer o usufruto se, por sua conta, vier a reconstruir o prédio frutuário, destruído sem culpa sua. Isto é assim porque se trata de um novo prédio, diverso daquele que constituía objeto do usufruto. Mas, se o imóvel estava segurado, a indenização paga sujeitar-se-á ao ônus do usufruto (CC, art. 1.407, § 2º). E, se a indenização do seguro for aplicada na reedificação do prédio sinistrado, restabelecer-se-á o usufruto, uma vez que, se o dinheiro não tivesse sido gasto na reconstrução, nele se sub-rogaria o usufruto. Entretanto, será preciso esclarecer que, ocorrendo o sinistro, sem que haja culpa ou dolo do nu-proprietário, este não será obrigado a reconstruí-lo, extinguindo-se o usufruto por falta de objeto, e, consequentemente, desaparecendo dos direitos do usufrutuário, que, por sua vez, não receberá qualquer indenização.

BIBLIOGRAFIA: M. Helena Diniz, *Curso*, cit., v. 4, p. 300; Darcy Arruda Miranda, *Anotações*, cit., v. 2, p. 175; Levenhagen, *Código Civil*, cit., v. 3, p. 265; Didimo da Veiga, *Manual*, cit., v. 9, n. 527 a 529.

DIREITO DAS COISAS

Art. 1.409. Também fica sub-rogada no ônus do usufruto, em lugar do prédio, a indenização paga, se ele for desapropriado, ou a importância do dano, ressarcido pelo terceiro responsável no caso de danificação ou perda.

• *Decreto-Lei n. 3.365/41, art. 31.*

Desapropriação do bem frutuário. Se a coisa frutuária for desapropriada, a indenização paga pelo expropriante ficará sub-rogada no ônus do usufruto, em lugar do prédio gravado que saiu do domínio particular (*RJTJSP, 135*:280; *RT, 684*:184). Logo, o usufrutuário passará a usufruir dos rendimentos oriundos daquela indenização, enquanto durar o usufruto.

Danificação da coisa frutuária por terceiro. Se o objeto sobre o qual recair o usufruto vier a se perder ou deteriorar por ato de terceiro, ter-se-á a sub-rogação no ônus do usufruto da importância por este paga em ressarcimento do prejuízo causado.

BIBLIOGRAFIA: M. Helena Diniz, *Curso*, cit., v. 4, p. 300; Levenhagen, *Código Civil*, cit., v. 3, p. 266; Darcy Arruda Miranda, *Anotações*, cit., v. 2, p. 175; Didimo da Veiga, *Manual*, cit., v. 9, n. 530 e 531; Aubry e Rau, *Cours*, cit., v. 2, § 234.

CAPÍTULO IV

DA EXTINÇÃO DO USUFRUTO

Art. 1.410. O usufruto extingue-se, cancelando-se o registro no Cartório de Registro de Imóveis:

• *Código de Processo Civil, art. 725, VI; Lei n. 6.015/73, arts. 248, 289 e 250, III.*

I — pela renúncia ou morte do usufrutuário;

• Vide *Código Civil, art. 1.921.*

II — pelo termo de sua duração;

III — pela extinção da pessoa jurídica, em favor de quem o usufruto foi constituído, ou, se ela perdurar, pelo decurso de trinta anos da data em que se começou a exercer;

IV — pela cessação do motivo de que se origina;

V — pela destruição da coisa, guardadas as disposições dos arts. 1.407, 1.408, 2ª parte, e 1.409;

• Vide *Código Civil, arts. 85, 1.392, § 1º, e 1.395.*

VI — pela consolidação;

VII — por culpa do usufrutuário, quando aliena, deteriora ou deixa arruinar os bens, não lhes acudindo com os reparos de conservação, ou quando, no usufruto de títulos de crédito, não dá às importâncias recebidas a aplicação prevista no parágrafo único do art. 1.395;

VIII — pelo não uso, ou não fruição, da coisa em que o usufruto recai (arts. 1.390 e 1.399).

Cancelamento do usufruto no Registro Imobiliário. Havendo extinção do ônus real, em razão da ocorrência de uma das causas arroladas no art. 1.410, I a VIII, do Código Civil, consolidando-se a propriedade total ao nu-proprietário, este deverá requerer ao titular do Registro Imobiliário que averbe o fato gerador da extinção do usufruto, cancelando, *erga omnes*, o direito real de fruição sobre coisa alheia.

BIBLIOGRAFIA: Cleni Carlos Rocha de Lima, Cancelamento do usufruto nos casos de morte, renúncia e advento do termo, *Ajuris, 29*:95-8, 1983.

Renúncia do usufrutuário. A renúncia expressa ou tácita, se for inequívoca, do usufrutuário extinguirá o usufruto. Deverá tal renúncia constar de escritura pública, se o direito se referir a bens imóveis (*Adcoas*, 1980, n. 74.092; *RT*, *235*:176, *382*:132; *JTJ*, *134*:268; *RSTJ*, *200*:309).

Morte do usufrutuário. Extinguir-se-á o usufruto pela morte do usufrutuário, que é o limite máximo de sua duração (*RT*, *496*:207, *569*:86; *JB*, *53*:358; *JTJ*, *155*:137; *RJTJRS*, *65*:366; *RTJ*, *82*:251). A morte do nu-proprietário não acarretará sua extinção, já que a nua propriedade se transmitirá aos seus sucessores (*RT*, *637*:71).

Advento do termo de duração do usufruto. Cessará o usufruto com o advento do termo de sua duração (*dies ad quem*), estipulado no ato constitutivo, salvo se o usufrutuário vier a falecer antes do vencimento desse prazo.

Usufruto instituído em favor de pessoa jurídica. Com o escopo de assegurar a temporariedade do usufruto, o Código Civil, no artigo ora examinado, veio a limitar sua duração, quando o usufrutuário for pessoa jurídica, dispondo que o direito real se extinguirá com o desaparecimento da pessoa jurídica ou a trinta anos da data em que esta começou a exercê-lo.

BIBLIOGRAFIA: M. Helena Diniz, *Curso*, cit., v. 4, p. 302; Didimo da Veiga, *Manual*, cit., v. 9, n. 554 a 559; Aubry e Rau, *Cours*, cit., v. 2, p. 720; Ricci, *Corso*, cit., v. 2, n. 235; Wieland, *Droits réels*, cit., v. 1, p. 541; Lafayette, *Direito das coisas*, cit., § 109; Lacerda de Almeida, *Direito das coisas*, cit., § 73; Levenhagen, *Código Civil*, cit., v. 2, p. 269.

Cessação do motivo que deu origem ao usufruto. Terminará o usufruto pela cessação do motivo que o originou (*Adcoas*, n. 78.278, 1981, e 82.026, 1982), como no caso de usufruto de pai sobre bens de filho menor sob o poder familiar, que terminará se o filho atingir a maioridade ou se o pai vier a perder o poder familiar.

Destruição da coisa frutuária infungível. Desaparecerá o usufruto com o perecimento da coisa frutuária infungível. Mas, se a perda não for total, o usufruto subsistirá em relação à parte remanescente, mas extinguir-se-á se, ante sua destruição parcial, o bem frutuário perder suas utilidades, tornar-se imprestável ao fim a que se destina. Se o bem estiver no seguro, ter-se-á sub-rogação do direito no valor da indenização. O mesmo se diga se esta for paga pelo responsável pela sua destruição. Se for desapropriado, o valor deverá ser entregue ao usufrutuário para que goze dos rendimentos pelo tempo a que tiver direito, devendo dar ao nu-proprietário uma caução para garantir sua devolução.

Consolidação. Se numa só pessoa concentrar-se a qualidade de usufrutuário e a de nu-proprietário, extinguir-se-á o usufruto, que é direito real sobre coisa alheia, pois ninguém poderá ter usufruto sobre bem próprio (*RT*, *590*:217 e *289*:333; *JTACSP*, *63*:258). Por exemplo, quando o usufrutuário consegue a aquisição da propriedade do bem, por ato *inter vivos* ou *causa mortis*.

Culpa do usufrutuário. Se o usufrutuário, culposamente, alienar, deteriorar ou deixar arruinar a coisa frutuária, não fazendo as reparações necessárias à sua conservação (*BAASP*, *2647*:5321) ou percebendo imoderadamente seus frutos, operar-se-á a extinção do usufruto, ou, ainda, quando, no usufruto de títulos de crédito, não dá às importâncias recebidas com a cobrança das dívidas a aplicação prevista no parágrafo único do art. 1.395, ou seja, não as aplica, de imediato, em títulos da mesma natureza, ou em títulos da dívida pública federal, com cláusula de atualização monetária segundo índices oficiais regularmente estabelecidos.

Não uso da coisa em que recai o usufruto, por desnaturar o instituto, que é direito real de fruição sobre coisa alheia (CC, arts. 1.390 e 1.399). "A extinção do usufruto pelo não uso, de que trata o art. 1.410, inc. VIII, independe do prazo previsto no art. 1.389, inc. III, operando-se imediatamente. Tem-se por desatendida, nesse caso, a função social do instituto" (Enunciado n. 252 do CJF, aprovado na *III Jornada de Direito Civil*).

BIBLIOGRAFIA: W. Barros Monteiro, *Curso*, cit., v. 3, p. 323-4; Caio M. S. Pereira, *Instituições*, cit., v. 4, p. 249-52; Planiol, Ripert e Boulanger, *Traité élémentaire*, cit., n. 3.615 e 3.619; Lafayette, *Direito das coisas*, cit., § 109; Silvio Rodrigues, *Direito civil*, cit., v. 5, p. 322-4; Orlando Gomes, *Direitos reais*, cit., p. 309-10; M. Helena Diniz, *Curso*, cit., v. 4, p. 302-3; Didimo da Veiga, *Manual*, cit., v. 9, n. 532 a 552; Aubry e Rau, *Cours*, cit., §§ 228 e 234; Trigo de Loureiro, *Instituições*, cit., § 518; Lacerda de Almeida, *Direito das coisas*, cit., § 73; Rosa Maria B. B. de Andrade Nery, O não uso como forma de extinção do usufruto, *RDPriv*, *3*:203.

Art. 1.411. Constituído o usufruto em favor de duas ou mais pessoas, extinguir-se-á a parte em relação a cada uma das que falecerem, salvo se, por estipulação expressa, o quinhão desses couber ao sobrevivente.

• Vide *Código Civil, art. 1.946.*

Usufruto simultâneo. O usufruto simultâneo ou conjunto (*RT*, *496*:199 e *453*:210; *JTJ*, *170*:209) é o instituído por ato *inter vivos* para beneficiar várias pessoas, extinguindo-se, gradativamente, em relação a cada uma das que falecerem. De maneira que, com a morte de cada usufrutuário, a nua propriedade consolida-se, paulatinamente, atingindo sua plenitude por ocasião do óbito do último usufrutuário simultâneo. A, B e C recebem de D um imóvel a título de usufruto, tendo cada um dos usufrutuários 1/3 daquele direito; se, porventura, ocorrer o óbito de A, 1/3 volta a D, ficando onerado o imóvel em 2/3. Com o falecimento de B, gravado continuará o imóvel por 1/3. Finando C, extinguir-se-á o usufruto. Tal é o que ocorre, salvo se no título constitutivo houver estipulação expressa de que a morte de um deles reverterá em favor dos sobreviventes, acrescendo aos quinhões destes a parte do falecido. Ter-se-á, então, o direito de acrescer (*RT*, *442*:162). Assim, se D havia disposto que, com o óbito de A, sua parte acresceria à B, B ficaria com 2/3 e C, com 1/3.

BIBLIOGRAFIA: M. Helena Diniz, *Curso*, cit., v. 4, p. 295 e 302; Daibert, *Direito das coisas*, cit., p. 412-3; W. Barros Monteiro, *Curso*, cit., v. 3, p. 321-2; Levenhagen, *Código Civil*, cit., v. 3, p. 269; Didimo da Veiga, *Manual*, cit., v. 9, n. 553; Sanchez Roman, *Derecho civil*, v. 3, p. 600; Maria Lígia Coelho Mathias, *Direito civil*, cit., p. 163-4.

Título VII
Do Uso

Art. 1.412. O usuário usará da coisa e perceberá os seus frutos, quanto o exigirem as necessidades suas e de sua família.

§ 1º Avaliar-se-ão as necessidades pessoais do usuário conforme a sua condição social e o lugar onde viver.

§ 2º As necessidades da família do usuário compreendem as de seu cônjuge, dos filhos solteiros e das pessoas de seu serviço doméstico.

• *Lei n. 6.015/73, arts. 167, I, n. 7, e 220, II.*

Conceito de uso. O uso é o direito real que, a título gratuito ou oneroso, por ato *inter vivos* ou *causa mortis* autoriza uma pessoa a retirar, temporariamente, de coisa alheia (móvel ou imóvel), todas as utilidades (frutos) para atender às suas próprias necessidades e às de sua família.

BIBLIOGRAFIA: M. Helena Diniz, *Curso*, cit., v. 4, p. 309; Levenhagen, *Código Civil*, cit., v. 3, p. 270; Lacerda de Almeida, *Direito das coisas*, cit., § 76; Darcy Arruda Miranda, *Anotações*, cit., v. 2, p. 178-9; Didimo da Veiga, *Manual*, cit., v. 9, n. 576 a 579; Venezian, *Usufruto, uso y habitación*, v. 2, p. 817 e s.; Daibert, *Direito das coisas*, cit., p. 419-22; Orlando Gomes, *Direitos reais*, cit., p. 313-5; José de Farias Tavares, *Código Civil e a nova Constituição*, cit., p. 121-3; Gert Kummerow, *Bienes y derechos reales*, cit., p. 341 e 342; Manoel Ignacio C. de Mendonça, *Do usufruto, do uso e da habitação no Código Civil brasileiro*, 1922.

Uso como direito personalíssimo. O uso é direito personalíssimo, pois só se constitui para assegurar ao usuário a utilização imediata do bem conforme suas próprias necessidades e as de sua família. Se o usuário vier a falecer, o uso não se transmitirá a seus herdeiros.

Critério de avaliação das necessidades pessoais. As necessidades pessoais do usuário serão avaliadas conforme a sua condição social e o lugar em que vive. Como a norma se refere apenas às necessidades pessoais, excluídas estarão as necessidades comerciais ou industriais do beneficiário. O uso não é imutável. Poderá ser ampliado ou diminuído se houver aumento ou diminuição das necessidades pessoais do usuário, tendo-se sempre por base a sua condição social e o local onde vive, pois é possível que haja uma ascensão da sua condição social, por ele ter adquirido novos recursos intelectuais, caso em que poderá utilizar frutos ou rendimentos que satisfaçam a tal ordem de novas necessidades, não podendo, entretanto, fazer uso de frutos naturais, industriais ou civis que venham a ultrapassar o limite ideal dessas necessidades.

BIBLIOGRAFIA: W. Barros Monteiro, *Curso*, cit., v. 3, p. 327-8; Daibert, *Direito das coisas*, cit., p. 423-4; M. Helena Diniz, *Curso*, cit., v. 4, p. 309; Trabucchi, *Istituzioni di diritto civile*, n. 206; De Page, *Traité élémentaire*, cit., n. 481; Didimo da Veiga, *Manual*, cit., v. 9, n. 580 a 582.

Alcance da expressão "necessidades da família do usuário". As necessidades da família do usuário abrangem: as de seu cônjuge, as de seus filhos solteiros, mesmo se forem oriundos de relação extramatrimonial ou de adoção (CF, art. 227, § 6º), e as das pessoas de seu serviço doméstico, excluindo-se outros parentes ou visitas que venham a morar com o usuário. Figuram, então, como dependentes do beneficiário não só aqueles que se lhe vinculam por laços conjugal e de consanguinidade em linha reta de primeiro grau, mas também aqueles dos quais precisará para tirar as utilidades da coisa que usa.

BIBLIOGRAFIA: M. Helena Diniz, *Curso*, cit., v. 4, p. 309; W. Barros Monteiro, *Curso*, cit., v. 3, p. 327-8; Daibert, *Direito das coisas*, cit., p. 423-4; Levenhagen, *Código Civil*, cit., v. 3, p. 270-1; Darcy Arruda Miranda, *Anotações*, cit., v. 2, p. 179; Didimo da Veiga, *Manual*, cit., v. 9, n. 583 a 585; Aubry e Rau, *Cours*, cit., v. 2, § 239; Pacifici-Mazzoni, *Ist.*, cit., v. 3, n. 225; Chironi, *Diritto civile italiano*, cit., v. 1, § 170; Sanchez Roman, *Derecho civil*, cit., v. 3, n. 68; Lafayette, *Direito das coisas*, cit., § 112; Lacerda de Almeida, *Direito das coisas*, cit., § 76, nota 18.

Art. 1.413. São aplicáveis ao uso, no que não for contrário à sua natureza, as disposições relativas ao usufruto.

- *Código Civil, arts. 1.390 a 1.411.*

Aplicação ao uso das normas atinentes ao usufruto. O uso distingue-se do usufruto pela intensidade do direito, pois enquanto o usufrutuário retira toda a utilização do bem frutuário, o usuário só poderá utilizá-lo limitado às suas necessidades pessoais e às de sua família, sendo, para alguns autores, um usufruto limitado (Trabucchi) e para outros um usufruto em miniatura (De Page). Se o uso não passa de usufruto restrito, a lei o submete a todas as normas disciplinadoras do usufruto, visto que não existem quaisquer incompatibilidades entre esses dois direitos reais de fruição.

BIBLIOGRAFIA: Trabucchi, *Istituzioni*, cit., n. 206; De Page, *Traité élémentaire*, cit., n. 481; M. Helena Diniz, *Curso*, cit., v. 4, p. 309; Levenhagen, *Código Civil*, cit., v. 3, p. 271; Darcy Arruda Miranda, *Anotações*, cit., v. 2, p. 179; Didimo da Veiga, *Manual*, cit., v. 9, n. 586.

TÍTULO VIII
DA HABITAÇÃO

Art. 1.414. Quando o uso consistir no direito de habitar gratuitamente casa alheia, o titular deste direito não a pode alugar, nem emprestar, mas simplesmente ocupá-la com sua família.

- *Caso especial de habitação foi previsto nos §§ 2º e 3º do art. 1.611 do Código Civil de 1916, com a nova redação dada pela Lei n. 10.050/2000.*
- *Lei n. 6.015/73, art. 167, I, n. 7.*
- *Código Civil, art. 1.831, e Lei n. 9.278/96, art. 7º, parágrafo único.*

Conceito de habitação. Habitação é o direito real temporário de ocupar gratuitamente casa alheia para morada do titular e de sua família.

Objeto. O objeto desse direito real de fruição há de ser um imóvel (casa ou apartamento), com a destinação de proporcionar moradia gratuita, não podendo ser utilizado para estabelecimento de fundo de comércio ou de indústria, devendo, ainda, ser levado a assento no Registro de Imóveis (Lei n. 6.015/73, art. 167, I, n. 7). O titular desse direito real não poderá, portanto, alugar nem emprestar o imóvel gravado, pois nele deverá habitar com sua família.

Jurisprudência alusiva à habitação. Consulte relativamente à habitação: *RT*, *801*:216, *668*:90, *643*:166, *616*:83, *161*:142, *173*:668 e *139*:692; *JB*, *151*:219; *Ciência Jurídica*, *21*:67 e *32*:130; *RJTJRS*, *135*:443; *RJ*, *155*:102, *171*:53; *JTJ*, *121*:51; *RSTJ*, *200*:309.

BIBLIOGRAFIA: W. Barros Monteiro, *Curso*, cit., v. 3, p. 329-30; Caio M. S. Pereira, *Instituições*, cit., v. 4, p. 254-5; Daibert, *Direito das coisas*, cit., p. 427-30; Orlando Gomes, *Direitos reais*, cit., p. 312-3; Hedemann, *Derechos reales*, cit., § 39; M. Helena Diniz, *Sistemas*, cit., p. 123; e *Curso*, cit., v. 4, p. 314-5; Levenhagen, *Código Civil*, cit., v. 3, p. 271; Darcy Arruda Miranda, *Anotações*, cit., v. 2, p. 180; Didimo da Veiga, *Manual*, cit., v. 9, n. 587 a 590; Lafayette, *Direito das coisas*, cit., § 113; Lacerda de Almeida, *Direito das coisas*, cit., § 76; Wieland, *Droits réels*, cit., v. 1, p. 616; Ney Rosa Goulart e Paulo E. Ferreira Seffrin, *Usufruto, uso e habitação*, 1986.

Art. 1.415. Se o direito real de habitação for conferido a mais de uma pessoa, qualquer delas que sozinha habite a casa não terá de pagar aluguel à outra, ou às outras, mas não as pode inibir de exercerem, querendo, o direito, que também lhes compete, de habitá-la.

Habitação simultânea. Se o direito real de habitação for conferido a mais de uma pessoa, os cotitulares poderão habitar o imóvel conjunta ou separadamente, e, se um deles vier a residir sozinho na casa, não terá de pagar aluguel ao outro, ou aos outros, mas não os poderá inibir de exercerem, querendo, o direito, que também lhes compete, de habitá-la. Como são iguais os direitos, a nenhum será permitido obstar o exercício dos demais.

BIBLIOGRAFIA: M. Helena Diniz, *Curso*, cit., v. 4, p. 314; Levenhagen, *Código Civil*, cit., v. 3, p. 271; Didimo da Veiga, *Manual*, cit., v. 9, n. 591; Carlos Alberto Bittar, *Direitos reais*, cit., p. 181.

Art. 1.416. São aplicáveis à habitação, no que não for contrário à sua natureza, as disposições relativas ao usufruto.

- *Código Civil, arts. 1.390 a 1.411.*

Aplicabilidade dos preceitos reguladores do usufruto à habitação. As normas disciplinadoras do usufruto serão aplicáveis à habitação, salvo as que colidirem com sua natureza.

TÍTULO IX

DO DIREITO DO PROMITENTE COMPRADOR

- *Decreto-Lei n. 58/37.*
- *Decreto n. 3.079/38.*
- *Leis n. 4.505/64 e 6.766/79.*

Art. 1.417. Mediante promessa de compra e venda, em que se não pactuou arrependimento, celebrada por instrumento público ou particular, e registrada no Cartório de Registro de Imóveis, adquire o promitente comprador direito real à aquisição do imóvel.

- *Súmulas n. 166, 167, 168, 412 e 621 do Supremo Tribunal Federal.*
- Vide *Súmulas 76, 84, 239 e 308 do Superior Tribunal de Justiça.*
- *Código Civil, art. 1.225, VII.*
- *Código de Processo Civil, art. 821.*
- *Lei de Registros Públicos, art. 167, I, n. 9, 18 e 20.*

Direito real de aquisição sobre coisa alheia. O compromisso irretratável de compra e venda de imóvel, em razão de ausência de cláusula de arrependimento (*RT*, *216*:230, *313*:202, *373*:94, *393*:312, *399*:142, *420*:161, *538*:174, *672*:176; *RTJ*, *47*:822, *48*:453; *RF*, *161*:259 e *156*:268; STF, Súmula 166), devidamente assentado no competente Registro de Imóveis, equivale a um direito real limitado, direito de aquisição, assecuratório do *contrahere* futuro, não só em relação às partes contratantes como *erga omnes*. "O promitente comprador, titular de direito real (art. 1.417), tem a faculdade de reivindicar de terceiro o imóvel prometido à venda" (Enunciado n. 253 do Conselho da Justiça Federal, aprovado na *III Jornada de Direito Civil*).

Necessidade do assento da promessa de compra e venda no Registro Imobiliário. O direito real de promessa de venda só surge a partir do registro imobiliário; antes dele ter-se-á mero contrato de promessa de venda, que gera apenas direitos obrigacionais, resolvendo-se em perdas e danos (*RT*, *416*:346, *520*:155, *545*:226, *544*:145; *RTJ*, *57*:758 e 893 — em contrário, *RT*, *495*:155, *512*:158, *534*:133; Súmulas 239, 76 e 84 do STJ).

Jurisprudência sobre compromisso de compra e venda. STF, Súmulas 82, 97, 166, 167, 168, 412, 413, 489, 583, 590, 621; *RF*, *74*:437, *196*:152; *JTACSP*, *64*:57, *71*:206, *72*:10, *73*:179; *RJTJSP*, *68*:256, *79*:58, *83*:53, *81*:79, *84*:56, *82*:56, *40*:158, *72*:192, *70*:197; *RTJ*, *86*:716, *93*:222, *65*:693, *74*:399, *88*:361, *91*:171, *97*:442, *95*:282, *99*:804, *100*:1304; *RT*, *331*:142, *438*:164, *436*:497, *443*:197, *428*:262, *497*:155, *469*:39, *451*:286, *481*:191, *474*:184, *481*:160, *483*:113 e 202, *485*:148, *486*:138, *495*:142 e 155, *463*:174, *428*:268, *487*:156,

490:161, *457*:125, *499*:157, *553*:87, *551*:88, *514*:243, *548*:187, *501*:155, *507*:17, *510*:145, *512*:158, *513*:112, *527*:227, *534*:133, *537*:105, *500*:131, *502*:161, *503*:74, *529*:126, *541*:134, *546*:133, *543*:138, *545*:273, *549*:244, *552*:218, *558*:249, *559*:263, *559*:176, *538*:135, *562*:182, *531*:118, *540*:137, *571*:73, *535*:131, *533*:132, *546*:133, *578*:152, *570*:233, *573*:160, *579*:104, *554*:97, *563*:144, *545*:273, *687*:69, *606*:215, *641*:147, *684*:152, *688*:80, *631*:90, *652*:102, *607*:121, *745*:258, *740*:240, *752*:287, *704*:133; *JTACSP*, *112*:122; *Ciência Jurídica*, *4*:136, *5*:110, *7*:90, *10*:125, *18*:88, *20*:122, *22*:226, *24*:133, *42*:285, *53*:92; *RSTJ*, *43*:458; *EJSTJ*, *25*:122.

BIBLIOGRAFIA: Yussef Said Cahali, Compromisso de venda e compra, in *Enciclopédia Saraiva do Direito*, v. 16, p. 453; Arnaldo Rizzardo, *Promessa de compra e venda e parcelamento do solo urbano*, São Paulo, Revista dos Tribunais, 1998; José Osório de Azevedo Jr., *Compromisso de compra e venda*, São Paulo, Saraiva, 1983; Ricardo Arcoverde Credie, *Adjudicação compulsória*, São Paulo, Malheiros Ed., 1994; Sérgio Cavalieri Filho, Ação para outorga de escritura e adjudicação compulsória: distinção, *Livro de Estudos Jurídicos*, *8*:42-57; M. Helena Diniz, *Curso*, cit., v. 4, p. 499-511; Paulo Dias de Moura Ribeiro, *Compromisso de compra e venda*, São Paulo, Juarez de Oliveira, 2002; Francisco Cláudio de Almeida Santos, *Direito do promitente comprador e direitos reais de garantia*, São Paulo, Revista dos Tribunais, 2006, p. 25 a 54; Valter Farid Antonio Junior, *Compromisso de compra e venda*, São Paulo, Atlas, 2009.

Art. 1.418. O promitente comprador, titular de direito real, pode exigir do promitente vendedor, ou de terceiros, a quem os direitos deste forem cedidos, a outorga da escritura definitiva de compra e venda, conforme o disposto no instrumento preliminar; e, se houver recusa, requerer ao juiz a adjudicação do imóvel.

- *Decreto-Lei n. 58/37.*
- *Código Civil, art. 1.225, VII.*
- *Código de Processo Civil, arts. 47, § 1º, e 1.063.*
- *LJE, art. 3º, II.*
- Vide *Súmula 239 do Superior Tribunal de Justiça e Súmula 413 do Supremo Tribunal Federal.*
- *Lei n. 14.382/2022.*
- *Lei n. 6.015/73, art. 216-B, §§ 1º a 3º, com a redação da Lei n. 14.382/2022 e art. 251-A.*
- *Provimento CN-CNJ n. 150/2023 que alterou o Provimento n. 149/2023 sobre processo de adjudicação compulsória pela via extrajudicial.*

Compromisso irretratável de compra e venda. É o contrato pelo qual o compromitente-vendedor obriga-se a vender ao compromissário-comprador determinado imóvel pelo preço, condições e modos avençados, outorgando-lhe a escritura definitiva assim que ocorrer o adimplemento da obrigação; por outro lado, o compromissário-comprador, ao pagar integralmente o preço e satisfazer todas as condições estipuladas no contrato (*RT*, *527*:227), tem direito real sobre o imóvel, por força do assento do título no Registro Imobiliário, podendo reclamar a outorga da escritura definitiva, ou sua adjudicação compulsória (CPC, arts. 47, § 1º e 1.063; LJE, art. 3º, II; Decreto-Lei n. 58/37, art. 16), havendo recusa por parte do compromitente-vendedor ou de terceiro, a quem os direitos deste forem cedidos. Todavia, tem havido decisão (*RSTJ*, *144*:71; STJ, 4ª T., REsp 195.236/SP, rel. Min. Asfor Rocha, *DJU*, 15-4-2002, p. 221; Súmula 239 do STJ) entendendo que o direito à adjudicação é pessoal, restrito aos contratantes, não se condicionando a *obligatio faciendi* à inscrição no registro imobiliário, que somente é imprescindível para surtir efeito *erga omnes*.

Execução do contrato de promessa irretratável de venda. A execução do compromisso irretratável de compra e venda, devidamente registrado, dar-se-á de dois modos: *a*) pela *escritura definitiva*, que não é instrumento de outro negócio, mas a forma de um ato devido que expressa o cumprimento de obrigação oriunda de contrato no qual o intento negocial das partes foi definido e a atribuição patrimonial, determinada. Nessa escritura, a vinculação do contrato de compromisso de venda patenteia-se como sequência necessária, de tal modo que, por exemplo, se entre o momento da conclusão da promessa e o da assinatura do instrumento público definitivo se der o casamento do promitente-vendedor, a outorga uxória (ou marital) não será exigível, nem lhe assiste o direito de alegar anulabilidade da venda sob o fundamento de que faltou tal outorga; ou *b*) pela *sentença constitutiva de adjudicação compulsória*, que ordena a incorporação do imóvel compromissado ao patrimônio do compromissário-comprador, servindo de título translativo, se devidamente registrado; embora alguns julgados não o condicionem, para gerar o direito à adjudicação compulsória, ao registro no cartório imobiliário competente (Súmulas 413 do STF, e 239 do STJ; Enunciado n. 95, aprovado na *Jornada de Direito Civil*, promovida, em setembro de 2002, pelo Centro de Estudos Judiciários do CJF). Obtém-se a execução do compromisso de venda por esse modo, mediante processo especial e se o compromitente se recusar a outorgar a escritura definitiva de compra e venda, mesmo tendo recebido o preço avençado na sua íntegra. Substitui-se, nesse caso, a escritura pela sentença ou carta de adjudicação com iguais efeitos.

A Lei n. 14.382/2022 prevê novo procedimento extrajudicial de adjudicação compulsória para compromisso de compra e venda integralmente quitado, pois a ata notarial poderá atestar a disponibilidade ou a indisponibilidade do bem e a quitação do negócio, mediante apresentação ao tabelião de declaração de imposto sobre a renda, *e-mails* e extratos bancários que comprovem o recebimento pelo vendedor e a tentativa feita para obtenção da escritura definitiva etc. Se houver procedimento judicial, em trâmite, o usuário deverá solicitar pedido de desistência para que o ato possa efetivar-se extrajudicialmente. Também é possível rescindir, por via extrajudicial, o compromisso de compra e venda (art. 32, § 1º, Lei n. 6.766/79; art. 251-A da Lei n. 6.015/73) cujas prestações não forem pagas (STJ, 4ª T., REsp 620.787, rel. Min. Marco Buzzi).

BIBLIOGRAFIA: Orlando Gomes, *Direitos reais*, cit., p. 338-42; M. Helena Diniz, *Curso*, cit., v. 4, p. 509-10; Ricardo Arcoverde Credie, *Adjudicação compulsória*, São Paulo, Malheiros, 1997.

TÍTULO X

DO PENHOR, DA HIPOTECA E DA ANTICRESE

CAPÍTULO I

DISPOSIÇÕES GERAIS

- *Nova modalidade de direito real de garantia encontra-se na alienação fiduciária, prevista no art. 66-B da Lei n. 4.728, de 14 de julho de 1965, no art. 4º da Lei n. 6.071, de 3 de julho de 1974, na Lei n. 9.514/97, alterada pela Lei n. 12.810/2013, (sobre alienação fiduciária de coisa imóvel) e na Lei n. 6.015/73, art. 167, I, n. 35, e II, n. 17 e 30 (com a redação da Lei n. 12.810/2013), e nos arts. 1.361 a 1.368-A e B do Código Civil, alusivos à propriedade fiduciária.*

Art. 1.419. Nas dívidas garantidas por penhor, anticrese ou hipoteca, o bem dado em garantia fica sujeito, por vínculo real, ao cumprimento da obrigação.

• *Código Civil, arts. 961 e 1.361 a 1.368.*

• *Lei n. 11.101/2005, arts. 50, § 1º, 129, III, 163, § 4º.*

• *Código de Processo Civil, art. 674, § 2º, IV.*

Direitos reais de garantia. Direito real de garantia é o que vincula diretamente ao poder do credor determinado bem do devedor, assegurando a satisfação de seu crédito se inadimplente este. Na hipoteca ou penhor, havendo inadimplemento da obrigação, o bem dado em garantia é oferecido à penhora, e o produto, por ele alcançado em leilão, será destinado, de preferência, ao pagamento da obrigação garantida. Logo, pagar-se-ão primeiramente os credores hipotecários ou pignoratícios. Os demais só terão direito ao que sobrar. Na anticrese, o bem dado em garantia transfere-se para o credor, que, com as rendas por ele produzidas, procura pagar-se. Na alienação fiduciária em garantia ter-se-á transferência feita pelo devedor ao credor da propriedade resolúvel e da posse indireta de um bem infungível, com garantia do seu débito, resolvendo-se o direito do adquirente com o adimplemento da obrigação, ou melhor, com o pagamento da dívida garantida.

Acessoriedade da garantia real. A garantia real apresenta-se como um direito acessório, uma vez que sua existência só se compreende se houver uma relação jurídica obrigacional, cujo adimplemento assegura. O débito é o principal, e a garantia real, o acessório, seguindo o destino do primeiro, extinguindo-se com a extinção da dívida.

BIBLIOGRAFIA: Daibert, *Direito das coisas*, cit., p. 466; Silvio Rodrigues, *Direito civil*, cit., v. 5, p. 344-8; Ruggiero e Maroi, *Istituzioni*, cit., v. 2, § 197; Levenhagen, *Código Civil*, cit., v. 3, p. 274-6; Orlando Gomes, *Direitos reais*, cit., p. 345-50; Mazeaud e Mazeaud, *Leçons*, cit., v. 3, n. 54; W. Barros Monteiro, *Curso*, cit., v. 3, p. 342; Enneccerus, Kipp e Wolff, *Tratado de derecho civil*, cit., § 131; M. Helena Diniz, *Curso*, cit., v. 4, p. 324-6; Lafayette, *Direito das coisas*, cit., § 175; Cunha Gonçalves, *Princípios de direito civil*, cit., v. 1, p. 293; Didimo da Veiga, *Manual*, cit., v. 9, Parte 3, n. 14 a 50; Affonso Fraga, *Direitos reais de garantia — penhor antichrese e hypotheca*, 1903; Luiz Carlos Lopes Madeira, Os direitos reais de garantia no novo Código Civil, in *Simpósio sobre o novo Código Civil brasileiro* (coord. Pasini, Lamera e Talavera), São Paulo, 2003, p. 103-16; Sérgio Iglesias Nunes de Souza, *Comentários*, cit., p. 1050-56; Francisco Cláudio de Almeida Santos, *Direito do promitente*, cit., p. 55-98.

Art. 1.420. Só aquele que pode alienar poderá empenhar, hipotecar ou dar em anticrese; só os bens que se podem alienar poderão ser dados em penhor, anticrese ou hipoteca.

• Vide *Código Civil, arts. 1.647, I, 1.691, 1.717 e 1.848.*

• *Lei n. 6.015/73, arts. 167, II, 11 e 247.*

§ 1º A propriedade superveniente torna eficaz, desde o registro, as garantias reais estabelecidas por quem não era dono.

• *Código Civil, arts. 845, parágrafo único, 1.912 e 1.268.*

• *Lei n. 6.015/73, art. 168.*

§ 2º A coisa comum a dois ou mais proprietários não pode ser dada em garantia real, na sua totalidade, sem o consentimento de todos; mas cada um pode individualmente dar em garantia real a parte que tiver.

• Vide *Código Civil, arts. 87 e 1.314.*

Capacidade genérica e capacidade de alienar. Além da capacidade genérica para os atos da vida civil, a lei exige, para a constituição de direito real de garantia, que se tenha capacidade para alienar; logo, só o proprietário poderá dar um objeto em hipoteca, anticrese ou penhor, sob pena de nulidade da constituição desse direito (*RT*, *81*:36). Os absoluta e relativamente incapazes, proprietários de bens, poderão constituir direito real de garantia desde que representados ou assistidos pelo representante legal (CC, arts. 1.690 e 1.782). Os casados, salvo se o regime de bens for o de separação absoluta de bens, para hipotecar ou dar imóvel em anticrese, precisarão da anuência do consorte (CC, art. 1.647, I). O ascendente não pode hipotecar imóvel a descendente sem que os outros consintam e sem anuência de seu cônjuge (CC, art. 496; *RF*, *101*:114 e *118*:190; *RT*, *160*:793, *182*:338 e *196*:119). O inventariante só poderá dar em garantia bem do espólio mediante licença judicial. O herdeiro poderá hipotecar sua parte ideal no único imóvel da herança, que deverá ser separada da partilha e atribuída ao arrematante, se excutida antes dela a garantia (*RT*, *122*:133).

Bens alienáveis. Apenas bens alienáveis poderão ser dados em penhor, hipoteca e anticrese; logo, não poderão ser objetos de garantia real os bens públicos, bens de família, bens gravados com cláusula de inalienabilidade (*RT*, *82*:48, *300*:234 e *350*:223) etc.

Convalidação da garantia real pela superveniência do domínio. Nula será a constituição da garantia real sobre coisa alheia, mas a propriedade superveniente revalidará, tornando eficaz, a garantia real outorgada por quem não era o proprietário do bem gravado. Tal revalidação eficacial produzirá efeito *ex tunc*, ou seja, retroagirá desde o assento do ônus real no Registro competente.

BIBLIOGRAFIA: Lafayette, *Direito das coisas*, cit., § 162; Caio M. S. Pereira, *Instituições*, cit., v. 4, p. 267 e 270; Silvio Rodrigues, *Direito civil*, cit., v. 5, p. 354; W. Barros Monteiro, *Curso*, cit., v. 3, p. 346; M. Helena Diniz, *Curso*, cit., v. 4, p. 327-9; Didimo da Veiga, *Manual*, cit., v. 9, Parte 3, n. 52 a 108; Levenhagen, *Código Civil*, cit., v. 3, p. 276-7; Darcy Arruda Miranda, *Anotações*, cit., v. 2, p. 187.

Direito real de garantia e bem condominial. O bem condominial apenas poderá ser dado, em seu todo, em garantia real se todos os condôminos concordarem; mas cada um poderá, individualmente, dar em garantia real a parte que tiver; donde se infere, logicamente, que, se o bem for divisível, cada comunheiro poderá gravar a sua parte indivisa (CC, art. 1.314, *in fine*); se, obviamente, for indivisível, proibir-se-á a instituição de ônus real sobre a parte indivisa, a não ser que haja anuência unânime de todos. Isto é assim porque os comproprietários possuem uma quota ideal e não parte real da coisa em comum.

BIBLIOGRAFIA: Silvio Rodrigues, *Direito civil*, cit., v. 5, p. 352; M. Helena Diniz, *Curso*, cit., v. 4, p. 327-8; Caio M. S. Pereira, *Condomínio e incorporação*, n. 88, *Propriedade horizontal*, n. 67, e *Instituições*, cit., v. 4, p. 268-9; Levenhagen, *Código Civil*, cit., v. 3, p. 278; Darcy Arruda Miranda, *Anotações*, cit., v. 2, p. 187-8; Didimo da Veiga, *Manual*, cit., v. 9, Parte 3, n. 109 a 126.

Art. 1.421. O pagamento de uma ou mais prestações da dívida não importa exoneração correspondente da garantia, ainda que esta compreenda vários bens, salvo disposição expressa no título ou na quitação.

- *Código Civil, arts. 324 e 902, §§ 1º e 2º.*
- *Sobre liquidação ou amortização da dívida antes do vencimento,* vide *o Decreto n. 22.626, de 7 de abril de 1933, art. 7º.*
- *Sobre a alienação fiduciária,* vide *o art. 66-B, da Lei n. 4.728, de 14 de julho de 1965, e, sobre propriedade fiduciária, consulte os arts. 1.361 a 1.368 do Código Civil.*

DIREITO DAS COISAS

Indivisibilidade do direito real de garantia. O direito real de garantia adere-se ao bem gravado por inteiro e a cada uma de suas partes. Enquanto vigorar não se pode eximir tal bem desse ônus real e muito menos aliená-lo parcialmente. Se o devedor vier a pagar parcialmente a sua dívida, a coisa gravada permanecerá integralmente onerada em garantia do saldo devedor, pois, como diz Lafayette, toda a coisa e cada uma de suas partes responde pela dívida toda, devido à indivisibilidade da garantia real.

BIBLIOGRAFIA: Caio M. S. Pereira, *Instituições*, cit., v. 4, p. 273-4; Levenhagen, *Código Civil*, cit., v. 3, p. 278; W. Barros Monteiro, *Curso*, cit., v. 3, p. 348-9; Daibert, *Direito das coisas*, cit., p. 474; Baudry-Lacantinerie, *Traité théorique et pratique de droit civil*, 2. ed., v. 2, n. 897; Darcy Arruda Miranda, *Anotações*, cit., v. 2, p. 188; M. Helena Diniz, *Curso*, cit., v. 4, p. 333-4; Didimo da Veiga, *Manual*, cit., v. 9, Parte 3, n. 127 a 145; Wieland, *Droits réels*, cit., v. 1, p. 704; Lafayette, *Direito das coisas*, cit., § 176; Affonso Fraga, *Direitos reais de garantia*, São Paulo, 1933, n. 43.

Art. 1.422. O credor hipotecário e o pignoratício têm o direito de excutir a coisa hipotecada ou empenhada, e preferir, no pagamento, a outros credores, observada, quanto à hipoteca, a prioridade no registro.

- Vide *Código Civil, arts. 958, 959, 960 e 1.493, parágrafo único.*
- Vide *Lei n. 11.101/2005, art. 83.*
- Vide, *a título ilustrativo, art. 677, parágrafo único, do Código Civil de 1916, bem como a Lei n. 5.172, de 25 de outubro de 1966 (Código Tributário Nacional), arts. 186 e s., sobre a preferência fiscal.*
- Vide *Decreto-Lei n. 167, de 14 de fevereiro de 1967, sobre títulos de crédito rural.*
- *Código de Processo Civil, arts. 784, V, 835, § 3º, 876, 877 e 905.*

Parágrafo único. Excetuam-se da regra estabelecida neste artigo as dívidas que, em virtude de outras leis, devam ser pagas precipuamente a quaisquer outros créditos.

- *Código Civil, arts. 960, 964 e 965.*
- *Decreto-Lei n. 7.661/45, art. 102.*

Direito à excussão da coisa hipotecada ou empenhada. Se a dívida garantida não for paga no seu vencimento, o credor hipotecário e o pignoratício poderão promover a venda judicial em leilão público do bem hipotecado ou empenhado, para com o preço alcançado pagar-se, prioritariamente. Mas, se o prédio for objeto de garantia real a mais de um credor, observa-se quanto à hipoteca a prioridade no registro, ou melhor, o credor da segunda hipoteca tem a garantia da coisa hipotecada, gozando desse seu privilégio em segundo plano quanto à primeira; só será pago depois do credor da hipoteca registrada em primeiro lugar (*RT*, *167*:676, *180*:715, *579*:121, *351*:175, *353*:229, *354*:183, *503*:74, *342*:231 e *601*:185).

Preferência em benefício do credor pignoratício ou hipotecário. O credor pignoratício ou hipotecário receberá, prioritariamente, o valor da dívida, ao promover a excussão do bem dado em garantia, pagando-se com o produto de sua venda judicial, devolvendo o remanescente ao devedor ou pagando aos seus demais credores.

Exceção ao direito de prelação. O direito de prelação resulta da própria natureza do direito real de garantia, mas a lei aponta como exceção a dívida que, em razão de outra lei, deva ser paga precipuamente a quaisquer outros créditos, como, p. ex., os arrolados nos arts. 964 e 965 do Código Civil. O crédito considerado privilegiado merece preferência inclusive sobre o crédito hipotecado.

BIBLIOGRAFIA: Caio M. S. Pereira, *Instituições*, cit., v. 4, p. 272-5; Silvio Rodrigues, *Direito civil*, cit., v. 5, p. 346, 347, 359 e 360; W. Barros Monteiro, *Curso*, cit., v. 3, p. 342-3 e 356-7; M. Helena Diniz, *Curso*, cit., v. 4, p. 331-3; Daibert, *Direito das coisas*, cit., p. 480; Levenhagen, *Código Civil*, cit., v. 3, p. 279-80; Darcy Arruda Miranda, *Anotações*, cit., v. 2, p. 188; Didimo da Veiga, *Manual*, cit., v. 9, Parte 3, n. 146 a 170; Chironi, *Trattato dei privilegi, della ipotheche e del pegno*, v. 2, n. 207; Lacerda de Almeida, *Direito das coisas*, cit., § 131; Guillouard, *Privilèges et hypothèques*, v. 5, n. 372; Laurent, *Principes de droit civil*, v. 29, n. 455; Windscheid, *Pandectas*, ed. ital., § 233; Trigo de Loureiro, *Instituições*, cit., § 543; Lafayette, *Direito das coisas*, § 168; Planiol, *Traité élémentaire*, v. 2, n. 2.495; Martou, *Privilèges et hypothèques*, n. 34.

Art. 1.423. O credor anticrético tem direito a reter em seu poder o bem, enquanto a dívida não for paga; extingue-se esse direito decorridos quinze anos da data de sua constituição.

- Vide *Código Civil, arts. 1.507, § 2º, e 1.509.*
- Vide *Lei n. 6.015/73, arts. 167, I, n. 11, e 168.*

Direito de retenção da coisa pelo credor anticrético. O credor anticrético não se beneficia com a preferência. Apenas terá como compensação o direito de reter o bem dado em garantia, percebendo seus frutos e rendimentos, até que o débito seja pago, direito esse que se extingue decorridos quinze anos do dia da data de sua constituição, ou melhor, do assento do ônus no Registro competente. Findo esse prazo ter-se-á "*prescrição liberatória*"; logo, passados quinze anos contados da data do registro da anticrese, o credor perderá o direito de retenção do imóvel dado em garantia, ficando o prédio inteiramente liberado ao seu proprietário (devedor anticrético), mesmo que o débito ainda não tenha sido integralmente pago. O credor, então, deverá, mediante ação própria, cobrar o remanescente do seu crédito, se ainda não ocorreu a prescrição de sua pretensão.

BIBLIOGRAFIA: Darcy Arruda Miranda, *Anotações*, cit., v. 2, p. 189; Levenhagen, *Código Civil*, cit., v. 3, p. 280-1; M. Helena Diniz, *Curso*, cit., v. 4, p. 331; Caio M. S. Pereira, *Instituições*, cit., v. 4, p. 272; Silvio Rodrigues, *Direito civil*, cit., v. 5, p. 359-60; Didimo da Veiga, *Manual*, cit., v. 9, Parte 3, n. 171-80; Lomonaco, *Diritto civile italiano*, cit., v. 7, p. 289-99.

Art. 1.424. Os contratos de penhor, anticrese ou hipoteca declararão, sob pena de não terem eficácia:

I — o valor do crédito, sua estimação ou valor máximo;

II — o prazo fixado para pagamento;

III — a taxa dos juros, se houver;

IV — o bem dado em garantia, com as suas especificações.

Especialização. A especialização do penhor, hipoteca e anticrese vem a ser a pormenorizada enumeração dos elementos que caracterizam a obrigação e o bem dado em garantia, devendo o instrumento consignar: *a*) o total do crédito, sua estimação ou valor máximo; *b*) o prazo fixado para o pagamento da dívida; *c*) a taxa de juros, se houver; e d) a descrição da coisa dada em garantia feita pormenorizadamente, individuando-a, para que se possa identificá-la perfeitamente (*AJ*, *79*:33 e *75*:440; *RT*, *795*:373, *623*:180). Se o contrato de penhor, hipoteca e anticrese não contiver tais dados, será ineficaz.

Pelos Enunciados n. 666: "No penhor de créditos futuros, satisfaz o requisito da especificação, de que trata o art. 1.424, IV, do Código Civil, a definição, no ato constitutivo, de critérios ou procedimentos objetivos que permitam a determinação dos créditos alcançados pela garantia"; e n. 667: "No penhor constituído sobre bens fungíveis, satisfaz o requisito da especificação de que trata o art. 1.424, IV, do Código Civil, definição, no ato constitutivo, da espécie, qualidade e quantidade dos bens dados em garantia", ambos da *IX Jornada de Direito Civil*.

BIBLIOGRAFIA: Silvio Rodrigues, *Direito civil*, cit., v. 5, p. 350-1; W. Barros Monteiro, *Curso*, cit., v. 3, p. 350-1; Caio M. S. Pereira, *Instituições*, cit., v. 4, p. 270-1; Affonso Fraga, *Direitos reais de garantia*, cit., n. 47; Levenhagen, *Código Civil*, cit., v. 3, p. 281; M. Helena Diniz, *Curso*, cit., v. 4, p. 329-30; Darcy Arruda Miranda, *Anotações*, cit., v. 2, p. 189.

Art. 1.425. A dívida considera-se vencida:

- *Lei n. 11.101/2005, art. 77.*
- *Código Civil, arts. 333 e 1.445, parágrafo único.*

I — se, deteriorando-se, ou depreciando-se o bem dado em segurança, desfalcar a garantia, e o devedor, intimado, não a reforçar ou substituir;

- *Código Civil, art. 959, I.*

II — se o devedor cair em insolvência ou falir;

- Vide *Código Civil, art. 333, II.*
- *Código de Processo Civil, art. 1.052.*
- *Lei de Falências, arts. 77, 124, parágrafo único, 129, III, 163, § 4º.*

III — se as prestações não forem pontualmente pagas, toda vez que deste modo se achar estipulado o pagamento. Neste caso, o recebimento posterior da prestação atrasada importa renúncia do credor ao seu direito de execução imediata;

- *Código Civil, art. 401, I.*

IV — se perecer o bem dado em garantia, e não for substituído;

- *Código Civil, art. 959, I.*

V — se se desapropriar o bem dado em garantia, hipótese na qual se depositará a parte do preço que for necessária para o pagamento integral do credor.

- Vide *Código Civil, art. 959, II.*
- Vide *Decreto-Lei n. 3.365, de 21 de junho de 1941, art. 31, acerca de desapropriações.*
- *Sobre a alienação fiduciária,* vide *art. 66-B, da Lei n. 4.728, de 14 de julho de 1965, e, sobre propriedade fiduciária, arts. 1.361 a 1.368 do Código Civil.*

§ 1º Nos casos de perecimento da coisa dada em garantia, esta se sub-rogará na indenização do seguro, ou no ressarcimento do dano, em benefício do credor, a quem assistirá sobre ela preferência até seu completo reembolso.

§ 2º Nos casos dos incisos IV e V, só se vencerá a hipoteca antes do prazo estipulado, se o perecimento, ou a desapropriação recair sobre o bem dado em garantia, e esta não abranger outras; subsistindo, no caso contrário, a dívida reduzida, com a respectiva garantia sobre os demais bens, não desapropriados ou destruídos.

Vencimento antecipado da dívida. Há casos previstos em lei em que se pode exigir o vencimento antecipado da dívida assegurada por garantia real.

Desvalorização econômica ou deterioração do objeto. Autoriza o vencimento antecipado do débito garantindo a desvalorização econômica ou deterioração do objeto dado em garantia, desfalcando o ônus real, se o devedor intimado não a reforçar ou substituir.

Falência ou insolvência do devedor. A falência ou insolvência do devedor devidamente provada possibilita o vencimento antecipado da dívida garantida, porque o processo concursal implica o vencimento de todas as dívidas do falido ou do insolvente, para que se possa inventariar e dividir o ativo entre seus credores.

Falta de pontualidade no pagamento das prestações. Haverá vencimento antecipado da dívida garantida na falta de pontualidade no pagamento das prestações se deste modo estiver estipulado. Neste caso, o recebimento posterior da prestação atrasada importará renúncia do credor ao seu direito de execução imediata. Mas, se o devedor deixar descoberta outra prestação, reabre-se para o credor o direito de excutir a garantia com base na impontualidade (*RT*, *507*:104). Nossos tribunais têm entendido que a falta de pagamento de juros (*RT*, *322*:228, *256*:115, *236*:135 e *110*:199; *RF*, *119*:135 e *203*:162) e de tributos (*RT*, *99*:420) se enquadra no disposto no art. 1.425, III, induzindo vencimento antecipado do débito.

Perecimento do objeto dado em garantia. Se o objeto dado em garantia vier a se perder e não for substituído, incendiando-se, p. ex., cessa o prazo concedido ao devedor, e a dívida poderá ser exigida imediatamente, assistindo ao credor o direito de optar entre a imediata execução e o pedido de reforço da garantia real. Mas, se o objeto estiver no seguro ou se houver terceiro culpado pelo sinistro, ter-se-á uma indenização paga pelo seguro, ou um ressarcimento do dano feito pelo lesante, que se sub-rogará no bem destruído (*RJ*, *774*:390), tendo o credor preferência até conseguir reembolsar-se por completo.

Desapropriação total do bem dado em garantia. Ter-se-á vencimento antecipado da dívida garantida pela total desapropriação do bem que a garante, depositando-se a parte do preço que for necessária para o pagamento integral ao credor, pois o bem onerado sub-rogar-se-á no preço da desapropriação até o equivalente ao da coisa gravada. Sendo parcial a expropriação da coisa onerada, tendo sido pago parcialmente o credor, continuará o bem gravado pelo remanescente do débito.

Vencimento antecipado da hipoteca. A hipoteca só se vencerá antes do prazo estipulado se o sinistro ou a desapropriação recair sobre o objeto dado em garantia e esta não abranger outros, subsistindo, no caso contrário, a dívida reduzida, com a respectiva garantia sobre os demais bens, não desapropriados, ou destruídos.

BIBLIOGRAFIA: Caio M. S. Pereira, *Instituições*, cit., v. 4, p. 276-7; Trabucchi, *Istituzioni di diritto civile*, n. 269; Silvio Rodrigues, *Direito civil*, cit., v. 5, p. 356-7; Pont, *Des privilèges et hypothèques*, v. 2, n. 689; W. Barros Monteiro, *Curso*, cit., v. 3, p. 352-4; Lafayette, *Direito das coisas*, cit., § 233; Daibert, *Direito das coisas*, cit., p. 477; M. Helena Diniz, *Curso*, cit., v. 4, p. 334-6; Levenhagen, *Código Civil*, cit., v. 3, p. 282-3; Darcy Arruda Miranda, *Anotações*, cit., v. 2, p. 189-91; Affonso Fraga, *Direitos reais de garantia*, cit., p. 110.

Art. 1.426. Nas hipóteses do artigo anterior, de vencimento antecipado da dívida, não se compreendem os juros correspondentes ao tempo ainda não decorrido.

• Vide *§ 7º do art. 66-B da Lei n. 4.728, de 14 de julho de 1965, sobre alienação fiduciária.*

Vencimento antecipado de juros. O vencimento antecipado do débito assegurado por garantia real não antecipará o vencimento dos juros correspondentes ao prazo por decorrer, ou melhor, ao tempo ainda não decorrido. Deveras não seria lógico que os juros, acessórios do capital, só exigíveis com o transcurso do tempo estipulado, pudessem ser exigidos com o vencimento antecipado do principal em razão da ocorrência de casos legais do art. 1.425 do Código Civil. Consequentemente, os juros alusivos ao tempo ainda não decorrido não poderão ser computados no pagamento, visto que tal fato acarretaria enriquecimento sem causa do credor. Já houve decisão no sentido de que: *a*) "O art. 763 do Código Civil (correspondente ao art. 1.426 do novo Código Civil) não se aplica a contrato de dívida com financiadora, e garantido por promissórias e hipoteca" (*RT*, *506*:162); *b*) "Na alienação fiduciária em garantia, o vencimento antecipado da dívida não se estende aos juros e mais acessórios correspondentes ao prazo por decorrer, tendo aplicação o art. 763 (art. 1.426 do atual Código) do Código Civil" (*RT*, *518*:161).

BIBLIOGRAFIA: Levenhagen, *Código Civil*, cit., v. 3, p. 283; Darcy Arruda Miranda, *Anotações*, cit., v. 2, p. 191; M. Helena Diniz, *Curso*, cit., v. 4, p. 334.

Art. 1.427. Salvo cláusula expressa, o terceiro que presta garantia real por dívida alheia não fica obrigado a substituí-la, ou reforçá-la, quando, sem culpa sua, se perca, deteriore ou desvalorize.

• *Código Civil, art. 1.425, I.*

Bem de terceiro dado como garantia de débito alheio. Terceiro poderá dar coisa que lhe pertence em garantia de dívida de outrem, por razões de amizade ou interesse. Esse terceiro ficará alheio à obrigação, não sendo codevedor nem fiador. Com isso não estará, exceto se houver cláusula expressa, obrigado a substituir ou a reforçar a garantia, quando o bem gravado se perder, deteriorar ou desvalorizar sem culpa sua. Mas, se culposamente vier a deteriorar o bem gravado, terá responsabilidade de substituí-lo ou de reforçá-lo.

BIBLIOGRAFIA: W. Barros Monteiro, *Curso*, cit., v. 3, p. 355; M. Helena Diniz, *Curso*, cit., v. 4, p. 328; Levenhagen, *Código Civil*, cit., v. 3, p. 283; Darcy Arruda Miranda, *Anotações*, cit., v. 2, p. 191; Didimo da Veiga, *Manual*, cit., v. 9, Parte 3, n. 196 a 200; Guillouard, *Privilèges et hypothèques*, v. 2, n. 934; Aubry e Rau, *Cours*, cit., v. 3, § 266; Planiol, *Traité élémentaire*, cit., v. 2, p. 791.

Art. 1.428. É nula a cláusula que autoriza o credor pignoratício, anticrético ou hipotecário a ficar com o objeto da garantia, se a dívida não for paga no vencimento.

• *Igual proibição é prevista para a alienação fiduciária, pelo art. 1.365 do Código Civil e art. 66-B, da Lei n. 4.728/65.*

• *Lei n. 4.864/65, art. 23, § 3º.*

• *Código Civil, art. 1.435, V.*

Parágrafo único. Após o vencimento, poderá o devedor dar a coisa em pagamento da dívida.

Proibição de pacto comissório. Em nosso direito, ante a proibição do pacto comissório, será inadmissível, sob pena de nulidade, cláusula que autorize o credor pignoratício, anticrético ou hipotecário a ficar com o objeto dado como garantia de dívida, se o débito não for pago no seu vencimento (*RT*, *704*:133, *690*:173, *665*:85, *687*:69, *614*:179, *481*:151, *500*:108, *503*:74, *518*:244, *579*:121 e *601*:185; *RTJ*, *85*:257; *EJSTJ*, *16*:50; *RSTJ*, *58*:436, *28*:564; *Adcoas*, n. 77.736, 1981). Mas, após o vencimento da dívida, o devedor, se quiser, poderá dar o bem em pagamento dela. O parágrafo único contém disposição similar ao *pacto marciano*, pelo que, na lição de Moreira Alves, "se o débito não for pago, a coisa poderá passar à propriedade plena do credor pelo seu justo valor, a ser estimado, antes ou depois de vencida a dívida, por terceiro". Pelo Enunciado n. 626 da *VIII Jornada de Direito Civil*: "Não afronta o art. 1.428 do Código Civil, em relações paritárias, o pacto marciano, cláusula contratual que autoriza que o credor se torne proprietário da coisa objeto da garantia mediante aferição de seu justo valor e restituição do supérfluo (valor de bem em garantia que excede o da dívida)".

BIBLIOGRAFIA: Caio M. S. Pereira, *Instituições*, cit., v. 4, p. 274-5; Didimo da Veiga, *Manual*, cit., v. 9, Parte 3, n. 201 a 211; W. Barros Monteiro, *Curso*, cit., v. 3, p. 356-7; Darcy Arruda Miranda, *Anotações*, cit., v. 2, p. 191-2; Levenhagen, *Código Civil*, cit., v. 3, p. 283-4; Affonso Fraga, *Direitos reais de garantia*, cit., p. 121; M. Helena Diniz, *Curso*, cit., v. 4, p. 332-3; Lafayette, *Direito das coisas*, cit., v. 2, § 163; Lacerda de Almeida, *Direito das coisas*, cit., § 113; Aubry e Rau, *Cours*, cit., v. 6, § 434; Moreira Alves, *Da alienação fiduciária em garantia*, São Paulo, Saraiva, 1973, p. 127.

Art. 1.429. Os sucessores do devedor não podem remir parcialmente o penhor ou a hipoteca na proporção dos seus quinhões; qualquer deles, porém, pode fazê-lo no todo.

Parágrafo único. O herdeiro ou sucessor que fizer a remição fica sub-rogado nos direitos do credor pelas quotas que houver satisfeito.

• *Código de Processo Civil, art. 826.*

Remição total do penhor e da hipoteca. Em razão da indivisibilidade da garantia real não se pode remir parcialmente a dívida. Por exemplo, se vier a falecer o devedor pignoratício ou hipotecário, seus sucessores não poderão remir parcialmente o penhor ou a hipoteca na proporção de seus quinhões; porém, qualquer deles poderá fazê-lo no todo, liberando o objeto gravado, desde que integralmente satisfeito o credor, caso em que esse herdeiro se sub-rogará nos direitos do credor pelas quotas que pagou.

BIBLIOGRAFIA: W. Barros Monteiro, *Curso*, cit., v. 3, p. 357; Caio M. S. Pereira, *Instituições*, cit., v. 4, p. 274; M. Helena Diniz, *Curso*, cit., v. 4, p. 334; Didimo da Veiga, *Manual*, cit., v. 9, Parte 3, n. 212 a 226; Levenhagen, *Código Civil*, cit., v. 3, p. 284-5; Lacerda de Almeida, *Direito das coisas*, cit., v. 2, § 130; Darcy Arruda Miranda, *Anotações*, cit., v. 2, p. 192; Azevedo Marques, *A hipoteca*, 2. ed., p. 117 e s.; Aubry e Rau, *Cours*, cit., v. 2, p. 592 e s.

Art. 1.430. Quando, excutido o penhor, ou executada a hipoteca, o produto não bastar para pagamento da dívida e despesas judiciais, continuará o devedor obrigado pessoalmente pelo restante.

• Vide *Código Civil, art. 957 e 1.488, § 3º.*

• Vide *Lei de Falências (Lei n. 11.101/2005), art. 83, VI.*

Insuficiência do produto de arrematação. Excutido o penhor ou executada a hipoteca (*RJ, 179*:107), e sendo insuficiente o valor alcançado para pagamento do débito e das despesas judiciais, o credor poderá buscar no patrimônio do devedor meios para se pagar, pois este continuará pessoalmente obrigado, até que a dívida seja extinta, só que, quanto a este saldo, será credor quirografário. Por outro lado, se, na excussão judicial, o *quantum* obtido for maior do que a dívida garantida, o excedente será devolvido ao devedor ou destinado ao pagamento dos outros credores *pro rata*.

BIBLIOGRAFIA: M. Helena Diniz, *Curso*, cit., v. 4, p. 331; Caio M. S. Pereira, *Instituições*, cit., v. 4, p. 272; Levenhagen, *Código Civil*, cit., v. 3, p. 285; Darcy Arruda Miranda, *Anotações*, cit., v. 2, p. 192; Didimo da Veiga, *Manual*, cit., v. 9, Parte 3, n. 227 a 234.

Capítulo II
Do Penhor

Seção I
Da constituição do penhor

- *Decreto n. 24.427, de 19 de junho de 1934, dá regulamento às Caixas Econômicas (art. 80).*
- *Lei de Introdução às Normas do Direito Brasileiro, art. 8º, § 2º.*
- *Decreto n. 6.473/2008.*
- *Decreto n. 24.778, de 14 de julho de 1934, ora revogado pelo Decreto de 25 de abril de 1991, que dispunha sobre a caução de hipoteca e penhor.*
- *Lei n. 373, de 6 de janeiro de 1937, modifica o art. 80 do Decreto n. 24.427, de 19 de agosto de 1934 (concede prazo para liquidação das casas de penhores).*
- *Lei n. 492, de 30 de agosto de 1937, que regula o penhor rural e a cédula pignoratícia, cujo art. 34 teve execução suspensa pela RSF n. 48/65.*
- *Penhor agrícola* — Vide *arts. 61 e s. do Decreto-Lei n. 167, de 14 de fevereiro de 1967, comparando-os com os arts. 1.442 e 1.443 do Código Civil.*
- *Decreto-Lei n. 182, de 5 de janeiro de 1938, que revogou disposições contidas no Decreto n. 22.626, de 7 de abril de 1933, e nas Leis n. 454, de 9 de julho de 1937, e 492, de 30 de agosto de 1937 (sobre limitação dos juros nos contratos).*
- *Decreto-Lei n. 1.003, de 29 de dezembro de 1938, dispõe sobre o penhor agrícola.*
- *Decreto-Lei n. 1.113, de 22 de fevereiro de 1939, dispõe sobre a taxa de juros nos empréstimos feitos pelas casas de penhores.*
- *Decreto-Lei n. 2.612, de 20 de setembro de 1940, e o art. 1.438 do Código Civil dispõem sobre o registro do penhor rural.*
- *Decreto-Lei n. 4.360, de 5 de junho de 1942, modifica prazos para o penhor agrícola e pecuário.*
- *Lei n. 2.666, de 6 de dezembro de 1955, dispõe sobre o penhor de produtos agrícolas.*
- *Decreto-Lei n. 167, de 14 de fevereiro de 1967, dispõe sobre títulos de crédito rural, arts. 14, V, 15, 17, 19, 25, V, 26, 41, § 1º, 44, parágrafo único, 55 a 58, 61, 66, 68 e 69.*
- Vide *Decreto-Lei n. 413, de 9 de janeiro de 1969, que dispõe sobre títulos de crédito industrial.*
- Vide *Lei n. 8.929, de 22 de agosto de 1994, que institui a cédula de produto rural.*
- *Código Penal, arts. 171, § 2º, III, e 293, IV, e Lei n. 1.521/51, art. 4º,* a.
- *Código de Processo Civil, arts. 674, § 2º, IV, 703 a 706, 784, V, 804, 826, 835, § 3º, 876 e 877.*
- *Código Civil, arts. 30, 80, I, 108, 165, parágrafo único, 333, II, 364, 1.225, VIII, 1.419, 1.420, 1.429, 1.430, 1.436, V.*
- *Lei n. 11.101/2005, art. 22, III,* m.
- *Lei n. 4.829/65, art. 25, I a IV.*
- *Decretos n. 58.830/66 (revogado pelo Decreto s/n, de 10-5-1991), art. 30, IV; 59.566/66, arts. 52, 53 e 61; 66.303/70; 82.385/78, art. 61; 1.138/94 (arts. 5º, IV, e 27), revogado pelo Decreto n. 2.254/97, que perdeu sua vigência por força do Decreto n. 2.943/99.*

- *Decreto-Lei n. 413/69, arts. 14, V, 19, I, 20, 23, 30, 41, n. 2 a 4 e 6, 44 a 46, 48 e 57.*
- *Leis n. 6.015/73, arts. 127, II e IV, 129, n. 7, 135, n. 3, 144 e 145, 167, I, n. 4 e 15, 178, I, IV e VI, e 219; 6.404/76, arts. 39 e §§, e 72, 100, I, f, e 113; e 6.840/80, art. 3º.*
- *Súmula 638 Superior Tribunal de Justiça.*

Art. 1.431. Constitui-se o penhor pela transferência efetiva da posse que, em garantia do débito ao credor ou a quem o represente, faz o devedor, ou alguém por ele, de uma coisa móvel, suscetível de alienação.

- *Lei de Introdução às Normas do Direito Brasileiro, art. 8º, § 2º.*
- *Código de Processo Civil, art. 784, V.*
- *Decreto-Lei n. 759/69, art. 2º.*

Parágrafo único. No penhor rural, industrial, mercantil e de veículos, as coisas empenhadas continuam em poder do devedor, que as deve guardar e conservar.

- *Lei n. 492/37, art. 1º.*

Definição de penhor. Penhor é o direito real que consiste na transferência efetiva da posse de uma coisa móvel ou mobilizável, suscetível de alienação, realizada pelo devedor ou por terceiro (*RF*, *135*:69) ao credor, a fim de garantir o pagamento do débito (*RT*, *641*:167).

Devedor pignoratício. O devedor pignoratício poderá ser tanto o sujeito passivo da obrigação principal como terceiro que ofereça o ônus real. É ele que contrai o débito e transfere a posse do bem empenhado, como garantia ao credor.

Credor pignoratício. O credor pignoratício é o que empresta o dinheiro e recebe a coisa empenhada, recebendo, pela tradição, a posse desta. É o que tem o crédito garantido pelo penhor.

BIBLIOGRAFIA: Clóvis Beviláqua, *Código Civil comentado*, cit., v. 3, p. 338; Caio M. S. Pereira, *Instituições*, cit., v. 4, p. 281; M. Helena Diniz, *Curso*, cit., v. 4, p. 339; Orlando Gomes, *Direitos reais*, cit., p. 360; Daibert, *Direito das coisas*, cit., p. 486; Didimo da Veiga, *Manual*, cit., v. 9, Parte 3, n. 261 a 289; Windscheid, *Pandectas*, § 224; Coelho da Rocha, *Instituições de direito civil português*, cit., § 626; Affonso Fraga, *Direitos reais de garantia*, cit., p. 144; Lacerda de Almeida, *Direito das coisas*, cit., § 110; Sebastião José Roque, *Direito das coisas*, cit., p. 167-8, Sérgio Iglesias Nunes de Souza, *Comentários*, cit., p. 1056-72; Francisco Cláudio de Almeida Santos, *Direito do promitente*, cit., p. 98 a 165.

Penhor como contrato real. O penhor dependerá da tradição por ser um contrato real, que não se efetiva com o simples acordo entre as partes, porque requer a entrega real da coisa, perfazendo-se com a posse do objeto pelo credor. Há, portanto, uma transferência efetiva da posse. Todavia essa exigência não é absoluta, pois em alguns casos, como no penhor agrícola ou pecuário, industrial, mercantil e no de veículos, dispensa-se a posse do bem pelo credor, continuando ele em poder do devedor (*RT*, *648*:115), que o deve guardar e conservar.

Pelo Enunciado n. 668 da *IX Jornada de Direito Civil*: "Os direitos de propriedade industrial caracterizados pela exclusividade são suscetíveis de penhor, observadas as necessidades de averbação junto ao Instituto Nacional da Propriedade Industrial para a plena eficácia perante terceiros".

BIBLIOGRAFIA: Silvio Rodrigues, *Direito civil*, cit., v. 5, p. 363; Enneccerus, Kipp e Wolff, *Tratado de derecho civil*, cit., § 163; Hedemann, *Derechos reales*, cit., p. 486; Ruggiero e Maroi, *Istituzioni*, cit., v. 2, p. 484; M. Helena Diniz, *Curso*, cit., v. 4, p. 340; Didimo da Veiga, *Manual*, cit., v. 9, Parte 3, n. 290 a 309; Levenhagen, *Código Civil*, cit., v. 3, p. 287; Lafayette, *Direito das coisas*, cit., § 162; Luciano de S. Godoy, O penhor, *RTDCiv*, 1:173.

Art. 1.432. O instrumento do penhor deverá ser levado a registro, por qualquer dos contratantes; o do penhor comum será registrado no Cartório de Títulos e Documentos.

- Vide *Código Civil, arts. 221, 1.438, 1.452, 1.458, 1.462 e 1.424, e Portaria n. 12/2001 da Corregedoria Permanente de Registros Públicos do Estado de São Paulo.*
- *Penhor rural: registro* — Vide *Lei n. 6.015, de 31 de dezembro de 1973, arts. 219 e 167, I, n. 15; Código Civil, art. 1.438.*
- Vide *Lei n. 6.015/73, arts. 127, II e IV, 129, 2º, 167, I, n. 4 e 15, e 219.*

Penhor convencional. O penhor poderá constituir-se por convenção, caso em que o credor e devedor estipulam a garantia pignoratícia, conforme seus próprios interesses. Poderá ser feito por instrumento público ou particular.

Requisitos do instrumento público ou particular. O instrumento do penhor convencional deverá conter: *a*) identificação das partes contratantes; *b*) valor do débito ou sua estimação, dispensando-se a declaração do valor do objeto empenhado (*RT*, *136*:253); *c*) bem onerado, com suas especificações, para que se possa individualizá-lo de modo exato; *d*) taxa de juros, se houver (CC, art. 1.424).

BIBLIOGRAFIA: W. Barros Monteiro, *Curso*, cit., v. 3, p. 363; M. Helena Diniz, *Curso*, cit., v. 4, p. 341-2; Didimo da Veiga, *Manual*, cit., v. 9, Parte 3, n. 310 a 316; Levenhagen, *Código Civil*, cit., v. 3, p. 287; Darcy Arruda Miranda, *Anotações*, cit., v. 2, p. 197; Dernburg, Pandectas, § 236; Lafayette, *Direito das coisas*, cit., § 162; Aubry e Rau, *Cours*, cit., v. 6, § 432; Pacifici-Mazzoni, *Ist.*, v. 5, n. 284; R. Limongi França, *Instituições de direito civil*, cit., p. 555-6.

Registro do instrumento do penhor comum. Se o penhor constar de instrumento particular, deverá ser assinado por ambos os interessados, juntamente com duas testemunhas, e lavrado em duas vias (ou em uma única via — *RT*, *112*:528), ficando um exemplar com cada um dos contratantes, para que qualquer deles providencie seu registro no Cartório de Títulos e Documentos, a fim de que esse contrato possa valer perante terceiros (Lei n. 6.015/73, arts. 127, II, III e IV, 129, 2º, e 167, I, n. 4 e 15; *RT*, *78*:207; *Ciência Jurídica*, *38*:163). O penhor estabelecido por contrato levado a assento no Cartório de Títulos e Documentos faz nascer em proveito do credor um direito real de garantia que opera *erga omnes*, estando munido de ação real e de sequela.

BIBLIOGRAFIA: Silvio Rodrigues, *Direito civil*, cit., v. 5, p. 361-2; Mazeaud e Mazeaud, *Leçons de droit civil*, n. 64; Caio M. S. Pereira, *Instituições*, cit., v. 4, p. 283-4; M. Helena Diniz, *Curso*, cit., v. 4, p. 339, 341-2; Levenhagen, *Código Civil*, cit., v. 3, p. 287-8; Didimo da Veiga, *Manual*, cit., v. 9, Parte 3, n. 317 a 322; Aubry e Rau, *Cours*, cit., v. 6, § 432; Darcy Arruda Miranda, *Anotações*, cit., v. 2, p. 197.

SEÇÃO II

DOS DIREITOS DO CREDOR PIGNORATÍCIO

Art. 1.433. O credor pignoratício tem direito:

I — à posse da coisa empenhada;

II — à retenção dela, até que o indenizem das despesas devidamente justificadas, que tiver feito, não sendo ocasionadas por culpa sua;

- *Código Civil, arts. 319, 964, III, e 1.219.*

III — ao ressarcimento do prejuízo que houver sofrido por vício da coisa empenhada;

• *Código Civil, arts. 441 a 446.*

IV — a promover a execução judicial, ou a venda amigável, se lhe permitir expressamente o contrato, ou lhe autorizar o devedor mediante procuração;

• *Código Civil, art. 1.435, V.*

• *Código de Processo Civil, art. 784, V.*

V — a apropriar-se dos frutos da coisa empenhada que se encontra em seu poder;

• Vide *Código Civil, art. 1.435, III.*

VI — a promover a venda antecipada, mediante prévia autorização judicial, sempre que haja receio fundado de que a coisa empenhada se perca ou deteriore, devendo o preço ser depositado. O dono da coisa empenhada pode impedir a venda antecipada, substituindo-a, ou oferecendo outra garantia real idônea.

Direitos do credor pignoratício. São direitos do credor pignoratício: *a*) investir-se na posse da coisa empenhada, que lhe é transmitida pelo devedor; *b*) reter o objeto empenhado até o implemento da obrigação ou até ser reembolsado das despesas com sua conservação, devidamente justificadas, desde que tais dispêndios não se tenham verificado por culpa ou desídia sua na guarda da coisa; *c*) ressarcir-se de qualquer dano ou prejuízo que venha a sofrer em virtude de vício da coisa gravada, desde que ignore sua existência, pois se dele tivesse conhecimento estaria conivente com o devedor, não tendo, então, nenhum direito à indenização; *d*) excutir o bem onerado, ou seja, promover sua venda judicial, segundo o rito processual, dada a proibição do pacto comissório, que o impede de apropriar-se do objeto empenhado, ou, então, providenciar a sua venda amigável, se o contrato permitir ou se houver autorização dada pelo devedor mediante procuração; *e*) apropriar-se dos frutos da coisa empenhada que se encontra em seu poder, para imputar o valor deles nas despesas de guarda e conservação (CC, art. 1.435, III); *f*) promover a venda antecipada, mediante prévia autorização judicial, se houver justo e fundado receio de que o bem onerado se perca ou deteriore, devendo o preço ser depositado. Todavia, nada obsta a que o dono da coisa empenhada impeça essa venda, substituindo-a por outra ou, se preferir, oferecendo outra garantia real idônea para cobrir seu débito.

BIBLIOGRAFIA: M. Helena Diniz, *Curso*, cit., v. 4, p. 343-4; Darcy Arruda Miranda, *Anotações*, cit., v. 2, p. 197; Levenhagen, *Código Civil*, cit., v. 3, p. 288 e 289; Didimo da Veiga, *Manual*, cit., v. 9, Parte 3, n. 323-348; Lafayette, *Direito das coisas*, § 163, n. 4; Lacerda de Almeida, *Direito das coisas*, cit., § 114, letra *c*; Trigo de Loureiro, *Instituições*, cit., § 531; Martinho Garcez, *Direito das coisas*, cit., § 289-A; R. Limongi França, *Instituições de direito civil*, cit., p. 559; Chironi, *Trattato dei privilegi, delle ipoteche e del pegno*, v. 1, n. 292, p. 585, nota 2.

Art. 1.434. O credor não pode ser constrangido a devolver a coisa empenhada, ou uma parte dela, antes de ser integralmente pago, podendo o juiz, a requerimento do proprietário, determinar que seja vendida apenas uma das coisas, ou parte da coisa empenhada, suficiente para o pagamento do credor.

• *Código Civil, art. 964, III.*

• ***Projeto de Lei n. 699/2011***: *"Art. 1.434. O credor não pode ser constrangido a devolver a coisa empenhada, ou uma parte dela, antes de ser integralmente pago".*

Ilicitude da exigência de devolução do bem onerado antes do pagamento do débito garantido. O credor tem o direito de não restituir a coisa empenhada, no todo ou em parte, antes de ser pago.

Venda do bem empenhado antes do adimplemento da obrigação onerada. O proprietário dos bens empenhados poderá requerer judicialmente a venda de um deles ou de parte da coisa gravada, para alcançar o preço suficiente para saldar sua dívida perante o credor pignoratício.

Seção III
Das obrigações do credor pignoratício

Art. 1.435. O credor pignoratício é obrigado:

I — à custódia da coisa, como depositário, e a ressarcir ao dono a perda ou deterioração de que for culpado, podendo ser compensada na dívida, até a concorrente quantia, a importância da responsabilidade;

• *Código Civil, arts. 1.431, parágrafo único, 627 a 652, 368 a 380.*

II — à defesa da posse da coisa empenhada e a dar ciência, ao dono dela, das circunstâncias que tornarem necessário o exercício de ação possessória;

III — a imputar o valor dos frutos, de que se apropriar (art. 1.433, inciso V) nas despesas de guarda e conservação, nos juros e no capital da obrigação garantida, sucessivamente;

IV — a restituí-la, com os respectivos frutos e acessões, uma vez paga a dívida;

V — a entregar o que sobeje do preço, quando a dívida for paga, no caso do inciso IV do art. 1.433.

• Vide *Código de Processo Civil, arts. 784, V e 907.*

• *Código Civil, arts. 1.428, 1.433, IV, e 1.436, V.*

Deveres do credor pignoratício como depositário da coisa gravada. O credor pignoratício não passa de um depositário; consequentemente, não poderá usar o bem empenhado, devendo ainda: *a*) conservar a coisa com diligência e cuidado normais de um proprietário em relação ao que é seu; *b*) ressarcir ao dono a perda ou deterioração de que for culpado, já que o penhor extingue-se se o perecimento ou dano provier de caso fortuito ou força maior. Urge lembrar que o devedor poderá descontar ao pagar o débito a importância atinente à indenização a que esteja obrigado o credor, por perda ou deterioração da coisa empenhada de que foi culpado. Logo o *quantum* devido a título de ressarcimento do dano culposamente causado pelo credor pignoratício poderá ser compensado na dívida até a concorrente quantia. Tal compensação é facultativa, processando-se na forma do art. 368 do Código Civil (*RTDCív.*, *1*:165; *JTACivSP*, *158*:132); *c*) defender a posse da coisa empenhada, dando ciência ao dono dela da turbação, ou do esbulho, que tornou necessário o exercício de ação possessória; *d*) imputar o valor dos frutos apropriados (CC, art. 1.433, V) nas despesas de guarda e conservação, nos juros e no capital da obrigação garantida, sucessivamente; *e*) restituir o bem empenhado, uma vez paga a dívida, com os respectivos frutos e acessões. Tal ocorre porque o devedor pignoratício terá o direito de reaver o objeto dado em garantia, quando pagar seu débito, não podendo o credor, cujo crédito foi integralmente satisfeito, recusar-se a restituir a coisa a quem a empenhou. Isto é assim porque o penhor é acessório da dívida. Paga esta será lícito que o credor devolva a coisa dada em garantia; e *f*) entregar o que sobeje do preço, quando a dívida for paga, seja por excussão judicial ou por venda amigável, se lha permitir expressamente o contrato, ou lha autorizar o devedor, mediante procuração especial (CC, art. 1.433, IV).

BIBLIOGRAFIA: Caio M. S. Pereira, *Instituições*, cit., v. 4, p. 287; Hedemann, *Derechos reales*, cit., p. 493; M. Helena Diniz, *Curso*, cit., v. 4, p. 343-4; Didimo da Veiga, *Manual*, cit., v. 9, Parte 3, n. 349

a 360, 361 a 382; Lacerda de Almeida, *Direito das coisas*, cit., § 114; Windscheid, *Pandectas*, cit., v. 1, § 101; Ricci, *Corso*, cit., v. 9, n. 302; Lafayette, *Direito das coisas*, cit., § 164; Levenhagen, *Código Civil*, cit., v. 3, p. 289-90; Aubry e Rau, *Cours*, cit., v. 4, §§ 352 e s.; Darcy Arruda Miranda, *Anotações*, cit., v. 2, p. 197.

SEÇÃO IV
DA EXTINÇÃO DO PENHOR

Art. 1.436. Extingue-se o penhor:

I — extinguindo-se a obrigação;

• *Código Civil, arts. 1.433, 1434 e 1.435, IV.*

II — perecendo a coisa;

• *Código Civil, art. 1.435, I.*

III — renunciando o credor;

• *Código Civil, art. 1.436, § 1º.*

IV — confundindo-se na mesma pessoa as qualidades de credor e de dono da coisa;

• *Código Civil, arts. 1.436, § 2º, 381 a 384.*

V — dando-se a adjudicação judicial, a remissão* ou a venda da coisa empenhada, feita pelo credor ou por ele autorizada.

* *Trata-se da* remição, *pois houve um* lapso *do legislador. A palavra* remissão *do texto legal está se referindo ao resgate (remição) e não ao perdão (remissão).*

• *Código Civil, arts. 1.435, V, e 1.445.*

• *Código de Processo Civil, arts. 826, 835, § 3º, 876, §§ 4º, 5º e 6º, 877, § 1º, I e II.*

• Vide *art. 66, § 7º, da Lei n. 4.728, de 14 de julho de 1965, com a nova redação determinada pelo Decreto-Lei n. 911, de 1º de outubro de 1969, acerca de alienação fiduciária.*

• ***Projeto de Lei n. 699/2011****: "V — dando-se a adjudicação judicial, a remição ou a venda da coisa empenhada, feita pelo credor ou por ele autorizada.*

...".

§ 1º Presume-se a renúncia do credor quando consentir na venda particular do penhor sem reserva de preço, quando restituir a sua posse ao devedor, ou quando anuir à sua substituição por outra garantia.

• *Código Civil, art. 387.*

§ 2º Operando-se a confusão tão somente quanto a parte da dívida pignoratícia, subsistirá inteiro o penhor quanto ao resto.

• *Código Civil, arts. 381 a 384.*

Casos extintivos do penhor. Arrola o artigo *sub examine* as causas que resolvem o penhor.

Extinção da dívida. Resolve-se o penhor com a extinção do débito, por ser uma relação acessória, que se liga à principal. Cessada esta, pelo pagamento da dívida, desaparecerá o ônus real.

Perecimento do objeto empenhado. Se se perder totalmente a coisa gravada em razão de força maior ou caso fortuito, extinto estará o penhor por falta de objeto, por ser impossível sua execução. Se a perda for parcial, o ônus real subsistirá no remanescente, possibilitando que o credor pignoratício possa exigir o reforço da garantia, sob pena de vencimento antecipado da dívida. Se a perda total do bem gravado se der por culpa do credor ou de terceiro, o ônus real sub-rogar-se-á no valor da indenização. O mesmo se dará se a coisa estiver no seguro ou for desapropriada (*RF*, *79*:123; STJ, REsp 730.925/RJ, rel. Nancy Andrighi, j. 20-4-2006).

Renúncia do credor. Se o credor renunciar ao penhor, sendo capaz e tendo a livre disposição de seus bens, extinguir-se-á o ônus real. Essa renúncia deverá ser feita, por ato *inter vivos* ou *causa mortis*, por escrito devidamente formalizado ou por termo nos autos. A renúncia não põe fim à dívida, pois apenas diz respeito ao ônus real, que então desaparecerá.

Renúncia presumida ao penhor. Ter-se-á renúncia presumida ao penhor quando: *a*) o credor aquiescer na venda do bem gravado sem reserva de preço para a solução do débito; *b*) o credor restituir, voluntariamente, a sua posse do objeto empenhado ao devedor, pois a entrega da coisa gravada prova a renúncia do credor à garantia real, mas não ao débito (CC, art. 387); *c*) o credor autorizar a substituição da coisa empenhada por outra garantia real ou fidejussória, caso em que a novação tem efeito extintivo da relação pignoratícia.

BIBLIOGRAFIA: Windscheid, *Pandectas*, v. 2, § 248; Caio M. S. Pereira, *Instituições*, cit., v. 4, p. 298; M. Helena Diniz, *Curso*, cit., v. 4, p. 356; Enneccerus, Kipp e Wolff, *Tratado de derecho civil*: derecho de cosas, cit., § 171; Darcy Arruda Miranda, *Anotações*, cit., v. 2, p. 213; Didimo da Veiga, *Manual*, cit., v. 9, Parte 4, n. 535 a 541; Aubry e Rau, *Cours*, cit., v. 4, § 323.

Confusão. Se numa mesma pessoa reunirem-se as qualidades de credor e dono do objeto gravado, por aquisição *inter vivos* ou *causa mortis*, extingue-se o penhor.

Confusão parcial. Se a confusão operar-se apenas em relação a uma parte da dívida pignoratícia, subsistirá por inteiro o penhor quanto ao resto, devido à indivisibilidade inerente aos direitos reais de garantia.

BIBLIOGRAFIA: Didimo da Veiga, *Manual*, cit., v. 9, Parte 4, n. 542 a 546; Lomonaco, *Diritto civile italiano*, cit., v. 5, p. 335-6; M. Helena Diniz, *Curso*, cit., v. 4, p. 357; Levenhagen, *Código Civil*, cit., v. 3, p. 305; Darcy Arruda Miranda, *Anotações*, cit., v. 2, p. 213.

Adjudicação judicial, remição ou venda da coisa dada em penhor. Extingue-se o penhor com a adjudicação judicial (CPC, art. 876 e § 5º), a remição (resgate — CPC, art. 826) ou a venda da coisa dada em penhor, feita ou autorizada pelo credor. A adjudicação judicial e a remição envolvem a excussão pignoratícia, ou seja, ensejam que a coisa empenhada seja vendida em leilão público, requerendo o credor a sua adjudicação (CPC, art. 876, §§ 4º e 5º), por preço igual ao do maior lanço, ou, se não tiver licitante, pelo valor da avaliação, adquirindo, assim, judicialmente, a propriedade do bem, resolvendo o penhor. Deveras, pelo § 3º do art. 835 do Código de Processo Civil, na execução do crédito com garantia pignoratícia, a penhora recairá, preferencialmente, sobre a coisa dada em garantia e, se ela pertencer a terceiro garantidor, será este também intimado da penhora. Se o valor do crédito for inferior ao bem empenhado, o requerente depositará de imediato a diferença, ficando esta à disposição do executado; se for superior, a execução prosseguirá pelo saldo remanescente (CPC, art. 876, § 4º, I e II). Se essa adjudicação se der por preço maior do que o débito garantido, o credor adjudicatário deverá restituir o saldo ao devedor, ou depositá-lo em juízo, se estiver aberto o concurso creditório. Idêntico direito poderá ser exercido pelos credores concorrentes que hajam penhorado o mesmo bem, pelo cônjuge, pelo companheiro, pelos descendentes ou ascendentes do executado (CPC, art. 876, § 5º, segunda parte). E, havendo mais de um pretendente, proceder-se-á entre eles à licitação; em igualdade de oferta, terá preferência o cônjuge, o companheiro, descendente ou ascendente, nessa ordem (CPC, art. 876, § 6º). A adjudicação considerar-se-á perfeita e acabada com a lavratura e assinatura do auto pelo juiz, pelo adjudicatário, pelo escrivão ou chefe de secretaria e, se for presente, pelo executado, expedindo-se a ordem de entrega do bem móvel ao adjudicante (CPC, art. 877, § 1º, II).

A venda só terá lugar se feita pelo credor ou se houver anuência sua.

Se houver adjudicação judicial, remição (resgate) ou venda do penhor feita ou autorizada pelo credor, resolver-se-á, portanto, o ônus real.

BIBLIOGRAFIA: Caio M. S. Pereira, *Instituições*, cit., v. 4, p. 297-9; W. Barros Monteiro, *Curso*, cit., v. 3, p. 384-6; Orlando Gomes, *Direitos reais*, cit., p. 370; Lacerda de Almeida, *Direito das coisas*, cit., § 115; Levenhagen, *Código Civil*, cit., v. 3, p. 303-5; Didimo da Veiga, *Manual*, cit., v. 9, Parte 4, n. 512 a 534; M. Helena Diniz, *Curso*, cit., v. 4, p. 355-7; Lafayette, *Direito das coisas*, cit., § 167; Martinho Garcez, *Direito das coisas*, cit., § 319; Aubry e Rau, *Cours*, cit., v. 6, § 429, e v. 4, § 330.

Art. 1.437. Produz efeitos a extinção do penhor depois de averbado o cancelamento do registro, à vista da respectiva prova.

- Vide *Código Civil, arts. 212 a 232, 1.432 e 1.436.*
- Vide *Lei n. 6.015/73, arts. 164 a 166, 248 e 250, III.*

Eficácia da extinção do penhor com seu cancelamento no registro. Operada a extinção do penhor por qualquer das hipóteses arroladas no art. 1.436 do Código Civil, ela apenas irradiará seus efeitos jurídicos depois da averbação do seu cancelamento no registro competente (Cartório de Títulos e Documentos), à vista da respectiva prova. Enquanto não for cancelado o registro do penhor, ele terá eficácia *erga omnes*.

BIBLIOGRAFIA: Didimo da Veiga, *Manual*, cit., v. 9, Parte 4, n. 508 a 511; Levenhagen, *Código Civil*, cit., v. 3, p. 303; Darcy Arruda Miranda, *Anotações*, cit., v. 2, p. 211.

SEÇÃO V
DO PENHOR RURAL

SUBSEÇÃO I
DISPOSIÇÕES GERAIS

- *O penhor agrícola e o penhor pecuário estão regulados pela Lei n. 492, de 30 de agosto de 1937, que sofreu modificações introduzidas pelos Decretos-Leis n. 182, de 5 de janeiro de 1938, que dispõe sobre limitação de juros nos contratos, 1.003, de 29 de dezembro de 1938, que dispõe sobre o penhor agrícola e dá outras providências, 2.612, de 20 de setembro de 1940, que dispõe sobre o registro do penhor rural, 4.360, de 5 de junho de 1942, que modifica para o penhor agrícola e pecuário. E, agora regido pelos arts. 1.438 a 1.446 do Código Civil, sendo aplicável apenas subsidiariamente às normas acima arroladas.*
- *A Lei n. 2.666, de 6 de dezembro de 1955, regula o penhor dos produtos agrícolas.*
- *O Decreto-Lei n. 167, de 14 de fevereiro de 1967, dispõe sobre títulos de crédito rural* (vide *art. 61).*
- *Sobre o penhor agrícola e sobre o penhor pecuário,* vide *a Lei n. 4.829, de 5 de novembro de 1965, que institucionaliza o crédito rural.*

DIREITO DAS COISAS

- *Penhor agrícola em caso de parceria* — Vide *arts. 54 a 57 do Decreto n. 59.566, de 14 de novembro de 1966.*
- *Lei n. 8.929/94, que institui cédula de produto rural.*
- *Lei n. 9.973/2000, regulamentada pelo Decreto n. 3.855/2001.*
- *Lei de Introdução às Normas do Direito Brasileiro, art. 8º, § 2º.*

Art. 1.438. Constitui-se o penhor rural mediante instrumento público ou particular, registrado no Cartório de Registro de Imóveis da circunscrição em que estiverem situadas as coisas empenhadas.

- *Sobre o registro do penhor rural, consultem-se os arts. 2º, 14 e s. da Lei n. 492, de 30 de agosto de 1937, arts. 1º e 2º, e o Decreto-Lei n. 2.612, de 20 de setembro de 1940, que dispõe sobre o registro do penhor rural.*
- *Sobre o registro no Registro de Imóveis,* vide *Lei n. 6.015, de 31 de dezembro de 1973, arts. 167, I, n. 4, 13, 14 e 15 e 219.*
- *O penhor de produtos agrícolas será registrado como o penhor rural* — Vide *art. 1º, § 2º, da Lei n. 2.666, de 6 de dezembro de 1955.*
- Vide *Lei n. 4.829, de 5 de novembro de 1965, que institucionaliza o crédito rural.*

Parágrafo único. Prometendo pagar em dinheiro a dívida, que garante com penhor rural, o devedor poderá emitir, em favor do credor, cédula rural pignoratícia, na forma determinada em lei especial.

- *Lei n. 492/37, arts. 14 a 19.*
- *Decretos-Leis n. 167/67, arts. 9º, 30 a 38, e 1.000/69, art. 167.*
- *Lei n. 6.015/73, arts. 167, I, n. 13, 182 a 216.*

Penhor rural. Sob a rubrica "penhor rural", o Código Civil prevê tanto o penhor agrícola (que grava culturas e bens a elas destinados) como o pecuário (que recai sobre animais integrantes de atividade pastoril, agrícola ou de laticínios) e dispensa a tradição, pois os bens empenhados continuarão em poder de seu proprietário devedor, tendo posse direta na qualidade de depositário, visto que garantirá o débito, emitindo, em favor do credor, cédula rural pignoratícia. O penhor rural, feito mediante instrumento público ou particular, deverá ser registrado, para ter eficácia contra terceiros, no Registro Imobiliário da comarca em que estiverem situados os bens ou animais empenhados (*RT, 224*:296 e *253*:236; *RSTJ, 98*:179, *79*:243; *Ciência Jurídica, 68*:53; *RF, 170*:262). Só com esse registro, que pode ser provado com uma certidão, ter-se-á o penhor como um direito real de garantia, com eficácia *erga omnes*.

Cédula rural pignoratícia. Assim que o contrato de penhor rural for levado a assento, o oficial do Registro expedirá, a pedido do credor, a cédula rural pignoratícia (Lei n. 492/37, art. 15, Decreto-Lei n. 167/67, arts. 14 a 19, 30 e 31; *RT, 799*:340; *EJSTJ, 3*:109 e 7:67), a fim de facilitar a circulação do crédito garantido, transferível por endosso, e de comprovar, para fins publicitários contra terceiros, o mencionado assentamento, devendo este conter dados e especificações necessárias ao exato conhecimento do negócio garantido pignoraticiamente. Mas nada obsta, ante o artigo *sub examine*, a que o devedor, prometendo pagar em dinheiro o débito, a emita, espontaneamente, em favor do credor, na forma determinada em lei especial (Leis n. 492/37 e 4.829/65, e Decreto-Lei n. 167/67).

BIBLIOGRAFIA: Orlando Gomes, *Direitos reais*, cit., p. 366; W. Barros Monteiro, *Curso*, cit., v. 3, p. 375; Silvio Rodrigues, *Direito civil*, cit., v. 5, p. 383; M. Helena Diniz, *Curso*, cit., v. 4, p. 348-9; e

Sistemas, cit., p. 140-58; Darcy Arruda Miranda, *Anotações*, cit., v. 2, p. 209-10; Didimo da Veiga, *Manual*, cit., v. 9, Parte 4, n. 458 a 462; Levenhagen, *Código Civil*, cit., v. 3, p. 301.

Art. 1.439. O penhor agrícola e o penhor pecuário não podem ser convencionados por prazos superiores aos das obrigações garantidas.

- *Redação dada pela Lei n. 12.873/2013.*
- *Decreto-Lei n. 167/67, art. 61, parágrafo único, com redação da Lei n. 12.873/2013.*

§ 1º Embora vencidos os prazos, permanece a garantia, enquanto subsistirem os bens que a constituem.

§ 2º A prorrogação deve ser averbada à margem do registro respectivo, mediante requerimento do credor e do devedor.

- *Lei de Registros Públicos, art. 246.*

Prazo do penhor agrícola e do pecuário. O penhor agrícola ou pecuário não poderá ser pactuado por prazo superior ao da obrigação garantida, embora seja prorrogável. Tal prorrogação, inclusive decorrente de prorrogação da obrigação garantida, deverá ser averbada à margem do respectivo registro, mediante requerimento do credor e do devedor (§ 2º do art. 1.439; Decreto-Lei n. 167/67, art. 61 e parágrafo único, com a redação da Lei n. 12.873/2013). A prorrogação, como se pode ver, não se operará automaticamente, nem poderá ser estipulada em cláusula do contrato de penhor, visto que deverá ser feita ao término do prazo do penhor (agrícola ou pecuário) convencionado pelas partes. No penhor agrícola, por exemplo, deve ser mencionada, no contrato, a época da colheita da cultura empenhada, e, embora vencido, permanece a garantia enquanto subsistirem os bens que a constituem, sendo que nos contratos de financiamento de café o prazo máximo é de quatro anos (Lei n. 2.095/53, art. 6º). Prescreve, ainda, o § 1º do artigo *sub examine* que, vencido o prazo do penhor agrícola ou pecuário, inclusive em caso de prorrogação da obrigação garantida, a garantia permanecerá, enquanto subsistirem os bens que a constituírem.

BIBLIOGRAFIA: M. Helena Diniz, *Curso*, cit., v. 4, p. 349; Silvio Rodrigues, *Direito civil*, cit., v. 5, p. 378; W. Barros Monteiro, *Curso*, cit., v. 3, p. 373; Carlos Alberto Bittar, *Direitos reais*, cit., p. 197-8; Clóvis Beviláqua, *Código Civil comentado*, cit., obs. ao art. 788 do Código Civil de 1916; Sérgio Iglesias Nunes de Souza, *Comentários*, cit., p. 1061.

Art. 1.440. Se o prédio estiver hipotecado, o penhor rural poderá constituir-se independentemente da anuência do credor hipotecário, mas não lhe prejudica o direito de preferência, nem restringe a extensão da hipoteca, ao ser executada.

Desnecessidade de autorização do credor hipotecário. Se o prédio estiver hipotecado, para a constituição de penhor rural não será preciso anuência do credor hipotecário, já que tal penhor em nada o prejudicará no seu direito de preferência, nem restringirá a extensão da hipoteca, ao ser executada. E, além disso, como ainda não está vencida a dívida hipotecária, o credor hipotecário nada terá a ver com os frutos da coisa gravada, podendo o devedor aliená-los, consumi-los ou gravá-los de ônus real (Lei n. 492/37, art. 4º). Admite-se, legalmente, a convivência do penhor rural com a hipoteca do prédio, mesmo sem o consenso do credor hipotecário, que terá o direito de preferência, sem qualquer restrição à hipoteca, quando for executada (TJSP, AI 104.3464-9, rel. Marciano da Fonseca, j. 3-10-2001).

BIBLIOGRAFIA: Levenhagen, *Código Civil*, cit., v. 3, p. 295; M. Helena Diniz, *Curso*, cit., v. 4, p. 348; Darcy Arruda Miranda, *Anotações*, cit., v. 2, p. 204; Carlos A. Dabus Maluf, *Novo Código*, cit., p. 1264.

Art. 1.441. Tem o credor direito a verificar o estado das coisas empenhadas, inspecionando-as onde se acharem, por si ou por pessoa que credenciar.

Inspeção da coisa empenhada em caso de penhor rural. Como no penhor rural, o credor pignoratício só tem a posse indireta da coisa empenhada, cuja posse direta fica em poder do devedor (seu proprietário), poderá averiguar o estado da coisa empenhada, onde se encontrar (CC, art. 1.431, parágrafo único). Dispensa-se o requisito da tradição no penhor rural, pois de que adiantaria ao agricultor ou pecuarista tomar empréstimo sobre os instrumentos agrícolas ou gado leiteiro, se o financiamento lhes retirasse os recursos para a lavoura ou criação de gado? Consequentemente, se o devedor passa a ser mero depositário do bem onerado, tendo, por isso, a obrigação de conservá-lo, o credor, que é o depositante, tem o direito de verificar o estado da cultura e dos animais dados em garantia sempre que lhe convier, inspecionando-as pessoalmente ou por pessoa por ele credenciada por meio de procuração (mandatário) ou de mera autorização, onde estiverem, para orientar no que deve ser feito, em caso de deterioração por culpa do devedor, fiscalizar, vistoriar etc.

BIBLIOGRAFIA: Caio M. S. Pereira, *Instituições*, cit., v. 4, p. 291; M. Helena Diniz, *Curso*, cit., v. 4, p. 419; Sérgio Iglesias Nunes de Souza, *Comentários*, cit., p. 1062.

DIREITO DAS COISAS

Subseção II
Do penhor agrícola

- *Lei n. 492/37.*
- *Lei n. 4.829/65, que institucionaliza o crédito rural.*
- *Decreto-Lei n. 167/67, art. 61 e parágrafo único, com a redação da Lei n. 12.873/2013, e Decreto n. 59.566/66, arts. 54 a 57.*
- *Decreto-Lei n. 4.360/42, sobre prazos.*
- *Lei n. 2.666/55, a respeito de penhor de produtos agrícolas.*
- *Lei n. 8.929/94, que institui a cédula de produto rural.*
- *Lei n. 9.973/2000, regulamentada pelo Decreto n. 3.855/2001, sobre sistema de armazenagem de produtos agropecuários.*

Art. 1.442. Podem ser objeto de penhor:

I — máquinas e instrumentos de agricultura;

II — colheitas pendentes, ou em via de formação;

- Vide *Código Civil, art. 1.443.*

III — frutos acondicionados ou armazenados;

IV — lenha cortada e carvão vegetal;

V — animais do serviço ordinário de estabelecimento agrícola.

Penhor agrícola. O penhor agrícola é o vínculo real que grava a cultura, para facilitar o crédito agrícola e desenvolver a agricultura.

Objeto do penhor agrícola. Podem ser objeto do penhor agrícola: máquinas e instrumentos de agricultura; colheitas pendentes ou em via de formação; frutos armazenados, ou acondicionados para venda; lenha cortada ou madeiras preparadas para o corte, ou em toras ou já serradas e lavradas; carvão vegetal; animais do serviço ordinário do estabelecimento agrícola.

BIBLIOGRAFIA: W. Barros Monteiro, *Curso*, cit., v. 3, p. 372; BaudryLacantinerie, *Précis de droit civil*, v. 2, p. 710; Lutero de Paiva Pereira, Penhor rural — Extinção do gravame, *JB, 156*:17-34; Caio M. S. Pereira, *Instituições*, cit., v. 4, p. 291; M. Helena Diniz, *Curso*, cit., v. 4, p. 347; Orlando Gomes, *Direitos reais*, cit., p. 365; Silvio Rodrigues, *Direito civil*, cit., v. 5, p. 376-7; Daibert, *Direito das coisas*, cit., p. 502; Aubry e Rau, *Cours*, cit., v. 2, § 192; Levenhagen, *Código Civil*, cit., v. 3, p. 2934; Darcy Arruda Miranda, *Anotações*, cit., v. 2, p. 203; Helder Martinez Dal Col, Penhor agrícola — a natureza jurídica dos bens empenhados e as consequências do desvio, *Revista Síntese de Direito Civil e de Direito Processual Civil*, 2:36-55.

Art. 1.443. O penhor agrícola que recai sobre colheita pendente, ou em via de formação, abrange a imediatamente seguinte, no caso de frustrar-se ou ser insuficiente a que se deu em garantia.

Parágrafo único. Se o credor não financiar a nova safra, poderá o devedor constituir com outrem novo penhor, em quantia máxima equivalente à do primeiro; o segundo penhor terá preferência sobre o primeiro, abrangendo este apenas o excesso apurado na colheita seguinte.

Colheita pendente ou em via de formação. A lei permite que o penhor agrícola possa recair sobre colheita pendente ou ainda não existente, ou melhor, em via de ser formada, possibilitando, assim, que o devedor dê como garantia coisa futura. Com isso, haverá extensão da garantia a intempéries ou acontecimentos naturais, que refogem do controle humano, como praga, geada, enchente etc. Consequentemente, diante da aleatoriedade do ônus real e do risco assumido pelo credor, tal penhor abrangerá a colheita seguinte, se vier a frustrar-se ou se for insuficiente a dada em garantia.

Recusa de financiamento de nova safra pelo credor pignoratício. Não havendo financiamento de nova safra pelo credor pignoratício, ante a frustração, parcial ou total, da primeira, o devedor poderá constituir novo penhor com outra pessoa, limitado, porém, à quantia máxima equivalente à do primeiro. O segundo penhor terá preferência sobre o anteriormente feito, que apenas abrangerá o excesso que for apurado pelo devedor pignoratício na próxima colheita.

Subseção III

Do penhor pecuário

- *Decreto-Lei n. 167/67, art. 61.*
- *Decreto-Lei n. 4.360/42.*
- *Lei n. 6.015/73, art. 127, IV.*
- *Lei n. 9.973/2000, regulamentada pelo Decreto n. 3.855/2001, sobre sistema de armazenagem dos produtos agropecuários.*

Art. 1.444. Podem ser objeto de penhor os animais que integram a atividade pastoril, agrícola ou de lacticínios.

- *Código Civil, art. 1.439.*

Objeto do penhor pecuário. O penhor pecuário é o vínculo real que grava animais, tendo por objeto, portanto, os animais (gado vacum, muar, cavalar, ovídeo e caprídeo) que se criam para indústria pastoril, agrícola ou de laticínios.

Requisito formal. Do título constitutivo desse ônus real deverá constar, sob pena de nulidade, o montante do débito, o prazo para pagamento, a taxa de juros, se houver, a designação dos animais, indicando o lugar onde se encontram, o destino que têm, a raça, o grau de mestiçagem, a marca, o sinal, o nome, se tiverem, enfim, todos os seus caracteres que possibilitem a individuação dos animais empenhados (Lei n. 492/37, art. 10, parágrafo único, c/c o art. 1.424 do Código Civil; *RT*, *203*:156).

BIBLIOGRAFIA: M. Helena Diniz, *Curso*, cit., v. 4, p. 348; Levenhagen, *Código Civil*, cit., v. 3, p. 295; Didimo da Veiga, *Manual*, cit., v. 9, Parte 4, n. 424 a 427; Darcy Arruda Miranda, *Anotações*, cit., v. 2, p. 204.

Art. 1.445. O devedor não poderá alienar os animais empenhados sem prévio consentimento, por escrito, do credor.

- Vide *Código Penal, art. 171, § 2º, III.*
- Vide *Lei n. 492, de 30 de agosto de 1937, arts. 12 e 35.*

Parágrafo único. Quando o devedor pretende alienar o gado empenhado ou, por negligência, ameace prejudicar o credor, poderá este requerer se depositem os animais sob a guarda de terceiro, ou exigir que se lhe pague a dívida de imediato.

Venda de gado empenhado. Para que o devedor pignoratício possa vender o gado empenhado, deverá antes obter anuência escrita do credor pignoratício, devidamente autenticada. Portanto, para proteger o credor, não se autoriza a alienação de animal empenhado sem seu prévio consenso; logo, praticará ato ilícito todo aquele que de má-fé vier a adquirir gado empenhado, devendo ser coagido a ressarcir o dano causado ao credor pignoratício (*RF*, *170*:262; *RT*, *253*:236). A violação do art. 1.445 configura delito de defraudação do penhor previsto no Código Penal, art. 171, § 2º, III.

BIBLIOGRAFIA: M. Helena Diniz, *Curso*, cit., v. 4, p. 348; Levenhagen, *Código Civil*, cit., v. 3, p. 295; Didimo da Veiga, *Manual*, cit., v. 9, Parte 4, n. 427; Clóvis Beviláqua, *Código Civil comentado*, cit., obs. ao art. 785 do Código Civil de 1916, v. 3.

Depósito do animal sob guarda de terceiro ou pagamento da dívida "incontinenti". Se o devedor pignoratício pretender vender gado empenhado sem a devida autorização do credor pignoratício, ou ameaçar causarlhe dano por negligência no trato ou na conservação do gado, o credor poderá optar por uma das seguintes medidas: requerer o depósito do gado sob a guarda de terceiro de reputada idoneidade para que se tenha a execução do contrato, ou exigir o imediato pagamento do débito, hipótese em que se operará o vencimento antecipado da dívida.

BIBLIOGRAFIA: Levenhagen, *Código Civil*, cit., v. 3, p. 296; Didimo da Veiga, *Manual*, cit., v. 9, Parte 4, n. 428 a 431; Clóvis Beviláqua, *Código Civil comentado*, cit., obs. ao art. 786 do CC/16, v. 3.

Art. 1.446. Os animais da mesma espécie, comprados para substituir os mortos, ficam sub-rogados no penhor.

Parágrafo único. Presume-se a substituição prevista neste artigo, mas não terá eficácia contra terceiros, se não constar de menção adicional ao respectivo contrato, a qual deverá ser averbada.

- *Lei n. 492/37, art. 12, §§ 2º e 3º.*

Substituição de animais no penhor pecuário. Morto um animal empenhado, outro da mesma espécie deverá ser comprado para substituílo, ficando sub-rogado no penhor pecuário. A aquisição de animal gera entre as partes a presunção de que houve substituição do animal empenhado que morreu. Se um animal foi alienado com anuência do credor, não há presunção de sub-rogação no penhor, pois esta só se estende a animal adquirido para substituir o morto. Se houver qualquer substituição de animal no penhor pecuário, será preciso que se acrescente esse fato no contrato, averbando-o, para que este tenha eficácia perante terceiros (*RF*, *129*:123).

BIBLIOGRAFIA: Didimo da Veiga, *Manual*, cit., v. 9, Parte 4, n. 432; M. Helena Diniz, *Curso*, cit., v. 4, p. 348; Lafayette, *Direito das coisas*, cit., § 252; Levenhagen, *Código Civil*, cit., v. 3, p. 296.

SEÇÃO VI
DO PENHOR INDUSTRIAL E MERCANTIL

- *Decreto n. 1.102/1903, sobre penhor de mercadoria depositada em armazéns gerais.*
- *Sobre penhor industrial: Decs.-Leis (ora revogados) n. 1.271/39, 4.191/42, 4.312/42 e Lei n. 2.931/56.*
- *Decreto-Lei n. 413/69, sobre título de crédito industrial (art. 20, I a X).*
- *Lei n. 6.015/73, art. 167, I, n. 4.*
- *Lei n. 6.533/78, art. 31.*

Art. 1.447. Podem ser objeto de penhor máquinas, aparelhos, materiais, instrumentos, instalados e em funcionamento, com os acessórios ou sem eles; animais, utilizados na indústria; sal e bens destinados à exploração das salinas; produtos de suinocultura, animais destinados à industrialização de carnes e derivados; matérias-primas e produtos industrializados.

Parágrafo único. Regula-se pelas disposições relativas aos armazéns gerais o penhor das mercadorias neles depositadas.

- *Decreto n. 1.102, de 21-11-1903, alterado pela Lei Delegada n. 3/62.*

Penhor industrial. O penhor industrial recai sobre máquinas, aparelhos, materiais, instrumentos, instalados e em funcionamento, com os acessórios ou sem eles; animais, utilizados na indústria; sal e bens destinados à exploração das salinas; produtos de suinocultura, animais usados na industrialização de carnes e derivados; matérias-primas e produtos industrializados.

Penhor mercantil. Distingue-se do industrial apenas pela natureza da obrigação que visa garantir: a contraída por comerciante, ou empresário, no exercício de sua atividade econômica.

É muito aplicado no comércio, principalmente, na vida bancária (*RJE*, *3*:21, *1*:45, *2*:302; *BAASP*, *1.833*:4; *RJTJRS*, *154*:333; *RSTJ*, *39*:371, *104*:410, *106*:294; *RT*, *783*:313, *641*:167, *795*:373, *476*:235; *Ciência Jurídica*, *61*:141; TJSP, Ap. 338.060.4/8-00/SP, rel. Francisco Loureiro, j. 15-12-2005).

Penhor de mercadorias depositadas em armazéns gerais. O penhor de mercadorias depositadas em armazéns gerais rege-se pelo Decreto n. 1.102, de 21-11-1903, alterado pela Lei Delegada n. 3/62.

DIREITO DAS COISAS

BIBLIOGRAFIA: Caio M. S. Pereira, *Instituições*, cit., v. 4, p. 291; Orlando Gomes, *Direitos reais*, cit., p. 366; W. Barros Monteiro, *Curso*, cit., p. 379-80; Carvalho de Mendonça, *Tratado de direito comercial*, v. 6, 2ª parte, n. 1.260.

Art. 1.448. Constitui-se o penhor industrial, ou o mercantil, mediante instrumento público ou particular, registrado no Cartório de Registro de Imóveis da circunscrição onde estiverem situadas as coisas empenhadas.

- *Lei n. 6.015/73, art. 167, I, n. 4.*

Parágrafo único. Prometendo pagar em dinheiro a dívida, que garante com penhor industrial ou mercantil, o devedor poderá emitir, em favor do credor, cédula do respectivo crédito, na forma e para os fins que a lei especial determinar.

- *Decreto-Lei n. 413/69.*
- *Lei n. 2.666/55.*
- *Lei n. 8.929/94, art. 7º.*

Constituição do penhor industrial ou do mercantil. O penhor industrial ou mercantil deve constar de instrumento público ou particular, que, para valer contra terceiros (*RT*, *795*:737, *115*:579), dependerá de seu assento no Registro de Imóveis da circunscrição onde as coisas empenhadas estiverem situadas.

Emissão de cédula de crédito industrial ou mercantil. Se o devedor se comprometer a saldar o débito pignoratício em dinheiro, poderá, se quiser, emitir, em favor do seu credor, uma cédula de crédito industrial ou mercantil, na forma e nos fins determinados por lei especial. Tal cédula é, na lição de Matiello, o título formal, caracterizado pela certeza, liquidez e exigibilidade do valor declarado, desde que preenchidos os requisitos legais.

Art. 1.449. O devedor não pode, sem o consentimento por escrito do credor, alterar as coisas empenhadas ou mudar-lhes a situação, nem delas dispor. O devedor que, anuindo o credor, alienar as coisas empenhadas, deverá repor outros bens da mesma natureza, que ficarão sub-rogados no penhor.

Alteração da coisa empenhada ou mudança de sua localização. O devedor pignoratício não terá o direito, sem que haja anuência escrita do seu credor, de alterar o bem gravado, nem mudar a sua situação.

Alienação da coisa empenhada. Em regra, não se pode alienar, onerosa ou gratuitamente, o bem empenhado, mas o penhor industrial ou mercantil admite sua disposição, pelo devedor pignoratício, desde que o credor dê o seu consenso por escrito e que haja sua substituição por outro da mesma natureza, que, então, ficará sub-rogado no penhor.

Art. 1.450. Tem o credor direito a verificar o estado das coisas empenhadas, inspecionando-as onde se acharem, por si ou por pessoa que credenciar.

- Vide *Código Civil, arts. 1.431, parágrafo único, e 1.441.*

Inspeção da coisa dada em penhor industrial ou mercantil. Como o penhor industrial, ou o mercantil, não requer a transferência da posse da coisa empenhada ao credor (*RT*, *152*:777; CC, art. 1.431, parágrafo único), que ficará, então, em poder do devedor, que terá a obrigação de guardá-la e conservá-la, concede a lei ao credor o direito de inspecioná-la por si mesmo ou por pessoa que credenciar por procuração (mandatário) ou mera autorização, no local onde se encontrar, averiguando seu estado, fiscalizando seu uso etc.

SEÇÃO VII

DO PENHOR DE DIREITOS E TÍTULOS DE CRÉDITO

- *Código Civil, arts. 887 a 926.*
- *Código de Processo Civil, art. 784, V e VI.*
- *Sobre títulos de crédito: Decreto n. 2.044/1908; Decreto n. 57.595/66; Decreto n. 57.663/66; Decreto-Lei n. 167/67; Lei n. 5.474/68; Decreto-Lei n. 413/69; Lei n. 6.313/95; Lei n. 6.840/80; Lei n. 7.357/85; Decreto n. 578/92; Lei n. 8.929/94; Lei n. 9.138/95.*
- *Lei n. 4.728/65, sobre mercado de capitais.*
- *Lei n. 6.385/76, sobre Mercado de Valores Mobiliários e Comissão de Valores Mobiliários.*
- *Lei n. 6.404/76, sobre sociedades por ações.*
- *Lei n. 10.931/2004 (Letra de crédito imobiliário, cédula de crédito imobiliário e cédula de crédito bancário).*
- *Lei n. 11.101/2005, art. 49, § 5º.*

Art. 1.451. Podem ser objeto de penhor direitos, suscetíveis de cessão, sobre coisas móveis.

- Vide *Código Civil, art. 83, II.*

Penhor de direitos. Podem ser gravados com ônus pignoratício direitos, suscetíveis de cessão, sobre coisas móveis. Poder-se-ão empenhar, p. ex., ações negociáveis em bolsa de valores; ações de sociedade anônima; direitos autorais; títulos de crédito, públicos ou particulares; créditos hipotecários ou pignoratícios; patentes de invenção. Mas, se o penhor desse direito recair num crédito, ter-se-á penhor de crédito *stricto sensu*. O penhor de direito de crédito é a mais importante modalidade de penhor de direito, por ser elemento de grande valia do patrimônio da pessoa e de fácil transmissibilidade, de forma que o credor pode oferecer seu direito de crédito como garantia real de dívida que vier a contrair.

Art. 1.452. Constitui-se o penhor de direito mediante instrumento público ou particular, registrado no Registro de Títulos e Documentos.

- *Lei n. 6.015/73, arts. 127, III, e 129.*
- Vide *Portaria n. 12/2001 da Corregedoria Permanente de Registros Públicos de São Paulo.*

Parágrafo único. O titular de direito empenhado deverá entregar ao credor pignoratício os documentos comprobatórios desse direito, salvo se tiver interesse legítimo em conservá-los.

Modo constitutivo de penhor de direitos. Constitui-se o penhor de direitos por instrumento público ou particular que, para ter eficácia *erga omnes*, requer seu assento no Registro de Títulos e Documentos.

Tradição. Para a configuração desse ônus real, o titular do direito empenhado deverá entregar ao credor pignoratício os documentos que o comprovem, exceto se tiver algum interesse justo e legítimo de conservá-los em seu poder, consignado em convenção, dispondo que a documentação comprobatória ou título empenhado continuará na posse do devedor pignoratício.

Art. 1.453. O penhor de crédito não tem eficácia senão quando notificado ao devedor; por notificado tem-se o devedor que, em instrumento público ou particular, declarar-se ciente da existência do penhor.

• Vide *Código Civil, art. 83, III.*

Penhor de crédito "stricto sensu". Quando o penhor recai em crédito ordinário, ou seja, quando o direito à prestação de devedor é submetido à relação pignoratícia por seu valor patrimonial, ter-se-á, como já dissemos, o penhor de crédito *stricto sensu*. Não há coisa que o represente, pois não se incorpora em documento algum. Não obstante, os direitos obrigacionais são tidos como móveis, para os efeitos legais (CC, art. 83, III). Nesse penhor de crédito comum, a transferência do direito operar-se-á, irradiando seus efeitos, com a simples notificação judicial ou extrajudicial do devedor. E, se tal notificação não for feita, por notificado se considerará o devedor que, em instrumento público ou particular, vier a declarar que está ciente da existência do referido penhor, ou seja, de que os direitos do credor estão caucionados.

BIBLIOGRAFIA: Orlando Gomes, *Direitos reais*, cit., p. 367-8; M. Helena Diniz, *Curso*, cit., v. 4, p. 424-5; Matiello, *Código Civil*, cit., p. 934-5.

Art. 1.454. O credor pignoratício deve praticar os atos necessários à conservação e defesa do direito empenhado e cobrar os juros e mais prestações acessórias compreendidas na garantia.

Atos obrigatórios a serem praticados pelo credor pignoratício. O credor pignoratício tem o dever de praticar atos necessários à conservação e defesa do direito empenhado, promovendo demandas ou providenciando medidas conservatórias, à cobrança de juros e de outras prestações acessórias compreendidas na garantia. E, para receber a importância dos títulos caucionados, o credor deverá, ainda, ter o cuidado de receber no prazo estipulado tais obrigações acessórias, por ter, como observa Francisco Cláudio de Almeida Santos, o dever de imputar o seu valor nas despesas de guarda e conservação dos bens empenhados, nos juros e no capital da obrigação garantida, por ser de seu legítimo interesse (CC, art. 1.435, III). E se o título for superior ao seu crédito, deverá devolver o excedente ao caucionante, respondendo na qualidade de depositário. Mas para o exercício desse direito, ensina Sérgio Iglesias Nunes de Souza, deverá intimar o devedor dos títulos caucionados para que não os pague ao seu credor enquanto durar a caução, reservando a si o direito de exigir o seu pagamento.

BIBLIOGRAFIA: Sérgio Iglesias Nunes de Souza, *Comentários*, cit., p. 1065-6.

Art. 1.455. Deverá o credor pignoratício cobrar o crédito empenhado, assim que se torne exigível. Se este consistir numa prestação pecuniária, depositará a importância recebida, de acordo com o devedor pignoratício, ou onde o juiz determinar; se consistir na entrega da coisa, nesta se sub-rogará o penhor.

• *Código de Processo Civil, art. 876, §§ 4º e 5º.*

Parágrafo único. Estando vencido o crédito pignoratício, tem o credor direito a reter, da quantia recebida, o que lhe é devido, restituindo o restante ao devedor; ou a excutir a coisa a ele entregue.

• *Código Civil, arts. 1.422, 1.430, 1.433 e 1.434.*

Cobrança do crédito empenhado. Vencida e não prescrita a dívida onerada, o credor pignoratício poderá cobrar seu crédito por ser exigível. Se este consistir em prestação pecuniária, depositará a importância recebida conforme acordo feito com o devedor pignoratício ou determinação judicial. E, se se tratar de entrega do bem, neste o penhor sub-rogar-se-á.

Direito de retenção. O credor, sendo em dinheiro a prestação recebida, tem o direito de reter, após o vencimento do crédito pignoratício da quantia recebida, o *quantum* que lhe é devido, devolvendo o restante, ou o eventual saldo, ao devedor.

Excussão judicial. O credor, se a prestação consistir na entrega do bem, tem o direito de, com o vencimento do seu crédito, excutir a coisa a ele entregue, como garantia, para, com o preço alcançado, receber o que lhe é devido, restituindo o saldo, se houver, ao devedor.

Art. 1.456. Se o mesmo crédito for objeto de vários penhores, só ao credor pignoratício, cujo direito prefira aos demais, o devedor deve pagar; responde por perdas e danos aos demais credores o credor preferente que, notificado por qualquer um deles, não promover oportunamente a cobrança.

- *Código Civil, arts. 402 a 405.*
- ***Projeto de Lei n. 699/2011**: "Parágrafo único. O critério de preferência entre os credores de que trata o* caput *deste artigo será determinado pela antecedência do registro do instrumento público ou particular de penhor de direito no Registro de Títulos e Documentos do domicílio do devedor pignoratício".*

DIREITO DAS COISAS

Multiplicidade de penhores sobre o mesmo crédito. Quando o crédito for objeto de vários penhores, o devedor deverá pagar ao credor pignoratício, que tenha preferência sobre os demais, por ter registrado em primeiro lugar o instrumento constitutivo do penhor (prioridade do assento), pois *prior in tempore melior in iure*. Há quem ache que o devedor deve ser notificado do penhor do crédito, sob pena de eficácia (CC, art. 1.453), estabelecendo-se a prioridade, como diz Francisco Cláudio de Almeida Santos, por meio dessas comunicações. O devedor deverá pagar primeiramente ao credor preferencial, e somente depois, pela ordem sucessiva, os demais receberão o que lhes é devido. O credor preferente que, sendo notificado por qualquer um deles, não vier, em tempo oportuno, a promover a cobrança, causando atraso no pagamento dos demais, pagará a eles uma indenização a título de perdas e danos.

Art. 1.457. O titular do crédito empenhado só pode receber o pagamento com a anuência, por escrito, do credor pignoratício, caso em que o penhor se extinguirá.

- *Lei n. 9.514/97, art. 17, III e § 2º.*
- *Código Civil, arts. 1.436 e 1.437.*
- *Lei n. 6.015/73, arts. 164 a 166.*
- ***Projeto de Lei n. 699/2011**: "Art. 1.457. O titular do crédito empenhado só pode receber o pagamento com a anuência, por escrito, do credor pignoratício, caso em que o penhor se extinguirá, salvo disposição contratual em contrário".*

Penhor de título de crédito. O objeto do penhor de título de crédito é o próprio título em que se documenta o direito (p. ex., nota promissória, letra de câmbio). Nele não há transferência de posse, por ser o crédito bem incorpóreo. O direito de crédito materializa-se ao incorporar-se no documento. Logo, seu objeto é o documento representativo do crédito (coisa corpórea), e não o respectivo direito (coisa incorpórea), caso em que se teria o penhor de direitos (CC, arts. 1.451 e 1.452). Todavia, com isso não se terá um penhor de coisa, porque seu objeto não deixa de ser o direito de crédito corporificado no título.

BIBLIOGRAFIA: Orlando Gomes, *Direitos reais*, cit., p. 368.

Extinção do penhor com o pagamento ao titular do crédito empenhado. O titular do crédito empenhado apenas poderá receber o pagamento se houver consentimento escrito do credor pignoratício, operando-se, então, a extinção do penhor. Se o credor pignoratício concordar que o devedor pignoratício receba o crédito empenhado, extinguir-se-á o penhor, pois houve renúncia daquele credor ao penhor e não ao crédito, que subsistirá.

Art. 1.458. O penhor, que recai sobre título de crédito, constitui-se mediante instrumento público ou particular ou endosso pignoratício, com a tradição do título ao credor, regendo-se pelas Disposições Gerais deste Título e, no que couber, pela presente Seção.

• Vide *Código Civil, arts. 918, 1.418 a 1.430 e 1.451 a 1.460.*

• *Lei n. 6.015/73, arts. 127, III, e 129, n. 2º.*

Constituição de penhor de título de crédito. O penhor de título de crédito constituir-se-á por meio de instrumento público ou particular, ou, ainda, por endosso-caução ou endosso pignoratício (forma especial de endosso, pela qual o endossante vincula-se a outra obrigação, conferindo ao endossatário o direito de retenção), lançado, ante o princípio da literalidade, no verso do próprio título, e requer a entrega do título ou da cártula ao credor. Ao lançar tal endosso dever-se-á fazer uma menção que o identifique, como "valor em penhor".

Início dos efeitos do penhor de títulos de crédito. Se o penhor recair sobre títulos de crédito pessoal, para a produção de seus efeitos imprescindível será, se for ao portador, a tradição do título ao credor, mas o contrato que a constitui, feito mediante instrumento público ou particular, observados os requisitos formais do art. 1.452 do Código Civil, deverá ser levado a assento no Registro de Títulos e Documentos. Se for nominativo, a transferência operar-se-á por meio de endosso, dependendo também daquele registro para valer contra terceiros.

BIBLIOGRAFIA: Orlando Gomes, *Direitos reais*, cit., p. 369; M. Helena Diniz, *Curso*, cit., v. 4, p. 353; Didimo da Veiga, *Manual*, cit., v. 9, Parte 4, n. 441 a 446; Levenhagen, *Código Civil*, cit., v. 3, p. 298; Darcy Arruda Miranda, *Anotações*, cit., v. 2, p. 207-8; Carlos A. Dabus Maluf, *Novo Código Civil*, cit., p. 1273.

Disciplina jurídica. Aplicar-se-ão, no que for cabível, ao penhor, que recai sobre título de crédito, os arts. 1.418 a 1.430 e 1.451 a 1.460 do Código Civil.

BIBLIOGRAFIA: Clóvis Beviláqua, *Direito das coisas*, v. 2, p. 75; M. Helena Diniz, *Curso*, cit., v. 4, p. 353 e 363; Levenhagen, *Código Civil*, cit., v. 3, p. 297 e 298; Orlando Gomes, *Direitos reais*, cit., p. 368 e 369; Daibert, *Direito das coisas*, cit., p. 493; Didimo da Veiga, *Manual*, cit., v. 9, Parte 4, n. 434-40; Carvalho Santos, *Código Civil brasileiro interpretado*, v. 10, p. 191; Darcy Arruda Miranda, *Anotações*, cit., v. 2, p. 207; Lafayette, *Direito das coisas*, cit., v. 2, § 161; Lacerda de Almeida, *Direito das coisas*, cit., v. 2, § 110; Trigo de Loureiro, *Instituições*, cit., v. 2, § 529; Aubry e Rau, *Cours*, cit., v. 6, § 432.

Art. 1.459. Ao credor, em penhor de título de crédito, compete o direito de:

I — conservar a posse do título e recuperá-la de quem quer que o detenha;

II — usar dos meios judiciais convenientes para assegurar os seus direitos, e os do credor do título empenhado;

III — fazer intimar ao devedor do título que não pague ao seu credor, enquanto durar o penhor;

• Vide *Código Civil, art. 1.460.*

IV — receber a importância consubstanciada no título e os respectivos juros, se exigíveis, restituindo o título ao devedor, quando este solver a obrigação.

• *Código Civil, arts. 319, 324 e 1.433.*

Direitos do credor em caso de penhor de título de crédito. Competirá ao credor pignoratício: *a*) conservar a posse do título, empregando, na sua guarda, a diligência exigida por sua natureza; *b*) recuperar a posse do título empenhado contra qualquer detentor, inclusive o próprio dono, podendo, para tanto, empregar todos os meios processuais admissíveis: ações, recursos e exceções; *c*) fazer intimar ao devedor dos títulos onerados que não pague ao seu credor enquanto durar o penhor (*RT*, *681*:118). O devedor do título empenhado deve, portanto, ser cientificado para que não pague ao seu credor o valor do título dado em garantia, enquanto durar o penhor. Essa intimação denomina-se denúncia do penhor, por dar ciência ao devedor de que o título por ele emitido está empenhado, e, por tal razão, enquanto durar o penhor, não poderá ele efetuar seu pagamento ao credor; *d*) receber, mesmo sem estar munido de mandato especial de caucionante, já que por lei age como seu procurador especial, a importância dos títulos empenhados e os respectivos juros, se exigíveis, e restituir os títulos ao devedor, quando este solver a obrigação por eles garantida.

BIBLIOGRAFIA: Orlando Gomes, *Direitos reais*, cit., p. 369; Caio M. S. Pereira, *Instituições*, cit., v. 4, p. 295; Didimo da Veiga, *Manual*, cit., v. 9, Parte 4, n. 447 a 452; M. Helena Diniz, *Curso*, cit., v. 4, p. 354; Aubry e Rau, *Cours*, cit., v. 6, § 411; Levenhagen, *Código Civil*, cit., v. 3, p. 299-300.

Art. 1.460. O devedor do título empenhado que receber a intimação prevista no inciso III do artigo antecedente, ou se der por ciente do penhor, não poderá pagar ao seu credor. Se o fizer, responderá solidariamente por este, por perdas e danos, perante o credor pignoratício.

• Vide *Código Civil, arts. 275 a 285, 402 a 405, 1.453 e 1.459, III.*

Parágrafo único. Se o credor der quitação ao devedor do título empenhado, deverá saldar imediatamente a dívida, em cuja garantia se constituiu o penhor.

Denúncia do penhor de título de crédito. O credor pignoratício deverá denunciar o penhor, intimando o devedor do título empenhado que não pague ao seu credor enquanto durar a caução, para que possa exercer seu direito de receber diretamente tal importância, podendo, pois, exigir o pagamento do débito. Logo, o devedor do título empenhado, se receber essa intimação ou for notificado do penhor, não poderá pagar ao seu credor, sob pena de responder solidariamente por este, por perdas e danos, perante o credor pignoratício. P. ex.: *A* deve a *B* a quantia "x", consignada em título de crédito. *B* dá em garantia de seu débito com *C* o crédito que possui em relação a *A*. *C* (credor pignoratício) deverá notificar *A* para que não pague a *B*. Se *A* vier a pagar a *B*, tendo conhecimento do penhor de crédito, deverá responder a *C*, solidariamente com *B*, pelas perdas e danos. Logo, não poderá receber quitação do seu credor. Se, malgrado tudo, o credor do título caucionado receber o valor e der quitação ao devedor do título onerado, deverá ele pagar imediatamente a dívida, garantida pelo penhor. Se assim não fosse, destruir-se-ia o valor jurídico do penhor, uma vez que se tornaria inoperante.

BIBLIOGRAFIA: M. Helena Diniz, *Curso*, cit., v. 4, p. 354; Levenhagen, *Código Civil*, cit., v. 3, p. 300; Didimo da Veiga, *Manual*, cit., v. 9, Parte 4, n. 454; Lafayette, *Direito das coisas*, cit., § 205; Aubry e Rau, *Cours*, cit., v. 4, p. 750; Maria Lígia Coelho Mathias, *Direito civil — direito das coisas*, São Paulo, Atlas, 2005, p. 190-1.

Quitação após denúncia do penhor. Se o credor num título de crédito, após o ter empenhado, quitar, tendo, ou não, recebido o valor constante no documento, o devedor, ficará obrigado a saldar imediatamente a dívida em cuja garantia prestou o penhor. Ter-se-á vencimento antecipado da obrigação garantida; não mais terá o credor pignoratício a possibilidade de executar o devedor, por não cumprimento da obrigação na data avençada.

BIBLIOGRAFIA: Daibert, *Direito das coisas*, cit., p. 4945; M. Helena Diniz, *Curso*, cit., v. 4, p. 3545; Didimo da Veiga, *Manual*, cit., v. 9, Parte 4, n. 455 a 457; Levenhagen, *Código Civil*, cit., v. 3, p. 301; Darcy Arruda Miranda, *Anotações*, cit., v. 2, p. 208; Matiello, *Código*, cit., p. 939.

SEÇÃO VIII

DO PENHOR DE VEÍCULOS

Art. 1.461. Podem ser objeto de penhor os veículos empregados em qualquer espécie de transporte ou condução.

- *Código Civil, arts. 730 a 756.*
- *Decreto-Lei n. 413/69, art. 20.*

Objeto do penhor de veículos. Quaisquer veículos utilizados, isoladamente ou em frota, em transporte ou condução de coisas, de animais ou de pessoas por via terrestre ou aquática podem ser empenhados para garantia de débito. P. ex.: automóveis, ônibus, tratores, reboques, caminhões, carretas, e embarcações não hipotecáveis, como lanchas, *jet-skis*, barcos etc. Observam Jones Figueirêdo Alves e Mário Luiz Delgado que os equipamentos para executar terraplanagem e pavimentação não estão abrangidos no penhor de veículos, visto que constituem objeto de penhor industrial, conforme prevê norma especial.

BIBLIOGRAFIA: Jones F. Alves, Mário Luiz Delgado, *Código*, cit., p. 735.; Sérgio Iglesias Nunes de Souza, *Comentários*, cit., p. 1068; Francisco Cláudio de Almeida Santos, *Direito*, cit., p. 155.

Art. 1.462. Constitui-se o penhor, a que se refere o artigo antecedente, mediante instrumento público ou particular, registrado no Cartório de Títulos e Documentos do domicílio do devedor, e anotado no certificado de propriedade.

- *Portaria n. 12/2001 da Corregedoria Permanente de Registros Públicos de São Paulo.*
- *Lei n. 6.015/73, art. 129, n. 7.*
- *Resolução CONTRAN n. 320/2009.*

Parágrafo único. Prometendo pagar em dinheiro a dívida garantida com o penhor, poderá o devedor emitir cédula de crédito, na forma e para os fins que a lei especial determinar.

Modo constitutivo do penhor de veículos. Poder-se-á constituir penhor de veículo por meio de instrumento público ou particular, devidamente assentado no Registro de Títulos e Documentos do domicílio do devedor e anotado no certificado de propriedade, junto à repartição de trânsito, para que gere direito real de garantia com eficácia *erga omnes*.

Emissão de cédula de crédito. Se o devedor comprometer-se a pagar em dinheiro o débito empenhado, poderá emitir, em favor do credor, uma cédula de crédito, seguindo as formalidades determinadas por lei especial. Com isso, ante a capacidade de circulação da cédula mais fácil será sua negociação e transferência a terceiro, mediante simples endosso.

Art. 1.463. *(Não se fará o penhor de veículos sem que estejam previamente segurados contra furto, avaria, perecimento e danos causados a terceiros.)*

- *Revogado pela Lei n. 14.179/2021.*
- *Código Civil, arts. 1.425, § 1º, 757 a 788.*

Seguro como condição da garantia pignoratícia. Para que se pudesse garantir débito com penhor de veículo, imprescindível seria que ele estivesse segurado contra furto, avaria e perecimento, e danos morais e/ou patrimoniais causados a terceiros. Isto era assim porque, ocorrido o sinistro, o penhor sub-rogar-se-ia na indenização a ser paga pela companhia seguradora (CC, art. 1.425, § 1º), tutelando-se o crédito do credor pignoratício. Sérgio Iglesias Nunes de Souza observava que o contrato de penhor de veículos requeria o seguro do bem dado em penhor, sob pena de nulidade, podendo o devedor responder pelos danos causados, se indicasse que havia seguro, mas este estava vencido ou não pago perante a seguradora. Mas havia quem achasse que as partes poderiam , posteriormente, efetivar tal seguro, desde que o fizessem antes da ocorrência do sinistro.

Tal seguro não se confundia, na lição de Francisco Cláudio de Almeida Santos, com o seguro obrigatório de danos pessoais (Lei n. 6.194/74) por ser mais amplo. Era um seguro total, mas a indenização dos danos causados a terceiros não poderia ser ilimitada, sob pena de inviabilizar o negócio, em face de seu custo, nem ser ínfima, representando, continuava Almeida Santos, um simulacro de seguro.

Art. 1.464. Tem o credor direito a verificar o estado do veículo empenhado, inspecionando-o onde se achar, por si ou por pessoa que credenciar.

Inspeção do veículo empenhado. O credor pignoratício tem o direito de inspecionar o veículo onerado, pessoalmente ou por meio de pessoa credenciada mediante procuração (mandatário), ou mera autorização, onde quer que ele esteja, para verificar seu estado de conservação, as condições em que se mantém guardado, as cautelas a serem tomadas para protegê-lo etc., já que tem, tão somente, sua posse indireta, evitando, assim, sua depreciação ou perecimento.

Art. 1.465. A alienação, ou a mudança, do veículo empenhado sem prévia comunicação ao credor importa no vencimento antecipado do crédito pignoratício.

- *Código Penal, art. 171, § 2º.*
- *Código Civil, arts. 333, 1.425 e 1.426.*

Vencimento antecipado do crédito pignoratício. Se o devedor vier a alienar, onerosa ou gratuitamente, a trocar ou a alterar substancialmente (substituindo motor, p. ex.) o veículo empenhado, sem antes ter comunicado por escrito e previamente seu credor do fato, operar-se-á a antecipação do vencimento do crédito empenhado por haver presunção de fraude ou diminuição daquele crédito. Com isso evita-se que alienante e adquirente, de má-fé, venham a prejudicar o credor pignoratício, que poderá, ante o seu direito de sequela, promover a busca e apreensão para a excussão judicial do veículo empenhado, antes do vencimento do crédito garantido.

Art. 1.466. O penhor de veículos só se pode convencionar pelo prazo máximo de dois anos, prorrogável até o limite de igual tempo, averbada a prorrogação à margem do registro respectivo.

- *Código Civil, art. 1.462.*

• *Lei de Registros Públicos, art. 167, II, n. 5.*

Prazo de duração do penhor de veículos. O penhor de veículos, em razão do desgaste com o seu uso e da depreciação que sofrem no seu valor com o passar do tempo, apenas poderá ser convencionado pelo prazo máximo de dois anos, prorrogável por mais dois, averbando-se tal prorrogação à margem do respectivo registro no Cartório de Títulos e Documentos e anotando-a no certificado de propriedade do veículo. Todavia, há quem ache, como Paulo Nader, que não é necessário o apontamento da prorrogação no certificado de propriedade do veículo.

BIBLIOGRAFIA: Paulo Nader, *Curso de direito civil*, Rio de Janeiro, Forense, 2006, v. 4, p. 552.

SEÇÃO IX
DO PENHOR LEGAL

• *Código de Processo Civil, arts. 674, § 2º, IV, 703, § 1º e 706, § 1º.*

Art. 1.467. São credores pignoratícios, independentemente de convenção:

I — os hospedeiros, ou fornecedores de pousada ou alimento, sobre as bagagens, móveis, joias ou dinheiro que os seus consumidores ou fregueses tiverem consigo nas respectivas casas ou estabelecimentos, pelas despesas ou consumo que aí tiverem feito;

• *Código Civil, arts. 932, IV, 933 e 1.419.*

• *Código Penal, art. 176.*

II — o dono do prédio rústico ou urbano, sobre os bens móveis que o rendeiro ou inquilino tiver guarnecendo o mesmo prédio, pelos aluguéis ou rendas.

• Vide *Lei n. 6.015, de 31 de dezembro de 1973, sobre o registro de penhor de máquinas e de aparelhos utilizados na indústria, instalados e em funcionamento, com os respectivos pertences ou sem eles (art. 167, I, n. 4).*

• *Relativamente ao penhor legal, em favor dos artistas e auxiliares cênicos,* vide *art.* 27 do *Decreto n. 18.527, de 10 de dezembro de 1928, e Lei n. 6.533/78 sobre regulamentação das profissões de artistas e de técnico em espetáculos de diversões.*

• *Código Civil, arts. 565 a 578, 649 e 1.468.*

• *Lei n. 8.245/91.*

Penhor legal. O penhor legal surge em razão de imposição de lei, com o escopo de assegurar o pagamento de certas dívidas de que determinadas pessoas são credoras e que, por sua natureza, requerem tratamento especial. Por isso a própria norma jurídica confere a essas pessoas o direito de tomarem certos bens como garantia até conseguirem obter o total pagamento das quantias que lhes devem.

Casos de penhor legal. Serão credores pignoratícios, independentemente de convenção: *a*) os hospedeiros ou fornecedores de pousada ou alimento, sobre bagagens, móveis, joias ou dinheiro que os seus consumidores ou fregueses tiverem consigo nos respectivos estabelecimentos, pelas despesas ou consumo que aí tiverem feito. Protege a lei o credor que recebe hóspedes, em regra pessoas desconhecidas, que não oferecem nenhuma garantia, senão os valores que trazem consigo. Além disso, seria difícil averiguar a solvabilidade desses fregueses antes de proceder ao serviço que lhe é solicitado (*RT*, *153*:253 e *238*:401); *b*) o dono do prédio rústico ou urbano, sobre bens móveis que o rendeiro ou inquilino tiver guarnecendo o mesmo prédio, pelos aluguéis ou renda, desde que não sejam impenhoráveis ou pertencentes a outrem (*RT*, *37*:559 e *84*:278; Enunciado n. 14 do TJSP). O locador poderá, se não receber o aluguel ou a renda, reter os bens móveis pertencentes ao locatário, existentes no interior do imóvel locado, para garantir o seu pagamento.

BIBLIOGRAFIA: Caio M. S. Pereira, *Instituições*, cit., v. 4, p. 289; W. Barros Monteiro, *Curso*, cit., v. 3, p. 367-8; Silvio Rodrigues, *Direito civil*, cit., v. 5, p. 370; M. Helena Diniz, *Lei de locações de imóveis urbanos comentada*, 2. ed., São Paulo, Saraiva, 1992, p. 151-2, e *Curso*, cit., v. 4, p. 342 e 345-6; Mário Guimarães, *Estudos de direito civil*, p. 144; Levenhagen, *Código Civil*, cit., v. 3, p. 291; Darcy Arruda Miranda, *Anotações*, cit., v. 2, p. 199 e 200; Didimo da Veiga, *Manual*, cit., v. 9, Parte 4, n. 380 a 402; Colin e Capitant, *Droit civil français*, cit., v. 2, p. 818; Vincenzo Cattaneo e Carlo Borda, *Il codice civile italiano annotato*, v. 2, p. 1602; Lafayette, *Direito das coisas*, cit., § 269; Lacerda de Almeida, *Direito das coisas*, cit., § 110; Aubry e Rau, *Cours*, cit., v. 3, § 261; Rossel e Mentha, *Manuel de droit civil suisse*, cit., v. 3, n. 1.657.

Art. 1.468. A conta das dívidas enumeradas no inciso I do artigo antecedente será extraída conforme a tabela impressa, prévia e ostensivamente exposta na casa, dos preços de hospedagem, da pensão ou dos gêneros fornecidos, sob pena de nulidade do penhor.

• *Lei n. 8.078/90, art. 6º, III.*

Tabela de preços. Como os preços da hospedagem ou da alimentação consumida no local (restaurante) variam de um estabelecimento para outro, dependendo de sua categoria, a lei exige que as contas pormenorizadas das despesas feitas pelo hóspede sejam extraídas de conformidade com a tabela de preços da hospedagem, da pensão e dos gêneros fornecidos, afixada prévia e ostensivamente nas dependências do estabelecimento, sob pena de nulidade do penhor. Com isso está a lei prevenindo o abuso de direito por parte do credor, evitando que venha a apresentar contas extorsivas.

BIBLIOGRAFIA: M. Helena Diniz, *Curso*, cit., v. 4, p. 345; Levenhagen, *Código Civil*, cit., v. 3, p. 291; Darcy Arruda Miranda, *Anotações*, cit., v. 2, p. 200; Didimo da Veiga, *Manual*, cit., v. 9, Parte 4, n. 403.

Art. 1.469. Em cada um dos casos do art. 1.467, o credor poderá tomar em garantia um ou mais objetos até o valor da dívida.

Apreensão de objetos pelo credor em caso de penhor legal. Se o devedor de hospedaria ou se o inquilino de prédio rústico ou urbano deixar de pagar aluguel ou renda, o credor está autorizado a tomar em garantia um ou mais objetos até perfazer o valor do débito, mediante simples estimativa, requerendo de logo ao juiz a homologação do penhor legal. Será preciso esclarecer que os objetos apreendidos não poderão ultrapassar o valor da dívida. Se houver excesso ele será deduzido por ocasião da homologação judicial do referido penhor a requerimento do devedor ou de ofício pelo magistrado.

BIBLIOGRAFIA: W. Barros Monteiro, *Curso*, cit., v. 3, p. 371; M. Helena Diniz, *Curso*, cit., v. 4, p. 345-6; Levenhagen, *Código Civil*, cit., v. 3, p. 292; Darcy Arruda Miranda, *Anotações*, cit., v. 2, p. 200; Didimo da Veiga, *Manual*, cit., v. 9, Parte 4, n. 404.

Art. 1.470. Os credores, compreendidos no art. 1.467, podem fazer efetivo o penhor, antes de recorrerem à autoridade judiciária, sempre que haja perigo na demora, dando aos devedores comprovante dos bens de que se apossarem.

- *Código Civil, art. 1.467.*

Caso de desnecessidade de intervenção judicial para apreensão de bens do devedor. Os credores arrolados no art. 1.467 poderão apreender os bens dos devedores que forem suficientes para saldar o débito, sem intervenção judicial, sempre que houver perigo na demora (risco ao crédito pendente), impedindo assim que os devedores retirem seus bens sem fazer o pagamento, tornando efetivo o penhor antes de recorrer à autoridade judiciária. Para tanto deverão apresentar comprovante aos devedores dos bens apossados.

BIBLIOGRAFIA: M. Helena Diniz, *Curso*, cit., v. 4, p. 345; Levenhagen, *Código Civil*, cit., v. 3, p. 292; Darcy Arruda Miranda, *Anotações*, cit., v. 2, p. 200-1; Didimo da Veiga, *Manual*, cit., v. 9, Parte 4, n. 405, p. 39 e 40; R. Limongi França, *Instituições*, cit., p. 555.

Art. 1.471. Tomado o penhor, requererá o credor, ato contínuo, a sua homologação judicial.

- *O processo de homologação do penhor legal está regulado pelos arts. 703 a 706 do Código de Processo Civil.*

Homologação judicial. Tomado o penhor, o credor deverá, desde logo, requerer, para a formalização do penhor legal e sua execução, sua homologação judicial, mediante petição instruída com a conta pormenorizada das despesas do devedor, a tabela dos preços vigorante no estabelecimento e a relação dos objetos retidos em garantia de débito, pedindo a citação do devedor para que em vinte e quatro horas pague ou apresente sua defesa (CPC, art. 703, § 1º). Recebendo o magistrado esse pedido de homologação, dará início ao procedimento estabelecido nos arts. 703 a 706 do estatuto processual civil. Com a homologação judicial legaliza-se a apreensão feita pelo credor, aperfeiçoando o ônus real. Inicia o credor, logo depois, a execução pignoratícia, fazendo com que a penhora recaia precisamente sobre os objetos empenhados. Se o órgão judicante negar tal homologação, os bens retidos serão restituídos ao réu, mas o credor (autor) não ficará impedido de receber de seu crédito (CPC, art. 706, § 1º), sem a garantia pignoratícia, fazendo uso do procedimento comum, salvo se acolhida a alegação de extinção da obrigação.

Pelo Enunciado n. 73 do Fórum Permanente de Processualistas Civis: "No caso de homologação do penhor legal promovida pela via extrajudicial, incluem-se nas contas do crédito as despesas com o notário, constantes do § 1º do art. 718 de texto projetado (CPC/2015, art. 703)".

BIBLIOGRAFIA: W. Barros Monteiro, *Curso*, cit., v. 3, p. 370-1; Silvio Rodrigues, *Direito civil*, cit., v. 5, p. 370; Didimo da Veiga, *Manual*, cit., v. 9, Parte 4, n. 406; M. Helena Diniz, *Curso*, cit., v. 4, p. 345-6; Levenhagen, *Código Civil*, cit., v. 3, p. 292-3; Darcy Arruda Miranda, *Anotações*, cit., v. 2, p. 201.

Art. 1.472. Pode o locatário impedir a constituição do penhor mediante caução idônea.

- Vide *Código Civil, arts. 565 a 578 e 2.038.*
- *Lei n. 8.245/91, arts. 37 a 42.*
- *Código Civil, art. 1.467, II.*

Penhor na locação. O locatário poderá evitar a constituição do penhor legal para garantir seu débito *ex locato*, prestando ao locador outra caução idônea, como, p. ex., a fiança. Essa caução deve ser uma garantia real ou pessoal (fidejussória) que, realmente, resguarde o locador.

CAPÍTULO III
DA HIPOTECA

SEÇÃO I
DISPOSIÇÕES GERAIS

- *Código Civil, arts. 30,* caput, *165, parágrafo único, 2.040, 1.225, IX, 1.419, 1.420, 1.422, 1.424, 1.425, § 2º, 1.429, 1.430, 364 e 959.*
- *Código de Processo Penal, arts. 134, 135, §§ 4º e 6º, 136, 137, 138, 141, 143, 330 e 348.*
- *Código Comercial, arts. 468, 470, 564, 565, 626, 632, 633, 634, n. 8, 658 e 662.*
- *Código de Processo Civil, arts. 495, § 1º, 674, § 2º, IV, 784, V, 799, I, 804, 826, 833, VIII, 835, § 3º, 876 e 877.*
- *Lei n. 492/37, art. 4º; Decretos-Leis n. 25/37, art. 22, § 3º; 3.240/41, arts. 4º, § 2º, 6º e 7º; 7.661/45, arts. 52, III, 119 e 125, § 4º; Leis n. 1.046/50, art. 11; 2.180/54, art. 22, g; 4.200/63, art. 16; 4.320/64, art. 39, § 2º; 4.504/64, art. 111; 4.717/65, art. 4º, II, b; 4.829/65, arts. 25, VIII, e 28; Decreto n. 58.380/66, arts. 30, VIII, e 33; Decretos-Leis n. 70/66, arts. 10, § 1º, 11, 13 e parágrafo único, 15, I, c, 16 e parágrafo único, 18, 23, 24, 29, parágrafo único, 34, I, 36, 39 e 44; 167/67, arts. 21 a 26, 68 e 69; 413/69, arts. 14, V, 19, III, 24 a 26; Leis n. 6.001/73, art. 7º, § 1º; 6.015/73, arts. 167, II, 15 e 30 (com a redação da Lei n. 12.810/2013), 178, I e II, 189, 238, 251, 266 a 276 e 279; 7.565/86, arts. 106, parágrafo único, 118, §§ 1º a 3º, 138 a 147 e 152; 7.652/88, arts. 13, 14, II, e 23; 8.009/90, art. 3º, V; 8.069/90, arts. 37 e parágrafo único e 201, IV; 8.397/92, art. 2º, V; 8.666/93, art. 17, § 5º, e 8.929/94, arts. 6º e parágrafo único, 12, § 1º, e 16.*
- *Lei n. 11.101/2005, art. 129, III.*
- *Súmula 308 do Superior Tribunal de Justiça.*

Art. 1.473. Podem ser objeto de hipoteca:

I — os imóveis e os acessórios dos imóveis conjuntamente com eles;

- *Arts. 79 a 81, 92 a 97 e 1.331, § 1º, do Código Civil.*

II — o domínio direto;

- *Art. 678 do Código Civil de 1916, c/c o art. 2.038 do Código Civil.*

III — o domínio útil;

- *Art. 678 do Código Civil de 1916, c/c o art. 2.038 do Código Civil.*
- *Código de Processo Civil, art. 784, VII.*

IV — as estradas de ferro;

- *Arts. 1.502 a 1.505 do Código Civil.*

V — os recursos naturais a que se refere o art. 1.230, independentemente do solo onde se acham;

- *Art. 1.230 do Código Civil.*

VI — os navios;

VII — as aeronaves;

VIII — o direito de uso especial para fins de moradia;

IX — o direito real de uso;

X — a propriedade superficiária;

- *Incisos VIII, IX e X acrescentados pela Lei n. 11.481/2007.*

XI — os direitos oriundos da imissão provisória na posse, quando concedida à União, aos Estados, ao Distrito Federal, aos Municípios ou às suas entidades delegadas e respectiva cessão e promessa de cessão.

- *Acrescentado pela Lei n. 14.610/2023.*
- ***Projeto de Lei n. 699/2011**: "VIII — o direito de superfície".*

§ 1º A hipoteca dos navios e das aeronaves reger-se-á pelo disposto em lei especial.

§ 2º Os direitos de garantia instituídos nas hipóteses dos incisos IX e X do *caput* deste artigo ficam limitados à duração da concessão ou direito de superfície, caso tenham sido transferidos por período determinado.

- *Parágrafo acrescentado pela Lei n. 11.481/2007.*
- *Sobre hipotecas de navios,* vide *Decretos, ora revogados pelo Decreto n. 11, de 18 de janeiro de 1991 (que também perdeu sua vigência), n. 15.788, de 8 de novembro de 1922, que regulava a execução dos contratos da hipoteca de navios, e 15.809, de 11 de novembro de 1922, que aprovava o regulamento especial para a execução dos contratos de hipoteca de navios; Lei n. 5.272-B, de 10 de dezembro de 1927, regulamentada pelo Decreto n. 18.399, de 24 de setembro de 1928, ora revogado pelo Decreto n. 11, de 18 de janeiro de 1991 (que não mais vige); Decretos n. 5.814, de 14 de outubro de 1930, que aprova a convenção assinada em Bruxelas, para unificação de regras relativas aos privilégios e hipotecas marítimas, e 24.585, de 5 de julho de 1934, que, no art. 88, § 2º, ora revogado pelo Decreto de 10 de maio de 1991, determinava que todos os gravames hipotecários que recaíssem sobre propriedade marítima deveriam ser averbados dentro de quinze dias, no máximo, no registro de propriedade marítima, do Tribunal Marítimo Administrativo, sob pena de nulidade; Lei n. 2.180, de 5 de fevereiro de 1954, que dispõe sobre o Tribunal Marítimo (arts. 92 a 100, ora revogados pela Lei n. 7.652, de 3-2-1988, sobre registro de propriedade marítima, arts. 13, 14, II, e 23 com alteração das Leis n. 9.774/98, 9.432/97 e Decreto n. 2.256/97); Lei n. 8.935/94, art. 10; e Código Bustamante, art. 278.*
- Vide *Lei n. 7.565, de 19 de dezembro de 1986, arts. 106, parágrafo único, 118, §§ 1º a 3º, 138 a 147 e 152 (hipoteca de aeronave).*
- *Lei n. 11.481/2007, art. 13.*

Conceito de hipoteca. A hipoteca é o direito real de garantia que grava coisa imóvel ou bem que a lei entende por hipotecável, pertencente ao devedor ou a terceiro, sem transmissão de posse ao credor, conferindo a este o direito de promover a sua venda judicial, pagando-se preferentemente, se inadimplente o devedor (*Adcoas*, n. 81.987 e 85.297, 1982, e 90.308, 1983; *JB*, *59*:330, *147*:254, *156*:230 e *112*:158; *RF*, *34*:491, *63*:36 e *55*:346; *RT*, *833*:178, *831*:253, *785*:239, 772:251, *762*:445, *708*:107, *701*:153, *674*:138, *654*:114, *666*:153, *608*:124, *145*:215, *133*:111, *104*:140, *613*:127, *579*:121, *594*:138, *601*:185, *612*:85 e *225*:216; STJ, Súmulas 199 e 308; *JTJ*, *197*:352, *212*:338, *279*:671).

BIBLIOGRAFIA: Caio M. S. Pereira, *Instituições*, cit., v. 4, p. 304-5; Daibert, *Direito das coisas*, cit., p. 537; Troplong, *Privilèges et hypothèques*, Paris, 1845, v. 2, n. 386; Orlando Gomes, *Direitos reais*, cit.,

p. 376-7; Hedemann, *Derechos reales*, cit., p. 384; Azevedo Marques, *A hipoteca*, 1966; Tito Fulgêncio, *Direito real de hipoteca*, 1960; W. Barros Monteiro, *Curso*, cit., v. 3, p. 397-9; Enneccerus, Kipp e Wolff, *Tratado de derecho civil*: derecho de cosas, cit., v. 2, § 314; Lacerda de Almeida, *Direito das coisas*, cit., § 1.301; Lafayette, *Direito das coisas*, cit., § 176; Silvio Rodrigues, *Direito civil*, cit., v. 5, p. 406; De Page, *Traité élémentaire*, cit., n. 442; Mazeaud e Mazeaud, *Leçons de droit civil*, cit., n. 236; M. Helena Diniz, *Curso*, cit., v. 4, p. 369-70; Hipoteca de gasoduto, in *O direito civil no século XXI*, coord. M. Helena Diniz e Roberto Senise Lisboa, São Paulo, Saraiva, 2003, p. 411-22; Clóvis Beviláqua, *Direito das coisas*, Rio de Janeiro, Forense, 1956, v. 2, § 130; Martou, *Des privilèges et hypothèques*, v. 1, 2 e 3; Levenhagen, *Código Civil*, cit., v. 3, p. 311; Carlos Alberto Bittar, *Direitos reais*, cit., p. 202-10; Guillermo Diaz, *Hipoteca sobre inmueble ajeno*, Buenos Aires, Abeledo-Perrot, 1960; Sebastião José Roque, *Direito das coisas*, p. 185-200; Sérgio Iglesias Nunes de Souza, *Comentários*, cit., p. 1072-84; Raquel Helena Valési, *Comentários*, cit., p. 1084-9; Francisco Cláudio de Almeida Santos, *Direito*, cit., p. 166-251.

Objeto da hipoteca. Podem ser objeto de hipoteca: *a*) os *imóveis* por natureza (CC, arts. 79 a 81) e seus *acessórios*, abrangendo o solo, as casas, os edifícios (CC, art. 1.331, § 1º) ou construções de qualquer espécie. Os *acessórios dos imóveis* poderão ser hipotecados conjuntamente com eles (CC, arts. 92 e 93; *RF*, *68*:347, *91*:485, *149*:274, *128*:343, *110*:99, *138*:171 e *146*:328; *RT*, *70*:734, *133*:520, *173*:795, *216*:315, *247*:234 e *248*:159). Logo, abrangem o ônus real tanto as árvores (*JB*, *130*:213), frutos pendentes, fontes ou nascentes, como tudo o que estiver incorporado ao solo (sementes, culturas, safras), e ainda tudo o que o proprietário mantiver intencionalmente empregado na exploração industrial do imóvel (máquinas, instrumentos, animais), na sua comodidade, aformoseamento (benfeitorias) (CC, arts. 93 e 96). Se tais acessórios estiverem separados do solo (p. ex., frutos colhidos), são bens móveis, tornando-se insuscetíveis de hipoteca (*RT*, *169*:739); *b*) o *domínio direto*, porque na enfiteuse se permite que o direito do senhorio direto possa ser objeto de hipoteca, mesmo sem anuência do enfiteuta; *c*) o *domínio útil*, que é o poder que tem o foreiro de usufruir o bem e de transmiti-lo por ato *inter vivos* ou *causa mortis*; consequentemente poderá hipotecá-lo, sendo que o adquirente sujeitar-se-á ao pagamento do laudêmio, em caso de excussão hipotecária; *d*) as *estradas de ferro*, que são imóveis que se aderem ao solo, compreendendo trilhos assentados, oficinas, estações, linhas telegráficas, locomotivas e carros, passíveis de serem hipotecados; *e*) *as jazidas, minas, pedreiras* e demais recursos minerais, potenciais de energia hidráulica, independentemente do solo em que se acham, uma vez que são propriedades distintas do solo e pertencentes à União. As minas dependerão de concessão para serem hipotecadas, o que não sucede com as pedreiras (CC, art. 1.230); *f*) os *navios*, porque se vinculam a um porto. Em virtude de registro (Leis n. 7.652/88, com alteração da Lei n. 9.774/98, 9.432/97 e Decreto n. 2.256/97; *RF*, *301*:357) têm denominação própria, nacionalidade e caracteres que lhes dão individualidade; *g*) as *aeronaves*, mesmo em construção (Lei n. 7.565/86, art. 118); *h*) o *direito de uso especial para fins de moradia* (CC, art. 1.473, VIII; MP n. 2.220/2001, arts. 1º a 8º; Lei n. 9.636/98, art. 22-A; Lei n. 11.481/2007, art. 13; *RF*, *296*:483), assegurada a aceitação da garantia real pelos agentes financeiros no âmbito do Sistema Financeiro da Habitação (SFH), desde que constatada, por termo administrativo ou sentença declaratória, a posse para fins de moradia do ocupante que preencher os requisitos legais estabelecidos na MP n. 2.220/2001, devidamente registrado no cartório de imóveis (Lei n. 6.015/73, art. 167, I, n. 37); *i*) o *direito real de uso* resolúvel de terreno público ou particular (CC, art. 1.473, IX), sendo que o direito real de garantia (hipoteca) ficará limitado à duração da concessão do direito real de uso, se transferido por tempo determinado (CC, art. 1.473, § 2º). E, além disso, a hipoteca terá sua aceitação assegurada pelos agentes financeiros no âmbito do Sistema Financeiro da Habitação (SFH) (art. 13 da Lei n. 11.481/2007), desde que aquela concessão de direito real de uso resolúvel para atendimento de programa habitacional ou de fins específicos de regularização fundiária de interesse social, urbanização, industrialização, edificação, cultivo de terra etc. esteja registrada em favor do beneficiário (Lei n. 6.015/73, arts. 167, I, n. 40, 290-A, I e II, §§ 1º e 2º, acrescentado pela Lei n. 11.481/2007; MP n. 2.220/2001, art. 9º; Lei n. 8.666/93, art. 17, *f* e *h*, com redação da Lei n. 11.481/2007; Lei n. 9.636/98, art. 18, § 6º, II, com alteração da Lei n. 11.481/2007; Decreto-Lei n. 271/67, art. 7º, com a redação da Lei n. 11.481/2007); e *j*) a *propriedade superficiária* (CC, art. 1.473, X), mas a hipoteca limitar-se-á à duração do direito de superfície, se concedido por período determinado (CC, art. 1.473, § 2º), e terá assegurada sua aceitação pelos agentes financeiros no âmbito do Sistema Financeiro da Habitação — SFH (Lei n. 11.481/2007, art. 13). Tal se dá por ser a superfície um direito de propriedade sobre plantações e construções, separado do domínio do solo, constituindo, na verdade, um direito real de construir ou plantar em terreno de outrem. É um direito real de fruição sobre coisa alheia, visto não alcançar a propriedade do dono do solo, afastando a acessão. A *propriedade superficiária* concede ao superficiário um direito real sobre construção ou plantação feita em terreno alheio, utilizando sua superfície, daí ser hipotecável. Os *direitos oriundos da imissão provisória na posse, quando concedida* à *União*, aos *Estados*, ao *Distrito Federal*, aos *Municípios* ou às suas *entidades delegadas* e *respectiva cessão* e *promessa de cessão* não mais pertenciam a esse rol, visto que a MP 700/2015 teve sua vigência encerrada, mas agora, com a Lei n. 14.620/2023, voltam a figurar.

BIBLIOGRAFIA: Planiol, Ripert e Boulanger, *Traité élémentaire de droit civil*, cit., n. 3.634 e 3.660; Caio M. S. Pereira, *Instituições*, cit., v. 4, p. 308-12; e *Condomínio e incorporações*, cit., n. 88; Lafayette, *Direito das coisas*, cit., § 181; Orlando Gomes, *Direitos reais*, cit., p. 380-5; W. Barros Monteiro, *Curso*, cit., v. 3, p. 401-4 e 417-20; M. Helena Diniz, *Curso*, cit., v. 4, p. 371-3; R. Limongi França, *Instituições*, cit., p. 565; Enneccerus, Kipp e Wolff, *Tratado de derecho civil*: derecho de cosas, cit., § 135; Levenhagen, *Código Civil*, cit., v. 3, p. 312-3; Darcy Arruda Miranda, *Anotações*, cit., v. 2, p. 221-2.

Hipoteca naval. Os navios, mesmo que estejam em construção, podem ser hipotecados, por estarem vinculados pelo registro a um porto e por ser conveniente assegurar o direito de quem financia o construtor e o do seu proprietário, garantindo assim o pagamento do débito pela sequela e preferência. A hipoteca naval rege-se pelo Código Civil, pela Lei n. 2.180/54, alterada pela Lei n. 5.056/66 (hoje revogada pela Lei n. 7.652/88) e pela Lei n. 8.935/94 (art. 10), e se constitui mediante escritura pública, após a apresentação do título de propriedade naval, inscrevendo-se no Tribunal Marítimo (*AJ*, *56*:206).

BIBLIOGRAFIA: W. Barros Monteiro, *Curso*, cit., v. 3, p. 404 e 417-8; M. Helena Diniz, *Curso*, cit., v. 4, p. 373; Levenhagen, *Código Civil*, cit., v. 3, p. 327; Darcy Arruda Miranda, *Anotações*, cit., v. 2, p. 231-2; Caio M. S. Pereira, *Instituições*, cit., v. 4, p. 312.

Hipoteca de aeronaves. As aeronaves não são bens imóveis, mas podem constituir objeto de hipoteca, porque são individualizáveis pela marca, prefixo, subordinados a critérios preestabelecidos e a matrícula. O contrato de hipoteca aérea deve constar de escritura pública e ser assentado no Registro Aeronáutico Brasileiro (Lei n. 7.565/86, art. 141). Os aviões podem ser hipotecados no todo ou em partes distintas e ainda nos seus pertences (Código Brasileiro de Aeronáutica, art. 138; e CC, art. 93).

Art. 1.474. A hipoteca abrange todas as acessões, melhoramentos ou construções do imóvel. Subsistem os ônus reais constituídos e registrados, anteriormente à hipoteca, sobre o mesmo imóvel.

• Vide *Código Civil, arts. 96, 97, 1.248 e 1.259.*

Acessões como objeto de hipoteca. A hipoteca abrange todas as acessões naturais (ilhas, aluvião, avulsão etc.) e artificiais, como melhoramentos ou construções e plantações do imóvel (*JTACSP, 115*:203).

Direito de preferência sobre o credor hipotecário. Se antes do assento da hipoteca já tiver sido registrado algum outro direito real sobre o mesmo imóvel (usufruto, anticrese, servidão etc.), os titulares desses direitos reais terão direito de preferência sobre o credor hipotecário na eventual execução.

BIBLIOGRAFIA: M. Helena Diniz, *Curso*, cit., v. 4, p. 372; Darcy Arruda Miranda, *Anotações*, cit., v. 2, p. 222; Levenhagen, *Código Civil*, cit., v. 3, p. 313; Clóvis Beviláqua, *Código Civil comentado*, cit., obs. ao art. 811, v. 3.

Art. 1.475. É nula a cláusula que proíbe ao proprietário alienar imóvel hipotecado.

• *Código Penal, art. 171, § 2º, III.*

Parágrafo único. Pode convencionar-se que vencerá o crédito hipotecário, se o imóvel for alienado.

• *Código Civil, art. 2.040.*

Nulidade da proibição de alienação de imóvel hipotecado. O devedor poderá alienar o bem hipotecado, porque não perde o *jus disponendi*, transferindo-o ao adquirente, juntamente com o ônus que o grava. Nula será qualquer cláusula que vede ao proprietário a venda do imóvel onerado (*RT, 782*:419), embora válida seja a convenção de que, ocorrida a alienação, vencido estará o crédito hipotecário. É preciso esclarecer, ainda, que se aquela alienação se fizer antes do registro da hipoteca, o adquirente não sofrerá seus efeitos, embora o devedor alienante possa incorrer nas penas do estelionato, por ter ocultado o fato (CP, art. 171, § 2º). Mas poderá haver convenção entre credor e devedor que, se o imóvel hipotecado for alienado, ter-se-á vencimento antecipado do crédito hipotecário, desconsiderando a data estipulada para seu pagamento, tornando-o exigível e autorizando a execução da garantia hipotecária.

A cláusula convencional do vencimento antecipado do crédito hipotecário só é admitida em caso de alienação do imóvel gravado, pois esta, apesar de não gerar efeitos ao credor, poderá, p. ex., depreciar aquele bem, se o adquirente não o conservar, não pagar os impostos etc. Observa, a esse respeito, Francisco Eduardo Loureiro, que, se a alienação não trouxer agravamento do risco de depreciação da garantia, não há razão para o vencimento antecipado da dívida mesmo que haja previsão em cláusula convencional, visto que isso poderá configurar abuso de direito.

BIBLIOGRAFIA: Caio M. S. Pereira, *Instituições*, cit., v. 4, p. 323; Lafayette, *Direito das coisas*, cit., § 256; M. Helena Diniz, *Curso*, cit., v. 4, p. 454; Matiello, *Código Civil*, cit., p. 948; Francisco Eduardo Loureiro, *Código Civil*, cit., p. 1530-31.

Art. 1.476. O dono do imóvel hipotecado pode constituir outra hipoteca sobre ele, mediante novo título, em favor do mesmo ou de outro credor.

• *Código Penal, art. 171, § 2º, II.*

• *Código Civil, arts. 1.477 e 1.478.*

Sub-hipoteca. O imóvel poderá ser hipotecado mais de uma vez, quer em favor do mesmo credor, quer de outra pessoa. Essa hipoteca de bem hipotecado denomina-se sub-hipoteca, que poderá efetivarse desde que o valor do imóvel exceda o da obrigação garantida pela anterior, para que possa pagar o segundo credor hipotecário com o remanescente da excussão da primeira hipoteca, reconhecendolhe a preferência, relativamente aos credores quirografários. Essa sub-hipoteca deverá ser constituída por novo título, não valendo a mera averbação no registro da primeira (*RF*, *63*:39, *56*:518 e *81*:144; *RT*, *85*:596, *83*:236, *85*:584, *103*:115 e *161*:119; *AJ*, *30*:599, *19*:56, *18*:827 e *99*:315; *Adcoas*, n. 85.562, 1982).

BIBLIOGRAFIA: W. Barros Monteiro, *Curso*, cit., v. 3, p. 404-7; Azevedo Marques, *A hipoteca*, cit., n. 69; Orlando Gomes, *Direitos reais*, cit., p. 387-9; M. Helena Diniz, *Curso*, cit., v. 4, p. 377-8; Caio M. S. Pereira, *Instituições*, cit., v. 4, p. 321, Pluralidades de hipotecas, *RDC*, *30*:54; Levenhagen, *Código Civil*, cit., v. 3, p. 314; Daibert, *Direito das coisas*, cit., p. 545-7; Silvio Rodrigues, *Direito civil*, cit., v. 5, p. 408-9.

Art. 1.477. Salvo o caso de insolvência do devedor, o credor da segunda hipoteca, embora vencida, não poderá executar o imóvel antes de vencida a primeira.

1º Não se considera insolvente o devedor por faltar ao pagamento das obrigações garantidas por hipotecas posteriores à primeira.

§ 2º O inadimplemento da obrigação garantida por hipoteca faculta ao credor declarar vencidas as demais obrigações de que for titular garantidas pelo mesmo imóvel.

• *Acrescentados pela Lei n. 14.711/2023.*

• Vide *Código de Processo Civil, arts. 680, I, 792, IV, 794, 1.052.*

Direito do credor sub-hipotecário em caso de insolvência do devedor. O credor hipotecário terá sempre preferência (*RT*, *701*:153, *707*:153); logo, antes de vencida a primeira hipoteca, não poderá o credor sub-hipotecário excuti-la, devendo esperar o vencimento da antecedente, uma vez que tem somente como garantia a parcela do valor do imóvel onerado que sobrar após o pagamento da primeira, salvo no caso de insolvência do devedor, hipótese em que se terá vencimento antecipado de todas as suas dívidas, concorrendo todos os credores no concurso creditório que se abrir, guardando-se a ordem cronológica de seus direitos. Todavia, será preciso não olvidar que não se considerará insolvente o devedor por faltar ao pagamento das obrigações garantidas por hipotecas posteriores à primeira, ante a presunção *juris tantum* de que, se o imóvel está gravado com mais de uma hipoteca, seu valor poderá suportar os débitos garantidos; logo, o atraso no pagamento das prestações não indicará insolvência. Se se comprovar que os atrasos se deram por falta de recursos do devedor e que o imóvel onerado é seu único bem, cujo valor é insuficiente para saldar todas as dívidas, ter-se-á a configuração de sua insolvência. O credor sub-hipotecário só poderá instaurar a execução contra o devedor nos casos de insolvência (CPC, arts. 680, I, 792, IV, 794 e 1.052).

Se houver inadimplemento em caso de compartilhamento de hipotecas, o descumprimento da obrigação garantida por hipoteca permite que o credor declare vencidas as demais obrigações de que for titular garantidas pelo mesmo imóvel.

BIBLIOGRAFIA: M. Helena Diniz, *Curso*, cit., v. 4, p. 378; Levenhagen, *Código Civil*, cit., v. 3, p. 314-5; Darcy Arruda Miranda, *Anotações*, cit., v. 2, p. 222-3; Humberto Theodoro Jr., *A insolvência civil*, Rio de Janeiro, Forense; Nelson Hanada, *Da insolvência e sua prova na ação pauliana*, São Paulo, Revista dos Tribunais, 1982.

Art. 1.478. O credor hipotecário que efetuar o pagamento, a qualquer tempo, das dívidas garantidas pelas hipotecas anteriores sub-rogar-se-á nos seus direitos, sem prejuízo dos que lhe competirem contra o devedor comum.

• *Alterado pela Lei n. 14.711/2023.*

Parágrafo único. Se o primeiro credor estiver promovendo a execução da hipoteca, o credor da segunda depositará a importância do débito e as despesas judiciais.

• *Código Civil, arts. 346, I, 1.499 a 1.501.*

• Vide *Lei n. 6.015/73, arts. 270 a 273.*

• *Código de Processo Civil, art. 826.*

Remição hipotecária. A remição ou o resgate da hipoteca é o direito concedido a certas pessoas de liberar o imóvel gravado, mediante pagamento da quantia devida, independentemente de anuência do credor (*EJSTJ, 15*:243). Na lição de Pontes de Miranda: "Remir é recomprar, readquirir, afastar pagando".

Resgate da primeira hipoteca pelo credor sub-hipotecário. O credor sub-hipotecário que pagar a qualquer tempo, as dívidas garantidas pelas hipotecas anteriores, sub-rogar-se-á nos direitos do credor a quem satisfez, sem prejuízo dos que lhe competirem contra o devedor comum.

BIBLIOGRAFIA: M. Helena Diniz, *Curso*, cit., v. 4, p. 378 e 382; Darcy Arruda Miranda, *Anotações*, cit., v. 2, p. 223; Levenhagen, *Código Civil*, cit., v. 3, p. 315-6; W. Barros Monteiro, *Curso*, cit., v. 3, p. 407; Caio M. S. Pereira, *Instituições*, cit., v. 4, p. 330-1; Silvio Rodrigues, *Direito civil*, cit., v. 5, p. 425-6; Rafael Corrêa da Silva, Remir e remitir e seus propínquos, *RFDUSP, 4(5)*:71; Pontes de Miranda, *Tratado de direito privado*, Rio de Janeiro, Borsoi, 1971, v. 20, p. 41.

Art. 1.479. O adquirente do imóvel hipotecado, desde que não se tenha obrigado pessoalmente a pagar as dívidas aos credores hipotecários, poderá exonerar-se da hipoteca, abandonando-lhes o imóvel.

• Vide *Código Civil, arts. 303 e 1.475.*

• *Súmula 308 do Superior Tribunal de Justiça.*

• ***Projeto de Lei n. 699/2011***: *"Parágrafo único. O compromissário vendedor de imóvel hipotecário, ainda que conste junto ao credor como devedor e principal pagador também poderá exonerar-se da hipoteca, abandonando o imóvel ao credor hipotecário, desde que o compromissário comprador tenha assumido a obrigação de liquidar o saldo devedor na forma originalmente pactuada entre o compromissário vendedor e o credor hipotecário".*

Abandono do imóvel hipotecado pelo adquirente. Se o adquirente do imóvel hipotecado não se obrigou pessoalmente a pagar os débitos aos credores hipotecários, poderá liberar-se do ônus real, se entregar-lhes o referido imóvel, permitindo-lhes o exercício da posse, se o quiserem. Tal abandono não tem o significado de transferência de propriedade, apenas quer dizer que deixa o imóvel à ação dos credores para fins de excussão judicial, uma vez que não se operou a extinção da obrigação garantida.

Art. 1.480. O adquirente notificará o vendedor e os credores hipotecários, deferindo-lhes, conjuntamente, a posse do imóvel, ou o depositará em juízo.

Parágrafo único. Poderá o adquirente exercer a faculdade de abandonar o imóvel hipotecado, até as vinte e quatro horas subsequentes à citação, com que se inicia o procedimento executivo.

• Vide *Código Civil, art. 1.479.*

Exercício da permissão para abandonar imóvel hipotecado. Para exonerar-se da hipoteca, nos termos do art. 1.479 do Código Civil, o adquirente que não quiser remir o imóvel privar-se-á da sua posse, colocando-o à disposição dos credores hipotecários, furtando-se aos efeitos da execução até as vinte e quatro horas subsequentes à citação, com o que se inicia o procedimento executivo, ou melhor, a execução do débito. Para tanto deverá notificar, judicial ou extrajudicialmente, o vendedor e os mencionados credores, deferindo-lhes, conjuntamente, a posse do imóvel hipotecado, ou, então, depositando-o em juízo, se julgar mais conveniente.

Art. 1.481. Dentro em trinta dias, contados do registro do título aquisitivo, tem o adquirente do imóvel hipotecado o direito de remi-lo, citando os credores hipotecários e propondo importância não inferior ao preço por que o adquiriu.

• *Código Civil, arts. 1.482 a 1.484.*

§ 1º Se o credor impugnar o preço da aquisição ou a importância oferecida, realizar-se-á licitação, efetuando-se a venda judicial a quem oferecer maior preço, assegurada preferência ao adquirente do imóvel.

§ 2º Não impugnado pelo credor, o preço da aquisição ou o preço proposto pelo adquirente, haver-se-á por definitivamente fixado para a remissão* do imóvel, que ficará livre de hipoteca, uma vez pago ou depositado o preço.

* *Trata-se da **remição** (resgate) e não da **remissão** (perdão).*

• ***Projeto de Lei n. 699/2011**: "§ 2º Não impugnado pelo credor, o preço da aquisição ou o preço proposto pelo adquirente, haver-se-á por definitivamente fixado para a remição do imóvel, que ficará livre de hipoteca, uma vez pago ou depositado o preço.*

..".

§ 3º Se o adquirente deixar de remir o imóvel, sujeitando-o a execução, ficará obrigado a ressarcir os credores hipotecários da desvalorização que, por sua culpa, o mesmo vier a sofrer, além das despesas judiciais da execução.

§ 4º Disporá de ação regressiva contra o vendedor o adquirente que ficar privado do imóvel em consequência de licitação ou penhora, o que pagar a hipoteca, o que, por causa de adjudicação ou licitação, desembolsar com o pagamento da hipoteca importância excedente à da compra e o que suportar custas e despesas judiciais.

• *Código Civil, arts. 346, II, e 1.499, V.*

• Vide *Lei n. 6.015/73, arts. 266 e s.*

Remição hipotecária pelo adquirente do imóvel hipotecado. O adquirente do imóvel hipotecado terá o direito de resgatá-lo, liberando-o desse ônus, pois, caso contrário, terá de se sujeitar à excussão do imóvel. Essa remição ou resgate extingue a hipoteca, mas não o crédito, porque a dívida não é quitada, e o devedor terá de pagar seu débito ao adquirente do imóvel, que se sub-roga nos direitos do primitivo credor hipotecário. Para tanto o adquirente do bem hipotecado deverá exercer seu direito de resgate no prazo de trinta dias contados da data do registro do seu contrato, citando judicialmente o credor hipotecário no foro de seu domicílio, ou por editais, se estiver em local incerto, propondo-lhe, para liberar o imóvel onerado, o pagamento de importância não inferior ao preço por que adquiriu o bem. O credor notificado poderá, se não concordar com o *quantum* oferecido pelo adquirente para a remição, pedir, no prazo assinado para a oposição, a licitação judicial do imóvel, que consistirá na venda em leilão público, apurando-se o real valor do bem (*RT*, *674*:138), que será entregue a quem oferecer maior quantia, assegurando-se contudo a preferência ao adquirente do imóvel.

Aceitação da remição hipotecária feita pelo adquirente do bem onerado. Se o credor hipotecário aceitar oferta feita pelo adquirente, livre estará o imóvel do ônus real que o grava, uma vez pago ou depositado judicialmente o *quantum* oferecido. A sentença judicial, ao formalizar o depósito, liberará o imóvel da hipoteca, servindo de título hábil que o adquirente levará a registro, extinguindo o ônus real que gravava o imóvel.

BIBLIOGRAFIA: Caio M. S. Pereira, *Instituições*, cit., v. 4, p. 331-2; De Page, *Traité élémentaire*, cit., n. 850; M. Helena Diniz, *Curso*, cit., v. 4, p. 382-3; Levenhagen, *Código Civil*, cit., v. 3, p. 316-7; Affonso Fraga, *Direitos reais de garantia*, cit., § 76; Darcy Arruda Miranda, *Anotações*, cit., v. 2, p. 224-5.

Consequências da execução por falta da remição hipotecária pelo adquirente do imóvel hipotecado. Se o adquirente não vier a resgatar o imóvel, sujeitando-o à excussão judicial, terá de submeter-se aos seus efeitos, pois, além da perda do bem, arcará com o dever não só de ressarcir os credores hipotecários da desvalorização, que, por culpa sua, o bem onerado sofreu, respondendo pelas perdas e danos, mas também de pagar as despesas judiciais da execução e os ônus da sucumbência.

Ação regressiva contra o vendedor de imóvel hipotecado. O adquirente do imóvel hipotecado poderá mover ação regressiva (*actio in rem verso*) contra o alienante, se vier a sofrer a perda do bem em consequência de licitação ou penhora, para reaver o valor dos prejuízos sofridos com as despesas oriundas da excussão, por parte de credores do vendedor sobre o imóvel adquirido, ou com o pagamento do que despendeu com a hipoteca, inclusive com o *quantum* pago mesmo acima do preço da compra (incluindo atualização monetária, gastos com o contrato e com o registro), e com as custas e despesas judiciais.

Art. 1.482. (*Realizada a praça, o executado poderá, até a assinatura do auto de arrematação ou até que seja publicada a sentença de adjudicação, remir o imóvel hipotecado, oferecendo preço igual ao da avaliação, se não tiver havido licitantes, ou ao do maior lance oferecido. Igual direito caberá ao cônjuge, aos descendentes ou ascendentes do executado.*)

- *Código de Processo Civil, arts. 826, 876 e 877.*
- *Revogado pelo CPC/2015.*

Remição hipotecária pelo devedor da hipoteca ou aos membros da família do executado. Ante a revogação do art. 1.482 do CC não é mais possível a remição de hipoteca aos membros de sua família. Contudo, pelo CPC/2015, art. 876, § 5º, cônjuge ou companheiro, descendente ou ascendente do executado terão, somente, o exercício do direito de preferência para a compra do bem onerado. Há, portanto, uma adjudicação com direito de preferência a favor dos familiares do executado. E, além disso, ao próprio executado (devedor da hipoteca), pelos arts. 877, § 3º, e 826 do CPC, é concedida a remição hipotecária. O executado poderá remir, se quiser, o bem onerado com hipoteca. A lei (CPC, arts. 826 e 877, § 3º) confere o direito de resgatar o imóvel hipotecado, livrando-o do ônus, ao devedor da hipoteca. Intentada a excussão do bem onerado pelo credor, antes de adjudicados ou alienados os bens, o próprio executado (*RT*, *730*:185; *RTJ*, *92*:871, *75*:905 e *96*:1327) poderá, a qualquer tempo, até a assinatura do auto de adjudicação, oferecer o preço igual ao da avaliação, se não tiver havido licitante, para remir o imóvel hipotecado, ou, então, igual ao do maior lance oferecido, devendo consignar em juízo a importância da dívida, juros, custas e honorários advocatícios (CPC, art. 826 c/c art. 877, § 3º).

BIBLIOGRAFIA: M. Helena Diniz, *Curso*, cit., v. 4, p. 374 e 383; Caio M. S. Pereira, *Instituições*, cit., v. 4, p. 336; Levenhagen, *Código Civil*, cit., v. 3, p. 3202; Affonso Fraga, *Direitos reais de garantia*, cit., p. 641; Darcy Arruda Miranda, *Anotações*, cit., v. 2, p. 2278; Clóvis Beviláqua, *Direito das coisas*, cit., § 145.

Art. 1.483. (*No caso de falência, ou insolvência, do devedor hipotecário, o direito de remição defere-se à massa, ou aos credores em concurso, não podendo o credor recusar o preço da avaliação do imóvel.*)

- Vide *Lei de Falências (Lei n. 11.101/2005), arts. 77, 83, III e VI, § 1º, 124, parágrafo único, 129, III, 139 a 148, 149,* in fine, *153 e 163, § 4º.*
- Vide *Código Civil, arts. 1.430 e 1.499, V e CPC, arts. 826, 876, 877, § 4º.*

Parágrafo único. (*Pode o credor hipotecário, para pagamento de seu crédito, requerer a adjudicação do imóvel avaliado em quantia inferior àquele, desde que dê quitação pela sua totalidade.*)

- *Revogado pelo CPC/2015.*

Direito de resgate da massa falida ou dos credores em concurso. Essa hipótese prevista no revogado art. 1.483 do Código Civil foi totalmente absorvida pela lei processual, estando regulada nos arts. 826, 876 e 877, § 4º, do CPC/2015. A massa falida, mediante pedido do administrador judicial, ou os credores em concurso terão o direito de resgatar o imóvel hipotecado nos casos de falência ou insolvência do devedor hipotecário, sendo que não poderá o credor hipotecário (exequente) recusar o pagamento do preço por que foi avaliado oficialmente o bem onerado (CPC, art. 877, § 4º). A remição ou resgate far-se-á, portanto, independentemente da realização da praça, tomando-se por base o valor da avaliação. Não poderá o credor recusá-la, mesmo que a soma não venha a cobrir o débito. Pelo que faltar, o credor hipotecário concorrerá com os quirografários em igualdade de condições.

BIBLIOGRAFIA: W. Barros Monteiro, *Curso*, cit., v. 3, p. 411; M. Helena Diniz, *Curso*, cit., v. 4, p. 383-4; Levenhagen, *Código Civil*, cit., v. 3, p. 3234; Darcy Arruda Miranda, *Anotações*, cit., v. 2, p. 228-9.

Adjudicação do imóvel hipotecado ao credor em caso de falência ou insolvência do devedor. O credor hipotecário, havendo falência ou insolvência do devedor, poderá, se quiser, para obter o pagamento de seu crédito, requerer a adjudicação do imóvel hipotecado. Dada a quitação, o credor hipotecário que requereu a adjudicação do imóvel onerado não poderá, obviamente, ser admitido no processo de falência ou insolvência de seu devedor, ante a extinção do vínculo jurídico que o prendia a ele. Se a avaliação oficial do imóvel gravado for maior do que o *quantum* devido, o credor hipotecário apenas poderá requerer a adjudicação se vier a repor em favor da massa falida ou dos outros credores em concurso a diferença entre o montante do débito e o valor conferido ao imóvel pela avaliação (CPC, arts. 826, 876, 877, §§ 1º a 3º; CC, art. 1.499, VI).

BIBLIOGRAFIA: Clóvis Beviláqua, *Código Civil comentado*, cit., obs. ao art. 822, v. 3; Carlos Alberto Bittar, *Direitos reais*, cit., p. 207; Levenhagen, *Código Civil*, cit., v. 3, p. 324-5; Darcy Arruda Miranda, *Anotações*, cit., v. 2, p. 229.

Art. 1.484. É lícito aos interessados fazer constar das escrituras o valor entre si ajustado dos imóveis hipotecados, o qual, devidamente atualizado, será a base para as arrematações, adjudicações e remições, dispensada a avaliação.

DIREITO DAS COISAS

- Vide *Lei n. 6.015/73, art. 273.*
- Vide *Código de Processo Civil, arts. 874, I, 876 e 877.*

Requisito formal para a hipoteca convencional. A hipoteca convencional surgirá do acordo de vontades daquele que recebe o ônus real (credor hipotecário) com aquele que o dá (devedor principal ou terceiro hipotecante), além de exigir presença de testemunhas instrumentárias e escritura pública. Logo, será lícito aos interessados fazer constar da escritura o valor entre si ajustado do imóvel hipotecado, que, devidamente atualizado, será a base para a arrematação, adjudicação e remição (resgate — CPC, art. 826), dispensada a avaliação. Se as partes não consignarem esse valor, sendo executada a hipoteca, imprescindível será a avaliação do imóvel hipotecado.

Art. 1.485. Mediante simples averbação, requerida por ambas as partes, poderá prorrogar-se a hipoteca, até 30 (trinta) anos, da data do contrato. Desde que perfaça esse prazo, só poderá subsistir o contrato de hipoteca, reconstituindo-se por novo título e novo registro; e, nesse caso, lhe será mantida a precedência, que então lhe competir.

- *Redação dada pela Lei n. 10.931/2004.*
- *Código Civil, art. 1.498.*
- Vide *Lei n. 6.015/73, art. 238.*

Prorrogação da hipoteca. O registro da hipoteca convencional, além de marcar a data de sua constituição, marca também seu termo final, pois o prazo de sua vigência é de trinta anos, só se podendo renovar após o perfazimento desse prazo mediante novo título e novo assento. Com o registro, a hipoteca convencional começa a produzir seus efeitos, que somente cessarão com seu cancelamento ou com o decurso do prazo de trinta anos, visto que ambas as partes podem prorrogá-la antes de vencido tal prazo, bastando que requeiram a averbação da prorrogação pactuada no registro anteriormente feito (AC 934-0-SP, 12-2-1982). Logo, a prorrogação não poderá ultrapassar de trinta anos da data do contrato. Decorrido esse prazo, ter-se-á a *perempção legal* da hipoteca, não mais podendo o credor excuti-la (*RT*, *143*:527), pois a hipoteca não mais prevalece (AC 934-0-SP, 12-2-1982; AC 256.993-SP, 13-1-1977); dar-se-á a liberação do imóvel onerado pelo decurso do prazo legal, pois decorridos os trinta anos de seu registro, sem que haja renovação, a hipoteca cessará, não mais sendo admissível qualquer prorrogação. Escoado esse prazo, se os interessados quiserem poderão reconstituir *nova hipoteca*, por *novo título* e *novo registro*. Havendo *reconstituição da hipoteca*, manter-se-á, em benefício do credor hipotecário, o mesmo número de registro e igual procedência, que, então, lhe competir, visto tratar-se de ônus real, que, apesar de reconstituído, dá prosseguimento, ao anterior. Consequentemente, em nada se alterará a posição creditória, permanecendo idêntica à oriunda do contrato perempto, quanto à sua preferência, no produto da excussão, relativamente aos outros direitos reais de terceiros.

BIBLIOGRAFIA: Dionísio da Gama, *Da hipoteca*, n. 100, p. 120; M. Helena Diniz, *Sistemas*, cit., p. 127, 276-9, 361 e s. e 379; e *Curso*, cit., v. 4, p. 376, 380 e 393; Levenhagen, *Código Civil*, cit., v. 3, p. 320; De Page, *Traité élémentaire*, cit., v. 7, n. 776; Darcy Arruda Miranda, *Anotações*, cit., v. 2, p. 227; W. Barros Monteiro, *Curso*, cit., v. 3, p. 410; Orlando Gomes, *Direitos reais*, cit., p. 387 e 393, n. 286; Caio M. S. Pereira, *Instituições*, cit., v. 4, p. 352-3; Lafayette, *Direito das coisas*, § 249; Ruggiero e Maroi, *Istituzioni*, cit., v. 2, § 199; Carlos Alberto Dabus Maluf, *Novo Código Civil*, cit., p. 1290; Matiello, *Código Civil*, cit., p. 956.

Art. 1.486. Podem o credor e o devedor, no ato constitutivo da hipoteca, autorizar a emissão da correspondente cédula hipotecária, na forma e para os fins previstos em lei especial.

- *Decretos-Leis n. 70/66, arts. 9º a 28, 413/69, art. 19, e 1.494/76.*
- *Decreto-Lei n. 167/67, arts. 20 a 24.*
- *Lei n. 8.929/94, que instituiu a cédula de produto rural.*

Cédula crédito-hipotecária. É o título representativo de crédito com hipoteca, sempre nominativo, mas transferível por endosso, cuja emissão pode ser autorizada pelo credor e devedor, no ato constitutivo da hipoteca, na forma e para os fins previstos em lei especial. É instrumento importante no financiamento habitacional pelo Sistema Financeiro de Habitação, por representar o crédito hipotecário e por facilitar sua negociação e transferência a terceiros, por meio de simples endosso. Trata-se da hipoteca cedular. Lapidarmente, pondera Paulo Nader, a esse respeito: "o permissivo inovador (art. 1.486 do CC) é benéfico do ponto de vista econômico, pois favorece a circulação das riquezas, dando mobilidade ao crédito. Favorece ao credor, pois lhe torna possível a aquisição de título de crédito, vinculado à hipoteca. A emissão do título, todavia, depende de convenção das partes na escritura de constituição da hipoteca, não havendo impedimento à emissão *a posteriori*".

BIBLIOGRAFIA: Paulo Nader, *Curso*, cit., v. 4, p. 571.

Art. 1.487. A hipoteca pode ser constituída para garantia de dívida futura ou condicionada, desde que determinado o valor máximo do crédito a ser garantido.

§ 1º Nos casos deste artigo, a execução da hipoteca dependerá de prévia e expressa concordância do devedor quanto à verificação da condição, ou ao montante da dívida.

§ 2º Havendo divergência entre o credor e o devedor, caberá àquele fazer prova de seu crédito. Reconhecido este, o devedor responderá, inclusive, por perdas e danos, em razão da superveniente desvalorização do imóvel.

- Vide *Código Civil, arts. 402 a 405.*

Hipoteca como acessório de dívida futura e condicional. A hipoteca é acessório de um débito, cujo pagamento visa garantir (*RF*, *99*:81; *RJE*, *2*:47; *BAASP*, *1.833*:8). É suscetível de garantia por hipoteca qualquer obrigação de natureza econômica, seja ela de dar, de fazer ou de não fazer. É, como diz Lafayette, "um direito real criado para assegurar a eficácia de um direito pessoal". Poderá até mesmo ser constituída para garantir débito futuro ou condicionado, mas, para tanto, dever-se-á determinar o valor máximo do crédito por ela assegurado, que servirá de parâmetro à eventual execução, em caso de inadimplemento obrigacional.

A execução dessa hipoteca, em razão da aleatoriedade ou da condicionalidade do crédito garantido, requer prévia e expressa anuência do devedor, quanto ao implemento da condição (suspensiva ou resolutiva) a que está subordinada ou ao montante da dívida. Não havendo acordo entre credor e devedor quanto à verificação da condição ou ao montante do débito, competirá àquele a demonstração da existência de seu crédito. E, se este for reconhecido o devedor, então, devido a superveniente desvalorização havida, deverá responder por perdas e danos.

BIBLIOGRAFIA: Lafayette, *Direito das coisas*, cit., § 173, p. 410; M. Helena Diniz, *Curso*, cit., v. 4, p. 446.

Art. 1.487-A. A hipoteca poderá, por requerimento do proprietário, ser posteriormente estendida para garantir novas obrigações em favor do mesmo credor, mantidos o registro e a publicidade originais, mas respeitada, em relação à extensão, a prioridade de direitos contraditórios ingressos na matrícula do imóvel.

§ 1º A extensão da hipoteca não poderá exceder ao prazo e ao valor máximo garantido constantes da especialização da garantia original.

§ 2º A extensão da hipoteca será objeto de averbação subsequente na matrícula do imóvel, assegurada a preferência creditória em favor da:

I — obrigação inicial, em relação às obrigações alcançadas pela extensão da hipoteca;

II — obrigação mais antiga, considerando-se o tempo da averbação, no caso de mais de uma extensão de hipoteca.

§ 3º Na hipótese de superveniente multiplicidade de credores garantidos pela mesma hipoteca estendida, apenas o credor titular do crédito mais prioritário, conforme estabelecido no § 2º deste artigo, poderá promover a execução judicial ou extrajudicial da garantia, exceto se convencionado de modo diverso por todos os credores.

- *Acrescentado pela Lei n. 14.711/2023.*

Compartilhamento da hipoteca. Permite que um mesmo bem (imóvel) seja dado em garantias a várias dívidas em favor do mesmo credor, facilitando sob o prisma registrário, a conexão de novos débitos a uma garantia real, bastando averbação na matrícula. Nas hipotecas compartilhadas pode suceder, que por fato superveniente, se tenha vários credores, caso em que a preferência creditória segue o princípio da prioridade registral. A extensão da hipoteca não poderá exceder ao prazo e ao valor máximo garantido, constantes da especialização da garantia original. O compartilhamento da hipoteca deverá ser objeto da averbação subsequente na matrícula do imóvel, dando-se preferência creditória à obrigação inicial, relativamente às alcançadas pela extensão da hipoteca ou à obrigação mais antiga, considerando-se o tempo da averbação, em caso de mais de uma extensão de hipoteca. Se ocorrer superveniência de multiplicidade de credores garantidos pela mesma hipoteca estendida, só o credor titular do crédito mais prioritário poderá promover a execução judicial ou extrajudicial da garantia, salvo se convencionada de forma diversa por todos os credores.

Art. 1.488. Se o imóvel, dado em garantia hipotecária, vier a ser loteado, ou se nele se constituir condomínio edilício, poderá o ônus ser dividido, gravando cada lote ou unidade autônoma, se o requererem ao juiz o credor, o devedor ou os donos, obedecida a proporção entre o valor de cada um deles e o crédito.

- *Código Civil, arts. 1.331 a 1.358.*

§ 1º O credor só poderá se opor ao pedido de desmembramento do ônus, provando que o mesmo importa em diminuição de sua garantia.

§ 2º Salvo convenção em contrário, todas as despesas judiciais ou extrajudiciais necessárias ao desmembramento do ônus correm por conta de quem o requerer.

§ 3º O desmembramento do ônus não exonera o devedor originário da responsabilidade a que se refere o art. 1.430, salvo anuência do credor.

- Vide *Código Civil, art. 1.430.*

Afastamento excepcional do caráter indivisível da hipoteca. A hipoteca é indivisível, no sentido de que o ônus real grava o bem em sua totalidade; enquanto não se liquidar a obrigação, a hipoteca subsiste, por inteiro, sobre a totalidade da coisa onerada, ainda que haja pagamento parcial do débito. Tal indivisibilidade não é do bem gravado ou da dívida garantida, que podem ser divisíveis, mas sim do vínculo real (ônus hipotecário), que, apesar do resgate parcial da obrigação, continua a recair sobre o bem, na sua integralidade. Da mesma forma, se houver vários devedores, o ônus real não se levanta sem que haja o pagamento da dívida toda, ainda que não se trate de solidariedade passiva. Porém, esse seu caráter indivisível poderá ser afastado se o imóvel, dado em garantia, vier a ser loteado, ou se nele se constituir condomínio em edifício de apartamentos, pois, mediante requerimento do credor, do devedor ou dos donos dos lotes ou das unidades autônomas, o juiz poderá dividir o ônus real, fazendo com que grave cada lote ou unidade autônoma, proporcionalmente ao valor de cada um deles e do crédito. Assim, dividida, excepcionalmente, a hipoteca, em razão de descumprimento de promitente--vendedor, os promissários-compradores poderão quitar o empréstimo, proporcionalmente à parte que adquiriu; com isso seu lote ou apartamento liberar-se-á da excussão. Portanto, consequentemente, fragmentar-se-á também o crédito do credor que, então, ficará garantido por várias hipotecas.

Oposição do credor ao desmembramento da hipoteca. O credor, na hipótese acima mencionada, apenas poderá opor-se ao pedido de desmembramento do ônus real, mediante comprovação de que haverá diminuição de sua garantia.

Despesas com o desmembramento da garantia hipotecária. Aquele que vier a requerer o afastamento da indivisibilidade da hipoteca deverá arcar com todas as despesas judiciais (custas, honorários advocatícios etc.) e extrajudiciais (emolumentos, taxas etc.), decorrentes do seu pedido, a não ser que haja estipulação em sentido contrário.

Responsabilidade do devedor originário. O desmembramento do ônus real não liberará o devedor originário da responsabilidade de continuar pessoalmente obrigado se, executada a hipoteca, o produto não bastar para o pagamento da dívida e das despesas judiciais, exceto se houver anuência do credor.

Seção II

Da hipoteca legal

- *Lei n. 8.069/90, art. 37 e parágrafo único.*
- *Código de Processo Civil, art. 479.*
- *Lei n. 6.015/73, art. 274.*
- *Código Civil, arts. 1.490, 1.491, 1.492, parágrafo único, e 2.040.*
- *Código de Processo Penal, arts. 134 a 138, 139, 141 e 143 (sendo que os arts. 136, 137, 138, 139, 141 e 143 foram alterados pela Lei n. 11.435, de 28 de dezembro de 2006) e Código Penal, art. 91, I.*
- *Decreto-Lei n. 3.240, de 8 de maio de 1941, que sujeita a sequestro os bens de pessoas indiciadas em crimes de que resulta prejuízo para a Fazenda Pública, e outros.*

Art. 1.489. A lei confere hipoteca:

I — às pessoas de direito público interno (art. 41) sobre os imóveis pertencentes aos encarregados da cobrança, guarda ou administração dos respectivos fundos e rendas;

- Vide *Código Civil, art. 41.*
- *Decreto-Lei n. 3.240/41.*

II — aos filhos, sobre os imóveis do pai ou da mãe que passar a outras núpcias, antes de fazer o inventário do casal anterior;

- Vide *Código Civil, arts. 1.523, I, e 1.641, I.*

III — ao ofendido, ou aos seus herdeiros, sobre os imóveis do delinquente, para satisfação do dano causado pelo delito e pagamento das despesas judiciais;

• Vide *Código Civil, arts. 186 e 927.*

IV — ao coerdeiro, para garantia do seu quinhão ou torna da partilha, sobre o imóvel adjudicado ao herdeiro reponente;

• Vide *Código Civil, art. 2.019, § 1º.*

V — ao credor sobre o imóvel arrematado, para garantia do pagamento do restante do preço da arrematação.

• *Código de Processo Penal, arts. 134 a 138.*

Hipoteca legal. É aquela que a lei confere a certos credores, que, por se encontrarem em determinada situação e pelo fato de que seus bens são confiados à administração alheia, devem ter uma proteção especial. Seu título constitutivo é a sentença de especialização devida inscrita no Registro Imobiliário (*RT, 450*:84 e *810*:270).

Casos de hipoteca legal. A lei confere hipoteca: *a*) às pessoas jurídicas de direito público interno (União, Estados, Distrito Federal, Territórios, Municípios, autarquias e demais entidades públicas criadas por lei; CC, art. 41) sobre os imóveis pertencentes aos encarregados da cobrança, guarda ou administração dos respectivos fundos e rendas, ou seja, tesoureiros, coletores, administradores, exatores, prepostos, rendeiros e contratadores de rendas e fiadores, a fim de evitar que funcionários desonestos que arrecadam, guardam ou administram seus bens dilapidem seus haveres; *b*) aos filhos, sobre os imóveis do genitor que convolar novas núpcias, antes de fazer o inventário e partilha dos bens do casal anterior, para assegurar a boa administração dos bens e a devolução da renda e desses ao término do inventário; *c*) ao ofendido, ou aos seus herdeiros, sobre os imóveis do delinquente, para satisfação do dano causado pelo delito e pagamento das custas, ou melhor, das despesas judiciais (*RT, 149*:414 e *122*:142); *d*) ao coerdeiro para garantia do seu quinhão ou torna de partilha sobre o imóvel adjudicado ao herdeiro reponente. Isso é assim quando se adjudica o imóvel inventariado a um único herdeiro, que se compromete a repor em dinheiro o quinhão pertencente aos demais coerdeiros, que, para garantir o recebimento dessa quantia, tem hipoteca legal sobre o imóvel adjudicado ao reponente; e *e*) ao credor sobre o imóvel arrematado, para assegurar o pagamento do restante do preço da arrematação.

BIBLIOGRAFIA: R. Limongi França, *Instituições*, cit., p. 567-8; W. Barros Monteiro, *Curso*, cit., v. 3, p. 420-2; Caio M. S. Pereira, *Instituições*, cit., v. 4, p. 338-41; Levenhagen, *Código Civil*, cit., v. 3, p. 328-30; Lafayette, *Direito das coisas*, cit., § 201, n. 5; Silvio Rodrigues, *Direito civil*, cit., v. 5, p. 419-20; Darcy Arruda Miranda, *Anotações*, cit., v. 2, p. 234-7; Clóvis Beviláqua, *Direito das coisas*, cit., § 154; Lacerda de Almeida, *Direito das coisas*, cit., § 154; Affonso Fraga, *Direitos reais de garantia*, cit., p. 726.

Art. 1.490. O credor da hipoteca legal, ou quem o represente, poderá, provando a insuficiência dos imóveis especializados, exigir do devedor que seja reforçado com outros.

• *Código Civil, art. 1.489.*

Reforço da hipoteca legal. O credor da hipoteca legal, ou quem o represente, está autorizado a exigir seu reforço com outros bens, desde que demonstre que o imóvel gravado, em razão de desvalorização ou deterioração, se mostra insuficiente para saldar a dívida garantida.

BIBLIOGRAFIA: Lafayette, *Direito das coisas*, cit., § 187; Levenhagen, *Código Civil*, cit., v. 3, p. 322-3; Orlando Gomes, *Direitos reais*, cit., p. 383; Silvio Rodrigues, *Direito civil*, cit., v. 5, p. 417; Darcy Arruda Miranda, *Anotações*, cit., v. 2, p. 228; Caio M. S. Pereira, *Instituições*, cit., v. 4, p. 336; Aubry e Rau, *Cours de droit civil*, cit., v. 3, n. 264; Planiol e Ripert, *Traité pratique de droit civil français*, cit., v. 12, n. 465; M. Helena Diniz, *Curso*, cit., v. 4, p. 384 e 387-8; Jones F. Alves e Mário Luiz Delgado, *Código*, cit., p. 749.

Art. 1.491. A hipoteca legal pode ser substituída por caução de títulos da dívida pública federal ou estadual, recebidos pelo valor de sua cotação mínima no ano corrente; ou por outra garantia, a critério do juiz, a requerimento do devedor.

Substituição da hipoteca legal pela caução de títulos da dívida pública. A lei autoriza a substituição da hipoteca legal pela caução de títulos da dívida pública federal ou estadual, nominativos ou ao portador, recebidos pelo valor de sua cotação mínima no ano corrente ou da última do ano anterior, se a Bolsa de valores ainda não estiver funcionando no início do ano, com a finalidade de facilitar a prestação da garantia (TJMG, Ap. Cível 10017.04.008795-3/001, rel. Jarbas Ladeira, j. 10-10-2006). Nada obsta a que seja substituída por qualquer outra garantia (fidejussória, p. ex.), a critério do juiz, desde que haja requerimento do devedor pleiteando isso. Tal substituição poderá dar-se antes ou depois da especialização ou do assento da hipoteca. Se feita após o registro, este deverá ser cancelado.

BIBLIOGRAFIA: M. Helena Diniz, *Curso*, cit., v. 4, p. 388; Darcy Arruda Miranda, *Anotações*, cit., v. 2, p. 228; Levenhagen, *Código Civil*, cit., v. 3, p. 323; Clóvis Beviláqua, *Código Civil comentado*, cit., obs. ao art. 820, v. 3.

SEÇÃO III
DO REGISTRO DA HIPOTECA

Art. 1.492. As hipotecas serão registradas no cartório do lugar do imóvel, ou no de cada um deles, se o título se referir a mais de um.

- *Sobre a averbação de cédulas hipotecárias*, vide *Decreto-Lei n. 70, de 21 de novembro de 1966.*
- Vide *Lei n. 6.015/73, arts. 167, I, n. 2, e 169, II.*
- Vide *Código Civil, art. 1.502.*

Parágrafo único. Compete aos interessados, exibido o título, requerer o registro da hipoteca.

- *Código Civil, art. 1.497.*

Publicidade do registro da hipoteca e fixação da data do nascimento do direito real de garantia. O momento culminante da hipoteca é o de seu registro; enquanto não estiver assentado, não é direito real, não passará de um crédito pessoal, valendo *inter partes*. A hipoteca só nasce com o ato registrário, passando a valer contra terceiros, pondo-se não só aos credores quirografários do devedor, mas também aos terceiros adquirentes e a outro credor hipotecário que não tenha registrado o título, e, ainda, a quem tenha adquirido sobre o imóvel onerado um outro direito real. O registro serve, portanto, de elemento de publicidade, dando conhecimento a todos os interessados da existência da hipoteca sobre o imóvel, e de fixação da data do nascimento do direito real de garantia (*Adcoas*, n. 76.047, 1981).

BIBLIOGRAFIA: Carvalho Santos, *Código Civil brasileiro interpretado*, cit., v. 10, p. 505-6; Lacerda de Almeida, *Direito das coisas*, § 132; Caio M. S. Pereira, *Instituições*, cit., v. 4, p. 319; Silvio Rodrigues, *Direito civil*, cit., v. 5, p. 412; De Page, *Traité élémentaire*, cit., v. 7, n. 764; Orlando Gomes, *Direitos reais*, cit., p. 378; M. Helena Diniz, *Curso*, cit., p. 375; Darcy Arruda Miranda, *Anotações*, cit., v. 2, p. 245.

Registro no Livro n. 2. Só com o registro da hipoteca no Livro n. 2 ter-se-á a publicidade do ato e a fixação da data do nascimento do direito real, com eficácia *erga omnes*, estabelecendo o direito de sequela e a ordem de preferência (*RF, 159*:282). Daí a célebre frase de Lacerda de Almeida: "Hipoteca não registrada é hipoteca não existente". Logo, para o assento da hipoteca, deverá haver em cada Registro Imobiliário os livros necessários (Lei n. 6.015/73, arts. 167, I, n. 2, 176 e 238).

BIBLIOGRAFIA: M. Helena Diniz, *Sistemas*, cit., p. 130-1; Lacerda de Almeida, *Direito das coisas*, cit., v. 2, § 132; Orlando Gomes, *Direitos reais*, cit., p. 378; Nicolau Balbino Filho, *Registro de imóveis*, São Paulo, Atlas, 1987, p. 143-6; Silvio Rodrigues, *Direito civil*, cit., v. 5, p. 412; Caio M. S. Pereira, *Instituições*, cit., v. 4, p. 319; Levenhagen, *Código Civil*, cit., v. 3, p. 332.

Local do registro da hipoteca. O registro da hipoteca deverá ser feito no Cartório de Registro de Imóveis do lugar do imóvel gravado, mediante requerimento do interessado e exibição do título. Se houver mais de um imóvel onerado, situados em várias comarcas, o assento deverá ser efetivado em todos os ofícios em que os bens estiverem matriculados.

BIBLIOGRAFIA: Orlando Gomes, *Direitos reais*, cit., p. 381; M. Helena Diniz, *Curso*, cit., v. 4, p. 375; Levenhagen, *Código Civil*, cit., v. 3, p. 331-2; Darcy Arruda Miranda, *Anotações*, cit., v. 2, p. 241.

Requerimento para registro da hipoteca convencional. A hipoteca convencional é a que se constitui por meio de acordo de vontade entre credor e devedor da obrigação principal, pois são suscetíveis de ônus real todas as obrigações de caráter econômico, sejam elas de dar, de fazer ou de não fazer (*RF, 121*:170). Logo, apenas os interessados no seu registro poderão promovê-la, apresentando o traslado da escritura, requerendo-a ao oficial do Registro Imobiliário. Esses interessados são: o credor, seus herdeiros e cessionários; o devedor ou seus herdeiros; outros credores do devedor; o fiador do devedor; os credores do credor hipotecário; os representantes legais do credor ou do devedor etc.

BIBLIOGRAFIA: Levenhagen, *Código Civil*, cit., v. 3, p. 335; W. Barros Monteiro, *Curso*, cit., v. 3, p. 400; Orlando Gomes, *Direitos reais*, cit., p. 382; Daibert, *Direito das coisas*, cit., p. 552; M. Helena Diniz, *Curso*, cit., v. 4, p. 384.

Art. 1.493. Os registros e averbações seguirão a ordem em que forem requeridas, verificando-se ela pela da sua numeração sucessiva no protocolo.

- *Lei n. 6.015/73, art. 182.*

Parágrafo único. O número de ordem determina a prioridade, e esta a preferência entre as hipotecas.

- Vide *Código Civil, arts. 1.422 e 1.495.*
- Vide *Lei n. 6.015, de 31 de dezembro de 1973, art. 186.*

Ordem de preferência na colisão de direitos reais. Os títulos apresentados ao oficial são anotados no protocolo (Livro n. 1), que é o livro-chave do Registro Geral, na ordem cronológica da entrada. Os registros e averbações seguirão a ordem em que forem requeridos. Tal ordem verificar-se-á pela sua numeração sucessiva no protocolo. O número de ordem determinará a prioridade do título hipotecário. Se se apresentarem dois títulos, pretendendo o registro da hipoteca, versando sobre um mesmo imóvel, o registro retroagirá ao momento da prenotação, assegurando a prioridade do que se apresentou primeiro a registro. Logo a ordem de preferência, na colisão de direitos reais, advém da prioridade do assento. O registro feito na ordem em que foi requerido estabelece a prioridade, e esta a preferência entre as hipotecas.

BIBLIOGRAFIA: Tito Fulgêncio, *Direito real de hipoteca*, v. 1, n. 351; Caio M. S. Pereira, *Instituições*, cit., v. 4, p. 319; W. Barros Monteiro, *Curso*, cit., v. 3, p. 399; Levenhagen, *Código Civil*, cit., v. 3, p. 332; M. Helena Diniz, *Curso*, cit., v. 4, p. 375-6; *Sistemas*, cit., p. 132.

Art. 1.494. (*Não se registrarão no mesmo dia duas hipotecas, ou uma hipoteca e outro direito real, sobre o mesmo imóvel, em favor de pessoas diversas, salvo se as escrituras, do mesmo dia, indicarem a hora em que foram lavradas.*)

- Vide *Lei n. 6.015/73, arts. 190 a 192.*
- *Ora revogado pela Lei n. 14.382/2022.*

Registro de dois direitos reais sobre o mesmo imóvel no mesmo dia. Outrora o registro feito na ordem em que foi requerido estabelecia a prioridade e esta a preferência entre as hipotecas. Por isso não se registrariam no mesmo dia duas hipotecas, ou uma hipoteca e outro direito real, sobre o mesmo imóvel, em favor de pessoas diversas, salvo determinando-se precisamente a hora em que se lavrasse cada uma das escrituras, evitando-se assim confusão de prioridades. Portanto, o registro da hipoteca permitiria que se estabelecesse entre vários credores hipotecários a prioridade. Assim, aquele que primeiro registrasse a hipoteca retinha o direito de executar o imóvel antes dos outros. Os credores sucessivos não poderiam promover a venda judicial do imóvel onerado antes de vencida a primeira hipoteca, exceto na hipótese de insolvência do devedor.

BIBLIOGRAFIA: M. Helena Diniz, *Sistemas*, cit., p. 132; Valmir Pontes, *Registro de imóveis*, cit., p. 86 e s.; Orlando Gomes, *Direitos reais*, cit., p. 378; Silvio Rodrigues, *Direito civil*, cit., v. 5, p. 412; Darcy Arruda Miranda, *Anotações*, cit., v. 2, p. 242-3.

Art. 1.495. Quando se apresentar ao oficial do registro título de hipoteca que mencione a constituição de anterior, não registrada, sobrestará ele na inscrição da nova, depois de a prenotar, até trinta dias, aguardando que o interessado inscreva a precedente; esgotado o prazo, sem que se requeira a inscrição desta, a hipoteca ulterior será registrada e obterá preferência.

- Vide *Lei n. 6.015, de 31 de dezembro de 1973, art. 189.*

Apresentação de uma segunda hipoteca antes do registro da primeira. Se antes de ser registrada uma hipoteca surgir uma segunda, o oficial do registro deverá tão somente fazer a sua prenotação, aguardando até trinta dias, contados da data desta, para que o interessado promova o assento da primeira. Se dentro desse prazo, que é razoável, houver o registro da primeira hipoteca, esta tomará o número que lhe couber, e a segunda, ao ser levada a assento, o número seguinte, que será outro que não o da prenotação. Se a primeira hipoteca for apresentada para o devido registro após o decurso daquele prazo, perderá a prioridade, ficando, então, a segunda registrada como primeira. Deveras, estatui também a Lei n. 6.015/73, art. 189, *in fine*, que "esgotado esse prazo, que correrá da data da prenotação, sem que seja apresentado o título anterior, o segundo será inscrito e obterá preferência sobre aquele". A prenotação da segunda hipoteca, portanto, garantirá ao respectivo credor a prioridade não só contra o primeiro credor hipotecário retardatário que não apresentar seu título a registro dentro de trinta dias, mas também contra outros credores por novas hipotecas ou por outros ônus reais e contra os adquirentes do imóvel hipotecado que não promoveram o registro de seus títulos.

BIBLIOGRAFIA: Valmir Pontes, *Registro de imóveis*, cit., p. 86; Levenhagen, *Código Civil*, cit., v. 3, p. 334-5; Darcy Arruda Miranda, *Anotações*, cit., v. 2, p. 243; M. Helena Diniz, *Sistemas*, cit., p. 132-3.

Art. 1.496. Se tiver dúvida sobre a legalidade do registro requerido, o oficial fará, ainda assim, a prenotação do pedido. Se a dúvida, dentro em noventa dias, for julgada improcedente, o registro efetuar-se-á com o mesmo número que teria na data da prenotação; no caso contrário, cancelada esta, receberá o registro o número correspondente à data em que se tornar a requerer.

- Vide *Lei n. 6.015, de 31 de dezembro de 1973, arts. 198 a 207.*
- *Código Civil, art. 1.495.*

Dúvida sobre a legalidade do registro da hipoteca. Se o oficial do Registro Imobiliário tiver dúvida sobre a legalidade do assento da hipoteca requerida, deverá fornecer ao requerente uma declaração por escrito expondo as suas razões, sem contudo deixar de anotar no protocolo a entrada do título e o pedido de registro da hipoteca, em forma de prenotação, dando-lhe o respectivo número, para assegurar a prioridade na preferência caso a dúvida venha a ser julgada improcedente e o registro venha a se efetivar.

BIBLIOGRAFIA: Levenhagen, *Código Civil*, cit., v. 3, p. 333; Darcy Arruda Miranda, *Anotações*, cit., v. 2, p. 242; M. Helena Diniz, *Sistemas*, cit., p. 228 a 235 e 315 e s.; Clóvis Beviláqua, *Código Civil comentado*, cit., obs. ao art. 834.

Improcedência da dúvida. A declaração escrita do oficial do Registro que levantou a dúvida sobre a legalidade do assento da hipoteca será o documento pelo qual o requerente instruirá seu recurso ao juiz competente, impugnando a dúvida, pedindo que decida, promovendo o processo de seu levantamento. Se a dúvida, em noventa dias, for julgada improcedente, não mais se poderá suscitá-la, ante o reconhecimento judicial, por via de coisa julgada formal, do direito do interessado de registrar o título independentemente das exigências feitas pelo oficial. Este deverá, então, efetuar o registro do título quando for reapresentado dentro de trinta dias (Lei n. 6.015/73, art. 205), fazendo o assento da hipoteca com o mesmo número que teria na data da prenotação. Se o requerente desprezar o prazo de trinta dias para promover o registro da hipoteca, perderá o número da prenotação, e seu assento receberá o número correspondente à data em que tornar a requerer o registro. Nada obsta, portanto, que o interessado apresente a documentação a qualquer tempo, mesmo depois de transcorrido aquele prazo de trinta dias, para ser levada a assento a hipoteca; porém não mais poderá tirar proveito dos efeitos da prenotação, que, irremediavelmente, já cessaram com a sua demora.

Procedência da dúvida. Se a dúvida for considerada procedente, o oficial do registro cancelará a prenotação, devendo o credor hipotecário procurar sanar as falhas apontadas e voltar a requerer o registro, que então receberá o número correspondente à data em que se der tal requerimento.

BIBLIOGRAFIA: M. Helena Diniz, *Sistemas*, cit., p. 233-4; Valmir Pontes, *Registro de imóveis*, São Paulo, Saraiva, 1982, p. 98-119; W. Ceneviva, *Manual de registro de imóveis*, 1988, p. 119-28; João Rabelo de Aguiar Vallim, Relevância das decisões nos processos de dúvida, *RT*, *336*:506; Levenhagen, *Código*

Civil, cit., v. 3, p. 333-4; Serpa Lopes, *Tratado dos registros públicos*, 1955, v. 2, p. 346; Antônio Barreto de Mendonça, *A dúvida nos registros públicos*, 1966, p. 19 e 21-2; Eduardo S. C. Sarmento, *A dúvida na nova Lei dos Registros Públicos*, p. 11; Matiello, *Código Civil*, cit., p. 965.

Art. 1.497. As hipotecas legais, de qualquer natureza, deverão ser registradas e especializadas.

§ 1º O registro e a especialização das hipotecas legais incumbem a quem está obrigado a prestar a garantia, mas os interessados podem promover a inscrição delas, ou solicitar ao Ministério Público que o faça.

- Vide *Código Civil, art. 1.498.*
- *Lei n. 6.015/73, arts. 186, 188, 189 e 195.*
- *Código de Processo Penal, art. 136, com a redação da Lei n. 11.435/2006.*

§ 2º As pessoas, às quais incumbir o registro e a especialização das hipotecas legais, estão sujeitas a perdas e danos pela omissão.

- *Código Civil, arts. 402 a 405.*

Eficácia "erga omnes" da hipoteca legal. A hipoteca legal apenas valerá contra terceiros se for registrada e especializada, sem o que ficará desprovida de prelação e sequela. Isto é assim porque apenas com a individuação dos bens dados em garantia e com o assento surgirá o direito real. A especialização da hipoteca legal será feita em juízo, seguindo-se o procedimento comum (CPC, arts. 318 e s.), culminando com a decisão discriminativa dos bens gravados (*RT*, *450*:84). Com a apresentação da especialização ao oficial de Registro, ter-se-á o registro hipotecário em livro próprio.

BIBLIOGRAFIA: Clóvis Beviláqua, *Comentários ao Código Civil*, obs. aos arts. 827 e 828; Caio M. S. Pereira, *Instituições*, cit., v. 4, p. 337; Levenhagen, *Código Civil*, cit., v. 3, p. 330; M. Helena Diniz, *Curso*, cit., v. 4, p. 386-7; Darcy Arruda Miranda, *Anotações*, cit., v. 2, p. 237-8.

Dever de registro e especialização da hipoteca legal. O registro e a especialização da hipoteca legal competem àquele que tem a obrigação de prestar a garantia (CC, art. 1.489), mas nada obsta a que qualquer interessado (credor, sucessor, inventariante, representante legal etc.) as promova pessoalmente ou requeira ao Ministério Público que faça sua promoção oficial.

Responsabilidade civil por omissão no registro da hipoteca legal. As pessoas incumbidas legalmente da especialização e do assento da hipoteca legal, que negligentemente se omitirem desse dever, deverão pagar uma indenização por perdas e danos ao credor hipotecário que vier a sofrer prejuízos pela falta de registro ou pelo atraso na formalização da hipoteca.

Art. 1.498. Vale o registro da hipoteca, enquanto a obrigação perdurar; mas a especialização, em completando vinte anos, deve ser renovada.

- Vide *Código Civil, art. 1.485.*
- *Registro da hipoteca: arts. 167, I, n. 2, e 238 da Lei n. 6.015, de 31 de dezembro de 1973 (Registros Públicos).*
- *Ação de especialização de hipoteca segue procedimento comum.*

Renovação da especialização da hipoteca legal. Enquanto a hipoteca convencional tem a duração máxima de trinta anos (CC, art. 1.485), a hipoteca legal perdurará indefinidamente, tendo em vista que seu registro valerá enquanto a obrigação garantida perdurar. Na hipoteca legal, portanto, não haverá perempção do ônus por trinta anos. A lei apenas exige que seja renovada após o prazo de vinte anos a especialização, ante a presunção de que, com o decurso do tempo, tenha havido desvalorização dos bens onerados, requerendo-se que se faça uma avaliação em benefício do interessado, podendo-se exigir o reforço da hipoteca. Se, porventura, os imóveis gravados vieram a sofrer valorização com o tempo, a hipoteca deverá, então, ser reduzida aos imóveis que forem suficientes para assegurar a obrigação. Quaisquer alterações que se façam na hipoteca deverão ser averbadas no registro anteriormente feito, que conservará seu primitivo número.

BIBLIOGRAFIA: Levenhagen, *Código Civil*, cit., v. 3, p. 331; Caio M. S. Pereira, *Instituições*, cit., v. 4, p. 337; M. Helena Diniz, *Curso*, cit., v. 4, p. 387.

SEÇÃO IV
DA EXTINÇÃO DA HIPOTECA

Art. 1.499. A hipoteca extingue-se:

I — pela extinção da obrigação principal;

II — pelo perecimento da coisa;

III — pela resolução da propriedade;

• Vide *Código Civil, arts. 1.359 e 1.360.*

IV — pela renúncia do credor;

V — pela remição;

• *Código de Processo Civil, art. 826.*

• Vide *Código Civil, arts. 1.478, 1.481 e 1.484.*

VI — pela arrematação ou adjudicação.

• *Código de Processo Civil, arts. 835, § 3º, 876, 877, 881, 886 a 903.*

• *No caso de desapropriação,* vide *art. 31 do Decreto-Lei n. 3.365, de 21 de junho de 1941.*

• Vide *Lei n. 6.015, de 31 de dezembro de 1973 (Registros Públicos), art. 251.*

Causas extintivas da hipoteca. A hipoteca extinguir-se-á: *a*) pelo *desaparecimento da obrigação principal*, porque o ônus real é uma relação jurídica acessória, seguindo a sorte da principal. Cessará a garantia real com o desaparecimento da dívida por ela assegurada (*RT*, *806*:142); *b*) pela *destruição total da coisa onerada*, por ficar a hipoteca sem objeto. Se parcial essa destruição, a relação hipotecária subsistirá no remanescente, podendo o credor pedir um reforço, sob pena de vencimento antecipado (*RT*, *192*:745). Se o bem gravado for destruído em razão de culpa de terceiro, o direito do credor hipotecário sub-rogar-se-á no valor da indenização por perdas e danos. O mesmo se diga se estiver no seguro. Se for desapropriado o bem onerado, sub-roga-se na quantia paga pelo poder expropriante; *c*) pela *resolução do domínio*, pois se o devedor tinha sobre o imóvel hipotecado apenas propriedade resolúvel, com o implemento da condição resolutiva, ou do termo ajustado, perderá a propriedade do bem onerado, o que acarretará a extinção da garantia real. Mas se a perda da propriedade se der por causa superveniente, como em caso de doação revogada por ingratidão, subsistirá o ônus real anterior; *d*) pela *renúncia do credor*, inequívoca (*RT*, *132*:746), podendo ser expressa ou tácita; *e*) pelo *resgate* do bem gravado pelo próprio devedor e sua família, pelo credor sub-hipotecário e pelo terceiro adquirente, pois com a liberação do imóvel hipotecado se terá a extinção da garantia real; *f*) pela *arrematação* do imóvel gravado por quem der maior lance ou *adjudicação* (*Adcoas*, n. 84.118, 1982; *RT*, *788*:212; *RSTJ*, *75*:345) requerida pelo credor hipotecário. O ônus real extinguir-se-á com a venda judicial do imóvel onerado, no executivo hipotecário, e quem vier a adquiri-lo recebe-o livre e desimpedido.

BIBLIOGRAFIA: Tito Fulgêncio, *Direito real de hipoteca*, v. 2, p. 441 e s.; Clóvis Beviláqua, *Direito das coisas*, cit., §§ 194 e 199; Caio M. S. Pereira, *Instituições*, cit., v. 4, p. 344-51; Azevedo Marques, *A hipoteca*, cit., n. 28; W. Barros Monteiro, *Curso*, cit., v. 3, p. 432-5; De Page, *Traité élémentaire*, cit., n. 921 e 924; M. Helena Diniz, *Curso*, cit., v. 4, p. 390-3; Planiol, Ripert e Boulanger, *Traité élémentaire*, cit., v. 2, n. 3.658; Orlando Gomes, *Direitos reais*, cit., p. 392-3; Dionísio da Gama, *Da hipoteca*, n. 129.

Art. 1.500. Extingue-se ainda a hipoteca com a averbação, no Registro de Imóveis, do cancelamento do registro, à vista da respectiva prova.

- Vide *Lei n. 6.015, de 31 de dezembro de 1973, arts. 251 e 259.*
- *Decreto n. 3.079/38, art. 16, § 1º,* c.

Cancelamento do registro da hipoteca. A extinção da hipoteca só começará a ter efeito contra terceiros após a averbação do cancelamento do seu Registro Imobiliário. É com a averbação do cancelamento da hipoteca, pela extinção, que se opera a sua publicidade, gerando a presunção legal de que todos estarão cientes da extinção do ônus real. Como consequência, ter-se-á, então, de proceder ao cancelamento de seu assento, pois sua extinção só terá eficácia *erga omnes* depois de averbada no Registro respectivo (Lei n. 6.015/73, art. 251). Cancelado o registro, os interessados não mais poderão revalidá-la, só lhes restando promover novo título e novo registro, sem qualquer relação com o anterior (*RT*, *94*:63 e *169*:320).

BIBLIOGRAFIA: W. Barros Monteiro, *Curso*, cit., v. 3, p. 436-7; Caio M. S. Pereira, *Instituições*, cit., v. 4, p. 353; Levenhagen, *Código Civil*, cit., v. 3, p. 342.

Instrumento hábil para o cancelamento do registro da hipoteca. O registro da hipoteca cancelar-se-á à vista da prova da ocorrência de uma das causas extintivas do ônus real ou da quitação, mesmo que por instrumento particular com firma reconhecida, embora seja mais segura a escritura pública (*RT*, *189*:746; AC 934-0-SP, 12-2-1982, e AC 438-0-SP, 16-12-1981).

BIBLIOGRAFIA: M. Helena Diniz, *Sistemas*, cit., p. 394-6, e *Curso*, cit., v. 4, p. 393; Levenhagen, *Código Civil*, cit., v. 3, p. 342; Darcy Arruda Miranda, *Anotações*, cit., v. 2, p. 248.

Art. 1.501. Não extinguirá a hipoteca, devidamente registrada, a arrematação ou adjudicação, sem que tenham sido notificados judicialmente os respectivos credores hipotecários, que não forem de qualquer modo partes na execução.

- Vide *Código de Processo Civil, arts. 674, § 2º, IV, 784, V, 792, 799, I, 804, 889, V e Lei n. 11.101/2005, arts. 6º, 77, 124, parágrafo único, 129, III, 142 e 163, § 4º.*
- Vide *arts. 29 e 31 do Decreto-Lei n. 70, de 21 de novembro de 1966, que dispõe sobre a cobrança de hipoteca vencida, por intermédio de agente fiduciário.*

Direito de execução do imóvel hipotecado. O credor hipotecário, antes do executivo hipotecário, terá apenas um direito potencial, pois, se o devedor pagar a dívida, a garantia não se concretizará. Vencida e não paga a dívida, o credor poderá promover a excussão. O imóvel será executado por meio de processo de execução, iniciando-se com a penhora do bem gravado, a fim de vendê-lo judicialmente. Seu produto será destinado ao pagamento do crédito hipotecário. O Decreto-Lei n. 70/66 permite a execução do referido crédito por via extrajudicial, atribuindo a um agente fiduciário a venda extrajudicial e sumária do bem onerado, quando o credor for instituição financeira (*Adcoas*, n. 61.758, 1979; *RT*, *504*:234; *JB*, *25*:67). Se a execução for insuficiente para pagar o exequente, este poderá penhorar outros bens do devedor, e, se sobrevier falência deste, suspender-se-á a execução (Lei n. 11.101/2005, art. 6º).

Invalidade de alienação judicial sem notificação do credor hipotecário. Se o imóvel hipotecado for penhorado por outro credor, além de esse fato implicar o vencimento antecipado da hipoteca, não poderá ser validamente praceado sem a notificação judicial do credor hipotecário (*RT*, *71*:346, *108*:134, *112*:100, *116*:790, *148*:682, *160*:120, *319*:428, *337*:492, *551*:273; *RF*, *105*:505 e *204*:180; *RSTJ*, *36*:309; *JTA*, *116*:39). A hipoteca registrada não será extinta por arrematação ou adjudicação sem aquela notificação judicial do credor hipotecário, que não foi parte na execução.

BIBLIOGRAFIA: Orlando Gomes, *Direitos reais*, cit., p. 389-95; Caio M. S. Pereira, *Instituições*, cit., v. 4, p. 324-5; Levenhagen, *Código Civil*, cit., v. 3, p. 327-8; Silvio Rodrigues, *Direito civil*, cit., v. 5, p. 411; Darcy Arruda Miranda, *Anotações*, cit., v. 2, p. 232; W. Barros Monteiro, *Curso*, cit., v. 3, p. 413-4; M. Helena Diniz, *Curso*, cit., v. 4, p. 378-9; Maria Lúcia L. Leiria, A extinção da hipoteca em razão de execução de terceiro, *RJ*, *119*:9; Almir Passo, Extinção da hipoteca pela arrematação ou adjudicação, *JB*, *107*:13.

Seção V

Da hipoteca de vias férreas

• *O Decreto-Lei n. 3.109, de 12 de março de 1941, dispõe sobre o registro das alienações das estradas de ferro.*

Art. 1.502. As hipotecas sobre as estradas de ferro serão registradas no Município da estação inicial da respectiva linha.

• Vide *Lei n. 6.015, de 31 de dezembro de 1973, art. 171.*

• Vide *Código Civil, art. 1.492.*

Local de registro da hipoteca de vias férreas. Os atos concernentes à hipoteca das vias férreas serão registrados no Cartório correspondente à estação inicial da respectiva linha, apesar de percorrerem várias circunscrições territoriais e de terem mais de uma linha (*RJTJSP*, *89*:464 e *117*:542; *RT*, *589*:99 e *495*:95).

BIBLIOGRAFIA: M. Helena Diniz, *Sistemas*, cit., p. 61-2, e *Curso*, cit., v. 4, p. 372; Darcy Arruda Miranda, *Anotações*, cit., v. 2, p. 249; Levenhagen, *Código Civil*, cit., v. 3, p. 343.

Art. 1.503. Os credores hipotecários não podem embaraçar a exploração da linha, nem contrariar as modificações, que a administração deliberar, no leito da estrada, em suas dependências, ou no seu material.

Continuidade do funcionamento da ferrovia. A característica predominante da hipoteca de vias férreas é a de manter a continuidade do funcionamento das ferrovias, devendo o credor hipotecário, apesar do ônus real que as grava, respeitar sua administração, acatando as decisões alusivas à exploração da linha, às modificações no leito da estrada, em suas dependências ou no seu material.

BIBLIOGRAFIA: W. Barros Monteiro, *Curso*, cit., v. 3, p. 418 e s.; Orlando Gomes, *Direitos reais*, cit., p. 385; Caio M. S. Pereira, *Instituições*, cit., v. 4, p. 310; Levenhagen, *Código Civil*, cit., v. 3, p. 343; M. Helena Diniz, *Curso*, cit., v. 4, p. 372.

Art. 1.504. A hipoteca será circunscrita à linha ou às linhas especificadas na escritura e ao respectivo material de exploração, no estado em que ao tempo da execução estiverem; mas os credores hipotecários poderão opor-se à venda da estrada, à de suas linhas, de seus ramais ou de parte considerável do material de exploração; bem como à fusão com outra empresa, sempre que com isso a garantia do débito enfraquecer.

Extensão da hipoteca de via férrea. Quanto à sua extensão, a hipoteca de ferrovia poderá circunscrever-se a toda linha ou estrada de ferro ou restringir-se à linha ou ramal especificado na escritura e ao material de exploração, no estado em que ao tempo da execução estiverem; logo, a deterioração ou a desvalorização da via férrea não acarretará o vencimento do débito, uma vez que só se considerará o estado da coisa hipotecada ao tempo de sua execução.

Oposição à venda de linha ou de material rodante e à fusão da ferrovia gravada com outra empresa. O credor hipotecário poderá opor-se à venda da estrada de ferro, de suas linhas, de seus ramais, ou de parte considerável do material de exploração, bem como à fusão da ferrovia onerada com outra empresa, sempre que tais operações possam influenciar na dívida garantida, enfraquecendo-a.

BIBLIOGRAFIA: M. Helena Diniz, *Curso*, cit., v. 4, p. 372; W. Barros Monteiro, *Curso*, cit., v. 3, p. 419; Levenhagen, *Código Civil*, cit., v. 3, p. 343-4; Darcy Arruda Miranda, *Anotações*, cit., v. 2, p. 249-50.

Art. 1.505. Na execução das hipotecas será intimado o representante da União ou do Estado, para, dentro em quinze dias, remir a estrada de ferro hipotecada, pagando o preço da arrematação ou da adjudicação.

• Vide *Lei n. 6.830, de 22 de setembro de 1980 (execução fiscal).*

Execução da hipoteca de ferrovia. Havendo execução da hipoteca de via férrea, não se passará carta ao maior licitante nem ao credor adjudicatário antes de se intimar o representante da União ou do Estado para, dentro do prazo de quinze dias, remir a estrada de ferro hipotecada, pagando o preço da arrematação ou da adjudicação fixada. Com isso objetiva a lei a devolver a exploração da estrada de ferro a uma dessas pessoas jurídicas de direito público interno, de preferência a particulares. Há, portanto, um privilégio especial à União ou ao Estado, no caso de hasta pública da estrada de ferro onerada, considerando o interesse público ínsito em sua exploração.

BIBLIOGRAFIA: Levenhagen, *Código Civil*, cit., v. 3, p. 344; W. Barros Monteiro, *Curso*, cit., v. 3, p. 420; Caio M. S. Pereira, *Instituições*, cit., v. 4, p. 311; M. Helena Diniz, *Curso*, cit., v. 4, p. 372; Darcy Arruda Miranda, *Anotações*, cit., v. 2, p. 250.

Capítulo IV
Da Anticrese

- *Código Civil, arts. 165, parágrafo único, 364, 1.225, X, 1.419, 1.420, 1.423 e 1.424.*
- *Código de Processo Civil, arts. 674, § 2º, IV, 784, V, 799, I, 804, 826 e 835, § 3º.*
- *Decreto-Lei n. 25/37, art. 22, § 2º; Lei n. 6.015/73, arts. 167, I, n. 11, 178, I, 220, IV, e 241; Decreto n. 85.064/80, art. 34, § 1º, e Lei n. 8.397/92, art. 2º, V.*
- *Lei n. 9.514/97, art. 17, § 3º.*

Art. 1.506. Pode o devedor ou outrem por ele, com a entrega do imóvel ao credor, ceder-lhe o direito de perceber, em compensação da dívida, os frutos e rendimentos.

- Vide *Código Civil, arts. 1.381, 1.385, § 3º, e 1.509.*

§ 1º É permitido estipular que os frutos e rendimentos do imóvel sejam percebidos pelo credor à conta de juros, mas se o seu valor ultrapassar a taxa máxima permitida em lei para as operações financeiras, o remanescente será imputado ao capital.

- *Código Civil, art. 406.*

§ 2º Quando a anticrese recair sobre bem imóvel, este poderá ser hipotecado pelo devedor ao credor anticrético, ou a terceiros, assim como o imóvel hipotecado poderá ser dado em anticrese.

Conceito de anticrese. Para Clóvis Beviláqua, "anticrese é o direito real sobre imóvel alheio, em virtude do qual o credor obtém a posse da coisa, a fim de perceber-lhe os frutos e imputá-los no pagamento da dívida, juros e capital, sendo, porém, permitido estipular que os frutos sejam, na sua totalidade, percebidos à conta de juros".

Cessão do direito de perceber frutos à conta de juros. O proprietário transmite ao seu credor a posse do imóvel, estipulando que seus frutos e rendimentos sejam percebidos pelo credor somente à conta de juros. Mas, se o valor dos juros ultrapassar a taxa máxima legalmente permitida para as operações financeiras, ter-se-á sua redução e o remanescente será imputado ao capital, amortizando-o. Se o contrato for omisso, entender-se-á que a anticrese abrange a dívida e juros.

Coexistência da hipoteca e da anticrese. O credor anticrético pode ser, concomitantemente, credor hipotecário, e o hipotecário pode tornar-se anticrético. O imóvel hipotecado poderá ser dado em anticrese pelo devedor ao credor hipotecário, assim como o imóvel sujeito a anticrese poderá ser hipotecado pelo devedor ao credor anticrético ou a terceiro. Nada impede, portanto, como ensina Washington de Barros Monteiro, que o devedor hipotecário dê o imóvel hipotecado em anticrese ao credor hipotecário, a fim de, com os rendimentos, amortizar a dívida, e que o devedor anticrético hipoteque o imóvel anticrético ao credor anticrético para maior segurança deste. Nossa lei permite a coexistência desses dois ônus reais.

BIBLIOGRAFIA: Clóvis Beviláqua, *Código Civil comentado*, cit., obs. ao art. 805, v. 3, p. 403; W. Barros Monteiro, *Curso*, cit., v. 3, p. 390-2; Lacerda de Almeida, *Direito das coisas*, cit., § 122; Orlando Gomes, *Direitos reais*, cit., p. 373; M. Helena Diniz, *Curso*, cit., v. 4, p. 362-3; Didimo da Veiga, *Manual*, cit., v. 9, Parte 4, n. 621 a 642; Levenhagen, *Código Civil*, cit., v. 3, p. 306-7; Darcy Arruda Miranda, *Anotações*, cit., v. 2, p. 214-5; Sebastião José Roque, *Direito das coisas*, p. 179-84; Moacyr V. Cardoso de Oliveira, Anticrese e locação, *RDC*, *50*:76; Francisco Cláudio de Almeida Santos, *Direito*, cit., p. 252-68; Adriano S. Rocha Souza, Anticrese: direito real de garantia ou forma especial de pagamento?, *Introdução crítica ao Código Civil* (org. Lucas A. Barroso), Rio de Janeiro, Forense, 2006, p. 401-11.

Art. 1.507. O credor anticrético pode administrar os bens dados em anticrese e fruir seus frutos e utilidades, mas deverá apresentar anualmente balanço, exato e fiel, de sua administração.

• Vide *Código Civil, art. 1.423.*

§ 1º Se o devedor anticrético não concordar com o que se contém no balanço, por ser inexato, ou ruinosa a administração, poderá impugná-lo, e, se o quiser, requerer a transformação em arrendamento, fixando o juiz o valor mensal do aluguel, o qual poderá ser corrigido anualmente.

§ 2º O credor anticrético pode, salvo pacto em sentido contrário, arrendar os bens dados em anticrese a terceiro, mantendo, até ser pago, direito de retenção do imóvel, embora o aluguel desse arrendamento não seja vinculativo para o devedor.

• *Código Civil, art. 1.423.*

Posse e administração do imóvel gravado. O anticresista ou credor anticrético tem direito de administrar e ter a posse do imóvel gravado, para gozar e perceber seus frutos e rendimentos, podendo usar desse bem direta ou indiretamente, arrendando a terceiro, salvo pacto em contrário (CC, art. 1.507, § 2º).

Prestação de contas. O credor anticrético tem a obrigação de, anualmente, prestar contas de sua administração, apresentando um fiel e exato balanço ao seu devedor. Se este não concordar com o teor do balanço, por reputá-lo inexato, ou por considerar ruinosa a administração, poderá impugná-lo e até mesmo requerer a transformação em arrendamento, cujo valor mensal a ser pago a título de aluguel é fixado pelo juiz, embora possa ser corrigido anualmente.

Direito de retenção do imóvel. Se o imóvel dado em garantia, que pertence ao devedor anticrético, for explorado pessoalmente pelo credor ou arrendado por ele a terceiro, a lei assegura ao anticresista o direito de retenção do imóvel, administrando-o até a liquidação do seu crédito, embora o aluguel desse arrendamento não seja vinculativo para o devedor, uma vez que a posse do bem lhe foi deferida para que dele retirasse os frutos e rendimentos para conseguir a soma de dinheiro emprestada, imputando na dívida, até seu resgate, as importâncias que for recebendo.

BIBLIOGRAFIA: Silvio Rodrigues, *Direito Civil*, cit., v. 5, p. 393; Lacerda de Almeida, *Direito das coisas*, v. 2, §§ 117 e 122; Affonso Fraga, *Direitos reais de garantia*, cit., p. 297, nota 664; Planiol, *Traité élémentaire*, cit., 10. ed., cap. 50, § 2.490; M. Helena Diniz, *Curso*, cit., v. 4, p. 362 e 364-5; Levenhagen, *Código Civil*, cit., v. 3, p. 307-8; Didimo da Veiga, *Manual*, cit., v. 9, Parte 4, n. 643 a 665; Lafayette, *Direito das coisas*, cit., v. 2, § 170; Trigo de Loureiro, *Instituições*, cit., v. 2, § 531; Darcy Arruda Miranda, *Anotações*, cit., v. 2, p. 215; Martinho Garcez, *Direito das coisas*, § 278.

Art. 1.508. O credor anticrético responde pelas deteriorações que, por culpa sua, o imóvel vier a sofrer, e pelos frutos e rendimentos que, por sua negligência, deixar de perceber.

• *Código Civil, art. 569, IV.*

Responsabilidade do anticresista pelas deteriorações do imóvel gravado. O credor anticrético terá a obrigação de responder pelas deteriorações que, por culpa sua, o imóvel vier a sofrer, devendo, então, pagar uma indenização por perdas e danos.

Prestação de contas da administração do imóvel onerado. O anticresista deverá prestar contas de sua administração ao proprietário do imóvel, demonstrando que aplicou bem os frutos e rendimentos auferidos e que não os empregou para atingir finalidades diversas da liquidação da dívida, salvo as despesas de conservação e reparos na própria coisa onerada. De modo que responderá pelos frutos que deixar de perceber por negligência, por estar causando prejuízo ao devedor anticrético, já que o valor dos frutos e dos rendimentos não percebidos seria deduzido do montante do débito garantido, e, se não for, prejudicará o devedor, que não verá sua dívida diminuída, apesar de estar privado da posse direta de seu imóvel, que cedeu ao credor, para que este, retendo-o, percebesse seus frutos com o escopo de compensar o débito dos juros e amortizar o capital da dívida.

BIBLIOGRAFIA: Lacerda de Almeida, *Direito das coisas*, § 122; M. Helena Diniz, *Curso*, cit., v. 4, p. 362 e 365; W. Barros Monteiro, *Curso*, cit., v. 3, p. 392; Caio M. S. Pereira, *Instituições*, cit., v. 4, p. 358; R. Limongi França, Anticrese, in *Enciclopédia Saraiva do Direito*, v. 6, p. 520-1; Levenhagen, *Código Civil*, cit., v. 2, p. 308; Darcy Arruda Miranda, *Anotações*, cit., v. 2, p. 215; Didimo da Veiga, *Manual*, cit., v. 9, Parte 4, n. 666 a 678.

Art. 1.509. O credor anticrético pode vindicar os seus direitos contra o adquirente dos bens, os credores quirografários e os hipotecários posteriores ao registro da anticrese.

- Vide *Código Civil, arts. 961, 1.423 e 1.507, § 2º.*
- *Lei n. 11.101/2005, art. 83, II.*

§ 1º Se executar os bens por falta de pagamento da dívida, ou permitir que outro credor o execute, sem opor o seu direito de retenção ao exequente, não terá preferência sobre o preço.

- *Código de Processo Civil, arts. 876 e 877.*

§ 2º O credor anticrético não terá preferência sobre a indenização do seguro, quando o prédio seja destruído, nem, se forem desapropriados os bens, com relação à desapropriação.

- Vide *Lei de Falências (Lei n. 11.101/2005), arts. 83, II, 124, parágrafo único, 129, III, e 163, § 4º.*
- *Código Civil, art. 1.425, § 1º.*

Poder de vindicar direitos de anticresista. O credor anticrético poderá vindicar seus direitos contra o adquirente dos bens e credores quirografários e hipotecários posteriores ao registro da anticrese. Se, depois de já ter sido legalmente formalizada e devidamente registrada a anticrese, o imóvel onerado vier a ser alienado, a título gratuito (doação) ou oneroso (compra e venda), pelo devedor anticrético, o adquirente deverá suportar o ônus dessa garantia real anteriormente constituída, tendo em vista sua eficácia *erga omnes*. O anticresista poderá valer-se de seu direito de retenção, opondo a qualquer pretensão do adquirente de tomar posse do bem gravado. O mesmo ocorrerá com outro credor do devedor anticrético, seja ele quirografário ou hipotecário, que não poderá penhorar o imóvel onerado, salvo se o devedor não tiver outros bens livres. Hipótese em que o imóvel anticrético poderá ser penhorado, pois, com a insolvência do devedor, ter-se-á vencimento antecipado do débito. Qualquer credor poderá executar os bens do devedor, inclusive os gravados com ônus real de garantia, cumprindo-lhe notificar o credor anticrético do fato.

Direito de preferência do credor anticrético. O anticresista terá direito de preferência sobre qualquer outro crédito posterior, de modo que o credor hipotecário, com registro posterior, não poderá executar o imóvel anticrético enquanto a anticrese subsistir. Mas, para que haja esse direito de preleção do anticresista, será preciso que seja previamente oposto o direito de retenção, para impedir que outro credor execute o imóvel por não pagamento de dívida. E também não terá preferência sobre a indenização do seguro quando o prédio for destruído, nem sobre o preço da desapropriação, se for expropriado o imóvel gravado. Logo o credor anticrético não terá direito à sub-rogação nos valores da indenização por seguro ou do preço da desapropriação, extinguindo-se a anticrese e remanescendo, para esse credor, o mero direito creditório, de caráter pessoal, despido de qualquer garantia real.

BIBLIOGRAFIA: R. Limongi França, Anticrese, cit., in *Enciclopédia Saraiva do Direito*, p. 521; Silvio Rodrigues, *Direito civil*, cit., v. 5, p. 398; M. Helena Diniz, *Curso*, cit., v. 4, p. 364-6; Didimo da Veiga, *Manual*, cit., v. 9, Parte 4, n. 679 a 701; Lomonaco, *Diritto civile italiano*, cit., v. 6, p. 567-8; Ricci, *Corso*, cit., v. 9, n. 307; Lafayette, *Direito das coisas*, cit., § 168; Lacerda de Almeida, *Direito das coisas*, cit., § 117; Levenhagen, *Código Civil*, cit., v. 3, p. 308-10; Darcy Arruda Miranda, *Anotações*, cit., v. 2, p. 215-6; Affonso Fraga, *Direitos reais de garantia*, cit., n. 153.

Art. 1.510. O adquirente dos bens dados em anticrese poderá remi-los, antes do vencimento da dívida, pagando a sua totalidade à data do pedido de remição e imitir-se-á, se for o caso, na sua posse.

• *Código de Processo Civil, art. 826.*

Resgate. Resolver-se-á a anticrese pelo resgate do bem dado em garantia, por ato do adquirente que, antes do vencimento da dívida, vier a pagá-la, em sua totalidade, à data do pedido de remição, imitindo-se na sua posse, quando for o caso.

TÍTULO XI

DA LAJE

Art. 1.510-A. O proprietário de uma construção-base poderá ceder a superfície superior ou inferior de sua construção a fim de que o titular da laje mantenha unidade distinta daquela originalmente construída sobre o solo.

§ 1º O direito real de laje contempla o espaço aéreo ou o subsolo de terrenos públicos ou privados, tomados em projeção vertical, como unidade imobiliária autônoma, não contemplando as demais áreas edificadas ou não pertencentes ao proprietário da construção base.

§ 2º O titular do direito real de laje responderá pelos encargos e tributos que incidirem sobre a sua unidade.

§ 3º Os titulares da laje, unidade imobiliária autônoma constituída em matrícula própria, poderão dela usar, gozar e dispor.

§ 4º A instituição do direito real de laje não implica a atribuição de fração ideal de terreno ao titular da laje ou a participação proporcional em áreas já edificadas.

§ 5º Os Municípios e o Distrito Federal poderão dispor sobre posturas edilícias e urbanísticas associadas ao direito real de laje.

§ 6º O titular da laje poderá ceder a superfície de sua construção para a instituição de um sucessivo direito real de laje, desde que haja autorização expressa dos titulares da construção-base e das demais lajes, respeitadas as posturas edilícias e urbanísticas vigentes.

• *Acrescentado pela Lei n. 13.465/2017.*

• *Decreto n. 9.310/2018, arts. 58 a 62.*

Art. 1.510-B. É expressamente vedado ao titular da laje prejudicar com obras novas ou com falta de reparação a segurança, a linha arquitetônica ou arranjo estético do edilício, observadas as posturas previstas em legislação local.

Art. 1.510-C. Sem prejuízo, no que couber, das normas aplicáveis aos condomínios edilícios, para fins do direito real de laje, as despesas necessárias à conservação e fruição das partes que sirvam a todo o edifício e ao pagamento de serviços de interesse comum serão partilhadas entre o proprietário da construção-base e o titular da laje, na proporção que venha a ser estipulada em contrato.

§ 1º São partes que servem todo o edifício:

I — os alicerces, colunas, pilares, paredes-mestras e todas as partes restantes que constituam a estrutura do prédio;

II — o telhado ou os terraços de cobertura, ainda que destinados ao uso exclusivo do titular da laje;

III — as instalações gerais da água, esgoto, eletricidade, o aquecimento, ar condicionado, gás, comunicações e semelhantes que sirvam a todo o edifício; e

IV — em geral, as coisas que sejam afetadas ao uso de todo o edifício.

§ 2º É assegurado, em qualquer caso, o direito de qualquer interessado em promover reparações urgentes na construção na forma do parágrafo único do art. 249 deste Código.

- *Código Civil, art. 249, parágrafo único.*
- *Código de Processo Civil, arts. 791, 804 e 889, III.*

Art. 1.510-D. Em caso de alienação de qualquer das unidades sobrepostas, terão direito de preferência em igualdade de condições com terceiros, os titulares da construção-base e da laje, nessa ordem, que serão cientificados por escrito para que se manifestem no prazo de trinta dias, salvo se o contrato dispuser de modo diverso.

§ 1º O titular da construção-base ou da laje a quem não se der conhecimento da alienação poderá, mediante depósito do respectivo preço, haver para si a parte alienada a terceiros, se o requerer no prazo decadencial de cento e oitenta dias, contado da data de alienação.

§ 2º Se houver mais de uma laje, terá preferência, sucessivamente, o titular das lajes ascendentes e o titular das lajes descendentes, assegurada a prioridade para a laje mais próxima à unidade sobreposta a ser alienada.

Art. 1.510-E. A ruína da construção-base implica extinção do direito real de laje, salvo:

I — se este tiver sido instituído sobre o subsolo;

II — se a construção-base for reconstruída no prazo de 5 (cinco) anos.

Parágrafo único. O disposto neste artigo não afasta o direito a eventual reparação civil contra o culpado pela ruína.

- *Acrescentado pela Lei n. 13.465/2017 e alterado pela Lei n. 14.382/2022.*
- *Código de Processo Civil, arts. 791, 804 e 889, III.*

Direito real de laje. É um direito real de fruição pelo qual alguém poderá edificar unidade na superfície superior ou inferior de uma construção-base pertencente a outrem, desde que haja, obviamente, permissão do proprietário da unidade original construída sobre o solo. Com isso ter-se-á a coexistência de unidades imobiliárias autônomas de titularidades distintas situadas numa mesma área.

Segundo o Enunciado n. 669 da *IX Jornada de Direito Civil*: "É possível o registro do direito real de laje sobre construção edificada antes da vigência da lei, desde que respeitados os demais requisitos previstos tanto para a forma quanto para o conteúdo material da transmissão".

O direito real de laje: *a*) recai sobre espaço aéreo ou subsolo de terrenos públicos ou privados, tomados em projeção vertical, como unidade imobiliária autônoma, não contemplando as demais áreas edificadas ou não pertencentes ao proprietário da construção-base; *b*) não atribui fração ideal de terreno ao titular da laje ou a participação proporcional em áreas já edificadas; *c*) "é passível de usucapião" (Enunciado n. 627 da *VIII Jornada de Direito Civil*).

Direitos do titular da laje. O titular da laje, cuja unidade imobiliária autônoma constituída em matrícula própria, no registro imobiliário, poderá: *a*) dela usar, gozar e dispor; *b*) ceder a superfície de sua construção para a instituição de um sucessivo direito real de laje, desde que haja anuência expressa dos titulares da construção-base e das demais lajes, respeitadas as posturas edilícias e urbanísticas vigentes, pois os Municípios e o Distrito Federal poderão regulamentar, mediante posturas, o direito real da laje.

Deveres do titular da laje: *a*) responder pelos encargos e tributos que incidirem sobre sua unidade; *b*) não prejudicar com obras novas ou com falta de reparação a segurança, a linha arquitetônica ou o arranjo estético do edifício, observadas as posturas previstas em legislação local.

Direitos do titular da construção-base ou da laje: *a*) ter direito de preferência em caso de alienação de quaisquer das unidades sobrepostas, em igualdade de condições com terceiros, desde que cientificado por escrito, para que se manifeste dentro de 30 dias, salvo se o contrato dispuser de modo diverso. Havendo mais de uma laje, terá preferência, sucessivamente, o titular das lajes ascendentes e o titular das lajes descendentes, assegurada a prioridade para a laje mais próxima à unidade sobreposta a ser alienada; *b*) depositar em juízo o preço, não tendo sido comunicado da alienação, para haver para si a parte alienada a terceiro, dentro do prazo decadencial de 180 dias, contado da data da alienação.

Obrigações do titular da construção-base e da laje: *a*) arcar, aplicando-se no que couber as normas relativas ao condomínio edilício, com as despesas necessárias a conservação e fruição das partes que servem a todo edifício (p. ex., alicerces, colunas, pilares, paredes-mestras, telhado, terraço de cobertura — mesmo se destinado ao uso exclusivo do titular da laje — instalações gerais de água, luz, esgoto, aquecimento, ar-condicionado, gás, comunicações, coisas afetadas ao uso de todo edifício); *b*) pagar serviços de interesse comum; *c*) promover reparos urgentes (CC, art. 249).

Tais despesas deverão ser partilhadas entre o proprietário de construção-base e o titular da laje, na proporção que estiver estipulada contratualmente.

Efeitos da ruína da construção-base. A ruína da construção-base gera: *a*) extinção do direito real de laje, salvo se tal direito foi instituído sobre o subsolo ou se a construção-base for reconstruída no prazo de cinco anos; *b*) eventual reparação civil contra o culpado pela ruína.

Livro IV
Do Direito de Família

Título I
Do Direito Pessoal

Subtítulo I
Do Casamento

Capítulo I
Disposições Gerais

• *Constituição Federal, arts. 98, II, 226, §§ 1º, 2º, 3º e 6º, 227, § 6º, e 239, § 2º.*

• *Código Civil, arts. 5º, parágrafo único, II, 9º, I, 215, § 1º, III, 546, 564, IV, e 2.039.*

• *Leis n. 6.015/73, arts. 29, § 1º,* a e b, *II e § 1º, 32, 33, II e III, 44, 45, 49, 57, § 2º, 67 a 76, 80, n. 4, 92, n. 2, 94, n. 2, 100, §§ 1º a 5º, 102, I, 103, 107 e §§ 1º e 2º, 5.891/73; 6.880/80, arts. 144 e 145; 7.716/89, art. 14; 6.001/73 (registro de casa-*

mento indígena), arts. 12 e 13; 8.069/90, arts. 20, 26, 148, parágrafo único, c; 8.560/92; 9.278/96, art. 8º.

- *Decreto-Lei n. 4.529/42.*
- *Consolidação das Leis do Trabalho, arts. 391, parágrafo único, e 473, II.*
- *Código de Processo Civil, arts. 53, I, 178, II, 189, II, 388, 513 e 731.*
- *Código Penal, arts. 107, VII e VIII (incisos revogados pela Lei n. 11.106/2005) e 235 a 239.*
- *Lei n. 13.146/2015, art. 6º, I.*
- *Súmulas 377 e 388 do Supremo Tribunal Federal.*

Art. 1.511. O casamento estabelece comunhão plena de vida, com base na igualdade de direito e deveres dos cônjuges.

- *Constituição Federal, arts. 5º, I, e 226, § 5º; Código Civil, arts. 1.565 a 1.570 e 1.573.*

Princípio da comunhão indivisa. Esse princípio valoriza o aspecto moral da união sexual de dois seres, visto ter o matrimônio por objetivo criar uma plena comunhão de vida entre os cônjuges que pretendem passar juntos as alegrias e os dissabores da existência.

Princípio da igualdade jurídica dos cônjuges. Com esse princípio as decisões são tomadas de comum acordo entre marido e mulher, em razão da paridade de direitos e deveres referentes à sociedade conjugal (*JTJ, 260*:235, *127*:207).

BIBLIOGRAFIA: Cosentini, *Droit de famille: essai de réforme*, p. 14; M. Helena Diniz, *Curso*, cit., v. 5, p. 15, 16 e 41; Orlando Gomes, *Direito de família*, Rio de Janeiro, Forense, 1975, v. 5, p. 31 e 65; Domingos Sávio Brandão Lima, Casamento, in *Enciclopédia Saraiva do Direito*, v. 13, p. 386; Férrand, Le droit de la famille et l'égalité des époux en RFA, *Rev. Internat. de Droit Comparé*, 1986, n. 3, p. 867-95; João Baptista Villela, Sobre a igualdade de direitos entre homem e mulher, in *Direito de família e do menor* (coord. Sálvio de F. Teixeira), Belo Horizonte, Del Rey, 1993, p. 133-54; Gontijo, A igualdade conjugal, in *Direito de família*, p. 155-72; Paulo Luiz Netto Lôbo, O ensino do direito de família no Brasil, in *Repertório de doutrina sobre direito de família*, São Paulo, Revista dos Tribunais, v. 4, p. 313 a 316; Georgette N. Nazo, Igualdade de direitos nas relações familiares: lei e a prática no Brasil. Instituto Tancredo Neves, *Cadernos Liberais*, n. 95, p. 35-55; Eugenio C. Callioli, A igualdade jurídica entre marido e mulher: uma manifestação do direito como o justo, *RDC, 49*:24; Zeno Veloso, *Código Civil comentado*, São Paulo, Atlas, 2003, v. 17; Silvio Rodrigues, *Comentários ao Código Civil* (coord. Antonio Junqueira de Azevedo), São Paulo, Saraiva, 2003, v. 17; Edgard de Moura Bittencourt, *Família*, Campinas, Millennium, 2003; José Augusto Delgado, Tendências atuais do direito de família, *RDC, 15*:23; Rui Ribeiro de Magalhães, *Direito de família no novo Código Civil brasileiro*, São Paulo, Ed. Juarez de Oliveira, 2002; Euclides Benedito de Oliveira, Direito de família no novo Código Civil, *Revista Brasileira de Direito de Família, 18*:5-29; Sérgio Gischkow Pereira, Direito de família e o novo Código Civil: alguns aspectos polêmicos ou inovadores, *Revista Brasileira de Direito de Família, 18*:147 e s.; Válter K. Ishida, *Direito de família e sua interpretação doutrinária e jurisprudencial*, São Paulo, Saraiva, 2003; Ivone M. C. Coelho de Souza, Alterações nos paradigmas femininos — igualdade entre os cônjuges: uma relação de causa e efeito, *Revista Brasileira de Direito de Família, 17*:61 a 70; Silvio Luís Ferreira da Rocha, *Introdução ao direito de família*, São Paulo, Revista dos Tribunais, 2004; Milton Paulo de Carvalho Filho, *Código Civil comentado* (coord. Peluso), Barueri, Manole, 2008, p. 1572 e s.

Art. 1.512. O casamento é civil e gratuita a sua celebração.

Parágrafo único. A habilitação para o casamento, o registro e a primeira certidão serão isentos de selos, emolumentos e custas, para as pessoas cuja pobreza for declarada, sob as penas da lei.

- *Constituição Federal, art. 226, § 1º.*
- *Resolução CNJ n. 175/2013.*
- ***Projeto de Lei n. 699/2011****: "Art. 1.512. O casamento é civil ou religioso e gratuita a sua celebração.*

§ 1º A habilitação para o casamento civil, o registro e a primeira certidão serão isentos de selos, emolumentos e custas, para as pessoas cuja pobreza for declarada, sob as penas da lei.

§ 2º O casamento religioso, atendidos os princípios indicados no art. 1.515, equipara-se ao civil desde que celebrado e registrado por entidade religiosa, devidamente habilitada junto à Corregedoria Geral de Justiça de cada Estado ou do Distrito Federal".

Casamento civil. O casamento é o vínculo jurídico entre o homem e a mulher, livres, que se unem, segundo as formalidades legais, para obter o auxílio mútuo material e espiritual, de modo que haja uma integração fisiopsíquica, e a constituição de uma família. Apesar disso, o CNJ, Res. n. 175/2013, admite casamento entre pessoas do mesmo sexo. Não estaria tal Resolução (norma inferior), diante da CF art. 226, § 5º e do CC arts. 1.514, 1.517 e 1.565 (normas superiores), eivada de inconstitucionalidade e de ilegalidade? O caminho normativo, para tanto, terminando com essa polêmica, não seria uma Emenda Constitucional?

BIBLIOGRAFIA: Gangi, *Il matrimonio*, Milano, 1947, p. 5; Orlando Gomes, *Direito de família*, Rio de Janeiro, Forense, 1979, v. 5; R. Limongi França, Do matrimônio como fato jurídico, *RT*, *389*:21; Francesco Finocchiaro, *Del matrimonium*, Roma, 1971; Jemolo, *Il matrimonio*, Torino, 1961; Francisco dos Santos Amaral Neto, A relação jurídica matrimonial, *Revista de Direito Comparado Luso-Brasileiro*, *2*:166 e s., 1983; Domingos Sávio Brandão Lima, Casamento, in *Enciclopédia Saraiva do Direito*, v. 13, p. 376 e s.; M. Helena Diniz, *Curso de direito civil brasileiro*, São Paulo, Saraiva, 1992, v. 5, p. 29-50; Juan Carlos Rébora, *El matrimonio*, Buenos Aires, Kraft, 1946; Camilo de Lelis Colani Barbosa, *Direito de família — manual de direitos do casamento*, São Paulo, Suprema cultura, 2003; Antonio José M. Feu Rosa, Casamento, *Consulex*, *27*:10; Roberto Senise Lisboa, *Manual elementar de direito civil*, São Paulo, Ed. Juarez de Oliveira, 1999, v. 5, p. 17-31; Sebastião José Roque, *Direito de família*, São Paulo, Ícone, 1994, p. 21-30 e 41-50; Giselda Maria F. Novaes Hironaka, Casamento, *Direito Civil — estudos*, Belo Horizonte, Del Rey, 2000, p. 15-56; Carlos Aurélio Mota de Souza, O casamento, in *O novo Código Civil — estudos em homenagem a Miguel Reale*, São Paulo, LTr, 2003, p. 1100-39.

Gratuidade da celebração do ato nupcial. A cerimônia de celebração do casamento pela autoridade competente é feita gratuitamente.

Onerosidade da habilitação matrimonial, do registro e da certidão. A habilitação matrimonial, o registro e a primeira certidão apenas serão isentos de selos, emolumentos e custas para aqueles cuja pobreza for comprovada (p. ex., apresentação de holerite, ausência de propriedade de bens imóveis ou de rendimentos). Ao se apresentar a documentação exigida para o procedimento de habilitação, juntar-se-á o requerimento de gratuidade integral do casamento, com todos os documentos probatórios da hipossuficiência dos nubentes. Deferido o pedido, nenhum pagamento deverá ser feito pela habilitação, nem se deverá pagar qualquer verba registrária ou de expedição da primeira certidão de casamento. Concede-se um benefício aos menos afortunados, incentivando-os a convolarem núpcias, exonerando-os de quaisquer ônus econômicos e sujeitando-os, na hipótese de falsa declaração de pobreza, às penalidades legais.

Art. 1.513. É defeso a qualquer pessoa, de direito público ou privado, interferir na comunhão de vida instituída pela família.

- *Código Civil, arts. 41, 44, 1.565, § 2º, 1.634, 1.639, 1.642, 1.643.*
- *Constituição Federal, art. 226, § 7º.*
- *Lei n. 9.263/96.*
- *Lei n. 9.656/98, art. 35, c, III.*

Princípio da liberdade. Esse princípio, como nos ensina Paulo Luiz Netto Lôbo, funda-se no livre poder de constituir uma comunhão de vida familiar por meio do casamento (ou mesmo de união estável), sem que haja qualquer imposição ou restrição de pessoa jurídica, de direito público ou privado (CC, arts. 41 e 44), na decisão livre do casal no planejamento familiar (CC, art. 1.565, § 2º; CF, art. 226, § 7º; Leis n. 9.263/96 e 9.656/98, art. 35, *c*, III; Lei n. 13.146/2015, art. 6º, III), intervindo o Estado apenas para propiciar recursos educacionais e científicos ao livre exercício desse direito; na convivência conjugal; na livre aquisição e administração do patrimônio familiar (CC, arts. 1.642 e 1.643) e escolha pelo regime matrimonial mais conveniente (CC, art. 1.639); na livre opção pelo modelo de formação educacional, cultural e religiosa da prole (CC, art. 1.634); e na livre conduta, respeitando-se a integridade físico-psíquica e moral dos componentes da família.

BIBLIOGRAFIA: Paulo Luiz Netto Lôbo, O ensino do direito de família no Brasil, in *Repertório de doutrina sobre direito de família*, cit., p. 313-16.

Art. 1.514. O casamento se realiza no momento em que o homem e a mulher manifestam, perante o juiz, a sua vontade de estabelecer vínculo conjugal, e o juiz os declara casados.

- Vide *Código Civil, arts. 1.535, 1.538, 1.540, 1.541, § 2º, e 1.542.*
- *Resolução CNJ n. 175/2013, que admite casamento homoafetivo.*

Momento da realização do matrimônio. Constituído estará o casamento no instante em que o juiz declarar casados o homem e a mulher, não impedidos de se casar, que, perante ele, declararam livre, espontânea e conscientemente sua vontade de estabelecer o vínculo conjugal. Imprescindíveis serão, portanto, a livre manifestação volitiva dos nubentes e a declaração do celebrante. Se um deles se arrepender após o pronunciamento da fórmula vinculatória pelo celebrante, o casamento já está celebrado, e se o juiz de paz vier a falecer antes de declarar casados os nubentes, o matrimônio não se deu.

Segundo Enunciado n. 601, aprovado na *VII Jornada de Direito Civil*: "É existente e válido o casamento entre pessoas do mesmo sexo".

Art. 1.515. O casamento religioso, que atender às exigências da lei para a validade do casamento civil, equipara-se a este, desde que registrado no registro próprio, produzindo efeitos a partir da data de sua celebração.

- *Constituição Federal de 1988, art. 226, § 2º.*
- Vide *Código Civil, arts. 1.512, 1.516 a 1.524 e 1.543.*
- *Lei n. 6.015/73, arts. 71 a 75.*
- *Lei n. 1.110/50.*
- ***Projeto de Lei n. 699/2011**: "Art. 1.515. O casamento religioso, celebrado e registrado na forma do § 2º do art. 1.512, e não atentando contra a monogamia, contra os princípios da legislação brasileira, contra a ordem pública e contra os bons costumes, poderá ser registrado pelos cônjuges no Registro Civil, em que for, pela primeira vez, domiciliado o casal".*

DIREITO DE FAMÍLIA

Casamento religioso com efeitos civis. O casamento religioso terá validade civil se, observados os impedimentos (CC, arts. 1.521 e 1.522), as causas suspensivas (CC, arts. 1.521 a 1.524), a capacidade matrimonial (CC, arts. 1.517 a 1.520) e as prescrições da lei, assim o requerer o celebrante ou qualquer interessado, contanto que seja o ato inscrito em registro público (*RF*, *232*:172, *117*: 447).

Efeitos "ex tunc". Registrado o casamento religioso, irradiará efeitos civis a partir da data de sua celebração e não a partir do ato registrário. Feito o registro, o estado civil passará a ser o de casados, desde a data da solenidade religiosa (*RT*, *427*:238). O registro não é, portanto, meramente probatório, por ser ato essencial para atribuição de efeitos civis, pois sem ele ter-se-á somente um ato religioso e uma mera união estável.

BIBLIOGRAFIA: Yussef Said Cahali, Casamento religioso com efeitos civis, in *Enciclopédia Saraiva do Direito*, v. 13, p. 456-7; Georgette N. Nazo, Casamento confessional, in *Enciclopédia Saraiva do Direito*, v. 13, p. 415; Walter Ceneviva, *Lei dos Registros Públicos comentada*, São Paulo, Saraiva, 1979, p. 165; Pontes de Miranda, *Tratado de direito privado*, 1955, v. 7, p. 230 e 338; M. Helena Diniz, *Curso*, cit., v. 5, p. 46-9 e 103-6; Antônio Chaves, Casamento religioso, in *Enciclopédia Saraiva do Direito*, v. 13, p. 441-2 e 452-3; Arnaldo Bertola, *Il matrimonio religioso nel diritto canonico e nell' ordinamento concordatario italiano*, Torino, UTET, 1966; Raymundo Candido, Das relações interjurisdicionais no casamento religioso com efeitos civis, *Revista do Curso de Direito da Universidade Federal de Uberlândia*, *14*:187-97; Waldemar Ferreira, *O casamento religioso de efeitos civis*, 1935; Jeronymo Crepaldi Jr., Casamento religioso, modalidades e formas de registro para efeitos civis, *Justitia*, *162*:35.

Art. 1.516. O registro do casamento religioso submete-se aos mesmos requisitos exigidos para o casamento civil.

- *Lei n. 6.015/73, arts. 70 a 75, e Código Civil, arts. 1.515, 1.525 a 1.527, 1.531, 1.536 e 1.554.*

- ***Projeto de Lei n. 699/2011**: "Art. 1.516. O registro do casamento religioso no Registro Civil será feito a pedido dos cônjuges, com a apresentação da certidão de casamento, extraída do registro feito junto à entidade religiosa".*

§ 1º O registro civil do casamento religioso deverá ser promovido dentro de noventa dias de sua realização, mediante comunicação do celebrante ao ofício competente, ou por iniciativa de qualquer interessado, desde que haja sido homologada previamente a habilitação regulada neste Código. Após o referido prazo, o registro dependerá de nova habilitação.

- *Lei n. 6.015/73, art. 73.*
- *Código Civil, arts. 1.525 a 1.532.*

§ 2º O casamento religioso, celebrado sem as formalidades exigidas neste Código, terá efeitos civis se, a requerimento do casal, for registrado, a qualquer tempo, no registro civil, mediante prévia habilitação perante a autoridade competente e observado o prazo do art. 1.532.

- *Lei n. 6.015/73, art. 74.*
- *Código Civil, art. 1.532.*

§ 3º Será nulo o registro civil do casamento religioso se, antes dele, qualquer dos consorciados houver contraído com outrem casamento civil.

- *Código Civil, arts. 1.521, VI, e 1.515.*

Requisitos legais para o registro do casamento religioso. O casamento religioso para irradiar efeitos civis deverá ser lavrado no livro de registro público, seguindo o oficial as exigências dos arts. 1.525 a 1.527, 1.531 e 1.536, I a VII, do Código Civil, e mediante habilitação matrimonial perante autoridade competente (*RT*, *170*:324, *563*:226). Efetuado o registro, o casamento religioso irradiará efeitos civis *ex tunc*, isto é, retroagindo à data de sua celebração (CC, art. 1.515).

Casamento religioso precedido de habilitação civil. Os nubentes processam a habilitação matrimonial perante o oficial do Registro Civil, observando os arts. 1.525, 1.526, 1.527 e 1.531 do Código Civil, pedindo-lhe que lhes forneça a respectiva certidão, para se casarem perante ministro religioso, nela mencionando o prazo legal de validade da habilitação, ou seja, o de noventa dias (CC, art. 1.532). Tal certidão será entregue à autoridade eclesiástica, que a arquivará, realizando, então, o ato nupcial. Dentro de outro prazo decadencial de noventa dias, contado da celebração do casamento, o ministro religioso ou qualquer interessado deverá requerer seu assento no Registro Civil (CC, art. 1.516, § 1º). Esgotado esse prazo sem que se tenha promovido tal registro, os pretendentes que quiserem a produção de efeitos civis do matrimônio religioso terão de se habilitar novamente.

Casamento religioso não precedido de habilitação civil perante oficial do Registro Público. O matrimônio religioso já realizado poderá ser registrado a qualquer tempo, desde que os nubentes, juntamente com o requerimento de registro, apresentem a prova do ato religioso e os documentos exigidos pelo art. 1.525 do Código Civil. Processada a habilitação com a publicação dos editais, certificando-se o oficial da ausência de impedimentos matrimoniais e de causas suspensivas, fará o registro do casamento religioso, observando o prazo do art. 1.532 do Código Civil e de acordo com a prova do ato e os dados constantes do processo (CC, art. 1.516, § 2º, e Lei n. 6.015/73, art. 74 e parágrafo único).

Nulidade do registro civil do casamento religioso, em razão de bigamia. Se, antes do casamento religioso registrado, algum dos nubentes já havia contraído com outrem casamento civil, nulo será o registro civil do ato nupcial eclesiástico, em razão de bigamia, que constitui impedimento matrimonial (CC, art. 1.521, VI).

Capítulo II

Da Capacidade para o Casamento

Art. 1.517. O homem e a mulher com dezesseis anos podem casar, exigindo-se autorização de ambos os pais, ou de seus representantes legais, enquanto não atingida a maioridade civil.

- Vide *Código Civil, arts. 4º, I, 5º, 1.519, 1.537, 1.550, I e II, 1.551, 1.555, § 2º, 1.631, 1.690, parágrafo único, 1.634, III, 1.641, III, 1.690, 1.747, I, 1.612, 1.633 e 1.550, I, e Constituição Federal de 1988, arts. 5º, I, 226, § 5º, e 227, § 6º.*
- *Lei n. 8.069/90, arts. 39 a 52.*
- *Lei n. 13.146/2015, art. 6º, I.*
- Vide *Decreto n. 66.605, de 20 de maio de 1970, que promulga convenção sobre consentimento para casamento adotada pelas Nações Unidas.*
- *Resolução CNJ n. 175/2013 (casamento entre pessoas do mesmo sexo).*

Parágrafo único. Se houver divergência entre os pais, aplica-se o disposto no parágrafo único do art. 1.631.

- Vide *Código Civil, arts. 1.631, parágrafo único, 1.520, 1.551 a 1.553, 1.555, 1.560, § 1º, e 1.641.*

Idade nupcial. Como a puberdade é condição de aptidão física para o casamento, e ante a impossibilidade de ser determinada em cada caso, a lei estabelece um limite mínimo de idade para se casar, no qual se presume que todos se tornam púberes, aptos para procriar. Assim, proíbe o matrimônio de homens e mulheres menores de dezesseis anos, sob pena de ser anulado (CC, art. 1.550, I). A idade núbil é de dezesseis anos, mas a norma jurídica impõe que, enquanto o nubente não atingir a maioridade civil (dezoito anos — CC, art. 5º, *caput*), haja, para a celebração do casamento, autorização dos pais ou de seus representantes legais (tutores) (*RT*, *852*:356, *797*:365; *JTJ*, *248*:242, *265*:219). "O art. 1.517 do Código Civil, que exige autorização dos pais ou responsáveis para casamento, enquanto não atingida a maioridade civil, não se aplica ao emancipado" (Enunciado n. 511 do CJF, aprovado na *V Jornada de Direito Civil*).

Consentimento de ambos os pais para casamento de filho menor. Sendo o nubente menor de dezoito anos, a lei requer anuência de ambos os pais para que se realize o matrimônio, que, em regra, deve ser escrita com o reconhecimento de firma para assegurar sua autenticidade e transcrita em escritura antenupcial (CC, art. 1.537), embora, no nosso entender, melhor seria a sua transcrição no assento do casamento. Se, porventura, os genitores forem analfabetos, exige-se, ainda assim, a declaração de sua autorização, assinada a rogo, na presença de duas testemunhas (*RT*, *183*:835). Será admissível o consentimento tácito dos pais ao casamento de filho menor sob o poder familiar (*RT*, *507*:101).

Ausência de um dos pais. Se se comprovar, p. ex., que o marido se ausenta do lar por vários anos, a mulher poderá dar, sozinha, o consentimento para o casamento do filho menor (*RT*, *265*:804 e *482*:110; CC, art. 1.570). Se se tratar, ainda, de núpcias de filho menor reconhecido apenas pela mãe, a autorização materna será suficiente.

Impossibilidade da obtenção da anuência paterna e materna. Se o menor foi entregue pelos pais a outrem, a autorização para contrair casamento poderá ser concedida pela pessoa a quem se fez tal entrega, se não for possível conseguir o consentimento paterno (*RT*, *328*:319) e materno.

BIBLIOGRAFIA: M. Helena Diniz, *Curso*, cit., v. 5, p. 73; Paulo de Lacerda, *Manual*, cit., v. 5, p. 113-4; Clóvis Beviláqua, *Código Civil comentado*, cit., obs. ao art. 185; Roberto João Elias, O consentimento para casamento de incapazes e o seu suprimento judicial, *Justitia*, *125*:115; Pontes de Miranda, *Tratado de direito privado*, 4. ed., v. 7, § 768.

Autorização de representante legal. Se o nubente maior de dezesseis anos, mas menor de dezoito anos, não estiver sob poder familiar, em razão de orfandade, destituição ou suspensão de seus genitores daquele poder, para a celebração de suas núpcias, será imprescindível o consentimento de seu tutor.

Consentimento para casar em caso de divergência entre os pais. Se houver discordância entre os pais a respeito da anuência para o casamento de filho menor, qualquer deles poderá recorrer ao Judiciário para solucionar o desacordo (CC, art. 1.631, parágrafo único). Obtido o suprimento judicial da outorga, o casamento celebrar-se-á sob o regime de separação de bens obrigatório (CC, art. 1.641, III).

Art. 1.518. Até a celebração do casamento podem os pais ou tutores revogar a autorização.

- *Redação dada pela Lei n. 13.146/2015.*
- *Código Civil, art. 1.535.*

DIREITO DE FAMÍLIA

Revogação de autorização pelo representante legal. Como para o casamento de incapaz a lei requer o consenso de seu representante legal, permitirá, se for dado, que seja revogado, tendo em vista o interesse do incapaz, até a celebração do casamento. Tal revogação, que será entregue ao oficial do registro, deverá ser feita por escrito, indicando o motivo justo e superveniente à anuência anteriormente dada, constatando o erro que o levou a consentir. Se, no entanto, essa revogação se der no instante da celebração do ato nupcial, poderá, então, ser feita verbalmente, constando do termo do casamento, que deverá ser assinado pelo juiz, pelos nubentes, pelo representante legal (pais ou tutor) que se arrependeu ou se retratou, pelas testemunhas e pelo oficial do registro.

A Lei n. 13.146/2015 retirou a possibilidade de o curador revogar autorização para o casamento do curatelado, porque, se sua função é reger patrimônio, não poderá permitir nem revogar atos pertinentes a direito de casar e constituir família.

BIBLIOGRAFIA: Levenhagen, *Código Civil*, cit., v. 2, p. 34-5; Clóvis Beviláqua, *Código Civil comentado*, obs. ao art. 187; João Luís Alves, *Código Civil anotado*, obs. ao art. 187; Carvalho Santos, *Código Civil brasileiro interpretado*, obs. ao art. 187, v. 4.

Morte do representante que deu o consentimento. Se os pais ou o tutor, que deram a autorização para o casamento do incapaz, vierem a falecer antes da cerimônia nupcial, aqueles que o sucederem (o tutor ou o novo tutor), tendo ciência de algum fato que torne inconveniente aquele casamento, poderão revogar o consenso.

Suprimento judicial da revogação. Havendo revogação do representante legal, o nubente poderá entrar com o pedido de suprimento judicial de consentimento para que o casamento possa realizar-se.

Art. 1.519. A denegação do consentimento, quando injusta, pode ser suprida pelo juiz.

- *Estatuto da Criança e do Adolescente, art. 148, parágrafo único, c.*
- *Código de Processo Civil, arts. 719, 724 e 1.009.*
- *Código Civil, art. 1.641, III.*

Suprimento judicial do consentimento do representante legal. Se o representante legal do incapaz vier a negar, sem justa causa (p. ex., mero capricho, vingança pessoal), a anuência para seu casamento, há permissão legal para que tal denegação seja suprida pelo magistrado (TJRS, AC 70017347717, 8ª Câm. Cível, rel. Azambuja Ramos, j. 23-11-2006). Tal suprimento judicial consiste numa tutela provisória de urgência de natureza cautelar (CPC, arts. 305 a 307) e preparatória do processo de habilitação matrimonial. Assim, o nubente que não obteve o consentimento de seu representante legal, em ação ordinária, deverá pedir a citação do recusante, que terá cinco dias para apresentar a justificação dos motivos de sua oposição ao casamento (*RT*, *263*:195), sob pena de, a sua revelia, ter-se o suprimento judicial de sua autorização. Apresentadas as razões devidamente comprovadas, o juiz designará audiência, proferindo logo a sentença, da qual caberá recurso voluntário para instância superior (*RT*, *23*:35, *46*:492, *102*:716, *181*:305, *185*:267, *221*:447, *239*:222 e *276*:742), pois o Código de Processo Civil, art. 496, não inclui o julgado sobre suprimento judicial de consentimento entre os que requerem a interposição de recurso *ex officio*. Esse recurso voluntário, que é a apelação (CPC, art. 1.009 c/c art. 203, § 1º), processar-se-á no domicílio do representante relutante, perante o juiz de uma das Varas da Família, mas, se se tratar de menor, a competência será da Justiça da Infância e da Juventude (Lei n. 8.069/90, art. 148, parágrafo único, *c*; *RT*, *530*:107). O atual Código Civil não menciona, como fazia o Código revogado, o recurso para instância superior, por não se tratar, como ponderam Jones Figueirêdo Alves e Mário Luiz Delgado, de "hipótese de reexame obrigatório do julgado, cabível o recurso de apelação. A referência era ociosa, e dava margem a entendimentos discrepantes quanto ao necessário duplo grau de jurisdição". Obtido tal suprimento, em procedimento de jurisdição voluntária (CPC, arts. 719 a 724; Lei de Registros Públicos, art. 68), celebrar-se-á o casamento no regime de separação de bens (CC, art. 1.641, III).

Casos de justa denegação do consentimento. Como a lei não declara quais as hipóteses em que se tem por injusta a não autorização para casamento de incapaz, competirá ao órgão judicante averiguar a relevância ou irrelevância dos motivos invocados pelo representante legal (*RF*, *70*:557), apreciando caso por caso. Washington de Barros Monteiro enumera alguns casos em que a jurisprudência tem entendido como razão justa para a recusa de autorização, dentre eles: *a*) costumes desregrados ou mau proceder por parte do pretendente; *b*) não ter o noivo aptidão para sustentar a família; *c*) existência de impedimento legal; *d*) grave risco de saúde para o incapaz; *e*) rapto e condução de menor para casa de tolerância.

BIBLIOGRAFIA: W. Barros Monteiro, *Curso*, cit., v. 2, p. 27-8; M. Helena Diniz, *Curso*, cit., v. 5, p. 73-4; Silvio Rodrigues, *Direito civil*, cit., v. 6, p. 28-9; Levenhagen, *Código Civil*, cit., v. 2, p. 35-6; Carvalho Santos, *Código Civil brasileiro interpretado*, obs. ao art. 188, v. 4; Regina Beatriz Tavares da Silva, *Novo Código Civil*, cit., p. 1315; Jones F. Alves e Mário Luiz Delgado, *Código*, cit., p. 764.

Art. 1.520. Não será permitido, em qualquer caso, o casamento de quem não atingiu a idade núbil, observado o disposto no art. 1.517 deste Código.

- *Com a redação da Lei n. 13.811/2019.*

- *Código Civil, arts. 1.517, 1.550, I, e 1.551.*
- Vide *Código Penal, arts. 107, V, 213 a 221, 223 e 225, parágrafo único, com as alterações da Lei n. 12.015/2009, sem olvidar a revogação dos arts. 217, 219 a 222 pela Lei n. 11.106/2005.*
- *Lei n. 6.015/73, art. 69, § 1º.*
- *Artigo parcialmente revogado pela Lei n. 12.015/2009, que alterou o Código Penal.*

Ausência de exceções ao limite mínimo de idade nupcial. Outrora a lei considerava válido casamento contraído por menor que ainda não atingira a idade nupcial, antecipando essa idade para coibir a desonra, permitindo, mediante expedição de alvará judicial, o matrimônio para evitar a imposição de medidas previstas no Estatuto da Criança e do Adolescente ou o cumprimento de pena criminal, antes do advento da Lei n. 12.015/2009, no caso de crime contra os costumes de ação penal privada (CP, art. 107, V), p. ex., violação sexual mediante fraude (CP, art. 215), assédio sexual (CP, art. 216-A) ou se do relacionamento amoroso resultou gravidez da mulher (*RT, 768*:373). Isso ocorria ante a possibilidade de extinção da punibilidade pela renúncia do direito de queixa ou pelo perdão do ofendido (CP, art. 107, V). Tal casamento devia ser livremente consentido por ambos os contraentes, não sendo necessária a anuência do representante legal, e, se já houvesse instauração de processo criminal, extinguir-se-ia a punibilidade. Atualmente, com a Lei n. 12.015/2009, os crimes contra a dignidade sexual procedem por meio de ação pública condicionada à representação (CP, art. 225), consequentemente não mais se poderá aplicar o art. 107, V, do Código Penal e com isso o casamento não é mais causa de extinção de punibilidade criminal. Logo, nos casos acima arrolados e nas demais hipóteses criminais contra a dignidade sexual elencadas no Código Penal, se a vítima for menor de 18 anos e como a ação penal é pública e incondicionada (CP, art. 225, parágrafo único; Súmula 608 do STF), a parte final do art. 1.520 do Código Civil deixou de ter sentido, pois o casamento não mais poderá evitar a imposição ou o cumprimento da pena criminal, visto que a Lei n. 11.106/2005 revogou também o art. 107, VII e VIII, do Código Penal.

Observava Carlos Eduardo N. Camillo que, se um ou ambos os contraentes possuíssem idade inferior a 16 anos, somente poderiam casar nas hipóteses da antiga redação do art. 1.520, mediante decisão judicial, após verificação da ocorrência do delito ou da gravidez, sempre depois de ouvidos os nubentes, seus pais ou representante e, ainda, o Ministério Público (*RT*, *693*:266).

Assim, se ocorresse gravidez, sendo o nubente menor de idade, mulher ou homem, poderia se casar, pois a lei procurava favorecer a constituição da família (CC, arts. 1.520 e 1.551).

Convém não olvidar que, pelo Enunciado n. 329 do Conselho da Justiça Federal (aprovado na *IV Jornada de Direito Civil*), ao interpretar o art. 1.520 em sua antiga redação: "A permissão para casamento fora da idade núbil merece interpretação orientada pela dimensão substancial do princípio da igualdade jurídica, ética e moral entre o homem e a mulher, evitando-se, sem prejuízo do respeito à diferença, tratamento discriminatório".

Hoje, pela nova redação do art. 1.520, não se permite casamento da pessoa que não tenha idade núbil. Mas ante existência de nascituro e prole, não se deveria tutelar seus interesses aplicando-se os arts. 1.551 do CC e 5º da LINDB, ante o princípio do superior interesse do menor?

BIBLIOGRAFIA: Levenhagen, *Código Civil*, cit., v. 2, p. 66-7; M. Helena Diniz, *Curso*, cit., v. 5, p. 172-3; Clóvis Beviláqua, *Código Civil comentado*, obs. ao art. 214, v. 2; Luiz Roldão de F. Gomes, Do casamento de menor em caso de crime contra os costumes, *Justitia*, *85*:173; Gustavo F. Barbosa Garcia, Reflexos do direito penal no direito de família: Lei n. 11.106/2005 — Anulação e permissão para o casamento, *Revista Brasileira de Direito de Família*, *34*:65-71; Carlos Eduardo N. Camillo, *Comentários*, cit., p. 1100; Francisco das Chagas Araújo Lima Jr., O suprimento de idade para matrimônio frente à modificação penal, *Revista Direito e Liberdade* — ed. Especial da ESMARN, *3*:287-98; Regina Beatriz Tavares da Silva, *Código Civil comentado*, cit., p. 1485; Alessandra O. P. Greco e João Daniel Rassi, *Crimes contra a dignidade sexual*, São Paulo, Atlas, 2010, p. 139-84.

Capítulo III
Dos Impedimentos

Art. 1.521. Não podem casar:

• *Código Civil, arts. 1.529, 1.548 e 1.723, § 1º.*

I — os ascendentes com os descendentes, seja o parentesco natural ou civil;

• *Código Civil, arts. 1.591, 1.593, 1.618 e 1.626.*

II — os afins em linha reta;

• Vide *art. 227, § 6º, da Constituição Federal de 1988.*

• *Código Civil, arts. 1.591 e 1.595, §§ 1º e 2º.*

III — o adotante com quem foi cônjuge do adotado e o adotado com quem o foi do adotante;

• *Lei n. 8.069/90, com as alterações da Lei n. 12.010/2009, arts. 41 e 49.*

IV — os irmãos, unilaterais ou bilaterais, e demais colaterais, até o terceiro grau inclusive;

• *O casamento de colaterais de 3º grau, legítimos ou ilegítimos, é permitido nos termos dos arts. 1º a 3º do Decreto-Lei n. 3.200, de 19 de abril de 1941, que dispõe sobre a organização e proteção da família.*

DIREITO DE FAMÍLIA

- *Sobre laudo médico,* vide *Lei n. 5.891, de 12 de junho de 1973, art. 1º.*
- *Código Civil, art. 1.592.*

V — o adotado com o filho do adotante;

- *Lei n. 8.069/90, com as alterações da Lei n. 12.010/2009, arts. 41 e 49.*
- *ECA (Lei n. 8.069/90), art. 41.*

VI — as pessoas casadas;

- *Código Civil, art. 1.723, § 1º.*
- *Código Penal, arts. 235 a 237.*

VII — o cônjuge sobrevivente com o condenado por homicídio ou tentativa de homicídio contra o seu consorte.

- *Constitui crime contrair casamento, induzindo em erro essencial o outro contraente, ocultando--lhe o impedimento que não seja casamento anterior (art. 236 do CP).*
- *Também é crime contrair casamento conhecendo a existência de impedimento que lhe cause nulidade absoluta (CP, art. 237).*
- *Código Civil, arts. 1.529, 1.548, II, 1.727.*
- ***Projeto de Lei n. 699/2011**: "Parágrafo único. Poderá o juiz, excepcionalmente, autorizar o casamento dos colaterais de terceiro grau, quando apresentado laudo médico que assegure inexistir risco à saúde dos filhos que venham a ser concebidos".*

Impedimentos matrimoniais. Segundo Carlo Tributtati, "constituem impedimentos aquelas condições positivas ou negativas, de fato ou de direito, físicas ou jurídicas, expressamente especificadas pela lei, as quais, permanente ou temporariamente, proíbem o casamento ou um novo casamento ou um determinado casamento". Ou melhor, constituem a ausência de requisitos que impedem a realização de casamento válido.

BIBLIOGRAFIA: Tributtati, *Digesto Italiano*, p. 263, apud Antônio Chaves, Impedimentos matrimoniais, in *Enciclopédia Saraiva do Direito*, v. 42, p. 270; Jorge A. Frias, *El matrimonio, sus impedimentos y nulidades*, Córdoba, Ateneo, 1941; Paulo de Lacerda, *Manual*, cit., v. 5, p. 36-108; Levenhagen, *Código Civil*, cit., v. 2, p. 21-32; José de Farias Tavares, *O Código Civil e a nova Constituição*, Rio de Janeiro, Forense, 1991, p. 31-6; Eduardo A. Sambrizzi, *Impedimentos matrimoniales*, Buenos Aires, Abeledo--Perrot, 1994; Valdemar P. da Luz, *Curso de direito de família*, Caxias do Sul, Mundo Jurídico, 1996, p. 26-31; Roberto Senise Lisboa, *Manual*, cit., v. 5, p. 32-9; Sebastião José Roque, *Direito de família*, cit., p. 31-40; Giselda Maria F. N. Hironaka, Casamento — conceito e natureza jurídica — impedimentos e nulidades matrimoniais, *RDC*, *54*:7; Vanessa C. Brandão, Reflexões sobre os impedimentos matrimoniais e a união estável no novo Código Civil, *RT*, *805*:11.

Categorias de impedimentos. Os impedimentos são os que, por motivos éticos, baseados no interesse público, envolvem causas atinentes à instituição da família e à estabilidade social, podendo ser levantados por qualquer interessado e pelo Ministério Público, na qualidade de representante da sociedade, acarretando a nulidade do matrimônio realizado com a inobservância da proibição (CC, arts. 1.521, I a VII, 1.548, I, e 1.549). Dividem-se em três categorias: 1) *impedimentos resultantes de parentesco* (CC, art. 1.521, I a V), que se subdividem em: *a) impedimento de consanguinidade*, que se funda em razões morais, para impedir núpcias incestuosas e a concupiscência no ambiente familiar, e em motivos eugênicos, para preservar a prole de taras fisiológicas ou de defeitos psíquicos. Logo, não podem casar os parentes em linha reta (ascendentes e descendentes), em qualquer grau, e os irmãos, unilaterais ou bilaterais, sejam eles provenientes de justas núpcias, de união estável ou de relações concubinárias ou esporádicas. O impedimento entre colaterais em terceiro grau (tio e sobrinho) apenas vigorará se houver conclusão médica desfavorável (Decreto-Lei n. 3.200, art. 2º, §§ 4º e 7º; Enunciado n. 98, aprovado na *I Jornada de Direito Civil*, promovida, em setembro de 2002, pelo Centro de Estudos Judiciários do CJF), ressalvando-se o disposto na Lei n. 5.891, de 12 de junho de 1973; *RT*, *132*:390, *452*:496 e *840*:249; *RJTJSP*, *25*:663; *RF*, *86*:735, *88*:318 e *243*:414; *b*) *impedimento de afinidade*, pois, pelo art. 1.521, II, não podem casar os afins em linha reta, isto é, sogra e genro, sogro e nora, padrasto e enteada, madrasta e enteado ou qualquer outro descendente do cônjuge ou companheiro (neto, bisneto), nascido de outra união, mesmo já dissolvido o casamento que originou a afinidade. Não há impedimento de afinidade na linha colateral; logo, o viúvo poderá casar com a irmã de sua falecida mulher (CC, art. 1.595, §§ 1º e 2º); *c*) *impedimento por adoção* (CC, art. 1.521, I, III e V; ECA, arts. 41 e 49; *RF*, *344*:346 a 353), como decorrência natural do respeito e da confiança que deve haver em família, não poderão casar os ascendentes com os descendentes de vínculo civil (adotados com adotantes), o adotante com o ex-cônjuge do adotado, o adotado com o ex-cônjuge do adotante e o adotado com o filho do pai ou da mãe adotiva, visto serem juridicamente irmãos (parentesco civil); 2) *impedimento de vínculo* (CC, art. 1.521, VI), que deriva da proibição da bigamia, por ter a família base monogâmica. Assim, subsistindo o primeiro casamento civil válido, não se poderá contrair um segundo (*RT*, *760*:232, *755*:333, *588*:175, *190*:709, *393*:167, *528*:108, *557*:301 e *541*:84; *RSTJ*, *5*:103; *132*:398; *JTJ*, *200*:20, *161*:10; *RTJ*, *51*:309; *RJTJSP*, *37*:118; *Adcoas*, n. 90.808, 1983, TJES; *RSTJ*, *132*:396); 3) *impedimento de crime* (CC, art. 1.521, VII), não podem casar o cônjuge sobrevivente com o condenado por homicídio doloso, ou por sua tentativa, contra o seu consorte.

BIBLIOGRAFIA: M. Helena Diniz, *Curso*, cit., v. 5, p. 53-60; Toullier, *Droit civil français*, v. 1, tít. 5, section IV; Westermarck, *Origines du mariage dans l'espèce humaine*, caps. 14, 15 e 20; Antônio Chaves, Impedimentos, cit., in *Enciclopédia Saraiva do Direito*, v. 42, p. 286-94; Caio M. S. Pereira, *Instituições*, cit., v. 5, p. 61-4; Silvio Rodrigues, *Direito civil*, cit., v. 6, p. 38-46; W. Barros Monteiro, *Curso*, cit., v. 2, p. 38-41; Alves Moreira, *Instituições de direito civil português*, v. 1, p. 189; Cunha Gonçalves, *Tratado de direito civil*, São Paulo, Max Limonad, 1957, v. 6, t. 1, p. 183; Orlando Gomes, *Direito de família*, cit., p. 105-9; Barassi, *La famiglia legittima nel nuovo Codice*, p. 74; Carvalho Santos, *Código Civil brasileiro interpretado*, Rio de Janeiro, 1942, v. 4, p. 38; Horácio V. N. Pithan, Ação de anulação de casamento, *Coleção Saraiva de Prática do Direito*, n. 12, 1986, p. 16; Pontes de Miranda, *Tratado de direito de família*, São Paulo, 1947, v. 1, § 17, n. 4; Inácio de Carvalho Neto, Incapacidades e impedimentos matrimoniais no novo Código Civil, in Delgado e Figueirêdo Alves (coord.), *Novo Código Civil — questões controvertidas*, São Paulo, Método, v. 3, 2005, p. 17-50.

Art. 1.522. Os impedimentos podem ser opostos, até o momento da celebração do casamento, por qualquer pessoa capaz.

- *Lei de Introdução às Normas do Direito Brasileiro, art. 7º, § 1º.*
- *Código Civil, art. 1.529.*

Parágrafo único. Se o juiz, ou o oficial de registro, tiver conhecimento da existência de algum impedimento, será obrigado a declará-lo.

- *Lei n. 6.015/73, art. 67, §§ 2º e 5º.*

Oposição dos impedimentos matrimoniais. A oposição dos impedimentos matrimoniais é o ato praticado por pessoa legitimada que, até o momento da realização do casamento, leva ao conhecimento do oficial do Registro Civil, perante quem se processa a habilitação, ou do juiz que celebra a solenidade, a existência de um dos impedimentos previstos no art. 1.521 do Código Civil entre as pessoas que pretendem convolar núpcias.

Limitação de ordem pessoal relativa à oposição do impedimento. Os impedimentos arrolados no Código Civil, art. 1.521, por interessarem à coletividade, deverão ser arguidos obrigatoriamente, *ex officio*: *a*) pelo oficial do registro civil; *b*) por quem presidir a celebração do ato nupcial, desde que deles tenha conhecimento; *c*) pelo representante do Ministério Público, por ser o órgão que, na sociedade, é o defensor do direito objetivo (Lei de Registros Públicos, art. 67, § 2º; CF, art. 127).

Há obrigatoriedade da declaração dos impedimentos por parte da autoridade (juiz ou oficial do registro) assim que deles tiver conhecimento, sob pena de responsabilidade civil, penal e administrativa.

Qualquer pessoa capaz poderá, sob sua assinatura, apresentar declaração escrita, instruída com as provas do fato alegado. Se, porventura, não puder apresentar, de logo, as devidas comprovações, deverá, então, indicar, naquela declaração, o local onde tais provas poderão ser encontradas, atestando a veracidade da denúncia feita (CC, art. 1.529).

Há, portanto, grande interesse do Estado na regularidade do casamento e no resguardo da fé pública cartorária.

BIBLIOGRAFIA: Orlando Gomes, *Direito de família*, cit., p. 112; Sá Pereira, *Lições de direito de família*, Rio de Janeiro, 1959, p. 98; Silvio Rodrigues, *Direito civil*, cit., v. 6, p. 52; Caio M. S. Pereira, *Instituições*, cit., v. 5, p. 75-6; M. Helena Diniz, *Curso*, cit., v. 5, p. 66; De Page, *Traité pratique de droit civil belge*, Bruxelles, 1948, t. 4, p. 687; Levenhagen, *Código Civil*, cit., v. 2, p. 36-8; Matiello, *Código*, cit., p. 984; Carlos Eduardo N. Camillo, *Comentários*, cit., p. 1104.

DIREITO DE FAMÍLIA

Capítulo IV
Das Causas Suspensivas

Art. 1.523. Não devem casar:

I — o viúvo ou a viúva que tiver filho do cônjuge falecido, enquanto não fizer inventário dos bens do casal e der partilha aos herdeiros;

• *Código Civil, arts. 1.641, I, e 1.489, II.*

II — a viúva, ou a mulher cujo casamento se desfez por ser nulo ou ter sido anulado, até dez meses depois do começo da viuvez, ou da dissolução da sociedade conjugal;

• *Código Civil, arts. 1.641, I, 1.597, I, e 1.598.*

• *Constituição Federal, art. 226, § 6º, com a redação da EC n. 66/2010.*

III — o divorciado, enquanto não houver sido homologada ou decidida a partilha dos bens do casal;

• *Código Civil, arts. 1.641, I, e 1.581.*

IV — o tutor ou o curador e os seus descendentes, ascendentes, irmãos, cunhados ou sobrinhos, com a pessoa tutelada ou curatelada, enquanto não cessar a tutela ou curatela e não estiverem saldadas as respectivas contas.

• *Código Civil, arts. 1.641, I, 1.755 a 1.766 e 1.781.*

Parágrafo único. É permitido aos nubentes solicitar ao juiz que não lhes sejam aplicadas as causas suspensivas previstas nos incisos I, III e IV deste artigo, provando-se a inexistência de prejuízo, respectivamente, para o herdeiro, para o ex-cônjuge e para a pessoa tutelada ou curatelada; no caso do inciso II, a nubente deverá provar nascimento de filho, ou inexistência de gravidez, na fluência do prazo.

Causas suspensivas da celebração do casamento. As causas suspensivas não vedam a celebração do casamento, somente requerem sua não realização para evitar confusão de sangue ou de patrimônios. Essas causas suspensivas visam evitar o ato nupcial por não ser conveniente, sem contudo o invalidar, apesar de sujeitarem os infratores do art. 1.523 a determinadas sanções de ordem econômica, principalmente a imposição do regime obrigatório da separação de bens (CC, art. 1.641, I). São fatos suspensivos do processo de celebração do casamento. Tal suspensividade operar-se-á apenas quando certas pessoas legitimadas para sua oposição a arguirem antes da cerimônia nupcial. O art. 1.523 contém uma advertência aos nubentes, avisando-os que, em dadas circunstâncias, *não devem casar-se*, sob pena de sofrer sanção patrimonial. Com o objetivo de evitar a *confusão de patrimônios*, o Código Civil desaconselha não só o casamento de viúvo ou viúva que tiver filho do cônjuge falecido, enquanto não fizer o inventário dos bens deixados pelo finado e der partilha aos herdeiros (*RT*, *167*:195; *RSTJ*, *95*:297, *182*:360; *Adcoas*, n. 74.041, 1980, STF; TJMG, Ap. Cív. 1.0024.04.412272-9/001, rel. Wander Marotta, 7ª Câm. Civil, j. 29-5-2007), sob pena de exigência de hipoteca legal de seus imóveis em favor dos filhos (CC, art. 1.489, II) e de ter de celebrar o segundo matrimônio sob o regime de separação de bens (CC, art. 1.641, I; *RT*, *743*: 224, *719*:261, *647*:100, *155*:815, *158*:797, *188*:884, *181*:676, *141*:177, *143*:312 e *261*:132; *AJ*, *107*:191), a não ser que prove ausência de prejuízo para os herdeiros, mas também o de divorciado, enquanto não houver homologação e decisão da partilha dos bens do casal, sob pena de ter de se adotar o regime obrigatório de separação de bens (CC, art. 1.641, I), exceto se se demonstrar que o ex-cônjuge não será prejudicado. O divórcio pode ser concedido sem que haja partilha de bens (CC, art. 1.581), mas o art. 1.523, III, sujeita o divorciado àquela causa suspensiva para efeito de convolar novas núpcias, enquanto pendente a partilha, a não ser que comprove ausência de qualquer prejuízo ao ex-consorte (CC, art. 1.523, parágrafo único). Com o intuito de impedir a *confusio* ou *turbatio sanguinis*, que degeneraria no conflito de paternidade, não recomenda o casamento de viúva, de divorciada ou de mulher cujo casamento foi nulo ou anulado, até dez meses depois do começo da viuvez ou da dissolução do casamento, salvo se antes de findo esse prazo der à luz algum filho ou provar inexistência de gravidez, sob pena de se casar sob o regime de separação de bens. Com o escopo de evitar *núpcias de pessoas que se acham em poder de outrem*, que poderia, por isso, obter um consentimento não espontâneo, não se recomenda o casamento de tutor ou curador e seus descendentes, ascendentes, irmãos, cunhados ou sobrinhos, com a pessoa tutelada, curatelada, enquanto não cessar a tutela ou curatela e não estiverem saldadas as contas, sob pena de o casamento ser realizado sob o regime de separação de bens (CC, art. 1.641, I), salvo se se comprovar que não haverá qualquer dano à pessoa tutelada ou curatelada.

BIBLIOGRAFIA: Silvio Rodrigues, *Direito civil*, cit., v. 6, p. 50; Antônio Chaves, Impedimentos, cit., in *Enciclopédia Saraiva do Direito*, v. 42, p. 276, 299 e 301; Caio M. S. Pereira, *Instituições*, cit., v. 5, p. 60-74; M. Helena Diniz, *Curso*, cit., v. 5, p. 63-5; Planiol, Ripert e Boulanger, *Traité élémentaire*, cit., v. 1, n. 829; Ruggiero e Maroi, *Istituzioni di diritto privato*, v. 1, § 53; Carlos Alberto Bittar, *Direito de família*, cit., p. 92-3; Luis Paulo Cotrim Guimarães, Causas suspensivas do casamento no novo Código Civil, *Consulex*, *142*:39-40; Jones F. Alves e Mário Luiz Delgado, *Código*, cit., p. 769.

Art. 1.524. As causas suspensivas da celebração do casamento podem ser arguidas pelos parentes em linha reta de um dos nubentes, sejam consanguíneos ou afins, e pelos colaterais em segundo grau, sejam também consanguíneos ou afins.

• Vide *Código Civil, arts. 1.591 a 1.595 e 1.523.*

Oposição das causas suspensivas da celebração do casamento. As causas suspensivas da celebração do casamento previstas no Código Civil, art. 1.523, por interessarem exclusivamente à família dos nubentes, só poderão ser arguidas: *a*) pelos parentes, em linha reta (ascendentes ou descendentes), de um dos noivos, sejam consanguíneos ou afins, mas nada obsta a que a esse rol se inclua o adotante e o adotado, por serem parentes civis, e, além disso, o adotante, sendo menor o adotado, é o detentor do poder familiar; *b*) pelos colaterais, em segundo grau, sejam eles consanguíneos (irmãos) ou afins (cunhados) (*RF*, *117*:473). Assim, sendo, "as causas suspensivas da celebração do casamento poderão ser arguidas inclusive pelos parentes em linha reta de um dos nubentes e pelos colaterais em segundo grau, por vínculo decorrente de parentesco civil" (Enunciado n. 330 do CJF, aprovado na *IV Jornada de Direito Civil*).

BIBLIOGRAFIA: Espínola, *A família no direito civil brasileiro*, 1957, n. 28, nota 96; Pontes de Miranda, *Tratado de direito de família*, cit., v. 1, § 25, n. 4; Levenhagen, *Código Civil*, cit., v. 2, p. 38-9; M. Helena Diniz, *Curso*, cit., v. 5, p. 66-7; Carlos Alberto Bittar, *Direito de família*, cit., p. 98-9.

Capítulo V

Do Processo de Habilitação para o Casamento

- *Lei n. 6.015/73, arts. 67 a 69.*

Art. 1.525. O requerimento de habilitação para o casamento será firmado por ambos os nubentes, de próprio punho, ou, a seu pedido, por procurador, e deve ser instruído com os seguintes documentos:

I — certidão de nascimento ou documento equivalente;

- *Código Civil, arts. 1.517, 1.550, I e II, e 1.641, II.*

II — autorização por escrito das pessoas sob cuja dependência legal estiverem, ou ato judicial que a supra;

- *Código Civil, arts. 1.517, 1.519 e 1.550, II.*

III — declaração de duas testemunhas maiores, parentes ou não, que atestem conhecê-los e afirmem não existir impedimento que os iniba de casar;

- *Código Civil, art. 228, e Código Penal, arts. 342 e 343.*

IV — declaração do estado civil, do domicílio e da residência atual dos contraentes e de seus pais, se forem conhecidos;

- *Código Civil, art. 1.521, VI.*

V — certidão de óbito do cônjuge falecido, de sentença declaratória de nulidade ou de anulação de casamento, transitada em julgado, ou do registro da sentença de divórcio.

- *Código Civil, arts. 1.548 a 1.564.*
- *O processo de habilitação para o casamento está regulado pelos arts. 67 a 69 da Lei n. 6.015, de 31 de dezembro de 1973, sobre Registros Públicos. E sobre o casamento: arts. 70 e s. da Lei n. 6.015, de 31 de dezembro de 1973.*
- *Sobre o casamento de funcionários diplomáticos e consulares brasileiros, dispõem o Decreto n. 23.806, de 26 de janeiro de 1934, Decreto-Lei n. 9.032, de 6 de março de 1946, Leis n. 1.542, de 5 de janeiro de 1952, 7.501, de 27 de junho de 1986, regulamentada pelo Decreto n. 93.325, de 1º de outubro de 1986, e revogada pela Lei n. 11.440/2006, e 3.917 (já revogada), de 14 de julho de 1961, art. 36 (reorganiza o Ministério das Relações Exteriores e dá outras providências).*
- *Sobre o casamento dos militares de terra, mar e ar, dispõe a Lei n. 6.880, de 9 de dezembro de 1980, arts. 144 e s. (Estatuto dos Militares).*

- *Constituição Federal de 1988, art. 226, §§ 1º a 4º.*
- *Lei de Introdução às Normas do Direito Brasileiro, arts. 7º, 18, §§ 1º e 2º, acrescentados pela Lei n. 12.874/2013, e 19.*
- *Código Penal, arts. 235 a 239.*
- *A Lei Federal n. 1.110, de 23 de maio de 1950, regula o reconhecimento dos efeitos civis do casamento religioso. O art. 10 dessa Lei declarou revogada a Lei n. 379, de 16 de janeiro de 1937, e derrogados os arts. 4º e 5º da Lei n. 3.200, de 19 de abril de 1941, que também dispunham sobre o casamento religioso.*
- Vide *Decreto n. 66.605, de 20 de maio de 1970, que promulga convenção sobre consentimento, idade mínima e registro de casamento.*
- Vide *Lei n. 9.278/96, art. 8º, que se referia à conversão da união estável em casamento, e Código Civil, art. 1.726.*
- *Sobre escritura pública de divórcio consensual: Código de Processo Civil, art. 733.*
- *Resolução CNJ n. 175/2013 sobre habilitação de casamento entre pessoas do mesmo sexo.*

Formalidades preliminares à celebração do casamento. Devido à grande importância do matrimônio e dos efeitos dele decorrentes, a lei requer certas formalidades que o devem preceder, com o fim de verificar a inexistência de impedimentos e de demonstrar que os nubentes estão em condições de convolar núpcias, evitando a realização de casamento com infração às normas jurídicas vigentes.

Habilitação matrimonial. A habilitação matrimonial é o processo que corre perante o oficial do registro civil para demonstrar que os nubentes estão legalmente habilitados para o ato nupcial. Para tanto, os noivos deverão apresentar requerimento (feito por meio eletrônico ou mecânico) subscrito (de próprio punho) por eles ou, a seu pedido, por procurador. Se um ou ambos forem analfabetos, será assinado a rogo, com duas testemunhas (*RT*, *183*:835). Tal requerimento deverá estar acompanhado dos documentos arrolados no artigo ora comentado.

BIBLIOGRAFIA: Espínola, *A família no direito civil brasileiro*, Conquista, 1957, p. 47; M. Helena Diniz, *Curso*, cit., v. 5, p. 17; Carlos Alberto Bittar, *Direito de família*, Rio de Janeiro, 1991, p. 96.

Certidão de nascimento ou documento equivalente. Exige-se a prova da idade dos nubentes, já que o art. 1.517 do Código Civil apenas admite casamento de homens e de mulheres maiores de dezesseis, e o art. 1.641, II, impõe limitações legais ao regime de bens se qualquer dos contraentes for maior de setenta anos. Essa prova será feita mediante a apresentação da certidão do termo de nascimento dos nubentes, sendo que as demais provas equivalentes apontadas no Decreto n. 773, de 1890 (revogado pelo Decreto n. 11/91, que também já perdeu sua vigência), não mais foram admitidas após a Lei n. 765/49, que possibilitou a lavratura dos termos de pessoas ainda não registradas, embora continuassem a ser utilizadas com base no art. 87 do Decreto n. 4.857/39, que, revogado pelo Decreto n. 7.270/41, foi restabelecido pela Lei n. 6.015/73, art. 68. Assim sendo, as justificações judiciais de idade servirão de prova subsidiária, ante a impossibilidade de se apresentar a certidão de nascimento, bem como a carteira de identidade, o título de eleitor, a carteira profissional etc.

Memorial. Exige-se também apresentação de um memorial contendo declaração do estado civil, do domicílio e da residência atual dos noivos (*RT*, *254*:142) e de seus pais, se forem conhecidos. Essa declaração poderá ser firmada pelos nubentes, separada ou conjuntamente, sem necessidade de prova de veracidade. Outrora o Ministério Público podia exigir atestado de residência firmado pela autoridade policial (CPC/39, art. 742, que vigorava ante o art. 1.218, IX, do CPC/73).

Autorização de representante legal ou suprimento judicial desta. O processo de habilitação de pessoas que não têm dezoito anos deverá conter a prova de emancipação ou a da anuência escrita de seus pais ou tutor (*RT*, *183*:835, *265*:804, *328*:319 e *482*:110). Quando o representante legal do incapaz negar, injustamente (p. ex., por mero capricho, vingança pessoal, preconceito racial ou religioso etc.), o consentimento, dever-se-á providenciar o suprimento judicial dessa denegação, cujo processamento dar-se-á seguindo-se as normas processuais contidas nos arts. 74, 306 e 307 do Código de Processo Civil. Transitada em julgado a sentença que deferiu o suprimento judicial, expedir-se-á um alvará, que será juntado ao processo de habilitação matrimonial.

Declaração testemunhal atestando inexistência de impedimento matrimonial. Exige-se a declaração de duas testemunhas maiores, parentes ou não, que atestem conhecer os noivos, afirmando que entre eles inexiste qualquer impedimento matrimonial.

Apresentação de certidão de óbito do cônjuge falecido, da sentença de invalidação do casamento anterior ou do registro da sentença ou da escritura pública de divórcio. Se se tratar de viuvez, de casamento nulo, ou anulado, ou de divórcio, será preciso que se apresente a comprovação desses fatos, para evitar infração ao Código Civil, art. 1.521, VI, que proíbe casamento de pessoas já casadas. Dever-se-á, então, apresentar a sentença declaratória de nulidade ou de anulação de casamento, transitada em julgado, ou do registro da sentença ou da escritura pública (CPC, art. 733) de divórcio.

BIBLIOGRAFIA: M. Helena Diniz, *Curso*, cit., v. 5, p. 716; Silvio Rodrigues, *Direito civil*, São Paulo, Saraiva, 1980, v. 6, p. 25-30; Levenhagen, *Código Civil*, São Paulo, Atlas, 1991, v. 2, p. 11-5; Paulo de Lacerda, *Manual do Código Civil brasileiro*, Rio de Janeiro, 1916, v. 5, p. 1-29; W. Barros Monteiro, *Curso de direito civil*, São Paulo, Saraiva, 1980, v. 2, p. 23-8; Matiello, *Código Civil*, cit., p. 988.

Art. 1.526. A habilitação será feita pessoalmente perante o oficial do Registro Civil, com a audiência do Ministério Público.

Parágrafo único. Caso haja impugnação do oficial, do Ministério Público ou de terceiro, a habilitação será submetida ao juiz.

- *Redação dada pela Lei n. 12.133/2009.*
- *Lei n. 6.015/73, art. 67, § 2º.*
- *Constituição Federal, arts. 98, II, e 127.*
- *Lei n. 8.935/94, arts. 30, XIII, e 3º.*
- ***Projeto de Lei n. 699/2011**: "Art. 1.526. A habilitação será feita perante o oficial de Registro Civil e, se o órgão do Ministério Público impugnar o pedido ou a documentação, os autos serão encaminhados ao juiz, que decidirá sem recurso".*

Homologação judicial da habilitação. Urge lembrar que, após a decorrência do prazo para oposição de impedimentos, o oficial cartorário remeterá os autos do Ministério Público, que verificará se todos os pressupostos foram acatados, desde que instaurado o incidente de impugnação (LRP, art. 67, § 5º). Hipótese em que cabe ao Ministério Público a fiscalização da habilitação feita pessoalmente pelos interessados, perante o oficial do Registro Civil do domicílio de qualquer dos nubentes (Lei n. 6.015/73, art. 67, §§ 2º e 5º; *RT*, *587*:103, *586*:88). E somente havendo impugnação do pedido ou da documentação pelo oficial, pelo promotor de justiça ou por terceiro, os autos deverão ser remetidos ao juiz de direito para exame dos impedimentos e solução do caso e para a devida homologação. O magistrado, analisando os fatos, decidirá sem recurso. O Enunciado n. 120 da *I Jornada de Direito Civil*, do Conselho da Justiça Federal entendeu ser desnecessária a habilitação homologada judicialmente, pois "não trará ao cidadão nenhuma vantagem e garantia adicional" e propôs a supressão da parte final do art. 1.526: "será homologada pelo juiz", daí a nova redação do artigo dada pela Lei n. 12.133/2009, que, acrescentando o parágrafo único, veio resolver a questão, desjudicializando o procedimento de habilitação, simplificando-o.

Art. 1.527. Estando em ordem a documentação, o oficial extrairá o edital, que se afixará durante quinze dias nas circunscrições do Registro Civil de ambos os nubentes, e, obrigatoriamente, se publicará na imprensa local, se houver.

- *Código Civil, art. 1.531.*

Parágrafo único. A autoridade competente, havendo urgência, poderá dispensar a publicação.

- *Lei n. 6.015/73, arts. 43, 44, 67 a 69, e 70 e s. e 216-A, § 4º.*
- *Código Civil, arts. 1.520, 1.539 e 1.540.*

Publicação dos proclamas. Com a apresentação dos documentos exigidos por lei, o oficial do registro verificará se estão em ordem e lavrará os proclamas do casamento, mediante edital, que será afixado, durante quinze dias, nas circunscrições do Registro Civil de ambos os nubentes (TJRS, Ap. Cível 70.007.257.207, rel. Vasconcellos Chaves, 7ª Câm. Cível, j. 10-12-2003), e publicado pela imprensa local, onde houver. Se os nubentes residirem em diversas circunscrições do Registro Civil, não mais se exige a dupla publicação do edital em uma e em outra circunscrição (LRP, art. 67, § 4º). Essa publicação tem por objetivo anunciar ao público a intenção dos nubentes, uma vez que com essa publicação possibilitar-se-á a oposição dos impedimentos matrimoniais ou eventual apresentação de impugnação por terceiro. Trata-se, na verdade, de uma convocação para que qualquer do povo aponte fato que possa impedir o projetado casamento, se dele souber.

BIBLIOGRAFIA: Orlando Gomes, *Direito de família*, cit., p. 117; Silvio Rodrigues, *Direito civil*, cit., v. 6, p. 31; W. Barros Monteiro, *Curso*, cit., v. 2, p. 31; Caio M. S. Pereira, *Instituições de direito civil*, Rio de Janeiro, Forense, 1979, v. 5, p. 57; Paulo de Lacerda, *Manual*, cit., p. 29-36; M. Helena Diniz, *Curso*, cit., v. 5, p. 76.

Dispensa da publicação dos proclamas. Se se comprovar urgência (grave enfermidade, parto iminente, viagem inadiável, crime contra a honra da mulher) para a celebração do matrimônio (Lei n. 6.015, arts. 69 e 70), o registrador pode decidir administrativamente com recurso ao juiz corregedor ou ao magistrado da Comarca onde tramita a habilitação que poderá, sem oitiva do Ministério Público, desde que, é óbvio, se apresentem os documentos exigidos pelo art. 1.525 do Código Civil, dispensar a publicação do edital, determinando ao oficial que expeça, de imediato, a certidão de habilitação matrimonial prevista no art. 1.531 do Código Civil. Com isso, agilizar-se-á a celebração das núpcias.

Mas, pelo Enunciado n. 512 do Conselho da Justiça Federal, aprovado na *V Jornada de Direito Civil*: "O juiz não pode dispensar, mesmo fundamentadamente, a publicação do edital de proclamas do casamento, mas sim o decurso do prazo".

BIBLIOGRAFIA: De Page, *Traité pratique de droit civil belge*, Bruxelles, Bruylant, 1948, t. 1, p. 675; M. Helena Diniz, *Curso*, cit., v. 5, p. 76; Caio M. S. Pereira, *Instituições*, cit., v. 5, p. 57; W. Barros Monteiro, *Curso*, cit., v. 2, p. 31; Silvio Rodrigues, *Direito civil*, cit., v. 6, p. 31.

Art. 1.528. É dever do oficial do registro esclarecer os nubentes a respeito dos fatos que podem ocasionar a invalidade do casamento, bem como sobre os diversos regimes de bens.

- *Lei n. 6.015/73, art. 28.*
- *Código Civil, arts. 1.517, 1.521, 1.548 a 1.564, 1.639 a 1.688.*

Obrigação do oficial do registro de esclarecer nubentes. O oficial do registro tem o dever funcional e legal de prestar esclarecimentos sobre fatos, ou melhor, sobre os impedimentos que possam invalidar o matrimônio (CC, arts. 1.548 a 1.564; Enunciado n. 331 da *IV Jornada de Direito Civil*), tutelando a validade do casamento, e sobre os vários regimes de bens, arrolados nos arts. 1.639 a 1.688 do Código Civil, apontando seus efeitos jurídicos, para que os nubentes possam fazer, conscientemente, sua opção (CC, art. 1.640, parágrafo único) e evitar quaisquer danos patrimoniais e/ou morais.

Art. 1.529. Tanto os impedimentos quanto as causas suspensivas serão opostos em declaração escrita e assinada, instruída com as provas do fato alegado, ou com a indicação do lugar onde possam ser obtidas.

- *Código Civil, arts. 1.521 a 1.524.*

Comprovação da oposição dos impedimentos e das causas suspensivas. Quem apresentar oposição de impedimento matrimonial (CC, art. 1.521) ou de causa suspensiva (CC, art. 1.523) deverá fazê-lo em declaração escrita, devidamente assinada pelo opoente e instruída com as provas da veracidade do fato alegado. E, se não se puder, de imediato, apresentar a referida comprovação, dever-se-á, então, indicar o lugar onde essas provas possam ser obtidas, atestando a autenticidade da denúncia feita.

Art. 1.530. O oficial do registro dará aos nubentes ou a seus representantes nota da oposição, indicando os fundamentos, as provas e o nome de quem a ofereceu.

Parágrafo único. Podem os nubentes requerer prazo razoável para fazer prova contrária aos fatos alegados, e promover as ações civis e criminais contra o oponente de má-fé.

- *Lei n. 6.015/73, art. 67, § 5º.*

Restrição concernente à forma da oposição relativa ao oficial do registro civil. O oficial do registro civil deverá: *a*) receber a declaração escrita do impedimento ou causa suspensiva, averiguando se foi apresentada com os requisitos legais; *b*) dar ciência do fato alegado, mediante *nota da oposição* aos nubentes, ou a seus representantes, indicando os fundamentos, as provas e o nome do oponente, para que possam requerer prazo razoável para a realização da prova que pretendam produzir, pois fica salvo aos nubentes fazer prova contrária ao impedimento ou causa suspensiva e promover, se improcedente a oposição, as ações civis e criminais contra o oponente de má-fé, seja ele quem for (pai, tutor, curador, oficial do registro civil, autoridade celebrante ou Ministério Público), para obter a reparação dos danos morais e patrimoniais causados por aquele comportamento abusivo, doloso ou culposo (Súmula 37 do STJ); *c*) remeter os autos ao juiz, que decidirá sobre prazo e provas a serem produzidas, para, após ouvir o Ministério Público, decidir a impugnação feita.

BIBLIOGRAFIA: Orlando Gomes, *Direito de família*, cit., p. 113; W. Barros Monteiro, *Curso*, cit., v. 2, p. 52; Levenhagen, *Código Civil*, cit., v. 2, p. 39-40; M. Helena Diniz, *Curso*, cit., v. 5, p. 67-8; Planiol, Ripert e Boulanger, *Traité élémentaire*, cit., v. 1, n. 957; Alexandre G. A. Assunção, *Novo Código Civil comentado*, São Paulo, Saraiva, 2004, p. 1373.

Art. 1.531. Cumpridas as formalidades dos arts. 1.526 e 1.527 e verificada a inexistência de fato obstativo, o oficial do registro extrairá o certificado de habilitação.

- Vide *Código Civil, arts. 1.526, 1.527 e 1.532.*

Autorização para a celebração do casamento. Se após o prazo de quinze dias da publicação dos editais (LRP, 216-A, § 4º) não houver oposição de impedimentos matrimoniais ou de causas suspensivas, o oficial do registro deverá, uma vez cumpridas as formalidades dos arts. 1.526 e 1.527 e homologada a habilitação pelo juiz, passar uma certidão declarando que os nubentes estão habilitados para casar dentro dos noventa dias contados da data em que aquela certidão foi expedida (CC, art. 1.532). O certificado de habilitação é a prova documental da conclusão satisfatória do processo de habilitação, indicando a aptidão dos nubentes para o casamento. Se os nubentes não convolarem núpcias nesse período, terão de renovar o processo de habilitação, com a publicação de novos editais e nova certidão, por se tratar de prazo de caducidade.

Art. 1.532. A eficácia da habilitação será de noventa dias, a contar da data em que foi extraído o certificado.

Prazo de caducidade do certificado de habilitação matrimonial. O certificado de habilitação passado pelo Oficial do Registro terá eficácia por noventa dias, contados da data em que foi extraído; logo, se os nubentes não vierem a se casar dentro desse prazo, deverão providenciar novamente o processo de habilitação para o casamento, visto que durante esse lapso temporal poderão ocorrer fatos que possam alterar a situação dos noivos, no que atina à sua capacidade nupcial ou ao impedimento matrimonial.

BIBLIOGRAFIA: Orlando Gomes, *Direito de família*, cit., p. 117; Caio M. S. Pereira, *Instituições*, cit., v. 5, p. 57; Silvio Rodrigues, *Direito civil*, cit., p. 31; M. Helena Diniz, *Curso*, cit., v. 5, p. 91-92; Clóvis Beviláqua, *Comentários*, cit., v. 2, art. 181 do CC de 1916, p. 8.

CAPÍTULO VI

DA CELEBRAÇÃO DO CASAMENTO

Art. 1.533. Celebrar-se-á o casamento, no dia, hora e lugar previamente designados pela autoridade que houver de presidir o ato, mediante petição dos contraentes, que se mostrem habilitados com a certidão do art. 1.531.

- Vide *Constituição Federal, arts. 5º, LXXVI, e 226, §§ 1º a 6º.*
- *Sobre a celebração do casamento religioso,* vide *o que diziam: Lei n. 1.110, de 23 de maio de 1950, arts. 8º e 9º; Decreto-Lei n. 3.200, de 19 de abril de 1941, art. 5º, Lei n. 6.015/73, arts. 71, 73, 74 e 75, e Código Civil, arts. 1.515, 1.516, 1.531, 1.542 e 1.726.*
- Vide *Código Penal, art. 238.*
- Vide *Lei n. 6.015, de 31 de dezembro de 1973, sobre o casamento, arts. 70 e s.*
- *Resolução CNJ n. 175/2013 sobre celebração de casamento entre pessoas do mesmo sexo.*

Requerimento para a designação da data do casamento. Os nubentes, estando preenchidos todos os requisitos legais do processo da habilitação, de posse da certidão passada pelo registro civil, requererão à autoridade competente a designação de dia, hora e local para a celebração do casamento. Como os noivos já declaram na petição o dia e a hora em que pretendem casar, o juiz, na verdade, apenas defere-lhes o requerimento apesar de não estar obrigado a acatar a sugestão da data nele contida.

Data da celebração do ato nupcial. A celebração do casamento (ato necessário para sua validade) é da competência do juiz do lugar em que se processou a habilitação e realizar-se-á no dia, hora e local estipulados pelos nubentes. Poderá ser escolhido qualquer dia da semana, inclusive domingos e feriados, pouco importando a hora e o local, podendo ser celebrado à noite ou durante o dia e em qualquer edifício público ou particular (CC, art. 1.534).

BIBLIOGRAFIA: W. Barros Monteiro, *Curso*, cit., v. 2, p. 53; M. Helena Diniz, *Curso*, cit., v. 5, p. 78; Levenhagen, *Código Civil*, cit., v. 2, p. 41-2; Carlos Alberto Bittar, *Direito de família*, cit., p. 100-1.

Art. 1.534. A solenidade realizar-se-á na sede do cartório, com toda publicidade, a portas abertas, presentes pelo menos duas testemunhas, parentes ou não dos contraentes, ou, querendo as partes e consentindo a autoridade celebrante, noutro edifício público ou particular.

§ 1º Quando o casamento for em edifício particular, ficará este de portas abertas durante o ato.

§ 2º Serão quatro as testemunhas na hipótese do parágrafo anterior e se algum dos contraentes não souber ou não puder escrever.

- *Código Civil, art. 228.*
- *Código Penal, art. 239.*
- *Lei n. 6.015/73, art. 42.*

Local do casamento. O casamento poderá ser feito na sede do cartório, com toda a publicidade, a portas abertas, na presença de, pelo menos, duas testemunhas, sejam elas parentes ou não dos noivos, ou, querendo as partes, e consentindo a autoridade celebrante, em outro edifício, público ou particular. Serão quatro as testemunhas (parentes ou estranhos), para dar maior segurança ao ato: *a*) se o casamento for celebrado em edifício particular, que deverá ficar de portas abertas durante o ato, pois não pode haver restrição ao acesso de pessoas ao recinto para presenciá-lo, e *b*) se algum dos nubentes não souber, em virtude de analfabetismo, ou não puder, em razão de alguma enfermidade ou lesão, escrever.

Publicidade do ato nupcial. É de ordem pública a publicidade da celebração do casamento, uma vez que a lei exige que durante a cerimônia as portas fiquem abertas, sob pena de o casamento sofrer impugnações, permitindo-se, assim, o livre ingresso de qualquer interessado em opor algum impedimento matrimonial.

BIBLIOGRAFIA: Beudant, *Cours de droit civil français*, Paris, v. 1, p. 355; W. Barros Monteiro, *Curso*, cit., v. 2, p. 54; Caio M. S. Pereira, *Instituições*, cit., v. 5, p. 81; M. Helena Diniz, *Curso*, cit., v. 5, p. 79; Regina Beatriz Tavares da Silva, *Novo Código Civil*, cit., p. 1333; Matiello, *Código Civil*, cit., p. 993.

Art. 1.535. Presentes os contraentes, em pessoa ou por procurador especial, juntamente com as testemunhas e o oficial do registro, o presidente do ato, ouvida aos nubentes a afirmação de que pretendem casar por livre e espontânea vontade, declarará efetuado o casamento, nestes termos:

"De acordo com a vontade que ambos acabais de afirmar perante mim, de vos receberdes por marido e mulher, eu, em nome da lei, vos declaro casados".

- Vide *Código Civil, arts. 1.514, 1.538 e 1.542.*

Atos essenciais ao casamento. Será imprescindível para o ato nupcial: a presença simultânea dos contraentes, das testemunhas e do oficial do registro, a afirmação de que têm o firme propósito de se casar por livre e espontânea vontade e a coparticipação da autoridade competente (*RT, 372*:117) para a celebração do casamento.

Presença real e simultânea dos nubentes. É essencial a presença dos noivos ou de procurador especial, munido de procuração com poderes expressos e pormenorizados, juntamente com as testemunhas (parentes ou não) e o oficial do registro, que funcionará como escrivão.

Coparticipação da autoridade celebrante. Imprescindível será a presença da autoridade competente para celebrar o casamento, já que será ela quem, em nome do Estado, declarará os nubentes marido e mulher, ouvida a afirmação de que pretendem se casar por livre e espontânea vontade, constituindo o vínculo matrimonial.

Manifestação do consentimento livre. Os nubentes de viva voz deverão afirmar o propósito de casar por livre e espontânea vontade; se um dos noivos for mudo, permitida será, obviamente, a manifestação escrita ou por meio de sinal convincente, e, se estrangeiro, admissível será a intervenção de um intérprete juramentado. Não se exige, portanto, nenhuma fórmula sacramental para a manifestação do consentimento; basta que seja clara e feita de forma espontânea e induvidosa, de maneira que intolerável será o silêncio. Obtendo resposta afirmativa, pura e simples, sem qualquer condição, o celebrante declara contraído o casamento, ao pronunciar as seguintes palavras: "De acordo com a vontade que ambos acabais de afirmar perante mim, de vos receberdes por marido e mulher, eu, em nome da lei, vos declaro casados".

Constituição do vínculo matrimonial. Só haverá casamento quando o juiz pronunciar a fórmula vinculatória do art. 1.535, declarando os nubentes casados. Se, porventura, um deles vier a se arrepender após tal declaração, o casamento já estará efetuado; logo, o arrependimento nenhum efeito terá.

BIBLIOGRAFIA: M. Helena Diniz, *Curso*, cit., v. 5, p. 79-80; W. Barros Monteiro, *Curso*, cit., v. 2, p. 55-7; Orlando Gomes, *Direito de família*, cit., p. 118-22; Levenhagen, *Código Civil*, cit., v. 2, p. 43-4; Espínola, *A família no direito civil brasileiro*, cit., p. 108; Darcy Arruda Miranda, *Anotações ao Código Civil brasileiro*, São Paulo, Saraiva, 1981, v. 1, p. 161; De Page, *Traité pratique de droit civil belge*, cit., v. 1, p. 630; Enneccerus, Kipp e Wolff, *Tratado de derecho civil — Derecho de familia*, v. 1, § 21; Venzi, *Manuale di diritto civile italiano*, 7. ed., p. 570; Barassi, *La famiglia legittima nel nuovo Codice italiano*, p. 89-91; Cicu, *Diritto de famiglia*, p. 47.

Art. 1.536. Do casamento, logo depois de celebrado, lavrar-se-á o assento no livro de registro. No assento, assinado pelo presidente do ato, pelos cônjuges, as testemunhas, e o oficial do registro, serão exarados:

I — os prenomes, sobrenomes, datas de nascimento, profissão, domicílio e residência atual dos cônjuges;

II — os prenomes, sobrenomes, datas de nascimento ou de morte, domicílio e residência atual dos pais;

III — o prenome e sobrenome do cônjuge precedente e a data da dissolução do casamento anterior;

IV — a data da publicação dos proclamas e da celebração do casamento;

V — a relação dos documentos apresentados ao oficial do registro;

VI — o prenome, sobrenome, profissão, domicílio e residência atual das testemunhas;

VII — o regime do casamento, com a declaração da data e do cartório em cujas notas foi lavrada a escritura antenupcial, quando o regime não for o da comunhão parcial, ou o obrigatoriamente estabelecido.

• *Poderá constar, ainda, o nome que passa a ter o cônjuge em virtude de casamento* — Vide *art. 1.565, § 1º, do Código Civil.*

• *Lei n. 6.015, de 31 de dezembro de 1973, art. 70.*

• *Código Civil, arts. 1.641 e 1.653 a 1.657.*

Lavratura do assento matrimonial. O assento do matrimônio deverá ser lavrado no livro do registro imediatamente após a cerimônia nupcial, sendo assinado pelo presidente do ato, cônjuges, testemunhas e oficial, contendo, conforme a Lei n. 6.015/73, art. 70 e o artigo *sub examine*: *a*) o prenome, sobrenome, nacionalidade, data e lugar do nascimento, profissão, domicílio e residência atual dos cônjuges; *b*) o prenome, sobrenome, nacionalidade, data de nascimento ou de morte, domicílio e residência atual dos pais; *c*) o prenome e sobrenome do cônjuge precedente e a data da dissolução do casamento anterior, quando for o caso, para evitar bigamia; *d*) a data da publicação dos proclamas e a da celebração do casamento, visto ser esta última o termo inicial de seus efeitos jurídicos; *e*) a relação dos documentos apresentados ao oficial do registro; *f*) o prenome, sobrenome, nacionalidade, profissão, domicílio e residência atual das testemunhas; *g*) o regime de casamento, com declaração da data e do cartório em cujas notas foi lavrada a escritura antenupcial, quando o regime não for o da comunhão parcial ou o obrigatoriamente estabelecido, que, sendo conhecido, será declarado expressamente; *h*) o sobrenome que passa a ter o cônjuge em virtude do casamento (*JTJ, 149*:96); *i*) o nome e a idade dos filhos havidos de matrimônio anterior ou antes do casamento; *j*) à margem do termo, a impressão digital do contraente que não souber assinar o nome.

Efeito "ad probationem". Tal assento apenas terá o efeito de servir de prova; logo, sua falta não invalidará o casamento, mesmo que haja dolo ou culpa do oficial, pois possível será provar o matrimônio por outros meios (CC, art. 1.543, parágrafo único).

BIBLIOGRAFIA: Caio M. S. Pereira, *Instituições*, cit., v. 5, p. 84; Orlando Gomes, *Direito de família*, cit., p. 120; W. Barros Monteiro, *Curso*, cit., v. 2, p. 57; Cândido de Oliveira, Direito de família, in *Manual do Código Civil brasileiro*, de Paulo de Lacerda, cit., v. 5, § 68, p. 143; M. Helena Diniz, *Curso*, cit., v. 5, p. 80-1.

Art. 1.537. O instrumento da autorização para casar transcrever-se-á integralmente na escritura antenupcial.

• *Código Civil arts. 215, 220, 108, 1.517 a 1.520, 1.525, II, 1.634, III, 1.639, 1.653 e 1.690, parágrafo único.*

Transcrição da autorização para casar. A norma do artigo ora comentado não se justifica, uma vez que bastará a assistência e a assinatura do representante legal na escritura antenupcial para que se tenha a certeza de sua anuência à realização do matrimônio. Parece-nos que o instrumento (público ou particular) de autorização deverá ser transcrito, por inteiro, no assento do casamento e não na escritura antenupcial, para dar maior publicidade ao ato.

BIBLIOGRAFIA: Levenhagen, *Código Civil*, cit., v. 2, p. 46; Darcy Arruda Miranda, *Anotações ao Código Civil brasileiro*, cit., v. 1, p. 162; Clóvis Beviláqua, *Código Civil comentado*, obs. ao art. 196; Eduardo Espínola, *Annotações ao Código Civil brasileiro*, Rio de Janeiro, 1922, v. 2, p. 260; Carvalho Santos, *Código Civil brasileiro interpretado*, Rio de Janeiro, 1934, p. 106.

Art. 1.538. A celebração do casamento será imediatamente suspensa se algum dos contraentes:

I — recusar a solene afirmação da sua vontade;

II — declarar que esta não é livre e espontânea;

III — manifestar-se arrependido.

Parágrafo único. O nubente que, por algum dos fatos mencionados neste artigo, der causa à suspensão do ato, não será admitido a retratar-se no mesmo dia.

Casos de suspensão da celebração do matrimônio. O casamento não se efetivará, sendo sua celebração suspensa, se um dos nubentes: *a*) recusar a solene afirmação de sua vontade de se casar; *b*) declarar que sua vontade não é livre nem espontânea; e *c*) confessar encontrar-se arrependido. Isto é assim, pois, se o juiz não sustar o ato nupcial, ter-se-á casamento inexistente por falta de consentimento.

Prazo para retratação da sustação do ato nupcial. O nubente que der causa à suspensão da cerimônia não poderá retratar-se no mesmo dia, mesmo que venha alegar tratar-se de uma brincadeira, afirmando sua intenção de reiniciar imediatamente o ato nupcial sustado — este apenas poderá ser celebrado após o decurso do prazo de vinte e quatro horas (*RF*, *66*:308), em data marcada pela autoridade celebrante, a pedido daquele nubente, hipótese em que se terá tão somente um adiamento da cerimônia nupcial.

BIBLIOGRAFIA: M. Helena Diniz, *Curso*, cit., v. 5, p. 79; Orlando Gomes, *Direito de família*, cit., p. 118; Levenhagen, *Código Civil*, cit., v. 2, p. 46-7; Paulo de Lacerda, *Manual*, cit., v. 5, p. 114-6; Carvalho Santos, *Código Civil brasileiro interpretado*, obs. ao art. 197, v. 4.

Art. 1.539. No caso de moléstia grave de um dos nubentes, o presidente do ato irá celebrá-lo onde se encontrar o impedido, sendo urgente, ainda que à noite, perante duas testemunhas que saibam ler e escrever.

• Vide *Código Civil, art. 1.527, parágrafo único.*

§ 1º A falta ou impedimento da autoridade competente para presidir o casamento suprir-se-á por qualquer dos seus substitutos legais, e a do oficial do Registro Civil por outro *ad hoc*, nomeado pelo presidente do ato.

§ 2º O termo avulso, lavrado pelo oficial *ad hoc*, será registrado no respectivo registro dentro em cinco dias, perante duas testemunhas, ficando arquivado.

• Vide *Código Civil, art. 1.542, § 2º.*

• *A Lei n. 6.015, de 31 de dezembro de 1973, não reproduziu a norma do art. 83 do Decreto n. 4.857, de 9 de novembro de 1939, que dispunha sobre o arquivamento do termo avulso, que devia ser transcrito, em 5 (cinco) dias, perante quatro testemunhas. O novo Código Civil mantém o prazo de cinco dias e reduz as testemunhas para duas.*

Casamento em caso de moléstia grave. Se a gravidade do estado de saúde de um dos nubentes impedi-lo de locomover-se e de adiar a cerimônia, o celebrante irá, juntamente com o oficial do registro, em sua casa ou onde estiver, inclusive no hospital, mesmo à noite, para realizar o ato nupcial, independentemente, apenas em casos excepcionais de urgência, do cumprimento de todas as formalidades preliminares, perante duas testemunhas que saibam ler e escrever. Logo, como diz Milton Paulo de Carvalho Filho, "a situação grave e urgente tratada neste artigo é a que *não* põe em risco imediato a vida dos nubentes, sendo necessário que eles providenciem o processo de habilitação". Somente, em motivo muito urgente (acidente p. ex.) que justifique, excepcionalmente, a imediata celebração do casamento, poderá dispensar-se do cumprimento total das formalidades preliminares, mesmo que um dos nubentes não esteja agonizando.

Já se decidiu que, em caso de moléstia grave de um dos nubentes, "a urgência do ato dispensa os atos preparatórios da habilitação e proclamas" (TJRS, Ap. Cível 70.013.292.107, rel. Raupp Ruschel, 7ª Câm. Cível, j. 11-1-2006).

Impossibilidade de comparecimento da autoridade competente para presidir as núpcias. Ante a urgência da celebração do casamento, poderá ocorrer que, às vezes, a autoridade celebrante não possa atender ao chamado, hipótese em que a cerimônia realizar-se-á por qualquer de seus substitutos legais.

Suprimento da ausência do oficial do registro civil. Se, porventura, o oficial do registro estiver impossibilitado de comparecer ao ato nupcial, deverá ser substituído por uma pessoa nomeada *ad hoc* pelo presidente do ato, assinando-o juntamente com o celebrante, cônjuges e testemunhas.

Assento do termo avulso lavrado pelo oficial "ad hoc". O termo avulso, que o oficial *ad hoc* lavrar, ante o fato de o livro não estar em seu poder por qualquer razão, uma vez que o oficial titular não foi encontrado, será levado ao registro no livro de casamento, onde ficará arquivado, dentro do prazo de cinco dias, contado da celebração do ato nupcial, perante duas testemunhas, pressupondo-se que as formalidades do art. 1.525 já estejam cumpridas.

BIBLIOGRAFIA: Levenhagen, *Código Civil*, cit., v. 2, p. 48; Darcy Arruda Miranda, *Anotações*, cit., v. 1, p. 163; M. Helena Diniz, *Curso*, cit., v. 5, p. 84; Orlando Gomes, *Direito de família*, cit., p. 123-6.

Art. 1.540. Quando algum dos contraentes estiver em iminente risco de vida, não obtendo a presença da autoridade à qual incumba presidir o ato, nem a de seu substituto, poderá o casamento ser celebrado na presença de seis testemunhas, que com os nubentes não tenham parentesco em linha reta, ou, na colateral, até segundo grau.

• Vide *Código Civil, arts. 1.525, 1.527, parágrafo único, 1.591 e 1.592.*

• *Lei n. 6.015/73, art. 76.*

Casamento nuncupativo. O casamento nuncupativo, ou *in extremis vitae momentis ou in articulo mortis*, é uma forma especial de celebração do ato nupcial em que, devido à urgência do caso e por falta de tempo, não se cumprirão todas as formalidades estabelecidas nos arts. 1.533 e s. do Código Civil (*RT, 841*:338, *647*:89, *798*:385, *599*:213; *JTJ, 226*:21).

Concessão da certidão de habilitação e dispensa de proclamas. Se um dos nubentes encontrar-se agonizante, ou seja, em iminente risco de vida (p. ex., por força de doença terminal, crime contra sua vida, ato de terrorismo etc.) e precisar casar-se para obter os efeitos civis do matrimônio (comprovação ou presunção de filiação matrimonial de filho já concebido, mas não nascido, dignificação da companheira etc.), o oficial do registro civil, mediante despacho de autoridade competente, à vista dos documentos exigidos pelo art. 1.525 e independentemente de edital de proclamas (art. 1.527, parágrafo único), concederá a certidão de habilitação.

Celebração do casamento "in articulo mortis". Se não se conseguir a presença da autoridade competente para presidir ao ato nupcial, nem a de seu substituto, os próprios nubentes o celebrarão, declarando, de viva voz, que livre e espontaneamente querem receber-se por marido e mulher (*RT, 475*:58; TJRN, Ap. Cív. 2004.003554-3, 3ª Câm. Cível, rel. João Rebouças, j. 7-7-2005), perante seis testemunhas, que com eles não tenham parentesco em linha reta, ou, na colateral, em segundo grau. "A simples vontade de casar manifestada pelo companheiro premorto não é suficiente para ser considerado como realizado e válido o casamento, se a morte se verificou em acidente, não estando presente o companheiro supérstite nem testemunhas" (*Adcoas*, n. 73.914, 1980, TARJ).

BIBLIOGRAFIA: Cahali, Casamento nuncupativo, in *Enciclopédia Saraiva do Direito*, v. 13, p. 424; W. Barros Monteiro, *Curso*, cit., v. 2, p. 61; M. Helena Diniz, *Curso*, cit., v. 5, p. 82.

Art. 1.541. Realizado o casamento, devem as testemunhas comparecer perante a autoridade judicial mais próxima, dentro em dez dias, pedindo que lhes tome por termo a declaração de:

I — que foram convocadas por parte do enfermo;

II — que este parecia em perigo de vida, mas em seu juízo;

III — que, em sua presença, declararam os contraentes, livre e espontaneamente, receber-se por marido e mulher.

- *Lei n. 6.015/73, art. 76.*

§ 1º Autuado o pedido e tomadas as declarações, o juiz procederá às diligências necessárias para verificar se os contraentes podiam ter-se habilitado, na forma ordinária, ouvidos os interessados que o requererem, dentro em quinze dias.

- *Lei n. 6.015/73, art. 76, § 3º.*
- *Código Civil, arts. 1.525 a 1.532.*

§ 2º Verificada a idoneidade dos cônjuges para o casamento, assim o decidirá a autoridade competente, com recurso voluntário às partes.

§ 3º Se da decisão não se tiver recorrido, ou se ela passar em julgado, apesar dos recursos interpostos, o juiz mandará registrá-la no livro do Registro dos Casamentos.

§ 4º O assento assim lavrado retrotrairá os efeitos do casamento, quanto ao estado dos cônjuges, à data da celebração.

- Vide *Constituição Federal, art. 227, § 6º.*
- *Lei n. 8.069/90, art. 41 e §§ 1º e 2º.*

§ 5º Serão dispensadas as formalidades deste e do artigo antecedente, se o enfermo convalescer e puder ratificar o casamento na presença da autoridade competente e do oficial do registro.

Termo das declarações das testemunhas presenciais do casamento nuncupativo. As seis testemunhas do casamento *in extremis vitae momentis* deverão comparecer, dentro em dez dias, ante a autoridade judicial mais próxima do local da realização do matrimônio, para solicitar que se lhes tomem por termo as seguintes declarações: *a*) a sua convocação pelo enfermo; *b*) o fato de estar um dos nubentes em perigo de vida, mas em seu juízo perfeito; *c*) a livre e espontânea declaração dos nubentes de receberem-se por marido e mulher. "Justifica-se o indeferimento do pedido de homologação de casamento nuncupativo se as testemunhas comparecerem perante o juiz após o prazo de 5 (cinco) dias (hoje 10 (dez) dias)" (*RT*, *526*:103). Se qualquer das testemunhas não comparecer, voluntariamente, o interessado poderá requerer sua intimação por ordem judicial (*AJ*, *92*:107; *JB*, *156*:242; *RJTJSP*, *29*:128; *RT*, *300*:247 e *465*:207).

Formalidades homologatórias do casamento "in articulo mortis". O magistrado, autuado o pedido e tomadas as declarações, procederá às diligências necessárias para averiguar se os contraentes poderiam ter-se habilitado para o casamento, na forma ordinária, ouvidos o órgão do Ministério Público e os interessados que o requererem, dentro em quinze dias (Lei n. 6.015/73, art. 76, § 3º), e decidirá prolatando sentença reconhecendo sua idoneidade para o casamento, sendo que desta sua decisão caberá apelação. Se a decisão transitar em julgado, o juiz mandará registrá-la no livro do Registro dos Casamentos. Tal assento retrotrairá os efeitos do casamento, quanto ao estado dos cônjuges, à data da celebração. E, quanto aos filhos comuns não há mais que se falar em retroação, à data do nascimento, pois proclamada está pela Constituição Federal a igualdade de todos os filhos, pouco importando se advindos de laços matrimoniais de seus pais ou não.

Ratificação. Se o cônjuge vier a restabelecer-se antes do assento no Registro Civil da decisão homologatória, deverá juntamente com o outro cônjuge, na presença da autoridade competente e do oficial do registro, exibindo os documentos que seriam utilizados no processo de habilitação, embora dispensado este, ratificar o casamento mediante a simples declaração confirmatória da vontade nupcial, reduzida a termo. Não se exigirá, portanto, novo casamento; bastará uma ratificação tomada por termo.

BIBLIOGRAFIA: Levenhagen, *Código Civil*, cit., v. 2, p. 51-2; W. Barros Monteiro, *Curso*, cit., v. 2, p. 62; Sá Pereira, *Lições de direito de família*, cit., p. 107-14; Espínola, *A família no direito civil*, cit., p. 129; Silvio Rodrigues, *Direito civil*, cit., v. 6, p. 61; M. Helena Diniz, *Curso*, cit., v. 5, p. 82-3.

Art. 1.542. O casamento pode celebrar-se mediante procuração, por instrumento público, com poderes especiais.

- *Código Civil, arts. 657 e 661.*

§ 1º A revogação do mandato não necessita chegar ao conhecimento do mandatário; mas, celebrado o casamento sem que o mandatário ou o outro contraente tivessem ciência da revogação, responderá o mandante por perdas e danos.

- *Código Civil, arts. 402 a 405, 1.550, V, e parágrafo único.*

§ 2º O nubente que não estiver em iminente risco de vida poderá fazer-se representar no casamento nuncupativo.

- *Código Civil, art. 1.540.*

§ 3º A eficácia do mandato não ultrapassará noventa dias.

§ 4º Só por instrumento público se poderá revogar o mandato.

- *Lei de Introdução às Normas do Direito Brasileiro, art. 7º, § 1º.*

Casamento por procuração. Se um dos nubentes (ou ambos) não puder estar presente ao ato nupcial, poderá casar-se por procuração, desde que outorgue, mediante instrumento público, poderes especiais a alguém, com capacidade civil, para comparecer em seu lugar e receber, em seu nome, o outro contraente, indicando o nome deste, individuando-o precisamente.

Casos de sua admissibilidade. Poderá casar-se por procuração, por exemplo, o nubente que: *a*) esteja materialmente impossibilitado de estar presente à cerimônia nupcial, p. ex., se residir em local diverso e não puder deslocar-se por razão justa, por estar no estrangeiro em trabalho ou cumprimento de bolsa de estudo que não pode interromper; *b*) não esteja em iminente risco de vida. Logo, nada obsta que se faça representar em casamento nuncupativo por procurador munido de poderes especiais; porém, o outro, por estar muito doente ou em estado precário de saúde, deverá participar do ato pessoalmente, para que celebrante e testemunhas possam atestar a existência do risco de vida, averiguar seu estado mental e se houve consentimento livre e espontâneo.

BIBLIOGRAFIA: Orlando Gomes, *Direito de família*, cit., p. 125-6; Espínola, *A família no direito civil*, cit., p. 112; S. Pumar Santana, *El matrimonio por procurador*, Barcelona, Bosch, 1998; Caio M. S. Pereira, *Instituições*, cit., v. 5, p. 86-7; W. Barros Monteiro, *Curso*, cit., v. 2, p. 55-6; M. Helena Diniz, *Curso*, cit., v. 5, p. 81-2.

Prazo de caducidade do mandato. A eficácia do mandato não ultrapassará noventa dias; findo esse prazo, caduca estará a procuração que outorga poderes especiais para receber, no ato nupcial, em nome do mandante, o outro contraente.

Revogação do mandato. A revogação do mandato, que só pode dar-se por meio de instrumento público, não precisará chegar ao conhecimento do mandatário, mas se, sem que ele ou o outro contraente tenham tido notícia daquela revogação, o casamento celebrar-se, o mandante responderá por perdas e danos, visto que as núpcias poderão ser anuladas (CC, art. 1.550, V, e parágrafo único).

CAPÍTULO VII
DAS PROVAS DO CASAMENTO

Art. 1.543. O casamento celebrado no Brasil prova-se pela certidão do registro.

Parágrafo único. Justificada a falta ou perda do registro civil, é admissível qualquer outra espécie de prova.

- *Código Civil, arts. 9º, I, 1.515, 1.516 e 1.536.*
- *O Decreto-Lei n. 6.707, de 18 de julho de 1944, determina a aceitação da carteira profissional para prova do registro civil, nos institutos de previdência social, e dá outras providências.*
- Vide *o Decreto-Lei n. 7.485, de 23 de abril de 1945, que dispõe sobre a prova do casamento nas habilitações aos benefícios do seguro social, e dá outras providências.*
- Vide *Lei de Introdução às Normas do Direito Brasileiro, art. 7º, § 1º.*
- Vide *Lei n. 1.110, de 23 de maio de 1950, que dispõe sobre o casamento religioso, art. 3º, § 1º.*
- Vide *Lei n. 6.015, de 31 de dezembro de 1973, sobre o registro do casamento religioso para efeitos civis, arts. 71 e s.*

Prova direta específica de casamento celebrado no Brasil. Comprova-se específica e diretamente o matrimônio realizado no Brasil pela certidão do registro feito, é óbvio, ao tempo de sua celebração, uma vez que logo após a cerimônia o oficial lavra seu assento no livro de registro (CC, art. 1.536), emitindo uma certidão, que constitui cópia do ato lavrado.

Provas diretas supletórias. Se for impossível provar o casamento por meio da certidão do registro, em razão de sua perda, destruição do livro por incêndio, guerra etc. ou de falta de registro civil em virtude de desleixo ou má-fé do oficial, o ato nupcial poderá ser demonstrado por outras provas diretas supletórias (*RT*, *226*:265), p. ex., passaporte (*RT*, *222*:90), documento público que mencione o estado civil, depoimento testemunhal, certidão dos proclamas etc.

BIBLIOGRAFIA: Silvio Rodrigues, *Direito civil*, cit., v. 6, p. 65-8; W. Barros Monteiro, *Curso*, cit., v. 2, p. 66; Carlos Alberto Bittar, *Direito de família*, cit., p. 107; Espínola, *A família no direito civil*, cit., p. 131; Caio M. S. Pereira, *Instituições*, cit., v. 5, p. 89; M. Helena Diniz, *Curso*, cit., v. 5, p. 90-1; Planiol, Ripert e Boulanger, *Traité élémentaire de droit civil*, cit., v. 1, n. 911. *Vide*: *RT*, *161*:102, *133*:180, *190*:274, *301*:200; *RF*, *150*:120; Sebastião José Roque, *Direito de família*, cit., p. 51-6.

Art. 1.544. O casamento de brasileiro, celebrado no estrangeiro, perante as respectivas autoridades ou os cônsules brasileiros, deverá ser registrado em cento e oitenta dias, a contar da volta de um ou de ambos os cônjuges ao Brasil, no cartório do res-

pectivo domicílio, ou, em sua falta, no 1º Ofício da Capital do Estado em que passarem a residir.

- Vide *Lei de Introdução às Normas do Direito Brasileiro, arts. 7º, 13, 18 e 19.*
- *Os cônsules honorários são proibidos de celebrar casamentos* — Vide *Decreto n. 23.102, de 28 de maio de 1947, art. 15, VII.*
- *Sobre as funções consulares,* vide *Decreto n. 3.259, de 11 de maio de 1889, arts. 212, 412 e 423, e Decreto n. 360, de 3 de outubro de 1935, arts. 534 a 537.*
- *Sobre casamento de brasileiros em país estrangeiro,* vide *o art. 32 da Lei n. 6.015, de 31 de dezembro de 1973 (Registros Públicos).*

"Locus regit actum" como princípio para provar casamento realizado no exterior. O matrimônio de brasileiro celebrado fora do Brasil deverá ser provado de conformidade com a lei do país onde se realizou o ato nupcial, em aplicação ao princípio de direito internacional privado *locus regit actum* (*RT*, *197*:495; *RF*, *100*:495). Certidão estrangeira só produzirá efeito no Brasil se for autenticada, segundo as leis consulares, pelo cônsul brasileiro do lugar (*RT*, *180*:750, *186*:312, *193*:280 e *356*:149), exceto se, além de não contar o Brasil com representação diplomática no local da celebração matrimonial, esta se acha corroborada por vários elementos probatórios (*RT*, *217*:303, *253*:38-41, *482*:250, *488*:94, *490*:83, *498*:57, *499*:90, *622*:79 e *846*:258; *RJTJSP*, *28*:64, *41*:167, *44*:291 e *58*:168; *RJMS*, *108*:97; *JTJ*, *192*:30, *153*:137, *143*:19, *123*:82; *RJ*, *298*:126).

Prova de casamento contraído perante agente consular. Casamento de brasileiro, feito no exterior, perante autoridade estrangeira ou cônsul brasileiro, é provado pela certidão de registro. Cônsul brasileiro só pode celebrar núpcias se ambos os nubentes forem brasileiros (LINDB, art. 18.) Se o casamento de brasileiro realizou-se no estrangeiro, perante o cônsul brasileiro de carreira, será provado por certidão do assento no registro do consulado (*RT*, *207*:386), que faz as vezes do Cartório do Registro Civil. Se um ou ambos os consortes vierem para o Brasil, o assento do casamento, para produzir efeitos, em nosso país, iguais aos oriundos de núpcias aqui celebradas, deverá ser feito dentro de cento e oitenta dias, contados da sua volta ao País, no cartório do domicílio dos cônjuges ou, em sua falta, no 1º Ofício da Capital do Estado em que passarem a residir (Lei n. 6.015/73, art. 32, § 1º). Desse registro, extrai-se uma certidão.

Com esse registro, ter-se-á eficácia *ex tunc* do casamento, pois seus efeitos retroagirão à data de sua celebração. José Russo esclarece que o descumprimento do prazo acima referido para o assento conduzirá tão somente à necessidade de nova habilitação em território nacional, retomando-se a possibilidade do registro.

BIBLIOGRAFIA: Caio M. S. Pereira, *Instituições*, cit., v. 5, p. 89; W. Barros Monteiro, *Curso*, cit., v. 2, p. 68; Levenhagen, *Código Civil*, cit., v. 2, p. 56; M. Helena Diniz, *Curso*, cit., v. 5, p. 91-2; *Lei de Introdução ao Código Civil brasileiro interpretada*, São Paulo, Saraiva, 1994, comentários aos arts. 7º, 13, 18 e 19; José Russo, Casamento perante autoridade consular, *Revista Brasileira de Direito de Família*, *23*:55-65.

Art. 1.545. O casamento de pessoas que, na posse do estado de casadas, não possam manifestar vontade, ou tenham falecido, não se pode contestar em prejuízo da prole comum, salvo mediante certidão do Registro Civil que prove que já era casada alguma delas, quando contraiu o casamento impugnado.

- Vide *o Decreto-Lei n. 7.485, de 23 de abril de 1945, que dispõe sobre a prova de casamento para benefício do seguro social.*

DIREITO DE FAMÍLIA

- Vide *Constituição Federal, art. 227, § 6º.*
- Vide *Lei n. 6.515, de 26 de dezembro de 1977, art. 29, II.*
- *Código Civil, art. 1.547.*

Prova indireta do casamento. A posse do estado de casado é prova indireta do casamento por ser a situação em que se encontram pessoas de sexo diverso, que vivem notória e publicamente como marido e mulher (*RT, 263*:338 e *610*:172).

Requisitos da posse do estado de casado. Para a configuração da posse do estado de casado exige-se: *a*) *nomen*, a mulher deverá usar o nome do marido; *b*) *tractatus*, ambos deverão tratar-se, ostensiva e publicamente, como casados; e *c*) *fama*, a sociedade deverá reconhecer sua condição de cônjuges.

Prova do casamento dos genitores incapazes de manifestar a vontade ou falecidos pela posse do estado de casados. A posse do estado de casado constitui prova do casamento de pessoas já falecidas, pois a lei proíbe que se conteste o matrimônio de pessoas que faleceram na posse do estado de casadas, tendo por objetivo precípuo beneficiar os filhos comuns, que, sem outro meio de demonstrar seu *status*, invocam-na. É, também, admitida tal prova indireta se ambos os pais, embora vivos, não possam manifestar a vontade, porque sofrem de alguma doença mental ou foram declarados ausentes por sentença judicial, uma vez que nessas hipóteses a prole não poderá obter informação que possibilite indicar o local do casamento ou o cartório onde foi celebrado.

Destruição da presunção da existência do casamento de pessoas falecidas. A única prova idônea a destruir a presunção favorável da existência de matrimônio em favor da prole é a certidão do registro civil que comprove que um dos pais já era casado com outra pessoa, quando contraiu o casamento impugnado, porque, então, ter-se-á concubinato.

BIBLIOGRAFIA: W. Barros Monteiro, *Curso*, cit., v. 2, p. 69; Caio M. S. Pereira, *Instituições*, cit., v. 5, p. 90-1; Trabucchi, *Istituzioni di diritto civile*, cit., n. 112; Lafayette, *Direito de família*, Rio de Janeiro, 1956, § 108; Pontes de Miranda, *Tratado de direito de família*, cit., § 32; Silvio Rodrigues, *Direito civil*, cit., v. 6, p. 69-71; Orlando Gomes, *Direito de família*, cit., p. 127; M. Helena Diniz, *Curso*, cit., v. 5, p. 92-3; Carlos Alberto Bittar, *Direito de família*, cit., p. 108.

Art. 1.546. Quando a prova da celebração legal do casamento resultar de processo judicial, o registro da sentença no livro do Registro Civil produzirá, tanto no que toca aos cônjuges como no que respeita aos filhos, todos os efeitos civis desde a data do casamento.

- Vide *Constituição Federal, art. 227, § 6º.*
- *Código de Processo Civil, art. 19.*

Ação declaratória do casamento. Se, porventura, for proposta uma ação declaratória do matrimônio cujo registro extraviou, para prová-lo mediante a posse do estado de casado, a sentença judicial deverá, então, ser levada a assento no livro do Registro Civil (*RF, 140*:295).

Efeitos probatórios do assento da sentença declaratória. Os efeitos civis do registro da sentença retroagem à data do casamento, tanto no que respeita aos cônjuges como aos filhos.

Art. 1.547. Na dúvida entre as provas favoráveis e contrárias, julgar-se-á pelo casamento, se os cônjuges, cujo casamento se impugna, viverem ou tiverem vivido na posse do estado de casados.

- Vide *Decreto-Lei n. 7.485, de 23 de abril de 1945, que dispõe sobre a prova do casamento nas habilitações aos benefícios do seguro social.*

Regra "in dubio pro matrimonium". Se, tendo havido impugnação à posse do estado de casado, houver dúvidas entre as provas favoráveis e contrárias à celebração do casamento, que se apresentaram contraditórias, dever-se-á admitir sua existência (*RT, 133*:253, *189*:399, *197*:219 e *132*:171; *RF, 71*:300; *RJTJSP, 113*:345) se os consortes, cujo casamento se impugna, vivem ou viveram na posse do estado de casados. A regra *in dubio pro matrimonium* não será idônea para convalescer vício que, porventura, invalidar o casamento, por ser relativa à realização do ato nupcial, ou seja, à existência do ato constitutivo do vínculo conjugal (se foi ou não celebrado o casamento, se há ou não falta de registro), não dizendo, portanto, respeito à validade do matrimônio.

BIBLIOGRAFIA: Orlando Gomes, *Direito de família*, cit., p. 128-9; Degni, *Il diritto di famiglia nel nuovo Codice Civile italiano*, Padova, CEDAM, 1943, p. 193; M. Helena Diniz, *Curso*, cit., v. 5, p. 93; Carlos Alberto Bittar, *Direito de família*, cit., p. 108-9.

Capítulo VIII
Da Invalidade do Casamento

Art. 1.548. É nulo o casamento contraído:

I — *(pelo enfermo mental sem o necessário discernimento para os atos da vida civil;)*

- *Revogado pela Lei n. 13.146/2015.*
- *Código Civil, arts. 3º, II, e 166, I.*

II — por infringência de impedimento.

- Vide *Código Civil, arts. 3º, 10, 1.521, I a VII, 1.522, 1.561 e 1.596.*
- *Constituição Federal, art. 227, § 6º.*
- *Lei n. 13.146/2015, art. 6º.*

Nulidade do casamento. A sentença de nulidade do casamento torna-o írrito desde o instante de sua celebração, declarando-o inválido. Tal casamento nulo, mesmo sem ser putativo, acarretará: *a*) comprovação da filiação; *b*) consideração da matrimonialidade dos filhos; *c*) manutenção do impedimento de afinidade; *d*) dissuasão de casamento de mulher nos trezentos dias subsequentes à dissolução do matrimônio; *e*) atribuição de alimentos provisionais à mulher ou ao cônjuge necessitado enquanto aguarda a decisão judicial (CC, art. 1.561).

Casos de nulidade matrimonial. Será nulo o casamento contraído com infração de qualquer *impedimento matrimonial* (CC, art. 1.521, I a VII). Eivado de nulidade estará o casamento entre: *a*) parentes consanguíneos (ascendentes, descendentes e irmãos, pois, entre colaterais de terceiro grau, bastará que o ato matrimonial seja precedido de exame pré-nupcial); *b*) afins em linha reta; *c*) pessoas que, em razão de adoção, assumem no seio da família posição idêntica à dos parentes; *d*) pessoas casadas (*RF, 255*:224; *RT, 334*:155, *336*:134, *390*:161, *480*:236, *487*:91, *500*:105, *504*:136, *511*:113, *528*:108, *538*:107, *545*:107, *554*:112, *568*:172, *569*:89, *576*:110, *588*:175, *755*:333, *760*:236, *788*:236; *RTJ, 51*:309; *RJTJSP, 47*:350, *234*:102, *253*:606, *265*:795, *514*:322, *557*:301 e *568*:172; *JB, 150*:114; *JTJ, 161*:10 e *200*:20); *e*) consorte sobrevivente com o autor do homicídio ou tentativa de homicídio, sendo dolosos tais crimes. O *enfermo mental* não é mais considerado absolutamente incapaz e poderá contrair casamento

(Lei n. 13.146/2015, art. 6º, I, III e V), visto que a deficiência não afeta a plena capacidade civil da pessoa para casar-se e constituir família, desde que manifeste, no ato nupcial, sua vontade diretamente ou por meio de representante legal (CC, art. 1.550, § 2º), sob pena de anulabilidade, pois, pelo art. 1.550, IV, é anulável casamento contraído por pessoa incapaz de consentir ou de manifestar inequivocamente o seu consentimento.

BIBLIOGRAFIA: Orlando Gomes, *Direito de família*, cit., p. 235, 135-40; M. Helena Diniz, *Curso*, cit., v. 5, p. 163, 165, 168-9; W. Barros Monteiro, *Curso*, cit., v. 2, p. 78-9; Espínola, *A família no direito civil*, cit., p. 145; Sá Pereira, *Lições de direito de família*, cit., p. 116; Almacchio Diniz, *Nulidades e anulações de casamento*, p. 48; Solon, *Théorie sur la nullité des conventions et des actes de tout genre en matière civile*, v. 1, p. 5; Carlos Alberto Bittar, *Direito de família*, cit., p. 168-74; José de Farias Tavares, *O Código Civil e a nova Constituição*, Rio de Janeiro, Forense, 1991, p. 39-40; Roberto Senise Lisboa, *Manual*, cit., v. 5, p. 40-5; Sebastião José Roque, *Direito de família*, cit., p. 57-68; Carlos Alberto Bittar e Carlos Alberto Bittar Filho, *Direito civil constitucional*, São Paulo, *Revista dos Tribunais*, 2003, p. 69; Antonio C. Antunes Jr., Casamento nulo e anulável, *Revista IOB de Direito de Família*, *58*:24-36.

Art. 1.549. A decretação de nulidade de casamento, pelos motivos previstos no artigo antecedente, pode ser promovida mediante ação direta, por qualquer interessado, ou pelo Ministério Público.

- Vide *Código de Processo Civil, arts. 17, 19 e 177.*
- *Código Civil, art. 1.521.*

Legitimidade processual para propor ação de nulidade matrimonial. Poderão propor ação para invalidar o casamento as pessoas que tiverem *interesse moral* — como cônjuge, ascendentes (*RT*, *193*:185), descendentes, irmãos (*RT*, *208*:180), cunhados e o primeiro consorte do bígamo —, *econômico* — como filhos do leito anterior, colaterais sucessíveis, credores dos cônjuges, adquirentes de seus bens — e *social* — como o representante do Ministério Público.

BIBLIOGRAFIA: W. Barros Monteiro, *Curso*, cit., v. 2, p. 79-80; Cândido de Oliveira, *Direito de família*, in *Manual do Código Civil brasileiro*, de Paulo de Lacerda, v. 5, p. 203-6; Clóvis Beviláqua, *Código Civil comentado*, Rio de Janeiro, 1956, v. 2, p. 70; Silvio Rodrigues, *Direito civil*, cit., v. 6, p. 85-6; Venzi, *Manuale di diritto civile italiano*, 7. ed., p. 574; M. Helena Diniz, *Curso*, cit., v. 5, p. 170.

Art. 1.550. É anulável o casamento:

- *Código Civil, arts. 1.551, 1.556 e 1.561.*

I — de quem não completou a idade mínima para casar;

- *Código Civil, arts. 1.517, 1.520, 1.551 e 1.555.*

II — do menor em idade núbil, quando não autorizado por seu representante legal;

- *Código Civil, arts. 1.517 e 1.520.*

III — por vício da vontade, nos termos dos arts. 1.556 a 1.558;

- Vide *Código Civil, arts. 1.556 a 1.558 e 1.560, IV, e Código Penal, art. 239.*

IV — do incapaz de consentir ou manifestar, de modo inequívoco, o consentimento;

- Vide *Código Civil, arts. 3º, 4º, 1.560, I, 1.767, III e IV, e 1.772.*

V — realizado pelo mandatário, sem que ele ou o outro contraente soubesse da revogação do mandato, e não sobrevindo coabitação entre os cônjuges;

- *Código Civil, arts. 1.535, 1.542 e 1.560, § 2º.*

VI — por incompetência da autoridade celebrante.

• Vide *Lei n. 2.425, de 9 de agosto de 1911, que dispõe sobre casamentos celebrados perante autoridade não legalmente investida.*

• *Código Civil, arts. 1.554 e 1.560, II, e Código Penal, art. 238.*

§ 1º Equipara-se à revogação a invalidade do mandato judicialmente decretada.

• *Parágrafo único renumerado pela Lei n. 13.146/2015.*

§ 2º A pessoa com deficiência mental ou intelectual em idade núbia poderá contrair matrimônio, expressando sua vontade diretamente ou por meio de seu responsável ou curador.

• *Acrescentado pela Lei n. 13.146/2015.*

• *"Idade núbil" seria a locução correta e não "idade núbia".*

• Vide *Lei n. 13.146/2015, art. 6º, I a VI.*

Casamento anulável. A sentença judicial que decretar a anulabilidade do matrimônio porá fim à sociedade conjugal e ao vínculo matrimonial. O casamento anulável poderá ser confirmado, tacitamente, pelo decurso do tempo, se sua anulabilidade não for requerida por pessoa interessada em sua anulação, no prazo previsto em lei, passando a ser válido.

Anulabilidade matrimonial. Será anulável o casamento contraído *a*) por quem não completou dezesseis anos de idade (*RT*, *528*:109), uma vez que a puberdade sempre foi exigida como condição do casamento, bem como um certo grau de desenvolvimento intelectual, com exceção dos casos apontados no Código Civil, arts. 1.551 e 1.520; *b*) pelo menor de dezoito anos, em idade núbil, não autorizado pelo seu representante legal e enquanto não obtiver o suprimento judicial dessa anuência; *c*) por vício de vontade (erro essencial sobre a pessoa do outro cônjuge e coação — *RT*, *778*:335; CC, arts. 1.556 a 1.558). Assim, será anulável o casamento com pessoa por qualquer motivo coacta, por haver vício de consentimento que atinge a vontade livre quando for causa do ato, decorrendo de ameaça grave, injusta e iminente (CC, arts. 151 e 152; *AJ*, *90*:466 e *91*:366; *RF*, *231*:210; *RT*, *163*:710, *335*:228, *254*:149, *182*:250, *247*:336 e *507*:116; *RTJPR*, *67*:142 e 130); *d*) por pessoa incapaz de consentir ou de manifestar, inequivocamente, o seu consentimento (CC, art. 1.550, IV), como por exemplo, ébrios habituais, toxicômanos (CC, art. 4º, II) ou surdos-mudos que não puderem exprimir sua vontade (CC, art. 4º, III); *e*) por meio de procuração, sem que o mandatário ou o outro contraente saiba da revogação ou da nulidade do mandato judicialmente decretada, que a ela se equipara, não sobrevindo coabitação entre os cônjuges. A coabitação posterior ratificará, portanto, o casamento; *f*) perante autoridade celebrante incompetente *ratione loci* e *ratione personae*, salvo se esse fato não for alegado dentro do prazo decadencial de dois anos (CC, art. 1.560, II).

BIBLIOGRAFIA: M. Helena Diniz, *Curso*, cit., v. 5, p. 166, 171-2; W. Barros Monteiro, *Curso*, cit., v. 2, p. 81; Silvio Rodrigues, *Direito civil*, cit., v. 6, p. 89; Orlando Gomes, *Direito de família*, cit., p. 144; Levenhagen, *Código Civil*, cit., v. 2, p. 60-1; Carlos Alberto Bittar, *Direito de família*, cit., p. 175-81; Cahali, Casamento civil, in *Enciclopédia Saraiva do Direito*, v. 13, p. 408; Carlos Alberto Bittar, *Direito de família*, cit., p. 90-1; Clóvis Beviláqua, *Código Civil comentado*, obs. ao art. 183, IX a XII; Antônio Chaves, Impedimentos, cit., in *Enciclopédia Saraiva do Direito*, v. 42, p. 277-80; M. Helena Diniz, *Curso*, cit., v. 5, p. 60-3; Caio M. S. Pereira, *Instituições*, cit., v. 5, p. 67-8; Silvio Rodrigues, *Dos defeitos dos atos jurídicos*, São Paulo, 1962, v. 2, p. 62 e s.; Orozimbo Nonato, *Da coação como defeito do ato jurídico*, p. 166; W. Barros Monteiro, *Curso*, cit., v. 2, p. 44-7; Pontes de Miranda, *Tratado*, cit., t. 1, p. 103; Orlando Gomes, *Direito de família*, cit., p. 110; Planiol, Ripert e Boulanger, *Traité élémentaire de droit civil français*, 12. ed., Paris, v. 1, p. 266; Alcy Gigliotti, Suprimento de idade para casamento, *Re-*

vista de Direito Civil Imobiliário, Agrário e Empresarial, 5:65-77; Paulo Lins e Silva, Da nulidade e da anulação do casamento in *Direito de família e o novo Código Civil*, coord. M. Berenice Dias e Rodrigo da Cunha Pereira, Belo Horizonte, Del Rey, 2003, p. 35-71.

Nulidade relativa do casamento por incompetência "ratione loci" do celebrante. Só terá validade o casamento celebrado por juiz de paz do distrito em que se processou a habilitação matrimonial. Anulável seria, em regra, o casamento realizado por juiz de paz que não esteja em exercício ou que celebre o ato fora dos limites de seu distrito (*RT*, *193*:185 e *250*:622), sendo incompetente *ratione loci*, ou por substituto legal de juiz de casamento que seja incompetente *ratione loci* e *ratione personae*. Mas há quem entenda válido o casamento celebrado perante o juiz de paz de outro distrito que não o da residência dos contraentes, desde que haja seu assento no Registro Civil (*RT*, *145*:207, *229*:349, *275*:270, *303*:674 e *330*:814; *RF*, *171*:246). Hodiernamente esta concepção tem dominado e é consagrada pelo art. 1.554 do Código Civil. Deveras, pelo atual *Codex* poderá ser anulado o ato nupcial se se provar, dentro de dois anos, sua celebração por autoridade incompetente *ratione loci* e *ratione personae* (p. ex., a do substituto do juiz de casamento). Se tal incompetência não for alegada nem provada dentro daquele biênio, o casamento se convalescerá do vício que o macula. Se a incompetência for somente a *ratione loci*, visto que as núpcias foram celebradas pelo juiz de casamento fora de seu distrito, aplicar-se-á o disposto no art. 1.554. Assim, nulo, ou inexistente, como preferem alguns, será apenas o casamento que for efetivado por outra autoridade que não o juiz de casamentos, mas, p. ex., pelo juiz da Infância e da Juventude, promotor de justiça, delegado de polícia, tendo-se em vista que o celebrante não é autoridade competente *ratione materiae*, por exemplo (*RT*, *409*:194, *457*:249, *471*:100 e *503*:119; *RF*, *221*:83; *RJTJSP*, *2*:85 e *3*:88; *RTJ*, *40*:625 e *42*:816; em contrário: *RT*, *448*:69, *456*:248 e *510*:100; *RJTJSP*, *9*:113). Ter-se-á nesta última hipótese, *autoridade absolutamente incompetente*.

Casamento de pessoa com deficiência mental ou intelectual. Pela Lei n. 13.146/2015, há permissão legal para que pessoa com deficiência mental ou intelectual em idade núbil contraia matrimônio desde que possa expressar sua vontade diretamente, ou por meio de seu responsável legal (pais, tutor ou curador). Deveras prescreve no art. 6º, II a VI, que a deficiência não afeta a capacidade civil da pessoa para casar-se e constituir união estável, exercer direitos sexuais e reprodutivos, decidir sobre número de filhos, ter acesso a informações sobre reprodução e planejamento familiar, conservar sua fertilidade, sendo vedada a esterilização compulsória; exercer o direito à família e à convivência familiar e ter o direito à guarda, à tutela, à curatela e à adoção, como adotante ou adotando, em igualdade de oportunidades como as demais pessoas. Mas tal casamento será suscetível de nulidade relativa se o nubente portador de deficiência não puder exprimir sua vontade diretamente ou se seu responsável não manifestar em seu lugar seu consenso. Se a vontade livre é elemento primordial do casamento, que tem caráter personalíssimo; se a pessoa deve casar-se por *sponte propria*, como admitir que o representante do deficiente expresse a vontade deste no ato nupcial? Se o incapaz vier a se casar, expressando sua vontade por meio de responsável ou curador, isso não estaria descaracterizando o caráter personalíssimo do casamento?

BIBLIOGRAFIA: Antonio Carlos Morato, O casamento celebrado perante autoridade incompetente na Lei n. 10.406/2002, *Revista IASP*, *11*:162 a 189.

Art. 1.551. Não se anulará, por motivo de idade, o casamento de que resultou gravidez.

• *Código Civil, arts. 1.517, 1.520 e 1.550, I.*

Validade de casamento realizado antes da idade nupcial em razão de gravidez. Lícito será o matrimônio contraído livre e espontaneamente por ambos os consortes antes da idade nupcial, dos dois ou de um deles, se resultou gravidez, pois, apesar da irregularidade havida, a família constituída estará com a superveniência do filho, por haver aptidão para gerar; pouco importará saber se houve ou não anuência do representante legal do menor (*RT*, *462*:104). Tutelam-se, ao arrepio do art. 1.520, os interesses do nascituro ou da prole, assegurando-se a constituição da família pelos seus pais.

BIBLIOGRAFIA: Planiol, Ripert e Boulanger, *Traité élémentaire de droit civil*, cit., v. 1, n. 995; W. Barros Monteiro, *Curso*, cit., v. 2, p. 82; M. Helena Diniz, *Curso*, cit., v. 5, p. 173; Levenhagen, *Código Civil*, cit., v. 2, p. 67; Alexandre G. A. Assunção, *Novo Código Civil comentado*, coord. Fiuza, São Paulo, Saraiva, 2002, p. 1351.

Art. 1.552. A anulação do casamento dos menores de dezesseis anos será requerida:

I — pelo próprio cônjuge menor;

II — por seus representantes legais;

III — por seus ascendentes.

• *Código Civil, arts. 3º, 1.517, 1.550, I, 1.551 e 1.560, § 1º.*

Legitimidade para anular núpcias convoladas por pessoa menor. A anulação de matrimônio contraído por homem e por mulher menor de dezesseis anos será requerida pelo próprio cônjuge menor, dentro de cento e oitenta dias contados do dia em que alcançar aquela idade; pelos seus ascendentes (pais ou avós, na falta daqueles) ou representantes legais (tutores), dentro do lapso temporal de cento e oitenta dias, computado da data da celebração do casamento (CC, art. 1.560, § 1º).

BIBLIOGRAFIA: Levenhagen, *Código Civil*, cit., v. 2, p. 65-6; M. Helena Diniz, *Curso*, cit., v. 5, p. 172; Paulo de Lacerda, *Manual*, cit., v. 5, p. 215-6; Clóvis Beviláqua, *Código Civil comentado*, obs. ao art. 213.

Art. 1.553. O menor que não atingiu a idade núbil poderá, depois de completá-la, confirmar seu casamento, com a autorização de seus representantes legais, se necessária, ou com suprimento judicial.

• *Código Civil, arts. 1.517 e 1.550, I.*

Confirmação de casamento contraído antes da idade nupcial. Aquele que convolar núpcias antes da idade núbil (dezesseis anos), assim que vier a completá-la, poderá confirmar seu matrimônio, munido de autorização de seus pais ou tutor ou de suprimento judicial daquela, se, injustamente, for negada.

Art. 1.554. Subsiste o casamento celebrado por aquele que, sem possuir a competência exigida na lei, exercer publicamente as funções de juiz de casamentos e, nessa qualidade, tiver registrado o ato no Registro Civil.

• *Código Civil, art. 1.550, VI.*

• Vide *Lei n. 2.425, de 9 de agosto de 1911, sobre casamentos celebrados publicamente perante autoridade que, embora competente em razão do cargo, não tenha sido legalmente investida.*

DIREITO DE FAMÍLIA

Validade de casamento celebrado perante autoridade incompetente. Válido será o matrimônio que for celebrado por juiz de casamento (e não por seu substituto legal), que, nessa qualidade, veio a assentar o ato nupcial no Registro Civil, apesar de ser legalmente incompetente, *ratione loci*, por exercer publicamente suas funções em outro distrito que não o do domicílio dos nubentes. É uma solução legal para amparar a boa-fé dos consortes devidamente habilitados, aplicando a teoria da aparência. Não se pode anular casamento de que participaram nubentes que estavam certos da competência da autoridade celebrante que se apresentou perante eles, exercendo, ostensiva e publicamente, a função de juiz de casamento, e, nessa qualidade, inscreveu o ato no Registro Civil competente. Juiz incompetente *ratione loci* com aparência de competente gera situação conducente ao afastamento do vício da anulabilidade do casamento. Com isso, como salienta Morato, o art. 1.554 encerra a controvérsia relativa à incompetência territorial em relação ao juiz de casamento, mas persiste a atinente ao seu substituto legal (CC, art. 1.539, § 1º), se for incompetente em razão do lugar e da pessoa (CC, arts. 1.550, VI, e 1.560, II).

Art. 1.555. O casamento do menor em idade núbil, quando não autorizado por seu representante legal, só poderá ser anulado se a ação for proposta em cento e oitenta dias, por iniciativa do incapaz, ao deixar de sê-lo, de seus representantes legais ou de seus herdeiros necessários.

- *Código Civil, arts. 1.845, 1.517, 1.550, I e II, 1.551 e 1.560, I e § 1º.*

§ 1º O prazo estabelecido neste artigo será contado do dia em que cessou a incapacidade, no primeiro caso; a partir do casamento, no segundo; e, no terceiro, da morte do incapaz.

§ 2º Não se anulará o casamento quando à sua celebração houverem assistido os representantes legais do incapaz, ou tiverem, por qualquer modo, manifestado sua aprovação.

Prazo decadencial para anulação de casamento de menor em idade núbil. Se menor em idade nupcial vier a convolar núpcias, sem estar autorizado por seus pais ou tutor, o ato apenas poderá ser anulado dentro do prazo de cento e oitenta dias, por iniciativa: *a*) do incapaz, contado da data em que completar dezoito anos; *b*) de seus representantes legais, computado da data da celebração do matrimônio; ou *c*) de seus herdeiros necessários (CC, art. 1.845), contado do dia da morte do incapaz. Se tal prazo decorrer *in albis*, não mais se poderá anular o casamento.

Legitimação para anular casamento por falta de autorização de representante legal ou por inexistência de suprimento judicial dessa anuência. A anulação de matrimônio por ausência de autorização de representante legal (pais ou tutor) ou de suprimento judicial desse consenso apenas poderá ser promovida pelas pessoas que tinham o direito de anuir e não manifestaram de qualquer modo sua aprovação, nem assistiram ao ato, ou seja, pelos pais ou pelo tutor, dentro de cento e oitenta dias contados do casamento. Portanto, se vieram a manifestar seu consenso, por alguma maneira (ato, gesticulação etc.), ou assistiram à cerimônia nupcial sem se oporem, não terão legitimidade para pleitear a referida anulação, por ficar subentendido, então, que, tacitamente, anuíram à realização das núpcias.

BIBLIOGRAFIA: Espínola, *A família no direito civil*, cit., p. 160; Caio M. S. Pereira, *Instituições*, cit., v. 5, p. 104; Levenhagen, *Código Civil*, cit., v. 2, p. 64; M. Helena Diniz, *Curso*, cit., v. 5, p. 172.

Art. 1.556. O casamento pode ser anulado por vício da vontade, se houve por parte de um dos nubentes, ao consentir, erro essencial quanto à pessoa do outro.

- Vide *Código Civil, arts. 138, 139, II, 1.550, III, 1.557 e 1.560, III.*
- *Código Penal, art. 236.*

Anulabilidade de casamento por erro essencial quanto à pessoa do outro cônjuge. Será anulável o matrimônio se houver por parte de um dos noivos, ao consentir, erro essencial quanto à pessoa do outro. Para haver a anulação das núpcias, será preciso que o referido erro tenha sido o motivo determinante do casamento, pois, se fosse conhecido, não se teria matrimônio algum (*RT*, *767*:235, *729*:264, *676*:149, *622*:177 e *640*:71; *RF*, *264*:205; *JTJ*, *226*:77; TJGO, Ap. Cív. 200700827620, rel. Figueiredo Franco, 4ª Câm. Cível, j. 31-5-2007).

Pressupostos da anulação do casamento por erro. Três são os pressupostos justificadores da anulabilidade matrimonial por erro: *a*) anterioridade do defeito ao ato nupcial; *b*) desconhecimento do defeito pelo cônjuge enganado; e *c*) insuportabilidade de vida comum (*RT*, *490*:51).

BIBLIOGRAFIA: Rossel e Mentha, *Manuel de droit civil suisse*, v. 1, n. 355; Mazeaud e Mazeaud, *Leçons de droit civil*, Paris, v. 1, n. 736; Jemolo, *Il matrimonio*, Torino, 1961, n. 42; Enneccerus, Kipp e Wolff, *Tratado de derecho civil — Derecho de familia*, v. 1, § 25; Guy Raymond, *Le consentement des époux au mariage*, p. 144; M. Helena Diniz, *Curso*, cit., v. 5, p. 173.

Art. 1.557. Considera-se erro essencial sobre a pessoa do outro cônjuge:

• Vide *Código Civil, arts. 139, II, 1.556 e 1.560, III.*

I — o que diz respeito à sua identidade, sua honra e boa fama, sendo esse erro tal que o seu conhecimento ulterior torne insuportável a vida em comum ao cônjuge enganado;

II — a ignorância de crime, anterior ao casamento, que, por sua natureza, torne insuportável a vida conjugal;

III — a ignorância, anterior ao casamento, de defeito físico irremediável que não caracterize deficiência ou de moléstia grave e transmissível, pelo contágio ou herança, capaz de pôr em risco a saúde do outro cônjuge ou de sua descendência;

• *Redação dada pela Lei n. 13.146/2015.*

• *Código Civil, art. 1.559.*

IV — *(a ignorância, anterior ao casamento, de doença mental grave que, por sua natureza, torne insuportável a vida em comum ao cônjuge enganado.)*

• *Revogado pela Lei n. 13.146/2015.*

• *Código Civil, arts. 1.559 e 1.572, § 2º.*

Erro sobre a identidade do outro cônjuge. O erro relativo à identidade do outro consorte abrange: *a*) a *identidade física* que o individualiza dentro da espécie humana; ter-se-ia tal erro se a noiva, querendo casar-se com João, une-se a José, seu irmão gêmeo, que toma, durante a cerimônia, o lugar daquele sem que ela o perceba; *b*) a *identidade civil* que o identifica na sociedade, referindo-se ao estado de família ou religioso; logo, caberá ao magistrado decidir se as qualidades sobre as quais recaiu o erro do outro cônjuge são ou não essenciais, considerando as circunstâncias peculiares de cada caso e as condições subjetivas do consorte enganado. Poderá ser, p. ex., erro sobre a identidade civil do outro cônjuge supô-lo solteiro, quando viúvo, ou leigo, quando, na verdade, é um padre (*RF*, *76*:481, *89*:747 e *264*:205; *RT*, *115*:204, *275*:396, *175*:648, *229*:121, *350*:230, *256*:211, *508*:227, *526*:221, *277*:388, *539*:58, *527*:211, *842*:199, *450*:251 e *148*:306; *AJ*, *107*:131 e *81*:44; *RTJPR*, *67*:131; *Ciência Jurídica*, *21*:99).

Erro sobre a honra e boa fama do outro consorte. Para Washington de Barros Monteiro, "honra é a dignidade da pessoa que vive honestamente, que pauta seu proceder pelos ditames da moral... Boa fama é a estima social de que a pessoa goza, visto conduzir-se segundo os bons costumes". Assim sendo, o comportamento inqualificável do outro consorte anterior ao casamento, o desconhecimento de conduta desonrosa pelo consorte enganado, antes do enlace matrimonial, e a insuportabilidade da vida em comum poderão instaurar ação anulatória (sobre prostituição: *RT*, *490*:51, *429*:102, *182*:231, *132*:702, *188*:231, *290*:700, *244*:561, *389*:136 e *536*:114; *RF*, *253*:277; *RJTJSP*, *10*:122. Sobre homossexualidade: *RF*, *130*:140; *RJTJSP*, *39*:53 e *45*:67; *RT*, *151*:634, *397*:318, *323*:221, *402*:145 e *506*:88; *AJ*, *92*:259; *JTJ*, *180*:25. Sobre tóxicos: *RT*, *796*:244, *470*:91, *480*:65, *469*:77 e *506*:121; *RF*, *250*:222. Sobre o proxeneta: *AJ*, *73*:467; *RT*, *352*:110. Sobre infidelidade e vida amorosa dúplice e oculta: *RT*, *767*:235, *781*:235. Sobre gravidez simulada: *JTJ*, *262*:36).

BIBLIOGRAFIA: W. Barros Monteiro, *Curso*, cit., v. 2, p. 86. No mesmo sentido: Clóvis Beviláqua, *Código Civil dos Estados Unidos do Brasil commentado*, Rio de Janeiro, 1917, v. 2, p. 86-7.

Ignorância de prática de crime anterior ao casamento. A ignorância de prática de crime, de qualquer natureza, anterior ao matrimônio constitui erro essencial quanto à pessoa do outro consorte, pois a sua descoberta pode tornar insuportável a vida em comum e o enganado estará autorizado a pleitear a anulação do casamento (*RF*, *253*:361; *RT*, *712*:141, *184*:224, *281*:330, *492*:114, *511*:113, *523*:234 e *535*:109; *JTJ*, *265*:233).

Ignorância de defeito físico irremediável. O desconhecimento de defeito físico irremediável, desde que não caracterize deficiência (mental ou intelectual), anterior ao casamento, capaz de tornar impossível a satisfação sexual, justificará o pedido de anulação matrimonial, ante a presunção *juris et de jure* da intolerabilidade da vida em comum. P. ex., hermafroditismo, ausência vaginal congênita, vaginismo, infantilismo, hérnias inguinais volumosas, deformações genitais, ulcerações penianas etc. (*RT*, *242*:146 e 147, *153*:200, *213*:214, *219*:14, *254*:237, *270*:248, *351*:639, *311*:219, *484*:198, *482*:77, *464*:77, *390*:137, *506*:121, *508*:97, *528*:108, *500*:196, *558*:205, *328*:189, *386*:131, *460*:121, *455*:225, *522*:232, *529*:73 e *593*:233; *RTJ*, *85*:863 e *88*:574; *RF*, *254*:273 e *233*:137; *JTJ*, *251*:39; *Adcoas*, n. 83.842, 1982). Apenas a impotência *coeundi* (*JB*, *141*:323; *RT*, *729*:264, *726*:218; TJSP, Ap. Cível 425.257-4/6-00, rel. Caetano Lagrasta, 3ª Câm. Dir. Privado, j. 25-4-2006) autoriza a anulação, logo, a *generandi*, incapacidade para a fecundação (*JTJ*, *98*:33), e a *concipiendi*, incapacidade para a concepção, não são suscetíveis de anular um matrimônio (*RT*, *173*:148), embora haja julgado entendendo que a vasectomia ignorada pela mulher anula o casamento (*RT*, *547*:55).

Ignorância de moléstia grave e transmissível. A ignorância de moléstia grave e transmissível por contágio ou herança, preexistente ao casamento, constitui erro essencial que permite anular o casamento, mesmo se curável, devido à repulsa que o enganado teria pelo outro (*RT*, *706*:61; *JTJ*, *156*:24 e *154*:18). É o que ocorre, p. ex., com: *a*) a epilepsia (*RT*, *244*:137, *482*:90 e *447*:92; *RJTJSP*, *31*:52; *RF*, *170*:264); *b*) a lepra (*RT*, *454*:74 e *308*:284); *c*) a sífilis (*RF*, *68*:795; *RT*, *344*:229); *d*) a tuberculose (*RT*, *125*:128; *RF*, *205*:241; *AJ*, *107*:389); *e*) a blenorragia (*RT*, *279*:639, *148*:230; *RF*, *92*:121); *f*) a AIDS; *g*) a hemofilia (*RF*, *244*:146); *h*) a hanseníase (TJRJ, Embargos Infringentes n. 2003.005.00326, 1ª Câm. Cível, Des. Maria Augusta Vaz, j. 9-12-2003); *i*) hepatite C etc.

Ignorância de doença mental grave. Havendo alguma doença mental grave, anterior ao matrimônio, que cause insuportabilidade da vida em comum, o cônjuge enganado não mais poderá anulá-lo por erro essencial, em razão do fato do inciso IV do art. 1.557 ter sido revogado pela Lei n. 13.146/2015. É o que outrora ocorria, por exemplo, se o outro consorte fosse portador de: *a*) esquizofrenia (*RT*, *248*:148, *291*:298, *328*:257, *512*:239 e *500*:105; *RF*, *265*:293); *b*) sadismo (*RT*, *192*:674; *RJTJSP*, *36*:90); *c*) oligofrenia (*RJTJSP*, *40*:45); d) psicopatia (*RJTJSP*, *39*:150, *41*:193 e *39*:33; *RT*, *212*:237); *e*) paranoia; *f*) psicose maníaco-depressiva etc.

BIBLIOGRAFIA: Espínola, *A família no direito civil*, cit., p. 168, nota 15, p. 170 e 171; W. Barros Monteiro, *Curso*, cit., v. 2, p. 84-92; Pothier, *Traité du mariage*, n. 308; Planiol, Ripert e Boulanger, *Traité élémentaire de droit civil*, cit., v. 1, n. 804, v. 2, n. 104; De Page, *Traité pratique de droit civil belge*, 1948, v. 1, n. 584; Caio M. S. Pereira, *Instituições*, cit., v. 5, p. 106-8; Mazeaud e Mazeaud, *Leçons de droit civil*, cit., v. 1, n. 736; Cosentini, *Le droit de famille*, p. 189; M. Helena Diniz, *Curso*, cit., v. 5, p. 173-7; Clóvis Beviláqua, *Código Civil comentado*, cit., v. 2, p. 86; Silvio Rodrigues, *Direito civil*, cit., v. 6, p. 101, 96-7; Sá Pereira, *Lições de direito de família*, cit., p. 207; Alípio Silveira, *Erro essencial na anulação do casamento*, 1969, p. 65; Degni, *Il diritto di famiglia nel nuovo Codice Civile italiano*, Padova, CEDAM, 1943, p. 160; Almacchio Diniz, *Nulidades e anulações de casamento*, p. 75; Bassil Dower, *Curso renovado de direito civil*, São Paulo, Nelpa, v. 4, p. 77; Vicente Faria Coelho, *Nulidade e anulação de casamento*, Rio de Janeiro, 1952, p. 299; Orlando Gomes, *Direito de família*, cit., p. 142-3; Samuel Auday Buzaglo, Aspectos jurídicos da Aids, *RT*, *655*:394.

Art. 1.558. É anulável o casamento em virtude de coação, quando o consentimento de um ou de ambos os cônjuges houver sido captado mediante fundado temor de mal considerável e iminente para a vida, a saúde e a honra, sua ou de seus familiares.

• *Código Civil, arts. 151, 152, 1.550, III, e 1.560, IV.*

Anulabilidade de casamento em virtude de ocorrência de coação. Se o casamento for realizado com pessoa por qualquer motivo coacta será anulável (*RF*, *231*:210; *RT*, *507*:116), não podendo, obviamente, constituir a coação simples temor reverencial (*RT*, *778*:335), ou seja, receio de causar desgosto aos pais ou a pessoa a quem se deva respeito e obediência. Só é anulável o matrimônio em que o consentimento de um ou de ambos os cônjuges houver sido captado mediante fundado temor de mal considerável e iminente para a vida, a saúde e a honra, sua ou de seus familiares. A norma jurídica autoriza ao que se casar coagido a intentar ação para anular seu matrimônio, por ser a coação um vício de consentimento que atinge a vontade livre quando for causa do ato, decorrendo de ameaça grave, injusta e iminente à sua pessoa ou a pessoa de sua família (CC, arts. 151 e 152; *RT*, *163*:710, *335*:228, *254*:149 e *274*:336). Todavia, nossos tribunais têm entendido que é anulável o casamento em que o consentimento de um dos nubentes foi obtido por coação, mesmo que esta consista num simples, mas forte, ou exacerbado, temor reverencial (*RT*, *182*:250; *RTJPR*, *67*:142 e 130; *AJ*, *90*:466, *91*:366).

BIBLIOGRAFIA: W. Barros Monteiro, *Curso*, cit., p. 81; M. Helena Diniz, *Curso*, cit., v. 5, p. 20 e 210; Silvio Rodrigues, *Direito*, cit., p. 89.

Art. 1.559. Somente o cônjuge que incidiu em erro, ou sofreu coação, pode demandar a anulação do casamento; mas a coabitação, havendo ciência do vício, valida o ato, ressalvadas as hipóteses dos incisos III e IV do art. 1.557.

• Vide *Código Civil, arts. 138, 139, II, 151 a 155, 1.557, I a IV, 1.558 e 1.560, III e IV.*

Legitimidade para propor anulabilidade matrimonial por erro essencial sobre a pessoa. Havendo erro essencial sobre a pessoa de um dos consortes, apenas o cônjuge enganado poderá propor a ação anulatória (*RTJ*, *85*:833, *70*:126 e *53*:249); seus herdeiros apenas poderão prosseguir a ação por ele já iniciada (*RT*, *185*:185 e *248*:139; *RF*, *133*:454).

Legitimação para pleitear anulabilidade de casamento contraído pelo coacto. Poderá mover ação de anulação de casamento o próprio cônjuge coacto ou raptado, visto que, no rapto, há presunção *juris et de jure* de coação.

Coabitação com conhecimento do vício. Apenas a pessoa diretamente interessada poderá propor a ação de anulação por erro essencial ou coação (*RT*, *521*:132), por se sentir ofendida ou lesada; logo, se houver coabitação, mesmo sabendo do vício, tal ato validará as núpcias, exceto nos casos de defeito físico irremediável, moléstia grave transmissível ou doença mental grave que torne insuportável a vida em comum (CC, art. 1.557, III e IV).

BIBLIOGRAFIA: W. Barros Monteiro, *Curso*, cit., v. 2, p. 81; M. Helena Diniz, *Curso*, cit., v. 5, p. 172; Carvalho Santos, *Código Civil brasileiro interpretado*, cit., obs. ao art. 210, v. 4.

Art. 1.560. O prazo para ser intentada a ação de anulação do casamento, a contar da data da celebração, é de:

I — cento e oitenta dias, no caso do inciso IV do art. 1.550;

II — dois anos, se incompetente a autoridade celebrante;

• *Código Civil, arts. 1.550, VI, e 1.554.*

III — três anos, nos casos dos incisos I a IV do art. 1.557;

• *Código Civil, arts. 1.556 e 1.559.*

IV — quatro anos, se houver coação.

• *Código Civil, arts. 1.558 e 1.559.*

§ 1º Extingue-se, em cento e oitenta dias, o direito de anular o casamento dos menores de dezesseis anos, contado o prazo para o menor do dia em que perfez essa idade; e da data do casamento, para seus representantes legais ou ascendentes.

• Vide *Código Civil, arts. 1.517, 1.552 e 1.555.*

§ 2º Na hipótese do inciso V do art. 1.550, o prazo para anulação do casamento é de cento e oitenta dias, a partir da data em que o mandante tiver conhecimento da celebração.

• Vide *Código Civil, art. 1.550, parágrafo único.*

Prazo decadencial para a propositura da ação anulatória de casamento de pessoa incapaz de consentir. O casamento do incapaz de consentir ou de manifestar, de modo inequívoco, por ser, p. ex., portador de enfermidade mental (TJMG, Ac. 10106.06.020387-9/001, rel. Des. Cunha Peixoto, 8ª Câm. Cível, j. 19-7-2007), o consenso poderá ser anulado dentro de cento e oitenta dias contados da data da celebração do ato nupcial.

Prazo para pleitear anulabilidade de casamento celebrado por autoridade incompetente. Quem contrair núpcias celebradas por quem não for juiz de casamento competente *ratione loci* e *ratione personae* (CC, art. 1.550, VI), terá dois anos, contados do dia em que se deu o ato nupcial, para pleitear, em juízo, sua anulação. Se a nulidade relativa do casamento, em razão de incompetência *ratione loci* e *ratione personae* do celebrante, não for alegada dentro do prazo decadencial de dois anos, o casamento convalesce do vício e não mais poderá ser infirmado. E se o casamento foi celebrado por autoridade incompetente *ratione loci*, que exerce, ostensiva e publicamente, a função de juiz de casamento, e nessa qualidade assentou o ato nupcial no Registro Civil, ante a teoria da aparência, ele subsistirá (CC, art. 1.554). Com isso resguardam-se os matrimônios contraídos de boa-fé perante autoridade incompetente.

Prazo para pedir anulação de casamento por erro essencial. O cônjuge enganado (CC, art. 1.559) terá três anos contados da data da celebração do casamento para anulá-lo, havendo erro essencial do outro (CC, art. 1.557, I a IV), por ele ignorado, por ocasião das núpcias.

Prazo de decadência para anulabilidade de casamento contraído por pessoa coacta. Se houver coação, o cônjuge coacto terá quatro anos, computados do dia do casamento, para pleitear sua nulidade relativa.

Prazo para anular casamento de menor. Podem intentar ação de anulação do casamento de menor antes da idade núbil: *a*) o próprio menor, dentro de cento e oitenta dias contados da data em que atingir a idade de dezesseis anos; ou *b*) seu representante legal ou seus pais, dentro de cento e oitenta dias da data do casamento.

Prazo decadencial para anular casamento por procuração. Se o casamento for realizado por mandatário, munido de poderes especiais, sem que ele ou o outro contraente tivesse ciência da revogação do mandato pelo mandante ou da invalidade do mandato, decretada judicialmente, o mandante terá cento e oitenta dias, computados da data em que soube do casamento, para anulá-lo.

Convalescimento dos vícios. Se a anulabilidade do casamento, em razão de quaisquer dos casos arrolados, não for alegada dentro do prazo decadencial, o matrimônio convalescer-se-á do vício e não mais poderá ser infirmado.

Art. 1.561. Embora anulável ou mesmo nulo, se contraído de boa-fé por ambos os cônjuges, o casamento, em relação a estes como aos filhos, produz todos os efeitos até o dia da sentença anulatória.

- *Constituição Federal, art. 227, § 6º.*
- *Código Civil, arts. 1.563, 1.564, I e II, 1.595, § 2º, 1.596, 1.597 e 1.617.*

§ 1º Se um dos cônjuges estava de boa-fé ao celebrar o casamento, os seus efeitos civis só a ele e aos filhos aproveitarão.

- *Código Civil, art. 1.564.*

§ 2º Se ambos os cônjuges estavam de má-fé ao celebrar o casamento, os seus efeitos civis só aos filhos aproveitarão.

- *O* ***Projeto de Lei n. 699/2011*** *visa a acrescentar: "§ 3º Os efeitos mencionados no* caput *deste artigo se estendem ao cônjuge coato".*

Casamento putativo. Ter-se-á casamento putativo quando, em atenção à boa-fé de um ou de ambos os consortes, o matrimônio nulo ou anulável produz efeitos civis válidos em relação aos cônjuges e à prole (*RF*, *102*:155, *255*:224 e *263*:212; *RTJ*, *89*:495, *71*:300 e *73*:904; *RJTJSP*, *30*:48, *38*:48 e *67*:252; *RJTJMT*, *67*:105; *RT*, *388*:125, *397*:344, *480*:236, *487*:91, *500*:105, *504*:136, *511*:113, *127*:512, *528*:108, *538*:107, *545*:107, *554*:112, *569*:89, *576*:110 e *588*:175; *RSTJ*, *130*:225; *JB*, *151*:309; TJRN, Remessa Necessária 99.000044-3, rel. Cláudio Santos, 2ª Câm. Cível, j. 18-4-2005; *JTJ*, *98*:31). Pondera, com muita propriedade, Rolf Madaleno que o casamento putativo visa amenizar as danosas consequências da retroatividade do reconhecimento judicial da invalidade matrimonial, no tocante aos interesses dos cônjuges e da prole, passando o instituto a conferir efeitos *ex nunc* à sentença, aos que convolaram núpcias estando de boa-fé, por desconhecer os impedimentos suscetíveis de tornar o casamento nulo ou anulável. Com isso a decisão apenas terá efeito *ex tunc* em relação ao cônjuge de má-fé, que tinha conhecimento da invalidade do casamento.

Eficácia "ex nunc" da declaração judicial de putatividade. Declarado putativo o casamento nulo e anulável, seus efeitos civis produzidos até o dia da sentença anulatória permanecerão. A eficácia dessa sentença é *ex nunc*, não afetando, contudo, os direitos já adquiridos.

Efeitos civis. Os efeitos civis do casamento putativo podem ser: 1) *pessoais*, dizendo respeito: *a*) aos cônjuges, pois para eles cessarão os deveres conjugais, mas prevalecerá a emancipação obtida com o casamento contraído enquanto menores, e o inocente poderá continuar com o nome do outro (*RT*, *607*:86); *b*) aos filhos, que continuarão sendo considerados matrimoniais, tendo o direito de usar os apelidos de família, mesmo que nenhum dos consortes estivesse de boa-fé ao contrair as núpcias (CC, art. 1.561, § 2º; Lei n. 6.515/77, art. 14, parágrafo único). Em relação a eles, o de boa-fé terá o poder familiar e a guarda; 2) *patrimoniais*, atingindo: *a*) os consortes, que, se estiverem de boa-fé, sendo o regime de comunhão, os bens serão equitativamente partilhados. Se um estiver de má-fé, perderá para o outro vantagens econômicas (CC, art. 1.561, § 1º), não podendo exigir a meação do que o de boa-fé entrou para a comunhão. O de má-fé deverá prestar alimentos ao inocente se este deles precisar (*RT*, *318*:590; *RTJ*, *89*:495). Se o casal estiver de boa-fé, terá direito à herança dos filhos (*RT*, *427*:230); *b*) a prole, que terá todos os direitos sucessórios em relação a seus pais e parentes destes; *c*) a terceiros, cujos direitos serão respeitados, p. ex., a putatividade do casamento não invalidará doação feita pelos consortes. O termo *putativo* advém do latim *putativus* (imaginário), *putare* (crer, imaginar). Da leitura dos §§ 1º e 2º do art. 1.561, fácil é perceber que os filhos jamais serão prejudicados; a declaração de putatividade do casamento de seus pais em nada influirá no que atina à sua filiação, ante a presunção *juris tantum* estabelecida no Código Civil, art. 1.597. Os efeitos civis do casamento putativo apenas aproveitarão a ambos os cônjuges se estiverem de boa-fé, ao cônjuge de boa-fé e à prole. E se ambos os cônjuges estiverem de má-fé ao celebrar o casamento, os efeitos pessoais e patrimoniais deste apenas beneficiarão a prole. A má-fé do casal, que retira o caráter putativo do casamento, não prejudicará os filhos.

BIBLIOGRAFIA: Caio M. S. Pereira, *Instituições*, cit., v. 5, p. 109-14; W. Barros Monteiro, *Curso*, cit., v. 2, p. 97-103; Aubry e Rau, *Cours de droit civil français*, Paris, 1869, v. 7, § 460; De Page, *Traité pratique de droit civil belge*, cit., v. 1, n. 675 e 677; Pacifici-Mazzoni, Istituzioni di diritto civile, v. 7, p. 184; Espínola, *A família no direito civil*, cit., p. 179 e 182; Orlando Gomes, *Direito de família*, cit., p. 141; Silvio Rodrigues, *Direito civil*, cit., v. 6, p. 111-3; Planiol, Ripert e Boulanger, *Traité élémentaire*, cit., n. 1.064; Frederico Bittencourt, Casamento putativo, *Cadernos de Direito Privado da Universidade Federal Fluminense*, *2*:91-109, 1979; Clóvis Beviláqua, *Direito de família*, § 24; Crisafulli, *Matrimonio putativo*, n. 75, p. 127; Pontes de Miranda, *Tratado de direito privado*, v. 8, n. 827; Gallardo, *Le rôle et les effets de la bonne foi dans l'annullation du mariage*, p. 66; M. Helena Diniz, *Curso*, cit., v. 5, p. 165, 178-80; Cahali, *O casamento putativo*, São Paulo, Revista dos Tribunais, 1979; Rolf Madaleno, *Curso de direito de família*, Rio de Janeiro, Forense, 2008, p. 118; Mª Berenice Dias, *Manual de direito das famílias*, São Paulo, Revista dos Tribunais, 2009, p. 146.

Art. 1.562. Antes de mover a ação de nulidade do casamento, a de anulação, a de separação judicial, a de divórcio direto ou a de dissolução de união estável, poderá requerer a parte, comprovando sua necessidade, a separação de corpos, que será concedida pelo juiz com a possível brevidade.

- *Código Civil, arts. 1.585, 1.575 e 1.580.*
- *Lei n. 6.515/77, arts. 7º, § 1º, e 8º.*
- *Lei n. 9.099/95, art. 69, parágrafo único.*
- *Código de Processo Civil, arts. 294, parágrafo único, 297, 308.*
- *Artigo que poderá perder, parcialmente, sua eficácia social por força da CF, art. 226, § 6º, com a redação da EC n. 66/2010.*

Pronunciamento judicial da invalidação matrimonial em ação ordinária. Tanto o matrimônio nulo como o anulável requerem, para sua invalidação, pronunciamento judicial em ação ordinária, pois o juiz não poderá *ex officio* declarar a invalidade do casamento.

Separação de corpos como medida cautelar. O juiz concederá, com a brevidade possível, a separação de corpos (tutela provisória de urgência de natureza cautelar), que poderá ser requerida pela parte que, antes de mover a ação de nulidade ou de anulabilidade do casamento, de separação judicial, de divórcio direto ou de dissolução da união estável (*RJTJSP*, *136*:216), comprovar a necessidade de afastar o outro do lar, por ser insuportável a convivência, em razão, por exemplo, de agressões ou de má-conduta. Daí ser comum a separação de corpos cumulada com pedido de retirada do lar do cônjuge agressivo. O processo de invalidação matrimonial ou de separação judicial poderá iniciar-se pelo pedido de separação de corpos ajuizado pelo autor, legalizando a saída do cônjuge do lar, evitando assim a arguição de abandono do lar sem justa causa, que poderia gerar separação judicial não consensual e ação de reparação por dano moral. Mas, nem sempre será necessário tal pedido do alvará de separação de corpos, pois, se os consortes já se encontrarem separados de fato, morando em residências diferentes, clara será sua inutilidade (*RT*, *132*:682, *154*:138, *163*:170, *438*:141, *446*:80 e *518*:95; *Adcoas*, n. 71.100, 1980, TJSP). Já houve decisão de que a separação de fato não obsta o pedido de separação de corpos (*RT*, *788*:247, *781*:349, *525*:66, *540*:70, *541*:97, *712*:148, *568*:238, *489*:101, *460*:145). Todavia, parece-nos, em caso de convivente, que o correto seria usar de tutela cautelar "inominada", que o juiz considerar adequada para efetivação da tutela provisória (CPC, art. 297), para afastar o outro e salvar sua integridade físico-psíquica e da prole (*RT*, *537*:105; *RSTJ*, *25*:472; *JB*, *165*:270), pois a separação de corpos é medida cautelar própria do casamento. Com base, em nosso entender, no *fumus boni juris* e no *periculum in mora*, a cautelar inominada seria hábil para o afastamento de companheiro perigoso do lar quando houver fundado receio de que possa causar grave lesão e de difícil reparação ao outro convivente e à prole. Essa tutela cautelar perderá sua eficácia se dentro de trinta dias não for ajuizada a ação principal de dissolução de união estável (CPC, art. 308).

Jurisprudência sobre afastamento de companheiro do lar: *RJTJSP*, *132*:203, *126*:100; *RT*, *537*:105, *634*:73; *JTJ*, *258*:166 e *236*:154.

BIBLIOGRAFIA: M. Helena Diniz, *Curso*, cit., v. 5, p. 167, 293 e 204; Levenhagen, *Código Civil*, cit., v. 2, p. 78.

Art. 1.563. A sentença que decretar a nulidade do casamento retroagirá à data da sua celebração, sem prejudicar a aquisição de direitos, a título oneroso, por terceiros de boa-fé, nem a resultante de sentença transitada em julgado.

- *Lei de Introdução às Normas do Direito Brasileiro, art. 6º, §§ 2º e 3º.*
- *Constituição Federal, art. 5º, XXXVI.*
- *Código de Processo Civil, arts. 53, I e 513.*
- *Lei n. 6.015/73, art. 100.*
- *Estatuto da Criança e do Adolescente, art. 27.*
- ***Projeto de Lei n. 699/2011**: "Art. 1.563. A sentença que decretar a nulidade ou a anulação do casamento retroagirá à data de sua celebração, sem prejudicar o direito dos filhos comuns, nem a aquisição de direitos, a título oneroso, por terceiros de boa-fé, nem a resultante de sentença transitada em julgado".*

Efeito "ex tunc" da sentença declaratória de nulidade de casamento. Com o trânsito em julgado, a sentença que decretar a nulidade absoluta do matrimônio deverá ser averbada no livro de casamento do Registro Civil e no Registro de Imóveis (Lei n. 6.015/73, arts. 100 e 167, II, n. 14) e passará a produzir efeitos *ex tunc*, retroagindo à data da sua celebração. Embora torne nulo o casamento, desde a celebração, não prejudicará a aquisição onerosa de direitos por terceiro de boa-fé, nem a advinda de decisão judicial, já transitada em julgado (LINDB, art. 6º, §§ 2º e 3º; CF/88, art. 5º, XXXVI). Terceiro de boa-fé terá seus direitos preservados: *a*) se adquiridos a título oneroso (p. ex., de compra e venda de imóvel efetuada entre ele e o casal), podendo reclamá-los; porém, se os obteve gratuitamente (p. ex., por meio de doação), não terá sua preservação. Com isso, o novel *Codex* pretendeu evitar negócios gratuitos, maliciosamente levados a efeitos para prejudicar alguém; *b*) se advindos de decisão judicial cujo trânsito em julgado já se deu, por haver presunção *juris et de jure* de que tudo foi nela analisado com base na legalidade.

Já a sentença, que declarar a nulidade relativa, gerará efeitos *ex nunc* a partir do seu trânsito em julgado, conservando todas as consequências produzidas até aquela data.

Art. 1.564. Quando o casamento for anulado por culpa de um dos cônjuges, este incorrerá:

I — na perda de todas as vantagens havidas do cônjuge inocente;

- *Código Civil, art. 1.561, § 1º.*

II — na obrigação de cumprir as promessas que lhe fez no contrato antenupcial.

- Vide *Código Civil, arts. 1.639, 1.653 a 1.657.*

Efeitos patrimoniais da anulação de casamento por culpa de um dos cônjuges. O artigo *sub examine* está referindo-se ao casamento putativo, procurando beneficiar o consorte de boa-fé, conferindo-lhe vantagens patrimoniais e impor sanção ao culpado pela anulação do casamento.

Perda de vantagens econômicas. O cônjuge culpado perderá para o inocente, sendo invalidado seu casamento, todos os benefícios de ordem patrimonial, não podendo, p. ex., sendo o regime de comunhão universal, pleitear a metade atinente aos bens herdados com que o de boa-fé entrou para a comunhão. Terá, também, o dever de prestar alimentos se o de boa-fé deles necessitar (*RT*, *318*:590; *RTJ*, *89*:495). Deverá, ainda, restituir ao de boa-fé as doações *propter nuptias* que recebeu de terceiro, uma vez que não se realizou a condição imposta, ou seja, o casamento (CC, art. 546).

Dever de cumprir pacto antenupcial. O pacto antenupcial, invalidado o matrimônio por culpa de um dos consortes, prevalecerá em favor do consorte inocente, sendo que o de má-fé terá a obrigação de manter todas as promessas que fez no referido pacto, para incentivar o outro a convolar núpcias, pois a invalidação do casamento não o desobrigará delas.

BIBLIOGRAFIA: Levenhagen, *Código Civil*, cit., v. 2, p. 94-5; M. Helena Diniz, *Curso*, cit., v. 5, p. 179-80; Carlos Alberto Bittar, *Direito de família*, cit., p. 112.

Capítulo IX
Da Eficácia do Casamento

Art. 1.565. Pelo casamento, homem e mulher assumem mutuamente a condição de consortes, companheiros e responsáveis pelos encargos da família.

- *Sobre as pessoas que constituem a família do funcionário público*, vide *Lei n. 8.112, de 11 de dezembro de 1990.*
- *Conceito de família, para efeito de percepção de pensão* — Vide *Leis n. 3.373, de 12 de março de 1958, art. 5º, e 4.069, de 11 de junho de 1962, art. 5º, e Decreto n. 58.100, de 29 de março de 1966, art. 10.*

- Vide *Constituição Federal, arts. 226, §§ 1º a 3º e § 5º, 227, §§ 6º e 7º.*
- *Código Civil, arts. 5º, parágrafo único, II, 1.511, 1.567, 1.568 e 1.595, §§ 1º e 2º.*
- *Lei n. 12.513/2011, art. 1º, parágrafo único, n. VI, com a redação da Lei n. 12.816/2013.*
- *Resolução CNJ n. 175/2013 sobre celebração de casamento entre pessoas do mesmo sexo.*

§ 1º Qualquer dos nubentes, querendo, poderá acrescer ao seu o sobrenome do outro.

- *Código Civil, arts. 1.571, § 2º, e 1.578.*
- *Súmula 51 do Tribunal Federal de Recursos.*

§ 2º O planejamento familiar é de livre decisão do casal, competindo ao Estado propiciar recursos educacionais e financeiros para o exercício desse direito, vedado qualquer tipo de coerção por parte de instituições privadas ou públicas.

- *Constituição Federal, arts. 6º e 226, § 7º.*
- *Código Civil, art. 1.513.*
- *Leis n. 9.029/95, 9.263/96 e 9.799/99.*
- *Lei n. 9.656/98, art. 35-C, III, inserido pela Lei n. 11.935/2009.*
- *Lei n. 13.146/2015, art. 6º, III,* in fine.
- *Resolução CFM n. 2.121/2015.*
- ***PL n. 3.343/2008** (consolidação da legislação federal em saúde), nos arts. 551 a 564 e 635 a 642, traça normas sobre planejamento familiar.*

Efeito social do casamento. O matrimônio gera efeitos que alcançam toda a sociedade, sendo o principal deles a *constituição do estado de casado,* fator de identificação social, e da família matrimonial, esteio da sociedade, criando a responsabilidade dos consortes pelos encargos desta. Os cônjuges são representantes legais da unidade familiar, mas não um do outro. São defensores da família no que atina aos direitos e interesses comuns na órbita cível ou criminal. Além da criação da família, considerada como o primeiro e principal efeito matrimonial, o casamento produz a emancipação do cônjuge menor de idade, tornando-o plenamente capaz, como se houvesse atingido a maioridade (CC, art. 5º, parágrafo único, II), e estabelece, ainda, o vínculo de afinidade entre cada consorte e os parentes do outro (CC, art. 1.595, §§ 1º e 2º).

BIBLIOGRAFIA: Biagio Bruggi, *Istituzioni di diritto civile italiano*, p. 645; Caio M. S. Pereira, *Instituições*, cit., v. 5, p. 118; Silvio Rodrigues, *Direito civil*, cit., v. 6, p. 122; W. Barros Monteiro, *Curso*, cit., v. 2, p. 107; Cahali, *Divórcio e separação*, São Paulo, *Revista dos Tribunais*, 1981, p. 58: M. Helena Diniz, *Curso*, cit., v. 5, p. 97; Sebastião José Roque, *Direito de família*, cit., p. 75-82; Wagner Guerreiro, Separação de fato não elide a medida cautelar, *RBDP*, *52*:169.

Manutenção da família. O dever de sustento cabe a ambos os cônjuges, que serão obrigados a contribuir para as despesas feitas no interesse do casal e dos filhos, se tiverem meios e na proporção dos recursos e rendimentos de cada um. Havendo separação de fato ou judicial, ou divórcio, o dever de sustento reveste a forma de pensão alimentícia (*RT*, *527*:226, *455*:99, *296*:273; *RF*, *126*:485 e *98*:140).

Adoção do sobrenome do cônjuge. Qualquer dos nubentes poderá, se quiser, adotar o sobrenome do outro, bem como, se o desejar, conquanto casado, conservar seu nome de solteiro (CC, art. 1.565, § 1º; TJSP, Ap. Cív. c/ Rev. 546.942-4, 1ª Câm. Dir. Priv., rel. De Santi Ribeiro, j. 29-7-2008). Todavia, não lhe é permitido, ao casar-se, tomar o patronímico de seu consorte, abandonando o próprio (*RF, 347*:335), uma vez que somente está autorizado legalmente a acrescentar, optativamente, ao seu o nome de família do outro. Um dos cônjuges não poderá impor ao outro a adoção de seu sobrenome; há liberdade de opção, ficando a critério do interessado acrescentar ou não o sobrenome do outro cônjuge ao seu (*JTJ, 260*:235; *RT, 593*:122). Se preferir continuar só com os apelidos de sua família, esse fato em nada afetará os direitos e deveres conjugais. Essa adoção de nome deve ser compreendida como expressão da comunhão de vida (CC, art. 1.511) ou da transfusão das almas dos cônjuges (*RJTJSP, 81*:211, *137*:227; *RT, 301*:475, *577*:119, *547*:64, *515*:76, *567*:168, *785*:345).

BIBLIOGRAFIA: W. Barros Monteiro, *Curso*, cit., v. 2, p. 132-3; Orlando Gomes, *Direito de família*, cit., p. 170-5; Silvio Rodrigues, *Direito civil*, cit., v. 6, p. 152 e 153; M. Helena Diniz, *Curso*, cit., v. 5, p. 104-6; Carbonnier, *Droit civil*, cit., v. 2, p. 75 e 351; Lehmann, *Derecho de familia*. Madrid, 1953, p. 103-6; De Page, *Traité pratique de droit civil belge*, cit., v. 1, p. 816; Spencer Vampré, *Do nome civil*, p. 126; Clóvis Beviláqua, *Código Civil comentado*, cit., p. 125; Carlos Alberto Bittar, *Direito de família*, cit., p. 123-6; Sebastião José Roque, *Direito de família*, cit., p. 90-100; Silmara J. de A. Chinelato e Almeida, *Do nome da mulher casada*, Rio de Janeiro, Forense Universitária, 2001; Do nome da mulher casada: direito de família e direitos da personalidade, in *Família e cidadania*, coord. Rodrigo da Cunha Pereira, Belo Horizonte, Del Rey, 2002, p. 293 a 300; Matiello, *Código Civil*, cit., p. 1018.

Planejamento familiar. A procriação dos filhos é uma consequência lógico-natural e não essencial do matrimônio (CF, art. 226, § 7º). A falta de filhos não afeta o casamento, uma vez que não são raros os casais sem filhos. A lei permite uniões de pessoas que, pela idade avançada ou por questões de saúde, não têm condições de procriar. Se se aceitasse a procriação como fim essencial do casamento, ter-se-ia de anular todos os matrimônios de que não adviesse prole. Mas, esclarece Orlando Gomes, a norma, por outro lado, requer aptidão física dos nubentes, por só permitir casamento dos púberes, e admite sua anulação se um dos cônjuges for impotente para a prática do ato sexual. E, pelo art. 1.513, veda-se a qualquer pessoa jurídica interferir na comunhão de vida instituída pela família; logo, o planejamento familiar é de livre decisão do casal unido pelo matrimônio ou que viva em união estável (CC, art. 1.565, § 1º; CF, art. 226, §§ 3º e 7º; Lei n. 9.263/96, art. 2º; Lei n. 9.656/98, art. 35-C, III; Código de Ética Médica, art. 67; Enunciado n. 99, aprovado na *I Jornada de direito civil*, promovida, em setembro de 2002, pelo Centro de Estudos Judiciários do CJF), por ser um conjunto de ações de regulação da fecundidade que garanta direitos iguais de constituição, limitação ou aumento da prole pela mulher, pelo homem ou pelo casal. Quanto ao planejamento familiar, caberá ao Estado tão somente propiciar meios educacionais (p. ex., campanha de informação, educação sexual nas escolas), financeiros e científicos (p. ex., distribuição de contraceptivos e atendimento ginecológico nos centros de saúde) para o exercício desse direito, não podendo haver controle público ou privado da natalidade. Consagrado está, como diz Rodrigo da Cunha Pereira, o princípio da autonomia da vontade e da intervenção mínima do Estado na comunidade familiar. Ao Estado compete, portanto, estabelecer uma política de reprodução humana que respeite os direitos fundamentais, garantindo a todos a saúde. O planejamento familiar não é planejamento populacional, porque não se deve induzir o comportamento social ou sexual, nem deliberar o número de filhos do casal. Só é admitida a oferta de serviços de aconselhamento realizados por meio de instituições públicas ou privadas, submetidas ao Sistema Único de Saúde (SUS).

Convém lembrar que pelo art. 35-C, III, da Lei n. 9.656/98 (incluído pela Lei n. 11.935/2009) os planos e seguros privados de assistência à saúde têm obrigação de cobrir atendimentos nos casos de planejamento familiar.

E pelo Enunciado n. 41 da *I Jornada de Direito da Saúde*: "O estabelecimento da idade máxima de 50 anos, para que mulheres possam submeter-se ao tratamento e à gestação por reprodução assistida, afronta o direito constitucional à liberdade de planejamento familiar". Por tal razão, a Res. CFM 2.121/2015 estabeleceu na seção I, n. 3 que "as exceções ao limite de 50 anos para participação do procedimento serão determinadas com fundamentos técnicos e científicos, pelo médico responsável e após esclarecimento quanto aos riscos envolvidos".

BIBLIOGRAFIA: Paulo A. L. Machado, Maria Regina M. Perrotti e Marcos Antonio Perrotti, Direito do planejamento familiar, *Revista APMP*, *25*:36-44; Freedman e Isaacs, Human rights and reproductive choice, in *Studies in family planning*, 1993, p. 24; Caio M. S. Pereira, *Instituições*, cit., v. 5, p. 46; Paulo Luiz Netto Lôbo, O ensino do direito de família no Brasil, in *Repertório de doutrina sobre direito de família*, São Paulo, *Revista dos Tribunais*, v. 4, p. 313-6; M. Helena Diniz, *Curso*, cit., v. 5, p. 35-6; *O estado atual do biodireito*, São Paulo, Saraiva, 2001, p. 106 a 117, 128, 134 a 141; Nadeje de S. Domingues, *Planejamento familiar — uma legislação específica*, Trabalho apresentado no I Congresso Nacional da Mulher Advogada, em Salvador, Bahia, 1990; Gerard Zatuchini, International Postpartum Family Planning Program, in *Report on the First Year Studies in Family Planning*, n. 22, 1967; Ana Maria Costa, Planejamento familiar no Brasil, *Bioética*, *4*:209 e s.; Maine, *Family planning: its impact on the health of women and children*, New York, 1981; Dusi, *Istituzioni di diritto civile*, 5. ed., v. 1, p. 175; Orlando Gomes, *Direito de família*, cit., p. 69; Rogéria Cristina Leme, Ministério Público e o planejamento familiar, *MPMG Jurídico*, n. *5*, p. 55.

Art. 1.566. São deveres de ambos os cônjuges:

- *Constituição Federal, art. 226, § 5º.*
- *Código Civil, arts. 1.511, 1.572, 1.573 e 1.724.*

I — fidelidade recíproca;

- *Código Civil, arts. 1.573, I, e 1.576.*

II — vida em comum, no domicílio conjugal;

- *Código Civil, arts. 1.511, 1.562, 1.566, II, 1.569, 1.573, III e IV.*

III — mútua assistência;

- *Código Penal, arts. 244 a 247, e Código Civil, arts. 1.565, 1.568, 1.573, III, 1.694, 1.695, 1.699, 1.702, 1.704, 1.708 e 1.709.*

IV — sustento, guarda e educação dos filhos;

- *Sobre sustento, guarda e educação dos filhos,* vide *Código Penal, arts. 244, 245 e 246; arts. 19 a 24 e 155 a 163 do Estatuto da Criança e do Adolescente (Lei n. 8.069, de 13-7-1990); Constituição Federal de 1988, arts. 226, § 5º, 227 e 229; Código Civil, arts. 1.568, 1.583 a 1.590, 1.630 a 1.638, 1.634, I e II, 1.635, V, 1.694 a 1.710.*
- *Sobre alienação parental,* vide *Lei n. 12.318/2010, arts. 2º, parágrafo único, I a VII, 3º, 4º e 6º, I a VII.*

V — respeito e consideração mútuos.

- *Código Civil, art. 1.573, III.*
- *Sobre direitos e deveres recíprocos dos companheiros: Código Civil, art. 1.724.*

Nascimento de deveres recíprocos. Com o matrimônio os cônjuges passam a ter deveres recíprocos, reclamados pela ordem pública e interesse social, tais como: fidelidade recíproca; vida em comum no domicílio conjugal; mútua assistência; sustento, guarda e educação dos filhos.

Urge não olvidar que, havendo perda da eficácia social das normas relativas à separação judicial (por não ser mais requisito prévio para pleitear divórcio), o inadimplemento desses deveres legais não será motivo para originá-la, nem deverá ser alegado na ação de divórcio judicial litigioso, que dispensa aferição de culpa de qualquer divorciando e comprovação da causa da falência do casamento, mas gera responsabilidade civil por dano moral.

Fidelidade recíproca. Devido ao caráter monogâmico do casamento, a lei impõe, enquanto subsistir a sociedade conjugal, a ambos os cônjuges o dever de fidelidade, que consiste em abster-se cada consorte de praticar relações sexuais com terceiro, sob pena de adultério (*RT*, *181*:221), que é ilícito civil, apesar de não mais ser delito penal, ante a revogação do art. 240 do Código Penal, por constituir uma das causas de separação judicial (CC, art. 1.573, I) por agravar a honra do outro cônjuge, injuriando-o gravemente, podendo ainda originar ação para reparação civil por dano moral, mesmo em caso de divórcio.

Vida em comum no domicílio conjugal. As núpcias exigem vida em comum no domicílio conjugal escolhido pelo casal (CC, art. 1.569), visto que o casamento requer a coabitação, que é o estado de pessoas de sexo diferente que vivem juntas na mesma casa, convivendo sexualmente. Coabitação exige comunidade de existência (CC, arts. 1.511 e 1.566, II). Todavia, tal dever não é da essência do matrimônio, uma vez que a lei permite o casamento de pessoas idosas e o *in extremis*, nos quais os cônjuges não estão em condições de realizar entre si o ato sexual. Além disso, casos existem em que os consortes não podem viver no mesmo domicílio conjugal em razão de doença ou de profissão. A infração do dever de coabitação pela recusa injustificada à satisfação do débito conjugal constitui injúria grave e pode levar à separação judicial (CC, art. 1.573, III; *RTJ*, *67*:449) e à indenização por dano moral; o mesmo se diga do abandono do lar sem justo motivo e por tempo indefinido (*RT*, *407*:142; Súmula 379 do STF; CC, art. 1.573, IV). Nem mesmo se exige a vida em comum sob o mesmo teto para a configuração do concubinato (STF, Súmula 382) ou da união estável (CC, art. 1.724).

Mútua assistência. Cada consorte terá em relação ao outro o dever de mútua assistência, que se circunscreve aos cuidados pessoais nas doenças, ao socorro nas tristezas, ao apoio na adversidade e ao auxílio em todas as vicissitudes da vida. A violação desse dever constitui injúria grave, que poderá originar a ação de separação judicial (CC, art. 1.573, III; *RT*, *647*:86, *840*:358) e levar até, na hipótese de divórcio, à ação de indenização por dano moral e patrimonial.

Sustento, guarda e educação dos filhos. Será dever de ambos os genitores sustentar, guardar e educar os filhos, preparando-os para a vida de acordo com suas possibilidades (CF/88, arts. 227 e 229; CC, arts. 1.630 a 1.638; Lei n. 8.069, arts. 19 e 22; *RT*, *423*:85, *181*:691 e *184*:652). A violação dessa obrigação, relativamente ao que concerne aos filhos menores e não emancipados, acarreta a suspensão ou destituição do poder familiar, remediando-se o mal pela ação de alimentos, podendo, ainda, configurar crime de abandono material, intelectual e moral da família (CP, arts. 244 a 247).

Respeito e consideração mútuos. Nesta obrigação assistencial, vislumbram Jemolo e Carbonnier deveres implícitos como o de sinceridade, o de respeito pela honra e dignidade do cônjuge e da família, o de não submeter o outro cônjuge a companhias degradantes, o de não expor, por exemplo, a esposa a ambientes de baixa moral, o de acatar a liberdade de correspondência epistolar ou a privacidade do outro etc. Enfim, violaria esse dever qualquer ofensa aos direitos da personalidade do outro cônjuge (imagem, liberdade de culto e de profissão, integridade física e psíquica etc.). A violação desse dever constitui injúria grave, sendo motivo para separação judicial (CC, art. 1.573, III) e para propor ação de responsabilidade civil por dano moral. Na apreciação desse dever, ante a amplitude da fórmula legal, o juiz deverá considerar as condições de vida do casal, bem como a educação dos cônjuges e as circunstâncias de cada caso.

BIBLIOGRAFIA: M. Helena Diniz, *Curso*, cit., v. 5, p. 99-102, 108-10; Caio M. S. Pereira, *Instituições*, cit., v. 5, p. 119, 123, 126, 127 e 136; W. Barros Monteiro, *Curso*, cit., v. 2, p. 108-15 e 136; Grassi, *La legge sui divorzio*, Napoli, Jovene, 1970, p. 28; Duprat, *Le lien familial*, p. 138; Beaudant, *Cours de droit civil français*, cit., v. 1, p. 427; Orlando Gomes, *Direito de família*, cit., p. 151-2, 156 e 171; Carbonnier, *Droit civil*, cit., v. 2, n. 19 e 20; Espínola, *A família no direito civil*, cit., p. 212, 208 e 227; Antônio Chaves, *Lições de direito civil*, São Paulo, Revista dos Tribunais, 1975, v. 2, p. 11-3; Álvaro Villaça Azevedo, Dever de coabitação, in *Enciclopédia Saraiva do Direito*, v. 24, p. 366-7 e 371; Giambattista Nappi, *Trattato di diritto matrimoniale concordatario e civile*, Milano, Libreria, 1940, v. 2, p. 593; Francesco Scardulla, *La separazione personale dei coniugi*, Milano, Giuffrè, 1967, p. 5; Federico Puig Peña, *Compendio de derecho civil español*, Pamplona, Ed. Aranzadi, 1972, t. 5, p. 125-7; Laurent, *Principes de droit civil français*, Paris, 5. ed., v. 3, p. 79; Clóvis Beviláqua, *Código Civil comentado*, Rio de Janeiro, Francisco Alves, 1956, v. 2, p. 87; Carvalho Santos, Código Civil brasileiro interpretado, cit., 1942, v. 4, p. 324-5; Azzolina, *La separazione personale dei coniugi*, p. 87; Silvio Rodrigues, Direito civil, cit., v. 6, p. 126-8 e 159-60; De Page, *Traité pratique de droit civil belge*, cit., v. 1, n. 869; Enneccerus, Kipp e Wolff, *Tratado de derecho civil; derecho de familia*, v. 1, t. 4, p. 191; Jemolo, *Il matrimonio*, Torino, UTET, 1961, p. 458 e 463; João Bernardino Gonzaga, Do crime de abandono de família, *Revista da Universidade Católica de São Paulo*, *30*:18 e s., 1966; Artur Oscar de Oliveira Deda, Direito matrimonial, in *Enciclopédia Saraiva do Direito*, v. 27, p. 276; Regina Beatriz T. da Silva Papa dos Santos, *Dever de assistência imaterial entre cônjuges*, Rio de Janeiro, Forense Universitária, 1990; *Novo Código*, cit., p. 1409.

Art. 1.567. A direção da sociedade conjugal será exercida, em colaboração, pelo marido e pela mulher, sempre no interesse do casal e dos filhos.

Parágrafo único. Havendo divergência, qualquer dos cônjuges poderá recorrer ao juiz, que decidirá tendo em consideração aqueles interesses.

- *Constituição Federal, art. 226, § 5º.*
- *Código Civil, arts. 1.570, 1.631, parágrafo único, 1.642, 1.643, 1.647, 1.648 e 1.651.*
- *Código de Processo Civil, arts. 73 e 74.*

Direção da sociedade conjugal. O atual Código Civil, harmonizando o interesse comum da família, prescreve que a função de dirigir a sociedade conjugal deve ser exercida, em colaboração, pelo marido e pela mulher, no interesse comum e da prole, procurando atingir o bem-estar de toda a família. Há, portanto, uma cogestão.

Divergência no direito decisório. Nenhum cônjuge exerce sozinho a chefia da família. Mediante o poder de decisão, no que concerne aos assuntos conjugais comuns e às questões sobre convivência familiar, que surgem dia a dia, um deverá sempre ouvir o outro, antes de qualquer deliberação. Se um deles apresentar-se, no exercício do direito decisório, abusivo, mesquinho ou nocivo aos interesses do outro, este poderá reclamar a intervenção judicial, hipótese em que a solução do problema ficará suspensa, até que o órgão judicante resolva a divergência, considerando os interesses do casal e dos filhos.

BIBLIOGRAFIA: Silvio Rodrigues, *Direito civil*, cit., v. 6, p. 133 e 139; Caio M. S. Pereira, *Instituições*, cit., v. 5, p. 158 e 121; Artur Oscar de Oliveira Deda, Direito matrimonial, cit., in *Enciclopédia Saraiva do Direito*, v. 27, p. 278; Espínola, *A família no direito civil*, cit., p. 233; Planiol e Ripert, *Traité pratique de droit civil français*, Paris, 1926, v. 2, p. 321; Enneccerus, Kipp e Wolff, *Tratado de derecho civil*; derecho de familia, cit., v. 1, § 31; Pontes de Miranda, *Tratado de direito de família*, São Paulo, 1947, v. 2,

p. 35; Carbonnier, *Droit civil*, cit., v. 1, p. 343; De Page, *Traité pratique de droit civil belge*, cit., v. 1, n. 707; M. Helena Diniz, *Curso*, cit., v. 5, p. 102-4, 139 e 147.

Art. 1.568. Os cônjuges são obrigados a concorrer, na proporção de seus bens e dos rendimentos do trabalho, para o sustento da família e a educação dos filhos, qualquer que seja o regime patrimonial.

- *Código Civil, arts. 1.565, 1.566, III, e 1.688.*
- *Constituição Federal, art. 226, § 5º.*

Dever de sustento. Ambos os cônjuges, ante o princípio constitucional previsto no art. 226, § 5º, têm o dever de contribuir para as despesas da família e de educação dos filhos, na proporção de seus bens e dos rendimentos do trabalho, qualquer que seja o regime matrimonial de bens, inclusive se for o de separação de bens, salvo estipulação em contrário no pacto antenupcial (CC, art. 1.688). Impõe-se tanto ao marido como à mulher o ônus de manter a família. E se apenas um deles tiver bens e exercer atividade remunerada, deverá manter sozinho a família, por força dos deveres de mútua assistência e sustento da prole.

Art. 1.569. O domicílio do casal será escolhido por ambos os cônjuges, mas um e outro podem ausentar-se do domicílio conjugal para atender a encargos públicos, ao exercício de sua profissão, ou a interesses particulares relevantes.

- *Constituição Federal, art. 226, § 5º.*
- Vide *Súmulas 1 e 421 do Supremo Tribunal Federal.*
- *Código Civil, arts. 70 a 79, 1.566, II, e 1.573, IV.*

Fixação e ausência justificada do domicílio da família. A lei confere a ambos os cônjuges o direito de escolher o domicílio do casal e de dele ausentar-se, temporariamente, para atender a encargos públicos (prestação de serviço ao Brasil no exterior), exercício de profissão (comandante de aeronave ou de navio mercante; juiz de direito; promotor de justiça para cumprir sua função na comarca designada; trabalhador de plataforma de exploração petrolífera; guia de turismo) ou interesses particulares relevantes (cursar mestrado no exterior ou em outra cidade do País; prestar assistência a pais ou a filhos residentes em outra nação etc.), hipóteses em que ao lado do domicílio conjugal ter-se-á o funcional ou o profissional. Apenas o abandono voluntário do domicílio conjugal, sem justo motivo, revestir-se-á de caráter injurioso, autorizando a separação judicial (CC, art. 1.573, IV). A lei apenas requer que haja presença regular no domicílio do casal, pois tem por escopo manter a comunhão de vida.

Art. 1.570. Se qualquer dos cônjuges estiver em lugar remoto ou não sabido, encarcerado por mais de cento e oitenta dias, interditado judicialmente ou privado, episodicamente, de consciência, em virtude de enfermidade ou de acidente, o outro exercerá com exclusividade a direção da família, cabendo-lhe a administração dos bens.

- *Código Civil, arts. 25, 76, 1.567, 1.568, 1.647, 1.651, 1.775 e 1.783.*
- *Constituição Federal, art. 226, § 5º.*
- *Código de Processo Civil, arts. 747 a 763.*

Direção da sociedade conjugal por um dos consortes. Em certos casos excepcionais, a direção e a administração do casal são, sem necessidade de intervenção judicial, transferidas automaticamente a um deles, que, então, assumirá sozinho, ou melhor, com exclusividade, a chefia, ou direção, da sociedade conjugal. É o que sucederá se um deles: *a*) estiver em local remoto ou não sabido, independentemente de instauração do processo de ausência, previsto no Código Civil, arts. 22 a 39 (*RT*, *281*:385 e *390*:148); *b*) recolher-se à prisão por mais de cento e oitenta dias, em razão de sentença condenatória, mas, com o cumprimento da pena, recuperará sua posição na família, exceto se foi condenado, p. ex., por lenocínio contra a mulher, estupro contra a filha, hipóteses em que perderá a autoridade decisória; *c*) for privado temporariamente de sua consciência em razão de enfermidade ou acidente, ou declarado, judicialmente, interdito, por doença mental, caso em que o outro cônjuge será investido no cargo de curador, como representante legal do incapaz.

Funções do cônjuge administrador. O que vier a assumir a direção da família e a administração dos bens do casal não terá quaisquer restrições em sua capacidade, salvo intervenção de curador à lide e do representante do Ministério Público (*RT*, *290*:594; *RF*, *154*:270). Competir-lhe-á: *a*) administrar os bens comuns, os seus e os do outro, não havendo procurador nomeado para tanto; *b*) exercer a direção da família, deliberando, p. ex., sobre educação dos filhos (escola, turno etc.).

BIBLIOGRAFIA: W. Barros Monteiro, *Curso*, cit., v. 2, p. 139 e 140; Caio M. S. Pereira, *Instituições*, cit., v. 5, p. 176; Carbonnier, *Droit civil*, cit., v. 2, p. 76; M. Helena Diniz, *Curso*, cit., v. 5, p. 140; Levenhagen, *Código Civil*, cit., v. 2, p. 119.

CAPÍTULO X

DA DISSOLUÇÃO DA SOCIEDADE E DO VÍNCULO CONJUGAL

- *Súmula vinculante 18 do Supremo Tribunal Federal.*
- *Lei n. 11.977/2009, art. 35-A, incluído pela Lei n. 12.695/2012.*

Art. 1.571. A sociedade conjugal termina:

- *Código Civil, art. 10.*

I — pela morte de um dos cônjuges;

- *Código Civil, arts. 6º, 1.523, I e II.*

II — pela nulidade ou anulação do casamento;

- *Código Civil, arts. 1.548, 1.549, 1.550, 1.561, §§ 1º e 2º, 1.563 e 1.564.*

III — pela separação judicial;

- *Código Civil, arts. 980, 1.027 e 1.572 a 1.578.*
- *Código de Processo Civil, arts. 693 a 699 (separação judicial litigiosa) e arts. 731 e 732 (separação judicial consensual).*
- *Sobre separação extrajudicial: Código de Processo Civil, art. 733.*
- *Inciso que poderá perder seu suporte eficacial pelo art. 226, § 6º, da CF, com a redação da EC n. 66/2010.*

IV — pelo divórcio.

- *Código Civil, arts. 1.579 a 1.582.*
- *Constituição Federal, art. 226, § 6º, com redação da EC n. 66/2010.*
- *Código de Processo Civil, arts. 733 (divórcio extrajudicial), 731 e 732 (divórcio consensual) e 693 a 699 (divórcio litigioso).*

§ 1º O casamento válido só se dissolve pela morte de um dos cônjuges ou pelo divórcio, aplicando-se a presunção estabelecida neste Código quanto ao ausente.

- *Código Civil, arts. 6º, 7º, I e II, e 22 a 39.*

DIREITO DE FAMÍLIA

§ 2º Dissolvido o casamento pelo divórcio direto ou por conversão, o cônjuge poderá manter o nome de casado; salvo, no segundo caso, dispondo em contrário a sentença de separação judicial.

- Vide *Código Civil, arts. 1.565, § 1º, 1.578, I a III, e § 1º.*
- *Parágrafo que poderá perder, parcialmente, sua eficácia social pela redação dada pela EC n. 66/2010 ao art. 226, § 6º, da CF.*
- *Pelo Enunciado n. 571 do Conselho Nacional de Justiça (aprovado na VI Jornada de Direito Civil): "Se comprovada a resolução prévia e judicial de todas as questões referentes aos filhos menores ou incapazes, o tabelião de notas poderá lavrar escrituras públicas de dissolução conjugal".*

Casos de dissolução da sociedade conjugal e do casamento. A sociedade conjugal termina: *a*) pela *morte real ou presumida*, com ou sem declaração de ausência, de um dos cônjuges, que também dissolve o vínculo matrimonial, de modo que o sobrevivente poderá convolar novas núpcias (CC, arts. 1.571, I, § 1º, e 6º; *RF*, *220*:203; *RT*, *730*:32, *381*:103); *b*) pela *nulidade ou anulação do casamento*, pois a sentença que a decreta põe fim à sociedade conjugal e ao vínculo matrimonial (CC, arts. 1.548 a 1.550, 1.561, §§ 1º e 2º, 1.563 e 1.564; *Ciência Jurídica*, *65*:113); *c*) pela *separação judicial* (CC, arts. 1.572 a 1.578) ou *extrajudicial* (CPC, art. 733), que, ao dissolver a sociedade conjugal, conserva íntegro o vínculo, impedindo os cônjuges de se casarem novamente; *d*) pelo *divórcio*, que, em razão de fatos supervenientes ao casamento válido, dissolve tanto a sociedade conjugal como o vínculo matrimonial, autorizando os consortes a se casarem novamente (CC, art. 1.571, IV e § 2º). Mantivemos a distinção *divórcio judicial* (*direto* e *indireto*) ante os princípios de direito intertemporal para solução das hipóteses já existentes de pessoas separadas judicialmente, que possam querer converter a separação em divórcio. Com a nova redação do art. 226, § 6º, da CF, dada pela EC n. 66/2010, ter-se-á, para quem quiser, sem observância de qualquer pré-requisito, ou seja, de prévia separação e decurso de prazo de carência: *a*) *divórcio judicial* (consensual ou litigioso), que é um direito potestativo, sem necessidade de imputar a culpa pelo término do casamento a qualquer dos divorciandos, sendo que certas questões (alimentos, guarda, visita etc.) deverão ser discutidas e resolvidas na ação, sem, ainda, descartar a culpabilidade nessas hipóteses e, principalmente se houver prática de ilícito contra cônjuge ou prole, a possibilidade de ação de reparação por dano moral e/ou patrimonial, e o *b*) *divórcio extrajudicial.*

Para alguns autores, como Luiz Felipe Brasil Santos, nada mudou com a EC n. 66/2010, permanecendo a separação e os prazos de carência, até que haja modificação no Código Civil.

Há quem ache como IBDFAM (Enunciado do Programático n. 1), Maria Berenice Dias, Pablo Stolze, Rodolfo Pamplona Filho, que não há mais duplicidade entre dissolução da sociedade conjugal e do vínculo matrimonial, logo o instituto da separação (judicial ou extrajudicial) não mais existe no direito brasileiro e todas as normas a ele atinentes foram revogadas tacitamente, tendo-se apenas divórcio direto sem prazo e sem discussão de causa. Paulo Lôbo assim se manifesta: "A nova redação do § 6º do art. 226 da Constituição importa revogação das seguintes normas do Código Civil, com efeitos *ex nunc*: I — *Caput* do art. 1.571 (...), por indicar as hipóteses de dissolução da sociedade conjugal sem dissolução do vínculo conjugal, única via que a nova redação tutela. Igualmente revogada está a segunda parte do § 2º desse artigo, que alude ao divórcio por conversão, cuja referência na primeira parte também não sobrevive. II — Arts. 1.572 e 1.573, que regulam as causas da separação judicial. III — Arts. 1.574 a 1.576, que dispõem sobre os tipos e efeitos da separação judicial. IV — Art. 1.578, que estabelece a perda do direito do cônjuge considerado culpado ao sobrenome do outro. V — Art. 1.580, que regulamenta o divórcio por conversão da separação judicial. VI — arts. 1.702 e 1.704, que dispõem sobre os alimentos devidos por um cônjuge ao outro, em razão de culpa pela separação judicial; para o divórcio, a matéria está suficiente e objetivamente regulada no art. 1.694. Por fim, consideram-se revogadas as expressões 'separação judicial' contidas nas demais normas do Código Civil, notadamente quando associadas ao divórcio. Algumas normas do Código Civil permanecem, apesar de desprovidas de sanção jurídica, que era remetida à separação judicial. É a hipótese do art. 1.566, que enuncia os deveres conjugais, ficando contido em sua matriz ética. A alusão feita em algumas normas do Código Civil à dissolução da sociedade conjugal deve ser entendida como referente à dissolução do vínculo conjugal, abrangente do divórcio, da morte do cônjuge e da invalidade do casamento. Nessas hipóteses, é apropriada e até necessária a interpretação em conformidade com a Constituição (nova redação do § 6º do art. 226). Exemplifique-se com a presunção legal do art. 1.597, II, de concepção na constância do casamento do filho nascido nos trezentos dias subsequentes à 'dissolução da sociedade conjugal', que deve ser lida e interpretada como dissolução do vínculo conjugal. Do mesmo modo, o art. 1.721 quando estabelece que o bem de família não se extingue com a 'dissolução da sociedade conjugal'". Consequentemente, nessa linha de pensamento, todos os processos de separação em andamento perderam o objeto por haver ausência de legitimidade jurídica do pedido (CPC, art. 485, VI), pois a superveniência de fato extintivo do direito, objeto da ação, deve ser reconhecida *ex officio* pelo magistrado (CPC, art. 493). Logo, poderá não extinguir tal ação, convertendo-a diretamente em divórcio, salvo se houver expressa oposição de ambos os separados. Maria Berenice Dias entende que se o processo de separação encontrar-se em grau de recurso, este não deverá ser julgado, pois os outros deverão retornar à origem para que haja decretação do divórcio pelo juízo singular. Outros já entendem que o magistrado deve permitir que as partes, dentro de 10 dias, requeiram a conversão do pedido de separação em divórcio. E, não havendo tal requerimento, os autos deverão ser extintos, por não existir mais, no direito brasileiro, o instituto da separação. Como a separação, para essa corrente, tornou-se instituição desconhecida no Brasil, p. ex., se o notário vier a lavrar escritura pública de separação, esta não terá validade, por estar eivada de nulidade absoluta, visto que há impossibilidade jurídica do objeto (CC, art. 166, II).

O STF, recentemente, entendeu que o art. 1.571, III, do Código Civil perdeu validade com a EC n. 66/2010, logo, a exigência de separação judicial não é requisito para divórcio, bastando para tanto a vontade dos consortes, pois deixou de ser uma das formas de dissolução do matrimônio, não podendo existir como figura autônoma no ordenamento jurídico. Mas preservado ficará o estado civil de pessoas que já estão separadas por decisão judicial ou escritura pública por se tratar de um ato jurídico perfeito (STF, Proc. RE 1.167.478, rel. Min. Luiz Fux, 8-11-2023). Divórcio indireto ainda é possível se os cônjuges assim preferirem, apenas não há mais obrigatoriedade de prévia separação judicial.

Contudo, com a nova redação do art. 226, § 6º, da Carta Magna, dada pela EC n. 66/2010, entendemos que as normas relativas à separação judicial e extrajudicial *poderão perder sua eficácia social, apesar de continuarem vigentes*, por serem leis especiais e por não conflitarem com o comando constitucional, que tão somente se refere a uma das formas de dissolução do vínculo matrimonial que é o divórcio, não mais exigindo quaisquer requisitos prévios para pleiteá-lo. Assim sendo, as normas do Código Civil, as leis extravagantes e as do Código de Processo Civil alusivas à separação (arts. 693 a 699, 731 a 733) continuarão vigorando, embora possam ser utilizadas com menos frequência, até que uma lei ordinária especial as revogue, regulamentando de forma diversa a nova situação engendrada pela reforma constitucional. Deveras, a regulamentação da dissolução do casamento não é materialmente constitucional. A Constituição Federal só lhe traça diretrizes gerais e a sua disciplina deve dar-se por normas especiais (CC e CPC). Enquanto isso não ocorre poderão perder seu suporte eficacial, em virtude da supressão de prévia separação (judicial ou extrajudicial) e do prazo de um ano como requisitos para o divórcio, levando à economia de tempo, à desburocratização e à redução do volume de processos da separação de casais desafetos, evitando não só duplicidade de ações, acréscimo de despesas com custas processuais, honorários advocatícios e lavratura de duas escrituras, como também o desgaste emocional dos cônjuges e da prole, agilizando a possibilidade de convolar novas núpcias. Diante de tantas vantagens, a ineficácia social daquelas normas poder-se-á tornar uma realidade.

Uma coisa é certa, diante da reforma constitucional, como para o divórcio, não há mais necessidade do decurso do prazo de um ano da separação judicial ou extrajudicial ou de dois anos de separação de fato, facilitando a dissolução do vínculo matrimonial, o instituto da separação judicial está fadado a desaparecer. Mas, como a EC n. 66/2010 apenas se refere à supressão de separação e de prazos como requisitos para o divórcio, mantidas estão as normas sobre separação, até que seja totalmente definida a situação por lei especial, pela doutrina e pela jurisprudência, esclarecendo todas as dúvidas.

Há ou não o instituto da separação judicial ou extrajudicial? Isso só o tempo dirá.

Por tais razões, acatando ao bom senso, à prudência objetiva e às regras de hermenêutica jurídica, mantivemos, nesta obra, a separação judicial e a extrajudicial, apesar de as normas que as regem possam, apesar de válidas e vigentes, perder, em breve, sua eficácia social. E, além disso, pelo Enunciado n. 513 do Conselho da Justiça Federal, aprovado na *V Jornada de Direito Civil*: "A Emenda Constitucional n. 66/2010 não extinguiu o instituto da separação judicial e extrajudicial".

Por ora, deverão ser mantidas, embora com eficácia social seriamente comprometida, todas as modalidades de dissolução da sociedade e do vínculo conjugal, dando aos interessados a liberdade de optar por uma delas, aplicando-se o princípio da autonomia da vontade e o do respeito à "dignidade da pessoa humana" (CF, art. 1º, III).

Dissolução de casamento válido em razão de morte. A morte de um dos cônjuges produz efeito dissolutório tanto da sociedade como do vínculo conjugal, fazendo cessar o impedimento para contrair novo casamento, embora possa haver causa suspensiva (CC, art. 1.523, I e II). É preciso deixar bem claro que a dissolução do casamento não só se opera com a morte real ou efetiva (*RF*, *220*:203; *RT*, *381*:403), provada mediante certidão do assento de óbito do cônjuge, mas também com a presunção de morte do ausente estabelecida nos arts. 6º, 2ª parte, 7º, I e II, e 22 a 39 do Código Civil.

Divórcio judicial (direto e indireto) ou extrajudicial e o direito ao uso do nome do ex-cônjuge. O divórcio direto (*RT*, *780*:349, *772*:219) ou o indireto, ou o por conversão da separação judicial (antes da EC n. 66/2010) em divórcio, mantém o direito do cônjuge de conservar o nome de casado (*RT*, *835*:346, *843*:352), exceto se, em caso de divórcio indireto, o contrário estiver disposto em sentença de separação judicial (CC, art. 1.578, I, II e III e § 1º; TJSP, 9ª Câm. De D. Priv., Ap. Cível 265.317.4/5, rel. Marco César, j. 8-4-2003; *BAASP*, *2721*: 5916). "Dissolvido o casamento pelo divórcio direto ou por conversão, no que diz respeito ao sobrenome dos cônjuges, aplica-se o disposto no art. 1.578" (Enunciado n. 121, aprovado na *I Jornada de Direito Civil*, promovida pelo CJF). Logo, o deliberado na separação judicial sobre o nome do ex-cônjuge deverá ser mantido no divórcio.

Pelo Enunciado n. 602, aprovado na *VII Jornada de Direito Civil*: "Transitada em julgado a decisão concessiva do divórcio, a expedição do mandado de averbação independe do julgamento da ação originária em que persista a discussão dos aspectos decorrentes da dissolução do casamento".

E, diante da reforma constitucional, na hipótese de divórcio judicial consensual, poderá, se quiser, conservar os apelidos do ex-consorte, mas havendo novas núpcias, deverá renunciá-lo. No divórcio extrajudicial consensual, a escritura pública deverá conter acordo quanto à retomada pelo ex-cônjuge de seu nome de solteiro ou à manutenção do nome adotado quando se deu o casamento (CPC, art. 733). O *divórcio litigioso direto*, que se apresenta quando surgir dissenso entre os consortes, separados de fato, é obtido em processo regular mediante sentença, sem indicação do motivo que lhe deu origem, pondo fim ao enlace matrimonial, fazendo cessar todos os seus efeitos, resolvendo todas as questões relativas à guarda e visita dos filhos, alimentos, partilha do patrimônio comum etc. Inadmissível será averiguar quem teve culpa, por ter infringido o art. 1.566 do Código Civil, para se conceder o divórcio. Mas pode-se alegar motivação (CC, arts. 1.572 e 1.573), levantando a questão da culpabilidade, não para a obtenção do divórcio, pois o juiz não poderá negá-lo, mas para a configuração de certos efeitos, dentre eles reparação civil por dano moral e/ou patrimonial, perda do direito de alimentos, uso do sobrenome do ex-cônjuge etc. Logo, se o divórcio judicial for litigioso, poderá haver perda do direito de usar o sobrenome do ex-cônjuge, salvo se se configurarem os casos arrolados no art. 1.578 do Código Civil.

Todavia, pelo Enunciado Programático do IBFAM n. 1, "A EC n. 66/2010 ao extinguir o instituto da separação judicial, afastou a perquirição da culpa na dissolução do casamento e na quantificação alimentar".

BIBLIOGRAFIA: Walter Ceneviva, A retirada de uma parte da lei não pode revogar lei anterior, http://www.aasp.org.br/aasp/empresa/clipping/clinoticia.asp?idnot=8082; Regina Beatriz Tavares da Silva, Nova Lei do Divórcio não protege a família, http://www.cnbsp.org.br.//print./Noticias aspx?NewsID =2677&TipoCategoria=1. Colégio Notarial do Brasil — seção São Paulo — orientação sobre a vigência da Emenda Constitucional n. 66, publicada em 15-7-2010 — relativa ao divórcio e separação extrajudiciais; M. Helena Diniz, *Curso*, cit., v. 5, p. 162-207; Silvio Rodrigues, *O divórcio e a lei que o regulamentou*, São Paulo, Saraiva, 1978; Pinto Ferreira, Divórcio no Brasil, in *Enciclopédia Saraiva do Direito*, v. 29, p. 137 e s.; Cahali, Casamento civil, in *Enciclopédia Saraiva do Direito*, v. 13, p. 412 e s.; *Divórcio e separação*, São Paulo, Revista dos Tribunais, 1991, t. 1 e 2; Edísio Gomes de Matos, *Teoria e prática do divórcio*, São Paulo, Saraiva, 1978; Horácio V. N. Pithan, Ação de anulação do casamento, Coleção Saraiva de Prática do Direito, n. 12, 1986; Almacchio Diniz, Nulidades e anulações de casamento; W. Barros Monteiro, *Curso*, cit., v. 2, p. 208-22; Silvio Rodrigues, *Direito civil*, cit., v. 6, p. 216-45; Caio M. S. Pereira, *Instituições*, cit., v. 5, p. 183-204; José Fernando da Silva Lopes, *O divórcio no Brasil*, São Paulo, 1978; Orlando Gomes, *Direito de família*, cit., p. 267-319; Pothier, *Traité du mariage*, n. 509; Azzolina, *La separazione personale dei coniugi*; Fernando Brandão Ferreira Pinto, *Causas do divórcio*, Coimbra, Almedina, 1980; Áurea P. Pereira, *Divórcio e separação judicial*, Rio de Janeiro, 1990; Aramy Dornelles da Luz, *O divórcio no Brasil*, São Paulo, Saraiva, 1978; Pedro Sampaio, *Divórcio e separação judicial*, Rio de Janeiro, Forense, 1978; Carlos Alberto Bittar, O divórcio no direito brasileiro, *RT*, *511*:30 e s.; Levenhagen, *Do casamento ao divórcio*, São Paulo, Atlas, 1978; R. Limongi França, *A Lei do Divórcio*, São Paulo, 1978; Peter Benjamin, *Le divorce, la séparation de corps et leurs effets en droit international privé français et anglais*, Paris, 1955; José Saulo Ramos, *Divórcio à brasileira*, Rio de Janeiro, 1978; Gabriel le Bras, *Divorce et séparation de corps dans le monde contemporain*, Paris, 1952; Albin Curet, *Code du divorce et de la séparation de corps*, Paris, Durant-Pedone, 1893; Waterloo Marchesini Jr., *Instituição do divórcio no Brasil*, Curitiba, Juruá, 1978; Arthur Piérard, *Divorce et séparation de corps*, Bruxelles, Bruylant, 1928; Scardulla, *La separazione personale dei coniugi, Milano*, Giuffrè, 1967; Antunes Varela, *Dissolução da sociedade conjugal*, Rio de Janeiro, Forense, 1980; Groslière, *La reforme du divorce*, Toulouse, Sirey, 1976; Ecal, *La séparation de fait entre les époux*, Grenoble, 1940; Grassi, *La legge sui divorzio*, Napoli, 1970; José Abreu, *O divórcio no direito brasileiro*, Rio de Janeiro, Forense, 1981; Ney de Mello Almada, *Direito de família*, São Paulo, 1987, v. 1, p. 363 e s.; José de Farias Tavares, *O Código Civil e a nova constituição*, cit., p. 56-62; Euclides de Oliveira, Efeitos da revelia na separação judicial, *Tribuna do Direito*, jan. 1995, p. 10; Paulo R. Ribeiro Nalin, Informalidade no direito de família: breves ponderações acerca do divórcio, *JB*, *170*:73-80; Paulo Lúcio Nogueira, *Lei do Divórcio comentada*, São Paulo, Saraiva, 1995; Wilson de Andrade Brandão, *Divórcio e se-*

paração judicial, São Paulo, Freitas Bastos, 1996; Sebastião José Roque, *Direito de família*, cit., p. 113-9; Sebastião Amorim e Euclides de Oliveira, *Separação e divórcio — teoria e prática*, São Paulo, LEUD, 1999; Hélio Borghi, Divórcio — 20 anos — valeu a pena?, *Coleção Saber Jurídico*, São Paulo, Ed. Juarez de Oliveira, 1998; Alexandre Alves Lazzarini, *A "causa petendi" nas ações de separação judicial e de dissolução da união estável*, São Paulo, Revista dos Tribunais, 1999; Carlos Alberto Bittar e Carlos Alberto Bittar Filho, *Direito civil constitucional*, cit., p. 68 a 99; Ana Caroline S. Ceolin, A culpa na dissolução da sociedade conjugal à luz do novo Código Civil, *Atualidades Jurídicas*, *4*:27-62; Antonio Cezar Peluso, A culpa na separação e no divórcio, in *Aspectos psicológicos na prática jurídica*, coord. Zimerman e Coltro, Campinas, Millennium, 2002, cap. 39, p. 555-72; O desamor como causa de separação, in *Aspectos*, cit., cap. 32, p. 417-28; M. Berenice Dias, Da separação e do divórcio, in *Direito de família e o novo Código Civil*, coord. M. Berenice Dias e Rodrigo da Cunha Pereira, Belo Horizonte, Del Rey, 2003, p. 73 a 94; EC n. 66/10 — e agora? — http://www.cnbsp.org.br./print./notícias.aspx?NewsID=2676&TipoCategoria=I; Fernando C. de A. Sartori, A culpa como causa da separação e seus efeitos, *Temas relevantes de direito civil contemporâneo* (coord. G. E. Nanni), São Paulo, Atlas, 2008, p. 598-626; Leonardo B. Moreira Alves, O Ministério Público nas ações de separação e divórcio, *De Jure*, Rev. Jurídica do MPMG, *10*:315-29; Alice de S. Birchal, A culpa, seu valor jurídico e efeitos para o direito de família e sucessões, *Direito das famílias* — em homenagem a Rodrigo da Cunha Pereira (org. Mª Berenice Dias), São Paulo, Revista dos Tribunais, 2009, p. 127-45; Cristiano Chaves de Faria, Redesenhando os contornos da dissolução do casamento, *Afeto, ética, família e o novo Código Civil* (coord. R. da Cunha Pereira), Belo Horizonte, Del Rey, 2004, p. 118; Bianca Ferreira Papin, PEC do divórcio põe fim à discussão sobre a culpa, *Revista IOB de Direito de Família*, *59*:7-12; Luiz Carlos de Assis Jr., A inviabilidade da manutenção da separação como requisito para o divórcio frente à autonomia privada, *Revista IOB de Direito de Família*, *59*:16-30; Marlus Garcia do Patrocínio, PEC 28/2009 e a nova regra para o divórcio, *Revista IOB*, cit., *59*:33-4; Pablo S. Gagliano e Rodolfo Pamplona Filho, *O novo divórcio*, São Paulo, Saraiva, 2010; Paulo L. N. Lôbo, *Divórcio*: alteração constitucional e suas consequências, em http://www.ibdfam.org.br./?artigos&artigo=570. Acesso em 22-12-2009; Mario de Lima R. Lima, Da obrigatoriedade de se discutir as cláusulas de proteção à pessoa dos filhos na ação de divórcio frente à nova Emenda Constitucional n. 66/2010 e os reflexos imediatos na atuação do Ministério Público, *Revista do MPMG*, *24*:39-41.

Art. 1.572. Qualquer dos cônjuges poderá propor a ação de separação judicial, imputando ao outro qualquer ato que importe grave violação dos deveres do casamento e torne insuportável a vida em comum.

- *Código Civil, arts. 1.566, 1.571, III, e 1.573, I a VI, e 1.724.*
- *Código de Processo Civil, arts. 693 a 699.*

§ 1º A separação judicial pode também ser pedida se um dos cônjuges provar ruptura da vida em comum há mais de um ano e a impossibilidade de sua reconstituição.

§ 2º O cônjuge pode ainda pedir a separação judicial quando o outro estiver acometido de doença mental grave, manifestada após o casamento, que torne impossível a continuação da vida em comum, desde que, após uma duração de dois anos, a enfermidade tenha sido reconhecida de cura improvável.

§ 3º No caso do parágrafo 2º, reverterão ao cônjuge enfermo, que não houver pedido a separação judicial, os remanescentes dos bens que levou para o casamento, e se o regime dos bens adotado o permitir, a meação dos adquiridos na constância da sociedade conjugal.

- *Artigo que poderá perder sua eficácia social por força da redação dada pela EC n. 66/2010 ao art. 226, § 6º, da CF.*

Separação judicial litigiosa. É permitida, a pedido de qualquer dos cônjuges, a separação mediante processo contencioso, qualquer que seja o tempo de casamento, estando presentes hipóteses legais que tornam insuportável a vida em comum, devendo, por isso, o órgão judicante apreciar objetivamente os fatos que evidenciarem a impossibilidade da convivência matrimonial (Enunciado n. 100, aprovado na *I Jornada de Direito Civil*, promovida, em setembro de 2002, pelo Centro de Estudos Judiciários do CJF). Assim, conforme as causas legais, três serão as modalidades de separação judicial litigiosa ou não consensual efetivada por iniciativa da vontade unilateral de qualquer dos consortes: *a*) *separação litigiosa como sanção*, que se dá quando um dos consortes imputar ao outro conduta desonrosa que implique menosprezo no ambiente familiar ou no meio social em que vive o casal (CC, art. 1.573, VI; *RF*, *195*:269 e *187*:239; *RT*, *656*:87, *491*:95; *RJTJSP*, *6*:65, *9*:108 e *50*:55) ou qualquer ato que importe em grave violação dos deveres matrimoniais (CC, arts. 1.573 e 1.566; *Ciência Jurídica*, *61*:87; *RT*, *768*:370, *707*:133, *656*:87) arrolados no Código Civil, art. 1.566: fidelidade recíproca; vida em comum no domicílio conjugal; mútua assistência; sustento; guarda e educação dos filhos; respeito e consideração mútuos; *b*) *separação litigiosa como falência*, se houver ruptura da vida em comum, ou separação de fato, há mais de um ano e impossibilidade de sua reconstituição, pouco importando o motivo que levou ao rompimento fático da convivência conjugal; *c*) *separação litigiosa como remédio*, que ocorre quando o cônjuge a pede ante o fato de estar o outro acometido de grave doença mental (psicose maníaco-depressiva, paranoia, estado fóbico, histérico ou neurastênico, neurose traumática, psicoses endotóxicas por desvio funcional visceral, ou por desvio do metabolismo ou do endocrinismo), manifestada após o matrimônio, que torne impossível a continuação da vida em comum por acarretar, p. ex., constantes agressões físicas, desde que, após uma duração de dois anos, a enfermidade tenha sido reconhecida, por perícia médica, de cura improvável (*RJTJSP*, *89*:255 e *104*:244; *RT*, *583*:75 e *549*:201). Sobre a *ação de separação litigiosa*: Lei n. 6.515/77, arts. 7º, § 1º, 56, 10, §§ 1º e 2º, 11 e 46, parágrafo único; Provimento n. 516/94 do CSMSP; *RT*, *480*:101, *518*:95, *530*:81, *533*:197, *534*:231, *535*:108 e 72, *547*:96, *548*:177, *559*:70, *575*:75, *568*:147, *562*:100, *576*:109, *550*:96, *553*:79, *529*:130, *552*:205 e *571*:66; *RJTJSP*, *61*:120, *78*:283, *71*:210, *77*:308, *75*:118, *84*:303, *73*:122, *68*:268, *64*:161 e *61*:152; *RJTJRS*, *80*:208; *RTJ*, *66*:304 e *98*:803; *RF*, *93*:549.

Efeitos patrimoniais da separação judicial litigiosa como remédio. Haverá reversão em benefício do cônjuge enfermo, que não pediu a separação judicial, do remanescente dos bens que levou para o casamento, e se o regime matrimonial de bens adotado o permitir, a meação de tudo o que foi adquirido na constância da sociedade conjugal. A lei procura beneficiar o consorte, mentalmente doente, conferindo-lhe vantagens patrimoniais.

Art. 1.573. Pode caracterizar a impossibilidade da comunhão de vida a ocorrência de algum dos seguintes motivos:

I — adultério;

- *Código Civil, art. 1.566, I.*
- *Código Penal, art. 240, revogado pela Lei n. 11.106/2005.*
- ***Projeto de Lei n. 699/2011***: *"I — infidelidade;*

..".

II — tentativa de morte;

III — sevícia ou injúria grave;

- *Lei n. 11.340, de 7 de agosto de 2006, com alteração das Leis n. 13.772/2018, 13.880/2019, 13.882/2019, 13.894/2019 e 13.984/2020.*
- *Lei n. 13.641/2018 ,que tipifica crime de descumprimento de medidas protetivas de urgência previstas na Lei Maria da Penha.*

- *Súmulas 107 e 114 do órgão especial do TJSP.*
- *Sobre feminicídio: CP, art. 121, § 2º, VI, § 2º-A, I-II, § 7º, I, II e III, com as alterações da Lei n. 13.104/2015; Lei n. 14.717/2023.*
- *Lei n. 13.642/2018, que acrescenta inciso VII ao art. 1º da Lei n. 10.446/2002, que atribui à Polícia Federal a investigação de crime praticado por meio de rede mundial de computadores que difunda conteúdo misógino, definido como aquele que propaga ódio ou aversão às mulheres.*
- ***Projeto de Lei n. 3.343/2008** (consolidação da legislação federal em saúde) nos arts. 484 a 489 trata da notificação compulsória em casos de violência contra a mulher.*
- *Resolução do CNJ 254/2018 sobre Política Judiciária Nacional de enfrentamento à violência contra mulheres pelo Poder Judiciário.*

IV — abandono voluntário do lar conjugal, durante um ano contínuo;

- *Código Civil, art. 1.566, II.*
- Vide *Código Civil, art. 1.240-A e § 1º, acrescentado pela Lei n. 12.424/2011.*
- ***Projeto de Lei n. 699/2011**: "IV — abandono voluntário do lar conjugal;*

...".

V — condenação por crime infamante;

VI — conduta desonrosa.

- *Código Civil, art. 1.566, V.*

Parágrafo único. O juiz poderá considerar outros fatos que tornem evidente a impossibilidade da vida em comum.

- *Código Civil, arts. 1.566 e 1.572, §§ 1º e 3º.*
- *Lei de Introdução às Normas do Direito Brasileiro, art. 5º.*
- *Código Penal: Dos crimes contra a dignidade sexual, com alteração da Lei n. 12.015/2009.*
- *Artigo que poderá deixar de ter suporte eficacial ante a redação dada pela EC n. 66/2010 ao art. 226, § 6º, da CF.*

Causas legais de separação litigiosa. São motivos que, apontados em lei, de forma não taxativa, são suscetíveis para caracterizar a impossibilidade da comunhão de vida, por torná-la insuportável, justificando que o cônjuge ofendido proponha ação de separação judicial, tais como: *a*) *adultério* (*RT*, *343*:445, *449*:441, *455*:371, *328*:142, *470*:88, *499*:119, *500*:106, *568*:167, *535*:86, *576*:63, *513*:136, *768*:370 e *607*:47; *JB*, *147*:289; *RJTJSP*, *61*:148, *72*:137 e *102*:197), por ser a infração ao dever recíproco de fidelidade, desde que haja voluntariedade de ação e consumação da cópula vaginal (*RT*, *328*:142, *470*:88, *499*:119, *381*:157, *453*:93); *b*) *tentativa de morte*, perpetrada por um dos cônjuges contra o outro; *c*) *sevícias*, ou seja, maus-tratos corporais, agressões físicas, desde que intencionais (Lei n. 11.340/2006, com alteração da Lei n. 13.894/2019; *RJTJSP*, *39*:54, *56*:189; *RF*, *192*:206; *RT*, *707*:133, *471*:138, *519*:127 e *534*:114, *482*:59; *RTJ*, *76*:177); *d*) *injúria grave*, ato ofensivo à integridade moral do cônjuge, seja ele real ou verbal (*RT*, *388*:132, *435*:53, *324*:145, *436*:72, *463*:200, *513*:262, *523*:64, *534*:114; *RF*, *223*:161, *212*:209; *RJTJSP*, *56*:189). A injúria real deriva de gesto ultrajante que diminui a honra e a dignidade do consorte ou põe em perigo seu patrimônio. P. ex.: expulsão do leito conjugal, transmissão de moléstia venérea, recusa de relações sexuais (*RF*, *205*:181, *226*:201; *RT*, *590*:75, *328*:313, *446*:75, *529*:232, *540*:207), ciúme infundado, práticas homossexuais (*RT*, *496*:66, *565*:194), atos de aberração sexual, relações imorais de familiaridade com pessoa de sexo oposto (*RT*, *459*:183, *486*:92) etc. A injúria verbal consiste em palavras ofensivas à respeitabilidade do outro, p. ex., comparações desprimorosas, confidências depreciativas, relatos a amigos de encontros extraconjugais (*RT*, *417*:137, *473*:63; *RJTJSP*, *17*:40, *58*:25; *JB*, *147*:289); *e*) *abandono voluntário do lar conjugal, durante um ano contínuo* (CC, art. 1.572, § 1º), havendo impossibilidade de reconstituição da vida em comum (*RT*, *656*:87, *619*:80, *607*:200, *614*:68, *539*:205, *578*:186, *450*:210, *328*:293, *468*:216, *484*:84, *491*:65, *446*:252, *458*:193 e *489*:77; *RF*, *172*:299, *155*:301, *106*:70, *115*:120, *226*:8, *190*:160 e *189*:205; *RJTJSP*, *28*:71 e *29*:80; *JB*, *160*:319); *f*) *condenação por crime infamante* (p. ex., homicídio por motivo torpe, estupro, tortura, extorsão mediante sequestro, terrorismo, latrocínio, tráfico de entorpecente etc.), por causar repulsa na sociedade, que avilta seu autor, e por revelar não só o péssimo caráter do cônjuge, como também o seu mau comportamento social; *g*) *conduta desonrosa* (CC, art. 1.572) como: uso de entorpecentes, lenocínio, embriaguez (*RF*, *195*:269; *RT*, *656*:87; *RJTJSP*, *6*:65, *9*:108, *50*:55), ociosidade, vício de jogo (*RT*, *491*:95; *RF*, *187*:239), exploração de negócios desonrosos, práticas de delitos não infamantes, recusa de pagar débitos familiares, desonestidade, infidelidade virtual etc.; e *h*) qualquer fato considerado pelo magistrado como suscetível de impossibilitar a vida em comum.

Discricionariedade judicial. A norma, após arrolar casuisticamente as hipóteses que tornam impossível a comunhão de vida, justificadoras do pedido de separação judicial litigiosa, vem seguindo a esteira das modernas legislações europeias, no seu parágrafo único, a admitir que o juiz pode considerar outros fatos que tornem evidente a impossibilidade da vida em comum (p. ex., crueldade mental, desamor, incompatibilidade de gênios — TJSP, 4ª Câm. D. Priv., Ap. Cível com Rev. n. 365.565.4/5-00, rel. Carlos Stroppa, j. 17-11-2005; TJSP, Ac. 537.373-4, 4ª Câm. de D. Priv., rel. Jacobina Rabello, j. 6-3-2008; *RJTJSP*, *131*:271 — etc.). Apelando, assim, para a discricionariedade judicial, para que o órgão judicante, empregando critérios axiológicos, consagrados na ordem jurídica (LINDB, art. 5º), interprete a norma em relação com a situação fática que deve solucionar, tendo em vista o momento atual e as peculiaridades do caso *sub judice*, averiguando se, na verdade, a conduta de um dos cônjuges torna insuportável a convivência conjugal (*BAASP*, *2.341*:2857; STJ, 3ª T., REsp 783.137/SP, rel. Nancy Andrighi, j. 25-9-2006).

"Formulado o pedido de separação judicial com fundamento na culpa (art. 1.572 e/ou art. 1.573 e incisos), o juiz poderá decretar a separação do casal diante da constatação da insubsistência da comunhão plena de vida (art. 1.511) — que caracteriza hipótese de 'outros fatos que tornem evidente a impossibilidade da vida em comum' — sem atribuir culpa a nenhum dos cônjuges" (Enunciado n. 254 do CJF, aprovado na *III Jornada de Direito Civil*).

Aplicabilidade do art. 1.573, em caso de divórcio, para fins de responsabilidade civil por dano moral. Com a nova redação do art. 226, § 6º, da Carta Magna, dada pela EC n. 66/2010, as normas relativas à separação judicial poderão perder sua eficácia social, pois com a sua supressão e a do prazo de carência de um ano como requisitos para o divórcio poderá, com o tempo, não mais haver duplicidade entre dissolução da sociedade conjugal e dissolução do vínculo conjugal, nem qualquer investigação da culpa ou das causas motivadoras da extinção do casamento, visto que a violação do art. 1.566 já seria, como pondera Cristiano Chaves de Faria, um "sintoma do fim" do matrimônio, por ser consequência da ausência do desejo de compartilhar a vida, dando azo à *voluntas divortiandi*, privilegiando a dignidade, a privacidade e a autonomia dos cônjuges em desafeto na decisão de extinguir o vínculo conjugal, sem apresentar qualquer justificativa. Assim, no divórcio judicial, apenas poderá haver análise de culpabilidade para a solução de questões sobre partilha de bens, alimentos, guarda e visita a filhos menores. Inadmissível será, para a concessão do divórcio, não só qualquer perquirição da culpa, averiguando quem infringiu o art. 1.566 pela prática de adultério, sevícia, injúria grave, conduta desonrosa, abandono etc., como também investigação dos motivos justificadores da promoção da dissolução do casamento. Mas é preciso esclarecer que o exercício do direito ao divórcio sofre limitações, requerendo conduta de boa-fé e preservação da incolumidade físico-psíquica dos cônjuges e dos filhos. Isto porque se um deles vier a lesar filhos, patrimônio familiar ou direito da personalidade do outro cônjuge, durante a convivência matrimonial, será analisada, em juízo, questão sobre guarda, visita, alimentos, partilha, podendo-se, para tanto, averiguar a culpabilidade, que poderá, ainda, fazer com que seja responsabilizado civilmente por dano moral. E, além disso, como observa Luiz Carlos de Assis Júnior, extinto o casamento com o divórcio, poderá ser intentada ação de responsabilidade civil contra o que de má-fé contrair ou desfazer vínculo matrimonial unicamente com a *intentio* de prejudicar o ex-cônjuge, inclusive patrimonialmente.

Logo, com o advento da EC n. 66/2010, o art. 1.573, *sub examine*, poderá perder sua eficácia em relação à separação judicial, mas, apesar disso, poderá servir de parâmetro, havendo pedido de divórcio, à ação de responsabilidade civil por dano moral movida pelo ex-cônjuge, por ter sofrido afronta ao seu direito da personalidade (CF, art. 226, § 8º, c/c CC, art. 186).

BIBLIOGRAFIA: Cristiano Chaves de Faria, Redesenhando os contornos da dissolução do casamento, *Afeto, ética, família e o novo Código Civil* (coord. R. de Cunha Pereira), Belo Horizonte, Del Rey, 2004, p. 118; Bianca Ferreira Papin, PEC do divórcio põe fim à discussão sobre a culpa, *Revista IOB de Direito de Família*, 59:7-12; Luiz Carlos de Assis Jr., A inviabilidade da manutenção da separação como requisito para o divórcio frente à autonomia privada, *Revista IOB de Direito de Família*, *59*:16-30; Marlus Garcia do Patrocínio, PEC 28/2009 e a nova regra para o divórcio, *Revista IOB*, cit., *59*:33-4.

Art. 1.574. Dar-se-á a separação judicial por mútuo consentimento dos cônjuges se forem casados por mais de um ano e o manifestarem perante o juiz, sendo por ele devidamente homologada a convenção.

- ***Projeto de Lei n. 699/2011***: *"Art. 1.574. Dar-se-á a separação judicial por mútuo consentimento dos cônjuges, manifestado perante o juiz, sendo por ele devidamente homologada a convenção.*

  ..".

Parágrafo único. O juiz pode recusar a homologação e não decretar a separação judicial se apurar que a convenção não preserva suficientemente os interesses dos filhos ou de um dos cônjuges.

- *Código de Processo Civil, arts. 731 a 733, §§ 1º e 2º.*
- *Artigo que poderá perder sua eficácia social pela EC n. 66/2010 que deu nova redação ao art. 226, § 6º, da CF.*
- *Resolução n. 35/2007 do CNJ, com alteração da Res. do CNJ n. 200/2016.*

Separação judicial consensual. É a que se opera por mútuo consentimento dos cônjuges casados há mais de um ano, cujo acordo não precisa estar acompanhado de motivação, mas, para ter eficácia jurídica, requer, havendo filhos menores ou incapazes, homologação judicial depois de ouvido o Ministério Público (Lei n. 6.515/77, arts. 34, §§ 1º a 4º, 9º, 15, 20, 22 e 46; Lei n. 6.015/73, arts. 101, 102 e 168; CPC, art. 731, I a IV e parágrafo único; *RT*, *434*:89, *358*:461, *128*:244, *134*:576, *136*:677, *471*:77, *330*:441, *398*:151, *460*:107, *463*:97, *178*:172, *180*:588, *329*:255, *532*:98 e 99, *542*:64, *533*:102, *449*:120, *448*:209, *446*:108, *427*:127, *535*:82, *520*:246, *548*:106, *534*:110, *519*:91, *413*:182, *452*:61, *218*:293, *262*:230, *466*:240, *361*:109, *419*:379, *459*:229, *426*:218, *494*:69, *450*:210, *503*:68, *506*:121, *526*:194, *527*:77, *528*:278, *529*:77, *558*:91, *566*:93, *574*:112, *552*:85, *570*:120, *544*:189, *563*:210, *562*:77, *599*:127, *573*:283, *572*:62, *559*:84, *568*:147, *578*:228, *581*:57, *612*:63 e 177, *610*:63, *623*:77,

640:105, *686*:185, *737*:379, *766*:224 e *624*:195; *RJTJSP*, *20*:117, *15*:136, *62*:186, *76*:192, *25*:76, *26*:151, *30*:213, *41*:54, *17*:35, *58*:172, *53*:71, *70*:273, *63*:152 e *72*:220; *RTJ*, *98*:296 e *100*:748; *Ciência Jurídica*, *33*:96; *RJTJRS*, *82*:362; Súmula 379 do STF). Sem embargo disso, o Conselho da Justiça Federal, no Enunciado n. 515, aprovado na *V Jornada de Direito Civil* entendeu que: "Pela interpretação teleológica da Emenda Constitucional n. 66/2010, não há prazo mínimo de casamento para a separação consensual".

Em nosso País também admitida está a *separação extrajudicial*, pois, pelo art. 733 do CPC, a separação consensual, não havendo nascituro, filhos menores ou incapazes do casal e observados os requisitos legais, inclusive quanto ao prazos, poderá ser realizada por escritura pública, contendo disposições sobre descrição e partilha dos bens comuns, pensão alimentícia, acordo relativo a retomada pelo cônjuge do nome de solteiro ou à manutenção do nome adotado quando se deram as núpcias. Tal escritura independerá de homologação judicial e constituirá título hábil para o registro civil e o registro de imóveis. O tabelião apenas lavrará essa escritura se os cônjuges estiverem assistidos por defensor público ou por advogado, cuja qualificação e assinatura constarão do ato notarial. Urge lembrar que, apesar da omissão da lei processual, essa escritura e demais atos notariais serão gratuitos àqueles que se declararem pobres sob as penas da lei (Res. n. 35/2007 do CNJ, art. 7º; CF, arts. 1º, III, 3º, I, 5º, LXXIV; CPC, art. 1.046, § 2º).

O Colégio Notarial do Brasil — seção São Paulo, por sua diretoria, considerando a publicação em 14 de julho de 2010, da EC n. 66, que deu nova redação ao § 6º do art. 226 da CF, divulgou a orientação n. 2, esclarecendo que: "Para a lavratura de escritura de separação consensual deve-se observar o prazo referido no art. 1.574 do Código Civil, pois muito embora a EC n. 66 tenha suprimido os prazos para a realização do divórcio, não fez referência à separação judicial ou extrajudicial".

Sem embargo, há quem entenda como Gagliano e Pamplona Filho que: "Se, por equívoco ou desconhecimento, após o advento da nova Emenda, um tabelião lavrar escritura de separação, esta não terá validade jurídica, por conta da supressão do instituto em nosso ordenamento, configurando nítida hipótese de nulidade absoluta do acordo por impossibilidade jurídica do objeto (art. 166, II, do CC)".

BIBLIOGRAFIA: Gagliano e Pamplona, *O novo divórcio*, cit., p. 71.

Recusa de homologação judicial. Ao pedirem a separação judicial consensual, os cônjuges, com filhos menores ou incapazes, entram com petição instruída com certidão de casamento; pacto antenupcial, se houver; descrição de bens móveis e imóveis e respectiva partilha; acordo sobre guarda (unilateral, alternada ou compartilhada) dos filhos menores e dos maiores incapazes; valor da contribuição dos cônjuges para criação e educação dos filhos na proporção de seus recursos (CC, art. 1.703); direito de visita; pensão alimentícia ao cônjuge que não possuir bens suficientes para se manter (CC, art. 1.695); declaração a respeito do nome do cônjuge, esclarecendo se voltará a usar o nome de solteiro, ou se continuará com o de casado. O órgão judicante poderá homologá-la ou não. Estará ele autorizado a recusar a homologação e a não decretar a separação judicial se verificar que aquela petição ou convenção não atende aos interesses de um dos cônjuges ou aos da prole, p. ex., se perceber que a separação é meio de fraudar credores e não o resultado de uma impossibilidade de vida em comum (*RJTJSP*, *17*:35). Poderá não homologar, mas não terá o poder de alterar as condições estipuladas pelas partes, tendo, contudo, o dever de declarar as razões de sua recusa. A separação consensual é ato judicial complexo, visto que a vontade dos cônjuges só produzirá efeito liberatório quando houver a homologação do órgão judicante, que tem presença atuante e positiva no processo (*RT*, *581*:57, *544*:189, *529*:77, *466*:240 e *361*:109; *RF*, *212*:155).

"Na separação judicial por mútuo consentimento, o juiz só poderá intervir no limite da preservação do interesse dos incapazes ou de um dos cônjuges, permitida a cindibilidade dos pedidos com a concordância das partes, aplicando-se esse entendimento também ao divórcio" (Enunciado n. 516 do CJF aprovado na *V Jornada de Direito Civil*).

Art. 1.575. A sentença de separação judicial importa a separação de corpos e a partilha de bens.

Parágrafo único. A partilha de bens poderá ser feita mediante proposta dos cônjuges e homologada pelo juiz ou por este decidida.

- *Código Civil, arts. 980, 1.562, 1.580, 1.581, 1.585, 1.576, 1.639 a 1.688 e 1.572, § 3º.*
- *Lei n. 6.515/77, arts. 7º, §§ 1º e 2º, e 8º.*
- *Código de Processo Civil, arts. 294, parágrafo único, 300 e s., 731, parágrafo único.*
- *Artigo que poderá perder suporte eficacial ante a nova redação dada pela EC n. 66/2010 ao § 6º do art. 226 da CF.*

- ***Projeto de Lei n. 699/2011***: *"Art. 1.575. A partilha de bens poderá ser feita mediante proposta dos cônjuges e homologada pelo juiz ou por este decidida em juízo sucessivo".*

Separação de corpos na separação judicial. Com a separação judicial cessa o dever de coabitação (CC, art. 1.576, 1ª parte), logo a separação de corpos é consequência direta da sentença judicial que a decretar (CC, art. 1.575, 1ª parte). A ação de separação judicial litigiosa pode ser precedida pela separação de corpos, que é uma tutela provisória de urgência de natureza cautelar (CPC, arts. 294, parágrafo único, e 300 e s.; *RT*, *767*:345, *603*:113, *572*:98, *546*:105, *460*:145, *448*:81, *480*:101; *518*:95, 530:81 e 230, *533*:197, *534*:231, *535*:108, *547*:96, *548*:177, *559*:70, *575*:75, *568*:147, *544*:111, *553*:81, *562*:100 e *541*:97; *RJTJSP*, *61*:120, *78*:283, *71*:210, 77:308, *75*:118, *84*:303 e *100*:207; *RJTJRS*, *80*:208) consistente na suspensão autorizada do dever de coabitação por prazo curto, findo o qual deve ser proposta a ação de separação litigiosa. Contudo, não é essencial, poderá a ação principal ser intentada diretamente, sendo até desnecessária por já se encontrarem, em regra, separados de fato os cônjuges quando partem para a separação judicial. Mas, ante o art. 8º da Lei n. 6.515/77, é importantíssima essa tutela cautelar de separação de corpos, pois a sentença que julgar a separação judicial produzirá efeitos à data do seu trânsito em julgado ou à da decisão que tiver concedido separação judicial (CC, art. 1.580). No pedido de separação de corpos, o juiz pode ordenar que a guarda temporária dos filhos menores fique, p. ex., com a mãe (*RJTJSP*, *57*:172; *RT*, *278*:861), durante o processo principal, por ter melhor aptidão para atender aos interesses da prole (CC, art. 1.585), e que o marido lhe preste alimentos provisionais (CPC, arts. 294, parágrafo único, 296, 308, 309 e 531) fixados nos termos da lei processual (CC, art. 1.706; *RTJ*, *66*:304; *RF*, *93*:549; *RT*, *496*:98, *466*:81, *460*:141, *497*:53, *576*:109, *535*:72, *550*:96, *553*:79, *529*:130, *521*:135 e *552*:205; *RJTJSP*, *78*:277, *73*:122 e *68*:268). Convém não olvidar que na *separação extrajudicial*, a separação de corpos poderá ser concedida antes do requerimento dos cônjuges, perante o tabelião, se houver necessidade, pois a tutela cautelar tem importância para o cômputo do prazo exigido no art. 1.580.

Partilha de bens na separação judicial. A partilha de bens, tanto no ativo como no passivo, pode ser feita mediante proposta dos cônjuges, homologada pelo magistrado (na separação consensual) ou por ele deliberada (na litigiosa), com observância das normas que regem o regime matrimonial de bens adotado pelos cônjuges (CC, arts. 1.639 a 1.688) e do disposto no art. 1.572, § 3º, do Código Civil, se se tratar de separação judicial litigiosa como remédio, em que um dos consortes é portador de grave enfermidade mental (CC, art. 1.572, § 2º), que se manifestou após o matrimônio, causando impossibilidade de continuação da vida em comum.

DIREITO DE FAMÍLIA

Nada obsta que, havendo demanda entre os cônjuges sobre a questão da divisão do patrimônio conjugal, a partilha se dê em juízo sucessivo (CPC, arts. 731, parágrafo único, 647 a 658), ou melhor, ulterior à decretação da separação judicial, processando-se nos mesmos autos desta. Deveras, se pelo art. 1.581 é possível o divórcio sem a prévia partilha de bens (Súmula 197 do STJ), nada obsta a que se decrete a separação judicial sem essa partilha, haja vista que se a norma (CC, art. 1.581) permite o mais, com maior razão permitido está o menos. Logo, "não é obrigatória a partilha de bens na separação judicial" (Enunciado n. 255 do CJF, aprovado na *III Jornada de Direito Civil*). A *separação extrajudicial*, por sua vez, também importa partilha de bens apresentada pelos cônjuges por ocasião da lavratura da escritura pública. Se não chegarem a um acordo, far-se-á a separação, ficando a partilha relegada ao procedimento próprio (CPC, art. 733). Tem razão Paulo Luiz Netto Lôbo ao afirmar que a locução "*importa a partilha*" não quer dizer que a separação depende dela, mas apenas que aos separandos se deve assegurar o direito à divisão de bens; logo, se na decisão nada estiver estipulado sobre a partilha, haverá presunção de que os bens do casal ficariam em condomínio, até que se resolva a questão.

BIBLIOGRAFIA: Yussef S. Cahali, *Divórcio e separação*, cit., p. 792 a 804; Domingos Sávio Brandão Lima, Medida cautelar de separação de corpos, *Justitia*, *132*:64; Regina Z. C. da Silva Cacais, Considerações sobre a separação de corpos, *RT*, *568*:238; Matiello, *Código Civil*, cit., comentário ao art. 1.575; Milton Paulo de Carvalho Filho, *Código Civil*, cit., p. 1651; Paulo Luiz Neto Lôbo, *Direito civil: famílias*, São Paulo, Saraiva, 2008, p. 142.

Art. 1.576. A separação judicial põe termo aos deveres de coabitação e fidelidade recíproca e ao regime de bens.

- *Código Civil, arts. 1.566, I e II, 1.575, parágrafo único, e 1.639 a 1.688.*
- *Código de Processo Civil, arts. 693 a 699, 731 a 733.*

Parágrafo único. O procedimento judicial da separação caberá somente aos cônjuges, e, no caso de incapacidade, serão representados pelo curador, pelo ascendente ou pelo irmão.

- *Código Civil, arts. 3º, 4º, II e III, 1.767, I a III.*
- *Lei n. 6.515/77, art. 3º.*
- *Artigo que poderá ficar sem eficácia social diante da EC n. 66/2010 que alterou redação do § 6º do art. 226 da CF.*
- ***Projeto de Lei n. 699/2011**: "Art. 1.576. A separação judicial e o divórcio põem termo aos deveres conjugais recíprocos, salvo as disposições em contrário constantes deste Código.*

  § 1º A separação judicial e o divórcio extinguem o regime de bens, aplicando-se este efeito à separação de fato quando demonstrada a incomunicabilidade dos bens, para evitar o enriquecimento ilícito.

  § 2º O procedimento judicial da separação caberá somente aos cônjuges, e, no caso de incapacidade, serão representados pelo curador, pelo ascendente ou pelo irmão".

Principais efeitos relativos aos cônjuges, em razão de separação judicial. A separação judicial põe fim: *a*) aos deveres recíprocos do casamento (*RJTJSP*, *11*:128; *RT*, *523*:218), como o de coabitação e de fidelidade (CC, art. 1.566, I e II), sendo que o de assistência material converte-se em obrigação alimentícia; e *b*) ao regime matrimonial de bens, se a partilha foi proposta pelos próprios cônjuges ou pelo magistrado (CC, arts. 1.575, parágrafo único, e 1.639 a 1.688).

Legitimação ativa ou passiva na separação judicial. A ação de separação judicial é personalíssima, só podendo ser proposta pelos cônjuges. Assim, apenas marido e mulher têm legitimação ativa ou passiva, somente eles podem mover tal ação, defender-se ou não, reconvir, ou recorrer. Todavia, a lei admite, excepcionalmente, em caso de incapacidade, por causa definitiva ou temporária, de um deles, que essa ação seja intentada pelo curador, pelo ascendente ou pelo irmão que represente o cônjuge incapaz (CC, arts. 3º, 4º, II e III, 1.767, I e III). Diante do grave quadro psicológico de um dos cônjuges, mesmo que ainda não haja interdição decretada, para resguardar seus direitos, o seu irmão, p. ex., se quiser, poderá representá-lo no procedimento judicial da separação, ante a inércia do ascendente.

Art. 1.577. Seja qual for a causa da separação judicial e o modo como esta se faça, é lícito aos cônjuges restabelecer, a todo tempo, a sociedade conjugal, por ato regular em juízo.

Parágrafo único. A reconciliação em nada prejudicará o direito de terceiros, adquirido antes e durante o estado de separado, seja qual for o regime de bens.

- *Lei n. 6.015/73, arts. 101 e 107, § 2º, e Código Civil, art. 980.*
- *Constituição Federal, art. 5º, XXXVI.*
- *Lei de Introdução às Normas do Direito Brasileiro, art. 6º, § 2º.*
- *Lei n. 6.515/77, art. 46.*
- *Artigo que poderá perder sua eficácia social por força do art. 226, § 6º, da CF, com a redação da EC n. 66/2010.*

Possibilidade de reconciliação. Mesmo depois de efetuada a separação judicial, seja ela consensual ou litigiosa, há possibilidade de reconciliação (*RT, 462*:218) dos cônjuges, restabelecendo, a qualquer tempo, a sociedade conjugal, nos termos ou condições em que fora constituída, por ato regular em juízo, mediante requerimento nos autos da ação de separação (*RT, 419*:379, *495*:229; *RJTJSP, 30*:47); caso em que bastará petição inicial e procuração *ad judicia*, com poderes especiais, subscrita por ambos os cônjuges (*JTJ, 276*:420, *273*:200). Mas nada obsta, como observa Carlos Eduardo N. Camillo, que, para a reconciliação dos consortes, a competência seja do juízo em que fixarem novo domicílio; nesta hipótese, então, deverão provar a separação judicial, anexando cópia da petição inicial, da sentença homologatória da separação consensual ou da que determinou a litigiosa, acompanhada, em um ou outro caso, do termo do trânsito em julgado do pronunciamento judicial e da averbação feita no registro civil. Tal reconciliação não prejudicará direitos de terceiros de boa-fé, adquiridos antes e durante o período da separação, seja qual for o regime de bens. P. ex.: se o marido vendeu imóvel, que lhe coube na partilha, a terceiro com o restabelecimento da sociedade conjugal não haverá a devolução daquele bem ao patrimônio do casal, pois a venda por ele feita é válida, respeitando-se os direitos do adquirente. O ato de restabelecimento da sociedade conjugal deverá ser averbado no Registro Civil (Lei n. 6.015/73, arts. 101 e 107, § 2º; *RT, 798*:252; *JTJ, 249*:179). A sentença de separação judicial perderá sua eficácia com a reconciliação. Como se vê, a separação judicial possui um *status* transitório, podendo cessar a qualquer momento. O *restabelecimento da sociedade conjugal*, sendo a separação extrajudicial ou judicial, poderá dar-se por *escritura pública*. Se a separação foi consensual extrajudicial, a qualquer tempo será possível a reconciliação por meio de anotação na escritura pública anterior, mediante requerimento dirigido ao tabelião que lavrou a separação, subscrito por ambos os interessados, desde que assistidos por advogado e que não se lesem direitos de terceiro. Se a separação foi judicial, os interessados deverão apresentar ao tabelião certidão da sentença de separação ou da averbação da separação no assento do casamento. Mas, na reconciliação via cartorária, não poderá a sociedade conjugal ser restabelecida com modificações, salvo no que disser respeito ao uso do nome, pois mudança de regime de bens (CC, art. 1.639) requer intervenção judicial.

É preciso esclarecer que, na ocorrência de perda de eficácia social das normas sobre separação, diante da EC n. 66/2010, pessoas já separadas, ainda não divorciadas, poderão reconciliar-se, a não ser que queiram pleitear o divórcio, sem necessidade de comprovar a fluência do prazo de carência de um ano.

BIBLIOGRAFIA: George T. Giorgis, A reconciliação dos separados e o recasamento dos divorciados, *RF*, *263*:412; Matiello, *Código Civil*, cit., p. 1030; Carlos Eduardo N. Camillo, *Comentários*, cit., p. 1151-2; M. Helena Diniz, *Curso*, cit., p. 329; Milton Paulo de Carvalho Filho, *Código Civil*, cit., p. 1655.

Art. 1.578. O cônjuge declarado culpado na ação de separação judicial perde o direito de usar o sobrenome do outro, desde que expressamente requerido pelo cônjuge inocente e se a alteração não acarretar:

I — evidente prejuízo para a sua identificação;

II — manifesta distinção entre o seu nome de família e o dos filhos havidos da união dissolvida;

III — dano grave reconhecido na decisão judicial.

§ 1º O cônjuge inocente na ação de separação judicial poderá renunciar, a qualquer momento, ao direito de usar o sobrenome do outro.

§ 2º Nos demais casos caberá a opção pela conservação do nome de casado.

- *Código Civil, arts. 1.565, § 1º, e 1.571, § 2º.*
- *Artigo sujeito a uma possível perda de suporte eficacial ante a nova redação, dada pela EC n. 66/2010 da CF, do art. 226, § 6º.*

Separação judicial e o direito ao uso do sobrenome de ex-cônjuge. Como com o casamento, pelo art. 1.565, § 1º, do Código Civil, qualquer dos cônjuges pode, se quiser, adotar o patronímico do outro; um dos efeitos pessoais da separação judicial é o de impedir o cônjuge, que fez aquela opção, de continuar a usar o sobrenome do outro, se condenado na separação litigiosa por ter agido culposamente, caso em que voltará a utilizar o de solteiro, desde que isso seja requerido de modo expresso pelo vencedor e se a alteração não acarretar evidente prejuízo para sua identificação, nem manifesta distinção entre o seu nome de família e o dos filhos havidos da união dissolvida, ou dano grave reconhecido na decisão judicial. Se vencedor, por ter sido declarado inocente na ação, poderá renunciar, a qualquer momento, o direito de usar o sobrenome do outro. Na separação consensual, na separação fundada em culpa recíproca, na separação litigiosa como falência ou na separação litigiosa como remédio (CC, art. 1.572, §§ 1º e 2º), tem ele a opção de usar ou não o nome de casado (TJRS, 7ª Câm. Cível, AC n. 70022080428, rel. Vasconcellos Chaves, j. 14-5-2008; *RT*, *872*:372).

Art. 1.579. O divórcio não modificará os direitos e deveres dos pais em relação aos filhos.

Parágrafo único. Novo casamento de qualquer dos pais, ou de ambos, não poderá importar restrições aos direitos e deveres previstos neste artigo.

- *Código Civil, arts. 1.584, 1.586, 1.634, 1.636 e 1.703.*
- *Constituição Federal, art. 229.*
- *Lei n. 8.069/90, art. 22.*

DIREITO DE FAMÍLIA

Efeitos do divórcio em relação à prole. O divórcio, apesar de poder alterar as condições do exercício do poder familiar e da guarda dos filhos (CC, arts. 1.584 e 1.586), mantém inalterados os direitos e deveres dos pais relativamente aos filhos, mesmo que contraiam novo casamento (CC, arts. 1.579, parágrafo único, 1.636, 1.584 e 1.586), salvo se houver comprovação de algum prejuízo aos interesses da prole. Os alimentos à prole continuam devidos, mesmo que os pais venham a se casar novamente, embora o *quantum* da pensão possa ser alterado p. ex. ante a atualização monetária, conforme o índice oficial vigente, o aumento ou diminuição de necessidades do alimentando ou as maiores ou menores possibilidades do alimentante (Lei n. 6.515/77, art. 28; CC, arts. 1.699 e 1.710; Decreto-Lei n. 2.284/86, art. 6º). Os filhos, qualquer que seja a natureza da filiação, terão direito à herança dos pais em igualdade de condições (CF/88, art. 227, § 6º; CC, arts. 1.845, 1.829, II, 1.832, 1.833 e 1.835).

BIBLIOGRAFIA: Orlando Gomes, *Direito de família*, cit., p. 280-93; Caio M. S. Pereira, *Instituições*, cit., v. 5, p. 186-7; Silvio Rodrigues, *Direito civil*, cit., v. 6, p. 222; M. Helena Diniz, *Curso*, cit., v. 5, p. 192-5 e 204; W. Barros Monteiro, *Curso*, cit., v. 2, p. 229; Fábio M. de Mattia, Direito de visita, *RF*, *273*:101; Ney de Mello Amaral, *Manual de direito de família*, São Paulo, Hemeron, 1978, p. 397 e 403; Evani Z. Marques da Silva, *Paternidade ativa na separação conjugal*, São Paulo, Ed. Juarez de Oliveira, 1998; L. Zanon Masdeu, *Guarda y custodia de los hijos*, Barcelona, Bosch, 1996; Yussef Said Cahali, *Divórcio e separação*, São Paulo, Revista dos Tribunais, 2000, p. 1338 e 1339; Regina Beatriz Tavares da Silva, *Novo Código Civil*, cit., p. 1385-6; Pablo S. Gagliano e Rodolfo Pamplona Filho, *O novo divórcio*, São Paulo, Saraiva, 2010.

Art. 1.580. Decorrido um ano do trânsito em julgado da sentença que houver decretado a separação judicial, ou da decisão concessiva da medida cautelar de separação de corpos, qualquer das partes poderá requerer sua conversão em divórcio.

§ 1º A conversão em divórcio da separação judicial dos cônjuges será decretada por sentença, da qual não constará referência à causa que a determinou.

§ 2º O divórcio poderá ser requerido, por um ou por ambos os cônjuges, no caso de comprovada separação de fato por mais de dois anos.

- Vide *Código Civil, arts. 1.523, III, 1.562, 1.571, IV e § 2º, 1.575, e Constituição Federal, art. 226, § 6º.*
- *Código de Processo Civil, arts. 300 a 311, 356, 693 a 699, 731 a 733.*
- *Resolução n. 35/2007 do CNJ, com alteração da Res. do CNJ n. 200/2016.*
- *Artigo parcialmente revogado pela Constituição Federal, art. 226, § 6º, com a redação da EC n. 66/2010.*

Modalidades de divórcio. Em nosso direito, acatando-se princípios de direito intertemporal (visto que não houve, no ordenamento jurídico, supressão do instituto da separação, pois, se tal houvesse, os efeitos seriam, tecnicamente, *ex tunc* e não *ex nunc*), têm-se: 1) *divórcio indireto*, que pode ser: *a*) *consensual*, se mediante pedido de conversão da prévia separação judicial consensual ou litigiosa (LINDB, art. 6º; CF, art. 5º, XXXVI) em divórcio, feito por ambos ou por qualquer um dos consortes com o consenso do outro (CF, art. 226, § 6º; Lei n. 6.515/77, arts. 35, 36, I e II, e 47; Portaria 2/91 do Poder Judiciário de São Paulo; Lei n. 8.408/92, art. 1º; *RT*, *581*:172, *534*:178, *553*:178 e *526*:178; *Ciência Jurídica*, *41*:101), qualquer que seja o prazo decorrido (*RT*, *598*:105) do trânsito em julgado da sentença que a homologou ou decretou ou da decisão concessiva da medida cautelar de separação de corpos (*Ciência Jurídica*, *43*:132), pois pelo § 6º do art. 226, com a redação da EC n. 66/2010, não há mais o prazo de carência de um ano; *b*) *litigioso*, se obtido mediante uma sentença judicial proferida em processo de jurisdição contenciosa, em que dos consortes, judicialmente separado, havendo dissenso ou recusa do outro em consentir no divórcio, pede, sem prazo de carência, ao juiz que converta a separação judicial (consensual ou litigiosa) em divórcio, pondo fim ao matrimônio. Sobre a decretação do divórcio indireto, consulte: Lei n. 6.515/77, arts. 31, 32, 35 a 37, 47 e 48; Lei n. 7.841/89, art. 2º; Provimento n. 516/94 do CSMSP; *EJSTJ*, *12*:70; *RT*, *640*:105, *611*:97, *606*:105, *604*:81, *601*:181, *539*:147, *526*:178, *512*:20, *527*:94, *533*:190, *537*:101, *516*:164, *553*:164, *573*:207, *575*:197, *567*:91, *545*:201, *539*:188 e *529*:176. A conversão da separação judicial em divórcio será decretada por sentença, da qual não constará referência à causa que a determinou. Portanto, "a Emenda Constitucional n. 66/2010 extinguiu os prazos previstos no art. 1.580 do Código Civil, mantido o divórcio por conversão" (Enunciado n. 517 do CJF, aprovado na *V Jornada de Direito Civil*); 2) *divórcio direto*, que resulta de um estado de fato, autorizando a conversão direta da separação de fato qualquer que seja o seu prazo, em divórcio, sem que haja prévia partilha de bens (CC, art. 1.581; *RT*, *780*:349) e separação judicial, havendo pedido de um (litigioso) ou de ambos os consortes (consensual) (CF, art. 226, § 6º; Lei n. 6.515/77, art. 40 e §§, alterados pela Lei n. 7.841/89, arts. 2º e 3º; Superior Tribunal de Justiça, Súmula 197; *Ciência Jurídica*, *37*:51; *BAASP*, *1.842*:43; *RT*, *615*:56, *616*:156 e *586*:179; *JB*, *170*:322, *158*:225 e *159*:297). Admite-se o divórcio direto tanto consensual quanto litigioso, uma vez que o Código Civil estabelece nos arts. 1.571, § 2º, 1.579, 1.581, 1.584 e 1.586 diretrizes e critérios não fundados na culpabilidade das partes para solucionar questões, na ausência de acordo, sobre partilha, guarda de filhos, direito de visitas etc. Temos, ainda, a possibilidade jurídica do *divórcio consensual por via administrativa*, pois se o casal não tiver nascituro, filhos menores ou incapazes poderá, observando-se os requisitos legais, realizar, para se divorciar, consensualmente, uma escritura pública, assistido por defensor público ou por advogado, dispondo sobre descrição e partilha de bens comuns, pensão alimentícia, retomada de nome de solteiro ou manutenção do nome adotado por ocasião do matrimônio. Tal escritura não dependerá de homologação judicial e constituirá título hábil para o registro civil e o imobiliário (CPC, art. 733; TJMG, 3ª Câm. Cív., Ap. Cível 1086.06.182311-4/001, rel. Didimo Inocêncio de Paula, j. 19-7-2007). Deveras, o *Colégio Notarial do Brasil* — Seção São Paulo, por sua diretoria, considerando a reforma constitucional operada pela EC n. 66/2010, suprimindo o requisito de prévia separação judicial por mais de um ano ou de comprovada separação de fato por mais de dois anos, divulgou Orientação n. 1 esclarecendo que: "Para a lavratura de escritura pública de divórcio direto não há mais que se exigir a comprovação de lapso temporal nem presença de testemunhas, desde que respeitados os demais requisitos da Lei n. 11.441/2007".

Efeitos do divórcio. A sentença e a escritura pública de divórcio, depois de registradas no Registro Público competente (Lei n. 6.515/77, art. 32), produzem os seguintes efeitos: *a*) dissolução do vínculo conjugal (CC, art. 1.571, IV, e § 2º); *b*) fim dos deveres recíprocos dos cônjuges (CC, art. 1.576); *c*) extinção do regime matrimonial de bens e do direito sucessório dos cônjuges (CC, art. 1.576); *d*) possibilidade de novo casamento aos divorciados (*RT*, *546*:189), desde que observe o disposto no art. 1.523, III, do Código Civil; *e*) impossibilidade de reconciliação — se quiserem restabelecer a união, deverão contrair novo casamento (Lei n. 6.515/77, art. 33); *f*) possibilidade de pedido de divórcio sem limitação numérica (Lei n. 7.841/89, art. 3º); *g*) término do regime de separação de fato se se tratar de divórcio direto; *h*) substituição da separação judicial pelo divórcio, se indireto; *i*) manutenção do dever de assistência por parte do cônjuge que teve a iniciativa da ação do divórcio por ruptura da vida em comum por mais de um ano e por grave doença mental (Lei n. 6.515/77, arts. 5º, §§ 1º e 2º, e 26; CC, art. 1.572, § 3º; *RT*, *527*:214, *554*:82, *532*:204, *558*:92, *525*:72, *539*:67, *529*:83, *552*:68 e *564*:227); *j*) subsistência da obrigação alimentícia ao ex-consorte que dela necessitar (*RT*, *544*:205), que cessará se houver renúncia (*RSTJ*, *90*:203) ou novo casamento do ex-cônjuge credor (Lei n. 6.515/77, art. 29); *k*) perda do direito de usar o nome do cônjuge se isso estiver consignado em escritura pública ou em sentença de separação judicial ou de divórcio (CC, arts. 1.571, § 2º, 1.578, I, II e III; *RT*, *843*:352, *835*:346, *812*:214, *815*:244; *776*:347; *JTJ*, *267*:89, *250*:67); *l*) possibilidade de adoção conjunta de criança pelos ex-cônjuges, havendo acordo sobre guarda, regime de visitas, desde que o estágio de convivência tenha iniciado na constância do casamento (ECA, art. 42, § 4º).

Art. 1.581. O divórcio pode ser concedido sem que haja prévia partilha de bens.

- *Código de Processo Civil, arts. 731 a 733.*
- ***Projeto de Lei n. 699/2011***: *"Art. 1.581. O divórcio direto e o por conversão podem ser concedidos sem que haja prévia partilha de bens".*
- Vide *arts. 1.523, III e parágrafo único, 1.575 e 1.576 do Código Civil.*
- *Súmula 197 do Superior Tribunal de Justiça.*

Partilha de bens no divórcio direto. O divórcio direto consensual *via judicial* segue o procedimento do Código de Processo Civil, arts. 731 a 733, observando-se ainda que a petição deverá indicar os meios probatórios da separação de fato, fixar o valor da pensão alimentícia ao cônjuge que dela precisar para sua mantença, indicar as garantias para o cumprimento da obrigação assumida, conter estipulações sobre a guarda de filhos (CC, art. 1.584, 1ª parte), direito de visita e a partilha dos bens (*Ciência Jurídica*, *71*:133; *RT*, *554*:278, *537*:149 e *532*:204), com exceção dos bens havidos por um deles após a separação de fato (*EJSTJ*, *25*:154-5), apesar de haver norma (CC, art. 1.581) e decisão entendendo ser desnecessária a prévia partilha de bens (*RSTJ*, *101*:421; *JTJ*, *288*:97; *EJSTJ*, *24*:121); TJRS, AC 70021932850 — 7ª Câm. Cív., rel. Vasconcellos Chaves, j. 20-2-2008) a ser homologada pela sentença do divórcio. Assim, o divórcio poderá ser concedido sem que haja a prévia partilha de bens, que poderá dar-se, ulteriormente, em ação ordinária ajuizada para esse fim, promovendo a divisão do patrimônio dos ex-cônjuges conforme o regime de bens. Parece-nos que esse entendimento só poderia aplicar-se no divórcio litigioso direto, porque no consensual a petição deve incluir, em regra, a partilha, para que haja homologação judicial, embora já se tenha decidido que tal partilha possa ser feita depois daquela homologação por sentença em inventário judicial.

No *divórcio consensual extrajudicial*, a partilha de bens poderá efetivar-se, ou não, na mesma escritura pública, deixando-se, para a sobrepartilha, os bens litigiosos. Na partilha, via administrativa, indicar-se-á o patrimônio de cada cônjuge e o patrimônio comum do casal, conforme o regime de bens. A partilha far-se-á, no que couber, conforme as normas da partilha em inventário extrajudicial (Res. n. 35/2007 do CNJ, arts. 37, 38 e 39), e a escritura servirá de título para a transferência dos bens partilhados.

Necessidade da partilha de bens no divórcio. É, contudo, conveniente que se proceda à partilha de bens no divórcio, por força do art. 1.523, III, do Código Civil, pelo qual o divorciado, enquanto não houver sido homologada ou decidida a partilha dos bens do casal, não deverá se casar, sob pena de ter de adotar o regime obrigatório de separação de bens, para evitar confusão de patrimônios, salvo se provar inexistência de qualquer prejuízo para o ex-cônjuge (CC, art. 1.523, parágrafo único).

Art. 1.582. O pedido de divórcio somente competirá aos cônjuges.

Parágrafo único. Se o cônjuge for incapaz para propor a ação ou defender-se, poderá fazê-lo o curador, o ascendente ou o irmão.

DIREITO DE FAMÍLIA

Legitimação ativa e passiva na ação de divórcio. O estado civil é um direito personalíssimo, logo o pronunciamento da sentença de divórcio dependerá do pedido de ambos os cônjuges, ou de um deles, contra o outro. Estender-se-á essa legitimação ativa e passiva, apenas excepcionalmente, em caso de incapacidade mental, p. ex., de um dos consortes para propor a ação ou defender-se, ao seu curador, ascendente ou irmão, não, necessariamente, nessa ordem, mas sempre em seu nome e no seu interesse. Em hipótese alguma o juiz poderá pronunciar *ex officio* o divórcio.

Capítulo XI
Da Proteção da Pessoa dos Filhos

- *Lei n. 12.318/2010 sobre alienação parental (com as alterações da Lei n. 14.340/2022).*

Art. 1.583. A guarda será unilateral ou compartilhada.

§ 1º Compreende-se por guarda unilateral a atribuída a um só dos genitores ou a alguém que o substitua (art. 1.584, § 5º) e, por guarda compartilhada a responsabilização conjunta e o exercício de direitos e deveres do pai e da mãe que não vivam sob o mesmo teto, concernentes ao poder familiar dos filhos comuns.

- *§ 1º acrescentado pela Lei n. 11.698/2008.*

§ 2º Na guarda compartilhada, o tempo de convívio com os filhos deve ser dividido de forma equilibrada com a mãe e com o pai, sempre tendo em vista as condições fáticas e os interesses dos filhos.

I — (revogado);

II — (revogado);

III — (revogado).

- *§ 2º acrescentado pela Lei n. 13.058/2014.*

§ 3º Na guarda compartilhada, a cidade considerada base de moradia dos filhos será aquela que melhor atender aos interesses dos filhos.

- *§ 3º acrescentado pela Lei n. 13.058/2014.*
- *Código Civil, arts. 1.566, 1.584, I, 1.589, 1.590.*
- *Estatuto da Criança e do Adolescente, com as alterações da Lei n. 12.010/2009, arts. 33 a 35.*
- *Lei n. 12.962/2014, altera ECA, arts. 19, § 4º, e 23, § 2º.*
- *Lei n. 12.318/2010, sobre alienação parental, arts. 2º, 3º, 6º e 7º e CPC, art. 699.*

§ 4º (VETADO).

- *Acrescentado pela Lei n. 11.698/2008.*

§ 5º A guarda unilateral obriga o pai ou a mãe que não a detenha a supervisionar os interesses dos filhos, e, para possibilitar tal supervisão, qualquer dos genitores sempre será parte legítima para solicitar informações e/ou prestação de contas, objetivas ou subjetivas, em assuntos ou situações que direta ou indiretamente afetem a saúde física e psicológica e a educação de seus filhos.

- *§ 5º acrescentado pela Lei n. 13.058/2014.*
- *Lei n. 13.146/2015, art. 6º, VI.*
- ***Projeto de Lei n. 699/2011**: "Art. 1.583. No caso de dissolução da sociedade ou do vínculo conjugal pela separação judicial por mútuo consentimento ou pelo divórcio direto consensual, observar-se-á o que os cônjuges acordarem sobre a guarda dos filhos, preservados os interesses destes. Parágrafo único. A guarda poderá ser conjunta ou compartilhada".*

DIREITO DE FAMÍLIA

Conceito de guarda. A guarda unilateral ou compartilhada é um dever de assistência educacional, material e moral (ECA, art. 33; *BAASP, 2.571*) a ser cumprido no interesse e em proveito do filho menor e do maior incapaz, garantindo-lhe a sobrevivência física e o pleno desenvolvimento psíquico. É um poder-dever exercido no interesse da prole. Ao genitor-guardião, sendo a guarda unilateral, se defere o poder familiar em toda sua extensão, cabendo-lhe a decisão sobre a educação do filho. Ao outro genitor se defere o direito de visita e o de supervisionar os interesses do filho, ou seja, o de fiscalizar a criação daquele filho, pois continua sendo detentor do poder familiar, visto que apenas seu exercício passou ao guardião (genitor contínuo). O genitor-visitante possui tão somente a guarda descontínua, pois a visita se opera em intervalos de tempo. Com a separação, divórcio ou dissolução da união estável a titularidade do poder familiar não se alterará, mas o guardião da prole terá seu exercício e não poderá praticar quaisquer atos de alienação parental, lesando o direito da prole à convivência familiar. Isso não significa que o outro deixe de ser também titular, uma vez que, se discordar de alguma coisa prejudicial ao seu filho, poderá recorrer ao juiz para a solução do problema educacional ou da ocorrência de alienação parental (art. 6º da Lei n. 12.318/2010).

"O *abandono afetivo* pode gerar direito à reparação pelo dano causado" (Enunciado Programático n. 8 do IBDFAM) e se o PL n. 700/2007 for aprovado poderá ser considerado ato ilícito.

Guarda unilateral. É a conferida a um dos genitores, que revele melhores condições para exercê-la por apresentar, objetivamente, mais aptidão para propiciar aos filhos uma boa convivência com o grupo familiar; segurança e educação e para assegurar a eles saúde física ou psicológica. Tal guarda obrigará o genitor-visitante a supervisionar os interesses dos filhos. E, para tornar possível tal supervisão, qualquer um dos genitores poderá, legitimamente, solicitar informações ou prestação de contas, de ordem objetiva ou subjetiva, sobre assuntos ou situações relacionadas, direta ou indiretamente, com a saúde física ou psicológica e a educação dos seus filhos.

Guarda compartilhada. É o exercício conjunto do poder familiar por pais que não vivem sob o mesmo teto. Ambos os genitores (separados ou divorciados) terão, portanto, responsabilidade conjunta e o exercício dual de direitos e deveres alusivos ao poder familiar dos filhos comuns, sendo que o tempo de convívio com os filhos deve ser dividido de forma equilibrada com a mãe e com o pai, considerando-se sempre as condições fáticas e os interesses da prole. Urge esclarecer que os filhos terão como residência principal a de um deles e a cidade considerada base dessa moradia será a que melhor atender aos interesses da prole por proporcionar convivência familiar e com o grupo de amizade, segurança, atendimento médico e hospitalar, formação educacional, nível melhor de escola etc. Sempre deverá haver equilíbrio no período de convivência para que os filhos se relacionem com ambos, p. ex. aumentando-se os dias de visita ou período de tempo de visitação ou de férias etc. Na *guarda alternada* é que haverá dupla residência: os filhos moram p. ex. seis meses com a mãe e seis meses com o pai; não sendo, por isso, muito aconselhável.

Já se decidiu que: "A regulamentação do direito de visitas deve observar a prevalência dos interesses dos menores e possibilitar que os pais exerçam a guarda compartilhada, equilibrando, tanto quanto possível, a convivência habitual e os períodos de lazer. Preliminar rejeitada. Recurso conhecido e parcialmente provido" (TJMG, 3ª Câm. Cível, ACi n. 1.0433.06.174796-3/001, Montes Claros-MG, rel. Des. Albergaria Costa, j. 14-8-2008; *BAASP, 2.626*:1675-08); TJSP, Ap. Cív. c/ Rev. 527.658-4, 3ª Câm. Dir. Priv., rel. Des. Morandini, j. 4-11-2008).

Na *VII Jornada de Direito Civil*, foram aprovados os Enunciados: *a*) n. 603: "A distribuição do tempo de convívio na guarda compartilhada deve atender precipuamente ao melhor interesse dos filhos, não devendo a divisão de forma equilibrada, a que alude o § 2º do art. 1.583 do Código Civil, representar convivência livre ou, ao contrário, repartição de tempo matematicamente igualitária entre os pais"; *b*) n. 604: "A divisão, de forma equilibrada, do tempo de convívio dos filhos com a mãe e com o pai, imposta na guarda compartilhada pelo § 2º do art. 1.583 do Código Civil, não deve ser confundida com a imposição do tempo previsto pelo instituto da guarda alternada, pois esta não implica apenas a divisão do tempo de permanência dos filhos com os pais, mas também o exercício exclusivo da guarda pelo genitor que se encontra na companhia do filho"; *c*) n. 605: "A guarda compartilhada não exclui a fixação do regime de convivência"; *d*) n. 606: "O tempo de convívio com os filhos 'de forma equilibrada com a mãe e com o pai' deve ser entendido como divisão proporcional de tempo, da forma que cada genitor possa se ocupar dos cuidados permanentes ao filho, em razão das peculiaridades da vida privada de cada um"; *e*) n. 607: "A guarda compartilhada não implica ausência de pagamento de pensão alimentícia".

Pelo Enunciado n. 671 da *IX Jornada de Direito Civil*: "A tenra idade da criança não impede a fixação de convivência equilibrada com ambos os pais".

BIBLIOGRAFIA: Caetano Lagrasta Neto, Guarda conjunta, *Tribuna da Magistratura*, out. 1998; Silvio Neves Baptista, Guarda e direito de visita, in *A família na travessia do milênio*, Del Rey, IBDFAM, 2000, p. 283-300; J. M. de Camargo, Guarda e responsabilidade, *Repertório de doutrina sobre direito de família*, v. 4, p. 244-75; Eduardo Oliveira Leite, *Temas de direito de família*, São Paulo, Revista dos Tribunais, 1994, p. 133; Guilherme G. Strenger, *Guarda de filhos*, São Paulo, LTr, 1998, p. 51; Waldyr Grisard Filho, Guarda compartilhada, *Repertório de doutrina sobre direito de família*, v. 4, p. 414 e s., A preferencialidade da guarda compartilhada de filhos em caso de separação dos pais, *Direito das famílias*, cit., p. 417-22; M. Antonieta Pisano Motta, Guarda compartilhada, uma solução possível, *Revista Literária de Direito*, n. 9; Rubens H. Arai, Guarda compartilhada e ação de assunção de obrigação parental, *Temas relevantes*, cit., p. 627-64; Edgard de Moura Bittencourt, *Guarda de Filhos*, 1984; Sidnei A. Beneti, Os direitos de guarda, visita e fiscalização dos filhos, ante a separação dos pais, *RT*, *622*:37; Regina Beatriz Tavares da Silva, *Novo Código Civil*, cit., p. 1391 a 1400; M. Helena Diniz, Formação educacional e religiosa do menor sob a guarda de um dos genitores, *Revista do Foro*, 107:19 a 26; Marilza F. Barreto, *Direito de visita dos avós: uma evolução no direito de família*, Rio de Janeiro, Lumen Juris, 1989; Flávio Guimarães Lauria, *A regulamentação de visitas e o princípio do melhor interesse da criança*, Rio de Janeiro, Lumen Juris, 2003; Fábio Maria De Mattia, Direito de visita, *RF*, *273*:101; Geneviève Viney, Du droit de visite, *Revue Trimestrielle de Droit Civil*, *63*:252, 1965; Alain Sayag, Les grands-parents dans le droit de la famille, *Revue Trimestrielle de Droit Civil*, 1969, p. 61-8; Evani Marques da Silva, *Paternidade ativa na separação conjugal*, São Paulo, Ed. Juarez de Oliveira, 1998; Luis Paulo Cotrim Guimarães, O direito de visitação do pai biológico, *RTDC*, n. 3; Fernanda R. L. Levy, *Guarda de filhos*, São Paulo, Atlas, 2008; Ênio S. Zuliani, Guarda de filhos e a nova perspectiva de impor sanções por violações ao direito de ter o filho em sua companhia ou de visitá-lo como estabelecido, *Revista IOB de Direito de Família*, *60*: 44-53; Leonardo B. Moreira Alves, A guarda compartilhada e a Lei n. 11.698/08, *De Jure*, Revista Jurídica do Ministério Público do Estado de Minas Gerais, *13*:235-58; Belmiro Pedro Welter, Teoria tridimensional do direito de família e a guarda compartilhada, *Direito das famílias* — homenagem a Rodrigo da C. Pereira (org. Mª Berenice Dias), São Paulo, Revista dos Tribunais, 2009, p. 500-13; Joel Dias Figueira Jr., Ação de fiscalização de pensão alimentícia (exegese do art. 1.589 do Código Civil), *Grandes temas de direito de família e das sucessões* (coord. Tavares da Silva e Almeida Camargo Neto), São Paulo, Saraiva, 2011, p. 171-181; Adriane M. Toaldo e Mariani D. Massena, A preservação do melhor interesse da criança e do adolescente na guarda compartilhada: ineficácia de sua imposição obrigatória, *Revista Síntese – Direito de Família*, *97*:35-74.

Art. 1.584. A guarda, unilateral ou compartilhada, poderá ser:

I — requerida, por consenso, pelo pai e pela mãe, ou por qualquer deles, em ação autônoma de separação, de divórcio, de dissolução de união estável ou em medida cautelar;

• *Inciso que poderá perder, parcialmente, sua eficácia social.*

• *Código de Processo Civil, arts. 294, parágrafo único, e 300.*

II — decretada pelo juiz, em atenção a necessidades específicas do filho, ou em razão da distribuição de tempo necessário ao convívio deste com o pai e com a mãe.

§ 1º Na audiência de conciliação, o juiz informará ao pai e à mãe o significado da guarda compartilhada, a sua importância, a similitude de deveres e direitos atribuídos aos genitores e as sanções pelo descumprimento de suas cláusulas.

§ 2º Quando não houver acordo entre a mãe e o pai quanto à guarda do filho, encontrando-se ambos os genitores aptos a exercer o poder familiar, será aplicada a guarda compartilhada, salvo se um dos genitores declarar ao magistrado que não deseja a guarda da criança ou do adolescente ou quando houver elementos que evidenciem a probabilidade de risco de violência doméstica ou familiar.

• *Alterado pela Lei n. 14.713/2023.*

• *Código de Processo Civil, art. 699-A, acrescentado pela Lei n. 14.713/2023.*

§ 3º Para estabelecer as atribuições do pai e da mãe e os períodos de convivência sob guarda compartilhada, o juiz, de ofício ou a requerimento do Ministério Público, poderá basear-se em orientação técnico-profissional ou de equipe interdisciplinar, que deverá visar à divisão equilibrada do tempo com o pai e com a mãe.

§ 4º A alteração não autorizada ou o descumprimento imotivado de cláusula de guarda unilateral ou compartilhada poderá implicar a redução de prerrogativas atribuídas ao seu detentor.

§ 5º Se o juiz verificar que o filho não deve permanecer sob a guarda do pai ou da mãe, deferirá a guarda a pessoa que revele compatibilidade com a natureza da medida, considerados, de preferência, o grau de parentesco e as relações de afinidade e afetividade.

§ 6º Qualquer estabelecimento público ou privado é obrigado a prestar informações a qualquer dos genitores sobre os filhos destes, sob pena de multa de R$ 200,00 (duzentos reais) a R$ 500,00 (quinhentos reais) por dia pelo não atendimento da solicitação.

• *Artigo com a redação das Leis n. 13.058/2014 e 14.713/2023.*

• Vide *Código Civil, arts. 1.532, 1.586 e 1.590.*

• *Lei n. 8.069/90, com a alteração da Lei n. 12.010/2009, arts. 28 e 33, § 4º.*

• *Lei n. 12.318/2010, art. 6º, V.*

• *Lei n. 13.140/2015 sobre mediação entre particulares como meio de solução de controvérsia.*

Guarda dos filhos na separação judicial consensual, no divórcio direto consensual e na dissolução da união estável. Se a separação, o divórcio direto ou a dissolução da união estável for consensual, os pais deliberam (CC, art. 1.584, I) com quem ficam os filhos menores e os maiores inválidos ou incapazes (Lei n. 6.515/77, arts. 9º e 16; CC, art. 1.589), devendo o juiz apenas homologar esse acordo (*RT*, *518*:111 e *530*:107; *RJTJSP*, *61*:148). A guarda pode ser unilateral ou compartilhada (CC, art. 1.583), desde que se leve em conta o princípio do melhor interesse da criança (Enunciado n. 101, aprovado na *I Jornada de Direito Civil*, promovida, em setembro de 2002, pelo Centro de Estudos Judiciários do CJF). E, portanto, nada obsta, pelo art. 1.583, a que se decidam pela: *a*) *guarda unilateral*, atribuída a um deles ou a quem o substitua; *b*) *guarda alternada*, ficando o filho ora sob a custódia de um dos pais, com ele residindo, ora sob a do outro, passando a conviver com ele. Como há deslocamento periódico do menor, poderá ocorrer interferência em seus hábitos educacionais, gerando instabilidade emocional e interrupção de convívio social, logo, não é muito recomendável (*RT*, *733*:333); *c) guarda compartilhada* (CC, arts. 1.583 e 1.584; *RT, 824*:130; *RBDFam, 9*:124, *11*:129, *16*:129, *32*:72), forma de custódia em que, como ensina Maria Antonieta Motta, os filhos têm uma residência principal, mas os pais têm responsabilidade conjunta na tomada das decisões sobre seus estudos, sua educação, suas férias, suas viagens, seu lazer, suas práticas desportivas etc., e igual responsabilidade legal sobre eles. O poder familiar é exercido por ambos (CC, art. 1.583, § 1º), surgindo, como diz Eduardo de Oliveira Leite, o casal parental, em substituição ao casal conjugal. "A guarda compartilhada deve ser estimulada, utilizando-se, sempre que possível, da mediação e da orientação de equipe interdisciplinar" (Enunciado n. 335 do CJF, aprovado na *IV Jornada de Direito Civil*); ou *d) guarda nidação*, pela qual os filhos têm uma morada fixa e os pais se alternam na convivência com eles.

Guarda de filhos na dissolução de união estável, na separação judicial litigiosa ou no divórcio litigioso direto. A separação judicial litigiosa, o divórcio litigioso direto e a dissolução da união estável deixam intacto o vínculo de filiação. Logo, a guarda (unilateral ou compartilhada) poderá ser requerida por qualquer genitor em ação autônoma de separação, de divórcio, de dissolução de união estável ou em tutela provisória de urgência de natureza cautelar. E o juiz decretará a guarda compartilhada, não havendo acordo entre mãe e pai quanto à guarda dos filhos, estando ambos os genitores aptos a exercer o poder familiar, salvo se um deles declarar que não deseja a guarda dos menores. O magistrado, em atenção a necessidades específicas do filho, ou em razão da distribuição de tempo necessário ao convívio deste com o pai e com a mãe e, na audiência de conciliação, informará ao pai ou à mãe o significado da guarda compartilhada, a sua importância, a igualdade dos direitos e deveres de ambos e as sanções cabíveis pelo descumprimento de suas obrigações. Ficam, por haver acordo entre as partes ou recusa de um dos genitores ao exercício da guarda, os filhos menores e os maiores incapazes (CC, art. 1.596) com o cônjuge mais apto para exercer a guarda unilateral por ser impossível a guarda compartilhada em virtude daquele acordo entre as partes ou daquela manifestação da vontade de um deles abrindo mão da guarda (CC, arts. 1.583, § 2º, e 1.584, § 2º). Negar-se-á também a guarda compartilhada se se provar que há risco violência doméstica ou familiar, que prejudique o desenvolvimento do menor e do adolescente. Surge a questão: que fatores delimitadores da aptidão para o exercício do poder familiar seriam esses: morais, econômicos, de qualidade de vida, de proporcionar melhor educação, permitindo o pleno desenvolvimento intelectual e emocional da prole, de saúde, por não ser portador de nenhum mal físico ou psíquico, de manter o mesmo padrão de vida que os filhos tinham antes da separação dos pais, de disponibilidade de tempo, de afetividade, de não haver probabilidade de risco de violência doméstica ou familiar, de atender ao superior interesse da criança etc.? Pelo Enunciado n. 102 (que comentava a antiga redação do art. 1.583), aprovado na *I Jornada de Direito Civil* de 2002, promovida pelo Conselho da Justiça Federal, "a expressão *melhores condições* no exercício da guarda, na hipótese do art. 1.583, significa atender ao melhor interesse da criança", respeitando sua dignidade como ser humano e seus direitos da personalidade, satisfazendo suas necessidades, acatando suas relações de afetividade e procurando seu bem-estar.

Apelo à equidade. Quanto à guarda, inclusive compartilhada, dos filhos menores (*RT*, *775*:314, *571*:66) há o apelo à equidade judicial, pois o magistrado deverá, valendo-se, de ofício ou a requerimento do Ministério Público, se for necessário, de profissionais especializados (psicólogo, assistente social, p. ex.) ou de equipe interdisciplinar, ao aplicar o dispositivo *sub examine* para estabelecer as atribuições do pai e da mãe e os períodos de convivência sob guarda compartilhada, de modo que haja uma divisão equilibrada do tempo com a mãe e com o pai (CC, art. 1.584, § 3º), levando sempre em consideração *o princípio do superior interesse da criança* *e do adolescente* que é norma cogente, em razão da ratificação da Convenção da ONU, pelo Decreto n. 99.710/90, averiguar certas circunstâncias: idade dos filhos, conduta dos pais, relação de afinidade psicológica, afetividade, integridade física e mental, local da residência e da escola, padrão de vida, disponibilidade de tempo, melhores condições sociais, morais e financeiras de um deles etc. Deverá analisar ambos os genitores, sem esquecer de ouvir a criança ou adolescente, parentes e pessoas ligadas ao casal parental. Assim, se averiguar o juiz que os filhos, advindos de qualquer forma de família (Enunciado n. 336 do CJF, aprovado na *IV Jornada de Direito Civil*), não podem ficar nem com o pai, nem com a mãe, por ser prejudicial à sua formação, deferirá a sua guarda a pessoa idônea, que revele compatibilidade com a natureza da medida e considerando, de preferência, o grau de parentesco e as relações de afinidade ou de afetividade com aqueles menores ou incapazes (*RF, 230*:201; CC, art. 1.584, § 5º). Por exemplo, o magistrado poderá, a seu critério, ao conceder a guarda e educação dos filhos, estender o direito de visita, uma vez regulado, aos avós, para atender a interesse do menor.

"A guarda de fato pode ser reputada como consolidada diante da estabilidade da convivência familiar entre a criança ou o adolescente e o terceiro guardião, desde que seja atendido o princípio do melhor interesse" (Enunciado n. 334 do CJF, aprovado na *IV Jornada de Direito Civil*).

Atualizando os seus Enunciados n. 101 e 336, em razão de mudança legislativa, o Conselho de Justiça Federal dispõe, na *V Jornada de Direito Civil*, no Enunciado n. 518, que: "A Lei n. 11.698/2008, que deu nova redação aos arts. 1.583 e 1.584 do Código Civil, não se restringe à guarda unilateral e à guarda compartilhada, podendo ser adotada aquela mais adequada à situação do filho, em atendimento ao princípio do melhor interesse da criança e do adolescente. A regra aplica-se a qualquer modelo de família".

Alteração não autorizada ou o descumprimento imotivado de cláusula de guarda (unilateral ou compartilhada). Ao genitor-guardião ou aos detentores da guarda compartilhada, em caso de ofensa aos direitos fundamentais da prole ou de alteração, sem autorização, ou descumprimento sem justa causa de cláusula de guarda, poder-se-á aplicar como sanção: a redução de prerrogativas atribuídas ao seu detentor, p. ex. quanto ao número de horas de convivência com o filho (CC, art. 1.584, § 4º).

Dever de pessoa jurídica prestar informações sobre os filhos. Qualquer estabelecimento, público ou privado, é obrigado a prestar informações a qualquer dos genitores sobre os filhos, sob pena de multa (*astreinte*) que varia de R$ 200,00 a R$ 500,00 por dia em que a solicitação não for atendida.

Art. 1.585. Em sede de medida cautelar de separação de corpos, em sede de medida cautelar de guarda ou em outra sede de fixação liminar de guarda, a decisão sobre guarda de filhos, mesmo que provisória, será proferida preferencialmente após a oitiva de ambas as partes perante o juiz, salvo se a proteção aos interesses dos filhos exigir a concessão de liminar sem a oitiva da outra parte, aplicando-se as disposições do art. 1.584.

- *Redação dada pela Lei n. 13.058/2014.*
- *Código Civil, arts. 1.562, 1.584 e 1.590.*
- *Código de Processo Civil, arts. 294, 300 e 305.*

Guarda de filhos menores e de maiores incapazes na separação de corpos. Ao julgar o pedido de separação cautelar de corpos ou o pedido de tutela provisória de urgência de natureza cautelar de guarda, ou, ainda, o de fixação liminar de guarda, o magistrado poderá ordenar que a guarda temporária ou provisória dos filhos menores e de maiores incapazes caiba, durante o processo principal, após a oitiva das partes, àquele genitor que revelar melhor aptidão para exercê-la ou, então, se nenhum deles se apresentar idôneo, a uma pessoa que apresente compatibilidade com a natureza da medida, considerando, é óbvio, preferencialmente, o grau de parentesco e dos laços de afetividade que tenha com aqueles menores ou incapazes. Mas, se a proteção aos interesses da prole exigir, na concessão de liminar, a decisão sobre a guarda, será proferida sem a oitiva da outra parte. O órgão judicante deverá buscar sempre o superior interesse da prole, para que tenha um saudável desenvolvimento físico e psíquico. A guarda que, na pendência de procedimento judicial, foi concedida precariamente poderá ser alterada sempre que for necessário, tendo-se em vista que se deve buscar o bem-estar dos filhos do casal.

Art. 1.586. Havendo motivos graves, poderá o juiz, em qualquer caso, a bem dos filhos, regular de maneira diferente da estabelecida nos artigos antecedentes a situação deles para com os pais.

- *Código Civil, arts. 1.583 a 1.585 e 1.590, e Lei de Introdução às Normas do Direito Brasileiro, art. 5º.*
- *Lei n. 8.069/90, art. 98, II.*
- *Lei n. 12.318/2010, sobre alienação parental, arts. 6º, V, e 7º.*
- ***Projeto de Lei n. 699/2011**: "Art. 1.586. Na fixação da guarda, em qualquer caso, seja de filhos oriundos ou não de casamento, o juiz deverá, a bem dos menores, sempre levar em conta a relação de afinidade e efetividade que os liga ao guardião.*

  Parágrafo único. A qualquer tempo, havendo justo motivo, poderá o juiz modificar a guarda, observando o princípio da prevalência dos interesses dos filhos".

Proteção judicial aos filhos menores e maiores incapazes. O magistrado, apresentando-se um motivo muito grave que, por representar um perigo à formação da prole, justifique a decisão judicial de tratar, em prol do superior interesse do menor e do maior incapaz, de modo diferente do estabelecido nos arts. 1.583 a 1.585, no que atina à relação entre pais e filhos, ele o fará em benefício da prole, entregando-a, p. ex., a terceiro ou a um estranho (*RF*, *230*:201; *RT*, *782*:358; *772*:300, *732*:349, *610*:224, *606*:108, *604*:33, *602*:274, *512*:228, *530*:77, *573*:207, *561*:179, *544*:280, *565*:93 e *433*:10-01; *RJTJRS*, *82*:430; *RTJ*, *85*:920; *RJTJSP*, *202*:149, *59*:170, *65*:95 e *83*:192). Além disso, o princípio da mutabilidade da sentença judicial no que atina à guarda dos filhos, possibilitando sua revisão em favor do interesse da prole, está consagrado doutrinária e jurisprudencialmente. Isto é assim porque não faz coisa julgada material, mas tão somente formal.

Art. 1.587. No caso de invalidade do casamento, havendo filhos comuns, observar-se-á o disposto nos arts. 1.584 e 1.586.

- *Código Civil, arts. 1.548 a 1.564, 1.584 e 1.586.*

Situação dos filhos em caso de invalidade do casamento dos pais. Havendo decretação da nulidade absoluta ou relativa do matrimônio, a guarda dos filhos comuns deverá ser entregue ao genitor que apresentar melhores condições para assumir sua educação ou para formá-los moral e intelectualmente, ou a quem o magistrado entender idôneo para tanto, verificando o grau de parentesco e a relação de afetividade com os menores, ou, ainda, a estranho, se, havendo motivos graves, isso for necessário para atender o superior interesse dos menores.

Art. 1.588. O pai ou a mãe que contrair novas núpcias não perde o direito de ter consigo os filhos, que só lhe poderão ser retirados por mandado judicial, provado que não são tratados convenientemente.

- Vide *Código Civil, arts. 1.579, parágrafo único, 1.634 e 1.636.*

Superior interesse da criança e do adolescente, e novas núpcias do genitor-guardião. Se o genitor-guardião, com a anulação do casamento, o divórcio ou a viuvez, vier a convolar novas núpcias, inalterado ficará seu poder-dever de ter consigo os filhos, que apenas poderão ser retirados de sua companhia por mandado judicial, desde que se comprove que não são tratados convenientemente, pois se deve atender ao interesse da prole, de modo que, se insatisfatória for a situação em que se encontrar, haverá alteração na sua guarda pelo órgão judicante.

Guarda dos filhos pelo genitor bínubo. O viúvo, divorciado ou quem teve seu casamento anulado, que vier a convolar novas núpcias, não perderá o poder familiar em relação aos filhos menores do leito anterior, tendo o direito de tê-lo sob sua guarda e companhia, zelando pela sua criação e educação.

Perda da guarda dos filhos por genitor que contrai novas núpcias. Excepcionalmente, poderá ocorrer que uma mãe, por exemplo, ao se casar novamente, venha a perder, judicialmente, o direito de conservar consigo os filhos havidos do casamento anterior se se provar que não estão sendo tratados de modo conveniente por ela ou pelo padrasto, hipótese em que o magistrado, por mandado, mediante provocação do interessado, deferirá sua guarda a pessoa idônea da família da genitora ou até mesmo a estranho, protegendo-os de maus-tratos, de privações e de uma educação inadequada. Portanto, "o fato de o pai ou a mãe constituírem nova união não repercute no direito de terem os filhos do leito anterior em sua companhia, salvo quando houver comprometimento da sadia formação e do integral desenvolvimento da personalidade destes" (Enunciado n. 337 do CJF, aprovado na *IV Jornada de Direito Civil*). E, além disso, "a cláusula de não tratamento conveniente para a perda da guarda dirige-se a todos os que integrem, de modo direto ou reflexo, as novas relações familiares" (Enunciado n. 338 do CJF, aprovado na *IV Jornada de Direito Civil*).

BIBLIOGRAFIA: Levenhagen, *Código Civil*, cit., v. 2, p. 202; Clóvis Beviláqua, *Código Civil comentado*, cit., obs. ao art. 329, v. 2; Carvalho Santos, *Código Civil brasileiro interpretado*, cit., obs. ao art. 329, v. 4.

Art. 1.589. O pai ou a mãe, em cuja guarda não estejam os filhos, poderá visitá-los e tê-los em sua companhia, segundo o que acordar com o outro cônjuge, ou for fixado pelo juiz, bem como fiscalizar sua manutenção e educação.

- *Código Civil, arts. 1.532 e 1.579.*
- *Código de Processo Civil, art. 731, III.*
- *Lei n. 12.318/2010, arts. 2º e 6º.*
- *Lei n. 8.069/90, com a alteração da Lei n. 12.010/2009, art. 33, § 4º.*
- *Lei n. 8.069/90, com a alteração da Lei n. 12.962/2014, arts. 19, § 4º, 23, §§ 1º e 2º, 158, §§ 1º e 2º, 159, parágrafo único e 161, § 5º.*

Parágrafo único. O direito de visita estende-se a qualquer dos avós, a critério do juiz, observados os interesses da criança e do adolescente.

- *Acrescentado pela Lei n. 12.398/2011.*
- ***Projeto de Lei n. 699/2011***: *"§ 1º Aos avós e outros parentes, inclusive afins, do menor é assegurado o direito de visitá-lo, com vistas à preservação dos respectivos laços de afetividade;*

§ 2º O juiz, havendo justo motivo, poderá modificar as regras da visitação, com observância do princípio da prevalência dos interesses dos filhos".

Direito de visita. O genitor que, em virtude de acordo por ele firmado com o outro cônjuge ou de decisão judicial, não tiver a guarda da prole, desde que não tenha se enquadrado numa das hipóteses de perda de poder familiar, tem assegurado o direito de: *a*) fiscalizar sua manutenção e educação, podendo reclamar ao juiz se as entender contrárias aos interesses dos filhos; *b*) visitá-la (*RJTJSP*, *75*:43, *67*:247; *RT*, *306*:243, *456*:205, *452*:208, *458*:69, *554*:114, *547*:54, *562*:75, *517*:125, *574*:68, *810*:305; *JTJ*, *260*:395), por pior que tenha sido seu procedimento em relação ao ex-cônjuge, sendo que, na separação consensual, os próprios cônjuges deliberam as condições em que se poderá exercer tal direito, e na litigiosa, o juiz as determina, atendendo ao superior interesse dos filhos, tendo em vista a comodidade e possibilidade do interessado, os dias (inclusive, os festivos — Natal, Ano-Novo, Páscoa, aniversários etc. —, feriados prolongados e os de férias escolares), o local e a duração da visita, sem que haja prejuízo à atividade escolar. Se, porventura, o genitor-guardião quiser levar a prole em viagem ao exterior ou mudar de domicílio, será imprescindível a autorização do genitor-visitante ou suprimento judicial dessa anuência (ECA, arts. 83-85), por ser detentor do poder familiar, embora privado de seu exercício. O direito de visita deve ser exercido de conformidade com o acordo feito com o genitor-guardião ou com o decidido judicialmente. O guardião deverá facilitar a visita e não poderá praticar atos de alienação parental (Lei n. 12.318/2010, art. 2º), sob pena de sofrer as consequências previstas no art. 6º da referida norma. Tanto o genitor-guardião como o visitante devem cumprir o estabelecido, sob pena de incorrer em sanção civil, inclusive de sofrer aplicação de *astreinte*. Esse direito de visita apenas poderá ser suprimido se a presença do genitor constituir um perigo para a prole, exercendo pelo comportamento imoral, por exemplo, nociva influência em seu espírito (*RT*, *547*:54, *345*:223, *349*:172, *403*:184; *RF*, *247*:150), provocando-lhe desequilíbrio emocional. O direito de visita pode ser alterado a qualquer tempo, pois a decisão não faz coisa julgada material, mas apenas formal (*RT*, *433*:100; *RJTJSP*, *54*:102).

Urge lembrar, ainda, que "o direito de visita pode ser estendido aos avós e pessoas com as quais a criança ou o adolescente mantenha vínculo afetivo, atendendo ao seu melhor interesse" (Enunciado n. 672 , aprovado na *IX Jornada de Direito Civil* — no mesmo sentido *RT*, *675*:97, *696*:110, *726*:375, *742*:232). O juiz poderá, pelo parágrafo único do artigo *sub examine*, a seu critério estender a qualquer dos avós o direito de visita, sempre tendo em vista o superior interesse do menor, possibilitando o pleno desenvolvimento de seus direitos da personalidade e a convivência familiar tão imprescindível para a criança ou o adolescente.

E além disso a Lei n. 12.962/2014, ao alterar o ECA (arts. 19, § 4º, e 23, § 2º), assegura a convivência de crianças e adolescentes com mãe ou pai privado de liberdade, garantindo visitas periódicas promovidas pelo responsável ou, nos casos de acolhimento institucional, pela entidade responsável, independentemente de autorização judicial, pois não há perda do poder familiar, salvo no crime doloso, punido com reclusão, contra a própria prole (*BAASP*, *2855*:12). Isto é assim porque a visitação feita a entes queridos tem grande importância para o desenvolvimento emocional do menor e para sua integração no seio da família.

Art. 1.590. As disposições relativas à guarda e prestação de alimentos aos filhos menores estendem-se aos maiores incapazes.

- *Código Civil, arts. 3º, 4º, 1.584 a 1.589 e 1.703.*

Pensão alimentícia à prole. Como a extinção da sociedade conjugal e do vínculo matrimonial não altera a filiação, garantem-se aos filhos menores (*RT*, *526*:49) e maiores inválidos ou incapazes, mediante pensão alimentícia, a criação e educação (Lei n. 6.515/77, art. 16; *RTJ*, *63*:678; *RT*, *508*:120 e *448*:93). A quantia da pensão será fixada de comum acordo pelos pais, na separação consensual, ou pelo magistrado, na litigiosa (Lei n. 6.515/77, art. 20; *JB*, *156*:252; *RT*, *489*:97 e *490*:66; *RJTJSP*, *25*:176). Cada genitor concorrerá para tanto com uma quota na proporção de seus recursos e rendimentos (CC, art. 1.703), aplicando-se o princípio da justiça social.

Guarda de filhos maiores incapazes. Quanto à guarda de filhos maiores incapazes, aplicar-se-lhe-ão os arts. 1.584 a 1.589 do Código Civil, dando-se-lhes o mesmo tratamento dos filhos menores. Se a invalidez for física, o dever alimentar dos pais só se dará se o filho não puder prover sua subsistência mediante o exercício de uma atividade remunerada. Se a incapacidade for físico-mental, ou somente mental, ter-se-á de definir sua guarda e a questão alimentícia conforme o estabelecido pelos pais ou, na falta de acordo, a incumbência será dada àquele genitor que tiver melhores condições para desempenhar essa tarefa, ou então a terceiro, notoriamente idôneo para tanto, parente ou estranho.

Subtítulo II
Das Relações de Parentesco

Capítulo I
Disposições Gerais

- *Constituição Federal, arts. 14, § 7º, 226, § 4º, e 227, § 6º; Código Penal, arts. 241 a 243; Leis n. 6.015/73, arts. 50 a 66; 8.069/90, arts. 20, 28, 39 a 52; e 8.560/92; Código de Processo Civil, arts. 144, III e IV e 447, § 2º, I; Código Civil, arts. 1.521, I a V, 1.618, 1.619, 1.694 e s. e 1.829 e s.; Lei n. 11.101/2005, art. 43, parágrafo único.*
- *Súmula vinculante 13 do Supremo Tribunal Federal.*
- *Decreto n. 6.906/2009, que estabelece obrigatoriedade de prestação de informações sobre vínculos familiares pelos agentes públicos que especifica.*

Art. 1.591. São parentes em linha reta as pessoas que estão umas para com as outras na relação de ascendentes e descendentes.

- *Código Civil, art. 1.595, § 2º.*

Parentesco. Parentesco é o vínculo existente não só entre pessoas que descendem umas das outras ou de um mesmo tronco comum, mas também entre o cônjuge ou companheiro e os parentes do outro e entre adotante e adotado. Advém, portanto, da consanguinidade, da afinidade e da socioafetividade.

Parentesco consanguíneo em linha reta. O parentesco natural ou consanguíneo em linha reta é o existente entre pessoas que estão ligadas umas às outras por um vínculo de ascendência e descendência.

Linha reta. A linha, ou ordem de parentesco, consiste na série de pessoas oriundas de um tronco ancestral comum, podendo ser reta ou transversal. A *linha reta* é ascendente ou descendente conforme se encare o parentesco, subindo-se da pessoa a seu antepassado ou descendo-se, sem qualquer limitação; por mais afastadas que estejam as gerações, serão sempre parentes entre si pessoas que descendem umas das outras. São parentes na linha ascendente o pai, o avô, o bisavô, o trisavô, o tetravô etc., e na linha descendente, o filho, o neto, o bisneto, o trineto, o tetraneto etc.

BIBLIOGRAFIA: Aubry e Rau, *Cours de droit civil français*, cit., t. 1, § 67; Silvio Rodrigues, *Direito civil*, cit., v. 6, p. 280-1; Planiol e Ripert, *Traité pratique de droit civil français*, Paris, 1926, t. 2, n. 10; Caio

M. S. Pereira, *Instituições*, cit., v. 5, p. 209; Orlando Gomes, *Direito de família*, cit., p. 331-2; W. Barros Monteiro, *Curso*, cit., v. 2, p. 232-3; Levenhagen, *Código Civil*, cit., v. 2, p. 206-7; M. Helena Diniz, *Curso*, cit., v. 5, p. 243 e 245; Sebastião José Roque, *Direito de família*, cit., p. 133-42; Guilherme Calmon Nogueira da Gama, Das relações de parentesco, in *Direito de família e o novo Código Civil*, coord. M.ª Berenice Dias e Rodrigo da Cunha Pereira, Belo Horizonte, Del Rey, 2003, p. 100 a 131; Rosana Fachin, Do parentesco e da filiação, *Direito de família e o novo Código Civil*, cit., p. 133 a 150; Paulo Luiz Netto Lôbo, *Código Civil comentado*, São Paulo, Atlas, 2003, v. 16; Silmara Juny Chinelato, *Comentários ao Código Civil*, São Paulo, Saraiva, v. 18, p. 1-29.

Art. 1.592. São parentes em linha colateral ou transversal, até o quarto grau, as pessoas provenientes de um só tronco, sem descenderem uma da outra.

• Vide *Código Civil, arts. 1.829, 1.839, 1.840 e 1.850.*

Parentesco consanguíneo em linha colateral. São parentes em linha colateral, transversal ou oblíqua, as pessoas que provêm de um mesmo tronco, mas não descendem umas das outras, como, p. ex., irmãos (*germanos*, se nascidos dos mesmos pais, ou *unilaterais*, se de um só deles, caso em que podem ser uterinos, se filhos da mesma mãe e de pais diversos, ou consanguíneos, se do mesmo pai e de mães diferentes), tios, sobrinhos e primos.

Limitação para o parentesco em linha transversal. O parentesco em linha transversal ou colateral não é infinito, uma vez que pela lei não vai além do quarto grau, ante a presunção de que, após esse limite, o afastamento é tão grande que o afeto e a solidariedade não mais servirão de apoio às relações jurídicas.

BIBLIOGRAFIA: Orlando Gomes, *Direito de família*, cit., p. 331-3; Caio M. S. Pereira, *Instituições*, cit., v. 5, p. 210-1; W. Barros Monteiro, *Curso*, cit., v. 2, p. 233; M. Helena Diniz, *Curso*, cit., v. 5, p. 243-5.

Art. 1.593. O parentesco é natural ou civil, conforme resulte de consanguinidade ou outra origem.

• Vide *Constituição Federal, arts. 226, § 4º, e 227, § 6º.*

• *Lei n. 8.069/90, arts. 20, 28, 39 a 52, 197-A a 199-E.*

• *Código Civil, arts. 1.521, I a V, 1.597, V, 1.618 e 1.619.*

Parentesco natural. O parentesco natural é o vínculo entre pessoas de um mesmo tronco ancestral, ligadas umas às outras pelo mesmo sangue. O parentesco em linha reta ou colateral por consanguinidade pode ser: *a*) *matrimonial*, se oriundo de casamento; *b*) *não matrimonial*, se decorrente de relações sexuais eventuais ou concubinárias ou, ainda, de união estável, sendo que os filhos daí decorrentes são *naturais*, se não houver entre os pais qualquer impedimento matrimonial, *adulterinos*, se frutos do adultério, ou *incestuosos*, se os pais violarem o Código Civil, art. 1.521, I, III, IV e V. Apenas didaticamente será possível fazer tais distinções, uma vez que, juridicamente, pelos arts. 226, § 4º, e 227, § 6º, da Constituição Federal de 1988, e 20 da Lei n. 8.069/90, não há mais que se fazer tal discriminação, de modo que para todos os efeitos legais serão simplesmente filhos, seja qual for o tipo de relacionamento de seus genitores (*JB*, *163*:340).

BIBLIOGRAFIA: Savatier, *Le droit, l'amour et la liberté*, p. 14 e s., *Cours de droit civil français*, Paris, 1947, v. 1; Barassi, *La famiglia legittima nel nuovo Codice Civile*, p. 3; M. Helena Diniz, *Curso*, cit., v. 5, p. 9 e 15, 243 e 244.

Parentesco civil e o socioafetivo. O parentesco civil é o estabelecido em razão de adoção. "O Código Civil reconhece, no art. 1.593, outras espécies de parentesco civil além daquele decorrente da adoção, acolhendo, assim, a noção de que há também parentesco civil no vínculo parental proveniente quer das técnicas de reprodução assistida heteróloga relativamente ao pai institucional que não contribuiu com seu material fecundante (CC, art. 1.597, V), quer da paternidade socioafetiva, fundada na posse do estado de filho" (Enunciado n. 103, aprovado na *I Jornada de Direito Civil*, promovida, em setembro de 2002, pelo Centro de Estudos Judiciários do CJF). "A posse do estado de filho (parentalidade socioafetiva) constitui modalidade de parentesco civil" (Enunciado n. 256 do CJF, aprovado na *III Jornada de Direito Civil*). "O reconhecimento judicial do vínculo de parentesco em virtude de socioafetividade deve ocorrer a partir da relação entre pai(s) e filho(s), com base na posse do estado de filho, para que produza efeitos pessoais e patrimoniais" (Enunciado n. 518 do CJF, aprovado na *V Jornada de Direito Civil*).

Interessante é a observação de Pietro Perlingieri de que o sangue e o afeto constituem razões de justificação da constituição da família, mas a *afeição* exerce cada vez mais o papel de denominador comum de qualquer núcleo familiar, por traduzir uma comunhão espiritural e de vida.

O IBDFAM, pelo Enunciado Programático n. 9, entende que: "A multiparentalidade gera efeitos jurídicos".

Adoção. A adoção é um parentesco civil, estabelecendo um vínculo entre adotado e adotante, e entre os parentes de um e de outro, salvo para efeitos de impedimento matrimonial (CC, arts. 1.521, III e V, e 1.618 a 1.629).

BIBLIOGRAFIA: Silvio Rodrigues, *Direito civil*, cit., v. 5, p. 244; M. Helena Diniz, *Curso*, cit., v. 5, p. 244; Clóvis Beviláqua, *Código Civil comentado*, cit., obs. ao art. 336, v. 2; Carlos Alberto Bittar, *Direito de família*, cit., p. 235-44; Pietro Perlingieri, *Perfis de dirito civil* — introdução ao direito civil constitucional, Rio de Janeiro, Renovar, 2002, p. 244.

Art. 1.594. Contam-se, na linha reta, os graus de parentesco pelo número de gerações, e, na colateral, também pelo número delas, subindo de um dos parentes até ao ascendente comum, e descendo até encontrar o outro parente.

Contagem de graus de parentesco consanguíneo em linha reta. Na linha reta, o grau de parentesco é contado pelo número de gerações, ou seja, de relações existentes entre o genitor e o gerado. Tantos serão os graus quantas forem as gerações: de pai a filho, um grau; de avô a neto, dois graus; de bisavô a bisneto, três graus etc.

Contagem de graus de parentesco consanguíneo em linha colateral. Os graus de parentesco em linha transversal contam-se pelo número de gerações, subindo, porém, de um dos parentes até o ascendente comum, e descendo, depois, até encontrar o outro parente. Por exemplo, para contar o grau de parentesco entre A e seu tio B, sobe-se de A a seu pai C, a seguir a seu avô D e depois se desce a B, tendo-se, então, três graus, correspondentes a cada geração. Seguindo tal critério, verificar-se-á que entre irmãos o parentesco é colateral em segundo grau, entre tio e sobrinho, como vimos, em terceiro grau, entre primos e entre tio-avô e sobrinho-neto, em quarto grau.

BIBLIOGRAFIA: Levenhagen, *Código Civil*, cit., v. 2, p. 208-9; Darcy Arruda Miranda, *Anotações*, cit., v. 1, p. 360; Orlando Gomes, *Direito de família*, cit., p. 332-3; Caio M. S. Pereira, *Instituições*, cit., v. 5, p. 210; W. Barros Monteiro, *Curso*, cit., v. 2, p. 233; Silvio Rodrigues, *Direito civil*, cit., v. 6, p. 282; Ferrara, *Trattato di diritto civile italiano*, v. 1, p. 539 e s.; M. Helena Diniz, *Curso*, cit., v. 5, p. 245-7.

Art. 1.595. Cada cônjuge ou companheiro é aliado aos parentes do outro pelo vínculo da afinidade.

§ 1º O parentesco por afinidade limita-se aos ascendentes, aos descendentes e aos irmãos do cônjuge ou companheiro.

§ 2º Na linha reta, a afinidade não se extingue com a dissolução do casamento ou da união estável.

- *Constituição Federal, art. 226, § 3º.*
- *Código Civil, arts. 1.521, II, 1.723 a 1.727.*
- *Lei n. 6.015/73, art. 57, § 8º, acrescentado pela Lei n. 11.924/2009.*

Parentesco por afinidade. A afinidade estabelece-se por determinação legal, constituindo o liame jurídico firmado entre um cônjuge ou convivente e os parentes consanguíneos, ou civis, do outro decorrente de matrimônio válido ou de união estável. Limita-se se aos ascendentes, aos descendentes e aos irmãos do cônjuge ou companheiro. Logo, entre marido e mulher ou conviventes não há parentesco, nem afinidade. A afinidade é um vínculo pessoal; logo, os afins de um cônjuge ou companheiro não são afins entre si, portanto, não haverá afinidade entre concunhados, nem mesmo entre os parentes de um consorte ou convivente e os parentes do outro.

BIBLIOGRAFIA: Eugênio Tarragato, *La afinidad*, p. 128; Paulo de Lacerda, *Manual*, cit., v. 6, p. 16-8; Orlando Gomes, *Direito de família*, cit., p. 33, 338-9; Scialoja, *Dizionario del diritto privato*, v. 1, p. 106; W. Barros Monteiro, *Curso*, cit., v. 2, p. 236; Cunha Gonçalves, *Tratado de direito civil*, cit., v. 1, p. 222; Bassil Dower, *Curso renovado de direito civil*, Ed. Nelpa, v. 4, p. 182; M. Helena Diniz, *Curso*, cit., v. 5, p. 244.

Afinidade em linha reta e em linha colateral. Na linha reta ter-se-á a afinidade entre sogro e nora, sogra e genro, padrasto e enteada, madrasta e enteado, que são afins em primeiro grau. E em segundo grau, na linha reta, o marido ou companheiro será afim com os avós de sua mulher ou companheira, e esta com os avós de seu marido ou companheiro, porque na linha reta não há limite de grau. Na linha colateral, o parentesco por afinidade não vai além do segundo grau, existindo tão somente com os irmãos do cônjuge ou companheiro. Cunhados serão, portanto, parentes por afinidade em segundo grau.

Efeitos da afinidade em linha reta e em linha colateral. A afinidade em linha reta não se extinguirá com a dissolução do casamento ou da união estável que lhe deu origem, persistindo o impedimento matrimonial; logo, não podem casar genro e sogra, sogro e nora, padrasto e enteada, madrasta e enteado (CC, art. 1.521, II). Porém, é bom lembrar que a afinidade na linha colateral cessará com o óbito do cônjuge ou convivente, por conseguinte não estará proibido o matrimônio entre cunhados. Além disso, sogro e sogra continuarão parentes afins da ex-nora ou do ex-genro ainda que estes venham a contrair novo casamento.

BIBLIOGRAFIA: Levenhagen, *Código Civil*, cit., v. 2, p. 209-10; M. Helena Diniz, *Curso*, cit., v. 5, p. 244, 249 e 250; Orlando Gomes, *Direito de família*, cit., p. 338-40; W. Barros Monteiro, *Curso*, cit., v. 2, p. 236; Tarragato, *La afinidad*, cit., p. 125; Lingenthal-Crome, *Manuale del diritto civile francese*, v. 1, nota 9, p. 194.

CAPÍTULO II

DA FILIAÇÃO

Art. 1.596. Os filhos, havidos ou não da relação de casamento, ou por adoção, terão os mesmos direitos e qualificações, proibidas quaisquer designações discriminatórias relativas à filiação.

- *Constituição Federal, art. 227, § 6º.*
- *Código Civil, arts. 1.596 a 1.629.*
- *Leis n. 9.029/95 e 9.263/99, sobre planejamento familiar.*
- *Sobre salário-maternidade: Lei n. 10.710/2003, que altera a Lei n. 8.213/91, arts. 71, 71-A, 71-B, e 71-C, acrescentados pela Lei n. 12.873/2013, 72 e 73; Introdução Normativa da SRF, n. 991/2010.*
- *Lei n. 8.069/90, arts. 20, 28 a 52.*
- *Lei n. 8.560/92, arts. 5º e 6º.*
- *Sobre licença-maternidade e licença-paternidade: Constituição Federal, art. 7º, XVIII; Lei n. 11.770, de 9 de setembro de 2008, regulamentada pelo Decreto n. 7.052/2009; Decreto n. 6.690/2008; CLT, arts. 392-A, 392-B e 392-C, acrescentados pela Lei n. 12.873/2013, Lei n. 11.770/2008, arts. 1º, 3º, 4º e 5º, com a redação da Lei n. 13.257/2016 e Portaria n. 510/2008 da Procuradoria-Geral da República.*
- *Lei n. 11.770/2008, com alteração nos arts. 1º, 3º, 4º e 5º (feita pela Lei n. 13.257/2016).*
- *Decreto n. 8.737/2016 institui Programa de Prorrogação da licença-paternidade para servidores regidos pela Lei n. 8.112/90.*
- *Lei n. 13.146/2015, art. 6º, II a IV.*
- *Código de Processo Civil, arts. 694 a 699.*

Princípio da igualdade jurídica de todos os filhos. Com base nesse princípio, não se faz distinção entre filho matrimonial, não matrimonial ou adotivo, quanto ao poder familiar, direito a alimentos, nome e sucessão. Permite-se o reconhecimento de filhos havidos fora do casamento e proíbe-se que se revele no assento de nascimento a "ilegitimidade" ou "espuriedade". Vedadas estão quaisquer designações discriminatórias relativas à filiação. De modo que a única diferença entre as categorias de filiação seria o ingresso, ou não, no mundo jurídico, por meio do reconhecimento; logo, só se poderia falar didaticamente em filho matrimonial ou não matrimonial reconhecido ou não reconhecido, uma vez que, como observa João Baptista Villela, tais termos seriam axiologicamente indiferentes.

Pelo Enunciado Programático n. 6 do IBDFAM: "Do reconhecimento jurídico da filiação socioafetiva decorrem todos os direitos e deveres inerentes à autoridade parental".

Pelo Enunciado n. 632 da *VIII Jornada de Direito Civil*: "Nos casos de reconhecimento de multiparentabilidade paterna ou materna, o filho terá direito à participação na herança de todos os ascendentes reconhecidos".

BIBLIOGRAFIA: Paulo de Lacerda, *Manual*, cit., v. 6, p. 34-6; Antônio Chaves, Filiação legítima, in *Enciclopédia Saraiva do Direito*, v. 37, p. 314-7; Antonio Cicu, *La filiazione*, Torino, UTET, 1958; Planiol, Ripert e Boulanger, *Traité élémentaire de droit civil français*, cit., v. 1, n. 1.282; M. Helena Diniz, *Curso*, cit., v. 5, p. 253-4; João Baptista Villela, O reconhecimento da paternidade entre o pós-moderno e o arcaico: primeiras observações sobre a Lei n. 8.560/92, *Repertório IOB de Jurisprudência*, 4:76, 1993; Gustavo Tepedino, A disciplina jurídica da filiação, in *Direitos de família e do menor*, coord. Sálvio de Figueiredo Teixeira, Belo Horizonte, 1993, p. 225-42; Mário Aguiar Moura, *Tratado prático da filiação*, Rio de Janeiro, Aide, 1984, v. 1 a 3; José da Costa Pimenta, *Filiação*, Coimbra, 1986; Roberto Senise Lisboa, *Manual*, cit., v. 5, p. 104-10; Zeno Veloso, *Direito brasileiro: da filiação e paternida-*

de, São Paulo, Malheiros, 1997, p. 7 a 11; Luiz Edson Fachin, *Elementos críticos do direito de família: Curso de direito civil*, Rio de Janeiro, Renovar, 1999, p. 15; Rosana Fachin, Do parentesco e da filiação, in *Direito de família e o novo Código Civil* (coord. Maria Berenice Dias e Rodrigo da Cunha Pereira, Belo Horizonte, Del Rey, p. 133-150; Luís Paulo Cotrim Guimarães, Direito de filiação, *Consulex*, *11*:40-1; Márcio Antonio Boscaro, *Direito de filiação*, São Paulo, Revista dos Tribunais, 2002; Renato Maia, *Filiação paternal e seus efeitos*, São Paulo, SRS, 2008; Sandra Maria da Silva, Direito fundamental à filiação e a negatória de paternidade, *De Jure*, Revista Jurídica do MPMG, *10*:369-79.

Art. 1.597. Presumem-se concebidos na constância do casamento os filhos:

I — nascidos cento e oitenta dias, pelo menos, depois de estabelecida a convivência conjugal;

- *Código Civil, art. 1.598.*

II — nascidos nos trezentos dias subsequentes à dissolução da sociedade conjugal, por morte, separação judicial, nulidade e anulação do casamento;

- *Código Civil, arts. 1.723, § 1º, e 1.523, II.*
- *Inciso que poderá perder, parcialmente, sua eficácia social pela EC n. 66/2010, que deu nova redação à CF, art. 226, § 6º.*

III — havidos por fecundação artificial homóloga, mesmo que falecido o marido;

- *Resolução CFM n. 2.320/2022, Seção VIII e Seção I, n. 4.*
- *Projeto de Lei n. 90/99 exclui a possibilidade de fecundação* post mortem *(art. 15, § 5º) e se ela ocorrer a criança não se beneficiará de efeitos patrimoniais e sucessórios (art. 20).*

IV — havidos, a qualquer tempo, quando se tratar de embriões excedentários, decorrentes de concepção artificial homóloga;

- *Lei n. 11.105/2005, arts. 5º, I e II, §§ 1º e 2º, e 6º, III.*
- *Decreto n. 5.591/2005, arts. 3º, XIII, XIV e XV, 63 a 67.*
- *Portaria do Ministério da Saúde n. 2.526/2005 sobre informação de dados necessários à identificação de embriões humanos produzidos por fertilização* in vitro.
- *Resolução CFM n. 2.320/2022 , Seção V, n. 1 a 3, Seção I, n. 4, e Seção VII, n. 1 e 2.*

V — havidos por inseminação artificial heteróloga, desde que tenha prévia autorização do marido.

- Vide *Constituição Federal, art. 227, § 6º.*
- *Código Civil, arts. 2º, 1.523 e 1.607.*
- *Lei n. 6.015/73, art. 54, § 2º, com a redação da Lei n. 12.662/2012.*
- *Resolução CFM n. 2.320/2022 , Seção I, n. 4, Seção III, n. 2, e Seção IV, n. 1 a 11.*
- *Resolução RDC n. 23/2011 da ANVISA.*
- *Provimento n. 52/2016 da CNJ sobre registro de nascimento e emissão de certidão de bebês gerados por técnica de reprodução assistida.*
- ***Projeto de Lei n. 699/2011**: "Parágrafo único. Cessa a presunção de paternidade, no caso do inciso II, se, à época da concepção, os cônjuges estavam separados de fato".*

Presunção "juris tantum" da paternidade. Ante a impossibilidade de se demonstrar diretamente a paternidade, a lei assenta relativamente à questão da filiação algumas presunções fundadas em probabilidades, que, por admitirem prova em contrário, serão relativas, ou seja, *juris tantum*. Isto é assim porque "*mater semper certa est et pater is est quem nuptiae demonstrant*"

(*Adcoas*, n. 70.823, 1980, TJSP; *RSTJ, 2(5)/305-554*:315; *RT, 695*:165). Ante isso, os arts. 5º e 6º da Lei n. 8.560/92 poderão gerar um "conflito de paternidade", como observa Fachin, se, p. ex., alguém vier a declarar em cartório como seu o filho de mulher casada, que teria então dois pais: o declarante e o marido de sua mãe, por presunção legal. Se este último quiser fazer prevalecer aquela presunção, só o poderia fazer com base no seu casamento; logo, como seria possível ignorar o estado civil dos supostos pais, como pretende o art. 5º da Lei n. 8.560/92? Só seria admissível o reconhecimento de filho de mulher casada após decisão transitada em julgado que acolha a contestação da paternidade por parte do marido (CC, art. 1.601) ou mediante apresentação de prova convincente de separação de corpos ou de decretação de separação judicial ou de divórcio (CC, arts. 1.597, II — c/c CF, art. 226, § 6º, com a redação da EC n. 66/2010 — 1.598 e 1.599). Pode-se até dizer que a presunção do art. 1.597 é relativa para o homem sobre quem recai, cedendo ante prova robusta, porém tal possibilidade é limitada. Quanto a terceiros, essa presunção seria absoluta, haja vista que a ninguém é dado questionar paternidade alheia. Só o pai é quem poderá pôr em dúvida a paternidade presumida (CC, art. 1.601).

BIBLIOGRAFIA: Paulo de Lacerda, *Manual*, cit., v. 6, p. 49-53; Beudant, *Droit civil français*, v. 2, p. 173; Darcy Arruda Miranda, *Anotações*, cit., v. 1, p. 364; Savatier, *Cours de droit civil*, Paris, 1947; W. Barros Monteiro, *Curso*, cit., v. 2, p. 239 e 240; Antônio Chaves, Filiação legítima, cit., in *Enciclopédia Saraiva do Direito*, v. 37, p. 326; Silvio Rodrigues, *Direito civil*, cit., v. 6, p. 292; Pontes de Miranda, *Tratado de direito de família*, cit., § 124; Caio M. S. Pereira, *Instituições*, cit., v. 5, p. 218; M. Helena Diniz, *Curso*, cit., v. 5, p. 256; Zeno Veloso, *Direito brasileiro: da filiação*, cit., p. 57 e s.; Matiello, *Código Civil*, cit., p. 1041; Monica Aguiar, *Direito à filiação e bioética*, Rio de Janeiro, Forense, 2005.

Limites dessa presunção. Para que a presunção de paternidade tenha a sanção de verossimilhança, a lei determina período no qual ela começa e termina e certas circunstâncias motivadas pelos avanços da biotecnologia, estabelecendo que foram concebidos na constância do casamento: *a*) os filhos nascidos cento e oitenta dias depois de estabelecida a convivência conjugal, não se contando o dia da celebração do ato nupcial, ante a possibilidade de haver casos em que se deu o casamento por procuração (CC, art. 1.542); *b*) os filhos nascidos dentro de trezentos dias após a dissolução da sociedade conjugal por morte, separação judicial (*RT, 700*:64), divórcio, nulidade ou anulação, e também, *de lege ferenda*, por separação de fato (CC, art. 1.723, § 1º), porque a gestação não vai além desse prazo; *c*) os filhos havidos por fecundação artificial homóloga, mesmo que falecido o marido de sua mãe. O STF (4ª T., REsp 1.918.421-2021) deliberou que uso de material genético de falecido para geração de filhos depende de expressa e incontestável autorização por meio de testamento ou instrumento que o valha em formalidade e garantia. Pelo Enunciado n. 633 da *VIII Jornada de Direito Civil*: "É possível ao viúvo ou ao companheiro sobrevivente, o acesso à técnica de reprodução assistida póstuma — por meio da maternidade de substituição, desde que haja expresso consentimento manifestado em vida pela sua esposa ou companheira"; *d*) os filhos havidos, a qualquer tempo, quando se tratar de embriões excedentes, decorrentes de concepção artificial homóloga, isto é, advindos dos componentes genéticos do marido e da mulher e preservados, por congelamento, numa clínica de reprodução assistida; *e*) os filhos havidos de inseminação artificial heteróloga, desde que tenha havido prévia autorização do marido. Tal presunção visa tão somente, baseada na doutrina dos atos próprios de Diez-Picazo, fundada no princípio da boa-fé e da lealdade de comportamento, instaurar a vontade procracional do marido, como um meio de impedi-lo de desconhecer a paternidade do filho voluntariamente assumido ao consentir na inseminação heteróloga de sua mulher. A paternidade, nessa última hipótese, apesar de não ter fundamento genético, terá o moral, privilegiando-se a relação socioafetiva. E, "a paternidade socioafetiva, calcada na vontade livre, não pode ser rompida em detrimento do melhor interesse do filho" (Enunciado n. 339 do CJF, aprovado na *IV Jornada de Direito Civil* — no mesmo sentido, TJSP, 4ª Câm. D. Priv. Ap. Cív. 403.085.4/0-00, rel. Francisco Loureiro, j. 23-3-2006).

A esse respeito elucidativos são os seguintes enunciados (aprovados na *I Jornada de Direito Civil*, promovida, em setembro de 2002, pelo Centro de Estudos Judiciários do CJF):*a*) "no âmbito das técnicas de reprodução assistida envolvendo o emprego de material fecundante de terceiros, o pressuposto fático da relação sexual é substituído pela vontade (ou eventualmente pelo risco da situação jurídica matrimonial) juridicamente qualificada, gerando presunção absoluta ou relativa de paternidade no que tange ao marido da mãe da criança concebida, dependendo da manifestação expressa (ou implícita) de vontade no curso do casamento" (Enunciado n. 104); *b*) "as expressões 'fecundação artificial', 'concepção artificial' e 'inseminação artificial' constantes, respectivamente, dos incs. III, IV e V do art. 1.597, deverão ser interpretadas como 'técnica de reprodução assistida" (Enunciado n. 105); *c*) "para que seja presumida a paternidade do marido falecido, será obrigatório que a mulher, ao se submeter a uma das técnicas de reprodução assistida com o material genético do falecido, esteja na condição de viúva, sendo obrigatório, ainda, que haja autorização escrita do marido para que se utilize seu material genético após sua morte" (Enunciado n. 106); e *d*) "finda a sociedade conjugal, na forma do art. 1.571, a regra do inc. IV somente poderá ser aplicada se houver autorização prévia, por escrito, dos ex-cônjuges, para a utilização dos embriões excedentários, só podendo ser revogada até o início do procedimento de implantação desses embriões" (Enunciado n. 107).

E pelo Enunciado n. 257 do Conselho da Justiça Federal, aprovado na *III Jornada de Direito Civil*, "as expressões 'fecundação artificial', 'concepção artificial' e 'inseminação artificial', constantes, respectivamente, dos incs. III, IV e V do art. 1.597 do Código Civil, devem ser interpretadas restritivamente, não abrangendo a utilização de óvulos doados e a gestação de substituição".

Pelos Enunciados da *I Jornada de Direito da Saúde do CNJ* (2014):

a) n. 20: "A inseminação artificial e a fertilização *in vitro* não são procedimentos de cobertura obrigatória pelas operadoras de planos de saúde, salvo por expressa previsão contratual".

b) n. 41: "O estabelecimento da idade máxima de 50 anos, para que mulheres possam submeter-se ao tratamento e à gestação por reprodução assistida, afronta o direito constitucional à liberdade de planejamento familiar".

c) n. 45: "Nas hipóteses de reprodução humana assistida nos casos de gestação de substituição, a determinação do vínculo de filiação deve contemplar os autores do projeto parental, que promoveram o procedimento".

d) n. 39: "O estado de filiação não decorre apenas do vínculo genético, incluindo a reprodução assistida com material genético de terceiro, derivando da manifestação inequívoca de vontade da parte".

BIBLIOGRAFIA: Lomonaco, *Istituzioni di diritto civile*, v. 2, p. 22 e s.; Paulo de Lacerda, *Manual*, cit., v. 6, p. 34-45; Levenhagen, *Código Civil*, cit., v. 2, p. 212; Caio M. S. Pereira, *Reconhecimento da paternidade e seus efeitos*, Rio de Janeiro, Forense, 1993; e *Instituições*, cit., v. 5, p. 212; De Page, *Traité élémentaire de droit civil belge*, v. 1, n. 1.036; Orlando Gomes, *Direito de família*, cit., p. 343; Pontes de Miranda, *Tratado de direito de família*, cit., § 123; Mônica Neves Aguiar da Silva, *Reflexos jurídicos dos avanços tecnológicos no direito à filiação*, tese de doutorado — PUCSP, 2003; Sonia Paz, *Os direitos da criança na reprodução assistida*, São Paulo, Pollux, 2003; Antônio Chaves, Filiação legítima, cit., in *Enciclopédia Saraiva do Direito*, v. 37, p. 322; Silvio Rodrigues, *Direito civil*, cit., v. 6, p. 285-6; M. Helena Diniz, *Curso*, cit., v. 5, p. 254-5; *O estado atual do biodireito*, São Paulo, Saraiva, 2001, p. 456-7; Luís Paulo Cotrim Guimarães, *A paternidade presumida no direito brasileiro e comparado*, Rio de Janeiro, Renovar,

2001, p. 219; Fachin, *Estabelecimento da filiação e paternidade presumida*, Porto Alegre, Fabris, Ed., 1992, p. 135; João Baptista Villela, O reconhecimento da paternidade, cit., *Repertório IOB de Jurisprudência*, *4*:72, 1993; Luiz Antonio Garrido de Paula, Repensando na presunção de paternidade, *Revista Literária do Direito*, n. 18, p. 38-9; Guilherme Calmon Nogueira da Gama, Filiação e reprodução assistida: introdução ao tema sobre a perspectiva do direito comparado, *RT*, *776*:60; Eduardo Oliveira Leite, *Procriações artificiais e o direito*, São Paulo, Revista dos Tribunais, 1995; Zannoni, *Inseminación artificial y fecundación extrauterina*, Buenos Aires, 1978; Antunes Varela, A inseminação artificial e a filiação perante o direito português e o direito brasileiro, *Revista Brasileira de Direito Comparado*, *15*:1-35; Savatier, *L'insémination artificielle devant le droit positif français*, Lethieleux, 1947; Monica S. Scarparo, *Fertilização assistida*, Rio de Janeiro, 1991; Eugênio C. Callioli, Aspectos da fecundação artificial "in vitro", *Revista de Direito Civil*, *44*:71; Álvaro Villaça Azevedo, Ética, Direito e reprodução humana assistida, *O direito civil no século XXI*, coord. M. Helena Diniz e Roberto Senise Lisboa, São Paulo, Saraiva, 2003, p. 55-72; Belmiro Pedro Welter, *Igualdade entre as filiações biológica e socioafetiva*, São Paulo, Revista dos Tribunais, 2003; Juliane Fernandes Queiroz, *Paternidade — aspectos jurídicos e técnicas de inseminação artificial*, Belo Horizonte, Del Rey, 2001; Jussara Maria Leal de Meirelles, Filhos da reprodução assistida, *Família e Cidadania*, Anais do III Congresso Brasileiro de Direito de Família, IBDFAM, Belo Horizonte, 2002, p. 391-403; Domingos Franciulli Netto, Das relações de parentesco, da filiação e do reconhecimento dos filhos, *O novo Código Civil — estudos em homenagem a Miguel Reale*, São Paulo, LTR, 2003, p. 1140-87; Silmara Juny Chinelato, *Comentários*, cit., v. 18, p. 39-86; Eliane O. Barros, *Aspectos jurídicos da inseminação artificial heteróloga*, Belo Horizonte, Fórum, 2010.

Art. 1.598. Salvo prova em contrário, se, antes de decorrido o prazo previsto no inciso II do art. 1.523, a mulher contrair novas núpcias e lhe nascer algum filho, este se presume do primeiro marido, se nascido dentro dos trezentos dias a contar da data do falecimento deste e, do segundo, se o nascimento ocorrer após esse período e já decorrido o prazo a que se refere o inciso I do art. 1.597.

- Vide *Código Civil, arts. 1.523, II, 1.597, I, e 1.641, I.*
- *Constituição Federal, art. 227, § 6º.*
- ***Projeto de Lei n. 699/2011**: "Parágrafo único. Cessa a presunção de paternidade do primeiro marido, se, à época da concepção, os cônjuges estavam separados de fato".*

Presunção "juris tantum" de paternidade de filho nascido de bínuba. Se o filho nascer dentro de trezentos dias subsequentes à dissolução do casamento de sua mãe, que veio a convolar novas núpcias, antes de decorrido o prazo de dez meses (CC, art. 1.523, II), presumir-se-á que é filho do primeiro marido. Mas será filho do segundo marido se seu nascimento se der depois dos trezentos dias do falecimento do primeiro marido de sua mãe, e a nova convivência conjugal já dura pelo menos cento e oitenta dias.

Trata-se de presunção relativa ou *juris tantum*, que cederá mediante prova em contrário (p. ex., o exame de DNA) efetuada em ação ordinária provocada pelo interessado.

Art. 1.599. A prova da impotência do cônjuge para gerar, à época da concepção, ilide* a presunção da paternidade.

- Vide *Constituição Federal, art. 227, § 6º.*

* *Deve ser elide (suprime) e não ilide (contesta).*

Impotência absoluta como impugnação à paternidade de filho. A impotência do marido, seja *coeundi* (incapacidade para o coito), seja *generandi* (infecundidade ou incapacidade

DIREITO DE FAMÍLIA

para gerar), para poder ser alegada na contestação da paternidade de filho, deverá ser absoluta e devidamente provada, embora no artigo *sub examine* apenas a *generandi*, à época da concepção, elidiria a presunção da paternidade. Trata-se de exceção à presunção *juris tantum* de que o filho é do marido de sua mãe (CC, art. 1.597, I a IV). Se relativa for tal impotência, não poderá, entendemos, ser aceita como alegação contra a paternidade de filho, tendo-se em vista o avanço tecnológico das perícias médicas. Daí exigir-se perícia médica para que se avalie o grau de impotência; se se tratar, p. ex., de mero distúrbio psíquico, sendo transitória, a presunção de paternidade do filho será mantida, podendo ser ilidida apenas pelo exame de DNA. O Código Civil, art. 1.597, V, possibilita procriação de filho à mulher, cujo marido sofra de impotência *generandi*, desde que este anua na inseminação artificial heteróloga.

BIBLIOGRAFIA: A. Almeida Jr., *Paternidade*, p. 154; Strassmann, *Médicine legale*, p. 71; Levenhagen, *Código Civil*, cit., v. 2, p. 214; Paulo de Lacerda, Manual, cit., v. 6, p. 55-6; Pontes de Miranda, *Tratado de direito de família*, cit., 124; Orlando Gomes, *Direito de família*, cit., p. 349; W. Barros Monteiro, *Curso*, cit., v. 2, p. 240; M. Helena Diniz, *Curso*, cit., v. 5, p. 256; Luís Paulo Cotrim Guimarães, Dano moral na contestação da paternidade, *Revista Jurídica Del Rey*, *8*:26.

Art. 1.600. Não basta o adultério da mulher, ainda que confessado, para ilidir* a presunção legal da paternidade.

• Vide *Constituição Federal, art. 227, § 6º.*

• *Código Civil, arts. 1.601 e 1.602.*

* *O termo correto seria elidir (eliminar, suprimir) e não ilidir (contestar, refutar).*

Insubsistência da alegação do adultério da mulher para ilidir presunção legal da paternidade. Se marido e mulher mantêm relações sexuais, o adultério (ilícito civil) da mulher, mesmo que notório e por ela confessado, não constituirá justa causa para desfazer a presunção da paternidade do filho (*RT*, *720*:115), uma vez que o marido pode ser o pai em razão daquela convivência conjugal. Logo, não há como recusar a paternidade da prole baseada em dúvida. O mau comportamento da mulher apenas poderá desfazer a presunção legal se ficar comprovado que, p. ex., o adultério se deu na ausência do consorte varão, que, por se encontrar fora do país, estava impossibilitado de coabitar com a mulher na época da concepção, servindo, tão somente, como prova complementar da não filiação na ação negatória ou contestatória de paternidade, que poderá, pelo art. 1.601 do Código Civil, ser interposta a qualquer tempo, por ser tal pretensão imprescritível para que não haja detrimento da verdade real na relação paterno-filial, eliminando-se a ficção jurídica, mediante produção de prova cabal (*RSTJ*, *32*:159), com o exame de DNA.

BIBLIOGRAFIA: Paulo de Lacerda, *Manual*, cit., v. 6, p. 57-9; Levenhagen, *Código Civil*, cit., v. 2, p. 215; W. Barros Monteiro, *Curso*, cit., v. 2, p. 240; Lafayette, *Direitos de família*, cit., § 105; M. Helena Diniz, *Curso*, cit., v. 5, p. 256.

Art. 1.601. Cabe ao marido o direito de contestar a paternidade dos filhos nascidos de sua mulher, sendo tal ação imprescritível.

Parágrafo único. Contestada a filiação, os herdeiros do impugnante têm direito de prosseguir na ação.

• Vide *Constituição Federal, art. 227, § 6º.*

• *Lei n. 6.015/73, arts. 102, § 1º, e 29, § 1º,* b.

- *Lei n. 8.069/90, art. 27.*
- *Código Civil, art. 1.596.*
- *Súmula 149 do Supremo Tribunal Federal.*
- ***Projeto de Lei n. 699/2011**: "Art. 1.601. O direito de contestar a relação de filiação é imprescindível e cabe, privativamente, às seguintes pessoas:*

  I — ao filho;

  II — àqueles declarados como pai e mãe no registro de nascimento;

  III — ao pai e à mãe biológicos;

  IV — a quem demonstrar legítimo interesse.

  § 1º Contestada a filiação, os herdeiros do impugnante têm direito de prosseguir na ação.

  § 2º A relação de filiação oriunda de adoção não poderá ser contestada.

  § 3º O marido não pode contestar a filiação que resultou de inseminação artificial por ele consentida; também não pode contestar a filiação, salvo se provar erro, dolo ou coação, se declarou no registro que era seu o filho que teve a sua mulher.

  § 4º A recusa injustificada à realização das provas médico-legais acarreta a presunção da existência da relação de filiação".

"Legitimatio ad causam" para propor ação negatória. Como a presunção legal da paternidade é *juris tantum*, o pai poderá elidi-la provando o contrário, movendo ação negatória (*Adcoas*, n. 70.807, 1980, TJRJ; *RT*, *784*:227, *518*:116, *538*:195, *547*:57 e 58, *546*:224, *510*:96, *568*:72, *541*:129 e *811*:229; *RTJ*, *60*:565; *Ciência Jurídica*, *42*:109, *JB*, *59*:295 e *165*:293 e 320; *JSTJ*, 7:295; *RSTJ*, *97*:203). Logo, como a ação negatória, ou melhor, contestatória de paternidade, que segue o rito ordinário, é de ordem pessoal, apenas o marido, suposto pai, poderá promovê-la, por ter nela interesse moral e econômico (*RF*, *195*:243), a qualquer tempo, visto ser imprescritível (*JTJ*, *294*:283), contra o filho, que, se for menor, não poderá ser representado pelo próprio autor, devendo nomear-se-lhe um curador *ad hoc*, cuja intervenção não se dispensa por oficiar, no feito, o Ministério Público. A mãe poderá intervir para assistir o filho. A sentença proferida deverá ser averbada à margem do registro de nascimento (Lei n. 6.015/73, art. 29, § 1º, *b*) para competente ratificação (*RT*, *542*:70). Sendo oponível *erga omnes*, produz efeitos em relação aos demais membros da família, inclusive para fins sucessórios.

Pelo Enunciado n. 258 do Conselho da Justiça Federal, aprovado na *III Jornada de Direito Civil*, "Não cabe a ação prevista no art. 1.601 do Código Civil se a filiação tiver origem em procriação assistida heteróloga, autorizada pelo marido nos termos do inc. V do art. 1.597, cuja paternidade configura presunção absoluta". E o Conselho da Justiça Federal, no Enunciado n. 520, aprovado na *V Jornada de Direito Civil*, entendeu que: "O conhecimento da ausência de vínculo biológico e a posse de estado de filho obstam a contestação da paternidade presumida".

BIBLIOGRAFIA: Orlando Gomes, *Direito de família*, cit., p. 350; M. Helena Diniz, *Curso*, cit., v. 5, p. 256-7; Lafayette, *Direitos de família*, cit., § 106, n. 3.

Falecimento do autor na pendência da ação negatória. Se, porventura, o marido (suposto pai) que pretende desfazer a presunção legal de paternidade vier a falecer na pendência da lide, aos seus herdeiros será lícito continuar a ação negatória por ele iniciada, pois a eles se transferem o domínio e a posse da herança, tendo, por tal motivo, interesse econômico em dar prosseguimento à ação.

Incapacidade do suposto pai no curso da lide. Se o marido tornar-se incapaz na pendência da lide, há quem entenda que a ação prosseguirá mediante a nomeação de um curador, ou, se ainda não se deu sua interdição, ter-se-á um curador à lide ou especial (CPC, art. 72, I). O seu representante legal (curador especial) dará prosseguimento à demanda, não podendo desistir dela, afrontando a vontade do representado de repudiar a paternidade. Outros juristas já opinam que, mesmo nessa hipótese, a ação iniciada por quem, posteriormente, tornou-se incapaz deverá ser continuada por aqueles que, em caso de morte, seriam os herdeiros (descendente, ascendente, cônjuge ou colateral até o 4º grau) do marido e não pelo seu representante legal; os herdeiros apenas têm o direito de prosseguir a ação negatória já iniciada pelo suposto pai, não tendo legitimidade para intentá-la.

BIBLIOGRAFIA: Paulo de Lacerda, *Manual*, cit., v. 6, p. 59-65; Levenhagen, *Código Civil*, cit., v. 2, p. 216; Darcy Arruda Miranda, *Anotações*, cit., v. 1, p. 364; João Baptista Villela, art. 1.601, *Família e cidadania*, coord. Rodrigo da Cunha Pereira, Belo Horizonte, IBDFAM, Del Rey, 2002, p. 71-84; Matiello, *Código Civil*, cit., p. 1045.

Art. 1.602. Não basta a confissão materna para excluir a paternidade.

- Vide *Constituição Federal, art. 227, § 6º.*
- *Código Civil, arts. 1.600 e 1.601.*

Confissão materna como prova de exclusão da paternidade. Nem mesmo a confissão materna do adultério (ilícito civil) tem o condão de provar a exclusão da paternidade do marido, porque poderia ser fruto de alguma vingança, despeito, desespero ou ódio e, além disso, a convivência conjugal traz a possibilidade de que o filho seja do marido. Tal confissão, tácita ou expressa, não será aceita, juridicamente, como prova absoluta para excluir a paternidade do marido, não só ante o fato de que poderá suceder que a adúltera pretenda, inescrupulosamente, desmoralizar seu marido, mas também porque a presunção legal visa beneficiar o filho e não os pais. Todavia, há quem ache que a confissão de adultério, apesar de insuficiente para excluir a paternidade do marido, poderá ter valor complementar.

BIBLIOGRAFIA: Clóvis Beviláqua, *Código Civil comentado*, cit., v. 2, p. 313; Levenhagen, *Código Civil*, cit., v. 2, p. 216; M. Helena Diniz, *Curso*, cit., v. 5, p. 256-7; Clóvis Beviláqua *Código Civil*, cit., com. ao art. 346 do CC de 1916; Hugo Nigro Mazzilli e Wander Garcia, *Anotações*, cit., p. 471.

Art. 1.603. A filiação prova-se pela certidão do termo de nascimento registrada no Registro Civil.

- Vide *Lei n. 6.015, de 31 de dezembro de 1973, arts. 50 a 66 (Registros Públicos).*
- *Lei n. 12.662/2012 (DNV).*
- Vide *Constituição Federal, art. 227, § 6º.*
- *Código Civil, art. 9º, I.*

Prova específica da filiação. A certidão do termo do nascimento, inscrito no Registro Civil das Pessoas Naturais, de conformidade com os arts. 50 e s. da Lei n. 6.015/73 e com o art. 10 da Lei n. 8.560/92, constitui a prova específica do nascimento, da idade, da identidade e da filiação consanguínea ou socioafetiva (Enunciado n. 108, aprovado na *I Jornada de Direito Civil*, promovida, em setembro de 2002, pelo Centro de Estudos Judiciários do CJF), tanto na ação de vindicação de estado como em qualquer caso em que haja contestação da filiação. Ante a fé pública cartorária, a certidão de nascimento é oponível *erga omnes*.

BIBLIOGRAFIA: Paulo de Lacerda, *Manual*, cit., v. 6, p. 65-9; M. Helena Diniz, *Curso*, cit., v. 5, p. 257; Clóvis Beviláqua, *Código Civil comentado*, obs. ao art. 347, v. 2.

Art. 1.604. Ninguém pode vindicar estado contrário ao que resulta do registro de nascimento, salvo provando-se erro ou falsidade do registro.

- Vide *Lei n. 6.015, de 31 de dezembro de 1973 (Registros Públicos), arts. 113 e 114.*
- Vide *Constituição Federal, art. 227, § 6º.*
- *Código Penal, arts. 241 a 243.*
- *Código Civil, arts. 9º, I, e 1.608.*
- *Lei n. 6.815/80, art. 125, XIII.*

Proibição da vindicação do estado de filho. Ninguém poderá vindicar estado de filho contrário ao que resulta do termo do nascimento devidamente registrado, ou seja, contestar a veracidade da filiação da pessoa que figura no registro, tendo-se em vista que a força probante do assento é *erga omnes*, por haver uma presunção de verdade em favor das declarações nele contidas de que X é mesmo filho de Y e de Z, uma vez que em favor dessa veracidade há a fé pública cartorária.

Exceções. Haverá hipóteses admitidas excepcionalmente em lei em que se possa vindicar estado de filiação contrário ao declarado no registro de nascimento, desde que se comprove erro (vício material involuntário, cometido pelos pais ou pelo oficial do Registro Civil) ou falsidade (fraude perpetrada pelos pais com ou sem auxílio do oficial do Registro Civil, tendo ou não intenção de auferir alguma vantagem ilícita, p. ex., atribuindo a si filho de pessoa alheia) do referido assento (*EJSTJ*, *13*:54; *RT*, *778*:260, *795*:209, *793*:232, *803*:212, *802*:352, *688*:71; *844*:247, *868*:250, *869*:311; *JTJ*, *254*:188; *RBDFam*, *24*:157; *BAASP*, *1.946*:28). Deveras, poderá suceder que haja alterações da verdade das declarações, caso em que o próprio registrado, ou qualquer interessado, poderá pleitear a anulação do registro mediante processo contencioso previsto no art. 113 da Lei n. 6.015/73.

Tem havido decisão entendendo não só ser desnecessário que se proponha ação de nulidade de registro de nascimento antes de mover a investigação de paternidade contra o suposto pai genético, pois o cancelamento daquele registro é consectário lógico da procedência dessa ação (*RT*, *724*:263, *764*:181), como também que a pessoa, que registrou filho em seu nome, tem direito de ser citada na investigatória de paternidade por ele movida contra terceiro (STJ, REsp 117.129/RS, *DJU*, 24-9-2001, p. 307).

BIBLIOGRAFIA: W. Barros Monteiro, *Curso*, cit., v. 2, p. 242; Levenhagen, *Código Civil*, cit., v. 2, p. 217; M. Helena Diniz, *Curso*, cit., v. 5, p. 257; Carlos Eduardo N. Camillo, *Comentários*, cit., p. 1167; Hugo Nigro Mazzilli e Wander Garcia, *Anotações*, cit., p. 471-2.

Art. 1.605. Na falta, ou defeito, do termo de nascimento, poderá provar-se a filiação por qualquer modo admissível em direito:

I — quando houver começo de prova por escrito, proveniente dos pais, conjunta ou separadamente;

II — quando existirem veementes presunções resultantes de fatos já certos.

- Vide *Constituição Federal, art. 227, § 6º.*
- *Código Civil, arts. 212 a 232.*
- *Código de Processo Civil, arts. 369 e 400, II.*
- ***Projeto de Lei n. 699/2011**: "Art. 1.605. Na falta, defeito, erro ou falsidade do termo de nascimento, poderá provar-se a filiação por qualquer modo admissível em direito".*

Provas supletivas da filiação. Se o registro de nascimento faltar, porque os pais não o fizeram ou porque se perdeu o livro, ou se o termo de nascimento apresentar defeito, como dar ao filho nome diverso ou atribuir-se-lhe paternidade incógnita, qualquer meio probatório admissível juridicamente poderá ser utilizado para provar a filiação, desde que: *a*) haja começo de prova por escrito, proveniente dos pais, conjunta ou separadamente, como cartas, diários, onde haja indicação de nascimento do filho; *b*) exista presunção *juris tantum* resultante de fato já conhecido e certo que permita admitir outro como verídico, p. ex., se em companhia do casal há muito vive uma pessoa tida como filha, sabendo-se que os pais são casados e tiveram um filho, ter-se-á, então, a *posse do estado de filho*, e, nela baseada, a pessoa criada pelo casal poderá, apoiada em prova testemunhal, indicar em juízo o reconhecimento de sua filiação.

O IBDFAM, no Enunciado Programático n. 7, deliberou que: "A posse de estado de filho pode constituir a paternidade e maternidade".

Pelo Enunciado n. 109 (aprovado na *I Jornada de Direito Civil*, promovida, em setembro de 2002, pelo Centro de Estudos Judiciários do CJF): "a restrição da coisa julgada oriunda de demandas reputadas improcedentes por insuficiência de prova, não deve prevalecer para inibir a busca da identidade genética pelo investigando".

BIBLIOGRAFIA: Gluck, *Commentarii alle pandette*, Liv. 22, p. 352 e s.; Antônio Chaves, Filiação legítima, cit., in *Enciclopédia Saraiva do Direito*, v. 37, p. 329; Caio M. S. Pereira, *Instituições*, cit., v. 5, p. 215-6; W. Barros Monteiro, *Curso*, cit., v. 2, p. 243; Darcy Arruda Miranda, *Anotações*, cit., v. 1, p. 365; Paulo de Lacerda, *Manual*, cit., v. 6, p. 69-74; M. Helena Diniz, *Curso*, cit., v. 5, p. 257-8; Orlando Gomes, *Direito de família*, cit., p. 345; Silvio Rodrigues, *Direito civil*, cit., v. 6, p. 296.

Art. 1.606. A ação de prova de filiação compete ao filho, enquanto viver, passando aos herdeiros, se ele morrer menor ou incapaz.

- Vide *Constituição Federal, art. 227, § 6º.*
- *Lei n. 6.015/73, art. 102, § 2º.*
- *Leis n. 8.069/90, arts. 20 e 27, e 8.560/92, arts. 2º, §§ 1º a 5º, 5º e 6º.*

Parágrafo único. Se iniciada a ação pelo filho, os herdeiros poderão continuá-la, salvo se julgado extinto o processo.

- *Código de Processo Civil, art. 485.*
- *Código Civil, arts. 1.615 e 1.616.*
- *Súmula 149 do Supremo Tribunal Federal.*
- ***Projeto de Lei n. 699/2011**: "Art. 1.606. A ação de prova de filiação compete ao filho, enquanto viver, passando aos herdeiros, se ele morrer menor ou incapaz, cabendo também ao pai e à mãe biológicos.*

  § 1º Se iniciada a ação pelo filho ou pelo genitor biológico, os seus herdeiros poderão continuá-la, salvo se julgado extinto o processo.

§ 2º Não fazem coisa julgada as ações de investigação de paternidade decididas sem a realização do exame de DNA, ressalvada a hipótese do § 4º do art. 1.601".

Ação de prova de filiação. A ação de prova de filiação é pessoal (*RT, 856*:199); competirá, pois, ao filho, em busca da verdade biológica, em detrimento da paternidade socioafetiva, enquanto viver, promovê-la, podendo seus herdeiros movê-la apenas se ele morrer menor ou incapaz sob interdição.

Prazo para propor ação de prova de filiação. A ação de prova de filiação será imprescritível (*RT, 750*:216, 777:220) se proposta pelo filho maior e capaz, mas, se este morrer menor ou sob interdição, seus herdeiros, que têm interesse moral e material, também poderão propô-la.

Pelo Enunciado n. 520 do Conselho da Justiça Federal, aprovado na *V Jornada de Direito Civil*: "Qualquer descendente possui legitimidade, por direito próprio, para propor o reconhecimento do vínculo de parentesco em face dos avós ou de qualquer ascendente de grau superior, ainda que o pai não tenha iniciado a ação de prova da filiação em vida".

BIBLIOGRAFIA: W. Barros Monteiro, *Curso*, cit., p. 243; Orlando Gomes, *Direito de família*, cit., p. 352; M. Helena Diniz, *Curso*, cit., v. 5, p. 258; Lafayette, *Direitos de família*, § 107.

Morte do filho na pendência da ação de prova de filiação. Se o filho vier a falecer sem ter iniciado a ação de prova de sua filiação, sendo maior e capaz, seus herdeiros não poderão vindicar um estado que o finado por alguma razão pessoal não quis sustentar. Mas se em vida ele já havia dado início a referida ação, vindo a morrer durante o andamento do processo, seus herdeiros, por terem legítimo interesse econômico e moral, estarão autorizados legalmente a dar continuidade à ação (TJSP, Ap. Cível c/ Revisão 418.294-4, 7ª Câm. de D. Priv., rel. Álvaro Passos, j. 23-4-2008), exceto se tiver ocorrido a extinção do processo (p. ex., por desistência, finalização sem resolução do mérito etc.).

BIBLIOGRAFIA: Levenhagen, *Código Civil*, cit., v. 2, p. 218-9; M. Helena Diniz, *Curso*, cit., v. 5, p. 258; Darcy Arruda Miranda, *Anotações*, cit., v. 1, p. 365; Chiovenda, *Principii di diritto processuale civile*, 3. ed., p. 889; Paulo de Lacerda, *Manual*, cit., v. 6, p. 81-3; Matiello, *Código Civil*, cit., p. 1047.

Capítulo III
Do Reconhecimento dos Filhos

- *Lei n. 10.317/2001, que altera a Lei n. 1.060/50 (assistência judiciária aos necessitados) para conceder a gratuidade do exame de DNA.*

Art. 1.607. O filho havido fora do casamento pode ser reconhecido pelos pais, conjunta ou separadamente.

- *Código Civil, arts. 10, II, 1.596 e 1.693, I.*
- Vide *Lei n. 6.015, de 31 de dezembro de 1973 (Registros Públicos), art. 5º.*
- Vide *Constituição Federal, art. 227, § 6º.*
- *Lei n. 8.069/90, arts. 26 e 27.*
- *Lei n. 8.560, de 29 de dezembro de 1992.*
- *Lei n. 9.099/95, art. 3º, § 2º, 2ª parte.*
- *Súmula 301 do Superior Tribunal de Justiça.*

Filiação não matrimonial. É a oriunda de relações extramatrimoniais, compreendendo, apenas didaticamente, a natural, a adulterina "a matre" ou "a patre" (*RT*, *537*:58; *JB*, *130*:36, 50, 70, 140 e 153; *JSTJ*, *1*:269) e a incestuosa (*RJTJSP*, *129*:175; *Ciência Jurídica*, *37*:119; *BAASP*, *1.742*:147), pois, pela Constituição Federal de 1988, art. 227, § 6º, pela Lei n. 8.560/92, art. 10, e pelo Código Civil, art. 1.596, não mais se poderá, juridicamente, fazer tal discriminação legal da filiação, que não poderá ter direitos diferenciados, considerando-se sua origem. Jurisprudência atinente ao assunto, anterior à nova legislação: *RT*, *755*:367, *750*:336, *746*:297, *559*:207, *547*:58, *533*:92, *574*:208, *590*:77, *601*:70, *603*:81, *534*:86, *316*:564, *436*:87, *439*:232, *473*:55, *504*:109, *544*:193, *261*:187, *489*:113, *494*:68, *530*:184, *528*:238, *529*:99, *537*:58, *561*:204, *568*:72, *580*:126 e *549*:165; *RJTJSP*, *58*:80, *30*:87, 78:448, 74:106, *70*:124, *64*:68, *82*:201, *76*:181 e 225, 77:280 e *81*:295; *RF*, *281*:281 e *202*:163; *Adcoas*, n. 71.835, 1980, TJSC, 70.420, TJRJ e 88.366, 1983, TJRJ; *RTJ*, *51*:826, *53*:369, *60*:114, *62*:629, *63*:82, *98*:462 e *99*:221; *RSTJ*, *106*:237; *RJTJRS*, *93*:394 e *87*:395.

BIBLIOGRAFIA: W. Barros Monteiro, *Curso*, cit., v. 2, p. 251-2; Silvio Rodrigues, *Direito civil*, cit., v. 6, p. 308-14; Caio M. S. Pereira, *Instituições*, cit., v. 5, p. 239-40; Giuseppe Azzariti, Figli adulterini e incestuosi, in *Novissimo Digesto Italiano*, Torino, UTET, 1957, v. 1, p. 307-22; Ruggiero e Maroi, *Istituzioni di diritto privato*, v. 1, § 65; Orlando Gomes, *Direito de família*, cit., p. 384-5; Antônio Chaves, Filiação ilegítima, cit., in *Enciclopédia Saraiva do Direito*, v. 37, p. 281-4 e 291, e Filiação incestuosa, in *Enciclopédia Saraiva do Direito*, v. 37, p. 314; Antunes Varela, *Noções fundamentais de direito civil*, 3. ed., v. 2, p. 273; M. Baptista Lopes, *Filhos ilegítimos*, Coimbra, Livr. Almedina, 1973, p. 226; Lehmann, *Derecho de familia*, Madrid, 1953, p. 294; M. Helena Diniz, *Curso*, cit., v. 5, p. 262-6; Silmara Juny Chinelato, *Comentários*, cit., p. 86-163.

Reconhecimento de filiação extramatrimonial. O reconhecimento é o ato declaratório voluntário ou judicial do parentesco entre pai e mãe e seu filho, gerando efeitos jurídicos ao proclamar a filiação (Súmula 149 do STF; *RT*, *527*:190 e *530*:107).

Pelo Enunciado n. 519 da *V Jornada de Direito Civil*: "O reconhecimento judicial do vínculo de parentesco em virtude de socioafetividade deve ocorrer a partir da relação entre pai(s) e filho(s), com base na posse do estado de filho, para que produza efeitos pessoais e patrimoniais".

Pelo Enunciado n. 570 do Conselho da Justiça Federal (aprovado na *VI Jornada de Direito Civil*): "O reconhecimento do filho havido em união estável fruto de técnica de reprodução assistida heteróloga *a patre* consentida expressamente pelo companheiro representa a formalização do vínculo jurídico de paternidade-filiação, cuja constituição se deu no momento do início da gravidez da companheira".

Reconhecimento voluntário. Se o ato declaratório de reconhecimento promanar da livre manifestação da vontade dos pais ou de um deles, afirmando que certa pessoa é seu filho, ter-se-á reconhecimento voluntário de filho extramatrimonial, isto é, havido fora do casamento, atribuindo-lhe todos os direitos decorrentes da filiação.

BIBLIOGRAFIA: Orlando Gomes, *Direito de família*, cit., p. 360-1; M. Helena Diniz, *Curso*, cit., v. 5, p. 261, 262 e 265; Silvio Rodrigues, *Direito civil*, cit., v. 6, p. 303-4; Caio M. S. Pereira, *Reconhecimento da paternidade e seus efeitos*, Rio de Janeiro, Forense, 1991, e *Instituições*, cit., v. 5, p. 229 e 233; Antônio Chaves, Filiação ilegítima, cit., in *Enciclopédia Saraiva do Direito*, v. 37, p. 290; Colin e Capitant, *Cours élémentaire de droit civil français*, Paris, 1939, t. 1, p. 280; Albaladejo Garcia, *El reconocimiento de la filiación natural*, p. 70; Planiol, Ripert e Boulanger, *Traité élémentaire de droit civil français*, Paris, 1926, n. 1.4.3; João Baptista Villela, O reconhecimento da paternidade, cit., in *Repertório IOB de Jurisprudência*, 4:76, 1993; Reynaldo José C. Paini, *Reconhecimento de paternidade e união estável*, São Paulo, Saraiva,

1996; Zeno Veloso, *Direito brasileiro da filiação*, cit., p. 19-22, 96-149; Euclides de Oliveira, Reconhecimento de filhos e investigação de paternidade, *Informativo IASP*, *41*:10; Ney de Mello Almada, Filiação Materna, *Revista Literária de Direito*, *24*:14-6; Sebastião José Roque, *Direito de família*, cit., p. 143-56; Giselda Maria F. N. Hironaka, Dos filhos havidos fora do casamento. Se eu soubesse que ele era meu pai, in *Direito civil — estudos*, cit., p. 57 a 80; M. S. Quicios Molina, *Determinación de la filiación no matrimonial por reconocimiento*, Barcelona, Bosch, 1997; M. B. Fernández González, *El reconocimiento de los hijos no matrimoniales*, Barcelona, Bosch, 1998; Domingos Franciulli Netto, Das relações de parentesco, da filiação e do reconhecimento dos filhos, *O novo Código Civil — estudos em homenagem a Miguel Reale*, São Paulo, LTr, 2003, p. 1140-87; Zeno Veloso, Reconhecimento voluntário dos filhos, *Direito das famílias* — homenagem a Rodrigo da C. Pereira (org. Mª Berenice Dias), São Paulo, Revista dos Tribunais, 2009, p. 468-86.

Art. 1.608. Quando a maternidade constar do termo do nascimento do filho, a mãe só poderá contestá-la, provando a falsidade do termo, ou das declarações nele contidas.

- Vide *Lei n. 6.015, de 31 de dezembro de 1973 (Registros Públicos), arts. 113 e 114.*
- *Código Civil, art. 1.604.*
- Vide *Constituição Federal, art. 5º, I.*
- *Provimento n. 494/93 do CSMSP.*
- *Código Penal, arts. 241 a 243.*

Contestação de maternidade. Do termo de nascimento poderá não constar o nome do pai, mas sempre deverá conter o da mãe, ante o princípio *mater semper certa est, etiam si vulgo conceperit*, exceto, obviamente, se se tratar de criança abandonada. Consequentemente, em regra, dúvida não haverá quanto à maternidade da mulher cujo nome estiver na certidão de nascimento. Por isso, sendo o pai o declarante, quando a maternidade constar do termo de nascimento do filho, a mãe só poderá contestá-la provando a falsidade do termo (falsidade material) ou das declarações nele contidas (falsidade ideológica). Para que possa destruir a presunção legal da maternidade será imprescindível mover ação de contestação de maternidade, comprovando que as declarações do termo de nascimento são inverídicas por não ter havido parto; por atribuição à mulher de filho pertencente à outra; por ocorrência de troca de embriões, na fertilização assistida *in vitro*; por erro, dolo, fraude no ato registrário etc. Enquanto não se provar e se declarar judicialmente a falsidade do termo, prevalecerá para a mulher a presunção de maternidade de um filho que não é seu ou que nunca teve. Se uma mulher for sozinha ao Registro Civil e declarar ser a mãe da criança, assumirá a maternidade, e somente a perderá se o próprio filho, ou a verdadeira mãe, comprovar a falsidade do termo. Se apenas a mãe comparecer a cartório para declarar a paternidade do filho, e o pai a contestar, comprovando a falsidade daquela declaração, o termo deixará de prevalecer, tendo-se em vista que se *mater semper certa est, pater autem incertus*.

BIBLIOGRAFIA: Levenhagen, *Código Civil*, cit., v. 2, p. 223; M. Helena Diniz, *Curso*, cit., v. 5, p. 267; Darcy Arruda Miranda, *Anotações*, cit., v. 1, p. 371; Paulo de Lacerda, *Manual*, cit., v. 6, p. 105-6.

Art. 1.609. O reconhecimento dos filhos havidos fora do casamento é irrevogável e será feito:

- *Código Civil, art. 1.610.*

I — no registro do nascimento;

II — por escritura pública ou escrito particular, a ser arquivado em cartório;

III — por testamento, ainda que incidentalmente manifestado;

IV — por manifestação direta e expressa perante o juiz, ainda que o reconhecimento não haja sido o objeto único e principal do ato que o contém.

- Vide *Lei n. 6.015, de 31 de dezembro de 1973 (Registros Públicos), art. 59.*
- Vide *Constituição Federal, art. 227, § 6º.*
- *Lei n. 8.069/90, art. 26.*
- *Lei n. 8.560/92, art. 1º, I a IV.*

Parágrafo único. O reconhecimento pode preceder o nascimento do filho ou ser posterior ao seu falecimento, se ele deixar descendentes.

- *Lei n. 8.069/90, art. 26, parágrafo único.*
- *Lei n. 8.560/92, art. 2º.*
- *Provimentos n. 355/89, arts. 1º a 5º, e 494/93, arts. 1º a 5º.*
- *Pelo* ***Projeto de Lei n. 699/2011****, o parágrafo único passará a ser o § 1º, visto que acrescenta: "2º Em registro de nascimento de menor apenas com a maternidade estabelecida, o oficial remeterá ao juiz certidão integral do registro e a qualificação do suposto pai, a fim de ser averiguada a procedência da alegação. Se confirmada a paternidade, será lavrado termo de reconhecimento e remetida certidão ao oficial do registro para a devida averbação. Negada a paternidade, inclusive por falta de comparecimento do suposto pai em juízo, o juiz remeterá os autos ao representante do Ministério Público ou ao órgão competente para que promova, havendo elementos suficientes, a ação de investigação de paternidade.*

  § 3º No caso do parágrafo anterior, a iniciativa conferida ao Ministério Público ou órgão competente não impede a quem tenha legítimo interesse de intentar a ação investigatória".

Modos de reconhecimento voluntário de filho. Qualquer que seja a origem da filiação, o reconhecimento, que é irrevogável (*RT*, *772*:341), poderá ser feito: *a*) *no próprio termo de nascimento*, caso em que o pai, ou procurador munido de poderes especiais, comparece perante o oficial do Registro Público e presta declarações sobre a descendência do registrado, assinando termo, ou alguém a seu rogo se não souber ou não puder assinar, na presença de testemunhas (*Adcoas*, n. 91.351, 1983, TJMA; *JB*, *130*:162). A mãe poderá comparecer a cartório para declarar a paternidade do filho, caso em que o oficial remeterá ao juiz corregedor permanente do cartório certidão do registro e o nome do indigitado pai, devidamente qualificado, para que oficiosamente se apure a procedência da imputação da paternidade (Lei n. 8.560/92, arts. 2º, §§ 1º a 5º, 5º e 6º); *b*) *por escritura pública*, que não precisará ter especificamente esse fim, logo, o reconhecimento poderá dar-se numa escritura de doação ou compra e venda, bastando que a paternidade seja declarada de modo incidente em qualquer ato notarial assinado pelo declarante e pelas testemunhas (*RT*, *301*:255; *RF*, *136*:150; *AJ*, *97*:145); *c*) *por instrumento particular* arquivado em cartório, pois os dados nele contidos, relativos à filiação, servirão de base para o registro de nascimento; *d*) *por testamento* (cerrado, público ou particular, marítimo, militar, nuncupativo), que, mesmo sendo nulo ou revogado, o reconhecimento nele exarado valerá de per si, ainda que haja simples alusão incidental à filiação; *e*) *por manifestação direta e expressa por termo nos autos*, perante o juiz, que equivalerá à escritura pública, ainda que o reconhecimento não haja sido o objeto único e principal do ato que o contém.

Reconhecimento de filho antes de seu nascimento ou após seu óbito. Será possível a declaração do estado civil de filiação mediante reconhecimento que preceda ao nascimento de filho para atender a certas razões de ordem pessoal ou que suceda ao seu falecimento, desde que este tenha deixado descendente que possa tirar proveito desse reconhecimento póstumo, hipótese em que a esse descendente caberá consentir o reconhecimento.

BIBLIOGRAFIA: Paulo de Lacerda, *Manual*, cit., v. 6, p. 106-17; Mazzoni, *Diritto civile italiano*, v. 7, p. 295, § 202; Levenhagen, *Código Civil*, cit., v. 2, p. 223-5; M. Helena Diniz, *Curso*, cit., v. 5, p. 266-7; Cosattini, *Il riconoscimento del figlio naturale*, p. 205; Delanilde Blanco, A advogada: reflexões cotidianas, OAB-SP, in *Anais do II Congresso Estadual da Mulher Advogada*, p. 231; Orlando Gomes, *Direito de família*, cit., p. 362-4; Pontes de Miranda, *Tratado de direito de família*, cit., v. 3, p. 102; Antônio Chaves, Filiação legítima, cit., in *Enciclopédia Saraiva do Direito*, v. 37, p. 301-2; W. Barros Monteiro, *Curso*, cit., v. 2, p. 250-1.

Art. 1.610. O reconhecimento não pode ser revogado, nem mesmo quando feito em testamento.

- *Código Civil, art. 1.609,* caput *e III.*

Irrevogabilidade do reconhecimento. Declarada a vontade de reconhecer filho, o ato passará a ser irretratável ou irrevogável, mesmo se feito em testamento, apesar deste poder ser a qualquer tempo revogado (CC, art. 1.858), por implicar uma confissão de paternidade ou maternidade (*RT*, *371*:96; TJRS, AC 70018136838, 7ª Câm. Cív., rel. Brasil Santos, j. 14-2-2007), apesar de poder vir a ser anulado se inquinado de vício de vontade, como erro, coação (*AJ*, *97*:145; *RT*, *772*:341), ou se não observar certas formalidades legais, ou, ainda, se houver falsidade no registro (CC, art. 1.604). A desconstituição de reconhecimento voluntário é admitida apenas nesses casos excepcionais, pois mesmo que não haja a verdade biológica, a socioafetiva deverá prevalecer para conceder ao menor o direito ao pai ou à mãe, e ainda, o da convivência familiar, optando-se para o parentesco socioafetivo, baseado no amor, tendo-se em vista o superior interesse da criança.

Art. 1.611. O filho havido fora do casamento, reconhecido por um dos cônjuges, não poderá residir no lar conjugal sem o consentimento do outro.

- *Se um dos cônjuges negar consentimento para que resida no lar conjugal o filho reconhecido do outro, caberá ao pai, ou à mãe, que o reconheceu, prestar-lhe, fora do seu lar, inteira assistência, assim como alimentos correspondentes à condição social em que viva, iguais aos que prestar a filho legítimo, se o tiver* — Vide *art. 15 do Decreto-Lei n. 3.200, de 19 de abril de 1941.*
- Vide *Lei n. 6.015, de 31 de dezembro de 1973 (Registros Públicos), art. 59.*
- Vide *Constituição Federal, art. 227, § 6º.*

Direito do cônjuge de impedir a residência de filho reconhecido pelo outro no lar conjugal. Para preservar a harmonia conjugal, permite a lei que o filho, havido fora do casamento, reconhecido por um dos consortes apenas venha a residir no lar conjugal se o cônjuge do reconhecente anuir, sem que com isso se possa impedir que tal filho seja devidamente criado e educado em outra casa, à custa do que o reconheceu (*RT*, *132*:290, *515*:93, *546*:223 e *549*:165; *RF*, *86*:735 e *88*:318; *Adcoas*, n. 85.563, 1982, TJRS), pois deve prestar-lhe alimentos. Há quem ache que esse dispositivo não só contraria a Constituição Federal que enaltece o princípio da convivência familiar e o da igualdade de todos os filhos, mas também o princípio do superior interesse da criança e do adolescente.

BIBLIOGRAFIA: Levenhagen, *Código Civil*, cit., v. 2, p. 226; M. Helena Diniz, *Curso*, cit., v. 5, p. 273; Darcy Arruda Miranda, *Anotações*, cit., v. 1, p. 372; Paulo de Lacerda, *Manual*, cit., v. 6, p. 131-2; Guilherme C. N. da Gama, *Código das famílias comentado*, Belo Horizonte, Del Rey, 2010, p. 277.

DIREITO DE FAMÍLIA

Art. 1.612. O filho reconhecido, enquanto menor, ficará sob a guarda do genitor que o reconheceu, e, se ambos o reconheceram e não houver acordo, sob a de quem melhor atender aos interesses do menor.

- *Já dizia o art. 16 do Decreto-Lei n. 3.200/41, alterado pela Lei n. 5.582/70: "O filho natural enquanto menor ficará sob o poder do genitor que o reconheceu e, se ambos o reconheceram, sob o poder da mãe, salvo se de tal solução advier prejuízo ao menor".*
- Vide *Constituição Federal, arts. 5º, I, 226, §§ 4º e 5º, e 227, § 6º.*
- *Código Civil, arts. 1.583, 1.584, 1.586, 1.603 e s., 1.630, 1.633 e 1.634.*

Sujeição do filho reconhecido ao poder familiar. O filho menor reconhecido ficará sujeito ao poder familiar (CC, arts. 1.630 e s.) do genitor que o reconheceu, formando a família monoparental, e, se ambos o reconheceram, não havendo acordo sobre quem será o guardião, ficará sob o poder de quem melhor atender aos seus interesses (*JTJ*, *118*:427, *113*:236), pois não poderá haver guarda unilateral que seja prejudicial à criança ou adolescente. Nada obsta a opção se for possível, pela guarda compartilhada ou alternada. Ao se deferir a guarda a um deles, dever-se-á averiguar qual deles atenderá melhor as necessidades da prole, propiciando-lhe pleno desenvolvimento físico e psíquico e uma boa educação. Logo, aquele que não detiver a guarda, terá o direito de visitar o filho e de fiscalizar sua educação. Se o magistrado perceber que não lhe será conveniente ficar nem com o pai nem com a mãe, deferirá sua guarda a pessoa idônea, de preferência da família de qualquer dos genitores (CC, arts. 1.583, 1.584 e 1.586; *AJ*, *116*:9), e não havendo parente, a estranho, cuja idoneidade seja notória.

BIBLIOGRAFIA: M. Helena Diniz, *Curso*, cit., v. 5, p. 273; Caio M. S. Pereira, *Instituições*, cit., v. 5, p. 236; Carlos Alberto Bittar, *Direito de família*, cit., p. 225-7.

Art. 1.613. São ineficazes a condição e o termo apostos ao ato de reconhecimento do filho.

- *Código Civil, arts. 121, 131, 132 e 135.*

Inadmissibilidade de reconhecimento condicional ou a termo. Como o reconhecimento determina o estado de filho, sendo por isso irrevogável e perpétuo, não poderá comportar condição, termo ou qualquer cláusula que venha a restringir ou alterar os efeitos admitidos legalmente. O ato de reconhecimento é puro e simples. A estipulação de quaisquer dessas cláusulas será ineficaz e tida como não escrita. Realmente, como poderia ficar na dependência de uma condição, ou seja, de um acontecimento futuro e incerto, e de termo, a expiração de um decurso de um lapso temporal, o ato que consiste na declaração de um fato natural, a paternidade ou maternidade, que é ou não é?

BIBLIOGRAFIA: Paulo de Lacerda, *Manual*, cit., v. 6, p. 119-20; Orlando Gomes, *Direito de família*, cit., p. 362; M. Helena Diniz, *Curso*, cit., v. 5, p. 266.

Art. 1.614. O filho maior não pode ser reconhecido sem o seu consentimento, e o menor pode impugnar o reconhecimento, nos quatro anos que se seguirem à maioridade, ou à emancipação.

- *Código Civil, art. 5º e parágrafo único.*
- *RSTJ, 96:249.*

- *Lei n. 8.069/90, art. 27.*
- *Lei n. 8.560/92, art. 4º.*
- ***Projeto de Lei n. 699/2011**: "Art. 1.614. O filho maior não pode ser reconhecido sem o seu consentimento, e o menor pode impugnar o reconhecimento após sua maioridade".*

Exigibilidade para reconhecimento voluntário da anuência do filho maior. Apesar de ser o reconhecimento um ato jurídico unilateral, ante o fato de gerar efeitos pela simples manifestação de vontade de quem reconhece, há quem nele vislumbre um ato sinalagmático se o reconhecido for maior, uma vez que se exige, para sua eficácia, consentimento do reconhecido; todavia, isso não retira seu caráter unilateral por consistir em mera medida protetora. Pessoa maior não poderá ser obrigada a aceitar o reconhecimento de sua filiação oferecido por alguém; a lei lhe dá o direito de opção.

Possibilidade de impugnação do reconhecimento. Se um menor for reconhecido, confere a lei o direito de impugnar, sob pena de decadência, seu reconhecimento dentro dos quatro anos que se seguirem à sua maioridade ou emancipação (CC, art. 5º e parágrafo único), mediante ação de contestação de reconhecimento fundada na falta de sinceridade ou na atribuição de falsa filiação (STJ, 3ª T., REsp 765.479/RJ, rel. Humberto de Barros, j. 7-3-2006; STJ, 3ª T., REsp 256.171/RS, rel. Pádua Ribeiro, j. 2-3-2004).

A irrevogabilidade do reconhecimento não obsta sua anulação, p. ex., por vício de consentimento ou social.

BIBLIOGRAFIA: Levenhagen, *Código Civil*, cit., v. 2, p. 227-8; Caio M. S. Pereira, *Instituições*, cit., v. 5, p. 233; Silvio Rodrigues, *Direito civil*, cit., v. 6, p. 304; Paulo de Lacerda, *Manual*, cit., v. 6, p. 121-5; Planiol, Ripert e Boulanger, *Traité élémentaire de droit civil français*, cit., n. 1.461; M. Helena Diniz, *Curso*, cit., v. 5, p. 265-6. Provimento n. 355/89, art. 4º; Vanessa R. C. Sampaio Souza, A paternidade biológica e a verdade dos registros: a possibilidade de o filho se recusar à realização do Exame de DNA. *Revista Brasileira de Direito de Família, 42*:22-44.

Art. 1.615. Qualquer pessoa, que justo interesse tenha, pode contestar ação de investigação de paternidade, ou maternidade.

- *Leis n. 8.069/90, art. 20, e 8.560/92, arts. 2º (com alteração da Lei n. 12.010/2009), §§ 1º a 6º, 2º-A, parágrafo único (acrescentado pela Lei n. 12.004/2009), 5º e 6º.*
- *Código Civil, arts. 231, 232 e 1.606 e parágrafo único.*
- *Constituição Federal, art. 227, § 2º.*
- *Súmula 149 do Supremo Tribunal Federal.*
- *Código de Processo Civil, arts. 46, 48 e 53, II.*
- ***Projeto de Lei n. 699/2011**: "Art. 1.615. Os filhos têm ação contra os pais ou seus herdeiros, para demandar o reconhecimento da filiação, sendo esse direito imprescritível.*

  § 1º A ação pode ser intentada antes ou depois do nascimento do filho.

  § 2º Nas ações de filiação são admitidas todas as espécies de prova, inclusive as biológicas.

  § 3º Há presunção da relação de filiação diante de recusa injustificada à realização das provas médico-legais.

  § 4º A posse do estado do filho, comprovada em juízo, presume a paternidade, salvo se o investigado provar que não é o pai.

DIREITO DE FAMÍLIA

§ 5º Se a mãe convivia com o suposto pai durante a época da concepção, presume-se a paternidade, salvo prova em contrário.

§ 6º Quando o autor da ação investigatória já tiver uma filiação anteriormente estabelecida, deverá prévia ou simultaneamente, desconstituir o registro da aludida filiação.

§ 7º A ação investigatória compete ao filho enquanto viver, passando aos herdeiros, se ele morrer menor ou incapaz; se iniciada a ação pelo filho, os herdeiros poderão continuá-la, salvo se julgado extinto o processo.

§ 8º Qualquer pessoa, que justo interesse tenha, pode contestar a ação de investigação de paternidade ou maternidade.

§ 9º A sentença de primeiro grau que reconhecer a paternidade, fixará os alimentos em favor do reconhecido que deles necessite".

Reconhecimento judicial. O reconhecimento judicial de filho resulta de sentença proferida em ação intentada para esse fim pelo filho a qualquer tempo, por ser imprescritível (Súmula 149 do STF; CC, art. 1.606). A ação de investigação poderá ser ajuizada contra o pai ou a mãe (*RTJ*, *74*:598; *RT*, *439*:232, *436*:87 e *737*:390, *RJTJRS, 179*:372), contra os dois ou seus herdeiros, mediante observância dos pressupostos legais, podendo ser cumulada com a petição de herança (*RT*, *330*:281 e *154*:127), com a de alimentos (*RT*, *656*:206, *653*:208, *607*:86, *588*:49 e *582*:38; *Ciência Jurídica*, *72*:133; *EJSTJ*, *20*:170 e *23*:151; *RTJ*, *69*:776; *RJTJSP*, *83*:183; *RSTJ*, *16*:15 e *96*:322; STJ, Súmula 1) e com a de anulação de registro civil (*EJSTJ*, *20*:169 e 170).

Ação de investigação de paternidade. O filho, ou representante legal, se incapaz, qualquer que seja a origem de sua filiação, poderá pleitear judicialmente seu reconhecimento (*RT*, *781*:311; *720*:115, *710*:60, *642*:220, *639*:210, *625*:172, *604*:201, *674*:232, *672*:92, *541*:115, *594*:102, *596*:101, *539*:190, *530*:202, *529*:99, *589*:194, *544*:193, *314*:172, *546*:224, *327*:591, *155*:722, *177*:189, *227*:197, *245*:104, *276*:362, *145*:653, *196*:473, *534*:111 e 201 e *551*:108; *AJ*, *107*:373; *Ciência Jurídica*, *74*:137 e 149, *64*:58, 129 e 137, *62*:163, *61*:82, *31*:14 e 89, *32*:86, *58*:101, *70*:114, *48*:143, *45*:299 e 162 e *20*:128; *JB*, *151*:283, *160*:321, *158*:247, *156*:209, *163*:196 e 237, *165*:304, *162*:316 e *167*:288; *RTJ*, *128*:1268, *65*:835, *48*:694; *Bol. AASP*, *1.927*:381, *1.938*:13 e 96, *1.950*:37, *1.954*:44; *EJSTJ*, *12*:156 e 157, *20*:169 e 170; *RF*, *166*:243, *150*:305, *92*:419; Súmula 277 do STJ; Súmula 382 do STF; *RSTJ*, *84*:250, *92*:271; *RJTJRS*, *67*:207) mediante ação ordinária (*RT*, *542*:260). Se, porventura, o investigante vier a falecer na pendência da lide, seus herdeiros poderão continuar a ação salvo se julgado extinto o processo (CC, art. 1.606, parágrafo único); porém, se, sendo maior e capaz, vier a morrer antes de tê-la ajuizado, na opinião de alguns autores, faltará aos seus sucessores *legitimatio ad causam* (*RT*, *265*:261) para movê-la, mas se for incapaz, e falecendo, sendo menor, poderão fazê-lo (CC, art. 1.606, *caput*).

Urge não olvidar que, pela Lei n. 8.560/92, em caso de reconhecimento por registro de nascimento de menor apenas pela mãe, o oficial remeterá ao juiz a certidão de registro, o nome e a qualificação do indigitado pai, para que oficiosamente se verifique a procedência da imputação da paternidade. Com isso, o Poder Judiciário, que não presta tutela jurisdicional sem requerimento do interessado (CPC, art. 2º), passará a ter, como pondera João Baptista Villela, a função de sindicante da filiação alegada pelo declarante (mãe, administrador de hospital, parteira etc.). O órgão judicante ouvirá a mãe a respeito da paternidade alegada, notificando em seguida o suposto pai, qualquer que seja seu estado civil, para que se manifeste, podendo, se necessário for, determinar que tal averiguação oficiosa se faça em segredo de justiça. Se o indigitado pai vier a confirmar a paternidade, lavrar-se-á o termo de reconhecimento, remetendo-se a certidão ao oficial do Registro para a devida averbação. Tal certidão não fará nenhuma referência à natureza da filiação, nem ao estado civil dos pais (Lei n. 8.560/92, arts. 5º e 6º). Se o suposto pai não se apresentar dentro de trinta dias contados da notificação judicial, ou se vier a negar a paternidade, os autos serão remetidos ao representante do *Ministério Público* para que intente a *ação de investigação de paternidade* mesmo *sem a iniciativa do interessado direto*. Mas, é preciso lembrar que será dispensável o ajuizamento de ação de investigação de paternidade pelo Ministério Público se, após o não comparecimento ou a recusa do suposto pai em assumir a paternidade a ele atribuída, a criança for encaminhada para *adoção* (Lei n. 8.560/92, art. 2º, §§ 1º a 6º; *EJSTJ*, *16*:37). Conferiu-se poder ao Ministério Público para investigar paternidade, sem atentar aos interesses do filho ou mãe que se oponha ao reconhecimento paterno, ferindo o art. 133 da Constituição Federal, que institucionaliza a advocacia para atuar, mediante procuração *ad judicia,* no polo ativo da relação processual.

BIBLIOGRAFIA: Umberto de Bonis, *La ricerca della paternità*, p. 13; Paulo de Lacerda, *Manual*, cit., v. 6, p. 137-67; F. Brun, *La recherche de la paternité*, 1913, p. 11, 88, 115 e 126; Chéneaux, *Traité de droit civil des personnes*, v. 3, n. 684; Levenhagen, *Código Civil*, cit., v. 2, p. 229-31; Orlando Gomes, *Direito de família*, cit., p. 362, 366, 380, 367-8 e 371-2; W. Barros Monteiro, *Curso*, cit., v. 2, p. 257 e 254-7; Paulo Lúcio Nogueira, Ação de investigação de paternidade, in *Coleção Saraiva de Prática do Direito*, n. 24, 1986; Silvio Rodrigues, *Direito civil*, cit., v. 6, p. 322 e 328-9; Arnoldo Medeiros da Fonseca, *Investigação de paternidade*, p. 261; Caio M. S. Pereira, *Instituições*, cit., p. 242; Concubinato, seu conceito atual, *RF*, *190*:13; Edgard Moura Bittencourt, *O concubinato no direito*, n. 33 e s.; René Savatier, La recherche de la paternité, in *Le droit, l'amour et la liberté*, n. 44; M. Helena Diniz, *Curso*, cit., v. 5, p. 267-70; Planiol, Ripert e Boulanger, *Traité élémentaire de droit civil français*, cit., p. 1504; Pontes de Miranda, *Tratado de direito de família*, cit., § 139; Planiol, Ripert e Rouast, *Traité pratique du droit civil français*, Paris, 1952, t. 2, p. 764; Estácio Ferreira Ramos, Investigação de paternidade, *Ciência Jurídica*, *31*:51; João Baptista Villela, O reconhecimento da paternidade, cit., p. 75 e s., in *Repertório IOB de Jurisprudência*, *4*:75 e s., 1993; Jorge F. Alves Felipe, *Adoção, guarda, investigação de paternidade e concubinato*, Rio de Janeiro, Forense, 1992; João L. Peake de Mattos Filho, Investigação de paternidade: considerações sobre a aplicação da metodologia HLA, *RT*, *607*:252; Maria de Lourdes R. V. de Almeida, O DNA e a prova na ação de investigação de paternidade, *Direito de família*, São Paulo, Revista dos Tribunais, 1996, p. 128-48; Sérgio D. J. Pena, Determinação de paternidade pelo estudo direto do DNA, *Direito de família e do menor*, Belo Horizonte, Del Rey, 1993, p. 243-60; Fachin e outros, *Averiguação e investigação da paternidade extramatrimonial — comentários à Lei n. 8.560/92*, Curitiba, Genesis, 1995; Hélio Borghi, A Lei n. 8.560/92 e a ação de investigação de paternidade (e da maternidade) e o reconhecimento da filiação havida fora do casamento (e de união estável), *RT*, *695*, set. 1993; Antonio E. I. Barbosa, Ao encontro do pai, *Revista Brasileira de Direito de Família*, *16*:56 a 66; Luis Edson Fachin, *Estabelecimento da filiação e paternidade*, Porto Alegre, Sergio A. Fabris Editor, 1992; Luiz Roberto de Assumpção, Valoração do vínculo biológico da paternidade e a dimensão da relação paterno-filial: um desafio para o terceiro milênio, in *Estudos em homenagem a Sidney Sanches*, São Paulo, Fiuza, APM, 2003, p. 201-226; Alfredo Gilberto Boeira, O perfil do DNA como prova judicial — uma revisão crítica, *RT*, *714*:290; J. M. Leoni Lopes de Oliveira, *A nova lei de investigação de paternidade — Lei n. 8.560, de 29-12-1992*, Rio de Janeiro, 1993; F. E. Bueno Rincón, *La investigación de la filiación y las pruebas biológicas*, Barcelona, Bosch, 1996; P. Di Lella, *Paternidad y pruebas biológicas*, Barcelona, Bosch, 1999; Regina Beatriz Tavares da Silva Papa dos Santos, Reflexões sobre o reconhecimento da filiação extramatrimonial, *RDPriv*, *1*:71; Álvaro Villaça Azevedo, Investigação de paternidade e petição de herança, *RDC*, *25*:183; Rolf Madaleno, A sacralização da presunção na investigação de paternidade, *RT*, *766*:69; A socialização da presunção na investigação de paternidade, *RT*, *766*:69; M. Christina de Almeida, Paternidade biológica, socioafetiva, investigação de paternidade e DNA, in

Família e cidadania, Anais do III Congresso Brasileiro de Direito de Família, Belo Horizonte, 2002, p. 449-59; Luciana Silva Angelini, Análise da investigação de paternidade no processo de construção de identidade do filho, *Anais do 1º Fórum jurídico social*, 27 a 29 de março de 2003, FADIPA/FASESP, UEMG, p. 165-78.

Investigação de maternidade. A ação de investigação de maternidade (*RTJ*, *74*:598; *RT*, *439*:232 e *436*:87) pode ser promovida, a qualquer tempo, contra a suposta mãe, ou se já tiver falecido, contra seus herdeiros, pelo próprio filho, se capaz, ou por seu representante legal, se incapaz, apesar de ser rara devido ao princípio *mater semper certa est*, hoje colocado em dúvida ante casos de reprodução assistida. Outrora era proibida, quando tinha por escopo atribuir prole ilegítima a mulher casada ou conferir prole incestuosa a mulher solteira, mas não há mais qualquer restrição nesse sentido.

BIBLIOGRAFIA: W. Barros Monteiro, *Curso*, cit., v. 2, p. 259; Orlando Gomes, *Direito de família*, cit., p. 373; M. Helena Diniz, *Curso*, cit., v. 5, p. 273-4; Ayush Amar, *Investigação de paternidade e maternidade*, São Paulo, Ícone, 1987; Washington Epaminondas M. Barra, Das provas na investigação de maternidade e paternidade, *Revista Jurídica*, *152*:119; Luiz Roberto de Assumpção, Prova da paternidade biológica, in *Estudos em homenagem a Moreira Alves*, APM, São Paulo, Fiuza, 2002, p. 351-72; Zeno Veloso, Investigação de paternidade e sacralização do DNA, *Revista Jurídica*, n. 7:26; Caio M. S. Pereira, Paternidade e sua prova, *RDC*, *71*:7.

Legitimidade para contestar a ação de investigação da paternidade ou da maternidade. O pedido de declaração de paternidade ou de maternidade, movido contra o suposto pai ou suposta mãe, poderá ser impugnado por qualquer pessoa que tenha justo interesse econômico ou moral, como, p. ex., cônjuge do réu (*RF*, *161*:193), seus filhos matrimoniais ou não matrimoniais reconhecidos anteriormente, parentes sucessíveis ou qualquer entidade obrigada ao pagamento de pensão aos herdeiros do réu ou da ré. Ante o avanço da biotecnologia, tal contestação poderá centralizar-se na negativa da paternidade, ou maternidade, mediante realização do teste de DNA, pois os demais elementos probatórios são apenas complementares, devendo o órgão judicante avaliá-los com prudência e bom senso. É preciso lembrar que, pelo art. 2º-A e parágrafo único da Lei n. 8.560/92, acrescentado pela Lei n. 12.004/2009: "Na ação de investigação de paternidade, todos os meios legais, bem como os moralmente legítimos, serão hábeis para provar a verdade dos fatos. A recusa do réu em se submeter ao exame de código genético — DNA gerará a presunção da paternidade, a ser apreciada em conjunto com o contexto probatório".

BIBLIOGRAFIA: Pontes de Miranda, *Direito de família*, p. 289; Beudant, *Droit civil français*, v. 2, p. 251; Paulo de Lacerda, *Manual*, cit., v. 6, p. 170; Levenhagen, *Código Civil*, cit., v. 2, p. 232; M. Helena Diniz, *Curso*, cit., v. 5, p. 267; Matiello, *Código Civil*, cit., p. 1052.

Art. 1.616. A sentença que julgar procedente a ação de investigação produzirá os mesmos efeitos do reconhecimento; mas poderá ordenar que o filho se crie e eduque fora da companhia dos pais ou daquele que lhe contestou essa qualidade.

- *Lei n. 6.015/73, arts. 29, § 1º,* d, *e 109, § 4º.*
- *Constituição Federal, art. 229.*
- *Código Civil, arts. 1.584, parágrafo único, e 1.586.*
- *Código de Processo Civil, art. 400, II.*

Efeitos da sentença declaratória da paternidade. A sentença que declarar procedente a ação de investigação de paternidade ou de maternidade produzirá os seguintes efeitos: *a*) valerá contra todos, ao declarar o vínculo de filiação equiparável ao da descendência matrimonial, nos seus efeitos pessoais, patrimoniais e sucessórios (CF/88, art. 227, § 6º), desde que transitada em julgado e averbada no registro competente (Lei n. 6.015/73, arts. 29, § 1º, *d*, e 109, IV; *RT*, *515*:93, *546*:223, *549*:165, *458*:212, *455*:207 e *456*:92; *RJTJSP*, *30*:197, *41*:38; *Ciência Jurídica*, *43*:62; Súmula 277 do STJ); *b*) poderá decidir, se houver motivos graves, atendendo aos interesses e bem-estar do menor (*AJ*, *116*:9), que o filho seja criado e educado fora da companhia dos pais ou do genitor que lhe negou esta qualidade, deferindo sua guarda a pessoa idônea, de preferência da família de qualquer dos pais (CC, arts. 1.584, parágrafo único, e 1.586), resguardando-o de possíveis represálias que possa sofrer do genitor, que terá, apesar de não ficar com a guarda, o dever de lhe garantir meios de subsistência (CF/88, art. 229) e se aquele filho, que reconheceu, tiver bens, estes não se sujeitarão ao seu usufruto e administração, que compete a quem estiver em pleno exercício do poder familiar (CC, art. 1.689).

BIBLIOGRAFIA: Caio M. S. Pereira, *Instituições*, cit., v. 5, p. 236; Planiol, Ripert e Boulanger, *Traité élémentaire de droit civil français*, cit., p. 373; M. Helena Diniz, *Curso*, cit., v. 5, p. 273-4; Silvio Rodrigues, *Direito civil*, cit., v. 6, p. 306 e 321; Orlando Gomes, *Direito de família*, cit., p. 383.

Art. 1.617. A filiação materna ou paterna pode resultar de casamento declarado nulo, ainda mesmo sem as condições do putativo.

- Vide *Código Civil, arts. 1.596, 1.597, 1.561, 1.558, 1.556, 1.550 e 1.548.*
- Vide *Constituição Federal, art. 227, § 6º.*

Filiação resultante de casamento inválido. Mesmo se um casamento for declarado nulo ou anulável, em razão da ocorrência de qualquer das causas legais, os filhos dele decorrentes serão tidos como matrimoniais, estejam seus pais ou não de boa-fé, ou seja, pouco importará que o casamento invalidado (CC, art. 1.548) não apresente as condições da putatividade (CC, art. 1.561). A filiação, portanto, será sempre certa mediante a lei, sendo por ela tutelada, uma vez que o assento do termo de nascimento do filho não poderá deixar de ter, pela fé pública, força probatória no que atina à maternidade ou paternidade provindas do enlace matrimonial; consequentemente, os efeitos civis (pessoais, patrimoniais e sucessórios) aproveitarão à prole, ante o disposto no art. 227, § 6º, da Carta Magna.

BIBLIOGRAFIA: Paulo de Lacerda, *Manual*, cit., v. 6, p. 175-6; Clóvis Beviláqua, *Código Civil comentado*, cit., v. 2, p. 345; Levenhagen, *Código Civil*, cit., v. 2, p. 233; Darcy Arruda Miranda, *Anotações*, cit., v. 2, p. 374.

CAPÍTULO IV
DA ADOÇÃO

- Vide *Lei n. 8.069, de 13 de julho de 1990, com as alterações das Leis n. 12.010/2009, 13.257/2016, 13.509/2017, arts. 13, §§ 1º e 2º, 20, 28, §§ 1º a 6º, 31, 33, §§ 1º a 4º, 39 a 52-D, 148, III, 165, parágrafo único, 167, 170, 197-A a 199-E.*
- *Lei n. 6.015/73, art. 54, § 5º.*
- *Lei n. 12.010/2009, art. 6º.*

DIREITO DE FAMÍLIA

- Vide *Constituição Federal, art. 227, § 6º.*
- *Código Civil, arts. 10, III, 1.521, I, III e V, 1.567, 1.593, 1.618, 1.619, 1.630, 1.635, IV, 1.749, 1.755 e 1.763, II.*
- *Consolidação das Leis do Trabalho, arts. 391-A, 392-A e 396.*
- *Lei n. 8.112/90, arts. 210, parágrafo único, e 208 (licença-maternidade e licença-paternidade a servidor público).*
- *Decreto n. 99.710/90, arts. 20, n. 3, 21 e 40, n. 4 (Convenção sobre os direitos da criança).*
- *Lei n. 13.146/2015, art. 6º, VI.*
- *Convenção Interamericana sobre Conflito de Leis em Matéria de Adoção de Menores: Decreto n. 2.429/97.*
- *Decreto n. 3.087/99, que promulga a Convenção Relativa à Proteção das Crianças e à Cooperação em Matéria de Adoção Internacional, concluída em Haia, em 29 de maio de 1993.*
- *Provimento n. 494/93 do CSMSP.*
- *Lei n. 10.421, de 15 de abril de 2002, que estende à mãe adotiva o direito à licença-maternidade (120 dias) e ao salário-maternidade e que inclui na CLT o art. 392-A alusivo a prazo de licença-maternidade em caso de adoção por empregada doméstica. Instrução Normativa da SRF n. 991/2010, art. 2º, dispõe sobre a possibilidade, havendo adoção de criança, de empregada de pessoa jurídica, que aderir ao Programa Empresa Cidadã de requerer prorrogação do salário-maternidade.*
- *Sobre prorrogação da licença a adotante que é servidora pública: Portaria n. 510/2008 da Procuradoria-Geral da República.*
- *Lei n. 8.213/91, art. 71-A, assegura o salário-maternidade como um benefício previdenciário a ser pago pelo INSS.*
- *Lei n. 10.447/2002, que institui o dia nacional da adoção (25 de maio).*
- *Lei n. 12.995/2014, que acrescenta § 9º ao art. 47 da Lei n. 8.069/90 estabelecendo prioridade de tramitação aos processos de adoção em que o adotando for menor com deficiência ou doença crônica.*
- *Resolução n. 54/2008 (alterada pela Resolução do CNJ n. 190/2014), do Conselho Nacional de Justiça, sobre Cadastro Nacional de Adoção.*
- *Portaria da Secretaria de Direitos Humanos n. 254/2014 sobre credenciamento da Associacion D'Ajuda als Infants del Món, que intermedia pedidos de habilitação à adoção internacional.*
- *Portaria n. 729/2014 da Secretaria de Direitos Humanos dispõe sobre o credenciamento do organismo estrangeiro* "CIFA — Centro Internazionale per L'infanzia e la Famiglia", *encarregado de intermediar pedidos de habilitação à adoção internacional.*
- *Portaria n. 100/2015 da Secretaria de Direitos Humanos, sobre renovação do credenciamento do organismo estrangeiro* médécins du monde *encarregado de intermediar pedidos de habilitação à adoção internacional.*
- *Portaria da Secretaria de Direitos Humanos n. 215/2015 sobre credenciamento do organismo estrangeiro* Atwa — Across the World Adoption *para atuar em matéria de adoção internacional no Brasil.*
- *Portaria n. 1.076, de 21 de novembro de 2017, do Ministério da Justiça e Segurança Pública, institui procedimentos para credenciamento e renovação de credenciamento de organismos estrangeiros e nacionais para atuarem em adoção internacional no Brasil, de acordo com o Decreto n. 3.087, de 21 de junho de 1999.*

Art. 1.618. A adoção de crianças e adolescentes será deferida na forma prevista pela Lei n. 8.069, de 13 de julho de 1990 — Estatuto da Criança e do Adolescente.

• *Redação determinada pelo art. 4º da Lei n. 12.010/2009.*

Parágrafo único. (*A adoção por ambos os cônjuges ou companheiros poderá ser formalizada, desde que um deles tenha completado dezoito anos de idade, comprovada a estabilidade da família.*)

• *Este parágrafo único foi revogado pelo art. 8º da Lei n. 12.010/2009, por ser correspondente ao art. 42,* caput, *e § 2º da Lei n. 8.069, de 13 de julho de 1990.*

• Vide *Constituição Federal, art. 227, § 6º.*

• *Provimento n. 494/93, arts. 6º e 7º, § 2º, do Conselho Superior de Magistratura de São Paulo.*

• *Provimento n. 10/93 da Corregedoria-Geral da Justiça de São Paulo.*

• Vide *Decreto Legislativo n. 63/95, que aprova texto da convenção sobre Cooperação Internacional e Proteção de Crianças e Adolescentes em matéria de adoção internacional concluída em Haia, em 29 de maio de 1993.*

• *Decreto n. 5.491, de 18 de julho de 2005, que regulamenta a atuação de organismos estrangeiros e nacionais de adoção internacional no Brasil, exigindo seu credenciamento no âmbito da Autoridade Central Administrativa Federal.*

• *O parágrafo único do art. 1.618, ora revogado, passaria a ser o § 1º, pois o* ***Projeto de Lei n. 699/2011*** *pretendia acrescentar parágrafos ao art. 1.618: "§ 2º Não podem adotar os ascendentes e os irmãos do adotando.*

§ 3º É vedada a adoção por procuração.

§ 4º A adoção é irrevogável".

Esta norma projetada perdeu sentido ante o disposto no art. 39, §§ 1º e 2º, da Lei n. 8.069/90, com a alteração da Lei n. 12.010/2009:

"Art. 39. (...)

§ 1º A adoção é medida excepcional e irrevogável, à qual se deve recorrer apenas quando esgotados os recursos de manutenção da criança ou adolescente na família natural ou extensa, na forma do parágrafo único do art. 25 desta Lei.

§ 2º É vedada a adoção por procuração".

Conceito de adoção. A adoção é o ato jurídico solene e irrevogável pelo qual, observados os *requisitos legais* previstos na Lei n. 8.069/90, arts. 39 a 52-D, alguém estabelece, independentemente de qualquer relação de parentesco consanguíneo ou afim, um vínculo fictício de filiação, trazendo para sua família, na condição de filho, pessoa que, geralmente, lhe é estranha.

Pelo Enunciado Programático n. 5 do IBDFAM: "Na adoção o princípio do superior interesse da criança e do adolescente deve prevalecer sobre a família extensa".

BIBLIOGRAFIA: Silvio Rodrigues, *Direito civil*, cit., v. 6, p. 333-6; Antônio Chaves, Adoção, in *Enciclopédia Saraiva do Direito*, v. 4, p. 361-8; e *Adoção internacional*, São Paulo, Del Rey, 1994; Omar G. B. Kauss, *A adoção no Código Civil e no Estatuto da Criança e do Adolescente*, Rio de Janeiro, 1991; Elaine Harzheim Macedo, Tentativa de justificação do instituto da adoção segundo o agir moral no sistema do direito liberal, *Advogado*, Rio Grande do Sul, *19*:63, 1993; Orlando Gomes, *Direito de família*, cit., p. 387-93; Caio M. S. Pereira, *Instituições*, cit., v. 5, p. 256-65; Antonio José Azevedo Pinto, A adoção no Código Civil vigente e no Projeto — um estudo comparativo, *Cadernos de Direito Privado da Universidade Federal Fluminense*, *2*:163-75, 1979; W. Barros Monteiro, *Curso*, cit., v. 2, p. 262-5; Paulo Lúcio Nogueira, Adoção e procedimento judicial, *Coleção Saraiva de Prática do Direito*, n. 38, 1988; Walter Moraes, Adoção, in *Enciclopédia Saraiva do Direito*, v. 4, p. 394-5; M. Helena Diniz, *Curso*, cit., v. 5, p. 280-1 e 289-96; Maria Stella Villela S. L. Rodrigues, Da adoção de crianças brasileiras por estrangeiros não domiciliados, *JB*, *156*:35-46; *A adoção na Constituição Federal*, São Paulo, Revista dos Tribunais, 1994; Paolo Vercellone, As novas famílias, *JB*, *156*:53-6; Fedozzi, *Il diritto internazionale privato*, p. 500; Amílcar de Castro, *Direito internacional privado*, 1977, p. 383-7; Gemma, *Appunti di diritto internazionale privato*, n. 781; Oscar Tenório, *Direito internacional privado*, 1966, v. 2, p. 153-5; Weiss, *Manuel de droit international privé*, 9. ed., p. 539-40; Georgette Nacarato Nazo, Convenção interamericana sobre conflitos de leis em matéria de adoção de menores, Separata da *Revista Trimestral de Jurisprudência dos Estados*, v. 97, p. 87-92; Valdir Sznick, *Adoção*, Ed. Universitária de Direito, 1994; Liborni Siqueira, *Adoção no tempo e no espaço*, Rio de Janeiro, Forense, 1993; e Adoção no Estatuto e no Código Civil, in *Direitos de família e do menor*, coord. Sálvio de Figueiredo Teixeira, Belo Horizonte, 1993, p. 273-6; Hugo Nigro Mazzilli, *Manual do promotor de justiça*, São Paulo, Saraiva, 1991, p. 361 e s.; Valdemar P. da Luz, *Curso de direito de família*, cit., p. 121-7; Myriam V. de Souza, Adoção "intuitu personae" à luz do Estatuto da Criança e do Adolescente, *Direito de família*, São Paulo, Revista dos Tribunais, 1996, p. 149-54; Zeno Veloso, *Direito brasileiro da filiação*, cit., p. 160-78; Artur Marques da Silva Filho, *O regime jurídico da adoção estatutária*, São Paulo, Revista dos Tribunais, 1997; Roberto Senise Lisboa, *Manual*, cit., v. 5, p. 111-8; Sebastião José Roque, *Direito de família*, cit., p. 157-64; Maria Stella V. Souto Lopes Rodrigues, *A adoção na Constituição Federal*, São Paulo, Revista dos Tribunais, 1994; S. Giménez-Salinas e outros, *L'adopción: un estudi comparat*, Barcelona, Bosch, 1998; Maria Regina F. de Azambuja, A adoção sob a perspectiva da doutrina da proteção integral, in *Aspectos psicológicos na prática jurídica* (coord. Zimerman e Coltro), Campinas, Millennium, 2002, cap. 24, p. 303-18; Tânia da Silva Pereira, Da adoção, in *Direito de família e o novo Código Civil*, coord. Maria Berenice Dias e Rodrigo da Cunha Pereira, Belo Horizonte, Del Rey, 2003, p. 151-76; Maria Cláudia C. Brauner e Maria Regina F. de Azambuja, A releitura da adoção sob a perspectiva da doutrina da proteção integral à infância e adolescência, *Revista Brasileira de Direito de Família*, *18*:30-48; Gustavo Ferraz de Campos Monaco, Adoção: esquadrinhando o instituto à luz do sistema vigente, in *Novo Código Civil — questões controvertidas*, coord. Mário Luiz Delgado e Jones Figueirêdo Alves, São Paulo, Método, 2003, p. 331-54; Eunice F. R. Granato, *Adoção — doutrina & prática*, Curitiba, Juruá, 2005; Silmara Juny Chinelato, *Comentários*, cit., v. 18, p. 163-213; Eduardo de Oliveira Leite (coord.), *Grandes temas da atualidade — adoção*, Rio de Janeiro, Forense, 2004; André T. D. Ferreira, Algumas questões práticas atinentes ao atual delineamento jurídico da adoção no Brasil, MPMG – jurídica, *Revista do Ministério Público de Minas Gerais – Direito de Família*, 2016, p. 20-30.

Requisitos da adoção:

a) Idade mínima do adotante, que deverá ter, pelo menos, dezoito anos, ou mais, pouco importando seu estado civil (ECA, art. 42), sexo ou nacionalidade (*adoção singular*). Se a adoção se der por marido e mulher ou por companheiros (*adoção conjunta*), bastará que um deles tenha completado dezoito anos e que haja comprovação da estabilidade da família (ECA, art. 42, § 2º).

b) Diferença mínima de idade entre adotante e adotado, pois na adoção o adotante deve ser, para que possa bem desempenhar o exercício do poder familiar (*RT*, *500*:219), dezesseis anos mais velho que o adotado menor (ECA, art. 42, § 3º). Impossível seria admitir um filho de idade igual ou superior à do pai, fosse ele maior ou menor. Se o adotante for um casal, bastará que um dos consortes seja dezesseis anos mais velho que o adotado.

BIBLIOGRAFIA: M. Helena Diniz, *Curso*, cit., v. 5, p. 282; Carlos Alberto Bittar, *Direito de família*, cit., p. 235 e s.

c) Consentimento do adotando, de seus pais ou de representante legal (ECA, art. 45).

d) Intervenção judicial na sua criação, pois somente se aperfeiçoa perante juiz, em processo judicial, com a intervenção do Ministério Público, inclusive em caso de adoção de maiores de dezoito anos (ECA, art. 47; CC, art. 1.619), sendo que pelo § 9º do art. 47 da Lei n. 8.069/90, há prioridade da tramitação aos processos de adoção em que o adotando for criança ou adolescente com deficiência ou com doença crônica.

e) Irrevogabilidade (ECA, art. 39, § 1º), mesmo que os adotantes venham a ter filhos, aos quais o adotado está equiparado, tendo os mesmos deveres e direitos, inclusive sucessórios, proibindo-se quaisquer designações discriminatórias, relativas à filiação, embora esteja reconhecido o direito de conhecer sua origem biológica e de ter acesso ao processo no qual a medida foi aplicada e seus eventuais incidentes (ECA, art. 48, parágrafo único).

f) Estágio de convivência entre divorciados, separados e ex-companheiros (adotantes) e adotando, que se tenha iniciado na constância do período de convivência e estando comprovado o vínculo de afetividade (ECA, art. 42, § 4º).

g) Acordo sobre guarda e regime de visitas feito entre divorciados, separados e ex-companheiros que pretendem adotar, conjuntamente, a pessoa que com eles conviveu na vigência do casamento ou da união estável (ECA, art. 42, § 4º).

h) Prestação de contas da administração e pagamento dos débitos por parte de tutor e curador que pretenda adotar pupilo ou curatelado (ECA, art. 44).

i) Impossibilidade de adoção por procuração (ECA, art. 39, § 2º) e exigência de frequência, por parte do adotante, já inscrito no cadastro de adoção, durante o prazo máximo de um ano, contado da entrada em vigor da Lei n. 12.010/2009, à preparação psicossocial e jurídica a que se referem os §§ 3º e 4º do art. 50 da Lei n. 8.069/90 (Lei n. 12.010/2009, art. 6º).

Art. 1.619. A adoção de maiores de 18 (dezoito) anos dependerá de assistência efetiva do poder público e de sentença constitutiva, aplicando-se, no que couber, as regras gerais da Lei n. 8.069, de 13 de julho de 1990 — Estatuto da Criança e do Adolescente.

- *Redação determinada pelo art. 4º da Lei n. 12.010/2009.*
- Vide *Constituição Federal, art. 227, § 6º.*
- *Lei n. 8.069/90 (com alteração da Lei n. 13.509/2017), arts. 47, 197-A a 199-E.*

Adoção de maiores de dezoito anos. Para a adoção de pessoa maior de dezoito anos dever-se-á seguir as normas gerais da Lei n. 8.069/90, e dependerá de assistência efetiva do poder público e de sentença judicial (arts. 47 e 197-A a 199-E da Lei n. 8.069/90), que será inscrita no registro civil. Para tanto, dever-se-ão preencher todos os requisitos exigidos pelo Estatuto da Criança e do Adolescentes, aplicáveis ao adotando adulto.

Art. 1.620. (*Enquanto não der contas de sua administração e não saldar o débito, não poderá o tutor ou o curador adotar o pupilo ou o curatelado.*)

- *Revogado pelo art. 8º da Lei n. 12.010/2009.*
- *Lei n. 8.069/90, arts. 44, apresenta igual teor, e 50, III.*
- *Código Civil, arts. 1.755 a 1.762.*

Adoção por tutor ou curador. O tutor ou o curador, pelo art. 44 do ECA, apenas poderá adotar tutelado ou curatelado se prestar contas da gestão dos bens de seus representados, sob fiscalização do Ministério Público e julgada pelo juiz, além de saldar o débito, se houver, pedindo, ainda, exoneração do *munus* público. Com a aprovação das contas e solvidas dívidas, o tutor ou o curador poderá pretender a adoção do pupilo ou curatelado.

BIBLIOGRAFIA: M. Helena Diniz, *Curso*, cit., v. 5, p. 281; Levenhagen, *Código Civil*, cit., v. 2, p. 235-6; Carvalho Santos, *Código Civil brasileiro interpretado*, cit., obs. ao art. 371, v. 4.

Art. 1.621. (*A adoção depende de consentimento dos pais ou dos representantes legais, de quem se deseja adotar, e da concordância deste, se contar mais de doze anos.*)

- *Lei n. 8.069/90, arts. 28, §§ 1º e 2º, 45 e § 2º, 166, §§ 1º, 2º, 3º, 4º e 6º.*
- *Código Civil, art. 1.624.*

§ 1º (*O consentimento será dispensado em relação à criança ou adolescente cujos pais sejam desconhecidos ou tenham sido destituídos do poder familiar.*)

- *Lei n. 8.069/90, art. 45, § 1º.*
- *Código Civil, arts. 1.635, V, e 1.638.*

§ 2º (*O consentimento previsto no caput é revogável até a publicação da sentença constitutiva da adoção.*)

- *A Lei n. 8.069/90, art. 166, § 5º, apresenta conteúdo similar.*
- *Esse artigo foi revogado pelo art. 8º da Lei n. 12.010/2009, aplicando-se os arts. 45, §§ 1º e 2º, e 166, § 5º, do ECA, que apresentam igual conteúdo.*

Consentimento dos pais ou dos representantes legais do adotando. Se o adotando tiver menos de doze anos, a adoção dependerá do consenso de seus pais (ECA, art. 45, *caput*; STJ, 4ª T., AgRg no Ag 841.816/SP, rel. Aldir Passarinho Junior, j. 17-4-2007), salvo se desconhecidos ou destituídos do poder familiar (ECA, art. 45, § 1º; CC, arts. 1.635, V, e 1.638), ou tutor, e se for maior incapaz (CC, art. 4º) do de seu curador. O consenso de representante legal apenas poderá ser dispensado se ocorrer as hipóteses previstas nos arts. 1.734 do Código Civil e nos arts. 28, 45, § 1º, e 166 da Lei n. 8.069/90.

Anuência do adotando. Se o adotando tiver mais de doze anos, deverá participar do ato, manifestando sua concordância (ECA, art. 45, § 2º), colhida em audiência (ECA, art. 28, § 2º). Se for maior de dezoito anos e capaz, já se decidiu que deverá manifestar sua aquiescência por ato inequívoco (*RT*, *200*:652).

BIBLIOGRAFIA: Walter Moraes, Adoção, cit., in *Enciclopédia Saraiva do Direito*, v. 4, p. 395; Orlando Gomes, *Direito de família*, cit., p. 389-90; M. Helena Diniz, *Curso*, cit., v. 5, p. 282-3; Silmara Juny Chinelato, Adoção de Nascituro e a quarta era dos direitos: razões para alterar o *caput* do art. 1.621 do novo Código Civil, in *Novo Código Civil: questões controvertidas*, coord. Mário Luiz Delgado e Jones Figueirêdo Alves, São Paulo, Método, 2003, p. 355-72.

Retratabilidade do consenso dado. O consentimento dado para a efetivação do parentesco civil pode ser retratável até a publicação da sentença constitutiva da adoção (art. 166, § 5º, do ECA).

Já havia entendimento de que:

a)"É inaplicável o § 2º do art. 1.621 às adoções realizadas com base no Estatuto da Criança e do Adolescente" (Enunciado n. 110, aprovado na *I Jornada de Direito Civil*, promovida pelo CJF).

b) A revogação do consentimento não impede, por si só, a adoção, observado o melhor interesse do adotando" (Enunciado n. 259 do CJF, aprovado na *III Jornada de Direito Civil*).

Art. 1.622. *(Ninguém pode ser adotado por duas pessoas, salvo se forem marido e mulher, ou se viverem em união estável.*

Parágrafo único. Os divorciados e os judicialmente separados poderão adotar conjuntamente, contanto que acordem sobre a guarda e o regime de visitas, e desde que o estágio de convivência tenha sido iniciado na constância da sociedade conjugal.)

- *Artigo revogado pelo art. 8º da Lei n. 12.010/2009.*
- *Código Civil, arts. 1.618, parágrafo único, 1.723 a 1.727.*
- *Lei n. 8.069/90, arts. 42, §§ 2º e 4º (apresentam similar teor), e 46.*

Adoção cumulativa. Ninguém poderá ser adotado por duas pessoas, salvo se forem marido e mulher ou conviventes (ECA, art. 42, § 2º). Se, porventura, alguém vier a ser adotado por duas pessoas que não sejam marido e mulher ou que não vivam em união estável, prevalecerá apenas a primeira adoção, invalidando-se a segunda, uma vez que na adoção a relação será a mesma entre pai e filho; logo, ilógico seria que alguém tivesse dois pais ou duas mães.

BIBLIOGRAFIA: Levenhagen, *Código Civil*, cit., v. 2, p. 235; M. Helena Diniz, *Curso*, cit., v. 5, p. 281; Clóvis Beviláqua, *Código Civil comentado*, cit., obs. ao art. 370, v. 2.

Adoção conjunta por ex-companheiros, divorciados e separados judicialmente. Há permissão legal para que, excepcionalmente, ex-conviventes, divorciados, ou separados judicialmente, adotem, conjuntamente, pessoa cujo estágio de convivência se iniciou durante a constância da sociedade conjugal ou da união estável, desde que haja comum acordo sobre sua guarda e o regime de visitas, assegurando-lhe, assim, a continuidade daquela convivência familiar já iniciada, desde que seja comprovada a existência de vínculos de afinidade e afetividade com aquele não detentor da guarda, que justifiquem a excepcionalidade da concessão (ECA, art. 42, § 4º).

Art. 1.623. *(A adoção obedecerá a processo judicial, observados os requisitos estabelecidos neste Código.*

Parágrafo único. A adoção de maiores de dezoito anos dependerá, igualmente, da assistência efetiva do Poder Público e de sentença constitutiva.)

- *Artigo revogado pelo art. 8º da Lei n. 12.010/2009.*
- *Código Civil, arts. 10, III, e 1.619.*
- *Lei n. 8.069/90 (com as alterações das Leis n. 12.010/2009 e 13.509/2017), arts. 47, 50, §§ 1º a 14, 145 a 163, parágrafo único, 197-A a 199-E.*
- *Lei de Registros Públicos, arts. 102, n. 3, e 105.*
- ***Projeto de Lei n. 699/2011**: "Art. 1.623. A adoção da criança e do adolescente obedecerá a processo judicial, observados os requisitos estabelecidos neste Código.*

  § 1º A autoridade judiciária manterá, em cada comarca ou foro regional, registro de menores em condições de serem adotados e outro de pessoas interessadas na adoção.

  § 2º O deferimento da inscrição dar-se-á após prévia consulta aos órgãos técnicos competentes, ouvido o representante do Ministério Público, com o acatamento dos requisitos legais.

  § 3º A adoção dos maiores de dezoito anos rege-se, no que for aplicável, pelo disposto neste capítulo e far-se-á por escritura pública, cuja eficácia depende do seu registro no Registro Civil, depois de homologada pelo Ministério Público, observando-se, ainda, o seguinte:

  I — se o adotante for casado ou viver em união estável, será necessário o assentimento do respectivo cônjuge ou companheiro;

DIREITO DE FAMÍLIA

II — se o adotante tiver filhos, também estes deverão assentir, e, se forem menores, serão representados por curador especial;

III — o assentimento previsto nos incisos anteriores poderá ser suprido judicialmente, se comprovado que a adoção não contraria os interesses legítimos do cônjuge, companheiro ou da família. Os interesses exclusivamente patrimoniais não devem ser concludentes para que não seja suprido o assentimento".

* *Esta norma projetada perdeu um pouco o sentido diante da alteração do ECA, pela Lei n. 12.010/2009.*

Intervenção judicial na criação do parentesco civil. A adoção somente se aperfeiçoa perante juiz, em processo judicial (ECA, art. 47), com a intervenção do Ministério Público, inclusive em caso de adoção de maiores de dezoito anos (nesse sentido, Enunciado n. 272 da *IV Jornada de Direito Civil* do CJF), sendo que pelo parágrafo único do art. 47 do ECA, acrescentado pela Lei n. 12.955/2014, há prioridade de tramitação aos processos de adoção em que o adotando for criança ou adolescente com deficiência ou doença crônica. Com isso haverá maior transparência e lisura na adoção. A competência para julgar pedidos de adoção de menores de dezoito anos será da Justiça da Infância e da Juventude (*RT*, *610*:53 e *590*:70). O procedimento para tanto será o indicado na Lei n. 8.069/90 (arts. 145 a 163, 197-A a 199-E, 148, III, 165, I a V e parágrafo único, 166, §§ 1º a 7º, 167, 168, 50, 28, §§ 1º a 6º, 29, 42, §§ 1º a 6º, e 47). E a adoção de maior de dezoito anos não dispensará processo judicial nem a efetiva assistência do Poder Público (CC, art. 1.619); o magistrado da Vara de Família deverá examinar se foram, ou não, cumpridos os requisitos legais e averiguar se a adoção é conveniente para o adotado. Mas a adoção só se consumará com o assento da sentença constitutiva, que se perfaz com sua averbação à margem do registro de nascimento do adotado (CC, art. 10, III), efetuada à vista de petição acompanhada da decisão judicial.

Art. 1.624. (*Não há necessidade do consentimento do representante legal do menor, se provado que se trata de infante exposto, ou de menor cujos pais sejam desconhecidos, estejam desaparecidos ou tenham sido destituídos do poder familiar, sem nomeação de tutor; ou de órfão não reclamado por qualquer parente, por mais de um ano.*)

- *Artigo revogado pelo art. 8º da Lei n. 12.010/2009.*
- *Código Civil, arts. 1.635, V, 1.638, 1.728, II, e 1.734.*
- *ECA, arts. 28, 45, § 1º, 166.*

Dispensa do consentimento de representante legal do adotando menor. Infere-se do art. 1.734 do Código Civil e dos arts. 28, 45, § 1º, e 166 (com alteração da Lei n. 13.509/2017) da Lei n. 8.069/90 que não será necessário para a adoção o consenso do representante legal do menor, comprovando-se que: *a*) se trata de infante exposto, que se encontra em situação de risco, por não ter meios para sobreviver, ou em ambiente hostil, sofrendo maus-tratos, ou abandonado (ECA, art. 28, *in fine*); *b*) seus pais são desconhecidos (identidade ignorada), ou estão desaparecidos (paradeiro não conhecido, e esgotadas as buscas), ou, ainda, foram destituídos do poder familiar, sem que tenha havido nomeação de tutor (ECA, art. 45, § 1º; CC, arts. 1.638, 1.728, II, e 1.734; *RSTJ*, *170*:361), pois o juiz poderá, não sendo possível nomear tutor, colocá-lo em programa de colocação familiar, conducente à sua adoção; *c*) é órfão não reclamado, há mais de um ano, por qualquer parente. Nessas hipóteses, o Estado o representará ou assistirá, nomeando o juiz competente um curador *ad hoc*.

BIBLIOGRAFIA: Matiello, *Código*, cit., p. 1058.

DIREITO DE FAMÍLIA

Art. 1.625. (*Somente será admitida a adoção que constituir efetivo benefício para o adotando.*)

- *Artigo revogado pelo art. 8º da Lei n. 12.010/2009.*
- *Estatuto da Criança e do Adolescente, arts. 43 e 46.*
- ***Projeto de Lei n. 699/2011**: "Parágrafo único. A adoção será precedida de estágio de convivência com o adotando, pelo prazo que o juiz fixar, observadas as peculiaridades do caso, podendo ser dispensado somente se o menor tiver menos do que um ano de idade ou se, independentemente de sua idade, já estiver na companhia do adotante durante tempo suficiente para a avaliação dos benefícios da constituição do vínculo".*

Benefício ao adotando. Apenas se poderá admitir adoção que não só esteja fundada em motivos legítimos, mas também constitua um real benefício, seja ele material ou moral (pessoal, afetivo, p. ex.), para o adotando (ECA, art. 43), visto que não há adoção *intuitu personae*, pois o magistrado é quem terá o poder-dever de optar pela família substituta adequada e não os pais ou representante da criança a ser adotada e muito menos os adotantes. O Poder Judiciário é quem analisará a conveniência ou não, para o adotando, e os motivos em que se funda a pretensão dos adotantes, ouvindo, sempre que possível, o adotando (ECA, art. 45, § 2º), levando em conta o parecer do Ministério Público. O juiz deverá agir com prudência, verificando se os adotantes têm condições morais e econômicas de proporcionar um pleno e saudável desenvolvimento físico e mental ao adotando. Daí a importância do estágio de convivência (ECA, art. 46), para melhor avaliação do grau de afetividade e adaptabilidade do adotando, em relação ao futuro adotante e aos benefícios que da adoção poderiam advir para sua formação físico-psíquica. Tutela-se o superior interesse do adotado, proporcionando-lhe uma melhor qualidade de vida, fundada no afeto e na convivência familiar (TJRJ, 18ª Câm. Cív., Ap. Cív. 23902-2005, rel. Jorge Luiz Habib, j. 21-12-2005; TJMS, 4ª T., Ap. Cível 2004.001074-5/0000-00, rel. Chaves Martins, j. 15-6-2004).

Art. 1.626. (*A adoção atribui a situação de filho ao adotado, desligando-o de qualquer vínculo com os pais e parentes consanguíneos, salvo quanto aos impedimentos para o casamento.*)

- *Artigo revogado pelo art. 8º da Lei n. 12.010/2009.*
- *Constituição Federal, art. 227, §§ 5º e 6º.*
- *Código Civil, arts. 1.521, I, III e V, 1.593, 1.630, 1.763, II, 1.829 a 1.844, e Estatuto da Criança e do Adolescente, arts. 41, caput, e 49.*

Parágrafo único. (*Se um dos cônjuges ou companheiros adota o filho do outro, mantêm-se os vínculos de filiação entre o adotado e o cônjuge ou companheiro do adotante e os respectivos parentes.*)

- *Estatuto da Criança e do Adolescente, art. 41, § 1º.*
- *Pelo **Projeto de Lei n. 699/2011**, o parágrafo único passará a ser o § 1º, visto que acrescentará: "§ 2º A morte dos adotantes não restabelece o poder familiar dos pais naturais".*

Rompimento automático do vínculo de parentesco consanguíneo. Com a adoção, salvo em relação a impedimentos matrimoniais, o adotado desligar-se-á de sua família de origem (ECA, art. 41, *caput*). Com a inscrição da adoção no Registro Civil, o vínculo com os pais e parentes consanguíneos cessam, passando o adotado a ser, irrevogavelmente, filho do adotante, para todos os efeitos legais (CF/88, art. 227, §§ 5º e 6º; *RT*, *668*:147, *608*:97; *JB*, *166*:322; *Ciência Jurídica*, *67*:91 e 122, *61*:105, *62*:151 e *51*:122), inclusive sucessórios. Com isso, para efeito de sucessão, o adotivo equipara-se ao filho matrimonial, herdando como se fosse descendente do autor da herança, seu pai adotivo, afastando da sucessão todos os demais herdeiros do adotante que não tenham a qualidade de descendente (*RT*, *161*:180 e *555*:77; *BAASP*, *1.945*:26). Nem mesmo o óbito dos adotantes restabelecerá o poder familiar dos pais de sangue (ECA, art. 49). Esclarecem o Enunciado n. 111 (aprovado na *I Jornada de Direito Civil*, promovida, em setembro de 2002, pelo Centro de Estudos Judiciários do CJF) que: "a adoção e a reprodução assistida heteróloga atribuem a condição de filho ao adotado e à criança resultante de técnica conceptiva heteróloga; porém, enquanto na adoção haverá o desligamento dos vínculos entre o adotado e seus parentes consanguíneos, na reprodução assistida heteróloga sequer será estabelecido o vínculo de parentesco entre a criança e o doador do material fecundante" e o Enunciado n. 273 da *IV Jornada de Direito Civil* que: "tanto na adoção bilateral quanto na unilateral, quando não se preserva o vínculo com qualquer dos genitores originários, deverá ser averbado o cancelamento do registro originário de nascimento do adotado lavrando-se novo registro. Sendo unilateral a adoção, e sempre que se preserve o vínculo originário com um dos genitores, deverá ser averbada a substituição do nome do pai ou da mãe natural pelo nome do pai ou mãe adotivos".

BIBLIOGRAFIA: M. Helena Diniz, *Curso*, cit., v. 5, p. 287-8; Carlos Alberto Bittar, *Direito de família*, cit., p. 237 e s.

Exercício do poder familiar. Com a adoção de menor de dezoito anos ter-se-á a transferência, definitiva e de pleno direito, do poder familiar para o adotante, com todos os direitos e deveres que lhe são inerentes: companhia, guarda, criação, educação, obediência, respeito, consentimento para casamento, nomeação de tutor, assistência e representação, administração e usufruto de bens (*Adcoas*, n. 90.804, 1983, TJSC; *RT*, *141*:627, *464*:97 e *529*:219; *RF*, *96*:281).

BIBLIOGRAFIA: Antônio Chaves, Filiação adotiva, cit., in *Enciclopédia Saraiva do Direito*, v. 37, p. 217; Walter Moraes, Adoção, cit., in *Enciclopédia Saraiva do Direito*, v. 4, p. 396; M. Helena Diniz, *Curso*, cit., v. 5, p. 285-6.

Prevalecimento dos impedimentos matrimoniais. O parentesco civil, oriundo da adoção, entre adotante e adotado, desliga-o dos seus parentes consanguíneos, salvo para os efeitos matrimoniais (ECA, art. 41, *caput*, *in fine*) em que prevalecem os impedimentos previstos no Código Civil, art. 1.521, I, III, IV e V. Consequentemente, não poderão casar o adotado com seus parentes consanguíneos (ascendente e irmão), o adotante com o adotado, o adotante com o ex-consorte do adotado e vice-versa, nem o adotado com o filho do pai ou mãe adotivos, a fim de se velar pelas relações familiares e pela moralidade no lar, evitando-se abusos e promiscuidade.

BIBLIOGRAFIA: Antônio Chaves, Filiação adotiva, in *Enciclopédia Saraiva do Direito*, v. 37, p. 215; Guillermo Alberto Saraiva, *La adopción*, Buenos Aires, Depalma, 1943; W. Barros Monteiro, *Curso*, cit., v. 2, p. 267; M. Helena Diniz, *Curso*, cit., v. 5, p. 285; Matiello, *Código Civil*, cit., p. 1059.

Adoção por um dos cônjuges, ou conviventes, do filho do outro. Se um dos cônjuges, ou companheiros, vier a adotar filho do outro, mantido ficará o vínculo de filiação entre o adotado e o cônjuge, ou convivente, do adotante e os respectivos parentes consanguíneos (ECA, art. 41, § 1º). Hipótese em que se terá a *adoção unilateral* (*JTJ*, *136*:48).

Art. 1.627. (*A decisão confere ao adotado o sobrenome do adotante, podendo determinar a modificação de seu prenome, se menor, a pedido do adotante ou do adotado.*)

• *Revogado pelo art. 8º da Lei n. 12.010/2009.*

• *Lei n. 8.069/90 (com a alteração da Lei n. 12.010/2009), art. 47, §§ 5º e 6º.*

Formação do nome e patronímico do adotado. Há liberdade razoável em relação à formação do nome e patronímico do adotado, pois a decisão judicial que conferir ao menor os apelidos de família do adotante poderá determinar a alteração de seu prenome, a pedido do adotante ou do próprio adotado (ECA, art. 47, § 5º). Se a modificação do prenome for requerida pelo adotante, será obrigatória a oitiva do adotando (ECA, art. 47, § 6º). Consequentemente, apenas ao menor permite-se alterar o prenome. Nesse caso, havendo pedido para alterá-lo, o magistrado poderá permitir tal modificação (TJSP, 2ª Câm. D. Priv., Ap. Cív. c/ Rev. 527.381-4, rel. Santini Teodoro, j. 27-11-2007) se isso contribuir para o desenvolvimento do menor, apagando um passado que não convém ser lembrado. Ao adotado maior, a decisão só lhe conferirá o direito de usar os apelidos de família do adotante, pois o prenome deverá ser mantido por ser elemento que o identifica socialmente. A atribuição do sobrenome do adotante ao adotado é, portanto, consequência da adoção e, independentemente de pedido, competirá essa incumbência ao juiz, na sentença.

Art. 1.628. (*Os efeitos da adoção começam a partir do trânsito em julgado da sentença, exceto se o adotante vier a falecer no curso do procedimento, caso em que terá força retroativa à data do óbito. As relações de parentesco se estabelecem não só entre o adotante e o adotado, como também entre aquele e os descendentes deste e entre o adotado e todos os parentes do adotante.*)

• *Revogado pelo art. 8º da Lei n. 12.010/2009.*

• *Estatuto da Criança e do Adolescente, art. 47, § 7º.*

• *Código Civil, arts. 1.626,* caput*, 1.593 a 1.595.*

• ***Projeto de Lei n. 699/2011**: "§ 1º A sentença judicial da adoção será inscrita no registro civil, mediante mandado do qual não se fornecerá certidão.*

§ 2º A inscrição consignará o nome dos adotantes como pais, bem como o nome de seus ascendentes.

§ 3º Não deve constar qualquer observação sobre a origem do ato na certidão de registro.

§ 4º A critério da autoridade judiciária, poderá ser fornecida certidão para a salvaguarda de direitos".

Início dos efeitos da adoção. Os efeitos pessoais e patrimoniais da adoção (CC, arts. 1.630, 1.768, 1.689, 1.634, 1.694, 932, 1.829, I, II, 1.973 etc.) operam *ex nunc*, pois terão início a partir do trânsito em julgado da sentença, salvo se o adotante vier a falecer na pendência da ação, hipótese em que retroagirá à data do óbito, produzindo efeito *ex tunc*, consequentemente, o adotado será tido como herdeiro (ECA, arts. 47, § 7º, e 42, § 6º). Com isso, admitida está a adoção *post mortem* ou póstuma, desde que à época do falecimento da adotante já houvesse procedimento da adoção em andamento requerido por ele ao manifestar sua vontade (STJ, 4ª T., REsp 457.635/PB, rel. Rosado de Aguiar, j. 19-11-2002). É imprescindível, para que tal adoção não seja concedida, a prova de que o *de cujus* não mais pretendia adotar.

Relações de parentesco. Com a adoção ter-se-á o estabelecimento de verdadeiros laços de parentesco civil entre adotado e adotante, abrangendo também os ascendentes (TJSP, 3ª Câm. D. Priv. Ap. Cív. c/ Rev. 514.921-4, rel. Egidio Giacoia, j. 25-3-2008), descendentes e colaterais deste. Cria-se um parentesco legal entre adotado e seus descendentes e o adotante e entre adotado e parentes do adotante, visto que o adotado entra, definitivamente, na família daquele que o adotou, desligando-se dos pais e parentes consanguíneos, exceto quanto aos impedimentos para o casamento (ECA, art. 41, *caput*).

Art. 1.629. (*A adoção por estrangeiro obedecerá aos casos e condições que forem estabelecidos em lei.*)

- *Revogado pelo art. 8º da Lei n. 12.010/2009.*
- *Lei de Introdução às Normas do Direito Brasileiro, art. 7º.*
- *Constituição Federal, art. 227, § 5º.*
- *Lei n. 8.069/90, arts. 31, 39, 42, 50, § 10, 51, §§ 1º a 3º, (com alteração da Lei n. 13.509/2017), 52, I a VIII, §§ 1º a 15, 52-A a 52-D e 239.*
- *Decreto Legislativo n. 63/95.*
- *Decretos n. 3.087/99 e 2.429/97.*
- *Decreto n. 5.491/2005 (alterado pelo Decreto n. 5.947/2006), sobre atuação de organismos estrangeiros e nacionais de adoção internacional.*
- *Resolução do CNJ n. 190/2014, altera a Res. CNJ n. 54/2008, sobre implantação do Cadastro Nacional de Adoção, para possibilitar inclusão dos pretendentes estrangeiros habilitados nos tribunais*
- *Portaria n. 254/2014 da Secretaria de Direitos Humanos dispõe sobre o credenciamento do organismo estrangeiro "AAIM — Associación D'Ajuda als Infants del Món", encarregado de intermediar pedidos de habilitação à adoção internacional.*
- ***Projeto de Lei n. 699/2011**: "Art. 1.629. A colocação do menor em família substituta estrangeira residente e domiciliada no exterior constitui medida excepcional, somente admissível na modalidade da adoção.*

§ 1º O estrangeiro residente e domiciliado fora do País, que se candidatar a adoção, deverá comprovar, mediante documento expedido pela autoridade competente do respectivo domicílio, estar devidamente habilitado à adoção, consoante as leis do seu país, bem como apresentar estudo psicossocial elaborado por agência especializada e credenciada no país de origem.

§ 2º A autoridade judiciária, de ofício ou a requerimento do Ministério Público, poderá determinar a apresentação do texto pertinente à legislação estrangeira, acompanhado de prova da respectiva vigência.

§ 3º Os documentos em língua estrangeira serão juntados aos autos devidamente autenticados pela autoridade consular, observados os tratados e convenções internacionais, e acompanhados da respectiva tradução juramentada.

§ 4º A adoção internacional poderá ser condicionada a estudo prévio e análise de uma comissão estadual de adoção, que fornecerá o respectivo laudo de habilitação para instruir o processo competente, sem prejuízo dos requisitos mencionados nos parágrafos anteriores.

§ 5º Competirá à comissão referida no parágrafo anterior manter registro centralizado de interessados estrangeiros em adoção.

§ 6º Em caso de adoção por estrangeiro residente e domiciliado fora do País, o estágio de convivência, cumprido no território nacional, será de no mínimo quinze dias para crianças de até dois anos de idade, e de no mínimo trinta dias quando se tratar de adotando acima de dois anos de idade.

§ 7º Antes de consumada a adoção, não será permitida a saída do adotando do território nacional".

Adoção por estrangeiro. A colocação de menor em família substituta estrangeira é medida excepcional, somente admissível em caso de adoção (Lei n. 8.069/90, art. 31; *JB*, *163*:231 e 308 e *165*:329; *RT*, *757*:300, *700*:149, *691*:154; *RJ*, *300*:109; *RJMS*, *125*:62; *RTJ*, *136*:345; *JTJ*, *200*:181; *Ciência Jurídica*, *22*:114), observando-se, dentre outras, as seguintes restrições legais: *a*) esgotamento de todas as possibilidades de colocação da criança ou adolescente em família adotiva brasileira (ECA, art. 51, § 1º, II, e § 2º); *b*) impossibilidade de adoção por procuração (Lei n. 8.069/90, art. 39, § 2º); *c*) estágio de convivência, a ser cumprido no Brasil, de trinta dias, no mínimo, e no máximo 45 dias, prorrogável por igual período, uma só vez, mediante sentença judicial fundamentada (Lei n. 8.069/90, art. 46, § 3º, com a redação da Lei n. 13.509/2017), desde que o adotante seja pessoa ou casal domiciliado fora do Brasil; *d*) comprovação de cadastro da habilitação do adotante à adoção (Lei n. 8.069/90, art. 50, § 10, com a redação da Lei n. 13.509/2017; Res. CNJ n. 54/2008, com alterações da Res. CNJ n. 190/2014). A autoridade central do país de acolhida deverá considerar se os solicitantes estão habilitados para adotar e enviar relatório, contendo informações pessoais e atestando sua idoneidade e aptidão para assumir a adoção internacional, à Autoridade Central Estadual brasileira (ECA, art. 52, II e III); *e*) apresentação de estudo psicossocial do adotante feito por equipe interprofissional especializada e credenciada no seu país de origem (Lei n. 8.069/90, art. 52, IV), que atestará sua sanidade mental, sua idoneidade moral, suas condições econômicas para adotar etc.; *f*) apresentação de texto pertinente à legislação estrangeira, acompanhada de prova de sua vigência, a pedido do juiz ou do Ministério Público (Lei n. 8.069/90, art. 52, IV, *in fine*, e VI); *g*) juntada aos autos de documentos estrangeiros, devidamente autenticados pela autoridade consular, com observância dos tratados e convenções internacionais (Lei n. 8.069/90, art. 52, V); *h*) permissão da saída do adotando do território nacional apenas após a consumação da adoção (Lei n. 8.069/90, art. 52, § 8º; *RT*, *757*:300).

BIBLIOGRAFIA: Georgette N. Nazo, Adoção transnacional e os atos plurilaterais de que o Brasil participa, in *A família na travessia do milênio*, Del Rey, IBDFAM, 2000, p. 255 a 263; Convenção interamericana sobre conflitos de leis em matéria de adoção de menores, *Separata da Revista Trimestral de Jurisprudência dos Estados*, *97*:87-92; José L. Alfredo Guimarães, Adoção de criança por estrangeiro não residente no Brasil, *JB*, *162*:33-41; Maria Stella Villela L. S. Rodrigues, Da adoção de crianças brasileiras por estrangeiros não domiciliados no Brasil, *JB*, *156*:35-46; Amílcar de Castro, *Direito internacional privado*, 1977, p. 383-7; Oscar Tenório, *Direito internacional privado*, 1966, v. 2, p. 153-5; Weiss, *Manuel de droit international privé*, 9. ed., p. 539 e 540; Wilson D. Liberati, *Adoção internacional*, São Paulo, Malheiros Ed., 1996; Antônio Chaves, *Adoção internacional*, Del Rey, 1994; Tarcísio José Martins Costa, Adoção internacional: aspectos jurídicos, políticos e socioculturais, in *A família na travessia do milênio*, Del Rey, IBDFAM, 2000, p. 265 a 282; M. Helena Diniz, *Curso*, cit., v. 5, p. 378 a 381; J. I. Esquivias Jaramillo, *Adopción internacional*, Barcelona, Bosch, 1998; Luiz Carlos de Barros Figueirêdo, *Adoção internacional*, Curitiba, Ed. Juruá, 2002; Gustavo Ferraz de Campos Monaco, Revisitando o art. 1.629 do Código Civil à luz do sistema jurídico nacional, *Introdução crítica ao Código Civil* (org. Lucas A. Barroso), Rio de Janeiro, Forense, 2006, p. 505-20.

CAPÍTULO V
DO PODER FAMILIAR

SEÇÃO I
DISPOSIÇÕES GERAIS

- Vide *arts. 21 a 24, 36, parágrafo único, 45, § 1º, 49, 129, X, 136, I a XI, 148, parágrafo único, b, d, e 155 a 163, 166, 169, 201, III, e 249 da Lei n. 8.069, de 13 de julho de 1990 (Estatuto da Criança e do Adolescente), com as alterações da Lei n. 12.010/2009.*

- *Decreto n. 3.000/99, sobre cobrança e fiscalização de Imposto de Renda.*
- *Código Penal, arts. 92, II, 225, § 1º, II, e 249, § 1º.*
- *Código Civil, arts. 197, II, 1.517, 1.518, 1.612, 1.633, 1.635, 1.638, 1.728, II, 1.730, 1.733, § 2º, 1.734, 1.763, II, e 1.779.*
- *Lei n. 12.318/2010 (alienação parental, com as alterações da Lei n. 14.340/2022).*

Art. 1.630. Os filhos estão sujeitos ao poder familiar, enquanto menores.

- *Código Civil, arts. 5º e parágrafo único, 1.612, 1.633, 1.635 e 1.638.*
- *Constituição Federal, arts. 226, § 5º, e 227, § 6º.*

Poder familiar. O poder familiar consiste num conjunto de direitos e obrigações, quanto à pessoa e bens do filho menor não emancipado, exercido em igualdade de condições por ambos os pais, para que possam desempenhar os encargos que a norma jurídica lhes impõe, tendo em vista o interesse e a proteção dos filhos.

Abrangência do poder familiar. Sujeitar-se-ão à proteção do poder familiar todos os filhos menores, sejam eles matrimoniais, extramatrimoniais, legalmente reconhecidos ou adotivos. Os não reconhecidos pelo pai, ante o fato de ser a maternidade, em regra, sempre certa, submeter-se-ão, enquanto menores, ao poder familiar da mãe, que os reconheceu (CC, art. 1.633, primeira parte).

BIBLIOGRAFIA: José Virgílio Castelo Branco Rocha, *Pátrio poder*, 1960, p. 47; Caio M. S. Pereira, *Instituições*, cit., v. 5, p. 281; W. Barros Monteiro, *Curso*, cit., v. 2, p. 277; Silvio Rodrigues, *Direito civil*, cit., v. 6, p. 358; M. Helena Diniz, *Curso*, cit., v. 5, p. 301 e 303-4; Marcel Val, *Des pouvoirs du père*, n. 39; Carlos Alberto Bittar, *Direito de família*, cit., p. 245; José de Farias Tavares, *O Código Civil e a nova Constituição*, cit., p. 69; José Antonio de Paula Santos Neto, *Do pátrio poder*, 1994; Valdemar P. da Luz, *Curso de direito de família*, cit., p. 127-33; Roberto Senise Lisboa, *Manual*, cit., v. 5, p. 118-22; Sebastião José Roque, *Direito de família*, cit., p. 165-74; Roberto João Elias, *Pátrio poder*, São Paulo, Saraiva, 1999; Miguel Reale, *O Projeto do novo Código Civil*, São Paulo, Saraiva, 1999, p. 18; Guilherme G. Strenger, Poder familiar — Guarda e regulamentação de visitas, in *Estudos em homenagem a Miguel Reale*, São Paulo, LTr, 2003, p. 1225-53; Paulo Luiz Netto Lôbo, *Do poder familiar, Direito de família e o novo Código Civil*, coord. M. Berenice Dias e Rodrigo da Cunha Pereira, Belo Horizonte, Del Rey, 2003, p. 177-89; Antonio Carlos Morato, Dano moral pela violação da autoridade dos pais, in *Estudos de direito de autor, direito da personalidade, direito do consumidor e danos morais*, coord. Eduardo C. B. Bittar e Silmara J. Chinelato, Rio de Janeiro, Forense Universitária, 2002, p. 157-77; Denise Damo Comel, *Do poder familiar*, São Paulo, Revista dos Tribunais, 2003; Silmara Juny Chinelato, *Comentários*, cit., v. 18, p. 214-59; Romualdo Baptista dos Santos, O Código Civil de 2002 — omissões e distorções quanto ao poder familiar, *Introdução crítica ao Código Civil* (org. Lucas A. Barroso), Rio de Janeiro, Forense, 2006, p. 481-503; Luiz Paulo V. de Carvalho, *Direito civil*, cit., p. 211-34; Gelson A. de Souza, Poder familiar e o costume de retenção de bens de incapazes, *Revista IOB de Direito de Família, 60*:77-90.

Art. 1.631. Durante o casamento e a união estável, compete o poder familiar aos pais; na falta ou impedimento de um deles, o outro o exercerá com exclusividade.

- *Código Civil, arts. 1.511, 1.567, 1.589, 1.635, V, 1.637, 1.638, 1.689, 1.690 e 1.588.*
- Vide *Lei n. 6.515/77, art. 27.*
- Vide *Constituição Federal, art. 226, § 5º.*

• *Lei n. 8.069/90, art. 21.*

Parágrafo único. Divergindo os pais quanto ao exercício do poder familiar, é assegurado a qualquer deles recorrer ao juiz para solução do desacordo.

• *Código Civil, art. 1.517, parágrafo único.*

Simultaneidade do poder familiar. Na constância do casamento e da união estável, sendo os consortes ou conviventes plenamente capazes, o poder familiar será exercido em igualdade de condições, simultaneamente por ambos os pais, que têm poder decisório na direção da família, atendendo ao interesse dos filhos (CC, arts. 1.511 e 1.567).

Exercício do poder familiar na falta ou impedimento de um dos genitores. Na falta ou impedimento de um dos pais, por ter sido suspenso ou destituído do *munus* público (CC, arts. 1.635, V, 1.637 e 1.638) ou por não poder, em razão de superveniência de incapacidade mental, manifestar sua vontade, o outro passará a exercer com exclusividade o poder familiar.

Poder familiar e morte de um dos pais. Se o vínculo conjugal vier a dissolver-se pelo falecimento de um dos cônjuges, havendo filhos menores, o poder familiar competirá ao consorte sobrevivente, mesmo que venha a convolar novas núpcias (CC, art. 1.588).

BIBLIOGRAFIA: Orlando Gomes, *Direito de família*, cit., p. 416-7; M. Helena Diniz, *Curso*, cit., v. 5, p. 303; Levenhagen, *Código Civil*, cit., v. 2, p. 244.

Divergência entre os pais. Se houver discordância entre os genitores, assegurado está a qualquer deles o direito de recorrer à autoridade judiciária para solucionar a divergência (TJSP, 3ª Câm. D. Priv., Ap. Cível s/ Rev. 520.481-4, rel. Jesus Lofrano, j. 29-4-2008). O juiz com bom senso e prudência objetiva deverá ouvir ambos os genitores e, após sopesar suas razões, apresentar a solução do desacordo, resguardando o interesse da prole.

BIBLIOGRAFIA: Carbonnier, *Droit civil*, Paris, PUF, 1955, v. 2, p. 643; Orlando Gomes, *Direito de família*, cit., p. 413-4; M. Helena Diniz, *Curso*, cit., v. 5, p. 302-3; Paulo de Lacerda, *Manual*, cit., v. 6, p. 225-30.

Art. 1.632. A separação judicial, o divórcio e a dissolução da união estável não alteram as relações entre pais e filhos senão quanto ao direito, que aos primeiros cabe, de terem em sua companhia os segundos.

• *Código Civil, arts. 1.583 a 1.586 e 1.589.*

• Vide *Lei n. 6.515, de 26 de dezembro de 1977, arts. 27 e 9º.*

• *Artigo que poderá perder, parcialmente, seu suporte eficacial por força da redação dada pela Emenda Constitucional n. 66/2010 ao art. 226, § 6º, da Constituição Federal.*

Poder familiar de consorte separado judicialmente, divorciado e de ex-convivente. Se os pais estiverem separados judicialmente, divorciados, ou tiverem rompido a união estável, as suas relações com os filhos, relativamente à titularidade do poder familiar, não se alterarão, mas aquele que ficar com a guarda dos filhos menores do casal dele terá o exercício, o que não significa que o outro deixa de ser seu titular conjunto, uma vez que se discordar de alguma coisa poderá recorrer ao magistrado para solucionar o problema, e, ainda, terá o direito de visitar a prole.

BIBLIOGRAFIA: Carbonnier, *Droit civil*, cit., p. 645; Orlando Gomes, *Direito de família*, cit., p. 415-6; M. Helena Diniz, *Curso*, cit., v. 5, p. 303; Levenhagen, *Código Civil*, cit., v. 2, p. 244; Barbier, *Les* *enfants et le divorce*, p. 45; Raveton, *De la condition juridique des enfants issus du mariage pendant et après le divorce*; Paulo de Lacerda, *Manual*, cit., v. 6, p. 230-40.

Art. 1.633. O filho, não reconhecido pelo pai, fica sob poder familiar exclusivo da mãe; se a mãe não for conhecida ou capaz de exercê-lo, dar-se-á tutor ao menor.

- *Código Civil, arts. 1.728, I e II, 1.612, 1.635, V, 1.637 e 1.638.*
- *Constituição Federal, arts. 226, § 5º, e 227, § 6º.*

Poder familiar em caso de reconhecimento de filho menor. Se o menor for reconhecido por ambos os genitores, ficará sob o poder familiar de ambos; poderá ocorrer que a guarda fique com a mãe, que o exercerá, pois justo não seria deferir o exercício do poder familiar ao pai, se nunca teve o filho em sua companhia, a menos que o juiz decida o contrário. Se o pai não reconhecer filho menor, este ficará sob o poder familiar materno (*RT*, *505*:68), e, se porventura não for reconhecido por nenhum dos pais, ou, ainda, se a mãe for desconhecida ou incapaz de exercer o poder familiar, por estar sob interdição ou por ter sido dele suspensa ou destituída, nomear-se-á tutor ao menor.

BIBLIOGRAFIA: Orlando Gomes, *Direito de família*, cit., v. 5, p. 413 e s.; M. Helena Diniz, *Curso*, cit., v. 5, p. 303; Levenhagen, *Código Civil*, cit., v. 2, p. 245; Paulo de Lacerda, *Manual*, cit., v. 6, p. 243-8; Lafayette, *Direitos de família*, § 113.

SEÇÃO II
DO EXERCÍCIO DO PODER FAMILIAR

Art. 1.634. Compete a ambos os pais, qualquer que seja a sua situação conjugal, o pleno exercício do poder familiar, que consiste em, quanto aos filhos:

- *Código Civil, arts. 2º a 5º, 1.583 a 1.590, 1.612, 1.632, 1.637 e 1.638.*

I — dirigir-lhes a criação e a educação;

- *Constituição Federal, arts. 6º e 229, e Lei n. 8.069/90, art. 21.*
- *Código Civil, art. 1.566, IV.*
- *Lei n. 9.394/96, arts. 6º, com a redação da Lei n. 11.114/2005, e 26, § 9º (acrescido pela Lei n. 13.010/2014).*
- *Lei n. 8.069/90, art. 13, com a redação da Lei n. 13.010/2014.*
- *Lei n. 13.010/2014, que acresce à Lei n. 8.069/90 os arts. 18-A, 18-B e 70-A, estabelecendo o direito de a criança e de o adolescente serem educados e cuidados sem o uso de castigos físicos ou de tratamento cruel ou degradante.*

II — exercer a guarda unilateral ou compartilhada nos termos do art. 1.584;

- *Lei n. 8.069/90, arts. 33 a 35; Código Civil, arts. 1.612, 1.631, 1.632, 1.583 a 1.589.*

III — conceder-lhes ou negar-lhes consentimento para casarem;

- *Código Civil, arts. 1.517, 1.518, 1.519, 1.550, II, e 1.641, III.*

IV — conceder-lhes ou negar-lhes consentimento para viajarem ao exterior;

V — conceder-lhes ou negar-lhes consentimento para mudarem sua residência permanente para outro Município;

VI — nomear-lhes tutor por testamento ou documento autêntico, se o outro dos pais não lhe sobreviver, ou o sobrevivo não puder exercer o poder familiar;

• *Código Civil, arts. 1.729 e 1.730.*

VII — representá-los, judicial e extrajudicialmente, até os 16 (dezesseis) anos, nos atos da vida civil, e assisti-los, após essa idade, nos atos em que forem partes, suprindo-lhes o consentimento;

• *Código Civil, arts. 3º a 5º, 115 a 120, 171, I, 1.517, 1.519, 1.550, 1.690 e 1.747, I.*

VIII — reclamá-los de quem ilegalmente os detenha;

• *Código de Processo Civil, arts. 305, 308 e 536, §§ 1º e 2º.*

IX — exigir que lhes prestem obediência, respeito e os serviços próprios de sua idade e condição.

• *Com a redação da Lei n. 13.058/2014.*

• *O Código Penal prevê os crimes de abandono material, de entrega de filho menor a pessoa inidônea, de abandono intelectual e moral, nos arts. 244 a 247. Os crimes contra o poder familiar estão previstos nos arts. 248 e 249.* Vide, *também, Código Penal, art. 136.*

• *"É lícito ao menor firmar recibo pelo pagamento dos salários. Tratando-se, porém, de rescisão do contrato de trabalho, é vedado ao menor de 18 (dezoito) anos dar, sem assistência dos seus responsáveis legais, quitação ao empregador pelo recebimento da indenização que lhe for devida"* — Vide *art. 439 da Consolidação das Leis do Trabalho.*

• *Sobre atos que podem ser praticados por menores com mais de dezesseis anos, sem assistência paterna, consultem-se as notas do art. 4º do Código Civil.*

• *Sobre as crianças nascidas em leprocômios, vide Decreto n. 968, de 7 de maio de 1962, art. 10.*

• *Código Penal, art. 92, II (com redação da Lei n. 13.715/2018).*

Conteúdo do poder familiar relativamente à pessoa dos filhos menores. O poder familiar engloba normas atinentes aos direitos e deveres dos pais, qualquer que seja a situação conjugal, quanto à pessoa dos filhos menores, contidas no art. 1.634 do Código Civil, ora comentado.

Criação e educação dos filhos. Os pais deverão dirigir a criação e educação dos filhos menores, proporcionando-lhes meios materiais para sua subsistência e instrução, de acordo com suas posses econômicas e condição social, amoldando sua personalidade e dando-lhes boa formação moral e intelectual.

Exercício de guarda unilateral ou compartilhada. Os pais têm o poder-dever de ter os filhos menores em sua companhia e guarda (unilateral ou compartilhada) para poder dirigir-lhes a formação, regendo seu comportamento, vigiando-os, uma vez que são civilmente responsáveis pelos atos lesivos por eles praticados (CC, arts. 932, I, 933, 934, 942 e parágrafo único).

Consentimento para casamento. Competirá aos pais conceder ou negar o consentimento para matrimônio de filho menor (Lei n. 8.069/90, art. 148, parágrafo único, *c*; CC, arts. 1.517, 1.518, 1.550, III, e 1.641, III). Se injusta for a denegação desse consentimento, o filho poderá propor ação para suprir esse consenso, que será dado pelo juiz se julgar conveniente diante da análise das provas apresentadas.

Anuência para viagem ao exterior e mudança de residência para outro município. Os pais poderão conceder aos filhos ou negar-lhes consentimento para viajarem ao exterior ou para mudarem sua residência permanente para outro município.

Nomeação de tutor. Um dos pais, quando o outro já tiver falecido ou for incapaz de exercer o poder familiar, poderá nomear tutor para filho menor, por meio de testamento ou documento público (escritura pública) ou particular, segundo alguns autores, como Cezar Fiuza, cuja legitimidade não se discuta (*RT*, *153*:136 e *132*:129; CC, arts. 1.729 e 1.730).

Representação ou assistência. Os pais deverão representar, judicial ou extrajudicialmente, o filho menor, até os dezesseis anos, nos atos da vida civil, e assisti-lo, após essa idade, até atingir a maioridade ou a emancipação, nos atos em que for parte, suprindo-lhe o consentimento (Lei n. 8.069/90, art. 142; CPC, art. 71; CLT, arts. 792 e 439; CC, arts. 3º, 4º e 5º).

Busca e apreensão. Os pais poderão reclamar o filho menor de quem ilegalmente o detenha, privando-os de tê-lo em sua guarda e companhia, por meio da ação de busca e apreensão.

Exigência de obediência, respeito e serviço por parte do menor. O filho menor deverá não só obedecer e respeitar os pais, como também prestar serviços compatíveis com sua idade e condição, participando na mantença da família (CLT, arts. 403 e 404; Lei n. 8.069/90, arts. 60, 64 e 67; CF/88, art. 7º, XXXIII).

BIBLIOGRAFIA: Paulo de Lacerda, *Manual*, cit., v. 6, p. 249-63; Clóvis Beviláqua, *Código Civil comentado*, cit., v. 2, p. 26 e s.; M. Helena Diniz, *Curso*, cit., v. 5, p. 304-6; Silvio Rodrigues, *Direito civil*, cit., v. 6, p. 361-5; Enneccerus, Kipp e Wolff, *Derecho de familia*, v. 2, § 79; Colin e Capitant, *Cours élémentaire de droit civil français*, cit., p. 495; Orlando Gomes, *Direito de família*, cit., p. 419; Antonio Cicu, *Diritto di famiglia*, cit., p. 179; Caio M. S. Pereira, *Instituições*, cit., v. 5, p. 282-5; W. Barros Monteiro, *Curso*, cit., v. 2, p. 278-80; Laurent, *Principes de droit civil français*, Paris, 1870, v. 4, p. 350; De Page, *Traité élémentaire de droit civil belge*, Bruxelles, Bruylant, 1948, v. 1, n. 787 e 788; Planiol, Ripert e Boulanger, *Traité élémentaire de droit civil français*, Paris, 1926, v. 1, n. 1.894; Heinrich Lehmann, *Derecho de familia*, Madrid, 1953, p. 298; Roberto João Elias, *Pátrio-poder — guarda dos filhos e direito de visitas*, São Paulo, Saraiva, 1999, p. 37; Cezar Fiuza, *Código das famílias comentado*, cit., p. 324.

Seção III

Da suspensão e extinção do poder familiar

- Vide *Lei n. 8.069, de 13 de julho de 1990 (Estatuto da Criança e do Adolescente), com as alterações das Leis n. 12.010/2009, 13.509/2017, arts.19-A, § 6º, 24, 148, parágrafo único, b, 155 a 163 e parágrafo único, e 166, §§ 1º a 7º.*

Art. 1.635. Extingue-se o poder familiar:

I — pela morte dos pais ou do filho;

II — pela emancipação, nos termos do art. 5º, parágrafo único;

III — pela maioridade;

- *Código Civil, art. 5º.*

IV — pela adoção;

- *Código Civil, art. 1.618; Lei n. 8.069/90, arts. 41 e 49.*

V — por decisão judicial, na forma do art. 1.638.

Casos de extinção do poder familiar. Ter-se-á extinção *ipso jure* do poder familiar se houver: *a*) morte de ambos os pais ou do filho menor; *b*) emancipação do menor nos casos do Código Civil, art. 5º, parágrafo único, uma vez que se equiparará a maior; *c*) maioridade do filho, que, então, terá a plenitude dos direitos civis, não mais ficando sob a dependência paterna; *d*) adoção, pois o poder familiar dos pais naturais transferir-se-á para o adotante, e, mesmo que este venha a falecer, o poder familiar não mais retornará aos pais carnais, nomeando-se, então, um tutor ao menor (Lei n. 8.069/90, arts. 41 e 49; *RT*, *141*:621; *AJ*, *70*:185); *e*) por decisão judicial que decretar perda do poder familiar, pela ocorrência de uma das hipóteses arroladas no art. 1.638 do Código Civil.

Pelo Enunciado n. 673 da *IX Jornada de Direito Civil*: "Na ação de destituição do poder familiar de criança ou adolescente que se encontre institucionalizada, promovida pelo Ministério Público, é recomendável que o juiz, a título de tutela antecipada, conceda a guarda provisória a quem esteja habilitado a adotá-lo, segundo perfil eleito pelo candidato à adoção".

BIBLIOGRAFIA: W. Barros Monteiro, *Curso*, cit., v. 2, p. 283-4; Caio M. S. Pereira, *Instituições*, cit., v. 5, p. 289-90; Lafayette, *Direitos de família*, § 113; Orlando Gomes, *Direito de família*, cit., p. 422; Levenhagen, *Código Civil*, cit., v. 2, p. 252-3; Silvio Rodrigues, *Direito civil*, cit., v. 6, p. 375; M. Helena Diniz, *Curso*, cit., v. 5, p. 312; Darcy Arruda Miranda, *Anotações*, cit., v. 1, p. 389; Paulo de Lacerda, *Manual*, cit., v. 6, p. 294-7; C. Castillo Martínez, *La privación de la patria potestad*, Bosch, 2000.

Art. 1.636. O pai ou a mãe que contrai novas núpcias, ou estabelece união estável, não perde, quanto aos filhos do relacionamento anterior, os direitos ao poder familiar, exercendo-os sem qualquer interferência do novo cônjuge ou companheiro.

- Vide *Constituição Federal, art. 226, § 5º.*
- Vide *Código Civil, art. 1.588.*

Parágrafo único. Igual preceito ao estabelecido neste artigo aplica-se ao pai ou à mãe solteiros que casarem ou estabelecerem união estável.

Pleno exercício de poder familiar por bínubo. Aquele que, porventura, tendo filho menor do relacionamento anterior, vier a convolar novas núpcias não perderá relativamente a esse filho os direitos inerentes ao poder familiar, tendo a administração e o usufruto dos seus bens, cabendo-lhe, ainda, assumir os encargos com sua criação e educação, uma vez que conservará a sua guarda, tendo-o em sua companhia. O mesmo se diga se o genitor vier a estabelecer união estável.

Ausência do poder familiar do padrasto ou madrasta. O bínubo terá a exclusividade do poder familiar, exercendo-o sozinho, sem que haja qualquer interferência de seu novo cônjuge ou companheiro, que nada poderá influenciar em relação à pessoa, educação e bens do enteado, uma vez que não é seu filho e não tem o exercício legal de poder familiar.

BIBLIOGRAFIA: Levenhagen, *Código Civil*, cit., v. 2, p. 253; Darcy Arruda Miranda, *Anotações*, cit., v. 1, p. 389; Renata M. Vilas-Bôas, A inconstitucionalidade da parte final do art. 1.636 do Código Civil: a autoridade parental nas famílias mosaicas. *Revista Síntese — Direito de Família, 79*: 94 a 114.

Situação jurídica de filho de genitor solteiro diante do casamento ou de união estável deste. Se pai solteiro ou mãe solteira vier a se casar ou a formar uma união estável, inalterado ficará o exercício do poder familiar sobre seu filho, pois conservará sua guarda e o poder de decidir sobre sua formação moral, religiosa e intelectual, sem qualquer interferência de seu cônjuge ou companheiro.

Art. 1.637. Se o pai, ou a mãe, abusar de sua autoridade, faltando aos deveres a eles inerentes ou arruinando os bens dos filhos, cabe ao juiz, requerendo algum parente, ou o Ministério Público, adotar a medida que lhe pareça reclamada pela segurança do menor e seus haveres, até suspendendo o poder familiar, quando convenha.

Parágrafo único. Suspende-se igualmente o exercício do poder familiar ao pai ou à mãe condenados por sentença irrecorrível, em virtude de crime cuja pena exceda a dois anos de prisão.

- Vide *Lei n. 8.069, de 13 de julho de 1990 (Estatuto da Criança e do Adolescente), arts. 22, 24, 129, X, 130, 155 a 163, parágrafo único, e 166, §§ 1º a 7º.*

- Vide *Código Penal, sobre os crimes contra a assistência familiar, arts. 92, II e parágrafo único, 244 a 246.*
- *Código Civil, arts. 1.691 e 1.638, IV.*
- *Lei n. 12.318/2010 (alienação parental), art. 6º.*
- *PL n. 19/2016 visa determinar prioridade na tramitação de processo que envolva acusação de alienação parental.*

Suspensão do poder familiar. A suspensão do poder familiar é uma sanção (*RT*, *771*:355) que visa preservar os interesses do filho menor, privando o genitor, temporariamente, do seu exercício, por prejudicar um dos filhos ou alguns deles (*Adcoas*, n. 86.112, 1982; STJ, 3ª T., REsp 776.977, rel. Nancy Andrighi, j. 19-9-2006), inclusive pela prática de atos de alienação parental (Lei n. 12.318/2010, arts. 2º e 6º). Nada obsta que haja o retorno paterno ou materno ao exercício do poder familiar, uma vez desaparecida a causa que originou sua suspensão.

Causas da suspensão do poder familiar. Os motivos determinantes da suspensão do poder familiar arrolados no artigo *sub examine* são: *a*) abuso do poder por pai ou mãe; *b*) falta aos deveres maternos ou paternos (*RT*, *518*:130); *c*) dilapidação dos bens do filho (*RT*, *793*:271), pois como administram, esses pais devem atuar com diligência e bom senso; *d*) condenação paterna ou materna por sentença irrecorrível por crime cuja pena (reclusão ou detenção) exceda a dois anos de prisão.

Decretação da suspensão. Competirá ao juiz, mediante requerimento de algum parente do menor ou do Ministério Público, adotar a medida da suspensão do poder familiar, ocorrendo uma das causas legais que a justifique, até quando julgar conveniente à segurança do menor e à preservação de seus bens. Apenas haverá suspensão automática do poder familiar se ocorrer a hipótese arrolada no parágrafo único deste artigo.

BIBLIOGRAFIA: Orlando Gomes, *Direito de família*, cit., p. 421-2; Silvio Rodrigues, *Direito civil*, cit., v. 6, p. 370-2; W. Barros Monteiro, *Curso*, cit., v. 2, p. 285-6; M. Helena Diniz, *Curso*, cit., v. 5, p. 308-9; Levenhagen, *Código Civil*, cit., v. 2, p. 254; Caio M. S. Pereira, *Instituições*, cit., v. 5, p. 291; Pontes de Miranda, *Tratado de direito de família*, cit., § 155.

Art. 1.638. Perderá por ato judicial o poder familiar o pai ou a mãe que:

- *Código Civil, art. 1.635, V.*
- *Código Penal, art. 92, II.*

I — castigar imoderadamente o filho;

- *Código Penal, art. 136,* caput, *e §§ 1º a 3º.*
- *Código de Processo Penal, art. 158, parágrafo único II (com redação de Lei n. 13.721/2018).*
- *Lei n. 13.010/2014.*
- *Lei n. 11.340/2006.*
- *Lei n. 8.069/90, arts. 13, 18-A, 18-B e 70-A.*

II — deixar o filho em abandono;

- *Código Penal, arts. 244 a 246.*

III — praticar atos contrários à moral e aos bons costumes;

- *Código Penal, arts. 214 (revogado pela Lei n. 12.015/2009), 218, 225, parágrafo único, 226, II (com a redação da Lei n. 11.106/2005), 245 e 247.*

- *Perda do poder familiar, quando os pais concorrem para que o menor trabalhe em lugares prejudiciais à moralidade* — vide *art. 437 (revogado pela Lei n. 10.097/2000), parágrafo único, da Consolidação das Leis do Trabalho.*
- Vide *Lei n. 8.069, de 13 de julho de 1990 (Estatuto da Criança e do Adolescente) arts. 23, § 2º, com a redação da Lei n. 12.962/2014, 130, 155 a 163 e 166, §§ 1º a 7º.*
- *Lei n. 12.318/2010, art. 3º (alienação parental).*

IV — incidir, reiteradamente, nas faltas previstas no artigo antecedente;

- *Código Civil, art. 1.637.*
- *Lei n. 12.318/2010, arts. 2º e 6º.*

V – entregar de forma irregular o filho a terceiros para fins de adoção.

- *Acrescentado pela Lei n. 13.509/2017.*

Parágrafo único. Perderá também por ato judicial o poder familiar aquele que:
I – praticar contra outrem igualmente titular do mesmo poder familiar.
a) homicídio, feminicídio ou lesão corporal de natureza grave ou seguida de morte, quando se tratar de crime doloso envolvendo violência doméstica e familiar ou menosprezo ou discriminação à condição de mulher;
b) estupro ou outro crime contra a dignidade sexual sujeito à pena de reclusão;
II – praticar contra filho, filha ou outro descendente:
a) homicídio, feminicídio ou lesão corporal de natureza grave ou seguida de morte, quando se tratar de crime doloso envolvendo violência doméstica e familiar ou menosprezo ou discriminação à condição de mulher;
b) estupro, estupro de vulnerável ou outro crime contra a dignidade sexual sujeito à pena de reclusão.

- *Acrescentado pela Lei n. 13.715/2018.*
- *Código Penal, art. 92, II (com redação da Lei n. 13.715/2018).*
- *Estatuto da Criança e do Adolescente, art. 23, § 2º (acrescentado pela Lei n. 13.715/2018).*

Perda do poder familiar. É uma sanção imposta, por sentença judicial, ao pai ou à mãe que praticar qualquer um dos atos que a justificam (*RF*, *155*:224; *BAASP*, *1.935*:7 e *2.721*:656-14; *JB*, *165*:345; *Ciência Jurídica*, *71*:107, *73*:106 e *74*:375), sendo, em regra, permanente. E por ser medida imperativa abrange toda a prole e não somente um ou alguns filhos.

Enumeração legal dos casos de destituição do poder familiar. Será destituído, por ato judicial (Lei n. 8.069/90, art. 24; *RT*, *169*:650 e *138*:203), o pai ou a mãe que: *a*) castigar imoderadamente o filho menor, tornando-o vítima de maus-tratos (Lei n. 8.069/90, arts. 13, 87, III, e 130; CP, art. 136; *BAASP*, *1.957*:51; *RBDFam*, *17*:133 e 7:134); *b*) deixar o filho menor em abandono moral e/ou material (*RT*, *271*:320, *507*:104, *528*:110, *827*:93 e 421, *826*:335; *JTJ*, *259*:191, *260*:208; Lei n. 8.069/90, arts. 4º, 7º, 22, 23, 53, 55, 87, III e IV, 98, II, e 130), privando-o de meios para sua subsistência (*RT*, *791*:333); saúde e educação (CP, arts. 244 a 246; *RT*, *791*:333); *c*) praticar atos contrários à moral e aos bons costumes, p. ex., usando entorpecentes, transformando o lar em casa de prostituição (*RT*, *872*:213), de práticas obscenas, fazendo com que o menor testemunhe tais atos, sofra abuso de ordem sexual ou seja vítima de corrupção; (CF, art. 227, § 4º; Lei n. 8.069/90, art. 130; *RBDFAM*, *3*:133; TJRS, Ap. Cível 70.019.979.459, 7ª Câm. Cível, rel. Vasconcellos Chaves, j. 18-7-2007; *RT*, *527*:72 e *413*:169) ou, ainda, seja vítima de abuso moral (CC, art. 1.638, III c/c Lei n. 12.318/2010, art. 3º) ou de crime doloso, punido com reclusão, praticado contra ele pelo genitor condenado criminalmente (Lei n. 8.069/90, art. 23, § 2º, com a redação da Lei n. 12.962/2014); *d*) incidir, reiteradamente, no abuso de autoridade, na falta aos deveres maternos e paternos, na dilapidação do patrimônio do filho e na prática de crimes punidos com mais de dois anos de prisão (CC, art. 1.637); *e*) entregar filho a terceiros, irregularmente, para fins de adoção, visto que para tanto, por lei, será imprescindível que haja, uma sentença judicial; *f*) praticar contra outrem titular do mesmo poder familiar (cônjuge ou companheiro): homicídio, feminicídio ou lesão corporal de natureza grave ou seguida de morte, quando se tratar de crime doloso envolvendo violência doméstica e familiar ou menosprezo ou discriminação à condição de mulher, ou até mesmo estupro ou outro crime contra a dignidade sexual, por serem atos ilícitos, punidos, criminalmente, contrários à dignidade humana e à moral familiar, incompatíveis com exercício do poder familiar; *g*) praticar contra filho, filha ou outro descendente: homicídio, feminicídio ou lesão corporal de natureza grave ou seguida de morte, quando se tratar de crime doloso envolvendo violência doméstica e familiar ou menosprezo ou discriminação à condição de mulher ou, ainda, estupro de vulnerável ou outro crime contra a dignidade sexual sujeito à pena de reclusão visto que tais atos, por serem nefandos e aviltantes, não se coadunam com o exercício do poder familiar, por revelar desrespeito e desamor à prole e um violento ataque à moralidade e à paz familiar, imprescindíveis para o pleno desenvolvimento da personalidade da criança e do adolescente.

BIBLIOGRAFIA: Orlando Gomes, *Direito de família*, cit., p. 423; W. Barros Monteiro, *Curso*, cit., v. 2, p. 286-7; Levenhagen, *Código Civil*, cit., v. 2, p. 255; Paulo de Lacerda, *Manual*, cit., v. 6, p. 312-3; Brugi, *Instituciones de derecho civil*, p. 454; M. Helena Diniz, *Curso*, cit., v. 5, p. 310-1; Flávio R. Correia de Almeida, Da revelia na ação de perda ou suspensão de pátrio poder, *Direito de família*, São Paulo, Revista dos Tribunais, 1996, p. 155-75; Ana Lúcia M. de O. Sanseverino, A destituição do pátrio poder e a lei dos registros públicos, *Justitia*, *148*:25; Azapski e Kok, Destituição do pátrio poder, *RDC*, *40*:790; José Raimundo Gomes da Cruz, Destituição do pátrio poder, *RF*, *299*:419; Jones Figueirêdo Alves, Abuso de autoridade ou omissão do dever para a perda do poder familiar — Breves considerações sobre o inc. IV do art. 1.638 do Novo Código Civil, in *Novo Código Civil — questões controvertidas*, São Paulo, Método, 2004, v. 2, p. 111-22.

Título II
Do Direito Patrimonial

Subtítulo I
Do Regime de Bens entre os Cônjuges

• Vide *arts. 1.725 e 2.039 do Código Civil, sobre relações patrimoniais entre conviventes.*

Capítulo I
Disposições Gerais

Art. 1.639. É lícito aos nubentes, antes de celebrado o casamento, estipular, quanto aos seus bens, o que lhes aprouver.

§ 1º O regime de bens entre os cônjuges começa a vigorar desde a data do casamento.

§ 2º É admissível alteração do regime de bens, mediante autorização judicial em pedido motivado de ambos os cônjuges, apurada a procedência das razões invocadas e ressalvados os direitos de terceiros.

• *Código Civil, arts. 1.536, VII, 1.537, 1.564, II, 1.639, 1.640, 1.641, 1.662, 1.668, IV, 108, 1.653 a 1.657, 1.688, 1.725 e 2.039.*

Direito de Família

- *Lei n. 6.015/73, arts. 167, I, n. 12, II, n. 1, e 178, V.*
- Vide *Lei de Introdução às Normas do Direito Brasileiro, art. 7º, §§ 4º e 5º.*
- *Código de Processo Civil, art. 734, §§ 1º a 3º.*
- *Sobre alteração de regime de bens na união estável, Provimentos CNJ n. 141/2023 e 146/2023.*

Pacto antenupcial. O pacto antenupcial (CC, arts. 1.653 a 1.657) é um contrato solene, firmado pelos próprios nubentes habilitados matrimonialmente e, se menores, assistidos pelo representante legal, antes da celebração do ato nupcial, por meio do qual dispõem a respeito da escolha do regime de bens que deverá vigorar entre eles enquanto durar o matrimônio, tendo conteúdo patrimonial, não podendo conter estipulações alusivas às relações pessoais dos consortes (*RJTJSP, 79*:266; *RT, 776*:176). Fácil é perceber que o regime matrimonial de bens está sob a égide do princípio da autonomia da vontade, pois além da escolha do regime, poderão os nubentes estipular, quanto ao patrimônio, o que lhes aprouver, visto que o rol dos regimes não é taxativo, mas exemplificativo. Assim nada obsta, como observa Flávio Tartuce, que venham a criar um regime misto, p. ex. estipulando que: a) os bens móveis adquiridos durante o casamento para serem partilhados requerem a prova da participação do esforço comum e b) os imóveis obtidos onerosamente na constância do matrimônio seguem as normas da comunhão parcial.

Regime matrimonial de bens. O regime matrimonial de bens é o conjunto de normas aplicáveis às relações e interesses econômicos resultantes do casamento, envolvendo questões sobre propriedade, fruição, administração e disponibilidade de bens de ambos os cônjuges ou de cada um deles, desde a celebração do matrimônio até sua dissolução. Consiste, portanto, no estatuto patrimonial dos cônjuges (*RJTJSP, 36*:67). Pelo Enunciado Programático n. 2 do IBDFAM: "A separação de fato põe fim ao regime de bens e importa extinção dos deveres entre cônjuges e entre companheiros".

Início de sua vigência. Por ser o matrimônio o termo inicial do regime de bens, decorre ele da lei ou do pacto antenupcial (CC, arts. 1.653 a 1.657); logo, nenhum regime matrimonial poderá ter início em data anterior ou posterior ao ato nupcial, pois começa, por imposição legal, a vigorar desde a data do casamento.

Mutabilidade justificada do regime adotado. Até a dissolução da sociedade conjugal, pelo Código Civil de 1916, inalterável era o regime adotado; proibida estava, portanto, qualquer alteração do regime matrimonial para dar segurança aos consortes e terceiros (*RT, 485*:167). Todavia, a jurisprudência passou a admitir algumas exceções ao princípio da irrevogabilidade do regime matrimonial, como se pode ver nas decisões exaradas na *RF, 124*:105; *RT, 93*:46; *Adcoas*, n. 90.289, 1983; *RJTJSP, 111*:232, *118*:271; Súmula STF n. 377. O atual Código Civil (art. 1.639, § 2º) veio a acatar a alteração do regime matrimonial adotado (*RT, 836*:292), no curso do casamento, desde que haja autorização judicial, atendendo a um *pedido motivado* de ambos os cônjuges, após verificação da procedência das razões por eles invocadas e da certeza de que tal modificação não causará qualquer gravame a direitos de terceiros, inclusive dos entes públicos, depois da perquirição de inexistência de dívida de qualquer natureza, exigida ampla publicidade (Enunciado n. 113, aprovado na *I Jornada de Direito Civil*, promovida, em setembro de 2002, pelo Centro de Estudos Judiciários do CJF). Enorme será a tarefa judicial, pois, além da análise da procedência, ou não, dos motivos alegados pelo casal, deverá o magistrado, em jurisdição voluntária (CPC, arts. 719 e 734, §§ 1º a 3º e s.), com prudência objetiva, averiguar se, com a concessão da modificação do regime de bens, haverá, ou não, possibilidade de ocorrência de fraude contra credores ou de danos a terceiros. Pode ser a mutabilidade de regime promovida a qualquer tempo, produzindo, em regra, efeito *ex nunc*, ressalvados direitos de terceiro (TJRS, 7ª Câm. Cív., Ap. Cív. 70.006.423.891, rel. Luiz Felipe B. Santos; TJRS, 7ª Câm. Cív., Ap. Cív. 70.019.358.050, rel. Des. Raupp Ruschel, j. 15-8-2007). Euclides de Oliveira não descarta "a possibilidade de pedido de modificação do regime *ex tunc*, cabendo ao juiz examinar, ainda com maior cautela, a proteção dos direitos das partes requerentes e de terceiros interessados, para então decidir, se for o caso, pela autorização de novo regime de bens em caráter retroativo à data da celebração do casamento". Será necessário, não só para evitar insegurança nas negociações imobiliárias feitas pelos cônjuges e prejuízo a direitos de terceiro, mas também para tornar eficaz *erga omnes* a alteração do regime matrimonial, que haja sua averbação no Registro Civil e seu assento na Circunscrição Imobiliária do domicílio dos cônjuges (CC, art. 1.657 c/c a Lei n. 6.015/73, arts. 29, § 1º, *a*, 167, I, n. 12, II, n. 1, 5 e 14) e no Registro Público das Empresas Mercantis (CC, arts. 979 e 980), se um dos consortes for empresário.

Pelo Enunciado n. 260 do Conselho da Justiça Federal (aprovado na *III Jornada de Direito Civil*): "a alteração do regime de bens prevista no § 2º do art. 1.639 do Código Civil também é permitida nos casamentos realizados na vigência da legislação anterior" (no mesmo teor: *JTJ, 287*:47, *293*:63; *RT, 848*:319 e *843*:364; TJSP, 4ª Câm. D. Priv., Ap. Cível s/ Rev. 368.497-4/6, rel. Carlos Stroppa, j. 17-11-2005; *RJ, 329*:127; *JTJRS, 246*:192).

BIBLIOGRAFIA: Ernest Roguin, *Traité de droit civil comparé: le régime matrimonial*, n. 19 e s.; Orlando Gomes, *Direito de família*, cit., p. 195-6; Caio M. S. Pereira, *Instituições*, cit., v. 5, p. 139; Silvio Rodrigues, *Direito civil*, cit., v. 6, p. 167; W. Barros Monteiro, *Curso*, cit., v. 2, p. 143-7; Clóvis Beviláqua, *Direito de família*, § 32; Mazeaud e Mazeaud, *Leçons de droit civil*, cit., v. 1, n. 1.104; Carvalho Santos, *Código Civil brasileiro interpretado*, cit., 1942, v. 4, p. 316; Paulo V. Jacobina, A alteração do regime de bens na constância do casamento, *Revista do Ministério Público do Estado da Bahia, 3*:19-30; Roberto Senise Lisboa, *Manual*, cit., v. 5, p. 61-9; Fábio Maria De Mattia, Estudo comparativo entre o Código Civil e o Projeto de Código Civil de 1975 em matéria de regime de bens entre os cônjuges, *Justitia, 104*:33; Euclides de Oliveira, Alteração do regime de bens no casamento, in *Novo Código Civil*: questões controvertidas (coord. Mário Luiz Delgado e Jones Figueirêdo Alves), São Paulo, Método, 2003, v. 1, p. 388-404; Carlos Taquini, *Regimen di bienes y el matrimonio*, 1990; José Antonio E. Manfré, *Regime matrimonial de bens no novo Código Civil*, São Paulo, Ed. Juarez de Oliveira, 2003; Cesar Asfor Rocha, Direito patrimonial no direito de família, in *O novo Código Civil — estudos em homenagem a Miguel Reale*, São Paulo, LTr, 2003, p. 1319-33; Walter Cruz Swensson, Regime de bens, *RDC, 33*:167; Rolf Madaleno, Do regime de bens entre cônjuges, in *Direito de família e o novo Código Civil*, Belo Horizonte, Del Rey, 2003, p. 191-224; Maria Alice Z. Lotufo, *Curso avançado de direito civil*, São Paulo, Revista dos Tribunais, 2000, v. 5, p. 97; Paulo Luiz Netto Lôbo, *Código Civil comentado* (coord. Villaça), São Paulo, Atlas, 2003, v. 16, p. 231; Clayton Reis, A mudança do regime de bens no casamento em face do novo Código Civil brasileiro, *Revista Brasileira de Direito de Família, 20*:5-19; Débora Vanessa Caús Brandão, *Regime de bens no novo Código Civil*, São Paulo, Saraiva, 2007; Luciano L. Passarelli, modificação do regime de bens no casamento — aspectos gerais e reflexos no patrimônio imobiliário do casal, *Revista IOB de Direito de Família, 46*:98-123; Deise Maria G. Parada, *Regime de bens entre cônjuges*, São Paulo, Quartier Latin, 2008; Flávio Tartuce, *Código das famílias*, cit., p. 339; Fabiana D. Cardoso, *Regime de bens e pacto antenupcial*, Rio de Janeiro, Método, 2010; Carlos A. Dabus Maluf e Adriana C. R. F. Dabus Maluf, Do regime jurídico do casamento — do regime de bens entre os cônjuges, *RIASP, 31*:109-42.

Art. 1.640. Não havendo convenção, ou sendo ela nula ou ineficaz, vigorará, quanto aos bens entre os cônjuges, o regime da comunhão parcial.

- *Código Civil, arts. 1.653, 1.655 1.657 e 1.658 a 1.666.*

Parágrafo único. Poderão os nubentes, no processo de habilitação, optar por qualquer dos regimes que este Código regula. Quanto à forma, reduzir-se-á a termo a opção pela comunhão parcial, fazendo-se o pacto antenupcial por escritura pública, nas demais escolhas.

- *Código Civil, arts. 215, 1.528, 1.639, 1.653, 1.658, 1.667, 1.672 e 1.687.*

Regime legal. Se os noivos não escolherem o regime de bens, deixando de fazer o pacto antenupcial, ou se nula ou ineficaz for a convenção antenupcial (CC, arts. 1.653 e 1.655) por eles feita, vigorará, supletivamente, o *regime de comunhão parcial*, que é um regime misto formado em parte pelo da comunhão universal (quanto ao futuro) e em parte pelo da separação (quanto ao passado), tendo por característica a comunhão dos bens adquiridos na constância do casamento (CC, arts. 1.658 a 1.666).

Liberdade de escolha do regime matrimonial. Os nubentes, no processo de habilitação, têm a liberdade de escolher o regime, dentre os regulados pelo Código Civil, que lhes convier para regulamentar os interesses econômicos decorrentes do casamento, fazendo pacto antenupcial, por meio de escritura pública, se não optarem pelo regime de comunhão parcial de bens, que é o legal. Se o escolherem bastará que se reduza a termo tal opção nos autos do procedimento de habilitação matrimonial. Infere-se daí que o pacto antenupcial, mediante escritura pública, é facultativo, sendo necessário apenas se os nubentes quiserem adotar regime matrimonial diverso do legal. Portanto, o "estatuto patrimonial do casal pode ser definido por escolha de regime de bens distinto daqueles tipificados no Código Civil (art. 1.639 e parágrafo único do art. 1.640), e, para efeito de fiel observância do disposto no art. 1.528 do Código Civil, cumpre certificação a respeito, nos autos do processo de habilitação matrimonial" (Enunciado n. 331 do CJF, aprovado na *IV Jornada de Direito Civil*).

Art. 1.641. É obrigatório o regime da separação de bens no casamento:

- *Súmula 377 do Supremo Tribunal Federal.*

I — das pessoas que o contraírem com inobservância das causas suspensivas da celebração do casamento;

- *Código Civil, arts. 1.523 e 1.524.*

II — da pessoa maior de 70 (setenta) anos;

- *Redação alterada pela Lei n. 12.344, de 9 de dezembro de 2010, por decorrência da aprovação da seguinte sugestão do* ***Projeto de Lei n. 276/2007 (atual PL n. 699/2011):*** *"II — da pessoa maior de setenta anos" (que atualmente perdeu o sentido).*
- *Constituição Federal, art. 5º, I; Lei n. 6.515/77, art. 45.*
- *PL n. 760/2015 visa revogar a obrigatoriedade do regime da separação de bens no casamento de pessoa maior de setenta anos.*

III — de todos os que dependerem, para casar, de suprimento judicial.

- *Código Civil, arts. 977, 1.517, 1.519, 1.634, III, 1.747, I, 1.774 e 1.781.*

Regime obrigatório. Embora os nubentes tenham liberdade na escolha do regime matrimonial de bens, a lei, por precaução ou para puni-los, impõe, em certos casos excepcionais, um regime obrigatório, que é o da separação de bens (*RT*, *561*:70, *691*:194, *542*:184). Assim sendo, será obrigatório o *regime de separação de bens* do casamento: *a*) de todos que dependerem, para casar, de suprimento judicial, em caso de denegação do consenso de representante legal, ou seja, dos sujeitos ao poder familiar, tutela ou curatela, enquanto não obtiverem, ou não lhes for suprido, o consentimento do representante legal (CC, arts. 1.641, III, 1.517, 1.519, 1.634, III,

1.747, I, e 1.774); *b*) do viúvo ou da viúva que tiver filho do cônjuge falecido (*RJTJSP*, *29*:57; *RT*, *554*:147; *RTJ*, *74*:124) enquanto não fizer inventário dos bens do casal e der partilha aos herdeiros (CC, art. 1.523, I; *RJTJSP*, *39*:27; *RT*, *141*:177, *143*:312 e *155*:815; *RF*, *66*:78; *AJ*, *107*:191); *c*) da viúva ou da mulher cujo casamento se desfez por invalidação, até dez meses depois do começo da viuvez, ou da dissolução do vínculo conjugal, salvo se antes de findo esse prazo der à luz um filho ou provar inexistência de gravidez (CC, art. 1.523, II e parágrafo único); *d*) do divorciado, enquanto não houver sido homologada e decidida a partilha dos bens do casal, exceto se se provar a inexistência de dano patrimonial para o ex-cônjuge (CC, art. 1.523, III e parágrafo único); *e*) do tutor ou curador e dos seus descendentes, ascendentes, irmãos, cunhados ou sobrinhos, com a pessoa tutelada ou curatelada, enquanto não cessar a tutela ou curatela, e não estiverem saldadas as contas, salvo se houver comprovação de ausência de qualquer prejuízo para a pessoa tutelada ou curatelada (CC, art. 1.523, IV e parágrafo único); *f*) do maior e da maior de setenta anos; porém, se, nessa hipótese, já se entendia, suceder união estável de mais de dez anos consecutivos ou da qual tenham nascido filhos, os nubentes poderão, pelo art. 45 da Lei n. 6.515/77, escolher livremente o regime matrimonial de bens (*RT*, *832*:212, *802*:358, *784*:235, *783*:280, *133*:190 e *680*:117; *JTJ*, *172*:20; *RF*, *129*:401). Pelo Enunciado n. 261 do Conselho da Justiça Federal, aprovado na *III Jornada de Direito Civil*: "A obrigatoriedade do regime da separação de bens não se aplica a pessoa maior de sessenta anos (hoje 70 anos), quando o casamento for precedido de união estável iniciada antes dessa idade". E pela Súmula 377 do STF comunicam-se os bens obtidos na constância do casamento, inclusive no regime de separação legal de bens, mas nessa hipótese necessário será que a comunicação dos aquestos só se dê se os bens forem adquiridos pelo esforço comum dos cônjuges (*RT*, *395*:147, *542*:184, *459*:205, *691*:194, *846*:256; *RSTJ*, *39*:413; *RF*, *320*:84; *JTJ*, *267*:164), como reconhecimento de uma verdadeira sociedade de fato (*RSTJ*, *39*:413; *RT*, *691*:194; *JTJ*, *238*:525-8).

Esclarece o Enunciado n. 262 do Conselho de Justiça Federal, aprovado na *III Jornada de Direito Civil*: "A obrigatoriedade da separação de bens, nas hipóteses previstas nos incs. I e III do art. 1.641 do Código Civil, não impede a alteração do regime, desde que superada a causa que o impôs".

Pelo Enunciado n. 634 da *VIII Jornada de Direito Civil*: "É lícito aos que se enquadrem no rol de pessoas sujeitas ao regime de separação obrigatória de bens (art. 1.641 do Código Civil) estipular, por pacto antenupcial ou contrato de convivência, o regime da separação de bens, a fim de assegurar os efeitos de tal regime e afastar a incidência da Súmula 377 do STF".

Segundo, entendimento do Supremo Tribunal Federal, as pessoas com mais de 70 anos podem se casar sem separação de bens caso haja expressa manifestação da vontade delas, por meio de escritura pública. O tribunal também decidiu que o mesmo vale para uniões estáveis. Isto é assim porque submeter as pessoas com mais 70 anos a uma obrigatoriedade viola os princípios da dignidade da pessoa humana e da igualdade, por serem maiores e capazes, não sendo justo discriminar idosos, pois, enquanto conservarem suas capacidades mentais, têm o direito de fazer suas escolhas (ARESP 1.309.642-2024).

BIBLIOGRAFIA: M. Helena Diniz, *Curso*, cit., v. 5, p. 116, 126-7; Levenhagen, *Código Civil*, cit., v. 2, p. 130-2; Darcy Arruda Miranda, *Anotações*, cit., v. 1, p. 208; Carlos Alberto Bittar, *Direito de família*, cit., p. 139-40. *Vide*: *RT*, *691*:194; *RSTJ*, *39*:413; e *RF*, *320*:84; Paulo Oriente Franciulli, Comunhão de aquestos no regime de separação legal de bens, *Revista Literária de Direito*, *15*:15-6; Paulo Lins e Silva, O casamento como contrato de adesão e o regime legal da separação de bens, in *Família e Cidadania*, coord. Rodrigo Cunha Pereira, Belo Horizonte, Del Rey, 2002, p. 353-60; Jones Figueiredo Alves, As uniões septuagenárias e a separação absoluta de bens por pacto antenupcial com superação da Súmula 377 do STF, *Manual de direito de família*, coord. Silvio N. Baptista, Recife, Bagaço,

2016, p. 441 e s.; Tiago Angelo, Separações de bens não é obrigatória em casamento de pessoas com mais de 70, *Revista Consultor Jurídico*, Brasília, 1º-2-2024.

Art. 1.642. Qualquer que seja o regime de bens, tanto o marido quanto a mulher podem livremente:

• *Código Civil, arts. 1.643 e 1.647.*

I — praticar todos os atos de disposição e de administração necessários ao desempenho de sua profissão, com as limitações estabelecidas no inciso I do art. 1.647;

• *Código Civil, art. 1.647, I.*

II — administrar os bens próprios;

• *Código Civil, arts. 1.663, § 1º, 1.665 e 1.666.*

III — desobrigar ou reivindicar os imóveis que tenham sido gravados ou alienados sem o seu consentimento ou sem suprimento judicial;

• *Código Civil, arts. 1.645 e 1.646.*

IV — demandar a rescisão dos contratos de fiança e doação, ou a invalidação do aval, realizados pelo outro cônjuge com infração do disposto nos incisos III e IV do art. 1.647;

• *Código Civil, arts. 1.645, 1.646 e 1.647, III e IV.*

V — reivindicar os bens comuns, móveis ou imóveis, doados ou transferidos pelo outro cônjuge ao concubino, desde que provado que os bens não foram adquiridos pelo esforço comum destes, se o casal estiver separado de fato por mais de cinco anos;

• Vide *Código Civil, arts. 550, 1.645 e 1.647, parágrafo único.*

• ***Projeto de Lei n. 699/2011***: *"V — reivindicar os bens comuns, móveis ou imóveis, doados ou transferidos pelo outro cônjuge ao concubino ou ao companheiro, podendo este último provar que os bens foram adquiridos pelo seu esforço;*

..".

VI — praticar todos os atos que não lhes forem vedados expressamente.

• *Constituição Federal, art. 226, § 5º.*

• *Código Civil, art. 1.650.*

• *Código de Processo Civil, arts. 73, § 1º, III, e 674, § 2º, I.*

Atos patrimoniais praticados por cônjuge sem necessidade de outorga do outro. Independente do regime matrimonial de bens adotado, qualquer um dos cônjuges poderá, livremente, sem necessidade da autorização do outro: *a*) praticar todos os atos de disposição e de administração, inerentes ao exercício e à defesa de sua profissão, salvo a alienação ou a imposição de ônus real a bens imóveis, se o regime de bens não for o da separação absoluta de bens (CC, art. 1.647, I). Assim sendo, pode obter crédito sem a outorga marital ou uxória pois seria constrangedor que toda vez que tivesse de efetivar uma abertura de crédito, emitir uma duplicata ou nota promissória ou aceitar uma letra de câmbio, fosse necessário conseguir licença prévia e escrita de seu consorte para tanto, o que poderia até mesmo prejudicá-lo em sua atividade profissional, atrasando a efetivação do ato negocial. Poderá contrair obrigações concernentes à indústria ou à profissão, que pode exercer até mesmo sem autorização de cônjuge ou suprimento judicial. Logo, se for empresário, poderá alugar prédio para instalar fundo de negócio, contratar ou despedir empregados, comprar mercadorias, emitir títulos cambiais, requerer falência, demandar e ser demandado por fatos alusivos ao exercício da atividade empresarial (*RT*, *524*:207, *508*:81 e *516*:214). Assiste-lhe, ainda, o direito de usar de todos os meios necessários, agindo judicialmente, para a defesa do exercício de sua profissão e dos bens adquiridos com seu trabalho, sem que tenha antes de pedir o consentimento marital ou uxório; *b*) administrar os bens próprios, praticando atos de mera administração (arrendamento, locação, contratação de empregado, reparos, realização de benfeitorias); *c*) desobrigar ou reivindicar os imóveis que o outro cônjuge tenha gravado ou alienado sem o seu consenso ou sem suprimento judicial; *d*) demandar a rescisão dos contratos de fiança ou doação, não remuneratória, nem módica, ou de bens comuns, ou ainda de bens da futura meação, feitos pelo outro com infração do disposto no art. 1.647, III e IV, isto é, sem sua autorização; *e*) invalidar aval levado a efeito sem outorga conjugal; *f*) reivindicar os bens comuns, móveis e imóveis, doados ou transferidos pelo outro cônjuge ao concubino ou à concubina, cabendo-lhe demonstrar que os bens não foram adquiridos pelo esforço comum destes, se o casal estiver separado de fato por mais de cinco anos (CC, arts. 1.642, V, e 1.645). O Código Civil, no art. 1.550, estatui, ainda, que a doação do cônjuge adúltero ao seu cúmplice pode ser anulada pelo outro consorte ou por seus herdeiros necessários, até dois anos depois de dissolvida a sociedade conjugal. Tal direito prevalece ainda que a doação se dissimule em venda ou outro contrato (*RF*, *151*:252); e *g*) praticar todos os atos que não lhes forem vedados expressamente, p. ex., pedir alimentos, quando lhe couberem, contratar advogado para ação de separação ou de divórcio.

BIBLIOGRAFIA: M. Helena Diniz, *Curso*, cit., v. 5, p. 145; W. Barros Monteiro, *Curso*, cit., v. 2, p. 138; Levenhagen, *Código Civil*, cit., v. 2, p. 117-8; Clóvis Beviláqua, *Código Civil comentado*, cit., obs. ao art. 248, v. 2; Matiello, *Código*, cit., p. 1073-74.

Art. 1.643. Podem os cônjuges, independentemente de autorização um do outro:

- *Código Civil, art. 1.644.*

I — comprar, ainda a crédito, as coisas necessárias à economia doméstica;

II — obter, por empréstimo, as quantias que a aquisição dessas coisas possa exigir.

- *Constituição Federal, art. 226, § 5º.*
- *Código Civil, arts. 972 e 1.567.*

Dispensa de outorga marital ou uxória para atos necessários à economia doméstica. Poderá qualquer cônjuge, independentemente da autorização do outro: *a*) comprar, ainda que a crédito, coisas necessárias à economia doméstica (*RT*, *397*:217), como gêneros alimentícios e utilidades domésticas, já que a qualquer deles compete dirigir internamente a casa, de conformidade com a situação social e econômica da família (*AJ*, *91*:369); com isso, a lei a dispensa de constantes solicitações ao cônjuge para as despesas do lar; *b*) obter, por empréstimo, as quantias que a aquisição dessas coisas possa exigir (TJRS, Ap. Cív. 70.020.600.573, 12ª Câm. Cív., rel. Orlando Heemann Jr., j. 23-8-2007).

Art. 1.644. As dívidas contraídas para os fins do artigo antecedente obrigam solidariamente ambos os cônjuges.

- *Código Civil, arts. 1.643, I e II, e 275 a 285.*

Solidariedade passiva legal entre cônjuges. Os cônjuges que contraírem dívidas para adquirir bens necessários à economia doméstica (CC, art. 1.643, I e II), responderão por elas solidariamente, podendo o credor de boa-fé acionar qualquer deles para obter o que lhe é devido (CC, arts. 275 a 285). O patrimônio de ambos ficará obrigado, tendo em vista que aqueles atos foram praticados no interesse da família.

BIBLIOGRAFIA: Darcy Arruda Miranda, *Anotações*, cit., v. 1, p. 204; Levenhagen, *Código Civil*, cit., v. 2, p. 121; Clóvis Beviláqua, *Código Civil comentado*, cit., obs. ao art. 254, v. 2; Carvalho Santos, *Código Civil brasileiro interpretado*, cit., obs. ao art. 254, v. 4.

Art. 1.645. As ações fundadas nos incisos III, IV e V do art. 1.642 competem ao cônjuge prejudicado e a seus herdeiros.

- *Constituição Federal, art. 226, § 5º.*
- *Código Civil, arts. 1.642, III, IV e V, 1.646 e 1.649.*

Legitimidade para demandar as ações fundadas no art. 1.642, III, IV e V. Competirá ao cônjuge prejudicado ou a seus herdeiros promover as ações para: *a*) desobrigar ou reivindicar os imóveis do casal que o consorte vendeu ou gravou de ônus reais ou alienou sem a devida outorga ou suprimento judicial dessa autorização; *b*) anular a fiança ou o aval feito sem anuência conjugal, não sendo o regime de separação absoluta, ou doações não remuneratórias nem módicas feitas pelo outro consorte; *c*) reivindicar os bens comuns, móveis ou imóveis, doados a concubino do outro cônjuge.

A anulabilidade do ato praticado sem a devida anuência do cônjuge ou sem o suprimento judicial dessa autorização, com o escopo de restabelecer o patrimônio desfalcado, apenas poderá ser demandada pelo consorte prejudicado ou que negou o consentimento ou por seus herdeiros, se vier a falecer. A nulidade relativa somente poderá ser pleiteada dentro do prazo de dois anos previsto nos arts. 1.649 e 550 do Código Civil (CPC, art. 110; *RT*, *505*:237, *689*:234 e *703*:154; *RSTJ*, *107*:241). Com a anulação reintegra-se o bem ao patrimônio do casal.

BIBLIOGRAFIA: M. Helena Diniz, *Curso*, cit., v. 5, p. 144; Levenhagen, *Código Civil*, cit., v. 2, p. 105; Darcy Arruda Miranda, *Anotações*, cit., v. 1, p. 194-5.

Art. 1.646. No caso dos incisos III e IV do art. 1.642, o terceiro, prejudicado com a sentença favorável ao autor, terá direito regressivo contra o cônjuge, que realizou o negócio jurídico, ou seus herdeiros.

- *Constituição Federal, art. 226, § 5º.*
- *Código Civil, arts. 1.642, III e IV, e 1.645.*
- *Código de Processo Civil, art. 125, II.*

Direito regressivo de terceiro. Terceiro, lesado com a decisão favorável ao autor, que demandou anulabilidade de venda de imóvel, de constituição de anticrese ou de hipoteca, invalidação de aval ou rescisão de contrato de fiança ou doação, por terem sido tais atos praticados pelo seu cônjuge sem sua outorga, ou sem suprimento judicial, terá direito de regresso contra o consorte faltoso ou, se já falecido, seus herdeiros, para ressarcir-se dos danos sofridos, devidamente comprovados, e recuperar os valores despendidos.

Exceção à composição de prejuízo causado pela anulação de doação ilícita. A concubina ou concubino que se beneficiou com a doação que pessoa casada lhe fez e que foi anulada não terá direito à indenização do dano sofrido, devido à imoralidade de que se impregna a aquisição do bem doado, que se deu em razão de uma relação amorosa adúltera, contrária aos interesses da família por ser fator de sua desintegração. Como ninguém pode invocar em juízo a própria torpeza, não terá a concubina, ou o concubino, direito regressivo contra seu amante ou seus herdeiros.

BIBLIOGRAFIA: W. Barros Monteiro, *Curso*, cit., v. 2, p. 138; M. Helena Diniz, *Curso*, cit., v. 5, p. 145; Levenhagen, *Código Civil*, cit., v. 2, p. 118-9; Clóvis Beviláqua, *Código Civil comentado*, cit., obs. ao art. 250, v. 2.

Art. 1.647. Ressalvado o disposto no art. 1.648, nenhum dos cônjuges pode, sem autorização do outro, exceto no regime da separação absoluta:

I — alienar ou gravar de ônus real os bens imóveis;

- *Código Civil, arts. 220, 498, 499, 533, II, 538, 108, 496, 978, 1.420, 1.438, 1.649, 1.650, 1.642, III, 1.668, I, II e IV, 1.687, 1.659, I e II, 1.645 e 1.646.*
- *Decreto-Lei n. 58, de 10 de dezembro de 1937, art. 11, § 2º; Lei n. 6.766, de 19 de dezembro de 1979, art. 18, VII e § 3º; Decreto-Lei n. 70, de 21 de novembro de 1966, art. 17, § 2º.*
- *Código de Processo Civil, art. 73, § 3º.*
- *Lei n. 11.101/2005, art. 142.*
- *Lei n. 11.977/2009, art. 73-A.*

II — pleitear, como autor ou réu, acerca desses bens ou direitos;

- *Código de Processo Civil, art. 73, §§ 1º e 2º, c/c o art. 76.*

III — prestar fiança ou aval;

- *Código Civil, arts. 818, 1.642, IV, 1.645 e 1.646.*
- *Súmula 332 do Superior Tribunal de Justiça.*

IV — fazer doação, não sendo remuneratória, de bens comuns, ou dos que possam integrar futura meação.

- *Código Civil, arts. 544, 550, 1.642, III e IV, 1.645, 1.646 e 1.675.*

Parágrafo único. São válidas as doações nupciais feitas aos filhos quando casarem ou estabelecerem economia separada.

- *O penhor agrícola e o pecuário independem de outorga uxória ou marital* — Vide *art. 11, parágrafo único, da Lei n. 492, de 30 de agosto de 1937, que dispõe sobre o penhor rural, Código Civil, arts. 1.438 e s.*
- *Suprimento judicial da autorização marital ou outorga uxória* — Vide *art. 74 do Código de Processo Civil.*
- *Invalidade do processo por falta da outorga marital ou uxória* — Vide *art. 74, parágrafo único, do Código de Processo Civil.*
- *Nos processos de desapropriação a citação de um cônjuge dispensa a do outro* — Vide *Decreto-Lei n. 3.365, de 21 de junho de 1941, art. 16.*
- *A emissão e o endosso da célula hipotecária dispensam a outorga marital ou uxória* — Vide *§ 2º do art. 17 do Decreto-Lei n. 70, de 21 de novembro de 1966.*
- *Lei n. 8.245/91, art. 3º.*
- Vide *Constituição Federal, arts. 5º, I, e 226, § 5º.*
- Vide *Lei n. 11.977/2009, alterada pela Lei n. 12.424/2011 e Lei n. 12.695/2012, art. 73-A, que reza: "Excetuados os casos que envolvem recursos do FGTS, os contratos em que o beneficiário final seja mulher chefe de família, no âmbito do NPMCMV (Lei n. 14.620/2023) ou em programas de regularização fundiária de interesse social promovidos pela União, Estados, Distrito Federal ou Municípios, poderão ser firmados independentemente da outorga do cônjuge, afastada a aplicação do disposto nos arts. 1.647 a 1.649 da Lei n. 10.406, de 10 de janeiro de 2002 — Código Civil".*

Restrições ao poder de administração do casal. Para preservar o patrimônio familiar, a lei impõe limitações ao poder de administração do casal, exigindo que, para a prática de certos atos, se obtenha a outorga marital ou uxória, sem a qual não estará legitimado para efetivá-los, salvo se o regime matrimonial for o de separação absoluta de bens.

Atos que requerem outorga uxória ou autorização marital. Independentemente do regime de bens, exceto o de separação absoluta (convencional ou obrigatória), nenhum dos cônjuges poderá, sem a autorização escrita e expressa do outro: *a*) *alienar ou gravar de ônus real os bens imóveis*, devendo o consenso constar de instrumento público (CC, art. 108), isso porque os imóveis podem assegurar uma renda para a mantença da família ou proporcionar abrigo na desventura (*RT*, *239*:495, *306*:771, *166*:646, *455*:73, *476*:103, *494*:138, *506*:253, *135*:437 e *110*:65; *JB*, *156*:112), mas, pelo art. 978 do Código Civil, o empresário casado poderá, sem necessidade de outorga conjugal, qualquer que seja o regime de bens, alienar os imóveis que integrarem o patrimônio da empresa ou gravá-los de ônus real. Convém deixar claro que "no regime da comunhão parcial de bens é sempre indispensável a autorização do cônjuge, ou seu suprimento judicial, para atos de disposição sobre bens imóveis" (Enunciado n. 340 do CJF, aprovado na *IV Jornada de Direito Civil*); *b*) *pleitear, como autor ou réu, acerca desses bens ou direitos reais imobiliários*, devendo conseguir a anuência mediante procuração, sob pena de anulabilidade (*RT*, *505*:237, *187*:678, *235*:442, *306*:228, *491*:71, *468*:83 e *518*:107; *JTACSP*, *79*:233); *c*) *prestar fiança* (*RT*, *806*:213, *803*:266, *799*:387, *779*:320, *784*:301, *788*:411, *689*:234; TJSP, Ap. Civ. c/ Rev. 1.176.352-0, 28ª Câm. D. Priv., rel. Júlio Vidal, j. 29-7-2008; TJSP, Ap. Cív. 922.110-0-1, rel. Júlio Vidal, j. 3-7-2007; *RJTJRS*, *254*:294), sendo que, pela Súmula 332 do STJ, a "fiança prestada sem autorização de um dos cônjuges implica a ineficácia total da garantia", *ou aval*, pois este anulável será sem o consenso do outro cônjuge (*RT*, *518*:225, *527*:229, *530*:133, *721*:185, *718*:179, *733*:261, *784*:301 e *799*:320; *RTJ*, *56*:512; TJSP, 13ª Câm. D. Priv. Ap. 7.193.547-6, rel. Irineu Fava, j. 16-4-2008; STJ, REsp 1.163.074-PB, rel. Min. Massami Uyeda, j. 15-12-2009), contudo, pelo Enunciado n. 114 (aprovado na *I Jornada de direito civil*, promovida, em setembro de 2002, pelo Centro de Estudos Judiciários do CJF), "o aval não pode ser anulado por falta de vênia conjugal, de modo que o inciso III do art. 1.647 apenas caracteriza a inoponibilidade do título ao cônjuge que não assentiu"; *d*) *fazer doação, não sendo remuneratória, com os bens comuns ou dos que possam integrar a futura meação*; logo, as doações remuneratórias, por não lesarem o patrimônio da família, poderão ser levadas a efeito sem a anuência do cônjuge.

Forma da autorização conjugal. A autorização, exigida por lei, de um cônjuge a outro para a prática de determinados atos deverá ser escrita e expressa e referir-se a imóvel; imprescindível será que seja dada por meio de instrumento público. Tal autorização deverá especificar a natureza, o objeto e o número dos atos consentidos. Se se tratar de bem móvel, bastará um instrumento particular autenticado.

BIBLIOGRAFIA: Silvio Rodrigues, *Direito civil*, cit., v. 6, p. 142-3 e 153-4; W. Barros Monteiro, *Curso*, cit., v. 2, p. 120-5; Clóvis Beviláqua, *Código Civil comentado*, cit., obs. 1 ao art. 235; Orlando Gomes, *Direito de família*, cit., p. 164; Caio M. S. Pereira, *Instituições*, cit., v. 5, p. 129; M. Helena Diniz, *Curso*, cit., v. 5, p. 140-3; Débora Gozzo, Assentimento de terceiro e negócio jurídico: análise comparativa entre os direitos brasileiro e alemão, *Revista do IASP, 20*:66-79.

Doações "propter nuptias" ou as feitas a filhos para se estabelecerem. Tanto as doações *propter nuptias* de bens móveis, feitas às filhas e filhos por ocasião de seu casamento, como as realizadas para que eles possam estabelecer-se com economia separada não requerem o consenso do outro consorte (*Adcoas*, n. 73.011, 1980, TJRJ). Tais doações unilaterais feitas pelo marido ou pela mulher apenas poderão sair de sua metade disponível para que tenham validade, pois se a exceder ter-se-á adiantamento da legítima. As doações *propter nuptias* deverão constar do pacto antenupcial ou de qualquer outro instrumento público, desde que anterior ao ato nupcial.

BIBLIOGRAFIA: Levenhagen, *Código Civil*, cit., v. 2, p. 103-4; João Luís Alves, *Código Civil*, v. 1, p. 266; M. Helena Diniz, *Curso*, cit., v. 5, p. 142; Luís Paulo Cotrim Guimarães, *Negócio jurídico sem outorga do cônjuge ou convivente*, São Paulo, Revista dos Tribunais, 2003.

Art. 1.648. Cabe ao juiz, nos casos do artigo antecedente, suprir a outorga, quando um dos cônjuges a denegue sem motivo justo, ou lhe seja impossível concedê-la.

- *Código Civil, arts. 1.567, parágrafo único, e 1.570.*
- Vide *Código de Processo Civil, arts. 74, parágrafo único, e 719 a 724.*
- Vide *Constituição Federal, art. 226, § 5º.*

Suprimento judicial da outorga uxória ou marital. Se um dos cônjuges injustamente negar o consentimento ou não o puder dar, em razão de ausência, interdição etc., o outro, para que possa praticar os atos arrolados no art. 1.647, deverá requerer o suprimento judicial da autorização, que, sendo concedido mediante alvará, validará os atos impugnados pelo consorte ou praticados sem sua anuência (*RJTJSP, 134*:229; *JTJ, 134*:229).

BIBLIOGRAFIA: M. Helena Diniz, *Curso*, cit., v. 5, p. 143-4; Clóvis Beviláqua, *Código Civil comentado*, cit., obs. ao art. 237, v. 2; Carvalho Santos, *Código Civil brasileiro interpretado*, cit., obs. ao art. 237, v. 4; Rolf Madaleno, *Novas perspectivas do direito de família*, Porto Alegre, 2000, p. 101-10.

Efeitos do suprimento judicial da outorga conjugal. Se o magistrado entender justa a recusa do cônjuge (*RT, 163*:219, *107*:79, *159*:797, *164*:641 e *145*:316), não concederá o suprimento de sua autorização, mas, se julgar que foi abusiva, arbitrária ou injusta, admitirá esse suprimento, que, então, validará os atos praticados pelo outro e autorizará a sua efetivação.

BIBLIOGRAFIA: Levenhagem, *Código Civil*, cit., v. 2, p. 104; Clóvis Beviláqua, *Código Civil comentado*, cit., v. 2, p. 158; W. Barros Monteiro, *Curso*, cit., v. 2, p. 127; Orlando Gomes, *Direito de família*, cit., p. 165; Vicente Ráo, *Direito da mulher casada sobre o produto de seu trabalho*, p. 122; M. Helena Diniz, *Curso*, cit., v. 5, p. 144.

Art. 1.649. A falta de autorização, não suprida pelo juiz, quando necessária (art. 1.647), tornará anulável o ato praticado, podendo o outro cônjuge pleitear-lhe a anulação, até dois anos depois de terminada a sociedade conjugal.

Parágrafo único. A aprovação torna válido o ato, desde que feita por instrumento público, ou particular, autenticado.

- *Código Civil, arts. 1.647, 1.648, 1.642, III, IV, V, 1.645, 1.646 e 1.650.*
- *Constituição Federal, art. 226, § 5º.*
- *Código de Processo Civil, art. 74, parágrafo único.*
- Vide *Lei n. 11.977/2009, art. 73-A, acrescentado pela Lei n. 12.424/2011 e alterado pela Lei n. 12.695/2012.*

Anulação de ato praticado sem outorga uxória ou marital ou sem seu suprimento judicial. Se o cônjuge vier a praticar um dos atos especificados no art. 1.647, sem obter a outorga do outro ou o suprimento judicial dessa autorização (CC, art. 1.648), ter-se-á sua anulação por sentença judicial, proferida em ação própria, pelo consorte lesado ou pelos seus herdeiros. Tal sentença terá eficácia *ex nunc*; respeitar-se-ão os efeitos já produzidos pelo ato anulado. As coisas deverão retornar, na medida do possível, ao estado anterior ao ato que foi anulado, e o consorte que deu causa a essa anulação, por ter excedido aos seus poderes, deverá responder, individualmente, pelos danos causados àquele com quem ilegalmente veio a efetivar o negócio.

Prazo decadencial para anulação de ato por falta de autorização conjugal ou de suprimento de juiz. O cônjuge prejudicado, ou seu herdeiro, com a prática de atos, arrolados no art. 1.647 do Código Civil, sem a devida outorga ou suprimento judicial, terá dois anos para anulá-los, contados do término da sociedade conjugal (*RT*, *505*:237), provocado por morte, separação (judicial ou extrajudicial) ou divórcio. Se tal prazo transcorrer *in albis*, o negócio viciado convalescer-se-á.

Aprovação posterior do cônjuge. Se o consorte vier, por meio de instrumento público ou particular devidamente autenticado, com firma reconhecida e registrado no Cartório de Títulos e Documentos, a aprovar o ato praticado pelo outro sem seu consenso, este revalidar-se-á, uma vez que desaparecerá o vício que o maculava. Essa ratificação poderá dar-se antes da anulação do ato negocial por sentença transitada em julgado e antes do decurso do prazo decadencial para sua anulação, pois, nesta última hipótese, escoando o prazo *in albis*, desnecessária seria aquela ratificação, visto que o negócio, ante a inércia do consorte prejudicado, ou de seus herdeiros, revalidar-se-ia, passando, então, a irradiar efeitos jurídicos inatacáveis.

BIBLIOGRAFIA: Levenhagen, *Código Civil*, cit., v. 2, p. 120; M. Helena Diniz, *Curso*, cit., v. 5, p. 143; Darcy Arruda Miranda, *Anotações*, cit., v. 1, p. 204; Clóvis Beviláqua, *Código Civil comentado*, cit., obs. ao art. 252, v. 2; Matiello, *Código Civil*, cit., p. 1079.

Art. 1.650. A decretação de invalidade dos atos praticados sem outorga, sem consentimento, ou sem suprimento do juiz, só poderá ser demandada pelo cônjuge a quem cabia concedê-la, ou por seus herdeiros.

- *Código Civil, arts. 1.642, III, IV, V, 1.645, 1.646, 1.647, I a IV, 1.648 e 1.649.*
- *Constituição Federal, art. 226, § 5º.*
- *Código de Processo Civil, arts. 17 e 485, VI.*

Legitimidade ativa para invalidar ato praticado sem outorga conjugal ou sem suprimento judicial. Apenas o cônjuge, a quem cabia conceder a outorga para a prática dos atos enumerados no art. 1.647 do Código Civil, ou, se já falecido, seus herdeiros poderão pleitear a decretação judicial de invalidade dos negócios efetivados pelo outro consorte sem a devida autorização ou sem suprimento do juiz, dentro do prazo decadencial de dois anos, contados do término da sociedade conjugal (CC, art. 1.649; TJRS, Recurso Cível 71.001.183.201, 3ª T., rel. Facchini Neto, j. 24-4-2007; STJ, REsp 772.419, 5ª T., rel. Min. Esteves Lima, j. 16-3-2006; *BAASP*, *2653*:1759-09).

Art. 1.651. Quando um dos cônjuges não puder exercer a administração dos bens que lhe incumbe, segundo o regime de bens, caberá ao outro:

- *Código Civil, arts. 25, 1.570 e 1.775.*

I — gerir os bens comuns e os do consorte;

- *Código Civil, art. 1.652.*

II — alienar os bens móveis comuns;

III — alienar os imóveis comuns e os móveis ou imóveis do consorte, mediante autorização judicial.

- *Código Civil, arts. 1.567, 1.670, 1.775 e 1.783.*
- *Constituição Federal, art. 226, § 5º.*

Funções administrativas de um dos cônjuges em razão de impossibilidade do outro. O regime matrimonial de bens, ou o pacto antenupcial firmado, determinará as funções atinentes à administração de bens comuns ou particulares. Se, p. ex., o regime for o da comunhão universal, ambos poderão administrar o patrimônio comum; se for o da separação absoluta, cada um é responsável pela gestão do que lhe pertence. Como a relação conjugal é pactuada pelo dever de mútua assistência, ocorrendo incapacidade, ou impedimento, de um deles, impossibilitando o exercício da administração dos bens, conforme o disposto em lei para cada regime de bens, o outro assumirá sozinho tal gestão. Aquele cônjuge que vier a administrar o lar, quando o outro, em razão de interdição, prisão ou ausência, por exemplo, não puder exercer a administração dos bens que lhe incumbe, segundo o regime matrimonial, deverá: *a*) gerir os bens comuns e os do consorte, praticando atos de mera administração; *b*) alienar os bens móveis comuns (JTJ, *191*:147); *c*) dispor não só dos imóveis comuns, mas também dos móveis ou imóveis do cônjuge, desde que haja autorização do juiz, por via de justificação, dispensando-se a formalidade da venda em hasta pública.

Art. 1.652. O cônjuge, que estiver na posse dos bens particulares do outro, será para com este e seus herdeiros responsável:

- *Código Civil, arts. 1.659, 1.668 e 1.783.*

I — como usufrutuário, se o rendimento for comum;

- *Código Civil, arts. 1.391, 1.400 a 1.409 e 1.660, V.*

II — como procurador, se tiver mandato expresso ou tácito para os administrar;

- *Código Civil, arts. 663 e 667 a 674.*

III — como depositário, se não for usufrutuário, nem administrador.

- *Código Civil, arts. 627 a 652, 1.659, I, e 1.687.*
- *Constituição Federal, arts. 5º, LXVII, e 226, § 5º.*

Responsabilidade de um cônjuge em relação aos bens do outro. Na vigência da sociedade conjugal, o que estiver na posse dos bens particulares do outro cônjuge será responsável para com ele e seus herdeiros como: *a*) usufrutuário, se o rendimento for comum, em virtude do regime de bens, como o da comunhão parcial, devendo zelar, nessa qualidade, pela conservação da coisa frutuária, dela retirando os frutos que lhe pertencem, entregando o remanescente a quem de direito; *b*) procurador, se tiver mandato, expresso ou tácito, para administrar os bens que lhe foram confiados, devendo prestar contas e responder pelas perdas e danos, que vier a causar; *c*) depositário, se não for usufrutuário nem administrador, devendo, então, zelar pelo bom estado dos bens, não podendo usá-los nem deles retirar os frutos; tendo o dever de restituir os bens, quando reclamados pelo consorte, com todos os frutos e acrescidos, respondendo, ainda, pelos danos que vier a causar, por negligência, na conservação desses bens.

BIBLIOGRAFIA: Levenhagen, *Código Civil*, cit., v. 2, p. 133-4; M. Helena Diniz, *Curso*, cit., v. 5, p. 129-30; Clóvis Beviláqua, *Código Civil comentado*, cit., obs. ao art. 260, v. 2.

CAPÍTULO II
DO PACTO ANTENUPCIAL

Art. 1.653. É nulo o pacto antenupcial se não for feito por escritura pública, e ineficaz se não lhe seguir o casamento.

- *Código Civil, arts. 1.536, VII, 1.537, 1.564, II, 1.657, 1.668, IV, 1.688, 1.635, 1.639, 1.640, parágrafo único, 215, 108 e 166, IV.*
- *Lei n. 6.015/73, arts. 167, I, n. 12, II, n. 1 e 178, V.*

Hipótese de nulidade e de ineficácia do pacto antenupcial. Pacto antenupcial, segundo Silvio Rodrigues, "é um contrato solene, realizado antes do casamento, por meio do qual as partes dispõem sobre o regime de bens que vigorará entre elas desde a data do matrimônio". Será nulo o pacto antenupcial se as partes (nubentes ou procurador regularmente constituído) não o fizerem por meio de escritura pública (*RJTJSP, 132*:53-5; TJRS, Ap. Cível 70.018.847.160, 7ª Câm., rel. Raupp Ruschel, j. 13-6-2007). A convenção antenupcial é solene, não podendo ser estipulada por instrumento particular ou no termo que se lavra logo depois de celebrado o casamento. Se nulo for, vigorará o regime legal, ou seja, o da comunhão parcial de bens. Será ineficaz, se o casamento não lhe seguir; uma vez que tem por finalidade disciplinar o regime de bens durante o matrimônio, sua eficácia subordinar-se-á ocorrência das núpcias. Com a celebração das núpcias, o pacto antenupcial válido passará a produzir efeitos jurídicos.

BIBLIOGRAFIA: Silvio Rodrigues, *Direito civil*, cit., v. 6, p. 167-8; Caio M. S. Pereira, *Instituições*, cit., v. 5, p. 143-5; W. Barros Monteiro, *Curso*, cit., v. 2, p. 148; Ação ordinária de anulação de pacto antenupcial: Comunhão universal — cônjuge maior de 50 anos: casamento precedido de concubinato, *Ciência Jurídica, 13*:239; Maércio F. de Abreu Sampaio, Nulidade de pacto antenupcial, *RDC, 47*:164; Ruggiero e Maroi, *Istituzioni di diritto privato*, § 57; Orlando Gomes, *Direito de família*, cit., p. 199-200; M. Helena Diniz, *Curso*, cit., v. 5, p. 114-5; Débora Gozzo, *Pacto antenupcial*, São Paulo, Saraiva, 1992; Sebastião José Roque, *Direito de família*, cit., p. 101-12; Anna Luiza A. Ferreira, Pacto antenupcial, *Revista IOB de Direito de Família, 45*:7-16; Gisele Leite, A importância do pacto antenupcial, *Revista IOB de Direito de Família, 45*:17-20.

Art. 1.654. A eficácia do pacto antenupcial, realizado por menor, fica condicionada à aprovação de seu representante legal, salvo as hipóteses de regime obrigatório de separação de bens.

- *Código Civil, arts. 1.688, 1.687, 1.641, III, e 1.517 a 1.520.*

Eficácia do pacto antenupcial feito por nubente menor. Se o nubente for menor com idade entre 16 e 18 anos, o pacto antenupcial por ele feito apenas terá eficácia jurídica se for aprovado pelo seu representante legal, exceto nos casos em que o regime de separação de bens for obrigatório. O representante legal deverá, portanto, assistir o menor no ato da lavratura do pacto antenupcial. Essa intervenção do representante legal apenas poderá dar-se a título de aprovação.

Art. 1.655. É nula a convenção ou cláusula dela que contravenha disposição absoluta de lei.

Nulidade de convenção antenupcial. Considerar-se-á nula a convenção antenupcial ou cláusula nela contida que contrarie preceitos de ordem pública ou disposição absoluta de lei, como, p. ex., a que estabelecer que o marido, mesmo que o regime de bens não seja o da separação, pode vender imóveis sem outorga uxória (*RT*, *166*:646), a que permitir a alteração da ordem de vocação hereditária, a que ajustar a comunhão de bens, quando o casamento só podia realizar-se pelo regime obrigatório da separação de bens (TJRJ, Ap. Cív. 2004.001.09014, 3ª Câm. Cív., rel. Antonio F. Duarte, j. 26-10-2004), a que impuser condições para o reconhecimento de filho etc.

Pelo Enunciado n. 635 da *VIII Jornada de Direito Civil*: "O pacto antenupcial e o contrato de convivência podem conter cláusulas existenciais, desde que estas não violem os princípios da dignidade da pessoa humana, da igualdade entre os cônjuges e da solidariedade familiar".

BIBLIOGRAFIA: W. Barros Monteiro, *Curso*, cit., v. 2, p. 151; Silvio Rodrigues, *Direito civil*, cit., v. 6, p. 169-70; M. Helena Diniz, *Curso*, cit., v. 5, p. 115; Levenhagen, *Código Civil*, cit., v. 2, p. 129-30.

Art. 1.656. No pacto antenupcial, que adotar o regime de participação final nos aquestos, poder-se-á convencionar a livre disposição dos bens imóveis, desde que particulares.

- *Código Civil, arts. 1.639, 1.672 a 1.686.*

Convenção antenupcial sobre a livre disposição de imóveis. O nubente, que optar pelo regime de participação final nos aquestos (CC, arts. 1.672 a 1.686), poderá, se quiser, inserir, no pacto antenupcial, cláusula admitindo a livre disposição de bens imóveis, desde que sejam particulares do alienante. Hipótese em que dispensada está a outorga conjugal.

Art. 1.657. As convenções antenupciais não terão efeito perante terceiros senão depois de registradas, em livro especial, pelo oficial do Registro de Imóveis do domicílio dos cônjuges.

- Vide *Lei n. 6.015, de 31 de dezembro de 1973 (Registros Públicos), arts. 167, I, n. 12, e II, n. 1, 178, V, 244* e *245.*
- Vide *Código Civil, art. 979.*

Efeito "erga omnes" dos pactos antenupciais. As convenções antenupciais serão válidas se feitas por escritura pública (CC, art. 108), mas, para valerem perante terceiros, deverão ser assentadas e averbadas, em livro especial após o matrimônio, no Registro de Imóveis do domicílio dos cônjuges, pois somente assim terão publicidade e serão conhecidas de terceiros (Lei n. 6.015/73, art. 167, I, n. 12, e II, n. 1; CC, art. 1.657). E se o nubente for empresário, tal pacto deverá ser ainda arquivado e averbado no Registro Público de Empresas Mercantis. Será preciso deixar bem claro que a falta desse assento não tornará nula a convenção antenupcial, que subsistirá entre os consortes e seus herdeiros, embora não tenha validade *erga omnes* (*RT*, *475*:208, *783*:255), ou seja, não será inválida, apenas não se oporá a terceiros, pois só operará contra todos a partir do mencionado registro.

BIBLIOGRAFIA: W. Barros Monteiro, *Curso*, cit., v. 2, p. 153-4; Enneccerus, Kipp e Wolff, *Tratado de derecho civil*; derecho de familia, § 42; Jemolo, *Il matrimonio*, cit., p. 475; Levenhagen, *Código Civil*, cit., v. 2, p. 128-9 e 134-5; M. Helena Diniz, *Curso*, cit., v. 5, p. 114-5; *Sistemas de registros de imóveis*, São Paulo, Saraiva, 1992, p. 170-2 e 385.

CAPÍTULO III

DO REGIME DE COMUNHÃO PARCIAL

Art. 1.658. No regime de comunhão parcial, comunicam-se os bens que sobrevierem ao casal, na constância do casamento, com as exceções dos artigos seguintes.

• *Código Civil, arts. 1.640, 1.659, 1.661, 1666 e 1.725.*

Regime da comunhão parcial de bens. Prevalecerá, segundo a lei, na falta ou nulidade do pacto antenupcial, o regime da comunhão parcial de bens, que exclui da comunhão os bens que os consortes possuem ao casar ou que venham a adquirir por causa anterior e alheia ao casamento, e que inclui na comunhão os bens adquiridos posteriormente. Esse regime caracterizar-se-á pela coexistência de três patrimônios: o comum, o pessoal do marido e o pessoal da mulher (*RJTJSP*, *62*:291 e *75*:147; *JB*, *152*:282; *Ciência Jurídica*, *14*:155; TJMG, Ap. Cív. 1.0271.02.014360-5/001, rel. Eduardo Andrade, 1ª Câm. Cível, j. 24-1-2006).

Art. 1.659. Excluem-se da comunhão:

I — os bens que cada cônjuge possuir ao casar, e os que lhe sobrevierem, na constância do casamento, por doação ou sucessão, e os sub-rogados em seu lugar;

II — os bens adquiridos com valores exclusivamente pertencentes a um dos cônjuges em sub-rogação dos bens particulares;

• *Código Civil, art. 1.660, I.*

III — as obrigações anteriores ao casamento;

• *Código Civil, arts. 1.661 e 1.668, III.*

IV — as obrigações provenientes de atos ilícitos, salvo reversão em proveito do casal;

• *Código Civil, art. 942.*

• *Súmula 251 do Superior Tribunal de Justiça.*

V — os bens de uso pessoal, os livros e instrumentos de profissão;

• *Código Civil, art. 1.668, V.*

VI — os proventos do trabalho pessoal de cada cônjuge;

• *Código Civil, art. 1.668, V.*

VII — as pensões, meios-soldos, montepios e outras rendas semelhantes.

• *Código Civil, art. 1.668, V.*

• *Lei n. 9.610/98, art. 39.*

• *Súmula 49 do Supremo Tribunal Federal.*

• *Código de Processo Civil, art. 833, IV.*

• ***Projeto de Lei n. 699/2011***: *"I — os bens que cada cônjuge possuir ao casar, e os que lhe sobrevierem, na constância do casamento, por doação ou sucessão, e os sub-rogados em seu lugar;*

II — os bens adquiridos com valores exclusivamente pertencentes a um dos cônjuges em sub-rogação dos bens particulares;

III — as obrigações anteriores ao casamento;

IV — as obrigações provenientes de atos ilícitos, salvo reversão em proveito do casal;

V — os bens de uso pessoal, os livros e instrumentos de profissão;

VI — as pensões, meios-soldos, montepios e outras rendas semelhantes".

Bens incomunicáveis. No regime de comunhão parcial, não se comunicam e constituem o patrimônio pessoal da mulher ou do marido: *a*) os *bens que cada cônjuge possuir ao se casar* e os *que receber*, na *constância do casamento*, em razão *de doação ou sucessão* (*RT*, *271*:399), e *os sub-rogados em seu lugar*; *b*) os *bens adquiridos com valores exclusivamente pertencentes a um dos cônjuges*, em sub-rogação dos bens particulares (*RT*, *694*:70, *174*:219). Assim, se um dos consortes antes do casamento tinha um terreno, vendendo-o durante a vigência do matrimônio, a coisa que vier a adquirir com o produto da mencionada venda pertencer-lhe-á exclusivamente, tendo-se uma sub-rogação real; *c*) as obrigações anteriores ao matrimônio (*RT*, *794*:277); *d*) as *obrigações decorrentes da prática de ato ilícito por um dos consortes*; logo, a responsabilidade por tais deveres será pessoal. Se, porventura, na hipótese de ato ilícito, ambos os cônjuges tiraram proveito, possível será responsabilizar um e outro pelos deveres dele provenientes. Pelo Enunciado n. 674 da *IX Jornada de Direito Civil*: "Comprovada a prática de violência doméstica e familiar contra a mulher, o ressarcimento a ser pago à vítima deverá sair exclusivamente da meação do cônjuge ou companheiro agressor"; *e*) os *bens de uso pessoal* (roupas, joias etc.), os *livros* e *instrumentos profissionais* (TJGO, 3ª Câm. Cível, Ap. Cív. 107918.9/188, rel. Villas Boas, j. 15-5-2007), devido a seu cunho nitidamente pessoal (*RT*, *94*:437, *328*:72; *RJTJSP*, *171*:197); *f*) os *proventos do trabalho pessoal* de cada cônjuge; e *g*) as *pensões* (quantias pagas periodicamente, em razão de lei, decisão judicial, ato *inter vivos* ou *causa mortis*, a alguém, visando sua subsistência), os *meios-soldos* (metade do soldo que o Estado paga a militar reformado), o *montepio* (pensão paga pelo Estado aos herdeiros de funcionário falecido, em atividade ou não), e outras rendas similares, como, por exemplo, *tenças* (pensão alimentícia paga em dinheiro, periodicamente, pelo Estado ou por pessoa de direito público ou privado, ou por um particular, para garantir a subsistência de alguém — Decreto-lei n. 9.698/46, art. 108) e os *bens adquiridos em sua maior parte com o produto do levantamento do FGTS* (*RT*, *852*:342).

BIBLIOGRAFIA: Orlando Gomes, *Direito de família*, cit., p. 204; Planiol e Ripert, *Traité pratique de droit civil français*, Paris, 1926, t. 9; Silvio Rodrigues, *Direito civil*, cit., v. 6, p. 172; M. Helena Diniz, *Curso*, cit., v. 5, p. 118-9 e 120; Silvio Rodrigues, *Direito civil*, cit., v. 6, p. 195; Carlos Alberto Bittar, *Direito de família*, cit., p. 135-6; Angela Maria da Motta Pacheco, Regime de comunhão parcial, comunicabilidade de frutos, de bens particulares dos cônjuges, especificadamente dos frutos civis: dividendos e ações bonificadas, *Revista da Associação dos Pós-Graduandos da PUCSP*, *3(93)*:5-17; Humberto A. Barbi, O regime legal de bens no anteprojeto de Código Civil, *RDC*, 7:103; Walter Cruz Swensson, Regime de bens, *RDC*, *33*:167; Christiano José de Andrade, Do regime de comunhão parcial de bens, *Justitia*, *139*:47.

Art. 1.660. Entram na comunhão:

I — os bens adquiridos na constância do casamento por título oneroso, ainda que só em nome de um dos cônjuges;

- *Código Civil, art. 1.659, II.*

II — os bens adquiridos por fato eventual, com ou sem o concurso de trabalho ou despesa anterior;

- *Código Civil, arts. 1.250 e 1.264.*

III — os bens adquiridos por doação, herança ou legado, em favor de ambos os cônjuges;

IV — as benfeitorias em bens particulares de cada cônjuge;

- *Código Civil, arts. 96 e 97.*
- ***Projeto de Lei n. 699/2011**: "VI — as benfeitorias e acessões em bens particulares de cada cônjuge".*

V — os frutos dos bens comuns, ou dos particulares de cada cônjuge, percebidos na constância do casamento, ou pendentes ao tempo de cessar a comunhão.

Patrimônio comum dos cônjuges. Entrarão para a comunhão, constituindo o patrimônio comum dos consortes, por serem comunicáveis: *a*) os bens adquiridos onerosamente na constância do casamento, mesmo que em nome de um só dos cônjuges; *b*) os adquiridos por fato eventual (jogo, aposta, rifa, loteria (*RJM*, *169*:114) etc.), com ou sem concurso de trabalho ou despesa anterior; *c*) os recebidos em razão de doação, herança ou legado, em favor de ambos os consortes; *d*) as benfeitorias úteis, necessárias ou voluptuárias em bens particulares de cada cônjuge, ante a presunção de que foram feitas com o produto do esforço comum, evitando-se, assim, o enriquecimento sem causa; *e*) os frutos (civis ou naturais) dos bens comuns ou dos particulares (TJRS, 7ª Câm. Cível, Ag. Inst. 70023497845, rel. Planella Villarinho, j. 27-8-2008) de cada cônjuge, percebidos durante o casamento, ou pendentes ao tempo de cessar a comunhão dos adquiridos, por serem ganhos posteriores às núpcias.

BIBLIOGRAFIA: Silvio Rodrigues, *Direito civil*, cit., v. 6, p. 200; M. Helena Diniz, *Curso*, cit., v. 5, p. 119, 124-5; Levenhagen, *Código Civil*, cit., v. 2, p. 143-4.

Art. 1.661. São incomunicáveis os bens cuja aquisição tiver por título uma causa anterior ao casamento.

• Vide *Código Civil, art. 1.659, II.*

Incomunicabilidade de bens adquiridos com título anterior ao casamento. Se o título aquisitivo precede ao matrimônio, achando-se tão somente a aquisição adiada por condição ou termo, o bem adquirido não entrará para a comunhão. Se um rapaz solteiro vender a crédito um terreno seu, cujo valor só lhe foi entregue após seu casamento sob o regime de comunhão parcial, sua mulher a nada terá direito, pois o recebimento do *quantum* prendeu-se a causa anterior às núpcias (Súmula 377 do STF; *JSTJ*, *6*:213; *JB*, *167*:255). Assim, se imóvel cuja aquisição por um cônjuge tiver causa anterior ao casamento realizado sob o regime de comunhão parcial de bens, com assento no registro imobiliário na constância deste, é incomunicável (STJ, REsp 707.092, rel. Nancy Andrighi, j. 28-6-2005).

BIBLIOGRAFIA: W. Barros Monteiro, *Curso*, cit., v. 2, p. 169-70; Silvio Rodrigues, *Direito civil*, cit., v. 6, p. 198 a 200; M. Helena Diniz, *Curso*, cit., v. 5, p. 119; Levenhagen, *Código Civil*, cit., v. 2, p. 144-5; Clóvis Beviláqua, *Código Civil comentado*, cit., obs. ao art. 272, v. 2.

Art. 1.662. No regime da comunhão parcial, presumem-se adquiridos na constância do casamento os bens móveis, quando não se provar que o foram em data anterior.

• *Código Civil, arts. 82 a 84.*

Presunção legal da aquisição de bens móveis na constância do casamento. Se se tratar de bem imóvel, fácil será constatar, na falta de pacto antenupcial, se foi adquirido antes ou depois do matrimônio, verificando se entra ou não na comunhão, bastando, para tanto, colher dados no Registro Imobiliário ou no processo de inventário. Quanto aos bens móveis, no regime de comunhão parcial, há presunção legal *juris tantum* de que foram adquiridos durante o casamento se não se puder comprovar, mediante documento autêntico (fatura, duplicata, nota fiscal — nesse sentido: TJGO, AgI 19.666-5/180, rel. Silva Chaves, 1ª Câm. Cível, j. 11-4-

DIREITO DE FAMÍLIA

2000), ou por qualquer outro meio admitido em direito, que o foram em data anterior ao ato nupcial. Se houver convenção antenupcial relacionando os móveis de cada cônjuge, haverá também incomunicabilidade desses bens.

BIBLIOGRAFIA: Levenhagen, *Código Civil*, cit., v. 2, p. 145.

Art. 1.663. A administração do patrimônio comum compete a qualquer dos cônjuges.

• Vide *Constituição Federal, art. 226, § 5º.*

• *Código Civil, arts. 1.567, 1.568, 1.642, II, e 1.665.*

§ 1º As dívidas contraídas no exercício da administração obrigam os bens comuns e particulares do cônjuge que os administra, e os do outro na razão do proveito que houver auferido.

• *Código Civil, arts. 1.666, 1.642, II, e 1.677.*

§ 2º A anuência de ambos os cônjuges é necessária para os atos, a título gratuito, que impliquem cessão do uso ou gozo dos bens comuns.

§ 3º Em caso de malversação dos bens, o juiz poderá atribuir a administração a apenas um dos cônjuges.

Administração dos bens. No regime de comunhão parcial, a administração dos bens do casal competirá a qualquer dos cônjuges, que terá o encargo de gerir a massa comum de bens, agindo como representante do outro, e competindo a cada um administrar seus próprios bens (CC, art. 1.642, II).

Responsabilidade pelo pagamento de dívidas. Cada cônjuge responderá pelos débitos contraídos antes do matrimônio, mas, quanto às dívidas subsequentes ao casamento, contraídas pelo cônjuge, que for o administrador dos bens do casal, responderão pelo pagamento delas primeiro os bens comuns, e, depois de esgotados estes, os seus bens particulares. Os bens do outro cônjuge apenas responderão na proporção do proveito que seu titular tenha tido (*RT*, 777:349).

BIBLIOGRAFIA: Caio M. S. Pereira, *Instituições*, cit., v. 5, p. 153; Pontes de Miranda, *Tratado de direito de família*, cit., § 83; Levenhagen, *Código Civil*, cit., v. 2, p. 146; M. Helena Diniz, *Curso*, cit., v. 5, p. 120.

Cessão gratuita de uso e fruição de bens comuns. Se se pretender ceder, gratuitamente, a outrem o uso e o gozo de bens comuns, será imprescindível que, para tanto, haja autorização de ambos os cônjuges, pois poderá tal cessão refletir no patrimônio do casal, evitando-se, assim, algum prejuízo ao outro advindo da gerência de um deles, diminuindo os riscos do negócio feito gratuitamente. Por isso, se ambos anuírem na cessão gratuita, suportarão juntos, e com consciência, os eventuais danos.

Malversação de bens. No regime de comunhão parcial, qualquer um dos cônjuges tem o direito de administrar os bens, mas havendo prova de malversação, ou melhor, dilapidação ou desvio de bens do patrimônio comum do casal, o magistrado poderá, então, atribuir, com exclusividade, a administração ao consorte prejudicado, que a solicitou. Com o deferimento judicial da gerência a um deles, os atos relativos ao patrimônio comum, levados a efeito pelo outro, serão considerados nulos.

Art. 1.664. Os bens da comunhão respondem pelas obrigações contraídas pelo marido ou pela mulher para atender aos encargos da família, às despesas de administração e às decorrentes de imposição legal.

- *Constituição Federal, art. 226, § 5º.*
- *Súmula 377 do Supremo Tribunal Federal.*
- *Código Civil, arts. 1.643, I e II, e 1.663, § 1º.*

Débitos contraídos pelo cônjuge para atender encargos da família, de administração de bens e decorrentes de imposição legal. Os bens comuns, com o escopo de resguardar direitos dos credores, deverão responder pelas dívidas assumidas (TJRS, 7ª Câm. Cível, Ap. Cível 70024648131, rel. Vasconcellos Chaves, j. 10-9-2008) por qualquer dos cônjuges para atender aos encargos da família (contas de telefone, água, luz, alimentação), às despesas com a administração patrimonial (reparações para conservação do bem, benfeitorias, anúncios imobiliários) ou ao pagamento de débitos impostos legalmente (p. ex., tributos, recolhimento de encargos previdenciários de empregados).

Se o débito não se deu para atender às necessidades da família, o consorte lesado poderá defender, havendo cobrança dos credores, a sua meação.

Art. 1.665. A administração e a disposição dos bens constitutivos do patrimônio particular competem ao cônjuge proprietário, salvo convenção diversa em pacto antenupcial.

- *Código Civil, arts. 1.639, 1.642, II, 1.643, 1.647, I, e 1.663,* caput.
- ***Projeto de Lei n. 699/2011**: "Art. 1.665. A administração dos bens constitutivos do patrimônio particular competem ao cônjuge proprietário, salvo convenção diversa em pacto antenupcial".*

Administração e disposição de bens particulares. No regime de comunhão parcial, a administração dos bens comuns caberá a qualquer dos cônjuges (CC, art. 1.663), sendo que cada um administrará, por si, os seus bens particulares (CC, art. 1.642, II), podendo até mesmo dispor deles se móveis, dependendo se imóveis de anuência do outro (CC, art. 1.647, I). Todavia, nada impede que se convencione, por exemplo, em pacto antenupcial (CC, art. 1.639), que ao marido caiba a administração dos bens próprios de sua mulher, agindo como seu representante, pois sua esposa tem o domínio e a posse do que lhe pertence.

Art. 1.666. As dívidas, contraídas por qualquer dos cônjuges na administração de seus bens particulares e em benefício destes, não obrigam os bens comuns.

- *Código Civil, arts. 1.642, II, 1.663, § 1º, e 1.677.*

Responsabilidade por dívida assumida na administração de bens particulares. Pelos débitos contraídos por qualquer dos consortes ao administrar seus bens particulares e em proveito destes, não responderão os bens que integram o patrimônio comum.

CAPÍTULO IV
DO REGIME DE COMUNHÃO UNIVERSAL

Art. 1.667. O regime de comunhão universal importa a comunicação de todos os bens presentes e futuros dos cônjuges e suas dívidas passivas, com as exceções do artigo seguinte.

- Vide *Código Civil, arts. 1.783, 1.640, 977 e 978.*

Regime da comunhão universal. Os nubentes poderão, por meio do pacto antenupcial, estipular que o regime matrimonial de bens será o da *comunhão universal*, pelo qual todos os seus bens (móveis ou imóveis) presentes e futuros e suas dívidas passivas, adquiridos antes ou depois do matrimônio, tornam-se comuns, constituindo uma só massa, instaurando-se um estado de indivisão, passando a ter cada consorte o direito à metade ideal do patrimônio comum e das dívidas comuns (*Lex*, *62*:237; *RT*, *823*:164, *797*:245, *703*:82, *456*:260, *528*:179, 225 e 229, *505*:127, *516*:129, *529*:174, *536*:74; *554*:84 e *568*:40; *RTJ*, *103*:1236; *JTJ*, *300*:379, *140*:174; TJMG, 4ª Câm. Cível, Ap. Cível 1.0027.06.097394-1/001, rel. Lopardi Mendes, j. 12-6-2008; *Adcoas*, n. 73.012, 1980, TFR, e 73.949, TARJ).

BIBLIOGRAFIA: Espínola, *A família no direito civil*, cit., § 70; Orlando Gomes, *Direito de família*, cit., p. 212, 213 e 219; M. Helena Diniz, *Curso*, cit., v. 5, p. 120-1; Carlos Alberto Bittar, *Direito de família*, cit., p. 137-8.

Art. 1.668. São excluídos da comunhão:

• *Código Civil, arts. 1.652, 1.669 e 1.783.*

I — os bens doados ou herdados com a cláusula de incomunicabilidade e os sub-rogados em seu lugar;

• *Código Civil, art. 1.848.*

II — os bens gravados de fideicomisso e o direito do herdeiro fideicomissário, antes de realizada a condição suspensiva;

• *Código Civil, arts. 1.951 a 1.960.*

III — as dívidas anteriores ao casamento, salvo se provierem de despesas com seus aprestos, ou reverterem em proveito comum;

• *Código Civil, art. 1.659, III.*

IV — as doações antenupciais feitas por um dos cônjuges ao outro com a cláusula de incomunicabilidade;

V — os bens referidos nos incisos V a VII do art. 1.659.

• Vide *Código Civil, art. 1.659, V a VII.*

• ***Projeto de Lei n. 699/2011***: *"V — os bens referidos nos incisos V e VI do art. 1.659".*

Exclusão de certos bens da comunhão universal. Embora o regime de comunhão universal implique a comunicabilidade dos bens presentes e futuros, excepcionalmente, a lei exclui da comunhão alguns bens, por terem efeitos personalíssimos ou devido a sua própria natureza.

Bens excluídos da comunicabilidade. São excluídos da comunhão: *a*) os *bens doados ou herdados com a cláusula de incomunicabilidade e os sub-rogados em seu lugar* (Súmula 49 do STF; *RT*, *190*:486 e *236*:385; *RF*, *142*:305 e *145*:337; *AJ*, *92*:38 e *94*:88) por serem exclusivos do donatário ou herdeiro; *b*) os *bens gravados de fideicomisso e o direito do herdeiro fideicomissário, antes de realizada a condição suspensiva*, pois a propriedade do fiduciário é resolúvel. Com o implemento da condição, cessa a resolubilidade, operando sua entrada na comunhão; logo, esses bens não podem comunicar-se antes da condição suspensiva. O direito do fideicomissário não se comunica enquanto não se realizar a condição suspensiva, pois tem apenas direito eventual, só adquire o domínio se advier a condição; *c*) as *dívidas anteriores ao casamento, salvo se provierem de despesas com seus aprestos* (como aquisição de móveis, enxoval ou festa) *ou reverterem em proveito comum* (como empréstimo de dinheiro para comprar o imóvel destinado à residência do casal ou para viagem de núpcias); *d*) as *doações antenupciais feitas por um dos cônjuges ao outro com cláusula de incomunicabilidade*; *e*) as *roupas de uso pessoal, as joias esponsalícias dadas antes do casamento pelo esposo, os livros e instrumentos de profissão e os retratos de família*, devido a seu cunho nitidamente pessoal (*RT*,

94:437 e *328*:72); *f) os proventos do trabalho pessoal de cada cônjuge* (*RT*, *843*:261); *g) as pensões, meios-soldos, montepios e outras rendas semelhantes, visto que garantem a sua subsistência.*

BIBLIOGRAFIA: W. Barros Monteiro, *Curso*, cit., v. 2, p. 159-64; Silvio Rodrigues, *Direito civil*, cit., v. 6, p. 188, 193-5; Pontes de Miranda, *Tratado de direito de família*, cit., v. 2, p. 215; Enneccerus, Kipp e Wolff, *Tratado de derecho civil*; derecho de familia, cit., v. 1, § 160; Arnoldo Medeiros da Fonseca, A incomunicabilidade das obrigações por ato ilícito no regime da comunhão universal de bens, *RF*, 77:232; Carvalho Santos, *Código Civil brasileiro interpretado*, cit., v. 5, p. 68, n. 7; Caio M. S. Pereira, *Instituições*, cit., v. 5, p. 150; M. Helena Diniz, *Curso*, cit., v. 5, p. 121-4; Marcelo Ribeiro de Oliveira, Os bens reservados e a Constituição de 1988, *JB*, *167*:45-8.

Art. 1.669. A incomunicabilidade dos bens enumerados no artigo antecedente não se estende aos frutos, quando se percebam ou vençam durante o casamento.

• Vide *Código Civil, art. 1.668.*

Comunicabilidade dos frutos. A incomunicabilidade dos bens arrolados no art. 1.668 não se estenderá aos frutos civis, naturais, industriais (colheitas, aluguel de imóvel, juros, ações bonificadas, dividendos etc.) e, analogicamente, aos produtos (de minas e pedreiras etc.) percebidos ou vencidos na constância do matrimônio. Faltando estipulação em contrário, ter-se-á comunicabilidade dos frutos auferidos durante o casamento (*RT*, *188*:640), tendo cada cônjuge direito à metade ideal deles.

BIBLIOGRAFIA: Silvio Rodrigues, *Direito civil*, cit., v. 6, p. 188-9; W. Barros Monteiro, *Curso*, cit., v. 2, p. 167; Levenhagen, *Código Civil*, cit., v. 2, p. 139.

Art. 1.670. Aplica-se ao regime da comunhão universal o disposto no Capítulo antecedente, quanto à administração dos bens.

• *Constituição Federal, art. 226, § 5º.*

• *Código Civil, arts. 1.663, 1.665 e 1.666.*

Propriedade e posse comum dos bens. No regime matrimonial de bens, enquanto durar o casamento, a propriedade e posse dos bens comunicáveis (CC, arts. 1.667 e 1.669) será comum, estabelecendo-se um condomínio e uma composse entre marido e mulher, que terão, cada um, uma metade ideal do patrimônio comum, da qual não poderão dispor nem dividir enquanto perdurar a sociedade conjugal.

Administração do patrimônio comum. Como ambos os cônjuges têm a direção da sociedade conjugal, competirá a qualquer deles (CC, art. 1.663), sendo o regime de comunhão universal, a administração dos bens comuns (CC, arts. 1.667 e 1.669), e a cada um a dos bens (CC, art. 1.668) que não entram na comunhão (CC, art. 1.665), salvo disposição em contrário em pacto antenupcial. E se houver dilapidação ou desvio de bens por um dos cônjuges, o órgão judicante poderá atribuir a administração a apenas um deles (CC, art. 1.663, § 3º).

BIBLIOGRAFIA: M. Helena Diniz, *Curso*, cit., v. 5, p. 125; Levenhagen, *Código Civil*, cit., v. 2, p. 139 e 140; Clóvis Beviláqua, *Código Civil comentado*, cit., obs. ao art. 266, v. 2.

Art. 1.671. Extinta a comunhão, e efetuada a divisão do ativo e do passivo, cessará a responsabilidade de cada um dos cônjuges para com os credores do outro.

• Vide *Código Civil, arts. 1.571 a 1.582 e 1.639, § 1º.*

• *Código de Processo Civil, art. 733.*

Extinção da comunhão universal de bens. Dissolver-se-á a comunhão, embora os bens permaneçam indivisos até a partilha, se houver: *a) morte de um dos cônjuges*, pois o supérstite continuará na posse dos bens comunicáveis (os incomunicáveis serão entregues desde logo aos herdeiros), administrando-os até a partilha entre ele e os herdeiros do *de cujus*, ocasião em que repartir-se-á o acervo hereditário em duas meações, ficando uma com o cônjuge sobrevivente e a outra com os sucessores do falecido; *b) anulação do casamento*, uma vez que nessa hipótese não se terá comunhão de bens, em razão do fato de não se ter casamento. Nada haverá, então, a partilhar; cada consorte retirará tão somente o que trouxe para a massa, salvo se o casamento for putativo, pois, se um deles estiver de boa-fé, poderá pretender a meação relativa aos bens que o culpado trouxe à comunhão (*RT*, *157*:163 e *462*:116); *c) separação (judicial ou extrajudicial) ou divórcio*, já que, em regra, a partir da data da escritura pública registrada, da sentença de separação judicial ou do divórcio direto, os bens serão repartidos em duas partes iguais, uma para cada consorte (CC, art. 1.571).

Imissão na posse. Cessado o estado de indivisão, o cônjuge, ante a presunção *juris et de jure* de que sempre foi titular de sua meação, imite-se na posse dos bens que a compõem, passando, ainda, a ter sobre eles uso, gozo e disposição.

BIBLIOGRAFIA: Orlando Gomes, *Direito de família*, cit., p. 222-3; Lafayette, *Direito de família*, cit., p. 190; W. Barros Monteiro, *Curso*, cit., v. 2, p. 166-7; Espínola, *A família no direito civil*, cit., n. 73; Caio M. S. Pereira, *Instituições*, cit., v. 5, p. 151; M. Helena Diniz, *Curso*, cit., v. 5, p. 125-6; Darcy Arruda Miranda, *Anotações*, cit., v. 1, p. 215.

Cessação da responsabilidade para com os credores. Com a extinção da comunhão universal, tendo sido efetuada a divisão do ativo e do passivo, ter-se-á o fim da responsabilidade de cada um dos consortes para com os credores do outro, por débitos que este, porventura, houver contraído. É bom salientar que as dívidas incomunicáveis, como, p. ex., as decorrentes de atos ilícitos, as contraídas anteriormente ao casamento, deverão ser pagas pelo consorte-devedor, com sua meação.

BIBLIOGRAFIA: Levenhagen, *Código Civil*, cit., v. 2, p. 141; M. Helena Diniz, *Curso*, cit., v. 5, p. 126; Carvalho Santos, *Código Civil brasileiro interpretado*, cit., obs. ao art. 268, v. 4.

Capítulo V

Do Regime de Participação Final nos Aquestos

Art. 1.672. No regime de participação final nos aquestos, cada cônjuge possui patrimônio próprio, consoante disposto no artigo seguinte, e lhe cabe, à época da dissolução da sociedade conjugal, direito à metade dos bens adquiridos pelo casal, a título oneroso, na constância do casamento.

• *Código Civil, arts. 977, 978, 1.656, 1.673 e 1.571.*

Regime de participação final nos aquestos. Regime matrimonial de bens em que há formação de massas de bens particulares incomunicáveis durante a vigência do casamento, mas que se tornam comuns no momento da dissolução da sociedade conjugal (CC, art. 1.571). Assim sendo, na constância do matrimônio, os cônjuges têm a expectativa de direito à meação, pois cada um é credor da metade do que o outro adquiriu, onerosamente, durante a vida conjugal, havendo dissolução do casamento. É um regime misto, que, na vigência do casamento, é similar ao da separação de bens e, na dissolução da sociedade conjugal, ao da comunhão parcial.

BIBLIOGRAFIA: Mário R. C. de Faria, O regime de participação final nos aquestos previstos no novo Código Civil, *Boletim ADCOAS, 9*:323; Robert Battes e Hermann L. Verlag, *Sentido e limites da comunhão de aquestos*, Porto Alegre, Fabris, 2000, p. 21-2; Rolf Madaleno, *Do regime de bens entre cônjuges*, cit., p. 219; Antunes Varela, *Direito de família*, Lisboa, Petrony, 1987, p. 434-5; Nelson Nery Jr. e Rosa Maria A. Nery, *Novo Código Civil e legislação extravagante anotados*, São Paulo, Revista dos Tribunais, 2002, p. 564-5; Silmara Juny Chinelato, *Comentários*, cit., v. 18, p. 361-401; Matiello, *Código Civil*, cit., p. 1094-1102; João B. Villela, *Natureza jurídica do regime de participação final nos aquestos e fins do casamento*, Belo Horizonte, 1977.

Art. 1.673. Integram o patrimônio próprio os bens que cada cônjuge possuía ao casar e os por ele adquiridos, a qualquer título, na constância do casamento.

Parágrafo único. A administração desses bens é exclusiva de cada cônjuge, que os poderá livremente alienar, se forem móveis.

• Vide *Código Civil, arts. 82 a 84, 1.647, I, 1.656* e *1.676.*

Patrimônio próprio de cada cônjuge. Conjunto de bens que cada um possuía à data das núpcias e dos que por eles forem adquiridos, onerosa (compra e venda, p. ex.) ou gratuitamente (doação legado etc.), durante a vigência matrimonial.

Administração dos bens particulares. A administração do patrimônio particular é exclusiva de cada cônjuge-proprietário. Cada consorte, portanto, administrará os bens que possuía ao casar e os que, a qualquer título, veio a adquirir na constância do casamento, podendo, inclusive, aliená-los, se forem móveis, pois os imóveis para serem vendidos, embora particulares, dependerão da autorização do outro cônjuge (CC, art. 1.647, I). Mas, nada obsta, pelo art. 1.656 do Código Civil, que no pacto antenupcial que adotar esse regime, se convencione a livre disposição dos bens imóveis, desde que particulares.

Art. 1.674. Sobrevindo a dissolução da sociedade conjugal, apurar-se-á o montante dos aquestos, excluindo-se da soma dos patrimônios próprios:

• *Código Civil, art. 1.571.*

I — os bens anteriores ao casamento e os que em seu lugar se sub-rogaram;

II — os que sobrevieram a cada cônjuge por sucessão ou liberalidade;

• Vide *Código Civil, art. 1.675.*

III — as dívidas relativas a esses bens.

Parágrafo único. Salvo prova em contrário, presumem-se adquiridos durante o casamento os bens móveis.

• *Código Civil, art. 1.680.*

Apuração do montante dos aquestos na dissolução da sociedade conjugal. Com a extinção da sociedade conjugal em razão de morte, separação judicial, nulidade absoluta ou relativa ou divórcio, (CC, art. 1.571), dever-se-á apurar o montante dos aquestos (parte relativa aos bens comuns), excluindo-se da soma dos patrimônios particulares de cada ex-cônjuge: os bens anteriores ao casamento e os sub-rogados em seu lugar; os obtidos por cada consorte por herança, legado ou por doação; e os débitos (tributos, financiamentos etc.) relativos a esses bens vencidos e a vencer. Haverá uma divisão justa se se avaliar e identificar devidamente o monte partível, tendo-se por parâmetro a data da cessação da convivência (CC, art. 1.683).

Presunção "juris tantum" de aquisição dos móveis durante o casamento. Presume-se, até prova em contrário (p. ex. fatura, contrato, nota fiscal, recibos etc. em nome de um deles), que os bens móveis foram adquiridos durante a vigência do matrimônio.

BIBLIOGRAFIA: Alexandre G. Alcoforado Assunção, *Novo Código Civil*, com. ao art. 1.674.

Art. 1.675. Ao determinar-se o montante dos aquestos, computar-se-á o valor das doações feitas por um dos cônjuges, sem a necessária autorização do outro; nesse caso, o bem poderá ser reivindicado pelo cônjuge prejudicado ou por seus herdeiros, ou declarado no monte partilhável, por valor equivalente ao da época da dissolução.

• Vide *Código Civil, arts. 176, 1.642, V, 1.647, IV, e parágrafo único, 1.649, parágrafo único e 1.674.*

Cômputo do valor das doações feitas por um dos cônjuges. Se um dos consortes veio a fazer doação, sem a autorização do outro (CC, art. 1.647, IV), seu valor será computado na determinação do montante dos aquestos, pois o cônjuge lesado, ou seus herdeiros, poderá reivindicá-lo, ou declará-lo no monte partível, por valor equivalente ao da época da dissolução do casamento, a que terá direito na partilha. Portanto, o art. 1.675 garante ao lesado a possibilidade de reivindicação do bem desviado ou de inclusão do seu valor no monte partilhável. Para Nelson Nery Jr. e Rosa Maria A. Nery o art. 1.675 não indica o momento em que se pode reivindicar o bem doado, se logo após a doação ou apenas depois da dissolução da sociedade conjugal, a conjugação sistemática dos arts. 1.647, IV, 171, I, 176, 179 e 1.649, parágrafo único possibilita a seguinte observação: a doação procedida sem outorga conjugal deve ser tida como realizada sem integração da capacidade de alienação do doador, logo o ato é anulável, porém suscetível de correção. Essa nulidade relativa da doação pode ser invocada no prazo de dois anos, contado da data de sua celebração. Se o cônjuge lesado, ou seus herdeiros, não pleitearem essa anulabilidade negocial, por ação própria, o bem não mais poderá ser reivindicado, devendo ser ultimada a partilha nos termos dos arts. 1.675, *in fine*, e 1.676 do Código Civil.

BIBLIOGRAFIA: Nelson Nery Jr. e Rosa Maria de Andrade Nery, *Novo Código Civil e legislação extravagante anotados*, São Paulo, Revista dos Tribunais, 2002, p. 564.

Art. 1.676. Incorpora-se ao monte o valor dos bens alienados em detrimento da meação, se não houver preferência do cônjuge lesado, ou de seus herdeiros, de os reivindicar.

• *Código Civil, art. 1.673, parágrafo único.*

Incorporação ao monte do valor de bens alienados em detrimento da meação. Também será incorporado ao monte o valor dos bens que foram alienados em detrimento da meação, burlando-a (p. ex., venda simulada), desde que não haja preferência do cônjuge lesado, ou a de seus herdeiros, para reivindicá-los. Assim, poderá o lesado, ou, se já faleceu, seu herdeiro, para obter a compensação a que faz jus, requerer a inclusão do valor daqueles bens no monte partível, se não quiser pedir sua reivindicação. Há, portanto, uma opção: desfazer o ato lesivo, reivindicando o bem alienado indevidamente ou fazer integrar o valor dele nos aquestos a serem partilhados. Tutela-se, assim, a exatidão da partilha, acatando-se o princípio da eticidade e o da vedação do enriquecimento indevido.

Art. 1.677. Pelas dívidas posteriores ao casamento, contraídas por um dos cônjuges, somente este responderá, salvo prova de terem revertido, parcial ou totalmente, em benefício do outro.

• *Código Civil, arts. 1.663, § 1º, e 1.666.*

Responsabilidade por débitos posteriores ao casamento. As dívidas, assumidas depois do matrimônio por um dos cônjuges, deverão ser pagas por ele, uma vez que administra seu patrimônio particular, a não ser que haja prova cabal de que reverteram, total ou parcialmente, em proveito do outro que, nesse caso, responderá na proporção da vantagem auferida. É o que ocorre, p. ex., no caso de pagamento de financiamento para aquisição de moradia da família. Os débitos pessoais de cada cônjuge devedor oneram seus bens particulares, não podendo, salvo a exceção apontada, comprometer o patrimônio do outro.

BIBLIOGRAFIA: Carlos Eduardo N. Camillo, *Comentários*, cit., p. 1212.

Art. 1.678. Se um dos cônjuges solveu uma dívida do outro com bens do seu patrimônio, o valor do pagamento deve ser atualizado e imputado, na data da dissolução, à meação do outro cônjuge.

Pagamento de dívida contraída por um dos cônjuges. Se um dos cônjuges contrair dívida em proveito próprio, seu patrimônio responderá por ela. Se um dos consortes vier a pagar, com seus bens particulares, débito do outro, o valor desse pagamento, por ocasião da dissolução do casamento, deverá ser atualizado monetariamente e imputado à meação do outro cônjuge; pois aquele, sem estar obrigado, solveu a dívida e, por isso, tem direito a uma compensação. Com isso, observa Matiello, há um incentivo à efetivação de pagamento de dívida assumida por um dos cônjuges pelo outro, facilitando a liberação do cônjuge-devedor, agilizando o resgate de créditos e contribuindo para a conservação do vínculo familiar.

BIBLIOGRAFIA: Matiello, *Código*, cit., p. 1098.

Art. 1.679. No caso de bens adquiridos pelo trabalho conjunto, terá cada um dos cônjuges uma quota igual no condomínio ou no crédito por aquele modo estabelecido.

Condomínio de bens e créditos adquiridos por esforço comum. Se a aquisição de certo bem se deu em razão de sociedade ente cônjuges, cada um, na qualidade de sócio, retira o que tiver direito na proporção indicada no estatuto social, mas, se adveio de trabalho conjunto dos cônjuges, cada um deles terá uma quota igual no condomínio ou no crédito, que se estabeleceu pela aplicação conjunta de recursos (p. ex., aquisição de quota de consórcio de automóvel, cujas prestações são pagas em porções idênticas pelo marido e pela mulher). Tal fato deverá ser, por ocasião da dissolução da sociedade conjugal, consignado na partilha, retirando cada um sua meação. Este artigo está pretendendo a comunicabilidade de bens advindos do trabalho comum dos consortes, não ferindo o espírito da lei, por ser consentâneo com o ordenamento jurídico brasileiro, que proíbe o enriquecimento ilícito.

BIBLIOGRAFIA: Matiello, *Código*, cit., p. 1099; Sílvio de S. Venosa, *Direito civil*, cit., v. 6, p. 194.

Art. 1.680. As coisas móveis, em face de terceiros, presumem-se do domínio do cônjuge devedor, salvo se o bem for de uso pessoal do outro.

• Vide *Código Civil, arts. 82 a 84 e 1.674, parágrafo único.*

Presunção "juris tantum" do domínio de coisas móveis do cônjuge devedor. Nas relações com terceiros de boa-fé, os bens móveis presumir-se-á serem da propriedade do cônjuge devedor, salvo prova de que sejam de uso pessoal do outro, ou que tenham sido adquiridos antes do casamento (CC, art. 1.674, parágrafo único) pelo cônjuge não devedor. Há, portanto, uma presunção *juris tantum* de que, perante terceiros, os móveis encontrados em poder do casal sejam propriedade do cônjuge-devedor, para facilitar a execução do crédito daqueles credores. Mas se se provar que tais móveis são de uso pessoal do cônjuge que não contraiu a dívida, eles não poderão ser penhorados para que, com o produto da venda, se efetive o pagamento do débito.

Art. 1.681. Os bens imóveis são de propriedade do cônjuge cujo nome constar no registro.

Parágrafo único. Impugnada a titularidade, caberá ao cônjuge proprietário provar a aquisição regular dos bens.

• *Lei n. 6.015/73, art. 1º.*

Propriedade de bens imóveis. Os bens imóveis têm a seu favor a presunção *juris tantum* de domínio constante do registro imobiliário; logo, pertencerão ao cônjuge cujo nome constar no assento. Todavia, como poderá ocorrer, p. ex., que o bem de raiz esteja registrado em nome do cônjuge que não o adquiriu, a lei prevê que, em caso de questionamento ou impugnação da titularidade, o demandado deverá comprovar (por meio de recibos, instrumento de promessa de compra e venda, escritura pública de compra e venda etc.) a causa da aquisição regular dos bens e a possibilidade de havê-la obtido com o fruto de seus bens. Com isso o cônjuge, em cujo nome se fez o registro, terá o ônus de provar que é o verdadeiro proprietário, a fim de obter o reconhecimento de seu direito de propriedade.

Art. 1.682. O direito à meação não é renunciável, cessível ou penhorável na vigência do regime matrimonial.

Irrenunciabilidade, incessibilidade e impenhorabilidade do direito à meação. Com o término do casamento, efetuar-se-á a partilha, conferindo-se a cada consorte a metade dos bens, amealhados pelo casal, a título oneroso. Tal direito à meação, na vigência do regime matrimonial, é insuscetível de renúncia, cessão (gratuita ou onerosa) ou penhora, protegendo-se o patrimônio da família e do cônjuge, visto que aquela meação apenas será apurada ao término da sociedade conjugal. Após a adjudicação da referida meação ao ex-cônjuge, nada impede que ele venha a cedê-la ou a doá-la, desde que não lese a legítima de seus herdeiros (CC, art. 549).

BIBLIOGRAFIA: Rolf Madaleno, *Direito de família e o novo Código Civil*, Belo Horizonte, Del Rey, 2001, p. 176; Regina B. Tavares da Silva, *Novo Código Civil*, cit., p. 1491.

Art. 1.683. Na dissolução do regime de bens por separação judicial ou por divórcio, verificar-se-á o montante dos aquestos à data em que cessou a convivência.

• *Código Civil, art. 1.571, III e IV.*

• *Artigo que poderá perder, parcialmente, sua eficácia social em virtude do § 6º do art. 226 da CF, com a redação da EC n. 66/2010.*

Dissolução por separação judicial ou por divórcio. Se houver separação judicial ou divórcio o montante dos aquestos será verificado à data do término da convivência, isto é, da separação de fato. Consequentemente, os bens adquiridos durante a separação de fato ou na pendência da ação de separação judicial ou de divórcio direto, não entrarão na partilha, salvo se tal ação não chegar ao final em razão, p. ex., de reconciliação, caso em que, como observa Matiello a disciplina econômica do casamento continuará vigendo.

Art. 1.684. Se não for possível nem conveniente a divisão de todos os bens em natureza, calcular-se-á o valor de alguns ou de todos para reposição em dinheiro ao cônjuge não proprietário.

Parágrafo único. Não se podendo realizar a reposição em dinheiro, serão avaliados e, mediante autorização judicial, alienados tantos bens quantos bastarem.

Impossibilidade ou inconveniência da divisão "in natura" dos bens. Quando for impossível ou inconveniente a divisão dos bens em natureza, calcular-se-á o seu valor para que se possa repor em dinheiro ao cônjuge não proprietário. P. ex., o dono do imóvel edificado ou de um veículo com ele ficará, cabendo ao outro a metade do valor correspondente àquele bem. Se não for possível, por falta de numerário, p. ex., a reposição pecuniária por parte do cônjuge proprietário em favor do outro, os bens serão avaliados judicialmente e, depois de obtida a autorização do órgão judicante, vendidos quantos forem necessários para perfazer a meação a que faz jus o outro cônjuge.

Art. 1.685. Na dissolução da sociedade conjugal por morte, verificar-se-á a meação do cônjuge sobrevivente de conformidade com os artigos antecedentes, deferindo-se a herança aos herdeiros na forma estabelecida neste Código.

• Vide *Código Civil, arts. 1.571, I, 1.674, 1.682, 1.683, 1.684, 1.784, 1.829, I, II* e *III, 1.830, 1.831, 1.832, 1.836, 1.837* e *1.838.*

Dissolução por morte de um dos cônjuges. Seguir-se-ão, havendo óbito de um dos cônjuges, os arts. 1.683 e 1.684 do Código Civil, para apurar a meação do viúvo, verificando-se o monte dos aquestos, para partilhá-lo em duas partes iguais, entregando-se a meação ao cônjuge sobrevivente e deferindo-se a herança aos herdeiros do falecido (CC, art. 1.784), seguindo-se as normas que regem o direito sucessório.

Art. 1.686. As dívidas de um dos cônjuges, quando superiores à sua meação, não obrigam ao outro, ou a seus herdeiros.

• *Código Civil, arts. 1.792 e 1.677.*

Responsabilidade por dívidas na dissolução do casamento. Os débitos pós-matrimoniais contraídos por um dos cônjuges não obrigarão o outro, se forem superiores à sua meação (pois o consorte não devedor não tem obrigação de pagar com sua metade os credores daquele), nem a seus herdeiros (CC, art. 1.792), visto que não respondem por encargos superiores às forças da herança. Os credores do *de cujus* só poderão buscar a satisfação dos seus créditos no acervo hereditário composto pela antiga meação do falecido e pelos seus bens particulares.

Capítulo VI

Do Regime de Separação de Bens

Art. 1.687. Estipulada a separação de bens, estes permanecerão sob a administração exclusiva de cada um dos cônjuges, que os poderá livremente alienar ou gravar de ônus real.

- *Código Civil, arts. 977, 978, 1.575, 1.639, 1.653, 1.641, I a III, 1.642, 1.647, 1.651, 1.652, 1.653, 1.688, 1.831 e 1.838.*

Regime de separação de bens. Ter-se-á o regime de separação de bens quando, por lei ou pacto antenupcial, cada consorte conservar, com exclusividade, o domínio, a posse e administração de seus bens presentes e futuros e a responsabilidade pelos débitos anteriores e posteriores ao matrimônio (*RT, 620*:163, *715*:268). Existirão, portanto, dois patrimônios distintos: o do marido e o da mulher. Se os nubentes, por meio de pacto antenupcial (*RT, 783*:255), optaram pelo regime da separação de bens, nada obsta que nessa separação convencional estipulem a comunicação de certos bens, a dispensa, p. ex., da colaboração da mulher para as despesas do lar etc. Como se vê, a *separação de bens* poderá ser: *a*) *pura, absoluta* ou *total*, se se estabelecer a incomunicabilidade de todos os bens adquiridos antes e depois do casamento, inclusive de frutos e rendimentos (*RT, 776*:176, *715*:268). Se no pacto antenupcial houver cláusula excluindo a comunicação dos aquestos, não se poderá reconhecer uma sociedade de fato entre marido e mulher para o efeito de dividir os bens adquiridos após as núpcias (STJ, REsp 404.088/RS, 3ª T., rel. Min. Castro Filho, j. 17-4-2007); ou *b*) *limitada, relativa* ou *parcial*, se se circunscrever aos bens presentes, comunicando-se os frutos e rendimentos (CC, art. 1.639).

Administração dos bens. Cada consorte, uma vez adotado o regime de separação de bens, por lei ou por convenção antenupcial, conservará a integral administração e fruição do que lhe pertence, sendo que nem mesmo dependerá da anuência do outro cônjuge para alienar imóveis ou gravar seus bens de ônus real. Cada cônjuge poderá, livremente, não só alienar seus bens móveis ou imóveis, mas também gravá-los de ônus reais. Todavia, nada impedirá que no pacto antenupcial haja estipulação outorgando a um dos cônjuges a administração dos bens do outro (CC, arts. 1.639 e 1.688). Permitido será, também, p. ex., à mulher, se quiser, constituir o marido como seu procurador, para que administre seus bens, desde que preste contas (*AJ, 94*:437; *RT, 93*:46; CC, art. 1.652, II).

BIBLIOGRAFIA: Silvio Rodrigues, *Direito civil*, cit., v. 6, p. 202; Pontes de Miranda, *Tratado de direito de família*, cit., § 85; M. Helena Diniz, *Curso*, cit., v. 5, p. 126 e 129; W. Barros Monteiro, *Curso*, cit., v. 2, p. 178; Caio M. S. Pereira, *Instituições*, cit., v. 5, p. 155; Enneccerus, Kipp e Wolff, *Tratado de derecho civil*; derecho de familia, cit., v. 1, § 59; Valdemar P. da Luz, *Curso de direito de família*, cit., p. 50-2; Paulo Oriente Franciulli, Comunhão de aquestos no regime de separação legal de bens, *Revista Literária de Direito*, 1997, *15*:15; Fernando Malheiros Filho e Maria Lúcia Costa Malheiros, O regime da separação de bens, *RT, 780*:59.

Art. 1.688. Ambos os cônjuges são obrigados a contribuir para as despesas do casal na proporção dos rendimentos de seu trabalho e de seus bens, salvo estipulação em contrário no pacto antenupcial.

- *Constituição Federal, art. 226, § 5º.*
- *Código Civil, arts. 1.565, 1.567 e 1.568.*

Mantença da família em regime de separação de bens. Se no regime de separação há incomunicabilidade de bens, justo será que ambos os cônjuges, possuindo haveres, concorram com seus rendimentos, inclusive com os de seu trabalho e de seus bens para atender aos encargos da família, provendo seu sustento, na proporção do valor de suas rendas (*RT, 82*:140). Pode ocorrer, por isso, que um deles contribua com importância mais elevada do que a de seu cônjuge para manter a família, a não ser que no pacto antenupcial haja previsão de que competirá a um deles a responsabilidade pelo pagamento das despesas do casal (*RT, 528*:194).

BIBLIOGRAFIA: W. Barros Monteiro, *Curso*, cit., v. 2, p. 177; Silvio Rodrigues, *Direito civil*, cit., v. 6, p. 204; M. Helena Diniz, *Curso*, cit., v. 5, p. 129.

SUBTÍTULO II

DO USUFRUTO E DA ADMINISTRAÇÃO DOS BENS DE FILHOS MENORES

Art. 1.689. O pai e a mãe, enquanto no exercício do poder familiar:

I — são usufrutuários dos bens dos filhos;

- *Código Civil, arts. 1.390 a 1.411, 1.631, 1.693 e 1.733.*

II — têm a administração dos bens dos filhos menores sob sua autoridade.

- *São excluídas da administração paterna as ações de companhias de seguro e bancos pertencentes a menores sujeitos ao pátrio poder (hoje poder familiar) de pessoas estrangeiras (Decs.-Leis n. 2.063, de 7-3-1940, art. 9º, § 2º, tal artigo teve sua aplicação suspensa pela Resolução n. 23/65, e 3.182, de 9-4-1941, art. 3º, § 2º).*
- *Código Civil, arts. 3º, 4º, 5º, 1.489, II, 1.631, 1.637, 1.690, parágrafo único, 1.691, 1.693 e 1.733.*

Direito ao usufruto legal dos bens do filho menor. Os pais terão o usufruto dos bens do filho menor, por ser esse direito inerente ao exercício do poder familiar, cessando apenas com a inibição desse poder, a maioridade, a emancipação ou a morte do filho. Consequentemente, os detentores do poder familiar poderão reter as rendas decorrentes da administração dos bens do filho menor sem ter, em regra, de prestar contas, podendo até mesmo consumi-las ou reinvesti-las em proveito do filho (*RT*, *527*:81), para atender, p. ex., a gastos com sua instrução ou alimentação.

BIBLIOGRAFIA: Silvio Rodrigues, *Direito civil*, cit., v. 6, p. 366; W. Barros Monteiro, *Curso*, cit., v. 2, p. 281; Caio M. S. Pereira, *Instituições*, cit., v. 5, p. 287; Orlando Gomes, *Direito de família*, cit., p. 420; M. Helena Diniz, *Curso*, cit., v. 5, p. 307; Paulo de Lacerda, *Manual*, cit., v. 6, p. 280-5.

Administração dos bens dos filhos menores não emancipados. Incumbe aos pais (representantes legais) administrar os bens dos filhos menores (*RT*, *456*:76; *EJSTJ*, *11*:186) independentemente de prestação de contas (*JTJ*, *125*:231; *RT*, *649*:49) e de caução prevista no art. 1.400 do Código Civil, praticando atos idôneos de mera administração, à sua conservação, podendo para tanto celebrar contratos de locação (*RT*, *182*:161), pagar impostos, receber juros e rendas, adquirir outros bens, alienar os móveis e defender judicialmente o patrimônio administrado, não tendo, porém, qualquer direito de remuneração por essa administração.

BIBLIOGRAFIA: Orlando Gomes, *Direito de família*, cit., p. 420; Clóvis Beviláqua, *Código Civil comentado*, cit., v. 2, p. 369; Levenhagen, *Código Civil*, cit., v. 2, p. 248; Darcy Arruda Miranda, *Anotações*, cit., v. 1, p. 386.

Art. 1.690. Compete aos pais, e na falta de um deles ao outro, com exclusividade, representar os filhos menores de dezesseis anos, bem como assisti-los até completarem a maioridade ou serem emancipados.

- *Código Penal, arts. 136, 244 e 246 a 249.*
- *Código Civil, arts. 3º, 4º, 5º, 1.555, 1.558, 1.566, 1.612, 1.631, 1.632, 1.634, 1.638, 1.729.*

DIREITO DE FAMÍLIA

• *Consolidação das Leis do Trabalho, arts. 439, 792 e 793.*

Parágrafo único. Os pais devem decidir em comum as questões relativas aos filhos e a seus bens; havendo divergência, poderá qualquer deles recorrer ao juiz para a solução necessária.

• *Código Civil, art. 1.517, parágrafo único.*

• *Código de Processo Civil, arts. 305 e 308.*

Representação ou assistência. Compete, conjuntamente, aos pais, e na falta de um deles (morte, incapacidade, impedimento) ao outro, com exclusividade, representar o filho menor, até os dezesseis anos, nos atos da vida civil, e assisti-lo, após essa idade, até atingir a maioridade ou a emancipação, nos atos em que for parte, suprindo-lhe o consentimento (Lei n. 8.069/90, art. 142; CLT, arts. 792 e 439; e CPC, art. 71).

Divergência dos genitores em questões relativas à prole e a seus bens. Ambos os pais têm o poder decisório quanto à pessoa e bens do filho menor não emancipado, em igualdade de condições. Assim sendo, não havendo acordo entre eles, qualquer deles poderá recorrer ao Poder Judiciário para obter a solução necessária, resguardando o interesse da prole. Se houver colisão de interesses, necessária será a nomeação de um curador especial (CC, art. 1.692).

Art. 1.691. Não podem os pais alienar, ou gravar de ônus real os imóveis dos filhos, nem contrair, em nome deles, obrigações que ultrapassem os limites da simples administração, salvo por necessidade ou evidente interesse da prole, mediante prévia autorização do juiz.

• Vide *Código Civil, arts. 1.637 e 1.689, II.*

Parágrafo único. Podem pleitear a declaração de nulidade dos atos previstos neste artigo:

I — os filhos;

II — os herdeiros;

III — o representante legal.

Limitações ao poder de administração. Os pais têm amplos poderes para administrar o patrimônio de seus filhos menores não emancipados, que, contudo, não são ilimitados, visto que a lei veda-lhes não só o direito de alienar, hipotecar ou gravar de ônus reais os bens imóveis que o compõem, como também o de contrair, em nome deles, obrigações que venham a ultrapassar os limites da simples administração, pelo fato de que tais atos importam em diminuição patrimonial, por constituírem atos de disposição.

Admissibilidade da prática de atos de disposição pelos pais. Se os pais puderem comprovar judicialmente a necessidade ou a vantagem econômica para a prole (TJRS, Ap. Cív. 70.011.175.379, rel. Vasconcellos Chaves, 7ª Câm. Cív., j. 20-4-2005), como, p. ex., para custear seus estudos ou tratamento médico, poderão vender, hipotecar, gravar de ônus reais os imóveis que estão sob sua administração, desde que haja prévia autorização do juiz competente (*RT*, *790*:322, *761*:360, *756*:337, *145*:108, *168*:732 e *506*:122), que expedirá alvará, sem necessidade de hasta pública, embora o magistrado possa exigi-la se suspeitar de simulação atinente ao preço (*RT*, *165*:317). Se os pais praticarem tais atos de disposição, descumprindo o comando legal, o filho poderá mover ação de nulidade para desobrigar e reivindicar seus imóveis, assim que alcançar a maioridade ou a emancipação.

BIBLIOGRAFIA: Caio M. S. Pereira, *Instituições*, cit., v. 5, p. 286; W. Barros Monteiro, *Curso*, cit., v. 2, p. 282; Silvio Rodrigues, *Direito civil*, cit., v. 6, p. 367 e 420; Levenhagen, *Código Civil*, cit., v. 2,

DIREITO DE FAMÍLIA

p. 248-9; M. Helena Diniz, *Curso*, cit., v. 5, p. 306; Darcy Arruda Miranda, *Anotações*, cit., v. 1, p. 386; Lafayette, *Direitos de família*, cit., § 116; Paulo de Lacerda, *Manual*, cit., v. 6, p. 268-74.

Oposição aos atos ilegais de administração e disposição. Se houver violação às normas contidas no art. 1.691, poderão opor a nulidade dos atos dela decorrentes: *a*) o filho lesado, após sua maioridade ou emancipação; *b*) os herdeiros, havendo falecimento do menor, e o representante legal do filho, em caso de cessação do poder familiar por óbito ou ausência de seu titular, suspensão, destituição do poder familiar ou sucessão dos pais na representação.

BIBLIOGRAFIA: Caio M. S. Pereira, *Instituições*, cit., v. 5, p. 286; M. Helena Diniz, *Curso*, cit., v. 5, p. 307; Paulo de Lacerda, *Manual*, cit., v. 6, p. 277-9; Levenhagen, *Código Civil*, cit., v. 2, p. 250.

Art. 1.692. Sempre que no exercício do poder familiar colidir os interesse dos pais com o do filho, a requerimento deste ou do Ministério Público o juiz lhe dará curador especial.

- *Lei n. 8.069/90, arts. 142, parágrafo único, e 148, parágrafo único, f.*
- *Código de Processo Civil, arts. 72, I e 178, II.*

Colisão de interesses dos pais com os do filho menor. Se, no exercício do poder familiar, colidirem os interesses dos pais com os do filho, a requerimento deste ou do Ministério Público, o magistrado dar-lhe-á curador especial (CPC, art. 72, I). Trata-se de medida preventiva, como diz Carvalho Santos, fundada no justo receio de que os pais, cujos interesses colidem com os do filho, possam causar-lhe dano, por serem suspeitos para deliberarem sobre negócios relativos ao filho (*RT, 781*:239, *659*:147; *JTJ, 237*:119).

Função do curador especial. O curador especial terá a tarefa de fiscalizar a solução do conflito de interesses entre pais e filho, zelando pelos do menor (*RT*, *106*:126), recebendo em seu nome, p. ex., doação que o pai irá fazer-lhe, concordando com a venda feita a outro descendente pelo genitor, intervindo na permuta de bens entre o menor e os pais etc.

BIBLIOGRAFIA: Silvio Rodrigues, *Direito civil*, cit., v. 6, p. 367; W. Barros Monteiro, *Curso*, cit., v. 2, p. 283; Levenhagen, *Código Civil*, cit., v. 2, p. 249; M. Helena Diniz, *Curso*, cit., v. 5, p. 307; Carvalho Santos, *Código Civil brasileiro interpretado*, São Paulo, Freitas Bastos, 1958, t. VI, p. 98.

Art. 1.693. Excluem-se do usufruto e da administração dos pais:

- *Código Civil, art. 1.689.*

I — os bens adquiridos pelo filho havido fora do casamento, antes do reconhecimento;

- *Constituição Federal, art. 5º, I, 227, § 6º; Código Civil, art. 3º, I.*

II — os valores auferidos pelo filho maior de dezesseis anos, no exercício de atividade profissional e os bens com tais recursos adquiridos;

- *Código Civil, arts. 4º, I, 5º, parágrafo único, III e V, e 589, III.*
- *Constituição Federal, art. 7º, XXXIII.*

III — os bens deixados ou doados ao filho, sob a condição de não serem usufruídos, ou administrados, pelos pais;

- *Código Civil, arts. 1.816 e 1.848.*

IV — os bens que aos filhos couberem na herança, quando os pais forem excluídos da sucessão.

- *Código Civil, arts. 1.814, 1.816 e parágrafo único e 1.961 a 1.965.*

Bens do menor excluídos da administração e do usufruto paterno. Há certos bens do menor que a lei exclui tanto do usufruto como da administração dos detentores do poder familiar, remetendo sua gerência a um curador especial nomeado pelo magistrado. Tais bens são: *a*) os adquiridos pelo filho (havido fora do casamento) antes do reconhecimento, para evitar que o pai ou a mãe o reconheça com o único propósito de se beneficiar com a administração e o usufruto de seus bens (*RT*, *455*:159); *b*) os valores auferidos e os bens com eles adquiridos pelo filho maior de dezesseis anos, no exercício de atividade profissional (CC, art. 589, III; CF, art. 7º, XXXIII), ante o disposto no art. 5º, parágrafo único, III e V; *c*) os deixados ou doados ao filho sob a condição de não serem usufruídos ou administrados pelos pais (CC, art. 1.848; *RT*, *160*:214 e *152*:637); e *d*) os recebidos por herança pelo filho, quando os pais forem excluídos da sucessão por indignidade ou deserdação (CC, arts. 1.814, 1.816 e parágrafo único, 1.961, 1.962 e 1.963).

BIBLIOGRAFIA: Silvio Rodrigues, *Direito civil*, cit., v. 6, p. 368-70; Levenhagen, *Código Civil*, cit., v. 2, p. 251-2; Darcy Arruda Miranda, *Anotações*, cit., v. 1, p. 387; M. Helena Diniz, *Curso*, cit., v. 5, p. 308.

SUBTÍTULO III
DOS ALIMENTOS

- Vide *arts. 7º, 15 e 30 do Decreto-Lei n. 3.200, de 19 de abril de 1941.*
- *Decretos n. 2.681/12, art. 22; 86.715/81, art. 119, § 2º, c; 3.000/99 e 3.048/99.*
- *Decretos-Leis n. 5.844/43, art. 20, §§ 1º e 2º; 113/67, art. 3º, II, a; 1.301/73, arts. 2º, parágrafo único, 3º e 4º.*
- *Leis n. 968/49; 3.470/58, art. 38; 3.754/60, art. 18, III, a; 7.086/82, art. 4º, I, b; 7.087/82, arts. 30 e 32; 7.713/88, art. 3º, § 1º; 8.059/90, arts. 8º, I, e 9º.*
- *Leis Complementares n. 11/71, art. 33; e 75/93, arts. 37, 54, 84, § 3º.*
- *O Decreto-Lei n. 845, de 9 de novembro de 1938, dispõe sobre o desconto, em folha de pagamento, de quotas de subsistência de esposa e filhos.*
- Vide *Leis n. 883, de 21 de outubro de 1949, 7.841/89, 8.069/90, art. 26, e 8.560/92, sobre reconhecimento de filhos.*
- Vide *Código de Processo Civil, arts. 53, II, 189, II, 215, II, 292, III, 521, I, 533, §§ 1º a 5º, 528, §§ 3º, 5º, 6º e 8º, 529 e § 1º, 693 a 699, 911, 912 e § 2º, 913, 833, IV, 834 e 1.012, § 1º, II.*
- *CPC, art. 693, parágrafo único: ação de alimentos observará o procedimento previsto em lei específica, aplicando-se, no que couber, os arts. 693 a 699 do CPC.*
- Vide *art. 12 do Decreto-Lei n. 6.026, de 24 de novembro de 1943, sobre alimentos devidos a menores abandonados.*
- Vide *art. 244 do Código Penal.*
- Vide *Lei n. 5.478, de 25 de julho de 1968, que regula a ação de alimentos e dá outras providências.*
- Vide *arts. 130, parágrafo único (acrescentado pela Lei n. 12.415/2011), 148, parágrafo único, g, e 201, III, da Lei n. 8.069, de 13 de julho de 1990 (Estatuto da Criança e do Adolescente).*

- Vide *Lei n. 6.515, de 26 de dezembro de 1977, arts. 16, 19 a 23 e 28, sobre alimentos.*
- Vide *Leis n. 8.971/94, art. 1º e parágrafo único, e 9.278/96, art. 7º.*
- *Código Civil, arts. 206, § 2º, 1.590, 1.697, 1.698, 1.700, 1.701, 1.740, I, 373, II, 557, IV, 871, 948, II, 1.920, 1.928 e parágrafo único.*
- *Decreto n. 56.826/65 (Convenção sobre Prestação de Alimentos no estrangeiro).*
- Vide *Súmulas 1, 144, 277, 309 e 336 do Superior Tribunal de Justiça, e 226 e 379 do Supremo Tribunal Federal.*
- *Constituição Federal de 1988, arts. 5º, LXVII, 100,* caput, *§ 1º, 6º (com a redação da EC n. 64/2010) e 229.*
- Vide *Lei n. 9.099/95, art. 3º, § 2º.*
- *Leis n. 8.112/90, art. 48; 8.185/91, arts. 28, I,* b, *e 31, § 1º,* g; *8.213/91, arts. 17, § 2º, 76, § 2º, 114 e 115, IV; 8.383/91, art. 10, II.*
- *Lei n. 9.250/95, arts. 4º, II, e 8º, II,* f e *§ 3º, com a redação da Lei n. 11.727/2008.*
- *Convenção Interamericana sobre Obrigação Alimentar: Decreto n. 2.428/97.*
- *Lei n. 10.741/2003 (Estatuto da Pessoa Idosa) — com a alteração da Lei n. 11.737/2008 — arts. 11 a 14.*
- *Lei n. 11.804/2008 (alimentos gravídicos). "Cabe prisão civil do devedor nos casos de não prestação de alimentos gravídicos estabelecidos com base na Lei n. 11.804/2008, inclusive deferidos em qualquer caso de tutela de urgência" (Enunciado n. 521 do CJF, aprovado na* V Jornada de Direito Civil*).*
- *PL n. 176/2015 visa incluir máquinas e equipamentos hospitalares no rol da impenhorabilidade de bens móveis, necessários ou úteis, ao exercício da profissão do executado, salvo quando responderem por dívida de* natureza alimentar, *trabalhista ou previdenciária.*

Art. 1.694. Podem os parentes, os cônjuges ou companheiros pedir uns aos outros os alimentos de que necessitem para viver de modo compatível com a sua condição social, inclusive para atender às necessidades de sua educação.

- *Código Civil, arts. 1.920 e 1.740, I, 1.701, 1.700, 1.698, 1.697, 557, IV, 206, § 2º.*
- *Constituição Federal, arts. 5º, LXVII, e 6º, com a redação da EC n. 64/2010.*
- *Leis n. 5.478/68; 8.971/94, art. 1º; 10.741/2003, arts. 11 a 14, sendo que o art. 13 sofreu alteração pela Lei n. 11.737/2008.*
- *Lei n. 11.804, de 5 de novembro de 2008, disciplina o direito a alimentos gravídicos (direito de alimentos da mulher gestante) e a forma como ele será exercido.*
- *Súmula 358 do Superior Tribunal de Justiça.*
- ***Projeto de Lei n. 699/2011**: "Art. 1.694. Podem os parentes, os cônjuges ou companheiros pedir uns aos outros os alimentos de que necessitem para viver com dignidade.*

..".

§ 1º Os alimentos devem ser fixados na proporção das necessidades do reclamante e dos recursos da pessoa obrigada.

- *Código Civil, art. 1.699.*

§ 2º Os alimentos serão apenas os indispensáveis à subsistência, quando a situação de necessidade resultar de culpa de quem os pleiteia.

- *O **Projeto de Lei n. 699/2011** visa acrescentar: "§ 3º A obrigação de prestar alimentos entre parentes independe de ter cessado a menoridade, se comprovado que o alimentando não tem*

DIREITO DE FAMÍLIA

rendimentos ou meios próprios de subsistência, necessitando de recursos, especialmente para sua educação".

Alimentos. Os alimentos são prestações que visam atender às necessidades vitais, atuais ou futuras, de quem não pode provê-las por si. Os alimentos são, portanto, apenas os indispensáveis à subsistência, quando a situação de necessidade resultar de culpa de quem os pleiteia. Com isso, exigir-se-á, na ação de alimentos (CPC, art. 693, parágrafo único), averiguação da culpabilidade do alimentando, que causou, com seu ato comissivo (p. ex., gasto excessivo com viagens) ou omissivo (p. ex., vadiagem), a situação difícil em que se encontra (CC, art. 1.694, § 2º; *RT*, *713*:28, *704*:114, *494*:188, *518*:30 e 193, *529*:108 e 234, *557*:185, *532*:279, *558*:175, *520*:246, *483*:70, *490*:108, *526*:49 e 193, *511*:243, *506*:449, *472*:221, *479*:92, *519*:126, *544*:278, *530*:86, *537*:105, *546*:103, *510*:122, *542*:174, *548*:279, *577*:119, *579*:97, *573*:121 e 201, *685*:137-8, *656*:206, *651*:66, *665*:75, *710*:116; *RF*, *134*:455; *RTJ*, *92*:1197; *RJTJSP*, *21*:198, 72:273; *JB*, *160*:319 e 322; *Ciência Jurídica*, *16*:92, *13*:86, *20*:125, *23*:114 e *48*:141 e 195, *61*:93 e 101, *63*:11 e 150, *62*:114, *64*:129, *65*:115 e 136, *68*:90, *69*:93, *71*:104 e 336, 72:151; *EJSTJ*, *9*:72, *14*:49, 54 e 55; *RJTJRS*, *35*:219, *134*:62, *135*:215, *169*:208; *RSTJ*, *45*:241, *99*:255, *104*:299; *BAASP*, *1.943*:22, *1.938*:13, *1.943*:22, *1.950*:36, *1.954*:44, *1.958*:52, *1.959*:217, *1.961*:59; *JSTJ*, *10*:299, *6*:281 e *4*:267; Súmula 309 do STF). Urge lembrar que a alimentação é um dos direitos sociais (CF, art. 6º, com a redação da EC n. 64/2010).

BIBLIOGRAFIA: Edgard de Moura Bittencourt, *Alimentos*, São Paulo, 1979; João Claudino Oliveira e Cruz, *Dos alimentos no direito de família*, Rio de Janeiro, Forense, 1956; Orlando Gomes, *Direito de família*, cit., p. 455; Aniceto L. Aliende, *Questões sobre alimentos*, São Paulo, Revista dos Tribunais, 1986; Álvaro Villaça Azevedo, *Prisão civil por dívida*, São Paulo, 1992, p. 121-61; Luiz Flávio Gomes, Prisão civil por dívida alimentar, *RT*, *582*:9; Carlos Alberto Bittar, *Direito de família*, cit., p. 252-9; José de Farias Tavares, *O Código Civil*, cit., p. 68; Silmara J. A. Chinelato e Almeida, Direito do nascituro a alimentos do direito romano ao direito civil, *Revista da Procuradoria-Geral do Estado de São Paulo*, *34*:169-85; *Comentários*, cit., v. 18, p. 436-526; Paulo Lúcio Nogueira, *Lei de Alimentos comentada*, cit., 1994; Bertoldo M. de Oliveira Filho, *Alimentos e investigação de paternidade*, 1993; Stélio Bastos Belchior, *Obrigação alimentar*, São Paulo, Revista dos Tribunais, 1992; Ronaldo Frigini, Alguns aspectos da prestação alimentar, *RT*, *684*:47; Valdemar P. da Luz, *Curso de direito de família*, cit., p. 134-50; Sebastião José Roque, *Direito de família*, cit., p. 175-86; Araken de Assis, *Da execução de alimentos e prisão do devedor*, São Paulo, Revista dos Tribunais, 1998; Hélio Borghi, Alimentos: ainda uma questão controvertida, *RT*, *683*:237; Fabiana M. Spengler, *Alimentos: da ação à execução*, Porto Alegre, Livraria do Advogado, 2002; Imaculada A. Milano, *Alimentos — o direito de exigir e o dever de prestar*, São Paulo, Juarez de Oliveira, 2005; Rosana A. G. Fachin, *Dever alimentar para um novo direito de família*, Rio de Janeiro, Renovar, 2008; Áurea P. Pereira, *Alimentos no direito de família e no direito dos companheiros*, Rio de Janeiro, Renovar, 2008; Pedro Lino de Carvalho Junior, Da solidariedade da obrigação alimentar em favor do idoso, *Revista Síntese — Direito de Família*, *65*:200-11.

Princípio de solidariedade familiar e o dever legal de assistência. O dever de prestar alimentos fundamenta-se na solidariedade familiar, sendo uma obrigação personalíssima devida pelo alimentante em razão de parentesco que o liga ao alimentando, e no dever legal de assistência em relação a cônjuge (*RT*, *764*:150) ou companheiro necessitado. E a Lei n. 11.804/2008 insere, com o escopo de proteger o nascituro, no rol dos beneficiários, a *gestante*, que poderá propor ação de alimentos para fazer frente às despesas do período de gravidez até o parto. Para sua procedência, o órgão judicante deverá convencer-se sobre a existência de indícios de paternidade e estipulará o "quantum" a ser pago pelo suposto pai, tendo por base os recursos deste e as necessidades da gestante. Tais *alimentos gravídicos* converter-se-ão em pensão alimentícia ao menor, após seu nascimento com vida, até que uma das partes requeira sua revisão. Pelo Enunciado n. 522 da *V Jornada de Direito Civil*: "Cabe prisão civil do devedor nos casos de não prestação de alimentos gravídicos estabelecidos com base na Lei n. 11.804/2008, inclusive deferidos em qualquer caso de tutela de urgência".

Pelo Enunciado n. 675 da *IX Jornada de Direito Civil*: "As despesas com doula e consultora de amamentação podem ser objeto de alimentos gravídicos, observado o trinômio da necessidade, possibilidade e proporcionalidade para a sua fixação".

Finalidade. O instituto jurídico dos alimentos visa garantir a um parente, cônjuge ou convivente aquilo que lhe é necessário a sua manutenção, assegurando-lhe meios de subsistência, compatíveis com sua condição social. Como será difícil o atendimento da dicção legal de que será preciso manter o *status* social do alimentando, melhor seria que na outorga dos alimentos se considerasse o necessário para que se possa viver com dignidade. Dever-se-ia substituir a exigência de o alimento ser compatível com a condição social do devedor da prestação alimentícia, por ser conducente à interpretação de que seria impossível à diminuição do seu padrão de vida, pela preservação de uma vida digna. Abrange também recursos para atender às necessidades de sua educação, principalmente se o credor de alimentos for menor (CC, art. 1.701, *in fine*) ou maior, cursando estabelecimento superior, exceto se possuir rendimento próprio (*RT*, *490*:109, *522*:232, *698*:156, *772*:216, *727*:262, *805*:230, *845*:366; *BAASP*, *1954*:44). Pelo STJ, Súmula 358: "O cancelamento de pensão alimentícia de filho que atingiu a maioridade está sujeito à decisão judicial, mediante contraditório, ainda que nos próprios autos". "Em acordos celebrados antes do advento do novo Código, ainda que expressamente convencionado que os alimentos cessarão com a maioridade, o juiz deve ouvir os interessados, apreciar as circunstâncias do caso concreto e obedecer ao princípio *rebus sic stantibus*" (Enunciado n. 112, aprovado na *I Jornada de Direito Civil*, promovida pelo CJF). Até que o filho, mesmo maior, complete curso superior ou atinja 24 anos, há, conforme jurisprudência e doutrina majoritária, o dever do pai de prestar-lhe alimentos. Fora desses casos só poderá pleitear alimentos de seu pai o filho maior que provar incapacidade para prover o seu próprio sustento. Terá direito a alimentos parente, cônjuge ou companheiro que, em virtude de idade avançada, doença, estudo (*RJTJSP*, *18*:201), falta de trabalho ou qualquer incapacidade, estiver impossibilitado de produzir meios materiais com o próprio esforço.

BIBLIOGRAFIA: Coelho da Rocha, *Direito civil português*, cit., v. 1, p. 219; W. Barros Monteiro, *Curso*, cit., v. 2, p. 290; Cahali, *Dos alimentos*, 1984; e Alimentos, in *Enciclopédia Saraiva do Direito*, v. 6, p. 116 e 120-1; Paulo Lúcio Nogueira, *Alimentos, divórcio e separação*, São Paulo, Saraiva, 1983, p. 3-67; e *Lei de Alimentos comentada*, cit.; Borges Carneiro, *Direito civil de Portugal*, Lisboa, 1851, t. 1, tít. XIX, § 167; Demolombe, *Cours de Code de Napoléon*, v. 4, n. 52; Quartarone, *Diritto e azioni alimentare*, n. 119; Pontes de Miranda, *Tratado de direito privado*, cit., v. 9, n. 1.001, p. 216; M. Helena Diniz, Curso, cit., v. 5, p. 316-7; Diana Amato, *Gli alimenti, Milano*, Giuffrè, 1973; Helène Sinay, Les conventions sur les pensions alimentaires, *Revue Trimestrielle de Droit Civil*, *24*:244, 1954; Fornari, *Dell'obbligo degli alimenti*, p. 28; Marco Aurelio S. Viana, Ação de alimentos, *Coleção Saraiva de Prática do Direito*, n. 29, 1986; Nelson Carneiro, *A nova ação de alimentos*, n. 19 e 20; Sérgio G. Porto, *Doutrina e prática dos alimentos*, 1991; J. Franklin Alves Felipe, *Prática das ações de alimentos*, Rio de Janeiro, Forense, 1995; Júlio López del Carril, *Derecho y obligación alimentaria*, Buenos Aires, Abeledo-Perrot, 1981; Stélio B. Belchior, *Obrigação alimentar*, cit.; Célio Valle da Fonseca, Alimentos no direito de família, *Amagis*, *5*:590; Luiz Felipe B. Santos, Os alimentos no novo Código Civil, *Revista Brasileira de Direito de Família*, *16*:27; Washington E. M. Barra, Dos alimentos no direito de família, *O novo Código Civil — estudos em homenagem a Miguel Reale*, São Paulo, LTr, 2003, p. 1254-68; Belmiro Pedro Weter, *Alimentos* *no Código Civil*, Porto Alegre, Síntese, 2000; Waldyr Grisard Filho, Os alimentos nas famílias reconstituídas, in *novo Código Civil — questões controvertidas*, coord. Mário Luiz Delgado e Jones Figueirêdo Alves, São Paulo, Método, 2003, p. 373-88; Luiz Paulo V. de Carvalho, *Direito civil*, cit., p. 121-174; Paulo Lins e Silva, *Código das famílias*, cit., p. 469-70.

Reciprocidade. Na relação jurídico-familiar, o parente que em princípio é devedor de alimentos poderá reclamá-los do outro se deles vier a precisar (*RT, 755*:253). A obrigação de prestar alimentos é recíproca entre ascendentes, descendentes, colaterais de segundo grau e ex-cônjuge, ou ex-companheiro, em caso de *união estável*, desde que tenha havido vida em comum (*RT, 784*:367) ou prole, provando sua necessidade, enquanto não vier a constituir nova união (Leis n. 8.971/94, art. 1º e parágrafo único, e 9.278/96, art. 7º). Cônjuge, ou companheiro, apesar de não ser parente, pode ser devedor ou credor de alimentos, ante o dever legal de assistência. Tais pessoas são, potencialmente, sujeitos ativo e passivo, pois quem pode ser credor também pode ser devedor.

BIBLIOGRAFIA: Ruggiero e Maroi, *Istituzioni di diritto privato*, v. 1, § 50; Azzariti-Martinez, *Diritto civile italiano*, Padova, CEDAM, 1943, t. 1, p. 1077; Silvio Rodrigues, *Direito civil*, cit., v. 6, p. 382; Orlando Gomes, *Direito de família*, cit., p. 465; M. Helena Diniz, *Curso*, cit., v. 5, p. 322-3; Cahali, Alimentos em favor da companheira (Lei n. 8.971), *Livro de Estudos Jurídicos, 10*:87-92; Sérgio Gischkow Pereira, A união estável e os alimentos, *RT, 657*:17; Maria Helena M. Braceiro Daneluzzi, *União estável*, dissertação de mestrado apresentada na PUCSP em 1995; João Baptista Villela, Alimentos e sucessão entre companheiros: apontamentos críticos sobre a Lei n. 8.971/94, *Repertório IOB de Jurisprudência*, 7:117; Cláudio Ferreira Pazini, *Alimentos e sucessão na união estável*, Belo Horizonte, Del Rey, 2009, p. 103 a 194.

Proporcionalidade e apuração da culpabilidade na fixação dos alimentos. Imprescindível será que haja proporcionalidade na fixação dos alimentos entre as necessidades do alimentando e os recursos econômico-financeiros do alimentante, sendo que a equação desses dois fatores deverá ser feita, em cada caso concreto, levando-se em conta que a pensão alimentícia será concedida sempre *ad necessitatem* (*JB, 165*:279; *RT, 871*:307, *844*:336, *830*:323, *685*:138, *530*:105, *528*:227, *367*:140, *348*:561, *320*:569, *269*:343 e *535*:107; *Ciência Jurídica, 44*:154; *EJSTJ, 23*:122; *RSTJ, 96*:322). Pelo Enunciado n. 573 do Conselho da Justiça Federal (aprovado na *VI Jornada de Direito Civil*): "Na apuração da possibilidade do alimentante, observar-se-ão os sinais exteriores de riqueza". E os alimentos serão apenas os indispensáveis à subsistência, se a situação de necessidade resultar de culpa de quem os pleiteia (p. ex., vadiagem, dívida de jogo, gastos excessivos com viagens etc.). Não havendo culpa, a prestação alimentícia abrangerá não só o *quantum* destinado à sobrevivência do alimentando, mas também a verba para lazer, educação, vestuário etc., devendo ser compatível com a condição social. Imprescindível será, em certos casos, a averiguação de culpabilidade na ação de alimentos.

BIBLIOGRAFIA: Cahali, Alimentos, cit., in *Enciclopédia Saraiva do Direito*, v. 6, p. 131-2; W. Barros Monteiro, *Curso*, cit., v. 5, p. 294; M. Helena Diniz, *Curso*, cit., v. 5, p. 319; Ronaldo Frigini, Alguns aspectos da prestação alimentar, *RT, 684*:47.

Art. 1.695. São devidos os alimentos quando quem os pretende não tem bens suficientes, nem pode prover, pelo seu trabalho, à própria mantença, e aquele, de quem se reclamam, pode fornecê-los, sem desfalque do necessário ao seu sustento.

- *Constituição Federal, art. 229.*
- *Código Penal, art. 244.*

Necessidade do alimentando. O credor de alimentos só poderá exigi-los do devedor se, além de não possuir bens, estiver impossibilitado de prover, pelo seu trabalho, à própria subsistência, por estar, p. ex., doente (*RT, 819*:210), velho (Lei n. 10.741/2003), inválido, desempregado ou ser portador de deficiência mental (*RT, 830*:321). Só a prova do estado de penúria em que se encontra o autoriza a pleitear judicialmente alimentos (*RT, 392*:154 e *665*:75).

Possibilidade econômica do alimentante. O estado de necessidade do alimentando só poderá obrigar aquele que deve prestar alimentos reclamados se ele puder cumprir seu dever sem que haja desfalque do necessário ao seu próprio sustento, ou seja, será imprescindível verificar sua capacidade financeira, porque, se tiver apenas o indispensável para sua mantença, não será justo que passe privações ou faça sacrifícios para atender pessoa necessitada (*RT, 828*:311, *779*:220 e 304, *526*:444, *528*:57 e *332*:203; *Revista Jurídica, 67*:31).

BIBLIOGRAFIA: Degni, *Il diritto di famiglia nel nuovo Codice Civile italiano*, Padova, CEDAM, 1943, p. 478; De Page, *Traité élémentaire de droit civil belge*, cit., v. 1, p. 550; W. Barros Monteiro, *Curso*, cit., v. 2, p. 293; Cahali, Alimentos, cit., in *Enciclopédia Saraiva do Direito*, v. 6, p. 131; M. Helena Diniz, *Curso*, cit., v. 5, p. 319; Planiol, Ripert e Rouast, *Traité pratique de droit civil français*, Paris, 1952, t. 2, n. 33, p. 26; Caio M. S. Pereira, *Instituições*, cit., v. 5, p. 323; Enneccerus, Kipp e Wolff, *Derecho de familia*, cit., v. 2, § 97; Orlando Gomes, Direito de família, cit., p. 460; Lehmann, Derecho de familia, Madrid, 1953, n. 42; João Baptista Villela, Sobre o dever de alimentar e assistir os pais segundo a Lei n. 8.648/93, *Repertório IOB de Jurisprudência, 21*:415.

Art. 1.696. O direito à prestação de alimentos é recíproco entre pais e filhos, e extensivo a todos os ascendentes, recaindo a obrigação nos mais próximos em grau, uns em falta de outros.

- *Constituição Federal, art. 229.*
- *Código Penal, art. 244.*
- *Código Civil, arts. 1.698 e 871.*

Reciprocidade de alimentos entre pais e filhos necessitados. O direito à prestação de alimentos é recíproco entre pais e filhos, menores, maiores ou emancipados, casados ou solteiros, que se encontrem sem recursos para sua mantença, por estarem desempregados, por cursarem estabelecimento de ensino superior (*RT, 490*:108 e 109, *507*:115, *544*:235, *522*:232, *566*:54, *546*:222, *531*:236, *572*:198, *569*:58, *574*:188, *539*:201, *534*:79, *656*:206, *727*:262, *774*:333, *755*:253, *787*:242, *805*:230; *Adcoas*, n. 89.527, 1983, TJRJ, 86.076, 1982; *Bol. AASP, 1.950*:36; *JB, 152*:297 e *165*:320; *EJSTJ, 19*:49; *RJTJSP, 18*:201). É preciso salientar que "a obrigação alimentar originada do poder familiar, especialmente para atender às necessidades educacionais, pode não cessar com a maioridade" (Enunciado n. 344 do CJF, aprovado na *IV Jornada de Direito Civil*). O mesmo direito terá o pai, ou mãe, que se encontrar sem meios para subsistir. E, para "os fins do art. 1.696, a relação socioafetiva pode ser elemento gerador de obrigação alimentar" (Enunciado n. 341 do CJF, aprovado na *IV Jornada de Direito Civil*).

Os pais têm o dever de sustentar seus filhos menores não emancipados (*RT, 803*:345) e de prestar alimentos aos maiores necessitados, sejam eles capazes ou incapazes. Pela Lei n. 8.648/93, os filhos maiores, emancipados e capazes deveriam, por sua vez, prestar alimentos a seus pais que, em razão de velhice, enfermidade ou dificuldade econômica, não pudessem prover o próprio sustento, enquanto vivessem e necessitassem de auxílio. O mesmo se dizia se os genitores viessem a abrir mão de seus bens em favor da prole, que, então, deveria ampará-los e assisti-los. Mas, com isso, a Lei n. 8.648/93 veio não só a contrariar o princípio da reciprocidade, pois exigia que somente os *filhos maiores* e *capazes* tivessem o dever de alimentar os pais, restringindo o comando do art. 229 da Carta Magna, que não requer, para tanto, *capacidade* da prole. Além disso, ante o art. 1.696 do Código Civil, o descendente, mesmo incapaz, teria a obrigação de prestar alimentos aos ascendentes mais remotos (avós ou bisavós), que não são alcançados por aquela norma. Daí a impropriedade dessa lei. Urge lembrar, ainda, que a mencionada lei impõe a *irrenunciabilidade da obrigação* de assistir e alimentar os pais, quando, na verdade, só seria possível renunciar ao exercício do direito a alimentos (CC, art. 1.707).

Extensão do dever de alimentos a todos os ascendentes. A obrigação alimentar alcança todos os ascendentes, recaindo nos mais próximos em grau, uns em falta de outros. Como diz Yussef S. Cahali, há uma ordem sucessiva ao chamamento à responsabilidade de prestar alimentos. De forma que quem necessitar de alimentos deverá pedi-los, primeiramente, ao pai ou à mãe (*RT, 490*:108); na falta (morte, incapacidade, invalidez) ou impossibilidade (péssima condição econômica) destes, aos avós paternos ou maternos (*Adcoas*, n. 74.442, 1980, TJRJ; *RT, 845*:402, *791*:223, *787*:242, *778*:358, *755*:253, *771*:188 e 190, *747*:385, *509*:86, *328*:323, *537*:105, *573*:121, *519*:101 e *401*:184; *JTJ, 182*:18 e 23; *RTJ, 59*:118; *JTRS, 186*:188; TJSP, Ap. Cív. 462.011-4/5-00 — Ourinhos, 5ª Câm. D. Priv., rel. Silvério Ribeiro, j. 24-1-2007; *RSTJ, 187*:323); Pelo Enunciado n. 599, aprovado na *VII Jornada de Direito Civil*: "Deve o magistrado, em sede de execução de alimentos avoengos, analisar as condições do(s) devedor(es), podendo aplicar medida coercitiva diversa da prisão civil ou determinar seu cumprimento em modalidade diversa do regime fechado (prisão em regime aberto ou prisão domiciliar), se o executado comprovar situações que contraindiquem o rigor na aplicação desse meio executivo e o torne atentatório à sua dignidade, como corolário do princípio de proteção aos idosos e garantia à vida". E na ausência dos avós, aos bisavós paternos ou maternos, e assim sucessivamente. Logo, existindo ascendente de grau mais próximo, o de grau mais remoto liberar-se-á da obrigação alimentar. O alimentando não pode, a seu bel prazer, escolher o parente que deverá prestar-lhe alimentos. Não se deve afirmar que o mais próximo exclui o mais remoto, pois, se o mais chegado não puder fornecê-la, o mais distante poderá ser compelido a pagar a pensão alimentícia. Há responsabilidade subsidiária, pois somente caberá ação de alimentos contra avô se o pai estiver ausente, impossibilitado para o exercício de uma atividade laborativa ou não tiver recursos econômicos, nem meios para suportar o encargo alimentício (*BAASP, 2.626*:5.155). Nada obsta, havendo pluralidade de obrigados do mesmo grau, que haja um concurso entre eles, contribuindo cada um com a quota proporcional aos seus haveres (CC, art. 1.698).

BIBLIOGRAFIA: Levenhagen, *Código Civil*, cit., v. 2, p. 259-60; M. Helena Diniz, *Curso*, cit., v. 5, p. 322 e 324; Caio M. S. Pereira, *Instituições*, cit., v. 5, p. 321; Orlando Gomes, *Direito de família*, cit., p. 470; Cecília P. Grosman, *Acción alimentaria de los hijos extramatrimoniales no reconocidos o no declarados como tales*, Buenos Aires, Abeledo-Perrot, 1969; Ênio Santarelli Zuliani, Alimentos para filhos maiores, *Revista IOB de Direito de Família, 44*:125-50; Álvaro Villaça Azevedo, Direitos e deveres dos avós — alimentos e visitação, *Revista IOB de Direito de Família, 45*:38-65.

Art. 1.697. Na falta dos ascendentes cabe a obrigação aos descendentes, guardada a ordem de sucessão e, faltando estes, aos irmãos, assim germanos como unilaterais.

- *Código Civil, art. 871.*

Descendente como devedor de alimentos. Não havendo ascendentes, competirá a prestação alimentícia aos descendentes, ou seja, aos filhos, independentemente da qualidade da filiação; na ausência destes, serão chamados os netos (*RT, 821*:333), depois os bisnetos, e assim sucessivamente. O descendente terá o dever de prestar alimentos ao ascendente, exceto se não tiver recursos financeiros para cumprir sua obrigação (*RT*, *755*:253). Pelo Estatuto da Pessoa Idosa, excepcionalmente, a obrigação alimentar é solidária; logo, o alimentando poderá optar entre os prestadores (codevedores solidários passivos) a quem demandar ou acionar a todos, e a dívida poderá ser exigida, por inteiro, de um ou de todos os coobrigados.

Prestação de alimentos por irmãos. Faltando os descendentes, incumbirá a obrigação alimentar aos colaterais de segundo grau, ou seja, aos irmãos germanos ou unilaterais (*RT*, *546*:103, *537*:105 e *665*:74; *Revista Jurídica*, *68*:47; *RJTJSP*, *62*:34; *RJM*, *183*:139), que a cumprirão em comum e proporcionalmente aos seus haveres. O dever de pagar pensão alimentícia não pode ultrapassar a linha colateral em segundo grau; logo, tio não deve alimentos a sobrinho (*RT*, *786*:217), nem primos (*JTJ*, *202*:28) devem-se reciprocamente; consequentemente, excluídos também estarão os afins (*RT*, *537*:105, *845*:402).

BIBLIOGRAFIA: Orlando Gomes, *Direito de família*, cit., p. 469-72; Caio M. S. Pereira, *Instituições*, cit., v. 5, p. 332; Cahali, Alimentos, cit., in *Enciclopédia Saraiva do Direito*, v. 6, p. 130; Levenhagen, *Código Civil*, cit., v. 2, p. 260; Darcy Arruda Miranda, *Anotações*, cit., v. 1, p. 392; M. Helena Diniz, *Curso*, cit., v. 5, p. 324; A. Padial Albás, *La obligación de alimentos entre parientes*, Barcelona, Bosch, 1997.

Art. 1.698. Se o parente, que deve alimentos em primeiro lugar, não estiver em condições de suportar totalmente o encargo, serão chamados a concorrer os de grau imediato; sendo várias as pessoas obrigadas a prestar alimentos, todas devem concorrer na proporção dos respectivos recursos, e, intentada ação contra uma delas, poderão as demais ser chamadas a integrar a lide.

- *Código Civil, art. 1.694, § 1º.*
- *Código de Processo Civil, arts. 113, 114 e 130, III.*
- *Lei n. 10.741/2003 (Estatuto da Pessoa Idosa), arts. 12, 13 (com redação da Lei n. 11.737/2008) e 14.*

Impossibilidade econômica do devedor de alimentos. A possibilidade econômica do alimentante é pressuposto essencial da obrigação de prestar alimentos (CC, art. 1.694, § 1º, *in fine*), pois ele só deverá cumprir seu dever sem que haja desfalque do necessário ao seu próprio sustento. Injusto seria sacrificá-lo, fazendo com que passe por privações, para socorrer parente necessitado, tanto mais que pode existir parente mais afastado que esteja em condições de cumprir tal obrigação alimentar sem grandes sacrifícios. Assim, não se deve afirmar que os mais próximos excluem os mais remotos, porque embora haja um parente mais chegado, o mais distante poderá ser compelido a prestar pensão alimentícia, se aquele não tiver condições de fornecê-la (*RT*, *418*:180, *773*:333, *771*:345). E, se o parente mais próximo não puder suportar totalmente o encargo alimentício, possível será pleitear *alimentos complementares* (*RT*, *776*:318) de parentes de grau imediato. Não há solidariedade, pois, se, p. ex., o pai só puder arcar com 70% do *quantum* da pensão, o avô do alimentando contribuirá com 30%. A participação deste se dá em caráter complementar. O reclamante poderá investir contra o avô apenas se seu pai não tiver condições de suportar o encargo integralmente. “De acordo com os arts. 1.696 e 1.698 do Código Civil, o avô pode ser convocado a suplementar os alimentos devidos aos netos quando o encargo não é integralmente satisfeito pelos parentes diretamente obrigados. O fato de o pai dos menores pagar alimentos não inibe nem exclui a responsabilidade subsidiária do avô, desde que vislumbrada a presença dos requisitos emoldurados nos arts. 1.694, § 2º, 1.696 e 1.698 da Lei Civil” (*BAASP*, *2577*:4759).

Nesse mesmo sentido se pronunciou o Conselho da Justiça Federal: "Observadas as suas condições pessoais e sociais, os avós somente serão obrigados a prestar alimentos aos netos em caráter exclusivo, sucessivo, complementar e não solidário, quando os pais destes estiverem impossibilitados de fazê-lo, caso em que as necessidades básicas dos alimentandos serão aferidas, prioritariamente, segundo o nível econômico-financeiro dos seus genitores" (Enunciado n. 342 do CJF, aprovado na *IV Jornada de Direito Civil*).

Pluralidade de obrigados. Havendo vários obrigados do *mesmo grau* (pais, avós ou irmãos), nada obsta que se cumpra o dever alimentar por concurso entre parentes, contribuindo cada um com a quota proporcional aos seus recursos; mas se a ação de alimentos for intentada contra um deles, os demais poderão ser chamados pelo demandado, na contestação, a integrar a lide (CPC, art. 130, III) para contribuir com sua parte, na proporção de seus recursos, distribuindo-se a dívida entre todos. "O chamamento dos codevedores para integrar a lide, na forma do art. 1.698 do Código Civil, pode ser requerido por qualquer das partes, bem como pelo Ministério Público, quando legitimado" (Enunciado n. 523 do CJF, aprovado na *V Jornada de Direito Civil*). Trata-se de *litisconsórcio passivo facultativo* (*JTJ*, *252*:235; TJSP, Agravo de Instrumento n. 487.789-4/7, São José dos Campos, 10ª Câmara de Direito Privado, 24-4-2007, rel. Des. João Carlos Saletti, v. u., v. 11764; CPC, arts. 113 e 114) e de um caso de intervenção de terceiro não previsto na lei processual. É uma inovação do art. 1.698 (norma adjetiva contida no Código Civil). Se de *grau diverso* (pai e avô, avô e irmão do alimentando), tal não se dará, pois só respondem conforme a ordem do art. 1.697 ou em caráter complementar (art. 1.698, 1ª parte).

BIBLIOGRAFIA: Diogo L. M. Melo, O art. 1.698 do Código Civil: repercussões processuais à luz do direito material, *Impactos processuais*, cit., p. 393-440.

Art. 1.699. Se, fixados os alimentos, sobrevier mudança na situação financeira de quem os supre, ou na de quem os recebe, poderá o interessado reclamar ao juiz, conforme as circunstâncias, exoneração, redução ou majoração do encargo.

- *Código Civil, art. 1.694, § 1º.*
- *Lei n. 5.478/68, arts. 13 e 15.*
- *Código de Processo Civil, arts. 505, I e 533.*
- *Súmula 621 do Superior Tribunal de Justiça.*

Mutabilidade do "quantum" da pensão alimentícia. O valor da pensão alimentícia pode sofrer variações quantitativas ou qualitativas, uma vez que é fixado após a verificação das necessidades do alimentando e das condições financeiras do alimentante; assim, se sobrevier mudança na situação financeira de quem a paga ou na de quem a recebe, poderá o interessado reclamar do magistrado, provando os motivos de seu pedido, conforme as circunstâncias, *exoneração* (Bol. AASP, 1.958*:52; JTJ, 275*:24, *255*:28; *RT, 799*:304, *778*:258, *796*:241, *803*:216, *834*:381, *733*:296, *763*:366, *727*:278), *redução* (*Ciência Jurídica, 65*:115 e 136; *RT, 803*:315, *845*:312, *846*:280, *840*:250; *JTJ, 278*:30, *279*:26 e 28; *RJM, 165*:136; *BAASP, 2656*:595, *2661*:1783-11, *2649*:1747-08 e *2666*:1798-08), ou *majoração do encargo* (*Adcoas*, n. 87.808, 1982, TJMG, 72.073, 1980, TJRS, e 91.331, 1983, TJRJ; *RT, 458*:99, *526*:195, *620*:166, *530*:86 e *536*:241; *Ciência Jurídica, 71*:336, *69*:93, *62*:114, *39*:173 e *18*:92; *JB, 167*:292; *RSTJ, 102*:255).

Ação ordinária de revisão ou de modificação. Como a sentença condenatória de alimentos, no que atina ao *quantum*, não faz coisa julgada (*RT, 818*:288, *788*:255, *780*:306, *729*:181, *483*:153, *243*:139, *415*:147 e *209*:238; *JB, 156*:140 e 202; *RF, 126*:138; *EJSTJ, 11*:120; *JTJRS, 224*:333; *Ciência Jurídica, 62*:114), todas as alterações necessárias, inclusive atualização monetária, são requeridas mediante ação ordinária de revisão ou de modificação (CPC, arts. 61e 505, I; *JB*, *147*:285, *162*:311, *141*:296, 303 e 321) aforada perante o mesmo juízo que anteriormente arbitrou a pensão alimentícia. Se, porventura, os alimentos forem pagos a mais, serão tidos como adiantamento de prestações futuras (*JB*, *159*:303).

BIBLIOGRAFIA: Cahali, Alimentos, cit., in *Enciclopédia Saraiva do Direito*, v. 6, p. 133; Orlando Gomes, *Direito de família*, cit., p. 462-4; W. Barros Monteiro, *Curso*, cit., v. 2, p. 294-5; M. Helena Diniz, *Curso*, cit., v. 5, p. 321-2; Lobão, *Obrigações recíprocas*, § 38; Lourenço Mário Prunes, *Ações de alimentos*, São Paulo, Sugestões Literárias, 1978; Athos Gusmão Carneiro, Ação de alimentos e prisão civil, *RT*, *516*:14; João Claudino de Oliveira, *A nova ação de alimentos*, Rio de Janeiro, Forense, 1969; Eduardo de Oliveira Leite, O *quantum* da pensão alimentícia, *RT*, *771*:38; Luiz Antônio Câmara e Fernando C. Ferreira de Souza, Revisão de alimentos, *RDC*, *50*:48; Fabiana M. Spengler, Coisa julgada, revisão e exoneração de alimentos, *Revista Brasileira de Direito de Família*, *16*:28-39.

Art. 1.700. A obrigação de prestar alimentos transmite-se aos herdeiros do devedor, na forma do art. 1.694.

- Vide *Código Civil, arts. 948, 1.694, 1.792, 1.821 e 1.997.*
- *Lei n. 6.515/77, art. 23.*
- ***Projeto de Lei n. 699/2011**: "Art. 1.700. A obrigação de prestar alimentos decorrente do casamento e da união estável transmite-se aos herdeiros do devedor, nos limites das forças da herança, desde que o credor da pensão alimentícia não seja herdeiro do falecido".*

Transmissibilidade do dever de prestar alimentos. O art. 1.700 do Código Civil prescreve que o credor dos alimentos deles necessitado para sobrevivência ou educação pode reclamá-los, seja ele parente, ex-cônjuge ou ex-companheiro, de quem estiver obrigado a pagá-los, podendo exigi-los dos herdeiros do devedor, se este falecer, porque a estes é transmitido o dever de cumprir a obrigação alimentar (*RJTJSP*, *82*:38) por ser *dívida do espólio*. O dever de cumprimento da prestação alimentícia transmite-se aos herdeiros do devedor, passando, assim, os alimentos a ser considerados como dívida do falecido, cabendo aos seus herdeiros a respectiva solução, salvo se aquele não deixar bens (*RT*, *839*:317, *717*:133, *775*:344, *729*:233, *529*:108; *Bol. AASP*, *1.937*:11), pois responderão tão somente até as forças da herança (CC, art. 1.792; TJSP, AC 164.654-1/5, j. 28-5-1992; *JTJ*, *205*:17; *RJ*, *179*:84; TJRS, AC 70020180147, 8ª C. Cív., rel. Des. Claudir Fidélis Faccenda, j. 23-8-2007; Enunciado n. 343 do CJF, da *IV Jornada de Direito Civil*), e, conforme alguns julgados, em relação apenas às parcelas vencidas e não pagas (TJSP, 4ª Câm. de Direito Privado AI 294067.4/0; j. 2-10-2003, rel. Des. Armindo Freire Mármora; *JTJ*, *281*:198, *275*:348; *RSTJ*, *161*:273; *RT*, *860*:258) até a data do falecimento do alimentante. Parece-nos que responderão pelas vincendas também, pois o art. 1.700 refere-se à obrigação de prestar alimentos e não a débito já vencido existente até o óbito do autor da herança (nesse sentido: STJ, 2ª T., REsp 219.199/PB, rel. Rosado de Aguiar, j. 10-12-2003). Poderá, então, quem já era credor de alimentos, por ocasião do óbito do devedor, tendo o *quantum* da pensão já estabelecido ou, ainda, discutido em juízo, reclamá-los dos herdeiros, a quem foram transmitidos *causa mortis* bens, direitos e obrigações, atuais e não *in potentia*, do *de cujus*. Dentro dessa interpretação não estariam incluídas, além das prestações vencidas e não pagas, as vincendas? Será que cada herdeiro não deveria, na qualidade de depositário da reserva alimentícia, aplicar um *quantum* proporcional ao que recebeu, para saldar o débito alimentício do espólio? Se o credor for também herdeiro do falecido, Euclides de Oliveira entende que as prestações futuras, além da restrição das forças da herança, dependerão da apuração da nova situação do credor, que poderá ter sido alterada em razão de sua participação na herança.

BIBLIOGRAFIA: W. Barros Monteiro, *Curso*, cit., v. 2, p. 295; Caio M. S. Pereira, *Instituições*, cit., v. 5, p. 325; Cahali, Alimentos, cit., in *Enciclopédia Saraiva do Direito*, v. 6, p. 132; Levenhagen, *Código Civil*, cit., v. 2, p. 262; Luiz Felipe Brasil Santos, Alimentos no novo Código Civil, *Revista Brasileira de Direito de Família*, *16*:17; Euclides de Oliveira, Alimentos: transmissão da obrigação aos herdeiros, *Anais do IV Congresso Brasileiro de Direito de Família*, p. 141-57 (IBDFAM, 2004); Walsir E. Rodrigues Jr., Os alimentos e a transmissibilidade da obrigação de prestá-los, *Revista Brasileira de Direito de Família*, *37*:42-72.

Art. 1.701. A pessoa obrigada a suprir alimentos poderá pensionar o alimentando, ou dar-lhe hospedagem e sustento, sem prejuízo do dever de prestar o necessário à sua educação, quando menor.

- *Código Civil, arts. 1.920 e 1.928, parágrafo único.*
- ***Projeto de Lei n. 699/2011**: "Art. 1.701. A pessoa obrigada a suprir alimentos poderá pensionar o alimentando, ou dar-lhe hospedagem e sustento, sem prejuízo do dever de prestar o necessário à sua educação, sendo a obrigação oriunda do vínculo de parentesco.*

  ..".

Parágrafo único. Compete ao juiz, se as circunstâncias o exigirem, fixar a forma do cumprimento da prestação.

- Vide *Lei n. 5.478, de 25 de julho de 1968, art. 25.*
- *Código de Processo Civil, arts. 528, e §§ 3º, 5º, 6º e 8º, 529 e § 1º, 911, 912 e § 2º.*

Modos de satisfação da obrigação alimentar. O alimentante está autorizado, legalmente, a satisfazer seu dever de prestar alimentos de duas maneiras: fornecendo uma pensão pecuniária ao alimentando, efetuando depósitos periódicos em conta bancária ou judicial, ou dando-lhe, em sua própria casa, hospedagem e sustento, sem prejuízo do dever de prestar o necessário à educação (pagamento de matrícula, mensalidade, aquisição de livros, material escolar e uniforme), se o alimentando for menor.

Obrigação alternativa. Competirá ao devedor da pensão alimentícia a escolha do modo como satisfará o encargo, ou seja, pagando o *quantum* da pensão ou acolhendo o necessitado em sua casa (mesmo alugada), não podendo colocá-lo em asilo ou lar alheio.

Revogabilidade da opção do alimentante. Nada obsta que o credor opte pelo pagamento da pensão e depois resolva dar hospedagem ao parente alimentado, ante as oscilações do custo de vida.

Restrição ao direito de escolha. O magistrado poderá fixar a forma de cumprimento da prestação devida, se as circunstâncias exigirem, procedendo cautelosamente para evitar qualquer atrito, determinando, p. ex., que um prédio fique inalienável para que, sendo alugado, os rendimentos fiquem para o alimentado, ou, ante a existência de alguma animosidade, que o alimentante destine um imóvel para moradia do alimentado (*RT*, *132*:290; *RF*, *86*:735 e *88*:318), visto não ser conveniente a permanência de desafetos no mesmo lar. Pelo Enunciado n. 572 do Conselho da Justiça Federal (aprovado na *VI Jornada de Direito Civil*): "Mediante ordem judicial, é admissível, para a satisfação do crédito alimentar atual, o levantamento do saldo de conta vinculada ao FGTS".

BIBLIOGRAFIA: Levenhagen, *Código Civil*, cit., v. 2, p. 263; Paulo de Lacerda, *Manual*, cit., v. 6, p. 341-4; Lafayette, *Direitos de família*, cit., § 138; Cahali, Alimentos, cit., in *Enciclopédia Saraiva do Direito*, v. 6, p. 133; Orlando Gomes, *Direito de família*, cit., p. 473-4; W. Barros Monteiro, *Curso*, cit.,

v. 2, p. 298; Caio M. S. Pereira, *Instituições*, cit., v. 5, p. 334; M. Helena Diniz, *Curso*, cit., v. 5, p. 326; Matiello, *Código Civil*, cit., p. 113.

Art. 1.702. Na separação judicial litigiosa, sendo um dos cônjuges inocente e desprovido de recursos, prestar-lhe-á o outro a pensão alimentícia que o juiz fixar, obedecidos os critérios estabelecidos no art. 1.694.

- Vide *Código Civil, arts. 1.572, 1.573, 1.694 e § 1º e 1.704.*
- *Lei n. 6.515/77, art. 19.*
- *Artigo que poderá perder eficácia social pela CF, art. 226, § 6º, com a redação da EC n. 66/2010.*

Alimentos na separação judicial litigiosa. Se, na separação litigiosa, um dos cônjuges for declarado inocente, não tendo meios para prover sua subsistência, o outro deverá pagar-lhe a pensão alimentícia fixada pelo órgão judicante, na proporção dos seus recursos e das necessidades do ex-cônjuge credor, para viver de maneira compatível com a condição social (CC, art. 1.694 e § 1º) que desfrutava durante o casamento. Trata-se dos *alimentos indenizatórios*.

Com o advento da EC n. 66/2010: a) no *divórcio judicial litigioso*, como não há discussão sobre a culpabilidade dos divorciandos pelo fim do casamento, o órgão judicante, havendo pedido de pensão alimentícia, deverá, salvo casos excepcionais e graves, considerar tão somente a necessidade do reclamante-alimentando e os recursos econômico-financeiros do alimentante. Se assim é, os alimentos serão, em regra, concedidos *ad necessitatem*; b) no *divórcio judicial consensual*, os divorciandos firmarão acordo alusivo à pensão alimentícia a ser paga ao ex-cônjuge necessitado e aos filhos menores e incapazes; c) *no divórcio extrajudicial*, por mútuo consenso, haverá deliberação sobre o *quantum*, a ser pago a título de alimentos ao ex-consorte necessitado.

Art. 1.703. Para a manutenção dos filhos, os cônjuges separados judicialmente contribuirão na proporção de seus recursos.

- *Código Civil, arts. 1.568 e 1.698, 2ª parte.*
- *Lei n. 6.515/77, art. 20.*
- *Artigo que poderá deixar de ter suporte eficacial por força da EC n. 66/2010, que alterou o § 6º do art. 226 da CF.*

Responsabilidade pela manutenção da prole em caso de separação judicial dos genitores. Os pais, separados judicialmente e os divorciados por interpretação extensiva, deverão contribuir para a criação e educação dos filhos, na proporção dos seus recursos (*RT, 640*:174). Pouco importará a culpabilidade pela separação ou pelo divórcio ou a circunstância de ser genitor-guardião ou genitor-visitante. Ambos têm o dever jurídico alimentar em relação à prole, proporcionalmente a seus recursos econômicos, logo o *quantum* da verba alimentícia terá por parâmetro a necessidade dos alimentandos e a possibilidade econômica de ambos os genitores.

Art. 1.704. Se um dos cônjuges separados judicialmente vier a necessitar de alimentos, será o outro obrigado a prestá-los mediante pensão a ser fixada pelo juiz, caso não tenha sido declarado culpado na ação de separação judicial.

- *Código Civil, art. 1.702.*

Parágrafo único. Se o cônjuge declarado culpado vier a necessitar de alimentos, e não tiver parentes em condições de prestá-los, nem aptidão para o trabalho, o outro cônjuge será obrigado a assegurá-los, fixando o juiz o valor indispensável à sobrevivência.

- *Código Civil, arts. 1.694, § 2º, e 1.572.*
- *Artigo que poderá perder a eficácia social pela CF, art. 226, § 6º, com a redação da EC n. 66/2010.*

Prestação de pensão alimentícia pelo ex-cônjuge considerado inocente na separação judicial. Se um dos ex-cônjuges, já separado judicialmente, vier a necessitar de alimentos, ante princípios de direito intertemporal, havendo perda da eficácia do art. 1.704, o outro terá o dever de prestá-los, mediante pagamento de pensão arbitrada judicialmente, caso não tenha sido declarado culpado pela separação judicial. Se o foi, em razão de violação dos deveres matrimoniais, tornando insuportável a vida em comum, e precisar de alimentos, não tendo parentes (ascendente, descendente ou irmão) em condições de prestá-los, nem aptidão para o trabalho (p. ex., por estar doente, inválido ou por se encontrar desempregado), o outro, declarado inocente, será obrigado a assegurá-los, pagando o *quantum* fixado pelo juiz por considerá-lo indispensável à sobrevivência (CC, art. 1.694, § 2º, c/c art. 1.704, parágrafo único, *in fine*; *RT*, 776:224; Enunciado n. 134 da *Jornada de Direito Civil* do CJF). O culpado, portanto, só fará jus ao *quantum* suficiente para sobreviver, arbitrado judicialmente. Trata-se dos *alimentos humanitários* ou *necessarium vitae*, como diz Jones Figueirêdo Alves.

BIBLIOGRAFIA: Yussef S. Cahali, Perda dos alimentos pela ex-esposa infiel, *Estudos jurídicos*, 6:70-5; Therezinha de J. Ramos, Da pensão alimentar após a dissolução da sociedade conjugal, *RPGESP*, 4:255; Maria Aracy Menezes da Costa, Pensão alimentícia entre cônjuges e o conceito de necessidade, in *Família e cidadania*, Anais do III Congresso Brasileiro de Direito de Família, IBDFAM, Belo Horizonte, 2002, p. 195-225; Patrícia Christina B. de Mendonça Nascimento, *Alimentos entre cônjuges na separação judicial e no divórcio em face do novo Código Civil*, dissertação de mestrado, PUCSP, 2003.

Art. 1.705. Para obter alimentos, o filho havido fora do casamento pode acionar o genitor, sendo facultado ao juiz determinar, a pedido de qualquer das partes, que a ação se processe em segredo de justiça.

- *Código de Processo Civil, arts. 189, II, 215, II, 292, III, 318 e s., 1.012, § 1º, II.*
- *Constituição Federal, art. 227, § 6º.*
- *Lei n. 8.560/92, art. 7º.*

Direito de filho não reconhecido de pleitear alimentos. O filho havido fora do casamento, reconhecido ou não, poderá, para obter alimentos, acionar o genitor, permitindo-se que o magistrado, a pedido de qualquer das partes, determine que a ação se processe em segredo de justiça (CPC, art. 189, II), preservando, assim, a intimidade e privacidade das pessoas envolvidas. Se ainda não foi reconhecido, os alimentos poderão ser pleiteados cumulativamente com o pedido de reconhecimento de filiação (CPC, art. 693 e parágrafo único). Há, até mesmo, quem ache, como Matiello, que o magistrado poderá conceder alimentos, sem o ajuizamento da investigatória de paternidade, ou maternidade, desde que se apresentem nos autos elementos probatórios da filiação (cartas reveladoras do estado de filho; fotografias; testemunhas; registro de hospital constando parto etc.). Na ausência de qualquer impugnação, presumir-se-á a veracidade da existência do vínculo biológico, tornando mais fácil o reconhecimento da filiação. Se já foi reconhecido, a ação de alimentos seguirá o rito especial da Lei n. 5.478/68, por haver prova pré-constituída da relação de parentesco e do dever alimentar.

BIBLIOGRAFIA: Nelson Nery Jr. e Rosa Maria A. Nery, *Código de Processo Civil comentado e legislação processual civil extravagante em vigor*, São Paulo, Revista dos Tribunais, 1999, p. 1707, nota 1; Regina

Beatriz Tavares da Silva, *Novo Código Civil comentado* (coord. Fiuza), São Paulo, Saraiva, 2002, p. 1514 e 1515; Matiello, *Código Civil*, cit., p. 1116.

Art. 1.706. Os alimentos provisionais serão fixados pelo juiz, nos termos da lei processual.

- Vide *art. 226, § 5º, da Constituição Federal.*
- *Código de Processo Civil, arts. 215, II, 305 a 310, 528 e §§ 3º, 5º e 6º, 529 e § 1º, 911, 912 e § 2º e 913.*
- *Lei n. 11.340/2006, art. 22, V.*

Arbitramento dos alimentos provisionais. Os alimentos provisionais ou *alimenta in litem* ou *ad litem* (*RT*, *771*:235, *498*:92, *535*:107, *553*:79; *Adcoas*, 1983, n. 89.643; *RJTJSP*, *68*:268) não previstos expressamente no CPC/2015, mas poderão ser os concedidos em tutela provisória de urgência de natureza cautelar preparatória ou incidental (CPC, arts. 294, parágrafo único, 305, 308, 309 e 310), concomitantemente ou antes da ação de separação judicial ou do divórcio (por interpretação extensiva), de nulidade ou anulação de casamento ou de alimentos, para sustentar o suplicante, desde que não tenha recursos para se manter, ou sua prole na pendência da lide para custear despesas processuais e honorários advocatícios, desde que comprovados o *periculum in mora* e o *fumus boni juris*, tendo, portanto, natureza antecipatória e cautelar. Se, por exemplo, for concedida a separação de corpos, o cônjuge, qualquer que seja o regime de bens, não tendo recursos próprios, seja autor ou réu, poderá pedir, em qualquer fase do processo, alimentos provisionais para garantir sua sobrevivência e a dos filhos do casal na pendência da lide. Tais alimentos serão os estabelecidos, ou melhor, arbitrados, pelo magistrado, nos termos da lei processual (*RT*, *526*:204 e 358, *517*:54, *527*:93, *553*:79, *572*:174 e *576*:109; *RJTJSP*, *73*:122 e *96*:698), de acordo com as necessidades do cônjuge-credor e as possibilidades do cônjuge-devedor (TJSP, AI, 538.318-4, 8ª Câm. de Dir. Privado, rel. Joaquim Garcia, j. 21-8-2008). Têm natureza cautelar; podem ser concedidos liminarmente e revogados a qualquer tempo e deverão ser pagos até o momento em que passar em julgado a sentença final de nulidade absoluta ou relativa, de separação judicial ou de divórcio.

Convém lembrar, ainda, que os alimentos provisionais ou provisórios poderão ser determinados na hipótese de violência doméstica contra mulher (art. 22, V, da Lei n. 11.340/2006).

BIBLIOGRAFIA: Levenhagen, *Código Civil*, cit., v. 2, p. 78-9; M. Helena Diniz, *Curso*, cit., v. 5, p. 167; Carvalho Santos, *Código Civil brasileiro interpretado*, cit., obs. ao art. 224, v. 4; Mílton Paulo de Carvalho Filho, *Código Civil*, cit., p. 1837.

Art. 1.707. Pode o credor não exercer, porém lhe é vedado renunciar o direito a alimentos, sendo o respectivo crédito insuscetível de cessão, compensação ou penhora.

- Vide *Súmulas 64 do extinto Tribunal Federal de Recursos, 336 do Superior Tribunal de Justiça, e 379 do Supremo Tribunal Federal; RT, 713:228; RSTJ, 145:419.*
- *Código Civil, arts. 206, § 2º, 286 a 298, 368 a 380.*
- *Código de Processo Civil, arts. 833, IV e § 2º e 834.*
- ***Projeto de Lei n. 699/2011**: "Art. 1.707. Tratando-se de alimentos devidos por relação de parentesco, pode o credor não exercer, porém lhe é vedado renunciar ao direito a alimentos.*

  Parágrafo único. O crédito de pensão alimentícia, oriundo de relação de parentesco, de casamento ou de união estável, é insuscetível de cessão, penhora ou compensação".

Alimentos como direito irrenunciável. O direito aos alimentos é irrenunciável, pois o artigo *sub examine* apenas permite que se deixe de exercer, mas não que se renuncie, o direito de alimentos. Poder-se-á, então, renunciar o exercício e não o direito; assim o necessitado poderá deixar de pedir alimentos, mas não renunciar a esse direito (*RTJ*, *85*:208; *RT*, *448*:209, *449*:120, *475*:81, *519*:91, *533*:102, *534*:110, *535*:82, *544*:107, *548*:106, *554*:112, *698*:77; *659*:72, *744*:213, *828*:194; *JB*, *163*:345), correspondente à necessidade, indeclinável, de conservar sua própria existência. Logo, se renunciar ao seu exercício, poderá pleiteá-lo ulteriormente, se dele vier a precisar para seu sustento (*RT*, *507*:109, *659*:72), verificados os pressupostos legais. Todavia, há julgado entendendo que, como cônjuge não é parente, pode renunciar o direito aos alimentos sem incidir na proibição do art. 1.707, não mais podendo recobrá-lo (*AJ*, *278*:871, *276*:379 e *243*:515; *RT*, *203*:186, *587*:56, *640*:174, *704*:114, *713*:28, *696*:99, *731*:278; *RSTJ*, *29*:447 e *47*:241; *RF*, *153*:277 e *163*:233; STJ, 3ª T., REsp 701.902-SP, rel. Min. Nancy Andrighi, j. 15-9-2005; *JTJ*, *279*:24, *284*:20; em contrário: *AJ*, *112*:544 e *107*:379; *RT*, *243*:525; *RF*, *155*:229). Pela Súmula 336 do STJ: "A mulher que renunciou aos alimentos na separação judicial tem direito à pensão previdenciária por morte do ex-marido, comprovada a necessidade econômica superveniente".

"O art. 1.707 do Código Civil não impede seja reconhecida válida e eficaz a renúncia manifestada por ocasião do divórcio (direto ou indireto) ou da dissolução da 'união estável'. A irrenunciabilidade do direito a alimentos somente é admitida enquanto subsista vínculo de direito de família" (Enunciado n. 263 do CJF, aprovado na *III Jornada de Direito Civil*).

BIBLIOGRAFIA: Barassi, *Istituzioni di diritto civile*, § 9º, n. 6; W. Barros Monteiro, *Curso*, cit., v. 2, p. 296; Orlando Gomes, *Direito de família*, cit., p. 461; Atzeri, *Delle renunzie*, p. 163; Alcides Mendonça Lima, *Comentários ao Código de Processo Civil*, São Paulo, Revista dos Tribunais, v. 12, p. 179; M. Helena Diniz, *Curso*, cit., v. 5, p. 320; Inacio de Carvalho Neto, A validade da renúncia à pensão alimentícia entre cônjuges na separação e no divórcio, *Revista Brasileira de Direito Comparado*, *30*:161-190.

Insuscetibilidade de cessão, compensação ou penhora. O crédito do alimentando não pode ser cedido nem compensado, muito menos penhorado. Isto é assim porque é um direito personalíssimo, tendo por escopo tutelar a integridade física e a subsistência da pessoa necessitada; logo, sua titularidade não passa a outrem. É *incessível*, pois tal crédito não pode ser cedido a outrem, por ser inseparável da pessoa do credor. É *incompensável*, pois, se se admitisse a extinção da obrigação por meio de compensação, privar-se-ia o alimentando dos meios de sobrevivência, de modo que, nessas condições, se o devedor da pensão alimentícia tornar-se credor do alimentando, não poderá opor-lhe o crédito, quando lhe for exigida a obrigação. É *impenhorável*, em razão da finalidade do instituto; uma vez que se destina a prover a mantença do necessitado, não pode, de modo algum, responder pelas suas dívidas, estando a pensão alimentícia isenta de penhora (CPC, art. 833, IV).

Art. 1.708. Com o casamento, a união estável ou o concubinato do credor, cessa o dever de prestar alimentos.

Parágrafo único. Com relação ao credor cessa, também, o direito a alimentos, se tiver procedimento indigno em relação ao devedor.

- *Código Civil, arts. 557, 1.723, 1.727 e 1.814, I e II.*

Cessação do dever de prestar alimentos. O ex-cônjuge (ex-companheiro) ou parente, que seja devedor de alimentos, deixará de ter tal obrigação com relação ao credor se este vier a convolar núpcias, passar a viver em união estável ou concubinato ou se tiver procedimento

DIREITO DE FAMÍLIA

indigno (*RT*, *525*:111, *543*:119, *546*:223, *534*:230, *535*:93, *531*:236, *650*:163, *698*:84, *701*:184, *745*:359, *797*:200, *837*:276; *RJTJSP*, *125*:40; TJRJ, *Adcoas*, 1982, n. 86.212) em relação ao devedor, por ofendê-lo em sua integridade física ou psíquica, por expô-lo a situações humilhantes ou vexatórias, por injuriá-lo, caluniá-lo ou difamá-lo, atingindo-o em sua honra e boa fama, enfim por ter praticado quaisquer atos arrolados no art. 1.814 do Código Civil, aplicável por analogia (nesse mesmo sentido o Enunciado n. 264 do CJF, aprovado na *III Jornada de Direito Civil*). Em todas essas hipóteses, o devedor de alimentos deverá pedir, judicialmente, sua exoneração do encargo, sendo que, "na hipótese de concubinato, haverá necessidade de demonstração da assistência material prestada pelo concubino a quem o credor de alimentos se uniu" (Enunciado n. 265 do CJF, aprovado na *III Jornada de Direito Civil*). E, pelo Enunciado n. 345 do Conselho da Justiça Federal, aprovado na *IV Jornada de Direito Civil*, "o procedimento indigno do credor em relação ao devedor, previsto no parágrafo único do art. 1.708 do Código Civil, pode ensejar a exoneração ou apenas a redução do valor da pensão alimentícia para quantia indispensável à sobrevivência do credor".

Art. 1.709. O novo casamento do cônjuge devedor não extingue a obrigação constante da sentença de divórcio.

- *Projeto de Lei n. 699/2011*: *"Art. 1.709. A constituição superveniente de família pelo alimentante não extingue sua obrigação alimentar anterior"*.
- *Lei n. 6.515/77, art. 30.*

Novo casamento do devedor de alimentos. Se o ex-cônjuge, devedor de alimentos, vier a casar-se novamente, ou até mesmo a viver em união estável ou concubinária (LINDB, arts. 4º e 5º; CC, arts. 1.708 e 1.709), tal fato não altera sua obrigação, constante da sentença de divórcio, embora o *quantum* da prestação possa ser suscetível de redução se, em razão dos encargos assumidos com a nova união, sofreu diminuição em sua capacidade financeira (CC, arts. 1.694, § 1º, e 1.699; TJRJ, *Adcoas*, 1983, n. 90.018; *RT*, *640*:174, *833*:283, *848*:239).

Art. 1.710. As prestações alimentícias, de qualquer natureza, serão atualizadas segundo índice oficial regularmente estabelecido.

Atualização da prestação alimentícia. Há possibilidade de mutabilidade do *quantum* da pensão alimentícia não só pela revisão judicial (CC, art. 1.699) como também pela sua atualização monetária segundo o índice oficial regularmente estabelecido, se ocorrer fenômeno inflacionário ou alteração na economia nacional. Tal atualização, contudo, não se fará se o devedor de alimentos não puder arcar com esse gravame (*RT*, *617*:48 e *560*:173).

Subtítulo IV
Do Bem de Família

- *Lei n. 8.009/90, com alterações da Lei n. 13.144/2015 sobre bem de família legal.*
- *Súmulas 449 e 486 do Superior Tribunal de Justiça.*

Art. 1.711. Podem os cônjuges, ou a entidade familiar, mediante escritura pública ou testamento, destinar parte de seu patrimônio para instituir bem de família, desde que não ultrapasse um terço do patrimônio líquido existente ao tempo da instituição, mantidas as regras sobre a impenhorabilidade do imóvel residencial estabelecida em lei especial.

- *Decreto-Lei n. 3.200/41, arts. 8º, § 5º, 19 a 23.*

- *Lei n. 11.101/2005, art. 108, § 4º.*
- *Lei n. 6.015/73, arts. 260 a 265.*
- Vide *Lei n. 8.009/90, com alteração da Lei Complementar 150/2015.*
- *Constituição Federal, art. 226, §§ 3º e 4º.*
- *Súmulas 205 e 364 do Superior Tribunal de Justiça.*

Parágrafo único. O terceiro poderá igualmente instituir bem de família por testamento ou doação, dependendo a eficácia do ato da aceitação expressa de ambos os cônjuges beneficiados ou da entidade familiar beneficiada.

Bem de família convencional. O *bem de família convencional* ou voluntário é um prédio ou parcela do patrimônio que os cônjuges, ou conviventes (entidade familiar — JTJ, *213*:346), destinam para abrigo e domicílio desta, com a cláusula de ficar isento da execução por dívidas futuras (CC, art. 1.715). Esse instituto visa a assegurar um lar à família, pondo-a ao abrigo de penhoras por débitos posteriores à instituição, salvo os que provierem de impostos relativos ao prédio. Trata-se de bem inalienável e impenhorável. Somente pessoas casadas conviventes ou integrante-chefe da família monoparental poderão constituir bem de família. A sua instituição competirá, p. ex., ao marido e à mulher, tendo-se em vista que, em certas hipóteses, um deles poderá estar na chefia, se for viúvo ou se assumiu a direção da família sozinho, ante o fato de o outro estar preso, ter sido declarado ausente ou ter sofrido processo de interdição. Logo, pessoa solteira, sem prole, mesmo que viva em concubinato, tutor ou curador ou avô não poderão instituir bem de família (*RT*, *426*:475, *240*:658 e *454*:212; *RF*, *268*:476, *86*:735, *88*:318 e *161*:489; *JTJ*, *160*:167). Mas há decisão entendendo que solteiro ou dois irmãos solteiros que residam no mesmo imóvel têm direito de instituir bem de família, pois o solteiro pode constituir família e os irmãos podem ser tidos como entidade familiar (STJ, 6ª T., REsp 182.223-SP, rel. Min. Luiz Vicente Cernicchiaro, v.u., j. 19-8-1999; STJ, REsp 57.606-7-MG, 4ª T., rel. Min. Fontes de Alencar, j. 11-4-1995).

BIBLIOGRAFIA: Corniquet, *Le homestead*, 1895, p. 8-10; M. Helena Diniz, *Curso*, cit., v. 1, p. 176; Dyvandre, *Le bien de famille*, Paris, 1911; Bureau, *Le homestead on l'insaisissabilité de la petite propriété foncière*, Paris, 1895; Álvaro Villaça Azevedo, *Bem de família*, São Paulo, Bushatsky, 1974, p. 141-7; Do bem de família, in *Direito de família e o novo Código Civil*, coord. Maria Berenice Dias e Rodrigo da Cunha Pereira, Belo Horizonte, Del Rey, 2003, p. 239-55; Maria Cláudia Cachapuz, Bem de família: uma análise contemporânea, *RT*, *770* (1999); Clóvis Beviláqua, *Código Civil comentado*, cit., obs. ao art. 70, v. 1; Carlos Alberto Bittar, *Teoria geral do direito civil*, cit., p. 163-5; Ricardo A. Credie, *Bem de família — teoria e prática*, São Paulo, Saraiva, 2004; Raoul de la Grasserie, *De l'indisponibilité et de l'indivisibilité du patrimoine*, Paris, 1899; Ernest Lehr, *Droit civil des États Unis*, 1906, p. 74-7; Aída K. de Carlucci, *Protección jurídica de la vivienda familiar*, De Palma, 1995, p. 59-60; Zeno Veloso, Bem de família, *RDC*, *55*:112; Reinaldo Antônio Aleixo, Do bem de família, *Novo Código Civil* (coord. Giselda Hironaka), Belo Horizonte, Del Rey, 2004, p. 479-502.

Impenhorabilidade do único imóvel da família. Será preciso não confundir o *bem de família voluntário* ou *convencional*, previsto nos arts. 1.711 a 1.722 do Código Civil, com a impenhorabilidade do único imóvel da família, urbano ou rural, contemplada pela Lei n. 8.009/90, arts. 1º, 2º, 4º, § 2º, bem como com a dos móveis que o guarnecem (excluídos os veículos, obras de arte e adornos suntuosos) devidamente quitados, desde que os cônjuges ou a entidade familiar nele tenha fixado residência permanente (*RT*, *795*:227, *781*:201, *780*:299, *778*:285, *779*:339, *769*:183, *710*:93, *698*:120 e *672*:142; *JB*, *162*:300, *166*:259 e 263; *Ciência*

Jurídica, *42*:155 e *43*:171; *RJE*, *3*:8-16 e 22; *EJSTJ*, *5*:56, *6*:68 e 80, *7*:66, *8*:71 e 87; *BAASP*, *1.798*:236, *1.919*:3, 298-300, *1.913*:274, *1.917*:101, *1.930*:127, *1.938*:4, *1.942*:88, *1.961*:58; *RSTJ*, *81*:386; *JTJ*, *140*:168; STJ, 4ª T., REsp 52.156-4, j. 23-8-1994; STJ, Súmula 205). Nesta última hipótese ter-se-á o *bem de família legal*. E a Súmula do STJ n. 364 consolida o entendimento de que a impenhorabilidade do bem de família se estende a pessoas solteiras, separadas, divorciadas e viúvas, em se tratando de bem de família legal. Pelo Enunciado n. 14 do TJSP, "os bens que guarnecem a residência do devedor, desde que não essenciais a habitabilidade, são penhoráveis".

BIBLIOGRAFIA: Munir Karam, Da nova impenhorabilidade dos bens residenciais, *JB*, *159*:80; M. Helena Diniz, *Curso*, cit., v. 1, p. 177; e *Tratado teórico e prático dos contratos*, São Paulo, Saraiva, 1993, v. 1, p. 194-6; Levenhagen, *Código Civil*, cit., v. 1, p. 105; Clóvis Beviláqua, *Código Civil comentado*, cit., obs. ao art. 73, v. 1; Donaldo Armelin, Impenhorabilidade do bem de família (retroeficácia da Lei n. 8.009/90), *Ciência Jurídica*, *45*:11-24; Callage, Inconstitucionalidade da Lei n. 8.009/90: impenhorabilidade do imóvel residencial, *RT*, *662*:58; Rogério Medeiros Garcia de Lima, Da irretroatividade da Lei n. 8.009/90, *RT*, *669*:260; J. S. Fagundes Cunha, *Bem de família — comentários à Lei n. 8.009/90*, Curitiba, 1992; Luiz Guilherme Marinoni, Considerações acerca dos embargos de terceiro possuidor à penhora e da impossibilidade da expropriação do bem de família já penhorado quando da edição da Lei n. 8.009/90, *JB*, *162*:42; Antonio de Pádua Ferraz Nogueira, Fundamentos sociojurídicos do bem de família: Lei n. 8.009/90, *RT*, *691*:7; Yone Frediani, Bem de família, *Revista do Advogado*, *70*:84 e s.; Rita de C. Correa de Vasconcelos, *A impenhorabilidade do bem de família*, São Paulo, Revista dos Tribunais, 2002; Matiello, *Código Civil*, cit., p. 1118-1125; Marcione P. dos Santos, *Bem de família: voluntário e legal*, São Paulo, Saraiva, 2003; Fábio Ulhoa Coelho, *Curso de direito civil*, São Paulo, Saraiva, v. 5, 2006, p. 19; Flavio Tartuce, A polêmica do bem de família ofertado, *Revista IOB de Direito de Família*, *44*:15-23.

Constituição do bem de família. Pode o bem de família ser constituído: *a*) pelos cônjuges, ou conviventes, ou, ainda, pelo integrante-chefe de família monoparental, mediante escritura pública (CC, art. 108) ou testamento, destinando parte de seu patrimônio à moradia ou sustento da família (CC, art. 1.712), desde que não ultrapasse um terço dos bens líquidos existentes ao tempo da instituição. Fábio Ulhoa Coelho aponta o seguinte exemplo, bem elucidativo: uma pessoa, com patrimônio de R$ 1.000.000,00, abrangendo 4 imóveis (A, B, C e D), no valor de R$ 200.000,00 cada um, e móveis que, no todo, valem R$ 200.000,00, mora com seus familiares no imóvel A e é devedor de R$ 400.000,00. Seu patrimônio líquido é, portanto, de R$ 600.000,00 (R$ 1.000.000,00 — 400.000,00); logo, poderá instituir como bem de família qualquer um dos imóveis em que não reside, já que o valor dele corresponde a 1/3 do patrimônio líquido (R$ 600.000,00 ÷ 3 = 200.000,00). Continua esse autor, não compensa que clausule o imóvel onde reside, pois este, pela Lei n. 8.009/90, está salvo de penhora. Se veio a instituir o imóvel B como bem de família, seus credores só poderão requerer a constrição judicial incidente sobre os imóveis C e D ou sobre os bens móveis do devedor. Evitar-se-á, assim, a imobilização de grande parte ou de todo o patrimônio, retirando a possibilidade de sua alienação, o que prejudicaria credores ou conduziria a eventuais fraudes. Trata-se de uma medida legal protetiva dos credores ante a possibilidade de má-fé do instituidor. Consequentemente, quem possuir apenas um imóvel não poderá fazer uso dessa instituição por meio de convenção, pois seu objeto não pode passar de um terço do patrimônio líquido, mas cairá na órbita a Lei n. 8.009/90, constituindo um bem de família legal; *b*) por terceiro, por testamento ou doação, desde que ambos os cônjuges ou a entidade familiar, que foram beneficiados, aceitem expressamente a liberalidade.

Art. 1.712. O bem de família consistirá em prédio residencial urbano ou rural, com suas pertenças e acessórios, destinando-se em ambos os casos a domicílio familiar, e poderá abranger valores mobiliários, cuja renda será aplicada na conservação do imóvel e no sustento da família.

- *Código Civil, arts. 92, 93, 1.713 e 1.717.*
- *Lei n. 8.009/90, art. 4º, § 2º.*

Requisito objetivo do bem de família. O bem de família poderá consistir em imóvel residencial urbano ou rural, destinado para abrigo familiar (*RT, 779*:339), incluindo suas pertenças e acessórios, ou abranger valores mobiliários (créditos pecuniários, bens móveis, veículos automotores, obrigações, ações de empresas, bônus de subscrição, debêntures, títulos negociáveis, títulos de Bolsa etc.), cuja renda deverá ser aplicada na conservação do prédio e no sustento da família.

Art. 1.713. Os valores mobiliários, destinados aos fins previstos no artigo antecedente, não poderão exceder o valor do prédio instituído em bem de família, à época de sua instituição.

§ 1º Deverão os valores mobiliários ser devidamente individualizados no instrumento de instituição do bem de família.

§ 2º Se se tratar de títulos nominativos, a sua instituição como bem de família deverá constar dos respectivos livros de registro.

- *Código Civil, arts. 921 a 926.*

§ 3º O instituidor poderá determinar que a administração dos valores mobiliários seja confiada a instituição financeira, bem como disciplinar a forma de pagamento da respectiva renda aos beneficiários, caso em que a responsabilidade dos administradores obedecerá às regras do contrato de depósito.

- Vide *Código Civil, arts. 1.718, 1.712,* in fine, *627 a 646, 921 a 926.*

Valores mobiliários. Nas lições de Ripert, Roblot e Waldirio Bulgarelli, valores mobiliários são os créditos por dinheiro, bens móveis, ações de empresas, veículos automotores, debêntures, obrigações, títulos negociáveis, que representam direitos de sócios ou de mútuo ou empréstimos a longo prazo; títulos de Bolsa, títulos emitidos pela sociedade anônima a critério do CMN etc. Servem de base nas operações de Bolsa e na distinção de sociedades anônimas abertas. Nos EUA são as *securities* emitidas pelas companhias, como as *stocks* (*common stocks; stock which grants a preferer*) e as *debt securities*, em regra as debêntures ou *bonds*.

Destinação. Pelo art. 1.712, *in fine*, do Código Civil, a renda dos valores mobiliários abrangidos no bem de família deverá ser aplicada para conservar o imóvel, que abriga os instituidores e sua prole, e para sustentar a família.

"Quantum" dos valores mobiliários. Os valores mobiliários, destinados à instituição do bem de família, não podem exceder ao valor do prédio, que constitui o domicílio familiar, à época daquela instituição, visto que se destinam à conservação do imóvel e ao sustento da família, que nele reside.

Individualização e registro dos valores mobiliários. Os valores mobiliários deverão ser devidamente individualizados no instrumento (testamento, doação ou escritura pública) que vier a instituir o bem de família. E se, porventura, forem títulos nominativos, deverão, ainda, constar dos respectivos livros de registro, conferindo-se publicidade ao ato, isentando os referidos títulos da satisfação de débitos futuros. Com isso vincular-se-ão ao bem de família, preservando-o de incursões creditórias ou de penhora por dívidas posteriores à sua instituição.

Administração dos valores mobiliários. O instituidor do bem de família poderá determinar não só que a administração dos valores mobiliários seja confiada a uma instituição financeira, ante a complexidade das operações, como também disciplinar o modo de pagamento da renda aos beneficiários, hipótese em que os administradores terão sua atuação e responsabilidade regidas pelas normas do contrato de depósito (CC, arts. 627 a 646), devendo devolver aqueles valores e seus rendimentos, assim que lhes for exigido, sob pena de prisão civil.

Art. 1.714. O bem de família, quer instituído pelos cônjuges ou por terceiro, constitui-se pelo registro de seu título no Registro de Imóveis.

- Vide *Lei n. 6.015, de 31 de dezembro de 1973 (Registros Públicos), arts. 167, I, n. 1, e 260 a 265.*
- *Decreto-Lei n. 3.200/41, arts. 8º, § 5º, 19 a 23.*

Requisito formal da instituição do bem de família. A instituição do bem de família deverá ser feita por testamento ou por escritura pública (CC, art. 1.711), com a individuação do prédio e declaração de sua destinação, devidamente registrada (Lei n. 6.015/73, arts. 260 e 265). Não é qualquer imóvel que pode ser objeto de bem de família, mas sim prédio residencial, urbano ou rural, com o limite de valor estipulado no art. 1.711 do Código Civil. Lavrada a escritura pública, os instituidores a entregarão ao oficial do Registro Imobiliário da situação do bem, para que providencie os editais para sua publicação na imprensa local, cientificando os interessados de que deverão apresentar impugnação dentro de trinta dias, contados da publicação (Lei n. 6.015/73, arts. 261 e 262, II). Apesar de o novo Código Civil não mais exigir tal publicação, entendemos que será necessária por ser a Lei n. 6.015/73 norma especial, prevalecendo sobre a geral: CC, art. 1.714. Se não houver qualquer impugnação, o cartório fará o registro integral da escritura pública. Se, porventura, alguma reclamação for apresentada, após a publicação do edital na imprensa local ou na da Capital do Estado, dentro do prazo, o oficial deverá fornecer cópia ao instituidor, restituindo a escritura, cientificando-o de que o assento ficará suspenso. Se os instituidores não se conformarem com as impugnações feitas, poderão pedir ao magistrado que ordene o registro da escritura; se seu pedido for deferido, o impugnante poderá propor ação de anulação da instituição do bem de família e promover a execução de seu crédito penhorando o prédio instituído como bem de família, isto porque a decisão judicial ordenando o registro é irrecorrível (Lei n. 6.015/73, art. 264, § 3º). Logo, para irradiar efeitos jurídicos, inclusive em relação a terceiros, o bem de família, seja ele instituído pelos cônjuges, ou por terceiros, requer o assento de seu título constitutivo no Registro Imobiliário. Só com o registro será oponível *erga omnes*.

Art. 1.715. O bem de família é isento de execução por dívidas posteriores à sua instituição, salvo as que provierem de tributos relativos ao prédio, ou de despesas de condomínio.

- Vide *Lei de Falências (Lei n. 11.101/2005), art. 108, § 4º.*
- Vide *Lei de Registros Públicos, arts. 167, I, n. 1, 260 a 265.*
- *Decreto-Lei n. 3.200, de 19 de abril de 1941, arts. 19 a 23 e 8º, § 5º.*
- *Código de Processo Civil, arts. 832 e 833, I.*
- *Código Civil, arts. 1.711 e 1.716.*
- *Lei n. 8.009/90, arts. 1º e 3º.*

Parágrafo único. No caso de execução pelas dívidas referidas neste artigo, o saldo existente será aplicado em outro prédio, como bem de família, ou em títulos da dívida

DIREITO DE FAMÍLIA

pública, para sustento familiar, salvo se motivos relevantes aconselharem outra solução, a critério do juiz.

Solvência dos instituidores como requisito para a instituição do bem de família. Para que se possa instituir o bem de família será preciso que os seus instituidores tenham outros bens (CC, art. 1.711) que garantam os débitos anteriores, ou seja, será imprescindível a solvência do instituidor e não a inexistência de dívidas. Assim sendo, se débitos houver, nada obstará que se institua o bem de família, se o seu instituidor tiver como saldá-los.

Isenção de execução por débitos posteriores ao ato da instituição. A impenhorabilidade do bem de família refere-se aos débitos posteriores à sua instituição. Consequentemente, não terá eficácia para fraudar credores mediante inadimplemento de dívidas anteriores a ele (*RT*, *579*:209, *165*:318, *126*:631; TJRJ, AgI 2006.002.24175, 9ª Câm. Cív., rel. Volpato de Souza, j. 27-11-2006). Neste caso, imperará a regra de que o patrimônio do devedor responde por suas dívidas. Logo, se antes da instituição do bem de família o instituidor não possuía bens idôneos para garantir suas dívidas, o bem de família poderá sofrer a penhora no processo de execução, desde que comprovada pelo credor a anterioridade dos débitos. O bem de família, devidamente instituído, está isento de quaisquer execuções por dívidas posteriores à sua instituição, exceto se oriundas de tributos relativos ao prédio (p. ex., imposto predial e territorial urbano — IPTU) ou despesas condominiais, visto que, pela sua natureza de obrigações *propter rem*, decorrem da titularidade do domínio ou da posse sobre a coisa, não podendo deixar de ser pagas, sob pena de execução do bem que as gerou, mesmo que seja bem de família. Na execução do bem para pagamento de tais débitos, o saldo remanescente apurado será aplicado em outro imóvel, como bem de família, ou, se tal saldo for insuficiente para aquisição de outro prédio, em títulos de dívida pública, cujos rendimentos serão aplicados para o sustento familiar, salvo se ocorrer algum motivo relevante que aconselhe, a critério do órgão judicante, outra solução. Deveras, se nenhuma dessas alternativas for viável, observa Matiello, o juiz, com prudência, poderá determinar que o montante apurado seja depositado em caderneta de poupança, movimentada por ordem judicial, no interesse da família originalmente beneficiada pela instituição.

BIBLIOGRAFIA: Levenhagen, *Código Civil*, cit., v. 1, p. 104; M. Helena Diniz, *Curso*, cit., v. 1, p. 176; Clóvis Beviláqua, *Código Civil comentado*, cit., obs. ao art. 71, v. 1; José Stabile Filho, Bem de família e execução, *RT*, *669*:69; Luiz Fernando G. Pellegrini, O bem de família: reflexos tributários, *RT*, *682*:274; Matiello, *Código Civil*, cit., p. 1122.

Art. 1.716. A isenção de que trata o artigo antecedente durará enquanto viver um dos cônjuges, ou, na falta destes, até que os filhos completem a maioridade.

- *Código Civil, arts. 1.715 e 1.722.*
- *Código de Processo Civil, art. 833, I.*

Duração da isenção da execução por dívidas. O prédio instituído como bem de família estará isento da responsabilidade por débitos dos seus instituidores, exceto os oriundos de despesas de condomínio e impostos alusivos ao mesmo prédio (CC, art. 1.715). Tal isenção durará enquanto os cônjuges forem vivos e até que os filhos atinjam a maioridade. Como se vê, sua inalienabilidade ou impenhorabilidade é relativa; somente subsistirá enquanto viverem os cônjuges ou companheiros, e até que os filhos completem a maioridade. Se um dos consortes, ou conviventes, falecer, o prédio não entrará em inventário nem será partilhado enquanto viver o outro; mas se este se mudar de prédio, e se nele não ficar residindo filho menor, a cláusula será eliminada e o imóvel partilhado; se ambos falecerem, dever-se-á esperar a maioridade de todos os filhos. O prédio será levado a inventário e partilha, sendo entregue a quem de direito (herdeiro legítimo, herdeiro testamentário, ou legatário) somente quando a cláusula for eliminada, ficando sujeito ao pagamento dos credores do *de cujus*. O óbito dos cônjuges, ou companheiros, e a maioridade da prole extinguem a isenção de execução por dívida.

Art. 1.717. O prédio e os valores mobiliários, constituídos como bem da família, não podem ter destino diverso do previsto no art. 1.712 ou serem alienados sem o consentimento dos interessados e seus representantes legais, ouvido o Ministério Público.

- *Código Civil, arts. 1.712 e 1.719.*
- ***Projeto de Lei n. 699/2011**: "Art. 1.717. O prédio e os valores mobiliários, constituídos como bem da família, não podem ter destino diverso do previsto no art. 1.712".*

Objetivo da instituição do bem de família. A instituição do bem de família tem por escopo garantir o patrimônio familiar, logo não há intenção dos instituidores de assegurar a morada e o sustento da família de modo permanente nesse prédio.

Mudança de destinação e alienabilidade do bem de família. O prédio destinado pelos cônjuges, ou companheiros, solventes como domicílio da família, servindo-lhe de abrigo e moradia, gozando de relativa impenhorabilidade, não poderá ter outro destino, nem ser alienado, sem o consentimento dos interessados e seus representantes legais (*RT*, *454*:212), sendo certo, assim, que, p. ex., caso o marido resolva vendê-lo, deverá obter a anuência de sua mulher e de seus filhos, que consentirão, por curador especial, designado pelo juiz, ouvindo-se, ainda, o órgão do Ministério Público, na qualidade de fiscal da lei. O mesmo se diga em relação à alienação dos valores imobiliários instituídos como bem de família, para conservação do imóvel e sustento dos familiares. A cláusula de inalienabilidade somente poderá ser levantada por mandado do juiz, se for requerido pelo instituidor que o justifique por motivo relevante e comprovado, ou por qualquer interessado que prove desvio em sua destinação. Se, na família, houver menores impúberes, não poderá ser eliminada a cláusula de alienação do imóvel, salvo se houver sub-rogação em outro imóvel para a habitação da família, desde que razoavelmente justificada (*RT*, *438*:249 e *418*:171). Contudo, como já se observou, essa inalienabilidade será relativa, por subsistir apenas enquanto viverem os consortes e até que os filhos atinjam a maioridade. Falecendo ambos os genitores, deixando filhos menores, o tutor destes, na qualidade de representante legal, terá o dever de gerir o bem de família e, se sua alienação for necessária, deverá pedir autorização judicial para tanto, que só será dada após a manifestação do Ministério Público, desde que haja razão relevante para tanto. Se houver desvio de finalidade, terceiros interessados (p. ex., credores) poderão pleitear a eliminação da cláusula do bem de família.

BIBLIOGRAFIA: M. Helena Diniz, *Curso*, cit., v. 1, p. 176; Sá Freire, *Manual*, cit., v. 2, p. 609; Marques dos Reis, *Manual do Código Civil*, v. 2, p. 142-91; Matiello, *Código Civil*, cit., p. 1123.

Art. 1.718. Qualquer forma de liquidação da entidade administradora, a que se refere o § 3º do art. 1.713, não atingirá os valores a ela confiados, ordenando o juiz a sua transferência para outra instituição semelhante, obedecendo-se, no caso de falência, ao disposto sobre pedido de restituição.

- Vide *Código Civil, art. 1.713, § 3º.*
- *Lei n. 11.101/2005, arts. 85 a 93.*

DIREITO DE FAMÍLIA

• *Código Civil, arts. 627 a 646.*

Liquidação da entidade administradora. Se a instituição financeira que administra os valores mobiliários, abrangidos no bem de família, entrar em fase de liquidação (CC, art. 1.713, § 3º), esse fato não alcançará aqueles valores, que a ela foram confiados, pois o magistrado ordenará sua transferência para outra instituição semelhante, obedecendo-se, havendo falência, ao disposto sobre pedido de restituição, visto que a responsabilidade da administradora disciplinar-se-á pelas normas do contrato de depósito (CC, arts. 627 a 646). Com a falência da entidade financeira, os valores mobiliários por ela administrados não se sujeitarão a riscos, pois o juiz ordenará sua restituição (Lei n. 11.101/2005, arts. 85 a 93) e transferência para órgão similar. A nova administradora continuará com as atividades ou apelações financeiras relativas àqueles valores transferidos.

Art. 1.719. Comprovada a impossibilidade da manutenção do bem de família nas condições em que foi instituído, poderá o juiz, a requerimento dos interessados, extingui-lo ou autorizar a sub-rogação dos bens que o constituem em outros, ouvidos o instituidor e o Ministério Público.

• *Código Civil, art. 1.712.*

• ***Projeto de Lei n. 699/2011**: "Art. 1.719. Comprovada a impossibilidade de manutenção do bem de família nas condições em que foi instituído, poderá o juiz, a requerimento dos interessados, extingui-lo, autorizar a alienação ou a sub-rogação dos bens que o constituem em outros, ouvidos o instituidor e o Ministério Público".*

Impossibilidade de manutenção do bem de família. Se se demonstrar a impossibilidade da manutenção do bem de família (p. ex., necessidade de reforma do prédio; desemprego; gasto exorbitante com internação em UTI etc.) nas condições em que foi instituído, a requerimento dos interessados (instituidores ou filhos menores), o magistrado, ouvidos os instituidores (se não forem os requerentes) e o Ministério Público, poderá extingui-lo, permitindo, sob sua fiscalização, a venda no valor mercadológico, liberando o preço depositado para pagamento das despesas ou, então, autorizar a sub-rogação dos bens que o constituem em outros, que passarão a ter a mesma finalidade, constituindo novo bem de família.

Art. 1.720. Salvo disposição em contrário do ato de instituição, a administração do bem de família compete a ambos os cônjuges, resolvendo o juiz em caso de divergência.

Parágrafo único. Com o falecimento de ambos os cônjuges, a administração passará ao filho mais velho, se for maior, e, do contrário, a seu tutor.

• *Código Civil, arts. 1.567, parágrafo único, 1.728, I, 1.740 e 1.741.*

• *Constituição Federal, art. 226, § 5º.*

Administração do bem de família. A administração do bem de família competirá, em igualdade de condições, a ambos os cônjuges e, também, aos companheiros, a não ser que haja estipulação em contrário no ato que o instituiu. Se houver entre eles qualquer divergência, a solução deverá ser dada em juízo. Com o óbito de ambos os cônjuges, ou companheiros, a administração passará ao filho mais velho, desde que seja maior, e, se não o for, ao seu tutor, que, então, zelará pelos seus interesses (CC, arts. 1.728, I, 1.740 e 1.741) até que atinja a maioridade.

Art. 1.721. A dissolução da sociedade conjugal não extingue o bem de família.

• *Código Civil, arts. 1.571 a 1.582.*

Parágrafo único. Dissolvida a sociedade conjugal pela morte de um dos cônjuges, o sobrevivente poderá pedir a extinção do bem de família, se for o único bem do casal.

- *Código Civil, arts. 1.571, I, 1.716 e 1.722.*
- ***Projeto de Lei n. 699/2011***: *"Art. 1.721. A dissolução da sociedade conjugal ou da união estável não extingue o bem de família.*

  Parágrafo único. Dissolvida a sociedade conjugal ou a união estável pela morte de um dos cônjuges ou companheiros, o sobrevivente poderá pedir a extinção do bem de família, se for o único bem do casal".

Bem de família e dissolução da sociedade conjugal. Em regra, a extinção da sociedade conjugal, ou da união estável, não causa a do bem de família. Se houver término do vínculo conjugal ou convivencial pelo falecimento de um dos cônjuges, ou companheiros, o sobrevivente poderá administrá-lo e pedir a extinção do bem de família, se for o único bem do casal. E entrará em inventário para ser partilhado, apenas se a cláusula de bem de família for eliminada.

Art. 1.722. Extingue-se, igualmente, o bem de família com a morte de ambos os cônjuges e a maioridade dos filhos, desde que não sujeitos a curatela.

- Vide *arts. 1.721, 1.767 e 1.716 do Código Civil.*
- ***Projeto de Lei n. 699/2011***: *"Art. 1.722. Extingue-se, igualmente, o bem de família com a morte de ambos os cônjuges ou companheiros, e a maioridade dos filhos, desde que não sujeitos a curatela".*

Morte de ambos os cônjuges e maioridade dos filhos. O bem de família subsiste enquanto viverem os cônjuges, ou companheiros, e até que seus filhos atinjam a maioridade, desde que não estejam, por incapacidade, sujeitos à curatela. Se os filhos estiverem sujeitos à curatela, a cláusula não será eliminada até que seja superada a causa de sua incapacidade ou enquanto viverem. O bem de família, nesta hipótese, será administrado pelo curador dos beneficiários incapazes. Se um dos cônjuges, ou conviventes, vier a falecer, o prédio não entrará em inventário, nem será partilhado enquanto viver o outro, mas, se este se mudar do prédio, pedir a extinção do bem de família (CC, art. 1.721) e se nele não ficar residindo filho menor, a cláusula será eliminada e o imóvel partilhado. Se ambos falecerem, dever-se-á esperar a maioridade de todos os filhos, para extinguir o bem de família e partilhá-lo, mas para tanto nenhum filho poderá estar sujeito à curatela. Com o óbito de ambos os consortes extinguir-se-á, de pleno direito, o bem de família, se não tiverem filhos, que, então, não mais será impenhorável.

BIBLIOGRAFIA: Tedeschi, *Il regime patrimoniale della famiglia*, Torino, 1956, p. 67 e s.; Vernier, *American family laws*, 1995, v. 3, p. 229; Zeno Veloso, *Emendas ao Projeto do Código Civil*, Belém, 1985, p. 103-6.

TÍTULO III
DA UNIÃO ESTÁVEL

- *Leis n. 8.971/94 e 9.278/96.*
- *Súmula vinculante 13 do Supremo Tribunal Federal.*
- *Provimento n. 37/2014 do CNJ (com as alterações do Provimento n. 141/2023) sobre registro de união estável, no livro "E", por Oficial de Registro Civil de Pessoas Naturais.*

Art. 1.723. É reconhecida como entidade familiar a união estável entre o homem e a mulher, configurada na convivência pública, contínua e duradoura e estabelecida com o objetivo de constituição de família.

DIREITO DE FAMÍLIA

- *Constituição Federal, art. 226, § 3º.*
- *Código Civil, arts. 793, 1.562, 1.622, 1.727, 1.790.*
- *Lei n. 9.278/96, art. 1º.*
- *Lei n. 8.069/90, art. 42, §§ 2º e 4º.*
- *Lei n. 13.146/2015, 6º, I, segunda parte.*
- *Súmula 382 do Supremo Tribunal Federal.*
- *Resolução CNJ n. 175/2013 admite união estável homoafetiva.*
- *Lei n. 13.146/2015, 6º, I.*
- ***Projeto de Lei n. 699/2011**: "Art. 1.723. É reconhecida como entidade familiar a união estável entre o homem e a mulher, civilmente capazes, configurada na convivência pública, contínua, duradoura e constitutiva de família.*

..".

§ 1º A união estável não se constituirá se ocorrerem os impedimentos do art. 1.521; não se aplicando a incidência do inciso VI no caso de a pessoa casada se achar separada de fato ou judicialmente.

- *Parágrafo que poderá perder,, parcialmente, sua eficácia por força da EC n. 66/2010, que deu nova redação ao § 6º do art. 226 da CF.*

§ 2º As causas suspensivas do art. 1.523 não impedirão a caracterização da união estável.

- *Código Civil, arts. 793, 1.523 e 1.727.*
- *Código de Processo Civil, arts. 693 a 699 e 731 a 734.*
- ***Projeto de Lei n. 699/2011**: "§ 2º Aplica-se à união estável o regime da separação de bens nas hipóteses previstas no art. 1.641, incisos I e II.*

§ 3º A produção de efeitos na união estável, inclusive quanto a direitos sucessórios, havendo litígio entre os interessados, dependerá da demonstração de sua existência em ação própria.

§ 4º Poderá ser homologada judicialmente a extinção consensual da união estável".

União estável. A união estável é a relação convivencial *more uxorio*, que possa ser convertida em casamento, ante a ausência dos impedimentos do art. 1.521 do Código Civil, visto que as causas suspensivas arroladas no art. 1.523 não impedem sua caracterização, e reconhecida como entidade familiar. Pelo atual Código Civil a união estável poderá configurar-se mesmo que um de seus membros seja ainda casado, desde que antes de iniciar o companheirismo já estivesse separado de fato ou judicialmente do cônjuge. Além disso, como as causas suspensivas apenas têm por escopo evitar a realização de núpcias antes da solução de problemas relativos à paternidade de filho e a patrimônio familiar, em nada influenciariam na constituição de uma união estável. Assim sendo, se viúvo, antes de fazer o inventário, passar a viver em união estável, não sofrerá qualquer sanção, podendo o regime convencional ser o da comunhão parcial (CC, art. 1.725). Consiste numa convivência pública entre homem e mulher livres, contínua e duradoura, constituindo uma família. Assim, solteiros, viúvos, separados (extrajudicial ou judicialmente), ou de fato, e divorciados poderão constituir união estável, por força do § 1º do art. 1.723.

Elementos essenciais para a configuração da união estável. Para que se tenha união estável, é mister a demonstração de presença dos seguintes elementos essenciais: *a*) diversidade de sexo (*RT*, *773*:389, *791*:354). Todavia, o STF na ADI n. 4.277 e ADPF 132 e o CJN na Resolução 175/2013 reconheceram a união estável entre pessoas do mesmo sexo como entidade familiar; daí o entendimento de que "as demandas envolvendo união estável entre pessoas do mesmo sexo constituem matéria de direito de família" (Enunciado n. 524 do CJF, aprovado na *V Jornada de Direito Civil*); *b*) ausência de matrimônio válido e de impedimento matrimonial entre os companheiros, não se aplicando, contudo, por força do disposto no § 1º, 2ª parte, do art. 1.723, o art. 1.521, VI, do Código Civil, no caso de a pessoa se achar separada de fato (*RT*, *731*:237), extrajudicialmente ou judicialmente (*RJ*, *198*:136; *RT*, *731*:237, *725*:322, *745*:336, *409*:183 e 352, *618*:171, *794*:365, *381*:100, *445*:92 e *433*:87); logo, se a convivência se der antes da separação de fato ou da extrajudicial ou judicial, ter-se-á concubinato, e não união estável (STJ, REsp 684.407/RS, rel. Min. Jorge Scartezzini, 4ª T., j. 3-5-2005; TJMG, Ac. 10024.05.827936-5/001, 5ª Câm. Cív., rel. Maria Elza, j. 6-9-2007); apesar disso, o IBDFAM, no Enunciado Programático n. 4, entendeu que: "A constituição de entidade familiar paralela pode gerar efeito jurídico"; *c*) convivência *more uxorio* pública, contínua e duradoura (*RT*, 777:338, *795*:353, *805*:222, *JTJ*, *277*:385, *232*:46); *d*) constituição de uma família.

BIBLIOGRAFIA: Ney de Mello Almada, *Manual de direito de família*, São Paulo, Ed. Hemeron, 1978, p. 55; M. Helena Diniz, *Curso*, cit., v. 5, p. 273-301; Zannoni, *El concubinato*, Buenos Aires, 1970; Bossert, *Concubinato*, Rosario, 1968, p. 17; Adahyl Lourenço Dias, *A concubina e o direito brasileiro*, São Paulo, Saraiva, 1975, p. 50; Euclides B. de Oliveira e Benedito Silvério Ribeiro, Concubinato e família, *JB*, *164*:25-9; Euclides B. de Oliveira, Do concubinato à união estável, *Revista do Instituto dos Advogados de São Paulo*, *2*:65-79; id., *União estável*, São Paulo, Paloma, 2000; Impedimentos matrimoniais na união estável, in *Família e cidadania*, Del Rey, 2002, p. 173-92; Lourival S. Cavalcanti, União estável, São Paulo, Saraiva, 2003; Rolf Madaleno, Escritura pública como prova relativa de união estável, Revista *Brasileira de Direito de Família*, *17*:80-88; Paulo Martins de Carvalho Filho, A união estável, *RT*, *734*:31; Débora Gozzo, Regime de bens e união estável, *O direito de família após a CF/88*, coord. Coltro, São Paulo, Celso Bastos ed., 2000, p. 225-52; Clayton Reis, Responsabilidade civil pelo rompimento da união estável, in *O direito de família*, cit., p. 187-224; Antonio Carlos M. Coltro, A presunção absoluta e relativa no esforço comum para aquisição patrimonial na união estável, in *Família e cidadania*, Anais do III Congresso brasileiro de direito de família, Belo Horizonte, 2002, p. 247-65; Álvaro Villaça Azevedo, *Do concubinato ao casamento*, Cejup, 1986; id., *Estatuto da família de fato*, São Paulo, Jurídica Brasileira, 2001; Francisco José Cahali, *União estável e alimentos entre companheiros*, São Paulo, Saraiva, 1996; *Contrato de convivência na união estável*, São Paulo, Saraiva, 2002; Carlos Alberto Menezes Direito, Da união estável no novo Código Civil, in *Novo Código Civil — estudos em homenagem a Miguel Reale*, São Paulo, LTr, 2003, p. 1269-85; Ronaldo Frigini, O concubinato e a nova ordem constitucional, *RT*, *686*:55; M. Helena M. Braceiro Daneluzzi, *União estável*, dissertação de mestrado apresentada na PUCSP, em 1995; Francisco E. O. Pires e Albuquerque Pizzolante, *União estável no sistema jurídico brasileiro*, São Paulo, Atlas, 1999; Nilza Reis, O concubinato, a união estável e o anteprojeto do Código Civil, in *Estudos de direito*, São Paulo, LTr, 1998, p. 118-26; Rodrigo da Cunha Pereira, *Concubinato e união estável*, Belo Horizonte, Del Rey, 1995; *Comentários ao novo Código Civil*, coord. Sálvio de F. Teixeira, Rio de Janeiro, Forense, 2003, v. 20, p. 3-220; Beucher, *La notion actuelle du concubinage, ses effects à l'égard des tiers*, Paris, Sirey, 1932, p. 20; René-Thery, Le concubinage en France, *Revue Trimestrielle de Droit Civil*, 1960, p. 33; Marco Aurélio S. Viana, *Da união estável*, São Paulo, Saraiva, 1999; Hélio Borghi, *Casamento e união estável*, São Paulo, Juarez de Oliveira, 2001; P. A. Talavera Fernandez, *La unión de hecho y el derecho no casarse*, Barcelona, Bosch, 2001; A. M. Pérez Vallejo, Autorregulación en la convivencia de hecho, Barcelona, Bosch, 2000; Ricardo Cesar Galbiatti, Estrutura jurídica das sociedades de fato entre concubinos, *RT*, *678*:65; Artur Oscar de Oliveira Deda, A união estável no projeto de Código Civil, *RT*, *777*:75; Guilherme Calmon Nogueira da Gama, Família não fundada no casamento, *RT*, *771*:51; Fabio A. Ferreira, *O reconhecimento da união de fato como entidade familiar e sua transformação num casamento não so-*

lene, Rio de Janeiro, Lumen Juris, 2002; Ana E. L. W. Cavalcanti, *Casamento e união estável — requisitos e efeitos pessoais*, Barueri, Manole, 2003; Marco Tulio M. Garcia, União estável e concubinato no novo Código Civil, *Revista Brasileira de Direito de Família, 20*:32-149; José de Farias Tavares, Novo Código Civil e família informal, *Revista Brasileira de Direito de Família, 19*:5-30.

Art. 1.724. As relações pessoais entre os companheiros obedecerão aos deveres de lealdade, respeito e assistência, e de guarda, sustento e educação dos filhos.

- *Código Civil, arts. 1.566, 1.572, 1.573, 1.583 a 1.590, 1.694 e s.*
- *Lei n. 9.278/96, art. 2º.*
- *Lei n. 11.340/2006.*

Efeitos da união estável nas relações pessoais entre os companheiros. Nas relações pessoais entre os companheiros dever-se-á ter: *a*) *honorabilidade*, ou seja, uma união respeitável entre homem e mulher (*RT, 328*:740; *RTJ, 7*:24), pautada na *affectio* e no *animus* de constituir uma família; *b*) *fidelidade ou lealdade*, reveladora da intenção de vida em comum, para constituir uma entidade familiar. A quebra da lealdade pode implicar injúria grave, motivando a separação dos conviventes, gerando em atenção à boa-fé de um deles indenização por dano moral (*RT, 437*:157), e no que couber os efeitos jurídicos da sociedade de fato; *c*) *assistência mútua material (auxílio econômico, contribuição para os encargos da entidade familiar etc.) e imaterial (respeito aos direitos da personalidade)*; *d*) *responsabilidade de ambos pela guarda, sustento e educação dos filhos*, na proporção de seus haveres e rendimentos.

Pelo Enunciado Programático do IBDFAM n. 3: "Em face do princípio da igualdade das entidades familiares é inconstitucional tratamento discriminatório conferido ao cônjege e ao companheiro".

Art. 1.725. Na união estável, salvo contrato escrito entre os companheiros, aplica-se às relações patrimoniais, no que couber, o regime da comunhão parcial de bens.

- Vide *Código Civil, arts. 1.641, I e II, 1.658 a 1.666.*
- *Lei n. 9.278/96, art. 5º.*
- *Código Civil, art. 1.240-A e § 1º, acrescentado pela Lei n. 12.424/2011.*
- *Código de Processo Civil, art. 73, § 3º.*
- ***Projeto de Lei n. 699/2011***: *"§ 1º Não se comunicam os bens adquiridos com recursos obtidos anteriormente à constituição da união estável.*

  § 2º Nos instrumentos que vierem a firmar com terceiros, os companheiros deverão mencionar a existência da união estável e a titularidade do bem objeto de negociação. Não o fazendo, ou sendo falsas as declarações, serão preservados os interesses dos terceiros de boa-fé, resolvendo-se os eventuais prejuízos em perdas e danos entre os companheiros e aplicando-se as sanções penais cabíveis".

Regime legal da comunhão parcial de bens. Aplicar-se-á, no que couber, o regime legal da comunhão parcial de bens entre os companheiros que não fizeram qualquer contrato escrito a esse respeito, fixando, p. ex., percentuais, para a participação de cada um no patrimônio formado, aplicando-se-lhes as normas dos arts. 1.658 a 1.666, 1.639 a 1.657, em tudo o que for possível (nesse sentido: *BAASP, 2666*:1799-09). Por esse regime haverá comunicabilidade dos bens adquiridos onerosamente durante a convivência, excluídas as doações, heranças e legados. "Há presunção de comunhão de aquestos na constância da união extramatrimonial mantida entre os companheiros, sendo desnecessária a prova do esforço comum para se verificar a comunhão dos bens" (Enunciado n. 115, aprovado na *I Jornada de Direito Civil*, promovida, em setembro de 2002, pelo Centro de Estudos Judiciários do CJF). Portanto, o que vale é a vida em comum, não sendo significativo avaliar a contribuição financeira, mas, sim, a participação direta e indireta representada pela solidariedade que deve unir o casal, medida pela comunhão da vida, na presença em todos os momentos da convivência, base da família, fonte do êxito pessoal e profissional de seus membros (STJ, REsp 736.627-PR, rel. Menezes Direito, 3ª T., j. 11-4-2006; TJMG, Processo n. 1.0525.04.050328-2/001, rel. Maria Elza, *DJ*, 22-5-2007). Havendo dissolução da união estável, cada um terá direito à meação de bens onerosamente adquiridos durante a convivência (*RT*, *848*:239, *843*:235, *831*:399, 777:387, *793*:225).

O Conselho da Justiça Federal entendeu, no Enunciado n. 346, aprovado na *IV Jornada de Direito Civil*, que "na união estável o regime patrimonial obedecerá à norma vigente no momento da aquisição de cada bem, salvo contrato escrito".

Regime convencional. É o estipulado em pacto similar ao antenupcial, alterável a qualquer tempo. Os companheiros devem firmar contrato de convivência, disciplinando o regime patrimonial, desde que não seja atentatório à lei, à ordem pública e aos bons costumes. É muito útil tal pacto para solucionar problemas que, eventualmente, surgiriam por ocasião do término da união estável (*RT*, *776*:320). Podem estipular porcentual desigual na propriedade comum dos bens adquiridos onerosamente durante a convivência (*RT*, *686*:96). Pelo Enunciado n. 634, aprovado na *VIII Jornada de Direito Civil*: "É lícito estipular no contrato de convivência o regime de separação de bens, para assegurar os efeitos desse regime e afastar a incidência da Súmula 377 do STF". Esse contrato, feito por escritura pública ou por instrumento particular, deverá apresentar os mesmos elementos exigidos para a validade negocial. Para produzir efeitos perante terceiros, deverá ser levado a assento no Cartório de Títulos e Documentos (*CTD Boletim*, *9*:33-4). Somente no silêncio dos companheiros, aplicar-se-lhes-ão as normas do regime de comunhão parcial (CC, arts. 1.658 a 1.666).

Art. 1.726. A união estável poderá converter-se em casamento, mediante pedido dos companheiros ao juiz e assento no Registro Civil.

- *Constituição Federal, art. 226, § 3º.*
- *Lei n. 6.015/73, art. 70-A e 94-A, com redação da Lei n. 14.382/2022.*
- *Lei n. 9.278/96, art. 8º.*
- *Provimento n. 10/96 da CGJ.*
- *Provimento CNJ n. 37/2014, alterado pelo Provimento n. 141/2023.*
- ***Projeto de Lei n. 699/2011**: "Art. 1.726. A união estável poderá converter-se em casamento, mediante requerimento de ambos os companheiros ao oficial do Registro Civil de seu domicílio, processo de habilitação com manifestação favorável do Ministério Público e respectivo assento".*

Conversão da união estável em casamento. Para converter a união estável em casamento, os companheiros deverão, a qualquer tempo, de comum acordo, requerê-la ao juiz perante oficial do Registro Civil da circunscrição de seu domicílio (Provimento n. 10/96 da CGJ; TJSP, 10ª Câm. D. Priv., Ap. Cível s/ Rev. n. 395.413-4/7, rel. Testa Marchi, j. 7-11-2006), observando-se os arts. 1.525 e 1.521 do Código Civil, seguindo-se a isso o assento no Registro Civil no Livro-B de Pessoas Naturais (Provimento CNJ n. 37/2014, alterado pelo Provimento n. 141/2023; Lei n. 6.015/73. art. 70-A). Parece-nos que não se deve exigir celebração das núpcias pelo juiz de casamento. Logo, não há nenhuma pretensão de equiparar a união estável ao casamento, mesmo porque só se poderia converter o desigual. Mas, perguntamos, como converter a união estável do separado de fato e do separado judicialmente, aplicando-se pura e simplesmente o artigo *sub examine*, diante do fato de o vínculo matrimonial ainda não ter desaparecido? E, além disso, como o texto legal não esclarece quem é o juiz competente para tanto, ficando-se sem saber se é o juiz de família, o juiz de casamento ou o juiz de direito corregedor do Cartório, nem indica o procedimento ágil e requisitos para que se dê aquela conversão, seria necessária a edição de uma lei especial que estabelecesse o *modus faciendi* dessa conversão.

A Lei n. 14.382/2022, ao acrescentar à Lei n. 6.015/73 o art. 70-A, §§ 1º e 7º, esclarece que atualmente "A conversão da união estável em casamento deverá ser requerida pelos companheiros perante o oficial de registro civil de pessoas naturais de sua residência. Recebido o requerimento será iniciado o processo de habilitação sob o mesmo rito previsto para o casamento, e deverá constar dos proclamas de que se trata de conversão de união estável em casamento, a procuração deverá ser pública e com prazo máximo de 30 dias. Se estiver em termos o pedido, será lavrado o assento da conversão da união estável, independentemente de autorização judicial, prescindindo o ato da celebração do matrimônio. O assento da conversão será lavrado no Livro-B, sem indicação da data e das testemunhas da celebração, do nome do presidente do ato e das assinaturas dos companheiros e das testemunhas, anotando-se no respectivo termo que se trata de conversão da união estável em casamento. Tal conversão dependerá da superação dos impedimentos legais para o casamento, sujeitando-se à adoção do regime patrimonial de bens, na forma dos preceitos da Lei Civil. Não constará do assento de casamento convertido a partir da data da união estável a data do início ou o período de duração deste, salvo no caso de prévio procedimento de certificação eletrônica de união estável realizado perante oficial de registro civil. Se estiver em termos o pedido, o falecimento da parte no curso do processo de habilitação não impedirá a lavratura do assento da conversão de união estável em casamento".

Como o STF reconheceu a união estável entre pessoas do mesmo sexo, como entidade familiar, o Conselho da Justiça Federal, na *V Jornada de Direito Civil,* aprovou o Enunciado n. 526, segundo o qual: "É possível a conversão de união estável entre pessoas do mesmo sexo em casamento, observados os requisitos exigidos para a respectiva habilitação". E o Conselho Nacional de Justiça, tendo por base acórdãos do STF em julgamento da ADPF 132/RJ e da ADI 4.277/DF, na Resolução n. 175/2013, entendeu que é vedada à autoridade competente a recusa de conversão de união estável em casamento entre pessoas do mesmo sexo. Tal recusa implicará a imediata comunicação ao juiz corregedor para as providências cabíveis (p. ex., abertura de processo administrativo). Teriam tais deliberações (normas inferiores) o condão de alterar comando constitucional e o Código Civil (normas superiores)? Para tanto, não seriam imprescindíveis uma Emenda Constitucional e lei especial?

BIBLIOGRAFIA: Ibrahim F. de C. Madeira Filho, *Conversão da união estável em casamento*, São Paulo: Saraiva, 2013.

Art. 1.727. As relações não eventuais entre o homem e a mulher, impedidos de casar, constituem concubinato.

- *Código Civil, arts. 550, 1.521, 1.642, V, 1.645, 1.801, III, e 1.723, § 1º.*
- ***Projeto de Lei n. 699/2011***: *"Art. 1.727. As relações não eventuais entre o homem e a mulher, impedidos de casar e que não estejam separados de fato, constituem concubinato, aplicando-se a este, mediante comprovação da existência de sociedade de fato, as regras do contrato de sociedade.*

  Parágrafo único. As relações meramente afetivas e sexuais, entre o homem e a mulher, não geram efeitos patrimoniais, nem assistenciais.

DIREITO DE FAMÍLIA

Art. 1.727-A. As disposições contidas nos artigos anteriores (1.723 a 1.727) aplicam-se, no que couber, às uniões fáticas de pessoas capazes, que vivam em economia comum, de forma pública e notória, desde que não contrariem as normas de ordem pública e os bons costumes".

Concubinato. O concubinato impuro ou simplesmente concubinato dar-se-á quando se apresentarem relações não eventuais entre homem e mulher, em que um deles ou ambos estão impedidos legalmente de se casar. Apresenta-se como: *a*) *adulterino* (*RTJ*, *38*:201; *RT*, *458*:224, *817*:238 e 340, *794*:365, *789*:348, *865*:174; *JTJ*, *294*:64, *288*:81, *267*:260, *251*:36, *243*:186), se se fundar no estado de cônjuge de um ou de ambos os concubinos, por exemplo, se homem casado, não separado de fato, mantiver ao lado da família matrimonial uma outra; ou *b*) *incestuoso*, se houver parentesco próximo entre os amantes.

TÍTULO IV
DA TUTELA, DA CURATELA E DA TOMADA DE DECISÃO APOIADA

- *Título IV com denominação determinada pela Lei n. 13.146/2015.*

CAPÍTULO I
DA TUTELA

- *Código de Processo Civil, arts. 178, II, 759, I e II e §§ 1º e 2º a 763, 890.*
- Vide *Lei n. 8.069, de 13 de julho de 1990 (Estatuto da Criança e do Adolescente), arts. 24, 28, 32 a 38, 131 a 137, 148, parágrafo único, a e f, 164, 169 e 249.*
- Vide *Decreto n. 3.000/99, sobre cobrança e fiscalização de Imposto de Renda.*
- *Código de Processo Penal, art. 692.*
- *Código Penal, arts. 92, II (com a redação da Lei n. 13.715/2018), 248 e 249.*
- *Código Tributário Nacional, art. 134, II.*
- *Leis n. 6.001/73, arts. 7º a 11 e 20, § 5º; 8.935/94, arts. 5º, V, e 12.*
- *Código Civil, arts. 3º, 197, III, 206, § 4º, e 1.523, IV.*
- *Decreto n. 3.048/99, art. 16, § 3º, com a redação do Decreto n. 4.032/2001.*
- *Lei n. 13.146/2015, arts. 6º, VI, 89, parágrafo único, I, e 91, parágrafo único.*

SEÇÃO I
DOS TUTORES

Art. 1.728. Os filhos menores são postos em tutela:
I — com o falecimento dos pais, ou sendo estes julgados ausentes;

- Vide *Código Civil, arts. 3º, 4º, 5º, 22 a 39 e 1.635, I.*

II — em caso de os pais decaírem do poder familiar.

- Vide *Código Civil, arts. 1.635, V, 1.636, 1.637, 1.638 e 1.734.*
- *Sobre nomeação e remoção de tutor,* vide *Código de Processo Civil, arts. 178, II, 759 a 763.*
- *Lei n. 8.069/90, art. 36.*

Tutela. A tutela é um conjunto de direitos e obrigações conferidos pela lei a um terceiro, para que proteja a pessoa de um menor não emancipado que não se acha sob o poder familiar,

DIREITO DE FAMÍLIA

administrando seus bens, representando-o e assistindo-o nos atos da vida civil (Lei n. 8.069/90, arts. 165 a 170; *RT*, *402*:162, *526*:61 e *537*:65; *JTJ*, *170*:167, *254*:223; TJRJ, Ap. Cível 2005.001.17224, rel. Gerson Arraes, 16ª Câm., j. 19-7-2005).

Circunstâncias justificadoras da tutela. Ter-se-á tutela para a proteção de menor não emancipado e de seus bens, se seus pais faleceram, foram declarados ausentes pelo juiz ou sofreram suspensão ou destituição do poder familiar.

Exercício pelo tutor de um "munus" público. O tutor exerce um *munus* público, imposto pelo Estado, para atender a um interesse público, possibilitando a efetivação do dever estatal de guardar e defender órfãos e menores cujos pais foram destituídos do poder familiar. Por isso, o tutor, ao assumir a tutela, deverá prestar compromisso de bem e fielmente desempenhar o cargo (Lei n. 8.069/90, arts. 32 e 170).

BIBLIOGRAFIA: Silvio Rodrigues, *Direito civil*, cit., v. 6, p. 396; Bassil Dower, *Curso renovado de direito civil*, São Paulo, Ed. Nelpa, v. 4, p. 256; Caio M. S. Pereira, *Instituições*, cit., v. 5, p. 294; Levenhagen, *Código Civil*, cit., v. 2, p. 268; M. Helena Diniz, *Curso*, cit., v. 5, p. 341; Coordenadas fundamentais da tutela e curatela no novo Código Civil, in *O novo Código Civil — estudos em homenagem a Miguel Reale*, São Paulo, LTr, 2003, p. 1334-46; Orlando Gomes, *Direito de família*, cit., p. 427-8; Travers, *De la puissance paternelle et de la tutelle*, p. 49; Marco Aurélio S. Viana, A tutela da criança e do adolescente, in *Direitos de família e do menor*, coord. Sálvio de Figueiredo Teixeira, Belo Horizonte, 1993, p. 285-98; Valdemar P. da Luz, *Curso de direito de família*, cit., p. 152-7; Roberto Senise Lisboa, *Manual*, cit., v. 5, p. 123-31; Rodrigo da Cunha Pereira, *Comentários*, cit., v. 20, p. 221-384; Antonio Carlos M. Coltro, Da tutela, in *Direito de família e o novo Código Civil* (coord. Mª Berenice Dias e Rodrigo da Cunha Pereira), 2003; Luiz Paulo V. de Carvalho, *Direito civil*, cit., p. 175-90.

Art. 1.729. O direito de nomear tutor compete aos pais, em conjunto.

Parágrafo único. A nomeação deve constar de testamento ou de qualquer outro documento autêntico.

- Vide *Código Civil, arts. 1.857 a 1.859, 1.730 e 1.634, IV.*
- *Constituição Federal, arts. 5º, I, e 226, § 5º.*
- *Lei n. 8.069/90, art. 37 e parágrafo único, com a redação da Lei n. 12.010/2009.*
- *Pelo* ***Projeto de Lei n. 699/2011*** *o parágrafo único passará a ser o § 1º, pois pretende acrescentar: "§ 2º A nomeação poderá ser realizada por somente um dos pais, se o outro estiver, por qualquer motivo, impossibilitado ou se negue, sem justa causa, a fazê-lo e desde que atenda aos interesses do filho".*

Direito de nomear tutor a filho menor. A ambos os pais em conjunto compete a nomeação de tutor a filho menor, em testamento ou qualquer outro documento autêntico. Se um dos pais for falecido, o sobrevivente poderá nomear tutor.

Requisito formal. A nomeação de tutor pelos genitores deverá constar de testamento ou outro documento autêntico.

Tutela testamentária ou tutela documental. A *tutela testamentária* institui-se em razão de nomeação pelo pai e/ou mãe de tutor a menor, por ato de última vontade (testamento, ou outro documento autêntico, p. ex., codicilo). Há *tutela documental* se ambos os pais em conjunto ou um deles, por meio de documento autêntico (como p. ex. instrumento particular com firma reconhecida ou escritura pública), nomeiam tutor ao filho, para reger sua pessoa e bens, em caso de óbito ou incapacidade superveniente deles. O tutor nomeado por testamento, ou por qualquer documento autêntico, deverá, no prazo de 30 dias, após a abertura da sucessão, ingressar com pedido destinado ao controle judicial do ato, observando-se o procedimento previsto nos arts. 165 a 170 da Lei n. 8.069/90 (art. 37 da Lei n. 8.069/90). Na apreciação do pedido observar-se-ão os requisitos dos arts. 28 e 29 da Lei n. 8.069/90 e somente deferir-se-á a tutela à pessoa indicada na disposição de última vontade, se se comprovar que essa medida é vantajosa ao tutelando e que não há outra pessoa em melhores condições de assumi-la (art. 37, parágrafo único, da Lei n. 8.069/90).

Exercício do direito de indicar tutor. Para instituição de tutela testamentária ou documental, será preciso seguir a lei, de modo que ambos os pais em conjunto, por meio de documento autêntico, ou qualquer deles, terá o direito de nomear tutor por ato *causa mortis* em caso de falta (morte natural ou presumida) ou de incapacidade (*RT, 153*:136) do outro, independentemente de confirmação ou aprovação judicial, visto que é detentor do poder familiar (CC, art. 1.730). A nomeação de tutor somente poderá dar-se por *documento autêntico* (instrumento particular ou escritura pública) assinado por um dos pais desde que não deixe dúvidas quanto à identidade dos signatários ou do genitor que o subscreveu e à *intentio* de escolher a pessoa que exercerá o *munus* público, ou por *testamento ou codicilo*, que, por ser ato personalíssimo, deve ser efetuado pelo pai ou pela mãe, em separado.

BIBLIOGRAFIA: W. Barros Monteiro, *Curso*, cit., v. 2, p. 304; Silvio Rodrigues, *Direito civil*, cit., v. 6, p. 397; Orlando Gomes, *Direito de família*, cit., p. 428; Pontes de Miranda, *Tratado de direito de família*, cit., v. 3, § 117; Ruggiero e Maroi, *Istituzioni di diritto privato*, v. 1, § 69; Caio M. S. Pereira, *Instituições*, cit., v. 5, p. 294; M. Helena Diniz, *Curso*, cit., v. 5, p. 342; Levenhagen, *Código Civil*, cit., v. 2, p. 269; Lomonaco, *Istituzioni di diritto civile*, v. 1, p. 266; Lafayette, *Direitos de família*, cit., § 146; Giovane Serra Azul Guimarães, *Adoção, tutela e guarda*, São Paulo, Juarez de Oliveira, 2000; Matiello, *Código Civil*, cit., p. 1131; Mª Berenice Dias, *Manual de direito de famílias*, cit., p. 535; Paulo N. Lôbo, *Famílias*, cit., p. 385-6; Dimas M. Carvalho, *Código das famílias*, cit., p. 592.

Art. 1.730. É nula a nomeação de tutor pelo pai ou pela mãe que, ao tempo de sua morte, não tinha o poder familiar.

- Vide *Constituição Federal, arts. 5º, I, e 226, § 5º.*
- *Código Civil, arts. 1.729, parágrafo único, 1.635, I a V, e 1.638.*

Nulidade de tutela testamentária. Nula será a tutela testamentária se feita por pai, ou mãe, que não seja detentor do poder familiar ao tempo da lavratura do testamento ou da escritura; o mesmo se diga se, por ocasião de sua morte, tenha feito aquela nomeação sem estar no exercício do poder familiar por qualquer razão (destituição ou suspensão do poder familiar; interdição por perda de capacidade). Mas, se à época da nomeação do tutor estava suspenso do poder familiar, recuperando-o antes de falecer, válida será a indicação. Inválida será, também, a nomeação de tutor se, apesar de ter sido feita no exercício do poder familiar, o genitor, ao falecer, não mais o possuísse, por estar, p. ex., sob interdição, uma vez que a lei exige que esteja investido no poder familiar ao tempo de sua morte. Não valerá, ainda, a tutela testamentária feita por pai, se a mãe lhe sobreviver, estando capacitada para exercer o poder familiar. Isto é assim porque a eficácia da nomeação testamentária de tutor requer que ambos os pais estejam falecidos.

BIBLIOGRAFIA: Levenhagen, *Código Civil*, cit., v. 2, p. 269; M. Helena Diniz, *Curso*, cit., v. 5, p. 342; Darcy Arruda Miranda, *Anotações*, cit., v. 1, p. 401; Paulo de Lacerda, *Manual*, cit., v. 6, p. 375-8.

Art. 1.731. Em falta de tutor nomeado pelos pais incumbe a tutela aos parentes consanguíneos do menor, por esta ordem:

I — aos ascendentes, preferindo o de grau mais próximo ao mais remoto;

II — aos colaterais até o terceiro grau, preferindo os mais próximos aos mais remotos, e, no mesmo grau, os mais velhos aos mais moços; em qualquer dos casos, o juiz escolherá entre eles o mais apto a exercer a tutela em benefício do menor.

- Vide *Constituição Federal, art. 5º, I.*
- *Código Civil, arts. 1.591 a 1.594, 1.735 e 1.736.*
- *ECA, arts. 28 e 29.*
- ***Projeto de Lei n. 699/2011**: "Parágrafo único. Poderá o juiz, levando em consideração o melhor interesse do menor, quebrar a ordem de preferência, bem como nomear tutor terceira pessoa".*

Tutela legítima. Ter-se-á tutela legítima quando, não havendo a testamentária ou documental, a lei a deferir a um de seus parentes consanguíneos, ouvindo-se, se possível, o menor.

Ordem legal para escolha de tutor legítimo. O juiz fará a nomeação do tutor, seguindo a ordem indicada pela lei, podendo até alterá-la, verificando sua idoneidade e atendendo sempre ao bem-estar e aos interesses do menor (*RT*, *747*:228, *338*:175 e *311*:336; *Ciência Jurídica*, *49*:139; *RF*, *155*:237). A ordem legal é a seguinte: *a*) os ascendentes (avós ou bisavós), preferindo o de grau mais próximo ao mais remoto; *b*) os irmãos, ou os tios, sendo preferido o mais próximo ao mais remoto, e, no mesmo grau, o mais velho ao mais moço (Lei n. 8.069/90, arts. 28, §§ 1º e 2º, e 29). Em qualquer dos casos, o magistrado deverá escolher o mais apto, moral e economicamente, a exercer a tutela em benefício do menor (nesse teor: STJ, REsp 710.204/AL, rel. Nancy Andrighi, 3ª T., j. 17-8-2006; TJGO, Ap. Cível 200.500.940.651, 2ª Câm. Cív., rel. Alfredo Abinagem, j. 27-2-2007).

BIBLIOGRAFIA: Lafayette, *Direitos de família*, cit., § 146; Orlando Gomes, *Direito de família*, cit., p. 429; Caio M. S. Pereira, *Instituições*, cit., v. 5, p. 295; W. Barros Monteiro, *Curso*, cit., v. 5, p. 305; M. Helena Diniz, *Curso*, cit., v. 5, p. 342-3.

Art. 1.732. O juiz nomeará tutor idôneo e residente no domicílio do menor:

- *Código de Processo Civil, art. 759.*

I — na falta de tutor testamentário ou legítimo;

- *Código Civil, arts. 1.729, parágrafo único, e 1.731.*

II — quando estes forem excluídos ou escusados da tutela;

- *Código Civil, arts. 1.735, 1.736, 1.764, II, e 1.766.*

III — quando removidos por não idôneos o tutor legítimo e o testamentário.

- *Código de Processo Civil, arts. 761 a 763.*
- *Código Civil, arts. 1.735, 1.737 a 1.739 e 1.764, III.*

Tutela dativa. A tutela dativa decorre de decisão judicial, suprindo a falta de tutor testamentário ou legítimo. O juiz do lugar em que vivia o menor com seus pais (*RT*, *124*:148 e *150*:509) nomeará, mediante provocação do interessado ou do Ministério Público, um tutor, pessoa estranha e idônea, que resida no domicílio do menor, "observando os critérios de oportunidade e conveniência, apenas discutindo sobre a capacidade do nomeado, se houver oposição séria apresentada por interessado" (TJMG, Ap. Cível 1.002403.010753-6/001, rel. Ernane Fidélis, j. 4-10-2005).

Casos em que é cabível a tutela dativa. Competirá ao juiz, por sua livre escolha, nomear tutor dativo, se: *a*) inexistir tutor testamentário ou legítimo; *b*) houver escusa do tutor testamentário ou legítimo do desempenho do cargo; *c*) ocorrer exclusão ou remoção de tutor legítimo ou testamentário por falta de idoneidade.

BIBLIOGRAFIA: Planiol, Ripert e Boulanger, *Traité élémentaire de droit civil français*, cit., v. 1, n. 1.989; Orlando Gomes, *Direito de família*, cit., p. 429; W. Barros Monteiro, *Curso*, cit., v. 2, p. 307; Pontes de Miranda, *Tratado de direito de família*, cit., § 180; M. Helena Diniz, *Curso*, cit., v. 5, p. 343.

Art. 1.733. Aos irmãos órfãos dar-se-á um só tutor.

• *Lei n. 8.069/90, art. 28, § 4º, com a redação da Lei n. 12.010/2009.*

§ 1º No caso de ser nomeado mais de um tutor por disposição testamentária sem indicação de precedência, entende-se que a tutela foi cometida ao primeiro, e que os outros lhe sucederão pela ordem de nomeação, se ocorrer morte, incapacidade, escusa ou qualquer outro impedimento.

§ 2º Quem institui um menor herdeiro, ou legatário seu, poderá nomear-lhe curador especial para os bens deixados, ainda que o beneficiário se encontre sob o poder familiar, ou tutela.

• *Código Civil, arts. 1.689, 1.735, 1.736, 1.737 e 1.897.*

Unicidade e indivisibilidade da tutela. Ante o princípio da unicidade e indivisibilidade da tutela, havendo irmãos órfãos, ter-se-á nomeação de um só tutor para todos (Lei n. 8.069/90, art. 28, § 4º, primeira parte), seja tutela testamentária, legítima ou dativa, conservando-se, assim, a união da família, mantendo o vínculo de afetividade, dando-se-lhes a mesma educação moral, intelectual, religiosa e social e facilitando-se, ainda, a administração dos seus bens. Entretanto, há quem ache que a unicidade da tutela não pode ser absoluta, podendo o órgão judicante, atendendo ao superior interesse da criança, num dado caso *sub judice*, nomear tutores diferentes a irmãos (*AJ*, *107*:407). O ECA (art. 28, § 4º, segunda parte) também admite nomeação de tutores diferentes a irmãos se se comprovar a existência de risco de abuso ou de outra situação que justifique a excepcionalidade dessa medida, mas dever-se-á procurar, em qualquer caso, evitar o rompimento definitivo dos laços fraternais.

Nomeação de mais de um tutor por ato "causa mortis". Se, em caso de tutela testamentária, houver indicação (não estipulando a precedência da nomeação) de mais de um tutor aos irmãos, entender-se-á por tal disposição de última vontade que a tutela foi cometida ao primeiro, sendo que os demais hão de lhe suceder, pela ordem de nomeação, em caso de morte, incapacidade, escusa, remoção ou qualquer outro impedimento.

Curador especial para menor sob poder familiar ou tutela. Possível será que, em atos *mortis causa*, alguém, ao nomear menor não emancipado seu herdeiro ou legatário, venha a indicar um curador especial exclusivamente para administrar os bens deixados por herança ou legado, mesmo que o contemplado esteja sob tutela ou sob o poder familiar. Nessa cláusula não haverá uma exceção à indivisibilidade da tutela, visto que tem por escopo tão somente atender à vontade do testador de zelar pelo interesse econômico do menor, nomeando, para isso, pessoa de sua confiança para gerir apenas os bens recebidos por herança ou legado. Há uma excepcional concomitância entre curatela e poder familiar ou entre curatela e tutela. Os pais e o tutor continuarão tendo a responsabilidade de administrar outros bens do menor e de zelar pela sua criação e educação.

BIBLIOGRAFIA: Levenhagen, *Código Civil*, cit., v. 2, p. 271-2; M. Helena Diniz, *Curso*, cit., v. 5, p. 342; Paulo de Lacerda, *Manual*, cit., v. 6, p. 389-96; Clóvis Beviláqua, *Código Civil comentado*, cit., obs. ao art. 411, v. 2; Carvalho Santos, *Código Civil brasileiro interpretado*, cit., obs. ao art. 411, v. 4.

Art. 1.734. As crianças e os adolescentes cujos pais forem desconhecidos, falecidos ou que tiverem sido suspensos ou destituídos do poder familiar terão tutores nomeados pelo juiz, ou serão incluídos em programa de colocação familiar, na forma prevista pela Lei n. 8.069, de 13 de julho de 1990 — Estatuto da Criança e do Adolescente.

- *Redação determinada pela Lei n. 12.010/2009, art. 4º.*
- *Lei n. 8.069/90, arts. 19, §§ 1º a 3º, 28 a 38, 90, III a 94, 166 e 170 e parágrafo único.*
- *Código Civil, art. 1.752.*

Tutela de menor abandonado. A criança ou adolescente desamparado, em razão de seus pais serem desconhecidos, falecidos ou estarem suspensos ou destituídos do poder familiar, terá tutor indicado pelo magistrado, ou, sendo isso impossível, será incluído em programa de colocação familiar destinado a atender essa finalidade, que procurará reavaliar sua situação a cada 6 meses, devendo a autoridade judiciária competente, com base em relatório elaborado por equipe interprofissional ou multidisciplinar, decidir de forma fundamentada pela possibilidade de reintegração familiar ou colocação em família substituta, mediante guarda, tutela ou *adoção* (Lei n. 8.069/90, art. 19, § 1º). Além disso, pelo art. 34, §§ 1º a 3º, da Lei n. 8.069/90, o Poder Público estimulará, por meio de assistência jurídica, incentivos fiscais e subsídios, o acolhimento, sob forma de *guarda*, do menor afastado do convívio familiar, por pessoa ou casal cadastrado no programa de acolhimento familiar. E a colocação de criança ou adolescente sob a guarda de pessoa inscrita naquele programa deverá ser comunicada pelo juiz à entidade por este responsável no prazo máximo de 5 dias (Lei n. 8.069/90, art. 170, parágrafo único).

Seção II
Dos incapazes de exercer a tutela

Art. 1.735. Não podem ser tutores e serão exonerados da tutela, caso a exerçam:

I — aqueles que não tiverem a livre administração de seus bens;

II — aqueles que, no momento de lhes ser deferida a tutela, se acharem constituídos em obrigação para com o menor, ou tiverem que fazer valer direitos contra este, e aqueles cujos pais, filhos ou cônjuges tiverem demanda contra o menor;

- *Código Civil, art. 1.751.*

III — os inimigos do menor, ou de seus pais, ou que tiverem sido por estes expressamente excluídos da tutela;

IV — os condenados por crime de furto, roubo, estelionato, falsidade, contra a família ou os costumes, tenham ou não cumprido pena;

- *Código Penal, arts. 92, II, 155 a 157, 171, 213 a 239, 248 e 249.*
- *Código de Processo Penal, art. 692.*
- *A Lei n. 12.015/2009 alterou a denominação dos crimes contra os costumes, agora chamados de "crimes contra a dignidade sexual".*

V — as pessoas de mau procedimento, ou falhas em probidade, e as culpadas de abuso em tutorias anteriores;

VI — aqueles que exercerem função pública incompatível com a boa administração da tutela.

- Vide *Código de Processo Civil, arts. 759 a 763.*
- *Código Civil, arts. 1.732, 1.751, 1.764, III, e 1.766.*

Impedimento para o exercício da tutela. Determinadas pessoas não poderão exercer tutela, sendo, se nomeadas, exoneradas, seja por lhes faltar idoneidade, seja por apresentarem incompatibilidades pessoais para assunção do cargo.

Causas proibitórias. Não estarão legitimados, por lei, para exercer a tutela: *a*) os que não tiverem a livre administração de seus bens, como os menores de dezoito anos (Lei n. 8.069/90, art. 36), os interditos, os que não puderem exprimir sua vontade, os pródigos e os falidos; *b*) os que, no momento de lhes ser deferida a tutela, se acharem constituídos em obrigação para com o menor, ou tiverem de fazer valer direitos contra este, e aqueles cujos pais, filhos ou cônjuges tiverem demanda contra o menor, devido à oposição de interesses. Em todos esses casos denota-se colisão de interesses, por isso não se aconselha a nomeação dessa pessoa, que poderia vir a lesar os direitos do menor; *c*) os inimigos do menor (*RT*, *282*:408; *RF*, *82*:686) ou de seus pais, ou que tiverem sido por estes expressamente excluídos da tutela, que, por razões de ordem moral, não podem exercê-la, sob pena de trazer insegurança ao menor ou a seus bens; *d*) os condenados por crime de furto, roubo, estelionato, falsidade, contra a família (p. ex., bigamia) e a dignidade sexual (p. ex., estupro), tenham ou não cumprido pena, por não terem idoneidade moral para administrar patrimônio alheio e para cuidar da educação de alguém. Pelo Enunciado n. 636 da *VIII Jornada de Direito Civil*: "O impedimento para o exercício da tutela do inc. IV do art. 1.735 do Código Civil pode ser mitigado para atender ao princípio do melhor interesse da criança"; *e*) as pessoas de mau procedimento (p. ex., viciadas em jogo de azar) ou falhas em probidade e as culpadas de abuso em tutorias anteriores, por serem desonestas e inidôneas, não merecendo confiança de ninguém (Lei n. 8.069/90, art. 29); *f*) os que exercerem função pública (*RF*, *80*:340) incompatível com a boa administração da tutela, como a de juiz, promotor de justiça, escrivão, pois o cargo ocupado por tais pessoas poderá deixar o menor sem eficiente assistência ou embaraçar o serviço público, exceto se o magistrado incumbido do caso entender que não há nenhum inconveniente para os interesses do menor sua indicação. Milton Paulo de Carvalho Filho esclarece que os casos arrolados no artigo *sub examine* não são taxativos, mas exemplificativos, porque podem dar-se situações concretas especiais que legitimem outras pessoas para exercer a tutela, acatando sempre o superior interesse do menor.

BIBLIOGRAFIA: Planiol, Ripert e Boulanger, *Traité élémentaire de droit civil français*, cit., v. 1, n. 2.052; W. Barros Monteiro, *Curso*, cit., v. 2, p. 308-9; Carvalho Santos, *Código Civil brasileiro interpretado*, Rio de Janeiro, 1946, v. 6, p. 249; M. Helena Diniz, *Curso*, cit., v. 5, p. 343-4; Levenhagen, *Código Civil*, cit., v. 2, p. 274-5; Milton Paulo de Carvalho, *Código Civil comentado*, coord. Peluso, São Paulo, Manole, 2007, p. 1.729.

SEÇÃO III
DA ESCUSA DOS TUTORES

Art. 1.736. Podem escusar-se da tutela:

I — mulheres casadas;

• Vide *Constituição Federal, art. 5º, I.*

• *O **Projeto de Lei n. 699/2011** pretende eliminar o inciso I.*

II — maiores de sessenta anos;

III — aqueles que tiverem sob sua autoridade mais de três filhos;

IV — os impossibilitados por enfermidade;

V — aqueles que habitarem longe do lugar onde se haja de exercer a tutela;

VI — aqueles que já exercerem tutela ou curatela;

VII — militares em serviço.

Obrigatoriedade do ofício tutelar. Sendo a tutela um *munus* público, apresenta caráter obrigatório; logo, o nomeado não poderá escusar-se dela se tiver todas as condições exigidas para sua investidura.

Dispensa da tutela. Certas pessoas nomeadas tutoras estão autorizadas, legalmente, se o quiserem, a pedir dispensa da tutela testamentária, legítima ou dativa. É o que ocorre com: *a*) as mulheres casadas, por sofrerem redução em seu tempo disponível, em razão de seus inúmeros afazeres profissionais e domésticos; porém, há quem ache que, como hoje vivem em concorrência com os homens, não deveriam ter esse privilégio (Enunciado n. 136 do CJF, da *I Jornada de Direito Civil*), mas como o art. 1.736, I, é norma especial, deverá então prevalecer (CF, art. 5º, I); *b*) os maiores de sessenta anos; *c*) os que tiverem mais de três filhos, pouco importando a natureza da filiação, uma vez que já têm muitos compromissos. Mas há quem ache que essa dispensa só é permitida a quem tiver três filhos menores, excluindo-se desse número os maiores e os emancipados; *d*) os impossibilitados por enfermidade; *e*) os que habitarem em local distante de onde devam exercer a tutela, pois a distância física poderá acarretar falta de atenção ou de apoio, trazendo prejuízo no relacionamento e insegurança ao menor; *f*) os que já estiverem exercendo tutela ou curatela, por ser inconveniente assumir, concomitantemente, vários *munus* públicos, que exigem bom desempenho funcional, para o pleno desenvolvimento físico, psíquico e emocional do menor e para que haja administração satisfatória de seus bens; e *g*) os militares em serviço ou da ativa, visto que a carreira os obriga a mudar constantemente de domicílio, impedindo-os de residir no lugar do exercício da tutela. E, além disso, há, ainda, possibilidade de sua convocação para campanha ou guerra.

BIBLIOGRAFIA: Lafayette, *Direitos de família*, cit., §§ 144 e 149; Orlando Gomes, *Direito de família*, cit., p. 430; Caio M. S. Pereira, *Instituições*, cit., v. 5, p. 297; M. Helena Diniz, *Curso*, cit., v. 5, p. 344-5; Borges Carneiro, *Direito civil*, § 245; Antonio Carlos M. Coltro, Da tutela, in *Direito de família e o novo Código Civil*, coord. Maria Berenice Dias e Rodrigo da Cunha Pereira, Belo Horizonte, Del Rey, 2003, p. 310; Matiello, *Código Civil*, cit., p. 1136.

Art. 1.737. Quem não for parente do menor não poderá ser obrigado a aceitar a tutela, se houver no lugar parente idôneo, consanguíneo ou afim, em condições de exercê-la.

• *Código Civil, arts. 1.591 a 1.594 e 1.764, II.*

Recusa da tutela por estranho. Se estranho vier a ser nomeado tutor de menor não emancipado, poderá pedir dispensa do ofício tutelar, renunciando à função, se houver, no lugar, parente idôneo, consanguíneo ou afim, em condições de exercer a tutela, apresentando todos os requisitos de nomeação, atendendo-se assim ao espírito de solidariedade familiar, embora a doutrina tenha entendido sem sentido a inclusão dos parentes por afinidade, uma vez que não têm direito de pleitear alimentos, nem estão arrolados na ordem de vocação hereditária. Prevê a *tutela prioritária para parente*, como diz Álvaro Villaça Azevedo.

BIBLIOGRAFIA: Clóvis Beviláqua, *Código Civil comentado*, São Paulo, 1954, v. 2, p. 409; Levenhagen, *Código Civil*, cit., v. 2, p. 276; M. Helena Diniz, *Curso*, cit., v. 5, p. 345; Álvaro Villaça Azevedo, *Comentários ao Código Civil*, São Paulo, Saraiva, 2003, v. 19, p. 346.

Art. 1.738. A escusa apresentar-se-á nos dez dias subsequentes à designação, sob pena de entender-se renunciado o direito de alegá-la; se o motivo escusatório ocorrer depois de aceita a tutela, os dez dias contar-se-ão do em que ele sobrevier.

- Vide *art. 760 do Código de Processo Civil, no qual tal prazo é de 5 (cinco) dias, que não prevalecerá sobre o art. 1.738, ante o princípio cronológico de que norma posterior prevalece sobre a anterior.*
- *Código de Processo Civil, arts. 219 e 224.*
- *Código Civil, art. 1.764, II.*

Prazo decadencial para pedido de dispensa da tutela. Aquele que tiver permissão legal para escusar-se da tutela deverá pedir sua dispensa no prazo decadencial de dez dias após sua designação, mas o melhor critério era o do direito anterior e o do direito processual, que contavam tal prazo da sua intimação para prestar compromisso, sob pena de caducidade, entendendo-se que renunciou ao direito de alegar a escusa. O critério da intimação do nomeado seria mais razoável, porque poderia a pessoa ser designada para a tutela, sem ter ciência do fato, e o prazo já estaria correndo. Como admitir fluência do lapso temporal sem a intimação daquele que deve exercer o direito de escusa da tutela dentro dele? O bom senso requer a concessão do prazo de dez dias para que preste após sua intimação compromisso e faça, se o quiser, a sua escusa. Se o motivo escusatório se der depois da aceitação do *munus* público, tal prazo será contado a partir do dia em que surgiu a causa da dispensa.

BIBLIOGRAFIA: Álvaro Villaça Azevedo, *Comentários*, cit., v. 19, p. 349.

Art. 1.739. Se o juiz não admitir a escusa, exercerá o nomeado a tutela, enquanto o recurso interposto não tiver provimento, e responderá desde logo pelas perdas e danos que o menor venha a sofrer.

- Vide *Código de Processo Civil, art. 760, § 2º.*
- *Código Civil, arts. 402 a 405.*

Denegação judicial de dispensa da tutela. Feito o pedido escusatório com a devida fundamentação, o magistrado deverá de plano resolvê-lo (CPC, art. 760, § 2º). Se, ante as provas apresentadas, o acolher, nomear-se-á outro tutor. Mas, se porventura não vier a admiti-lo, o escusante poderá recorrer da decisão judicial. Todavia, enquanto o recurso interposto, que não tem efeito suspensivo, não tiver provimento, como ainda não foi dispensado por sentença transitada em julgado, exercerá o ofício tutelar, uma vez que sua nomeação estará mantida, respondendo por todos os prejuízos que por sua culpa causar ao menor, já que sua apelação não terá efeito suspensivo.

BIBLIOGRAFIA: W. Barros Monteiro, *Curso*, cit., v. 2, p. 310; Levenhagen, *Código Civil*, cit., v. 2, p. 277-8; M. Helena Diniz, *Curso*, cit., v. 5, p. 345; Darcy Arruda Miranda, *Anotações*, cit., v. 1, p. 405.

Seção IV

Do exercício da tutela

Art. 1.740. Incumbe ao tutor, quanto à pessoa do menor:

I — dirigir-lhe a educação, defendê-lo e prestar-lhe alimentos, conforme os seus haveres e condição;

II — reclamar do juiz que providencie, como houver por bem, quando o menor haja mister correção;

- *Lei n. 8.069/90, arts. 53, 55, 58 e 13.*

III — adimplir os demais deveres que normalmente cabem aos pais, ouvida a opinião do menor, se este já contar doze anos de idade.

- *Código Civil, arts. 928, 932, II, 933, 934 e 942.*
- *Código de Processo Civil, art. 747, II.*
- *Lei n. 8.069/90, art. 28, § 1º.*
- *Código Tributário Nacional, art. 134, II.*

Deveres do tutor quanto à pessoa do tutelado. O tutor deverá: *a*) reger a pessoa do pupilo, velando por ele, dirigindo sua educação, defendendo-o e prestando-lhe alimentos de conformidade com suas posses e condição social. O sustento, a fiscalização e a orientação sobre a criação e a educação do tutelado serão, portanto, do tutor; *b*) reclamar do magistrado que tome providências quando for necessária ou conveniente alguma correção ao menor. O tutor não poderá castigar fisicamente o pupilo, embora possa puni-lo moralmente, visando corrigi-lo; *c*) cumprir todos os demais deveres que, normalmente, cabem aos pais, ouvindo a opinião do menor, desde que tenha doze anos de idade, podendo fazer uso, conforme o caso, do auxílio de psicólogo, pedagogo, assistente social etc. em busca da melhor solução às suas necessidades.

BIBLIOGRAFIA: W. Barros Monteiro, *Curso*, cit., v. 2, p. 312; Levenhagen, *Código Civil*, cit., v. 2, p. 281; M. Helena Diniz, *Curso*, cit., v. 5, p. 347; Carvalho Santos, *Código Civil brasileiro interpretado*, cit., obs. ao art. 424, v. 4.

Art. 1.741. Incumbe ao tutor, sob a inspeção do juiz, administrar os bens do tutelado, em proveito deste, cumprindo seus deveres com zelo e boa-fé.

- *Lei n. 8.069/90, art. 249.*
- *Código Civil, arts. 1.742, 1.745, 1.746 e 1.752.*

Encargo tutelar. A função tutelar é similar ao poder familiar, mas seu exercício efetua-se sob inspeção judicial tanto na administração dos bens do pupilo e direção de sua pessoa, ao zelar pela sua criação e educação, como em relação às medidas corretivas necessárias. O tutor deve cumprir todas as suas obrigações com diligência e boa-fé (objetiva), agindo com honestidade e lealdade, atendendo sempre ao superior interesse do menor, administrando seus bens em seu proveito.

Supervisão judicial da atuação tutelar. O tutor não terá ampla autonomia no exercício de suas funções, uma vez que todas as suas atuações relativas ao patrimônio do tutelado serão supervisionadas ou inspecionadas pelo juiz, mesmo as que não necessitarem de sua autorização.

BIBLIOGRAFIA: Caio M. S. Pereira, *Instituições*, cit., v. 5, p. 299; M. Helena Diniz, *Curso*, cit., v. 5, p. 347; Levenhagen, *Código Civil*, cit., v. 2, p. 280; Clóvis Beviláqua, *Código Civil comentado*, cit., obs. ao art. 422, v. 2.

Art. 1.742. Para fiscalização dos atos do tutor, pode o juiz nomear um protutor.

- *Código Civil, art. 1.752, §§ 1º e 2º.*

Protutor. O tutor não é, no direito brasileiro, o único órgão ativo da tutela, uma vez que o juiz poderá, se houver necessidade, nomear um *protutor*, que constitui um órgão complementar com o encargo de fiscalização dos atos praticados pelo tutor, informando o magistrado do bom andamento no exercício das funções da tutela e também dos atos de má administração e de descuido ou malversação dos bens. O protutor deverá, portanto, prestar contas, judicialmente, de sua fiscalização, dando-se, é claro, ao tutor o direito de ampla defesa, podendo concordar ou não com o alegado a respeito de sua administração. Competirá ao órgão judicante apreciar e julgar aquela prestação de contas. O protutor (*subrogé tuteur*) tem obrigação de exercer sua função com zelo e boa-fé (objetiva), sob pena de responder solidariamente pelos danos causados (CC, art. 1.752, § 2º). A nomeação de protutor deverá recair sobre pessoa idônea e competente para fiscalizar os atos praticados pelo tutor. Logo, como ensina Alexandre G. A. Assunção, "sua atuação é complementar à do juiz, não devendo ele desempenhar funções administrativas diretas, próprias do tutor". Na *protutela*, o tutor exerce integralmente o *munus* público, sob a inspeção do protutor.

BIBLIOGRAFIA: Orlando Gomes, *Família*, cit., p. 430-1; Carlos Eduardo N. Camillo, *Comentários*, cit., p. 1253; M. Helena Diniz, *Curso*, cit., v. 5, p. 612; Alexandre G. A. Assunção, *Código Civil comentado* (coord. Fiuza), comentário ao art. 1.742, p. 1908.

Art. 1.743. Se os bens e interesses administrativos exigirem conhecimentos técnicos, forem complexos, ou realizados em lugares distantes do domicílio do tutor, poderá este, mediante aprovação judicial, delegar a outras pessoas físicas ou jurídicas o exercício parcial da tutela.

Delegação do exercício parcial da tutela. O poder do tutor é uno e indivisível e o encargo da tutoria é, em regra, pessoal e, portanto, indelegável. Mas, se bens e interesses administrativos requererem conhecimentos técnicos ou forem dotados de complexidade (p. ex., organização contábil; administração de produção agrícola) ou, ainda, tiverem de ser realizados em locais distantes do domicílio do tutor, este poderá, excepcionalmente, para benefício do menor, mediante aprovação judicial, delegar a outra pessoa natural, ou jurídica (associação, sociedade etc.), idônea, o exercício parcial da tutela (cotutoria), alusivo aos bens, e não à pessoa, do pupilo. Trata-se de uma concessão excepcional de "*tutela parcial*", em que uma pessoa é o tutor e a outra, um assistente técnico de assuntos complexos, ou seja, um representante judicial para a realização de atos especificados pelo juiz. Na *tutela parcial* ou *cotutoria* há uma delegação parcial do exercício do *munus* público, de forma que tutor e cotutor o exercem, ao mesmo tempo, dentro dos limites estabelecidos pelo magistrado. Lembra Paulo Luiz Netto Lôbo que, havendo tutela parcial, "a responsabilidade final *in eligendo* é do tutor, pela boa ou má escolha da pessoa, devendo acompanhar seu desempenho".

BIBLIOGRAFIA: Paulo Luiz Netto Lôbo, *Direito civil* — famílias, São Paulo, Saraiva, 2008, p. 391; Patrícia D. G. Moreira Alves, *Código das famílias*, cit., p. 615.

Art. 1.744. A responsabilidade do juiz será:

I — direta e pessoal, quando não tiver nomeado o tutor, ou não o houver feito oportunamente;

II — subsidiária, quando não tiver exigido garantia legal do tutor, nem o removido, tanto que se tornou suspeito.

• Vide *Código de Processo Civil, art. 143, II.*

• *Código Civil, arts. 1.745, parágrafo único, e 1.752.*

Responsabilidade judicial direta. A lei impõe a responsabilidade pessoal e direta do magistrado quando este não nomeou tutor ao menor ou quando a nomeação feita não foi oportuna, devendo, então, reparar o dano *de per si*, pagando a indenização cabível (*RT*, *622*:170; TJPE, Recurso de Agravo 113.382-4/01, 4ª Câm. Cív., rel. Almeida Neves, j. 9-12-2004).

BIBLIOGRAFIA: Lafayette, *Direitos de família*, cit., § 155; Silvio Rodrigues, *Direito civil*, cit., v. 6, p. 401; W. Barros Monteiro, *Curso*, cit., v. 2, p. 311; Caio M. S. Pereira, *Instituições*, cit., v. 5, p. 301-2; Orlando Gomes, *Direito de família*, cit., p. 439; M. Helena Diniz, *Curso*, cit., v. 5, p. 346.

Responsabilidade subsidiária do magistrado. Havendo prejuízo de ordem patrimonial ou moral causado ao menor sob tutela (CC, art. 1.752), o tutor será responsável direto pela indenização das perdas e danos, e, se, porventura, não puder cobrir todo o desfalque, o magistrado responderá subsidiariamente pelo gravame que o menor sofreu, por não ter exigido do tutor caução ou garantia legal (CC, art. 1.745, parágrafo único) e por não o ter removido, tornando-se, então, suspeito.

BIBLIOGRAFIA: Paulo de Lacerda, *Manual*, cit., v. 6, p. 437-9; Levenhagen, *Código Civil*, cit., v. 2, p. 279; M. Helena Diniz, *Curso*, cit., v. 5, p. 346; Clóvis Beviláqua, *Código Civil comentado*, cit., obs. ao art. 420, v. 2.

Art. 1.745. Os bens do menor serão entregues ao tutor mediante termo especificado deles e seus valores, ainda que os pais o tenham dispensado.

- *Código Civil, arts. 1.743 e 1.746.*

Parágrafo único. Se o patrimônio do menor for de valor considerável, poderá o juiz condicionar o exercício da tutela à prestação de caução bastante, podendo dispensá-la se o tutor for de reconhecida idoneidade.

- *Código de Processo Civil, art. 759, §§ 1º e 2º.*
- *Código Civil, arts. 1.744 e 2.040, e Lei n. 8.069/90, art. 37.*

Entrega dos bens do menor ao tutor. Será preciso esclarecer que o patrimônio do tutelado somente será entregue ao tutor, após o compromisso prestado, para ser por ele administrado, mediante inventário pormenorizado que especifique os bens móveis e imóveis que o compõem e seus respectivos valores, contendo o passivo e o ativo e acrescentando-se, ainda, os que forem ulteriormente adquiridos durante o exercício do ofício tutelar.

Formalidades. Desse inventário constante de auto assinado pelo magistrado, pelo Ministério Público e pelo tutor, dever-se-á tirar uma cópia, que será entregue ao tutor, ficando a outra nos autos da nomeação da tutela.

Impossibilidade de dispensa do inventário. Mesmo que os genitores do menor sob tutela tenham dispensado o termo especificado dos bens do menor e de seus valores, impossível será deixar de fazê-lo, arcando o tutor negligente com todas as responsabilidades decorrentes da falta do inventário.

Prestação de caução. Para assegurar a boa administração do patrimônio do tutelado, que possui um valor considerável, poderá o magistrado condicionar o exercício da tutela à prestação de uma caução suficiente (TJRS, Ap. Cível 70.013.032.669, 8ª Câm. Cív., rel. Rui Portanova, j. 15-12-2005), seja ela real ou fidejussória, salvo se o tutor for de reconhecida idoneidade (TJRS, Ap. Cível 2007.001.04447, rel. Marco Antonio Ibrahim, j. 30-5-2007; *RT*, *852*:345). A dispensa dessa garantia deverá ser excepcional, devendo o magistrado agir com cautela e prudência objetiva, para não colocar em risco o patrimônio do menor, e, além disso, pelo art. 1.744, terá responsabilidade subsidiária pelos danos causados ao tutelado, se não tiver exigido, quando necessária, a garantia legal do tutor.

BIBLIOGRAFIA: Paulo de Lacerda, *Manual*, cit., v. 6, p. 441-4; Levenhagen, *Código Civil*, cit., v. 2, p. 280-1; M. Helena Diniz, *Curso*, cit., v. 5, p. 348; Matiello, *Código Civil*, cit., p. 1141.

Art. 1.746. Se o menor possuir bens, será sustentado e educado a expensas deles, arbitrando o juiz para tal fim as quantias que lhe pareçam necessárias, considerado o rendimento da fortuna do pupilo quando o pai ou a mãe não as houver fixado.

- *Código Civil, arts. 1.740, I, 1.743, 1.753 e 1.694 e s.*

Pagamento das despesas com o sustento do pupilo. Se o menor possuir bens será sustentado e educado a suas próprias expensas, com a supervisão do tutor, sendo que o magistrado, para atender a essa finalidade, deverá arbitrar o *quantum* que for necessário, levando em conta não só os rendimentos da fortuna do menor como também o orçamento apresentado pelo tutor. Se o pai, ou a mãe, do pupilo, na tutela testamentária, já houver estipulado a quantia destinada à manutenção e educação do filho, o tutor dela utilizar-se-á. Se o menor nada possuir e tiver parentes (CC, art. 1.694 e s.) que têm o encargo de pagar-lhe pensão alimentícia, o tutor a eles deverá recorrer para pagamento das despesas com sua criação, manutenção e educação. Apenas se o pupilo nada tiver, e na ausência de parentes seus em condições de pagar alimentos, é que o tutor deverá fornecê-los (CC, art. 1.740, I). Se o menor sob tutela estiver trabalhando, prestando serviços compatíveis com sua idade, o tutor tão somente complementará as despesas que em seu benefício forem feitas. Observa, ainda, Rodrigo Cunha Pereira que não havendo parentes do tutelado, ou se estes não tiverem recursos, o tutor poderá requerer ao magistrado que o pupilo seja levado a um estabelecimento de educação gratuita se não tiver condições de arcar com o sustento.

BIBLIOGRAFIA: Levenhagen, *Código Civil*, cit., v. 2, p. 282; M. Helena Diniz, *Curso*, cit., v. 5, p. 347; Darcy Arruda Miranda, *Anotações*, cit., v. 1, p. 409; Paulo de Lacerda, *Manual*, cit., v. 6, p. 444-7; Rodrigo da Cunha Pereira, *Comentários*, cit., v. 20, p. 357.

Art. 1.747. Compete mais ao tutor:

I — representar o menor, até os dezesseis anos, nos atos da vida civil, e assisti-lo, após essa idade, nos atos em que for parte;

- *Código Civil, arts. 3º, I, 4º, I, 5º, 115 a 120, 171, I, 1.634, V, e 1.748.*

II — receber as rendas e pensões do menor, e as quantias a ele devidas;

- *Código Civil, art. 1.753, § 2º.*

III — fazer-lhe as despesas de subsistência e educação, bem como as de administração, conservação e melhoramentos de seus bens;

- *Código Civil, art. 1.754.*

IV — alienar os bens do menor destinados a venda;

- *Código Civil, art. 1.750.*

V — promover-lhe, mediante preço conveniente, o arrendamento de bens de raiz.

Atribuições do tutor independentes de autorização judicial. O tutor poderá, sem anuência judicial: *a*) representar o menor, até os dezesseis anos, nos atos da vida civil, e assisti-lo,

DIREITO DE FAMÍLIA

entre os dezesseis e dezoito anos, nos atos em que for parte, suprindo-lhe o consentimento para os atos que dele necessitem (Lei n. 8.069/90, art. 142); *b*) receber as rendas (p. ex., aluguéis) e pensões (p. ex., verbas previdenciárias) do pupilo, e, ainda, as quantias a ele devidas (p. ex., créditos) por constituir ato inerente à administração de seus bens; *c*) fazer-lhe as despesas de subsistência e educação, bem como as decorrentes da administração, conservação e melhoramento de seu patrimônio; *d*) alienar os bens do tutelado que estiverem destinados à venda, como produtos pecuários, p. ex., cria de animais, leite e derivados, ou agrícolas, ou seja, colheitas etc.; e *e*) promover, mediante preço conveniente, o arrendamento de bens de raiz do tutelado (*RT, 214*:526).

BIBLIOGRAFIA: Francesco Degni, *Il diritto di famiglia nel nuovo Codice Civile italiano*, cit., p. 432; Orlando Gomes, *Direito de família*, cit., p. 429 e 436; M. Helena Diniz, *Curso*, cit., v. 5, p. 347; Darcy Arruda Miranda, *Anotações*, cit., v. 1, p. 409; Levenhagen, *Código Civil*, cit., v. 2, p. 283; Paulo de Lacerda, *Manual*, cit., v. 6, p. 449-53.

Art. 1.748. Compete também ao tutor, com autorização do juiz:

I — pagar as dívidas do menor;

II — aceitar por ele heranças, legados ou doações, ainda que com encargos;

III — transigir;

IV — vender-lhe os bens móveis, cuja conservação não convier, e os imóveis nos casos em que for permitido;

• Vide *Código Civil, arts. 1.750, 1.753, § 2º, e 1.754.*

V — propor em juízo as ações, ou nelas assistir o menor, e promover todas as diligências a bem deste, assim como defendê-lo nos pleitos contra ele movidos.

• Vide *Código Civil, art. 580.*

Parágrafo único. No caso de falta de autorização, a eficácia de ato do tutor depende da aprovação ulterior do juiz.

Atos permitidos ao tutor com intervenção judicial. Há atos que o tutor só poderá praticar se houver autorização do juiz, tais como: *a*) pagar as dívidas do pupilo; *b*) aceitar por ele herança, legado ou doação, com ou sem encargo, uma vez que imprescindível será verificar se há conveniência ou não em receber tais liberalidades; *c*) transigir em questões obrigacionais que envolvam o menor; *d*) vender-lhe os bens móveis, cuja conservação não convier aos interesses econômicos do pupilo em razão das despesas que acarretam, e os imóveis, nos casos em que for permitido (CC, art. 1.750); *e*) propor em juízo as ações e promover todas as diligências a bem do pupilo, assim como defendê-lo dos pleitos contra ele movidos. Deverá o tutor ter autorização judicial para ingressar em juízo, representando ou assistindo o tutelado como autor, réu ou terceiro interveniente; *f*) dar em comodato os bens do tutelado confiados à sua guarda (CC, art. 580).

Confirmação judicial posterior. Se algum dos atos acima arrolados for praticado pelo tutor, sem a devida autorização do juiz, sua eficácia ficará na dependência da aprovação ulterior do magistrado, sob pena de nulidade relativa.

BIBLIOGRAFIA: M. Helena Diniz, *Curso*, cit., v. 5, p. 347; Levenhagen, *Código Civil*, cit., v. 2, p. 283-4; Carvalho Santos, *Código Civil brasileiro interpretado*, cit., obs. ao art. 427, v. 4; Clóvis Beviláqua, *Código Civil comentado*, cit., obs. ao art. 427, v. 2.

Art. 1.749. Ainda com a autorização judicial, não pode o tutor, sob pena de nulidade:

- *Código Civil, arts. 1.523, IV, e 1.641.*

I — adquirir por si, ou por interposta pessoa, mediante contrato particular, bens móveis ou imóveis pertencentes ao menor;

- *Código Civil, arts. 497, I, e 79 a 84.*

II — dispor dos bens do menor a título gratuito;

- *Código Civil, art. 580.*

III — constituir-se cessionário de crédito ou de direito, contra o menor.

- Vide *Código Civil, arts. 497, I, e 498.*

Atos proibidos ao tutor. Ao tutor estará, sob pena de nulidade, vedada a prática de certos atos, mesmo que haja autorização judicial, por lhe faltar legitimação para isso, por haver colisão de seus interesses com os do pupilo e por revelar sua desonestidade. Assim, o tutor, sob pena de nulidade do ato praticado, não poderá: *a*) adquirir para si, mesmo por interposta pessoa, por contrato particular (feito por escritura pública ou instrumento particular), bens móveis ou imóveis pertencentes ao tutelado, evitando-se assim que, pela ascensão que tem sobre seu pupilo, possa prejudicá-lo negocialmente; *b*) dispor gratuitamente dos bens do menor, uma vez que a lei proíbe que se façam liberalidades com bens alheios ou que o administrador desfalque patrimônio do administrado; *c*) adquirir crédito, ou direito, contra o tutelado, por negócio jurídico em que figure como cessionário.

BIBLIOGRAFIA: Orlando Gomes, *Direito de família*, cit., p. 434; Espínola, *A família no direito brasileiro*, 1957, n. 270; Levenhagen, *Código Civil*, cit., v. 2, p. 284-5; M. Helena Diniz, *Curso*, cit., v. 5, p. 348; Paulo de Lacerda, *Manual*, cit., v. 6, p. 461-5.

Art. 1.750. Os imóveis pertencentes aos menores sob tutela somente podem ser vendidos quando houver manifesta vantagem, mediante prévia avaliação judicial e aprovação do juiz.

- Vide *Código Civil, arts. 1.747, 1.748, IV.*
- *Código de Processo Civil, arts. 725, III e 730.*

Possibilidade de venda de imóvel de tutelado. Será possível a venda ou permuta de imóvel de tutelado, por proposta do tutor, desde que comprovada a necessidade da alienação, por trazer manifestas vantagens econômicas, mediante prévia avaliação e autorização judicial, para assegurar a obtenção do preço real e efetivo do bem, evitando-se qualquer simulação ou desfalque patrimonial.

BIBLIOGRAFIA: Silvio Rodrigues, *Direito civil*, cit., v. 6, p. 403; W. Barros Monteiro, *Curso*, cit., v. 2, p. 313; M. Helena Diniz, *Curso*, cit., v. 5, p. 347; Levenhagen, *Código Civil*, cit., v. 2, p. 285-6.

Art. 1.751. Antes de assumir a tutela, o tutor declarará tudo o que o menor lhe deva, sob pena de não lhe poder cobrar, enquanto exerça a tutoria, salvo provando que não conhecia o débito quando a assumiu.

- Vide *Código Civil, arts. 1.745 e 1735, II.*

Imposição ao tutor de um "addendum" ao inventário dos bens do pupilo. Pode haver, excepcionalmente, nomeação de tutor, que seja credor do tutelado. O tutor, antes de assumir o *munus* público para o qual foi nomeado, deverá declarar tudo o que, porventura, o tutelado lhe deva, sob pena de não lhe poder cobrar. Para tanto colocará um *addendum* ao inventário do patrimônio do menor, exigido pelo art. 1.745 do Código Civil, provando e especificando no passivo a quantia que lhe é devida, para que, quando houver quitação, o tutor se libere de suspeitas que possam haver de fraude por ele não cometida contra o pupilo.

Consequência da não declaração do crédito do tutor. Se o tutor, antes de assumir a tutela ou até mesmo antes da lavratura do termo de inventário, não declarar e comprovar seu crédito, não mais poderá exigir seu pagamento, enquanto exercer a tutoria, por haver presunção *juris tantum* de sua renúncia ao direito de exigir o que lhe é devido durante a tutela, exceto se provar que, antes daquele inventário ou da assunção da tutela, não tinha conhecimento daquela dívida.

BIBLIOGRAFIA: Clóvis Beviláqua, *Código Civil comentado*, cit., v. 2, p. 425; M. Helena Diniz, *Curso*, cit., v. 5, p. 348; Paulo de Lacerda, *Manual*, cit., v. 6, p. 470-2.

Art. 1.752. O tutor responde pelos prejuízos que, por culpa, ou dolo, causar ao tutelado; mas tem direito a ser pago pelo que realmente despender no exercício da tutela, salvo no caso do art. 1.734, e a perceber remuneração proporcional à importância dos bens administrados.

• *Código Civil, arts. 1.760, 1.741, 1.734, 197, III, e 402 a 405.*

§ 1º Ao protutor será arbitrada uma gratificação módica pela fiscalização efetuada.

• *Código Civil, art. 1.742.*

§ 2º São solidariamente responsáveis pelos prejuízos as pessoas às quais competia fiscalizar a atividade do tutor, e as que concorreram para o dano.

• *Código Civil, arts. 275 a 285 e 1.744, I e II.*

Responsabilidade civil do tutor. O tutor deverá responder, civilmente, pelos danos patrimoniais e/ou morais (CC, arts. 402 a 405) que, dolosa ou culposamente, vier a causar ao tutelado, ao administrar seu patrimônio, liberando-se do ressarcimento dos prejuízos se eles advierem de força maior ou de caso fortuito. Deverá, portanto, pagar os prejuízos advindos de malversação ou de sua péssima administração, no exercício da tutela.

Direito ao reembolso das despesas. O tutor, como não tem direito ao usufruto dos bens do pupilo, deverá ser reembolsado do que realmente despender no exercício do ofício tutelar. Sobre tais despesas devidamente comprovadas haverá pronunciamento do Ministério Público.

Direito a uma gratificação. O *tutor* terá direito de receber uma gratificação por seu trabalho, proporcional à importância dos bens do pupilo por ele administrados (TJMG, Ap. Cív. 1.0261.02.011560-4/002, rel. Cláudio Costa, 5ª Câm. Cív., j. 8-3-2007). E o *protutor*, por sua vez, terá direito de receber uma gratificação módica pela fiscalização dos atos do tutor (CC, art. 1.742) por ele feita.

Natureza da gratificação. A gratificação do tutor não é contraprestação de serviço, mas uma espécie de indenização; contudo, se o tutelado for pobre, desprovido de recurso, claro está que a função tutelar será gratuita, como no caso de tutela de menor abandonado, por exemplo (CC, art. 1.734).

BIBLIOGRAFIA: Lafayette, *Direitos de família*, cit., § 160; Caio M. S. Pereira, *Instituições*, cit., v. 5, p. 300-1; Pontes de Miranda, *Tratado de direito de família*, cit., § 176; Carbonnier, *Droit civil*, Paris, PUF,

1955, v. 2, p. 441, n. 145; Orlando Gomes, *Direito de família*, cit., p. 430; W. Barros Monteiro, *Curso*, cit., v. 2, p. 315; M. Helena Diniz, *Curso*, cit., v. 5, p. 348.

Responsabilidade solidária. Serão tidos como solidariamente responsáveis pelos danos causados não só aquele que tinha o dever de fiscalizar a atividade do tutor, como também o que tiver concorrido para a ocorrência dos referidos prejuízos patrimoniais e/ou morais. Consequentemente, o protutor deverá exercer sua função com zelo e boa-fé, informando o magistrado não só sobre o bom andamento no exercício da tutela, como também a ocorrência de atos de má-administração, de descuido ou de malversação dos bens do tutelado, sob pena de responder solidariamente pelos danos causados.

Seção V

Dos bens do tutelado

Art. 1.753. Os tutores não podem conservar em seu poder dinheiro dos tutelados, além do necessário para as despesas ordinárias com o seu sustento, a sua educação e a administração de seus bens.

- *Código Civil, art. 1.746.*
- *Código Penal, art. 168, § 1º, II.*

§ 1º Se houver necessidade, os objetos de ouro e prata, pedras preciosas e móveis serão avaliados por pessoa idônea e, após autorização judicial, alienados, e o seu produto convertido em títulos, obrigações e letras de responsabilidade direta ou indireta da União ou dos Estados, atendendo-se preferentemente à rentabilidade, e recolhidos ao estabelecimento bancário oficial ou aplicado na aquisição de imóveis, conforme for determinado pelo juiz.

- *Código de Processo Civil, arts. 725, III, 730, 840, I.*
- *Obrigatoriedade de recolhimento ao Banco do Brasil das importâncias em dinheiro cujo levantamento ou utilização depender de autorização judicial* — Vide *Lei n. 1.869, de 27 de maio de 1953, que autoriza o juiz a escolher entre o Banco do Brasil e Caixas Econômicas.*
- *Código Civil, arts. 1.748, IV, 1.754, II, e 1.757, parágrafo único.*

§ 2º O mesmo destino previsto no parágrafo antecedente terá o dinheiro proveniente de qualquer outra procedência.

§ 3º Os tutores respondem pela demora na aplicação dos valores acima referidos, pagando os juros legais desde o dia em que deveriam dar esse destino, o que não os exime da obrigação, que o juiz fará efetiva, da referida aplicação.

- *O crime de apropriação indébita tem a pena aumentada quando o agente recebeu a coisa na qualidade de tutor* — Vide *Código Penal, art. 168, § 1º, II.*
- *Código Civil, arts. 406 e 407.*

Manipulação do dinheiro de tutelado. O tutor está impedido de conservar em seu poder dinheiro do pupilo além do necessário para fazer frente às despesas ordinárias com sua educação, sustento e administração de seus bens.

Destinação da soma excedente. A soma excedente (Lei n. 1.869/53) será recolhida ao Banco do Brasil ou Caixa Econômica Federal, ou em qualquer estabelecimento bancário oficial, a critério do magistrado, e só poderá ser retirada à sua ordem, mediante alvará, para atender às despesas do menor sob tutela. O tutor deverá, portanto, manter o dinheiro, inclusive o advindo de outra procedência (p. ex., herança, dividendos, doação etc.) do seu pupilo em conta corrente com aplicação, ou então usá-lo na aquisição de imóveis (CC, art. 1.753, § 2º), para que não seja acusado de locupletamento ilícito.

Venda de objetos de valor. Os objetos de ouro, prata, pedras preciosas e móveis, havendo necessidade ao sustento do menor sob tutela, serão avaliados por pessoa idônea, e, após autorização judicial, vendidos, e seu produto, convertido em títulos, obrigações e letras de responsabilidade direta ou indireta da União, ou dos Estados, atendendo-se preferentemente a rentabilidade, e recolhidos ao estabelecimento bancário oficial (Banco do Brasil, Caixa Econômica Federal etc.) ou aplicados na aquisição de imóveis, conforme deliberação judicial. Com isso, a lei vela pelos haveres do menor, evitando que o produto dessas alienações chegue às mãos de seu tutor.

Responsabilidade do tutor pela demora nas aplicações dos valores do pupilo. O tutor será responsabilizado pelos danos que causar na demora em aplicar os valores obtidos com a alienação de bens valiosos do pupilo, devendo pagar os juros legais desde o dia em que deveriam ter sido aplicados, sem que com isso fique liberado de efetivar tal aplicação, que o juiz tornará obrigatória.

BIBLIOGRAFIA: Silvio Rodrigues, *Direito civil*, cit., v. 6, p. 404; M. Helena Diniz, *Curso*, cit., v. 5, p. 348; Levenhagen, *Código Civil*, cit., v. 2, p. 288; Álvaro Villaça Azevedo, *Comentários*, cit., v. 19, p. 394.

Art. 1.754. Os valores que existirem em estabelecimento bancário oficial, na forma do artigo antecedente, não se poderão retirar, senão mediante ordem do juiz, e somente:

• Vide *Código Civil, art. 1.753.*

I — para as despesas com o sustento e educação do tutelado, ou a administração de seus bens;

• *Código Civil, art. 1.747, III.*

II — para se comprarem bens imóveis e títulos, obrigações ou letras, nas condições previstas no § 1º do artigo antecedente;

• *Código Civil, arts. 79 a 81, 887 a 926, 1.747, III e 1.753, § 1º.*

III — para se empregarem em conformidade com o disposto por quem os houver doado, ou deixado;

IV — para se entregarem aos órfãos, quando emancipados, ou maiores, ou, mortos eles, aos seus herdeiros.

• *Código Civil, arts. 5º e parágrafo único, e 1.784.*

Levantamento dos valores depositados em conta judicial. As importâncias depositadas em estabelecimento bancário oficial (CC, art. 1.753) pertencentes ao tutelado somente poderão ser retiradas, se requeridas pelo tutor, mediante ordem judicial, desde que comprovada sua destinação para: *a*) pagamento de despesas com sustento e educação do pupilo ou com a administração de seus bens; *b*) aquisição de imóveis ou de títulos, obrigações ou letras de responsabilidade direta ou indireta da União ou dos Estados; *c*) atendimento de encargo imposto por quem as houver doado ou deixado por ato *causa mortis*; *d*) entrega ao órfão, por ter atingido a maioridade ou a emancipação (CC, art. 5º e parágrafo único); *e*) outorga aos herdeiros do pupilo, em razão de seu falecimento (CC, art. 1.784).

BIBLIOGRAFIA: Levenhagen, *Código Civil*, cit., v. 2, p. 289; Paulo de Lacerda, *Manual*, cit., v. 6, p. 482-4; Lafayette, *Direitos de família*, cit., § 156.

DIREITO DE FAMÍLIA

SEÇÃO VI
DA PRESTAÇÃO DE CONTAS

Art. 1.755. Os tutores, embora o contrário tivessem disposto os pais dos tutelados, são obrigados a prestar contas da sua administração.

- *Lei n. 8.069/90, art. 44.*
- *Código de Processo Civil, art. 763, § 2º.*

Prestação de contas do tutor. A prestação de contas é um dever que se impõe ao tutor, por gerir bens alheios, a fim de que se torne efetiva a responsabilidade pela administração dos haveres que lhe foram confiados. Visa, portanto, a proteção dos bens e dos interesses econômicos do tutelado. "Cuidando-se de obrigação legal, decorrente da assunção do encargo pelo tutor, a de prestar contas, este deve comprovar adequadamente as despesas realizadas para a manutenção do tutelado" (TJPR, AgI 180.744-3, rel. Ruy Cunha Sobrinho, 9ª Câm. Cível, j. 22-9-2005).

Finalidade. Tal prestação de contas da gerência visa proteger o pupilo, garantindo seus interesses econômicos mediante uma boa administração, impossibilitando ao tutor negligências que possam lesar a gestão do patrimônio alheio, uma vez que o magistrado, após o pronunciamento do Ministério Público, confirmará se houve administração regular dos bens do tutelado, verificando se as contas estão devidamente comprovadas.

Proibição de isenção de prestação de contas. Impossível será que alguém, mesmo os pais do pupilo, isente o tutor dessa prestação de contas dos atos praticados durante o seu ofício tutelar, seja em testamento, seja em escritura pública. Tal disposição liberatória, aos olhos da lei, será tida como não escrita.

BIBLIOGRAFIA: Orlando Gomes, *Direito de família*, cit., p. 436; Lafayette, *Direitos de família*, cit., p. 379; Brugi, *Instituciones de derecho civil*, p. 492; M. Helena Diniz, *Curso*, cit., v. 5, p. 349; Levenhagen, *Código Civil*, cit., v. 2, p. 289.

Art. 1.756. No fim de cada ano de administração, os tutores submeterão ao juiz o balanço respectivo, que, depois de aprovado, se anexará aos autos do inventário.

Exigência de balanço anual. No final de cada ano de administração, o tutor deverá apresentar em juízo um balanço organizado em forma contábil, contendo, tão somente para controle judicial, um resumo da receita e da despesa feita para atender às necessidades do pupilo e à administração de seus bens. Constitui tal balanço uma garantia de boa administração, permitindo ao juiz o acompanhamento da gestão dos bens do tutelado.

Aprovação do balanço. O balanço aprovado deverá ser anexado aos autos do inventário, se tiver havido bens a inventariar em razão da orfandade do pupilo, ou aos autos da interdição ou da cassação do poder familiar, onde deve ter sido feita a nomeação do tutor, se a tutela deu-se em razão de incapacidade dos genitores ou de perda de poder familiar.

Reprovação do balanço. Se o balanço for reprovado por: *a*) deficiência formal, o magistrado ordenará a apresentação de novo demonstrativo, adequado às regras contábeis; *b*) ocorrência de ordem econômica, o juiz o remeterá ao Ministério Público para que tome as devidas providências (p. ex., realização de prestação de contas, responsabilização por perdas e danos ou por apropriação indébita.

BIBLIOGRAFIA: Levenhagen, *Código Civil*, cit., v. 2, p. 290; M. Helena Diniz, *Curso*, cit., v. 5, p. 349; W. Barros Monteiro, *Curso*, cit., v. 2, p. 317; Caio M. S. Pereira, *Instituições*, cit., v. 5, p. 305; Matiello, *Código Civil*, cit., p. 1150.

Art. 1.757. Os tutores prestarão contas de dois em dois anos, e também quando, por qualquer motivo, deixarem o exercício da tutela ou toda vez que o juiz achar conveniente.

Parágrafo único. As contas serão prestadas em juízo, e julgadas depois da audiência dos interessados, recolhendo o tutor imediatamente a estabelecimento bancário oficial os saldos, ou adquirindo bens imóveis, ou títulos, obrigações ou letras, na forma do § 1º do art. 1.753.

- Vide *Código Civil, art. 1.753, § 1º.*
- *Código de Processo Civil, arts. 550 a 553.*

Prazo para prestação de contas. A lei requer balanço anual, contendo um levantamento da administração dos haveres do menor sob tutela, mas apenas exige a prestação de contas de dois em dois anos ou quando o juiz achar conveniente ou, ainda, quando o tutor vier a deixar, por qualquer razão, o ofício tutelar.

Conteúdo da prestação de contas. Exige-se, na prestação de contas, um relatório completo, em forma mercantil, de todas as atividades realizadas, devidamente acompanhadas de comprovante, contendo minuciosa descrição do ativo e justificativas do passivo, dispensando-se apenas a apresentação de documentos de pequenas despesas em que não se exigem recibos. Na parte atinente à receita, arrolar-se-ão: *a*) os bens recebidos com seus frutos e rendimentos; *b*) os valores (dinheiro, joias, obras de arte) não aplicados, como manda a lei, acrescidos dos juros, contados da data em que a aplicação deveria ser feita; *c*) o alcance das contas pretéritas e os juros contados do dia em que se deu a verificação daquelas contas; *d*) o pagamento da indenização das perdas e danos pelos prejuízos culposamente causados pelo tutor. Na despesa serão indicados: *a*) os dispêndios legais comprovados por documentação e depoimento testemunhal; *b*) o *quantum* arbitrado pelo magistrado para a criação, educação e sustento do pupilo, realmente gasto; *c*) a gratificação do tutor e do protutor, se houver.

Processamento da prestação de contas. A prestação de contas será feita em juízo, nos autos em que se deu a nomeação do tutor, com audiência do Ministério Público e de outros interessados. Se houver qualquer impugnação pelo interessado ou representante do Ministério Público, o processo seguirá o procedimento do Código de Processo Civil, arts. 550 e s., e as custas serão pagas pelo vencido (CPC, art. 85, § 2º). Se nenhuma impugnação houver, sendo julgadas e aprovadas as contas pelo magistrado, depois da audiência dos interessados, o tutor recolherá o saldo em favor do tutelado, depositando-o em estabelecimento bancário oficial, e, atendendo às suas conveniências, poderá convertê-lo em imóveis ou títulos, obrigações ou letras, na forma do art. 1.753, § 1º, do Código Civil.

BIBLIOGRAFIA: W. Barros Monteiro, *Curso*, cit., v. 2, p. 317; Caio M. S. Pereira, *Instituições*, cit., v. 5, p. 305; M. Helena Diniz, *Curso*, cit., v. 5, p. 349; Levenhagen, *Código Civil*, cit., v. 2, p. 290; Paulo de Lacerda, *Manual*, cit., v. 6, p. 489-90.

Art. 1.758. Finda a tutela pela emancipação ou maioridade, a quitação do menor não produzirá efeito antes de aprovadas as contas pelo juiz, subsistindo inteira, até então, a responsabilidade do tutor.

- Vide *Código Civil, arts. 5º, parágrafo único, e 206, § 4º.*

Prestação de contas por cessação de tutela em razão de emancipação ou maioridade. Se o tutelado vier a atingir a maioridade ou obtiver a emancipação (CC, art. 5º e parágrafo único), apesar de findo o ofício tutelar, o tutor continuará obrigado à prestação de contas, perante o juiz, que irá julgá-la após a manifestação do Ministério Público e do ex-tutelado. A quitação do ex-pupilo apenas produzirá efeito legal depois da aprovação das contas do ex-tutor pelo magistrado. Enquanto não se der a aprovação definitiva das contas da tutela pelo juiz competente, o tutor continuará, para evitar qualquer abuso da inexperiência do ex-pupilo, responsável civilmente por todos os danos apurados contra o ex-tutelado (*RT*, *112*:428; TJRS, Ap. Cível 70.009.486.861, rel. M. Berenice Dias, 7ª Câm. Cível, j. 24-8-2005).

BIBLIOGRAFIA: Clóvis Beviláqua, *Código Civil comentado*, cit., v. 2, p. 433; Paulo de Lacerda, *Manual*, cit., v. 6, p. 491-4; Levenhagen, *Código Civil*, cit., v. 2, p. 291; M. Helena Diniz, *Curso*, cit., v. 5, p. 349; Espínola, *A família no direito brasileiro*, cit., n. 272.

Art. 1.759. Nos casos de morte, ausência, ou interdição do tutor, as contas serão prestadas por seus herdeiros ou representantes.

- *Código Civil, art. 1.757.*
- *Código Civil, arts. 22 a 39.*

Prestação de contas em caso de falecimento, ausência ou interdição do tutor. Se o tutor, na pendência do exercício da tutela, vier a morrer, for declarado judicialmente ausente ou interdito, extinguir-se-á o ofício tutelar (por ser personalíssimo), mas não o dever de prestar contas e as responsabilidades dele decorrentes; consequentemente, seus herdeiros ou representante deverão prestar contas, em juízo, da tutela por ele exercida e terão a obrigação de devolver todos os bens do tutelado, que estavam sob a administração do tutor. Se for casado, sua viúva deverá requerer a prestação de contas para entrega dos saldos apurados, aguardando nomeação de novo tutor, para que este se manifeste sobre as contas (*RT*, *247*:178).

BIBLIOGRAFIA: Lafayette, *Direito de família*, cit., § 160; Levenhagen, *Código Civil*, cit., v. 2, p. 291; W. Barros Monteiro, *Curso*, cit., v. 2, p. 318; M. Helena Diniz, *Curso*, cit., v. 5, p. 349; Regina Beatriz Tavares da Silva, *Novo Código Civil*, cit., p. 1573.

Art. 1.760. Serão levadas a crédito do tutor todas as despesas justificadas e reconhecidamente proveitosas ao menor.

- Vide *Código Civil, art. 1.752.*

Crédito do tutor. Todas as despesas não autorizadas judicialmente que foram feitas em benefício ou em proveito do tutelado, como as despendidas a título de alimentos, devidamente justificadas e comprovadas, serão creditadas ao tutor. Tal verificação será feita na prestação de contas, onde apresentar-se-á relatório circunstanciado contendo todos os dispêndios acompanhados das necessárias provas. Após exame e aprovação do Ministério Público e do juiz, serão, então, levados a crédito do tutor. Quanto às despesas feitas em proveito do menor, tendo sido autorizadas pelo magistrado, serão, sem maiores investigações, creditadas ao tutor.

BIBLIOGRAFIA: Levenhagen, *Código Civil*, cit., v. 2, p. 291-2; W. Barros Monteiro, *Curso*, cit., v. 2, p. 318; M. Helena Diniz, *Curso*, cit., v. 5, p. 349; Clóvis Beviláqua, *Código Civil comentado*, cit., obs. ao art. 439, v. 2.

Art. 1.761. As despesas com a prestação das contas serão pagas pelo tutelado.

Pagamento das despesas com a prestação de contas. As despesas feitas com a prestação de contas do tutor (p. ex., aquisição de formulário, extração de cópias, contabilidade, locomoção etc.) deverão ser pagas pelo pupilo, com o produto ou rendimento de seus bens, que arcará também com o pagamento de honorários advocatícios, custas e outras despesas judiciais, já que essa providência tem por escopo acautelar o interesse do próprio tutelado.

BIBLIOGRAFIA: W. Barros Monteiro, *Curso*, cit., v. 2, p. 318; M. Helena Diniz, *Curso*, cit., v. 5, p. 349; Levenhagen, *Código Civil*, cit., v. 2, p. 292; Paulo de Lacerda, *Manual*, cit., v. 6, p. 496; Carlos Eduardo N. Camillo, *Comentários*, cit., p. 1264.

Art. 1.762. O alcance do tutor, bem como o saldo contra o tutelado, são dívidas de valor e vencem juros desde o julgamento definitivo das contas.

- *Código Civil, arts. 1.620, 405, 406, 407 e 398.*
- *Código Penal, art. 168, § 1º, II.*

Alcance do tutor e saldo contra o tutelado. O tutor que, julgadas definitivamente as contas, não entrar com o alcance (saldo a favor do tutelado, que é o excedente da receita sobre a despesa) verificado pagará juros legais, contados da data do referido julgamento; igualmente, o pupilo que, após o julgamento definitivo das contas, não entrar com o saldo devedor acusado, em razão da despesa feita pelo tutor, incluindo a sua gratificação, deverá também pagar os juros devidos desde o julgamento. Isto é assim porque tanto o alcance do tutor como o saldo contra o tutelado são dívidas de valor e vencem juros, desde o trânsito em julgado da sentença que decidir a prestação das contas.

BIBLIOGRAFIA: M. Helena Diniz, *Curso*, cit., v. 5, p. 349; Paulo de Lacerda, *Manual*, cit., v. 6, p. 496-8; Clóvis Beviláqua, *Código Civil comentado*, cit., obs. ao art. 441 do CC/16, v. 2; Carvalho Santos, *Código Civil brasileiro interpretado*, cit., obs. ao art. 441 do CC, art. 1916, v. 4; Regina Beatriz Tavares da Silva, *Novo Código Civil*, cit., p. 1574; Carlos Eduardo N. Camillo, *Comentários*, cit., p. 1264.

SEÇÃO VII
DA CESSAÇÃO DA TUTELA

Art. 1.763. Cessa a condição de tutelado:

I — com a maioridade ou a emancipação do menor;

- *Código Civil, art. 5º, parágrafo único.*

II — ao cair o menor sob o poder familiar, no caso de reconhecimento ou adoção.

- Vide *Constituição Federal, art. 227, § 6º.*
- *Código Civil, arts. 1.607, 1.609 e 1.618 a 1.630.*
- *Lei n. 8.069/90, arts. 39 a 52 e 164.*

Cessação da tutela em relação ao pupilo. Terminará a tutela relativamente ao tutelado se ele: *a*) atingir a maioridade, completando dezoito anos de idade, adquirindo, então, plena capacidade civil; *b*) obtiver sua emancipação (CC, art. 5º, parágrafo único);

c) cair sob o poder familiar em caso de reconhecimento ou adoção (CC, arts. 1.630, 1.609, 1.618 e s.).

Desnecessidade de intervenção judicial. Pelo desaparecimento da condição de pupilo, automaticamente ter-se-á a cessação da tutela.

BIBLIOGRAFIA: Paulo de Lacerda, Manual, cit., v. 6, p. 498-500; Caio M. S. Pereira, *Instituições*, cit., v. 5, p. 303-4; M. Helena Diniz, *Curso*, cit., v. 5, p. 350; Levenhagen, *Código Civil*, cit., v. 2, p. 293.

Art. 1.764. Cessam as funções do tutor:

I — ao expirar o termo, em que era obrigado a servir;

- *Código Civil, art. 1.765.*

II — ao sobrevir escusa legítima;

- *Código Civil, arts. 1.735 a 1.739.*

III — ao ser removido.

- *Código Civil, arts. 1.735, 1.736, 1.744, II e 1.766.*
- *Código de Processo Civil, arts. 761 a 763.*
- *Lei n. 8.069/90, arts. 24, 38 e 164.*

Término da tutela relativamente ao tutor. Em relação ao tutor, cessa a tutela se: *a*) expirar o termo em que era obrigado a servir; *b*) sobrevier escusa legítima, ou seja, se advier causa legal que o impeça de exercer o ofício tutelar; *c*) for removido da tutoria.

Efeito da cessação da tutoria. Com a vacância do cargo de tutor, em razão de cessação da tutela, livre exoneração com transcurso do prazo de dois anos, dispensa ou remoção, as funções passarão ao seu substituto nomeado.

BIBLIOGRAFIA: Orlando Gomes, *Direito de família*, cit., p. 441-2; Levenhagen, *Código Civil*, cit., v. 2, p. 293-4; M. Helena Diniz, *Curso*, cit., v. 5, p. 350; Lafayette, *Direitos de família*, cit., § 158.

Art. 1.765. O tutor é obrigado a servir por espaço de dois anos.

Parágrafo único. Pode o tutor continuar no exercício da tutela, além do prazo previsto neste artigo, se o quiser e o juiz julgar conveniente ao menor.

- *Código de Processo Civil, art. 763, § 1º.*
- *Código Civil, art. 1.764, I.*

Transitoriedade da tutoria. O encargo tutelar é transitório, não sendo o tutor obrigado a servir por mais de dois anos; transcorrido esse período, poderá, se quiser, exonerar-se da tutela.

Continuidade do ofício tutelar. A tutela não será deferida por dois anos apenas, pois, vencido este prazo, se o tutor não requerer, dentro de dez dias, contados da expiração do termo, sua dispensa, nada obsta que, se quiser, permaneça no cargo indefinidamente, já que se entenderá reconduzido, salvo se o magistrado o dispensar (CPC, art. 763, § 1º). Poderá ocorrer que o exercício da tutela se dê por prazo superior a dois anos, desde que o tutor queira e haja avaliação judicial da conveniência de sua continuidade para o menor.

BIBLIOGRAFIA: M. Helena Diniz, *Curso*, cit., v. 5, p. 350; Levenhagen, *Código Civil*, cit., v. 2, p. 294; Carvalho Santos, *Código Civil brasileiro interpretado*, cit., obs. ao art. 444, v. 4.

Art. 1.766. Será destituído o tutor, quando negligente, prevaricador ou incurso em incapacidade.

- *Código Civil, arts. 1.735, 1.744, II e 1.764, III.*
- Vide *Lei n. 8.069, de 13 de julho de 1990 (Estatuto da Criança e do Adolescente), art. 164.*
- *Será destituído o tutor que infringir os dispositivos referentes às normas de proteção do trabalho do menor* — Vide *art. 437 (ora revogado) e parágrafo único da Consolidação das Leis do Trabalho, aprovada pelo Decreto-Lei n. 5.452, de 1º de maio de 1943.*
- *Código de Processo Civil, arts. 761 e 762.*

Destituição do tutor. O tutor será removido do cargo tutelar por se tornar incompetente para exercer a tutoria com eficiência e probidade, revelando-se negligente, prevaricador ou incapaz (CC, art. 1.735), causando sérios gravames morais ou patrimoniais ao pupilo, o que recomenda sua destituição e sua responsabilidade pelos atos escusos praticados. O tutor destituído deverá, obviamente, prestar contas e será nomeado outro para substituí-lo, mesmo anteriormente à aprovação daquela prestação de contas. Sua substituição deverá ser averbada no Registro Civil das Pessoas Naturais (Lei n. 6.015, art. 104).

Pedido de remoção. Competirá ao representante do Ministério Público, ou a quem tiver legítimo interesse, requerer a remoção ou destituição de tutor, nos casos previstos em lei (CPC, art. 761), sendo a Justiça da Infância e da Juventude competente para conhecer tal pedido (Lei n. 8.069/90, arts. 148, parágrafo único, *b*, e 201, III).

BIBLIOGRAFIA: Orlando Gomes, *Direito de família*, cit., p. 442; W. Barros Monteiro, *Curso*, cit., v. 2, p. 319-20; Silvio Rodrigues, *Direito civil*, cit., v. 6, p. 405; M. Helena Diniz, *Curso*, cit., v. 5, p. 350; Levenhagen, *Código Civil*, cit., v. 2, p. 294-5; Rodrigo da Cunha Pereira, *Comentários*, cit., v. 20, p. 384.

CAPÍTULO II
DA CURATELA

- *Código Civil, arts. 197, III, 206, § 5º, II, 1.523, IV, 932, II, e 1.800.*
- *Código de Processo Civil, arts. 178, II, 747 a 760, 762, 763, § 1º, 890, I.*
- *Código Penal, arts. 92, II (com a redação da Lei n. 13.715/2018), 248 e 249.*
- *Código de Processo Penal, art. 692.*
- *Lei n. 6.015/73, arts. 94, n. 6, e 104.*
- Vide *Estatuto da Criança e do Adolescente (Lei n. 8.069, de 13-7-1990), art. 44 e Decreto n. 3.000/99, sobre cobrança e fiscalização do Imposto de Renda, e 83, § 1º, sobre dependentes para fins de imposto de renda.*
- *Lei n. 13.146/2015, art. 6º, VI, 84, § 1º, 89, parágrafo único, I e 91, parágrafo único.*

SEÇÃO I
DOS INTERDITOS

Art. 1.767. Estão sujeitos a curatela:

I — aqueles que, por causa transitória ou permanente, não puderem exprimir sua vontade;

- *Inciso I com redação alterada pela Lei n. 13.146/2015.*

- *Código Civil, art. 9º III.*

II — (aqueles que, por outra causa duradoura, não puderem exprimir a sua vontade;)

- *Revogado pela Lei n. 13.146/2015.*

III — os ébrios habituais e os viciados em tóxicos;

- *Inciso III com redação alterada pela Lei n. 13.146/2015.*
- *Código Civil, arts. 4º, II e 9º, III.*

IV — (os excepcionais sem completo desenvolvimento mental;)

- *Revogado pela Lei n. 13.146/2015.*

V — os pródigos.

- *Alterado pela Lei n. 13.146/2015, art. 114, que remodelou o rol, modificando a numeração: o inciso II passou a ser o inciso I.*
- *Código Civil, arts. 4º, II, III e IV, 9º, III, 84, § 1º, 116, 206, 932, 933, 934, 942, 974, 975, 1.523, IV, 1.775-A, 1.777, 1.782, 1860, 1.866 e 1.873.*
- *Decretos n. 3.000/99, art. 77, e 3.048/99.*
- Vide *o já revogado Decreto n. 24.559, de 3 de julho de 1934 (combinado com o Decreto-lei n. 891/38, arts. 27 e s.), que dispunha sobre a assistência e proteção à pessoa e bens dos psicopatas. Nesse diploma, criou-se a "administração provisória", em benefício do psicopata recolhido a qualquer estabelecimento, até 90 (noventa) dias. Findo este prazo, era nomeado o administrador provisório, pelo prazo não excedente de 2 (dois) anos, salvo se ficasse provada a conveniência da interdição imediata. As medidas provisórias eram promovidas em segredo de justiça (cf. art. 27 e parágrafos).*
- *Sobre toxicômanos,* vide *Decretos-Leis n. 891, de 25 de novembro de 1938, 159, de 10 de fevereiro de 1967, Lei n. 11.343/2006.*
- *Consolidação das Leis do Trabalho, art. 819, § 1º.*
- *Código de Processo Civil, arts. 162, III, 178, II, 447, § 1º, I, II e IV, 747 a 760, 762, 763, § 1º.*
- *Lei n. 10.216/2001 sobre proteção de pessoa portadora de transtorno mental.*

Curatela. A curatela é o encargo público cometido, por lei, a alguém para administrar os *bens* de maiores incapazes, no que atina aos direitos de natureza patrimonial e negocial, que, por si sós, não estão em condições de fazê-lo, em razão de enfermidade ou deficiência mental (Lei n. 13.146/2015, art. 85, § 1º) (*RT, 529*:80). Entretanto, pelo Enunciado n. 637 da *VIII Jornada de Direito Civil*: "Admite-se a possibilidade de outorga ao curador de poderes de representação para alguns atos da vida civil, inclusive de natureza existencial, a serem especificados na sentença, desde que comprovadamente necessários para proteção do curatelado em sua dignidade". Pelo art. 757 do novel CPC, que entrou em vigor após o Estatuto do Deficiente, a autoridade do curador estender-se-á a *pessoa* e aos *bens* do incapaz que estiver sob a responsabilidade do curatelado (*curatela prorrogada*), salvo se o juiz considerar outra solução mais viável para atender aos interesses do incapaz. Qual seria a função do curador? Reger pessoas e bens ou somente administrar patrimônio? Diante dessa indagação surgem dúvidas: *a*) teria havido revogação tácita do art. 85, § 1º, do Estatuto do Deficiente?; *b*) seria necessária a edição de uma terceira norma que opte por uma delas?; c) bastaria uma interpretação sistemática para solucionar essa *antinomia aparente* (parcial-parcial, quanto à extensão da contradição), tendo por suporte a discricionariedade do juiz para considerar outra solução mais conveniente aos interesses do incapaz (CPC, art. 757, *in fine*) e para fixar os limites da curatela, segundo o desenvolvimento mental do interdito (CPC, art. 755, I), atendendo ao critério do *justum*, verificando se deve aplicar o CPC, art. 757 (primeira parte), ou a Lei n. 13.146/2015? Parece-nos que essa interpretação sistemática seria a solução mais razoável.

Curatela dos adultos incapazes. A curatela de pessoas maiores incapazes abrangerá: *a*) dipsômanos ou ébrios habituais ou toxicômanos que são incapazes de reger seus bens; *b*) os que, por causa transitória ou permanente, *não puderem exprimir a sua vontade*, como, p. ex., os que por enfermidade mental não têm capacidade para manifestação da vontade; os inconscientes, por terem sofrido traumatismo craniano provocado por acidente, ou os *surdos-mudos* que não tenham recebido educação apropriada que lhes possibilite emitir sua vontade (*RT*, *228*:226), comprovando-se sua incapacidade; *c*) os *pródigos*, isto é, aqueles que dissipam, desordenadamente, seus haveres, para preservar os interesses de sua família.

A *cegueira* não é fato que, de per si, constitui razão bastante para sujeição à curatela (*JTJ*, *237*:385). A idade avançada, por si só, não é motivo para determinar a interdição de pessoa que tem condições psíquicas normais para sua faixa etária (*RT*, *714*:120)

BIBLIOGRAFIA: Clóvis Beviláqua, *Código Civil comentado*, cit., v. 1, p. 185, e v. 2, p. 6 e 358; Espínola, *A família no direito*, cit., n. 274; W. Barros Monteiro, *Curso*, cit., v. 2, p. 321-5; Cahali, Curatela, in *Enciclopédia Saraiva do Direito*, v. 22, p. 143 e 148; Caio M. S. Pereira, *Instituições*, cit., v. 5, p. 306, 309 e 313-4; Pontes de Miranda, *Tratado de direito privado*, cit., v. 9, p. 318; e *Tratado de direito de família*, cit., v. 3, p. 277; Silvio Rodrigues, *Direito civil*, cit., v. 6, p. 409-10; Orlando Gomes, *Direito de família*, cit., p. 447-9; Planiol, Ripert e Boulanger, *Traité élémentaire de droit civil français*, Paris, 1926, v. 1, n. 2.453, 2.467 e s.; Carlos Alberto Bittar, *Direito de família*, cit., p. 273-7; José de Farias Tavares, *O Código Civil e a nova Constituição*, cit., p. 69-70; Bedaque, A curadoria de incapazes, *Justitia*, *148*:17-24; Hugo Nigro Mazzilli, *Curadoria de ausentes e incapazes*, São Paulo, 1988; Roberto Senise Lisboa, *Manual*, cit., v. 5, p. 132-8; Sebastião José Roque, *Direito de família*, cit., p. 199-206; C. Guilarte Martin-Calero, *La curatela en el nuevo sistema de capacidad graduable*, Barcelona, Bosch, 1997; Antonio Carlos Malheiros e Marcial Barreto Casabona, Da curatela, in *Direito de família e o novo Código Civil*, coord. M. Berenice Dias e Rodrigo de C. Pereira, Belo Horizonte, Del Rey, 2003, p. 325-40; M. Helena Diniz, Coordenadas fundamentais da tutela e curatela no novo Código Civil, in *Novo Código Civil — estudos em homenagem a Miguel Reale*, São Paulo, LTr, 2003, p. 1334-46; Rodrigo da Cunha Pereira, *Comentários*, cit., v. 20, p. 385-509; Luiz Paulo V. de Carvalho, *Direito civil*, cit., p. 191-210.

Art. 1.768. ***(O processo que define os termos da curatela deve ser promovido:)***

- *Código de Processo Civil, arts. 747 a 758.*

I — *(pelos pais ou tutores;)*

- Vide *Constituição Federal, arts. 5º, I, e 226, § 5º.*
- *Código de Processo Civil, art. 747, II.*

II — *(pelo cônjuge, ou por qualquer parente;)*

- *O* ***Projeto de Lei n. 699/2011*** *incluirá, se aprovado for, nesse inciso o companheiro.*
- *Código Civil, arts. 1.591, 1.592, 1.775, 1.829 e 1.839.*
- *Código de Processo Civil, art. 747, I.*
- ***Projeto de Lei n. 760/2015*** *visa limitar a autorização para a promoção da interdição até parentes consanguíneos de terceiro grau.*

III — *(pelo Ministério Público;)*

- *Código Civil, arts. 1.769 e 1.770.*

IV — (*pela própria pessoa.*)

- *Revogado pelo CPC/2015.*
- *Acrescentado pela Lei n. 13.146/2015.*
- *Quando houvesse internação de psicopata que fosse possuidor de bens ou recebesse rendas ou pensões de qualquer natureza, não tendo tutor ou curador, devia a direção do estabelecimento comunicar o fato à Comissão Inspetora (ou ao Departamento de Proteção aos Psicopatas, no Estado de São Paulo), para providências acauteladoras do patrimônio do internado (vide arts. 27, § 3º, e 33 do Decreto n. 24.559, de 3-7-1934, revogado pelo Decreto n. 99.678/90, que, posteriormente, foi revogado pelo Decreto n. 1.917/96, que, por sua vez, foi revogado pelo Decreto n. 2.147/97, que também se encontra revogado pelo Decreto n. 2.890/98, que, além de já ter perdido sua vigência, não aborda a mesma matéria tratada no Decreto n. 24.559/34).*
- Vide *art. 6º do Decreto-Lei n. 2.410, de 15 de julho de 1940, que diz: "Os Institutos e Caixas de Aposentadorias e Pensões, ex officio ou a requerimento de qualquer interessado, poderão promover junto ao Ministério Público as providências necessárias à defesa dos interesses de incapazes ou doentes mentais em relação a benefícios que lhes sejam devidos".*
- *Código de Processo Civil, art. 747, I a IV.*

Processo de interdição e instituição da curatela. A curatela é sempre deferida pelo juiz em processo de interdição (CPC/2015, arts. 747 a 760), que visa apurar os fatos que justificam a nomeação de curador, averiguando não só se é necessária a interdição e se ela aproveitaria ao arguido da incapacidade, mas também a razão legal da curatela, ou seja, se o indivíduo é, ou não, incapaz de reger sua pessoa e seu patrimônio (*RT*, *785*:375, *805*:232, *418*:120 e *507*:72; *RF*, *252*:187; *Ciência Jurídica*, *54*:118 e *53*:93; *RJTJSP*, *14*:320; *RTJ*, *97*:874). A interdição e instituição da curatela, portanto, é medida protetiva de incapaz para evitar dano ao seu patrimônio.

Iniciativa da interdição. A interdição e instituição da curatela poderá ser promovida (CPC, art. 747, I a IV) pelo pai, mãe, tutor, cônjuge ou companheiro desde que não esteja separado extrajudicial ou judicialmente ou de fato (*RT*, *176*:743); convivente e parente, ou melhor, por qualquer parente próximo sucessível, ou seja, consanguíneo em linha reta em qualquer grau ou colateral até o quarto grau (CC, arts. 1.591 e 1.592), excluídos os afins (*RT*, *489*:317, *524*:98 e *169*:797; *RF*, *114*:165; *Adcoas*, n. 72.236, 1980, TJPR), tutor, representante da entidade em que se encontra abrigado o interditando e pelo Ministério Público, apenas nos casos especificados pelo CPC, art. 748, I e II. Entendemos que a posição mais aceitável é a que inclui no termo *parente* apenas os parentes sucessíveis (CC, arts. 1.829 e 1.839). Isto é assim porque tais pessoas têm interesse na interdição para a defesa do patrimônio do interditando, a fim de evitar sua dilapidação. É a interdição um recurso legal para defender o patrimônio familiar e a pessoa do interditado, salvaguardando-os.

Com a revogação do art. 1.768 pelo CPC, não há mais que se falar em *autointerdição*.

BIBLIOGRAFIA: Débora Gozzo, O procedimento de interdição, in *Coleção Saraiva de Prática do Direito*, n. 19, 1986; Pontes de Miranda, *Tratado de direito privado*, cit., v. 9, p. 318; e *Tratado de direito de família*, cit., §§ 194 e 195; Caio M. S. Pereira, *Instituições*, cit., v. 5, p. 309-11; Orlando Gomes, *Direito de família*, cit., p. 449-50; Silvio Rodrigues, *Direito civil*, cit., v. 6, p. 413-6; W. Barros Monteiro, *Curso*, cit., v. 2, p. 325-30; M. Helena Diniz, *Curso*, cit., v. 5, p. 359; Levenhagen, *Código Civil*, cit., v. 2, p. 297; Darcy Arruda Miranda, *Anotações*, cit., v. 1, p. 417-8; Paulo de Lacerda, *Manual*, cit., v. 6, p. 513-5; Eduardo Sócrates C. Sarmento, *A interdição no direito brasileiro*, Rio de Janeiro, Forense, 1981.

Art. 1.769. (*O Ministério Público só promoverá interdição:*)

- *Constituição Federal, art. 127*, caput.

I — (*nos casos de deficiência mental ou intelectual;*)

- *Redação dada pela Lei n. 13.146/2015.*
- *Código de Processo Civil, art. 748, I.*

II — (*se não existir ou não promover a interdição alguma das pessoas designadas nos incisos I e II do artigo antecedente;*)

- *Código Civil, art. 1.768, I e II, e Código de Processo Civil, arts. 747, I e II, e 748, II.*

III — (*se, existindo, forem menores ou incapazes as pessoas mencionadas no inciso II.*)

- *Redação dada pela Lei n. 13.146/2015.*
- *O art. 1.769, I a III, foi revogado pelo CPC/2015, que ora rege a matéria. Não poderá prevalecer a redação dada pela Lei n. 13.146/2015 ao art. 1.769 do CC por ser norma especial anterior ao CPC, que hoje regula a questão nos arts. 742, 747, 748, I e III (normas especiais), e revoga expressamente o art. 1.769 do CC no art. 1.072, II.*
- *No caso de administração provisória, decorrido o prazo de 2 (dois) anos e não podendo o psicopata ainda assumir a direção de sua pessoa e bens, ser-lhe-ia decretada pela autoridade judiciária competente a respectiva interdição, promovida obrigatoriamente pelo Ministério Público, se dentro de 15 (quinze) dias não o fosse pelas pessoas indicadas no art. 447, I e II (hoje CPC, art. 747, I a IV).*
- *Código de Processo Civil, art. 748, IV.*
- *Súmula 99 do Superior Tribunal de Justiça.*
- *CPC/2015, art. 748, I e II, rege a matéria.*

Casos de interdição promovida pelo Ministério Público. O Ministério Público apenas poderá tomar a iniciativa de promover a interdição na hipótese de haver doença mental grave (*RT, 796*:249; *JTJ, 195*:108), não existindo: a) nenhum cônjuge ou companheiro, ascendente, descendente ou colateral até, na nossa opinião, o *quarto* grau do interditando, ou, se existindo, forem incapazes (CPC, art. 748), ou, ainda, não quiserem promover a necessária interdição (*JB, 147*:194); b) tutor ou representante da entidade em que se encontra abrigado o interditando (CPC, arts. 752, § 3º, e 748, I; CC, arts. 1.592, 1.829, IV, e 1.839). Logo, sua legitimação é meramente subsidiária em caso de doença mental grave, havendo inexistência, incapacidade ou inércia das pessoas acima arroladas.

BIBLIOGRAFIA: M. Helena Diniz, *Curso*, cit., v. 5, p. 359; Paulo de Lacerda, *Manual*, cit., v. 6, p. 5168; Clóvis Beviláqua, *Código Civil comentado*, cit., obs. ao art. 448, v. 2.

Art. 1.770. (*Nos casos em que a interdição for promovida pelo Ministério Público, o juiz nomeará defensor ao suposto incapaz; nos demais casos o Ministério Público será o defensor.*)

- *Revogado pelo CPC/2015.*
- *Código de Processo Civil, art. 72, I.*

Ministério Público como defensor nato do suposto incapaz. Como o Ministério Público é a personificação do interesse geral na atuação jurídica, nos processos de interdição, por ele não promovidos, incumbir-lhe-á defender o incapaz (CPC, art. 752, § 1º), impugnando ou não pela sua não interdição, sem que haja necessidade de indicação de curador especial, e fiscalizar a regularidade processual. Sem sua participação, nulo será o processo (*RT, 836*:165, *785*:266; *JTJ, 276*:373, *273*:339, *267*:380).

Nomeação de curador especial. Se a interdição for promovida pelo Ministério Público, por ser ele o requerente, não poderá, então, acumular as funções de defensor e acusador do incapaz; o juiz nomeará um curador à lide ou curador especial especialmente para defender o suposto incapaz (interditando), que não poderá ficar sem defesa (CPC, art. 72, I e parágrafo único).

BIBLIOGRAFIA: Levenhagen, *Código Civil*, cit., v. 2, p. 298-9; Paulo de Lacerda, *Manual*, cit., v. 6, p. 518-9; M. Helena Diniz, *Curso*, cit., v. 5, p. 359; José Fontenelle Teixeira da Silva, O curador especial em face dos princípios do contraditório e da ampla defesa, *Estudos Jurídicos*, *5*:218-34, 1992.

Art. 1.771. (*Antes de se pronunciar acerca dos termos da curatela, o juiz, que deverá ser assistido por equipe multidisciplinar, entrevistará pessoalmente o interditando.*)

- *Redação dada pela Lei n. 13.146/2015.*
- *Revogado expressamente pelo CPC/2015 no art. 1.072, II, que, sendo norma especial posterior, passou a reger a matéria, revogando o art. 1.771, com a redação dada pela Lei n. 13.146/2015 (norma especial anterior).*
- *Sobre o processo de interdição,* vide *arts. 751 e 753 do Código de Processo Civil.*
- Vide *Decreto-Lei n. 891/38, art. 30, §§ 2º e 3º.*

Exame pessoal do arguido. Se a interdição visa dar um curador a um incapaz, o juiz deverá interrogá-lo, pessoalmente (CPC, art. 751), em audiência designada para esse fim (*RT*, *275*:391; *JTJ, 276*:373), antes de se pronunciar, assistido por equipe interdisciplinar, ou seja, ouvindo profissionais especializados (CPC, art. 753) da área médica ou psiquiátrica, que poderão trazer valiosos subsídios à decisão que prolatará. Não será decretada a interdição se vier a ocorrer contradição entre o laudo médico (*RT*, *715*:133, *785*:226) e a impressão pessoal do juiz que interrogou o interditando (*RT*, *537*:74). "O magistrado, de qualquer modo, não está adstrito ao interrogatório, devendo-se valer de outras provas, mormente a pericial. Nulo será o processo se não for feito o exame pericial" (*RT*, *715*:133; no mesmo sentido: *RT*, *718*:212). Já se decidiu que: "No processo de interdição, pode o juiz dispensar a perícia médica, prevista no CPC, art. 1.183 — hoje, art. 753 —, se estiver absolutamente convencido, por documentos e pelo interrogatório que realizou, da deficiência mental do interditando, mormente se tal convicção não seria modificada, pelo laudo, ao qual o magistrado não está adstrito" (*RT*, *786*:270). Se ficar constatada a incapacidade para dirigir sua pessoa e bens, o magistrado decretará a interdição, nomeando curador para o interdito.

BIBLIOGRAFIA: M. Helena Diniz, *Curso*, cit., v. 5, p. 360; Paulo de Lacerda, *Manual*, cit., v. 6, p. 519-21; Clóvis Beviláqua, *Código Civil comentado*, cit., obs. ao art. 450, v. 2.

Art. 1.772. (*O juiz determinará, segundo as potencialidades da pessoa, os limites da curatela, circunscritos às restrições constantes do art. 1.782, e indicará curador.*)

- *Redação dada pela Lei n. 13.146/2015.*
- *Revogado expressamente pelo CPC/2015 no art. 1.072, II (norma especial posterior prevalece sobre a especial anterior).*

DIREITO DE FAMÍLIA

- *Código de Processo Civil, art. 755, I e II.*
- *Código Civil, arts. 1.767, I e III, 1.781 e 1.782.*
- Vide *Decreto-Lei n. 891/38, arts. 29, § 2º, e 30.*
- *Lei n. 6.015/73, art. 92, n. 6º.*
- *PL n. 757/2015 dispõe sobre limites da curatela.*

Parágrafo único. (*Para a escolha do curador, o juiz levará em conta a vontade e as preferências do interditando, a ausência de conflito e de interesses e de influência indevida, a proporcionalidade e a adequação às circunstâncias da pessoa.*)

- *Acrescentado pela Lei n. 13.146/2015.*
- *Revogado expressamente pelo CPC/2015 no art. 1.072, II (norma especial anterior prevalece sobre a especial anterior — CC, art. 1.772 e Lei n. 13.146/2015).*

Limites da curatela. Pelo Enunciado n. 574 do Conselho da Justiça Federal (aprovado na *VI Jornada de Direito Civil*): "A decisão judicial de interdição deverá fixar os limites da curatela para todas as pessoas a ela sujeitas, sem distinção, a fim de resguardar os direitos fundamentais e a dignidade do interdito (art. 1.772 — ora revogado)". O juiz deverá assinalar os limites da curatela (TJGO, Ap. Cível 90.458-3/188, rel. Almeida Branco, 4ª Câm. Cível, j. 24-11-2005), atendendo ao estado e ao desenvolvimento mental do interditando, averiguando o grau da sua deficiência orgânica, considerando as suas características pessoais, observando suas potencialidades, habilidades, vontades e preferências (CPC, art. 755, I e II), verificando se há atos que pode praticar, se possui algum discernimento, se recebeu tratamento médico ou psiquiátrico ou educação que o possibilite manifestar sua vontade etc. A curatela de pessoa que, por causa transitória ou permanente, não pode manifestar sua vontade, de ébrio habitual, de toxicômano ou de pródigo é variável. Nem todo alcoólatra, p. ex., é passível de curatela, não se justificando, portanto, interdição de pessoa que, apesar do vício habitual da bebida, é capaz de manter conversação e de exprimir sua vontade. Todavia, não se gradua a incapacidade daquelas pessoas, mas tão somente se limita sua interdição, impondo, consequentemente, deveres e restrições aos poderes do curador, permitindo-se ao curatelado, se tiver algum desenvolvimento mental, a prática de certos atos, assinalando o juiz outros a que a curatela se fará necessária. Com isso, impõem-se restrições ao interdito, privando-o de, sem curador, emprestar, transigir, dar quitação, alienar, hipotecar, demandar ou ser demandado, e praticar, em geral, os atos que não sejam de mera administração (CC, art. 1.782).

BIBLIOGRAFIA: W. Barros Monteiro, *Curso*, cit., v. 2, p. 323; M. Helena Diniz, *Curso*, cit., v. 5, p. 356; Cahali, Curatela, cit., in *Enciclopédia Saraiva do Direito*, v. 22, p. 148; Pontes de Miranda, *Tratado de direito de família*, § 195; Paulo de Lacerda, *Manual*, cit., v. 6, p. 522-3.

Sujeição do interdito à curatela. A sentença que decretar a interdição colocará os bens do interditando (CPC, art. 757), por não ter condições, em certos casos, de reger seu patrimônio (*RT*, *529*:80), sob a direção de um curador, que velará por ele, exercendo seu *munus* público pessoalmente (*AJ*, *101*:91), conforme seja a curatela plena ou limitada (*RT*, *488*:72). Por isso, a interdição só pode ser concedida se houver certeza da incapacidade (*BAASP*, *2647*:587-11).

Nomeação do curador. O magistrado, ao escolher o curador, deverá seguir, de preferência, a ordem estabelecida no art. 1.775 do CC, mas deverá averiguar quem melhor possa atender aos interesses do curatelado (CPC, art. 755, § 1º; CC, art. 1.775).

Art. 1.773. (*A sentença que declara a interdição produz efeitos desde logo, embora sujeita a recurso.*)

• *Revogado pelo CPC/2015.*

• *Código Civil, art. 9º, III.*

• Vide *Código de Processo Civil, arts. 755, § 3º, 756 e parágrafos, 1.009 e 1.012, VI, § 1º.*

• *Lei n. 6.015/73, arts. 29, V, 92, 93, 104 e 107, § 1º.*

Efeitos da interdição. A decisão que decreta a interdição produz efeitos desde logo (*ex nunc*), independentemente da publicidade do registro, embora sujeita a recurso, que tem efeito tão somente devolutivo (*RT*, *310*:748; *RF*, *149*:313; CPC, arts. 1.009, 1.012, VI, § 1º). O recurso apenas leva ao tribunal o conhecimento do julgamento da matéria, não impedindo a produção dos efeitos daquela decisão. Surge uma questão que requer reflexão: se aquele que não puder manifestar sua vontade, por causa transitória ou permanente (p. ex. por deficiência mental), o ébrio, ou toxicômano, vier a praticar um ato sem intervenção do curador que, por decisão judicial, conforme os limites da curatela, deveria representá-lo ou assisti-lo, tal negócio, se por ele assinado, teria ou não validade? Tais pessoas são relativamente incapazes, salvo o deficiente mental, que, antes da interdição, seria plenamente capaz, mas a curatela, advinda da sentença, não lhes assegura a tutela jurídica. Assim, por exemplo, se um portador de deficiência, sob curatela, por não poder exprimir sua vontade, vier a efetuar sozinho um contrato, o operador do direito deverá, ante essa situação inusitada, aplicar por *analogia* os arts. 166, I, e 171 do CC, logo aquele ato negocial seria nulo, se na sentença estiver estipulado que o curador deveria representá-lo (CC, art. 166, I, por analogia), ou anulável, se deveria assisti-lo (CC, art. 171, I, por analogia)? Ter-se-ia, então, uma invalidade jurídica *sui generis* ante o fato de haver *capazes sob curatela*? Ou se deveria evitar o emprego da analogia, utilizando-se da interpretação restritiva, hipótese em que tais atos seriam anuláveis? Se se admitir a possibilidade do uso da analogia, após a prolatação da sentença, por confirmar a suposição da incapacidade, nulos ou anuláveis serão os atos praticados pelo interdito (*RT*, *468*:112) conforme a gradação da sua curatela (*RF*, *81*:213 e *152*:176; *RT*, *539*:149 e 182, *537*:74, *506*:75, *503*:93, *436*:74, *280*:252, *365*:93, *415*:358, *483*:71, *489*:75 e *505*:82; *RTJ*, *102*:359), caso em que produz efeito *ex nunc*. Durante a pendência do recurso interposto, válidos serão os atos praticados entre o curador e terceiros, mesmo que a sentença venha a ser reformada em instância superior. Na nossa opinião, a solução mais consentânea com o art. 4º, combinado com o art. 171 do Código Civil, seria o uso da interpretação restritiva, considerando anuláveis aqueles atos, pois essas pessoas sob curatela são relativamente incapazes.

Esse impasse se levanta, ainda, porque é princípio fundamental de direito que as leis sejam aplicáveis a fatos anteriores à sua promulgação, desde que não tenham sido objeto de demandas, que não estejam sob o domínio da coisa julgada (RF, *6*:129), nem configurem ato jurídico perfeito ou direito adquirido (*AJ*, *116*:289, *112*:124 e *103*:143), e, além disso, há um critério norteador da questão da aplicabilidade dos princípios da retroatividade e da irretroatividade, desde que não haja norma de direito intertemporal em sentido contrário, que poderá ser aplicado em conflito intertemporal: *as normas sobre estado e capacidade das pessoas aplicam-se às que estiverem nas condições a que se referem*. Assim, a lei nova concernente ao estado e *capacidade* da pessoa não poderá atuar sobre casos já existentes. Será que a retirada do deficiente mental do rol dos absolutamente incapazes, declarado como tal em sentença de interdição antes do advento da Lei n. 13.146/2015, o atingiria, ou não? Será que essa novel norma retroagiria, automaticamente, nessa hipótese? Poder-se-ia falar em relativização da coisa julgada, para que a nova lei abarque os deficientes mentais, considerados por sentença, prolatada antes de sua vigência, como absolutamente incapazes, tornando-os plenamente capazes? Será que as pessoas que, hoje, se encontram sob interdição por incapacidade absoluta, automaticamente, com a entrada em vigor da Lei n. 13.146/2015, passarão a ser tidas como capazes, ante a eficácia imediata dessa lei, por não se justificar a sua permanência sob um regime jurídico mais restritivo, que não mais existe no ordenamento jurídico? Enfim, será que o Estatuto do Deficiente teria, por si só, força para desconstituir, automaticamente, uma situação estabelecida em sentença transitada em julgado? Parece-nos que não, ante a circunstância de ser a sentença de interdição *constitutiva com eficácia declaratória*, que produz efeito *ex tunc*. Assim, mais viável seria que o interessado ou o Ministério Público promovesse em *juízo* uma *revisão* da situação do interditado para passá-lo para a categoria dos relativamente incapazes, ficando sob curatela, ou se o quiser sob o regime de tomada de decisão apoiada ou para considerá-lo plenamente capaz (CPC, art. 505, I).

BIBLIOGRAFIA: M. Helena Diniz, *Curso*, cit., v. 5, p. 360-1; Paulo de Lacerda, *Manual*, cit., v. 6, p. 523-7; Darcy Arruda Miranda, *Anotações*, cit., v. 1, p. 419; Matiello, *Código Civil*, cit., p. 1159; Moacyr P. de A. Ribeiro, Estatuto da Pessoa com Deficiência: a revisão da teoria dos incapazes e os reflexos jurídicos na ótica do notário e do registrador, *Revista Síntese — Direito Civil e Processual Civil*, 99:44 e 45; Fiore, *Da irretroatividade e interpretação das leis*, Seção I, Cap. 4, § 5º; Roubier, *Des Conflits des lois*, v. 1, p. 49-55; Gabba, *Teoria della retroattivitá delle leggi*, v. 1, p. 228; M. Helena Diniz, *Comentários ao Código Civil*, São Paulo, Saraiva, v. 22, 2005, p. 24 e s.; Atalá Correia, Estatuto da Pessoa com Deficiência traz inovações e dúvidas, *Revista Síntese — Direito Civil e Processual Civil*, 99:25 e 26.

Art. 1.774. Aplicam-se à curatela as disposições concernentes à tutela, com as modificações dos artigos seguintes.

- *Código Civil, arts. 497, 1.728 a 1.766, 1.641, I e III, e 1.775 a 1.778.*
- *Código de Processo Civil, arts. 759 e 760.*

Aplicação das disposições relativas à tutela. Aplicam-se à curatela as disposições legais concernentes à tutela, desde que não venham a contrariar sua essência e seus fins, com as modificações dos arts. 1.775 a 1.778 do Código Civil. Consequentemente, o curador passará a ter os mesmos direitos, garantias, obrigações e proibições do tutor, podendo escusar-se do encargo, ou dele ser removido, nos casos legais, tendo o ônus da apresentação do balanço anual e da prestação de contas (*RT*, *518*:65).

BIBLIOGRAFIA: Levenhagen, *Código Civil*, cit., v. 2, p. 302; M. Helena Diniz, *Curso*, cit., v. 5, p. 360-1; Darcy Arruda Miranda, *Anotações*, cit., v. 1, p. 419; Clóvis Beviláqua, *Código Civil comentado*, cit., obs. ao art. 453, v. 2.

Art. 1.775. O cônjuge ou companheiro, não separado judicialmente *ou de fato*, é, de direito, curador do outro, quando interdito.

- *Poderá haver perda parcial da eficácia social deste artigo, por força da redação dada pela EC n. 66/2010 ao § 6º do art. 226 da CF.*
- *Código Civil, arts. 25, 206, § 5º, II, 1.570, 1.651 e 1.783.*

§ 1º Na falta do cônjuge ou companheiro, é curador legítimo o pai ou a mãe; na falta destes, o descendente que se demonstrar mais apto.

- Vide *Constituição Federal, arts. 5º, I, e 226, § 5º.*

§ 2º Entre os descendentes, os mais próximos precedem aos mais remotos.

§ 3º Na falta das pessoas mencionadas neste artigo, compete ao juiz a escolha do curador.

- *O psicopata recolhido a qualquer estabelecimento, até o 90º dia de internação, nenhum ato de administração ou disposição de bens podia praticar, senão por intermédio das pessoas referidas*

DIREITO DE FAMÍLIA

no art. 454 do Código Civil de 1916 (hoje art. 1.775), com prévia autorização judicial, quando fosse necessária (art. 27, § 1º, do já revogado Decreto n. 24.559, de 3-7-1934).

- *Código de Processo Civil, art. 755, I.*

Ordem de preferência na nomeação do curador. Se o magistrado vier a decretar a interdição, deverá nomear um curador ao interdito, observando a seguinte ordem legal: o companheiro ou o consorte não separado extrajudicial ou judicialmente ou de fato (*RT*, *858*:378, *846*:287, *419*:138 e *439*:227; *RF*, *91*:485), caso em que, pela proibição de escusa, a *curatela* é *obrigatória*; na sua falta, o pai, ou a mãe, e, não havendo estes, o descendente que se mostrar mais apto, sendo que dentre os descendentes o mais próximo precede o mais remoto, configurando-se, nessa hipótese, a *curatela legítima*. Faltando as pessoas acima mencionadas, competirá ao juiz a escolha do *curador dativo*, levando em conta sua idoneidade e capacidade para exercer o cargo.

Não obrigatoriedade dessa ordem legal de nomeação de curador. A ordem estabelecida legalmente, contudo, não tem caráter absoluto, uma vez que não se deve submeter o interdito à curatela de pessoa que não lhe inspirava confiança ao tempo em que estava no pleno gozo de seu discernimento (*RT*, *527*:80). O artigo *sub examine*, ao ser aplicado pelo órgão judicante, deverá ceder aos interesses da pessoa protegida (*RT*, *529*:109). Nesse sentindo o Enunciado n. 638 da *VIII Jornada de Direito Civil*: "A ordem de preferência de nomeação de curador do art. 1.775, do Código Civil, deve ser observada quando atender ao melhor interesse do curatelado, considerando suas vontades e preferências, nos termos do art. 755, II, § 1º, do CPC".

BIBLIOGRAFIA: M. Helena Diniz, *Curso*, cit., v. 5, p. 360; Levenhagen, *Código Civil*, cit., v. 2, p. 302-3; Clóvis Beviláqua, *Código Civil comentado*, cit., obs. ao art. 454 do CC/16, v. 2; Carvalho Santos, *Código Civil brasileiro interpretado*, cit., obs. ao art. 454 do CC/16, v. 4.

Art. 1.775-A. Na nomeação de curador para pessoa com deficiência, o juiz poderá estabelecer curatela compartilhada a mais de uma pessoa.

- *Acrescentado pela Lei n. 13.146/2015.*

Curatela compartilhada. Se o interditando for portador de deficiência (física ou mental) o juiz poderá, atendendo a sua afetividade e aos seus interesses, estabelecer a *curatela compartilhada*, por exemplo, aos seus pais e até mesmo, eventualmente, aos seus irmãos, pois com eles sempre conviveu em harmonia. Com isso, buscar-se-á a proteção do interdito, resguardando seus interesses, facilitando o acompanhamento de suas atividades especiais ou de sua educação ou, ainda, dos cuidados específicos de que necessita (TJSP, Agravo de Instrumento 0089340-38, 2012.8.26.0000, 1ª Câm. Dir. Privado — rel. Des. Alcides Leopoldo e Silva Júnior, j. 2-10-2012).

Art. 1.776. (*Havendo meio de recuperar o interdito, o curador promover-lheá o tratamento em estabelecimento apropriado.*)

- *Revogado pela Lei n. 13.146/2015.*
- *Código de Processo Civil, art. 758.*
- *Código Civil, arts. 1.767 e 1.777 (com a redação da Lei n. 13.146/2015).*

Medida especial tomada em relação ao curatelado. Se houver meio para recuperar a saúde do curatelado, deverá seu curador buscar tratamento e apoio apropriados à conquista de sua autonomia (CPC, art. 758). Assim, se isso for possível, deverá providenciar sua educação ou tratamento, matriculando-o ou internando-o, excepcionalmente, por ordem médica, em estabelecimento apropriado ou especializado para tal fim, utilizando-se dos recursos ou dos rendimentos do próprio incapaz, e se este não tiver condições financeiras para tanto, sua internação far-se-á em estabelecimento público, que forneça atendimento gratuito. Pondera Rodrigo da Cunha Pereira: "Embora o artigo 776 — ora revogado — refira-se a 'estabelecimento apropriado', a recuperação ou tratamento não se dará necessariamente através de recolhimento ou internação em algum estabelecimento. O tratamento dos portadores de sofrimento mental tem sido feito, atualmente, com melhores resultados, sem que haja internação, isto é, a terapêutica de melhor prognóstico é aquela que se faz junto à família, sem a retirada do paciente da estrutura familiar".

Obrigação do curador de recuperar o interdito. Por dever inerente ao seu próprio cargo, o curador, sob pena de ser destituído do *munus* público por negligência, havendo recursos, buscará os meios para tratá-lo ou educá-lo apropriadamente (CPC, art. 758).

É dever do curador lutar pela recuperação da saúde física ou mental do curatelado até que a interdição possa ser levantada (CPC, art. 756).

Cessação da curatela. Pela educação ou tratamento recebido, podendo o curatelado exprimir sua vontade, termina sua interdição.

BIBLIOGRAFIA: Orlando Gomes, *Direito de família*, cit., p. 448; M. Helena Diniz, *Curso*, cit., v. 5, p. 356; Levenhagen, *Código Civil*, cit., v. 2, p. 304; Rodrigo da Cunha Pereira, *Comentários*, cit., v. 20, p. 495; Matiello, *Código Civil*, cit., p. 1161.

Art. 1.777. As pessoas referidas no inciso I do art. 1.767 receberão todo o apoio necessário para ter preservado o direito à convivência familiar e comunitária, sendo evitado o seu recolhimento em estabelecimento que os afaste desse convívio.

- *Com a redação da Lei n. 13.146/2015.*
- Vide *Lei n. 13.146/2015, arts. 6º, V, 14 a 33 e 36 e 39.*
- *Código Civil, art. 1.767, I, III e IV.*
- *O psicopata ou indivíduo suspeito que atentasse contra a própria vida ou a de outrem, perturbasse a ordem ou ofendesse a moral pública devia ser recolhido a estabelecimento psiquiátrico para observação ou tratamento (art. 10 do já revogado Decreto n. 24.559, de 3-7-1934).*
- *Sobre o processo de internação,* vide *os arts. 11 e s. do já revogado Decreto n. 24.559, de 3 de julho de 1934.*
- Vide *os arts. 26, 98 e 99 do Código Penal, sobre medidas de segurança aplicáveis aos inimputáveis.*
- *Lei n. 10.261/2001.*

Providências atinentes ao interditado. Será conveniente que interditos que, por causa transitória ou permanente, não puderem exprimir sua vontade permaneçam no recinto do lar, gozando da convivência sociofamiliar, apesar da espécie nosológica que os afeta. Terão direito a todo o apoio necessário para preservação da sua convivência familiar e comunitária, sendo-lhes possível um tratamento adequado, ou, até a recuperação de sua saúde mental, urge que o curador diligencie seu internamento em estabelecimento adequado particular, se houver recursos financeiros para isso, ou público, se renda alguma tiver o curatelado, evitando, contudo, o seu recolhimento em estabelecimento que os afaste daquele convívio, tão essencial. Se houver necessidade, para seu tratamento e recuperação de sua saúde e conquista de sua autonomia (CPC, art. 758), de internação de estabelecimento apropriado, a Lei n. 10.216/2001, art. 4º, § 2º, determina, para a recuperação e reinserção social do interdito, que: "o tratamento em regime de internação será estruturado de forma a oferecer assistência integral à pessoa portadora de transtornos mentais, incluindo serviços médicos, de assistência social, psicológicos, ocupacionais, de lazer e outros". Mas assim que for possível o curatelado deverá retornar ao convívio familiar.

BIBLIOGRAFIA: Darcy Arruda Miranda, *Anotações*, cit., v. 1, p. 420; Levenhagen, *Código Civil*, cit., v. 2, p. 304; Clóvis Beviláqua, *Código Civil comentado*, cit., obs. ao art. 457, v. 2.

Art. 1.778. A autoridade do curador estende-se à pessoa e aos bens dos filhos do curatelado, observado o art. 5º.

- *Código Civil, arts. 5º e 1.779, parágrafo único.*
- *Código de Processo Civil, art. 757.*

Extensão da autoridade do curador. Ante o princípio da unidade do comando familiar e da curatela, a autoridade do curador não se limitará apenas à pessoa do curatelado, estendendo-se também, quando a lei o exigir, *à pessoa e aos bens dos seus filhos menores* (CC, art. 5º) ou dos nascituros (CC, art. 1.779, parágrafo único), evitando confusão na direção da família com a nomeação de tutor para os menores. Se o filho do curatelado for maior e interditado, ficará com o curador que, por ocasião de sua interdição, lhe fora nomeado, e, se casado for, seu curador será, obviamente, seu consorte.

A curatela é um múnus público cometido, excepcionalmente (EPD, art. 85, § 2º), a alguém para proteger, se necessário, *direitos patrimoniais e negociais* de maiores que, por si sós, não estão em condições de fazê-lo (Lei n. 13.146/2015, art. 85, § 1º). Com a entrada em vigor do CPC/2015 (art. 749, c/c art. 757, 1ª parte), a autoridade do curador estender-se-á ou não à *pessoa* e aos *bens do incapaz que se encontrar sob guarda e responsabilidade do curatelado* ao tempo da interdição, salvo se o juiz considerar outra solução mais conveniente aos interesses do incapaz. Os arts. 1.778 do CC e 757 do CPC referem-se à *curatela prorrogada*, que, na verdade, se trata, em relação aos *filhos menores* do curatelado, de uma simples *tutela*. Só seria curatela prorrogada se houvesse algum *incapaz* interdito sob a responsabilidade do curatelado. Qual seria, então, a função do curador? Reger a pessoa e administrar bens do incapaz? Ou só administrar seu patrimônio? Surge aqui um impasse. Ter-se-ia: *a*) *antinomia real*, que requer para sua solução a edição de uma terceira norma, que opte por uma delas, ou a aplicação nos casos *sub judice* dos arts. 4º e 5º da LINDB, em busca do critério do *justum*?; ou *b*) *antinomia aparente* (parcial — parcial quanto à extensão da contradição), pois as duas normas só em parte conflitam uma com a outra, que se resolveria interpretando-se, conjugadamente, o art. 757 do CPC, segunda parte, que dá discricionariedade ao juiz para *considerar outra solução mais conveniente* aos *interesses do incapaz*, com o art. 755, I, do CPC, que permite a ele, na sentença de interdição, fixar os *limites da curatela*, segundo o desenvolvimento mental do interdito. Assim, ficaria cada caso concreto sob a apreciação do magistrado, que, com prudência objetiva, atendendo aos reclamos da justiça (LINDB, art. 5º), verificará se deve aplicar o CPC, art. 757 (primeira parte), ou a Lei n. 13.146/2015, art. 85, § 1º? Poder-se-ia determinar que o incapaz fique sob curatela de uma pessoa e seu responsável, que foi interditado, sob a de outra, averiguando se o curador regerá a pessoa e os bens ou somente administrará o patrimônio? Parece-nos que esta seria a solução mais razoável e consentânea com a realidade, se bem que o art. 85, § 1º, do EPD deva ser, em regra, o aplicado, ante o disposto no art. 6º do EPD; ou *c*) uma *revogação tácita do art. 85*, § 1º, do Estatuto do Deficiente pelo art. 757 do CPC?

BIBLIOGRAFIA: Levenhagen, *Código Civil*, cit., v. 2, p. 304-5; Segovia, *Código Civil argentino*, v. 1, p. 115; M. Helena Diniz, *Curso*, cit., v. 5, p. 361; Carvalho Santos, *Código Civil brasileiro interpretado*, cit., obs. ao art. 458, v. 4.

Seção II

Da curatela do nascituro e do enfermo ou portador de deficiência física

Art. 1.779. Dar-se-á curador ao nascituro, se o pai falecer estando grávida a mulher, e não tendo o poder familiar.

- *Código Civil, arts. 2º e 1.638.*

Parágrafo único. Se a mulher estiver interdita, seu curador será o do nascituro.

- *Código Civil, art. 1.778.*

Curatela do nascituro. Como a lei põe a salvo, desde a concepção, os direitos do nascituro (CC, art. 2º; Lei n. 8.069/90, arts. 7º a 10), para resguardá-los determina que se lhe nomeie judicialmente um curador, se a mulher grávida enviuvar sem condições de exercer o poder familiar, desde que o nascituro tenha a receber algum bem, em razão de herança, legado ou doação. Se houver nascimento com vida, nomear-se-á à criança um tutor, cessando a curatela especial.

Interdição da mãe do nascituro. Se a mãe do nascituro estiver interdita, seu curador será também o do nascituro.

BIBLIOGRAFIA: Coviello, *Manuale de diritto civile italiano*, v. 1, p. 142; Salvo, *Derecho civil argentino*, v. 1, n. 178; M. Helena Diniz, *Curso*, cit., v. 5, p. 357; W. Barros Monteiro, *Curso*, cit., v. 2, p. 332; Silvio Rodrigues, *Direito civil*, cit., v. 6, p. 416; Orlando Gomes, *Direito de família*, cit., p. 451-2; Cahali, Curatela, cit., in *Enciclopédia Saraiva do Direito*, v. 22, p. 150.

Art. 1.780. (*A requerimento do enfermo ou portador de deficiência física, ou, na impossibilidade de fazê-lo, de qualquer das pessoas a que se refere o art. 1.768, dar-se-lhe-á curador para cuidar de todos ou alguns de seus negócios ou bens.*)

- *Revogado pela Lei n. 13.146/2015.*
- *Código Civil, art. 1.783-A.*

Curatela do enfermo ou portador de deficiência física. Era a instituída a requerimento do próprio enfermo ou portador de deficiência física, que se encontrasse em pleno gozo de suas faculdades mentais, ou se não pudesse fazê-lo, por causa transitória, de seus pais, tutor, cônjuge, parente ou órgão do Ministério Público, para que um curador fosse nomeado para cuidar de todos ou de alguns de seus bens ou atos negociais. Não se tratava, na verdade, como observa Alexandre G. A. Assunção, de curatela por interdição, mas sim de transferência de poderes, similar ao mandato, em que o curador administrava, total ou parcialmente, o patrimônio de um doente, cuja faculdade mental estava perfeita, deficiente físico ou portador de um mal, que lhe dificultava a boa gestão negocial. O "curatelado" sujeitar-se-ia a fiscalização do curador relativamente ao seu patrimônio e, por isso, dele poderia exigir a prestação de contas. Tínhamos, entendemos, um instituto *sui generis*, ou melhor, uma "*curatela-mandato*", não seguida de processo de interdição, em que o "curador" apenas tinha a gerência dos bens e não da pessoa do "curatelado". Era, portanto, um curador *ad negotia*. Tratava-se de uma *curatela administrativa especial*, como preferia Rodrigo da Cunha Pereira, ou, ainda, como dizia

Zeno Veloso, de um *caso singular e especial de curatela sem interdição*, de conteúdo restrito ou patrimonial. Na lição de Hugo Nigro Mazzilli e Wander Garcia, tendo-se em vista que o "curatelado" não era incapaz, ele poderia, a qualquer momento, pleitear o levantamento da referida "curatela".

Encontrava-se nessa situação quem não tiver possibilidade de locomoção em razão de, por exemplo: cegueira, idade avançada, paralisia, internação em hospital ou em UTI, obesidade mórbida, AVC ou derrame cerebral etc. (TJSP, Ap. Cível 321.805-4/0-00, rel. Elliot Akel, j. 14-6-2005; TJRS, Ap. Cív. 70.011.048.972, 8ª Câm. Cível, rel. Melo Pierro, j. 15-12-2005; TJSP, Ap. Cível 70.018.154.153, 8ª Câm. Cív., rel. Azambuja Ramos, j. 8-3-2007).

Hoje essa modalidade de curatela foi substituída pela *tomada de decisão apoiada* (CC, art. 1.783-A, §§ 1º a 11).

BIBLIOGRAFIA: Alexandre G. A. Assunção, *Novo Código Civil*, cit., p. 1592; Rodrigo da Cunha Pereira, *Comentários*, cit., v. 20, p. 504; Hugo Nigro Mazzilli e Wander Garcia, *Anotações*, cit., p. 526-7.

Seção III
Do exercício da curatela

Art. 1.781. As regras a respeito do exercício da tutela aplicam-se ao da curatela, com a restrição do art. 1.772 e as desta Seção.

- Vide *Código Civil, arts. 3º, 4º, 1.728 a 1.766, 1.782 e 1.783.*
- *Código de Processo Civil, art. 1.772, foi revogado pelo CPC/2015.*

Aplicabilidade das disposições sobre exercício da tutela e da curatela. As normas atinentes ao exercício da tutela podem ser aplicadas ao da curatela, desde que não contrariem sua finalidade, se alusiva à interdição de pessoa, que, por causa transitória ou permanente, não possa manifestar sua vontade, de ébrio habitual e de toxicômano e à curatela de pródigo (CC, arts. 1.782 e 1.783).

Art. 1.782. A interdição do pródigo só o privará de, sem curador, emprestar, transigir, dar quitação, alienar, hipotecar, demandar ou ser demandado, e praticar, em geral, os atos que não sejam de mera administração.

- *Código Civil, arts. 4º, IV, 1.772 e 1.767, V.*

Efeitos da interdição por prodigalidade. O pródigo é um relativamente incapaz (CC, art. 4º, IV), podendo apenas praticar atos de mera administração, necessitando de curador para efetivação de atos que possam comprometer seu patrimônio, como: emprestar, transigir, dar quitação, alienar, hipotecar, demandar ou ser demandado. Com isso, a lei está evitando que venha a dilapidar seu patrimônio, visto ser pessoa que, por razão psicológica, gasta desordenadamente seus bens (*Juriscível*, *105*:158; *BAASP*, *2647*:586-08, *2650*:1752-20).

BIBLIOGRAFIA: Levenhagen, *Código Civil*, cit., v. 2, p. 305; Paulo de Lacerda, *Manual*, cit., v. 6, p. 6335; M. Helena Diniz, *Curso*, cit., v. 5, p. 357; Clóvis Beviláqua, *Código Civil comentado*, cit., § 91; R. M. Méndez, *Procedimiento de incapacitación y prodigalidad*, Barcelona, Bosch, 1999.

Art. 1.783. Quando o curador for o cônjuge e o regime de bens do casamento for de comunhão universal, não será obrigado à prestação de contas, salvo determinação judicial.

• *Sobre as contas do administrador provisório e do curador*, vide o § 1º do art. 28 do já revogado Decreto n. 24.559, de 3 de julho de 1934.

• *Código Civil, arts. 1.567, 1.570, 1.651, 1.652, 1.667, 1.668 a 1.671 e 1.775.*

Exercício da curatela pelo cônjuge do interdito. Se o curador for o consorte, não estará obrigado à prestação de contas, desde que o regime matrimonial de bens seja o da comunhão universal, salvo determinação judicial, havendo, p. ex., suspeita de desvio de bens do patrimônio do casal; constituição pelo cônjuge do curatelado de união afetiva paralela, utilizando-se dos vencimentos do curatelado para despesas e empréstimos vultosos (*BAASP*, *2647*:588-16). Isto é assim porque, nesse regime, a ambos os cônjuges pertence o acervo familiar, logo o consorte-curador tem interesse em preservá-lo. Se outro for o regime matrimonial, o cônjuge-curador deverá fazer balanço anual e prestar contas. Se o cônjuge for o curador do outro, além de assumir a chefia da sociedade conjugal, observando-se o disposto no art. 1.570 do Código Civil e no art. 226, § 5º, da Constituição Federal, submeter-se-á ao suprimento judicial nos casos em que se exigir para a prática de certos atos negociais a outorga uxória ou marital. O curador do cônjuge, por sua vez, passará a chefiar sozinho a sociedade conjugal, administrando os bens do casal e os particulares do interditado, requerendo, sempre que for necessário, o suprimento judicial da outorga marital ou uxória e exercendo, ainda, os direitos do art. 1.651 do Código Civil.

Capítulo III

Da tomada de decisão apoiada

Art. 1.783-A. A tomada de decisão apoiada é o processo pelo qual a pessoa com deficiência elege pelo menos 2 (duas) pessoas idôneas, com as quais mantenha vínculos e que gozem de sua confiança, para prestar-lhe apoio na tomada de decisão sobre atos da vida civil, fornecendo-lhes os elementos e informações necessários para que possa exercer sua capacidade.

§ 1º Para formular pedido de tomada de decisão apoiada, a pessoa com deficiência e os apoiadores devem apresentar termo em que constem os limites do apoio a ser oferecido e os compromissos dos apoiadores, inclusive o prazo de vigência do acordo e o respeito à vontade, aos direitos e aos interesses da pessoa que devem apoiar.

§ 2º O pedido de tomada de decisão apoiada será requerido pela pessoa a ser apoiada, com indicação expressa das pessoas aptas a prestarem o apoio previsto no *caput* deste artigo.

§ 3º Antes de se pronunciar sobre o pedido de tomada de decisão apoiada, o juiz, assistido por equipe multidisciplinar, após oitiva do Ministério Público, ouvirá pessoalmente o requerente e as pessoas que lhe prestarão apoio.

§ 4º A decisão tomada por pessoa apoiada terá validade e efeitos sobre terceiros, sem restrições, desde que esteja inserida nos limites do apoio acordado.

§ 5º Terceiro com quem a pessoa apoiada mantenha relação negocial pode solicitar que os apoiadores contra-assinem o contrato ou acordo, especificando, por escrito, sua função em relação ao apoiado.

§ 6º Em caso de negócio jurídico que possa trazer risco ou prejuízo relevante, havendo divergência de opiniões entre a pessoa apoiada e um dos apoiadores, deverá o juiz, ouvido o Ministério Público, decidir sobre a questão.

§ 7º Se o apoiador agir com negligência, exercer pressão indevida ou não adimplir as obrigações assumidas, poderá a pessoa apoiada ou qualquer pessoa apresentar denúncia ao Ministério Público ou ao juiz.

§ 8º Se procedente a denúncia, o juiz destituirá o apoiador e nomeará, ouvida a pessoa apoiada e se for de seu interesse, outra pessoa para prestação de apoio.

§ 9º A pessoa apoiada pode, a qualquer tempo, solicitar o término de acordo firmado em processo de tomada de decisão apoiada.

§ 10. O apoiador pode solicitar ao juiz a exclusão de sua participação do processo de tomada de decisão apoiada, sendo seu desligamento condicionado à manifestação do juiz sobre a matéria.

§ 11. Aplicam-se à tomada de decisão apoiada, no que couber, as disposições referentes à prestação de contas na curatela.

- *Acrescentado pela Lei n. 13.146/2015, art. 116.*
- *Lei n. 13.146/2015, art. 84, § 2º.*
- *Código de Processo Civil, art. 763, § 2º.*
- *PL n. 757/2015 visa regular os efeitos e o procedimento da tomada de decisão apoiada.*

Conceito de "tomada de decisão apoiada". Regime protetivo alternativo à curatela, que consiste no processo pelo qual a pessoa (apoiado) com deficiência elege pelo menos duas pessoas idôneas (apoiadores), de sua confiança, com as quais tenha vínculos (de parentesco ou de afetividade), para prestar-lhe apoio na tomada de decisão sobre atos da vida civil, fornecendo-lhes os elementos e informações necessários para que possa exercer sua capacidade, com isso poder-se-á evitar imposição de um curador à sua revelia ou até mesmo contrário a seus interesses. O apoiado não será, portanto, interditado ou tido como incapaz, e com isso manterá sua autonomia e sua integração social. Pelo Enunciado n. 640 da *VIII Jornada de Direito Civil*: "A tomada de decisão apoiada não é cabível, se a condição da pessoa exigir aplicação da curatela".

Pedido de tomada de decisão apoiada. Para formular esse pedido, o portador de deficiência e os apoiadores deverão apresentar termo, especificando: os limites do apoio a ser oferecido; os compromissos assumidos pelos apoiadores; prazo de vigência do acordo; respeito à vontade, aos direitos e aos interesses da pessoa apoiada. Tal pedido é requerido, sem necessidade de qualquer assistência, pela pessoa a ser apoiada, com indicação expressa dos apoiadores.

Pelo Enunciado n. 639 da *VIII Jornada de Direito Civil*: "A opção pela tomada de decisão apoiada é de legitimidade exclusiva da pessoa com deficiência. A pessoa que requer o apoio pode manifestar, antecipadamente, sua vontade de que um ou ambos os apoiadores se tornem, em caso de curatela, seus curadores".

Pronunciamento judicial. O magistrado, nesse procedimento de jurisdição voluntária, antes de se pronunciar sobre o pedido de tomada decisão apoiada, ouvirá, após oitiva do Ministério Público, pessoalmente o requerente e as pessoas, por ele indicadas, que lhe prestarão apoio. Para tanto, o juiz deverá estar assistido por equipe multidisciplinar.

Efeitos da tomada de decisão apoiada. 1. A decisão tomada por pessoa apoiada terá validade e produzirá efeitos sobre terceiros, sem restrições, desde que esteja dentro dos limites do apoio acordado. 2. Terceiro, com quem o apoiado vier a firmar negócio, poderá solicitar que os apoiadores contra-assinem o contrato, especificando, por escrito, sua função em relação ao apoiado. 3. Se o negócio entabulado puder trazer risco ou prejuízo ou se houver divergência de opiniões entre apoiado e apoiadores, o magistrado, ouvido o Ministério Público, decidirá a questão. 4. Possibilidade de solicitação, a qualquer tempo, pelo apoiador, de término do acordo firmado em processo de tomada de decisão apoiada.

Destituição de apoiador. Havendo negligência, pressão indevida ou inadimplemento de obrigações assumidas, o apoiador ou qualquer pessoa poderá apresentar denúncia ao Ministério Público ou ao juiz. Julgada procedente tal denúncia, o órgão judicante destituirá o apoiador e nomeará, após ouvir o apoiado, e se for do interesse deste, outra pessoa para prestação de apoio.

Exclusão do apoiador. O próprio apoiador poderá pedir ao magistrado a exclusão de sua participação do processo de tomada de decisão apoiada, sendo seu desligamento condicionado à manifestação do juiz sobre a matéria. Mas a extinção do instituto só se operará por vontade do apoiado, se não quiser a nomeação de novo apoiador.

Prestação de contas. Os apoiadores deverão prestar contas, hipótese em que se aplicarão, no que couber, as disposições alusivas às prestações de contas na curatela (CPC, art. 763, § 2º).

Livro V
Do Direito das Sucessões

Título I
Da Sucessão em Geral

Capítulo I
Disposições Gerais

Art. 1.784. Aberta a sucessão, a herança transmite-se, desde logo, aos herdeiros legítimos e testamentários.

- *Lei de Introdução às Normas do Direito Brasileiro, art. 10.*
- Vide *Constituição Federal, art. 5º, XXX e XXXI.*
- Vide *Código Civil, arts. 6º, 26, 80, II, 91, 426, 1.206, 1.207, 1.788, 1.789, 1.791, 1.829 a 1.844 e 1.923.*
- Vide *Súmula 590 do Supremo Tribunal Federal.*
- *Lei n. 8.971/94, art. 2º.*
- *Lei n. 11.101/2005, arts. 47, 97, II, e 125.*
- *Leis n. 12.965/2013 e 13.709/2018 sobre sucessão de bens digitais.*

Sucessão "mortis causa". A sucessão *causa mortis* é a transferência, total ou parcial, de herança, por morte de alguém, a um ou mais herdeiros.

BIBLIOGRAFIA: Luigi Cariota Ferrara, *Le successioni per causa di morte*, Merano, t. 1; Caio M. S. Pereira, *Instituições*, cit., v. 6, p. 7; Parry & Clark, *The law of sucession*, London, 1983; Itabaiana de Oliveira, *Tratado de direito das sucessões*, São Paulo, Max Limonad, 1952, v. 1, p. 52-3; Lacerda de Almeida, *Direito das sucessões*, § 2º; Clóvis Beviláqua, *Direito das sucessões*, 4. ed., § 1º; José Lopes de Oliveira, *Sucessões*, São Paulo, Sugestões Literárias, 1972, p. 18; Lomonaco, *Istituzione*, cit., v. 4, p. 37; Barassi, *Le successioni per causa di morte*, Milano, Giuffrè, 1944; Baudry-Lacantinerie, *Précis de droit civil*, cit., v. 3, n. 477; M. Helena Diniz, *Curso*, cit., v. 6, p. 15-6; José de Farias Tavares, *O Código Civil e a nova Constituição*, Rio de Janeiro, Forense, 1991, p. 147-51; Zannoni, *Manual de derecho de las sucesiones*, Buenos Aires, 1990; Lange-Kuchinke, *Lehrbuch des Erbrechts*, Munchen, 1989; Ney de Mello Almada, *Direito das sucessões*, São Paulo, 1991; Carlos Jöld, *Manual práctico de sucesiones*, Buenos Aires, Abeledo-Perrot, 1981; Theodor Kipp, *Derecho de sucesiones*, Barcelona, Bosch, s. d.; Luigi Ferri, *Disposizioni generali sulle successioni*, Bologne, 1970; Alain Sériaux, *Les successions*, 1993; Humberto Theodoro Jr., *Sucessões — doutrina e jurisprudência*, Rio de Janeiro, Aide, 1990; Ricardo R. Gama, *Direito das sucessões*, São Paulo, Edipro, 1996; Antonio Palazzo, *Le successioni*, Milano, Giuffrè, 1996, v. 1 e 2; Sebastião José Roque, *Direito das sucessões*, São Paulo, Ícone, 1995, p. 15-22; Sebastião Amorim e Euclides de Oliveira, *Inventários e partilhas — direito das sucessões — teoria e prática*, São Paulo, LEUD, 2000, p. 26, 39-93, 129-156; Euclides de Oliveira, *Direito de herança*, São Paulo, Saraiva, 2005; Giselda Maria F. N. Hironaka, *Comentários ao Código Civil*, coord. Antônio Junqueira de Azevedo, São Paulo, Saraiva, 2003, v. 20; Jorge Shiguemitsu Fujita, *Curso de direito civil*; direito das sucessões, São Paulo, Ed. Juarez de Oliveira, 2003; Rui Ribeiro de Magalhães, *Direito das sucessões no novo Código Civil*, São Paulo, Ed. Juarez de Oliveira, 2003; Carlos Alberto Bittar Filho, *Direito de família e sucessões*, São Paulo, Ed. Juarez de Oliveira, 2002; Eduardo de Oliveira Leite, *Comentários ao novo Código Civil*, Rio de Janeiro, Forense, vol. XXI, 2004.

Abertura da sucessão. No instante da morte do *de cujus* abre-se a sucessão, transmitindo-se *ipso iure*, sem solução de continuidade, a propriedade e a posse dos bens do falecido aos seus herdeiros sucessíveis, legítimos ou testamentários, que estejam vivos naquele momento, independentemente de qualquer ato (*RT*, *160*:127, *464*:242, *597*:250, *641*:134, *616*:144, *682*:128, *693*:160, *783*:337 e *717*:135; *JTJ*, *178*:234 e *176*:214; *JTACSP*, *130*:219; *RJTJSP*, *61*:167 e *134*:226; *RF*, *110*:379). Fixado está o *droit de saisine*. Com o óbito do hereditando, seus herdeiros recebem, por efeito direto da lei (*son saisis de plein droit*), as suas obrigações, a sua propriedade de coisas móveis e imóveis e os seus direitos. Adotado está o princípio da *saisine*, o direito de saisina, ou da investidura legal na herança, que irradia efeitos jurídicos a partir do óbito do *de cujus*. É preciso esclarecer que, na verdade, na transmissão da propriedade e da posse, o que se transfere é aquilo de que o *de cujus* era titular, bem como as dívidas do falecido, as pretensões e ações contra ele, porque a herança, deferida como um todo unitário, compreende o ativo e o passivo; logo, não é só a propriedade, no sentido estrito, que é transmitida aos herdeiros, mas também todos os direitos, pretensões, ações, exceções, de que era titular o defunto, se transmissíveis. "O art. 1.784 do CC/2002 autoriza a transmissão imediata da herança, podendo os herdeiros, incontinenti e *de per se*, defender a posse dos bens da herança através das medidas protetivas, dispensando a abertura do processo de inventário" (TJMG, 6ª Câm. Cível, AC n. 1.0145.07.412497-8/001, Juiz de Fora-MG, rel. Des. Antonio Sérvulo, j. 15-4-2008; *BAASP*, *2623*:1665-4). Consequentemente, não integrarão o acervo hereditário os direitos personalíssimos nem as obrigações *intuitu personae* do falecido.

BIBLIOGRAFIA: Walter D'Avanzo, *Delle successioni*, v. 1, § 7º, p. 15; Itabaiana de Oliveira, *Tratado*, cit., v. 1, n. 64-7; Caio M. S. Pereira, *Instituições*, cit., v. 6, p. 20-1; Pontes de Miranda, *Tratado*, cit., t. 4, p. 18-9; Colin e Capitant, *Cours élémentaire*, cit., t. 3, n. 1.024; Aubry e Rau, *Cours*, cit., v. 6, § 609; M. Helena Diniz, *Curso*, cit., v. 6, p. 21-5; Hermenegildo de Barros, *Manual do Código Civil brasileiro* (coord. Paulo de Lacerda), Rio de Janeiro, 1918, v. 18, n. 3-20; Clóvis Beviláqua, *Direito das sucessões*, cit., § 10, p. 28; § 29, p. 81; Capelo de Sousa, *Lições de direito das sucessões*, Coimbra, 1990, v. 1 e 2; Inocêncio Galvão Telles, *Direito das sucessões: noções fundamentais*, Coimbra, 1985; Roberto Senise Lisboa, *Manual*, cit., v. 5, p. 147-52; Ney de Mello Almada, *Direito das sucessões*, São Paulo, Brasiliense, 1991, v. 1 e 2; Giuseppe Azzariti, *Le successioni e le donazioni*, Napoli, Jovene, 1990; Diogo Leite de Campos, *Lições de direito de família e das sucessões*, Coimbra, 1990; José de Oliveira Ascensão, *Direito civil — sucessões*, Coimbra, 1989; Sebastião José Roque, *Direito das sucessões*, cit., p. 23-30; Eduardo de Oliveira Leite, *Comentários ao novo Código Civil — do direito das sucessões*, coord. Sálvio de Figueiredo Teixeira, Rio de Janeiro, Forense, 2003, v. 21, p. 3-20.

Art. 1.785. A sucessão abre-se no lugar do último domicílio do falecido.

- *Súmula 58 do Tribunal Federal de Recursos.*
- Vide *Código Civil, arts. 70 e s.*

- Vide *Código de Processo Civil, arts. 23, II, 48 e parágrafo único e 611, e Constituição Federal, art. 5º, XXVII, XXX e XXXI.*
- *Lei de Introdução às Normas do Direito Brasileiro, art. 10.*

Foro competente para o inventário. O lugar da abertura da sucessão é o último domicílio (CC, art. 70) do autor da herança, porque se presume que aí esteja a sede principal dos negócios do falecido, embora o passamento se tenha dado em local diverso ou os seus bens estejam situados em outro local. A abertura da sucessão no último domicílio do *auctor successionis* determina a competência do foro para os processos atinentes à herança (inventário, petição de herança, nulidade de partilha, anulação de testamento etc. — *RJTJSP, 120*:445; *RT, 731*:375) e para as ações dos coerdeiros legatários e credores relacionados com os bens da herança (*RTJ, 79*:304; *RF, 254*:330, *85*:35 e *162*:242; *RT, 713*:224, *638*:75, *460*:132, *198*:241, *165*:488, *177*:576, *79*:347, *117*:497, *283*:359, *292*:286, *182*:273, *256*:62, *236*:120, *145*:108, *137*:471, *181*:172, *171*:586 e *156*:753; *JTJ, 141*:216, *152*:178; *RJTJSP, 40*:111; *RSTJ, 75*:309; *AJ, 108*:75). Todavia, o art. 1.785 complementa-se com o disposto no art. 48 e parágrafo único do Código de Processo Civil. Assim, será competente, se o autor da herança não possuía domicílio certo: o foro da situação dos bens imóveis; havendo imóveis em foros diferentes, qualquer destes, e não havendo imóveis, o foro do local de qualquer dos bens do espólio, o que seria aplicável aos bens móveis.

BIBLIOGRAFIA: Caio M. S. Pereira, *Instituições*, cit., v. 6, p. 25; Hermenegildo de Barros, *Manual*, cit., v. 18, n. 60-8; Luigi Ferri, *Successioni in generale*, cit., p. 67; Itabaiana de Oliveira, *Tratado*, cit., v. 1, n. 64-70; Carlos Maximiliano, *Direito das sucessões*, cit., v. 1, n. 13; M. Helena Diniz, *Curso*, cit., v. 6, p. 26-9; W. Barros Monteiro, *Curso*, cit., v. 6, p. 28-31; Orlando Gomes, *Direito das sucessões*, cit., n. 14; Lacerda de Almeida, *Direito das sucessões*, cit., §§ 8º e 9º; Clóvis Beviláqua, *Código Civil*, cit., v. 6, p. 21; Carvalho Santos, *Código Civil*, cit., v. 12, p. 49; Marco Aurelio S. Viana, Da ação de petição de herança, in *Coleção Saraiva de Prática do Direito*, 1986, n. 27; Carlos Alberto Bittar, *Direito das sucessões*, Rio de Janeiro, 1992, p. 23-30; Ricardo R. Gama, *Direito das sucessões*, cit., p. 55-69; Sebastião Amorim e Euclides de Oliveira, *Inventários e partilhas*, cit., p. 157-274; Zeno Veloso, *Novo Código Civil*, cit., p. 1599.

Art. 1.786. A sucessão dá-se por lei ou por disposição de última vontade.

- Vide *Código Civil, arts. 426, 1.788, 1.789, 1.829, 1.857 a 2.012.*
- *Constituição Federal, art. 5º, XXXI.*

Sucessão testamentária. A sucessão testamentária é a oriunda de testamento válido ou de disposição de última vontade.

Sucessão legítima. A sucessão legítima ou *ab intestato* é a resultante de lei (CC, art. 1.829) nos casos de ausência, nulidade, anulabilidade ou caducidade de testamento.

Art. 1.787. Regula a sucessão e a legitimação para suceder a lei vigente ao tempo da abertura daquela.

- *Código Civil, arts. 70 a 78 e 2.042.*
- Vide *Lei de Introdução às Normas do Direito Brasileiro, art. 10, § 2º.*
- *Código de Processo Civil, art. 48.*

Legitimação ou capacidade para suceder. A legitimação para suceder é a aptidão específica da pessoa para receber os bens deixados pelo *de cujus*. Não se confunde, portanto, com a capacidade para ter direito à sucessão (*Erbfähigkeit*). Trata-se da capacidade de agir relativamente aos direitos sucessórios, ou seja, da aptidão para suceder ou para aceitar ou exercer direitos do sucessor (*Erbrechtliche Handlungsfähigkeit*), logo não teria tal *legitimação para suceder*, p. ex., o deserdado ou o indigno. A legitimação ou capacidade para suceder diz respeito à qualidade para herdar do sucessível, não disciplinando as condições de que depende a situação de herdeiro relativamente à herança do *de cujus*, tampouco à extensão dos direitos sucessórios.

Lei disciplinadora da sucessão e da legitimação para suceder. A lei vigente ao tempo da abertura da sucessão é que fixa a legitimação ou capacidade sucessória do herdeiro e disciplina a sucessão, regendo-a. Assim sendo, nenhuma alteração legal, anterior ou posterior ao óbito, poderá modificar o poder aquisitivo dos herdeiros, visto que a lei do dia do óbito rege o direito sucessório do herdeiro legítimo ou testamentário (CC, art. 2.042; *AJ*, *106*:284; *RF*, *332*:316; *EJSTJ*, *16*:56; *RTJ*, *156*:1050; *RSTJ*, *24*:268).

BIBLIOGRAFIA: Colin e Capitant, *Cours élémentaire*, cit., v. 3, n. 608; Caio M. S. Pereira, *Instituições*, cit., v. 6, p. 30-4; Hermenegildo de Barros, *Manual*, cit., v. 18, n. 52-9; Clóvis Beviláqua, *Direito das sucessões*, cit., § 81; e *Código Civil*, cit., v. 6, p. 19; W. Barros Monteiro, *Curso*, cit., v. 6, p. 22; M. Helena Diniz, *Curso*, cit., v. 6, p. 34-7; e *Lei de Introdução ao Código Civil interpretada*, São Paulo, Saraiva, 1994, obs. ao art. 10, § 2º; Trabucchi, *Istituzioni*, cit., n. 368; Planiol, Ripert e Boulanger, *Traité élémentaire*, cit., v. 3, n. 1.534; *D'Avanzo, Delle successioni*, cit., § 28; De Page, *Traité*, cit., v. 9, n. 44.

Art. 1.788. Morrendo a pessoa sem testamento, transmite a herança aos herdeiros legítimos; o mesmo ocorrerá quanto aos bens que não forem compreendidos no testamento; e subsiste a sucessão legítima se o testamento caducar, ou for julgado nulo.

- Vide *Código Civil, arts. 1.786, 1.829, 1.850, 1.906, 1.908, 1.909, 1.939, 1.940, 1.943, 1.944, 1.947, 1.955, 1.966* e *1.969 a 1.975*.
- *Esta norma sofre algumas restrições* — Vide *o art. 18, § 2º, do Decreto-Lei n. 3.438, de 17 de julho de 1941, que proíbe a sucessão de cônjuge estrangeiro, em aforamento de terrenos de marinha.*
- Vide *Decreto-Lei n. 3.182, de 9 de abril de 1941, acerca de ações ou quotas de bancos de depósito, art. 3º, § 3º.*
- Vide *Decreto-Lei n. 227, de 28 de fevereiro de 1967, que alterou o Código de Minas, com a redação da Lei n. 9.314/96, art. 22, I.*
- Vide *Súmula 590 do Supremo Tribunal Federal.*
- ***Projeto de Lei n. 699/2011***: *"Art. 1.788. Morrendo a pessoa sem testamento, transmite a herança aos herdeiros legítimos; o mesmo ocorrerá quanto aos bens que não forem compreendidos no testamento; e subsiste a sucessão legítima se o testamento caducar, romper-se, ou for inválido".*
- ***Projeto de Lei n. 4.099/2012***: *"Parágrafo único: Serão transmitidos aos herdeiros todos os conteúdos de contas ou arquivos digitais de titularidade do autor da herança".*

Falecimento "ab intestato". Se o *de cujus* não fizer testamento ou se o feito por ele caducar ou for julgado nulo, a sucessão será legítima, passando o patrimônio do falecido às pessoas indicadas pela lei, obedecendo-se à ordem de vocação hereditária (CC, art. 1.829). A sucessão *ab intestato* apresentar-se-á como um testamento tácito ou presumido do *de cujus* que não dispôs, expressamente, de seus bens, conformando-se com o fato de que seus bens passem a pertencer àquelas pessoas enumeradas pela lei.

Existência simultânea da sucessão legítima e testamentária. Nada obsta a que a sucessão seja, concomitantemente, testamentária e legítima se o testador não dispuser de todos os seus bens (art. 1.788) ou se vier a dispor apenas da sua parte disponível, ante a existência de herdeiros necessários (art. 1.789). Há, portanto, possibilidade de existência simultânea da sucessão testamentária e legítima se o testamento não abranger a totalidade dos bens do falecido. A parte de seu patrimônio não mencionada no ato de última vontade é deferida aos herdeiros legítimos, na ordem da vocação hereditária.

BIBLIOGRAFIA: Hermenegildo de Barros, *Manual*, cit., v. 18, n. 22; Cunha Gonçalves, *Tratado*, cit., v. 9, t. 2, n. 1.352; W. Barros Monteiro, *Curso*, cit., v. 6, p. 10-3; Silvio Rodrigues, *Direito civil*, cit., v. 7, p. 26; M. Helena Diniz, *Curso*, cit., v. 6, p. 18; Vittore Vitali, *Delle successioni legittime e testamentarie*, 1909.

Sucessão testamentária como exceção. A sucessão legítima é a regra, e a testamentária, a exceção, visto que subsistirá a legítima se o testamento caducar (CC, arts. 1.971, 1.891 e 1.895), for rompido (CC, arts. 1.973 e 1.974), for declarado nulo ou for revogado, considerando-se, então, que o *de cujus* faleceu *ab intestato*, e seus herdeiros receberão toda a herança, tendo direito às suas legítimas e à parte disponível constante do testamento nulo, caduco ou revogado, expressa ou tacitamente.

Art. 1.789. Havendo herdeiros necessários, o testador só poderá dispor da metade da herança.

- *Código Civil, arts. 544, 549, 1.845 a 1.850, 1.857, § 1º, 1.961 a 1.965, 1967 e 2.018.*

Herdeiros necessários. Os herdeiros necessários do falecido serão apenas seus descendentes (filhos, netos, bisnetos etc.), ascendentes (pais, avós, bisavós) e cônjuge. Os parentes colaterais são herdeiros facultativos, para que não recebam a herança, o testador deverá, no testamento, dispor em favor de terceiros da totalidade de seus bens sem contemplá-los (CC, art. 1.850).

Legítima dos herdeiros necessários. Havendo herdeiros necessários, legitimários ou reservatários, o testador só poderá dispor da metade de seus bens, resguardando-se assim a legítima de seus herdeiros necessários. Se o testador dispôs além da metade disponível, ter-se-á a redução da disposição testamentária (CC, art. 1.967).

Art. 1.790. A companheira ou o companheiro participará da sucessão do outro, quanto aos bens adquiridos onerosamente na vigência da união estável, nas condições seguintes:

I — se concorrer com filhos comuns, terá direito a uma cota equivalente à que por lei for atribuída ao filho;

II — se concorrer com descendentes só do autor da herança, tocar-lhe-á a metade do que couber a cada um daqueles;

III — se concorrer com outros parentes sucessíveis, terá direito a um terço da herança;

IV — não havendo parentes sucessíveis, terá direito à totalidade da herança.

- *Lei n. 9.278/96, art. 7º, parágrafo único.*
- *Código Civil, art. 1.844 c/c Lei de Introdução às Normas do Direito Brasileiro, art. 5º.*
- ***Projeto de Lei n. 699/2011**: "Art. 1.790. O companheiro participará da sucessão do outro na forma seguinte:*

  I — em concorrência com descendentes, terá direito a uma quota equivalente à metade do que couber a cada um destes, salvo se tiver havido comunhão de bens durante a união estável e o autor da herança não houver deixado bens particulares, ou se o casamento dos companheiros se tivesse ocorrido, observada a situação existente no começo da convivência, fosse pelo regime da separação obrigatória (art. 1.641);

II — em concorrência com ascendentes, terá direito a uma quota equivalente à metade do que couber a cada um destes;

III — em falta de descendentes e ascendentes, terá direito à totalidade da herança.

Parágrafo único. Ao companheiro sobrevivente, enquanto não constituir nova união ou casamento, será assegurado, sem prejuízo da participação que lhe caiba na herança, o direito real de habitação relativamente ao imóvel destinado à residência da família, desde que seja o único daquela natureza a inventariar".

Sucessão do convivente. O patrimônio de conviventes, se não houver convenção escrita, reger-se-á pelo regime de comunhão parcial (CC, arts. 1.725, 1.658 a 1.666). Com a morte de um deles, o patrimônio do *de cujus* será inventariado, retirando-se a meação do supérstite, que não se transmite aos herdeiros do falecido por ser decorrência patrimonial do término da união estável. O companheiro sobrevivente, por ser herdeiro *sui generis* (sucessor regular), terá *direito de participar* da sucessão *causa mortis* do outro, somente quanto à "meação" deste relativa aos bens adquiridos onerosamente (aquestos) na constância da união estável, nas seguintes condições: se concorrer com filho comum, fará jus a uma quota equivalente à atribuída por lei àquele ("Aplica-se o inc. I do art. 1.790 também na hipótese de concorrência do companheiro sobrevivente com outros descendentes comuns, e não apenas na concorrência com filhos comuns" — Enunciado n. 266 do CJF, aprovado na *III Jornada de Direito Civil*); se concorrer com descendentes (filhos, netos, bisnetos) só do *de cujus*, terá direito de receber metade do que couber a cada um deles; se concorrer com descendentes exclusivos e comuns, ante a omissão da lei, aplicando-se o art. 4º da Lei de Introdução às Normas do Direito Brasileiro, que privilegia o princípio da igualdade jurídica de todos os filhos (CF, art. 227, § 6º; CC, art. 1.596), só importará, na sucessão, o vínculo de filiação com o *auctor successionis* e não o existente com o companheiro sobrevivente, que, por isso, terá, no nosso entendimento, na hipótese levantada, direito à metade do que couber a cada um dos descendentes do *de cujus* (LINDB, art. 5º; CC, art. 1.790, II); e, se concorrer com outros parentes sucessíveis (ascendentes ou colaterais até o 4º grau), receberá um terço da herança, alusiva ao que foi adquirido onerosamente pelo falecido durante a união estável. Todavia, já houve decisão excluindo parentes colaterais da sucessão, dando ao companheiro supérstite o direito de receber todos os bens do *de cujus* (*BAASP, 2666*:5475). Pelo Enunciado n. 525 do Conselho da Justiça Federal, aprovado na *V Jornada de Direito Civil*: "Os arts. 1.723, § 1º, 1.790, 1.829 e 1.830 do Código Civil admitem a concorrência sucessória entre cônjuge e companheiro sobreviventes na sucessão legítima, quanto aos bens adquiridos onerosamente na união estável".

Há quem ache, tendo em vista o *caput* do artigo, que, na falta de parente sucessível, o companheiro sobrevivente teria direito apenas à totalidade da herança no que atina aos bens onerosamente adquiridos na vigência da união estável, pois o restante seria do Poder Público, por força do art. 1.844 do Código Civil. Se o Município, o Distrito Federal ou a União só é *sucessor irregular* de pessoa que falece sem deixar herdeiro, como se poderia admitir que receba parte do acervo hereditário concorrendo com herdeiro *sui generis* (sucessor regular) que, no artigo *sub examine*, seria o companheiro? Na herança vacante configura-se uma situação de fato em que ocorre a abertura da sucessão, porém não existe quem se intitule herdeiro. Por não existir herdeiro é que o Poder Público entra como sucessor. Se houver herdeiro, afasta-se o

Poder Público da condição de beneficiário dos bens do *de cujus*, na qualidade de sucessor. Daí o nosso entendimento de que, não havendo parente sucessível, o companheiro terá direito à totalidade do acervo hereditário, alusivo ao patrimônio obtido, de modo oneroso ou gratuito, durante a convivência, e até mesmo aos bens particulares do *de cujus*, recebidos por doação ou herança ou adquiridos onerosamente antes da união estável, por força do disposto no art. 1.844 do Código Civil (norma especial) sobre herança vacante, que se sobrepõe sobre o art. 1.790, IV (norma geral sobre sucessão de companheiro), pois se assim não fosse, instaurar-se-ia no sistema jurídico uma *lacuna axiológica*. Aplicando-se o art. 5º da Lei de Introdução às Normas do Direito Brasileiro, procura-se a solução mais justa amparando o companheiro sobrevivente, que possuía laços de afetividade com o autor da herança.

É preciso não olvidar que no dia 11 de maio de 2017, o STF decidiu que cônjuges e companheiros (heterossexuais e homossexuais) têm os mesmos direitos de herança, declarando inconstitucional o art. 1.790 do Código Civil (Rec. Extraordinário 646.721 e 878.694). No mesmo sentido, o Enunciado n. 641 da *VIII Jornada de Direito Civil*: "A decisão do Supremo Tribunal Federal que declarou a inconstitucionalidade do art. 1.790 do Código Civil não importa equiparação absoluta entre o casamento e a união estável. Estendem-se à união estável apenas as regras aplicáveis ao casamento que tenham por fundamento a solidariedade familiar. Por outro lado, é constitucional a distinção entre os regimes, quando baseada na solenidade do ato jurídico que funda o casamento, ausente na união estável". Contudo, entendemos, *data venia*, que o casamento e a união estável são famílias diferentes em caracteres, constituição e dissolução. O princípio da isonomia requer tratamento igual ao igual e desigual ao desigual e, se assim é, não há que se pretender a equiparação plena entre direitos e deveres de cônjuge e conviventes, em respeito não só à autonomia da vontade dos interessados em se submeter ou não a um regime informal (união estável) ou formal (casamento), mas também à CF, que deu tratamento diferenciado ao casamento e à união estável e até mesmo privilegiou o matrimônio ao solicitar, no art. 226, § 3º, que a lei infraconstitucional facilitasse a conversão da união estável em casamento. Ora, se só se pode converter o desigual, como seria possível então afirmar a inconstitucionalidade do Código Civil se está tratando desigualmente o desigual e igualmente o igual? Parece-nos que somente uma Emenda Constitucional teria força para equiparar direitos entre cônjuges e companheiros e até mesmo para conferir direitos e impor deveres aos companheiros.

Só seria possível alegar a inconstitucionalidade do art. 1.790 por ter delimitado direitos sucessórios ao companheiro, visto que a CF só pede à lei a indicação de meios para facilitar a conversão da união estável em casamento, e não a regulamentação de direitos e deveres do conviventes.

E, além disso, a declaração de inconstitucionalidade do art. 1.790 pelo STF, por si só, não retiraria a vigência e a eficácia desse artigo, que só as perderia com a retirada de sua executoriedade pelo Senado.

Urge uma Emenda Constitucional para acabar com essa polêmica de uma vez por todas.

BIBLIOGRAFIA: Zeno Veloso, Direito sucessório dos companheiros, in *Família e cidadania,* Anais do III Congresso Brasileiro de Direito de Família, IBDFAM, Belo Horizonte, Del Rey, 2002, p. 267-91; Direito hereditário do cônjuge e do companheiro, São Paulo, Saraiva, 2010; Giselda Mª F. N. Hironaka, *Comentários*, cit., v. 20, p. 53-66; M. Helena Diniz, *Curso*, cit., v. 6, p. 116-7; Evandro A. Cimino, A sucessão na união estável, *Tribuna do Direito*, fevereiro 2004, p. 30; Matiello, *Código Civil*, cit., p. 1168; Mauro Antonini, *Código Civil comentado* (coord. Peluso), Barueri, Manole, 2008, p. 1947-48; Reinaldo F. Freire, *Concorrência sucessória na união estável*, Curitiba, Juruá, 2009; Cláudio Ferreira Pazini, *Alimentos e sucessão na união estável*, Belo Horizonte, Del Rey, 2009, p. 195-234; Julio Pinheiro Faro, A sucessão do companheiro. *Revista Síntese — Direito de Família, 65*:99-114; Marcella K. M. Cabral e Daniela A. L. Bufacchi, Sucessão do cônjuge e companheiro — questões polêmicas, *Sucessão do cônjuge, do companheiro* *e outras histórias* (coord. M. Helena Diniz). São Paulo, Saraiva, 2013, p. 11 a 60; Tarlei L. Pereira, *Direito sucessório dos conviventes na união estável*, São Paulo, Letras jurídicas, 2013.

Capítulo II

Da Herança e de sua Administração

Art. 1.791. A herança defere-se como um todo unitário, ainda que vários sejam os herdeiros.

Parágrafo único. Até a partilha, o direito dos coerdeiros, quanto à propriedade e posse da herança, será indivisível, e regular-se-á pelas normas relativas ao condomínio.

- Vide *Código Civil, arts. 88, 91, 1.199, 1.314 e s., 2.013 a 2.022.*
- *Código de Processo Civil, arts. 610 a 673.*

Indivisibilidade da herança. A herança é uma universalidade *juris* (CC, art. 91) indivisível até a partilha, de modo que, se houver mais de um herdeiro, o direito de cada um, relativo à posse e ao domínio do acervo hereditário, permanecerá indivisível até que se ultime a partilha (CC, art. 2.023), visto que se defere como um todo unitário. Todavia, pode ocorrer que, na partilha, fique estipulado que algum bem permaneça em estado de comunhão, ficando em condomínio entre os herdeiros (CC, art. 2.019).

Condomínio entre herdeiros. Cada coerdeiro, antes da partilha, passa a ter o direito de posse e propriedade, que será regido pelas normas relativas ao condomínio. Cada um pode exercer seus direitos, desde que não exclua os dos demais condôminos (CC, arts. 1.314 e 1.199). Logo, qualquer coerdeiro poderá, por exemplo, exercer atos possessórios, sem exclusão dos demais compossuidores (CC, art. 1.199) reclamar, mediante ação reivindicatória, a totalidade dos bens da herança, e não uma parte deles, de terceiro (CC, art. 1.314) que indevidamente a detenha em seu poder, não podendo este opor-lhe, em exceção, o caráter parcial de seu direito nos bens da sucessão hereditária, devido ao princípio da indivisibilidade do direito dos herdeiros sobre toda a herança. Logo, relativamente a terceiro, cada coerdeiro poderá agir como se fosse o único herdeiro para defender os bens do acervo hereditário.

BIBLIOGRAFIA: W. Barros Monteiro, *Curso*, cit., v. 6, p. 40; Silvio Rodrigues, *Direito civil*, cit., v. 7, p. 36; José Lopes de Oliveira, *Sucessões*, cit., p. 36; Hermenegildo de Barros, *Manual*, cit., v. 18, n. 79-84; M. Helena Diniz, *Curso*, cit., v. 6, p. 32-4; Clóvis Beviláqua, *Código Civil*, cit., v. 6, p. 25; Itabaiana de Oliveira, *Tratado*, cit., v. 1, § 116; Cunha Gonçalves, *Tratado*, cit., v. 10, p. 468; Arnoldo Wald, *Curso de direito civil brasileiro*; direito das sucessões, São Paulo, Sugestões Literárias, 1969, p. 23; Celso Laet de Toledo César, *Herança — orientações práticas*, São Paulo, Juarez de Oliveira, 2000; Zeno Veloso, *Novo Código Civil*, cit., p. 1605 e 1606; Gastão Grosse Saraiva, Indivisibilidade da herança, *RT*, *208*:27. *Vide EJSTJ*, *6*:79; Eduardo Oliveira Leite, *Comentários*, cit., p. 66-9; Matiello, *Código Civil*, cit., p. 1169.

Art. 1.792. O herdeiro não responde por encargos superiores às forças da herança; incumbe-lhe, porém, a prova do excesso, salvo se houver inventário que a escuse, demonstrando o valor dos bens herdados.

- *Código de Processo Civil, art. 796.*
- Vide *Código Civil, arts. 577, 836, 1.821 e 1.997.*

Responsabilidade dos herdeiros quanto aos encargos do espólio. Com a aceitação da herança (*RT*, *185*:376, *131*:142, *200*:375 e *180*:754; *RF*, *91*:150), o herdeiro não assumirá os encargos do *de cujus* além das forças do acervo hereditário (*ultra vires hereditatis*), mas deverá provar, por qualquer dos meios admitidos, que os bens herdados têm valor inferior ao dos débitos, exceto se houver inventário em andamento contendo a avaliação dos bens recebidos e o montante das dívidas, demonstrando que os encargos equivalem às forças da herança ou são superiores a elas. Ao herdeiro compete a prova do excesso, a não ser que o inventário a escuse, demonstrando o valor dos bens herdados. O herdeiro tem, portanto, responsabilidade *intra vires hereditatis* (dentro das forças da herança), em razão da aplicação do princípio do benefício de inventário, que é o privilégio legal concedido ao herdeiro de ser admitido à herança do *auctor successionis*, sem obrigá-lo a responder pelos encargos, além das forças daquele acervo hereditário. Portanto, "a transmissibilidade da obrigação alimentar é limitada às forças da herança" (Enunciado n. 343 do CJF, aprovado na *IV Jornada de Direito Civil*).

Convém lembrar que, pelo Enunciado n. 687 *da IX Jornada de Direito Civil*: "O patrimônio digital pode integrar o espólio de bens na sucessão legítima do titular falecido, admitindo-se, ainda, sua disposição na forma testamentária ou por codicilo".

BIBLIOGRAFIA: W. Barros Monteiro, *Curso*, cit., v. 6, p. 53-4; Walter D'Avanzo, *Delle successioni*, cit., v. 1, § 53; Caio M. S. Pereira, *Instituições*, cit., v. 6, p. 52; M. Helena Diniz, *Curso*, cit., v. 6, p. 49; Levenhagen, Código Civil, cit., v. 6, p. 34-5; Hermenegildo de Barros, *Manual*, cit., v. 18, n. 141 a 146; Zeno Veloso, *Novo Código Civil comentado* (coord. Fiuza), São Paulo, Saraiva, 2002, com. ao art. 1.792, p. 1606.

Art. 1.793. O direito à sucessão aberta, bem como o quinhão de que disponha o coerdeiro, pode ser objeto de cessão por escritura pública.

- *Código Civil, arts. 426, 166, IV, e 80, II.*

§ 1º Os direitos, conferidos ao herdeiro em consequência de substituição ou de direito de acrescer, presumem-se não abrangidos pela cessão feita anteriormente.

- Vide *Código Civil, arts. 1.947 e s. e 1.941 a 1.946.*

§ 2º É ineficaz a cessão, pelo coerdeiro, de seu direito hereditário sobre qualquer bem da herança considerado singularmente.

- *Código Civil, arts. 89 e 91.*

§ 3º Ineficaz é a disposição, sem prévia autorização do juiz da sucessão, por qualquer herdeiro, de bem componente do acervo hereditário, pendente a indivisibilidade.

- *Código Civil, art. 88.*
- *Código de Processo Civil, art. 619, I.*

Cessão da herança. A cessão da herança, gratuita ou onerosa, consiste na transferência que o herdeiro, legítimo ou testamentário, faz a outrem de todo quinhão hereditário ou de parte dele, que lhe competirá após a abertura da sucessão (*RT*, *796*:267, *753*:174, *737*:192, *699*:144, *627*:110, *711*:103 e 208, *624*:176, *613*:76 e 95, *735*:224, *528*:110, *513*:76, *462*:209, *461*:107, *569*:92, *736*:20, *620*:214, *614*:253, *420*:158, *575*:86, *580*:204, *306*:506, *326*:445 e *335*:425; *RTJ*, *123*:290, *100*:789, *33*:840, *99*:302 e *88*:1044; *Ciência Jurídica*, *51*:107, *50*:67 e 134 e *51*:107; *EJSTJ*, *5*:56, *3*:60, *10*:76 e 77, *11*:231 e *13*:62; *RF*, *122*:410 e *144*:167; *RSTJ*, *89*:220 e 71:180; *RJTJSP*, *114*:94, *46*:51 e *67*:166; *RJ*, *100*:315, *108*:307, *114*:218, *168*:58, *221*:152; *JM*, *118*:93; *TJSP*, Embargos Infringentes 436.481-4/5-01, rel. Oscarlino Moeller, j. 7-11-2007).

BIBLIOGRAFIA: Mario Antonio Zinny, *Cesión de herencia*, Buenos Aires, Librarius, 1992; Caio M. S. Pereira, *Instituições*, cit., v. 6, p. 63-4; Lacerda de Almeida, *Direito das sucessões*, cit., p. 28; Hermenegildo de Barros, *Direito das sucessões*, cit., v. 18, p. 173; M. Helena Diniz, *Curso*, cit., v. 6, p. 70-3; Matiello, *Código Civil*, cit., p. 1171; Rodrigo Toscano de Brito, Cessão de direitos hereditários e a discussão sobre os novos requisitos presentes no Código Civil de 2002, *Novo Código Civil — questões controvertidas*, São Paulo, Método, v. 3, 2004, p. 379-96; Mauro Antonini, *Código Civil comentado*, cit., p. 1787; Nelson Nery Jr. e Rosa Mª de A. Nery, *Código Civil comentado*, São Paulo, Revista dos Tribunais, 2006, p. 971; Zeno Veloso, *Código Civil comentado*, cit. p. 1817.

Objeto de cessão da herança. A cessão só será válida após a abertura da sucessão, por ser nulo qualquer ato negocial que envolva herança de pessoa viva (CC, arts. 166, II e VII, e 426). Só pode incidir no todo ou em parte sobre quinhão ideal do coerdeiro, visto que a herança, enquanto não ocorrer a partilha, é uma universalidade de direito e não um conjunto de bens individualmente determinados. O coerdeiro não pode, sem prévia autorização judicial (CPC, art. 619, I), antes da partilha, por estar pendente a indivisibilidade da herança, ceder a outrem ou dispor de qualquer bem do acervo hereditário considerado singularmente (p. ex. o apartamento n. 131 do Edifício "Boulevard"), sob pena de ser ineficaz sua disposição. Por tal razão, há quem afirme, como Mauro Antonini, será possível que tal cessão se torne eficaz havendo uma ulterior autorização judicial, convalidando-o, ou, ainda, se, ocorrendo a partilha, o bem cedido passe a compor o quinhão do cedente. Se quiser alienar bens da herança, dependerá da autorização do juiz do inventário, que, para tanto, averiguará se há consenso dos demais coerdeiros (maiores e capazes) e se há a necessidade alegada pelo inventariante para quitar impostos ou pagar débitos etc. Somente poderá transferir sua quota-parte na massa hereditária sem especificar bens, pois não lhe é permitido individualizá-los dentro daquela universalidade jurídica; logo, não se responsabiliza pelo *quantum* da herança cedida, daí a aleatoriedade da cessão, visto que aquele dependerá da partilha. Ensinam Nelson Nery Jr. e Rosa Mª A. Nery que: "Não havendo coerdeiro a cessão de bem individuado feita pelo único herdeiro terá eficácia, bem como a feita por todos os coerdeiros de comum acordo, por encerrar pré-partilha amigável, consubstanciada por escritura pública e homologada judicialmente". Nada impede, observa Zeno Veloso, se todos os herdeiros forem maiores e capazes, que se faça a cessão da herança por partilha em escritura pública, que constituirá título hábil para o registro imobiliário, sem necessidade daquela homologação (CPC, art. 610, § 1º).

Requisito formal da cessão. Como o direito à sucessão aberta é tido, por lei, como coisa imóvel (CC, art. 80, II), a cessão da herança só poderá ser feita, sob pena de nulidade (CC, art. 166, IV), por meio de escritura pública (TJSP, AI n. 482.685-4/6-00, rel. Carlos Stroppa, j. 13-3-2007), mesmo que a herança contenha apenas direitos pessoais ou bens móveis. Já se decidiu, mediante aplicação do art. 1.806 do Código Civil, a favor da possibilidade de cessão de direitos hereditários por termo judicial (TJSP, AI n. 342.603.4/1-SP, rel. Des. Santi Ribeiro, j. 28-4-2004).

Sub-rogação do cessionário nos direitos do cedente. O cessionário assume, relativamente aos direitos hereditários, a mesma condição jurídica do cedente. Todavia, não se lhe transmite a qualidade de herdeiro, mas tão somente a titularidade do quinhão ou legado. Pertencerá ao cessionário tudo o que em virtude da herança seria do cedente; não, porém, o que foi conferido ao herdeiro em razão de substituição ou de direito de acrescer, que presumir-se-á não abrangido pela cessão anteriormente feita.

Art. 1.794. O coerdeiro não poderá ceder a sua quota hereditária a pessoa estranha à sucessão, se outro coerdeiro a quiser, tanto por tanto.

• Vide *Código Civil, arts. 504, 1.791 e 1.795, parágrafo único.*

Direito de preferência de coerdeiro na cessão onerosa de herança a estranho. Cessão onerosa de quota de herança não pode ser feita a estranho sem que o cedente a tenha oferecido aos coerdeiros para que exerçam o direito de preferência, tanto por tanto. O cessionário de quota de herança indivisa não poderá ser admitido no inventário sem que a cessão seja intimada aos coerdeiros, para usarem o seu direito de preferência, porque a herança, enquanto não se procede à partilha, é coisa indivisível, não podendo, por esse motivo, um dos coerdeiros ceder sua parte a estranho se algum dos outros coerdeiros a quiser, tanto por tanto. Haverá, portanto, direito de preferência, se o coerdeiro ceder onerosamente seu quinhão a estranho. Se a cessão for gratuita, não há que se falar em tal direito de preferência, o mesmo se diga se o coerdeiro vier a ceder seu quinhão ideal a outro coerdeiro (*RT*, *699*:144, *686*:105, *737*:192, *620*:214, *726*:188, *857*:294; *RTJ*, *99*:1301, *100*:789).

Art. 1.795. O coerdeiro, a quem não se der conhecimento da cessão, poderá, depositado o preço, haver para si a quota cedida a estranho, se o requerer até cento e oitenta dias após a transmissão.

Parágrafo único. Sendo vários os coerdeiros a exercer a preferência, entre eles se distribuirá o quinhão cedido, na proporção das respectivas quotas hereditárias.

- Vide *Código Civil, arts. 504,* caput, *2ª parte, e 1.794.*

Exercício do direito de preferência do coerdeiro. Em caso de cessão onerosa feita a pessoa alheia à sucessão, sem que o cedente tenha ofertado aos demais coerdeiros o seu quinhão ideal para que exerçam seu direito de preferência, tanto por tanto, qualquer deles que, dentro do prazo decadencial de cento e oitenta dias após a transmissão, depositar a quantia haverá para si a quota cedida a estranho. E, se vários coerdeiros o quiserem, entre eles se distribuirá o quinhão cedido, na proporção das respectivas quotas hereditárias.

Art. 1.796. No prazo de trinta dias, a contar da abertura da sucessão, instaurar-se-á inventário do patrimônio hereditário, perante o juízo competente no lugar da sucessão, para fins de liquidação e, quando for o caso, de partilha da herança.

- Vide *arts. 23, II, 48, 610, § 1º, 611 e 983 do Código de Processo Civil, 7º e 10 da Lei de Introdução às Normas do Direito Brasileiro e 70 a 73, 1.785, 1.989, 2.013 a 2.022 do Código Civil.*
- *Sobre o procedimento,* vide *arts. 610 a 673 do Código de Processo Civil.*
- Vide *Súmula 542 do Supremo Tribunal Federal.*
- *Portaria n. 516/94 do CSMSP.*
- *Lei n. 6.858/80, regulamentada pelo Decreto n. 85.845/81.*
- *Decreto-Lei n. 2.292/86.*
- Vide *art. 16, parágrafo único, da Lei n. 14.010/2020 sobre prazo do art. 611 do CPC (Regime emergencial durante o período do Covid-19).*

Inventário. O inventário é o processo judicial tendente à relação, descrição, avaliação e liquidação de todos os bens pertencentes ao *de cujus* ao tempo de sua morte, para partilhá-los e distribuí-los entre seus sucessores. Mas, esse inventário judicial só será obrigatório se o *de cujus* deixar testamento ou interessado incapaz. Se todos os herdeiros forem maiores, capazes e concordes, não havendo testamento, poder-se-ão fazer o inventário e a partilha por escritura pública, que constituirá título hábil para o registro imobiliário, desde que assistidos por advogado ou por defensor público cuja qualificação e assinatura constarão do ato notarial (CPC, art. 610, §§ 1º e 2º).

BIBLIOGRAFIA: Pinto Ferreira, *Inventário e partilha e ações de herança*, São Paulo, Saraiva, 1992; W. Barros Monteiro, *Curso*, cit., v. 6, p. 270-320; Antonio Ferreira Inocêncio, *Inventários e partilhas*, Curitiba, Juruá, 1980; Helder Martins Leilão, *Do inventário*, Porto, Elda, 1990; José da Silva Pacheco, *Inventários e partilhas na sucessão legítima e testamentária*, Rio de Janeiro, Forense, 1995; Sebastião Amorim e Euclides de Oliveira, *Inventários e partilhas*, São Paulo, LEUD, 2000, p. 191-274; Orlando de Souza, *Inventários e partilhas*, Rio de Janeiro, Forense, 1978; Arnoldo Wald, *Inventário e partilha*, São Paulo, Revista dos Tribunais, 1977; Caio M. S. Pereira, *Instituições*, cit., v. 6, p. 274-93; Itabaiana de Oliveira, *Tratado*, cit., v. 3, n. 775 e 784; Silvio Rodrigues, *Direito civil*, cit., v. 7, p. 775; Coelho da Rocha, *Instituições*, cit., v. 2, n. 476; M. Helena Diniz, *Curso*, cit., v. 6, p. 233-47; Mário de Assis Moura, *Inventário e partilha*, 2. ed., p. 9-10; Bassil Dower, *Curso*, cit., v. 4, p. 446; Demolombe, *Traité des successions*, v. 15, p. 432; Poujol, *Traité des successions*, v. 2, p. 4; Ernane Fidélis dos Santos, Questões sobre o inventário e a partilha, *Revista do Curso de Direito da Universidade Federal de Uberlândia*, *8*(1):17-8, 1979; Astolpho de Rezende, *Manual do Código Civil brasileiro*, coord. Paulo de Lacerda, Rio de Janeiro, 1930, v. 20, n. 84; Anna Maria Villela, *Transmission d'hérédité en droit brésilien et en droit français*, p. 69; Colin e Capitant, *Cours élémentaire*, v. 3, n. 816 a 818; Lozana, *Separazione del patrimonio del defunto da quello dell'erede*, n. 39; Baudry-Lacantinerie, *Précis de droit civil*, v. 3, n. 777; Levenhagen, *Código Civil*, cit., v. 6, p. 183-97; Pothier, *Traité des successions*, cit., p. 197 e s.; Carlos Maximiliano, *Direito das sucessões*, cit., v. 3, n. 1.527; Antonio Macedo de Campos, *Inventários e partilhas*, São Paulo, Sugestões Literárias, 1984; Sílvio de Salvo Venosa, *Direito das sucessões*, cit., p. 211-22; Carlos Alberto Bittar, *Direito das sucessões*, cit., p. 136-49; Roberto Senise Lisboa, *Manual*, cit., v. 5, p. 162-77; Sebastião José Roque, *Direito das sucessões*, cit., p. 193-202; Wilson de Oliveira, *Inventários e partilhas*, São Paulo, Saraiva, 1975; Zeno Veloso, *Novo Código Civil*, cit., p. 1610-1; Eduardo de Oliveira Leite, *Comentários*, cit., p. 95-8.

Jurisprudência relativa ao inventário. Consulte: *RT*, *505*:97, *140*:139, *173*:893, *176*:729, *170*:254, *188*:842, *190*:346, *317*:270, *460*:147, *465*:98 e 199, *462*:259, *135*:637, *463*:108, *469*:83, *292*:656, *400*:186, *473*:180, *481*:97, *532*:103, *458*:81, *490*:87 e 110, *458*:249, *282*:283, *310*:271, *437*:103, *155*:652 e 741, *267*:106, *488*:97 e 106, *260*:402, *264*:674, *265*:467, *332*:244, *482*:108, *324*:185, *480*:97 e 229, *484*:91, *268*:300, *463*:82, *308*:353, *318*:436, *325*:249, *326*:365, *460*:124, *613*:95, *665*:77, *495*:100, *501*:113, *578*:95, *563*:111, *600*:100, *639*:60 e *498*:99; *Ciência Jurídica*, *65*:117, *64*:95 e 126, *63*:170, *61*:79, *32*:111, *35*:93, *39*:80, *52*:136 e 233, *44*:201, *43*:99, *46*:124, *49*:131, *53*:88, *31*:133, *16*:98 e *8*:95; *RJTJSP*, *30*:168, *39*:121 e 132, *28*:242, *37*:31 e 145, *38*:146, *40*:199, *118*:32 e *31*:178; *JB*, *158*:161, *156*:138 e *134*:332; *Adcoas*, n. 75.762, 1981, e 83.048, 1982; *RF*, *173*:244, *74*:31, *130*:303, *102*:292, *254*:332 e *255*:252; Súmulas do STF 96, 98, 99, 112, 113, 114, 115, 116, 590, 435, 542 e 265; *AJ*, *87*:282 e *88*:461; *RTJ*, *102*:316, *85*:302, *100*:230, *81*:881, *89*:895, *101*:667, *109*:751, *94*:740, *119*:389 e *116*:1299; *RJM*, *65*:40; *BAASP*, *1.897*:45, *1.960*:57 e *1.961*:58.

Abertura e término do inventário. O inventário judicial deverá ser requerido, para fins de liquidação e partilha da herança, no foro do último domicílio do autor da herança, ou no juízo competente (CPC, art. 48), por quem tenha legítimo interesse (CPC, arts. 615 e 616), dentro de 2 meses, a contar da morte do *de cujus*, concluindo-se dentro de doze meses subsequentes ao seu requerimento (CPC, art. 611 — que prevalece sobre o art. 1.796, ante o critério *lex posterior derogat legi priori*; *RT*, *140*:139, *173*:893, *176*:729, *188*:842, *190*:346, *317*:270). O atraso do requerimento ou da ultimação do inventário fará com que o espólio se sujeite a penalidade fiscal (Súmula 542 do STF).

Prorrogação do prazo para o término do inventário. Como dificilmente os processos de inventário começam dentro de 2 meses ou terminam dentro do prazo de doze meses, o Código de Processo Civil, art. 611, autoriza a dilatação desses lapsos pelo magistrado, de ofício ou a requerimento da parte ou do inventariante, desde que haja, obviamente, motivo justo.

Culpa pelo excesso de prazo. Se o excesso de prazo se der por ato culposo do inventariante, o juiz poderá providenciar sua remoção, se algum herdeiro o requerer, e, se for testamenteiro, privá-lo-á, ainda, o magistrado da vintena (CC, arts. 1.796, 1.987 e 1.989).

Art. 1.797. Até o compromisso do inventariante, a administração da herança caberá, sucessivamente:

I — ao cônjuge ou companheiro, se com o outro convivia ao tempo da abertura da sucessão;

• *Código Civil, art. 1.723.*

II — ao herdeiro que estiver na posse e administração dos bens, e, se houver mais de um nessas condições, ao mais velho;

III — ao testamenteiro;

• *Código Civil, arts. 1.976 a 1.990.*

IV — a pessoa de confiança do juiz, na falta ou escusa das indicadas nos incisos antecedentes, ou quando tiverem de ser afastadas por motivo grave levado ao conhecimento do juiz.

• *Código de Processo Civil, arts. 75, § 1º, 613, 614 e 617.*

• *Constituição Federal, arts. 5º, I, e 226, § 5º.*

Administrador provisório. O administrador provisório é quem terá, até ser prestado o compromisso do inventariante, a posse do espólio e a legitimidade para representar ativa e passivamente a herança (CPC, arts. 613 e 614). Com isso evitar-se-á que o espólio fique acéfalo e os bens sem cuidado por falta de administração produtiva, enquanto não se tiver a nomeação e a posse efetiva do inventariante. Essa administração competirá sucessivamente: *a*) ao cônjuge, ou companheiro, sobrevivente, se convivia com o *de cujus* ao tempo da abertura da sucessão (*BAASP, 2690*:626-06); *b*) ao herdeiro que estiver na posse e administração dos bens, e se houver mais de um nessas condições, ao mais velho, que, pela experiência da idade, teria, talvez, maior conhecimento dos fatos da vida; *c*) ao testamenteiro; e *d*) à pessoa de confiança do juiz, na falta ou escusa dos acima indicados, ou quando tiverem de ser afastados por motivo grave levado ao conhecimento do magistrado.

Capítulo III
Da Vocação Hereditária

Art. 1.798. Legitimam-se a suceder as pessoas nascidas ou já concebidas no momento da abertura da sucessão.

• Vide *Código Civil, arts. 2º, 1.784, 1.787, 1.799, I, e 1.906.*

• *Código de Processo Civil, art. 650.*

Pessoa com legitimação ou capacidade para suceder. A legitimação para suceder é a qualidade para que alguém possa invocar a sua vocação hereditária ou o seu direito de herdar por testamento. É, portanto, a aptidão da pessoa para receber os bens deixados pelo *de cujus*, que ao tempo do falecimento do autor da herança deve estar vivo, ou pelo menos concebido, para ocupar o lugar que lhe compete. “A regra do art. 1.798 do Código Civil deve ser estendida aos embriões formados mediante o uso de técnicas de reprodução assistida, abrangendo, assim, a vocação hereditária da pessoa humana a nascer cujos efeitos patrimoniais se submetem às regras previstas para a petição da herança" (Enunciado n. 267 do CJF, aprovado na *III Jornada de Direito Civil*). Pessoa ainda não concebida (*nondum conceptus*) ao tempo da abertura da sucessão não poderá herdar, nem terá legitimação para suceder, salvo a hipótese do art. 1.799, I, do Código Civil.

Capacidade sucessória do nascituro e do embrião. A capacidade sucessória do embrião, implantado no útero após a morte de seu pai, ou a do nascituro é excepcional, já que só sucederá se nascer com vida (CPC, art. 650; CC, art. 2º; *RT*, *542*:103; *RF*, *292*:298), havendo um estado de pendência da transmissão hereditária, recolhendo seu representante legal a herança sob condição resolutiva. O já concebido no momento da abertura da sucessão e chamado a suceder adquire desde logo o domínio e a posse da herança como se já fosse nascido, porém, em estado potencial, como lhe falta personalidade jurídica material, seu quinhão será reservado em poder do inventariante até seu nascimento (CPC, art. 650) ou nomeia-se-lhe um curador ao ventre. Se nascer morto, será tido como se nunca tivesse existido, logo, a sucessão será ineficaz. Se nascer com vida, terá capacidade ou legitimação para suceder.

BIBLIOGRAFIA: Colin e Capitant, *Droit civil*, cit., v. 3, n. 608; Caio M. S. Pereira, *Instituições*, cit., v. 6, p. 30-2; Orlando Gomes, *Sucessões*, cit., p. 48; Planiol, Ripert e Boulanger, *Traité élémentaire de droit civil*, v. 3, n. 1.534; M. Helena Diniz, *Curso*, cit., v. 6, p. 40-3; Silmara Juny de A. Chinelato e Almeida, *Tutela civil do nascituro*, São Paulo, Saraiva, 2002, p. 236.

Art. 1.799. Na sucessão testamentária podem ainda ser chamados a suceder:

• *Código Civil, arts. 1.857 e s.*

I — os filhos, ainda não concebidos, de pessoas indicadas pelo testador, desde que vivas estas ao abrir-se a sucessão;

• Vide *Código Civil, arts. 2º, 1.800 e 1.952.*

II — as pessoas jurídicas;

• *Código Civil, arts. 40 a 61.*

III — as pessoas jurídicas, cuja organização for determinada pelo testador sob a forma de fundação.

• *Lei de Introdução às Normas do Direito Brasileiro, arts. 10, § 2º, 11, § 2º.*

• *Código Civil, arts. 62 a 69, 1.947 e 1.960.*

Capacidade testamentária passiva. Terá capacidade para adquirir por testamento toda pessoa física ou jurídica existente ao tempo da abertura da sucessão, não havida como incapaz (*RT*, *134*:111 e *272*:211; *JSTJ*, *143*:112).

BIBLIOGRAFIA: Ferreira Alves, *Manual*, cit., v. 19, n. 169 a 187; Teixeira de Freitas, *Tratado dos testamentos e sucessões*, § 35; Demolombe, *Testaments*, n. 581 a 584; Levenhagen, *Código Civil*, cit., v. 6, p. 139-43; Silvio Rodrigues, *Direito civil*, cit., v. 7, p. 195-205; Carvalho Santos, *Código Civil brasileiro interpretado*, cit., v. 24, p. 33; Aubry e Rau, *Cours de droit civil français*, v. 10, § 649; Itabaiana de Oliveira, *Tratado*, cit., v. 2, n. 357; Caio M. S. Pereira, *Instituições*, cit., v. 6, p. 150-2; M. Helena Diniz, *Curso*, cit., v. 6, p. 114-7; Coelho da Rocha, *Instituições*, cit., § 689; Vitali, *Delle successioni testamentaire e legittime*, cit., v. 1, p. 92; W. Barros Monteiro, *Curso*, cit., v. 6, p. 203-8; Mário Mazagão, Fundações criadas por testamento, *RF*, *109*:16; Orozimbo Nonato, *Estudos*, cit., v. 2, n. 402; Ferreira Coelho, *Código Civil comparado*, v. 2, n. 997-8; José Lopes de Oliveira, *Sucessões*, cit., p. 187-9; João Luís Alves, *Comentários ao Código Civil*, cit., v. 5, p. 168; Sílvio de Salvo Venosa, *Direito das sucessões*, cit., p. 94-9; Sebastião José Roque, *Direito das sucessões*, cit., p. 145-50; Zeno Veloso, *Novo Código Civil*, cit., p. 1612-22.

Indivíduos não concebidos até a morte do testador. Serão absolutamente incapazes para adquirir por testamento as pessoas não concebidas (*nondum concepti*) até a abertura da sucessão, exceto se a disposição testamentária se referir à prole eventual de pessoa designada pelo testador, desde que esteja viva ao tempo de sua morte. Para receber herança ou legado, será preciso que o beneficiado seja nascido ou esteja ao menos concebido por ocasião do óbito do disponente (CC, art. 1.798). Mas a lei permite que se contemple prole futura de um herdeiro instituído (CC, art. 1.799, I) e, em substituição fideicomissária (CC, art. 1.952), pessoa ainda não concebida. Assim sendo, se o herdeiro nomeado existir por ocasião da abertura da sucessão, o legado estará assegurado ao filho que futuramente vier a ter.

"Nos termos do inc. I do art. 1.799, pode o testador beneficiar filhos de determinada origem, não devendo ser interpretada extensivamente a cláusula testamentária respectiva" (Enunciado n. 268 do CJF, aprovado na *III Jornada de Direito Civil*).

Pessoas jurídicas como herdeiras ou legatárias. Como têm personalidade jurídica, as pessoas jurídicas de direito público interno ou de direito privado (simples ou empresárias) podem ser beneficiadas por testamento como herdeiras ou legatárias (*RT*, *134*:111, *272*:211). O testador, no ato de última vontade, poderá reservar bens livres a pessoa jurídica *in fieri*, cuja organização visa criar fundação (CC, arts. 62 e 1.799, III) para a consecução de fins úteis, culturais ou humanitários.

BIBLIOGRAFIA: Mário Mazagão, Fundações criadas por testamento, *RF*, *109*:16; Caio Mário S. Pereira, *Instituições*, cit., v. 6, p. 150-1; W. Barros Monteiro, *Curso*, cit., p. 203; Aubry e Rau, *Cours de droit civil français*, v. 10, § 649, nota 10, p. 485; M. Helena Diniz, *Curso*, cit., v. 6, p. 135.

Pessoa jurídica de direito público externo. A pessoa jurídica de direito externo (CC, art. 42; LINDB, art. 11, § 2º) está impedida de possuir ou adquirir no Brasil bens imóveis e os suscetíveis de desapropriação, não só por testamento mas também por qualquer título, como compra e venda, doação, permuta, porque permiti-lo representaria um perigo para a soberania nacional, criando dificuldades ao seu pleno exercício, dado que nesses bens os governos estrangeiros poderiam instalar seus súditos.

BIBLIOGRAFIA: Itabaiana de Oliveira, *Tratado*, cit., v. 2, p. 413; Ferreira Coelho, *Código Civil comparado*, v. 2, n. 997-8; M. Helena Diniz, *Curso*, cit., v. 6, p. 136.

Art. 1.800. No caso do inciso I do artigo antecedente, os bens da herança serão confiados, após a liquidação ou partilha, a curador nomeado pelo juiz.

• Vide *Código Civil, art. 1.799, I.*

§ 1º Salvo disposição testamentária em contrário, a curatela caberá à pessoa cujo filho o testador esperava ter por herdeiro, e, sucessivamente, às pessoas indicadas no art. 1.775.

• *Código Civil, art. 1.775, §§ 1º a 3º.*

• ***Projeto de Lei n. 699/2011***: *"§ 1º Salvo disposição testamentária em contrário, a curatela caberá à pessoa cujo filho o testador esperava ter por herdeiro, e, sucessivamente, às pessoas indicadas no art. 1.797.*

..."

§ 2º Os poderes, deveres e responsabilidades do curador, assim nomeado, regem-se pelas disposições concernentes à curatela dos incapazes, no que couber.

• *Código Civil, arts. 1.740, 1.767 a 1.783.*

§ 3º Nascendo com vida o herdeiro esperado, ser-lhe-á deferida a sucessão, com os frutos e rendimentos relativos à deixa, a partir da morte do testador.

§ 4º Se, decorridos dois anos após a abertura da sucessão, não for concebido o herdeiro esperado, os bens reservados, salvo disposição em contrário do testador, caberão aos herdeiros legítimos.

• *Código Civil, art. 1.829.*

Prole eventual. Se a disposição testamentária se referir à prole eventual de pessoa designada pelo testador, desde que esteja viva ao abrir a sucessão, como os bens não podem ficar sem dono, durante o intervalo entre a morte do testador e o nascimento do beneficiário, os bens da herança a ela reservados serão confiados, após a liquidação, ou partilha, a um curador (nomeado pelo juiz), que, em regra, não havendo disposição testamentária em contrário, será a pessoa cujo filho o testador esperava ter por herdeiro, e, sucessivamente, se esta não o puder, uma das pessoas indicadas no art. 1.775, §§ 1º a 3º, do Código Civil, ou seja, seu cônjuge, ou companheiro, seu herdeiro e, na falta deles, aquele que for escolhido pelo magistrado. Há quem ache, como Zeno Veloso, que a remissão ao art. 1.775 é equivocada, pois a curatela caberá às pessoas indicadas no art. 1.797. A guarda provisória dos bens do herdeiro não concebido, na falta dessas pessoas, poderá ser, excepcionalmente, deferida ao testamenteiro (CC, art. 1.977).

Poderes e deveres do curador "nondum conceptus". O curador nomeado para, provisoriamente, guardar e administrar bens da herança de pessoa ainda não concebida terá os mesmos poderes, obrigações e responsabilidades do curador dos incapazes. Não passa, portanto, de mero depositário.

Nascimento com vida do herdeiro esperado. A deixa que beneficia prole eventual valerá, mas sua eficácia dependerá de que o herdeiro esperado seja concebido e nasça com vida (CC, art. 1.798), pois sua legitimação para suceder é condicional, consolidando-se somente se nascer com vida, caso em que receberá a herança ou o legado, com todos os seus frutos e rendimentos produzidos a partir da morte do testador.

Prazo de espera. Se, decorridos dois anos após a abertura da sucessão, o herdeiro esperado não for concebido, a disposição testamentária tornar-se-á ineficaz, logo os bens que lhe foram destinados passarão aos herdeiros legítimos do autor da herança (CC, art. 1.829), salvo se o contrário estiver estipulado no testamento. Se o herdeiro não for concebido dentro do biênio previsto em lei, a verba testamentária caducará e a parte que lhe era cabível será devolvida aos herdeiros legítimos ou ao substituto testamentário, retroagindo, obviamente, aquela devolução à data da abertura da sucessão.

Art. 1.801. Não podem ser nomeados herdeiros nem legatários:

• *Código Civil, art. 1.900, V.*

I — a pessoa que, a rogo, escreveu o testamento, nem o seu cônjuge ou companheiro, ou os seus ascendentes e irmãos;

• *Código Civil, arts. 1.802, 1.865, 1.868, 1.888* e *1.870.*

II — as testemunhas do testamento;

• *Código Civil, arts. 228, 1.864, II, 1.868, II* e *III, 1.876, §§ 1º* e *2º, 1.888, 1.893, 1.894* e *1.896.*

III — o concubino do testador casado, salvo se este, sem culpa sua, estiver separado de fato do cônjuge há mais de cinco anos;

• Vide *Súmula 447 do Supremo Tribunal Federal.*

• *Código Civil, arts. 1.723, § 1º, e 1.727.*

DIREITO DAS SUCESSÕES

• ***Projeto de Lei n. 699/2011****: "III — o concubino do testador casado, salvo se este, sem culpa sua, estiver separado de fato do cônjuge;*

IV — o tabelião, civil ou militar, ou o comandante ou escrivão, perante quem se fizer, assim como o que fizer ou aprovar o testamento.

• *Código Civil, arts. 1.864, I, 1.868, III, 1.869, 1.870, 1.874, 1.888, 1.889, 1.893, §§ 1º a 3º, e 1.894.*

Incapacidade testamentária passiva relativa. Certas pessoas, por razões especiais, não podem receber por via de testamento, tendo incapacidade relativa. Dentre elas: *a*) a pessoa que, a rogo, redigiu o testamento, ou seu cônjuge ou companheiro, ascendente, descendente (CC, art. 1.802) e irmão, porque poderia abusar da confiança que lhe foi depositada, procurando beneficiar--se, ou a parente próximo; *b*) as testemunhas testamentárias (CC, art. 228; *RSTJ, 45*:300; *JSTJ, 15*:294), evitando que possam influenciar a vontade do testador para dispor em seu favor; *c*) o concubino do testador casado (CC, art. 1.727), salvo se este, sem culpa sua, estiver separado de fato do cônjuge há mais de cinco anos (*RT, 751*:385, *731*:236 e 237, *726*:372, *237*:246, *249*:485, *685*:63, *608*:249 e *651*:170; *RSTJ, 3*:1705; *JB, 152*:191; *RF, 186*:117, *275*:246-50, *306*:180, *317*:237; *EJSTJ, 2*:62; Súmula 447 do STF); logo, o separado extrajudicial ou judicialmente, solteiro, viúvo ou divorciado poderá aquinhoar seu amante ou companheiro livremente — "A vedação do art. 1.801, inc. III, do Código Civil não se aplica à união estável, independentemente do período de separação de fato (art. 1.723, § 1º)" (Enunciado n. 269 do CJF, aprovado na *III Jornada de Direito Civil*); *d*) o tabelião, civil ou militar, nem o comandante ou escrivão perante quem se fizer, assim como o que fizer ou aprovar testamento, porque não se acham de todo isentos de suspeição. Essas pessoas são consideradas incapazes para herdar por poderem exercer influência sobre o testador, comprometendo sua autonomia da vontade, levantando suspeição sobre a deixa testamentária.

Art. 1.802. São nulas as disposições testamentárias em favor de pessoas não legitimadas a suceder, ainda quando simuladas sob a forma de contrato oneroso, ou feitas mediante interposta pessoa.

Parágrafo único. Presumem-se pessoas interpostas os ascendentes, os descendentes, os irmãos e o cônjuge ou companheiro do não legitimado a suceder.

• Vide *Código Civil, arts. 167, 1.799, 1.801 e 1.900, V.*

• Vide *Constituição Federal, arts. 5º, I, e 226, § 5º.*

Invalidade de disposição testamentária em favor de pessoa não legitimada a suceder. Se o testador beneficiar pessoa que não tenha capacidade ou legitimação testamentária passiva, nula será a disposição de última vontade, e não o testamento, mesmo quando simular a forma de um contrato oneroso ou beneficiar interposta pessoa (*RJTJRGS, 126*:406). Há presunção absoluta ou *juris et de jure*, dispensando, portanto, a prova de que ascendente, descendente, irmão e consorte ou companheiro do não legitimado para suceder por testamento são interpostas pessoas.

Art. 1.803. É lícita a deixa ao filho do concubino, quando também o for do testador.

• *Súmula 447 do Supremo Tribunal Federal.*

• *Constituição Federal, art. 227, § 6º.*

Contemplação de filho de concubino em testamento. Ter-se-á, por força do art. 1.802, parágrafo único, a invalidade de deixa testamentária, contemplando filho de concubina, uma vez que se considerará feita a interposta pessoa. Todavia, por exemplo, homem casado poderá contemplar filho de sua amante no testamento, desde que ele seja também seu filho (*AJ*, *70*:229; *RF*, *212*:86; Súmula 447 do STF), diante do princípio da igualdade jurídica dos filhos (CF, art. 227, § 6º).

CAPÍTULO IV
DA ACEITAÇÃO E RENÚNCIA DA HERANÇA

Art. 1.804. Aceita a herança, torna-se definitiva a sua transmissão ao herdeiro, desde a abertura da sucessão.

- *Código Civil, art. 1.784.*

Parágrafo único. A transmissão tem-se por não verificada quando o herdeiro renunciar à herança.

- *Código Civil, art. 1.810.*

Aceitação da herança. A aceitação ou adição da herança vem a ser o ato jurídico unilateral pelo qual o herdeiro, legítimo ou testamentário, manifesta livremente sua vontade de receber a herança que lhe é transmitida. A aceitação apenas confirma o direito que o falecimento do *de cujus* atribuiu ao herdeiro, consolidando-o, visto que ninguém pode ser herdeiro contra sua vontade, em razão da parêmia *invito non datur beneficium* (ao constrangido, ou a quem não quer, não se dá o benefício). No direito brasileiro, portanto, a aceitação dos direitos e deveres do *de cujus* tem efeito meramente confirmativo do domínio e posse, adquirido *ipso jure* no momento da abertura da sucessão. Tal aceitação é um direito potestativo que o herdeiro exercerá se quiser receber a herança.

BIBLIOGRAFIA: Antonio Cicu, *Le successioni*, Milano, 1947, v. 1, p. 135; Orlando Gomes, *Direito das sucessões*, cit., n. 23; Silvio Rodrigues, *Direito civil*, cit., v. 7, p. 37-9; W. Barros Monteiro, *Curso*, cit., v. 6, p. 46-51; R. Limongi França, Aceitação da herança, in *Enciclopédia Saraiva do Direito*, v. 4, p. 24-5; Colin e Capitant, *Cours élémentaire*, cit., v. 3, n. 635; De Page, *Traité*, cit., v. 9, n. 533; Vitali, *Delle successioni*, cit., v. 6, n. 353; Walter D'Avanzo, *Delle successioni*, cit., v. 1, § 53; Clóvis Beviláqua, *Código Civil*, cit., v. 6, p. 27-8; Itabaiana de Oliveira, *Tratado*, cit., v. 1, p. 91; Caio M. S. Pereira, *Instituições*, cit., v. 6, p. 47-9; Hermenegildo de Barros, *Manual*, cit., v. 18, n. 85-97; M. Helena Diniz, *Curso*, cit., v. 6, p. 48-51; Lacerda de Almeida, *Direito das sucessões*, cit., § 27; Ricardo R. Gama, *Direito das sucessões*, cit., p. 79-85; Roberto Senise Lisboa, *Manual*, cit., v. 5, p. 153-9; Celso Laet de Toledo César, *Herança — orientações práticas*, São Paulo, Ed. Juarez de Oliveira, 1998; Sebastião José Roque, *Direito das sucessões*, cit., p. 31-3; Zeno Veloso, *Novo Código Civil*, cit., p. 1622; Jorge S. Fujita, *Comentários*, cit., p. 1296; Arnoldo Wald, *Curso de direito civil brasileiro*, São Paulo, Revista dos Tribunais, 1997, v. 5, p. 39; Luiz Paulo V. de Carvalho, *Direito civil*, cit., p. 355-69.

Renúncia da herança. Renúncia é o ato jurídico unilateral pelo qual o herdeiro declara expressamente que não aceita a herança a que tem direito, despojando-se de sua titularidade (*RT*, *750*:264, *756*:177, *759*:222, *768*:216, *798*:370, *696*:94, *693*:131, *672*:103, *639*:85, *675*:102, *538*:92, *605*:38, *264*:390, *427*:237, *544*:282, *524*:207 e *557*:176; *RF*, *66*:179; *RPJ*, *33*:133; *JB*, *147*:308; *RJTAMG*, *67*:234). Logo, a transmissão da herança (CC, art. 1.784) ter-se-á por não verificada, diante da renúncia do herdeiro. Portanto, a renúncia produz efeito *ex tunc* retroagindo à data da abertura da sucessão, logo o renunciante é considerado como se nunca tivesse herdado. Por tal razão não há direito de representação dos filhos do renunciante (CC, art. 1.811).

DIREITO DAS SUCESSÕES

BIBLIOGRAFIA: Herondes João de Andrade, Renúncia de herança, *Revista do Curso de Direito da Universidade Federal de Uberlândia, 11*:231-3, 1982; Pacifici-Mazzoni, *Istituzioni*, cit., v. 6, n. 219; De Page, *Traité*, cit., v. 9, n. 742; W. Barros Monteiro, *Curso*, cit., v. 6, p. 48; Caio M. S. Pereira, *Instituições*, cit., v. 6, p. 53-5; M. Helena Diniz, *Curso*, cit., v. 6, p. 54-5; Hermenegildo de Barros, *Manual*, cit., v. 18, n. 98-9; Aquiles Guaglianone, *El heredero renunciante y su acreedor*, Buenos Aires, Abeledo-Perrot, 1966; Ricardo R. Gama, *Direito das sucessões*, cit., p. 86-90; Hélio Borghi, *Da renúncia e da ausência no direito sucessório*, São Paulo, LEUD, 1997; Aspectos controvertidos da renúncia da herança, *Revista Estudos Jurídicos da UNESP, 5*:37 a 52; Sebastião José Roque, *Direito das sucessões*, cit., p. 34-8; Olívio A. O. Martins, A substituição testamentária em razão de renúncia, *RJ, 92*:136; Matiello, *Código Civil*, cit., p. 1179; Luiz Paulo V. de Carvalho, *Direito civil*, cit., p. 369-87.

Art. 1.805. A aceitação da herança, quando expressa, faz-se por declaração escrita; quando tácita, há de resultar tão somente de atos próprios da qualidade de herdeiro.

- Vide *Código Civil, arts. 80, II, 108 e 1.807.*

§ 1º Não exprimem aceitação de herança os atos oficiosos, como o funeral do finado, os meramente conservatórios, ou os de administração e guarda provisória.

§ 2º Não importa igualmente aceitação a cessão gratuita, pura e simples, da herança, aos demais coerdeiros.

- *Código Civil, art. 1.810.*

Aceitação expressa. Será expressa a aceitação se resultar de declaração escrita, pública ou particular, do herdeiro manifestando seu desejo de receber a herança.

Aceitação tácita. A aceitação será tácita ou indireta se inferida de prática de atos, positivos ou negativos, somente compatíveis à condição hereditária do herdeiro, que demonstrem a intenção de aceitar a herança ou de agir como herdeiro (*pro herede gestio*), tais como: cobrança de dívidas de espólio, sua representação por advogado no inventário (*RF, 168*:241), transporte de bens da herança para o seu domicílio etc. (*RT, 375*:174 e *387*:142).

Atos não caracterizadores de aceitação tácita. Há atos que, embora sejam praticados pelo herdeiro, não revelam o propósito de aceitar a herança, tais como: atos oficiosos, como o funeral do finado, ou atos meramente conservatórios, a fim de impedir a ruína dos bens da herança, ou os de administração e guarda provisória para atender a uma necessidade urgente, por serem meros obséquios, praticados por sentimento humanitário, sem qualquer interesse.

Renúncia abdicativa e translativa. A cessão gratuita, pura e simples, feita indistintamente a todos os coerdeiros, equivale à renúncia (*Adcoas*, n. 82.804, 1982; *RJTJSP, 106*:290; *RT, 264*:391, *293*:533, *320*:257, *359*:237, *380*:171 e *329*:650), caso em que se tem a *renúncia abdicativa*. Mas se o cedente ceder seu quinhão hereditário em favor de certa pessoa, devidamente individualizada, estará aceitando a herança, pois neste caso se teria uma *renúncia translativa* ou *in favorem*, que, na verdade, é aceitação, por conter dupla declaração de vontade: a de aceitar a herança e a de alienar, mediante doação, à pessoa indicada sua quota hereditária.

BIBLIOGRAFIA: W. Barros Monteiro, *Curso*, cit., v. 6, p. 49; Planiol, Ripert e Boulanger, *Traité élémentaire*, cit., v. 3, n. 2.400 e 2.401; Caio M. S. Pereira, *Instituições*, cit., v. 6, p. 55; Silvio Rodrigues, *Direito civil*, cit., v. 7, p. 42; M. Helena Diniz, *Curso*, cit., v. 6, p. 55; Hermenegildo de Barros, *Manual*, cit., v. 18, n. 100-3; Levenhagen, *Código Civil*, cit., v. 6, p. 30-1.

Art. 1.806. A renúncia da herança deve constar expressamente de instrumento público ou termo judicial.

• *Código Civil, arts. 80, II, 104, III, 108, 114, 166, IV, e 215.*

Requisito formal da renúncia. Para ter validade, a renúncia deverá constar, expressamente, de escritura pública ou termo nos autos de inventário (*RF*, *323*:210, *137*:489; *RT*, *840*:253, *768*:216, *759*:222, *756*:177, *750*:264, *696*:94, *682*:183, *667*:94, *613*:95, *601*:63, *575*:89, *570*:248, *509*:139, *508*:111, *500*:198, *494*:233, *190*:699, *427*:237 e *468*:263; *RJTJSP*, *81*:283, *84*:119, *96*:288 e *106*:318; *RTJ*, *76*:301, *93*:253; TJSP, 6ª Câm. D. Priv., AI 483.872-4, rel. Waldemar Nogueira Filho, j. 15-3-2007), sob pena de nulidade absoluta. Por ser negócio jurídico abdicativo, deve ser solene e expresso, não se admitindo repúdio tácito ou presumido da herança. O instrumento público e o termo judicial constituem requisitos *ad substantiam* e não apenas *ad probationem* do ato.

Art. 1.807. O interessado em que o herdeiro declare se aceita, ou não, a herança, poderá, vinte dias após aberta a sucessão, requerer ao juiz prazo razoável, não maior de trinta dias, para, nele, se pronunciar o herdeiro, sob pena de se haver a herança por aceita.

• *Código Civil, arts. 1.805 e 1.806.*

Aceitação presumida da herança. O interessado em saber se o herdeiro aceita ou não a herança (p. ex., credor do herdeiro, legatário) poderá requerer ao juiz, mediante notificação judicial (CPC, art. 726), após vinte dias da abertura da sucessão, que dê ao herdeiro prazo não maior de trinta dias para pronunciar-se. Trata-se do direito de deliberar (*jus deliberandi*), que deve ser exercido dentro de determinado prazo. Decorrido esse lapso de tempo, o silêncio do herdeiro será interpretado como aceitação. Temos, aqui, a aceitação presumida, ou, como preferem alguns autores, provocada da herança.

Art. 1.808. Não se pode aceitar ou renunciar a herança em parte, sob condição ou a termo.

• *Código Civil, arts. 121, 131, 133 e 135.*

§ 1º O herdeiro, a quem se testarem legados, pode aceitá-los, renunciando a herança; ou, aceitando-a, repudiá-los.

• *Código Civil, arts. 1.912 a 1.946.*

§ 2º O herdeiro, chamado, na mesma sucessão, a mais de um quinhão hereditário, sob títulos sucessórios diversos, pode livremente deliberar quanto aos quinhões que aceita e aos que renuncia.

Impossibilidade de aceitação ou repúdio parcial da herança. Por ser a herança uma unidade indivisível até a partilha, não será possível aceitá-la ou renunciá-la em parte. Mas àquele que suceder, concomitantemente, a título universal, como herdeiro, e a título singular, como legatário, possibilita-se que renuncie integralmente à herança, conservando o legado, ou vice-versa; poderá também repudiar ou aceitar a ambos. Mas, se o herdeiro for chamado, na mesma sucessão, a mais de um quinhão hereditário, sob títulos sucessórios diversos, poderá, se quiser, deliberar quanto aos quinhões que aceita e aos que renuncia. Assim, se um descendente que tem a legítima foi contemplado no testamento, com a metade disponível do *de cujus*, nada obsta que aceite a sucessão testamentária e repudie a legitimária, ou vice-versa.

Inadmissibilidade de aceitação ou renúncia sob condição ou termo. A renúncia ou a aceitação da herança é ato puro e simples, não comportando imposição de qualquer condição ou termo. Inviável será a aceitação da herança sob a condição de não assumir impostos que onerarem os imóveis do espólio ou de ser aquinhoado com bens imóveis, dado que a qualidade de herdeiro, uma vez adquirida, não pode ser perdida.

Art. 1.809. Falecendo o herdeiro antes de declarar se aceita a herança, o poder de aceitar passa-lhe aos herdeiros, a menos que se trate de vocação adstrita a uma condição suspensiva, ainda não verificada.

- Vide *Código Civil, arts. 125, 1.897 e 1.933.*

Parágrafo único. Os chamados à sucessão do herdeiro falecido antes da aceitação, desde que concordem em receber a segunda herança, poderão aceitar ou renunciar a primeira.

Aceitação da herança pelos sucessores do herdeiro. Se o herdeiro falecer antes de declarar se aceita ou não a herança, o seu direito de aceitar transmite-se aos seus herdeiros, valendo a declaração destes como se daquele partisse. Se "A" vier a falecer deixando dois filhos, "B" e "C", e logo em seguida morrer "B", sem ter tido oportunidade de manifestar sua aceitação, "D", neto de "A" e filho de "B", poderá, então, aceitar a herança de seu avô por direito de transmissão e não por direito de representação, visto que não houve premoriência, por ter falecido depois de "A", sem contudo aceitar a herança recebida. Trata-se de sucessão hereditária do direito de aceitar ou, como prefere Clóvis Beviláqua, da sucessão *jure transmissionis*. Isto porque a morte do herdeiro, antes da aceitação, impede a transmissão aos seus sucessores de herança ainda não aceita; daí transferir-se-lhes o poder de aceitá-la ou de repudiá-la.

Caso de inadmissibilidade de aceitação pelos sucessores do herdeiro. Os sucessores do herdeiro falecido, antes da aceitação da herança, não poderão aceitá-la na pendência de condição suspensiva, estipulada pelo testador, ainda não verificada, pois, se o herdeiro falecer antes de seu implemento, extinguir-se-á seu direito sucessório, já que a condição suspensiva obsta a aquisição do direito (CC, art. 125), perdendo o direito eventual toda sua força originária, devido à inocorrência da condição.

Aceitação da segunda herança. Aqueles que forem chamados para suceder herdeiro, que veio a falecer antes da aceitação, apenas poderão aceitar, ou renunciar, a primeira herança se concordarem em receber a segunda. Inicialmente deverão aceitar a segunda herança, para depois decidir se querem, ou não, a primeira. Se assim é, os herdeiros do herdeiro falecido somente poderão aceitar ou repudiar herança em nome deste após terem aceito a herança por eles recebida. Se "A" falecer deixando como herdeiro "B" (seu filho), que vem a morrer após a abertura da sucessão, mas antes da aceitação da herança, transmitindo seus bens a "C" (filho de "B" e neto de "A"), "C" não poderá renunciar ou aceitar herança de "A" (sucessão hereditária do direito de aceitar), sem antes ter aceito a herança de "B".

Art. 1.810. Na sucessão legítima, a parte do renunciante acresce à dos outros herdeiros da mesma classe e, sendo ele o único desta, devolve-se aos da subsequente.

- Vide *Código Civil, arts. 1.829, 1.836, 1.838, 1.839, 1.844 e 1.856.*

Direito de acrescer dos herdeiros da mesma classe do renunciante. O quinhão hereditário do repudiante, na sucessão legítima, transmitir-se-á *ipso iure* aos outros herdeiros da mesma classe acrescendo-se à parte que coube a eles, e, se o renunciante for o único da classe, os bens passarão aos da classe subsequente. Pelo Enunciado n. 575 do Conselho da Justiça Federal (aprovado na *VI Jornada de Direito Civil*): "Concorrendo herdeiros de classes diversas, a renúncia de qualquer deles devolve sua parte aos que integram a mesma ordem dos chamados a suceder". Tal ocorre porque o renunciante aos "olhos" da lei é considerado como se nunca tivesse sido herdeiro. Se a sucessão for testamentária, aplicar-se-ão os arts. 1.941, 1.944 e 1.947 do Código Civil.

BIBLIOGRAFIA: Zeno Veloso, *Novo Código Civil*, cit., p. 1628.

Art. 1.811. Ninguém pode suceder, representando herdeiro renunciante. Se, porém, ele for o único legítimo da sua classe, ou se todos os outros da mesma classe renunciarem a herança, poderão os filhos vir à sucessão, por direito próprio, e por cabeça.

• *Código Civil, arts. 1.810, 1.835, 1.851 e 1.856.*

Ausência de representação dos descendentes do renunciante. Os descendentes do renunciante não herdam por representação na sucessão legítima; a quota hereditária do renunciante retorna ao monte hereditário, acrescendo-se à dos outros herdeiros da mesma classe (CC, art. 1.810). Assim sendo, se o de *cujus* faleceu deixando os filhos "A", "B" e "C", e "A" veio a renunciar, os netos "D" e "E", filhos de "A", não receberão a quota hereditária do genitor renunciante, que será acrescida à dos demais herdeiros da mesma classe, ou seja, à dos seus irmãos "B" e "C". Porém, se ele for o único da classe ou se os demais desta também repudiarem a herança, seus filhos poderão ser chamados à sucessão, por direito próprio e por cabeça, e não por estirpe ou representação (*RT*, *693*:131). Se *A*, filho único do *de cujus*, renunciar à herança, os netos do falecido (filhos do renunciante) receberão cada um a metade ideal do acervo hereditário. Mas, se o falecido tiver dois filhos, *A* e *B*, com a renúncia de *A*, *B* herdará. Se *A* e *B* renunciarem, os seus filhos, netos do *de cujus*, herdarão individualmente por cabeça e não por estirpe.

BIBLIOGRAFIA: Levenhagen, *Código Civil*, cit., v. 6, p. 35; Silvio Rodrigues, *Direito civil*, cit., v. 7, p. 46; Carvalho Santos, *Código Civil*, cit., v. 2, p. 163-73; M. Helena Diniz, *Curso*, cit., v. 6, p. 56; Hermenegildo de Barros, *Manual*, cit., v. 18, n. 147-51; Clóvis Beviláqua, *Código Civil*, cit., v. 6, obs. ao art. 1.588; Matiello, *Código Civil*, cit., p. 1183.

Art. 1.812. São irrevogáveis os atos de aceitação ou de renúncia da herança.

Irrevogabilidade da aceitação ou da renúncia da herança. O herdeiro não pode arrepender-se dos atos de aceitação ou de renúncia da herança, por serem irrevogáveis, pois do contrário ter-se-ia insegurança das relações jurídicas (*RJTJSP*, *28*:85; *RF*, *266*:192). Se aceitar, não poderá mais renunciar; se houver renúncia, não mais será possível posteriormente pleitear a herança.

Art. 1.813. Quando o herdeiro prejudicar os seus credores, renunciando à herança, poderão eles, com autorização do juiz, aceitá-la em nome do renunciante.

§ 1º A habilitação dos credores se fará no prazo de trinta dias seguintes ao conhecimento do fato.

§ 2º Pagas as dívidas do renunciante, prevalece a renúncia quanto ao remanescente, que será devolvido aos demais herdeiros.

• *Código Civil, arts. 158 a 165 e 391.*

• Vide *Lei n. 11.101/2005 (Lei de Falências), art. 129, V.*

• *Código de Processo Civil, art. 789.*

Aceitação da herança pelos credores do herdeiro. Possível será a aceitação da herança pelos credores do herdeiro se este os prejudicar com sua renúncia. Todavia, será imprescindível autorização judicial para que credores, habilitados dentro de trinta dias contados do conhecimento da renúncia do herdeiro, possam aceitar herança em nome do renunciante, só podendo beneficiar-se até o montante dos créditos (*BAASP, 2.690*:628-15); pagos tais débitos, o remanescente será devolvido àquele a quem a renúncia beneficia (CC, arts. 1.810 e 1.811) por ser o herdeiro imediato do *de cujus*, e não ao renunciante, que não é mais herdeiro (*RT*, *639*:85, *434*:143 e *526*:172). Assegura-se, assim, aos credores um meio de, à custa do espólio, satisfazerem os seus direitos creditórios.

Capítulo V

Dos Excluídos da Sucessão

Art. 1.814. São excluídos da sucessão os herdeiros ou legatários:

I — que houverem sido autores, coautores ou partícipes de homicídio doloso, ou tentativa deste, contra a pessoa de cuja sucessão se tratar, seu cônjuge, companheiro, ascendente ou descendente;

- *Código Civil, art. 1.815, § 2º, acrescentado pela Lei n. 13.523/2017.*

II — que houverem acusado caluniosamente em juízo o autor da herança ou incorrerem em crime contra a sua honra, ou de seu cônjuge ou companheiro;

III — que, por violência ou meios fraudulentos, inibirem ou obstarem o autor da herança de dispor livremente de seus bens por ato de última vontade.

- *Código Civil, arts. 557, 935, 1.815-A, 1.881, 1.939, IV, e 1.961 a 1.965.*
- *Código de Processo Penal, art. 65.*
- *Código Penal, arts. 138, 139, 140 e 339.*

Indignidade. A indignidade vem a ser uma pena civil que priva do direito à herança não só o herdeiro, bem como o legatário que cometeu atos criminosos, ofensivos ou reprováveis, taxativamente enumerados em lei, contra a vida, honra e liberdade do *de cujus* (*RT*, *532*:200, *231*:222, *164*:707, *126*:692 e *145*:693), ou de seus familiares.

BIBLIOGRAFIA: Enneccerus, Kipp e Wolff, *Derecho de sucesiones*, v. 2, § 141; Caio M. S. Pereira, *Instituições*, cit., v. 6, p. 34-9; Hermenegildo de Barros, *Manual*, cit., v. 18, n. 197-234; Planiol, *Traité*, cit., v. 3, p. 530 e s.; Levenhagen, *Código Civil*, cit., v. 6, p. 41-6; M. Helena Diniz, *Curso*, cit., v. 6, p. 37-43; W. Barros Monteiro, *Curso*, cit., v. 6, p. 68-75; Clóvis Beviláqua, *Sucessões*, cit., § 30; Itabaiana de Oliveira, *Tratado*, cit., v. 1, p. 142-8; Antonio Cicu, *Le successioni*, cit., v. 1, p. 86-8; Ferri, *Successioni in generale*, cit., p. 145; Azzariti-Martinez, *Successioni per causa di morte e donazione*, cit., p. 29; Lacerda de Almeida, *Sucessões*, cit., §§ 10 a 30; Paoli, *Nozioni elementari di diritto civile*, p. 171; Degni, *Lezioni di diritto civile*; successioni a causa di morte, v. 1, p. 73; Vitali, *Delle successioni*, cit., v. 2, n. 1.049; Planiol e Ripert, *Traité*, cit., v. 3, n. 1.738; v. 4, n. 46; Colin e Capitant, *Cours*, cit., v. 3, n. 611 e 615; Carlos Maximiliano, *Direito das sucessões*, cit., v. 1, n. 72 a 79; Orlando Gomes, *Direito das sucessões*, cit., p. 52; Silvio Rodrigues, *Direito civil*, cit., v. 7, p. 63-5; Laurent, Cours élémentaire, cit., v. 2, n. 22 e 23; De Page, *Traité*, cit., v. 9, n. 79; Walter D'Avanzo, *Delle successioni*, cit., v. 1, § 21; Carvalho Santos, *Código Civil*, cit., v. 22, p. 223; Duranton, *Cours de droit civil français*, Bruxelles, 1841, t. 3, n. 123; Branca Martins da Cruz, *Reflexões críticas sobre indignidade e deserdação*, Coimbra, 1986; José de Oliveira *Ascensão, As actuais coordenadas do instituto da indignidade sucessória*, 1970; Marcelo Fortes Barbosa Filho, *A indignidade no direito sucessório brasileiro*, 1996; Zeno Veloso, *Novo Código Civil*, cit., p. 1630 a 1637; Luiz Paulo V. de Carvalho, *Direito civil*, cit., p. 388-412; Carlos Eduardo M. Poletto, *Indignidade sucessória e deserdação*, São Paulo, Saraiva, 2013; Vinicius P. Marques e Isa O. M. de Freitas, Exclusão da sucessão por indignidade: por um redimensionamento ético e hermenêutico do art. 1.814, I do Código Civil, *Revista Síntese, Direito de Família, 99*:9 a 26; Marcos Paulo dos S. B. Merheb e Débora F. Recanello, A exclusão do herdeiro por indignidade, *Revista Síntese – Direito de Família, 99*:27 a 37.

Causas de exclusão por indignidade. Consideram-se indignos, sendo excluídos da sucessão, os herdeiros ou legatários que: *a*) houverem sido autores ou cúmplices em homicídio doloso ou voluntário, ou em sua tentativa, contra a pessoa de cuja sucessão se tratar (*RT, 164*:707), seu cônjuge ou companheiro, ascendente ou descendente; *b*) acusarem o *de cujus* caluniosamente em juízo (apresentando queixa-crime ou representação ao Ministério Público) ou incorrerem em crime contra sua honra (*RT, 145*:693; *AJ*, 97:45; *RTJE, 5*:349) ou contra a de seu cônjuge ou companheiro; *c*) inibirem, por violência ou fraude, o *de cujus* de dispor livremente de seus bens em testamento ou codicilo (CC, art. 1.881), ou lhe impedirem a execução dos atos de última vontade.

Art. 1.815. A exclusão do herdeiro ou legatário, em qualquer desses casos de indignidade, será declarada por sentença.

§ 1º O direito de demandar a exclusão do herdeiro ou legatário extingue-se em quatro anos, contados da abertura da sucessão.

§ 2º. Na hipótese do inciso I do art. 1.814, o Ministério Público tem legitimidade para demandar a exclusão do herdeiro.

- *Com as alterações da Lei n. 13.532/2017.*
- *Código Civil, arts. 1.939, IV, e 1.814, I.*
- *Código de Processo Civil, arts. 19, I, 318 e s. e 612.*
- ***Projeto de Lei n. 699/2011**: "Parágrafo único. O direito de demandar a exclusão do herdeiro ou legatário extingue-se em dois anos, contados da abertura da sucessão".*

Declaração jurídica da indignidade. A exclusão do herdeiro pela prática de um dos atos do art. 1.814 não se opera *ipso iure*. Imprescindível será o pronunciamento da indignidade por sentença proferida em ação ordinária (por ser matéria que requer produção de provas não documentais — CPC, art. 612), movida, dentro do prazo decadencial de quatro anos, contado da abertura da sucessão, contra o herdeiro, que praticou ato passível de excluí-lo da herança por quem tenha legítimo interesse na sucessão, isto é, coerdeiro, legatário, donatário, fisco, ou melhor, o Município, o Distrito Federal ou a União, inexistindo herdeiro legítimo ou testamentário, e qualquer credor prejudicado com a inércia desses interessados, ou, então, o Ministério Público, se herdeiro ou legatário houver sido autor, coautor ou partícipe de homicídio doloso ou tentativa deste, contra *de cujus*, seu cônjuge, companheiro, ascendente ou descente, (art. 1.814, I), por ser guardião da ordem jurídica (CF, art. 127) e por haver interesse público e social de que herdeiro desnaturado venha a receber a fortuna do *auctor successionis*, que foi, por ele, ofendido. Já havia entendimento antes da Lei n. 13.532/2017 de que "o Ministério Público, por força do art. 1.815 do novo Código Civil, desde que presente o interesse público, tem legitimidade para promover ação visando à declaração da indignidade de herdeiro ou legatário" (Enunciado n. 116, aprovado na *I Jornada de Direito Civil*, promovida, em setembro de 2002, pelo Centro de Estudos Judiciários do CJF). Mas, havia quem achasse que o Ministério Público não tinha interesse jurídico para ajuizar tal ação, por ser esta de natureza privada, mas com o § 2º do art. 1.815, acrescentado pela Lei n. 13.532/2017, o Ministério Público tem legitimidade para desmandar exclusão de herdeiro ou legatário na hipótese do inciso I do art. 1.814.

Art. 1.815-A. Em qualquer dos casos de indignidade previstos no art. 1.814, o trânsito em julgado da sentença penal condenatória acarretará a imediata exclusão do herdeiro ou legatário indigno, independentemente da sentença prevista no *caput* do art. 1.815 deste Código.

- *Acrescentado pela Lei n. 14.661/2023.*
- *Código Civil, arts. 1.814, 1,815, §§ 1º e 2º.*

Perda automática da herança ou do legado. Ante a grande gravidade dos atos arrolados no art. 1.814, a Lei n. 14.661/2023 acrescentou o art. 1.815-A no Código Civil, explicitando que, nas hipóteses de indignidade, o simples trânsito em julgado da *sentença penal condenatória* acarretará a imediata exclusão ou perda automática da herança ou legado, não se vê transmitindo nem o domínio e nem a posse dos bens herdados.

Art. 1.816. São pessoais os efeitos da exclusão; os descendentes do herdeiro excluído sucedem, como se ele morto fosse antes da abertura da sucessão.

Parágrafo único. O excluído da sucessão não terá direito ao usufruto ou à administração dos bens que a seus sucessores couberem na herança, nem à sucessão eventual desses bens.

- Vide *Código Civil, arts. 1.689 e 1.693, IV.*

Efeito pessoal da indignidade. Com a sentença declaratória de indignidade considerar-se-á o indigno como premorto ao *de cujus*; consequentemente os descendentes do excluído o sucedem, por representação, como se ele morto fosse, antes da abertura da sucessão, hipótese em que se abre exceção ao princípio de que não se pode representar pessoa viva (*viventis nulla est representatio*). P. ex., suponha-se que "A" e "B" sejam filhos do *de cujus*; com a declaração da indignidade de "B", 50% da herança serão deferidos a "A" e 50%, a "C" e "D" (filhos de "B"), que herdam por estirpe, na representação do indigno. Aplica-se aqui não só o princípio constitucional da responsabilidade pessoal (CF, art. 5º, XLV) como também a parêmia: *nullum patris delictum innocenti filio poena est* (nenhum crime do pai pode prejudicar o filho inocente).

Perda do direito ao usufruto, à administração e à sucessão dos bens herdados em razão da indignidade. Como o indigno é, civilmente, equiparado ao morto, natural será que se lhe retirem a administração e o usufruto dos bens dos filhos menores sob o poder familiar, que o substituíram no título de herdeiro do *de cujus*. O indigno nem mesmo terá direito à sucessão eventual dos referidos bens. Assim sendo, se um dos filhos, que o substituiu, vier a falecer, sem descendentes, não poderá o excluído receber esses bens.

Art. 1.817. São válidas as alienações onerosas de bens hereditários a terceiros de boa-fé, e os atos de administração legalmente praticados pelo herdeiro, antes da sentença de exclusão; mas aos herdeiros subsiste, quando prejudicados, o direito de demandar-lhe perdas e danos.

- Vide *Código Civil, arts. 402 a 405, 1.360 e 1.827, parágrafo único.*

Parágrafo único. O excluído da sucessão é obrigado a restituir os frutos e rendimentos que dos bens da herança houver percebido, mas tem direito a ser indenizado das despesas com a conservação deles.

- *Código Civil, art. 884.*

Resguardo aos direitos de terceiros. A sentença declaratória de indignidade não poderá lesar a terceiros de boa-fé, daí respeitar os atos de disposição a título oneroso e de administração praticados pelo indigno antes de sua exclusão, sendo que aos coerdeiros subsistirá, quando prejudicados, o direito de cobrar do excluído as perdas e danos (*RTJ*, *87*:930 e *100*:890). Tal não se dará se houver má-fé de terceiro na aquisição (*RTJ*, *575*:279). E, se a alienação foi gratuita, não deverá ser mantida, porque não haverá qualquer dano, prevalecendo a situação do herdeiro real.

Efeito retro-operante da sentença declaratória de indignidade. Ante a retroação *ex tunc* da sentença declaratória da indignidade, o excluído por indignidade deverá devolver os frutos e os rendimentos percebidos desde a data do falecimento do autor da herança, equiparando-se ao possuidor de má-fé.

Direito ao reembolso de despesas de conservação. O indigno, ante o princípio de que a ninguém é lícito locupletar-se à custa alheia (CC, art. 884), terá direito ao reembolso das despesas feitas com a conservação dos bens hereditários, uma vez que os coerdeiros tiraram proveito disso.

Art. 1.818. Aquele que incorreu em atos que determinem a exclusão da herança será admitido a suceder, se o ofendido o tiver expressamente reabilitado em testamento, ou em outro ato autêntico.

- Vide *Código Civil, art. 1.814.*

Parágrafo único. Não havendo reabilitação expressa, o indigno, contemplado em testamento do ofendido, quando o testador, ao testar, já conhecia a causa da indignidade, pode suceder no limite da disposição testamentária.

Reabilitação expressa do indigno. O herdeiro que incorreu em indignidade poderá ser perdoado pelo ofendido, que, mediante testamento ou ato autêntico, como a escritura pública, o reabilita, revogando, assim, os efeitos da indignidade, admitindo o ofensor à herança.

Reabilitação tácita do indigno. Se o testador, ao testar, já tinha conhecimento da prática de ato ofensivo contra sua pessoa, seu cônjuge ou companheiro, seu ascendente ou descendente, e mesmo assim contempla o ofensor no testamento, o indigno poderá suceder no limite da disposição testamentária, visto que com aquele gesto o ofendido veio a perdoá-lo da ofensa, demonstrando que não quer sua punição.

CAPÍTULO VI
DA HERANÇA JACENTE

Art. 1.819. Falecendo alguém sem deixar testamento nem herdeiro legítimo notoriamente conhecido, os bens da herança, depois de arrecadados, ficarão sob a guarda e administração de um curador, até a sua entrega ao sucessor devidamente habilitado ou à declaração de sua vacância.

- *Sobre o processo de arrecadação e administração da herança jacente,* vide *arts. 738 a 743 do Código de Processo Civil.*
- *Sobre a representação judicial da herança jacente,* vide *art. 75, VI, do Código de Processo Civil.*
- *Sobre foro competente: art. 48 do Código de Processo Civil.*
- *Código Civil, art. 28, § 2º.*

Herança jacente. Haverá herança jacente, na lição de Lafayette, quando não houver herdeiro, legítimo ou testamentário, notoriamente conhecido (*RT*, *792*:249, *787*:207, *792*:249, *782*:202, *778*:233, *735*:238, *727*:131, *717*:135, *710*:178, *691*:153, *709*:56, *556*:79, *153*:276, *109*:673, *157*:134, *557*:621, *142*:325, *605*:64, *615*:62 e *641*:119; *JTJ*, *176*:214 e *153*:193;

RJTJSP, *90*:112, *101*:78, *113*:106, *134*:342, *133*:235, *153*:193; *RF*, *51*:510 e *69*:132; *BAASP*, *1.947*:30 e *1.950*:37; *RSTJ*, *94*:215; *JSTJ*, *132*:63, *143*:112; TJSP, Ap. 458.272.4/0-00, rel. Salles Rossi, j. 10-5-2007). A jacência é um estado transitório que perdura até o momento da entrega da herança aos herdeiros, que comprovarem sua condição, ou da declaração judicial da vacância.

BIBLIOGRAFIA: Wagner Barreira, Herança jacente, in *Enciclopédia Saraiva do Direito*, v. 41, p. 36-44; Dusi, *Eredità giacente nel diritto romano e moderno*, Torino, 1891, n. 15; W. Barros Monteiro, *Curso*, cit., v. 6, p. 57-9 e 66; Itabaiana de Oliveira, *Tratado*, cit., v. 1, p. 109-21; Clóvis Beviláqua, *Sucessões*, cit., § 21; Lacerda de Almeida, *Sucessões*, cit., §§ 16 e 19; Mariano D'Amelio, *Codice Civile*; libro delle successioni, p. 245 e s.; Silvio Rodrigues, *Direito civil*, cit., v. 7, p. 51-2; Hermenegildo de Barros, *Manual*, cit., v. 18, n. 186-90; Caio M. S. Pereira, *Instituições*, cit., v. 6, p. 59; Vitali, *Delle successioni*, cit., v. 1, n. 5; Sebastião de Souza, *Da herança jacente*, 1941; M. Helena Diniz, *Curso*, cit., v. 6, p. 62-7; Carlos Maximiliano, *Sucessões*, cit., v. 1, n. 50, p. 81; Ruggiero e Maroi, *Istituzioni*, cit., v. 1, p. 391; Eduardo de Carvalho, *Processo de inventário*, § 19, notas 1 e 4; Sílvio de Salvo Venosa, *Direito das sucessões*, São Paulo, Atlas, 1991, p. 45-52; Sebastião Amorim, Aspectos da herança jacente e da herança vacante, *Revista de Direito Civil*, *38*:76-81; Heranças jacente e vacante no atual Código Civil, *Novo Código Civil — questões controvertidas*, v. 3, São Paulo, Método, 2004, p. 359-78; José Maurício F. Barros, *Considerações sobre herança jacente*, Rio de Janeiro, 1958; Roberto Senise Lisboa, *Manual*, cit., v. 5, p. 160 e 161; Sebastião José Roque, *Direito das sucessões*, cit., p. 39-44; O. Monje Balmaseda, *La herencia yacente*, Barcelona, Bosch, 2001; E. Castro Saenz, *La herencia yacente en relación con la personalidad jurídica*, Barcelona, Bosch, 1998; Leopoldo Cesar de Miranda Lima, Da herança jacente no direito brasileiro atual, *RT*, *131*:439; Zeno Veloso, *Novo Código Civil*, cit., p. 1637-41; Carlos Alberto Violante, *Herança jacente e herança vacante*, São Paulo, Ed. Juarez de Oliveira, 2003.

Jacência "ab intestato". Não havendo testamento, ter-se-á a jacência *ab intestato* pela inexistência de herdeiros legítimos conhecidos.

Arrecadação da herança jacente e nomeação de curador. Como a herança jacente é um acervo de bens arrecadados por morte do *de cujus*, em razão da falta de herdeiro conhecido, deverá ficar sujeita à guarda e administração de um curador nomeado pelo juiz (CPC, arts. 738 e s.), a quem incumbem não só os atos conservatórios, sob a fiscalização judicial, como também a sua representação em juízo e fora dele (CPC, art. 75, VI), com a assistência do órgão do Ministério Público, durante um período transitório até sua entrega ao sucessor devidamente habilitado ou a declaração de sua vacância. Nítida é, portanto, a transitoriedade da jacência.

Art. 1.820. Praticadas as diligências de arrecadação e ultimado o inventário, serão expedidos editais na forma da lei processual, e, decorrido um ano de sua primeira publicação, sem que haja herdeiro habilitado, ou penda habilitação, será a herança declarada vacante.

- *Código de Processo Civil, arts. 687 a 692, 738, 739, 740, 741 e 743, §§ 1º e 2º.*

Declaração da vacância. Serão declarados vacantes os bens da herança jacente se, depois de um ano da primeira publicação do edital convocatório dos interessados, tendo-se praticado todas as diligências legais, não houver herdeiro habilitado ou habilitação pendente (*RT*, *147*:647, *556*:791, *606*:249, *615*:62 e *641*:119, *773*:194, *717*:134, *726*:197, *727*:131, *778*:233, *773*:194; *JTJ*, *118*:303, *153*:193, *160*:237 e *206*:147; *RF*, *329*:267-8; *RJTJSP*, *90*:209 e *92*:246). A herança jacente, que aguardava herdeiro conhecido, passa, então, a ser vacante pela ausência de herdeiro sucessível, que seria o titular do acervo hereditário.

BIBLIOGRAFIA: Hermenegildo de Barros, *Manual*, cit., v. 18, n. 191-6; Itabaiana de Oliveira, *Tratado*, cit., v. 1, p. 110 e 121; Wagner Barreira, Herança jacente, cit., in *Enciclopédia Saraiva do Direito*, p. 44; Lacerda de Almeida, *Sucessões*, cit., §§ 16 e 19; M. Helena Diniz, *Curso*, cit., v. 6, p. 67-8; Levenhagen, *Código Civil*, cit., v. 6, p. 39-40.

Art. 1.821. É assegurado aos credores o direito de pedir o pagamento das dívidas reconhecidas, nos limites das forças da herança.

- *Código Civil, arts. 836, 1.792 e 1.997.*
- *Código de Processo Civil, art. 741, § 4º.*

Direito dos credores. Os credores têm o direito de pedir o pagamento das dívidas reconhecidas, nos limites das forças da herança, habilitando-se no inventário ou por meio de ação de cobrança (CPC, art. 741, § 4º), seguindo o procedimento comum (CPC, arts. 318 e s.).

Art. 1.822. A declaração de vacância da herança não prejudicará os herdeiros que legalmente se habilitarem; mas, decorridos cinco anos da abertura da sucessão, os bens arrecadados passarão ao domínio do Município ou do Distrito Federal, se localizados nas respectivas circunscrições, incorporando-se ao domínio da União quando situados em território federal.

- *Adquirido o domínio dos bens arrecadados, a União, os Estados ou o Distrito Federal ficam obrigados a aplicá-los em fundações destinadas ao desenvolvimento do ensino universitário e o Ministério Público respectivo velará por essa aplicação. Observar-se-á o disposto no art. 25 do Código Civil de 1916 (hoje correspondente ao art. 63), quando os bens forem insuficientes para a criação de institutos universitários (*vide *art. 3º e parágrafo único do Decreto-Lei n. 8.207, de 22-11-1945).*
- *Código Civil, art. 1.844.*

Parágrafo único. Não se habilitando até a declaração de vacância, os colaterais ficarão excluídos da sucessão.

- *Código Civil, arts. 1.592 e 1.594.*
- Vide *Código de Processo Civil, art. 743, § 2º.*

Efeitos da vacância. A sentença declaratória de vacância produzirá os seguintes efeitos: *a*) devolução da herança à União, se os bens estiverem situados em território federal; aos Municípios ou ao Distrito Federal, se localizados nas respectivas circunscrições, conferindo-lhes propriedade resolúvel (*RT*, *782*:202, *773*:194, *710*:178, *727*:131); *b*) possibilidade de os herdeiros (cônjuge ou companheiro, descendente e ascendente) reclamarem os bens vagos, habilitando-se legalmente durante o prazo de cinco anos da abertura da sucessão, findo o qual o acervo hereditário incorporar-se-á ao patrimônio público definitivamente, e nenhum herdeiro poderá pleiteá-lo (*RJTJSP*, *134*:342; *RT*, *710*:178 e 727:131); *c*) os colaterais ficam excluídos da sucessão legítima até a declaração da vacância, se não providenciaram sua habilitação, passando a ser tidos como renunciantes, de maneira que seu direito hereditário ficará precluso com a sentença da vacância (*RTJ*, *101*:267; *RJTJSP*, *76*:25; *RT*, *510*:111), mas pelo CPC, art. 743, § 2º, poderão reclamar seu direito por ação direta de petição de herança (CC, art. 1.824).

BIBLIOGRAFIA: Sebastião Luiz Amorim e Euclides Benedito de Oliveira, Destinação da herança vacante, *JB*, *167*:69-78; Aspectos da herança jacente e da herança vacante, *RDC*, *38*:76; Walter Moraes, *Teoria geral e sucessão legítima*, São Paulo, Revista dos Tribunais, 1980, p. 82; Wagner Barreira, Herança jacente, cit., in *Enciclopédia Saraiva do Direito*, p. 45-6; Pontes de Miranda, *Tratado*, cit., v. 55, p. 113, § 5.599; Silvio Rodrigues, *Direito civil*, cit., v. 7, p. 54-5; W. Barros Monteiro, *Curso*, cit., v. 6, p. 62; Levenhagen, *Código Civil*, cit., v. 6, p. 40; M. Helena Diniz, *Curso*, cit., v. 6, p. 67-8; Hermenegildo de Barros, *Manual*, cit., v. 18, n. 195-6; Deborah Regina Lambach Ferreira da Costa, *Da sucessão do município na ordem de vocação sucessória*, dissertação de mestrado defendida na PUCSP em 1995.

Art. 1.823. Quando todos os chamados a suceder renunciarem à herança, será esta desde logo declarada vacante.

• Vide *Código Civil, arts. 1.804, parágrafo único, 1.806, 1.812 e 1.822.*

Declaração imediata da vacância da herança. Se a herança for repudiada por todas as pessoas sucessíveis, ter-se-á, de logo, a declaração de sua vacância (CC, art. 1.822; *JSTJ*, *143*:112), e, consequentemente, a produção de seus efeitos jurídicos. Não haverá, portanto, a fase da jacência.

CAPÍTULO VII

DA PETIÇÃO DE HERANÇA

Art. 1.824. O herdeiro pode, em ação de petição de herança, demandar o reconhecimento de seu direito sucessório, para obter a restituição da herança, ou de parte dela, contra quem, na qualidade de herdeiro, ou mesmo sem título, a possua.

• *Código Civil, art. 205.*

• *Código de Processo Civil, art. 628, §§ 1º e 2º.*

• *Súmula 149 do Supremo Tribunal Federal.*

Ação de petição de herança. O herdeiro poderá dentro do prazo prescricional de 10 anos (CC, art. 205) contado da abertura da sucessão (salvo se for absolutamente incapaz, caso em que computar-se-á do dia da cessação da incapacidade — CC, art. 3º, c/c o art. 198, I) do suposto pai, por meio de ação de petição de herança, pleitear não só o reconhecimento de seu direito sucessório, que foi impugnado, como também a devolução, total ou parcial, da herança contra qualquer pessoa que a detenha, na qualidade de herdeiro ou de estranho, mesmo sem qualquer título (*RT*, *236*:120). Para Clóvis Beviláqua, a ação de petição de herança é "uma ação real universal, tendo por fim fazer reconhecida a qualidade de herdeiro alegada pelo autor, e entregar-lhe os bens da herança no todo ou em parte, com todos os seus acessórios e rendimentos, desde a morte do *de cujus*". Orlando Gomes, apesar de admitir o caráter real preponderante dessa ação, nela vislumbra uma ação especial pela singularidade de seu objeto, pois, por meio dela, além do reconhecimento da qualidade de herdeiro, adquire-se a herança. A *petitio hereditatis* visa reconhecer a quem adiu a herança, mas que dela não tomou posse, a qualidade de herdeiro para que este obtenha não só a totalidade ou parte da herança, bem como frutos, rendimentos e acessórios e é movida apenas contra herdeiro (possuidor *pro herede*) ou contra pessoa que, sem título, possua a herança (possuidor *pro possessore*), ou seja, contra: herdeiro, detentor indevido de bens que não lhe pertencem; terceiro estranho, que tenha posse ilegal de bens hereditários e herdeiro aparente, que, por não ser o real sucessor do *de cujus*, nenhum direito tem sobre o acervo hereditário. Essa ação, que tem natureza condenatória, deverá ser ajuizada no mesmo foro do inventário e pode estar cumulada com outra (p. ex., investigação de paternidade ou declaratória da condição de convivente — TJRS, Ap. 70.004.770.848, rel. Strangler Pereira, j. 12-6-2003). O juízo do inventário é o competente para as ações concernentes à herança (CPC, art. 48), enquanto esta se conservar *pro indiviso*, dado o caráter universal da sucessão (CC, art. 91; *RT*, *785*:216, *790*:375, *792*:261, *775*:233, *766*:366, *753*:200, *748*:341, *735*:372, *681*:250, *605*:144, *604*:201).

Enunciado n. 183 do Fórum Permanente de Processualistas Civis: "Ação rescisória de partilha com fundamento da preterição de herdeiro, prevista no inciso III do art. 673, está vinculada à hipótese do art. 643, não se confundindo com petição de herança (art. 1.824 do Código Civil), cujo fundamento é o reconhecimento do direito sucessório e a restituição da herança por aquele que não participou, de qualquer forma, do processo de inventário e partilha (art. 658, III, e art. 628 do novo CPC, respectivamente)".

"O prazo prescricional para propor ação de petição de herança conta-se da abertura da sucessão" (Informativo n. 757 do STJ, Processo sob segredo judicial, rel. Min. Antonio Carlos Ferreira, 2ª S., por maioria, j. 26-10-2022).

BIBLIOGRAFIA: Jorge S. Fujita, *Comentários*, cit., p. 1304; Mário Moacyr Porto, Ações de investigação de paternidade ilegítima e petição da herança, *RT, 645*:10; Luiz Paulo V. de Carvalho, *Direito civil*, cit., p. 435-49; Clóvis Beviláqua, *Direito das sucessões*, Editora Rio, 1978, p. 55; Orlando Gomes, *Sucessões*, cit., p. 260; Pedro T. P. Greco, Petição de herança e usucapiões constitucionais: por uma leitura isonômica substancial, *Revista Síntese – Direito de Família, 111*:9-23; Elisangela S. Almeida, Aspectos gerais da ação de herança, *Revista Síntese – Direito de Família, 111*:28-33.

Art. 1.825. A ação de petição de herança, ainda que exercida por um só dos herdeiros, poderá compreender todos os bens hereditários.

• *Código Civil, art. 1.791, parágrafo único.*

"Petitio hereditatis" intentada por um dos herdeiros. A ação de petição de herança, mesmo que tenha sido movida por um dos coerdeiros, poderá abranger todos os bens do acervo hereditário, com seus rendimentos e acessórios, pois até a partilha a herança (*universitas juris*) é indivisível. Logo, o demandado não poderá defender-se alegando que os bens pretendidos não pertencem por inteiro ao demandante. E os demais coerdeiros, que, com o demandante, não propuseram a ação, poderão dela tirar proveito.

Art. 1.826. O possuidor da herança está obrigado à restituição dos bens do acervo, fixando-se-lhe a responsabilidade segundo a sua posse, observado o disposto nos arts. 1.214 a 1.222.

• Vide *Código Civil, arts. 1.214 a 1.222.*

Parágrafo único. A partir da citação, a responsabilidade do possuidor se há de aferir pelas regras concernentes à posse de má-fé e à mora.

• *Código Civil, arts. 394 a 401, 405, 1.220 e 1.222.*

Efeitos da procedência da ação de petição de herança. Quem detiver indevidamente a posse de bens da herança deverá devolvê-los aos herdeiros. Se estava de boa-fé, o possuidor *pro herede* terá direito aos frutos percebidos e à indenização pelas benfeitorias úteis e necessárias, com direito de retenção pelo valor delas. Os frutos pendentes ao tempo em que cessar a boa-fé deverão ser restituídos, deduzindo-se despesas de produção e custeio, bem como os colhidos com antecipação (CC, art. 1.214). Se de má-fé, responderá pelos frutos colhidos e percebidos e pelos que, culposamente, deixou de perceber, mas tem direito às despesas de produção e custeio (CC, art. 1.216) e a indenização pelas benfeitorias necessárias, sem direito de retenção pelo seu valor.

Se de boa-fé, não responde pela perda e deterioração da coisa a que não deu causa, mas se de má-fé responde por isso, mesmo que acidentalmente o evento tenha ocorrido, salvo se houver comprovação de que o fato ocorreria mesmo que o bem estivesse em poder do reivindicante (CC, arts. 1.217 e 1.218). A ação de petição de herança pode ser movida contra herdeiro (CC, art. 1.824, *in fine*) ou contra possuidor da herança de boa ou de má-fé (CC, arts. 1.214 a 1.222). A ação de petição de herança é proposta para o efeito de ser o autor declarado herdeiro do falecido, e o réu condenado a entregar-lhe toda (se for o único da classe), ou parte da herança (se a pretensão é restrita a ser incluído como sucessor, dentre os demais herdeiros) com os rendimentos e acessórios, que lhe pertencem desde a data do óbito. O possuidor da herança está obrigado a devolver os bens que estiverem em seu poder, e, a partir da citação, a sua responsabilidade segue as normas relativas à posse de má-fé (CC, arts. 1.220 e 1.222) e à mora (CC, arts. 394 a 401). Logo, após a citação do possuidor (de boa ou má-fé) de bens da herança, apurar-se-á sua responsabilidade de conformidade com as normas atinentes à posse de má-fé e à mora, pouco importando que estivesse de boa-fé. Ao possuidor vencido na *petitio hereditatis* aplicar-se-ão, ainda, os princípios atinentes às benfeitorias relativos ao possuidor de má-fé (CC, arts. 1.219, 1.220, 1.221 e 1.222).

BIBLIOGRAFIA: Barassi, *Le successioni per causa di morte*, p. 120, n. 48; Caio M. S. Pereira, *Instituições*, cit., v. 6, p. 60-2; Vitali, *Delle successioni*, v. 5, n. 189, p. 587; Mário Moacyr Porto, Ações de investigação de paternidade ilegítima e petição de herança, *RT*, *647*:7-12; Wagner Barreira, A ação de petição de herança, *RT*, *659*:24-28; Sebastião Amorim e Euclides de Oliveira, *Inventários e partilhas — teoria e prática*, São Paulo, Leud, 1995, p. 156; Humberto Theodoro Jr., A petição de herança encarada principalmente dentro do prisma do direito processual civil, *RT*, *581*:9-24; Luciano Vianna Araújo, A petição de herança, in *Novo Código Civil — questões controvertidas*, São Paulo, Método, 2003, p. 461-82; Lionel Zaclis, Petição de herança, *Revista do IASP*, *12*:323-41; Francesco Degni, *Nuovo Digesto Italiano*, verbete "Petizione di eredità", p. 1114.

Art. 1.827. O herdeiro pode demandar os bens da herança, mesmo em poder de terceiros, sem prejuízo da responsabilidade do possuidor originário pelo valor dos bens alienados.

Parágrafo único. São eficazes as alienações feitas, a título oneroso, pelo herdeiro aparente a terceiro de boa-fé.

Ação contra detentor da herança a outro título. O herdeiro pode mover ação contra possuidor originário, que detém, indevidamente, bens da herança a outro título. O possuidor ilegítimo da herança (herdeiro aparente) terá responsabilidade pelo valor dos bens do acervo hereditário, que veio a alienar, a título oneroso.

Herdeiro aparente. É aquele que, por ser possuidor de bens hereditários, faz supor que seja o seu legítimo titular, quando, na verdade, não o é, pois a herança passará ao real herdeiro, porque foi declarado não legitimado para suceder, indigno ou deserdado, ou porque foi contemplado em testamento nulo ou anulável, caduco ou revogado (*RT*, *557*:225, *575*:279; *RTJ*, *137-01*:321, *100*:900; *RF*, *250*:285, *249*:237, *247*:226, *113*:68, *82*:475).

Eficácia da alienação onerosa feita a terceiro de boa-fé por herdeiro aparente. Se herdeiro aparente vier a alienar, onerosamente, bens do espólio a terceiro de boa-fé, este não será prejudicado. A venda será válida e eficaz, o alienante terá de entregar ao verdadeiro herdeiro o valor dos bens que alienou, respeitando o direito do adquirente de boa-fé sobre eles. Há proteção à boa-fé do adquirente pouco importando se o herdeiro aparente esteja ou não de boa-fé. Se, porém, tal alienação for gratuita, esta não terá validade nem eficácia, e o terceiro de boa-fé deverá restituir os próprios bens e não seu valor pecuniário a quem de direito. Com isso, evitar-se-á doação que possa lesar o herdeiro.

Art. 1.828. O herdeiro aparente, que de boa-fé houver pago um legado, não está obrigado a prestar o equivalente ao verdadeiro sucessor, ressalvado a este o direito de proceder contra quem o recebeu.

• *Código Civil, art. 1.934.*

Herdeiro aparente e legatário. Se o herdeiro aparente entregou, de boa-fé, o legado à pessoa indicada, no testamento, pelo *de cujus*, cumprindo o ato de última vontade, não terá, por isso, nenhuma obrigação de pagar o equivalente ao real herdeiro, que, contudo, poderá agir contra quem indevidamente recebeu aquele legado, para obter a devolução do bem ou o pagamento do seu valor correspondente.

BIBLIOGRAFIA: Arthur Rabay, Responsabilidade civil do herdeiro aparente, *Sucessão do cônjuge, do companheiro e outras histórias* (coord. M. Helena Diniz), São Paulo, Saraiva, 2013, p. 129 a 134; Luiz Roberto Curia, Herdeiro Aparente: definição, tratamento legal, controvérsias doutrinárias e efeitos, *Sucessão do cônjuge, do companheiro*, cit., p. 135 a 167.

Título II
Da Sucessão Legítima

Capítulo I
Da Ordem da Vocação Hereditária

• Vide *Código Civil, sobre direito de companheiro à sucessão, art. 1.790.*

• *Código Civil, art. 2.041.*

Art. 1.829. A sucessão legítima defere-se na ordem seguinte:

• Vide *Código Civil, arts. 1.845 a 1.850 e 1.961 a 1.965.*

I — aos descendentes, em concorrência com o cônjuge sobrevivente, salvo se casado este com o falecido no regime da comunhão universal, ou no da separação obrigatória de bens (art. 1.640, parágrafo único)*; ou se, no regime da comunhão parcial, o autor da herança não houver deixado bens particulares;

• Vide *Código Civil, arts. 1.832 a 1.835, 1.852, 1.641, 1.658 a 1.671, 1.672 a 1.685, 1.687 e 1.688.*

• *Constituição Federal, art. 227, § 6º.*

* *Na verdade, não se trata do art. 1.640, parágrafo único, mas sim do art. 1.641. Por isso, o* ***Projeto de Lei n. 699/2011****, assim propõe: "I — aos descendentes, em concorrência com o cônjuge sobrevivente, salvo se casado este com o falecido no regime da comunhão universal, ou no da separação obrigatória de bens (art. 1.641); ou se, no regime da comunhão parcial, o autor da herança não houver deixado bens particulares;*

....".

II — aos ascendentes, em concorrência com o cônjuge;

• *Código Civil, arts. 1.836, 1.837 e 1.845.*

III — ao cônjuge sobrevivente;

• *Código Civil, arts. 1.830 a 1.832, 1.836, 1.838 e 1.845.*

IV — aos colaterais.

- *Código Civil, arts. 1.592, 1.594, 1.839 a 1.843 e 2.041.*

- *A sucessão de bens de estrangeiros situados no País será regulada pela lei brasileira e em benefício do cônjuge ou de filhos brasileiros, ou de quem os represente, sempre que lhes não seja mais favorável a lei pessoal do de cujus. Lei de Introdução às Normas do Direito Brasileiro (Decreto-Lei n. 4.657, de 4-9-1942, alterado pela Lei n. 12.376/2010), art. 10, § 1º, com a redação da Lei n. 9.047, de 18 de maio de 1995; Constituição Federal, art. 5º, XXXI.*

Ordem de vocação hereditária. A ordem de vocação hereditária é, segundo Silvio Rodrigues, uma relação preferencial, estabelecida pela lei, das pessoas que são chamadas a suceder o finado (*RF*, *76*:519, *112*:91, *87*:462, *100*:507 e *137*:139; *RT*, *136*:701, *148*:237, *305*:637, *568*:53, *641*:119, *656*:82, *680*:87, *712*:152, *739*:252, *753*:231, *754*:252; *RJTJSP*, *119*:382 e *135*:231).

BIBLIOGRAFIA: Silvio Rodrigues, *Direito civil*, cit., v. 7, p. 78 e 82; Caio M. S. Pereira, *Instituições*, cit., v. 6, p. 68-73; Bassil Dower, *Curso renovado de direito civil*, São Paulo, Nelpa, v. 4, p. 331; Cafferata, *Legítima y sucesión intestada*, Buenos Aires, 1982; Luigi Carraro, *La vocazione legittima alla successione*, Padova, CEDAM, 1979; W. Barros Monteiro, *Curso*, cit., v. 6, p. 78-92; Hermenegildo de Barros, *Manual*, cit., v. 18, n. 235-48; Clóvis Beviláqua, *Código Civil*, cit., v. 6, p. 59 e s.; Polacco, *Delle successioni*, cit., v. 1, p. 35; Santoro-Passarelli, *Appunti sulle successione legittime*, Roma, 1930; *Vocazione legale*, p. 86; M. Helena Diniz, *Curso*, cit., v. 6, p. 77-81; Planiol, Ripert e Boulanger, *Traité élémentaire*, cit., v. 3, n. 1.725; Luigi Ferri, *Successioni in generale*, cit., p. 44; Carlos Alberto Bittar, *Direito das sucessões*, cit., p. 42-7; Coviello, *Successione legittime e necessaria*, Milano, Giuffrè, 1937; João Ayres Azevedo, *Da sucessão legítima*, Coimbra, 1927; Belluscio, *Vocación sucesoria, sus fuentes en la reforma del Código Civil*, Buenos Aires, 1975; Antonio José de S. Levenhagen, *Sucessão legítima, inventário e partilha*, São Paulo, Atlas, 1992; José de Oliveira Ascensão, *Direito civil — sucessões*, Coimbra, 1989, p. 139; Ricardo R. Gama, *Direito das sucessões*, cit., p. 101-30; Roberto Senise Lisboa, *Manual*, cit., v. 5, p. 178 a 192; Sebastião José Roque, *Direito das sucessões*, cit., p. 51-74; Eduardo de Oliveira Leite, A nova ordem de vocação hereditária e a sucessão dos cônjuges, in *Novo Código Civil — questões controvertidas*, São Paulo, Método, 2003, p. 445-60; Walter Moraes, *Teoria geral e sucessão legítima*, São Paulo, 1980; Giselda Maria F. N. Hironaka, Apontamentos renovados acerca da sucessão legítima no Brasil, *Direito civil — estudos*, cit., p. 201-52; Zeno Veloso, *Novo Código Civil*, cit., p. 1646-64; Maria Berenice Dias, Ponto-e-vírgula, *Boletim IBDFAM*, *5*:6; Antonio Ivo Aidar, A herança dos cônjuges no novo Código, *CDT Boletim*, *20*:86; Alice de Souza Birchal, Ordem de vocação hereditária ao novo Código Civil: os direitos sucessores do cônjuge, *Revista Brasileira de Direito de Família*, *17*:149-63; Rosa Maria R. de Andrade Nery, Aspectos da sucessão legítima, in *O novo Código Civil — estudos em homenagem a Miguel Reale*, São Paulo, LTr, 2003, p. 1368-83; Carlos Alberto Dabus Maluf, Sucessão do cônjuge sobrevivente casado, *Tribuna do Direito*, outubro 2004, p. 12; Maria Helena M. B. Daneluzzi, *Aspectos polêmicos na sucessão do cônjuge sobrevivente*, São Paulo, Letras Jurídicas, 2004; Rui Celso Reali Fragoso, Sucessão legítima, *Revista do IASP*, *14*:52-8; Euclides de Oliveira, *Direito de herança* — a nova ordem da sucessão, São Paulo, Saraiva, 2007; Ana Luiza M. Nevares, Os direitos sucessórios do cônjuge e do companheiro, *Revista Brasileira do Direito de Família*, *36*:139-69; Glauber Salomão Leite, *Sucessão do cônjuge sobrevivente*, Rio de Janeiro, Lumen Juris, 2008; Luiz Paulo V. de Carvalho, *Direito civil*, cit., p. 256-99, 329-34.

Vocação dos herdeiros legítimos. Na sucessão legítima convocam-se os herdeiros segundo tal ordem legal, de forma que uma classe só será chamada quando faltarem herdeiros da classe precedente. Assim sendo, por exemplo, se o autor da herança for viúvo e deixar descendentes e ascendentes, só os primeiros herdarão, pois a existência de descendentes retira da sucessão os ascendentes. Só se convocam os ascendentes se não houver descendentes. Pelo Enunciado n. 609, aprovado na VII Jornada de Direito Civil: "O regime de bens no casamento somente interfere na concorrência sucessória do cônjuge com descendentes do falecido". Assim, se casado for, o consorte sobrevivente concorrerá não só com os descendentes (*BAASP*, *2673*:5529), exceto se for casado sob o regime da comunhão universal (STJ, RMS 22.684/RJ, rel. Min. Nancy Andrighi, 3ª T., j. 7-5-2007), ou no da separação obrigatória de bens (CC, art. 1.641), ou se no de comunhão parcial, não havendo bens particulares do falecido (*requisitos legais especiais para tal concorrência*), mas também com os ascendentes do autor da herança independentemente do regime de bens desde que preenchidos os requisitos gerais do art. 1.830 (CC, art. 1.837). Daí ser herdeiro necessário privilegiado. Pelo Enunciado n. 270 do Conselho da Justiça Federal, "o art. 1.829, inc. I, só assegura ao cônjuge sobrevivente o direito de concorrência com os descendentes do autor da herança quando casados no regime da separação convencional de bens ou, se casados nos regimes da comunhão parcial ou participação final nos aquestos, o falecido possuísse bens particulares, hipóteses em que a concorrência se restringe a tais bens, devendo os bens comuns (meação) ser partilhados exclusivamente entre os descendentes". Em que pese essa opinião, entendemos que o art. 1.829, I, contém, ante a teoria da unidade sucessória ou da herança de Savigny, adotada pelo art. 1.791 do Código Civil, tão somente requisitos legais especiais para tal concorrência, pois o cônjuge-viúvo, que os preencher, terá sua quota, considerando-se todo o acervo hereditário e não apenas os bens particulares do falecido, em razão do disposto nos arts. 1.791 e parágrafo único, 1.832, 1.845 e 1.846 do novo Código Civil.

O cônjuge supérstite só herdará a totalidade da herança na ausência de descendente e de ascendente e os colaterais até o quarto grau, se inexistirem descendentes, ascendentes e cônjuge supérstite.

Art. 1.830. Somente é reconhecido direito sucessório ao cônjuge sobrevivente se, ao tempo da morte do outro, não estavam separados judicialmente, nem separados de fato há mais de dois anos, salvo prova, neste caso, de que essa convivência se tornara impossível sem culpa do sobrevivente.

- *Artigo que poderá perder, parcialmente, sua eficácia social ante a redação dada pela EC n. 66/2010 ao § 6º, art. 226 da CF.*
- *Código Civil, art. 1.839.*
- *Código de Processo Civil, art. 733.*

Reconhecimento do direito sucessório do cônjuge sobrevivente. Protege-se, juridicamente, o consorte supérstite, deferindo-se-lhe a sucessão, se, ao tempo da morte do outro, preenchendo os *requisitos legais gerais*, do art. 1.830, não estava separado extrajudicial ou judicialmente nem de fato há mais de dois anos, salvo se se comprovar, ocorrendo a última hipótese, que a convivência se tornara impossível sem culpa do sobrevivente. Na lição de Hugo Nigro Mazzilli e Wander Garcia, "deve-se entender que o ônus da prova dessa circunstância será do cônjuge sobrevivo: *a*) à vista da redação do dispositivo (art. 1.830); *b*) considerando que estamos diante de uma exceção; *c*) presumindo a boa-fé do falecido, que já não terá como fazer prova de sua conduta; *d*) cometendo o ônus da prova a quem alega o fato constitutivo do direito, nos termos do processo civil". Tal prova será difícil de ser obtida tendo em vista que um dos cônjuges já faleceu. Esse artigo é um retrocesso, afirma Rolf Madaleno, pois como seria possível comprovar *culpa funerária* ou *culpa mortuária*? Se a separação de fato existir há mais de dois anos, não se haverá de perquirir qualquer culpabilidade para apurar direito sucessório, pois, após esse lapso temporal, o cônjuge sobrevivente perdeu o direito de postular, em juízo, quotas hereditárias. Se o óbito se der na pendência da ação de separação judicial ou da de divórcio, a qualidade de herdeiro do cônjuge supérstite reger-se-á pelos parâmetros estabelecidos legalmente para os casos de separação de fato, visto que o cônjuge apenas deixará de ter capacidade para suceder se houver sentença já transitada em julgado no instante da abertura da sucessão. E, além disso, como bem observa Zeno Veloso, complicar-se-á "a situação, ainda mais, se o *de cujus*, embora formalmente casado, mas separado de fato, constituiu união estável com outra pessoa, sabendo-se que, nos termos do art. 1.790 do novo Código Civil, a companheira ou o companheiro participará da sucessão do outro, quanto aos bens adquiridos onerosamente na vigência da união estável...". Logo, na sucessão haveria concorrência tanto do cônjuge como do companheiro. E se, por ocasião do óbito, já havia rompimento fático da união estável entre *de cujus* casado, mas separado de fato, e terceiro, o cônjuge sobrevivo receberá a herança se a separação de fato for inferior a dois anos ou se superior, não tiver dado causa a ela.

Contudo, há quem ache que, com a EC n. 66/2010, o tempo de separação de fato não deverá mais ser considerado. Deveras, observam Pablo Stolze Gagliano e Rodolfo Pamplona Filho, que se "estando o casal separado de fato há, p. ex., um ano, tempo suficiente para o pedido de divórcio, visto que não há mais tempo mínimo para a dissolução do vínculo, que sentido haveria em se reconhecer do direito sucessório do cônjuge sobrevivente?" e concluem que se deve "negar o direito sucessório ao cônjuge que já estava separado de fato do falecido, não importando por quanto tempo fosse".

BIBLIOGRAFIA: Zeno Veloso, Sucessão do cônjuge no novo Código Civil, *Revista Brasileira de Direito de Família, 17*:148; *Direito hereditário do cônjuge e do companheiro*, São Paulo, Saraiva, 2010; Matiello, *Código Civil*, cit., p. 1195; Hugo Nigro Mazzilli e Wander Garcia, *Anotações*, cit., p. 553; Rolf Madaleno, *Direito de família em pauta*, Porto Alegre, 2004, p. 119; Ana Luiza M. Nevares, *A tutela sucessória do cônjuge e do companheiro na legislação constitucional*, Rio de Janeiro, Renovar, 2004, p. 159; Pablo S. Gagliano e Rodolfo Pamplona Filho, *O novo divórcio*, cit., p. 130.

Art. 1.831. Ao cônjuge sobrevivente, qualquer que seja o regime de bens, será assegurado, sem prejuízo da participação que lhe caiba na herança, o direito real de habitação relativamente ao imóvel destinado à residência da família, desde que seja o único daquela natureza a inventariar.

- *Código Civil, arts. 1.414 a 1.416 e 1.225, VI.*
- *Leis n. 8.971/94 e 9.278/96, art. 7º, parágrafo único.*
- *Constituição Federal, art. 6º.*
- ***Projeto de Lei n. 699/2011**: "Art. 1.831. Ao cônjuge sobrevivente, qualquer que seja o regime de bens, enquanto permanecer viúvo ou não constituir união estável, será assegurado, sem prejuízo da participação que lhe caiba na herança, o direito real de habitação relativamente ao imóvel destinado à residência da família, desde que seja o único daquela natureza a inventariar".*

Sucessão no direito real de habitação. O consorte sobrevivente, qualquer que seja o regime de bens, sem prejuízo da participação que, porventura, lhe couber na herança na qualidade de herdeiro e legatário, será chamado a suceder no direito real de habitação do imóvel destinado à residência da família, se este for o único do gênero a inventariar. Assim não ficará privado de uma moradia (CF, art. 6º), nem desamparado. O imóvel tem destinação específica: servir de morada ao viúvo, que nele deverá residir a título gratuito (CC, art. 1.414), não podendo alugá-lo, nem cedê-lo em comodato. O viúvo terá tal direito não obstante a comunhão universal (*RT*, *801*:216, *530*:230; *JTJ*, *160*:94), mesmo que não permaneça em estado de viuvez, pois não mais se estabelece o limite temporal até a cessação da viuvez por novas núpcias, o que não parece ser uma solução justa, se vier a constituir uma nova família pelo casamento ou união estável. Poderá ocorrer, p. ex., que o cônjuge supérstite venha a acumular o benefício do direito real de habitação e o da concorrência com descendente, se casado sob o regime de comunhão parcial e o *de cujus* deixar bens particulares. "O direito real de habitação deve ser estendido ao companheiro, seja por não ter sido revogada a previsão da Lei n. 9.278/96, seja em razão da interpretação analógica do art. 1.831, informado pelo art. 6º, *caput*, da CF/88" (Enunciado n. 117, aprovado na *I Jornada de Direito Civil*, promovida, em setembro de 2002, pelo Centro de Estudos Judiciários do CJF).

Pelo Enunciado n. 271 do Conselho da Justiça Federal, aprovado na *III Jornada de Direito Civil*: "O cônjuge pode renunciar ao direito real de habitação, nos autos do inventário ou por escritura pública, sem prejuízo de sua participação na herança".

Art. 1.832. Em concorrência com os descendentes (art. 1.829, I) caberá ao cônjuge quinhão igual ao dos que sucederem por cabeça, não podendo a sua quota ser inferior à quarta parte da herança, se for ascendente dos herdeiros com que concorrer.

- Vide *Código Civil, arts. 1.596 a 1.619, 1.791, 1.829, I, 1.830 e 1.847.*
- *Lei de Introdução às Normas do Direito Brasileiro, arts. 4º e 5º.*
- *Constituição Federal, art. 227, § 6º.*

Concorrência entre cônjuge supérstite com descendentes do "de cujus". Havendo consorte sobrevivente do *de cujus*, este concorrerá com seus descendentes, desde que: ao tempo da morte do autor da herança não estivesse dele separado extrajudicial ou judicialmente nem de fato há mais de dois anos, exceto prova, neste último caso, de que essa convivência se tornou impossível por culpa do falecido (CC, art. 1.830); não seja casado sob o regime de comunhão universal ou de separação obrigatória de bens e haja bens particulares do autor da herança, se casado sob o regime de comunhão parcial (CC, art. 1.829, I). Portanto, herda, também, se for casado sob o regime de separação convencional de bens e o de participação final nos aquestos, caso em que o sobrevivente continua tendo a titularidade de seu patrimônio, recebendo sua meação e participando como herdeiro necessário da herança deixada pelo *de cujus*, composta pela antiga "meação" deste e de seus bens particulares, por força do art. 1.791. A existência de tais bens particulares e a exigência de certo regime de bens constituem meros *requisitos legais* para concorrência de viúvo com descendentes do *de cujus*. Todavia, há quem ache, como Zeno Veloso, que a concorrência será somente com relação aos bens particulares deixados pelo *de cujus*, pois, como o cônjuge sobrevivente já retirou sua meação, dever-se-á resguardar e melhor amparar os direitos dos descendentes, não tendo direito sobre quota ideal da metade dos bens comuns do autor da herança, que será dividida apenas entre os descendentes.

"Quantum" cabível ao viúvo. Em concorrência com os descendentes do falecido cônjuge, o viúvo terá direito a um quinhão igual ao dos que sucederem por cabeça, e, além disso, se for ascendente dos herdeiros com que concorre, sua quota não poderá ser inferior à quarta parte da herança partilhada. E se houver filhos comuns e filhos só do falecido? O cônjuge sobrevivente teria ainda direito à reserva hereditária mínima de um quarto do montemor? Surge aqui uma lacuna normativa a ser preenchida pelo critério apontado no art. 4º da Lei de Introdução às Normas do Direito Brasileiro, que é o do *princípio da igualdade jurídica de todos os filhos* (CF, art. 227, § 6º, e CC, arts. 1.596 a 1.619), consagrado pelo nosso direito positivo. Se assim é, só importa, para fins sucessórios, a relação de filiação com o *de cujus* (autor da herança) e não a existente com o cônjuge supérstite, por isso, diante da omissão legal, parece-nos que este deveria receber quinhão igual ao dos filhos exclusivos, que herdam por cabeça, não se aplicando a quota hereditária mínima de um quarto, para que não haja quotas diferentes entre os filhos do falecido (LINDB, arts. 4º e 5º). Nesse sentido o Enunciado n. 526 do Conselho da Justiça Federal, aprovado na *V Jornada de Direito Civil*: "Na concorrência entre o cônjuge e os herdeiros do *de cujus*, não será reservada a quarta parte da herança para o sobrevivente no caso de filiação híbrida". Acatar-se-iam, assim, o princípio da isonomia e o da operabilidade.

Art. 1.833. Entre os descendentes, os em grau mais próximo excluem os mais remotos, salvo o direito de representação.

• Vide *Código Civil, arts. 1.594, 1.851, 1.835 a 1.856.*

Sucessão dos descendentes. Ante o princípio de que, dentro da mesma classe, os mais próximos excluem os mais remotos, os filhos, que também são herdeiros necessários (CC, arts. 1.845 e 1.846) serão chamados à sucessão *ab intestato* do pai, excluindo os demais descendentes (netos, p. ex.), salvo o direito de representação (CC, art. 1.835), caso em que herdarão os direitos e deveres do herdeiro premorto. Assim, se alguém deixar três filhos, *A*, *B* e *C* e dois netos (gerados pelo seu filho *D*, premorto), sua herança será dividida em quatro partes iguais, ficando uma parte para cada um dos três filhos e um quarto dela para os dois netos, que herdarão por representação (CC, art. 1.835), recebendo, por estirpe, a quota que seria de *D* se vivo fosse.

Art. 1.834. Os descendentes da mesma classe têm os mesmos direitos à sucessão de seus ascendentes.

• *Constituição Federal, art. 227, § 6º.*

• *Código Civil, arts. 1.561 e 1.609.*

• *Lei n. 8.069/90, art. 41.*

• ***Projeto de Lei n. 699/2011***: *"Art. 1.834. Os descendentes do mesmo grau, qualquer que seja a origem do parentesco, têm os mesmos direitos à sucessão de seus ascendentes".*

Sucessão de descendentes da mesma classe. Se na sucessão de ascendentes forem chamados a suceder a descendentes da mesma classe, ou melhor, do mesmo grau, receberá cada um quota igual da herança. P. ex.: se o *de cujus deixou* dois filhos, a herança será dividida em duas partes iguais; se tem apenas três netos, por haverem seus filhos anteriormente falecido, o acervo hereditário será dividido pelo número de netos, recebendo cada um quota idêntica, já que se encontram no mesmo grau.

Art. 1.835. Na linha descendente, os filhos sucedem por cabeça, e os outros descendentes, por cabeça ou por estirpe, conforme se achem ou não no mesmo grau.

• Vide *Código Civil, arts. 1.594, 1.596, 1.833, 1.835, 1.810, 1.811, 1.816 e 1.852.*

• *Constituição Federal, art. 227, § 6º.*

• ***Projeto de Lei n. 699/2011***: *"Parágrafo único. Se não houver pai ou mãe, o filho portador de deficiência que o impossibilite para o trabalho, e desde que prove a necessidade disto, terá, ainda, direito real de habitação relativamente ao imóvel destinado à residência da família, desde que seja o único bem daquela natureza a inventariar, enquanto permanecer na situação que justificou esse benefício".*

Sucessão dos filhos. Para efeitos sucessórios, em nosso direito, os filhos, matrimoniais, ou não matrimoniais, reconhecidos e adotivos, herdam, por cabeça, sem qualquer discriminação ou restrição (CF, art. 227, § 6º; Lei n. 8.069/90, art. 20; *RT*, *161*:180, *73*:514, *555*:95,

580:129, *577*:100, *558*:93, *557*:165 e *643*:239; *RF*, *119*:118; *RJTJRS*, *83*:235, *90*:257 e *95*:318).

Sucessão de descendentes de graus diversos. Se à herança concorrerem descendentes de graus diversos, a sucessão processar-se-á por cabeça (*per capita*) ou por estirpe, e, se forem todos do mesmo grau, receberão por cabeça. Os filhos receberão cada um quota igual da herança (sucessão por cabeça), excluindo-se os demais descendentes, embora não obste a convocação dos filhos de filho falecido do *de cujus* (sucessão por estirpe), por direito de representação (CC, arts. 1.833, 1.835 e 1.852; *Ciência Jurídica*, *54*:121).

BIBLIOGRAFIA: Trabucchi, *Istituzioni*, cit., n. 370; José Lopes de Oliveira, *Sucessões*, cit., p. 61; W. Barros Monteiro, *Curso*, cit., v. 6, p. 80-3; Caio M. S. Pereira, *Instituições*, cit., v. 6, p. 88-9; Carlos Maximiliano, *Direito das sucessões*, cit., v. 1, n. 139; Clóvis Beviláqua, *Direito das sucessões*, cit., § 39; R. Limongi França, Herança dos descendentes, in *Enciclopédia Saraiva do Direito*, v. 41, p. 36; Itabaiana de Oliveira, *Tratado*, cit., v. 1, p. 153; Arnoldo Wald, Direito sucessório e Lei do Divórcio, in *Enciclopédia Saraiva do Direito*, v. 28, p. 340 e s.; e *Curso*, cit., p. 87; Pinto Ferreira, *Tratado das heranças e dos testamentos*, São Paulo, Saraiva, 1983, p. 118-23; Pontes de Miranda, *Tratado de direito de família*, 3. ed., v. 3, p. 188; M. Helena Diniz, *Curso*, cit., v. 6, p. 81-4; Hermenegildo de Barros, *Manual*, cit., v. 18, n. 249-301; Sílvio de Salvo Venosa, *Direito das sucessões*, cit., p. 65-71.

Art. 1.836. Na falta de descendentes, são chamados à sucessão os ascendentes, em concorrência com o cônjuge sobrevivente.

• *Código Civil, arts. 1.829, II, 1.830 e 1.837.*

§ 1º Na classe dos ascendentes, o grau mais próximo exclui o mais remoto, sem distinção de linhas.

• *Código Civil, arts. 1.594 e 1.852,* in fine.

§ 2º Havendo igualdade em grau e diversidade em linha, os ascendentes da linha paterna herdam a metade, cabendo a outra aos da linha materna.

Sucessão dos ascendentes. Na falta de descendentes, os ascendentes serão chamados à sucessão do *de cujus*, sendo que, se houver cônjuge sobrevivente do *de cujus*, com ele concorrerão (CC, arts. 1.829, II, e 1.837), por ser herdeiro necessário privilegiado, pouco importando o regime matrimonial de bens, bastando que preencha os requisitos legais gerais do art. 1.830.

BIBLIOGRAFIA: Hermenegildo de Barros, *Manual*, cit., v. 18, n. 302-16; R. Limongi França, Herança dos ascendentes, in *Enciclopédia Saraiva do Direito*, v. 41, p. 32; Clóvis Beviláqua, *Direito das sucessões*, cit., p. 68; Itabaiana de Oliveira, *Tratado*, cit., v. 1, p. 199-204; W. Barros Monteiro, *Curso*, cit., v. 6, p. 85; M. Helena Diniz, *Curso*, cit., v. 6, p. 84-5; Levenhagen, *Código Civil*, cit., v. 6, p. 56-9; Sílvio de Salvo Venosa, *Direito das sucessões*, cit., p. 72.

Ausência do direito de representação na classe dos ascendentes. Na sucessão dos ascendentes, o mais próximo exclui o mais remoto, não se atendendo à distinção de linhas, ou seja, à diversidade entre parentes pelo lado paterno (linha paterna) ou pelo materno (linha materna), porque entre os ascendentes não há direito de representação, o ascendente falecido não poderá ser representado por outro parente. Se o *de cujus* deixou pai e mãe, a herança ser-lhes-á deferida diretamente em partes iguais (*RT*, *181*:452). Se apenas o pai estiver vivo, a ele se entregará todo o acervo hereditário, mesmo que sobrevivam os ascendentes do outro, pois, existindo um dos genitores do *auctor successionis*, não herdarão os avós ou bisavós tanto da linha materna como da paterna.

Sucessão de avós. Na ausência de pais, herdarão os avós da linha materna e paterna, partilhando-se a herança do *de cujus* entre as duas linhas meio pelo meio. Por exemplo, se o falecido deixou três avós (igualdade de grau), dois maternos e um paterno (diversidade em linha), o acervo hereditário será repartido entre as duas linhas meio a meio. Metade será devolvida aos dois avós maternos e metade, ao avô paterno.

Pelo Enunciado n. 642 da *VIII Jornada de Direito Civil*: "Nas hipóteses de multiparentabilidade, havendo o falecimento do descendente com o chamamento de seus ascendentes à sucessão legítima, se houver igualdade em grau e diversidade em linha entre os ascendentes convocados a herdar, a herança deverá ser dividida em tantas linhas quantos sejam os genitores".

Pelo Enunciado n. 676 da *IX Jornada de Direito Civil*: "A expressão diversidade em linha, constante do § 2º do art. 1.836 do Código Civil, não deve ser restrita à linha paterna e à linha materna, devendo ser compreendidas como linhas ascendentes".

Art. 1.837. Concorrendo com ascendente em primeiro grau, ao cônjuge tocará um terço da herança; caber-lhe-á a metade desta se houver um só ascendente, ou se maior for aquele grau.

• *Código Civil, art. 1.830.*

Concorrência à herança entre ascendente e cônjuge do "de cujus". Se, preenchendo os requisitos do art. 1.830, o consorte sobrevivente, na falta de descendente do *de cujus*, concorrer com seus ascendentes em primeiro grau (ambos os pais), terá direito a um terço da herança, e, se vier a concorrer com um só ascendente (pai ou mãe do falecido), ou se maior for aquele grau (avô ou bisavô do *de cujus*), caber-lhe-á metade do acervo hereditário.

Art. 1.838. Em falta de descendentes e ascendentes, será deferida a sucessão por inteiro ao cônjuge sobrevivente.

• Vide *Código Civil, arts. 1.829, III, e 1.830.*

Sucessão do cônjuge supérstite. Não havendo descendentes ou ascendentes, a herança do *de cujus* será entregue, por inteiro, ao cônjuge sobrevivente, qualquer que seja o regime matrimonial de bens, se, ao tempo da morte do outro, não estava dissolvida a sociedade conjugal, nem havia separação de fato há mais de dois anos; logo, a separação de fato há menos de dois anos (CC, art. 1.830) não afastará o consorte da sucessão do outro se este falecer *ab intestato* ou sem herdeiros necessários (*RF*, *210*:218 e *76*:519; *RT*, *614*:82, *591*:67, *565*:82, *525*:57, *456*:241, *274*:400 e *277*:448; *AJ*, *96*:63 e *75*:227; *RJ*, *199*:76; *RJTJSP*, *67*:168, *75*:103, *79*:186, *81*:297 e *103*:325; *Adcoas*, n. 90.442 e 90.443, 1983; TJRS, AI n. 70.019.414.796, rel. Rui Portanova, j. 9-5-2007). Para afastar cônjuge sobrevivo (herdeiro exclusivo e necessário) da sucessão do finado consorte será imprescindível a prova de dois anos de separação de fato por culpa sua, a homologação judicial de separação judicial consensual e o trânsito em julgado da sentença de separação judicial litigiosa (CC, art. 1.830).

BIBLIOGRAFIA: W. Barros Monteiro, *Curso*, cit., v. 6, p. 86-7; M. Helena Diniz, *Curso*, cit., v. 6, p. 85-8; Hermenegildo de Barros, *Manual*, cit., v. 18, n. 317-27; Clóvis Beviláqua, *Sucessões*, cit., §§ 48 e 49; Boissonade, De la condition juridique des époux, *Revue de Législation Ancienne et Moderne Française et Étrangère*, 1872, p. 409; Nicola Coviello, *Corso completo del diritto delle successioni*, v. 2, § 38; Carlos Maximiliano, *Direito das sucessões*, cit., v. 1, n. 146 e 147; Caio M. S. Pereira, *Instituições*, cit., v. 6, p. 103-4; Mazeaud e Mazeaud, *Leçons*, cit., v. 4, n. 794; José Lopes de Oliveira, *Sucessões*, cit., p. 70; Ruggiero e Maroi, *Istituzioni*, cit., v. 1, p. 439; Itabaiana de Oliveira, *Tratado*, cit., v. 1, p. 207-9;

R. Limongi França, Herança do cônjuge, in *Enciclopédia Saraiva do Direito*, v. 41, p. 27; e *Manual de direito civil*, v. 3, p. 231-50; Antonino Mironi, *I diritti successori del coniuge*, Napoli, 1984; Mª Helena M. B. Daneluzzi, *Sucessão do cônjuge sobrevivente no novo Código Civil*, tese de doutorado (PUCSP), 2003; Cibele Pinheiro Marçal Tucci, Sucessão legítima do cônjuge ou companheiro, *Tribuna do Direito*, março 2003, p. 30; Giselda Maria F. M. Hironaka, *Comentários*, cit., v. 20, com. ao art. 1.838; Luis Paulo Cotrim Guimarães, A sucessão do cônjuge sobrevivente no novo Código Civil: um exercício de paciência, *Consulex*, *148*:54-5; Zeno Veloso, Sucessão do cônjuge no novo Código Civil, *Revista Brasileira de Direito de Família*, *17*:142-8; Danielle P. de Biazi e Davi Cury Neto, Sucessão concorrente do cônjuge — viúvo e do companheiro sobrevivente, *Sucessão do cônjuge e do companheiro*, cit., p. 61 a 94.

Art. 1.839. Se não houver cônjuge sobrevivente, nas condições estabelecidas no art. 1.830, serão chamados a suceder os colaterais até o quarto grau.

• *Código Civil, arts. 1.592, 1.594, 1.829, IV, 1.830, 1.840 e 1.850.*

Sucessão dos colaterais. Na falta de herdeiros necessários e de consorte sobrevivente, nas condições estabelecidas no art. 1.830, serão chamados a suceder os colaterais até o quarto grau (*RT*, *305*:632 e *605*:64; *JTJ*, *171*:219; *RJTJSP*, *50*:256). Os de 2º grau serão os irmãos; os de 3º, tios e sobrinhos e os de 4º, os primos, os tios-avós e sobrinhos-netos, atendendo-se ao princípio de que os mais próximos excluem os mais remotos, ressalvando-se o direito de representação em favor de filhos de irmão (CC, art. 1.840) falecido, quando com irmãos deste concorrerem. Como os colaterais não são herdeiros necessários, o autor da herança, se quiser, poderá excluí-los, dispondo, em testamento, de todo seu patrimônio, sem contemplá-los (CC, art. 1.850).

BIBLIOGRAFIA: Caio M. S. Pereira, *Instituições*, cit., v. 6, p. 117-9; Clóvis Beviláqua, *Direito das sucessões*, cit., § 49; e *Código Civil*, cit., v. 6, p. 68; R. Limongi França, Herança dos colaterais, in *Enciclopédia Saraiva do Direito*, v. 41, p. 34; Silvio Rodrigues, *Direito civil*, cit., v. 7, p. 97; Itabaiana de Oliveira, *Tratado*, cit., v. 1, p. 212-7; José Lopes de Oliveira, *Sucessões*, cit., p. 73-5; Celso A. G. Prats, *Sucessão hereditária, vocação dos colaterais*, São Paulo, Atlas, 1983; W. Barros Monteiro, *Curso*, cit., v. 6, p. 90; Carvalho Santos, *Código Civil*, cit., v. 22, p. 343; Hermenegildo de Barros, *Manual*, cit., v. 18, n. 328-48; M. Helena Diniz, *Curso*, cit., v. 6, p. 88-90; José de Assis, Sucessão dos colaterais até o quarto grau, *CJ*, *21*:229; Zeno Veloso, *Novo Código Civil*, cit., p. 1657-8.

Art. 1.840. Na classe dos colaterais, os mais próximos excluem os mais remotos, salvo o direito de representação concedido aos filhos de irmãos.

• Vide *Código Civil, arts. 1.592, 1.594, 1.810, 1.811, 1.816, 1.841, 1.843, 1.851, 1.853, 1.855 e 1.856.*

Direito de representação na linha colateral. Na sucessão dos colaterais atender-se-á ao princípio de que os mais próximos excluem os mais remotos (*proximior excludiet remotiorem*), ressalvando-se, porém, o direito de representação concedido estritamente a filhos de irmãos, assegurando-se a sucessão por estirpe quando concorrerem com irmão do *de cujus*. Se o falecido deixar dois irmãos e dois sobrinhos, filhos de um irmão premorto, a herança será dividida em três partes iguais, cabendo as duas primeiras aos irmãos sobrevivos, que herdarão por cabeça, e a terceira aos dois sobrinhos, que, herdando por estirpe, a dividirão entre si (*RJ*, *199*:93; *JTJ*, *144*:177), respeitando-se, quando for o caso, o privilégio de duplo sangue em favor de irmãos bilaterais (CC, arts. 1.841 e 1.843).

Art. 1.841. Concorrendo à herança do falecido irmãos bilaterais com irmãos unilaterais, cada um destes herdará metade do que cada um daqueles herdar.

• *Projeto de Lei n. 6.880/2010, art. 2º: Art. 1.841. Concorrendo à herança do falecido irmãos bilaterais, com irmãos unilaterais, cada um destes herdará em partes iguais.*

Sucessão entre irmãos. Na falta de descendentes e ascendentes e cônjuge supérstite, serão chamados a suceder os irmãos do falecido, partilhando-se o quinhão hereditário por cabeça, atendendo-se ao privilégio de que gozam os irmãos bilaterais, que, relativamente aos unilaterais (uterinos ou consanguíneos), receberão o dobro do que tiverem estes de receber. P. ex., *A* deixa R$ 240.000,00 a *B* e *C* (irmãos bilaterais) e a *D* e *E* (irmãos unilaterais). Os unilaterais receberão duas porções simples e os bilaterais, duas dobradas, ao todo seis porções. Assim as simples serão do valor de R$ 40.000,00 (R$ 240.000,00 ÷ 6 = R$ 40.000,00), e as dobradas de R$ 80.000,00 (R$ 40.000,00 × 2), de forma que: (R$ 80.000,00 × 2) + (R$ 40.000,00 × 2) = R$ 240.000,00. Logo, *B* e *C* receberão cada um R$ 80.000,00, e *D* e *E*, R$ 40.000,00 cada um.

Art. 1.842. Não concorrendo à herança irmão bilateral, herdarão, em partes iguais, os unilaterais.

• *Projeto de Lei n. 6.880/2010, art. 3º: Fica revogado o art. 1.842 do Código Civil.*

Sucessão entre irmãos unilaterais. Se concorrerem à sucessão do *de cujus* apenas irmãos unilaterais, partilhar-se-á o acervo hereditário igualmente entre eles, uma vez que herdarão por cabeça, não se distinguindo se os unilaterais são paternos (consanguíneos) ou maternos (uterinos).

Art. 1.843. Na falta de irmãos, herdarão os filhos destes e, não os havendo, os tios.

§ 1º Se concorrerem à herança somente filhos de irmãos falecidos, herdarão por cabeça.

• Vide *Código Civil, art. 1.853.*

§ 2º Se concorrerem filhos de irmãos bilaterais com filhos de irmãos unilaterais, cada um destes herdará a metade do que herdar cada um daqueles.

§ 3º Se todos forem filhos de irmãos bilaterais, ou todos de irmãos unilaterais, herdarão por igual.

• *Código Civil, art. 1.841.*

Sucessão dos sobrinhos. Os sobrinhos são parentes em terceiro grau; na falta de herdeiros necessários, de cônjuge sobrevivente, de irmãos, os sobrinhos serão chamados à sucessão do *de cujus*, e, na falta destes, os tios. Embora os tios sejam parentes de terceiro grau, a lei dá preferência aos sobrinhos, que herdarão por cabeça, e, se todos forem germanos (bilaterais) ou unilaterais, as quotas hereditárias serão idênticas. Mas, se concorrerem filhos de irmãos bilaterais com filhos de irmãos unilaterais, cada unilateral receberá a metade do que herdar o bilateral (CC, art. 1.841), por estar este vinculado ao autor da herança por dupla linha de parentesco. P. ex., concorrem à herança de *A*, de R$ 280.000,00, seus sobrinhos *B* e *C* (filhos de um irmão bilateral) e *D*, *E* e *F* (filhos de um irmão unilateral). Temos, então: *B* = 2, *C* = 2, *D* = 1, *E* = 1 e *F* = 1, sendo a soma dos algarismos igual a 7. Dividida a herança por 7, o quociente será R$ 40.000,00. Multiplicado esse quociente pelos algarismos representativos dos sobrinhos, ter-se-á: *B* = 2 × R$ 40.000,00 = R$ 80.000,00; *C* = 2 × R$ 40.000,00 = R$ 80.000,00, ou; *D* = 1 × R$ 40.000,00 = R$ 40.000,00; *E* = 1 × R$ 40.000,00 = R$ 40.000,00; *F* = 1 × R$ 40.000,00 = R$ 40.000,00. A quota hereditária de cada sobrinho, filho de irmão bilateral, é de R$ 80.000,00, e a de cada sobrinho, filho de irmão unilateral, é de R$ 40.000,00, justamente a metade daquela.

Depois dos sobrinhos chamam-se os tios (3º grau) do *de cujus*, e depois os sobrinhos-netos, tios-avós e primos-irmãos do autor da herança, que se encontram no quarto grau de parentesco para com este; inexistindo representação, sucedem por direito próprio, partilhando-se a herança por cabeça, sem que se faça qualquer distinção entre os que o são por linha simples e por linha duplicada, herdando todos igualmente.

Art. 1.844. Não sobrevivendo cônjuge, ou companheiro, nem parente algum sucessível, ou tendo eles renunciado a herança, esta se devolve ao Município ou ao Distrito Federal, se localizada nas respectivas circunscrições, ou à União, quando situada em território federal.

- *Decreto-Lei n. 8.207, de 22 de novembro de 1945, art. 3º; Lei n. 6.858, de 24 de novembro de 1980; Decreto n. 85.845, de 26 de março de 1981; Lei n. 8.049/90.*
- Vide *Código Civil, arts. 1.790, IV, e 1.822.*

Sucessão do Município, Distrito Federal ou da União. O Poder Público está em último lugar, sendo chamado à sucessão do *de cujus* na falta de descendente, ascendente, cônjuge ou convivente sobrevivente e de colaterais até o quarto grau do *de cujus* que faleceu *ab intestato*, desde que haja sentença que declare a vacância dos bens, que só passarão ao domínio do Município (*RT, 782*:202, *726*:197) ou Distrito Federal, se localizados nas respectivas circunscrições, ou da União, se situados em território federal, após cinco anos da abertura da sucessão. Recolhendo a herança, o Poder Público, antes da vigência da Lei n. 8.049/90, obrigado estava a aplicá-la em fundações destinadas a desenvolver o ensino universitário (Decreto-lei n. 8.207/45, art. 3º e Decreto estadual paulista n. 23.296/85). Com a modificação da Lei n. 8.049/90, aqueles decretos foram revogados e pelo atual Código Civil os bens vacantes passam para o domínio dos Municípios ou ao Distrito Federal para a atribuição que entenderem mais pertinente ao interesse público. O Poder Público, portanto, não é herdeiro, não lhe sendo reconhecido o direito de *saisine*, pois não entra na posse e na propriedade da herança pelo fato da abertura da sucessão; para isso é necessária a sentença da vacância pela falta de sucessores, ou melhor, de herdeiros de outra classe (*RT, 641*:119; *RJTJSP, 134*:342, *113*:106, *107*:177, *101*:78; TJRJ, Ap. 2006.001.14301, rel. Guimarães Neto, j. 15-8-2006). É um *sucessor irregular* do que faleceu sem deixar herdeiro. Convém lembrar que o Fundo de Previdência e Assistência Social, o Fundo de Garantia por Tempo de Serviço e o Fundo de Participação PIS-PASEP são sucessores de contribuintes que não tenham dependentes ou herdeiros sucessíveis (Lei n. 6.858/80; Decreto n. 85.845/81; *RDA, 143*:201 e *144*:287; *Ajuris, 21*:249 e *23*:249; *BAASP, 1.146*:4 e *1.169*:4). Há quem ache que, na falta de parente sucessível, o companheiro sobrevivente (herdeiro *sui generis* ou sucessor regular) teria direito apenas à totalidade da herança no que atina aos bens onerosamente adquiridos na vigência da união estável, pois o restante seria do Poder Público. Ora, se o Poder Público só entra como sucessor irregular por não existir qualquer herdeiro, havendo este, afasta-se o Poder Público da condição de beneficiário dos bens do *de cujus*. Daí nosso entendimento de que, não havendo parentes sucessíveis, ou tendo havido renúncia destes, o companheiro receberá a totalidade da herança, no que atina aos bens adquiridos, onerosa ou gratuitamente, antes ou durante a união estável, recebendo, portanto, todos os bens do *de cujus*, por força do disposto no art. 1.844, 1ª parte, que é uma norma especial (relativa à herança vacante) sobrepondo-se ao art. 1.790, IV (norma geral sobre sucessão de companheiro). Isso seria mais justo, pois, se assim não fosse, instaurar-se-ia no sistema jurídico uma lacuna axiológica (LINDB, art. 5º).

BIBLIOGRAFIA: Lacerda de Almeida, *Direito das sucessões*, § 3º; R. Limongi França, Herança do Estado, in *Enciclopédia Saraiva do Direito*, v. 41, p. 30; Caio M. S. Pereira, *Instituições*, cit., v. 6, p. 119 e 78; Orlando Gomes, *Direito das sucessões*, n. 37; Itabaiana de Oliveira, *Tratado*, cit., v. 1, p. 218; Vialleton, *Les successions*, cit., p. 64; M. Helena Diniz, *Curso*, cit., v. 6, p. 90-1; Hermenegildo de Barros, *Manual*, cit., v. 18, n. 353 a 365; Clóvis Beviláqua, *Direito das sucessões*, cit., § 52; Nicola Coviello, *Corso completo*, cit., v. 2, §§ 48, 51 e 52; Dias Ferreira, *Código Civil português anotado*, v. 1, p. 82; Espínola, *Sistema do direito civil brasileiro*, v. 1, p. 428, nota 149; Carlos Alberto Bittar, *Direito das sucessões*, Rio de Janeiro, Forense Universitária, 1992, p. 56; Deborah Regina Lambach Ferreira da Costa, *Da sucessão do município na ordem de vocação sucessória*, dissertação de mestrado apresentada na PUCSP em 1995; Zeno Veloso, *Novo Código Civil*, cit., p. 1662-3.

Capítulo II
Dos Herdeiros Necessários

Art. 1.845. São herdeiros necessários os descendentes, os ascendentes e o cônjuge.

• Vide *Código Civil, arts. 549, 1.961 a 1.965, 1.814, 1.829, I a III, 1.830, 1.847 e 2.018.*

Herdeiro necessário. O herdeiro necessário, reservatário, forçado, obrigatório ou legitimário é o descendente, ascendente sucessível ou, desde que preenchidas certas condições (CC, art. 1.829, I), o cônjuge do *de cujus*. O herdeiro necessário só poderá ser afastado da sucessão por indignidade ou por deserdação.

BIBLIOGRAFIA: Itabaiana de Oliveira, *Tratado*, cit., v. 2, p. 626-46; W. Barros Monteiro, *Curso*, cit., v. 6, p. 210-7; Rotondi, *Instituciones de derecho privado*, p. 605; José Lopes de Oliveira, *Sucessões*, cit., p. 192-7; Levenhagen, *Código Civil*, cit., v. 6, p. 143-8; Ferreira Alves, *Manual*, cit., v. 19, n. 188 a 211; Silvio Rodrigues, *Direito civil*, cit., v. 7, p. 208-14; Clóvis Beviláqua, *Código Civil comentado*, cit., v. 6, p. 189-93; Carvalho Santos, *Código Civil brasileiro interpretado*, cit., v. 24, p. 77; José Ulpiano Pinto de Souza, *Das cláusulas restritivas da propriedade*, n. 195; M. Helena Diniz, *Curso*, cit., v. 6, p. 145-9; Pinto Ferreira, *Tratado das heranças e dos testamentos*, cit., p. 521-6.

Art. 1.846. Pertence aos herdeiros necessários, de pleno direito, a metade dos bens da herança, constituindo a legítima.

• Vide *Código Civil, arts. 544, 549, 1.789, 1.814, 1.847, 1.857, § 1º, 1.961 e 2.018.*

Legítima. A legítima é a porção de bens de que o testador não pode dispor por estar reservada aos herdeiros necessários: descendente, ascendente e cônjuge supérstite.

Porção disponível. A porção disponível é a parte dos bens de que o testador poderá dispor, mesmo havendo herdeiro necessário. Assim, poderá dispor da metade dos bens da herança, pois a outra metade pertence de *pleno iure* aos herdeiros necessários. A legítima, portanto, é essa parcela de 50% da herança que não poderá ser incluída no testamento (CC, art. 1.857, § 1º), nem em doação (CC, art. 549), por pertencer de pleno direito aos herdeiros necessários.

Art. 1.847. Calcula-se a legítima sobre o valor dos bens existentes na abertura da sucessão, abatidas as dívidas e as despesas do funeral, adicionando-se, em seguida, o valor dos bens sujeitos a colação.

• Vide *Código Civil, arts. 1.846, 544, 1.789, 1.967, 1.997, 1.998, 2.002, parágrafo único, 2.003, parágrafo único, e 2.004.*

Cálculo da metade disponível. A metade disponível será calculada sobre o total dos bens existentes ao falecer o testador, abatidas as dívidas e despesas do funeral, pois herança é somente o que deixa o *auctor successionis* depois de satisfeitos os seus credores. Deduzidas as dívidas (CC, art. 1.997) do autor da herança e as despesas do funeral (CC, art. 1.998), dividir-se-á o produto ao meio. Uma metade corresponderá à reserva dos herdeiros necessários, e a outra, à porção disponível. Se o testador for casado sob o regime de comunhão universal, 50% dos bens são do cônjuge meeiro; 25%, a reserva de seus herdeiros necessários; e 25%, a porção disponível. Se o *de cujus*, casado com comunhão parcial e tendo bens particulares, deixar como *herança* R$ 80.000,00, tendo o cônjuge sobrevivente já retirado a sua meação (R$ 40.000,00). Daqueles R$ 80.000,00, R$ 40.000,00 compõem a legítima dos herdeiros necessários, logo, p. ex., o cônjuge concorre com descendentes no mínimo nesses R$ 40.000,00, se houver testamento, ou em R$ 80.000,00, se não houver testamento.

Cálculo da legítima. Se o testador, em vida, doou bens a descendente (CC, art. 2.002) ou a cônjuge (CC, art. 544), dever-se-á adicionar à metade líquida apurada (CC, art. 1.847, 1ª parte) a doação feita, ou melhor, o valor dos bens sujeitos à colação (CC, arts. 1.847, *in fine*, e 2.004); assim, impõe-se a este, para que haja igualdade nas quotas cabíveis a cada herdeiro necessário, o dever de conferir a liberalidade, pois, se o testador, em vida, dispôs além da porção disponível, ter-se-á a redução das disposições testamentárias até igualar a legítima (CC, art. 2.007).

Art. 1.848. Salvo se houver justa causa, declarada no testamento, não pode o testador estabelecer cláusula de inalienabilidade, impenhorabilidade, e de incomunicabilidade, sobre os bens da legítima.

- ***Projeto de Lei n. 699/2011***: *"Art. 1.848. Salvo se houver justa causa, declarada no testamento, não pode o testador estabelecer cláusula de inalienabilidade e de impenhorabilidade, sobre os bens da legítima.*

...".

§ 1º Não é permitido ao testador estabelecer a conversão dos bens da legítima em outros de espécie diversa.

§ 2º Mediante autorização judicial e havendo justa causa, podem ser alienados os bens gravados, convertendo-se o produto em outros bens, que ficarão sub-rogados nos ônus dos primeiros.

- *Lei n. 6.015/73, arts. 167, II, n. 11, e 247.*
- Vide *Código Civil, arts. 1.668, I e IV, 1.911 e 2.042.*
- *Lei n. 7.841/89; Lei n. 8.069/90, art. 26, e Lei n. 8.560/92.*
- Vide *Código de Processo Civil, art. 833.*
- Vide *Súmula 49 do Supremo Tribunal Federal.*
- Vide *Constituição Federal, art. 5º, I.*
- O ***Projeto de Lei n. 699/2011*** *visa acrescentar: "§ 3º Ao testador é facultado, livremente, impor a cláusula de incomunicabilidade".*

Exigência de indicação da justa causa determinante da restrição à legítima. As cláusulas de inalienabilidade, impenhorabilidade e incomunicabilidade devidamente justificadas apenas atingem a eficácia da restrição à legítima, e não o direito à herança do herdeiro necessário. Não mais prevalece a vontade do testador, mas o justo motivo como, p. ex., prodigalidade (CC, art. 4º, IV), para validar e dar efetividade à disposição de última vontade restritiva da legítima, visto que ele é obrigado a indicar a razão da decisão tomada, podendo o órgão judicante averiguar se a causa apontada é justa ou não, tendo-se, então, discricionariedade judicial na apreciação do caso. Se, porventura, o herdeiro necessário vier a falecer, os bens clausulados por ele recebidos passarão aos seus sucessores livres e desembargados (STJ, 4ª T., REsp 80.480-SP, rel. min. Ruy Rosado de Aguiar, v. u., j. 13-5-1996 — *DJU*, 24-6-96, p. 22769).

Cláusulas testamentárias relativas à legítima. No que atina à legítima, havendo justa causa, declarada no testamento, o testador poderá: *a*) prescrever a incomunicabilidade dos bens constitutivos da legítima, impedindo, sendo o regime matrimonial o de comunhão universal, que se comuniquem ao cônjuge do herdeiro necessário (*JB*, *156*:250; *RT*, *117*:603, *152*:651, *145*:265, *232*:277 e *245*:241; *RF*, *179*:154; *Ciência Jurídica*, *45*:162); *b*) confiar os bens da legítima à administração da mulher herdeira casada, se pelo pacto antenupcial o seu marido for o administrador (CC, arts. 1.665 e 1.670), protegendo seus bens, evitando que sejam dissipados pelo marido estroina; *c*) estabelecer condições de inalienabilidade temporária (*RT*, *181*:271) ou vitalícia (*RT*, *194*:183 e *370*:284; *RF*, *90*:153; *AJ*, *6*:321), quando tiver justo receio de que os bens legitimários sejam dilapidados pelo herdeiro em razão de prodigalidade, inexperiência ou incompetência administrativa. Como não se prolonga além da vida do herdeiro, não obsta tal cláusula a livre disposição desses bens por testamento, ou, na falta deste, a sua transmissão aos herdeiros legítimos (*RT*, *118*:685, *85*:163, *98*:175 e *139*:260; *EJSTJ*, *16*:56; *RF*, *144*:106); *d*) impor a impenhorabilidade de bens da legítima.

Alienação de bens gravados. Os bens legitimários clausulados, havendo justa causa e autorização judicial, poderão ser alienados, mas o produto da venda deverá converter-se em outro bem, que ficará sub-rogado nos ônus dos primeiros. Assim sendo, poderá haver a alienação dos bens gravados da legítima, convertendo-se o produto em outras espécies, que ficarão sub-rogadas nos ônus dos primeiros, antes da partilha, mediante autorização judicial. Se um herdeiro necessário, cujo imóvel, gravado de inalienabilidade, precisar ser vendido por encontrar-se em ruínas, sendo tal alienação autorizada judicialmente, mediante ação de procedimento especial de jurisdição voluntária (CPC, arts. 719 a 725), o preço alcançado deverá ser usado para adquirir outro imóvel, sobre o qual passará a recair aquele ônus de inalienabilidade. Além desse caso, não será permitida a conversão dos bens da legítima em outros de espécie diversa, visto que poderá reduzir os direitos dos herdeiros necessários, cujos interesses a lei visa proteger. Logo, nula será a cláusula testamentária que exigir a conversão dos bens da legítima em outros de espécie diversa, estipulando que os móveis sejam vendidos após a abertura da sucessão, para com o produto da venda adquirir imóveis, que serão entregues ao herdeiro necessário, visto que este tem o direito de receber os bens da legítima no estado em que se encontrarem por ocasião da abertura da sucessão.

Jurisprudência: *RT*, *117*:603, *145*:265, *152*:651, *232*:277, *245*:241, *118*:685, *85*:163, *98*:175, *139*:260; *RF*, *144*:106, *179*:154; *JB*, *156*:250; *JTJ*, *269*:20; TJSP, 8ª Câm. D. Priv., AI 505.747-4, rel. Salles Rossi, j. 10-5-2007.

BIBLIOGRAFIA: Pinto Ferreira, *Tratado das heranças e dos testamentos*, São Paulo, Saraiva, 1983, p. 521-2; Michel A. Dimitrescu, *Des clauses d'inaliénabilité suivant la jurisprudence*, Paris, 1910; Charles Legros, *Des clauses d'inaliénabilité dans les actes a titre gratuit*, Paris, 1909; Rongier, *Clauses d'insaisissabilité et d'inaliénabilité*, Paris, 1902; Francisco Morato, Das cláusulas de inalienabilidade, incomunicabilidade e impenhorabilidade, *Revista Direito*, v. 20, 1943; Carlos Alberto Dabus Maluf, *Das cláusulas de inalienabilidade, incomunicabilidade e impenhorabilidade*, São Paulo, Saraiva, 1983; José Ulpiano de Souza Pinto, *Das cláusulas restritivas da propriedade*, São Paulo, 1910, p. 97 e 237; M. Helena Diniz, *Curso*, cit., v. 6, p. 176-9; W. Barros Monteiro, *Curso*, cit., v. 6, p. 214; Ferreira Alves, *Manual do Código Civil brasileiro*, v. 19, p. 311; Zulema A. Stefano, Cláusulas restritivas de inalienabilidade, de incomunicabilidade e de impenhorabilidade, *RDC*, *62*:47; Mário Júlio de Almeida Costa, *Cláusulas de inalienabilidade*,

Coimbra, 1992; Zeno Veloso, *Novo Código Civil*, cit., p. 1667-70; Matiello, *Código*, cit., p. 1203; Jorge S. Fujita, *Comentários*, cit., p. 1319.

Art. 1.849. O herdeiro necessário, a quem o testador deixar a sua parte disponível, ou algum legado, não perderá o direito à legítima.

• *Código Civil, art. 1.789.*

Herdeiro necessário contemplado com a porção disponível. Nada impede que um herdeiro necessário (legitimário ou reservatário) venha a receber mais do que o outro, uma vez que o testador poderá deixar-lhe, se quiser, além da legítima, bens que constituem sua porção disponível ou algum legado. Fará jus à legítima e ao que lhe foi deixado por testamento.

Art. 1.850. Para excluir da sucessão os herdeiros colaterais, basta que o testador disponha de seu patrimônio sem os contemplar.

• Vide *Código Civil, arts. 1.788, 1.829, IV, 1.839, 1.845, 1.906* e *1.908.*

Exclusão da sucessão do herdeiro legítimo não necessário. Os colaterais até o quarto grau poderão ser afastados da sucessão, por serem herdeiros legítimos não necessários, ou facultativos (CC, art. 1.845), bastando, para tanto, que o testador disponha, em favor de terceiros, da totalidade de seu patrimônio, sem os contemplar (*BAASP, 1.937*:12; *RJ, 214*:94).

CAPÍTULO III
DO DIREITO DE REPRESENTAÇÃO

Art. 1.851. Dá-se o direito de representação, quando a lei chama certos parentes do falecido a suceder em todos os direitos, em que ele sucederia, se vivo fosse.

• Vide *Código Civil, arts. 1.810, 1.811, 1.816, 1.833, 1.840, 1.854, 1.855* e *1.856.*

Direito de representação. Segundo Washington de Barros Monteiro, o direito de representação (*ius representationis*) consiste na convocação legal para suceder em lugar de outro herdeiro, parente mais próximo do finado, mas anteriormente premorto, ausente, ou incapaz de suceder, no instante em que se abre a sucessão (*RT, 284*:691, *202*:207, *440*:92, *113*:711, *182*:943 e *200*:374 e 375; *RF, 152*:259; *AJ, 90*:307; *JB, 152*:275; *Ciência Jurídica, 50*:137).

BIBLIOGRAFIA: W. Barros Monteiro, *Curso*, cit., v. 6, p. 93-9; Carvalho Santos, *Código Civil*, cit., v. 22, p. 348; José Lopes de Oliveira, *Sucessões*, cit., p. 77-81; Caio M. S. Pereira, *Instituições*, cit., v. 6, p. 80-6; Clóvis Beviláqua, *Código Civil*, cit., v. 6, obs. aos arts. 1.620 a 1.625; Ruggiero e Maroi, Istituzioni, cit., v. 1, p. 429; Mariano D'Amelio, *Codice Civile*, cit., p. 85; Mazeaud e Mazeaud, *Leçons de droit civil*, cit., v. 4, n. 738; Silvio Rodrigues, *Direito civil*, cit., v. 7, p. 100-4; Cunha Gonçalves, *Tratado*, cit., v. 10, t. 2, p. 448; Hermenegildo de Barros, *Manual*, cit., v. 18, n. 366-88; Carlos Maximiliano, *Direito das sucessões*, cit., v. 1, n. 125; Planiol, Ripert e Boulanger, *Traité élémentaire*, cit., v. 3, n. 1.608 e 1.609; Colin e Capitant, *Cours élémentaire*, cit., v. 3, n. 538-A e 541; Carlos Alberto Bittar, *Direito das sucessões*, cit., p. 57-60; M. Helena Diniz, *Curso*, cit., v. 6, p. 93-8; R. Limongi França, *Direito de representação em herança testamentária, RT, 625*:27; Robert Besnier, *La representation successorale en droit normand*, Paris, 1929; Ricardo R. Gama, *Direito das sucessões*, cit., p. 130-42; Mário Neves Guimarães, Direito de representação, *RT, 315*:349; Vania Maria Carrano, O direito de representação em tema sucessório, *RF, 282*:113; Eduardo de Oliveira Leite, *Comentários*, cit., v. 21, p. 280-96; Luiz Paulo V. de Carvalho, *Direito civil*, cit. p. 339.

DIREITO DAS SUCESSÕES

Sucessão por estirpe. Os representantes não herdam por direito próprio, pois os bens do acervo hereditário transmitem-se por estirpe.

Art. 1.852. O direito de representação dá-se na linha reta descendente, mas nunca na ascendente.

• Vide *Código Civil, arts. 1.591 e 1.835.*

Representação na linha reta descendente. Para haver representação será preciso que o representante descenda do representado. Não haverá representação na linha ascendente (TJRS, Ag. Inst. 70021049408, 7ª Câm. Cível, rel. Raupp Ruschel, j. 26-9-2007). Assim, se o *de cujus* morre sem deixar consorte sobrevivente e sem descendência, sua herança irá para os ascendentes, e, se só o pai for vivo, receberá ele integralmente a herança, ainda que a falecida mãe tenha ascendentes vivos. Não há direito de representação em favor dos avós.

Art. 1.853. Na linha transversal, somente se dá o direito de representação em favor dos filhos de irmãos do falecido, quando com irmãos deste concorrerem.

• Vide *Código Civil, arts. 1.592, 1.840 e 1.843.*

Representação na linha colateral. Na linha reta descendente o direito de representação tem lugar *ad infinitum*, sem qualquer restrição, ao passo que na linha colateral só se opera em benefício dos filhos de irmãos premortos do falecido, quando com irmãos deste concorrerem, sendo, portanto, uma exceção à regra de que os parentes mais próximos excluem os mais remotos (*RJTJSP*, *120*:285; TJSP, AI 478.672.4/8-00, rel. Octavio Helene, j. 22-5-2007). Se o *de cujus* deixar dois irmãos e dois sobrinhos, filhos de outro irmão já falecido, a herança será dividida em três partes: as duas primeiras pertencerão ao irmão vivo, e a última, aos sobrinhos, filhos do irmão premorto. Para filhos de sobrinho premorto não há, portanto, direito de representação (*RT*, *202*:207), logo não herdam se concorrerem à sucessão outros sobrinhos vivos. Também não há direito de representação se o autor da herança deixar tio e três primos, filhos de outro tio premorto; o tio vivo recolherá por inteiro a herança, excluídos os primos.

Art. 1.854. Os representantes só podem herdar, como tais, o que herdaria o representado, se vivo fosse.

Direito sucessório do representante. O representante, colocado no lugar do representado, herda exatamente o que a este caberia se vivo fosse e sucedesse. O representante herdará os mesmos direitos e obrigações que o representado teria herdado.

E pelo Enunciado n. 610, aprovado na *VII Jornada de Direito Civil*: "Nos casos de comoriência entre ascendente e descendentes, ou entre irmãos, reconhece-se o direito de representação aos descendentes e aos filhos dos irmãos".

Art. 1.855. O quinhão do representado partir-se-á por igual entre os representantes.

• *Código Civil, arts. 1.851 e 1.854.*

Pluralidade de representantes. Se vários forem os representantes, o quinhão hereditário partilhar-se-á por igual entre eles, ou seja, subdividir-se-á a quota do representado pelo número de seus representantes. Se o autor da herança falecer deixando dois filhos e quatro netos, descendentes de outro filho premorto, dividir-se-á o acervo hereditário em três partes: duas caberão aos dois filhos sobrevivos, que herdarão por cabeça, e a outra aos quatro netos, que será partilhada igualmente entre eles, por serem representantes do filho premorto do *de cujus*, herdando, portanto, por estirpe.

Art. 1.856. O renunciante à herança de uma pessoa poderá representá-la na sucessão de outra.

• Vide *Código Civil, arts. 1.806, 1.810, 1.811 e 1.851.*

Direito do renunciante de representar o "de cujus" na sucessão de terceiro. Se um dos filhos do *auctor successionis* renunciar à herança, seus descendentes, netos do finado, não herdarão por representação, pois o renunciante é tido como estranho à herança. Entretanto, o renunciante poderá representar o *de cujus* (seu pai) na sucessão de terceira pessoa (seu avô, p. ex., CC, art. 1.851), pois o repúdio não se estende a outra herança. O filho, assim, herdará do avô por direito de representação. Representará seu pai, na sucessão do avô, embora tenha repudiado a herança de seu genitor.

TÍTULO III

DA SUCESSÃO TESTAMENTÁRIA

CAPÍTULO I

DO TESTAMENTO EM GERAL

Art. 1.857. Toda pessoa capaz pode dispor, por testamento, da totalidade dos seus bens, ou de parte deles, para depois de sua morte.

• *Código Civil, arts. 1.862, 1.881 e 1.886.*

§ 1º A legítima dos herdeiros necessários não poderá ser incluída no testamento.

• Vide *Código Civil, arts. 1.845 a 1.848, 1.961, 1.966 a 1.968.*

§ 2º São válidas as disposições testamentárias de caráter não patrimonial, ainda que o testador somente a elas se tenha limitado.

• Vide *Código Civil, arts. 14, 791, 792, 1.609, III, 1.634, IV, 1.729, parágrafo único, 1.796, 1.881 e 1.969.*

• *Lei n. 8.069/90, art. 26.*

Conceito de testamento. Na lição de José Lopes de Oliveira, testamento é ato personalíssimo, unilateral, gratuito, solene e revogável, pelo qual alguém, segundo norma jurídica, dispõe, no todo ou em parte, de seu patrimônio para depois de sua morte, ou determina providências de caráter pessoal ou familiar.

BIBLIOGRAFIA: José Lopes de Oliveira, *Sucessões*, cit., p. 86; Silvio Rodrigues, *Direito civil*, cit., v. 7, p. 109-11; W. Barros Monteiro, *Curso*, cit., v. 6, p. 100-3; Caio M. S. Pereira, *Instituições*, cit., v. 6, p. 130-41; M. Helena Diniz, *Curso*, cit., v. 6, p. 105-10; Clóvis Beviláqua, *Código Civil*, cit., v. 6, p. 83 e s.; Lacerda de Almeida, *Direito das sucessões*, cit., § 45; Itabaiana de Oliveira, *Tratado*, cit., v. 2, p. 397-9; Troplong, *Donations entre vifs et des testaments*, v. 1, n. 439; Joaquim Augusto Ferreira Alves, *Manual do Código Civil brasileiro* (coord. Paulo de Lacerda), Rio de Janeiro, 1928, v. 19, n. 9; Orozimbo Nonato, *Estudos sobre sucessão testamentária*, Rio de Janeiro, Forense, 1957, v. 2, p. 651 e s.; Coelho da Rocha, *Instituições*, cit., v. 2, § 751; João Luís Alves, *Código Civil*, cit., obs. ao art. 1.626; Bassil Dower, *Curso renovado*, cit., v. 4, p. 351-2; De Page, *Traité*, cit., v. 8, n. 805 e 806; Enneccerus, Kipp

DIREITO DAS SUCESSÕES

e Wolff, *Derecho de sucesiones*, cit., v. 1, § 11; Carlos Alberto Bittar, *Direito das sucessões*, cit., p. 61-3; Fassi, *Tratado de los testamentos*, Buenos Aires, Depalma, 1970; Gangi, La successione testamentaria, Milano, Giuffrè, 1938; Vittore Vitali, *Delle successioni legittime e testamentarie*, 1909; Zeno Veloso, *Testamentos de acordo com a Constituição de 1988*, 1993; *Comentários ao Código Civil* (coord. Antônio Junqueira de Azevedo), São Paulo, Saraiva, 2003, v. 21, p. 1-234; Testamentos — noções gerais — formas ordinárias, in *O novo Código Civil — estudos em homenagem a Miguel Reale*, São Paulo, LTr, 2003, p. 1384-409; Giovanni Criscuoli, *Il testamento*, Milano, 1991; Pinto Ferreira, *Tratado das heranças*, São Paulo, Saraiva, 1983; Ricardo R. Gama, *Direito das sucessões*, cit., p. 143 e s.; Roberto Senise Lisboa, *Manual*, cit., v. 5, p. 193-9; Marco Cannizzo, *Successioni testamentari*, Roma, 1996; Tito Prates da Fonseca, *Sucessão testamentária*, São Paulo, 1928; Sebastião José Roque, *Direito das sucessões*, cit., p. 75-8; Eduardo de Oliveira Leite, *Comentários*, cit., v. 21, p. 297 e s.; Leila Moreira Soares, *Testamento*, São Paulo, Ed. Juarez de Oliveira, 2002; Sebastião Luiz Amorim, *Código Civil comentado*, São Paulo, Atlas, 2004, v. XIX, p. 39.

Bens legitimários não podem ser objeto de testamento. O testador não pode incluir a legítima dos herdeiros necessários em disposição de última vontade, pois esta apenas deverá referir-se à metade disponível. Isto é assim porque só lhe será lícito, tendo herdeiros necessários, dispor de metade de seu patrimônio, pois a outra metade pertence de pleno direito àqueles herdeiros (CC, arts. 1.789, 1.845, 1.846, 1.857, § 1º e 1.967), exceto se forem deserdados (CC, art. 1.961) ou excluídos da sucessão por indignidade. Assim, o testador só poderá dispor da totalidade de seus haveres, não existindo herdeiros necessários ou legitimários (CC, art. 1.845). Da metade disponível o testador pode dispor livremente, assegurando-se aos herdeiros necessários a possibilidade de promover a ineficácia ou a redução das liberalidades que ultrapassarem aquela meação (CC, arts. 1.966 a 1.968).

Estipulações testamentárias extrapatrimoniais. O testador poderá, se quiser, inserir no seu testamento apenas disposições de caráter pessoal, ou seja, não patrimonial, como: reconhecimento de filho (CC, art. 1.609, III); estipulação sobre educação da prole; nomeação de tutor para filho menor (CC, arts. 1.634, IV, e 1.729; Lei n. 8.069/90, art. 37) ou de testamenteiro (CC, art. 1.976); reabilitação de indigno (CC, art. 1.818); deserdação de herdeiro (CC, art. 1.964); determinação sobre funeral; disposição do próprio corpo para fins altruísticos ou científicos (CC, art. 14) ou para tipo de tratamento de saúde etc. Tais estipulações *causa mortis* terão validade. Pelo Enunciado n. 527 do Conselho da Justiça Federal, aprovado na *V Jornada de Direito Civil*: "É válida a declaração de vontade expressa em documento autêntico, também chamado 'testamento vital', em que a pessoa estabelece disposições sobre o tipo de tratamento de saúde, ou não tratamento, que deseja no caso de se encontrar sem condições de manifestar a sua vontade".

Testemunha testamentária. A testemunha testamentária é a pessoa que tem capacidade para assegurar a veracidade do ato de última vontade que se quer provar, subscrevendo-o (*RF*, *151*:519 e *132*:119; *RT*, *142*:140, *186*:763, *165*:680, *149*:153, *171*:562 e *191*:714; CC, art. 228, I, IV, V, §§ 1º e 2º, com a redação da Lei n. 13.146/2015).

BIBLIOGRAFIA: Itabaiana de Oliveira, *Tratado*, cit., v. 2, p. 461-5; W. Barros Monteiro, *Curso*, cit., v. 6, p. 123-6; Silvio Rodrigues, *Direito Civil*, cit., v. 7, p. 133-4; M. Helena Diniz, *Curso*, cit., v. 6, p. 136-8; Pontes de Miranda, *Tratado dos testamentos*, cit., v. 2, p. 253-63; Caio M. S. Pereira, *Instituições*, cit., v. 6, p. 157-8; Ferreira Alves, *Manual*, cit., v. 19, n. 47-56; Levenhagen, *Código Civil*, cit., v. 6, p. 87-8; Clóvis Beviláqua, *Código Civil*, cit., obs. ao art. 1.650, v. 6; Orozimbo Nonato, *Estudos*, cit., v. 1, n. 288; José Lopes de Oliveira, *Sucessões*, cit., p. 106; Troplong, *Donations entre vifs et des testaments*, cit., v. 3, n. 1.864; José Mendonça, *A prova civil*, p. 153; Carlos Alberto Bittar, *Direito das suces-*

sões, cit., p. 76; Sílvio de Salvo Venosa, *Direito das sucessões*, cit., p. 114; Zeno Veloso, *Novo Código Civil*, cit., p. 1675-7.

Art. 1.858. O testamento é ato personalíssimo, podendo ser mudado a qualquer tempo.

• Vide *Código Civil, arts. 1.857, 1.969 a 1.972.*

Caracteres do testamento. Há alguns caracteres do testamento que, além da gratuidade, da solenidade e da produção de efeitos *causa mortis* (CC, art. 1.857), constituem corolários lógicos de sua natureza, tais como: *a*) *unilateralidade*, porque somente pode ser efetuado pelo testador isoladamente; daí ser ato personalíssimo (CC, art. 1.858, 1a parte), dado que afasta sua realização por representante legal ou convencional, embora nada impeça a participação indireta de terceiro em sua elaboração, como o parecer de um jurista consultado, o auxílio do advogado ou do notário na redação; e *b*) *revogabilidade* (CC, art. 1.858, *in fine*), pois, apesar de valer somente após o óbito do testador (CC, art. 1.857, *in fine*), a lei quer que a vontade (*voluntas testatoris*) seja livre, admitindo a sua modificação, no todo ou em parte, de modo que testamento posterior revoga (CC, arts. 1.969 a 1.972) o anterior apenas no que concerne às disposições de ordem patrimonial; p. ex., se no testamento anterior reconhecia-se filho, o subsequente não invalidará essa parte (CC, art. 1.857, § 2º). O testamento apenas produzirá efeitos após o falecimento do autor da herança, logo antes disso não vincula o testador, que poderá alterá-lo ou revogá-lo quando quiser, com exceção das estipulações extrapatrimoniais. Por ser negócio jurídico *causa mortis* revogável, não gera aos herdeiros instituídos e aos legatários qualquer expectativa jurídica.

BIBLIOGRAFIA: Clóvis Beviláqua, *Direito das sucessões*, p. 185; Bassil Dower, *Curso renovado, cit.*, v. 4, p. 351-2; Zeno Veloso, *Testamentos de acordo com a Constituição de 1988*, 1993; Giovanni Criscuoli, *Il testamento,* Milano, CEDAM, 1991; Pinto Ferreira, *Tratado das heranças e dos testamentos*, São Paulo, Saraiva, 1983; De Page, *Traité élémentaire de droit civil belge*, v. 8, n. 805; M. Helena Diniz, *Curso*, cit., v. 6, p. 128 e 129; W. Barros Monteiro, *Curso*, cit., v. 6, p. 102; Enneccerus, Kipp e Wolff, *Derecho de sucesiones*, v. 1, § 11; Eduardo Oliveira Leite, *Comentários*, cit., p. 316.

Art. 1.859. Extingue-se em cinco anos o direito de impugnar a validade do testamento, contado o prazo da data do seu registro.

• Vide *Código Civil, arts. 1.900, 1.903, 1.909 e parágrafo único.*

• *Código de Processo Civil, arts. 735 e §§ 1º a 3º e 736.*

• ***Projeto de Lei n. 699/2011:*** *"Art. 1.859. Extingue-se em cinco anos o direito de requerer a declaração de nulidade do testamento ou de disposição testamentária, e em quatro anos o de pleitear a anulação do testamento ou de disposição testamentária, contado o prazo da data do registro do testamento".*

Prazo decadencial para impugnação da validade do testamento. O prazo de decadência para que se possa impugnar a validade do testamento é de cinco anos, contado da data do seu registro, feito por ordem judicial após a morte do autor da herança. Sendo nulo o testamento, o início da contagem do quinquênio é o registro, que se dá após o óbito do testador, com a apresentação da cédula testamentária ao juiz, cumpridos, obviamente, todos os requisitos legais do art. 735, §§ 1º e 3º, do Código de Processo Civil. Se o interessado deixar escoar tal prazo, sem exercer aquele seu direito potestativo, o testamento será tido como válido, não mais podendo ser contestado.

BIBLIOGRAFIA: Zeno Veloso, *Novo Código Civil*, cit., p. 1678; Eduardo de Oliveira Leite, *Comentários*, cit., p. 318; Sebastião Luiz Amorim, *Código Civil*, cit., p. 42.

Capítulo II
Da Capacidade de Testar

Art. 1.860. Além dos incapazes, não podem testar os que, no ato de fazê-lo, não tiverem pleno discernimento.

- Vide *Código Civil, arts. 3º, 4º, III, 1.767, 1.866, 1.867, 1.872 e 1.873.*
- ***Projeto de Lei n. 699/2011**: "Art. 1.860. Além dos absolutamente incapazes, não podem testar os que, no ato de fazê-lo, não tiverem o necessário discernimento".*

Parágrafo único. Podem testar os maiores de dezesseis anos.

Capacidade testamentária ativa. A capacidade testamentária ativa é o conjunto de condições necessárias para que alguém possa, juridicamente, dispor de seu patrimônio por meio de testamento. Para que o testador tenha capacidade para testar será preciso inteligência, vontade, ou seja, discernimento, compreensão do que representa o ato e manifestação exata do que pretende. A capacidade é a regra, e a incapacidade, a exceção, só se afastando a capacidade quando a incapacidade ficar devidamente provada (*RT*, *163*:694, *346*:150 e *357*:194). Assim, se um ébrio habitual, toxicômano ou pessoa com discernimento reduzido tiver entendimento do ato *causa mortis*, e isso for comprovado, poderá testar. Ante o disposto no art. 1.782, o pródigo não está impedido de fazer testamento.

BIBLIOGRAFIA: Clóvis Beviláqua, *Código Civil*, cit., v. 6, obs. aos arts. 1.627 e 1.628; Silvio Rodrigues, *Direito civil*, cit., v. 7, p. 112 e s.; Caio M. S. Pereira, *Instituições*, cit., v. 6, p. 142-6; M. Helena Diniz, *Curso*, cit., v. 6, p. 111-4; Vitali, *Delle successioni*, cit., v. 1, n. 111; Itabaiana de Oliveira, *Tratado*, cit., v. 2, p. 401-10; Enneccerus, Kipp e Wolff, *Derecho de sucesiones*, cit., v. 1, § 10; Ferreira Alves, *Manual*, cit., v. 19, n. 10-29; Barassi, *Le successioni*, cit., p. 311; José Lopes de Oliveira, *Sucessões*, cit., p. 90-1; Sílvio de Salvo Venosa, *Direito das sucessões*, cit., p. 88-93; Paulo A. Begalli, Capacidade ativa para testar: todos os casos, *RT*, *791*:65; Sebastião Luiz Amorim, *Código Civil*, cit., p. 47 e s.; Zeno Veloso, *Código Civil comentado*, cit., p. 1.889.

Incapazes para testar. Não poderão fazer testamento: *a*) menores de dezesseis anos (CC, art. 3º), por não terem poder de deliberação e discernimento suficiente para bem testar; *b*) desprovidos de discernimento, por estarem impossibilitados de emitir vontade livre (CC, art. 4º, III; *RF*, *89*:178, *102*:82 e *111*:464; *RJTJSP*, *135*:250), abrangendo, ainda, os que não estiverem em seu juízo perfeito ao testar, por estarem sujeitos a hipnotismo, a espasmo cerebral seguido de hemiplegia (*RT*, *244*:566), a arteriosclerose, ao mal de Alzheimer (TJSP, Ap. 511.172-4/0-00, rel. Des. Souza Moreira, j. 12-9-2007), a sonambulismo, a embriaguez completa, intoxicações provocadas por remédios ou entorpecentes etc. e também surdos-mudos que não puderem manifestar sua vontade, por não terem recebido educação apropriada. Estes são os únicos casos de incapacidade testamentária ativa. Idade avançada, falência, analfabetismo (CC, art. 1.865), surdez (CC, art. 1.866), cegueira (CC, art. 1.867) e enfermidade grave não inibem o indivíduo de testar (*RT*, *736*:236; *JTJ*, *194*:169), pois já se decidiu que a "incapacidade mental do testador não pode ser deduzida de sua saúde física" (*RT*, *563*:75).

Art. 1.861. A incapacidade superveniente do testador não invalida o testamento, nem o testamento do incapaz se valida com a superveniência da capacidade.

Incapacidade superveniente do testador. Na averiguação da capacidade testamentária ativa dever-se-á considerar o momento em que é feito o testamento. Logo, a incapacidade superveniente não invalidará o testamento, uma vez que o testador estava em perfeito juízo no momento em que o fez, nem o testamento do incapaz se validará com a superveniência da capacidade.

CAPÍTULO III
DAS FORMAS ORDINÁRIAS DO TESTAMENTO

• Vide *Provimento CG n. 06/94, sobre Registro Central de Testamentos do Estado de São Paulo.*

SEÇÃO I
DISPOSIÇÕES GERAIS

Art. 1.862. São testamentos ordinários:

I — o público;

• *Código Civil, arts. 1.864 a 1.867.*

II — o cerrado;

• *Código Civil, arts. 1.868 a 1.875.*

III — o particular.

• *Código Civil, arts. 1.876 a 1.880.*

Testamento ordinário e suas formas. Será ordinário o testamento se puder ser adotado por qualquer pessoa capaz e em qualquer condição, como ocorre com o testamento público, cerrado e particular.

BIBLIOGRAFIA: Mazeaud e Mazeaud, *Leçons*, cit., v. 4, n. 961 e 967; Barassi, *Le successioni*, cit., p. 334; Silvio Rodrigues, *Direito civil*, cit., v. 7, p. 119-20; Itabaiana de Oliveira, *Tratado*, cit., v. 2, p. 430-2; Romagnosi, *Prima materie e questioni nelle forme testamentaire*, v. 1, p. 251; Orozimbo Nonato, *Estudos sobre sucessão testamentária*, v. 1, n. 148; Caio M. S. Pereira, *Instituições*, cit., v. 6, p. 155; José Lopes de Oliveira, *Sucessões*, cit., p. 92; M. Helena Diniz, *Curso*, cit., v. 6, p. 123-4; Ferreira Alves, *Manual*, cit., v. 19, n. 30; Ricardo R. Gama, *Direito das sucessões*, cit., p. 196-205; Sebastião José Roque, *Direito das sucessões*, cit., p. 78-100; J. M. Fernandez Hierro, *Los testamentos*, Barcelona, Bosch, 2001; Zeno Veloso, Testamentos — noções gerais — formas ordinárias, in *O novo Código Civil — estudos em homenagem a Miguel Reale*, São Paulo, LTr, 2003, p. 1384-409.

Art. 1.863. É proibido o testamento conjuntivo, seja simultâneo, recíproco ou correspectivo.

• Vide *Código Civil, art. 426.*

Proibição de testamento conjuntivo. Devido ao caráter personalíssimo do testamento, vedado está testamento conjuntivo, ou seja, ninguém poderá, juntamente com outrem, mesmo sendo marido e mulher, dispor, num só instrumento, de seus bens (*RT*, *134*:111). A proibição de testamento conjuntivo, seja ele simultâneo, recíproco ou correspectivo, se dá por ser inadmissível o pacto sucessório em nosso direito. Nada impede que marido e mulher (*JB*, *162*:259) em instrumentos diferentes, na mesma data, deixem bens um para o outro (*RF*, *140*:328; *RT*, *787*:189, *150*:652 e *165*:680; *JTJ*, *264*:280, *149*:116; *EJSTJ*, *2*:47 e 84).

Testamento simultâneo. O testamento simultâneo ou de mão comum ocorre quando dois testadores, no mesmo ato, beneficiam, conjuntamente, terceira pessoa.

Testamento recíproco. No testamento recíproco, os testadores, num só ato, beneficiam-se mutuamente, instituindo herdeiro o que sobreviver.

Testamento correspectivo. No testamento correspectivo os testadores efetuam, num mesmo instrumento, disposições testamentárias em retribuição de outras correspondentes.

BIBLIOGRAFIA: Clóvis Beviláqua, *Código Civil*, cit., v. 6, p. 94; Caio M. S. Pereira, *Instituições*, cit., v. 6, p. 154; Itabaiana de Oliveira, *Tratado*, cit., v. 2, n. 339; Gouvêa Pinto, *Tratado dos testamentos e sucessões*, p. 156; Ferreira Alves, *Manual*, cit., v. 19, n. 32; M. Helena Diniz, *Curso*, cit., v. 6, p. 124; Levenhagen, *Código Civil*, cit., v. 6, p. 74; Carlos Eduardo Thompson Flores Lenz, Considerações acerca de testamento conjuntivo: análise do artigo 1.863 do Código Civil, *Revista da Escola da Magistratura do TRF*, 4ª Região, n. 3, 2015, p. 63-72.

Seção II

Do testamento público

- *Constituição Federal, art. 236.*
- *Código de Processo Civil, art. 736.*
- Vide *Lei n. 8.935, de 18 de novembro de 1994, arts. 7º, II, 20, 22 e 23.*

Art. 1.864. São requisitos essenciais do testamento público:

I — ser escrito por tabelião ou por seu substituto legal em seu livro de notas, de acordo com as declarações do testador, podendo este servir-se de minuta, notas ou apontamentos;

II — lavrado o instrumento, ser lido em voz alta pelo tabelião ao testador e a duas testemunhas, a um só tempo; ou pelo testador, se o quiser, na presença destas e do oficial;

- *Código Civil, art. 228.*

III — ser o instrumento, em seguida à leitura, assinado pelo testador, pelas testemunhas e pelo tabelião.

- *Código Civil, art. 1.865.*

Parágrafo único. O testamento público pode ser escrito manualmente ou mecanicamente, bem como ser feito pela inserção da declaração de vontade em partes impressas de livro de notas, desde que rubricadas todas as páginas pelo testador, se mais de uma.

- *Pelo* ***Projeto de Lei n. 699/2011*** *este parágrafo passará a ser o § 1º, pois pretende acrescentar: "§ 2º A certidão do testamento público, enquanto vivo o testador, só poderá ser fornecida a requerimento deste ou por ordem judicial".*

Testamento público. O testamento público é o lavrado pelo tabelião ou por seu substituto legal em livro de notas, de acordo com a declaração de vontade do testador, exarada verbalmente, perante o mesmo oficial e na presença de duas testemunhas idôneas ou desimpedidas (*RT*, *870*:211, *802*:215, *790*:378, *787*:223, *726*:372, *697*:157, *687*:80 e 71, *678*:84,

603:227, *625*:59, *617*:238, *716*:255, *687*:71, *609*:206, *590*:272, *575*:202, *569*:52, *126*:559 e 714, *233*:162 e *308*:208; *RSTJ*, *81*:62; *RF*, *280*:226, *174*:217; *JTJ*, *167*:126). Pode ser escrito manual ou mecanicamente ou ser feito pela inserção da declaração de vontade em partes impressas de livro de notas, cujos espaços em branco vão sendo completados pelo tabelião, conforme as declarações feitas pelo testador, desde que todas as páginas, se mais de uma, sejam rubricadas pelo testador.

BIBLIOGRAFIA: Itabaiana de Oliveira, *Tratado*, cit., v. 2, p. 434-8; Silvio Rodrigues, *Direito civil*, cit., v. 7, p. 122; José Lopes de Oliveira, *Sucessões*, cit., p. 93-5; Caio M. S. Pereira, *Instituições*, cit., v. 6, p. 158-62; W. Barros Monteiro, *Curso*, cit., v. 6, p. 111-2; Bassil Dower, *Curso*, cit., v. 4, p. 357 e s.; Pinto Ferreira, *Tratado das heranças e dos testamentos*, cit., p. 257-92; Carvalho Santos, *Código Civil*, cit., v. 23, p. 18 e s.; Carlos Maximiliano, *Direito das sucessões*, v. 1, n. 370-402; Walter D'Avanzo, *Delle successioni*, cit., v. 2, n. 815; Orozimbo Nonato, *Estudos sobre sucessão testamentária*, cit., v. 1, n. 160-8; Orlando Gomes, *Direito das sucessões*, cit., n. 85; M. Helena Diniz, *Curso*, cit., v. 6, p. 124-7; Requisitos do testamento público, *Temas atuais de direito*, São Paulo, LTr, 1998, p. 170-82; Levenhagen, *Código Civil*, cit., v. 6, p. 74-8; De Page, *Traité*, cit., n. 903; Lopes Praça, *Lições de direito civil*, p. 281; Clóvis Beviláqua, *Código Civil*, cit., v. 6, obs. aos arts. 1.632 a 1.637; Ferreira Alves, *Manual*, cit., v. 19, n. 35-9; Coelho da Rocha, *Instituições*, cit., § 678; Eduardo Antpack, Requisitos essenciais do testamento público. *Ajuris*, *17*:93; Derek Knight, Do testamento público em videocassete, *Revista de Informação Legislativa*, *73*:175-8; Eduardo de Oliveira Leite, *Comentários*, cit., v. 21, p. 348 e s.; Sebastião Luiz Amorim, *Código Civil*, cit., p. 67-78; Matiello, *Código Civil*, cit., p. 1212; Carlos Fernando Brasil Chaves, *Direito sucessório testamentário*: teoria e prática do testamento, Saraiva, São Paulo, 2016.

Habilitação para testar publicamente. Poderá testar publicamente o indivíduo que puder declarar de viva voz sua vontade, e verificar, pela sua leitura, haver sido fielmente transcrita no testamento.

Requisitos essenciais do testamento público. O testamento público deverá, sob pena de nulidade, ser: *a*) escrito por oficial público (tabelião ou seu substituto legal), em língua nacional (CC, art. 215, § 3º), em seu livro de notas, de conformidade com as declarações do testador, que pode servir-se de minuta, notas ou apontamentos (*RT*, *357*:478 e *267*:533; *RTJ*, *110*:1262); *b*) presenciado por duas testemunhas idôneas, que assistam a todo o ato, sem interrupção (*Ciência Jurídica*, *22*:63; *RJTJSP*, *138*:43; *EJSTJ*, *21*:318, *14*:80 e 81; *RT*, *787*:223, *687*:80, *617*:238, *149*:153 e *308*:208), vendo, ouvindo e compreendendo o testador, certificando-se de que o oficial público reproduziu exatamente o que ele queria; *c*) lido pelo tabelião em voz alta, depois de lavrado na presença do testador e das testemunhas, ou pelo testador, se o quiser, na presença destas e do oficial, para que seja possível averiguar a conformidade do testamento com o que foi declarado pelo testador; *d*) assinado pelo oficial, pelo testador, pelas testemunhas, seguidamente e em ato contínuo. Tais requisitos são formais extrínsecos por serem substanciais *ad solemnitatem* (*RT*, *798*:232).

Art. 1.865. Se o testador não souber, ou não puder assinar, o tabelião ou seu substituto legal assim o declarará, assinando, neste caso, pelo testador, e, a seu rogo, uma das testemunhas instrumentárias.

- *Código Civil, art. 1.864, III.*

Impossibilidade de obter a assinatura do testador. Se o testador não souber (em virtude de analfabetismo) ou não puder (em razão de paralisia, tremor provocado pelo mal de Parkinson etc.) assinar o testamento público, o tabelião ou seu substituto legal assim o declarará, assinando, nesse ato, pelo testador e a seu rogo, uma das testemunhas instrumentárias, embora não constitua nulidade assinatura a rogo por terceira pessoa, que esteve presente a todo o ato (*Ciência Jurídica*, *18*:102; *RT*, *687*:71, *146*:128, *182*:182 e *431*:72; TJSP, Ap. 512.319.4/9-00, rel. Caetano Lagrasta, j. 5-9-2007).

Art. 1.866. O indivíduo inteiramente surdo, sabendo ler, lerá o seu testamento, e, se não o souber, designará quem o leia em seu lugar, presentes as testemunhas.

Testamento público feito por surdo. O surdo poderá efetivar testamento público, de viva voz, emitindo sua vontade ao tabelião, na presença das duas testemunhas. Se souber ler, o lerá; se não o souber, indicará uma pessoa, testemunha suplementar, que o fará, de viva voz, na presença das duas testemunhas instrumentárias e do tabelião.

Art. 1.867. Ao cego só se permite o testamento público, que lhe será lido, em voz alta, duas vezes, uma pelo tabelião ou por seu substituto legal, e a outra por uma das testemunhas, designada pelo testador, fazendo-se de tudo circunstanciada menção no testamento.

Testador cego. Ao cego somente será permitido fazer testamento público, que lhe será lido, em voz alta, duas vezes, para que possa verificar se o conteúdo da cédula testamentária corresponde, com precisão, à vontade por ele exarada. Imprescindível será, sob pena de nulidade do ato, a dupla leitura: uma pelo tabelião ou substituto legal e outra por uma das testemunhas designadas por ele, fazendo-se de tudo circunstanciada menção no testamento, sob pena de nulidade (*RT*, *177*:254, *184*:921 e *325*:19).

Seção III

Do testamento cerrado

Art. 1.868. O testamento escrito pelo testador, ou por outra pessoa, a seu rogo, e por aquele assinado, será válido se aprovado pelo tabelião ou seu substituto legal, observadas as seguintes formalidades:

• Vide *Código Civil, arts. 228, 1.801, I, 1.870 e 1.871, e Lei n. 8.935/94, art. 7º, II.*

I — que o testador o entregue ao tabelião em presença de duas testemunhas;

II — que o testador declare que aquele é o seu testamento e quer que seja aprovado;

III — que o tabelião lavre, desde logo, o auto de aprovação, na presença de duas testemunhas, e o leia, em seguida, ao testador e testemunhas;

IV — que o auto de aprovação seja assinado pelo tabelião, pelas testemunhas e pelo testador.

Parágrafo único. O testamento cerrado pode ser escrito mecanicamente, desde que seu subscritor numere e autentique, com a sua assinatura, todas as páginas.

• Vide *Código Civil, art. 1.972.*

• *Código de Processo Civil, art. 735.*

Testamento cerrado. O testamento cerrado é o escrito com caráter sigiloso, feito pelo testador ou por alguém a seu rogo, e por aquele assinado, completado por instrumento de aprovação lavrado pelo tabelião ou seu substituto legal em presença de duas testemunhas idôneas (*RTJ*, *67*:167, *64*:168 e *75*:945; *RF*, *35*:567, *61*:57, *154*:252, *145*:271, *202*:168 e *173*:280; *RT*, *780*:204, *206*:154, *154*:252, *187*:960, *121*:229, *300*:753, *141*:726 e *189*:960; *RSTJ*, 7:284; *EJTJSP*, *2*:62; *JSTJ*, *129*:158).

BIBLIOGRAFIA: W. Barros Monteiro, *Curso*, cit., v. 6, p. 115-20; Itabaiana de Oliveira, *Tratado*, cit., v. 2, p. 439-41; José Lopes de Oliveira, *Sucessões*, cit., p. 97-101; Pinto Ferreira, *Tratado*, cit., p. 293-322; M. Helena Diniz, *Curso*, cit., v. 6, p. 127-30; Orozimbo Nonato, *Estudos*, cit., v. 1, n. 221; Caio M. S. Pereira, *Instituições*, cit., v. 6, p. 164-8; Clóvis Beviláqua, *Código Civil*, cit., obs. aos arts. 1.638 a 1.644, v. 6; Levenhagen, *Código Civil*, cit., v. 6, p. 78-84; Ferreira Alves, *Manual*, cit., v. 19, n. 40-5; Laurent, *Cours élémentaire*, cit., n. 322; Coelho da Rocha, *Instituições*, cit., § 679; Antonio Cicu, *El testamento*, cit., p. 55 e s.; Orlando Gomes, *Direito das sucessões*, cit., n. 96; Tolentino Braga, *Testamento cerrado*; Raul Floriano, A qualificação das testemunhas no testamento cerrado, *RF*, *539*:540; Arnoldo Wald, Consideração sobre o testamento cerrado, *RDC*, *15*:27.

Requisitos essenciais do testamento cerrado. No testamento cerrado imprescindível será que: *a*) a cédula testamentária seja escrita, inclusive mecanicamente, pelo testador ou por alguém a seu rogo (CC, art. 1.870; *RSTJ*, *7*:287), desde que não seja herdeiro ou legatário (*RF*, *158*:91; *RT*, *264*:863; *RTJ*, *67*:167); se escrito mecanicamente, por meio de datilografia ou digitação, seu subscritor deverá numerar e autenticar, com sua rubrica, todas as páginas; *b*) a assinatura seja do testador (*RT*, *780*:204), se foi por ele escrito ou por outra pessoa, a seu rogo; *c*) a entrega da carta testamentária seja feita pelo testador ao tabelião na presença de duas testemunhas, declarando que aquele é o seu testamento e que deseja sua aprovação. Se o testador não fizer essa declaração ao entregar a cédula testamentária, o oficial, perante as testemunhas, perguntar-lhe-á se aquele é o seu testamento que quer que seja aprovado; *d*) o auto de aprovação seja exarado pelo oficial público (tabelião ou substituto legal), em presença das testemunhas, declarando que o testador lhe entregou o testamento, pedindo sua aprovação; *e*) o instrumento de aprovação se inicie imediatamente depois da última palavra do testamento, e, se impossível, por falta de espaço, em outra folha, desde que o oficial ponha nela o seu sinal público, mencionando o fato no auto de aprovação (CC, art. 1.869, parágrafo único); *f*) a leitura do auto de aprovação seja feita pelo tabelião ao testador e às testemunhas, assinando-o o tabelião e as testemunhas e o testador; *g*) o encerramento seja feito pelo tabelião, que, uma vez formalizado o auto de aprovação, o dobrará, juntamente com a cédula testamentária, num só invólucro, que será por ele cerrado e cosido com cinco pontos de retrós, lacrando o testamento nos pontos de costura (CC, art. 1.869; *JB*, *156*:174; *RF*, *173*:280; *RT*, *163*:249; *EJSTJ*, *2*:62; *JSTJ*, *129*:158).

Art. 1.869. O tabelião deve começar o auto de aprovação imediatamente depois da última palavra do testador, declarando, sob sua fé, que o testador lhe entregou para ser aprovado na presença das testemunhas; passando a cerrar e coser o instrumento aprovado.

Parágrafo único. Se não houver espaço na última folha do testamento, para início da aprovação, o tabelião aporá nele o seu sinal público, mencionando a circunstância no auto.

Auto de aprovação. O tabelião iniciará o instrumento de aprovação imediatamente depois da última palavra do testamento, ou seja, após a assinatura do testador, ou em outra folha, em apartado, se na última folha escrita não houver espaço (*RF*, *202*:168), desde que nele ponha o seu sinal público, mencionando a circunstância no auto. Exige-se essa aposição do sinal público do tabelião para evitar que se substitua a cédula testamentária por outra, uma vez que o auto de aprovação ficará separado dela. O auto de aprovação é lavrado pelo tabelião, na presença das testemunhas, declarando, sob sua fé, que o testador lhe entregou para ser aprovado o testamento. Uma vez formalizado o auto de aprovação, o tabelião o dobrará com a cédula testamentária num só invólucro, que será por ele cerrado e cosido com cinco pontos de retrós, segundo praxe cartorária, lacrando-se o testamento nos pontos de costura.

DIREITO DAS SUCESSÕES

Art. 1.870. Se o tabelião tiver escrito o testamento a rogo do testador, poderá, não obstante, aprová-lo.

Testamento cerrado escrito pelo tabelião. Se o tabelião, a rogo do testador, vier a redigir a cédula testamentária, nada obsta a que venha a lavrar o auto de aprovação, atuando, não mais como particular, mas como delegado do Poder Público, investido de fé pública, atuando no cumprimento de seus deveres.

Art. 1.871. O testamento pode ser escrito em língua nacional ou estrangeira, pelo próprio testador, ou por outrem, a seu rogo.

• *Código Civil, art. 1.868.*

Redação em língua nacional ou estrangeira. Devido à natureza íntima deste testamento, poderá ser ele redigido em língua nacional ou estrangeira, pouco importando se as testemunhas instrumentárias conheçam ou não o idioma, uma vez que não será lido, logo aquelas testemunhas apenas atestarão a entrega da cédula testamentária ao oficial pelo testador. O mesmo se diga em relação ao oficial, pois tão somente deverá aprovar o testamento, não tomando conhecimento de seu conteúdo.

Assinatura da cédula testamentária. A carta testamentária deverá ser assinada pelo testador, mesmo que alguma pessoa que a seu rogo tenha escrito (CC, art. 1.868, 1ª parte).

Art. 1.872. Não pode dispor de seus bens em testamento cerrado quem não saiba ou não possa ler.

• *Código Civil, art. 1.867.*

Pessoas inabilitadas para fazer testamento cerrado. Só estão privados de fazer testamento cerrado os analfabetos, porque não sabem ler, e os cegos, porque não podem ler.

Art. 1.873. Pode fazer testamento cerrado o surdo-mudo, contanto que o escreva todo, e o assine de sua mão, e que, ao entregá-lo ao oficial público, ante as duas testemunhas, escreva, na face externa do papel ou do envoltório, que aquele é o seu testamento, cuja aprovação lhe pede.

Testamento cerrado feito por surdo-mudo. Poderá fazer testamento cerrado o surdo-mudo que souber ler e escrever, contanto que o redija inteiramente e o assine, de próprio punho, e o entregue ao notário ou tabelião perante duas testemunhas, escrevendo na face externa do envoltório que aquele é o seu testamento, cuja aprovação lhe pede.

Art. 1.874. Depois de aprovado e cerrado, será o testamento entregue ao testador, e o tabelião lançará, no seu livro, nota do lugar, dia, mês e ano em que o testamento foi aprovado e entregue.

• *Código Civil, art. 1.972.*

Entrega da cédula devidamente formalizada ao testador. Depois de lavrada, aprovada, cerrada e cosida (CC, art. 1.869), a carta testamentária será devolvida ao testador, e o tabelião lançará, antes de entregá-la, no seu livro, nota do lugar, dia, mês e ano em que o testamento foi aprovado e entregue. O testador deverá, então, conservá-la fechada, intacta, como lhe foi entregue pelo oficial público, pois, se a abrir, o testamento cerrado invalidar-se-á.

DIREITO DAS SUCESSÕES

Art. 1.875. Falecido o testador, o testamento será apresentado ao juiz, que o abrirá e o fará registrar, ordenando seja cumprido, se não achar vício externo que o torne eivado de nulidade ou suspeito de falsidade.

- *Código Civil, art. 1.972.*
- Vide *Código de Processo Civil, art. 735.*

Abertura do testamento pelo juiz. Verificada a abertura da sucessão, com o óbito do testador, e a integridade da cédula, o juiz do domicílio do *de cujus* abrirá o testamento cerrado, na presença do apresentante e do escrivão, que o lerá, lavrando-se em seguida o ato de abertura, que será rubricado pelo magistrado e assinado pelo apresentante.

Estado de conservação da cédula testamentária. A cédula deverá estar intacta para que tenha autenticidade, pois só depois de apurada a inexistência de vício externo, que a torne eivada de nulidade, ou suspeita de falsidade (p. ex., adulteração, rasura, supressão de parte do texto etc.), o juiz, ouvido o órgão do Ministério Público, mandará registrar, arquivar e cumprir o testamento, reconhecendo que satisfez todas as formalidades legais. Logo, se não estiver incólume ou contiver vício de nulidade, ou, ainda, for comprovada a falsidade, o magistrado não deverá apor o "cumpra-se" ao testamento.

BIBLIOGRAFIA: Zeno Veloso, *Novo Código Civil*, cit., p. 1696; Matiello, *Código*, cit., p. 1218.

Seção IV

Do testamento particular

Art. 1.876. O testamento particular pode ser escrito de próprio punho ou mediante processo mecânico.

§ 1º Se escrito de próprio punho, são requisitos essenciais à sua validade seja lido e assinado por quem o escreveu, na presença de pelo menos três testemunhas, que o devem subscrever.

- Vide *Código Civil, arts. 228 e 1.880.*

§ 2º Se elaborado por processo mecânico, não pode conter rasuras ou espaços em branco, devendo ser assinado pelo testador, depois de o ter lido na presença de pelo menos três testemunhas, que o subscreverão.

- Vide *Código Civil, art. 228.*

Testamento particular. O testamento particular ou hológrafo é o escrito e assinado pelo próprio testador e lido em voz alta perante três testemunhas idôneas, que também o assinam (*RTJ*, *61*:99; *EJSTJ*, *4*:73 e *10*:104; *RT*, *673*:168, *300*:735, *353*:421, *606*:83, *540*:89 e 92, *571*:67, *607*:86, *570*:61, *574*:240, *636*:158 e 159, *696*:106, *703*:133, *709*:197, *724*:289, *736*:236; *RF*, *334*:351; *RSTJ*, *45*:300, *98*:246; *JTJ*, *134*:343, *140*:140, *164*:187, *193*:197, *203*:155, *213*:188; *RJTJRS 136*:216; *RJTJSP 134*:343).

BIBLIOGRAFIA: Teodora Torres, *El testamento ológrafo*, 1977; Levenhagen, *Código Civil*, cit., v. 6, p. 84-7; Ferreira Alves, *Manual*, cit., v. 19, n. 46; Clóvis Beviláqua, *Código Civil*, cit., obs. aos arts. 1.645 a 1.649, v. 6; M. Helena Diniz, *Curso*, cit., v. 6, p. 130-2; José Lopes de Oliveira, *Sucessões*, cit., p. 101-2; Itabaiana de Oliveira, *Tratado*, cit., v. 2, p. 450-4; Silvio Rodrigues, *Direito civil*, cit., v. 7, p. 128; W. Barros Monteiro, *Curso*, cit., v. 6, p. 120; Caio M. S. Pereira, *Instituições*, cit., v. 6, p. 168-71; Barassi, *Le successioni*, cit., p. 341; Antonio Cicu, *El testamento*, cit., p. 55; Pinto Ferreira, *Tratado*, cit., p. 323-43; Butera, *Il Codice Civile italiano*; libro delle successioni, p. 252; Orlando Gomes, *Direito das sucessões*, cit., n. 102; Orozimbo Nonato, *Estudos*, cit., v. 1, n. 255; Carlos Maximiliano, *Direito das sucessões*, cit., v. 1, p. 539; Carlos Eduardo Thompson Flores, Considerações sobre o testamento particular datilografado, *RT*, *620*:33; Zeno Veloso, *Novo Código Civil*, cit., p. 1696 a 1701; *Comentários*, cit., v. 21, p. 145; Cahali e Hironaka, *Curso avançado de direito civil — direito das sucessões*, São Paulo, Revista dos Tribunais, 2003, v. 6, p. 287-96; Sebastião Luiz Amorim, *Código Civil*, cit., p. 95 a 107; Hugo Nigro Mazzilli e Wander Garcia, *Anotações*, cit., p. 565.

Requisitos essenciais do testamento particular. Exigem-se para a feitura do testamento particular: *a*) redação e assinatura de próprio punho do testador, não se admitindo assinatura a rogo (*RT*, *327*:137, *264*:236, *210*:194, *447*:213, *540*:891, *327*:240, *300*:230 e *311*:288; *BAASP*, *1.955*:47; *RTJ*, *92*:1.234, *64*:339 e *69*:559; *RF*, *247*:210; *AJ*, *112*:319). Pode ser datilografado ou escrito mediante processo mecânico, caso em que não poderá conter rasuras ou espaços em branco; *b*) intervenção de três testemunhas, além do testador, que deverão presenciar o ato (*RTJ*, *33*:560; *EJSTJ*, *4*:73; *RTJSP*, *134*:343; *RT*, *709*:197, *673*:167); *c*) leitura do testamento pelo testador perante as testemunhas, que logo em seguida o assinarão (*AJ*, *103*:48; *RT*, *673*:167). O Projeto de Lei n. 204/2011 visa criar requisitos para validade de testamento particular, impondo registro de títulos e documentos no prazo de 20 dias contado de sua elaboração.

Art. 1.877. Morto o testador, publicar-se-á em juízo o testamento, com citação dos herdeiros legítimos.

- Vide *Código de Processo Civil, art. 737.*
- Vide *Código Penal, art. 297, § 2º.*
- *Código Civil, art. 1.829.*

Publicação do testamento. Com a morte do testador, ter-se-á a publicação (abertura) em juízo do testamento, mediante requerimento de herdeiro, legatário ou testamenteiro, terceiro detentor do testamento (se impossibilitado de entregá-lo a algum dos outros legitimados para requerê-la), com citação dos herdeiros legítimos.

Art. 1.878. Se as testemunhas forem contestes sobre o fato da disposição, ou, ao menos, sobre a sua leitura perante elas, e se reconhecerem as próprias assinaturas, assim como a do testador, o testamento será confirmado.

Parágrafo único. Se faltarem testemunhas, por morte ou ausência, e se pelo menos uma delas o reconhecer, o testamento poderá ser confirmado, se, a critério do juiz, houver prova suficiente de sua veracidade.

- *Código de Processo Civil, art. 737.*

Confirmação do testamento pelas testemunhas. As testemunhas instrumentárias deverão depor, na audiência destinada à leitura e publicação do testamento particular, sobre a sua autenticidade, sendo inquiridas a respeito de seu conteúdo e de suas próprias assinaturas, bem como a do testador. As testemunhas deverão ser contestes, ou seja, harmônicas em suas declarações, confirmando o ato de última vontade. Bastará, para confirmar o testamento, que declarem que a leitura do testamento foi feita perante elas e que reconheçam suas assinaturas, a do testador e a veracidade do ato.

Perda da eficácia jurídica do testamento particular. Se faltarem todas as testemunhas por perda de memória ou das faculdades mentais, morte ou ausência, o testamento não poderá ser confirmado, mesmo que não haja dúvida sobre sua autenticidade, perdendo a eficácia jurídica no que atina às disposições patrimoniais. Mas, se pelo menos uma delas sobreviver e tiver condições de reconhecer o testamento, este poderá ser confirmado se, a critério do magistrado, houver prova suficiente de sua veracidade.

Art. 1.879. Em circunstâncias excepcionais declaradas na cédula, o testamento particular de próprio punho e assinado pelo testador, sem testemunhas, poderá ser confirmado, a critério do juiz.

Confirmação judicial do testamento de emergência. Em casos excepcionais, que impossibilitem o recurso às formas ordinárias e especiais, declarados em cédula testamentária, o testamento particular escrito de próprio punho e assinado pelo testador, em risco de morte, p. ex., sem testemunhas, ante a impossibilidade da presença delas, poderá ser confirmado a critério do magistrado, que poderá, se quiser, valer-se, p. ex., de perícia. Trata-se do *testamento de emergência* (*Nottestament* do BGB, arts. 2.449 e 2.250 — forma especial e simplificada de testamento particular), feito pelo testador que se encontrar em: *a*) situação anormal (incêndio, sequestro, desastre, internação em UTI, revolução, avião em pane, estado de calamidade pública, epidemia, inundação, naufrágio) que possa colocá-lo em risco iminente e grave de perder a vida, ou *b*) situação em que é impossível a intervenção testemunhal por não haver pessoas de sua confiança ou até mesmo pela ocorrência de ausência de testemunhas, ante o fato de o testador morar em lugar desabitado ou ermo. Mas se o testador meses depois sobreviver ou puder testar sob a forma ordinária, tal testamento não poderá prevalecer. Ante a ausência do prazo legal para sua caducidade, poder-se-ia aplicar por interpretação extensiva o de três meses dos testamentos especiais.

Segundo o Enunciado n. 611, aprovado na *VII Jornada de Direito Civil*: "O testamento hológrafo simplificado, previsto no art. 1.879 do Código Civil, perderá sua eficácia se, nos 90 dias subsequentes ao fim das circunstâncias excepcionais que autorizaram a sua confecção, o disponente, podendo fazê-lo, não testar por uma das formas testamentárias ordinárias.

Art. 1.880. O testamento particular pode ser escrito em língua estrangeira, contanto que as testemunhas a compreendam.

- *Código Civil, art. 1.876.*

Redação em língua estrangeira. O testamento particular poderá ser redigido em língua estrangeira, desde que as testemunhas a entendam, para que possam compreender o teor das suas disposições, quando lhes forem lidas (CC, art. 1.876).

Capítulo IV
Dos Codicilos

Art. 1.881. Toda pessoa capaz de testar poderá, mediante escrito particular seu, datado e assinado, fazer disposições especiais sobre o seu enterro, sobre esmolas de pouca monta a certas e determinadas pessoas, ou, indeterminadamente, aos pobres de certo lugar, assim como legar móveis, roupas ou joias, de pouco valor, de seu uso pessoal.

- Vide *Código Civil, arts. 1.860, 1.883 e 1.998.*
- ***Projeto de Lei n. 699/2011:*** *"Parágrafo único. O escrito particular pode ser redigido ou digitado mecanicamente, desde que seu autor numere e autentique, com a sua assinatura, todas as páginas".*

Codicilo. Codicilo é, na lição de Carlos Maximiliano, o ato de última vontade pelo qual o disponente traça diretrizes sobre assuntos pouco importantes, despesas e dádivas de pequeno valor (*RF*, *336*:292, *136*:114 e *229*:157; *RT*, *785*:372, *46*:531, *97*:424, *164*:287, *197*:149, *47*:220, *303*:272, *327*:240 e *400*:183; *JB*, *163*:349; *JTJ*, *132*:236, *136*:200, *216*:214, *246*:251; TJRS, Ap. 70.015.923.808, rel. Brasil Santos, j. 29-11-2006).

BIBLIOGRAFIA: Carlos Maximiliano, *Direito das sucessões*, cit., v. 1, p. 557; Ferreira Alves, *Manual*, cit., v. 19, n. 57; Levenhagen, *Código Civil*, cit., v. 6, p. 88-90; Caio M. S. Pereira, *Instituições*, cit., v. 6, p. 176; R. Limongi França, Codicilo, in *Enciclopédia Saraiva do Direito*, v. 15, p. 292; W. Barros Monteiro, *Curso*, cit., v. 6, p. 127-9; Orlando Gomes, *Direito das sucessões*, cit., p. 118; José Lopes de Oliveira, *Sucessões*, cit., p. 109; Clóvis Beviláqua, *Código Civil*, cit., obs. aos arts. 1.651 a 1.655, v. 6; M. Helena Diniz, *Curso*, cit., v. 6, p. 180-2; Carlos Alberto Bittar, *Direito das sucessões*, cit., p. 70-1; Sílvio de Salvo Venosa, *Direito das sucessões*, cit., p. 116-7; Ricardo R. Gama, *Direito das sucessões*, cit., p. 213-4; Zeno Veloso, *Novo Código Civil*, cit., p. 1702-3; Dimas B. Thomaz Júnior, Dos codicilos, *RT*, *748*: 755-63; Eduardo de Oliveira Leite, *Comentários*, cit., p. 399-407; Sebastião Luiz Amorim, *Código Civil*, cit., p. 112-18.

Conteúdo. O codicilo contém disposições especiais relativas ao enterro; esmolas de pouca monta a determinadas pessoas ou aos pobres de certo local; legado de móveis, roupas ou joias de pouco valor, de uso pessoal do codicilante (*RT*, *164*:287, *97*:424, *303*:272 e *327*:240; *AJ*, *101*:184).

Forma. O codicilo só poderá ser feito por pessoa capaz de testar, mediante documento escrito, datado e assinado pelo disponente (*RT*, *197*:149, *46*:351 e *164*:287), logo será inadmissível escrita ou assinatura a rogo. Sua forma é hológrafa simplificada, como diz Eduardo de Oliveira Leite (TJSP, Ap. Cível 151.838, rel. Silvério Ribeiro, j. 8-10-1991).

Art. 1.882. Os atos a que se refere o artigo antecedente, salvo direito de terceiro, valerão como codicilos, deixe ou não testamento o autor.

Autonomia do codicilo. Não há exigência legal para que alguém só possa fazer codicilo se antes fizer testamento. Desde que se respeitem direitos de terceiros, o codicilo valerá esteja ou não incluído em texto do testamento. Se houver testamento, com ele irradiará efeitos, complementando-o. Se inexistir cédula testamentária, o codicilo produzirá suas consequências, caso em que respeitar-se-á a sucessão legítima.

Art. 1.883. Pelo modo estabelecido no art. 1.881, poder-se-ão nomear ou substituir testamenteiros.

• Vide *Código Civil, arts. 1.881, 1.976 a 1.990.*

Codicilo e testamenteiro. A nomeação ou a substituição de testamenteiro poderá dar-se mediante codicilo. O testador poderá nomear testamenteiro por meio de codicilo se não o fez por via testamentária; e, se o fez quando testou, poderá substituir o nomeado no testamento por meio de codicilo.

Art. 1.884. Os atos previstos nos artigos antecedentes revogam-se por atos iguais, e consideram-se revogados, se, havendo testamento posterior, de qualquer natureza, este os não confirmar ou modificar.

• Vide *Código Civil, art. 1.969.*

Revogação do codicilo. Um codicilo só poderá ser revogado por outro codicilo posterior (expressa ou insitamente por conter disposição incompatível com o anterior) ou por testamento posterior (de qualquer natureza) que não o confirme ou modifique.

Art. 1.885. Se estiver fechado o codicilo, abrir-se-á do mesmo modo que o testamento cerrado.

• Vide *Código Civil, arts. 1.868 e 1.875.*

• *Código de Processo Civil, art. 735, §§ 1º a 4º.*

Abertura do codicilo fechado. Para a publicação e confirmação de codicilo fechado e até cosido (CC, art. 1.868), o magistrado o abrirá, da mesma forma que o testamento cerrado, e, se inexistir vício externo que o invalide, ordenará seu cumprimento, fazendo-o registrar e arquivar pelo cartório a que tiver sido distribuído.

CAPÍTULO V

DOS TESTAMENTOS ESPECIAIS

SEÇÃO I

DISPOSIÇÕES GERAIS

Art. 1.886. São testamentos especiais:

I — o marítimo;

II — o aeronáutico;

III — o militar.

• Vide *Código Civil, arts. 1.887 a 1.896.*

Testamento especial. O testamento especial é o permitido somente a certas e determinadas pessoas, colocadas em circunstâncias particulares, designadas em lei, compreendendo o testamento militar, o marítimo e o aeronáutico. Ante o fato desse testamento dar-se extraordinariamente, a lei contém exceções de ordem formal, no que atina à redução de requisitos para a sua elaboração e à eliminação de solenidades.

Art. 1.887. Não se admitem outros testamentos especiais além dos contemplados neste Código.

• Vide *Código Civil, arts. 1.886, I, II e III, 1.888 a 1.896.*

Testamentos especiais admitidos legalmente. No Brasil, apenas são admitidos os testamentos especiais contemplados no Código Civil, ou seja: o marítimo (CC, arts. 1.886, I, 1.888, 1.890, 1.891 e 1.892); o aeronáutico (CC, arts. 1.886, II, 1.889, 1.890 e 1.891) e o militar (CC, arts. 1.886, III, 1.893 a 1.896). Esse rol contém *numerus clausus.*

SEÇÃO II

DO TESTAMENTO MARÍTIMO E DO TESTAMENTO AERONÁUTICO

Art. 1.888. Quem estiver em viagem, a bordo de navio nacional, de guerra ou mercante, pode testar perante o comandante, em presença de duas testemunhas, por forma que corresponda ao testamento público ou ao cerrado.

Parágrafo único. O registro do testamento será feito no diário de bordo.

• Vide *Código Civil, arts. 1.801, I, 1.864 a 1.868 e 1.868 a 1.875.*

Testamento marítimo. O testamento marítimo é, segundo Itabaiana de Oliveira, a declaração de última vontade feita, por tripulante ou passageiro, a bordo de navio nacional, de guerra ou mercante, em viagem no mar ou em prolongado percurso fluvial ou lacustre.

BIBLIOGRAFIA: Itabaiana de Oliveira, *Tratado*, cit., v. 2, p. 455; Caio M. S. Pereira, *Instituições*, cit., v. 6, p. 172-3; Pinto Ferreira, *Tratado*, cit., p. 404-16; W. Barros Monteiro, *Curso*, cit., v. 6, p. 132; José Lopes de Oliveira, *Sucessões*, cit., p. 111; Orozimbo Nonato, *Estudos*, cit., n. 261; Ferreira Alves, *Manual*, cit., v. 19, n. 58; Levenhagen, *Código Civil*, cit., v. 6, p. 91-4; M. Helena Diniz, *Curso*, cit., v. 6, p. 132-3; Carlos Alberto Bittar, *Direito das sucessões*, cit., p. 83-4; Ricardo R. Gama, *Direito das sucessões*, cit., p. 206-12; Zeno Veloso, *Código Civil*, cit., p. 2078.

Testamento marítimo correspondente ao testamento público. Há uma forma de testamento marítimo semelhante à do testamento público, que ocorrerá se o testamento for lavrado e redigido pelo comandante do navio, conforme as declarações do testador, perante duas testemunhas idôneas, escolhidas entre os passageiros, que presenciarão todo o ato e assinarão o instrumento logo após o testador, e, se este não puder escrever, assinará por ele uma das testemunhas, declarando que o faz a rogo.

Testamento marítimo similar ao testamento cerrado. Ter-se-á testamento marítimo similar ao testamento cerrado quando o testador, ou pessoa a seu rogo, vem a redigir o ato de última vontade, entregando-o, em seguida, ao comandante do navio, na presença de duas testemunhas que reconheçam e entendam o testador, declarando este, no mesmo ato, ser seu testamento o escrito que apresenta. O comandante, uma vez recebido o testamento, certifica, logo abaixo do escrito, todo o ocorrido, datando e assinando o auto de aprovação com o testador e as testemunhas.

Registro do testamento marítimo. O comandante do navio deverá providenciar o registro do testamento no diário de bordo.

Art. 1.889. Quem estiver em viagem, a bordo de aeronave militar ou comercial, pode testar perante pessoa designada pelo comandante, observado o disposto no artigo antecedente.

• Vide *Código Civil, art. 1.888 e parágrafo único.*

Testamento aeronáutico. O testamento aeronáutico poderá ser feito por quem estiver em viagem, a bordo de avião militar ou comercial, que, sendo acometido de um mal súbito ou tendo piorado da moléstia de que é portador, desejar dispor de seus bens, exarando sua última vontade, perante o comandante, ou por pessoa por ele designada, na presença de duas testemunhas, assumindo forma similar à do público ou à do cerrado, e, ainda, deverá ser registrado no diário de bordo.

Art. 1.890. O testamento marítimo ou aeronáutico ficará sob a guarda do comandante, que o entregará às autoridades administrativas do primeiro porto ou aeroporto nacional, contra recibo averbado no diário de bordo.

• *Código Civil, art. 1.801, I.*

Obrigação do comandante do navio ou da aeronave. O comandante do navio, ou da aeronave, na qualidade de guardião provisório do testamento marítimo ou aeronáutico, deverá entregá-lo às autoridades administrativas do primeiro porto ou aeroporto nacional, mediante recibo, que deverá ser averbado no diário de bordo.

Art. 1.891. Caducará o testamento marítimo, ou aeronáutico, se o testador não morrer na viagem, nem nos noventa dias subsequentes ao seu desembarque em terra, onde possa fazer, na forma ordinária, outro testamento.

Caducidade do testamento marítimo e do aeronáutico. Caducará o testamento marítimo, ou o aeronáutico, se o testador não falecer durante a viagem ou nos noventa dias subsequentes ao seu desembarque em terra. Com o vencimento desse prazo, o testamento perderá eficácia, pois o testador poderá fazer outro, utilizando-se de uma das formas ordinárias.

Art. 1.892. Não valerá o testamento marítimo, ainda que feito no curso de uma viagem, se, ao tempo em que se fez, o navio estava em porto onde o testador pudesse desembarcar e testar na forma ordinária.

Invalidade de testamento marítimo. Não terá validade testamento marítimo feito, no curso de uma viagem, em navio ancorado num porto onde o testador pudesse desembarcar e testar na forma ordinária, visto que nenhum obstáculo insuperável se deu, a menos que o testador se ache impossibilitado de desembarcar, p. ex., por estar gravemente enfermo, ou por proibição de desembarque imposta por autoridade local. Pode ocorrer, ainda, a impossibilidade de testar sob a forma ordinária, por não conhecer o idioma da região, por não haver, na localidade, notário ou consulado brasileiro, pelo fato de no lugar ser feriado etc.

SEÇÃO III

DO TESTAMENTO MILITAR

Art. 1.893. O testamento dos militares e demais pessoas a serviço das Forças Armadas em campanha, dentro do País ou fora dele, assim com em praça sitiada, ou que esteja de comunicações interrompidas, poderá fazer-se, não havendo tabelião ou seu substituto legal, ante duas, ou três testemunhas, se o testador não puder, ou não souber assinar, caso em que assinará por ele uma delas.

§ 1º Se o testador pertencer a corpo ou seção de corpo destacado, o testamento será escrito pelo respectivo comandante, ainda que de graduação ou posto inferior.

§ 2º Se o testador estiver em tratamento em hospital, o testamento será escrito pelo respectivo oficial de saúde, ou pelo diretor do estabelecimento.

§ 3º Se o testador for o oficial mais graduado, o testamento será escrito por aquele que o substituir.

Testamento militar. O testamento militar é a declaração de última vontade feita por militares e demais pessoas (médicos, enfermeiros, reféns, prisioneiros, fornecedores de víveres, repórteres, engenheiros, telegrafistas, capelães etc.) a serviço das Forças Armadas (Exército, Marinha, Aeronáutica) em campanha, dentro ou fora do país, ou em praça sitiada ou com as comunicações interrompidas, ante a impossibilidade de fazer uso das formas ordinárias de testamento, por não haver tabelião, ou quem o represente (substituto legal) naquele local.

BIBLIOGRAFIA: Itabaiana de Oliveira, *Tratado*, cit., v. 2, p. 458; W. Barros Monteiro, *Curso*, cit., v. 6, p. 133; Pacifici-Mazzoni, *Trattato*, cit., v. 3, p. 125; Pinto Ferreira, *Tratado*, cit., p. 395-402; Levenhagen, *Código Civil*, cit., v. 6, p. 94-7; Ferreira Alves, *Manual*, cit., v. 19, n. 59-62; Clóvis Beviláqua, *Código Civil*, cit., obs. aos arts. 1.660 a 1.663, v. 6; M. Helena Diniz, *Curso*, cit., v. 6, p. 133-4; Carlos A. Bittar, *Direito das sucessões*, cit., p. 83; Zeno Veloso, *Novo Código Civil*, cit., p. 1768 e s.

Testamento militar similar ao público. O testamento militar, correspondente ao testamento público, deverá ser redigido pela autoridade militar ou de saúde perante duas testemunhas, que o assinarão com o testador. Se este não souber ou não puder assinar, uma terceira testemunha o fará por ele. Se o testador pertencer a corpo ou seção de corpo destacado, o testamento deverá ser escrito pelo seu comandante, mesmo que seja oficial de graduação ou posto inferior. Se o testador estiver em tratamento hospitalar, o testamento deverá ser redigido pelo oficial médico em serviço ou pelo diretor do estabelecimento, e, se o testador for o oficial mais graduado, o testamento deverá ser escrito por aquele que o substituir.

Art. 1.894. Se o testador souber escrever, poderá fazer o testamento de seu punho, contanto que o date e assine por extenso, e o apresente aberto ou cerrado, na presença de duas testemunhas ao auditor, ou ao oficial de patente, que lhe faça as vezes neste mister.

Parágrafo único. O auditor, ou o oficial a quem o testamento se apresente notará, em qualquer parte dele, lugar, dia, mês e ano, em que lhe for apresentado, nota esta que será assinada por ele e pelas testemunhas.

Testamento militar semelhante ao cerrado. Configurar-se-á testamento militar correspondente ao cerrado se for escrito de próprio punho e assinado por extenso pelo testador, que o apresentará aberto ou fechado, na presença de duas testemunhas, para que seja autenticado pelo auditor ou oficial de patente que lhe faça as vezes neste mister, anotando em qualquer parte dele o local e a data de sua apresentação. Tal nota deverá ser assinada por ele e por duas testemunhas.

Art. 1.895. Caduca o testamento militar, desde que, depois dele, o testador esteja, noventa dias seguidos, em lugar onde possa testar na forma ordinária, salvo se esse testamento apresentar as solenidades prescritas no parágrafo único do artigo antecedente.

- Vide *Código Civil, art. 1.894, parágrafo único.*

Caducidade de testamento militar. Ter-se-á a caducidade do testamento militar se, após a sua feitura, o testador estiver noventa dias seguidos em local onde possa fazer disposição de última vontade na forma ordinária, exceto se esse testamento apresentar anotação do auditor e subscrição do testador e de duas testemunhas.

Art. 1.896. As pessoas designadas no art. 1.893, estando empenhadas em combate, ou feridas, podem testar oralmente, confiando a sua última vontade a duas testemunhas.

Parágrafo único. Não terá efeito o testamento se o testador não morrer na guerra ou convalescer do ferimento.

- Vide *Código Civil, art. 1.893.*

Testamento militar nuncupativo. Os militares, as pessoas a eles equiparadas, que estiverem em combate, ou que venham a ser feridas no campo de batalha, poderão testar, verbalmente, perante duas testemunhas (*RT*, *589*:93), que deverão, obviamente, escrever suas declarações e apresentá-las, depois de as assinarem, ao auditor. Todavia, tal testamento perderá sua eficácia se o testador não vier a falecer na guerra ou convalescer do ferimento.

Capítulo VI

Das Disposições Testamentárias

Art. 1.897. A nomeação de herdeiro, ou legatário, pode fazer-se pura e simplesmente, sob condição, para certo fim ou modo, ou por certo motivo.

• Vide *Código Civil, arts. 62, 80, II, 121 a 130, 136, 137, 1.693, III, e 1.733, § 2º, e RJTJSP, 190:241 e 243.*

Nomeação de herdeiro ou de legatário pura e simples. Será pura e simples a nomeação de herdeiro (para receber universalidade ou quota-parte da herança) ou legatário (para receber coisa certa ou individuada), se efetuada sem imposição de qualquer cláusula, produzindo efeitos no instante da abertura da sucessão do *de cujus*.

Nomeação condicional de herdeiro ou legatário. Será condicional a nomeação de herdeiro ou de legatário se sua eficácia estiver subordinada a evento futuro e incerto. P. ex., se se deixar verba "x" para legatário para abrir consultório se se formar em Odontologia (condição suspensiva) ou pagar a mensalidade da faculdade, enquanto for estudante de direito (condição resolutiva).

Nomeação modal de herdeiro ou legatário. A nomeação de herdeiro ou legatário será modal ou com encargo se se impuser ao beneficiado uma contraprestação (*RT*, *183*:297). P. ex., se se estipular que "A" receberá o terreno "y", para nele construir um orfanato.

Nomeação por certo motivo. A nomeação de herdeiro ou legatário por certa razão dar-se-á quando acompanhada do motivo que a determinou. P. ex., se afirmar que "A" é seu herdeiro porque salvou sua vida num incêndio.

BIBLIOGRAFIA: Itabaiana de Oliveira, *Tratado*, cit., v. 2, p. 471-500; Caio M. S. Pereira, *Instituições*, cit., v. 6, p. 179-83; Clóvis Beviláqua, *Direito das sucessões*, cit., § 73; Levenhagen, *Código Civil*, cit., v. 6, p. 98-9; Ferreira Alves, *Manual*, cit., v. 19, n. 63-9; M. Helena Diniz, *Curso*, cit., v. 6, p. 140-3; José Lopes de Oliveira, *Sucessões*, cit., p. 119-27; Carvalho Santos, *Código Civil*, cit., v. 23, p. 220-8; Barassi, *Le successioni*, cit., p. 409 e 420; Planiol e Ripert, *Traité*, cit., v. 7, n. 1.042; W. Barros Monteiro, *Curso*, cit., v. 6, p. 139-43; Orozimbo Nonato, *Estudos*, cit., v. 2, p. 246-7; Orlando Gomes, *Direito das sucessões*, cit., n. 122; Silvio Rodrigues, *Direito civil*, cit., v. 7, p. 147-8; Coelho da Rocha, *Instituições*, cit., § 702; Carlos Maximiliano, *Direito das sucessões*, cit., v. 2, p. 205-300; Ferreira Coelho, *Código Civil*, Rio de Janeiro, 1926, v. 8, p. 430; Vitali, *Delle successioni*, cit., v. 4, p. 459; Lacerda de Almeida, *Direito das sucessões*, cit., § 75; Trigo de Loureiro, *Direito civil brasileiro*, § 428; Gouvêa Pinto, *Tratado dos testamentos e sucessões*, cit., p. 265-6; Ricardo R. Gama, *Direito das sucessões*, cit., p. 214-37; Sebastião José Roque, *Direito das sucessões*, cit., p. 101-12; L. F. Del Moral Dominguez, *Autonomía privada y testamento en derecho común. Contribución al estudio de las disposiciones testamentarias atípicas*, Barcelona, Bosch, 1997; Zeno Veloso, *Condição, termo e encargo,* São Paulo, Malheiros, 1997; *Novo Código Civil*, cit., p. 1716 a 1729; Cristiano C. de Farias, O cumprimento de testamento no novo CPC e a possibilidade de adaptação procedimental (Cláusula geral negocial) do inventário, *MPMG Jurídico – Direito de Família*, 2016, p. 40-8.

Art. 1.898. A designação do tempo em que deva começar ou cessar o direito do herdeiro, salvo nas disposições fideicomissárias, ter-se-á por não escrita.

• Vide *Código Civil, arts. 131 e 135, 1.924, 1.928, 1.951 a 1.960.*

Nomeação a termo de herdeiro ou de legatário. Ter-se-á por não escrita a nomeação a termo de herdeiro, indicando-se o tempo em que deva começar ou terminar o direito deste, entendendo-se que houve nomeação pura e simples, exceto no fideicomisso. Urge lembrar que a nomeação de herdeiro a termo não tem o condão de anular sua instituição. Considerar-se-á apenas como não escrita a cláusula que designar o termo (evento futuro e certo) a que se subordina a eficácia do ato, entendendo-se que houve nomeação pura e simples. Tal proibição não alcançará o legatário, já que o legado pode ser deixado sob termo inicial ou final, em disposição fideicomissária ou não (CC, arts. 1.924 e 1.928).

BIBLIOGRAFIA: W. Barros Monteiro, *Curso*, cit., v. 6, p. 143-4; José Lopes de Oliveira, *Sucessões*, cit., p. 129; Itabaiana de Oliveira, *Tratado*, cit., v. 2, n. 478, p. 490-1; Clóvis Beviláqua, *Código Civil*, cit., obs. ao art. 1.665, v. 6; M. Helena Diniz, *Curso*, cit., v. 6, p. 143; Levenhagen, *Código Civil*, cit., v. 6, p. 99-100; Ferreira Alves, *Manual*, cit., v. 19, n. 70.

Art. 1.899. Quando a cláusula testamentária for suscetível de interpretações diferentes, prevalecerá a que melhor assegure a observância da vontade do testador.

- Vide *Súmula 49 do Supremo Tribunal Federal.*
- *Código Civil, arts. 112 e 133.*

Interpretação de disposição testamentária. Na interpretação do testamento dever-se-á buscar a vontade ou a intenção do testador, sempre que houver dúvidas ou o texto for sujeito a interpretações diversas (*RT*, *630*:171, *608*:150, *603*:69, *582*:143, *559*:200, *146*:834 e *175*:187; *Adcoas*, n. 85.717, 1982; *RF*, *116*:445 e *110*:389; *JB*, *59*:303; *AJ*, *66*:348, *109*:449 e *100*:217; *Revista de Direito*, *50*:321; *RJTJSP*, *198*:52 e 54).

Princípio "voluntas spectanda". Tal princípio rege a interpretação do testamento por requerer a determinação precisa da verdadeira intenção do testador, mediante a aplicação de normas interpretativas, fazendo com que o sentido subjetivo prevaleça sobre o objetivo, para que se possa respeitá-lo como ato de última vontade, que produz efeitos *post mortem*. Pelo princípio *voluntas spectanda*, é preciso, portanto, desvendar a real vontade contida no negócio jurídico *causa mortis*, procurando suas consequências, pois pode haver não correspondência entre o que o *de cujus* quis exprimir e a redação da cláusula testamentária. É preciso atingir a *mens testantes* que, bem ou mal, foi expressa. A interpretação do testamento pressupõe sempre a descoberta da vontade real e não a da declarada.

Teoria da interpretação subjetiva do testamento. O art. 1.899 do Código Civil é uma norma jurídico-interpretativa do testamento que consagra a teoria da interpretação subjetiva do ato de última vontade. Isto é assim porque esse preceito legal, supondo perplexidade do exegeta, dispõe que quando a cláusula testamentária for suscetível de interpretações diferentes, prevalece a que melhor assegurar a observância da vontade do testador. A exegese não pode derrotar a evidente *intentio* do *de cujus*. O intérprete deve averiguar o que o disponente disse e o que realmente pretendeu, analisando a redação e a concatenação lógica das cláusulas do testamento, dando preeminência ao seu sentido e à vontade interna nelas inserida.

BIBLIOGRAFIA: Ferreira Alves, *Manual*, cit., v. 19, n. 71; Levenhagen, *Código Civil*, cit., v. 6, p. 100-1; Trabucchi, *Istituzioni*, cit., p. 890; Barbero, *Sistema de derecho privado*, Buenos Aires, 1967, v. 5, p. 289; Carlos Maximiliano, *Direito das sucessões*, cit., v. 2, p. 90; Orlando Gomes, *Direito das sucessões*, cit., p. 173; Roscigno, *Interpretazione del testamento*, Napoli, 1952; Emilio Betti, *La interpretación de la ley y actos jurídicos*, Barcelona, 1975, p. 382; Itabaiana de Oliveira, *Tratado*, cit., v. 2, n. 524-6; W. Barros Monteiro, *Curso*, cit., v. 6, p. 144-6; Orozimbo Nonato, *Estudos*, cit., v. 2, n. 845 e s.; Sílvio de Salvo Venosa, *Direito das sucessões*, São Paulo, Atlas, p. 120; Giampiccolo, *Il contenuto atipico del tes-*

tamento, Milano, Giuffrè, 1954, p. 160; Coelho da Rocha, *Instituições*, cit., § 693; Paulo Eduardo G. Modesto, Hermenêutica do testamento, *Revista do CEPEJ, Salvador, 1989, v. 3, p. 106-13*; Juan B. Jordano Barea, *Interpretación del testamento*, Barcelona, Bosch, *1958, p. 25, 37, 40 e 41*; José Lopes de Oliveira, *Sucessões*, cit., p. 116-8; Enneccerus, Kipp e Wolff, *Derecho de sucesiones*, cit., v. 1, § 18; Caio M. S. Pereira, *Instituições*, cit., v. 6, p. 190; M. Helena Diniz, *Curso*, cit., v. 6, p. 150-3, e A interpretação de cláusula testamentária duvidosa, *Revista AMB*, *2*:11916, 1997; Francisco Ferrer, *Cómo se interpretan los testamentos*, Buenos Aires, Abeledo-Perrot, 1994; Sérgio Bermudes, Interpretação de cláusula testamentária, *RDC*, *9*:241; Márcia Paes Barreto P. Drummond, Testamento: conceituações e questões jurídicas interpretativas, *RDTJRJ*, *15*:52; Luiz Roberto de Assumpção, Cláusulas testamentárias e seus problemas hermenêuticos, *Atualidades Jurídicas*, *2*:187.

Art. 1.900. É nula a disposição:

- *Código Civil, arts. 1.859, 1.903 e 1.909.*

I — que institua herdeiro ou legatário sob a condição captatória de que este disponha, também por testamento, em benefício do testador, ou de terceiro;

II — que se refira a pessoa incerta, cuja identidade não se possa averiguar;

- *Código Civil, art. 1.901, I.*

III — que favoreça a pessoa incerta, cometendo a determinação de sua identidade a terceiro;

- *Código Civil, art. 1.901, I.*

IV — que deixe a arbítrio do herdeiro, ou de outrem, fixar o valor do legado;

- *Código Civil, art. 1.901, II.*

V — que favoreça as pessoas a que se referem os arts. 1.801 e 1.802.

- Vide *Código Civil, arts. 1.801 a 1.803 e 1.859.*

Nulidade de disposição testamentária. Nula será a disposição testamentária que: *a*) instituir herdeiro ou legatário sob a *condição captatória* de que este disponha também por testamento em benefício do testador, ou de terceiro, por contrariar a liberdade inerente ao ato de última vontade, induzindo outrem a dispor em seu favor (*RT*, *579*:170, *390*:138, *260*:277, *308*:208, *206*:154, *197*:35 e *191*:695; *RF*, *175*:220, *178*:226); *b*) referir-se a pessoa incerta, cuja identidade não se possa averiguar, porque o beneficiado deverá ser individuado devidamente; *c*) favorecer a pessoa incerta, cometendo a determinação de sua identidade a terceiro, por perder seu caráter personalíssimo; *d*) deixar ao arbítrio do herdeiro ou de outrem fixar o valor do legado, por deixar de ser ato exclusivo do testador, a quem compete estabelecer o *quantum* do legado; ou *e*) favorecer pessoas arroladas nos arts. 1.801 e 1.802 do Código Civil. Só se pode invalidar testamento após a morte do testador (*RJ*, *211*:54) e dentro do prazo decadencial de cinco anos, contados da data do seu registro (CC, art. 1.859).

BIBLIOGRAFIA: W. Barros Monteiro, *Curso*, cit., v. 6, p. 147-51; José Lopes de Oliveira, *Sucessões*, cit., p. 132; Clóvis Beviláqua, *Código Civil comentado*, cit., v. 6, p. 132-4; Aubry e Rau, *Cours de droit civil français*, cit., v. 10, p. 470 e 550; Ferreira Alves, *Manual*, cit., v. 19, n. 73; Caio M. S. Pereira, *Instituições*, cit., v. 6, p. 264; Planiol, Ripert e Boulanger, *Traité élémentaire de droit civil*, cit., v. 2, n. 2.925; João Luís Alves, *Código Civil anotado*, v. 3, p. 85; Carlos Maximiliano, *Direito das sucessões*, v. 2, n. 718; Enneccerus, Kipp e Wolff, *Derecho de sucesiones*, v. 1, § 22; M. Helena Diniz, *Curso*, cit., v. 6, p. 164-5; Levenhagen, *Código Civil*, cit., v. 6, p. 101-2; Ferreira Alves, *Manual*, cit., v. 19, n. 73 e 74.

Art. 1.901. Valerá a disposição:

I — em favor de pessoa incerta que deva ser determinada por terceiro, dentre duas ou mais pessoas mencionadas pelo testador, ou pertencentes a uma família, ou a um corpo coletivo, ou a um estabelecimento por ele designado;

- *Código Civil, art. 1.900, III.*

II — em remuneração de serviços prestados ao testador, por ocasião da moléstia de que faleceu, ainda que fique ao arbítrio do herdeiro ou de outrem determinar o valor do legado.

- *Código Civil, art. 1.900, IV.*

Relativa indeterminação de herdeiro ou de legatário. Será válida a disposição testamentária em favor de pessoa incerta que deva ser determinada por terceiro, dentre duas ou mais indicadas pelo testador, ou pertencentes a uma família, a um corpo coletivo ou a um estabelecimento por ele designado, porque a indeterminação é relativa, limitando-se o arbítrio de terceiro, que escolherá apenas uma das pessoas indicadas pelo testador (*RT*, *149*:153).

Fixação do valor do legado por terceiro. Possível será ao legatário ou herdeiro fixar o valor do legado apenas quando remuneratório de serviços prestados por médico, enfermeiro, farmacêutico etc., ao disponente, por ocasião da enfermidade que o matou. Logo, válida será a disposição testamentária que encarregar o herdeiro de entregar uma quantia, dentro da quota para isso reservada, ao médico, ou enfermeiro, que mais se dedicou, por demonstrar a gratidão do *de cujus*, pelos serviços por ele prestados.

Art. 1.902. A disposição geral em favor dos pobres, dos estabelecimentos particulares de caridade, ou dos de assistência pública, entender-se-á relativa aos pobres do lugar do domicílio do testador ao tempo de sua morte, ou dos estabelecimentos aí sitos, salvo se manifestamente constar que tinha em mente beneficiar os de outra localidade.

Parágrafo único. Nos casos deste artigo, as instituições particulares preferirão sempre às públicas.

- *Código Civil, art. 1.881.*

Disposição geral em favor dos pobres ou de estabelecimentos assistenciais. Por levar em conta as finalidades caritativas de certas disposições testamentárias, a lei considera válida as que contemplar de modo genérico, sem qualquer individuação, os pobres e estabelecimento assistencial, entendendo que o testador pretendeu contemplar os pobres ou os estabelecimentos de caridade do seu domicílio, ao tempo de sua morte, dando preferência às entidades particulares, por serem mais carentes do que as públicas (*RT*, *106*:644, *134*:111 e *272*:211).

Art. 1.903. O erro na designação da pessoa do herdeiro, do legatário, ou da coisa legada anula a disposição, salvo se, pelo contexto do testamento, por outros documentos, ou por fatos inequívocos, se puder identificar a pessoa ou coisa a que o testador queria referir-se.

- Vide *Código Civil, arts. 142, 1.859, 1.899, 1.900 e 1.909.*

Erro substancial na designação do herdeiro, do legatário ou da coisa legada. Ter-se-á a anulabilidade da disposição testamentária (*RT*, *279*:279) por erro substancial atinente às qualidades essenciais da pessoa do herdeiro, do legatário (*error in personam*) ou da coisa legada (*error in ipso corpore rei*), exceto se pelo contexto do testamento, ou por outros documentos, ou por fatos inequívocos, for possível a exata identificação da pessoa ou do objeto a que o testador se refere.

Art. 1.904. Se o testamento nomear dois ou mais herdeiros, sem discriminar a parte de cada um, partilhar-se-á por igual, entre todos, a porção disponível do testador.

• *Código Civil, arts. 1.789 e 1.907.*

Pluralidade de herdeiros nomeados sem menção da parte de cada um. Se no testamento houver uma disposição conjunta, em que vários herdeiros são chamados coletivamente para receber os bens do testador, sem designar a parte cabível a cada um, partilhar-se-á o acervo hereditário por cabeça, ou seja, por igual, entre todos, a porção disponível do disponente (CC, art. 1.789), pois, se tiver herdeiros necessários, só poderá dispor da metade de seu patrimônio (*RT, 99*:233).

Art. 1.905. Se o testador nomear certos herdeiros individualmente e outros coletivamente, a herança será dividida em tantas quotas quantos forem os indivíduos e os grupos designados.

Nomeação individual e coletiva de herdeiros. Se o testador nomear, no testamento, certos herdeiros individualmente e outros de maneira coletiva, ter-se-á para os nomeados individualmente a divisão da herança por cabeça, e para os indicados coletivamente, por estirpe. P. ex., se o testador instituir seu único irmão vivo como herdeiro e seus sobrinhos distribuídos em quatro grupos, discriminando-os conforme a filiação, indica que houve clara *intentio* de privilegiar seus irmãos, já falecidos. Se veio a individuar cada sobrinho ao qualificá-lo, não desnatura a sua nomeação coletiva. Pelo art. 1.905, deve-se equiparar as pessoas nomeadas coletivamente com a indicada individualmente. Os coletivamente nomeados serão, aos olhos da lei, considerados como se o fossem individualmente. Logo, cada grupo designado é tido como uma só pessoa para efeito de partilha *per stirpe*. No exemplo acima citado, a herança deve ser dividida em cinco quotas iguais. O irmão do *de cujus* ficará com um quinto dela, pois herdará por cabeça, e os restantes quatro quintos deverão ser transferidos a cada um dos quatro grupos dos filhos de irmãos falecidos. Cada grupo de sobrinhos tem, portanto, direito a uma quinta parte e, por sua vez, deverá reparti-la entre si, já que a divisão da herança, neste caso, opera-se por estirpe.

Art. 1.906. Se forem determinadas as quotas de cada herdeiro, e não absorverem toda a herança, o remanescente pertencerá aos herdeiros legítimos, segundo a ordem da vocação hereditária.

• *Código Civil, arts. 1.788, 1.829, 1.850 e 1.908.*

Sucessão testamentária e legítima. Se o testador, nomeando vários herdeiros, dispuser sobre a quota cabível a cada um, sem que absorva toda a herança, claro está que pretendeu relativamente a essa sobra que prevalecesse a sucessão legítima, segundo a ordem da vocação hereditária, estabelecida no art. 1.829 do Código Civil.

Art. 1.907. Se forem determinados os quinhões de uns e não os de outros herdeiros, distribuir-se-á por igual a estes últimos o que restar, depois de completas as porções hereditárias dos primeiros.

• *Código Civil, arts. 1.904, 1.850 e 1.788.*

Pluralidade de herdeiros com especificação de quinhões de apenas alguns deles. Se o testador, ao nomear vários herdeiros, indicar o quinhão de uns e não o de outros, os primeiros receberão as suas quotas e o que restar do acervo hereditário deverá ser distribuído entre aqueles que não tiveram especificação de quota. Se nada sobrar, os herdeiros nomeados sem designação de quinhão nada poderão reclamar.

Art. 1.908. Dispondo o testador que não caiba ao herdeiro instituído certo e determinado objeto, dentre os da herança, tocará ele aos herdeiros legítimos.

- *Código Civil, arts. 1.788, 1.906 e 1.850.*

Exclusão de certo objeto da sucessão testamentária. Se o testador determinar, no testamento, que não caberá ao herdeiro instituído determinado objeto dentre os da herança, o bem excluído por disposição testamentária será considerado como remanescente do acervo hereditário e entregue aos herdeiros legítimos.

BIBLIOGRAFIA: Clóvis Beviláqua, *Direito das sucessões*, § 77; *Código Civil comentado*, cit., obs. aos arts. 1.671 a 1.675, v. 6; José Lopes de Oliveira, *Sucessões*, cit., p. 137-8; W. Barros Monteiro, *Curso*, cit., v. 6, p. 153-4; Carvalho Santos, *Código Civil brasileiro interpretado*, cit., v. 23, p. 314; Troplong, *Donations entre vifs et des testaments*, v. 1, p. 106; M. Helena Diniz, *Curso*, cit., v. 6, p. 149-50; Levenhagen, *Código Civil*, cit., v. 6, p. 105-7; Ferreira Alves, *Manual*, cit., v. 19, n. 78 a 82.

Art. 1.909. São anuláveis as disposições testamentárias inquinadas de erro, dolo ou coação.

- Vide *Código Civil, arts. 138 a 144, 145 a 150, 151 a 155, 177, 178, I e II, 185, 1.859 e 1.903.*

Parágrafo único. Extingue-se em quatro anos o direito de anular a disposição, contados de quando o interessado tiver conhecimento do vício.

- ***Projeto de Lei n. 699/2011***: *"Parágrafo único. Extingue-se em quatro anos o direito de anular a disposição, contados da data do registro do testamento".*

Nulidade relativa de disposição testamentária por vício de consentimento. A nulidade relativa ou anulabilidade do testamento, que não tem efeito antes de julgada por sentença nem se pronuncia de ofício, pode ser alegada somente pelo interessado, dentro do prazo decadencial de quatro anos, contado da data em que teve conhecimento do vício (CC, art. 1.909, parágrafo único), e aproveita exclusivamente ao que a pleiteou, salvo o caso de solidariedade ou indivisibilidade (CC, art. 177). Dar-se-á por vício oriundo de: erro substancial (CC, arts. 138 a 142) na designação da pessoa do herdeiro, do legatário ou da coisa legada (CC, art. 1.903); dolo (CC, arts. 145 a 150), ou seja, artifício malicioso para induzir o testador em erro ou para mantê-lo no erro em que já se encontrava; e coação (CC, arts. 151 a 155), que é o estado de espírito em que o disponente, ao perder a energia moral e a espontaneidade da vontade, elabora o testamento que lhe é exigido por outrem.

BIBLIOGRAFIA: Itabaiana de Oliveira, *Tratado de direito das sucessões*, cit., v. 2, p. 616 e 617; Enneccerus, Kipp e Wolff, *Derecho de sucesiones*, cit., v. 1, § 22; W. Barros Monteiro, *Curso*, cit., v. 6, p. 152-3; M. Helena Diniz, *Curso*, cit., v. 6, p. 200-2; Orlando Gomes, *Direito das sucessões*, cit., n. 116; Martinho Garcez, *Nulidades dos atos jurídicos*, v. 1, n. 124; Caio M. S. Pereira, *Instituições*, cit., v. 6, p. 265-6; Eduardo de Oliveira Leite, *Comentários*, cit., v. 21, p. 485 e s.

Art. 1.910. A ineficácia de uma disposição testamentária importa a das outras que, sem aquela, não teriam sido determinadas pelo testador.

- *Código Civil, art. 184.*

Efeito da ineficácia de uma disposição de última vontade. Se uma disposição testamentária vier a perder sua eficácia, as demais prevalecerão, a não ser que tenham ligação com a que se tornou ineficaz, pois sem esta não teriam sido determinadas pelo testador. É preciso, portanto, que haja uma relação de interdependência entre as disposições testamentárias para que a ineficácia de uma delas venha a atingir a das demais. Interessante a respeito é o seguinte exemplo de Sebastião Luiz Amorim: "se o testador, afrontando o disposto no inciso IV do artigo 1900 do Código Civil, numa cláusula deixa ao arbítrio do herdeiro fixar o valor do legado feito a José, Antônio, Pedro e Joaquim e, em outra cláusula, estipula que José, Antônio, Pedro e Joaquim destinem parte do mesmo a terceira pessoa, evidentemente, anulada a primeira cláusula, as demais estarão automaticamente inválidas".

BIBLIOGRAFIA: Sebastião Luiz Amorim, *Código Civil*, cit., p. 161.

Art. 1.911. A cláusula de inalienabilidade, imposta aos bens por ato de liberalidade, implica impenhorabilidade e incomunicabilidade.

Parágrafo único. No caso de desapropriação de bens clausulados, ou de sua alienação, por conveniência econômica do donatário ou do herdeiro, mediante autorização judicial, o produto da venda converter-se-á em outros bens, sobre os quais incidirão as restrições apostas aos primeiros.

- *Súmula 49 do Supremo Tribunal Federal.*
- Vide *Código Civil, arts. 979, 1.693, III, 1.733 e 1.848.*
- *Lei n. 6.015/73, arts. 167, II, n. 11, e 247.*
- *Lei n. 6.404/76, art. 169, § 2º.*
- Vide *Código de Processo Civil, arts. 833, 834, 723 e 725, II.*
- Vide *Lei de Falências (Lei n. 11.101/2005), art. 108, § 4º.*
- *Lei n. 2.666/55, art. 4º.*
- *Decreto-Lei n. 263/67, art. 9º e parágrafo único.*
- *Lei n. 6.830/80, art. 30.*
- Vide *Decreto-Lei n. 3.365, de 21 de junho de 1941, que dispõe sobre desapropriações, art. 31.*
- Vide *Decreto-Lei n. 6.777, de 8 de agosto de 1944, que dispõe sobre a sub-rogação de imóveis gravados ou inalienáveis.*

Cláusula de inalienabilidade. O testador, ou doador, poderá impor aos bens deixados ou doados cláusula de inalienabilidade (*RT*, *801*:188 *781*:216, *790*:378, *766*:235, *724*:417, *600*:72, *650*:168, *597*:212, *578*:110, *549*:549, *539*:167, *145*:337, *148*:369, *311*:208, *118*:685, *85*:163, *98*:175 e *139*:260; *RF*, *144*:106, *140*:148, *143*:201, *103*:485, *102*:79, *284*:263 e *207*:183; *JB*, *95*:242 e *152*:298; *EJSTJ*, 17:410) vitalícia (*RT*, *194*:183, *370*:284; *RSTJ*, *90*:226, *78*:179; *Adcoas*, n. 141.495, 1993; *RF*, *90*:153; *AJ*, *6*:321; *JB*, *156*:250) ou temporária (*RT*, *181*:271), quando tiver justo motivo para recear que os bens sejam dilapidados pelo herdeiro ou donatário, impedindo, assim, que sejam, sob pena de nulidade, alienados, salvo em caso de desapropriação (*RT*, *153*:160) ou de conveniência econômica, mediante autorização judicial (*RT*, *139*:266 e *266*:596; *RF*, *271*:379; *RDA*, *142*:256; *Ajuris*, *20*:213). Tal cláusula, imposta aos bens por ato de liberalidade, *inter vivos* ou *causa mortis*, implicará impenhorabilidade e incomunicabilidade dos mesmos. E, por isso, se o herdeiro ou donatário for empresário, o título da doação, herança ou legado dos bens clausulados de incomunicabilidade ou inalienabilidade deverá ser arquivado e averbado no Registro Público das Empresas Mercantis (CC, art. 979).

BIBLIOGRAFIA: W. Barros Monteiro, *Curso*, cit., v. 6, p. 156-61; Silvio Rodrigues, *Direito civil*, cit., v. 7, p. 149-52; Caio M. S. Pereira, *Instituições*, cit., v. 6, p. 185; Orozimbo Nonato, *Estudos*, cit., n. 621, 633 e 640; Bassil Dower, *Curso*, cit., v. 4, p. 374-5; Itabaiana de Oliveira, *Tratado*, cit., v. 2, p. 651; Ferreira Alves, *Manual*, cit., v. 19, n. 83; Pontes de Miranda, *Tratado de direito de família*, v. 2, p. 220; Levenhagen, *Código Civil*, cit., v. 6, p. 108-10; M. Helena Diniz, *Curso*, cit., v. 6, p. 143-5 e 148; Clóvis Beviláqua, *Código Civil comentado*, cit., obs. ao art. 1.676, v. 6; Legros, *Des clauses d'inalienabilité dans les actes à titre gratuit*, Paris, Rousseau, 1907, p. 99; Sílvio de Salvo Venosa, *Direito das sucessões*, cit., p. 130-2; Pierre Roquebert, *De la clause d'inalienabilité et d'insaisissabilité*, Paris, 1905; Carlos Alberto Dabus Maluf, *Das cláusulas de inalienabilidade, incomunicabilidade e impenhorabilidade*, São Paulo, Saraiva, 1986; Zulema A. Stefano, Cláusulas restritivas de inalienabilidade, de incomunicabilidade e de impenhorabilidade, *RDC, 62*:47.

Sub-rogação de bens inalienáveis. Se o bem gravado de inalienabilidade for desapropriado, ter-se-á a sub-rogação no preço pago pelo expropriante, podendo ser aplicado na aquisição de outro imóvel, bens ou títulos da dívida pública, que ficarão clausulados. E se, porventura, mediante autorização judicial, se der sua alienação, para atender a uma conveniência econômica do donatário ou do herdeiro, o produto alcançado na venda deverá ser convertido em outros bens, sobre os quais incidirão as restrições impostas ao primeiro: inalienabilidade, impenhorabilidade e incomunicabilidade.

Jurisprudência relativa à sub-rogação de bens clausulados. Consulte: *RF*, *100*:197, *102*:79 e *107*:88; *RT*, *766*:235, *614*:156, *597*:212, *578*:110, *549*:180, *180*:223, *242*:268, *275*:435, *127*:113, *361*:128, *411*:388, *204*:238 e *152*:337; *RSTJ*, *78*:179.

Capítulo VII
Dos Legados

Seção I
Disposições gerais

Art. 1.912. É ineficaz o legado de coisa certa que não pertença ao testador no momento da abertura da sucessão.

• Vide *Código Civil, arts. 1.268, 1.420, § 1º, 1.913, 1.914, 1.916 e 1.939, II.*

Legado. Legado é a disposição testamentária a título singular pela qual o testador deixa a pessoa estranha ou não à sucessão legítima um ou mais objetos individualizados ou uma certa quantia em dinheiro (*RF*, *87*:723, *147*:234, *181*:188 e *198*:137; *RT*, *177*:220, *207*:172, *307*:394, *366*:149, *382*:126, *131*:326, *126*:137, *294*:241, *659*:75, *738*:236 e *545*:191; *RJTJSP*, *138*:179).

Legatum est donatio testamento relicta (Dig. 30, II, fr. 36 — legado é a doação deixada em testamento).

BIBLIOGRAFIA: Caio M. S. Pereira, *Instituições*, cit., v. 6, p. 191-3; W. Barros Monteiro, *Curso*, cit., v. 6, p. 166-7; Clóvis Beviláqua, *Código Civil comentado*, cit., v. 6, p. 139; Silvio Rodrigues, *Direito civil*, cit., v. 7, p. 157; Mazeaud e Mazeaud, *Leçons de droit civil*, cit., v. 4, n. 1.018; Planiol, Ripert e Boulanger, *Traité élémentaire de droit civil*, cit., v. 3, n. 2.103 e 2.116 e s.; Carlos Maximiliano, *Direito das sucessões*, cit., v. 2 p. 307-8; Orlando Gomes, *Direito das sucessões*, cit., n. 143; Pacchioni, *Corso di diritto romano*, Firenze, 1908, p. 809-10; Gangi, *I legatti nel diritto civile italiano*, Roma, 1908; Coviello, *Corso completo del diritto delle successioni*, Napoli, 1914, v. 1; R. Limongi França, *Manual de direito civil*, São Paulo, 1973, v. 2, t. 2, p. 104; e Legado, in *Enciclopédia Saraiva do Direito*, v. 48, p. 150-1; Pinto

Ferreira, Legados, in *Enciclopédia Saraiva do Direito*, v. 48, p. 158-62; Itabaiana de Oliveira, *Tratado*, cit., v. 2, n. 527 a 539; Troplong, *Donations entre vifs et des testaments*, v. 2, n. 877-91; Ruggiero e Maroi, *Istituzioni di diritto privato*, cit., v. 1, p. 480 e 676; Carvalho Santos, *Código Civil brasileiro interpretado*, cit., v. 23, p. 351; Ferreira Alves, *Manual*, cit., v. 19, p. 195-7; M. Helena Diniz, *Curso*, cit., v. 6, p. 183-6; Sílvio de Salvo Venosa, *Direito das sucessões*, cit., p. 139-57; Carlos Alberto Bittar, *Direito das sucessões*, cit., p. 96-101; Ricardo R. Gama, *Direito das sucessões*, cit., p. 237-55; Sebastião José Roque, *Direito das sucessões*, cit., p. 113-32; M. C. Nuñez Muniz, *El legado de parte alícuota. Su regímen jurídico*, Barcelona, Bosch, 2001; Zeno Veloso, *Novo Código Civil*, cit., p. 1730 a 1752; *Comentários*, cit., v. 21, p. 235-93; Luiz Paulo V. de Carvalho, *Direito civil*, cit., p. 450-81.

Legado de coisa alheia. Não terá eficácia o legado de coisa certa que não pertença ao testador no momento da abertura da sucessão. Ineficaz será o legado de coisa alheia, exceto se for posteriormente adquirida pelo testador. Se a coisa legada, embora não fosse de propriedade do testador, por ocasião da facção testamentária, for, posteriormente, adquirida por ele, tornará válida a deixa se existir e pertencer ao *de cujus* na ocasião de sua morte (CC, art. 1.916, 1ª parte — aplicação analógica). Assim, se ela se encontrar entre os bens da herança, ao tempo do falecimento, terá eficácia o legado. Tal aquisição ulterior à feitura testamentária produzirá efeito retro-operante, convalidando o ato desde o instante da elaboração da cédula testamentária.

Art. 1.913. Se o testador ordenar que o herdeiro ou legatário entregue coisa de sua propriedade a outrem, não o cumprindo ele, entender-se-á que renunciou à herança ou ao legado.

• Vide *Código Civil, arts. 1.804 a 1.813 e 1.935.*

Sublegado. O testador poderá dispor que herdeiro ou legatário entregue coisa sua (sublegado) a terceiro, sublegatário, impondo-lhe um encargo. Com isso o herdeiro ou legatário terá a opção de aceitar a herança ou legado, entregando o objeto que lhe pertence a terceiro, ou de conservar esse bem em seu patrimônio, renunciando, implicitamente, a herança ou o legado.

BIBLIOGRAFIA: W. Barros Monteiro, *Curso*, cit., v. 6, p. 169; R. Limongi França, Legado, cit., in *Enciclopédia Saraiva do Direito*, p. 151; Ferreira Alves, *Manual*, cit., v. 19, n. 87; Pothier, *Donations testamentaires*, v. 8, p. 269; Corrêa Telles, *Digesto português*, v. 3, arts. 1.706 e 1.707; Levenhagen, *Código Civil*, cit., v. 6, p. 113; M. Helena Diniz, *Curso*, cit., v. 6, p. 186.

Art. 1.914. Se tão somente em parte a coisa legada pertencer ao testador, ou, no caso do artigo antecedente, ao herdeiro ou ao legatário, só quanto a essa parte valerá o legado.

• Vide *Código Civil, arts. 1.912, 1.913, 1.916 e 1.939, II.*

Legado de coisa comum. Se o objeto legado pertencer ao testador ou ao herdeiro ou legatário apenas em parte, por ser, p. ex., condômino da coisa legada, o legado valerá tão somente relativamente a essa parte, de modo que, no que atina à parte que não for do disponente, do herdeiro ou do legatário, será nulo, por versar sobre bem alheio (*RT*, *294*:241).

BIBLIOGRAFIA: Caio M. S. Pereira, *Instituições*, cit., v. 6, p. 193; R. Limongi França, *Manual*, cit., p. 151; W. Barros Monteiro, *Curso*, cit., v. 6, p. 169-70; Martinho Garcez, *Testamentos e sucessões*, p. 45; M. Helena Diniz, *Curso*, cit., v. 6, p. 187; Levenhagen, *Código Civil*, cit., v. 6, p. 114; Ferreira Alves, *Manual*, cit., v. 19, n. 88.

Art. 1.915. Se o legado for de coisa que se determine pelo gênero, será o mesmo cumprido, ainda que tal coisa não exista entre os bens deixados pelo testador.

• Vide *Código Civil, arts. 85, 1.929 a 1.931.*

Legado de coisa genérica ou determinada pelo gênero. Cumprir-se-á legado de bem que se determine pelo gênero (p. ex., se o testador deixar a "A" um cavalo ou 200 sacas de arroz). Mesmo que inexista entre os bens que constituem o acervo hereditário, o testamenteiro, o herdeiro ou legatário deverá comprá-lo com os recursos do espólio, para satisfazer o legado (*RT*, *131*:326 e *126*:137; *RF*, *147*:234).

BIBLIOGRAFIA: Levenhagen, *Código Civil*, cit., v. 6, p. 114; Ferreira Alves, *Manual*, cit., v. 19, n. 90; Clóvis Beviláqua, *Código Civil comentado*, cit., obs. ao art. 1.681, v. 6; W. Barros Monteiro, *Curso*, cit., v. 6, p. 170; R. Limongi França, *Manual*, cit., v. 4, t. 1, p. 63; José Lopes de Oliveira, *Sucessões*, cit., p. 150; Silvio Rodrigues, *Direito civil*, cit., v. 7, p. 161-2; Enneccerus, Kipp e Wolff, *Derecho de sucesiones*, cit., v. 2, § 108; Itabaiana de Oliveira, *Tratado*, cit., v. 2, p. 538-40; M. Helena Diniz, *Curso*, cit., v. 6, p. 186-7.

Art. 1.916. Se o testador legar coisa sua, singularizando-a, só terá eficácia o legado se, ao tempo do seu falecimento, ela se achava entre os bens da herança; se a coisa legada existir entre os bens do testador, mas em quantidade inferior à do legado, este será eficaz apenas quanto à existente.

• Vide *Código Civil, art. 1.939.*

Legado de coisa singularizada. Se o disponente vier a separar o objeto legado (p. ex., quadro "x" de Monet), individualizando-o de todos os outros, só terá eficácia o legado se a coisa singularizada for encontrada entre os bens da herança; mas, se se encontrar em quantidade inferior à constante do legado, este será eficaz tão somente quanto à parte subsistente, recebendo o beneficiário a liberalidade diminuída.

BIBLIOGRAFIA: Clóvis Beviláqua, *Código Civil comentado*, cit., v. 6, p. 134; Silvio Rodrigues, *Direito civil*, cit., v. 7, p. 162; Itabaiana de Oliveira, *Tratado*, cit., v. 2, p. 541; Orozimbo Nonato, *Estudos*, cit., v. 3, p. 53; Levenhagen, *Código Civil*, cit., v. 6, p. 115; Ferreira Alves, *Manual*, cit., v. 19, n. 91; W. Barros Monteiro, *Curso*, cit., v. 6, p. 171; José Lopes de Oliveira, *Sucessões*, cit., p. 151; M. Helena Diniz, *Curso*, cit., v. 6, p. 188.

Art. 1.917. O legado de coisa que deva encontrar-se em determinado lugar só terá eficácia se nele for achada, salvo se removida a título transitório.

Legado de coisa localizada. No legado de coisa que deva estar habitualmente no local indicado pelo testador, porque assim exige sua natureza ou o uso comum, só será eficaz se nele ela for encontrada. Logo, se no local nada se encontrar, ineficaz será a deixa, exceto se se demonstrar que foi removida a título transitório por outrem ou pelo autor da herança. P. ex., se alguém legar todos os móveis de sua casa a "A" e vier a autorizar, antes de seu falecimento, por ocasião de um evento social, que lá aconteça a retirada temporária de objetos de valor, o legado prevalecerá, apesar de ter havido a remoção transitória de alguns bens móveis, visto que tal se deu tão somente para preservá-los. E terá eficácia o legado se, dolosamente, a coisa foi removida por terceiro do local de onde deveria habitualmente estar e não pelo *auctor successionis*.

BIBLIOGRAFIA: Clóvis Beviláqua, *Código Civil comentado*, cit., v. 6, p. 148; M. Helena Diniz, *Curso*, cit., v. 6, p. 188-9; Itabaiana de Oliveira, *Tratado*, cit., v. 2, p. 543; W. Barros Monteiro, *Curso*, cit., v. 6, p. 172; Caio M. S. Pereira, *Instituições*, cit., v. 6, p. 196; Ruggiero e Maroi, *Istituzioni*, cit., § 100; Levenhagen, *Código Civil*, cit., v. 6, p. 115; Ferreira Alves, *Manual*, cit., v. 19, n. 92; Pothier, *Donations testamentaires*, cit., v. 8, n. 420-2; Eduardo de Oliveira Leite, *Comentários*, cit., p. 513; Zeno Veloso, *Novo Código Civil*, cit., p. 1734.

Art. 1.918. O legado de crédito, ou de quitação de dívida, terá eficácia somente até a importância desta, ou daquele, ao tempo da morte do testador.

§ 1º Cumpre-se o legado, entregando o herdeiro ao legatário o título respectivo.

§ 2º Este legado não compreende as dívidas posteriores à data do testamento.

Legado de crédito. O legado de crédito (*legatum nominis*) tem por objeto um título de crédito, do qual é devedor terceira pessoa, que é transferido pelo testador ao legatário e que somente terá eficácia até a concorrente quantia do crédito ao tempo da abertura da sucessão. Cumprir-se-á tal legado mediante a entrega dos títulos pelo herdeiro ao legatário. Esse tipo de legado limitar-se-á às dívidas existentes à data do testamento, não compreendendo as posteriores, exceto se houver disposição testamentária em contrário. Assim, se o testador expressamente mencionar que tal legado abrangerá créditos, decorrentes de débitos que vierem a existir após seu falecimento, o onerado (herdeiro) deverá cumprir essa cláusula, entregando, p. ex., os títulos que estavam em poder do espólio ao legatário.

Legado de quitação de dívida. O legado de quitação de dívida (*legatum liberationis*), existente até a data em que se deu a elaboração da cédula testamentária, importa o perdão desta por parte do testador, que é o credor, ao legatário devedor, cumprindo-se pela entrega do título ou passando-se a quitação, abrangendo, salvo disposição em contrário, os juros. O legado de quitação de dívida não ultrapassará o valor desta ao tempo do óbito do testador.

BIBLIOGRAFIA: Caio M. S. Pereira, *Instituições*, cit., v. 6, p. 196; Itabaiana de Oliveira, *Tratado*, cit., v. 2, p. 544-7; W. Barros Monteiro, *Curso*, cit., v. 6, p. 173; Lacerda de Almeida, *Direito das sucessões*, cit., § 87; João Luís Alves, *Código Civil anotado*, cit., p. 1185; Clóvis Beviláqua, *Código Civil comentado*, cit., v. 6, p. 136; Ferreira Alves, *Manual*, cit., v. 19, n. 94; Levenhagen, *Código Civil*, cit., v. 6, p. 116; M. Helena Diniz, *Curso*, cit., v. 6, p. 189; Sílvio de Salvo Venosa, *Direito das sucessões*, cit., p. 145.

Art. 1.919. Não o declarando expressamente o testador, não se reputará compensação da sua dívida o legado que ele faça ao credor.

• *Código Civil, arts. 368 a 380.*

Parágrafo único. Subsistirá integralmente o legado, se a dívida lhe foi posterior, e o testador a solveu antes de morrer.

Dívida do testador para com o legatário. Se o testador é devedor do legatário, o legado não compensará o débito, salvo se houver expressa declaração nesse sentido. Em regra, sempre haverá prevalência do legado, sem que se tenha prejuízo do débito que o testador tem para com o legatário, que, por isso, além de ficar com a coisa legada, poderá efetuar a cobrança de seu crédito contra o espólio. Mas se a dívida for posterior ao testamento, e se o testador a pagou antes do seu falecimento, não haverá qualquer compensação com o legado que, então, subsistirá. Todavia, se o disponente vier a pagar a dívida depois do testamento, sendo o legado de dívida, cessará este (*RT*, *256*:213 e *305*:422).

BIBLIOGRAFIA: W. Barros Monteiro, *Curso*, cit., v. 6, p. 174; Caio M. S. Pereira, *Instituições*, cit., v. 6, p. 197; Clóvis Beviláqua, *Código Civil comentado*, cit., v. 6, p. 136; Itabaiana de Oliveira, *Tratado*, cit., v. 2, p. 546-50; Carvalho Santos, *Código Civil brasileiro interpretado*, cit., v. 23, p. 407; M. Helena Diniz, *Curso*, cit., v. 6, p. 190; Ferreira Alves, *Manual*, cit., v. 19, n. 95 e 96; Zeno Veloso, *Novo Código Civil*, cit., p. 1735.

Art. 1.920. O legado de alimentos abrange o sustento, a cura, o vestuário e a casa, enquanto o legatário viver, além da educação, se ele for menor.

• Vide *Código Civil, arts. 1.694, § 1º, e 1.928, parágrafo único.*

Legado de alimentos. O legado de alimentos abrange o indispensável à vida: alimentação, vestuário, medicamentos, habitação e educação, se o legatário for menor. Tais alimentos poderão ser legados *in natura* ou em dinheiro. O *quantum* será fixado pelo testador; se não o for, o juiz o estabelecerá de acordo com as forças da herança e as necessidades do alimentário (legatário).

BIBLIOGRAFIA: José Lopes de Oliveira, *Sucessões*, cit., p. 155; W. Barros Monteiro, *Curso*, cit., v. 6, p. 174; M. Helena Diniz, *Curso*, cit., v. 6, p. 190; Levenhagen, *Código Civil*, cit., v. 6, p. 117-8; Itabaiana de Oliveira, *Tratado*, cit., v. 2, p. 553, n. 585; Vitali, *Delle successioni testamentarie e legittime*, v. 2, p. 553; Pothier, *Traité du contrat de constitution de rente*, n. 252; Ferreira Alves, *Manual*, cit., v. 19, n. 98 a 101; Lacerda de Almeida, *Direito das sucessões*, cit., p. 415, § 72; Spencer Vampré, *Manual de direito civil*, v. 3, § 162; Domingos Sávio Brandão Lima, Legado de alimentos, in *Enciclopédia Saraiva do Direito*, v. 48, p. 179-82; Sílvio de Salvo Venosa, *Direito das sucessões*, cit., p. 144.

Art. 1.921. O legado de usufruto, sem fixação de tempo, entende-se deixado ao legatário por toda a sua vida.

• Vide *Código Civil, art. 1.410, I e III.*

Legado de usufruto. O testador poderá legar usufruto de coisa do acervo hereditário a determinada pessoa (legatário) deixando a nua-propriedade para o herdeiro. O legatário poderá retirar os frutos e utilidades da coisa legada, visto que terá a posse direta. Sendo a temporariedade um dos elementos característicos do usufruto, se o testador, proprietário do bem, fizer legado de usufruto sem estabelecer o tempo de sua duração, entender-se-á que o deixou ao legatário por toda a sua vida (*RT, 150*:228; CC, art. 1.410, I). Se o legatário for pessoa jurídica, não tendo o testador fixado prazo para o exercício do direito real de fruição sobre coisa alheia, o legado de usufruto se extinguirá com ela, ou no caso de subsistência, aos trinta anos da data em que se o começou a exercer (CC, art. 1.410, III).

BIBLIOGRAFIA: Ferreira Alves, *Manual*, cit., v. 19, p. 228, n. 102 a 106; Itabaiana de Oliveira, *Tratado*, cit., v. 2, p. 555-6; Caio M. S. Pereira, *Instituições*, cit., v. 6, p. 198; Levenhagen, *Código Civil*, cit., v. 6, p. 118; M. Helena Diniz, *Curso*, cit., v. 6, p. 190-1; Clóvis Beviláqua, *Código Civil comentado*, cit., obs. ao art. 1.688, v. 6; L. J. Gutierrez Jerez, *El legado de usufructo en el derecho civil común*, Barcelona, Bosch, 1999.

Art. 1.922. Se aquele que legar um imóvel lhe ajuntar depois novas aquisições, estas, ainda que contíguas, não se compreendem no legado, salvo expressa declaração em contrário do testador.

Parágrafo único. Não se aplica o disposto neste artigo às benfeitorias necessárias, úteis ou voluptuárias feitas no prédio legado.

• Vide *Código Civil, arts. 92, 96 e 1.937.*

Legado de imóvel. As aquisições posteriores, contíguas ou não ao prédio, não estão contidas no legado (p. ex., legado de apartamento n. 11 no 1º andar e vem depois a adquirir outro, o n. 12, no mesmo andar), exceto se houver disposição expressa em contrário do testador, por serem acréscimos que não se incorporam ao imóvel legado, por não estarem no patrimônio do disponente por ocasião da feitura do testamento.

Abrangência das benfeitorias. Qualquer benfeitoria, seja ela necessária, útil ou voluptuária (CC, art. 96), feita no imóvel legado, pertencerá ao legatário, sem que ele tenha qualquer dever de indenizá-la, pois o acessório, logicamente, acompanha o principal (CC, arts. 92 e 1.937).

BIBLIOGRAFIA: W. Barros Monteiro, *Curso*, cit., v. 6, p. 171 e 175; Clóvis Beviláqua, *Código Civil comentado*, cit., v. 6, p. 155; Ferreira Alves, *Manual*, cit., v. 19, p. 231, n. 107 e 108; Pothier, *Des donations testamentaires*, v. 3, p. 300, n. 265; Enneccerus, Kipp e Wolff, *Derecho de sucesiones*, cit., v. 2, p. 167; Levenhagen, *Código Civil*, cit., v. 6, p. 119; M. Helena Diniz, *Curso*, cit., v. 6, p. 191-2; Sílvio de Salvo Venosa, *Direito das sucessões*, cit., p. 143; Zeno Veloso, *Novo Código Civil*, cit., p. 1792.

SEÇÃO II
DOS EFEITOS DO LEGADO E DO SEU PAGAMENTO

Art. 1.923. Desde a abertura da sucessão, pertence ao legatário a coisa certa, existente no acervo, salvo se o legado estiver sob condição suspensiva.

§ 1º Não se defere de imediato a posse da coisa, nem nela pode o legatário entrar por autoridade própria.

§ 2º O legado de coisa certa existente na herança transfere também ao legatário os frutos que produzir, desde a morte do testador, exceto se dependente de condição suspensiva, ou de termo inicial.

• Vide *Código Civil, arts. 121, 125, 131, 1.784, 1.900, I, 1.924 e 1.937.*

Legado puro e simples. O legado puro e simples é aquele que produz efeitos independentemente de qualquer fato, apesar de o legatário não entrar na posse da coisa legada certa ou melhor, infungível por autoridade própria, devendo pedi-la ao herdeiro, salvo se o testador, expressa ou tacitamente, lhe permitir (*RF*, *105*:322; *EJSTJ*, *5*:70).

Direito de pedir o legado. No instante da abertura da sucessão, o legatário estará autorizado legalmente a pedir aos herdeiros instituídos o que lhe cabe, pois apesar de ser proprietário do bem legado, desde a abertura de sucessão, a posse direta não se lhe transmite *ope legis*. Tal direito de petição é transmissível aos sucessores do legatário, se este vier a falecer depois do disponente (*RF*, *120*:468).

BIBLIOGRAFIA: Troplong, *Donations entre vifs e des testaments*, cit., v. 3, n. 1.985; W. Barros Monteiro, *Curso*, cit., v. 6, p. 176; Itabaiana de Oliveira, *Tratado*, cit., v. 2, n. 446, 535 e 599; Silvio Rodrigues, *Direito civil*, cit., v. 7, p. 167-9; Ferreira Alves, *Manual*, cit., v. 19, n. 109 a 113; Lacerda de Almeida, *Direito das sucessões*, cit., p. 552; José Lopes de Oliveira, *Sucessões*, cit., p. 159; M. Helena Diniz, *Curso*, cit., v. 6, p. 185 e 192; Caio M. S. Pereira, *Instituições*, cit., v. 6, p. 194; Levenhagen, *Código Civil*, cit., v. 6, p. 119-20; Zeno Veloso, *Novo Código Civil*, cit., p. 1739 e 1740.

Direito do legatário aos frutos e aos juros da coisa legada. O legatário terá direito aos frutos e aos juros da coisa certa legada, uma vez que no legado puro e simples ela pertence ao legatário desde o dia da morte do testador, salvo se dependente de condição suspensiva ou de termo inicial. Logo, não terá ele direito aos frutos colhidos antes do óbito do *de cujus* (*RF*, *105*:322; *Revista de Direito*, *61*:139; *RT*, *152*:341) e antes do implemento da condição suspensiva ou do advento do termo inicial.

BIBLIOGRAFIA: Caio M. S. Pereira, *Instituições*, cit., v. 6, p. 200; W. Barros Monteiro, *Curso*, cit., v. 6, p. 179; Orozimbo Nonato, *Estudos*, cit., v. 3, n. 736; Itabaiana de Oliveira, *Tratado*, cit., v. 2, n. 602; Clóvis Beviláqua, *Código Civil comentado*, cit., v. 6, p. 142; Levenhagen, *Código Civil*, cit., v. 6, p. 120-1; Ferreira Alves, *Manual*, cit., v. 19, n. 116 e 117; Pothier, *Traité des donations testamentaires*, cit., v. 8, n. 276 e 279; Coelho da Rocha, *Instituições de direito civil português*, cit., § 710; M. Helena Diniz, *Curso*, cit., v. 6, p. 194.

Legado condicional. Será condicional o legado, se seu efeito estiver subordinado a evento futuro e incerto; logo, só terá a posse e a propriedade da coisa, existente no acervo hereditário, quando a condição suspensiva, que lhe foi imposta, se der.

Legado a termo inicial ou suspensivo. Legado cujo efeito se subordina a um acontecimento futuro e certo (*dies a quo*), que fixa o momento em que sua eficácia terá início, retardando o exercício do direito do legatário.

Art. 1.924. O direito de pedir o legado não se exercerá, enquanto se litigue sobre a validade do testamento, e, nos legados condicionais, ou a prazo, enquanto esteja pendente a condição ou o prazo não se vença.

- *Código Civil, arts. 121, 125, 131 e 1.923.*

Impossibilidade do exercício do direito de petição. O legatário não poderá pedir o legado: *a*) enquanto se litigue sobre a validade do testamento (*RF*, *109*:411); *b*) na pendência da condição suspensiva, no legado condicional, pois a aquisição do bem só se dará com o implemento da condição imposta pelo disponente (*RT*, *186*:113); *c*) nos legados a prazo, enquanto o termo não se vencer. Se a termo o legado, o beneficiário o receberá desde logo; porém só terá o direito de pedi-lo por ocasião do vencimento.

BIBLIOGRAFIA: W. Barros Monteiro, *Curso*, cit., v. 6, p. 177-8; José Lopes de Oliveira, *Sucessões*, cit., p. 160; Silvio Rodrigues, *Direito civil*, cit., v. 7, p. 168; Bassil Dower, *Curso*, cit., v. 4, p. 385; Pinto Ferreira, *Tratado das heranças e dos testamentos*, cit., p. 167; Ferreira Alves, *Manual*, cit., v. 19, n. 114 e 115, p. 236-7; Itabaiana de Oliveira, *Tratado*, cit., v. 2, p. 562-3, n. 601; Pothier, *Traité des donations testamentaires*, cit., n. 212 e s.; Pontes de Miranda, *Tratado dos testamentos*, cit., v. 3, p. 458; Levenhagen, *Código Civil*, cit., v. 6, p. 120; M. Helena Diniz, *Curso*, cit., v. 6, p. 192-4.

Art. 1.925. O legado em dinheiro só vence juros desde o dia em que se constituir em mora a pessoa obrigada a prestá-lo.

- Vide *Código Civil, arts. 394 a 401, 406, 407 e 1.923, § 2º.*

Vencimento de juros em legado de dinheiro. Se o legado for em dinheiro, não abrangendo títulos de crédito, apólices, ações, letras de câmbio, notas promissórias, só vencerão os juros no dia em que se constituir em mora a pessoa obrigada a prestá-lo (*RT*, *217*:477 e *621*:85).

BIBLIOGRAFIA: Clóvis Beviláqua, *Código Civil comentado*, cit., v. 6, p. 142; W. Barros Monteiro, *Curso*, cit., v. 6, p. 179-80; Silvio Rodrigues, *Direito civil*, cit., v. 7, p. 170-1; Itabaiana de Oliveira, *Tratado*, cit., v. 2, p. 565-6; Ferreira Alves, *Manual*, cit., v. 19, n. 118; Orozimbo Nonato, *Estudos*, cit., v. 3, p. 93; Levenhagen, *Código Civil*, cit., v. 6, p. 121; M. Helena Diniz, *Curso*, cit., v. 6, p. 195.

Art. 1.926. Se o legado consistir em renda vitalícia ou pensão periódica, esta ou aquela correrá da morte do testador.

• *Código Civil, arts. 1.920 e 1.928.*

Direito do legatário à renda. Sendo o legado de renda, o legatário terá direito a esta ou às prestações ou pensões periódicas, temporárias ou vitalícias, que o herdeiro deverá pagar-lhe após a morte do testador, em frutos ou em dinheiro. O testador terá liberdade de fixar a época em que se iniciará a renda, mas, se não a determinou, presume-se que começará a correr da data do óbito do disponente.

Art. 1.927. Se o legado for de quantidades certas, em prestações periódicas, datará da morte do testador o primeiro período, e o legatário terá direito a cada prestação, uma vez encetado cada um dos períodos sucessivos, ainda que venha a falecer antes do termo dele.

Legado em quantidades certas, em prestações periódicas. Se o legado for de quantidades certas (vinte, cinquenta etc.), pagáveis em prestações periódicas (mensais, trimestrais, semestrais etc.), sem que o testador tenha determinado desde quando se devam contar os períodos das prestações, o primeiro período datará da morte do *de cujus*, e o legatário terá direito a cada prestação, uma vez encetado cada um dos períodos sucessivos, mesmo que venha a falecer antes do termo, caso em que seus sucessores receberão a prestação na sua íntegra, correspondente ao período em que se iniciou; porém, tão somente, poderão reclamá-la no vencimento daquele período. Bastante elucidativo é o seguinte exemplo de Carvalho Santos: se o testador ordenar ao herdeiro que entregue a quantia "x", todos os meses, a "A" (legatário) e falecer no dia 10 de fevereiro, nesse mesmo dia "A" adquire o direito de perceber aquele *quantum* e em todos os meses, sucessivamente, em igual data. Se "A" falecer dia 9 de outubro, a mesada, que devia ser paga no dia 10, não é devida aos herdeiros de "A", porque este faleceu antes do início do período, logo o legado dessa mesada e das sucessivas se extinguiu. Se, no dia 15 de fevereiro, morrer o legatário "A", seu herdeiro terá direito à prestação integral, cujo período teve início no dia 10.

BIBLIOGRAFIA: Carvalho Santos, *Código Civil brasileiro interpretado*, Rio de Janeiro, Freitas Bastos, 1960, v. 23, p. 54.

Art. 1.928. Sendo periódicas as prestações, só no termo de cada período se poderão exigir.

Parágrafo único. Se as prestações forem deixadas a título de alimentos, pagar-se-ão no começo de cada período, sempre que outra coisa não tenha disposto o testador.

• Vide *Código Civil, art. 1.920.*

Exigibilidade das prestações periódicas. O legatário somente poderá reclamar as prestações no final de cada período, exceto se deixadas a título de alimentos, hipótese em que serão pagas no início de cada período, sempre que o contrário não dispuser o disponente, estipulando que os pagamentos sejam feitos ao final de cada ciclo.

BIBLIOGRAFIA: Itabaiana de Oliveira, *Tratado*, cit., v. 2, n. 604 a 606; Silvio Rodrigues, *Direito civil*, cit., v. 7, p. 172; Bassil Dower, *Curso*, cit., v. 4, p. 387; M. Helena Diniz, *Curso*, cit., v. 6, p. 195; Clóvis Beviláqua, *Código Civil comentado*, cit., obs. aos arts. 1.694 a 1.696, v. 6; Levenhagen, *Código Civil*, cit., v. 6, p. 121-3; Carvalho Santos, *Código Civil brasileiro interpretado*, cit., v. 23, p. 455 e s.; Ferreira Alves, *Manual*, cit., v. 19, n. 119 a 135; Coelho da Rocha, *Instituições de direito civil português*, cit., § 583.

Art. 1.929. Se o legado consiste em coisa determinada pelo gênero, ao herdeiro tocará escolhê-la, guardando o meio-termo entre as congêneres da melhor e pior qualidade.

• Vide *Código Civil, arts. 1.915, 1.931 e 244.*

Direito do herdeiro à escolha do legado. Se o legado for genérico, preciso será a individuação da coisa determinada pelo gênero. Não tendo especificado o testador a quem competirá escolhê-la, ao herdeiro caberá esse direito, devendo entregar ao legatário coisa de valor médio, não estando obrigado a dar a melhor nem podendo dar a pior.

Art. 1.930. O estabelecido no artigo antecedente será observado, quando a escolha for deixada a arbítrio de terceiro; e, se este não a quiser ou não a puder exercer, ao juiz competirá fazê-la, guardado o disposto na última parte do artigo antecedente.

• Vide *Código Civil, arts. 252, § 4º, e 1.929.*

Escolha do legado por terceiro. Se a escolha do legado for deixada ao arbítrio de terceiro, este deverá entregar coisa de valor médio (*mediae aestimationis*) (CC, art. 1.929), ao legatário. Se, porventura, o terceiro não quiser ou não puder efetivar tal escolha, esta competirá, então, ao juiz do inventário, que também guardará o meio-termo, entre as congêneres de melhor e pior qualidade (*nec optimus nec pessimus*).

Art. 1.931. Se a opção foi deixada ao legatário, este poderá escolher, do gênero determinado, a melhor coisa que houver na herança; e, se nesta não existir coisa de tal gênero, dar-lhe-á de outra congênere o herdeiro, observada a disposição na última parte do art. 1.929.

• Vide *Código Civil, arts. 244, 252 e 1.929, 2ª parte.*

"Legatum optionis". Se a escolha foi deixada ao legatário (*legatum optionis*), terá ele o direito de escolher a melhor coisa que existir, do gênero, no acervo hereditário. E, se não houver na herança coisa do gênero indicado pelo disponente, o herdeiro deverá adquirir e entregar outra congênere ao legatário, guardando o meio-termo entre as de melhor e pior qualidade, acatando o critério do art. 1.929, ou seja, o da *mediae aestimationis*.

Art. 1.932. No legado alternativo, presume-se deixada ao herdeiro a opção.

• Vide *Código Civil, arts. 1.940, 252, 255 e 256.*

Legado alternativo. No legado alternativo há presunção *juris tantum* de que o testador deixou ao herdeiro a opção de entregar ao legatário uma entre duas ou mais coisas de espécies diferentes (p. ex., no legado feito a "A" por "B" do quadro "X" de Portinari ou do lustre de cristal "Y", o herdeiro "C" entregará a "A" um desses objetos, escolhendo o que for mais conveniente aos seus interesses).

Art. 1.933. Se o herdeiro ou legatário a quem couber a opção falecer antes de exercê-la, passará este poder aos seus herdeiros.

• Vide *Código Civil, arts. 252, § 2º, e 1.809.*

Legado "electionis". No legado *electionis*, ou seja, naquele em que o testador indica herdeiro ou legatário para escolher uma entre mais coisas por ele apontadas, se a pessoa a quem couber a opção vier a falecer antes de fazer a escolha, seu direito de opção transmitir-se-á aos seus herdeiros, por ser um direito que já se integrou ao patrimônio do herdeiro ou do legatário.

BIBLIOGRAFIA: João Luís Alves, *Comentários ao Código Civil brasileiro*, v. 5, p. 1193-5; M. Helena Diniz, *Curso*, cit., v. 6, p. 195-6; Levenhagen, *Código Civil*, cit., v. 6, p. 123-6; Ferreira Alves, *Manual*, cit., v. 19, n. 136 a 139; Itabaiana de Oliveira, *Tratado*, cit., v. 2, p. 571-3; Clóvis Beviláqua, *Código Civil*, cit., v. 6, p. 147; W. Barros Monteiro, *Curso*, cit., v. 6, p. 182; Orozimbo Nonato, *Estudos*, cit., v. 3, p. 105; Vitali, *Delle successioni testamentarie e legittime*, cit., n. 1.756.

Art. 1.934. No silêncio do testamento, o cumprimento dos legados incumbe aos herdeiros e, não os havendo, aos legatários, na proporção do que herdaram.

• Vide *Código de Processo Civil, art. 125, II.*

• *Código Civil, arts. 1.918, § 1º, e 1.939, III.*

Parágrafo único. O encargo estabelecido neste artigo, não havendo disposição testamentária em contrário, caberá ao herdeiro ou legatário incumbido pelo testador da execução do legado; quando indicados mais de um, os onerados dividirão entre si o ônus, na proporção do que recebam da herança.

Execução do legado. O testador pode indicar a pessoa que deverá fazer cumprir o legado. O legatário poderá pedir o legado a todos os herdeiros instituídos, e, não os havendo, aos legatários, se o disponente não houver indicado aquele (herdeiro ou legatário) que deverá executá-lo, hipótese em que todos os herdeiros ou legatários instituídos serão responsáveis na proporção do que herdarem, uma vez que não haverá responsabilidade solidária.

Se, porventura, o testador houver incumbido mais de um herdeiro, ou legatário, de dar cumprimento aos legados, os onerados deverão dividir entre si o ônus, proporcionalmente ao que receberam da herança. Logo, se o testador indicar um ou mais herdeiros, ou um ou mais legatários, para executar o legado, o legatário apenas poderá pedir o legado a quem for expressamente designado pelo testador.

Art. 1.935. Se algum legado consistir em coisa pertencente a herdeiro ou legatário (art. 1.913), só a ele incumbirá cumpri-lo, com regresso contra os coerdeiros, pela quota de cada um, salvo se o contrário expressamente dispôs o testador.

• Vide *Código Civil, art. 1.913.*

• *Código de Processo Civil, art. 125, II.*

Reembolso em caso de sublegado. Se a coisa legada pertencer ao herdeiro ou legatário, ele deverá cumprir o encargo, mas o outro coerdeiro ou coerdeiros deverão reembolsá-lo do valor do bem legado, pagando uma quantia em dinheiro na proporção da quota hereditária, salvo se o contrário houver disposto o testador, desobrigando-os de fazer tal reembolso.

Art. 1.936. As despesas e os riscos da entrega do legado correm à conta do legatário, se não dispuser diversamente o testador.

DIREITO DAS SUCESSÕES

Responsabilidade pelos riscos e despesas com a entrega do legado. Salvo disposição contrária do disponente, as despesas e a responsabilidade dos riscos, decorrentes de força maior ou de caso fortuito, com a entrega do legado, correrão por conta do legatário, que deverá assumi-los, por ser o proprietário da coisa legada. Não terá tal responsabilidade se houver, na entrega do legado, mora ou culpa por parte do herdeiro, que venha a prejudicá-lo (*RT*, *111*:300, *152*:341, *256*:213 e *194*:802; *RF*, *172*:326).

BIBLIOGRAFIA: W. Barros Monteiro, *Curso*, cit., v. 6, p. 184; Silvio Rodrigues, *Direito civil*, cit., v. 7, p. 175; M. Helena Diniz, *Curso*, cit., v. 6, p. 196; Levenhagen, *Código Civil*, cit., v. 6, p. 127-8; Ferreira Alves, *Manual*, cit., v. 19, n. 142 a 145; Clóvis Beviláqua, *Direito das sucessões*, cit., § 88, p. 327; Coelho da Rocha, *Instituições*, cit., § 711.

Art. 1.937. A coisa legada entregar-se-á, com seus acessórios, no lugar e estado em que se achava ao falecer o testador, passando ao legatário com todos os encargos que a onerarem.

- *Código Civil, arts. 92, 136, 137, 1.922, parágrafo único, 1.923 e 1.938.*

Entrega da coisa legada. O legatário deverá receber a coisa legada no local e no estado em que se encontrar ao tempo da abertura da sucessão, com todos os acessórios (benfeitorias, instalações elétricas etc.) e encargos (servidão, enfiteuse (CC, art. 2.038), penhor, anticrese, hipoteca etc.) que a onerarem, sendo que as obrigações pessoais do testador ficarão a cargo da herança (*RT*, *616*:50 e *417*:352).

BIBLIOGRAFIA: João Luís Alves, *Comentários ao Código Civil*, cit., p. 1197; Orozimbo Nonato, *Estudos*, cit., v. 3, p. 120-1; Itabaiana de Oliveira, *Tratado*, cit., v. 2, p. 576; Clóvis Beviláqua, *Código Civil comentado*, cit., v. 6, p. 166; M. Helena Diniz, *Curso*, cit., v. 6, p. 197; Levenhagen, *Código Civil*, cit., v. 6, p. 128-9; Ferreira Alves, *Manual*, cit., v. 19, n. 146.

Art. 1.938. Nos legados com encargo, aplica-se ao legatário o disposto neste Código quanto às doações de igual natureza.

- *Código Civil, arts. 136, 137, 553, 555 e 562.*

Legado modal. Se o testador gravar o legado com encargo, (*sub modus*), impondo uma obrigação ao legatário, este será obrigado a cumpri-la, seja ela em benefício do testador, de terceiro ou do interesse geral, sob pena de revogação da liberalidade. Aplicar-se-ão ao legatário as normas disciplinadoras da doação com encargo (CC, arts. 553, 555 e 562).

BIBLIOGRAFIA: M. Helena Diniz, *Curso*, cit., v. 6, p. 186; Clóvis Beviláqua, *Código Civil comentado*, cit., obs. ao art. 1.707, v. 6; Itabaiana de Oliveira, *Tratado*, cit., v. 2, n. 535; Caio M. S. Pereira, *Instituições*, cit., v. 6, p. 194; Levenhagen, *Código Civil*, cit., v. 6, p. 129; Ferreira Alves, *Manual*, cit., v. 19, n. 148; Planiol, *Droit civil*, v. 3, p. 772, n. 3.007.

Seção III

Da caducidade dos legados

Art. 1.939. Caducará o legado:

• *Código Civil, art. 1.788,* in fine.

I — se, depois do testamento, o testador modificar a coisa legada, ao ponto de já não ter a forma nem lhe caber a denominação que possuía;

II — se o testador, por qualquer título, alienar no todo ou em parte a coisa legada; nesse caso, caducará até onde ela deixou de pertencer ao testador;

• *Código Civil, arts. 1.912 e 1.914.*

III — se a coisa perecer ou for evicta, vivo ou morto o testador, sem culpa do herdeiro ou legatário incumbido do seu cumprimento;

• Vide *Código Civil, arts. 447 a 457, 927 e 1.934.*

IV — se o legatário for excluído da sucessão, nos termos do art. 1.815;

• *Código Civil, arts. 1.814 e 1.815.*

V — se o legatário falecer antes do testador.

Caducidade do legado. A caducidade do legado é a sua ineficácia em razão de causa superveniente à sua instituição.

BIBLIOGRAFIA: Itabaiana de Oliveira, *Tratado*, cit., v. 2, p. 577-80; W. Barros Monteiro, *Curso*, cit., v. 6, p. 186-93; Bassil Dower, *Curso*, cit., v. 4, p. 389; Caio M. S. Pereira, *Instituições*, cit., v. 6, p. 202-3; Silvio Rodrigues, *Direito civil*, cit., v. 7, p. 177-8; M. Helena Diniz, *Curso*, cit., v. 6, p. 197-200; Ferreira Alves, *Manual*, cit., v. 19, n. 149 a 158; Lomonaco, *Istituzioni di diritto civile*, v. 4, p. 355-68; Pothier, *Traité des donations testamentaires*, v. 8, n. 368; Levenhagen, *Código Civil*, cit., v. 6, p. 129-34; Carlos Maximiniano, *Direito das sucessões*, cit., v. 2, p. 475; R. Limongi França, Legado, cit., in *Enciclopédia Saraiva do Direito*, p. 157; Pinto Ferreira, Legados, cit., in *Enciclopédia Saraiva do Direito*, p. 169; Clóvis Beviláqua, *Código Civil comentado*, cit., v. 6, p. 168-9; José Lopes de Oliveira, *Sucessões*, cit., p. 174; João Luís Alves, *Comentários ao Código Civil*, cit., v. 5, p. 1200; Carvalho Santos, *Código Civil brasileiro interpretado*, cit., v. 23, p. 500; Sílvio de Salvo Venosa, *Direito das sucessões*, cit., p. 153-7.

Casos de caducidade do legado. O legado caducará por: *a*) modificação substancial do bem legado, feita pelo próprio testador ou à sua ordem após o testamento, transformando-o em nova espécie, ao ponto de já não ter a forma nem lhe caber a denominação que possuía, visto que com tal atitude está a revelar sua intenção de cancelar a liberalidade anteriormente feita; *b*) alienação voluntária da coisa legada, a título gratuito ou oneroso, no todo ou em parte, pelo testador, indicando seu intuito de revogar o legado (*RT*, *153*:160); *c*) perecimento ou evicção da coisa legada, vivo ou morto o testador, sem culpa do herdeiro ou do legatário incumbido do seu cumprimento, dado que nesses casos faltará objeto ao legado; *d*) indignidade do legatário (CC, art. 1.815), pois, se algum interessado provar que ele praticou contra a vida, honra ou liberdade do *de cujus*, ou qualquer um dos atos do art. 1.814 do Código Civil, ter-se-á a caducidade da cláusula testamentária que o contempla; *e*) premoriência do legatário, pois nesse caso o legado ficará sem sujeito (*RT*, *202*:208 e *386*:177; *BAASP*, *2.690*: 626-04).

Art. 1.940. Se o legado for de duas ou mais coisas alternativamente, e algumas delas perecerem, subsistirá quanto às restantes; perecendo parte de uma, valerá, quanto ao seu remanescente, o legado.

• Vide *Código Civil, arts. 253, 1.932 e 1.939.*

Perecimento total ou parcial de coisa legada em legado alternativo. Se o testador deixar ao legatário duas ou mais coisas alternativamente, o herdeiro escolherá uma delas. Se somente uma delas existir ao tempo da abertura da sucessão, deverá entregar ao legatário a que subsistir. Se vier a perecer parte de uma das coisas legadas, valerá o legado em relação ao remanescente. Se todas perecerem ter-se-á ineficácia do legado (CC, art. 1.939, III), mas se tal se der por culpa da pessoa incumbida de cumpri-lo, o legatário fará jus a uma indenização, observa Zeno Veloso.

BIBLIOGRAFIA: Zeno Veloso, *Novo Código Civil*, cit., p. 1752.

Capítulo VIII

Do Direito de Acrescer entre Herdeiros e Legatários

Art. 1.941. Quando vários herdeiros, pela mesma disposição testamentária, forem conjuntamente chamados à herança em quinhões não determinados, e qualquer deles não puder ou não quiser aceitá-la, a sua parte acrescerá à dos coerdeiros, salvo o direito do substituto.

• Vide *Código Civil, arts. 1.943 e 1.947.*

Direito de acrescer. O direito de acrescer (*jus accrescendi*) consiste no direito do coerdeiro ou colegatário de receber o quinhão originário de outro coerdeiro ou colegatário, que não quis ou não pôde recebê-lo, desde que sejam, pela mesma disposição testamentária, conjuntamente chamados a receber a herança ou o legado (CC, arts. 1.941 e 1.942; *RT*, *138*:105, *264*:383 e *150*:228; *AJ*, *116*:119; *RF*, *31*:129 e *35*:441).

BIBLIOGRAFIA: Caio M. S. Pereira, *Instituições*, cit., v. 6, p. 236-40; Clóvis Beviláqua, *Direito das sucessões*, cit., § 77; Bassil Dower, *Curso*, cit., v. 4, p. 397-9; Pinto Ferreira, *Tratado das heranças*, cit., p. 453-9; Pablo B. de Heredia, El derecho de acrescer, *Revista de Derecho Privado*, Madrid, 1956; Machelard, *Dissertation sur l'acroissement*, cap. 1, § 2º; Orlando Gomes, *Direito das sucessões*, cit., p. 186; Carlos Maximiliano, *Direito das sucessões*, cit., v. 3, n. 1.085; W. Barros Monteiro, *Curso*, cit., v. 6, p. 194-200; Orozimbo Nonato, *Estudos*, cit., n. 831; Ruggiero e Maroi, *Istituzioni*, cit., v. 1, p. 409; Carvalho Santos, *Código Civil brasileiro interpretado*, cit., v. 29, p. 12-5; Silvio Rodrigues, *Direito civil*, cit., v. 7, p. 189-91; Itabaiana de Oliveira, *Tratado*, cit., v. 2, p. 509-14; José Lopes de Oliveira, *Sucessões*, cit., p. 182-4; Vieira Ferreira, Direito de acrescer, *RT*, *163*:489; Ferreira Alves, *Manual*, cit., v. 19, n. 159 a 168; Lomonaco, *Istituzioni*, cit., p. 2094 e s.; Lacerda de Almeida, *Direito das sucessões*, cit., p. 147-69; Levenhagen, *Código Civil*, cit., v. 6, p. 134-8; Vitali, *Delle successioni testamentarie e legittime*, cit., v. 3, n. 2.172; De Page, *Traité élémentaire*, cit., n. 1.274; Sílvio de Salvo Venosa, *Direito das sucessões*, cit., p. 158-63; M. Helena Diniz, *Curso*, cit., v. 6, p. 202-5; Ricardo R. Gama, *Direito das sucessões*, cit., p. 256-61; Sebastião José Roque, *Direito das sucessões*, cit., p. 135-44; Alcino Pinto Falcão, Da inexistência do direito de acrescer entre herdeiros e legatários. Proposta de alteração de legislação, *RJTJRS*, *47*:5; Zeno Veloso, *Novo Código Civil*, cit., p. 1753-57; Pires de Lima, O direito de acrescer em sucessão legítima, *Revista Seg. Jur.*, *72*:391; Eduardo de Oliveira Leite, *Comentários*, cit., p. 585; Matiello, *Código Civil*, cit., p. 1252-3; Luiz Paulo V. de Carvalho, *Direito civil*, cit., p. 507-522.

Direito de acrescer entre coerdeiros. Poder-se-á ter direito de acrescer entre coerdeiros, desde que se verifiquem os seguintes requisitos: *a*) nomeação dos herdeiros na mesma cláusula testamentária para recolher o acervo hereditário ou porção dele; *b*) incidência na mesma herança, já que a deixa deve abranger os mesmos bens ou a mesma porção de bens; *c*) ausência de determinação das quotas de cada um (STJ, REsp 566.608, rel. Castro Filho, j. 28-10-2004) e de indicação de substituto.

Art. 1.942. O direito de acrescer competirá aos colegatários, quando nomeados conjuntamente a respeito de uma só coisa, determinada e certa, ou quando o objeto do legado não puder ser dividido sem risco de desvalorização.

• *Código Civil, arts. 87, 1.929 e 1.943.*

Direito de acrescer entre colegatários. Haverá direito de acrescer entre os colegatários se: *a*) forem nomeados conjuntamente, não havendo indicação de substituto; *b*) o legado recair em uma só coisa determinada e certa ou quando esta for indivisível, ou seja, quando não puder ser dividida sem o risco de se desvalorizar. A esse respeito esclarece Washington de Barros Monteiro que "a expressão *uma só coisa*, apesar da sua literalidade, não impede o direito de acrescer, quando o legado consistir em *muitas coisas* certas e determinadas. *Uma só coisa* disse o legislador decerto para exigir somente que sobre o mesmo objeto e em todo ele recaia o direito de cada colegatário".

BIBLIOGRAFIA: W. Barros Monteiro, *Curso de Direito Civil*; direito das sucessões, São Paulo, Saraiva, 2003, p. 220; Vieira Ferreira, Direito de Acrescer, *RT, 163*:489.

Art. 1.943. Se um dos coerdeiros ou colegatários, nas condições do artigo antecedente, morrer antes do testador; se renunciar a herança ou legado, ou destes for excluído, e, se a condição sob a qual foi instituído não se verificar, acrescerá o seu quinhão, salvo o direito do substituto, à parte dos coerdeiros ou colegatário conjuntos.

• Vide *Código Civil, arts. 125, 1.809, 1.941, 1.942 e 1.947.*

Parágrafo único. Os coerdeiros ou colegatários, aos quais acresceu o quinhão daquele que não quis ou não pôde suceder, ficam sujeitos às obrigações ou encargos que o oneravam.

• *Código Civil, art. 136.*

Premoriência, renúncia ou exclusão de coerdeiro ou colegatário nomeado e não verificação da condição sob a qual se instituiu herdeiro ou legatário. Se o testador não indicar substituto, não só em razão de premoriência, renúncia de herança ou exclusão de coerdeiro ou colegatário instituído, como também em caso de a condição sob a qual nomeou o coerdeiro ou colegatário não se realizar, a parte do coerdeiro ou colegatário instituído será acrescida à quota dos outros coerdeiros ou colegatários conjuntos.

Encargos e obrigações relativos à quota vaga. O coerdeiro, ou colegatário, a quem se acresceu o quinhão vago do nomeado que não quis ou não pôde suceder, ficará sujeito às obrigações e encargos que o oneravam, pouco importando a que título se deu a caducidade, exceto se tiverem caráter personalíssimo. Aplica-se aqui o princípio *portio portioni adcrescit non personae.*

Art. 1.944. Quando não se efetua o direito de acrescer, transmite-se aos herdeiros legítimos a quota vaga do nomeado.

• Vide *Código Civil, arts. 1.788, 1.829, 1.906 e 1.908.*

Parágrafo único. Não existindo o direito de acrescer entre os colegatários, a quota do que faltar acresce ao herdeiro ou ao legatário incumbido de satisfazer esse legado, ou a todos os herdeiros, na proporção dos seus quinhões, se o legado se deduziu da herança.

Destino do quinhão vago do nomeado. Quando não houver direito de acrescer entre os coerdeiros, transmitir-se-á, então, aos herdeiros legítimos a quota vaga do nomeado.

Efeito da ausência do direito de acrescer. O herdeiro, ou legatário, incumbido da satisfação do legado, não havendo direito de acrescer entre os colegatários, terá o quinhão vago mantido no seu patrimônio, colhendo o proveito que seria dos colegatários, se tivesse havido o direito de acrescer. Da mesma forma, se o cumprimento do legado for um encargo da herança, por ser dela deduzido, a quota do legatário que venha a faltar irá beneficiar a todos os herdeiros na proporção de seus quinhões.

Art. 1.945. Não pode o beneficiário do acréscimo repudiá-lo separadamente da herança ou legado que lhe caiba, salvo se o acréscimo comportar encargos especiais impostos pelo testador; nesse caso, uma vez repudiado, reverte o acréscimo para a pessoa a favor de quem os encargos foram instituídos.

Repúdio ao direito de acrescer. A aquisição do acréscimo opera-se de pleno direito; logo, o beneficiário não pode repudiá-lo separadamente da herança ou do legado que lhe caiba. O coerdeiro ou colegatário, na lição de Zeno Veloso, apenas pode repudiar a parte acrescida se também vier a renunciar à herança ou ao legado. Proibido está o repúdio do acréscimo, separadamente da herança ou legado. Permite-se porém que o beneficiário não exerça o direito de acrescer sem que haja necessidade de renunciar herança ou legado, se o acréscimo comportar encargos especiais impostos pelo testador. O beneficiário de acréscimo não terá, então, a obrigação de aceitá-lo juntamente com a herança ou legado, podendo recusá-lo, ficando apenas com a parte que receberia se não houvesse tal acréscimo. O repúdio da parte acrescida só será lícito se ela for danosa ou desfavorável ao coerdeiro, ou colegatário, não cobrindo as obrigações impostas pelo autor da herança. Havendo o repúdio, o acréscimo reverterá para a pessoa em favor de quem aqueles encargos foram instituídos. É uma modalidade de compensação, pois, como diz Matiello, em lugar de tirar vantagem com o cumprimento do encargo incidente sobre a quota vaga, retirará proveito de sua incorporação ao seu patrimônio. A esse respeito, Eduardo de Oliveira Leite aponta o seguinte exemplo: se sobre o acréscimo recair um legado de alimentos, o repúdio a essa parte acrescida fará com que ela reverta para o titular daquela prestação alimentícia, que, então, passará a ser beneficiário de porção que caberia àquele incumbido de cumprir o legado. Substitui-se, assim, o direito de crédito que o testamento lhe conferia sobre o coerdeiro repudiante.

Art. 1.946. Legado um só usufruto conjuntamente a duas ou mais pessoas, a parte da que faltar acresce aos colegatários.

Parágrafo único. Se não houver conjunção entre os colegatários, ou se, apesar de conjuntos, só lhes foi legada certa parte do usufruto, consolidar-se-ão na propriedade as quotas dos que faltarem, à medida que eles forem faltando.

• Vide *Código Civil, art. 1.411*.

Legado de um só usufruto a vários legatários. Haverá direito de acrescer, em caso de premoriência, renúncia, exclusão de um dos colegatários ou usufrutuários, se existir disposição conjunta de usufruto (*RT, 150*:22), sem distribuição de quinhões entre eles. Se o usufruto for legado em partes certas, apesar de conjuntos os colegatários, e um deles vier a faltar, não se terá acrescimento, mas sim consolidação da propriedade, e assim sucessivamente, até que haja extinção desse direito real, de tal modo que o nu-proprietário irá, paulatinamente, recebendo o uso e gozo do bem.

Capítulo IX

Das Substituições

SEÇÃO I

DA SUBSTITUIÇÃO VULGAR E DA RECÍPROCA

Art. 1.947. O testador pode substituir outra pessoa ao herdeiro ou ao legatário nomeado, para o caso de um ou outro não querer ou não poder aceitar a herança ou o legado, presumindo-se que a substituição foi determinada para as duas alternativas, ainda que o testador só a uma se refira.

• *Código Civil, art. 1.799.*

Substituição. A substituição é a disposição testamentária na qual o testador chama uma pessoa para receber, no todo ou em parte, a herança ou o legado, na falta ou após o herdeiro ou o legatário nomeado em primeiro lugar, ou seja, quando a vocação deste ou daquele cessar por qualquer causa.

BIBLIOGRAFIA: Aubry e Rau, *Cours de droit civil français*, cit., v. 7, § 693; Lacerda de Almeida, *Direito das sucessões*, cit., p. 307; Pacifici-Mazzoni, *Trattato delle successioni*, cit., v. 3, p. 368; Silvio Rodrigues, *Direito civil*, cit., v. 7, p. 225-8; José Lopes de Oliveira, *Sucessões*, cit., p. 205 e s.; Vitali, *Delle successioni testamentarie e legittime*, cit., v. 2, n. 2.232, e v. 4, p. 555; W. Barros Monteiro, *Curso*, cit., v. 6, p. 225-40; Carlos Maximiliano, *Direito das sucessões*, v. 3, n. 1.223 e 1.228; Itabaiana de Oliveira, *Tratado*, cit., v. 2, p. 581-2; Chironi, Istituzioni, cit., § 476, apud Clóvis Beviláqua, *Direito das sucessões*, cit., p. 323 e s.; Caio M. S. Pereira, *Instituições*, cit., v. 6, p. 206-7; Biondo Biondi, *Successione testamentaria e donazioni*, n. 97; Orozimbo Nonato, *Estudos*, cit., v. 3, n. 780-2; Ferreira Alves, *Manual*, cit., v. 19, n. 242; João Luís Alves, *Código Civil comentado*, cit., v. 3, p. 150; M. Helena Diniz, *Curso*, cit., v. 6, p. 206-8; Carlos Alberto Bittar, *Direito das sucessões*, cit., p. 114; Ricardo R. Gama, *Direito das sucessões*, cit., p. 265-72; Sebastião José Roque, *Direito das sucessões*, cit., p. 163-72; Zeno Veloso, *Comentários*, cit., v. 21, p. 293-305.

Substituição vulgar. A substituição vulgar, direta ou ordinária, consiste na indicação da pessoa que deve ocupar o lugar do herdeiro ou legatário que não quer ou não pode aceitar o que lhe compete, em razão de premoriência, renúncia da herança ou do legado, ou exclusão por indignidade (*RT*, *192*:245). Há, ainda, presunção de que a substituição foi determinada para as duas alternativas, mesmo que o disponente se tenha referido a uma delas no testamento público, particular ou cerrado.

BIBLIOGRAFIA: Orlando Gomes, *Direito das sucessões*, cit., n. 166; José Lopes de Oliveira, *Sucessões*, cit., p. 206-7; Clóvis Beviláqua, *Código Civil comentado*, cit., v. 6, p. 205; Itabaiana de Oliveira, *Tratado*, cit., v. 2, p. 583-4; Caio M. S. Pereira, *Instituições*, cit., v. 6, p. 207-9; Silvio Rodrigues, *Direito civil*, cit., v. 7, p. 229-30; Lacerda de Almeida, *Direito das sucessões*, cit., § 47; Paul Leuba, *Du régime successoral en droit français et en droit suisse*, p. 209; W. Barros Monteiro, *Curso*, cit., v. 6, p. 227-8; Trigo de Loureiro, *Direito civil brasileiro*, cit., § 401; Ruggiero e Maroi, *Istituzioni di diritto privato*, cit., § 99; Enneccerus, Kipp e Wolff, *Derecho de sucesiones*, cit., v. 1, § 48; M. Helena Diniz, *Curso*, cit., v. 6, p. 208-9; Luiz Paulo V. de Carvalho, *Direito civil*, cit., p. 482-506; Mário Luiz Delgado, As substituições testamentárias, https://www.conjur.com.br/2020-nov-08/substituiçõestestamentarias.

Art. 1.948. Também é lícito ao testador substituir muitas pessoas por uma só, ou vice-versa, e ainda substituir com reciprocidade ou sem ela.

Substituição recíproca. A substituição recíproca é aquela em que os herdeiros ou legatários são designados substitutos uns dos outros, pelo testador, para o caso de qualquer deles não querer ou não poder aceitar a liberalidade.

Substituição recíproca geral. A substituição recíproca geral ocorre quando todos substituem o herdeiro ou legatário que faltar.

Substituição recíproca particular. Ter-se-á substituição recíproca particular se determinados herdeiros ou legatários forem indicados para substituir reciprocamente certos herdeiros ou legatários.

Substituição coletiva. Será coletiva a substituição quando vários forem os substitutos nomeados para o herdeiro ou legatário que não quis ou não pôde aceitar a herança ou legado. Se houver nomeação de um só substituto, ter-se-á *substituição singular.*

BIBLIOGRAFIA: Itabaiana de Oliveira, *Tratado*, cit., v. 2, n. 636; João Luís Alves, *Código Civil comentado*, cit., v. 6, p. 1224; M. Helena Diniz, *Curso*, cit., v. 6, p. 210; Levenhagen, *Código Civil*, cit., v. 6, p. 153-4; Sílvio de Salvo Venosa, *Direito das sucessões*, cit., p. 173; Zeno Veloso, *Novo Código Civil*, cit., p. 1758-61.

Art. 1.949. O substituto fica sujeito à condição ou encargo imposto ao substituído, quando não for diversa a intenção manifestada pelo testador, ou não resultar outra coisa da natureza da condição ou do encargo.

- *Código Civil, arts. 121 e 136.*

Efeito da substituição. Havendo a substituição, o substituto recolherá a herança ou legado não só com todas as suas vantagens, mas também ficará sujeito aos encargos ou condições impostos ao substituído, exceto se o contrário estiver disposto no testamento, ou se outra coisa advier da natureza daquelas condições ou encargos. Por exemplo, se a obrigação for personalíssima, como a incumbência a um escritor de fazer a biografia do *auctor successionis*, tal encargo não se transmitirá ao substituto, salvo se o testador o determinar, dispondo que o substituto nomeado terá o mesmo encargo; logo se ele não for escritor, deverá contratar outro para executar o *modus*.

Art. 1.950. Se, entre muitos coerdeiros ou legatários de partes desiguais, for estabelecida substituição recíproca, a proporção dos quinhões fixada na primeira disposição entender-se-á mantida na segunda; se, com as outras anteriormente nomeadas, for incluída mais alguma pessoa na substituição, o quinhão vago pertencerá em partes iguais aos substitutos.

Parte cabível ao substituto na substituição recíproca. Em caso de substituição recíproca: *a*) se os herdeiros ou legatários forem instituídos em partes iguais, dever-se-á entender que os substitutos receberão partes iguais no quinhão hereditário vago (p. ex.: se o testador instituiu seus herdeiros "A", "B", "C" e "D" em partes idênticas, cada qual terá, então, uma quarta parte da herança, ordenando que sejam substitutos entre si; falecendo "B", sua parte será dividida igualmente entre "A", "C" e "D"); *b*) se os herdeiros ou legatários forem instituídos com quinhões desiguais, entender-se-á que os substitutos receberão a mesma proporção estabelecida originariamente na disposição testamentária (p. ex.: se forem nomeados herdeiros "A" com 1/6 da herança, "B" com 2/6, e "C" com 3/6, sendo substitutos entre si. Se "A" não aceitar a herança, sua quota será dividida entre "B" e "C" na mesma proporção fixada na primeira disposição, isto é, "B" receberá duas partes dela e "C", três); *c*) se com herdeiros ou legatários, instituídos em partes desiguais, for incluída mais alguma pessoa na substituição, o quinhão vago pertencerá em partes iguais aos substitutos. Portanto, o terceiro, substituto vulgar, concorrerá igualmente com os substitutos recíprocos, pois a quota vaga será dividida entre eles em partes idênticas (p. ex., se o testador instituir seus herdeiros "A", por 1/6 da herança, "B" por 2/6 e "C" por 3/6, dispondo que, na falta de um deles por premoriência, indignidade ou renúncia, nomeia "D" como herdeiro, juntamente com os demais. Assim, se "A" falecer, seu quinhão (1/6) será dividido em partes iguais por todos os outros herdeiros, inclusive "D", que é um substituto vulgar e concorre com os substitutos recíprocos).

Seção II

Da substituição fideicomissária

Art. 1.951. Pode o testador instituir herdeiros ou legatários, estabelecendo que, por ocasião de sua morte, a herança ou o legado se transmita ao fiduciário, resolvendo-se o direito deste, por sua morte, a certo tempo ou sob certa condição, em favor de outrem, que se qualifica de fideicomissário.

- *Código Civil, arts. 27, III, 1.668, II, 1.245, 1.898, 1.952 a 1.960.*
- *Lei n. 6.015/73, art. 167, I, n. 25, e II, n. 11.*
- *Lei n. 6.404/76, art. 169, § 2º.*

Substituição fideicomissária. A substituição fideicomissária consiste na instituição, pelo testador (*fideicomitente*), de herdeiro ou legatário, designado *fiduciário*, com a obrigação de, por sua morte (*quum morietur*), a certo tempo ou sob condição preestabelecida, transmitir a uma outra pessoa, chamada *fideicomissário*, a herança ou legado. "O fideicomisso, previsto no art. 1.951 do Código Civil, somente pode ser instituído por testamento" (Enunciado n. 528 do CJF, aprovado na *V Jornada de Direito Civil*).

Fideicomisso particular. Ter-se-á fideicomisso particular se o fideicomisso incidir em bens certos ou determinados do acervo hereditário.

Fideicomisso universal. Se o fideicomisso assumir o aspecto de uma herança, abrangendo a totalidade ou uma quota-parte do espólio, ter-se-á fideicomisso universal.

BIBLIOGRAFIA: Pinto Ferreira, Fideicomisso, in *Enciclopédia Saraiva do Direito*, v. 37, p. 169 e s.; e *Tratado das heranças*, cit., p. 573-95; Silvio Rodrigues, *Direito civil*, cit., v. 7, p. 230 e s.; Itabaiana de Oliveira, *Tratado*, cit., v. 2, p. 591 e s.; Caio M. S. Pereira, *Instituições*, cit., v. 6, p. 210-6; M. Helena Diniz, *Curso*, cit., v. 6, p. 210-6; Carlos Maximiliano, *Direito das sucessões*, cit., v. 3, n. 1.242, 1.254, 1.274 e 1.275; Orozimbo Nonato, *Estudos*, cit., n. 804, 805 e 807; Levenhagen, *Código Civil*, cit., v. 6, p. 155-9; W. Barros Monteiro, *Curso*, cit., v. 6, p. 230-7; Pontes de Miranda, *Tratado dos testamentos*, cit., v. 4, p. 170; Celso Barros Coelho, Herdeiro fideicomissário, in *Enciclopédia Saraiva do Direito*, v. 41, p. 98 e s.; Demolombe, *Cours de Code Napoléon*, cit., v. 18, n. 89; Pacifici-Mazzoni, *Il Codice Civile italiano commentato*, 8. ed., v. 7, n. 196; Toullier e Duverger, *Le droit civil français*, 6. ed., v. 3, n. 27; Baudry-Lacantinerie e Colin, *Des donations entre vifs et des testaments*, 3. ed., v. 2, n. 3.310; Bicocca, *Le sostituzioni fidecommissarie*, p. 36 e s.; Enneccerus, Kipp e Wolff, *Derecho de sucesiones*, cit., v. 2, § 90; José Lopes de Oliveira, *Sucessões*, cit., p. 211-5; Lacerda de Almeida, *Direito das sucessões*, cit., § 54; Orlando Gomes, *Direito das sucessões*, cit., n. 174; Clóvis Beviláqua, *Direito das sucessões*, cit., § 96; Troplong, *Donations entre vifs et des testaments*, cit., v. 1, n. 284; Astholpho Rezende, *Manual do Código Civil*, v. 7, n. 120; Paulo Carneiro Maia, *Substituição fideicomissária*, São Paulo, Revista dos Tribunais, 1967; Armando D. Azevedo, *O fideicomisso no direito pátrio*, São Paulo, Saraiva, 1973; Gilberto Valente da Silva, Fideicomisso, *RT*, *471*:261 e s.; João Luís Alves, *Comentários ao Código Civil*, cit., p. 1227;

Coelho da Rocha, *Instituições de direito civil português*, cit., § 718; Ferreira Alves, *Manual*, cit., v. 19, n. 247 a 258; Gonçalves Maia, *Fideicomisso*, p. 20 e s.; Sílvio de Salvo Venosa, *Direito das sucessões*, cit., p. 174-82; Alírio G. Barbosa, *Das substituições fideicomissárias*, Lisboa, 1945; A. Domingo Aznar, *El fideicomiso y la sustitución fideicomisaria*, Barcelona, Bosch, 1999; Zeno Veloso, *Novo Código Civil*, cit., p. 1761 a 1768.

Fideicomisso na jurisprudência. Consulte: *RT*, *789*:222 e 350, *691*:136, *642*:176, *680*:139, *603*:63, *584*:66, *395*:405, *304*:447, *191*:431, *282*:326, *274*:874, *321*:639, *340*:500, *330*:293, *305*:310, *125*:551, *193*:230 e 784, *146*:834, *395*:405, *422*:392, *161*:159, *202*:140, *226*:211, *231*:260, *249*:201, *245*:151, *265*:296, *250*:172, *182*:682, *251*:183, *237*:171, *262*:336 e *302*:274; *RF*, *128*:498, *137*:69, *160*:261, *142*:240, *92*:719, *93*:316, *183*:224, *185*:69, *156*:247, *169*:232, *115*:117, *156*:247, *180*:204 e *330*:368; *Revista de Direito*, *17*:194 e *5*:37; *RTJ*, *49*:409; *AJ*, *118*:141, *60*:91 e *81*:301; *EJSTJ*, *10*:79; *RJ*, *200*:104; *JTJ*, *159*:75, *135*:324; *244*:70; *RSTJ*, *47*:337; *RTJ*, *82*:835.

Art. 1.952. A substituição fideicomissária somente se permite em favor dos não concebidos ao tempo da morte do testador.

Parágrafo único. Se, ao tempo da morte do testador, já houver nascido o fideicomissário, adquirirá este a propriedade dos bens fideicometidos, convertendo-se em usufruto o direito do fiduciário.

• Vide *Código Civil, arts. 1.390 a 1.411, 1.784, 1.799, I, 1.800, § 4º, e 1.959.*

Requisito subjetivo. A substituição fideicomissária apenas será cabível em favor de pessoa não concebida ao tempo da morte do testador, ou seja, em favor de prole eventual (art. 1.799, I) da pessoa por ele indicada. P. ex., avô poderá contemplar futuro neto, ainda não concebido por sua única filha, por ocasião da abertura da sucessão. O novo Código Civil restringe o fideicomisso a esta hipótese apenas, visto que constitui tal instituição um entrave à circulação de bens, não se justificando como meio para atingir resultado a que se poderia chegar mediante constituição de usufruto.

Conversão do fideicomisso em usufruto. Se, porventura, *ao tempo da abertura da sucessão* (CC, art. 1.784), o fideicomissário já houver nascido, adquirirá a propriedade, ou melhor, nua-propriedade, dos bens fideicometidos, convertendo-se em usufruto (CC, art. 1.394) o direito do fiduciário, pelo tempo previsto no testamento. Com isso ter-se-á a caducidade do fideicomisso.

Art. 1.953. O fiduciário tem a propriedade da herança ou legado, mas restrita e resolúvel.

• Vide *Código Civil, arts. 1.231, 1.359 e 1.360.*

Parágrafo único. O fiduciário é obrigado a proceder ao inventário dos bens gravados, e a prestar caução de restituí-los se o exigir o fideicomissário.

Propriedade resolúvel do fiduciário. O fiduciário terá o direito de propriedade da herança ou do legado, mas restrita e resolúvel, podendo usar, gozar e dispor do bem fideicometido (a menos que o testador lhe tenha imposto cláusula de inalienabilidade) (*RT*, *226*:210, *231*:165 e *274*:875; *RF*, *156*:247; *JTJ*, *116*:1).

Deveres do fiduciário. O fiduciário terá a obrigação de: *a*) proceder ao inventário dos bens fideicometidos, relacionando-os e descrevendo-os, por ser necessário caracterizar o objeto do fideicomisso, tornando certa a sua obrigação de transmitir tais coisas ao fideicomissário, com o implemento do termo ou da condição resolutiva; *b*) prestar caução de restituir os bens fideicometidos, se lho exigir o fideicomissário, para assegurar a devolução.

Art. 1.954. Salvo disposição em contrário do testador, se o fiduciário renunciar a herança ou o legado, defere-se ao fideicomissário o poder de aceitar.

• Vide *Código Civil, arts. 1.806, 1.943 e 1.944.*

Renúncia do fiduciário à herança ou ao legado. Com a abertura da sucessão, o fiduciário deverá aceitar ou renunciar a herança ou legado. Se o fiduciário renunciar, não havendo disposição do testador (fideicomitente) que o proíba, à herança ou ao legado, o fideicomissário poderá aceitar a herança ou o legado, como substituto daquele. Ter-se-á, então, a antecipação da vocação hereditária ou do momento da aquisição da propriedade plena da coisa herdada ou legada do fideicomissário e a conversão da substituição fideicomissária em vulgar, passando o fideicomissário, como substituto, a ter, desde logo, o direito de aceitar ou de renunciar a herança.

Art. 1.955. O fideicomissário pode renunciar a herança ou o legado, e, neste caso, o fideicomisso caduca, deixando de ser resolúvel a propriedade do fiduciário, se não houver disposição contrária do testador.

• *Código Civil, arts. 1.805, 1.806, 1.813 e 1.958.*

Renúncia ao fideicomisso pelo fideicomissário. É direito de o fideicomissário renunciar ou aceitar a herança do legado, depois da abertura da substituição. Se houver renúncia do fideicomissário, o fideicomisso caduca e os bens fideicometidos deixam de ser propriedade resolúvel e passam a ser propriedade plena do fiduciário, exceto se houver disposição contrária do fideicomitente (*RF*, *169*:232 e *142*:240).

Renúncia como causa de caducidade do fideicomisso. Se o fideicomissário renunciar à herança ou ao legado expressamente, por escritura ou termo judicial (*RT*, *185*:682; *RF*, *137*:118), ter-se-á a caducidade e extinção do fideicomisso; consequentemente, a propriedade do fiduciário deixará de ser resolúvel (*RT*, *672*:103 e *606*:102).

Art. 1.956. Se o fideicomissário aceitar a herança ou o legado, terá direito à parte que, ao fiduciário, em qualquer tempo acrescer.

Direito do fideicomissário. O fideicomissário terá direito de receber a parte da liberalidade que adveio ao fiduciário por direito de acrescer. Se o fideicomissário aceitar a herança ou o legado, depois de cessado o direito do fiduciário, ou tendo este renunciado expressamente ao fideicomisso, por termo judicial ou escritura pública, os bens sujeitos ao fideicomisso serão transmitidos ao fideicomissário, com os respectivos acréscimos (*RT*, *102*:146 e *125*:551; *RF*, *142*:240).

Art. 1.957. Ao sobrevir a sucessão, o fideicomissário responde pelos encargos da herança que ainda restarem.

Obrigação do fideicomissário. O fideicomissário terá o dever de responder pelos encargos da herança que ainda restarem quando vier à sucessão, se o fiduciário não pôde satisfazê-los (*RSTJ*, *47*:338).

Art. 1.958. Caduca o fideicomisso se o fideicomissário morrer antes do fiduciário, ou antes de realizar-se a condição resolutória do direito deste último; nesse caso, a propriedade consolida-se no fiduciário, nos termos do art. 1.955.

• Vide *Código Civil, art. 1.955.*

Premoriência do fideicomissário. Caducará o fideicomisso com o falecimento do fideicomissário depois do testador, mas antes do fiduciário, ou antes da realização do termo ou da condição resolutiva do direito deste último (*RT, 715*:318 e 319, *602*:89 e *554*:113; *JTJ, 159*:75). Como o fideicomissário tem tão somente direito eventual à propriedade do bem sujeito ao fideicomisso, consolidar-se-á o domínio na pessoa do fiduciário, que ficará sendo o proprietário definitivo do bem, que não se transmitirá aos sucessores do falecido fideicomissário, uma vez que este nem mesmo chegou a adquirir a herança ou o legado.

Art. 1.959. São nulos os fideicomissos além do segundo grau.

Proibição de nomeação de substituto ao fideicomissário. Não é admissível, sob pena de nulidade, a instituição de fideicomisso além do 2º grau, isto é, a nomeação de substituto para o fideicomissário (*RF, 115*:117), embora possa haver nomeação plúrima de fideicomissários conjuntos, vigorando entre eles o direito de acrescer (*RT, 472*:210).

BIBLIOGRAFIA: Caio M. S. Pereira, *Instituições*, cit., v. 6, p. 212; Carlos Maximiliano, *Direito das sucessões*, cit., v. 3, n. 1.254 e 1.274; Orozimbo Nonato, *Estudos*, cit., n. 804; W. Barros Monteiro, *Curso*, cit., v. 6, p. 232; M. Helena Diniz, *Curso*, cit., v. 6, p. 211 e 216; Levenhagen, *Código Civil*, cit., v. 6, p. 160-1; Ferreira Alves, *Manual*, cit., v. 19, n. 271.

Art. 1.960. A nulidade da substituição ilegal não prejudica a instituição, que valerá sem o encargo resolutório.

• *Código Civil, art. 1.959.*

Efeito da nulidade do fideicomisso. Nula será a disposição testamentária em que o fideicomitente determinar que o fideicomissário entregue a terceiro (CC, art. 1.959) os bens que recebeu do fiduciário, mas prevalecerá a deixa instituída em benefício do fiduciário, que, então, terá a propriedade plena e livre da coisa fideicomitida, sem qualquer encargo resolutório. Diz Zeno Veloso que a "nulidade de substituição fideicomissária, além do 2º grau não acarretará a nulidade da substituição anterior, que terá valia sem o encargo resolutório, como se este não estivesse escrito (...) Quanto ao mesmo bem só se permite um fideicomisso, dois jamais".

BIBLIOGRAFIA: Orozimbo Nonato, *Estudos*, cit., n. 825; José Lopes de Oliveira, *Sucessões*, cit., p. 219-20; Caio M. S. Pereira, *Instituições*, cit., v. 6, p. 217; M. Helena Diniz, *Curso*, cit., v. 6, p. 217; Carlos Maximiliano, *Direito das sucessões*, cit., v. 3, p. 91; Itabaiana de Oliveira, *Tratado*, cit., v. 2, p. 601-3; W. Barros Monteiro, *Curso*, cit., v. 6, p. 238-9; Levenhagen, *Código Civil*, cit., v. 6, p. 161-2; Ferreira Alves, *Manual*, cit., v. 19, n. 272 a 285; Carvalho Santos, *Código Civil brasileiro interpretado*, cit., v. 24, p. 219; Zeno Veloso, *Novo Código Civil*, cit., p. 1768.

CAPÍTULO X
DA DESERDAÇÃO

Art. 1.961. Os herdeiros necessários podem ser privados de sua legítima, ou deserdados, em todos os casos em que podem ser excluídos da sucessão.

• Vide *Código Civil, arts. 1.789, 1.814 a 1.818, 1.846, 1.962, 1.963 e 1.964.*

Deserdação. É o ato pelo qual o *de cujus* exclui da sucessão, mediante testamento com expressa declaração da causa (CC, art. 1.964), herdeiro necessário (CC, arts. 1.962 e 1.963), privando-o de sua legítima (CC, art. 1.846), por ter praticado qualquer ato taxativamente enumerado nos arts. 1.814, 1.962 e 1.963 do Código Civil (*RT*, *726*:269, *766*:217, *683*:216, *691*:89, *571*:184, *160*:717, *271*:362, *331*:129, *185*:219, *108*:238, *263*:135 e *277*:477; *Adcoas*, n. 90.341, 1983; *RF*, *105*:270). Tal pena não irá além da pessoa do delinquente, logo não incidirá sobre os sucessores deste (*RT*, *691*:89).

BIBLIOGRAFIA: Caio M. S. Pereira, *Instituições*, cit., v. 6, p. 240-5; De Page, *Traité*, cit., v. 2, t. 8, n. 940; Orozimbo Nonato, *Estudos*, cit., v. 3, n. 655; Levenhagen, *Código Civil*, cit., v. 6, p. 162-6; Itabaiana de Oliveira, *Tratado*, cit., v. 2, n. 364; José Lopes de Oliveira, Sucessões, cit., p. 221 e s.; Ferreira Alves, *Manual*, cit., v. 19, n. 286 a 314; Pothier, *Traité des substitutions*, cit., v. 8, p. 27 e s.; Coelho da Rocha, *Instituições*, cit., §§ 354 e 355; Silvio Rodrigues, *Direito civil*, cit., v. 7, p. 241-51; R. Limongi França, Deserdação, in *Enciclopédia Saraiva do Direito*, v. 24, p. 162 e s.; Orlando Gomes, *Direito das sucessões*, cit., n. 184; Clóvis Beviláqua, *Código Civil comentado*, cit., v. 6, p. 208 e s.; Luiz Teixeira, *Instituições de direito civil*, cit., v. 2, p. 293 e s.; W. Barros Monteiro, *Curso*, cit., v. 6, p. 243 e s.; Gouvêa Pinto, *Tratado dos testamentos e sucessões*, p. 57 e s.; M. Helena Diniz, *Curso*, cit., v. 6, p. 117-21; Sílvio de Salvo Venosa, *Direito das sucessões*, cit., p. 183-93; Branca Martins da Cruz, *Reflexões críticas sobre a indignidade e deserdação*, Coimbra, 1986; Ricardo R. Gama, *Direito das sucessões*, cit., p. 173-88; Sebastião José Roque, *Direito das sucessões*, cit., p. 173-8; Zeno Veloso, *Comentários*, cit., v. 21, p. 306-88; Luiz Paulo V. de Carvalho, *Direito civil*, cit., p. 413-434.

Art. 1.962. Além das causas mencionadas no art. 1.814, autorizam a deserdação dos descendentes por seus ascendentes:

I — ofensa física;

II — injúria grave;

III — relações ilícitas com a madrasta ou com o padrasto;

IV — desamparo do ascendente em alienação mental ou grave enfermidade.

- Vide *Lei n. 883, de 21 de outubro de 1949, que dispõe sobre o reconhecimento de filhos, art. 9º; Lei n. 7.841/89; Lei n. 8.069/90, art. 26; e Lei n. 8.560/92.*
- Vide *Código Civil, art. 1.814.*
- *Constituição Federal, art. 229.*

Causas de deserdação do descendente pelo ascendente. Além das causas que autorizam a exclusão de herdeiro por indignidade (CC, art. 1.814, *RT*, *630*:85, *620*:154; *JTJ*, 144:17), a deserdação (*exheredatio*) do descendente pelo ascendente dar-se-á se houver: *a*) ofensas físicas, leves ou graves, por indicar falta de afeição para com o ascendente; *b*) injúria grave que atinja seriamente a honra, a respeitabilidade e a dignidade do testador (*RT*, *87*:640, *331*:129, *160*:717, *108*:238 e *125*:568); *c*) relações ilícitas com a madrasta ou o padrasto, por serem incestuosas e adúlteras; *d*) desamparo do ascendente em alienação mental ou grave enfermidade, por indicar, da parte do herdeiro, desafeição pelo autor da herança, e falta de sentimento de solidariedade humana (*RT*, *51*:497; *JTJ*, *231*:172).

Art. 1.963. Além das causas enumeradas no art. 1.814, autorizam a deserdação dos ascendentes pelos descendentes:

I — ofensa física;

II — injúria grave;

III — relações ilícitas com a mulher ou companheira do filho ou a do neto, ou com o marido ou companheiro da filha ou o da neta;

IV — desamparo do filho ou neto com deficiência mental ou grave enfermidade.

- Vide *Código Civil, art. 1.814.*
- *O **Projeto de Lei n. 699/2011** visa acrescentar: "Art. 1.963-A. Além das causas enumeradas no art. 1.814, autorizam a deserdação do cônjuge:*

  I — prática de ato que importe grave violação dos deveres do casamento, ou que determine a perda do poder familiar;

  II — recusar-se, injustificadamente, a dar alimentos ao outro cônjuge ou aos filhos comuns;

  III — desamparado do outro cônjuge ou descendente comum com deficiência mental ou grave enfermidade".

Motivos legais de deserdação de ascendente por descendente. O descendente terá autorização legal para deserdar ascendente se ocorrerem as causas justificadoras da exclusão por indignidade (CC, art. 1.814), ou as arroladas no artigo *sub examine*: ofensas físicas, injúria grave, relações ilícitas (conjunção carnal, lascívia, concupiscência) com a mulher ou companheira do filho ou a do neto, ou com o marido ou companheiro da filha ou o da neta, e abandono do descendente (filho ou neto) doente física ou mentalmente.

Art. 1.964. Somente com expressa declaração de causa pode a deserdação ser ordenada em testamento.

Exigência de testamento válido. Para que se efetive a deserdação será preciso testamento válido com expressa declaração do fato que a determina, ocorrido, obviamente, antes da morte do testador. Se nulo for o testamento, nula será a deserdação.

Fundamentação da causa da deserdação. A lei retira do arbítrio do testador a decisão quanto aos motivos da deserdação, devido à gravidade do fato. Logo, imprescindível será que o disponente, sob pena de nulidade, especifique a causa legal (CC, arts. 1.814, 1.962 e 1.963) que o levou a deserdar herdeiro necessário (*RT*, *726*:269, *263*:135 e *160*:717; *JTJ*, *213*:188).

Art. 1.965. Ao herdeiro instituído, ou àquele a quem aproveite a deserdação, incumbe provar a veracidade da causa alegada pelo testador.

- Vide *Código Civil, art. 1.964.*

Parágrafo único. O direito de provar a causa da deserdação extingue-se no prazo de quatro anos, a contar da data da abertura do testamento.

- *Código Civil, art. 1.815, parágrafo único.*
- ***Projeto de Lei n. 699/2011**: "§ 1º O direito de provar a causa da deserdação, ou de o deserdado impugná-la, extingue-se no prazo de dois anos, a contar da data da abertura da sucessão.*

  § 2º São pessoais os efeitos da deserdação: os descendentes do herdeiro deserdado sucedem, como se ele morto fosse antes da abertura da sucessão. Mas o deserdado não terá direito ao usufruto ou à administração dos bens que a seus sucessores couberem na herança, nem à sucessão eventual desses bens".

Comprovação da veracidade do motivo da deserdação. Necessário será que haja comprovação da causa legal alegada pelo testador para decretar a deserdação (*RT*, *329*:243, *185*:219, *271*:362, *536*:85, *683*:216, *691*:89, *726*:269, *766*:217; *RJ*, *218*:69; *JTJ*, *130*:40,

162:164), feita pelo herdeiro instituído ou por aquele a quem ela aproveita, por meio de ação ordinária, a ser proposta dentro do prazo decadencial de quatro anos, contado da data da abertura do testamento.

CAPÍTULO XI
DA REDUÇÃO DAS DISPOSIÇÕES TESTAMENTÁRIAS

Art. 1.966. O remanescente pertencerá aos herdeiros legítimos, quando o testador só em parte dispuser da quota hereditária disponível.

• *Código Civil, arts. 1.788, 1.829, 1.845 a 1.850, 1.906 e 1.908.*

Redução da disposição testamentária. Para garantir a intangibilidade da quota legitimária do herdeiro necessário, a lei conferiu-lhe o direito de pleitear a redução da liberalidade até complementar a legítima, se o testador dispuser além de sua metade disponível.

BIBLIOGRAFIA: Silvio Rodrigues, *Direito civil*, cit., v. 7, p. 221-3; Vitali, *Delle successioni testamentaire e legittime*, n. 160-4; Clóvis Beviláqua, *Código Civil comentado*, cit., v. 6, p. 200-1; W. Barros Monteiro, *Curso*, cit., v. 6, p. 220-4; M. Helena Diniz, *Curso*, cit., v. 6, p. 153-6; Levenhagen, *Código Civil*, cit., v. 6, p. 148-52; Ferreira Alves, *Manual*, cit., v. 19, n. 214-41; Lomonaco, *Istituzioni di diritto civile*, v. 4, p. 224-7; Lino Salis, *La successione necessaria nel diritto civile*, p. 183 e s.; Itabaiana de Oliveira, *Tratado*, cit., v. 2, p. 636 e s.; Caio M. S. Pereira, *Instituições*, cit., v. 6, p. 257-62; Carlos Maximiliano, *Direito das sucessões*, v. 3, n. 1.198 e 1.199; Carvalho Santos, *Código Civil brasileiro interpretado*, cit., v. 16, p. 406; José Lopes de Oliveira, *Sucessões*, cit., p. 201-4; Mazeaud e Mazeaud, *Leçons de droit civil*, cit., v. 4, n. 927; Orozimbo Nonato, *Estudos*, cit., v. 2, n. 665 e 666; Polacco, *Delle successioni*, v. 1, p. 506; Ruggiero e Maroi, *Istituzioni*, cit., v. 1, p. 456; Orlando Gomes, *Direito das sucessões*, cit., p. 102; Hermenegildo de Barros, *Manual do Código Civil brasileiro*, v. 18, n. 35; Sílvio de Salvo Venosa, *Direito das sucessões*, cit., p. 164-70; Sebastião José Roque, *Direito das sucessões*, cit., p. 157-62; Zeno Veloso, *Comentários*, cit., v. 21, p. 338-44.

Jurisprudência atinente à sucessão do herdeiro necessário e redução da disposição testamentária. Consulte: *RT*, *793*:354, *779*:296, *184*:663, *365*:113 e *143*:639; *RF*, *185*:217 e *181*:188; *JTJ*, *162*:207.

Direito do herdeiro necessário à herança. Se o *auctor successionis* falecer sem testamento, seus herdeiros necessários (descendentes, ascendentes ou cônjuge) concorrerão à totalidade da herança (CC, arts. 1.845 a 1.850). Se inexistirem, a herança será deferida ao colateral até o 4º grau. Se deixou testamento, seus herdeiros necessários terão direito à metade não disponível, que lhes pertencerá de pleno direito. Se o testador vier a dispor de parte de sua metade disponível, o que restar desta quota irá para o herdeiro necessário; se não houver, ao herdeiro legítimo, ou seja, ao colateral até o 4º grau. Portanto, se houver um remanescente da parte disponível, ele acrescer-se-á aos herdeiros legítimos, na ordem de vocação hereditária (CC, art. 1.829), entendendo-se que o testador os instituiu nele.

Art. 1.967. As disposições que excederem a parte disponível reduzir-se-ão aos limites dela, de conformidade com o disposto nos parágrafos seguintes.

• *Código Civil, arts. 549 e 1.847.*

§ 1º Em se verificando excederem as disposições testamentárias a porção disponível, serão proporcionalmente reduzidas as quotas do herdeiro ou herdeiros instituídos, até onde baste, e, não bastando, também os legados, na proporção do seu valor.

§ 2º Se o testador, prevenindo o caso, dispuser que se inteirem, de preferência, certos herdeiros e legatários, a redução far-se-á nos outros quinhões ou legados, observando-se a seu respeito a ordem estabelecida no parágrafo antecedente.

Consequência da diminuição da legítima do herdeiro necessário. O testador pode legalmente dispor da metade dos seus bens (*RT, 799*:224 e 296). Se a liberalidade ultrapassar a quota disponível do testador, impor-se-á a redução das disposições testamentárias até que se obtenha o equilíbrio entre a legítima e a parte disponível. Dever-se-á preservar a legítima do descendente, do ascendente ou do cônjuge sobrevivente (herdeiros necessários), reduzindo disposições de última vontade que a lesem (*RT, 539*:65, *754*:239, *779*:296, *793*:354). Assim sendo, p. ex., "o testamento anterior à vigência do novo Código Civil se submeterá à redução prevista no § 1º do art. 1.967, naquilo que atingir a porção reservada ao cônjuge sobrevivente, elevado que foi à condição de herdeiro necessário" (Enunciado n. 118, aprovado na *I Jornada de direito civil*, promovida, em setembro de 2002, pelo Centro de Estudos Judiciários do CJF). Sofrerá tal redução *pro rata*, primeiramente, o herdeiro instituído, cuja quota será reduzida até onde baste para assegurar a integridade da legítima; se vários forem os herdeiros, a redução se fará proporcionalmente à quota de cada um; sendo, ainda, insuficiente para recompor a legítima desfalcada, far-se-á redução dos legados, na proporção de seu valor. Todavia, poderá o testador estipular que primeiro sofram os legatários e depois os herdeiros, ou que ambos suportem, concomitantemente, os descontos necessários. Poderá também o testador indicar, no testamento, quais os herdeiros ou legatários que deverão, preferencialmente, suportar a redução, evitando que os demais sejam atingidos, salvo na hipótese de insuficiência daquela redução preferencial para o restabelecimento da quota legitimária.

Art. 1.968. Quando consistir em prédio divisível o legado sujeito a redução, far-se-á esta dividindo-o proporcionalmente.

§ 1º Se não for possível a divisão, e o excesso do legado montar a mais de um quarto do valor do prédio, o legatário deixará inteiro na herança o imóvel legado, ficando com o direito de pedir aos herdeiros o valor que couber na parte disponível; se o excesso não for de mais de um quarto, aos herdeiros fará tornar em dinheiro o legatário, que ficará com o prédio.

§ 2º Se o legatário for ao mesmo tempo herdeiro necessário, poderá inteirar sua legítima no mesmo imóvel, de preferência aos outros, sempre que ela e a parte subsistente do legado lhe absorverem o valor.

- *Código Civil, arts. 87, 88, 1.192 e s., 1.846 a 1.850.*

Redução do legado de imóvel divisível. Se o legado sujeito a redução, para resguardar a legítima, consistir em prédio divisível, far-se-á a redução dividindo-se proporcionalmente o imóvel. Dever-se-á deixar em apartado a parcela necessária para a recomposição da legítima desfalcada.

Redução do legado de imóvel indivisível. Se o imóvel legado for indivisível, e se o excesso do legado for superior a um quarto do valor do imóvel, o legatário não receberá o prédio, mas terá o direito de reclamar dos herdeiros o valor que lhe couber na parte disponível do *de cujus*. Se o excesso for inferior a um quarto, o legatário terá direito de ficar com o bem legado, pagando aos herdeiros, em dinheiro, *o quantum* correspondente ao excesso.

Herdeiro necessário como legatário. Se o herdeiro necessário do *de cujus* for também o legatário, terá direito de conservar o imóvel legado, levando o excesso que se apurar à conta de sua legítima, repondo apenas o excedente aos demais herdeiros necessários.

Capítulo XII
Da Revogação do Testamento

Art. 1.969. O testamento pode ser revogado pelo mesmo modo e forma como pode ser feito.

• *Lei n. 8.560/92, art. 1º, III.*

• *Código Civil, art. 1.858.*

Revogação do testamento. A revogação é o ato pelo qual o testador, conscientemente, torna ineficaz testamento anterior, manifestando vontade contrária à que nele se acha expressa (*RF*, *149*:331 e *173*:280; *RT*, *799*:355, *546*:93, *143*:659 e *163*:294; *RTJ*, *36*:410, *76*:217, *37*:379).

BIBLIOGRAFIA: Silvio Rodrigues, *Direito civil*, cit., v. 7, p. 253-4; José Lopes de Oliveira, *Sucessões*, cit., p. 227-33; Vitali, *Delle successioni testamentaire e legittime*, cit., v. 4, n. 9, p. 334; M. Helena Diniz, *Curso*, cit., v. 6, p. 159-62; Planiol, Ripert e Boulanger, *Traité élémentaire de droit civil*, cit., v. 3, n. 2.068; Degni, *La successione a causa di morte*, v. 2, p. 165; Caio M. S. Pereira, *Instituições*, cit., v. 6, p. 248-54; Colin e Capitant, *Cours élémentaire de droit civil français*, cit., v. 3, n. 1.200 e 1.205; W. Barros Monteiro, *Curso*, cit., v. 6, p. 249-55; Mazeaud e Mazeaud, *Leçons de droit civil*, cit., v. 4, n. 1.038; Ferreira Alves, *Manual*, cit., v. 19, n. 316 a 339; Luiz Teixeira, *Instituições de direito civil*, v. 2, p. 340 e s.; Lomonaco, *Istituzioni di diritto civile*, v. 4, p. 400 e s.; Coelho da Rocha, *Instituições de direito civil português*, cit., § 724; Levenhagen, *Código Civil*, cit., v. 6, p. 166-71; Ruggiero e Maroi, *Istituzioni di diritto privato*, cit., v. 1, p. 489 e s.; Guarnieri Citati, La reviviscenza delle disposizioni testamentaire revocate, *Rivista di Diritto Civile*, p. 221, 1931; Orlando Gomes, *Direito das sucessões*, cit., p. 256-8; Itabaiana de Oliveira, *Tratado*, cit., v. 2, p. 618-22; Azzariti-Martinez, *Successioni per causa di morte e donazioni*, p. 527, nota 4; Clóvis Beviláqua, *Código Civil comentado*, cit., obs. aos arts. 1.747 a 1.752, v. 6; De Page, *Traité*, cit., v. 2, t. 8, n. 1.196; Calogero Gangi, Distruzione, lacerazione e cancellazione del testamento, effetuatta dal testatore, in *Studii in onore di Giovanni Pacchioni*, p. 177; Enneccerus, Kipp e Wolff, *Derecho de sucesiones*, cit., v. 1, § 21; Carlos Maximiliano, *Direito das sucessões*, cit., n. 1.339; Sílvio de Salvo Venosa, *Direito das sucessões*, cit., p. 196-9; Sebastião José Roque, *Direito das sucessões*, cit., p. 187-92; Pinto Ferreira, Revogação do testamento, *Vox*, *172*:1; Sérgio de Andrea Ferreira, Revogação de testamento por pessoa interditada, *RF*, *301*:285; Zeno Veloso, *Novo Código Civil*, cit., p. 1778 a 1782; *Comentários*, cit., v. 21, p. 344-86.

Forma do testamento revocatório. O testamento só tornará ineficaz o anterior se feito sob qualquer uma das formas legais de testar e se for válido (*RT*, *158*:678; *JSTJ*, *143*:112). Logo, não mais se exige que o testamento revocatório use a mesma forma do anterior (*RT*, *467*:84, *158*:697; *JB*, *81*:79, 97, 207 e 250). Nada obsta a que um testamento particular seja revogado por um público. Serão inidôneos para a revogação o codicilo e a escritura pública (*RF*, *130*:72), mas testamento poderá revogar um codicilo.

Art. 1.970. A revogação do testamento pode ser total ou parcial.

Parágrafo único. Se parcial, ou se o testamento posterior não contiver cláusula revogatória expressa, o anterior subsiste em tudo que não for contrário ao posterior.

Revogação total. Será total a revogação quando o testamento superveniente retirar, no todo, a eficácia das disposições de última vontade feitas precedentemente, embora não tenha o poder de atingir a parte não patrimonial, como, p. ex., a alusiva ao reconhecimento de filho (Estatuto da Criança e do Adolescente, art. 20).

Revogação parcial. Ter-se-á revogação parcial quando o testamento posterior abranger uma ou mais disposições do anterior, subsistindo em tudo o que não for contrário ou incompatível ao posterior (*JSTJ*, *143*:112; *RT*, *690*:72, *114*:762).

Art. 1.971. A revogação produzirá seus efeitos, ainda quando o testamento, que a encerra, vier a caducar por exclusão, incapacidade ou renúncia do herdeiro nele nomeado; não valerá, se o testamento revogatório for anulado por omissão ou infração de solenidades essenciais ou por vícios intrínsecos.

- *Código Civil, arts. 1.891 e 1.895.*

Efeitos da revogação. O testamento revocatório produzirá efeitos se for caduco, pois o anterior não readquirirá sua vigência. A caducidade se dá quando o testamento, apesar de válido, perde sua eficácia, se herdeiro nomeado vier a falecer antes do testador, se for incapaz ou excluído da herança, ou, ainda, se repudiar o que herdou.

Perda da eficácia do testamento revocatório. Se o testamento revocatório vier a ser anulado por violação às solenidades legais (*JB*, *81*:177) ou por conter vício intrínseco, não terá qualquer possibilidade de produzir efeitos, não podendo, então, substituir o anterior, que pretende revogar. Ensina-nos, ainda, Zeno Veloso que se o testador revogar testamento e, depois, revogar esse testamento revocatório, o anterior só recuperará seu vigor se *o auctor successionis* manifestar sua vontade nesse sentido; logo, não haverá necessidade de reprodução do teor do testamento antecedente, pois bastaria uma inequívoca declaração genérica do testador.

Art. 1.972. O testamento cerrado que o testador abrir ou dilacerar, ou for aberto ou dilacerado com seu consentimento, haver-se-á como revogado.

- *Código Civil, arts. 1.868 a 1.875.*

Revogação de testamento cerrado. O testamento cerrado revogar-se-á se o testador deliberadamente o abrir (*RT*, *143*:657) ou dilacerar. O mesmo se diga se ele consentir que outrem o abra ou rasgue. Isso porque a violação do testamento cerrado revela a intenção de revogá-lo (*animus revocandi*), pois não há como ignorar que, uma vez rompido, perde sua eficácia.

CAPÍTULO XIII

DO ROMPIMENTO DO TESTAMENTO

Art. 1.973. Sobrevindo descendente sucessível ao testador, que não o tinha ou não o conhecia quando testou, rompe-se o testamento em todas as suas disposições, se esse descendente sobreviver ao testador.

- *Código Civil, arts. 1.789, 1.845 a 1.847, 1.939 e 1.940.*

Superveniência de descendente sucessível ao testador. Rompimento, ruptura ou rupção do testamento, também por muitos considerado como revogação presumida, ficta ou legal, é sua inutilização por perda de validade em razão da ocorrência de certos fatos previstos em lei, ou seja, dos arrolados nos arts. 1.973 e 1.974. Romper-se-á, ou revogar-se-á legal ou presumidamente, testamento se ocorrer superveniência de descendente sucessível ao testador, que não o tinha ou não o conhecia quando testou, desde que esse descendente sobreviva ao testador (*RF*, *223*:61; *RT*, *760*:330, *759*:339, *695*:176, *639*:71, *161*:345, *344*:144, *352*:107, *534*:64, *248*:268, *548*:194, *148*:622 e *181*:207; *RTJ*, *45*:469; *AJ*, *80*:35; STJ, REsp 594.535/SP, rel. Min. Hélio Quaglia Barbosa, 4ª T., j. 19-4-2007; *JTJ*, *117*:345), ante a presunção de que o disponente não teria disposto de seus bens se tivesse descendente. Pelo Enunciado n. 643 da *VIII Jornada de Direito Civil*: "O rompimento do testamento (art. 1.973 do Código Civil) se refere exclusivamente às disposições de caráter patrimonial, mantendo-se válidas e eficazes as de caráter extrapatrimonial, como o reconhecimento de filho e o perdão ao indigno".

Art. 1.974. Rompe-se também o testamento feito na ignorância de existirem outros herdeiros necessários.

• *Código Civil, arts. 1.789, 1.845, 1.846, 1.847, 1.939 e 1.940.*

Ignorância da existência de ascendente e de cônjuge. Se o testamento foi feito na ignorância de existirem ascendentes e cônjuge vivos (CC, art. 1.845), ter-se-á o rompimento do testamento.

Art. 1.975. Não se rompe o testamento, se o testador dispuser da sua metade, não contemplando os herdeiros necessários de cuja existência saiba, ou quando os exclua dessa parte.

• Vide *Código Civil, arts. 1.789, 1.845 a 1.847, 1.961 a 1.967.*

Não contemplação ou deserdação ilegal de herdeiro necessário. Não se terá rompimento de testamento se o testador dispôs de sua metade disponível, não contemplando os herdeiros necessários (descendente, ascendente ou cônjuge) de cuja existência sabia, ou quando os exclua, expressamente, nessa parte, reduzindo-se as liberalidades, a fim de que não se prejudique a quota legitimária do excluído (*JTJ, 142*:119).

Capítulo XIV

Do Testamenteiro

• *Código de Processo Civil, art. 890, I.*

Art. 1.976. O testador pode nomear um ou mais testamenteiros, conjuntos ou separados, para lhe darem cumprimento às disposições de última vontade.

• Vide *Código Civil, arts. 1.883 e 1.986.*

Testamentaria. A testamentaria, segundo Washington de Barros Monteiro, é o conjunto de funções que se enfeixam na pessoa do testamenteiro, constituindo o estatuto deste, seu complexo de direitos e deveres.

BIBLIOGRAFIA: W. Barros Monteiro, *Curso*, cit., v. 6, p. 256-68; Caio M. S. Pereira, *Instituições*, cit., v. 6, p. 224-33; De Page, *Traité élémentaire*, cit., t. 8, v. 2, n. 1.326, 1.340, 1.362 e 1.374; Silvio Rodrigues, *Direito civil*, cit., v. 7, p. 261-8; Levenhagen, *Código Civil*, cit., v. 6, p. 171-82; Ferreira Alves, *Manual*, cit., v. 19, n. 340 a 384; Gianturco, *Istituzioni di diritto civile italiano*, v. 1, § 166; Pothier, *Traité des successions*, v. 8, n. 208; Coelho da Rocha, *Instituições*, cit., § 720; Lomonaco, *Istituzioni di diritto civile italiano*, cit., v. 8, p. 33 e 384; Clóvis Beviláqua, *Código Civil comentado*, cit., v. 6, p. 220-57, e *Direito das sucessões*, cit., §§ 101 e 102; José Lopes de Oliveira, *Sucessões*, cit., p. 235-42; Itabaiana de Oliveira, *Tratado*, cit., v. 2, p. 667-94; Carvalho Santos, *Código Civil brasileiro interpretado*, cit., v. 24, p. 295 e s.; Alcides de Mendonça Lima, A obrigação do testamenteiro de defender o testamento, *RF, 98*:487; Orozimbo Nonato, *Estudos*, cit., n. 881, 946 e 950; Carlos Maximiliano, *Direito das sucessões*, cit., n. 1.361 e 1.366; Ruggiero e Maroi, *Istituzioni di diritto privato*, cit., v. 1, § 102; Troplong, *Donations entre vifs et des testaments*, cit., v. 3, n. 2.010 a 2.018 e 2.031; Arnoldo Wald, *Curso de direito* *civil brasileiro*; direito das sucessões, p. 223; Orlando Gomes, *Direito das sucessões*, cit., n. 200 e 203; Planiol, Ripert e Boulanger, *Traité élémentaire de droit civil*, cit., v. 3, n. 2.177; Teixeira de Freitas, *Testamentos e sucessões*, § 137, nota 267; Enneccerus, Kipp e Wolff, *Derecho de sucesiones*, cit., v. 2, §§ 118 e 119; João Luís Alves, *Comentários ao Código Civil brasileiro*, cit., v. 3, p. 170, n. 1.291; Lacerda de Almeida, *Direito das sucessões*, cit., § 85; Pontes de Miranda, *Tratado dos testamentos*, cit., v. 5, p. 132; M. Helena Diniz, *Curso*, cit., v. 6, p. 169-77; Ricardo R. Gama, *Direito das sucessões*, cit., p. 273-8; Bruno Canísio Kich, *Testamentos e testamentaria*, São Paulo, Labor Juris, 2001; Zeno Veloso, *Comentários*, cit., v. 21 p. 386-94; Jorge S. Fujita, *Comentários*, cit., p. 1375.

Testamenteiro. O testamenteiro é a pessoa encarregada de dar cumprimento às disposições de última vontade do *auctor successionis*, exercendo os poderes que lhe forem conferidos e as obrigações impostas pelo testador, contanto que não ultrapasse os limites legais.

Dados jurisprudenciais alusivos ao testamenteiro. Consulte: *RT*, *145*:286, *102*:610, *114*:775, *177*:638, *185*:219, *210*:203, *233*:232, *286*:893, *288*:432 e *97*:61 e 166; *Revista de Direito*, *55*:19 e 545 e *48*: 575; *RF*, *98*:97, *101*:94, *104*:277, *105*:310, *107*:492, *118*:495, *147*:295 e *192*:285; *RJTJPR*, *41*:223; *JTJ*, *202*:93, *246*:251, *159*:230; *RJTAMG*, *61*:118-9.

Nomeação do testamenteiro. A nomeação do testamenteiro é feita, em regra, pelo próprio testador, que poderá nomear, por meio de testamento ou codicilo, um ou mais testamenteiros, conjunta (*RT*, *114*:670 e 751, e *183*:296) ou separadamente, para darem cumprimento às suas disposições de última vontade. Trata-se do testamenteiro instituído, que poderá aceitar, ou não, a função.

Art. 1.977. O testador pode conceder ao testamenteiro a posse e a administração da herança, ou de parte dela, não havendo cônjuge ou herdeiros necessários.

- *Código de Processo Civil, art. 617, V.*
- *Código Civil, art. 1.797, III.*

Parágrafo único. Qualquer herdeiro pode requerer partilha imediata, ou devolução da herança, habilitando o testamenteiro com os meios necessários para o cumprimento dos legados, ou dando caução de prestá-los.

Testamenteiro universal. O testamenteiro universal é o que tem direito à posse e à administração da herança, ou de parte dela, por não haver cônjuge sobrevivente nem herdeiro necessário.

Direitos dos herdeiros. Se houver nomeação de testamenteiro universal, os colaterais sucessíveis do *de cujus*, herdeiro instituído ou legatário poderão ilidi-la, requerendo partilha imediata ou devolução da herança, facilitando ao testamenteiro o cumprimento do legado, fornecendo, mediante caução idônea, os meios necessários para isso. Com isso atender-se-á aos interesses dos herdeiros e legatários deferindo-lhes a partilha imediata ou a devolução dos bens, outorgando ao testamenteiro os meios suficientes para cumprir seu encargo de dar execução aos legados.

Art. 1.978. Tendo o testamenteiro a posse e a administração dos bens, incumbe-lhe requerer inventário e cumprir o testamento.

- Vide *Código de Processo Civil, arts. 615 e 616, IV, e Código Civil, art. 1.797, III.*

Deveres do testamenteiro universal. O testamenteiro universal, por ter a posse e a administração dos bens, por ser o inventariante, terá o dever de requerer o inventário dos bens da herança, prestar as primeiras e últimas declarações, cobrar dívidas ativas, propor ações em nome do espólio, contratar advogado, defender a validade do testamento, cumprir o testamento etc. (*RT*, *204*:104).

Testamenteiro particular. Se a função do testamenteiro restringir-se à mera fiscalização da execução testamentária, será ele testamenteiro particular e poderá exigir, judicialmente, os meios aptos ao cumprimento do testamento (CPC, art. 1.137, IV).

Art. 1.979. O testamenteiro nomeado, ou qualquer parte interessada, pode requerer, assim como o juiz pode ordenar, de ofício, ao detentor do testamento, que o leve a registro.

- Vide *Código de Processo Civil, art. 735, § 3º.*

Registro do testamento. O testamenteiro terá o direito de requerer, assim como o juiz poderá ordenar, de ofício, ao detentor do testamento que o leve a registro, formalidade essencial à sua execução.

Art. 1.980. O testamenteiro é obrigado a cumprir as disposições testamentárias, no prazo marcado pelo testador, e a dar contas do que recebeu e despendeu, subsistindo sua responsabilidade enquanto durar a execução do testamento.

- *Código Civil, art. 1.983, parágrafo único.*

Prazo para a execução do testamento. O testamenteiro deverá executar as disposições testamentárias, praticando todos os atos definidos em lei como próprios da testamentaria, dentro do prazo marcado pelo testador.

Prestação de contas. O testamenteiro deverá prestar contas do que houver recebido e do que despendeu, enquanto durar a execução do testamento, submetendo-as à apreciação do juiz (*RF*, *84*:136; *RT*, *169*:305).

Art. 1.981. Compete ao testamenteiro, com ou sem o concurso do inventariante e dos herdeiros instituídos, defender a validade do testamento.

Defesa do testamento. Competirá ao testamenteiro defender o testamento (*RT*, *583*:90), com ou sem o concurso do inventariante e dos herdeiros instituídos (*RF*, *99*:398 e *271*:476), ou dos legatários (*RF*, *102*:82), tendo legitimação para propugnar seu cumprimento e para sustentar sua validade total ou parcial contra qualquer investida, podendo, para tanto, constituir advogado, submetendo à autorização judicial o respectivo contrato de honorários, pois tais honorários, como as despesas processuais, deverão ser considerados dívidas do espólio.

Art. 1.982. Além das atribuições exaradas nos artigos antecedentes, terá o testamenteiro as que lhe conferir o testador, nos limites da lei.

Observância das atribuições conferidas pelo testador. O testador, por ser o testamenteiro o executor das disposições testamentárias, poderá atribuir-lhe todas as obrigações que reputar necessárias para o exato cumprimento do testamento, desde que não violem comando legal. Logo, não poderá ele desobrigar, p. ex., o testamenteiro de prestar contas, uma vez que tal cláusula estaria vedada legalmente, sendo considerada como não escrita.

Art. 1.983. Não concedendo o testador prazo maior, cumprirá o testamenteiro o testamento e prestará contas em cento e oitenta dias, contados da aceitação da testamentaria.

Parágrafo único. Pode esse prazo ser prorrogado se houver motivo suficiente.

Fixação do prazo para a execução do testamento. O testador determinará o prazo dentro do qual se deverá cumprir o ato de última vontade. Tal lapso temporal terá seu início a partir da aceitação da testamentaria. Se o testador não conceder prazo, o testamenteiro deverá cumprir o testamento no lapso de cento e oitenta dias, contado da aceitação do *munus privatum*.

Prorrogação do prazo. O testamento deverá estar cumprido dentro do prazo fixado pelo testador ou dentro do prazo legal de cento e oitenta dias. Todavia, se por razão relevante devidamente comprovada não puder sê-lo, possível será a prorrogação desse prazo pelo juiz que aceitar o motivo apresentado pelo testamenteiro.

Art. 1.984. Na falta de testamenteiro nomeado pelo testador, a execução testamentária compete a um dos cônjuges, e, em falta destes, ao herdeiro nomeado pelo juiz.

- *Código de Processo Civil, art. 617.*
- *Constituição Federal, art. 226, § 5º.*

Testamenteiro dativo. Na falta de testamenteiro instituído, a execução testamentária competirá ao consorte supérstite — testamenteiro legal (CPC, art. 617), e somente na ausência deste justificar-se-á a nomeação de testamenteiro dativo pelo juiz, que escolherá para exercer essa função um dos herdeiros (*RT*, *145*:286; *RF*, *145*:332; *AJ*, *97*:78).

Art. 1.985. O encargo da testamentaria não se transmite aos herdeiros do testamenteiro, nem é delegável; mas o testamenteiro pode fazer-se representar em juízo e fora dele, mediante mandatário com poderes especiais.

- Vide *arts. 653 e 660 a 692 do Código Civil.*

Intransmissibilidade e indelegabilidade do encargo da testamentaria. A testamentaria é personalíssima, intransmissível aos herdeiros do testamenteiro e indelegável, por ser cargo de confiança.

Representação convencional. O testamenteiro poderá fazer-se representar em juízo ou fora dele mediante procurador com poderes especiais, que será seu simples mandatário permanecendo responsável perante os herdeiros e legatários.

Art. 1.986. Havendo simultaneamente mais de um testamenteiro, que tenha aceitado o cargo, poderá cada qual exercê-lo, em falta dos outros; mas todos ficam solidariamente obrigados a dar conta dos bens que lhes forem confiados, salvo se cada um tiver, pelo testamento, funções distintas, e a elas se limitar.

- *Código Civil, arts. 264 a 285 e 1.976.*

Pluralidade de testamenteiros. Se vários forem os testamenteiros nomeados, poder-se-á ter, como elucida Jorge S. Fujita: *a*) *nomeação conjunta*, se nenhum deles puder exercer a testamentaria isoladamente, todos a exercerão, prevalecendo voto da maioria e, em caso de empate, o herdeiro decidirá ou, havendo recusa deste, o órgão judicante; *b*) *nomeação solidária*, se cada testamenteiro nomeado puder agir livremente, por disposição expressa, sem o concurso dos demais, para dar cumprimento ao testamento; e *c*) *nomeação sucessiva*, se houver designação do testador da ordem a ser seguida pelos indicados na execução do testamento, isto é, faltando o primeiro, o segundo atuará. Assim, se houver nomeação de mais de um testamenteiro, esta será feita, não havendo disposição expressa, em ordem sucessiva, de maneira que, apenas na falta ou ausência do primeiro, deve ser chamado o segundo, e assim por diante.

Prestação de contas havendo multiplicidade de testamenteiros. Se houver mais de um testamenteiro, todos, para dar maior garantia aos herdeiros, ficarão solidariamente obrigados a prestar contas dos bens que lhes forem confiados, exceto se o testador delimitou as funções de cada um, hipótese em que serão responsáveis dentro dos limites das atribuições que lhes foram conferidas. Assim, se houver testamenteiros simultâneos, ficando, p. ex., um encarregado, pelo testador, da administração dos bens e o outro de acompanhar o processo de inventário e de litigar em juízo quando for necessário; ante esta divisão de tarefas, cada testamenteiro deverá efetuar prestação de contas das atividades que executou.

Art. 1.987. Salvo disposição testamentária em contrário, o testamenteiro, que não seja herdeiro ou legatário, terá direito a um prêmio, que, se o testador não o houver fixado, será de um a cinco por cento, arbitrado pelo juiz, sobre a herança líquida, conforme a importância dela e maior ou menor dificuldade na execução do testamento.

Parágrafo único. O prêmio arbitrado será pago à conta da parte disponível, quando houver herdeiro necessário.

Vintena. O testamenteiro terá, salvo disposição testamentária em contrário, direito à vintena, que é o prêmio legal em remuneração (*pro labore et administratione*) pelos serviços prestados, desde que não seja herdeiro ou legatário, por não ser gratuito o exercício da testamentaria (*RT*, *711*:97, *664*:142, *533*:93, *167*:184, *157*:665, *203*:340 e *237*:141; *RF*, *104*:88; *AJ*, *82*:195).

"Quantum" da vintena. Se o valor da vintena não tiver sido fixado pelo próprio testador, o juiz arbitrá-lo-á, conforme a importância da herança líquida, de 1% até no máximo de 5%, e as maiores ou menores dificuldades do encargo (*RT*, *711*:97, *533*:93 e *664*:142). Se houver herdeiros necessários, estimar-se-á a vintena apenas sobre a porção disponível (*RT*, *178*:869; *RSTJ*, *66*:395; *RF*, *147*:312), a fim de não lesar a legítima.

BIBLIOGRAFIA: Newton Gabriel Diniz, A vintena do testamenteiro-meeiro e o Código de Processo Civil, *RF*, *90*:534.

Art. 1.988. O herdeiro ou o legatário nomeado testamenteiro poderá preferir o prêmio à herança ou ao legado.

Direito do herdeiro-testamenteiro ou do legatário-testamenteiro à vintena. O testamenteiro, que for herdeiro ou legatário, poderá renunciar à herança ou ao legado para receber a vintena, se entender ser esta mais vantajosa. Terá de optar; não poderá receber a herança ou o legado e a vintena, uma vez que, como vimos, o testamenteiro que for também herdeiro ou legatário não terá direito à vintena. Impossível será a cumulação da vintena com a herança ou legado.

Art. 1.989. Reverterá à herança o prêmio que o testamenteiro perder, por ser removido ou por não ter cumprido o testamento.

- Vide *Código Civil, arts. 1.796, 1.978 e 1.987.*

Reversão da vintena à herança. Ocorrerá a reversão da vintena à herança se: *a*) houver remoção do testamenteiro, sem que seja nomeado outro; ou *b*) não houver cumprimento do testamento em razão de ato culposo do testamenteiro.

Art. 1.990. Se o testador tiver distribuído toda a herança em legados, exercerá o testamenteiro as funções de inventariante.

- Vide *Código de Processo Civil, arts. 617, V, 618 e 619.*
- *Código Civil, arts. 1.912 a 1.938 e 1.991.*

DIREITO DAS SUCESSÕES

Distribuição da herança em legados. Se o *de cujus* distribuiu, no testamento, toda sua herança em legados, inexistindo herdeiros sucessíveis, ao testamenteiro caberá as funções da inventariança e da testamentaria, já que a posse dos bens não passará, com a abertura da sucessão, de imediato, aos legatários. Ficará, então, incumbido de administrar os bens que compõem o espólio (CPC, arts. 618 e 619).

Título IV
Do Inventário e da Partilha

Capítulo I
Do Inventário

- *Inventário extrajudicial: CPC, art. 610, §§ 1º e 2º; Provimento CGJ n. 55/2016.*
- *Pelo Enunciado n. 600, aprovado na VII Jornada de Direito Civil: "Após registrado judicialmente o testamento e sendo todos os interessados capazes e concordes com os seus termos, não havendo conflito de interesses, é possível que se faça o inventário extrajudicial".*
- *Inventário judicial: a) pelo procedimento tradicional (CPC, arts. 610,* caput, *a 658); b) pelo procedimento do arrolamento sumário (CPC, art. 659) e do arrolamento comum (CPC, art. 664).*
- *Código de Processo Civil, arts. 610 a 673 e 1.021.*

Art. 1.991. Desde a assinatura do compromisso até a homologação da partilha, a administração da herança será exercida pelo inventariante.

- Vide *Código de Processo Civil, arts. 617 e 620 e s.*
- *Código de Processo Civil, art. 618.*
- *O inventariante, salvo quando dativo, representa a herança em juízo, ativa e passivamente: art. 75, VII e § 1º, do Código de Processo Civil.*
- Vide *Código Civil, arts. 1.785, 1.796, 1.977, 1.978, 1.981 e 1.990.*
- *Instrução Normativa n. 81/2001 da Secretaria da Receita Federal, que dispõe sobre as declarações do espólio.*
- *Súmula 542 do Supremo Tribunal Federal.*

Inventariante. Os herdeiros do autor da herança adquirem, de pleno direito, pelo simples fato de seu óbito, que acarreta a abertura da sucessão, o domínio e a posse indireta dos bens do acervo hereditário, tendo o inventariante a posse direta desses bens com o escopo de administrá-los, inventariá-los e, oportunamente, partilhá-los entre os sucessores do *auctor successionis* (*RT*, *437*:103, *550*:205, *505*:71 e *506*:123; *RJTAMG*, *33*:118; *RJTJSP*, *46*:107; *JTACSP*, *99*:221; *Adcoas*, n. 141.384; *RTJ*, *94*:739; *RSTJ*, *90*:195).

Critério para a nomeação do inventariante. Requerido o inventário, o magistrado, ao despachar a petição, nomeará o inventariante, a quem caberá a administração e a representação ativa e passiva da herança, ou melhor, do espólio (*RT*, *746*:347, *465*:98, *686*:104; *RTJ*, *71*:881, *89*:895; *RJTJSP*, *139*:215 e *235*:101), até a homologação da partilha. Para a escolha do inventariante dever-se-á obedecer à enumeração do Código de Processo Civil (art. 617). Porém, tal ordem não será absoluta, pois, em casos especiais, o magistrado poderá alterar a gradação imposta legalmente (*RTJ*, *89*:895, *81*:881 e *101*:665 e 667; *RT*, *756*:321, *462*:259, *133*:140, *152*:135, *282*:857, *156*:576, *145*:723, *201*:311, *206*:339 e *264*:386; *AJ*, *98*:278; *RF*, *110*:449 e *112*:151).

Ordem da nomeação do inventariante. O juiz, em regra, nomeará o inventariante de acordo com a seguinte ordem (CPC, art. 617): *a*) cônjuge sobrevivente casado sob o regime de comunhão ou companheiro supérstite, desde que estivesse convivendo com o outro ao tempo de sua morte (*RF*, *161*:182; *RT*, *451*:125, *454*:110 e *460*:147; *RTJ*, *89*:895). Já houve decisão admitindo não só a nomeação de esposo eclesiástico como inventariante (*REsp* 520-CE, rel. Min. Athos Carneiro, *DJU*, 4 dez. 1989), bem como a de concubino (*RJTJSP*, *37*:97); *b*) herdeiro que se achar na posse e administração do espólio, se não houver cônjuge ou companheiro supérstite ou este não puder ser nomeado; *c*) qualquer herdeiro, se nenhum estiver na posse e administração do espólio, caso em que se poderá graduar a preferência pela idoneidade (*RT*, *329*:815 e *302*:341; *RF*, *110*:464; *AJ*, *52*:46); *d*) herdeiro menor, por seu representante legal; *e*) testamenteiro, se lhe foi confiada a administração do espólio ou se toda a herança estiver distribuída em legados, por não ter o testador cônjuge ou herdeiros necessários (*RT*, *330*:307; *RF*, *126*:481); *f*) cessionário do herdeiro ou do legatário; *g*) inventariante judicial, se houver (*RTJ*, *81*:881); *h*) pessoa estranha idônea, onde não houver inventariante judicial (*RJTJSP*, *44*:263; *EJSTJ*, *14*:138; *RSTJ*, *105*:170).

BIBLIOGRAFIA: Silvio Rodrigues, *Direito civil*, cit., v. 7, p. 24; Hermenegildo de Barros, *Manual*, cit., v. 18, n. 69-78; W. Barros Monteiro, *Curso*, cit., v. 6, p. 34-9; Carlos Maximiliano, *Direito das sucessões*, cit., n. 1.422; Clóvis Beviláqua, *Código Civil*, cit., v. 6, p. 23; Itabaiana de Oliveira, *Tratado*, cit., § 794; Pedro Batista Martins, *Comentários ao Código de Processo Civil de 1939*, v. 1, p. 263; José Lopes de Oliveira, *Sucessões*, cit., p. 33-4; Astolpho Rezende, *Manual do Código Civil brasileiro*, v. 20, p. 148-9; M. Helena Diniz, *Curso*, cit., v. 6, p. 29-31; Sálvio de Figueiredo Teixeira, *Código de Processo Civil anotado*, São Paulo, Saraiva, 1992, p. 552; Adélia A. Domingues, Poderes do inventariante perante as instituições financeiras, *Tribuna do Direito*, n. 34, p. 32; Paulo Roberto Andrade, A taxa judiciária nos procedimentos de inventário e partilha, *IASP*, *54*:12-5; Afrânio de Carvalho, Reflexos do inventário e partilha no registro, *RDI*, *23*:33; Gastão G. Saraiva, Inventário e arrolamento, *RT*, *304*:23; Maria José Silva D'Ambrosio, Natureza jurídica do inventário e da partilha, *RP*, *38*:192; Michelle P. Fonseca de Moraes, Inventário e partilha no novo Código Civil brasileiro, in *O novo Código Civil: estudos em homenagem a Miguel Reale*, São Paulo, LTr, 2003, p. 1410-23; Zeno Veloso, *Comentários*, cit., v. 21, p. 394-443.

Compromisso do inventariante. É o ato pelo qual o inventariante assume, em juízo, as responsabilidades de suas funções. Ao assiná-lo o inventariante, até a homologação da partilha dos bens da herança, deverá administrá-los. E é por tal razão que o inventariante, após prestar compromisso (CPC, art. 617, parágrafo único) de bem e fielmente desempenhar a função (*RT*, *490*:87), deverá prestar declarações, que serão reduzidas a termo, contendo, além da qualificação do *de cujus* e dos herdeiros, a relação completa e individuada de todos os bens do acervo hereditário que estavam no domínio e posse do *auctor successionis* ao tempo de seu óbito, situados no Brasil ou no Exterior, e dos alheios que nele forem encontrados, designando seus proprietários, se conhecidos. Tais bens, apesar de mencionados, estão excluídos do inventário (*AJ*, *87*:282). A inventariança é um *munus* público, submetido ao controle ou à fiscalização judicial. Sendo uma função auxiliar da justiça, no inventariante, com a assinatura do compromisso, concentram-se os poderes de guarda, administração, assistência e representação judicial, ativa e passiva (*RSTJ*, *90*:195), dos bens do espólio. Além do mais, atribui-se fé pública ao inventariante, de maneira que sua palavra deve ser ouvida em juízo até prova em contrário.

Capítulo II
Dos Sonegados

- *Código de Processo Civil, arts. 621 e 669, I.*

• *Instrução Normativa n. 53/98 da Secretaria da Receita Federal, sobre declarações de rendimentos do espólio.*

Art. 1.992. O herdeiro que sonegar bens da herança, não os descrevendo no inventário quando estejam em seu poder, ou, com o seu conhecimento, no de outrem, ou que os omitir na colação, a que os deva levar, ou que deixar de restituí-los, perderá o direito que sobre eles lhe cabia.

• *Código Civil, arts. 2.003 e 2.022.*

Sonegação. Nas palavras de Itabaiana de Oliveira, sonegação é a ocultação dolosa de bens que devam ser inventariados ou levados à colação (*RT*, *816*:180, *799*:292, 777:251, *756*:347, *704*:111, *589*:109, *577*:297, *582*:51, *554*:78, *533*:79, *381*:164, *428*:194, *431*:101, *465*:199, *396*:141, *302*:503, *297*:556, *158*:219, *134*:171, *156*:683, *135*:141 e *484*:72; *RF*, *274*:187; *RTJ*, *94*:378; *JM*, *111*:125; *RJ*, *170*:75; *JB*, *147*:332; *JTJ*, *312*:310).

BIBLIOGRAFIA: Silvio Rodrigues, *Direito civil*, cit., v. 6, p. 307-14; Carlos Maximiliano, *Direito das sucessões*, cit., v. 3, §§ 1.533 e 1.549; W. Barros Monteiro, *Curso*, cit., v. 6, p. 300-5; Itabaiana de Oliveira, *Tratado*, cit., v. 3, p. 838 e s.; Luiz Cunha Gonçalves, *Tratado*, cit., v. 10, n. 1.586; José Lopes de Oliveira, *Sucessões*, cit., p. 267-70; Mário de Assis Moura, *Inventário e partilha*, p. 347; Luiz Pereira de Melo, Herança (Sonegação de bens), in *Enciclopédia Saraiva do Direito*, v. 41, p. 8-12; Pedro Rita, *Estudos de direito*, Lisboa, p. 62-3; Astolpho de Rezende, *Manual*, cit., v. 20, p. 369-70; João Luís Alves, *Código Civil*, cit., v. 5, p. 1304; Bassil Dower, *Curso*, cit., v. 4, p. 457; Clóvis Beviláqua, *Direito das sucessões*, cit., § 111; Planiol e Ripert, *Traité*, cit., v. 9, n. 856 e 858; M. Helena Diniz, *Curso*, cit., v. 6, p. 247-51; Levenhagen, *Código Civil*, cit., v. 6, p. 205-7; Sebastião José Roque, *Direito das sucessões*, cit., p. 211-6.

Casos de sonegação. São casos de sonegação: a não descrição dos bens do inventário; a ocultação dos bens que estejam em poder do herdeiro, ou, com seu conhecimento, no de outrem, do inventariante ou de terceiro; a omissão dos bens sujeitos à colação pelo herdeiro a ela obrigado; a recusa, por parte do herdeiro ou inventariante, de restituir os bens da herança.

Pena civil de sonegação ao herdeiro. Se se tratar de herdeiro sonegador, seja ele legítimo ou testamentário, a pena será a perda do direito sobre o bem ocultado ou não colacionado, que será restituído ao espólio e partilhado entre os outros coerdeiros.

Art. 1.993. Além da pena cominada no artigo antecedente, se o sonegador for o próprio inventariante, remover-se-á, em se provando a sonegação, ou negando ele a existência dos bens, quando indicados.

• Vide *Código Civil, art. 1.992.*

• Vide *Código de Processo Civil, arts. 621 e 622, VI.*

Inventariante sonegador. É caso de sonegação a negativa, pelo inventariante, da existência de bens indicados pelos herdeiros ou pelos credores. Se esse sonegador, além de inventariante, for herdeiro do autor da herança, sofrerá dupla sanção: perda dos direitos sobre os bens sonegados e remoção do cargo.

Art. 1.994. A pena de sonegados só se pode requerer e impor em ação movida pelos herdeiros ou pelos credores da herança.

Parágrafo único. A sentença que se proferir na ação de sonegados, movida por qualquer dos herdeiros ou credores, aproveita aos demais interessados.

• *Código Civil, arts. 205 e 2.022.*

Ação de sonegados. A pena de sonegados só poderá ser requerida e imposta em ação própria movida pelos herdeiros legítimos ou testamentários (*RT*, *166*:210; *RF*, *269*: 215, *320*:161), ou pelos credores da herança (*RT*, *150*:215 e *324*:123; *EJSTJ*, *15*:55), dentro do prazo prescricional de dez anos (CC, art. 205; *RT*, *112*:643), ajuizada no foro do inventário (*RT*, *381*:164).

Efeitos. A sentença proferida na ação de sonegados, movida por qualquer um dos herdeiros, aproveitará aos demais interessados, com exceção do sonegador, ante o princípio da individualidade da herança, visto que os bens sonegados são restituídos ao espólio para sobrepartilha (CC, art. 2.022).

Art. 1.995. Se não se restituírem os bens sonegados, por já não os ter o sonegador em seu poder, pagará ele a importância dos valores que ocultou, mais as perdas e danos.

• *Código Civil, arts. 402 a 405 e 1.993.*

Impossibilidade de restituição do bem sonegado. Se, porventura, o bem sonegado não mais estiver em poder do sonegador, por já o ter alienado ou perdido, deverá ele pagar a importância correspondente ao valor da coisa, mais uma indenização das perdas e danos (*RT*, *777*:251 e *465*:199). Isto é assim porque o magistrado não poderá, em ação de sonegados, declarar nula a alienação feita pelo sonegador.

Art. 1.996. Só se pode arguir de sonegação o inventariante depois de encerrada a descrição dos bens, com a declaração, por ele feita, de não existirem outros por inventariar e partir, assim como arguir o herdeiro, depois de declarar-se no inventário que não os possui.

• Vide *Código de Processo Civil, art. 621.*

Oportunidade para ajuizamento da ação de sonegação. A arguição de sonegação em relação ao herdeiro poderá ser feita pelo inventariante, ou por outro coerdeiro, desde que haja declaração, nos autos do inventário, de que o sonegador não está na posse do bem, alegando que o reclamado não pertence ao acervo hereditário, ou que não sabe se o bem reclamado está em mãos de terceiro. Comprovados a não veracidade de suas alegações e o dolo havido, poder-se-á mover, então, contra o herdeiro declarante, a ação de sonegados. Se o sonegador for o inventariante, apenas será possível mover a ação de sonegação contra ele após as últimas declarações no inventário, visto que ainda lhe será permitido complementar as primeiras declarações prestadas. Apurada a irregularidade nas últimas declarações, permitido estará propor ação de sonegação contra o inventariante faltoso (TJSP, Ap. 338.933-4/2, rel. Nogueira Filho, j. 31-5-2007).

Capítulo III

Do Pagamento das Dívidas

• *Código de Processo Civil, arts. 642 a 646.*

Art. 1.997. A herança responde pelo pagamento das dívidas do falecido; mas, feita a partilha, só respondem os herdeiros, cada qual em proporção da parte que na herança lhe coube.

• Vide *Código Civil, arts. 91, 276, 836, 1.700, 1.792 e 1.821.*

• *Código de Processo Civil, arts. 659, § 2º, 796, 901, § 2º, 642 a 646 e 659.*

• *A cobrança judicial da dívida ativa da Fazenda Pública não é sujeita a concurso de credores ou habilitação em inventário (art. 29 da Lei n. 6.830, de 22-9-1980).*

- *Lei n. 6.899/81.*
- *Decreto estadual n. 32.635/90.*
- *Súmula 115 do Supremo Tribunal Federal.*
- *São pagos preferencialmente a quaisquer créditos habilitados em inventário ou arrolamento ou a outros encargos do monte, os créditos tributários vencidos ou vincendos, a cargo do* de cujus *ou de seu espólio, exigíveis no decurso do processo de inventário ou arrolamento (art. 189 da Lei n. 5.172, de 25-10-1966 — Código Tributário Nacional). Se o crédito for contestado, o juiz remeterá as partes ao processo competente, mandando reservar bens suficientes (artigo citado e § 1º do art. 188).*
- Vide *Decreto n. 3.000/99, sobre cobrança e fiscalização de Imposto de Renda.*
- *Lei n. 9.532/97, relativa ao Imposto de Renda sobre herança.*
- *CPC, arts. 1.012 e 1.013, sobre cálculo do imposto de transmissão* causa mortis.
- *Lei estadual paulista n. 10.705/2000, com alteração da Lei n. 10.992/2001 sobre imposto de transmissão* causa mortis.
- *Instrução Normativa n. 81/2001 da Secretaria da Receita Federal (sobre declaração do espólio).*
- Vide *Constituição Federal, art. 155, I.*
- *Transmissão de obrigação alimentar* — vide *arts. 23 da Lei n. 6.515, de 26 de dezembro de 1977, e 1.700 do Código Civil.*

§ 1º Quando, antes da partilha, for requerido no inventário o pagamento de dívidas constantes de documentos, revestidos de formalidades legais, constituindo prova bastante da obrigação, e houver impugnação, que não se funde na alegação de pagamento, acompanhada de prova valiosa, o juiz mandará reservar, em poder do inventariante, bens suficientes para solução do débito, sobre os quais venha a recair oportunamente a execução.

- *Código de Processo Civil, art. 643, parágrafo único.*

§ 2º No caso previsto no parágrafo antecedente, o credor será obrigado a iniciar a ação de cobrança no prazo de trinta dias, sob pena de se tornar de nenhum efeito a providência indicada.

- *Código Civil, art. 1.997, § 1º.*
- Vide *Código de Processo Civil, arts. 642 a 646 e 668.*

Pagamento dos débitos da herança. No inventário pagar-se-ão todas as dívidas do falecido anteriores ou posteriores à abertura da sucessão. Os credores do espólio, antes da partilha, poderão requerer ao juízo do inventário o pagamento das dívidas vencidas e exigíveis (*RT*, *463*:82, *393*:196, *622*:231, *615*:60, *676*:98, *673*:58, *729*:231; *JTJ*, *171*:70; *JTACSP*, *126*:174; *BAASP*, *1.937*:11; *RJTJSP*, *110*:297) devidamente comprovadas (*RT*, *724*:401, *729*:231, *733*:361, *673*:58, *671*:121, *699*:52, *643*:191, *697*:153, *634*:210, *717*:133, *729*:233, *785*:349, *786*:336). A herança, por ser *universitas juris* (CC, art. 91), só responde pelos débitos do espólio antes da partilha, e o herdeiro só responderá, individualmente, depois de feita esta, proporcionalmente à parte que lhe coube. Será conveniente não olvidar que, pelo art. 1.792, os herdeiros não respondem *ultra vires hereditatis*.

Prazo para cobrar dívida da herança. Quando o credor do espólio tiver seu crédito impugnado no inventário, o juiz mandará reservar (*RF*, *319*:163; *RT*, *654*:79, *677*:183, *695*:152, *697*:77, *632*:101, *722*:311, *747*:209, *755*:344, *751*:350), em poder do inventariante, bens suficientes para pagá-lo, enquanto o credor recorre à via ordinária para comprovar seu direito, devendo para tanto ingressar com ação de cobrança no prazo de trinta dias (CPC, art. 668, I), sob pena de aquela separação de bens ordinária pelo magistrado perder sua eficácia.

BIBLIOGRAFIA: Itabaiana de Oliveira, *Tratado*, cit., v. 3, p. 811-24; Caio M. S. Pereira, *Instituições*, cit., v. 6, p. 290-3; W. Barros Monteiro, *Curso*, cit., v. 6, p. 317-23; Colin e Capitant, *Cours élémentaire*, cit., v. 3, n. 816 a 818; Pothier, *Traité des successions*, cit., p. 197; Lozana, *Separazione del patrimonio del defunto da quello dell'erede*, n. 329; Baudry-Lacantinerie, *Précis de droit civil*, cit., v. 3, n. 777; Lopes da Costa, *Da responsabilidade do herdeiro*, p. 168; Carlos Maximiliano, *Direito das sucessões*, cit., v. 3, n. 1.527; M. Helena Diniz, *Curso*, cit., v. 6, p. 242-5; Levenhagen, *Código Civil*, cit., v. 6, p. 213-8.

Art. 1.998. As despesas funerárias, haja ou não herdeiros legítimos, sairão do monte da herança; mas as de sufrágios por alma do falecido só obrigarão a herança quando ordenadas em testamento ou codicilo.

• Vide *Código Civil, arts. 965, I, 1.847 e 1.881.*

Despesas funerárias. As despesas funerárias feitas segundo a condição do falecido e o costume do local, sem pompa (*RT*, *308*:353), abrangendo, dentre outros, gastos com a obtenção de terreno para inumação, com o velório e enterro (*RT*, *602*:206, *676*:98 e *622*:231), inclusive publicação e convites, com a edificação de túmulo (*RT*, *318*:436, *325*:249 e *326*:365), serão pagas pelo monte da herança.

Despesas com atos religiosos. As despesas com missas e outros atos religiosos em sufrágio da alma do *de cujus* apenas serão deduzidas do acervo hereditário se houver disposição testamentária ou codicilo ordenando tais despesas (TJRS, Ap. 70.012.140.158, rel. Maria Berenice Dias, j. 17-8-2005).

Art. 1.999. Sempre que houver ação regressiva de uns contra outros herdeiros, a parte do coerdeiro insolvente dividir-se-á em proporção entre os demais.

• *Código de Processo Civil, art. 125, II.*

Direito regressivo de um herdeiro contra outro. Se um herdeiro vier a pagar débito do monte hereditário, poderá mover ação regressiva contra os demais, para cobrar destes o que despendeu; e, se, porventura, um dos coerdeiros for insolvente, a parte deste dividir-se-á proporcionalmente entre os demais.

Art. 2.000. Os legatários e credores da herança podem exigir que do patrimônio do falecido se discrimine o do herdeiro, e, em concurso com os credores deste, ser-lhes-ão preferidos no pagamento.

Direito de pedir separação de patrimônios. Ante a possibilidade de confusão entre o patrimônio particular do herdeiro com o que veio a herdar, dificultando a discriminação da parte exequível pelos credores do espólio, estes poderão pedir, mediante requerimento dirigido ao juiz, a separação dos patrimônios (*separatio bonorum*). O mesmo direito terá o legatário, para garantir a satisfação do legado.

Direito de preferência. Concedida a separação de patrimônio, os credores do espólio e o legatário terão preferência sobre os credores do herdeiro.

Art. 2.001. Se o herdeiro for devedor ao espólio, sua dívida será partilhada igualmente entre todos, salvo se a maioria consentir que o débito seja imputado inteiramente no quinhão do devedor.

Herdeiro como devedor do espólio. Se o herdeiro for devedor do espólio, seu débito, por ser um crédito da herança, será partilhado igualmente entre todos os herdeiros, exceto se a maioria dos coerdeiros concordar que aquela dívida seja dada em pagamento, no seu todo, ao próprio herdeiro-devedor, abatendo-a do seu quinhão hereditário (*RT*, *158*:211).

Capítulo IV
Da Colação

• Vide *Código de Processo Civil, arts. 639 a 641.*

Art. 2.002. Os descendentes que concorrerem à sucessão do ascendente comum são obrigados, para igualar as legítimas, a conferir o valor das doações que dele em vida receberam, sob pena de sonegação.

• ***Projeto de Lei n. 699/2011***: *"Art. 2.002. Os descendentes que concorrerem à sucessão do ascendente comum, e o cônjuge sobrevivente, quando concorrer com os descendentes, são obrigados, para igualar as legítimas, a conferir o valor das doações que em vida receberam do falecido, sob pena de sonegação.*

....".

Parágrafo único. Para cálculo da legítima, o valor dos bens conferidos será computado na parte indisponível, sem aumentar a disponível.

• Vide *Código Civil, arts. 544, 549, 1.829, I, 1.846, 1.847, 2.010* e *2.011.*

Colação. Colação (*collatio*) é uma conferência dos bens da herança com outros transferidos pelo *de cujus*, em vida, aos seus descendentes e cônjuge sobrevivente, se concorrer com descendentes, promovendo o retorno ao monte das liberalidades feitas pelo autor da herança antes de falecer, para uma equitativa apuração das quotas hereditárias dos sucessores legitimários (*Adcoas*, n. 91.245, 1983; *RT*, *799*:224 e 292, *734*:461, *697*:154, *683*:185, *619*:95, *550*:79, *310*:526, *313*:521, *321*:350, *375*:176, *503*:105, *445*:69, *485*:60, *480*:225, *469*:64, *464*:217 e *169*:801; *RF*, *250*:164, *140*:329 e *69*:537; *RTJ*, *103*:745, *88*:544 e *69*:233; *EJSTJ*, *5*:69, *1*:51 e *10*:79; *RJTJSP*, *56*:118 e *135*:186; *RSTJ*, *37*:405; *JTJ*, *151*:93; *RJ*, *330*:133). Os descendentes, que concorrerem à sucessão de ascendente comum, terão o dever, sob pena de sonegação, de conferir o valor das doações (diretas ou indiretas) que dele receberam em vida, para igualar as legítimas. Isto porque tais doações foram feitas em adiantamento da legítima (CC, art. 544).

Benefício da legítima. A colação far-se-á apenas em prol da legítima, interessando somente aos herdeiros necessários: descendentes, que concorrerem à sucessão do ascendente comum e cônjuge sobrevivente, quando concorrer com descendente do *de cujus* (CC, arts. 544 e 1.829, I). Daí a razão pela qual os bens conferidos, que serão acrescentados à parte legitimária, não aumentarão a porção disponível do *auctor successionis*, que será calculada e computada na parte indisponível, conforme o valor da herança no instante da abertura da sucessão (CC, arts. 1.846 e 1.847).

BIBLIOGRAFIA: A. Laborinho Lúcio, *Do fundamento e da dispensa da colação*, 1967; Caio M. S. Pereira, *Instituições*, cit., v. 6, p. 300-8; Ruggiero e Maroi, *Istituzioni*, cit., v. 1, p. 417; Colin e Capitant, *Cours élémentaire*, cit., v. 3, n. 732 e 740; Cunha Gonçalves, *Tratado*, cit., v. 10, t. 2, n. 1.598; Demolombe, *Cours de Code Napoléon*, cit., v. 16, n. 163; Silvio Rodrigues, *Direito civil*, cit., v. 7, p. 294-306; Orlando Gomes, *Direito das sucessões*, cit., p. 303-6; W. Barros Monteiro, *Curso*, cit., v. 6, p. 307-15; Carlos Maximiliano, *Direito das sucessões*, cit., v. 2, n. 1.566 e 1.592 a 1.595; Walter Moraes, Colação, in *Enciclopédia Saraiva do Direito*, v. 16, p. 78 e s.; Aubry e Rau, *Cours*, cit., v. 6, § 627; Laurent, *Cours élémentaire*, cit., v. 2, n. 170; Arnoldo Wald, *Direito das sucessões*, cit., p. 236 e s.; Jefferson Daibert,

Direito das sucessões, cit., p. 349; Clóvis Beviláqua, *Código Civil*, cit., obs. aos arts. 1.785 a 1.795, v. 6; Francisco Morato, Da colação, *RF*, *84*:270; Coelho da Rocha, *Instituições*, cit., v. 2, §§ 479 e 480; Vitali, *Delle successione*, cit., v. 6, n. 718 e 770; Planiol, Ripert e Boulanger, *Traité élémentaire*, cit., n. 2.878 e 2.941; Wilson de Oliveira, *Inventários e partilhas*, cit., p. 84; Orlando Souza, *Inventários e partilhas*, cit., p. 118; José Lopes de Oliveira, *Sucessões*, cit., p. 273; Levenhagen, *Código Civil*, cit., v. 6, p. 207-12; Pierre Raynaud, *Les successions et les liberalités*, Paris, Sirey, 1983; Jorge Leite, *A colação*, Coimbra, 1972; R. Limongi França, Colação de bens doados, *RT*, *516*:25; Roberto Senise Lisboa, *Manual*, cit., v. 5, p. 220; Giuseppe Andreoli, *Contributo alla teoria della collazione — delle donazioni*, Milano, Giuffrè, 1942; Blázquez, *Colación de los descendientes*, Madrid, Edisofer, 1996; Paolo Forchielli, *La collazione*, Padova, CEDAM, 1958; Nicolò Visalli, *La collazione*, Padova, CEDAM, 1988; Martorell, *La collatio emancipati*, Madrid, 1997; José Luis de Los Mozos, *La colación*, Madrid, 1965; Múcio de Campos Maia, Apontamentos sobre colação, *RF*, *197*:33; Sebastião José Roque, *Direito das sucessões*, cit., p. 217-22; Carvalho D'Abreu, A colação e redução das doações em substância ou valor, *Revista de Justiça*, Lisboa, ano 7, n. 149, 1922; Nelson Pinto Ferreira, *Da colação no direito civil brasileiro e no direito civil comparado*, São Paulo, Juarez de Oliveira, 2002; Zeno Veloso, *Novo Código Civil*, cit., p. 1800 a 1815; R. Limongi França, Colação de bens doados, *RT*, *516*:25-31; Paulo Nuno H.C. Ramirez, *O cônjuge sobrevivo e o instituto da colação*, Coimbra, Livr. Almedina, 1997; Fernando L.S. Féria, Casos de inaplicabilidade da colação de bens, *Revista da Ordem dos Advogados*, Lisboa, 1951; Giuseppe Azzariti, *Le successioni e le donazione*, Napoli, Jovene, 1990, p. 733 e s.; Carlos Alberto Ferriani e Eduardo B. Cassis, Das colações, *Sucessão do cônjuge, do companheiro e outras histórias* (coord. M. Helena Diniz), São Paulo, Saraiva, 2013, p. 95 a 128.

Art. 2.003. A colação tem por fim igualar, na proporção estabelecida neste Código, as legítimas dos descendentes e do cônjuge sobrevivente, obrigando também os donatários que, ao tempo do falecimento do doador, já não possuírem os bens doados.

Parágrafo único. Se, computados os valores das doações feitas em adiantamento de legítima, não houver no acervo bens suficientes para igualar as legítimas dos descendentes e do cônjuge, os bens assim doados serão conferidos em espécie, ou, quando deles já não disponha o donatário, pelo seu valor ao tempo da liberalidade.

• Vide *Código Civil, arts. 544, 2.002, 2.004, 2.009, 2.010 e 2.011.*

Obrigação de colacionar. Não são todos os herdeiros do *auctor successionis* que estão obrigados a colacionar, pois apenas os descendentes (matrimoniais, não matrimoniais reconhecidos e adotivos) sucessíveis de qualquer grau e o cônjuge sobrevivente é que terão de conferir as doações que respectivamente receberam do ascendente e do consorte (CC, arts. 544 e 2.002), para igualar as legítimas, na proporção estabelecida pelo Código Civil, sob pena de sonegação e perda do direito que sobre os bens recebidos lhes caiba (CC, art. 1.992). O ascendente que for contemplado, em vida, com uma liberalidade do descendente está dispensado da colação, sobrevindo a morte do doador. Obrigam-se também os donatários que, ao tempo da abertura da sucessão, não mais possuam os bens que, pelo *de cujus*, lhes foram doados, por tê-los perdido ou alienado, caso em que serão devedores dos demais coerdeiros.

Sistema de colação em substância. Nosso direito adotou o sistema de colação em substância (em espécie ou *in natura*), pois a mesma coisa doada em adiantamento da legítima ao descendente e ao cônjuge (arts. 544 e 2.003, parágrafo único, segunda parte do Código Civil) deve ser trazida à colação. Se, ao tempo da abertura da sucessão por morte do doador, não houver no acervo hereditário bens suficientes para igualar a legítima, a coisa doada deverá ser conferida em espécie (TJSP, Ap. 530.150-4/9-00, rel. Francisco Loureiro, j. 8-11-2007), e se os donatários (descendentes ou cônjuge) não mais a tiverem, deverão trazer à colação o seu valor correspondente, hipótese em que se terá a "colação ideal" (*RT*, *697*:154) ou por imputação. Tal valor é o que a coisa doada possuía ao tempo da liberalidade.

Art. 2.004. O valor de colação dos bens doados será aquele, certo ou estimativo, que lhes atribuir o ato de liberalidade.

• Vide *Código Civil, art. 2.003, parágrafo único.*

• *Código de Processo Civil, art. 639, parágrafo único.*

§ 1º Se do ato de doação não constar valor certo, nem houver estimação feita naquela época, os bens serão conferidos na partilha pelo que então se calcular valessem ao tempo da liberalidade.

§ 2º Só o valor dos bens doados entrará em colação; não assim o das benfeitorias acrescidas, as quais pertencerão ao herdeiro donatário, correndo também à conta deste os rendimentos ou lucros, assim como os danos e perdas que eles sofrerem.

• *Código Civil, arts. 96, 402 a 405.*

Valor da conferência. Os bens doados deverão ser colacionados em espécie, pela sua entrega ao acervo hereditário, para que sejam redistribuídos. Não mais existindo aqueles bens no patrimônio do donatário, far-se-á a conferência pelo valor, certo ou estimativo, que lhes atribuir o ato de liberalidade. Se no instrumento da doação não constar valor certo da coisa, nem houver sido feita sua estimação à época da liberalidade, a colação terá por base a avaliação que, na partilha, deles houver sido feita, calculando-se o que valiam ao tempo da liberalidade e não mais ao da abertura da sucessão. O magistrado que preside o processo do inventário deverá proceder por meio de perícia à avaliação retrospectiva do bem, tendo por base a época da doação. Mas, apesar disso, há quem ache que não houve revogação do disposto no CPC, art. 639 e parágrafo único (*RT*, *683*:185, *550*:79, *480*:225, *580*:221, *540*:102, *720*:109; *RTJ*, *88*:544, *103*:745 e *110*:1162). O valor das benfeitorias que o donatário tenha feito, bem como das depreciações havidas, não será colacionado, uma vez que as benfeitorias pertencem ao herdeiro donatário, que assumirá por isso os riscos, os danos e as perdas que elas sofrerem ou perceberá seus lucros ou rendimentos (TJSP, AI 496.348.4/6-00, rel. Octavio Helene, j. 25-9-2007). Os frutos e rendimentos percebidos e benfeitorias acrescidas não serão colacionados por pertencerem ao herdeiro donatário, nem os prejuízos sofridos; logo, terá ele de suportar os danos e as perdas que advierem. Mas, como se trata de adiantamento da legítima, mais justo e lógico seria a apreciação do valor dos bens colacionados ao tempo da abertura da sucessão, visto que compõem a herança os bens que existirem no instante da morte do *de cujus* e, além disso, há a questão da atualização ou correção monetária do valor dos bens colacionados desde a data da doação até o óbito, não determinada pelo Código Civil, mas que, em época inflacionária (*RSTJ*, *37*:405; *RTJ*, *110*:1162), é imprescindível, diante do princípio da igualdade da legítima e do objetivo da colação de evitar desfalque na quota legitimária, que deve ser por igual deferida. Esclarece o Enunciado n. 119, aprovado na *I Jornada de Direito Civil*, promovida, em setembro de 2002, pelo Centro de Estudos Judiciários do Conselho da Justiça Federal que: "para evitar o enriquecimento sem causa, a colação será efetuada com base no valor da época da doação, nos termos do *caput* do art. 2.004, exclusivamente na hipótese em que o bem doado não mais pertença ao patrimônio do donatário. Se, ao contrário, o bem ainda integrar seu patrimônio, a colação se fará com base no valor do bem na época da abertura da sucessão, nos termos do art. 1.014 — hoje art. 639 — do CPC, de modo a preservar a quantia que efetivamente integrará a legítima quando esta se constituiu, ou seja, na data do óbito (Resultado da interpretação sistemática do art. 2.004 e seus parágrafos, juntamente com os arts. 1.832 e 884 do Código Civil)". E, pelo Enunciado n. 644 da *VIII Jornada de Direito Civil*: "Os arts. 2.003 e 2.004 do Código

Civil e o art. 639 do CPC devem ser interpretados de modo a garantir a igualdade das legítimas e a coerência do ordenamento. O bem doado, em adiantamento de legítima, será colacionado de acordo com seu valor atual na data da abertura da sucessão, se ainda integrar o patrimônio do donatário. Se o donatário já não possui o bem doado, este será colacionado pelo valor do tempo de sua alienação, atualizado monetariamente".

Art. 2.005. São dispensadas da colação as doações que o doador determinar saiam da parte disponível, contanto que não a excedam, computado o seu valor ao tempo da doação.

Parágrafo único. Presume-se imputada na parte disponível a liberalidade feita a descendente que, ao tempo do ato, não seria chamado à sucessão na qualidade de herdeiro necessário.

Dispensa da colação de liberalidade que saia da metade disponível. O doador poderá, no testamento ou no próprio título da liberalidade (CC, art. 2.006), dispensar da colação a doação que saia de sua porção disponível, desde que não a exceda, computado seu valor ao tempo da liberalidade (*EJSTJ*, *1*:51; *RT*, *613*:186, *598*:214, *619*:95, *634*:70 e *732*:234). Presumir-se-á, até prova em contrário, imputada na parte disponível a doação feita a descendente que, ao tempo da liberalidade, não seria chamado à sucessão na qualidade de herdeiro necessário. P. ex., neto, estando seu pai vivo, que for contemplado com uma doação pelo avô, estará liberado da colação, com o óbito do doador.

Art. 2.006. A dispensa da colação pode ser outorgada pelo doador em testamento, ou no próprio título de liberalidade.

Forma da dispensa da colação. A dispensa da colação de liberalidade que saia da meação disponível só poderá ser feita pelo próprio doador, expressamente, no testamento ou no título constitutivo (escritura pública, se imóvel o bem doado, ou instrumento particular, se móvel) da liberalidade (*RT*, *159*:374). Logo, não terá validade se efetivada em outro documento ou se feita oralmente.

Art. 2.007. São sujeitas à redução as doações em que se apurar excesso quanto ao que o doador poderia dispor, no momento da liberalidade.

§ 1º O excesso será apurado com base no valor que os bens doados tinham, no momento da liberalidade.

§ 2º A redução da liberalidade far-se-á pela restituição ao monte do excesso assim apurado; a restituição será em espécie, ou, se não mais existir o bem em poder do donatário, em dinheiro, segundo o seu valor ao tempo da abertura da sucessão, observadas, no que forem aplicáveis, as regras deste Código sobre a redução das disposições testamentárias.

§ 3º Sujeita-se a redução, nos termos do parágrafo antecedente, a parte da doação feita a herdeiros necessários que exceder a legítima e mais a quota disponível.

§ 4º Sendo várias as doações a herdeiros necessários, feitas em diferentes datas, serão elas reduzidas a partir da última, até a eliminação do excesso.

- Vide *Código Civil, arts. 205, 549, 1.966 a 1.968, 2.003, parágrafo único, 2.004 e 2.005.*
- *Código de Processo Civil, art. 640.*

Redução das doações inoficiosas. Se as doações, feitas a herdeiro ou a estranho, forem inoficiosas por excederem em valor a quota de que o doador poderia dispor no momento da liberalidade, não se terá conferência, mas simples redução (*RT*, *763*:178, *734*:312, *761*:191,

684:70, *683*:72, *587*:105, *561*:104 e *559*:78). A apuração do excesso terá por base o valor que os bens doados possuíam por ocasião da liberalidade. Tal redução far-se-á, se possível for, pela devolução ao monte partível do excesso apurado, ou, se o bem doado não mais existir ou não mais estiver em poder do donatário, pela entrega de uma quantia pecuniária correspondente ao valor da coisa doada ao tempo da abertura da sucessão, seguindo-se as normas dos arts. 1.966 a 1.968 do Código Civil, alusivas à redução das disposições testamentárias. Também se sujeitará a essa redução a parte da doação feita a herdeiro necessário que exceder a legítima e mais a quota disponível, por ser ela inoficiosa (CC, art. 549). E, se várias foram as doações feitas, *em diferentes épocas*, a herdeiros necessários, que excederem a quota disponível, serão elas reduzidas a partir da última até que o excesso seja eliminado. A redução iniciar-se-á com a doação mais nova, atingindo depois a antecedente, e assim sucessivamente, até que se consiga obter a eliminação do excesso. Se "A", com patrimônio de R$ 100.000,00, efetua doações a "B" de R$ 20.000,00 e a "C" de R$ 40.000,00 ultrapassou a quota disponível, logo ter-se-á de operar a redução de R$ 10.0000,00 na doação mais recente. Se, como observa Zeno Veloso, tiver havido várias doações, em um só ato, ou em atos distintos, mas *na mesma data*, a redução deverá ser simultânea e proporcionalmente, como soluciona, com acerto, o Código Civil português no art. 2.173, n. 2.

Art. 2.008. Aquele que renunciou a herança ou dela foi excluído, deve, não obstante, conferir as doações recebidas, para o fim de repor o que exceder o disponível.

- *Código de Processo Civil, arts. 640 e 618, VI.*
- *Código Civil, arts. 549, 1.804, parágrafo único, 1.805 a 1.813, 1.814, 1.961, 1.962, 1.963, 1.966, 1.967, 1.968, 2.009, 2.004, 2.010 e 2.011.*

Colação: renúncia, indignidade ou deserdação. Deverão colacionar os descendentes que renunciaram à herança (CC, arts. 1.804, parágrafo único e 1.806) ou dela foram excluídos por indignidade ou deserdação (CC, arts. 1.814 e s. e 1.961), para que seja possível a reposição da parte inoficiosa, fazendo com que a parte excedente da legítima ou da disponibilidade retorne ao monte hereditário, para ser partilhada entre os herdeiros não renunciantes e não excluídos.

Art. 2.009. Quando os netos, representando os seus pais, sucederem aos avós, serão obrigados a trazer à colação, ainda que não o hajam herdado, o que os pais teriam de conferir.

- Vide *Código Civil, arts. 1.835, 1.851 e 1.852.*

Colação no direito de representação. Se, porventura, o neto suceder por direito de representação (*RT*, *158*:799), deverá conferir as doações recebidas pelo seu representado. Mesmo que não venha a herdar o bem doado a seu pai, e se ele não mais existir por ter sido vendido, p. ex., deverá conferir o seu valor. O neto favorecido com liberalidade direta do avô só terá de colacionar os bens ganhos se concorrer por direito próprio com outros netos.

Art. 2.010. Não virão à colação os gastos ordinários do ascendente com o descendente, enquanto menor, na sua educação, estudos, sustento, vestuário, tratamento nas enfermidades, enxoval, assim como as despesas de casamento, ou as feitas no interesse de sua defesa em processo-crime.

- *Código Civil, art. 1.694.*

Gastos ordinários do ascendente com o descendente. Estão dispensados da colação os gastos ordinários do ascendente com o descendente, na sua educação, estudo, sustento, vestuário, medicamentos, tratamento de moléstias, enxoval e despesas de casamento e as feitas em sua defesa em processo-crime, porque tais dispêndios não constituem liberalidades, mas mero cumprimento de um dever.

Art. 2.011. As doações remuneratórias de serviços feitos ao ascendente também não estão sujeitas a colação.

Dispensa da colação de doação remuneratória. As doações remuneratórias pagas ao descendente pelo ascendente em razão de um serviço prestado não estão sujeitas à colação, porque não constituem liberalidades, por serem, na verdade, pagamento em contraprestação de serviços feitos pelo descendente ao ascendente (*RF*, *271*:184; *RT*, *563*:79).

Art. 2.012. Sendo feita a doação por ambos os cônjuges, no inventário de cada um se conferirá por metade.

- *Código Civil, art. 2.004 e § 1º.*

Doação feita por ambos os cônjuges. O herdeiro deverá colacionar a doação feita por ambos os cônjuges, que será conferida por metade no inventário de cada um, ante a presunção de que cada um dos doadores efetuou a liberalidade meio a meio (*RT*, *697*:154 e *552*:175).

Capítulo V

Da Partilha

- *Sobre o procedimento,* vide *arts. 647 a 658 do Código de Processo Civil.*
- *Instrução Normativa da Secretaria da Receita Federal n. 81/2001.*

Art. 2.013. O herdeiro pode sempre requerer a partilha, ainda que o testador o proíba, cabendo igual faculdade aos seus cessionários e credores.

- Vide *Código de Processo Civil, arts. 515, IV e 655.*
- *Lei n. 6.015/73, art. 167, n. 25.*
- *Código Civil, arts. 349, 2.023, 1.784 e 1.321.*

Partilha. É a divisão oficial do monte líquido, apurado durante o inventário, entre os sucessores do *de cujus* (coproprietários *pro indiviso*), para lhes adjudicar os respectivos quinhões hereditários (*JB*, *117*:227 e *147*:198; *RJM*, *102*:1; *RTJ*, *68*:865; *RT*, *730*:191, *639*:67, *646*:7, *603*:63, *567*:235, *536*:110, *488*:70 e *599*:56; *RF*, *63*:158; *RJ*, *195*:89; *Ciência Jurídica*, *64*:58 e 105, *62*:107, 143 e 178). Tem, portanto, efeito declaratório (CC, art. 2.023) e retroativo, ou seja, *ex tunc* (CC, art. 1.784). "Com o advento da partilha cessa a comunhão hereditária, desaparecendo a figura do espólio, que será substituída pelo herdeiro a quem coube o direito ou a coisa, objeto da causa" (*RF*, *282*:266; no mesmo sentido: *RT*, *643*:67, *759*:231).

BIBLIOGRAFIA: Pinto Ferreira, *Inventário, partilha e ações de herança*, São Paulo, Saraiva, 1992; Mazeaud e Mazeaud, *Leçons de droit civil*, cit., v. 4, n. 1.601; Caio M. S. Pereira, *Instituições*, cit., v. 6, p. 298-300 e 318; Clóvis Beviláqua, *Código Civil comentado*, cit., obs. ao art. 1.772, v. 6; *Direito das sucessões*, §§ 103 e 104; Planiol, Ripert e Boulanger, *Traité élémentaire de droit civil*, cit., v. 3, n. 3.107; De Page, *Traité élémentaire*, cit., t. 9, n. 1.069, 1.070 e 1.073; Carlos Maximiliano, *Direito das sucessões*, cit., v. 3, n. 1.461; Itabaiana de Oliveira, *Tratado*, cit., v. 3, n. 772; Silvio Rodrigues, *Direito civil*, cit., v. 7, p. 281; Bassil Dower, *Curso*, cit., v. 4, p. 466-7; W. Barros Monteiro, *Curso*, cit., v. 6, p. 289; Enneccerus, Kipp e Wolff, *Derecho de sucesiones*, cit., v. 1, § 84; M. Helena Diniz, *Curso*, cit., v. 6, p. 254-5; Levenhagen, *Código Civil*, cit., v. 6, p. 197-9; *Sucessão legítima, inventário e partilha*, São Paulo, Atlas, 1992; Antonio Macedo de Campos, *Inventários e partilhas*, São Paulo, Sugestões Literárias, 1984; Carlos Alberto Bittar, *Direito das sucessões*, cit., p. 151-5; Sílvio de Salvo Venosa, *Direito das sucessões*, cit., p. 246-60; João A. Leivas Job, *Da nulidade da partilha*, São Paulo, Saraiva, 1986; José da Silva Pacheco, *Inventários e partilhas na sucessão legítima e testamentária*, Rio de Janeiro, Forense, 1993; Sebastião Amorim e Euclides de Oliveira, *Inventários e partilhas*, São Paulo, LEUD, 2000, p. 275-92; Humberto Theodoro Jr., Partilha, nulidade, anulabilidade e rescindibilidade, *Revista de Processo*, *45*:218; Aquiles Guaglianone, *Sobre los efectos de la partición hereditaria*, Buenos Aires, Abeledo-Perrot, 1959; Nelson Pinto Ferreira, *Da colação*, cit., p. 217 a 224; Ernane Fidélis dos Santos, Questões sobre inventário e partilha, *RCDUFU*, *8*:17; Zeno Veloso, *Novo Código Civil*, cit., p. 1815 a 1821; Eduardo de Oliveira Leite, *Comentários*, cit., p. 792-3; Aldo Safraider, *Inventário, partilha & testamentos*, Curitiba, Juruá, 2005.

Requerimento da partilha. Qualquer herdeiro (mesmo que o testador o proíba), cessionário e credor do herdeiro poderá, a todo o tempo, pedir a partilha, para pôr termo à comunhão sobre a universalidade dos bens da herança.

Art. 2.014. Pode o testador indicar os bens e valores que devem compor os quinhões hereditários, deliberando ele próprio a partilha, que prevalecerá, salvo se o valor dos bens não corresponder às quotas estabelecidas.

- Vide *Código Civil, art. 2.018.*

Partilha feita pelo testador. O testador poderá indicar, no testamento, não só os herdeiros e legatários, mas também, desde que respeite a legítima de seus herdeiros necessários, os bens e valores componentes dos quinhões hereditários, deliberando sua partilha, que prevalecerá, a não ser que o valor dos bens não corresponda às quotas estabelecidas. Assim, se atribuir a um herdeiro 5% de sua porção disponível, indicando bens com valor maior ou menor do que aquele percentual, a partilha deverá adequar-se com o aumento ou a diminuição da quota hereditária. Logo, se o valor dos bens atribuído pelo *auctor successionis* tiver correspondência com o das quotas, o acervo hereditário partilhar-se-á conforme o deliberado por ele. Facilita-se, assim, a fase de liquidação do inventário no processo da partilha, homologando-se a vontade do testador, que propôs uma divisão legal e razoável.

Art. 2.015. Se os herdeiros forem capazes, poderão fazer partilha amigável, por escritura pública, termo nos autos do inventário, ou escrito particular, homologado pelo juiz.

- Vide *Código de Processo Civil, arts. 657 a 667 e 659,* caput *(partilha amigável).*

Partilha amigável. Se os herdeiros forem capazes, havendo acordo unânime, possível será a partilha amigável, que deverá ser feita mediante escritura pública, por termo nos autos ou por escrito particular homologado pelo juiz mediante prova da quitação dos tributos relativos aos bens do espólio e às suas rendas, com observância dos arts. 660 a 663 do Código de Processo Civil. Em qualquer caso será imprescindível a assinatura do instrumento por todos os interessados ou por procurador com poderes especiais (*RT*, *779*:292, *768*:366, *752*:167, *734*:257, *777*:266, *761*:380, *713*:101, *772*:232, *746*:347, *756*:321, *676*:158, *649*:57, *650*:92, *632*:95, *688*:138, *622*:715, *606*:106, *247*:145, *146*:114, *235*:174, *132*:720, *541*:298 e *567*:235; *RTJ*, *98*:784; *RF*, *161*:252, *266*:193 e *282*:299; *RJTJSP*, *37*:31 e *65*:236; *RSTJ*, *102*:261).

Lembra-nos, Euclides de Oliveira, que, na partilha amigável, não se exige exata proporcionalidade dos quinhões: na parte em que não for observada perfeita igualdade, o ato será de transmissão *inter vivos*.

BIBLIOGRAFIA: W. Barros Monteiro, *Curso*, cit., v. 6, p. 290-1; Caio M. S. Pereira, *Instituições*, cit., v. 6, p. 308-9; Mazeaud e Mazeaud, *Leçons de droit civil*, cit., v. 4, n. 1.716; Silvio Rodrigues, *Direito civil*, cit., v. 7, p. 283; Orlando de Souza, *Partilhas amigáveis*, São Paulo, Saraiva, 1984; Levenhagen, *Código Civil*, cit., v. 6, p. 199-200; M. Helena Diniz, *Curso*, cit., v. 6, p. 259-60; Euclides de Oliveira, *Código Civil comentado*, São Paulo, Atlas, 2004, v. XX, p. 191.

Art. 2.016. Será sempre judicial a partilha, se os herdeiros divergirem, assim como se algum deles for incapaz.

- Vide *Súmula 265 do Supremo Tribunal Federal.*
- *Código de Processo Civil, arts. 647 e 657.*
- *Código Civil, arts. 3º a 5º.*

Partilha judicial. A partilha judicial será obrigatória quando os herdeiros divergirem, ou se algum deles for incapaz (*RT*, *862*:231, *599*:105, *577*:121, *640*:171, *258*:595, *484*:91 e *440*:93; *JTJ*, *151*:71; *RF*, *303*:177 e *300*:215; STF, Súmula 265), e facultativa entre capazes, não havendo divergência entre eles, sendo uma opção para que haja, p. ex., melhor distribuição dos bens herdados.

BIBLIOGRAFIA: Caio M. S. Pereira, *Instituições*, cit., v. 6, p. 309-10; W. Barros Monteiro, *Curso*, cit., v. 6, p. 292-3; Astolpho Rezende, *Manual*, cit., v. 20, n. 130; Levenhagen, *Código Civil*, cit., v. 6, p. 200; M. Helena Diniz, *Curso*, cit., v. 6, p. 260-1; Clito Fornaciari Júnior, Partilha Judicial — via processual à desconstituição, *RT*, *551*:54-60.

Art. 2.017. No partilhar os bens, observar-se-á, quanto ao seu valor, natureza e qualidade, a maior igualdade possível.

Igualdade na partilha. Para a validade da partilha dever-se-á observar a maior igualdade possível quanto ao valor, natureza e qualidade dos bens, ao proceder à partilha (STF, Súmula 152) na sucessão legítima, pois na testamentária prevalecerá a vontade do testador, respeitado o direito dos herdeiros necessários (*RTJ*, *110*:1.162; *JTJ*, *165*:94; *RT*, *730*:191, *765*:214, *642*:121, *684*:138, *730*:191, *590*:235; *RF*, *274*:227; *BAASP*, *2743*:6093).

Art. 2.018. É válida a partilha feita por ascendente, por ato entre vivos ou de última vontade, contanto que não prejudique a legítima dos herdeiros necessários.

- Vide *Código Civil, arts. 426, 544, 1.789, 1.845 a 1.847 e 2.014.*

Regra para partilha em vida. A partilha em vida, se feita pelo ascendente, por ato *inter vivos*, podendo abranger parte ou totalidade de seus bens, só poderá ser efetivada desde que não prejudique a legítima dos herdeiros necessários, inspirando-se na igualdade e na justiça, não exigindo presença da autoridade judiciária, embora sujeita a revisão judicial (*RT*, *662*:83; *RSTJ*, *27*:342; *JTJ*, *176*:185, *129*:311; *RF*, *314*:95). Tal partilha-doação (*divisio parentum inter liberos*), por produzir efeito imediato, constitui adiantamento da legítima, sendo nula se excluir herdeiro necessário, exceto se o excluído premorrer, for declarado indigno ou renunciar à herança.

Partilha-testamento feita por ascendente. Na partilha-testamento (*testamentum parentum inter liberos*), feita por ato *causa mortis*, os bens serão divididos, com a abertura da sucessão entre os herdeiros, podendo o testador-ascendente atribuir ao herdeiro necessário quinhões desiguais. Mas essas desigualdades serão imputadas à sua quota disponível, não podendo lesar quota legitimária de qualquer herdeiro necessário.

BIBLIOGRAFIA: W. Barros Monteiro, *Curso*, cit., v. 6, p. 290-3; Carvalho Santos, *Código Civil*, cit., v. 24, p. 393 e 396; Beudant, *Cours de droit civil français*, v. 7, p. 234; Caio M. S. Pereira, *Instituições*, cit., v. 6, p. 310-3; Orlando Gomes, *Direito das sucessões*, cit., p. 327; Silvio Rodrigues, *Direito civil*, cit., v. 7, p. 284-5; Mazeaud e Mazeaud, *Leçons*, cit., n. 1.807 a 1.812; Ruggiero e Maroi, *Istituzioni*, cit., § 83; Itabaiana de Oliveira, *Tratado*, cit., v. 3, n. 945 a 956; Colin e Capitant, *Cours élémentaire*, cit., v. 3, n. 1.228-A; Carlos Maximiliano, *Direito das sucessões*, cit., n. 1.488; José Lopes de Oliveira, *Sucessões*, cit., p. 262-3; Clóvis Beviláqua, *Código Civil*, cit., v. 6, p. 337 e 251, n. 3; Troplong, *Donations entre vifs*, cit., v. 4, n. 2.309; M. Helena Diniz, *Curso*, cit., v. 6, p. 261-2; Arnoldo Wald, O regime jurídico da partilha em vida, *RT*, *622*:7; Zeno Veloso, *Novo Código Civil*, cit., p. 1818 e 1819.

Art. 2.019. Os bens insuscetíveis de divisão cômoda, que não couberem na meação do cônjuge sobrevivente ou no quinhão de um só herdeiro, serão vendidos judicialmente, partilhando-se o valor apurado, a não ser que haja acordo para serem adjudicados a todos.

§ 1º Não se fará a venda judicial se o cônjuge sobrevivente ou um ou mais herdeiros requererem lhes seja adjudicado o bem, repondo aos outros, em dinheiro, a diferença, após avaliação atualizada.

§ 2º Se a adjudicação for requerida por mais de um herdeiro, observar-se-á o processo da licitação.

- *Código Civil, arts. 1.322 e 1.489, IV.*
- *Código de Processo Civil, arts. 730, 879 a 903.*

Impossibilidade de divisão cômoda do bem. Há caso em que os herdeiros, ante a natureza do bem imóvel, ou móvel, só poderão receber parte ideal dele, por não poder ser cômoda ou satisfatoriamente dividido, nem caber na meação do cônjuge sobrevivente, ou no quinhão de um só herdeiro, como diz Zeno Veloso, mas nada obsta a que seja vendido judicialmente, ou seja, em hasta pública, dividindo-se o preço (valor apurado) entre eles, exceto se todos os herdeiros requererem, de comum acordo, lhes seja adjudicado. Se a adjudicação for requerida por um ou mais herdeiros, instaurar-se-á um processo licitatório; o vencedor na licitação entre os herdeiros pretendentes reporá aos outros, em dinheiro, o que sobrar (*RTJ*, *72*:270; *RT*, *548*:91, *482*:248, *261*:340 e *248*:643; *RJTJSP*, *33*:145; *EJSTJ*, *23*:163). Não se fará a venda judicial se o cônjuge sobrevivente ou um ou mais herdeiros requererem que lhes seja adjudicado o bem, repondo aos demais, em dinheiro (torna), a diferença, após avaliação atualizada (*pretium succedit in loco rei*). P. ex., "A" falece deixando a três filhos uma casa no valor de 600 mil reais. Um dos filhos requer a adjudicação do imóvel. Se sua pretensão for procedente, o adjudicatário deverá entregar a cada irmão 200 mil reais.

O artigo *sub examine* apresenta alternativas para evitar condomínio entre os herdeiros.

Art. 2.020. Os herdeiros em posse dos bens da herança, o cônjuge sobrevivente e o inventariante são obrigados a trazer ao acervo os frutos que perceberam, desde a abertura da sucessão; têm direito ao reembolso das despesas necessárias e úteis que fizeram, e respondem pelo dano a que, por dolo ou culpa, deram causa.

• Vide *Código de Processo Civil, art. 614.*

Responsabilidade pelos frutos percebidos. Os herdeiros que, desde a abertura da sucessão, estiverem na posse dos bens do espólio, o inventariante e o cônjuge supérstite terão o dever de apresentar no inventário, trazendo ao acervo hereditário, os frutos e rendimentos percebidos desde a morte do *de cujus*, para partilha final entre os herdeiros, respondendo ainda pelos prejuízos que dolosa ou culposamente vierem a causar. Isto é assim porque o proprietário dos bens da herança são os herdeiros desde o instante do falecimento do *auctor successionis*.

Direito ao reembolso das despesas necessárias e úteis. O inventariante, o cônjuge sobrevivente ou o herdeiro que, estando na posse dos bens do espólio, fizer despesas necessárias e úteis para conservá-los, terá de reaver o que despendeu, pois não será lícito que os demais herdeiros se locupletem à sua custa.

Art. 2.021. Quando parte da herança consistir em bens remotos do lugar do inventário, litigiosos, ou de liquidação morosa ou difícil, poderá proceder-se, no prazo legal, à partilha dos outros, reservando-se aqueles para uma ou mais sobrepartilhas, sob a guarda e a administração do mesmo ou diverso inventariante, e consentimento da maioria dos herdeiros.

• *Código de Processo Civil, arts. 669, III e IV e parágrafo único, e 670.*

Sobrepartilha. A sobrepartilha ou partilha adicional vem a ser uma nova partilha de bens que, por razões fáticas ou jurídicas, não puderam ser divididos entre os titulares dos direitos hereditários (*RT*, *181*:350, *192*:612 e *141*:735; *RSTJ*, *103*:243).

BIBLIOGRAFIA: Hamilton de Moraes e Barros, *Comentários ao Código de Processo Civil*, Rio de Janeiro, Forense, 1977, v. 9, p. 346-51; José Lopes de Oliveira, *Sucessões*, cit., p. 265; Orlando de Souza, *Inventários e partilhas*, São Paulo, Sugestões Literárias, 1974; Itabaiana de Oliveira, *Tratado*, cit., v. 3, n. 958; Ernane Fidélis dos Santos, *Procedimentos especiais*, São Paulo, Ed. Universitária de Direito, 1976, p. 242-4; Pontes de Miranda, *Tratado de direito privado*, cit., p. 268-72; Carvalho Santos, *Código Civil*, cit., v. 24, p. 435 e s.; M. Helena Diniz, *Curso*, cit., v. 6, p. 268-71; Carlos Alberto Bittar, *Direito das sucessões*, cit., p. 156.

Casos de sobrepartilha. Ter-se-á sobrepartilha se: *a*) houver na herança bens remotos da sede do juízo do inventário; *b*) o bem for litigioso (*Ciência Jurídica*, *21*:89), porque sua partilha será ato puramente aleatório, sendo melhor deixá-lo para a sobrepartilha; *c*) apresentar dificuldade (p. ex., por requerer avaliação, conferência de medidas etc.) ou morosidade na liquidação dos bens, para que não se atrase a partilha de outros bens do espólio, ou para evitar que uma rápida liquidação venha a lesar os herdeiros.

Como se vê, nem sempre será conveniente fazer de uma só vez a partilha, para facilitar a distribuição da herança. Poder-se-á, no prazo legal, dividir certa parcela do acervo, reservando os bens de difícil liquidação para uma ou mais sobrepartilhas, adiando sua divisão para momento mais oportuno, deixando-os sob a guarda e administração do mesmo inventariante, ou de outro que for nomeado pelo juiz, com o consentimento da maioria dos herdeiros.

Art. 2.022. Ficam sujeitos a sobrepartilha os bens sonegados e quaisquer outros bens da herança de que se tiver ciência após a partilha.

• *Código de Processo Civil, art. 669, I e II.*

• *Código Civil, arts. 1.992 a 1.996 e 2.021.*

Bens sujeitos à sobrepartilha. Além dos bens arrolados no art. 2.021 do Código Civil, também se sujeitarão à sobrepartilha: *a*) os bens sonegados, isto é, os que foram, devendo ser inventariados ou colacionados, ocultos dolosamente; e *b*) os de que se tiver ciência ou os que foram descobertos após a partilha da herança (*RT*, *205*:492, *560*:97, *568*:73 e *719*:105).

CAPÍTULO VI
DA GARANTIA DOS QUINHÕES HEREDITÁRIOS

Art. 2.023. Julgada a partilha, fica o direito de cada um dos herdeiros circunscrito aos bens do seu quinhão.

- *Código Civil, art. 2.013.*

Efeito declaratório da partilha. Com o julgamento da partilha, o direito de cada herdeiro circunscrever-se-á aos bens de seu quinhão; daí seu efeito declaratório, pois antes dela os coerdeiros terão indivisibilidade de seu direito à posse e ao domínio dos bens da massa partível.

BIBLIOGRAFIA: Astolpho de Rezende, *Manual*, cit., v. 20, p. 460-1; W. Barros Monteiro, *Curso*, cit., v. 6, p. 325-6; M. Helena Diniz, *Curso*, cit., v. 6, p. 263-4; Carlos Maximiliano, *Direito das sucessões*, cit., v. 3, p. 472; Caio M. S. Pereira, *Instituições*, cit., v. 6, p. 319; Itabaiana de Oliveira, *Tratado*, cit., v. 3, p. 977; Silvio Rodrigues, *Direito civil*, cit., v. 7, p. 289; Lomonaco, *Istituzioni*, cit., v. 4, p. 497; José Lopes de Oliveira, *Sucessões*, cit., p. 284; Clóvis Beviláqua, *Código Civil*, cit., v. 6, p. 307; Levenhagen, *Código Civil*, cit., v. 6, p. 218; Sebastião José Roque, *Direito das sucessões*, cit., p. 229.

Art. 2.024. Os coerdeiros são reciprocamente obrigados a indenizar-se no caso de evicção dos bens aquinhoados.

- Vide *Código Civil, arts. 447 a 457, 2.017 e 2.025.*

Evicção do bem aquinhoado. Se a partilha é uma divisão declaratória de propriedade, não cria um estado de direito intangível; logo, os coerdeiros estão reciprocamente obrigados a indenizar-se, havendo evicção (CC, arts. 447 a 457) dos bens aquinhoados, a fim de acautelar a observância da igualdade na partilha (CC, art. 2.017), pois não seria justo que o evicto suportasse sozinho o dano causado pelo desfalque. Imprescindível será o rateio entre os coerdeiros, dividindo-se entre eles o prejuízo, para que se iguale a legítima.

Art. 2.025. Cessa a obrigação mútua estabelecida no artigo antecedente, havendo convenção em contrário, e bem assim dando-se a evicção por culpa do evicto, ou por fato posterior à partilha.

- Vide *Código Civil, arts. 2.024, 447 a 457.*

Cessação da obrigação mútua de indenizar-se em caso de evicção. Não haverá obrigação recíproca de indenização (CC, art. 2.024) em caso de evicção se: *a*) houver convenção em contrário dispensando os riscos da evicção; *b*) a evicção se der por ato culposo do herdeiro evicto; *c*) a evicção ocorrer por fato subsequente à partilha, como, p. ex., falência, força maior, desapropriação, apreensão por razão sanitária ou fiscal (*RT*, *174*:732).

Art. 2.026. O evicto será indenizado pelos coerdeiros na proporção de suas quotas hereditárias, mas, se algum deles se achar insolvente, responderão os demais na mesma proporção, pela parte desse, menos a quota que corresponderia ao indenizado.

- Vide *Código Civil, arts. 447 a 457 e 2.024.*

Indenização do herdeiro evicto. O evicto será indenizado em dinheiro, pelos coerdeiros, proporcionalmente às suas quotas hereditárias, e, se algum deles, porventura, encontrar-se em estado de insolvência, responderão os demais pela sua parte, na mesma proporção, excluindo-se a parcela que tocaria ao indenizado.

BIBLIOGRAFIA: W. Barros Monteiro, *Curso*, cit., v. 6, p. 327-8; Itabaiana de Oliveira, *Tratado*, cit., v. 3, p. 921-2; Astolpho de Rezende, *Manual*, cit., v. 20, n. 298; Mazeaud e Mazeaud, *Leçons*, cit., v. 4, n. 1.784; Clóvis Beviláqua, *Código Civil*, cit., v. 6, p. 290-3; M. Helena Diniz, *Curso*, cit., v. 6, p. 264.

CAPÍTULO VII
DA ANULAÇÃO DA PARTILHA

Art. 2.027. A partilha é anulável pelos vícios e defeitos que invalidam, em geral, os negócios jurídicos.

- *Redação dada pela Lei n. 13.105/2015 (CPC).*
- Vide *Código Civil, arts. 104 e 171 e s., 178, I e II, 441 a 444.*
- *Código de Processo Civil, arts. 966, § 4º e 657 e parágrafo único, I a III.*

Parágrafo único. Extingue-se em um ano o direito de anular a partilha.

- *Código de Processo Civil, arts. 975, 658 e 657, parágrafo único.*

Anulação da partilha. Sendo a partilha um ato material e formal, requer a observância de certos requisitos formais, podendo ser invalidada pelas mesmas causas (coação, erro, dolo, estado de perigo, lesão, fraude contra credores e incapacidade) que inquinam de ineficácia os negócios jurídicos, por meio de ação de anulabilidade, intentada dentro do prazo decadencial de um: *a)* ano (*RTJ*, *76*:795, *98*:784, *113*:273; *RF*, *282*:299; *RT*, *867*:173, *482*:194, *476*:224; *RJTJSP*, *39*:80, *37*:143, *41*:213; *JB*, *147*:198; *EJSTJ*, *1*:39 e *5*:77; *Ciência Jurídica*, *59*:150), se a partilha for amigável (CC, art. 2.027, parágrafo único, e CPC, art. 657, parágrafo único). Pelo Enunciado n. 612, aprovado na *VII Jornada de Direito Civil*: "O prazo para exercer o direito de anular a partilha amigável judicial, decorrente de dissolução de sociedade conjugal ou de união estável, extingue-se em 1 (um) ano da data do trânsito em julgado da sentença homologatória, consoante dispõem o art. 2.027, parágrafo único, do Código Civil de 2002, e o art. 1.029, parágrafo único, do Código de Processo Civil (art. 657, parágrafo único, do CPC); ou *b)* de dois anos, contados do trânsito em julgado da decisão, para *ação rescisória* na hipótese de partilha judicial (CPC, arts. 975 e 658; *RTJ*, *113*:273; *RT*, *600*:212, *721*:99; *RJTJSP*, *73*:116 e *70*:124).

BIBLIOGRAFIA: W. Barros Monteiro, *Curso*, cit., v. 6, p. 329-33; M. Helena Diniz, *Curso*, cit., v. 6, p. 265; Levenhagen, *Código Civil*, cit., v. 6, p. 219-20; Clóvis Beviláqua, *Código Civil*, cit., obs. ao art. 1.805, v. 6; João A. Leivas Job, *Da nulidade de partilha*, São Paulo, Saraiva, 1986; Sebastião José Roque, *Direito das sucessões*, cit., p. 233-5; J. J. Calmon de Passos, Nulidade, anulabilidade e rescindibilidade de partilha, *ADV*, abr. 88, p. 17; Humberto Theodoro Jr., Partilha: nulidade, anulabilidade e rescindibilidade, *RP*, *45*:218; Fernando C. Trindade, Da nulidade de partilha ou a aplicação dos métodos histórico e fenomenológico ao estudo do direito, *AMJ*, *115*:75.

LIVRO COMPLEMENTAR
DAS DISPOSIÇÕES FINAIS E TRANSITÓRIAS

Art. 2.028. Serão os da lei anterior os prazos, quando reduzidos por este Código, e se, na data de sua entrada em vigor, já houver transcorrido mais da metade do tempo estabelecido na lei revogada.

• *Súmula 371 do Superior Tribunal de Justiça.*

Prazos legais e relatividade da preservação de situações temporais em via de serem consolidadas. Já houve decisão no sentido de que, por força do princípio do efeito imediato da lei nova, os prazos, nela estabelecidos, começam a correr da data de sua vigência (*RF*, *103*:277). Como a prescrição (aquisitiva ou extintiva), ou decadência, começada ainda não se findou ao entrar em vigor a lei nova, deverá submeter-se ao comando desta, uma vez que o fato aquisitivo ainda não se realizou e assim sendo não há direito adquirido? A lei nova, em regra, não poderia incidir, aumentando ou encurtando o prazo decadencial para o exercício do direito, visto ser parte integrante do próprio direito. Logo, alterá-lo seria uma ofensa ao direito adquirido, que se consolidou antes da lei nova. Se esta vier a alterar o prazo decadencial, não atingirá aquele em curso. A decadência do direito nascido sob a égide do Código Civil de 1916 continuará sendo por ele regulado, mesmo que o prazo só venha a consumar-se sob o império da novel norma. Isso apenas se daria se houvesse silêncio do novo texto legal, em disposição transitória. Se assim é, se esta contiver norma que, excepcional ou expressamente, determine que a modificação do prazo decadencial em curso afetará as situações emergentes da lei anterior, tal se dará, mas não poderá atingir o efeito já produzido antes da entrada em vigor da lei nova. Por isso, há quem entenda, como Humberto Theodoro Jr., que o art. 2.028 não alcança o prazo decadencial, mas apenas o prescricional e o *ad usucapionem*. Quando o CPC de 1973 reduziu o prazo de decadência para propositura de ação rescisória de sentença de cinco para dois anos (o CPC/2015, no art. 975, manteve esse prazo), José Carlos Barbosa Moreira entendeu que todo direito potestativo (a rescisão, no caso) adquirido antes da lei que alterou o prazo decadencial de seu exercício continuará submetendo-se ao da lei do tempo de sua constituição, aplicando-se o prazo da lei nova apenas aos aperfeiçoados após a vigência desta. O exercício do direito afasta a decadência, e esta só se operará se aquele direito não for exercido. Ora, se não foi exercido, entendemos, nada obsta a que ao prazo de decadência se aplique, quando for o caso, o art. 2.028 (STF, RE 93.698/MG, j. 10-2-1981, rel. Min. Soares Muñoz, TFR, AC 65.533/SP, j. 6-8-1981, rel. Min. Carlos Velloso). Havendo encurtamento de prazo legal, seria viável o estabelecimento de uma proporção entre o lapso temporal da lei nova e o da lei anterior? Os prazos de usucapião, decadência e prescrição constituem um direito de aquisição complexa, decorrente da realização de vários elementos, situando-se numa de suas modalidades, a de *direito de aquisição sucessiva*, pois só é obtido mediante decurso de um certo lapso de tempo. É adquirido dia a dia, com o correr sucessivo do tempo. Se assim é, de um lado a retroatividade imediata do novo Código levaria a ignorar a patrimonialidade do prazo já transcorrido e, por outro lado, a integral aplicação do Código Civil de 1916 faria com que se considerasse como adquirido um direito, cuja perfeição estava na dependência de elementos temporais ainda não verificados. Eis por que a doutrina tem considerado como válido o lapso de tempo já decorrido, computando-se o que está por escoar conforme o disposto na lei nova. Nisto se baseou a *recta ratio*, como demonstra o disposto no art. 2.028 do novo Código Civil, ora comentado, apresentando um corolário, ao estabelecer uma relativa proporção entre o lapso temporal anterior e o do novo Código Civil, assegurando, na medida do possível, à parte contrária um prazo para exercer sua defesa. Garantida está a consecução do duplo fim social da norma: outorgar vantagem ao adquirente e coartar o efeito de, em determinados casos, diminuir desequilibradamente ou de cancelar *ex abrupto* o direito a outra parte. Por isso, pode a lei nova dar eficácia à anterior quanto ao tempo transcorrido sob sua égide, desde que norma de direito intertemporal, expressamente, imponha certos limites. Foi o que fez, com acerto, o art. 2.028, apresentando uma "postura" prático-normativa ao estabelecer uma continuidade entre o momento passado e o presente, determinando condições ao cômputo do tempo para a configuração da prescrição (extintiva ou aquisitiva), e da decadência. Com o escopo de evitar conflitos ou lesões que poderão emergir do novo Código em confronto com o de 1916, esta norma intertemporal *sub examine* procura, portanto, conciliar o novel diploma legal com relações relativas a prazos já definidas pelo Código Civil de 1916. Assim, os prazos prescricionais, decadenciais e inclusive os *ad usucapionem* (CC, arts. 1.238, *caput*, e 1.242, *caput*), de que, por ocasião da entrada em vigor do novo Código, já tiver transcorrido *mais da metade* do tempo (metade do prazo mais um dia) estabelecido na lei revogada, serão os desta, apesar de terem sido reduzidos pelo novo diploma legal, em respeito à patrimonialidade gerada. E se houver transcorrido a metade ou menos da metade do prazo previsto no Código Civil de 1916, será o do novo Código? A redação do art. 2.028 está incompleta, não contendo critério para a hipótese em que o prazo transcorrido for a metade ou menos da metade do tempo estabelecido pela lei velha, nem traçando diretriz para o cômputo do novo prazo, esclarecendo se o prazo já decorrido antes de sua vigência deverá, ou não, ser contado. Como determinar, então, o *dies a quo* do novo prazo? A solução seria contar o novo prazo a partir da vigência do Código Civil de 2002, em nada aproveitando o tempo decorrido antes de sua entrada em vigor, desprezando-se o tempo que fluiu? "A partir da vigência do novo Código Civil, o prazo prescricional das ações de reparação de danos que não houver atingido a metade do tempo previsto no Código Civil de 1916 fluirá por inteiro, nos termos da nova lei (art. 206)" (Enunciado n. 50, aprovado na *I Jornada de direito civil*, promovida, em setembro de 2002, pelo Centro de Estudos Judiciários do CJF). Nesse mesmo sentido: 2º TACSP, 4ª Câm., AI 804.703-0/0, j. 14-8-2003; AI 804.684-0/5; 2ª Câm., AI 819.302-00/4, j. 20-10-2003; AI 804.859-00/0, j. 6-10-2003; 6ª Câm., AI 804.799-00/3, j. 24-9-2003; 8ª Câm., AI 804.678-00/5, j. 25-9-2003; 10ª Câm., AI 813.603-00/6, j. 5-11-2003). Esse é, também, o entendimento de Jones Figueirêdo Alves e Mário Luiz Delgado: "Tomando, por exemplo, o caso da ação de indenização, cujo prazo prescricional foi reduzido de 20 para 3 anos. Se na data da entrada em vigor do novo Código já houver transcorrido 11 anos (mais da metade do prazo vintenário), aplica-se o prazo da lei anterior, ou seja, 20 anos (além dos 11 já transcorridos, mais 9 anos). *A contrario sensu*, se houver transcorrido 9 anos (menos da metade do prazo da lei velha), aplica-se o prazo da lei nova, com a contagem iniciada a partir dali. Ou seja, além dos 9 anos, teria o titular da pretensão indenizatória mais 3 anos para exercê-la. Nos casos de ampliação de prazo, como se deu, por exemplo, com as ações dos advogados e médicos para cobrança de honorários, cujo prazo foi ampliado de 1 para 5 anos, aplica-se o prazo da lei nova, desde que a prescrição não se tenha consumado na vigência da anterior. Assim, já havendo transcorrido 6 meses da prescrição ânua quando da entrada em vigor deste Código, tem o profissional liberal mais 4 anos e 6 meses para exercer a sua pretensão". A matéria não é pacífica. Com isso, de um lado, evitar-se-ia que a lei nova acarrete a consumação do prazo antes de sua vigência, mas, de outro, poder-se-ia dar um prêmio à inércia do credor ou do proprietário, ferindo não só os princípios da função social do contrato e da propriedade, gerando a eles um benefício maior do que o do regime anterior, instaurando uma lacuna axiológica, como também o princípio da isonomia, dando um tratamento desigual às situações iguais. Se prescrição (aquisitiva ou extintiva) e decadência são sanções advenientes por incúria ou desídia, como beneficiar credor, ou proprietário, inerte, com a fluência do prazo por inteiro, nos moldes da novel lei, a partir de sua vigência, se os prazos não atingiram, antes de sua entrada em vigor, mais da metade do tempo previsto na lei revogada?

Humberto Theodoro Jr., para conciliar o tempo decorrido antes da lei nova com o transcorrido depois de sua vigência, propõe o cômputo do prazo da lei nova a partir de sua entrada em vigor, sem desprezar a fração temporal já fluída antes dela. P. ex., se um prazo de 5 anos foi reduzido para três, entende que: "*a*) se transcorreram três anos no regime velho, a prescrição se dará normalmente em cinco anos, como se não tivesse ocorrido a inovação do Código atual; *b*) se, no entanto, houvesse transcorrido apenas um ano, a prescrição se dará quando se completarem quatro anos (um da lei velha mais três da nova); *c*) se, finalmente, houvessem transcorrido dois anos e meio antes da lei nova, a prescrição se dará ao completarem-se cinco anos (dois anos e meio mais dois anos e meio depois da lei nova), porque o prazo antigo (maior) completou-se antes do prazo menor contado a partir da lei nova". Mário Luiz Delgado, por sua vez, apresenta uma solução conciliadora: a aplicação imediata do prazo novo, aproveitando o lapso temporal anteriormente decorrido apenas na hipótese em que o não aproveitamento do prazo transcorrido acarretar aumento do prazo previsto na lei revogada. Assim, "iniciada a contagem de determinado prazo sob a égide do Código Civil de 1916, e vindo a lei nova a reduzi-lo, prevalecerá o prazo antigo, desde que transcorrido mais de metade deste na data da entrada em vigor do novo Código. O novo prazo será contado a partir de 11 de janeiro de 2003, desprezando-se o tempo anteriormente decorrido, salvo quando o não aproveitamento do prazo já decorrido implicar aumento do prazo prescricional previsto na lei revogada, hipótese em que deve ser aproveitado o prazo já decorrido durante o domínio da lei antiga, estabelecendo-se uma continuidade temporal" (Enunciado n. 299 do CJF, aprovado na *IV Jornada de Direito Civil — no mesmo sentido — BAASP, 2564:4652*). Realmente, temos aí um caso de sobrevivência tácita da antiga norma, pois seria ilógico que uma norma cujo escopo é diminuir prazo pudesse aumentá-lo, tornando-o mais extenso que o da lei que revogou. Solução lógica e inteligente, mas não poderia ela ferir o princípio da isonomia, por estar tratando desigualmente situações iguais? Aplicando-se os arts. 4º e 5º da LINDB, a solução equitativa não parece estar na aplicação imediata da lei nova considerando-se, porém, em qualquer caso, válido o tempo já decorrido, em respeito ao direito de aquisição sucessiva, computando-se o lapso por escoar de acordo com a lei nova?

Para eliminar dúvidas, melhor teria sido que se seguisse a esteira do atual CC português, que, no art. 297º, 1, assim dispõe: "A lei que estabelecer, para qualquer efeito, um prazo mais curto do que o fixado na lei anterior é também aplicável aos prazos que já estiverem em curso, mas o prazo só se conta a partir da entrada em vigor da nova lei, a não ser que, segundo a lei antiga, falte menos tempo para o prazo se completar", ou a do art. 19 das Disposições Transitórias do CC Suíço, que ordena "contar o tempo decorrido sob uma e outra norma, proporcionalmente: p. ex., em havendo o decurso de dez anos, quando o prazo era de vinte e foi limitado a cinco; como se completou a metade do período fixado outrora, deve fluir a metade, também, do novo trato, isto é, dois anos e meio". Ou, então, que o artigo ora comentado prescrevesse que a contagem do prazo menor se desse a partir da vigência do novo Código Civil.

Pelo Enunciado n. 564 do Conselho da Justiça Federal (aprovado na *VI Jornada de Direito Civil*): "As normas relativas à usucapião extraordinária (art. 1.238, *caput*, do CC) e à usucapião ordinária (art. 1.242, *caput*, do CC), por estabelecerem redução de prazo em benefício do possuidor, têm aplicação imediata, não incidindo o disposto no art. 2.028 do Código Civil".

Jurisprudência. "Civil — Processual civil — Recurso especial — Ação monitória — Prescrição — Inocorrência — Prazo — Novo Código Civil — Vigência — Termo inicial.

1 — À luz do novo Código Civil o prazo prescricional das ações pessoais foi reduzido de 20 (vinte) para 10 (dez) anos. Já o art. 2.028 assenta que "serão os da lei anterior os prazos, quando reduzidos por este Código, e se, na data de sua entrada em vigor, já houver transcorrido mais da metade do tempo estabelecido na lei revogada". Infere-se, portanto, que tão somente os prazos em curso que ainda não tenham atingido a metade do prazo da lei anterior (menos de dez anos) estão submetidos ao regime do Código vigente.

Entretanto, consoante nossa melhor doutrina, atenta aos princípios da segurança jurídica, do direito adquirido e da irretroatividade legal, os novos prazos devem ser contados a partir da vigência do novo Código, ou seja, 11 de janeiro de 2003, e não da data da constituição da dívida.

2 — Conclui-se, assim, que, no caso em questão, a pretensão da ora recorrida não se encontra prescrita, pois o ajuizamento da ação ocorreu em 13-2-2003. Um mês, após o advento da nova legislação civil" (STJ, REsp 848.161/MT, rel. Min. Jorge Scartezzini, 4ª T., j. 5-12-2006, *DJ*, 5-2-2007, p. 257).

"Responsabilidade civil. Prescrição. Fato ocorrido na vigência da lei anterior. Propositura após a entrada em vigor no novo Código Civil. Aplicabilidade do novo prazo contado a partir da entrada em vigor do novo estatuto. Em sendo mais curto o prazo prescricional estabelecido pelo novo Código Civil, a prescrição conta-se de acordo com as regras da lei anterior. Se o prazo prescricional em curso ainda não atingira sua metade, ele pode ser reduzido, por efeito do Código Civil de 2002. O prazo diminuído começou a contar integralmente em janeiro de 2003. Nada importa o tempo percorrido pelo prazo anterior (CC, art. 2.028). Se o acidente ocorreu em janeiro de 1997, a prescrição da ação de indenização ocorreu em janeiro de 2006. Como a Lei não pode retroagir, a contagem do triênio deve iniciar no próprio dia em que o Código novo ganhou vigência: janeiro de 2003" (STJ, REsp 905.210/SP, rel. Min. Humberto Gomes de Barros, 3ª T., j. 15-5-2007, *DJ*, 4-6-2007, p. 353 — *BAASP, 2564*:4652).

"Direito civil. Execução de alimentos. Prescrição. Novo Código Civil. Redução. Contagem do novo prazo. Termo inicial. O prazo prescricional em curso, quando diminuído pelo novo Código Civil, só sofre a incidência da redução a partir da sua entrada em vigor, quando cabível (art. 2.028). Nesse caso, a contagem do prazo reduzido se dá por inteiro e com marco inicial no dia 11-1-2003, em homenagem à segurança e à estabilidade das relações jurídicas. Precedentes" (STJ, REsp 717.457/PR, rel. Min. Cesar Asfor Rocha, 4ª T., j. 27-3-2007, *DJ*, 21-5-2007, p. 584).

BIBLIOGRAFIA: R. Limongi França, *Direito intertemporal brasileiro*, São Paulo, Revista dos Tribunais, 1968, p. 30-1, 466 a 469, 543 e 544; José Salgado Martins, Conflito de leis no tempo — a aplicação da lei nova às prescrições em curso — a Lei n. 2.437 e o Código Civil, *Revista Jurídica, 66*:5; Reynaldo Porchat, Retroatividade das leis que abreviam prazos para prescrições, *Revista de Direito, 50*:454; M. Helena Diniz, *Comentários ao Código Civil*, coord. Antônio Junqueira de Azevedo, São Paulo, Saraiva, 2003, v. 22; Janio de Souza Machado, A redução de prazos de prescrição e o novo Código Civil, *RT, 805*:20; Antonio Jeová Santos, *Direito intertemporal e o novo Código Civil,* São Paulo, Revista dos Tribunais, 2003, p. 103-14; Mário Luiz Delgado, Problemas de direito intertemporal: breves considerações sobre as disposições finais e transitórias do Novo Código Civil brasileiro, in *Novo Código Civil — questões controvertidas*, São Paulo, Método, 2003, p. 491-7; Humberto Theodoro Jr., *Comentários*, cit., v. 3, t. 2, p. 301-2, 352-64; José Carlos Barbosa Moreira, *Comentários ao Código de Processo Civil*, Rio de Janeiro, Forense, 1985, v. V, p. 219; Jones F. Alves e Mário Luiz Delgado, *Código*, cit., p. 137.

Art. 2.029. Até dois anos após a entrada em vigor deste Código, os prazos estabelecidos no parágrafo único do art. 1.238 e no parágrafo único do art. 1.242 serão acrescidos de dois anos, qualquer que seja o tempo transcorrido na vigência do anterior, Lei n. 3.071, de 1º de janeiro de 1916.

- Vide *Código Civil, arts. 1.238, parágrafo único, 1.242, parágrafo único, e 2.028.*
- *Código Civil de 1916, arts. 550 e 551.*

Prazos de usucapião. Os prazos de usucapião extraordinária (de dez anos, se o possuidor estabeleceu no imóvel sua moradia habitual ou nele realizou obras ou serviços de caráter produtivo) e de usucapião ordinária (de cinco anos, se o imóvel houver sido adquirido, onerosamente, com base em assento constante do registro próprio, cancelada posteriormente, desde que os possuidores nele tiverem estabelecido a sua moradia, ou realizado investimentos de interesse social e econômico) sofrerão, até dois anos após a entrada em vigor do novo Código, um acréscimo de dois anos, pouco importando o tempo transcorrido (metade, mais ou menos da metade) sob a égide do antigo Código Civil. Até 11 de janeiro de 2005, os prazos, no caso em tela, serão de 12 e 7 anos. Consequentemente, aqueles prazos de 10 e 5 anos apenas se aplicarão após o transcurso do primeiro biênio de vigência do novel Código, àqueles possuidores cuja situação, que se enquadraria nos arts. 1.238 e parágrafo único e 1.242 e parágrafo único, se iniciou após sua entrada em vigor. Isto é assim porque se configurou a *posse-trabalho* e para que se possa atender ao princípio da função social da propriedade, não se aplicando, durante o primeiro biênio de vigência do novo Código Civil, o disposto no art. 2.028, nas hipóteses dos arts. 1.238 e parágrafo único e 1.242 e parágrafo único. Se, p. ex., até dois anos da entrada em vigor do novo Código Civil, alguém já vinha possuindo, desde o império do Código Civil de 1916, com *animus domini*, imóvel por 9 anos sem justo título e boa-fé, tendo nele estabelecido sua morada e o tornado produtivo, não terá de aguardar mais 11 anos para pedir a usucapião extraordinária, como previa o art. 550 do Código Civil de 1916, que, para tanto, exigia 20 anos de posse ininterrupta, nem se lhe aplicaria o disposto no art. 2.028, pois como reside no imóvel e nele realizou obras sociais e econômicas, ter-se-á a posse *ad laborem*, logo bastar-lhe-á, ante a patrimonialidade do prazo transcorrido, esperar mais três anos para pedir a propriedade, obtendo a sentença declaratória de usucapião, pois pelo art. 1.238, parágrafo único, o prazo é de 10 anos, acrescido de mais dois anos por força do art. 2.029 do Código Civil. Deverá, então, cumprir doze anos de posse-trabalho para obter, por meio de usucapião, a propriedade daquele imóvel. E, se quando a novel lei entrou em vigor, a pessoa já tiver treze anos de posse-trabalho, poderia ela pedir a sentença declaratória de usucapião? Parece-nos que sim, ante a patrimonialidade do prazo, mas há quem entenda, como Mário Luiz Delgado, cuja *opinio* respeitamos, que aquele acréscimo de dois anos será contado a partir de 11 de janeiro de 2003. Com isso, perguntamos, não se teria um aumento de prazo, 12 para 15 anos, uma vez que já se passaram 13, ferindo a teleologia do novo Código Civil e o princípio da função social da propriedade, consagrado constitucionalmente? Se na posse-trabalho tutela-se o possuidor porque a destinação do imóvel à moradia ou ao trabalho produtivo já se consolidou, não estariam legitimados o privilégio ao princípio da função social da propriedade e o prazo já decorrido sob o império da lei revogada? Se o art. 2.029 admitisse aquela ampliação do prazo, não entraria em conflito com os arts. 1.238, parágrafo único, e 1.242, parágrafo único, gerando, na lição de Engisch, uma *antinomia teleológica*, por apresentar incompatibilidade com o fim proposto por certas normas (CC, arts. 1.238, parágrafo único, e 1.242, parágrafo único) e o meio previsto por outra (art. 2.029) para alcançar tal finalidade? A relação de meio e fim entre as normas não deveria verificar-se? Também não poderia aquela ampliação instaurar no sistema jurídico uma lacuna axiológica, por acarretar injustiça (LINDB, art. 5º) ao possuidor que atendeu aos requisitos legais? Tal comando da nova lei se deu para atender motivo de relevante interesse social. Deveras, segundo Nicola Stolfi, quando uma lei limita a propriedade privada, para satisfazer exigências sociais, estenderá seu império inclusive sobre direitos anteriormente constituídos. Há uma proteção especial da posse *pro labore* com o escopo de valorizar e concretizar a função social da propriedade, representada pelo lavor e moradia. Tutela-se a posse-trabalho pela sua funcionalidade e protege-se o possuidor porque a destinação do imóvel à habitação e à produtividade já se consolidou, legitimando esse seu privilégio, ante o princípio da socialidade. Assim sendo, em relação às demais hipóteses de posse *ad usucapionem*, cujos prazos sofreram redução pelo novo Código Civil, aplicar-se-á o disposto no art. 2.028.

A partir de 11-1-2005, aos prazos de usucapião ordinária e extraordinária não mais deverão ser adicionados os dois anos, pois o art. 2.029 é norma transitória, que não mais terá aplicabilidade.

Jurisprudência

Sobre a aplicação do art. 2.029 *vide* os parágrafos:

a) (TSJP. 4ª Câmara de Direito Privado. Recurso de Apelação n. 459.235.4/0-00. Relator Desembargador Ênio Santarelli Zuliani. Data do julgamento: 2 de agosto de 2007) "Usucapião — Hipótese de redução do prazo, pela situação do parágrafo único do art. 1.238, do CC, com o aumento do prazo de posse *ad usucapionem* previsto no art. 2.029, do Código Civil — Pretendente que confirma ser titular de posse exclusiva, ininterrupta e de boa-fé, exercendo-a por doze anos e três meses, local em que construiu sua casa, não tendo demonstrado a ocupação por título precário [comodato], como suscitado em defesa — Provimento para colher o pedido". Nesse mesmo julgado é possível observar a seguinte passagem: "observa-se ter sido protocolizada a ação em 14/4/2003, em plena vigência da Lei n. 10.406/2002, o que remete o intérprete para a regra do art. 2.029, tendo em vista que o pedido de usucapião está fundado no prazo do parágrafo único do art. 1.238. É de se concluir, do estudo de tais normas, que o prazo de usucapião seria de 12 [doze] anos de posse *ad usucapionem*, o que, em tese, confirmaria o direito do autor. Isso porque, recorde-se, partindo-se do marco definido como *dies a quo* [janeiro de 1991], completou-se doze anos em janeiro de 2003". E prossegue o desembargador relator: "O Código Civil novo continua fiel aos princípios herdados do direito romano e estabelece, de forma nítida, não existir entre esses direitos um ponto que os distingue de forma a outorgar primazia. Na verdade, como sempre ocorre, predomina o direito que se assenta na valorização da função social da coisa imobiliária, sabido que o instituto da usucapião surgiu para reconhecer validade do uso habitual e honesto de imóveis que são, por assim dizer, esquecidos ou abandonados pelos proprietários. O não exercício da posse, aliado a uma falta de vigilância constante, permite que surja a ocupação com finalidade adequada ao sentido da organização política e social, o que termina premiando a posse. O reconhecimento da usucapião nada mais significa do que consagrar a posse justa como expressão do melhor direito, ainda que se inferiorize o direito real de propriedade".

b) (TJMG. 9ª Câmara Cível. Recurso de Apelação n. 1.0024.04.438394-1/001. Relator Desembargador José Antônio Braga. Data do julgamento 20 de julho de 2010) "Usucapião — imóvel destinado à moradia dos autores — art. 1.238 parágrafo único do CC/2002 — regra de transição — lapso temporal — requisitos preenchidos — prescrição aquisitiva. — Como o parágrafo único do art. 1.238 do CC/2002 não previu a redução do prazo da usucapião extraordinária, estabelecido no art. 550 do CC/1916, mas, sim, trouxe a lume uma nova espécie de usucapião, o lapso temporal de dez anos a ele referente deve ser contado, não somente da entrada em vigor do códex atual, mas desde o início da posse, ainda que sob a égide da lei anterior, acrescidos de 02 anos, nos termos do art. 2.029 daquele diploma legal. — Preenchidos todos os requisitos legais (*animus domini*, posse mansa, pacífica e ininterrupta por lapso temporal previsto em lei) é de rigor o conhecimento da aquisição da propriedade por usucapião". O excelentíssimo desembargador relator se vale dos ensinamentos de Maria Helena Diniz e afirma: "Nesse contexto, imperioso destacar que a demanda foi ajuizada em 30/08/2004, quando já estava em vigor a nova legislação civil, mas ainda não havia transcorrido mais de 02 (dois) anos da sua vigência, razão pela qual aplicável a regra de transição estatuída no art. 2.029 supracitado, que determina que o prazo para a usucapião qualificada pela função social seja acrescido de dois anos, perfazendo o lapso temporal de 12 anos" (TJSP. 18ª Câmara de Direito Privado. Recurso de Apelação n. 7160781-7. Relator Desembargador Jurandir de Sousa Oliveira. Data do julgamento 23 de outubro de 2007) "Reintegração de posse. Terreno urbano. Posse dos réus comprovada por mais de 12 anos. Usucapião como matéria de defesa. Aplicação do art. 1.238, parágrafo único, c.c. o art. 2.029 do CC/2002. Ocorrência da preclusão aquisitiva, todavia, é necessário o seu reconhecimento judicial na ação própria, para o que será necessário o processo adequado, com todas as formalidades estabelecidas na lei, em especial para o reconhecimento pleno do domínio, com validade *erga omnes* e para efeitos de disponibilidade. Sentença mantida".

c) (TJMG. 11ª Câmara Cível. Recurso de Apelação n. 1.0245.03.029428-5/001. Relator Desembargador Fernando Caldeira Brant. Data do julgamento 1º de julho de 2009) "Prescrição aquisitiva — Usucapião extraordinário — art. 2.029 do Código Civil/2002 — Aumento do prazo — Comprovação do decurso necessário. Nos termos do art. 2.029 do Código Civil/2002: "até 2 (dois) anos após a entrada em vigor deste Código, os prazos estabelecidos no parágrafo único do art. 1.238 e no parágrafo único do art. 1.242 serão acrescidos de 2 (dois) anos, qualquer que seja o tempo transcorrido na vigência do anterior. Lei n. 3.071, de 1º de janeiro de 1916".

d) (TJMG. 10ª Câmara Cível. Recurso de Apelação nº 1.0079.03.110380-1/001. Relator Desembargador Pereira da Silva. Data do julgamento: 29 de abril de 2008) "Ação de usucapião extraordinária. Lapso temporal. Novo Código Civil. Posse mansa, pacífica e ininterrupta com '*animus domini*' comprovada. Voto vencido. Havendo a presente ação de usucapião extraordinária, de imóvel utilizado como moradia, sido ajuizada no prazo de até dois anos após a vigência do novo Código Civil, deve ser observada a posse mansa e pacífica de doze anos, nos termos do art. 2.029, c/c p. u art. 1.238, ambos do referido diploma, e comprovada a posse exercida neste prazo, com '*animus domini*', é de se manter a sentença, que deferiu o pedido. Fazendo o réu, proprietário do imóvel 'usucapiendo', prova de ter notificado o Requerente em relação à ocupação do imóvel, antes de findo o lapso temporal estabelecido pela lei, falta ao Requerente um dos requisitos para aquisição da propriedade do bem através da usucapião extraordinária, qual seja, o exercício da posse de forma mansa e pacífica. Apelação provida. VV.: Ajuizada a ação de usucapião até dois anos da entrada em vigor do Novo Código Civil, sob a alegação de utilização do imóvel para moradia habitual, caberá ao autor comprovar a posse mansa, pacífica e ininterrupta, pelo prazo de doze anos, até a data da propositura da ação. Inteligência dos artigos 1.238, parágrafo único, c/c 2.029, ambos do CC/02. (Des. Marcos Lincoln)".

e) (STJ. 4ª Turma. Recurso Especial n. 1.088.082 — RJ. Relator Ministro Luis Felipe Salomão. Data do julgamento: 2 de fevereiro de 2010) "Direitos reais. Usucapião extraordinário. Posse parcialmente exercida na vigência do Código Civil de 1916. Aplicação imediata do art. 1.238, § único, do Código Civil de 2002. Inteligência da regra de transição específica conferida pelo art. 2.029. Recurso especial conhecido em parte e, na extensão, provido. 1. À usucapião extraordinária qualificada pela "posse-trabalho", previsto no art. 1.238, § único, do Código Civil de 2002, a regra de transição aplicável não é a insculpida no art. 2.028 (regra geral), mas sim a do art. 2.029, que prevê forma específica de transição dos prazos da usucapião dessa natureza. 2. O art. 1.238, § único, do CC/02, tem aplicação imediata às posses *ad usucapionem* já iniciadas, "qualquer que seja o tempo transcorrido" na vigência do Código anterior, devendo apenas ser respeitada a fórmula de transição, segundo a qual serão acrescidos dois anos ao novo prazo, nos dois anos após a entrada em vigor do Código de 2002. 3. A citação realizada em ação possessória, extinta sem resolução de mérito, não tem o condão de interromper o prazo da prescrição aquisitiva. Precedentes. 4. É plenamente possível o reconhecimento da usucapião quando o prazo exigido por lei se exauriu no curso do processo, por força do art. 462 do CPC, que privilegia o estado atual em que se encontram as coisas, evitando-se provimento judicial de procedência quando já pereceu o direito do autor ou de improcedência quando o direito pleiteado na inicial, delineado pela *causa petendi* narrada, é reforçado por fatos supervenientes. 5. Recurso especial parcialmente conhecido e, na extensão, provido". O eminente ministro relator traz no bojo de seu voto regras que seriam aplicáveis aos casos envolvendo direito intertemporal em matéria de usucapião: "Em síntese, se, em 11.01.2003: a) a posse for igual ou superior a 9 (nove) anos, e não ultrapassar 18 (dezoito) anos, ao tempo já implementado somam-se 2 (dois) anos; b) se a posse for igual ou superior a 18 (dezoito) anos, aplica-se o prazo da lei anterior, em respeito ao próprio escopo da lei nova; c) se a posse for inferior a 9 (nove) anos, aplica-se de imediato o novo prazo, que somente se aperfeiçoará após 11.01.2005, fora, portanto, do lapso temporal de transição".

BIBLIOGRAFIA: Nicola Stolfi, *Diritto civile*, Torino, 1916, v. 1, p. 643-4; M. Helena Diniz, *Comentários ao Código Civil*, coord. Antônio Junqueira de Azevedo, São Paulo, Saraiva, 2003, v. 22; Mário Luiz Delgado, *Problemas*, cit., p. 496; Matiello, *Código*, cit., p. 1298; Karl Engisch, *Introdução ao pensamento jurídico*, Lisboa, 1964, p. 259 e 260; M. Helena Diniz, Reflexos do princípio constitucional da função social da propriedade na usucapião. *Novos rumos para o direito público* — reflexões em homenagem a Lúcia Valle Figueiredo, coord. Marcelo Figueiredo, Belo Horizonte, Fórum, 2012, p. 309-22.

Art. 2.030. O acréscimo de que trata o artigo antecedente, será feito nos casos a que se refere o § 4º do art. 1.228.

- *Código Civil, arts. 2.029 e 1.228, § 4º.*
- *Constituição Federal, arts. 5º, XXIII, 186, 182, § 2º, e 170, III.*

Prazo para configuração da desapropriação judicial fundada na posse "pro labore". A posse traduzida em trabalho criador de um número considerável de pessoas, concretizado em obras ou serviços produtivos e pela construção de uma morada, poderá fazer com que, se for ininterrupta e de boa-fé, o proprietário reivindicante fique privado de sua área, mediante pagamento de justa indenização, diante do interesse social. O prazo, previsto para tanto, é de mais de cinco anos, e sofrerá, até 11 de janeiro de 2005, por se tratar de novo instituto jurídico, acréscimo de mais dois se a situação que lhe deu origem teve início antes da vigência do atual Código Civil ou durante a *vacatio legis*. Assim sendo, se considerável número de pessoas, possuidoras de boa-fé, ocupava, há três anos, área extensa, nela realizando, conjunta ou separadamente, serviços sociais e econômicos de grande relevância, antes da vigência do novo Código Civil, até dois anos após a entrada em vigor desse Código, ou seja, até 11 de janeiro de 2005, o prazo de cinco anos, previsto no § 4º do art. 1.228, sofrerá o acréscimo de mais dois anos, por se tratar de novo instituto; logo, só adquirirão a propriedade após o decurso do prazo de mais quatro anos; só depois de sete anos de exercício de posse-trabalho, se o proprietário ajuizar ação requerendo a propriedade, poderão os possuidores pleitear a fixação, em sentença judicial, da justa indenização a ser paga ao reivindicante. Tal sentença servirá de título translativo da propriedade a ser levado a assento no Registro Imobiliário da situação do imóvel. Com isso aqueles possuidores passarão a ser os novos proprietários. Logo o proprietário reivindicante, em vez de reaver o bem de raiz, receberá, em dinheiro, o seu justo valor. Dá-se ao Judiciário o exercício do poder expropriatório em casos concretos. Trata-se da desapropriação judicial pela posse-trabalho, motivada por interesse socioeconômico relevante, admitido pelo órgão judicante em atendimento ao princípio da função social da propriedade, que é de ordem pública e consagrado constitucionalmente. E, se, por ocasião da entrada em vigor do novel diploma legal, já decorreram sete anos, os ocupantes poderão beneficiar-se do disposto no art. 1.228, § 4º, ante o comando do art. 2.030. Apesar disso, há quem entenda, como Mário Luiz Delgado, que, na hipótese acima, deverão aguardar, ainda, o prazo de mais dois anos. Ora, se já se passaram sete, com mais dois, teriam de ter nove anos de posse-trabalho; não estaria tal entendimento, com todo o respeito que temos, ferindo o fim social perseguido pela norma (LINDB, art. 5º), o princípio da isonomia, tratando desigualmente o igual, e o direito adquirido, visto que o art. 2.030, expressamente, aceita, no caso *sub examine*, a teoria do direito de aquisição sucessiva? O magistrado deverá procurar, na medida do possível, harmonizar a propriedade com sua função social, mesmo que o fato gerador do ato expropriatório-judicial tenha ocorrido antes da vigência do novo Código Civil, compensando o trabalho e as obras de um número considerável de pessoas em área improdutiva, pertencente a outrem.

Não se poderá nem mesmo alegar a inconstitucionalidade dos arts. 1.228, §§ 4º e 5º, e 2.030 do Código Civil de 2002, ante o disposto no art. 5º, XXII, da Constituição Federal, considerando-os uma afronta ao direito de propriedade garantido em cláusula pétrea constitucional, visto que há uma antinomia real de segundo grau, ante o conflito entre o critério hierárquico e o da especialidade. Deveras, havendo uma norma superior geral (CF, art. 5º, XXII) e outras inferiores especiais (CC, arts. 1.228, §§ 4º e 5º, e 2.030), não será possível estabelecer uma metarregra geral, preferindo um ou outro critério, por serem igualmente fortes e resguardados constitucionalmente, já que o critério da especialidade (tratamento desigual aos desiguais) é a segunda parte do princípio da isonomia. Ante a exigência de se adaptar a norma geral da Constituição (art. 5º, XXII), que garante o direito de propriedade a situações novas, poderá prevalecer norma especial (CC, arts. 1.228, §§ 4º e 5º, e 2.030).

Há uma *lacuna de conflito*, que remete o intérprete e o aplicador a uma interpretação corretivo-equitativa, refazendo o caminho da fórmula normativa, tendo presente fatos e valores, para aplicar o significado objetivado pelas normas conflitantes, optando pela que for mais justa, atendo-se aos arts. 4º e 5º da Lei de Introdução às Normas do Direito Brasileiro, que os conduzirá à aplicação do princípio geral de direito: o da função social da propriedade (CF, art. 5º, XXIII), fazendo com que haja supremacia do critério da especialidade (CC, arts. 1.228, §§ 4º e 5º, e 2.030), que se justifica pelo princípio da isonomia (CF, art. 5º, *caput*) e pelo mais alto princípio da justiça *suum cuique tribuere*, baseado na interpretação de que "o que é igual deve ser tratado como igual e o que é diferente, de maneira diferente". Com isso, solucionar-se-ia a antinomia real, fazendo-se as diferenciações exigidas fática e valorativamente, mantendo a constitucionalidade dos arts. 1.228, §§ 4º e 5º, e 2.030 do Código Civil.

A norma do art. 2.030 perdeu sua vigência em 11-1-2005, por ser disposição normativa transitória; logo, a partir dessa data não mais será aplicável, salvo nos casos em que veio a incidir.

BIBLIOGRAFIA: M. Helena Diniz, *Comentários ao Código Civil*, coord. Antônio Junqueira de Azevedo, São Paulo, Saraiva, 2003; Mário Luiz Delgado, *Problemas*, cit., p. 496-7.

Art. 2.031. As associações, sociedades e fundações, constituídas na forma das leis anteriores, bem como os empresários, deverão se adaptar às disposições deste Código até 11 de janeiro de 2007.

- *Redação dada pela Lei n. 11.127/2005.*
- Vide *Código Civil, arts. 44, I a V, 45, 46, 54, 62 e s., 966 a 1.141, 1.150 a 1.154, 1.156 a 1.168, 1.194, 1.195.*
- *Lei n. 12.879/2013 sobre gratuidade dos atos registrários feitos pelas associações de moradores.*
- *Portaria n. 1.277/2003 do Ministério do Estado do Trabalho e Emprego.*
- *Portaria n. 2/2004 da Secretaria de Previdência Complementar.*

Parágrafo único. O disposto neste artigo não se aplica às organizações religiosas nem aos partidos políticos.

- *Parágrafo único acrescentado pela Lei n. 10.825/2003, art. 2º.*

Constituição de associações, sociedades e fundações. Conceder-se-á prazo de quatro anos, contado da entrada em vigor do novo Código, para que associações, sociedades (simples ou empresárias) e fundações, com exceção das organizações religiosas e dos partidos políticos, constituídas sob a égide das leis anteriores, se adaptem ao disposto no novo diploma legal, que introduziu algumas modificações, para que possam continuar irradiando seus efeitos jurídicos. P. ex., uma associação deveria adaptar seu estatuto aos arts. 53 a 61 do novo Código Civil; uma sociedade limitada, cujo contrato social exige maioria absoluta para sua alteração, deverá modificar esse *quorum* para 3/4, seguindo os arts. 1.071 e 1.076 do Código Civil vigente, visto que se refere a efeito futuro (*facta futura*). Se essas entidades não fizerem essas adaptações no prazo estipulado pelo artigo *sub examine*, tornar-se-ão sociedades irregulares, sujeitando-se às normas dos arts. 986 a 990 do novel Código Civil? Ou ter-se-á, tão somente, a ineficácia de seus estatutos no que conflitarem com o novo diploma legal? Qual seria a sanção aplicável a quem violar o art. 2.031?

Observam, a respeito, Jones Figueirêdo Alves e Mário Luiz Delgado: "Todavia, questão bem mais complexa é saber se determinado contrato social, cujas cláusulas estejam em desacordo com o novo Código, pode ser considerado um 'ato jurídico perfeito' encontrando-se, como tal, imune à obrigatoriedade de adaptação instituída no art. 2.031. E o problema toma vulto quando nos deparamos, por exemplo, com o caso das sociedades formadas por cônjuges casados no regime da comunhão universal ou no da separação obrigatória de bens, em face da vedação agora estabelecida no art. 977 ('Faculta-se aos cônjuges contratar sociedade, entre si ou com terceiros, desde que não tenham casado no regime da comunhão universal de bens, ou no da separação obrigatória'). A proibição atingiria as sociedades constituídas antes da entrada em vigor do Código ou apenas aquelas que venham a ser constituídas posteriormente? O contrato social de determinada sociedade formada ou integrada por sócios casados no regime da comunhão universal, ou no da separação obrigatória de bens, e constituída antes de 11-1-2003, é ato jurídico perfeito no que tange à constituição. Em outras palavras, é ato consumado, já aperfeiçoado e que também já produziu todos os seus elementos constitutivos. Daí por que essa nova vedação legal não poderia retroagir para alcançar sociedades já constituídas quando inexistente a proibição, obrigando ao seu desfazimento". A vedação do art. 977 do Código Civil, por ser norma substantiva, seu efeito só pode ser exigido a partir de 11.1.2003, a sócios que venham a convolar núpcias após a entrada em vigor do CC/2002. Assim sendo, pessoas solteiras, divorciadas ou viúvas, sócias entre si, se quiserem contrair casamento somente poderão fazê-lo por meio do regime matrimonial permitido. Isto é assim por haver fato consumado (*facta praeterita*), como deliberações já tomadas, quadro societário já formado, denominação etc. Desse modo, não há necessidade de promover alteração de sócio, nem de modificar o regime matrimonial de bens dos sócios-cônjuges (nesse sentido Parecer Jurídico DNRC/COJUR, n. 15/2003).

Pelo Enunciado n. 73 (aprovado na *I Jornada de Direito Civil*, promovida, em setembro de 2002, pelo Centro de Estudos Judiciários do CJF): "não havendo a revogação do art. 1.160 do Código Civil, nem a modificação do § 2º do art. 1.158 do mesmo diploma, é de interpretar-se este dispositivo no sentido de não aplicá-lo à denominação das sociedades anônimas e sociedades Ltda., já existentes, em razão de se tratar de direito inerente à sua personalidade". No mesmo sentido, o Enunciado n. 395 do Conselho da Justiça Federal (aprovado na *IV Jornada de Direito Civil*): "a sociedade registrada antes da vigência do Código Civil não está obrigada a adaptar seu nome às novas disposições".

Há quem ache que, ante o fato de os estatutos levados a efeito antes do novo Codex serem atos jurídicos perfeitos, a norma do art. 2.031 não os alcançaria, por ser restrita, como diz Regnoberto Marques de Melo Jr., "às necessárias futuras mudanças estatutárias sociais, a serem inscritas mediante averbações nos serviços registrais próprios, em até 30 dias contados da lavratura dos respectivos atos modificatórios" (CC, art. 1.151, § 1º, aplicação analógica). Lembra, ainda, o referido autor que: "Em nível infralegal, é destacável a recente Portaria n. 1.277, de 31 de dezembro de 2003, do Ministro de Estado do Trabalho e Emprego, publicada no *DOU* de 6 de janeiro de 2004, p. 59, que 'dispõe sobre os estatutos das entidades sindicais em face do art.

DISPOSIÇÕES FINAIS

2.031 da Lei n. 10.406, de 10 de janeiro de 2002 (novo Código Civil)', cujo art. 2º prescreve, *verbis*: 'As entidades sindicais registradas no Ministério do Trabalho e Emprego não estão obrigadas a promover em seus estatutos as adaptações a que se refere o art. 2.031 da Lei n. 10.406, de 2002 (novo Código Civil)'. Igualmente, a Portaria n. 2, de 8 de janeiro de 2004, do Secretário de Previdência Complementar, publicada no *DOU* de 9 de janeiro de 2004, p. 24, que 'dispõe sobre os estatutos das entidades fechadas de previdência complementar em face do art. 2.031 da Lei n. 10.406, de 10 de janeiro de 2002 (novo Código Civil)', cujo art. 1º prescreve: 'As entidades fechadas de previdência complementar, regidas por lei complementar, não estão obrigadas a promover em seus estatutos as adaptações a que se refere o art. 2.031 da Lei n. 10.406, de 10 de janeiro de 2002 (novo Código Civil)'". Logo, "o dever de adaptar estatutos e contratos sociais, previsto no art. 2.031 do CC/2002, não significa obrigação de mudar esses atos, juridicamente perfeitos, ao fito de verticalmente encamisá-los nos novos tecidos codificatórios. A adaptação devida é a que diz respeito a futuras averbações de modificações dos estatutos e contratos sociais existentes antes do CC/2002. E, ainda: a adaptação só, e somente só, será devida quando absolutamente exigida pelo ordenamento jurídico, que deve apontar, minudentemente, as hipóteses em que esse dever de conformação acontecerá. Por derradeiro, o aplicador, deve manter o foco no respeito incondicional ao ato jurídico perfeito, ao princípio da legalidade (CF, art. 5º, II), e a autonomia volitiva das partes, que, neste comenos, perfazem pilares insubstituíveis do edifício da segurança jurídica".

Ressalta o Enunciado n. 394 do Conselho da Justiça Federal, aprovado na *IV Jornada de Direito Civil*, que "ainda que não promovida a adequação do contrato social no prazo previsto no art. 2.031 do Código Civil, as sociedades não perdem a personalidade jurídica adquirida antes de seu advento".

Empresários. Para que os empresários possam atender aos requisitos exigidos pelo novo Código Civil (p. ex., aos dos arts. 967, 968, 969, 971, 974, 975, 979 e 980) foi concedido prazo de quatro anos, contado de sua vigência.

E, convém lembrar que, pelo Enunciado n. 396 da *IV Jornada de Direito Civil*: "A capacidade para contratar a constituição da sociedade submete-se à lei vigente no momento do registro".

BIBLIOGRAFIA: Regnoberto Marques de Melo Jr., O dever de adaptação de pessoas jurídicas ao Código Civil 2002, *Jornal da Anoreg-CE*, junho 2004, p. 6; Jones F. Alves e Mário Luiz Delgado, *Código*, cit., p. 1.022; M. Helena Diniz, *Comentários ao Código Civil*, São Paulo, Saraiva, 2004, v. 22, com. ao art. 2.031.

Art. 2.032. As fundações, instituídas segundo a legislação anterior, inclusive as de fins diversos dos previstos no parágrafo único do art. 62, subordinam-se, quanto ao seu funcionamento, ao disposto neste Código.

- Vide *Código Civil, arts. 44, III, 45, 62 a 69, parágrafo único e 1.799, III. Refere-se à antiga redação do art. 62, parágrafo único, do Código Civil.*
- Vide *Código Civil, art. 62, parágrafo único, com a redação da Lei n. 13.151/2015.*

Funcionamento de fundações instituídas sob a égide da lei anterior. Todas as fundações existentes, instituídas de conformidade com a lei anterior, mesmo que não tenham fins religiosos, morais, culturais (p. ex., artísticos, educacionais, ambientais) ou assistenciais, em razão de ato jurídico perfeito, serão respeitadas, mas subordinar-se-ão, no que atinar ao seu funcionamento, aos arts. 44, III, 45, 62 a 69 do novo Código Civil.

Art. 2.033. Salvo o disposto em lei especial, as modificações dos atos constitutivos das pessoas jurídicas referidas no art. 44, bem como a sua transformação, incorporação, cisão ou fusão, regem-se desde logo por este Código.

- Vide *Código Civil, arts. 44, I a VI, 45, 59, parágrafo único, 67, I a III, 68, 997, 998, 999, parágrafo único, 1.003, 1.031, 1.048, 1.071, V e VI, 1.076, I, ora revogado, 1.077, 1.113 a 1.122.*

Modificação de ato constitutivo, transformação, incorporação, cisão ou fusão de pessoas jurídicas de direito privado. Qualquer alteração no estatuto ou ato constitutivo de pessoas jurídicas de direito privado, ou seja, de associações, sociedades e fundações (inclusive, de empresa individual de responsabilidade limitada) reger-se-á pelo novo Código, bem como a sua transformação, incorporação, cisão ou fusão (CC, arts. 1.113 a 1.122), salvo o disposto em lei especial. Tal alteração do contrato social, que poderá ser feita por escritura pública ou instrumento particular, independentemente da forma de que se reveste o ato constitutivo, dará origem ao chamado *contrato modificativo*, por não implicar constituição de nova sociedade. Esse contrato modificativo deverá ser averbado, cumprindo-se todas formalidades do art. 998 do novo Código Civil, à margem da inscrição da sociedade no Registro competente (CC, arts. 45, 999, parágrafo único, e 1.048).

Art. 2.034. A dissolução e a liquidação das pessoas jurídicas referidas no artigo antecedente, quando iniciadas antes da vigência deste Código, obedecerão ao disposto nas leis anteriores.

- *Código de Processo Civil, art. 1.046, § 3º.*
- Vide *arts. 44, 1.033 a 1.038, 1.102 a 1.112 do Código Civil.*
- *Código Civil de 1916, arts. 21, 22, parágrafo único, 30, parágrafo único, e 1.399.*
- *Lei n. 6.404/76, arts. 206 a 218.*

Dissolução e liquidação das pessoas jurídicas de direito privado. Se o processo de dissolução e liquidação da pessoa jurídica se deu antes da entrada em vigor do novo Código, dever-se-ia seguir o disposto nas leis anteriores — CCom, arts. 344 a 353; arts. 655 a 674 do CPC de 1939, mantidos em vigor pelo art. 1.218, VII, Código de Processo Civil de 1973 (ora revogado). De outra forma não poderia ser, diante da prática de atos já consumados, sob o amparo da norma vigente ao tempo em que se efetuaram. Assim sendo, a dissolução e a liquidação estarão aptas a produzir todos os seus efeitos, embora efetivadas de conformidade com a lei anterior, sob o império da nova norma. A segurança da dissolução e da liquidação é um modo de garantir também direito adquirido pela proteção concedida ao seu elemento gerador, pois, se a novel norma as considerasse inválidas, apesar de alguns atos já terem sido consumados sob o comando da precedente, os direitos deles decorrentes desapareceriam, prejudicando interesses legítimos e causando a desordem social. O prescrito nos arts. 1.033 (com a redação da LC n. 128/2008 e Lei n. 12.441/2011) a 1.038, 1.102 a 1.112 da Lei n. 10.406/2002, apenas será aplicável na dissolução e na liquidação de pessoa jurídica de direito privado operada durante a sua vigência. A norma, ora interpretada, terá vigência temporária, regendo situação jurídica existente e pendente de solução entre o regime jurídico anterior e o do atual Código Civil. Dispõe este artigo, convém repetir, que a Lei n. 10.406/2002 será inaplicável à dissolução e liquidação de pessoas jurídicas de direito privado, que se iniciaram antes de sua vigência, retirando-lhe, assim, mesmo estando em vigor, qualquer efeito retroativo que possa atingir situações jurídicas já constituídas ou, ainda, pendentes, impedindo ofensa ao ato jurídico perfeito e ao direito adquirido. Se assim não dispusesse, ocorreriam sérios tumultos nos processos. Por isso, continuará, então, vigorando a lei precedente à recém-editada, harmonizando-se a estabilidade da situação adquirida, mesmo pendente, e a segurança das operações jurídicas, ou seja, da dissolução e da liquidação da pessoa jurídica de direito privado. Será preciso, portanto, não olvidar que normas não mais vigentes, como os arts. 344 a 353 do Código Comercial e os arts. 655 a 674 do Código de Processo Civil de 1939, puderam continuar vinculantes, por força do art. 2.034 do novo Código Civil, tendo obrigatoriedade para os casos anteriores à sua revogação. Com isso, a *eficácia residual* das revogadas normas cerceará a da vigente, repelindo-a para tutelar dissolução e liquidação de pessoa jurídica já constituídas ou em estado de pendência. Tais normas precedentes não se mantêm vivas; perderão sua eficácia apenas *ex nunc*, porque persistirão as relações iniciadas sob seu império.

Hodiernamente, por força do CPC/2015, art. 1.046, § 3º, os processos mencionados no art. 1.218 da Lei n. 5.869/73, cujo procedimento ainda não tenha sido incorporado por lei, submetem-se ao procedimento comum (arts. 318 e s.), assim sendo, a dissolução total da sociedade seguirá tal procedimento, mas, quanto à forma de dissolução de haveres, deverá cumprir o disposto nos arts. 604 a 609 da novel lei processual. Se a dissolução for parcial, deverá seguir o procedimento especial, regrado pelos arts. 599 a 609 do novo CPC.

BIBLIOGRAFIA: Tércio Sampaio Ferraz Jr., *Introdução ao estudo do direito*, São Paulo, Atlas, 1988, p. 225-6; Paul Roubier, *Les conflicts de loi dans le temps*, v. 1, p. 95; Salvatore Foderaro, *Il concetto di legge*, Roma, Bulzoni, 1971, p. 166-7; M. Helena Diniz, *Norma constitucional e seus efeitos*, São Paulo, Saraiva, 1989, p. 47-8; *Comentários ao Código Civil*, coord. Antônio Junqueira de Azevedo, São Paulo, Saraiva, v. 22, 2003.

Art. 2.035. A validade dos negócios e demais atos jurídicos, constituídos antes da entrada em vigor deste Código, obedece ao disposto nas leis anteriores, referidas no art. 2.045, mas os seus efeitos, produzidos após a vigência deste Código, aos preceitos dele se subordinam, salvo se houver sido prevista pelas partes determinada forma de execução.

Parágrafo único. Nenhuma convenção prevalecerá se contrariar preceitos de ordem pública, tais como os estabelecidos por este Código para assegurar a função social da propriedade e dos contratos.

- Vide *Lei de Introdução às Normas do Direito Brasileiro, arts. 1º e 6º.*
- Vide *Constituição Federal, art. 5º, XXXVI e XXIII.*
- *Código Civil, arts. 104 a 107, 109, 138 a 165, 166, 167 a 184, 421, 422, 2.044 e 2.045.*

Obrigatoriedade do Código Civil de 1916 durante a "vacatio legis". Os negócios e atos jurídicos constituídos antes da entrada em vigor deste Código, ou ainda, no período da *vacatio legis* (CC, art. 2.044), em razão da obrigatoriedade do Código Civil de 1916 durante esse lapso temporal, obedecerão às normas anteriores, referidas no art. 2.045, pois o novo Código ainda não produziu quaisquer efeitos, apesar de já estar publicado oficialmente. Consequentemente, os atos e negócios jurídicos praticados durante a *vacatio legis* conforme as antigas normas serão tidos como válidos se atendidos todos os pressupostos legais. Portanto, não há como negar que, nesse espaço entre a publicação e o início da vigência do novo Código, as relações jurídicas ficarão sob a égide das normas vigentes anteriormente.

Ato jurídico perfeito e direito adquirido. O negócio, ou ato, jurídico consumado, segundo a norma vigente, ao tempo em que se efetuou, produzindo seus efeitos jurídicos, uma vez que o direito gerado foi exercido, constitui ato jurídico perfeito. Assim sendo, se efetivado durante a *vacatio legis*, já se tornou apto a produzir seus efeitos, gerando, modificando ou extinguindo direitos, que não poderão ser alcançados por lei posterior. A segurança do ato jurídico perfeito é um modo de garantir o direito adquirido pela proteção que se concede ao seu elemento gerador, pois, se a novel norma considerasse como inexistente, ou inadequado, ato já consumado sob o amparo da norma precedente, o direito adquirido dele decorrente desapareceria por falta de fundamento. Convém, contudo, salientar que, para gerar direito adquirido, o ato ou negócio jurídico deverá não só ter acontecido e irradiado seus efeitos em tempo hábil, ou seja, durante a vigência da lei que contempla aquele direito, mas também ser válido, ou seja, conforme aos preceitos legais que o regem. O atual Código Civil apenas poderá incidir sobre situações jurídicas iniciadas após a data de sua vigência (situações jurídicas futuras); logo não atingirá as consolidadas em épocas passadas (situações jurídicas pretéritas). Vigorará para os atos e negócios jurídicos, ou melhor, para as situações jurídicas *ex nunc*, respeitando as já constituídas, pois não poderá vulnerar ato jurídico perfeito e acabado. Imprescindível será o resguardo da validade e da eficácia de atos negociais já praticados para garantia do próprio direito adquirido. Com a consumação de um ato ou negócio jurídico sob o amparo da lei anterior, seus efeitos ficarão intocáveis, insuscetíveis de modificação pela novel norma, sendo por ela insuprimível, pois sobre ele não terá eficácia alguma. A superveniência do atual Código Civil, portanto, não alterará os atos e negócios jurídicos válidos e já consumados, nem lhes modificará o *status quo*.

"Facta pendentia". Não se pode confundir contrato em curso de execução com o em curso de constituição. A lei nova apenas poderá alcançar este e não aquele, por ser ato jurídico perfeito. Se o *contrato* ou ato jurídico estiver *em curso de formação* ou de constituição (fato pendente) por ocasião da entrada em vigor da nova lei, esta, quanto aos seus efeitos, se lhe aplicará, por ter efeito imediato, pois não há que se falar em ato jurídico perfeito, nem em direito adquirido, que impede que se perca o que já se adquiriu, visto que nenhum efeito (formalidade intrínseca) foi produzido sob o manto protetor da lei anterior. Mas, em sua formalidade extrínseca (validade) reger-se-á pela lei velha, pois a nova não poderá alcançar validade ou invalidade de negócio iniciado antes de sua vigência. P. ex., se um menor de 18 anos fez contrato, sem estar devidamente assistido, em novembro de 2002, esse negócio será anulável, mesmo que a maioridade, pelo novel Código, ainda não vigente nessa ocasião, seja de 18 anos. Se o negócio foi legítima e validamente celebrado durante a vigência da lei antiga, mas ainda não pôde irradiar quaisquer efeitos, que se produzirão após a entrada em vigor do novo Código, os contratantes têm o direito de vê-lo cumprido, nos termos da novel lei, que, então, só regulará seus efeitos, a não ser que as partes tenham previsto, na convenção, determinada forma de execução, não contrariando preceito de ordem pública. Assim, em relação aos *facta pendentia*, nas partes anteriores à data da mudança da lei não haveria retroatividade; nas posteriores à lei nova, se aplicável, terá efeito imediato. Nos contratos em curso há uma zona intermédia, em que são excluídos os efeitos imediatos e os retroativos. Os *contratos em curso de execução* como os de trato sucessivo, apanhados por uma lei nova, são regidos pela lei sob cuja vigência foram estabelecidos (*tempus regit actum*), embora já tenha havido julgados entendendo constitucionais normas de emergência, em matéria de locação, atingindo contratos feitos anteriormente. Teoricamente, a novel lei não pode alcançar o contrato efetivado sob o comando da norma anterior, mas nossos juízes e tribunais têm admitido que se deve aplicar a lei nova se esta for de ordem pública, como, p. ex., a lei sobre reajustamento do valor locativo ou sobre atualização de benefícios de previdência privada. O contrato sucessivo nascido durante a vigência da lei antiga e em curso de execução, ao publicar-se a nova, reger-se-á por aquela, por ser ato jurídico perfeito e por haver direito adquirido, visto inexistir dependência de preenchimento de quaisquer requisitos exteriores de caráter acidental ou contingente. A novel norma não pode modificar, aumentar ou diminuir tais efeitos, pois apenas aplicar-se-á à relação nascida, mas não aperfeiçoada na vigência da antiga, e à surgida sob seu império. Com o disposto no art. 2.035, o ato jurídico perfeito e o caráter adquirido de um direito obrigacional imunizam-se contra o atual Código Civil, afastando-o, pois não apenas deverão ser respeitados os efeitos, que se produziram anteriormente a ele, mas também as consequências futuras que ainda advirão por força da norma, que vigorava à época em que se efetivou. O atual Código Civil não pode projetar-se no passado e se versar sobre ato ou negócio jurídico, objeto de lei anterior, aplicar-se-á até onde não houver ofensa ao direito adquirido, respeitando a validade negocial (formalidade extrínseca); logo, nesse ponto, ter-se-á a sobrevivência do Código Civil de 1916 e da Parte Primeira do Código Comercial.

A lei vigente no momento da conclusão do ato negocial rege a sua validade eficácia futura. Em suma, pelo art. 2.035 do Código Civil, o ato ou negócio jurídico *em curso de constituição*, validamente celebrado antes da vigência do novo diploma legal, em sua formalidade extrínseca, seguirá o disposto no regime anterior, mas como ainda não pôde irradiar todos os efeitos, que se produzirão somente por ocasião da entrada em vigor da Lei n. 10.406/2002, os contratantes terão o direito de vê-lo cumprido, nos termos da novel lei que, então, regulará seus efeitos, a não ser que as partes tenham previsto, na convenção, determinada forma de execução, desde que não contrariem preceito de ordem pública, como o estabelecido para assegurar a função social da propriedade e a do contrato. O contrato *em curso de execução* rege-se pela lei sob cuja vigência se efetivou; a lei nova só poderá alcançar algum de seus efeitos, excepcionalmente, se for de ordem pública, pois o art. 2.035 respeita a forma de execução estipulada no contrato pelas partes, desde que não contrarie princípios como o da função social da propriedade e dos contratos. José de Oliveira Ascensão, nesse sentido, observa que: "o § único está em conexão com a parte final do corpo do artigo (...) estabelece-se no § único uma excepção à excepção, dispondo-se que nenhuma convenção de execução prevalece sobre preceitos de ordem pública. Não se vê como semelhante regra poderá contrariar o art. 5º, XXXVI, da Constituição. Não se viola direito adquirido nem coisa julgada, que se mantêm. Quanto ao 'acto jurídico perfeito', o acto que está na origem da situação não é contrariado, porque continua a ter no passado a sua fonte, à sombra da lei antiga. São apenas efeitos futuros previsíveis fundados em convenção de execução das partes que se não chegam a concretizar, por chocarem contra a lei nova que é de ordem pública. Justamente por considerarmos que acto jurídico perfeito não é qualquer efeito autonomamente posto em vigor pelas partes mas o acto em si, tal como foi posto em vida e vigorou no passado; e que à nova lei cabe regular os efeitos para futuro — que não surpreende que também o que respeita à forma de execução possa cair sob o império da nova lei. A nova lei, presumivelmente mais perfeita, tem vocação para regular os efeitos futuros. Com maior intensidade o poderá fazer se os efeitos previsíveis contrariarem normas de ordem pública. A isto chegamos até por uma razão de coerência constitucional. O art. 2.035, § único ilustra os princípios de ordem pública com uma referência aos estabelecidos no Código para assegurar a função social da propriedade e dos contratos. Ora, a nosso conhecimento, nenhuma Constituição no mundo dá tanto relevo como a brasileira ao princípio da função social. Seria contraditório que, sob a égide duma Constituição tão decididamente impulsionadora da função social, se fosse permitir, por invocação da mesma Constituição, a subsistência de efeitos pactuados entre as partes que infringissem esse princípio. Permitir-se-ia a subsistência de situações passadas que contrariam uma das diretrizes fundamentais da Carta maior".

Em virtude do art. 2.035 *sub examine*, o princípio da função social, para Luiz Edson Fachin, "é aplicável a todas as espécies de contratos, tanto de direito privado quanto de direito público. É que no campo jurídico contemporâneo não há mais espaço para a separação absoluta entre o público e o privado. Além disso, tal incidência abrange não apenas atos e negócios realizados após 11 de janeiro do ano de 2003, mas compreende também aqueles concluídos antes da vigência do nosso Código Civil; a consequência, contudo, será diferente: no primeiro caso (contratos posteriores à nova lei), haverá invalidade; na segunda hipótese (contratos pretéritos), ocorrerá ineficácia, total ou parcial. Por conseguinte, aos contratos em geral se impõem os limites da função social, que passa a ser o sentido orientador da liberdade de contratar, pilar e espelho da sociedade brasileira contemporânea. Novos tempos traduzem outro modo de apreender tradicionais institutos jurídicos" (Proposta de Enunciado apresentada durante a *III Jornada de Direito Civil*, promovida pelo Centro de Estudos Judiciários do CJF, no período de 1º a 3-12-2004).

Para Matiello, o *caput* do art. 2.035 assim pode ser resumido: *a*) a validade dos negócios rege-se pela lei vigente à época de sua celebração; *b*) os efeitos que se produzirem após a entrada em vigor da lei nova a ela se subordinam; *c*) os efeitos anteriores à vigência do novo Código regulam-se pelas leis a ele precedentes; *d*) a forma de execução prevista pelos contratantes prevalecerá em qualquer caso.

Pelo Enunciado n. 300 do Conselho da Justiça Federal (aprovado na *IV Jornada de Direito Civil*): "A lei aplicável aos efeitos atuais dos contratos celebrados antes do novo Código Civil será a vigente na época da celebração; todavia, havendo alteração legislativa que evidencie anacronismo da lei revogada, o juiz equilibrará as obrigações das partes contratantes, ponderando os interesses traduzidos pelas regras revogada e revogadora, bem como a natureza e a finalidade do negócio".

Vide também: STJ, 3ª T., REsp 691.738-SC — rel. Min. Nancy Andrighi, j. 12-5-2005.

Sujeição convencional à lei nova antes de finda a "vacatio legis". Não há submissão à novel norma antes de sua obrigatoriedade, embora seja permitido a alguém dela usar, mediante convenção, que constitui lei entre as partes, desde que não contrarie os princípios de ordem pública (como, p. ex., o da função social da propriedade e dos contratos), que fixam as bases jurídicas fundamentais da ordem econômico-social da sociedade, sendo, por isso, inderrogáveis pela vontade dos contratantes, visto que constituem limites à liberdade contratual. Contudo, será mister esclarecer que não será a lei nova que obrigará os contratantes, mas sim o contrato feito por eles, que é lei entre as partes. Se, p. ex., um negócio for estipulado na vigência da lei ainda não revogada, conforme os preceitos da futura norma não vigente, possível será admiti-lo, desde que não fira as normas cogentes ou preceitos de ordem pública.

Vinculação da convenção a preceitos de ordem pública. O art. 2.035, parágrafo único (norma especial), retrata, expressamente, a incidível vinculação da convenção de execução, feita pelos contratantes, a princípios jurídico-constitucionais, fazendo interligação entre a antiga e a nova situação jurídica. Os contratantes deverão sujeitar sua vontade às normas de ordem pública, que fixam, para atender aos interesses da coletividade, as bases jurídicas fundamentais que dão suporte à ordem econômica da sociedade, como a função social da propriedade e a do contrato. A ordem pública é um limite à manifestação da vontade e às convenções particulares.

A norma de ordem pública, por si só, não retroage, para tanto seria necessário uma norma de direito intertemporal expressa, norteadora da sua aplicação. A sua "eficácia retroativa" é, portanto, excepcional, pois emana de texto legal (CC, art. 2.035, parágrafo único). A irretroatividade da lei nova não é absoluta, pois poderá alcançar convenção de execução que contrarie preceitos de ordem pública como o princípio da função social do contrato e da propriedade, por ser inadmissível produção de efeitos incompatíveis com esses princípios. Não haverá invalidação dos efeitos já consolidados por aquela convenção de execução; apenas se impedirão novos efeitos a eles atentatórios. O princípio da função social da propriedade está consagrado expressamente em norma constitucional, e o da função social do contrato só foi explicitamente positivado, pois há muito tempo existe, implicitamente, no ordenamento jurídico, p. ex., no art. 5º da Lei de Introdução às Normas do Direito Brasileiro, na proibição de cláusulas abusivas pelo Código de Defesa do Consumidor, no princípio da equivalência contratual que, pela teoria da imprevisão (ora recepcionada pelos arts. 317, 478 e 479 do novo Código Civil), permite a revisão judicial do contrato por onerosidade excessiva, provocada por fato imprevisível ou extraordinário, na atividade equitativa do juiz, procurando a equivalência contratual, p. ex., nos convênios médicos etc. A noção de função social da propriedade e do contrato é, portanto, anterior ao novo Código Civil. O art. 2.035, parágrafo único, reconhece o princípio da função social dos contratos e o da propriedade como princípios de ordem pública, inderrogáveis, por isso nenhum contrato celebrado antes ou depois da vigência do novo Código Civil poderá prevalecer se os contrariar, por serem limitações à autonomia da vontade, condicionando-a ao atendimento do bem comum e dos fins sociais (LINDB, art. 5º), atenuando o alcance da liberdade contratual quando estiver presente o interesse social. Como a violação de um princípio é mais grave do que a transgressão de ato jurídico perfeito, direito adquirido anterior ao novel Código, estes cedem espaço a norma de ordem pública, aplicável a convenções anteriores a ela por disposição expressa de norma de direito intertemporal. Se tanto o princípio da função social da propriedade como o respeito ao direito adquirido e ao ato jurídico perfeito estão previstos em cláusulas pétreas da Constituição Federal, surge uma antinomia jurídica real e de segundo grau, e ante a inexistência de metacritério normativo solucionador da colisão entre norma superior geral (CF, art. 5º, XXXVI) e norma inferior especial (CC, art. 2.035, parágrafo único), por gerar uma lacuna de conflito, aplicam-se, mediante uma interpretação corretiva, os arts. 4º e 5º da Lei de Introdução às Normas do Direito Brasileiro, em busca do critério do *justum*, conducente à não contrariedade de preceitos de ordem pública, que asseguram a função social da propriedade e dos contratos. Se o princípio da função social do contrato e o da propriedade são limitações de ordem pública ao contrato, sempre deverão ser aplicados pelos juízes e tribunais, sem que isso seja uma aceitação da retroatividade da lei nova. Se aqueles princípios sempre existiram no ordenamento jurídico, qualquer cláusula contratual (p. ex., a convenção de certa forma de execução), anterior ou posterior ao Código Civil de 2002, passará pelo crivo do Judiciário, que lhe dará o tratamento a que fará jus, aplicando, inclusive, se for o caso, o parágrafo único do art. 2.035 (norma especial). A irretroatividade ou retroatividade da lei nova não tem caráter absoluto, pois poderá, como vimos, atingir situação estabelecida antes mesmo de sua entrada em vigor.

BIBLIOGRAFIA: M. Helena Diniz, O impacto do art. 2.035 e parágrafo único nos contratos anteriores ao novo Código Civil, in Delgado e F. Alves, *Novo Código Civil — questões controvertidas*, São Paulo, Método, v. 4, 2005, p. 471 a 480; *Lei de Introdução ao Código Civil brasileiro interpretada*, São Paulo, Saraiva, 2001, p. 52-4, 56, 57, 182-4; *Curso*, cit., v. 3, p. 33 e s; *Comentários ao Código Civil*, coord. Antônio Junqueira de Azevedo, São Paulo, Saraiva, 2003, v. 22; Constitucionalidade do parágrafo único do art. 2.035 do novo Código Civil, *Jornal do 22*, n. 4, p. 12, PUCSP, 2005; Espínola e Espínola Filho, *A Lei de Introdução ao Código Civil brasileiro comentada*, Rio de Janeiro, Freitas Bastos, 1943, v. 1, p. 47-8, 55, 56, 59 e 60; Wilson de S. Campos Batalha, *Lei de Introdução ao Código Civil*, São Paulo, Max Limonad, 1959, v. 1, p. 46; v. 2, p. 15 e 177; R. Limongi França, *Direito intertemporal brasileiro*, São Paulo, Revista dos Tribunais, 1968, p. 438; Carvalho Santos, *Código Civil brasileiro interpretado*, Rio de Janeiro, 1934, v. 1, p. 44-5; Carlos Maximiliano, *Direito intertemporal*, Rio de Janeiro, Freitas Bastos, 1946; Gabba, *Teoria della retroattività delle leggi*, Pisa, 1898, v. 1, p. 300; Lafayette, Retroatividade das leis de ordem pública, *RF*, *6*:129; Antonio Jeová Santos, *Direito intertemporal*, cit., p. 61-9; Matiello, *Código*, cit., p. 1300; José de Oliveira Ascensão — Prefácio da obra *Problemas de direito intertemporal no Código Civil*, de Mário Luiz Delgado, São Paulo, Saraiva, 2004, p. XVI e XVII; Luiz Edson Fachin, Responsabilidade por dano de cumprimento diante do desaproveitamento da função social do contrato. *Responsabilidade civil — estudos em homenagem a Rui Geraldo Camargo Viana*, cit., p. 315-19; Rodrigo F. Rebouças, Breves considerações sobre o art. 2.035 do CC/2002, *RIASP*, *32*:87-98.

Art. 2.036. A locação do prédio urbano, que esteja sujeita à lei especial, por esta continua a ser regida.

• *Lei n. 8.245/91.*

• Vide *Código Civil, arts. 565 a 578 e 835.*

Disciplina jurídica da locação de prédio urbano. A locação de imóvel urbano, que é regida pela Lei n. 8.245, de 18 de outubro de 1991, ora em vigor, é o contrato pelo qual uma das partes (locador), mediante remuneração paga pela outra (locatário), se compromete a fornecer-lhe, durante certo lapso de tempo, determinado ou não, o uso e gozo de imóvel destinado à habitação, a temporada ou a atividade empresarial. Se o prédio locado tiver por finalidade a exploração agrícola ou pecuária ter-se-á locação de prédio rústico, regida pelo Estatuto da Terra, ou melhor, pelas Leis n. 4.504/64 e 4.947/66 e pelo Decreto n. 59.566/66.

Imóvel urbano. No atual sentido técnico-jurídico a distinção entre imóvel urbano e rural reside, pois, na sua destinação e não na sua localização. O imóvel é urbano não porque esteja em zona urbana ou seja exclusivamente residencial. O imóvel rústico não é assim considerado porque não é residencial ou porque está situado fora do perímetro urbano. Consequentemente, não são considerados urbanos apenas os imóveis residenciais localizados nos perímetros urbanos e suburbanos dos Municípios, mas também todos os que, embora não se destinem à residência das pessoas nem se localizem naqueles perímetros, possam ser considerados prédios urbanos, levando-se em conta que suas finalidades são mais compatíveis com a vida e as necessidades urbanas, como são os prédios comerciais e industriais, os utilizados para escritórios, oficinas, clubes etc.

Locações excluídas da abrangência da Lei n. 8.245/91. A nova lei inquilinária exclui de sua abrangência determinadas locações, que serão disciplinadas pelo Código Civil no que for cabível, e por outras leis especiais, tais como:

a) As *locações de imóveis de propriedade da União, dos Estados e dos Municípios, de suas autarquias e fundações públicas*, que continuam regidas pela legislação que lhes é própria.

As locações de imóveis rurais ou urbanos da União regem-se pelo Decreto-Lei n. 9.760/46, arts. 86 a 98 (com a redação da Lei n. 11.314/2006), pela Lei n. 9.636/98, art. 21, com alteração da Lei n. 11.314/2006, dependendo ou não de concorrência pelo maior aluguel, sendo que não poderão ter prazo superior a vinte anos (art. 96 e parágrafo único, com redação da Lei n. 11.314/2006; Lei n. 9.636/98, art. 21, com alteração da Lei n. 11.314/2006).

As locações de imóveis estaduais regulam-se pelo Decreto-Lei estadual paulista n. 11.800/40 (art. 81, revogado pela Lei Estadual n. 12.392/2006) e pela Constituição do Estado de São Paulo de 1989, art. 19, V, e não poderão ser por prazo superior a dois anos (art. 81). Os contratos de locação de imóveis celebrados pela Administração Centralizada e Autárquica do Estado de São Paulo, como locatária, serão regidos pelos Decretos n. 22.578/84, 24.167/85, 30.453/89 e 33.703/91, e deverão ter, no mínimo, o prazo de duração de um ano e, no máximo, de cinco anos.

b) As *locações de vagas autônomas de garagem ou de espaços para estacionamento de veículos*, que se regem por leis próprias.

É perfeitamente possível na especificação e discriminação do condomínio tratar a vaga da garagem como unidade autônoma, desvinculando-a da unidade habitacional (*BAASP*, *1.682*:2, Ap. c/ Rev. 274.063, j. 14-8-1990). Assim, cada proprietário de fração autônoma, isto é, de abrigo para veículo só poderá cedê-la ou alugá-la, com o uso das partes e coisas comuns, a estranho e imiti-lo na sua posse, com o consentimento dos demais condôminos, expresso na convenção de condomínio (art. 1.331, § 1º — com redação da Lei n. 12.607/2012 — do Código Civil).

c) As *locações de espaços destinados à publicidade* (*"outdoor"*). A nova legislação emergencial inquilinária será inaplicável à locação de espaços ou de parede de edifício para fins publicitários ou para instalação de cartazes propagandísticos (*BAASP, 1.683*:2, Ap. c/ Rev. 280.145, j. 12-12-1990), que se regerá pelo direito comum, ou seja, pelo Código Civil.

d) As *locações em apart-hotéis, hotéis-residência ou equiparados*, assim considerados aqueles que prestam serviços regulares a seus usuários e como tais sejam autorizados a funcionar, e que, por serem empreendimentos residenciais, mantêm um sistema de prestação de serviços opcionais ou obrigatórios aos moradores, constituindo um *flat service* (*RT, 546*:36). Por essa razão, não podem ser submetidos à lei do inquilinato.

e) As modalidades de *arrendamento mercantil*, tais como: *leasing* financeiro, *leasing* imobiliário, arrendamento residencial, *leasing* operacional, *lease-back* e *dummy corporation*.

f) As *locações de prédios rurais* para atender finalidade de exploração agrícola ou pecuária, regidas pelo Estatuto da Terra, ou melhor, pelas Leis n. 4.504/64 e 4.947/66 e pelo Decreto n. 59.566/66.

BIBLIOGRAFIA: Clóvis Beviláqua, *Código Civil comentado*, 1946, v. 4, obs. n. 1 ao art. 1.188; Silvio Rodrigues, Contrato de locação, in *Enciclopédia Saraiva do Direito*, v. 19, p. 395; Serpa Lopes, *Curso de direito civil*, Rio de Janeiro, Freitas Bastos, 1964, v. 4, p. 15; José da Silva Pacheco, *Comentários à nova Lei do Inquilinato*, São Paulo, Revista dos Tribunais, 1980, p. 21; Aubry e Rau, *Cours de droit civil français*, 5. ed., v. 5, p. 262; Anacleto de Oliveira Faria, Locação de imóveis, in *Enciclopédia Saraiva do Direito*, v. 50, p. 296; *Tratado teórico e prático dos contratos*, São Paulo, Saraiva, 1993, v. 2; Oswaldo e Silvia Opitz, *Locação predial urbana*, São Paulo, Saraiva, 1979, p. 2 e 3; W. Barros Monteiro, *Curso de direito civil*, 17. ed., São Paulo, Saraiva, v. 5, p. 135-6; Andrioli, Locazione di cose, in Scialoja, *Dizionario pratico del diritto privato*, v. 3, parte 2; Anacleto de Oliveira Faria, Locação, in *Enciclopédia*, cit., p. 296-7; Rogério Lauria Tucci e Álvaro Villaça Azevedo, *Tratado da locação predial urbana*, São Paulo, Saraiva, 1980, v. 1, p. 25; Orlando Gomes, *Contratos*, Rio de Janeiro, Forense, 1979, p. 327; Caio M. S. Pereira, *Instituições de direito civil*, Rio de Janeiro, Forense, 1978, v. 3, p. 238; *A lei do inquilinato anotada e comentada*, Rio de Janeiro, Forense, 1992; Pinto Ferreira, *Comentários à nova Lei do Inquilinato*, São Paulo, Saraiva, 1992; Sílvio de Salvo Venosa, *A nova Lei do Inquilinato comentada*, 1992; Nelson e Rosa Nery, *Código de Processo Civil*, São Paulo, Revista dos Tribunais, 1994, p. 1517 a 1587; Aramy Dornelles da Luz, *A nova Lei do Inquilinato na prática*, 1992; Arnaldo Rizzardo, A nova Lei do Inquilinato, *RT, 683*:7; Carlos Celso Orcesi da Costa, *Locação de imóvel urbano*, São Paulo, Saraiva, 1992; Telga de Araújo, Imóvel rural, in *Enciclopédia Saraiva do Direito*, v. 42, p. 220-45; Paulo Torminn Borges, *Institutos básicos de direito agrário*, São Paulo, Juriscredi, 1974; Juan J. Sanz Jarque, *Derecho agrario*, Madrid, 1975. Sobre *leasing*, consulte: Arnoldo Wald, "Leasing" — I, in *Enciclopédia Saraiva do Direito*, v. 48, p. 131-6; id. Considerações sobre "lease-back", in *Digesto Econômico*, n. 296, p. 139-44; Fran Martins, *Contratos e obrigações comerciais*, Rio de Janeiro, Forense, 1977, p. 545-9, 554-8; Waldirio Bulgarelli, "Leasing" — II, in *Enciclopédia Saraiva do Direito*, v. 48, p. 136-43; Roberto Ruozi, *Il "leasing"*, Milano, Giuffrè, 1971, p. 23; Fábio Konder Comparato, Contrato de "leasing", *RT, 389*:7; id. *Enciclopédia Saraiva do Direito*, v. 19, p. 385-93; Vancil, *Financial executive's handbook*, 1970; id. *Leasing of industrial equipment*, New York, 1963, p. 8, 9, 125 e s.; Giorgio Fossati, *Il "leasing"*, Milano, 1973; Pailusseau, *Contrat de "leasing"*, Montpellier, 1970; R. Camargo Mancuso, *Apontamentos sobre contrato de "leasing"*, São Paulo, Revista dos Tribunais, 1978; Auloy-Calais, *Le contrat de "leasing"*, Paris, 1970; El Moktar Bey, *"Leasing" et crédit-bail mobiliers*, Paris, Dalloz, 1970, p. 172; Orlando Gomes, *Contratos*, Rio de Janeiro, Forense, 1980, p. 565-73; J. Wilson de Queiroz, *Teoria e prática de "leasing"*, Imprensa Universitária do Ceará, 1974, p. 25; Walters, *Qu'est-ce que le "leasing"?*, Paris, Dunod, 1973, p. 60 e 61; Coillot, *Initiation au "leasing" ou crédit-bail*, 2. ed., Paris, p. 201; M. Helena Diniz, *Curso*, cit., v. 3, p. 183-4, 453-460.

Art. 2.037. Salvo disposição em contrário, aplicam-se aos empresários e sociedades empresárias as disposições de lei não revogadas por este Código, referentes a comerciantes, ou a sociedades comerciais, bem como a atividades mercantis.

- Vide *Código Civil, arts. 966 a 1.195.*
- *Código Comercial, arts. 457 a 796.*
- *Lei n. 11.101/2005, sobre falência.*
- *Lei n. 6.404/76, com alterações das Leis n. 9.457/97, n. 10.303/2001, n. 11.638/2007 e n. 11.941/2009, sobre sociedade anônima.*
- *Lei n. 6.530/78, relativa a corretor de imóveis.*
- *Lei n. 8.248/91, alusiva à capacitação e competitividade no setor de informática.*
- *Leis n. 8.864/94, n. 9.317/96, n. 9.841/99 e Lei Complementar n. 123/2006, sobre microempresas e empresas de pequeno porte.*
- *Lei n. 8.934/94 e o Decreto n. 1.800/96, que a regulamenta, sobre Registro Público de Empresas Mercantis.*
- *Lei n. 8.955/94, sobre contrato de franquia empresarial.*
- *Lei n. 9.279/96, relativa à propriedade industrial.*
- *Decreto n. 1.102, de 21 de novembro de 1903.*
- *Lei n. 9.610/98, sobre direito autoral.*
- *Lei n. 6.015/73, sobre Registro Civil de Pessoas Jurídicas.*
- *Lei n. 5.764/71, com alteração da Lei n. 7.231/84, sobre sociedade cooperativa.*
- *Lei n. 8.630/93, art. 17, sobre Cooperativa de trabalho portuário.*
- *Lei n. 9.867/99, sobre cooperativas sociais.*
- *Lei n. 12.529/2011, art. 2º, sobre o CADE e prevenção e repressão às infrações contra a ordem econômica.*
- *Decreto n. 3.441 de 26 de abril de 2000, que delega competência ao Ministro da Justiça para autorizar o funcionamento no Brasil de organizações estrangeiras destinadas a fins de interesse coletivo.*
- *Decretos-Leis n. 486/69 e 64.567/69, sobre escrituração de livros mercantis.*

Normas disciplinadoras dos empresários e sociedades empresárias. A conduta dos empresários e as atividades das sociedades empresárias regem-se não só pelas normas deste Código (arts. 966 a 1.195) como também por aquelas que por ele não foram revogadas, por serem com ele compatíveis, relativas a comerciantes, a sociedades comerciais, aos atos de comércio e a atividades mercantis. Não houve perda da autonomia do direito comercial que regerá a atividade empresarial e as sociedades empresárias, a partir das normas do Código Civil, dos preceitos não revogados do Código Comercial de 1850 e da legislação comercial específica (p. ex., a Lei n. 6.404/76).

Art. 2.038. Fica proibida a constituição de enfiteuses e subenfiteuses, subordinando-se as existentes, até sua extinção, às disposições do Código Civil anterior, Lei n. 3.071, de 1º de janeiro de 1916, e leis posteriores.

§ 1º Nos aforamentos a que se refere este artigo é defeso:

I — cobrar laudêmio ou prestação análoga nas transmissões de bem aforado, sobre o valor das construções ou plantações;

- *Lei n. 9.514/97, art. 22, § 1º, com a redação da Lei n. 11.076/2004.*
- *Código de Processo Civil, art. 784, VII.*

DISPOSIÇÕES FINAIS

• *Instrução Normativa da SPU n. 5/2010, sobre procedimentos de análise dos requerimentos de isenção do pagamento de foros, taxas de ocupação e laudêmios referentes a imóveis de domínio da União.*

• *Sobre isenção de laudêmio: Decreto n. 1.876/81, art. 2º, com a redação da Lei n. 13.465/2017.*

• *Portaria da SPU n. 215/2015 estabelece procedimentos para isenção do pagamento de taxas de ocupação, de foros ou de laudêmios para as pessoas jurídicas de direito privado sem fins lucrativos, reconhecidas como entidades beneficentes de assistência social com a finalidade de prestação de serviços nas áreas de assistência social, saúde ou educação que se enquadrem na Lei n. 12.101/2009.*

II — constituir subenfiteuse.

§ 2º A enfiteuse dos terrenos de marinha e acrescidos regula-se por lei especial.

• *Sobre enfiteuse de terrenos de marinha e outros da União,* vide *arts. 99 e 124 do Decreto-Lei n. 9.760, de 5 de setembro de 1946, com as alterações da Lei n. 9.636, de 15 de maio de 1998 (com redação da Lei n. 13.465/2017), regulamentada pelos Decretos n. 3.725/2001 e 9.354/2018 (art. 11-B) e alterada pelas Leis n. 11.481/2007 e 13.240/2015, e arts. 19, VI, 22-A e 26 da Lei n. 9.636/98, com a alteração da Lei n. 11.481/2007; Lei n. 8.666/93, art. 17, I, f, com redação da Lei n. 11.481/2007; Decreto n. 9.760/46, arts. 100, § 6º, 103, I a V, e 121, parágrafo único, acrescentados pela Lei n. 11.481/2007, Decreto n. 2.398/87, com alteração do Decreto-Lei n. 2.422/88 e regulamentado pelos Decretos n. 95.760/88, 99.741/90, 9.354/2018 e 13.240/2015, art. 6º, § 1º. Com base no art. 20, VII, da Constituição Federal os terrenos de marinha são tidos como bens da União.*

• *Consulte ainda: Decretos-Leis n. 2.490/40, 4.120/42 e 1.850/81.*

• *Lei n. 13.240/2015, com as alterações da Lei n. 13.465/2017, arts. 3º, 4º e 8º, § 1º, II, e 12, III.*

• Vide *Instrução Normativa n. 1, de 9 de setembro de 1986, sobre processos de aforamento, ocupação e transferência.*

• Vide *Súmulas 122, 169, 170 e 326 do Supremo Tribunal Federal.*

• *Súmula 496 do Superior Tribunal de Justiça.*

• Vide *art. 49 e §§ 1º a 4º do Ato das Disposições Transitórias da Constituição Federal.*

• *Decretos-Leis n. 426/38, art. 25, § 2º; 2.490/40, arts. 6º, 9º e 10, parágrafo único; 3.438/41, arts. 13, 18, § 1º, 21 e 33; 195/67, art. 8º, § 1º; Lei n. 6.015/73, arts. 167, I, n. 10, e 220, V; Decreto n. 85.064/80, art. 34, § 1º.*

• *Lei Complementar n. 76/93, arts. 6º, § 2º, 7º, § 1º, e 12, § 4º.*

• *Código Civil de 1916, arts. 678 a 694.*

• *Lei n. 9.099/95.*

• ***Projeto de Lei n. 699/2011**: "§ 2º Igualmente proíbe-se a constituição de enfiteuse e subenfiteuse dos terrenos de marinha e acrescidos, subordinando-se as existentes às disposições contidas na legislação específica.*

§ 3º Fica definido o prazo peremptório de dez anos para a regularização das enfiteuses existentes e pagamentos dos foros em atraso, junto à repartição pública competente. Decorrido esse período, todas as enfiteuses que se encontrarem regularmente inscritas e em dia com suas obrigações, serão declaradas extintas, tornando-se propriedade plena privada. As demais, reverterão de pleno direito para o patrimônio da União".

Proibição de constituição de novas enfiteuses e subenfiteuses. Diante do entendimento majoritário de que a enfiteuse, pela sua tônica medieval, deve ser eliminada, o novo Código Civil passou, com o escopo de extingui-la, paulatinamente, a tratá-la nas disposições transitórias, proibindo, para tanto, a constituição de novas enfiteuses e subenfiteuses, por considerá-las obsoletas, sem contudo ofender as situações constituídas sob o império do Código Civil de 1916, atendendo ao princípio da irretroatividade da lei, resguardando direitos adquiridos, por ordem do comando constitucional. Com isso, evitar-se-ão conflitos de interesses, pois, ao prescrever que as já existentes, até sua extinção, reger-se-ão pelo Código Civil de 1916 e pelas leis posteriores.

Conceito de enfiteuse. A enfiteuse é o mais amplo dos *jus in re aliena* por autorizar o enfiteuta a exercer, restritiva e perpetuamente, sobre coisa imóvel, todos os poderes do domínio, mediante pagamento ao senhorio direto de uma renda anual (*RTJ*, *40*:74; *RSTJ*, *81*:94; *EJSTJ*, *15*:24, 64 e 211; *RT*, *302*:535; *RF*, *124*:446).

Enfiteuta. O enfiteuta é a pessoa que possui o bem de modo direto, tendo sobre ele uso, gozo e disposição, desde que não afete sua substância, sendo, portanto, o titular do domínio útil, por ter a posse direta.

Senhorio direto. O senhorio direto é o titular do domínio direto ou iminente. É aquele que tem a propriedade do imóvel aforado e está dele afastado, não tendo a posse direta.

"Canon". O *canon* é uma pensão anual e invariável, paga ao senhorio direto pelo enfiteuta. O *canon*, que é pago previamente, é fixado com base no valor proporcional ao do domínio pleno.

Redução de vantagens. Reduziram-se as vantagens reconhecidas à enfiteuse, visando, ao impor determinadas restrições, desestimulá-la. Para tanto se proibiu: *a*) a cobrança de laudêmio ou de prestação análoga na transmissão do bem aforado, sobre o valor da construção ou plantação, revogando-se o art. 686 do Código Civil de 1916; mas se a alienação fiduciária tiver como objeto bens enfitêuticos, exigível será o pagamento do laudêmio se houver a consolidação do domínio útil do fiduciário (art. 22, parágrafo único, da Lei n. 9.514/97 com a alteração da Lei n. 11.076/2004). Pelo Decreto-Lei n. 1.876/81, arts. 1º, §§ 1º a 4º, e 2º (com a redação da MP n. 335/2006), há isenção de pagamento de foro, taxas de ocupação e laudêmios, alusivos a imóveis de propriedade da União, beneficiando-se pessoas de baixa renda ou carentes, cuja situação econômica, comprovada a cada quatro anos, não lhes permita pagar esses encargos, sem prejuízo do sustento próprio ou de sua família, uma vez que sua renda familiar é igual ou inferior a cinco salários mínimos; e *b*) a constituição de subenfiteuse nos aforamentos existentes, revogado está, portanto, o art. 694 do Código Civil de 1916. Em tais limitações não vislumbramos qualquer agressão às situações constituídas sob a égide do regime anterior, visto que atendem ao princípio constitucional da função social da propriedade (CF, arts. 5º, XXIII, 170, III, 182, § 2º, e 186) e foram estabelecidas no interesse social. São restrições legais, oriundas da própria natureza do direito de propriedade, com o objetivo de coibir abusos e impedir prejuízo ao bem-estar social, permitindo desse modo o desempenho da função social da propriedade preconizado pela nossa Constituição Federal. Buscam o equilíbrio do direito de propriedade como uma satisfação de interesses particulares e de sua função social, que visa a atender ao interesse público e ao cumprimento de deveres para com a sociedade. Assim sendo, as enfiteuses e as subenfiteuses já constituídas, sem deixarem de ser um *jus* (direito), passaram a ser um *munus* (direito-dever), desempenhando uma função social, visto que conjugados estão os interesses de seus titulares e os do Estado. Logo, como garantem tal função social, não poderão aquelas restrições ser tidas como inconstitucionais, nem como um atentado a direitos individuais, pois, apesar de pretenderem a supressão da enfiteuse, respeitam, para evitar quaisquer controvérsias, os aforamentos já constituídos, por força da norma constitucional que requer o respeito aos direitos adquiridos (CF, art. 5º, XXXVI, e LINDB, art. 6º, §§ 1º a 3º). De boa política legislativa foi a solução técnico-social dada pelo Código Civil vigente que, ao vedar criação de novas enfiteuses e subenfiteuses e a cobrança do laudêmio na transmissão do bem aforado, evitou conflitos de interesses, ao prescrever que as existentes até sua extinção reger-se-ão pelo Código Civil de 1916 e pelas leis posteriores. Daí a sua não opção pela extinção direta do instituto, que, além de inconstitucional, traria uma solução radical e injusta. Todavia, procurou atingir o instituto pelos flancos, reduzindo suas vantagens e impondo limitações desestimuladoras de seu prolongamento, mas consentâneas com a função social da propriedade, como bem observa Orlando Gomes.

Enfiteuse dos terrenos de marinha e acrescidos. Os terrenos de marinha são os banhados pelas águas do mar ou dos rios navegáveis, e os acrescidos são os que natural ou artificialmente se formaram a contar da preamar média das enchentes ordinárias para o lado do mar ou do rio. A enfiteuse poderá ter por objeto terrenos de marinha e acrescidos. Como esses bens são da União, constituindo bens públicos dominiais, seu aforamento é regido por lei especial, aplicando-se-lhes, no que couber, os preceitos de direito comum (Decretos-Leis n. 2.490/40, 4.120/42 e 9.760/46, arts. 64, § 2º, 99, parágrafo único, 101, 102 e 103, com alterações da Lei n. 9.636/98, regulamentada pelo Decreto n. 3.725/2001; *RDA*, *129*:404, *144*:270 e *170*:261; *RF*, *259*:401 e *273*:367).

BIBLIOGRAFIA: Carvalho Santos, *Código Civil brasileiro interpretado*, cit., v. 9, p. 108; Orlando Gomes, *Direitos reais*, cit., p. 271 e 277-80; *A reforma do Código Civil*, 1965, p. 212 e 215; Caio M. S. Pereira, *Instituições*, cit., v. 4, p. 210; M. Helena Diniz, *Curso*, cit., v. 4, p. 256-7 e 261; *Comentários ao Código Civil*, coord. Antônio Junqueira de Azevedo, São Paulo, Saraiva, 2003; Didimo da Veiga, *Manual*, cit., v. 9, n. 69-77; Lacerda de Almeida, *Direito das coisas*, cit., § 94; Valasco, *Direito emphyteutico*, questão XIII, n. 12; Lafayette, *Direito das coisas*, cit., § 157; Benoni da Veiga, *Terrenos de marinha*, p. 5 e s.; Madruga, *Terrenos de marinha*, p. 82; Glauber M. Talavera, A função social como paradigma dos direitos reais limitados de gozo ou fruição sobre coisa alheia, in Viana-Nery, *Temas*, p. 277; Giselda Maria N. Hironaka, *Direito Civil — Estudos*, Del Rey, 2000, p. 192 e 193.

Enfiteuse nos arts. 678 a 694 do Código Civil de 1916.

Art. 678. Dá-se a enfiteuse, aforamento, ou emprazamento, quando por ato entre vivos, ou de última vontade, o proprietário atribui a outrem o domínio útil do imóvel, pagando a pessoa, que o adquire, e assim se constitui enfiteuta, ao senhorio direto uma pensão, ou foro, anual, certo e invariável.

Constituição da enfiteuse. A enfiteuse pode constituir-se por ato *inter vivos* ou *causa mortis*. Mas, como o ato negocial não é idôneo para operar a aquisição do domínio, para que o direito real da enfiteuse possa ser adquirido por ato *inter vivos*, será preciso que o título constitutivo seja feito por escritura pública devidamente inscrita no Registro Imobiliário (Lei n. 6.015/73, art. 167, I, n. 10). Poderá a enfiteuse ser adquirida por ato de última vontade ou testamento. P. ex., quando o testador transmite o domínio direto a um herdeiro, ao legatário, e o domínio útil a outro, hipótese em que não será necessária a inscrição, já que a sucessão é um dos meios aquisitivos de direito real, embora se exija que o formal de partilha seja registrado para que o direito possa ser, eventualmente, alienado.

BIBLIOGRAFIA: Pinto Ferreira, Enfiteuse-II, in *Enciclopédia Saraiva do Direito*, v. 32, p. 152; Pacifici-Mazzoni, *Della enfiteuse*, n. 32; M. Helena Diniz, *Sistemas*, cit., p. 117-9; e *Curso*, cit., v. 4, p. 253-9; Orlando Gomes, *Direitos reais*, cit., p. 262-7; W. Barros Monteiro, *Curso*, cit., v. 3, p. 269-73; Daibert, *Direito das coisas*, cit., p. 353-7; Silvio Rodrigues, *Direito civil*, cit., v. 5, p. 275-6; Cunha Gonçalves, *Princípios de direito civil*, São Paulo, Max Limonad, 1951, v. 1, p. 360, n. 160; Lafayette, *Direito das coisas*, cit., v. 1, § 139; Messineo, *Manuale di diritto civile e commerciale*, v. 2, p. 148; R. Limongi França,

Manual de direito civil, São Paulo, Revista dos Tribunais, 1971, v. 3, p. 200; Didimo da Veiga, *Manual*, cit., v. 9, n. 26-43; Álvaro Villaça Azevedo, Enfiteuse-III, in *Enciclopédia Saraiva do Direito*, n. 32, p. 176 e s.; Gustavo Tepedino, Enfiteuse de terras públicas e atualização do foro anual, *Estudos Jurídicos*, *5*:235-8; José de Farias Tavares, *O Código Civil e a nova Constituição*, cit., p. 132-3; Luis Guilherme B. Marinoni, O usucapião de enfiteuse sobre bem público, *JB*, *141*:21; Miguel Reale, Do usucapião em caso de enfiteuse, *RT*, *519*:47; Guillermo Allende, *Tratado de la enfiteusis y demás derechos reales suprimidos o restringidos en el Código Civil*, Buenos Aires, Abeledo-Perrot, 1964.

Art. 679. O contrato de enfiteuse é perpétuo. A enfiteuse por tempo limitado considera-se arrendamento, e como tal se rege.

Perpetuidade da enfiteuse. A enfiteuse não pode ser temporária; a perpetuidade lhe é essencial. Se houver estipulação de prazo para sua duração não se terá enfiteuse, direito real, mas sim arrendamento, que não passa de um direito pessoal.

BIBLIOGRAFIA: Levenhagen, *Código Civil*, cit., v. 3, p. 221; M. Helena Diniz, *Curso*, cit., v. 4, p. 256; Carlos Alberto Bittar, *Direitos reais*, cit., p. 160; Clóvis Beviláqua, *Código Civil comentado*, cit., obs. ao art. 679, v. 3.

Art. 680. Só podem ser objeto de enfiteuse terras não cultivadas ou terrenos que se destinem a edificação.

Objeto da enfiteuse. A enfiteuse somente poderá abranger bem imóvel, limitando-se a terras não cultivadas e aos terrenos que se destinem a edificação, devido a sua finalidade econômico-social de favorecer o aproveitamento de terras incultas e de terrenos baldios. Mas também poderá ter como objeto terrenos de marinha e acrescidos, que são bens públicos dominiais pertencentes à União (CC de 1916, art. 694).

BIBLIOGRAFIA: Orlando Gomes, *Direitos reais*, cit., p. 270; W. Barros Monteiro, *Curso*, cit., v. 3, p. 273; Lafayette, *Direito das coisas*, cit., § 142; Didimo da Veiga, *Manual*, cit., v. 9, p. 85-8; Perna, *L'enfiteusi nel diritto antico e nel moderno*, n. 280; M. Helena Diniz, *Curso*, cit., v. 4, p. 256.

Art. 681. Os bens enfitêuticos transmitem-se por herança na mesma ordem estabelecida a respeito dos alodiais neste Código (de 1916), arts. 1.603 a 1.619; mas, não podem ser divididos em glebas sem consentimento do senhorio.

• *Código Civil de 1916, art. 690, § 2º.*

Transmissibilidade da enfiteuse por herança. O enfiteuta é titular de um direito suscetível de ser transmitido por ato *causa mortis*. Seus herdeiros legítimos ou testamentários sucedem-no nos direitos atinentes ao imóvel enfitêutico, embora o senhorio direto continue tendo o mesmo direito dominical sobre o bem gravado.

Equiparação aos bens alodiais. Os bens aforados são equiparados por lei aos bens alodiais, isto é, aos que podem ser livremente dispostos por seu titular, sem necessidade de autorização de quem quer que seja. Como os bens enfitêuticos não são alodiais, ante as restrições a que se sujeitam, a lei os equipara a eles, para que possam transmitir-se por herança na ordem estabelecida nos arts. 1.603 a 1.619 do Código Civil de 1916.

Indivisibilidade do bem enfitêutico. O enfiteuta não poderá atingir a substância da coisa com sua fruição, o que envolve a proibição de dividi-la sem permissão do senhorio direto.

A regra geral é a da indivisibilidade em glebas separadas, a fim de evitar fragmentação da pensão ou do foro anual, de modo que o aforamento é indivisível em benefício do senhorio direto, e só será possível a divisão com sua anuência expressa ou tácita.

BIBLIOGRAFIA: W. Barros Monteiro, *Curso*, cit., v. 3, p. 275-6; M. Helena Diniz, *Curso*, cit., v. 4, p. 260 e 262; Levenhagen, *Código Civil*, cit., v. 3, p. 222; Didimo da Veiga, *Manual*, cit., v. 9, p. 88-90, n. 46; Lafayette, *Direito das coisas*, cit., § 155; Lacerda de Almeida, *Direito das coisas*, cit., § 88; Carvalho Santos, *Código Civil brasileiro interpretado*, cit., v. 9, p. 53.

Art. 682. É obrigado o enfiteuta a satisfazer os impostos e os ônus reais que gravarem o imóvel.

Responsabilidade do foreiro pelos impostos e ônus reais. Competirá ao enfiteuta pagar os impostos e ônus reais (usufruto, servidão predial) que gravarem o imóvel aforado, uma vez que é ele quem goza do bem, retirando todas as suas utilidades.

Art. 683. O enfiteuta, ou foreiro, não pode vender nem dar em pagamento o domínio útil, sem prévio aviso ao senhorio direto, para que este exerça o direito de opção; e o senhorio direto tem 30 (trinta) dias para declarar, por escrito, datado e assinado, que quer a preferência na alienação, pelo mesmo preço e nas mesmas condições.

Se, dentro no prazo indicado, não responder ou não oferecer o preço da alienação, poderá o foreiro efetuá-la com quem entender.

- *Código Civil de 1916, art. 685.*
- *Sobre alienação de domínio pleno ou útil: Lei n. 9.636/98 (com a redação da Lei n. 13.465/2017, arts. 11-C, § 3º, 16-C, §§ 1º, 3º e 4º, e 16-D; Lei n. 8.036/90, art. 20, XIX (com a redação da Lei n. 13.465/2017).*

Direito de opção do senhorio direto em caso de alienação do domínio útil. O enfiteuta poderá exercer todos os direitos inerentes ao proprietário, como os de usar, gozar e dispor da coisa, mas para vender e para dar em pagamento o domínio útil terá de avisar previamente o senhorio direto para que este possa exercer seu direito de opção ou de preferência dentro de trinta dias. Esse direito de opção deverá, então, ser exercido dentro do prazo legal, mediante declaração escrita, devidamente datada e assinada, de que o senhorio pretende adquiri-lo pelo mesmo preço e nas mesmas condições. Isto é assim ante a conveniência social de se consolidar a propriedade num só titular (*jus protimeseos*), reunindo o domínio útil ao direto. Findo o prazo estipulado em lei sem que o senhorio direto se manifeste, o foreiro livre estará para transferir o domínio útil a quem quiser.

BIBLIOGRAFIA: M. Helena Diniz, *Curso*, cit., v. 4, p. 262-4; Levenhagen, *Código Civil*, cit., v. 3, p. 223-4; Didimo da Veiga, *Manual*, cit., v. 9, n. 48 e 49; Darcy Arruda Miranda, *Anotações*, cit., v. 2, p. 150.

Art. 684. Compete igualmente ao foreiro o direito de preferência, no caso de querer o senhorio vender o domínio direto ou dá-lo em pagamento. Para este efeito, ficará o dito senhorio sujeito à mesma obrigação imposta, em semelhantes circunstâncias, ao foreiro.

Direito de preferência do enfiteuta na hipótese de alienação do domínio direto. O foreiro terá direito de adquirir o imóvel aforado, ou seja, terá direito de preferência no caso de o senhorio direto pretender vender o domínio direto ou dá-lo em pagamento. Deverá o senhorio direto notificá-lo para que ele exerça sua preferência dentro de trinta dias, declarando-a por escrito. Se o senhorio direto não cumprir esse dever, poderá o enfiteuta usar de seu direito de preferência, havendo do adquirente o prédio pelo preço da aquisição.

BIBLIOGRAFIA: Clóvis Beviláqua, *Código Civil comentado*, cit., v. 3, p. 229; M. Helena Diniz, *Curso*, cit., v. 4, p. 260; Didimo da Veiga, *Manual*, cit., v. 9, n. 50; Levenhagen, *Código Civil*, cit., v. 3, p. 224-5.

Art. 685. Se o enfiteuta não cumprir o disposto no art. 683, poderá o senhorio direto usar, não obstante, de seu direito de preferência, havendo do adquirente o prédio pelo preço da aquisição.

Direito de consolidar o domínio útil no direto. Se o enfiteuta alienar o domínio útil sem dar preferência ao senhorio direto, este poderá exercer seu direito apesar da consumação da venda, ajuizando ação anulatória da alienação e pleiteando a reivindicação do domínio útil, depositando o preço da aquisição para reembolso do adquirente. O mesmo se diga, aplicando analogicamente este artigo, da falta de notificação do senhorio direto ao enfiteuta, quando for alienar o domínio direto, prejudicando-o no direito de preferência, ante a conveniência da consolidação da propriedade. A lei preserva o *jus protimeseos*, que representa o direito à consolidação do domínio, pela reunião do útil ao direto. Se a alienação se der a título oneroso, a lei concederá ao senhorio direto e ao enfiteuta o direito de preferência, devido à utilidade social de se extinguir o ônus real que recai sobre o domínio e à equidade que manda atribuir a totalidade do direito a quem já foi titular de parte. Se exercer a preferência, ter-se-á a extinção da enfiteuse, pois o domínio direto e o útil ficarão nas mãos de um só titular.

BIBLIOGRAFIA: Lafayette, *Direito das coisas*, cit., § 149; Trigo de Loureiro, *Instituições de direito civil brasileiro*, § 605; Levenhagen, *Código Civil*, cit., v. 3, p. 225; Didimo da Veiga, *Manual*, cit., v. 9, n. 51; M. Helena Diniz, *Curso*, cit., v. 4, p. 260; Caio M. S. Pereira, *Instituições*, cit., v. 4, p. 209; W. Barros Monteiro, *Curso*, cit., v. 3, p. 276-7; Clóvis Beviláqua, *Código Civil comentado*, cit., v. 3, p. 229.

Art. 686. Sempre que se realizar a transferência do domínio útil, por venda ou dação em pagamento, o senhorio direto, que não usar da opção, terá direito de receber do alienante o laudêmio, que será de 2,5% (dois e meio por cento) sobre o preço da alienação, se outro não se tiver fixado no título de aforamento.

- Vide *Código de Processo Civil, art. 784, VII.*
- *Sobre dispensa de pagamento de laudêmio,* vide *Decreto-Lei n. 1.876/81, regulamentado pelo Decreto n. 1.466/95, e Instrução Normativa n. 5/2010 da SPU.*
- *Revogado pelo art. 2.038, § 1º, I, do novo Código Civil.*

Laudêmio. O foreiro não mais deverá pagar o laudêmio, em caso de alienação do domínio útil, a título oneroso (venda, desapropriação (*EJSTJ, 15*:64), dação em pagamento ou incorporação à sociedade anônima), ao senhorio direto, que era a compensação a que ele tinha direito por não ter exercido o direito de preferência. O laudêmio, preço da renúncia à opção, era de 2,5% sobre o preço da alienação, se outra taxa não estivesse fixada no título de aforamento. Essa quantia devia ser paga previamente; não se lavrava escritura de venda sem que se recolhesse essa retribuição. Se o foreiro se omitisse a esse pagamento, o senhorio podia lançar mão de execução forçada contra ele e não contra o adquirente, a não ser que este se houvesse obrigado pelo respectivo pagamento (CPC, art. 784, VII; *RF*, *121*:158; *AJ*, *56*:159, *60*:304 e *80*:149; *RT*, *529*:252; *EJSTJ*, *13*:69; *Adcoas*, n. 78.118, 1981). Pelo art. 2.038, § 1º, I, do atual Código Civil não há mais esse direito, com exceção da hipótese do art. 22, parágrafo único, da Lei n. 9.514/97, com a alteração da Lei n. 11.076/2004.

BIBLIOGRAFIA: W. Barros Monteiro, *Curso*, cit., v. 3, p. 279-80; M. Helena Diniz, *Curso*, cit., v. 4, p. 265; Didimo da Veiga, *Manual*, cit., v. 9, n. 52 e 53; Lafayette, *Direito das coisas*, cit., § 153; Lacerda de Almeida, *Direito das coisas*, cit., § 91; Perna, *L'enfiteusi*, cit., n. 268; Cunha Gonçalves, *Princípios de direito civil*, São Paulo, Max Limonad, 1951, v. 1, p. 364, n. 161; Levenhagen, *Código Civil*, cit., v. 3, p. 225-6; Lobão, *Tratado do direito emphyteutico*, §§ 1.006 a 1.008 e 1.016.

Art. 687. O foreiro não tem direito à remissão do foro, por esterilidade ou destruição parcial do prédio enfitêutico, nem pela perda total de seus frutos; pode, em tais casos, porém, abandoná-lo ao senhorio direto, e, independentemente do seu consenso, fazer inscrever o ato da renúncia (art. 691).

- Vide *Lei n. 6.015/73, art. 258.*

Abandono do bem enfitêutico. O enfiteuta tem direito de abandonar o bem enfitêutico ao senhorio direto, renunciando à enfiteuse, inscrevendo, independentemente de anuência do senhorio, no Registro Imobiliário o seu ato abdicativo (Lei n. 6.015/73, art. 258). O abandono será permitido se houver esterilidade ou destruição parcial do bem enfitêutico ou perda total de seus frutos.

Proibição de remissão do foro. O foreiro não terá direito à renúncia do *canon* ou do foro se houver perecimento parcial do imóvel enfitêutico, ou se ele tornar-se estéril ou improdutivo. Nem se eximirá do pagamento da pensão anual se houver perda total dos frutos da coisa enfitêutica. Consequentemente, fácil será deduzir que a lei não obriga o senhorio direto a partilhar os prejuízos sofridos pelo enfiteuta. O enfiteuta somente se isentará do pagamento do *canon* se ocorrer a destruição total do imóvel enfitêutico.

BIBLIOGRAFIA: Didimo da Veiga, *Manual*, cit., v. 9, p. 109-16, n. 54 a 56; M. Helena Diniz, *Curso*, cit., v. 4, p. 260; Levenhagen, *Código Civil*, cit., v. 3, p. 226-7; Darcy Arruda Miranda, *Anotações*, cit., v. 2, p. 151.

Art. 688. É lícito ao enfiteuta doar, dar em dote, ou trocar por coisa não fungível o prédio aforado, avisando o senhorio direto, dentro em 60 (sessenta) dias, contados do ato da transmissão, sob pena de continuar responsável pelo pagamento do foro.

Alienação a título gratuito e troca do prédio aforado. O enfiteuta poderá, se quiser, doar, dar em dote ou trocar por coisa infungível o imóvel enfitêutico, sem ter qualquer obrigação de pagar laudêmio, mas terá o dever de avisar o senhorio direto da liberalidade, dentro de sessenta dias contados do ato da transmissão, sob pena de continuar responsável pelo pagamento do foro. Na falta dessa comunicação o foreiro incorrerá na sanção de continuar pagando o *canon* (*Adcoas*, n. 77.600, 1981).

Inexistência de direito de opção do senhorio direto. Se houver liberalidade envolvendo bem enfitêutico feita pelo foreiro, mediante doação ou dote, e se houver permuta de coisa infungível, prédio por prédio, não haverá que se falar em direito de preferência, por serem atos inerentes à essência do domínio útil e por terem por escopo favorecer determinada pessoa. Conceder o direito de preferência nessas hipóteses seria desnaturar a liberalidade e a troca da coisa por outra não fungível.

BIBLIOGRAFIA: Lacerda de Almeida, *Direito das coisas*, cit., § 91; Clóvis Beviláqua, *Código Civil comentado*, cit., obs. ao art. 688; Lobão, *Tratado*, cit., n. 901; Didimo da Veiga, *Manual*, cit., v. 9, n. 57 e 58; M. Helena Diniz, *Curso*, cit., v. 4, p. 260, 263, 264; W. Barros Monteiro, *Curso*, cit., v. 3, p. 279; Caio M. S. Pereira, *Instituições*, cit., v. 4, p. 212; Levenhagen, *Código Civil*, cit., v. 3, p. 227-8.

Art. 689. Fazendo-se penhora, por dívidas do enfiteuta, sobre o prédio emprazado, será citado o senhorio direto, para assistir à praça, e terá preferência, quer, no caso de arrematação, sobre os demais lançadores, em condições iguais, quer, em falta deles, no caso de adjudicação.

• Vide *Código de Processo Civil, arts. 798, II, 804, 886, VI e 889, V.*

Alienação judicial do prédio aforado. Se houver penhora, por débito do foreiro, recaindo sobre o bem enfitêutico, o senhorio direto deverá ser citado para assistir à praça e exercer seu direito de preferência na arrematação, preço por preço, ou na adjudicação, se inexistirem lançadores ou licitantes na praça. Se o senhorio direto não vier a usar seu direito de opção na arrematação ou na adjudicação, operando-se a transferência do bem enfitêutico a terceiro onerosamente, não mais terá direito ao laudêmio, que era deduzido do preço alcançado na venda judicial, por força do art. 2.038, § 1º, I, do novo Código Civil.

BIBLIOGRAFIA: Darcy Arruda Miranda, *Anotações*, cit., v. 2, p. 151; Levenhagen, *Código Civil*, cit., v. 3, p. 228; Didimo da Veiga, *Manual*, cit., v. 9, n. 59; Lobão, *Tratado*, cit., §§ 981 e s.

Art. 690. Quando o prédio emprazado vier a pertencer a várias pessoas, estas, dentro em 6 (seis) meses, elegerão um cabecel, sob pena de se devolver ao senhorio o direito de escolha.

• Vide *Lei n. 9.099/95, art. 3º, II.*

§ 1º Feita a escolha, todas as ações do senhorio contra os foreiros serão propostas contra o cabecel, salvo a este o direito regressivo contra os outros pelas respectivas quotas.

§ 2º Se, porém, o senhorio direto convier na divisão do prazo, cada uma das glebas em que for dividido constituirá prazo distinto.

• *Código Civil de 1916, art. 681.*

Coenfiteuse. O foreiro poderá constituir coenfiteuse, pois a enfiteuse admite a titularidade simultânea de várias pessoas que exercem *pro indiviso* o seu direito sobre o bem enfitêutico. Os coenfiteutas deverão dentro de seis meses, contados da data em que se constituir a comunhão, eleger, por maioria absoluta de votos, um cabecel, com a observância do procedimento do art. 3º, II, da Lei n. 9.099/95, sob pena de o próprio senhorio direto escolhê-lo.

Cabecel. O cabecel é o representante legal de todos os coenfiteutas que irá responder perante o senhorio direto por todas as obrigações, inclusive a de pagar o foro. Consequentemente, as ações do senhorio direto contra os foreiros deverão ser propostas contra o cabecel, que terá, então, direito regressivo contra os demais coenfiteutas pelas respectivas quotas. Se, ainda, não houve eleição de cabecel, o senhorio direto deverá, para receber o que tem direito, acionar todos os coenfiteutas.

Direito à enfiteuse distinta. Cada enfiteuta terá direito à enfiteuse distinta quando, havendo coenfiteuse, o senhorio direto tiver permitido a divisão do prazo. Cada uma das glebas em que for dividido o prazo constituirá prazo distinto, hipótese em que cada um dos coenfiteutas responderá pelo foro correspondente à parte que lhe couber na divisão. Trata-se de uma permissão concedida pela lei ao senhorio direto, uma vez que, se em seu favor foi estabelecida a indivisibilidade da enfiteuse, poderá, se quiser, autorizar a sua divisão em glebas, unicamente, para facilitar a percepção do *canon*.

BIBLIOGRAFIA: Orlando Gomes, *Direitos reais*, cit., p. 278; M. Helena Diniz, *Curso*, cit., v. 4, p. 261; Didimo da Veiga, *Manual*, cit., v. 9, n. 60 a 63; Levenhagen, *Código Civil*, cit., v. 3, p. 229; Darcy Arruda Miranda, *Anotações*, cit., v. 2, p. 152.

Art. 691. Se o enfiteuta pretender abandonar gratuitamente ao senhorio o prédio aforado, poderão opor-se os credores prejudicados com o abandono, prestando caução pelas pensões futuras, até que sejam pagos de suas dívidas.

• Vide *Código Civil de 1916, art. 687.*

Direito dos credores do enfiteuta em caso de abandono do prédio aforado. Se o enfiteuta vier a abandonar o imóvel enfitêutico gratuitamente ao senhorio direto, esse abandono não terá lugar em prejuízo de credores, que, ante a insolvência do foreiro, poderão, por sua vez, embargá-lo, prestando fiança ou caução fidejussória pelas pensões futuras, até que seus créditos sejam pagos. Os credores ficarão, portanto, responsáveis pelo pagamento das pensões anuais até a liberação do prédio aforado, uma vez que sua oposição não poderá lesar o direito do senhorio ao foro. Se o senhorio direto quiser readquirir o domínio útil que lhe foi abandonado, poderá fazê-lo se pagar aos credores do foreiro o débito remanescente. O direito conferido pela lei aos credores do enfiteuta de impedir o abandono do bem aforado em benefício do senhorio direto e a consolidação do domínio visam evitar renúncia à enfiteuse em fraude de credores. Se o foreiro tiver outros bens, seus credores não poderão obstar a renúncia à coisa enfitêutica, salvo se os demais bens forem insuficientes para pagar as dívidas.

BIBLIOGRAFIA: M. Helena Diniz, *Curso*, cit., v. 4, p. 260 e 267; Levenhagen, *Código Civil*, cit., v. 3, p. 229-30; Didimo da Veiga, *Manual*, cit., v. 9, n. 64; Clóvis Beviláqua, *Código Civil comentado*, cit., obs. ao art. 691, v. 3.

Art. 692. A enfiteuse extingue-se:

I — pela natural deterioração do prédio aforado, quando chegue a não valer o capital correspondente ao foro e mais um quinto deste;

II — pelo comisso, deixando o foreiro de pagar as pensões devidas, por 3 (três) anos consecutivos, caso em que o senhorio o indenizará das benfeitorias necessárias;

• Vide *Súmulas 122 e 169 do Supremo Tribunal Federal.*

III — falecendo o enfiteuta, sem herdeiros, salvo o direito dos credores.

Causas extintivas da enfiteuse. Apesar da perpetuidade da enfiteuse, a lei prevê causas de sua extinção, além do abandono voluntário e gratuito em favor do senhorio direto, que são: natural deterioração do prédio aforado; comisso e falecimento do enfiteuta sem herdeiros.

Natural deterioração do imóvel enfitêutico. A enfiteuse extinguir-se-á se ocorrer natural deterioração do prédio aforado, desvalorizando-o de modo que chegue a não valer o capital correspondente ao foro e mais um quinto deste, revertendo a enfiteuse em proveito do senhorio direto, a não ser que o foreiro prefira reparar o prédio, a suas expensas, fazendo com que recupere seu antigo valor. Se a deterioração se der por culpa do enfiteuta, não se terá extinção da enfiteuse, pois ele deverá continuar pagando o foro e as perdas e danos.

Comisso. Extinguir-se-á a enfiteuse pelo comisso, ou seja, quando o foreiro deixar de pagar as pensões devidas por três anos consecutivos, hipótese em que o senhorio direto deverá pagar as benfeitorias necessárias que o foreiro fez no prédio aforado (STF, Súmulas 122 e 169; *RT*, *239*:472, *266*:567, *292*:748 e *309*:724).

Morte do enfiteuta sem herdeiros. A enfiteuse cessará se houver falecimento do enfiteuta sem deixar herdeiros legítimos ou testamentários, pois o domínio retornará ao senhorio direto, salvo direitos dos credores de continuar com o aforamento até liquidação das dívidas do *de cujus*, se este não deixar outros bens suscetíveis de garantir o pagamento de seus débitos.

BIBLIOGRAFIA: Caio M. S. Pereira, *Instituições*, cit., v. 4, p. 215-7; W. Barros Monteiro, *Curso*, cit., v. 3, p. 283-5; Orlando Gomes, *Direitos reais*, cit., p. 276-7; M. Helena Diniz, *Curso*, cit., v. 4, p. 266-8; Lafayette, *Direito das coisas*, cit., § 156; Levenhagen, *Código Civil*, cit., v. 3, p. 230-1; Didimo da Veiga, *Manual*, cit., v. 9, p. 129-38; Arntz, *Droit civil français*, v. 1, n. 1.228; Cunha Gonçalves, *Tratado de direito civil*, v. 9, n. 1.312; Laurent, "Emphytéose", in *Pandettes françaises*, n. 163 e 165; Lacerda de Almeida, *Direito das coisas*, cit., § 93.

Art. 693. Todos os aforamentos, inclusive os constituídos anteriormente a este Código, salvo acordo entre as partes, são resgatáveis 10 (dez) anos depois de constituídos, mediante pagamento de um laudêmio, que será de 2,5% (dois e meio por cento) sobre o valor atual da propriedade plena, e de 10 (dez) pensões anuais pelo foreiro, que não poderá no seu contrato renunciar ao direito de resgate, nem contrariar as disposições imperativas deste Capítulo.

- *Artigo com redação determinada pela Lei n. 5.827, de 23 de novembro de 1972.*
- Vide *Decreto n. 22.785, de 31 de maio de 1933, que veda o resgate dos aforamentos de terrenos pertencentes ao domínio da União.*
- Vide *Decreto n. 9.760, de 5 de setembro de 1946, que dispõe sobre os bens imóveis da União (arts. 103 e 122).*
- *Lei n, 9.636/98 (com a redação da Lei n. 13.465/2017), arts. 11-C, § 3º, 16-A, §§ 1º a 7º, 16-B, parágrafo único, 16-G e 16-H, §§ 1º a 4º.*
- Vide *Súmula 170 do Supremo Tribunal Federal.*
- Vide *Código de Processo Civil, art. 549.*

Direito ao resgate do foro. O enfiteuta terá direito ao resgate do foro, após dez anos da constituição da enfiteuse, mediante pagamento de um laudêmio, que será de 2,5% sobre o valor atual da propriedade plena e de dez pensões anuais, extinguindo-se assim a enfiteuse com a consolidação, no enfiteuta, da plenitude do domínio. Com isso o foreiro poderá livrar-se do ônus real. Contudo não lhe será lícito renunciar ao direito de resgate, nem contrariar as disposições legais. De modo que, se se pactuar tal renúncia, nula ela será, permitindo-se que o enfiteuta possa, sem embargo dela, efetuar o resgate (*RT*, *525*:268 e *481*:217; *RJTJSP*, *173*:137; *Adcoas*, n. 73.405, 1980, e 85.022, 1982; *RSTJ*, *92*:171).

BIBLIOGRAFIA: W. Barros Monteiro, *Curso*, cit., v. 3, p. 281-2; M. Helena Diniz, *Curso*, cit., v. 4, p. 261-2 e 265; Levenhagen, *Código Civil*, cit., v. 3, p. 232; Didimo da Veiga, *Manual*, cit., v. 9, n. 67 e 68; Perna, *L'enfiteusi*, cit., n. 351 e 353; Tito Caraffa, Enfiteuse, in *Digesto Italiano*, n. 31.

Art. 694. A subenfiteuse está sujeita às mesmas disposições que a enfiteuse. A dos terrenos de marinha e acrescidos será regulada em lei especial.

- Vide *Decretos-Leis n. 2.490, de 16 de agosto de 1940, sobre terrenos de marinha, ampliado pelo Decreto-Lei n. 3.438, de 17 de julho de 1941; 3.437, de 17 de julho de 1941, sobre terrenos de fortificações; 5.666, de 15 de julho de 1943, sobre concorrência para o aforamento; 9.760, de 5 de setembro de 1946, sobre bens imóveis da União; 1.561/77, 2.398/87 e 1.850/81.*
- Vide *Código de Águas (Decreto n. 24.643, de 10-7-1934), art. 13.*
- *Revogado pelo art. 2.038, § 1º, II, do atual Código Civil.*

Subenfiteuse. O foreiro não mais poderá instituir subenfiteuse, que consistia na transferência que o enfiteuta fazia de seu direito a outrem, sem contudo desligar-se da relação jurídica que o prendia ao senhorio direto. O domínio útil do enfiteuta passava para o subenfiteuta, que

DISPOSIÇÕES FINAIS

tinha perante aquele os mesmos direitos e deveres que este último tinha perante o senhorio direto. A subenfiteuticação gerava relações jurídicas apenas entre o foreiro e o subenfiteuta, ficando o senhorio direto alheio ao fato, exceto se no ato constitutivo originário houvesse cláusula que requeresse sua notificação. O senhorio direto não teria direito de opção nem à percepção do laudêmio. O subenfiteuta pagava o foro ao enfiteuta, que, por outro lado, não se exonerava de pagá-lo ao senhorio direto.

Art. 2.039. O regime de bens nos casamentos celebrados na vigência do Código Civil anterior, Lei n. 3.071, de 1º de janeiro de 1916, é o por ele estabelecido.

- Vide *Código Civil de 1916, arts. 230, 256 a 314.*
- Vide *Lei de Introdução às Normas do Direito Brasileiro, art. 6º, §§ 1º a 3º, e Constituição Federal, art. 5º, XXXVI.*
- Vide *Código Civil, arts. 1.639 a 1.688.*

Regime de bens de casamentos celebrados sob o império do Código Civil de 1916. A essência das relações econômicas entre marido e mulher está, sem dúvida, no regime matrimonial de bens sujeito às normas vigentes por ocasião da celebração das núpcias. Assim sendo, o Código Civil de 1916 (arts. 230, 256 a 314) continuará, apesar de, passando a *vacatio legis*, estar revogado, a produzir efeitos jurídicos, tendo eficácia sem, contudo, ter vigência. Irradiará seus efeitos aplicando-se ao regime matrimonial de bens dos casamentos celebrados durante sua vigência, inclusive na *vacatio legis*, respeitando, dessa forma, as situações jurídicas definitivamente já constituídas.

Eficácia residual dos arts. 230, 256 a 314 do Código Civil de 1916. O atual Código Civil entrou em vigor com efeito imediato e geral, respeitando o ato jurídico perfeito, o direito adquirido e a coisa julgada (CF, art. 5º, XXXVI, e LINDB, art. 6º). Assim, poderá ocorrer que, mesmo que o Código Civil de 1916 tenha sido revogado, seus efeitos permaneçam, aplicando-se ao regime matrimonial de bens dos casamentos celebrados durante sua vigência, inclusive na *vacatio legis*. Ensina-nos, magistralmente, Miguel Reale, a esse respeito, que uma norma pode tornar-se eficaz mesmo quando revogada, porque outra lei vigente ordena o respeito às situações jurídicas definitivamente constituídas ou aperfeiçoadas no regime da lei anterior, ou, então, porque se deve aplicar a lei em vigor na época em que certos fatos ocorrem. A permanência da eficácia da norma, em determinados assuntos que lhe sejam pertinentes, após sua revogação, é um *canon* jurídico. A eficácia residual da norma extinta cerceia a da vigente, repelindo-a para tutelar certas relações jurídicas. A eficácia da novel norma está limitada pelo direito adquirido, ato jurídico perfeito e coisa julgada. Trata-se, como nos ensina Paulo de Lacerda, dos efeitos residuais da lei revogada. Se assim é, em relação ao regime matrimonial de bens nos casamentos celebrados na vigência do Código Civil de 1916 é o por ele estabelecido nos arts. 230, 256 a 314, em respeito às situações jurídicas definitivamente constituídas, pouco importando que venham a colidir com o disposto nos arts. 1.639 a 1.688 do atual Código Civil. Os arts. 256 a 314 do Código Civil de 1916, não mais vigentes, continuam a ser vinculantes, tendo vigor para os casamentos anteriores à vigência do Código Civil de 2002, visto que o seu art. 2.039, *sub examine*, dá-lhes aptidão para produzir efeitos jurídicos concretos mesmo depois de revogados. Resguarda-se assim a segurança jurídica, que exige que as situações patrimoniais entre os cônjuges criadas sob o amparo de uma lei não sejam alteradas por outra posterior.

Questão da mutabilidade do regime de bens de casamento celebrado na égide do Código Civil de 1916. O art. 1.639, § 2º, do atual Código Civil acata o princípio da mutabilidade justificada do regime de bens adotado, em substituição ao da imutabilidade do regime matrimonial (CC de 1916). Se bem que o velho Código prescrevesse a imutabilidade absoluta do regime de bens, exceções jurisprudenciais existiam a essa norma, admitindo a comunicação de bens adquiridos na constância do casamento, pelo esforço comum de ambos os cônjuges, mesmo se casados pelo regime de separação de bens, ou a estipulação no pacto antenupcial, de que, havendo superveniência de filhos, o casamento com separação se convertesse em casamento com comunhão.

O art. 1.639, § 2º, estaria conflitando com o art. 2.039 (norma de direito intertemporal)? Seria possível que, no casamento convolado na égide do Código Civil de 1916, regido pelo princípio da imutabilidade do regime de bens (art. 230), se altere o regime, mesmo diante do disposto no art. 2.039? Há quem entenda que o art. 2.039 apenas determina a aplicabilidade das normas do velho Código no que atina à partilha do patrimônio do casal, alusivas e específicas a cada regime, ou seja, aos arts. 262 a 314, excluindo os arts. 256 a 261; logo as normas gerais comuns a todos os regimes contidas no novel Código Civil aplicáveis serão aos casamentos anteriores a ele, visto que prescrevem princípios concernentes à sociedade conjugal no que diz respeito aos seus interesses patrimoniais. Consequentemente, para esta corrente doutrinária, o art. 1.639, § 2º, é norma geral de efeito imediato, que alcança todos os casamentos anteriores ou posteriores à entrada em vigor do atual Código Civil.

No âmbito do direito intertemporal, a grande maioria dos autores acata o seguinte critério norteador: as leis sobre direito de família são irretroativas, exceto as alusivas ao direito pessoal. Se assim é, são *irretroativas* as seguintes normas do Código Civil de 2002, por dizerem respeito aos *direitos patrimoniais* dos cônjuges cujas núpcias se deram antes de sua entrada em vigor: 1.639, 1.640, 1.641, 1.653 a 1.688. Mas serão *retroativas*, por serem atinentes a *direitos pessoais puros* e a *direitos pessoais patrimoniais* (os de crédito e os obrigacionais), as constantes, p. ex., nos arts. 1.565 a 1.570 e 1.642 a 1.652. Consequentemente, por força do art. 2.039, terão *eficácia residual* os seguintes artigos do Código Civil de 1916, por serem alusivos aos *direitos patrimoniais* do casal, cujo casamento se deu durante sua vigência: arts. 230, 256 a 314. Para os regimes de casamentos realizados sob a égide do revogado Código, aplicar-se-ão as normas por ele estabelecidas para a partilha nas hipóteses de dissolução da sociedade e do vínculo conjugal e todas aquelas (como a do art. 230) que tenham repercussões patrimoniais; e, quanto aos direitos pessoais (puros ou creditórios), cabível será a incidência das disposições do Código Civil de 2002, contidas nos arts. 1.565 a 1.570 e 1.642 a 1.652.

Todavia, se o art. 1.639, § 2º, contém um princípio, pelo art. 4º da Lei de Introdução às Normas do Direito Brasileiro, poderá ser invocado em caso de lacuna nos casamentos que se deram antes do atual Código Civil, visto que os pactos antenupciais (contratos em curso de execução) regem-se pela lei sob cuja vigência foram estabelecidos (CC, art. 2.035 c/c art. 2.039). Logo, o art. 2.039 (norma de direito intertemporal, de ordem pública e especial) é o aplicável ao regime matrimonial de bens, que, portanto, será imutável, se o casamento se deu sob a égide do Código Civil de 1916 (no mesmo sentido, TJDF, 3ª Turma Cível, rel. Des. Vera Andrighi, j. 11-2-2003), salvo as exceções admitidas pela jurisprudência, durante a sua vigência. Nada obsta a que se aplique o art. 1.639, § 2º, do atual Código Civil, excepcionalmente, se o magistrado assim o entender, aplicando os arts. 5º e 4º da Lei de Introdução às Normas do Direito Brasileiro para sanar lacuna axiológica que provavelmente se instauraria por gerar uma situação em que se teria não correspondência da norma do Código Civil de 1916 com os valores vigentes na sociedade, acarretando injustiça. Pelo art. 977 do atual Código Civil veda-se sociedade entre cônjuges se o regime matrimonial for o de comunhão universal de bens (art. 1.667) ou da separação obrigatória de bens (art. 1.641). Ante o disposto nos arts. 2.031 e 2.039 do atual Código Civil, surge o problema: como ficam as sociedades entre marido e mulher e entre estes e terceiros, já existentes antes do novel Código, se o regime de bens for um dos acima mencionados? Seria necessário alterar o estatuto social, mudando um dos sócios (CC, art. 2.031), ante a impossibilidade de modificar o regime de casamento (CC, art. 2.039)? Ou seria possível alterar o regime matrimonial, em razão de lacuna axiológica instaurada pelo art. 2.039, aplicando-se o princípio de mutabilidade justificada do regime? Tentando solucionar o impasse, o Parecer Jurídico DNRC/COJUR n. 125/2003 entendeu que "em respeito ao ato jurídico perfeito essa proibição não atinge as sociedades entre cônjuges já constituídas quando da entrada em vigor do Código, alcançando, tão somente, as que viessem a ser constituídas posteriormente. Desse modo, não há necessidade de se promover alteração do quadro societário ou mesmo da modificação do regime de casamento dos sócios-cônjuges, em tal hipótese". E esse é também o entendimento do Enunciado n. 204 do Conselho da Justiça Federal, aprovado na *III Jornada de Direito Civil*.

Pelo Enunciado n. 260 do Conselho da Justiça Federal, aprovado na *III Jornada de Direito Civil*, "a alteração do regime de bens prevista no § 2º do art. 1.639 do Código Civil também é permitida nos casamentos realizados na vigência da legislação anterior".

Havendo mudança de regime matrimonial, nas relações entre cônjuges, a sentença homologatória da alteração do regime terá, após o trânsito em julgado, para alguns autores, efeito *ex tunc*, consequentemente o novo regime retroagirá à data das núpcias, a não ser que haja disposição em contrário dos cônjuges. Mas seu efeito em relação a terceiros é *ex nunc*, visto que poderá prejudicar credores que, então, arguirão fraude à execução.

Jurisprudência: TJRS, Ac. 70.006.423.891, j. 13-8-2003, rel. Des. Sérgio F. Vasconcellos Chaves; TJMG, 4ª Turma, Ap. Cível 1000000347688-4/000, rel. Des. Audebert; TJRJ, AC 2006.001.25625-7a C. Cív., rel. Des. Maria Henriqueta Lobo — *DOERJ*, 1º-8-2006; TJSP, 5ª Câm. de D. Priv., Ap. Cível c/ Rev. n. 472.089-4/8, rel. Oldemar Azevedo, j. 8-11-2006; STJ, 4ª T., REsp 730.546/MG, rel. Jorge Scartezzini, j. 23-8-2005. "Direito civil. Família. Casamento celebrado sob a égide do CC/16. Alteração do regime de bens. Possibilidade. A interpretação conjugada dos arts. 1.639, § 2º, 2.035 e 2.039, do CC/02, admite a alteração do regime de bens adotado por ocasião do matrimônio, desde que ressalvados os direitos de terceiros e apuradas as razões invocadas pelos cônjuges para tal pedido. Assim, se o Tribunal Estadual analisou os requisitos autorizadores da alteração do regime de bens e concluiu pela sua viabilidade, tendo os cônjuges invocado como razões da mudança a cessação da incapacidade civil interligada à causa suspensiva da celebração do casamento a exigir a adoção do regime de separação obrigatória, além da necessária ressalva quanto a direitos de terceiros, a alteração para o regime de comunhão parcial é permitida. Por elementar questão de razoabilidade e justiça, o desaparecimento da causa suspensiva durante o casamento e a ausência de qualquer prejuízo ao cônjuge ou a terceiro, permite a alteração do regime de bens, antes obrigatório, para o eleito pelo casal, notadamente porque cessada a causa que exigia regime específico. Os fatos anteriores e os efeitos pretéritos do regime anterior permanecem sob a regência da lei antiga. Os fatos posteriores, todavia, serão regulados pelo CC/02, isto é, a partir da alteração do regime de bens, passa o CC/02 a reger a nova relação do casal. Por isso, não há se falar em retroatividade da lei, vedada pelo art. 5º, inc. XXXVI, da CF/88, e sim em aplicação de norma geral com efeitos imediatos" (STJ, REsp 821.807/PR, rel. Min. Nancy Andrighi, 3ª T., j. 19-10-2006, *DJ*, 13-11-2006, p. 261). "Casamento — Regime de bens — Alteração — Retroação possível, não se aplicando o artigo 2.039, do Código Civil de 2002 — Interesse recursal do Ministério Público, nos termos do artigo 82, inciso II — atual art. 178 —, do Código de Processo Civil — Pedido instruído com os documentos necessários — Documentos juntados pelas partes que atendem o objetivo da norma, revelando que não há insolvência de um dos cônjuges, que é um dos elementos objetivos para se pressupor que a mudança possa importar prejuízos a terceiros — Recurso provido para deferir a modificação" (STJ, Ap. Cív. 311.958-4/9-00, São Paulo, 4ª Câm. de Dir. Priv., rel. Ênio Zuliani, j. 1º-9-2006 — v.u., Voto n. 10.272).

BAASP, *2602*:1602-06 — Aos casamentos celebrados antes do advento do Código Civil/2002, aplica-se o art. 2.039 do Código Civil vigente, que dispõe que "o regime de bens nos casamentos celebrados na vigência do Código Civil anterior, Lei n. 3.071, de 1º/1/1916, é o por eles estabelecido". Nos termos do art. 1.658 do CC/2002, no regime da comunhão parcial de bens, comunicam-se os bens que sobreviveram ao casal, na constância do casamento, excetuados aqueles que cada cônjuge possuía antes do matrimônio, bem como os que lhe sobrevieram após o casamento por doação ou sucessão, além daqueles sub-rogados em seu lugar, segundo os arts. 1.659, inciso I, do CC/2002, antigo art. 267, inciso I, do Código Civil/1916. Conforme o art. 1.659, inciso II, do CC/2002, antigo art. 269, inciso II, do CC/1916, também se excluem da comunhão os bens adquiridos com valores pertencentes exclusivamente a um dos cônjuges em sub-rogação dos bens particulares. Os bens adquiridos de modo oneroso na constância do casamento, ainda que em nome de somente um dos cônjuges, entram na comunhão, segundo se depreende do art. 1.660, inciso I, do CC vigente, antigo art. 271, inciso I, do CC/1916, *verbis*: "Art. 1.660 — Entram na comunhão: I — os bens adquiridos na constância do casamento por título oneroso, ainda que só em nome de um dos cônjuges". Apelação conhecida e provida. TJDFT — 6ª T. Cível; ACi n. 20050710221903-DF; Rel. Des. Ana Maria Duarte Amarante Brito, j. 21/5/2008; v.u.

TJRJ — AC 2006.001.25625 — 7ª C. Cív. — Rel. Des. Maria Henriqueta Lobo — DOERJ 1º-08-2006. "A alteração do regime de bens, faculdade trazida pelo novo Código Civil, não se restringe aos casamentos celebrados após sua vigência, mas abrange também aqueles realizados sob a égide do diploma de 1916. É admissível alteração do regime de bens, mediante autorização judicial em pedido motivado de ambos os cônjuges, apurada a procedência das razões invocadas e ressalvados os direitos de terceiros. Inteligência do art. 1.639, § 2º, do Código Civil em vigor. É admissível a pretendida alteração ante a existência de razões justificáveis. Provimento do recurso para deferir o pedido de alteração de bens conforme requerido".

BIBLIOGRAFIA: Miguel Reale, *Filosofia do direito*, p. 514 e s.; *O direito como experiência*, São Paulo, Saraiva, 1968, p. 218; Paulo de Lacerda, *Manual do Código Civil brasileiro*, Rio de Janeiro, Ed. J. Ribeiro dos Santos, 1918, p. 80; M. Helena Diniz, *Norma constitucional e seus efeitos*, São Paulo, Saraiva, 2001, p. 56 e 57; *Lei de Introdução ao Código Civil brasileiro interpretada*, São Paulo, Saraiva, 2001, p. 176-201; *Dicionário jurídico*, São Paulo, Saraiva, 1998, v. 2, verbete "eficácia residual", p. 276; *Comentários ao Código Civil*, coord. Antônio Junqueira de Azevedo, São Paulo, Saraiva, 2003, v. 22, p. 319-20; Marilene Silveira Guimarães, Família e empresa, in *Novo Código Civil — questões controvertidas*, coord. Mário Luiz Delgado e Jones Figueirêdo Alves, São Paulo, Método, 2003; Euclides de Oliveira, Alteração do regime de bens no casamento, in *Novo Código Civil — questões controvertidas*, São Paulo, Método, 2003, p. 394-6; Mário Luiz Delgado, Problemas de direito intertemporal: breves considerações sobre as disposições finais e transitórias do novo Código Civil brasileiro, in *Novo Código Civil — questões controvertidas*, cit., p. 505-8; Jones F. Alves e Mário Luiz Delgado, *Código*, cit., p. 1031; Luis Paulo Cotrim Guimarães, Regime de bens e o direito intertemporal: do casamento à união estável. *Fundamentos de direito civil brasileiro* (org. Everaldo A. Cambler), Campinas, Millennium, 2012, p. 221-238.

Art. 2.040. A hipoteca legal dos bens do tutor ou curador, inscrita em conformidade com o inciso IV do art. 827 do Código Civil anterior, Lei n. 3.071, de 1º de janeiro de 1916, poderá ser cancelada, obedecido o disposto no parágrafo único do art. 1.745 deste Código.

- *Código Civil de 1916, art. 827, IV.*
- *Código Civil, arts. 1.489, 1.745, parágrafo único, 1.774 e 1.781.*
- *Lei n. 6.015/73, art. 251.*
- *Lei n. 8.069/90, art. 37.*
- *Código de Processo Civil, arts. 759 a 763.*

DISPOSIÇÕES FINAIS

Hipoteca legal de bens do tutor ou curador. Se, pelo art. 827, IV, do Código Civil de 1916, foi conferida, na sua vigência, hipoteca legal às pessoas que não tinham a administração de seus bens, sobre os imóveis de seus tutores ou curadores, que, então, por sua vez, requereram a inscrição e especialização da hipoteca legal dos incapazes (CC de 1916, arts. 418 e 840), porém, como pelo atual Código Civil não há mais obrigatoriedade dessa hipoteca legal, tal ônus real de garantia poderá ser cancelado, ocorrendo a hipótese do parágrafo único do art. 1.745 do atual Código Civil, isto é, se o patrimônio do tutelado ou curatelado for de valor considerável, o órgão judicante poderá condicionar o exercício da tutela ou curatela à prestação de caução, real ou fidejussória, bastante, podendo, contudo, dispensá-la se o tutor ou curador for de reconhecida idoneidade moral e financeira.

Cancelamento da hipoteca legal. Ocorrida a hipótese do art. 1.745 do atual Código Civil, a hipoteca legal constituída sob a égide do Código Civil de 1916 poderá ser dispensada, e, consequentemente, para sua extinção, ter-se-á de proceder ao cancelamento de seu assento registrário e à sua averbação, pois tal extinção só terá efeito contra terceiros depois de averbada no registro respectivo (Lei n. 6.015/73, art. 251). Com tal cancelamento o exercício da tutela, ou curatela, não mais ficará condicionado a prestação da hipoteca legal, que, hoje, nem tem mais obrigatoriedade por força do art. 1.489, I a IV, do atual Código Civil.

Art. 2.041. As disposições deste Código relativas à ordem da vocação hereditária (arts. 1.829 a 1.844) não se aplicam à sucessão aberta antes de sua vigência, prevalecendo o disposto na lei anterior (Lei n. 3.071, de 1º-1-1916).

- Vide *Código Civil, arts. 1.784, 1.787, 1.829 a 1.844.*
- Vide *Código Civil de 1916, arts. 1.603 a 1.619.*

Ordem de vocação hereditária na abertura da sucessão durante a "vacatio legis". As normas do atual Código Civil relativas à ordem da vocação hereditária apenas se aplicarão à sucessão aberta após a sua vigência. Se o *auctor successionis* falecer antes da entrada em vigor do Código Civil de 2002, aplicar-se-á o disposto no Código Civil de 1916 e não os arts. 1.829 e 1.844 do novo diploma legal. A legitimação ou capacidade para suceder, ou seja, a aptidão para herdar os bens deixados pelo *de cujus* ou a qualidade de suceder na herança, reger-se-á pela lei vigente ao tempo da abertura da sucessão (CC, art. 1.787), em caso de sucessão legítima, seguindo-se a ordem de vocação hereditária nela estipulada.

A lei nova, que alterou as normas relativas à ordem de vocação hereditária, deverá ser aplicada apenas aos casos de abertura da sucessão que se derem com sua entrada em vigor e jamais antes dela, ou mesmo durante a *vacatio legis*.

Tanto a capacidade para suceder como a sucessão legítima ou testamentária reger-se-ão por lei vigente na abertura da sucessão, pois nenhum direito existirá sobre herança de pessoa viva, uma vez que só se poderá falar em direito adquirido após o óbito do *auctor successionis*, momento determinante da abertura da sucessão e da lei disciplinadora dos direitos sucessórios. Todavia, supérflua é a ressalva do artigo *sub examine* diante do princípio geral de que a lei vigente ao tempo da abertura da sucessão a regula, bem como a capacidade ou legitimação para suceder (CC, art. 1.787). Nenhuma alteração legal, anterior ou posterior ao óbito, poderá modificar o poder aquisitivo dos herdeiros, visto que a lei vigorante no *dia* do falecimento do *de cujus*, regerá a sucessão e o direito sucessório daqueles herdeiros.

Art. 2.042. Aplica-se o disposto no *caput* do art. 1.848, quando aberta a sucessão no prazo de um ano após a entrada em vigor deste Código, ainda que o testamento tenha sido feito na vigência do anterior, Lei n. 3.071, de 1º de janeiro de 1916; se, no prazo, o testador não aditar o testamento para declarar a justa causa de cláusula aposta à legítima, não subsistirá a restrição.

- *Código Civil, art. 1.848.*

Restrições aos bens da legítima. A validade intrínseca do testamento, ou seja, seu conteúdo, rege-se pela lei vigente ao tempo da morte do testador, pois o princípio de direito intertemporal *tempus regit actum* aplica-se apenas à forma testamentária (validade extrínseca), obedecendo os requisitos da lei em vigor à época de sua efetivação. Assim sendo, se, após um ano da vigência do atual Código, mesmo que o ato de última vontade tenha sido feito sob o império do Código Civil de 1916, seguindo o seu art. 1.723, o testador não fez nenhum aditamento no anterior, declarando a justa causa que o levou a impor cláusula de inalienabilidade, impenhorabilidade e incomunicabilidade sobre os bens da legítima, com o seu óbito, não subsistirão tais restrições legitimárias, aplicando-se, então, o art. 1.848 do atual Código Civil. Não mais prevalecerá a vontade do testador, mas o justo motivo para validar a cláusula restritiva da legítima, ante a obrigatoriedade da indicação da razão pela qual se a limita, podendo o órgão judicante averiguar se a causa alegada é justa ou não.

A finalidade da lei foi conceder ao testador um tempo razoável para tornar possível a restrição aos bens da legítima, prevista em testamento celebrado antes da vigência do atual Código. Não tomando, tempestivamente, as devidas providências, cairá por terra a limitação por ele imposta aos seus herdeiros necessários, por ser tida, aos "olhos" da novel lei, como insubsistente, por falta de alegação de causa justa (TJSP, Ap. Cível n. 565.224-4/8-00, 3ª Câmara de Direito Privado, rel. Adilson de Andrade, j. 11-11-2008). Possível será o alcance retroativo do art. 1.848 do atual Código, porque enquanto não ocorrer a morte do testador, o testamento, por ele feito anteriormente à vigência da novel lei, não poderá ser considerado perfeito, por isso, a lei nova poderá alterar a cláusula restritiva da legítima, dando, porém, o prazo de um ano para que o testador faça o devido aditamento, declarando a causa que a justifica.

Jurisprudência. "Arrolamento — Alvará — Indeferimento do pedido em virtude da existência de cláusulas de inalienabilidade, incomunicabilidade e impenhorabilidade que gravam o bem — Cabimento — Inexistência, no instrumento público de testamento, de qualquer aditamento relacionando justa causa às cláusulas condicionais — Irrelevância — Óbito da testadora ocorrido em 1994, o que torna válida a sua última disposição — inaplicabilidade da regra de transição prevista no art. 2.042 do novo Código Civil — Recurso improvido" (TJSP, AgI 598.452-4/4 — São Paulo, 5ª Câm. de Direito Privado, Rel. Des. Oldemar Azevedo, j. 17/12/2008, v.u.).

"Testamento — Público — Declaratória de ineficácia e nulidade de testamento — Cláusulas restritivas instituídas pelo testador sobre a legítima — Insubsistência — Testador que não especifica a justa causa da inserção em seu testamento das cláusulas restritivas, no prazo estabelecido no art. 2.042 do CC — Não havendo justa causa determinante da restrição à legítima, a disposição de última vontade não mais prevalecerá, de acordo com o art. 1.848 do Código Civil — Ausência de efetivação do devido aditamento no prazo estabelecido no art. 2.042 do referido Código — Sentença reformada — Recurso provido" (TJSP, AC 565.224-4/8-00 — Ribeirão Bonito, 3ª Câm. de Direito Privado, Rel. Des. Adilson de Andrade, j. 11/11/2008, v.u.).

Art. 2.043. Até que por outra forma se disciplinem, continuam em vigor as disposições de natureza processual, administrativa ou penal, constantes de leis cujos preceitos de natureza civil hajam sido incorporados a este Código.

Vigência de normas processuais, administrativas e penais. O atual Código Civil, acertadamente, contém, em sua maior parte, normas gerais, de caráter substantivo, que procuram definir as instituições jurídicas, por ele regidas, ressaltando seus fins e efeitos, deixando os pormenores às leis especiais, bem como a disciplina de fatos polêmicos engendrados, pelo avanço tecnológico, ou de situações que exigem construção doutrinária ou jurisprudencial para delinear seus contornos. Ficou adstrito às matérias próprias do direito civil e empresarial, deixou até mesmo de lado as normas adjetivas, abarcando tão somente as intimamente relacionadas com os temas de direito material por ele tratados. Continuam tendo vigor as disposições de natureza processual, (p. ex., os arts. 3º, § 2º, 34 a 37 e 40, § 2º, da Lei n. 6.515/77) administrativa ou penal contidas em normas, cujos preceitos de natureza civil foram incorporados ao atual Código Civil, até que por outra forma sejam disciplinadas. Nada obsta, juridicamente, a que leis adjetivas, administrativas e penais continuem vigorando e incidindo nas questões intimamente relacionadas com o direito civil, por serem de ordem pública, sendo reflexos da ordem jurídica, que as reconhece, permitindo sua incidência, apesar de anteriores à Lei n. 10.406/2002.

Art. 2.044. Este Código entrará em vigor um ano após a sua publicação.

- *Lei Complementar n. 95/98, art. 8º, § 1º, com redação da Lei Complementar n. 107/2001.*
- *Decreto n. 4.176/2002, art. 20.*

Entrada em vigor do novo Código Civil. O art. 2.044 do atual Código Civil visa dispor a respeito da força vinculante do referido diploma legal, indicando o momento inicial de sua vigência legal, ou seja, quando deverá ser efetivamente obedecido. O Código Civil terá vigência e autoridade normativa um ano depois de sua publicação.

"Vacatio legis". O intervalo entre a data da publicação do Código e sua entrada em vigor chama-se *vacatio legis*. Com o término da *vacatio* ter-se-á o início da obrigatoriedade do atual Código Civil. Assim sendo, mesmo depois de publicado, só adquirirá real obrigatoriedade, ou melhor, apenas terá autoridade, após o decurso do período da *vacatio legis*. Logo, o transcurso da *vacatio legis* é o complemento da publicação, imprescindível para que o atual Código faça atuar sua autoridade. Antes do decurso da *vacatio legis* não terá ele efetiva força obrigatória nem autoridade imperativa, mesmo que promulgado e publicado, por ainda estar em vigor o antigo Código.

Cômputo do prazo da "vacatio legis". A contagem do prazo para entrada em vigor da lei que estabelece período de vacância far-se-á com a inclusão da data da publicação e do último dia do prazo, entrando em vigor no dia subsequente à sua consumação integral (art. 8º, § 1º, da Lei Complementar n. 95/98, com a redação da Lei Complementar n. 107/2001, e art. 20 do Decreto n. 4.176/2002), ou seja, no dia 11 de janeiro 2003.

Todavia, como bem observam J. A. Almeida Paiva e Vladimir Aras, o art. 2.044 gera polêmica ante o fato de ter estabelecido o prazo de *vacatio legis*, mediante o emprego da locução "um ano", embora a Lei Complementar Federal n. 95/98, alterada pela Lei Complementar Federal n. 107/2001, norma cogente hierarquicamente superior ao Código Civil (CF, arts. 59, II, e 69), determine que as leis devem estabelecer prazo de vacância em dias e não em anos ou meses (art. 8º, § 2º). O art. 2.044, ao descartar o critério unificador da contagem em dias, adotando o critério anual, veio a conflitar com o art. 8º, § 2º, da Lei Complementar Federal n. 95/98, por desconsiderar matéria sujeita à cláusula de reserva de Lei Complementar, por expressa disposição constitucional (CF, art. 59, parágrafo único). Se assim é, dever-se-á entender que o art. 2.044 estabeleceu o prazo de *vacatio legis* em 365 dias e não em um ano, contando-se tal prazo na forma do art. 8º, § 1º, da Lei Complementar Federal n. 95/98, incluindo a data da publicação e o último dia do prazo, entrando a lei em vigor no dia subsequente à sua consumação integral. Assim, em 2002, seriam 21 dias em janeiro, 28 em fevereiro, 31 em março, 30 em abril, 31 em maio, 30 em junho, 31 em julho, 31 em agosto, 30 em setembro, 31 em outubro, 30 em novembro e 31 em dezembro, o que totaliza 355 dias. Somando-se mais 10 dias em janeiro de 2003, atinge-se o *dies ad quem* (termo final de contagem) e chega-se ao dia 11 de janeiro de 2003, início da vigência do novel Código. Pela aplicação conjunta dos §§ 1º e 2º do art. 8º da Lei Complementar Federal n. 95/98, percebe-se que, se a Lei n. 10.406/2002 foi, oficialmente, publicada no dia 11 de janeiro de 2002, os 365 dias de vacância começam a ser contados a partir daí, terminando no dia 10 de janeiro de 2003; logo, o dia subsequente, 11 de janeiro de 2003, é o da entrada em vigor do novo Código Civil.

Art. 2.045. Revogam-se a Lei n. 3.071, de 1º de janeiro de 1916 — Código Civil, e a Parte Primeira do Código Comercial, Lei n. 556, de 25 de junho de 1850.

- *Lei Complementar n. 95/98, art. 9º, com a redação da Lei Complementar n. 107/2001.*
- *Decreto n. 4.176, de 28 de março de 2002, art. 21.*
- Vide *Código Civil, art. 2.035.*
- ***Projeto de Lei n. 699/2011***: *"Art. 2.045. Revogam-se a Lei n. 3.071, de 1º de janeiro de 1916 — Código Civil, a Parte Primeira do Código Comercial, Lei n. 556, de 25 de junho de 1850, as Leis n. 4.121, de 27 de agosto de 1962, 8.560, de 29 de dezembro de 1992, 8.971, de 29 de dezembro de 1994, e 9.278, de 10 de maio de 1996; o Decreto n. 3.708, de 10 de janeiro de 1919, e, ainda, os arts. 1º a 27 da Lei n. 4.591, de 16 de dezembro de 1964, os arts. 71 a 75 da Lei n. 6.015, de 31 de dezembro de 1973, os arts. 1º a 33, art. 43, art. 44 e art. 46, da Lei n. 6.515, de 26 de dezembro de 1977, os arts. 39 a 52, da Lei n. 8.069, de 13 de julho de 1990".*

Revogação expressa. Com sua entrada em vigor, o novo Código Civil revoga, expressamente, no seu art. 2.045, o de 1916, ab-rogando-o, e a Parte Primeira do Código Comercial (Lei n. 556, de 25-6-1850, arts. 1º a 456), derrogando-o, sem fazer qualquer menção às demais normas que com ele colidem, hipótese em que se teria revogação tácita. Consequentemente, ter-se-á revogação tácita sempre que houver incompatibilidade entre a lei nova e a antiga, pelo simples fato de que a nova passa a regular parcial ou inteiramente a matéria tratada pela anterior, mesmo que nela não conste a expressão "revogam-se as disposições em contrário", por ser supérflua. Se assim é, operar-se-á a revogação tácita quando o novo Código Civil contiver disposições incompatíveis com legislação civil e mercantil anterior a ele. Esse princípio da revogação tácita da lei anterior pela posterior requer um exame cuidadoso, para averiguar quais as disposições da novel norma que são, total ou parcialmente, incompatíveis com as antigas. E, sendo duvidosa a incompatibilidade, as duas leis deverão ser interpretadas por modo a fazer cessar a antinomia, pois as leis, em regra, não se revogam por presunção. Assim, havendo dúvida, dever-se-á entender que as leis "conflitantes" são compatíveis, uma vez que a revogação tácita não se presume. E, além disso, será preciso não olvidar que a lei geral, mesmo posterior, não revoga a especial, salvo se disciplinar de modo diverso a matéria por ela normada, ou se a revogar expressamente. Como pelo art. 9º da Lei Complementar n. 95/98, com a redação da Lei Complementar n. 107/2001, e pelo art. 21 do Decreto n. 4.176/2002, a cláusula de revogação deverá enumerar expressamente todas as leis ou disposições legais revogadas, parece-nos que o art. 2.045, ao contrariar aqueles comandos legais tornou-se um pouco inócuo, pois bastante louvável seria que tivesse tido o cuidado de indicar, minudentemente, quais as leis civis ou mercantis que foram ab-rogadas ou derrogadas, arrolando-as. Seria esta a melhor forma de evitar antinomias e de eliminar as várias dúvidas que surgirão, com a entrada em vigor do novo Código Civil, sobre quais das normas vigentes foram, ou não, revogadas no todo ou em parte. Sob o prisma técnico não se pode admitir que o novo Código Civil tenha poder ab-rogatório em face de leis especiais precedentes, pois não o declara e muito menos rege, por inteiro, certas matérias tratadas em normas anteriores. Diante dessa falta de técnica e da omissão legislativas, não se poderia fazer com que o intérprete fique adstrito, tão somente, ao comando do novo Código Civil, olvidando normas especiais e até mesmo as gerais, que com ele só conflitem em parte.

Tal tarefa interpretativa, pautada na prudência objetiva, no bom senso e na lógica do razoável, requer do jurista e do aplicador um difícil empreendimento e certa argúcia, para suprir a falta de uma completa revogação expressa, desvendando o verdadeiro conteúdo normativo, ressaltando quais as leis ainda vigentes e eficazes e traçando o novo perfil do Código Civil, sem desatender àquelas leis especiais e gerais, em pleno vigor. Isto é assim porque muitas leis foram incorporadas ao novo Código, outras nem mesmo nele se situaram. Diante de um sem-número de normas, árdua será a averiguação das que foram por ele recepcionadas, ou não, pois, como bem observa Piero Schlesinger, o Código Civil não tem caráter totalizante ante a impossibilidade da abrangência, num único diploma legal, com minúcias, de todas as questões civis; superam-no não só as normas constitucionais como também as leis especiais, que são microssistemas, ou melhor, textos legislativos que tratam integralmente, de matéria cível específica e, por sua natureza e amplitude, podem conter, ainda, disposições administrativas, processuais e penais.

O Código Civil, marcado por normas gerais, é a legislação matriz, que traça a disciplina da pessoa natural e jurídica, assentando as suas linhas fundamentais, deixando ao cuidado de leis específicas aditivas, que, por não ter havido revogação expressa e por não conflitarem com ela, continuam em vigor, regulamentando temas que ultrapassem os limites genéricos da área cível ou empresarial ou que impliquem soluções técnicas.

Tem-se, na verdade, um polissistema, isto é, uma variedade de legislações especiais, disciplinadoras de assuntos pertencentes à seara do direito privado. O Código Civil é, tão somente, uma lei que contém a base e não a normatização integral do direito privado.

Convém, ainda, lembrar que, pelos Enunciados n. 74 e 75 (aprovados na *Jornada de direito civil*, promovida, em setembro de 2002, pelo Centro de Estudos Judiciários do CJF): *a*) "apesar da falta de menção expressa, como exigido pelas LCs 95/98 e 107/2001, estão revogadas as disposições de leis especiais que contiverem matéria regulada inteiramente no novo Código Civil, como, v. g., as disposições da Lei n. 6.404/76, referente à sociedade em comandita por ações, e da Lei n. 3.708/19, referente à sociedade de responsabilidade limitada"; *b*) "a disciplina de matéria mercantil no novo Código Civil não afeta a autonomia do direito comercial".

BIBLIOGRAFIA: Piero Schlesinger, Codigo Civile e sistema civilistico: il nucleo codicistico ed i suoi satelliti, *Rivista de Diritto Civile*, 4:403-13; Edmond Bertrand, *L'esprit nouveau des lois civiles*, Paris, Economica, 1984; M. Helena Diniz, *Lei de Introdução ao Código Civil brasileiro interpretada*, São Paulo, Saraiva, 2001, p. 66-77; Saredo, Abrogazione delle leggi, in *Digesto italiano*, 1927, n. 49, v. 1, p. 128; Fiore e outros, *Il diritto civile italiano*, 1925, v. 2, p. 652-3; Jean Carbonnier, Essais sur les lois, *Repertoire du notariat defrénois*, 1979, p. 249 e 299; Miguel Reale, Razões do novo Código, *Consulex*, *13*:15; Paulo Hamilton Siqueira Júnior, *Comentários ao Código Civil* (coord. Camillo, Talavera, Fujita e Scavone Jr.), São Paulo, Revista dos Tribunais, 2006, p. 1407-8.

Art. 2.046. Todas as remissões, em diplomas legislativos, aos Códigos referidos no artigo antecedente, consideram-se feitas às disposições correspondentes deste Código.

Revogação de legislação anterior. Com a entrada em vigor, o novo Código Civil revogará, também, todas as normas gerais anteriores relativas às matérias de direito civil e mercantil por ele abrangidas e com ele incompatíveis, e não só o Código Civil de 1º de janeiro de 1916 e a parte primeira do Código Comercial de 25 de junho de 1850 (CC, art. 2.045).

Remissões legislativas. As remissões, feitas na legislação civil e mercantil, ao Código Civil de 1916 e ao Código Comercial, arts. 1º a 456, estender-se-ão às que lhes forem correspondentes deste novo Código Civil.

Brasília, 10 de janeiro de 2002; 181º da Independência e 114º da República.

FERNANDO HENRIQUE CARDOSO
ALOYSIO NUNES FERREIRA FILHO

DISPOSIÇÕES FINAIS

2024, 1ª